# NUEVO Diccionario escolar de la lengua española

**Santillana**

© 2002, 2006 Santillana USA Publishing Company, Inc.
2023 NW 84th Avenue, Miami, FL 33122

© 2001 Grupo Santillana de Ediciones, S.
Torrelaguna, 60. 28043 Madrid.

ISBN 10: 1-58105-997-7
ISBN 13: 978-1-58105-997-7

Impreso en Colombia por Quad/Graphics

**Han redactado este diccionario:**
Susana Ágreda Añover, María del Rosario Calderón Soto, Cristina V. González Sánchez, Paula López Hortas, Paula Rojo Cabrera y Manuel Sequeiros Murciano.

**Lo ha corregido:**
María José Rodríguez Fierro.

**Ha coordinado el trabajo:**
Manuel Sequeiros Murciano.

**Han hecho los dibujos:**
Domingo Benito Pérez, Antonio Chaves Fuentes, Gerardo Gutiérrez Antolín y Carlos Molinos Lezaun.

**Ha organizado el trabajo artístico:**
Pedro García Bermejo.

**Han diseñado la cubierta:**
Pep Carrió y Sonia Sánchez.

**Ha buscado las fotos:**
Nieves Marinas Mateos.

**Ha realizado el montaje de los textos:**
Francisco Lozano Lozano.

**Ha organizado el trabajo de realización:**
José García Guerrero.

**Ha dirigido la realización técnica:**
Víctor Benayas Manzanares.

**Han dirigido la obra:**
Mercedes Rubio Cordovés y Sergio Sánchez Cerezo.

**Fotografías:**

ABB FOTÓGRAFOS; *Algar*; THE BRITISH MUSEUM; *S. Cid*; CONTIFOTO; *R. Cotelo*; COVER; *E. Domínguez Ramos*; EFE; GACETA ILUSTRADA; GALERÍA DE LOS UFFIZI, FLORENCIA; *G. Giorcelli*; *J. L. G. Grande*; INSTITUTO TECNOLÓGICO GEOMINERO, ESPAÑA; *Krauel*; L.A.R.A.; *D. Lezama*; *J. A. López*; *J. Lucas*; *J. C. Muñoz*; MUSEO ARQUEOLÓGICO, ATENAS; MUSEO DE LUXOR, EGIPTO; MUSEO DEL PRADO, MADRID; *L. Olivenza*; ORONOZ; *F. Po*; *J. L. Potenciano*; REAL MONASTERIO DE SAN LORENZO DE EL ESCORIAL; *J. V. Resino*; *J. Ruiz*; *I. Sabater*; SALMER; *A. Viñas*; ARCHIVO SANTILLANA.

# Así es el
# Nuevo Diccionario Escolar

Aquí tienes un diccionario que te resultará muy interesante.

En un diccionario hay muchas palabras con sus definiciones, es decir, con los significados que tienen.

El **Nuevo Diccionario Escolar** te enseña, con definiciones muy sencillas, lo que significan más de 26.000 palabras. Y, para que puedas entenderlas mejor, la mayor parte de ellas llevan ejemplos de cómo se usan.

A veces, las palabras forman frases o expresiones que tienen significados especiales: las expresiones van en este diccionario en letra más gruesa que las definiciones.

También encontrarás sinónimos, es decir, palabras que significan lo mismo; y antónimos, palabras que significan lo contrario.

Las palabras de nuestra lengua se agrupan en familias, pues unas vienen de otras y tienen formas y significados parecidos. Por eso, en el diccionario las verás en grupos detrás de la palabra más importante de cada familia.

Muchas de las cosas, de las plantas y de los animales que se definen aparecen en los dibujos y fotos de este libro: esto te ayudará a distinguirlos y a saber cómo son.

Dentro de recuadros encontrarás las conjugaciones de los verbos irregulares y otras informaciones sobre gramática, como los grados del adjetivo, las reglas de acentuación o las clases de oraciones.

Además, al final se incluye un apartado dedicado a la gramática y la ortografía del español que te ayudará a resolver las dudas acerca del uso correcto de las palabras o sobre cómo tienes que escribirlas.

En las páginas siguientes te decimos la manera en que debes utilizar este diccionario y cómo puedes buscar en él las palabras que te interesan.

# APRENDE A USAR ESTE DICCIONARIO

Un diccionario tiene muchas palabras, pero hay que saber buscarlas.

En él verás lo que significan y encontrarás otras informaciones sobre cada una de estas palabras.

Además, algunas de ellas tienen más de un significado.

## ✎ ¿Cómo buscar una palabra?

Lo más importante es conocer bien el abecedario del español, que tiene veintisiete letras. Bajo cada una de ellas se agrupan todas las palabras que empiezan por esa misma letra. Así, entre las páginas 1 y 129 de tu *Nuevo Diccionario Escolar*, encontrarás todas las palabras que comienzan por **a**.

Si te fijas, en cualquiera de las páginas impares aparece, en un recuadro más oscuro, una **a**. Esto mismo ocurre con el resto de las letras; de esta forma, al abrir el diccionario por cualquier página, siempre sabrás en qué letra estás.

Además, para hacértelo más fácil, en la esquina de arriba de cada página, a la izquierda o a la derecha, hay dos palabras: son la primera y la última de esa página.

Por ejemplo: tú buscas la palabra **gotera**. Vete a la página 546 del diccionario y verás que ahí está la **g**. Después, pasa páginas hasta que aparezca en la esquina de arriba alguna palabra que empiece por **go-**.

A continuación, fíjate en las letras siguientes **-te-**: las palabras que comienzan por **gote-** las encontrarás en la página 565, entre **gorjear** y **gótico**.

En esa página, detrás de **goteo** está **gotera**.

## ✎ ¿Qué encuentras en cada palabra en este diccionario?

• Primero, verás la palabra en letra más gruesa. Después vienen una o más letras que son una abreviatura, por ejemplo *s. f.*

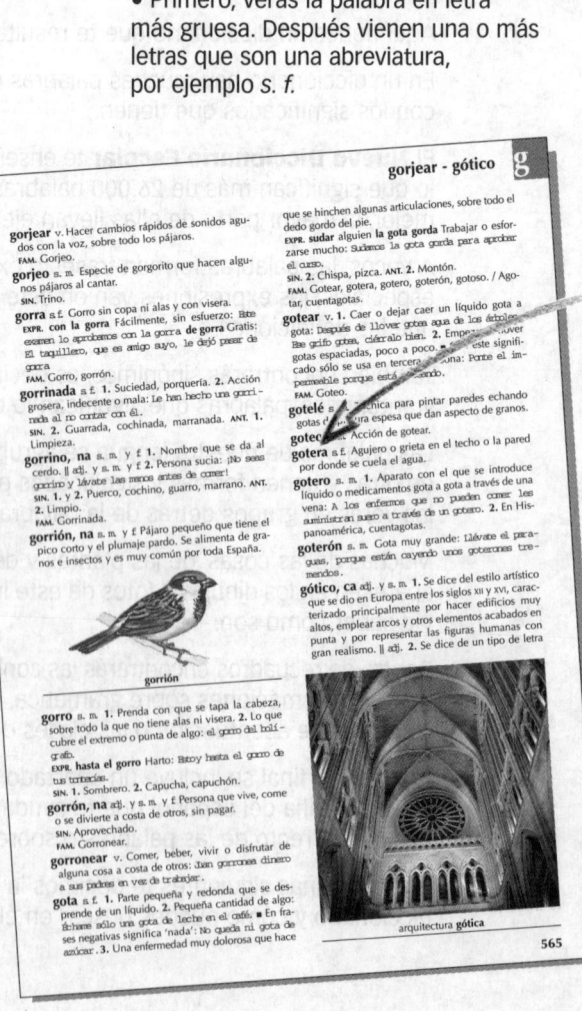

Estas letras significan *sustantivo femenino* y quiere decir que la palabra **gotera** es un sustantivo femenino.

A **gotear** le sigue la abreviatura *v.*, que indica que es un verbo; **goteo** y **gotelé** llevan la abreviatura *s. m.*, que significa *sustantivo masculino*.

Aquí tienes un cuadro con todas las abreviaturas que se usan en este diccionario y lo que significan.

**gotear** *v.* **1.** Caer o dejar caer un líquido gota a gota: *Después de llover gotea agua de los árboles. Ese grifo gotea, ciérralo bien.* **2.** Empezar a llover gotas espaciadas, poco a poco. ■ Con este significado sólo se usa en tercera persona: *Ponte el impermeable porque está goteando.*
**FAM.** Goteo.

**gotelé** *s. m.* Técnica para pintar paredes echando gotas de pintura espesa que dan aspecto de granos.

**goteo** *s. m.* Acción de gotear.

**gotera** *s. f.* Agujero o grieta en el techo o la pared por donde se cuela el agua.

# ABREVIATURAS

| | |
|---|---|
| *adj.* adjetivo | *m.* masculino |
| *adv.* adverbio | *n.* neutro |
| **ANT.** antónimos | *n. p.* nombre propio |
| *art.* artículo | *num.* numeral |
| *conj.* conjunción | *pl.* plural |
| *dem.* demostrativo | *pos.* posesivo |
| etc. etcétera | *prep.* preposición |
| *excl.* exclamativo | *pron.* pronombre |
| *expr.* expresión | *pron. pers.* pronombre personal |
| **EXPR.** expresiones | *rel.* relativo |
| *f.* femenino | *s. amb.* sustantivo ambiguo |
| **FAM.** familia de palabras | *s. f.* sustantivo femenino |
| *indef.* indefinido | *s. m.* sustantivo masculino |
| *interj.* interjección | **SIN.** sinónimos |
| *interr.* interrogativo | *v.* verbo |

• Si la palabra tiene varios significados, cada uno lleva un número. Para que entiendas mejor esos significados, muchas veces después de la definición se pone un ejemplo.

• Cuando hay un cuadradito negro ■, detrás se dice cómo se conjuga la palabra si es un verbo irregular, cómo se forma el plural de algunas palabras, si un término es extranjero, y otras observaciones interesantes sobre su uso o sobre la gramática.

• Donde pone **SIN.** tienes sinónimos, o sea, palabras que significan más o menos lo mismo que la que tú buscabas.

Y en **ANT.**, antónimos, que son palabras que significan lo contrario. En las palabras con más de un significado, delante de los sinónimos o antónimos va un número; este número indica a qué significado se refieren.

acertar *v.* **1.** Hallar la solución, el resultado o la manera de hacer algo: *He acertado la adivinanza.* **2.** Dar en el lugar al que se dirige alguna cosa: *El dardo acertó en la diana.* **3.** Encontrar por casualidad algo que se buscaba: *Acertó con la calle.* **4.** Hacer lo mejor o más conveniente: *Acertó al elegir ese libro.* ■ Es un verbo irregular. Se conjuga como *pensar.*
**SIN. 1.** Descubrir, adivinar. **1.** a **4.** Atinar. **ANT. 1.**, **2.** y **4.** Fallar, errar. **1.** y **4.** Equivocarse.
**FAM.** Acertado, acertante, acertijo, acierto. / Desacierto.

• Por último, en **FAM.** te damos unas cuantas palabras de la misma familia: las puedes distinguir porque tienen una forma bastante parecida. A veces, algunas de las palabras de la familia están separadas por una barra (/); las más parecidas o cercanas se colocan delante y las menos parecidas, detrás.

• Antes de los sinónimos, en algunas palabras aparece **EXPR.**, es decir, expresiones o frases que tienen un significado que te interesa conocer.

Mira en la palabra **rayo** de la página 950 las expresiones **rayos UVA**, **rayos X**, **a rayos**, **como un rayo**, **partir un rayo**.

• Algunas palabras, como **abogado**, van seguidas de una coma y unas letras: **, da**. Es la manera en que los diccionarios ponen el femenino de los sustantivos y adjetivos, para no repetir **abogado, abogada**.

• Algunas palabras pueden aparecer dos veces, por ejemplo **real**.

En este caso llevan detrás un numerito: **real¹** y **real²**. Esto indica que, aunque las dos palabras son iguales, tienen significados diferentes y muchas veces pertenecen a familias distintas.

• Si el verbo es irregular, se dice cómo se conjuga; por ejemplo, en la página 292 está **conocer**. Detrás del cuadradito ■, lees: Es un verbo irregular. Se conjuga como *agradecer*. Busca en el diccionario la palabra **agradecer** y allí encontrarás un cuadro con las formas irregulares de su conjugación. Así, como la primera persona de singular del presente de indicativo de **agradecer** es **agradezco**, la de **conocer** será **conozco**.

| AGRADECER | | |
|---|---|---|
| **INDICATIVO** | **SUBJUNTIVO** | **IMPERATIVO** |
| **Presente** | **Presente** | |
| agradezco | agradezca | |
| agradeces | agradezcas | agradece |
| agradece | agradezca | |
| agradecemos | agradezcamos | |
| agradecéis | agradezcáis | agradeced |
| agradecen | agradezcan | |

## ✎ Cuadros de gramática y dibujos

• En palabras que tienen importancia en la asignatura de lengua, como **adjetivo**, **conjunción**, **preposición** o **pronombre**, verás un cuadro con algunas explicaciones y ejemplos que pueden ayudarte.

Al final del diccionario hay un apartado dedicado a la gramática y la ortografía del español, en el que encontrarás más cuadros y explicaciones.

• Muchas páginas del diccionario llevan fotos y dibujos de cosas, animales o plantas. Además encontrarás escenas con acciones o actividades.

En los dibujos hemos puesto los nombres de objetos o partes que nos parece interesante que aprendas.

| TIPOS DE PALABRAS SEGÚN LA POSICIÓN DEL ACENTO | |
| --- | --- |
| **Agudas** | Llevan el acento en la última sílaba: *abril, abedul, consomé, sol.* |
| **Llanas o graves** | Llevan el acento en la penúltima sílaba: *mesa, estufa, útil, Sevilla, césped.* |
| **Esdrújulas** | Llevan el acento en la antepenúltima sílaba: *fábrica, antipático, lúgubre, líquido, píldora.* |

| REGLAS DE ACENTUACIÓN | |
| --- | --- |
| **Palabras agudas** | Sólo se escriben con acento las que terminan en vocal, *n* o *s*: *café, sofá, zulú, camión, champán, sartén, revés, jamás, parchís.* |
| **Palabras llanas o graves** | Se escriben con acento todas las que no acaban en vocal, *n* o *s*: *cárcel, huésped, carácter, Rodríguez, lápiz, árbol, difícil, fácil.* |
| **Palabras esdrújulas** | Todas se escriben con acento: *lámpara, sólido, lógica, gárgara, ágape, cántaro, pájaro, pícaro.* |

doble techo

mazo

tienda de campaña

esterilla aislante

viento

saco de dormir

piquetas

macuto

cantimplora

**acampada**

 **El profesor, tu mejor ayuda**

• Si después de estas explicaciones aún tienes alguna dificultad para utilizar el diccionario, pregúntale a tu profesor o profesora: ellos te ayudarán hasta que sepas manejarlo bien.

• Ya verás como encuentras este diccionario un libro muy útil y a la vez entretenido.

Nosotros lo hemos hecho para ti con este deseo.

**a¹** *s. f.* Primera letra del abecedario y primera vocal.
■ Su plural es *aes.*

**a²** *prep.* **1.** Se utiliza para indicar la persona que recibe una cosa o una acción: *Di el libro a tu amigo. Adora a sus hijos;* también indica el lugar adonde alguien se dirige: *Voy a Cádiz;* distancia: *La gasolinera más próxima está a 1 kilómetro;* tiempo en que ocurre o se hace algo: *Salimos a las doce;* modo: *Lavo la ropa a mano;* precio: *Las fresas son a dos euros el kilo;* finalidad: *Vengo a verte;* velocidad: *Voy a 70 kilómetros por hora.* **2.** En exclamaciones y con un infinitivo, expresa orden o mandato: *¡A dormir, que es muy tarde!*

**a posteriori** *expr.* Después de que suceda una cosa: *A posteriori es fácil decir que íbamos por el camino equivocado.* ■ Es una expresión latina.
ANT. A priori.

**a priori** *expr.* Antes de que suceda una cosa: *No podemos saber a priori el resultado de la votación.*
■ Es una expresión latina.
ANT. A posteriori.

**abacería** *s. f.* Tienda de comestibles.

**ábaco** *s. m.* Objeto formado por cuerdas, varillas o alambres paralelos, con diez fichas o bolitas en

ábaco

cada uno de ellos; se utiliza para enseñar a contar o para hacer sumas, restas y otras operaciones.

**abad, abadesa** *s. m.* y *f.* Monje o monja que gobierna en algunos monasterios.
FAM. Abadía.

**abadejo** *s. m.* Pez marino parecido al bacalao.

**abadía** *s. f.* Monasterio gobernado por un abad o una abadesa.

**abajo** *adv.* **1.** En un lugar o parte más bajos: *El río está allí abajo.* **2.** Hacia un lugar o parte más bajos: *Voy abajo, al patio.*
ANT. **1.** y **2.** Arriba.

**abalanzarse** *v.* Lanzarse con rapidez o violencia hacia alguien o algo. ■ Delante de *e* se escribe *c* en lugar de *z*: *Me abalancé sobre el delantero.*
SIN. Arrojarse, echarse, precipitarse.

**abalear** *v.* En Hispanoamérica, disparar balas.
SIN. Balear, tirotear.

**abalizar** *v.* Busca **balizar.** ■ Delante de *e* se escribe *c* en lugar de *z*: *abalice.*

**abalorio** *s. m.* **1.** Bolita agujereada con que se hacen collares y otros adornos. **2.** Adorno llamativo de poco valor: *Le encanta disfrazarse y ponerse toda clase de abalorios.*
SIN. **1.** Cuenta. **2.** Perifollo.

**abanderado, da** *s. m.* y *f.* **1.** El que lleva la bandera en desfiles y actos públicos. **2.** Persona o grupo que dirige o representa la defensa de unas ideas: *Se convirtió en abanderado de la lucha por la conservación de la naturaleza.*
SIN. **1.** Portaestandarte. **2.** Adalid, defensor, portavoz.

**abanderar** *v.* Ponerse una persona o grupo al frente de los que defienden algo o luchan por ello: *Varias organizaciones abanderan el movimiento de ayuda al Tercer Mundo.*
SIN. Liderar, encabezar, dirigir.
FAM. Abanderado.

**abandonado, da** *adj.* **1.** Que lo han dejado solo, sin cuidado: *un niño abandonado. Ese parque está*

**1**

muy abandonado, tiene los bancos rotos y el césped seco. **2.** Mal arreglado, sucio: *Es muy abandonado en el vestir.*
SIN. **1.** Desamparado, descuidado, desatendido. **2.** Desaseado, desastrado, desaliñado. ANT. **1.** Cuidado, atendido. **2.** Aseado, limpio.

**abandonar** *v.* **1.** Dejar solo y sin atención o cuidado: *Abandonó a su perro cuando se fue de vacaciones.* **2.** Irse de un lugar: *El equipo abandonó el campo en medio de los aplausos.* **3.** Interrumpir una cosa o decidir no hacerla: *Ha abandonado los estudios.* || **abandonarse 4.** No arreglarse o no asearse: *Ese chico se ha abandonado mucho.*
SIN. **1.** Desamparar, descuidar, desatender. **2.** Marcharse, retirarse. **3.** Suspender, paralizar; desistir. ANT. **1.** Amparar, proteger. **2.** Quedarse, permanecer. **3.** Continuar, proseguir.
FAM. Abandonado, abandono.

**abandono** *s. m.* **1.** Acción de abandonar: *Después de la derrota los soldados se vieron obligados al abandono del castillo.* **2.** Descuido, falta de aseo: *Tu amigo viste con abandono.*
SIN. **1.** Desamparo; retirada.

**abanicar** *v.* Dar aire con un abanico o con otra cosa: *Se abanicaba con un periódico doblado.* ■ Delante de *e* se escribe *qu* en lugar de *c*: *No te abaniques.*

**abanico** *s. m.* Utensilio que sirve para dar aire, con varias varillas unidas por uno de sus extremos, de manera que puede plegarse o abrirse en forma de medio círculo.
FAM. Abanicar.

**abanto** *adj. y s. m.* **1.** Torpe, atontado. **2.** Atolondrado, impulsivo: *Espera, no seas abanto.*

**abaratar** *v.* Bajar el precio de algo: *Los televisores se han abaratado mucho últimamente.*
SIN. Rebajar. ANT. Subir, encarecer.

**abarca** *s. f.* Calzado de esparto, cuero o caucho que sólo cubre la planta y los lados de los pies y que se sujeta con cuerdas o correas.

**abarcar** *v.* **1.** Rodear algo con los brazos o con la mano: *El balón de playa era tan grande que no podía abarcarlo.* **2.** Incluir, contener: *La primera parte del libro abarca cuatro capítulos.* **3.** Encargarse una persona de muchas cosas a la vez o de algo muy difícil: *Se ha metido en muchas actividades y no puede abarcarlo todo.* ■ Delante de *e* se escribe *qu* en lugar de *c*: *abarquemos.*
SIN. **1.** Abrazar, ceñir. **2.** Comprender, englobar. ANT. **2.** Excluir.
FAM. Inabarcable.

**abarquillar** *v.* Curvar una cosa: *Se ha abarquillado la estantería con el peso de los libros.*
SIN. Arquear, combar, alabear. ANT. Enderezar.

**abarrotado, da** *adj.* Completamente lleno de personas o cosas: *El supermercado estaba abarrotado.*
SIN. Atestado. ANT. Vacío.

**abarrotar** *v.* Llenar por completo personas o cosas un lugar: *El público abarrotó el teatro.*
SIN. Atestar, colmar, saturar. ANT. Vaciar.
FAM. Abarrotado, abarrote.

**abarrote** *s. m.* En Hispanoamérica, artículo comestible y tienda donde se vende.

**abastecedor, ra** *adj. y s. m. y f.* Que abastece.
SIN. Proveedor.

**abastecer** *v.* **1.** Dar o vender cosas que se necesitan: *El mercado abastece de alimentos a todo el barrio.* || **abastecerse 2.** Conseguir o comprar esas cosas: *Se abastecieron de leña para el invierno.* ■ Es un verbo irregular. Se conjuga como *agradecer.*
SIN. **1.** Suministrar. **1.** y **2.** Proveer, aprovisionar, proporcionar.
FAM. Abastecedor, abastecimiento, abasto. / Desabastecido.

**abastecimiento** *s. m.* Acción de abastecer o abastecerse.
SIN. Suministro, aprovisionamiento.

**abasto** *s. m.* **1.** Se usa en la expresión **dar abasto**, que significa 'poder hacer algo' o 'tener bastante de una cosa': *Con tantos deberes no daba abasto para acabarlos a tiempo. Con un litro de leche da abasto para todos.* || *s. m. pl.* **2.** Abastecimiento o suministro de alimentos y otras cosas muy necesarias para una población: *mercado de abastos.*

**abatible** *adj.* Que se puede bajar o tumbar; se dice especialmente de muebles o de alguna parte de ellos: *Los asientos de su coche tienen el respaldo abatible.*

**abatido, da** *adj.* **1.** Derribado, bajado. **2.** Sin fuerzas físicas o sin ánimo: *El suspenso le dejó abatido.*
SIN. **1.** Tirado, derrumbado. **2.** Decaído, desanimado, deprimido, hundido. ANT. **2.** Animado, animoso.

**abatimiento** *s. m.* Estado de la persona que no tiene ánimo, fuerzas o ganas de hacer nada.
SIN. Desgana, desánimo.

**abatir** *v.* **1.** Derribar: *Abatieron el viejo caserón.* **2.** Bajar, tumbar, por ejemplo muebles o alguna parte de ellos: *El tablero de la mesa se puede abatir.* **3.** Hacer perder las fuerzas o el ánimo: *La enfermedad le abatió por completo. No debes abatirte porque te haya salido mal el ejercicio.* || **abatirse 4.** Lanzarse desde lo alto, por ejemplo un ave o un avión, generalmente para atacar: *El águila se abatió sobre la culebra.*
SIN. **1.** Tirar, derrumbar. **2.** Inclinar. **3.** Desanimar, deprimir, desmoralizar. ANT. **1.** y **2.** Levantar, alzar. **3.** Animar.
FAM. Abatible, abatido, abatimiento.

**abdicar** *v.* Ceder el rey u otra persona su poder a alguien: *El rey abdicó en su hijo.* ■ Delante de *e* se escribe *qu* en lugar de *c*: *abdique.*
SIN. Renunciar.

**abdomen** *s. m.* Parte del cuerpo de los animales vertebrados donde están el estómago y los intestinos; en las personas, se encuentra entre el pecho y la cadera.

**SIN.** Vientre, barriga, panza.

**FAM.** Abdominal.

**abdominal** *adj.* Del abdomen o relacionado con él: *dolor abdominal, ejercicios abdominales.*

**abductor** *adj.* y *s. m.* Se dice de los músculos que sirven para separar un brazo o una pierna.

**ANT.** Aductor.

**abecé** *s. m.* **1.** Abecedario. **2.** Conocimientos mínimos sobre algo: *La suma y la resta son el abecé de las matemáticas en los primeros cursos.*

**SIN.** **1.** Alfabeto. **2.** Base, principios.

**abecedario** *s. m.* Conjunto de las letras de un idioma colocadas por orden.

**SIN.** Abecé, alfabeto.

**FAM.** Abecé.

**abedul** *s. m.* Árbol de hojas que caen en otoño, con ramas colgantes, madera dura y corteza lisa y grisácea que se desprende en láminas finas. Existe en los montes de Europa y en América del Norte.

**abeja** *s. f.* Insecto volador, de color pardo oscuro, con aguijón en la mayor parte de las especies. Las abejas viven en enjambres dentro de los huecos de los árboles o en colmenas, se alimentan del néctar y el polen de las flores y producen miel y cera.

**FAM.** Abejaruco, abejorro. / Apicultura.

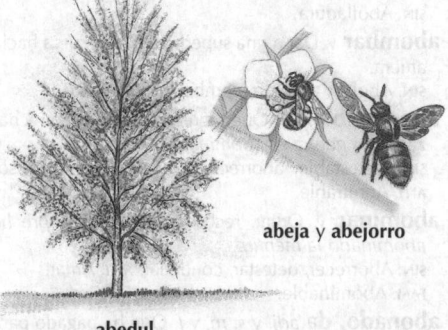

**abeja** y **abejorro**

**abedul**

**abejaruco** *s. m.* Ave trepadora de brillantes colores, pico y cola largos y alas puntiagudas. Los abejarucos se alimentan de insectos que capturan al vuelo, especialmente abejas.

**abejorro** *s. m.* Insecto parecido a la abeja, pero de mayor tamaño y con el cuerpo lleno de pelillos. Produce un gran zumbido al volar.

**aberración** *s. f.* **1.** Cualquier cosa que se aparta de lo normal, natural o lógico: *Una oveja con dos cabezas es una aberración de la naturaleza.* **2.** Acción inhumana o salvaje: *Abandonar a un niño es una aberración.*

**SIN.** **1.** Anormalidad, disparate.

**FAM.** Aberrante.

**aberrante** *adj.* Que se diferencia mucho de lo que se considera normal.

**SIN.** Antinatural, anormal.

**abertura** *s. f.* Agujero, grieta: *Entramos en la huerta por una abertura que había en la tapia.*

**SIN.** Boquete, raja, hendidura, brecha.

**abertzale** *adj.* y *s. m.* y *f.* Nombre que se da a los nacionalistas vascos. ■ Es una palabra vasca.

**abeto** *s. m.* Árbol de los paisajes de alta montaña, con la copa en forma de cono, ramas horizontales y hojas en forma de agujas que no se caen en ninguna estación del año. Es muy conocido por su uso como árbol de Navidad.

**abeto**

**abiertamente** *adv.* De manera clara y sincera: *Dijo abiertamente lo que pensaba.*

**abierto, ta** *adj.* **1.** Que alguien lo abrió o que se abrió: *una botella abierta. La ventana de tu cuarto está abierta. La tienda está abierta hasta las ocho.* **2.** Amplio y sin ningún obstáculo: *Le gustaba salir con su barca a mar abierto.* **3.** Que no le cuesta contar a otros lo que piensa o siente: *Luisa es muy abierta.* **4.** Que comprende y respeta a los que piensan o actúan de distinta manera: *Mi abuelo tiene una mentalidad muy abierta.*

**SIN.** **1.** Destapado. **2.** Llano, raso. **3.** Comunicativo, franco, expresivo. **4.** Tolerante. **ANT.** **1.**, **3.** y **4.** Cerrado. **3.** Retraído.

**abigarrado, da** *adj.* Formado de muchas cosas muy distintas, sobre todo de muchos colores mal combinados: *un cuadro abigarrado.*

**SIN.** Mezclado.

**abisal** *adj.* Se dice de las grandes profundidades del mar y de lo que hay en ellas: *Ese pez vive en la zona abisal.*

**abismal** *adj.* **1.** Se dice de las profundidades o alturas grandes y peligrosas. **2.** Se dice de la diferencia muy grande entre personas, cosas o ideas: *De un curso a otro se notó una mejora abismal en sus notas.*

**SIN.** **1.** Profundo, hondo. **2.** Enorme, inmenso.

**abismo** *s. m.* **1.** Lugar donde hay una profundidad muy grande y peligrosa, como la del mar o un barranco: *Desde la cima lanzó una piedra al abismo.* **2.** Diferencia muy grande entre personas, cosas o ideas: *Entre lo que dice y lo que hace hay un abismo.* **SIN. 1.** Precipicio, sima. **FAM.** Abismal.

**abjurar** *v.* Abandonar mediante juramento o de manera solemne ideas o creencias: *Abjuró de su fe religiosa.* **SIN.** Renegar, apostatar. **ANT.** Reafirmarse.

**ablandar** *v.* **1.** Poner o ponerse blanda una cosa: *El chocolate se ablandó por llevarlo en el bolsillo.* **2.** Hacer que alguien sea menos duro, ceda en su postura o se conmueva: *La abuela ha conseguido ablandar a mis padres para que me quiten el castigo.* **SIN. 1.** Reblandecer. **2.** Convencer, enternecer. **ANT. 1.** Endurecer.

**ablución** *s. f.* Acción de lavarse, sobre todo, en algunas ceremonias religiosas para purificarse. ■ Se usa mucho en plural: *Los musulmanes realizaban sus abluciones antes de entrar en la mezquita para orar.* **SIN.** Lavatorio.

**ablusado, da** *adj.* Que queda suelto y holgado como una blusa: *un vestido ablusado.*

**abnegación** *s. f.* Capacidad de una persona para sacrificarse por los demás: *Cuidó con abnegación de su hijo enfermo.* **ANT.** Egoísmo. **FAM.** Abnegado.

**abnegado, da** *adj.* Que muestra abnegación, que se sacrifica por los demás. **ANT.** Egoísta.

**abocado, da** *adj.* **1.** Próximo o expuesto a algo: *Como no estudiaba nada, estaba abocado al suspenso.* **2.** Se dice del vino que contiene mezcla de seco y dulce. **SIN. 2.** Embocado.

**abocetar** *v.* Hacer el boceto de algo, dejar un dibujo o escultura sin acabar, sólo con los trazos fundamentales.

**abochornar** *v.* Avergonzar: *Se abochornó por la reprimenda.* **SIN.** Sonrojar.

**abofetear** *v.* Dar bofetadas a alguien.

**abogacía** *s. f.* Profesión de abogado.

**abogado, da** *s. m.* y *f.* Persona que ha estudiado la carrera de derecho, defiende a otras en los juicios y aconseja en asuntos de leyes. **EXPR. abogado del diablo** Persona que en una conversación o en una discusión dice todas las dudas o problemas que se pueden tener sobre algo para tratar de saber la verdad. **SIN.** Letrado, jurista. **FAM.** Abogacía, abogar.

**abogar** *v.* Defender, apoyar: *Abogan por un mundo más justo y solidario.* ■ Delante de *e* se escribe *gu* en lugar de *g*: *Espera que sus amigos aboguen por él.* **SIN.** Interceder. **ANT.** Atacar.

**abolengo** *s. m.* Conjunto de antepasados, sobre todo si son nobles o importantes: *Pertenece a una familia de abolengo.* **SIN.** Estirpe, linaje, casta.

**abolición** *s. f.* Acción de abolir. **SIN.** Anulación.

**abolicionismo** *s. m.* Política que defendía la abolición de la esclavitud.

**abolir** *v.* Suprimir una ley o una costumbre: *Hace mucho tiempo se abolió la esclavitud.* ■ Sólo se conjugan las formas que tienen una *i*, como *abolió.* **SIN.** Anular, derogar. **ANT.** Implantar. **FAM.** Abolición, abolicionismo.

**abolladura** *s. f.* Acción de abollar una cosa y parte que queda abollada. **SIN.** Abollón.

**abollar** *v.* Hundir una superficie al golpearla o apretarla. **SIN.** Aplastar. **FAM.** Abolladura, abollón.

**abollón** *s. m.* Parte hundida que queda en una superficie al golpearla o apretarla: *El coche tenía un abollón en la puerta.* **SIN.** Abolladura.

**abombar** *v.* Dar a una superficie forma curva hacia afuera. **SIN.** Abultar, ahuecar, combar. **ANT.** Aplanar.

**abominable** *adj.* Que merece ser odiado o rechazado: *La guerra es abominable.* **SIN.** Detestable, aborrecible, horrendo, horroroso. **ANT.** Admirable.

**abominar** *v.* Odiar, rechazar: *Desde siempre he abominado la mentira.* **SIN.** Aborrecer, detestar, condenar. **ANT.** Amar. **FAM.** Abominable.

**abonado, da** *adj.* y *s. m.* y *f.* Que ha pagado para formar parte de un club, para que le envíen los ejemplares de una revista o para recibir algún otro servicio: *Los abonados entran en el campo de fútbol por la puerta siete.*

**abonar**[1] *v.* Echar abono en la tierra. **SIN.** Fertilizar. **FAM.** Abono[1].

**abonar**[2] *v.* **1.** Pagar una factura, un sueldo u otra cantidad. || **abonarse 2.** Comprarse un abono o pagar una cantidad de dinero para poder asistir a varias sesiones de un espectáculo, ir a un club, recibir revistas y periódicos: *Nos hemos abonado a la piscina municipal.* **SIN. 1.** Satisfacer. **2.** Apuntarse. **ANT. 2.** Borrarse. **FAM.** Abonado, abono[2].

**abono**[1] *s. m.* **1.** Sustancia que se echa a la tierra para hacerla más fértil y que las plantas se desarrollen con mayor facilidad. **2.** Acción de echar esta sustancia en la tierra.
SIN. **1.** Fertilizante.

**abono**[2] *s. m.* **1.** Acción de abonar una cantidad o abonarse a un espectáculo, revista, club. **2.** En Hispanoamérica, cada una de las cantidades que se dan cuando se paga algo en varias veces. **3.** Conjunto de entradas o tarjeta que permiten asistir a un espectáculo, utilizar un servicio o hacer otras cosas durante un periodo de tiempo: *Se han sacado el abono para el autobús.*
SIN. **2.** Plazo.

**abordaje** *s. m.* Acción de abordar una embarcación a otra.
EXPR. **al abordaje** Pasando a la nave que se ataca.

**abordar** *v.* **1.** Dirigirse a alguien para decirle algo: *Los periodistas abordaron al cantante en plena calle.* **2.** Tratar un asunto, comenzar una cosa que tiene alguna dificultad: *No sabe cómo abordar el trabajo que le han encargado.* **3.** Acercarse una embarcación a otra o chocar con ella, sobre todo para atacarla.
SIN. **2.** Acometer, afrontar. ANT. **2.** Evitar.
FAM. Abordaje.

**aborigen** *adj.* y *s. m.* y *f.* Primitivo poblador de un lugar: *una tribu de aborígenes australianos.*
SIN. Indígena, nativo. ANT. Extranjero.

**aborrecer** *v.* Odiar: *Aborrezco el tabaco.* ■ Es un verbo irregular. Se conjuga como *agradecer.*
SIN. Detestar, abominar. ANT. Amar.
FAM. Aborrecible, aborrecimiento.

**aborrecible** *adj.* Muy malo, que merece ser aborrecido.

**aborrecimiento** *s. m.* Odio, antipatía.

**aborregado, da** *adj.* **1.** Se dice del cielo cubierto de pequeñas nubes blancas semejantes a la lana de los corderos. **2.** Se dice de las personas que hacen lo que ven en otros y no tienen ideas propias.
SIN. **2.** Adocenado.

**abortar** *v.* **1.** Expulsar la madre el feto antes de que esté en condiciones de poder vivir; puede ocurrir por causas naturales o ser provocado artificialmente. **2.** Fracasar o hacer fracasar algo antes de que se realice por completo: *El piloto abortó el despegue del avión por un fallo mecánico.*
SIN. **2.** Frustrar, malograr. ANT. **2.** Triunfar.
FAM. Abortista, abortivo, aborto.

**abortista** *adj.* y *s. m.* y *f.* Partidario de legalizar el aborto provocado.

**abortivo, va** *adj.* Que sirve para hacer abortar.

**aborto** *s. m.* Hecho de abortar una mujer.

**abotargarse** *v.* **1.** Hincharse el cuerpo o una parte de él. **2.** Pensar con dificultad debido al cansancio, por estar el ambiente cargado, por haber comido o bebido mucho. ■ Delante de *e* se escribe *gu* en lugar de *g*: *Este calor hace que me abotargue.*
SIN. **1.** Inflamarse. ANT. **1.** Deshincharse.

**abotinado** *adj.* Se dice del zapato que cubre el pie hasta arriba.

**abotonar** *v.* Cerrar una prenda de vestir pasando cada botón por su ojal.
SIN. Abrochar. ANT. Desabrochar.
FAM. Desabotonar.

**abovedado, da** *adj.* Que tiene forma de bóveda o está cubierto con una bóveda: *Algunas iglesias tienen el techo abovedado.*

**abracadabra** *s. m.* Palabra a la que se atribuían poderes mágicos.

**abrasar** *v.* **1.** Quemar o destruir algo con fuego, con materias calientes o con algunas sustancias. **2.** Estar muy caliente: *El café abrasa.*
SIN. **1.** Incendiar, carbonizar, calcinar. **2.** Arder. ANT. **1.** Apagar. **1.** y **2.** Enfriar.

**abrasivo, va** *adj.* y *s. m.* Se dice del producto que sirve para pulir o desgastar metales, vidrios u otros materiales mediante roce.

**abrazadera** *s. f.* Pieza que sirve para sujetar algo rodeándolo como un anillo: *La manguera se sujeta al grifo con una abrazadera.*

**abrazar** *v.* **1.** Rodear con los brazos, especialmente a una persona en señal de cariño: *Los dos amigos se abrazaron.* **2.** Seguir unas ideas o una religión: *Muchas tribus abrazaron el cristianismo.* ■ Delante de *e* se escribe *c* en lugar de *z*: *La abracé.*
SIN. **1.** Estrechar, achuchar. **2.** Adoptar, profesar. ANT. **2.** Abandonar, abjurar.
FAM. Abrazadera, abrazo.

**abrazo** *s. m.* Acción de abrazar a alguien.

**abrebotellas** *s. m.* Abridor de botellas. ■ No varía en plural.

**abrecartas** *s. m.* Especie de cuchillo que sirve para abrir los sobres de las cartas. ■ No varía en plural.

**ábrego** *s. m.* Viento húmedo que sopla del sur o del suroeste.

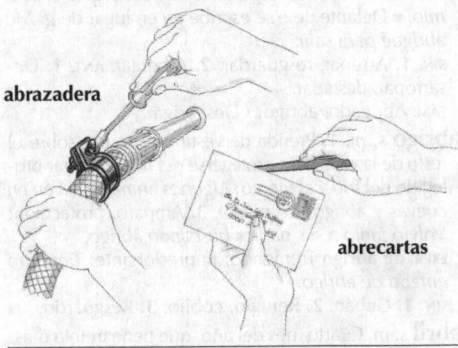

abrazadera

abrecartas

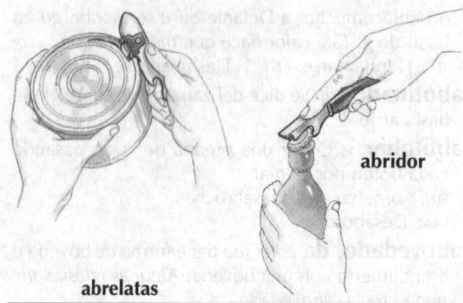

abridor

abrelatas

**abrelatas** *s. m.* Instrumento que se utiliza para abrir latas de conservas. ■ No varía en plural.

**abrevadero** *s. m.* Estanque o pilón donde beben los animales.

**abrevar** *v.* Beber el ganado o darle de beber.
FAM. Abrevadero.

**abreviar** *v.* **1.** Acortar, hacer más breve: *abreviar un escrito.* **2.** Darse prisa: *Abrevia o llegaremos tarde.* SIN. **1.** Reducir, resumir. **2.** Apresurarse, acelerar, aligerar. ANT. **1.** Alargar. **2.** Tardar, retrasarse. FAM. Abreviatura.

**abreviatura** *s. f.* Forma más corta de una palabra, en que se escriben sólo algunas de sus letras, como *Sr.* de *señor*, *p. ej.* de *por ejemplo*, *km* de *kilómetro*.

**abridor** *s. m.* **1.** Instrumento utilizado para levantar las tapas de botes, los tapones de botellas o para abrir latas. **2.** Pendiente con forma de arito que se pone en la oreja para abrir un agujero o para impedir que se cierre, una vez hecho este agujero. SIN. **1.** Abrebotellas.

**abrigado, da** *adj.* **1.** Que abriga: *Los jerséis gordos son más abrigados.* **2.** Protegido del viento, del frío o de las olas: *Construyeron el puerto en este lado porque era más abrigado.*

**abrigar** *v.* **1.** Proteger a alguien del frío: *La cazadora me abriga bastante. Al salir de casa abrígate bien.* **2.** Tener determinados pensamientos, sentimientos, deseos: *Aún abriga esperanzas de conseguir el premio.* ■ Delante de *e* se escribe *gu* en lugar de *g*: *Me abrigué para salir.* SIN. **1.** Arropar, resguardar. **2.** Albergar. ANT. **1.** Desarropar, destapar. FAM. Abrigado, abrigo. / Desabrigar.

**abrigo** *s. m.* **1.** Prenda de vestir que se usa sobre el resto de la ropa para protegerse del frío. **2.** Lugar protegido del frío y el viento: *Algunos animales viven en cuevas y abrigos de piedra.* **3.** Amparo, protección: *Volvió junto a sus padres buscando abrigo.* EXPR. **de abrigo** Tremendo, impresionante: *Tiene un enfado de abrigo.* SIN. **1.** Gabán. **2.** Refugio, cobijo. **3.** Resguardo.

**abril** *s. m.* Cuarto mes del año, que tiene treinta días.

**abrillantador, ra** *adj.* y *s. m.* Que sirve para abrillantar.

**abrillantar** *v.* Dar brillo a una cosa.
SIN. Pulir, lustrar.
FAM. Abrillantador.

**abrir** *v.* **1.** Apartar cualquier cosa que tapa o cubre a otra: *abrir un paquete, abrir una botella, abrir un sobre.* **2.** Descorrer el pestillo o girar la llave que asegura una puerta, una ventana o una tapa. **3.** Sacar un cajón del mueble en que está metido. **4.** Extender algo que estaba doblado o junto: *Abrid el libro por la página 10. Se ha abierto el paraguas.* **5.** Hacer cosas como agujeros, túneles: *Abrieron un boquete en la pared.* **6.** Rajar, dividir: *Se ha abierto la madera.* **7.** Permitir el paso de cosas como líquidos o gases por un conducto moviendo una llave o utilizando otro medio: *abrir el grifo, abrir la llave del gas.* **8.** Hacer que algo empiece: *Ya han abierto el plazo de matrícula.* **9.** Dar, hacer que alguien tenga algo: *Este jarabe te abrirá el apetito.* || **abrirse 10.** Decir una persona lo que piensa o siente: *Es un niño que enseguida se abre a sus compañeros.* **11.** Irse de un lugar: *Yo me abro, ¡hasta luego!* ■ Su participio es irregular: *abierto.* SIN. **1.** Destapar. **4.** Desplegar. **6.** Agrietar. **8.** Iniciar, inaugurar. **10.** Desahogarse, sincerarse. **11.** Marcharse, pirarse. ANT. **1.** Tapar. **1.** a **8.** Cerrar. **6.** Juntar. **8.** Terminar. FAM. Abertura, abiertamente, abierto, abrebotellas, abrecartas, abrelatas, abridor, apertura. / Entreabrir.

**abrochar** *v.* Cerrar o sujetar las dos partes de una cosa, sobre todo, de una prenda de vestir con botones, broches, corchetes: *Abróchate el cinturón.* SIN. Abotonar. ANT. Desabrochar, desabotonar. FAM. Desabrochar.

**abrogar** *v.* Suprimir una ley. ■ Delante de *e* se escribe *gu* en lugar de *g*: *abrogué.* SIN. Abolir, anular. ANT. Aprobar.

**abrojo** *s. m.* Planta de tallos largos que se extienden por el suelo y fruto espinoso. Es muy perjudicial para los sembrados.

**abroncar** *v.* Abuchear: *Los espectadores abroncaron al árbitro.* ■ Delante de *e* se escribe *qu* en lugar de *c*: *Le abronqué.* SIN. Silbar, pitar. ANT. Aplaudir.

**abrótano** *s. m.* Planta de hojas finas y blanquecinas y flores de color amarillo, usada para elaborar crecepelos.

**abrumador, ra** *adj.* **1.** Que agobia o cansa mucho: *Tengo un trabajo abrumador.* **2.** Muy grande, que vence por completo: *Su equipo de baloncesto obtuvo una victoria abrumadora.* SIN. **2.** Aplastante.

**abrumar** *v.* **1.** Cansar, agobiar: *Le abruman con tantos encargos.* **2.** Hacer que una persona sienta vergüenza o se encuentre incómoda al ser exce-

sivamente amable con ella o alabarla demasiado: *Me abruma con sus elogios.*
SIN. **1.** Atosigar. **2.** Azorar. ANT. **1.** Aliviar.
FAM. Abrumador.

**abrupto, ta** *adj.* Se dice del terreno accidentado o montañoso.
SIN. Escarpado, quebrado. ANT. Llano.

**ABS** *s. m.* Palabra formada con la expresión alemana *Antiblockiersystem*, 'sistema antibloqueo'; es un sistema de seguridad de los vehículos que impide que las ruedas se bloqueen al frenar. ■ No varía en plural.

**absceso** *s. m.* Grano lleno de pus que sale a causa de una infección.
SIN. Divieso, forúnculo.

**abscisa** *s. f.* En matemáticas, línea horizontal en un sistema de ejes cartesianos.

**absentismo** *s. m.* Hecho de faltar al trabajo sin un motivo justificado.

**ábside** *s. m.* Parte de una iglesia, cubierta con bóveda y generalmente en forma de medio círculo, que sobresale en la parte de atrás del edificio y donde se encuentra el altar mayor. (Busca el dibujo de **catedral**).

**absolución** *s. f.* Acción de absolver o perdonar un pecado o culpa.
SIN. Perdón. ANT. Condena.

**absolutamente** *adv.* Por completo, totalmente: *Eso es absolutamente cierto.*

**absolutismo** *s. m.* Forma de gobierno característica de las monarquías de los siglos XVII y XVIII en la que el rey tenía todos los poderes del Estado.

**absolutista** *adj.* y *s. m.* y *f.* Que es partidario del absolutismo o está relacionado con él.

**absoluto, ta** *adj.* **1.** Total: *oscuridad absoluta, confianza absoluta.* **2.** Se aplica a los números o cantidades que se toman con su propio valor, sin compararlos con otros números o cantidades; se opone a *relativo.*
EXPR. **en absoluto** De ninguna manera: *¿Te molesta acercarme a casa? No, en absoluto.*
SIN. **1.** Completo. ANT. **1.** Limitado.
FAM. Absolutamente, absolutismo, absolutista.

**absolutorio, ria** *adj.* Se dice del fallo o la sentencia que absuelve al acusado.

**absolver** *v.* **1.** Perdonar los pecados. **2.** Declarar un tribunal que la persona a la que ha juzgado es inocente. ■ Es un verbo irregular. Se conjuga como *volver.*
SIN. **2.** Exculpar. ANT. **2.** Condenar.
FAM. Absolución, absolutorio.

**absorbente** *adj.* **1.** Capaz de absorber o empapar: *papel absorbente.* **2.** Se dice de los trabajos o actividades que necesitan mucho tiempo o atención. **3.** Se aplica a las personas que quieren tener pendientes a los demás o hacerlo según ellas: *Es tan absorbente que no me deja salir si no va él.*
SIN. **3.** Dominante, posesivo.

**absorber** *v.* **1.** Atraer un cuerpo a un líquido o gas y conservarlo dentro de él: *La tierra absorbe el agua de la lluvia.* **2.** Ocupar totalmente la atención, el interés o el tiempo de alguien: *La lectura le absorbe por completo.* ■ No confundir con *adsorber,* 'atraer un cuerpo a un líquido o gas y retenerlo en su superficie'.
SIN. **1.** Chupar. **1.** y **2.** Embeber. ANT. **1.** Expulsar. **2.** Distraer.
FAM. Absorbente, absorción, absorto. / Reabsorber.

**absorción** *s. f.* Acción de absorber: *Durante la digestión se produce la absorción de los alimentos.*

**absorto, ta** *adj.* Totalmente concentrado en lo que hace o dice: *Estaba absorto en su trabajo.*
SIN. Embebido, enfrascado, abstraído. ANT. Distraído.

**abstemio, mia** *adj.* y *s. m.* y *f.* Que no bebe alcohol.
ANT. Bebedor, borracho, alcohólico.

**abstención** *s. f.* Acción de abstenerse y particularmente de no participar en una votación.
ANT. Participación.

**abstenerse** *v.* No hacer, decir o consumir algo: *Muchos alumnos se abstuvieron de votar en las elecciones para delegado de curso. Debe abstenerse del tabaco porque le hace daño a la salud.* ■ Es un verbo irregular. Se conjuga como *tener.*
SIN. Prescindir, contenerse. ANT. Participar.
FAM. Abstención, abstinencia.

**abstinencia** *s. f.* Acción de abstenerse de algo, como por ejemplo no comer carne en algunos días establecidos por la Iglesia.
EXPR. **síndrome de abstinencia** Temblores, ansiedad o malestar que tiene alguien cuando deja de tomar sustancias como tabaco, medicinas o drogas a las que estaba acostumbrado.

**abstracción** *s. f.* **1.** Acción de abstraer alguna cosa o de abstraerse alguien. **2.** Idea o cosa abstracta, poco clara o definida.

**abstracto, ta** *adj.* **1.** Se dice de las cualidades que se consideran separadamente de la persona o cosa que las posee, como por ejemplo la belleza o la bondad. **2.** Poco preciso: *Me dio una descripción demasiado abstracta de lo que ocurrió.* **3.** Se aplica al arte que representa figuras geométricas o combinaciones de colores, pero que no reproduce cosas que pueden verse en la realidad. (Puedes ver su ilustración en la página siguiente).
SIN. **2.** Impreciso, indefinido. ANT. **2.** Preciso, concreto. **3.** Figurativo.

**abstraer** *v.* **1.** Separar con el pensamiento alguna cualidad de una persona o cosa; por ejemplo, nosotros abstraemos cuando pensamos en la bondad sin fijarnos concretamente en ninguna persona o cosa buena. ‖ **abstraerse 2.** Desviar la atención de otras cosas para fijarla en algo: *Con grandes esfuerzos consiguió abstraerse del ruido de la calle y ponerse a estudiar.* ■ Es un verbo irregular. Se conjuga como *traer.*

pintura **abstracta**

SIN. **2.** Embeberse, ensimismarse. ANT. **2.** Distraerse. FAM. Abstracción, abstracto, abstraído.

**abstraído, da** *adj.* Que está pensando en sus cosas y no se entera de lo que pasa alrededor: *Elena paseaba abstraída y no me vio.*
SIN. Absorto, ensimismado. ANT. Atento, alerta.

**absurdo, da** *adj. y s. m.* Que no tiene sentido: *Es absurdo que te compres faldas si luego sólo te pones pantalones.*
SIN. Disparatado, ilógico, irracional; disparate, desatino. ANT. Lógico, racional.

**abubilla** *s. f.* Pájaro algo más pequeño que la paloma, con un largo pico curvado y una vistosa cresta. Se alimenta de insectos y es característico su mal olor.

**abubilla**

**abuchear** *v.* Protestar con silbidos u otros ruidos contra alguien: *El público abucheó al cantante.*
SIN. Silbar, pitar, abroncar. ANT. Aplaudir, ovacionar. FAM. Abucheo.

**abucheo** *s. m.* Acción de abuchear.
SIN. Pita, bronca. ANT. Aplauso, ovación.

**abuelastro, tra** *s. m. y f.* **1.** Padre o madre del padrastro o de la madrastra de una persona. **2.** Segundo marido de la abuela o segunda mujer del abuelo de una persona.

**abuelo, la** *s. m. y f.* **1.** Padre o madre de los padres de alguien. **2.** Persona anciana: *Los abuelos del pueblo se reúnen para jugar al dominó.*
FAM. Abuelastro. / Bisabuelo, tatarabuelo.

**abuhardillado, da** *adj.* Con buhardilla o en forma de buhardilla: *Mi dormitorio tiene el techo abuhardillado.*

**abulense** *adj. y s. m. y f.* De Ávila, ciudad y provincia españolas.

**abulia** *s. f.* Desgana, desinterés.
SIN. Apatía. ANT. Entusiasmo, dinamismo. FAM. Abúlico.

**abúlico, ca** *adj. y s. m. y f.* Que tiene abulia.
SIN. Apático. ANT. Dinámico.

**abullonado, da** *adj.* Se dice de una prenda de vestir, o de una parte de ella, que está muy fruncida por un extremo y ajustada por otro: *un vestido de mangas abullonadas.*

**abultado, da** *adj.* **1.** Hinchado: *Su cara está muy abultada a causa de las paperas.* **2.** Grande o exagerado: *Nuestro equipo consiguió una abultada victoria.*
ANT. **2.** Ajustado.

**abultamiento** *s. m.* Bulto en una superficie.

**abultar** *v.* **1.** Ocupar un espacio: *El paquete abulta mucho.* **2.** Exagerar: *La manifestación no fue muy importante, pero algunos periódicos abultaron la noticia.* || **abultarse 3.** Hincharse algo: *Se le ha abultado la mejilla.*
SIN. **3.** Inflamarse. ANT. **3.** Deshincharse. FAM. Abultado, abultamiento.

**abundamiento** Se usa en la expresión **a** o **para mayor abundamiento**, que significa 'además': *Eran cinco hermanos y a mayor abundamiento se fue a vivir con ellos un primo.*

**abundancia** *s. f.* Gran cantidad de una cosa.
SIN. Multitud, riqueza, profusión. ANT. Escasez.

**abundante** *adj.* Que abunda, que existe en gran cantidad.
SIN. Copioso. ANT. Escaso.

**abundar** *v.* Haber mucho de algo: *En Valencia abundan los naranjos.*
SIN. Proliferar. ANT. Escasear, faltar. FAM. Abundamiento, abundancia, abundante.

**¡abur!** *interj.* ¡Adiós!

**aburguesarse** *v.* Acostumbrarse a la vida tranquila y acomodada propia de los burgueses.

**aburrido, da** *adj.* **1.** Que aburre: *un juego aburrido.* || *adj.* y *s. m.* y *f.* **2.** Que no es capaz de divertirse: *Es un chico aburrido que no se entretiene con nada.* SIN. **1.** Pesado. **1.** y **2.** Soso. ANT. **1.** Distraído. **1.** y **2.** Divertido.

**aburrimiento** *s. m.* Cansancio o fastidio que produce lo que aburre.
SIN. Pesadez, tedio, hastío. ANT. Distracción, diversión.

**aburrir** *v.* **1.** Resultar pesado algo, no encontrarlo divertido o entretenido: *Le aburre el fútbol. Me aburro viendo el telediario.* **2.** Cansar, molestar: *Estas niñas aburren a cualquiera, no paran de pelearse.*
SIN. **1.** y **2.** Hastiar, hartar. **2.** Cargar. ANT. **1.** Distraer, divertir, entretener. **2.** Agradar.
FAM. Aburrido, aburrimiento.

**abusar** *v.* **1.** Tomar o usar demasiado una cosa: *Si abusas del chocolate, se te picarán los dientes.* **2.** Aprovecharse de la debilidad, ignorancia, inocencia de alguien: *Como es más pequeño, sus hermanos abusan de él.*
SIN. **1.** Pasarse, excederse. ANT. **1.** Controlarse.
FAM. Abusivo, abuso, abusón.

**abusivo, va** *adj.* Que es un abuso: *Los precios de estas frutas son abusivos.*
SIN. Excesivo, desmedido.

**abuso** *s. m.* Acción de abusar, hacer uso excesivo de una cosa o aprovecharse de alguien o algo: *El abuso del alcohol va a destrozar su salud. Es un abuso hacerle trabajar tantas horas.*
SIN. Exceso. ANT. Moderación, control.

**abusón, na** *adj.* y *s. m.* y *f.* Que abusa de otros.
SIN. Aprovechado.

**abyecto, ta** *adj.* Despreciable, indigno: *Era una persona malvada de sentimientos abyectos.*
SIN. Vil, ruin. ANT. Digno.

**acá** *adv.* **1.** Indica el sitio donde está la persona que habla: *Ven acá, niño.* **2.** Expresa el momento presente en que se encuentra el que habla: *Del martes acá he cambiado de opinión.*
SIN. **1.** Aquí. ANT. **1.** Allí, allá.

**acabado, da** *adj.* **1.** Que ha llegado a su fin: *El curso está acabado.* **2.** Que está en un estado o situación muy malos: *Cuando se quedó sin trabajo, parecía un hombre acabado.* || *s. m.* **3.** Forma de estar terminada una cosa: *Tu coche tiene un buen acabado.*
SIN. **1.** Terminado, finalizado. **3.** Remate.

**acabar** *v.* **1.** Poner fin a algo o llegar algo a su fin: *He acabado el dibujo. La obra de teatro acaba a las doce.* **2.** Haber comido o bebido algo en su totalidad: *¡Acaba ya la sopa de una vez!* **3.** Tener una película, novela o cualquier situación un final u

otro: *La fiesta acabó mal.* **4.** Tener un objeto en su terminación la forma que se indica: *Los barrotes acaban en punta.* || **acabarse 5.** No quedar nada de una cosa: *Se ha acabado el azúcar.*
EXPR. **acabar con** Matar, destruir: *Una grave enfermedad acabó con su vida.* **acabar de** Con un infinitivo, indica que la acción se ha producido inmediatamente antes: *Acabo de llegar.*
SIN. **1.** Concluir, finalizar. **1.** a **5.** Terminar. **5.** Agotarse, gastarse. ANT. **1.** Iniciar. **1.** a **3.** Empezar, comenzar.
FAM. Acabado, acabose. / Inacabable, inacabado, sanseacabó.

**acabose** *s. m.* Un total desastre, el colmo. Se usa sobre todo en la frase **ser** algo **el acabose.**

**acacia** *s. f.* Árbol o arbusto de madera dura y flores olorosas en racimos colgantes, que a veces tiene espinas. La especie más común en España es la falsa acacia, que da unas flores blancas llamadas *pan y quesillo.*

**academia** *s. f.* **1.** Centro de enseñanza para ciertas carreras, profesiones o actividades: *academia militar, academia de peluquería.* **2.** Sociedad o institución artística, literaria o científica: *Real Academia Española.*
FAM. Académico.

**académico, ca** *adj.* y *s. m.* y *f.* **1.** De alguna de las instituciones llamadas academias o relacionado con ella: *un académico de la lengua.* || *adj.* **2.** Que está de acuerdo con las normas establecidas tradicionalmente: *Pinta de un modo completamente académico.* **3.** De la enseñanza oficial: *El curso académico empieza en octubre.*

**acaecer** *v.* Ocurrir, suceder: *Los hechos acaecieron hace diez años.* ■ Es un verbo irregular. Se conjuga como *agradecer.*
SIN. Pasar, acontecer, sobrevenir.

**acallar** *v.* **1.** Hacer callar ruidos o voces: *Acalló las protestas con un gesto.* **2.** Calmar, aplacar: *Tuvo que acallar el hambre con un bocadillo.*
SIN. **1.** Silenciar, enmudecer. **2.** Serenar, sosegar. ANT. **2.** Exaltar, excitar.

**acalorado, da** *adj.* **1.** Que tiene mucho calor. **2.** Excitado, enfadado o apasionado: *Cada vez que le hablas de su equipo de fútbol se pone muy acalorado. Tuvieron una discusión acalorada.*

**acaloramiento** *s. m.* **1.** Excitación o enfado: *Discutían con acaloramiento.* **2.** Sensación de calor.

**acalorar** *v.* **1.** Dar o causar calor: *Correr acalora a cualquiera.* || **acalorarse 2.** Ponerse la cara roja por el calor, el ejercicio. **3.** Excitarse o enfadarse: *Se acalora por nada.*
SIN. **3.** Exaltarse. ANT. **1.** Refrescar. **3.** Calmarse.
FAM. Acalorado, acaloramiento.

**acampada** *s. f.* Acción de acampar, generalmente en tiendas de campaña: *El sábado nos vamos de acampada.* (Puedes ver su ilustración en la página siguiente).

doble techo

mazo

tienda de campaña

esterilla aislante

viento

piquetas

macuto

saco de dormir

cantimplora

**acampada**

**acampanado, da** *adj.* Con forma de campana, es decir, más ancho por abajo: *Este pantalón tiene las patas acampanadas.*

**acampar** *v.* Instalarse en el campo, en tiendas de campaña o al aire libre.
FAM. Acampada.

**acanalado, da** *adj.* En forma de canal o con estrías: *Esta casa de campo tiene un tejado acanalado. Una columna acanalada.*

**acantilado** *s. m.* Parte de la costa cortada verticalmente sobre el mar.
FAM. Cantil.

**acanto** *s. m.* **1.** Planta que tiene hojas largas, rizadas y con muchas puntas; se utiliza como planta decorativa. **2.** Adorno que imita la hoja de esta planta; lo tienen los capiteles de algunas columnas.

**acantonar** *v.* Instalar a los soldados en un lugar.

**acaparador, ra** *adj. y s. m. y f.* Que acapara y desea todo para él: *No seas acaparador, déjales los juguetes a tus hermanos.*

**acaparar** *v.* **1.** Quedarse con todo o la mayor parte de una cosa: *Nuestro colegio acaparó todos los premios en el concurso.* **2.** Utilizar algo o aprovecharse de ello sin que los demás puedan hacerlo: *En cuanto llega a casa acapara el teléfono.* **3.** Atraer por completo la atención o interés de los demás.
SIN. **1.** Copar. **3.** Absorber. ANT. **1.** y **2.** Compartir, repartir.
FAM. Acaparador.

**acápite** *s. m.* En Hispanoamérica, párrafo o título de un escrito.

**acaramelado, da** *adj.* **1.** Cubierto de caramelo. **2.** Que se muestra muy dulce y cariñoso: *Los novios estaban muy acaramelados.*

**acariciar** *v.* **1.** Hacer caricias: *A mi gato le encanta que le acaricien detrás de las orejas.* **2.** Tocar o rozar suavemente una cosa a otra: *La brisa acaricia su rostro.* **3.** Pensar con agrado en algo que se tiene la esperanza de conseguir: *Acariciaba la idea de visitar un día aquel lejano país.*

**ácaro** *s. m.* Nombre de distintas especies de animales parecidos a la araña. Son de pequeño tamaño, a veces microscópico; algunos son parásitos de las personas y de los animales y pueden transmitir enfermedades, como el que produce la sarna.

**acarrear** *v.* **1.** Causar daños, desgracias u otras cosas malas: *Su mal comportamiento le acarreó muchos disgustos.* **2.** Transportar algo en carro o por cualquier otro medio: *Los agricultores acarrean la remolacha hasta la fábrica de azúcar.*
SIN. **1.** Ocasionar, originar, provocar. **2.** Trasladar.
FAM. Acarreo.

**acarreo** *s. m.* Acción de acarrear una cosa de un lugar a otro.
SIN. Transporte, traslado, porte.

**acartonarse** *v.* Ponerse como el cartón; se dice sobre todo de la piel seca y arrugada de algunas personas cuando envejecen.

**acaso** *adv.* Indica la posibilidad de que suceda algo: *¿Acaso se enfadó?*
**EXPR. por si acaso** Por si ocurre algo. **si acaso** En todo caso, como mucho: *No voy a cenar; si acaso, tomaré un yogur.*
**SIN.** Quizá.

**acastañado, da** *adj.* Que tira al color castaño: *Tiene el pelo acastañado.*

**acatamiento** *s. m.* Acción de acatar.
**SIN.** Cumplimiento, obediencia.

**acatar** *v.* **1.** Aceptar y obedecer una orden, ley o mandato: *Le expulsaron por no acatar las normas.* **2.** Respetar o reconocer la autoridad de una persona o institución.
**SIN. 1.** Cumplir, someterse. **ANT. 1.** Desobedecer.
**FAM.** Acatamiento. / Desacato.

**acatarrarse** *v.* Coger un catarro.
**SIN.** Costiparse, resfriarse.

**acaudalado, da** *adj.* Rico, adinerado.

**acaudillar** *v.* Dirigir, capitanear: *Acaudilló una rebelión.*
**SIN.** Liderar, encabezar.

**acceder** *v.* **1.** Estar de acuerdo con lo que otro pide o quiere: *El amigo accedió a su ruego.* **2.** Llegar, entrar: *Hay un camino para acceder a la cueva.* **3.** Conseguir: *Accedió al puesto de director.*
**SIN. 1.** Consentir, ceder, transigir. **2.** Pasar. **3.** Obtener, lograr. **ANT. 1.** y **3.** Rehusar, rechazar. **2.** Salir.
**FAM.** Accesibilidad, accesible, acceso, accesorio. / Inaccesible.

**accesibilidad** *s. f.* Característica de las personas o cosas accesibles: *El refugio está en lo alto de la montaña pero tiene una buena accesibilidad.*

**accesible** *adj.* **1.** Se dice de lo que se puede alcanzar o del lugar al que se puede llegar. **2.** Que se entiende fácilmente: *una explicación accesible.* **3.** Amable, de fácil trato: *No temas hablar con él, porque es una persona accesible.*
**SIN. 2.** Comprensible. **2.** y **3.** Asequible. **3.** Tratable. **ANT. 1.** Inaccesible, inalcanzable. **2.** Incomprensible. **3.** Intratable.

**accésit** *s. m.* Recompensa inferior al premio que se da en algunos concursos. ■ No varía en plural.

**acceso** *s. m.* **1.** Acción de llegar o acercarse: *El acceso a la cima fue penoso a causa del frío.* **2.** Entrada o paso: *Están cortados los accesos por carretera a la ciudad.* **3.** Posibilidad de llegar a alguien o a algo: *Tiene acceso al director. A través de internet tienes acceso a mucha información.* **4.** Ataque repentino: *un acceso de tos.*
**SIN. 1.** Llegada, acercamiento. **ANT. 1.** Alejamiento. **2.** Salida.

**accesorio, ria** *adj.* **1.** Que no es necesario o principal: *Para este trabajo saber idiomas es algo accesorio.* ‖ *s. m.* **2.** Objeto que sirve de complemento o adorno a otro: *Los accesorios del vestido van a*

juego. **3.** Pieza de recambio de una máquina: *Ya no hay accesorios para ese coche tan antiguo.*
**SIN. 1.** Secundario. **2.** Complemento. **3.** Repuesto.
**ANT. 1.** Fundamental.

**accidentado, da** *adj.* **1.** Con muchos problemas o contratiempos: *Fue un viaje muy accidentado.* **2.** Se aplica al terreno muy montañoso. ‖ *adj.* y *s. m.* y *f.* **3.** Se dice de la persona que ha sufrido un accidente.
**SIN. 2.** Escarpado, abrupto. **3.** Damnificado. **ANT. 1.** Tranquilo, apacible. **2.** Llano. **3.** Ileso.

**accidental** *adj.* **1.** Que ocurre por casualidad: *Mi encuentro con él en la calle fue accidental.* **2.** Que no es importante.
**SIN. 1.** Casual, fortuito. **2.** Accesorio, secundario. **ANT. 1.** Premeditado, deliberado. **2.** Esencial.

**accidentarse** *v.* Sufrir un accidente.
**SIN.** Lesionarse.

**accidente** *s. m.* **1.** Suceso inesperado que normalmente causa daños: *Andrés ha tenido un accidente de coche.* **2.** Casualidad: *Paseando descubrió el arroyo por puro accidente.* **3.** En geografía, ríos, montañas, valles y otras cosas que dan la forma y aspecto característicos de un lugar.
**SIN. 1.** Percance. **2.** Azar, suerte.
**FAM.** Accidentado, accidental, accidentarse.

**acción** *s. f.* **1.** Cualquier acto o hecho: *Ayudarle fue una buena acción.* **2.** Influencia o efecto de una persona o cosa sobre otra: *Ese árbol está inclinado por la acción del viento.* **3.** Serie de acontecimientos que suceden en una película, novela, obra de teatro: *La acción se sitúa en París.* **4.** En economía, cada una de las partes en que se divide el capital de una empresa, y que están repartidas entre los accionistas.
**SIN. 1.** Actuación, obra.
**FAM.** Accionar, accionista. / Coacción, inacción, interacción, reacción.

**accionar** *v.* **1.** Poner en funcionamiento un mecanismo: *La alarma del coche se accionó al tocarlo.* **2.** Hacer gestos o movimientos una persona cuando habla: *No paraba de accionar con las manos.*
**SIN. 1.** Activar. **2.** Gesticular. **ANT. 1.** Desactivar.

**accionista** *s. m.* y *f.* Persona que posee acciones de una empresa.

**ace** *s. m.* En el tenis, tanto que se consigue directamente con el saque. ■ Es una palabra inglesa.

**acebo** *s. m.* Árbol o arbusto de hojas perennes, espinosas y frutos en forma de bolita de color rojo muy vivo; las ramas con sus frutos se emplean como adorno navideño.

**acebuche** *s. m.* Olivo silvestre.

**acechanza** *s. f.* Acción de acechar o perseguir a alguien de forma disimulada. ■ No confundir con *asechanza*, 'engaño, trampa'.
**SIN.** Vigilancia, acecho.

**acechar** *v.* **1.** Vigilar de forma disimulada a una persona o animal: *El cazador acecha a su presa.* **2.** Amenazar: *Al penetrar en la selva, nuevos peligros acechaban al héroe.* SIN. **1.** Espiar. FAM. Acechanza, acecho.

**acecho** *s. m.* Acción de acechar. Se usa sobre todo en la expresión **al acecho**, que significa 'en actitud de acechar': *La policía estaba al acecho para atrapar al ladrón.*

**acedía** *s. f.* Busca **platija.**

**aceite** *s. m.* Sustancia grasa, líquida a temperatura normal, que no se mezcla con el agua. Puede tener un origen vegetal (aceituna, girasol, soja), animal (ballena, foca, bacalao) o mineral (carbón de hulla). Algunos aceites sirven para la alimentación y otros para uso industrial. FAM. Aceitera, aceitero, aceitoso, aceituna.

**aceitera** *s. f.* Frasco o recipiente que contiene una pequeña cantidad de aceite para consumo diario.

**aceitero, ra** *adj.* Relacionado con el aceite: *la industria aceitera.*

**aceitoso, sa** *adj.* **1.** Que tiene aceite o demasiado aceite: *El filete que nos pusieron estaba muy aceitoso.* **2.** Grasiento, manchado de aceite: *He estado dándome bronceador y tengo las manos aceitosas.*

**aceituna** *s. f.* Fruto del olivo, pequeño, redondeado y de color verde. Es comestible y se usa mucho para sacar aceite. FAM. Aceitunado, aceitunero.

aceituna

**aceitunado, da** *adj.* De color parecido al de la aceituna verde: *una piel aceitunada.*

**aceitunero, ra** *adj.* **1.** Relacionado con la aceituna. ‖ *s. m.* y *f.* **2.** Persona que recoge, transporta o vende aceitunas.

**aceleración** *s. f.* Acción de acelerar o acelerarse. SIN. Apresuramiento.

**acelerado, da** *adj.* Que está nervioso o hace las cosas muy deprisa: *Hoy tengo tantas cosas que hacer que estoy acelerada.*

**acelerador** *s. m.* Mecanismo que lleva un motor para aumentar su velocidad.

**acelerar** *v.* Aumentar la velocidad de algo o hacerlo más deprisa: *Acelera si quieres que lleguemos a*

clase. *Como se acercaba la fecha de la fiesta, aceleraron los preparativos.* SIN. Apresurar, aligerar, correr. ANT. Frenar, parar. FAM. Aceleración, acelerado, acelerador, acelerón. / Desacelerar.

**acelerón** *s. m.* Acción de acelerar bruscamente un motor. ANT. Frenazo.

**acelga** *s. f.* Planta de huerta de hojas grandes y anchas, con el tallo blanco, grueso y acanalado.

**acémila** *s. f.* **1.** Mula o mulo usado para transportar carga. **2.** Persona bruta o ignorante. SIN. **2.** Asno, burro, bestia, animal.

**acendrado, da** *adj.* Sin ningún defecto ni nada que parezca mal: *Dio muestras de la más acendrada honradez.* SIN. Irreprochable, intachable, inmaculado. ANT. Turbio, corrompido.

**acento** *s. m.* **1.** Mayor o menor fuerza con que se pronuncia una sílaba; también, rayita inclinada que se pone sobre la vocal de esa sílaba, cuando las normas de acentuación lo determinan. **2.** Entonación característica de una persona, región o país: *Por su acento, se notaba que era extranjero.* FAM. Acentuación, acentuado, acentuar.

**acentuación** *s. f.* Acción de poner el acento en las palabras.

**acentuado, da** *adj.* **1.** Que lleva acento o se pronuncia con acento: *vocal acentuada.* **2.** Que se ve o se nota mucho: *La muñeca tenía unas pecas muy acentuadas.* SIN. **1.** Tónico. **2.** Marcado.

**acentuar** *v.* **1.** Pronunciar una palabra marcando su acento o poner la rayita del acento ortográfico sobre una vocal. **2.** Hacer que algo se vea o se note más: *Ese vestido acentúa su buen tipo.* **3.** Aumentar: *Ante tantos robos, el banco acentuó las medidas de seguridad.* SIN. **2.** Resaltar, recalcar, realzar. **3.** Incrementar. ANT. **2.** Atenuar, disimular. **3.** Disminuir.

**aceña** *s. f.* Molino de agua.

**acepción** *s. f.* Cada uno de los significados que tiene una palabra: *«Acentuar» tiene en este diccionario tres acepciones.*

**aceptable** *adj.* Que puede ser aceptado por considerarlo bueno o adecuado: *un trabajo aceptable.* SIN. Admisible. ANT. Inaceptable.

**aceptación** *s. f.* Buena acogida, aprobación: *La idea de la excursión tuvo mucha aceptación en clase.* ANT. Rechazo.

**aceptar** *v.* **1.** Recibir algo de buena gana: *Acepto vuestras disculpas.* **2.** Admitir: *Le han aceptado en la pandilla.* **3.** Aprobar: *El director aceptó el cambio de horario que querían los alumnos.* SIN. **2.** Acoger. ANT. **1.** a **3.** Rechazar. FAM. Aceptable, aceptación. / Inaceptable.

## ACENTO

| TIPOS DE PALABRAS SEGÚN LA POSICIÓN DEL ACENTO | |
| --- | --- |
| **Agudas** | Llevan el acento en la última sílaba: *abril, abedul, consomé, sol.* |
| **Llanas o graves** | Llevan el acento en la penúltima sílaba: *mesa, estufa, útil, Sevilla, césped.* |
| **Esdrújulas** | Llevan el acento en la antepenúltima sílaba: *fábrica, antipático, lúgubre, líquido, píldora.* |

| REGLAS DE ACENTUACIÓN | |
| --- | --- |
| **Palabras agudas** | Sólo se escriben con acento las que terminan en vocal, *n* o *s*: *café, sofá, zulú, camión, champán, sartén, revés, jamás, parchís.* |
| **Palabras llanas o graves** | Se escriben con acento todas las que no acaban en vocal, *n* o *s*: *cárcel, huésped, carácter, Rodríguez, lápiz, árbol, difícil, fácil.* |
| **Palabras esdrújulas** | Todas se escriben con acento: *lámpara, sólido, lógica, gárgara, ágape, cántaro, pájaro, pícaro.* |

**acequia** *s. f.* Canal pequeño por donde va el agua y que se usa para regar.

**acera** *s. f.* Parte de la calle por la que caminan los peatones; suele estar situada junto a los edificios y es más elevada que la calzada.

**acequia**

**EXPR. de la acera de enfrente** o **de la otra acera** Homosexual.

**acerado, da** *adj.* **1.** De acero o parecido a él. **2.** Duro, agresivo: *El entrenador hizo una acerada crítica de la actuación de los jugadores.* SIN. **2.** Incisivo.

**acerbo, ba** *adj.* **1.** Cruel, duro: *Le reprendió con palabras acerbas.* **2.** Fuerte y desagradable al gusto, como los sabores amargos o agrios. ■ No confundir con *acervo*, 'conjunto de bienes o conocimientos'. SIN. **1.** Severo, despiadado. ANT. **1.** Suave, indulgente. FAM. Exacerbar.

**acerca de** *expr.* Se coloca delante de la palabra o palabras que expresan aquello de lo que se habla, discute o escribe: *Hizo una redacción acerca del medio ambiente.*

**acercamiento** *s. m.* Acción de acercarse: *el acercamiento del barco a la costa; el acercamiento entre los alumnos y el profesor.* SIN. Aproximación. ANT. Alejamiento, separación.

**acercar** *v.* **1.** Poner a una persona o cosa cerca de alguien o algo: *Acércame el salero. En el restaurante se acercaron a saludarnos.* **2.** Llevar en un vehículo a alguien al lugar adonde quiere ir: *Después de cenar, os acerco en un momento a casa.* **3.** Hacer que exista más unión entre personas, cosas o ideas: *Su afición a la música les acercó mucho.* || **acercarse 4.** Faltar cada vez menos tiempo para que algo suceda: *Se acerca el verano.* **5.** Ir a un lugar: *Me acercaré a su casa para decírselo.* ■ Delante de *e* se escribe *qu* en lugar de *c*: *Me acerqué al fuego para calentarme.* SIN. **1.** Arrimar. **1.** y **3.** Aproximar. **5.** Pasarse. ANT. **1.** Alejar. **3.** Separar. FAM. Acercamiento.

**acería** o **acerería** *s. f.* Fábrica de acero.

**acerico** *s. m.* Almohadilla que se usa en costura para clavar agujas o alfileres. **SIN.** Alfiletero.

**acerico**

**acero** *s. m.* **1.** Hierro combinado con pequeñas cantidades de carbono, lo que le da una mayor dureza y flexibilidad. **2.** Arma blanca, en especial la espada: *Los tres mosqueteros manejaban el acero con gran habilidad.* **FAM.** Acerado, acerería, acería.

**acerolo** *s. m.* Árbol que tiene las hojas como con vello y flores blancas; da unos frutos parecidos a las manzanas, llamados *acerolas*, de color rojo o amarillo y sabor agridulce.

**acérrimo, ma** *adj.* Muy constante y entusiasta: *Es un seguidor acérrimo del equipo de su ciudad.* **SIN.** Enérgico, tenaz.

**acertado, da** *adj.* Que se ha hecho con acierto: *Me parece un regalo muy acertado, seguro que le gusta.* **ANT.** Desacertado.

**acertante** *adj. y s. m. y f.* Que ha acertado en un juego de apuestas, lotería, concurso: *Ha habido pocos acertantes en la quiniela de esta semana.*

**acertar** *v.* **1.** Hallar la solución, el resultado o la manera de hacer algo: *He acertado la adivinanza.* **2.** Dar en el lugar al que se dirige alguna cosa: *El dardo acertó en la diana.* **3.** Encontrar por casualidad algo que se buscaba: *Acertó con la calle.* **4.** Hacer lo mejor o más conveniente: *Acertó al elegir ese libro.* ■ Es un verbo irregular. Se conjuga como *pensar.* **SIN.** **1.** Descubrir, adivinar. **1.** a **4.** Atinar. **ANT.** **1.**, **2.** y **4.** Fallar, errar. **1.** y **4.** Equivocarse. **FAM.** Acertado, acertante, acertijo, acierto. / Desacierto.

**acertijo** *s. m.* Juego en el que hay que adivinar la respuesta a una pregunta en la que se da alguna pista; por ejemplo: *Blanca por dentro, verde por fuera, si quieres que te lo diga, espera. ¿Qué fruta es?: la pera.* **SIN.** Adivinanza.

**acervo** *s. m.* Conjunto de bienes o conocimientos que posee una persona, grupo o país: *Tiene un gran acervo cultural.* ■ No confundir con *acerbo*, 'cruel' o 'amargo'. **SIN.** Patrimonio, caudal.

**acetato** *s. m.* Compuesto químico formado por la combinación de ácido acético y una base; se usa en la industria textil y en la fabricación de plásticos o películas fotográficas.

**acetilsalicílico** *adj. y s. m.* Nombre de un compuesto químico con el que se prepara la *aspirina*, que alivia el dolor y la fiebre.

**acetona** *s. f.* Líquido de olor penetrante, incoloro y que arde con facilidad; frecuentemente se utiliza para fabricar disolventes de sustancias como el esmalte de uñas. Su presencia en la orina produce una enfermedad, frecuente en los niños, que se manifiesta principalmente por vómitos.

**achacable** *adj.* Que se puede achacar a una persona o cosa: *Su falta de apetito es achacable a los nervios por los exámenes.*

**achacar** *v.* Pensar o decir que una persona o cosa tiene la culpa de algo malo, aunque no exista razón para ello. ■ Delante de *e* se escribe *qu* en lugar de *c: No achaques a la mala suerte tus fracasos.* **FAM.** Achacable, achaque.

**achacoso, sa** *adj.* Que sufre achaques.

**achaflanado, da** *adj.* Que hace forma de chaflán o que tiene chaflanes: *un ángulo achaflanado, un edificio achaflanado.*

**achampanado, da** o **achampañado, da** *adj.* Que se parece al champán: *vino achampanado.*

**achantar** *v.* **1.** Acobardar, atemorizar: *A ése le achanta cualquiera.* || **achantarse 2.** Callarse por cobardía, resignación o astucia: *Cuando preguntaron quién había sido, Rafa se achantó y se fue.* **SIN.** **1.** Achicar, amilanar. **ANT.** **2.** Envalentonarse.

**achaparrado, da** *adj.* Bajo y más bien gordo.

**achaque** *s. m.* Molestia o enfermedad poco importante, que se da sobre todo en la vejez. **FAM.** Achacoso.

**achatar** *v.* Poner chato un objeto.

**achicar** *v.* **1.** Disminuir el tamaño de una cosa: *Tienen que achicarle el vestido porque le queda grande.* **2.** Sacar el agua que ha entrado en una embarcación, dique o mina. **3.** Hacer que alguien se sienta inferior en una pelea o discusión: *Se achica con los que tienen más fuerza que él.* ■ Delante de *e* se escribe *qu* en lugar de *c: Achiqué el agua.* **SIN.** **3.** Intimidar, achantar, acoquinar. **ANT.** **3.** Envalentonarse.

**achicharrar** *v.* **1.** Freír, asar o tostar demasiado un alimento. || **achicharrarse 2.** Pasar excesivo calor una persona o quemarse con el sol. **SIN.** **1.** Quemar, chamuscar. **2.** Cocerse, asfixiarse. **ANT.** **2.** Helarse.

**achicoria** *s. f.* Hierba perenne, de flores azules. Con sus raíces molidas y tostadas se hace una bebida que se consume en infusión, a veces, en lugar del café.

**achinado, da** *adj.* Que tiene rasgos parecidos a los de los chinos: *ojos achinados.*

**achispado, da** *adj.* Que está algo bebido.

**achisparse** *v.* Ponerse alegre por tomar una bebida alcohólica, pero sin llegar a estar borracho.
SIN. Alegrarse, entonarse.
FAM. Achispado.

**achuchado, da** *adj.* **1.** Apretujado, incómodo: *La gente iba muy achuchada en el autobús.* **2.** Que tiene poco dinero: *Siempre estoy achuchado al final de la semana.* **3.** Difícil, duro, especialmente por razones económicas: *Los precios de las cosas suben y la vida está cada vez más achuchada.*
SIN. **1.** Estrujado, espachurrado.

**achuchar** *v.* **1.** Provocar o incitar a una persona o animal contra otro. **2.** Empujar o apretar a una persona. **3.** Acariciar, abrazar o apretar a alguien cariñosamente.
SIN. **1.** Azuzar. **2.** Estrujar.
FAM. Achuchado, achuchón.

**achuchón** *s. m.* **1.** Acción de achuchar una persona a otra como muestra de cariño. **2.** Malestar o enfermedad que sucede de repente y que no suele durar mucho tiempo: *Le ha dado un achuchón de estómago, pero ya está bien.*
SIN. **2.** Arrechucho.

**achulado, da** *adj.* Un poco chulo: *Tiene un modo de hablar achulado.*

**aciago, ga** *adj.* Se dice de situaciones y momentos en que todo sale mal: *¡Vaya día aciago!, me han robado el coche y he perdido la cartera.*
SIN. Desafortunado, nefasto. ANT. Afortunado.

**acíbar** *s. m.* **1.** Jugo amargo que se extrae de una planta llamada áloe. **2.** Amargura, disgusto: *El equipo probó el acíbar de la derrota.*

**acicalarse** *v.* Arreglarse, ponerse guapo.
SIN. Engalanarse.

**acicate** *s. m.* Estímulo o fuerzas para hacer algo: *Necesitaba un acicate para seguir estudiando.*
SIN. Aliciente. ANT. Freno.

**acidez** *s. f.* **1.** Característica de las cosas ácidas. **2.** Sensación de malestar y ardor en el estómago por exceso de ácidos. ■ Su plural es *acideces.*

**ácido, da** *adj.* **1.** Que tiene un sabor parecido al del limón o el vinagre. || *s. m.* **2.** Compuesto químico del cual forma parte el hidrógeno y que ataca a otros compuestos y a los metales.
SIN. **1.** Agrio, acre. ANT. **1.** Dulce.
FAM. Acidez, acidulante. / Antiácido.

**acidulante** *adj. y s. m.* Se dice de la sustancia que se añade a un alimento para darle un sabor más ácido.

**acierto** *s. m.* **1.** Acción de acertar: *Ha sido un acierto comprarte esa bicicleta.* **2.** Aquello que se acierta: *He tenido tres aciertos en la quiniela.*
ANT. **1.** Desacierto. **2.** Error.

**ácimo** *adj.* Se dice del pan que se hace sin levadura, como el que se utiliza en la misa para la eucaristía.
■ También se escribe *ázimo.*

**aclamación** *s. f.* Acción de aclamar: *La actriz recibía las aclamaciones del público.*
SIN. Aplauso, ovación; proclamación. ANT. Abucheo, pita.

**aclamar** *v.* **1.** Dar voces o aplausos una multitud en honor de alguien: *El público aclamaba al cantante después de la actuación.* **2.** Conceder a alguien por acuerdo de todos un cargo u honor: *Le aclamaron como líder del grupo.*
SIN. **1.** Aplaudir, ovacionar, vitorear. **2.** Proclamar.
ANT. **1.** Abuchear, pitar.
FAM. Aclamación.

**aclaración** *s. f.* Explicación de algo para que se entienda mejor: *Necesito algunas aclaraciones en esta lección.*

**aclarado, da** *adj.* **1.** Explicado: *Con las respuestas de la profesora, las dudas quedaron aclaradas.* **2.** Que es resultado de aclararlo: *Procura que el pelo te quede bien aclarado.* || *s. m.* **3.** Acción de aclarar lo que se está lavando para quitarle el jabón: *Después del aclarado, aplique esta crema al cabello.*

**aclarar** *v.* **1.** Hacer que algo esté menos espeso o apretado: *Aclara el puré echando un poco de caldo.* **2.** Poner alguna cosa de un color más claro: *Mi hermana se aclara el pelo con manzanilla.* **3.** Explicar: *La maestra nos aclaró la definición.* **4.** Echar abundante agua a algo que se está lavando para quitarle el jabón: *Aclaré la ropa.* **5.** Desaparecer las nubes o la niebla: *Si aclara el día, iremos a la piscina.* ■ Con este significado, este verbo sólo se usa en tercera persona. || **aclararse 6.** Tener claro cómo es una cosa, o lo que se quiere hacer o decir: *Gracias a tu ayuda, me he aclarado con este ejercicio.*
SIN. **3.** Esclarecer. **4.** Enjuagar. **5.** Despejarse. **6.** Comprender, enterarse. ANT. **1.** Espesar. **2.** Oscurecer. **3.** y **6.** Liar. **5.** Encapotarse.
FAM. Aclaración, aclarado, aclaratorio.

**aclaratorio, ria** *adj.* Que sirve para aclarar o explicar una cosa: *El libro tiene notas aclaratorias a pie de página.*
SIN. Explicativo, ilustrativo.

**aclimatación** *s. f.* Acción de aclimatar o aclimatarse.
SIN. Adaptación.

**aclimatar** *v.* Acostumbrar a una persona, animal o planta a un ambiente diferente del suyo normal.
SIN. Adaptar, habituar.
FAM. Aclimatación.

**acné** *s. m.* Enfermedad de la piel que tiene lugar principalmente durante la adolescencia y que se caracteriza por la aparición de granos y espinillas.

**acobardar** *v.* **1.** Hacer que alguien se sienta dominado por el miedo a algo: *Le acobarda la altura. Se acobarda ante la enfermedad.* **2.** Quitar ánimos o energía: *Nos acobardó la caminata que quedaba hasta llegar al río.*
SIN. **1.** Atemorizar, amilanar, acoquinar. **2.** Desanimar, desalentar. ANT. **1.** Envalentonarse. **2.** Animar.

**acodado, da** *adj.* Doblado en forma de codo.

**acodarse** *v.* Apoyarse en los codos: *Se acodó en la ventana para observar a la gente que pasaba.*
FAM. Acodado.

**acogedor, ra** *adj.* **1.** Se dice del lugar cómodo y agradable: *Tu piso es pequeño, pero muy acogedor.* **2.** Amable, dispuesto a ayudar a los demás o a recibirles en su casa.
SIN. **2.** Hospitalario.

**acoger** *v.* **1.** Admitir una persona a otra en su casa para protegerla o ayudarla: *Acogen a los pobres y les dan ropas y comida.* **2.** Recibir a alguien o algo de alguna manera: *El público acogió al equipo con un aplauso.* **3.** Aceptar: *Acogieron rápidamente la idea de ir a la playa.* ■ Delante de *a* y *o* se escribe *j* en lugar de *g*: *Acojo tu cariñosa felicitación con agrado.*
SIN. **1.** Amparar. **3.** Acceder.
FAM. Acogedor, acogida.

**acogida** *s. f.* Acción de acoger: *La película tuvo una buena acogida.*
SIN. Aceptación. ANT. Rechazo.

**acogotar** *v.* Dominar a alguien o hacer que alguien se acobarde: *Acogotaron al niño con tantas regañinas.*
SIN. Acoquinar, amilanar.

**acojonante** *adj.* Que causa miedo o mucho asombro. ■ Es una palabra vulgar.

**acojonar** *v.* Asustar o impresionar mucho. ■ Es una palabra vulgar.
FAM. Acojonante.

**acolchado, da** *adj.* **1.** Que tiene por dentro algodón, lana o materiales parecidos: *una chaqueta acolchada.* || *s. m.* **2.** Acción de acolchar. **3.** Aquello con que se acolcha algo: *El acolchado de las paredes se había roto.*

**acolchar** *v.* **1.** Poner algodón, lana u otros materiales parecidos entre dos telas y coserlas una con otra. **2.** Forrar o revestir algo con estas telas rellenas.
FAM. Acolchado.

**acólito** *s. m.* **1.** Persona que ayuda al sacerdote durante la misa o en otras celebraciones. **2.** Seguidor de una persona que la acompaña a todas partes y generalmente depende de ella: *El jefe iba siempre rodeado de sus acólitos.*
SIN. **1.** Monaguillo. **2.** Secuaz.

**acometer** *v.* **1.** Atacar, dirigirse violentamente contra alguien o algo: *El jabalí acometió contra el cazador. El coche se salió de la carretera y acometió contra la valla.* **2.** Empezar un trabajo o acción difícil: *Los alpinistas acometieron la escalada con entusiasmo.*
SIN. **1.** Embestir, arremeter. **2.** Emprender. ANT. **1.** Retroceder, huir.
FAM. Acometida.

**acometida** *s. f.* **1.** Acción de acometer contra alguien o algo: *La grúa derribó el muro en la primera acometida.* **2.** Enlace de un canal, tubo o conducto principal con otro menos importante.
SIN. **1.** Embestida.

**acomodadizo, za** *adj.* Busca **acomodaticio**.

**acomodado, da** *adj.* **1.** Colocado en su sitio o cómodamente. **2.** Que tiene una buena posición económica: *Era hijo de una familia acomodada.*
SIN. **2.** Rico, pudiente. ANT. **2.** Pobre, necesitado.

**acomodador, ra** *s. m. y f.* Persona que en los cines, teatros y otros espectáculos lleva a los espectadores hasta sus asientos.

**acomodar** *v.* **1.** Colocar a alguien o algo en lugar apropiado para que esté bien: *Acomodó a cada invitado en una habitación. Se acomodó en el primer asiento.* **2.** Preparar o arreglar algo de forma conveniente: *Hay que acomodar la casa antes de entrar a vivir en ella.* || **acomodarse 3.** Adaptarse: *Le costó acomodarse al nuevo colegio.*
SIN. **1.** Situar, acoplar. **2.** Acondicionar. **3.** Amoldarse, aclimatarse.
FAM. Acomodadizo, acomodado, acomodador, acomodaticio, acomodo.

**acomodaticio, cia** *adj.* Se dice de la persona que se adapta fácilmente a todo, por falta de ideas propias, por comodidad o interés.
SIN. Conformista, acomodadizo. ANT. Intransigente.

**acomodo** *s. m.* **1.** Acción de acomodar o acomodarse: *Un camarero se encargaba del acomodo de los clientes en las mesas.* **2.** Lugar en que se acomoda a una persona o cosa: *Consiguió acomodo en un hotel de la ciudad.*

**acompañamiento** *s. m.* **1.** Personas o cosas que acompañan. **2.** Música con que se acompaña la melodía principal.
SIN. **1.** Compañía, cortejo, séquito, comitiva.

**acompañante** *adj. y s. m. y f.* Que acompaña a una persona: *El alcalde dio la bienvenida al rey y a sus acompañantes.*

**acompañar** *v.* **1.** Estar o ir una persona, animal o cosa con otra u otras: *Su perro le acompañaba a todas partes.* **2.** Estar con alguien y hacer que no se sienta solo: *La radio acompaña mucho.* **3.** Decir a una persona que sentimos su dolor. Se usa sobre todo en la expresión **le acompaño en el sentimiento**, para dar el pésame a alguien. **4.** Tocar un acompa-

ñamiento musical: *Un pianista acompañó al cantante en su actuación.*
ANT. **1.** Abandonar, dejar.
FAM. Acompañamiento, acompañante.

**acompasado, da** *adj.* Que sigue un ritmo o compás: *Se oía el tictac acompasado del reloj.*
SIN. Rítmico. ANT. Desacompasado.
FAM. Desacompasado

**acomplejado, da** *adj.* y *s. m.* y *f.* Que tiene algún complejo: *Está acomplejado porque saca peores notas que su amigo.*

**acomplejar** *v.* Crearle a una persona un complejo: *Si te metes tanto con él, va a acomplejarse.*
FAM. Acomplejado.

**acondicionado, da** *adj.* Que está en las condiciones adecuadas: *Tienen la casa muy bien acondicionada para el frío.*
EXPR. **aire acondicionado** Busca **aire.**
SIN. Preparado.

**acondicionador, ra** *adj.* y *s. m.* y *f.* **1.** Que sirve para acondicionar: *un champú acondicionador para el cabello.* ‖ *adj.* y *s. m.* **2.** Se dice del aparato que sirve para poner un lugar cerrado a una temperatura agradable y, a veces también, a un nivel de humedad adecuado: *Ha instalado en su habitación un buen acondicionador.*

**acondicionar** *v.* **1.** Poner en las condiciones adecuadas: *Acondicionaron una clase para utilizarla como biblioteca.* **2.** Regular la temperatura de un lugar cerrado, y en ocasiones también la humedad del aire.
SIN. **1.** Preparar, acomodar, disponer.
FAM. Acondicionado, acondicionador.

**aconfesional** *adj.* Se dice de los países, partidos políticos y organizaciones que no tienen una religión oficial.
ANT. Confesional.

**acongojado, da** *adj.* Muy triste y preocupado.

**acongojar** *v.* Causar mucha pena, intranquilidad o miedo: *Le acongojan tantas dificultades.*
SIN. Afligir, apenar; angustiar. ANT. Alegrar; aliviar.
FAM. Acongojado.

**aconsejable** *adj.* Bueno o beneficioso para algo: *Es aconsejable que hagas deporte.*

**aconsejar** *v.* **1.** Dar un consejo: *Me aconsejaron que comiera menos.* **2.** Presentar algo como bueno o conveniente: *El mal estado de la carretera aconsejaba conducir con mucha prudencia.*
SIN. **1.** y **2.** Recomendar. ANT. **1.** Desaconsejar.
FAM. Aconsejable. / Desaconsejar.

**acontecer** *v.* Suceder o producirse un hecho: *Por aquellos días aconteció la erupción del volcán.* ■ Es un verbo irregular. Se conjuga como *agradecer.*
SIN. Ocurrir, acaecer.
FAM. Acontecimiento.

**acontecimiento** *s. m.* Suceso o hecho, sobre todo cuando es importante: *La llegada del hombre a la Luna fue un gran acontecimiento.*
SIN. Evento.

**acopio** *s. m.* Acción de reunir gran cantidad de algo; también, conjunto de cosas que han sido reunidas: *Hicieron acopio de alimentos para el viaje.*

**acoplamiento** *s. m.* Acción de acoplar o acoplarse: *El acoplamiento de las distintas piezas era perfecto.*

**acoplar** *v.* **1.** Unir o encajar una cosa con otra de manera que queden bien ajustadas: *Acopló la rueda a su eje. Esos zapatos se acoplan perfectamente a los pies.* **2.** Poner una cosa en otra que antes no la tenía: *Le ha acoplado un motor al barquito de remos.* **3.** Colocar a una persona o cosa en un lugar o circunstancia de manera que esté bien: *Me acoplé en el primer asiento libre.* ‖ **acoplarse 4.** Llevarse bien una persona con otra o no poner pegas para hacer algo con ella: *Los chicos se han acoplado enseguida al nuevo profesor.*
SIN. **1.** Ensamblar. **3.** Situar. **4.** Armonizar; amoldarse. ANT. **1.** Desencajar. **4.** Discrepar, chocar.
FAM. Acoplamiento.

**acoquinar** *v.* Asustar o acobardar mucho: *Sus gritos me acoquinaban.*
SIN. Atemorizar, achicar. ANT. Envalentonarse.

**acorazado, da** *adj.* **1.** Revestido con planchas de hierro o acero; se dice, por ejemplo, de barcos, tanques, puertas blindadas. **2.** Se dice de la sección

cámara **acorazada**

**acorazado**

del ejército que posee tanques: *regimiento acorazado*. || *s. m.* **3.** Barco de guerra de gran tamaño y con potentes cañones.

**acorcharse** *v.* **1.** Ponerse algo como el corcho, particularmente endurecerse y perder el jugo y sabor algunos alimentos: *Las patatas se han acorchado al enfriarse*. **2.** Quedarse sin sensibilidad una parte del cuerpo: *Se le ha acorchado una pierna de tenerla cruzada*. SIN. **2.** Dormirse.

**acordar** *v.* **1.** Tomar una decisión de común acuerdo entre varias personas o por mayoría: *Sus amigos acordaron hacerle un regalo*. || **acordarse 2.** Recordar, tener algo en la memoria: *Acuérdate de llamarme por teléfono a las dos*. ■ Es un verbo irregular. Se conjuga como *contar*. SIN. **1.** Determinar, resolver; convenir, pactar. **2.** Rememorar, evocar. ANT. **2.** Olvidarse. FAM. Acorde, acuerdo.

**acorde** *adj.* **1.** Que está de acuerdo con alguien o algo: *Lo que hizo estaba acorde con lo que pensaba*. || *s. m.* **2.** En música, conjunto de sonidos que se producen a la vez. SIN. **1.** Conforme. ANT. **1.** Disconforme.

**acordeón** *s. m.* Instrumento musical de viento formado por un fuelle que se pliega y se extiende entre dos tablillas que tienen un pequeño teclado. FAM. Acordeonista.

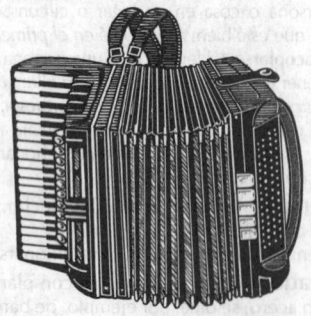

**acordeón**

**acordeonista** *s. m.* y *f.* Persona que toca el acordeón.

**acordonar** *v.* Rodear un lugar el ejército, la policía, los bomberos, para que no pase la gente: *Acordonaron la zona del accidente*.

**acorralar** *v.* **1.** Rodear a una persona o animal para que no pueda escapar. **2.** En una discusión, dejar a alguien sin poder responder. SIN. **1.** Arrinconar, cercar, sitiar.

**acortar** *v.* Hacer algo más corto: *Por este camino acortamos. En otoño se acortan los días*. SIN. Reducir, abreviar. ANT. Aumentar.

**acosar** *v.* **1.** Perseguir sin descanso a una persona o animal: *Los perros acosaban a la liebre*. **2.** Molestar

a alguien con continuas peticiones, quejas, protestas: *Los periodistas acosaban al futbolista con sus preguntas*. SIN. **1.** Hostigar. **2.** Asediar. FAM. Acoso.

**acoso** *s. m.* Acción de acosar: *El cantante no pudo escapar del acoso de sus admiradores*.

**acostar** *v.* **1.** Tumbar a alguien o tumbarse uno mismo para dormir o descansar: *Ya ha acostado al niño. Anoche me acosté tarde*. || **acostarse 2.** Hacer el acto sexual con una persona. ■ Es un verbo irregular. Se conjuga como *contar*. SIN. **1.** Tender. ANT. **1.** Levantar.

**acostumbrado, da** *adj.* **1.** Que tiene costumbre de algo o está adaptado a ello: *Está acostumbrado a andar mucho*. **2.** Habitual, el mismo que otras veces: *Me veré con él en el lugar acostumbrado*. SIN. **1.** Habituado, aclimatado, acomodado. **2.** Usual, cotidiano. ANT. **1.** y **2.** Desacostumbrado.

**acostumbrar** *v.* **1.** Hacer que alguien adquiera una costumbre o se adapte a unas condiciones o situación: *Me cuesta acostumbrarme al frío*. **2.** Seguido de un infinitivo, tener costumbre: *Acostumbra a levantarse temprano*. SIN. **1.** Habituar, aclimatar, acomodar. **2.** Soler. ANT. **1.** Desacostumbrar. FAM. Acostumbrado. / Desacostumbrar, malacostumbrar.

**acotación** *s. f.* **1.** Nota o advertencia que se escribe en el margen de un escrito. **2.** Cada una de las indicaciones que se ponen en los textos teatrales y en los guiones de cine sobre el escenario, los movimientos de los actores y otras cosas.

**acotar** *v.* **1.** Marcar los límites de un terreno con señales o de otro modo: *Han acotado la finca*. **2.** Señalar los límites de cualquier cosa: *Debemos acotar el párrafo antes de leerlo*. SIN. **1.** Limitar. **1.** y **2.** Delimitar.

**ácrata** *adj.* y *s. m.* y *f.* Partidario de suprimir cualquier clase de gobierno o autoridad. SIN. Anarquista.

**acre¹** *adj.* **1.** Amargo y picante. **2.** Poco amable, brusco. SIN. **1.** y **2.** Acerbo. **2.** Desagradable, adusto. ANT. **1.** y **2.** Dulce. **2.** Afable. FAM. Acritud.

**acre²** *s. m.* Medida inglesa de superficie que se emplea para medir extensiones de terreno y equivale a 0,4047 hectáreas. ■ Es una palabra inglesa.

**acrecentar** *v.* Aumentar, agrandar: *Acrecentó su riqueza con los nuevos negocios*. ■ Es un verbo irregular. Se conjuga como *pensar*. SIN. Incrementar, acrecer. ANT. Disminuir.

**acrecer** *v.* Aumentar la cantidad o la importancia de algo: *Las empresas quieren acrecer sus ganancias*. ■ Es un verbo irregular. Se conjuga como *agradecer*.

SIN. Acrecentar, incrementar, ampliar. ANT. Disminuir, mermar, menguar.

**acreditación** s. f. **1.** Acción de acreditar. **2.** Documento que demuestra que una persona desempeña un cargo o una actividad: *Enseñó su acreditación de periodista en la puerta.*
SIN. **1.** Justificación, confirmación. **2.** Credencial, documentación.

**acreditado, da** adj. **1.** Demostrado. **2.** Que tiene fama o prestigio: *Es un médico muy acreditado.* **3.** Autorizado.
SIN. **1.** Probado. **2.** Famoso.

**acreditar** v. **1.** Demostrar: *Lo que hizo acredita su bondad.* **2.** Dar fama o prestigio: *Esa novela le acreditó como un gran escritor.* **3.** Dar poder o autorización mediante los documentos necesarios: *El gobierno le ha acreditado como embajador.*
SIN. **1.** Probar, confirmar, atestiguar. **3.** Autorizar, facultar. ANT. **1.** y **2.** Desacreditar. **2.** Desprestigiar. **3.** Desautorizar.
FAM. Acreditación, acreditado, acreditativo. / Desacreditar.

**acreditativo, va** adj. Que sirve para acreditar o demostrar algo: *El título es el documento acreditativo de que ha terminado los estudios.*

**acreedor, ra** s. m. y f. **1.** Persona o empresa a la que se debe algo, casi siempre dinero. || adj. **2.** Que merece lo que se dice: *Se hizo acreedor de nuestra confianza.*
SIN. **2.** Digno, merecedor. ANT. **1.** Deudor.

**acribillar** v. **1.** Hacer muchos agujeros con balas, puñales o algo parecido. **2.** Hacer muchas heridas o picaduras: *Le acribillaron los mosquitos.* **3.** Molestar a alguien, generalmente con preguntas.
SIN. **1.** Agujerear.

**acrílico, ca** adj. y s. m. **1.** Se dice de los tejidos sintéticos y de lo confeccionado con ellos: *una camiseta acrílica.* || adj. **2.** Se dice de un tipo de pintura de secado rápido y soluble en agua.

**acrisolado, da** adj. Que no tiene nada que se pueda criticar o que parezca mal: *una conducta acrisolada.*
SIN. Intachable, irreprochable, limpio. ANT. Censurable, turbio.

**acristalar** v. Poner cristales a una ventana, balcón, terraza.

**acritud** s. f. **1.** Característica de las cosas acres al gusto o al olfato. **2.** Forma de ser o comportamiento brusco y poco amable.
SIN. **2.** Aspereza, brusquedad.

**acrobacia** s. f. Ejercicio gimnástico o de habilidad realizado en el trapecio, sobre el alambre, pilotando un avión.

**acróbata** s. m. y f. Persona que hace acrobacias.
SIN. Equilibrista.
FAM. Acrobacia, acrobático.

**acrobático, ca** adj. Que hace acrobacias o está relacionado con ellas: *Es un especialista en vuelo acrobático.*

**acrónimo** s. m. Palabra formada con las iniciales, y, a veces, con más letras, de varias palabras, como por ejemplo *APA* (*A*sociación de *P*adres de *A*lumnos) o *Eurovisión* (de *Euro*pa y tele*visión*).

**acrópolis** s. f. Lugar más alto y fortificado en las antiguas ciudades griegas. ■ No varía en plural.

**acróstico, ca** adj. y s. m. Se dice del poema en el que las letras iniciales, medias o finales de sus versos forman una palabra o una frase cuando se leen de arriba abajo; también se dice de los versos que componen este poema.

**acta** s. f. Escrito en que se recoge lo que se ha tratado en una reunión o en que se declara que algo es cierto: *las actas de la asamblea de la asociación de padres, el acta de defunción.* ■ Esta palabra se emplea en singular con el y un: *el acta, un acta*; los otros determinantes se usan en femenino: *esta acta, alguna acta.*
EXPR. **levantar acta** Hacerla.
SIN. Memoria.

**actitud** s. f. **1.** Modo de comportarse: *Tiene una actitud de rebeldía.* **2.** Postura o gesto que muestra un estado de ánimo o una intención: *Estaba en actitud de ataque.*
SIN. **1.** Talante. **2.** Ademán.

**activar** v. **1.** Dar mayor energía, intensidad o rapidez a algo: *Los masajes activan la circulación de la sangre.* **2.** Hacer funcionar algunos mecanismos: *Los terroristas activaron la bomba desde lejos.*
SIN. **1.** Estimular, avivar. **2.** Accionar. ANT. **1.** Paralizar. **2.** Desactivar.
FAM. Desactivar, reactivar.

**actividad** s. f. **1.** Acción, trabajo, movimiento: *un volcán en actividad. En las aulas la actividad era enorme.* **2.** Conjunto de las tareas de una persona o profesión: *La actividad comercial incluye compras y ventas.* **3.** Ejercicio o práctica, especialmente de una materia escolar: *Tengo que hacer las actividades de matemáticas.*
SIN. **1.** Dinamismo, trajín.
FAM. Inactividad, radiactividad.

**activista** s. m. y f. **1.** Persona que realiza acciones de propaganda o de otra clase para un partido o una organización. **2.** Miembro de una organización violenta.

**activo, va** adj. **1.** Que se mueve y trabaja mucho y actúa con rapidez: *Es muy activa, no puede estar sin hacer nada.* **2.** Que está en actividad o puede estarlo: *un volcán activo.* || adj. y s. f. **3.** En gramática, se aplica a la voz del verbo que indica que el sujeto es el que realiza la acción; también se dice de las oraciones que tienen el verbo en esa voz. || s. m. **4.** Capital y propiedades que posee una persona o empresa.

**EXPR. en activo** Se dice de los trabajadores mientras prestan servicio o ejercen su profesión.
**SIN. 1.** Dinámico. **ANT. 1.**, **2.** y **4.** Pasivo. **3.** Pasiva.
**FAM.** Activar, actividad, activista. / Hiperactivo, inactivo, interactivo, retroactivo.

**acto** *s. m.* **1.** Hecho o acción: *Hizo un acto de caridad con el mendigo.* **2.** Acontecimiento público o ceremonia solemne: *El alcalde asistió al acto de inauguración de las fiestas.* **3.** Cada una de las partes principales de una obra teatral: *una comedia en dos actos.*
**EXPR. acto seguido** A continuación. **en el acto** En el mismo momento, enseguida: *Me dieron las fotos en el acto.* **hacer acto de presencia** Presentarse.
**SIN. 1.** Obra, actuación.
**FAM.** Acta, activo, actor, actual, actuar. / Acción, entreacto.

**actor, actriz** *s. m.* y *f.* Persona que se dedica a representar personajes en obras de teatro, cine, radio o televisión. ■ El plural de *actriz* es *actrices.*
**SIN.** Artista, intérprete, estrella.

**actuación** *s. f.* **1.** Lo que hace alguien cuando actúa: *Se salvó gracias a la rápida actuación de la policía.* **2.** Representación, espectáculo: *Vimos en televisión un programa de actuaciones musicales.*
**SIN. 1.** Conducta, comportamiento.

**actual** *adj.* **1.** Que se refiere al momento presente: *Hablaron sobre películas actuales.* **2.** Moderno, de moda: *Se compró un modelo de reloj muy actual.*
**SIN. 1.** Contemporáneo. **ANT. 1.** y **2.** Anticuado.
**FAM.** Actualidad, actualizar, actualmente.

**actualidad** *s. f.* **1.** Tiempo actual, momento presente: *En la actualidad reside en el extranjero.* **2.** Situación de la persona o cosa que está de moda: *Ese cantante está de actualidad.*

**actualización** *s. f.* Acción de actualizar: *Mi listín de teléfonos necesita una actualización porque algunos han cambiado.*

**actualizar** *v.* Poner al día: *Tiene que actualizar sus conocimientos de geografía.* ■ Delante de *e* se escribe *c* en lugar de *z*: *actualicé.*
**FAM.** Actualización.

**actualmente** *adv.* En la actualidad, en este momento: *Actualmente estoy soltero, pero algún día me casaré.*

**actuar** *v.* **1.** Realizar acciones o comportarse de cierta manera: *Actuó con mucho cuidado.* **2.** Representar los actores una obra o función. **3.** Producir un determinado efecto sobre alguien o algo: *El agua actúa sobre las rocas desgastándolas.*
**SIN. 1.** Proceder, conducirse. **2.** Interpretar. **3.** Influir, afectar.
**FAM.** Actuación.

**acuarela** *s. f.* **1.** Técnica de pintura que utiliza colores disueltos en agua, generalmente sobre papel. **2.** Obra realizada con esta técnica. || *s. f. pl.* **3.** Pinturas con que se realiza.
**FAM.** Acuarelista.

**acuarelista** *s. m.* y *f.* Pintor de acuarelas.

**acuario** *s. m.* **1.** Recipiente en que se tienen peces vivos y otros animales acuáticos. **2.** Lugar donde se exhiben animales acuáticos. **3.** Signo número once del zodiaco. ■ Con este significado suele escribirse con mayúscula. || *s. m.* y *f.* **4.** Persona nacida bajo este signo, entre el 20 de enero y el 18 de febrero. ■ Con este significado no varía en plural.
**SIN. 1.** Pecera.

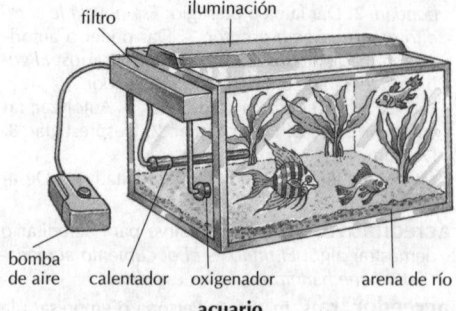

*acuario*

**acuartelamiento** *s. m.* **1.** Acción de acuartelar o acuartelarse. **2.** Lugar donde están acuartelados los soldados.

**acuartelar** *v.* Reunir o retener a la tropa en un cuartel, generalmente por algún peligro.
**SIN.** Acantonar.
**FAM.** Acuartelamiento.

**acuático, ca** *adj.* **1.** Relacionado con el agua: *deportes acuáticos.* **2.** Que vive en el agua: *La ballena es un mamífero acuático.*

**acuatizar** *v.* Posarse en el agua un avión u otro vehículo aéreo. ■ Delante de *e* se escribe *c* en lugar de *z*: *acuatice.*

**acuchillado** *s. m.* Acción de acuchillar la madera: *El parqué de mi casa necesita un acuchillado.*

**acuchillar** *v.* **1.** Herir o matar con un cuchillo o con armas parecidas. **2.** Poner lisa una superficie de madera: *acuchillar el parqué.*
**SIN. 1.** Apuñalar.
**FAM.** Acuchillado.

**acuciado, da** *adj.* Que se siente agobiado porque tiene que conseguir algo o hacer una cosa urgentemente: *Está acuciado por las deudas.*

**acuciante** *adj.* Urgente, muy necesario: *Tenemos la necesidad acuciante de cambiar de casa.*

**acuciar** *v.* **1.** Ser muy necesario para alguien hacer o conseguir alguna cosa rápidamente: *Le acucia encontrar colegio para sus hijos.* **2.** Meter prisa a alguien para que haga algo: *Le acucian para que vuelva pronto.* SIN. **1.** y **2.** Apremiar, urgir. **2.** Incitar. FAM. Acuciado, acuciante.

**acudir** *v.* **1.** Ir una persona al lugar donde debe hacer algo o donde la esperan: *acudir al colegio, acudir a una cita.* **2.** Venir, presentarse: *Los recuerdos acudieron a su memoria.* **3.** Buscar ayuda en una persona o cosa: *Acudí a Pedro para pedirle dinero. Acudió al diccionario para resolver una duda.* SIN. **1.** Dirigirse, comparecer, personarse. **3.** Recurrir, valerse. ANT. **1.** Ausentarse.

**acueducto** *s. m.* Canal o construcción para conducir agua.

**acuerdo** *s. m.* **1.** Decisión tomada por dos o más personas: *El profesor y los alumnos llegaron al acuerdo de repetir el examen.* **2.** Conformidad, armonía: *Los amigos estaban de acuerdo en ir al cine.* SIN. **1.** Convenio, pacto, alianza. **2.** Unanimidad. ANT. **2.** Desacuerdo. FAM. Desacuerdo, preacuerdo.

**acuicultura** *s. f.* Aprovechamiento de los animales y vegetales que viven en el agua, sobre todo mediante la cría de especies comestibles o útiles para las personas.

**acuífero, ra** *adj.* y *s. m.* Se dice del terreno o la capa del mismo que contiene aguas subterráneas.

**acumulable** *adj.* Que se puede acumular: *Los puntos que sobren son acumulables para otro regalo cuando tengas más.* SIN. Acumulativo.

**acumulación** *s. f.* Acción de acumular: *La explosión se produjo por una acumulación de gas.* SIN. Aglomeración, concentración. ANT. Dispersión.

**acumulador, ra** *adj.* **1.** Que acumula. || *s. m.* **2.** Aparato que sirve para acumular energía, especialmente calor o electricidad.

**acumular** *v.* Amontonar, reunir, juntar: *El polvo se acumula en los rincones.* SIN. Aglomerar, concentrar, apilar. ANT. Esparcir. FAM. Acumulable, acumulación, acumulador, acumulativo.

**acumulativo, va** *adj.* **1.** Relacionado con la acumulación: *Algunas rocas se forman en un proceso acumulativo de diversos materiales.* **2.** Que se acumula a otra cosa: *La subida del sueldo es acumulativa.* SIN. **2.** Acumulable.

**acunar** *v.* Mecer al niño en la cuna o en los brazos para que se duerma.

**acuñar** *v.* **1.** Grabar y sellar una pieza de metal mediante una herramienta o máquina especial: *acuñar una medalla.* **2.** Fabricar moneda. **3.** Aceptar en la lengua una palabra, frase o expresión: *Con el tiempo se acuñan nuevos términos.*

**acuoso, sa** *adj.* Que contiene agua o tiene sus características.

**acupuntura** *s. f.* Técnica médica de origen chino que consiste en clavar agujas metálicas en algunos puntos del cuerpo para tratar enfermedades o aliviar el dolor.

**acurrucarse** *v.* Encogerse para protegerse del frío o para estar a gusto. ■ Delante de *e* se escribe *qu* en lugar de *c*: *Me acurruqué.* SIN. Ovillarse.

**acusación** *s. f.* **1.** Acción de acusar a alguien y aquello de lo que se acusa: *Esas acusaciones son falsas.* **2.** En un juicio, fiscales, abogados u otras personas que acusan: *La acusación tiene la palabra.*

**acusado, da** *adj.* y *s. m.* y *f.* **1.** Que le han culpado de cometer un delito: *El acusado fue nuevamente interrogado.* || *adj.* **2.** Muy destacado o pronunciado: *Tiene una cojera muy acusada.* SIN. **2.** Marcado. ANT. **2.** Disimulado.

**acusador, ra** *adj.* y *s. m.* y *f.* Que acusa: *Esta prueba acusadora demuestra su culpabilidad. Los acusadores no pudieron probar que lo hiciera él.* ANT. Defensor.

**acusar** *v.* **1.** Culpar a alguien de una cosa: *Le acusaron del robo.* **2.** Comunicar a alguien la falta o delito de otra persona: *Acabó acusando a sus compañeros.* **3.** Dejar ver el efecto o las consecuencias de algo: *En la última etapa los ciclistas acusaban el cansancio.* EXPR. **acusar recibo** Comunicar por escrito a alguien que se ha recibido la carta o el documento que envió. SIN. **1.** Imputar. **2.** Chivarse, delatar. **3.** Reflejar, revelar. ANT. **1.** Exculpar. **2.** Encubrir. FAM. Acusación, acusado, acusador, acuse, acusica, acusón.

**acuse** *s. m.* Acción de acusar o comunicar que se ha recibido una carta o un documento. EXPR. **acuse de recibo** Escrito por el que se comunica a alguien que se ha recibido la carta o el documento que envió.

**acusica** o **acusón, na** *adj.* y *s. m.* y *f.* Que tiene la costumbre de acusar a otros.

**acústica** *s. f.* **1.** Parte de la física que estudia los sonidos. **2.** Características de un lugar que influyen en cómo se oyen los sonidos: *La sala de conciertos tiene muy buena acústica.* FAM. Acústico.

**acústico, ca** *adj.* Relacionado con la acústica o con los sonidos. SIN. Auditivo, sonoro.

**acutángulo** *adj.* Se dice del triángulo que tiene los tres ángulos agudos.

**adagio**[1] *s. m.* Dicho breve que expresa un consejo o una enseñanza, como por ejemplo: «haz el bien y no mires a quien». SIN. Sentencia, proverbio.

**adagio**[2] *s. m.* Ritmo musical lento y composición, o parte de ella, que se toca con ese ritmo. ■ Es una palabra italiana.

**adalid** *s. m.* **1.** Caudillo militar. **2.** Guía o jefe de un grupo de gente o de un partido político. SIN. **2.** Líder, cabecilla.

**adán** *s. m.* Persona que no se asea ni cuida su aspecto: *Va hecho un adán: despeinado y sin lavarse.* SIN. Desastrado, desaseado. ANT. Figurín, pincel.

**adaptación** *s. f.* **1.** Acción de acomodarse o acostumbrarse a otras situaciones: *la adaptación de una planta a un clima diferente.* **2.** Modificación de una obra literaria, teatral, musical con algún fin: *Hicieron una adaptación de la novela al cine.*

**adaptador** *s. m.* Aparato o mecanismo que permite adaptar cosas o piezas de distinto uso o tamaño: *Este enchufe no me vale, necesito un adaptador.*

**adaptar** *v.* **1.** Hacer que una cosa encaje en otra: *La funda se adapta bien a la almohada.* **2.** Hacer que algo destinado a un fin sirva para otras cosas: *Adaptó el cuarto de estar para usarlo también como comedor.* **3.** Hacer cambios con algún fin en una obra literaria, teatral, musical. || **adaptarse 4.** Acomodarse o acostumbrarse a otros lugares o a otras situaciones: *Se ha adaptado muy bien al nuevo colegio.* SIN. **1.** Ajustar, acoplar. **4.** Amoldarse, aclimatarse. ANT. **1.** Desajustar. **4.** Desacostumbrarse. FAM. Adaptación, adaptador. / Inadaptado.

**adecentar** *v.* Poner decente, limpiar: *Tenemos que adecentar la sala.* SIN. Arreglar, asear, aviar. ANT. Ensuciar.

**adecuación** *s. f.* Acción de adecuar o adecuarse.

**adecuado, da** *adj.* Apropiado, conveniente, oportuno: *Llevaba un vestido adecuado para la ocasión. No me parece adecuado que llegues tarde por la noche.* SIN. Apto, idóneo. ANT. Inadecuado, inapropiado.

**adecuar** *v.* Hacer que algo sirva o sea apropiado para alguna cosa: *El equipo tuvo que adecuar su juego al mal estado del campo por la lluvia.* SIN. Adaptar, acomodar, amoldar. FAM. Adecuación, adecuado. / Inadecuado.

**adefesio** *s. m.* **1.** Persona que viste de manera ridícula y muy rara: *Con esa ropa vas hecha un adefesio.* **2.** Persona muy fea. SIN. **1.** Mamarracho, espantajo.

**adelantado, da** *adj.* **1.** Aventajado, que va por delante de los demás: *Teo está muy adelantado en matemáticas.* **2.** Que hace tiempo que comenzó o le queda poco para terminar: *Las obras del puente ya están muy adelantadas.* EXPR. **por adelantado** Antes de un hecho o momento: *Ha pagado el coche por adelantado.* SIN. **1.** Destacado. **1.** y **2.** Avanzado. ANT. **1.** y **2.** Atrasado, retrasado.

**adelantamiento** *s. m.* Acción de adelantar, por ejemplo un coche a otro: *Hizo un adelantamiento peligroso.*

**adelantar** *v.* **1.** Mover hacia adelante: *Adelanta las fichas dos casillas.* **2.** Pasar delante: *La moto adelantó a nuestro coche. Ha adelantado a sus compañeros en esa asignatura.* **3.** Hacer algo o suceder alguna cosa antes de lo que se pensaba o esperaba: *Adelantaron la fecha de los exámenes. Te iba a llamar, pero te has adelantado.* **4.** Dar dinero antes de lo previsto: *Le adelantó dinero para la bicicleta.* **5.** Poner un reloj en una hora más avanzada que la que marca. **6.** Marchar el reloj más deprisa de lo normal. **7.** Progresar: *El cultivo de los campos ha adelantado mucho con las nuevas máquinas.* SIN. **1.** y **7.** Avanzar. **2.** Sobrepasar; aventajar. **3.** y **4.** Anticipar. **7.** Prosperar, mejorar. ANT. **1.** Retroceder. **3.** Retrasar, aplazar. **5.** y **6.** Atrasar. **7.** Estancarse; empeorar.

**adelante** *adv.* **1.** Más allá, avanzando: *Si seguimos adelante, llegaremos pronto al pueblo.* **2.** Expresa tiempo futuro: *En adelante estudiaré idiomas. Más adelante nos compraremos otro televisor.* || **¡adelante!** *interj.* **3.** Se usa para dar permiso a alguien para que entre en un lugar: *¡Adelante!, la puerta está abierta.* **4.** Sirve para animar a alguien: *¡Adelante!: vais a ganar.* ANT. **1.** Atrás. FAM. Adelantado, adelantamiento, adelantar, adelanto.

**adelanto** *s. m.* **1.** Cantidad de dinero que se da a una persona antes de la fecha en que debe recibir su paga: *Ha pedido un adelanto de su sueldo.* **2.** Progreso: *Los adelantos de la medicina han permitido curar muchas enfermedades.* SIN. **1.** Anticipo.

**adelfa** *s. f.* Arbusto de hojas en forma de lanza que se mantienen verdes durante todo el año y flores blancas, rojas, rosas o amarillas. Se utiliza mucho para adornar parques y jardines y es venenoso.

**adelgazamiento** *s. m.* Acción de adelgazar.

**adelgazar** *v.* Perder peso: *Como he adelgazado, la ropa me está grande.* ■ Delante de *e* se escribe *c* en lugar de *z*: *Adelgacé dos kilos.* SIN. Rebajar. ANT. Engordar. FAM. Adelgazamiento.

**ademán** *s. m.* Gesto o movimiento del cuerpo con que se manifiesta un estado de ánimo, actitud, manera de ser: *Hizo ademán de saludarnos. Tiene unos ademanes muy poco finos.*

**además** *adv.* Indica que se añade algo a lo ya dicho: *Trabaja y, además, estudia. Además de inteligente es muy guapo.*

**adenda** o **addenda** *s. f.* Nota o conjunto de notas que se añade al final de un libro o de otro escrito. SIN. Apéndice.

**adentrarse** *v.* Entrar en el interior de un lugar: *Se adentraron en la cueva.* SIN. Internarse. ANT. Salir.

**adentro** *adv.* Hacia el interior de algo: *Pasemos adentro, a la sala. Navegábamos mar adentro.*
ANT. Afuera.
FAM. Adentrarse.

**adepto, ta** *adj.* y *s. m.* y *f.* Partidario de una persona, organización, idea.
SIN. Simpatizante. ANT. Contrario.

**aderezar** *v.* **1.** Condimentar los alimentos: *Adereza la ensalada con aceite y vinagre.* **2.** Arreglar, embellecer. ■ Delante de *e* se escribe *c* en lugar de *z*: *Aderecé la comida.*
SIN. **1.** Aliñar, sazonar. **2.** Acicalarse, aviar.
FAM. Aderezo.

**aderezo** *s. m.* Acción de aderezar y aquello con que se adereza: *el aderezo de un guiso; un vestido de novia con sus aderezos.*
SIN. Aliño; adorno.

**adeudar** *v.* Deber una cantidad de dinero: *Le adeudan varios cientos de euros.*

**adherencia** *s. f.* **1.** Acción de adherir o adherirse. **2.** Característica de las cosas que se adhieren a otras: *La pegatina tiene ya poca adherencia.* **3.** Cosa que se adhiere a la superficie de otra: *Hay que limpiar de suciedad y adherencias el casco del barco.*
SIN. **1.** Adhesión, unión. ANT. **1.** Separación, desunión.

**adherente** *adj.* **1.** Que pega o sirve para pegar: *Los sellos de correos tienen una cara adherente.* **2.** Que sujeta o se sujeta mucho a una superficie: *El asfalto mojado es menos adherente.*
FAM. Antiadherente.

**adherir** *v.* **1.** Pegar una cosa a otra: *La pintura se adhiere a las paredes.* || **adherirse 2.** Unirse a una idea, opinión, acuerdo: *Se adhirió a la protesta de los vecinos.* ■ Es un verbo irregular. Se conjuga como *sentir.*
SIN. **2.** Sumarse. ANT. **2.** Discrepar.
FAM. Adherencia, adherente, adhesión, adhesivo. / Autoadhesivo.

**adhesión** *s. f.* Acción de adherirse a una idea, opinión, acuerdo.
SIN. Apoyo, solidaridad. ANT. Desacuerdo.

**adhesivo, va** *adj.* **1.** Que se adhiere o pega. || *s. m.* **2.** Sustancia utilizada para adherir o pegar objetos entre sí. **3.** Tira o recorte de papel o de otro material que se pega por uno de los lados.
SIN. **3.** Pegatina.

**adicción** *s. f.* **1.** Dependencia que crea en una persona el consumo habitual de drogas o bebidas alcohólicas. **2.** Gran afición a algo.
FAM. Adicto / Drogadicción.

**adición** *s. f.* **1.** Operación de sumar. **2.** Acción de añadir o agregar: *Terminó el trabajo con la adición de un apartado de dibujos y fotografías.*
SIN. **1.** Suma. ANT. **1.** Sustracción, resta.
FAM. Adicional, aditivo.

**adicional** *adj.* Que se añade a otra cosa: *Pagó un dinero adicional para que le llevaran el mueble a casa.*

**adicto, ta** *adj.* y *s. m.* y *f.* **1.** Que tiene adicción a las drogas o a las bebidas alcohólicas. **2.** Muy aficionado a algo: *Es adicto al fútbol: no se pierde ni un partido.* **3.** Partidario de una persona o de unas ideas.
SIN. **2.** Forofo, entusiasta. **3.** Adepto, simpatizante. ANT. **3.** Adversario.
FAM. Teleadicto.

**adiestramiento** *s. m.* Acción de adiestrar o adiestrarse.

**adiestrar** *v.* **1.** Acostumbrar a un animal a que obedezca o haga ciertas cosas: *El domador adiestra leones.* **2.** Preparar a alguien para que adquiera cierta habilidad: *El alférez le adiestró en el uso del fusil.*
SIN. **1.** Amaestrar. **2.** Entrenar.
FAM. Adiestramiento.

**adinerado, da** *adj.* y *s. m.* y *f.* Que posee mucho dinero.
SIN. Rico, acaudalado. ANT. Pobre, necesitado.

**¡adiós!** *interj.* **1.** Expresión para despedirse: *¡Adiós!: nos veremos el próximo verano.* || *s. m.* **2.** Despedida: *Dijo un adiós definitivo a sus estudios.*
SIN. **1.** Chao.

**adiposo, sa** *adj.* Que está compuesto de grasa o contiene mucha grasa: *El tejido adiposo aísla el cuerpo de la temperatura exterior.*

**aditivo** *s. m.* Sustancia que se añade a otra para mejorar sus características o darle otras nuevas, como los colorantes y conservantes que llevan algunos alimentos.

**adivinación** *s. f.* Conjunto de prácticas con que se pretende conocer el futuro o lo desconocido.

**adivinanza** *s. f.* Acertijo.

**adivinar** *v.* **1.** Acertar algo con la ayuda de algunas cosas: *¡Adivina quién me ha llamado!* **2.** Averiguar el futuro o lo desconocido mediante prácticas de adivinación: *Leyendo las líneas de la mano adivinaba el porvenir.*
SIN. **2.** Pronosticar, vaticinar.
FAM. Adivinación, adivinanza, adivinatorio, adivino.

**adivinatorio, ria** *adj.* De la adivinación: *Un arte adivinatorio muy conocido es leer las líneas de la mano.*

**adivino, na** *s. m.* y *f.* Persona que adivina el porvenir o lo desconocido.

**adjetivación** *s. f.* **1.** Los adjetivos utilizados por una persona, en un escrito, en un estilo, en una época: *Las descripciones suelen tener una adjetivación muy rica.* **2.** Cambio por el que una palabra que no es adjetivo pasa a realizar las funciones de éste.

**adjetivar** *v.* **1.** Aplicar adjetivos a una persona, animal o cosa: *Le adjetivan de antipático sin conocerle.* **2.** Dar a un sustantivo o a otro elemento la función o el valor del adjetivo.
SIN. **1.** Calificar.

| ADJETIVO | |
|---|---|
| **FUNCIÓN SINTÁCTICA** | |
| **Atributo:** <br> *La casa es grande* | **Complemento del sustantivo:** <br> *Es una casa grande* |
| **POSITIVO** | No indica intensidad ni comparación: <br> *Es alto. Tiene un bonito jardín.* | |
| **COMPARATIVO** | Sirve para comparar: | **igualdad:** *Es igual de alto que tú.* <br> **superioridad:** *Es más alto que tú.* <br> **inferioridad:** *Es menos alto que tú.* |
| **SUPERLATIVO** | Expresa el significado del adjetivo en su mayor intensidad y puede ser: | **relativo:** Cuando califica mediante una relación: <br> *Es el más alto de todos.* <br> **absoluto:** Cuando califica sin hacer comparaciones: <br> *Es altísimo.* |

**adjetivo, va** *adj.* **1.** Del adjetivo o que tiene sus características: *oración adjetiva.* || *s. m.* **2.** Palabra que se une al sustantivo para calificarlo (camisa *azul, buenas* notas). A veces se da este nombre a los demostrativos, posesivos, indefinidos, numerales y relativos cuando determinan al sustantivo (*esta* casa, *mis* padres, *algún* libro, *dos* dedos, *cuyas* obras).
FAM. Adjetivación, adjetivar.

**adjudicación** *s. f.* Acción de adjudicar: *El ayuntamiento ha hecho una nueva adjudicación de viviendas a familias pobres.*

**adjudicar** *v.* **1.** Dar una cosa a alguien, sobre todo cuando otras personas también la quieren: *El Ministerio de Educación adjudica las becas y ayudas al estudio.* || **adjudicarse 2.** Apropiarse de algo: *Alfonso pretende adjudicarse todos los méritos de nuestro triunfo.* **3.** Conseguir: *El equipo se adjudicó el triunfo.* ■ Delante de *e* se escribe *qu* en lugar de *c*: *Me adjudiqué la victoria.*
SIN. **1.** Conceder, entregar, asignar. **2.** Atribuirse. **3.** Obtener, lograr, alcanzar. ANT. **2.** y **3.** Perder.
FAM. Adjudicación.

**adjuntar** *v.* Enviar algo junto con una carta o cualquier otro escrito: *Al impreso de la matrícula hay que adjuntar una fotografía.*
SIN. Acompañar, remitir.

**adjunto, ta** *adj.* **1.** Unido a otra cosa: *Le envío un paquete con una carta adjunta.* || *adj.* y *s. m.* y *f.* **2.** Se dice de la persona que colabora con otra o la ayuda en algún trabajo. **3.** Indica una categoría dentro de algunas profesiones: *profesor adjunto.*
FAM. Adjuntar.

**adlátere** *s. m.* Persona que depende de otra y la suele acompañar a todas partes: *El jefe siempre iba con dos o tres adláteres.*
SIN. Acólito, secuaz.

**adminículo** *s. m.* Objeto pequeño para uso práctico: *En ese cajón están los adminículos de cocina: abrelatas, sacacorchos, tijeras.*

**administración** *s. f.* **1.** Acción de administrar: *Desde ahora Enrique se encargará de la administración del comercio.* **2.** Las personas y las cosas dedicadas a gobernar y organizar un país, una región, una ciudad o un pueblo. **3.** Establecimiento donde se reparten o venden algunos productos: *Fernando trabaja en una administración de lotería.*
SIN. **1.** Dirección, organización, gobierno.

**administrador, ra** *s. m.* y *f.* Persona que administra el dinero o los bienes de otros.

**administrar** *v.* **1.** Dirigir y organizar la economía de una casa, empresa o persona: *administrar un negocio.* **2.** Gobernar: *administrar un país.* **3.** Hacer tomar un medicamento o aplicarlo: *Debe administrar al enfermo una cucharada de jarabe al día.* **4.** Dar o repartir algo: *administrar justicia, administrar billetes de lotería.*
SIN. **2.** Regir.
FAM. Administración, administrador, administrativo.

**administrativo, va** *adj.* **1.** De la administración o relacionado con ella: *Su secretaria se encarga de las tareas administrativas.* || *s. m.* y *f.* **2.** Persona que trabaja en una oficina y se ocupa de pasar cosas a máquina, de ordenar los papeles, llevar las cuentas y otras actividades.

**admirable** *adj.* Que merece admiración: *La voz de ese cantante es admirable.*

**admiración** *s. f.* **1.** Sentimiento que tiene la persona cuando admira a alguien o algo: *Siento admiración por mi entrenadora; es una estupenda deportista.* **2.** Signo ortográfico que se coloca antes ( ¡ ) y después ( ! ) de una palabra o frase y expresa asombro, sorpresa o queja.

**admirador, ra** *s. m. y f.* Persona que admira a alguien o algo: *Rita es muy guapa y tiene muchos admiradores.*
SIN. Fan.

**admirar** *v.* **1.** Parecerle a alguien muy bien una persona o cosa, considerarla mejor de lo normal: *Admiro lo rápidamente que aprendió a esquiar.* **2.** Sorprender: *Me admira la caradura de Adolfo: se fue sin pagar.* SIN. **2.** Asombrar, maravillar. ANT. **1.** Despreciar.
FAM. Admirable, admiración, admirador, admirativo.

**admirativo, va** *adj.* Que expresa admiración: *Hablaban del campeón en tono admirativo.*

**admisible** *adj.* Que puede admitirse o aceptarse: *Como hubo un atasco de tráfico, es admisible su retraso.*

**admisión** *s. f.* Acción de admitir: *Se ha abierto el plazo de admisión de nuevos alumnos.*
SIN. Acogida. ANT. Expulsión.

**admitir** *v.* **1.** Permitir que alguien entre en un lugar o grupo: *Le han admitido en la pandilla.* **2.** Aceptar: *Admito que me he equivocado.* **3.** Estar una cosa en condiciones de que algo sea posible: *Ese traje todavía admite un arreglo.* **4.** Poder contener o llevar dentro: *El depósito admite 2.000 litros.*
SIN. **1.** Acoger. **2.** Reconocer. ANT. **1.** Expulsar. **1.** y **2.** Rechazar.
FAM. Admisible, admisión. / Inadmisible, readmitir.

**admonición** *s. f.* **1.** Aviso que se da a un persona para que no haga algo: *recibió tantas admoniciones que no se atrevió a irse.* **2.** Lo que se dice a alguien para regañarle: *Tuvo alguna admonición por no haber actuado correctamente.*
SIN. **1.** Advertencia. **1.** y **2.** Amonestación. **2.** Reprensión, regañina. ANT. **1.** Elogio. **2.** Felicitación.

**adobar** *v.* **1.** Poner en adobo la carne o el pescado para darles sabor y conservarlos. **2.** Curtir las pieles: *adobar el cuero.*

**adobe** *s. m.* Mezcla de paja y barro a la que se da forma de ladrillo y se seca al aire; se utiliza en algunas construcciones.

**adobo** *s. m.* Caldo compuesto de vinagre, sal, orégano, ajos y pimentón, que sirve para dar sabor a las carnes y los pescados y para conservarlos.
FAM. Adobar.

**adocenado, da** *adj.* Vulgar, ordinario.

**adocenar** *v.* Volver mediocre: *Si no te esfuerzas en progresar, te vas a adocenar.*
FAM. Adocenado.

**adoctrinar** *v.* **1.** Enseñar, instruir: *El maestro adoctrina al discípulo.* **2.** Decir a una persona lo que debe hacer o pensar: *En la secta le adoctrinaron para obedecer.*
SIN. **1.** Aleccionar.

**adolecer** *v.* Tener algo malo: *Tu redacción adolece de una extensión y complicación excesivas.* ■ Es un verbo irregular. Se conjuga como *agradecer.*

**adolescencia** *s. f.* Periodo de la vida humana, aproximadamente entre los 12 y los 18 años, desde que acaba la niñez hasta llegar a la edad adulta.
FAM. Adolescente.

**adolescente** *s. m. y f.* Persona que está en la adolescencia.
SIN. Joven, muchacho.

**adonde** *adv.* Al lugar al que alguien va: *La discoteca adonde vamos tiene mucho ambiente.*
FAM. Adondequiera.

**adónde** *interr.* A qué lugar: *¿Adónde vas el fin de semana?*

**adondequiera** *adv.* A cualquier parte: *Adondequiera que va, lleva a su perro.*

**adonis** *s. m.* Hombre muy guapo. ■ No varía en plural.

**adopción** *s. f.* Acción de adoptar: *la adopción de un niño, la adopción de nuevas modas.*

**adoptar** *v.* **1.** Hacerse cargo legalmente de un niño como si fuera hijo propio. **2.** Tomar una actitud, conducta o decisión: *Adoptaron un comportamiento revoltoso y desobediente.* **3.** Seguir costumbres, formas de vivir o de pensar que tienen otros: *Adoptó la moda italiana.*
SIN. **3.** Asimilar, acoger. ANT. **2.** y **3.** Rechazar.
FAM. Adopción, adoptivo.

**adoptivo, va** *adj.* **1.** Se dice de la persona que adopta a alguien y de la que ha sido adoptada: *padre adoptivo, hijo adoptivo.* **2.** Se dice de lo que uno considera como suyo propio, aunque no lo sea: *Aunque es argentino, España es su patria adoptiva.*

**adoquín** *s. m.* **1.** Piedra que tiene forma de prisma rectangular y se utiliza para pavimentar las calles y caminos. **2.** Persona tonta o ignorante.
SIN. **2.** Zoquete, zopenco, tarugo. ANT. **2.** Lumbrera.
FAM. Adoquinado, adoquinar.

**adoquinado** *s. m.* Suelo empedrado con adoquines.

adoquinado

**adoquinar** *v.* Recubrir el suelo con adoquines.

**adorable** *adj.* Encantador, maravilloso: *Tiene unos hijos adorables; no dan nada de guerra.*
SIN. Delicioso. ANT. Odioso.

**adoración** *s. f.* Acción de adorar a alguien o algo: *Siente adoración por su hermano mayor.*

**adorar** *v.* **1.** Demostrar la mayor reverencia a un dios, a un ser o a un objeto al que se considera divino: *adorar a Dios, adorar al Sol.* **2.** Querer muchísimo a alguien: *Adora a sus nietos.* **3.** Gustar mucho una cosa: *Adoro viajar.*
**ANT.** **2.** y **3.** Odiar, aborrecer.
**FAM.** Adorable, adoración.

**adormecer** *v.* Producir sueño o empezar a dormirse: *Los seriales de televisión me adormecen. Después de comer, se adormeció en el sofá.* ■ Es un verbo irregular. Se conjuga como *agradecer.*
**SIN.** Adormilarse.

**adormidera** *s. f.* Planta de la misma familia que las amapolas que crece en Asia y África. Del fruto de la variedad de flores blancas se obtiene el opio.

**adormilarse** *v.* Quedarse medio dormido.
**SIN.** Adormecerse, amodorrarse. **ANT.** Despabilarse.

**adornar** *v.* **1.** Poner adornos: *He adornado el árbol de Navidad.* **2.** Servir de adorno: *Ese cuadro adorna el salón.* **3.** Dar a alguien buenas cualidades o tenerlas una persona: *La naturaleza le adornó con un gran talento. Muchas virtudes le adornan.*
**SIN.** **1.** Engalanar. **ANT.** **2.** Afear.
**FAM.** Adorno.

**adorno** *s. m.* Aquello que embellece o decora: *Tenía el mueble lleno de adornos.*
**SIN.** Ornamento, ornato.

**adosado, da** *adj.* **1.** Unido o junto a otra cosa: *Ha puesto la cama adosada a la pared.* || *adj.* y *s. m.* **2.** Chalé unido a otro u otros.

**adosar** *v.* Juntar una cosa a otra: *Adosaron un garaje a la casa.*
**SIN.** Pegar. **ANT.** Separar.
**FAM.** Adosado.

**adquirir** *v.* **1.** Conseguir: *Con su profesión adquirió una gran fama.* **2.** Comprar: *¿Por cuánto has adquirido esa colección de libros?* ■ Es un verbo irregular.
**SIN.** **1.** Ganar, obtener, lograr, alcanzar. **ANT.** **1.** Perder. **2.** Vender.
**FAM.** Adquisición, adquisitivo.

chalés **adosados**

**adquisición** *s. f.* **1.** Acción de adquirir alguna cosa. **2.** Cosa adquirida, sobre todo si es buena y se ha obtenido a buen precio: *Ese piso me parece una estupenda adquisición.*
**SIN.** **1.** y **2.** Compra.

**adquisitivo, va** *adj.* Que sirve para adquirir o comprar.
**EXPR.** **poder adquisitivo** Dinero que tiene una persona para comprar y pagar cosas.

**adrede** *adv.* Intencionadamente, a propósito.
**SIN.** Aposta. **ANT.** Involuntariamente.

**adrenalina** *s. f.* Sustancia que hace que el cuerpo reaccione ante situaciones de peligro o tensión; produce aumento de la presión de la sangre, de la velocidad de los latidos del corazón y del sudor corporal.

**adscribir** *v.* **1.** Destinar a una persona a un servicio o empleo: *Adscribieron a la nueva empleada al departamento de ventas.* **2.** Pensar que una persona pertenece a un grupo o tiene determinadas ideas: *La prensa ha adscrito a ese grupo dentro de la música pop.* ■ Su participio es irregular: *adscrito.*
**SIN.** **1.** Asignar. **2.** Vincular.
**FAM.** Adscripción.

**adscripción** *s. f.* Acción de adscribir o adscribirse.

**adsorber** *v.* Atraer un cuerpo a un líquido o gas y retenerlo en su superficie. ■ No confundir con *absorber,* 'atraer un cuerpo a un líquido o gas y conservarlo dentro de él'.

**aduana** *s. f.* **1.** En fronteras, puertos y aeropuertos, oficina o puesto donde se controla el comercio entre países y el paso de viajeros. **2.** Cantidad que se cobra por algunas mercancías a su paso por la frontera: *Tuvo que pagar aduana por el coche que se trajo de Canarias.*
**FAM.** Aduanero.

**aduanero, ra** *adj.* **1.** De la aduana: *impuestos aduaneros.* || *s. m.* y *f.* **2.** Empleado de aduanas.

**aducir** *v.* Presentar pruebas, razones o argumentos para demostrar algo: *El acusado adujo en su defensa que en el día del robo no estaba en la ciudad.* ■ Es un verbo irregular. Se conjuga como *conducir.*
**SIN.** Alegar.

| ADQUIRIR | | |
|---|---|---|
| INDICATIVO | SUBJUNTIVO | IMPERATIVO |
| **Presente** | **Presente** | |
| adquiero | adquiera | |
| adquieres | adquieras | adquiere |
| adquiere | adquiera | |
| adquirimos | adquiramos | |
| adquirís | adquiráis | adquirid |
| adquieren | adquieran | |

**aductor** *adj. y s. m.* Se dice de los músculos que acercan un miembro al eje del cuerpo.
ANT. Abductor.

**adueñarse** *v.* **1.** Apropiarse de algo: *Este perro se ha adueñado del sillón.* **2.** Dominar a una persona o grupo un sentimiento o estado de ánimo: *El nerviosismo se adueñó de ella.*
SIN. **1.** y **2.** Apoderarse. **2.** Invadir. ANT. **1.** Desprenderse.

**adulación** *s. f.* Acción de adular.
SIN. Coba, halago.

**adulador, ra** *adj. y s. m. y f.* Que adula.
SIN. Cobista.

**adular** *v.* Alabar demasiado a alguien, generalmente por interés.
SIN. Halagar. ANT. Ofender.
FAM. Adulación, adulador.

**adulteración** *s. f.* Acción de adulterar.

**adulterado, da** *adj.* Se dice de algunas cosas, sobre todo alimentos, a los que se les ha añadido una sustancia que los hace menos puros o los estropea: *El chocolate adulterado contiene menos cacao y más grasas vegetales.*

**adulterar** *v.* **1.** Estropear o cambiar las propiedades de algo: *Les multaron por adulterar la leche.* **2.** Falsear una cosa, por ejemplo una noticia.
FAM. Adulteración, adulterado, adulterio, adúltero.

**adulterio** *s. m.* Hecho de mantener relaciones sexuales una persona casada con otra que no es su pareja.

**adúltero, ra** *adj. y s. m. y f.* Que está relacionado con el adulterio o lo comete.

**adulto, ta** *adj. y s. m. y f.* Se dice de la persona o animal que ha llegado a su total desarrollo; también se dice de lo relacionado con ellos: *El renacuajo se transforma en rana en su estado adulto.*
SIN. Maduro. ANT. Inmaduro.

**adusto, ta** *adj.* Serio, poco amable: *Óscar es muy adusto: no saluda a nadie.*
SIN. Áspero, seco, hosco. ANT. Agradable, afable.

**advenedizo, za** *adj. y s. m. y f.* Persona que llega a un lugar, un grupo o un cargo donde no es aceptado por los demás: *Los más antiguos en el negocio le consideran un advenedizo.*
SIN. Intruso.

**advenimiento** *s. m.* **1.** Llegada, sobre todo la de un acontecimiento importante o un periodo histórico: *el advenimiento de la Edad Moderna, el advenimiento de la primavera.* **2.** Subida al trono de un rey o de un papa.
SIN. **1.** Venida. ANT. **1.** Final.

**adverbial** *adj.* Que está relacionado con el adverbio o desempeña su función: *locución adverbial, oración adverbial.*

**adverbio** *s. m.* Palabra invariable que complementa al verbo, al adjetivo, a otro adverbio o a la oración e indica lugar, tiempo, modo, cantidad. (Puedes ver su cuadro en la página siguiente).
FAM. Adverbial.

**adversario, ria** *adj. y s. m. y f.* Se dice del que lucha contra otro o es su enemigo o contrario: *El tenista español se enfrentará a un difícil adversario.*
SIN. Contrincante, contendiente. ANT. Aliado.

**adversativo, va** *adj.* En gramática, se dice de las oraciones que expresan alguna cosa que impide otra, por ejemplo: *Le gusta leer, pero no tiene tiempo*; también se dice de las conjunciones que van delante de estas oraciones, como *pero* o *sino.*

**adversidad** *s. f.* Dificultad o desgracia: *Tienes que aprender a superar las adversidades.*
SIN. Fatalidad.

**adverso, sa** *adj.* Desfavorable, contrario: *Está pasando una época adversa en el trabajo.*
SIN. Hostil, perjudicial, negativo. ANT. Favorable.
FAM. Adversario, adversativo, adversidad.

**advertencia** *s. f.* Aviso o indicación con que se advierte o se llama la atención sobre alguna cosa: *No hicieron caso de tus advertencias sobre la necesidad de ir al médico.*

**advertir** *v.* **1.** Darse cuenta de algo: *Advirtió que le seguían dos individuos.* **2.** Llamar la atención sobre alguna cosa: *Aquellas señales advertían del peligro.* **3.** Decir algo como consejo o amenaza: *Te advierto que esa tienda no es nada barata.* ■ Es un verbo irregular. Se conjuga como *sentir.*
SIN. **1.** Percibir, percatarse. **2.** Alertar, prevenir. **2.** y **3.** Avisar.
FAM. Advertencia. / Inadvertido.

**adviento** *s. m.* Tiempo anterior a la Navidad en el que los cristianos se preparan para celebrar el nacimiento de Cristo.

**advocación** *s. f.* **1.** Nombre que se da a algunas imágenes religiosas, iglesias o santuarios en relación con el personaje o acontecimiento sagrado al que están dedicados: *La parroquia está bajo la advocación de San Nicolás.* **2.** Cada uno de los nombres con que se venera a la Virgen María: *la advocación de Nuestra Señora de Guadalupe.*

**adyacente** *adj.* **1.** Situado junto a otra cosa: *Su habitación era adyacente a la mía.* **2.** En geometría, se dice de los dos ángulos que tienen un mismo vértice y un lado común y suman 180 grados. || *adj. y s. m.* **3.** En gramática, se dice de la palabra o sintagma que modifica a otro, como por ejemplo el adjetivo o el artículo respecto al sustantivo.
SIN. **1.** Contiguo, anejo, anexo. **3.** Modificador. ANT. **1.** Distante.

**aéreo, a** *adj.* **1.** Que está relacionado con el aire o se desarrolla en él: *transporte aéreo.* **2.** De la aviación: *Realizaron un nuevo ataque aéreo.*
FAM. Antiaéreo.

| ADVERBIO | | |
|---|---|---|
| **FUNCIÓN** | **Complemento del verbo:** *Se levanta* **temprano.** | |
| | **Complemento del adjetivo:** *Eres* **muy** *rápida.* | |
| | **Complemento de otro adverbio:** *Sabe* **mucho** *más.* | |
| | **Complemento de la oración:** **Evidentemente,** *lo sabía.* | |

| CLASES DE ADVERBIOS | |
|---|---|
| LUGAR | *aquí, ahí, allí, cerca, lejos, arriba, encima, debajo, dentro, fuera, alrededor.* |
| TIEMPO | *ya, ahora, luego, después, antes, ayer, hoy, tarde, pronto, siempre, nunca.* |
| MODO | *así, mal, bien, despacio, deprisa, regular, francamente.* |
| CANTIDAD | *poco, mucho, muy, bastante, demasiado, casi, más, menos.* |
| AFIRMACIÓN | *sí, claro, ciertamente, seguramente.* |
| NEGACIÓN | *no, tampoco, nada.* |
| DUDA | *quizá, probablemente, posiblemente, acaso.* |

**aerobic** *s. m.* Tipo de gimnasia que suele hacerse acompañada de música. ▪ Es una palabra inglesa.

**aerobio, bia** *adj.* y *s. m.* Se dice del organismo vivo que necesita respirar el oxígeno del aire para vivir. **ANT.** Anaerobio. **FAM.** Anaerobio.

**aeroclub** *s. m.* Club y aeródromo de aviación civil o deportiva. ▪ Su plural es *aeroclubs* o *aeroclubes.*

**aerodeslizador** *s. m.* Vehículo que se mueve sobre un colchón de aire producido por un conjunto de hélices.

**aerodinámico, ca** *adj.* Que tiene una forma muy buena para reducir la resistencia del aire; se dice sobre todo de los vehículos.

**aeródromo** *s. m.* Instalaciones para el despegue y aterrizaje de aviones, sobre todo deportivos, particulares o militares.

**aeroespacial** *adj.* Relacionado al mismo tiempo con la aviación y la aeronáutica.

**aerofagia** *s. f.* Aire que se traga y se acumula en los intestinos, lo que provoca dolores y molestias. **SIN.** Flato.

**aerógrafo** *s. m.* Instrumento para colorear que proyecta pintura mediante aire a presión. Se usa mucho en ilustraciones y en diseño gráfico.

**aerolíneas** *s. f. pl.* Compañía de transporte aéreo.

**aerolito** *s. m.* Meteorito que entra en la atmósfera y cae en la Tierra.

**aeromodelismo** *s. m.* Deporte y actividad recreativa que consiste en construir y probar maquetas de aviones.

**aeromoza** *s. f.* En Hispanoamérica, azafata de líneas aéreas.

**aeronáutica** *s. f.* Ciencia que estudia el diseño, la construcción y el manejo de aviones y otro tipo de aeronaves.

**aeronáutico, ca** *adj.* Relacionado con la navegación aérea y la aeronáutica.

**aeronaval** *adj.* De la aviación y la marina al mismo tiempo: *El rey asistió a unas maniobras aeronavales.*

**aeronave** *s. f.* Vehículo que viaja por el aire o el espacio, como un avión o un cohete. **FAM.** Aeronáutica, aeronáutico, aeronaval.

**aeroplano** *s. m.* Avión.

**aeropuerto** *s. m.* Conjunto de instalaciones para el despegue y aterrizaje de aviones comerciales, que tiene también una zona de servicios para los pasajeros, como tiendas o restaurantes.

**aerosol** *s. m.* **1.** Líquido mezclado con gas y metido a presión en un envase, que sale en pequeñas gotitas por una válvula. **2.** Ese envase. **SIN. 2.** Spray.

**aeróstato** o **aerostato** *s. m.* Aeronave llena de un gas más ligero que el aire que hace que se eleve, como por ejemplo un globo o un dirigible.

**aerotaxi** *s. m.* Avión pequeño que se puede alquilar para uso particular.

**afabilidad** *s. f.* Lo que caracteriza a las personas afables.

**afable** *adj.* Amable y atento en el trato con los demás. **SIN.** Afectuoso, cordial, cortés. **ANT.** Antipático, descortés. **FAM.** Afabilidad.

**afamado, da** *adj.* Famoso: *La Giralda es uno de las más afamados monumentos de Sevilla.* **SIN.** Célebre, renombrado, conocido.

**afán** *s. m.* **1.** Deseo muy grande: *Todo su afán era convertirse en actor.* **2.** Esfuerzo, interés: *Debes poner más afán en los estudios.*
SIN. **1.** Ansia, anhelo. **2.** Empeño, ahínco. ANT. **2.** Desgana.
FAM. Afanar, afanoso.

**afanar** *v.* **1.** Robar, hurtar: *Le afanaron la cartera.* || **afanarse 2.** Poner mucho esfuerzo e interés: *Se afana por ser el mejor.*
SIN. **1.** Quitar, birlar. **2.** Esforzarse, desvivirse.

**afanoso, sa** *adj.* **1.** Que se afana o pone mucho esfuerzo o interés. **2.** Trabajoso, duro: *La labor del minero es muy afanosa.*
SIN. **1.** Esforzado. **2.** Difícil. ANT. **2.** Fácil.

**afear** *v.* **1.** Poner fea a una persona o cosa. **2.** Reprochar o criticar: *Le afeó su mala conducta.*
SIN. **2.** Censurar, reprobar. ANT. **1.** Embellecer. **2.** Elogiar.

**afección** *s. f.* Enfermedad o trastorno en la salud: *Tiene una afección de estómago.*
SIN. Dolencia, indisposición.

**afectación** *s. f.* Falta de naturalidad.
SIN. Artificiosidad. ANT. Llaneza, espontaneidad.

**afectado, da** *adj.* **1.** Que le afecta o ha sufrido algún daño o accidente: *Ayudaron a los afectados por el terremoto.* **2.** Impresionado o emocionado: *Estaba muy afectado por la enfermedad de su amigo.* **3.** Que tiene o muestra falta de naturalidad: *Hablaba en un tono afectado.*
SIN. **1.** Interesado, perjudicado. **2.** Conmovido. **3.** Artificioso. ANT. **3.** Llano, espontáneo.

**afectar** *v.* **1.** Corresponder: *Los cambios de profesores no afectarán a todos los cursos.* **2.** Producir cierto efecto, generalmente negativo: *Las heladas afectaron a la cosecha.* **3.** Impresionar o emocionar:

*Es lógico que le afecte, la noticia que le dieron era muy mala.*
SIN. **1.** Incumbir, atañer. **2.** Perjudicar, dañar. **3.** Conmover. ANT. **2.** Favorecer.
FAM. Afección, afectación, afectado.

**afectísimo, ma** *adj.* Se usa mucho en algunas cartas como fórmula de despedida, sobre todo sus abreviaturas *afmo.* y *affmo.*: *Suyo affmo.*

**afectividad** *s. f.* **1.** Sentimientos y emociones de las personas. **2.** Tendencia a impresionarse o emocionarse con facilidad.

**afectivo, va** *adj.* **1.** Relacionado con los sentimientos y emociones: *Les unían estrechos lazos afectivos.* **2.** Muy sensible o impresionable. **3.** Amable, cariñoso.
SIN. **1.** y **2.** Emotivo. **3.** Afectuoso. ANT. **2.** Insensible. **3.** Seco.

**afecto** *s. m.* Cariño, simpatía: *Todos le tienen afecto porque es un chico amable.*
SIN. Aprecio, estima. ANT. Antipatía.
FAM. Afectísimo, afectividad, afectivo, afectuoso.

**afectuoso, sa** *adj.* Que siente o muestra afecto: *Le saludaron de forma afectuosa a su llegada.*

**afeitado** *s. m.* Acción de afeitar.

**afeitadora** *s. f.* Máquina de afeitar eléctrica.

**afeitar** *v.* **1.** Cortar el pelo, sobre todo el de la barba, con una cuchilla o maquinilla. **2.** Limar los cuernos del toro para que sean menos peligrosos.
SIN. **1.** Rapar.
FAM. Afeitado, afeitadora, afeite.

**afeite** *s. m.* Cosmético.

**afeminado, da** *adj.* y *s. m.* Se dice del hombre que tiene gestos o movimientos parecidos a los de las mujeres.
SIN. Amanerado.
FAM. Afeminar.

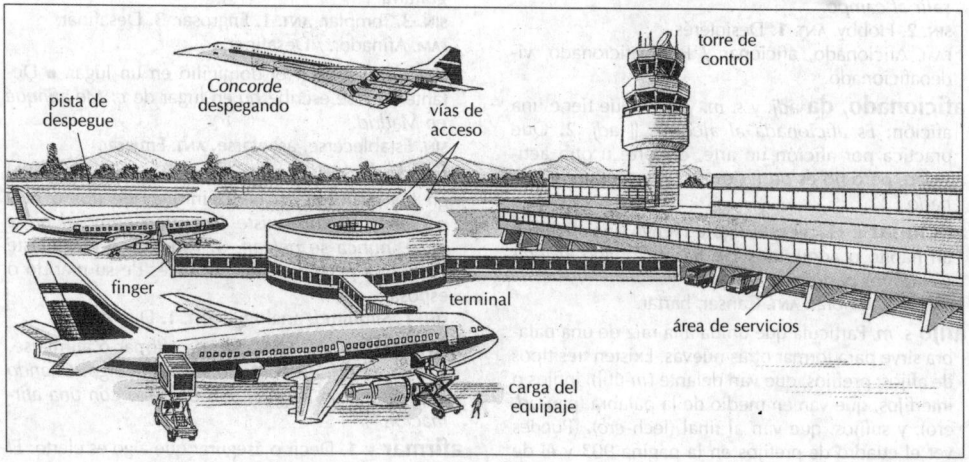

pista de despegue

*Concorde* despegando

vías de acceso

torre de control

finger

terminal

área de servicios

carga del equipaje

**aeropuerto**

**afeminar** *v.* Hacer afeminado a un hombre o sus gestos.

**aferrar** *v.* **1.** Coger una cosa con fuerza: *Aferró la pelota con las dos manos.* || **aferrarse 2.** Hacer lo posible por no perder algo o por no separarse de una persona o de una cosa: *Aunque está muy enfermo se aferra a la vida todo lo que puede.* **3.** Mantener con fuerza una idea o un sentimiento y no querer dejarlos: *Se aferraba a la esperanza de volver a ver a su amigo.* **SIN. 1.** Asir, sujetar, amarrar. **2.** Agarrarse. **3.** Empeñarse, obstinarse. **ANT. 1.** Soltar. **3.** Ceder, desistir.

**affaire** *s. m.* **1.** Asunto o negocio, sobre todo cuando es ilegal o sospechoso: *La juez está investigando el affaire de los sobornos.* **2.** Aventura amorosa: *Ana tuvo un affaire con un compañero de trabajo.* ■ Es una palabra francesa. **SIN. 2.** Amorío, romance.

**afgano, na** *adj. y s. m. y f.* **1.** De Afganistán, país del oeste de Asia. || *adj. y s. m.* **2.** Se dice de un tipo de galgo de pelo largo originario de Afganistán.

**afianzamiento** *s. m.* Acción de afianzar o asegurar. **SIN.** Refuerzo.

**afianzar** *v.* Hacer una cosa más firme o segura: *Afianzó la estantería con unos clavos. Tras la victoria, el equipo se afianzó en el primer puesto.* ■ Delante de *e* se escribe *c* en lugar de *z*: *me afiancé.* **SIN.** Reforzar, asegurar, consolidar, reafirmar. **ANT.** Aflojar, debilitar. **FAM.** Afianzamiento.

**afición** *s. f.* **1.** Interés que siente una persona por las cosas que le gustan: *Tiene mucha afición por el dibujo.* **2.** Actividad o cosa que provoca ese interés: *Mis aficiones son el cine y el teatro.* **3.** Conjunto de seguidores de un equipo deportivo o de un espectáculo: *El equipo saludó a la afición al salir al campo.* **SIN. 2.** Hobby. **ANT. 1.** Desinterés. **FAM.** Aficionado, aficionar. / Radioaficionado, videoaficionado.

**aficionado, da** *adj. y s. m. y f.* **1.** Que tiene una afición: *Es aficionada al ajedrez.* || *adj.* **2.** Que practica por afición un arte, deporte u otra actividad, pero no es profesional: *un fotógrafo aficionado.*

**aficionar** *v.* Hacer que alguien tenga una afición o un hábito o adquirirlos: *Se ha aficionado al tenis viendo los partidos en la tele.* **SIN.** Acostumbrar. **ANT.** Cansar, hartar.

**afijo** *s. m.* Partícula que unida a la raíz de una palabra sirve para formar otras nuevas. Existen tres tipos de afijos: prefijos, que van delante (*in-*útil); infijos o interfijos, que van en medio de la palabra (pan-*ad*-ero), y sufijos, que van al final (lech-*ero*). (Puedes ver el cuadro de prefijos en la página 903 y el de sufijos en la página 1070).

**afilado, da** *adj.* **1.** Que le han sacado punta o filo: *un cuchillo afilado.* **2.** Delgado, fino: *una nariz afilada.* **3.** Que pretende molestar o herir: *No para de insultar, tiene una lengua muy afilada.* || *s. m.* **4.** Acción de afilar. **SIN. 2.** Estilizado. **3.** Incisivo, mordaz. **ANT. 2.** Grueso, gordo.

**afilador, ra** *adj.* **1.** Que afila: *una máquina afiladora.* || *s. m. y f.* **2.** Persona que tiene por oficio afilar objetos cortantes, como navajas o cuchillos.

**afilalápices** *s. m.* Busca **sacapuntas**. ■ No varía en plural.

**afilar** *v.* Sacar punta o filo a un objeto; también, hacer más fina la punta de los que ya la tienen: *Afilé el lápiz con un sacapuntas.* **SIN.** Aguzar. **ANT.** Embotar. **FAM.** Afilado, afilador, afilalápices.

**afiliación** *s. f.* Acción de afiliarse.

**afiliado, da** *adj. y s. m. y f.* Miembro de un partido político, un sindicato o una asociación.

**afiliarse** *v.* Entrar en un partido político, asociación o sindicato. **SIN.** Inscribirse. **FAM.** Afiliación, afiliado.

**afín** *adj.* Semejante, parecido: *Somos buenos amigos porque tenemos gustos afines.* **SIN.** Similar, análogo. **ANT.** Distinto. **FAM.** Afinidad.

**afinador, ra** *s. m. y f.* **1.** Persona que se dedica a afinar pianos u otros instrumentos musicales. || *s. m.* **2.** Utensilio o aparato que sirve para afinar instrumentos musicales.

**afinar** *v.* **1.** Hacer fina o delgada una cosa. **2.** Mejorar, perfeccionar: *afinar la puntería.* **3.** Hacer que un instrumento musical suene bien: *Voy a afinar la guitarra.* **SIN. 3.** Templar. **ANT. 1.** Engrosar. **3.** Desafinar. **FAM.** Afinador. / Desafinar.

**afincarse** *v.* Fijar el domicilio en un lugar. ■ Delante de *e* se escribe *qu* en lugar de *c*: *Me afinqué en Madrid.* **SIN.** Establecerse, asentarse. **ANT.** Emigrar.

**afinidad** *s. f.* **1.** Semejanza, parecido. **2.** Igualdad en los gustos o en las opiniones de dos o más personas: *Como existe una gran afinidad entre ellos, nunca se pelean.* **3.** Parentesco que existe entre una persona y los parientes de su marido o esposa. **SIN. 1.** Similitud, analogía. **ANT. 1.** Diferencia.

**afirmación** *s. f.* **1.** Acción de afirmar o afirmarse. **2.** Palabra o frase con que se afirma algo: *Cuando le preguntaron si sabía leer contestó con una afirmación.*

**afirmar** *v.* **1.** Decir o asegurar que algo es cierto: *El niño afirma que vio al ladrón.* **2.** Responder que sí

de palabra o con gestos: *No quiso hablar, pero afirmó con la cabeza.* **3.** Poner firme, hacer que algo no se mueva: *Afirmó las patas de la mesa.* || **afirmarse 4.** Asegurar una cosa que ya se ha dicho o escrito: *El acusado se afirmó en todo lo que había declarado.*
SIN. **1.** Aseverar. **2.** Asentir. **3.** Reforzar, afianzar. **4.** Ratificarse. ANT. **1.** y **2.** Negar. **4.** Rectificar.
FAM. Afirmación, afirmativo. / Reafirmar.

**afirmativo, va** *adj.* Que afirma o sirve para afirmar: *una oración afirmativa.*

**aflautado, da** *adj.* Se dice del sonido agudo y suave: *un voz aflautada.*
ANT. Grave, áspero.

**aflicción** *s. f.* Tristeza, pena.
SIN. Pesar, congoja. ANT. Alegría.

**afligido, da** *adj.* Que siente dolor o pena: *Está afligido porque no le han seleccionado para la final.*
SIN. Triste, abatido. ANT. Contento, satisfecho.

**afligir** *v.* Causar o sentir dolor, pena, tristeza: *La pérdida de su padre le afligió profundamente.* ■ Delante de *a* y *o* se escribe *j* en lugar de *g*: *No te aflijas.*
SIN. Apenar, entristecer, apesadumbrar. ANT. Alegrar.
FAM. Aflicción, afligido.

**aflojar** *v.* **1.** Poner menos apretado: *Voy a aflojar la cadena al perro.* **2.** Debilitarse o disminuir una cosa: *Cuando afloje la fiebre estarás mejor.* **3.** Dejar de esforzarse: *Aflojó en los estudios y tuvo dos suspensos.*
SIN. **1.** Soltar. **2.** Remitir. ANT. **1.** y **3.** Apretar. **2.** Aumentar.

**aflorar** *v.* Aparecer o salir algo que estaba oculto o interno: *En el grupo empezaron a aflorar algunos enfrentamientos.*

**afluencia** *s. f.* El hecho de ir la gente a un lugar: *La afluencia de votantes en las elecciones fue continua. Hubo una gran afluencia de gente para asistir al concierto de rock.*
SIN. Flujo.

**afluente** *s. m.* Río que desemboca en otro más importante.

**afluir** *v.* **1.** Ir a parar una corriente de agua a un lugar. **2.** Acudir mucha gente a un lugar: *El público afluye al estadio para ver el partido.* ■ Es un verbo irregular. Se conjuga como *huir.*
SIN. **1.** Desembocar, desaguar.
FAM. Afluencia, afluente.

**afonía** *s. f.* Pérdida total o parcial de la voz.
SIN. Ronquera.
FAM. Afónico.

**afónico, ca** *adj.* Que tiene afonía: *No puedo hablar porque estoy afónico.*
SIN. Ronco.

**aforismo** *s. m.* Frase breve que resume un pensamiento, como por ejemplo «*nada hay nuevo bajo el Sol*».
SIN. Máxima, sentencia.

**aforo** *s. m.* Totalidad de las localidades de un lugar destinado a espectáculos públicos: *La sala tiene un aforo para 500 personas.*
SIN. Capacidad, cabida.

**afortunadamente** *adv.* Por fortuna, por suerte: *Afortunadamente, llegué a tiempo de coger el tren.*
ANT. Desgraciadamente.

**afortunado, da** *adj.* y *s. m.* y *f.* **1.** Que tiene buena suerte. || *adj.* **2.** Que es resultado de la buena suerte: *Un rebote afortunado hizo que el balón entrara en la portería.* **3.** Acertado, oportuno: *Tu respuesta fue afortunada.*
SIN. **1.** Agraciado. **2.** Dichoso, feliz. **3.** Apropiado, conveniente. ANT. **1.** y **2.** Desdichado. **1.** a **3.** Desgraciado, desafortunado. **3.** Desacertado, inoportuno.
FAM. Afortunadamente. / Desafortunado.

**afrancesado, da** *adj.* **1.** Que tiene costumbres, ideas o características procedentes de Francia: *Los jardines del palacio son de estilo afrancesado.* || *adj.* y *s. m.* y *f.* **2.** Se dice de los españoles que colaboraron con los franceses durante la guerra de Independencia.

**afrenta** *s. f.* Ofensa grave que se hace a alguien.
SIN. Agravio, ultraje.

**africano, na** *adj.* y *s. m.* y *f.* De África.
FAM. Afro, afroamericano, afrocubano, centroafricano, norteafricano, sudafricano.

**afrikáner** *adj.* y *s. m.* y *f.* Sudafricano descendiente de los bóers, colonos blancos de origen holandés.

**afro** *adj.* **1.** Africano: *moda afro.* ■ Con este significado, se usa a veces unida a otras palabras para formar términos compuestos, como *afroamericano.* **2.** Se dice de un peinado con muchos rizos pequeños.

**afroamericano, na** *adj.* y *s. m.* y *f.* De los americanos de origen africano o relacionado con ellos: *Ese periodista es experto en música afroamericana.*

**afrocubano, na** *adj.* y *s. m.* y *f.* De los cubanos de origen africano o relacionado con ellos: *Ese cantante tiene un aspecto afrocubano.*

**afrodisiaco, ca** o **afrodisíaco, ca** *adj.* y *s. m.* Se dice de algunas sustancias y alimentos que excitan el deseo sexual.

**afrontar** *v.* Enfrentarse a un peligro o dificultad.
SIN. Encarar, enfrentarse. ANT. Eludir, evitar.

**afrutado, da** *adj.* Que tiene un sabor o un aroma que recuerda al de la fruta: *un vino afrutado.*

**afta** *s. f.* Úlcera o llaga pequeña que sale sobre todo en la boca. ■ Esta palabra se emplea en singular con *el* y *un*: *el afta, un afta*; los otros determinantes se usan en femenino: *esta afta, alguna afta.*

**aftershave** *adj.* y *s. m.* Se dice del producto que se usa después de afeitarse para refrescar la piel: *una loción aftershave.* ■ Es una palabra inglesa.

**aftersun** *adj.* y *s. m.* Se dice de la loción o la crema para cuidar y refrescar la piel después de tomar el sol. ■ Es una palabra inglesa.

**afuera** *adv.* **1.** Hacia la parte exterior: *Vete afuera.* **2.** En el exterior: *Te espero afuera.* ‖ *s. f. pl.* **3.** Alrededores de una ciudad o población: *Compró una casa en las afueras.*
SIN. **3.** Periferia, extrarradio. ANT. **1.** Adentro. **1.** y **2.** Dentro. **3.** Centro.

**agachadiza** *s. f.* Ave de plumas de color pardo y pico recto y muy largo, que vive en marismas y zonas pantanosas.

**agachar** *v.* **1.** Inclinar una parte del cuerpo, especialmente la cabeza. ‖ **agacharse 2.** Inclinarse o doblar las rodillas: *Se agachó para coger el lápiz.*
SIN. **1.** Bajar. ANT. **1.** y **2.** Levantar, incorporar.
FAM. Agachadiza. / Gacho.

**agalla** *s. f.* **1.** Órgano respiratorio de los peces y otros animales acuáticos, que está situado a uno y otro lado de la cabeza. ‖ *s. f. pl.* **2.** Valor, valentía: *Es un chico con agallas, siempre dice lo que piensa.*
SIN. **1.** Branquia. **2.** Coraje. ANT. **2.** Cobardía.

**ágape** *s. m.* Comida que se hace en honor de una persona o para celebrar algo importante.
SIN. Banquete.

**agarrada** *s. f.* Riña o pelea.
SIN. Disputa, trifulca.

**agarradera** *s. f.* **1.** Agarradero. ‖ *s. f. pl.* **2.** Amistades o enchufes que tiene una persona en un trabajo o en otra actividad: *No creo que le echen del equipo, tiene buenas agarraderas.*
SIN. **2.** Asidero, influencias, recomendaciones.

**agarradero** *s. m.* **1.** Pieza o parte de una cosa por donde se la puede agarrar. **2.** Agarraderas, enchufes.
SIN. **1.** Asa, mango. **1.** y **2.** Asidero.

**agarrado, da** *adj.* **1.** Sujeto con la mano o de otra forma: *¿Tienes bien agarrada la cuerda?* **2.** Se dice del baile en que la pareja baila muy junta. ‖ *adj.* y *s. m.* y *f.* **3.** Roñoso, tacaño.
SIN. **3.** Rácano, cicatero, roña. ANT. **3.** Generoso, espléndido.

**agarrador** *s. m.* Utensilio para agarrar algo.

**agarrar** *v.* **1.** Coger una cosa fuertemente con las manos o por otros medios: *El alpinista se agarró a una roca.* **2.** Atrapar: *Agarraron al ladrón a la salida del banco.* **3.** Coger una enfermedad, borrachera, enfado: *He agarrado un buen catarro.* **4.** Pegarse o sujetarse mucho: *Estas suelas se han desgastado y no agarran nada.* **5.** Echar raíces una planta: *Los rosales han agarrado bien.*

SIN. **1.** Asir. **2.** Capturar, apresar. **2.** y **3.** Pillar, pescar. **4.** Adherirse. **5.** Prender. ANT. **1.** y **2.** Soltar. **2.** Liberar.
FAM. Agarrada, agarradera, agarradero, agarrado, agarrador, agarre, agarrón.

**agarre** *s. m.* Acción de agarrarse o sujetarse una cosa a otra: *Los neumáticos nuevos tienen más agarre que los gastados.*

**agarrón** *s. m.* **1.** Acción de agarrar y tirar con fuerza: *Me rompieron la camisa de un agarrón.* **2.** En Hispanoamérica, pelea, riña, discusión.
SIN. **2.** Agarrada.

**agarrotamiento** *s. m.* Hecho de agarrotarse una parte del cuerpo: *El agarrotamiento de un músculo de la pierna no le dejaba andar.*

**agarrotar** *v.* Poner o ponerse una parte del cuerpo rígida o inmóvil: *Después de un viaje tan largo se me agarrotaron las piernas.*
SIN. Anquilosarse, entumecerse. ANT. Desentumecer.
FAM. Agarrotamiento.

**agasajar** *v.* Mostrar aprecio hacia una persona con regalos o con otras atenciones: *Agasajaron con flores a sus visitantes.*
SIN. Regalar, homenajear. ANT. Ofender.
FAM. Agasajo.

**agasajo** *s. m.* Regalo o muestra de afecto con que se agasaja a alguien.

**ágata** *s. f.* Variedad de cuarzo traslúcido con franjas o capas de diverso color que se emplea en joyería y como objeto de adorno. ■ Esta palabra se emplea en singular con el *y* un: *el ágata, un ágata;* los otros determinantes se usan en femenino: *esta ágata, alguna ágata.*

**agazaparse** *v.* Agacharse o situarse detrás de un objeto para ocultarse: *El zorro se agazapó detrás de una roca.*

**agencia** *s. f.* **1.** Oficina o empresa que resuelve asuntos de los clientes o les presta determinados servicios: *agencia de viajes. Han alquilado el piso con la ayuda de una agencia inmobiliaria.* **2.** Sucursal de algunas empresas: *Cobró el cheque en la agencia del banco más cercana.*

**agenciar** *v.* Conseguir una cosa, sobre todo si se hace con habilidad o astucia: *Se agenció un coche para irse de vacaciones.*

**agenda** *s. f.* Librito o cuaderno en que se anota para no olvidarlas las cosas que se deben hacer cada día, las direcciones y los teléfonos.

**agente** *s. m.* **1.** Que actúa o produce algún efecto: *El viento y la lluvia son agentes atmosféricos que intervienen en la erosión.* ‖ *s. m.* y *f.* **2.** Persona que vende o hace algo en nombre de otra a la que representa: *La actriz habló con su agente para que le consiguiera un papel en la película.* **3.** Policía: *Varios agentes dirigían el tráfico.* ‖ *adj.* y *s. m.* **4.** En gramática, complemento del verbo en las oraciones pasivas, que indica la persona, animal o cosa que

ejecuta la acción. Suele llevar la preposición *por*. Así, en la oración *El enfermo fue atendido por el médico*, el complemento agente es *por el médico*. SIN. **3**. Guardia.
FAM. Agencia, agenciar.

**ágil** *adj*. **1**. Que se mueve con facilidad y soltura: *Los monos son muy ágiles trepando por los árboles*. **2**. Rápido al pensar o comprender: *Tiene una mente ágil y enseguida resuelve los acertijos*. **3**. Se dice del estilo sencillo, que se lee con facilidad: *La novela estaba escrita en un lenguaje ágil*.
SIN. **1**. Ligero. **3**. Fluido. ANT. **1**. y **2**. Torpe, tardo. **3**. Farragoso.
FAM. Agilidad, agilizar.

**agilidad** *s. f.* Característica de las personas o cosas ágiles: *Con la gimnasia se adquiere agilidad en los movimientos*.

**agilipollado, da** *adj*. Atontado. ■ Es una palabra vulgar.

**agilizar** *v*. Dar mayor rapidez a la realización de algo. ■ Delante de *e* se escribe *c* en lugar de *z*: *Ojalá se agilice tu matrícula*.
SIN. Acelerar, aligerar. ANT. Retardar, entorpecer.

**agitación** *s. f.* **1**. Acción de agitar. **2**. Malestar o descontento que puede provocar problemas en un grupo de gente: *La subida de los precios causó una gran agitación en el país*.

**agitador, ra** *adj*. **1**. Que agita. ‖ *s. m.* **2**. Instrumento para remover líquidos. ‖ *s. m. y f.* **3**. Persona que provoca desórdenes o conflictos políticos o sociales.

**agitanado, da** *adj*. Que parece gitano: *una cara agitanada*.

**agitar** *v*. **1**. Mover una cosa varias veces en una o varias direcciones: *El viento agitaba las ramas de los árboles*. **2**. Excitar, alterar: *La discusión agitó los ánimos de la gente*.
SIN. **1**. Batir, remover, revolver. **2**. Alborotar, perturbar. ANT. **2**. Calmar.
FAM. Agitación, agitador.

**aglomeración** *s. f.* **1**. Acción de aglomerar. **2**. Gran cantidad de personas que se amontonan en un lugar: *No quiere ir al concierto porque le asustan las aglomeraciones*.
SIN. **2**. Muchedumbre, multitud.

**aglomerado** *s. m.* Material que se obtiene al aglomerar una o varias sustancias; en especial, el que está formado por trozos de madera prensados y endurecidos, muy utilizado en carpintería.

**aglomerar** *v*. **1**. Reunir, amontonar: *El público se aglomeraba a la salida del teatro*. **2**. Unir y pegar trozos de uno o varios materiales.
SIN. **1**. Agrupar, acumular, hacinar. **2**. Aglutinar. ANT. **1**. Separar, dispersar.
FAM. Aglomeración, aglomerado.

**aglutinar** *v*. **1**. Juntar, reunir: *Conseguiremos la victoria si aglutinamos nuestras fuerzas*. **2**. Unir trozos

de una o varias sustancias mediante alguna cosa que pegue, para formar un cuerpo macizo.
SIN. **1**. Agrupar, unificar, aunar. **2**. Aglomerar. ANT. **1**. y **2**. Separar.

**agnosticismo** *s. m.* Doctrina que afirma que no es posible saber con seguridad si Dios, el Cielo y las cosas sobrenaturales existen o no. ■ No es lo mismo que el *ateísmo*, que afirma que Dios no existe.
FAM. Agnóstico.

**agnóstico, ca** *adj. y s. m. y f.* Que sigue la doctrina del agnosticismo: *Ese escritor tiene ideas agnósticas. Es un filósofo agnóstico*. ■ No es lo mismo que *ateo*, que es el que cree que Dios no existe.

**agobiante** *adj*. Que produce agobio: *Hacía un calor agobiante*.
SIN. Asfixiante.

**agobiar** *v*. **1**. Causar ahogo, molestar: *Me agobian los jerséis de cuello alto*. **2**. Preocupar y poner nervioso algo que hay que hacer: *Se agobia mucho con los exámenes*.
SIN. **1**. Ahogar. **2**. Angustiar, atosigar. ANT. **1**. y **2**. Aliviar.
FAM. Agobiante, agobio.

**agobio** *s. m.* **1**. Sensación de ahogo: *El calor me produce agobio*. **2**. Preocupación y nerviosismo por algo que hay que hacer: *¡Qué agobio! Me faltan todavía cinco temas por estudiar*.
SIN. **1**. y **2**. Angustia. ANT. **1**. y **2**. Alivio.

**agolparse** *v*. Juntarse o reunirse muchas personas o cosas en un lugar: *La gente se agolpaba a la puerta del cine*.
SIN. Amontonarse, apelotonarse. ANT. Dispersarse.

**agonía** *s. f.* **1**. Estado de angustia en que se encuentra el que se está muriendo. ‖ **agonías** *adj. y s. m. y f.* **2**. Persona pesimista, que en todo ve problemas: *Es un agonías, piensa que todo le va a salir mal*. ■ Con este significado no varía en plural.
SIN. **2**. Derrotista, pusilánime. ANT. **2**. Optimista.
FAM. Agónico, agonizante, agonizar.

**agónico, ca** *adj*. De la agonía o que se encuentra en estado de agonía.
SIN. Moribundo.

**agonizante** *adj*. Que está agonizando: *En el hospital había varios enfermos agonizantes*.

**agonizar** *v*. **1**. Estar muriéndose. **2**. Estar acabando una época, cultura, forma de vida: *un siglo que agoniza*. ■ Delante de *e* se escribe *c* en lugar de *z*: *agonice*.
SIN. **2**. Finalizar, terminar. ANT. **2**. Empezar, comenzar.

**ágora** *s. f.* Plaza principal de las antiguas ciudades griegas, donde se reunía la gente y en la que estaban los edificios públicos. ■ Esta palabra se emplea en singular con *el* y *un*: *el ágora, un ágora*; los otros determinantes se usan en femenino: *esta ágora, alguna ágora*.
FAM. Agorafobia.

**33**

**agorafobia** *s. f.* Miedo que sienten algunas personas cuando están en un lugar abierto y amplio.

**agorero, ra** *adj.* y *s. m.* y *f.* Que anuncia males o desgracias o tiene tendencia a pensar en ellos. SIN. Cenizo. ANT. Optimista.

**agostar** *v.* Secar las plantas un calor excesivo: *En verano, si no se riega, el césped se agosta.* SIN. Abrasar.

**agosto** *s. m.* Octavo mes del año, que tiene treinta y un días.
EXPR. **hacer** alguien **su** (o **el**) **agosto** Sacar un buen provecho: *Han puesto un quiosco de helados a la puerta del cole y están haciendo el agosto.*
FAM. Agostar.

**agotador, ra** *adj.* Que cansa mucho: *un esfuerzo agotador.*

**agotamiento** *s. m.* Estado del que está agotado: *Después de la carrera se mareó por agotamiento.*

**agotar** *v.* **1.** No dejar nada de algo: *Agotó el azúcar que quedaba. Se ha agotado nuestra paciencia.* **2.** Cansar mucho: *Subir andando me agota.*
SIN. **1.** Acabar, terminar, consumir, gastar. **2.** Fatigar, rendir, extenuar. ANT. **1.** Empezar. **2.** Descansar.
FAM. Agotador, agotamiento. / Inagotable.

**agraciado, da** *adj.* **1.** Guapo, de aspecto agradable: *Eva salió muy agraciada en la foto.* || *adj.* y *s. m.* y *f.* **2.** Que le ha tocado algo en un juego o concurso.
SIN. **1.** Atractivo, favorecido. ANT. **1.** Feo.

**agradable** *adj.* **1.** Que agrada: *Es agradable dar un paseo por la playa.* **2.** Amable, simpático: *La portera es una señora muy agradable.*
SIN. **1.** Grato, placentero. **2.** Afable, encantador. ANT. **1.** y **2.** Desagradable.

**agradar** *v.* Producir agrado: *Me agrada recibir regalos.*
SIN. Gustar, complacer, satisfacer. ANT. Desagradar.
FAM. Agradable, agrado. / Desagradar.

**agradecer** *v.* **1.** Dar las gracias o mostrar aprecio por algo que se ha recibido: *Agradeció mucho la visita.* **2.** Mostrar el buen efecto que algo produce: *Los árboles agradecen la lluvia.* ■ Es un verbo irregular.
SIN. **1.** Reconocer.
FAM. Agradecido, agradecimiento. / Desagradecido.

**agradecido, da** *adj.* Que agradece: *Las personas bien educadas son agradecidas. Es una planta agra-*

| AGRADECER | |
|---|---|
| **INDICATIVO** | **SUBJUNTIVO** |
| **Presente** | **Presente** |
| agradezco | agradezca |
| agradeces | agradezcas |
| agradece | agradezca |
| agradecemos | agradezcamos |
| agradecéis | agradezcáis |
| agradecen | agradezcan |

*decida, necesita pocos cuidados y da muchas flores.*
ANT. Desagradecido, ingrato.

**agradecimiento** *s. m.* Sentimiento de estar agradecido por algo: *El escritor expresó su agradecimiento por el premio.*
SIN. Gratitud. ANT. Desagradecimiento.

**agrado** *s. m.* Gusto, placer o satisfacción que produce algo: *Ayudaba a su madre con agrado a limpiar la casa.*
SIN. Gozo, contento, deleite, júbilo. ANT. Desagrado, disgusto.

**agrandar** *v.* Hacer más grande una cosa: *Algunos jerséis se agrandan con el uso.*
SIN. Aumentar, ampliar. ANT. Empequeñecer, disminuir.

**agrario, ria** *adj.* Del campo o tierra o que se dedica a la agricultura: *Valencia es rica en productos agrarios.*
SIN. Agrícola.

**agravante** *adj.* y *s. amb.* **1.** Que hace peor o más grave una cosa: *La cosecha será mala debido a las heladas, con el agravante de que hay sequía.* || *adj.* y *s. f.* **2.** Circunstancia que hace más grave un delito y aumenta la pena con que se castiga.
SIN. **2.** Atenuante.

**agravar** *v.* Empeorar: *El enfermo se agravó después de la operación.*
ANT. Mejorar.
FAM. Agravante.

**agraviar** *v.* Ofender a alguien: *Le agraviaron los insultos de sus compañeros.*
SIN. Molestar.
FAM. Agravio. / Desagraviar.

**agravio** *s. m.* Ofensa hecha a una persona: *Aquella acusación fue un agravio para mí.*
EXPR. **agravio comparativo** El que se hace al dar un trato distinto a personas que están en la misma situación.
SIN. Afrenta, injuria, deshonra. ANT. Desagravio.

**agredir** *v.* Pegar, atacar: *Expulsaron a un jugador por agredir al árbitro.* ■ Sólo se conjugan las formas que tienen una *i,* como *agredieron.*
SIN. Golpear.
FAM. Agresión, agresividad, agresivo, agresor.

**agregado, da** *adj.* **1.** Añadido, junto. || *adj.* y *s. m.* y *f.* **2.** Se dice del profesor de instituto de bachillerato de categoría inmediatamente inferior a la de catedrático. || *s. m.* y *f.* **3.** Funcionario que hace una tarea especial en una embajada: *Este señor es agregado cultural de Francia en España.*
FAM. Agregaduría.

**agregaduría** *s. f.* **1.** Cargo de agregado diplomático y oficina en la que trabaja. **2.** Cargo de profesor agregado.

**agregar** *v.* Añadir, juntar: *Al final del examen agregó un par de líneas como resumen. Se agregó al grupo para ir de excursión.* ■ Delante de e se escribe *gu* en lugar de *g*: *Me agregué a los invitados.* **SIN.** Unir, sumar. **ANT.** Quitar, apartar. **FAM.** Agregado.

**agresión** *s. f.* El hecho de pegar o atacar a alguien: *El árbitro mostró tarjeta roja a un jugador por agresión al portero.*

**agresividad** *s. f.* Característica de las personas, animales o cosas agresivos.

**agresivo, va** *adj.* **1.** Que tiene tendencia a atacar a otros: *El tigre es un animal agresivo.* **2.** Que muestra esa tendencia: *una mirada agresiva.* **3.** Que muestra iniciativa, seguridad y energía, sobre todo en el trabajo en empresas: *un ejecutivo agresivo, un vendedor agresivo.* **SIN. 1.** y **2.** Violento. **3.** Decidido, emprendedor. **ANT. 1.** Manso. **3.** Apocado.

**agresor, ra** *adj.* y *s. m.* y *f.* Que realiza alguna agresión: *El agresor le atacó por la espalda.* **SIN.** Asaltante.

**agreste** *adj.* Se dice del terreno sin cultivar o lleno de vegetación salvaje; también se dice de esa vegetación.

**agriar** *v.* **1.** Poner agria alguna cosa: *Se agrió el vino.* **2.** Volver brusco o malhumorado: *Con la enfermedad se le agrió el carácter.* **SIN. 1.** y **2.** Avinagrarse. **2.** Amargar. **ANT. 2.** Suavizar.

**agrícola** *adj.* De la agricultura o relacionado con ella: *labores agrícolas, maquinaria agrícola.* **SIN.** Agrario.

**agricultor, ra** *s. m.* y *f.* Persona que se dedica a la agricultura. **SIN.** Labrador, campesino, labriego.

**agricultura** *s. f.* Cultivo de la tierra: *En muchos pueblos la mayoría de los hombres se dedica a la agricultura.* **FAM.** Agrícola, agricultor.

**agridulce** *adj.* Se aplica a lo que es mezcla de agrio y dulce, por ejemplo el sabor de la naranja.

**agrietar** *v.* Abrir grietas: *Las manos se me agrietan con el frío.*

**agrio, gria** *adj.* **1.** Ácido; sobre todo se dice de algunos alimentos cuando están estropeados, como la leche o la nata. **2.** Brusco, malhumorado: *Tiene un carácter agrio, está siempre enfadado.* ‖ *s. m.* **3.** El limón y otras frutas que tienen un sabor ácido: *En Valencia se cultivan muchos agrios.* **SIN. 2.** Avinagrado, huraño, irritable. **ANT. 1.** y **2.** Dulce. **2.** Amable, afable. **FAM.** Agriar, agridulce.

**agroalimentario, ria** *adj.* De los productos del campo que se destinan a la alimentación: *El sector agroalimentario es muy importante en la Unión Europea.*

**agrónomo, ma** *adj.* y *s. m.* y *f.* Especialista en las técnicas y métodos para el cultivo de la tierra: *Es ingeniero agrónomo.*

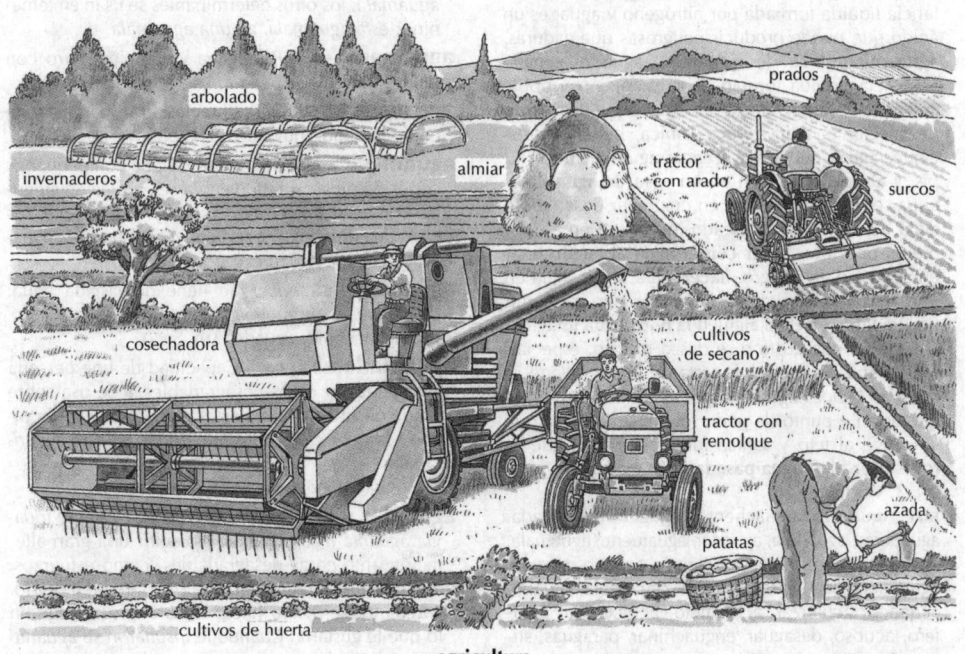

arbolado
prados
invernaderos
almiar
tractor con arado
surcos
cosechadora
cultivos de secano
tractor con remolque
azada
patatas
cultivos de huerta

**agricultura**

**agropecuario, ria** *adj.* Relacionado con la agricultura y la ganadería: *la riqueza agropecuaria.*

**agroturismo** *s. m.* Turismo por zonas rurales. Se llama también *turismo rural.*

**agrupación** *s. f.* **1.** Acción de agrupar o agruparse. **2.** Grupo organizado de personas o cosas: *una agrupación de deportistas, de viviendas.* SIN. **2.** Asociación. ANT. **1.** Separación, división.

**agrupar** *v.* Reunir, hacer grupos: *Hay que agrupar las fichas por colores. Los niños se agruparon alrededor del maestro.* SIN. Juntar, congregar, asociar. ANT. Separar, dispersar. FAM. Agrupación. / Reagrupar.

**agua** *s. f.* **1.** Líquido incoloro, sin olor ni sabor propios, que está formado por hidrógeno y oxígeno y se encuentra en mares, ríos y lagos: *Se bebió toda el agua.* **2.** Líquido con abundancia de agua, que se obtiene, por ejemplo, de la mezcla de ésta con plantas o del jugo de algunos frutos: *agua de rosas, agua de coco.* **3.** Cada una de las pendientes de un tejado: *una casa con el tejado a dos aguas.* ‖ *s. f. pl.* **4.** Dibujos o reflejos en forma de ondulaciones en algunas telas o piedras preciosas. ■ Esta palabra se emplea en singular con *el* y *un*: *el agua, un agua;* los otros determinantes se usan en femenino: *esta agua, alguna agua.* EXPR. **agua de borrajas** Cosa sin importancia: *Al final, todo quedó en agua de borrajas.* **agua de colonia** Colonia, líquido para perfumar. **agua fuerte** Sustancia líquida formada por nitrógeno y agua; es un ácido que puede producir peligrosas quemaduras. **agua mineral** La de manantial. **agua oxigenada** Sustancia líquida formada por hidrógeno y doble cantidad de oxígeno que el agua; se utiliza como desinfectante. **agua tónica** Tónica, bebida refrescante. **aguas mayores** La caca. **aguas menores** El pis. ‖ **ahogarse** alguien **en un vaso de agua** Preocuparse o ver problemas en cualquier cosa. **como agua de mayo** Muy deseado, que llega en el momento oportuno. **estar con el agua al cuello** Estar en apuros o en peligro. **hacer agua** Entrar agua en un barco; también, empezar a fallar algo, como un negocio. **hacérsele** a alguien **la boca agua** Imaginar o ver algo que gusta o se desea mucho, especialmente una comida: *A la vista de aquel helado se me hizo la boca agua.* **romper aguas** En las mujeres que están a punto de parir, romperse la bolsa que envuelve al feto y salirse fuera el líquido que lo rodea. **ser** algo **agua pasada** Estar olvidado. SIN. **3.** Vertiente. FAM. Aguacero, aguachento, aguachirle, aguada, aguaderas, aguadilla, aguador, aguafuerte, aguamala, aguamanil, aguamarina, aguanieve, aguanoso, aguar, aguardiente, aguarrás, aguaviva. / Acuarela, acuario, acuático, acuatizar, acueducto, acuicultura, acuífero, acuoso, desaguar, enguachinar, paraguas, subacuático, vierteaguas.

**aguacate** *s. m.* Fruto comestible de un árbol tropical americano del mismo nombre; tiene piel verde, carne muy suave y un hueso grande.

**aguacero** *s. m.* Lluvia fuerte que cae repentinamente y dura poco. SIN. Chaparrón.

**aguachento, ta** *adj.* Se dice de las comidas que tienen demasiada agua: *El puré está aguachento.* SIN. Aguanoso, aguado. ANT. Seco.

**aguachirle** *s. m.* Bebida o caldo muy aguado o de poco sabor.

**aguada** *s. f.* **1.** Pintura hecha con colores disueltos en agua. **2.** Dibujo realizado con ese tipo de pintura. SIN. **1.** y **2.** Gouache.

**aguaderas** *s. f. pl.* Armazón que se pone sobre una caballería para transportar cántaros, barriles y otras cosas.

**aguadilla** *s. f.* Busca **ahogadilla.**

**aguador, ra** *s. m.* y *f.* Persona que vende o lleva agua.

**aguafiestas** *s. m.* y *f.* Persona que estropea una diversión o la impide. ■ No varía en plural.

**aguafuerte** *s. m.* **1.** Técnica de grabar dibujos con planchas de metal sobre las que actúa el agua fuerte. **2.** Dibujo impreso con esta técnica.

**aguaitar** *v.* En Hispanoamérica, mirar, vigilar.

**aguamala** *s. f.* Busca **medusa.** ■ Esta palabra se emplea en singular con *el* y *un*: *el aguamala, un aguamala;* los otros determinantes se usan en femenino: *esta aguamala, alguna aguamala.*

**aguamanil** *s. m.* Palangana y, también, jarro con que se llena.

**aguamarina** *s. f.* Piedra preciosa transparente y de color azulado, muy apreciada en joyería.

**aguanieve** *s. f.* Lluvia fina mezclada con pequeños copos de nieve. ■ Esta palabra se emplea en singular con *el* y *un*: *el aguanieve, un aguanieve;* los otros determinantes se usan en femenino: *esta aguanieve, alguna aguanieve.*

**aguanoso, sa** *adj.* Que tiene demasiada agua: *Estas peras están muy aguanosas.* SIN. Aguachento, aguado. ANT. Seco.

**aguantaderas** *s. f. pl.* Capacidad de una persona para aguantar cosas desagradables. ■ Se usa sobre todo con *buenas* o *malas*: *A ese profesor le ha tocado la peor clase pero tiene unas buenas aguantaderas.* SIN. Aguante, paciencia.

**aguantar** *v.* **1.** Sostener una cosa: *Ese estante todavía aguanta más libros.* **2.** No sufrir una gran alteración ante cosas desagradables, como esfuerzos, dificultades: *Merche aguanta bastante bien el frío.* ‖ **aguantarse 3.** No hacer o no expresar alguien lo que le gustaría: *Cuando le insultaron se aguantó y no contestó.*

SIN. **1.** Sujetar. **1.** y **2.** Soportar, resistir. **2.** Tolerar. **3.** Contenerse, reprimirse. ANT. **1.** Soltar. **3.** Explotar, estallar.

FAM. Aguantaderas, aguante. / Inaguantable.

**aguante** *s. m.* Capacidad de una persona para aguantar cosas desagradables o para aguantarse: *Tiene mucho aguante, no se enfada por nada.*

SIN. Paciencia, dominio, resistencia.

**aguar** *v.* **1.** Mezclar, en especial alimentos líquidos, con agua o con excesiva agua: *aguar la leche.* **2.** Estropear algo o impedir que se haga: *Con el mal tiempo se les aguó la excursión.*

SIN. **2.** Chafar, fastidiar.

FAM. Aguafiestas.

**aguardar** *v.* Esperar a alguien o algo: *El niño aguardaba a su madre a la puerta del colegio.*

**aguardiente** *s. m.* Bebida alcohólica muy fuerte que se obtiene a partir del vino, zumo de frutas o de otras sustancias.

**aguarrás** *s. m.* Líquido algo aceitoso y de olor fuerte, que se emplea como disolvente de pinturas y barnices.

**aguaviva** *s. f.* Busca **medusa**. ■ Esta palabra se emplea en singular con *el* y *un*: *el aguaviva, un aguaviva*; los otros determinantes se usan en femenino: *esta aguaviva, alguna aguaviva.*

**agudeza** *s. f.* Rapidez y acierto al percibir las cosas, al hablar o en otras situaciones: *Tenía gran agudeza visual. Dijo con agudeza lo que pensaba.*

**agudizar** *v.* Hacer más agudo algo, como una enfermedad o una sensación: *Con el frío se le agudizó el catarro.* ■ Delante de *e* se escribe *c* en lugar de *z*: *agudice.*

SIN. Agravar, empeorar. ANT. Suavizar, debilitar.

**agudo, da** *adj.* **1.** Se dice de las cosas que tienen punta muy afilada. **2.** Que demuestra agudeza o ingenio: *Tiene una vista muy aguda. Contestó con una frase muy aguda.* **3.** Se dice de cosas como enfermedades o sensaciones, que son muy fuertes o intensas y breves: *un dolor agudo, una apendicitis aguda.* **4.** Se llama así al ángulo de menos de 90 grados. ‖ *adj.* y *s. m.* **5.** Se dice del sonido muy penetrante, como el de la voz de un niño o el de un silbido. ‖ *adj.* y *s. f.* **6.** Se dice de la palabra acentuada en la última sílaba.

SIN. **1.** Puntiagudo, punzante. **2.** Ingenioso, ocurrente. ANT. **1.** Chato. **2.** Torpe, soso. **3.** Leve. **5.** Grave.

FAM. Agudeza, agudizar.

**agüero** *s. m.* Señal que anuncia la buena o mala suerte: *Aquellos nubarrones eran un mal agüero.*

SIN. Presagio, augurio.

FAM. Agorero.

**aguerrido, da** *adj.* Valiente, luchador: *Los aguerridos soldados se lanzaron al ataque.*

SIN. Valeroso, bravo, combativo. ANT. Cobarde.

**aguijón** *s. m.* Órgano puntiagudo que tienen el escorpión y algunos insectos, como las avispas, con el que pican e inyectan veneno.

FAM. Aguijonear.

**aguijonear** *v.* Animar a alguien para que haga algo o se esfuerce más: *El premio aguijoneaba a los concursantes.*

SIN. Estimular, empujar, incitar.

**águila** *s. f.* **1.** Ave rapaz de gran tamaño, color amarillento o pardo, pico curvo y fuerte, y garras afiladas; vuela a gran altura y se lanza con rapidez sobre sus presas. **2.** Persona lista y rápida. ■ Esta palabra se emplea en singular con *el* y *un*: *el águila, un águila*; los otros determinantes se usan en femenino: *esta águila, alguna águila.*

SIN. **2.** Lince.

FAM. Aguileño, aguilucho.

**aguileño, ña** *adj.* Se dice del rostro o nariz afilados.

**aguilucho** *s. m.* **1.** Ave rapaz parecida al águila, pero de menor tamaño, con pico corto, cola larga, grandes ojos y plumaje oscuro. **2.** Pollo del águila.

águila          aguilucho

**aguinaldo** *s. m.* Regalo, casi siempre dinero, que se da en Navidad, por ejemplo cuando alguien va a otra casa a felicitar las fiestas.

**aguja** *s. f.* **1.** Barrita delgada terminada en punta por un extremo; como la de coser, de acero y con un agujerito en el otro extremo por el que se pasa el hilo, o las de hacer punto. **2.** Se llama así a otras barritas delgadas, no muy grandes y terminadas en punta, como la de un tocadiscos o las del reloj. **3.** Tubito metálico puntiagudo y muy fino que se clava en el cuerpo y se acopla a la jeringuilla para poner inyecciones, sacar sangre y otros usos. **4.** Raíl que se puede mover para hacer que el tren cambie de vía. **5.** Terminación en punta de una torre o de un edificio: *las agujas de la catedral.* ‖ *s. f. pl.* **6.** Costillas de la parte de delante de una res y, en singular, carne de esa parte del animal: *filetes de aguja.*

EXPR. **buscar una aguja en un pajar** Empeñarse en encontrar algo imposible o muy difícil.

FAM. Agujero, agujetas. / Guardagujas.

**agujerear** *v.* Hacer agujeros en algo: *Los calcetines se han agujereado en el talón.*

SIN. Perforar, horadar.

**agujero** *s. m.* Abertura, generalmente redonda, en alguna cosa o en algún lugar: *Los ladrones entraron haciendo un agujero en la pared.*

SIN. Orificio, boquete.

FAM. Agujerear.

**agujeta** *s. f.* Ave de patas largas y delgadas, y pico también largo y recto. Vive en zonas pantanosas de Europa y Asia y en invierno emigra hacia el norte de África y España.

**agujetas** *s. f. pl.* Dolor que se siente en algún músculo del cuerpo después de hacer un ejercicio físico al que no se estaba acostumbrado.

**agusanarse** *v.* Llenarse de gusanos una cosa.

**agustino, na** *adj. y s. m. y f.* De las órdenes o congregaciones religiosas de San Agustín.

**aguzar** *v.* Poner atención al usar los sentidos o la inteligencia para sacar el mayor provecho de ellos: *Aguza el oído, a ver si te enteras de lo que dicen.* ■ Delante de *e* se escribe *c* en lugar de *z*: *Agucé la vista.*

SIN. Agudizar, afinar, avivar.

**¡ah!** *interj.* **1.** Expresa la reacción de alguien ante algo que produce sorpresa o emoción: *¡Ah, qué bien! He aprobado el examen.* **2.** Indica que alguien ha comprendido algo en un momento determinado: *¡Ah!, ya sé lo que quería mi madre.*

**ahí** *adv.* **1.** En ese lugar o a ese lugar: *Está ahí. Irá ahí cuando pueda.* **2.** Con algunas preposiciones, como *de, por, hacia,* expresa un lugar cualquiera: *Vino por ahí. Salió de ahí.*

**ahijado, da** *s. m. y f.* Cualquier persona con relación a su padrino o madrina.

**ahínco** *s. m.* Gran interés y esfuerzo: *Estudia con ahínco.*

SIN. Empeño, afán, tesón. ANT. Desgana.

**ahíto, ta** *adj.* **1.** Que ha comido hasta hartarse. **2.** Muy cansado de alguien o de algo.

SIN. **1.** Saciado, lleno. **1.** y **2.** Harto. **2.** Aburrido, hastiado. ANT. **1.** Hambriento. **2.** Deseoso.

**ahogadilla** *s. f.* Broma que consiste en meter la cabeza de una persona debajo del agua durante un momento.

SIN. Aguadilla.

**ahogado, da** *adj. y s. m. y f.* **1.** Muerto por no poder respirar, sobre todo en el agua: *La barca de la Cruz Roja sacó a un ahogado.* || *adj.* **2.** Que siente ahogo o dificultad para respirar: *Me encuentro aho-*

gado con tanto humo. **3.** Se dice del sitio estrecho o mal ventilado: *La habitación quedó muy ahogada con tantos muebles.*

**ahogar** *v.* **1.** Hacer que muera una persona o animal impidiéndole respirar o morirse de este modo, sobre todo en el agua: *Me apretó tan fuerte que casi me ahoga. Se ahogó cuando se bañaba en el mar.* **2.** Producir o sentir ahogo o dificultad para respirar: *Me ahogo con tanto calor.* **3.** Apagar el fuego poniendo algo encima: *No eches tanta leña al fuego que lo vas a ahogar.* **4.** Hacer que entre demasiado combustible en el motor de un automóvil, provocando que se pare o no arranque: *El coche se ahogó y no subía la cuesta.* ■ Delante de *e* se escribe *gu* en lugar de *g*: *ahogue.*

SIN. **1.** y **2.** Asfixiar. **2.** Agobiar. **2.** y **3.** Sofocar. ANT. **2.** Desahogar. **3.** Avivar.

FAM. Ahogadilla, ahogado, ahogo. / Desahogar.

**ahogo** *s. m.* **1.** Dificultad para respirar: *La tos le producía ahogo.* **2.** Angustia, desánimo, dificultad: *Le gusta hacer las cosas tranquilamente, sin ahogos de tiempo.*

SIN. **1.** Asfixia. **1.** y **2.** Agobio, sofoco. ANT. **2.** Alivio, desahogo.

**ahondar** *v.* **1.** Hacer más hondo: *ahondar un hoyo.* **2.** Hacer un agujero hondo: *Hay que ahondar bastante para plantar esa semilla.* **3.** Estudiar o tratar algo a fondo: *El profesor había ahondado mucho en los temas de historia.*

SIN. **2.** y **3.** Profundizar.

**ahora** *adv.* **1.** En el momento presente: *Ahora no llueve.* **2.** Con preposiciones como *hasta* o *desde,* ese mismo momento presente: *Hazlo desde ahora.* **3.** Hace muy poco o dentro de un momento: *Acaba de llegar ahora. No tardo nada, ahora salgo.* || *conj.* **4.** Pero, sin embargo: *Vino tarde; ahora, trajo un buen regalo.*

EXPR. **ahora bien** Pero, sin embargo: *La operación ha sido un éxito; ahora bien, el enfermo tardará un tiempo en recuperarse completamente.* **ahora que** Pero, aunque: *Cuesta encontrar el camino, ahora que el paisaje merece la pena.* **ahora sí que** Expresa seguridad de que algo va a ocurrir: *Ahora sí que me voy.* **¡hasta ahora!** Se emplea para despedirse.

**ahorcar** *v.* Matar a alguien colgándole de una cuerda atada alrededor del cuello. ■ Delante de *e* se escribe *qu* en lugar de *c*: *ahorque.*

**ahorrador, ra** *adj.* Que ahorra mucho: *Mi madre es muy ahorradora.*

SIN. Ahorrativo.

**ahorrar** *v.* **1.** Guardar dinero en vez de gastarlo: *Ahorra una parte de lo que gana.* **2.** Gastar poco de una cosa: *ahorrar agua, energía eléctrica.* **3.** Ganar tiempo: *Se ahorró casi una hora viniendo en autobús.* **4.** Evitar algo: *No hagas eso y te ahorrarás un disgusto.*

SIN. **1.** Reservar. **2.** y **3.** Economizar. **4.** Librar. ANT. **1.** y **2.** Derrochar, dilapidar.
FAM. Ahorrador, ahorrativo, ahorro.

**ahorrativo, va** *adj.* Que ahorra mucho.
SIN. Ahorrador.

**ahorro** *s. m.* **1.** Acción de ahorrar algo: *Es importante el ahorro de energía eléctrica.* **2.** Cantidad ahorrada, especialmente de dinero: *Se compró una bici con sus ahorros.*

**ahuecar** *v.* **1.** Dejar hueca o vacía una cosa: *Ahueca esa bolsa para meter los libros.* **2.** Esponjar una cosa que estaba aplastada: *ahuecar la almohada.* **3.** Poner la voz más grave y sonora. **4.** Marcharse. Se usa mucho en la expresión **ahuecar el ala.** ▪ Delante de *e* se escribe *qu* en lugar de *c*: *ahuequé.*
SIN. **2.** Mullir. **4.** Largarse, pirarse. ANT. **2.** Apelmazar. **4.** Llegar, venir.

**ahuevado, da** *adj.* Con forma de huevo.
SIN. Aovado, ovalado.

**ahumado, da** *adj.* **1.** Que es resultado de ahumar. **2.** De color gris, como el humo: *unas gafas con cristales ahumados.* || *adj.* y *s. m.* **3.** Se dice de algunos alimentos sometidos a la acción del humo para su conservación o para darles sabor: *salmón ahumado.*

**ahumar** *v.* **1.** Llenar una cosa de humo o hacer que coja olor o color a humo: *De estar al lado de la hoguera se nos ahumó la ropa.* **2.** Someter a la acción del humo alimentos como embutidos y pescados para conservarlos o darles sabor.
FAM. Ahumado.

**ahuyentar** *v.* Hacer huir a una persona o animal, o impedir que se acerque: *El perro ahuyentó a los ladrones.*
SIN. Espantar. ANT. Atraer.

**airado, da** *adj.* Muy enfadado, con ira: *Contestó a los insultos con tono airado.*
SIN. Colérico, rabioso.
FAM. Desairar.

**airbag** *s. m.* Bolsa de aire que se hincha automáticamente dentro de algunos vehículos para proteger a los ocupantes cuando se produce un choque. ▪ Es una palabra inglesa. No varía en plural.

**aire** *s. m.* **1.** Gas que envuelve a la Tierra, formado básicamente por la mezcla de oxígeno y nitrógeno. **2.** Viento: *Hace aire.* **3.** Aspecto, apariencia: *Tenía un aire de despistado, pero se enteraba de todo.* **4.** Semejanza, parecido: *Esta niña tiene un aire a su abuela.* **5.** Canción, melodía: *Entonaron un aire de su tierra.* || *s. m. pl.* **6.** Manera de ser de la persona presumida y orgullosa: *Vaya aires que tiene este niño.* EXPR. **aire acondicionado** Sistema o aparato que sirve para mantener un lugar cerrado en las condiciones de temperatura y humedad agradables. || **al aire libre** En lugares abiertos. **cambiar de aires** Ir a

otro lugar. **darle** a alguien **un aire** Tener un ataque de parálisis. **en el aire** Que todavía no se ha resuelto. **tomar el aire** Pasear al aire libre.
SIN. **2.** Brisa. **5.** Son. **6.** Humos.
FAM. Airear, airoso. / Aéreo.

**airear** *v.* **1.** Poner al aire o hacer que le dé el aire a alguien o algo: *Es bueno airear la ropa antes de guardarla. Te vendrá bien airearte un poco antes de meterte en casa.* **2.** Contar algo a varias personas, hacer que lo sepan: *Víctor aireó por la clase la noticia de la boda del profesor.*
SIN. **1.** Ventilar, orear, oxigenar. **2.** Divulgar, difundir. ANT. **1.** Enrarecer. **2.** Ocultar.

**airoso, sa** *adj.* **1.** Que tiene garbo, elegancia y buena apariencia: *La bailarina tenía unos movimientos airosos.* **2.** Que ha hecho bien algo: *Nuestro equipo de fútbol salió airoso en todos los partidos.*
SIN. **1.** Garboso, saleroso, apuesto. **2.** Victorioso. ANT. **1.** Desgarbado.

**aislado, da** *adj.* **1.** Apartado, separado: *La granja estaba aislada en medio del campo.* **2.** Raro, poco frecuente: *Hubo algún accidente aislado en el barrio.*
ANT. **2.** Frecuente, generalizado.

**aislamiento** *s. m.* Situación de una persona o cosa que está apartada del resto o sin relación con otras: *El aislamiento hace que los niños sean más tímidos.*

**aislante** *adj.* y *s. m.* Sustancia o material que aísla, por ejemplo de la corriente eléctrica o del calor: *Los cables están forrados con plástico aislante de la electricidad.*

**aislar** *v.* **1.** Poner a alguna persona, animal o cosa en un lugar apartado, separándolo del resto. **2.** Apartar a alguien o apartarse uno mismo del trato o comunicación con los demás: *Desde que repitió curso fue aislándose de sus compañeros.* **3.** No permitir el paso de la electricidad, el calor u otras cosas: *aislar una habitación del ruido.*
SIN. **1.** y **2.** Desconectar. ANT. **1.** Unir, juntar. **1.** y **2.** Comunicar. **3.** Conducir.
FAM. Aislado, aislamiento, aislante.

**ajado, da** *adj.* Estropeado, envejecido: *El abrigo está ajado de tanto usarlo.*
SIN. Deteriorado, deslucido.

**ajamonarse** *v.* Ponerse algo gorda una mujer, sobre todo cuando ya no es muy joven. A veces se aplica también a los hombres en sentido humorístico.

**ajar¹** *v.* Estropear o hacer más vieja a una persona o cosa: *El paso de los años le ha ajado el rostro.*
SIN. Deteriorar, deslucir, envejecer.

**ajar²** *s. m.* Terreno sembrado de ajos.

**ajardinado, da** *adj.* Que tiene césped y plantas como los jardines: *Vive en una casa con zonas ajardinadas y piscina.*

**ajedrecista** *s. m.* y *f.* Jugador de ajedrez.

**ajedrez** *s. m.* Juego entre dos personas sobre un tablero cuadriculado, con piezas de diferentes formas que se mueven de distinta manera. ■ Su plural es *ajedreces*.
**FAM.** Ajedrecista, ajedrezado.

**ajedrezado, da** *adj.* Con cuadros de distinto color, como en el tablero de ajedrez: *un suelo ajedrezado*.

**ajenjo** *s. m.* **1.** Planta aromática y de sabor amargo que se emplea en medicina. **2.** Bebida alcohólica que se prepara con esta planta.

**ajeno, na** *adj.* **1.** Que pertenece a otro: *A los curiosos les gusta meterse en la vida ajena*. **2.** Extraño para alguien o algo, que no tiene que ver con ellos: *Durante unos días nos dio clase un profesor ajeno al colegio*. **3.** Que no conoce algo: *Era completamente ajeno a lo que le decías*.
**SIN. 3.** Ignorante. **ANT. 1.** Propio. **2.** Conocido.
**FAM.** Enajenar.

**ajete** *s. m.* **1.** Ajo tierno que todavía no ha formado el bulbo. **2.** Puerro silvestre.

**ajetreado, da** *adj.* Muy movido, con mucho trabajo o muchas cosas que hacer: *Lleva una vida muy ajetreada*.

**ajetreo** *s. m.* Mucho trabajo o actividad: *Isabel tiene mucho ajetreo con los niños tan pequeños*.
**SIN.** Trajín.
**FAM.** Ajetreado.

**ají** *s. m.* En Hispanoamérica, pimiento, especialmente una variedad muy picante. ■ Su plural es *ajís* o *ajíes*.

**ajillo** Se utiliza en la expresión **al ajillo**, que es la forma de cocinar un alimento friéndolo con mucho ajo.

**ajo** *s. m.* Bulbo de una planta del mismo nombre, de sabor picante, muy usado para preparar o guisar alimentos.
**EXPR. en el ajo** Al corriente de un asunto, especialmente si es secreto: *Sus amigos le preparaban una fiesta y sus padres estaban en el ajo*.
**FAM.** Ajar², ajete, ajillo, ajoarriero.

**ajoarriero** *s. m.* Guiso de bacalao con ajos, aceite y otros ingredientes.

**ajonjolí** *s. m.* Busca **sésamo**. ■ Su plural es *ajonjolís* o *ajonjolíes*.

**ajorca** *s. f.* Pulsera con forma de aro que se lleva en muñecas, brazos o tobillos.

**ajuar** *s. m.* **1.** Conjunto de ropas y otras cosas que aporta la mujer al casarse, generalmente para uso de la casa. **2.** Ropas, muebles y otros objetos para uso de la casa.
**SIN. 2.** Menaje.

**ajuntar** *v.* Juntarse un niño con otros, ser amigos: *¡Me he enfadado; ya no te ajunto!*

**ajustado, da** *adj.* **1.** Que queda pegado o apretado: *Le gustan los pantalones muy ajustados*. **2.** Que

es lo mínimo que se puede hacer, conseguir o aceptar: *El precio está muy ajustado, no te puedo rebajar más. Ha sido una victoria ajustada*: 1-0.
**SIN. 1.** y **2.** Justo. **ANT. 1.** Holgado, ancho.

**ajustar** *v.* **1.** Poner una cosa dentro de otra, junto a ella o alrededor, de modo que no quede espacio entre ellas: *Ajusté la tapa a ese bote. Esos pantalones se ajustan perfectamente*. **2.** Adaptar, acomodar una cosa a otra: *Ajusta tus gastos al dinero que tienes*. **3.** Ponerse de acuerdo sobre algo: *Entre profesores y alumnos ajustaron las fechas de los exámenes. El vendedor y el comprador ajustaron el precio*.
**EXPR. ajustar cuentas** Dar a alguien su merecido.
**SIN. 1.** Encajar, acoplar. **1.** y **2.** Amoldar. **2.** Adecuar. **3.** Convenir, pactar. **ANT. 1.** Desajustar, desencajar.
**FAM.** Ajustado, ajuste. / Desajustar, reajustar.

**ajuste** *s. m.* Acción de ajustar o ajustarse una cosa a otra y modo de estar ajustadas: *Se salía el líquido por el mal ajuste del tapón*.

**ajusticiar** *v.* Aplicar la pena de muerte a un condenado.
**SIN.** Ejecutar.

**al** Contracción de la preposición *a* y el artículo *el*: *Me voy al campo*. A veces significa 'en el momento de': *Al verle, le saludé*.

**al dente** *expr.* Forma de preparar la pasta y la verdura, sin cocerlas demasiado para que no queden muy blandas. ■ Es una expresión italiana.

**ala** *s. f.* **1.** Parte del cuerpo de algunos animales como las aves o los insectos, que les sirve para volar. **2.** Parte de los aviones que les sirve para mantenerse en el aire. **3.** Parte de algunas cosas que se extiende hacia los lados: *ala del tejado, del sombrero*. || *s. m.* y *f.* **4.** En baloncesto y otros deportes, jugador que suele atacar por los laterales del campo. ■ Esta palabra se emplea en singular con *el* y *un*: *el ala, un ala*; los otros determinantes se usan en femenino: *esta ala, alguna ala*.
**EXPR. cortarle** a alguien **las alas** Desanimarle o ponerle dificultades. **tocado del ala** Un poco loco.
**FAM.** Alado, alero, alerón, aleta, aletear, alicaído, alón.

**alabanza** *s. f.* Acción de alabar: *El profesor hizo una alabanza de sus alumnos*.
**SIN.** Elogio. **ANT.** Crítica.

**alabar** *v.* Decir cosas buenas de alguien o algo: *Te alabo por ser tan generoso*.
**SIN.** Elogiar, ensalzar. **ANT.** Criticar.
**FAM.** Alabanza.

**alabarda** *s. f.* Especie de lanza que tiene una cuchilla en forma de media luna junto a la punta.
**FAM.** Alabardero.

**alabardero** *s. m.* Soldado que lleva una alabarda, como los que forman parte de la guardia real española.

**alabastro** *s. m.* Piedra dura, de color blanquecino y algo transparente, que se emplea mucho para hacer esculturas y objetos de adorno.

**alabearse** *v.* Curvarse una cosa: *La estantería se alabeó al poner encima tantos libros.* SIN. Combarse, arquearse, abarquillarse. ANT. Enderezarse.

**alacena** *s. f.* Especie de armario, hecho en un hueco de la pared, con puertas y estantes. SIN. Hornacina.

**alacrán** *s. m.* Escorpión, animal.

**alado, da** *adj.* Con alas: *un monstruo alado.*

**alamar** *s. m.* Botón y presilla que llevan algunas prendas de vestir, sobre todo las capas, hechos con cordones trenzados.

**alambicado, da** *adj.* Muy complicado y retorcido: *Me dio una explicación tan alambicada que apenas me enteré.* SIN. Rebuscado. ANT. Sencillo.

**alambique** *s. m.* Aparato que se emplea para destilar sustancias líquidas; se compone de una caldera y un conducto refrigerado en forma de espiral. FAM. Alambicado.

**alambrada** *s. f.* Cerca o valla hecha de alambre.

**alambre** *s. m.* Hilo poco grueso hecho con cualquier clase de metal. FAM. Alambrada, alambrera, alambrista. / Inalámbrico.

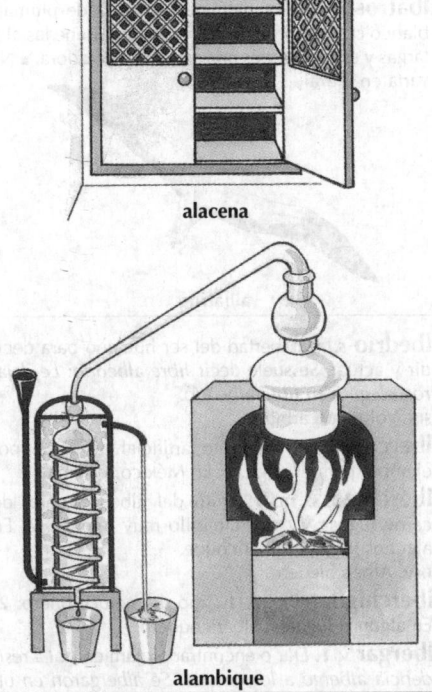

alacena

alambique

**alambrera** *s. f.* Red de alambre.

**alambrista** *s. m.* y *f.* Equilibrista que camina y que realiza ejercicios sobre un alambre colocado a cierta altura.

**alameda** *s. f.* **1.** Lugar donde hay muchos álamos. **2.** Paseo de una población en el que hay álamos o cualquier otro tipo de árboles.

**álamo** *s. m.* Árbol de hojas ovaladas o en forma de corazón que alcanza una considerable altura. Su madera, de color blanco, se utiliza para fabricar papel y pequeños objetos como cerillas o cajas. FAM. Alameda.

álamo

**alano, na** *adj.* y *s. m.* y *f.* **1.** De un pueblo bárbaro que invadió España en el siglo v. **2.** Se dice de un perro de tamaño mediano, con el pelo corto rojizo, la cabeza grande, el hocico chato y las extremidades cortas y fuertes.

**alarde** *s. m.* Lo que hace una persona cuando presume con orgullo de sus cualidades: *Como va al gimnasio, le gusta hacer alarde de su fuerza delante de sus compañeros.* SIN. Ostentación, gala. FAM. Alardear.

**alardear** *v.* Hacer alarde: *Alardea de valiente.*

**alargadera** *s. f.* Pieza que sirve para alargar una cosa. SIN. Alargador.

**alargado, da** *adj.* Que es más largo que ancho: *Las hogazas son panes redondos, mientras que las barras son alargadas.*

**alargador** *s. m.* Pieza o aparato que sirve para alargar algo: *Añade al cable un alargador.* SIN. Alargadera.

**alargar** *v.* **1.** Hacer más largo: *Si me queda tela, alargaré la falda. La prórroga alargó el partido.* **2.** Extender el brazo o la mano hacia delante o hacia arriba. **3.** Acercar a alguien una cosa: *Alárgame el bloc para que apunte un teléfono.* || **alargarse 4.** Extenderse en lo que se habla o escribe: *La señorita se alargó explicándonos los ejercicios.* ■ Delante

**41**

de *e* se escribe *gu* en lugar de *g*: *Como no alargues el brazo, no lo alcanzas.*
**SIN. 1.** Prolongar. **3.** Alcanzar. **4.** Enrollarse. **ANT. 1.** Acortar.
**FAM.** Alargadera, alargado, alargador.

**alarido** *s. m.* Grito muy fuerte, producido normalmente por un dolor: *¡Qué alarido soltó Laura cuando se clavó la espina!*
**SIN.** Chillido, aullido.

**alarma** *s. f.* **1.** Señal con que se avisa de un peligro: *Al divisar al enemigo, los soldados de guardia dieron la voz de alarma.* **2.** Inquietud, sobresalto: *Cuando empezó el terremoto, cundió la alarma.* **3.** Mecanismo para avisar de alguna cosa, por ejemplo el de un despertador o el que se instala para evitar un robo.
**SIN. 2.** Intranquilidad, temor, pánico. **ANT. 2.** Calma.
**FAM.** Alarmante, alarmar, alarmista.

**alarmante** *adj.* Que produce alarma, inquietud o intranquilidad: *Su dolor de cabeza empeoró de manera alarmante.*

**alarmar** *v.* Causar alarma o sentir intranquilidad: *El aterrizaje forzoso del avión alarmó a los pasajeros. Se alarmó al ver que tardábamos.*
**SIN.** Inquietar, asustar, sobresaltar. **ANT.** Calmar, tranquilizar.

**alarmista** *adj.* y *s. m.* y *f.* Persona que exagera el peligro o la gravedad de las cosas: *No seas alarmista: un dolor de tripa no significa que tengas apendicitis.*

**alavés, sa** *adj.* y *s. m.* y *f.* De Álava, provincia de España en el País Vasco.

**alazán, na** *adj.* y *s. m.* y *f.* Se dice del caballo o de la yegua con pelo de color canela.

**alba** *s. f.* **1.** Amanecer. **2.** Primera luz del día antes de salir el Sol. **3.** Túnica blanca que se pone el sacerdote para celebrar la misa y en otras ceremonias. ■ Esta palabra se emplea en singular con *el* y *un*: *el alba, un alba*; los otros determinantes se usan en femenino: *esta alba, alguna alba.*
**SIN. 1.** Alborada, aurora. **2.** Albor.

**albacea** *s. m.* y *f.* Persona encargada de hacer cumplir un testamento.

**albaceteño, ña** o **albacetense** *adj.* y *s. m.* y *f.* De Albacete, ciudad y provincia españolas.

**albahaca** *s. f.* Hierba con hojas en forma de lanza, flores blancas y olor aromático.

**albanés, sa** o **albano, na** *adj.* y *s. m.* y *f.* **1.** De Albania, país del sudeste de Europa. ‖ *s. m.* **2.** Lengua hablada en este país.

**albañal** o **albañar** *s. m.* Tubería o conducto por el que salen las aguas sucias de las casas.
**SIN.** Alcantarilla, desagüe, cloaca.

**albañil** *s. m.* y *f.* Obrero de la construcción.
**FAM.** Albañilería.

**albañilería** *s. f.* Oficio y trabajos del albañil.

**albarán** *s. m.* Comprobante que indica que se ha entregado una mercancía.

**albarda** *s. f.* Especie de almohadón relleno de paja que se pone sobre el lomo de las caballerías de carga.

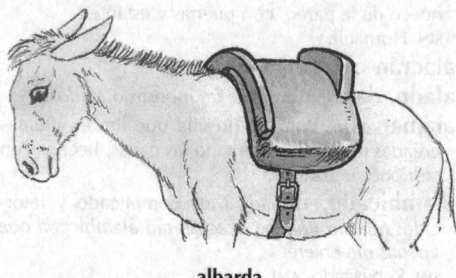

**albarda**

**albaricoque** *s. m.* Fruto de color amarillento, carnoso y muy aromático, con un hueso en el centro.
**FAM.** Albaricoquero.

**albaricoquero** *s. m.* Árbol frutal de hojas anchas de color verde oscuro, en forma de corazón, y flores blancas; su fruto es el albaricoque.

**albariño** *adj.* y *s. m.* Vino ligero y un poco ácido que se elabora en Galicia.

**albarrana** *adj.* y *s. f.* Torre albarrana. Busca **torre**.

**albatros** *s. m.* Ave palmípeda marina de plumaje blanco con el borde de las alas negro. Tiene las alas largas y estrechas y es una excelente voladora. ■ No varía en plural.

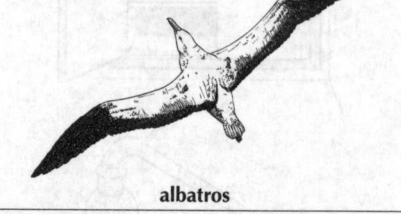

**albatros**

**albedrío** *s. m.* Libertad del ser humano para decidir y actuar. Se suele decir *libre albedrío*: *Le dejaron elegir a su libre albedrío.*
**SIN.** Voluntad, arbitrio.

**alberca** *s. f.* **1.** Depósito artificial de agua, por ejemplo para el riego. **2.** En México, piscina.

**albérchigo** *s. m.* **1.** Fruto del alberchiguero, de carne jugosa y color amarillo muy intenso. **2.** En algunos lugares, albaricoque.
**FAM.** Alberchiguero.

**alberchiguero** *s. m.* **1.** Tipo de melocotonero. **2.** En algunos lugares, albaricoquero.

**albergar** *v.* **1.** Dar o encontrar alojamiento: *La residencia albergó a los turistas. Se albergaron en un*

*hotel.* **2.** Tener una persona un sentimiento: *Alberga el deseo de llegar a ser piloto.* ■ Delante de *e* se escribe *gu* en lugar de *g*: *Me albergué en casa de un amigo.*
**SIN. 1.** Alojar, hospedar, cobijar. **2.** Abrigar.
**FAM.** Albergue.

**albergue** *s. m.* **1.** Acción de albergar, dar alojamiento: *Sus amigos le dieron albergue.* **2.** Pequeña construcción, situada en el campo o en las poblaciones, que alberga normalmente a viajeros y excursionistas: *Pasamos la noche en un albergue de montaña.* **3.** Residencia para jóvenes.
**SIN. 1.** Hospedaje.

**albero** *s. m.* **1.** Tierra de color amarillento o blanquecino. **2.** La arena de la plaza de toros.

**albinismo** *s. m.* Conjunto de características de las personas albinas.

**albino, na** *adj. y s. m. y f.* Que tiene la piel y el pelo más claros de lo normal por falta de pigmentación.
**FAM.** Albinismo.

**albo, ba** *adj.* Blanco.
**FAM.** Albero, albino.

**albóndiga** *s. f.* Bolita de carne picada, pan rallado, huevo y especias, que se fríe y se guisa después con una salsa.
**FAM.** Albondiguilla.

**albondiguilla** *s. f.* **1.** Albóndiga pequeña. **2.** Pelotilla de moco seco.

**albor** *s. m.* **1.** Luz muy débil que hay cuando empieza a amanecer. **2.** Principio, comienzo: *Estamos en los albores de un nuevo siglo.*
**SIN. 2.** Inicio. **ANT. 2.** Final, ocaso.
**FAM.** Alborada, alborear.

**alborada** *s. f.* Momento del día en que amanece o comienza a aparecer la luz del día.
**SIN.** Alba.

**alborear** *v.* Amanecer: *Alboreaba el día cuando salieron de viaje.* ■ Este verbo sólo se usa en tercera persona.
**SIN.** Clarear, despuntar.

**albornoz** *s. m.* Bata de tejido de toalla que se usa después del baño o ducha. ■ Su plural es *albornoces.*

**alborotado, da** *adj.* **1.** Con mucha agitación, muy movido: *Los niños están muy alborotados con la fiesta.* **2.** Que hace las cosas sin pensar: *Pone muchas faltas escribiendo porque es una chica muy alborotada.*
**SIN. 1.** Nervioso, inquieto. **2.** Atolondrado, aturullado. **ANT. 1. y 2.** Tranquilo. **2.** Calmado.

**alborotador, ra** *adj. y s. m. y f.* Que alborota.

**alborotar** *v.* **1.** Causar alboroto o jaleo: *No alborotes tanto, que vas a despertar a tu hermano.* **2.** Alterar, revolucionar a alguien: *Alborotó a toda la*

clase con sus chistes. **3.** Desordenar: *El pelo se me alborotó con tanto viento.*
**SIN. 2. y 3.** Revolver. **ANT. 2.** Tranquilizar, apaciguar.
**FAM.** Alborotado, alborotador, alboroto.

**alboroto** *s. m.* Ruido de voces, gritos, peleas: *Con tanto alboroto no hay forma de entenderse.*
**SIN.** Jaleo, bulla, griterío, revuelo.

**alborozado, da** *adj.* Que parece muy contento: *Llegó todo alborozado con la buena noticia.*
**SIN.** Alegre, excitado. **ANT.** Abatido, destrozado.

**alborozo** *s. m.* Alegría o placer muy grande, que suele manifestarse con gestos.
**SIN.** Gozo, contento. **ANT.** Pena, tristeza.
**FAM.** Alborozado.

**¡albricias!** *interj.* Se emplea para expresar una gran alegría.

**albufera** *s. f.* Extensión de agua salada separada del mar por una zona de terreno arenoso.

**álbum** *s. m.* **1.** Especie de libro para colocar fotografías, sellos, discos u otras cosas. **2.** Disco de larga duración. ■ Su plural es *álbumes.*

**albúmina** *s. f.* Sustancia que se encuentra principalmente en la clara de huevo, la sangre humana, la leche y algunas semillas.

**albur** *s. m.* **1.** Casualidad, azar: *Hay que prever lo que pueda pasar y no dejarlo al albur.* **2.** Riesgo o suceso imprevisto: *Está todo controlado, a salvo de cualquier albur.*
**SIN. 1.** Suerte. **2.** Peligro, eventualidad, contingencia.

**alcachofa** *s. f.* **1.** Planta de huerta, de tallo estriado y hojas algo espinosas; produce una cabezuela de hojas verdes superpuestas, llamada también *alcachofa,* que se utiliza como alimento. **2.** Pieza con muchos agujeros por donde sale el agua en las duchas y regaderas.

**alcahuete, ta** *s. m. y f.* Persona que arregla y encubre un encuentro amoroso o sexual entre dos personas.

**alcaide** *s. m.* **1.** Director de una cárcel. **2.** Hombre que estaba al mando de los que defendían una fortaleza.

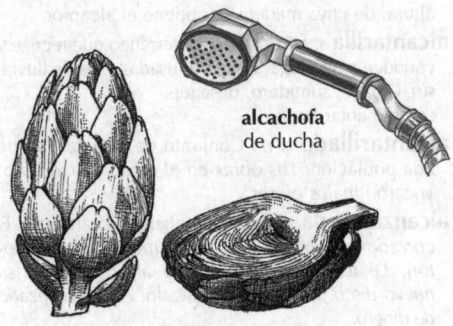
alcachofa
de ducha

cabezuela de **alcachofa**

**alcalaíno, na** *adj.* y *s. m.* y *f.* De Alcalá de Henares (Madrid), Alcalá de los Gazules (Cádiz) o Alcalá la Real (Jaén).

**alcaldada** *s. f.* Acción injusta realizada por un alcalde o por otra persona con autoridad. **SIN.** Atropello, abuso.

**alcalde, alcaldesa** *s. m.* y *f.* **1.** Persona que preside un ayuntamiento. || *s. f.* **2.** Mujer del alcalde. **FAM.** Alcaldada, alcaldía.

**alcaldía** *s. f.* Cargo del alcalde y edificio donde tiene su sede.

**alcalino, na** *adj.* Se dice de ciertas sustancias con propiedades parecidas a las de la lejía, que pueden producir quemaduras o irritación en la piel. **FAM.** Alcaloide.

**alcaloide** *s. m.* Sustancia extraída de algunas plantas, que puede tener efectos excitantes, tranquilizantes e incluso tóxicos. Son alcaloides la cafeína, la cocaína, la morfina y la nicotina.

**alcance** *s. m.* **1.** Acción de alcanzar algo, especialmente, acción de chocar un vehículo con otro que iba delante: *A la salida de la autopista hubo varios alcances.* **2.** Distancia máxima a la que llega la acción de una cosa: *Ese cañón tiene un alcance de varios kilómetros.* **3.** Importancia, repercusión: *Tuvo una equivocación de poco alcance, nadie se enteró.* **EXPR. al alcance** De forma que puede ser alcanzado o conseguido: *No deje los medicamentos al alcance de los niños. Comprar ese abrigo no está a mi alcance.* **dar alcance** a alguien Alcanzarle. **fuera (o lejos) del alcance** De forma que no pueda ser alcanzado o conseguido: *Pon la lejía fuera del alcance de los niños.* **SIN. 3.** Significación, valor, trascendencia.

**alcancía** *s. f.* Hucha.

**alcanfor** *s. m.* Sustancia blanca, de olor fuerte, que se obtiene del alcanforero y otros árboles de la misma familia. Se usa en medicina y en la industria, y en casa para que la polilla no se coma la ropa. **FAM.** Alcanforero.

**alcanforero** *s. m.* Árbol de unos 15 a 20 metros de altura, de cuya madera se obtiene el alcanfor.

**alcantarilla** *s. f.* Conducto subterráneo que recoge y conduce a otro lugar las aguas usadas y las de lluvia. **SIN.** Cloaca, sumidero, desagüe. **FAM.** Alcantarillado.

**alcantarillado** *s. m.* Conjunto de alcantarillas de una población: *Las obras en el alcantarillado provocaron malos olores.*

**alcanzado, da** *adj.* **1.** Que alguien lo alcanzó: *El corredor alcanzado llegó a la meta con el pelotón. Le felicitaron por la fama alcanzada con su nuevo disco.* **2.** Escaso, necesitado: *Anda alcanzado de dinero.* **SIN. 2.** Corto, falto. **ANT. 2.** Sobrado.

**alcanzar** *v.* **1.** Ponerse a la altura del que va más adelantado: *Si andas más deprisa, nos alcanzarás.* **2.** Coger una cosa para acercársela a alguien: *Alcánzame un bolígrafo.* **3.** Llegar a un objeto, lugar o momento: *No alcanza al picaporte. Ha alcanzado la cima de la montaña.* **4.** Dar en un sitio un arma arrojadiza o de fuego: *La flecha le alcanzó en el hombro.* **5.** Conseguir algo: *Por fin alcanzó lo que quería. No alcanzo a entender lo que me dijo.* **6.** Bastar, ser suficiente: *Con este dinero me alcanza para invitar a todos.* ■ Delante de *e* se escribe *c* en lugar de *z*: *Le alcancé.* **EXPR. alcanzársele** algo a alguien Entender algo una persona. ■ Esta expresión se usa sobre todo en frases negativas: *No se me alcanza por qué hizo eso.* **SIN. 1.** Pillar. **5.** Obtener, lograr. **FAM.** Alcance, alcanzado. / Inalcanzable.

**alcaparra** *s. f.* Arbusto de tallo espinoso, hojas redondeadas, grandes flores blancas y fruto pequeño, redondeado y de color verde oscuro, que se prepara en vinagre para dar sabor a otros alimentos.

**alcatraz** *s. m.* Ave marina grande, de color blanco con manchas negras en el borde de las alas y en el principio de su pico, que es largo y fuerte. ■ Su plural es *alcatraces.*

**alcaudón** *s. m.* Pájaro de pico fuerte y curvado, plumaje grisáceo, blanco en el vientre y con una banda negra alrededor de los ojos. Se alimenta de insectos, reptiles y ratones a los que clava en espinos después de capturarlos.

**alcayata** *s. f.* Escarpia.

**alcazaba** *s. f.* Fortificación árabe.

**alcázar** *s. m.* **1.** Fortificación donde vivían reyes y personas importantes. **2.** Palacio árabe.

**alce** *s. m.* Animal rumiante de gran tamaño, hocico muy desarrollado y, en los machos, grandes cuernos anchos, planos y ramificados.

**alcista** *adj.* Que tiende a subir, sobre todo, los precios o el valor de algunas cosas: *Los pisos han tenido una tendencia alcista en los últimos años.*

**alcoba** *s. f.* Dormitorio.

**alcohol** *s. m.* **1.** Líquido incoloro, que arde fácilmente y se obtiene a partir de frutos fermentados y de la madera. Se encuentra en el vino y en los licores y también se emplea en medicina, en la industria y como combustible. **2.** Bebida que contiene este líquido: *Su padre no suele beber alcohol.* **FAM.** Alcoholemia, alcoholera, alcohólico, alcoholímetro, alcoholizarse, alcoholismo, alcoholizado, alcohómetro.

**alcoholemia** *s. f.* Presencia de alcohol en la sangre: *Para saber si un conductor ha bebido se le hace un test de alcoholemia.*

**alcoholera** *s. f.* Fábrica de alcohol.

**alcohólico, ca** *adj.* **1.** Relacionado con el alcohol o que lo contiene: *una bebida alcohólica.* ‖ *adj.* y *s. m.* y *f.* **2.** Que padece alcoholismo: *Los alcohólicos son enfermos que necesitan cuidados.*

**alcoholímetro** o **alcohómetro** *s. m.* Aparato que sirve para medir la cantidad de alcohol que hay en un líquido, por ejemplo la sangre de una persona.

**alcoholismo** *s. m.* **1.** Conjunto de daños que produce en el organismo tomar bebidas alcohólicas en exceso. **2.** Hecho de tomar bebidas alcohólicas en exceso.

**alcoholizado, da** *adj.* y *s. m.* y *f.* Se dice de la persona que padece alcoholismo.

**alcoholizarse** *v.* Volverse alcohólica una persona: *Se acostumbró a tomar copas a diario y se ha alcoholizado.* ■ Delante de *e* se escribe *c* en lugar de *z*: *Se alcoholice.*

**alcornocal** *s. m.* Terreno donde hay muchos alcornoques.

**alcornoque** *s. m.* **1.** Árbol de copa muy ancha, hoja perenne y madera muy dura; su corteza es el corcho. **2.** Persona tonta o inculta.
SIN. **2.** Zoquete, zote, tarugo.
FAM. Alcornocal.

**alcorque** *s. m.* Hoyo que se hace alrededor de un árbol o planta para que se quede ahí el agua.

**alcotán** *s. m.* Ave rapaz parecida al halcón, con el plumaje oscuro y el vientre claro, cruzado por líneas negras.

**alcurnia** *s. f.* Linaje noble y antiguo: *una familia de alcurnia.*
SIN. Estirpe, abolengo.

alcatraz

alcaudón

alcotán

**alcuza** *s. f.* Recipiente para guardar el aceite de uso diario.

**aldaba** *s. f.* Pieza metálica que, colgada por un extremo en las puertas, se utiliza para llamar golpeando con ella.
FAM. Aldabonazo. / Tragaldabas.

aldaba

**aldabonazo** *s. m.* **1.** Golpe dado con la aldaba en la puerta. **2.** Hecho que llama la atención sobre algo: *El suspenso fue un aldabonazo que le hizo esforzarse más.*
SIN. **2.** Aviso, advertencia.

**aldea** *s. f.* Pueblo muy pequeño.
FAM. Aldeano.

**aldeano, na** *adj.* y *s. m.* y *f.* De una aldea.

**aleación** *s. f.* Mezcla de dos o más metales: *El bronce es una aleación de cobre y estaño.*

**aleatorio, ria** *adj.* Que depende de la suerte o la casualidad: *Que te toque la lotería es un hecho aleatorio.*
SIN. Casual, fortuito, imprevisible. ANT. Previsible.

**aleccionador, ra** *adj.* Que sirve de ejemplo o de escarmiento: *El castigo fue aleccionador para todos.*

**aleccionar** *v.* Enseñar, aconsejar o dar un escarmiento: *Procura aleccionar a tu amigo para que no diga nada que no deba decir. Los castigó para aleccionarlos.*
SIN. Instruir, adiestrar; escarmentar.
FAM. Aleccionador.

**aledaño, ña** *adj.* **1.** Situado al lado: *Vive en un pueblo aledaño al nuestro.* ‖ *s. m. pl.* **2.** Terrenos situados alrededor de un lugar cualquiera: *Visitó la ciudad y sus aledaños.*
SIN. **1.** Colindante, contiguo. **2.** Alrededores, cercanías, proximidades.

**alegar** *v.* Dar una explicación o justificación para apoyar lo que se dice o se pide: *Le preguntaron por qué no vino y alegó que estaba enfermo.* ■ Delante de *e* se escribe *gu* en lugar de *g*: *alegues.*
SIN. Aducir.
FAM. Alegato.

**alegato** *s. m.* **1.** Escrito o exposición a favor o en contra de alguien o algo: *El artículo es un alegato a favor de los derechos humanos.* **2.** Escrito en que un abogado expone los derechos de su cliente.

**alegoría** *s. f.* Dibujo, escena o escrito que representa una idea. Por ejemplo, una mujer con los ojos vendados, que sostiene una espada y una balanza, es la alegoría de la justicia. **FAM.** Alegórico.

**alegórico, ca** *adj.* Que representa una alegoría o se explica a través de ella: *Hizo un dibujo alegórico de la amistad.*

**alegrar** *v.* Poner alegre: *Se alegraron mucho de vernos. Se alegró algo con el vino.* **SIN.** Contentar, animar. **ANT.** Entristecer.

**alegre** *adj.* **1.** Que siente alegría, la muestra o la produce: *Su familia es muy alegre. Nos dieron una alegre noticia.* **2.** Vivo, con mucha luz o color: *una tela muy alegre, una casa alegre.* **3.** Un poco borracho. **4.** Poco sensato o prudente: *Al no aceptar el trabajo, actuó de forma muy alegre.* **SIN.** **1.** Contento, feliz, divertido. **2.** Luminoso. **3.** Achispado. **4.** Insensato, imprudente. **ANT.** **1.** Triste, aburrido. **2.** Apagado.

**alegremente** *adv.* **1.** Con alegría. **2.** Demostrando poco cuidado o prudencia: *Cruzó la calle alegremente.*

**alegría** *s. f.* **1.** Sentimiento de gusto o placer: *Cuando le dieron el premio, saltaba de alegría.* **2.** Persona o cosa que produce este sentimiento o lo demuestra: *Sara y Ernesto son la alegría de la clase.* **3.** Falta de cuidado o prudencia al hacer algo. **SIN.** **1.** Felicidad, contento, dicha. **3.** Ligereza. **ANT.** **1.** Tristeza. **3.** Sensatez. **FAM.** Alegrar, alegre, alegremente, alegro, alegrón.

**alegro** *s. m.* Ritmo musical ligeramente rápido y composición, o parte de ella, que se interpreta con este ritmo.

**alegrón** *s. m.* Alegría muy grande: *He aprobado todo; ¡no veas qué alegrón!*

**alejamiento** *s. m.* Acción de alejarse.

**alejandrino, na** *adj.* y *s. m.* y *f.* **1.** De Alejandría, ciudad de Egipto. || *adj.* y *s. m.* **2.** Verso de catorce sílabas.

**alejar** *v.* **1.** Poner lejos o más lejos: *Aleja la ropa de la estufa. Al hacerse mayor se alejó un poco de su familia.* **2.** Apartar, ahuyentar: *No podía alejar esos recuerdos de su memoria.* **SIN.** **1.** Separar, retirar, distanciar. **1.** y **2.** Desviar. **ANT.** **1.** Acercar. **FAM.** Alejamiento.

**alelado, da** *adj.* Atontado, embobado: *Se queda alelado viendo la tele.* **ANT.** Espabilado.

**¡aleluya!** *interj.* Expresa alegría.

**alemán, na** *adj.* y *s. m.* y *f.* **1.** De Alemania, país del centro de Europa. || *s. m.* **2.** Lengua hablada en Alemania, Austria, Suiza y otros lugares. **SIN.** **1.** Germano.

**alentador, ra** *adj.* Que alienta o da ánimos: *Sus palabras de consuelo fueron muy alentadoras.* **SIN.** Estimulante, reconfortante.

**alentar** *v.* Dar ánimos: *El triunfo alentó a nuestro equipo. Mis amigos me alentaron a participar en ese concurso.* ■ Es un verbo irregular. Se conjuga como *pensar.* **SIN.** Animar, reconfortar. **ANT.** Desalentar. **FAM.** Alentador, aliento. / Desalentar.

**alerce** *s. m.* Árbol de gran altura, con hojas que caen en otoño, blandas, en forma de aguja y dispuestas en racimos; su madera es dura, fuerte y aromática, y produce un fruto en forma de pequeñas piñas.

alerce

**alergia** *s. f.* **1.** Reacción anormal que tienen algunas personas al polvo, al polen, a ciertos medicamentos o a otras sustancias: *Se pasó el día estornudando porque esas flores le daban alergia.* **2.** Desagrado, antipatía: *Tiene alergia a los exámenes orales.* **SIN.** **2.** Manía, asco. **ANT.** **2.** Agrado. **FAM.** Alérgico, alergista, alergólogo. / Hipoalérgico.

**alérgico, ca** *adj.* y *s. m.* y *f.* **1.** Que tiene alergia: *Es alérgico a los antibióticos.* || *adj.* **2.** Relacionado con la alergia: *Le hicieron las pruebas alérgicas en el hospital.*

**alergista** o **alergólogo, ga** *s. m.* y *f.* Médico especialista en alergias.

**alero** *s. m.* **1.** Borde del tejado de un edificio que sobresale de sus muros. **2.** Jugador de baloncesto, llamado también *ala.*

**alerón** *s. m.* Aleta giratoria situada en la parte de atrás de las alas de un avión, que permite al piloto hacer maniobras.

**alerta** *adv.* **1.** Con vigilancia: *La policía debe estar siempre alerta.* || *s. f.* **2.** Situación en que se nece-

sita especial atención y vigilancia: *Las lluvias torrenciales han puesto a la ciudad en estado de alerta.* **3.** Voz o señal con que se avisa de un peligro o amenaza: *Vio el fuego y dio la alerta.*
**SIN. 3.** Alarma.
**FAM.** Alertar.

**alertar** *v.* Avisar a alguien para que esté atento y vigilante: *Alertaron a la población sobre un posible huracán.*
**SIN.** Advertir, prevenir.

**aleta** *s. f.* **1.** Extremidad de los peces y otros animales acuáticos, que les sirve fundamentalmente para avanzar por el agua. **2.** Calzado de forma similar a la aleta de los peces, utilizado por los submarinistas; suele ser de goma o plástico. **3.** Parte exterior de las ventanas de la nariz. **4.** Parte de la carrocería de los coches que está encima de las ruedas.

**aletargar** *v.* **1.** Producir un poco de sueño o sentirlo: *Beber vino le aletarga.* || **aletargarse 2.** Entrar en un sueño profundo algunos animales en una época del año, por ejemplo los osos en invierno. ■ Delante de *e* se escribe *gu* en lugar de *g*: *Este calor hace que uno se aletargue.*
**SIN. 1.** Adormecer, adormilar, amodorrar.

**aletear** *v.* Mover las alas o las aletas: *La paloma aleteó antes de echarse a volar.*
**FAM.** Aleteo.

**aleteo** *s. m.* Movimiento rápido de las alas de un ave sin echar a volar. También se llama así al movimiento semejante de las aletas de un pez o de los brazos de una persona: *El bebé en la cuna se movía con un gracioso aleteo.*

**alevín** *s. m.* **1.** Cría de un pez. **2.** Joven principiante, especialmente en un deporte.

**alevosía** *s. f.* **1.** Empleo de medios con que el delincuente asegura que no va a fallar en su delito y que la víctima no podrá defenderse. **2.** Traición: *Actuó con alevosía y me dio un golpe por la espalda.*

**alfa** *s. f.* Primera letra del alfabeto griego, que corresponde a nuestra *a.* ■ Esta palabra se emplea en singular con *el y un*: *el alfa, un alfa;* los otros determinantes se usan en femenino: *esta alfa, alguna alfa.*

alerón

alero
del tejado

**alfabéticamente** *adv.* En orden alfabético: *En los diccionarios las palabras están ordenadas alfabéticamente.*

**alfabético, ca** *adj.* Que se refiere al alfabeto o que sigue el orden de las letras en el alfabeto: *una lista alfabética de nombres.*

**alfabetización** *s. f.* Acción de alfabetizar: *Trabajan en la alfabetización de pueblos atrasados.*

**alfabetizar** *v.* **1.** Enseñar a leer y a escribir. **2.** Dar a una persona los conocimientos elementales. **3.** Ordenar algo alfabéticamente: *alfabetizar una lista de palabras.* ■ Delante de *e* se escribe *c* en lugar de *z*: *alfabetice.*

**alfabeto** *s. m.* **1.** Abecedario. **2.** Conjunto de símbolos o signos utilizados en un sistema de comunicación, como el *Braille* para los ciegos.
**SIN. 1.** Abecé.
**FAM.** Alfabéticamente, alfabético, alfabetización, alfabetizar. / Analfabeto.

**alfajor** *s. m.* Dulce hecho con una pasta de almendras, nueces, miel y otros ingredientes. Se come mucho en Navidad.

**alfalfa** *s. f.* Hierba que se cultiva con el fin de obtener pastos para los animales.

**alfanje** *s. m.* Sable corto y curvado, de doble filo en la punta, típico de pueblos orientales.

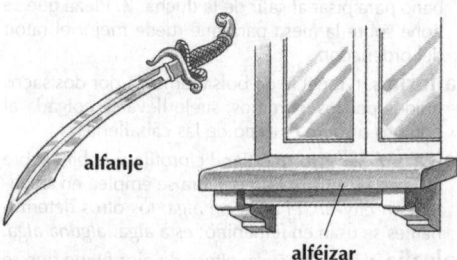

alfanje

alféizar

**alfanumérico, ca** *adj.* Formado por letras y números: *un código alfanumérico, un teclado alfanumérico.*

**alfar** *s. m.* Taller del alfarero.

**alfarería** *s. f.* **1.** Arte de fabricar vasijas y utensilios de barro. **2.** Taller donde se realizan. **3.** Tienda donde se venden.
**SIN. 1.** Cerámica.
**FAM.** Alfar, alfarero.

**alfarero, ra** *s. m. y f.* Artesano que fabrica vasijas y utensilios de barro.

**alféizar** *s. m.* Corte o entrante de la pared alrededor de una puerta o ventana, especialmente el situado en la parte de abajo de esta última.

**alfeñique** *s. m.* Persona muy delgada y débil.
**SIN.** Enclenque, raquítico, esmirriado, escuchimizado.
**ANT.** Robusto.

**alférez** *s. m.* y *f.* Grado del ejército español de tierra y del aire, inmediatamente inferior al de teniente. ■ Su plural es *alféreces*.
**EXPR. alférez de fragata** Grado equivalente al anterior en la marina de guerra. **alférez de navío** Grado de la marina de guerra equivalente al de teniente en el ejército de tierra.

**alfil** *s. m.* Pieza del juego de ajedrez que se mueve en diagonal y puede recorrer cualquier número de casillas.

**alfiler** *s. m.* **1.** Barrita de metal pequeña y fina, que termina en punta por un extremo y, por el otro, en una especie de bolita o cabeza. **2.** Adorno que se sujeta en la ropa: *un alfiler de corbata*.
**FAM.** Alfiletero.

**alfiletero** *s. m.* Almohadilla en que se clavan alfileres y agujas o especie de tubito en que se guardan.
**SIN.** Acerico.

**alfombra** *s. f.* Pieza de tejido grueso que se emplea para cubrir el suelo.
**SIN.** Estera.
**FAM.** Alfombrar, alfombrilla.

**alfombrar** *v.* Cubrir el suelo con una o varias alfombras.

**alfombrilla** *s. f.* **1.** Alfombra pequeña, como la que se pone a la entrada de las casas o en los cuartos de baño para pisar al salir de la ducha. **2.** Pieza que se pone sobre la mesa para que ruede mejor el ratón del ordenador.

**alforja** *s. f.* Especie de bolsa formada por dos sacos unidos por los extremos; suele llevarse colgada al hombro o sobre el lomo de las caballerías.

**alga** *s. f.* Ser vivo que tiene clorofila y habita sobre todo en el agua. ■ Esta palabra se emplea en singular con *el* y *un*: *el alga, un alga*; los otros determinantes se usan en femenino: *esta alga, alguna alga*.

**algalia** *s. f.* Sustancia aceitosa de olor fuerte que se extrae de una bolsa que tiene cerca del ano un animal llamado *civeta* o *gato de algalia*. Se usa para hacer productos de perfumería.

**algarabía** *s. f.* Griterío de personas.
**SIN.** Vocerío, bulla, bullicio.

**algarada** *s. f.* Alboroto, desorden: *La policía evitó que se produjeran algaradas en las calles.*
**SIN.** Jaleo.

**algarroba** *s. f.* Fruto del algarrobo en forma de vaina, dulce, comestible y con semillas dentro; se utiliza como alimento para el ganado.
**FAM.** Algarrobo.

**algarrobo** *s. m.* Árbol de gran tamaño, de hojas que no caen en ninguna estación del año y flores rojas en racimo; su fruto es la algarroba.

**algazara** *s. f.* Alboroto causado generalmente por las voces y risas de gente que se divierte.
**SIN.** Algarabía, jaleo, griterío, bullicio, bulla.

**álgebra** *s. f.* Parte de las matemáticas que estudia las operaciones en las que hay cantidades conocidas representadas por números y otras desconocidas representadas por letras u otros signos; dentro del álgebra se estudian, por ejemplo, las ecuaciones. ■ Esta palabra se emplea en singular con *el* y *un*: *el álgebra, un álgebra*; los otros determinantes se usan en femenino: *esta álgebra, alguna álgebra*.
**FAM.** Algebraico.

**algebraico, ca** *adj.* Que tiene relación con el álgebra o forma parte de ella.

**álgido, da** *adj.* **1.** Se dice del momento más importante de algo o en que algo es más intenso: *Se fue la luz justo cuando la película estaba en su momento álgido.* **2.** Muy frío: *En los polos, la temperatura álgida impide que crezca vegetación.*
**SIN. 1.** Culminante.

**algo** *indef.* **1.** Designa una cosa que no se especifica: *Mira a ver si hay algo de comer en el frigorífico.* **2.** Cantidad no determinada, pero generalmente pequeña: *Aunque gasté mucho dinero, todavía me queda algo.* || *adv.* **3.** Un poco: *Está algo distraído en clase.*

**algodón** *s. m.* **1.** Planta cuyo fruto tiene las semillas en su interior envueltas en una especie de pelusa blanca. **2.** Esta pelusa blanca que se emplea para diversos usos, por ejemplo para limpiar heridas. **3.** Hilo o tejido hecho con esa pelusa: *una camisa de algodón.*
**FAM.** Algodonal, algodonar, algodonero.

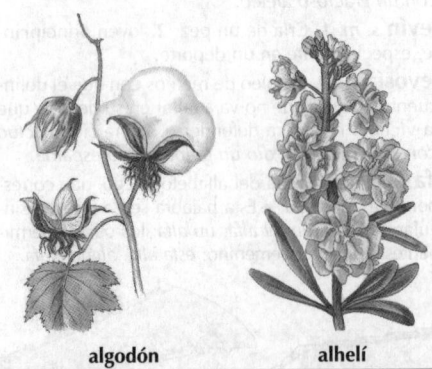

algodón        alhelí

**algodonal** o **algodonar** *s. m.* Terreno donde se ha plantado algodón.

**algodonero, ra** *adj.* **1.** Relacionado con el algodón: *la cosecha algodonera.* || *s. m.* **2.** Planta del algodón.

**algoritmo** *s. m.* Conjunto de operaciones que se realizan paso a paso para resolver algunos problemas matemáticos, como por ejemplo hallar la raíz cuadrada de un número.

**alguacil** *s. m.* Funcionario que está a las órdenes del alcalde de un ayuntamiento.
FAM. Alguacilillo.

**alguacilillo** *s. m.* Cada uno de los dos jinetes que en las corridas de toros preceden a los toreros y a sus cuadrillas durante el paseíllo.

**alguien** *indef.* **1.** Se refiere a una persona no determinada: *Alguien lo hizo, pero no sé quién.* **2.** Persona de importancia: *Creo que llegará a ser alguien en el mundo de la canción.*
SIN. **1.** Alguno. ANT. **1.** y **2.** Nadie.

**algún** *indef.* Forma abreviada de **alguno**. ■ Se usa delante de un sustantivo masculino singular: *algún libro.*
ANT. Ningún.

**alguno, na** *indef.* **1.** Designa un número no determinado de personas, animales o cosas: *Dame algunos libros. Alguno habrá venido.* **2.** Detrás del sustantivo y en frases negativas, equivale a *ninguno*: *No encontré dinero alguno en el cajón.* **3.** A veces indica cierta cantidad o intensidad: *Cuando te han dicho que vayas inmediatamente, alguna prisa les correrá.*
SIN. **3.** Cierto.
FAM. Algo, alguien, algún.

**alhaja** *s. f.* **1.** Joya, objeto fabricado con oro, plata u otros materiales preciosos: *Guardó todas sus alhajas en la caja fuerte.* **2.** Cualquier cosa de mucho valor: *Ese cuadro es una alhaja del siglo pasado.* **3.** Persona muy buena: *¡Qué niño más bueno! Es una alhaja.*

**alharaca** *s. f.* Forma exagerada de demostrar un sentimiento con gestos: *Aunque estés contento, no hace falta que hagas tantas alharacas.*
SIN. Aspaviento.

**alhelí** *s. m.* Planta decorativa, con flores olorosas y de diferentes colores según las variedades. ■ Su plural es *alhelís* o *alhelíes.*

**alheña** *s. f.* Busca **aligustre**.

**aliado, da** *adj.* y *s. m.* y *f.* Se dice de la persona o país que se alía con otro: *Llevó a su hermana de aliada para tratar de convencer a sus padres.*

**aliaga** *s. f.* Busca **aulaga**.

**alianza** *s. f.* **1.** Acuerdo entre varias personas o países para conseguir algo entre los dos o una cosa buena para ellos. **2.** Anillo de boda o compromiso.
SIN. **1.** Pacto, coalición, convenio. ANT. **1.** Enfrentamiento, rivalidad.

**aliarse** *v.* Ponerse de acuerdo para lograr algo en común: *España e Inglaterra se aliaron contra Napoleón.*
SIN. Asociarse, pactar. ANT. Enfrentarse.
FAM. Aliado, alianza.

**alias** *adv.* **1.** Que es llamado también como se dice: *el bandido José María Hinojosa, alias el Tempra-*

nillo. ‖ *s. m.* **2.** Apodo: *Es más conocido por su alias que por su nombre verdadero.* ■ No varía en plural.
SIN. **2.** Sobrenombre, mote.

**alicaído, da** *adj.* Desanimado, débil o sin fuerzas: *Está muy alicaído desde que suspendió. Esa gripe te ha dejado alicaída.*
SIN. Cabizbajo, decaído, abatido, deprimido, apagado. ANT. Animado, alegre.

**alicantino, na** *adj.* y *s. m.* y *f.* De Alicante, ciudad y provincia españolas.

**alicatado** *s. m.* Azulejos que recubren las paredes: *El alicatado del cuarto de baño está muy viejo.*

**alicatar** *v.* Poner azulejos en una pared.
FAM. Alicatado.

**alicates** *s. m. pl.* Herramienta en forma de tenaza con las puntas planas o redondeadas, que se emplea por ejemplo para doblar alambres o apretar tuercas.

**aliciente** *s. m.* Aquello que anima a hacer una cosa: *Ganar la carrera fue un aliciente para seguir entrenándose.*
SIN. Estímulo, incentivo, acicate.

**alícuota** *adj.* Proporcional: *Cada uno debe pagar su parte alícuota.*
SIN. Equitativo.

**alienado, da** *adj.* y *s. m.* y *f.* Loco.
SIN. Enajenado.

**alienar** *v.* Volver o volverse loco.
SIN. Enajenar, enloquecer.
FAM. Alienado.

**alienígena** *adj.* y *s. m.* y *f.* Extraterrestre.
SIN. Marciano. ANT. Terrícola.

**aliento** *s. m.* **1.** Respiración o aire que se respira: *Al subir la escalera me faltaba el aliento.* **2.** Aire expulsado al respirar: *Empañó los cristales con el aliento.* **3.** Ánimo para hacer algo: *El apoyo de sus compañeros le dio aliento para seguir adelante.*
SIN. **2.** Vaho. **3.** Valor, brío, empuje. ANT. **3.** Desaliento, desánimo.

**aligátor** *s. m.* Busca **caimán**.

**aligerar** *v.* **1.** Hacer algo más ligero, por ejemplo quitándole peso o carga: *Aligeré la maleta sacando algunos vestidos. Se aligeró de ropa porque tenía calor.* **2.** Acelerar, darse prisa: *Aligera el paso. Si no aligeras, llegaremos tarde.*
SIN. **1.** Aliviar. **2.** Abreviar. ANT. **1.** Cargar. **2.** Retrasar.

**aligustre** *s. m.* Arbusto o árbol pequeño de hoja ovalada, racimos de flores blancas olorosas y frutos en forma de bayas negras. Se llama también alheña.

**alijo** *s. m.* Conjunto de mercancías de contrabando: *un alijo de tabaco.*

**alimaña** *s. f.* Animal que vive en estado salvaje y puede ser peligroso o perjudicial, por ejemplo el zorro o el lobo.

**alimentación** *s. f.* **1.** Acción de alimentar o alimentarse: *En el zoo hay varias personas que se encargan de la alimentación de los animales.* **2.** Conjunto de alimentos: *Una alimentación sana debe incluir verduras. Han abierto una tienda de alimentación.*
SIN. **2.** Comida, comestibles.

**alimentador** *s. m.* Cable o circuito que suministra corriente eléctrica a un aparato.

**alimentar** *v.* **1.** Dar o tomar alimento: *Los animales alimentan a sus crías. Las plantas se alimentan de sustancias que hay en la tierra.* **2.** Servir de alimento: *La leche alimenta mucho.* **3.** Poner a una máquina o dispositivo lo que necesita para su funcionamiento: *alimentar de combustible una caldera.* **4.** Mantener: *Hay que alimentar sus esperanzas para que no pierda la ilusión.*
SIN. **1.** y **2.** Nutrir. **4.** Fomentar.

**alimentario, ria** *adj.* Relacionado con la alimentación o los alimentos: *la industria alimentaria.*

**alimenticio, cia** *adj.* Que alimenta: *La leche es un producto alimenticio.*

**alimento** *s. m.* **1.** Sustancias que necesita tomar una persona, animal o planta para poder vivir. **2.** Lo que necesita una cosa para mantenerse: *La leña es alimento del fuego.*
SIN. **1.** Comida. **2.** Sustento.
FAM. Alimentación, alimentador, alimentar, alimentario, alimenticio. / Agroalimentario, sobrealimentación.

**alimoche** *s. m.* Ave rapaz parecida al buitre, de color blanco con las puntas de las alas negras.

**alimón** Se utiliza en la expresión **al alimón**, que significa 'en colaboración entre dos personas': *Luisa y yo nos sentamos al piano y tocamos al alimón.*

**alineación** *s. f.* **1.** Acción de alinear o alinearse. **2.** Conjunto de jugadores de un equipo que van a disputar un partido: *El entrenador dio la alineación antes de empezar el encuentro.*

**alinear** *v.* **1.** Poner en línea recta: *Los atletas se alinearon para el desfile.* **2.** Elegir el entrenador de un equipo los jugadores que van a participar en un partido. || **alinearse 3.** Entrar a formar parte de un grupo o unirse a los que defienden unas ideas: *Se alineó con los partidarios de la huelga.*
FAM. Alineación.

**aliñar** *v.* Poner condimento en las comidas, especialmente aceite, vinagre y sal a las ensaladas.
SIN. Condimentar, sazonar, aderezar.
FAM. Aliño. / Desaliñado.

**aliño** *s. m.* **1.** Acción de aliñar. **2.** Condimento con que se aliña: *El aliño de la ensalada tiene demasiada sal.*
SIN. **2.** Aderezo.

**alioli** *s. m.* Salsa hecha con ajo y aceite.

**alisar** *v.* Poner lisa una cosa: *Se alisó el pelo con el cepillo y el secador.*

**alisios** *s. m. pl.* Vientos constantes que soplan desde los trópicos a la zona ecuatorial, y que son más intensos en invierno.
FAM. Contraalisios.

**alistarse** *v.* Inscribirse en el ejército, generalmente para hacer el servicio militar: *Se alistó en la marina.*
SIN. Enrolarse.

**aliteración** *s. f.* Repetición de uno o varios sonidos en una frase o grupo de palabras para producir un efecto poético; por ejemplo, en el verso de Rubén Darío: *«Ya se oyen los claros clarines...».*

**aliviadero** *s. m.* Desagüe por donde sale el agua que sobra de un depósito, embalse o canal.

**aliviar** *v.* **1.** Hacer que sea menos intenso o se sienta menos algo, como un dolor o enfermedad: *Esta pastilla te aliviará el dolor de cabeza.* **2.** Disminuir las cargas o pesos de una cosa: *Sacaron varias cajas de la furgoneta para aliviar la carga.*
SIN. **1.** Calmar, aplacar, mitigar. **2.** Aligerar, descargar. ANT. **1.** Agravar. **2.** Cargar.
FAM. Aliviadero, alivio.

**alivio** *s. m.* Mejoría por la disminución de una carga, preocupación, dolor u otra sensación o sentimiento parecidos: *Sentí un gran alivio al saber que estabas mejor de tu enfermedad.*
SIN. Desahogo, descanso, respiro. ANT. Agobio.

**aljaba** *s. f.* Busca **carcaj**.

**aljibe** *s. m.* Depósito, generalmente subterráneo, que recoge el agua de lluvia o de algún río.
SIN. Cisterna.

**allá** *adv.* **1.** Expresa un lugar alejado de la persona que habla, pero de forma más indeterminada e imprecisa que *allí: El alfiler ha caído por allá.* **2.** Expresa tiempo lejano: *Allá por la época de mis abuelos casi no había coches.*
EXPR. **el más allá** Lo que sigue a la muerte. || **allá tú** (o **él** , o **vosotros**, o **ellos**) Indica que al hablante no le importa lo que haga otro: *Si no quieres venir con nosotros, allá tú.* **no muy allá** No muy bien o no muy bueno: *No ando muy allá de salud. El jamón que compraste no está muy allá.*
SIN. **1.** Allí. **2.** Entonces. ANT. **1.** Acá, aquí.

**allanamiento** *s. m.* Acción de allanar o allanarse: *el allanamiento de un terreno para hacer el camino.*
EXPR. **allanamiento de morada** Acción de entrar en el domicilio de una persona sin su permiso y por la fuerza; constituye un delito.

**allanar** *v.* **1.** Poner llana una superficie. **2.** Resolver las dificultades o inconvenientes con el fin de que algo sea más fácil: *Su madre ha allanado el terreno para que su padre le deje ir de excursión.* **3.** Entrar por la fuerza en la casa de una persona.
SIN. **1.** Aplanar, igualar. ANT. **2.** Obstaculizar.
FAM. Allanamiento.

**allegado, da** *adj.* y *s. m.* y *f.* Pariente o amigo: *Sólo invitó a la boda a los más allegados.*

**allegar** *v.* **1.** Juntar o reunir varias cosas: *Las organizaciones humanitarias tratan de allegar todo el dinero posible para los países afectados.* **2.** Acercar una cosa a otra: *Vamos a allegar este armario a la pared.* ■ Delante de *e* se escribe *gu* en lugar de *g*: *alleguen.* SIN. **1.** Recopilar. ANT. **2.** Separar. FAM. Allegado.

**allende** *adv.* Más allá, al otro lado de: *En el barco llegaron gentes de allende el océano.*

**allí** *adv.* En aquel lugar o a aquel lugar: *Estoy allí. Voy allí.* SIN. Allá. ANT. Aquí. FAM. Allá, allende.

**alma** *s. f.* **1.** Parte espiritual del ser humano, que le permite entender, querer y sentir. **2.** Conjunto de sentimientos buenos o malos de una persona: *Demostró ser una persona sin alma, incapaz de ayudar a nadie.* **3.** Persona, individuo: *A estas horas de la noche no se ve un alma.* **4.** Lo que da vitalidad a algo: *Luis es el alma del equipo de baloncesto.* **5.** Entusiasmo y esfuerzo: *Pone toda el alma en lo que hace.* ■ Esta palabra se emplea en singular con *el* y *un*: *el alma, un alma*; los otros determinantes se usan en femenino: *esta alma, alguna alma.* EXPR. **alma de cántaro** Persona distraída, ingenua o que no se entera de las cosas. || **caérsele** a alguien **el alma a los pies** Quedarse una persona desanimada al ver lo mal que está algo: *Cuando vi su habitación tan desordenada se me cayó el alma a los pies.* **como alma que lleva el diablo** Muy deprisa, precipitadamente. **con el alma en vilo** (o **en un hilo**) Muy nervioso o preocupado: *Mi amigo me tuvo con el alma en vilo hasta que me contó lo que pasaba.* **no poder alguien con su alma** Estar muy cansado. SIN. **1.** Espíritu. **2.** Corazón, ánimo. **3.** Habitante. **5.** Coraje, empeño. FAM. Desalmado.

**almacén** *s. m.* **1.** Lugar donde se guardan mercancías y productos. **2.** Tienda donde se venden, generalmente en grandes cantidades. **3.** En Hispanoamérica, tienda de comestibles. EXPR. **grandes almacenes** Grandes establecimientos comerciales, divididos en secciones, donde se venden artículos muy variados. SIN. **1.** Depósito. FAM. Almacenamiento, almacenar, almacenista.

**almacenamiento** *s. m.* Acción de almacenar.

**almacenar** *v.* **1.** Guardar mercancías y productos en un almacén: *El agricultor almacenó la cosecha.* **2.** Reunir, acumular muchas cosas: *En vez de colocar las fotos, va almacenándolas en un cajón.* SIN. **2.** Amontonar.

**almacenista** *s. m.* y *f.* Persona que almacena mercancías y las vende al por mayor, en grandes cantidades.

**almadía** *s. f.* Balsa construida con maderos unidos entre sí.

**almadraba** *s. f.* **1.** Cerco de redes en el que se atrapa a los atunes para pescarlos. **2.** Pesca de atunes por este sistema y lugar donde se hace.

**almadreña** *s. f.* Zueco, zapato de madera. ■ Se dice también *madreña.*

**almanaque** *s. m.* Calendario en que se dan, además, otras informaciones, como las festividades religiosas.

**almazara** *s. f.* Molino de aceite.

**almeja** *s. f.* Molusco marino con dos conchas, que vive enterrado en la arena y es muy apreciado en alimentación.

almanaque      almeja

**almena** *s. f.* Cada una de las piedras rectangulares que, a modo de dientes, rematan los muros de una fortaleza o de un castillo. (Busca el dibujo de **castillo**).

**almendra** *s. f.* **1.** Fruto del almendro, de forma ovalada, compuesto por una envoltura verde que recubre la cáscara y una semilla en su interior. **2.** Semilla comestible de este fruto, de color blanco, envuelta en una piel muy fina. **3.** Semilla parecida de otros frutos, como la del melocotón. FAM. Almendrado, almendro, almendruco.

**almendrado, da** *adj.* **1.** En forma de almendra: *ojos almendrados.* || *adj.* y *s. m.* **2.** Se dice de algunos platos y dulces que llevan almendra.

**almendro** *s. m.* Árbol cuyo fruto es la almendra y que en primavera se llena de pequeñas flores blancas o rosadas.

almendra      almendro

**almendruco** *s. m.* Almendra tierna con la cubierta exterior todavía verde.

**almeriense** *adj.* y *s. m.* y *f.* De Almería, ciudad y provincia españolas.

**almiar** *s. m.* Pajar al aire libre, formado por un palo alrededor del que se pone la paja o el heno.

**almíbar** *s. m.* Azúcar disuelto en agua que se cuece hasta que queda espeso.
**FAM.** Almibarado.

**almibarado, da** *adj.* Demasiado amable o dulce: *Por el tono almibarado que usa, creo que quiere pedirnos algo.*
**SIN.** Meloso, dulzón, empalagoso. **ANT.** Seco, brusco.

**almidón** *s. m.* Sustancia natural de color blanco, sin olor ni sabor, abundante en la mayoría de los vegetales, como el arroz y la patata; se usa en la industria alimentaria y papelera y, mezclado con agua, para poner tiesos los tejidos.
**SIN.** Fécula.
**FAM.** Almidonar.

**almidonar** *v.* Mojar la ropa en agua con almidón para que al secarse quede tiesa.

**alminar** *s. m.* Busca **minarete**.

**almirantazgo** *s. m.* **1.** Cargo de almirante. **2.** Antiguo tribunal militar de la armada.

**almirante** *s. m.* y *f.* Grado militar en la marina de guerra equivalente al de teniente general en el ejército de tierra.
**FAM.** Almirantazgo. / Contralmirante, vicealmirante.

**almirez** *s. m.* Recipiente con un mazo para machacar cosas en él. ■ Su plural es *almireces*.

**almizcle** *s. m.* Sustancia de olor muy fuerte que produce un animal llamado *almizclero*, y que se emplea en perfumería.
**FAM.** Almizclero.

**almizclero, ra** *adj.* **1.** Del almizcle o que huele como el almizcle. || *s. m.* **2.** Rumiante asiático de la familia de los ciervos; no tiene cuernos y sus patas son largas y finas. Los machos segregan una sustancia olorosa llamada *almizcle*.

**almohada** *s. f.* Especie de cojín, generalmente alargado, que se usa para apoyar la cabeza en la cama.
**FAM.** Almohadilla, almohadillado, almohadón.

**almohadilla** *s. f.* **1.** Pequeño cojín que se emplea para diferentes usos, por ejemplo el que utiliza el público para sentarse en algunos locales o espectáculos. **2.** Objeto parecido a un cojín pequeño en que se clavan agujas o alfileres. **3.** Parte carnosa y blanda que tienen algunos animales en la planta del pie, como los perros o los gatos.
**SIN.** **2.** Alfiletero.

**almohadillado, da** *adj.* **1.** Que está forrado o revestido con un tejido acolchado: *El respaldo del sillón estaba almohadillado.* || *s. m.* **2.** Aquello con que se acolcha algo: *El almohadillado del sofá estaba roto.*

**almohadón** *s. m.* **1.** Cojín grande. **2.** Pieza de los juegos de cama donde se introduce la almohada.

**almoneda** *s. f.* **1.** Subasta pública. **2.** Venta de artículos antiguos o usados a bajo precio, y tienda donde se venden estos artículos.

**almorrana** *s. f.* Pequeño abultamiento que se forma en los vasos sanguíneos de la parte exterior del ano o al final del intestino grueso.
**SIN.** Hemorroide.

**almorta** *s. f.* Planta de hojas estrechas y alargadas, con zarcillos, y flores blancas o moradas. Sus semillas se utilizan como alimento del ganado y para hacer harina.

**almorzar** *v.* Comer algo como almuerzo: *Almorzó un bocadillo. Hemos almorzado bien.* ■ Es un verbo irregular. Se conjuga como *contar*. Delante de *e* se escribe *c* en lugar de *z*: *almuerce*.

**almuecín** o **almuédano** *s. m.* Persona que desde el minarete de las mezquitas llama a los fieles musulmanes a la oración.

**almuerzo** *s. m.* **1.** Comida que se toma a media mañana: *En el recreo los niños se tomaron el almuerzo.* **2.** Comida del mediodía: *A las dos bajábamos al comedor para el almuerzo.*
**SIN.** **1.** Tentempié.
**FAM.** Almorzar.

**alocado, da** *adj.* y *s. m.* y *f.* Algo loco, poco sensato: *Actúa de manera alocada y sin pensar.*
**SIN.** Atolondrado, irreflexivo. **ANT.** Sensato, responsable.

**alocución** *s. f.* Discurso breve que un jefe o autoridad dice en un acontecimiento especial: *El director del colegio dirigió una alocución a los alumnos el primer día del curso.*

**áloe** o **aloe** *s. m.* Planta tropical con hojas grandes, de las que sale un jugo también llamado *áloe* o *aloe*. Ese jugo se usa para hacer medicamentos y productos de perfumería.

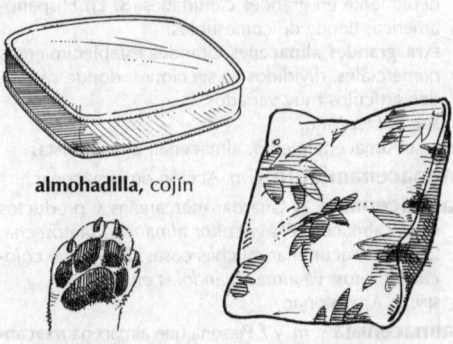

**almohadilla,** cojín

**almohadilla** de animal          **almohadón**

**alojamiento** *s. m.* **1.** Acción de alojar o alojarse: *Los monitores se ocuparon del alojamiento de los niños en albergues.* **2.** Lugar en que se aloja alguien: *Encontró un buen alojamiento en la ciudad.*

**alojar** *v.* **1.** Dar a alguien un lugar en que pueda vivir durante un tiempo: *Alojaron a sus amigos en el cuarto de invitados. Se alojó en casa de sus abuelos.* **2.** Colocar una cosa dentro de otra: *La bala se alojó en la pierna.* **3.** Tener dentro: *El tórax aloja diversos órganos.*
SIN. **1.** Hospedar. **1.** y **3.** Albergar. **2.** Introducir, meter, encajar. **3.** Contener. ANT. **1.** Desalojar. **2.** Sacar, extraer.
FAM. Alojamiento. / Desalojar, realojar.

**alón** *s. m.* Ala de ave a la que se han quitado las plumas.

**alondra** *s. f.* Pájaro de tamaño mediano, con plumas pardas a rayas y vientre blanco, pico en forma de cono y un dedo en la parte posterior de las patas con una uña muy larga; se alimenta de insectos y tiene un bonito canto.

**alopecia** *s. f.* Pérdida total o parcial del pelo.
SIN. Calvicie.

**alpaca**[1] *s. f.* **1.** Mamífero rumiante sudamericano parecido a la llama, pero más pequeño. **2.** Pelo largo, brillante y suave de este animal. **3.** Tejido fabricado con este pelo: *un traje de alpaca.*

alpaca

**alpaca**[2] *s. f.* Metal de color plateado, hecho con níquel, cinc y cobre, que se usa especialmente en la fabricación de cubiertos y objetos decorativos.

**alpargata** *s. f.* Zapatilla de lona con la suela de cáñamo o esparto.
FAM. Alpargatería.

**alpargatería** *s. f.* Tienda donde se venden alpargatas y taller en que se fabrican.

**alpinismo** *s. m.* Deporte que consiste en escalar altas montañas.

**alpinista** *s. m.* y *f.* Persona que hace alpinismo como deporte.
SIN. Montañero.

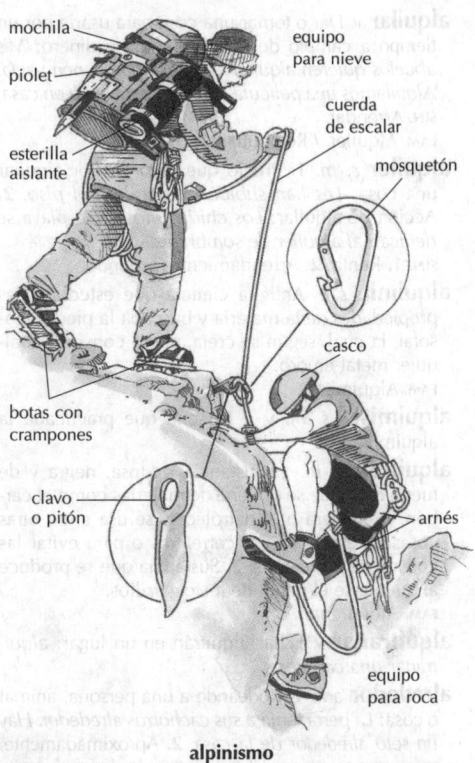
mochila
piolet
equipo para nieve
cuerda de escalar
esterilla aislante
mosquetón
casco
botas con crampones
clavo o pitón
arnés
equipo para roca
alpinismo

**alpino, na** *adj.* De los Alpes, cordillera de Europa, o de las altas montañas que tienen características parecidas a ellos: *paisaje alpino.*
SIN. Montañoso.
FAM. Alpinismo, alpinista.

**alpiste** *s. m.* **1.** Hierba que se emplea como alimento para el ganado, terminada en una espiga con pequeñas semillas, que se utilizan también como alimento para pájaros. **2.** Semilla de esta planta.

**alquería** *s. f.* Casa o conjunto de casas de campo, que se usan como granjas o en las que se realizan tareas relacionadas con la agricultura.

alquería

**alquilar** *v.* Dar o tomar una cosa para usarla por un tiempo a cambio de una cantidad de dinero: *Mis abuelos quieren alquilar una casa que tienen vacía. Alquilamos una película de vídeo para verla en casa.* SIN. Arrendar.
FAM. Alquiler. / Realquilar.

**alquiler** *s. m.* **1.** Precio que se paga por alquilar una cosa: *Les han subido el alquiler del piso.* **2.** Acción de alquilar: *Los chiringuitos de la playa se dedican al alquiler de sombrillas.*
SIN. **1.** Renta. **2.** Arrendamiento, arriendo.

**alquimia** *s. f.* Antigua ciencia que estudiaba las propiedades de la materia y buscaba la piedra filosofal, la cual, según se creía, podía convertir cualquier metal en oro.
FAM. Alquimista.

**alquimista** *s. m.* y *f.* Persona que practicaba la alquimia.

**alquitrán** *s. m.* **1.** Sustancia pastosa, negra y de fuerte olor, que se obtiene de materias como el carbón, la madera o el petróleo, y se usa entre otras cosas para pavimentar carreteras o para evitar las goteras en los tejados. **2.** Sustancia que se produce al quemarse el papel de los cigarrillos.
FAM. Alquitranar.

**alquitranar** *v.* Echar alquitrán en un lugar: *alquitranar una carretera.*

**alrededor** *adv.* **1.** Rodeando a una persona, animal o cosa: *La perra tenía a sus cachorros alrededor. Hay un seto alrededor de la casa.* **2.** Aproximadamente, más o menos: *Juan debe de tener alrededor de quince años.* || *s. m. pl.* **3.** Lugares cercanos a un pueblo o una ciudad: *Visitamos Sevilla y sus alrededores.* ■ Con los significados **1** y **2** se escribe también *al rededor.*
SIN. **3.** Afueras, cercanías, inmediaciones.
FAM. Derredor.

**alsaciano, na** *adj.* y *s. m.* y *f.* **1.** De Alsacia, una región de Francia. || *s. m.* **2.** Dialecto del alemán que se habla en esa región.

**alta** *s. f.* **1.** Acción de entrar a formar parte de un grupo o asociación: *Ha habido varias altas en el club deportivo.* **2.** Acción de declarar el médico que un enfermo está ya curado y puede volver a trabajar. Se usa mucho en las expresiones **dar el alta** o **dar de alta**. ■ Esta palabra se emplea en singular con *el* y *un*: *el alta, un alta;* los otros determinantes se usan en femenino: *esta alta, alguna alta.*
ANT. **1.** y **2.** Baja.

**altaico, ca** *adj.* y *s. m.* y *f.* **1.** De la cordillera de Altai, en Asia central, y de los pueblos que habitan en ella. || *adj.* y *s. m.* **2.** Se dice de un conjunto de lenguas que se hablan en esa región.

**altamente** *adv.* Muy: *Esa parte del río está altamente contaminada.*

**altanería** *s. f.* Orgullo, soberbia.
SIN. Arrogancia, altivez. ANT. Humildad.

**altanero, ra** *adj.* Orgulloso y soberbio: *Es una persona altanera, que se cree superior a los demás.*
SIN. Arrogante, engreído, altivo. ANT. Humilde, modesto.
FAM. Altanería.

**altar** *s. m.* **1.** Mesa sobre la que el sacerdote celebra la misa. **2.** Lugar elevado en forma de mesa donde se ofrecían sacrificios a los dioses.
SIN. **1.** y **2.** Ara.

**altavoz** *s. m.* Aparato utilizado para elevar la intensidad del sonido. ■ Su plural es *altavoces.*
SIN. Amplificador, bafle.

**alteración** *s. f.* **1.** Acción de alterar o alterarse: *Después de correr tenía alteraciones en el pulso.* **2.** Intranquilidad: *La enfermedad del abuelo causó una gran alteración en la familia.* **3.** Alboroto, desorden: *Antes del partido de fútbol hubo alteraciones cerca del campo.*
SIN. **1.** Modificación, cambio. **2.** Inquietud, alarma. **3.** Jaleo, conmoción. ANT. **2.** Tranquilidad. **3.** Orden.

**alterar** *v.* **1.** Cambiar, transformar: *Vivir en otro país alteró su forma de vida.* **2.** Producir intranquilidad: *Como tardabas, tu madre empezó a alterarse.* **3.** Enfadar: *No se puede discutir con él sin que se altere.* **4.** Estropear, descomponer: *Para que el calor no alterara los alimentos, los metí en la nevera.*
SIN. **1.** Modificar, variar. **2.** Inquietar, alarmar. **3.** Irritar, enfurecer. **4.** Adulterar, pudrir. ANT. **1.** y **4.** Mantener. **2.** y **3.** Tranquilizar.
FAM. Alteración. / Inalterable.

**altercado** *s. m.* Discusión o riña violenta.
SIN. Bronca, agarrada, gresca.

**alternador** *s. m.* Aparato eléctrico que produce corriente alterna.

**alternancia** *s. f.* Acción de alternar, turnarse o combinarse una persona o cosa con otra: *Me gusta la alternancia de colores de ese cuadro.*

**alternar** *v.* **1.** Repetir cosas, actividades o situaciones, primero una, luego otra y así sucesivamente: *Es una actriz a la que le gusta alternar el cine con el teatro.* **2.** Hacer o decir algo dos o más personas, primero una, luego la otra y así sucesivamente: *El padre y la madre se alternaban para dar el biberón a las gemelas.* **3.** Tener trato con la gente: *Alterna con personas muy distintas.* **4.** En algunos bares o locales públicos, tratar con los clientes mujeres contratadas para animarles a hacer gasto.
SIN. **1.** Combinar. **2.** Turnarse. **3.** Tratar, relacionarse, codearse. ANT. **1.** Simultanear.
FAM. Alternador, alternancia, alternativa, alternativamente, alternativo, alterne, alterno.

**alternativa** *s. f.* **1.** Posibilidad o necesidad de elegir, entre dos o más cosas, una de ellas: *No tenía más alternativa que seguir jugando en el mismo equipo.* **2.** Cada una de las cosas entre las que se elige: *No sé por qué alternativa decidirme.* **3.** Ceremonia en que un torero le da categoría de matador de toros a un novillero.

SIN. **1.** Dilema. **1.** y **2.** Elección, opción.

**alternativamente** *adv.* Alternándose dos o más personas o cosas: *Las luces del semáforo se encienden alternativamente.*

**alternativo, va** *adj.* **1.** Que se alterna con otra persona o cosa. **2.** Que se ofrece como otra posibilidad a lo que ya existe: *Como estaba la carretera cortada, buscaron un camino alternativo.*

SIN. **1.** Alterno, rotatorio. **2.** Opcional.

**alterne** *s. m.* Acción de alternar con la gente, sobre todo hacerlo las empleadas de algunos locales públicos para animar a los clientes a hacer gasto: *un bar de alterne, una chica de alterne.*

**alterno, na** *adj.* **1.** Que se alterna con otro: *La máquina tiene un movimiento alterno de vaivén.* **2.** Referido a horas, días u otros periodos de tiempo, uno sí y otro no, sucesivamente: *Sólo da clase en días alternos.* **3.** Se dice de la corriente eléctrica en que las cargas cambia una vez en cada periodo, es decir, que un mismo polo es positivo, después negativo, positivo otra vez y así sucesivamente.

SIN. **1.** Alternativo. ANT. **1.** y **3.** Continuo.

FAM. Subalterno.

**alteza** *s. f.* **1.** Forma de tratamiento que se da a los hijos de los reyes o a las personas que tienen el título de príncipe. **2.** Nobleza, grandeza.

SIN. **2.** Excelencia. ANT. **2.** Bajeza.

**altibajo** *s. m.* **1.** Cambio brusco, por ejemplo cuando se pasa de un momento bueno a otro malo: *Últimamente tiene muchos altibajos, tan pronto está contento como se pone triste.* **2.** Desigualdad del terreno.

SIN. **2.** Desnivel, irregularidad. ANT. **1.** y **2.** Uniformidad.

**altillo** *s. m.* **1.** En las viviendas, maletero sobre un armario o hueco en el techo utilizado para guardar cosas. **2.** Habitación, normalmente aislada, en la parte superior de una casa.

SIN. **2.** Desván, trastero.

**altimetría** *s. f.* Técnica de medir alturas; forma parte de la topografía.

FAM. Altímetro.

**altímetro** *s. m.* **1.** Instrumento para medir la altura a la que vuela un avión u otro vehículo aéreo. **2.** Aparato para medir alturas que se utiliza en topografía.

**altiplano** o **altiplanicie** *s. m.* o *f.* Meseta de gran altura y extensión.

**altísimo, ma** *adj.* **1.** Superlativo de **alto.** Muy alto. || *s. m.* **2.** Nombre que se da a Dios. ■ Con este significado se escribe con mayúscula: *el Altísimo.*

**altisonante** *adj.* Que emplea palabras muy cultas

y solemnes: *un discurso altisonante, un estilo altisonante.*

SIN. Grandilocuente, pomposo, rimbombante. ANT. Sencillo, llano.

**altitud** *s. f.* Altura de un punto cualquiera de la Tierra con relación al nivel del mar.

**altivez** *s. f.* Orgullo, soberbia.■ Su plural es *altiveces.*

SIN. Altanería, arrogancia. ANT. Humildad.

**altivo, va** *adj.* Orgulloso, soberbio.

SIN. Arrogante, altanero, engreído. ANT. Modesto, humilde.

FAM. Altivez.

**alto** *s. m.* **1.** Parada, detención: *Hicieron un alto en el viaje para descansar.* **2.** Orden de que alguien se detenga o deje de hacer algo: *La policía les dio el alto.* También se utiliza como interjección para expresar esa orden: *¡Alto! ¡Que nadie se mueva!*

SIN. **1.** y **2.** Stop.

**alto, ta** *adj.* **1.** De gran altura o estatura: *Sus padres son altos. Escaló una montaña muy alta.* **2.** Situado a mucha distancia del suelo o en la parte de arriba de algo: *Vive en un piso alto. Colócalo en el estante más alto.* **3.** Levantado, derecho: *Lleva la cabeza alta.* **4.** Muy grande, importante o abundante: *Corrimos un alto riesgo. Las clases altas de la sociedad. Pagó una alta suma por las joyas.* **5.** Se dice del ruido o sonido fuerte, intenso: *Puso la radio muy alta.* **6.** Se dice de las notas musicales muy agudas: *El tono es tan alto que no puedo cantar la melodía.* || *s. m.* **7.** Altura: *¿Cuánto mide de alto el armario?* **8.** Lugar elevado: *Nos subiremos a un alto para ver el paisaje.* || *adv.* **9.** En lugar elevado o a mucha altura: *La flecha dio demasiado alto en la diana. El atleta saltó muy alto.* **10.** Con voz potente: *No hables tan alto.*

EXPR. **pasar por alto** No tener en cuenta: *La profesora nos pasó por alto algunos fallos.* **por todo lo alto** Muy bien, a lo grande: *Celebraron la boda por todo lo alto.*

SIN. **3.** Erguido. **4.** Notable, destacado, cuantioso. **8.** Colina. **10.** Fuerte. ANT. **1.** a **6.** y **8.** a **10.** Bajo. **3.** Agachado. **4.** Insignificante.

FAM. Alta, altamente, altanero, altar, alteza, altibajo, altillo, altimetría, altiplanicie, altiplano, altísimo, altisonante, altitud, altivo, altura. / Contralto, enaltecer, exaltar, peralte.

**altoparlante** *s. m.* En Hispanoamérica, altavoz.

**altorrelieve** *s. m.* Relieve sobre una superficie, en que la figura o escena sobresale mucho del fondo.

**altozano** *s. m.* Monte de poca altura situado en una zona llana.

SIN. Colina, otero.

**altramuz** *s. m.* **1.** Planta con flores en racimos y fruto aterciopelado. **2.** Semilla de esta planta, de color amarillo, que se utiliza como alimento para el ganado o, remojado y con sal, para las personas. ■ Su plural es *altramuces.*

**altruismo** *s. m.* Amor desinteresado a los demás: *Da clases a niños enfermos por puro altruismo, sin cobrar nada.*
SIN. Generosidad. ANT. Egoísmo.
FAM. Altruista.

**altruista** *adj.* y *s. m.* y *f.* Que demuestra altruismo y quiere el bien para los demás.
SIN. Generoso, filántropo. ANT. Egoísta.

**altura** *s. f.* **1.** Medida de una persona o de un objeto desde el suelo hasta su parte más elevada. **2.** Elevación de un punto sobre el nivel del mar. **3.** Punto o nivel en que está o al que llega alguien o algo: *¿A qué altura de la calle está esa tienda? Los dos concursantes estaban a la misma altura.* **4.** Distancia que existe desde cierto punto de una figura geométrica a la base de la misma: *la altura de un triángulo.*
EXPR. **a estas alturas** En este momento, sobre todo si es demasiado tarde: *¿A estas alturas me ofreces tu ayuda?* **a la altura del betún** En muy mala situación o condición: *Si no le llamas para disculparte, quedarás a la altura del betún.*
SIN. **1.** Alto; estatura.

**alubia** *s. f.* Judía, planta y semilla.

**alucinación** *s. f.* Estado en que alguien cree ver cosas o situaciones que no existen en realidad: *Algunas drogas producen alucinaciones.*

**alucinante** *adj.* Asombroso, impresionante: *Se ha comprado una moto alucinante.*
SIN. Deslumbrante, increíble. ANT. Corriente.

**alucinar** *v.* **1.** Tener alucinaciones a causa de una enfermedad o de haber tomado alguna sustancia: *La fiebre le hizo alucinar.* **2.** Quedarse pasmado o fascinado: *Tiene un cochazo que alucinas.* **3.** Entusiasmar, gustar mucho: *Me alucinan las películas de terror.*
SIN. **1.** Delirar. **3.** Encantar, fascinar. ANT. **3.** Odiar, espantar.
FAM. Alucinación, alucinante, alucine, alucinógeno.

**alucine** *s. m.* Asombro, pasmo.

**alucinógeno, na** *adj.* y *s. m.* Se dice de las sustancias que producen alucinaciones, como por ejemplo algunas drogas.

**alud** *s. m.* **1.** Enorme masa de nieve que resbala de los montes y cae de golpe. **2.** Conjunto de personas o cosas que llegan de golpe y en gran cantidad: *Recibieron un alud de felicitaciones.*
SIN. **1.** y **2.** Avalancha.

**aludir** *v.* Hablar o escribir sobre personas o cosas sin mucho detalle o sin nombrarlas expresamente: *En su carta aludía a la visita al zoológico.*
SIN. Mencionar.
FAM. Alusión, alusivo.

**alumbrado, da** *adj.* **1.** Iluminado: *Las calles están alumbradas.* ‖ *s. m.* **2.** Conjunto de luces que alumbran un lugar: *Hubo un fallo en el alumbrado y la ciudad se quedó a oscuras.*
SIN. **2.** Iluminación.

**alumbramiento** *s. m.* Parto: *El alumbramiento transcurrió sin problemas y el niño y la madre están bien.*

**alumbrar** *v.* **1.** Dar luz: *Alúmbrame con la linterna. El fluorescente ya no alumbra.* **2.** Poner luz o luces en un lugar. **3.** Parir, tener un hijo: *Alumbró una hermosa niña.*
SIN. **1.** Iluminar; lucir.
FAM. Alumbrado, alumbramiento.

**aluminio** *s. m.* Metal de color y brillo parecidos a la plata. Es poco pesado, pero muy resistente y buen conductor de la electricidad. Se usa mucho en la industria.
FAM. Aluminosis.

**aluminosis** *s. f.* Pérdida de resistencia de algunos hormigones que contienen cemento con óxido de aluminio. ▪ No varía en plural.

**alumnado** *s. m.* Conjunto de alumnos de un centro.

**alumno, na** *s. m.* y *f.* **1.** Persona que acude a un centro de enseñanza para aprender: *Los alumnos de ese colegio estudian mucho y aprueban.* **2.** Persona que recibe enseñanzas de un maestro.
SIN. **1.** Estudiante, escolar. **2.** Discípulo.
FAM. Alumnado.

**alunizaje** *s. m.* Acción de posarse un vehículo espacial en la superficie de la Luna.

**alunizar** *v.* Posarse un vehículo espacial en la superficie de la Luna. ▪ Delante de *e* se escribe *c* en lugar de *z*: *alunice.*
FAM. Alunizaje.

**alusión** *s. f.* Acción de aludir: *El artículo del periódico hace alusión al problema de la contaminación del mar.*
SIN. Referencia.

**alusivo, va** *adj.* Que alude: *Los invitados hicieron comentarios alusivos a la decoración de la casa.*
SIN. Referente, concerniente, relativo.

**aluvión** *s. m.* **1.** Crecida fuerte y repentina de agua. **2.** Depósito de materiales sueltos, como grava o arena, dejados por una corriente de agua. **3.** Gran cantidad de personas o cosas amontonadas: *Recibió un aluvión de telegramas de amigos y conocidos.*
SIN. **1.** Tromba, avenida.

**alveolo** o **alvéolo** *s. m.* **1.** Hueco donde están encajados los dientes. **2.** Cada una de las cavidades que hay en los pulmones, donde terminan las últimas ramificaciones de los bronquiolos.

**alza** *s. f.* **1.** Aumento en el precio o el valor de algo: *El alza que han tenido los pisos hace que se vendan peor.* **2.** Pieza que se coloca dentro del zapato para elevar el talón o que se pone al tacón para hacerlo más alto. ▪ Esta palabra se emplea en singular con *el* y *un*: *el alza, un alza*; los otros determinantes se usan en femenino: *esta alza, alguna alza.*
EXPR. **en alza** En aumento: *La afición al deporte está en alza.*
SIN. **1.** Subida. ANT. **1.** Baja, descenso.

**alzacuello** *s. m.* Tirilla blanca que los sacerdotes llevan en el cuello de la sotana, la pechera o la camisa.

**alzada** *s. f.* Altura del caballo, la mula y otros animales parecidos.

**alzado, da** *adj.* **1.** Subido, levantado. **2.** Sublevado, rebelado. **3.** Se dice de la cantidad, especialmente de dinero, que se establece por un conjunto de cosas o por varios trabajos o acciones: *El fontanero nos dio un precio alzado por todas las reparaciones.* Esa cantidad se llama también **tanto alzado.** ‖ *s. m.* **4.** Dibujo o representación de un edificio, máquina o cualquier otro objeto, visto en posición vertical, sin tener en cuenta la perspectiva.

**alzamiento** *s. m.* Rebelión del ejército.

**alzapaño** *s. m.* Cinta o cordón que recoge la cortina hacia un lado.

**alzar** *v.* **1.** Mover hacia arriba: *Cuando la llamé, alzó la cabeza.* **2.** Aumentar el volumen de la voz: *Te oigo perfectamente, así que no alces la voz.* **3.** Construir, edificar: *En esta calle van a alzar edificios de nueve plantas.* ‖ **alzarse 4.** Sublevarse: *Todo el pueblo se alzó contra el ejército invasor.* **5.** Sobresalir algo elevado en un lugar: *La torre se alzaba sobre la aldea.* **6.** Conseguir algo: *Nuestro equipo se alzó con el triunfo.* ■ Delante de *e* se escribe *c* en lugar de *z*: *Alcé los brazos.* **SIN. 1.** y **2.** Subir. **1.** a **5.** Levantar. **1.** y **5.** Elevar. **4.** Rebelarse. **ANT. 1.** y **2.** Bajar. **3.** Derribar. **4.** Someter. **FAM.** Alcista, alza, alzada, alzado, alzamiento. / Realzar.

**alzheimer** *s. m.* Enfermedad que atrofia el cerebro y destruye poco a poco las facultades mentales. Se llama también *enfermedad de Alzheimer.*

**ama** *s. f.* **1.** Mujer que tiene la misma función que el amo: *Este perro sólo obedece a su ama. En esa tienda Nuria es el ama.* **2.** Criada principal. ■ Esta palabra se emplea en singular con *el* y *un*: *el ama, un ama;* los otros determinantes se usan en femenino: *esta ama, alguna ama.* **EXPR. ama de casa** Mujer que se ocupa de las tareas de su casa. **ama de cría** Mujer que da de mamar al hijo de otra. **ama de llaves** Criada encargada de las llaves y de la economía de una casa. **FAM.** Amo.

**amabilidad** *s. f.* Característica de las personas o cosas amables. **SIN.** Cortesía, gentileza, afabilidad. **ANT.** Descortesía, grosería.

**amable** *adj.* Se dice de las personas de trato agradable y educado; se dice también de las cosas propias de ellas: *Nos dirigió una carta muy amable.* **SIN.** Cortés, correcto, atento, afable. **ANT.** Descortés, grosero. **FAM.** Amabilidad.

**amado, da** *adj.* y *s. m.* y *f.* Persona o cosa a la que se le tiene amor. **SIN.** Querido.

**amadrinar** *v.* Ser la madrina de una persona o actuar de madrina en un acto: *Mi hermana amadrinó a mi primer hijo. La alcaldesa amadrinará la botadura del barco.*

**amaestrado, da** *adj.* **1.** Se dice de los animales adiestrados. **2.** Se dice de la persona que se ha vuelto dócil: *Tiene a sus hijos muy bien amaestrados; hacen lo que ella quiere.*

**amaestrar** *v.* **1.** Hacer que un animal obedezca y aprenda a hacer algunas cosas. **2.** Hacer que una persona sea dócil. **SIN. 1.** Adiestrar. **1.** y **2.** Domesticar, domar, amansar. **FAM.** Amaestrado.

**amagar** *v.* Mostrar intención de hacer algo sin llegar a hacerlo: *El jugador amagó hacia un lado, pero lanzó el balón hacia el otro.* ■ Delante de *e* se escribe *gu* en lugar de *g: amagué un golpe.* **FAM.** Amago.

**amago** *s. m.* Señal o indicio de que algo ha estado a punto de suceder: *Hizo un amago de saludarme, pero cuando me acercaba bajó la cabeza.*

**amainar** *v.* Disminuir o calmarse el viento, la lluvia, la tormenta: *Me quedaré en casa hasta que amaine.*

**amalgama** *s. f.* **1.** Aleación de mercurio con otro metal; sobre todo, la de plata y estaño usada para empastar los dientes. **2.** Mezcla de cosas diversas: *Esa pintura es una amalgama de muchos colores.* **SIN. 2.** Mezcolanza.

**amamantar** *v.* Dar de mamar. **SIN.** Criar.

**amancebarse** *v.* Unirse dos personas para convivir como un matrimonio, pero sin estar casados.

**amanecer**[1] *v.* **1.** Empezar a aparecer la luz del día. **2.** Hallarse en un lugar o en ciertas condiciones al comenzar el día: *Amanecimos en Chicago. Hoy he amanecido de mal humor.* ■ Es un verbo irregular. Se conjuga como *agradecer.* Con el primer significado, sólo se usa en tercera persona. **SIN. 1.** Alborear, clarear, despuntar. **ANT. 1.** Anochecer. **FAM.** Amanecer[2], amanecida.

**amanecer**[2] *s. m.* Tiempo en que amanece, principio del día. **SIN.** Alba, alborada, aurora. **ANT.** Anochecer.

**amanecida** *s. f.* El amanecer: *Partieron a la amanecida.*

**amanerado, da** *adj.* **1.** Rebuscado, no natural: *un lenguaje amanerado.* **2.** Afeminado, como de chica: *Quique tiene posturas muy amaneradas.* **SIN.** Afectado, artificioso. **ANT. 1.** Espontáneo.

**amanita** *s. f.* Hongo en forma de seta que tiene un anillo en la base. Algunas amanitas son venenosas.

**amansar** *v.* **1.** Domesticar a un animal, hacerlo manso. **2.** Calmar, volver dócil: *Tenía mucho genio en su juventud, pero la vida le ha amansado.* **SIN. 1.** y **2.** Amaestrar, domar. **2.** Aplacar.

**amante** *adj.* y *s. m.* y *f.* **1.** Que ama: *su amante esposo; un amante de la lectura.* ‖ *s. m.* y *f.* **2.** Persona que mantiene con otra relaciones sexuales sin estar casadas.
**SIN. 1.** Enamorado; entusiasta, apasionado. **2.** Querido.

**amanuense** *s. m.* y *f.* Antes de la invención de la imprenta, persona que copiaba a mano un texto.
**SIN.** Copista.

**amañar** *v.* Hacer trampas en algo para beneficio de alguien: *Amañaron el partido comprando al árbitro.*
**SIN.** Apañar.
**FAM.** Amaño.

**amaño** *s. m.* Truco, chanchullo para conseguir algo, muchas veces injusto.
**SIN.** Apaño, treta.

**amapola** *s. f.* Planta silvestre con el tallo cubierto de pelitos y flores grandes de color rojo, que suele crecer en los sembrados durante la primavera o el verano.

amapola

**amar** *v.* **1.** Tener amor a una persona, animal o cosa: *Ama a su marido. Los novios se aman.* **2.** Sentir una gran afición por algo: *Amo la música rock.*
**SIN. 1.** Querer. **1.** y **2.** Adorar. **ANT. 1.** y **2.** Odiar, aborrecer.
**FAM.** Amable, amado, amante, amigo, amistad.

**amarar** *v.* Posarse en el mar un avión u otro vehículo preparado para ello, por ejemplo una cápsula espacial.
**SIN.** Amerizar.

**amargado, da** *adj.* y *s. m.* y *f.* Se dice de la persona que siempre está muy triste y descontenta: *Está amargado porque no pudo ser marino como su padre.*

**amargamente** *adv.* Con mucha tristeza: *Lloró amargamente por tener que separarse de sus amigos.*

**amargar** *v.* **1.** Dar a algo sabor amargo o tener este sabor: *Muchas medicinas amargan.* **2.** Poner a alguien triste, disgustado o desanimado: *Le amargaba tener que repetir curso.* **3.** Hacer que algo sea desagradable para alguien: *La gripe le amargó el fin de semana.* ■ Delante de *e* se escribe *gu* en lugar de *g*: *No te amargues.*

**SIN. 2.** Disgustar, entristecer, apenar. **3.** Estropear, chafar, aguar. **ANT. 1.** Endulzar. **2.** Animar, alegrar.

**amargo, ga** *adj.* **1.** De sabor desagradable, como el de la hiel o el de algunas almendras. **2.** Que produce o muestra pena o tristeza: *Le dieron la amarga noticia de la muerte de su amigo.*
**SIN. 1.** Acre. **2.** Penoso, doloroso, triste. **ANT. 1.** Dulce. **2.** Alegre, feliz.
**FAM.** Amargado, amargamente, amargar, amargor, amargura.

**amargor** *s. m.* **1.** Sabor amargo: *No me gusta el amargor del café.* **2.** Amargura: *La despedida le causó un gran amargor.*
**ANT. 1.** Dulzor.

**amargura** *s. f.* Pena, tristeza, disgusto: *Le producía amargura no haber recibido ningún regalo.*
**SIN.** Amargor, dolor, desconsuelo, sinsabor. **ANT.** Alegría, placer, consuelo.

**amariconarse** *v.* **1.** Volverse marica o afeminado. **2.** Volverse débil o cobarde: *Te estás amariconando: cada día aguantas menos.* ■ Es una palabra despectiva y vulgar.
**SIN. 2.** Ablandarse.

**amarillear** *v.* Ponerse amarillento: *El papel amarillea con el tiempo. Las hojas de los árboles amarillean en otoño.*

**amarillento, ta** *adj.* De color parecido al amarillo: *Este libro tan viejo tiene las hojas amarillentas.*

**amarillo, lla** *adj.* y *s. m.* **1.** Se dice del tercer color del arco iris, como el del limón; también se dice de las cosas que tienen ese color. ‖ *adj.* **2.** Pálido, con mal color de piel: *Se puso amarillo y se mareó.* **3.** Se dice de la raza que tiene la piel de color amarillento, el pelo oscuro y liso, y los ojos también oscuros y alargados; se dice tambien de las personas de esta raza, por ejemplo los chinos.
**FAM.** Amarillear, amarillento.

**amarra** *s. f.* Cuerda o cable con que se sujeta un barco en el muelle de un puerto.
**SIN.** Soga, cabo, maroma.

**amarradero** *s. m.* Poste o anilla grande donde se amarra una embarcación o un animal.

**amarrar** *v.* **1.** Atar con cuerdas, cables, cadenas o por cualquier otro medio: *Amarra la caja para que no se abra.* **2.** Hacer lo posible por asegurar que algo suceda como se quería: *Trataron de amarrar el partido en la primera parte.*
**FAM.** Amarra, amarradero, amarre.

**amarre** *s. m.* **1.** Acción de amarrar. **2.** Amarradero de una embarcación: *La lancha se soltó de su amarre y se fue a la deriva.*

**amartelado, da** *adj.* Que se muestra muy cariñoso y enamorado: *Los novios estaban muy amartelados.*
**SIN.** Acaramelado.

**amasar** v. **1.** Hacer una masa mezclando un líquido con alimentos, como la harina, o materiales, como el cemento o el yeso. **2.** Acumular dinero y riquezas: *Ese futbolista ha amasado una fortuna.*
SIN. **2.** Atesorar.
FAM. Amasijo.

**amasijo** s. m. Mezcla de cosas diferentes sin ningún orden: *En el costurero había un amasijo de hilos y botones.*
SIN. Mezcolanza.

**amateur** adj. y s. m. y f. Que se dedica a una actividad, y sobre todo a un deporte, sólo por afición: *un ciclista amateur.* ■ Es una palabra francesa. Su plural es *amateurs.*
SIN. Aficionado. ANT. Profesional.

**amatista** s. f. Piedra de cuarzo transparente, de color violeta, que se utiliza en joyería.

**amatorio, ria** adj. Relacionado con el amor o con las relaciones sexuales: *literatura amatoria, prácticas amatorias.*
SIN. Amoroso.

**amazacotado, da** adj. Apretado y duro, como un mazacote: *El bizcocho me ha salido demasiado amazacotado.*
ANT. Esponjoso, blando.

**amazona** s. f. **1.** Mujer que monta a caballo. **2.** Mujer guerrera de la mitología griega.

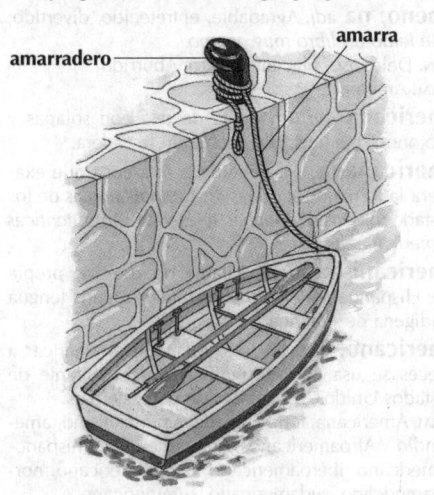

amarradero — amarra

**amazónico, ca** adj. Del río Amazonas o de la región de la Amazonia, en América del Sur.

**ambages** Se utiliza en la expresión **sin ambages**, que significa 'diciéndolo sin rodeos, de forma clara y directa': *Dime sin ambages qué es lo que quieres.*

**ámbar** s. m. **1.** Resina endurecida convertida en fósil. Es de color amarillo casi transparente, se

carga de electricidad al frotarla y se emplea para hacer adornos y barnices. **2.** Color parecido al de esa resina: *El semáforo estaba en ámbar.*
FAM. Ambarino.

**ambarino, na** adj. Del ámbar o que tiene sus cualidades: *el color ambarino de la miel.*

**ambición** s. f. Deseo muy grande de conseguir cosas, sobre todo riquezas, poder o fama: *Su mayor ambición era llegar a ser un buen médico.*
SIN. Ansia, anhelo, aspiración, afán. ANT. Modestia, conformismo.
FAM. Ambicionar, ambicioso.

**ambicionar** v. Tener ambición de algo: *Ambicionaba ser campeón de tenis.*

**ambicioso, sa** adj. y s. m. y f. Que tiene o muestra ambición: *Es muy ambicioso, pretende ascender rápido en el trabajo.*

**ambidiestro, tra** o **ambidextro, tra** adj. y s. m. y f. Que utiliza las dos manos con la misma habilidad, por ejemplo para escribir.

**ambientación** s. f. **1.** Acción de ambientar. **2.** Características de un lugar, época o situación reproducidas en una película o en una obra literaria.

**ambientador** s. m. Líquido u objeto que da buen olor y se utiliza para perfumar un lugar cerrado.

**ambiental** adj. Del ambiente o relacionado con él: *La temperatura ambiental es de treinta grados.*

**ambientar** v. **1.** Preparar algo para que tenga las características de un lugar, época o situación: *Ambientó el cuento en la selva.* **2.** Acostumbrar a alguien a un ambiente, situación o lugar distintos del suyo: *Se ambientó pronto en el nuevo barrio.*
SIN. **1.** Enmarcar, encuadrar. **2.** Aclimatar, acomodar, habituar.

**ambiente** s. m. **1.** Líquido o gas, especialmente el aire, que está en un lugar o rodea un cuerpo: *El ambiente era muy seco.* **2.** Todo lo que rodea a una persona, animal o cosa, como la vegetación, el paisaje, las relaciones con los demás o el modo de vida: *Es mejor que los animales crezcan en su propio ambiente.* ■ Con el mismo significado se emplea frecuentemente la expresión **medio ambiente** o **medioambiente,** sobre todo cuando se refiere a la naturaleza. **3.** Gente, alegría o animación que hay en un lugar: *El día antes de Navidad había mucho ambiente en las calles.* **4.** En algunos países de América del Sur, habitación: *un departamento de tres ambientes.*
FAM. Ambientación, ambientador, ambiental, ambientar. / Medioambiente.

**ambigüedad** s. f. **1.** Característica de lo que es ambiguo: *Habla con tanta ambigüedad que no sé qué quiere decir.* **2.** Postura, actitud o cosa ambigua: *Déjate de ambigüedades y decídete de una vez.*

**ambiguo, gua** adj. **1.** Dudoso porque se puede entender de varias maneras distintas: *Su contesta-*

*ción fue ambigua, no dijo claramente si vendría o no.* **2.** En gramática, se dice de los sustantivos que se usan en masculino o en femenino sin cambio de forma ni de significado, por ejemplo *el mar, la mar.* **SIN. 1.** Equívoco. **ANT. 1.** Preciso.
**FAM.** Ambigüedad.

**ámbito** *s. m.* **1.** Espacio que se encuentra dentro de ciertos límites: *Hubo lluvias en el ámbito de toda la región.* **2.** Todo aquello que es propio o característico de alguien o algo: *Ese juego es muy conocido en el ámbito infantil.* **SIN. 1.** Extensión. **2.** Campo.

**ambivalente** *adj.* Que tiene dos aspectos, valores o interpretaciones diferentes. **SIN.** Indefinido, ambiguo. **ANT.** Unívoco.

**ambón** *s. m.* **1.** Atril a un lado del altar de una iglesia, desde donde se leen las lecturas y algunas oraciones de la misa. **2.** Cada uno de los púlpitos que hay a ambos lados del altar mayor en algunas iglesias.

**ambos, bas** *num.* Los dos, uno y otro: *Ana y Rosa son vecinas y ambas van al mismo colegio.* **FAM.** Entrambos.

**ambrosía** *s. f.* Comida o bebida muy sabrosa y delicada, manjar.

**ambulancia** *s. f.* Coche o furgoneta preparados para transportar enfermos o heridos.

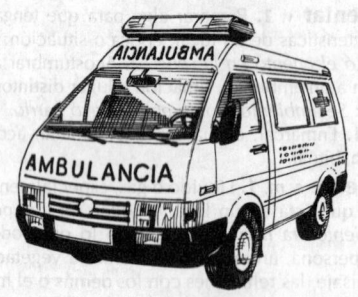

ambulancia

**ambulante** *adj.* Que trabaja o realiza su función yendo de un lugar a otro sin quedarse en un sitio fijo: *En la plaza se instaló un circo ambulante.* **ANT.** Estable.
**FAM.** Ambulancia, ambulatorio. / Deambular.

**ambulatorio** *s. m.* Centro público al que pueden ir los enfermos para que les vea el médico. **SIN.** Consultorio.

**ameba** *s. f.* Ser vivo microscópico de una sola célula, que vive en el agua y se mueve por medio de unas prolongaciones que se forman en su propio cuerpo.

**amedrentar** *v.* Producir mucho miedo o sentirlo: *Se amedrentó al oír los ladridos de ese perro tan fiero.*

**SIN.** Atemorizar, intimidar, acobardar. **ANT.** Envalentonarse.

**amén¹** *s. m.* **1.** Palabra hebrea que se dice cuando se reza, al final de las oraciones, y significa que se cumpla lo dicho en el rezo. **2.** Expresión que equivale a *sí: Dijo a todo amén.*
**EXPR. en un decir amén** En poquísimo tiempo. **FAM.** Santiamén.

**amén²** Se usa en la expresión **amén de**, que significa 'además de' o 'aparte de': *Pedro va a clases de inglés, amén de otras muchas actividades.*

**amenaza** *s. f.* Palabras, gestos o hechos con que se amenaza: *Quiso asustarnos con amenazas.*

**amenazador, ra** *adj.* Que amenaza o sirve para amenazar: *Nos dirigió una mirada amenazadora.*

**amenazar** *v.* **1.** Decirle a alguien que se le va a hacer algo malo o asustarle de algún modo para obligarle a alguna cosa: *Le amenazó con pegarle una torta si seguía metiéndose con él.* **2.** Dar señales de que va a ocurrir algo malo o desagradable: *El cielo amenaza tormenta.* ■ Delante de *e* se escribe *c* en lugar de *z: No me amenaces.* **SIN. 1.** Advertir, intimidar. **2.** Presagiar. **FAM.** Amenaza, amenazador.

**amenizar** *v.* Hacer algo ameno o entretenido: *Varios cantantes amenizaron la fiesta.* ■ Delante de *e* se escribe *c* en lugar de *z: amenice.*

**ameno, na** *adj.* Agradable, entretenido, divertido: *He leído un libro muy ameno.* **SIN.** Delicioso, placentero. **ANT.** Aburrido. **FAM.** Amenizar.

**americana** *s. f.* Chaqueta de tela con solapas y botones, que llega por debajo de la cadera.

**americanada** *s. f.* Película u otra cosa que exagera la forma de ser o las costumbres típicas de los estadounidenses: *Muchas teleseries son auténticas americanadas.*

**americanismo** *s. m.* Palabra o expresión propia de Hispanoamérica o procedente de alguna lengua indígena de América.

**americano, na** *adj. y s. m. y f.* De América; a veces se usa con el significado de habitante de Estados Unidos, o relacionado con este país. **FAM.** Americana, americanada, americanismo, amerindio. / Afroamericano, centroamericano, hispanoamericano, iberoamericano, latinoamericano, norteamericano, sudamericano, suramericano.

**amerindio, dia** *adj. y s. m. y f.* Se dice de los indios de América y de lo relacionado con ellos.

**amerizaje** *s. m.* Acción de amerizar.

**amerizar** *v.* Posarse en el agua un hidroavión o una cápsula espacial. ■ Delante de *e* se escribe *c* en lugar de *z: americe.* **SIN.** Amarar. **FAM.** Amerizaje.

**ametralladora** *s. f.* Arma de fuego automática que dispara balas a gran velocidad. Puede ser portátil o estar fija en un lugar. **FAM.** Ametrallar.

**ametrallar** *v.* Disparar balas a gran velocidad, por ejemplo con una ametralladora.

**amianto** *s. m.* Mineral formado por fibras que, por ser muy resistente al fuego y al calor, se utiliza para fabricar tejidos y revestimientos que soportan temperaturas muy altas.

traje de **amianto**

**amigable** *adj.* Afectuoso, amable, cordial: *Nos gusta este país porque la gente es muy amigable.* **SIN.** Amistoso, simpático, afable. **ANT.** Antipático, seco.

**amígdala** *s. f.* Cada una de las glándulas que se encuentran a los dos lados de la garganta; defienden del organismo de algunas infecciones y frecuentemente se inflaman, por lo que a veces es necesario quitarlas. **SIN.** Angina. **FAM.** Amigdalitis.

**amigdalitis** *s. f.* Inflamación de las amígdalas. ■ No varía en plural

**amigo, ga** *adj.* y *s. m.* y *f.* **1.** Se dice de la persona con la que se tiene amistad: *Se hicieron amigos en el colegio.* **2.** Aficionado a alguna cosa: *Es muy amigo de hacer bromas.* **3.** Amistoso, querido: *Buscaba una mano amiga que pudiera ayudarle.* **SIN.** 2. Partidario, inclinado. **ANT.** 1. a 3. Enemigo. **FAM.** Amigable, amigote, amiguete, amiguismo.

**amigote, ta** *s. m.* y *f.* Compañero de juergas y diversiones.

**amiguete** *s. m.* Amigo o conocido.

**amiguismo** *s. m.* Hecho de dar a alguien un cargo, un empleo o un premio sólo por ser amigo, y no porque lo merezca. **SIN.** Favoritismo.

**amilanar** *v.* **1.** Causar mucho miedo o sentirlo. **2.** Desanimar: *Vuelve a intentarlo, no te amilanes.* **SIN.** 1. Asustar, atemorizar, amedrentar. 2. Desalentar. **ANT.** 1. Envalentonarse. 2. Animar.

**aminorar** *v.* Disminuir: *A la entrada del pueblo, los coches aminoran la marcha.* **SIN.** Reducir, rebajar. **ANT.** Aumentar.

**amistad** *s. f.* **1.** Relación de afecto y confianza entre las personas: *Tienen amistad desde pequeños.* **2.** Amigo. ■ Con este significado se usa mucho en plural: *Fueron a la fiesta de cumpleaños todas mis amistades. Como tenía amistades no tardó en conseguir un buen trabajo.* **ANT.** 1. Enemistad. 2. Enemigo. **FAM.** Amistoso.

**amistoso, sa** *adj.* **1.** Que demuestra amistad: *Nos saludó con un gesto amistoso.* **2.** En los deportes, se dice de los partidos que no forman parte de la competición oficial: *Jugaron un encuentro amistoso para despedir a aquel jugador.* **SIN.** 1. Afectuoso, cordial. **ANT.** 1. Hostil.

**amnesia** *s. f.* Pérdida de la memoria, no acordarse de las cosas. **FAM.** Amnésico.

**amnésico, ca** *adj.* y *s. m.* y *f.* Que tiene amnesia y no se acuerda de las cosas.

**amniótico** *adj.* Se dice del líquido que hay en una bolsa llamada *amnios,* donde se encuentra el embrión de los mamíferos, aves y reptiles, y que le sirve de protección.

**amnistía** *s. f.* Perdón de ciertos delitos, sobre todo políticos, concedido por el gobierno. **FAM.** Amnistiar.

**amnistiar** *v.* Dar la amnistía: *El gobierno amnistió a varios presos.*

**amo** *s. m.* **1.** Dueño, propietario: *Tomás es el amo de la finca. Este perro no tiene amo.* **2.** Persona para la que trabaja un criado. **3.** Persona que manda sobre otras o tiene influencia sobre ellas: *En cuanto llegó Paco, se hizo el amo de la fiesta.* **SIN.** 1. y 2. Señor. 3. Jefe, líder.

**amodorrar** *v.* Adormilar, adormecer: *Después de comer siempre se amodorra un poco.* **SIN.** Aletargar. **ANT.** Espabilar.

**amojamarse** *v.* Ponerse una persona delgada y arrugada cuando se hace vieja.

**amolar** *v.* **1.** Afilar un arma o instrumento cortante. **2.** Molestar, fastidiar. ■ Es un verbo irregular. Se conjuga como *contar.*

**amoldar** *v.* **1.** Ajustar una cosa a la forma conveniente: *Este sombrero se amolda bien a mi cabeza.* ‖ **amoldarse 2.** Adaptarse: *Se ha amoldado pronto a los nuevos compañeros.* **SIN.** 1. y 2. Adecuar, acomodar. 2. Habituarse, acostumbrarse. **ANT.** 2. Deshabituarse.

**amonarse** *v.* Emborracharse.

**amonestación** *s. f.* **1.** Acción de amonestar. || *s. f. pl.* **2.** Lista de las personas que se van a casar y que se hace pública en la iglesia.

**amonestar** *v.* **1.** Reñir a alguien. **2.** Hacer una advertencia a alguien antes de tomar una decisión contra él: *El árbitro amonestó dos veces al jugador antes de expulsarle.* **3.** Anunciar las amonestaciones en la iglesia.
SIN. **1.** Regañar, reprender, reconvenir. **2.** Advertir, prevenir.
FAM. Amonestación.

**amoniaco** o **amoníaco** *s. m.* Gas compuesto por nitrógeno e hidrógeno, de olor fuerte e irritante, que se emplea disuelto en agua en artículos de limpieza y en la industria.

**amontonar** *v.* **1.** Poner unas cosas encima de otras sin ordenarlas: *Amontonó toda la ropa sucia en la cesta.* **2.** Reunir, juntar cosas en abundancia: *Su tío amontonó una gran riqueza.* || **amontonarse 3.** Juntarse muchas personas: *La gente se amontonaba en la taquilla del cine.*
SIN. **1.** Apilar. **2.** Acumular. **3.** Aglomerarse, agolparse, apiñarse. ANT. **1.** Esparcir. **1.** y **2.** Dispersar, desperdigar.

**amor** *s. m.* **1.** Sentimiento hacia una persona por el que se le desea el bien o se quiere estar con ella, como el que tiene una madre hacia su hijo o el que sienten dos enamorados. **2.** Gran afición, por ejemplo a un arte o una ciencia: *Todos conocen su amor por la pintura.* **3.** Persona amada: *Ella fue el gran amor de su vida.* || *s. m. pl.* **4.** Relaciones amorosas: *Tuvo amores con una bailarina.*
EXPR. **amor propio** Orgullo, estima que uno tiene de sí mismo: *Tus insultos le hirieron en su amor propio.* También, deseo de quedar bien ante uno mismo y ante los demás: *Su amor propio le hace ser muy perfeccionista.* || **al amor de la lumbre** o **del fuego** Cerca de donde éstos están. **de mil amores** Con gusto, con agrado: *No me importa ayudarte, lo hago de mil amores.* **hacer el amor** Hacer el acto sexual. **por amor al arte** Sin buscar ningún beneficio o recompensa a cambio: *Yo trabajo por dinero, no por amor al arte.*
SIN. **1.** Cariño. **2.** Aprecio. ANT. **1.** y **2.** Odio, manía.
FAM. Amar, amatorio, amorío, amoroso. / Desamor, enamorar.

**amoral** *adj.* y *s. m.* y *f.* Que no tiene una moral o norma de conducta.
ANT. Moral.

**amoratarse** *v.* Ponerse de color morado: *A causa de la caída se le amorató la pierna.*

**amordazar** *v.* Ponerle a alguien una mordaza en la boca para que no pueda hablar: *El ladrón amordazó al dueño de la casa para que no chillara.* ■ Delante de *e* se escribe *c* en lugar de *z*: *amordace.*

**amorfo, fa** *adj.* Que no tiene forma determinada.

**amorío** *s. m.* Relación amorosa que dura poco tiempo y no tiene importancia.
SIN. Aventura, romance.

**amoroso, sa** *adj.* **1.** Que se refiere al amor de los enamorados: *relaciones amorosas, literatura amorosa.* **2.** Que siente o muestra amor: *Es amoroso con los niños.*
SIN. **2.** Afectuoso, cariñoso.

**amortajar** *v.* Vestir o cubrir con una mortaja el cuerpo de una persona muerta para enterrarla.

**amortiguación** *s. f.* **1.** Acción de amortiguar. **2.** Mecanismo de suspensión de un vehículo.

**amortiguador, ra** *adj.* **1.** Que amortigua. || *s. m.* **2.** Dispositivo que se utiliza para evitar o disminuir los efectos de un choque o de un movimiento violento, sobre todo en los vehículos.

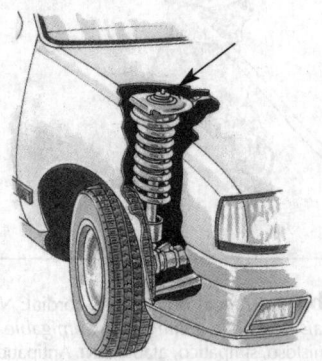

amortiguador

**amortiguar** *v.* Hacer menos violenta o intensa una cosa: *amortiguar un golpe, la luz, el ruido.*
SIN. Atenuar, moderar, mitigar. ANT. Agudizar, acentuar.
FAM. Amortiguación, amortiguador.

**amortizar** *v.* **1.** Terminar de pagar un préstamo o deuda: *Hasta dentro de un año no amortiza el dinero que le prestó el banco para comprar el coche.* **2.** Sacar provecho o rendimiento al dinero que se ha invertido en una cosa: *En un año amortizó lo que había gastado en renovar la maquinaria.* ■ Delante de *e* se escribe *c* en lugar de *z*: *amortice.*
SIN. **1.** Liquidar, satisfacer.

**amoscarse** *v.* Enfadarse: *No la llamaron para salir y se amoscó un poco.* ■ Delante de *e* se escribe *qu* en lugar de *c*: *No te amosques.*
SIN. Mosquearse, enojarse.

**amotinar** *v.* Levantar a un grupo contra los que mandan: *La tripulación del barco se amotinó contra el capitán.*
SIN. Sublevar, alzar.

**amparar** v. **1.** Proteger, ayudar: *No teme que le pongan una multa, porque en este caso la ley le ampara.* ‖ **ampararse 2.** Recibir protección o ayuda: *Los pobres se amparan en el hospicio.* **3.** Valerse de algo: *Te amparas en tu buena suerte, pero un día te va a ocurrir una desgracia.*
SIN. **1.** Auxiliar, favorecer. **3.** Servirse, escudarse, apoyarse. ANT. **1.** Desamparar, abandonar.
FAM. Amparo. / Desamparar.

**amparo** s. m. **1.** Protección o ayuda que se da al que la necesita: *Este centro da amparo a los niños abandonados.* **2.** Persona o cosa que da esa protección o ayuda: *Su familia es su único amparo.*
SIN. **1.** y **2.** Auxilio, refugio, defensa. ANT. **1.** Desamparo, abandono.

**amperímetro** s. m. Aparato para medir la intensidad de una corriente eléctrica.

**amperio** s. m. Unidad de intensidad de corriente eléctrica.
FAM. Amperímetro.

**ampliación** s. f. **1.** Acción de ampliar: *Este verano empiezan las obras de ampliación del colegio.* **2.** Fotografía ampliada: *Revelé las fotos y me regalaron una ampliación.*

**ampliador, ra** adj. y s. m. y f. Se dice de la máquina que sirve para ampliar algo, sobre todo la que saca copias fotográficas de los negativos.

**ampliamente** adv. Mucho, más de lo necesario o suficiente: *Los resultados superaron ampliamente las previsiones.*

**ampliar** v. Hacer más grande una cosa: *ampliar un local; ampliar el número de alumnos de un colegio; ampliar una fotografía.*
SIN. Aumentar, agrandar, incrementar. ANT. Reducir.
FAM. Ampliación, ampliador.

**amplificador, ra** adj. **1.** Que amplifica. ‖ s. m. **2.** Aparato que sirve para aumentar el tamaño o la potencia de algo, como un sonido, fotografía o dibujo.

**amplificar** v. Aumentar, especialmente el sonido.
■ Delante de e se escribe *qu* en lugar de *c*: *amplifique.*
SIN. Ampliar. ANT. Reducir.
FAM. Amplificador.

**amplio, plia** adj. **1.** Grande o que ocupa mucho espacio: *Tiene un salón muy amplio. Esa blusa te queda demasiado amplia.* **2.** Extenso, que abarca mucho: *Es un hombre inteligente y de amplios conocimientos.*
SIN. **1.** Espacioso, holgado. **1.** y **2.** Vasto. ANT. **1.** y **2.** Estrecho, reducido.
FAM. Ampliamente, ampliar, amplificar, amplitud.

**amplitud** s. f. Característica de lo que es amplio: *En el comedor cabemos todos, porque allí hay más amplitud.*
SIN. Extensión.

**ampolla** s. f. **1.** Bolsita llena de líquido, que se forma en la piel por una quemadura o por rozamiento. **2.** Tubito de cristal, cerrado y de forma afilada por uno o por los dos extremos, que contiene un líquido en su interior: *El médico me mandó unas vitaminas en ampollas para abrir el apetito.*

**ampuloso, sa** adj. Se dice del estilo, el lenguaje o los gestos muy exagerados y poco naturales.
SIN. Pomposo, rimbombante, afectado. ANT. Sencillo, sobrio.

**amputación** s. f. Acción de amputar: *A causa del accidente sufrió la amputación de un brazo.*

**amputar** v. Cortar un miembro o parte del cuerpo.
SIN. Mutilar, cercenar.
FAM. Amputación.

**amueblar** v. Poner los muebles a una habitación o una casa: *Ha comprado un piso, pero todavía lo tiene que amueblar.*

**amuermar** v. **1.** Producir sueño o desgana: *Tanto calor me amuerma.* **2.** Aburrir mucho: *Estas clases tan pesadas amuerman a cualquiera.*
SIN. **1.** Amodorrar, adormilar, adormecer. **2.** Cansar, hastiar. ANT. **1.** Espabilar. **2.** Divertir.

**amuleto** s. m. Objeto que lleva una persona por creer que le trae suerte y la protege de un posible peligro.
SIN. Talismán.

**amurallado, da** adj. Cercado o rodeado con una muralla: *Ávila es una ciudad amurallada.*

**anacarado, da** adj. Parecido al nácar.
SIN. Nacarado.

**anacardo** s. m. **1.** Árbol, originario de América, de hojas grandes y ovaladas y fruto comestible. De él se extrae un aceite empleado para hacer barnices. **2.** Fruto de este árbol.

**anaconda** s. f. Serpiente acuática americana de gran tamaño. No es venenosa y tiene color verde oscuro con manchas negras. Vive en las orillas de los ríos y se alimenta de otros animales.

**anaconda**

**anacoreta** s. m. y f. Persona que vive en un lugar solitario, dedicada a la penitencia y a la oración.
SIN. Ermitaño, eremita.

**anacrónico, ca** adj. Que no es propio de la época de la que se está hablando o tratando: *La película tenía hechos anacrónicos, aparecían personajes que no habían nacido en ese tiempo.*
FAM. Anacronismo.

**anacronismo** *s. m.* Algo que es anacrónico, de otra época.

**ánade** *s. m.* Pato o ave semejante.

**anaerobio, bia** *adj.* Se dice de los seres vivos que no necesitan el oxígeno del aire para vivir, como por ejemplo algunas bacterias.
ANT. Aerobio.

**anáfora** *s. f.* Repetición de una o varias palabras al comienzo de cada verso, cada frase o cada línea, como se hace en estos versos del *Romance de doña Alda*: «todas visten un vestido, / todas calzan unas calzas, / todas comen a una mesa, / todas comían de un pan».

**anafre** *s. m.* Hornillo portátil para hacer o calentar comida.

**anagrama** *s. m.* **1.** Símbolo o emblema, normalmente formado por letras. **2.** Palabra o palabras que se forman al cambiar de lugar las letras de otra u otras palabras, como ocurre con *amor* y *mora* respecto de *Roma*.

**anal** *adj.* Relacionado con el ano.

**anales** *s. m. pl.* **1.** Escrito en el que aparecen sucesos ordenados por años. **2.** Libro o revista científica o técnica que aparece una vez al año.
SIN. **2.** Anuario.

**analfabetismo** *s. m.* Característica de las personas analfabetas; también, conjunto de estas personas.
SIN. Incultura. ANT. Cultura.

**analfabeto, ta** *adj.* y *s. m.* y *f.* **1.** Que no sabe leer ni escribir. **2.** Que no tiene los conocimientos elementales.
SIN. **1.** y **2.** Ignorante, inculto. ANT. **1.** y **2.** Culto.
FAM. Analfabetismo.

**analgésico, ca** *adj.* y *s. m.* Se dice del medicamento que quita o calma el dolor: *La aspirina es un analgésico muy conocido.*
SIN. Calmante.

**análisis** *s. m.* **1.** Estudio de una obra, de una situación o de un problema: *Los alumnos hicieron un análisis de los cuadros de ese pintor.* **2.** Examen de los componentes de una sustancia: *En el laboratorio hicieron un análisis del agua.* **3.** Examen, por ejemplo de la sangre o de la orina, que se realiza para obtener información sobre el estado de salud de una persona. **4.** Estudio de las palabras de una oración o texto, y de las relaciones que hay entre ellas. ■ No varía en plural.
FAM. Analista, analítica, analítico, analizar. / Psicoanálisis.

**analista** *s. m.* y *f.* Persona especializada en hacer análisis, por ejemplo de tipo médico o económico.

**analítica** *s. f.* Análisis médico: *El doctor le ha mandado hacerse una analítica.*

**analítico, ca** *adj.* Del análisis o que se hace o se obtiene por medio de un análisis: *Hicieron un examen analítico de las muestras del terreno para conocer su composición.*

**analizar** *v.* Realizar el análisis de algo. ■ Delante de *e* se escribe *c* en lugar de *z*: *Analicé una oración.*

**analogía** *s. f.* Semejanza entre cosas distintas: *Hay algunas analogías entre esas dos películas.*
SIN. Similitud, parecido, afinidad. ANT. Diferencia.

**analógico, ca** *adj.* **1.** De la analogía o que tiene analogía con otra cosa. **2.** Se dice de los sistemas y aparatos que trabajan con información que varía de forma continua, sin saltos. Esta información se suele representar mediante rayas, agujas y otras cosas, en lugar de hacerlo con cifras; por ejemplo, los relojes analógicos son los que tienen manecillas.
SIN. **1.** Análogo, semejante, similar. ANT. **1.** Diferente. **2.** Digital.

**análogo, ga** *adj.* Que tiene analogía con otra cosa, que se parece a ella.
SIN. Semejante, parecido, similar. ANT. Diferente.
FAM. Analogía, analógico.

**ananá** o **ananás** *s. m.* **1.** Planta que da la piña tropical. **2.** El fruto de esta planta. Busca **piña**. ■ La palabra *ananás* no varía en plural.

**anaquel** *s. m.* Cada una de las tablas horizontales colocadas en una pared, armario o librería para poner cosas sobre ellas.
SIN. Estante, repisa.

anaquel

**anaranjado, da** *adj.* Se dice del color parecido al de la naranja y de las cosas que lo tienen.

**anarquía** *s. f.* **1.** Ausencia de gobierno en un estado. **2.** Confusión, desorden, desorganización: *En esta casa reina la anarquía; cada uno hace lo que quiere.*
SIN. **2.** Caos, desconcierto. ANT. **2.** Orden, organización.
FAM. Anárquico, anarquismo, anarquista.

**anárquico, ca** *adj.* Que tiene anarquía.
SIN. Desorganizado, caótico.

**anarquismo** *s. m.* Ideología que defiende la anarquía.

**anarquista** *adj.* y *s. m.* y *f.* Que es partidario de la anarquía o está relacionado con ella.

**anatema** *s. amb.* **1.** Pena por la que la Iglesia católica expulsa a alguno de sus seguidores. **2.** Crítica muy dura que se hace de alguien o de algo: *Lanzaron varios anatemas contra las sectas.*
SIN. **1.** Excomunión. **2.** Censura, reprobación.

**anatomía** *s. f.* Ciencia que estudia las diferentes partes del cuerpo de las personas y de los animales.
FAM. Anatómico.

**anatómico, ca** *adj.* **1.** De la anatomía: *un estudio anatómico del cuerpo humano.* **2.** Que se ajusta a la forma del cuerpo: *un asiento anatómico.*

**anca** *s. f.* **1.** Cada una de las dos mitades en que se divide la parte de atrás de los caballos y otros animales. **2.** Pata entera de las ranas, que es comestible. ■ Esta palabra se emplea en singular con *el* y *un*: *el anca, un anca*; los otros determinantes se usan en femenino: *esta anca, alguna anca.*

**ancestral** *adj.* **1.** De los ancestros o antepasados: *En muchos pueblos conservan costumbres ancestrales.* **2.** Muy antiguo: *Existe una enemistad ancestral entre las dos familias.*
SIN. **2.** Remoto, viejo. ANT. **2.** Reciente.

**ancestro** *s. m.* Antepasado: *Sus ancestros se establecieron aquí hace siglos.*
FAM. Ancestral.

**ancho, cha** *adj.* **1.** Que tiene una anchura considerable: *En esta carretera tan ancha caben varias filas de coches.* **2.** Demasiado amplio: *Tengo que arreglarme la blusa porque me queda ancha.* || *s. m.* **3.** Anchura: *el ancho de la tela.*
EXPR. **a mis** (**tus, sus,...**) **anchas** A gusto, como uno quiere. **ponerse tan ancho** o **muy ancho** Sentirse muy orgulloso de algo: *Se puso tan ancho cuando le dijeron que su hija estaba muy guapa.* **quedarse tan ancho** Quedarse tan tranquilo, sin alterarse ni preocuparse: *Nos engañó a todos y se quedó tan ancho.* **venir ancho** Ser demasiado una cosa para lo que puede hacer o tener una persona: *Es un buen trabajador, pero ese puesto tan importante le viene ancho.*
SIN. **2.** Grande, holgado. ANT. **1.** y **2.** Estrecho. **3.** Largo.
FAM. Anchura. / Ensanchar.

**anchoa** *s. f.* Boquerón que se conserva en salazón y suele prepararse en filetes con aceite.

**anchura** *s. f.* **1.** Dimensión más pequeña de las dos de una superficie. **2.** En objetos de tres dimensiones, la que indica el fondo o la profundidad. **3.** En lenguaje corriente, dimensión horizontal de un objeto, la que se ve de frente.
SIN. **1.** a **3.** Ancho. ANT. **1.** y **2.** Longitud, largo. **2.** Alto.

**ancianidad** *s. f.* Último periodo de la vida humana.
SIN. Vejez. ANT. Juventud.

**anciano, na** *adj. y s. m. y f.* Se dice de la persona que tiene muchos años.
SIN. Viejo. ANT. Joven.
FAM. Ancianidad.

**ancla** *s. f.* Objeto pesado en forma de arpón o anzuelo doble que, sujeto al extremo de un cable o cadena, se arroja al mar para inmovilizar las embarcaciones. ■ Esta palabra se emplea en singular con *el* y *un*: *el ancla, un ancla*; los otros determinantes se usan en femenino: *esta ancla, alguna ancla.*
EXPR. **levar anclas** Levantar las anclas una embarcación para salir hacia la mar.
SIN. Áncora.
FAM. Anclar.

ancla

**anclaje** *s. m.* **1.** Acción de anclar. **2.** Pieza o dispositivo que mantiene fijo algo al suelo o a otra cosa: *Asegúrate de que está bien el anclaje del cinturón de seguridad.*

**anclar** *v.* **1.** Quedar sujeta una embarcación por medio del ancla: *El barco ancló en la bahía.* **2.** Sujetar algo firmemente a otra cosa con alguna pieza o dispositivo: *Tienes que anclar bien el sillín de la bici.* || **anclarse 3.** Quedarse estancado en una posición o idea, no progresar: *Se ancló en su infancia y no se daba cuenta de que se había hecho mayor.*
SIN. **3.** Estancarse. ANT. **1.** Levar.
FAM. Anclaje.

**áncora** *s. f.* Ancla. ■ Esta palabra se emplea en singular con *el* y *un*: *el áncora, un áncora*; los otros determinantes se usan en femenino: *esta áncora, alguna áncora.*

**¡anda!** *interj.* **1.** Expresa asombro, sorpresa: *¡Anda, qué elegante estás!* **2.** Anima a alguien a hacer algo: *¡Anda, estudia, que ya te quedan pocos exámenes!* **3.** Llamar la atención del oyente sobre lo que se va a decir a continuación: *¡Anda, eso sabía yo que iba a ocurrir!* **4.** Indica que se alegra uno del mal de otro porque se le tiene antipatía: *¡Anda, que se fastidie!; eso le pasa por presumir.*

**andadas** Se usa en la expresión **volver a las andadas**, que significa 'volver a caer en una mala costumbre que ya se había abandonado': *Parecía que había empezado a portarse bien, pero ha vuelto a las andadas.*

**andaderas** *s. f. pl.* Aparato para enseñar a andar a los niños sin peligro de que se caigan.
SIN. Andador, tacatá, tacataca.

**andador, ra** *adj.* y *s. m.* y *f.* **1.** Que anda mucho o deprisa. || *s. m.* **2.** Tacatá. **3.** Estructura con ruedas a la que pueden agarrarse para andar las personas que tienen alguna dificultad. || *s. m. pl.* **4.** Tirantes con que se sujeta al niño para que no se caiga cuando aprende a andar.
SIN. **1.** Andarín.

**andadura** *s. f.* Camino recorrido: *Ha logrado numerosos éxitos en su larga andadura deportiva.*
SIN. Trayectoria, singladura.

**andaluz, za** *adj.* y *s. m.* y *f.* **1.** De Andalucía, comunidad autónoma en el sur de España. || *s. m.* **2.** Dialecto del castellano hablado en esta región.
■ Su plural es *andaluces, andaluzas.*

**andamiaje** *s. m.* Conjunto de andamios: *Instalaron un andamiaje para pintar la fachada.*

**andamio** *s. m.* Conjunto de tubos y tablones unidos entre sí que se coloca para trabajar sobre él y llegar a las partes altas de los edificios.
FAM. Andamiaje.

**andana** Se utiliza en la expresión **llamarse** uno (a) **andana**, que significa 'desentenderse una persona de sus promesas o de sus obligaciones': *Me dijo que me ayudaría, pero a la hora de cumplir se llama a andana.*

**andanada** *s. f.* **1.** Conjunto de disparos que realizan a la vez una serie de cañones en línea, especialmente los de un barco. **2.** Conjunto de cosas puestas en línea: *una andanada de ladrillos, de balcones.*

**andante**[1] *adj.* **1.** Que anda: *Va tan tieso que parece una estatua andante.* **2.** Se aplica al caballero que según la literatura medieval iba de un lado a otro en busca de aventuras.

**andante**[2] *s. m.* Ritmo musical ligeramente lento y composición, o parte de ella, que se interpreta con este ritmo. ■ Es una palabra italiana.

**andanza** *s. f.* Aventura, por ejemplo la ocurrida durante un viaje: *Ya me contarás tus andanzas por París.*
SIN. Correría, peripecia.

**andar**[1] *v.* **1.** Ir de un lugar a otro dando pasos: *Va andando al trabajo.* **2.** Moverse o funcionar un vehículo, aparato o mecanismo: *Esta moto anda poco. El viejo reloj de cuco todavía anda.* **3.** Estar en cierta circunstancia o situación: *Ando con dolores de cabeza. Y tus hermanos ¿qué tal andan?* **4.** Actuar o comportarse de la manera que se expresa: *No te andes con secretos y dime qué ocurre.* **5.** Tocar, hurgar o curiosear en algo: *¿Qué haces andando en mi bolso?* **6.** Aproximarse a una cantidad: *El premio debe de andar por los dos millones.* **7.** Recorrer: *Aún nos queda mucho camino que andar.* ■ Es un verbo irregular.
EXPR. **andarse por las ramas** No ir directamente a lo más importante. **todo se andará** Se usa para decir que ya llegará el momento en que algo se haga o en que suceda algo: *Aún no tengo ordenador, pero todo se andará.*
SIN. **1.** Caminar. **2.** Marchar. **3.** Encontrarse, hallarse. **5.** Revolver, cotillear. **6.** Rondar. ANT. **2.** Parar, detenerse.
FAM. ¡Anda!, andaderas, andador, andadura, andante, andanza, andar[2], andariego, andarín, andarríos, andurriales. / Desandar, viandante.

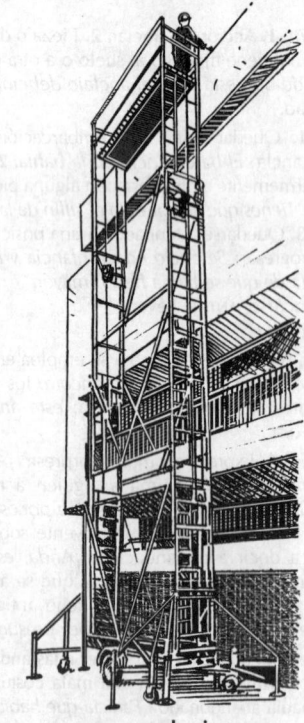

andamio

| ANDAR | |
| --- | --- |
| **INDICATIVO** | |

| **Pretérito perfecto simple** | |
| --- | --- |
| anduve | anduvimos |
| anduviste | anduvisteis |
| anduvo | anduvieron |

| **SUBJUNTIVO** | |
| --- | --- |

| **Pretérito imperfecto** | **Futuro** |
| --- | --- |
| anduviera, -ese | anduviere |
| anduvieras, -eses | anduvieres |
| anduviera, -ese | anduviere |
| anduviéramos, -ésemos | anduviéremos |
| anduvierais, -eseis | anduviereis |
| anduvieran, -esen | anduvieren |

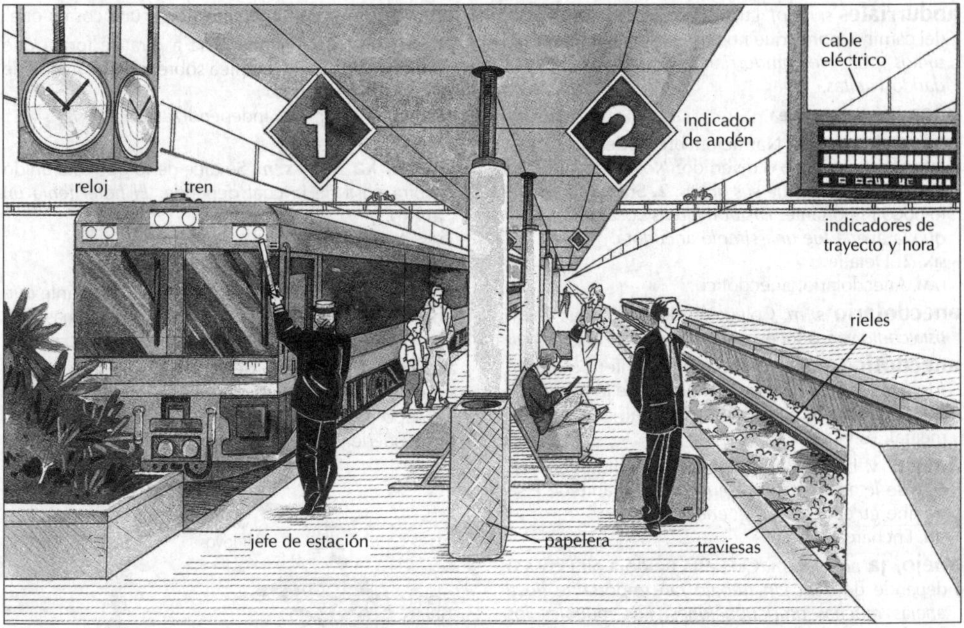

reloj

tren

1

2

cable eléctrico

indicador de andén

indicadores de trayecto y hora

rieles

jefe de estación

papelera

traviesas

**andén** de una estación

**andar²** *s. m.* Modo como alguien anda: *Le cono-cimos por los andares.*

**andariego, ga** o **andarín, na** *adj. y s. m. y f.* Que le gusta andar.

**andarríos** *s. m.* Nombre de varias aves de Europa y Asia, que son de tamaño mediano, tienen el dorso oscuro y el vientre blanco y viven junto a los ríos. ■ No varía en plural.

**andas** *s. f. pl.* Tablero sostenido por dos barras paralelas que sirve para transportar personas u objetos, como las imágenes en las procesiones. SIN. Angarillas, parihuelas.

**andén** *s. m.* **1.** En las estaciones de trenes o del metro, especie de acera junto a las vías donde se coloca la gente. **2.** Muelle de un puerto. **3.** En América Central y Colombia, acera de la calle. FAM. Andanada.

**andino, na** *adj. y s. m. y f.* De la cordillera de los Andes, en América del Sur.

**andoba** o **andóbal** *s. m. y f.* Una persona cualquiera: *En la puerta había un andoba con muy mala pinta.* SIN. Individuo, sujeto, fulano, tío.

**andorga** *s. f.* Barriga, panza: *No piensa más que en llenar la andorga.*

**andorrano, na** *adj. y s. m. y f.* De Andorra, pequeño país entre España y Francia

**andrajo** *s. m.* Pedazo de ropa muy vieja y usada; también, esta ropa. SIN. Jirón, harapo, pingajo, guiñapo. FAM. Andrajoso.

**andrajoso, sa** *adj. y s. m. y f.* Cubierto o vestido de andrajos.

**andrógino, na** *adj. y s. m.* Se dice de la persona, animal o vegetal que tiene a la vez órganos o caracteres sexuales masculinos y femeninos. SIN. Hermafrodita.

**androide** *s. m.* Robot con figura humana.

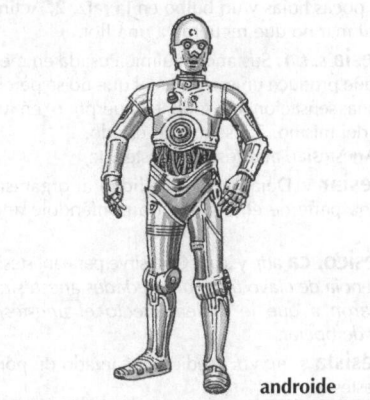

androide

67

**andurriales** *s. m. pl.* Lugar que queda lejos o fuera del camino, por el que no pasa casi nadie: *Nos perdimos por esos andurriales y estuvimos horas dando vueltas.*

**anea** *s. f.* Busca **enea**.

**anécdota** *s. f.* **1.** Narración breve de un suceso interesante, curioso o divertido: *Nos reímos mucho con las anécdotas de sus viajes.* **2.** Suceso o aspecto poco importante: *Pasaron tantas cosas en el viaje que la avería fue una simple anécdota.* SIN. **2.** Detalle. FAM. Anecdotario, anecdótico.

**anecdotario** *s. m.* Colección de anécdotas: *El artista contó varios sucesos de su anecdotario personal.*

**anecdótico, ca** *adj.* Poco importante: *Se fija en los detalles anecdóticos y se olvida de lo principal.* SIN. Secundario, accesorio, marginal. ANT. Fundamental, esencial.

**anegar** *v.* Llenar de agua o de otros líquidos: *Los ojos se le anegaron en lágrimas.* ■ Delante de *e* se escribe *gu* en lugar de *g*: *anegué*. SIN. Encharcar.

**anejo, ja** *adj. y s. m.* Que está unido a otra cosa o depende de ella: *Un trabajo tan importante lleva anejas muchas preocupaciones. Los muebles los venden en un anejo de la tienda.* SIN. Vinculado, dependiente, anexo. ANT. Independiente.

**anélido** *adj. y s. m.* Se dice de algunos gusanos, como la lombriz o la sanguijuela, con el cuerpo dividido en pequeños anillos.

**anemia** *s. f.* Disminución de la cantidad de sangre o de alguno de sus componentes, por ejemplo de los glóbulos rojos. FAM. Anémico.

**anémico, ca** *adj. y s. m. y f.* Que padece anemia.

**anemómetro** *s. m.* Aparato para medir la velocidad o la fuerza del viento.

**anémona** *s. f.* **1.** Hierba con flores de vivos colores, pocas hojas y un bulbo en la raíz. **2.** Actinia, animal marino que recuerda a una flor.

**anestesia** *s. f.* **1.** Sustancia química usada en medicina que produce un estado en el que no se percibe ninguna sensación en todo el cuerpo o en una parte del mismo. **2.** Ese mismo estado. FAM. Anestesiar, anestésico, anestesista.

**anestesiar** *v.* Dejar sin sensibilidad al organismo o a una parte de él, sobre todo poniéndole anestesia.

**anestésico, ca** *adj. y s. m.* Que sirve para anestesiar: *La esencia de clavo tiene propiedades anestésicas. Esperaron a que le hiciera efecto el anestésico antes de operar.*

**anestesista** *s. m. y f.* Médico encargado de poner la anestesia.

**anexión** *s. f.* Acción de anexionar una cosa a otra.

**anexionar** *v.* Unir una cosa a otra de forma que dependa de ella; se emplea sobre todo hablando de estados y territorios. SIN. Incorporar. ANT. Independizarse. FAM. Anexión.

**anexo, xa** *adj. y s. m.* Se dice de lo que está unido a otra cosa de la cual depende: *El hotel tenía un anexo.* SIN. Anejo. FAM. Anexionar.

**anfeta** o **anfetamina** *s. f.* Droga estimulante que hace que la persona que la toma se sienta más activa, despierta y animada y resista mucho sin cansarse.

**anfibio, bia** *adj. y s. m.* **1.** Se dice del ser vivo que puede vivir dentro y fuera del agua, como la rana, el sapo o la salamandra. **2.** Se dice de los vehículos que pueden desplazarse por tierra y agua.

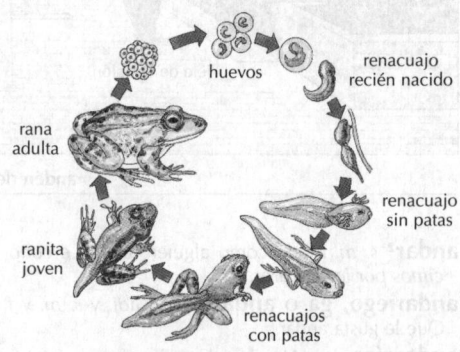

huevos
renacuajo recién nacido
rana adulta
renacuajo sin patas
ranita joven
renacuajos con patas

desarrollo de los **anfibios**

**anfiteatro** *s. m.* **1.** En la antigua Roma, edificio donde se celebraban los espectáculos de gladiadores. **2.** Conjunto de asientos colocados en filas, como los que hay en algunas aulas, teatros o cines, sobre todo los que están en un piso un poco más alto que el resto.

anfiteatro

**anfitrión, na** *s. m.* y *f.* Persona que tiene invitados y se encarga de recibirlos y atenderlos: *En su fiesta de cumpleaños fue una magnífica anfitriona.*

**ánfora** *s. f.* Vasija alta y estrecha, normalmente con dos asas, que utilizaron los antiguos griegos y romanos. ▪ Esta palabra se emplea en singular con *el* y *un*: *el ánfora, un ánfora*; los otros determinantes se usan en femenino: *esta ánfora, alguna ánfora.*

**angarillas** *s. f. pl.* Tablero sostenido por dos barras paralelas empleado para transportar una carga. **SIN.** Parihuelas, andas.

**ángel** *s. m.* **1.** Ser espiritual que sirve a Dios y es su mensajero. Normalmente se le representa con figura humana y con alas. **2.** Persona muy buena: *Fue un ángel con nosotros.* **3.** Aspecto agradable, gracia, simpatía: *Es una chica con ángel.* **EXPR.** **ángel de la guarda** o **ángel custodio** El que cuida de cada persona. **FAM.** Angelical, angelote, ángelus. / Arcángel, desangelado.

**angelical** *adj.* Parecido a los ángeles o propio de ellos por su belleza, bondad o inocencia: *una cara angelical, una voz angelical.*

**angelote** *s. m.* Figura grande de ángel que aparece en retablos y pinturas.

**ángelus** *s. m.* Oración cristiana en honor de la Virgen que recuerda la visita del ángel a María para anunciarle que iba a ser la madre de Jesús. ▪ No varía en plural.

**angina** *s. f.* **1.** En lenguaje corriente, amígdala, cada una de las glándulas situadas a los lados de la garganta. ‖ *s. f. pl.* **2.** Inflamación de las amígdalas. **EXPR.** **angina de pecho** Enfermedad muy grave que provoca un dolor fuerte en el pecho y se produce porque las arterias que van al corazón están obstruidas.

**angiosperma** *adj.* y *s. f.* Se dice de las plantas con flores que producen semillas y frutos.

**anglicanismo** *s. m.* Doctrina de la Iglesia anglicana, oficial en Inglaterra. **FAM.** Anglicano.

**anglicano, na** *adj.* **1.** Se dice de la Iglesia oficial de Inglaterra. ‖ *adj.* y *s. m.* y *f.* **2.** Que practica el anglicanismo.

**anglicismo** *s. m.* Palabra o expresión que procede del inglés, como *béisbol, parking* o *aerobic.*

**anglófono, na** *adj.* y *s. m.* y *f.* Se dice de las personas y países de lengua inglesa.

**anglosajón, na** *adj.* y *s. m.* y *f.* **1.** De un grupo de pueblos germánicos que se establecieron en Inglaterra en el siglo V. **2.** Se dice en general de todos los pueblos de habla y civilización inglesa, y de lo relacionado con ellos.

**angoleño, ña** o **angolano, na** *adj.* y *s. m.* y *f.* De Angola, país del oeste de África.

**angora** *s. f.* Lana de pelo abundante y muy suave, con la que se hacen jerséis y otras prendas de punto. **FAM.** Angorina.

**angorina** *s. f.* Lana parecida a la angora, pero de menos pelo.

**angosto, ta** *adj.* Estrecho, reducido: *Tuvieron que pasar con la furgoneta por varios caminos muy angostos.* **SIN.** Encajonado. **ANT.** Ancho, amplio.

**anguila** *s. f.* Pez de forma parecida a una serpiente y cuerpo muy escurridizo, que vive en los ríos y desciende al mar para reproducirse; su carne es muy apreciada en alimentación. **FAM.** Angula.

**angula** *s. f.* Cría de la anguila; es un alimento muy apreciado.

**angular** *adj.* **1.** Del ángulo: *Tiene que aprender a realizar medidas angulares.* **2.** Con forma de ángulo: *La mesa tiene los extremos angulares.* **3.** Situado en la punta de un ángulo: *Los saques de esquina se lanzan desde los puntos angulares del campo.* **EXPR.** **gran angular** Objetivo de un cámara fotográfica que permite hacer fotografías de cosas grandes sin alejarse demasiado: *Para que te salga toda la catedral en la foto necesitas un gran angular.*

**ángulo** *s. m.* **1.** Espacio comprendido entre dos líneas o dos planos que salen de un mismo punto. **2.** Esquina o rincón: *Colocaron la lámpara en un ángulo del salón.* **3.** Punto de vista: *Todas las redacciones trataban el tema de la contaminación, pero desde ángulos distintos.* **EXPR.** **ángulo muerto** Parte de una cosa o de un lugar que queda fuera de lo que se puede ver; especialmente, la que no se puede ver por los espejos retrovisores de un coche. **SIN.** **3.** Perspectiva. **FAM.** Angular, anguloso. / Acutángulo, obtusángulo, rectángulo, triángulo.

**anguloso, sa** *adj.* Que tiene ángulos, aristas o esquinas: *una cara angulosa, una fachada angulosa.* **ANT.** Liso, llano, chato.

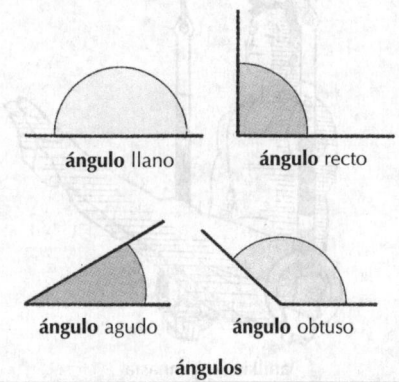

ángulo llano      ángulo recto

ángulo agudo      ángulo obtuso

ángulos

**angustia** *s. f.* **1.** Sensación de intranquilidad, miedo, agobio o preocupación: *Siente angustia en los lugares muy cerrados. Me produce angustia pensar que no llegaré a tiempo.* **2.** Náuseas, ganas de vomitar.
SIN. **1.** Ansiedad, congoja, pesar. ANT. **1.** Paz, placidez.
FAM. Angustiar, angustioso.

**angustiar** *v.* Producir angustia o sentirla: *No te angusties con el examen.*
SIN. Agobiar. ANT. Relajar.

**angustioso, sa** *adj.* Que produce angustia: *Fue angustioso el rato que estuvo esperando hasta que le dijeron las notas.*
SIN. Agobiante. ANT. Tranquilizante.

**anhelar** *v.* Desear mucho una cosa: *Anhelaba una casa grande con jardín.*
SIN. Ansiar, ambicionar.
FAM. Anhelo.

**anhelo** *s. m.* Deseo muy grande.
SIN. Ansia, ambición, afán.

**anhídrido** *s. m.* Nombre antiguo de un tipo de compuestos químicos; por ejemplo, el *dióxido de carbono* antes se llamaba *anhídrido carbónico.*

**anidar** *v.* **1.** Hacer nido las aves o vivir en él: *Las golondrinas anidaron en las grietas de la fachada.* **2.** Encontrarse en alguien cierto sentimiento o cualidad: *La alegría anidaba en su corazón.*

**anilina** *s. f.* Líquido que se usa sobre todo para la fabricación de colorantes.

**anilla** *s. f.* **1.** Pieza en forma de circunferencia que puede tener usos muy distintos; por ejemplo, se utiliza para unir las hojas de una carpeta o para colgar cortinas. || *s. f. pl.* **2.** Par de aros colgados de cuerdas o cadenas donde se realizan ejercicios de gimnasia.
SIN. **1.** Argolla, arandela.

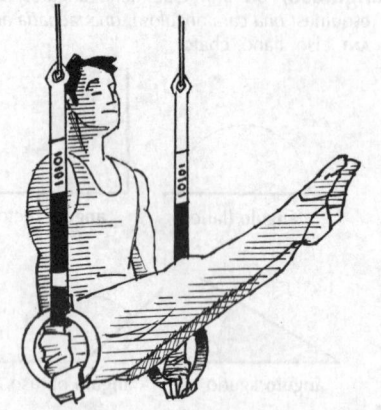

anillas de gimnasia

**anillar** *v.* Marcar las aves colocándoles anillos en las patas para tenerlas controladas y poder estudiarlas mejor.

**anillo** *s. m.* **1.** Aro pequeño, sobre todo el que se lleva como adorno en los dedos de la mano. **2.** Cosa con esta forma, como los círculos que rodean al planeta Saturno o las capas que se distinguen en el tronco de un árbol cortado.
EXPR. **caérsele** a alguien **los anillos** Considerar humillante hacer algo: *A mí no se me caen los anillos por fregar el suelo.* **venir** algo **como anillo al dedo** Ser muy oportuno o conveniente: *Las vacaciones vienen como anillo al dedo para descansar.*
SIN. **1.** Anilla, arete; alianza.
FAM. Anilla, anillar. / Anélido, anular².

**ánima** *s. f.* **1.** Alma de una persona, sobre todo el alma de una persona muerta. **2.** Hueco del cañón de un arma de fuego. ■ Esta palabra se emplea en singular con *el* y *un*: *el ánima, un ánima*; los otros determinantes se usan en femenino: *esta ánima, alguna ánima.*

**animación** *s. f.* **1.** Acción de animar o animarse. **2.** Alegría, actividad, bullicio: *Había mucha animación en las fiestas del pueblo.*
SIN. **2.** Ambiente, movimiento.

**animado, da** *adj.* **1.** Divertido: *La reunión estará muy animada si vienen todos nuestros amigos.* **2.** Se dice de la persona que tiene ánimos o energía para hacer cosas: *Ayer estaba triste, pero hoy ya me encuentro más animado.* **3.** Que tiene vida o movimiento: *seres animados, dibujos animados.*

**animador, ra** *s. m.* y *f.* **1.** Persona que anima a otras, por ejemplo a un equipo deportivo. **2.** Presentador de algunos espectáculos. **3.** Persona que organiza diversiones y actividades de tiempo libre.

**animadversión** *s. f.* Odio, antipatía u oposición muy fuerte: *Ese profesor tan duro se ha ganado la animadversión de los alumnos.*
SIN. Animosidad, hostilidad. ANT. Aprecio, simpatía.

**animal** *s. m.* **1.** Ser vivo que siente y es capaz de moverse; particularmente el que no tiene capacidad de pensar, a diferencia del ser humano: *Le gustan mucho los animales domésticos.* || *adj.* y *s. m.* y *f.* **2.** Ignorante, bruto, poco delicado. || *adj.* **3.** Que es propio de los animales o está relacionado con ellos: *instinto animal, reino animal.*
SIN. **2.** Bestia, burro, zopenco, tarugo.
FAM. Animalada.

**animalada** *s. f.* Acción o dicho propios de un bruto o de un ignorante.
SIN. Burrada.

**animar** *v.* **1.** Dar a una persona ánimo o confianza en ella misma: *Fueron al estadio para animar a su equipo.* **2.** Impulsar o estimular a alguien para que haga algo o se decida por alguna cosa: *Le animaron para que se comprara el coche. Si me*

*animo, me paso por tu casa.* **3.** Dar alegría, actividad, animación: *Un papel de colores animaría la habitación.*
**SIN. 1.** Alentar. **2.** Empujar, motivar, incitar. **3.** Alegrar, avivar. **ANT. 1.** y **2.** Desanimar, desalentar.
**FAM.** Animación, animado, animador. / Desanimar, inanimado, reanimar.

**anímico, ca** *adj.* Del ánimo: *Después de la derrota, el estado anímico del equipo es pésimo.*
**SIN.** Emocional.

**animismo** *s. m.* Conjunto de creencias de las religiones animistas.

**animista** *adj.* Se dice de las religiones que adoran a elementos de la naturaleza como el Sol, la Luna o el agua, porque creen que tienen alma.
**FAM.** Animismo.

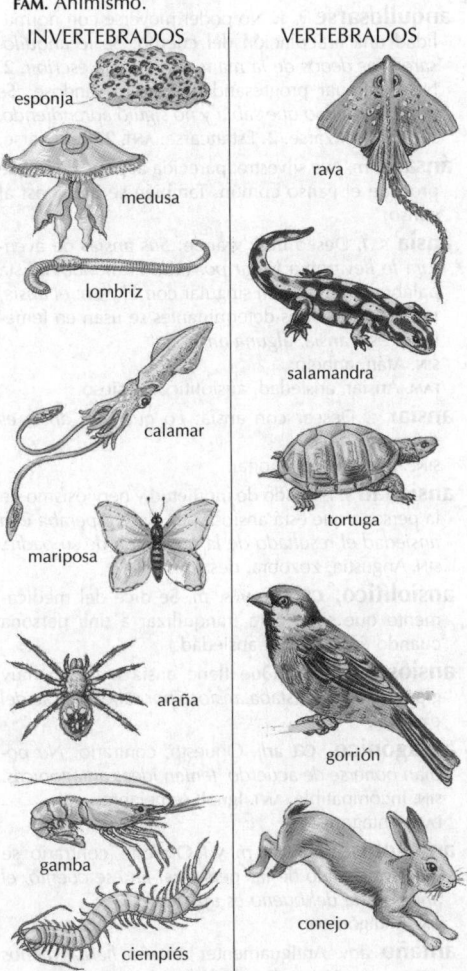

INVERTEBRADOS   VERTEBRADOS

esponja

medusa

raya

lombriz

salamandra

calamar

tortuga

mariposa

araña

gorrión

gamba

conejo

ciempiés

**animales**

**ánimo** *s. m.* **1.** Conjunto de sentimientos o emociones de una persona en cierto momento o ante una circunstancia. **2.** Valor, entusiasmo, energía; se usa mucho como interjección para animar a alguien: *¡Ánimo, sigue así!* **3.** Intención o propósito: *No tenía ánimo de ofenderte.*
**SIN. 1.** Humor, talante. **2.** Brío, empuje. **3.** Deseo.
**FAM.** Ánima, animadversión, animar, anímico, animista, animosidad, animoso. / Exánime, magnánimo.

**animosidad** *s. f.* Antipatía u oposición hacia alguien o algo: *Desde que discutieron hay una gran animosidad entre ellos.*
**SIN.** Animadversión, aversión, hostilidad. **ANT.** Simpatía, aprecio.

**animoso, sa** *adj.* Que tiene ánimo o valor para hacer cosas o para enfrentarse a las dificultades.
**SIN.** Valeroso, resuelto. **ANT.** Cobarde.

**aniñado, da** *adj.* Como el de un niño: *un rostro aniñado.*

**anión** *s. m.* Ion de carga eléctrica negativa.
**ANT.** Catión.

**aniquilación** *s. f.* Acción de aniquilar.
**SIN.** Matanza, destrucción, exterminio.

**aniquilar** *v.* Matar, destruir por completo: *Aquella guerra aniquiló muchos pueblos y aldeas.*
**SIN.** Exterminar, devastar, arrasar, asolar.
**FAM.** Aniquilación.

**anís** *s. m.* **1.** Planta de flores pequeñas y blancas y semillas muy aromáticas que se emplean para fabricar dulces y licores. **2.** Semilla de esta planta. **3.** Licor hecho con esta semilla. **4.** Dulce en forma de bolita pequeña de colores, hecha con azúcar y anís.
**FAM.** Anisado, anisete.

**anisado, da** *adj.* **1.** Que contiene anís: *un licor anisado.* ‖ *s. m.* **2.** Aguardiente de anís.

**anisete** *s. m.* Licor hecho con aguardiente, azúcar y anís.

**aniversario** *s. m.* **1.** Día en que se cumplen años de algún acontecimiento: *Fueron a celebrar su aniversario de bodas.* **2.** Cumpleaños de una persona.

**ano** *s. m.* Orificio en que termina el tubo digestivo, por donde se expulsan los excrementos.
**FAM.** Anal.

**anoche** *adv.* En la noche de ayer: *Anoche cenamos juntos.*
**FAM.** Anteanoche.

**anochecer¹** *v.* **1.** Empezar a hacerse de noche. **2.** Llegar a un lugar cuando empieza a hacerse de noche o encontrarse en él en ese momento: *Anochecieron en un pueblecito de la sierra.* ■ Es un verbo irregular. Se conjuga como *agradecer*. Con el primer significado sólo se usa en tercera persona.
**SIN. 1.** Oscurecer. **ANT. 1.** y **2.** Amanecer.
**FAM.** Anochecer², anochecida, anochecido.

**anochecer²** *s. m.* Tiempo en que anochece, final del día: *Llegamos a la ciudad al anochecer.* SIN. Ocaso, crepúsculo. ANT. Amanecer, alba.

**anochecida** *s. f.* El anochecer: *La anochecida nos sorprendió en la carretera.* EXPR. **de anochecida** Al hacerse de noche: *Llegué a casa ya de anochecida.*

**anochecido** *s. m.* El anochecer: *Era anochecido cuando partieron.* SIN. Anochecida.

**anodino, na** *adj.* Poco interesante, que no destaca por nada: *Encerrado en este pueblo llevas una vida anodina. Su cara no dice nada, es totalmente anodina.* SIN. Insulso, vulgar, insignificante, aburrido. ANT. Atractivo, peculiar, sugerente.

**ánodo** *s. m.* Polo positivo de un conductor de electricidad. ANT. Cátodo.

**anofeles** *s. m.* Mosquito que transmite la enfermedad del paludismo. ■ No varía en plural.

**anomalía** *s. f.* Defecto o cosa anormal: *El ascensor tiene alguna anomalía, sube muy despacio.* SIN. Anormalidad, irregularidad. ANT. Normalidad. FAM. Anómalo.

**anómalo, la** *adj.* Que se sale de lo normal: *Últimamente tiene un comportamiento bastante anómalo.* SIN. Anormal, raro, atípico, insólito. ANT. Corriente, habitual, usual.

**anonadar** *v.* Dejar a alguien impresionado o sin saber qué hacer o decir: *Me anonadó con lo mucho que sabía sobre la vida de los animales.* SIN. Sorprender, maravillar.

**anonimato** *s. m.* Hecho de no conocerse el nombre del autor de una obra artística o literaria o de otra persona cualquiera: *El testigo prefiere mantenerse en el anonimato.*

**anónimo, ma** *adj. y s. m.* **1.** Se dice de las obras o escritos de los que no se sabe quién es su autor: *un cuento anónimo.* ‖ *adj.* **2.** Desconocido, que no se sabe quién es: *Recibió una felicitación de una persona anónima.* ANT. **2.** Conocido. FAM. Anonimato.

**anorak** *s. m.* Especie de chaquetón impermeable, normalmente con capucha. ■ Es una aplabra esquimal. Su plural es *anoraks*.

**anorexia** *s. f.* Falta de apetito provocada por algunas enfermedades. EXPR. **anorexia nerviosa** Enfermedad grave en la que el enfermo no quiere comer porque cree que está gordo; la padecen sobre todo las chicas jóvenes. FAM. Anoréxico.

**anoréxico, ca** *adj. y s. m. y f.* De la anorexia o que padece anorexia.

**anormal** *adj.* **1.** Que no es normal: *Con todo lo que has dormido es anormal que tengas sueño.* ‖ *adj. y s. m. y f.* **2.** Retrasado mental. SIN. **1.** Raro, extraño. **2.** Deficiente, subnormal. ANT. **1.** Corriente. FAM. Anormalidad.

**anormalidad** *s. f.* Característica de lo que es anormal o cosa anormal.

**anotación** *s. f.* Nota, apunte: *Tomó algunas anotaciones de lo que explicaba el profesor.*

**anotar** *v.* **1.** Escribir una nota, apuntar algo: *Anotó en su agenda la dirección de su amigo.* **2.** Lograr: *El tenista español se anotó el partido.* SIN. **1.** Inscribir, registrar. **2.** Conseguir, obtener. FAM. Anotación.

**anquilosarse** *v.* **1.** No poder moverse con normalidad una articulación del cuerpo: *Se le anquilosaron los dedos de la mano y no podía escribir.* **2.** No continuar progresando o desarrollándose: *Se anquilosó en lo que sabía y no siguió aprendiendo.* SIN. **1.** Paralizarse. **2.** Estancarse. ANT. **2.** Renovarse.

**ánsar** *s. m.* Ave silvestre, parecida al pato, de la que procede el ganso común. También se llama así al ganso.

**ansia** *s. f.* Deseo muy grande: *Sus ansias de aventura le llevaron a viajar por todo el mundo.* ■ Esta palabra se emplea en singular con *el* y *un*: *el ansia, un ansia*; los otros determinantes se usan en femenino: *esta ansia, alguna ansia.* SIN. Afán, anhelo. FAM. Ansiar, ansiedad, ansiolítico, ansioso.

**ansiar** *v.* Desear con ansia: *Lo que más ansía es tener una moto.* SIN. Anhelar, ambicionar.

**ansiedad** *s. f.* Estado de inquietud y nerviosismo de la persona que está ansiosa por algo: *Esperaba con ansiedad el resultado de la operación de su padre.* SIN. Angustia, zozobra, desazón.

**ansiolítico, ca** *adj. y s. m.* Se dice del medicamento que sirve para tranquilizar a una persona cuando tiene mucha ansiedad.

**ansioso, sa** *adj.* Que tiene ansia o deseo muy grande de algo: *Estaba ansioso por saber la nota del examen.*

**antagónico, ca** *adj.* Opuesto, contrario: *No podían ponerse de acuerdo, tenían ideas antagónicas.* SIN. Incompatible. ANT. Igual, semejante. FAM. Antagonista.

**antagonista** *adj. y s. m. y f.* Opuesto, contrario; se dice sobre todo de las personas: *En ese cuento, el antagonista del bueno es un ladrón.* SIN. Antagónico.

**antaño** *adv.* Antiguamente: *Antaño había menos contaminación en las ciudades.* ANT. Actualmente.

**antártico, ca** *adj.* Del polo sur o de las regiones que lo rodean: *las tierras antárticas.*
ANT. Ártico.

**ante¹** *s. m.* **1.** Mamífero rumiante parecido al ciervo. **2.** Piel curtida de algunos animales, suave, parecida al terciopelo.
FAM. Antelina.

**ante²** *prep.* **1.** Delante de, en presencia de: *Habló ante todos sus compañeros.* **2.** Frente a, con relación a: *Elisa no supo qué decir ante lo que le contaron.*
ANT. **1.** Detrás, tras.

**anteanoche** *adv.* En la noche de anteayer: *Anteanoche dormí muy mal.*

**anteayer** *adv.* En el día inmediatamente anterior al de ayer: *Anteayer hizo muy bueno.*

**antebrazo** *s. m.* Parte del brazo desde el codo hasta la muñeca.

**antecedente** *s. m.* **1.** Persona o cosa que es anterior a otra y que tiene relación con ella: *El coche de caballos es el antecedente de los automóviles.* **2.** Palabra o grupo de palabras a las que se refiere un relativo; por ejemplo, en *El niño que vimos es mi amigo, niño* es el antecedente del relativo *que.*
EXPR. **poner en antecedentes** Informar a alguien de los hechos o datos que no conoce sobre algún asunto.
SIN. **1.** Precedente. ANT. **1.** Consecuencia.

**anteceder** *v.* Estar, ocurrir o ir antes que otro: *La Nochebuena antecede al día de Navidad.*
SIN. Preceder. ANT. Suceder, seguir.
FAM. Antecedente, antecesor.

**antecesor, ra** *s. m. y f.* **1.** Persona que estuvo antes que otra en un empleo, cargo o trabajo: *Su antecesora le explicó en qué consistía el trabajo.* || *s. m.* **2.** Antepasado de una persona.
SIN. **1.** Predecesor. **2.** Ascendiente. ANT. **1.** Sucesor. **2.** Descendiente.

**antedicho, cha** *adj.* Dicho antes: *Para entender el último capítulo del libro hay que tener en cuenta lo antedicho.*

**antediluviano, na** *adj.* Muy antiguo o muy viejo: *Tiene una tele antediluviana en blanco y negro.*
SIN. Anticuado, trasnochado, desfasado. ANT. Nuevo.

**antelación** *s. f.* Adelanto con que sucede o se hace una cosa: *Preparó las maletas con un día de antelación.*
SIN. Anticipación. ANT. Retraso.

**antelina** *s. f.* Tejido que imita la piel de ante.

**antemano** Se usa en la expresión **de antemano**, que significa 'por adelantado, antes de cualquier otra cosa': *Les dijo de antemano que no iba con ellos al cine.*

**antena** *s. f.* **1.** Órgano que tienen en la cabeza algunos animales como los insectos y que les sirve para orientarse. **2.** Aparato o cable a través del que se mandan o reciben señales de radio, televisión y otros tipos de ondas. **3.** Oreja, oído: *Mari Tere tenía la antena puesta y se enteró de todo lo que hablaban.*
FAM. Antenista.

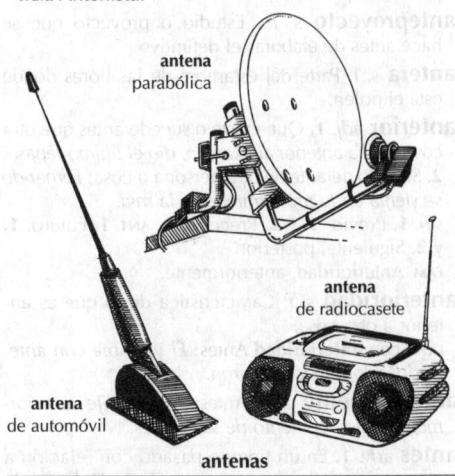

antena parabólica

antena de radiocasete

antena de automóvil

**antenas**

**antenista** *s. m. y f.* Persona que instala y repara antenas de televisión o de otra clase.

**anteojeras** *s. f. pl.* Piezas que se colocan junto a los ojos de las caballerías para que no vean por los lados y no se distraigan.

**anteojo** *s. m.* **1.** Instrumento formado por dos lentes situadas en los extremos de un tubo, que permite ver ampliados los objetos lejanos. || *s. m. pl.* **2.** Instrumento formado por dos tubos semejantes al anterior y unidos, que permite ver objetos lejanos mirando con los dos ojos. **3.** Gafas de ver: *Usa anteojos.*
SIN. **1.** Catalejo. **2.** Prismáticos, gemelos.

**antepasado, da** *s. m. y f.* Persona de la que desciende alguien: *Uno de mis antepasados emigró a América. Los hombres de la Edad de Piedra son nuestros antepasados.*
SIN. Ascendiente, antecesor. ANT. Descendiente.

**antepecho** *s. m.* Barandilla o tabique que hay en la parte baja de una ventana o en un lugar alto para evitar que alguien se caiga.

**antepenúltimo, ma** *adj. y s. m. y f.* Que está inmediatamente antes del penúltimo.

**anteponer** *v.* **1.** Poner delante o inmediatamente antes. **2.** Dar más importancia a una cosa que a otra: *Este niño antepone el juego a los estudios.* ■ Es un verbo irregular. Se conjuga como *poner.*
SIN. **2.** Preferir. ANT. **1.** y **2.** Posponer.
FAM. Anteposición.

**anteposición** *s. f.* **1.** Colocación de una cosa delante de otra: *En español es frecuente la antepo-*

sición del adjetivo al sustantivo. **2.** Preferencia que tiene una persona por una cosa en lugar de otra: *No es buena la anteposición del deseo de adelgazar a la salud.* **ANT. 1.** Posposición.

**anteproyecto** *s. m.* Estudio o proyecto que se hace antes de elaborar el definitivo.

**antera** *s. f.* Parte del estambre de las flores donde está el polen.

**anterior** *adj.* **1.** Que existe o sucede antes que otra cosa: *El día anterior al examen, dio el último repaso.* **2.** Situado delante de otra persona o cosa: *Fernando se sienta en la mesa anterior a la mía.* **SIN. 1.** Previo. **1. y 2.** Precedente. **ANT. 1.** Futuro. **1. y 2.** Siguiente, posterior. **FAM.** Anterioridad, anteriormente.

**anterioridad** *s. f.* Característica de lo que es anterior a otra cosa.
**EXPR. con anterioridad** Antes: *Él ya sabía con anterioridad lo que le contaron.*

**anteriormente** *adv.* Antes: *Como dije anteriormente, estoy contento de saludarles.*

**antes** *adv.* **1.** En un tiempo pasado con relación a otro: *Miguel llegó antes que tú.* **2.** Delante de alguien o algo: *Estoy antes que Luis en la cola.* **3.** Expresa gusto o preferencia y equivale a *mejor*, *más* o *más bien*: *Prefiero un pastel antes que un helado.*
**EXPR. antes bien** Indica que algo se opone a lo dicho anteriormente: *Hacer deporte no me resulta pesado, antes bien, me ayuda a encontrarme mejor.* **ANT. 1. y 2.** Después. **FAM.** Antaño, ante², anterior.

**antesala** *s. f.* Habitación que está inmediatamente antes de otra principal, donde generalmente se espera para ser recibido: *Había varias personas en la antesala de la consulta del médico.*

**antiácido, da** *adj. y s. m.* Se dice de la sustancia o el medicamento que quita la acidez de estómago.

**antiadherente** *adj.* Se dice de los materiales y sustancias que evitan que las cosas se peguen: *Esta sartén tiene una capa antiadherente.*

**antiaéreo, a** *adj. y s. m.* Destinado a la defensa contra ataques aéreos: *cañones antiaéreos.*

**antibalas** *adj.* Que protege contra las balas: *un chaleco antibalas, un cristal antibalas.* ■ No varía en plural.

**antibiótico** *s. m.* Medicamento que se usa contra las infecciones, como por ejemplo la penicilina.

**anticiclón** *s. m.* Estado de la atmósfera en que hay altas presiones, caracterizado por la ausencia de lluvia, calor en verano y frío en invierno.

**anticipación** *s. f.* Acción de anticipar: *Hizo los preparativos del viaje con mucha anticipación.* **SIN.** Adelanto, antelación. **ANT.** Retraso.

**anticipado, da** *adj.* Que se anticipa: *Cuando cumplió los sesenta años, cogió la jubilación anticipada.*
**EXPR. por anticipado** Antes de algo: *Cuando me apunté a la excursión, di el dinero por anticipado.* **SIN.** Adelantado. **ANT.** Retrasado.

**anticipar** *v.* **1.** Hacer una cosa antes del tiempo que se pensaba o esperaba: *Ha anticipado sus vacaciones porque necesitaba descansar. Pensábamos llamarla, pero ella se ha anticipado.* **2.** Dar una noticia sobre algo antes de que suceda: *Os anticipo que el mes que viene tendréis un nuevo profesor.* **3.** Dar dinero por anticipado: *Mis padres me anticiparon el dinero para la fiesta de fin de curso.* || **anticiparse 4.** Ocurrir una cosa antes de tiempo: *Como se ha anticipado el invierno, sacaré el chubasquero.* **SIN. 1. a 4.** Adelantar. **2.** Predecir. **ANT. 1. y 4.** Retrasar, atrasar. **FAM.** Anticipación, anticipado, anticipo.

**anticipo** *s. m.* Dinero que se da a alguien antes de la fecha en que debe recibir su paga. **SIN.** Adelanto.

**anticlerical** *adj. y s. m. y f.* Que se opone a que el clero tenga demasiado poder o influencia en la sociedad.

**anticoagulante** *adj. y s. m.* Se dice del medicamento o la sustancia que impide que la sangre se coagule.

**anticonceptivo, va** *adj. y s. m.* Se dice del método o sustancia que sirve para impedir que la mujer quede embarazada.

**anticongelante** *adj. y s. m.* Se dice de la sustancia que se añade al agua del circuito de los motores para que no se congele.

**anticuado, da** *adj.* **1.** Que ya no se usa o no es propio del tiempo actual: *La decoración de su casa resulta anticuada; esos muebles ya no se llevan.* || *adj. y s. m. y f.* **2.** Se dice de la persona que tiene ideas y gustos que se consideran propios de una época anterior; también se dice de esos gustos o ideas. **SIN. 1. y 2.** Antiguo, desfasado, trasnochado. **ANT. 1. y 2.** Moderno, actual.

**anticuario, ria** *s. m. y f.* **1.** Persona que tiene interés por las cosas antiguas, las colecciona o las vende. || *s. m.* **2.** Tienda en que se venden estos objetos.

**anticuerpo** *s. m.* Proteína producida por el organismo para defenderse de los elementos extraños, como virus o bacterias.

**antidemocrático, ca** *adj.* Que está en contra de la democracia. **ANT.** Democrático.

**antidepresivo, va** *adj. y s. m.* Se dice del medicamento para curar a las personas que tienen depresión.

**antidisturbios** *adj.* y *s. m.* y *f.* Se dice de los policías y de los medios empleados para impedir disturbios o para hacer que terminen. ■ No varía en plural.

**antidoping** *adj.* y *s. m.* Que trata de evitar que los deportistas se dopen; particularmente se dice del análisis que se les hace para saber si han tomado alguna droga que aumente artificialmente su fuerza o su resistencia: *control antidoping.* ■ Es una palabra inglesa. No varía en plural.

**antídoto** *s. m.* **1.** Sustancia o medicamento que combate los efectos de un veneno. **2.** Cosa capaz de evitar o prevenir un mal: *Las amistades son un buen antídoto contra la soledad.*

**antidroga** *adj.* Que actúa contra el tráfico y consumo de drogas: *La policía detuvo a varias personas en una operación antidroga.* ■ No varía en plural.

**antiestético, ca** *adj.* Que no resulta estético, que hace feo: *Tiene una verruga muy antiestética.* **ANT.** Estético.

**antifaz** *s. m.* **1.** Pieza con que se cubre la zona de alrededor de los ojos, sujeta a la cabeza con una goma; se usa en disfraces y carnavales. **2.** Pieza de tela negra con que se cubren los ojos para protegerlos de la luz. ■ Su plural es *antifaces.*

antifaz      careta **antigás**

**antigás** *adj.* Que sirve para protegerse de los gases tóxicos: *careta antigás.* ■ No varía en plural.

**antigualla** *s. f.* Cosa muy antigua o pasada de moda: *Tengo que comprarme otro tocadiscos; el mío es una antigualla.*

**antiguamente** *adv.* Hace mucho tiempo. **ANT.** Actualmente.

**antigüedad** *s. f.* **1.** Característica que tienen las cosas antiguas: *la antigüedad de una moneda.* **2.** Tiempo muy lejano al presente; sobre todo, la etapa de la historia conocida como Edad Antigua. **3.** Tiempo que una persona lleva en un empleo o trabajo. || *s. f. pl.* **4.** Obras de arte u objetos antiguos: *Fue a una exposición de antigüedades.* **ANT. 1.** Novedad. **1.** y **2.** Actualidad.

**antiguo, gua** *adj.* **1.** Que existe desde hace mucho tiempo: *Disfrazarse en carnaval es una antigua costumbre.* **2.** Que es del pasado, no del tiempo actual: *la antigua Persia.* **3.** Anticuado: *¡Qué mujer tan antigua! Lleva unos vestidos de la época de mi abuela.*

**4.** Se dice del que lleva mucho tiempo en un trabajo o empleo. || *s. m. pl.* **5.** Personas que vivieron hace mucho tiempo; especialmente las de la antigüedad. **SIN. 1.** Viejo. **3.** Arcaico, desfasado. **4.** Veterano. **ANT. 1.**, **2.** y **4.** Nuevo. **1.** y **3.** Moderno. **4.** Novato. **FAM.** Anticuado, anticuario, antigualla, antiguamente, antigüedad, antiquísimo.

**antihéroe, antiheroína** *s. m.* y *f.* Personaje de un libro o de una película que tiene las características opuestas a las que suelen tener los héroes o las heroínas.

**antihigiénico, ca** *adj.* Que va en contra de la higiene. **ANT.** Higiénico.

**antihistamínico, ca** *adj.* y *s. m.* Medicamento que se usa para combatir la alergia.

**antiinflamatorio, ria** *adj.* y *s. m.* Se dice del medicamento para reducir la inflamación.

**antillano, na** *adj.* y *s. m.* y *f.* De las Antillas, un conjunto de islas del mar Caribe.

**antílope** *s. m.* Nombre que reciben algunos mamíferos rumiantes con cuernos afilados que no se ramifican y patas largas. La mayoría son africanos y viven en manadas.

antílope

**antimonio** *s. m.* Elemento químico de color blanco plateado, generalmente sólido; se usa en la fabricación de granadas o en aleaciones.

**antinatural** *adj.* Contrario a lo que se considera natural: *Andar siempre de puntillas es antinatural.* **ANT.** Normal.

**antiniebla** *adj.* Se dice de los faros y otros dispositivos luminosos que ayudan a ver y que nos vean cuando hay niebla. ■ No varía en plural.

**antinuclear** *adj.* **1.** Que está en contra del uso de la energía nuclear. **2.** Se dice de las instalaciones, por ejemplo un refugio, especialmente preparadas para protegerse de una explosión nuclear.

**antipapa** *s. m.* Hombre que se nombra a sí mismo papa sin que lo hayan elegido.

**antiparasitario, ria** *adj.* Que sirve para no tener parásitos, como los piojos o las pulgas, o para matarlos: *un collar antiparasitario, una loción antiparasitaria.*

**antiparras** *s. f. pl.* Gafas, anteojos.

**antipasto** *s. m.* Plato de entremeses fríos que suele tomarse al principio de la comida. ■ Es una palabra italiana.

**antipatía** *s. f.* **1.** Sentimiento de desagrado que tiene una persona hacia otra cuando no la soporta o no le cae bien. **2.** Ese mismo sentimiento hacia cosas que no gustan. SIN. **1.** Ojeriza. **1.** y **2.** Manía. ANT. **1.** y **2.** Simpatía. FAM. Antipático.

**antipático, ca** *adj.* y *s. m.* y *f.* Que causa antipatía: *No seas tan antipático y habla con la gente.* SIN. Desagradable, hosco. ANT. Simpático.

**antipatriótico, ca** *adj.* Contrario al patriotismo. ANT. Patriótico.

**antipirético, ca** *adj.* y *s. m.* Se dice del medicamento que hace bajar la fiebre. SIN. Antitérmico.

**antípoda** *adj.* y *s. m. pl.* **1.** Se dice de cualquier habitante del globo terrestre con respecto a otro que vive en un punto o lugar diametralmente opuesto. || *s. m. pl.* **2.** Lugar o punto que es diametralmente opuesto a otro.

**antiquísimo, ma** *adj.* Superlativo de **antiguo.** Muy antiguo.

**antirreglamentario, ria** *adj.* En contra del reglamento: *El defensa hizo una entrada antirreglamentaria al delantero.* ANT. Reglamentario.

**antirrobo** *adj.* y *s. m.* Se dice del dispositivo o sistema de seguridad para impedir los robos. ■ No varía en plural.

**antiséptico, ca** *adj.* y *s. m.* Se dice de los productos que destruyen los microbios, como los que se usan para desinfectar.

**antitérmico, ca** *adj.* **1.** Que aísla del calor: *una persiana antitérmica.* || *adj.* y *s. m.* **2.** Se dice del medicamento o del tratamiento para bajar la fiebre. SIN. **2.** Antipirético.

**antítesis** *s. f.* **1.** Oposición entre dos personas, cosas o ideas. **2.** Persona o cosa totalmente opuesta a otra: *El egoísmo es la antítesis de la generosidad.* **3.** En literatura, figura retórica que consiste en contraponer frases o palabras de significado contrario, por ejemplo: *La grandeza se demuestra a veces en las cosas pequeñas.* ■ No varía en plural. SIN. **1.** Contraposición, contraste. ANT. **1.** Semejanza. FAM. Antitético.

**antitetánica** *adj.* y *s. f.* Se dice de la vacuna que sirve para no coger la enfermedad del tétanos.

**antitético, ca** *adj.* Que constituye una antítesis: *No se entienden porque tienen formas de pensar antitéticas.* SIN. Contrario, opuesto. ANT. Similar.

**antivirus** *s. m.* Programa que detecta los virus informáticos y los elimina. ■ No varía en plural.

**antojadizo, za** *adj.* y *s. m.* y *f.* Que tiene antojos o caprichos: *Es una chica muy antojadiza; quiere todo lo que ve.* SIN. Caprichoso.

**antojarse** *v.* **1.** Desear una cosa por puro capricho: *Se le antojó tomar pasteles.* **2.** Pensar que es probable que suceda una cosa: *Se me antoja que va a nevar mañana.* ■ Este verbo sólo se usa en tercera persona. SIN. **1.** Encapricharse.

**antojo** *s. m.* **1.** Deseo de algo que no es necesario que le entra a uno de pronto: *Tuvo un antojo y se compró unos pendientes.* **2.** Lunar, mancha en la piel. SIN. **1.** Capricho. FAM. Antojadizo, antojarse.

**antología** *s. f.* Colección de fragmentos de obras literarias o artísticas: *una antología de cuentos.* EXPR. **de antología** Excelente: *En esta película el protagonista tiene una actuación de antología.* FAM. Antológico.

**antológico, ca** *adj.* **1.** De la antología o que es una antología: *Hicieron una exposición antológica de las obras de ese artista.* **2.** Que se recuerda por ser muy bueno: *La ceremonia de apertura de los Juegos Olímpicos fue antológica.* SIN. **2.** Memorable, inolvidable, excelente. ANT. **2.** Malo, mediocre.

**antonimia** *s. f.* Oposición entre los significados de dos palabras. ANT. Sinonimia.

**antónimo, ma** *adj.* y *s. m.* Se dice de la palabra que significa lo contrario de otra; por ejemplo, *triste* y *alegre* son antónimos. ANT. Sinónimo. FAM. Antonimia.

**antonomasia** Se utiliza en la expresión **por antonomasia**, que indica que una persona o cosa es el mejor ejemplo de algo: *Las olimpiadas son el acontecimiento deportivo por antonomasia.*

**antorcha** *s. f.* Trozo de madera o de otro material que se enciende por la parte superior para alumbrar: *El campeón de maratón llevaba la antorcha olímpica.* SIN. Tea.

**antracita** *s. f.* Carbón de color negro brillante, que arde con dificultad, aunque da mucho calor.

**ántrax** *s. m.* **1.** Inflamación debajo de la piel que produce forúnculos muy dolorosos. **2.** Enfermedad infecciosa del ganado y los animales domésticos, que se puede transmitir a las personas. ■ No varía en plural.

**antro** *s. m.* **1.** Caverna, cueva. **2.** Vivienda o local de mal aspecto o de mala fama.
SIN. **1.** Gruta. **2.** Tugurio.

**antropófago, ga** *adj.* y *s. m.* y *f.* Se dice del que come carne humana.
SIN. Caníbal.

**antropoide** *adj.* y *s. m.* Se dice de unos animales, como el chimpancé o el orangután, que se parecen mucho al hombre.

**antropología** *s. f.* Ciencia que estudia los seres humanos relacionando sus características biológicas con su evolución histórica y cultural.
FAM. Antropológico, antropólogo.

**antropológico, ca** *adj.* De la antropología.

**antropólogo, ga** *s. m.* y *f.* Persona especializada en antropología.

**antropomorfo, fa** *adj.* **1.** Que tiene forma humana. || *adj.* y *s. m.* **2.** Se dice de ciertos monos sin cola, como el chimpancé o el gorila.

**anual** *adj.* **1.** Que sucede o se repite cada año: *Debe pasar una revisión médica anual.* **2.** Que dura un año: *Le han hecho un contrato anual en la empresa.*
FAM. Anualidad, anualmente. / Bianual.

**anualidad** *s. f.* Cantidad de dinero que se paga o se recibe de una sola vez cada año: *El alquiler de esta finca se paga por anualidades.*

**anualmente** *adv.* Cada año.

**anuario** *s. m.* Libro o revista que se publica una vez al año.

**anudar** *v.* Hacer un nudo en hilos, cuerdas o cosas parecidas: *Anúdate los cordones de los zapatos.*
SIN. Atar, enlazar. ANT. Desatar.
FAM. Desanudar.

**anuencia** *s. f.* Aprobación o consentimiento que da una persona para que alguien haga algo: *Los alumnos organizadores de la fiesta cuentan con la anuencia del director.*
FAM. Renuencia.

antorcha

gibón

orangután

chimpancé

gorila

**antropoides**

**anulación** *s. f.* Acción de anular.
SIN. Supresión. ANT. Confirmación.

**anular**[1] *v.* **1.** Hacer que algo no valga: *He anulado el pedido que hice ayer.* **2.** No dejar a alguien actuar o tomar decisiones: *Es un jefe que anula a sus empleados.*
SIN. **1.** Invalidar, cancelar. ANT. **1.** Confirmar.
FAM. Anulación.

**anular**[2] *adj.* **1.** Que tiene forma de anillo. || *adj.* y *s. m.* **2.** Se dice del cuarto dedo de la mano, que está junto al meñique.

**anunciación** *s. f.* Anuncio que le hizo el arcángel Gabriel a la Virgen María de que iba a ser la madre de Jesús y fiesta con que se celebra. ■ Suele escribirse con mayúscula.

**anunciante** *s. m.* y *f.* Persona o empresa que anuncia una cosa para venderla.

**anunciar** *v.* **1.** Comunicar algo en público: *Durante la cena anunció su próxima boda.* **2.** Hacer publicidad de una cosa: *Ese perfume lo anuncian en la tele.* **3.** Ser señal una cosa de que algo va a ocurrir: *La llegada de las cigüeñas suele anunciar buen tiempo.*
**SIN. 1.** Notificar. **2.** Promocionar. **3.** Presagiar, pronosticar, augurar. **ANT. 1.** Silenciar.
**FAM.** Anunciación, anunciante, anuncio.

**anuncio** *s. m.* **1.** Acción de anunciar o comunicar algo: *El anuncio de la retirada del primer clasificado sorprendió a todos.* **2.** Conjunto de palabras, signos e imágenes con que se anuncia algo, por ejemplo un producto o un espectáculo: *los anuncios de juguetes; la sección de anuncios de un periódico.* **3.** Cosa que hace pensar que va a ocurrir algo: *La inquietud del caballo era el anuncio de un peligro.*
**SIN. 1.** Noticia, comunicación. **2.** Publicidad, propaganda. **3.** Presagio, augurio.

**anverso** *s. m.* Cara principal de una moneda, medalla o papel.
**ANT.** Cruz, reverso.

**anzuelo** *s. m.* Gancho de metal en que se pone algún cebo para pescar. (Busca el dibujo de **aparejo**).
**EXPR. morder** (o **picar** o **tragar**) **el anzuelo** Caer en una trampa, dejarse engañar.

**añada** *s. f.* Cosecha de un año, sobre todo de vino: *La añada del 93 fue excelente.*

**añadido, da** *adj.* **1.** Juntado, unido: *Los capítulos añadidos a esa novela son los mejores.* || *s. m.* **2.** Cosa que se añade a otra: *Si la falda queda corta, tendrás que ponerle un añadido.*

**añadidura** *s. f.* Añadido.
**EXPR. por añadidura** Además, como añadido: *Lo importante es que aprendas, las buenas notas vendrán por añadidura.*

**añadir** *v.* **1.** Juntar una cosa a otra: *Añadió unas gotas de limón a la paella.* **2.** Dar o proporcionar algo más: *Esa noticia no añade nada nuevo a lo que ya sé.* **3.** Decir algo más de lo que ya se ha dicho: *Le contó dónde había estado y añadió: «Es el lugar más bonito del mundo».*
**SIN. 1.** Sumar, incorporar. **1.** y **3.** Agregar. **2.** Aportar, contribuir. **ANT. 1.** Quitar, restar.
**FAM.** Añadido, añadidura.

**añagaza** *s. f.* Trampa, engaño: *Empleó todas las añagazas posibles para sacarle dinero a su hermano.*
**SIN.** Artimaña, treta.

**añejo, ja** *adj.* **1.** Muy viejo, muy antiguo. **2.** Se dice de algunos alimentos que con el paso del tiempo han cogido un sabor más fuerte: *queso añejo.*
**SIN. 2.** Rancio. **ANT. 1.** Nuevo.

**añicos** *s. m. pl.* Pedazos pequeños en que se divide una cosa al romperse.
**EXPR. estar** uno **hecho añicos** Estar muy decaído.
**SIN.** Trizas, migas.

**añil** *s. m.* **1.** Arbusto de tallo derecho, con hojas divididas en hojitas más pequeñas y flores rojizas. **2.** Pasta azul oscura que se saca de sus tallos y hojas; se emplea para darle un tono azulado a las ropas blancas. **3.** Color de esta pasta.

**año** *s. m.* **1.** Periodo de doce meses, entre el 1 de enero y el 31 de diciembre. **2.** Periodo de doce meses contados desde un día cualquiera: *De aquí a un año tiene que estar construida la casa.*
**EXPR. año nuevo** El que está a punto de empezar o acaba de comenzar. || **de buen año** Gordo, saludable. **entrado en años** Se dice de la persona de bastante edad, pero que todavía no es vieja.
**FAM.** Anales, anual, anuario, añada, añojo, añoso. / Antaño, quinceañero, treintañero, veinteañero.

**añojo, ja** *s. m.* y *f.* Becerro o cordero de un año.

**añoranza** *s. f.* Tristeza que uno siente cuando recuerda algo pasado, que ya no existe o está lejos.
**SIN.** Nostalgia.

**añorar** *v.* Echar de menos: *Añora los años de su juventud.*
**FAM.** Añoranza.

**añoso, sa** *adj.* Que tiene muchos años: *En el parque hay árboles añosos con unas raíces enormes.*
**ANT.** Joven.

**aorta** *s. f.* Arteria principal del cuerpo humano y de los animales vertebrados que lleva la sangre desde el lado izquierdo del corazón al resto del organismo, excepto a los pulmones.

**aovado, da** *adj.* Con forma de huevo: *Al deformarse el balón se quedó aovado.*
**SIN.** Ahuevado.

**APA** *s. f.* Asociación de padres de alumnos de un colegio o Instituto. ■ Esta palabra se emplea en singular con *el* y *un*: *el APA, un APA*; los otros determinantes se usan en femenino: *esta APA, alguna APA*.

**apabullante** *adj.* Que apabulla o impresiona: *El concierto fue apabullante.*
**SIN.** Impresionante, increíble.

**apabullar** *v.* Impresionar a alguien, hacer que se sienta inferior, dominado o confuso: *Me apabulló con sus conocimientos sobre historia.*
**SIN.** Anonadar, turbar.
**FAM.** Apabullante.

**apacentar** *v.* **1.** Cuidar el ganado mientras come en los prados: *El pastor apacentaba al rebaño.* **2.** Dar pasto al ganado. ■ Es un verbo irregular. Se conjuga como *pensar.*

**apache** *adj.* y *s. m.* y *f.* De un pueblo indio de América del Norte.

**apacible** *adj.* Dulce, agradable y tranquilo: *Tiene un carácter apacible y no le gusta discutir. La tarde quedó apacible después de la tormenta.*
**SIN.** Sereno, suave, plácido. **ANT.** Desapacible.
**FAM.** Desapacible.

**apaciguar** *v.* Tranquilizar, calmar: *Consiguieron apaciguar a la gente que gritaba en la entrada.* SIN. Aquietar, aplacar, amansar. ANT. Excitar.

**apadrinar** *v.* **1.** Ser padrino de una persona. **2.** Apoyar a alguien o algo para que tenga éxito: *Apadrinó a un joven artista de la canción.* SIN. **2.** Patrocinar, proteger.

**apagado, da** *adj.* **1.** Que no está encendido: *Cuando llegué a casa, estaban todas las luces apagadas.* **2.** Se dice del fuego cuando se le ha hecho desaparecer. **3.** Que ha perdido la animación, fuerza o entusiasmo que antes tenía: *¿Qué te pasa? Hoy te veo muy apagado.* **4.** Poco vivo o brillante: *Eligió para el vestido una tela de colores demasiado apagados.* SIN. **3.** Desanimado, apocado. **4.** Pálido, mate. ANT. **3.** Animado. **4.** Intenso, chillón.

**apagar** *v.* **1.** Quitar la luz. **2.** Hacer que desaparezca el fuego: *Los bomberos apagaron el incendio. Se me ha apagado el cigarrillo.* **3.** Disminuir o hacer desaparecer alguna cosa: *Su cariño hacia ella se apagó con el tiempo.* **4.** Desconectar un aparato: *Apaga la tele antes de salir.* ■ Delante de *e* se escribe *gu* en lugar de *g*: *Apagué la lumbre.* SIN. **2.** Sofocar. **3.** Enfriar, aplacar. ANT. **1.** a **4.** Encender. **2.** Incendiar. **2.** y **3.** Avivar. FAM. Apagado, apagavelas, apagón.

**apagavelas** *s. m.* Palo con un cucurucho en un extremo que sirve para apagar las velas que están en alto. ■ No varía en plural.

**apagón** *s. m.* Corte en la corriente eléctrica que ocurre de forma imprevista.

**apaisado, da** *adj.* Más ancho que alto: *Colocó un cuadro apaisado encima del sofá.*

**apalabrar** *v.* Llegar a un acuerdo de palabra dos o más personas: *He apalabrado el alquiler de un apartamento para el verano.* SIN. Acordar, concertar, pactar.

**apalancar** *v.* **1.** Levantar o mover algo utilizando una palanca: *Apalancaron la puerta para poder entrar.* ‖ **apalancarse 2.** Instalarse en un sitio: *Se apalancó en el sillón toda la tarde.* ■ Delante de *e* se escribe *qu* en lugar de *c*: *Me apalanqué.* SIN. **2.** Apoltronarse.

**apalear** *v.* Dar golpes con un palo o algo semejante.

**apañado, da** *adj.* **1.** Limpio, arreglado: *Ya tiene la casa apañada.* **2.** Mañoso, hábil, por ejemplo para arreglar y solucionar cosas: *Es muy apañada para hacer sus propios vestidos.* **3.** Que es resultado de hacer un apaño o chanchullo: *Los periodistas descubrieron que el combate de boxeo estaba apañado.* **4.** Equivocado o en una situación difícil: *Está apañado si cree que se lo voy a contar. Estamos apañados, han vuelto a cortarnos el agua.* SIN. **1.** y **4.** Aviado. **2.** Habilidoso. **4.** Listo. ANT. **2.** Torpe, manazas.

**apañar** *v.* **1.** Arreglar algo roto o estropeado: *Se rompió el picaporte y lo apañamos como pudimos.* **2.** Dejar limpio, arreglado: *Todavía tengo que apañar la cocina.* **3.** Preparar algo con trampas para obtener un beneficio: *Entre los dos apañaron el resultado de la rifa.* ‖ **apañarse 4.** Darse maña para algo: *No me apaño a escribir con esta pluma.* **5.** Tener suficiente de algo: *Préstame un poco de papel, que con eso me apaño para envolver el regalo.* SIN. **1.** Reparar. **2.** Aviar, acicalarse. **3.** Amañar. FAM. Apañado, apaño.

**apaño** *s. m.* **1.** Acción de apañar alguna cosa. **2.** Chanchullo, aquello que se hace de forma poco honrada. **3.** Amorío, aventura.

**aparador** *s. m.* Mueble en que se guardan la vajilla y otras cosas para el servicio de la mesa.

aparador

**aparato** *s. m.* **1.** Máquina, mecanismo, instrumento: *Conoce todo tipo de aparatos electrónicos. Le han puesto un aparato corrector en los dientes.* **2.** Conjunto de órganos que realizan una misma función de forma coordinada: *aparato reproductor, aparato digestivo.* **3.** Conjunto de circunstancias o fenómenos que preceden o acompañan a una cosa, como por ejemplo los rayos a la tormenta: *Estalló una tormenta con increíble aparato eléctrico.* **4.** Lujo, ostentación: *Le gusta rodearse de mucho aparato.* SIN. **1.** Artefacto, cacharro, utensilio. **4.** Pompa. ANT. **4.** Sencillez. FAM. Aparatoso.

**aparatoso, sa** *adj.* Muy grande, exagerado o llamativo: *No les pasó nada, pero el accidente fue muy aparatoso.* SIN. Espectacular. ANT. Corriente.

**aparcacoches** *s. m.* y *f.* Empleado de algunos restaurantes, hoteles y otros establecimientos que aparca los vehículos de los clientes y se los entrega a la salida. ■ No varía en plural. SIN. Guardacoches.

caja

barrera

plaza de aparcamiento

aparcamiento

**aparcamiento** *s. m.* **1.** Lugar donde se dejan aparcados los coches por algún tiempo. **2.** Acción de aparcar: *Aquí está prohibido el aparcamiento.* SIN. **1.** Parking. **1.** y **2.** Estacionamiento.

**aparcar** *v.* **1.** Dejar un vehículo durante un tiempo en un lugar destinado para ello. **2.** Dejar algo a un lado o para más adelante: *Aparcó algunas tareas para después de las vacaciones.* ■ Delante de *e* se escribe *qu* en lugar de *c*: *Jorge está esperando a que aparquen el coche.* SIN. **1.** Estacionar. **2.** Retrasar. FAM. Aparcacoches, aparcamiento.

**apareamiento** *s. m.* Acción de aparear o aparearse.

**aparear** *v.* Juntar dos animales, macho y hembra, para que se reproduzcan. FAM. Apareamiento.

**aparecer** *v.* **1.** Dejarse ver, comenzar a existir o manifestarse: *La luna apareció detrás de las montañas. Han aparecido nuevos productos en el mercado. Dice que se le apareció un fantasma.* **2.** Encontrarse algo que se había perdido: *Por fin ha aparecido la pluma.* ■ Es un verbo irregular. Se conjuga como *agradecer.* SIN. **1.** Surgir, asomar, presentarse. ANT. **1.** y **2.** Desaparecer. **2.** Extraviar. FAM. Aparecido, aparición, apariencia. / Desaparecer, reaparecer.

**aparecido** *s. m.* Fantasma, aparición.

**aparejado, da** *adj.* Que va unido a una cosa o es consecuencia de ella: *El cargo de director lleva aparejadas muchas preocupaciones.*

**aparejador, ra** *s. m.* y *f.* Ayudante del arquitecto, que tiene un título y unos estudios especiales.

**aparejar** *v.* Preparar lo necesario para algo: *Debemos aparejar todo antes de que Felipe llegue a instalarse en casa.* SIN. Disponer. FAM. Aparejado.

**aparejo** *s. m.* **1.** Conjunto de utensilios necesarios para hacer ciertas cosas, como por ejemplo pescar o pintar: *Compró nuevos aparejos de pesca.* **2.** Todo lo que se pone a una caballería para montarla o colocarle la carga. **3.** Conjunto de palos, velas y cuerdas de un barco. SIN. **1.** Instrumentos. **2.** Arreos. FAM. Aparejador, aparejar.

**aparentar** *v.* **1.** Manifestar o fingir lo que no es: *Aparentó no habernos visto.* **2.** Tener el aspecto que corresponde a cierta edad: *Aparenta más años de los que tiene.* **3.** Presumir: *Le gusta mucho aparentar delante de las chicas.* SIN. **1.** Simular, disimular. **2.** Representar. FAM. Aparente, aparentemente.

**aparente** *adj.* **1.** Simulado o falso: *Su pena era sólo aparente, en realidad se alegró.* **2.** Que se ve o se aprecia claramente: *Dejó de ser su amigo sin un motivo aparente.* **3.** Vistoso, de buen aspecto: *Se compró un coche muy aparente.* SIN. **1.** Supuesto. **2.** Manifiesto. **3.** Resultón. ANT. **1.** Auténtico. **2.** Oculto.

**aparentemente** *adv.* De forma aparente, en apariencia: *Aparentemente eran amigos.*

**aparición** s. f. **1.** Acción de aparecer: *Desde la aparición del plástico, se hacen pocos juguetes de madera.* **2.** Fantasma o ser sobrenatural.
SIN. **1.** Manifestación. ANT. **1.** Desaparición.

**apariencia** s. f. **1.** Aspecto de alguien o algo: *Me gusta la apariencia de ese chico. Por las apariencias yo diría que esa casa está vacía.* **2.** Cosa que parece algo que no es: *Todo ese lujo no es más que apariencia.*
SIN. **1.** Presencia, pinta, traza.

**apartado, da** adj. **1.** Retirado, alejado: *Buscaron un lugar apartado para hablar a solas.* **2.** Muy tranquilo y apacible: *llevar una vida apartada.* ‖ s. m. **3.** Cada una de las partes en que se divide o distribuye algo, como los distintos párrafos de un texto.
EXPR. **apartado de correos** Sección de una oficina de correos reservada para una persona o empresa donde recoge sus cartas y paquetes.
SIN. **1.** Distante, aislado. ANT. **1.** Cercano.

**apartamento** s. m. Piso pequeño, con pocas habitaciones.
FAM. Aparthotel.

**apartar** v. **1.** Separar o retirar: *Apartamos la fruta podrida. Tuvieron que apartar un tronco de la carretera.* **2.** Alejar a alguien de una persona, circunstancia o lugar: *Querían apartarle de su cargo. Nunca*

se apartó de sus amigos. **3.** Reservar: *Ha apartado una mesa en el restaurante.*
SIN. **1.** Aislar. **2.** Distanciar. ANT. **1.** y **2.** Acercar.

**aparte** adv. **1.** En lugar distinto del resto o separadamente: *Coloca las revistas aparte. Por favor, el disco envuélvalo aparte.* **2.** A distancia, sin intervenir en algo: *En la discusión, nos mantuvimos aparte.* **3.** A excepción de: *No se quedó nadie aparte de nosotros.* ‖ adj. **4.** Separado, distinto: *Comieron en mesas aparte. Lo que me cuentas es caso aparte.*
EXPR. **aparte de** Además de: *Aparte de barata, la casa es preciosa.*
SIN. **3.** Excepto, salvo. **4.** Diferente.
FAM. Apartado, apartamento, apartar.

**aparthotel** o **apartotel** s. m. **1.** Hotel que tiene apartamentos en lugar de habitaciones. **2.** Cada uno de estos apartamentos.

**apasionado, da** adj. **1.** Que muestra mucha pasión o entusiasmo: *Tuvieron una disputa muy apasionada.* ‖ adj. y s. m. y f. **2.** Muy aficionado a alguien o algo: *Es un apasionado de las carreras de motos.*
SIN. **1.** Ardiente, exaltado. **2.** Entusiasta. ANT. **1.** Frío.

**apasionante** adj. Que apasiona: *Nos contó una historia apasionante.*
SIN. Fascinante, emocionante. ANT. Aburrido.

**apasionar** v. **1.** Atraer y gustar mucho una cosa: *Le apasionan los tebeos.* ‖ **apasionarse 2.** Sentirse muy entusiasmado e interesado por algo: *Marisa se apasiona por la música moderna.*
SIN. **1.** Encantar, fascinar. ANT. **1.** Disgustar.
FAM. Apasionado, apasionante.

**apatía** s. f. Desgana, desinterés: *En ese estado de apatía, Gonzalo no siente interés por nada.*
SIN. Abulia, dejadez. ANT. Interés, entusiasmo, ganas.
FAM. Apático.

**apático, ca** adj. y s. m. y f. Que muestra apatía.
SIN. Desganado, abúlico, dejado. ANT. Entusiasta.

**apátrida** adj. y s. m. y f. Se dice de la persona que no pertenece a ningún país: *El gobierno le ha expulsado de su país y ahora es un apátrida.*

**apeadero** s. m. Lugar donde pueden apearse los viajeros en las líneas de trenes, pero sin estación.

**apear** v. **1.** Bajar a alguien de una caballería, carruaje o vehículo: *Me apeo en la próxima estación.* **2.** Convencer a alguien para que no haga o diga algo: *No vas a conseguir que se apee de sus intenciones.*
EXPR. **apearse del burro** Darse cuenta una persona de que no tiene que seguir haciendo algo en lo que estaba empeñada: *Menos mal que se apeó del burro y dejó que su amigo le ayudara.*
SIN. **1.** Desmontar. ANT. **1.** Subir, montar.
FAM. Apeadero.

**apechar** o **apechugar** v. Aceptar o soportar algo que resulta desagradable. ■ En el verbo *apechugar*, delante de *e* se escribe *gu* en lugar de *g*: *Cuando se*

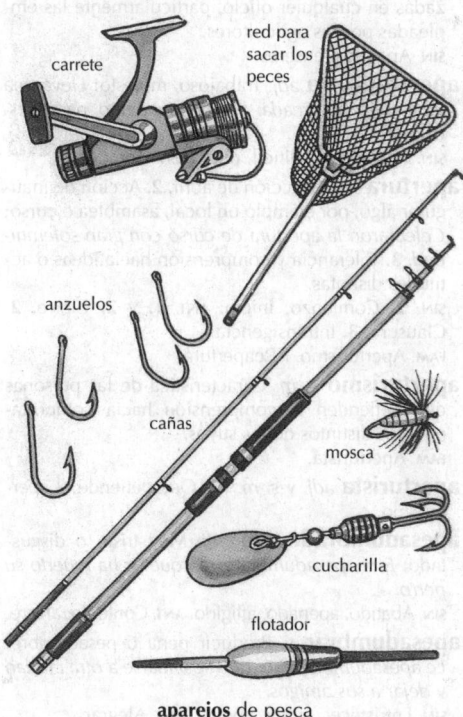

red para sacar los peces

carrete

anzuelos

cañas

mosca

cucharilla

flotador

**aparejos** de pesca

*fueron de vacaciones, apechugué yo solo con todo el trabajo.*
SIN. Cargar, apencar, sufrir.

**apedrear** *v.* Lanzar piedras contra alguien o algo: *Apedrearon la luna del escaparate.*

**apegado, da** *adj.* Que tiene mucho apego a una persona o cosa: *Está muy apegado a su tierra y no quiere marcharse nunca.*
SIN. Unido. ANT. Despegado.

**apegarse** *v.* Tener mucho apego a una persona o cosa: *Se ha apegado mucho al sitio donde vive.* ■ Delante de *e* se escribe *gu* en lugar de *g*: *apegue*. ANT. Desapegarse.

**apego** *s. m.* Cariño, afecto: *Les tiene mucho apego a los abuelos.*
SIN. Estima, inclinación. ANT. Manía.
FAM. Apegado, apegarse. / Desapego.

**apelación** *s. f.* Acción de apelar.

**apelar** *v.* **1.** Recurrir al juez o tribunal superior para que cambie o anule una sentencia. **2.** Recurrir a alguien o algo para conseguir alguna cosa: *Apelé a nuestra amistad para que me ayudara.*
FAM. Apelación, apelativo. / Inapelable, interpelar.

**apelativo** *s. m.* Nombre que se da a una persona además del suyo verdadero o en lugar de éste: *«El manco de Lepanto» es el apelativo de Cervantes, pues perdió una mano en esa batalla.*

**apellidarse** *v.* Tener cierto apellido: *Las dos se apellidan Pastor.*
FAM. Apellido.

**apellido** *s. m.* Nombre de familia que se transmite de padres a hijos, como *Ramírez, García* o *Pérez.*

**apelmazar** *v.* Hacer una cosa menos esponjosa y hueca de lo normal o necesario: *Se ha apelmazado el bizcocho.* ■ Delante de *e* se escribe *c* en lugar de *z*: *apelmacé.*
ANT. Esponjar, ahuecar.

**apelotonarse** *v.* Amontonarse, apretujarse: *Los fans del cantante se apelotonaron a la salida.*
SIN. Apiñarse, hacinarse. ANT. Disgregarse.

**apenar** *v.* **1.** Causar pena o sentirla: *Le apenó mucho que no le invitaran.* ‖ **apenarse 2.** En Hispanoamérica, sentir vergüenza.
SIN. **1.** Entristecer, afligir, abatir. ANT. **1.** Alegrar.

**apenas** *adv.* **1.** Casi no, escasamente: *Apenas comió. Hace apenas unas horas que ha vuelto de viaje.* **2.** Tan pronto como: *Eva se fue de la fiesta apenas anocheció.*

**apencar** *v.* Apechar con algo, afrontarlo. ■ Delante de *e* se escribe *qu* en lugar de *c*: *Apenqué con todo el trabajo yo sola.*
SIN. Apechugar.

**apéndice** *s. m.* **1.** Cosa que se añade a otra: *La enciclopedia tenía un atlas como apéndice.* **2.** Parte del cuerpo de un animal que está unida a otra prin-

cipal: *el apéndice nasal.* **3.** Prolongación delgada y hueca del intestino ciego, que a veces se inflama y hay que quitarla.
SIN. **1.** Suplemento, anexo.
FAM. Apendicitis.

**apendicitis** *s. f.* Inflamación del apéndice del intestino ciego. ■ No varía en plural.

**apercibir** *v.* **1.** Regañar a alguien o advertirle que no vuelva a hacer algo: *Apercibieron a varios alumnos con la expulsión del colegio.* ‖ **apercibirse 2.** Darse cuenta: *No se apercibió de que ya habían llegado sus amigos.*
SIN. **1.** Amonestar, reprender, reñir. **2.** Percatarse.
FAM. Desapercibido.

**apergaminado, da** *adj.* **1.** Parecido al pergamino: *un papel apergaminado.* **2.** Se dice de la persona muy delgada y con la piel seca y arrugada. También se dice de algunas partes de su cuerpo que están así: *Tiene la cara apergaminada.*

**apergaminarse** *v.* Adelgazar mucho una persona, quedando su piel seca y arrugada.
SIN. Acartonarse.
FAM. Apergaminado.

**aperitivo** *s. m.* Bebida o alimento ligero que se toma antes de una comida principal.
SIN. Tapa, piscolabis.

**aperos** *s. m. pl.* Conjunto de herramientas utilizadas en cualquier oficio, particularmente las empleadas por los agricultores.
SIN. Aparejos, enseres.

**aperreado, da** *adj.* Trabajoso, molesto: *Lleva una vida muy aperreada, no tiene tiempo para descansar.*
SIN. Achuchado, difícil, duro. ANT. Cómodo.

**apertura** *s. f.* **1.** Acción de abrir. **2.** Acción de inaugurar algo, por ejemplo un local, asamblea o curso: *Celebraron la apertura de curso con gran solemnidad.* **3.** Tolerancia y comprensión hacia ideas o actitudes distintas.
SIN. **2.** Comienzo, inicio. ANT. **1.** y **2.** Cierre. **2.** Clausura. **3.** Intransigencia.
FAM. Aperturismo. / Reapertura.

**aperturismo** *s. m.* Característica de las personas que defienden la comprensión hacia comportamientos distintos de los suyos.
FAM. Aperturista.

**aperturista** *adj. y s. m. y f.* Que defiende el aperturismo.

**apesadumbrado, da** *adj.* Muy triste o disgustado: *Está apesadumbrado porque se ha muerto su perro.*
SIN. Abatido, apenado, afligido. ANT. Contento, alegre.

**apesadumbrar** *v.* Producir pena o pesadumbre: *Le apesadumbra tener que trasladarse a otra ciudad y dejar a sus amigos.*
SIN. Entristecer, afligir, apenar. ANT. Alegrar.

**apestado, da** *adj.* y *s. m.* y *f.* Que tiene la peste.

**apestar** *v.* Despedir muy mal olor.
SIN. Atufar.
FAM. Apestado, apestoso.

**apestoso, sa** *adj.* Que apesta o huele muy mal.
SIN. Hediondo.

**apétalo, la** *adj.* Se dice de la flor que no tiene pétalos.

**apetecer** *v.* Producir una cosa ganas o deseos de ella: *Me apetece un helado.* ■ Es un verbo irregular. Se conjuga como *agradecer*.
SIN. Desear, querer. ANT. Aborrecer.
FAM. Apetecible, apetencia, apetito. / Inapetencia.

**apetecible** *adj.* Que apetece por ser agradable: *Los baños en el mar son muy apetecibles en verano.*
SIN. Apetitoso.

**apetencia** *s. f.* Deseo de tener o disfrutar una cosa: *No tiene apetencia de riquezas; sólo quiere vivir tranquilo.*
SIN. Ansia, aspiración, ambición.

**apetito** *s. m.* **1.** Ganas de comer: *Le dieron un jarabe para abrirle el apetito.* **2.** Necesidad muy fuerte que siente alguien de satisfacer sus deseos: *Debes aprender a dominar tus apetitos.*
SIN. **1.** Hambre. **2.** Ansia, pasión. ANT. **1.** Desgana.
FAM. Apetitoso.

**apetitoso, sa** *adj.* **1.** Muy rico, que apetece comerlo: *La tarta estaba apetitosa.* **2.** Se dice de las cosas que por su apariencia nos atraen: *En la tienda había regalos muy apetitosos.*
SIN. **1.** Sabroso. **1.** y **2.** Apetecible. **2.** Deseable. ANT. **1.** Asqueroso. **1.** y **2.** Repugnante.

**apiadarse** *v.* Sentir pena por alguien o algo: *Se apiadó de nosotros y nos quitó el castigo.*
SIN. Compadecerse. ANT. Ensañarse.

**ápice** *s. m.* **1.** Extremo superior o punta de algo: *el ápice de la lengua.* **2.** Parte muy pequeña o sin importancia de algo, casi nada: *No comió ni un ápice de chocolate.*

**apícola** *adj.* Relacionado con la apicultura: *una granja apícola.*

**apicultor, ra** *s. m.* y *f.* Persona que se dedica a la apicultura.

**apicultura** *s. f.* Técnica de criar abejas para obtener miel o cera.
FAM. Apícola, apicultor.

**apilar** *v.* Colocar cosas unas encima de otras: *Apiló los libros encima de la mesa.*
SIN. Amontonar.

**apimplarse** *v.* Emborracharse un poco.
SIN. Achisparse.

**apiñarse** *v.* Juntarse muchas personas, animales o cosas en un lugar: *Los niños se apiñaban a la puerta del colegio.*
SIN. Apelotonarse, amontonarse. ANT. Separarse, disgregarse.

**apio** *s. m.* Planta de huerta de tallos largos y carnosos, comestible y utilizada para dar sabor a otros alimentos, en ensalada o cocida.

**apiparse** *v.* Comer o beber demasiado: *No te apipes de agua, que te va a sentar mal.*
SIN. Atracarse, atiborrarse, inflarse.

**apisonadora** *s. f.* Máquina que en vez de ruedas tiene unos rodillos grandes y pesados con los que alisa el terreno por donde pasa.

**apisonar** *v.* Alisar el suelo pasando por encima máquinas con rodillos muy pesados.
SIN. Aplanar, allanar, aplastar.
FAM. Apisonadora.

**aplacar** *v.* Calmar a alguien o algo: *Cuando se enfada cuesta mucho aplacarle.* ■ Delante de *e* se escribe *qu* en lugar de *c*: *Quizá este zumo te aplaque la sed.*
SIN. Tranquilizar, apaciguar, amansar. ANT. Excitar.

**aplanadora** *s. f.* En Hispanoamérica, apisonadora.

**aplanar** *v.* **1.** Igualar o poner llana alguna superficie. **2.** Dejar a una persona sin fuerzas o sin ánimos para hacer cosas: *En verano, el calor me aplana.*
SIN. **1.** Allanar, alisar. **2.** Aplatanar, abatir. ANT. **2.** Animar.
FAM. Aplanadora.

**aplastamiento** *s. m.* Acción de aplastar o vencer por completo a alguien o algo: *Tras el aplastamiento de las tropas enemigas terminó la guerra.*

**aplastante** *adj.* Que aplasta o vence por completo: *Ganamos el partido por un resultado aplastante.*
SIN. Arrollador.

**aplastar** *v.* **1.** Deformar una cosa al apretarla contra algo o poner un peso grande sobre ella: *Aplastó el cojín al sentarse encima.* **2.** Vencer o dominar por completo a una persona de forma que no pueda

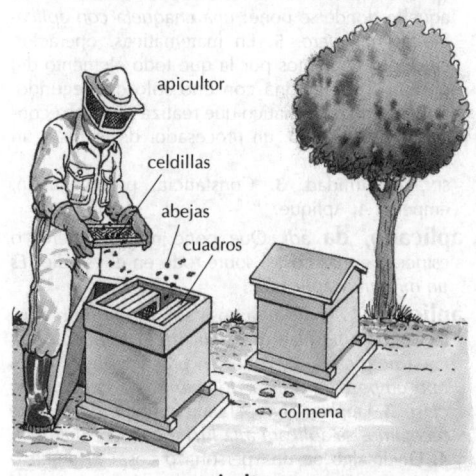

apicultor
celdillas
abejas
cuadros
colmena

**apicultura**

reaccionar: *En la discusión le aplastó con sus argumentos.*
SIN. **1.** Estrujar, chafar. **2.** Machacar, arrollar.
FAM. Aplastamiento, aplastante.

**aplatanar** *v.* Dejar a alguien sin ganas de hacer nada: *Con este calor se aplatanó y no quiso salir.*
SIN. Aplanar. ANT. Animar.

**aplaudir** *v.* **1.** Dar aplausos o palmadas: *Al final de la función el público aplaudió puesto en pie.* **2.** Parecerle a uno muy bien lo que otro dice o hace: *Aplaudieron la buena idea que tuvo.*
SIN. **1.** Ovacionar, vitorear. **2.** Alabar, elogiar. ANT. **1.** Abuchear. **2.** Censurar, desaprobar.
FAM. Aplauso. / Plausible.

**aplauso** *s. m.* Forma de demostrar que una persona o cosa nos gusta o estamos de acuerdo con ella, generalmente dando palmadas.

**aplazamiento** *s. m.* Acción de aplazar: *Protestaron por el aplazamiento de la excursión.*

**aplazar** *v.* **1.** Dejar alguna cosa para después, retrasarla: *Hubo que aplazar la fiesta.* **2.** En Hispanoamérica, no aprobar a alguien en un examen. ■ Delante de *e* se escribe *c* en lugar de *z*: *Aplacé el viaje una semana.*
SIN. **1.** Retrasar, posponer. **2.** Suspender. ANT. **1.** Adelantar.
FAM. Aplazamiento, aplazo.

**aplazo** *s. m.* En Hispanoamérica, hecho de no aprobar un examen.
SIN. Suspenso.

**aplicación** *s. f.* **1.** Acción de aplicar: *La aplicación de esa pintura hay que hacerla con cuidado.* **2.** Uso que se da a una cosa: *El papel tiene muchas aplicaciones.* **3.** Interés y esfuerzo que se pone en algo, como en el estudio: *En el colegio destacaba por su aplicación.* **4.** Adorno de material distinto de aquello donde se pone: *una chaqueta con aplicaciones de cuero.* **5.** En matemáticas, operación entre dos conjuntos por la que todo elemento del primero se relaciona con uno solo del segundo. **6.** Programa informático que realiza una tarea concreta, por ejemplo, un procesador de textos o un videojuego.
SIN. **2.** Utilidad. **3.** Constancia, perseverancia, empeño. **4.** Aplique.

**aplicado, da** *adj.* Que pone mucho interés o esfuerzo en las cosas, sobre todo en el estudio: *Es un niño muy aplicado.*

**aplicar** *v.* **1.** Poner una cosa sobre otra o en contacto con ella: *Hay que aplicarle a la puerta otra capa de pintura.* **2.** Poner en práctica algo: *Tienes que empezar a aplicar lo que has aprendido en clase.* **3.** Emplear algo para algún fin: *El dinero que recogimos se aplicará a la lucha contra el hambre.* **4.** Decir algo de una persona o cosa: *El adjetivo rubio se aplica a las personas de pelo claro.* ‖ **apli-**

carse **5.** Poner interés y esfuerzo en algo, sobre todo en el estudio: *Para aprobar el examen debes aplicarte más.* ■ Delante de *e* se escribe *qu* en lugar de *c*: *Apliqué betún a los zapatos.*
SIN. **2.** y **3.** Utilizar. **3.** Asignar. **4.** Referir. **5.** Esforzarse.
FAM. Aplicación, aplicado, aplique.

**aplique** *s. m.* **1.** Lámpara que se coloca fija en la pared. **2.** Pieza de material distinto al de aquello en que se coloca, generalmente como adorno: *El abrigo tiene unos apliques de piel en las mangas.*
SIN. **2.** Aplicación.

**aplomo** *s. m.* Tranquilidad, seguridad: *En las situaciones de peligro hay que actuar con aplomo.*
SIN. Serenidad, entereza. ANT. Nerviosismo.

**apocado, da** *adj. y s. m. y f.* Se dice de la persona tímida y poco atrevida: *No se atrevió a contestar porque es muy apocado.*
SIN. Cortado, pusilánime. ANT. Decidido.

**apocalipsis** *s. m.* El fin del mundo o gran catástrofe o destrucción. ■ No varía en plural.
FAM. Apocalíptico.

**apocalíptico, ca** *adj.* **1.** Relacionado con el apocalipsis. **2.** Que produce horror; se dice sobre todo respecto de una catástrofe o una gran destrucción: *Después del terremoto, la ciudad ofrecía un aspecto apocalíptico.*
SIN. **2.** Terrible, espantoso.

**apocar** *v.* Acobardar a alguien. ■ Delante de *e* se escribe *qu* en lugar de *c*: *Me apoqué a causa de sus gritos.*
SIN. Achicar, amilanar. ANT. Envalentonarse.
FAM. Apocado.

**apócope** *s. f.* Forma de una palabra que resulta al suprimir una parte del final de ella, por ejemplo *gran* es apócope de *grande.*

**apócrifo, fa** *adj.* **1.** Que no es del autor que se piensa: *Este cuadro se lo atribuyen a Goya, pero es apócrifo.* ‖ *adj. y s. m.* **2.** Se dice de algunos textos que cuentan la vida de Jesús, pero a los que la Iglesia no considera de inspiración divina: *evangelios apócrifos.*
SIN. **1.** Falso, falsificado. ANT. **1.** Auténtico, genuino.

**apodar** *v.* Poner un apodo a alguien y llamarle por él: *Como corre mucho le apodan «el Rápido».*

**apoderado, da** *s. m. y f.* Persona a la que otra da permiso para que la represente y haga cosas en su lugar: *El apoderado del torero eligió las plazas en que éste iba a torear.*
SIN. Representante, agente.

**apoderar** *v.* **1.** Dar una persona permiso a otra para que la represente y pueda hacer cosas en lugar de ella. ‖ **apoderarse 2.** Quedarse alguien con algo que no es suyo: *Mi hermano se ha apoderado de mi mochila.* **3.** Dominar: *El miedo se apoderó de él y no pudo hablar.*

**SIN. 1.** Delegar, autorizar. **2.** Apropiarse. **2.** y **3.** Adueñarse. **3.** Invadir.
**FAM.** Apoderado.

**apodo** *s. m.* Nombre inventado que se da a una persona y suele estar relacionado con alguna característica suya: *Le pusieron de apodo «el Indio» porque era muy moreno.*
**FAM.** Apodar.

**apogeo** *s. m.* Momento mejor, más importante o más intenso de algo: *Ese tenista está ahora en su apogeo, no hay quien le gane.*
**SIN.** Auge.

**apolillarse** *v.* Estropearse la ropa u otro material por habérselo comido la polilla.

**apolíneo, a** *adj.* **1.** Relacionado con Apolo, dios griego. **2.** Se dice del hombre muy guapo. También se dice de sus características: *Tiene una belleza apolínea.*

**apolítico, ca** *adj.* **1.** Que no tiene relación con unas ideas políticas: *Es una asociación apolítica.* **2.** Se dice de la persona que no tiene interés por la política.

**apología** *s. f.* Defensa o alabanza de personas, ideas o cosas: *Hizo una apología de la vida en los pueblos.*
**ANT.** Crítica.

**apoltronarse** *v.* **1.** Ponerse cómodo en un asiento: *Se apoltronó en el sillón para ver su programa favorito.* **2.** Hacerse perezoso por llevar una vida excesivamente cómoda y sin actividad: *Le aconsejaron que no se apoltronara e hiciera deporte.*
**SIN. 1.** Repantigarse.

**apoplejía** *s. f.* Enfermedad que consiste en que parte del cerebro deja de funcionar porque una vena o una arteria se ha roto o se ha atascado, impidiendo que llegue la sangre.

**apoquinar** *v.* Pagar: *Catalina perdió la apuesta y tuvo que apoquinar cien euros.*

**aporrear** *v.* Golpear varias veces y con fuerza: *Aporreó la puerta para que le abrieran.*

**aportación** *s. f.* Lo que se aporta o se da para algo: *Pidió una aportación de dinero para los países pobres.*
**SIN.** Aporte.

**aportar** *v.* **1.** Dar algo o ponerlo en común: *Cada uno aportó lo que pudo para el regalo de la profesora.* **2.** Presentar, mostrar, hacer ver: *La historia que nos has contado no aporta nada nuevo.*
**SIN. 1.** Contribuir. **1.** y **2.** Proporcionar. **2.** Añadir.
**FAM.** Aportación, aporte.

**aporte** *s. m.* Aportación, aquello que se aporta.

**aposentar** *v.* **1.** Dar a alguien un lugar en que pueda quedarse. ‖ **aposentarse 2.** Quedarse en un lugar para vivir en él: *Se aposentó en Roma.*
**SIN. 1.** Alojar, hospedar, albergar. **2.** Establecerse, asentarse.
**FAM.** Aposento.

**aposento** *s. m.* Cuarto o habitación de una casa.

**aposición** *s. f.* Situación de un sustantivo detrás de otro, modificando o explicando al primero. Se llama también así al sustantivo que realiza esa función de modificador; por ejemplo, en *Mi hermano el futbolista es el más alto,* el futbolista es una aposición con relación a *mi hermano.*

**apósito** *s. m.* Venda o gasa empapada con un medicamento que se pone sobre una herida.

**aposta** *adv.* Queriendo, a propósito: *Ha tirado la silla aposta.*
**SIN.** Adrede, intencionadamente, voluntariamente.
**ANT.** Involuntariamente.

**apostante** *s. m.* y *f.* Persona que hace una apuesta.

**apostar** *v.* **1.** Hacer varias personas un trato que consiste en poner una cantidad de dinero u otra cosa que se dará al que acierte o tenga razón en algo: *Nos apostamos una merienda a que no eres capaz de subir esta montaña.* **2.** Poner cierta cantidad de dinero en un juego, por ejemplo en las quinielas, haciendo un pronóstico sobre el resultado: *Apostó en la carrera de caballos.* ■ Con estos dos significados, es un verbo irregular y se conjuga como *contar.* **3.** Colocar en un lugar a una persona o cosa para hacer algo, generalmente para vigilar o atacar: *El policía se apostó detrás de la casa para vigilar al ladrón.*
**SIN. 1.** y **2.** Jugar.
**FAM.** Aposta, apostante, apuesta, apuesto.

**apostasía** *s. f.* El hecho de apostatar o dejar de tener unas creencias religiosas.

**apóstata** *s. m.* y *f.* Persona que abandona sus ideas religiosas.

**apostatar** *v.* Dejar de tener una persona las ideas religiosas en que había creído: *apostatar del catolicismo.*
**SIN.** Abjurar, renegar. **ANT.** Convertirse.
**FAM.** Apostasía, apóstata.

**apostilla** *s. f.* Explicación o comentario breve que se pone en un escrito o se hace a lo que otro dice: *El libro es muy sencillo y no necesita notas ni apostillas.*
**SIN.** Observación, aclaración.

**apóstol** *s. m.* **1.** Discípulo de Jesús, particularmente cada uno de los doce hombres elegidos por él para que le acompañaran y predicaran su doctrina. **2.** Persona que trata de extender cualquier doctrina o idea: *un apóstol de la esperanza.*
**FAM.** Apostolado, apostólico.

**apostolado** *s. m.* Actividad que se lleva a cabo para extender una religión o defender unas ideas.
**SIN.** Difusión, propaganda.

**apostólico, ca** *adj.* **1.** De los apóstoles o relacionado con ellos: *El Nuevo Testamento cuenta los hechos apostólicos.* **2.** Del papa: *El papa dio la bendición apostólica en todos los idiomas.*

**apóstrofe** *s. amb.* **1.** Figura usada en la literatura que consiste en dirigirse con apasionamiento a un ser real o imaginario, por ejemplo: *«¡Oh bosques y espesuras / plantadas por la mano del Amado!»* (San Juan de la Cruz en el *Cántico espiritual*). **2.** Insulto o reprimenda dura.
SIN. **2.** Improperio, recriminación.
FAM. Apóstrofo.

**apóstrofo** *s. m.* Signo ortográfico (') que se emplea en algunas lenguas, como el francés o el italiano, para indicar que se ha quitado una vocal: *l'ami*, en vez de *le ami* (el amigo).

**apostura** *s. f.* Característica de la persona apuesta: *Es una señora de gran apostura.*
SIN. Elegancia.

**apotema** *s. f.* Perpendicular trazada desde el centro de un polígono regular a cada uno de sus lados.

**apoteósico, ca** *adj.* **1.** Triunfal, magnífico: *Cuando apareció en el escenario, el actor tuvo un recibimiento apoteósico.* **2.** Más importante: *El momento apoteósico del acto fue el reparto de premios.*
SIN. **2.** Culminante, cumbre.

**apoteosis** *s. f.* **1.** Triunfo de una persona o grupo y alabanzas que los demás le hacen: *la apoteosis del vencedor.* **2.** Momento más importante de algo: *Estaba en la apoteosis de su carrera deportiva.* ■ No varía en plural.
SIN. **1.** Exaltación, esplendor. **2.** Culminación, cumbre, cima.
FAM. Apoteósico.

**apoyar** *v.* **1.** Hacer que una persona o cosa descanse sobre otra: *Apoyé la cabeza en la almohada. Notó que se mareaba y se apoyó en mí.* **2.** Estar de acuerdo con algo y defenderlo: *Apoyo tu idea de ir al cine.* **3.** Confirmar: *Se marchó sin despedirse, y eso apoya mis sospechas de que estaba enfadado.*
SIN. **1.** Recostar. **2.** Respaldar. **3.** Ratificar, corroborar.
ANT. **3.** Rectificar.
FAM. Apoyo.

**apoyo** *s. m.* **1.** Lo que sirve para sostener una cosa: *las vigas de apoyo de una casa.* **2.** Ayuda: *Me prestó el apoyo que necesitaba para seguir estudiando.* **3.** Lo que una persona hace por otra porque está de acuerdo con ella: *La propuesta de la delegada contó con el apoyo de todos los alumnos.*
SIN. **1.** Sostén, soporte. **2.** Amparo, protección. **3.** Respaldo.

**apreciable** *adj.* **1.** Que se aprecia o estima. **2.** Que se ve o se percibe. **3.** Bastante, considerable: *Es apreciable la diferencia de precio entre estos dos productos.*
SIN. **1.** Estimable. **2.** Perceptible. **3.** Notable, grande.
ANT. **1.** Despreciable. **2.** Inapreciable.

**apreciación** *s. f.* **1.** Acción de apreciar o percibir. **2.** Opinión: *¿Me permites una apreciación? Deberías ser más ordenado.* **3.** Hecho de apreciarse o revalorizarse una moneda.
SIN. **1.** Observación, percepción, conocimiento. **2.** Juicio, valoración.

**apreciado, da** *adj.* **1.** Estimado: *El salmón es un pescado muy apreciado.* **2.** Que ha sido visto o descubierto: *Los desperfectos apreciados en este edificio serán reparados.*
SIN. **1.** Querido. **2.** Percibido, detectado. ANT. **1.** Despreciado.

**apreciar** *v.* **1.** Valorar mucho algo: *Sus padres aprecian sus esfuerzos por aprobar el curso.* **2.** Sentir afecto o cariño: *Aprecio mucho a mis compañeros.* **3.** Percibir, darse cuenta de algo: *Se apreciaban algunas arrugas en su cara.* ‖ **apreciarse 4.** Aumentar una moneda su valor en comparación con otras: *El euro se ha apreciado frente al dólar.*
SIN. **1.** y **2.** Estimar. **2.** Querer. **3.** Ver, captar, detectar. **4.** Revalorizarse, revaluarse. ANT. **1.** Menospreciar. **1.** y **2.** Despreciar. **4.** Depreciarse, devaluarse.
FAM. Apreciable, apreciación, aprecio. / Inapreciable.

**aprecio** *s. m.* **1.** Acción de apreciar o valorar: *Como tiene en gran aprecio su salud, hace siempre caso al médico.* **2.** Afecto, cariño: *Te tengo mucho aprecio, siempre has estado a mi lado.*
SIN. **1.** y **2.** Estima. ANT. **1.** y **2.** Desprecio.

**aprehender** *v.* Capturar a una persona o apoderarse de una cosa: *El guardia aprehendió al ladrón. La policía aprehendió un cargamento de droga.*
SIN. Apresar, detener. ANT. Liberar, soltar.

**apremiante** *adj.* Que corre prisa: *Tenemos la necesidad apremiante de comprar coche nuevo.*
SIN. Urgente, acuciante.

**apremiar** *v.* **1.** Meter prisa: *Le apremió para que le devolviera los apuntes.* **2.** Ser necesario algo muy pronto: *Para comprar el regalo nos apremia saber cuántos queréis participar.*
SIN. **1.** Acuciar, atosigar. **2.** Urgir.
FAM. Apremiante, apremio.

**apremio** *s. m.* **1.** Prisa o urgencia para que una persona haga una cosa: *No me vengas con apremios, que aún hay tiempo.* **2.** Mandamiento por el que un juez o una autoridad exige a alguien que pague una deuda o cumpla una obligación.

**aprender** *v.* **1.** Llegar a conocer algo mediante el estudio o la práctica: *Tienes que aprender los verbos. Aprendió un oficio para poder trabajar.* **2.** Sacar una enseñanza de una experiencia: *Déjale que se caiga, así aprenderá a estarse quieto.*
SIN. **1.** Instruirse, asimilar. ANT. **1.** Olvidar.
FAM. Aprendiz, aprendizaje.

**aprendiz, za** *s. m.* y *f.* Persona que aprende algún oficio. ■ Su plural es *aprendices, aprendizas.*
SIN. Principiante. ANT. Profesional.

**aprendizaje** s. m. Lo que hace una persona cuando está aprendiendo algo.
SIN. Formación.

**aprensión** s. f. **1.** Miedo exagerado hacia algo, especialmente hacia las enfermedades o lo que pueda producirlas. **2.** Idea sin fundamento: *Es una aprensión tuya pensar que la gente habla mal de ti.* SIN. **2.** Figuración, imaginación.
FAM. Aprensivo. / Desaprensivo.

**aprensivo, va** adj. Se dice de la persona que en todo ve peligros para ella misma o imagina sin motivo que tiene una enfermedad grave.
SIN. Hipocondriaco.

**apresamiento** s. m. Acción de apresar: *Se produjo el apresamiento del barco pesquero cuando navegaba en aguas de otro país.*

**apresar** v. **1.** Atrapar con las garras o colmillos: *El gato apresó al ratón.* **2.** Capturar, detener: *Apresaron al ladrón.* **3.** Apoderarse por la fuerza de alguna nave.
SIN. **2.** Prender, arrestar. ANT. **1.** a **3.** Soltar, liberar.
FAM. Apresamiento.

**aprestarse** v. Prepararse para hacer una cosa: *Se aprestaba para salir cuando le llamaron.*
SIN. Disponerse.

**apresto** s. m. **1.** Consistencia o rigidez que tienen algunos tejidos. **2.** Sustancia utilizada para dar a las telas dicha consistencia o rigidez.

**apresurado, da** adj. Rápido, con mucha prisa.
SIN. Ligero, veloz. ANT. Lento.

**apresuramiento** s. m. Acción de apresurar o apresurarse: *Le sorprende el apresuramiento con que se ha construido ese puente.*
SIN. Prisa, rapidez, velocidad. ANT. Lentitud.

**apresurar** v. Meter o darse prisa: *Esa llamada urgente apresuró nuestra vuelta. Apresúrate o llegarás tarde.*
SIN. Aligerar, acelerar. ANT. Retardar.
FAM. Apresurado, apresuramiento.

**apretado, da** adj. **1.** Afianzado o muy sujeto: *La tuerca está bien apretada.* **2.** Se dice de las cosas o de las personas que están muy juntas: *Escribe con letra muy apretada. Los cuatro niños iban en el asiento de atrás un poco apretados.* **3.** Se dice de los momentos en que hay mucho que hacer, sin apenas tiempo libre: *Llevamos una semana muy apretada: hemos tenido cuatro exámenes.* **4.** Difícil, apurado, por ejemplo cuando se tiene poco dinero: *Cuando su padre se quedó en paro, pasaron por situaciones apretadas.* **5.** En una competición deportiva, se dice de un final muy igualado.
SIN. **1.** Prieto. **3.** Ocupado. **4.** Duro. ANT. **1.** Suelto, flojo. **2.** Separado.

**apretar** v. **1.** Hacer fuerza o presión: *Aprieta el tornillo que está suelto. Aprieta la espuma del cojín.* **2.** Aumentar la tirantez o presión de algo: *Aprieta los cordones de los zapatos para que no se te desaten.* **3.** Oprimir una prenda o un calzado por estar demasiado justos o pequeños. **4.** Ser muy duro, exigir mucho: *En ese colegio aprietan mucho.* **5.** Esforzarse más: *Este curso tendrás que apretar más.* **6.** Ser muy fuerte o intenso: *Si el frío aprieta, ponte el abrigo.* || **apretarse 7.** Ponerse las personas muy juntas unas de otras: *Si nos apretamos en el sofá, cabremos todos.* ■ Es un verbo irregular. Se conjuga como *pensar.* EXPR. **apretar el paso** Andar más deprisa. **apretarse el cinturón** Reducir gastos: *Si no le suben el sueldo, tendrán que apretarse el cinturón.*
SIN. **1.** y **7.** Apretujar. **5.** Aplicarse. **7.** Estrujarse. ANT. **1.** y **2.** Soltar. **2.** Aflojar.
FAM. Apretado, apretón, apretujar, apretujón, apretura, aprieto.

**apretón** s. m. **1.** Choque entre las manos de dos personas para saludarse: *Cuando nos vimos, nos dimos un apretón de manos.* **2.** Empujón que una persona recibe cuando está rodeada de mucha gente: *Esperé a que saliera la gente del cine porque no me gustan los apretones.* **3.** Ganas repentinas de hacer caca.
SIN. **2.** Apretura.

**apretujar** v. **1.** Apretar mucho, especialmente cuando se hace presión sobre algo para aprovechar el espacio que se tiene: *Apretujó los jerséis para poder meterlos en el cajón.* || **apretujarse 2.** Ponerse excesivamente juntas unas personas de otras: *Muchas chicas se apretujaban a la salida del concierto para conseguir un autógrafo.*
SIN. **1.** Comprimir. **1.** y **2.** Estrujar.

**apretujón** s. m. Empujón o presión que sufren las personas o cosas que están muy juntas: *Lo que más odio del autobús son los apretujones.*
SIN. Apretón, apretura.

**apretura** s. f. **1.** Situación de estar muchas personas apretujadas en un lugar. || s. f. pl. **2.** Falta de dinero: *Pasa apreturas porque no tiene trabajo.*
SIN. **1.** Apretón. **2.** Estrecheces, penuria. ANT. **1.** Holgura. **2.** Desahogo, bienestar.

**aprieto** s. m. Situación difícil en que una persona no sabe qué hacer o qué decir: *Cuando me preguntó quién era el mejor de los dos, me puso en un aprieto.*
SIN. Apuro, brete, atolladero, compromiso.

**aprisa** adv. Con rapidez: *Ven aprisa, que te estamos esperando.*
SIN. Deprisa, rápidamente. ANT. Despacio, lentamente.

**aprisco** s. m. Lugar cercado donde los pastores guardan el ganado. (Puedes ver su ilustración en la página siguiente).
SIN. Redil.

**aprisionar** v. Sujetar con fuerza, de forma que una persona o cosa no pueda soltarse de otra: *Al derrumbarse el edificio los escombros le aprisionaron.*
SIN. Inmovilizar.

aprisco

**aprobación** *s. f.* Acción de aprobar alguna cosa o estar de acuerdo con ella: *Contaba con la aprobación de su familia para ir al viaje de fin de curso.* SIN. Aceptación, permiso, consentimiento.

**aprobado, da** *adj.* **1.** Se dice de aquello con lo que alguien está de acuerdo y que le parece bien: *La visita al museo está aprobada por el director.* **2.** Se dice de las asignaturas o exámenes que se aprueban; también se dice de las personas que los han superado: *En la clase han puesto una lista de los aprobados del último control.* || *s. m.* **3.** Calificación mínima que se exige para pasar un examen. SIN. **1.** Aceptado, admitido. **3.** Suficiente. ANT. **2.** y **3.** Suspenso.

**aprobar** *v.* **1.** Pasar un examen: *Aprobó todas las asignaturas.* **2.** Expresar que uno está de acuerdo con lo que hace otro y que le parece bien: *Sus padres aprueban que vaya sola a montar en bici.* ■ Es un verbo irregular. Se conjuga como *contar*. SIN. **2.** Aceptar, admitir. ANT. **1.** Suspender. **2.** Desaprobar. FAM. Aprobación, aprobado. / Desaprobar.

**apropiado, da** *adj.* Que va bien para algo: *Este juego es apropiado para niños de ocho años. Se presentó a la boda con un traje apropiado para la ocasión.* SIN. Adecuado, conveniente, oportuno, idóneo, apto. ANT. Inapropiado. FAM. Inapropiado.

**apropiarse** *v.* Quedarse con algo que pertenece a otro: *Mi hermana se ha apropiado de mi camiseta.* SIN. Apoderarse, adueñarse.

**aprovechable** *adj.* Que se puede aprovechar: *Ese pantalón todavía es aprovechable; le puede valer a tu hermano.*

**aprovechado, da** *adj.* **1.** Se dice de aquello de lo que hemos sacado provecho: *Este armario está muy aprovechado, en poco espacio caben muchas cosas.* || *adj.* y *s. m.* y *f.* **2.** Se dice de la persona que se aprovecha de lo que hacen otros.

**aprovechamiento** *s. m.* Acción de aprovechar: *El aprovechamiento de Jesús en la asignatura ha sido muy bueno.* SIN. Utilización; rendimiento.

**aprovechar** *v.* **1.** Servir de provecho: *Le aprovechó mucho el mes que pasó en Londres para estudiar inglés.* **2.** Emplear: *Aprovecho los fines de semana para salir con mis amigos.* **3.** Sacar utilidad a algo que ya no sirve: *Puedes aprovechar estas hojas para tomar notas en sucio.* || **aprovecharse 4.** Servirse de alguien o de algo de manera injusta o poco honrada para obtener un beneficio: *Se aprovechó de que era más pequeño para engañarle.* EXPR. **¡que aproveche!** Frase con que se desea a alguien que le siente bien lo que come. SIN. **1.** Beneficiar, ayudar. **2.** y **3.** Utilizar. ANT. **1.** Perjudicar. **2.** y **3.** Desaprovechar. **3.** Desperdiciar. FAM. Aprovechable, aprovechado, aprovechamiento. / Desaprovechar.

**aprovisionamiento** *s. m.* Acción de aprovisionar. SIN. Abastecimiento, suministro.

**aprovisionar** *v.* Dar o proporcionar a alguien lo que necesita: *Ese almacén aprovisiona a varias tiendas. Como iba a pasar tres días en la montaña, me aprovisioné de agua y alimentos.* SIN. Abastecer, suministrar, surtir. FAM. Aprovisionamiento.

**aproximación** *s. f.* Acción de aproximarse: *la aproximación de un avión a la pista de aterrizaje.* SIN. Acercamiento. ANT. Alejamiento.

**aproximadamente** *adv.* De manera aproximada: *Aproximadamente nos hemos gastado la mitad del dinero que teníamos en el viaje.*

**aproximado, da** *adj.* Que se acerca más o menos a lo exacto: *Dime la hora aproximada en que llegarás a mi casa.* ANT. Exacto.

**aproximar** *v.* **1.** Situar cerca o más cerca: *Aproximaremos las dos sillas para sentarnos al lado. Este libro nos aproxima al mundo del cine.* **2.** Hacer que disminuyan las diferencias entre personas, empresas, países o ideas: *Practican el mismo deporte y eso les ha aproximado mucho.* || **aproximarse 3.** Ponerse cerca: *Se aproximaron a la dependienta para preguntarle el precio de los zapatos.* SIN. **1.** a **3.** Acercar. **1.** y **3.** Arrimar. ANT. **1.** a **3.** Apartar, separar. FAM. Aproximación, aproximadamente, aproximado.

**aptitud** *s. f.* Capacidad o habilidad para ciertos trabajos o tareas: *Tiene aptitudes para el dibujo; podrá ser arquitecto.* SIN. Talento, don, cualidades. ANT. Ineptitud.

**apto, ta** *adj.* **1.** Que tiene capacidad para hacer ciertas tareas: *Le declararon apto para ingresar en el equipo de baloncesto.* **2.** Adecuado, apropiado: *Esta embarcación es apta para el transporte de mercancías. La película no es apta para menores.* || *s. m.* **3.** Calificación de aprobado que recibe un alumno. **SIN. 1.** Capacitado. **2.** Conveniente, idóneo. **ANT. 1.** Inepto. **2.** Inadecuado, inapropiado. **FAM.** Aptitud.

**apuesta** *s. f.* Acción de apostar una cantidad de dinero u otra cosa; también eso mismo que se apuesta. **SIN.** Envite.

**apuesto, ta** *adj.* Que tiene buena presencia: *Es un hombre apuesto, muy alto y bien vestido.* **SIN.** Atractivo, elegante. **ANT.** Feo. **FAM.** Apostura.

**apuntado, da** *adj.* Que acaba en punta: *La entrada de la iglesia tiene forma de arco apuntado.* **SIN.** Puntiagudo. **ANT.** Chato.

**apuntador, ra** *s. m.* y *f.* Persona que en las representaciones teatrales se sitúa cerca de los actores para apuntarles si olvidan el texto. (Busca el dibujo de **escenario**.)

**apuntalar** *v.* Poner puntales para sostener algunas partes de un edificio, y sobre todo las paredes.

**apuntar** *v.* **1.** Dirigir un arma hacia una persona, animal o cosa: *Le apuntó con un revólver.* **2.** Señalar en una dirección: *Apuntaba con el dedo los juguetes que quería del escaparate.* **3.** Tomar nota de alguna cosa por escrito: *He apuntado tu teléfono para llamarte este fin de semana.* **4.** Dar el nombre y todo lo que se pide para poder participar en algo, como por ejemplo unas clases o un viaje: *Me he apuntado a ballet.* **5.** Sugerir a alguien con disimulo lo que debe decir, por ejemplo en el teatro o en un examen: *Le pillaron apuntando la lección a su compañero.* **6.** Indicar: *El director apuntó la necesidad de instalar un nuevo gimnasio.* **7.** Empezar a manifestarse algo: *apuntar el día.* || **apuntarse 8.** Lograr: *El equipo visitante se apuntó la victoria.* **SIN. 1.** Encañonar. **3.** y **8.** Anotar. **4.** Inscribir; matricular. **5.** Soplar. **7.** Nacer. **ANT. 4.** Borrar. **FAM.** Apuntador, apunte.

**apunte** *s. m.* **1.** Dibujo en que sólo se señalan las líneas principales: *El pintor hizo un apunte del paisaje.* || *s. m. pl.* **2.** Notas por escrito, especialmente las que los alumnos toman en clase. **SIN. 1.** Esbozo, bosquejo.

**apuntillar** *v.* En las corridas, clavarle la puntilla al toro.

**apuñalar** *v.* Clavarle un puñal a alguien.

**apurado, da** *adj.* **1.** Que tiene poco tiempo para hacer algo: *Este sábado no saldré porque estoy muy apurado; tengo mucho que estudiar.* **2.** Con poco dinero: *Cuando teníamos que pagar el piso y el co-* che, pasamos por una época apurada. **3.** Con mucha prisa: *Como vio que llegaba tarde, salió muy apurado.* **4.** Difícil, peligroso: *Estuvimos a punto de chocar con un camión, fueron unos momentos muy apurados.* **5.** Que siente apuro, vergüenza: *Estaba muy apurada porque todos llevaban un traje de fiesta y ella no.* **SIN. 1.** Agobiado, abrumado. **2.** Apretado. **3.** Apresurado. **4.** Arriesgado. **5.** Cortado. **ANT. 2.** Desahogado.

**apurar** *v.* **1.** Acabar, agotar: *Ha apurado mucho el cigarrillo.* **2.** Meter prisa o darse prisa: *Apúrate, que ya teníamos que estar en el cine.* **3.** Inquietar, angustiar: *Se apura con tantos problemas.* **4.** Dar apuro o vergüenza: *A Enrique le apura tener que hablar con el profesor.* **SIN. 1.** Consumir. **2.** Apresurar. **3.** Agobiar. **4.** Cortar. **ANT. 2.** Entretener. **FAM.** Apurado, apuro.

**apuro** *s. m.* **1.** Situación difícil: *Estoy en un apuro, me han prestado un libro y lo he perdido.* **2.** Falta o necesidad de algo, especialmente de dinero: *Gana poco y se ve en apuros para pagar el colegio de sus hijos.* **3.** Vergüenza: *¡Qué apuro! Vinieron a casa y no había ni un aperitivo que ofrecerles.* || *s. m. pl.* **4.** Trabajos, esfuerzos: *Pasé muchos apuros para terminar el dibujo.* **SIN. 1.** Aprieto, brete. **1.** y **4.** Dificultad. **2.** Estrecheces, apreturas. **3.** Corte. **ANT. 2.** Desahogo.

**aquaplaning** *s. m.* Deslizamiento que se produce cuando una capa de agua impide que la rueda de un vehículo se agarre bien al suelo. ■ Es una palabra inglesa.

**aquejar** *v.* Tener una enfermedad, dolor, vicio o defecto: *Le aqueja un terrible dolor de cabeza.*

**aquel, aquella, aquello** *dem.* Expresa que la persona o cosa a la que se refiere está lejos del que habla y del que escucha. ■ *Aquello* es una forma neutra y nunca acompaña a un sustantivo. *Aquel, aquella, aquellos* y *aquellas* pueden llevar acento cuando no acompañan a un sustantivo: *¿Conoces a aquél (o aquel)?*

**aquelarre** *s. m.* Reunión de brujas y brujos en la que participa el demonio. ■ Es una palabra vasca.

**aquí** *adv.* **1.** A este lugar: *Tus amigos vienen hacia aquí.* **2.** En este lugar: *Vivimos aquí, en este edificio.* **3.** En esto: *Aquí está el fallo que buscabas.* **EXPR. de aquí** De este lugar: *Se nota que no eres de aquí, tienes acento extranjero.* También significa 'de esto': *De aquí se deduce la siguiente conclusión.* **de aquí en adelante** Desde ahora y en lo sucesivo: *De aquí en adelante te haré caso.* **hasta aquí** Hasta este lugar: *Acércate hasta aquí.* También significa 'hasta ahora': *Hasta aquí todo ha ido bien.* **SIN. 1.** y **2.** Acá. **ANT. 1.** y **2.** Allí, allá.

**aquiescencia** *s. f.* Permiso, autorización: *Tiene la aquiescencia de su jefe para ausentarse del trabajo.* SIN. Consentimiento, conformidad. ANT. Negativa, prohibición.

**aquietar** *v.* Sosegar, tranquilizar. SIN. Calmar, apaciguar. ANT. Alterar.

**aquilatar** *v.* Pensar muy bien el valor o la importancia que se da a una cosa: *El precio es justo porque lo hemos aquilatado al máximo.* SIN. Ajustar, calcular, calibrar, precisar.

**ara** *s. f.* **1.** Altar donde se ofrecen sacrificios a los dioses. **2.** Piedra consagrada situada en el centro del altar sobre la cual el sacerdote celebra la misa. ■ Esta palabra se emplea en singular con *el* y *un*: *el ara, un ara*; los otros determinantes se usan en femenino: *esta ara, alguna ara*. EXPR. **en aras de** Para conseguir algo: *En aras de la paz, hay que llegar a un acuerdo.*

**árabe** *adj.* y *s. m.* y *f.* **1.** De Arabia, país de Asia, o de los otros pueblos islámicos. || *s. m.* **2.** Lengua hablada por estos pueblos. SIN. **1.** Arábigo. FAM. Arabesco, arábigo, arabismo, arabista. / Hispanoárabe, mozárabe.

**arabesco** *s. m.* Decoración de dibujos geométricos entrelazados, propia de la arquitectura árabe.

**arábigo, ga** *adj.* Árabe.

**arabismo** *s. m.* Palabra o expresión de origen árabe usada en otro idioma.

**arabista** *s. m.* y *f.* Persona que estudia la lengua, la literatura y la cultura árabes.

**arácnido** *s. m.* Artrópodo sin antenas con ocho patas y el cuerpo dividido en dos partes, como la araña o el escorpión.

**arado** *s. m.* Instrumento agrícola que sirve para labrar la tierra abriendo surcos en ella.

**arador, ra** *adj.* y *s. m.* y *f.* Que ara el campo. EXPR. **arador de la sarna** Ácaro de tamaño muy pequeño que causa la enfermedad de la sarna.

**aragonés, sa** *adj.* y *s. m.* y *f.* De Aragón, comunidad autónoma española.

**arameo, a** *adj.* y *s. m.* y *f.* **1.** De un antiguo pueblo nómada que vivió en Oriente Medio. || *s. m.* **2.** Lengua de este pueblo, que fue una de las más importantes de esa zona.

**arancel** *s. m.* Dinero que se debe pagar por determinadas cosas, por ejemplo por pasar un producto por la aduana.

**arándano** *s. m.* **1.** Planta de hojas ovaladas, flores pequeñas, verdosas o rojizas y frutos dulces y de color rojo. **2.** Fruto de esta planta.

**arandela** *s. f.* **1.** Disco metálico con un agujero en su interior, que sirve para diversos fines, por ejemplo para mantener apretados una tuerca o tornillo o evitar el roce de dos piezas. **2.** Especie de disco con un agujero en el centro, que rodea la vela para recoger la cera que va cayendo.

**araña** *s. f.* **1.** Pequeño animal de ocho patas, con el cuerpo dividido en dos partes, que fabrica una especie de red para atrapar a sus presas. **2.** Lámpara de techo de varios brazos, generalmente con cuentas de cristal. FAM. Arácnido. / Musaraña, telaraña.

**arañar** *v.* **1.** Hacer o hacerse una herida superficial en la piel con las uñas u otra cosa afilada: *Se arañó las piernas con los matorrales.* **2.** Hacer rayas o surcos en una superficie lisa: *El niño ha arañado todo el mueble con ese cochecito.* SIN. **1.** y **2.** Raspar. **2.** Rayar. FAM. Arañazo.

**arañazo** *s. m.* **1.** Herida que se produce al arañarse la piel: *El gato me ha hecho varios arañazos en la mano.* **2.** Raya o raspadura hecha en una superficie lisa. SIN. **1.** y **2.** Rasguño.

**arar** *v.* Hacer surcos en la tierra con el arado, removiéndola para plantar o sembrar en ella. SIN. Labrar. FAM. Arado, arador.

**araucano, na** *adj.* y *s. m.* y *f.* **1.** De un pueblo indígena que vive en la región chilena de La Araucanía. || *s. m.* **2.** Lengua de los indios araucanos. SIN. **1.** y **2.** Mapuche.

**arbitraje** *s. m.* **1.** Acción de arbitrar: *El colegiado hizo un buen arbitraje del partido.* **2.** Modo de resolver un problema entre dos personas o partes, en el que ambas acuerdan que sea una tercera distinta la que decida.

arabesco

arandela

araña

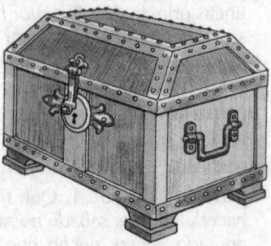
arca

**arbitral** *adj.* Del árbitro: *Los jugadores protestaron la decisión arbitral.*

**arbitrar** *v.* Actuar como árbitro en una competición deportiva, en un conflicto o discusión.

**arbitrario, ria** *adj.* **1.** Que actúa o se produce de modo caprichoso o injusto: *El entrenador decía que la expulsión del jugador había sido arbitraria.* **2.** Que depende del acuerdo o costumbre de un grupo de personas o de un país: *La forma de saludarse la gente es arbitraria; por eso cambia de unos pueblos a otros.* SIN. **1.** Infundado. **2.** Convenido, convencional. ANT. **1.** Justo.

**arbitrio** *s. m.* **1.** Capacidad o libertad que tiene una persona para tomar una decisión: *Yo te invito a cenar, pero dejo a tu arbitrio la elección del lugar.* **2.** Voluntad, capricho: *Se cree que todos tenemos que someternos a su arbitrio.* SIN. **1.** Albedrío. FAM. Arbitrario.

**árbitro, tra** *s. m.* y *f.* **1.** Persona que aplica el reglamento en una competición deportiva. **2.** Persona escogida para decidir quién tiene razón en una disputa o conflicto. SIN. **1.** Colegiado. **2.** Mediador, juez. FAM. Arbitraje, arbitral, arbitrar, arbitrio.

**árbol** *s. m.* Planta perenne, compuesta por un tronco de madera que a una cierta altura del suelo se divide en ramas con hojas. EXPR. **árbol genealógico** Cuadro en forma de árbol en que figuran las personas que componen una familia. FAM. Arbolado, arboladura, arboleda, arbóreo, arborícola, arboricultura, arbusto. / Enarbolar.

**arbolado, da** *adj.* **1.** Se dice del lugar que tiene árboles. || *s. m.* **2.** Conjunto de árboles de un lugar. SIN. **2.** Arboleda.

**arboladura** *s. f.* Conjunto de palos que sujetan las velas de los barcos.

**arboleda** *s. f.* Lugar con muchos árboles. SIN. Arbolado, bosque.

**arbóreo, a** *adj.* **1.** Con características de árbol: *una planta arbórea.* **2.** Parecido a un árbol: *un esquema arbóreo.*

**arborícola** *adj.* Que vive en los árboles: *El koala es un animal arborícola.*

**arboricultura** *s. f.* Técnica de cultivar árboles y arbustos.

**arbotante** *s. m.* Cada uno de los arcos que hay por fuera de algunas iglesias y otros edificios; unen la parte superior de los muros con unos gruesos pilares para ayudar a aguantar el peso de la construcción.

**arbustivo, va** *adj.* Con características de arbusto: *una planta arbustiva.*

**arbusto** *s. m.* Planta más pequeña que un árbol y que se diferencia de éste en que sus ramas nacen desde la base del tronco. FAM. Arbustivo.

**arca** *s. f.* **1.** Caja grande, hecha normalmente de madera, que tiene cerradura o candado y sirve para guardar ropa y otros objetos. **2.** Cofre para guardar dinero. ■ Esta palabra se emplea en singular con *el* y *un*: *el arca, un arca;* los otros determinantes se usan en femenino: *esta arca, alguna arca.* FAM. Arcón, arqueta.

**arcabucero** *s. m.* Soldado antiguo armado con un arcabuz.

**arcabuz** *s. m.* Arma de fuego antigua, parecida al fusil. ■ Su plural es *arcabuces.* FAM. Arcabucero.

**arcada** *s. f.* **1.** Sacudida brusca en el estómago que suele producirse antes de vomitar. **2.** Serie de arcos de una construcción: *Paseamos bajo las arcadas de la plaza mayor.* **3.** Cada uno de los arcos de un puente.

**arcaduz** *s. m.* **1.** Caño, sobre todo el que forma parte de una cañería. **2.** Cangilón de una noria. ■ Su plural es *arcaduces.*

**arcaico, ca** *adj.* Muy antiguo: *pueblos arcaicos, lenguas arcaicas.* SIN. Primitivo, viejo, anticuado. ANT. Actual. FAM. Arcaísmo.

**arcaísmo** *s. m.* Palabra o frase anticuadas. ANT. Neologismo.

**arcángel** *s. m.* Clase más elevada de ángel.

**arcano** *s. m.* Secreto, misterio: *El hombre está empezando a conocer los arcanos del universo.*

**arce** *s. m.* Árbol de hojas palmeadas y frutos en forma de ángulo que giran al caer. Es típico de zonas templadas y su madera, muy dura, se emplea para hacer muebles y otros utensilios.

**arcén** *s. m.* Borde más o menos ancho de algunas carreteras.

**archidiócesis** *s. f.* Diócesis a cargo de un arzobispo. ■ No varía en plural.

**archiduque, archiduquesa** *s. m.* y *f.* **1.** Duque o duquesa más importante que otros duques.

arcadas

**2.** Título de los príncipes y princesas de la dinastía de los Austrias. ‖ *s. f.* **3.** Esposa de un archiduque.

**archipiélago** *s. m.* Conjunto de islas agrupadas, por ejemplo las Canarias.

**archivador** *s. m.* Mueble o carpeta para archivar documentos y otros papeles: *Guardó las facturas en el archivador.*

**archivar** *v.* **1.** Guardar documentos, fichas, fotografías u otras cosas, según cierto orden, como el alfabético o por materias. **2.** Dar por terminado: *La policía archivó el caso.*
**SIN. 1.** Clasificar.

**archivero, ra** *s. m.* y *f.* Persona encargada de un archivo.

**archivo** *s. m.* **1.** Local o mueble donde se guardan documentos, fichas, fotografías y otras cosas en orden. **2.** En informática, fichero.
**FAM.** Archivador, archivar, archivero.

**arcilla** *s. f.* Sustancia mineral que, mezclada con agua, forma una pasta muy moldeable con la que se hacen objetos como vasijas y esculturas.
**FAM.** Arcilloso.

**arcilloso, sa** *adj.* Que contiene arcilla o tiene su aspecto o características: *un terreno arcilloso.*

**arcipreste** *s. m.* Sacerdote que tiene autoridad sobre las parroquias e iglesias de un territorio.

**arco** *s. m.* **1.** Parte de una curva. **2.** Arma para arrojar flechas, que consiste en una vara o lámina estrecha muy flexible y una cuerda tirante, sujeta a sus extremos. **3.** Vara de madera con una cuerda de crines, tirante y sujeta a sus extremos, que se emplea para tocar algunos instrumentos musicales como el violín o el violonchelo. **4.** Elemento de arquitectura con forma curva, que cubre un hueco entre dos puntos fijos. **5.** En Hispanoamérica, portería o meta de fútbol y otros deportes.
**EXPR. arco de herradura** El que tiene una forma algo mayor que media circunferencia, como los que hay en muchos edificios musulmanes. **arco de medio punto** El que tiene forma de media circunferencia. **arco iris** Banda de colores en forma de arco, que aparece en el cielo cuando la luz del Sol atraviesa las gotas de agua que hay en el aire cuando llueve.
**FAM.** Arcada, arquear, arquero.

**arcón** *s. m.* Arca de gran tamaño.

**arder** *v.* **1.** Estar una cosa encendida o quemándose: *Todavía arden las brasas en la chimenea.* **2.** Sentir ardor en alguna parte del cuerpo: *Me arde la garganta.* **3.** Tener de forma muy intensa un sentimiento o pasión: *Ardía en deseos de verte.*
**EXPR. estar que arde** Muy enfadado. También, a punto de que pase algo malo: *La cosa está que arde, a lo mejor hasta se pegan.*
**SIN. 1.** Quemarse. **2.** y **3.** Abrasarse. **ANT. 1.** Apagarse.
**FAM.** Ardiente, ardor.

**ardid** *s. m.* Medio empleado con habilidad y astucia para conseguir algo: *No le creas, sólo es un ardid para hacerte venir.*
**SIN.** Treta, estratagema, argucia, artimaña.

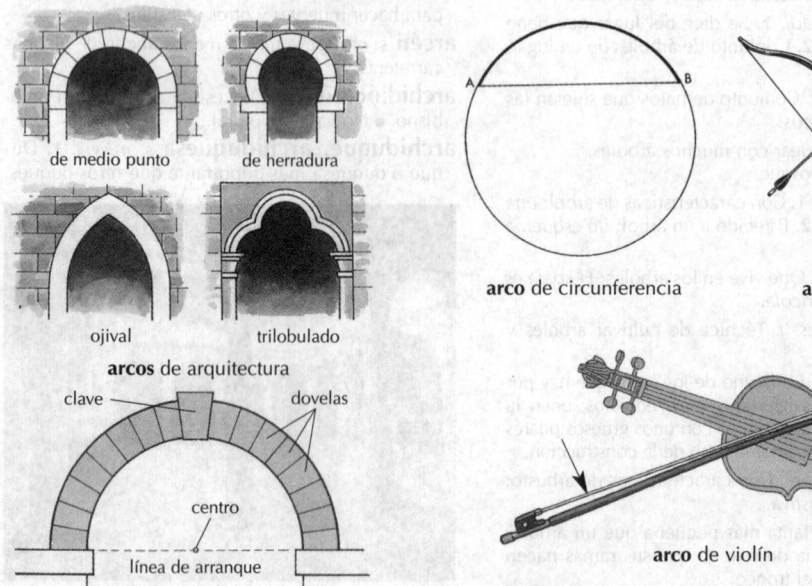

de medio punto

de herradura

ojival

trilobulado

**arcos** de arquitectura

clave

dovelas

centro

línea de arranque

**arco** de circunferencia

**arco** de tiro

**arco** de violín

distintos tipos de **arco**

**ardiente** *adj.* **1.** Que arde: *En la chimenea quedaban algunas brasas ardientes.* **2.** Que produce mucho calor: *un sol ardiente.* **3.** Muy intenso o apasionado: *un deseo ardiente.*
**SIN. 2.** Sofocante. **3.** Fogoso, vehemente. **ANT. 2.** y **3.** Frío.

**ardilla** *s. f.* Mamífero roedor, de cuerpo delgado y cola larga y peluda, que vive en los bosques y se alimenta principalmente de frutos.

**ardor** *s. m.* **1.** Sensación de calor en una parte del cuerpo, como la que a veces se siente cuando duele el estómago. **2.** Apasionamiento, entusiasmo: *Lucharon con ardor.*
**SIN. 2.** Pasión, brío. **ANT. 2.** Indiferencia.
**FAM.** Ardoroso.

**ardoroso, sa** *adj.* **1.** Ardiente, apasionado. **2.** Muy caliente: *El enfermo tenía la frente ardorosa por la fiebre.*
**SIN. 1.** Vivo, fogoso, vehemente. **ANT. 1.** y **2.** Frío.

**arduo, dua** *adj.* Muy difícil o trabajoso: *Preparar el examen en tan poco tiempo fue una ardua tarea.*
**SIN.** Duro. **ANT.** Fácil.

**área** *s. f.* **1.** Lugar comprendido entre ciertos límites: *El olivo se encuentra en toda el área mediterránea.* **2.** Todo lo que corresponde o pertenece a alguien o algo: *Es un conocido científico en el área de la física.* **3.** Unidad de medida de superficie, que equivale a la superficie de un cuadrado de diez metros de lado. **4.** En fútbol y otros deportes, zona del terreno de juego más próxima a la portería. ■ Esta palabra se emplea en singular con *el* y *un*: *el área, un área*; los otros determinantes se usan en femenino: *esta área, alguna área.*
**SIN. 1.** Zona, extensión; ámbito, campo.
**FAM.** Centiárea, decárea, hectárea.

**arena** *s. f.* **1.** Conjunto de pequeñas partículas que se separan de las rocas y se acumulan en las orillas de los mares y los ríos o cubren grandes extensiones, como los desiertos. **2.** Lugar donde se desarrollan ciertos tipos de lucha: *Los gladiadores combatían en la arena del circo.* **3.** Ruedo de la plaza de toros.
**SIN. 2.** Palestra.
**FAM.** Arenal, arenilla, arenisca, arenoso.

**arenal** *s. m.* Extensión grande de terreno arenoso.

**arenga** *s. f.* Discurso apasionado que se dirige a un grupo para comunicarle entusiasmo y animarle a algo: *El coronel dirigió una arenga a su tropa antes de entrar en combate.*
**FAM.** Arengar.

**arengar** *v.* Dirigir una arenga a alguien. ■ Delante de *e* se escribe *gu* en lugar de *g*: *arengue.*

**arenilla** *s. f.* Arena muy fina o una cosa parecida: *Se me ha metido arenilla en el ojo.*

**arenisca** *s. f.* Roca formada por arena muy apretada.

**arenoso, sa** *adj.* Que tiene arena o se parece a ella: *un terreno arenoso, una sustancia arenosa.*

**arenque** *s. m.* Pez marino parecido a la sardina que se consume fresco o en salazón.

ardilla          argolla

**arepa** *s. f.* En algunos países de Hispanoamérica, tortilla de harina de maíz hecha sobre una plancha.

**arete** *s. m.* **1.** Aro de pequeño tamaño. **2.** Pendiente con esta forma; en Hispanoamérica, cualquier pendiente.
**SIN. 2.** Zarcillo.

**argamasa** *s. f.* Mezcla de cal, arena y agua que se emplea en albañilería.

**argelino, na** *adj.* y *s. m.* y *f.* De Argelia, país del norte de África, o de Argel, su capital.

**argentino, na** *adj.* y *s. m.* y *f.* De Argentina, país de América del Sur.

**argolla** *s. f.* Aro grueso, por lo general de hierro, que sirve para sujetar una cosa a otra: *La cadena está sujeta a la pared con una argolla.*
**SIN.** Anilla.

**argón** *s. m.* Gas que se encuentra en el aire en muy pequeña cantidad y en los gases volcánicos.

**argot** *s. m.* Lenguaje especial y característico que usan las personas de un grupo social o de una profesión para entenderse entre ellas: *el argot de los ladrones; el argot de los médicos.* ■ Es una palabra francesa. Su plural es *argots.*
**SIN.** Jerga.

**argucia** *s. f.* **1.** Truco o acción astuta para lograr algo: *Utilizó todo tipo de argucias para engañar a sus perseguidores.* **2.** Argumento falso presentado con habilidad como si fuera verdadero.
**SIN. 1.** Jugada, treta, artimaña.

**argüir** *v.* Dar razones a favor o en contra de algo. ■ Es un verbo irregular. Se conjuga como *huir: Hoy arguye en contra de lo mismo que ayer defendía.*
**SIN.** Argumentar.

**argumentación** *s. f.* Conjunto de argumentos que utiliza una persona para convencer a otra.
**SIN.** Razonamiento.

**argumentar** *v.* Dar argumentos a favor o en contra de algo.
**SIN.** Argüir.

**argumento** *s. m.* **1.** Razonamiento para defender o atacar algo: *Con sus argumentos nos convenció para que fuéramos en tren.* **2.** Aquello de lo que trata una película, obra de teatro o libro.
**SIN. 1.** Razón. **2.** Trama.
**FAM.** Argüir, argumentación, argumentar.

**aria** *s. f.* Pieza musical cantada por una sola voz en una ópera. ■ Esta palabra se emplea en singular con *el* y *un*: *el aria, un aria*; los otros determinantes se usan en femenino: *esta aria, alguna aria*.

**aridez** *s. f.* **1.** Falta de humedad y de vegetación: *La aridez del desierto hace que la vida allí sea difícil.* **2.** Característica de árido, aburrido: *Se le hacía pesado estudiar por la aridez de algunas lecciones.* ■ Su plural es *arideces*.
SIN. **1.** Sequedad. **2.** Pesadez, aburrimiento.

**árido, da** *adj.* **1.** Seco, con poca vegetación. **2.** Pesado y aburrido: *una asignatura árida.*
SIN. **1.** Estéril, yermo. ANT. **1.** Fértil. **2.** Ameno.
FAM. Aridez.

**aries** *s. m.* **1.** Primer signo del zodiaco. ■ Con este significado suele escribirse con mayúscula. || *s. m.* y *f.* **2.** Persona nacida bajo este signo, entre el 20 de marzo y el 20 de abril. ■ No varía en plural.

**ariete** *s. m.* **1.** Máquina militar que se empleaba antiguamente para derribar murallas, formada por un tronco de madera con un remate de hierro o bronce en uno de sus extremos. **2.** Delantero centro de un equipo de fútbol.

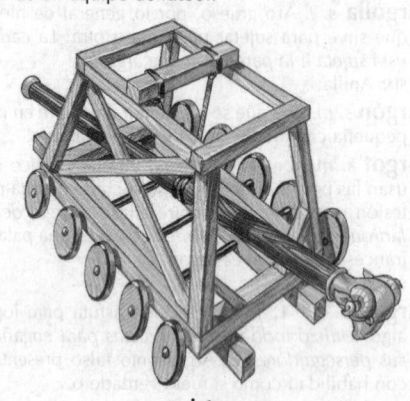

ariete

**ario, ria** *adj.* y *s. m.* y *f.* **1.** De un pueblo antiguo que habitaba en Asia central e invadió el norte de la India. **2.** Nombre que dieron los nazis a una supuesta raza superior de la que creían que procedía la raza blanca.

**arisco, ca** *adj.* Poco sociable, que rechaza el trato con los demás: *Es un chico muy arisco, que no se relaciona con ningún compañero de clase.*
SIN. Intratable, huraño, hosco. ANT. Cariñoso, afable.

**arista** *s. f.* Línea formada por la unión de dos planos o superficies: *las aristas de una pirámide.*
SIN. Ángulo, esquina, filo.

**aristocracia** *s. f.* Conjunto de personas de una provincia, nación o de cualquier otro territorio que tienen título de nobleza.
SIN. Nobleza.
FAM. Aristócrata, aristocrático.

**aristócrata** *adj.* y *s. m.* y *f.* Persona que pertenece a la aristocracia: *Se casó con una aristócrata húngara.*
SIN. Noble.

**aristocrático, ca** *adj.* **1.** Que pertenece a la aristocracia o se refiere a ella. **2.** Fino, distinguido: *Tiene unos modales muy aristocráticos.*
SIN. **1.** Noble. **2.** Elegante, refinado. ANT. **2.** Vulgar, ordinario.

**aritmética** *s. f.* Parte de las matemáticas que estudia los números y las operaciones que se pueden realizar con ellos: suma, resta, multiplicación y división.
FAM. Aritmético.

**aritmético, ca** *adj.* Que tiene relación con la aritmética o forma parte de ella.

**arizónica** *s. f.* Una especie de ciprés que se utiliza mucho para hacer setos.

**arlequín** *s. m.* Personaje cómico que actúa con una máscara negra y un traje de rombos de distintos colores.

**arma** *s. f.* **1.** Cualquier objeto que sirve para atacar o defenderse, como una pistola, una espada o una bomba. **2.** Medio empleado para atacar y defenderse o para conseguir alguna cosa: *Utilizó su simpatía como arma para convencerle.* **3.** Cada una de las secciones del ejército: *arma de infantería, arma de artillería.* || *s. f. pl.* **4.** Se utiliza para referirse al ejército o a cualquier actividad relacionada con él: *Eligió la carrera de las armas.* ■ Esta palabra se emplea en singular con *el* y *un*: *el arma, un arma*; los otros determinantes se usan en femenino: *esta arma, alguna arma.*
EXPR. **arma blanca** La que tiene filo o punta, como una navaja o un puñal. **arma de doble filo** La que tiene filo en ambos largos. También, aquello que puede producir lo que se quiere y lo contrario. **arma de fuego** La que se dispara con una materia explosiva, como una escopeta o un cañón. || **de armas**

arlequín

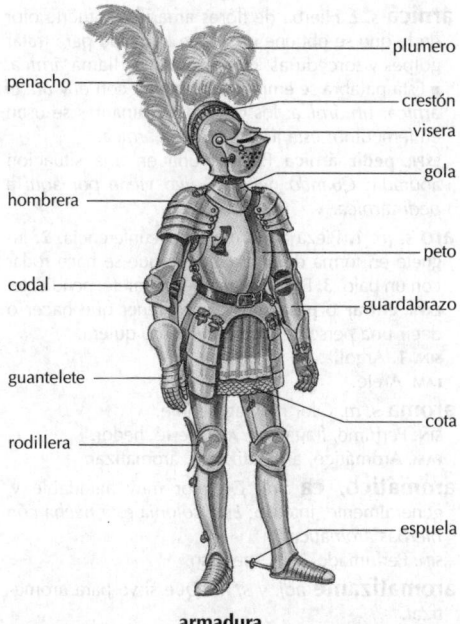

plumero

penacho

crestón

visera

gola

hombrera

peto

codal

guardabrazo

guantelete

cota

rodillera

espuela

**armadura**

**tomar** Muy enérgico, decidido o violento: *No quiero discutir con ella porque es de armas tomar.*
FAM. Armada, armador, armadura, armamentismo, armamentístico, armamento, armar, armería, armero, armisticio. / Inerme.

**armada** *s. f.* **1.** Conjunto de barcos de guerra de un país: *Buques de la armada defendían la costa.* **2.** Personal, medios y organización de la marina de guerra de un país.
SIN. **1.** Escuadra, flota. **1.** y **2.** Marina.

**armadillo** *s. m.* Mamífero de América del Sur que tiene el cuerpo protegido por una serie de placas duras y es capaz de enroscarse formando una bola. Tiene unas fuertes uñas.

**armador** *s. m.* Persona que proporciona a un barco, por lo general de pesca o de transporte, todo lo que éste necesita, como por ejemplo las mercancías o los permisos para navegar.

**armadura** *s. f.* **1.** Traje compuesto por distintas piezas de metal unidas de forma que puedan moverse y que servía de protección a los antiguos guerreros. **2.** Pieza o conjunto de piezas que sostienen o forman una cosa: *Sus gafas tienen armadura metálica.*
SIN. **2.** Armazón, estructura.

**armamentismo** *s. m.* Política que defiende el aumento de la cantidad y la calidad de las armas de un país.

**armamentístico, ca** *adj.* Relacionado con el armamento: *En la carrera armamentística, los países compiten por superar en armas al enemigo.*

**armamento** *s. m.* Conjunto de armas de un ejército o país: *La tropa tenía un buen armamento.*

**armar** *v.* **1.** Proporcionar armas o equiparse de ellas: *El ejército armó a la población para defenderse de los enemigos. Los países continúan armándose.* **2.** Montar y ajustar las distintas piezas que forman un objeto: *Armamos la máquina después de limpiarla.* **3.** Causar, producir: *¿Quién está armando tanto ruido? A causa del accidente se armó un gran atasco.* ‖ **armarse 4.** Prepararse una persona con cierta actitud o estado de ánimo para soportar o conseguir algo: *Si le estás esperando, ármate de paciencia.*
SIN. **2.** Ensamblar. ANT. **1.** y **2.** Desarmar. **2.** Desmontar.
FAM. Desarmar, rearmar.

**armario** *s. m.* Mueble para guardar ropa y otros objetos.
SIN. Ropero.

**armatoste** *s. m.* Máquina, mueble o cualquier otra cosa muy grandes y que generalmente estorban.
SIN. Trasto, mamotreto.

**armazón** *s. amb.* Conjunto de barras, listones o cualquier otra cosa que se emplea para poner algo encima, sostenerlo o darle forma: *La escultura estaba hecha sobre un armazón de madera.*
SIN. Estructura, armadura.

**armella** *s. f.* Anilla con un clavo o tornillo para fijarla.
SIN. Hembrilla.

**armenio, nia** *adj.* y *s. m.* y *f.* De Armenia, país del oeste de Asia.

**armería** *s. f.* **1.** Lugar donde se guardan o se exponen armas. **2.** Tienda en que se venden armas.

**armero** *s. m.* **1.** Persona que fabrica, vende o arregla armas. **2.** En el ejército, persona encargada de vigilar y mantener a punto las armas.

**armiño** *s. m.* Mamífero carnívoro de pequeño tamaño, cuerpo alargado y piel muy suave. Es de

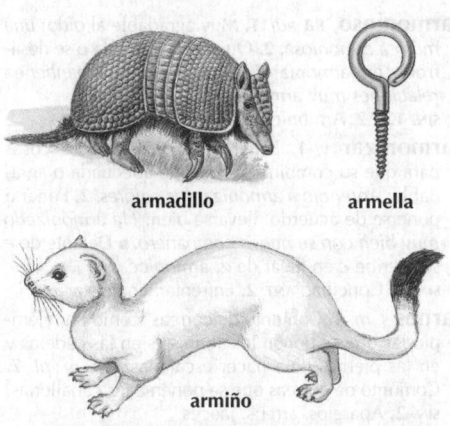

**armadillo**

**armella**

**armiño**

color pardo y en climas fríos se vuelve blanco, menos la cola que siempre es negra.

**armisticio** *s. m.* Acuerdo por el que se da por terminada una lucha entre países o ejércitos.
SIN. Paz.

**armonía** *s. f.* **1.** Hecho de resultar agradable y adecuada la unión o combinación de varias cosas: *En sus cuadros destaca la armonía de los colores.* **2.** Paz y entendimiento entre personas o grupos: *Has de vivir en armonía con tus vecinos.* **3.** En música, arte de formar y combinar los acordes.
SIN. **1.** Proporción, concordancia. **1.** y **2.** Equilibrio. **2.** Amistad. ANT. **1.** Discordancia, desproporción. **2.** Enemistad.
FAM. Armónica, armónico, armonio, armonioso, armónium, armonizar. / Filarmónico.

**armónica** *s. f.* Instrumento musical que consiste en una especie de cajita rectangular con una serie de agujeros con lengüetas, que se toca soplando o aspirando por ellos.

**armónico, ca** *adj.* Que tiene armonía.
SIN. Armonioso.

**armonio** o **armónium** *s. m.* Órgano pequeño que tiene la forma de un piano. ■ El plural de *armónium* es *armóniums*.

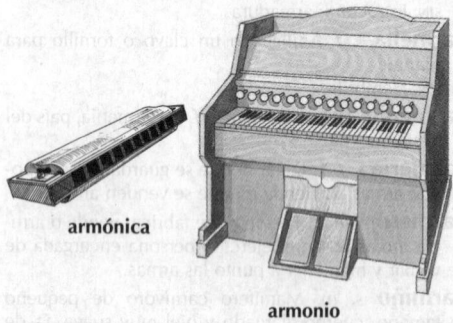

armónica

armonio

**armonioso, sa** *adj.* **1.** Muy agradable al oído: *una música armoniosa.* **2.** Que tiene armonía o se desarrolla en armonía: *Las dos naciones mantienen relaciones muy armoniosas.*
SIN. **1.** y **2.** Armónico.

**armonizar** *v.* **1.** Poner en armonía varias cosas para que su combinación resulte adecuada o agradable: *Aprendió a armonizar los colores.* **2.** Poner o ponerse de acuerdo, llevarse bien: *Ha armonizado muy bien con su nuevo compañero.* ■ Delante de *e* se escribe *c* en lugar de *z*: *armonicé.*
SIN. **2.** Conciliar. ANT. **2.** Enfrentar, enemistar.

**arnés** *s. m.* **1.** Conjunto de correas, como por ejemplo las que se ponen los alpinistas en las caderas y en las piernas para hacer escaladas. ‖ *s. m. pl.* **2.** Conjunto de correas que se ponen a las caballerías.
SIN. **2.** Aparejos, arreos, jaeces.

**árnica** *s. f.* Hierba de flores amarillas y fuerte olor de la que se obtiene un aceite utilizado para tratar golpes y torceduras, que también se llama *árnica.* ■ Esta palabra se emplea en singular con *el* y *un*: *el árnica, un árnica*; los otros determinantes se usan en femenino: *esta árnica, alguna árnica.*
EXPR. **pedir árnica** Pedir ayuda en una situación apurada: *Cuando necesita algo viene por aquí a pedir árnica.*

**aro** *s. m.* **1.** Pieza en forma de circunferencia. **2.** Juguete en forma de anillo grande que se hace rodar con un palo. **3.** En Hispanoamérica, arete, pendiente.
EXPR. **entrar** o **pasar por el aro** Tener que hacer o decir una persona algo, aunque no quiera.
SIN. **1.** Argolla.
FAM. Arete.

**aroma** *s. m.* Olor muy agradable.
SIN. Perfume, fragancia. ANT. Peste, hedor.
FAM. Aromático, aromatizante, aromatizar.

**aromático, ca** *adj.* De olor muy agradable y, generalmente, intenso: *Esta colonia está hecha con hierbas aromáticas.*
SIN. Perfumado. ANT. Apestoso.

**aromatizante** *adj.* y *s. m.* Que sirve para aromatizar.

**aromatizar** *v.* Dar aroma a una cosa. ■ Delante de *e* se escribe *c* en lugar de *z*: *Pon lavanda en el armario para que aromatice la ropa.*

**arpa** *s. f.* Instrumento de música, de forma triangular, con cuerdas colocadas verticalmente, que se hacen sonar con los dedos de las dos manos. ■ Esta palabra se emplea en singular con *el* y *un*: *el arpa, un arpa*; los otros determinantes se usan en femenino: *esta arpa, alguna arpa.*
FAM. Arpegio, arpista, arpón.

**arpegio** *s. m.* En música, los sonidos de un acorde ejecutados del más agudo al más grave o al revés.

**arpía** *s. f.* **1.** Monstruo de la mitología griega, con cabeza de mujer y cuerpo y extremidades de ave de rapiña, que raptaba a los hombres y los llevaba a los infiernos. **2.** Mujer muy mala y cruel.
SIN. **2.** Víbora, bruja.

**arpillera** *s. f.* Tejido muy áspero que se usa sobre todo para fabricar sacos.

**arpista** *s. m.* y *f.* Persona que toca el arpa.

**arpón** *s. m.* Instrumento formado por un mango largo de madera con una punta de hierro y uno o más ganchos, que se utiliza para pescar grandes peces y cazar animales marinos.
FAM. Arponear, arponero.

**arponear** *v.* Lanzar o clavar un arpón a un animal: *Las lanchas de Greenpeace evitaron que arponeasen a la ballena.*

**arponero, ra** *s. m.* y *f.* Persona que se dedica a pescar o cazar con arpón.

**arquear** v. Curvar, dar forma de arco: *Se arquearon los barrotes de la jaula.*
SIN. Combar, alabear. ANT. Enderezar.

**arqueología** s. f. Ciencia que estudia los restos que han quedado de antiguos pueblos y civilizaciones.
FAM. Arqueológico, arqueólogo.

**arqueológico, ca** adj. Relacionado con la arqueología: *Encontraron en la región restos arqueológicos.*

**arqueólogo, ga** s. m. y f. Persona que se dedica a la arqueología.

**arquero, ra** s. m. y f. **1.** Persona que practica el tiro con arco. || s. m. **2.** Soldado armado con arco y flechas. **3.** En Hispanoamérica, portero de fútbol o de otros deportes.

**arqueta** s. f. **1.** Caja pequeña con candado o cerradura y tapa plana; normalmente es de madera. **2.** Especie de depósito para el agua que hace de sifón en una tubería principal de desagüe.

**arquetipo** s. m. El mejor modelo, el más perfecto: *Las misses representan el arquetipo de la belleza femenina.*
SIN. Ideal, canon, prototipo.

**arquitecto, ta** s. m. y f. Persona que tiene como profesión la arquitectura.

**arquitectónico, ca** adj. Relacionado con la arquitectura: *El arco es un elemento arquitectónico.*

**arquitectura** s. f. Ciencia y conjunto de técnicas que se ocupan de la realización de los planos de un edificio y de su construcción.
FAM. Arquitecto, arquitectónico.

**arquitrabe** s. m. En arquitectura, parte inferior del entablamento, que se apoya sobre el capitel de la columna. (Busca el dibujo de **friso**).

**arrabal** s. m. Barrio de las afueras de una ciudad.
SIN. Suburbio, extrarradio. ANT. Centro.
FAM. Arrabalero.

**arrabalero, ra** adj. y s. m. y f. **1.** De los arrabales. **2.** Vulgar, ordinario, maleducado: *un lenguaje arrabalero, modales arrabaleros.*
SIN. **1.** Periférico. **2.** Barriobajero, basto. ANT. **2.** Educado, refinado.

**arracimarse** v. Juntarse en un lugar muchas personas o cosas: *Los aficionados se arracimaban a las puertas del campo de fútbol.*

**arraigado, da** adj. **1.** Se dice de algunas cosas, como costumbres o vicios, que son muy antiguos y es difícil que desaparezcan. **2.** Muy unido al lugar donde se ha nacido o vivido.
SIN. **1.** y **2.** Enraizado. **2.** Ligado, vinculado. ANT. **1.** y **2.** Desarraigado.

**arraigar** v. **1.** Echar raíces una planta: *El geranio ha arraigado.* **2.** Ser muy firme algo, como una costumbre, virtud o vicio, en una persona o grupo: *Todavía no ha arraigado en este chico el hábito de estudiar.*
■ Delante de *e* se escribe *gu* en lugar de *g*: *arraigue*.

pirámide egipcia

templo griego antiguo

teatro romano antiguo

iglesia románica

catedral gótica

catedral renacentista

catedral barroca

panteón neoclásico

edificio moderno

**arquitectura**

SIN. **1.** Enraizar, agarrar. **1.** y **2.** Prender. **2.** Afianzarse, consolidarse.
FAM. Arraigado, arraigo. / Desarraigar.

**arraigo** s. m. Hecho de estar alguien o algo muy arraigado: *En algunos países los carnavales tienen mucho arraigo.*
SIN. Raigambre.

**arramblar** v. Llevarse una persona de un lugar todo lo que encuentra: *Abrió el cajón y arrambló con el dinero.*

**arrancamoños** s. m. Fruto de algunas plantas que tiene la cáscara llena de una especie de púas ganchudas, lo que hace que se pegue con facilidad al pelo o a la ropa. ■ No varía en plural.

**arrancar** *v.* **1.** Separar una cosa del lugar al que está unida tirando con fuerza: *arrancar un árbol, arrancar una muela.* **2.** Apartar a alguien de un lugar, o de una cosa, como una costumbre o un vicio: *Con gran esfuerzo conseguí arrancarle del bar.* **3.** Echar a andar un vehículo o una máquina: *La máquina arrancó al apretar el botón. No puedo arrancar el coche.* **4.** Tener algo su origen o punto de partida: *Su afición al baloncesto arranca de hace años. El arco arranca de esta fachada.* ■ Delante de *e* se escribe *qu* en lugar de *c*: *arranqué.*
SIN. **1.** Extraer, sacar. **2.** Alejar. **4.** Provenir, venir, proceder, partir.
FAM. Arrancamoños, arranque.

**arranque** *s. m.* **1.** Acción de arrancar: *Se ha estropeado el motor de arranque del coche.* **2.** Manifestación repentina y violenta de un sentimiento: *En un arranque de ira, la insultó.* **3.** Principio de un arco o bóveda.
SIN. **2.** Arrebato, ataque.

**arrapiezo** *s. m.* Niño, muchacho, sobre todo si es pobre y va sucio y mal vestido.
SIN. Rapaz.

**arras** *s. f. pl.* Las trece monedas que entrega el hombre a la mujer durante la celebración del matrimonio católico.

**arrasar** *v.* **1.** Destruir completamente: *El incendio arrasó los bosques.* **2.** Triunfar de forma aplastante en una competición deportiva o en un espectáculo: *Nuestro equipo arrasó en la última liga.*
SIN. **1.** Devastar, asolar. **2.** Arrollar.

**arrastrado, da** *adj.* Con muchos trabajos y privaciones: *Lleva una vida muy arrastrada.*
SIN. Aperreado, miserable. ANT. Acomodado, fácil.

**arrastrar** *v.* **1.** Llevar a una persona, animal o cosa por el suelo, tirando de ellos: *Como no podía con el saco, lo arrastró hasta el camión. El coche arrastra la roulotte.* **2.** Rozar el suelo: *Emilio arrastra los pies al andar. La cortina es muy larga, por eso arrastra.* **3.** Dejarse llevar una persona por alguien o algo: *Es un chico con poca personalidad, que se deja arrastrar por sus amigos.* **4.** Sufrir o soportar algo: *Arrastra esa enfermedad desde que era niña.*
SIN. **1.** Remolcar. **4.** Padecer.
FAM. Arrastrado, arrastre.

**arrastre** *s. m.* Acción de arrastrar o transportar algo por el suelo.
EXPR. **estar para el arrastre** Estar en muy malas condiciones: *Va a comprarse otro coche, porque el que tiene está para el arrastre.*
SIN. Remolque.

**¡arre!** *interj.* Se emplea para arrear a las mulas, caballos y otros animales similares.
FAM. Arrear.

**¡arrea!** *interj.* Expresa sorpresa o admiración: *¡Arrea, si ya es la hora de salir y no me he vestido todavía!*

**arrear** *v.* **1.** Estimular a una mula, caballo u otro animal parecido con la voz o con golpes para que ande o trabaje más deprisa. **2.** Meter o darse prisa: *Como no arrees, nos quedaremos los últimos.* **3.** Dar, pegar: *Se enfadó con él y le arreó una bofetada.*
SIN. **1.** Espolear, aguijonear. **2.** Apresurarse; apremiar, apurar. **3.** Atizar, propinar.
FAM. ¡Arrea!, arriero.

**arrebañar** *v.* Busca **rebañar**.

**arrebatado, da** *adj.* **1.** De un color muy vivo, especialmente rojo: *Le han regalado una rosa de un rojo arrebatado.* **2.** Que es muy apasionado o muy irreflexivo: *Están recién casados y sienten un amor arrebatado. Es una persona arrebatada que salta y se enfada por cualquier cosa.*
SIN. **1.** Fuerte, intenso. **2.** Impetuoso. ANT. **1.** Apagado, pálido. **2.** Reposado, reflexivo.

**arrebatador, ra** *adj.* Que cautiva o atrae a los demás: *Tiene una sonrisa arrebatadora.*
SIN. Encantador, cautivador.

**arrebatar** *v.* **1.** Quitar una cosa a alguien con violencia: *Le arrebató el bolso de un tirón.* **2.** Atraer poderosamente la atención de los demás: *Era tan elegante que arrebató las miradas de todos los asistentes a la fiesta.* ‖ **arrebatarse 3.** Enfadarse, enfurecerse. **4.** Asarse, cocerse o freírse algo antes de tiempo por estar muy fuerte el fuego.
SIN. **1.** Desposeer, despojar. **2.** Cautivar. **3.** Encolerizarse. ANT. **1.** Devolver. **3.** Tranquilizarse.
FAM. Arrebatado, arrebatador, arrebato.

**arrebato** *s. m.* Impulso repentino: *La insultó en un arrebato de furia.*
SIN. Arranque, ataque, pronto.

**arrebol** *s. m.* **1.** Color rojo que tienen a veces la nubes: *Es muy bonito contemplar los arreboles del cielo al atardecer.* **2.** Color parecido de la cara de una persona.

**arrebujar** *v.* **1.** Amontonar o doblar sin ningún cuidado una cosa flexible, como por ejemplo la ropa. ‖ **arrebujarse 2.** Cubrirse y envolverse bien con algo, como la ropa de la cama, una capa o un mantón.

**arrechucho** *s. m.* Malestar repentino, pasajero y de poca gravedad: *Hoy me ha dado un arrechucho y no he podido ir al colegio.*
SIN. Achuchón.

**arreciar** *v.* Hacerse cada vez más fuerte o intensa una cosa: *Si la tempestad arrecia, no podrán salir a navegar.*
SIN. Aumentar, crecer, agudizar. ANT. Amainar, calmarse.

**arrecife** *s. m.* Formación en el fondo del mar de rocas, corales o cosas parecidas que llega casi al nivel del agua.

**arredrar** *v.* Acobardar, echar para atrás a alguien el temor o el peligro.

SIN. Atemorizar, amedrentar, amilanar. ANT. Envalentonarse.

**arreglar** *v.* **1.** Hacer que una cosa rota o estropeada funcione o quede como antes: *Papá ha mandado arreglar el televisor.* **2.** Solucionar: *¡A ver quién arregla el problema del tráfico en esta ciudad!* **3.** Lavar, peinar y vestir bien a una persona: *Tiene que arreglar al niño para sacarle de paseo. Cuando se arregla, está muy guapa.* **4.** Poner en orden: *Antes de salir, arregla tu cuarto.* ‖ **arreglarse 5.** Tener suficiente: *Creo que nos arreglaremos con dos litros de leche.* **6.** Llevarse bien después de una discusión: *Aunque discutieron, estoy seguro de que ya se han arreglado.* SIN. **1.** Reparar. **3.** Acicalarse, aviar. **4.** Ordenar. **5.** Apañarse. **6.** Reconciliarse. ANT. **1.** Descomponer. **4.** Desordenar. **6.** Enfadarse. FAM. Arreglista, arreglo. / Desarreglo.

**arreglista** *s. m.* y *f.* Persona que hace arreglos musicales.

**arreglo** *s. m.* **1.** Acción de arreglar o arreglarse: *Debe pagar el arreglo de esta máquina. Dedica más de una hora a su arreglo personal.* **2.** Trato, acuerdo: *Después de una larga discusión, llegaron a un arreglo.* ‖ *s. m. pl.* **3.** Pequeños cambios que se hacen en una composición musical. EXPR. **con arreglo a** algo Según algo o de acuerdo con ello: *Contestó con arreglo a lo que sabía.* SIN. **1.** Reparación; aseo, atavío. **2.** Convenio.

**arrejuntarse** *v.* Empezar a vivir juntas dos personas como si estuvieran casadas pero sin estarlo. SIN. Juntarse, amancebarse.

**arrellanarse** *v.* Colocarse en un asiento con toda comodidad: *Se arrellanó en el sillón para dormir la siesta.* SIN. Apoltronarse, repantigarse.

**arremangar** *v.* Remangar. ■ Delante de *e* se escribe *gu* en lugar de *g*: *Me arremangué.*

**arremeter** *v.* Lanzarse con violencia contra una persona, animal o cosa: *El toro arremetió contra el caballo.* SIN. Acometer, embestir, abalanzarse. ANT. Huir. FAM. Arremetida.

**arremetida** *s. f.* Acción de arremeter. SIN. Embestida.

**arremolinarse** *v.* Amontonarse con desorden muchas personas en un lugar: *La gente se arremolinó en la calle para ver qué había sucedido.* SIN. Aglomerarse, apiñarse. ANT. Dispersarse.

**arrendador, ra** *s. m.* y *f.* Persona que arrienda una cosa. SIN. Casero.

**arrendajo** *s. m.* Pájaro que tiene las alas con rayas azules y negras, y se alimenta sobre todo de semillas y de huevos de otras aves, cuya voz imita.

**arrendamiento** *s. m.* **1.** Acción de arrendar. **2.** Contrato por el que se arrienda una cosa. SIN. **1.** y **2.** Arriendo, alquiler.

**arrendar** *v.* Dejar una persona que otra disfrute de una propiedad suya durante cierto tiempo mediante el pago de una cantidad de dinero: *Ha arrendado un piso de tres habitaciones por muy poco dinero.* ■ Es un verbo irregular. Se conjuga como *pensar.* SIN. Alquilar. FAM. Arrendador, arrendamiento, arrendatario, arriendo. / Subarrendar.

**arrendatario, ria** *adj.* y *s. m.* y *f.* Persona a la que se arrienda una cosa. SIN. Inquilino

**arreos** *s. m. pl.* Correajes o adornos que se ponen a los caballos, mulas y otros animales parecidos. SIN. Aparejos, arnés, jaeces.

**arrepanchigarse** o **arrepanchingarse** *v.* Sentarse cómodamente, de manera informal, casi tumbándose. ■ Delante de *e* se escribe *gu* en lugar de *g*: *Me arrepanchigué.*

**arrepentimiento** *s. m.* Pena o tristeza que tiene una persona por alguna cosa que ha hecho o que ha dejado de hacer. SIN. Pesar.

**arrepentirse** *v.* **1.** Sentir pena por haber hecho una cosa o por no haberla hecho: *Se arrepintió de haber tratado tan mal a sus amigos.* **2.** Volverse atrás de algo que se pensaba hacer: *Se arrepintió y decidió no venir con nosotros al campo.* ■ Es un verbo irregular. Se conjuga como *sentir.* SIN. **1.** Lamentar, sentir. FAM. Arrepentimiento.

**arrestar** *v.* Detener, poner preso a alguien: *Arrestaron al soldado por su mala conducta.* SIN. Apresar. ANT. Liberar, soltar. FAM. Arresto.

**arresto** *s. m.* **1.** Acción de arrestar: *Le condenaron a tres días de arresto.* ‖ *s. m. pl.* **2.** Energía, decisión para hacer cosas difíciles: *Hay que tener arrestos para meterse en esa cueva tan oscura.* SIN. **2.** Brío, ímpetu, valor, arrojo. ANT. **2.** Indecisión.

**arriar** *v.* Bajar las velas o las banderas que están izadas. ANT. Izar.

**arriate** *s. m.* Cuadro o rectángulo estrecho que sirve para tener plantas de adorno en jardines y patios. (Puedes ver su ilustración en la página siguiente).

**arriba** *adv.* **1.** En lo alto: *Te espero arriba.* **2.** A lo alto, hacia lo alto: *Vete arriba.* **3.** Detrás de palabras como *escaleras* o *cuesta*, hacia la parte alta de éstas: *Corrió escaleras arriba.* **4.** En un libro o escrito, antes o anteriormente: *Como se ha dicho más arriba...* ‖ **¡arriba!** *interj.* **5.** Se emplea para animar a alguien a que se levante o para que levante algo: *¡Arriba, ya son las nueve! ¡Arriba las manos!* EXPR. **de arriba abajo** Desde el principio hasta el final, completamente: *Leyó el libro de arriba abajo.* FAM. Arribar, arribista.

**99**

**arriate**

**arribada** *s. f.* Llegada de un barco a puerto o a su destino.

**arribar** *v.* Llegar, especialmente la nave al puerto. SIN. Atracar. ANT. Zarpar.
FAM. Arribada.

**arribista** *adj.* y *s. m.* y *f.* Se dice de la persona que trata de conseguir cargos y posiciones sociales importantes pronto y por cualquier medio. También se dice de su comportamiento o actitud.
SIN. Trepa.

**arriendo** *s. m.* Arrendamiento.

**arriero** *s. m.* Persona que transporta mercancías en bestias de carga.

**arriesgado, da** *adj.* Que tiene riesgo: *Copiar en el examen es muy arriesgado.*
SIN. Peligroso, aventurado.

**arriesgar** *v.* Poner en peligro: *Arriesgó su vida para sacar a los niños de la casa incendiada.* ■ Delante de *e* se escribe *gu* en lugar de *g*: *Me arriesgué.*
SIN. Exponer, aventurar.
FAM. Arriesgado.

**arrimar** *v.* **1.** Poner cerca a una persona o cosa de otra: *Arrimó el puchero a la lumbre para calentar la comida.* ‖ **arrimarse 2.** Acercarse a alguien buscando un beneficio: *Es muy interesado, siempre se arrima a los que tienen dinero.*
SIN. **1.** Aproximar, acercar. **1.** y **2.** Juntar. ANT. **1.** Alejar.
FAM. Arrimo.

**arrimo** Se usa en la expresión **al arrimo de** una persona o cosa, que significa 'con la ayuda o la protección de alguien o algo': *Ascendió en la empresa al arrimo de sus jefes.*

**arrinconar** *v.* **1.** Poner en un rincón o lugar retirado: *Arrinconaron la mecedora del abuelo en una es-*quina *de la habitación.* **2.** Cortar la salida a una persona para que no pueda escapar: *La policía arrinconó al delincuente en una callejuela.* **3.** Dejar de lado a alguien o algo: *Ya ha arrinconado los juguetes de cuando era pequeño.*
SIN. **1.** Apartar, arrumbar. **2.** Acorralar. **3.** Olvidar.

**arritmia** *s. f.* Alteración del ritmo normal de los latidos del corazón.

**arroba** *s. f.* **1.** Unidad de peso; equivale a 11,5 kilogramos. **2.** Medida de líquidos que varía según las regiones y los productos a los que se aplica. **3.** Símbolo (@) que se usa en informática, sobre todo en Internet.

**arrobo** *s. m.* Estado de la persona que siente una admiración, felicidad o placer tan grandes que no se da cuenta de nada más: *La abuela miraba a sus nietos pequeños con arrobo.*
SIN. Embeleso, fascinación.

**arrocero, ra** *adj.* **1.** Del arroz o relacionado con él: *una plantación arrocera.* ‖ *s. m.* y *f.* **2.** Persona que se dedica al cultivo del arroz.

**arrodillarse** *v.* Ponerse de rodillas.

**arrogancia** *s. f.* Característica de arrogante.

**arrogante** *adj.* **1.** Muy orgulloso, que se valora mucho a sí mismo y se siente superior a los demás. **2.** Apuesto, de muy buena presencia.
SIN. **1.** Altivo, soberbio, altanero, engreído. **2.** Gallardo. ANT. **1.** Humilde, modesto.
FAM. Arrogancia.

**arrogarse** *v.* Usar una persona un derecho o un poder que no es suyo: *Algunos profesores se arrogaron funciones que corresponden al director.* ■ Delante de *e* se escribe *gu* en lugar de *g*: *arrogue.*
SIN. Usurpar, detentar.
FAM. Arrogante.

**arrojadizo, za** *adj.* Que se puede arrojar o tirar fácilmente: *Las piedras pueden utilizarse como armas arrojadizas contra alguien.*

**arrojado, da** *adj.* **1.** Que ha sido lanzado, tirado. **2.** Valiente, atrevido: *El arrojado alpinista consiguió llegar a la cima.*
SIN. **2.** Audaz, osado, intrépido. ANT. **2.** Cobarde, miedoso.

**arrojar** *v.* **1.** Lanzar, tirar: *arrojar piedras; arrojar los papeles a la papelera. El paracaidista se arrojó desde el avión.* **2.** Expulsar a alguien de un lugar: *Arrojaron del campo a los alborotadores.*
SIN. **1.** y **2.** Echar.
FAM. Arrojadizo, arrojado, arrojo.

**arrojo** *s. m.* Valentía, valor: *Demostró mucho arrojo cuando subió hasta la cima de esa montaña.*
SIN. Audacia, coraje. ANT. Cobardía.

**arrollador, ra** *adj.* Que arrolla: *Un viento arrollador destruyó la aldea. Ha tenido un éxito arrollador.*

**arrollar** *v.* **1.** Atropellar a una persona: *El camión arrolló al motorista.* **2.** Arrastrar el viento o el agua lo que encuentran a su paso: *El vendaval arrolló árboles y postes.* **3.** Envolver una cosa formando un rollo: *arrollar una hoja de papel.* **4.** Dominar, triunfar por completo: *En el último partido arrollamos al equipo visitante. El cantante arrolló en su última gira.*
SIN. **2.** y **4.** Arrasar. **3.** Enrollar, liar. **4.** Aplastar.
FAM. Arrollador. / Desarrollar.

**arropar** *v.* Cubrir o abrigar con ropa: *Arropó al niño para que no tuviera frío.*
SIN. Tapar. ANT. Desarropar.
FAM. Desarropar.

**arrostrar** *v.* Hacer frente a un peligro, problema o dificultad.
SIN. Afrontar, encarar. ANT. Rehuir.

**arroyada** *s. f.* **1.** Valle por donde corre un arroyo. **2.** Crecida de un arroyo que provoca una inundación.
SIN. **2.** Riada, avenida.

**arroyo** *s. m.* **1.** Río pequeño con poca agua y cauce por donde corre: *Ese arroyo se seca en verano.* **2.** Parte de la calle por donde suelen correr las aguas.
SIN. **1.** Riachuelo.
FAM. Arroyada.

**arroz** *s. m.* **1.** Planta de la familia de las gramíneas, que se cultiva en terrenos muy húmedos. Sus granos, de color blanco y forma ovalada, son un importante alimento. **2.** Granos de esta planta, tomados en su conjunto. ■ Su plural es *arroces*.
FAM. Arrocero, arrozal.

**arrozal** *s. m.* Terreno sembrado de arroz.

**arruga** *s. f.* **1.** Línea o pliegue que se forma en la piel, especialmente cuando alguien va envejeciendo. **2.** Pliegue o doblez que se hace de cualquier modo en la ropa o en otra superficie lisa, como por ejemplo en un papel.
FAM. Arrugar. / Desarrugar.

**arrugar** *v.* **1.** Hacer arrugas: *Arruga la frente al reírse. La tela de esta falda se arruga mucho.* || **arrugarse** **2.** Acobardarse: *Es muy valiente, no se arruga ante ningún peligro.* ■ Delante de *e* se escribe *gu* en lugar de *g*: *No te arrugues.*
SIN. **2.** Achicarse, apocarse. ANT. **1.** Desarrugar, planchar. **2.** Envalentonarse.

**arruinar** *v.* **1.** Hacer que alguien pierda el dinero o los bienes que poseía: *Se arruinó porque jugaba mucho dinero a la ruleta.* **2.** Destruir, causar un daño grave: *Una fuerte tormenta arruinó los cultivos de toda la zona.*
SIN. **1.** Empobrecer. **2.** Estropear, devastar, arrasar.
ANT. **1.** Enriquecer.

**arrullar** *v.* **1.** Atraer con arrullos el palomo o el tórtolo a la hembra, o al revés. **2.** Adormecer a un niño con suaves cantos. **3.** Adormecer a alguien un sonido agradable.
FAM. Arrullo.

**arrullo** *s. m.* **1.** Canto monótono con el cual se atraen el palomo y la paloma o el tórtolo y la tórtola. **2.** Canto, sonidos o palabras con que se arrulla a alguien. **3.** Toquilla utilizada para envolver a los bebés.

**arrumaco** *s. m.* Caricia, gesto para demostrar cariño.
SIN. Carantoña, mimo, zalamería.

**arrumbar** *v.* Poner una cosa que ya se considera inútil en un rincón o lugar apartado: *He arrumbado los muebles viejos en el desván.*
SIN. Arrinconar, retirar.

**arsenal** *s. m.* **1.** Lugar donde se construyen, reparan y guardan los barcos. **2.** Almacén de armas y otros materiales de guerra.
SIN. **1.** Astillero.

**arsénico** *s. m.* Elemento químico sólido, de color grisáceo, con propiedades intermedias entre los metales y los no metales; algunos de sus compuestos son muy venenosos.

**arte** *s. amb.* **1.** Actividad a la que se dedican algunas personas quienes, utilizando diversos materiales, el sonido o el lenguaje, crean algo bello. **2.** Conjunto de las obras realizadas mediante esa actividad: *Visitó una exposición de arte colombiano.* **3.** Técnica, conocimientos o habilidades necesarios para hacer algo: *el arte de cocinar. Tiene mucho arte para peinarse.* **4.** Utensilio o aparato para pescar. || *s. f. pl.* **5.** Maña, astucia: *Empleó todas sus artes para convencernos.* ■ Esta palabra se emplea en singular con *el* y *un*: *el arte, un arte*; los otros determinantes suelen usarse en femenino: *esta arte, alguna arte.*
EXPR. **artes marciales** Busca **marcial**. **séptimo arte** El arte del cine. || **no tener arte ni parte** en algo No participar para nada en ello. **por amor al arte** Gratuitamente: *No pretenderás que trabaje por amor al arte.* **por arte de birlibirloque** o **por arte de magia** Sin hacer nada o sin que se sepa cómo: *Consiguió escapar por arte de magia.*
SIN. **3.** Práctica, destreza. **4.** Aparejo. **5.** Ingenio, treta, argucia.
FAM. Artero, artesanía, artista, artístico.

**artefacto** *s. m.* Máquina, aparato: *Están construyendo un nuevo artefacto espacial.*
SIN. Artilugio, mecanismo, dispositivo.

**artejo** *s. m.* Cada una de las piezas articuladas que forman las patas y antenas de los artrópodos.

**arteria** *s. f.* **1.** Conducto por donde va la sangre desde el corazón a las demás partes del cuerpo. **2.** Calle o carretera principal: *Había atasco en todas las arterias de la ciudad.*
FAM. Arterial, arteriosclerosis.

**arterial** *adj.* De las arterias: *sangre arterial.*

**arteriosclerosis** *s. f.* Enfermedad en la que las paredes de las arterias se vuelven más gruesas y duras, por lo que la sangre pasa con más dificultad. ■ No varía en plural.

**artero, ra** *adj.* Astuto, tramposo, que tiene mala intención: *Empleó medios arteros para conseguir lo que quería.*
SIN. Falso, taimado.

**artesa** *s. f.* Recipiente de forma rectangular y de madera, utilizado para diversas cosas, como por ejemplo hacer la masa del pan o mezclar agua y cemento.
FAM. Artesón, artesonado.

**artesa**

**artesanal** *adj.* De la artesanía o relacionado con ella: *un trabajo artesanal.*

**artesanía** *s. f.* **1.** Tipo de trabajo en que todo o casi todo se hace a mano o con instrumentos muy sencillos: *Compró una mantelería de artesanía, toda bordada a mano.* **2.** Conjunto de las obras hechas con ese trabajo: *una exposición de artesanía extremeña.*
FAM. Artesanal, artesano.

**artesano, na** *s. m. y f.* **1.** Persona que se dedica a la artesanía. ‖ *adj.* **2.** De la artesanía o relacionado con ella: *Las magdalenas artesanas están más ricas.*

**artesiano** *adj.* Se dice del pozo en que el agua sube a la superficie por sí sola sin tener que sacarla.

**artesón** *s. m.* Cada uno de los cuadrados en que está dividido un artesonado.

**artesonado, da** *adj. y s. m.* Se dice del techo, normalmente de madera, dividido como adorno en cuadrados, círculos u otras figuras: *La sala del palacio tenía un artesonado muy bonito.*

**artesonado**

**ártico, ca** *adj.* Del polo norte o de las regiones que lo rodean: *Los exploradores iban a la zona ártica.*
FAM. Antártico.

**articulación** *s. f.* **1.** Acción de articular o articularse. **2.** Unión de dos partes de una cosa que permite que éstas puedan moverse; especialmente, unión de dos o más huesos entre sí: *Le duele la articulación de la rodilla.* **3.** Conjunto de movimientos de algunos órganos, como los labios y la lengua, para la pronunciación de las letras: *La «p» y la «s» tienen articulaciones diferentes.*
SIN. 2. Coyuntura.

**articulado, da** *adj.* **1.** Que tiene articulaciones o partes unidas de manera que pueden moverse: *un muñeco articulado.* **2.** Se dice del lenguaje hablado del ser humano frente al escrito o al de los animales.

**articular** *v.* **1.** Unir o unirse dos o más partes de algo de forma que puedan moverse: *El brazo se articula con el tronco en el hombro.* **2.** Pronunciar las letras, palabras o frases colocando los labios, la lengua y los demás órganos del modo adecuado: *Le cuesta articular la «r».*
ANT. 1. Desarticular.
FAM. Articulación, articulado, artículo. / Desarticular.

**articulista** *s. m. y f.* Persona que escribe artículos en revistas y periódicos.

**artículo** *s. m.* **1.** Palabra que va delante del sustantivo y actúa como modificador directo de éste indicando su género, número y si es conocido o no por el que habla. **2.** Escrito sobre un tema concreto, que aparece junto con otros en un periódico o revista. **3.** Cualquier cosa que se puede comprar o vender: *Están rebajados los artículos de perfumería.* **4.** Cada una de las partes numeradas de una ley o un reglamento.
SIN. 3. Producto, género.
FAM. Articulista.

articulación
entre las vértebras

articulación
de la rodilla

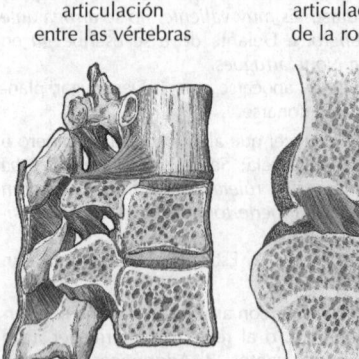

**articulación**

**artífice** *s. m. y f.* Persona que ha hecho alguna cosa o consigue que se produzca algo: *El delantero centro fue el artífice del segundo gol.*
SIN. Autor, creador.

**artificial** *adj.* **1.** Que está hecho por el hombre: *un tejido artificial, un lago artificial.* **2.** Falso, fingido: *Mostraba una alegría artificial.*
SIN. **1.** Sintético. **2.** Ficticio, simulado. ANT. **1.** y **2.** Natural. **2.** Auténtico, sincero.

**artificiero, ra** *s. m. y f.* Militar o policía especialista en proyectiles y explosivos: *Los artificieros lograron desactivar la bomba.*

**artificio** *s. m.* **1.** Falta de naturalidad y sencillez: *Hablaba con demasiado artificio.* **2.** Aparato o mecanismo ingenioso o hecho con habilidad.
SIN. **1.** Afectación, artificiosidad. **2.** Artefacto, artilugio. ANT. **1.** Espontaneidad.
FAM. Artífice, artificial, artificiero, artificioso.

**artificiosidad** *s. f.* Característica de lo que es artificioso.
SIN. Artificio, afectación. ANT. Naturalidad.

**artificioso, sa** *adj.* Que no tiene naturalidad ni sencillez: *Contaba las cosas de un modo muy artificioso.*
SIN. Afectado, rebuscado, estudiado. ANT. Natural, espontáneo.
FAM. Artificiosidad.

**artillería** *s. f.* **1.** Parte del ejército que utiliza armas de guerra pesadas, como los cañones: *un coronel de artillería.* **2.** Conjunto de ese tipo de armas de guerra: *El enemigo colocó la artillería para atacar.* **3.** Técnica y estudio de la construcción y uso de esas armas de guerra pesadas.
FAM. Artillero.

**artillero, ra** *s. m. y f.* **1.** Militar de artillería. **2.** Especialista en la construcción y uso de armas de artillería.

**artilugio** *s. m.* Aparato o mecanismo ingenioso, pero algo complicado y no muy perfecto: *Construyó un artilugio para sacar agua del pozo sin tirar de la cuerda.*
SIN. Artefacto.

**artimaña** *s. f.* Aquello que se hace para engañar a alguien y conseguir algo: *Inventó mil artimañas para no hacer lo que le dijeron.*
SIN. Treta, argucia.

**artiodáctilo** *adj. y s. m.* Animal mamífero que tiene las patas terminadas en un número par de dedos, como el cerdo, el camello o el toro.

**artista** *s. m. y f.* **1.** Persona que se dedica a realizar obras de arte: *Tiene cuadros y esculturas de diferentes artistas.* **2.** Persona que trabaja actuando en el teatro, en el cine o en otros espectáculos: *De mayor quiere ser artista de cine.* **3.** Persona que hace algo con mucho cuidado y habilidad: *Ese fontanero es un artista.*
SIN. **1.** Creador. **2.** Actor, intérprete, estrella.

**artístico, ca** *adj.* **1.** Del arte o relacionado con él. **2.** Bello, muy bien elaborado: *La novia llevaba un ramo de flores muy artístico.*

**artrítico, ca** *adj.* **1.** Relacionado con la artritis: *El médico ha dicho que tiene algunos síntomas artríticos.* ‖ *adj. y s. m. y f.* **2.** Que tiene artritis: *Los artríticos suelen tener muchos dolores de huesos.*

**artritis** *s. f.* Inflamación de las articulaciones de los huesos que dificulta sus movimientos y produce dolor. ■ No varía en plural.
FAM. Artrítico, artrosis.

**artrópodo** *adj. y s. m.* Se dice del animal invertebrado con patas y antenas articuladas y el cuerpo dividido en varias partes y cubierto de una capa dura.

**artrosis** *s. f.* Enfermedad crónica de las articulaciones de carácter degenerativo, no inflamatorio, por la que éstas pueden llegar a deformarse. ■ No varía en plural.

**arveja** *s. f.* En Canarias e Hispanoamérica, guisante.

**arzobispado** *s. m.* **1.** Territorio gobernado por un arzobispo: *el arzobispado de Toledo.* **2.** Edificio donde realiza sus funciones el arzobispo.

**arzobispal** *adj.* Del arzobispo: *palacio arzobispal.*

**arzobispo** *s. m.* Obispo que tiene una categoría superior a los demás obispos y gobierna un territorio mayor.
FAM. Arzobispado, arzobispal.

**arzón** *s. m.* Pieza de madera en forma de arco que lleva la silla de montar a caballo en la parte delantera y trasera.

**as** *s. m.* **1.** Carta de la baraja o cara del dado que representa el número uno: *Sacó el as de oros.* **2.** Persona que destaca mucho en una actividad: *Es un as del deporte.*
SIN. **2.** Campeón, figura.

**asa** *s. f.* Parte que sobresale en algunos objetos, como una vasija, cesta o maleta, generalmente de

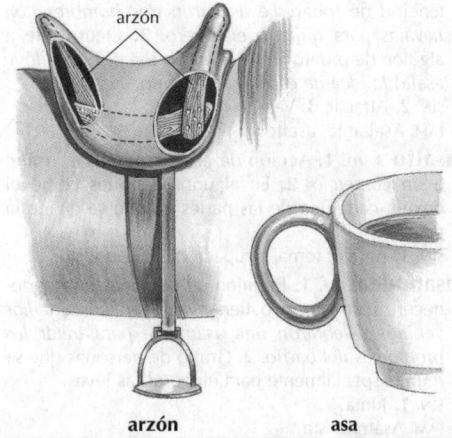

arzón

arzón      asa

forma curva y que sirve para cogerlos: *el asa de una taza*. ■ Esta palabra se emplea en singular con *el* y *un*: *el asa, un asa*; los otros determinantes se usan en femenino: *esta asa, alguna asa*.
FAM. Asir.

**asadero** *s. m.* Lugar donde hace mucho calor: *En verano a mediodía la azotea de la casa es un auténtico asadero*.
SIN. Horno. ANT. Nevera.

**asado, da** *adj.* **1.** Cocinado al fuego o al calor, generalmente en un horno: *pollo asado*. **2.** Que tiene mucho calor: *Estoy asado*. ‖ *s. m.* **3.** Carne asada o que se está asando: *Estate pendiente del asado para que no se queme*.
SIN. **2.** Asfixiado. **3.** Churrasco. ANT. **2.** Helado, congelado.

**asador, ra** *s. m.* y *f.* **1.** Persona que se dedica a asar. ‖ *s. m.* **2.** Utensilio o aparato que se emplea para asar, por ejemplo el pincho con que se coge la carne para ponerla al fuego. **3.** Restaurante donde se come especialmente carne asada.

**asadura** *s. f.* Los órganos comestibles de un animal, como el hígado o el corazón.

**asalariado, da** *adj.* y *s. m.* y *f.* Que trabaja al servicio o bajo las órdenes de otra persona y recibe de ella el salario como pago: *un trabajador asalariado*.

**asalmonado, da** *adj.* **1.** Parecido al color y al sabor de la carne del salmón: *trucha asalmonada*. **2.** De color salmón, entre rosa y naranja: *En la decoración del salón destacan los tonos asalmonados*.

**asaltante** *adj.* y *s. m.* y *f.* Que participa en el asalto a un lugar o a una persona: *La policía sólo pudo coger a uno de los asaltantes del banco*.
SIN. Atracador.

**asaltar** *v.* **1.** Atacar al enemigo para entrar en el lugar en que está y apoderarse de él. **2.** Entrar en un lugar o parar a una persona o a un vehículo, generalmente por sorpresa, de modo violento y con intención de robar: *Le asaltaron dos hombres con navajas para quitarle el dinero*. **3.** Ocurrírsele a alguien de pronto algo: *Mientras iba por la calle le asaltó la idea de escribir un cuento*.
SIN. **2.** Atracar. **3.** Venir.
FAM. Asaltante, asalto.

**asalto** *s. m.* **1.** Acción de asaltar: *Vimos el asalto a un comercio*. **2.** En algunos deportes como el boxeo, cada una de las partes en que se divide la pelea.
SIN. **1.** Atraco; toma, ocupación. **2.** Round.

**asamblea** *s. f.* **1.** Reunión de personas que pertenecen a un grupo o tienen algo en común: *Los vecinos celebraron una asamblea para tratar los problemas del barrio*. **2.** Grupo de personas que se reúne especialmente para elaborar las leyes.
SIN. **1.** Junta.
FAM. Asambleísta.

**asambleísta** *s. m.* y *f.* Miembro de una asamblea.

**asar** *v.* **1.** Cocinar un alimento sin meterlo en agua o en aceite, por la acción directa del fuego o del calor, y generalmente en un horno: *asar una pierna de cordero*. ‖ **asarse 2.** Tener alguien mucho calor: *Te vas a asar con ese jersey tan gordo*.
SIN. **1.** y **2.** Cocer. **2.** Asfixiarse. ANT. **2.** Helarse, congelarse.
FAM. Asadero, asado, asador, asadura. / Soasar.

**ascendencia** *s. f.* Los antepasados de una persona: *En su ascendencia había varios médicos*.
SIN. Estirpe, linaje. ANT. Descendencia.

**ascendente** *adj.* Que asciende o sube: *un camino ascendente*.
ANT. Descendente.

**ascender** *v.* **1.** Subir: *Ascendió al monte más alto. Los precios han ascendido en el último mes. Ascendió a un puesto más alto en el trabajo*. **2.** Llegar a una cantidad que se indica: *La factura asciende a quinientos euros*. ■ Es un verbo irregular. Se conjuga como *tender*.
SIN. **2.** Alcanzar. ANT. **1.** Descender, bajar.
FAM. Ascendencia, ascendente, ascendiente, ascensión, ascensional, ascenso, ascensor.

**ascendiente** *s. m.* y *f.* **1.** Padre, madre, abuelos y otros antepasados de los que desciende una persona. ‖ *s. m.* **2.** Influencia de alguien o algo sobre una persona: *Su abuelo tiene mucho ascendiente sobre él*.
SIN. **1.** Antecesor. **2.** Peso, influjo, poder. ANT. **1.** Descendiente.

**ascensión** *s. f.* **1.** Acción de ascender o subir: *Los montañeros se preparaban para la ascensión*. **2.** Según la religión católica, subida al cielo de Jesucristo. ■ Con este significado se escribe con mayúscula.
SIN. **1.** Ascenso, subida. ANT. **1.** Descenso.

**ascensional** *adj.* Relacionado con la ascensión: *movimiento ascensional*.

**ascenso** *s. m.* Acción de ascender.
SIN. Ascensión, subida. ANT. Descenso.

**ascensor** *s. m.* Cabina movida por un motor y un sistema de cables que sirve para subir y bajar personas o cosas de una planta a otra en un edificio.
SIN. Montacargas, elevador.
FAM. Ascensorista.

**ascensorista** *s. m.* y *f.* Persona encargada del manejo de un ascensor o de revisarlo, repararlo o instalarlo.

**asceta** *s. m.* y *f.* Persona que se aparta de toda clase de placeres y comodidades para llevar una vida de sacrificio y oración.
FAM. Ascético.

**ascético, ca** *adj.* Relacionado con los ascetas o con su forma de vida.

**asco** *s. m.* **1.** Sensación de desagrado muy fuerte que produce alguna cosa: *A mí me dan mucho asco las cucarachas. Da asco ver tanta porquería en el suelo.* **2.** Persona o cosa muy molesta o desagradable: *¡Qué asco de tiempo, siempre lloviendo!* **EXPR. hacer ascos** Mostrar rechazo ante algo. **SIN. 1.** Repugnancia. **2.** Asquerosidad. **ANT. 1.** Agrado. **FAM.** Asquear, asqueroso.

**ascua** *s. f.* Trozo de cualquier material ardiendo, pero sin llama. ■ Esta palabra se emplea en singular con *el* y *un*: *el ascua, un ascua*; los otros determinantes se usan en femenino: *esta ascua, alguna ascua.* **EXPR. arrimar** alguien **el ascua a su sardina** Aprovechar para su propio beneficio las ocasiones que se presentan. **en ascuas** Muy inquieto o con mucha curiosidad: *Hasta que no sepa si le eligen o no, estará en ascuas.* **SIN.** Brasa.

**asear** *v.* Limpiar, arreglar: *Aseó la casa en un periquete. Se aseó antes de salir.* **SIN.** Aviar, acicalarse, adecentar. **FAM.** Aseo. / Desaseado.

**asechanza** *s. f.* Engaño, trampa. ■ No confundir con *acechanza*, 'acción de acechar'. **SIN.** Traición, estratagema.

**asediar** *v.* **1.** Rodear el ejército un lugar enemigo para impedir que alguien salga de allí o que reciba ayudas. **2.** Agobiar a alguien constantemente con ruegos, peticiones o preguntas: *Después del combate, los periodistas asediaron al campeón.* **SIN. 1.** Sitiar, cercar. **2.** Acosar, atosigar. **FAM.** Asedio.

**asedio** *s. m.* Acción de asediar: *El asedio de la ciudad duró varios meses. La cantante consiguió huir del asedio de la prensa.* **SIN.** Sitio; acoso.

**asegurado, da** *adj.* **1.** Firme, sólido. ‖ *adj.* y *s. m.* y *f.* **2.** Se dice de la persona o cosa que tiene un seguro contra algún riesgo. **3.** Se dice del trabajador que está apuntado a la Seguridad Social y tiene derecho a beneficiarse de lo que ésta ofrece.

**asegurador, ra** *adj.* y *s. m.* y *f.* Se dice de la persona o empresa que hace seguros.

**asegurar** *v.* **1.** Dejar firme, de forma que no pueda caerse, moverse o salirse una persona o cosa: *Aseguró con cola las patas de la silla.* **2.** Afirmar con seguridad que es verdad alguna cosa: *Me aseguró que ella no había sido.* **3.** Hacer que sea seguro que algo se va a hacer o conseguir: *Tendrás que trabajar más si quieres asegurar tu aprobado en matemáticas.* **4.** Hacer un contrato con una compañía de seguros, para que ésta se haga cargo de los daños que pueda sufrir una persona, animal o cosa: *Aseguró el coche a todo riesgo.* **5.** Tener asegurado a un trabajador. ‖ **asegurarse 6.** Comprobar alguna cosa para estar seguro de que es así: *Asegúrate de apagar todas las luces.* **SIN. 1.** Afianzar, consolidar. **2.** Garantizar. **3.** Mantener, conservar, salvaguardar. **6.** Cerciorarse. **ANT. 1.** Aflojar. **2.** Negar. **FAM.** Asegurado, asegurador.

**asemejarse** *v.* Parecerse: *Las dos hermanas se asemejan en la forma de hablar.* **ANT.** Diferenciarse.

**asentaderas** *s. f. pl.* Nalgas, posaderas. **SIN.** Trasero, culo.

**asentamiento** *s. m.* **1.** Acción de asentar o asentarse. **2.** Lugar donde se asienta o se establece una persona o un pueblo: *Encontraron en la zona asentamientos de pueblos muy antiguos.*

**asentar** *v.* **1.** Asegurar, consolidar: *Siempre es bueno repasar para asentar los conocimientos.* **2.** Hacer que algo vuelva a un estado de calma o normalidad: *Algo caliente te ayudará a que se te asiente el estómago.* **3.** Anotar algo, sobre todo una cantidad en un libro de cuentas. ‖ **asentarse 4.** Establecerse o fijar la residencia en un lugar: *Muchos pueblos se han asentado cerca de los ríos.* ■ Es un verbo irregular. Se conjuga como *pensar*. **SIN. 1.** Afirmar. **2.** Calmar. **4.** Instalarse. **ANT. 2.** Revolver. **FAM.** Asentaderas, asentamiento, asiento.

**asentimiento** *s. m.* Acción de asentir. **SIN.** Aprobación, acuerdo. **ANT.** Desacuerdo.

**asentir** *v.* Mostrar acuerdo con alguna cosa o contestar que sí: *Cuando le preguntamos si iba a acompañarnos, asintió con la cabeza.* ■ Es un verbo irregular. Se conjuga como *sentir*. **SIN.** Aprobar; afirmar. **ANT.** Disentir; negar. **FAM.** Asentimiento.

**aseo** *s. m.* **1.** Acción de asear o asearse. **2.** Habitación con lavabo y retrete, que a veces tiene ducha o una bañera pequeña. **SIN. 1.** Limpieza, arreglo, higiene. **2.** Servicio.

**asépalo, la** *adj.* Se dice del cáliz o de la flor que no tiene sépalos.

**asepsia** *s. f.* Limpieza y otros cuidados que se tienen para evitar que se produzcan infecciones: *Las heridas deben curarse con toda la asepsia posible.* **FAM.** Aséptico.

**aséptico, ca** *adj.* Que no tiene microbios que puedan causar infección.

**asequible** *adj.* **1.** Que puede conseguirse fácilmente o comprarse por poco dinero: *Ese automóvil tiene un precio asequible para mí.* **2.** Sencillo, fácil de entender: *La explicación del profesor fue bastante asequible.* **SIN. 1.** y **2.** Accesible. **2.** Comprensible. **ANT. 1.** Prohibitivo. **1.** y **2.** Inaccesible. **FAM.** Inasequible.

**aserción** *s. f.* Afirmación: *Tienes que estar muy seguro para hacer una aserción así.*
SIN. Aseveración, aserto.
FAM. Aserto.

**aserradero** *s. m.* Lugar donde se sierra la madera.
SIN. Serrería.

**aserrar** *v.* Busca **serrar.** ■ Es un verbo irregular. Se conjuga como *pensar.*
FAM. Aserradero.

**aserto** *s. m.* Frase con la que se afirma algo.
SIN. Aserción, afirmación.

**asesinar** *v.* Matar a alguien de forma intencionada.
FAM. Asesinato, asesino.

**asesinato** *s. m.* Acción de asesinar a alguien.
SIN. Crimen.

**asesino, na** *adj. y s. m. y f.* **1.** Que asesina. || *adj.* **2.** Que muestra mucho odio o ganas de hacer daño: *Se lanzaron una mirada asesina.*
SIN. **1.** Criminal.

**asesor, ra** *adj. y s. m. y f.* Que asesora, aconseja o informa a otros: *Elisa es la asesora de la empresa en cuestiones económicas.*

**asesoramiento** *s. m.* Acción de asesorar, aconsejar o informar a otros sobre algo.
SIN. Consejo, orientación.

**asesorar** *v.* Aconsejar o informar a alguien sobre algo: *Le pidió que le asesorara sobre la compra del piso.*
SIN. Orientar.
FAM. Asesor, asesoramiento, asesoría.

**asesoría** *s. f.* **1.** Profesión y actividad de la persona que se dedica a asesorar a otras. **2.** Oficina donde se da información o consejo sobre algunos asuntos, por ejemplo de leyes o económicos.

**asestar** *v.* Con palabras como *golpe, puñetazo,* darlos: *Le asestó un bastonazo en la cabeza.*
SIN. Atizar, propinar, arrear, sacudir.

**aseveración** *s. f.* Afirmación: *Hace aseveraciones tan tajantes que nadie se atreve a ponerlas en duda.*
SIN. Aserción.

**aseverar** *v.* Decir algo con total seguridad: *Los médicos aseveraron que no había peligro de que se contagiara la enfermedad.*
SIN. Afirmar, confirmar. ANT. Negar.
FAM. Aseveración, aseverativo.

**aseverativo, va** *adj.* **1.** Que afirma o dice que es cierto algo: *Reforzaba lo que decía con un tono aseverativo.* || *adj. y s. f.* **2.** En gramática, se llama también así a las oraciones enunciativas.
SIN. **1.** Afirmativo.

**asexuado, da** *adj. y s. m. y f.* Que no tiene sexo o no presenta unas características sexuales bien claras.

**asexual** *adj.* Que no tiene sexo o no se reproduce sexualmente.
ANT. Sexual.

**asfaltar** *v.* Cubrir de asfalto: *asfaltar una calle.*

**asfáltico, ca** *adj.* De asfalto: *Arreglaron las goteras con un revestimiento asfáltico.*

**asfalto** *s. m.* Mezcla de sustancias extraídas del carbón y del petróleo, de color negro brillante y muy impermeable, que se emplea para recubrir calles y carreteras.
FAM. Asfaltar, asfáltico.

**asfixia** *s. f.* **1.** Falta de respiración o imposibilidad de respirar. **2.** Sensación de agobio producida por el calor, la falta de oxígeno o por otras causas.
SIN. **2.** Ahogo.
FAM. Asfixiante, asfixiar.

**asfixiante** *adj.* Que produce asfixia: *Hace un calor asfixiante.*

**asfixiar** *v.* **1.** Producir asfixia o sentirla: *Estuvo a punto de asfixiarse con el humo de la chimenea.* **2.** Agobiar, angustiar: *Le asfixian las deudas.*
SIN. **1.** y **2.** Ahogar. ANT. **2.** Aliviar.

**así** *adv.* **1.** De esta forma o del modo que se expresa: *Me dijo que me vistiera así, con ropa deportiva. Así de bien le salió el dibujo.* **2.** A veces expresa deseo y equivale a *ojalá: Así le parta un rayo.* || *adj.* **3.** De este tipo: *Con comidas así, no me extraña que engorde.* || *conj.* **4.** Por eso, de tal modo que: *No se preocupa y así le pasa lo que le pasa.* **5.** Aunque: *No te lo diré, así le mates.*
EXPR. **así así** Regular: *Le encontré así así.* **así como** De igual manera: *Nos invitó, así como a Luis y a otros amigos.* **así como así** De cualquier manera o sin pensarlo: *No se irá así como así.* **así pues** o **así que** Por lo tanto: *No tengo entradas, así que no iré al concierto.*
FAM. Asimismo.

**asiático, ca** *adj. y s. m. y f.* **1.** De Asia. **2.** De raza amarilla.

**asidero** *s. m.* **1.** Parte por la que se puede agarrar una cosa o sujetarse a ella: *Hemos puesto unos asideros en la bañera para sujetarnos al entrar.* **2.** Amistades o enchufes que tiene una persona en un trabajo o en otra actividad: *Le cogieron en ese trabajo porque tenía unos buenos asideros.*
SIN. **1.** Asa, agarradero, agarradera. **2.** Agarraderas, recomendaciones.

**asiduidad** *s. f.* Frecuencia.

**asiduo, dua** *adj. y s. m. y f.* Que hace alguna cosa o va a un sitio con frecuencia: *Es un oyente asiduo de este programa de radio.*
FAM. Asiduidad.

**asiento** *s. m.* **1.** Cualquier objeto o lugar destinado a sentarse en él, como una silla, un sillón o un banco. **2.** Lugar en que está o estuvo situado un pueblo o un edificio: *Asia fue el asiento de las primeras culturas que conocemos.* **3.** Acción de anotar una cantidad en un libro de cuentas.
EXPR. **tomar asiento** Sentarse.
SIN. **2.** Asentamiento.

**asignación** s. f. **1.** Acción de asignar. **2.** Sueldo, paga: *Se gastó su asignación semanal en un día.*

**asignar** v. **1.** Señalar lo que le corresponde a alguien o a algo: *Le asignaron un trabajo muy pesado.* **2.** Destinar a una persona o cosa para que ocupe un cargo o desempeñe una función: *Le han asignado al departamento de comercial.*
SIN. **1.** Adjudicar, atribuir. **2.** Adscribir.
FAM. Asignación, asignatura.

**asignatura** s. f. Actividad o parte del saber incluida en un programa de estudios y que se enseña en un colegio, instituto, universidad u otro centro, como por ejemplo las matemáticas, el lenguaje, el dibujo o la gimnasia.
SIN. Materia, disciplina.

**asilar** v. **1.** Dar asilo político a alguien. || **asilarse 2.** Quedarse una persona en el país que le dé asilo político.

**asilo** s. m. **1.** Centro que acoge a ancianos pobres. **2.** Acogida, amparo: *Aquella noche dimos asilo a un viajero.*
EXPR. **asilo político** Protección que un país da a una persona que por motivos políticos desea abandonar el suyo.
SIN. **2.** Cobijo, alojamiento.
FAM. Asilar.

**asimétrico, ca** adj. Que no es simétrico: *Me gusta más colocar los cuadros de forma asimétrica.*

**asimilación** s. f. Acción de asimilar o asimilarse.

**asimilar** v. **1.** Comprender y retener lo que se aprende: *asimilar la lección.* **2.** Saber aceptar algo: *Todavía no ha asimilado que tiene que repetir curso.* **3.** Transformar los alimentos o las medicinas en sustancias necesarias para el propio desarrollo o mantenimiento del organismo: *El enfermo asimila bien el antibiótico.*
SIN. **1.** Entender. **3.** Digerir. ANT. **3.** Rechazar.
FAM. Asimilación.

**asimismo** adv. También, además: *Fue un buen escritor y asimismo un destacado político.*
SIN. Igualmente. ANT. Tampoco.

**asir** v. **1.** Tomar algo con la mano: *Le asió de la ropa. Le asió por el pelo.* || **asirse 2.** Agarrarse a algo: *Se asió a la cuerda para no caerse.* ■ Es un verbo irregular.

| ASIR | |
|---|---|
| **INDICATIVO** | **SUBJUNTIVO** |
| **Presente** | **Presente** |
| asgo | asga |
| ases | asgas |
| ase | asga |
| asimos | asgamos |
| asís | asgáis |
| asen | asgan |

SIN. **1.** Coger, sostener. **1.** y **2.** Sujetar. ANT. **1.** y **2.** Soltar.
FAM. Asidero. / Desasir.

**asirio, ria** adj. y s. m. y f. **1.** De Asiria, antiguo reino de Mesopotamia. || s. m. **2.** Lengua que se hablaba en Asiria.

**asistencia** s. f. **1.** Acción de asistir o ir: *Cuenta con nuestra asistencia para la fiesta de cumpleaños.* **2.** Conjunto de personas que están presentes en un acto: *La asistencia al estreno de la película fue enorme.* **3.** Conjunto de cuidados y atenciones que se dan a un enfermo, herido u otra persona que lo necesita: *Elena está en el hospital porque necesita asistencia médica. Este centro da asistencia a las personas que no tienen casa.*
SIN. **1.** Presencia. **2.** Afluencia. **3.** Socorro, amparo.
ANT. **1.** y **2.** Ausencia. **3.** Abandono.

**asistencial** adj. Se dice de las acciones para dar asistencia médica o prestar ayuda a personas que lo necesitan. También, se aplica a los centros en que se realiza eso: *Hay que mejorar las medidas asistenciales en los pueblos. Algunas personas mayores van durante el día a centros asistenciales.*
SIN. Asistido.

**asistenta** s. f. Mujer que va a una casa para realizar las tareas del hogar y que suele cobrar por horas.
SIN. Chacha, chica.

**asistente** adj. y s. m. y f. **1.** Que asiste: *los asistentes al partido de fútbol.* || s. m. **2.** Soldado que estaba destinado al servicio personal de un jefe u oficial.
EXPR. **asistente social** Profesional que ayuda a otras personas en sus problemas de salud, familiares, educativos.

**asistido, da** adj. **1.** Que se hace o funciona con la ayuda de medios mecánicos: *El enfermo necesita respiración asistida. Los coches con dirección asistida se aparcan más fácilmente.* **2.** Asistencial: *Han ingresado a la abuela en una residencia asistida hasta que se recupere del todo.*

**asistir** v. **1.** Ir a un sitio, estar presente en él: *Si puedo, asistiré a tu boda.* **2.** Trabajar una persona en una casa haciendo las tareas del hogar. **3.** Dar asistencia a un enfermo o a otra persona que lo necesita: *Cuando tuvieron que operarle, le asistió un famoso cirujano.* **4.** Dar ayuda: *Asiste a los pobres.*
SIN. **1.** Acudir. **3.** Atender. **4.** Socorrer. ANT. **1.** Faltar, ausentarse.
FAM. Asistencia, asistencial, asistenta, asistente, asistido. / Desasistir.

**asma** s. f. Enfermedad de los bronquios que hace que el enfermo tenga fatiga y dificultades en la respiración. ■ Esta palabra se emplea en singular con *el* y *un*: *el asma, un asma*; los otros determinantes se usan en femenino: *esta asma, alguna asma.*
FAM. Asmático.

**asmático, ca** *adj.* **1.** Se dice de lo que presenta síntomas de asma o está relacionado con esta enfermedad: *tos asmática.* || *adj.* y *s. m.* y *f.* **2.** Se dice de la persona que tiene asma.

**asno, na** *s. m.* y *f.* Animal mamífero más pequeño que un caballo, caracterizado por sus largas orejas y por usarse como caballería de carga.
SIN. Burro, borrico.
FAM. Desasnar.

**asociación** *s. f.* **1.** Acción de asociar o asociarse. **2.** Reunión o agrupación de personas que buscan hacer algo en común: *una asociación de padres de alumnos.*
SIN. **2.** Sociedad, institución.

**asociado, da** *adj.* y *s. m.* y *f.* Se dice de las personas o países que se asocian entre sí o forman parte de una asociación.

**asociar** *v.* **1.** Poner en relación cosas o ideas: *Asocio el turrón con la llegada de la Navidad.* || **asociarse 2.** Unirse varias personas o países para hacer algo en común: *Nos hemos asociado a ese club para jugar al fútbol los fines de semana.*
SIN. **1.** Relacionar.
FAM. Asociación, asociado, asociativa.

**asociativa** *adj.* y *s. f.* Se dice de la propiedad de la suma y la multiplicación que afirma que el resultado de la operación no varía al cambiar el orden en que se agrupen los elementos; por ejemplo, $(5 + 3) + 7 = 5 + (3 + 7)$, es decir, en ambos casos el resultado es 15; del mismo modo $(5 \times 3) \times 7 = 5 \times (3 \times 7)$, es decir, 105.

**asolar** *v.* Destruir: *El vendaval asoló las tierras de la costa.* ■ Es un verbo irregular. Se conjuga como *contar.* Sin embargo, es muy frecuente que se conjugue como regular.
SIN. Devastar, arrasar, arruinar, aniquilar.

**asomar** *v.* **1.** Empezar a mostrarse: *Las sábanas asoman por debajo de la cama.* **2.** Sacar o mostrar algo por una abertura o por detrás de alguna cosa: *asomar la cabeza.* || **asomarse 3.** Dejarse ver por un hueco, una abertura o por detrás de algo: *Su madre se asomó a la ventana para hablar con la vecina.*
SIN. **1.** Aparecer. ANT. **1.** a **3.** Ocultar, esconder.
FAM. Asomo.

**asombrado, da** *adj.* Se dice de la persona a la que algo le ha producido asombro: *Me he quedado asombrada de que haya vuelto a ganar la carrera.*
SIN. Sorprendido, admirado.

**asombrar** *v.* **1.** Causar asombro: *Belén asombró a todos con lo mucho que sabía de historia.* || **asombrarse 2.** Quedarse una persona asombrada: *Me asombré de que te hubieras levantado de la cama tan temprano.*
SIN. **1.** y **2.** Sorprender, admirar.
FAM. Asombro, asombroso.

**asombro** *s. m.* Gran admiración, sorpresa o extrañeza.

**asombroso, sa** *adj.* Que causa asombro.
SIN. Admirable.

**asomo** *s. m.* Señal o ligera manifestación de algo: *Existía un asomo de desconfianza entre los compañeros de trabajo.*
EXPR. **ni por asomo** De ningún modo: *Ni por asomo pienses que voy a quedarme sin ir al cine.*
SIN. Muestra, signo, indicio, síntoma.

**asonante** *adj.* Se dice de la rima en que sólo son iguales las vocales.

**aspa** *s. f.* Conjunto de brazos dispuestos en forma de X, como los que giran en los molinos de viento o en los ventiladores; también, cada uno de esos brazos. ■ Esta palabra se emplea en singular con *el* y *un*: *el aspa, un aspa*; los otros determinantes se usan en femenino: *esta aspa, alguna aspa.*

**aspaviento** *s. m.* Gesto exagerado para manifestar algo: *Llegó asustada y haciendo aspavientos con las manos.*
SIN. Alharaca.

**aspecto** *s. m.* **1.** Conjunto de rasgos externos de una persona o cosa: *Esa paella tiene buen aspecto.* **2.** Parte que se tiene en cuenta de algo: *Esta ciudad es muy importante en el aspecto cultural.*
SIN. **1.** Apariencia, pinta. **2.** Vertiente.

**aspereza** *s. f.* **1.** Característica de las cosas que no son suaves al tocarlas. **2.** Carácter arisco y poco agradable de las personas.
ANT. **1.** Suavidad. **2.** Cordialidad, afabilidad.

**áspero, ra** *adj.* **1.** Que no es suave al tocarlo: *Tiene las manos muy ásperas.* **2.** Que resulta antipático y poco agradable en el trato con los demás: *Tiene un carácter muy áspero; no hay quien lo aguante.* **3.** Desagradable al gusto o al oído: *fruto áspero, voz áspera.*
SIN. **1.** Rasposo. **2.** Hosco, huraño, arisco. **3.** Acre; ronco. ANT. **1.** Suave. **2.** Cordial.
FAM. Aspereza.

**aspersión** *s. f.* Acción de esparcir un líquido en gotas pequeñas, generalmente a presión: *En estas huertas hay riego por aspersión.*
FAM. Aspersor.

**aspersor** *s. m.* Aparato para regar que esparce el agua.

**áspid** *s. m.* Serpiente muy venenosa parecida a la culebra común.

**aspillera** *s. f.* Abertura larga y estrecha en las fortificaciones a través de la cual se disparaba.

**aspiración** *s. f.* **1.** Acción de aspirar o hacer que el aire entre en los pulmones. **2.** Deseo de que algo se realice en el futuro: *Una de sus aspiraciones es poder estudiar en la universidad.*
SIN. **1.** Inspiración. **2.** Ambición, objetivo. ANT. **1.** Espiración.

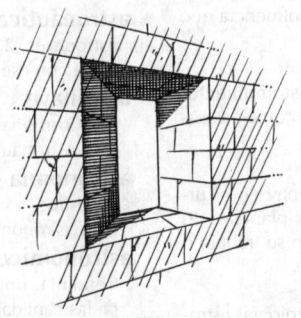
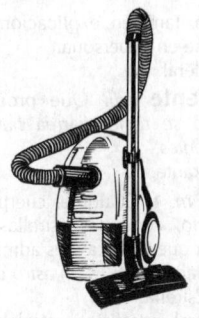

| áspid | aspillera | aspirador |
|---|---|---|

**aspirador, ra** *adj.* **1.** Que aspira. ‖ *s. m.* o *f.* **2.** Aparato eléctrico empleado para recoger el polvo o la suciedad.

**aspirante** *adj.* y *s. m.* y *f.* Se dice de la persona que aspira a algo: *Han presentado dibujos muchos aspirantes al premio.*

**aspirar** *v.* **1.** Hacer llegar el aire exterior a los pulmones: *Da gusto aspirar este aire tan puro.* **2.** Absorber una máquina gases, líquidos u otras sustancias: *aspirar el polvo.* **3.** Tener algo como meta: *Aspira a ganar en el concurso de poesía.*
**SIN. 1.** Inspirar. **3.** Pretender. **ANT. 1.** Espirar. **3.** Renunciar.
**FAM.** Aspiración, aspirador, aspirante.

**aspirina** *s. f.* Medicamento en forma de pastilla que se utiliza para disminuir la fiebre y el dolor.

**asquear** *v.* Producir una cosa asco o repugnancia: *Me asquean las calles llenas de basura.*
**SIN.** Repugnar.

**asquerosidad** *s. f.* Cosa que da asco.
**SIN.** Porquería, guarrería. **ANT.** Limpieza.

**asqueroso, sa** *adj.* **1.** Que causa asco: *Con tanta grasa y tanta sal, esta sopa está asquerosa.* ‖ *adj.* y *s. m.* y *f.* **2.** Se dice de la persona a la que le da asco todo. **3.** A veces se dice como insulto: *Su hermana es una asquerosa; no nos deja nunca su bicicleta.*
**SIN. 1.** Sucio, guarro; malo. **2.** Escrupuloso, melindroso. **ANT. 1.** Limpio; bueno.
**FAM.** Asquerosidad.

**asta** *s. f.* **1.** Palo al que se sujeta una bandera. **2.** Cuerno de un animal. ■ No confundir con *hasta*, preposición. Esta palabra se emplea en singular con *el* y *un*: *el asta, un asta*; los otros determinantes se usan en femenino: *esta asta, alguna asta.*
**EXPR. a media asta** Forma de estar una bandera sin subir del todo en señal de luto.
**FAM.** Astado, astil.

**astado, da** *adj.* y *s. m.* Se dice del animal que tiene astas o cuernos, sobre todo del toro.

**astenia** *s. f.* Sensación de cansancio, de falta de fuerzas: *El cambio de estación provoca astenia en algunas personas.*
**FAM.** Asténico. / Neurastenia.

**asténico, ca** *adj.* y *s. m.* y *f.* De la astenia o que sufre astenia.

**asterisco** *s. m.* Signo ortográfico (*) que se emplea para indicar al lector que hay una nota que debe consultar, o para otros usos; por ejemplo, en algunos diccionarios manda a otra palabra.

**asteroide** *s. m.* Cada uno de los pequeños y numerosos astros que giran principalmente entre las órbitas de Marte y Júpiter.

**astigmatismo** *s. m.* Defecto de la vista que impide ver con claridad los contornos de las imágenes.

**astil** *s. m.* **1.** Mango que tienen algunas herramientas: *el astil del hacha, de la azada, del pico.* **2.** Cañón de las plumas de las aves. **3.** Barra horizontal de la balanza.

**astilla** *s. f.* **1.** Trozo pequeño que salta al partir o cortar madera: *Hizo astillas una tabla para echarla al fuego.* **2.** Trocito que salta al romperse un mineral.
**SIN. 2.** Esquirla.
**FAM.** Astillar, astillero.

**astillar** *v.* Romper la madera o cosas parecidas de manera que no quede un corte liso: *La pata de la silla se astilló al partirse.*

**astillero** *s. m.* Lugar donde se construyen y reparan barcos.
**SIN.** Arsenal.

**astracán** *s. m.* Piel de cordero no nacido o recién nacido, fina, rizada y muy empleada en peletería, por ejemplo para hacer abrigos.

**astrágalo** *s. m.* Hueso del tobillo que se une a la tibia.
**SIN.** Taba.

**astral** *adj.* Relacionado con los astros del cielo: *un viaje astral.*
**EXPR. carta astral** Mapa que refleja la posición de los astros en el momento del nacimiento de una

persona. También, explicación de la influencia que eso tiene en la persona.
**SIN.** Sideral.

**astringente** *adj.* Que produce estreñimiento: *Cuando se tiene diarrea hay que comer cosas astringentes.*
**ANT.** Laxante.

**astro** *s. m.* **1.** Cualquier cuerpo que hay en el firmamento, como las estrellas o los planetas. **2.** Persona que destaca y es admirada en su trabajo o en otra actividad: *Es un astro del cine.*
**SIN. 2.** Estrella.
**FAM.** Astral, astrofísica, astrolabio, astrología, astronave, astronomía.

**astrofísica** *s. f.* Parte de la astronomía que estudia de qué están formados los astros, su origen, evolución y las radiaciones que emiten.

**astrolabio** *s. m.* Antiguo instrumento para observar la posición y el movimiento de los astros y averiguar la altura a la que están. Los navegantes lo usaban para orientarse.

**astrología** *s. f.* Estudio de la influencia de los astros en la forma de ser de las personas y en su futuro.
**FAM.** Astrólogo.

**astrólogo, ga** *s. m.* y *f.* Persona que es especialista en astrología.

**astronauta** *s. m.* y *f.* Tripulante de una nave espacial.
**SIN.** Cosmonauta.

**astronáutica** *s. f.* **1.** Navegación por el espacio en astronaves. **2.** Ciencia que estudia todo lo relacionado con ese tipo de navegación.

**astronave** *s. f.* Vehículo para viajar por el espacio.
**SIN.** Cosmonave.
**FAM.** Astronauta, astronáutica.

**astronomía** *s. f.* Ciencia que estudia el universo y los astros.
**FAM.** Astronómico, astrónomo.

**astronómico, ca** *adj.* **1.** Relacionado con la astronomía: *un observatorio astronómico.* **2.** Se dice de las cantidades excesivamente grandes: *Ese coche tiene un precio astronómico.*
**SIN. 2.** Desorbitado. **ANT. 2.** Ridículo.

**astrónomo, ma** *s. m.* y *f.* Científico que se dedica a la astronomía.

**astroso, sa** *adj.* Sucio, harapiento: *Tenía un aspecto bastante astroso.*
**SIN.** Desastrado, desaseado, andrajoso, desarrapado. **ANT.** Limpio, aseado.

**astucia** *s. f.* Maña o habilidad para conseguir lo que se quiere: *Para ganar en ese juego se necesita un poco de astucia.*
**SIN.** Picardía, sagacidad. **ANT.** Inocencia.

**astur** *adj.* y *s. m.* y *f.* **1.** De un pueblo celta asentado en una antigua región de España cuya capital era Astúrica (actualmente Astorga). **2.** De Asturias.

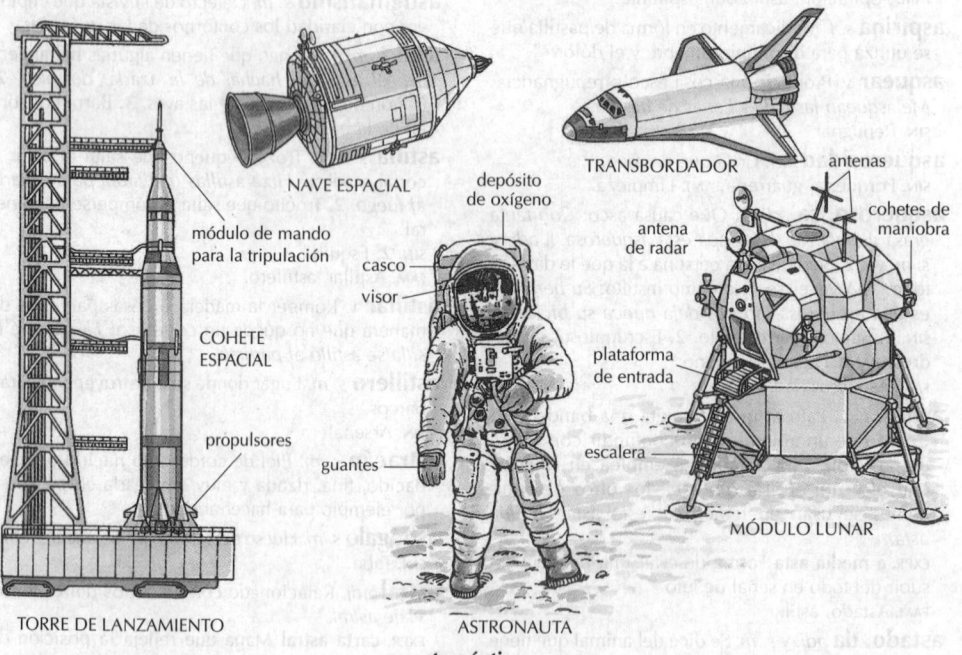

TORRE DE LANZAMIENTO

NAVE ESPACIAL

módulo de mando para la tripulación

COHETE ESPACIAL

propulsores

depósito de oxígeno

casco
visor

guantes

TRANSBORDADOR

antenas

antena de radar

cohetes de maniobra

plataforma de entrada

escalera

MÓDULO LUNAR

ASTRONAUTA

**astronáutica**

**asturcón, na** *adj.* y *s. m.* Se dice de una raza de caballos fuertes y de pequeño tamaño que viven en los montes de Asturias.

**asturiano, na** *adj.* y *s. m.* y *f.* De Asturias, comunidad autónoma en el norte de España.
FAM. Astur, asturcón.

**astuto, ta** *adj.* Que sabe conseguir lo que quiere empleando gran habilidad y evitando ser engañado; también se dice de su forma de actuar: *Me preguntó de forma tan astuta que, sin darme cuenta, acabé contándole nuestro secreto.*
SIN. Pícaro, sagaz, ladino, taimado. ANT. Ingenuo, cándido.
FAM. Astucia.

**asumir** *v.* **1.** Encargarse de algo, como un trabajo o una responsabilidad: *Asumió la tarea de delegado de curso.* **2.** Aceptar: *Es mejor que asumas que te has equivocado y no discutas más.*
SIN. **1.** Responsabilizarse. **2.** Admitir. ANT. **1.** Rechazar, rehusar.
FAM. Asunción.

**asunción** *s. f.* **1.** Acción de asumir. **2.** Según la religión católica, elevación al cielo de la Virgen María. ■ Con este significado, se escribe con mayúscula.
SIN. **1.** Admisión, aceptación. ANT. **1.** Rechazo.

**asunto** *s. m.* **1.** Aquello sobre lo que trata algo, como una conversación, un escrito o una película: *Tenemos que hablar de un asunto importante.* **2.** Aquello de lo que deben ocuparse sólo la persona o personas de que se trata: *Si compramos o no esa casa es asunto nuestro.* **3.** Actividad, ocupación o negocio a que se dedica una persona: *Mi padre está muy ocupado con asuntos del trabajo.*
SIN. **1.** Tema, contenido, argumento, trama. **1.** y **2.** Cuestión. **2.** Incumbencia.

**asustadizo, za** *adj.* Que se asusta con facilidad.
SIN. Miedoso. ANT. Valiente.

**asustar** *v.* Causar susto o sentirlo: *Los truenos asustaron al perro y echó a correr. Se asustó mucho al caerse.*
SIN. Alarmar, sobresaltar; atemorizar. ANT. Tranquilizar.
FAM. Asustadizo.

**atacante** *adj.* y *s. m.* y *f.* Que ataca: *En la primera parte el equipo atacante fue el nuestro.*
ANT. Defensor.

**atacar** *v.* **1.** Dirigirse o actuar contra alguien o algo para hacerle daño, conseguir una cosa o vencerle: *El entrenador ordenó atacar desde el principio del partido.* **2.** Mostrar que algo no gusta o no se está de acuerdo con ello: *Atacó la opinión de sus compañeros.* **3.** Destruir, causar daño: *La humedad ataca a la madera. El tabaco ataca a la salud.* **4.** Empezar a producirse en una persona lo que se dice: *Le atacaron los nervios y no pudo decir nada.* **5.** Empezar a realizar algo: *Este fin de semana atacaré el trabajo*

*que tengo pendiente.* ■ Delante de *e* se escribe *qu* en lugar de *c*: *Ataqué para defenderme.*
SIN. **1.** Arremeter, agredir. **1.** y **5.** Acometer. **3.** Perjudicar, dañar. ANT. **1.** Defender.
FAM. Atacante, ataque. / Contraataque.

**atado, da** *adj.* **1.** Sujeto o unido con algo, como cuerdas o cintas: *Lleva mal atados los cordones de los zapatos.* **2.** Que depende mucho de una persona o cosa y no puede actuar libremente: *Está muy atado a sus padres.* ‖ *s. m.* **3.** Conjunto de cosas atadas.
SIN. **3.** Fajo, haz. ANT. **1.** Desatado. **2.** Libre.

**atadura** *s. f.* **1.** Cuerda o cualquier otra cosa con que se ata algo: *El paquete llevaba un montón de ataduras.* **2.** Aquello que une mucho a alguien con otra persona o cosa o hace que dependa de ella: *Las ataduras de la familia son muy fuertes.*
SIN. **2.** Dependencia, lazo, ligadura.

**atajar** *v.* **1.** Ir por un atajo: *Atajamos por un camino que me sabía.* **2.** Impedir el paso a personas o animales, saliendo a su encuentro: *La policía atajó a los ladrones al salir del pueblo.* **3.** Impedir que siga avanzando o desarrollándose algo: *Los bomberos consiguieron atajar el fuego.*
SIN. **1.** Acortar. **2.** Detener. **3.** Cortar, parar, contener. ANT. **1.** Atrasar. **3.** Avivar.

**atajo** *s. m.* **1.** Camino más corto para ir a un sitio: *Llegamos antes porque fuimos por un atajo.* **2.** Conjunto de personas o cosas que se consideran malas: *un atajo de ladrones.* **3.** Grupo pequeño de cabezas de ganado: *Llevó a vender un atajo de vacas.* ■ Con los significados **2** y **3**, esta palabra se escribe también con *h*.
FAM. Atajar.

**atalaya** *s. f.* Torre o lugar elevado desde el que se puede ver una gran extensión de tierra o mar y vigilar lo que pasa.
FAM. Talayot, talayote.

**atañer** *v.* Corresponder una cosa a alguien, interesarle o tener relación con él: *Lo que ha dicho el profesor sólo atañe a los que han suspendido.* ■ Es un verbo irregular. Se conjuga como *tañer*, pero sólo se emplean las terceras personas.
SIN. Tocar, importar, concernir, incumbir.

**ataque** *s. m.* **1.** Acción de atacar: *Metimos gol en uno de los primeros ataques.* **2.** Manifestación brusca y repentina de una enfermedad: *Sufrió un ataque al corazón.* **3.** Manifestación brusca de un sentimiento o estado de ánimo: *Durante la película le dio un ataque de risa. Golpeó la mesa en un ataque de ira.*
SIN. **1.** Acometida, embestida. **2.** Crisis. ANT. **1.** Defensa.

**atar** *v.* **1.** Sujetar con cuerdas, nudos o algo parecido: *Mi padre ató el equipaje a la baca del coche. Manuel se ató los cordones de los zapatos. Átate la bufanda, no la vayas a perder.* **2.** No dejar a una persona hacer lo que quiera: *Ese trabajo le ata demasiado y no le queda tiempo libre.*

SIN. **1.** Amarrar, anudar. **2.** Limitar, frenar, esclavizar. ANT. **1.** Desatar, soltar. **2.** Liberar. FAM. Atado, atadura. / Desatar, maniatar.

**atarazana** *s. f.* Antiguamente, astillero donde se construían barcos. ■ Se usa sobre todo en plural.

**atardecer¹** *v.* Acabar la tarde al irse ocultando el sol. ■ Es un verbo irregular. Se conjuga como *agradecer*, pero sólo se emplea la tercera persona. SIN. Oscurecer. ANT. Amanecer.

**atardecer²** *s. m.* Final de la tarde cuando empieza a ocultarse el sol: *Me encanta ver los atardeceres en el mar.* SIN. Ocaso, crepúsculo. ANT. Amanecer, alba.

**atareado, da** *adj.* Muy ocupado con el trabajo u otra actividad: *Le han puesto un montón de deberes y está muy atareado.* SIN. Ajetreado, agobiado. ANT. Ocioso.

**atascar** *v.* **1.** Impedir el paso por una tubería o conducto algo que se ha quedado dentro de ellos: *Los papeles que has tirado atascarán el retrete. Como la pila se atascó, llamaron al fontanero.* || **atascarse 2.** Quedarse parado, sin que se pueda mover: *Se ha atascado el cajón y, por más que tiro, no lo puedo abrir.* **3.** Quedarse sin saber cómo continuar en algo: *Carmen se atascó en el examen porque no recordaba esa parte de la lección.* ■ Delante de e se escribe qu en lugar de c: *Procura que la tubería del desagüe no se atasque.* SIN. **1.** Taponar, atrancar. **2.** Encajarse. ANT. **1.** Desatascar. FAM. Atasco. / Desatascar.

**atasco** *s. m.* **1.** Hecho de haberse quedado algo en un tubo o conducto de manera que impide el paso por ellos: *La arenilla causó un atasco en la tubería de la bañera.* **2.** Acumulación de coches en una calle o carretera que impide circular por ellas normalmente: *Tardaron mucho porque había atasco a la salida de la ciudad.* SIN. **1.** y **2.** Tapón. **2.** Embotellamiento, congestión.

**ataúd** *s. m.* Caja donde se coloca el cuerpo de una persona muerta para enterrarlo. SIN. Féretro.

**ataviar** *v.* Arreglar o vestir a alguien: *Todos se ataviaron con sus trajes más elegantes para celebrar la fiesta del pueblo.* SIN. Acicalarse, aviar. FAM. Atavío.

**atavío** *s. m.* Adorno o vestido. SIN. Aderezo, indumentaria, ropaje.

**atavismo** *s. m.* **1.** Aparición en una persona de una característica que había tenido algún antepasado suyo lejano pero que no había estado presente en otros posteriores. **2.** Tendencia a imitar costumbres anticuadas, que ya casi habían desaparecido.

**ateísmo** *s. m.* Doctrina o modo de pensar de la persona que no cree en Dios. FAM. Ateo.

**atemorizar** *v.* Causar temor o sentirlo: *Atemorizó a los niños con historias de fantasmas. Se atemoriza por todo.* ■ Delante de e se escribe c en lugar de z: *Me atemoricé.* SIN. Asustar, amedrentar, acobardar. ANT. Envalentonarse.

**atemperar** *v.* **1.** Calmar, suavizar un sentimiento, un impulso: *Tiene que aprender a atemperar un poco su agresividad.* || **atemperarse 2.** Disminuir la intensidad de algo: *Parece que el frío se ha atemperado un poco.* SIN. **1.** Moderar, mitigar. **1.** y **2.** Atenuar, aplacar. ANT. **1.** Excitar. **1.** y **2.** Avivar.

**atemporal** *adj.* Que no está relacionado con una época o momento concreto: *La película trata un tema atemporal que ha afectado a las personas desde siempre.*

**atenazar** *v.* **1.** Sujetar con fuerza: *El portero atenazó con sus manos el balón.* **2.** Paralizar, inmovilizar: *El miedo le atenazaba y le impedía echar a correr.* ■ Delante de e se escribe c en lugar de z: *Le atenacé.* SIN. **1.** Agarrar, aferrar. **2.** Detener, agarrotar. ANT. **1.** Soltar.

**atención** *s. f.* **1.** Acción de atender: *Tienes que prestar más atención al profesor. En el hospital le han prestado las atenciones necesarias.* **2.** Demostración de buena educación o respeto: *Tuvo la atención de llamarme por teléfono para decirme que no iba a venir.* || **¡atención!** *interj.* Se usa para pedir a alguien que atienda o se fije en algo: *¡Atención! ¡Peligro!* EXPR. **llamar la atención** Hacer una persona que los demás se fijen en ella: *Si te pones ese vestido tan raro, vas a llamar la atención.* Regañar: *El profesor me llamó la atención por hablar en clase.* También, causar extrañeza una cosa: *Me llama la atención que no haya venido a mi fiesta de cumpleaños.* SIN. **1.** Interés, aplicación; cuidado, asistencia. **2.** Consideración, cumplido. ANT. **1.** Distracción. **2.** Desatención, desconsideración. FAM. Atentamente, atento.

**atender** *v.* **1.** Ocuparse de una persona o cosa o cuidar de ella: *En esta tienda atienden muy bien a los clientes. La doctora atendió al enfermo.* **2.** Escuchar a una persona y estar pendiente de lo que dice: *Va muy mal en los estudios porque no atiende en clase.* ■ Es un verbo irregular. Se conjuga como *tender.* SIN. **1.** Asistir. ANT. **1.** Descuidar, desatender. **2.** Distraerse. FAM. Atención. / Desatender.

**ateneo** *s. m.* Asociación de personas con un interés científico, literario o artístico: *En el siglo XIX se fundaron muchos ateneos que aún siguen existiendo.*

**atenerse** *v.* Ajustarse o someterse: *El soldado se atiene a las órdenes que recibe de sus jefes. Si no* haces los deberes todos los días, atente a las consecuencias. ■ Es un verbo irregular. Se conjuga como *tener*.

SIN. Ceñirse, amoldarse, limitarse. ANT. Rebelarse.

**ateniense** *adj.* y *s. m.* y *f.* De Atenas, capital de Grecia.

**atentado** *s. m.* **1.** Acción violenta contra la vida de una persona: *Tras el último atentado hubo varias manifestaciones de repulsa.* **2.** Acción que va en contra de algo: *Los incendios provocados en los bosques son un grave atentado contra la naturaleza.*

SIN. **1.** y **2.** Ataque.

**atentamente** *adv.* **1.** Con atención o interés: *Miró atentamente el regalo que había recibido.* **2.** Con respeto y cortesía: *Terminó su carta saludándole atentamente.*

**atentar** *v.* Cometer un atentado: *Los terroristas pretendían atentar contra un destacado personaje. Cuando bebe tanto alcohol, está atentando contra su salud.*

SIN. Atacar, agredir.

FAM. Atentado.

**atento, ta** *adj.* **1.** Que presta atención a algo: *No oyó el timbre porque estaba atento a la película de la televisión.* **2.** Amable, bien educado: *Celia es muy atenta con todos.*

SIN. **1.** Pendiente. **2.** Cortés, considerado. ANT. **1.** Distraído. **2.** Descortés.

**atenuante** *adj.* y *s. f.* Que disminuye la responsabilidad de una persona por haber cometido un delito: *La enfermedad mental del atacante es una circunstancia atenuante porque no sabía bien lo que hacía.*

ANT. Agravante.

**atenuar** *v.* Disminuir la fuerza o intensidad de una cosa: *Al enfermo le dieron un calmante para atenuar el dolor.*

SIN. Suavizar, moderar. ANT. Acentuar, aumentar.

FAM. Atenuante.

**ateo, a** *adj.* y *s. m.* y *f.* Persona que no cree en Dios.

ANT. Creyente.

**aterciopelado, da** *adj.* Parecido al terciopelo: *Los niños suelen tener la piel aterciopelada y muy blanquita.*

**aterido, da** *adj.* Que tiene mucho frío: *Se quedó aterido esperando el autobús.*

SIN. Pasmado.

**aterrador, ra** *adj.* Que causa terror.

**aterrar** *v.* Aterrorizar, espantar: *Le aterra pensar que tiene que montar en avión.*

SIN. Horrorizar. ANT. Tranquilizar.

FAM. Aterrador.

**aterrizaje** *s. m.* Acción de aterrizar: *La nave hizo un aterrizaje perfecto.*

**aterrizar** *v.* Bajar hasta tocar el suelo una aeronave, como un avión o un helicóptero. ■ Delante de *e* se escribe *c* en lugar de *z*: *aterrice.*

ANT. Despegar.

FAM. Aterrizaje.

**aterrorizar** *v.* Causar terror o sentirlo: *Las serpientes me aterrorizan.* ■ Delante de *e* se escribe *c* en lugar de *z*: *Me aterroricé al ver esa película de miedo.*

SIN. Aterrar, espantar, horrorizar.

**atesorar** *v.* Reunir y guardar dinero o riquezas: *Lo único que le importaba era atesorar una gran fortuna.*

SIN. Acumular, amontonar.

**atestado** *s. m.* Escrito oficial en que se cuenta cómo ha ocurrido un hecho: *La policía hizo el atestado del accidente de tráfico.*

SIN. Testimonio, acta.

**atestado, da** *adj.* Lleno, repleto: *El teatro estaba atestado de público.*

SIN. Atiborrado, abarrotado. ANT. Vacío.

**atestar** *v.* Llenar por completo una cosa o un lugar: *Los aficionados atestaban el campo de fútbol.*

SIN. Atiborrar; abarrotar. ANT. Vaciar.

FAM. Atestado.

**atestiguar** *v.* **1.** Declarar como testigo: *Atestiguó ante el juez y contó todo lo que vio.* **2.** Ser una cosa prueba de otra: *Estas ruinas atestiguan la presencia de los romanos en España.*

SIN. **1.** Testificar. **2.** Probar, demostrar.

**atezado, da** *adj.* Que tiene la piel muy oscura: *Los agricultores suelen tener el rostro atezado.*

SIN. Moreno, bronceado. ANT. Pálido.

**atiborrar** *v.* **1.** Llenar una cosa demasiado: *He atiborrado la cartera de libros.* **2.** Hartar de comida: *Se atiborró de dulces.*

SIN. **1.** Atestar. **2.** Atracar, inflar. ANT. **1.** Vaciar.

**ático** *s. m.* Último piso de un edificio, que suele tener el muro de la fachada metido hacia dentro y una azotea.

**atigrado, da** *adj.* Que tiene manchas como las de la piel del tigre: *un gato atigrado.*

**atildado, da** *adj.* Se dice de la persona que va excesivamente arreglada.

SIN. Acicalado. ANT. Desastrado.

**atinar** *v.* Acertar, encontrar lo que se pretende o se busca: *Alicia atinó en el centro de la diana. Atiné con la tienda que buscaba.*

SIN. Dar. ANT. Errar.

**atípico, ca** *adj.* Que no es normal: *Parece gripe, aunque es un caso un poco atípico porque no tiene fiebre.*

SIN. Anormal. ANT. Típico, regular.

**atiplado, da** *adj.* Se dice de la voz o del tono de voz más agudo de lo normal.

ANT. Grave.

**atisbar** v. **1.** Observar o mirar con disimulo: *Atisbaba por el ojo de la cerradura lo que sucedía en la habitación.* **2.** Ver algo sin mucha claridad: *Atisbaron una sombra a lo lejos.* **3.** Ver las primeras señales de algo: *El médico atisbó alguna mejoría en el estado de salud del enfermo.*
SIN. **1.** Acechar, espiar. **2.** Divisar. **2.** y **3.** Vislumbrar.
FAM. Atisbo.

**atisbo** s. m. Primera señal de algo: *Hay atisbos de que va a llover.*
SIN. Signo, muestra, indicio.

**¡atiza!** interj. Expresa sorpresa, asombro.

**atizador** s. m. Instrumento para avivar el fuego removiendo lo que se está quemando: *Si no quieres que se apague la chimenea, remueve la lumbre con el atizador.*

**atizar** v. **1.** Remover el fuego o añadirle combustible para que arda más. **2.** Pegar a alguien: *Unos gamberros le atizaron una buena paliza a la salida del bar.* ■ Delante de *e* se escribe *c* en lugar de *z*: *Le aticé un golpe.*
SIN. **2.** Arrear, sacudir, zurrar, zumbar. ANT. **1.** Apagar.
FAM. ¡Atiza!, atizador.

**atlante** s. m. Columna en forma de estatua de hombre.

**atlántico, ca** adj. Del océano Atlántico y de los territorios que baña: *Cádiz está en la costa atlántica.*
FAM. Transatlántico.

**atlas** s. m. **1.** Libro de mapas geográficos. **2.** Libro que contiene gráficos, fotos y dibujos sobre un tema: *un atlas del cuerpo humano, un atlas de la naturaleza.* ■ No varía en plural.

**atleta** s. m. y f. **1.** Persona que practica el atletismo. **2.** Cualquier deportista: *Los jugadores de rugby suelen ser atletas muy fuertes.*
FAM. Atlético, atletismo. /Decathlon, decatlón, pentathlon, pentatlón.

**atlético, ca** adj. **1.** De los atletas y del atletismo, o relacionado con ellos. **2.** Que tiene el aspecto de un atleta: *Como va todos los días al gimnasio, tiene un cuerpo muy atlético.*
SIN. **1.** Gimnástico.

**atletismo** s. m. Conjunto de deportes basados en la carrera, los saltos y el lanzamiento de pesos y jabalina.

**atmósfera** s. f. **1.** Capa de aire que rodea la Tierra. **2.** Ambiente que rodea a personas y cosas: *En clase se respira una atmósfera de compañerismo.* **3.** Unidad para medir la presión.
SIN. **2.** Clima.
FAM. Atmosférico.

**atmosférico, ca** adj. Que está en la atmósfera o tiene relación con ella.

**atocinarse** v. Quedarse una persona aturdida sin saber cómo actuar: *Aunque se lo sabía todo, se atocinó en el examen y no pudo contestar.*
SIN. Ofuscarse.

**atolladero** s. m. **1.** Lugar donde quedan atascados personas y vehículos. **2.** Situación difícil en la que una persona no sabe qué hacer o qué decir: *Me puso en un atolladero al hacerme esa pregunta.*
SIN. **2.** Aprieto, apuro.

**atolón** s. m. Isla o arrecife de coral en forma de anillo, que tiene un lago interior que comunica con el mar.

**atolondrado, da** adj. **1.** Alocado, que hace las cosas sin pensar: *No seas tan atolondrado y lee bien las preguntas del examen antes de contestar.* **2.** Aturdido, atontado: *El golpe que se dio le dejó medio atolondrado.*
SIN. **1.** Irreflexivo. ANT. **1.** Sensato.

**atolondrarse** v. Aturdirse, no poder pensar con claridad: *Me atolondré y olvidé la cartera en casa.*
SIN. Aturullarse, ofuscarse.
FAM. Atolondrado.

**atómico, ca** adj. Del átomo o de la energía producida con él: *núcleo atómico, armas atómicas.*

**atomizador** s. m. Aparato utilizado para pulverizar un líquido.
SIN. Pulverizador, aerosol, spray.

**átomo** s. m. Partícula más pequeña de un elemento químico que todavía conserva todas sus propiedades.
FAM. Atómico, atomizador.

**atónito, ta** adj. Asombrado, pasmado: *Se quedó atónito cuando me vio maquillada.*
SIN. Patidifuso, estupefacto.

**átono, na** adj. **1.** Se dice de la vocal, sílaba o palabra que se pronuncia sin acento; por ejemplo en la palabra *caballo*, las sílabas *ca* y *llo* son átonas. **2.** Se dice de los pronombres personales que no aparecen nunca solos, sino en compañía de un verbo: *Me animó mucho.*
ANT. **1.** y **2.** Tónico.

**atontado, da** adj. **1.** Tonto. **2.** Aturdido, que no puede pensar con claridad: *Un fuerte golpe en la cabeza me dejó atontado.*
SIN. **1.** Embobado.

**atontamiento** s. m. Estado de la persona que se encuentra atontada.

**atontar** v. Dejar atontado o quedarse atontado: *La música muy alta me atonta.*
SIN. Aturdir.
FAM. Atontado, atontamiento.

**atontolinado, da** adj. Atontado.
SIN. Embobado.

**atorar** v. Atascar: *El lodo atoró la alcantarilla.*
SIN. Obstruir, atrancar. ANT. Desatascar.
FAM. Atorón.

**atormentar** v. Producir un gran dolor o angustia o sentirlos: *La quemadura de la mano le estuvo atormentando toda la tarde. A sus padres les atormentaba la idea de que pudiera tener un accidente.*

**SIN.** Martirizar, mortificar, angustiar. **ANT.** Aliviar, reconfortar.

**atornillar** *v.* **1.** Meter un tornillo dándole vueltas. **2.** Sujetar con tornillos: *Papá atornilló el brazo del sillón que se había roto.*
**ANT. 1.** Desatornillar.
**FAM.** Desatornillar.

**atorón** *s. m.* En México, atasco de tráfico.

**atorrante** *adj.* y *s. m.* En América del Sur, vago, holgazán; también, vagabundo.

**atosigar** *v.* **1.** Meter prisa: *El profesor me atosigó para que entregara el examen.* **2.** Fastidiar a una persona pidiéndole cosas continuamente: *No le atosigues más, ya está buscando lo que le has pedido.* ■ Delante de *e* se escribe *gu* en lugar de *g*: *atosigué.*
**SIN. 1.** Acuciar, apremiar. **2.** Importunar, agobiar, abrumar.

**atracadero** *s. m.* Lugar donde atracan las embarcaciones pequeñas.

**atracador, ra** *s. m.* y *f.* Persona que atraca o asalta para robar: *Cuando llegó la policía, el atracador ya había escapado.*
**SIN.** Asaltante.

**atracar** *v.* **1.** Acercar una embarcación a la costa: *El barco atracó en el puerto.* **2.** Acercarse a una persona o entrar en un lugar para robarlos: *Dos encapuchados atracaron la joyería.* ■ Delante de *e* se escribe *qu* en lugar de *c*: *atraqué.*
**FAM.** Atracadero, atracador, atraco, atracón, atraque.

**atracarse** *v.* Comer o beber en exceso o hacer que alguien lo haga así: *En la boda nos atracamos de marisco.* ■ Delante de *e* se escribe *qu* en lugar de *c*: *No te atraques.*
**SIN.** Inflar, hartar, atiborrar.

**atracción** *s. f.* **1.** Acción de atraer. **2.** Fuerza que atrae a una persona o cosa hacia otra: *Sentía una verdadera atracción por los deportes arriesgados.* **3.** Espectáculo o cosa que sirve para entretener: *parque de atracciones.*
**SIN. 3.** Distracción, diversión.

**atraco** *s. m.* Acción de atracar, asaltar: *Se ha producido un atraco en el banco de la esquina.*
**SIN.** Asalto, robo.

**atracón** *s. m.* **1.** Acción de atracarse o comer mucho: *En su cumpleaños se dio un atracón de pasteles.* **2.** Acción de estudiar, leer, trabajar, en exceso: *Si haces los ejercicios poco a poco, luego no tendrás que darte el atracón.*
**SIN. 1.** y **2.** Panzada.

**atractivo, va** *adj.* **1.** Que atrae o puede atraer: *Es una joven muy atractiva.* ‖ *s. m.* **2.** Lo que atrae de una persona o cosa: *La simpatía y la belleza son sus principales atractivos.*
**SIN. 1.** Seductor. **2.** Encanto, gracia. **ANT. 1.** Repelente.

**atraer** *v.* **1.** Tener algunos cuerpos la propiedad de acercar a otros hacia ellos: *El imán atrae el hierro.* **2.** Llevar o traer hacia sí: *El estreno de la película atrajo a muchos curiosos.* **3.** Gustar, despertar el interés de alguien: *Me atraen los libros de aventuras.* **4.** Ocasionar, provocar: *Su generosidad le atrajo la simpatía de todos.* ■ Es un verbo irregular. Se conjuga como *traer.*
**SIN. 3.** Cautivar, seducir, hechizar. **4.** Acarrear, conllevar. **ANT. 1.** y **3.** Repeler.
**FAM.** Atracción, atractivo, atrayente.

**atragantarse** *v.* **1.** Sentir ahogo una persona por tener atravesado algo en la garganta: *Se atragantó con un hueso de aceituna.* **2.** Resultar algo muy antipático o desagradable: *Se le han atragantado las matemáticas.*
**SIN. 2.** Atravesarse.

**atrancar** *v.* **1.** Cerrar la puerta por dentro con una tranca o barra. **2.** Atascar: *Si dejas desperdicios en los platos atrancarás la pila.* ■ Delante de *e* se escribe *qu* en lugar de *c*: *Atranqué la puerta.*
**SIN. 2.** Obstruir, atorar. **ANT. 1.** y **2.** Desatrancar.
**FAM.** Desatrancar.

**atrapar** *v.* **1.** Coger a una persona o animal, que huye o intenta hacerlo: *La policía atrapó al ladrón. Los niños querían atrapar a una lagartija.* **2.** Coger una cosa: *El portero logró atrapar el balón.* **3.** Conseguir algo bueno.
**SIN. 1.** Apresar, pillar, pescar. **1.** y **2.** Agarrar. **ANT. 1.** Liberar. **1.** y **2.** Soltar.

**atraque** *s. m.* Acción de atracar un barco.

**atrás** *adv.* **1.** En la parte que está a espaldas de la persona que habla o de la que escucha: *Se sentaron atrás.* **2.** Hacia esa parte: *Vente atrás con nosotros.* **3.** En un tiempo pasado: *Al abuelo le gusta recordar aventuras de años atrás.* **4.** Con retraso en comparación con otras personas o cosas: *Debes esforzarte si no quieres quedarte atrás en la clase.*
**SIN. 3.** Antes. **ANT. 1.** Delante, adelante. **3.** Después.
**FAM.** Atrasar.

**atrasado, da** *adj.* **1.** Retrasado, que no ha avanzado lo que sería normal o suficiente: *Está muy atrasado en los estudios.* **2.** De un tiempo pasado: *Tiró las revistas atrasadas.*
**SIN. 1.** Antiguo, pasado. **ANT. 1.** Adelantado. **2.** Actual, moderno.

**atrasar** *v.* **1.** Hacer algo o suceder alguna cosa más tarde de lo que se pensaba o esperaba: *Atrasaron la función de teatro para la próxima semana. Este año se ha atrasado la llegada del buen tiempo.* **2.** Poner un reloj en una hora anterior a la que marca: *Han cambiado la hora y hay que atrasar los relojes.* **3.** Marchar un reloj más despacio de lo normal: *El despertador atrasa.* ‖ **atrasarse 4.** Llegar tarde: *Te has atrasado veinte minutos.* **5.** Quedarse atrás: *En inglés se ha atrasado mucho.*

**SIN. 1.** Aplazar, posponer. **1.** a **5.** Retrasar. **ANT. 1.** a **5.** Adelantar.
**FAM.** Atrasado, atraso.

**atraso** *s. m.* **1.** Retraso: *El tren llegó con dos horas de atraso.* **2.** Hecho de estar atrasada una persona o cosa: *Me parece un atraso no utilizar máquinas para hacer este trabajo.* || *s. m. pl.* **3.** Cantidad de dinero que se debe: *Le pagaron los atrasos del sueldo.*
**SIN. 1.** Demora. **ANT. 1.** Antelación. **1.** y **3.** Adelanto. **2.** Avance. **3.** Anticipo.

**atravesado, da** *adj.* **1.** Cruzado desde un lado a otro de un lugar: *Había un camión atravesado en la autopista.* || *adj.* y *s. m.* y *f.* **2.** Se dice de la persona antipática, de malas intenciones.
**SIN. 2.** Retorcido.

**atravesar** *v.* **1.** Meter o clavar algo en un cuerpo de forma que lo pase de lado a lado: *Leímos en el cuento que los fantasmas atravesaban las paredes. Atravesó el tablero con un clavo.* **2.** Pasar de un lado a otro de un lugar: *atravesar la calle, atravesar un río.* **3.** Poner una persona o cosa delante, de forma que impida el paso: *Un coche se nos atravesó en la carretera.* **4.** Pasar por cierto momento o circunstancia: *Está atravesando la mejor etapa de su vida.* || **atravesarse 5.** Resultar alguien o algo muy antipático o molesto: *Esta lección tan larga se me ha atravesado.* ■ Es un verbo irregular. Se conjuga como *pensar.*
**SIN. 1.** Traspasar, taladrar, perforar. **2.** Cruzar. **3.** Bloquear. **5.** Atragantarse.
**FAM.** Atravesado.

**atrayente** *adj.* Que atrae, que resulta atractivo: *La idea de ir a la playa me parece muy atrayente.*
**SIN.** Sugestivo, tentador.

**atreverse** *v.* Tener valor suficiente para hacer o decir algo: *Joaquín fue el único que se atrevió a cantar en público.*
**SIN.** Aventurarse, arriesgarse, osar. **ANT.** Acobardarse.
**FAM.** Atrevido, atrevimiento.

**atrevido, da** *adj.* y *s. m.* y *f.* **1.** Que se atreve. **2.** Descarado, desvergonzado.
**SIN. 1.** y **2.** Osado. **2.** Fresco. **ANT. 1.** y **2.** Vergonzoso. **2.** Comedido.

**atrevimiento** *s. m.* **1.** Característica de las personas atrevidas o descaradas. **2.** Acción propia de estas personas: *Le pareció un atrevimiento que le preguntases su edad.*
**SIN. 1.** Caradura. **1.** y **2.** Osadía, descaro. **ANT. 1.** Vergüenza.

**atrezo** *s. m.* El decorado y todos los objetos necesarios para una obra de teatro o para una película.

**atribución** *s. f.* **1.** Acción de atribuirle algo a alguien. **2.** Aquello que le permite a una persona su cargo o empleo, o a lo que está obligada: *Convocar las reuniones de vecinos está entre las atribuciones del presidente de la comunidad.*

**atribuir** *v.* Señalar que un hecho, cualidad o cualquier otra cosa corresponde a alguien o algo: *Atribuyeron el accidente a un fallo del motor.* ■ Es un verbo irregular. Se conjuga como *huir.*
**SIN.** Achacar.
**FAM.** Atribución, atributivo, atributo.

**atribular** *v.* Causar mucha pena o preocupación.
**SIN.** Apenar, entristecer, atormentar. **ANT.** Alegrar, consolar.

**atributivo, va** *adj.* **1.** Se dice de las oraciones que tienen verbo copulativo; a veces se dice también de este tipo de verbos. **2.** Se dice del adjetivo que se une directamente al sustantivo como *negro* en *pelo negro.*

**atributo** *s. m.* **1.** Cualidad o propiedad de una persona o cosa: *La simpatía es su mejor atributo.* **2.** Símbolo característico de un personaje: *El tridente es atributo de Neptuno.* **3.** Palabra o grupo de palabras que califican al sujeto de una oración, al que van unidas por medio de los verbos *ser, estar* o *parecer.* Por ejemplo, en la frase *Marta parece muy simpática, muy simpática* es el atributo.
**SIN.** Signo, emblema, distintivo.

**atril** *s. m.* Tablero inclinado sobre el que se colocan libros, partituras de música u otros papeles para poder leerlos más cómodamente.

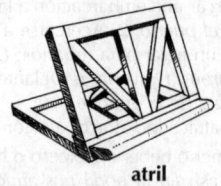

atril

**atrincherarse** *v.* Ponerse en trincheras o en otro lugar semejante para estar a salvo del enemigo: *Los soldados se atrincheraron en la cuneta para protegerse de las balas.*

**atrio** *s. m.* **1.** Espacio cubierto y limitado por columnas que sirve de entrada a algunas iglesias y palacios. **2.** Patio rodeado de arcos o columnas que hay en el interior de algunos edificios.
**SIN. 2.** Claustro.

atrio

**atrocidad** *s. f.* **1.** Crueldad grande o acción muy cruel: *En las guerras se cometen muchas atrocidades.* **2.** Insulto muy ofensivo: *Como estaba muy*

bebido, comenzó a decir atrocidades contra todo el mundo. **3.** Disparate, error grave: *Tu examen está lleno de atrocidades.*
**SIN. 1.** Bestialidad. **1.** a **3.** Barbaridad.

**atrofia** *s. f.* Falta de desarrollo en una parte del cuerpo.
**FAM.** Atrofiar.

**atrofiar** *v.* Producir atrofia o tenerla en alguna parte del cuerpo: *Si no haces ejercicio se te atrofiarán los músculos.*

**atronador, ra** *adj.* Se dice del sonido muy fuerte, que hace daño al oído: *El avión hizo un ruido atronador al despegar.*
**SIN.** Ensordecedor.

**atronar** *v.* Hacer un ruido ensordecedor: *En fiestas, los cohetes atruenan por todo el pueblo.* ■ Es un verbo irregular. Se conjuga como *contar.*
**FAM.** Atronador.

**atropelladamente** *adv.* De forma atropellada: *No le entiendo porque habla atropelladamente.*

**atropellado, da** *adj.* Que habla o actúa con prisas, de forma confusa y desordenada.
**SIN.** Atolondrado, precipitado. **ANT.** Pausado.

**atropellar** *v.* **1.** Pasar un vehículo por encima de una persona o animal, o darles un golpe: *Se salieron de la carretera por no atropellar al perro.* **2.** Empujar para abrirse paso: *¡Oiga, señora, sin atropellar!* || **atropellarse 3.** Hablar o actuar con muchas prisas, de forma confusa o desordenada: *Con los nervios se atropellaba al contárnoslo.*
**SIN. 1.** Pillar, arrollar.
**FAM.** Atropelladamente, atropellado, atropello.

**atropello** *s. m.* **1.** Acción de atropellar o atropellarse: *Vimos un atropello en la calle. Haz el trabajo despacio, sin atropellos.* **2.** Acción injusta o que perjudica a alguien: *Fue un atropello que le echaran del trabajo.*

**atroz** *adj.* **1.** Muy cruel: *Cometieron un crimen atroz.* **2.** Muy grande, tremendo: *Su última película está teniendo un éxito atroz.* **3.** Muy malo, repugnante: *La comida que sirvieron era atroz.* ■ Su plural es *atroces.*
**SIN. 1.** Inhumano, salvaje, brutal. **1.** y **3.** Horrible, espantoso. **2.** Desmesurado, enorme.
**FAM.** Atrocidad.

**atuendo** *s. m.* Ropa que lleva puesta una persona: *Buscó un atuendo muy elegante para la cena de Nochevieja.*
**SIN.** Vestido, indumentaria, atavío, vestimenta.

**atufar** *v.* **1.** Molestar con humos o malos olores: *Deja de atufarme con tu pipa.* **2.** Despedir mal olor: *La bolsa de la basura atufa.*
**SIN. 2.** Apestar.

**atún** *s. m.* Pez marino de gran tamaño, de color negro azulado por el lomo y gris plateado por el vientre. Su carne se utiliza como alimento, fresca o en conserva.
**FAM.** Atunero.

**atunero, ra** *adj.* **1.** Relacionado con el atún: *la industria atunera.* || *adj.* y *s. m.* **2.** Se dice del barco con el que se pescan atunes.

**aturdir** *v.* Dejar a alguien o quedarse una persona en un estado en que le resulta difícil pensar o moverse: *El golpe le aturdió de tal forma que no nos reconocía.*
**SIN.** Atontar, aturullar, confundir, desconcertar.

**aturullar** o **aturrullar** *v.* Confundir a una persona de modo que no sepa qué decir o cómo actuar: *Se aturulló y ya no respondió bien a ninguna pregunta.*
**SIN.** Embarullar.

**atusar** *v.* Arreglar a alguien ligeramente, por ejemplo colocándole el pelo o la ropa: *Se atusó delante del espejo antes de salir.*
**SIN.** Aviar, acicalarse.

**audacia** *s. f.* Característica de las personas audaces, valientes: *A todos nos impresionó la audacia de los bomberos en el incendio.*
**SIN.** Valentía. **ANT.** Cobardía.

**audaz** *adj.* Atrevido, valiente. ■ Su plural es *audaces.*
**SIN.** Arriesgado, osado. **ANT.** Cobarde.
**FAM.** Audacia.

**audible** *adj.* Que se puede oír: *Sube un poco el tono de voz para que lo que dices sea audible por todos.*

**audición** *s. f.* **1.** Capacidad para oír: *A causa del accidente sufre una pérdida de audición en el oído izquierdo.* **2.** Concierto, recital o lectura en público: *Fueron a una audición musical.*
**FAM.** Audible, audiencia, audio, auditivo, auditorio.

**audiencia** *s. f.* **1.** Hecho de recibir y escuchar una persona con autoridad, como un rey o un jefe de Estado, a quienes acuden a él: *El soberano concedió audiencia.* **2.** Conjunto de personas que escuchan o ven un programa de radio o televisión o que asisten a un acto público: *Esta serie televisiva es la de mayor audiencia.* **3.** Juicio en que los interesados pueden exponer sus razones ante el juez. **4.** Tribunal de justicia que actúa en un territorio.
**SIN. 1.** Recepción. **2.** Auditorio, público.

**audífono** *s. m.* Aparato que se colocan los sordos en la oreja, que aumenta la intensidad de los sonidos.
**SIN.** Sonotone.

atún

**audio** *s. m.* Mecanismo o técnica relacionado con la grabación y la reproducción del sonido: *Este televisor tiene un moderno sistema de audio. El grupo musical lleva a sus actuaciones a un magnífico especialista de audio.*

**audiovisual** *adj.* Relacionado al mismo tiempo con el oído y la vista; se dice sobre todo de los medios de comunicación y aprendizaje que combinan imágenes y sonidos: *Aprendió a escribir a máquina con un método audiovisual.*

**auditivo, va** *adj.* Del oído o relacionado con él: *conducto auditivo externo, capacidad auditiva.*

**auditor, ra** *adj. y s. f.* **1.** Se dice de la empresa que se encarga de realizar auditorías a otras empresas u organismos. || *s. m. y f.* **2.** Persona que trabaja haciendo auditorías.

**auditoría** *s. f.* Revisión de las cuentas de una empresa o de un organismo realizada por personas especialistas que no trabajan allí.
**FAM.** Auditor.

**auditorio** *s. m.* **1.** Conjunto de personas que asisten a un concierto, a una conferencia u otros actos similares: *El pianista saludó al auditorio.* **2.** Local destinado para escuchar conciertos y conferencias.
**SIN. 1.** Audiencia, público.

auditorio

**auge** *s. m.* **1.** Momento mejor, más importante o más intenso de alguna cosa: *Aún estaba en el auge de su carrera artística cuando se retiró.* **2.** Importancia o interés: *Los estudios de informática han cobrado aún más auge en los últimos años.*
**SIN. 1.** Apogeo, plenitud, cúspide, cima. **2.** Relevancia, realce, relieve. **ANT. 1.** Ocaso.

**augur** *s. m.* En la antigua Roma, sacerdote que realizaba adivinaciones, por ejemplo, observando el vuelo de los pájaros.

**augurar** *v.* Anunciar algo que aún no ha pasado o decir cómo será el futuro: *Le auguró una vida llena de felicidad.*
**SIN.** Predecir, pronosticar, presagiar, vaticinar.

**augurio** *s. m.* Señal que anuncia buena o mala suerte: *Algunos creen que cruzarse con un gato negro es un mal augurio.*
**SIN.** Presagio, agüero, pronóstico, vaticinio.
**FAM.** Augur, augurar. / Agüero.

**augusto, ta** *adj.* **1.** Muy importante o respetado; se dice sobre todo de algunas personas con mucho poder o autoridad: *Recibieron al augusto presidente con todo tipo de atenciones.* || *s. m.* **2.** Payaso que actúa formando pareja con otro, y que hace el papel de listo.
**SIN. 1.** Honorable, venerable.

**aula** *s. f.* En escuelas, institutos, universidades, sala donde se da clase. ■ Esta palabra se emplea en singular con *el* y *un*: *el aula, un aula;* los otros determinantes se usan en femenino: *esta aula, alguna aula.*

**aulaga** *s. f.* Arbusto de tallos espinosos y flores en racimo de color amarillo, que crece sobre todo en el área mediterránea. Se llama también *aliaga.*

**aullar** *v.* Dar aullidos: *Los lobos aullaban a la luna.*

**aullido** *s. m.* **1.** Sonido agudo y prolongado que emiten algunos animales como los lobos o los perros. **2.** Sonido semejante que hacen otros seres o cosas: *los aullidos del viento. El herido dio un aullido de dolor.*
**SIN. 2.** Bramido.
**FAM.** Aullar.

**aumentar** *v.* Hacer algo más grande, intenso o numeroso: *Hicieron publicidad del nuevo coche para aumentar las ventas. Su alegría aumentaba día a día.*
**SIN.** Crecer, agrandar, ampliar, incrementar, acrecentar. **ANT.** Disminuir, reducir.
**FAM.** Aumentativo, aumento.

**aumentativo, va** *adj. y s. m.* **1.** Se dice de los sufijos que expresan mayor tamaño o intensidad de lo significado por la raíz, como por ejemplo *-ón* (*chuletón*), *-azo* (*buenazo*), *-ote* (*grandote*). || *s. m.* **2.** Palabra a la que se ha añadido este sufijo; por ejemplo *arcón* es el aumentativo de *arca.*
**ANT. 1.** y **2.** Diminutivo.

**aumento** *s. m.* **1.** Acción de aumentar y cosa o cantidad aumentada: *Estaba muy contento con su aumento de sueldo.* **2.** Capacidad de una lente para ampliar la imagen de los objetos: *¿Cuántos aumentos tiene este microscopio?*
**SIN. 1.** Crecimiento, ampliación, incremento. **ANT. 1.** Disminución, reducción.

**aun** *adv.* Incluso, hasta: *Aun los más estudiosos suspendieron el examen.*
**FAM.** Aunque.

**aún** *adv.* Todavía: *Aún no ha llegado. Ramón es aún más dormilón que tú.*

**aunar** *v.* Reunir distintas personas o cosas para conseguir algo: *Tuvieron que aunar esfuerzos para terminar el trabajo.*
**SIN.** Unir, unificar. **ANT.** Separar.

**aunque** *conj.* Indica una dificultad o un inconveniente que no impide que se realice otra cosa: *Saldremos de excursión aunque haga mal tiempo.*

**¡aúpa!** *interj.* Sirve para animar a alguien, por ejemplo para que se levante.
**EXPR. de aúpa** Muy grande, tremendo: *Pilló un constipado de aúpa.* También, de cuidado: *Su hermano es de aúpa, no para de hacer trastadas.*
**FAM.** Aupar.

**aupar** *v.* Levantar a una persona o ayudarla a que lo haga: *Se aupó para mirar por la ventana.*
**SIN.** Encaramarse, alzar.

**aura** *s. f.* **1.** Luz que algunas personas ven alrededor de otras o de ciertos objetos: *Los pintores representaban al Niño Jesús rodeado de un aura dorada.* **2.** Fama especial que tienen algunas personas o cosas: *Esa casa abandonada está rodeada de un aura de misterio.* ■ Esta palabra se emplea en singular con *el* y *un*: *el aura, un aura*; los otros determinantes se usan en femenino: *esta aura, alguna aura.*
**SIN.** **1.** y **2.** Aureola, halo.

**áureo, a** *adj.* De oro o que se parece al oro: *Le llamó la atención el brillo áureo de la decoración del palacio.*
**SIN.** Dorado.
**FAM.** Aureola, aurífero.

**aureola** o **auréola** *s. f.* **1.** Corona circular que rodea algunas cosas, como la que se representa sobre la cabeza de las imágenes de los santos. **2.** Ambiente que rodea a una persona o cosa: *Con todas esas leyendas, existía una aureola de misterio en torno al castillo.*
**SIN.** **1.** Nimbo. **1.** y **2.** Halo. **2.** Atmósfera.

**aurícula** *s. f.* Cada uno de los dos huecos situados en la parte superior del corazón por donde entra la sangre de las venas.
**FAM.** Auricular.

**auricular** *adj.* **1.** Del oído o relacionado con él: *La oreja forma el pabellón auricular.* **2.** De las aurículas o relacionado con ellas: *arteria auricular.* ‖ *s. m.* **3.** Parte del teléfono y de otros aparatos que se acerca al oído para escuchar por ella.

**aurífero, ra** *adj.* y *s. m.* Que contiene oro en su interior: *Muchas personas soñaron con encontrar tierras auríferas. Han descubierto un aurífero subterráneo.*

**auriga** *s. m.* Antiguamente, en Grecia y Roma, hombre que guiaba a los caballos con carruaje en las carreras del circo.

**aurora** *s. f.* Luz débil antes de la salida del sol.
**EXPR. aurora boreal** Claridad que se produce en las regiones del polo norte parecida a la de la aurora. Cuando sucede en el polo sur se llama **aurora austral.**
**SIN.** **1.** Alba, amanecer.

**auscultar** *v.* Escuchar el médico con un instrumento los sonidos producidos en el pecho o en el vientre.

**ausencia** *s. f.* **1.** Hecho de no estar una persona en un lugar o acto: *Me dolió tu ausencia en la fiesta de mi cumpleaños.* **2.** Tiempo en que alguien está ausente: *Estuvo con sus abuelos durante la ausencia de sus padres.* **3.** Falta de algo: *El libro resulta menos atractivo por la ausencia de dibujos.*
**EXPR. brillar** alguien o algo **por su ausencia** No estar donde se esperaba que estuviera.
**SIN.** **1.** Desaparición. **3.** Carencia. **ANT.** **1.** y **3.** Presencia. **3.** Existencia.

**ausentarse** *v.* Dejar de estar alguien en un lugar: *La profesora se ausentó de la clase unos minutos.*
**SIN.** Irse, marcharse. **ANT.** Quedarse.

**ausente** *adj.* **1.** Que no está en un lugar, sobre todo donde vive: *No pudieron darle la carta porque estaba ausente.* **2.** Distraído: *Estaba ausente en clase y no se enteró de la explicación.*
**ANT.** **1.** Presente. **2.** Atento.
**FAM.** Ausencia, ausentarse.

**auspiciar** *v.* Apoyar o ayudar a una persona, una actividad: *Una importante empresa auspicia al equipo de gimnasia. El ayuntamiento de la ciudad auspicia a los pintores que organizan la exposición.*
**SIN.** Patrocinar, proteger.

**auspicio** *s. m.* **1.** Protección, apoyo: *Muchos antiguos caballeros vivían bajo el auspicio del rey.* ‖ *s. m. pl.* **2.** Señales buenas o malas que anuncian algo.
**SIN.** **1.** Tutela, amparo. **2.** Presagios.
**FAM.** Auspiciar.

**austeridad** *s. f.* Característica de la persona o del modo de vida austero: *Los monjes de ese monasterio viven con gran austeridad.*

**austero, ra** *adj.* Que no tiene o no quiere tener más que lo necesario: *Tiene muebles muy austeros, sin ningún adorno.*
**SIN.** Sobrio, moderado, parco. **ANT.** Lujoso.
**FAM.** Austeridad.

**austral** *adj.* Del polo sur, del hemisferio sur o relacionado con esas zonas: *la región austral.*
**SIN.** Antártico. **ANT.** Boreal, ártico.
**FAM.** Australiano.

**australiano, na** *adj.* y *s. m.* y *f.* De Australia, país de Oceanía.

**austriaco, ca** o **austríaco, ca** *adj.* y *s. m.* y *f.* De Austria, país de Europa central.

**autenticidad** *s. f.* Característica de lo que es auténtico: *No hay duda de la autenticidad del cuadro.*
**ANT.** Falsedad.

**auténtico, ca** *adj.* Que es lo que parece o lo que indica su nombre: *Lleva un anillo de diamantes auténticos. Es un auténtico campeón.*
**SIN.** Verdadero, legítimo, genuino. **ANT.** Falso.
**FAM.** Autenticidad, autentificar.

**autentificar** *v.* Decir que algo es auténtico, sobre todo la persona que legalmente puede hacerlo: *Los expertos tratan de autentificar la firma del pintor en el cuadro.* ■ Delante de *e* se escribe *qu* en lugar de *c*: *autentifique.*
SIN. Legalizar.

**autillo** *s. m.* Ave nocturna parecida a la lechuza pero un poco más grande, de color pardo con finas manchas negras, y dos cuernecillos como si fueran orejas a ambos lados de la cabeza.

**autismo** *s. m.* Enfermedad mental que aparece sobre todo en la infancia y se caracteriza por que la persona es incapaz de relacionarse y se encierra en su propio mundo.
FAM. Autista.

**autista** *adj.* **1.** Relacionado con el autismo. ‖ *adj.* y *s. m.* y *f.* **2.** Que tiene autismo.

**auto** *s. m.* Forma abreviada de **automóvil**: *Iba tan contento en su auto nuevo.*
FAM. Autocar, autoescuela, autopista, autovía.

**autoadhesivo, va** *adj.* Que tiene una sustancia para que se pueda pegar fácilmente: *Arreglé el pinchazo de la rueda con un parche autoadhesivo.*

**autobiografía** *s. f.* Escrito, película u otra obra en que el autor cuenta su propia vida.
SIN. Memorias.
FAM. Autobiográfico.

**autobiográfico, ca** *adj.* Se dice de los libros y otras obras en los que el autor cuenta su propia vida: *una película autobiográfica.*

**autobombo** *s. m.* Alabanza exagerada que hace una persona de ella misma: *No creas que sabe tanto, es que se da mucho autobombo.*
ANT. Autocrítica.

**autobús** *s. m.* Vehículo grande para el transporte público de personas en ciudades o de una población a otra y con una ruta fija: *Cogimos el autobús para ir al centro de la ciudad.*

FAM. Bibliobús, bonobús, bus, metrobús, microbús, ómnibus, trolebús.

**autocar** *s. m.* Vehículo grande con asientos para llevar a muchas personas por carretera y de una ciudad a otra o de un lugar cualquiera a otro: *Fuimos de excursión en autocar.*
SIN. Autobús.

**autoclave** *s. m.* Aparato que se cierra herméticamente y que destruye los gérmenes de lo que se mete en él por medio de vapor a muy alta temperatura. Se utiliza sobre todo en clínicas y hospitales.

**autocontrol** *s. m.* Control que una persona tiene de sus propios sentimientos, emociones, deseos: *El autocontrol es necesario para no decir lo que no quieres cuando estás enfadado.*
SIN. Autodominio.

**autocrítica** *s. f.* Opinión que una persona da de sí misma o de algo que ella ha hecho, señalando sus defectos.

**autóctono, na** *adj.* Se dice de las personas o cosas que son del mismo lugar en que están o se producen: *Los habitantes autóctonos de esa región viven en casas de madera.*
SIN. Aborigen, indígena. ANT. Extranjero.

**autodefinido** *s. m.* Pasatiempo parecido a un crucigrama en el que algunas casillas llevan escritas las definiciones de las palabras con las que hay que rellenar las demás casillas en blanco.

**autodeterminación** *s. f.* Derecho que tienen los habitantes de un territorio para elegir su futura situación política.

**autodidacta** *adj.* y *s. m.* y *f.* Se dice de la persona que aprende algo por sí misma, sin ayuda de maestro: *Es un músico autodidacta, nadie le enseñó a tocar el piano.*

**autodominio** *s. m.* Busca **autocontrol**.

**autoescuela** *s. f.* Escuela en la que se enseña a conducir coches, camiones y otros vehículos.

autobús

autocar de dos pisos

**autoestima** *s. f.* Buena opinión o respeto que uno tiene hacia sí mismo: *La autoestima es importante para adquirir confianza en uno mismo.*

**autoestop** *s. m.* Modo de viajar gratis en el vehículo de otra persona a la que se pide que pare en la carretera mediante una señal: *Fuimos a Valencia haciendo autoestop.* ■ Se dice también *autostop.*
FAM. Autoestopista, autostop, autostopista.

**autoestopista** *s. m.* y *f.* Persona que viaja haciendo autoestop. ■ Se dice también *autostopista.*

**autoevaluación** *s. f.* Calificación que una persona hace de algo realizado por ella misma: *Los alumnos hicieron en clase una autoevaluación de sus ejercicios.*

**autogestión** *s. f.* Forma de llevar una empresa en la que son los propios trabajadores los que la dirigen.

**autogiro** *s. m.* Aeronave sin alas con una hélice delante y otra en la parte de arriba, que le permite sostenerse en el aire, subir y bajar.

**autogobierno** *s. m.* Gobierno autónomo de un pueblo, país o territorio.
SIN. Autonomía.

**autogol** *s. m.* En el fútbol, gol que un jugador marca por error en su propia portería.

**autógrafo, fa** *adj.* y *s. m.* **1.** Escrito a mano por el mismo autor: *Se conservan varias cartas autógrafas de ese antiguo escritor.* ‖ *s. m.* **2.** Firma de una persona, sobre todo si es famosa.

**autómata** *s. m.* **1.** Máquina que imita la figura y los movimientos humanos. **2.** Persona que hace las cosas mecánicamente, sin pensarlas.
SIN. **1.** Robot.

**automáticamente** *adv.* De manera automática: *Las fotocopias se hacen automáticamente en esa máquina. En cuanto le pide dinero a su abuela, automáticamente se lo da.*

**automático, ca** *adj.* **1.** Que funciona totalmente o en parte por sí solo: *Me he comprado una cámara de fotos automática.* **2.** Que se hace mecánicamente, sin pensar: *Nos hizo un saludo automático, pero estoy segura de que no nos reconoció.* **3.** Que cuando se dan algunas circunstancias ocurre siempre o de la misma manera: *Es automático, cuando me acuerdo de coger el paraguas, no llueve.* ‖ *s. m.* **4.** Cierre formado por dos piezas circulares, una de ellas con un saliente que encaja a presión en el entrante de la otra. Suele usarse para la ropa. **5.** Interruptor en un circuito eléctrico que en determinadas ocasiones corta la corriente como medida de seguridad.
SIN. **2.** Mecánico. ANT. **2.** Consciente.
FAM. Autómata, automáticamente, automatismo, automatizar.

**automatismo** *s. m.* **1.** Mecanismo que funciona de forma automática: *Las máquinas actuales incorporan numerosos automatismos.* **2.** Realización de algunos actos o movimientos de forma involuntaria, como por ejemplo la respiración.

**automatizar** *v.* Emplear en una empresa o industria máquinas y procedimientos automáticos que sustituyen el trabajo de las personas: *Se ha automatizado mucho la fabricación de coches.* ■ Delante de *e* se escribe *c* en lugar de *z*: *automaticé.*

**automedicarse** *v.* Tomar medicinas por decisión propia, sin consultarlo antes con el médico: *Automedicarse puede llegar a ser peligroso para la salud.* ■ Delante de *e* se escribe *qu* en lugar de *c*: *No te automediques.*

**automoción** *s. f.* **1.** La industria del automóvil. **2.** Parte de la mecánica que se ocupa de las máquinas que funcionan con un motor y, sobre todo, de los automóviles.

**automóvil** *s. m.* Vehículo sobre ruedas que se mueve con un motor y circula por tierra sin necesidad de vías o carriles.
SIN. Coche, auto, turismo.
FAM. Auto, automoción, automovilismo, automovilista, automovilístico.

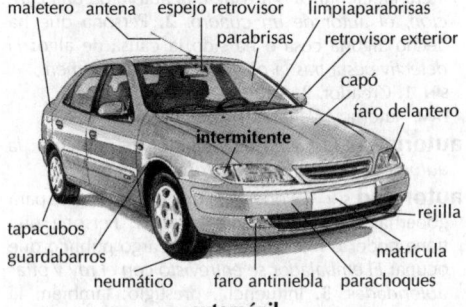

maletero   antena   espejo retrovisor   limpiaparabrisas
parabrisas   retrovisor exterior
capó
faro delantero
intermitente
rejilla
tapacubos
guardabarros   matrícula
neumático   faro antiniebla   parachoques
**automóvil**

**automovilismo** *s. m.* **1.** Deporte que consiste en hacer carreras con automóviles. **2.** Conjunto de conocimientos sobre la construcción, funcionamiento y conducción de los automóviles.

**automovilista** *s. m.* y *f.* Persona que conduce un automóvil.

**automovilístico, ca** *adj.* De los automóviles o del automovilismo: *Trabaja en la industria automovilística. Se celebró una carrera automovilística.*

**autonomía** *s. f.* **1.** Libertad o independencia que tiene una persona, agrupación o territorio: *Tiene autonomía económica con lo que gana en su trabajo y no necesita pedir dinero a sus padres.* **2.** En España, comunidad autónoma.
ANT. **1.** Dependencia.
FAM. Autonómico, autónomo.

**autonómico, ca** *adj.* De la autonomía o de la comunidad autónoma o relacionado con ellas: *Veo mi programa favorito en el canal autonómico de Andalucía.*

**autónomo, ma** *adj.* **1.** Que tiene autonomía: *Tienes que ser autónomo, no necesitas que esté el profesor encima para estudiar.* || *adj.* y *s. m.* y *f.* **2.** Se dice de la persona que trabaja por su cuenta y no en una empresa.
**EXPR. comunidad autónoma** Cada una de las comunidades españolas que tienen capacidad para resolver determinados asuntos en sus territorios.
**SIN. 1.** Independiente.

**autopase** *s. m.* En algunos deportes, pase que se hace a sí mismo un jugador, adelantando la pelota para regatear a un contrario.

**autopista** *s. f.* Carretera con varios carriles, separados para cada uno de los sentidos y sin cruces, a la que sólo se puede entrar por los lugares establecidos.

**autopropulsado, da** *adj.* Se dice de la máquina que se desplaza por sí misma, movida por un motor: *un vehículo autopropulsado.*

**autopsia** *s. f.* Examen médico de un cadáver para conocer la causa de su muerte.

**autor, ra** *s. m.* y *f.* **1.** Persona que hace una obra literaria, científica o artística: *la autora de una canción, el autor de un cuadro.* **2.** Persona que ha hecho alguna cosa o ha sido la causa de algo: *El detective está tras la pista del autor del crimen.*
**SIN. 1.** Creador. **2.** Artífice.
**FAM.** Autoría. / Cantautor, coautor.

**autoría** *s. f.* El hecho de ser autor de una cosa: *la autoría de un crimen, la autoría de un cuadro.*

**autoridad** *s. f.* **1.** Poder que una persona tiene para gobernar o mandar sobre otras. **2.** Persona que tiene poder o mando debido al cargo público que ocupa: *El embajador se entrevistó con el rey y otras autoridades.* **3.** Influencia, prestigio; también, la persona que lo tiene: *Nadie duda de su autoridad en pintura. Ese profesor es una autoridad en física.* **4.** Capacidad de una persona para que otras la obedezcan: *Está perdiendo autoridad sobre sus hijos.*
**FAM.** Autoritario.

**autoritario, ria** *adj.* y *s. m.* y *f.* Que intenta imponer su autoridad sin permitir que nadie le discuta nada.
**SIN.** Déspota, intolerante. **ANT.** Tolerante, comprensivo.
**FAM.** Autoritarismo.

**autoritarismo** *s. m.* Característica de autoritario: *El pueblo se rebeló contra el autoritarismo del gobierno.*
**SIN.** Tiranía, intolerancia. **ANT.** Democracia, libertad.

**autorización** *s. f.* Permiso para hacer algo dado por personas que tienen autoridad o poder: *Con la autorización de tus padres, podrás ir al viaje de fin de curso.*
**SIN.** Consentimiento, aprobación.

**autorizado, da** *adj.* **1.** Que tiene autorización o está permitido: *Estoy autorizado para salir antes de la hora. Su falta a clase está autorizada.* **2.** Que merece ser creído o respetado: *Es un autorizado especialista en cohetes espaciales.*
**SIN. 2.** Acreditado. **ANT. 1.** Desautorizado.

**autorizar** *v.* Dar autorización o permiso para hacer algo. ■ Delante de *e* se escribe *c* en lugar de *z*: *Pedirá al director que le autorice a salir.*
**SIN.** Permitir, facultar. **ANT.** Prohibir.
**FAM.** Autorización, autorizado. / Desautorizar.

**autorretrato** *s. m.* Retrato de una persona hecho por ella misma.

**autorreverse** *adj.* y *s. m.* Se dice del casete que, cuando ha terminado una cara de la cinta, comienza

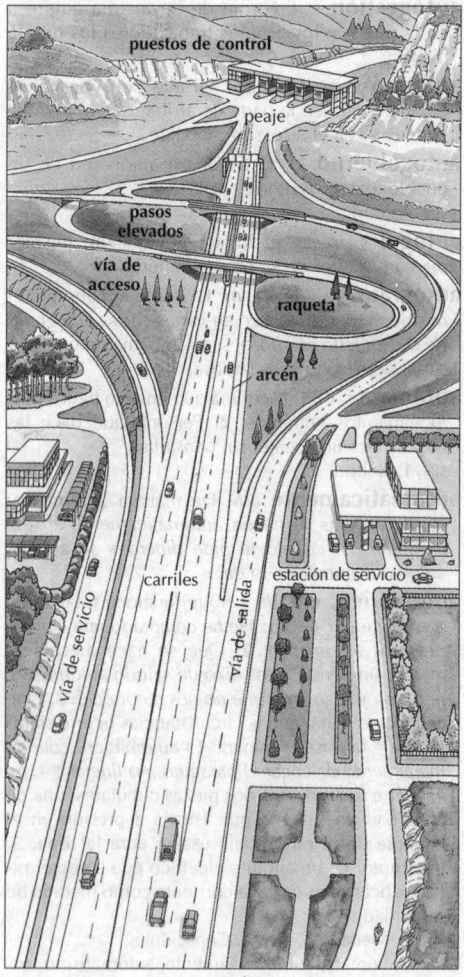

autopista

automáticamente la otra y, también, del mecanismo que realiza esa función. ■ Es una palabra inglesa.

**autoservicio** *s. m.* Tienda o restaurante donde el cliente coge las cosas que desea y luego las paga a la salida.

**autostop** *s. m.* Busca **autoestop**.

**autostopista** *s. m. y f.* Busca **autoestopista**.

**autosuficiencia** *s. f.* **1.** Hecho de ser autosuficiente, de valerse uno por sí mismo: *Luis demostró su autosuficiencia cuando vivía solo.* **2.** Actitud del que se cree mejor o más listo, y que no necesita a nadie: *Me fastidia tanta autosuficiencia: se piensa que lo sabe todo.*
SIN. **1.** Autonomía, independencia. **2.** Suficiencia, soberbia, presunción ANT. **1.** Dependencia. **2.** Humildad.

**autosuficiente** *adj.* **1.** Que puede vivir o arreglárselas solo, sin ayuda: *En el pueblo somos autosuficientes: cultivamos todo lo necesario.* **2.** Que es muy soberbio y desprecia a los demás.
SIN. **1.** Autónomo. **2.** Orgulloso, suficiente, engreído, presuntuoso. ANT. **1.** Dependiente. **2.** Modesto, sencillo.
FAM. Autosuficiencia.

**autosugestión** *s. f.* Acción de autosugestionarse: *Muchas personas creen ver ovnis por pura autosugestión.*
SIN. Sugestión, obsesión, imaginación.

**autosugestionarse** *v.* Convencerse uno a sí mismo de que es verdad una cosa que se imagina: *Le da miedo volar porque se autosugestiona y cree que el avión se va a estrellar.*
SIN. Sugestionarse, obsesionarse.
FAM. Autosugestión.

**autótrofo, fa** *adj.* Se dice de los seres vivos que fabrican sus propios alimentos, como las plantas clorofílicas, a diferencia de los heterótrofos, que deben alimentarse de otros seres vivos.

**autovía** *s. f.* Carretera parecida a la autopista, pero sin alguna de las características que suele tener la autopista.

**auxiliar**[1] *v.* Dar o prestar auxilio: *Llegaron varias ambulancias para auxiliar a los heridos.*
SIN. Ayudar, amparar, asistir. ANT. Desamparar, abandonar.

**auxiliar**[2] *adj. y s. m.* **1.** Que auxilia o ayuda: *El ordenador es un buen auxiliar de los estudiantes.* **2.** Se dice de una clase de verbos, como *haber*, que forma los tiempos compuestos: *He venido.* **Hemos terminado**; *ser*, que se usa en la voz pasiva: *Soy amado.* **Fueron encontrados**; y otros verbos como *echar, estar, ir*, que pueden formar perífrasis verbales: *Echó a correr.* **Va a comprarse una bici.** ‖ *s. m. y f.* **3.** Persona que ayuda a otra o colabora con ella: *Estudia para auxiliar de clínica.*
SIN. **1.** Accesorio, complemento. **3.** Ayudante.

**auxilio** *s. m.* **1.** Ayuda que se pide o se da a alguien: *Fue en su auxilio porque no sabía nadar. Unos montañeros prestaron auxilio a los excursionistas que se habían perdido.* ‖ *¡auxilio!* *interj.* **2.** Voz que lanza la persona que está en peligro para que la ayuden.
EXPR. *primeros auxilios* Primeros cuidados que se prestan a alguien que necesita atención médica antes de que le vea un médico o le lleven a un hospital.
SIN. **1.** Amparo. **1.** y **2.** Socorro. ANT. **1.** Desamparo, abandono.
FAM. Auxiliar[1], auxiliar[2].

**aval** *s. m.* El hecho de comprometerse una persona a pagar un préstamo que ha pedido otra en el caso de que ésta no pueda hacerlo: *En el banco le pidieron un aval al solicitar un crédito.*
FAM. Avalar.

**avalancha** *s. f.* Alud.

**avalar** *v.* **1.** Servir de aval a una persona: *Si le avala, le concederán el préstamo.* **2.** Demostrar o dejar claro que alguien o algo tienen buenas cualidades: *Varios premios avalan a ese escritor.*
SIN. **2.** Acreditar. ANT. **2.** Desacreditar, desprestigiar.

**avance** *s. m.* **1.** Acción de avanzar: *El defensa paró el avance del delantero.* **2.** Progreso: *El profesor observa el avance de los alumnos.* **3.** Muestra breve de una cosa que luego se va a desarrollar más ampliamente: *Escuché el avance informativo. Vimos un avance de la moda de verano.*
SIN. **2.** Desarrollo. ANT. **1.** Retroceso. **2.** Atraso.

**avante** *adv.* Adelante. ■ Se usa sobre todo en el lenguaje marinero: *¡Avante a toda máquina!*

**avanzada** *s. f.* Grupo de soldados que se separan de los demás para observar de cerca al enemigo, explorar o evitar que les ataquen por sorpresa.

**avanzadilla** *s. f.* Pequeño grupo de soldados que se adelanta a la avanzada para observar al enemigo o para explorar el terreno.

**avanzado, da** *adj.* **1.** Se dice de la edad de una persona anciana: *A causa de su avanzada edad necesita la ayuda de sus hijos.* **2.** Que hace tiempo que comenzó o le queda poco para terminar: *El curso está ya muy avanzado. Llevo el resumen muy avanzado; hoy lo acabaré.* **3.** Que destaca entre otras personas o las aventaja: *Tu hija está muy avanzada en lectura.* **4.** Se dice de la persona que, con respecto a su época, tiene unas ideas muy modernas o progresistas; también, se dice de estas ideas.
SIN. **2.** y **3.** Adelantado. **4.** Liberal. ANT. **2.** y **3.** Retrasado. **2.** a **4.** Atrasado. **4.** Anticuado, retrógrado.

**avanzar** *v.* **1.** Mover hacia adelante: *Avanza el pie izquierdo.* **2.** Ir hacia adelante: *Los corredores avanzaron hacia la meta.* **3.** Transcurrir un periodo de tiempo: *Según avanzaban los años, los dos amigos estaban más unidos.* **4.** Progresar, mejorar: *Ana avanza en su curso de peluquería.* ■ Delante de *e* se escribe *c* en lugar de *z*: *Yo avancé.*

**SIN. 1.** y **4.** Adelantar. **3.** Pasar. **4.** Prosperar. **ANT. 1.** Retirar. **2.** Retroceder. **4.** Empeorar, estancarse.
**FAM.** Avance, avanzada, avanzadilla, avanzado. / Avante.

**avaricia** *s. f.* Ansia de tener y guardar riquezas.
**EXPR. con avaricia** Muy, mucho: *Es feo con avaricia.*
**SIN.** Codicia. **ANT.** Generosidad.

**avaricioso, sa** *adj.* y *s. m.* y *f.* **1.** Que tiene avaricia. **2.** Egoísta: *No seas avaricioso; con esa cometa también tienen que jugar tus hermanos.*
**SIN. 1.** Avariento, avaro, codicioso. **ANT. 1.** Generoso.

**avariento, ta** *adj.* y *s. m.* y *f.* Que tiene avaricia.
**SIN.** Avaricioso, avaro, codicioso. **ANT.** Generoso.

**avaro, ra** *adj.* y *s. m.* y *f.* Que se preocupa demasiado por acumular dinero y no gastar nada.
**SIN.** Avaricioso, avariento, codicioso. **ANT.** Generoso.
**FAM.** Avaricia, avaricioso, avariento.

**avasallador, ra** *adj.* Que avasalla: *Tiene un carácter avasallador, no te deja ni hablar.*
**SIN.** Arrollador.

**avasallar** *v.* **1.** Actuar sin tener en cuenta los derechos de los demás: *Hay que aprender a convivir con la gente y no ir por la vida avasallando.* **2.** Imponerse alguien sobre otros, dominarlos o vencerlos totalmente: *Nuestra selección avasalló a Francia en un encuentro amistoso.*
**SIN. 1.** Atropellar. **2.** Arrollar, apabullar, aplastar.
**FAM.** Avasallador.

**avatares** *s. m. pl.* Cambios y cosas diferentes que van ocurriendo: *Ayer era sólo una estudiante y hoy es una gran artista. ¡Los avatares de la vida!*
**SIN.** Vuelta.

**ave** *s. f.* Animal vertebrado que tiene el cuerpo cubierto de plumas, alas y pico y se reproduce por huevos. ■ Esta palabra se emplea en singular con *el* y *un*: *el ave, un ave*; los otros determinantes se usan en femenino: *esta ave, alguna ave.*
**FAM.** Avefría, avetoro, avicultura, avión[1].

**avecinarse** *v.* Aproximarse, estar cerca: *Se avecinan tormentas. Se avecina una discusión.*

**avefría** *s. f.* Ave que tiene la cabeza negra con un penacho largo detrás, el dorso verde, el pecho negro y el vientre blanco. ■ Esta palabra se emplea en singular con *el* y *un*: *el avefría, un avefría*; los otros determinantes se usan en femenino: *esta avefría, alguna avefría.*

**avejentar** *v.* Hacer que una persona parezca más vieja de lo que es: *Sólo tiene treinta años, pero el pelo blanco le avejenta mucho.*
**SIN.** Aviejar. **ANT.** Rejuvenecer.

**avellana** *s. f.* Fruto del avellano, que tiene una cáscara casi redonda de color marrón y una semilla comestible en su interior.
**FAM.** Avellano.

**avellano** *s. m.* Arbusto de tres o cuatro metros de alto, de madera dura y flexible; su fruto es la avellana.

loro

pelícano

autillo

tucán

grulla

avestruz

cigüeña

paloma

gaviota

gallo

pato

**aves**

**avemaría** *s. f.* Oración a la Virgen María que comienza con las palabras «*Dios te salve María...*». ■ Esta palabra se emplea en singular con *el* y *un*: *el avemaría, un avemaría*; los otros determinantes se usan en femenino: *esta avemaría, alguna avemaría*.

**avena** *s. f.* Planta parecida al trigo y la cebada; sus granos se emplean en alimentación y para fabricar cremas y jabones.

**avenida** *s. f.* **1.** Calle ancha de una ciudad. **2.** Crecida brusca y violenta de las aguas de un río. SIN. **1.** Alameda, bulevar, paseo. **2.** Inundación, riada, arroyada.

**avenido, da** *adj.* Se dice de las personas que tienen una relación buena o mala: *Los hermanos están tan bien avenidos que nunca se separan. Son unos vecinos muy mal avenidos; no pueden ni verse.*

**avenirse** *v.* **1.** Volver a llevarse bien los que se habían enfadado o enfrentado: *Ya se han avenido y ahora son tan amigos como siempre.* **2.** Entenderse o llevarse bien con alguien: *¿Qué tal te avienes con tus compañeros?* **3.** Aceptar lo que otro pide o quiere: *Al final se avino a vendernos la casa.* ■ Es un verbo irregular. Se conjuga como *venir*. SIN. **1.** Reconciliarse, arreglarse. **3.** Acceder, consentir, transigir. ANT. **1.** Pelearse, enemistarse. **3.** Negarse, rehusar. FAM. Avenido.

**aventajado, da** *adj.* Que aventaja a los demás en alguna cosa: *Es un alumno aventajado en los idiomas.* SIN. Adelantado. ANT. Atrasado.

**aventajar** *v.* Sacar ventaja a otra persona en algo: *El segundo corredor aventajó pronto al primero. En matemáticas aventaja a todos sus compañeros.* SIN. Sobrepasar, superar, adelantar. FAM. Aventajado.

**aventar** *v.* Echar al viento los granos para separarlos de la paja. ■ Es un verbo irregular. Se conjuga como *pensar*.

**aventura** *s. f.* **1.** Suceso extraordinario y emocionante: *Pasamos por muchas aventuras durante nuestro viaje.* **2.** Relación amorosa corta y poco importante: *Tuvo una aventura con una actriz muy famosa.* SIN. **1.** Peripecia. **2.** Amorío, romance. FAM. Aventurado, aventurar, aventurero.

**aventurado, da** *adj.* Arriesgado: *Es muy aventurado salir a navegar solo.* SIN. Peligroso. ANT. Seguro.

**aventurar** *v.* Arriesgar, atreverse: *A pesar de la tormenta, nos aventuramos a salir en barco.* SIN. Exponer.

**aventurero, ra** *adj.* y *s. m.* y *f.* **1.** Que le gustan las aventuras: *Su espíritu aventurero le llevó a viajar por todo el mundo.* **2.** Se dice de la persona que se gana la vida o trata de triunfar por medios poco honrados. SIN. **1.** Arriesgado, atrevido.

**avergonzar** *v.* Producir vergüenza o sentirla: *Se avergonzó de haber mentido.* ■ Delante de *e* se escribe *c* en lugar de *z*. Es un verbo irregular. Se conjuga como *contar*. SIN. Abochornar.

**avería** *s. f.* Daño o rotura en una máquina que impide que siga funcionando con normalidad: *Tuvimos que subir andando a causa de una avería en el ascensor.* ANT. Reparación. FAM. Averiar.

**averiar** *v.* Producir una avería o tenerla: *Se ha averiado el motor del coche.* SIN. Romper, estropear, descacharrar. ANT. Reparar, arreglar.

**averiguación** *s. f.* Lo que se hace para averiguar algo: *El detective hizo algunas averiguaciones para descubrir al asesino.* SIN. Investigación, pesquisa.

**averiguar** *v.* Llegar a descubrir o saber una cosa: *Ya he averiguado dónde arreglan las máquinas de fotos. Tengo que averiguar la solución de este problema de matemáticas.* SIN. Descubrir, enterarse, indagar. FAM. Averiguación.

**aversión** *s. f.* Odio o antipatía que se tiene a alguien o algo: *Siento una gran aversión hacia los insectos.* SIN. Repugnancia, asco, manía. ANT. Simpatía, afición.

**avestruz** *s. m.* Ave con el cuello muy largo y patas largas y fuertes que le permiten correr muy deprisa. Tiene alas, aunque no puede volar, y es la más grande de las aves. ■ Su plural es *avestruces*.

**avetoro** *s. m.* Ave de gran tamaño que tiene el plumaje pardo amarillento, la parte superior de la cabeza negra y el pico largo y recto; vive en pantanos y marismas, y su canto recuerda al mugido de un toro.

**avezado, da** *adj.* Que tiene mucha experiencia o está acostumbrado a algo: *Es una travesía peligrosa incluso para los marinos más avezados.* SIN. Experimentado, curtido, experto. ANT. Inexperto, novato.

**aviación** *s. f.* Sistema de transporte aéreo por medio de aviones.

**aviado, da** *adj.* **1.** Arreglado, preparado: *Inés está aviada y lista para salir.* **2.** Que está equivocado o en una situación difícil: *Estás aviado si crees que vas a salirte con la tuya. Ana está aviada, acaba de romperse una pierna.*

**aviador, ra** *s. m.* y *f.* Persona que pilota un avión. SIN. Piloto.

**aviar** *v.* Poner limpio y arreglado: *Ya me he aviado para salir.* SIN. Arreglar, acicalarse, adecentar. FAM. Aviado, avío.

**avícola** *adj.* De la avicultura o cría de las aves o relacionado con ella.

**avicultor, ra** *s. m.* y *f.* Persona que se dedica a la cría de las aves.

**avicultura** *s. f.* Actividad que consiste en criar aves y aprovechar sus productos.
FAM. Avícola, avicultor.

**avidez** *s. f.* Deseo muy grande: *Comía con avidez.* ■ Su plural es *avideces.*
SIN. Ansia.

**ávido, da** *adj.* Que desea algo intensamente: *Ávido de nuevas aventuras, decidió hacer un safari fotográfico por África.*
SIN. Deseoso, ansioso, codicioso. ANT. Saciado, harto.
FAM. Avidez.

**aviejar** *v.* Hacer vieja a una persona o hacer que parezca más vieja: *Lleva una ropa que le avieja bastante.*
SIN. Avejentar. ANT. Rejuvenecer.

**avieso, sa** *adj.* Malvado: *Por fortuna, descubrimos a tiempo sus aviesas intenciones.*
SIN. Perverso, maligno, depravado. ANT. Bondadoso, inocente.

**avinagrado, da** *adj.* **1.** Agrio: *un vino avinagrado.* **2.** De mal humor: *Siempre ha sido una persona avinagrada, nunca se ríe.*
SIN. **1.** y **2.** Agriado. **2.** Malhumorado.

**avinagrarse** *v.* **1.** Ponerse agria una cosa, especialmente el vino. **2.** Volverse malhumorada una persona o su carácter.
FAM. Avinagrado.

**avío** *s. m.* **1.** Acción de aviar: *Tardó más de una hora en el avío de la casa.* **2.** Utilidad o provecho de algo: *No tires esa cartera, todavía le hace buen avío.* **3.** Comida: *Le encargó el avío para el cocido.* ‖ *s. m. pl.* **4.** Utensilios necesarios para algo: *Si me traes los avíos de coser, te arreglaré el vestido.*
SIN. **1.** Arreglo, limpieza. **2.** Servicio. **3.** Provisión. **4.** Instrumentos, útiles.

**avión**[1] *s. m.* Vehículo con alas capaz de volar gracias a la acción de uno o varios motores.
EXPR. **avión comercial** El destinado al transporte de pasajeros y mercancías.
SIN. Aeroplano, aeronave.
FAM. Aviación, aviador, avioneta. / Hidroavión, portaaviones.

**avión**[2] *s. m.* Pájaro parecido al vencejo y la golondrina.

**avioneta** *s. f.* Avión pequeño, con un motor de poca potencia.

**avisar** *v.* **1.** Comunicar, hacer saber una cosa: *El portero avisó a todos los vecinos de que iban a cortar el agua.* **2.** Advertir o dar consejos: *Te aviso que, si no comes más, vas a enfermar.* **3.** Llamar a alguien para que preste un servicio: *Avisé al fontanero para que arreglara el grifo.*
SIN. **1.** Informar, anunciar. **2.** Prevenir.
FAM. Aviso. / Preaviso.

**aviso** *s. m.* **1.** Acción de avisar: *Me dieron el aviso por teléfono.* **2.** Escrito para hacer saber algo a una persona: *Han puesto un aviso en el tablón de anuncios.*
EXPR. **sobre aviso** Avisado o prevenido de algo.
SIN. **1.** Comunicación, anuncio, advertencia.

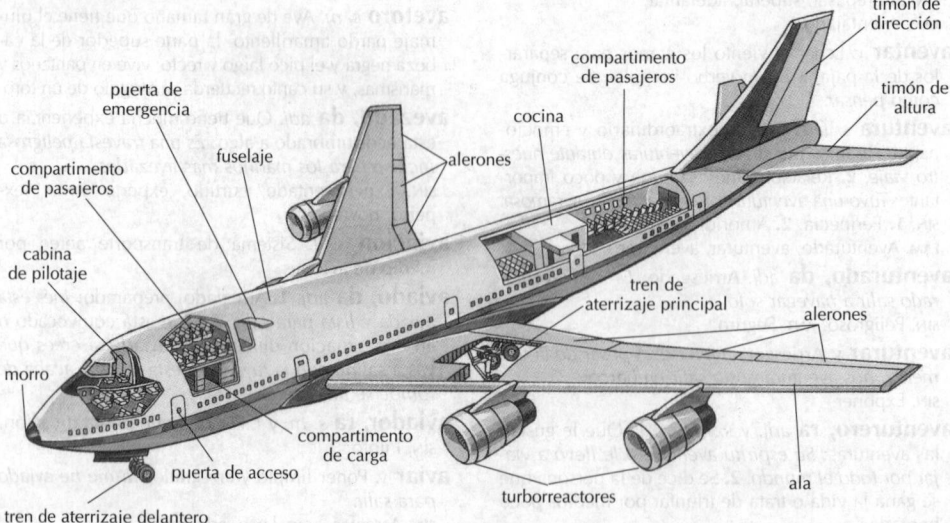

**avión**

- timón de dirección
- timón de altura
- compartimento de pasajeros
- cocina
- puerta de emergencia
- fuselaje
- alerones
- compartimento de pasajeros
- cabina de pilotaje
- tren de aterrizaje principal
- alerones
- morro
- compartimento de carga
- puerta de acceso
- tren de aterrizaje delantero
- turborreactores
- ala

**avispa** *s. f.* Insecto de cuerpo amarillo y bandas negras, que tiene un aguijón con el que causa una picadura muy dolorosa. Vive en grupos organizados y fabrica sus nidos en los huecos de los árboles o en otros sitios escondidos.
FAM. Avispero.

**avispado, da** *adj.* Listo, despabilado.
SIN. Espabilado, astuto, despierto. ANT. Torpe.

**avispero** *s. m.* **1.** Nido de avispas. **2.** Conjunto de avispas.

**avistar** *v.* Conseguir ver algo que está lejos: *Desde el barco avistamos la costa mediterránea.*
SIN. Divisar, atisbar.

**avituallamiento** *s. m.* Acción de avituallar: *El avituallamiento de los ciclistas se realizó a sesenta kilómetros de la meta.*
SIN. Abastecimiento, suministro, aprovisionamiento.

**avituallar** *v.* Llevar alimentos a una persona o grupo: *Avituallaron a las tropas durante la noche.*
SIN. Abastecer, aprovisionar, suministrar.
FAM. Avituallamiento.

**avivar** *v.* Hacer más viva o intensa una cosa: *El viento avivó el fuego. Avivó la marcha para llegar al pueblo antes del anochecer.*
SIN. Estimular. ANT. Apagar.
FAM. Reavivar.

**avizor** Se usa en la expresión **ojo avizor**, que significa 'atento, muy pendiente': *La policía estaba ojo avizor por si aparecían los delincuentes.*

**avoceta** *s. f.* Ave de patas largas, plumaje blanco con franjas negras y pico largo y curvado hacia arriba.

**avutarda** *s. f.* Ave zancuda de carrera rápida, pero poco ágil volando, que tiene el dorso rojizo con líneas negras, el pecho castaño y el vientre y la cabeza blancos.

**axila** *s. f.* Cavidad que forma el brazo al unirse con el hombro.
SIN. Sobaco.

**axioma** *s. m.* Afirmación o principio que se admite como una verdad: *A medida que avanza la ciencia, algunos axiomas son rechazados.*
SIN. Postulado.

**¡ay!** *interj.* Expresa dolor o sorpresa.

**ayatola** o **ayatolá** *s. m.* Título que se da a algunos jefes religiosos musulmanes. ■ Es una palabra árabe.

avión    avispa    avutarda

**ayer** *adv.* **1.** En el día inmediatamente anterior al de hoy: *Ayer dormí muy mal.* **2.** En tiempo pasado: *Lo que ayer se llevaba hoy está pasado de moda.* ‖ *s. m.* **3.** Tiempo pasado: *El abuelo siempre está recordando el ayer.*
FAM. Anteayer.

**ayo, aya** *s. m.* y *f.* Antiguamente, persona encargada del cuidado y educación de un niño en su casa. ■ *Aya* se emplea en singular con *el* y *un*: *el aya, un aya*; los otros determinantes se usan en femenino: *esta aya, alguna aya.*

**ayuda** *s. f.* **1.** Acción de ayudar: *Tu ayuda me sirvió de mucho.* **2.** Lo que se da a alguien para ayudarle, en especial una cantidad de dinero: *La abuela me dio una ayuda para comprarme la bici.*
EXPR. **ayuda de cámara** Criado que está al servicio de una persona importante y se encarga sobre todo del cuidado de su ropa.
SIN. **1.** Auxilio, apoyo.

**ayudante** *adj.* y *s. m.* y *f.* Se dice de la persona que tiene como trabajo o función ayudar a otra de quien depende: *El médico visitó a los enfermos acompañado de su ayudante.*
SIN. Auxiliar.

**ayudar** *v.* **1.** Hacer algo en favor de alguien para que salga de un peligro, haga una cosa que solo no podría o le cueste menos trabajo: *Ayúdame, que me caigo. Ayudó a su madre a hacer la limpieza.* ‖ **ayudarse 2.** Utilizar una cosa para hacer algo más fácilmente: *Su abuelo se ayudaba con un bastón para andar.*
SIN. **1.** Colaborar, cooperar; auxiliar, socorrer; asistir. ANT. **1.** Estorbar; perjudicar.
FAM. Ayuda, ayudante.

**ayunar** *v.* Comer y beber muy poco o nada durante un tiempo por recomendación del médico, para cumplir un mandato religioso o por otro motivo.

**ayunas** Se usa en la expresión **en ayunas**, que significa 'sin haber comido nada': *Para hacerte el análisis de sangre tienes que ir en ayunas.*

**ayuno** *s. m.* Hecho de no tomar alimentos o comer muy poco: *Todas las semanas hace un día de ayuno para no engordar.*
FAM. Ayunar, ayunas. / Desayuno.

**ayuntamiento** *s. m.* **1.** Grupo de personas formado por el alcalde y los concejales que gobiernan en un pueblo o ciudad. **2.** Edificio donde se reúnen y trabajan esas personas.
SIN. **1.** Concejo.

**azabache** *s. m.* Mineral de color negro y brillante, que se usa para hacer collares y otros adornos.

**azada** *s. f.* Instrumento formado por una pala de filo cortante con un mango perpendicular a ella, que se utiliza en la agricultura para cavar y remover la tierra.
FAM. Azadón.

**azadón** *s. m.* Instrumento de agricultura parecido a la azada, con la pala más larga que ancha y un poco curva.

**azafata** *s. f.* **1.** Mujer que trabaja en aviones y aeropuertos y se encarga de atender a los viajeros. **2.** Mujer que se encarga de atender al público en conferencias, exposiciones o reuniones: *Mi hermana es azafata de congresos.*
**FAM.** Azafate.

**azafate** *s. m.* En América del Sur, bandeja para servir.

**azafrán** *s. m.* Planta de hojas largas y estrechas, flores violetas y tallo que crece bajo tierra. Dentro de sus flores tiene unos hilitos rojizos que se utilizan para dar color amarillo y sabor a los guisos.

**azahar** *s. m.* Flor blanca del naranjo, el limonero y otros árboles frutales, que se utiliza en medicina, para hacer perfumes y para dar aroma a algunos dulces.

**azalea** *s. f.* Arbusto de hojas en forma de punta de lanza y flores agrupadas de color blanco, rojo o rosa. Se cultiva como planta decorativa.

azahar          azalea

**azar** *s. m.* Casualidad, suerte: *Encontramos el sitio que buscábamos por puro azar.*
**EXPR. al azar** Sin pensar o sin que exista un motivo: *En el sorteo dije un número al azar y acerté.*
**SIN.** Destino, suerte.
**FAM.** Azaroso.

**azarar** *v.* Busca **azorar**.

**azaroso, sa** *adj.* **1.** Lleno de peligros e imprevistos: *un viaje azaroso.* **2.** Inseguro, incierto: *Con tantos problemas el futuro se presenta azaroso.*
**SIN. 1.** Peligroso, agitado. **2.** Imprevisible. **ANT. 1.** Tranquilo, placentero. **2.** Seguro.

**azerbaiyano, na** *adj.* y *s. m.* y *f.* **1.** De Azerbaiyán, país de Asia. || *s. m.* **2.** Lengua de este país.

**ázimo** *adj.* Busca **ácimo**.

**azogue** *s. m.* Busca **mercurio**.

**azor** *s. m.* Ave rapaz, de plumaje oscuro, con el vientre claro cruzado por líneas pardas y una mancha blanca por encima de los ojos.

**azorar** *v.* Hacer que alguien se sienta avergonzado o sin saber qué hacer o sentirse así una persona: *Roberto se azoró cuando le dijeron lo guapo que estaba con su traje nuevo.*
**SIN.** Avergonzar, azarar, turbar, confundir.
**FAM.** Azarar.

**azotaina** *s. f.* Azotes, paliza.
**SIN.** Zurra, tunda, somanta.

**azotar** *v.* **1.** Dar azotes con un látigo o algo parecido. **2.** Golpear repetidamente y con violencia en un lugar el viento, las olas, la lluvia. **3.** Causar grandes daños o destrozos: *Un huracán azotó la región.*
**SIN. 1.** Zurrar. **3.** Asolar, arrasar.

**azote** *s. m.* **1.** Golpe dado en el culo con la mano abierta. **2.** Golpe dado en cualquier parte con una vara, látigo u otro instrumento. **3.** Cualquiera de esos instrumentos, particularmente el formado por varias cuerdas con nudos que se utilizaba antiguamente para castigar a los malhechores. **4.** Acción de azotar un lugar el viento, las olas, la lluvia, o de causar algo grandes destrozos: *Las piedras estaban desgastadas por el azote del mar. El país sufrió el azote de un terremoto.*
**SIN. 4.** Desgracia, calamidad, castigo.
**FAM.** Azotaina, azotar.

**azotea** *s. f.* **1.** Cubierta llana de un edificio, sobre la que se puede andar y que tiene barandilla alrededor: *En algunas casas tienden la ropa en la azotea.* **2.** Cabeza. Se usa mucho en la expresión **estar mal de la azotea**, que significa 'estar algo loco'.
**SIN. 1.** Terraza, solana, terrado.

**azteca** *adj.* y *s. m.* y *f.* **1.** De un pueblo indio de América que dominó México durante el siglo XV y principios del XVI. || *s. m.* **2.** Idioma hablado por ese pueblo.

**azúcar** *s. amb.* **1.** Sustancia blanca y muy dulce, en forma de granitos muy pequeños como de cristal; se extrae sobre todo de la remolacha y de la caña de azúcar y se utiliza en alimentación. **2.** Nombre de distintas sustancias que se encuentran en los seres vivos y les dan energía.
**FAM.** Azucarado, azucarero, azucarillo.

azor

**azucarado, da** *adj.* **1.** Que está dulce porque tiene azúcar: *No me gusta la leche tan azucarada.* **2.** Parecido al azúcar en el sabor.

**azucarero, ra** *adj.* **1.** Del azúcar, relacionado con el azúcar o que lo tiene: *La remolacha es una planta azucarera.* || *s. m.* **2.** Recipiente en que se pone el azúcar para servirlo en la mesa. || *s. f.* **3.** Fábrica de azúcar.

**azucarillo** *s. m.* **1.** Terrón de azúcar. **2.** Dulce esponjoso y duro que se hace con almíbar, clara de huevo batida y limón.

**azucena** *s. f.* Planta de hojas largas, tallo alto y grandes flores, muy olorosas, de color blanco, anaranjado o rojo.

**azuela** *s. f.* Especie de hacha pequeña que usan los carpinteros para trabajar la madera; tiene la hoja curvada y horizontal respecto del mango.

azucena

**azufre** *s. m.* Elemento químico de color amarillo que se electriza fácilmente al frotarlo y, cuando se quema, produce un olor fuerte y desagradable. Se utiliza por ejemplo para fabricar insecticidas o pólvora.

**azul** *adj. y s. m.* Se dice del color como el del cielo sin nubes; también se dice de las cosas que tienen ese color: *Marta tiene los ojos azules.*
**EXPR. azul celeste** El más claro. **azul marino** El más oscuro. **azul turquesa** El claro y verdoso.
**FAM.** Azulado, azulete, azulón.

**azulado, da** *adj.* De color azul o parecido al azul: *El agua del río tenía un color azulado.*

**azulejo** *s. m.* Pequeña placa de barro cocido que está cubierta por un material brillante por el lado que queda a la vista; se utiliza para revestir paredes como las de la cocina o el cuarto de baño.
**SIN.** Baldosín.

**azulete** *s. m.* Polvo de añil que se usa para dar un tono azulado a la ropa blanca.

**azulón, na** *adj. y s. m.* De color azul fuerte.

**azuzar** *v.* Animar o incitar a una persona o animal para que ataque a otro. ■ Delante de *e* se escribe *c* en lugar de *z*: *Azucé al perro para que fuera tras el ladrón.*
**SIN.** Achuchar, pinchar. **ANT.** Apaciguar.

**b** *s. f.* Segunda letra del abecedario y primera consonante. Su nombre es *be*.

**baba** *s. f.* Saliva que cae de la boca.
**EXPR. mala baba** Mala intención. ‖ **caérsele** a uno **la baba** Sentir gran agrado por alguien o algo: *Al padre se le caía la baba con su hijo recién nacido.*
**FAM.** Babear, babero, babilla, babosa, babosear, baboso. / Rebaba.

**babear** *v.* Echar baba: *Los niños babean mucho cuando les están saliendo los dientes.*

**babel** *s. amb.* Gran confusión y desorden y, también, el lugar donde se produce: *No habléis todos al mismo tiempo, que esto se convierte en una babel.*
**SIN.** Caos, desbarajuste, jaleo. **ANT.** Orden.

**babero** *s. m.* Trozo de tela que se pone a los niños sujeto al cuello, para que no se manchen con la baba o mientras comen.

**babi** *s. m.* Bata que usan los niños para no mancharse.

**Babia** Se usa en la expresión **estar en Babia**, que significa 'estar muy distraído o despistado'.

**babilla** *s. f.* Parte superior de las patas traseras de algunos animales como la vaca. También se llama así a la carne de esa parte: *unos filetes de babilla.*

**babilonio, nia** *adj.* y *s. m.* y *f.* De Babilonia, una antigua ciudad de Asia. También se llamaban así la región y el imperio en donde estaba.

**bable** *s. m.* Dialecto hablado en Asturias.

**babor** *s. m.* Lado izquierdo de una embarcación mirando de atrás hacia delante.

**babosa** *s. f.* Molusco de cuerpo alargado y pegajoso, parecido al caracol, pero sin concha, muy frecuente en lugares húmedos.

**babosear** *v.* Llenar algo de babas: *Los niños pequeños se lo llevan todo a la boca y lo babosean.*

**baboso, sa** *adj.* y *s. m.* y *f.* Que echa muchas babas.

**babucha** *s. f.* Zapatilla sin talón, usada sobre todo por los moros.
**SIN.** Chancleta.

**babuino** *s. m.* Busca **papión**.

**baca** *s. f.* Reja o soporte que se coloca sobre el techo de algunos vehículos para transportar cosas: *Cargamos los esquís en la baca del coche.* ■ No confundir con *vaca*, 'animal'.

**bacaladera** *s. f.* **1.** Máquina que tiene una cuchilla grande y se utiliza en las tiendas para cortar el bacalao en salazón. **2.** Máquina que a veces emplean en comercios, restaurantes, hoteles, para imprimir

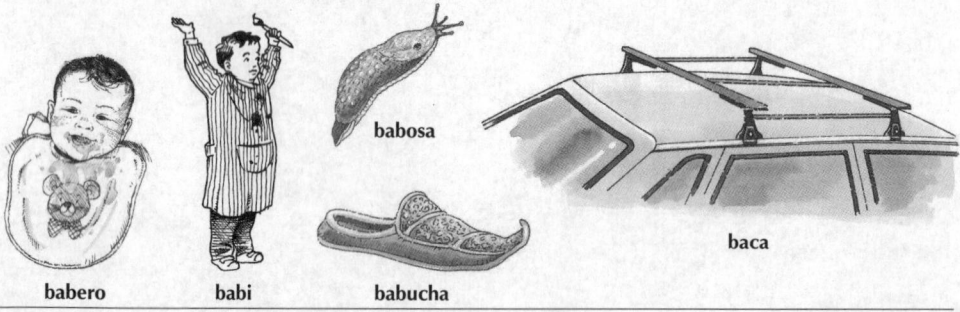

babosa

babero    babi    babucha    baca

en un papel los datos de una tarjeta como las de crédito.

**bacaladero, ra** *adj.* **1.** Relacionado con el bacalao: *una industria bacaladera.* || *s. m.* **2.** Barco con el que se va a pescar bacalao.

**bacaladilla** o **bacaladito** *s. f.* o *m.* Pez marino, parecido a la pescadilla, de color gris azulado. Se usa mucho en alimentación.

**bacalao** *s. m.* Pez de cuerpo alargado, que puede llegar a medir más de 1 metro de largo. Vive en los mares del norte. Su carne se consume fresca o conservada en sal.

**EXPR. cortar el bacalao** Ser alguien el que manda o decide: *En el trabajo el jefe es el que corta el bacalao.*

**FAM.** Bacaladera, bacaladero, bacaladilla, bacaladito.

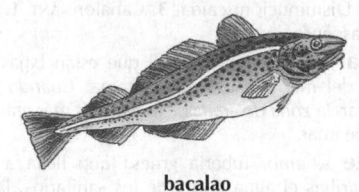

bacalao

**bacanal** *s. f.* **1.** Fiesta que se celebraba en la antigua Roma en honor de Baco, dios del vino. ■ Con este significado se usa sobre todo en plural. **2.** Fiesta en la que se bebe en exceso y en la que se hacen locuras.

**bacará** o **bacarrá** *s. m.* Juego de cartas, muy frecuente en los casinos.

**bache** *s. m.* **1.** Hoyo en una carretera o camino. **2.** Desigualdad de la densidad del aire en la atmósfera, que causa un descenso brusco de los aviones. **3.** Dificultad pasajera o mal momento: *Mi equipo este año está pasando un bache, no gana ni un partido.*

**SIN. 1.** Agujero, socavón.

**bachiller** *s. m.* **1.** Bachillerato: *Mi padres se conocieron cuando estudiaban el bachiller.* || *s. m.* y *f.* **2.** Persona que ha hecho el bachillerato.

**FAM.** Bachillerato.

**bachillerato** *s. m.* Estudios del nivel intermedio entre las enseñanzas básicas y los estudios universitarios.

**bacía** *s. f.* Recipiente que usaban antiguamente los barberos para remojar la barba antes de afeitarla; tenía un hueco para meter la barbilla. ■ No confundir con *vacía,* 'desocupada, desierta'.

**bacilo** *s. m.* Bacteria alargada con forma de bastoncillo, como por ejemplo la que produce la tuberculosis.

**bacín** *s. m.* Orinal.

**backup** *s. m.* En informática, copia de seguridad que se hace de los datos grabados en el disco duro de un ordenador para recuperarla en caso de que

esta información se borre o se estropee. ■ Es una palabra inglesa. Su plural es *backups.*

**bacon** *s. m.* Tocino con trozos de carne y ahumado. ■ Es una palabra inglesa. Se escribe también *beicon.*

**bacteria** *s. f.* Organismo microscópico formado por una sola célula sin núcleo, que puede causar el cólera, el tifus y otras enfermedades.

**FAM.** Bactericida, bacteriología, bacteriológico.

**bactericida** *adj.* y *s. m.* Que destruye las bacterias.

**bacteriología** *s. f.* Ciencia que estudia las bacterias.

**bacteriológico, ca** *adj.* Relacionado con las bacterias: *Realizaron un estudio bacteriológico para conocer las causas de la enfermedad.*

**báculo** *s. m.* Bastón, por ejemplo el que llevan los obispos en los actos religiosos.

**SIN.** Cayado.

**badajo** *s. m.* Pieza que cuelga dentro de las campanas y las hace sonar cuando golpea contra sus paredes.

**badajocense** o **badajoceño, ña** *adj.* y *s. m.* y *f.* De Badajoz, ciudad y provincia españolas.

**SIN.** Pacense.

**badana** *s. f.* Piel curtida de carnero u oveja.

**EXPR. zurrar la badana** a alguien Darle una paliza.

**badén** *s. m.* **1.** Hoyo o zanja que hace el agua en el terreno. **2.** Zona hundida de una carretera.

**badila** *s. f.* Paleta metálica que sirve para remover y avivar el fuego en las chimeneas y recoger las cenizas.

**bádminton** *s. m.* Deporte parecido al tenis. Se juega con raquetas pequeñas de mango largo y una pelota en forma de media esfera con plumas. ■ Es una palabra de origen inglés.

**bafle** *s. m.* Altavoz de un equipo de sonido.

**bagaje** *s. m.* **1.** Conjunto de cosas que se llevan en un viaje, sobre todo el equipaje militar de un ejér-

red

volante

raqueta

bádminton

cito o de una tropa. **2.** Conocimientos de una persona: *Su abuelo tenía un gran bagaje cultural.* **SIN. 1.** Equipaje, equipo. **2.** Acervo.

**bagatela** *s. f.* Cosa de poco valor o importancia: *Se gastó el dinero que le dieron en bagatelas.* **SIN.** Chuchería, fruslería, menudencia.

**¡bah!** *interj.* Expresa que no se cree que algo sea verdad o se piensa que es poco importante: *¡Bah! No creo que tu primo tenga tantos juguetes.*

**bahía** *s. f.* Zona de mar bastante amplia que se mete en la costa. **SIN.** Ensenada, rada.

**bailaor, ra** *s. m.* y *f.* Persona que se dedica a bailar flamenco.

**bailar** *v.* **1.** Mover el cuerpo al ritmo de una música: *Después del banquete los novios bailaron un vals.* **2.** Estar floja o moverse una cosa sin salirse del todo de su sitio: *No cuelgues nada ahí porque ese clavo está bailando.* **3.** Cambiar por error un número, una letra o un signo por otros al decir o escribir algo: *Le bailaron los números y me dio mal su teléfono.* **EXPR. bailar** (alguien) **al son que le tocan** Dejarse llevar por lo que hacen o dicen los demás. **bailar con la más fea** Tocarle a alguien la parte más difícil o menos agradable de algo. **bailarle** a alguien **el agua** Hacerle la pelota llevándole la corriente. **otro que tal baila** Expresa que alguien se parece a otro en lo malo: *Eduardo dice que Luis es un tacaño. Y él, otro que tal baila.* **que me** (**te, nos**...) **quiten lo bailado** Expresa alegría por haber disfrutado de algo, sin importar lo que pase después. **SIN. 1.** Danzar. **2.** Oscilar, moverse. **FAM.** Bailaor, bailarín, baile, bailón, bailongo, bailotear.

**bailarín, na** *adj.* y *s. m.* y *f.* **1.** Se dice de la persona que baila o a la que le gusta bailar: *Mi hermano pequeño es muy bailarín.* || *s. m.* y *f.* **2.** Persona que se dedica al baile por profesión.

**baile** *s. m.* **1.** Acción de bailar: *El baile no se le da muy bien.* **2.** Forma de bailar, por ejemplo la típica de una región: *La jota es un baile muy movido.* **3.** Fiesta o reunión en que se baila: *Mis padres van a un baile esta noche.* **EXPR. baile de San Vito** Enfermedad nerviosa que hace que una persona se mueva mucho sin querer. **SIN. 1.** y **2.** Danza.

**bailón, na** *adj.* y *s. m.* y *f.* Que le gusta mucho bailar.

**bailongo** *s. m.* Baile popular, de poca categoría: *En las fiestas del pueblo hay bailongo por las noches.*

**bailotear** *v.* Bailar sin preocuparse de si se hace muy bien o no: *En cuanto oye música se pone a bailotear.*

**baja** *s. f.* **1.** Descenso de algo, como el precio de una cosa o la temperatura: *Este mes ha habido una baja en los precios de algunos alimentos.* **2.** Hecho de dejar una persona el grupo al que pertenecía o la actividad a que se dedicaba: *El entrenador anunció la baja de varios jugadores para el partido del domingo.* **3.** Papel en que se dice que alguien no puede ir al trabajo por algún tiempo a causa de una enfermedad: *Mi padre se rompió un brazo y el médico le dio la baja.* **4.** Soldado muerto en un enfrentamiento militar: *En todas las guerras hay bajas en los dos bandos.* **EXPR. dar de baja** Hacer que alguien deje el grupo al que pertenecía o la actividad a que se dedicaba. **SIN. 1.** Bajada, disminución, caída, rebaja. **2.** Cese. **4.** Muerte. **ANT. 1.** Subida, aumento. **2.** y **3.** Alta.

**bajada** *s. f.* **1.** Descenso de algo: *Se espera una bajada de las temperaturas.* **2.** Calle, carretera o camino por donde se baja. **3.** Cañería por donde baja el agua, por ejemplo la de lluvia en un edificio. **SIN. 1.** Disminución, caída. **3.** Canalón. **ANT. 1.** Subida, ascenso.

**bajamar** *s. f.* Momento en el que están bajas las aguas del mar a causa de la marea: *Cuando hay bajamar, la zona de arena de la playa es más grande.* **ANT.** Pleamar.

**bajante** *s. amb.* Tubería gruesa que lleva a las alcantarillas el agua usada de los sanitarios, lavabos, pilas, de una casa. ■ Se usa más como *s. f.*

**bajar** *v.* **1.** Ir a otro lugar que está más bajo: *Bajamos al patio a jugar.* **2.** Salir de un vehículo o dejar de estar montado en él: *En la gasolinera nos bajamos del coche. Bájate de la bicicleta.* **3.** Poner en un lugar o puesto más bajo: *Baja los libros de la estantería. Le han bajado de categoría.* **4.** Disminuir: *Parece que le está bajando la fiebre. Ha bajado el precio de las casetes.* **5.** En informática, grabar en el disco duro del ordenador un archivo o un programa que está en Internet. **EXPR. bajarse los pantalones** Ceder una persona en algo que le da vergüenza o le cuesta. **SIN. 1.** y **4.** Descender. **ANT. 1.** a **4.** Subir. **1.** y **4.** Ascender. **3.** Levantar. **4.** Aumentar. **FAM.** Baja, bajada, bajante, bajón. / Rebajar.

**bajel** *s. m.* Barco.

**bajero, ra** *adj.* Que está o se pone debajo de otra cosa: *Las sábanas bajeras suelen ser ajustables.* **ANT.** Encimero.

**bajeza** *s. f.* Acción mala y despreciable: *Insultarle delante de todos fue una bajeza.*

**bajinis** o **bajini** Se usa en las expresiones **por lo bajinis** o **por lo bajini**, con el significado de 'en voz muy baja, sin que nadie lo oiga': *Me dijo por lo bajinis que él no quería tarta.*

**bajío** *s. m.* **1.** Sitio con poco fondo en el mar, en un río o en un lago. **2.** En Hispanoamérica, tierras bajas e inundadas.

**bajista** *s. m.* y *f.* Músico que toca el bajo.

**bajo, ja** *adj.* **1.** De poca altura: *Mi amigo es el más bajo de la clase.* **2.** A poca altura: *Hay nubes bajas*

*sobre el valle.* **3.** Inclinado hacia abajo: *Entró con la cabeza baja para que no le riñera.* **4.** Poco intenso, en poca cantidad o inferior en alguna cosa: *Está bajo de ánimos. Ha sacado unas notas muy bajas.* **5.** Humilde, modesto: *Las clases bajas suelen vivir en los barrios más pobres.* **6.** Malvado, despreciable: *Es una mala persona, tiene muy bajos sentimientos.* **7.** Se dice del sonido poco fuerte: *Me lo contó en voz baja.* ǁ *adj. y s. m.* **8.** Se dice del sonido grave. ǁ *s. m.* **9.** Parte de abajo de algunas cosas: *Los bajos del coche están sucios.* **10.** Dobladillo de abajo de una prenda: *Tienes que coserle el bajo a la falda.* **11.** Contrabajo: *Toca el bajo en una orquesta.* **12.** Cantante que tiene la voz más grave de todas. ǁ *adv.* **13.** En un lugar poco alto: *Tiró bajo y no metió canasta.* **14.** Con sonido poco intenso: *Habla un poco más bajo.* ǁ *prep.* **15.** Debajo de: *Nos refugiamos de la lluvia bajo el puente.*
**EXPR.** **bajos fondos** Ambientes propios de delincuentes o gentes de mal vivir. ǁ **por lo bajo** Con disimulo para que los demás no se den cuenta.
**SIN.** **1.** Pequeño, achaparrado. **3.** Agachado. **4.** Apagado. **5.** Pobre, obrero. **6.** Ruin, rastrero, mezquino. **ANT.** **1.** a **8.**, **13.** y **14.** Alto. **6.** Noble, digno. **8.** Agudo.
**FAM.** Bajar, bajero, bajeza, bajini, bajinis, bajío, bajista, bajura. / Abajo, altibajo, bocabajo, contrabajo, debajo.

**bajón** *s. m.* Disminución grande y brusca: *Este niño ha tenido un bajón en las notas.*

**bajorrelieve** *s. m.* Figura o escena hecha en relieve sobre una superficie, pero que sobresale poco del fondo.

**bajura** Se utiliza en la expresión **pesca de bajura**, que es la pesca que se realiza cerca de la costa.

**bakalao** *s. m.* Música de ritmo mecánico hecha por ordenador. También, el baile con esa música.

**bala** *s. f.* **1.** Proyectil que lanzan las armas de fuego. **2.** Paquete hecho con algunas cosas apretadas y atadas: *una bala de paja.*
**EXPR.** **bala perdida** Persona juerguista y poco responsable: *Su hermano mayor es un bala perdida.* ǁ **como una bala** A gran velocidad. **tirar con bala** Decir cosas con mala intención: *Elena es muy bromista, pero cuando habla en serio tira con bala.*
**FAM.** Balacear, balacera, balazo, balear[1], balín, balística. / Abalear, antibalas, embalar.

**balacear** *v.* En Hispanoamérica, disparar balas contra alguien.
**SIN.** Balear[1].

**balacera** *s. f.* En Hispanoamérica, tiroteo.

**balada** *s. f.* **1.** Poema en que el autor expresa sus sentimientos o en el que cuenta leyendas y tradiciones. **2.** Música o canción lenta o de ritmo suave.

**baladí** *adj.* De poca importancia o interés: *No discutas por algo tan baladí.* ▪ Su plural es *baladís* o *baladíes.*
**SIN.** Insignificante, trivial, fútil. **ANT.** Importante.

**baladronada** *s. f.* Fanfarronada: *No me impresionan sus baladronadas.*
**SIN.** Bravata, chulería.

**balalaica** *s. f.* Instrumento popular ruso parecido a una guitarra con caja de forma triangular y mástil largo; tiene tres cuerdas que se tocan con púa.

**balance** *s. m.* **1.** Comparación de lo que tiene y lo que debe una persona o empresa que realiza actividades comerciales: *El balance de las cuentas de este año es positivo, hemos ganado dinero.* **2.** Valoración general de algo: *Entre todos los jugadores hicieron el balance de los últimos partidos.*

**balancear** *v.* Mover de un lado a otro repetidamente: *Hay que balancear un poco al niño para que se duerma. La barca se balanceaba mucho con las olas.*
**SIN.** Mecer, bambolearse, oscilar.
**FAM.** Balanceo.

**balanceo** *s. m.* Movimiento que hace lo que se balancea: *Me marea el balanceo del barco.*
**SIN.** Bamboleo.

**balancín** *s. m.* **1.** Columpio que consiste en una barra apoyada en el medio, con asientos en los extremos que suben y bajan. **2.** Asiento colgado y cubierto por un toldo; se usa sobre todo en terrazas o jardines.

**balandro** *s. m.* Barco de vela pequeño con cubierta y un solo palo.

**balanza** *s. f.* Instrumento para pesar. El modelo más sencillo de balanza está formado por una barra sujeta por el centro y unos platillos colgados de sus extremos.

**balancín**

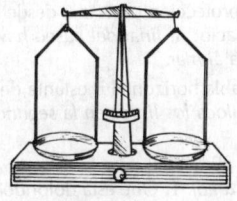

**balanza**

**EXPR. balanza comercial** Cuenta que refleja la diferencia entre todas las importaciones y todas las exportaciones de un país. **balanza de pagos** Cuenta que recoge todas las operaciones comerciales de un país con el extranjero durante un periodo, normalmente un año. || **inclinar** (o **inclinarse**) **la balanza** Favorecer a una persona o grupo en lugar de otro: *El segundo gol inclinó la balanza a favor del equipo visitante.*
SIN. Báscula, romana.
FAM. Balance, balancear, balancín. / Abalanzarse.

**balar** *v.* Dar balidos algunos animales como la cabra o la oveja.

**balaustrada** *s. f.* Barandilla con pequeñas columnas.
SIN. Baranda.

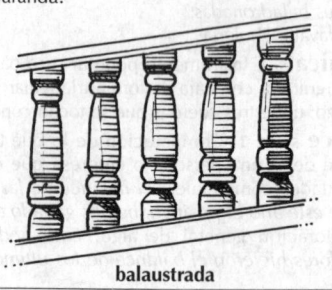

balaustrada

**balaustre** o **balaústre** *s. m.* Cada una de las columnas pequeñas que forman las barandillas de los balcones, las azoteas, las escaleras.
FAM. Balaustrada.

**balazo** *s. m.* Herida hecha por un disparo de bala.

**balbucear** o **balbucir** *v.* Hablar pronunciando mal o con dificultad: *En medio de su llanto balbuceó unas palabras que no se entendían.*
SIN. Farfullar, chapurrear.
FAM. Balbuceo.

**balbuceo** *s. m.* Acción de balbucear.

**balcánico, ca** *adj. y s. m. y f.* De los Balcanes, sistema montañoso y región del este de Europa.

**balcón** *s. m.* Hueco en el muro de un edificio, parecido al de una puerta. Tiene barandilla y un saliente sobre el que se puede estar: *No dejes que el niño se asome al balcón.*
FAM. Balconada.

**balconada** *s. f.* **1.** Balcón largo al que se puede salir por varias puertas. **2.** Lugar elevado con barandilla o una protección parecida, desde el que se ve un gran espacio: *Al final del paseo hay una balconada que da al mar.*

**balda** *s. f.* Tabla horizontal o estante de un armario o repisa: *Coloca los libros en la segunda balda del mueble.*
SIN. Estante, anaquel.

**baldado, da** *adj.* **1.** Que está dolorido o no puede moverse por algún golpe o accidente: *Le dieron tal*

paliza que quedó baldado. **2.** Muy cansado, agotado: *El partido de tenis me ha dejado baldado.*
SIN. **1.** Maltrecho. **1.** y **2.** Destrozado, deshecho, molido. **2.** Rendido. ANT. **2.** Descansado, fresco.

**baldaquín** o **baldaquino** *s. m.* Especie de techo de adorno colocado sobre un trono, sobre el altar de una iglesia o sobre una cama. Puede ser de tela o de otros materiales.

**baldar** *v.* Dejar a una persona dolorida o muy cansada: *La gripe baldó a mi madre en la cama una semana. La caminata que se dio lo baldó.*
SIN. Moler, derrengar.
FAM. Baldado.

**balde¹** *s. m.* Barreño o cubo.

**balde²** Se usa en las expresiones **de balde**, con el significado de 'gratis', y **en balde**, con el significado de 'inútilmente, en vano'.
FAM. Baldío.

**baldío, a** *adj. y s. m.* **1.** Se dice del terreno abandonado, sin cultivar. **2.** Inútil: *El esfuerzo no fue baldío, conseguiste lo que querías.*
SIN. **1.** Estéril, árido, yermo. **2.** Vano, ocioso, ineficaz. ANT. **1.** y **2.** Fértil, fructífero. **2.** Útil, eficaz.

**baldón** *s. m.* Algo que ha hecho una persona o que le ha pasado a alguien, que produce una gran vergüenza: *Una hija tan vaga e irresponsable era un baldón para la familia.*
SIN. Deshonra, ignominia. ANT. Honra.

**baldosa** *s. f.* Ladrillo poco grueso que sirve para recubrir suelos.
SIN. Losa, loseta.
FAM. Baldosín.

**baldosín** *s. m.* Baldosa pequeña para recubrir paredes, por ejemplo las de cocinas o baños.
SIN. Azulejo.

**balear¹** *v.* En Hispanoamérica, disparar balas contra alguien.
SIN. Balacear.

**balear²** *adj. y s. m. y f.* **1.** De las Baleares, islas españolas situadas en el Mediterráneo. || *s. m.* **2.** Variedad del catalán que se habla en estas islas.

**balido** *s. m.* Voz de algunos animales, como la oveja, la cabra y el ciervo. ■ No confundir con *valido*, 'persona de confianza del rey'.
FAM. Balar.

**balín** *s. m.* **1.** Bala pequeña de un arma de fuego. **2.** Proyectil que se utiliza en las armas de aire comprimido.

**balística** *s. f.* Ciencia que estudia el movimiento de las balas, las bombas, las flechas, cuando se disparan o se lanzan: *Los expertos en balística dijeron que habían disparado desde muy cerca.*

**baliza** *s. f.* **1.** Objeto flotante o fijo con que se señala algo a los navegantes, como la dirección que tienen que seguir o algún peligro. **2.** Señal con

**ballena**

que se marcan las pistas de despegue y aterrizaje en los aeropuertos.

**SIN. 1.** Boya.

**FAM.** Balizar. / Abalizar.

**balizar** *v.* Señalar algo con balizas. ■ Delante de *e* se escribe *c* en lugar de *z*: *Balicen la pista donde va a aterrizar la avioneta.* Se dice también *abalizar.*

**ballena** *s. f.* **1.** Mamífero marino, el más grande de los animales; tiene unas láminas duras y elásticas en lugar de dientes y respira por unos orificios, por los que arroja un chorro de aire caliente cuando sale a la superficie. **2.** Tira de esas láminas, u otra parecida de plástico o metal, que se usa en prendas como bañadores de señora, corsés o corpiños para que sujeten bien.

**FAM.** Ballenato, ballenero.

**ballenato** *s. m.* Cría de la ballena.

**ballenero, ra** *adj.* **1.** Relacionado con la pesca de la ballena. || *s. m.* **2.** Barco para esta pesca. **3.** Pescador de ballenas.

**ballesta** *s. f.* **1.** Arma portátil para lanzar flechas. **2.** Máquina de guerra que se utilizaba para lanzar piedras o flechas grandes.

**FAM.** Ballestero.

**ballestero** *s. m.* **1.** Soldado que usaba las ballestas. **2.** El que acompañaba a los reyes y nobles en las cacerías para llevar y cuidar sus armas.

**ballet** *s. m.* **1.** Representación en que se combina la danza, la mímica y la música. **2.** Grupo de bailarines que realizan estas representaciones. ■ Es una palabra francesa. Su plural es *ballets.*

**balneario** *s. m.* Especie de hotel en el que hay baños o fuentes de aguas medicinales.

**balompié** *s. m.* Busca **fútbol**.

**balón** *s. m.* **1.** Pelota grande, hinchada de aire, que se usa en varios juegos o deportes. **2.** Recipiente flexible para contener gases: *un balón de oxígeno.*

**EXPR. balón de oxígeno** Ayuda en un momento difícil: *La última victoria fue un balón de oxígeno para la moral del equipo.*

**FAM.** Balompié, balonazo, baloncesto, balonmano, balonvolea.

**balonazo** *s. m.* Golpe que se da con un balón: *Me han dado un balonazo en la cara. Los niños han roto un cristal de un balonazo.*

**SIN.** Pelotazo.

**baloncestista** *s. m. y f.* Jugador de baloncesto.

**baloncesto** *s. m.* Juego entre dos equipos que consiste en llevar botando un balón con las manos y meterlo en una red colgada de un aro.

**FAM.** Baloncestista.

**balonmano** *s. m.* Juego parecido al fútbol, entre dos equipos de siete jugadores cada uno, que intentan introducir el balón en la portería contraria lanzándolo sólo con la mano.

**balonvolea** *s. m.* Busca **voleibol**.

**balsa¹** *s. f.* Depósito de agua que se forma en un hoyo o zona hundida del terreno.

zapatillas de punta

calentador

tutú

bailarina     mallas

bailarín

**ballet** clásico

**ballet** español

**ballet** contemporáneo

**EXPR. balsa de aceite** Masa de agua muy tranquila; también, lugar o grupo de personas muy tranquilo, donde no hay problemas: *Da gusto ir a su casa, es una balsa de aceite.*
**SIN.** Estanque, charca.
**FAM.** Embalsar, embalse.

**balsa²** *s. f.* Embarcación hecha de maderos unidos fuertemente unos con otros. Suele emplearse para navegar por ríos y lagunas.

**balsámico, ca** *adj. y s. m.* Que contiene sustancias aromáticas que suavizan la irritación de la piel o la garganta: *Le han puesto un supositorio balsámico para la tos.*

**bálsamo** *s. m.* **1.** Sustancia líquida, de olor agradable, que sale de ciertos árboles y que se pone espesa en contacto con el aire. **2.** Medicamento compuesto de sustancias aromáticas, que se pone sobre escoceduras e irritaciones de la piel. **3.** Alivio, consuelo: *En esos momentos tan tristes, tus palabras fueron un bálsamo para mí.*
**FAM.** Balsámico. / Embalsamar.

**balsero, ra** *s. m. y f.* Persona que va de un lugar a otro en una balsa.

**báltico, ca** *adj. y s. m. y f.* Del mar Báltico, en el norte de Europa, o de los países que lo bordean.

**baluarte** *s. m.* Construcción en forma de pentágono que sobresale del muro de una fortaleza.
**SIN.** Bastión.

**bamba** *s. f.* **1.** Bollo redondo muy esponjoso, abierto por la mitad y relleno de crema o nata. **2.** Música y baile latinoamericanos.

**bambalina** *s. f.* En el teatro, cada una de las tiras pintadas que están colocadas de un lado a otro del escenario y en las que se representa la parte de arriba de la decoración.

**bambas** *s. f. pl.* Zapatillas de lona con cordones y suela de goma.

**bambolearse** *v.* Balancearse.
**SIN.** Mecerse, oscilar.
**FAM.** Bamboleo.

**bamboleo** *s. m.* Balanceo.

**bambú** *s. m.* Planta tropical, con cañas ligeras y muy resistentes, que se emplean para la fabricación de muebles y otros objetos; sus brotes tiernos son comestibles. ■ Su plural es *bambús* o *bambúes.*

**banal** *adj.* Sin interés ni importancia: *Mis dos hermanos siempre están discutiendo por cosas banales.*
**SIN.** Tonto, trivial, fútil. **ANT.** Interesante, importante.
**FAM.** Banalidad.

**banalidad** *s. f.* **1.** Característica de lo que es banal. **2.** Cosa banal: *No me gustó la entrevista; sólo decían banalidades.*
**SIN. 1.** y **2.** Trivialidad.

**banana** o **banano** *s. f. o m.* Plátano.
**FAM.** Bananero.

**bananero** *adj.* **1.** Relacionado con las bananas: *En esa región hay muchas explotaciones bananeras.* ‖ *s. m.* **2.** Planta que da bananas.
**SIN. 2.** Platanero.

**banasta** *s. f.* Cesto grande hecho de mimbre o de listas finas de madera.

**banca** *s. f.* **1.** Conjunto de bancos, cajas de ahorros y otros grupos financieros. **2.** Los banqueros. **3.** En algunos juegos, conjunto de fichas o dinero que pone cada jugador y sirve para pagar a los que ganan.

**bancal** *s. m.* En una pendiente o montaña, cada uno de los trozos de terreno en forma de escalones, que se aprovechan para algún cultivo.
**SIN.** Terraza.

**bancario, ria** *adj.* De la banca o relacionado con ella: *Pidió un crédito bancario para comprarse un coche.*

**bancarrota** *s. f.* **1.** Situación de una empresa o negocio cuando no puede pagar sus deudas. **2.** Ruina, desastre: *Si gastas tanto dinero, llevarás a tu familia a la bancarrota.*
**SIN. 1.** Quiebra.

**banco** *s. m.* **1.** Asiento de madera, piedra u otro material duro donde pueden sentarse varias personas: *En un banco del parque había un hombre leyendo el periódico.* **2.** Establecimiento que se dedica a recibir dinero, guardarlo y dar préstamos: *Fui al banco a ingresar un cheque.* **3.** Grupo grande de peces que van juntos, como las sardinas y los atunes. **4.** Tablero estrecho que sirve de mesa de trabajo para carpinteros y otros artesanos. **5.** Lugar donde se guardan y conservan sangre y órganos humanos para su empleo en investigaciones o tratamientos médicos. **6.** Elevación del fondo de un mar, río o lago al acumularse arena.
**EXPR. banco de datos** Conjunto de informaciones sobre personas o cosas almacenado en un sistema informático o en fichas, discos o cintas. **banco de hielo** Bloque de hielo que hay en el mar cuando se congela parte de su superficie. **banco de niebla** Masa de niebla. **banco de pruebas** Instalación para comprobar el funcionamiento de máquinas o motores.
**FAM.** Banca, bancal, bancario, bancarrota, banquero, banqueta, banquillo. / Desbancar.

**banda¹** *s. f.* **1.** Cinta ancha que se lleva desde el hombro al costado opuesto como muestra de algún cargo u honor: *Le impusieron la banda del colegio por ser el alumno más aplicado.* **2.** Lista o raya ancha: *La camiseta del equipo lleva bandas azules y blancas.*
**EXPR. banda sonora** Franja de una película donde está grabado el sonido. También, música del filme.
**SIN. 2.** Franja.

**banda²** *s. f.* **1.** Grupo de gente que hace cosas malas o comete crímenes: *La policía detuvo al jefe de una importante banda de atracadores.* **2.** Conjunto musical que toca instrumentos de percusión y de viento. **3.** Grupo musical: *Ha formado una banda de rock con algunos amigos.* **4.** Lado, parte lateral: *El balón salió por la banda del campo de fútbol.* **EXPR. cerrarse en banda** Mantenerse una persona firme sin dejarse convencer por los que le dicen que actúe de otra manera. **coger por banda** Hablar con una persona sin avisarle antes, para explicarle algo o regañarle. **SIN. 1.** Partida. **FAM.** Bandada, bandazo, bandearse, bandera, bando². / Desbandarse.

**bandada** *s. f.* Grupo numeroso de aves que vuelan juntas.

**bandazo** *s. m.* **1.** Movimiento brusco de un barco hacia uno de sus lados. **2.** Movimiento parecido de una persona o cosa: *Salió del bar dando bandazos, completamente borracho.*

**bandearse** *v.* Saber evitar o superar las dificultades en la vida o en cualquier asunto: *Ya tiene edad de aprender a bandearse cuando se queda solo en casa.* **SIN.** Apañarse, manejarse, desenvolverse, defenderse.

**bandeja** *s. f.* Utensilio plano con un pequeño borde, que se emplea para servir o llevar cosas, por ejemplo vasos, copas o comidas. **EXPR. servir** (o **poner**) algo **en bandeja** Dar muchas facilidades a una persona para que consiga algo: *Su compañero le puso el balón en bandeja para que marcara el gol.*

**bandera** *s. f.* **1.** Trozo de tela, rectangular o cuadrado, que sujeto a un palo se emplea como símbolo de una nación, una ciudad o de algunos grupos de personas: *Atracó en el puerto un barco con bandera griega.* **2.** Trozo de tela u otros materiales que se usa como adorno o para señalar algo, por ejemplo, la que se pone en las playas para indicar el estado del mar; la *bandera verde* indica que no hay olas y no es peligroso bañarse; la *bandera amarilla* indica precaución; y la *bandera roja*, peligro. **EXPR. bandera blanca** La que se levanta en señal de paz o rendición. ‖ **de bandera** Excelente, que está muy bien. **jurar** (**la**) **bandera** Jurar o prometer los soldados que van a defender siempre a su país, representado en la bandera. **SIN. 1.** Enseña, estandarte, pendón, pabellón. **FAM.** Banderilla, banderín, banderola. / Abanderar.

**banderilla** *s. f.* **1.** Palo con un hierro en la punta y adornado con papeles de colores, que los toreros le clavan al toro en las corridas. **2.** Aperitivo de pepinillo, aceituna, cebolla u otros alimentos pinchados en un palillo. **FAM.** Banderillear, banderillero.

**banderillear** *v.* Poner un torero las banderillas al toro.

**banderillero, ra** *s. m. y f.* Torero que pone las banderillas.

**banderín** *s. m.* **1.** Bandera triangular pequeña. **2.** Soldado que sirve de guía a otros y lleva un banderín en la bayoneta.

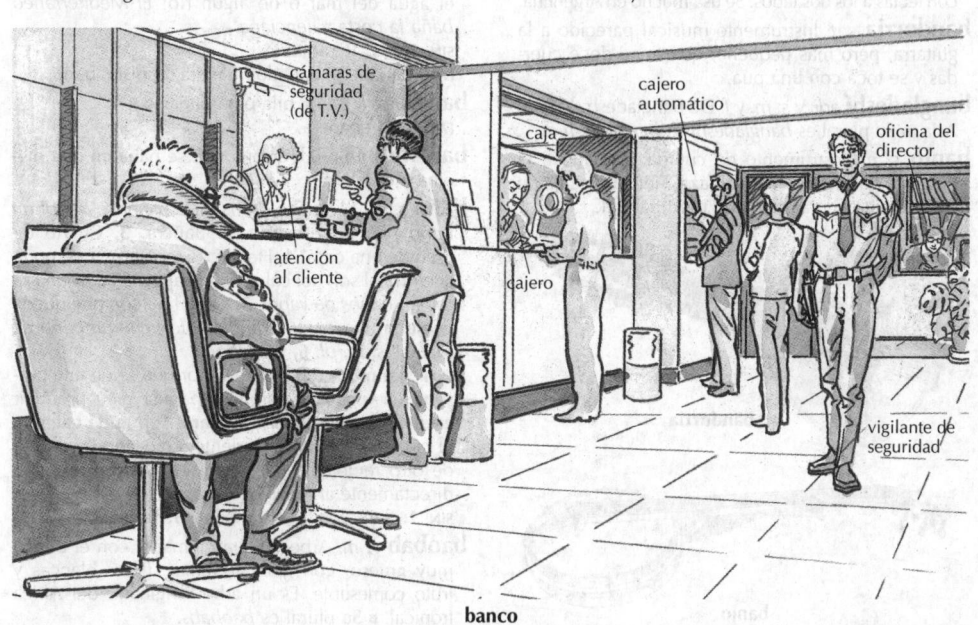

cámaras de seguridad (de T.V.)

cajero automático

caja

oficina del director

atención al cliente

cajero

vigilante de seguridad

banco

**banderola** *s. f.* Bandera pequeña que se usa como adorno o para señalizar, por ejemplo, en la marina.

**bandido, da** *s. m.* y *f.* **1.** Bandolero. **2.** Granuja, persona que engaña o tiene mala intención: *El muy bandido ha intentado timarme otra vez.*
SIN. **1.** Salteador. **2.** Pillo, malvado, truhán.

**bando**[1] *s. m.* Orden o aviso publicado por mandato de una autoridad.
SIN. Edicto.
FAM. Bandido. / Contrabando.

**bando**[2] *s. m.* Grupo de gente opuesto a otro por sus ideas o por otros motivos: *Como pertenecían a bandos distintos, Eugenio y Luis no se hablaban.*
SIN. Partido, facción.
FAM. Bandolera, bandolero.

**bandó** *s. m.* Tela horizontal que se coloca en la parte superior de un cortinaje, sobre todo para tapar la barra de la que éste cuelga.

**bandolera** *s. f.* Correa larga que se cruza por el pecho y la espalda para llevar algo colgado, como un bolso o un fusil.
EXPR. **en bandolera** Cruzado desde un hombro a la cadera del lado opuesto: *Beatriz lleva el bolso en bandolera.*

**bandolero, ra** *s. m.* y *f.* Ladrón que solía formar parte de una banda y atracaba a sus víctimas en el campo.
SIN. Salteador, forajido, bandido.

**bandoneón** *s. m.* Instrumento musical parecido al acordeón pero más pequeño, de forma hexagonal y con teclas a los dos lados. Se usa mucho en Argentina.

**bandurria** *s. f.* Instrumento musical parecido a la guitarra, pero más pequeño, que tiene doce cuerdas y se toca con una púa.

**bangladeshí** *adj.* y *s. m.* y *f.* De Bangladesh, país de Asia. ■ Su plural es *bangladeshís* o *bangladeshíes.*

**banjo** *s. m.* Instrumento de cuerda parecido a la guitarra, que se utiliza en el jazz. Tiene una caja de resonancia circular, cubierta por una piel.

bandurria

banjo

**banquero, ra** *s. m.* y *f.* Propietario o director importante de un banco.

**banqueta** *s. f.* **1.** Asiento bajo y sin respaldo: *He comprado para la cocina una mesa con dos banquetas a juego.* **2.** En México y otros países de Hispanoamérica, acera de la calle.

**banquete** *s. m.* **1.** Comida a la que asisten muchas personas para celebrar algo: *Después del banquete de boda hubo baile.* **2.** Comida especial, sabrosa y abundante: *Mientras veíamos la película de la tele, nos dimos un gran banquete.*
SIN. **1.** Convite. **2.** Comilona, festín.

**banquillo** *s. m.* **1.** En un juicio, asiento donde se coloca el acusado. **2.** Asiento ocupado por los jugadores suplentes y los entrenadores en algunos deportes como el fútbol.

**bantú** *adj.* y *s. m.* y *f.* **1.** De un conjunto de pueblos que constituyen la mayoría de la población de raza negra de África central y del sur. ■ *s. m.* **2.** Lengua hablada por estos pueblos. ■ Su plural es *bantús* o *bantúes.*

**bañadera** *s. f.* En Hispanoamérica, bañera, baño.

**bañador** *s. m.* Prenda para bañarse en playas, piscinas y lugares parecidos.

**bañar** *v.* **1.** Meter el cuerpo en agua o en otro líquido para lavarse, para refrescarse o con fines medicinales: *El verano pasado nos bañamos en el mar.* **2.** Mojar algo por completo: *Baño el bizcocho en almíbar.* **3.** Cubrir una cosa con una capa de otra sustancia: *un anillo bañado en oro.* **4.** Tocar un lugar el agua del mar o de algún río: *El Mediterráneo baña la costa valenciana.*
SIN. **1.** y **2.** Remojar.
FAM. Bañadera, bañador, bañera, bañista, baño.

**bañera** *s. f.* Baño, pila para bañarse.
FAM. Cubrebañera.

**bañista** *s. m.* y *f.* Persona que se baña en una piscina o en el mar.

**baño** *s. m.* **1.** Acción de bañar o bañarse: *Me di un baño para refrescarme.* **2.** Bañera. **3.** Cuarto de aseo de una casa. **4.** Hecho de recibir un cuerpo la acción del sol, del calor o del vapor: *En la sauna se toman baños de vapor.* **5.** Capa fina con que queda cubierta una cosa: *El anillo sólo tiene un baño de plata.* ∥ *s. m. pl.* **6.** Balneario.
EXPR. **baño turco** Baño de vapor que se da una persona en una habitación preparada para producir este vapor. ∥ **al baño (de) María** Forma de calentar el contenido de un recipiente, colocándolo dentro de otro recipiente con agua, en lugar de ponerlo directamente al fuego.
SIN. **1.** Remojón. **2.** Tina, pila[2]. **3.** Servicio.

**baobab** *s. m.* Árbol de gran tamaño, con el tronco muy grueso, con grandes ramas, flores blancas y fruto comestible. Es un árbol originario del África tropical. ■ Su plural es *baobabs.*

**baptisterio** *s. m.* **1.** Capilla construida al lado de algunas iglesias importantes, donde se bautizaba a las personas. **2.** Pila en la que se bautiza y lugar de la iglesia donde se encuentra.

**baquelita** *s. f.* Material sintético muy duro usado para fabricar aparatos eléctricos y aislantes.

**baqueta** *s. f.* **1.** Varilla que se usaba para cargar las armas de fuego antiguas o para limpiar el interior del cañón. || *s. f. pl.* **2.** Palillos con que se toca el tambor.

**baquiano, na** *s. m.* y *f.* En Hispanoamérica, guía, persona que conoce los caminos y atajos.

**bar** *s. m.* Establecimiento donde se toman bebidas y cosas de comer, casi siempre de pie y en la barra. **FAM.** Bareto. / Minibar.

**barahúnda** *s. f.* Mucho ruido y desorden. ■ Se escribe también *baraúnda*.
**SIN.** Alboroto, algarabía, bulla, jaleo.

**baraja** *s. f.* Conjunto de cartas que se utilizan para diversos juegos, como el tute, la brisca o el póquer. **FAM.** Barajar.

**barajar** *v.* **1.** Mezclar las cartas de una baraja antes de repartirlas. **2.** Pensar o hablar sobre varias cosas posibles cuando se está decidiendo algo: *Se barajan varios nombres para el puesto de delegado de curso.*

**baranda** *s. f.* Barandilla.
**FAM.** Barandilla.

**barandilla** *s. f.* Especie de valla que sirve de protección y apoyo en balcones, escaleras o terrazas.
**SIN.** Baranda.

**baratija** *s. f.* Cosa pequeña que tiene poco valor: *Compré estos pendientes en un puesto de baratijas.*

**baratillo** *s. m.* **1.** Conjunto de cosas que se venden a bajo precio en un lugar público. **2.** Tienda o puesto en el que se venden estas cosas.

**barato, ta** *adj.* **1.** Que cuesta poco dinero: *Las patatas están baratas.* || *adv.* **2.** A bajo precio: *Este supermercado vende barato.*
**SIN. 1.** Económico. **ANT. 1.** y **2.** Caro.
**FAM.** Baratija, baratillo. / Abaratar, malbaratar.

**baraúnda** *s. f.* Busca **barahúnda**.

**barba** *s. f.* **1.** Barbilla. **2.** Pelo que les crece a los hombres en esa parte de la cara y en las mejillas: *Manuel se está dejando barba.* **3.** Pelo o hilillo que se parece a los de la barba: *El perro metió las barbas en un charco lleno de agua.*
**EXPR. en las barbas** de alguien Delante de una persona, con descaro: *Le dijo en sus barbas que su dibujo era feísimo.* **por barba** En un reparto, a cada persona: *Tocamos a dos pasteles por barba.* **subirse** uno **a las barbas** de otro Perderle el respeto.
**SIN. 1.** Perilla, mentón.
**FAM.** Barbería, barbero, barbilampiño, barbilla, barbo, barboquejo, barbudo, barbuquejo. / Imberbe.

**barbacana** *s. f.* **1.** En los castillos y murallas, boquete en el muro por el que se disparaba a los atacantes. **2.** Fortificación que se construía a la entrada de algunas ciudades, fortalezas, puentes.
**SIN. 1.** Aspillera.

**barbacoa** *s. f.* Utensilio o pequeña construcción con una rejilla de hierro para asar pescado o carne al aire libre.

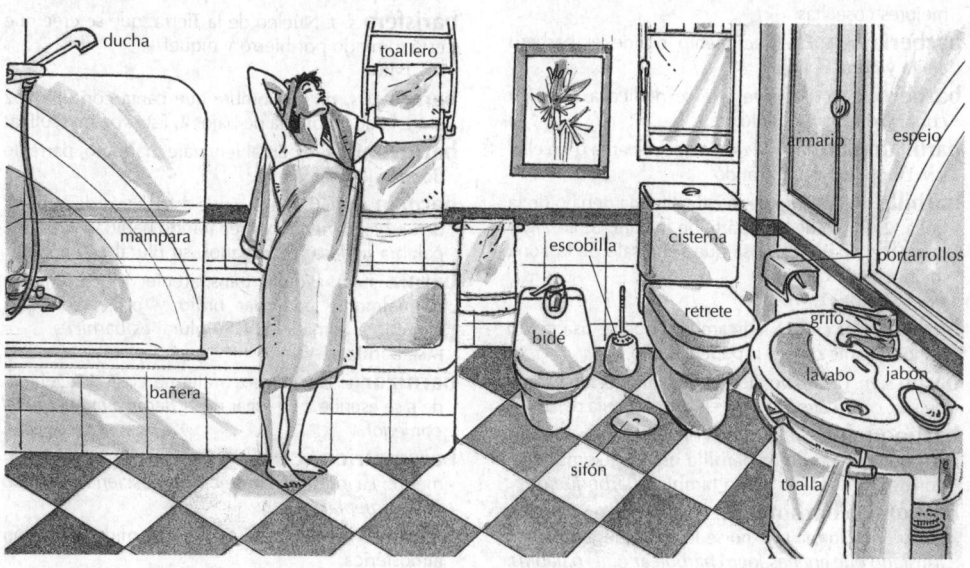

baño

**barbaridad** *s. f.* **1.** Acción bárbara, cruel. **2.** Equivocación o error grande: *Su examen estaba lleno de barbaridades.* **3.** Imprudencia grande: *Es una barbaridad conducir tan deprisa.* **4.** Cantidad excesiva, mucho: *He estudiado una barbaridad para los exámenes finales.*
SIN. **1.** a **3.** Atrocidad. **2.** y **3.** Disparate, desatino. **2.** a **4.** Burrada.

**barbarie** *s. f.* **1.** Situación de los pueblos que están muy atrasados. **2.** Violencia, brutalidad: *Algunos aficionados dieron muestras de su barbarie lanzando objetos al campo.*
SIN. **2.** Vandalismo.

**barbarismo** *s. m.* **1.** Palabra o expresión extranjera utilizada en la propia lengua, como por ejemplo *parking* o *tournée*. **2.** Palabra o expresión pronunciada, escrita o empleada de forma incorrecta.
SIN. **1.** Extranjerismo.

**bárbaro, ra** *adj.* y *s. m.* y *f.* **1.** De los pueblos germánicos que invadieron el imperio romano en el siglo v, o relacionado con ellos. **2.** Cruel, despiadado: *Sometieron al traidor a bárbaras torturas.* **3.** Bruto, atrevido: *¡Qué bárbaro, cómo se tira desde el trampolín!* **4.** Grosero: *Es un bárbaro, no se comporta con educación.* || *adj.* y *adv.* **5.** Estupendo, fenomenal: *Tiene un interés bárbaro por aprender. Lo pasamos bárbaro en la fiesta.*
SIN. **2.** Salvaje, atroz, inhumano. **3.** Osado, temerario. **4.** Basto, ordinario. ANT. **2.** Humano. **4.** Educado.
FAM. Barbaridad, barbarie, barbarismo.

**barbecho** *s. m.* Campo que no se cultiva durante uno o más años para que pueda producir después mejores cosechas.

**barbería** *s. f.* Establecimiento donde el barbero afeita y corta el pelo.

**barbero** *s. m.* Hombre que se dedica a afeitar y cortar la barba y el pelo.

**barbilampiño** *adj.* y *s. m.* Con poca barba o sin ella.
SIN. Lampiño. ANT. Barbudo.

**barbilla** *s. f.* **1.** Parte de la cara situada debajo de la boca. **2.** Punta de esta parte de la cara. **3.** En algunos peces, parte carnosa que sobresale de la zona inferior de la cabeza.
SIN. **1.** Barba. **2.** Mentón.

**barbitúrico** *s. m.* Medicamento que se usa como tranquilizante o para producir sueño.

**barbo** *s. m.* Pez de río, de vientre blanquecino y lomo oscuro, con cuatro barbillas en la mandíbula de arriba.

**barboquejo** *s. m.* Cinta o correa con que se sujetan por debajo de la barbilla algunos sombreros, gorros y cascos. Se llama también *barbuquejo.*

**barbotar** o **barbotear** *v.* Hablar alguien con dificultad y de forma que no se le entiende: *Estaba tan asustado que apenas logró barbotear unas palabras.*
SIN. Balbucear, mascullar, farfullar.

**barbudo, da** *adj.* y *s. m.* y *f.* Que tiene mucha barba.
ANT. Barbilampiño.

**barbuquejo** *s. m.* Busca **barboquejo**.

**barca** *s. f.* Embarcación pequeña que sirve, por ejemplo, para pescar o navegar cerca de la costa o atravesar un río.
FAM. Barcaza, barco, barquero. / Embarcación.

**barcaza** *s. f.* Barca grande, como la que se emplea para transportar mercancías o pasajeros desde tierra hasta los barcos, o al revés.

**barcelonés, sa** *adj.* y *s. m.* y *f.* De Barcelona, ciudad y provincia españolas.

**barco** *s. m.* Vehículo que puede flotar en el agua y que, movido por el viento, por remos o por un motor, sirve para transportar personas o mercancías.
SIN. Buque, embarcación.
FAM. Barquillo.

**bardo** *s. m.* Poeta de los antiguos celtas, que cantaba las hazañas de su pueblo.

**baremo** *s. m.* Medida con que se valora algo: *Todos los profesores utilizaron el mismo baremo para corregir los trabajos de fin de curso.*

**bareto** *s. m.* Bar.

**bargueño** *s. m.* Mueble de estilo antiguo, de madera tallada y con muchos cajones y compartimentos.

**baricentro** *s. m.* Centro de gravedad de un cuerpo.

**bario** *s. m.* Metal de color blanco amarillento, difícil de fundir y que se oxida rápidamente. Es un elemento químico.

**barisfera** *s. f.* Núcleo de la Tierra, que se cree que está formado por hierro y níquel.
SIN. Nife.

**barítono** *s. m.* **1.** Hombre que canta con una voz entre la de tenor y la de bajo. **2.** Esta voz masculina.

**barlovento** *s. m.* En el lenguaje marinero, parte de donde viene el viento.

**barman** *s. m.* Camarero que está detrás de la barra de un bar sirviendo y preparando bebidas. ■ Es una palabra inglesa. En español, su plural es *barmans.*

**barniz** *s. m.* Pintura transparente que se emplea normalmente para dar brillo y protección, por ejemplo a la madera. ■ Su plural es *barnices.*
FAM. Barnizar.

**barnizar** *v.* Dar barniz a alguna cosa. ■ Delante de *e* se escribe *c* en lugar de *z*: *Barnicé la puerta del comedor.*

**barométrico, ca** *adj.* Relacionado con el barómetro: *La presión barométrica desciende cuando hay tormenta.*

**barómetro** *s. m.* Instrumento que mide la presión atmosférica.
FAM. Barométrico.

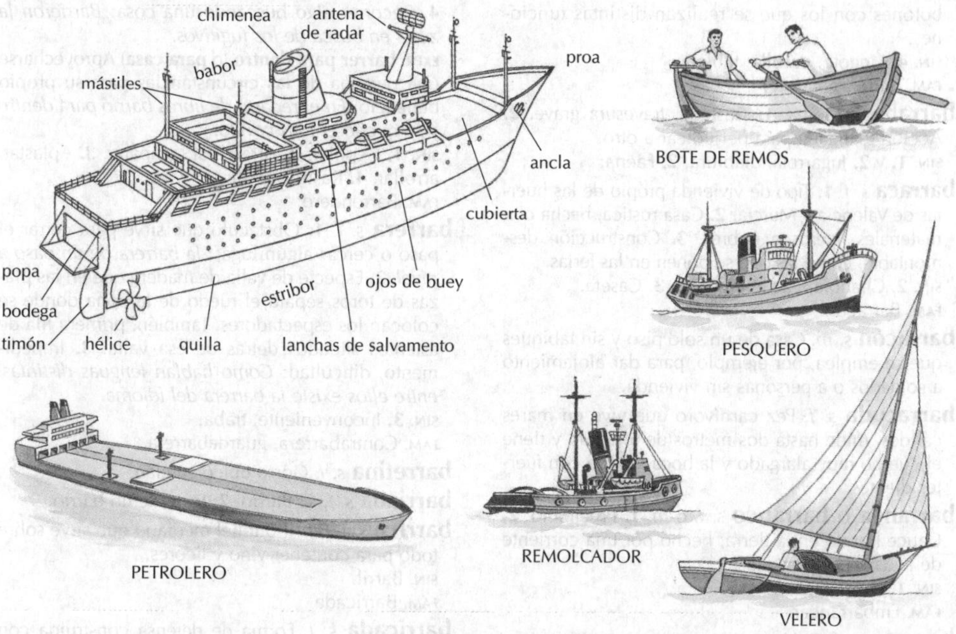

chimenea | antena de radar

mástiles | babor

proa

popa

bodega

timón | hélice | quilla | lanchas de salvamento

estribor | ojos de buey

ancla

cubierta

**BOTE DE REMOS**

**PESQUERO**

**REMOLCADOR**

**PETROLERO**

**VELERO**

**barcos**

**barómetro**

**barra** de bar

**barón, baronesa** *s. m.* y *f.* **1.** Persona de la nobleza que tiene un título, que en España es el inmediatamente inferior al de vizconde. ‖ *s. f.* **2.** Mujer del barón. ■ No confundir *barón* con *varón*, 'hombre'.

**barquero, ra** *s. m.* y *f.* Persona que conduce una barca.

**barquillera** *s. f.* Recipiente metálico para llevar los barquillos que se venden; en la tapa suele tener una ruleta con la que se decide, al azar, cuántos barquillos le corresponden al cliente en cada tirada.

**barquillero, ra** *s. m.* y *f.* Persona que hace o vende barquillos.

**barquillo** *s. m.* Dulce en forma de triángulo o de tubo, hecho con harina sin levadura y azúcar o miel.

**FAM.** Barquillera, barquillero. / Abarquillar.

**barra** *s. f.* **1.** Pieza larga y delgada de un material rígido: *Agárrate a la barra del autobús para no caerte. Como estaba aprendiendo ballet, hacía los ejercicios de la barra.* **2.** Mostrador de los bares y cafeterías: *Tomamos unas cervezas en la barra.* **3.** Pieza de pan con forma alargada. **4.** Pieza en forma de prisma rectangular: *una barra de plata; una barra de turrón.* **5.** Signo gráfico ( / ) que se usa para separar palabras, frases, números. **6.** En Argentina, Paraguay y Uruguay, grupo de amigos.

**EXPR. barra de herramientas** En un programa informático, parte de la pantalla en la que aparecen los

**141**

botones con los que se realizan distintas funciones.
**SIN. 4.** Lingote, pastilla, tableta.
**FAM.** Barrera, barrote.

**barrabasada** *s. f.* **1.** Trastada, travesura grave. **2.** Acción realizada para perjudicar a otro.
**SIN. 1.** y **2.** Jugarreta, diablura. **2.** Faena.

**barraca** *s. f.* **1.** Tipo de vivienda propio de las huertas de Valencia y Murcia. **2.** Casa rústica, hecha con materiales ligeros o pobres. **3.** Construcción desmontable, como las que se ponen en las ferias.
**SIN. 2.** Chabola, cabaña, choza. **3.** Caseta.
**FAM.** Barracón.

**barracón** *s. m.* Casa de un solo piso y sin tabiques que se emplea, por ejemplo, para dar alojamiento a soldados o a personas sin vivienda.

**barracuda** *s. f.* Pez carnívoro que vive en mares cálidos, mide hasta dos metros de longitud y tiene el cuerpo muy alargado y la boca grande con fuertes dientes.

**barranca** o **barranco** *s. f. o m.* **1.** Precipicio. **2.** Cauce hondo en la tierra, hecho por una corriente de agua o por otra causa.
**SIN. 1.** Despeñadero.
**FAM.** Embarrancar.

**barrena** *s. f.* **1.** Herramienta de acero usada para taladrar materiales duros, como madera, metal o piedra; tiene una espiral tallada en su punta y un mango en el extremo opuesto. **2.** Barra de hierro que sirve para hacer agujeros en peñascos.
**FAM.** Barrenar, barreno.

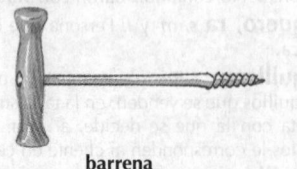

**barrena**

**barrenar** *v.* Hacer agujeros con una barrena.

**barrendero, ra** *s. m.* y *f.* Persona que tiene por oficio barrer las calles, plazas y paseos.

**barreno** *s. m.* **1.** Agujero relleno de materia explosiva en una roca o en una construcción que se quiere hacer estallar. **2.** Cartucho explosivo para hacer estallar rocas.

**barreño** *s. m.* Recipiente redondo y grande que se emplea en tareas de la casa, por ejemplo para fregar; suele ser más ancho por el borde.
**SIN.** Balde[1].

**barrer** *v.* **1.** Quitar con una escoba el polvo y la basura del suelo. **2.** Quedarse con todo o con mucho de alguna cosa: *La gente ha barrido con todos los artículos rebajados.* **3.** Derrotar totalmente: *Los tenistas españoles barrieron en el torneo de este año.*

**4.** Recorrer algo buscando una cosa: *Barrieron la zona en busca de los fugitivos.*
**EXPR. barrer para dentro** (o **para casa**) Aprovecharse una persona de las circunstancias para su propio beneficio: *En el reparto de libros barrió para dentro y se quedó el más bonito.*
**SIN. 1.** Cepillar. **2.** Arramblar, acaparar. **3.** Aplastar, arrollar. **4.** Rastrear, batir.
**FAM.** Barrendero.

**barrera** *s. f.* **1.** Obstáculo que sirve para cerrar el paso o cercar algún lugar: *la barrera de un paso a nivel.* **2.** Especie de valla de madera que en las plazas de toros separa el ruedo de la zona donde se colocan los espectadores. También, primera fila de asientos situados detrás de esa valla. **3.** Impedimento, dificultad: *Como hablan lenguas distintas, entre ellos existe la barrera del idioma.*
**SIN. 3.** Inconveniente, traba.
**FAM.** Contrabarrera, guardabarrera.

**barretina** *s. f.* Gorro típico catalán.

**barriada** *s. f.* **1.** Barrio. **2.** Parte de un barrio.

**barrica** *s. f.* Barril o tonel mediano que sirve sobre todo para contener vino y licores.
**SIN.** Barril.
**FAM.** Barricada.

**barricada** *s. f.* Forma de defensa construida con objetos como muebles, adoquines o cajas, y que se usa sobre todo en las luchas callejeras.

**barrido** *s. m.* Acción de barrer: *Dale un barrido a la cocina. Hicieron un barrido por la sierra para localizar a los montañeros perdidos.*
**SIN.** Rastreo, batida.

**barriga** *s. f.* **1.** Parte del cuerpo donde están el estómago y los intestinos. **2.** Panza que tienen algunas personas por haber comido mucho. **3.** Tripa abultada de las mujeres cuando están embarazadas.
**EXPR. rascarse** (o **tocarse**) **la barriga** Vaguear.
**SIN. 1.** Vientre, abdomen.
**FAM.** Barrigón, barrigudo.

**barrigón, na** *adj.* **1.** Barrigudo. ‖ *s. m.* **2.** Barriga muy grande.
**SIN. 1.** y **2.** Tripón.

**barrigudo, da** *adj.* Que tiene mucha barriga.
**SIN.** Barrigón, tripón.

**barril** *s. m.* Recipiente que sirve para conservar y transportar líquidos u otras cosas. Algunos son abombados y hechos con listones de madera, y otros cilíndricos y metálicos: *un barril de cerveza.*
**SIN.** Tonel, barrica.
**FAM.** Barrila, barrilete.

**barrila** *s. f.* Incordio, fastidio. Se usa mucho en la expresión **dar la barrila**, que significa 'incordiar, dar la lata': *Me dio la barrila hasta que le compré un helado.*
**SIN.** Lata, tabarra.

**barrilete** *s. m.* **1.** Barril pequeño. **2.** Pieza cilíndrica y móvil del revólver, en donde se ponen las balas.

pistas de atletismo
cancha de baloncesto
oficinas
grandes almacenes
viviendas
aparcamiento
quiosco de prensa
colegio
paso de cebra
futbito
parque

**barrio**

**3.** En Argentina y otros lugares, cometa, juguete que se hace volar.

**barrillo** *s. m.* Granillo de color rojo que aparece en el rostro, sobre todo cuando empieza a salir la barba.

**barrio** *s. m.* **1.** Cada una de las partes en que se dividen las poblaciones: *Vivo en un barrio en el que hay muchos comercios.* **2.** Alrededores de una población: *Ese autobús llega hasta los barrios de la ciudad.* **EXPR. barrio bajo** Parte de las ciudades donde vive gente pobre. **el otro barrio** El otro mundo, la muerte. **SIN. 1.** y **2.** Barriada. **2.** Extrarradio, arrabal. **FAM.** Barriada, barriobajero.

**barriobajero, ra** *adj.* y *s. m.* y *f.* **1.** De los barrios bajos. **2.** Basto, ordinario. **ANT. 2.** Elegante, distinguido.

**barritar** *v.* Dar barritos el elefante o el rinoceronte.

**barrito** *s. m.* Sonido que hacen el elefante o el rinoceronte. **FAM.** Barritar.

**barrizal** *s. m.* Sitio lleno de barro. **SIN.** Lodazal.

**barro** *s. m.* **1.** Tierra mezclada con agua, como la que se forma cuando llueve: *No pises el barro que te pones perdido.* **2.** Material compuesto de tierra arcillosa y agua que se puede moldear y se utiliza en alfarería y cerámica: *Hemos comprado una cazuela y un jarrito de barro.* **SIN. 1.** Lodo, limo. **FAM.** Barrizal. / Embarrar, guardabarros.

**barroco, ca** *adj.* y *s. m.* **1.** Se dice del estilo artístico y de la cultura que en España se desarrolló principalmente en el siglo XVII y comienzos del XVIII, caracterizado por un recargamiento, exceso de adornos y abundancia de las líneas curvas. ■ En esta acepción suele escribirse con mayúscula. || *adj.* **2.** Se dice también de las obras y de los autores de este estilo: *Esa catedral es barroca. Góngora es un autor barroco.* **3.** Que utiliza muchos adornos o demasiado recargamiento, aunque no sea de esa época: *Algunas novelas del siglo XX tienen un lenguaje barroco.* **SIN. 3.** Artificioso, recargado, pomposo. **ANT. 3.** Sencillo.

fachada **barroca**

**barrote** *s. m.* **1.** Barra gruesa. **2.** Barra de hierro que se coloca, por ejemplo, en algunas ventanas de las casas, en puertas o en las cárceles.

**barruntar** *v.* Sospechar, tener la sensación de que pasa algo: *Con esa tos que tienes, barrunto que has pillado una buena gripe.*
**SIN.** Presentir, intuir, olerse.

**bartola** Se usa en la expresión **a la bartola**, que significa 'cómodamente, sin hacer nada': *Arancha estaba tumbada a la bartola oyendo música moderna.*

**bartolillo** *s. m.* Pastel de masa frita relleno de crema.

**bártulos** *s. m. pl.* Utensilios u objetos de uso corriente o que se emplean en alguna actividad: *Cogió todos los bártulos y se fue a clase de gimnasia.*

**barullo** *s. m.* Jaleo, desorden: *A causa de una pelea se organizó un barullo en la discoteca. Tengo un barullo de papeles sobre la mesa.*
**SIN.** Lío, embrollo, desbarajuste, tumulto.
**FAM.** Embarullar.

**basa** *s. f.* Apoyo sobre el que se pone una columna o estatua.

**basalto** *s. m.* Roca volcánica de color gris oscuro o negro; se encuentra en todo el mundo en forma de grandes masas de lava que se rompen al enfriarse.

**basamento** *s. m.* En arquitectura, parte de abajo de una construcción o de un elemento que se apoya directamente en el suelo y, sobre todo, parte de una columna formada por el pedestal y la basa.

**basar** *v.* Tener argumentos o motivos que permiten sostener una opinión, una teoría o una afirmación: *Para darle el sobresaliente, el profesor se basó en sus excelentes trabajos de clase y en su buen examen.*
**SIN.** Fundar, fundamentarse.

**basca** *s. f.* **1.** Náusea, arcada. **2.** Grupo de gente o pandilla de amigos: *He quedado con la basca en la piscina.*

**báscula** *s. f.* Aparato para medir pesos, que tiene normalmente una plataforma sobre la que se coloca lo que se va a pesar.
**SIN.** Peso.
**FAM.** Bascular.

**bascular** *v.* Moverse una cosa a un lado y a otro girando sobre un punto, como hacen, por ejemplo, un balancín o la barra de una báscula. ■ No confundir con *vascular*, 'relacionado con los vasos de las plantas y los animales'.
**SIN.** Oscilar, pivotar.

**base** *s. f.* **1.** Aquello sobre lo que se apoya alguna cosa: *la base de una columna.* **2.** Condición necesaria para algo: *Para participar, lee las bases del concurso.* **3.** Lo más elemental y fundamental de algo: *No tenía una buena base en matemáticas.* **4.** Argumento, motivo, razón: *No tienes ninguna base para suponer que él ha copiado tu examen.* **5.** Línea o cara de las figuras geométricas sobre la que se supone que

se apoyan: *la base de un triángulo.* **6.** Instalación militar que tiene aviones o barcos. **7.** Conjunto de instalaciones científicas que hay en un lugar para hacer investigaciones en él. **8.** En una potencia, número que debe multiplicarse por sí mismo tantas veces como indica el exponente. **9.** En química, cuerpo que combinado con un ácido forma una sal. || *s. m.* y *f.* **10.** Jugador de baloncesto que dirige el juego del equipo; es el que está situado más lejos de la canasta. || *s. f. pl.* **11.** Conjunto de personas no dirigentes que forman parte de un partido político o sindicato: *Las bases eligieron al nuevo candidato.*
**EXPR.** **base de datos** Conjunto de datos organizado para que se pueda buscar información fácilmente. También, programa informático preparado para introducir muchos datos y poder trabajar con ellos. || **a base de** Con, por medio de: *A base de muchos esfuerzos consiguió lo que quería.* **a base de bien** Mucho, en gran cantidad: *Ester se ha puesto morena a base de bien.*
**SIN.** **1.** Asiento, soporte, sostén, basa. **3.** y **4.** Fundamento.
**FAM.** Basa, basamento, basar, básico.

**básico, ca** *adj.* Que es fundamental: *Me parece básico que sepas los ríos y montes de España.*
**SIN.** Esencial, elemental. **ANT.** Secundario.

**basílica** *s. f.* Iglesia importante o de gran antigüedad o tamaño: *la basílica del Pilar de Zaragoza.*

**basilisco** *s. m.* **1.** Animal imaginario con cuerpo de serpiente, patas de ave y alas, del que se creía que podía matar con la mirada. **2.** Reptil americano de color verde que vive sobre los árboles cerca de los ríos. Puede correr tan deprisa que es capaz de avanzar sobre el agua.
**EXPR.** **hecho un basilisco** o **como un basilisco** Muy enfadado y furioso: *Mi padre se puso como un basilisco cuando se enteró de que había perdido la cartera.*

**basset** *adj.* y *s. m.* y *f.* Raza de perros de estatura pequeña, patas cortas y orejas largas y caídas. ■ Es una palabra inglesa. Su plural es *bassets.*

**bastante** *indef.* **1.** Que es suficiente: *Tenemos bastante tela para la blusa. He comprado manzanas, aunque había bastantes en casa para hoy.* **2.** No poco, algo menos que mucho: *Loli dedica bastante tiempo al tenis. La profesora de sociales aprobó a bastantes.* || *adv.* **3.** En una cantidad que es suficiente: *No duerme bastante por la noche.* **4.** Más

perro **basset**

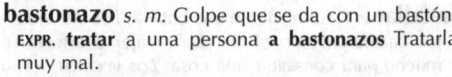
bien mucho, no poco: *El teléfono ha estado sonando bastante. Carlos es bastante desordenado; tiene la habitación patas arriba.*

**bastar** *v.* **1.** Ser suficiente: *Nos bastará con unos bocadillos. Basta con que tengas paciencia para que consigas hacer el puzzle.* ‖ **bastarse 2.** Ser alguien capaz de hacer las cosas por sí mismo sin necesitar ayuda de otros: *Ella sola se basta para cuidar a sus cinco hijos.*
**SIN. 1.** Alcanzar, llegar. **ANT. 1.** Faltar.
**FAM.** Bastante.

**bastardilla** *adj.* y *s. f.* Se dice de la letra cursiva o inclinada.

**bastardo, da** *adj.* Se dice del hijo nacido fuera del matrimonio.
**SIN.** Ilegítimo. **ANT.** Legítimo.
**FAM.** Bastardilla.

**bastidor** *s. m.* **1.** Objeto rectangular o en forma de aro en el que se sujetan telas para diversos usos, por ejemplo para pintar o bordar. **2.** Telas o papeles pintados que se colocan a uno y otro lado del escenario de los teatros para que parezca más profundo. **3.** Armazón metálico sobre el que se apoya una máquina o el motor y la carrocería de un vehículo.

**bastión** *s. m.* Busca **baluarte.**

**basto** *s. m.* **1.** En la baraja española, carta del palo llamado bastos. ‖ *s. m. pl.* **2.** Palo o grupo de cartas de la baraja española en el que figuran dibujados uno o varios garrotes de madera.

**basto, ta** *adj.* **1.** Grosero: *No seas basto, no digas tantas palabrotas.* **2.** De aspecto ordinario, poco fino: *un tejido basto.* **3.** Áspero, sin pulimentar: *una madera muy basta.* ■ No confundir con *vasto, vasta,* 'grande'.
**SIN. 1.** Soez, zafio. **2.** y **3.** Tosco. **3.** Rugoso. **ANT. 1.** Delicado, educado. **3.** Liso, pulido.
**FAM.** Desbastar.

**bastón** *s. m.* **1.** Palo para apoyarse al andar. **2.** Vara usada como símbolo de mando: *el bastón del alcalde.*
**SIN. 1.** Cachava, cayado.
**FAM.** Bastonazo, bastoncillo.

**bastonazo** *s. m.* Golpe que se da con un bastón.
**EXPR. tratar** a una persona **a bastonazos** Tratarla muy mal.

**bastoncillo** *s. m.* Palito con una bola de algodón en sus puntas, como los que se usan para limpiar las orejas.

**basura** *s. f.* **1.** Conjunto de cosas que se tiran porque sobran o no valen, por ejemplo los desperdicios de la comida o la suciedad que a veces hay en el suelo. **2.** Cubo o lugar donde se tiran. **3.** Cosa que despreciamos porque no nos es útil o porque es de mala calidad: *Este bolígrafo que me han regalado es una basura.*
**SIN. 1.** y **3.** Porquería. **3.** Bazofia.
**FAM.** Basural, basurero.

**basural** *s. m.* Lugar donde se tira la basura.
**SIN.** Basurero.

**basurero, ra** *s. m.* y *f.* **1.** Persona que recoge la basura. ‖ *s. m.* **2.** Sitio en que se tira la basura.
**SIN. 2.** Vertedero, basural.

**bata** *s. f.* **1.** Prenda parecida a un vestido abierto para estar cómodo en casa: *Se puso la bata encima del pijama.* **2.** Prenda ligera que llevan algunas personas para sus trabajos, por ejemplo en hospitales, peluquerías o laboratorios.
**EXPR. bata de cola** Traje de las bailaoras de flamenco.
**FAM.** Batín.

**batacazo** *s. m.* **1.** Porrazo o golpe fuerte y ruidoso que se da una persona al caer. **2.** Fracaso: *No seas tan confiado con la gente, un día te vas a dar un batacazo.*
**SIN. 1.** Trastazo, tortazo, leñazo. **2.** Decepción.

**batalla** *s. f.* **1.** En una guerra, momento en que los ejércitos enemigos se encuentran y combaten. **2.** Lucha, conflicto: *Sostuvieron una dura batalla por quedarse con la casa.*
**EXPR. de batalla** Se dice de la ropa y de otras cosas que se utiliza para todos los días, a diferencia de las que se usan para una ocasión más especial.
**SIN. 1.** Contienda, lid, refriega. **1.** y **2.** Combate, enfrentamiento, pelea.
**FAM.** Batallar, batallón.

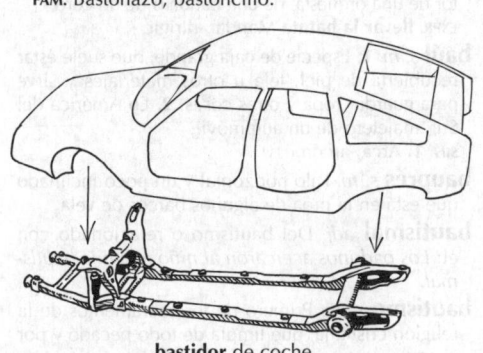

**bastidor** de coche

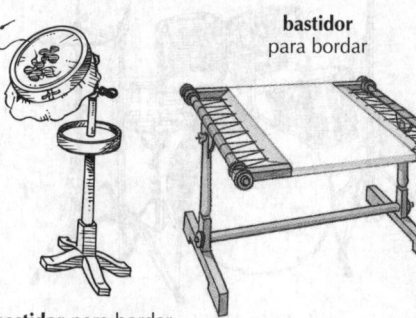

**bastidor**
para bordar

**bastidor** para bordar

**batallar** *v.* **1.** Combatir en una batalla: *Los dos ejércitos batallaron todo el día.* **2.** Trabajar o esforzarse mucho para conseguir una cosa: *Los vecinos llevan un año batallando por un nuevo hospital.*
SIN. **1.** y **2.** Pelear, luchar.

**batallón** *s. m.* Grupo de un ejército mandado normalmente por un teniente coronel o un comandante y formado por varias compañías.

**batán** *s. m.* Máquina con grandes mazos de madera que golpean los paños para quitarles la grasa y darles el grosor adecuado.

**batata** *s. f.* Planta con un tallo que crece a ras del suelo, tiene hojas en forma de corazón y raíces parecidas a las de la patata, con tubérculos comestibles de sabor dulce.

**bate** *s. m.* En el béisbol, palo con que se golpea la pelota.
FAM. Batear.

**bateador, ra** *s. m.* y *f.* En el béisbol, jugador que batea.

**batear** *v.* Golpear la pelota con el bate en el deporte del béisbol.
FAM. Bateador.

**batería** *s. f.* **1.** Conjunto de cañones y personas que los manejan: *La batería está preparada para abrir fuego.* **2.** Conjunto de instrumentos de percusión, como el bombo y los platillos, que usan sobre todo los músicos de jazz y de rock. **3.** Aparato que almacena energía eléctrica: *la batería del coche.* **4.** En los teatros, fila de luces que sustituye a las antiguas candilejas. || *s. m.* y *f.* **5.** Músico que toca la batería.
EXPR. **batería de cocina** Conjunto de cazuelas, cazos y ollas usados para cocinar. || **en batería** Modo de colocar varias cosas paralelas unas a otras: *En esta calle los coches aparcan en batería.*

**batiburrillo** *s. m.* Conjunto de cosas que están mezcladas y sin ningún orden: *No sé cómo organizar este batiburrillo de apuntes.*
SIN. Lío, revoltijo, popurrí.

batería de música

**batida** *s. f.* **1.** Acción de batir o rastrear un terreno, por ejemplo en la caza para hacer salir a los animales de sus escondites. **2.** Reconocimiento o registro de un lugar en busca de alguien o algo: *Organizaron una batida por el monte para buscar a los excursionistas que se habían perdido.*

**batido** *s. m.* Bebida que se hace batiendo helado, leche, huevos, frutas u otros componentes.

**batidora** *s. f.* Aparato para batir o triturar los alimentos.

**batiente** *s. m.* **1.** Hoja de una puerta o una ventana. || *s. f.* **2.** Parte del marco de una puerta o ventana donde golpea y se detiene la hoja al cerrarla.
EXPR. **reír a mandíbula batiente** Busca **reír.**

**batimetría** *s. f.* Ciencia que estudia los fondos marinos, sobre todo su profundidad.

**batín** *s. m.* Bata corta que usan los hombres para estar en casa.

**batir** *v.* **1.** Remover con rapidez: *Voy a batir un huevo para hacer una tortilla.* **2.** Mover algo con fuerza: *Los buitres batían sus alas.* **3.** Golpear una cosa contra otra: *Las olas batían la costa.* **4.** Vencer, ganar: *Los nuestros batieron al equipo visitante.* **5.** Recorrer un terreno buscando personas o animales: *La policía batió la zona en busca de los dos presos escapados.* || **batirse 6.** Combatir, luchar: *Los ejércitos se batieron en una rápida batalla.*
SIN. **1.** Agitar, revolver. **2.** Sacudir. **4.** Derrotar, arrollar, aplastar. **5.** Reconocer, registrar.
FAM. Batida, batido, batidora, batiente. / Imbatible.

**batiscafo** *s. m.* Nave sumergible para explorar el fondo de los mares.

**batista** *s. f.* Tela de hilo o de algodón, muy fina, con la que se hacen blusas, camisas, pañuelos y otras prendas.

**batracio** *s. m.* Una clase de animales anfibios, como el sapo o la rana.

**baturro, rra** *adj.* y *s. m.* y *f.* Se dice de los campesinos aragoneses y de lo relacionado con ellos.

**batuta** *s. f.* Varita con que marca el compás el director de una orquesta, de una banda o de un coro.
EXPR. **llevar la batuta** Mandar, dirigir.

**baúl** *s. m.* **1.** Especie de caja grande, que suele estar recubierta de piel, tela u otros materiales y sirve para guardar ropa y otras cosas. **2.** En América del Sur, maletero de un automóvil.
SIN. **1.** Arca, arcón.

**bauprés** *s. m.* Palo horizontal y un poco inclinado que está en la proa de algunos barcos de vela.

**bautismal** *adj.* Del bautismo o relacionado con él: *Los padrinos acercaron al niño a la pila bautismal.*

**bautismo** *s. m.* Primero de los sacramentos de la religión cristiana, que limpia de todo pecado y por el que se entra a formar parte de la Iglesia.

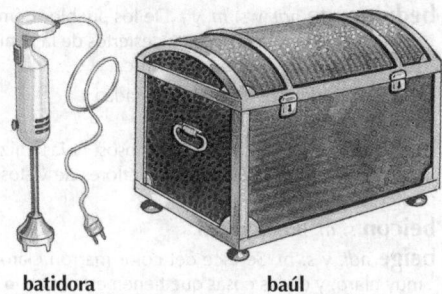

batidora        baúl

**EXPR. bautismo de fuego** Primera vez que un soldado entra en combate. También, primera vez que alguien hace algo: *Su bautismo de fuego como actriz fue con una película de misterio.*
**FAM.** Bautismal, bautizar. / Baptisterio.

**bautizar** *v.* **1.** Administrar el sacramento del bautismo o recibirlo: *A todos sus hijos los bautizaron en la misma parroquia.* **2.** Poner un nombre: *Todavía no hemos bautizado la barca.* **3.** Añadir agua a la leche o al vino. ■ Delante de *e* se escribe *c* en lugar de *z*: *Me bauticé.*
**FAM.** Bautizo.

**bautizo** *s. m.* Acción de bautizar y fiesta con que se celebra esta ceremonia.

**bauxita** *s. f.* Roca de color amarillento, compuesta por una mezcla de minerales, que se utiliza para fabricar aluminio.

**bávaro, ra** *adj. y s. m. y f.* De Baviera, región de Alemania.

**baya** *s. f.* Fruto carnoso, sin hueso, pero con muchas semillas rodeadas de pulpa, como por ejemplo la uva o el tomate.

**bayeta** *s. f.* Trapo de tejido absorbente que se utiliza en las labores de limpieza.

**bayo, ya** *adj.* Se dice del caballo de color blanco amarillento; se dice también de este color.

**bayoneta** *s. f.* Cuchillo largo que se pone en el cañón del fusil.

**baza** *s. f.* **1.** En los juegos de cartas, las que se lleva el jugador que ha ganado: *Nacho se llevó la baza.* **2.** Jugada de un juego de cartas: *Debes esperar una baza sin jugar.* **3.** Provecho, beneficio: *Espera sacar baza en la venta de papeletas para el sorteo.*
**EXPR. meter baza** Entrar en una conversación: *Julia se enfadó porque no le dejabas meter baza.*

**bazar** *s. m.* **1.** Tienda donde se venden cosas muy diversas, como regalos, juguetes o aparatos electrónicos. **2.** En Oriente, mercado público.
**SIN. 2.** Zoco.

**bazo** *s. m.* Órgano de color rojizo, situado en el lado izquierdo del abdomen, en el que se almacenan los glóbulos rojos y la hemoglobina.

**bazoca** o **bazuca** *s. f.* Arma portátil en forma de tubo que sirve para lanzar proyectiles, sobre todo contra los tanques.

**bazofia** *s. f.* Cosa desagradable o de muy mala calidad: *La comida que nos sirvieron era una bazofia.*
**SIN.** Porquería, basura, asquerosidad.

**beatería** *s. f.* **1.** Religiosidad exagerada o falsa. **2.** Conjunto de personas beatas.

**beatificar** *v.* Declarar el papa que una persona está en el cielo y se le puede dar culto, aunque todavía no ha sido declarado santo. ■ Delante de *e* se escribe *qu* en lugar de *c*: *beatifique.*

**beatífico, ca** *adj.* Muy tranquilo y feliz: *Al bebé se le queda un gesto beatífico cuando duerme.*
**SIN.** Plácido, sereno, sosegado. **ANT.** Crispado, tenso.

**beatitud** *s. f.* **1.** En la religión cristiana, felicidad total de los que están en el cielo con Dios. **2.** Sensación de tranquilidad y felicidad: *Por tu cara de beatitud se nota que estás a gusto.*
**SIN. 1.** Bienaventuranza. **2.** Bienestar, placidez. **ANT. 2.** Desasosiego, intranquilidad.

**beato, ta** *adj. y s. m. y f.* **1.** Persona que es religiosa de forma exagerada o que lo finge. || *s. m. y f.* **2.** Persona que ha sido beatificada.
**SIN. 1.** Mojigato, santurrón.
**FAM.** Beatería, beatificar, beatífico, beatitud.

**bebe, beba** *s. m. y f.* En Argentina, Perú y Uruguay, bebé, niño pequeño.

**bebé** *s. m.* Niño recién nacido o muy pequeño.
**FAM.** Bebe. / Portabebés.

**bebedero** *s. m.* **1.** Recipiente en el que se echa agua para que beban los animales, por ejemplo el que se coloca en las jaulas de los pájaros. **2.** Lugar donde beben los animales, ya sea natural o fabricado.
**SIN. 2.** Abrevadero.

**bebedizo** *s. m.* Bebida con propiedades mágicas o medicinales: *El mago preparó un bebedizo que hacía invisible a quien lo tomase.*
**SIN.** Pócima, poción.

**bebedor, ra** *adj. y s. m. y f.* Que bebe; se dice sobre todo del que toma en exceso bebidas alcohólicas.
**ANT.** Abstemio.

**beber** *v.* **1.** Tragar un líquido: *Bebe directamente de la botella porque no hay vasos.* **2.** Tomar bebidas alcohólicas: *El médico le ha prohibido beber.*
**EXPR. beber los vientos por** alguien Estar muy enamorado o encariñado de alguien: *Julio está que bebe los vientos por su novia.*
**SIN. 2.** Pimplar, soplar.
**FAM.** Bebedero, bebedizo, bebedor, bebida, bebido. / Biberón, embeber, imbebible.

**bebida** *s. f.* **1.** Cualquier tipo de líquido para beber. **2.** Acción de beber, sobre todo bebidas alcohólicas: *Ha dejado la bebida.*

**bebido, da** *adj.* Borracho o casi borracho. **SIN.** Beodo, achispado, embriagado. **ANT.** Sobrio.

**beca** *s. f.* Dinero u otra ayuda que recibe una persona, por ejemplo un estudiante, un investigador o un artista, para realizar su actividad. **SIN.** Subvención. **FAM.** Becar, becario.

**becada** *s. f.* Ave un poco más pequeña que la perdiz, de pico largo y delgado, cuello y patas cortas y plumaje pardo con franjas oscuras; su carne es muy apreciada. Se llama también *chocha* y *chochaperdiz.*

**becar** *v.* Conceder una beca a alguien. ■ Delante de *e* se escribe *qu* en lugar de *c: Luis espera que le bequen para estudiar en los Estados Unidos.*

**becario, ria** *s. m.* y *f.* Persona a la que se ha concedido una beca.

**becerrada** *s. f.* Corrida en la que se torean becerros. **SIN.** Novillada.

**becerro, rra** *s. m.* y *f.* Ternero menor de dos años. **FAM.** Becerrada.

**bechamel** *s. f.* Busca **besamel**.

**bedel, la** *s. m.* y *f.* Empleado que, en institutos, universidades y otros centros oficiales, se encarga de cuidar el orden fuera de las aulas, de anunciar la hora de entrada y salida, y de otras tareas. **SIN.** Ordenanza.

**beduino, na** *adj.* y *s. m.* y *f.* De los pueblos nómadas que viven en las estepas y desiertos de la península Arábiga, Siria y norte de África.

**befa** *s. f.* Burla grosera o muy pesada. **SIN.** Mofa, escarnio.

**begonia** *s. f.* Planta de tallos carnosos, hojas rojizas y grandes en forma de corazón y flores de vistosos colores.

**beicon** *s. m.* Busca **bacon**.

**beige** *adj.* y *s. m.* Se dice del color marrón claro o muy claro, y de las cosas que tienen este color. ■ Es una palabra francesa. No varía en plural.

**béisbol** *s. m.* Juego entre dos equipos que se practica con una pelota y un palo especial para lanzarla, que se llama *bate.*

**bejuco** *s. m.* Busca **liana**.

**bel canto** *expr.* Canto de ópera. ■ Es una expresión italiana.

**belén** *s. m.* **1.** Representación del nacimiento de Jesucristo que se realiza en las fiestas navideñas con figuras o personas y decorados. **2.** Asunto complicado y que puede traer disgustos: *¿En qué belén te has metido ahora?* **3.** Jaleo, confusión: *¡Vaya belén que se montó a la salida del cine!* **SIN. 1.** Nacimiento. **2.** y **3.** Barullo, lío, embrollo.

**belfo** *s. m.* Labio del caballo y de otros animales parecidos.

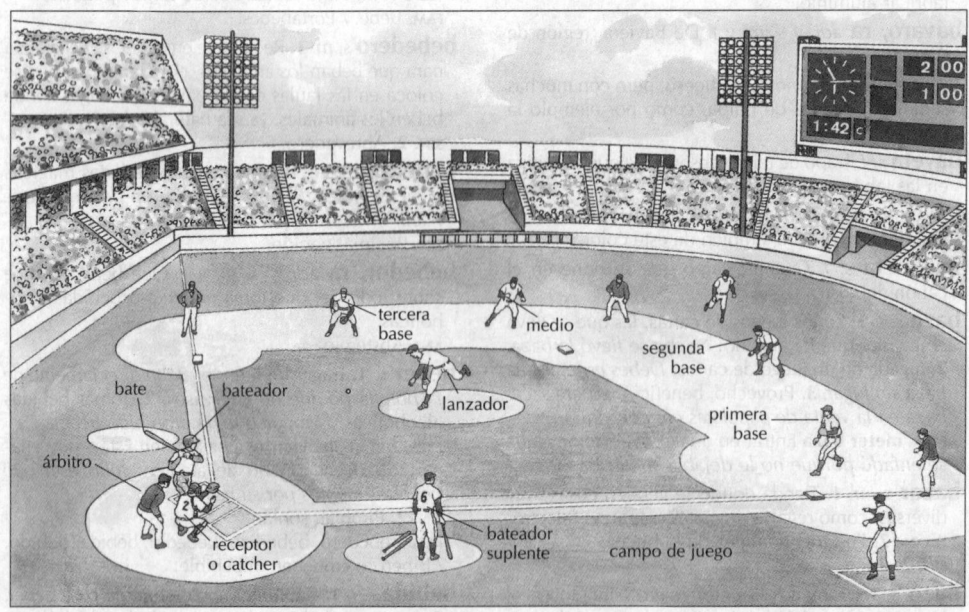

béisbol

**belga** *adj.* y *s. m.* y *f.* De Bélgica, país europeo.

**belicismo** *s. m.* Tendencia a provocar guerras y enfrentamientos armados o a participar en ellos. ANT. Pacifismo.

**belicista** *adj.* y *s. m.* y *f.* Relacionado con el belicismo o partidario de él. ANT. Pacifista.

**bélico, ca** *adj.* Relacionado con la guerra: *armas bélicas, conflictos bélicos.* FAM. Belicismo, belicista, belicoso, beligerante.

**belicoso, sa** *adj.* 1. Que tiende a provocar guerras. 2. Que suele pelear y discutir. SIN. 1. Guerrero. 2. Agresivo, pendenciero. ANT. 1. y 2. Pacífico.

**beligerante** *adj.* y *s. m.* y *f.* 1. Que está en guerra con otro: *Todos confiaban en que los países beligerantes llegarían pronto a un acuerdo.* || *adj.* 2. Dispuesto a luchar: *Varios vecinos se mostraron beligerantes contra el alcalde.* SIN. 1. Contendiente. 2. Combativo, agresivo. ANT. 1. Neutral. 2. Pacífico.

**bellaco, ca** *adj.* y *s. m.* y *f.* Malvado, canalla. SIN. Ruin, perverso, vil. ANT. Bueno, honesto.

**belladona** *s. f.* Planta de flores en forma de campana, violetas por fuera y amarillentas por dentro, que da unas bayas negras muy venenosas; de sus hojas y raíces se extrae una sustancia usada en medicina.

**belleza** *s. f.* 1. Característica de las personas o cosas bellas. 2. Mujer muy guapa o cosa muy bonita: *Se ha casado con una auténtica belleza. La región ofrece muchas bellezas al visitante.* SIN. 1. y 2. Hermosura. ANT. 1. Fealdad.

**bello, lla** *adj.* 1. Se dice de las personas o cosas de aspecto muy agradable o de una gran perfección: *El paisaje, al atardecer, nos pareció aún más bello. Tiene unos bellos ojos.* 2. Bueno, bondadoso: *Tuvo un bello gesto al compartir el premio con sus compañeros. Mariano es una bella persona.* ■ No confundir con *vello*, 'pelo del cuerpo'. SIN. 1. Lindo, guapo. 1. y 2. Hermoso, bonito. 2. Noble, generoso. ANT. 1. y 2. Feo. 2. Despreciable, perverso. FAM. Belleza. / Embellecer.

**bellota** *s. f.* Fruto de la encina, del roble y otros árboles parecidos. Tiene forma ovalada y puntiaguda y está cubierto, casi hasta la mitad, por una especie de capucha escamosa. Se utiliza como alimento para el ganado.

**bemol** *adj.* 1. Se dice de la nota que es medio tono más baja que su sonido natural: *sol bemol, si bemol.* || *s. m.* 2. Signo que la representa.

**benceno** *s. m.* Líquido incoloro que arde con facilidad y que se utiliza como disolvente y para fabricar plásticos, explosivos, colorantes, medicamentos y otros productos.

**bencina** *s. f.* Líquido incoloro y de fuerte olor que se obtiene principalmente de la hulla y se usa como disolvente y como combustible.

**bendecir** *v.* 1. Pedir la protección divina para personas o cosas, haciendo la señal de la cruz o rezando una oración: *El papa bendijo a los fieles.* 2. Dar carácter sagrado a alguna cosa: *bendecir una medalla, bendecir una imagen.* 3. Hablar bien de alguien o algo, o aprobar alguna cosa: *Bendigo el día en que os conocí. Los padres de los novios bendijeron su matrimonio.* ■ Es un verbo irregular. Se conjuga como *decir*, excepto en el participio y los tiempos de futuro de indicativo, condicional e imperativo, que son regulares. SIN. 2. Consagrar. 3. Alabar, ensalzar, celebrar. ANT. 3. Maldecir. FAM. Bendición, bendito.

| BENDECIR | |
|---|---|
| **PARTICIPIO** | |
| *bendecido* | |

| **INDICATIVO** | |
|---|---|
| **Futuro** | **Condicional** |
| *bendeciré* | *bendeciría* |
| *bendecirás* | *bendecirías* |
| *bendecirá* | *bendeciría* |
| *bendeciremos* | *bendeciríamos* |
| *bendeciréis* | *bendeciríais* |
| *bendecirán* | *bendecirían* |

| **IMPERATIVO** | |
|---|---|
| *bendice* | *bendecid* |

**bendición** *s. f.* 1. Acción de bendecir. 2. Persona o cosa muy beneficiosa o que produce una gran alegría o satisfacción: *Esta lluvia ha sido una bendición para los campos.* SIN. 1. Alabanza, consagración. ANT. 1. y 2. Maldición.

**bendito, ta** *adj.* 1. Que se ha bendecido: *agua bendita, pan bendito.* 2. Feliz, dichoso: *Bendito tú que vives tan cerca de la playa.* || *s. m.* y *f.* 3. Persona muy buena, incapaz de hacer daño, o que no tiene picardía. SIN. 2. Afortunado. 3. Santo, infeliz. ANT. 2. Maldito. 3. Malvado, bicho.

**benedictino, na** *adj.* y *s. m.* y *f.* De la orden religiosa de San Benito de Nursia.

**benefactor, ra** *adj.* y *s. m.* y *f.* Se dice de la persona que protege o ayuda a otra. SIN. Bienhechor, protector, mecenas.

**beneficencia** *s. f.* Organizaciones, residencias u hospitales en que se da ayuda a los pobres.

**beneficiar** *v.* Resultar bueno o provechoso para alguien o algo: *Un nuevo aparcamiento beneficiaría a todos los vecinos. Se benefició mucho con aquel negocio de transportes.*
SIN. Favorecer, ganar, obtener. ANT. Perjudicar.
FAM. Beneficencia, beneficiario, beneficio, beneficioso, benéfico.

**beneficiario, ria** *adj. y s. m. y f.* Se dice de la persona que obtiene el beneficio de algo: *Todos los nietos fueron beneficiarios de la herencia del abuelo.*

**beneficio** *s. m.* **1.** Bien o provecho que se hace o se recibe: *Sólo pensaba en su propio beneficio y no en el de su familia.* **2.** Ganancia: *Sacaron un gran beneficio de la venta del antiguo caserío.*
SIN. **1.** y **2.** Favor. **2.** Rendimiento, fruto, producto. ANT. **1.** y **2.** Perjuicio.

**beneficioso, sa** *adj.* Que hace bien, que es útil y provechoso: *Hacer deporte y andar es beneficioso para la salud.*
SIN. Conveniente, propicio, favorable, benéfico. ANT. Perjudicial.

**benéfico, ca** *adj.* **1.** Que se realiza de forma gratuita para ayudar a las personas pobres; se dice también de las organizaciones o establecimientos que funcionan de este modo: *una rifa benéfica, una institución benéfica.* **2.** Beneficioso.
SIN. **2.** Provechoso, favorable. ANT. **2.** Perjudicial, maléfico.

**benemérito, ta** *adj.* Muy respetado por las cosas buenas que hace o ha hecho: *Premiaron a la Cruz Roja por su labor benemérita.*
EXPR. **la Benemérita** La Guardia Civil española.
SIN. Honorable, insigne, meritorio.

**beneplácito** *s. m.* Permiso, aprobación: *Se casaron con el beneplácito de sus familias.*
SIN. Conformidad, consentimiento, autorización. ANT. Prohibición .

**benevolencia** *s. f.* Bondad o comprensión.
SIN. Tolerancia, indulgencia. ANT. Malevolencia; severidad.

**benevolente** o **benévolo, la** *adj.* Bondadoso o comprensivo: *El profesor fue benévolo (o benevolente) y no castigó al niño.*
SIN. Bueno, favorable, tolerante, indulgente. ANT. Malévolo, malo, severo.
FAM. Benevolencia.

**bengala** *s. f.* Fuego artificial que produce gran claridad y chispas de colores.

**benigno, na** *adj.* **1.** Que no es malo o perjudicial: *Le encontraron un tumor, pero era benigno.* **2.** Bueno, comprensivo: *El profesor es benigno con los errores de los niños.* **3.** Templado, suave: *Esa isla tiene un clima benigno.*
SIN. **1.** Leve. **2.** Indulgente, tolerante. **3.** Apacible. ANT. **1.** Maligno. **2.** Malévolo, severo. **3.** Riguroso.

**benjamín, na** *s. m. y f.* **1.** Hijo menor: *Rafa es el benjamín de la familia.* **2.** Persona más joven de un grupo. ANT. **1.** Primogénito.

**beodo, da** *adj. y s. m. y f.* Borracho.
SIN. Ebrio, bebido. ANT. Sobrio.

**berberecho** *s. m.* Molusco marino con dos conchas estriadas y gruesas, que vive enterrado en la arena. Es comestible y se consume mucho en conserva.

**berberisco, ca** *adj. y s. m. y f.* De la antigua región de Berbería, que incluye hoy día Marruecos, Argelia y Tunicia.

**berbiquí** *s. m.* Instrumento para hacer agujeros que consiste en un pequeño taladro con una manivela para hacerlo girar. ■ Su plural es *berbiquís* o *berbiquíes.*

**beréber** o **bereber** *adj. y s. m. y f.* **1.** De un pueblo que, desde la antigüedad, ocupa zonas del norte de África. ‖ *s. m.* **2.** Idioma hablado por este pueblo.

**berenjena** *s. f.* Planta de hojas grandes y flores moradas que produce un fruto comestible, llamado también *berenjena*, de forma ovalada y de color morado por fuera, con pulpa blanca dentro.
FAM. Berenjenal.

**berenjenal** *s. m.* **1.** Campo donde se cultivan berenjenas. **2.** Apuro, enredo: *Marisa estará metida en otro berenjenal.*
SIN. **2.** Jaleo, lío, embrollo.

**bergantín** *s. m.* Barco con dos palos y velas cuadradas.

**berilio** *s. m.* Elemento químico metálico, que aparece principalmente en un mineral llamado *berilo*.

berbiquí

berenjena

bergantín

**berlina** *s. f.* **1.** Coche de caballos que lleva capota; suele tener dos asientos. **2.** Automóvil de cuatro puertas.

**berlinés, sa** *adj. y s. m. y f.* De Berlín, capital de Alemania.
FAM. Berlina.

**bermejo, ja** *adj. y s. m. y f.* Rubio o rojizo; se dice sobre todo del pelo o de la piel.
FAM. Bermellón.

**bermellón** *s. m.* Color rojo vivo algo anaranjado.

**bermudas** *adj. y s. m. o f. pl.* Pantalones cortos que llegan a la altura de la rodilla.

**berrea** *s. m.* **1.** Acción de berrear un animal. || *s. f.* **2.** Época de celo de los ciervos y otros animales salvajes.

**berrear** *v.* **1.** Dar berridos un animal. **2.** Llorar un niño pequeño mucho y con rabia: *Como tiene hambre, el bebé no para de berrear.* **3.** Gritar o cantar desafinando.
FAM. Berrea, berrido, berrinche.

**berrido** *s. m.* **1.** Voz de los becerros y otros animales. **2.** Grito, voz desagradable o desafinada: *¿No sabes hablar sin dar berridos?*
SIN. **2.** Alarido, chillido.

**berrinche** *s. m.* **1.** Llanto fuerte y seguido, sobre todo de los niños: *¡Qué berrinche tiene la cría! Se nota que está echando los dientes.* **2.** Disgusto grande: *Me llevé un berrinche cuando me enteré de que este año no íbamos de vacaciones.*
SIN. **1.** Llorera, perra, pataleta, rabieta. **2.** Sofocón, enojo.
FAM. Emberrenchinarse, emberrincharse.

**berro** *s. m.* Planta con tallos carnosos y gruesos de unos treinta centímetros y flores pequeñas y blancas; sus hojas, de sabor picante, se comen en ensalada. Crece en lugares muy húmedos.

**berroqueño, ña** *adj.* Se dice de la piedra de granito.

**berza** *s. f.* **1.** Col o variedad basta de col. || **berzas** *s. m. y f.* **2.** Persona torpe, necia. ■ Con este significado no varía en plural.
EXPR. **ser la berza** Ser el colmo.
SIN. **2.** Berzotas, tonto, bruto. ANT. **2.** Listo, lumbrera.
FAM. Berzotas.

**berzotas** *s. m. y f.* Persona tonta o ignorante: *Eres un berzotas; ¡mira que decir que Badajoz tiene playa!* ■ No varía en plural.
SIN. Berzas, bruto, palurdo, bestia, zopenco. ANT. Lumbrera.

**besamanos** *s. m.* **1.** Forma de saludar a una persona besándole la mano derecha o haciendo el gesto de besarla. **2.** Acto público en el que se saluda a los reyes u otras personas importantes, besándole la mano en señal de respeto. ■ No varía en plural.

**besamel** o **besamela** *s. f.* Salsa blanca y cremosa, de sabor suave, que se hace con harina, leche y mantequilla. ■ Se dice también *bechamel*.

**besar** *v.* Tocar o acariciar con los labios: *Besó a su padre en la mejilla.*
FAM. Besamanos, beso, besucón, besuquear.

**beso** *s. m.* Acción de besar o besarse.

**best-seller** *s. m.* Libro o disco que tiene un gran éxito y se vende mucho. ■ Es una palabra inglesa. Su plural es *best-sellers*.

**bestia** *s. f.* **1.** Animal de cuatro patas, sobre todo el que se usa para llevar la carga, como la mula. || *adj. y s. m. y f.* **2.** Persona bruta, que emplea una fuerza exagerada: *¡Qué bestia! ¿Cómo has podido levantar la mesa tú sola?* **3.** Persona poco inteligente, zoquete: *Hay que ser bestia para no saber que Barcelona se escribe con B.* **4.** Persona que tiene poco cuidado en su forma de actuar o de hablar, o no piensa lo que hace o dice: *¡Vaya bestia, se ha saltado el semáforo! ¡Qué bestia, qué palabrotas le ha dicho a esa chica!*
SIN. **2.** a **4.** Burro. **3.** Zopenco, berzas, berzotas. ANT. **2.** Enclenque, debilucho. **3.** Listo, lumbrera.
FAM. Bestial, bestialidad.

**bestial** *adj.* **1.** Irracional o característico de las bestias. **2.** Muy grande, excesivo: *Marta tiene que hacer un esfuerzo bestial para ir a natación todos los días.*
SIN. **1.** Animal. **1.** y **2.** Brutal. **2.** Tremendo, enorme.

**bestialidad** *s. f.* **1.** Comportamiento brutal de una persona: *En las guerras, los combatientes de uno y otro bando hacen bestialidades.* **2.** Acción poco sensata: *Me parece una bestialidad que vayas a clase con fiebre.* **3.** Cantidad excesiva de alguna cosa: *Me han puesto una bestialidad de exámenes en la misma semana.*
SIN. **1.** Atrocidad. **1.** y **2.** Brutalidad. **1.** a **3.** Barbaridad, burrada. **2.** Insensatez, imprudencia, locura.

**besucón, na** *adj. y s. m. y f.* Se dice de la persona a la que le gusta mucho dar besos.

**besugo** *s. m.* **1.** Pez que vive en el mar y que tiene unos ojos de gran tamaño. Su carne es blanca y muy apreciada en alimentación. **2.** Persona tonta, poco inteligente.
SIN. **2.** Merluzo, torpe, zopenco. ANT. **2.** Espabilado.

**besuquear** *v.* Besar muchas veces.

**beta** *s. f.* Segunda letra del alfabeto griego, que corresponde a nuestra *b*. ■ No confundir con *veta*, 'franja o lista' y 'filón'.

**bético, ca** *adj. y s. m. y f.* De la antigua Bética, hoy Andalucía.

**betún** *s. m.* **1.** Mezcla de varios componentes que se utiliza para limpiar y dejar brillante el calzado. **2.** Nombre de varias sustancias que se encuentran en la naturaleza y arden con llama, humo espeso y olor peculiar.
FAM. Embetunar.

**bianual** *adj.* Que sucede dos veces al año: *Nuestro club hace reuniones bianuales de todos los socios.* ■ No confundir con *bienal*, 'que sucede cada dos años'.

**biberón** *s. m.* Botella con una tetina de goma para dar leche y otros líquidos a niños muy pequeños.

**Biblia** Libro formado por el conjunto de los libros sagrados del Antiguo y Nuevo Testamento, que son el fundamento del cristianismo.
EXPR. **ser la Biblia en verso** Ser algo el colmo, el no va más: *Ese autor ha escrito un libro precioso que es la Biblia en verso.*
FAM. Bíblico.

**bíblico, ca** *adj.* De la Biblia o relacionado con ella.

**bibliobús** *s. m.* Autobús transformado en biblioteca ambulante.

**bibliófilo, la** *s. m.* y *f.* Persona muy interesada en los libros, sobre todo en los que son antiguos o raros.

**bibliografía** *s. f.* Lista ordenada de libros o publicaciones de un autor o sobre un tema determinado: *Busca la bibliografía que haya sobre teatro actual.*

**biblioteca** *s. f.* **1.** Edificio o habitación donde hay muchos libros para que puedan leerse o consultarse: *En la biblioteca del colegio tienen la novela que quieres leer.* **2.** Mueble o estantería donde se colocan los libros: *Pon esos cuentos en la biblioteca de mi habitación.* **3.** Conjunto de libros: *Le gusta comprar libros y hacer su propia biblioteca.*
FAM. Bibliobús, bibliotecario.

**bibliotecario, ria** *s. m.* y *f.* Persona que trabaja en una biblioteca y se ocupa de la organización y el cuidado de los libros.

**bicarbonato** *s. m.* **1.** Nombre vulgar de un conjunto de sales del ácido carbónico. **2.** Bicarbonato de sodio, usado para calmar la acidez de estómago.

**bicéfalo, la** *adj.* **1.** Que tiene dos cabezas: *El escudo tenía representada un águila bicéfala.* **2.** Se dice del grupo o de la organización que tiene dos jefes.

**bíceps** *s. m.* Músculo doble situado en cada uno de los brazos y muslos, que hace que podamos doblar las extremidades. ■ No varía en plural.

**bicha** *s. f.* Culebra o serpiente.

**bicharraco, ca** *s. m.* **1.** Bicho, sobre todo el que da asco. ‖ *s. m.* y *f.* **2.** Persona mala o que no parece de fiar. **3.** Persona muy fea o muy rara.

**bichero** *s. m.* Palo largo que en un extremo tiene un hierro con punta y uno o dos ganchos, que se usa para mover barcas o coger cosas del agua.

**bicho** *s. m.* **1.** Animal, sobre todo los insectos, gusanos y otros parecidos: *Me ha picado un bicho en la pierna.* **2.** Niño travieso: *Mi hijo de dos años es un bicho; nunca está quieto.* **3.** Persona que tiene mala intención: *Esa vecina es un bicho; siempre está criticando.* **4.** Persona muy astuta: *Roberto es un bicho: se las arregla para que no le riñan nunca.*
EXPR. **todo bicho viviente** Todo el mundo.
SIN. **1.** y **3.** Sabandija. **2.** Trasto. **3.** Víbora, pécora. **4.** Zorro, espabilado.
FAM. Bicha, bicharraco, bichero.

**bici** *s. f.* Forma abreviada de **bicicleta**.

**bicicleta** *s. f.* Vehículo poco pesado de dos ruedas, con sillín, manillar y unos pedales que transmiten el movimiento a la rueda trasera.
FAM. Bici.

prensa y revistas

ordenador y archivo informativos

mostrador de préstamos y devoluciones

bibliotecaria

mesa de lectura

**biblioteca**

palanca del freno · manillar · sillín · guardabarros · barra · soporte · zapatas del freno · cantimplora · radios · válvula · llanta · cubierta · pedal · cadena · piñones

**bicicleta**

**bicoca** *s. f.* Cosa muy buena para alguien que cuesta poco: *¡Qué bicoca tiene! Puede veranear gratis todos los años.*
**SIN.** Ganga[2], chollo, momio.

**bicolor** *adj.* De dos colores.

**bidé** *s. m.* Especie de lavabo de forma ovalada sobre el que una persona se puede sentar para lavarse.

**bidón** *s. m.* Recipiente de tamaño grande para guardar o transportar líquidos y que suele tener forma cilíndrica.

**biela** *s. f.* Pieza de una máquina que une otras dos y sirve para transformar un movimiento de vaivén en otro de rotación, o al revés.

**bieldo** *s. m.* Utensilio agrícola parecido a un rastrillo grande, que se utiliza para algunos trabajos del campo, como echar al aire las mieses para separar el grano.

**bielorruso, sa** *adj.* y *s. m.* y *f.* **1.** De Bielorrusia, país del este de Europa. || *s. m.* **2.** Lengua de este país.

**bien** *s. m.* **1.** Lo que es bueno y se debe hacer según la moral: *Para hacer el bien tienes que ayudar a los que te necesitan.* **2.** Lo que da a alguien bienestar, felicidad u otra cosa buena: *Cambiar de colegio fue*

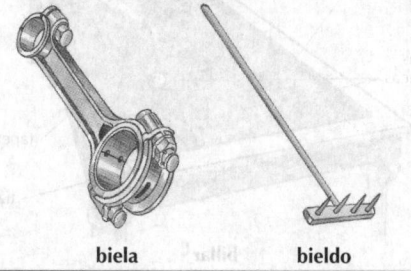

**biela** · **bieldo**

un bien para él; ahora tiene más amigos. **3.** Nota entre el suficiente y el notable. || *s. m. pl.* **4.** Propiedad, fortuna o dinero de una persona: *Un piso y un coche son todos nuestros bienes.* || *adv.* **5.** De manera adecuada o correcta: *Con corbata vas muy bien a la entrevista. Eva pronuncia bien el alemán.* **6.** Con buena salud: *Su madre ha tenido gripe, pero ya está bien.* **7.** A gusto: *Estamos muy bien en el salón.* **8.** Muy, mucho: *Abrígate bien, que hace frío.* **9.** Ciertamente: *Que hayas quedado el primero bien vale una invitación por tu parte.* **10.** Expresa que estamos de acuerdo con algo o que nos parece adecuado o acertado: *–¿Vienes al circo? –Bien, si tú vas, yo también.* || *conj.* **11.** Sirve para expresar dos posibilidades distintas: *Bien estudie, bien trabaje, pienso seguir jugando al baloncesto.*
**EXPR. de bien** Se dice de las personas honradas: *Su padre es un hombre de bien.* **estar a bien** Llevarse bien con alguien procurando no discutir. **tener a bien** Considerar una persona que tiene que hacer algo: *Mi prima ha tenido a bien invitarnos a su boda.*
**SIN. 1.** Virtud, bondad. **2.** Provecho, beneficio. **4.** Riqueza, hacienda. **5.** Correctamente. **ANT. 1.** Maldad. **1.**, **2.** y **5.** a **7.** Mal. **2.** Perjuicio.
**FAM.** Bienaventuranza, bienestar, bienhechor, bienintencionado, bienmesabe, bienvenida. / Parabién, también.

**bienal** *adj.* **1.** Que sucede cada dos años: *El festival de cine de Venecia es bienal.* ■ No confundir con *bianual*, 'que ocurre dos veces al año'. **2.** Que dura dos años; se dice sobre todo de las plantas que pueden vivir hasta dos años.

**bienaventurado, da** *adj.* **1.** Dichoso, afortunado. || *adj.* y *s. m.* y *f.* **2.** Se dice de quien está con Dios en el cielo.
**SIN. 1.** Feliz.

**bienaventuranza** *s. f.* **1.** Vida eterna y gozo que los cristianos esperan tener con Dios en el cielo. **2.** Dicha, felicidad. **3.** Cada una de las ocho frases que dijo Jesucristo a sus discípulos en el Sermón de la Montaña en las que expresaba los motivos por los que podían ser bienaventurados.
**SIN. 1.** Beatitud.
**FAM.** Bienaventurado.

**bienestar** *s. m.* Situación del que se siente a gusto y tiene todo lo que necesita para vivir.
**ANT.** Malestar.

**bienhechor, ra** *adj.* y *s. m.* y *f.* Persona que protege o ayuda a otra.
**SIN.** Benefactor, protector.

**bienintencionado, da** *adj.* Que tiene buena intención: *Es un chico muy bienintencionado, pero siempre mete la pata.*
**ANT.** Malintencionado.

**bienio** *s. m.* Periodo de tiempo de dos años.
**FAM.** Bienal.

**bienmesabe** *s. m.* Pescado adobado y frito.

**bienvenida** *s. f.* Buen recibimiento que se da a alguien para que se sienta a gusto.
SIN. Acogida.
FAM. Bienvenido.

**bienvenido, da** *adj.* Se dice de la persona o cosa a la que se recibe con alegría.

**bies** *s. m.* Trozo de tela cortado en diagonal que se coloca en los bordes de las ropas.
EXPR. **al bies** En diagonal.

**bife** *s. m.* En Argentina, Chile y Uruguay, trozo de carne asado a la plancha o a la brasa.

**bífido, da** *adj.* Que está dividido en dos: *La serpiente tiene la lengua bífida.*
EXPR. **espina bífida** Busca **espina**.

lengua **bífida**

**bifocal** *adj.* De doble foco; se dice sobre todo de las lentes con una parte para ver de cerca y otra para ver de lejos.

**bifurcación** *s. f.* Punto en que algo, como un camino o río, se divide en dos direcciones, ramales o brazos.

**bifurcarse** *v.* Dividirse una cosa, como un camino o un río, en dos ramales o brazos. ■ Este verbo sólo se usa en tercera persona. Delante de *e* se escribe *qu* en lugar de *c*: *Es frecuente que los caminos se bifurquen.*
FAM. Bifurcación.

**bigamia** *s. f.* Hecho de estar casado con dos personas al mismo tiempo; en algunos países es un delito.
ANT. Monogamia.
FAM. Bígamo.

**bígamo, ma** *adj.* y *s. m.* y *f.* Que está casado al mismo tiempo con dos personas.
ANT. Monógamo.

**bigardo, da** *adj.* y *s. m.* y *f.* Se dice de la persona muy alta.

**bígaro** *s. m.* Pequeño caracol marino, de concha oscura, que vive fijo en las rocas de las aguas de la costa. Es comestible.

**bigote** *s. m.* Pelo que hay encima del labio de arriba.
EXPR. **de bigote** o **de bigotes** Muy grande o muy intenso: *Tiene un enfado de bigote.* **menear el bigote** Comer.
SIN. Mostacho.
FAM. Bigotera, bigotudo.

**bigotera** *s. f.* Compás pequeño que se gradúa con un tornillo.

**bigotudo, da** *adj.* Que tiene mucho bigote.

**bigudí** *s. m.* Pequeño cilindro macizo, largo y estrecho, que se utiliza para rizar el pelo cogiendo un

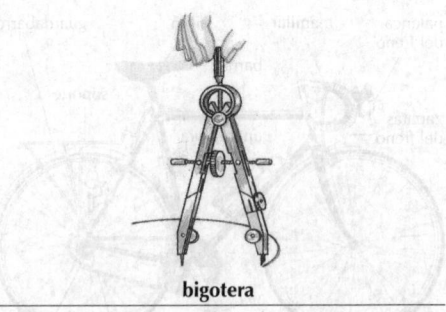

bigotera

mechón del cabello y enrollándolo en él. ■ Su plural es *bigudís* o *bigudíes.*

**bikini** *s. m.* Busca **biquini.**

**bilateral** *adj.* Se dice del asunto en el que intervienen dos personas o partes: *España y Marruecos alcanzaron un acuerdo bilateral en materia de pesca.*

**bilbaíno, na** *adj.* y *s. m.* y *f.* De Bilbao, ciudad de España.

**bilbilitano, na** *adj.* y *s. m.* y *f.* De Calatayud, ciudad de la provincia de Zaragoza.

**biliar** *adj.* De la bilis: *vesícula biliar.*

**bilingüe** *adj.* **1.** Se dice de la persona que habla dos lenguas. **2.** Que está escrito en dos lenguas o idiomas: *De esa novela hay una edición bilingüe.*
FAM. Bilingüismo.

**bilingüismo** *s. m.* Empleo de dos lenguas en una misma región o país.

**bilis** *s. f.* Líquido amargo de color amarillo verdoso producido por el hígado y que ayuda a la digestión de los alimentos. ■ No varía en plural.
SIN. Hiel.
FAM. Biliar.

**billar** *s. m.* **1.** Juego que consiste en impulsar bolas con la punta de un palo, llamado *taco,* sobre una mesa rectangular forrada con paño verde. **2.** Local

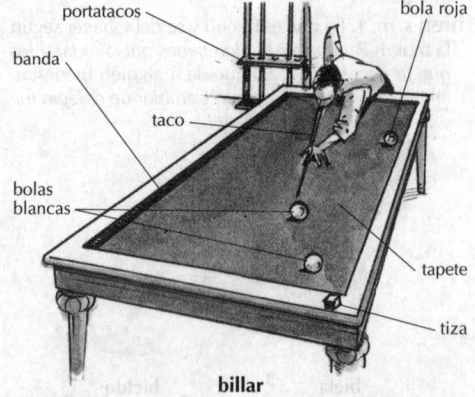

billar

con mesas para este juego: *En lugar de estudiar se pasa las tardes en los billares.*

**billete** *s. m.* **1.** Dinero en papel: *Cámbiame este billete en monedas.* **2.** Tarjeta o papel impreso que nos permite asistir a un espectáculo o viajar en un medio de transporte pagando dinero por ellos: *Nieves ha sacado su billete para ir a Lérida. Ya no había billetes para la corrida de toros.* **3.** Número completo de un sorteo de lotería que puede dividirse en décimos u otras participaciones. **4.** Participación en una rifa o lotería.
SIN. **2.** Entrada, tique.
FAM. Billetero.

**billetero, ra** *s. m.* o *f.* Cartera pequeña de bolsillo en la que se llevan los billetes de banco.

**billón** *s. m.* Un millón de millones, es decir, 1.000.000.000.000.

**bimembre** *adj.* Que tiene dos miembros o partes; se dice sobre todo de las oraciones que tienen sujeto y predicado.
ANT. Unimembre.

**bimensual** *adj.* Que ocurre o se hace dos veces al mes: *Profesores y padres mantienen reuniones bimensuales.*

**bimestral** *adj.* **1.** Que sucede o se repite cada dos meses: *Aunque Pepe ya está mejor, los médicos le hacen revisiones bimestrales.* **2.** Que dura dos meses: *Esta academia da cursos bimestrales.*

**bimestre** *s. m.* Periodo de tiempo de dos meses: *Los precios subieron en el primer bimestre del año.*
FAM. Bimestral.

**bimotor** *s. m.* Avión con dos motores.

**binario, ria** *adj.* Que tiene dos partes o dos elementos.

**bingo** *s. m.* **1.** Juego de azar en que cada jugador tacha en su cartón los números que van saliendo en el sorteo. **2.** Premio que se consigue en ese juego al tachar todos los números de un cartón. **3.** Local donde se juega.

**binocular** *adj.* Se dice del instrumento óptico que se emplea con los dos ojos.
FAM. Binóculo.

**binóculo** *s. m.* Anteojo con un cristal para cada ojo.

**binomio** *s. m.* Expresión matemática formada por dos monomios, como $2x + 3y$.

**biodegradable** *adj.* Se dice de la sustancia o del producto que se descompone de forma natural en elementos que no contaminan nada o muy poco: *un detergente biodegradable.*

**biografía** *s. f.* Historia de la vida de una persona.
FAM. Biográfico, biógrafo. / Autobiografía.

**biográfico, ca** *adj.* Relacionado con la biografía de una persona.

**biógrafo, fa** *s. m.* y *f.* **1.** Persona que escribe la

biografía de alguien. || *s. m.* **2.** En América del Sur, cine, local donde se proyectan películas.

**biología** *s. f.* Ciencia que estudia los seres vivos.
FAM. Biológico, biólogo.

**biológico, ca** *adj.* Relacionado con la biología.

**biólogo, ga** *s. m.* y *f.* Especialista en biología.

**bioma** *s. m.* Región de la Tierra que se caracteriza por tener en sus territorios un clima parecido, por ejemplo el desierto, que es una región de lluvias escasas.

**biombo** *s. m.* Objeto formado por varias piezas unidas de forma que se pueden abrir o cerrar y se utiliza para hacer una separación en un cuarto.

biombo

**biopsia** *s. f.* En medicina, examen con el microscopio de un trozo de tejido extraído de un ser vivo.

**bioquímica** *s. f.* Parte de la química que estudia las sustancias que componen los seres vivos y las reacciones que tienen lugar en ellos.

**biorritmo** *s. m.* Cambio, suceso o comportamiento que se repite cada cierto tiempo en los seres vivos, como la alternancia entre la vigilia y el sueño o el celo de los animales: *Es importante acostarse todos los días a la misma hora para no alterar el biorritmo del sueño.*

**biosfera** *s. f.* Parte de la Tierra en la que hay vida.

**biotopo** *s. m.* Lugar con unas condiciones ambientales especiales que determinan las características de las plantas y de los animales que viven en él; son biotopos, por ejemplo, el desierto o el mar.

**bipartidismo** *s. m.* Sistema político que sólo tiene dos partidos con posibilidades de alcanzar el poder.

**bipartito, ta** *adj.* Que tiene dos partes, grupos o miembros: *Una comisión bipartita de profesores y alumnos estudiará los problemas del centro.*

**bípedo, da** *adj.* y *s. m.* De dos pies o que se desplaza sobre dos patas o piernas: *El hombre es un animal bípedo.*

**biplano** *s. m.* Avión que tiene dos pares de alas paralelos.

**bípode** *s. m.* Soporte con dos patas o pies que sirve para apoyar algunas cosas.

**bipolar** *adj.* Que tiene dos polos: *Las pilas son baterías bipolares: tienen un polo positivo y otro negativo.*

**biquini** *s. m.* Prenda de baño femenina que consiste en un sujetador y una braga. ■ Se escribe también *bikini*.
FAM. Monobikini, monobiquini.

**birlar** *v.* Quitar una cosa a alguien con engaño o habilidad: *Es la segunda vez que me birlan el estuche.*
SIN. Mangar, afanar, limpiar, chorizar.

**birlibirloque** Se utiliza en la expresión **por arte de birlibirloque**. Busca **arte**.

**birmano, na** *adj.* y *s. m.* y *f.* De Birmania, país del sudeste de Asia que actualmente se llama Myanmar.

**birra** *s. f.* Cerveza. ■ Es una palabra italiana.

**birreta** *s. f.* Gorro cuadrado con una borla arriba que utilizan algunos sacerdotes.

**birrete** *s. m.* Gorro en forma de prisma con una borla en la parte de arriba, que en algunas ocasiones se ponen profesores de universidad, jueces, magistrados y abogados.
FAM. Birreta. / Barretina.

**birria** *s. m.* y *f.* **1.** Persona que nos desagrada por su aspecto físico débil o porque viste muy mal: *Tus amigos son unos birrias, están esqueléticos.* || *s. f.* **2.** Cosa fea, mal hecha o de poco valor: *Esa coleta que te has hecho hoy es una birria.*
SIN. **1.** Mamarracho, adefesio. **2.** Porquería, bodrio, chapuza.
FAM. Birrioso.

**birrioso, sa** *adj.* Que es una birria: *Tira esa gabardina birriosa y cómprate una nueva.*
SIN. Asqueroso. ANT. Estupendo.

**biruji** *s. m.* Frío, fresco: *Con el biruji que hace, es mejor que salgas abrigado.*

**bis** *adv.* Indica que algo debe repetirse o está repetido; por ejemplo, en la letra de una canción señala que hay que repetir el trozo que va antes.

**bisabuelo, la** *s. m.* y *f.* El padre o la madre de los abuelos.

**bisagra** *s. f.* Objeto formado por dos piezas metálicas unidas por un eje, de manera que una de ellas o las dos pueden girar y sirve para sujetar dos cosas, por ejemplo una puerta y su marco.
SIN. Gozne.

**bisbisear** o **bisbisar** *v.* Hablar muy bajo de manera que sólo se oye el sonido de las eses.
SIN. Musitar, susurrar.
FAM. Bisbiseo.

**bisbiseo** *s. m.* Acción de bisbisear.

**bisectriz** *s. f.* En geometría, recta que pasa por el vértice de un ángulo y lo divide en dos partes iguales. ■ Su plural es *bisectrices*.

**bisel** *s. m.* Corte oblicuo que se hace en el borde de una lámina o plancha.
FAM. Biselado.

**biselado, da** *adj.* Que tiene bisel: *un cristal biselado.*

**bisexual** *adj.* y *s. m.* y *f.* Se dice de la persona que se siente atraída por personas de los dos sexos.

**bisiesto** *adj.* Se dice del año en que el mes de febrero tiene 29 días.

**bisílabo, ba** *adj.* De dos sílabas: *«Mármol» es una palabra bisílaba.*

**bismuto** *s. m.* Metal de color blanco grisáceo, que se funde fácilmente por efecto del calor; se utiliza en aleaciones para fabricar tapones y cierres de seguridad o calderas; también se emplea en la industria farmacéutica.

**bisnieto, ta** *s. m.* y *f.* Hijo o hija de los nietos de alguien. ■ Se dice también *biznieto*.

**bisonte** *s. m.* Mamífero rumiante de gran tamaño, parecido al toro, pero con los cuernos más pequeños; se caracteriza por tener una joroba en la parte alta del lomo. Vive en los bosques de Europa oriental y en las praderas de América del Norte.

**bisoñé** *s. m.* Peluca que cubre la parte delantera de la cabeza.
SIN. Peluquín.

**bisoño, ña** *adj.* y *s. m.* y *f.* **1.** Se dice del soldado que acaba de ingresar en el ejército y de la tropa que está formada por esos soldados. **2.** Se dice de la persona que es nueva en cualquier actividad u oficio y no tiene experiencia: *Organizaron un cursillo para preparar a los bisoños.*
SIN. **2.** Novato, novel, aprendiz, principiante. ANT. **1.** y **2.** Veterano. **2.** Experto.

**bisté** o **bistec** *s. m.* Filete de carne de vaca asado a la parrilla o frito. ■ El plural de *bistec* es *bistecs*.

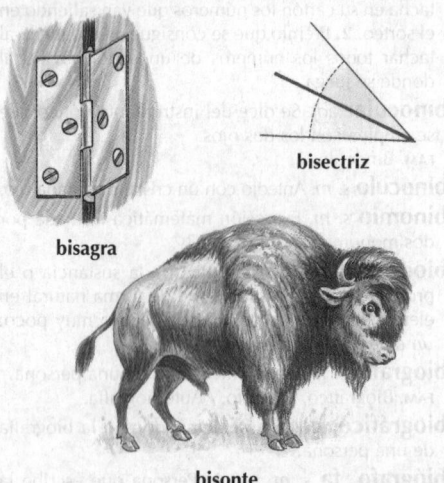

bisectriz

bisagra

bisonte

**bisturí** *s. m.* Especie de cuchillo utilizado por los cirujanos para hacer cortes en los tejidos blandos del cuerpo. ■ Su plural es *bisturís* o *bisturíes*.

**bisutería** *s. f.* Objetos como collares, pendientes o sortijas, que imitan a las joyas, pero están hechos de materiales no preciosos.

**bit** *s. m.* En informática, unidad mínima de información, que sólo puede contener dos valores (uno-cero, encendido-apagado, sí-no, verdadero-falso). Se utiliza para medir la capacidad de memoria de un ordenador. ■ Es una palabra inglesa. Su plural es *bits*.

**bitácora** *s. f.* En los barcos, especie de armario que está fijo en la cubierta y situado muy cerca del timón, donde se pone la brújula.
EXPR. **cuaderno de bitácora** Busca **cuaderno**.

**bíter** *s. m.* Bebida de sabor amargo que se suele tomar como aperitivo.

**biunívoca** *adj.* En matemáticas, se dice de la correspondencia que existe entre dos conjuntos cuando a cada elemento del primer conjunto le corresponde un elemento del segundo y a cada elemento del segundo le corresponde uno del primero.

**bivitelino, na** *adj.* Se dice de los gemelos nacidos de la fecundación de óvulos diferentes; los que nacen a partir de un mismo óvulo se llaman *univitelinos*.

**bizantino, na** *adj.* y *s. m.* y *f.* **1.** De Bizancio, antiguo imperio medieval. ‖ *adj.* **2.** Se dice de las discusiones inútiles, que no llevan a ningún resultado: *Si perdemos el tiempo en discusiones bizantinas, nunca llegaremos a una solución.*

**bizarría** *s. f.* Característica de la persona bizarra.
SIN. Valentía, gallardía.

**bizarro, rra** *adj.* **1.** Valiente, intrépido. **2.** Apuesto, de buena presencia: *los soldados desfilaban bizarros con el uniforme de gala.*
SIN. **1.** Valeroso, audaz. **2.** Gallardo, garboso. ANT. **1.** Cobarde, miedoso.
FAM. Bizarría.

**bizco, ca** *adj.* y *s. m.* y *f.* **1.** Se dice de la persona que con un ojo mira en distinta dirección que con el otro. ‖ *adj.* **2.** Se dice de esta mirada o del ojo que la tiene.
FAM. Bizquear, bizquera.

**bizcocho** *s. m.* Masa hecha con harina, huevos y azúcar que se cuece al horno y se emplea para hacer tartas u otro tipo de bollos.

**biznieto, ta** *s. m.* y *f.* Busca **bisnieto**.

**bizquear** *v.* Ponerse bizco o padecer bizquera: *He llevado al niño al oculista porque bizquea.*

**bizquera** *s. f.* Defecto de la visión en que los ojos miran en distintas direcciones.
SIN. Estrabismo.

**blackjack** *s. m.* Juego de cartas en el que gana el que hace veintiún puntos o se acerca más a ellos sin pasarse. ■ Es una palabra inglesa. Su plural es *blackjacks*.

**blanca** *s. f.* **1.** Figura musical cuyo valor es la mitad de una redonda. **2.** Antigua moneda española que tuvo diferentes valores; actualmente se usa en la expresión **sin blanca**, que significa 'sin dinero': *Tendrás que prestarme algo de dinero porque estoy sin blanca.*

**blanco, ca** *adj.* y *s. m.* **1.** Se dice del color de la nieve o de la leche; también se dice de las cosas que tienen ese color: *El camarero lleva una chaqueta blanca.* ‖ *adj.* y *s. m.* y *f.* **2.** Se dice de la raza humana europea y de las personas que pertenecen a ella. ‖ *adj.* **3.** Se dice de las cosas que son más claras que otras de su especie: *vino blanco, pan blanco.* **4.** Pálido: *Julio se puso blanco y se desmayó.* ‖ *s. m.* **5.** Objeto o punto situado a cierta distancia hacia donde se dirige un tiro o flecha: *Lanzaban los dardos al blanco.*
EXPR. **blanco del ojo** Parte visible de la córnea. ‖ **dar en el blanco** Acertar plenamente en algo. **en blanco** Que no está escrito: *Entregó el examen en blanco.* También indica que alguien no recuerda algo o no se le ocurre nada: *Me quedé en blanco y fui incapaz de contestar a sus preguntas.*
ANT. **1.** Negro, oscuro.
FAM. Blanca, blancura, blancuzco, blanquear, blanquecino, blanqueo.

**blancura** *s. f.* Propiedad de las cosas blancas.

**blancuzco, ca** *adj.* Que es de color blanco sucio.

**blandengue** *adj.* **1.** Muy blando. ‖ *adj.* y *s. m.* y *f.* **2.** Que tiene pocas fuerzas o poca resistencia: *No seas blandengue, sólo hemos andado media hora y ya estás cansado.* **3.** Que es blando de carácter o tiene poca autoridad.
SIN. **2.** Enclenque.

**blandir** *v.* Sostener de forma amenazadora un palo, arma o cosa parecida. ■ Sólo se conjugan las formas que tienen una *i*, como *blandió*.

**blando, da** *adj.* **1.** Que al tocarlo se hunde fácilmente: *Elena duerme sobre una almohada blanda.* ‖ *adj.* y *s. m.* y *f.* **2.** Que tiene pocas fuerzas o es poco resistente: *Eres un blando, te cansas pronto.* **3.** Excesivamente benévolo, que consiente mucho: *Es un profesor demasiado blando con sus alumnos.*
SIN. **2.** Enclenque, flojo, debilucho. **3.** Transigente, indulgente, condescendiente. ANT. **1.** Tieso. **1.** y **3.** Duro, rígido. **3.** Exigente, riguroso, severo.
FAM. Blandengue, blandura. / Ablandar, reblandecer.

**blandura** *s. f.* Característica de las cosas o las personas blandas.

**blanquear** *v.* **1.** Poner blanca una cosa: *Mi madre usa lejía para blanquear la ropa.* **2.** Dar cal o yeso blanco, disuelto en agua, a las paredes, techos o fachadas de los edificios. **3.** Emplear el dinero que se ha obtenido de forma ilegal en negocios legales. **4.** Mostrar su blancura: *La nieve blanquea en la cima de la montaña.* **5.** Ir tomando una cosa color blanco:

*Desde los cuarenta años su cabello empezó a blanquear.*
SIN. **2.** Encalar. ANT. **1.** Ennegrecer, oscurecer.

**blanquecino, na** *adj.* Que tira a blanco.

**blanqueo** *s. m.* Acción de blanquear: *blanqueo de dinero.*

**blasfemar** *v.* Decir blasfemias.

**blasfemia** *s. f.* Insulto a Dios, la Virgen, los santos o las cosas sagradas.
FAM. Blasfemar, blasfemo.

**blasfemo, ma** *adj. y s. m. y f.* **1.** Se dice de la persona que blasfema. || *adj.* **2.** Se dice de las palabras u obras que contienen una blasfemia.

**blasón** *s. m.* **1.** Escudo de armas y cada una de las figuras o símbolos que aparecen en él. **2.** Gloria, honor: *Era un blasón para el noble caballero ayudar al débil.*
SIN. **2.** Orgullo.

**blazer** *s. m.* Chaqueta normalmente azul oscura y con los botones metálicos y, a veces, un escudo en el bolsillo del pecho. ■ Es una palabra inglesa. Su plural es *blazers.*

**bledo** Se utiliza en la expresión **importar** o **no importar** a uno **un bledo** algo, que significa 'no importarle nada': *Me importa un bledo que no vengas con nosotros.*
SIN. Comino, pito, rábano.

**blenda** *s. f.* Mineral del que se saca el cinc.

**blindado, da** *adj.* **1.** Especialmente protegido contra algo, por ejemplo contra las balas, el fuego o los robos: *Para evitar que los ladrones entren en casa, hemos puesto una puerta blindada.* **2.** Se dice de la unidad militar que se compone fundamentalmente de carros de combate o fuerzas transportadas en vehículos acorazados.

**blindaje** *s. m.* Conjunto de cosas que se utilizan para blindar, normalmente planchas de acero o hierro.

**blindar** *v.* Proteger algo, como una puerta o un vehículo, cubriéndolo con planchas metálicas.
FAM. Blindado, blindaje.

**blíster** *s. m.* Conjunto de artículos, normalmente de pequeño tamaño, empaquetados juntos en un envase de plástico transparente. ■ No varía en plural.

**bloc** *s. m.* Cuaderno que tiene las hojas unidas de forma que se pueden pasar o arrancar fácilmente: *Me he comprado un bloc para las clases de dibujo.* ■ Es una palabra francesa. Su plural es *blocs.*

**blocar** *v.* **1.** Bloquear: *Al frenar hay que tratar de no blocar las ruedas.* **2.** En fútbol y balonmano, parar el portero el balón y protegerlo con el cuerpo. **3.** En boxeo, parar con los brazos o con los codos un golpe del contrario. ■ Delante de *e* se escribe *qu* en lugar de *c: bloquen.*

**blonda** *s. f.* Encaje de seda que se utiliza en prendas de vestir.

**bloque** *s. m.* **1.** Trozo grande de piedra u otro material duro y sin trabajar: *El escultor convirtió el bloque de mármol en una estatua.* **2.** Trozo grande de cualquier materia en forma de prisma: *He traído para el postre un bloque de helado.* **3.** Conjunto de cosas que forman una unidad compacta: *Compré un bloque de folios.* **4.** Conjunto de edificios que ocupan una manzana completa. **5.** Edificio de gran tamaño formado por varias casas iguales: *Cerca de la playa han construido un nuevo bloque de apartamentos.*
EXPR. **en bloque** En grupo o en conjunto: *Fuimos toda la clase en bloque a felicitar al profesor.*
FAM. Bloc, bloquear.

**bloquear** *v.* **1.** Cortar las comunicaciones de un territorio, puerto o ejército. **2.** Interrumpir, cortar, impedir que algo se mueva o funcione con normalidad: *La nieve bloqueó el camino que llevaba al pueblo. Un exceso de llamadas bloqueó las líneas telefónicas.*
SIN. **1.** Sitiar. **2.** Detener, paralizar. ANT. **1.** Liberar.
FAM. Blocar, bloqueo. / Desbloquear.

**bloqueo** *s. m.* Acción de bloquear: *El bloqueo de la ciudad duró más de un mes.*
SIN. Cerco, sitio². asedio.

**blue jeans** *expr.* Pantalones vaqueros. ■ Es una expresión inglesa.
SIN. Tejanos.

**blues** *s. m.* Canción y música de ritmo lento y tono triste, que tiene su origen en la población negra de los Estados Unidos. ■ Es una palabra inglesa. No varía en plural.

**blúmer** *s. m.* En Venezuela, bragas, prenda interior femenina.

**blusa** *s. f.* Prenda femenina, parecida a una camisa, que cubre el pecho y llega un poco más abajo de la cintura.
FAM. Blusón. / Ablusado.

**blusón** *s. m.* Blusa larga y suelta.

**boa** *s. f.* Serpiente americana que puede medir hasta diez metros de longitud; no es venenosa, pero tiene tanta fuerza que aprieta a sus presas hasta matarlas.

**boato** *s. m.* Lujo: *La corte de aquel rey se distinguió por su boato.*
SIN. Pompa. ANT. Austeridad.

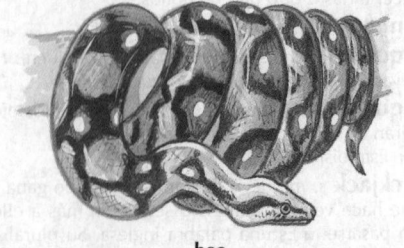

boa

**bobada** *s. f.* Dicho o hecho tonto.
**SIN.** Tontería, necedad.

**bobalicón, na** *adj. y s. m. y f.* Bobo.

**bóbilis** Se usa en la expresión **de bóbilis bóbilis**, que significa 'gratis' o 'sin ningún esfuerzo'.

**bobina** *s. f.* Carrete en que se enrolla un material flexible, como hilo, alambre o una película cinematográfica.
**FAM.** Rebobinar.

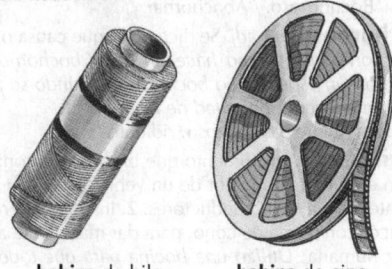

**bobina** de hilo     **bobina** de cine

**bobo, ba** *adj. y s. m. y f.* **1.** Tonto. **2.** Demasiado ingenuo, que se le engaña fácilmente.
**SIN. 1.** Necio, memo, estúpido. **2.** Cándido, inocente. **ANT. 1.** Listo, inteligente.
**FAM.** Bobada, bobalicón. / Embobar, engañabobos.

**bobsleigh** *s. m.* **1.** Deporte de invierno que consiste en deslizarse a gran velocidad en un trineo por una pista excavada en la nieve. **2.** Trineo especial utilizado en este deporte. ■ Es una palabra inglesa. Su plural es *bobsleighs*.

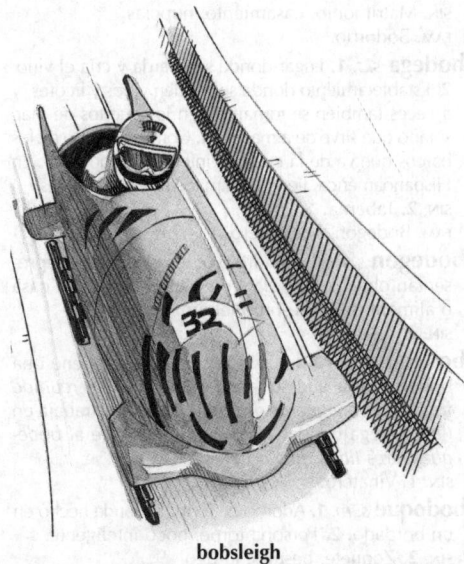

**bobsleigh**

**boca** *s. f.* **1.** Abertura y cavidad del aparato digestivo de las personas y de los animales, por la que se introducen los alimentos. **2.** Esta abertura como órgano que sirve para hablar: *¿Qué te pasa? No has abierto la boca en toda la tarde.* **3.** Agujero, abertura, entrada o salida de algún lugar: *Esperé a mi amigo en una boca del metro.* **4.** Cada persona o animal al que hay que mantener: *Trabaja mucho porque tiene cuatro bocas que alimentar.* **5.** Pinza en que terminan las dos patas delanteras de los crustáceos.
**EXPR. boca a boca** Forma de reanimar una persona a otra que se ha quedado sin respiración poniendo la boca sobre la suya y echándole aire. **boca de incendios** Aparato parecido a la boca de riego que sólo se emplea en caso de incendio. **boca de riego** Aparato colocado en una cañería de agua al que se une una manga para regar calles, plazas y jardines. **boca del estómago** Parte del cuerpo situada entre el esternón y el ombligo. ‖ **a pedir de boca** Muy bien, tal como se desea: *La fiesta estuvo a pedir de boca.* **andar** o **ir de boca en boca** (o **en boca de todos**) Ser conocida una persona o cosa por todos o estar todo el mundo murmurando sobre ella: *Al principio era un secreto, pero ahora va de boca en boca.* **boca abajo** Con la cara o la parte de arriba dirigida hacia el suelo: *Se tendió boca abajo para tomar el sol en la espalda. Pon la carta boca abajo para que no se vea.* ■ Se escribe también *bocabajo*. **boca arriba** Con la cara o la parte de arriba dirigida hacia el cielo: *Duerme boca arriba.* **con la boca chica** (o **pequeña**) Con dudas o de manera poco sincera: *Dijo que me daría algo pero con la boca chica, porque no quería.* **hacérsele** a alguien **la boca agua** Pensar en algo con mucho placer, sobre todo si es de comer. **meterse** uno **en la boca del lobo** Arriesgarse, exponerse a un peligro. **no decir** alguien **esta boca es mía** No decir nada.
**FAM.** Bocabajo, bocado, bocana, bocanada, bocazas, bocera, boquear, boquera, boquete, boquiabierto, boquilla, bucal. / Abocado, desbocarse, desembocar, embocado, embocadura.

**bocabajo** *adv.* Boca abajo. Busca **boca**.

**bocacalle** *s. f.* Calle secundaria que sale de otra principal: *Para llegar al teatro, tiene que coger la primera bocacalle a la derecha.*

**bocadillo** *s. m.* **1.** Trozo de pan que se abre por la mitad y se rellena con algún alimento, como jamón, queso o tortilla. **2.** En tebeos, cómics o chistes, especie de globito que encierra las palabras de cada personaje.
**SIN. 1.** Bocata.

**bocado** *s. m.* **1.** Cantidad de alimento que se toma de una vez. **2.** Un poco de comida: *No tomó ni un bocado del pastel.* **3.** Mordedura: *Cuando intentó entrar en la finca, el perro le dio un bocado.* **4.** Pedazo de una cosa que se arranca con la boca: *A este pan le falta un bocado.* **5.** Parte del freno que entra en la boca de la caballería.

**159**

**EXPR. bocado de Adán** Nuez de los hombres. ‖ **no probar bocado** No comer nada: *En toda la mañana no he probado bocado.*
SIN. **2.** Piscolabis, tentempié. **3.** Mordisco, dentellada.
FAM. Bocadillo, bocata. / Sacabocados.

**bocajarro** Se usa en la expresión **a bocajarro**, que, hablando de un disparo, significa que se ha realizado desde muy cerca, y hablando de una noticia, significa que se ha comunicado bruscamente, sin haber preparado a la otra persona: *Le dijeron a bocajarro que su padre se había puesto muy enfermo.*

**bocamanga** *s. f.* Parte de la manga más cerca de la muñeca.

**bocana** *s. f.* Entrada de un puerto o de una bahía.

**bocanada** *s. f.* **1.** Aire, humo o líquido que se toma o se echa de una vez por la boca: *Salí a la calle para aspirar una bocanada de aire fresco.* **2.** Cantidad de aire o de humo que entra o sale de una vez por una abertura: *Por las chimeneas de la fábrica salían bocanadas de humo negro.*
SIN. **2.** Ráfaga, racha.

**bocata** *s. m.* Bocadillo: *He traído un bocata en la cartera para tomarlo en el recreo.*

**bocazas** *s. m. y f.* Persona que cuenta más cosas de las que debe: *Eres un bocazas. ¿Cómo se te ocurre contarle a tu amigo lo que acabo de decir?* ▪ No varía en plural.

**bocera** *s. f.* **1.** Resto de comida que queda pegado alrededor de los labios: *Límpiate esas boceras antes de salir a la calle.* **2.** Herida en las comisuras de los labios. ‖ **boceras** *adj. y s. m. y f.* **3.** Bocazas. ▪ Con este significado no varía en plural.
SIN. **2.** Boquera, pupa.

**boceto** *s. m.* Conjunto de trazos principales de lo que se quiere pintar, dibujar o esculpir: *El pintor hizo un boceto del paisaje.*
SIN. Bosquejo, esbozo, apunte.
FAM. Abocetar.

boceto

**bochinche** *s. m.* Alboroto, jaleo de gente que grita o riñe: *No me extraña que se quejen los vecinos con el bochinche que habéis armado.*
SIN. Barullo, tumulto.

**bochorno** *s. m.* **1.** Aire caliente y molesto propio del verano. **2.** Calor sofocante. **3.** Sentimiento de vergüenza: *¡Qué bochorno pasé cuando vi que no llevaba dinero para pagar!*
SIN. **1.** Calina, calima. **3.** Apuro.
FAM. Bochornoso. / Abochornar.

**bochornoso, sa** *adj.* Se dice de lo que causa o da bochorno: *En verano hace un calor bochornoso. Dieron un espectáculo bochornoso cuando se pusieron a discutir en mitad de la calle.*
SIN. Asfixiante; vergonzoso, ridículo.

**bocina** *s. f.* **1.** Instrumento que produce un sonido con el que el conductor de un vehículo avisa a los peatones o a otros conductores. **2.** Instrumento metálico, con forma de cono, para dar más fuerza a la voz humana: *Utilizó una bocina para que todo el público pudiera oírle.*
SIN. **1.** Claxon. **2.** Megáfono.
FAM. Bocinazo.

**bocinazo** *s. m.* Ruido fuerte producido con una bocina.

**bocio** *s. m.* Aumento de la glándula tiroides, que produce un bulto en el cuello.

**boda** *s. f.* Acto de casarse dos personas y fiesta con que se celebra.
EXPR. **bodas de oro** Celebración que se hace después de cincuenta años de matrimonio. **bodas de plata** Celebración que se hace a los veinticinco años de casados.
SIN. Matrimonio, casamiento, nupcias.
FAM. Bodorrio.

**bodega** *s. f.* **1.** Lugar donde se guarda y cría el vino. **2.** Establecimiento donde se venden vinos y licores, y a veces también se toman. **3.** En los puertos de mar, sótano que sirve de almacén. **4.** Compartimento de los barcos que va de la cubierta inferior a la quilla. **5.** En Hispanoamérica, tienda o almacén de comestibles.
SIN. **2.** Taberna.
FAM. Bodegón, bodeguero.

**bodegón** *s. m.* **1.** Cuadro o pintura en que se representan objetos sin vida, como utensilios de la casa o alimentos. **2.** Mesón o taberna.
SIN. **2.** Tasca.

**bodeguero, ra** *adj. y s. m. y f.* **1.** Que tiene una bodega en la que se fabrica vino: *Se han reunido todos los bodegueros de La Rioja.* **2.** Que trabaja en una bodega donde se vende vino: *Pídele al bodeguero tres litros de vino blanco.*
SIN. **1.** Vinatero.

**bodoque** *s. m.* **1.** Adorno de forma redonda hecho en un bordado. **2.** Persona torpe, poco inteligente.
SIN. **2.** Zoquete, besugo, tarugo.

**bodegón**

**bodorrio** *s. m.* Boda, sobre todo la que es vulgar y de mal gusto.

**bodrio** *s. m.* Cosa mala o que aburre: *Antes que ver el bodrio que echaban en la televisión, prefirió irse a la cama.*
SIN. Bazofia, porquería.

**body** *s. m.* **1.** Prenda femenina o para bebés, de una sola pieza, que cubre todo el cuerpo menos las piernas. **2.** Maillot de gimnasia. ■ Es una palabra inglesa. Su plural es *bodies.*

**bodyboard** *s. m.* Surf que se practica tumbado sobre una tabla pequeña. ■ Es una palabra inglesa.

**bóer** *adj.* y *s. m.* y *f.* Nombre que se daba a los colonos de origen holandés que se establecieron en África del Sur. Sus descendientes se llaman *afrikáner.* ■ Es una palabra holandesa. Su plural es *bóers.*

**bofe** *s. m.* Pulmón, sobre todo el de las reses, utilizado como alimento.
EXPR. **echar** uno **el bofe** o **los bofes** Trabajar mucho o esforzarse todo lo posible para conseguir algo.
SIN. Asadura.

**bofetada** *s. f.* Golpe que una persona da a otra en la cara con la mano abierta.
SIN. Bofetón, guantazo, torta, tortazo, cachete.
FAM. Bofetón. / Abofetear.

**bofetón** *s. m.* Bofetada.

**bofia** *s. f.* En el lenguaje de los delincuentes, la policía.
SIN. Madera.

**boga** Se usa en la expresión **en boga**, que significa 'de moda': *En esa discoteca ponen la música que está en boga.*

**bogar** *v.* **1.** Remar. **2.** Navegar: *El velero bogaba veloz.* ■ Delante de *e* se escribe *gu* en lugar de *g:* *Para que el barco bogue deprisa necesita viento.*

**bogavante** *s. m.* Crustáceo marino parecido a la langosta, que tiene un primer par de patas convertidas en grandes pinzas.

**bohemio, mia** *adj.* y *s. m.* y *f.* Se dice de las personas que son desordenadas y llevan una vida poco corriente, sobre todo artistas y escritores. También se dice de la vida que llevan.

**boicot** *s. m.* Conjunto de acciones contra una persona, nación o empresa con el fin de perjudicarla y obligarla a que haga lo que se quiere. ■ Su plural es *boicots.*
FAM. Boicotear.

**boicotear** *v.* Hacer un boicot.

**boina** *s. f.* Gorra redonda, plana y de una sola pieza, hecha de lana o fieltro.

**boj** *s. m.* Arbusto de tallos rectos y con muchas ramas y madera de color amarillo muy dura y compacta, la cual se emplea en ebanistería, para grabados y otros usos.

**bol** *s. m.* Tazón sin asas.
SIN. Cuenco.

**bola** *s. f.* **1.** Objeto en forma de esfera, hecho de cualquier materia: *Veía el futuro en su bola de cristal.* **2.** Mentira, engaño: *Le he contado una bola a Luis y se la ha creído.*
EXPR. **en bolas** Desnudo.
SIN. **1.** Esfera, pelota. **2.** Embuste, trola.
FAM. Boleadoras, bolero, bolero -ra, bolo. / Tragabolas.

**bolardo** *s. m.* **1.** Poste de hierro curvado al que se atan los barcos en los puertos. **2.** Poste metálico clavado en el suelo para que no aparquen los coches.
SIN. **1.** Noray.

**boleadoras** *s. f. pl.* Cuerdas trenzadas por un extremo y con unas bolas en el otro, que se usan en algunos países de Hispanoamérica para cazar animales corredores.

**bolera** *s. f.* Lugar donde se juega a los bolos.

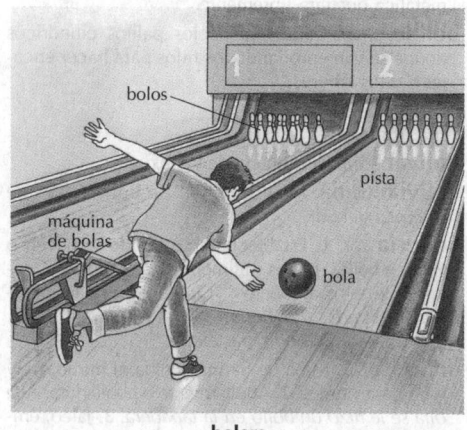

bolos
pista
máquina de bolas
bola

**bolera**

**bolero** *s. m.* **1.** Música, canción y baile español de origen andaluz. **2.** Canción lenta que nació en las Antillas. **3.** Chaquetilla de mujer que sólo llega hasta la cintura.
SIN. **3.** Torera.

**bolero, ra** *adj. y s. m. y f.* **1.** Que dice muchas bolas o mentiras: *Es un bolero, ya no le voy a creer nunca.* ‖ *s. m. y f.* **2.** En México, limpiabotas.
SIN. **1.** Mentiroso, embustero, trolero.

**boleta** Se usa en la expresión **dar boleta** o **dar la boleta**, que significa 'echar a alguien'.

**boletería** *s. f.* En Hispanoamérica, taquilla, despacho de billetes o entradas.

**boletero, ra** *s. m. y f.* En Hispanoamérica, persona que vende boletos para entrar en un lugar o para usar un medio de transporte.

**boletín** *s. m.* **1.** Libro o cuadernillo que se publica cada cierto tiempo y trata sobre una materia o informa sobre las actividades de una asociación o entidad. **2.** Periódico en que se publican asuntos oficiales como leyes, convocatorias de oposiciones o nombramientos de cargos.
SIN. **1.** Revista, gaceta, folleto.

**boleto** *s. m.* **1.** Papeleta para participar en una rifa o en un sorteo: *Fuimos a cobrar el boleto premiado.* **2.** En Hispanoamérica, billete o entrada.
FAM. Boletería, boletero, boletín.

**boliche** *s. m.* **1.** Bola pequeña de algunos juegos. **2.** Adorno redondeado de algunos muebles. **3.** En Argentina, Chile, Paraguay y Uruguay, negocio de poca importancia en el que se sirven y venden bebidas y comida.
SIN. **1.** Canica. **2.** Chirimbolo.

**bólido** *s. m.* Vehículo que alcanza gran velocidad, como un coche de carreras.

**bolígrafo** *s. m.* Objeto para escribir que tiene en su interior un tubo con tinta y en la punta, una bolita metálica que gira libremente.

**bolillo** *s. m.* Cada uno de los palitos cilíndricos donde se van enrollando los hilos para hacer encajes y otras labores.

**bolinga** *adj.* Borracho.
SIN. Trompa.

**bolívar** *s. m.* La moneda de Venezuela.

**boliviano, na** *adj. y s. m. y f.* De Bolivia, país de América del Sur.

**bollería** *s. f.* **1.** Establecimiento donde se hacen o venden bollos, pastas y alimentos parecidos. **2.** Conjunto de estos alimentos: *¿Qué prefiere para desayunar, tostadas o bollería?*
SIN. **1.** Horno, tahona, pastelería.

**bollo** *s. m.* **1.** Masa de harina cocida al horno, muy esponjosa y dulce. **2.** Abultamiento o abolladura: *A la olla se le hizo un bollo en la tapadera.* **3.** Jaleo, embrollo: *Se armó un buen bollo al final del partido.*

EXPR. **no estar el horno para bollos** No estar alguien o algo en un momento apropiado para alguna cosa: *Pregúntaselo luego, ahora no está el horno para bollos.* **perdonar el bollo por el coscorrón** Dejar de hacer algo por el esfuerzo que cuesta: *Se me ha olvidado el pan, pero por no volver a salir se puede perdonar el bollo por el coscorrón.*
SIN. **2.** Abollón. **3.** Lío, follón, alboroto.
FAM. Bollería. / Abollar, zampabollos.

**bolo** *s. m.* **1.** Objeto de forma parecida a la de una botella, que se emplea en distintos juegos. **2.** Bola que se pone como adorno o remate. ‖ *s. m. pl.* Juego que consiste en lanzar una bola hacia un grupo de bolos y derribarlos.
EXPR. **bolo alimenticio** Masa de alimento masticado que se traga de una vez.
SIN. **2.** Boliche, chirimbolo.
FAM. Bolera, bolillo.

**bolsa**[1] *s. f.* **1.** Pieza cerrada de tela u otro material flexible para llevar o guardar cosas: *Metió la merienda en una bolsa de plástico.* **2.** Especie de maleta o estuche de material flexible: *bolsa de deportes, bolsa de aseo.* **3.** Arruga o pliegue: *Se hicieron bolsas en la pintura de la pared. Tenía unas bolsas muy marcadas debajo de los ojos.* **4.** Hueco que contiene un líquido u otra cosa: *El médico le quitó una bolsa de pus. Excavaron un pozo hasta la bolsa de agua.* **5.** Dinero o lugar imaginario donde se guarda: *Sólo le interesa tener bien llena la bolsa.*
EXPR. **bolsa de trabajo** Lugar en el que están apuntadas personas que buscan trabajo y otras que ofrecen trabajo para que puedan ponerse en contacto unas con otras.
SIN. **1.** Talego, saco. **5.** Bolsillo.
FAM. Bolsillo, bolso. / Embolsarse.

**bolsa**[2] *s. f.* **1.** Actividad que consiste en realizar operaciones financieras como la compra y venta de acciones. **2.** Edificio donde se realiza esta actividad.
FAM. Bolsista, bursátil.

**bolsillo** *s. m.* **1.** Especie de bolsa que se hace en la ropa para llevar cosas o como adorno: *Guardó la cartera en el bolsillo del pantalón.* **2.** Bolsita o estuche para llevar monedas o cosas pequeñas. **3.** Dinero de una persona o lugar imaginario donde se guarda: *Pagó la cena de su propio bolsillo.*
EXPR. **de bolsillo** De pequeño tamaño, como para poder llevarlo en un bolsillo: *un libro de bolsillo.* **meterse** o **tener** a alguien **en el bolsillo** Ganárselo o conseguir que haga lo que uno quiere.
SIN. **2.** Monedero.

**bolsista** *s. m. y f.* Persona que trabaja realizando compras y ventas en una bolsa de valores.

**bolso** *s. m.* **1.** Bolsa con cierre y casi siempre con asa, que usan las mujeres para llevar el monedero y otras cosas. **2.** Bolsillo de la ropa.

**boludo, da** *adj. y s. m. y f.* En Argentina y Uruguay, tonto, imbécil. ■ Es una palabra vulgar.

**bomba¹** *s. f.* **1.** Máquina o mecanismo para sacar, subir o comprimir líquidos y gases, como la que lleva el agua a los pisos de un edificio. **2.** En algunos lugares de Hispanoamérica, surtidor de gasolina; también, gasolinera.
**FAM.** Bombachas, bombacho, bombear, bombero, bombilla², bombín, bombo. / Abombar.

**bomba²** *s. f.* **1.** Objeto preparado para que haga explosión: *Colocaron una bomba muy potente para derrumbar el edificio.* **2.** Noticia inesperada que causa gran sensación: *Su boda sorpresa fue una bomba.*
**EXPR. pasarlo bomba** Pasarlo muy bien.
**SIN. 1.** Proyectil. **2.** Bombazo.
**FAM.** Bombardear, bombardeo, bombardero, bombardino, bombazo, bombilla¹, bombillo. / Cazabombardero.

**bombachas** *s. f. pl.* En Argentina y otros lugares de América del Sur, bragas, prenda interior femenina.

**bombacho** *adj. y s. m.* Se dice del pantalón ancho que lleva los bordes inferiores recogidos y ajustados por debajo de la rodilla.

**bombardear** *v.* **1.** Lanzar bombas sobre un lugar, desde un avión o por otros medios. **2.** Molestar con continuas llamadas, preguntas o peticiones.

**bombardeo** *s. m.* Acción de bombardear: *El bombardeo destruyó la parte vieja de la ciudad.*
**EXPR. apuntarse a un bombardeo** Querer participar una persona en todo, aunque sea difícil, extraño o de poca importancia: *La abuela se apunta a un bombardeo: viene con nosotros a todas las excursiones.*

**bombardero** *s. m.* Avión preparado para lanzar bombas.

**bombardino** *s. m.* Instrumento musical de viento formado por un tubo metálico enrollado sobre sí mismo. Lo utilizan mucho en la bandas de música.

**bombazo** *s. m.* **1.** Explosión de una bomba. **2.** Noticia que causa gran impresión.

**bombear** *v.* **1.** Impulsar un líquido o un gas con una bomba o de modo parecido: *El corazón bombea la sangre hacia las distintas partes del cuerpo.* **2.** Lanzar hacia arriba una pelota o balón formando una curva muy elevada: *El defensa bombeó el balón sobre el delantero.*

**bombero, ra** *s. m. y f.* Persona que tiene como oficio apagar incendios y prestar ayuda en otras circunstancias parecidas, por ejemplo en inundaciones o hundimientos.

**bombilla¹** *s. f.* Objeto que sirve para iluminar, formado por un globo de cristal que contiene un hilo metálico por el que pasa la corriente eléctrica.

**bombilla²** *s. f.* En Argentina, Chile, Paraguay y Uruguay, tubito para sorber el mate.

**bombillo** *s. m.* En algunos lugares de Hispanoamérica, bombilla eléctrica.

**bombín** *s. m.* Sombrero de copa baja y redondeada, con ala estrecha.
**SIN.** Hongo.

**bombo** *s. m.* **1.** Tambor muy grande que se toca con una maza. **2.** Especie de jaula con forma esférica, donde se introducen y hacen girar bolas numeradas o papeletas, que se sacan a la suerte en un juego, sorteo o concurso. **3.** Propaganda o alabanza excesiva: *Dieron mucho bombo al nuevo modelo de coche, pero no tuvo éxito.* **4.** Tripa de las embarazadas, sobre todo cuando está muy abultada.

escalera extensible

grúa

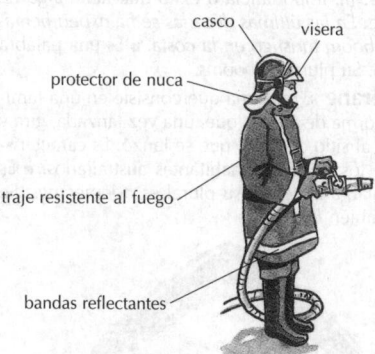

casco

visera

protector de nuca

traje resistente al fuego

bandas reflectantes

equipo de **bombero**

coches de **bomberos**

**EXPR. a bombo y platillo** Con mucha publicidad: *Anunciaron el estreno de la película a bombo y platillo.*
SIN. **3.** Publicidad.
FAM. Autobombo, rimbombante.

**bombón** *s. m.* **1.** Trozo pequeño de chocolate, a veces relleno de licor o crema. **2.** Persona muy guapa y atractiva.
FAM. Bombonera, bombonería.

**bombona** *s. f.* Recipiente en forma de cilindro para guardar líquidos y gases: *una bombona de oxígeno, una bombona de butano.*

**bombonera** *s. f.* Caja o recipiente para guardar bombones.

**bombonería** *s. f.* Tienda donde se hacen o venden bombones y otros dulces.
SIN. Confitería.

**bonachón, na** *adj. y s. m. y f.* Se dice de la persona amable y bondadosa.

**bonaerense** *adj. y s. m. y f.* De Buenos Aires, capital de la Argentina.

**bonanza** *s. f.* **1.** Tranquilidad en el mar: *Después de la tormenta, llegó la bonanza.* **2.** Bienestar, prosperidad: *Aquellos fueron años de bonanza para el país.*
SIN. **1.** Calma. **2.** Fortuna, florecimiento. ANT. **1.** Tempestad. **2.** Decadencia.

**bondad** *s. f.* **1.** Característica de las personas o cosas buenas: *Todos le querían por la bondad con que trataba a la gente. Le gusta vivir aquí por la bondad del clima.* **2.** Amabilidad, cortesía: *Tenga la bondad de acompañarme.*
SIN. **1.** Virtud, honradez. **2.** Atención. ANT. **1.** Maldad.
FAM. Bondadoso.

**bondadoso, sa** *adj.* Bueno y amable.
SIN. Bonachón, benévolo. ANT. Malvado, perverso.

**bonete** *s. m.* Gorro de cuatro picos, usado antiguamente por algunos sacerdotes, y que llevan los catedráticos y graduados en ciertos actos.
SIN. Birrete.

**bongó** *s. m.* Instrumento musical de origen cubano, parecido al tambor, formado por un cilindro hueco y cubierto por un extremo con una piel tirante. ■ Es una palabra africana.

**boniato** *s. m.* Batata, y en especial variedad de esta planta con tubérculos muy dulces.

**bonificación** *s. f.* **1.** Cantidad de dinero que se da a alguien además de su sueldo. **2.** En algunas pruebas deportivas, descuento en el tiempo que se ha empleado o aumento en los puntos que se han conseguido: *El ciclista obtuvo una bonificación de varios segundos.*
SIN. **1.** Gratificación.

**bonitero, ra** *adj.* **1.** Del bonito: *la industria bonitera.* || *adj. y s. f.* **2.** Se dice del barco que se emplea para la pesca del bonito.

**bonito** *s. m.* Pez marino parecido al atún, pero algo más pequeño. Se utiliza mucho como alimento, fresco o en conserva.
FAM. Bonitero.

**bonito, ta** *adj.* **1.** Bello, agradable a la vista: *Marta tiene un pelo muy bonito. ¡Qué casa tan bonita!* **2.** Correcto, adecuado: *¿Te parece bonito lo que acabas de hacer?*
SIN. **1.** Hermoso, lindo, mono. ANT. **1.** y **2.** Feo.

**bono** *s. m.* **1.** Vale o tarjeta que se puede cambiar por algún producto o por dinero. **2.** Tarjeta de abono que da derecho a utilizar un servicio durante un tiempo o un número de veces determinado: *Este bono de transporte es válido para diez viajes.*
FAM. Bonobús.

**bonobús** *s. m.* Billete que sirve para varios viajes en autobús.

**bonsái** *s. m.* Árbol en miniatura que, mediante una técnica japonesa de cultivo, conserva las mismas características que tendría cuando estuviese totalmente desarrollado. ■ Es una palabra japonesa.

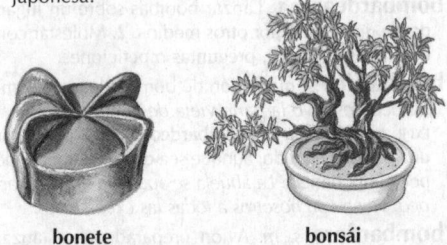

bonete                      bonsái

**bonzo** *s. m.* Sacerdote de la religión budista.

**boñiga** *s. f.* Excremento de la vaca y de otros animales.
FAM. Boñigo.

**boñigo** *s. m.* Bola de excremento de algunos animales.

**boom** *s. m.* Importancia o éxito que tiene algo de repente: *En las últimas décadas se ha experimentado un boom turístico en la costa.* ■ Es una palabra inglesa. Su plural es *booms.*

**boomerang** *s. m.* Arma que consiste en una lámina en forma de ángulo que, una vez lanzada, gira y vuelve al sitio desde el que se lanzó. Es característica de los primitivos habitantes australianos. ■ Es una palabra inglesa y su plural es *boomerangs.* Se usa también *bumerán.*

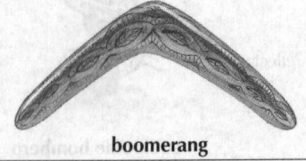

boomerang

**boqueada** *s. f.* Acción de boquear.

**EXPR. dar** (o **estar dando**) **las últimas boqueadas** Estar muriéndose una persona o estar acabándose una cosa.

**boquear** *v.* Abrir la boca muchas veces, como hacen los peces.

**FAM.** Boqueada.

**boquera** *s. f.* Pequeña herida en las comisuras de los labios.

**SIN.** Bocera.

**boquerón** *s. m.* Pez marino parecido a la sardina, pero más pequeño, que se usa en alimentación.

**boquete** *s. m.* Abertura o rotura en una pared, un muro u otro sitio: *Hay un boquete en el techo.*

**SIN.** Brecha, agujero.

**boquiabierto, ta** *adj.* Muy sorprendido o asombrado: *Cuando te vio entrar con la bici nueva, se quedó boquiabierto.*

**SIN.** Pasmado, patitieso, atónito.

**boquilla** *s. f.* **1.** En los instrumentos musicales de viento, pieza pequeña y hueca por donde se sopla. **2.** Tubito donde se mete parte del cigarro para fumarlo. **3.** Parte de la pipa que se introduce en la boca. **4.** Filtro de los cigarrillos.

**EXPR. de boquilla** Sin intención de hacer lo que se dice: *Claro que me invitó, pero sólo de boquilla.*

**FAM.** Emboquillado.

**borbónico, ca** *adj.* De los Borbones, una familia de nobles a la que pertenece el rey de España.

**borbotón** *s. m.* Burbuja que se forma en la superficie de un líquido, por ejemplo cuando éste está hirviendo.

**EXPR. a borbotones** Con fuerza y de forma no continua: *El agua salía a borbotones por la cañería rota.*

**borda** *s. f.* Borde de arriba del costado de un barco.

**EXPR. echar** (o **tirar**) algo **por la borda** Dejar algo sin pensarlo bien o desaprovechando lo que ya se había hecho: *Es una pena que dejes el equipo y tires por la borda tanto tiempo de entrenamiento.*

**FAM.** Bordo. / Fueraborda.

**bordado, da** *adj.* **1.** Que tiene una labor de bordado: *un mantel bordado.* **2.** Perfecto, sin ningún fallo: *El examen me salió bordado.* ‖ *s. m.* **3.** Labor de adorno que se hace con aguja e hilo sobre una tela, formando dibujos o letras en relieve: *En el bolsillo del babi llevaba un bordado con sus iniciales.*

**bordador, ra** *s. m. y f.* Persona que tiene como oficio bordar.

**bordar** *v.* **1.** Hacer bordados: *Le bordaron sus iniciales en los pañuelos.* **2.** Hacer algo muy bien: *Ese actor borda su papel en la película.*

**FAM.** Bordado, bordador.

**borde** *s. m.* Orilla o extremo de una cosa: *Nos sentamos al borde del mar. Cuidado, no te des con el borde de la mesa. Llenó los platos hasta el borde.*

**EXPR. al borde de** Muy cerca: *Estuvo al borde de la muerte.*

**SIN.** Límite, margen, filo.

**FAM.** Borda, bordear, bordillo. / Abordar, desbordar, reborde, transbordar.

**bordear** *v.* **1.** Ir por el borde o cerca del borde de algo: *En nuestro viaje bordeamos la costa.* **2.** Estar una serie de cosas en el borde u orilla de otra: *Una valla bordeaba la finca.*

**SIN. 2.** Rodear.

**bordillo** *s. m.* Borde de una acera, de un andén o de algo parecido.

**bordo** *s. m.* Lado exterior de un barco.

**EXPR. a bordo** Dentro del barco o del avión: *Los pasajeros subieron a bordo.*

**bordón** *s. m.* **1.** Cuerda más gruesa de un instrumento musical, la que produce los sonidos más graves. **2.** Bastón largo de los peregrinos.

**boreal** *adj.* Del hemisferio norte o de las regiones árticas.

**EXPR. aurora boreal** Busca **aurora**.

**SIN.** Ártico. **ANT.** Austral, antártico.

**borgoñés, sa** o **borgoñón, na** *adj. y s. m. y f.* De Borgoña, una región de Francia que es famosa por sus vinos.

**borla** *s. f.* **1.** Adorno que consiste en un conjunto de hilos o cordoncillos sujetos por uno de sus extremos. **2.** Utensilio con que las mujeres se dan polvos, colorete y otros cosméticos.

**SIN. 1. y 2.** Pompón.

**borne** *s. m.* Pieza metálica, en forma de botón o varilla, que sirve para conectar una máquina o un aparato eléctrico al hilo conductor de la corriente: *los bornes de la batería del coche.*

**boro** *s. m.* Elemento químico de características parecidas a las del carbono, de color oscuro y muy duro, que a veces se emplea en lugar del diamante.

**borra** *s. f.* Parte peor de la lana y del algodón que se usa para rellenar cojines y colchones.

**borrachera** *s. f.* Estado en que se encuentra la persona borracha.

**SIN.** Embriaguez, curda, cogorza.

**borrachín, na** *adj. y s. m. y f.* Que le gusta mucho beber vino y otras bebidas alcohólicas.

**borracho, cha** *adj. y s. m. y f.* **1.** Se dice de la persona que, por haber bebido demasiado alcohol, pierde el control sobre sí misma y piensa, habla y se mueve con dificultad. **2.** Que bebe mucho vino y otros licores. ‖ *adj. y s. m.* **3.** Se dice del bizcocho o pastel empapado en vino o licor.

**SIN. 1.** Ebrio, bebido, beodo, embriagado. **2.** Alcohólico. **ANT. 1.** Sobrio. **3.** Abstemio.

**FAM.** Borrachera, borrachín. / Emborrachar.

**borrador** *s. m.* **1.** Goma de borrar. **2.** Paño u objeto que se usa para borrar en la pizarra. **3.** Escrito que se hace para poder corregirlo y pasarlo luego a limpio.

**borraja** *s. f.* Una planta de huerta. Se usa en la expresión **agua de borrajas**. Busca **agua**.

**borrar** *v.* **1.** Hacer que algo desaparezca, en especial lo que está escrito o dibujado, usando una goma o raspándolo: *Borró su nombre del cuaderno.* **2.** Dejar un grupo o actividad: *Me borré de las clases de francés.* **SIN. 1.** Eliminar, suprimir. **ANT. 2.** Inscribirse. **FAM.** Borrador, borrón, borroso. / Imborrable.

**borrasca** *s. f.* **1.** Zona de bajas presiones en la atmósfera que provoca lluvias y mal tiempo. **2.** Tormenta o tempestad en el mar. **FAM.** Borrascoso. / Emborrascarse

**borrascoso, sa** *adj.* **1.** Que causa borrascas o las padece: *un viento borrascoso, regiones borrascosas.* **2.** Poco claro, complicado o sospechoso: *A todos nos intrigaba su borrascoso pasado.* **SIN. 2.** Turbulento.

**borrego, ga** *s. m. y f.* **1.** Oveja de uno o dos años. ‖ *adj. y s. m. y f.* **2.** Persona simple o sin ideas propias, que se deja manejar por las demás. ‖ *s. m. pl.* **3.** Nubes pequeñas, blancas y de forma redondeada. **4.** Olas pequeñas y con mucha espuma. **SIN. 2.** Infeliz, apocado. **FAM.** Aborregado, emborregado.

**borrico, ca** *s. m. y f.* **1.** Asno, burro. ‖ *adj. y s. m. y f.* **2.** Persona ignorante, bruta o poco delicada. **3.** Persona cabezota, terca: *Se puso borrico y no quiso comerse el puré.* **SIN. 1.** Pollino. **2.** Torpe, necio, alcornoque, mendrugo. **3.** Tozudo, obstinado. **ANT. 2.** Listo, lince. **FAM.** Borriquero, borriqueta, borriquete. / Burro.

**borriquero** *adj.* Se dice de una especie de cardo con hojas rizadas y espinosas y flores rosadas.

**borriqueta** o **borriquete** *s. f. o m.* Soporte hecho con maderas unidas o cruzadas que usan los carpinteros.

**borrón** *s. m.* **1.** Mancha o tachadura en un escrito: *Presentó la redacción llena de borrones.* **2.** Hecho o acción que estropea o perjudica algo: *Aquel suspenso supuso un borrón en sus estudios.* **EXPR. borrón y cuenta nueva** Indica que se olvidan los fallos o las deudas que una persona tuviera. **SIN. 1.** Tachón. **2.** Tacha. **FAM.** Emborronar.

**borroso, sa** *adj.* Que no se distingue con claridad, por ejemplo un escrito, dibujo o fotografía: *El cartel no se podía leer porque estaba borroso.* **SIN.** Desdibujado, impreciso, turbio. **ANT.** Nítido.

**bosnio, nia** *adj. y s. m. y f.* De Bosnia-Herzegovina, república de los Balcanes, región del sudeste de Europa.

**bosque** *s. m.* Terreno con muchos árboles o arbustos: *Nos fuimos al bosque a coger moras.* **FAM.** Emboscada, guardabosque, guardabosques.

**bosquejar** *v.* Hacer el bosquejo de algo: *El escritor sólo ha bosquejado lo que será su próximo libro.* **SIN.** Esbozar.

**bosquejo** *s. m.* Boceto que se hace de una pintura o de cualquier otra obra, en el que figuran sus principales rasgos o elementos. **SIN.** Esbozo. **FAM.** Bosquejar.

**bosquimano, na** o **bosquimán, na** *adj. y s. m. y f.* De un pueblo que vive en el sudeste de África, de raza negra y estatura muy baja.

**bostezar** *v.* Abrir la boca involuntariamente y aspirando con fuerza; suele hacerse por sueño, aburrimiento o hambre. ■ Delante de *e* se escribe *c* en lugar de *z*: *Bostecé de hambre.* **FAM.** Bostezo.

**bostezo** *s. m.* Acción de bostezar.

**bota**[1] *s. f.* Recipiente de cuero, en forma de pera, donde se echa el vino. Se bebe por un agujerito por el que sale un chorro muy fino cuando se alza y se aprieta este recipiente. **SIN.** Odre, pellejo. **FAM.** Botella, botijo.

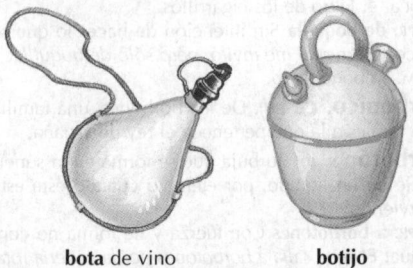

bota de vino          botijo

**bota**[2] *s. f.* Calzado que cubre el pie y parte de la pierna. También se llama así al calzado que se utiliza para jugar al fútbol. **EXPR. ponerse** uno **las botas** Comer mucho o conseguir gran beneficio con algo. **FAM.** Botín[1], boto. / Abotinado, limpiabotas, lustrabotas, tuercebotas.

**botadura** *s. f.* Acción de echar un barco al mar después de construirlo o repararlo.

**botafumeiro** *s. m.* Recipiente de metal que cuelga de unas cadenas y donde se quema incienso para esparcir su olor durante algunas ceremonias religiosas. ■ Esta palabra viene de *Botafumeiro*, que es un incensario muy grande que hay en la catedral de Santiago de Compostela.

**botánica** *s. f.* Ciencia que estudia las plantas. **FAM.** Botánico.

**botánico, ca** *adj.* **1.** De la botánica o relacionado con ella. ‖ *s. m. y f.* **2.** Persona que se dedica a la botánica.

**botar** *v.* **1.** Saltar de abajo arriba un objeto, por ejemplo una pelota, al chocar contra el suelo u otra superficie dura: *Este balón bota poco.* **2.** Dar saltos una persona o animal. **3.** Echar al agua un barco que acaba de ser construido o reparado. ■ No confundir con *votar*, 'emitir un voto'.
**SIN. 2.** Brincar.
**FAM.** Botadura, botavara, bote¹. / Rebotar.

**botarate** *s. m.* y *f.* Persona alocada.
**SIN.** Atolondrado, irreflexivo. **ANT.** Responsable.

**botavara** *s. f.* Palo horizontal que sale del mástil y sujeta la vela de una embarcación por la parte inferior.

**bote¹** *s. m.* Salto que da alguien o algo al botar.
**EXPR. a bote pronto** En algunos deportes, dándole a la pelota nada más botar; tambien, de repente o sin pararse a pensar mucho en algo: *Así, a bote pronto, no sabría contestarte.* **darse el bote** Largarse, irse: *Los ladrones se dieron el bote antes de que llegara la policía.*
**SIN.** Brinco.

**bote²** *s. m.* Recipiente pequeño y casi siempre con forma de cilindro que sirve para guardar o envasar cosas: *¿Dónde has puesto el bote del azúcar?*
**EXPR. chupar del bote** Sacar beneficio de algo sin hacer esfuerzos. **tener** a una persona **en el bote** Haberla conquistado o tener ganada su voluntad.
**SIN.** Tarro, lata.
**FAM.** Pote.

**bote³** *s. m.* Barco pequeño, de remos y sin cubierta, que tiene unos tablones atravesados que sirven de asiento a los que reman.
**SIN.** Barca.

**bote⁴** Se usa en la expresión **de bote en bote**, que significa, 'lleno de gente': *Como hacía tanto calor, la piscina estaba de bote en bote.*

**botella** *s. f.* Recipiente alto y de cuello estrecho, que sirve para contener líquidos y suele ser de vidrio o de plástico.
**FAM.** Botellazo, botellero, botellín. / Abrebotellas, embotellar.

**botellazo** *s. m.* Golpe dado con una botella.

**botellero** *s. m.* Mueble u otro sitio donde se colocan botellas.

**botellín** *s. m.* Botella pequeña, sobre todo de cerveza.

**botica** *s. f.* Farmacia.
**FAM.** Boticario, botiquín. / Rebotica.

**boticario, ria** *s. m.* y *f.* Farmacéutico.

**botija** *s. f.* Vasija de barro redondeada, no muy grande y de cuello corto y estrecho.

**botijo** *s. m.* Vasija redondeada, de barro poroso, donde se conserva el agua fresca; tiene un asa en la parte de arriba, una boca a un lado para echar el agua y un pitorro al otro para beber.
**FAM.** Botija.

**botín¹** *s. m.* Bota que llega hasta el tobillo.

**botín²** *s. m.* **1.** Conjunto de armas, provisiones y otras cosas del ejército vencido de las que se apodera el ejército vencedor. **2.** Dinero u otros bienes obtenidos en un robo, estafa o atraco: *Los atracadores huyeron del banco con el botín.*
**SIN. 1.** Trofeo, despojos.

**botiquín** *s. m.* Habitación, armario o estuche donde se guardan medicinas, vendas, tijeras y otras cosas; sirve para prestar los primeros auxilios.

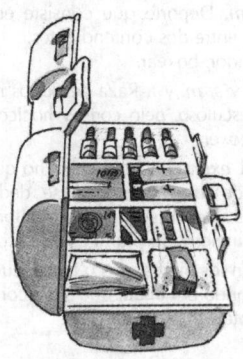

botiquín

**boto** *s. m.* Bota alta para montar a caballo.

**botón** *s. m.* **1.** Pieza pequeña, de diversos tamaños y formas, que sirve para abrochar una prenda de vestir. **2.** Pieza generalmente redonda que se aprieta en algunos instrumentos o aparatos para que funcionen: *Para poner en marcha el aire acondicionado hay que darle al botón azul.* **3.** Brote de una planta antes de que se distingan las hojas: *En primavera, los árboles se llenan de botones.* **4.** Capullo de una flor cuando está cerrado y protegido por las hojas.
**SIN. 3.** Yema, renuevo.
**FAM.** Botonadura, botones. / Abotonar.

**botonadura** *s. f.* Conjunto de botones en una prenda de vestir.

**botones** *s. m.* Muchacho que en hoteles, bancos y otros establecimientos se encarga de hacer los recados y otros servicios pequeños. ■ No varía en plural.

**botulismo** *s. m.* Envenenamiento que se produce al comer algunos alimentos mal conservados; puede ser muy grave y causar la muerte.

**bouquet** *s. m.* Busca **buqué.** ■ Es una palabra francesa. Su plural es *bouquets.*

**boutique** *s. f.* Tienda pequeña de ropa y complementos de moda. ■ Es una palabra francesa.

**bóveda** *s. f.* Especie de techo de forma curva y abombada que cubre el espacio entre dos muros o entre varios pilares, como los que hay en muchas iglesias.
**FAM.** Abovedado.

**bovino, na** *adj.* **1.** Del toro, la vaca o el buey, o relacionado con ellos. **2.** Se dice del animal rumiante de gran tamaño, como la vaca, el buey, el toro doméstico, el búfalo y los bisontes, con los cuernos lisos, el hocico ancho y sin pelo y la cola larga.

**boxeador, ra** *s. m.* y *f.* Persona que se dedica al boxeo.
SIN. Púgil.

**boxear** *v.* Luchar a puñetazos dos boxeadores.

**boxeo** *s. m.* Deporte que consiste en la lucha a puñetazos entre dos contendientes.
FAM. Boxeador, boxear.

**bóxer** *adj.* y *s. m.* y *f.* Raza de perros medianos, de cuerpo musculoso, pelo corto y hocico chato. ■ Su plural es *bóxers*.

**boy scout** *expr.* Niño o muchacho que pertenece al grupo de los scouts, que se dedica a hacer acampadas y excursiones al aire libre. ■ Es una expresión inglesa. Su plural es *boy scouts*.

**boya** *s. f.* En los mares, ríos o lagos, cuerpo flotante sujeto al fondo del agua, que sirve como señal.
FAM. Boyante.

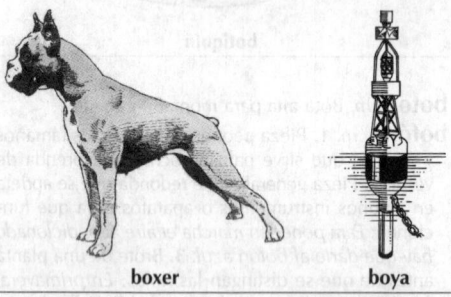

boxer          boya

**boyante** *adj.* Favorable, próspero, que marcha bien: *Su situación económica es muy boyante.*

**bozal** *s. m.* Objeto que se pone en el hocico a algunos animales para que no muerdan.

**bozo** *s. m.* Vello que sale encima del labio superior de los chicos antes de que les salga el bigote.
SIN. Pelusa.
FAM. Bozal. / Embozo.

**bracear** *v.* **1.** Mover mucho los brazos, por ejemplo para librarse de algo. **2.** Nadar sacando los brazos del agua y echándolos hacia adelante uno después de otro.

**bracero** *s. m.* Trabajador del campo que cobra un jornal por cada día de trabajo.
SIN. Jornalero, peón.

**braga** *s. f.* Prenda interior femenina que cubre la parte de abajo del tronco y tiene dos aberturas para las piernas.
FAM. Bragado, bragazas, braguero, bragueta.

**bragado, da** *adj.* **1.** Se dice de los animales que tienen la entrepierna de distinto color que el resto del cuerpo, como algunos toros y caballos. **2.** Valiente y decidido.

**bragazas** *s. m.* Hombre que se deja dominar con facilidad, sobre todo por su mujer. ■ No varía en plural.

**braguero** *s. m.* Aparato o vendaje para contener las hernias.

**bragueta** *s. f.* Abertura de la parte de delante de los pantalones.
FAM. Braguetazo.

**braguetazo** Se usa en la expresión **dar el braguetazo**, que significa 'casarse un hombre pobre con una mujer muy rica'.

**brahmán** *s. m.* En la India, miembro de la casta de los sacerdotes.
FAM. Brahmanismo.

**brahmanismo** *s. m.* Sistema religioso y social propio de la India, que admite la existencia de numerosos dioses y tiene como dios principal a Brahma, considerado el dios creador.

**braille** *s. m.* Sistema que emplean los ciegos para leer, pasando los dedos por una superficie en la que las letras están representadas por puntitos en relieve. ■ Esta palabra viene de *Louis Braille*, que es quien inventó este método de lectura.

**bramante** *s. m.* Hilo grueso de cáñamo, que se emplea por ejemplo para atar paquetes.

**bramar** *v.* Dar bramidos.
SIN. Mugir, berrear.
FAM. Bramido.

**bramido** *s. m.* **1.** Sonido que hacen con la boca el toro, la vaca y algunos animales salvajes. **2.** Grito de una persona cuando está muy enfadada o tiene un gran dolor. **3.** Ruido producido por el viento o el mar cuando están muy agitados.
SIN. 1. Mugido. 1. y 2. Bufido.

**brandy** *s. m.* Licor parecido al coñac. ■ Es una palabra inglesa. Su plural es *brandies* o *brandys*.

**branquia** *s. f.* Órgano respiratorio de los peces y otros animales acuáticos.
SIN. Agalla.
FAM. Branquial.

branquia

**branquial** *adj.* De las branquias o relacionado con ellas: *Los peces tienen respiración branquial.*

**brasa** *s. f.* Pedazo de madera, carbón u otra materia que arde sin fuego: *Aunque el fuego de la chimenea está casi apagado, todavía quedan brasas.*
EXPR. **a la brasa** Manera de asar los alimentos que consiste en colocarlos directamente sobre las brasas o sobre una parrilla.
SIN. Ascua, rescoldo.
FAM. Brasear, brasero. / Abrasar.

**brasear** *v.* Asar un alimento a la brasa: *El que prepare la barbacoa se encargará de brasear las chuletas.*

**brasero** *s. m.* **1.** Pieza de metal en forma de círculo ahondado en el centro, en que se hace lumbre con carbón o leña para calentarse. **2.** Aparato eléctrico parecido al anterior.

**brasileño, ña** *adj. y s. m. y f.* De Brasil, país de América del Sur.

**bravata** *s. f.* **1.** Amenaza que se hace de forma exagerada y soberbia: *Ese fanfarrón ya no asusta a nadie con sus bravatas.* **2.** Palabras con las que alguien presume de valiente sin serlo.
SIN. 2. Fanfarronada.

**bravío, a** *adj.* Se dice del animal salvaje, difícil de domesticar.
SIN. Feroz, bravo, fiero, indómito. ANT. Doméstico, domado, manso.

**bravo, va** *adj.* **1.** Se dice del animal difícil de domar: *Tiene una ganadería de toros bravos.* **2.** Valiente, luchador: *Los vikingos eran bravos guerreros.* **3.** Que tiene mucho genio: *Se puso bravo y nos dio una mala contestación.* ‖ **¡bravo!** *interj.* **4.** En ciertos espectáculos expresa el entusiasmo del público: *¡Bravo! Ha sido una actuación estupenda.*
EXPR. **a las bravas** o **por las bravas** De manera brusca: *Se fue a las bravas, sin despedirse de nadie.*
SIN. 1. Fiero, salvaje, indómito, bravío. 2. Valeroso, intrépido, osado. ANT. 1. Doméstico. 1. y 3. Manso. 2. Cobarde. 3. Dócil.
FAM. Bravata, bravío, bravucón, bravura.

**bravucón, na** *adj. y s. m. y f.* Se dice del que presume de valiente sin serlo.
SIN. Fanfarrón.
FAM. Bravuconada, bravuconería.

**bravuconada** *s. f.* Lo que hace o dice una persona bravucona: *Dice que se tirará del trampolín pero es una bravuconada porque es un cobardica.*
SIN. Fanfarronada.

**bravuconería** *s. f.* Característica de la persona bravucona: *Habla con mucha bravuconería pero luego no se atreve a nada.*

**bravura** *s. f.* **1.** Característica de los animales bravos, sobre todo de los toros de lidia. **2.** Valentía, coraje: *El domador demostró su bravura cuando metió la cabeza en la boca del león.*
SIN. 1. Fiereza. 2. Valor, arrojo, osadía. ANT. 2. Cobardía.

**braza** *s. f.* **1.** Unidad de longitud que equivale a 1,67 metros, usada en la marina. **2.** Estilo de natación, en que se nada boca abajo, con los hombros a nivel del agua y estirando y encogiendo los brazos y las piernas.

**brazada** *s. f.* **1.** Movimiento que hace una persona al nadar o al remar, encogiendo y estirando los brazos: *Con sólo dos brazadas llegó a la orilla del río.* **2.** Cantidad de algunas cosas que se puede llevar de una vez con los brazos: *Llevó una brazada de leña para calentarse.*

**brazalete** *s. m.* **1.** Pulsera de metal u otro material que rodea el brazo por encima de la muñeca. **2.** Tira de tela que se pone como distintivo en el brazo izquierdo por encima del codo: *Uno de los jugadores lleva un brazalete que indica que es el capitán del equipo.*

**brazo** *s. m.* **1.** Extremidad superior del cuerpo humano: *Se rompió un brazo jugando al fútbol.* **2.** Pata delantera de los animales cuadrúpedos. **3.** Parte de un sillón o sofá en que se apoyan los brazos. **4.** En lámparas y candelabros, rama que sale de la parte central y sirve para sostener una luz. **5.** En una balanza, cada una de las dos mitades de la barra horizontal; de sus extremos cuelgan los platillos.
EXPR. **brazo de gitano** Pastel formado por una capa delgada de bizcocho sobre la que se unta chocolate, crema o mermelada y luego se enrolla en forma de cilindro. **brazo de mar** Canal ancho y largo del mar que entra tierra adentro; se usa también en la expresión **ir** o **estar hecho un brazo de mar**, que significa 'ir muy arreglado y elegante'. **brazo derecho** Persona de gran confianza de otra: *Ana es el brazo derecho de su jefe.* ‖ **con los brazos abiertos** Afectuosamente, con agrado: *Le recibieron en su casa con los brazos abiertos.* **de brazos cruzados** Sin hacer nada: *No sé cómo puedes estar de brazos cruzados con todo lo que queda por hacer.* **no dar** uno **su brazo a torcer** Mantenerse firme en una postura y no querer cambiar de opinión.
FAM. Bracear, bracero, braza, brazada, brazalete. / Abrazar, antebrazo, reposabrazos.

**brea** *s. f.* **1.** Sustancia muy espesa y pegajosa que se obtiene de la madera de algunos árboles o del carbón mineral. **2.** Mezcla de brea y otras sustancias, que se usa para tapar las junturas de la madera de los barcos a fin de que no entre el agua.
FAM. Brear. / Embrear.

**break** *s. m.* **1.** En tenis, juego que gana el jugador que no sacaba: *La tenista española tuvo tres bolas de break pero no pudo aprovecharlas.* **2.** Breakdance.
■ Es una palabra inglesa. Su plural es *breaks*.

**breakdance** *s. m.* Baile en el que se hacen movimientos muy complicados y, a veces, como los de un robot. ■ Es una palabra inglesa. Se llama también sólo *break*.

**brear** *v.* **1.** Darle a alguien muchos golpes u otras cosas que hacen daño o molestan: *Este verano los*

mosquitos me han breado a picotazos. **2.** Hacer que alguien tenga que realizar algo o soportar una cosa que le molesta: *El entrenador breó a los jugadores con un montón de ejercicios físicos.*
**SIN. 1.** Moler, zumbar, acribillar.

**brebaje** *s. m.* Bebida de mal aspecto o de sabor desagradable.
**SIN.** Pócima.

**brecha** *s. f.* **1.** Agujero que se hace en un muro o pared: *Los enemigos abrieron una brecha en la muralla de la ciudad.* **2.** Herida, sobre todo en la cabeza: *Se cayó y se hizo una brecha en la frente.*
**EXPR. estar** uno **en la brecha** Dedicarse con interés a una actividad, no abandonarla.
**SIN. 1.** Boquete, fisura.

**brécol** *s. m.* Especie de coliflor de color verde oscuro.

**brega** *s. f.* Trabajo que se realiza con esfuerzo: *Se acaban las vacaciones y empezamos con la brega diaria.*
**EXPR. andar a la brega** Luchar o trabajar con esfuerzo: *Anda a la brega con los exámenes y no tiene tiempo de nada.*
**SIN.** Afán, lucha, pelea.

**bregar** *v.* Trabajar superando las dificultades y los obstáculos. ■ Delante de *e* se escribe *gu* en lugar de *g*: *Bregué mucho para mantener a mi familia.*
**SIN.** Luchar, pelear. **ANT.** Vaguear.
**FAM.** Brega.

**breña** *s. f.* Terreno irregular y lleno de maleza.

**brete** *s. m.* Aprieto, situación difícil: *Papá me puso en un brete al preguntarme quién había roto su caña de pescar.*
**SIN.** Apuro, compromiso.

**bretón, na** *adj.* y *s. m.* y *f.* **1.** De Bretaña, región francesa. || *s. m.* **2.** Lengua que hablan en Bretaña.

**breva** *s. f.* Primer fruto de la higuera, de mayor tamaño que el higo.

**EXPR. no caerá esa breva** Lo que decimos cuando creemos que no tendremos la suerte de que ocurra algo: *Me podía tocar la lotería, aunque no caerá esa breva.*

**breve** *adj.* De poca extensión o duración: *Fue una conversación breve, sólo duró unos minutos.*
**EXPR. en breve** Dentro de poco tiempo.
**SIN.** Corto, conciso, sucinto, efímero. **ANT.** Largo, extenso.
**FAM.** Brevedad, breviario. / Abreviar.

**brevedad** *s. f.* Característica de lo que es breve: *Tenéis que contestar a las preguntas del examen con la mayor brevedad, pues hay poco tiempo.*
**SIN.** Concisión, prontitud. **ANT.** Amplitud, extensión.

**breviario** *s. m.* Libro usado por los sacerdotes y religiosos que contiene los rezos de todo el año.

**brezo** *s. m.* Arbusto de uno a dos metros de altura, de madera muy dura y raíces gruesas, que se emplea entre otras cosas para hacer carbón de fragua, carboncillo para el dibujo y pipas para fumar.

**bribón, na** *adj.* y *s. m.* y *f.* Persona que engaña o estafa: *Ese bribón ya ha intentado timarme otra vez.*
**SIN.** Granuja, pícaro, pillo.

**bricolaje** *s. m.* Trabajos manuales que hace una persona que no es profesional, por ejemplo para arreglar o decorar su casa.

**brida** *s. f.* Freno del caballo con las riendas y el correaje adecuados para guiarlo.
**SIN.** Ronzal.

**bridge** *s. m.* Juego de cartas, con baraja francesa, entre cuatro personas, por parejas. ■ Es una palabra inglesa.

**brie** *s. m.* Queso francés muy cremoso, cubierto de una capa blanca. ■ Es una palabra francesa.

**brigada** *s. f.* **1.** Unidad militar formada por dos o más regimientos: *una brigada aérea.* **2.** Grupo de

1. alargador
2. baldas
3. broca
4. caja de herramientas
5. cepillo
6. destornillador
7. escalera
8. estantería
9. martillo
10. metro
11. serrucho
12. tablas
13. tenazas
14. taladro

bricolaje

personas que se reúnen para hacer el mismo trabajo: *Una brigada de salvamento acudió al lugar de la catástrofe.* || *s. m.* y *f.* **3.** Grado militar entre sargento primero y subteniente.

**SIN. 2.** Equipo, cuadrilla.

**FAM.** Brigadier.

**brigadier** *s. m.* Nombre que se les daba antiguamente a algunos jefes militares. ■ Es una palabra francesa.

**brik** *s. m.* Busca **tetra brik**. ■ Es una palabra sueca. Su plural es *briks*.

**brillante** *adj.* **1.** Que brilla: *Limpió la pulsera de plata y quedó muy brillante.* **2.** Muy bueno, magnífico: *Terminó los estudios con unas notas brillantes.* || *s. m.* **3.** Diamante tallado por sus dos caras.

**SIN. 1.** Reluciente, luminoso, resplandeciente. **2.** Sobresaliente, espléndido, excelente. **ANT. 1.** Mate, apagado. **2.** Gris.

**brillantez** *s. f.* Característica de las personas o las cosas brillantes. ■ Su plural es *brillanteces.*

**brillantina** *s. f.* Producto que sirve para dar brillo al pelo.

**brillar** *v.* **1.** Despedir luz: *El sol brilla en el horizonte.* **2.** Tener una cosa mucho brillo: *Mira cómo brilla el suelo después de darle cera.* **3.** Destacar por alguna cualidad: *En todas las fiestas brilla por su belleza y elegancia.*

**SIN. 1.** y **2.** Resplandecer, relucir, relumbrar. **3.** Sobresalir. **ANT. 1.** Apagarse.

**FAM.** Brillante, brillantez, brillantina, brillo. / Abrillantar.

**brillo** *s. m.* **1.** Luz que procede de algún cuerpo que la tiene o la refleja: *el brillo de las estrellas.* **2.** Aspecto que tienen las cosas que después de aplicarles una sustancia y de frotarlas reflejan mucho la luz: *el brillo de los zapatos.*

**SIN. 1.** Resplandor, fulgor. **2.** Lustre.

**brincar** *v.* Dar brincos o saltos. ■ Delante de *e* se escribe *qu* en lugar de *c*: *Brinqué con fuerza para intentar tocar el techo.*

**SIN.** Saltar, botar.

**brinco** *s. m.* Salto muy ligero.

**SIN.** Bote[1].

**FAM.** Brincar.

**brindar** *v.* **1.** Decir un deseo en el momento en que se va a beber, alzando las copas y chocándolas unas con otras: *Brindo a la salud de nuestro amigo Lorenzo.* **2.** Ofrecer o proporcionar algo a alguien: *Me brindan la oportunidad de estudiar un año en París.* **3.** Dedicar el torero la faena que va a realizar a una persona: *Brindó el primer toro a su madre.* || **brindarse 4.** Ofrecerse para hacer algo: *Se brindó a enseñarme toda la ciudad.*

**SIN. 4.** Prestarse.

**FAM.** Brindis.

**brindis** *s. m.* Acción de brindar al beber, elevando la copa en alto y pronunciando unas palabras: *¡Un brindis por nuestra simpática amiga Concha!* ■ No varía en plural.

**brío** *s. m.* Fuerza, energía: *El toro embiste con bríos.*

**SIN.** Empuje, decisión, ímpetu. **ANT.** Desgana.

**FAM.** Brioso.

**brioche** *s. m.* Bollo dulce esponjoso y de forma redondeada. ■ Es una palabra francesa.

**brioso, sa** *adj.* **1.** Que tiene brío. **2.** Se dice de los caballos que se mueven con gracia y elegancia.

**SIN. 1.** Enérgico, impetuoso. **2.** Airoso, garboso.

**brisa** *s. f.* Vientecillo suave, sobre todo el que sopla en la costa.

**FAM.** Parabrisas.

**brisca** *s. f.* Un juego de cartas.

**británico, ca** *adj.* y *s. m.* y *f.* Del Reino Unido, país de Europa.

**brizna** *s. f.* **1.** Parte muy fina de algunas cosas, sobre todo de plantas. **2.** Cantidad muy pequeña: *Este mueble no tiene ni una brizna de polvo.*

**SIN. 1.** Hebra.

**broca** *s. f.* Barrita de acero con forma de espiral que se usa con las máquinas de taladrar.

**brocado** *s. m.* **1.** Tela de seda con hilos de oro o plata que forman dibujos a manera de bordados. **2.** Tejido con dibujos en relieve.

**brocal** *s. m.* Pequeña pared que rodea el agujero de un pozo para evitar que alguien caiga en él.

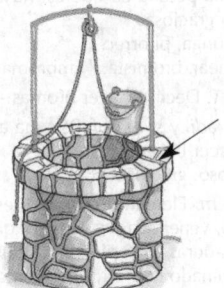

**brocal**

**brocha** *s. f.* **1.** Utensilio formado por un conjunto de cerdas unidas a un mango, que se usa para pintar. **2.** Escobilla de cerdas suaves que usan los hombres para darse la crema de afeitar o las mujeres para maquillarse. (Puedes ver su ilustración en la página siguiente).

**EXPR. de brocha gorda** Se dice del pintor o de la pintura no artísticos, es decir de puertas, ventanas o cosas parecidas.

**FAM.** Brochazo.

**brochazo** *s. m.* Pasada que se da con la brocha al pintar: *Cuando pintes la puerta tienes que dar brochazos cortos y rectos.*

**brocha**
de afeitar

**brocha** de pintor

**broche** *s. m.* **1.** Conjunto de dos piezas, una de las cuales engancha en la otra para cerrar algo: *el broche de la pulsera.* **2.** Adorno que se lleva prendido en la ropa: *Me he comprado un broche para ponerlo en el pañuelo de seda.* **EXPR. broche de oro** Final brillante y feliz, por ejemplo el de una reunión, actuación o discurso. **FAM.** Abrochar.

**brocheta** *s. f.* **1.** Varilla donde se clavan trozos de alimentos para asarlos o hacerlos a la parrilla. **2.** Alimento cocinado y servido de esta manera.

**broma** *s. f.* **1.** Chiste o gracia que se hace o se dice con el fin de divertirse o reírse, sin mala intención: *Federico siempre está haciendo bromas.* **2.** Guasa, burla: *No tomes a broma lo que te he dicho.* **3.** Cosa que resulta cara o molesta: *Con la broma del regalo, este mes voy a quedarme sin paga.* **EXPR. broma pesada** La que es muy desagradable y no resulta graciosa. **SIN. 2.** Chunga, pitorreo. **FAM.** Bromear, bromista. / Embromar.

**bromear** *v.* Decir o hacer bromas.

**bromista** *adj.* y *s. m.* y *f.* Persona a la que le gusta mucho hacer bromas. **SIN.** Chistoso, gracioso.

**bromo** *s. m.* Elemento químico; es un líquido de color rojo, venenoso y corrosivo, que produce graves quemaduras en la piel. En la naturaleza siempre está combinado con otros elementos.

**bronca** *s. f.* **1.** Discusión fuerte: *¡Vaya bronca que tuvieron los dos conductores después del choque!* **2.** Regañina: *Me echó la bronca por llegar tarde.* **3.** En Argentina, Chile, Paraguay y Uruguay, enfado, rabia. **SIN. 1.** Disputa, gresca, riña, trifulca. **2.** Reprimenda, rapapolvo. **FAM.** Abroncar.

**bronce** *s. m.* **1.** Aleación de cobre y estaño, de color amarillento rojizo. **2.** Objeto artístico hecho con esta aleación, como una estatua. **FAM.** Bronceado, bronceador, broncear.

**bronceado, da** *adj.* **1.** De color de bronce; sobre todo se dice de la piel que está morena por haberse puesto al sol. ‖ *s. m.* **2.** Acción de broncear o broncearse: *Este verano Antonio ha conseguido un buen bronceado.*

**bronceador, ra** *adj.* y *s. m.* Se dice de los productos que broncean o ponen la piel morena.

**broncear** *v.* Poner la piel morena: *El sol de la mañana es el que más broncea.* **SIN.** Tostar.

**bronco, ca** *adj.* **1.** Se dice del sonido o voz grave, desagradable y áspero. **2.** De mal carácter o malhumorado: *Le contestó de forma bronca para que no le interrumpiera.* **SIN. 1.** Ronco, destemplado. **2.** Brusco. **ANT. 1.** Suave, armonioso. **2.** Amable, afable. **FAM.** Bronca.

**bronquio** *s. m.* Cada uno de los conductos que unen la tráquea con los pulmones. **FAM.** Bronquiolo, bronquitis.

**bronquiolo** o **bronquíolo** *s. m.* Cada una de las ramificaciones en que se dividen los bronquios dentro de los pulmones.

**bronquitis** *s. f.* Inflamación de los bronquios. ■ No varía en plural.

**brontosaurio** *s. m.* Dinosaurio que tenía la cabeza pequeña, el cuello muy largo, cuatro patas cortas y una cola larga y pesada.

**brotar** *v.* **1.** Nacer o salir la planta de la tierra. **2.** Salir nuevas hojas, flores, capullos, ramitas o tallos en la planta. **3.** Salir el agua de los manantiales. **4.** Salir algo a la superficie o hacia fuera, empezar a mostrarse: *Le brotó la varicela a los diez años. Ha brotado un sentimiento de amistad entre María y Arturo.* **SIN. 1.** Germinar. **2.** Retoñar. **3.** Manar, fluir. **4.** Surgir, asomar, emerger.

**brote** *s. m.* **1.** Acción de brotar, empezar algo a manifestarse: *Los médicos temían un posible brote de meningitis.* **2.** Bulto que en una planta producen los tallos, las hojas o las flores cuando van a salir. **3.** Tallo pequeño y nuevo de una planta. **SIN. 1.** Comienzo, arranque. **2.** Yema, botón. **3.** Renuevo, pimpollo, retoño. **FAM.** Brotar. / Rebrote.

**broza** *s. f.* **1.** Ramas, hojas y cortezas que se caen de las plantas y se quedan en el suelo. **2.** Plantas que crecen en zonas descuidadas: *La broza tapaba los bordes del camino.* **SIN. 2.** Maleza. **FAM.** Desbrozar.

**bruces** Se usa en la expresión **de bruces**, que significa 'tendido con la cara hacia el suelo': *Se cayó de bruces y tuvimos que ayudarla a levantarse.* También significa 'de frente': *Al ir a cruzar, me choqué de bruces con Elisa y Ana.*

**bruja** *s. f.* **1.** Mujer de la que se cree que tiene poderes malignos por suponerse que ha hecho un pacto con el demonio. **2.** Mujer muy mala o muy fea. **SIN. 2.** Bicho, pécora. **FAM.** Brujería, brujo. / Embrujar.

**brujería** *s. f.* Hechizos, encantos y otras cosas que hacen las brujas.

**brujo** *s. m.* Hechicero, persona a la que se atribuyen poderes extraordinarios: *El brujo de la tribu cantaba para que lloviera.*

**brújula** *s. f.* Instrumento para orientarse, que tiene una aguja que señala de una manera aproximada la dirección del norte.

**bruma** *s. f.* Niebla de poca densidad que se forma sobre el mar o la tierra, en las capas bajas de la atmósfera.
SIN. Neblina.
FAM. Brumoso. / Abrumar.

**brumoso, sa** *adj.* Con bruma.

**bruñir** *v.* Sacar brillo a algo, sobre todo al metal.
■ Es un verbo irregular. Se conjuga como *mullir.*
SIN. Pulir, pulimentar, abrillantar.

**brusco, ca** *adj.* **1.** Repentino, rápido: *Hizo un movimiento muy brusco y tiró el vaso.* **2.** Poco amable o delicado: *Es una persona de modales bruscos.*
SIN. **1.** Súbito, imprevisto. **2.** Rudo, basto, grosero, descortés. ANT. **2.** Cortés, educado.
FAM. Brusquedad.

**bruselense** *adj.* y *s. m.* y *f.* De Bruselas, capital de Bélgica.

**brusquedad** *s. f.* Acción o manera brusca de actuar: *Contestó a la niña con tanta brusquedad que le hizo llorar.*
SIN. Rudeza, descortesía. ANT. Delicadeza; amabilidad, cortesía.

**brut** *adj.* y *s. m.* Se dice de algunos vinos blancos espumosos parecidos al champán, que no son de sabor dulce. ■ Es una palabra francesa. No varía en plural.

**brutal** *adj.* **1.** Muy fuerte o intenso: *Tu primo tiene una fuerza brutal; levanta las pesas con una facilidad increíble.* **2.** Cruel: *Torturar a un animal es una acción brutal.* **3.** Enorme: *Me han puesto una cantidad brutal de deberes.*
SIN. **1.** a **3.** Bestial. **2.** Salvaje, despiadado, bárbaro, inhumano. **3.** Tremendo.

**brutalidad** *s. f.* **1.** Característica de lo que es brutal o cruel. **2.** Acción poco sensata: *Me parece una brutalidad que entrenes tanto tiempo sin descansar.*
SIN. **1.** Crueldad, atrocidad. **1.** y **2.** Barbaridad, bestialidad, burrada. **2.** Imprudencia, insensatez.

**bruto, ta** *adj.* y *s. m.* y *f.* **1.** Persona ignorante, que piensa poco y es incapaz de hacer o entender algo: *Es muy bruta, no hay quien le haga comprender que debe dormir más horas.* **2.** Persona que demuestra tener una exagerada fuerza física: *Mariano es un bruto; puede levantar un saco de cien kilos.* **3.** Persona sin educación ni amabilidad: *¡Qué bruto! Va por la calle empujando a la gente. ¡Menudo bruto!*

*¿Cómo has sido capaz de decir esa palabrota en clase?* || *adj.* **4.** Se dice del sueldo que gana una persona sin hacer los descuentos que le corresponden.
EXPR. **en bruto** Sin tratarlo, pulirlo o elaborarlo: *un diamante en bruto.*
SIN. **1.** Torpe, necio, zopenco, berzotas. **1.** a **3.** Bestia, burro. **3.** Rudo, grosero, ordinario. ANT. **1.** Listo. **2.** Enclenque, debilucho. **3.** Educado, comedido, amable. **4.** Neto, líquido.
FAM. Brutal, brutalidad. / Embrutecer.

**buba** *s. f.* Bulto lleno de pus que sale en alguna parte del cuerpo. ■ Se usa más en plural.
SIN. Pústula.

**bucal** *adj.* De la boca o relacionado con ella: *la cavidad bucal.*

**bucanero** *s. m.* Pirata que se dedicaba a robar en las posesiones españolas de América durante los siglos XVII y XVIII.

**búcaro** *s. m.* **1.** Vasija de cerámica que se usa sobre todo para poner flores. **2.** Botijo.
SIN. **1.** Florero, jarrón.

**buceador, ra** *s. m.* y *f.* Persona que bucea: *Un equipo de buceadores trata de encontrar el barco hundido.*
SIN. Buzo, submarinista.

**bucear** *v.* Nadar por debajo del agua.
FAM. Buceador, buceo, buzo.

**buceo** *s. m.* Actividad que consiste en nadar por debajo del agua: *Este verano voy a hacer un curso de buceo.*
SIN. Submarinismo.

**buche** *s. m.* **1.** Bolsa que tienen las aves antes del estómago, en la que se ablanda el alimento. **2.** Estómago: *¡Menudo buche tiene! Ya le puedes dar bien de comer.*
SIN. **2.** Panza, tripa.
FAM. Embuchar.

**bucle** *s. m.* Rizo muy marcado en forma de onda.

**bucólico, ca** *adj.* Se dice de un tipo de poesía que trata de cosas de los pastores o de la vida del campo.
SIN. Pastoril.

**budín** *s. m.* Busca **pudin**.

**budismo** *s. m.* Religión fundada por Buda y que se practica en la India, en China y en Japón.
FAM. Budista.

**budista** *adj.* **1.** Del budismo o relacionado con él. || *s. m.* y *f.* **2.** Persona que practica el budismo.

**buen** *adj.* Forma abreviada de **bueno**. ■ Se usa delante de un sustantivo masculino singular: *un buen lapicero.*

**buenamente** *adv.* Dentro de las posibilidades de alguien: *Te llamaré cuando buenamente pueda.*

**buenaventura** *s. f.* **1.** Buena suerte. **2.** Adivinación que pretenden hacer las gitanas sobre el futuro de alguien, casi siempre mirando las rayas de la mano.

**buenazo, za** *adj.* y *s. m.* y *f.* Se dice de la persona muy buena, tranquila y algo ingenua.
**SIN.** Bonachón, bendito. **ANT.** Malo.

**bueno, na** *adj.* y *s. m.* y *f.* **1.** Se dice de la persona que piensa y obra de acuerdo con lo que está bien según la moral; también se dice de sus comportamientos y sentimientos. || *adj.* **2.** De cualidades positivas, estimables o valiosas: *Hizo una buena redacción sobre el deporte. Se ha buscado una buena abogada para que le defienda.* **3.** Sano: *Cuando David se ponga bueno, vendrá con nosotros al cine.* **4.** Conveniente, adecuado: *Salir al campo los fines de semana es muy bueno.* **5.** Se dice de los alimentos que nos gustan o están en las condiciones que deben estar: *Ese bollo está muy bueno.* **6.** Agradable: *Marta y Pedro nos han hecho pasar una tarde muy buena.* **7.** Gracioso: *Ángel se sabe unos chistes muy buenos.* || *adv.* **8.** Se emplea para expresar que alguien acepta o le parece bien una cosa: *–¿Te vienes con nosotros? –Bueno.*
**EXPR.** ¡buenos días! ¡buenas tardes! ¡buenas noches! Formas de saludo. **de buenas** Contento, de excelente humor: *Hoy está de buenas; pídele lo que quieras.* **hacer bueno** Ser el tiempo agradable y soleado. **por las buenas** Sin tener que usar la fuerza o la violencia: *No te enfades con él, díselo por las buenas.* También, sin hacer lo necesario: *No pensarás que vas a aprobar por las buenas, sin estudiar.*
**SIN.** 1. Bondadoso, honrado. 3. Curado, restablecido. 4. Provechoso, beneficioso. 5. Apetecible, rico. 6. Estupendo. 7. Divertido. 8. Bien, vale. **ANT.** 1. Malvado. 1. a 7. Malo. 3. Enfermo. 4. Inadecuado, perjudicial. 6. Desagradable. 7. Aburrido.
**FAM.** Bonachón, bondad, buen, buenamente, buenazo. / Nochebuena.

**buey** *s. m.* Toro castrado.
**EXPR.** buey de mar Crustáceo parecido al cangrejo que tiene cinco pares de patas; las dos primeras terminan en unas grandes pinzas con las puntas negras.
**FAM.** Bovino, picabueyes.

**búfalo** *s. m.* **1.** Mamífero rumiante, parecido al toro, con cuernos largos, curvados hacia atrás y anchos por la base. **2.** Bisonte americano.

**bufanda** *s. f.* Tira larga de punto o tejido que se lleva alrededor del cuello como abrigo o adorno.

**bufar** *v.* **1.** Resoplar con furia el toro, el caballo y otros animales. **2.** Dar bufidos en señal de enfado.
**SIN.** 2. Gruñir, refunfuñar.
**FAM.** Bufido.

**bufé** *s. m.* **1.** Comida en la que cada uno se sirve lo que quiere y se lo lleva él mismo a la mesa: *En la boda nos pusieron un bufé exquisito.* **2.** Lugar en el que ponen ese tipo de comida y mesa donde se colocan los alimentos: *El día de la llegada comimos en el bufé del hotel.*
**SIN.** 2. Autoservicio.

**bufete** *s. m.* **1.** Despacho en que un abogado atiende a sus clientes. **2.** Mesa de escribir, con cajones.

**bufido** *s. m.* **1.** Sonido del animal cuando bufa. **2.** Palabra brusca o mala contestación: *Le pregunté si venía con nosotros y me soltó un bufido.*
**SIN.** 2. Gruñido.

**bufo, fa** *adj.* Gracioso, cómico; sobre todo, se dice de un tipo de ópera y de otros espectáculos: *la ópera bufa.*
**SIN.** Burlesco.

**bufón** *s. m.* Persona que vivía en palacio y que con sus gracias, chistes y dichos ingeniosos divertía a reyes y cortesanos.
**FAM.** Bufo, bufonada.

**bufonada** *s. f.* Cosa que pretende ser graciosa.

**buga** *s. m.* Coche, automóvil.

**buganvilla** *s. f.* Planta con forma de arbusto bastante grande que tiene flores pequeñas de colores.

**buggy** *s. m.* Coche todoterreno, descapotable y con las ruedas muy anchas. ■ Es una palabra inglesa. Su plural es *buggies.*

**buhardilla** *s. f.* **1.** Piso de una casa que está inmediatamente debajo del tejado y suele tener el techo inclinado. **2.** Ventana que sobresale por encima del tejado de las casas.
**FAM.** Abuhardillado.

**búho** *s. m.* Ave rapaz nocturna, con plumaje suave y esponjoso, dos mechones de plumas que parecen orejas y grandes ojos.

**buhonero, ra** *s. m.* y *f.* Vendedor que lleva sus mercancías, hilos, botones, cintas, peines u otras baratijas por la calle o de pueblo en pueblo.

**buitre** *s. m.* **1.** Ave de rapiña que se alimenta de la carne de animales muertos y que tiene el cuello desnudo rodeado de un aro de plumas. **2.** Persona que se aprovecha de los demás.
**FAM.** Buitrear.

**buitrear** *v.* Aprovecharse una persona de otra, sobre todo cogiéndole sus cosas: *Acababan de traer las bolsas del supermercado y fue a ver si podía buitrear algo.*
**SIN.** Gorronear.

**bujía** *s. f.* **1.** Pieza que en algunos coches, motos y otros vehículos hace que salte una chispa y pueda funcionar el motor. **2.** Unidad para medir la intensidad de un foco de luz artificial.

**bula** *s. f.* Documento por el que el papa concedía algún beneficio.

**bulbo** *s. m.* **1.** Tallo subterráneo de algunos vegetales como la cebolla o el tulipán, que tiene forma redondeada. **2.** Parte abultada y blanda de algunos órganos.

bujía

búho

buitre

**EXPR. bulbo raquídeo** Parte del encéfalo situada en la base del cráneo que regula la actividad de los órganos internos.

**buldog** o **bulldog** *adj.* y *s. m.* y *f.* Se dice de una raza de perros muy fuertes de tamaño mediano, cabeza grande, hocico chato y patas cortas. ■ *Bulldog* es una palabra inglesa. Su plural es *buldogs* o *bulldogs*.

buldog

**bulerías** *s. f. pl.* Cante y baile popular andaluz acompañado de palmas y que tiene un ritmo vivo.

**bulevar** *s. m.* Calle ancha con árboles y un paseo central.

**búlgaro, ra** *adj.* y *s. m.* y *f.* **1.** De Bulgaria, país del este de Europa. || *s. m.* **2.** Lengua hablada en este país.

**bulla** *s. f.* Jaleo, ruido, mezcla de voces y risas: *Nos regañaron por armar bulla en clase.* **SIN.** Alboroto, bullicio, jarana. **ANT.** Calma. **FAM.** Bullanguero, bullicio.

**bullanguero, ra** *adj.* y *s. m.* y *f.* Que le gusta la bulla y la juerga. **SIN.** Juerguista.

**bulldozer** *s. m.* Máquina excavadora muy potente. ■ Es una palabra inglesa. Su plural es *bulldozers*.

**bullicio** *s. m.* **1.** Jaleo y ruido que hace mucha gente con sus voces, gritos y risas. **2.** Ajetreo, mucho movimiento y animación. **SIN. 1.** Bulla, alboroto. **ANT. 1.** Silencio. **1.** y **2.** Calma, tranquilidad.

**bullir** *v.* **1.** Hervir el agua u otro líquido. **2.** Estar en gran actividad: *La gente bullía en el mercadillo.* ■ Es un verbo irregular. Se conjuga como *mullir*. **SIN. 2.** Trajinar, agitarse. **FAM.** Bulla. / Ebullición, rebullir.

**bulo** *s. m.* Mentira, noticia falsa: *Corrió el bulo de que se iba de la empresa.* **SIN.** Embuste, bola, trola. **ANT.** Verdad.

**bulto** *s. m.* **1.** Lo que sobresale en una superficie y tiene forma más o menos redondeada, por ejemplo en alguna parte del cuerpo. **2.** Cosa que forma parte de un equipaje o carga, como unas maletas o unos paquetes. **3.** Aquello cuya forma no se distingue bien por diversos motivos, como estar lejos o cubierto o por falta de luz. **EXPR. a bulto** De manera aproximada: *Así, a bulto, deberíamos ser cerca de cien personas.* **escurrir** uno **el bulto** Intentar escaparse de hacer un trabajo o cumplir con un compromiso: *No escurras el bulto, que hoy te toca a ti limpiar.* **SIN. 1.** Abultamiento, protuberancia. **FAM.** Abultar.

**bumerán** *s. m.* Busca **boomerang**.

**bungaló** o **bungalow** *s. m.* Chalé pequeño de un solo piso. ■ *Bungalow* es una palabra inglesa y plural es *bungalows*.

**búnker** *s. m.* Construcción para protegerse de los bombardeos; a veces es subterránea. ■ Es una palabra alemana. Su plural es *búnkers*.

**buñuelo** *s. m.* Pastelillo de masa frita de harina y agua en forma de bola o rosca hueca. **EXPR. buñuelo de viento** El que está relleno de nata, cabello de ángel o crema.

**buque** *s. m.* Barco grande: *buque de guerra.*

**buqué** *s. m.* Olor y sabor de los buenos vinos. ■ Se escribe también *bouquet*.

**burbuja** *s. f.* **1.** Pompa, bolsa de aire u otro gas que se forma en un líquido y sale a la superficie. **2.** Flotador que se ata a la espalda. **FAM.** Burbujear.

**burbujear** *v.* Hacer burbujas un líquido: *El agua burbujea cuando rompe a hervir.*

**burdel** *s. m.* Casa o local de prostitutas. **SIN.** Prostíbulo.

**burdeos** *s. m.* **1.** Vino de Burdeos, ciudad de Francia. **2.** Color rojo oscuro que tira a morado, como el de este vino. ■ No varía en plural.

**burdo, da** *adj.* Ordinario, de poca calidad o delicadeza: *Esa tela me parece algo burda. Tiene unos modales muy burdos.*

SIN. Tosco, basto, grosero, zafio, rudo. ANT. Fino, refinado.

**burgalés, sa** *adj.* y *s. m.* y *f.* De Burgos, ciudad y provincia españolas.

**burger** *s. m.* Busca **hamburguesería**. ■ Es una palabra inglesa. Su plural es *burgers*.

**burgo** *s. m.* Ciudad amurallada de la Edad Media. FAM. Burgués.

**burgués, sa** *adj.* y *s. m.* y *f.* **1.** Se dice de la persona que pertenece a la clase social media acomodada, la burguesía; se dice también de lo relacionado con estas personas. **2.** Se dice del habitante de los burgos de la Edad Media.
FAM. Burguesía. / Aburguesarse.

**burguesía** *s. f.* Clase social de los burgueses, personas de clase media acomodada.

**buril** *s. m.* Punzón de acero que se usa sobre todo para grabar el metal.

**burla** *s. f.* Palabras, gestos o acciones con que se pretende poner en ridículo a una persona o cosa o reírse de ella: *Nos sacó la lengua y nos hizo burla cuando nos dimos la vuelta.*
SIN. Pitorreo, chunga, mofa.
FAM. Burladero, burlar, burlesco, burlón.

**burladero** *s. m.* Trozo de valla que hay delante de la barrera para que los toreros se refugien detrás de él y esquiven a los toros.

**burlar** *v.* **1.** Esquivar con engaño o astucia: *Se metió por aquellas callejas y consiguió burlar a los que le perseguían.* ‖ **burlarse 2.** Tomar a burla, reírse: *No te burles de los consejos que te da tu hermana.*
SIN. **1.** Evitar, eludir, escapar. **2.** Pitorrearse, chotearse, cachondearse, mofarse.

**burlesco, ca** *adj.* Que muestra burla.
SIN. Burlón, sarcástico, irónico. ANT. Serio.

**burlete** *s. m.* Tira que se coloca en las rendijas de puertas y ventanas para que no pase el aire.

**burlón, na** *adj.* **1.** Que muestra burla: *Por su voz burlona comprendí que no me estaba haciendo ningún caso.* ‖ *adj.* y *s. m.* y *f.* **2.** Persona aficionada a burlarse.
SIN. **1.** Burlesco, sarcástico. **2.** Bromista, guasón. ANT. **1.** y **2.** Serio.

**buró** *s. m.* Mueble con cajones y un tablero que se saca o se baja para escribir.
SIN. Escritorio, secreter.
FAM. Burocracia.

**burocracia** *s. f.* **1.** Conjunto de actividades que hacen posible el funcionamiento de la administración de un Estado y que son llevadas a cabo por funcionarios públicos. **2.** Exceso de normas y papeleo que producen lentitud al resolver un asunto.
FAM. Burócrata, burocrático.

**burócrata** *s. m.* y *f.* **1.** Funcionario que trabaja en una oficina, por ejemplo en un ministerio. **2.** Persona que trabaja como jefe en algunas organizaciones, por ejemplo en los partidos políticos.

**burocrático, ca** *adj.* Que se refiere o pertenece a la burocracia.

**burrada** *s. f.* **1.** Error o equivocación muy grande: *¡Vaya burradas que has puesto en el examen!* **2.** Acción poco sensata: *¡Vaya burrada que has hecho! Con el frío que hace y te has ido en manga corta.* **3.** Acción brutal, inhumana: *Me parece una burrada que abandonen a los perros.* **4.** Cantidad excesiva: *De aquí a casa hay una burrada de kilómetros. Pepe ha leído una burrada de cuentos.*
SIN. **1.** a **4.** Barbaridad. **2.** Locura, imprudencia, insensatez. **2.** y **3.** Brutalidad. **2.** a **4.** Bestialidad. **3.** Crueldad. **4.** Montón.

**burro, rra** *s. m.* y *f.* **1.** Asno. ‖ *adj.* y *s. m.* y *f.* **2.** Persona que actúa sin delicadeza y demuestra tener una fuerza exagerada: *¡Qué burro eres! ¿Cómo quieres abrir la botella sin sacacorchos?* **3.** Persona ignorante, torpe: *El muy burro ha tenido treinta faltas en el dictado.* **4.** Grosero, basto: *¡Menudas palabrotas que soltaba el muy burro!* **5.** Persona cabezota: *Se puso muy burro y no quería obedecer al profesor.*
EXPR. **apearse** (**bajarse** o **caerse**) **del burro** Convencerse de algo, reconocer un error, ceder: *Por fin se ha apeado del burro y ha visto que no puede mover él solo el armario.* **no ver tres en un burro** Ver muy poco: *Sin las gafas no veo tres en un burro.* **trabajar como un burro** Trabajar demasiado.
SIN. **1.** Jumento. **1.** a **5.** Borrico. **2.** a **4.** Bruto, bestia, animal. **3.** Zote, zopenco, tarugo. **4.** Maleducado, ordinario. **5.** Terco, testarudo. ANT. **3.** Listo, lumbrera. **4.** Educado, fino.
FAM. Burrada.

**bursátil** *adj.* Relacionado con la bolsa donde se hacen compras y ventas de acciones y otros valores: *En el periódico hay una página con la información bursátil.*

**burujo** *s. m.* Bola que se hace con telas o papel arrugados: *Hizo un burujo con las sábanas y las metió en el cesto de ropa sucia.*

**bus** *s. m.* **1.** Autobús. **2.** En informática, línea de transmisión de datos en un sistema electrónico entre el microprocesador y los elementos periféricos.

**busca** *s. f.* **1.** Acción de buscar. ‖ *s. m.* **2.** Busca **buscapersonas**.
SIN. **1.** Búsqueda.

**buscador** *s. m.* En informática, base de datos de Internet a la que uno puede conectarse mediante una página web para buscar información.

**buscapersonas** *s. m.* Aparato que lleva una persona para recibir avisos: *Mientras el médico comía sonó su buscapersonas porque había una urgencia.*
■ No varía en plural.
SIN. Busca, mensáfono.

**buscapiés** *s. m.* Cohete que al encenderlo corre a ras del suelo en zigzag. ■ No varía en plural.

**buscar** *v.* **1.** Hacer lo necesario para encontrar a alguien o algo: *La policía busca al asesino.* **2.** Recoger a una persona: *Javier vendrá a buscarme a las ocho para ir al cine.* ■ Delante de e se escribe *qu* en lugar de *c*: *Busqué el libro que había perdido.* ANT. **1.** Encontrar, hallar. FAM. Busca, buscador, buscapersonas, buscavidas, buscón, búsqueda. / Rebuscar.

**buscavidas** *s. m.* y *f.* Persona que sabe apañárselas muy bien para ganarse la vida: *Aunque no tiene estudios es un buscavidas y no le ha faltado trabajo.* ■ No varía en plural.

**buscón, na** *adj.* y *s. m.* y *f.* Que se dedica a buscar la ocasión para robar o engañar a la gente: *En la estación hay que tener cuidado con el bolso porque hay muchos buscones.* SIN. Ratero, chorizo.

**búsqueda** *s. f.* Acción de buscar: *Por la noche interrumpieron la búsqueda del barco desaparecido.* SIN. Busca.

**busto** *s. m.* **1.** Escultura o pintura que representa la cabeza y la parte superior del tórax de una persona. **2.** Parte del cuerpo humano entre el cuello y la cintura. **3.** Pechos de la mujer. SIN. **2.** Torso, tronco. **3.** Senos.

**butaca** *s. f.* **1.** Silla con brazos; suele tener el respaldo inclinado hacia atrás: *Me gusta ver la tele sentado en la butaca.* **2.** Asiento en el teatro o en el cine, sobre todo el situado en la planta baja: *Saqué dos localidades para el patio de butacas.* SIN. **1.** Sillón. FAM. Butacón.

**butacón** *s. m.* Butaca grande y cómoda.

**butanero, ra** *s. m.* y *f.* Persona que trabaja repartiendo bombonas de butano.

**butano** *s. m.* **1.** Gas compuesto por carbono e hidrógeno que, envasado a presión en bombonas de acero, se usa como combustible. **2.** Color naranja como el de las bombonas que contienen este gas. FAM. Butanero.

**buten** Se usa en la expresión **de buten**, que significa 'muy bueno' o 'muy bien': *La comida está de buten. En la fiesta lo pasamos de buten.* SIN. Fenomenal, estupendo. ANT. Fatal.

**butifarra** *s. f.* Embutido típico de Cataluña, Valencia y Baleares, que se hace con mucho tocino.

**butrón** *s. m.* Agujero que los ladrones hacen en paredes y techos para entrar a robar.

**buzo** *s. m.* **1.** Persona que tiene por oficio trabajar en el fondo del mar, por ejemplo en tareas de salvamento. **2.** En América del Sur, chándal o sudadera.

**buzón** *s. m.* **1.** Abertura por donde se echan las cartas para el correo. **2.** Caja o lugar donde caen las cartas que se echan al correo o del que se recogen estas cartas. **3.** Sistema informático que sirve para dejar mensajes a otras personas o recibirlos. EXPR. **buzón de voz** Servicio telefónico que permite dejar grabados mensajes cuando no se puede hablar con la persona a la que se llama, para que ésta los escuche cuando pueda. FAM. Buzoneo.

**buzoneo** *s. m.* Actividad que consiste en repartir propaganda por los buzones de las casas.

**bwana** *s. m.* y *f.* Amo. ■ Se usa en sentido humorístico para contestar al que nos pide algo: *Sí, bwana, haré lo que tú digas.* Es una palabra suahili, una lengua africana.

**bypass** *s. m.* Operación médica que se hace uniendo dos partes de una arteria dañada mediante un tubo artificial o un trozo de vena de otra parte del cuerpo. ■ Es una palabra inglesa. No varía en plural.

**byte** *s. m.* Unidad para medir la memoria de un ordenador. Equivale a ocho bits. ■ Es una palabra inglesa. FAM. Gigabyte, kilobyte, megabyte.

**c** *s. f.* Tercera letra del abecedario y segunda consonante. Su nombre es *ce.* ■ Delante de *e* o *i* se pronuncia como *z*: *cesta, cima.* Delante de *h* tiene un sonido distinto, como en *chapa* y *chino.* En las demás posiciones se pronuncia como *k*: *carro, saco, cubo.*

**cabal** *adj.* **1.** Se dice de la persona honrada y justa: *Tu padre es un hombre cabal.* **2.** Exacto, completo: *Construyeron la casa en quince meses cabales.*
**EXPR. no estar** uno **en sus cabales** Estar loco.
**SIN. 1.** Recto, intachable. **1.** y **2.** Íntegro. **2.** Entero.
**ANT. 2.** Inexacto; incompleto.
**FAM.** Descabalar.

**cábalas** Se usa en la expresión **hacer cábalas**, que significa 'tratar de adivinar cómo será algo': *Hacían cábalas sobre el resultado del partido.*

**cabalgada** *s. f.* **1.** Acción de cabalgar: *Tras la cabalgada, el jinete dio de beber al caballo.* **2.** Expedición militar a caballo por territorio enemigo.

**cabalgadura** *s. f.* Caballo, asno o mulo sobre el que alguien monta.
**SIN.** Caballería, montura.

**cabalgar** *v.* Marchar montado a caballo: *Cabalgó más de dos horas hasta llegar al arroyo.* ■ Delante de *e* se escribe *gu* en lugar de *g*: *cabalgué.*
**FAM.** Cabalgada, cabalgadura, cabalgata. / Descabalgar, encabalgamiento.

**cabalgata** *s. f.* Desfile de carrozas, jinetes y grupos de personas que se hace en algunas fiestas, por ejemplo en la víspera del día de Reyes.

**caballa** *s. f.* Pez marino que tiene la parte de arriba azulada con bandas oscuras y el vientre blanco plateado. Se come en conserva o fresco.

**caballar** *adj.* De los caballos o relacionado con ellos.

**caballeresco, ca** *adj.* **1.** Educado, amable, propio de un caballero: *Los modales caballerescos del joven agradaron a las señoras.* **2.** Relacionado con los caballeros andantes: *Don Quijote leía muchas novelas caballerescas.*
**SIN. 1.** Cortés, noble, galante.

**caballería** *s. f.* **1.** Animal que se utiliza para montar en él, como el caballo o el burro. **2.** En el ejército, grupo formado por los soldados que van a caballo o en vehículos de motor. **3.** Grupo que formaban los caballeros armados medievales.
**EXPR. libro** o **novela de caballerías** Obra en prosa que trata sobre la vida y las aventuras de los caballeros andantes.
**SIN. 1.** Cabalgadura, montura.

**caballeriza** *s. f.* Lugar en que se recoge a los caballos y las bestias de carga.
**SIN.** Cuadra, establo.
**FAM.** Caballerizo.

**caballerizo** *s. m.* Persona que cuida las caballerizas o cuadras.

**caballero** *adj.* y *s. m.* **1.** Se dice del hombre que se porta de forma educada y amable: *Fue todo un caballero al llevarnos en su coche.* ‖ *s. m.* **2.** Señor: *¿Le puedo servir en algo, caballero?* **3.** Hombre, sobre todo cuando se quiere distinguir de mujer: *Compró la corbata en una tienda de ropa para caballeros.* **4.** Hombre que en la antigüedad y en la Edad Media pertenecía a una clase social importante y combatía en la caballería. **5.** Miembro de alguna de las antiguas órdenes de caballería, como la de Santiago o la de Calatrava.
**EXPR. caballero andante** Protagonista de los libros de caballerías medievales, que salía montado en su caballo en busca de aventuras.
**ANT. 1.** Grosero.
**FAM.** Caballeresco, caballerosidad, caballeroso.

**caballerosidad** *s. f.* Educación y comportamiento propios de un caballero: *Ceder el asiento es una muestra de caballerosidad.*
**ANT.** Grosería.

**caballeroso, sa** *adj.* Noble, generoso, amable: *Fue muy caballeroso al perdonar a su amigo el dinero que le debía.*
**ANT.** Grosero, desconsiderado.

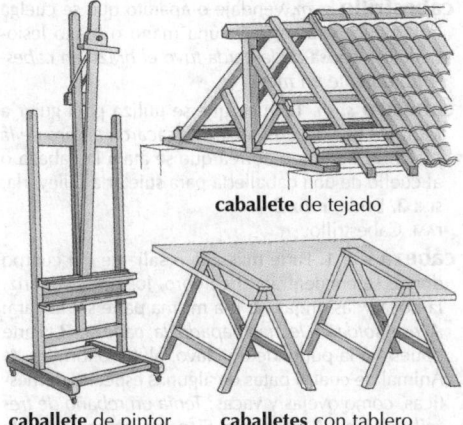

**caballete** de tejado

**caballete** de pintor     **caballetes** con tablero

**caballete** *s. m.* **1.** Soporte utilizado por los pintores para colocar el lienzo sobre el que van a pintar. **2.** Soporte en forma de V al revés. **3.** Curva que suele tener la nariz en el medio. **4.** Borde donde se unen por arriba las dos partes inclinadas de un tejado.

**caballista** *s. m.* y *f.* Persona que entiende de caballos y sabe montar bien en ellos.

**caballito** *s. m.* **1.** Caballo pequeño. ‖ *s. m. pl.* **2.** Tiovivo: *Lo que más me gusta de la verbena es montar en los caballitos.*

**EXPR. caballito de mar** Busca **hipocampo. caballito del diablo** Busca **libélula.**

**SIN. 2.** Carrusel.

**caballo** *s. m.* **1.** Animal de cuatro patas, de bastante altura. Tiene la cabeza alargada, orejas pequeñas, cerdas fuertes en el cuello y en la cola y las patas terminadas en pezuñas. Es un mamífero que se alimenta de hierba. **2.** Naipe de la baraja que repre-

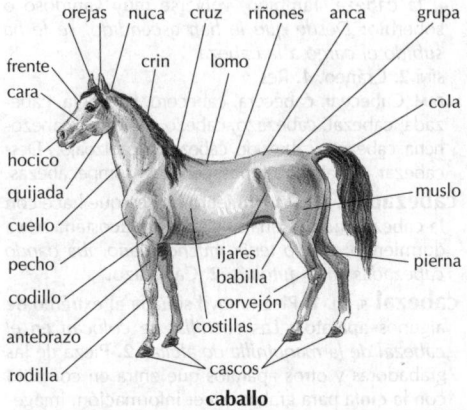

**caballo**

senta a un caballo con su jinete: *el caballo de bastos.* **3.** Pieza en forma de caballo del juego de ajedrez. **4.** Aparato de gimnasia parecido al potro, pero más alargado y terminado en punta en uno de sus extremos. **5.** En el lenguaje de la droga, heroína, droga que se saca del opio.

**EXPR. caballo de batalla** Dificultad con que tropieza alguien muchas veces o cosa sobre la que a menudo se discute: *El caballo de batalla de Raúl son las matemáticas.* ‖ **a caballo** Montado a caballo: *Dio un paseo a caballo por la sierra.* También, entre una cosa y otra: *Ese pueblo está a caballo entre Toledo y Ciudad Real.*

**FAM.** Cabalgar, caballa, caballar, caballería, caballeriza, caballero, caballete, caballista, caballito, caballón. / Matacaballo.

**caballón** *s. m.* Montículo alargado de tierra, como el que queda entre los surcos de un campo arado.

**cabaña** *s. f.* **1.** Casa pequeña que se hace en el campo con palos, cañas o ramas. **2.** Conjunto de cabezas de ganado de una misma clase o de una misma región.

**SIN. 1.** Choza, chamizo.

**cabaré** o **cabaret** *s. m.* Local de diversión, especialmente nocturno, donde el público puede beber, bailar y ver algunos espectáculos. ■ *Cabaret* es una palabra francesa. Su plural es *cabarets.*

**FAM.** Cabaretero.

**cabaretero, ra** *adj.* **1.** Relacionado con el cabaret. ‖ *s. m.* y *f.* **2.** Artista que trabaja en un cabaret: *La cabaretera salió a escena adornada con plumas y lentejuelas.*

**cabás** *s. m.* Caja o baúl pequeño que usan los niños para llevar el bocadillo y otras cosas al colegio.

**cabe** *prep.* Cerca de, junto a. ■ Es de uso antiguo.

**cabecear** *v.* **1.** Mover la cabeza: *El caballo cabeceó cuando el jinete intentó montarlo.* **2.** Dar cabezadas hacia el pecho alguien que se está durmiendo. **3.** En fútbol, dar al balón con la cabeza: *El jugador cabeceó el balón para intentar meter un gol.* **4.** Moverse una embarcación levantando primero la proa y luego la popa.

**cabecera** *s. f.* **1.** Parte de la cama donde se coloca la almohada. **2.** Parte de arriba de la portada de un periódico que indica su nombre, la fecha y otros datos. **3.** Principio, punto de partida: *Siguieron el río hasta llegar a su cabecera. Cogió el autobús en la cabecera de la línea.* **4.** Parte o lugar principal: *El director se sentó en la cabecera de la mesa.*

**SIN. 3.** Comienzo, inicio; nacimiento. **ANT. 1.** Pies. **3.** Final, término.

**cabecero** *s. m.* Pieza que puede tener una cama por la parte donde descansa la cabeza.

**cabecilla** *s. m.* y *f.* Persona que está al frente de un grupo, banda o sublevación.

**SIN.** Jefe, líder, caudillo, capitán.

**cabellera** *s. f.* **1.** Conjunto de cabellos, sobre todo cuando son largos y abundantes. **2.** Cola luminosa de un cometa.

SIN. **1.** Pelo, melena.

**cabello** *s. m.* **1.** Conjunto de pelos de la cabeza de una persona: *Llamaba la atención por su cabello pelirrojo.* **2.** Cada uno de estos pelos.

EXPR. **cabello de ángel** Dulce de calabaza y almíbar en forma de hebras.

SIN. **1.** Cabellera, pelambrera.

FAM. Cabellera, cabelludo. / Descabellar.

**cabelludo** Se usa en la expresión **cuero cabelludo**, que es la zona de la cabeza en donde nace el pelo.

**caber** *v.* **1.** Tener una cosa espacio suficiente para contener algo dentro de ella: *En la cartera todavía cabe un libro más.* **2.** Poder pasar por alguna parte: *Este sillón cabe por la puerta.* **3.** Tocar, corresponder: *Me cabe el honor de entregar la medalla del premio al ganador.* **4.** Ser posible: *Todavía no me ha llamado, pero aún cabe que lo haga.* ■ Es un verbo irregular.

SIN. **1.** Coger.

FAM. Cabida. / Cupo.

**cabestrante** *s. m.* Busca **cabrestante**.

| CABER | |
|---|---|
| **INDICATIVO** | |
| **Presente** | **Pretérito perfecto simple** |
| quepo | cupe |
| cabes | cupiste |
| cabe | cupo |
| cabemos | cupimos |
| cabéis | cupisteis |
| caben | cupieron |
| **Futuro** | **Condicional** |
| cabré | cabría |
| cabrás | cabrías |
| cabrá | cabría |
| cabremos | cabríamos |
| cabréis | cabríais |
| cabrán | cabrían |
| **SUBJUNTIVO** | |
| **Presente** | **Pretérito imperfecto** |
| quepa | cupiera, -ese |
| quepas | cupieras, -eses |
| quepa | cupiera, -ese |
| quepamos | cupiéramos, -ésemos |
| quepáis | cupierais, -eseis |
| quepan | cupieran, -esen |
| **Futuro** | |
| cupiere | cupiéremos |
| cupieres | cupiereis |
| cupiere | cupieren |

**cabestrillo** *s. m.* Vendaje o aparato que se cuelga del cuello para sostener una mano o brazo lesionados: *A causa de la caída tuvo el brazo en cabestrillo durante un mes.*

**cabestro** *s. m.* **1.** Buey que se utiliza para guiar a los toros bravos: *Los cabestros sacaron al toro de la plaza.* **2.** Cuerda o correa que se ata a la cabeza o al cuello de una caballería para sujetarla o llevarla.

SIN. **2.** Brida, ronzal.

FAM. Cabestrillo.

**cabeza** *s. f.* **1.** Parte más alta o saliente del cuerpo donde se encuentran el cerebro, los ojos, la nariz, la boca y las orejas. **2.** Esa misma parte sin la cara: *A ese soldado le han rapado la cabeza.* **3.** Parte opuesta a la punta de un clavo, alfiler o tornillo. **4.** Animal de cuatro patas de algunas especies domésticas, como ovejas y vacas: *Tenía un rebaño de tres mil cabezas.* **5.** Persona: *Si compramos el regalo entre todos, tocamos a seis euros por cabeza.* **6.** Inteligencia, talento: *Haz las cosas con la cabeza, no seas alocado.*

EXPR. **cabeza de ajo** o **de ajos** Conjunto de ajos unidos entre sí que forman el bulbo. **cabeza de chorlito** Persona atolondrada y poco responsable. **cabeza de familia** Persona a la que se considera el jefe de familia, normalmente el padre. **cabeza de partido** Ciudad en donde se resuelven los asuntos judiciales de todo un territorio. **cabeza de turco** Persona a la que se le echa la culpa de algo sin razón, para no tener que seguir buscando al culpable. **cabeza rapada** Busca **rapado**. ‖ **a la cabeza** o **en cabeza** Delante, en la primera posición: *El atleta español va en cabeza de la carrera.* **de cabeza** Con verbos como *andar*, *estar* o *ir*, tener mucho trabajo o muchas preocupaciones: *Como va a mudarse de piso, últimamente anda de cabeza.* **levantar cabeza** Salir de una mala situación. **mal de la cabeza** Loco o trastornado. **subírsele** a uno algo **a la cabeza** Marearle una bebida alcohólica: *No puede beber vino porque enseguida se le sube a la cabeza.* También, volverse muy vanidoso o soberbio: *Desde que le han ascendido, se le ha subido el cargo a la cabeza.*

SIN. **2.** Cráneo. **4.** Res.

FAM. Cabecear, cabecera, cabecero, cabecilla, cabezada, cabezal, cabezazo, cabezo, cabezón, cabezonería, cabezota, cabezudo, cabezuela, cabizbajo. / Descabezar, encabezar, reposacabezas, rompecabezas.

**cabezada** *s. f.* **1.** Movimiento brusco que hace con la cabeza una persona que sin estar acostada se va durmiendo: *Como tenía mucho sueño, iba dando cabezadas en el autobús.* **2.** Cabezazo.

**cabezal** *s. m.* **1.** Pieza móvil situada al extremo de algunos aparatos: *Las cuchillas se colocan en el cabezal de la maquinilla de afeitar.* **2.** Pieza de las grabadoras y otros aparatos que entra en contacto con la cinta para grabar o leer información, imágenes o sonido: *El vídeo funciona mal porque tiene sucios los cabezales.* **3.** Cabecero de la cama. **4.** Almohada pequeña.

**cabezazo** *s. m.* **1.** Golpe dado con la cabeza. **2.** Golpe que se recibe en ella: *Iba tan distraído que se dio un cabezazo contra el armario.*
SIN. **1.** y **2.** Cabezada.

**cabezo** *s. m.* Monte aislado o cumbre de una montaña.

**cabezón, na** *adj.* y *s. m.* y *f.* **1.** Persona con la cabeza grande. **2.** Cabezota, terco: *No seas tan cabezón y escucha lo que te digo.*
SIN. **1.** y **2.** Cabezudo. **2.** Testarudo.

**cabezonería** *s. f.* Acción propia de una persona cabezota o terca: *Es una cabezonería que te empeñes en no comer fruta.*
SIN. Terquedad, obstinación.

**cabezota** *s. f.* **1.** Cabeza grande. || *adj.* y *s. m.* y *f.* **2.** Persona terca, a la que es muy difícil hacer cambiar de opinión.
SIN. **1.** y **2.** Cabezón. **2.** Testarudo, obstinado, tozudo.

**cabezudo, da** *adj.* y *s. m.* y *f.* **1.** Cabezón. || *s. m.* **2.** Persona disfrazada con una cabeza muy grande de cartón: *En las fiestas del pueblo hay un desfile de gigantes y cabezudos.*
SIN. **1.** Cabezota, terco, testarudo.

**cabezuela** *s. f.* Conjunto de flores que crecen juntas en la misma cavidad: *La margarita tiene sus flores reunidas en cabezuelas.*

**cabida** *s. f.* Espacio que tiene una cosa para contener a otra: *La botella tiene cabida para dos litros.*
SIN. Capacidad, aforo.

**cabildo** *s. m.* **1.** Conjunto de sacerdotes que tienen algún cargo en una catedral. **2.** Grupo formado por el alcalde y los concejales de un municipio.
SIN. **2.** Ayuntamiento, concejo.

**cabina** *s. f.* **1.** Lugar pequeño y que suele estar cerrado donde hay un teléfono para uso del público: *No pude llamarte porque no encontré ninguna cabina*

**cabina** de teléfono

**cabina** de teleférico

**cabina** de playa

*cerca.* **2.** Espacio pequeño y cerrado para diversos usos, por ejemplo las cabinas de los teleféricos o las que hay en piscinas y playas para cambiarse de ropa. **3.** Sitio donde va el conductor o piloto en un camión, avión u otro vehículo. **4.** En cines, salas de conferencia y otros lugares, cuarto donde están los aparatos de proyección y de sonido.
FAM. Telecabina.

**cabizbajo, ja** *adj.* Se dice del que va con la cabeza baja porque está triste o preocupado: *Está cabizbajo porque su padre le ha castigado.*
SIN. Apesadumbrado, abatido.

**cable** *s. m.* **1.** Hilo metálico protegido por una cubierta de plástico que se emplea para conducir la electricidad. **2.** Cuerda muy gruesa hecha de fibras vegetales o de hilos metálicos que sirve para soportar grandes pesos, por ejemplo el cable del ancla, del ascensor o de un teleférico. **3.** Ayuda: *Me echó un cable para conseguir trabajo.*
SIN. **2.** Soga, maroma, cabo. **3.** Mano.
FAM. Cableado, cablear, cablegrama.

**cableado** *s. m.* **1.** Acción de cablear: *Los electricistas hicieron el cableado de la oficina.* **2.** Conjunto de cables de un aparato o de un sistema eléctrico: *El ordenador tiene una avería en el cableado.*

**cablear** *v.* Colocar cables: *La compañía telefónica ha cableado el edificio.*

**cablegrama** *s. m.* Telegrama transmitido por un cable submarino.

**cabo** *s. m.* **1.** Saliente de la costa que se mete en el mar. **2.** Extremo, punta: *No sueltes el cabo de la cuerda.* **3.** Parte pequeña que queda de algo: *Sólo tenemos un cabo de vela para alumbrarnos.* **4.** Cuerda, sobre todo la que se usa en los barcos. || *s. m.* y *f.* **5.** En el ejército, grado militar por encima del de soldado.
EXPR. **al cabo de** Después de: *Volví a ver a Gonzalo al cabo de dos años.* **al fin y al cabo** Se usa para quitarle importancia a algo: *No te enfades, al fin y al cabo sólo fue una broma.* **de cabo a rabo** De principio a fin: *He leído la novela de cabo a rabo.* **estar** alguien **al cabo de la calle** Estar perfectamente enterado. **llevar a cabo** Realizar.
SIN. **4.** Maroma, soga. ANT. **1.** Golfo.
FAM. Cabotaje.

**cabotaje** *s. m.* Navegación que se realiza entre los puertos de una misma nación sin perder de vista la costa.

**cabra** *s. f.* Mamífero rumiante doméstico, de cuerpo ágil, con cuernos curvados hacia atrás, pelo fuerte y cola corta. A veces, los machos tienen un mechón de pelo debajo de la mandíbula. (Puedes ver su ilustración en la página siguiente).
EXPR. **estar como una cabra** Estar chiflado.
FAM. Cabrear, cabrero, cabrío, cabriola, cabritilla, cabrito, cabrón. / Capricornio, caprino, encabritarse.

**cabracho** *s. m.* Pez marino de color rojizo que tiene la cabeza grande y espinas venenosas en la aleta dorsal. Es comestible. Se llama también *escorpena* o *escorpina*.

**cabrales** *s. m.* Queso asturiano de sabor muy fuerte hecho con leche de vaca, oveja y cabra y curado en cuevas. ■ No varía en plural.

**cabrear** *v.* Enfadar, poner de mal humor. ■ Es una palabra vulgar.
FAM. Cabreo.

**cabreo** *s. m.* Enfado muy grande. ■ Es una palabra vulgar.
SIN. Mosqueo, irritación.

**cabrero, ra** *s. m. y f.* Pastor de cabras.

**cabrestante** *s. m.* Torno de eje vertical que se usa para mover grandes pesos. ■ Se dice también *cabestrante*.

**cabrío, a** *adj.* De las cabras o relacionado con ellas: *macho cabrío*.
SIN. Caprino.

**cabriola** *s. f.* Salto, pirueta o voltereta que da en el aire una persona o animal.

**cabriolé** *s. m.* **1.** Coche de caballos ligero y descubierto. **2.** Automóvil descapotable.

**cabritilla** *s. f.* Piel curtida de una res pequeña, por ejemplo de cabrito o de cordero.

**cabrito, ta** *adj. y s. m. y f.* **1.** Cabrón, persona que hace malas pasadas. ■ Con este significado es una palabra vulgar. **2.** Choto, cría de la cabra hasta que deja de mamar.

**cabrón, na** *adj. y s. m. y f.* **1.** Persona que fastidia o perjudica a los demás con mala intención. ‖ *adj. y s. m.* **2.** Hombre al que su mujer le es infiel. ‖ *s. m.* **3.** Macho de la cabra. ■ Con los significados **1** y **2** es una palabra vulgar.
FAM. Cabronada. / Encabronar.

**cabronada** *s. f.* Cosa o acción que perjudica o molesta. ■ Es una palabra vulgar.
SIN. Faena, cerdada, marranada.

**caca** *s. f.* **1.** Excremento. **2.** Palabra que se dice a los niños para indicar una cosa sucia: *No chupes esa piedra; es caca*.

**cacahuete** *s. m.* **1.** Planta que procede de América; su tallo se arrastra por el suelo y se introduce en la tierra para que madure el fruto. **2.** Fruto de esta planta, formado por una cáscara poco dura y, dentro de ella, unas semillas que se comen tostadas. De estas semillas se saca un tipo de aceite.
SIN. **1.** y **2.** Maní.

**cacao¹** *s. m.* **1.** Árbol tropical que da como fruto una vaina con muchas semillas que se emplean para hacer chocolate. **2.** Polvo que se obtiene triturando las semillas de esta planta y se toma disuelto en agua o en leche. **3.** Barrita hecha con manteca de cacao para darse en los labios resecos o cortados.

**cacao²** *s. m.* Jaleo, follón: *¡Menudo cacao se armó cuando dijeron que ya no había entradas!*
SIN. Lío, barullo, embrollo.

**cacarear** *v.* Cantar con sonidos repetidos el gallo o la gallina.

**cacatúa** *s. f.* Ave de pico fuerte y muy encorvado, con el plumaje blanco y un penacho de plumas en la cabeza, que puede aprender a decir palabras.

**cacereño, ña** *adj. y s. m. y f.* De Cáceres, ciudad y provincia de España.

**cacería** *s. f.* Excursión para cazar.

**cacerola** *s. f.* Recipiente de metal, más ancho que alto, con dos asas, que se emplea para guisar.

**cacha** *s. f.* **1.** Cada una de las dos piezas que cubren el mango de una navaja, de un cuchillo o de algunas armas de fuego. ‖ **cachas** *adj. y s. m. y f.* **2.** Persona fuerte, musculosa: *Está cachas desde que va al gimnasio.* ■ Con este significado no varía en plural.
FAM. Cachaza, cachete.

**cachalote** *s. m.* Especie de ballena de cabeza muy grande, de la que se obtiene una gran cantidad de grasa; vive en mares templados y tropicales.

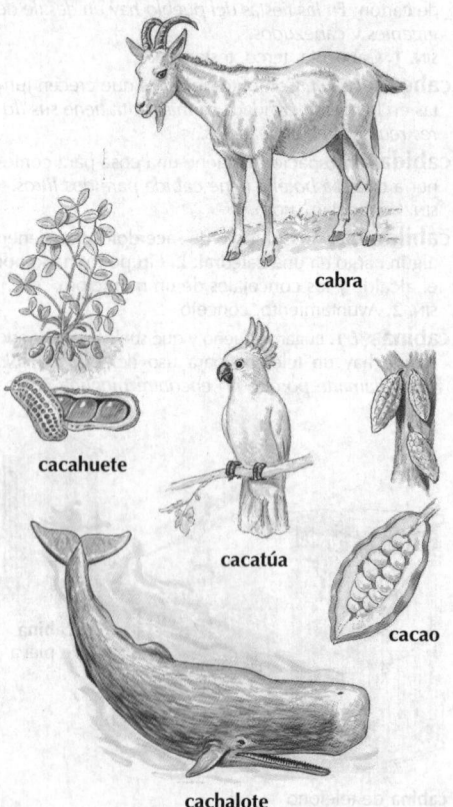

cabra

cacahuete

cacatúa

cacao

cachalote

**cacharrazo** *s. m.* Golpe fuerte: *El coche patinó y nos dimos un cacharrazo contra un árbol.*

**cacharrería** *s. f.* Tienda en la que se venden cacharros para la cocina o la mesa.

**cacharro** *s. m.* **1.** Recipiente, sobre todo para la cocina: *Después de comer hay que fregar los cacharros.* **2.** Aparato o máquina viejos o que funcionan mal: *Te regalaré un reloj nuevo, porque el que tienes está hecho un cacharro.* **3.** Objeto inútil. SIN. **2.** y **3.** Trasto, cachivache. FAM. Cacharrazo, cacharrería. / Descacharrar, escacharrar.

**cachava** *s. f.* Bastón curvado por la parte de arriba. SIN. Cayado.

**cachaza** *s. f.* Excesiva tranquilidad: *¡Qué cachaza tiene! Están llamando a la puerta y no se mueve.* SIN. Pachorra, parsimonia, flema. FAM. Cachazudo.

**cachazudo, da** *adj.* Que se comporta con demasiada calma, lentitud y tranquilidad. SIN. Flemático, calmoso. ANT. Nervioso, inquieto.

**caché** *s. m.* **1.** Distinción, prestigio, elegancia: *Este hotel tiene un caché inigualable en la ciudad.* **2.** Dinero que cobra un artista por su trabajo: *El caché del actor se duplicó después de ganar el premio.* ‖ *adj.* **3.** En informática, se dice de la memoria rápida que almacena de forma provisional la última información leída.

**cachear** *v.* Registrar a alguien que parece sospechoso para ver si lleva armas u otras cosas que quiere ocultar. FAM. Cacheo.

**cachelos** *s. m. pl.* Nombre que se da en Galicia a los trozos de patata cocida que se sirven acompañando algunos platos.

**cachemir** o **cachemira** *s. m.* o *f.* Tejido muy fino y suave que se fabrica con pelo de cierta cabra o con lana de oveja merina.

**cacheo** *s. m.* Acción de cachear.

**cachetada** *s. f.* Bofetada.

**cachete** *s. m.* **1.** Golpe con la mano abierta que una persona da a otra en la cara, en la cabeza o en el culo. **2.** Carrillo, sobre todo si es abultado. SIN. **1.** Sopapo, tortazo, bofetada, guantazo, torta. **2.** Moflete. FAM. Cachetada.

**cachimba** *s. f.* Pipa de fumar.

**cachiporra** *s. f.* Palo que termina en una bola o extremo abultado y sirve para pegar con él. SIN. Garrote, porra. FAM. Cachiporrazo.

**cachiporrazo** *s. m.* Golpe dado con una cachiporra o con otro objeto parecido.

**cachirulo** *s. m.* Pañuelo del traje regional aragonés que lleva el hombre anudado a la cabeza.

**cachivache** *s. m.* Trasto, utensilio inútil: *Guarda todos estos cachivaches en el desván.* SIN. Chisme, cacharro.

**cacho** *s. m.* Pedazo: *Dame un cacho de tarta.* SIN. Trozo, porción, fragmento. FAM. Cacharro, cachelos, cachivache.

**cachondearse** *v.* Reírse, burlarse. SIN. Pitorrearse, chotearse, guasearse.

**cachondeo** *s. m.* **1.** Burla: *¡Menudo cachondeo os traéis a costa de la forma de hablar de Paquito!* **2.** Juerga: *Alejandro se fue de cachondeo con sus amigos.* SIN. **1.** Pitorreo, choteo, guasa. **2.** Marcha, jarana, jolgorio.

**cachondo, da** *adj.* y *s. m.* y *f.* **1.** Se dice de la persona o cosa muy divertida. **2.** Excitado sexualmente. ■ Con este significado es una palabra vulgar. SIN. **1.** Gracioso, animado; juerguista. FAM. Cachondearse, cachondeo.

**cachorro, rra** *s. m.* y *f.* Cría del perro y otros animales mamíferos: *En el zoo vimos a una leona con sus cachorros.*

**cacicada** *s. f.* Acción injusta hecha por alguien que abusa de su poder: *Los ciudadanos denunciaron las cacicadas del alcalde.*

**cacillo** *s. m.* Cazo pequeño.

**cacique** *s. m.* Persona que manda en un pueblo o comarca aprovechándose de que tiene mucho poder o dinero. FAM. Cacicada, caciquismo.

**caciquismo** *s. m.* Comportamiento o influencia de los caciques.

**caco** *s. m.* Ladrón hábil. SIN. Chorizo, ratero.

**cacofonía** *s. f.* Repetición o unión de sonidos que resulta desagradable al oído, como la que se produce en *Juan y Ignacio* o en *la águila*, por lo que debe decirse *Juan e Ignacio* o *el águila*. ANT. Eufonía. FAM. Cacofónico.

**cacofónico, ca** *adj.* Que tiene cacofonía.

**cactus** o **cacto** *s. m.* Nombre de diversas plantas de distintos tamaños y formas. Suelen tener el tallo

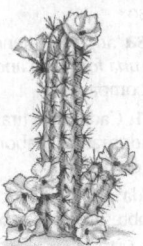

**cactus**

cubierto de espinas y pueden almacenar agua y vivir en lugares muy secos. ■ La palabra *cactus* no varía en plural.

**cacumen** *s. m.* Inteligencia: *Salen muy buenas ideas de su cacumen.*
SIN. Mollera, cabeza.

**cada** *distributivo* **1.** Indica uno por uno los elementos o veces en que se divide algo: *Cada dos horas me llama.* **2.** Señala una por una a todas las personas o cosas de las que se habla: *A cada amigo le hizo un regalo.* **3.** Destaca la palabra a la que acompaña: *¡Luisa tiene cada ocurrencia! Ayer entró en clase con los patines puestos.*

**cadalso** *s. m.* Tablado donde se ejecutaba a los condenados a muerte.
SIN. Patíbulo.

**cadáver** *s. m.* Cuerpo sin vida.
SIN. Difunto, muerto. ANT. Vivo.
FAM. Cadavérico.

**cadavérico, ca** *adj.* Propio de un cadáver o que tiene su aspecto.

**cadena** *s. f.* **1.** Conjunto de anillos o de otras piezas unidas unas con otras: *La cadena de oro me la regalaron por mi santo.* **2.** Conjunto de máquinas o instalaciones por las que va pasando un producto, por ejemplo un coche, en su fabricación o montaje: *una cadena de empaquetado.* **3.** Conjunto de establecimientos de la misma clase que pertenecen a una sola empresa: *una cadena de restaurantes.* **4.** Conjunto de emisoras de radio, de televisión o de periódicos que trabajan unidos. **5.** Canal de radio o de televisión: *Esa película la dan por la primera cadena.* **6.** Varios hechos o cosas unos detrás de otros: *El equipo cosechó una cadena de triunfos.* EXPR. **cadena de montañas** Cordillera. **cadena de música** o **cadena de sonido** Conjunto de aparatos para escuchar música. **cadena perpetua** La pena mayor de prisión.
FAM. Cadeneta. / Cubrecadena, encadenar, minicadena.

**cadencia** *s. f.* **1.** Repetición regular de movimientos o de sucesos: *la cadencia del galope del caballo, la cadencia de las estaciones.* **2.** Ritmo que caracteriza a una pieza musical. **3.** Distribución rítmica de los acentos y las pausas en el lenguaje: *la cadencia de un verso.*
FAM. Cadencioso.

**cadencioso, sa** *adj.* Que tiene cadencia o ritmo: *Esa chica tiene una forma de andar muy cadenciosa.*
SIN. Rítmico, acompasado.

**cadeneta** *s. f.* **1.** Cadena de tiras de papel de varios colores para adornar. **2.** Labor hecha con hilo o seda en forma de cadena.

**cadera** *s. f.* Cada una de las dos partes del cuerpo humano que sobresalen por debajo de la cintura.

**cadete** *s. m.* y *f.* **1.** Alumno de una academia militar. **2.** En algunos deportes, categoría inmediatamente anterior a la de juvenil, para la edad de catorce a quince años. **3.** En América del Sur, recadero o aprendiz de un comercio.

**cadi** *s. m.* Persona que lleva los palos de un jugador de golf.

**cadí** *s. m.* Juez musulmán. ■ Su plural es *cadís* o *cadíes.*

**caducar** *v.* **1.** Dejar de valer o de poder usarse una cosa, como un contrato o un carné. **2.** Dejar de poder tomarse un alimento envasado, un medicamento u otra cosa. ■ Delante de *e* se escribe *qu* en lugar de *c*: *Cuando te caduque el carné de la biblioteca no podrás sacar libros.*
SIN. **1.** Vencer.

**caducidad** *s. f.* Hecho de caducar algo, por ejemplo un contrato, un carné o un alimento: *Mira la fecha de caducidad de la leche.*

**caducifolio, lia** *adj.* Se dice de los árboles y las plantas a los que se les caen las hojas.

**caduco, ca** *adj.* **1.** Se dice de las hojas que se caen de las plantas en el otoño. **2.** Se dice de las personas que cuando envejecen van perdiendo su fuerza, memoria u otras capacidades. **3.** Anticuado: *No evoluciona, sus ideas siguen siendo caducas.*
SIN. **2.** Envejecido. **3.** Pasado, desfasado. ANT. **1.** Perenne. **3.** Actual, moderno.
FAM. Caducar, caducidad, caducifolio.

**caer** *v.* **1.** Moverse un cuerpo de arriba abajo por su peso. **2.** Ir a parar al suelo: *Ernesto se cayó, pero no se hizo nada.* **3.** Desprenderse, soltarse: *A Cristina se le están cayendo los dientes de leche. Ese pendiente se te va a caer si no lo sujetas bien.* **4.** Recordar, entender: *Ya caigo, tú eres un compañero de cuarto curso, te sentabas en las primeras filas. Ya caigo, tengo que hacer una división para resolver este problema.* **5.** Estar situado: *Esa discoteca cae por el centro de la ciudad.* **6.** Ocurrir o suceder algo en una fecha: *La final del torneo cae por el mes de mayo.* **7.** Encontrarse, ponerse: *Se cuidaba muy poco y ha caído enferma.* **8.** Quedar atrapado: *El jabalí cayó en la trampa.* **9.** Morir: *Cayó en el campo de batalla.* **10.** Dejar de ser o existir, desaparecer; por ejemplo, un gobierno o un imperio. **11.** Sentar bien o mal: *Comí muchos dulces y me cayeron mal.* **12.** Resultar, parecer: *Tu amiga Paloma me cae simpática, tiene un humor fabuloso.* **13.** Tocar: *Le cayó el primer premio de la lotería. En el examen nos cayeron los dos últimos temas.* ■ Es un verbo irregular.
EXPR. **estar al caer** Faltar muy poco tiempo para algo: *Tu cumpleaños está al caer. Todavía no ha venido Pili, pero está al caer.*
SIN. **1.** y **2.** Desplomarse. **4.** Acordarse; comprender, percatarse. **9.** Fallecer. **9.** y **10.** Sucumbir. ANT. **1.** y **2.** Levantarse, sostenerse. **4.** Olvidar. **10.** Perdurar.

| C A E R |
| --- |

| GERUNDIO |
| --- |
| *cayendo* |

| INDICATIVO | |
| --- | --- |
| **Presente** | **Pretérito perfecto simple** |
| *caigo* | *caí* |
| *caes* | *caíste* |
| *cae* | *cayó* |
| *caemos* | *caímos* |
| *caéis* | *caísteis* |
| *caen* | *cayeron* |

| SUBJUNTIVO | |
| --- | --- |
| **Presente** | **Pretérito imperfecto** |
| *caiga* | *cayera, -ese* |
| *caigas* | *cayeras, -eses* |
| *caiga* | *cayera, -ese* |
| *caigamos* | *cayéramos, -ésemos* |
| *caigáis* | *cayerais, -eseis* |
| *caigan* | *cayeran, -esen* |

| Futuro | |
| --- | --- |
| *cayere* | *cayéremos* |
| *cayeres* | *cayereis* |
| *cayere* | *cayeren* |

**FAM.** Caída, caído. / Alicaído, decaer, paracaídas, recaer.

**café** *s. m.* **1.** Arbusto también llamado *cafeto: una plantación de café.* **2.** Semilla de este arbusto. **3.** Bebida que se hace con estas semillas tostadas y molidas. **4.** Establecimiento público con mesas para sentarse donde se toma esa bebida y otras. **EXPR. buen** o **mal café** Buen o mal humor: *El constipado le ha puesto de mal café.* **FAM.** Cafeína, cafetal, cafetera, cafetería, cafetero, cafeto. / Nescafé.

**cafeína** *s. f.* Sustancia contenida en bebidas como el café o el té. **FAM.** Descafeinado.

**cafetal** *s. m.* Terreno en el que se cultiva café.

**cafetera** *s. f.* **1.** Recipiente o máquina utilizada para hacer café. **2.** Vasija en que se sirve esta bebida. **3.** Vehículo o aparato viejo y en mal estado.

**cafetería** *s. f.* Establecimiento público al que la gente va a tomar café y otras bebidas y en el que también suelen servirse bollos, bocadillos, aperitivos o comidas.

**cafetero, ra** *adj.* **1.** Del café o relacionado con él. || *adj. y s. m. y f.* **2.** Persona a la que le gusta mucho tomar café. || *s. m. y f.* **3.** Persona que trabaja en una plantación de café o en la venta del café.

**cafeto** *s. m.* Arbusto que tiene flores blancas con olor parecido al del jazmín; su fruto, pequeño, car-

noso y de color rojo, contiene dos semillas que se tuestan y muelen para obtener el café.

**cafre** *adj. y s. m. y f.* **1.** Habitante de la parte oriental de África del Sur. **2.** Sin modales, muy bruto: *Ya está ahí el cafre de José Antonio dando voces.* **SIN.** **2.** Animal, bestia, rudo.

**cagada** *s. f.* **1.** Lo que se expulsa cada vez que se hace caca. **2.** Cosa mal hecha.

**cagado, da** *adj. y s. m. y f.* Persona que está acobardada o tiene miedo a algo: *David está cagado porque le pillaron copiando en el examen.* **SIN.** Miedica, cagueta.

**cagajón** *s. m.* Bola de excremento de los caballos. **SIN.** Boñiga, boñigo.

**cagalera** *s. f.* Diarrea.

**cagaprisas** *adj. y s. m. y f.* Persona que siempre tiene prisa o que mete prisa a los demás: *No seas cagaprisas y siéntate, que tenemos tiempo de sobra.* ■ No varía en plural.

**cagar** *v.* **1.** Hacer caca. || **cagarse 2.** Tener miedo: *Se caga cada vez que le llama el director.* **3.** Se utiliza para insultar o expresar desprecio: *Se enfadó y se cagó en todo bicho viviente.* ■ Delante de *e* se escribe *gu* en lugar de *g: cagué.* **EXPR. cagarla** Estropear algo o meter la pata. **SIN.** **1.** Evacuar, defecar. **3.** Ciscarse. **FAM.** Cagada, cagado, cagajón, cagalera, cagarruta, cagón, cagueta. / Escagarruzarse.

**cagarruta** *s. f.* Caca pequeña de algunos animales, por ejemplo de las cabras.

**cagón, na** *adj. y s. m. y f.* **1.** Que caga con frecuencia. **2.** Cobarde, miedoso: *No seas cagón y tírate del trampolín.*

**cagueta** *adj. y s. m. y f.* Persona miedosa, que se acobarda: *No seas cagueta; ese perro no hace nada.* **SIN.** Cagón, cagado, miedica. **ANT.** Valiente.

**caíd** *s. m.* En algunos países musulmanes, especie de juez o gobernador. ■ Es una palabra árabe.

**caída** *s. f.* **1.** Acción de caer o caerse: *María sufrió una caída con la bicicleta por ir muy deprisa.* **2.** Pendiente o inclinación de alguna cosa: *La montaña*

**cafetera**
**eléctrica**

**cafeto**

tiene una fuerte caída. **3.** Salto de agua. **4.** Modo de plegarse o caer una tela o una prenda de vestir: *Este tejido tiene muy buena caída.*

**caído, da** *adj.* **1.** Que se ha soltado o desprendido: *Cosió los botones caídos.* **2.** Débil, sin fuerzas: *A causa del calor está muy caído.* **3.** Se dice de la persona o animal que tiene inclinada una parte del cuerpo: *Felipe es algo caído de hombros.* ‖ *adj.* y *s. m. pl.* **4.** Persona muerta en la guerra o en la defensa de una causa.

**SIN. 2.** Decaído, abatido, flojo, desfallecido. **ANT. 2.** Animoso, lozano.

**caimán** *s. m.* Reptil americano que se parece al cocodrilo, pero es algo más pequeño.
**SIN.** Aligátor.

**caimán**

**Caín** *n. p.* Nombre de uno de los hijos de Adán; se usa en la expresión **pasar las de Caín**, que significa 'sufrir grandes apuros y dificultades': *Pasó las de Caín para aprobar el curso.*

**cairota** *adj.* y *s. m.* y *f.* De El Cairo, capital de Egipto.

**caja** *s. f.* **1.** Pieza hueca de distintas formas y materiales que sirve para guardar cosas; suele tener tapa: *una caja de galletas.* **2.** Lugar donde se paga y se cobra, por ejemplo en un comercio o banco. **3.** Máquina que tienen los comercios para guardar, sumar y apuntar el dinero que cobran. Se llama también *caja registradora.* **4.** Parte hueca de madera de algunos instrumentos musicales como la guitarra, donde resuena el sonido. **5.** Ataúd.
**EXPR. caja de ahorros** Establecimiento parecido a un banco donde pueden dejar su dinero las personas, y que dedica sus beneficios sobre todo a obras sociales. **caja de caudales** o **caja fuerte** Caja o mueble, normalmente de acero y con una cerradura o un mecanismo de seguridad, para guardar dinero, joyas y otros objetos de valor. **caja negra** Aparato en que queda grabado lo que ocurre durante el vuelo de un avión o la navegación de un barco y que, en caso de accidente, sirve para conocer las causas. **caja tonta** La televisión.
**SIN. 5.** Féretro.
**FAM.** Cajero, cajetilla, cajetín, cajista, cajón, cajuela. / Encajar.

**cajero, ra** *s. m.* y *f.* Persona que se ocupa de la caja en un comercio, en un banco o en otro establecimiento.

**EXPR. cajero automático** Máquina que tienen los bancos y cajas de ahorros para que los clientes puedan sacar dinero de sus cuentas mediante una tarjeta.

**cajetilla** *s. f.* Paquete de cigarrillos.

**cajetín** *s. m.* **1.** Objeto o espacio con forma de caja pequeña: *El cobrador lleva el cambio en el cajetín. El electricista puso un cajetín para la llave de la luz.* **2.** Parte de los teléfonos públicos y otras máquinas donde se almacenan las monedas que se van echando.

**cajista** *s. m.* y *f.* Empleado de una imprenta que compone y ajusta los textos para poder imprimirlos.

**cajón** *s. m.* **1.** Compartimiento independiente de un mueble, que se puede meter y sacar del hueco en que va encajado: *En el primer cajón del armario tengo guardados los calcetines.* **2.** Caja de gran tamaño, hecha casi siempre de madera: *un cajón de manzanas.*
**FAM.** Cajonera. / Encajonar.

**cajonera** *s. f.* **1.** Compartimiento que hay debajo de las mesas de los escolares para que cada niño guarde sus libros, cuadernos u otros materiales que usa en el colegio. **2.** Mueble formado solamente por cajones o conjunto de cajones de un mueble.

**cajuela** *s. f.* En Hispanomérica, portaequipajes de un automóvil.

**cal** *s. f.* Sustancia blanca, ligera y alcalina; tiene diversos usos, por ejemplo se emplea para la fabricación de cementos.
**EXPR. a cal y canto** Se dice de las casas, puertas y ventanas cuando están cerradas totalmente. **una de cal y otra de arena** Una cosa buena seguida de otra mala.
**FAM.** Calcáreo, calcificarse, calcinar, calcio, calcita, caliza, calizo. / Encalar.

**cala¹** *s. f.* Acción de calar un melón u otras frutas parecidas.

**cala²** *s. f.* Bahía pequeña.
**FAM.** Caleta.

**cala³** *s. f.* Peseta.
**SIN.** Pela.

**calabacín** *s. m.* Fruto de huerta de forma alargada y cilíndrica, con la carne blanca y la corteza verde. Es una variedad de la calabaza.

**calabacín**          **calabaza**

**calabaza** *s. f.* **1.** Fruto de gran tamaño, con forma redondeada y muchas pipas o semillas dentro. **2.** Nombre de la planta de este fruto, llamada también *calabacera*, de tallos tendidos por el suelo, hojas anchas de forma circular y flores blancas. **3.** Suspenso: *Cuando recogió las notas, se encontró con tres calabazas.*

**EXPR. dar calabazas** a alguien Rechazarle cuando pretende conquistarnos.

**SIN. 3.** Cate.

**FAM.** Calabacín.

**calabobos** *s. m.* Lluvia fina que acaba mojándonos. ■ No varía en plural.

**SIN.** Llovizna.

**calabozo** *s. m.* Celda o lugar donde se encierra a presos o arrestados.

**calabrés, sa** *adj. y s. m. y f.* De Calabria, región del sur de Italia.

**calaca** *s. f.* En México, esqueleto; se usa sobre todo para referirse a la muerte.

**calada** *s. f.* Chupada que se da a un cigarro.

**caladero** *s. m.* Lugar del mar en el que abunda la pesca.

**calado, da** *adj.* **1.** Mojado, empapado: *Estaba lloviendo mucho y me he puesto calado.* **2.** Que tiene agujeros o aberturas: *Se ha comprado un jersey calado.* || *s. m.* **3.** Labor que se hace con la aguja, sacando y atando hilos en una tela. **4.** Conjunto de agujeros que se van dejando como adorno en las prendas de punto. **5.** Acción de calarse un motor. **6.** Profundidad de las aguas: *Ese puerto tiene poco calado.* **7.** Profundidad que alcanza la parte de un buque sumergida en el agua.

**calafatear** *v.* Cerrar con estopa y brea las uniones de las maderas de los barcos para que no entre el agua.

**calagurritano, na** *adj. y s. m. y f.* De Calahorra, ciudad de La Rioja.

**calamar** *s. m.* Molusco con el cuerpo algo alargado y tentáculos que tienen unas ventosas con las que se sujeta a las rocas. Para defenderse y ocultarse expulsa un líquido negro llamado *tinta*. Es comestible.

**calambre** *s. m.* **1.** Contracción involuntaria y dolorosa que se produce en los músculos y dura poco.

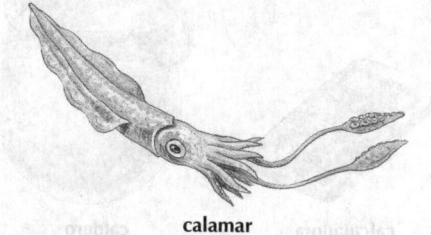

calamar

**2.** Sensación semejante producida al pasar corriente eléctrica por el cuerpo: *Como metas los dedos en el enchufe, te va a dar calambre.*

**calamidad** *s. f.* **1.** Desgracia: *En aquellos tiempos difíciles muchas familias pasaron calamidades.* **2.** Persona que es un desastre, que todo lo hace mal o tiene muy mala suerte: *Federico es una calamidad, siempre que monta en bici se cae.*

**SIN. 1.** Desdicha, adversidad. **2.** Inepto. **ANT. 1.** Dicha, fortuna.

**FAM.** Calamitoso.

**calamina** *s. f.* **1.** Mineral del que se extrae el cinc. **2.** Cinc fundido.

**calamitoso, sa** *adj.* Que causa calamidades o es una calamidad: *Éste ha sido un año calamitoso para la agricultura. La inundación ha dejado la zona en una situación calamitosa.*

**SIN.** Desastroso, catastrófico. **ANT.** Beneficioso.

**cálamo** *s. m.* En poesía, pluma para escribir.

**calandria** *s. f.* Pájaro parecido a la alondra, de alas anchas y pico grande, con el vientre blanquecino y el resto del plumaje pardo. Hace su nido en el suelo y tiene un canto fuerte y melodioso.

**calaña** *s. f.* Manera de ser de una persona mala: *No te juntes con gente de esa calaña.*

**SIN.** Condición, ralea.

**cálao** *s. m.* Ave grande con pico grueso sobre el que tiene una especie de cuerno. Vive en las regiones tropicales de África y Asia.

**calar** *v.* **1.** Mojar por completo una cosa al entrar un líquido a través de ella: *La lluvia ha calado por las esquinas del tejado. Como salgas con ese chaparrón, te vas a calar.* **2.** Cortar un trozo de fruta para probarla: *calar una sandía.* **3.** Atravesar un objeto de un lado a otro con algún instrumento, por ejemplo con una espada. **4.** Poner o ponerse un gorro o sombrero metiéndolo mucho en la cabeza: *Se caló la gorra hasta las orejas.* **5.** Darse cuenta de cómo es realmente una persona: *Le calé nada más verle: era un sinvergüenza.* || **calarse 6.** Pararse de pronto un motor: *Se le caló el coche en una cuesta.*

**SIN. 1.** Filtrarse, empapar. **1 y 3.** Traspasar.

**FAM.** Cala[1], calabobos, calada, caladero, calado. / Recalar.

**calasancio, cia** *adj. y s. m. y f.* Busca **escolapio**.

**calavera** *s. f.* **1.** Huesos de la cabeza unidos y sin la carne ni la piel. || *s. m.* **2.** Hombre juerguista, alocado y poco responsable.

**SIN. 1.** Cráneo. **2.** Tarambana, sinvergüenza.

**calcado, da** *adj.* **1.** Que es idéntico o se parece mucho: *Es calcado a su padre.* || *s. m.* **2.** Acción de calcar. **3.** Copia hecha con papel transparente.

**calcamonía** *s. f.* Busca **calcomanía**.

**calcañar** *s. m.* Parte de atrás de la planta del pie.

**SIN.** Talón.

**calcar** *v.* **1.** Copiar un dibujo o escrito en un papel transparente colocado encima, o también poniendo un papel carbón debajo: *Ese muñeco no lo has hecho tú, lo habrás calcado.* **2.** Copiar o imitar cualquier cosa: *Mi compañero me calcó el ejercicio que yo había hecho.* ■ Delante de *e* se escribe *qu* en lugar de *c*: *Calqué el dibujo.*
**SIN. 2.** Fusilar.
**FAM.** Calcado, calcamonía, calco, calcomanía. / Recalcar.

**calcáreo, a** *adj.* Que contiene cal: *rocas calcáreas.*

**calce** *s. m.* Objeto que sirve para calzar alguna cosa.
**SIN.** Alza, calzo.

**calceta** *s. f.* Tejido de punto.
**EXPR. hacer calceta** Hacer con dos agujas un tejido de punto.

**calcetín** *s. m.* Prenda ajustada que cubre el pie y llega hasta la mitad de la pantorrilla o hasta debajo de la rodilla.
**FAM.** Calceta.

**cálcico, ca** *adj.* Del calcio o que tiene calcio: *compuestos cálcicos.*

**calcificarse** *v.* Formarse calcio en algunos tejidos del cuerpo. Es normal cuando se produce en el tejido de los huesos y perjudicial cuando ocurre en otros órganos, como las arterias. ■ Delante de *e* se escribe *qu* en lugar de *c*: *calcifique.*
**ANT.** Descalcificarse.
**FAM.** Descalcificar, recalcificar.

**calcinar** *v.* Quemar: *El fuego calcinó el bosque.*
**SIN.** Abrasar, carbonizar.

**calcio** *s. m.* Elemento químico blanco y blando, muy abundante en la naturaleza. Se encuentra en los huesos, espinas y conchas, y en alimentos como la leche y las verduras. Es muy importante para el desarrollo del cuerpo humano.
**FAM.** Cálcico.

**calcita** *s. f.* Mineral formado por carbono y calcio, muy abundante en la naturaleza. De la calcita se obtienen, por ejemplo, la cal y el cemento, y se usa también en metalurgia y como abono.

**calco** *s. m.* **1.** Acción de calcar y copia que se hace calcando: *Ese dibujo es un calco del mío.* **2.** Papel que sirve para calcar, que también se llama *papel de calco.*

**calcografía** *s. f.* **1.** Técnica que consiste en estampar sobre una superficie un dibujo que se ha grabado antes en una plancha metálica. **2.** Imagen conseguida con esta técnica.

**calcomanía** *s. f.* Pegatina que se coloca mojando o rascando el papel al que está pegada. ■ Se dice también *calcamonía.*

**calculador, ra** *adj.* y *s. m.* y *f.* Que piensa mucho las cosas antes de hacerlas, en su propio interés.

**calculadora** *s. f.* Máquina que sirve para hacer operaciones matemáticas de cálculo.

**calcular** *v.* **1.** Hacer las operaciones matemáticas necesarias para hallar una cantidad u otra cosa: *Calcula cuánto es 25 por 670. Calcula el área de un triángulo.* **2.** Creer, imaginarse: *Calculo que terminaremos en una hora.*
**SIN. 2.** Suponer.
**FAM.** Calculador, calculadora, cálculo. / Incalculable.

**cálculo** *s. m.* **1.** Acción de calcular: *Estuvieron haciendo cálculos para saber cuánto les iba a costar el viaje. Según mis cálculos llegaremos al pueblo cuando amanezca.* **2.** Especie de piedrecita que se les forma a algunas personas en órganos como los riñones o la vesícula biliar. Puede producir molestias o dolores.
**SIN. 1.** Cuenta; suposición, estimación.

**caldear** *v.* Calentar: *El sol caldeó la habitación.*
**ANT.** Enfriar, refrescar.

**caldeo, a** *adj.* y *s. m.* y *f.* **1.** De Caldea, antigua región de Asia. || *s. m.* **2.** Idioma que se hablaba en esta región.

**caldera** *s. f.* **1.** Recipiente metálico cerrado donde se calienta agua, por ejemplo para la calefacción de una casa. **2.** Nombre que se da en Canarias al cráter de los volcanes apagados.
**EXPR. las calderas de Pedro Botero** El infierno.
**FAM.** Caldereta, calderilla, caldero, calderón.

**caldereta** *s. f.* **1.** Guiso de carne de cordero o cabrito cocida. **2.** Cualquier guiso con caldo de carne o pescado: *caldereta de marisco.*

**calderilla** *s. f.* Dinero suelto en monedas de poco valor.

**caldero** *s. m.* Especie de olla grande que se utiliza para hervir agua, cocer algunos alimentos y otros usos.

**calderón** *s. m.* **1.** Delfín de gran tamaño, con la cabeza muy grande y el cuerpo negro con manchas blancas, que se alimenta sobre todo de calamares. **2.** Signo musical que indica que puede prolongarse la duración de una nota o de una pausa.

**calderoniano, na** *adj.* Propio de Calderón de la Barca y de sus obras o que se parece a éstas.

calculadora          caldero

**caldo** *s. m.* **1.** Líquido que queda después de cocer en agua carne, pescado o verduras. **2.** Parte líquida de algunos alimentos o guisos: *No me gustan las lentejas con mucho caldo.* **3.** Vino: *Tenía en su bodega caldos de gran calidad.*
**EXPR. poner** a alguien **a caldo** Hablar mal de él, insultarle o reñirle.
**SIN. 1.** Consomé. **2.** Salsa, moje.
**FAM.** Caldear, caldera, caldoso. / Escaldar, sopicaldo.

**caldoso, sa** *adj.* Que tiene mucho caldo: *La paella ha quedado muy caldosa.*

**calé** *adj.* y *s. m.* y *f.* Gitano.
**ANT.** Payo.

**calefacción** *s. f.* Conjunto de aparatos para calentar un lugar, por ejemplo un edificio o una habitación.
**EXPR. calefacción central** La que sirve para calentar todo un edificio a la vez.
**FAM.** Calefactor.

**calefactor, ra** *s. m.* y *f.* **1.** Persona que arregla o coloca aparatos de calefacción. ‖ *s. m.* **2.** Aparato de calefacción eléctrico, generalmente, por aire.

**caleidoscopio** *s. m.* Tubo que tiene dentro cristalitos de colores y unos espejos inclinados. Al mirar por uno de sus extremos, mientras se gira el tubo, los cristalitos forman distintas combinaciones de figuras y colores. ■ Se dice también *calidoscopio.*

**calendario** *s. m.* **1.** Lista de todos los días del año, ordenados por semanas y meses; a veces da también otras informaciones, como los santos o las festividades religiosas. **2.** Forma de dividir el año señalando los días festivos y las vacaciones: *Según el calendario escolar de este año, mañana tenemos fiesta.* **3.** Plan en que se reparte el tiempo entre las diferentes actividades para realizar algo: *Para cumplir el calendario de las obras del aparcamiento tienen que trabajar todos los días.*
**SIN. 1.** Almanaque.

**calendas** *s. f. pl.* Entre los antiguos romanos, primer día del mes.
**FAM.** Calendario.

**caléndula** *s. f.* Planta de jardín de flores amarillas o anaranjadas.

**calentador** *s. m.* **1.** Aparato que sirve para calentar algo, sobre todo el que se utiliza para calentar el agua corriente de las casas. **2.** Especie de calcetín largo de lana, sin pie, usado para que no se enfríen los músculos de la pierna, por ejemplo al hacer gimnasia.

**calentamiento** *s. m.* **1.** Acción de calentar algo. **2.** Ejercicios que se realizan antes de empezar a hacer deporte para preparar los músculos.

**calentar** *v.* **1.** Dar calor, aumentar la temperatura: *En verano el sol calienta mucho. Calentó la comida en el microondas.* **2.** Pegar a alguien: *Como no te estés quieto te voy a calentar.* **3.** Realizar ejercicios para preparar los músculos antes de hacer deporte: *Los jugadores calentaron antes de saltar al campo.* **4.** Alterar, excitar: *Con la discusión se fueron calentando y terminaron a palos.* **5.** Pensar mucho algo, darle muchas vueltas: *No te calientes la cabeza pensando en el examen.* **6.** Producir excitación sexual. ■ Con el último significado es una palabra vulgar. Es un verbo irregular. Se conjuga como *pensar.*
**SIN. 1.** Caldear. **2.** Sacudir, atizar, zurrar. **4.** Acalorar, enardecer, exaltar. **ANT. 1.** Enfriar, refrescar. **4.** Calmar.
**FAM.** Calentador, calentamiento, calentón, calentura, calenturiento, calientapiés. / Precalentamiento, recalentar.

**calentón** *s. m.* Acción de calentar algo mucho y demasiado deprisa: *Le dio un calentón al motor del coche y lo quemó.*

**calentura** *s. f.* **1.** Costra o ampolla con pus que a veces se forma en los labios cuando se ha tenido fiebre. **2.** Fiebre: *El constipado le dio calentura.*

**calenturiento, ta** *adj.* **1.** Que parece que tiene algo de fiebre: *Se despertó calenturiento y se quedó en la cama.* **2.** Se dice de la mente o de las ideas raras, retorcidas o muy complicadas: *El miedo que sientes se debe a tu imaginación calenturienta.*
**SIN. 1.** Destemplado, febril.

**calesa** *s. f.* Coche de caballos con capota que se puede plegar.
**FAM.** Calesita.

**calesita** *s. f.* En Argentina, Paraguay y Uruguay, tiovivo.

**caleta** *s. f.* Cala o playa pequeña.

**caletre** *s. m.* Inteligencia, talento.

**calibrar** *v.* **1.** Medir el calibre de algunos objetos. **2.** Dar a algunos objetos el calibre adecuado. **3.** Pensar lo mejor posible la importancia que puede tener algo: *Debes calibrar bien las ventajas y los inconvenientes antes de cambiarte de colegio.*
**SIN. 3.** Valorar, sopesar.

**calentador** de agua

**calibre** *s. m.* **1.** Lo que mide de ancho el interior de algunos objetos con forma de cilindros huecos, como el cañón de una pistola, y también de otras cosas cilíndricas no huecas, como un alambre. **2.** Importancia, tamaño: *Un error de ese calibre es imperdonable.*
SIN. **1.** Diámetro. **2.** Trascendencia, volumen.
FAM. Calibrar.

**calidad** *s. f.* **1.** Característica o conjunto de características que hacen que una persona o cosa sea más o menos buena o importante: *Esta chaqueta es de mala calidad. Siempre toma alimentos de calidad.* **2.** Función o situación de alguien: *Marta estuvo en la reunión en calidad de delegada de curso.*
SIN. **2.** Papel.

**cálido, da** *adj.* **1.** Que está caliente o que da calor: *Soplaba un vientecillo cálido muy agradable. Se puso el jersey más cálido que tenía para no pasar frío.* **2.** Amable, cariñoso, acogedor: *La gente saludó a los reyes con cálidos aplausos.* **3.** Se dice del colorido que tiene tonos dorados o rojizos.
SIN. **2.** Caluroso. ANT. **1.** y **2.** Helado, gélido. **1.** a **3.** Frío.

**calidoscopio** *s. m.* Busca **caleidoscopio**.

**calientapiés** *s. m.* Aparato para calentar los pies.
■ No varía en plural.

**caliente** *adj.* **1.** Que tiene una cantidad de calor mayor de la normal: *No puedo tomarme la leche tan caliente.* **2.** Que da calor: *Con este pijama tan caliente no paso frío en la cama.* **3.** Se dice de los colores rojizos o dorados. **4.** Que puede provocar enfrentamiento o enfado: *Tuvieron una discusión caliente y acabaron insultándose a gritos.* **5.** Excitado sexualmente.
SIN. **1.** Caldeado, ardiente. **1.** a **3.** Cálido. **2.** Abrigado. **4.** Acalorado, exaltado, fogoso. ANT. **1.** Helado, gélido. **1.** a **3.** Frío. **2.** Refrescante.
FAM. Calefacción, calentar, cálido.

**califa** *s. m.* Título de algunos príncipes musulmanes, sucesores de Mahoma.
FAM. Califato.

**califato** *s. m.* **1.** Cargo de califa. **2.** Tiempo o territorio en que gobernaba un califa: *El califato de Córdoba es muy importante en la historia de la España musulmana.*

**calificación** *s. f.* Palabra, signo o número con que se valoran las cualidades de una persona o cosa: *El equipo de gimnasia español consiguió una buena calificación.*
SIN. Nota, valoración.

**calificado, da** *adj.* **1.** Valorado, que se le ha puesto nota: *Ya están calificados todos los exámenes.* **2.** Que tiene buena fama y prestigio: *Le operó un médico muy calificado.*
SIN. **1.** Puntuado. **2.** Famoso, acreditado. ANT. **2.** Descalificado, desacreditado, desprestigiado.

**calificar** *v.* **1.** Valorar las cualidades de una persona o cosa: *Varios profesores tenían que calificar los cuentos presentados al concurso.* **2.** Decir las cualidades o características de alguien o algo: *Los que le conocen le califican de persona honrada.* **3.** Expresar un adjetivo una cualidad con relación a un sustantivo; por ejemplo, en *un niño rubio*, *rubio* califica a *niño*. ■ Delante de *e* se escribe *qu* en lugar de *c*: *califique.*
SIN. **1.** Juzgar, evaluar, enjuiciar.
FAM. Calificación, calificado, calificativo. / Descalificar, incalificable.

**calificativo, va** *adj.* y *s. m.* Que califica o se utiliza para calificar a alguien o algo; se dice sobre todo del adjetivo que expresa una cualidad de un sustantivo.

**californiano, na** *adj.* y *s. m.* y *f.* De California, estado de los Estados Unidos de América.

**calígine** *s. f.* **1.** Niebla, bruma, calima. **2.** Bochorno, calor muy fuerte.

**caligrafía** *s. f.* Escritura a mano, sobre todo la que tiene letra clara y bien hecha: *Cuando se aprende a escribir se hacen muchos ejercicios de caligrafía.*
FAM. Calígrafo.

**calígrafo, fa** *s. m.* y *f.* Persona que escribe a mano, en especial la que lo hace con buena letra.

**calima** o **calina** *s. f.* Niebla baja y no muy espesa.
SIN. Bruma, neblina.
FAM. Calígine.

**calimocho** *s. m.* Vino tinto mezclado con refresco de cola.

**cáliz** *s. m.* **1.** Copa de oro, plata o bañada de estos metales, que se utiliza para consagrar el vino en la misa. **2.** Hojas que cubren por debajo las flores y se unen al tallo; suelen ser verdes. ■ Su plural es *cálices.*

**caliza** *s. f.* Roca formada principalmente por carbono y calcio, que abunda en la naturaleza y se usa mucho en la construcción.

**calizo, za** *adj.* Se dice del terreno o de la piedra que tiene cal.
SIN. Calcáreo.

**callado, da** *adj.* **1.** Que no habla, que está en silencio: *Quedaos callados un momento. La clase estaba callada, no se oía ni una sola voz.* **2.** Poco hablador: *Es un niño muy callado que nunca cuenta nada.* ■ No confundir con *cayado*, 'bastón'.
SIN. **2.** Reservado. ANT. **1.** Sonoro, ruidoso. **2.** Hablador, locuaz.

**callar** *v.* **1.** Estar en silencio, no hablar: *Cállate, que no oigo. Me callé porque no sabía qué decir.* **2.** Dejar de producirse un ruido o sonido: *No pude dormirme hasta que no callaron los gritos.* **3.** Ocultar algo o no decir lo que se siente o se sabe: *Me ha sentado mal lo que has dicho, pero prefiero callarme.*

**SIN. 1.** Enmudecer. **ANT. 1.** y **3.** Hablar. **2.** Sonar. **3.** Declarar, manifestar.
**FAM.** Callado. / Acallar.

**calle** *s. f.* **1.** Camino dentro de un pueblo o ciudad, casi siempre entre casas. **2.** Espacio entre dos líneas o entre dos filas de objetos: *El nadador español iba por la calle 4.*
**EXPR. llevarse** a alguien **de calle** Ganarse su cariño, admiración o simpatía. **traer** o **llevar** a alguien **por la calle de la amargura** Darle muchos disgustos.
**SIN. 1.** Avenida, paseo, travesía, arteria.
**FAM.** Calleja, callejear, callejero, callejón, callejuela. / Bocacalle, pasacalle.

**calleja** *s. f.* Calle estrecha y corta.
**SIN.** Callejuela.

**callejear** *v.* Andar por las calles sin ir a ningún sitio concreto: *Estuvimos callejeando un poco por el centro de la ciudad para conocerlo.*
**SIN.** Vagar, deambular.

**callejero, ra** *adj.* **1.** Se dice de la persona o animal a los que les gusta estar en la calle o suelen andar por ella: *Un perro callejero acompañaba al mendigo a todas partes.* **2.** Que sucede o está en la calle: *Se compró unos pendientes en un puesto callejero.* ‖ *s. m.* **3.** Lista de los nombres de las calles de una ciudad, con un plano para buscarlas.

**callejón** *s. m.* **1.** Calle corta y estrecha entre paredes de casas. **2.** En una plaza de toros, espacio que hay entre la barrera y el tendido: *El torero saltó al callejón porque el toro corría detrás de él.*
**EXPR. callejón sin salida** Situación difícil en la que no se puede encontrar solución.

**callejuela** *s. f.* Calleja muy estrecha.

**callicida** *s. m.* Sustancia para quitar los callos que salen en la piel.

**callista** *s. m.* y *f.* Persona que se dedica al cuidado de los pies, quitando callos y otras durezas que salen en ellos.
**SIN.** Pedicuro.

**callo** *s. m.* **1.** Dureza que a veces se forma en la piel, sobre todo en los pies o en las manos, por el roce o la presión. **2.** Persona muy fea. ‖ *s. m. pl.* **3.** Trozos del estómago de la vaca o del carnero que se comen guisados: *Tomamos de aperitivo callos a la madrileña.*
**SIN. 1.** Callosidad. **2.** Cazo, adefesio.
**FAM.** Callicida, callista, callosidad, calloso. / Encallecer.

**callosidad** *s. f.* Callo bastante extendido y poco profundo, que se forma principalmente en los pies o en las manos: *De tanto trabajar en el campo tenía las manos llenas de callosidades.*
**SIN.** Dureza.

**calloso, sa** *adj.* Que tiene callos: *El agricultor tiene las manos callosas.*

**calma** *s. f.* **1.** Situación del aire o del mar cuando no hay viento ni olas. **2.** Tranquilidad o reposo: *Contesta con calma para no equivocarte.*
**EXPR. calma chicha** Situación en que no se mueve el aire, sobre todo cuando se produce en el mar. También, demasiada tranquilidad que tiene alguien.
**SIN. 1.** Quietud, bonanza. **2.** Sosiego, paz, paciencia. **ANT. 1.** Marejada, tempestad. **2.** Intranquilidad, nerviosismo.
**FAM.** Calmante, calmar, calmoso.

**calmante** *adj.* y *s. m.* Se dice de las medicinas que sirven para calmar el dolor o los estados de nervios: *Tuvo que tomarse un calmante porque le dolían mucho las muelas.*
**SIN.** Tranquilizante, sedante; analgésico. **ANT.** Estimulante, excitante.

**calmar** *v.* **1.** Disminuir la fuerza o el movimiento de algo: *Saldremos cuando se calme un poco el viento.* **2.** Disminuir el dolor o el estado de nerviosismo: *Ya se me ha calmado el dolor de cabeza. El niño cogió una rabieta y no había manera de calmarlo.*
**SIN. 1.** Moderar, apaciguar, aplacar. **1.** y **2.** Serenar, sosegar. **2.** Tranquilizar, relajar. **ANT. 2.** Estimular, alterar, excitar, inquietar.

**calmoso, sa** *adj.* y *s. m.* y *f.* Que muestra pereza o demasiada calma al hacer algo: *Como seas tan calmoso no vas a llegar nunca.*
**SIN.** Perezoso. **ANT.** Activo, rápido, nervioso.

**caló** *s. m.* Lenguaje de los gitanos.

**calor** *s. m.* **1.** Energía que desprende un cuerpo, por ejemplo al quemarlo o frotarlo: *Se necesita mucho calor para calentar esta casa.* **2.** Temperatura elevada: *En verano es normal que haga calor.* **3.** Sensación que alguien tiene cuando la temperatura es alta: *En el viaje pasé mucho calor en el autocar.* **4.** Cariño, interés o alegría hacia hacia alguien o algo: *El público aplaudió al cantante con calor.*
**EXPR. calor negro** Sistema de calefacción por radiadores eléctricos. ‖ **entrar en calor** Empezar a sentirlo cuando se ha pasado frío.
**SIN. 2.** Bochorno. **3.** Ardor, sofoco. **ANT. 2.** y **3.** Frío, frialdad. **4.** Desinterés.
**FAM.** Caliente, caloría, calorífero, calorífico, calorina, caluroso. / Acalorar, escalofrío.

**caloría** *s. f.* Unidad para medir el calor; equivale a la cantidad de calor necesaria para aumentar un grado centígrado la temperatura de un gramo de agua. Esta unidad se utiliza, por ejemplo, para medir el valor nutritivo de los alimentos.

**calorífero, ra** *adj.* **1.** Que produce calor. ‖ *s. m.* **2.** Aparato para calentar una habitación o una cama.

**calorífico, ca** *adj.* Que produce calor o está relacionado con el calor.

**calorina** *s. f.* Calor fuerte y sofocante.
**SIN.** Bochorno.

**calostro** *s. m.* Primera leche que da la hembra después de parir.

**calumnia** *s. f.* Acusación falsa que se hace contra una persona para perjudicarla: *Es una calumnia que digan que yo robé un libro de la biblioteca.* **FAM.** Calumniar.

**calumniar** *v.* Decir una calumnia contra alguien. **SIN.** Difamar.

**caluroso, sa** *adj.* **1.** Que produce calor: *un verano muy caluroso.* **2.** Que siente calor: *Lucía es muy calurosa; incluso en invierno va en manga corta.* **3.** Afectuoso, con entusiasmo: *El actor tuvo un caluroso recibimiento por parte del público.* **SIN.** **1.** Cálido, caliente. **3.** Entusiasta, ardiente, efusivo. **ANT.** **1.** Frío, gélido. **2.** Friolero. **3.** Indiferente.

**calva** *s. f.* Parte de la cabeza en que se ha caído el pelo.

**calvario** *s. m.* Sufrimientos que padece una persona: *Ha pasado un calvario hasta que se recuperó del accidente.* ■ Esta palabra viene del monte *Calvario*, donde fue crucificado Jesucristo. **SIN.** Martirio.

**calvero** *s. m.* Espacio sin árboles dentro de un bosque: *Los excursionistas acamparon en un calvero.* **SIN.** Claro.

**calvicie** *s. f.* Pérdida de pelo en la cabeza.

**calvinismo** *s. m.* Religión cristiana protestante basada en las enseñanzas del reformador francés Juan Calvino. **FAM.** Calvinista.

**calvinista** *adj. y s. m. y f.* Relacionado con el calvinismo o que sigue esta religión: *la iglesia calvinista.*

**calvo, va** *adj. y s. m. y f.* Que se le ha caído el pelo de la cabeza. **SIN.** Pelón. **ANT.** Peludo, melenudo. **FAM.** Calva, calvero, calvicie.

**calza** *s. f.* **1.** Cuña u otra cosa para calzar algo. ‖ *s. f. pl.* **2.** Especie de medias o leotardos que se usaban antes y cubrían toda la pierna o sólo el muslo. **SIN.** **1.** Calzo, calce.

**calzada** *s. f.* **1.** Camino ancho y empedrado, sobre todo alguno de los que construyeron los antiguos romanos. **2.** Parte de la carretera por donde van los coches.

**calzado** *s. m.* Zapatos, sandalias, botas y otros objetos parecidos que sirven para cubrir los pies.

**calzador** *s. m.* Utensilio para ayudar a meter el pie en el zapato.

**calzar** *v.* **1.** Poner calzado en los pies: *En invierno suele calzar botas para no pasar frío.* **2.** Poner un trozo de madera o de otra materia bajo las ruedas de un coche o bajo las patas de un mueble para que no se muevan. ■ Delante de *e* se escribe *c* en lugar de *z*: *Como la mesa estaba coja, la calcé.* **ANT.** **1.** Descalzar.

**FAM.** Calce, calcetín, calza, calzado, calzador, calzo, calzón. / Descalzar.

**calzo** *s. m.* Calce, trozo de madera o de otro material con que se calza alguna cosa: *Colocó un calzo bajo las ruedas del coche para que no se moviera.*

**calzón** *s. m.* Pantalón que va desde la cintura hasta los muslos: *Los jugadores visten calzón negro.* ■ Puede usarse también la forma *calzones* con el significado de singular. **FAM.** Calzonazos, calzoncillo.

**calzonazos** *s. m.* Hombre que se deja dominar, sobre todo por su mujer. ■ No varía en plural.

**calzoncillo** *s. m.* Prenda interior masculina que se lleva debajo de los pantalones. ■ Puede usarse también la forma *calzoncillos* con el significado de singular.

**cama** *s. f.* **1.** Mueble rectangular para descansar y dormir sobre él. **2.** Lugar donde se echan los animales para dormir. **EXPR.** **cama elástica** Aparato de gimnasia formado por una estructura con patas y una lona sobre la que se puede saltar para darse impulso al hacer algunos ejercicios. **cama nido** Conjunto de dos camas que forman un solo mueble, en el que una se guarda debajo de la otra. La de arriba suele utilizarse como sofá. ‖ **caer en cama** Ponerse enfermo. **estar en cama** o **guardar cama** Estar acostado por tener una enfermedad. **SIN.** **1.** Lecho, catre. **FAM.** Camada, camastro, camero, camilla. / Cubrecama, encamarse.

**camada** *s. f.* Conjunto de crías de algunos mamíferos que nacen en un mismo parto: *una camada de cachorros.*

**camafeo** *s. m.* Piedra preciosa con una figura tallada en relieve.

**camaleón** *s. m.* Reptil de cuatro patas, que tiene una cola con la que puede sujetarse a los objetos y una lengua con la que atrapa insectos. Su piel cambia de color. **FAM.** Camaleónico.

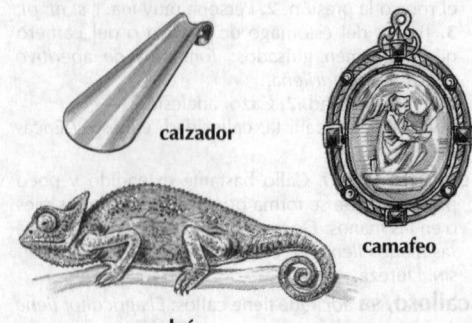

calzador

camafeo

camaleón

**camaleónico, ca** *adj.* Que cambia fácilmente de aspecto, de opinión o de comportamiento: *Es un actor camaleónico que puede transformarse en cualquier personaje.*

**cámara** *s. f.* **1.** Máquina para hacer fotos. También se llama *cámara fotográfica.* **2.** Aparato con que se toman las imágenes para el cine, la televisión o el vídeo. **3.** Especie de armario para conservar los alimentos a muy baja temperatura: *El carnicero guarda las piezas de carne en la cámara.* Se llama también *cámara frigorífica.* **4.** En algunas ruedas y balones, pieza que llevan dentro donde se introduce el aire para hincharlos. **5.** Habitación o sala importante, sobre todo las privadas de los reyes. **6.** Lugar donde se coloca la carga en las armas de fuego. || *s. m.* y *f.* **7.** Persona que maneja la cámara de cine o televisión: *El cámara seguía a los ciclistas en una moto.*
**EXPR.** **cámara de aire** Espacio hueco que se deja en la parte de dentro de los muros y paredes para que aíslen mejor. **cámara de gas** Lugar donde se mete a los condenados a muerte para ejecutarlos mediante gases venenosos. **cámara lenta** En cine, técnica de rodaje para hacer que las imágenes se muevan más despacio de lo normal.
**SIN.** **3.** Frigorífico. **5.** Salón, aposento, estancia. **7.** Operador, camarógrafo.
**FAM.** Camarada, camarera, camarero, camarilla, camarín, camarógrafo, camarote, camerino. / Recámara, videocámara.

**camarada** *s. m.* y *f.* Compañero.
**SIN.** Colega.
**FAM.** Camaradería.

**camaradería** *s. f.* Amistad o buena relación entre compañeros.
**SIN.** Compañerismo. **ANT.** Enemistad, hostilidad.

**camarera** *s. f.* **1.** Dama que estaba al servicio de una reina. **2.** Mueblecito con ruedas para llevar botellas, vasos, aperitivos.

**cámara** de fotos

**cámara** de cine          **cámara** de vídeo

**camarero, ra** *s. m.* y *f.* Persona que sirve a los clientes en un bar, cafetería o pub.

**camarilla** *s. f.* **1.** Grupo de personas que influye en las decisiones de un personaje importante. **2.** Grupo de personas que ocupan todos los puestos o cargos, por ejemplo de una empresa, partido político o sindicato, y dejan fuera a los que no pertenecen a él.

**camarín** *s. m.* **1.** Capilla en la que se reza a una imagen y que está situada detrás del altar. **2.** Habitación en la que se guardan los adornos y las ropas de una imagen religiosa.

**camarógrafo, fa** *s. m.* y *f.* Persona que maneja una cámara de cine o televisión.
**SIN.** Cámara.

**camarón** *s. m.* Crustáceo marino, parecido a la gamba, pero más pequeño.

**camarote** *s. m.* Cada una de las habitaciones con cama que hay en los barcos.

**camastro** *s. m.* Cama incómoda, vieja o mala.

**cambalache** *s. m.* **1.** Cambio de objetos de poco valor, que a veces se hace con la intención de engañar. **2.** Acuerdo o actuación poco honrados: *Debieron de hacer algún cambalache para pagarle más de lo que le correspondía.*
**SIN.** **2.** Chanchullo.

**cambiador** *s. m.* **1.** Pieza de tela o gomaespuma y plástico sobre la que se coloca a un bebé para cambiarle de ropa o de pañales. **2.** Mueble parecido a una cómoda con una de estas piezas en su parte superior para cambiar al bebé.

**cambiante** *adj.* Que cambia: *Tiene un humor muy cambiante: tan pronto está contento como triste.*

**cambiar** *v.* **1.** Dar o tomar una cosa por otra: *Te cambio estos tebeos por tu pelota.* **2.** Quitar una cosa y poner otra de la misma clase: *Voy a cambiar la bombona de gas porque ésta ya se ha acabado.* **3.** Quitar una prenda de vestir y poner otra: *Cambió al niño porque se había manchado. Cuando llego a casa me cambio para estar más cómoda.* **4.** Trasladarse: *El próximo año nos cambiaremos de piso.* **5.** Hacer distinta una cosa: *La construcción de grandes edificios ha cambiado mucho la ciudad. Esta niña ha cambiado mucho, ya no es tan tímida.* **6.** Dar una moneda o billete y recibir el mismo dinero en otros más pequeños o de otro país: *Cámbieme un billete de mil en dos monedas de quinientas. Cuando viajé a los Estados Unidos cambié euros por dólares.*
**SIN.** **1.** Permutar, trocar. **1.** y **6.** Canjear. **2.** Sustituir, reemplazar. **3.** y **4.** Mudar. **5.** Modificar, transformar, variar. **ANT.** **5.** Mantener, permanecer.
**FAM.** Cambiador, cambiante, cambiazo, cambio, cambista. / Descambiar, intercambio, recambiar.

**cambiazo** *s. m.* Cambio grande: *¡Qué cambiazo ha dado Nieves desde la última vez que la vi!*

**EXPR.** **dar el cambiazo** Cambiar una cosa por otra con la intención de engañar a alguien.

**cambio** *s. m.* **1.** Acción de cambiar o cambiarse: *Para el fin de semana habrá un cambio de tiempo.* **2.** Dinero en billetes o monedas pequeños: *Le doy un billete de mil porque no tengo cambio.* **3.** Dinero que se devuelve al que paga algo cuando no entrega la cantidad exacta: *Perdone, señorita, creo que se ha equivocado en el cambio.* **4.** Valor de la moneda de un país en comparación con las de otros países. **5.** En un automóvil, mecanismo para pasar de una marcha o velocidad a otra. Se llama también *cambio de marchas.*
**EXPR.** **a cambio (de)** En su lugar, en vez de. **a la primera de cambio** o **a las primeras de cambio** A la primera oportunidad: *A la primera de cambio se enfadó y se fue.* **en cambio** Por el contrario: *A ti te gusta la playa; yo, en cambio, prefiero la montaña.* **SIN.** **1.** Intercambio, trueque, canje; traslado; modificación, variación. **2.** Suelto. **3.** Vuelta. **ANT.** **1.** Conservación, mantenimiento, permanencia.

**cambista** *s. m.* y f. Persona que antiguamente cambiaba y prestaba dinero.

**camboyano, na** *adj.* y *s. m.* y f. De Camboya, país de Asia.

**camelar** *v.* Conquistar a una persona alabándola mucho o siendo muy amable con ella: *Bernardo intenta camelarse a su padre para que le deje ir de viaje.* **SIN.** Engatusar.
**FAM.** Camelo.

**camelia** *s. f.* **1.** Arbusto de flores blancas, rojas o rosadas, que no tienen olor. Conserva sus hojas todo el año. **2.** Flor de este arbusto.

**camellero, ra** *s. m.* y f. Persona que conduce o cuida camellos.

**camello, lla** *s. m.* y f. **1.** Mamífero rumiante con el cuello muy largo y dos jorobas en el lomo, que vive en terrenos desérticos. || *s. m.* **2.** En el lenguaje de la droga, persona que la vende en pequeñas cantidades. **FAM.** Camellero.

camello

**camelo** *s. m.* **1.** Acción de camelar a alguien. **2.** Engaño, cosa que parece lo que no es: *Ese reloj tan caro que compré es un camelo, ya se ha estropeado.* **SIN.** **2.** Engañifa.

**camembert** *s. m.* Queso francés de leche de vaca, cremoso y cubierto por una corteza de moho blanco. ■ No varía en plural.

**camerino** *s. m.* En los teatros, habitación donde los actores se cambian de ropa y se maquillan.

**camero, ra** *adj.* y *s. f.* Se dice de la cama mayor que la normal y menor que la de matrimonio, y de lo relacionado con ella: *un colchón camero.*

**camerunés, sa** *adj.* y *s. m.* y f. De Camerún, país de África.

**camilla** *s. f.* **1.** Cama estrecha y portátil para trasladar a los enfermos y heridos. **2.** Mesa camilla. Busca **mesa.**
**FAM.** Camillero.

**camillero, ra** *s. m.* y f. Persona encargada de llevar en la camilla a los enfermos y heridos.

**caminante** *adj.* y *s. m.* y f. Persona que marcha a pie por un camino.
**SIN.** Viandante, transeúnte.

**caminar** *v.* Ir a pie de un lugar a otro.
**SIN.** Andar, transitar. **ANT.** Detenerse.

**caminata** *s. f.* Paseo largo y cansado a pie: *Nos dimos una buena caminata desde tu casa hasta el centro de la ciudad.*

**caminero** *adj.* Se dice del peón que se dedica a reparar los caminos y carreteras.

**camino** *s. m.* **1.** Terreno preparado para poder ir de un sitio a otro: *El camino desde el pueblo a la carretera estaba cubierto de nieve.* **2.** Viaje: *Después de comer continuaremos el camino.* **3.** Lugares por los que hay que pasar para ir a un sitio: *No conozco el camino para llegar a ese hotel.* **4.** Lo que hay que hacer para conseguir algo: *Ya sabes que el camino para triunfar es trabajar duro.*
**EXPR.** **camino de mesa** Tapete alargado que se pone de adorno en mesas y otros muebles. **camino de rosas** Actividad que no tiene dificultades: *Nunca ha tenido ningún problema, la vida para él ha sido un camino de rosas.* || **abrir camino** Dejar paso de una parte a otra; también, encontrar la forma de vencer las dificultades: *Desde muy pequeño tuvo que abrirse camino en la vida.* **de camino** De paso: *La gasolinera te pilla de camino.*
**SIN.** **3.** Itinerario, ruta, recorrido. **4.** Manera, modo, procedimiento.
**FAM.** Caminante, caminar, caminata, caminero. / Descaminado, encaminar.

**camión** *s. m.* **1.** Vehículo de cuatro o más ruedas, grande y potente, que se usa para transportar mercancías y cargas pesadas. **2.** En México, autobús. **FAM.** Camionero, camioneta.

cabina
parabrisas
espejo retrovisor
limpiaparabrisas
parachoques
faro
matrícula
**camión**
caja de carga
ruedas dobles
depósito de combustible
rueda de repuesto
plataforma de carga
**camioneta**

**camión** cisterna          **camión** para el transporte de coches          **camión** de carga

**camionero, ra** s. m. y f. Conductor de camiones.

**camioneta** s. f. **1.** Vehículo más pequeño que el camión para transportar mercancías. **2.** Nombre que se da a algunos autobuses, sobre todo a los que comunican el centro de la ciudad con las afueras.

**camisa** s. f. Prenda de vestir que cubre la parte de arriba del cuerpo, se abrocha con botones y tiene, generalmente, un cuello con dos picos. **EXPR. camisa de fuerza** Especie de camisa cerrada por detrás que se pone a los locos cuando sufren ataques. || **meterse** alguien **en camisa de once varas** Meterse una persona en asuntos que no le corresponden o que son demasiado complicados. **no llegarle** a alguien **la camisa al cuerpo** Estar muy asustado o preocupado por alguna cosa. **FAM.** Camisería, camisero, camiseta, camisola, camisón. / Descamisado.

**camisería** s. f. **1.** Tienda en que se venden camisas. **2.** Taller donde se hacen.

**camisero, ra** adj. **1.** Se dice de la blusa o vestido de mujer de forma parecida a una camisa de caballero; también se dice del cuello típico de esta camisa. || s. m. y f. **2.** Persona que hace o vende camisas.

**camiseta** s. f. Nombre de diversas prendas, sin cuello, que cubren la parte de arriba del cuerpo, como la que se pone debajo del jersey o la camisa, las que usan los deportistas o las que llevamos en verano.

**camisola** s. f. **1.** Camisa fina y amplia. **2.** Camiseta de deportista. **3.** Camisón corto y amplio, a veces con botones, como una camisa.

**camisón** s. m. Vestido amplio y suelto que usan las mujeres para dormir.

**camomila** s. f. **1.** Manzanilla, planta. **2.** Sustancia que se saca de esta planta: *Usa camomila para ponerse más rubio el pelo.*

**camorra** s. f. Pelea o discusión violenta y ruidosa: *Llegó dando voces y con ganas de armar camorra.* **SIN.** Bronca, trifulca. **FAM.** Camorrista.

**camorrista** adj. y s. m. y f. Que busca o provoca peleas y discusión.

**camote** s. m. En Hispanoamérica, batata.

**campal** Se usa en la expresión **batalla campal**, que significa 'batalla decisiva entre dos ejércitos completos', y también 'pelea de muchas personas': *Una simple discusión entre dos conductores acabó en una batalla campal.*

**campamento** s. m. Conjunto de tiendas de campaña, barracones, carros o vehículos donde pueden instalarse por algún tiempo las personas: *un campamento militar, un campamento de excursionistas.* **SIN.** Acuartelamiento; camping.

**campana** s. f. **1.** Instrumento de metal en forma de copa puesta hacia abajo, que suena al ser golpeado por una pieza que cuelga dentro, llamada *badajo*: *Las campanas de la iglesia anuncian que la misa va a comenzar.* **2.** Cosa que tiene una forma parecida a la anterior: *El humo sale por la campana de la chimenea.* **3.** Pieza de cristal cilíndrica cerrada por arriba y abierta por abajo que sirve para proteger ciertas cosas, por ejemplo algunos relojes. **EXPR. campana extractora** Aparato compuesto por una pieza en forma de campana y un tubo aspirador que saca el humo en cocinas y otros lugares. || **de campana** Se dice de algunas prendas de vestir de forma acampanada: *pantalones de campana, falda de campana.* **doblar las campanas** Tocar las campanas de la iglesia cuando acaba de morir una persona.

FAM. Campanada, campanario, campanero, campanil, campanilla, campanudo. / Acampanado.

**campanada** *s. f.* **1.** Sonido que produce la campana: *El reloj de la iglesia ha dado cinco campanadas.* **2.** Noticia o hecho que causa mucha sorpresa: *Cuando Sonia dejó el trabajo y decidió marcharse a Perú, dio la campanada.*
SIN. **2.** Bomba, bombazo.

**campanario** *s. m.* En las iglesias, torre con campanas.
SIN. Campanil.

**campanero, ra** *s. m.* y *f.* **1.** Persona que fabrica campanas. **2.** Persona encargada de tocar las campanas.

**campanil** *s. m.* Busca **campanario**.

**campanilla** *s. f.* **1.** Campana pequeña. **2.** En la boca, bolita de carne que cuelga a la entrada de la garganta. **3.** Planta con flores de distintos colores que tienen forma de campana.
SIN. **1.** Esquila. **2.** Úvula.
FAM. Campanillear.

**campanillear** *v.* Sonar o tocar una campanilla muchas veces seguidas.
SIN. Tintinear.

**campante** *adj.* Tranquilo, sin preocuparse por nada: *Después de la bronca que le había echado su madre, se marchó tan campante.*
SIN. Despreocupado. ANT. Intranquilo, preocupado.

**campanudo, da** *adj.* Se dice de la forma de hablar rimbombante y de la persona que se expresa así.
SIN. Pomposo, altisonante, afectado. ANT. Sencillo, llano, natural.

**campaña** *s. f.* **1.** Conjunto de actividades organizadas durante un tiempo con una misma finalidad: *Ha comenzado una campaña contra la droga. La campaña publicitaria para anunciar el nuevo perfume ha tenido mucho éxito.* **2.** Expedición militar y tiempo en que se realiza. **3.** Campo llano, sin montes.

**campar** Se usa en las expresiones **campar** alguien **por sus respetos** o **campar a sus anchas**, que significan 'hacer una persona lo que le viene en gana'.

**campeador** *adj.* y *s. m.* Se decía del guerrero que destacaba en la batalla por sus hazañas y, sobre todo, se decía del Cid, Rodrigo Díaz de Vivar.

**campear** *v.* Sobresalir, destacar: *En el mástil campea la bandera.*
FAM. Campeador.

**campechano, na** *adj.* Sencillo y amable: *A pesar de haberse convertido en un gran actor sigue siendo un hombre campechano.*
SIN. Llano, franco. ANT. Estirado, seco.

**campeón, na** *s. m.* y *f.* Persona que gana una competición deportiva: *El año pasado fue campeón del mundo de karate.*

SIN. Vencedor, ganador, triunfador. ANT. Perdedor, vencido.
FAM. Campeonato. / Subcampeón.

**campeonato** *s. m.* **1.** Competición deportiva: *un campeonato de ajedrez, un campeonato de yudo.* **2.** Triunfo obtenido en esta competición: *Nuestro equipo consiguió el campeonato de fútbol en el último partido.*
EXPR. **de campeonato** Muy bueno o muy grande: *Nos metimos una paliza de campeonato para terminar a tiempo.*
SIN. **1.** Torneo, certamen.

**campera** *adj.* y *s. f. pl.* **1.** Se llaman así las botas que llegan hasta la mitad de la pantorrilla y se usan para trabajar en el campo y para montar a caballo. || *s. f.* **2.** En América del Sur, cazadora, prenda de vestir.

**campero, ra** *adj.* **1.** Campestre: *Organizó una merienda campera para celebrar su cumpleaños.* || *s. m.* **2.** En Hispanoamérica, jeep, vehículo todoterreno.

**campesinado** *s. m.* Conjunto o clase social de los campesinos.

**campesino, na** *adj.* **1.** Propio del campo: *Se marchó a la ciudad porque la vida campesina le aburría.* || *adj.* y *s. m.* y *f.* **2.** Persona que vive y trabaja en el campo.
SIN. **1.** Campestre, rural. **2.** Agricultor, labrador. ANT. **1.** Urbano.
FAM. Campesinado.

**campestre** *adj.* Del campo o que se hace en él: *Cogí unas flores campestres. Sofía invitó a sus amigos a una fiesta campestre.*
SIN. Campesino, campero. ANT. Urbano.

**camping** *s. m.* **1.** Lugar al aire libre donde la gente se instala en tiendas de campaña o en caravanas. **2.** Esta actividad: *El verano pasado nos fuimos de camping por Europa.* ■ Es una palabra inglesa. Su plural es *campings*.
SIN. **1.** Campamento. **2.** Acampada.

**campiña** *s. f.* Campo; sobre todo, el terreno llano dedicado al cultivo.
SIN. Labrantío.

**campista** *s. m.* y *f.* Persona que va de camping.

**campo** *s. m.* **1.** Terreno sin edificios, con árboles, animales y otros seres o cosas naturales, que se encuentra fuera de las poblaciones: *Hicimos una excursión por el campo.* **2.** Los pueblos y el terreno que los rodea: *La vida en el campo es más tranquila que en la ciudad.* **3.** Tierra dedicada al cultivo de plantas: *Tiene un campo de alcachofas.* **4.** Modo de vida de los campesinos: *El trabajo del campo es muy duro.* **5.** Terreno preparado para algún uso o en el que se desarrolla algo: *un campo de fútbol, el campo de batalla.* **6.** Todo lo que se refiere a una actividad: *El estudio de los insectos pertenece al campo de las ciencias naturales.* **7.** Espacio o lugar donde se produce un fenómeno: *un campo magnético.*

**EXPR. campo de concentración** Lugar cercado donde permanecen prisioneros de guerra u otras personas por motivos políticos. ‖ **a campo traviesa** o **campo a través** Cruzando el campo.
**SIN. 1.** Naturaleza. **1.** y **3.** Campiña. **6.** Ámbito, esfera.
**FAM.** Campal, campamento, campante, campaña, campar, campear, campera, campero, campesino, campestre, campiña, campista, camposanto. / Acampar, centrocampista, descampado, escampar, mediocampista.

**camposanto** *s. m.* Cementerio cristiano. ■ También se escribe separado: *campo santo*.

**campus** *s. m.* Terreno con césped y árboles que rodea los edificios en las universidades. ■ Es una palabra latina. No varía en plural.

**camuesa** *s. f.* Variedad de manzana aromática, carnosa y de sabor agridulce.
**FAM.** Camueso.

**camueso** *s. m.* Variedad de manzano que da la camuesa.

**camuflaje** *s. m.* Acción de camuflar y lo que se emplea para camuflar algo: *Los soldados llevaban uniforme de camuflaje.*

**camuflar** *v.* Disimular o esconder algo para que no se note: *Los soldados camuflaron los tanques con ramas.*
**SIN.** Ocultar, encubrir. **ANT.** Descubrir.
**FAM.** Camuflaje.

**can** *s. m.* Perro.
**FAM.** Canino, canódromo.

**cana**[1] *s. f.* Cabello blanco.
**EXPR. echar una cana al aire** Irse de juerga. **peinar canas** Ser viejo.
**FAM.** Cano, canoso. / Encanecer, entrecano.

**cana**[2] *s. f.* En algunos países de América del Sur, cárcel o prisión.

**canadiense** *adj.* y *s. m.* y *f.* De Canadá, país del norte de América.

**canal** *s. m.* **1.** Paso natural o artificial entre dos mares: *el canal de La Mancha, el canal de Panamá.* **2.** Conducto artificial de agua: *Construyeron canales para regar los cultivos.* **3.** Nombre de ciertos conductos de los organismos animales o vegetales. **4.** Banda de frecuencia por la que emite una estación de radio o televisión: *Grabé la película del primer canal.* **5.** Medio o procedimiento para hacer alguna cosa: *Hay que utilizar el canal adecuado para que la información llegue a todo el mundo.* **6.** Surco de algunas cosas, por ejemplo de una columna. **7.** En Internet, grupo donde se reúnen los internautas para chatear.
**EXPR. abrir en canal** Abrir de arriba abajo.
**SIN. 1.** Estrecho. **2.** Acequia, zanja. **4.** Cadena.
**FAM.** Canalizar, canalón. / Acanalado.

**canalé** *s. m.* Tejido de punto que forma pequeños surcos. ■ Es una palabra francesa.

entrada
terraza
piscina
aseos
caravana
recepción
barbacoa
tienda de campaña
sillas plegables
mesa plegable

**camping**

**canalización** *s. f.* **1.** Acción de canalizar. **2.** Conjunto de conductos o tuberías por donde pasa el agua o el gas: *La canalización del gas natural llegará a todos los barrios de la ciudad.* SIN. **2.** Conducción.

**canalizar** *v.* **1.** Construir canales. **2.** Dirigir un cauce de agua: *Han canalizado el río a su paso por la ciudad.* **3.** Conducir algo hacia un fin: *Debemos canalizar nuestros esfuerzos para ganar el partido.* ■ Delante de *e* se escribe *c* en lugar de *z*: *canalice.* SIN. **3.** Encarrilar, encaminar. ANT. **3.** Desviar. FAM. Canalización.

**canalla** *s. m.* y *f.* Mala persona. SIN. Granuja, bellaco, sinvergüenza. ANT. Santo. FAM. Canallada, canallesco.

**canallada** *s. f.* Acción propia de un canalla. SIN. Vileza.

**canallesco, ca** *adj.* Malvado, propio de un canalla.

**canalón** *s. m.* Cañería que recoge el agua de lluvia en los tejados y la conduce hasta el suelo.

**canana** *s. f.* Cinturón ancho que usan los cazadores, con compartimientos para guardar los cartuchos. SIN. Cartuchera.

**canapé** *s. m.* **1.** Rebanadita de pan, bollito o bocadillito en que se unta o se coloca algún alimento y se toma como aperitivo. **2.** Especie de sofá o diván. **3.** Soporte grueso, tapizado y generalmente con patas, sobre el que se pone el colchón. ■ Es una palabra francesa.

**canaricultura** *s. f.* Técnica de criar canarios.

**canario, ria** *adj.* y *s. m.* y *f.* **1.** De las islas Canarias, comunidad autónoma española. || *s. m.* y *f.* **2.** Pájaro pequeño de color amarillo, blanco o verdoso, que canta muy bien y se tiene como ave doméstica. FAM. Canaricultura.

**canasta** *s. f.* **1.** Cesto con asas y boca ancha. **2.** Aro fijo en un tablero, con una red sin fondo, por donde hay que meter la pelota en baloncesto. **3.** Tanto conseguido en baloncesto. **4.** Juego de cartas para el que se necesitan dos o más barajas francesas. SIN. **1.** Canasto, cesta. FAM. Canastilla, canasto.

**canastilla** *s. f.* **1.** Canasta pequeña. **2.** Ropa que se prepara para los niños recién nacidos.

**canasto** *s. m.* Canasta alta y con dos asas.

**cáncamo** *s. m.* Tornillo que tiene una anilla en lugar de cabeza.

**cancán** *s. m.* **1.** Baile francés muy movido que se baila levantando mucho las piernas. **2.** Falda con volantes que se lleva debajo del vestido o de otra falda para que abulte más y tenga más vuelo: *Muchas novias llevan cancán debajo del vestido.*

**cancela** *s. f.* Verja en la entrada de algunas casas: *Colocaron una cancela en el jardín.*

canana

canasta

canasto

candelabro

**cancelar** *v.* **1.** Anular, suspender: *El futbolista canceló su contrato con el club. A causa de la huelga cancelaron varios vuelos.* **2.** Pagar por completo una deuda. SIN. **1.** Rescindir, suprimir. ANT. **1.** Confirmar. FAM. Cancela.

**cáncer** *s. m.* **1.** Tumor maligno formado por células que se reproducen rápidamente y sin control y que dañan tejidos y órganos. **2.** Cuarto signo del zodiaco. ■ Con este significado suele escribirse con mayúscula. || *s. m.* y *f.* **3.** Persona nacida bajo este signo, entre el 21 de junio y el 22 de julio. ■ Con este significado no varía en plural. FAM. Cancerígeno, canceroso.

**cancerígeno, na** *adj.* Que produce cáncer o puede producirlo: *sustancias cancerígenas.*

**canceroso, sa** *adj.* Que tiene cáncer o las características del cáncer: *un tumor canceroso.*

**cancha** *s. f.* Lugar o terreno donde se practican deportes como el tenis o el fútbol. SIN. Campo, pista.

**canciller** *s. m.* **1.** En algunos países, persona que ocupa un cargo político de gran importancia, como el de jefe de gobierno o el de primer ministro. **2.** Empleado que ayuda al embajador o al cónsul en su trabajo. FAM. Cancillería.

**cancillería** *s. f.* **1.** Cargo del canciller. **2.** Oficina especial de las embajadas o de los consulados de algunos países.

**canción** *s. f.* **1.** Composición hecha para ser cantada y que suele acompañarse con música. **2.** Nombre que reciben algunas composiciones poéticas. **3.** Lo que se repite de forma pesada y molesta: *Siempre con la misma canción: que le dé dinero.* EXPR. **canción de cuna** Nana. SIN. **1.** Cantar, canto. **3.** Cantinela. FAM. Cancionero.

**cancionero** *s. m.* Libro en que se recogen canciones y poesías de distintos autores.

**candado** *s. m.* Cerradura que puede ponerse y quitarse y sirve para asegurar puertas y otras cosas: *Le he cambiado el candado a la moto.*

**candeal** *adj.* Se dice del trigo que es muy blanco y, sobre todo, del pan que se hace con este trigo.

**candela** *s. f.* **1.** Vela o cosa parecida para dar luz. **2.** Lumbre, fuego. SIN. **1.** Cirio. FAM. Candelabro, candelero. / Encandilar.

**candelabro** *s. m.* Objeto con dos o más brazos para colocar velas. SIN. Candelero.

**candelero** *s. m.* Objeto para sostener una vela y mantenerla derecha. EXPR. **en (el) candelero** En un lugar destacado, de moda o sin perder actualidad: *Esa actriz aún sigue en candelero.* SIN. Candelabro, velón, candil.

**candente** *adj.* **1.** Se dice de algunos cuerpos cuando se vuelven rojos o blancos por la acción del calor: *un metal candente.* **2.** Muy actual, que interesa a la gente: *En esa revista tratan siempre temas candentes.* SIN. **1.** Incandescente, ardiente. **2.** Moderno. ANT. **1.** Frío. **2.** Anticuado.

**candidato, ta** *s. m. y f.* Persona que quiere ocupar un cargo, conseguir un premio, o que ha sido propuesta para ello: *el candidato a la presidencia, los candidatos al Nobel.* SIN. Aspirante, pretendiente. FAM. Candidatura.

**candidatura** *s. f.* **1.** Conjunto de candidatos, por ejemplo un partido político. **2.** Hecho de presentarse alguien como candidato a un puesto o empleo: *Apoyé su candidatura a delegado de curso.*

**candidez** *s. f.* Bondad, falta de malicia y picardía. ■ Su plural es *candideces.* SIN. Inocencia, candor.

**cándido, da** *adj. y s. m. y f.* Bueno, que no tiene malicia ni picardía. SIN. Ingenuo, inocente, candoroso. ANT. Malicioso, avispado. FAM. Candeal, candidez, candor.

**candil** *s. m.* Utensilio para alumbrar, con un recipiente lleno de aceite y un pico en el borde por donde asoma la mecha. FAM. Candilejas.

**candilejas** *s. f. pl.* En los teatros, fila de luces situada en la parte del escenario más cercana al público. SIN. Batería.

**candor** *s. m.* Inocencia, falta de malicia y picardía. SIN. Candidez. FAM. Candoroso.

**candoroso, sa** *adj.* Inocente, ingenuo. SIN. Cándido. ANT. Malicioso.

**canear** *v.* Pegar a alguien. SIN. Atizar, zurrar, sacudir.

**canela** *s. f.* Segunda corteza de un árbol que se llama *canelo;* los trozos de esta corteza se emplean, enteros o en forma de polvo, para dar sabor a algunos platos y dulces. EXPR. **canela fina** Cosa muy buena: *Este dibujo es canela fina.* FAM. Canelo.

**canelo, la** *adj.* **1.** Del color de la canela: *Tiene un caballo canelo.* ‖ *adj. y s. m.* **2.** Tonto, bobo: *Esta vez no pienso hacer el canelo.* ‖ *s. m.* **3.** Árbol de la canela.

**canelón** *s. m.* Trozo plano y cuadrado de pasta que se cuece, se rellena de carne picada u otros alimentos y se enrolla formando un cilindro.

**canesú** *s. m.* Pieza de arriba de un vestido o de una blusa a la que van cosidos el cuello, las mangas y el resto de la prenda. ■ Su plural es *canesús* o *canesúes.*

**cangilón** *s. m.* Cada uno de los cajoncitos que sacan el agua en una noria. SIN. Arcaduz.

**cangreja** *s. f.* Vela de forma trapezoidal que va situada en la parte posterior de una embarcación.

**cangrejo** *s. m.* Crustáceo marino o de río; el de mar es de cuerpo redondeado, con la forma de una araña; el de río, de cuerpo alargado, tiene unas fuertes pinzas en las patas delanteras. EXPR. **cangrejo ermitaño** Cangrejo marino que tiene el cuerpo blando y para protegerse se mete en las conchas vacías de otros animales. FAM. Cangreja.

**canguelo** o **canguis** *s. m.* Miedo, temor. ■ La palabra *canguis* no varía en plural.

**canguro** *s. m.* **1.** Animal mamífero de Australia y Nueva Guinea. Tiene las patas de atrás mucho más largas que las de delante y una cola muy fuerte. Es capaz de dar grandes saltos y las hembras tienen una bolsa en el vientre, donde llevan a sus crías. ‖ *s. m. y f.* **2.** Persona a la que se contrata por horas para que cuide a los niños: *Siempre que van al cine llaman a Nina para que se quede de canguro.*

**caníbal** *adj. y s. m. y f.* **1.** Persona que come carne humana. **2.** Muy bruto o cruel. SIN. **1.** Antropófago. **2.** Bárbaro, inhumano. FAM. Canibalismo.

**canibalismo** *s. m.* Costumbre que tienen algunas personas o animales de comer carne de individuos de su propia especie.

**canica** *s. f.* **1.** Bolita de cristal o de otro material que se usa para jugar. ‖ *s. f. pl.* **2.** Juego en que se usan estas bolitas. SIN. **2.** Gua.

**caniche** *adj.* y *s. m.* y *f.* Se dice de una raza de perros de tamaño pequeño o mediano con el pelo lanoso y rizado y las orejas caídas. ■ Es una palabra francesa.

caniche

**canícula** *s. f.* Parte del año en que hace más calor: *la canícula de agosto*.

**canijo, ja** *adj.* y *s. m.* y *f.* **1.** Se dice de la persona o animal delgado, débil o enfermizo. **2.** Bajito, pequeño: *No cabe nada en este bolso tan canijo*. SIN. **1.** Enclenque, raquítico, escuchimizado. **2.** Chico. ANT. **1.** Fuerte, robusto. **2.** Grande. FAM. Encanijar.

**canilla** *s. f.* **1.** Parte más delgada de la pierna. **2.** Carrete en que se enrolla el hilo en las máquinas de coser y de tejer. **3.** Caño pequeño de madera por donde sale el líquido de una cuba o barril. **4.** En América del Sur, grifo. SIN. **3.** Espita. FAM. Canillita.

**canillita** *s. m.* En América del Sur, muchacho vendedor de periódicos.

**canino, na** *adj.* **1.** De los perros o relacionado con ellos: *Dejaron al perro en una residencia canina*. ‖ *s. m.* **2.** Colmillo de los mamíferos. EXPR. **hambre canina** Hambre muy grande o exagerada.

**canje** *s. m.* Cambio, acción de canjear. SIN. Intercambio.

**canjeable** *adj.* Que se puede canjear o cambiar: *En el supermercado dan puntos canjeables por regalos*.

**canjear** *v.* Cambiar una persona o cosa por otra: *En la tienda le dieron un vale para canjearlo por lo que quisiera*. FAM. Canje, canjeable.

**cano, na** *adj.* Que está cubierto de canas o tiene el pelo blanco: *una barba cana*. SIN. Canoso.

**canoa** *s. f.* Barca estrecha con las puntas de los extremos hacia arriba, con remos y, a veces, con motor.

**canódromo** *s. m.* Lugar donde se celebran carreras de galgos.

**canon** *s. m.* **1.** Regla o norma: *Lo hizo según mandan los cánones*. **2.** Lo que se toma como mejor modelo: *Su nariz se ajusta al canon de belleza que se lleva ahora*. **3.** Impuesto que se paga por usar alguna cosa, casi siempre al Estado. SIN. **1.** Precepto. **2.** Prototipo. **3.** Cuota, tasa. FAM. Canónico, canónigo, canonizar.

**canónico, ca** *adj.* Relacionado con los cánones o reglas de la Iglesia: *derecho canónico*.

**canónigo** *s. m.* Sacerdote que ocupa un cargo en una catedral. FAM. Canonjía.

**canonizar** *v.* Declarar el papa santa a una persona. ■ Delante de *e* se escribe *c* en lugar de *z*: *canonice*.

**canonjía** *s. f.* Trabajo fácil y bien pagado. SIN. Momio, chollo, bicoca.

**canoro, ra** *adj.* Que tiene un canto agradable y melodioso; se dice sobre todo de las aves.

**canoso, sa** *adj.* y *s. m.* y *f.* Que tiene muchas canas: *Su padre tiene el pelo canoso*. SIN. Cano.

**canotier** *s. m.* Sombrero de paja, de copa plana y baja y ala recta. ■ Es una palabra francesa.

**cansado, da** *adj.* **1.** Que tiene cansancio: *Paloma llegó tarde y cansada*. **2.** Que produce cansancio: *Hemos hecho unos ejercicios muy cansados*. SIN. **1.** Fatigado, agotado, molido, rendido. **2.** Pesado, duro. ANT. **1.** y **2.** Descansado.

**cansancio** *s. m.* **1.** Debilidad o falta de fuerzas que sentimos después de haber trabajado mucho, haber hecho ejercicio físico o haber estado enfermos. **2.** Aburrimiento, pesadez: *Una serie con tantos capítulos acabará por producir cansancio en los telespectadores*. SIN. **1.** Fatiga, agotamiento. **2.** Tedio. ANT. **1.** Vigor, dinamismo. **2.** Distracción.

**cansar** *v.* Producir cansancio o sentirlo: *Le cansa subir escaleras. Me estoy cansando de tus tonterías*. SIN. Fatigar, agotar, rendir, extenuar; aburrir, hartar. ANT. Descansar; distraer. FAM. Cansado, cansancio, cansino. / Descansar, incansable.

**cansino, na** *adj.* Lento, que muestra cansancio: *Tenía unos andares cansinos*. SIN. Perezoso, tardo. ANT. Vivo, dinámico.

**cantábrico, ca** *adj.* De la cordillera Cantábrica, del mar Cantábrico o de las tierras junto a este mar. FAM. Cántabro.

**cántabro, bra** *adj.* y *s. m.* y *f.* De Cantabria, comunidad autónoma del norte de España.

**cantado, da** *adj.* **1.** Dicho o recitado con música: *una misa cantada*. **2.** Que se suponía o se sabía de antemano: *La victoria del equipo local estaba cantada*.

**cantamañanas** *s. m.* y *f.* Persona informal, irresponsable o fantasiosa. ■ No varía en plural.

**cantante** *s. m.* y *f.* Persona que canta como profesión.

**cantaor, ra** *s. m.* y *f.* Persona que canta flamenco.

**cantar**[1] *v.* **1.** Hacer con la voz sonidos musicales. **2.** Producir sus sonidos las aves y algunos insectos: *El gallo canta al amanecer. Las chicharras cantan en verano.* **3.** Decir algo con entonación y de forma seguida: *Los niños de San Ildefonso cantaron los números de la lotería.* **4.** Alabar, elogiar: *El poeta canta en sus versos la belleza del paisaje.* **5.** Confesar algo: *Cuando la policía detuvo al atracador, éste cantó y dijo los nombres de sus compinches.* **6.** Oler muy mal: *¡Cómo cantan esas zapatillas!*
**EXPR. cantar las cuarenta** En el juego del tute, decir uno que tiene una jugada con la que se obtienen cuarenta puntos; también, regañar a alguien o decirle claramente lo que se piensa de él.
**SIN. 1.** Canturrear, tararear. **4.** Ensalzar. **5.** Revelar, declarar. **6.** Atufar, apestar.
**FAM.** Cantado, cantante, cantaor, cantar[2], cantarín, cantata, cantautor, cante, cántico, cantinela, canto[1], cantor, cantoral, canturrear. / Canción, encantar.

**cantar**[2] *s. m.* Poesía compuesta para ser cantada.
**EXPR. cantar de gesta** Poema que relata hechos históricos o leyendas y lo recitaban antiguamente los juglares. || **ser** algo **otro cantar** Ser distinto.
**SIN.** Canción, canto, copla.

**cantarín, na** *adj.* **1.** Que canta mucho. **2.** Que suena de forma melodiosa y alegre: *Desde mi cama se oye un arroyo cantarín.*

**cántaro** *s. m.* Recipiente grande de barro o de metal, con la boca estrecha y ancho de panza.
**EXPR. a cántaros** Abundantemente, cayendo mucha agua: *Estuvo toda la tarde lloviendo a cántaros.*

**cantata** *s. f.* Composición musical para coro y orquesta. ■ Es una palabra italiana.

**cantautor, ra** *s. m.* y *f.* Persona que canta y compone sus propias canciones.

**cante** *s. m.* **1.** Acción de cantar. **2.** Canción popular, sobre todo la andaluza: *cante flamenco.* **3.** Cosa que llama mucho la atención; se usa sobre todo en la expresión **dar el cante**: *Con ese abrigo tan raro vas dando el cante.*
**EXPR. cante hondo** o **jondo** Cante flamenco.

**cantera** *s. f.* **1.** Lugar de donde se saca piedra, mármol y otros materiales parecidos para la construcción. **2.** Lugar donde se preparan personas para alguna actividad o de donde puede salir gente muy valiosa para esa actividad: *El nuevo delantero centro procede de la cantera del equipo.*

**cantería** *s. f.* **1.** Técnica de trabajar las piedras que se emplean en las construcciones. **2.** Construcción en piedra trabajada de esta forma: *un puente de cantería, un muro de cantería.*

**cantero** *s. m.* Persona que saca piedra de una cantera o la labra para utilizarla en la construcción.
**SIN.** Picapedrero.

**cántico** *s. m.* Poesía, muchas veces de tema religioso, en acción de gracias o alabanza a Dios.
**SIN.** Himno, salmo, canto.

**cantidad** *s. f.* **1.** Parte o número no determinados de algo: *No sé la cantidad de pintura que necesitaré para toda la casa.* **2.** Parte o número de algo bastante grande: *¡Qué cantidad de comida me has puesto! ¡Qué cantidad de gente hay en la cola del cine!* **3.** Suma de dinero: *Tienes que pagar una cantidad ahora y el resto a plazos.* **4.** Cifra: *Anotó las cantidades en la pizarra.* || *adv.* **5.** Mucho: *Con este calor se suda cantidad.* ■ También se usa en la expresión **en cantidad**: *Compraron comida en cantidad para todo el mes.*
**SIN. 1.** Medida, dosis. **2.** Abundancia, multitud. **ANT. 2.** Escasez, falta.

**cantil** *s. m.* **1.** Terreno que forma un escalón en el fondo del mar o en la costa. **2.** Borde de un precipicio.

**cantimplora** *s. f.* Recipiente para llevar agua en viajes, excursiones y marchas: *Cuando vayamos de acampada, no olvides la cantimplora.*

**cantimplora**

**cantina** *s. f.* Especie de bar donde se venden bebidas y algunos alimentos, como el que hay en los cuarteles.
**SIN.** Tasca, taberna.
**FAM.** Cantinero.

**cantinela** *s. f.* Lo que se repite de forma molesta y poco oportuna: *Ya estás con la misma cantinela; todos los días nos cuentas que te van a echar del equipo de fútbol.*
**SIN.** Tabarra, rollo, canción.

**cantinero, ra** *s. m.* y *f.* Persona que tiene una cantina o sirve en ella.
**SIN.** Tabernero.

**canto**[1] *s. m.* **1.** Acción de cantar: *el canto del canario.* **2.** Composición que se canta. **3.** Arte de cantar: *Irene está en un coro porque se le da muy bien el canto.*
**SIN. 2.** Canción.

**canto**[2] *s. m.* **1.** Borde de una cosa, por ejemplo el que tienen las monedas. **2.** Parte opuesta al lomo en los libros. **3.** En los cuchillos o sables, parte opuesta al filo.

**SIN. 1.** Esquina, lado, orilla.

**FAM.** Cantonera. / Decantar.

**canto³** *s. m.* Trozo de piedra.

**EXPR. darse con un canto en los dientes** Conformarse una persona con lo que va a conseguir, ya que las cosas podrían haberle ido peor: *Nos daremos con un canto en los dientes si quedamos los terceros en el campeonato.*

**SIN.** Guijarro, chinarro.

**FAM.** Cantera, cantería, cantero.

**cantón** *s. m.* División que hay en algunos países y territorios, parecida a la región o a la comunidad autónoma.

**FAM.** Acantonar.

**cantonera** *s. f.* Pieza que se pone en las esquinas de algunas cosas, como las que se colocan en las esquinas de los libros o las que hay en algunos álbumes para sujetar las fotos.

**cantor, ra** *adj.* **1.** Se dice de las aves, como el mirlo o el ruiseñor, que cantan produciendo un sonido agradable, bonito y variado. || *adj.* y *s. m.* y *f.* **2.** Que canta: *los niños cantores.*

**cantoral** *s. m.* Libro con la letra y la música de los cantos religiosos que se cantan en las iglesias.

**cantueso** *s. m.* Arbusto que tiene las hojas estrechas y alargadas y espigas de flores moradas y olorosas. Crece en la zona mediterránea.

**canturrear** *v.* Cantar en voz baja.

**cánula** *s. f.* **1.** Tubo que se usa en medicina para introducirlo en una abertura del cuerpo. **2.** Extremo de las jeringuillas en el que se coloca la aguja.

**canutas** Se usa en la expresión **pasarlas canutas**, que significa 'pasarlo muy mal, estar en una situación muy difícil': *Cuando me preguntó el profesor, las pasé canutas porque no tenía ni idea de la lección.*

**canutillo** *s. m.* **1.** Raya o saliente alargado de una tela, como los de la pana. **2.** Tubo muy pequeño de vidrio que se usa en bordados y adornos.

**canuto** *s. m.* **1.** Tubo para diversos usos, no muy grueso y abierto por sus extremos o cerrado por uno de ellos. **2.** En el lenguaje de la droga, porro.

**FAM.** Canutillo.

**caña** *s. f.* **1.** Tallo de las plantas gramíneas, hueco y con nudos. **2.** Nombre de varias especies de plantas gramíneas. **3.** Vaso de cerveza o de vino. **4.** Parte de una bota que cubre la pierna.

**EXPR. caña de azúcar** Planta gramínea que tiene el tallo lleno de un tejido esponjoso y dulce del que se saca azúcar. **caña de pescar** Vara con una cuerda fina llamada *sedal* que sirve para pescar. || **dar caña** o **meter caña** Pegar a alguien o meterse con él. También, exigirle mucho a una persona o cosa: *No metas tanta caña al coche.*

**FAM.** Cañada, cañadilla, cañaveral, cañería, cañizo, caño, cañón. / Canilla, cánula, canuto.

**cañada** *s. f.* **1.** Camino o paso que utilizan los rebaños de ganado. **2.** Pequeño valle entre dos montañas poco elevadas.

**cañadilla** *s. f.* Molusco marino comestible, de color claro y concha espinosa.

**cañamazo** *s. m.* Tela para bordar que tiene los hilos muy separados unos de otros formando cuadritos.

**cáñamo** *s. m.* **1.** Planta de unos dos metros de altura, tallo derecho, hueco y con pelitos, hojas opuestas que se dividen en hojitas en forma de lanza, y fibras verdosas. Sus fibras se utilizan para fabricar tejidos y cuerdas. **2.** Cuerda o tejido áspero que se fabrica con esta planta.

**FAM.** Cañamazo, cañamón.

**cañamón** *s. m.* Semilla del cáñamo, que se emplea principalmente como alimento para pájaros.

**cañaveral** *s. m.* Terreno en el que crecen las cañas.

**cañería** *s. f.* Tubo o serie de tubos que sirven para conducir un líquido, por ejemplo el agua en las casas, o un gas.

**SIN.** Tubería.

**cañí** *adj.* y *s. m.* y *f.* De raza gitana. ■ Su plural es *cañís.*

**SIN.** Calé.

**cañizo** *s. m.* Tejido hecho con cañas, que se usa por ejemplo para techos y cubiertas.

**caño** *s. m.* **1.** Tubo por donde cae el agua: *En la plaza hay una fuente con dos caños.* **2.** Tubo corto.

**cañón** *s. m.* **1.** Arma de artillería formada por un tubo y un soporte, con la que se disparan proyectiles. **2.** Pieza en forma de tubo: *el cañón del fusil.* **3.** Paso profundo y con mucha pendiente entre montañas producido, generalmente, por un río que corre por su fondo. **4.** Parte dura y hueca de la pluma del ave.

**FAM.** Cañonazo, cañonear, cañonero. / Encañonar.

**cañonazo** *s. m.* **1.** Disparo de un cañón. **2.** Disparo muy fuerte lanzado con el balón: *Lanzó un tremendo cañonazo y metió gol.*

caña      cáñamo

**cañonear** v. Disparar cañonazos contra un objetivo: *La artillería cañoneó el fuerte enemigo.*

**cañonero, ra** adj. y s. m. y f. Se dice de la embarcación armada con cañones: *lancha cañonera.*

**caoba** s. f. **1.** Árbol de América de unos veinte metros de altura del que se obtiene una madera muy buena para hacer muebles. **2.** Madera de este árbol, de color rojizo. **3.** Color parecido al de esta madera: *Se dio reflejos caoba en el pelo.*

**caolín** s. m. Arcilla blanca muy pura con la que se fabrica porcelana.

**caos** s. m. Gran desorden, confusión: *En cuanto se marcha la profesora, la clase es un caos.* ■ No varía en plural.
SIN. Desorganización, desconcierto. ANT. Orden.
FAM. Caótico.

**caótico, ca** adj. Muy desordenado o confuso.

**capa** s. f. **1.** Prenda de abrigo larga y suelta, sin mangas y abierta por delante. **2.** Sustancia que se pone sobre una cosa cubriéndola o bañándola: *Se me ha roto la capa de esmalte de las uñas.* **3.** Plano o superficie que va uno encima de otro: *las capas de la Tierra.* **4.** Tela con vuelo para torear.
EXPR. **de capa caída** Mal, empeorando: *Este año el negocio va de capa caída.* **defender** a alguien o algo **a capa y espada** Defenderlo con mucho entusiasmo y esfuerzo. **hacer** una persona **de su capa un sayo** Hacer lo que quiere con sus cosas o sus asuntos.
SIN. **2.** Baño, revestimiento. **4.** Capote.
FAM. Capea, capear, caperuza, capota, capotazo, capote. / Decapar, encapotarse.

**capacho** s. m. Especie de cesta, como la de juncos o mimbres que suele servir para llevar fruta.
FAM. Capazo.

**capacidad** s. f. **1.** Espacio que tiene una cosa para contener a otra: *Ese autocar tiene capacidad para cincuenta personas.* **2.** Facilidad para aprender algo o realizar una actividad, o conjunto de condiciones que hacen que alguien sirva para algo: *Sonia tiene capacidad para el deporte.*
SIN. **1.** Cabida. **2.** Aptitud, facultad, disposición. ANT. **2.** Incapacidad, ineptitud.

**capacitado, da** adj. Que tiene capacidad para aprender o para hacer algo: *Lourdes está muy capacitada para estudiar idiomas.*
SIN. Apto.

**capacitar** v. Hacer que alguien pueda realizar algo por tener las condiciones necesarias para ello: *Tenía un título que le capacitaba para dar clases de música.*
SIN. Habilitar, facultar. ANT. Incapacitar.

**capar** v. Castrar.
FAM. Capón.

**caparazón** s. m. Capa dura que cubre y protege las partes blandas del cuerpo de algunos animales, como crustáceos, arañas, insectos y tortugas.

**capataz** s. m. Persona que está al mando de los obreros y controla su trabajo. ■ Su plural es *capataces.*

**capaz** adj. **1.** Que puede hacer algo: *Mariano es capaz de aprobar la física.* **2.** Que se atreve a algo: *Pilar es capaz de presentarse a la fiesta sin que la hayan invitado.* **3.** Que puede producir algún efecto: *Este chiste es capaz de hacer reír a la persona más seria.* **4.** Que tiene capacidad para algo: *Araceli es muy capaz para el puesto que le han ofrecido.* ■ Su plural es *capaces.*
SIN. **4.** Capacitado, preparado, apto, cualificado. ANT. **1.** y **4.** Incapaz. **4.** Incompetente, inepto.
FAM. Capacidad, capacitado, capacitar. / Incapaz.

**capazo** s. m. Especie de cesta grande de esparto, de palma o de paja, con dos asas.
SIN. Capacho.

**capcioso, sa** adj. Se dice de las preguntas que se hacen con habilidad para poner en un aprieto a alguien u obligarle a decir algo que no quiere.
SIN. Malintencionado.

**capea** s. f. **1.** Toreo de becerros o novillos hecho por aficionados. **2.** Acción de capear al toro.

**capear** v. **1.** Torear con la capa. **2.** Hacer maniobras una embarcación para mantenerse a flote cuando hay mucho viento o las olas son muy grandes. **3.** Actuar con habilidad para no enfrentarse a una persona o para evitar un trabajo o dificultad.
SIN. **3.** Eludir, sortear, torear.

**capellán** s. m. Sacerdote que cumple sus funciones en lugares como conventos, colegios, hospitales o en el ejército.

**capelo** s. m. **1.** Sombrero rojo de los cardenales. **2.** Cargo de cardenal: *El papa concedió el capelo al arzobispo de la diócesis.*

**caperuza** s. f. **1.** Especie de gorro que termina en punta. **2.** Pieza que protege la punta o el extremo de una cosa: *la caperuza del bolígrafo.*
SIN. **1.** y **2.** Capucha, capuchón.

**capibara** s. f. Mamífero roedor de gran tamaño y patas cortas, que vive en los ríos de América del Sur. Se llama también *carpincho.*

**capicúa** adj. y s. m. Número que es igual si lo lees de izquierda a derecha o de derecha a izquierda, por ejemplo el 606.

capazo    capibara

# capilar - capota

**capilar** *adj.* **1.** Del cabello o relacionado con él: *Se está dando una loción capilar para fortalecer el pelo.* || *s. m.* **2.** Cada uno de los vasos sanguíneos más finos en que se ramifican las arterias y las venas.

**capilla** *s. f.* **1.** Parte de una iglesia que tiene altar y está dedicada a Jesucristo, la Virgen o a los santos; a veces es un edificio cercano a la iglesia. **2.** Lugar para rezar u oír misa, como los que hay en colegios y hospitales.
**EXPR. capilla ardiente** Lugar en que se coloca a un difunto para velarlo. || **en capilla** Que está muy próximo a un hecho o a un suceso importante.
**SIN. 2.** Oratorio.
**FAM.** Capellán.

**capirote** *s. m.* Capucha en forma de cucurucho que se ponen sobre la cabeza los penitentes en las procesiones de Semana Santa.

**capital** *adj.* **1.** Principal, muy importante: *En la reunión de padres trataron un asunto de interés capital para todos.* **2.** Se dice de la letra mayúscula. || *s. m.* **3.** Cantidad de dinero o de bienes que tiene alguien: *Ha trabajado mucho para aumentar su capital.* || *s. f.* **4.** Población principal donde está el gobierno de un país, de una comunidad autónoma o de una provincia.
**SIN. 1.** Esencial, fundamental. **3.** Fortuna, riqueza, patrimonio, hacienda.
**FAM.** Capitalidad, capitalino, capitalismo, capitalista, capitalizar.

**capitalidad** *s. f.* Hecho de ser una población capital o cabeza de una provincia, país o comunidad: *La capitalidad de España se trasladó de Valladolid a Madrid en 1561.*

**capitalino, na** *adj.* y *s. m.* y *f.* De la capital.

**capitalismo** *s. m.* Sistema económico en que el principal medio para producir riqueza es el dinero o los bienes de las empresas privadas o de personas particulares.

**capitalista** *adj.* **1.** Del capital o del capitalismo. || *adj.* y *s. m.* y *f.* **2.** Persona que tiene mucho dinero.

**capitalizar** *v.* Sacar provecho de una acción o situación: *El equipo supo capitalizar los errores del contrario para ganar el partido.* ■ Delante de *e* se escribe *c* en lugar de *z*: *capitalicen.*
**SIN.** Aprovechar, utilizar.

**capitán, na** *s. m.* y *f.* **1.** Persona que manda en un grupo, pandilla o equipo deportivo: *El capitán de nuestra pandilla era Jaime.* **2.** En el ejército, oficial que tiene el grado inmediatamente inferior al de comandante y que manda una compañía, un escuadrón, una batería de cañones. **3.** Persona que manda en un barco mercante; antiguamente, también el comandante de un barco de guerra. **4.** Nombre de distintos grados de oficiales de la marina, por ejemplo el capitán de fragata.
**EXPR. capitán general** Grado más importante del ejército español; también, jefe militar que está al mando de una capitanía general.
**FAM.** Capitanear, capitanía.

**capitanear** *v.* Mandar o guiar a un grupo, por ejemplo un capitán a su tropa.
**SIN.** Conducir, acaudillar.

**capitanía** *s. f.* Cargo de capitán.
**EXPR. capitanía general** Cargo de capitán general, territorio sobre el que manda y edificio donde tiene sus oficinas.

**capitel** *s. m.* En arquitectura, parte de arriba de una columna o de un pilar, decorada de formas muy distintas según el estilo artístico.

**capitolio** *s. m.* **1.** Nombre de algunos edificios grandes y majestuosos, como el Capitolio de Washington. **2.** Busca **acrópolis**.

**capitoné** *s. m.* Vehículo preparado para transportar muebles: *La empresa de mudanzas cargó nuestros muebles en un capitoné.*

**capitoste** *s. m.* Forma de llamar a las personas que mandan.
**SIN.** Mandamás, jefe.

**capitulación** *s. f.* Rendición al enemigo de un ejército, una nación, una ciudad o una plaza fuerte.

**capitular** *v.* **1.** Rendirse o entregarse un ejército, una nación, una ciudad, una plaza fuerte, bajo ciertas condiciones. **2.** Ceder, darse por vencido: *No quería que sus hijos fueran solos, pero al final tuvo que capitular.*
**SIN. 2.** Claudicar. **ANT. 1.** Resistir.

**capítulo** *s. m.* **1.** Cada una de las divisiones de un libro o escrito o de una serie de radio o televisión: *Sólo llevo leídos tres capítulos.* **2.** Apartado de algunas cosas: *En el capítulo de novedades, este año se añadirá la de natación.* **3.** Reunión de las personas de una orden o comunidad religiosa.
**FAM.** Capitulación, capitular. / Recapitular.

**capo** *s. m.* Jefe de una mafia. ■ Es una palabra italiana.
**FAM.** Caporal.

**capó** *s. m.* Tapa del motor de un automóvil.

**capón** *s. m.* **1.** Golpe que una persona da a otra en la cabeza con los nudillos de los dedos o sólo con el del dedo corazón. **2.** Pollo que se castra cuando es pequeño y se ceba para comerlo.

**caporal** *s. m.* **1.** El que manda a un grupo de peones. **2.** Encargado de los animales utilizados para cultivar el campo.
**SIN. 1.** Capataz, encargado. **2.** Mayoral.

**capota** *s. f.* **1.** Cubierta que llevan algunos vehículos y que se puede plegar. **2.** Sombrero de mujer ceñido a la cabeza y sujeto con cintas que se atan por debajo de la barbilla.
**FAM.** Descapotable.

**capotazo** *s. m.* Pase que da el torero con el capote.

**capote** *s. m.* **1.** Capa de abrigo, pero con mangas y menos vuelo. **2.** Capa empleada por los toreros.

**capricho** *s. m.* **1.** Deseo de hacer o tener algo sin motivo o necesidad: *Tenía el capricho de montar en barco.* **2.** Lo que se desea de esta manera: *Los abuelos les daban todos los caprichos a los nietos.* SIN. **1.** Antojo. FAM. Caprichoso. / Encapricharse.

**caprichoso, sa** *adj.* Que tiene muchos caprichos: *Marta es muy caprichosa: todo se le antoja.*

**capricornio** *s. m.* **1.** Décimo signo del zodiaco. ■ Con este significado suele escribirse con mayúscula. || *s. m. y f.* **2.** Persona nacida bajo este signo, entre el 21 de diciembre y el 20 de enero. ■ Con este significado no varía en plural

**caprino, na** *adj.* De la cabra o relacionado con ella: *ganado caprino.*

**cápsula** *s. f.* **1.** Cilindro pequeño y hueco que sirve para contener algunas cosas, como la envoltura de algunas medicinas. **2.** Cabina en la que van los tripulantes de una nave o satélite espacial.

**captar** *v.* **1.** Percibir, notar: *Captaron un ruido lejano.* **2.** Darse cuenta: *He captado la idea.* **3.** Atraer: *Esta película capta la atención del público.* SIN. **1.** y **2.** Detectar. **2.** Comprender, advertir, percatarse. **3.** Conquistar, ganar. FAM. Captor.

**captor, ra** *adj. y s. m. y f.* Que captura: *El prisionero escapó aprovechando un descuido de sus captores.*

**captura** *s. f.* Acción de capturar. SIN. Apresamiento.

**capturar** *v.* **1.** Coger a una persona o a un animal a los que se busca o se persigue: *Consiguieron capturar al preso que se había escapado.* **2.** Apoderarse del enemigo o de sus materiales. SIN. **1.** Prender. **1.** y **2.** Apresar. ANT. **1.** y **2.** Soltar, liberar. FAM. Captura.

**capucha** *s. f.* **1.** Especie de gorro puntiagudo que cubre la cabeza o cae sobre la espalda y que va unido a una prenda de vestir: *Si llueve, ponte la capucha del impermeable.* **2.** Objeto que protege la punta o el extremo de algo: *Pon la capucha al boli.* SIN. **1.** y **2.** Caperuza. FAM. Capuchino, capuchón. / Encapuchado.

**capuchino, na** *adj. y s. m. y f.* **1.** Religioso que pertenece a una de las ramas de la orden franciscana. || *adj.* **2.** Se dice de lo que está relacionado con estos religiosos. || *s. m.* **3.** Café con leche que se sirve con espuma por encima.

**capuchón** *s. m.* **1.** Capucha muy grande. **2.** Objeto que protege el extremo de algunas cosas, por ejemplo de un bolígrafo. SIN. **2.** Capucha, caperuza.

**capullo** *s. m.* **1.** Flor que está a punto de abrirse. **2.** Envoltura que fabrican algunos insectos y dentro de la cual se transforman en adultos; por ejemplo, la del gusano de seda. || *adj. y s. m.* **3.** Bobo, tonto. **4.** Mala persona. || *s. m.* **5.** Extremo del pene. ■ Con los significados **3**, **4** y **5**, es una palabra vulgar. SIN. **1.** Botón.

**caqui**[1] *s. m.* Color entre marrón y verde, como el de algunos uniformes militares.

**caqui**[2] *s. m.* Árbol tropical de América que tiene una madera oscura y muy dura, usada para hacer muebles y otras cosas. Da un fruto anaranjado, muy dulce y jugoso, que también se llama *caqui.* SIN. Palosanto.

**cara** *s. f.* **1.** Parte delantera de la cabeza desde la frente hasta la barbilla. **2.** Expresión o gesto que se muestra con ella: *Le dije que me ayudara y puso mala cara.* **3.** Aspecto, pinta: *Esos pasteles tienen muy buena cara.* **4.** Cada una de las superficies de un cuerpo: *Los cubos tienen seis caras. La canción que me gusta está en la cara B del disco.* **5.** Lado principal de una moneda, en el que suele estar representada la imagen de algún personaje. **6.** Descaro, desvergüenza: *Se necesita tener cara para decir lo que dijo.* || *s. m. y f.* **7.** Persona fresca o descarada: *Es un cara, nunca paga nada.* EXPR. **cara dura** Descaro, desvergüenza; también, caradura, persona que muestra ese descaro. || **cara a** o **de cara a** De frente a alguna cosa; también, como preparación para algo: *Ahora está estudiando mucho de cara a los exámenes.* **cara a cara** Delante de otra persona o a las claras: *Tú y yo debemos hablar cara a cara.* **cruzar la cara** a alguien Darle una bofetada. **dar la cara** Hacerse alguien responsable de lo que ha hecho y cargar con las consecuencias. **echar en cara** Reprocharle algo a una persona: *Le echó en cara que nunca le hubiera ayudado.*

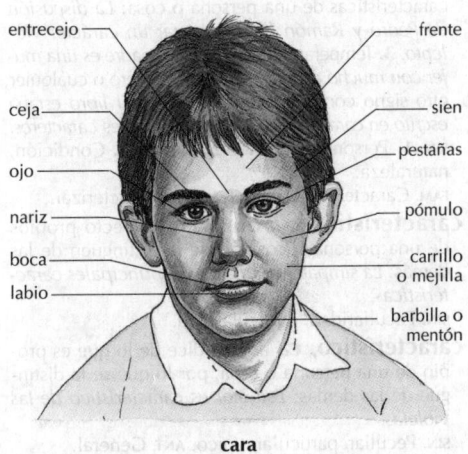

entrecejo — frente
ceja — sien
ojo — pestañas
nariz — pómulo
boca — carrillo o mejilla
labio — barbilla o mentón

**cara**

**SIN. 1.** Rostro. **1.**, **6.** y **7.** Jeta. **2.** Semblante. **3.** Apariencia, planta.
**FAM.** Caradura, careo, careta, careto, cariacontecido, carilla, carota. / Descaro, encarar.

**caraba** Se usa en la expresión **ser la caraba**, que significa 'ser el colmo'.

**carabao** *s. m.* Mamífero rumiante parecido al búfalo, que vive en Asia.

**carabela** *s. f.* Barco antiguo de vela, muy ligero, que tenía tres palos y una sola cubierta.

**carabina** *s. f.* **1.** Arma de fuego, más corta y ligera que un fusil. **2.** Antiguamente, señora que acompañaba a una señorita cuando salía de casa.
**FAM.** Carabinero.

**carabinero** *s. m.* **1.** Guardia encargado de perseguir el contrabando. **2.** Crustáceo parecido al langostino, pero más grande y de color rojo más oscuro, que también es comestible.

**cárabo** *s. m.* Ave rapaz nocturna parecida al búho, con cabeza grande, alas anchas y redondeadas y plumas de color gris o castaño.

**caracol** *s. m.* **1.** Molusco marino o terrestre que tiene una concha enrollada en forma de espiral. **2.** Rizo de pelo que cae sobre la frente. **3.** Vuelta que da el caballo cuando está inquieto o cuando se lo manda el jinete. **4.** Conducto en forma de espiral que se encuentra dentro del oído. || **¡caracoles!** *interj.* **5.** Expresa sorpresa o disgusto.
**FAM.** Caracola, caracolear.

**caracola** *s. f.* **1.** Caracol marino grande con la concha en forma de cono. **2.** Esta concha. **3.** Bollo con forma de espiral.

**caracolear** *v.* Hacer caracoles el caballo.

**carácter** *s. m.* **1.** Modo de ser y de comportarse que hace a cada persona distinta de las demás: *Este chico tiene un carácter difícil. El carácter de los españoles se parece poco al de los ingleses.* **2.** Conjunto de características de una persona o cosa: *La discusión de Pedro y Ramón llegó a tomar un carácter violento.* **3.** Temperamento, genio: *Su madre es una mujer con mucho carácter.* **4.** Letra, número o cualquier otro signo con que se escribe algo: *El libro estaba escrito en caracteres árabes.* ■ Su plural es *caracteres.*
**SIN. 1.** Personalidad. **1.** y **2.** Índole. **2.** Condición, naturaleza.
**FAM.** Característica, característico, caracterizar.

**característica** *s. f.* Cualidad o aspecto propios de una persona o cosa y que la distinguen de las demás: *La simpatía es una de sus principales características.*
**SIN.** Peculiaridad, particularidad.

**característico, ca** *adj.* Se dice de lo que es propio de una persona o cosa, por lo que se la distingue de las demás: *Ese olor es característico de las violetas.*
**SIN.** Peculiar, particular, típico. **ANT.** General.

**caracterizar** *v.* **1.** Distinguir a una persona o cosa algún rasgo o cualidad: *Le caracteriza su buen humor.* **2.** Vestir y maquillar a una persona para representar a un personaje. ■ Delante de *e* se escribe *c* en lugar de *z*: *Me caractericé de Robin Hood.*
**SIN. 1.** Definir.

**caracul** *adj.* Se dice de una raza de oveja procedente del centro de Asia, que tiene la cola ancha y una lana rizada que se utiliza en peletería.

**caradura** *s. m.* y *f.* Persona fresca y descarada.
**SIN.** Desvergonzado, sinvergüenza, jeta. **ANT.** Vergonzoso.

**carajillo** *s. m.* Café con coñac u otro licor, como whisky o anís.

**carajo** *s. m.* **1.** Pene. || *interj.* **2.** Expresa enfado, fastidio o admiración. ■ Es una palabra vulgar.
**EXPR. al carajo** Expresión con que se rechaza a alguien o algo porque estamos hartos de él: *Mandó al carajo los estudios y se puso a trabajar.* **del carajo** Muy grande o intenso: *Hace un frío del carajo.* **importarle** a uno algo **un carajo** No importarle nada: *Me importa un carajo que le moleste.* **irse** algo **al carajo** Salir mal o estropearse: *Se estropeó el ordenador y todo mi trabajo se fue al carajo.*
**FAM.** Carajillo.

**¡caramba!** *interj.* Expresa sorpresa o enfado.

**carámbano** *s. m.* Trozo de hielo largo y puntiagudo que se forma al helarse el agua que va cayendo o goteando.

**carambola** *s. f.* **1.** Jugada de billar en que la bola que se impulsa toca a las otras dos. **2.** Casualidad o suerte: *El premio lo consiguió por carambola.*
**SIN. 2.** Chiripa.

**caramelizar** *v.* Cubrir con azúcar derretida. ■ Delante de *e* se escribe *c* en lugar de *z*: *Caramelicé las galletas.*

**caramelo** *s. m.* **1.** Pasta de azúcar, almíbar y alguna esencia, que se deja endurecer y se parte en trocitos. **2.** Azúcar derretido: *Comimos flan con caramelo.* || *adj.* y *s. m.* **3.** Color marrón claro.
**EXPR. a punto de caramelo** Se dice del grado de concentración que se da al cocer el azúcar, de forma que al enfriarse, se endurezca y se convierta en caramelo. También, significa 'totalmente dispuesto o pre-

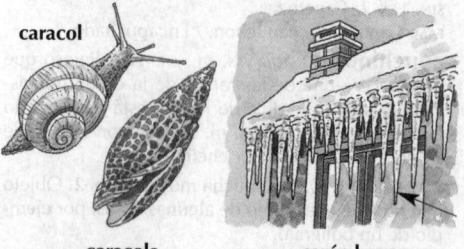

caracol

caracola          carámbanos

parado para algo': *Pídele permiso al abuelo, mamá ha hablado con él y te lo ha dejado a punto de caramelo.*
**FAM.** Caramelizar. / Acaramelado.

**caramillo** *s. m.* Flauta pequeña que produce un sonido muy agudo.

**carantoña** *s. f.* Caricia o cariño que se le hace a alguien.
**SIN.** Zalamería, cucamonas.

**caraqueño, ña** *adj. y s. m. y f.* De Caracas, capital de Venezuela.

**carátula** *s. f.* **1.** Portada, como la de un libro, disco o videocasete. **2.** Máscara o careta.

**caravana** *s. f.* **1.** Grupo de personas que viajan juntas, como por ejemplo los nómadas del desierto. **2.** Fila de vehículos que circulan lentamente por una carretera: *Los domingos se forma caravana en la autopista.* **3.** Remolque que se engancha a un vehículo y sirve de pequeña vivienda.
**SIN. 1.** Expedición. **3.** Roulotte.

**¡caray!** *interj.* Expresa sorpresa o enfado.

**carbohidrato** *s. m.* Hidrato de carbono. Busca **hidrato**.

**carbón** *s. m.* **1.** Combustible sólido de color negro que está formado principalmente por carbono. **2.** Carboncillo: *Nos hizo un dibujo al carbón.*
**FAM.** Carboncillo, carbonera, carbonería, carbonero, carbonífero, carbonilla, carbonizar, carbono.

**carboncillo** *s. m.* **1.** Barrita de madera convertida en carbón que sirve para dibujar. **2.** Dibujo hecho con ella.

**carbonera** *s. f.* Lugar donde se guarda el carbón.

**carbonería** *s. f.* Tienda donde se vende carbón.

**carbonero, ra** *adj.* **1.** Se dice de lo que está relacionado con el carbón. ‖ *s. m. y f.* **2.** Persona que vende o hace carbón. ‖ *s. m.* **3.** Pájaro pequeño, con la cabeza negra y el pico corto y afilado.

**carbónico, ca** *adj.* Se dice de las mezclas o combinaciones en las que entra el carbono.

**carbonífero, ra** *adj.* Que contiene carbón mineral: *un terreno carbonífero.*

**carbonilla** *s. f.* **1.** Trocitos pequeños de carbón. **2.** Ceniza que queda cuando se quema el carbón.

**carbonizar** *v.* Quemar por completo, calcinar: *En el incendio se carbonizaron todos los muebles.* ■ Delante de e se escribe c en lugar de z: *carbonice.*
**SIN.** Abrasar, achicharrar, incinerar.

**carbono** *s. m.* Elemento químico que se presenta en estado puro con dos formas: el diamante y el grafito. También se encuentra en numerosos compuestos a los que se llama *orgánicos.*
**FAM.** Carbohidrato, carbónico, carburo. / Bicarbonato.

**carburador** *s. m.* Parte del motor de un vehículo donde se mezcla el combustible con el aire u otro gas para que pueda producirse la combustión.

**carburante** *s. m.* Combustible líquido, como la gasolina o el gasoil, que se emplea para hacer funcionar algunos motores.
**FAM.** Carburador, carburar.

**carburar** *v.* **1.** Mezclar aire u otro gas con un carburante para que pueda producirse la combustión. **2.** Funcionar, marchar: *Esta lavadora todavía carbura.*

**carburo** *s. m.* Combinación del carbono con otros elementos, sobre todo la que forma con el calcio, que se empleaba para alumbrar: *Los mineros llevaban lámparas de carburo.*
**FAM.** Carburante. / Hidrocarburo.

**carca** *adj. y s. m. y f.* De ideas muy anticuadas.
**SIN.** Retrógrado. **ANT.** Progresista, moderno.

**carcaj** *s. m.* Caja o funda para guardar las flechas que se llevaba colgada del hombro.
**SIN.** Aljaba.

**carcajada** *s. f.* Risa brusca y ruidosa: *La película era tan divertida que la gente se reía a carcajadas.*
**SIN.** Risotada.
**FAM.** Carcajearse.

**carcajearse** *v.* Reírse o burlarse de alguien.

**carcamal** *adj. y s. m.* Se dice de la persona vieja y con muchos achaques.
**SIN.** Vejestorio.

**carcasa** *s. f.* Soporte sobre el que se montan otras piezas: *Instalaron la antena sobre una carcasa metálica.*

**cárcel** *s. f.* Lugar donde se encierra a los presos.
**SIN.** Prisión, presidio, penal, penitenciaría.
**FAM.** Carcelario, carcelero. / Encarcelar, excarcelar.

**carcelario, ria** *adj.* De la cárcel o relacionado con ella: *Condujeron a los presos dentro del recinto carcelario.*
**SIN.** Penitenciario.

**carcelero, ra** *s. m. y f.* Persona que vigila a los presos en una cárcel.
**SIN.** Celador, guardián.

**carcoma** *s. f.* Insecto muy pequeño de color oscuro. Las larvas de algunas de sus especies viven en la madera y acaban destruyéndola.
**FAM.** Carcomer.

**carcomer** *v.* **1.** Destruir la carcoma la madera. **2.** Ir acabando poco a poco con algo como la salud o la paciencia. **3.** Angustiar a alguien un sentimiento: *Le carcomían los celos que sentía por su hermano pequeño.*
**SIN. 2.** y **3.** Consumir. **3.** Corroer, concomerse, reconcomerse.

**cardar** *v.* **1.** Pasar varias veces el peine desde la punta hasta la raíz del pelo para ahuecarlo. **2.** Peinar y limpiar la lana y otras materias textiles antes de hilarlas.

**cardenal**[1] *s. m.* En la Iglesia católica, cada una de las personas elegidas por el papa para ser sus con-

sejeros. Cuando el papa muere, se reúnen para elegir al siguiente.
**FAM.** Cardenalicio.

**cardenal²** *s. m.* Mancha morada y amarillenta que aparece en la piel a causa de un golpe.
**SIN.** Moratón, hematoma.

**cardenalicio, cia** *adj.* De los cardenales de la Iglesia o relacionado con ellos.

**cardenillo** *s. m.* Sustancia venenosa de color verdoso o azulado, que se forma sobre el cobre.

**cárdeno, na** *adj.* De color morado.
**SIN.** Amoratado, violáceo.
**FAM.** Cardenal², cardenillo.

**cardiaco, ca** o **cardíaco, ca** *adj.* **1.** Del corazón o relacionado con él: *El médico le examinó para ver si tenía alguna enfermedad cardiaca.* || *adj. y s. m. y f.* **2.** Enfermo del corazón.

**cardias** *s. m.* Orificio por el que se comunican el estómago y el esófago. ■ No varía en plural.

**cárdigan** *s. m.* Chaqueta de punto, sin solapas ni cuello y con escote en pico. ■ No varía en plural.

**cardinal** *adj.* **1.** Se dice de cada uno de los cuatro puntos que dividen el horizonte en cuatro partes iguales (*norte, sur, este* y *oeste*) y sirven para orientarse. **2.** Se dice del numeral que indica cantidad y sirve para contar, como *dos, cinco* o *mil*.

**cardiocirugía** *s. f.* Parte de la cirugía que cura las lesiones o enfermedades del corazón mediante operaciones.

**cardiograma** *s. m.* Representación mediante líneas de los movimientos del corazón.

**cardiología** *s. f.* Rama de la medicina que se ocupa del corazón y sus enfermedades.
**FAM.** Cardiólogo.

**cardiólogo, ga** *s. m. y f.* Médico especializado en cardiología.

**cardiopatía** *s. f.* Enfermedad del corazón.

**cardiovascular** *adj.* Del corazón y el aparato circulatorio: *La cirugía cardiovascular ha salvado muchas vidas.*

**cardo** *s. m.* **1.** Nombre de diversas plantas que tienen espinas y muchas de ellas flores de colores muy vistosos. **2.** Persona muy antipática: *Tu primo es un cardo, ni me saludó.*
**FAM.** Cardar. / Escardar.

**cardume** o **cardumen** *s. m.* Concentración grande de peces que van juntos.
**SIN.** Banco.

**carecer** *v.* No tener alguna cosa: *Sus padres carecen de dinero para comprarse una nueva casa.* ■ Es un verbo irregular. Se conjuga como *agradecer*.
**ANT.** Poseer, abundar.
**FAM.** Carencia, carencial, carente.

**carenado** *s. m.* **1.** Reparación del casco de un barco. **2.** Pieza o recubrimiento de un vehículo que hace que la resistencia del aire sea menor: *el carenado de una moto.*

**carenar** *v.* Arreglar el casco de un barco.
**FAM.** Carenado.

**carencia** *s. f.* Falta o escasez de algo: *En algunas zonas de África existe una grave carencia de agua.*
**SIN.** Carestía. **ANT.** Abundancia.

**carencial** *adj.* Que indica la carencia o falta de alguna cosa: *enfermedades carenciales.*

**carente** *adj.* Que no tiene alguna cosa: *Encontró la película carente de interés.*

**careo** *s. m.* Hecho de interrogar juntas a dos o más personas para comparar lo que dicen: *El juez hizo un careo entre los sospechosos.*

**carero, ra** *adj. y s. m. y f.* Que vende caro.

**carestía** *s. f.* **1.** Hecho de estar caro algo: *La gente se quejaba de la carestía de los transportes.* **2.** Escasez: *Hay carestía de agua en la región.*
**SIN. 2.** Carencia, falta. **ANT. 2.** Abundancia.

**careta** *s. f.* Máscara para cubrir la cara o protegerla: *Nos compramos una careta de payaso. Los que sacan la miel de las colmenas llevan careta.*
**SIN.** Antifaz, carátula.

**careto, ta** *adj.* **1.** Se dice del animal, sobre todo del caballo, la vaca o el toro, que tiene la cara blanca y el resto de la cabeza de color oscuro. || *s. m.* **2.** Cara, sobre todo si es fea o tiene un aspecto raro o sospechoso: *No me gusta nada el careto de ese individuo.*
**SIN. 2.** Rostro, jeta.

**carey** *s. m.* **1.** Tortuga grande que vive en los mares tropicales. **2.** Material que se obtiene de la concha de estas tortugas, con el que se hacen peines, cajas y otros objetos. ■ Su plural es *careys* o *careyes*.

**carga** *s. f.* **1.** Acción de cargar: *Esos empleados se ocupan de la carga y la descarga de los camiones.* **2.** Mercancía que se transporta. **3.** Peso que soporta alguna cosa: *En esta sala las columnas sostienen la carga del techo.* **4.** Repuesto, recambio: *Tengo que comprar una carga para la pluma.* **5.** Balas o proyectiles de un arma, o cantidad de explosivo de una bomba: *El fusil no tenía carga. Pusieron una carga explosiva para volar el edificio.* **6.** Obligación, sufrimiento o situación difícil con que tiene que enfrentarse alguien: *Quería trabajar y no ser una carga para la familia.* **7.** Ataque directo y en grupo, por ejemplo el que el ejército realiza contra el enemigo, o la policía contra unos manifestantes. **8.** Cantidad de energía eléctrica de un cuerpo: *Esta pila no tiene carga.*
**SIN. 2.** Cargamento. **6.** Molestia, cruz. **ANT. 1.** Descarga. **6.** Desahogo.

**cargado, da** *adj.* **1.** Que tiene carga: *El coche iba muy cargado. ¡Cuidado, la escopeta está cargada!*

**2.** Fuerte, concentrado: *Pidió un café cargado.* **3.** Se dice del ambiente impuro, con humos o gases: *Como la gente fumaba mucho, la habitación estaba cargada.* **4.** Pesado, aturdido: *Tengo la cabeza cargada.* **5.** Se dice del tiempo cuando parece que va a haber tormenta: *El día amaneció cargado.* **EXPR. cargado de espaldas** Con la espalda encorvada, algo jorobado. **SIN. 4.** Embotado, congestionado. **5.** Bochornoso. **ANT. 2.** Flojo. **4.** y **5.** Despejado.

**cargador, ra** *s. m.* y *f.* **1.** Persona que carga mercancías. || *s. m.* **2.** Pieza de las armas de fuego que contiene las balas o los cartuchos. **3.** Pieza de algunos utensilios que sirve para cargarlos o en la que se pone la carga: *el cargador de un mechero, el cargador de una pluma.* **SIN. 1.** Estibador.

**cargamento** *s. m.* Conjunto de mercancías que lleva un vehículo de transporte: *El camión llevaba un cargamento de fruta.*

**cargante** *adj.* Fastidioso, molesto: *Es simpático, pero con tanta pregunta resulta cargante.* **SIN.** Enojoso, pesado. **ANT.** Agradable.

**cargar** *v.* **1.** Poner cosas sobre una persona o animal, o colocar las mercancías en un vehículo, para transportarlas: *Se cargó la mochila a la espalda. Cargaron los muebles en la furgoneta.* **2.** Poner la carga a un arma de fuego: *cargar la pistola.* **3.** Poner en un utensilio o aparato lo que necesita para funcionar: *Fue al estanco a cargar el mechero. ¿Has cargado la máquina fotográfica?* **4.** Llenar mucho o por completo: *Cargó la despensa de alimentos. No te cargues de trabajo; procura descansar.* **5.** Hacer espeso, concentrado, denso: *No cargues tanto los cafés. Con tanto humo se ha cargado el ambiente.* **6.** Acumular electricidad: *Espera que se cargue la batería.* **7.** En informática, activar, poner en funcionamiento un programa o parte de él. **8.** Hacer a alguien culpable o responsable de algo: *Le cargaron a él con toda la culpa.* **9.** Aburrir, fastidiar: *Empezaba a cargarle aquella conversación.* **10.** Atacar en grupo, por ejemplo el ejército o la policía: *La infantería cargó contra el fuerte.* **11.** Suspender un examen: *El profe de matemáticas se cargó a media clase.* || **cargarse 12.** Romper, estropear: *Ya te has cargado otro plato.* **13.** Matar a alguien. ■ Delante de *e* se escribe *gu* en lugar de *g*: *Cargué la carretilla.* **EXPR. cargársela** Llevarse las culpas o recibir un castigo. Se usa mucho como amenaza: *Como rompas la pluma, te la cargas.* **SIN. 4.** Abarrotar, saturar. **8.** Achacar, atribuir; apechar, apechugar. **9.** Hartar, cansar. **10.** Embestir. **11.** Catear. **11.** y **13.** Cepillarse. **12.** Escacharrar, cascar, destrozar. **ANT. 1.** y **2.** Descargar. **1.** y **4.** Aligerar. **4.** Vaciar. **9.** Agradar, entretener. **12.** Arreglar. **FAM.** Carga, cargado, cargador, cargamento, cargante, cargazón, cargo, cargoso, carguero. / Descargar, encargar, montacargas, recargar, sobrecarga.

**cargazón** *s. f.* Sensación de pesadez en alguna parte del cuerpo: *Llevo todo el día delante del ordenador y ya tengo cargazón en los ojos.*

**cargo** *s. m.* **1.** Oficio o empleo que tiene alguien: *Ocupa el cargo de jefe de estudios del colegio.* **2.** Cuidado o dirección de alguien o algo: *Al marcharse sus padres de vacaciones, el niño quedó a mi cargo.* **3.** Aquello de lo que se acusa a alguien: *El acusado intentó defenderse de los cargos que había contra él.* **EXPR. alto cargo** Puesto muy importante y persona que lo ocupa: *Es un alto cargo del Ministerio de Educación.* || **hacerse** uno **cargo** Cuidar de algo: *Mientras estés enfermo, yo me haré cargo de tu trabajo.* También, comprender: *No te preocupes, me hago cargo de que tienes muchos problemas.* **SIN. 1.** Puesto, categoría. **2.** Responsabilidad, competencia, custodia. **3.** Acusación.

**cargoso, sa** *adj.* En Argentina, Chile y Uruguay, molesto, pesado.

**carguero** *s. m.* Barco o tren de mercancías.

**cariacontecido, da** *adj.* Que tiene cara de estar triste o preocupado: *Debe de tener problemas, porque últimamente está cariacontecido.* **SIN.** Apesadumbrado. **ANT.** Alegre.

**cariarse** *v.* Tener caries: *Tengo que ir al dentista porque se me ha cariado una muela.*

**cariátide** *s. f.* Columna en forma de estatua de mujer.

cariátides

**caribeño, ña** *adj.* y *s. m.* y *f.* Del Caribe, mar de América, y de las tierras junto a este mar.

**caribú** *s. m.* Animal parecido al reno, pero más grande. Vive en América en regiones muy frías. ■ Su plural es *caribús* o *caribúes.*

**caricato** *s. m.* **1.** Cantante que en la ópera hace el papel de gracioso. **2.** Cómico que cuenta chistes o imita a personajes.

**caricatura** *s. f.* **1.** Dibujo que ridiculiza o exagera los rasgos físicos de una persona. **2.** Descripción en la que se ridiculiza a una persona o cosa.
**FAM.** Caricato, caricaturesco, caricaturista, caricaturizar.

**caricaturesco, ca** *adj.* De la caricatura o que es una caricatura: *Un artista callejero me ha hecho un retrato caricaturesco.*

**caricaturista** *s. m.* y *f.* Persona que dibuja caricaturas.

**caricaturizar** *v.* Hacer una caricatura de alguien o de algo. ■ Delante de *e* se escribe *c* en lugar de *z*: *caricaturicé.*

**caricia** *s. f.* **1.** Gesto para demostrar cariño que se hace pasando la mano suavemente sobre una persona o animal. **2.** Roce de una cosa que produce una sensación agradable: *Le gustaba sentir la caricia del sol y la brisa sobre su cara.*
**FAM.** Acariciar.

**caridad** *s. f.* **1.** Amor a Dios y a los demás. **2.** Sentimiento que nos lleva a ayudar a otras personas. **3.** Limosna o ayuda que se da al que lo necesita: *Esta familia tan pobre vive de la caridad de sus vecinos.*
**SIN. 3.** Socorro, amparo. **ANT. 1.** y **2.** Egoísmo.
**FAM.** Caritativo.

**caries** *s. f.* Infección que estropea o destruye los dientes. ■ No varía en plural.
**FAM.** Cariarse.

**carilla** *s. f.* Cada una de las caras de una hoja de papel: *Todavía te quedan cinco carillas para terminar el cuaderno.*
**SIN.** Página, plana.

**carillón** *s. m.* **1.** Grupo de campanas que al ser golpeadas por unos martillos producen una melodía. **2.** Reloj que tiene estas campanas.

**cariño** *s. m.* **1.** Sentimiento hacia las personas, animales o cosas que uno quiere: *Le tengo mucho cariño a Rosa porque la conozco desde que éramos pequeñas.* **2.** Cuidado con que se hace o se trata una cosa: *Coge los libros con más cariño si no quieres que se rompan las tapas.* **3.** Gesto para demostrar amor o afecto: *Le hizo unos cariños al bebé.*
**SIN. 1.** Amor, afecto, aprecio, apego. **2.** Esmero, mimo. **ANT. 1.** Odio, manía. **2.** Descuido, negligencia.
**FAM.** Cariñoso. / Encariñarse.

**cariñoso, sa** *adj.* Que tiene o muestra cariño: *Estuvo muy cariñoso conmigo.*
**SIN.** Afectuoso, amoroso.

**carioca** *adj.* y *s. m.* y *f.* De Río de Janeiro, ciudad y estado de Brasil.

**carisma** *s. m.* Facilidad de ciertas personas para atraer a los demás, caer simpáticos o convencer: *Muchas personas votan a los políticos con más carisma.*
**FAM.** Carismático.

**carismático, ca** *adj.* Que tiene carisma: *un político carismático.*

**caritativo, va** *adj.* Que tiene o demuestra caridad: *Es una persona caritativa que siempre está dispuesta a ayudar a los pobres. Hace muchas obras caritativas.*

**cariz** *s. m.* Aspecto de algo: *Por el cariz que estaba tomando la conversación sabía que acabarían peleándose.* ■ Su plural es *carices.*
**SIN.** Pinta, aire.

**carlinga** *s. f.* Cabina de los aviones donde van el piloto y la tripulación.

**carlismo** *s. m.* Movimiento político partidario del absolutismo, que surgió en España en 1833 para pedir el trono para Carlos María Isidro, hermano del rey Fernando VII, en contra de Isabel II, hija del monarca.
**FAM.** Carlista.

**carlista** *adj.* y *s. m.* y *f.* Del carlismo o que está a favor del carlismo: *un político carlista.*
**SIN.** Tradicionalista.

**carmelita** *adj.* y *s. m.* y *f.* **1.** Religioso o religiosa de la orden del Carmen. ‖ *adj.* **2.** Se dice de lo relacionado con esta orden.
**FAM.** Carmelo.

**carmelo** *s. m.* **1.** Orden religiosa de los carmelitas, que tiene su origen en unos monjes que vivían en el monte Carmelo en el siglo XII. Se llama también *Carmen.* **2.** Convento de religiosos de esa orden. ■ Suele escribirse con mayúscula.

**carmesí** *adj.* y *s. m.* Se dice del color rojo oscuro muy intenso; también se dice de las cosas que lo tienen. ■ Su plural es *carmesís* o *carmesíes.*

**carmín** *s. m.* **1.** Sustancia de color rojo intenso, que se obtiene principalmente de un insecto llamado *cochinilla.* **2.** Este color. **3.** Sustancia, normalmente en forma de barrita, para pintarse los labios: *Al llegar a la fiesta se retocó los labios con carmín.*

**carnada** *s. f.* Trozo de carne que se utiliza como cebo para cazar o pescar.
**SIN.** Carnaza.

**carnal** *adj.* **1.** Relacionado con los deseos o instintos sexuales de una persona. **2.** Se dice de los parientes de primer grado: *Como mi madre y la tuya son hermanas, nosotros somos primos carnales.*
**ANT. 1.** Espiritual.

**carnaval** *s. m.* **1.** Los tres días antes del miércoles de ceniza. **2.** Fiesta popular que se celebra en estos días con disfraces, bailes y otros festejos.
**FAM.** Carnavalesco.

**carnavalesco, ca** *adj.* Relacionado con el carnaval o propio de él: *Cádiz se llena de disfraces carnavalescos.*

**carnaza** *s. f.* **1.** Carnada, cebo para cazar o pescar. **2.** Carne de animales muertos.
**SIN. 2.** Carroña.

**carne** *s. f.* **1.** Parte blanda y musculosa del cuerpo de las personas o de los animales. **2.** En especial, la de vaca, ternera, cerdo u otros animales, que se utiliza como alimento. **3.** La parte blanda que hay en los frutos. **4.** Color rosado parecido al de la piel de las personas de raza blanca. **5.** Lo contrario del alma o del espíritu; se usa referido sobre todo a los placeres sexuales: *Las tentaciones de la carne.*
**EXPR. carne de gallina** Aspecto de la piel de una persona, debido al frío o al miedo, que se parece al de una gallina desplumada. ‖ **en carne viva** Se dice de la parte del cuerpo que ha perdido la piel, generalmente por una herida: *A causa de la caída tenía toda la rodilla en carne viva.* **entrado** (o **metido**) **en carnes** Que está algo gordo.
**SIN. 1.** Molla. **1.** y **2.** Chicha. **3.** Pulpa.
**FAM.** Carnada, carnal, carnaza, carnero, carnicería, carnicero, cárnico, carnívoro, carnosidad, carnoso. / Descarnado, encarnar, encarnizado.

**carné** *s. m.* Tarjeta que llevan las personas para demostrar quiénes son o que pertenecen a una asociación, o para poder realizar algunas actividades: *Me he sacado el carné de la biblioteca de mi barrio.*
**SIN.** Carnet.

**carnero** *s. m.* Macho de la oveja, que tiene el cuerpo cubierto de lana y los cuernos huecos y enrollados en forma de espiral.

**carnet** *s. m.* Busca **carné.** ▪ Es una palabra francesa. Su plural es *carnets.*

**carnicería** *s. f.* **1.** Tienda en que se vende carne. **2.** Matanza o muerte de muchas personas: *La guerra produjo una horrible carnicería.* **3.** Destrozo en la piel o en la carne de una persona, por ejemplo una herida de la que sale mucha sangre.
**SIN. 2.** Masacre, degollina, escabechina.

**carnicero, ra** *adj.* y *s. m.* y *f.* **1.** Se dice del animal que mata a otros para comérselos. ‖ *s. m.* y *f.* **2.** Persona que vende carne.

**cárnico, ca** *adj.* De la carne que comemos o relacionado con ella: *En el autoservicio también venden productos cárnicos.*

**carnívoro, ra** *adj.* y *s. m.* **1.** Se dice del animal que se alimenta de carne. ‖ *adj.* **2.** Se dice de las plantas que se alimentan de insectos.

**carnosidad** *s. f.* Trozo de carne que se forma irregularmente en alguna parte del cuerpo.

**carnoso, sa** *adj.* **1.** Que es de carne. **2.** Que tiene mucha carne. *El melocotón es un fruto carnoso.*
**SIN. 2.** Rollizo, gordo. **ANT. 2.** Flaco.

**caro, ra** *adj.* **1.** Que cuesta mucho dinero o tiene un precio más alto de lo normal. **2.** Amado, querido:

*caro amigo.* ‖ *adv.* **3.** A un precio elevado: *Este supermercado vende muy caro.*
**SIN. 1.** Costoso. **2.** Apreciado, estimado. **ANT. 1.** y **3.** Barato. **2.** Odiado.
**FAM.** Carero. / Encarecer.

**carota** *adj.* y *s. m.* y *f.* Caradura.
**SIN.** Sinvergüenza, cara.

**carótida** *s. f.* Cada una de las dos arterias principales del cuello, que llevan la sangre a la cabeza.

**carpa**¹ *s. f.* Pez de agua dulce, de color verdoso por encima y blanquecino por debajo, con la boca pequeña sin dientes, escamas grandes y una sola aleta dorsal. Vive en regiones no muy frías y es comestible.

**carpa**² *s. f.* **1.** Cubierta grande de lona que sirve de techo, por ejemplo en un circo. **2.** En Hispanoamérica, tienda de campaña.

**carpelo** *s. m.* Parte de las plantas que se reproducen mediante semillas, que se encuentra en su interior. Tiene forma de botella abombada y es el órgano sexual femenino de este tipo de plantas.

**carpeta** *s. f.* **1.** Cubierta de cartón o de otro material que sirve para guardar papeles y que a veces va sujeta con gomas. **2.** En informática, directorio.
**SIN. 1.** Cartapacio, portafolios.
**FAM.** Carpetazo.

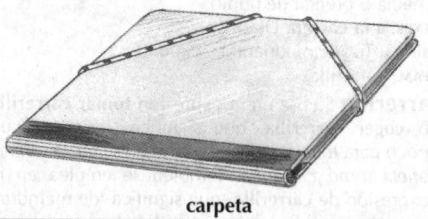

**carpeta**

**carpetazo** Se utiliza en la expresión **dar carpetazo,** que significa 'dar por terminado un asunto, interrumpirlo': *Como los resultados no eran buenos, dieron carpetazo al proyecto.*

**carpincho** *s. m.* Busca **capibara.**

**carpintería** *s. f.* **1.** Taller donde el carpintero trabaja la madera para hacer, entre otras cosas, muebles, puertas o ventanas. **2.** Oficio del carpintero. **3.** Conjunto de muebles, puertas, ventanas y otras obras de madera de una casa o edificio; también pueden ser de otros materiales: *Algunos de los pisos nuevos tienen carpintería de roble y otros de aluminio.*
**SIN. 1.** y **2.** Ebanistería.
**FAM.** Carpintero.

**carpintero, ra** *s. m.* y *f.* Persona que hace muebles u otras cosas de madera.
**SIN.** Ebanista.

**carpo** *s. m.* Conjunto de huesos que forman la muñeca.
**FAM.** Metacarpo.

**carraca**[1] *s. f.* Aparato o vehículo muy viejo o que funciona mal: *Esta moto es una carraca, ya se ha estropeado otra vez.*
**SIN.** Cacharro.

**carraca**[2] *s. f.* **1.** Instrumento de madera que produce un sonido desagradable. **2.** Ave trepadora, de pico fuerte y curvado, con las plumas de color azul brillante.

**carrasca** o **carrasco** *s. f.* o *m.* Encina pequeña
**EXPR.** **pino carrasco** Busca **pino.**

**carraspear** *v.* Toser un poco para limpiar la garganta.

**carraspera** *s. f.* Sequedad y picor en la garganta que produce a veces ronquera y ganas de toser.
**FAM.** Carraspear.

**carrera** *s. f.* **1.** Acción de correr de un lugar a otro: *Se dio una carrera para alcanzar el autobús.* **2.** Competición entre personas, animales o vehículos para ver cuál es más rápido: *una carrera de atletas, una carrera de caballos.* **3.** Recorrido: *La carrera del taxi le costó una fortuna.* **4.** Conjunto de cursos que debe aprobar una persona para conseguir un título y ejercer una profesión: *Desde pequeño quiso hacer la carrera de medicina.* **5.** Actividad profesional: *Cuando cumplió cincuenta años, abandonó su carrera de actriz.* **6.** Puntos que se sueltan en una media o prenda de punto.
**EXPR.** **a la carrera** De prisa.
**SIN.** **3.** Trayecto, itinerario, circuito.
**FAM.** Carrerilla.

**carrerilla** Se usa en la expresión **tomar carrerilla** o **coger carrerilla**, que significa 'retroceder un poco para tomar impulso': *Antes de saltar la valla el atleta tomó carrerilla.* También se emplea en la expresión **de carrerilla**, que significa 'de memoria, sin enterarse bien del contenido': *Se aprendió de carrerilla todos los verbos irregulares.*

**carreta** *s. f.* Carro largo y estrecho, más bajo que el normal, con un madero largo donde se sujeta el yugo al que van atados los animales de tiro. Sus ruedas no suelen llevar llantas.
**FAM.** Carretera, carretero, carretilla.

**carrete** *s. m.* **1.** Cilindro hueco y con un borde en cada uno de sus extremos, en el que se enrollan cosas como hilos, alambres o películas. **2.** Aparato con una manivela que se coloca en el mango de la caña de pescar para recoger o soltar el sedal.
**EXPR.** **dar carrete** Entretener a alguien hablándole y haciendo que hable.
**SIN.** **1.** Bobina, canilla.

**carretera** *s. f.* Camino asfaltado por donde circulan vehículos.

**carretero** *s. m.* Persona que construye carros o que los conduce.
**EXPR.** **fumar como un carretero** Fumar mucho.
**hablar como un carretero** Hablar de forma grosera, con muchas palabrotas.

**carretilla** *s. f.* Carrito de mano con una rueda delante y dos varas detrás para poder conducirlo, que se utiliza para transportar materiales a poca distancia.

**carricoche** *s. m.* **1.** Vehículo pequeño y muy sencillo, por ejemplo el que llevan los heladeros. **2.** Coche feo, viejo o que funciona mal.
**SIN.** **2.** Carraca.

**carril** *s. m.* **1.** Cada una de las dos barras paralelas de hierro o acero por donde circulan los trenes o los tranvías. **2.** En algunos aparatos, muebles o mecanismos, barras parecidas a ésas, por donde se desliza algo: *La puerta corrediza se ha salido de su carril.* **3.** Cada una de las divisiones de una carretera por donde debe circular una sola fila de vehículos: *carril bus.*
**SIN.** **1.** Raíl, riel.
**FAM.** Descarrilar, encarrilar, ferrocarril.

**carrillo** *s. m.* Parte más carnosa de la cara, desde los pómulos hasta la mandíbula.
**SIN.** Mejilla, moflete.

**carrizo** *s. m.* Planta de tallo largo y hojas en forma de punta de lanza que vive cerca del agua.

**carro** *s. m.* **1.** Plataforma de madera, montada sobre dos ruedas y tirada por animales, que sirve para transportar cargas: *El agricultor llevó el trigo en un carro tirado por dos mulas.* **2.** Parte que se mueve en algunos aparatos: *el carro de la máquina de escribir.* **3.** En Hispanomérica, automóvil, coche.
**EXPR.** **carro de asalto** o **carro de combate** Tanque de guerra. || **parar el carro** Se usa para decirle a alguien que deje de hacer algo: *Para el carro y deja ya de pedirme cosas.*
**FAM.** Carrera, carreta, carrete, carricoche, carril, carromato, carroza, carruaje. / Acarrear, motocarro.

**carrocería** *s. f.* En un vehículo, parte exterior de chapa que cubre el motor y el espacio en el que van las personas y las mercancías: *No fue un choque fuerte, sólo se hicieron pequeños desperfectos en la carrocería.*
**FAM.** Carrocero.

carraca

carrete de fotos          carretilla

**carrocero, ra** *adj.* **1.** Relacionado con las carrocerías. || *adj.* y *s. m.* y *f.* **2.** Que fabrica, monta o arregla carrocerías de automóvil.

**carromato** *s. m.* Carro grande que está cubierto con un toldo y es arrastrado por caballerías.

**carroña** *s. f.* Carne podrida de animales muertos: *El buitre es un ave rapaz que se alimenta de carroña.* **FAM.** Carroñero.

**carroñero, ra** *adj.* y *s. m.* y *f.* Se dice del animal que se alimenta de carroña: *Las hienas, aunque a veces cazan, son esencialmente carroñeras.*

**carroza** *s. f.* **1.** Coche grande y lujoso, tirado por caballos, que todavía se usa para algunos actos oficiales. **2.** Vehículo adornado que desfila por las calles en algunas fiestas, por ejemplo en carnaval. || *adj.* y *s. m.* y *f.* **3.** Persona mayor o anticuada. **FAM.** Carrocería.

**carruaje** *s. m.* Cualquier vehículo formado por un armazón de madera o hierro y montado sobre ruedas, en especial el destinado al transporte de personas.

**carrusel** *s. m.* Tiovivo de feria.

**carst** *s. m.* Busca **karst**. **FAM.** Cárstico.

**cárstico, ca** *adj.* Busca **kárstico**.

**carta** *s. f.* **1.** Papel escrito que una persona envía a otra dentro de un sobre, diciéndole algo. **2.** Cada una de las cartulinas que componen la baraja. **3.** Lista de las comidas y bebidas, con sus precios, que los clientes pueden tomar en un restaurante, bar o cafetería. **4.** Mapa: *El capitán consultó las cartas de navegación antes de salir al mar.* **5.** Nombre de algunos documentos: *carta de garantía.* **EXPR. carta astral** Busca **astral**. **cartas credenciales** Las que se dan a un embajador o ministro para que se le admita y se le reconozca como tal. || **dar carta blanca** Autorizar a una persona para que actúe como a ella le parezca. **tomar cartas en el asunto** Intervenir en él. **SIN. 1.** Epístola, misiva. **2.** Naipe. **FAM.** Cartapacio, cartearse, cartel, cartera, cartero, cartilla, cartografía, cartomancia, cartón, cartulina. / Abrecartas, descartar, encarte, pancarta.

**cartabón** *s. m.* Regla en forma de triángulo rectángulo, más larga por uno de sus extremos, que se emplea en el dibujo lineal.

**cartagenero, ra** *adj.* y *s. m.* y *f.* De Cartagena, ciudad de Murcia.

**cartaginense** o **cartaginés, sa** *adj.* y *s. m.* y *f.* De Cartago, antigua ciudad del norte de África.

**cartapacio** *s. m.* **1.** Carpeta grande. **2.** Cuaderno utilizado para tomar apuntes. **SIN. 1.** Portafolios.

**cartearse** *v.* Escribirse cartas dos personas: *Desde este verano, se cartea con un chico alemán para practicar el idioma.*

**cartel** *s. m.* **1.** Pieza de papel u otro material que se coloca en un lugar para anunciar o comunicar algo. **2.** Fama que tiene alguien o algo: *Siempre ha tenido muy buen cartel entre sus compañeros.* **EXPR. en cartel** Se dice del espectáculo que se está representando: *Esa obra de teatro lleva más de un año en cartel.* **SIN. 2.** Reputación. **ANT. 2.** Desprestigio. **FAM.** Cartelera.

**cartelera** *s. f.* **1.** Parte de un periódico o revista donde se anuncian los espectáculos, por ejemplo de cine o teatro. **2.** Superficie donde se pueden fijar carteles o anuncios.

**cárter** *s. m.* **1.** Depósito de aceite del motor de un automóvil. **2.** En una bicicleta, coche u otra máquina, cubierta rígida que protege alguna pieza.

**cartera** *s. f.* **1.** Objeto plegable de bolsillo para guardar el dinero, el carné de identidad y otros documentos personales. **2.** Especie de maleta pequeña para llevar libros o documentos; suele ser de piel u otro material flexible y tiene asa: *No te dejes la cartera del colegio.* **3.** Bolso alargado y sin asas. **4.** En Hispanoamérica, bolso de mujer. **5.** Ministerio, cargo de ministro: *La cartera de Educación la ocupa una mujer.* **FAM.** Carterista.

**carterista** *s. m.* y *f.* El que con disimulo se dedica a robar a otros la cartera.

**cartero, ra** *s. m.* y *f.* Persona que reparte las cartas y los paquetes de correos.

**cartesiano** Se usa en la expresión **eje cartesiano**. Busca **eje**.

**cartilaginoso, sa** *adj.* De los cartílagos o relacionado con ellos: *tejido cartilaginoso.*

**cartílago** *s. m.* Tejido del cuerpo menos resistente que el hueso, pero más elástico. **SIN.** Ternilla. **FAM.** Cartilaginoso.

**cartilla** *s. f.* **1.** Libro pequeño donde los niños aprenden a leer. **2.** Cuaderno o libreta en que se anotan ciertos datos: *una cartilla de ahorros.* **EXPR. leerle** a uno **la cartilla** Reñir a una persona, diciéndole lo que debe hacer: *Le leyeron la cartilla por llegar tarde.*

**cartografía** *s. f.* Ciencia y técnica de hacer mapas geográficos. **FAM.** Cartógrafo.

**cartógrafo, fa** *s. m.* y *f.* Persona que se dedica a hacer mapas.

**cartomancia** o **cartomancía** *s. f.* Manejo de las cartas de la baraja con que algunas personas pretenden adivinar el futuro.

**cartón** *s. m.* **1.** Lámina gruesa hecha de pasta de papel. **2.** Envase o paquete de esta materia: *un cartón de leche, un cartón de tabaco.*

**EXPR. cartón piedra** Pasta de papel, yeso y aceite, de gran dureza, que se emplea para hacer figuras y objetos: *El decorado era de cartón piedra.*
**FAM.** Cartoné, cartonero. / Acartonarse.

**cartoné** *s. m.* Encuadernación hecha con tapas de cartón forradas de papel.

**cartonero, ra** *adj.* **1.** Relacionado con el cartón: *industria cartonera.* || *s. m.* y *f.* **2.** Persona que recoge cartones y papeles para venderlos.

**cartuchera** *s. f.* **1.** Caja para llevar los cartuchos de guerra o de caza. **2.** Cinturón ancho donde se llevan los cartuchos. || *s. f. pl.* **3.** Gorduras que tienen algunas mujeres en las caderas.
**SIN. 2.** Canana. **3.** Pistoleras.

**cartucho** *s. m.* **1.** Cilindro de metal, cartón o plástico que contiene la carga explosiva para cada disparo de un arma de fuego. **2.** Envoltorio en forma de cilindro que contiene monedas del mismo valor: *En el banco cambiaron un billete de mil pesetas por un cartucho de diez monedas de cien.* **3.** Cucurucho de papel o cartón y lo que contiene: *Compré en la tienda un cartucho de patatas fritas.*
**FAM.** Cartuchera.

**cartuja** *s. f.* **1.** Orden religiosa que fundó San Bruno a finales del siglo XI. ■ Con este significado suele escribirse con mayúscula. **2.** Convento o monasterio de esta orden.
**FAM.** Cartujano, cartujo.

**cartujano, na** *adj.* **1.** De la cartuja. || *adj.* y *s. m.* y *f.* **2.** Se dice del caballo o yegüa con las características propias de la raza andaluza.

**cartujo, ja** *adj.* y *s. m.* y *f.* **1.** Religioso de la Cartuja. || *adj.* **2.** Relacionado con estos religiosos.

**cartulina** *s. f.* Cartón delgado, liso y flexible.

**casa** *s. f.* **1.** Edificio para vivir: *Los vecinos se reunieron para hablar de los problemas de la casa.* **2.** Cada una de las partes del edificio en que vive una persona o una familia. **3.** Familia: *En mi casa tenemos la costumbre de celebrar los santos y los cumpleaños.* **4.** Reyes o nobles con el mismo apellido y el mismo origen: *la casa de Austria.* **5.** Establecimiento industrial o comercial: *Esta casa se dedica a fabricar muebles.*
**EXPR. casa consistorial** Ayuntamiento. **casa de la moneda** La que hace moneda o billetes de banco. **casa de la villa** Ayuntamiento. **casa de socorro** Establecimiento donde se dan los primeros cuidados a un herido o a una persona que necesita atención médica. **casa real** Familia real. || **caérsele** a alguien **la casa encima** Estar deseando salir de casa: *Doy un paseo todos los días porque si no, se me cae la casa encima.* **como Pedro por su casa** Con demasiada confianza: *Este niño entra en todos los sitios como Pedro por su casa.* **de la casa** Lo que es típico de un bar o restaurante: *El camarero les aconsejó el postre de la casa.* Cada una de las personas que trabajan en una misma empresa: *Alfredo es de la casa; entró de botones y ahora está de encar-*

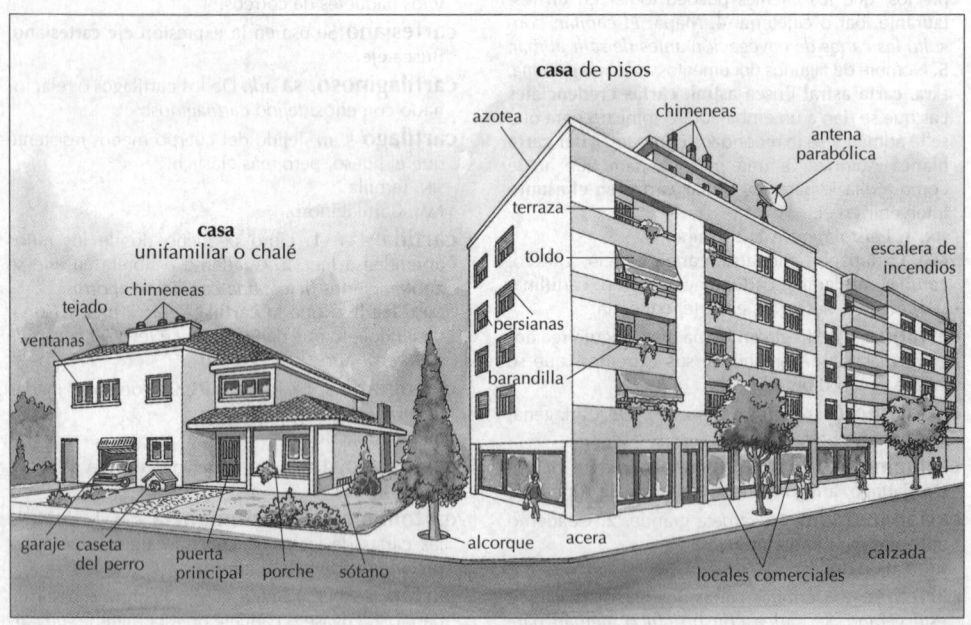

casa

*gado*. También, persona que es muy amiga de una familia: *Mis padres le consideran de la casa y le tratan como a un hijo*. **echar** o **tirar la casa por la ventana** Gastar mucho: *Cuando se casó su hija, tiró la casa por la ventana*. **empezar la casa por el tejado** Comenzar una cosa por el final, o hacerla en el orden contrario al normal. **en casa** En algunos deportes, indica que un equipo juega en su campo.

**SIN. 2.** Piso, domicilio. **4.** Linaje. **5.** Empresa, firma.
**FAM.** Caserío, casero, caserón, caseta, casilla, casino.

**casaca** *s. f.* **1.** Antigua vestidura masculina ajustada al cuerpo, parecida a una chaqueta, con faldones, que hoy se usa como prenda de uniforme. **2.** En la actualidad, nombre de diversas prendas, como chaquetas largas y abrigos cortos.

**casación** *s. f.* Anulación de una sentencia dada por un juez o por un tribunal.

**casadero, ra** *adj.* Que está en edad de casarse: *Tiene varias hijas casaderas*.

**casado, da** *adj.* y *s. m.* y *f.* Que ha contraído matrimonio.
**ANT.** Soltero.

**casamentero, ra** *adj.* y *s. m.* y *f.* Se dice de la persona a la que le gusta hacer todo lo posible por que los demás se casen.

**casamiento** *s. m.* **1.** Acción de casar o casarse. **2.** Ceremonia de la boda.
**SIN. 1.** y **2.** Matrimonio.

**casar** *v.* **1.** Unir en matrimonio un cura o un juez a un hombre y a una mujer. **2.** Ajustar una cosa con otra: *Como la tela tiene cuadros, hay que casarlos*. **3.** Hacer juego, quedar bien: *Esa chaqueta casa bien con la falda*. **4.** Estar de acuerdo: *La noticia que le dieron casaba con lo que él sabía*. || **casarse 5.** Contraer matrimonio: *Se casaron en la catedral*.
**SIN. 4.** Concordar, coincidir.
**FAM.** Casadero, casado, casamentero, casamiento, casorio.

**cascabel** *s. m.* Bola hueca de metal, con una ranura o agujero y un pedacito de hierro u otro material dentro, que al ser movida suena como una campanilla.
**FAM.** Cascabeleo, cascabelero.

**cascabeleo** *s. m.* Sonido de cascabeles u otro parecido: *Se escucha el cascabeleo de las mulillas en la plaza de toros*.
**SIN.** Campanilleo, tintineo.

**cascabelero, ra** *adj.* y *s. m.* y *f.* Que es alegre y un poco alocado.

**cascada** *s. f.* Caída del agua de un río o de otra corriente desde una altura.
**EXPR. en cascada** Una cosa detrás de la otra, en cadena.

**cascado, da** *adj.* **1.** Roto al partirse o al haberlo partido: *En la bolsa llegaron dos huevos cascados*.

**2.** Muy gastado, que ya no funciona bien: *Tu coche está cascado, deberías comprarte otro*. **3.** Se dice de la voz sin entonación y poco sonora. **4.** Se dice de la persona que ha trabajado mucho y tiene pocas energías.
**SIN. 3.** Ronco, quebrado. **ANT. 2.** Nuevo, flamante.

**cascajo** *s. m.* **1.** Trozos de piedras y otras cosas. **2.** Conjunto de frutos de cáscara seca, como avellanas, castañas, almendras, nueces. **3.** Cosa vieja, estropeada o que no sirve: *Ese frigorífico es un cascajo: no enfría nada*.
**EXPR. estar** una persona **hecha un cascajo** Estar muy envejecida, con pocas fuerzas y energías.
**SIN. 1.** Guijo. **3.** Trasto.

**cascanueces** *s. m.* Instrumento para partir nueces.
■ No varía en plural.

**cascar** *v.* **1.** Romper algo, especialmente la cáscara dura de algunos alimentos: *cascar huevos, nueces*. **2.** Estropear: *Si lo fuerzas, va a cascar el motor*. **3.** Pegar a una persona. **4.** Conversar o hablar en exceso: *Eduardo no para de cascar*. **5.** Dar o encargar a alguien algo malo o molesto: *Le cascaron una buena multa por correr con el coche*. **6.** Morir: *Estuvo a punto de cascar después del accidente*.
■ Delante de *e* se escribe *qu* en lugar de *c*: *Le casqué*.
**SIN. 1.** Partir. **3.** Zurrar, sacudir. **4.** Rajar. **5.** Encasquetar. **6.** Palmar, diñarla.
**FAM.** Cascado, cascajo, cascanueces, cáscara, cascarrabias, casco.

**cáscara** *s. f.* **1.** Corteza o cubierta exterior de huevos, frutas y otras cosas: *Pela la cáscara de la manzana*. || **¡cáscaras!** *interj.* **2.** Expresa sorpresa o enfado por algo: *¡Cáscaras, qué tarde se me ha hecho!*
**EXPR. no hay más cáscaras** Se usa para expresar que no hay más remedio u otra alternativa: *Se ha estropeado la tele; no hay más cáscaras que llamar al técnico*.
**SIN. 1.** Piel, monda.
**FAM.** Cascarilla, cascarón. / Descascarillarse.

**cascarilla** *s. f.* **1.** Cubierta fina y quebradiza que envuelve los cereales y algunos frutos secos: *Las almendras tienen una cascarilla debajo de la cáscara*. **2.** Lámina muy fina que recubre algunos objetos o superficies: *Se desprenden cascarillas de pintura de la pared*.

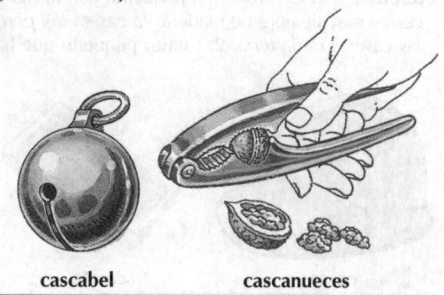

cascabel        cascanueces

**cascarón** *s. m.* Cáscara de huevo de cualquier ave. **EXPR. recién salido del cascarón** Se dice de la persona joven y sin experiencia.

**cascarrabias** *s. m.* y *f.* Persona que gruñe y se enfada mucho. ■ No varía en plural.

**cascarria** *s. f.* Salpicadura de barro que se pega y queda seca en la ropa.

**casco** *s. m.* **1.** Especie de sombrero resistente con el que se cubre y protege la cabeza, como el que llevan los bomberos, albañiles o los que van en moto. **2.** Recipiente para contener líquidos: *Echó los cascos vacíos a la basura.* **3.** Cada pedazo de un vaso o vasija cuando se ha roto: *Recogió los cascos de la taza de porcelana.* **4.** Uña de las caballerías. **5.** Un barco sin las máquinas, los palos y otras cosas. **6.** Parte de una ciudad o una población que se considera el centro: *Estuvimos paseando por el casco antiguo.* ‖ *s. m. pl.* **7.** Cabeza: *No te calientes más los cascos y decídete.* **8.** Auriculares para escuchar música. **EXPR. ligera de cascos** Se dice de la mujer frívola o inconstante con los hombres en asuntos amorosos, casquivana. **SIN. 2.** Envase, frasco, botella. **3.** Añicos, cacho. **4.** Pezuña. **FAM.** Cascote, casquería, casquete, casquillo, casquivano.

**cascote** *s. m.* **1.** Trozo de una construcción derribada. **2.** Conjunto de escombros.

**casera** *s. f.* Busca **gaseosa**.

**caserío** *s. m.* **1.** Grupo de casas que no llega a formar un pueblo. **2.** Casa de campo aislada.

**casero, ra** *adj.* **1.** Que se hace en casa o pertenece a ella: *Prefiere los postres caseros.* **2.** Se dice de la persona a la que le gusta mucho estar en casa: *Fernando es muy casero, sale poco.* ‖ *s. m.* y *f.* **3.** Propietario de una vivienda que alquila su casa; también, el administrador de esa vivienda. **4.** Persona que cuida de una casa y vive en ella cuando está ausente el dueño. **SIN. 1.** Doméstico, familiar. **2.** Hogareño. **3.** Arrendador.

**caserón** *s. m.* Casa grande y destartalada.

**caseta** *s. f.* **1.** Construcción pequeña, con forma de casa y casi siempre de madera: *la caseta del perro, las casetas de la feria.* **2.** Cuarto pequeño que hay en balnearios, playas, piscinas e instalaciones deportivas para cambiarse de ropa. **SIN. 2.** Cabina.

**casete** *s. m.* **1.** Aparato para grabar o reproducir sonidos. ‖ *s. amb.* **2.** Cajita de plástico con una cinta magnética para grabar y reproducir el sonido mediante el aparato que se menciona arriba. **FAM.** Radiocasete, videocasete.

**casi** *adv.* **1.** Cerca de, aproximadamente: *Llevo casi tres meses sin ir a la sierra. Nos hemos reunido casi la mitad de la familia.* **2.** Por poco: *Casi me mareo en el autobús.*

**casilla** *s. f.* **1.** Casa pequeña y aislada, por ejemplo del guarda de un paso a nivel. **2.** Cada una de las divisiones de los tableros de algunos juegos, como las damas o el ajedrez. **3.** Cada una de las divisiones que tienen otras cosas, como las que se hacen en algunos muebles y cajas. **4.** Espacio que hay en algunos papeles y documentos para escribir algo: *En esa casilla del impreso pon los años que tienes.* **EXPR. sacar** a uno **de sus casillas** Hacerle perder la paciencia: *Este chico, cuando se pone a jugar en casa con el balón, me saca de mis casillas.* **FAM.** Casillero. / Encasillar.

**casillero** *s. m.* Mueble con varias divisiones para tener ordenados o clasificados papeles u otros objetos.

**casino** *s. m.* **1.** Local para los juegos de azar: *Fueron al casino a jugar a la ruleta.* **2.** Local de una asociación en el que se reúnen sus miembros para hablar, leer, divertirse: *Fueron al baile del casino.*

**caso** *s. m.* **1.** Suceso: *En el caso del robo de la joyería la policía no tiene pistas.* **2.** Situación o circunstancia en que alguien se encuentra: *Yo, en tu caso, no lo haría.* **3.** Posibilidad de que algo ocurra: *En el caso de que venga Enrique, seremos cuatro.* **4.** Asunto: *Ese abogado está ocupándose de un caso muy interesante.* **5.** Cada vez que se produce una enfermedad en una o más personas: *En el colegio ha habido muchos casos de gripe.* **EXPR. en todo** (o **en cualquier**) **caso** Sea como sea: *Dijo que vendría a verme, pero en todo caso me avisaría antes.* **en último caso** Si no queda otro remedio: *En último caso, si no encuentro el libro, me compraré otro.* **hacer caso** Escuchar, prestar atención: *Le estás hablando y no te está haciendo caso.* También, obedecer: *Haz caso al médico y tómate las pastillas.* **ser** una persona **un caso** Ser especial o rara, tener algún defecto muy llamativo: *Carmen es un caso: ni un solo día llega puntual.* **SIN. 1.** Acontecimiento. **4.** Cuestión, materia. **FAM.** Casual, casuística. / Acaso.

**casorio** *s. m.* Boda, matrimonio.

**caspa** *s. f.* Escamilla de color blanco que se forma en la piel de la cabeza.

casco      casete

**casquería** *s. f.* **1.** Tienda en la que se venden tripas y vísceras de animales para comerlas, como sesos, criadillas, riñones, corazón. **2.** Estas tripas y vísceras: *El médico me ha prohibido comer casquería.*

**casquete** *s. m.* Gorro de tela o cuero que se ajusta a la cabeza.
**EXPR. casquete polar** En el globo de la Tierra, parte que está entre el círculo polar y cada uno de los polos.
**FAM.** Encasquetar.

**casquillo** *s. m.* **1.** Parte metálica en la que se mete o enrosca una bombilla eléctrica. **2.** Cartucho metálico vacío de un arma de fuego. **3.** Anillo o abrazadera de metal.
**FAM.** Encasquillarse.

**casquivano, na** *adj.* y *s. m.* y *f.* **1.** Persona alocada, poco juiciosa. || *adj.* y *s. m.* y *f.* **2.** Mujer que no es formal con los hombres en asuntos amorosos.
**SIN. 2.** Frívola.

**casta** *s. f.* **1.** Ascendencia o linaje de una persona o animal. **2.** Parte de la población de un país que no se mezcla con el resto por diversos motivos, como la riqueza, la pobreza, la raza o la religión.
**FAM.** Castizo. / Descastado.

**castaña** *s. f.* **1.** Fruto del castaño, cubierto de una cáscara de color marrón oscuro. **2.** Pelo recogido en forma de moño que se hacen las niñas y las mujeres. **3.** Torta, golpe: *Se dio una castaña contra un árbol.* **4.** Borrachera. **5.** Cosa aburrida: *Esta película es una castaña.* **6.** Cosa que no funciona bien o es de mala calidad.
**EXPR. castaña pilonga** La que se ha secado al humo y se guarda todo el año.
**SIN. 3.** Castañazo, porrazo, tortazo. **4.** Cogorza, trompa, curda. **5.** Rollo, tostón, petardo.
**FAM.** Castañar, castañazo, castañero, castañeta, castañetear, castaño, castañuela. / Acastañado.

**castañar** *s. m.* Terreno en el que hay castaños.

**castañazo** *s. m.* Torta, golpe: *Esos dos coches se han dado un buen castañazo.*
**SIN.** Castaña, porrazo, tortazo.

**castañero, ra** *s. m.* y *f.* Persona que vende castañas.

**castañeta** *s. f.* **1.** Chasquido que se produce al juntar la yema del dedo medio con la del pulgar y hacerla resbalar bruscamente para que choque con la palma de la mano. **2.** Castañuela.

**castañetear** *v.* **1.** Tocar las castañuelas. **2.** Sonarle a una persona los dientes al dar los de una mandíbula contra los de la otra: *Tenía tanto frío que le castañeteaban los dientes.*

**castaño, ña** *adj.* y *s. m.* **1.** Del color de la cáscara de la castaña: *Arancha tiene los ojos castaños. El castaño es un color que te favorece mucho.* || *adj.* y *s. m.* y *f.* **2.** Se dice de las personas que tienen el cabello de ese color. || *s. m.* **3.** Árbol de tronco grueso, copa ancha y redonda, hojas grandes en forma de lanza, que tienen en sus bordes una serie de picos, flores blancas y frutos parecidos al erizo, y cuya semilla es la castaña.
**EXPR. pasar de castaño oscuro** Ser algo intolerable o muy grave: *Su mal comportamiento ya pasa de castaño oscuro.*
**SIN. 2.** Marrón.

**castañuela** *s. f.* Instrumento formado por dos piezas redondeadas, de madera, que se hacen sonar golpeando una con los dedos para que choque con la otra.
**EXPR. estar** o **ponerse** alguien **como unas castañuelas** Estar muy contento: *Ha recibido muchos regalos y está como unas castañuelas.*

**castellanizar** *v.* Dar forma castellana a una palabra de otro idioma: *La palabra «chalé» viene del francés «chalet», pero se ha castellanizado.* ■ Delante de *e* se escribe *c* en lugar de *z*: se castellanice.

**castellano, na** *adj.* y *s. m.* y *f.* **1.** De Castilla, región de España. || *s. m.* **2.** Español, lengua que se habla en España y en los países de América que España descubrió.
**FAM.** Castellanizar, castellano-leonés, castellano-manchego.

**castellano-leonés, sa** *adj.* y *s. m.* y *f.* De Castilla y León, comunidad autónoma de España.

**castellano-manchego, ga** *adj.* y *s. m.* y *f.* De Castilla-La Mancha, comunidad autónoma de España.

**castellonense** *adj.* y *s. m.* y *f.* De Castellón de la Plana, ciudad de España, o de su provincia.

**casticismo** *s. m.* Gusto por lo típico, auténtico o tradicional de un lugar, sobre todo en el lenguaje.

**castidad** *s. f.* Virtud de las personas que renuncian a tener relaciones sexuales o en estas relaciones siguen ciertas normas morales o religiosas.
**SIN.** Pureza. **ANT.** Lujuria.
**FAM.** Casto.

**castigador, ra** *adj.* y *s. m.* y *f.* **1.** Que castiga. **2.** Persona a la que se le da bien enamorar a otras.
**SIN. 2.** Seductor, conquistador.

**castigar** *v.* Poner un castigo. ■ Delante de *e* se escribe *gu* en lugar de *g*: *Le castigué sin salir por hacer travesuras.*
**FAM.** Castigador, castigo.

**castigo** *s. m.* Pena o daño que se hace sufrir al que no ha actuado bien o ha cometido alguna falta o delito.

**castillo** *s. m.* Antigua edificación de piedra, fortificada y rodeada de murallas, baluartes, fosos y otras obras defensivas. (Puedes ver su ilustración en la página siguiente).
**EXPR. castillo de fuegos artificiales** Montaje de fuegos artificiales. **castillos en el aire** Ilusiones o esperanzas que alguien tiene sin motivo.
**FAM.** Castellano. / Encastillarse.

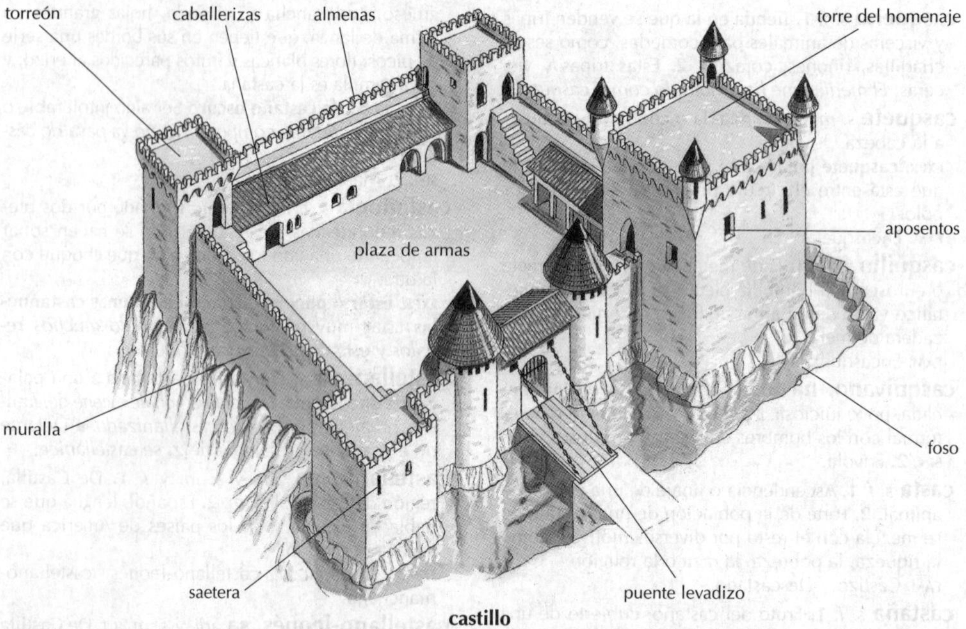

torreón  caballerizas  almenas  torre del homenaje

aposentos

plaza de armas

muralla  foso

saetera  puente levadizo

**castillo**

---

**casting** *s. m.* Prueba para escoger a los actores de una película, de un programa de televisión, de un anuncio. ■ Es una palabra inglesa.

**castizo, za** *adj.* **1.** Típico, auténtico de un país o región: *En los pueblos se conservan muchas costumbres castizas.* **2.** Se dice del lenguaje puro, que no emplea palabras ni expresiones extranjeras. FAM. Casticismo.

**casto, ta** *adj.* y *s. m.* y *f.* Que tiene castidad o la demuestra. SIN. Puro. ANT. Lujurioso.

**castor** *s. m.* Mamífero roedor de unos 80 cm de longitud, cuerpo grueso, cubierto de pelo castaño, patas cortas y cola aplastada. Construye su vivienda a orillas de los ríos y lagos. Su piel es muy estimada.

**castración** *s. f.* Acción de castrar.

**castrar** *v.* Quitarle a una persona o animal los órganos genitales o dejárselos inútiles. SIN. Capar. FAM. Castración.

**castrense** *adj.* Propio del ejército o que pertenece a él.

**castro** *s. m.* Fortificación de los celtíberos. FAM. Castrense.

**casual** *adj.* Que ocurre o se produce por casualidad: *Fue casual que nos encontrásemos en París.* SIN. Imprevisto, accidental. ANT. Previsto. FAM. Casualidad, casualmente.

**casualidad** *s. f.* Hecho de que algo ocurra sin haberlo previsto: *Es una casualidad que tú y yo vivamos en el mismo barrio.* SIN. Coincidencia; azar, suerte.

**casualmente** *adv.* **1.** Por casualidad: *Pasaba casualmente por aquí y decidí visitarte.* **2.** Precisamente; se usa para reafirmar o contradecir lo que otro dice: *Casualmente, yo iba a decir lo mismo.*

**casuario** *s. m.* Ave corredora de gran tamaño, patas fuertes, con una especie de cresta azulada en la cabeza, que no puede volar. Vive en Australia y Nueva Guinea.

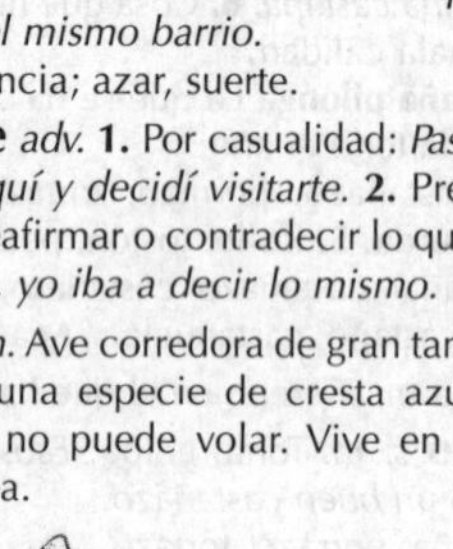

**casuario**

---

**casuística** *s. f.* Conjunto de casos o situaciones particulares que pueden darse en un asunto o en una materia: *La casuística con la que se encuentran los médicos es muy variada.*

**casulla** *s. f.* Vestidura abierta por arriba y por los lados que se pone el sacerdote encima del resto de la ropa para decir misa.

**cata** *s. f.* Acción de catar o probar una cosa: *la cata del vino.*

**cataclismo** *s. m.* **1.** Catástrofe enorme, como un terremoto o la erupción de un volcán. **2.** Gran trastorno político, económico o social.

**catacumbas** *s. f. pl.* Galerías subterráneas que los primitivos cristianos utilizaban para enterrar a sus muertos y hacer sus cultos y ceremonias religiosas, en la época en que eran perseguidos, sobre todo en Roma.

**catador, ra** *s. m. y f.* Persona que cata.

**catadura** *s. f.* Aspecto de una persona, sobre todo cuando es malo: *No me gusta la catadura de la gente con que te juntas.*

**catafalco** *s. m.* Armazón adornado y cubierto de negro que imita un sepulcro o ataúd y que se coloca en las iglesias en algunos funerales.

**catalán, na** *adj. y s. m. y f.* De Cataluña, comunidad autónoma de España. ‖ *s. m.* **2.** Lengua hablada en Cataluña y en otras regiones.

**catalejo** *s. m.* Anteojo que sirve para ver a larga distancia.

**catalepsia** *s. f.* Enfermedad nerviosa que hace que una persona se quede de repente inmóvil y rígida y no sienta nada.
**FAM.** Cataléptico.

**cataléptico, ca** *adj.* De la catalepsia o que sufre catalepsia.

**catalina** *s. f.* Caca, excremento.

**catalogar** *v.* **1.** Hacer un catálogo de libros, manuscritos u otras cosas. **2.** Considerar, juzgar: *En clase le catalogan de empollón.* ▪ Delante de *e* se escribe *gu* en lugar de *g*: *catalogué.*
**SIN. 1.** y **2.** Clasificar.

**catálogo** *s. m.* Lista de personas o cosas puestas en orden o por clases: *En la tienda le dieron un catálogo de bicicletas.*
**SIN.** Inventario, registro, clasificación.
**FAM.** Catalogar. / Descatalogar.

**catamarán** *s. m.* Barco muy ligero y rápido, formado por una plataforma que se apoya sobre dos cascos alargados.

**cataplasma** *s. f.* **1.** Medicamento externo y blando que se aplica en alguna parte del cuerpo con distintos fines, por ejemplo para ablandar una inflamación. **2.** Persona pesada y quejica: *¡Qué cataplasma eres! Hoy te quejas de que hace frío y ayer de que hacía calor.*

**cataplines** *s. m. pl.* Testículos.

**catapulta** *s. f.* **1.** Máquina militar antigua para lanzar piedras o flechas. **2.** Mecanismo que da impulso a los aviones para hacer que despeguen en espacios pequeños.
**FAM.** Catapultar.

**catapultar** *v.* **1.** Lanzar aviones con catapulta. **2.** Hacer que alguien triunfe rápidamente: *Ese disco catapultó al cantante a la fama.*
**SIN. 2.** Elevar. **ANT. 2.** Hundir, arruinar.

**catar** *v.* Probar una cosa, sobre todo para ver a qué sabe.
**FAM.** Cata, catador, catadura, catalejo, catavino.

**catarata** *s. f.* **1.** Agua de un río que cae desde una altura muy grande. **2.** Especie de telilla que se forma a veces en el cristalino del ojo y va produciendo ceguera.

catarata

**catarral** *adj.* Del catarro: *molestia catarral.*

**catarro** *s. m.* Enfermedad leve por inflamación de las mucosas de las vías respiratorias y que produce tos y aumento de moco.
**SIN.** Constipado, resfriado.
**FAM.** Catarral, catarroso. / Acatarrarse.

**catarroso, sa** *adj. y s. m. y f.* Que tiene catarro: *Tengo la voz ronca porque estoy catarroso.*
**SIN.** Constipado, resfriado.

**catastral** *adj.* Del catastro: *registro catastral.*

**catastro** *s. m.* Lista de las casas y terrenos de un lugar, en la que se indica también quiénes son sus propietarios y otras características.
SIN. Censo.
FAM. Catastral.

**catástrofe** *s. f.* Suceso o accidente que produce grandes daños: *El terremoto provocó una catástrofe.*
SIN. Desastre, calamidad, cataclismo, hecatombe.
FAM. Catastrófico, catastrofista.

**catastrófico, ca** *adj.* Desastroso, parecido a lo que produce una catástrofe.

**catastrofista** *adj.* y *s. m.* y *f.* Que es muy pesimista y siempre está anunciando males o desgracias: *A pesar de lo que decían los más catastrofistas, la tormenta ha causado pocos destrozos.*
SIN. Agorero, cenizo. ANT. Optimista.

**catatónico, ca** *adj.* y *s. m.* y *f.* **1.** Que se encuentra en un estado de inmovilidad y falta de voluntad producido por una enfermedad psiquiátrica. || *adj.* **2.** Muy impresionado o sorprendido, sin poder reaccionar: *Al enterarme de la noticia me quedé catatónica.*

**catavino** *s. m.* **1.** Vaso pequeño o copa para probar el vino. **2.** Tubito para sacar un poco de vino de los toneles. || **catavinos** *s. m.* y *f.* **3.** Persona que cata vinos. ■ Con los significados **1** y **2**, se usa también la forma *catavinos* para el singular. La forma *catavinos* no varía en plural.
SIN. **3.** Catador.

**catchup** *s. m.* Busca **ketchup**.

**cate** *s. m.* **1.** Bofetada o golpe: *Como sigas molestándome, te voy a dar un cate.* **2.** Entre estudiantes, suspenso: *En esta evaluación Carlos ha sacado cuatro cates.*
SIN. **1.** Bofetón, tortazo, sopapo. **2.** Calabaza. ANT. **2.** Aprobado.
FAM. Catear.

**catear** *v.* Sacar un cate o suspenso en un examen o asignatura: *Me han cateado en el ejercicio de gimnasia.*
SIN. Cargar, tirar, tumbar.

**catecismo** *s. m.* Libro en que se explican las cosas principales de la religión cristiana; suele estar escrito en forma de preguntas y respuestas.
FAM. Catequesis.

**catecúmeno, na** *s. m.* y *f.* Persona que recibe catequesis como preparación para el bautismo.

**cátedra** *s. f.* **1.** Puesto de catedrático: *Después de varios exámenes consiguió la cátedra de Lengua.* **2.** Departamento encargado de la enseñanza de una asignatura en algunos centros como las universidades: *Se han reunido los profesores de la cátedra de Física.*
EXPR. **sentar cátedra** Hablar de alguna cosa aparentando saber mucho, aunque no sea verdad: *No le soporto, cada vez que dice algo, sienta cátedra.*
FAM. Catedral, catedrático.

**catedral** *s. f.* Iglesia de gran tamaño que es la principal de una diócesis y está a cargo de un obispo.
FAM. Catedralicio.

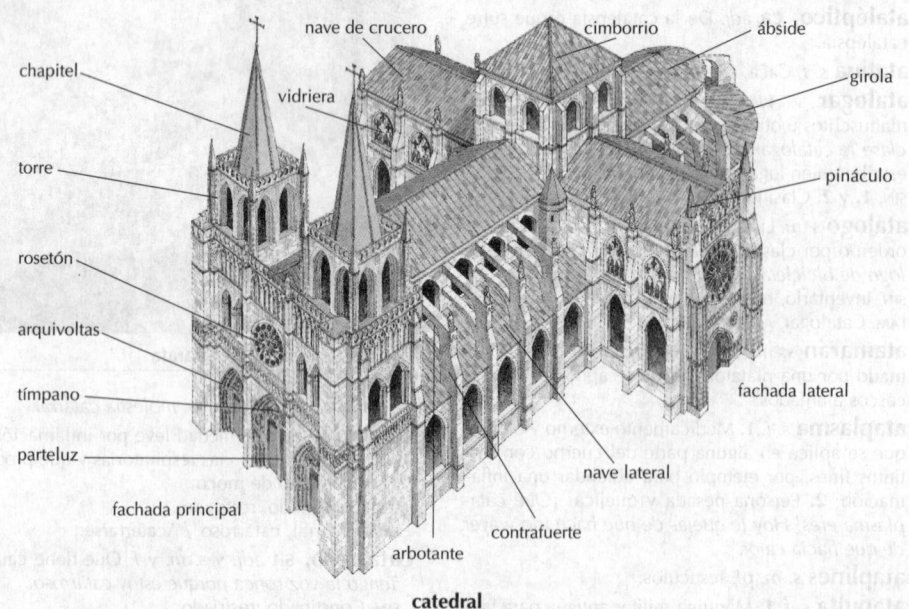

chapitel · vidriera · torre · rosetón · arquivoltas · tímpano · parteluz · fachada principal · arbotante · nave de crucero · cimborrio · ábside · girola · pináculo · fachada lateral · nave lateral · contrafuerte

catedral

**catedralicio, cia** *adj.* De la catedral: *El cabildo catedralicio lo forman los sacerdotes que gobiernan la diócesis junto con el obispo.*

**catedrático, ca** *s. m.* y *f.* Profesor de categoría más alta en institutos de bachillerato y universidades.

**categoría** *s. f.* **1.** Cada uno de los grupos en que se divide un conjunto de personas o cosas por su importancia o por alguna característica común: *Paco juega en un equipo de fútbol de categoría juvenil.* **2.** Importancia o valor: *Se ha comprado un coche de categoría.* **3.** En gramática, cada una de las clases de palabras de una lengua, por ejemplo *sustantivo, adjetivo* o *verbo.*
**SIN. 1.** Clase, estrato, nivel, escala, rango.
**FAM.** Categórico.

**categórico, ca** *adj.* Que dice o manifiesta algo de manera clara y sin ninguna duda: *Su contestación fue categórica, no quería ir con ellos.*
**SIN.** Rotundo, terminante, tajante, contundente. **ANT.** Ambiguo, indeciso.

**catequesis** *s. f.* Enseñanza de la religión cristiana, sobre todo como preparación para el bautismo, la primera comunión u otro sacramento. ■ No varía en plural.
**FAM.** Catecúmeno, catequista, catequizar.

**catequista** *s. m.* y *f.* Persona que da catequesis.

**catequizar** *v.* Enseñar una doctrina, y sobre todo la religión cristiana. ■ Delante de *e* se escribe *c* en lugar de *z*: *catequice.*
**SIN.** Evangelizar, predicar.

**catering** *s. m.* Servicio que consiste en preparar y servir comidas listas para comer, como las que se dan a los pasajeros en los aviones. ■ Es una palabra inglesa. Su plural es *caterings.*

**caterva** *s. f.* Grupo de muchas personas o cosas desordenadas: *Una caterva de chicos iba armando jaleo por las calles.*
**SIN.** Multitud, muchedumbre, tropel.

**catéter** *s. m.* Tubo que usan los médicos para desatascar o examinar conductos o cavidades del cuerpo humano.
**FAM.** Cateterismo.

**cateterismo** *s. m.* Introducción de un catéter o tubito por un conducto del cuerpo de un paciente para explorarlo o para curarlo.

**cateto** *s. m.* Cada uno de los dos lados que forman el ángulo recto de un triángulo rectángulo.

**cateto, ta** *adj.* y *s. m.* y *f.* Se dice de la persona tosca y de poca cultura.
**SIN.** Paleto, palurdo. **ANT.** Instruido, refinado.

**catión** *s. m.* Ion con carga eléctrica positiva.
**ANT.** Anión.

**catódico, ca** *adj.* Del cátodo.
**EXPR. rayos catódicos** En los televisores y otros aparatos, conjunto de electrones emitidos por un cátodo

que son atraídos por un ánodo y se precipitan sobre una pantalla fluorescente, produciendo los puntos luminosos que forman la imagen.

**cátodo** *s. m.* Polo negativo de una pila o generador eléctrico.
**ANT.** Ánodo.
**FAM.** Catódico.

**catolicismo** *s. m.* Religión cristiana de la Iglesia católica romana que tiene como máxima autoridad al papa.
**FAM.** Católico.

**católico, ca** *adj.* y *s. m.* y *f.* Relacionado con el catolicismo o que sigue esa religión.
**EXPR. no estar** alguien **muy católico** No encontrarse bien de salud.

**catorce** *num.* **1.** Diez más cuatro: *He invitado al cumpleaños a catorce amigos.* **2.** Que sigue por orden al trece: *En el concurso quedamos en el puesto catorce.* ‖ *s. m.* **3.** Conjunto de signos que representan este número.
**FAM.** Catorceavo.

**catorceavo, va** *num.* y *s. m.* Se dice de cada una de las catorce partes iguales en que se divide una cosa. ■ No confundir con *decimocuarto,* 'que ocupa por orden el número catorce'.

**catre** *s. m.* Cama muy simple, para una sola persona.

**catsup** *s. m.* Busca **ketchup.**

**caucasiano, na** *adj.* y *s. m.* y *f.* Del Cáucaso, cordillera de Europa.
**SIN.** Caucásico.

**caucásico, ca** *adj.* y *s. m.* y *f.* **1.** Caucasiano, del Cáucaso. **2.** Se dice de la raza blanca.

**cauce** *s. m.* **1.** Camino por donde corre el agua de los ríos o la que se utiliza para otros usos como el riego. **2.** Todo aquello que hay que hacer para realizar algo: *El cauce normal para participar en el concurso es enviar una carta al programa.*
**SIN. 1.** Lecho, madre, reguera. **2.** Trámite.
**FAM.** Encauzar.

**caucho** *s. m.* Sustancia elástica, resistente e impermeable hecha con la savia de algunas plantas tropicales; se usa por ejemplo para fabricar ruedas de coches o materiales aislantes.
**FAM.** Recauchutar.

**caudal**[1] *s. m.* **1.** Cantidad de agua que lleva un río o que pasa por una tubería u otro conducto: *Los arroyos suelen tener poco caudal.* **2.** Cantidad de dinero o riquezas que tiene una persona o un grupo.
**SIN. 2.** Capital, fortuna.
**FAM.** Caudaloso. / Acaudalado.

**caudal**[2] *adj.* De la cola o relacionado con ella: *La aleta caudal de los peces les sirve para impulsarse.*

**caudaloso, sa** *adj.* Se dice de los ríos que llevan mucha agua.

**caudillaje** *s. m.* **1.** Mando de un caudillo. **2.** En Hispanoamérica, caciquismo.

**caudillo** *s. m.* Jefe de un grupo de gente, sobre todo en la guerra.
SIN. Cabecilla, adalid.
FAM. Caudillaje. / Acaudillar.

**causa** *s. f.* **1.** Lo que hace que algo se produzca: *Un semáforo estropeado era la causa del atasco. Faltó unos días a causa de su enfermedad.* **2.** Aquello en lo que alguien cree y por lo que se esfuerza: *Esa asociación trabaja por la causa de la paz en el mundo.* **3.** Conjunto de acciones que realiza un juez o tribunal en algún asunto.
SIN. **1.** Origen, razón. **2.** Empeño. **3.** Proceso, caso, litigio.
FAM. Causal, causalidad, causante, causar. / Encausar.

**causal** *adj.* Se dice de la oración que expresa la causa de lo que se dice en otra; por ejemplo, en *No vino porque no quiso, porque no quiso* es una oración causal. También se dice de las conjunciones con que suelen empezar esas oraciones, como *porque.*

**causalidad** *s. f.* Relación que existe entre algo y la causa que lo produce.

**causante** *adj. y s. m. y f.* Que causa algo: *El mal tiempo fue el causante de que no pudiéramos salir.*

**causar** *v.* Hacer que algo suceda o aparezca: *La huelga de autobuses causó muchas molestias a la gente.*
SIN. Producir, ocasionar, originar, provocar, motivar.
ANT. Evitar.

**cáustico, ca** *adj. y s. m.* **1.** Se dice de las sustancias que queman o destruyen los tejidos del cuerpo, como la lejía o la sosa. **2.** Que muestra burla, ironía y algo de mala intención: *Es demasiado cáustico haciendo críticas.*
SIN. **1.** Corrosivo. **2.** Sarcástico, mordaz.

**cautela** *s. f.* Cuidado con que se hace algo para evitar un peligro o para que los demás no se den cuenta: *Los bomberos entraron con gran cautela en el edificio después del incendio.*
SIN. Precaución, prudencia, tiento. ANT. Imprudencia, descuido.
FAM. Cautelar, cauteloso.

**cautelar** *adj.* Que sirve para prevenir un mal o evitar que algo ocurra: *Este año hay mucha gripe y recomiendan vacunarse como medida cautelar.*
SIN. Preventivo.

**cauteloso, sa** *adj.* Se dice de la persona que actúa con cautela; también se dice de sus actos.
SIN. Prudente, cauto, prevenido. ANT. Imprudente, incauto.

**cauterizar** *v.* Poner sobre una herida o sobre una venita rota algo que queme para que no se infecte o siga saliendo sangre. ■ Delante de *e* se escribe *c* en lugar de *z*: *cauterice.*
SIN. Quemar.

**cautivador, ra** *adj.* Que cautiva o atrae de manera irresistible: *La actriz principal de la película tiene una mirada cautivadora.*
SIN. Encantador.

**cautivar** *v.* **1.** Coger prisionero a alguien, sobre todo al enemigo en la guerra. **2.** Atraer a alguien de manera irresistible: *Julián cautivó a todos con su simpatía.*
SIN. **1.** Apresar, capturar, prender. **2.** Conquistar, encantar, fascinar, seducir. ANT. **1.** Liberar, libertar. **2.** Aburrir.

**cautiverio** *s. m.* Estado de la persona que se encuentra cautiva: *Los prisioneros estuvieron en cautiverio casi un mes.*
SIN. Cautividad, prisión.

**cautividad** *s. f.* Situación de la persona o el animal que se encuentra cautivo: *Algunas fieras salvajes no se acostumbran nunca a vivir en cautividad.*
SIN. Cautiverio. ANT. Libertad.

**cautivo, va** *adj. y s. m. y f.* **1.** Se dice de la persona o animal al que se tiene prisionero o encerrado en algún lugar: *Los cautivos vivían en los calabozos de los sótanos del castillo.* **2.** Que se siente muy atraído por alguien o algo: *La belleza del paisaje le tenía cautivo.*
SIN. **1.** Prisionero. ANT. **1.** Libre.
FAM. Cautivador, cautivar, cautiverio, cautividad.

**cauto, ta** *adj.* Que actúa con cuidado y astucia.
SIN. Cauteloso, prudente. ANT. Imprudente.
FAM. Cautela. / Incautarse, incauto.

**cava** *s. f.* **1.** Lugar bajo tierra donde se guardan los vinos para que tomen mejor sabor: *En Cataluña hay importantes cavas de vinos espumosos.* **2.** Acción de cavar: *Ya es tiempo de hacer la cava de las viñas.* **3.** Cada una de las dos grandes venas que conducen la sangre venosa al corazón. || *s. m.* **4.** Vino blanco espumoso que termina su elaboración en bodegas subterráneas dentro de la misma botella.
SIN. **1.** Bodega.

**cavar** *v.* **1.** Remover la tierra, sobre todo para plantar algo y cultivarla: *Hay que cavar un poco la tierra para plantar las patatas.* **2.** Hacer un hoyo: *Cavaron una zanja para meter la tubería del agua.*
SIN. **2.** Excavar.
FAM. Cava, cavidad. / Excavar.

**caverna** *s. f.* Cueva profunda bajo tierra o entre rocas: *Los hombres prehistóricos vivían en cavernas.*
SIN. Gruta.
FAM. Cavernario, cavernícola, cavernoso.

**cavernario, ria** *adj.* **1.** De la caverna. **2.** Se dice del hombre prehistórico que vivía en cavernas.

**cavernícola** *adj. y s. m. y f.* **1.** Que vive en cavernas: *Los cavernícolas pintaban animales en el interior de sus cuevas.* **2.** De ideas o costumbres anticuadas.

**SIN. 1.** Troglodita. **2.** Retrógrado, carca. **ANT. 2.** Progresista, moderno.

**cavernoso, sa** *adj.* **1.** Que tiene cavernas: *Los espeleólogos buscan los terrenos cavernosos para explorarlos.* **2.** Se dice de la voz o los sonidos sordos y roncos: *Fuma mucho y tiene una tos cavernosa.*

**caviar** *s. m.* Huevas de un pez llamado *esturión* que se preparan con sal y son un alimento muy apreciado.

**cavidad** *s. f.* Espacio hueco en un cuerpo u objeto: *En las peñas se forman a veces cavidades redondeadas.*
**SIN.** Hueco, concavidad.

**cavilación** *s. f.* Acción de cavilar: *Óscar estaba metido en sus cavilaciones y no se enteró de que llamaban a la puerta.*
**SIN.** Reflexión, pensamiento.

**cavilar** *v.* Pensar mucho en algo: *Alberto estuvo mucho tiempo cavilando para resolver el ejercicio de lengua.*
**SIN.** Reflexionar, discurrir, meditar.
**FAM.** Cavilación, caviloso.

**caviloso, sa** *adj.* Que piensa mucho en algo: *Últimamente anda caviloso dándole vueltas a sus preocupaciones.*
**SIN.** Pensativo.

**cayado** *s. m.* Bastón curvado por la parte de arriba, que usan sobre todo los pastores. ■ No confundir con *callado*, del verbo *callar.*

**cayena** *s. f.* Condimento muy picante que se saca del guindillo de Indias.

**cayo** *s. m.* Isla llana y arenosa, como las que hay en el Caribe y en el golfo de México: *los cayos de Cuba, los cayos de Florida.*

**caza** *s. f.* **1.** Acción de cazar: *A mi padre le gusta mucho ir de caza.* **2.** Animales que se pueden cazar o se han cazado: *En ese monte hay mucha caza. En ese restaurante preparan muy bien la caza.* || *s. m.* **3.** Avión de combate, pequeño y muy rápido.
**EXPR. caza mayor** La de animales grandes, como ciervos, lobos o jabalíes. **caza menor** La de animales pequeños, como conejos, palomas o perdices. || **a la caza** de algo Tratando de conseguirlo: *Anda a la caza de un puesto en el equipo.* **dar caza** a alguien o algo Alcanzarlo después de haberlo perseguido: *El pelotón de ciclistas dio caza al escapado.*
**SIN. 1.** Cacería.

**cazabombardero** *adj.* y *s. m.* Avión de guerra que puede combatir contra otros aviones y también lanzar bombas sobre un objetivo.

**cazador, ra** *adj.* y *s. m.* y *f.* Que caza: *Los galgos son perros cazadores. El cazador no consiguió darle a la perdiz.*

**cazadora** *s. f.* Especie de chaqueta amplia que se ajusta a la cintura o a la cadera.

**cazadotes** *s. m.* Hombre que intenta casarse con una mujer rica. ■ No varía en plural.
**SIN.** Cazafortunas.

**cazafortunas** *s. m.* y *f.* Persona que intenta casarse con otra por su dinero. ■ No varía en plural.
**SIN.** Cazadotes.

**cazalla** *s. f.* Aguardiente seco, como el que se fabrica en Cazalla de la Sierra, pueblo de Sevilla.

**cazar** *v.* **1.** Buscar animales para matarlos o apresarlos: *En el safari cazaron un león y lo llevaron al zoo.* **2.** Pillar a alguien en un error o haciendo algo que quería ocultar: *Te cacé comiéndote mis galletas.* ■ Delante de *e* se escribe *c* en lugar de *z*: *No cacé nada.*
**SIN. 1.** Coger, atrapar, capturar.
**FAM.** Cacería, caza, cazabombardero, cazador, cazadora, cazadotes, cazafortunas, cazatalentos, cazavirus.

**cazatalentos** *s. m.* y *f.* Persona que se dedica a buscar profesionales, especialistas o artistas para empresas que los necesitan: *Un cazatalentos descubrió al joven cantante y lo contrató para una casa discográfica.* ■ No varía en plural.

**cazavirus** *adj.* y *s. m.* Antivirus, programa informático que sirve para buscar y eliminar virus. ■ No varía en plural.

**cazo** *s. m.* **1.** Recipiente de cocina con mango que se emplea sobre todo para cocer. **2.** Utensilio de cocina en forma de media esfera y con un mango largo, que sirve para coger o servir líquidos como la sopa. **3.** Persona fea.
**SIN. 2.** Cucharón. **3.** Callo, adefesio.
**FAM.** Cacerola, cacillo, cazoleta, cazuela.

**cazoleta** *s. f.* **1.** Recipiente pequeño parecido a un cazo o a una cazuela. **2.** Pieza en forma de media esfera, como la que tienen algunas espadas para proteger la mano.

**cazón** *s. m.* Pez marino comestible, de piel áspera y dientes cortantes, que mide unos dos metros de largo: *En Andalucía se come mucho el cazón en adobo.*

**cazuela** *s. f.* Recipiente de cocina con la parte de abajo circular y más ancho que alto, que se utiliza para guisar.
**EXPR. a la cazuela** Se dice de algunos alimentos guisados en ese recipiente: *conejo a la cazuela.*
**SIN.** Cacerola, olla.

**cazurro, rra** *adj.* y *s. m.* y *f.* **1.** Se dice de la persona que habla poco y parece que no hace nada, pero que en realidad es muy astuta y actúa según le conviene. **2.** Bruto, de poca inteligencia.
**SIN. 2.** Tonto, burro, zoquete. **ANT. 1.** Confiado, sencillo. **2.** Listo, inteligente.

**CD-ROM** *s. m.* Primeras letras del inglés *Compact Disc Read Only Memory*, 'disco compacto con memoria únicamente de lectura'. Es un disco compacto en el que se puede leer, mediante un lector adecuado, gran cantidad de información digitalizada, como música o programas informáticos. ■ Se suele abreviar como *CD* y también se escribe *cederrón*.

**cebada** *s. f.* Cereal parecido al trigo y al centeno, pero menos alto y con las hojas más anchas. Se utiliza como alimento, sobre todo para el ganado, y para fabricar cerveza.

**cebar** *v.* **1.** Dar mucha comida a los animales para que engorden rápidamente. **2.** Echar el combustible necesario o preparar una máquina o algún mecanismo para que funcione: *Hay que cebar la caldera con bastante leña para que caliente bien.* **3.** En Argentina, Chile, Paraguay y Uruguay, preparar una infusión de mate. || **cebarse 4.** Ser demasiado duro o cruel con alguien: *El chico mayor se cebó con el pequeño y no dejaba de fastidiarle.*
SIN. **1.** Engordar, hinchar. **2.** Alimentar. **4.** Encarnizarse, ensañarse. ANT. **4.** Apiadarse.
FAM. Cebada, cebón.

**cebiche** *s. m.* En Perú, Ecuador y otros países, plato de pescado o marisco crudos, macerados con limón, ají y otros ingredientes.

**cebo** *s. m.* **1.** Comida o engaño con que se atrae a los animales para poderlos coger, como el que se pone en el anzuelo para que piquen los peces. **2.** Sustancia que hace que se prenda la carga explosiva de las armas de fuego.
SIN. **1.** Carnada, carnaza; señuelo.
FAM. Cebar, cebiche.

**cebolla** *s. f.* **1.** Planta de tallo hueco, hojas largas, flores blancas y bulbo comestible. **2.** Bulbo comestible de esta planta, formado por varias capas jugosas de sabor picante y olor fuerte.
FAM. Cebolleta, cebollino. / Encebollado.

**cebolleta** *s. f.* Especie de cebolla pequeña de la que se puede comer el bulbo y parte de las hojas.

**cebollino** *s. m.* **1.** Planta parecida a la cebolla, con hojas largas y estrechas y flores rosadas. **2.** Persona torpe o ignorante.

**cebón, na** *adj. y s. m. y f.* **1.** Se dice del animal que está cebado. || *s. m.* **2.** Cerdo.

**cebra** *s. f.* Mamífero parecido a la mula, con el pelo a rayas blancas y negras, que habita en la sabana africana.
EXPR. **paso de cebra** Paso de peatones marcado en el suelo con rayas paralelas blancas o amarillas.

**cebú** *s. m.* Mamífero rumiante parecido al toro, de color grisáceo y con una gran papada y una joroba en la espalda donde almacena grasa. Vive en la India y en África. ■ Su plural es *cebús* o *cebúes*.

**Ceca** Se utiliza en la expresión **de la Ceca a la Meca**, que significa 'de aquí para allá'.

**cecear** *v.* Pronunciar la *s* como *z*.
FAM. Ceceo.

**ceceo** *s. m.* Acción de cecear.

**cecina** *s. f.* Carne salada y seca.
SIN. Chacina.
FAM. Chacina.

**cedazo** *s. m.* Utensilio formado por un aro y una redecilla fina como la de los coladores, que se utiliza para separar las partes gruesas de las finas de una cosa, por ejemplo la harina de la cascarilla del trigo.
SIN. Criba, tamiz.

**ceder** *v.* **1.** Dejar algo a alguien porque queremos: *Luisa cedió su asiento en el autobús a un señor mayor.* **2.** Dejar de resistirse u oponerse a algo: *Su padre cedió y les dejó ir al zoo.* **3.** Disminuir la fuerza o in-

cebolla

cebada

cebra

cebú

cedro

tensidad de algo: *Cuando ceda la fiebre, te encontrarás mucho mejor.* **4.** Aflojarse o romperse algo: *Cedió una de las estanterías y se cayeron todos los libros.* SIN. **1.** Dar, traspasar, transmitir. **2.** Acceder, consentir, transigir. **3.** Calmarse, amainar. **4.** Fallar. ANT. **1.** Quedarse. **2.** Resistirse. **3.** Arreciar. FAM. Cesión.

**cederrón** *s. m.* Busca **CD-ROM**.

**cedilla** *s. f.* Letra de la antigua escritura española y de idiomas como el francés, que tiene forma de *c* con una coma debajo: ç. También se llama así a esa coma.

**cedro** *s. m.* Árbol muy alto, de tronco grueso, copa en forma de cono y hojas parecidas a las del pino; su madera es blanda.

**cédula** *s. f.* Papel o ficha que contiene avisos o los datos de una persona o cosa. SIN. Papeleta, documento.

**cefalea** *s. f.* Dolor de cabeza. SIN. Jaqueca, migraña.

**cefálico, ca** *adj.* De la cabeza.

**cefalópodo** *adj.* y *s. m.* Molusco marino de cabeza grande que tiene la boca rodeada de tentáculos con muchas ventosas, como los pulpos, los calamares y las sepias.

**céfiro** *s. m.* Viento suave del oeste; también, cualquier viento suave. SIN. Brisa.

**cegador, ra** *adj.* Que ciega o deslumbra: *Al salir del túnel, un sol cegador me impidió ver por unos segundos.*

**cegar** *v.* **1.** Dejar a alguien sin poder ver, para siempre o por un tiempo: *Le cegaron los faros de los coches que venían de frente.* **2.** Impedir a alguien que piense claramente o se dé cuenta de las cosas: *No tenía razón porque le cegaba la envidia.* **3.** Tapar, cerrar: *El barro cegó varias cañerías.* ▪ Delante de *e* se escribe *gu* en lugar de *g*. Es un verbo irregular. Se conjuga como *pensar*. SIN. **1.** Deslumbrar. **2.** Ofuscar. **3.** Atrancar, atascar. FAM. Cegador, cegato, ceguera, ciego.

**cegato, ta** *adj.* y *s. m.* y *f.* Persona que ve poco.

**ceguera** *s. f.* Pérdida o falta del sentido de la vista.

**ceiba** *s. f.* Árbol tropical muy alto, de tronco grueso, copa ancha casi horizontal, flores rojas, fruto alargado y semillas envueltas en una especie de algodón.

**ceilandés, sa** *adj.* y *s. m.* y *f.* De Ceilán, isla del océano Índico, que actualmente es la república de Sri Lanka.

**ceja** *s. f.* **1.** Reborde situado encima del ojo, que está cubierto de pelo; también se llama así a este pelo: *Le dieron un golpe y le partieron la ceja. Tiene unas cejas muy gruesas.* **2.** Parte que sobresale en algunas cosas. EXPR. **entre ceja y ceja** Con *llevar, tener, metérsele* a alguien, significa empeñarse en una cosa, ob-

sesionarse con ella. **tener** a alguien **entre ceja y ceja** Tenerle mucha antipatía. FAM. Cejijunto, cejilla. / Entrecejo.

**cejar** *v.* Ceder, desistir. ▪ Se usa más en frases negativas: *No cejó hasta conseguir lo que quería.* SIN. Flaquear, rendirse. ANT. Insistir, persistir.

**cejijunto, ta** *adj.* Que tiene las cejas muy espesas y juntas.

**cejilla** *s. f.* Pieza que se pone alrededor del mástil de la guitarra, pisando las cuerdas, para elevar el tono de su sonido.

**celacanto** *s. m.* Pez marino que puede medir más de un metro y tiene el cuerpo rechoncho con gruesas escamas azules; vive en aguas muy profundas.

**celada** *s. f.* **1.** Trampa, emboscada: *Sus enemigos le tendieron una celada.* **2.** Pieza de las antiguas armaduras que cubría la cabeza. SIN. **1.** Encerrona, asechanza. **2.** Yelmo.

**celador, ra** *adj.* y *s. m.* y *f.* Persona encargada de vigilar y mantener el orden en las cárceles, en algunos hospitales o en centros de enseñanza. SIN. Vigilante.

**celda** *s. f.* **1.** Pequeña habitación en edificios como cárceles o conventos: *En cada celda había cuatro presos.* **2.** En algunos documentos o archivos de ordenador, casilla para rellenarla con datos. SIN. **1.** Calabozo. **2.** Celdilla. FAM. Celdilla.

**celdilla** *s. f.* **1.** Cada una de las casillas de un panal. **2.** Celda de un documento o archivo informático.

**celebérrimo, ma** *adj.* Superlativo de célebre. Muy famoso: *Harrison Ford es un actor celebérrimo.*

**celebración** *s. f.* Acción de celebrar algo y acto o fiesta con que se celebra: *Asistió a la celebración de la misa. Nos lo pasamos muy bien en la celebración de su boda.*

**celebrante** *adj.* y *s. m.* Sacerdote que dice la misa. SIN. Oficiante.

**celebrar** *v.* **1.** Hacer una fiesta u otro acto en honor de alguien o algo: *Celebramos el cumpleaños de mamá cenando en un restaurante.* **2.** Realizar un acto o ceremonia: *Este mes se celebra el campeonato de atletismo. El obispo celebró la misa.* **3.** Alegrarse de algo: *Celebro que ya estés bien.* SIN. **1.** Festejar. **2.** Efectuar. **3.** Congratularse. ANT. **2.** Suspender. **3.** Lamentar, sentir. FAM. Celebración, celebrante. / Concelebrar.

**célebre** *adj.* Famoso. SIN. Renombrado. ANT. Desconocido. FAM. Celebérrimo, celebrar, celebridad.

**celebridad** *s. f.* **1.** Fama, popularidad: *Llegó a tener gran celebridad como escritor.* **2.** Persona famosa: *Es una celebridad en medicina.* SIN. **1.** Reputación, renombre, prestigio.

**celeridad** *s. f.* Rapidez, velocidad.
SIN. Prontitud, diligencia, presteza. ANT. Lentitud.

**celeste** *adj.* **1.** Del cielo o relacionado con él: *Con el telescopio se pueden ver algunos cuerpos celestes.* || *s. m.* **2.** Se dice del color azul claro, como el del cielo sin nubes.
FAM. Celestial.

**celestial** *adj.* Relacionado con el cielo que prometen algunas religiones.
ANT. Terrenal.

**celestina** *s. f.* Mujer que busca pareja a otras personas o hace de intermediaria en los amores de los demás.
SIN. Alcahueta.

**celibato** *s. m.* Estado de la persona que no se ha casado, sobre todo por motivos religiosos.

**célibe** *adj. y s. m. y f.* Que no se ha casado, sobre todo por motivos religiosos.
FAM. Celibato.

**celinda** o **celindo** *s. f. o m.* Arbusto que tiene flores blancas de cuatro pétalos y olor agradable y se utiliza como planta de adorno.

**celo¹** *s. m.* **1.** Cuidado e interés con que se hacen las cosas: *Los empleados de esta oficina ponen mucho celo en su trabajo para hacerlo bien.* **2.** Periodo durante el cual las hembras de muchos animales están preparadas para la reproducción y admiten la unión con los machos. || *s. m. pl.* **3.** Rabia o malestar causados por la sospecha o el temor de que otra persona sea la preferida de alguien a quien queremos: *Mi hermano siente celos del bebé.*
SIN. **1.** Esmero, dedicación, aplicación. ANT. **1.** Descuido.
FAM. Celador, celosía, celoso. / Encelar, recelar.

**celo²** *s. m.* Cinta transparente que tiene pegamento por uno de sus lados.

**celofán** *s. m.* Papel fino y transparente que se utiliza para envolver y también en trabajos manuales.

**celosía** *s. f.* Reja que se pone en las ventanas o en otro sitio y permite ver desde dentro sin ser visto desde fuera.

**celoso, sa** *adj.* **1.** Que tiene celos: *Su mujer es muy celosa.* **2.** Que hace las cosas con celo, con cuidado e interés: *Es muy celoso en el trabajo.*
SIN. **2.** Cuidadoso, cumplidor, esmerado. ANT. **2.** Descuidado.

**celta** *adj. y s. m. y f.* **1.** De un pueblo que habitaba en Europa central e invadió el oeste de Europa entre los siglos VIII y VI antes de Cristo. || *s. m.* **2.** Idioma hablado por este pueblo.
FAM. Celtíbero.

**celtíbero, ra** o **celtibero, ra** *adj. y s. m. y f.* **1.** De un antiguo pueblo que vivió en la península Ibérica antes de la llegada de los romanos. || *s. m.* **2.** Lengua hablada por este pueblo.

**célula** *s. f.* **1.** Unidad muy pequeña, de tamaño microscópico, de que están formados los seres vivos: *En el cuerpo humano existen millones de células.* **2.** Grupo más pequeño y con cierta independencia dentro de otro grupo más grande.
EXPR. **célula fotoeléctrica** Aparato eléctrico que se activa con la luz, como el que hace que una puerta se abra sola al paso de una persona. Se llama también *fotocélula*. **célula huevo** Busca **cigoto**.
FAM. Celular, celulitis, celuloide, celulosa. / Fotocélula, pluricelular, unicelular.

**celular** *adj.* **1.** De las células o relacionado con ellas. **2.** Preparado para tener o llevar personas presas, generalmente con compartimentos separados: *prisión celular, coche celular.*

**celulitis** *s. f.* **1.** Inflamación de los tejidos que están debajo de la piel. **2.** Acumulación de grasa, por ejemplo en los muslos, que da un aspecto parecido al de la piel de naranja. ■ No varía en plural.

**celuloide** *s. m.* Material plástico con que se hace la película que se emplea en la fotografía y el cine.

**celulosa** *s. f.* Sustancia sólida, de color blanquecino, que aparece como principal componente en la capa que rodea las células de muchos hongos y vegetales. Se emplea para fabricar papel, plásticos, tejidos.

**cementerio** *s. m.* Terreno donde se entierra a los muertos.
EXPR. **cementerio de coches** Lugar donde se amontonan los coches que ya no sirven.
SIN. Camposanto, necrópolis.

**cemento** *s. m.* Material de construcción en polvo que, mezclado con agua, forma una masa que luego se endurece. Se utiliza para unir entre sí dos cosas, rellenar huecos o cubrir superficies.
EXPR. **cemento armado** Hormigón.

**cena** *s. f.* Última comida del día.
FAM. Cenador, cenar. / Meriendacena.

**cenador** *s. m.* Construcción de pequeño tamaño y, por lo general, redonda que hay en algunos parques y jardines.

**cenagal** *s. m.* Lugar lleno de cieno o barro.
SIN. Ciénaga, lodazal.

**cenagoso, sa** *adj.* Lleno o cubierto de cieno: *La orilla del pantano está cenagosa.*

**cenar** *v.* Tomar la cena.

**cencerrada** *s. f.* Ruido desagradable hecho con cencerros, normalmente para gastar una broma o para celebrar algo: *En carnaval, los mozos del pueblo hacen una cencerrada y no dejan dormir a nadie.*

**cencerro** *s. m.* Especie de campana que se ata al cuello de algunos animales, como vacas y ovejas, para saber dónde están.
EXPR. **como un cencerro** Loco, chiflado.
SIN. Esquila.

**cenefa** *s. f.* Banda con dibujos o adornos en el borde de una tela o sobre una superficie: *La falda tenía una cenefa de flores.*
SIN. Ribete, franja, festón.

**cenicero** *s. m.* Recipiente para echar la ceniza o dejar los cigarrillos.

**cenicienta** *s. f.* Persona o cosa injustamente olvidada o despreciada, o que tiene que hacer los trabajos más duros y desagradables: *El aprendiz es la cenicienta del taller, siempre le toca quedarse a recoger.*

**ceniciento, ta** *adj.* Del color de la ceniza: *El anciano tenía los cabellos cenicientos.*

**cenit** *s. m.* **1.** Punto del cielo que se encuentra verticalmente sobre el lugar donde está situada una persona. **2.** Momento mejor o más importante de alguien o algo: *Ha llegado al cenit de su carrera de actor.* ■ Se escribe también *zenit.*
SIN. **2.** Cima, cúspide. ANT. **2.** Ocaso, declive.

**ceniza** *s. f.* **1.** Polvo gris que queda como resto al quemar alguna cosa. || *s. f. pl.* **2.** Lo que queda de un cadáver cuando ha pasado mucho tiempo.
FAM. Cenicero, cenicienta, ceniciento, cenizo. / Incinerar.

**cenizo, za** *adj. y s. m.* **1.** Se dice de la persona que trae o tiene mala suerte, o piensa que todo va a salir mal: *−Ya verás como mañana que nos vamos de excursión llueve. −¡Hombre, no seas cenizo!* || *s. m.* **2.** Mala suerte: *Inma tiene el cenizo; todo le sale mal.*
SIN. **1.** y **2.** Gafe.

**cenote** *s. m.* En México y América Central, depósito de agua subterránea situado normalmente a mucha profundidad.

**censar** *v.* Hacer un censo o incluir a alguien en un censo: *El gobierno ordenó censar a los habitantes del país.*

**censo** *s. m.* Lista de los habitantes o de la riqueza de una población, comunidad o país.
SIN. Padrón, registro.
FAM. Censar, censura.

**censor, ra** *s. m. y f.* Persona con autoridad para examinar un libro, un periódico o un espectáculo y decidir qué partes deben suprimirse o cambiarse.

**censura** *s. f.* **1.** Acción de censurar. **2.** Personas encargadas de censurar obras literarias, periódicos, espectáculos: *La censura prohibió su libro.*
SIN. **1.** Crítica. ANT. **1.** Aprobación.
FAM. Censor, censurable, censurar.

**censurable** *adj.* Que merece ser censurado o criticado.
SIN. Criticable.

**censurar** *v.* **1.** Dar una mala opinión sobre algo: *El director censuró la conducta de los alumnos que se habían burlado del nuevo.* **2.** Examinar una obra literaria, periódico o espectáculo para ver si puede publicarse o mostrarse tal como está, sobre todo por motivos políticos o morales. **3.** Suprimir algo la censura: *Censuraron varias escenas de la película.*
SIN. **1.** Criticar, reprobar. **3.** Eliminar. ANT. **1.** Alabar, aprobar.

**centauro** *s. m.* Ser mitológico, mitad hombre y mitad caballo.

centauro

**centavo** *s. m.* Centésima parte de la moneda de numerosos países.

**centella** *s. f.* **1.** Rayo poco intenso. **2.** Chispa.
EXPR. **como una centella** Muy rápido: *Salió de casa como una centella porque perdía el autobús.*
FAM. Centellear.

**centellear** *v.* Despedir luces y destellos: *Las estrellas centelleaban en el cielo.*
SIN. Brillar, titilar.

**centena** *s. f.* Conjunto que está formado por cien unidades.
SIN. Centenar.
FAM. Centenar, centenario.

**centenar** *s. m.* **1.** Centena: *Recogieron un centenar de firmas.* **2.** Gran cantidad o número de algo: *Le he dicho un centenar de veces que se lave los dientes después de comer.*

**centenario, ria** *adj. y s. m. y f.* **1.** Que tiene cien años o más: *Su abuela llegó a centenaria. En la plaza hay un árbol centenario.* || *s. m.* **2.** Fecha en que se cumplen cien años, o varios centenares de años, de un acontecimiento, y fiestas con que se celebra: *1992 fue el año del quinto centenario del descubrimiento de América.*

**centeno** *s. m.* Cereal parecido al trigo, con el tallo largo y las hojas estrechas de color verde azulado.

Su grano se emplea en la alimentación de las personas y del ganado.

**centesimal** *adj.* Dividido en cien partes.

**centésimo, ma** *num.* **1.** Que ocupa por orden el número cien. || *num.* y *s. m.* y *f.* **2.** Se dice de cada una de las cien partes iguales en que se divide una cosa: *una centésima de segundo.*
**FAM.** Centesimal.

**centiárea** *s. f.* Medida de superficie que es la centésima parte del área; equivale a un metro cuadrado.

**centígrado, da** *adj.* **1.** Se dice de la escala que está dividida en 100 grados y se utiliza para medir la temperatura. **2.** Se dice de cada uno de estos 100 grados.

**centigramo** *s. m.* Medida de masa que equivale a la centésima parte de un gramo.

**centilitro** *s. m.* Medida de capacidad que equivale a la centésima parte del litro.

**centímetro** *s. m.* Medida de longitud que equivale a la centésima parte del metro.

**céntimo, ma** *num.* **1.** Se dice de cada una de las cien partes iguales en que se divide una cosa. || *s. m.* **2.** Moneda que equivalía a la centésima parte de la peseta.

**centinela** *s. m.* y *f.* Soldado que está de vigilancia: *En la puerta del cuartel hay un centinela.*

**centollo** *s. m.* Crustáceo de cuerpo redondeado que tiene el caparazón y las patas cubiertos de pelillo. Es muy apreciado en alimentación.

**centrado, da** *adj.* **1.** Que está en el centro: *El título está centrado en la página.* **2.** Se dice de la persona equilibrada, que se ha adaptado bien a una situación o que se encuentra a gusto en un sitio: *Daniel está muy centrado en su nuevo trabajo.*
**SIN.** **2.** Integrado. **ANT.** **2.** Descentrado, inadaptado.

**central** *adj.* **1.** Situado en el centro: *La casa tenía un patio central.* **2.** Que actúa sobre todo un conjunto o territorio: *Su apartamento tiene calefacción central. Es el presidente del gobierno central.* **3.** Muy importante, principal: *El pirata es el personaje central de la película.* || *s. f.* **4.** Conjunto de instalaciones para producir energía eléctrica a partir de otras formas de energía: *central nuclear, central hidroeléctrica.* **5.** Oficina o establecimiento principal, del que dependen otros: *Trabaja en la central del banco.*
**SIN.** **1.** Céntrico. **3.** Fundamental, esencial. **ANT.** **1.** Periférico.

**centralismo** *s. m.* **1.** Sistema político en el que todas las funciones tienden a concentrarse en un solo poder central. **2.** Ideología que defiende este sistema.

**centralita** *s. f.* **1.** Aparato empleado para conectar una o varias líneas telefónicas con los distintos teléfonos de un edificio. **2.** Lugar donde está instalado este aparato.

**centralizar** *v.* Reunir varias cosas en un centro común o hacerlas depender de una misma dirección: *Han centralizado todas las pruebas del campeonato en un solo polideportivo.* ■ Delante de *e* se escribe *c* en lugar de *z*: *centralice.*
**SIN.** Agrupar, concentrar. **ANT.** Descentralizar.
**FAM.** Descentralizar.

**centrar** *v.* **1.** Colocar una cosa en el centro o poner su centro donde debe estar: *Quedará mejor ese cuadro si lo centras en la pared.* **2.** Dirigir algo hacia un punto, lugar o finalidad: *Ha centrado todos sus esfuerzos en aprobar el curso.* **3.** Hacer que alguien se adapte, esté a gusto y sin problemas: *Con tantos cambios, cómo quieres que se centre y estudie.* **4.** En fútbol, pasar el balón un jugador que está en un lateral a otro que está en el centro y va hacia la portería contraria.
**SIN.** **1.** Encuadrar. **2.** Conducir, encaminar. **2.** y **3.** Orientar. **ANT.** **1.** y **3.** Descentrar.
**FAM.** Concentrar, descentrar.

**céntrico, ca** *adj.* Situado en el centro, sobre todo de una población: *Vive en un barrio céntrico.*
**SIN.** Central. **ANT.** Periférico.

**centrífuga** *adj.* Se dice de la fuerza que impulsa desde el centro hacia fuera.
**ANT.** Centrípeta.
**FAM.** Centrifugar.

**centrifugar** *v.* Escurrir la ropa en la lavadora al girar rápidamente su tambor. ■ Delante de *e* se escribe *gu* en lugar de *g*: *Centrifugué la ropa.*

**centrípeta** *adj.* Se dice de la fuerza que atrae, dirige o impulsa hacia el centro.
**ANT.** Centrífuga.

**centrista** *adj.* **1.** Propio de una política de centro, intermedia entre la de derechas y la de izquierdas. || *adj.* y *s. m.* y *f.* **2.** Que practica esta política: *un partido centrista.*
**ANT.** **1.** y **2.** Extremista.

**centro** *s. m.* **1.** Punto medio que está a la misma distancia de los que hay a su alrededor en cualquier dirección: *Colocó un jarrón en el centro de la mesa.* **2.** Objeto, generalmente parecido a un jarrón, que se pone de adorno en medio de una mesa. Se llama también *centro de mesa.* **3.** Persona o cosa más importante o sobre la que se concentra toda la atención: *Ahora el bebé es el centro de la familia.* **4.** Lugar en el que destaca una actividad: *Mallorca es un importante centro turístico.* **5.** Zona de una población donde hay mayor actividad y en la que suele haber más tiendas, oficinas, tráfico: *Iremos de compras al centro.* **6.** Establecimiento dedicado a cierta actividad: *un centro de enseñanza, un centro comercial.*
**SIN.** **1.** Mitad. **3.** Núcleo, eje. **4.** Foco. **6.** Asociación, club, círculo, institución. **ANT.** **1.** Extremo. **5.** Periferia.

**FAM.** Centrado, central, centralismo, centralita, centralizar, centrar, céntrico, centrífuga, centrípeta, centrista. / Baricentro, concéntrico, egocéntrico, epicentro, multicentro.

**centroafricano, na** *adj.* y *s. m.* y *f.* De África central.

**centroamericano, na** *adj.* y *s. m.* y *f.* De América Central.

**centrocampista** *s. m.* y *f.* Jugador de fútbol y otros deportes que en el centro del campo contiene los avances de los contrarios y ayuda a la defensa y a la delantera de su equipo.

**centroeuropeo, a** *adj.* y *s. m.* y *f.* De Europa central.

**céntuplo, pla** *adj.* y *s. m.* El resultado de multiplicar por cien una cantidad.

**centuria** *s. f.* **1.** Cien años, siglo: *Estamos viviendo los primeros años de esta centuria.* **2.** En el ejército de la antigua Roma, compañía de cien hombres. **FAM.** Centurión.

**centurión** *s. m.* Jefe de una centuria romana.

**cenutrio, tria** *adj.* y *s. m.* y *f.* Persona poco inteligente, torpe. **SIN.** Bruto, zopenco, zoquete, ceporro, estúpido.

**ceñido, da** *adj.* Ajustado a la cintura o al cuerpo. **SIN.** Apretado. **ANT.** Suelto.

**ceñidor** *s. m.* Cinturón o tira de tela o de otro material con que se rodea la cintura.

**ceñir** *v.* **1.** Ajustar la cintura o cualquier parte del cuerpo: *Ha engordado y el pantalón se le ciñe mu-*

cho. || **ceñirse 2.** Limitarse, no salirse de algo que se fija: *Cuando preparéis el examen, debéis ceñiros a los temas que hemos dado en clase.* ■ Es un verbo irregular. **SIN. 1.** Comprimir, estrechar. **2.** Amoldarse, atenerse, sujetarse. **ANT. 2.** Excederse. **FAM.** Ceñido, ceñidor.

**ceño** *s. m.* Gesto del rostro que se hace arrugando la frente o el entrecejo para mostrar enfado y mal humor: *Cuando su madre le manda a algún recado, frunce el ceño.* **FAM.** Ceñudo.

**ceñudo, da** *adj.* Que tiene el ceño arrugado y parece enfadado: *Cuando papá está ceñudo es mejor no molestarle.* **ANT.** Risueño.

**cepa** *s. f.* **1.** Parte del tronco de un árbol o planta que está dentro de la tierra y unida a las raíces. **2.** Tronco de la vid; también, toda la planta. **FAM.** Cepellón.

**cepellón** *s. m.* Tierra que se deja pegada a las raíces de una planta para plantarla en otro lugar.

**cepillar** *v.* **1.** Pasar el cepillo para quitar el polvo o la suciedad o para sacar brillo: *Cepíllate los zapatos.* **2.** Peinar con el cepillo: *Como tiene una melena tan larga, emplea mucho tiempo en cepillarse el pelo.* **3.** Alisar la madera con un cepillo: *cepillar un tablero.* **4.** Matar: *Le metieron en la cárcel por cepillarse a un individuo.* **5.** Suspender: *En esta evaluación me han cepillado en historia.* || **cepillarse 6.** Eliminar algo o terminar con una cosa: *Nos hemos cepillado todos los helados.* **7.** Tener relaciones sexuales con alguien. ■ Con este significado, es una palabra vulgar. **SIN. 1.** Limpiar, barrer. **4.** Asesinar. **4.** y **5.** Cargarse. **4.** y **6.** Ventilarse, liquidar. **5.** Catear.

**cepillo** *s. m.* **1.** Nombre de diversos objetos que consisten en una pieza de madera o plástico con cerdas o púas y se usan en la limpieza o aseo: *cepillo para la ropa, cepillo de dientes.* **2.** Instrumento de carpintería formado por un bloque de madera

## CEÑIR

### GERUNDIO

ciñendo

### INDICATIVO

| Presente | Pretérito perfecto simple |
|---|---|
| ciño | ceñí |
| ciñes | ceñiste |
| ciñe | ciñó |
| ceñimos | ceñimos |
| ceñís | ceñisteis |
| ciñen | ciñeron |

### SUBJUNTIVO

| Presente | Pretérito imperfecto | Futuro |
|---|---|---|
| ciña | ciñera, -ese | ciñere |
| ciñas | ciñeras, -eses | ciñeres |
| ciña | ciñera, -ese | ciñere |
| ciñamos | ciñéramos, -ésemos | ciñéremos |
| ciñáis | ciñerais, -eseis | ciñereis |
| ciñan | ciñeran, -esen | ciñeren |

### IMPERATIVO

| | |
|---|---|
| ciñe | ceñid |

cepillo de dientes

cepillo de ropa

cepillo de uñas

cepillo de barrer

cepillo de pelo

en el que va sujeta una cuchilla. **3.** En las iglesias, caja con una abertura para echar limosnas. **FAM.** Cepillar.

**cepo** *s. m.* **1.** Trampa con la que se cazan animales. **2.** Mecanismo que se pone en la rueda de un coche para que no pueda moverse cuando está mal aparcado o ha cometido otra infracción de tráfico. **FAM.** Cepa, cepillo, ceporro.

**ceporro, rra** *adj.* y *s. m.* y *f.* Persona torpe, bruta. **EXPR. dormir como un ceporro** Dormir profundamente: *Duerme como un ceporro: no oye ni el despertador.* **SIN.** Cenutrio, berzotas, tarugo, zoquete.

**cera** *s. f.* **1.** Sustancia sólida fabricada por algunos insectos, sobre todo la que hacen las abejas para formar las celdillas de los panales y que se usa por ejemplo para hacer velas y cirios. **2.** Sustancia que producen algunas plantas. **3.** Sustancia que se forma en los oídos. **SIN. 3.** Cerumen, cerilla. **FAM.** Cerilla, cerumen. / Cirio, encerar.

**cerámica** *s. f.* Arte y técnica de hacer vasijas y otros objetos de barro, loza o porcelana. **SIN.** Alfarería. **FAM.** Ceramista. / Vitrocerámica.

**ceramista** *s. m.* y *f.* Persona que hace objetos de cerámica. **SIN.** Alfarero.

**cerbatana** *s. f.* Tubo que sirve para arrojar dardos o flechas soplando por uno de sus extremos.

**cerca**[1] *s. f.* Valla o tapia que se pone alrededor de una casa o de una finca para protegerla o para señalar una división. **SIN.** Cercado, vallado, cerco.

**cerca**[2] *adv.* **1.** Indica que una persona, animal o cosa está a poca distancia de otro: *Mi barrio está muy cerca del tuyo.* **2.** Indica que queda poco tiempo para algo: *¡Qué cerca están las vacaciones!* **EXPR. cerca de** Expresa que falta poco para algo: *Estás cerca del aprobado.* También, casi, aproximadamente: *Nos ahorramos cerca de mil euros.* **de cerca** Desde corta distancia. **ANT. 1.** y **2.** Lejos. **FAM.** Cercanía, cercano. / Acercar.

**cercado** *s. m.* **1.** Huerto, prado u otro lugar rodeado de una valla o una tapia. **2.** Cerca, vallado. **SIN. 2.** Cerco.

**cercanía** *s. f.* **1.** Característica de cercano. ‖ *s. f. pl.* **2.** Terrenos o lugares que rodean un sitio: *Hay autobuses y trenes que comunican las cercanías con el centro de la ciudad.* **SIN. 1.** Proximidad. **2.** Alrededores, inmediaciones. **ANT. 1.** Lejanía.

**cercano, na** *adj.* **1.** Que está cerca: *La gasolinera más cercana está a doscientos metros.* **2.** Unido por un estrecho parentesco o amistad: *A la boda sólo han invitado a los parientes más cercanos.*

**SIN. 1.** y **2.** Próximo, inmediato. **2.** Allegado. **ANT. 1.** Distante, separado. **1.** y **2.** Lejano, remoto.

**cercar** *v.* **1.** Rodear un sitio con una cerca o tapia: *Cercó su parcela para separarla de la del vecino.* **2.** Rodear el ejército, la policía u otro grupo un lugar para controlarlo, o a una persona o animal para impedir que huya. **3.** Ponerse mucha gente alrededor de una persona o cosa: *En cuanto la cantante bajó del avión, un montón de fotógrafos la cercaron.* ■ Delante de *e* se escribe *qu* en lugar de *c*: *cerqué.* **SIN. 1.** Tapiar, cerrar, vallar. **2.** Sitiar, asediar.

**cercenar** *v.* Cortar o quitar parte: *Le cercenaron una pierna.*

**cerceta** *s. f.* Ave acuática de pequeño tamaño, de plumaje marrón o gris con lunares más oscuros en el pecho, una franja verde en la cabeza y patas adaptadas para nadar; emigra a zonas cálidas en invierno.

**cerciorarse** *v.* Tener una persona la seguridad o certeza de algo: *Se cercioró de que las señas eran las correctas.* **SIN.** Convencerse, persuadirse.

**cerco** *s. m.* **1.** Lo que rodea a algo: *Límpiate el cerco de nata que tienes alrededor de la boca.* **2.** Hecho de rodear un ejército a una ciudad o posición enemiga para aislarla y tomarla. **3.** Marco de una puerta o ventana. **4.** Cerca, vallado. **SIN. 2.** Asedio, sitio, bloqueo. **4.** Valla, tapia, muro. **FAM.** Cerca[1], cercado, cercar.

**cerda** *s. f.* **1.** Pelo duro, grueso y largo que tienen las caballerías en la cola y en la crin; también, el pelo que tienen otros animales en el cuerpo, como el jabalí o el cerdo, que es más corto que aquél. **2.** Pelo de cepillo, de cualquier clase que sea. **EXPR. ganado de cerda** Ganado de cerdos.

**cerdada** *s. f.* **1.** Guarrería, acción sucia: *Es una cerdada salir con la camisa llena de manchas.* **2.** Faena,

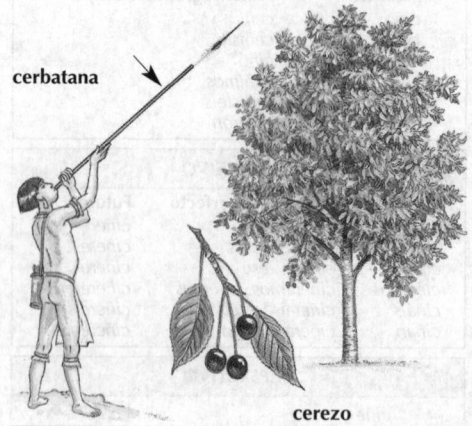

cerbatana

cerezo

acción que fastidia o perjudica a otro: *No le ayudó cuando le necesitaba, vaya cerdada.*
**SIN. 1.** Porquería. **1.** y **2.** Cochinada, guarrada, marranada.

**cerdo, da** *s. m.* y *f.* **1.** Mamífero doméstico, de cabeza grande, orejas caídas, hocico chato y redondeado y cuerpo muy grueso. Se cría para aprovechar su carne, grasa y piel. || *adj.* y *s. m.* y *f.* **2.** Persona sucia: *No seas cerda: no metas las manos en la tarta.* **3.** Persona grosera o indecente y obscena. **4.** Persona que se porta mal con otra o le hace faenas.
**SIN. 1.,** **2.** y **4.** Gorrino, cochino, guarro, marrano, puerco. **ANT. 2.** Limpio. **3.** Educado, cortés.
**FAM.** Cerda, cerdada.

**cereal** *adj.* y *s. m.* Se dice de algunas plantas, como el trigo, el maíz, el arroz o el centeno, que tienen unas semillas con las que puede hacerse harina; el hombre cultiva estas plantas para su alimento y para el del ganado.
**FAM.** Cerealista.

**cerealista** *adj.* Relacionado con la producción y el comercio de cereales: *Castilla es una región cerealista.*

**cerebelo** *s. m.* Una de las partes del encéfalo, situada en la zona de atrás del cráneo, que coordina los movimientos y mantiene el equilibrio.

**cerebral** *adj.* **1.** Del cerebro o relacionado con él. **2.** Poco apasionado o sentimental: *Es un chico cerebral, que no se deja llevar por sus sentimientos y piensa mucho las cosas antes de hacerlas.*
**SIN. 2.** Racional, lógico.

**cerebro** *s. m.* **1.** Parte más grande del encéfalo de los vertebrados, que está situada en la zona de delante y de arriba del cráneo. **2.** Talento, inteligencia: *Enrique es un chico listo, con mucho cerebro.* **3.** Persona que sobresale por su inteligencia: *Es uno de los grandes cerebros de la física.* **4.** Dentro de un grupo, persona que organiza todo y tiene las ideas más brillantes: *El comisario fue el cerebro de la operación antidroga.*
**SIN. 2.** Cabeza, juicio. **3.** Sabio, eminencia. **4.** Jefe, cabecilla.
**FAM.** Cerebelo, cerebral. / Descerebrar.

**ceremonia** *s. f.* **1.** Acto que se realiza según unas reglas especiales en el culto religioso o en otras ocasiones solemnes: *la ceremonia de la misa, la ceremonia de la coronación de un rey.* **2.** Elegancia, seriedad, solemnidad: *La dueña de la casa recibió a los invitados con mucha ceremonia.*
**SIN. 1.** Celebración. **2.** Pompa; formalidad, protocolo. **ANT. 2.** Sencillez.
**FAM.** Ceremonial, ceremonioso.

**ceremonial** *adj.* **1.** De las ceremonias o relacionado con ellas. || *s. m.* **2.** Conjunto de reglas que siguen las ceremonias; también, el libro que recoge esas reglas.

**ceremonioso, sa** *adj.* Que trata a los demás con demasiada ceremonia o solemnidad.
**SIN.** Solemne, formal, protocolario. **ANT.** Informal.

**cereza** *s. f.* **1.** Fruto del cerezo; tiene el rabillo largo y es casi redonda, de piel encarnada y pulpa jugosa y dulce. || *s. m.* **2.** Color parecido al de este fruto.
**FAM.** Cerezo.

**cerezo** *s. m.* Árbol frutal que tiene el tronco liso, hojas en forma de lanza, flores blancas y frutos comestibles llamados *cerezas.* La madera de este árbol se emplea en ebanistería.

**cerilla** *s. f.* **1.** Palillo con fósforo en uno de los extremos, que se enciende al frotarlo contra una superficie rugosa o áspera: *Compró una caja de cerillas en el estanco.* **2.** Cerumen.
**FAM.** Cerillero.

**cerillero, ra** *s. m.* y *f.* **1.** Persona que vende tabaco y cerillas. || *s. f.* **2.** Cajita para guardar cerillas.

**cernedor** *s. m.* Instrumento para cerner. Se llama también *cernidor.*
**SIN.** Cedazo.

**cerner** *v.* **1.** Separar con el cedazo la harina del salvado o, en otra materia, lo más grueso del polvo. || **cernerse 2.** Amenazar de cerca algún mal: *Se cierne sobre el país una guerra.* ■ Se dice también *cernir.* Es un verbo irregular. Se conjuga como *tender.*
**SIN. 1.** Cribar, tamizar.
**FAM.** Cernedor, cernidor, cernir.

**cernícalo** *s. m.* **1.** Ave de rapiña de cabeza abultada, pico y uñas negros y fuertes, y plumaje rojizo y manchado de negro. **2.** Persona torpe, ignorante y sin modales.
**SIN. 2.** Ceporro.

**cernícalo**

**cernidor** *s. m.* Busca **cernedor.**

**cernir** *v.* Busca **cerner.** ■ Es un verbo irregular. Se conjuga como *discernir.*

**cero** *num.* **1.** Nada de alguna cosa: *En este examen le han puesto cero puntos.* || *s. m.* **2.** Número que a la derecha de una cifra la multiplica por diez, pero que no tiene ningún valor cuando va solo o a la izquierda de otro. **3.** Signo con que se representa este número.

**EXPR. al cero** Cortado el pelo al rape. **de** (o **desde**) **cero** Desde el principio, sin tener en cuenta nada anterior: *Eran pocos los que sabían alemán, así que decidieron empezar las clases desde cero.* **ser** alguien **un cero a la izquierda** Ser un inútil, no valer para nada: *Miguel saca buenas notas, pero en dibujo es un cero a la izquierda.*

**cerrado, da** *adj.* **1.** Que no se ha abierto o que se cerró: *La caja fuerte está cerrada. La tienda estaba cerrada al mediodía.* **2.** Se dice de la persona a la que le cuesta entender las cosas: *Mariano es algo cerrado de mollera.* **3.** Se dice del que no cuenta a otros lo que piensa o siente. **4.** Con demasiado acento de un sitio, difícil de entender para los que no son de ese lugar: *un andaluz cerrado.* **5.** Se dice de los tratos o asuntos en los que se ha llegado a un acuerdo.
**SIN. 2.** Corto. **ANT. 1.** y **3.** Abierto. **2.** Espabilado.

**cerradura** *s. f.* En puertas, cajones y otras cosas, mecanismo metálico para cerrarlos, en especial con una llave.

**cerrajería** *s. f.* Taller o tienda donde se hacen y se venden cerraduras, llaves y otros objetos de metal.

**cerrajero, ra** *s. m.* y *f.* Persona que hace cerraduras, llaves, candados y otros utensilios de metal, y soluciona los problemas que a veces tenemos con estos objetos: *Mamá ha llamado al cerrajero, porque se ha dejado la llave dentro de casa.*

**cerramiento** *s. m.* **1.** Acción de cerrar. **2.** Objeto o instalación que sirve para cerrar algo: *El cerramiento de la terraza es de aluminio.*
**SIN. 1.** y **2.** Cierre. **ANT. 1.** Apertura.

**cerrar** *v.* **1.** Encajar en su marco una puerta, ventana o balcón de modo que no puedan abrirse. **2.** Echar la cerradura, el pestillo o la llave a una puerta, una maleta, una hucha u otras cosas para que no se abran. **3.** Hacer lo necesario para que un líquido o gas no salga: *Cuando el cubo esté lleno de agua, cierra el grifo.* **4.** Meter del todo en su hueco un cajón. **5.** Juntar dos o más cosas que estaban separadas: *cerrar las piernas.* **6.** Tapar, cubrir o hacer algo parecido para que una cosa deje de estar abierta: *Cierra la olla. A las diez de la noche se me cierran los ojos.* **7.** Terminar: *Si quieres ir a la excursión, date prisa porque se va a cerrar el plazo para apuntarse.* **8.** Llegar a un acuerdo: *El club cerró el trato con el nuevo jugador que quería fichar.* **9.** Dejar de funcionar o interrumpir el funcionamiento: *La tienda cerró porque tenía pocos clientes. ¿Sabes a qué hora cierran el parque de atracciones?* **10.** Ser el último: *Este equipo cierra la clasificación.* **11.** Impedir, ser un obstáculo: *En la autopista un camión cruzado cerraba el paso.* ■ Es un verbo irregular. Se conjuga como *pensar.*
**EXPR. cerrar la boca** (o **el pico**) Expresión que se dice para mandar callar a alguien: *Cierra la boca y no te metas en esta conversación.*

**SIN. 7.** y **10.** Acabar, concluir. **8.** Concertar, pactar. **11.** Entorpecer, obstaculizar. **ANT. 1.** a **7.** y **9.** a **11.** Abrir. **6.** Destapar. **7.** y **10.** Comenzar, iniciar.
**FAM.** Cerrado, cerradura, cerrajería, cerrajero, cerramiento, cerrazón, cierre. / Descerrajar, encerrar, entrecerrar.

**cerrazón** *s. f.* **1.** Dificultad para comprender. **2.** Forma de ser o postura de las personas cerriles, tercas.
**SIN. 2.** Cabezonería, terquedad, obstinación.

**cerril** *adj.* **1.** Terco, que no admite otras ideas que las suyas: *¡Qué cerril es Pablito! No hace caso a nadie.* **2.** Se dice del ganado salvaje: *caballos cerriles.*
**SIN. 1.** Testarudo, cabezota, obcecado, tozudo. **ANT. 2.** Manso, domesticado.

**cerro** *s. m.* **1.** Elevación del terreno aislada y que tiene menor altura que un monte o una montaña. **2.** Gran cantidad de cosas que se amontonan: *Ordena ya ese cerro de apuntes que tienes en tu mesa.*
**SIN. 2.** Pila, montaña.
**FAM.** Cerril.

**cerrojazo** *s. m.* Fin o cierre brusco e inesperado de algo: *El ayuntamiento dio cerrojazo al negocio por no tener licencia.*

**cerrojo** *s. m.* Lo que se usa para cerrar algunas puertas y ventanas y que suele estar formado por una barra de metal que entra en otra pieza.
**FAM.** Cerrojazo.

**certamen** *s. m.* Concurso con entrega de premios, competición.

**certero, ra** *adj.* **1.** Con buena puntería al tirar o que da en el blanco: *De un tiro certero clavó la flecha en el centro de la diana.* **2.** Atinado, acertado: *Sus sospechas fueron certeras: todo ocurrió como él había dicho.*
**SIN. 2.** Cierto. **ANT. 1.** Fallido. **2.** Desacertado.

**certeza** *s. f.* **1.** Seguridad que tiene una persona de que una cosa es verdad: *Sabe con certeza que sus padres le quieren mucho.* **2.** Característica de las cosas que son ciertas o verdaderas: *Hoy nadie pone en duda la certeza de que la Tierra es redonda.*
**SIN. 1.** Certidumbre, convencimiento. **2.** Verdad, autenticidad. **ANT. 1.** Incertidumbre. **2.** Falsedad.

**certidumbre** *s. f.* Seguridad que una persona tiene sobre algo: *Tiene la certidumbre de que va a acabar el trabajo esta tarde.*
**SIN.** Convencimiento. **ANT.** Incertidumbre.
**FAM.** Incertidumbre.

**certificado, da** *adj.* y *s. m.* **1.** Se dice de la carta o del paquete que se certifica. ‖ *s. m.* **2.** Escrito en que se certifica algo: *Ha pedido un certificado de estudios.*

**certificar** *v.* **1.** Dar por cierta alguna cosa, asegurar que es verdad. **2.** Enviar algo por correo de modo que se reciba un resguardo que demuestre que se ha enviado. ■ Delante de *e* se escribe *qu* en vez de *c*: *Certifiqué el paquete.*
**FAM.** Certificado.

**cerumen** s. m. Cera que se forma en los oídos. SIN. Cerilla.

**cerval** adj. Se dice del miedo muy grande: *Las avispas le dan un miedo cerval.*

**cervantino, na** adj. Propio del escritor Miguel de Cervantes y de sus obras: *Don Quijote es el más famoso personaje cervantino.*

**cervatillo** s. m. Cervato o ciervo joven.

**cervato** s. m. Ciervo pequeño que tiene menos de seis meses.

**cervecería** s. f. Bar en que se toma sobre todo cerveza.

**cervecero, ra** adj. **1.** Relacionado con la cerveza o con su fabricación: *maestro cervecero.* **2.** Que bebe mucha cerveza.

**cerveza** s. f. Bebida alcohólica que se hace con cebada; forma una espuma blanca y es de color amarillento. FAM. Cervecería, cervecero.

**cervical** adj. **1.** De la cerviz o relacionado con ella. || s. f. **2.** Cada una de las siete vértebras que están situadas en la parte de atrás del cuello.

**cerviz** s. f. La parte de detrás del cuello. ■ Su plural es *cervices.* SIN. Cogote, nuca. FAM. Cervical.

**cesante** adj. y s. m. y f. Se dice del empleado, sobre todo del funcionario público, al que se deja sin empleo.

**cesar** v. **1.** Dejar, parar: *El ruido de la máquina ha cesado. El niño cesó de llorar.* **2.** Dejar de desempeñar algún cargo o empleo: *Ha cesado en su puesto de secretario del colegio.* SIN. **1.** Concluir, acabar. ANT. **1.** Continuar, seguir, proseguir. FAM. Cesante, cese. / Incesante.

**césar** s. m. Entre los romanos, el emperador.

**cesárea** s. f. Operación de cirugía en que se abre la tripa y la matriz de la madre para sacar al niño que no puede nacer normalmente.

**cese** s. m. Acción de cesar en un cargo o empleo.

**cesión** s. f. Renuncia de alguna cosa para cedérsela a otra persona.

**césped** s. m. **1.** Hierba corta y muy junta que cubre el suelo. **2.** En algunos deportes, el terreno con hierba donde se juega: *El jugador lanzó el balón fuera del césped.* FAM. Cortacésped.

**cesta** s. f. **1.** Recipiente que sirve para llevar o guardar cosas y está hecho con mimbres, juncos u otros materiales que se entretejen. **2.** Canasta del baloncesto. FAM. Cestería, cesto. / Encestar.

**cestería** s. f. **1.** Arte de hacer cestas y otros objetos con materiales que se entretejen, como el mimbre

o los juncos. **2.** Taller en que se hacen estos objetos o tienda en la que se venden.

**cesto** s. m. Cesta grande y más alta que ancha. FAM. Baloncesto.

**cesura** s. f. Pausa que se hace en el interior de un verso para mantener el ritmo de la poesía.

**cetáceo** adj. y s. m. Se dice de los mamíferos que viven en el mar y tienen el cuerpo en forma de pez, como la ballena, el delfín o la orca.

**cetrería** s. f. **1.** Arte de criar y adiestrar algunas aves, por ejemplo halcones, para utilizarlas en la caza de otras aves. **2.** Caza que se realiza de esta forma.

**cetrino, na** adj. De color amarillo verdoso: *Es moreno y de piel cetrina.*

**cetro** s. m. Bastón de oro u otra materia preciosa que llevan los reyes y emperadores como señal de su poder y autoridad.

**ceutí** adj. y s. m. y f. De Ceuta, ciudad española en el norte de África. ■ Su plural es *ceutís* o *ceutíes.*

**chabacanería** o **chabacanada** s. f. **1.** Mal gusto o mala educación. **2.** Palabra o hecho chabacano. SIN. **1.** y **2.** Ordinariez, grosería, vulgaridad. ANT. **1.** Finura, elegancia. **1.** y **2.** Delicadeza.

**chabacano, na** adj. De mal gusto, ordinario: *un vestido muy chabacano; una forma de hablar chabacana.* SIN. Basto, grosero, vulgar, ramplón. ANT. Elegante, refinado, delicado. FAM. Chabacanada, chabacanería.

**chabola** s. f. Vivienda pobre, hecha con malos materiales, que suele estar en las afueras de las ciudades. FAM. Chabolismo, chabolista.

**chabolismo** s. m. Existencia de poblados de chabolas en las ciudades.

**chabolista** adj. **1.** De las chabolas: *Hay un poblado chabolista en las afueras de mi ciudad.* || s. m. y f. **2.** Persona que vive en una chabola: *El alcalde se ha comprometido a realojar a los chabolistas.*

**chacal** s. m. Mamífero carnívoro de la misma familia que el lobo y el perro, que se alimenta principalmente de animales muertos. Vive en las regiones templadas de Asia y África.

**chacha** s. f. **1.** Sirvienta, criada. **2.** Niñera.

**chachachá** s. m. Baile y música de origen cubano, derivados de la rumba y del mambo.

**cháchara** s. f. Charla, conversación: *A la salida del colegio estuvo un rato de cháchara con su amiga.*

**chache** s. m. **1.** La persona que está hablando, uno mismo. Por ejemplo, la frase *Lo que no quieras, para el chache* equivale a *Lo que no quieras, para mí.* **2.** En lenguaje infantil, el hermano mayor. SIN. **1.** Menda, yo.

**chachi** *adj.* **1.** Muy bueno, estupendo: *Esta noche echan una película chachi en la tele.* || *adv.* **2.** Muy bien, estupendamente: *En la última excursión que hice con mis amigos lo pasamos chachi.*
SIN. **1.** y **2.** Fenomenal, guay. ANT. **1.** y **2.** Pésimo, fatal.

**chacina** *s. f.* **1.** Busca **cecina**. **2.** Carne de cerdo preparada para hacer embutidos. **3.** Conjunto de embutidos hechos con esta carne.

**chacota** *s. f.* Broma, burla: *No te tomes a chacota los consejos de tu abuelo.*
SIN. Pitorreo, chunga, guasa.

**chacra** *s. f.* En América del Sur, granja o casa de campo.

**chadiano, na** *adj.* y *s. m.* y *f.* De Chad, país de África.

**chafado, da** *adj.* **1.** Aplastado, arrugado: *Sacó el vestido de la maleta completamente chafado.* **2.** Fastidiado, hundido: *Se quedó chafado porque no le invitaron a la fiesta.*
SIN. **1.** Estrujado, deslucido. **2.** Abatido.

**chafar** *v.* **1.** Arrugar, aplastar: *Si no te sientas con cuidado, se te va a chafar la falda.* **2.** Fastidiar, hacer fracasar: *El mal tiempo nos chafó la excursión.*
SIN. **1.** Estrujar, deslucir, deteriorar. **2.** Aguar, estropear. ANT. **1.** Estirar, planchar.
FAM. Chafado.

**chaflán** *s. m.* En un edificio, pared que corta otras dos para que no hagan esquina: *Las casas de esa plaza tienen chaflán.*
FAM. Achaflanado.

**chal** *s. m.* Pañuelo más largo que ancho con el que se cubren las mujeres los hombros y la espalda hasta la cintura.
SIN. Mantón.

**chalado, da** *adj.* y *s. m.* y *f.* **1.** Loco, chiflado: *Hay que estar chalado para ir a esa velocidad con la moto.* **2.** Seguido de la preposición *por*, se dice del que está muy enamorado de otra persona: *Aunque lo intenta disimular, se nota que está chalado por Margarita.*
SIN. **1.** Grillado, pirado. **2.** Colado. ANT. **1.** Cuerdo, sensato.
FAM. Chaladura.

chal

**chaladura** *s. f.* Locura, chifladura.

**chalé** *s. m.* Casa para una sola familia, de una o pocas plantas y con jardín. ■ Se usa también *chalet*.

**chaleco** *s. m.* Prenda de vestir, sin mangas, que suele ponerse encima de la camisa.

**chalet** *s. m.* Busca **chalé**. ■ Es una palabra francesa. Su plural es *chalets*.

**chalupa** *s. f.* Embarcación pequeña de tamaño mayor que el bote y menor que la lancha.

**chamaco, ca** *s. m.* y *f.* En América Central, Ecuador y México, niño, muchacho.

**chamán** *s. m.* Hechicero que, según las creencias de algunos pueblos, puede comunicarse con los espíritus, conocer el futuro y curar enfermos.

**chamarilero, ra** *s. m.* y *f.* Persona que se dedica a comprar y vender objetos viejos y usados.
SIN. Trapero.

**chamarra** *s. f.* **1.** Especie de zamarra. **2.** En algunos lugares de España e Hispanoamérica, cazadora. **3.** En América Central y Venezuela, poncho o capa de lana que sirve también de manta.

**chamba** *s. f.* Chiripa, casualidad: *Encontró por chamba el pendiente que había perdido.*
SIN. Carambola, suerte.

**chambelán** *s. m.* Noble que estaba al servicio del rey en la corte.

**chambergo** *s. m.* **1.** Chaquetón que llega a mitad del muslo. **2.** Sombrero de ala ancha levantada por un lado.

**chamizo** *s. m.* Choza o casa hecha de materiales malos y con el techo de paja.
SIN. Chabola.

**champán** o **champaña** *s. m.* **1.** Vino blanco y espumoso que se elabora en la región francesa de Champagne. **2.** Vino parecido al anterior fabricado en otros lugares.
SIN. **2.** Cava.
FAM. Achampanado, achampañado.

**champiñón** *s. m.* Hongo comestible.

**champú** *s. m.* Jabón líquido para lavarse el pelo. ■ Su plural es *champús* o *champúes*.

**chamuscar** *v.* Quemar una cosa por la parte de fuera. ■ Delante de *e* se escribe *qu* en lugar de *c*: *Chamusqué las chuletas.*
SIN. Tostar.
FAM. Chamusquina.

**chamusquina** Se usa en la expresión **oler a chamusquina**, que significa 'sospechar de alguna cosa por creer que hay razones para desconfiar': *Le olía a chamusquina la amabilidad de su hermano, seguro que iba a pedirle algo.*

**chance** *s. f.* En Hispanoamérica, ocasión u oportunidad. ■ Es una palabra inglesa.

**chancho, cha** *s. m.* y *f.* **1.** En Hispanoamérica, cerdo, animal. ‖ *adj.* y *s. m.* y *f.* **2.** En Hispanoamérica, sucio, cochino.

**chanchullo** *s. m.* Trampa: *Hizo un chanchullo con las notas para que sus padres no se enteraran de que había suspendido.*
SIN. Apaño, componenda.

**chancla** o **chancleta** *s. f.* Zapatilla sin talón que se usa para estar en casa.

**chanclo** *s. m.* **1.** Zapato de madera o con una suela gruesa para andar por el barro. **2.** Zapato de goma o de otra materia elástica que se pone sobre el calzado que uno lleva para protegerlo del barro o la lluvia.
SIN. **1.** Zueco.
FAM. Chancla, chancleta.

**chándal** *s. m.* Prenda de vestir, usada sobre todo para hacer deporte, que se compone de un jersey o chaqueta amplios y unos pantalones largos.

**changurro** *s. m.* Plato vasco preparado con centollo cocido, desmenuzado y aliñado que se sirve en el caparazón del animal.

**chanquete** *s. m.* Pez muy pequeño, comestible, que se parece por su aspecto y tamaño a la cría del boquerón.

**chantaje** *s. m.* Amenaza que se hace a una persona para conseguir de ella dinero u otra cosa.
SIN. Extorsión, coacción, presión.
FAM. Chantajear, chantajista.

**chantajear** *v.* Hacer chantaje a una persona.

**chantajista** *s. m.* y *f.* Persona que hace chantaje a otra.

**chantillí** o **chantilly** *s. m.* Crema hecha de nata o claras de huevo batidas con azúcar, que se emplea en pastelería.

**chanza** *s. f.* Broma que se hace a alguien por pura diversión.
SIN. Chirigota, cuchufleta, guasa.

**¡chao!** *interj.* ¡Adiós!

**chapa** *s. f.* **1.** Lámina de metal, madera u otro material duro: *Llevó el coche al taller porque tenía una abolladura en la chapa.* **2.** Tapón de metal de algunas botellas. **3.** Chapeta, color rojo de las mejillas. ‖ *s. f. pl.* **4.** Juego infantil en que se utilizan las chapas de las botellas.
SIN. **1.** Plancha.
FAM. Chapado, chapar, chapeta, chapista. / Contrachapado.

**chapado, da** *adj.* Recubierto con chapas o con capas de un metal precioso: *Le han regalado un reloj chapado en oro.*
EXPR. **chapado a la antigua** Se dice de la persona de ideas o costumbres anticuadas.

**chapar** *v.* Cubrir alguna cosa con chapas de metal, de madera o de otra materia.

**chaparro, rra** *adj.* **1.** Bajito y regordete. ‖ *s. m.* **2.** Mata de encina o roble de poca altura y muchas ramas.

SIN. **1.** Rechoncho, achaparrado. ANT. **1.** Estilizado.
FAM. Achaparrado.

**chaparrón** *s. m.* Lluvia fuerte que dura poco.
SIN. Aguacero.

**chapata** *s. f.* Tipo de pan crujiente de forma alargada y aplastada.

**chapela** *s. f.* Boina vasca.

**chapeta** *s. f.* Color rojo de las mejillas.
SIN. Chapa.

**chapista** *s. m.* y *f.* Persona que trabaja la chapa de metal, sobre todo la que repara la carrocería de los vehículos.

**¡chapó!** *interj.* Expresa admiración por una persona o cosa: *¡Chapó!, ha sido un gol genial.*

**chapotear** *v.* Mover los brazos y los pies en el agua, salpicando y haciendo ruido.

**chapucero, ra** *adj.* y *s. m.* y *f.* **1.** Persona que hace chapuzas, que no se esfuerza en hacer bien las cosas. ‖ *adj.* **2.** Mal hecho: *Hizo un dibujo muy chapucero, mal pintado y sin terminar.*

**chapulín** *s. m.* **1.** En Hispanoamérica, langosta o saltamontes. **2.** En América Central, niño.

**chapurrear** o **chapurrar** *v.* Hablar un idioma extranjero con dificultad y de forma poco correcta.

**chapuza** *s. f.* **1.** Cosa mal hecha: *Este mueble es una chapuza, se nota que no lo hizo un buen carpintero.* **2.** Trabajo poco importante de albañilería, fontanería, carpintería, pintura: *En sus ratos libres hace algunas chapuzas.*
FAM. Chapucero.

**chapuzón** *s. m.* Acción de meterse de golpe en el agua; también, baño corto: *¿Nos damos un chapuzón en la piscina?*
SIN. Zambullida.

**chaqué** *s. m.* Prenda de hombre, parecida a la chaqueta, que a partir de la cintura se abre hacia atrás formando dos faldones. Se usa como traje de etiqueta.

**chaqueta** *s. f.* Prenda de vestir, con mangas y abierta por delante, que llega un poco más abajo de la cintura. Se lleva encima de otras prendas, por ejemplo de la camisa o del jersey.
FAM. Chaqué, chaquetero, chaquetilla, chaquetón.

**chaquetero, ra** *adj.* y *s. m.* y *f.* **1.** Persona que cambia de opinión o de partido político según le conviene. **2.** Pelotillero, cobista.

| chaqueta | chaquetilla | chaquetón |

**chaquetilla** *s. f.* Chaqueta corta y ajustada que llega hasta la cintura, como la que usan algunos camareros, los toreros o los bailadores de flamenco. SIN. Torera.

**chaquetón** *s. m.* Prenda de abrigo que llega por debajo de la cadera.

**charanga** *s. f.* Banda de música poco importante.

**charca** *s. f.* Charco grande.
SIN. Poza, balsa.

**charco** *s. m.* Agua que se acumula en un hoyo o bache del suelo: *Después de la tormenta las calles quedaron llenas de charcos.*
FAM. Charca. / Encharcar.

**charcutería** *s. f.* Tienda donde se venden fiambres y embutidos.

**charla** *s. f.* **1.** Conversación: *Después de cenar tuvieron una charla muy interesante.* **2.** Conferencia: *En el colegio van a dar unas charlas sobre las normas de circulación y las señales de tráfico.*
SIN. **1.** Plática.

**charlar** *v.* **1.** Hablar con alguien por pasatiempo: *Marta y yo estuvimos charlando en el recreo.* **2.** Hablar demasiado: *Si no paras de charlar, no me enteraré de la película.*
SIN. **1.** Platicar, conversar. **2.** Rajar, cascar, parlotear. ANT. **1.** y **2.** Callar.
FAM. Charla, charlatán, charleta.

**charlatán, na** *adj.* y *s. m.* y *f.* **1.** Persona que habla demasiado. **2.** Persona que se dedica a engañar a otras prometiéndoles cosas que no puede darles: *Ese curandero es un charlatán.* || *s. m.* y *f.* **3.** Vendedor callejero que anuncia su mercancía a voces y hablando mucho.
SIN. **1.** Hablador, parlanchín. **2.** Embaucador, farsante. ANT. **1.** Callado.
FAM. Charlatanería.

**charlatanería** *s. f.* El hecho de hablar mucho, sobre todo para convencer o engañar a otros: *El vendedor quiso embaucarnos con su charlatanería.*
SIN. Palabrería. ANT. Concisión.

**charlestón** *s. m.* Baile muy rápido que comenzó a bailarse en los Estados Unidos y fue muy popular en Europa en los años veinte del siglo XX.

**charleta** *s. f.* Charla entre amigos: *Estuve de charleta con unos vecinos y se me pasó la tarde volando.*

**charlotada** *s. f.* Corrida de toros cómica.

**charnego, ga** *s. m.* y *f.* Se llama así en Cataluña a las personas que provienen de otra región española y no hablan catalán.

**charol** *s. m.* **1.** Barniz muy brillante. **2.** Cuero con este barniz: *unos zapatos de charol.*

**charretera** *s. f.* En los uniformes militares, insignia en forma de pala, con un fleco, que se sujeta al hombro.

**charro, rra** *adj.* y *s. m.* y *f.* **1.** De Salamanca, ciudad y provincia de España. || *adj.* y *s. m.* **2.** Jinete mexicano que viste un traje tradicional de chaqueta corta con bordados, pantalón ajustado, camisa blanca y sombrero de ala muy ancha. || *adj.* **3.** Se dice de la cosa de mal gusto, que lleva demasiados adornos o los colores mal combinados: *Con ese traje tan charro parece un payaso.*
SIN. **1.** Salmantino. **3.** Chillón, llamativo, chabacano, estrambótico. ANT. **3.** Discreto, elegante.

**chárter** *adj.* y *s. m.* Viaje en avión contratado por una empresa de turismo, más barato que el vuelo regular. ■ No varía en plural.

**chascarrillo** *s. m.* Anécdota o cuentecillo chistoso: *Cuando se reúne con sus amigos no para de contar chascarrillos.*

**chasco** *s. m.* Desilusión que produce algo contrario a lo que uno esperaba: *¡Menudo chasco se llevó cuando le dijeron que había suspendido!*
SIN. Desengaño, decepción. ANT. Alegría.
FAM. Chasquear, chasquido.

**chasis** *s. m.* Parte que sostiene la carrocería de un automóvil o de un vagón. ■ No varía en plural.
EXPR. **quedarse** una persona **en el chasis** Quedarse muy delgada.

**chasquear** *v.* **1.** Dar chasquidos: *La madera chasquea por efecto del calor.* **2.** Dar un chasco a alguien o burlarse de él.
SIN. **1.** Crujir; restallar. **2.** Decepcionar, guasearse.

**chasquido** *s. m.* **1.** Ruido que hace la madera seca cuando se rompe o resquebraja. **2.** Sonido del látigo que es sacudido en el aire. **3.** Ruido que se hace con la lengua al separarla rápidamente del paladar.
SIN. **1.** Crujido.

**chat** *s. m.* **1.** Charla que mantienen, por escrito y en ese mismo momento, un grupo de personas conectadas a Internet. Se llama también *tertulia electrónica.* **2.** Sistema informático que permite mantener estas conversaciones escritas. ■ Es una palabra inglesa. Su plural es *chats.*
FAM. Chatear².

**chatarra** *s. f.* **1.** Hierros u otros metales que ya no sirven. **2.** Cosa estropeada, vieja o de poco valor: *Este despertador es una chatarra: ya se ha parado otra vez.* **3.** Calderilla, monedas de poco valor.
SIN. **2.** Cacharro.
FAM. Chatarrero.

**chatarrero, ra** *s. m.* y *f.* Persona que se dedica a recoger o comprar chatarra para después venderla.

**chatear¹** *v.* Beber vino con amigos en los bares: *Los fines de semana suelo salir a chatear con la pandilla.*
SIN. Copear.

**chatear²** *v.* Conversar a través del ordenador en un chat: *Juan se pasa horas chateando con gente de todo el mundo.*

**chato, ta** *adj.* **1.** Se dice de la nariz pequeña y aplastada. **2.** Más plano o menos alto de lo normal: *un jarrón chato.* || *adj. y s. m. y f.* **3.** Que tiene la nariz pequeña y aplastada: *El niño es tan chato como su madre.* || *s. m.* **4.** Vaso de vino bajo y ancho: *Se tomaron unos chatos de vino en la taberna.*
SIN. **2.** Chaparro, mocho. ANT. **1.** Respingona. **2.** Alto. **3.** Narigudo, narizotas.
FAM. Chatear[1]. / Achatar.

**chauvinismo** *s. m.* Busca **chovinismo**.
FAM. Chauvinista.

**chauvinista** *adj. y s. m. y f.* Busca **chovinista**.

**chaval, la** *s. m. y f.* Chico, muchacho.
SIN. Chiquillo, rapaz. ANT. Adulto.
FAM. Chavea.

**chavea** *s. m.* Chaval, chico.

**chaveta** *s. f.* **1.** Clavo que traspasa un hierro o madero para que no se salgan de su sitio o no se caigan las cosas que ellos sujetan; por ejemplo, el que se pone a veces en las manillas de las puertas. **2.** En Chile y Perú, navaja.
EXPR. **estar chaveta** o **estar mal de la chaveta** Estar loco. **perder la chaveta** Volverse loco.

**chavo** *s. m.* **1.** Moneda de poco valor; se usa sobre todo en expresiones que significan que uno no tiene dinero: *No puedo prestarte nada, estoy sin un chavo. Me he quedado sin un chavo.* **2.** En México, muchacho.

**checheno, na** *adj. y s. m. y f.* De Chechenia, república autónoma de la Federación Rusa.

**checo, ca** *adj. y s. m. y f.* De la República Checa, en Europa central.
FAM. Checoeslovaco, checoslovaco.

**checoslovaco, ca** o **checoeslovaco, ca** *adj. y s. m. y f.* De Checoslovaquia, antiguo país de Europa central.

**chef** *s. m.* Cocinero jefe de un restaurante. ■ Es una palabra francesa. Su plural es *chefs.*

**cheli** *s. m.* Lenguaje madrileño formado por palabras y expresiones castizas.

**chelín[1]** *s. m.* Antigua moneda inglesa. Veinte chelines equivalían a una libra esterlina.

**chelín[2]** *s. m.* La moneda de Austria.

**chelo** *s. m.* Violonchelo.

**chepa** *s. f.* **1.** Joroba. || *s. m.* **2.** Jorobado.
SIN. **1.** Giba. **2.** Cheposo.
FAM. Cheposo.

**cheposo, sa** *adj. y s. m. y f.* Que tiene chepa o está algo encorvado.

**cheque** *s. m.* Trozo de papel impreso, firmado por una persona, que permite sacar de su cuenta del banco la cantidad de dinero que en él se escribe.
SIN. Talón.
FAM. Chequeo, chequera.

**chequeo** *s. m.* Reconocimiento médico completo que se hace a una persona, para comprobar si está bien de salud.

**chequera** *s. f.* Talonario de cheques y, también, cartera para guardarlo.

**cheroque** o **cheroqui** *adj. y s. m. y f.* De una tribu de indios que vivía en los Estados Unidos, en la zona del actual estado de Tennessee, y que posteriormente fue trasladada a Oklahoma.

**chévere** *adj. y adv.* En América Central, Colombia y Venezuela, magnífico, excelente.

**cheviot** o **chevió** *s. m.* **1.** Lana de corderos de Escocia. **2.** Tela hecha con esta lana. ■ *Cheviot* es una palabra inglesa. Su plural es *cheviots.*

**cheyene** *adj. y s. m. y f.* De una tribu de indios que vivía en los Estados Unidos, cerca de la frontera con Canadá, y que luego se trasladó a los estados de Montana y Oklahoma.

**chic** *adj.* Elegante y moderno: *La modelo llevaba un vestido muy chic.* ■ Es una palabra francesa. No varía en plural.
ANT. Vulgar.

**chicano, na** *adj. y s. m. y f.* Se dice de las personas de origen mexicano que viven en Estados Unidos.

**chicarrón, na** *s. m. y f.* Joven grande y fuerte.
SIN. Fortachón.

**chicha[1]** *s. f.* Carne: *Esta chuleta tiene poca chicha.*
EXPR. **de chicha y nabo** Muy poco importante.

**chicha[2]** *s. f.* En América del Sur, bebida alcohólica que se obtiene del maíz.
EXPR. **no ser ni chicha ni limonada** No ser ni una cosa ni la contraria.

**chicha[3]** Se emplea en la expresión **calma chicha**. Busca **calma**.

**chicharra** *s. f.* Cigarra.

**chicharro** *s. m.* Jurel.

**chicharrón** *s. m.* **1.** Restos que quedan de la manteca de cerdo frita con la piel. || *s. m. pl.* **2.** Fiambre hecho con trozos de carne de distintas partes del cerdo.
FAM. Achicharrar.

**chichinabo** Se utiliza en la expresión **de chichinabo**, que significa 'de poca importancia o de mala calidad': *No puedes enfadarte por la broma de chichinabo que te hemos gastado.*

**chichón** *s. m.* Bulto que sale en la cabeza después de un golpe.
SIN. Bollo, huevo.
FAM. Chichonera.

**chichonera** *s. f.* Casco o gorro duro para proteger la cabeza, como el que usan los ciclistas.

**chicle** *s. m.* Goma de mascar de algún sabor.

**chico, ca** *adj.* **1.** Pequeño: *Ese abrigo se le ha quedado chico.* || *adj. y s. m. y f.* **2.** Niño, muchacho:

*Los chicos suelen tener más fuerza que las chicas.* || *s. m.* **3.** Muchacho que se encarga de hacer los recados y ayudar en algunas tareas, por ejemplo en una tienda. || *s. f.* **4.** Criada, asistenta: *La chica hacía la comida y limpiaba la casa.*
SIN. **1.** Menudo, corto. **2.** Chaval, crío, joven, mozo, mozalbete, rapaz; hijo. **3.** Aprendiz, botones, recadero. **4.** Sirvienta. ANT. **1.** Grande.
FAM. Chicarrón, chiquilicuatre, chiquilicuatro, chiquillo. / Achicar.

**chiflado, da** *adj.* y *s. m.* y *f.* **1.** Loco: *Tiene que estar un poco chiflado para hacer tantas tonterías.* || *adj.* **2.** Se dice de la persona a la que le gusta mucho alguien o algo: *Luis está chiflado por su novia.*
SIN. **1.** Sonado, tocado. **2.** Encantado. ANT. **1.** Cuerdo.

**chifladura** *s. f.* Acción de una persona chiflada.
SIN. Locura.

**chiflar** *v.* **1.** Tocar un silbato o hacer un sonido parecido con la boca. **2.** Gustarle mucho a alguien una persona o cosa: *Me chifla el vestido que llevas.* || **chiflarse 3.** Volverse loco.
SIN. **1.** Pitar. **2.** Encantar, pirrar. **3.** Enloquecer.
FAM. Chiflado, chifladura. / Rechifla.

**chifonier** *s. m.* Mueble más alto que ancho formado por muchos cajones.

**chihuahua** *adj.* y *s. m.* y *f.* Se dice de una raza de perros muy pequeños, de cabeza redonda y orejas grandes.

**chií** o **chiita** *adj.* y *s. m.* y *f.* Se dice de una de las dos grandes corrientes religiosas del islamismo y de sus seguidores.

**chilaba** *s. f.* Vestido largo y con capucha que usan los árabes.

**chile** *s. m.* Especie de pimiento pequeño muy picante que se usa para guisar algunas carnes.
FAM. Enchilada.

**chileno, na** *adj.* y *s. m.* y *f.* De Chile, país de América del Sur.

**chilindrón** *s. m.* Modo de cocinar la carne o el pollo cortándolo en trozos y rehogándolo con pimiento y tomate.

chifonier    chihuahua    chilaba

**chillar** *v.* **1.** Hacer con la voz sonidos fuertes y desagradables: *Le dieron un susto y se puso a chillar.* **2.** Hablar muy alto: *No me chilles, que ya te he oído.*
SIN. **1.** Berrear, vociferar, vocear, aullar. **1.** y **2.** Gritar. ANT. **2.** Susurrar.
FAM. Chillido, chillón.

**chillido** *s. m.* Grito fuerte y desagradable.
SIN. Aullido, alarido.

**chillón, na** *adj.* y *s. m.* y *f.* **1.** Que chilla mucho: *Tu hermana es una chillona.* || *adj.* **2.** Se dice del sonido fuerte y desagradable: *Tiene una voz muy chillona.* **3.** Se dice de los colores muy fuertes y llamativos y de las cosas que los tienen: *El payaso llevaba un traje de colores muy chillones.*
SIN. **2.** Estridente. ANT. **2.** y **3.** Suave, armonioso.

**chimenea** *s. f.* **1.** Hueco hecho en una habitación en el que se puede encender fuego y que tiene una salida para el humo. **2.** Tubo o conducto por el que sale el humo de una caldera, cocina, horno u otra cosa parecida. **3.** En un volcán, conducto por donde salen la lava y otros materiales. (Busca el dibujo de **volcán**).
SIN. **2.** Tiro, campana.

**chimpancé** *s. m.* Mono africano de pelo negro, cara sin pelo, y boca y orejas grandes; tiene bastante inteligencia y es fácilmente domesticable.

**china**[1] *s. f.* Piedra pequeña y redondeada.
EXPR. **tocarle** a alguien **la china** Tocarle la peor parte o el trabajo más difícil.
SIN. Chino-na.
FAM. Chinarro, chinazo, chino. / Tirachinas.

**china**[2] *s. f.* Porcelana fina y algo transparente, con la que se hacen tazas, platos y otros objetos.

**china**[3] *s. f.* En América del Sur, mujer india.
FAM. Chino -na[2].

**chinarro** *s. m.* Piedra de tamaño algo mayor que una china.

**chinazo** *s. m.* Golpe dado con una china o piedra pequeña.

**chinchar** *v.* Hacer rabiar, fastidiar: *Haz el favor de no chinchar más a tu hermano.*
SIN. Molestar, pinchar, jorobar. ANT. Agradar, complacer.

**chinche** *s. f.* **1.** Insecto de cuerpo aplastado y ovalado y color rojo oscuro; pica a las personas para alimentarse con su sangre. || *adj.* y *s. m.* y *f.* **2.** Se dice de la persona demasiado exigente, a la que nada le parece bien: *No le gusta mi dibujo porque es un chinche y pone defectos a todo.* **3.** Persona que no para de molestar a otras: *Esta niña es una chinche, siempre está haciendo rabiar a su hermano.*
SIN. **2.** Chinchorrero, pejiguero.
FAM. Chinchar, chincheta, chinchorrero.

**chincheta** *s. f.* Clavito metálico corto, de cabeza grande y redondeada.

**chinchilla** *s. f.* Mamífero roedor de América del Sur, de forma parecida a la ardilla y que vive bajo tierra; su piel, de color gris claro, es muy apreciada en peletería.

chinchilla

**chinchón**[1] *s. m.* Aguardiente de anís que se hace en el pueblo madrileño de Chinchón.

**chinchón**[2] *s. m.* Juego de cartas que consiste en hacer combinaciones sin que ninguna quede libre.

**chinchorrero, ra** *adj.* y *s. m.* y *f.* Se dice de la persona que protesta siempre porque nada le parece bien.
SIN. Chinche.

**chinchulín** *s. m.* En América del Sur, intestino delgado de vaca o de oveja asado a la brasa.

**chinela** *s. f.* Zapatilla sin talón para andar por casa.
SIN. Pantufla, chancleta.

**chinesco, ca** *adj.* De China o parecido a las cosas de China: *un abanico con dibujos chinescos.*

**chingar** *v.* **1.** Estropear: *Eso se ha chingado y ya no funciona.* **2.** Fastidiar o molestar. **3.** Beber con frecuencia vino o licores. **4.** Realizar el acto sexual. ■ Con este significado, es una palabra vulgar. **5.** En América del Sur, fallar o fracasar. ■ Delante de *e* se escribe *gu* en lugar de *g*: *chingué.*
SIN. **3.** Pimplar.

**chino**[1] *s. m.* **1.** China, piedra pequeña. || *s. m. pl.* **2.** Juego que consiste en acertar el número de cosas que otros jugadores tienen escondidas en sus manos.

**chino**[2] *s. m.* Colador con agujeros muy finos y una manivela para aplastar y triturar los alimentos.

**chino, na**[1] *adj.* y *s. m.* y *f.* **1.** De China, país de Asia. || *s. m.* **2.** Lengua hablada en China.
EXPR. **ser trabajo de chinos** Ser un trabajo de mucho detalle y que exige mucha paciencia.
FAM. Chinesco. / Achinado.

**chino, na**[2] *adj.* y *s. m.* y *f.* En América del Sur, se dice de la persona que parece india.

**chip** *s. m.* Plaquita que se utiliza en aparatos electrónicos, con circuitos integrados y numerosas patillas para poder conectarla. ■ Es una palabra inglesa. Su plural es *chips.*
FAM. Microchip.

**chipirón** *s. m.* Calamar pequeño.

**chipriota** *adj.* y *s. m.* y *f.* De Chipre, isla del Mediterráneo, frente a Turquía.

**chiquero** *s. m.* **1.** Toril. **2.** Lugar donde se encierra por la noche a los cerdos.
SIN. **2.** Pocilga, cochiquera.

**chiquilicuatro** o **chiquilicuatre** *s. m.* Mequetrefe.
SIN. Chisgarabís.

**chiquillada** *s. f.* Acción propia de chiquillos: *Es una chiquillada que te enfades por esa tontería.*

**chiquillería** *s. f.* Conjunto de muchos chiquillos.

**chiquillo, lla** *adj.* y *s. m.* y *f.* Niño, muchacho.
SIN. Chaval, chico.
FAM. Chiquillada, chiquillería.

**chiribita** *s. f.* **1.** Chispa. || *s. f. pl.* **2.** Lucecitas que se ven a veces por cansancio o por alguna anormalidad de la vista: *Tenía tanto sueño que los ojos le hacían chiribitas.*

**chirigota** *s. f.* **1.** Broma o burla hecha sin mala intención: *No te lo tomes a chirigota, que va en serio.* **2.** Grupo que en las fiestas de carnaval canta canciones chistosas.
SIN. **1.** Cuchufleta, chanza, guasa.

**chirimbolo** *s. m.* Cualquier objeto del que no se sabe o no se quiere decir el nombre, sobre todo si tiene forma rara: *Y este chirimbolo, ¿para qué sirve?*
SIN. Chisme, cachivache.

**chirimiri** *s. m.* Busca **sirimiri**.

**chirimoya** *s. f.* Fruta del chirimoyo, de piel verde y carne blanquecina, muy jugosa y con muchas pepitas negras.

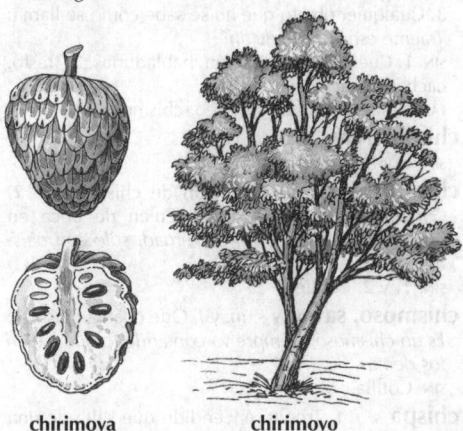

chirimoya          chirimoyo

**chirimoyo** *s. m.* Árbol tropical de América, de hojas largas, ovaladas y aterciopeladas, y flores olorosas, con pétalos verdes; su fruto es la chirimoya.
FAM. Chirimoya.

**239**

**chiringuito** *s. m.* Bar pequeño, casi siempre al aire libre: *Nos tomamos un bocadillo en el chiringuito de la playa.*

**chiripa** *s. f.* Casualidad, buena suerte: *Cogió el tren de chiripa porque ya era la hora.*
**SIN.** Chamba, potra.

**chirla** *s. f.* Molusco pequeño formado por dos conchas iguales, parecido a la almeja.

**chirle** *adj.* Con poco sabor o poca sustancia.
**SIN.** Insípido. **ANT.** Sabroso, sustancioso.
**FAM.** Aguachirle.

**chirona** *s. f.* Cárcel, prisión: *Le metieron en chirona por robar un banco.*
**FAM.** Enchironar.

**chirriar** *v.* Hacer algunas cosas un ruido chillón y desagradable: *El cajón chirriaba al abrirlo.*
**SIN.** Rechinar, crujir.
**FAM.** Chirrido.

**chirrido** *s. m.* Ruido que hace algo al chirriar.

**chirucas** *s. f. pl.* Botas de lona con suela de goma, ligeras y resistentes.

**chiscón** *s. m.* Habitación muy pequeña: *En el portal había un chiscón para el portero.*
**SIN.** Garita, cuchitril.

**chisgarabís** *s. m.* Hombre poco importante y enredador. ■ No varía en plural.
**SIN.** Chiquilicuatro, mequetrefe, zascandil.

**chisme** *s. m.* **1.** Cosa verdadera o falsa que se cuenta de alguien o algo sin necesidad, sobre todo para criticar: *No me cuentes chismes de Luisa, que es mi amiga.* **2.** Cualquier cosa inútil o que estorba: *A ver si recoges los chismes que tienes en tu habitación.* **3.** Cualquier objeto que no se sabe cómo se llama: *Tráeme ese chisme de ahí.*
**SIN. 1.** Cuento, murmuración, habladurías. **2.** Trasto, cacharro, cachivache.
**FAM.** Chismorrear, chismorreo, chismoso.

**chismorrear** *v.* Contar chismes.
**SIN.** Cotillear, murmurar.

**chismorreo** *s. m.* **1.** Acción de chismorrear. **2.** Conjunto de chismes que circulan de boca en boca: *Eso que dicen no es verdad, sólo son chismorreos.*
**SIN. 1.** y **2.** Cotilleo.

**chismoso, sa** *adj.* y *s. m.* y *f.* Que cuenta chismes: *Es un chismoso, siempre va contando lo que hacen los demás.*
**SIN.** Cotilla.

**chispa** *s. f.* **1.** Trocito encendido que salta de una cosa que se está quemando: *Salían chispas de la chimenea.* **2.** Lucecita que salta al producirse una descarga eléctrica de un objeto a otro: *Al encender el televisor salieron chispas del enchufe.* **3.** Cantidad muy pequeña de algo: *Échame una chispa más de azúcar.* **4.** Gracia, ingenio: *Nos*

contó su aventura con mucha chispa. **5.** Borrachera.
**EXPR.** echar alguien **chispas** Estar muy enfadado.
**SIN. 3.** Pizca, miaja. **4.** Salero, agudeza.
**FAM.** Chispazo, chispeante, chispear, chisporrotear. / Achisparse.

**chispazo** *s. m.* Chispa que salta de repente al producirse una descarga eléctrica de un objeto a otro.

**chispeante** *adj.* **1.** Que echa chispas. **2.** Que tiene mucho ingenio o agudeza: *Ese cómico tiene un sentido del humor chispeante.*
**SIN. 1.** Centelleante. **2.** Sutil, ocurrente. **ANT. 2.** Simple, bobo.

**chispear** *v.* Lloviznar: *Llévate algún paraguas porque está chispeando.* ■ Sólo se usa en tercera persona.

**chisporrotear** *v.* Echar chispas: *La madera chisporroteaba al quemarse.*
**SIN.** Crepitar.

**chisquero** *s. m.* Antiguo encendedor de bolsillo con una mecha larga y gruesa.
**SIN.** Mechero.

**chistar** *v.* **1.** Hablar o mostrar intención de decir algo: *Su hermana le mandó callar y él no chistó.* **2.** Llamar la atención de alguien con el sonido *chis* u otro parecido.
**SIN. 1.** Rechistar. **ANT. 1.** Callar.
**FAM.** ¡Chitón! / Rechistar.

**chiste** *s. m.* Historieta contada o dibujada que hace reír.
**FAM.** Chistoso.

**chistera** *s. f.* Sombrero de copa alta: *Hizo un juego de magia y sacó un conejo de la chistera.*

**chistorra** *s. f.* Embutido parecido al chorizo, fino y largo, típico del País Vasco y de Navarra.

**chistoso, sa** *adj.* y *s. m.* y *f.* Gracioso, que hace reír.

**chita** Se usa en la expresión **a la chita callando**, que significa 'de forma silenciosa y con disimulo': *A la chita callando se comió todos los pasteles que había traído su madre.*

**¡chitón!** *interj.* Se emplea para ordenar a otro que se calle.

**chivarse** *v.* Contar a una persona algo malo de otra, o algo que debería callarse: *Se chivó a la profesora de que David le había insultado.*
**SIN.** Acusar, delatar. **ANT.** Callarse, encubrir.
**FAM.** Chivatazo, chivato.

**chivatazo** *s. m.* Acción de chivarse: *La policía arrestó al jefe de la banda gracias al chivatazo de uno de sus compinches.*
**SIN.** Soplo.

**chivato, ta** *adj.* y *s. m.* y *f.* El que se chiva de algo: *¡Qué chivato eres! Ya le has dicho a mamá que yo he roto el jarrón.*
**SIN.** Acusica, soplón. **ANT.** Encubridor.

**chivo, va** *s. m.* y *f.* Cría de la cabra, desde que deja de mamar hasta que también ella puede tener crías. **EXPR. chivo expiatorio** Persona a la que se echan todas las culpas cuando algo va mal. **FAM.** Chivarse.

**chocante** *adj.* Que choca o extraña: *Es chocante que no haya llegado a casa todavía.* **SIN.** Extraño, raro.

**chocar** *v.* **1.** Producirse un choque entre dos cosas o personas: *Dos vehículos chocaron al doblar la curva.* **2.** Pelear, discutir: *Como Alicia y Susana tienen distintos gustos, chocan muchas veces.* **3.** Extrañar, sorprender: *Me choca que no haya venido a la fiesta; quizá le ha pasado algo.* **4.** Darse la mano dos personas para saludarse, felicitarse o mostrar que están de acuerdo: *Choca esos cinco.* **5.** Juntar las copas o los vasos cuando se va a brindar: *Chocaron las copas para celebrar que estaban juntos.* ■ Delante de *e* se escribe *qu* en lugar de *c*: *Iba distraído y me choqué contra el árbol.* **SIN. 1.** Colisionar, estrellarse. **2.** Enfrentarse, regañar, discrepar. **3.** Asombrar. **ANT. 1.** Esquivar, eludir. **2.** Entenderse. **FAM.** Chocante, choque. / Parachoques.

**chocarrero, ra** *adj.* y *s. m.* y *f.* Grosero y de mal gusto: *Contó un chiste muy chocarrero.*

**chocha** o **chochaperdiz** *s. f.* Busca **becada.** ■ El plural de *chochaperdiz* es *chochaperdices.*

**chochear** *v.* **1.** Hacer o decir los viejos tonterías. **2.** Ponerse embobado con alguien al que se quiere mucho, sobre todo con los niños. **FAM.** Chocho.

**chocho, cha** *adj.* **1.** Que chochea a causa de la vejez. **2.** Embobado por exceso de cariño: *El abuelo está chocho con sus nietas.* ‖ *s. m.* **3.** Altramuz. **SIN. 1.** Senil, achacoso.

**choclo** *s. m.* En América del Sur, mazorca de maíz tierno.

**chocolate** *s. m.* **1.** Alimento hecho con cacao y azúcar. **2.** Bebida que se hace disolviendo este alimento en agua o leche: *Desayunamos chocolate con churros.* **3.** En el lenguaje de la droga, hachís. **FAM.** Chocolatera, chocolatería, chocolatero, chocolatina.

**chocolatera** *s. f.* Recipiente para hacer chocolate.

**chocolatería** *s. f.* **1.** Lugar donde se fabrica y vende chocolate. **2.** Establecimiento donde se sirve al público chocolate líquido para tomar allí mismo.

**chocolatero, ra** *adj.* **1.** Relacionado con el chocolate: *industria chocolatera.* ‖ *adj.* y *s. m.* y *f.* **2.** Que le gusta mucho el chocolate: *Mis hijos son muy chocolateros y siempre meriendan chocolate.* ‖ *s. m.* y *f.* **3.** Persona que fabrica o vende chocolate.

**chocolatina** *s. f.* Tableta pequeña y delgada de chocolate.

**chófer** *s. m.* Conductor de un vehículo, sobre todo el que ha sido contratado para este trabajo.

**chola** *s. f.* Cabeza. **SIN.** Mollera, coco, azotea.

**chollo** *s. m.* Cosa buena que se consigue con poco esfuerzo o poco dinero. **SIN.** Ganga, breva.

**cholo, la** *adj.* y *s. m.* y *f.* En Hispanoamérica, mestizo de sangre india y europea.

**chomba** o **chompa** *s. f.* En América del Sur, jersey.

**chóped** *s. m.* Un tipo de embutido.

**chopera** *s. f.* Terreno en el que crecen los chopos. **SIN.** Alameda.

**chopería** *s. f.* En Argentina y Chile, bar o cervecería.

**chopito** *s. m.* Molusco parecido a la sepia, pero más pequeño.

**chopo** *s. m.* Nombre de varios tipos de álamos, y sobre todo del álamo negro. **FAM.** Chopera.

**choque** *s. m.* **1.** Encuentro violento entre dos cosas: *El choque entre los trenes no produjo víctimas.* **2.** Pelea, discusión: *Tienen frecuentes choques porque los dos son muy cabezotas.* **SIN. 1.** Colisión, golpe, encontronazo, impacto. **2.** Disputa, riña, desavenencia. **FAM.** Electrochoque.

**chorbo, ba** *s. m.* y *f.* **1.** Cualquier persona. **2.** Novio o pareja de una persona: *Esta tarde voy al cine con mi chorba.* **SIN. 1.** Fulano, tipo, tío.

**choricear** o **chorizar** *v.* Robar cosas de poco valor: *Aprovechando que la señora estaba distraída, le chorizó el monedero.* ■ En la palabra *chorizar*, delante de *e* se escribe *c* en lugar de *z*: *choricé.* **SIN.** Mangar, birlar.

**chorizo** *s. m.* Embutido de color rojo que se hace con carne de cerdo picada y con pimentón.

**chorizo, za** *s. m.* y *f.* Ladrón que roba cosas de poco valor. **SIN.** Ratero, caco. **FAM.** Choricear, chorizar.

**chorlito** *s. m.* Ave zancuda, de unos 30 cm de longitud, con el pico recto y las plumas de distintos colores según las especies. (Puedes ver su ilustración en la página siguiente). **EXPR. cabeza de chorlito** Busca **cabeza.**

**chorra** *adj.* y *s. m.* **1.** Tonto, estúpido: *No seas chorra y no te enfades por esa bobada.* ‖ *s. f.* **2.** Suerte: *¡Qué chorra tienes, te han preguntado en el examen la única lección que te sabías!* **3.** Pene. ■ Con este significado, es una palabra vulgar. **SIN. 1.** Idiota, bobo. **2.** Chiripa, chamba.

**chorrada** s. f. **1.** Tontería: *Lo que acabas de decir es una chorrada.* **2.** Cosa inútil e innecesaria: *Se gastó toda la paga en chorradas.*
SIN. **1.** Sandez, estupidez. **1.** y **2.** Bobada.

**chorrear** v. Caer a chorros un líquido o salir lentamente y goteando: *La botella de leche debe estar un poco rota porque chorrea.*
FAM. Chorreo.

**chorreo** s. m. **1.** Acción de chorrear. **2.** Gasto continuo y abundante de algo, sobre todo de dinero.

**chorrera** s. f. **1.** Lugar por donde chorrea un líquido y marca que deja: *Debe de haber un escape de agua, porque aquí hay una chorrera.* **2.** Adorno de encaje en la delantera de una camisa: *En muchas películas de época, los actores llevan camisas con chorreras.*
EXPR. **un jamón con chorreras** Busca **jamón**.

**chorro** s. m. Cantidad de líquido o gas que sale por un grifo, tubo o por otra abertura: *De esta fuente sale un gran chorro de agua.*
EXPR. **como los chorros del oro** Muy limpio.
FAM. Chorra, chorrada, chorrear, chorrera.

**chotacabras** s. amb. Pájaro de pico pequeño y alas y cola largas, que vuela al atardecer o por la noche y se alimenta de insectos. ■ No varía en plural.

**chotearse** v. Burlarse de alguien.
SIN. Pitorrearse, cachondearse, mofarse.
FAM. Choteo.

**choteo** s. m. Pitorreo, burla.
SIN. Cachondeo, guasa.

**chotis** o **chotís** s. m. **1.** Baile de parejas típico de Madrid. **2.** Música o canción de este baile. ■ No varía en plural.

**choto, ta** s. m. y f. **1.** Ternero. **2.** Cabrito.
EXPR. **estar como una chota** Estar loco.

**chovinismo** s. m. Patriotismo exagerado de la persona que piensa que todo lo de su país es mejor y desprecia lo extranjero. ■ Se escribe también *chauvinismo*.
FAM. Chovinista.

**chovinista** adj. y s. m. y f. Propio del chovinismo o que muestra chovinismo. ■ Se escribe también *chauvinista*.

**chow-chow** adj. y s. m. y f. Se dice de una raza de perros de origen chino, fuertes, de pelo largo y cabeza grande, parecida a la de un león. ■ No varía en plural.

**choza** s. f. Cabaña hecha con estacas y cubierta de ramas y paja.

**chubasco** s. m. Lluvia más o menos fuerte, que dura poco y suele ir acompañada de viento.
SIN. Chaparrón, aguacero.
FAM. Chubasquero.

**chubasquero** s. m. Especie de chaquetón o cazadora de tela impermeable para protegerse de la lluvia.

higos chumbos

chorlito          chumbera

**chuchería** s. f. Caramelos, regaliz y otras golosinas: *No tomes tantas chucherías antes de comer, que se te va a quitar el apetito.*

**chucho** s. m. Perro.

**chuchurrío, a** adj. Mustio, marchito: *Si no riegas la planta, se pondrá chuchurría.*
SIN. Ajado, lacio. ANT. Fresco, lozano.

**chufa** s. f. **1.** Planta de cañas triangulares que produce unos tubérculos muy pequeños, de color amarillento por fuera y blanco por dentro. **2.** Esos mismos tubérculos, de sabor dulce, que se comen remojados en agua o se emplean para hacer horchata.

**chufla** s. f. Broma: *¡Déjate de chuflas, que te estoy hablando en serio!*
SIN. Cuchufleta, guasa, chunga.
FAM. Cuchufleta.

**chulada** s. f. **1.** Lo que llama la atención por ser muy bonito o atractivo: *Tu moto nueva es una chulada.* **2.** Chulería, lo que dice o hace una persona chula: *Las chuladas de tu primo no impresionan a nadie.*

**chulapo, pa** o **chulapón, na** s. m. y f. Madrileño castizo vestido con el traje típico de Madrid: *En la verbena los chulapos bailaban un chotis.*

**chulear** v. **1.** Hacer burla a alguien o dejarle en ridículo. || **chulearse 2.** Hacerse el chulo, presumir: *Fue con su moto nueva para chulearse.*
SIN. **1.** Burlarse, cachondearse. **2.** Pavonearse, jactarse.

**chulería** s. f. **1.** Actitud del chulo: *Dijo con mucha chulería que él hacía lo que le daba la gana.* **2.** Dicho o hecho propios del chulo.

**chuleta** s. f. **1.** Costilla con carne de cerdo, ternera o cordero: *Hoy he comido una chuleta de cerdo con patatas fritas.* **2.** Papelito escrito que llevan los estudiantes en los exámenes para copiar sin que se dé cuenta el profesor. || adj. y s. m. **3.** Chulo: *Ese individuo tan chuleta se cree muy valiente.*
FAM. Chuletada.

**chuletada** *s. f.* Comida compuesta principalmente por chuletas: *El domingo mis amigos y yo hacimos una chuletada en el campo.*

**chulo, la** *adj.* y *s. m.* y *f.* **1.** Persona descarada que tiene una actitud desafiante: *Ese chulo siempre está buscando pelea.* || *adj.* **2.** Presumido: *Fue a la cita todo chulo con su cazadora nueva.* **3.** Bonito: *Le han regalado un reloj muy chulo.* || *s. m.* y *f.* **4.** Chulapo, madrileño típico. || *s. m.* **5.** Hombre que vive del dinero que ganan las prostitutas.
SIN. **1.** Chuleta, bravucón, jactancioso. **4.** Chulapón.
FAM. Chulada, chulapo, chulapón, chulear, chulería, chuleta. / Achulado.

**chumbera** *s. f.* Cactus que produce los higos chumbos.
SIN. Nopal.

**chumbo** *adj.* Se dice del higo que da la chumbera o nopal.
FAM. Chumbera.

**chuminada** *s. f.* Cosa sin valor o de poca importancia: *Nos enfadamos por una chuminada, pero enseguida hicimos las paces.*
SIN. Tontería, insignificancia, nadería.

**chunga** *s. f.* Broma, burla.
EXPR. **tomar a chunga** Tomar a broma, no dar importancia.
SIN. Guasa, pitorreo, chacota.

**chungo, ga** *adj.* **1.** Que no se encuentra bien por motivos de salud o por otras causas: *Hoy estoy un poco chungo: me duele la cabeza.* **2.** Estropeado: *Esta lavadora está chunga y hay que llamar al técnico.* **3.** Difícil: *El examen de lengua fue muy chungo y sólo aprobaron tres alumnos.*
SIN. **1.** Malo; deprimido. **3.** Enrevesado.

**chupa** *s. f.* Cazadora: *una chupa de cuero.*

**chupa-chups** *s. m.* Caramelo redondo con un palito que sirve para agarrarlo. ■ No varía en plural.

**chupado, da** *adj.* **1.** Que alguien lo chupó. **2.** Muy delgado: *Después de la enfermedad se le ha quedado la cara chupada.* **3.** Fácil: *El examen estaba chupado.*
SIN. **2.** Flaco, enjuto. **3.** Tirado.

**chupar** *v.* **1.** Sacar el jugo o líquido de una cosa con los labios y la lengua: *El niño chupaba el regaliz.* **2.** Meter en la boca alguna cosa llenándola de saliva, aunque no se saque nada de ella: *¡No chupes el lápiz!* **3.** Absorber una sustancia, especialmente un líquido: *La esponja chupó toda el agua que se había derramado.* **4.** Sacar dinero aprovechándose de otros: *Ese vago ha chupado a su familia un dineral.* **5.** Soportar algo desagradable: *Se chupó más de tres horas en un atasco.*
SIN. **1.** Sorber, succionar. **3.** Embeber. **5.** Aguantar, tragar.
FAM. Chupado, chupatintas, chupete, chupetear, chupón, chupóptero.

**chupatintas** *s. m.* En broma o de burla, oficinista. ■ No varía en plural.

**chupete** *s. m.* Objeto de goma que se pone en la boca a los niños muy pequeños para que lo chupen y dejen de llorar.

**chupetear** *v.* Chupar una y otra vez.

**chupi** *adj.* y *adv.* Estupendo, maravilloso: *Me han regalado una bicicleta chupi. Lo pasamos chupi en la fiesta de cumpleaños.*

**chupinazo** *s. m.* **1.** Disparo de fuegos artificiales: *Las fiestas del pueblo empezaron con el típico chupinazo.* **2.** En fútbol, tiro muy fuerte.
SIN. **2.** Trallazo.

**chupito** *s. m.* Sorbo, trago, cantidad muy pequeña de bebida: *Sólo he bebido un chupito y todavía tengo sed.*

**chupón, na** *adj.* y *s. m.* y *f.* **1.** Que chupa. **2.** Se dice del que consigue dinero o se aprovecha de alguien con engaños. **3.** Se dice del jugador que no pasa la pelota a sus compañeros en los deportes de equipo.
SIN. **2.** Aprovechado, parásito, chupóptero.

**chupóptero, ra** *s. m.* y *f.* Persona que vive aprovechándose de los demás.

**churrasco** *s. m.* Trozo de carne asada a la brasa.

**churrería** *s. f.* Establecimiento donde se hacen y venden churros.

**churrero, ra** *s. m.* y *f.* Persona que hace y vende churros.

**churrete** *s. m.* Mancha que deja un líquido cuando chorrea: *Se tiró el café y llevaba la camisa llena de churretes.*
FAM. Churretón, churretoso.

**churretón** *s. m.* Churrete grande.

**churretoso, sa** *adj.* Sucio, lleno de churretes.

**churro** *s. m.* **1.** Masa de harina y agua que se fríe en aceite y que tiene forma de cordón: *Pidió un café con churros para desayunar.* **2.** Cosa mal hecha: *Este dibujo es un churro, voy a repetirlo.* **3.** Casualidad, suerte: *Encontré por puro churro la tienda que estaba buscando.*
SIN. **2.** Chapuza, birria. **3.** Chiripa, chamba.
FAM. Churrería, churrero.

**churro, rra** *adj.* y *s. m.* y *f.* Se dice de una raza de ovejas y carneros de lana larga, rizada y áspera, más basta que la de las ovejas merinas.
EXPR. **mezclar churras con merinas** Juntar personas o cosas distintas entre sí y que no deben confundirse.

**churruscar** *v.* Tostar mucho un alimento, como la carne o el pan. ■ Delante de *e* se escribe *qu* en lugar de *c*: *Churrusqué un trozo de pan.*
SIN. Chamuscar.
FAM. Churrusco.

**churrusco** *s. m.* Pedazo de pan muy tostado.

**chusco, ca** *adj.* y *s. m.* y *f.* **1.** Gracioso: *El otro día me pasó algo chusco: estaba buscando las tijeras y las tenía en la mano.* ‖ *s. m.* **2.** Pedazo de pan.
SIN. **1.** Chistoso. **2.** Mendrugo, cuscurro, tarugo.
ANT. **1.** Serio, soso.

**chusma** *s. f.* Gente mala o despreciable: *En ese lugar se reunía toda la chusma del barrio.*
SIN. Morralla, gentuza.

**chut** *s. m.* Patada que se da al balón cuando se juega al fútbol : *El portero mandó el balón al centro del campo de un chut.* ■ Es una palabra inglesa. Su plural es *chuts.*
SIN. Chutazo.

**chutar** *v.* **1.** En fútbol, lanzar el balón con el pie. ‖ **chutarse 2.** En el lenguaje de la droga, ponerse una inyección de esta sustancia.
SIN. **1.** Disparar. **2.** Pincharse.
FAM. Chutazo, chute.

**chutazo** *s. m.* Busca **chut.**

**chute** *s. m.* En el lenguaje de la droga, inyección de esta sustancia.
SIN. Pico.

**chuzo** *s. m.* Palo con un pincho de hierro, por ejemplo el que usaban los serenos.
EXPR. **caer chuzos** o **chuzos de punta** Llover, nevar o granizar con mucha fuerza.

**cianuro** *s. m.* Veneno muy rápido, que se usa por ejemplo para matar malas hierbas.

**ciática** *s. f.* Dolor que produce a veces el nervio ciático.

**ciático** *adj.* y *s. m.* Se dice de cada uno de los dos nervios que nacen en la parte alta de la cadera y recorren las piernas.
FAM. Ciática.

**ciberespacio** *s. m.* Espacio virtual creado para que las personas accedan a una red informática: *Se encuentra todo tipo de información buscando en el ciberespacio.*

**cibernauta** *s. m.* y *f.* Persona que utiliza una red informática, especialmente Internet.

**cibernética** *s. f.* Ciencia que se dedica al diseño de sistemas informáticos, electrónicos y mecánicos a partir de la comparación con las formas de comunicación y de comportamiento de los seres vivos; la cibernética se ocupa, por ejemplo, de diseñar robots.

**cicatear** *v.* Dar o gastar lo menos posible: *Estamos de vacaciones, así que deja de cicatear y date algún capricho.*
SIN. Escatimar, racanear. ANT. Derrochar, despilfarrar.

**cicatería** *s. f.* Tacañería.

**cicatero, ra** *adj.* y *s. m.* y *f.* Persona tacaña y roñosa.
SIN. Ruin, miserable, rácano, mezquino. ANT. Generoso, desprendido.
FAM. Cicatear, cicatería.

**cicatriz** *s. f.* **1.** Señal que deja una herida o llaga después de curarse. **2.** Sentimiento que dejan en las personas las penas y los sufrimientos. ■ Su plural es *cicatrices.*
FAM. Cicatrizar.

**cicatrizar** *v.* **1.** Curarse una herida o llaga hasta quedar bien cerrada. **2.** Hacer que una pena o sufrimiento pasado se olvide o se supere. ■ Delante de *e* se escribe *c* en lugar de *z*: *Es posible que esta herida cicatrice pronto.*
SIN. **1.** Sanar.

**cicerone** *s. m.* y *f.* Persona que sirve a otras de guía y les va enseñando y explicando los lugares y las cosas más interesantes.

**ciclamen** *s. m.* Planta de jardín con hojas en forma de corazón y flores blancas y rosadas.

**cíclico, ca** *adj.* Que se repite cada cierto tiempo: *En esa enfermedad, la fiebre aparece y desaparece de forma cíclica.*
SIN. Periódico.

**ciclismo** *s. m.* Deporte que consiste en hacer carreras en bicicleta.
FAM. Ciclista.

**ciclista** *adj.* **1.** Relacionado con el ciclismo: *la vuelta ciclista a España.* ‖ *s. m.* y *f.* **2.** Persona que va en bicicleta. **3.** Deportista que practica el ciclismo.

**ciclo** *s. m.* **1.** Conjunto de fenómenos o periodos que se repiten cada cierto tiempo: *Las cuatro estaciones forman el ciclo del año.* **2.** Serie de conferencias, libros o películas que tratan un mismo tema o tienen relación entre sí: *un ciclo de cine de aventuras.* **3.** Cada una de las divisiones de una etapa de estudios: *el segundo ciclo de educación primaria.*
FAM. Cíclico. / Monociclo, reciclar.

**ciclocross** *s. m.* Ciclismo que se practica en el campo o en circuitos con obstáculos y desigualdades en el terreno. ■ Es una palabra inglesa. No varía en plural.

**ciclomotor** *s. m.* Moto pequeña parecida a una bicicleta.

**ciclón** *s. m.* **1.** Viento muy fuerte que gira como un torbellino en grandes círculos y que suele tener su origen en zonas tropicales. **2.** Masa atmosférica en que el aire gira alrededor de un centro de bajas presiones.
SIN. **1.** Huracán. **2.** Borrasca. ANT. **2.** Anticiclón.
FAM. Anticiclón.

**cíclope** o **ciclope** *s. m.* Gigante de la mitología que tenía un solo ojo en medio de la frente.

**ciclostil** o **ciclostilo** *s. m.* Aparato para reproducir muchas veces un escrito o un dibujo.

**cicloturismo** *s. m.* Tipo de turismo que se hace utilizando la bicicleta como medio de transporte.

**cicuta** *s. f.* Veneno que se saca de las hojas y frutos de una planta también llamada *cicuta.*

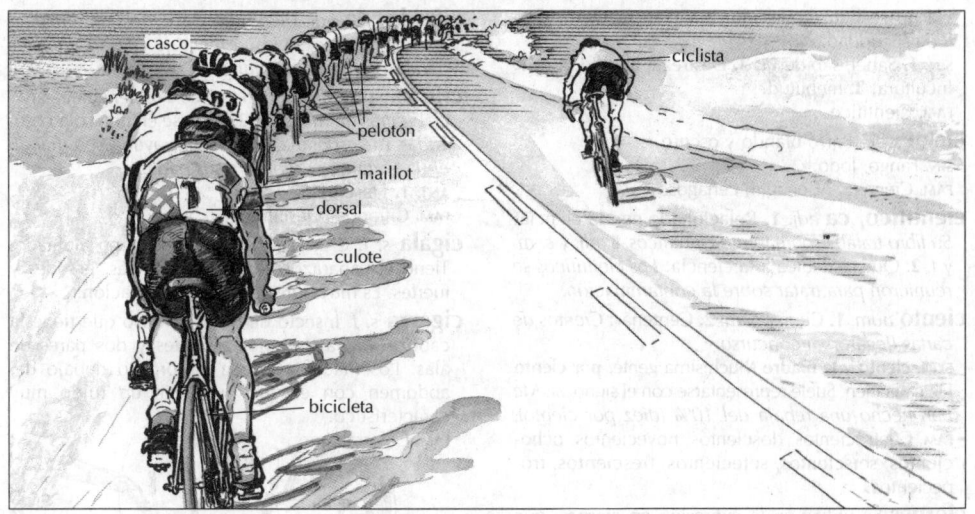

**casco**

**ciclista**

**pelotón**

**maillot**

**dorsal**

**culote**

**bicicleta**

**ciclismo**

**cidra** *s. f.* **1.** Fruto parecido a una calabaza, de carne jugosa y con hebras, con el que se hace el cabello de ángel. **2.** Fruto parecido al limón, pero de mayor tamaño, producido por un árbol que se llama *cidro*.

**cidro** *s. m.* Árbol de tronco liso, que no pierde las hojas en invierno, y que tiene flores rojas y olorosas. Su fruto es la cidra.
**FAM.** Cidra.

**ciego, ga** *adj.* y *s. m.* y *f.* **1.** Que tiene ceguera: *Está ciego a causa de un accidente.* ‖ *adj.* **2.** Dominado por un sentimiento: *Se puso a gritar ciego de ira.* **3.** Total, sin ninguna duda: *José Luis puso en nosotros una confianza ciega.* **4.** Cerrado, tapado: *pozo ciego, arcos ciegos.* ‖ *adj.* y *s. m.* **5.** Se dice de una de las partes del intestino grueso, con la que se comunica el intestino delgado.
**EXPR. a ciegas** Sin ver. También, sin saber o conocer alguna cosa: *Tengo que informarme, no querrás que compre a ciegas una cosa tan cara.* **ponerse ciego** Hartarse de comida, bebida u otras cosas agradables: *Javi se puso ciego de dulces.*
**SIN. 1.** Invidente. **2.** Ofuscado, poseído. **ANT. 1.** Vidente.

**cielo** *s. m.* **1.** Espacio que rodea a la Tierra y en el que están los astros. **2.** Según algunas religiones, lugar adonde van las personas buenas cuando mueren. **3.** Parte de arriba que cubre algunas cosas: *el cielo de la boca, el cielo del paladar.* **4.** A veces se dice cariñosamente a las personas: *Ven aquí, cielo. Tus padres son un cielo.* ‖ **¡cielos!** *interj.* **5.** Expresa sorpresa, extrañeza.
**SIN. 1.** Firmamento. **2.** Edén, paraíso, gloria. **4.** Cariño, encanto. **ANT. 2.** Infierno.
**FAM.** Celeste. / Rascacielos.

**ciempiés** *s. m.* Animal terrestre invertebrado que tiene el cuerpo dividido en anillos y numerosos pares de patas. Las primeras tienen forma de pinzas y con ellas puede inyectar veneno. ■ No varía en plural.

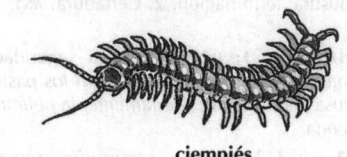

**ciempiés**

**cien** *num.* **1.** Diez veces diez: *cien años.* **2.** Centésimo, que sigue por orden al noventa y nueve: *página cien.* ‖ *s. m.* **3.** Signos que representan este número. **EXPR. poner** a alguien **a cien** Enfadarle, excitarle.
**SIN. 1.** y **2.** Ciento.
**FAM.** Centavo, centena, centésimo, céntimo, céntuplo, centuria, ciento. / Porcentaje.

**ciénaga** *s. f.* Lugar pantanoso o lleno de cieno o barro.
**SIN.** Cenagal, barrizal.

**ciencia** *s. f.* **1.** Conjunto organizado de conocimientos: *Dedicó su vida a la ciencia.* **2.** Estos conocimientos sobre una materia en concreto: *La biología es la ciencia que estudia los seres vivos.* **3.** Habilidad: *Para apretar un tornillo no hace falta mucha ciencia.* ‖ *s. f. pl.* **4.** Estudios de las matemáticas, la física, la química y las ciencias naturales: *Ha elegido una carrera de ciencias.*
**EXPR. ciencia ficción** Género literario y de cine que trata sobre planetas y extraterrestres, o sobre descubrimientos científicos que son imaginarios o toda-

vía no se han producido. || **a ciencia cierta** Con toda seguridad.
**SIN. 1.** Saber, sabiduría. **3.** Destreza, aptitud. **ANT. 1.** Incultura. **3.** Ineptitud.
**FAM.** Científico.

**cieno** *s. m.* Barro blando y oscuro.
**SIN.** Fango, lodo.
**FAM.** Ciénaga. / Cenagal, cenagoso.

**científico, ca** *adj.* **1.** Relacionado con la ciencia: *Su libro trataba sobre temas científicos.* || *adj. y s. m. y f.* **2.** Que se dedica a la ciencia: *Los científicos se reunieron para tratar sobre la contaminación.*

**ciento** *num.* **1.** Cien. || *s. m.* **2.** Centenar: *Cientos de cartas llegaron al concurso.*
**EXPR. ciento y la madre** Muchísima gente. **por ciento** De cada cien. Suele representarse con el signo %: *Me han hecho una rebaja del 10% (diez por ciento).*
**FAM.** Cuatrocientos, doscientos, novecientos, ochocientos, seiscientos, setecientos, trescientos, tropecientos.

**ciernes** Se utiliza en la expresión **en ciernes**, que significa 'en sus comienzos, formándose': *Todavía es un escritor en ciernes.*

**cierre** *s. m.* **1.** Acción de cerrar: *El cierre de las tiendas es a las ocho y media de la tarde.* **2.** Cualquier cosa utilizada para cerrar algo: *Se me ha roto el cierre de la pulsera.*
**SIN. 1.** Clausura; terminación. **2.** Cerradura. **ANT. 1.** Apertura.

**ciertamente** *adv.* **1.** Con certeza o seguridad: *Ciertamente fue Luisito el que se comió los pasteles.* **2.** Se usa para afirmar: *Ciertamente, la película era estupenda.*

**cierto, ta** *adj.* **1.** Verdadero, seguro: *Te aseguro que todo lo que estoy contando es cierto.* || *indef.* **2.** Indica algo sin precisarlo: *Emplearon cierto material parecido al plástico.* **3.** Un poco de algo: *A esta bebida le encuentro cierto sabor amargo.* || *adv.* **4.** Sí, con certeza: *–Me dijeron que ibas a venir. –Cierto, pero luego cambié de idea.*
**SIN. 1.** Exacto, real, auténtico. **2.** Alguno, determinado. **ANT. 1.** Incierto, falso. **4.** No.
**FAM.** Cerciorarse, certero, certeza, certidumbre, certificar, ciertamente. / Acertar, incierto.

**ciervo, va** *s. m. y f.* Mamífero rumiante, de patas largas y delgadas, y pelo marrón rojizo en verano y gris en invierno. Los machos tienen cuernos grandes con muchas ramas.
**FAM.** Cerval, cervatillo, cervato.

**cierzo** *s. m.* Viento frío que sopla del norte.

**cifra** *s. f.* **1.** Signo o conjunto de signos con que se representa un número: *Escribió varias cifras en la pizarra.* **2.** Cantidad: *Una cifra muy elevada de coches han salido de la ciudad este fin de semana.*
**SIN. 1.** Dígito. **2.** Número, porción.
**FAM.** Cifrar.

**cifrado, da** *adj.* Escrito en clave, con un lenguaje especial: *Javier envió un mensaje cifrado a Carlos para que sólo él entendiera lo que ponía.*

**cifrar** *v.* **1.** Escribir en clave, con un lenguaje especial: *cifrar un mensaje.* **2.** Basarse en una sola cosa: *Todas sus esperanzas de recibir ayuda se cifraban en la carta que escribió a sus padres.*
**ANT. 1.** Descifrar.
**FAM.** Cifrado. / Descifrar.

**cigala** *s. f.* Crustáceo marino de cuerpo alargado. Tiene el caparazón duro y dos pinzas, grandes y fuertes. Es muy apreciado en alimentación.

**cigarra** *s. f.* Insecto de color verdoso que tiene la cabeza ancha, los ojos salientes y dos pares de alas. Los machos poseen un órgano debajo del abdomen con el que producen un ruido muy característico.
**FAM.** Cigarral.

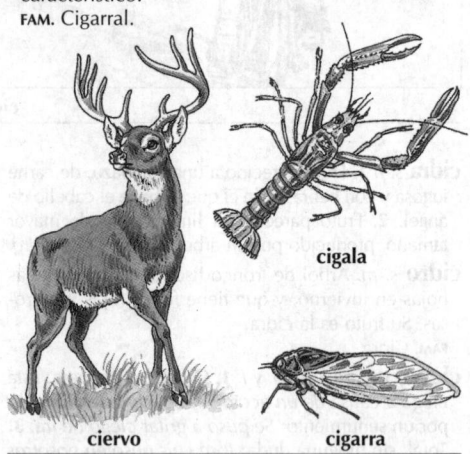

cigala

ciervo

cigarra

**cigarral** *s. m.* En Toledo, se llama así a la casa de campo con huerto situada a las afueras de la ciudad.

**cigarrera** *s. f.* Caja o estuche para cigarros.

**cigarrero, ra** *s. m. y f.* Persona que hace o vende cigarros.

**cigarrillo** *s. m.* Cilindro delgado hecho de tabaco picado envuelto en papel para fumarlo.
**SIN.** Cigarro, pitillo.

**cigarro** *s. m.* **1.** Rollo hecho con hojas de tabaco que se fuma. **2.** Cigarrillo.
**SIN. 1.** Puro, habano. **2.** Pitillo.
**FAM.** Cigarrera, cigarrero, cigarrillo.

**cigoñino** *s. m.* Cría de la cigüeña.

**cigoto** *s. m.* Célula fecundada que resulta al unirse las células reproductoras o gametos. Se llama también *célula huevo.* ■ Se escribe también *zigoto.*

**cigüeña** *s. f.* Ave zancuda con el cuerpo blanco y el extremo de las alas negro. Tiene el pico largo y rojo como las patas. Las cigüeñas emigran a zonas templadas en invierno y suelen hacer sus nidos en las partes altas de los edificios.

**EXPR.** **esperar la cigüeña** Esperar un hijo. **venir la cigüeña** Tener un hijo.

**FAM.** Cigoñino, cigüeñal, cigüeñato.

cigüeña

**cigüeñal** *s. m.* En algunas máquinas y motores, eje que transforma en circular un movimiento rectilíneo o al revés.

**cigüeñato** *s. m.* Cría de la cigüeña.
**SIN.** Cigoñino.

**cilantro** *s. m.* Hierba aromática parecida al perejil, de flores rojizas, que se utiliza para dar sabor a las comidas.

**cilindrada** *s. f.* Capacidad de los cilindros de un motor de explosión, que se expresa en centímetros cúbicos: *Se compró un automóvil de gran cilindrada.*

**cilíndrico, ca** *adj.* Que tiene forma de cilindro: *una barra cilíndrica.*

**cilindro** *s. m.* **1.** Cuerpo geométrico que resulta al enrollar una superficie cuadrada o rectangular y cerrar con dos círculos los extremos. **2.** Cosa con esta forma. **3.** Tubo dentro del que se mueve el émbolo de una máquina, por ejemplo el cilindro del motor en un automóvil.
**SIN.** **2.** Rodillo, rollo, tambor.
**FAM.** Cilindrada, cilíndrico. / Semicilindro.

**cilio** *s. m.* Prolongación corta y delgada, como un pelo, que tienen algunas células y organismos.

**cima** *s. f.* **1.** Parte más alta de algo, como una montaña o un árbol. **2.** Momento mejor o más importante de algo: *Llegó a la cima de su carrera como pintor.*
**SIN.** **1.** Cresta. **1.** y **2.** Cumbre, cúspide. **2.** Apogeo.
**ANT.** **2.** Declive, decadencia.
**FAM.** Encima.

**cimarrón, na** *adj. y s. m. y f.* **1.** Se dice del animal doméstico que huye al campo y se hace salvaje: *un caballo cimarrón.* **2.** En Hispanoamérica, se decía del esclavo que huía y se escondía en el monte. || *adj.* **3.** Se dice de las plantas silvestres.

**címbalo** *s. m.* **1.** Campana pequeña. **2.** Instrumento musical parecido a los platillos, que usaban los griegos y los romanos.

**cimborrio** o **cimborio** *s. m.* **1.** Base de una cúpula, con forma de cilindro o de polígono. **2.** Cúpula.

**cimbrear** o **cimbrar** *v.* **1.** Hacer vibrar un objeto largo, delgado y flexible: *Los juncos se cimbreaban con el viento.* **2.** Mover el cuerpo o parte de él a un lado y a otro, por ejemplo al andar.
**SIN.** **2.** Contonearse.

**cimentar** *v.* **1.** Poner los medios para hacer alguna cosa más fuerte o segura: *Ayudarse entre amigos cimenta la amistad.* **2.** Poner los cimientos de un edificio.
**SIN.** **1.** Fortalecer, afianzar, consolidar. **ANT.** **1.** Debilitar, socavar.

**cimiento** *s. m.* **1.** Parte de un edificio que está bajo tierra y sostiene la construcción. **2.** Base, fundamento: *El estudio y la experiencia son los cimientos de un buen profesional.*
**SIN.** **2.** Raíz, principio, origen.
**FAM.** Cimentar. / Cemento.

**cimitarra** *s. f.* Especie de sable muy curvado que utilizaban los turcos, los persas y otros pueblos orientales.

**cinabrio** *s. m.* Mineral pesado de color rojo oscuro, del que se obtiene el mercurio.

**cinamomo** *s. m.* Árbol de tronco recto y ramas irregulares, madera dura y aromática y flores en racimo de color violeta; de su fruto, parecido a una cereza pequeña, se extrae un aceite utilizado en medicina y en la industria.

**cinc** *s. m.* Metal de color blanco azulado, muy brillante, que tiene mucha utilidad en la industria.
■ Se escribe también *zinc.*

**cincel** *s. m.* Herramienta de acero con la punta recta y afilada que se utiliza para grabar la piedra y el metal, golpeándola con un martillo.
**FAM.** Cincelar.

**cincelar** *v.* Grabar con el cincel las piedras o los metales.
**SIN.** Labrar, tallar, esculpir.

**cincha** *s. f.* Correa para sujetar la silla o la albarda sobre el lomo de las caballerías.

**cinco** *num.* **1.** Cuatro y uno. **2.** Quinto, que sigue por orden al cuatro: *Quedamos en el puesto cinco.* || *s. m.* **3.** Signo que representa este número.
**EXPR.** **estar sin cinco** No tener nada de dinero.
**FAM.** Cincuenta, cinquillo. / Quince, quinientos, quinquenio, quinteto, quintilla, quintillizo, quinto, veinticinco.

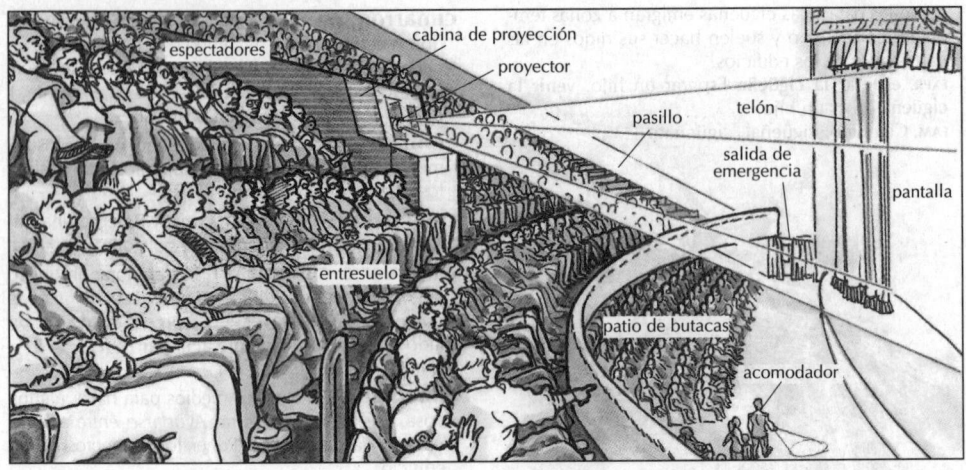

sala de **cine**

**cincuenta** *num.* **1.** Cinco veces diez. **2.** Que sigue por orden al cuarenta y nueve: *Mis abuelos celebraron el cincuenta aniversario de su boda.* ‖ *s. m.* **3.** Signos que representan este número. **FAM.** Cincuentavo, cincuentena, cincuentenario, cincuentón. / Quincuagésimo.

**cincuentavo, va** *num.* y *s. m.* Quincuagésimo, cada una de las cincuenta partes en que se divide algo.

**cincuentena** *s. f.* Conjunto que está formado por cincuenta unidades.

**cincuentenario** *s. m.* Fecha en que se cumplen cincuenta años de algún hecho.

**cincuentón, na** *adj.* y *s. m.* y *f.* Se dice de la persona que tiene entre cincuenta y sesenta años.

**cine** *s. m.* **1.** Técnica y arte que consiste en filmar imágenes en movimiento y proyectarlas sobre una pantalla: *Es un famoso director de cine.* **2.** Local público para ver películas cinematográficas. **EXPR.** cine fórum Busca **cinefórum**. **SIN.** **1.** Cinematografía. **2.** Cinematógrafo. **FAM.** Cineasta, cineclub, cinéfilo, cinefórum, cinemascope, cinematografía, cinematográfico, cinematógrafo. / Multicine.

**cineasta** *s. m.* y *f.* Persona que se dedica al cine, sobre todo como director.

**cineclub** *s. m.* **1.** Asociación que se dedica a difundir el cine: *El cineclub organiza un festival de cortometrajes.* **2.** Lugar donde se reúnen los miembros de esta asociación, en el que se proyectan y comentan películas. ▪ Su plural es *cineclubes* o *cineclubs*.

**cinéfilo, la** *adj.* y *s. m.* y *f.* Muy aficionado al cine.

**cinefórum** *s. m.* Proyección de una película seguida de un coloquio entre los asistentes. ▪ Su plural es *cinefórums. Se eascribe también cine fórum.*

**cinegético, ca** *adj.* **1.** De la caza o relacionado con ella: *asociación cinegética.* ‖ *s. f.* **2.** Arte de la caza: *manual de cinegética.*

**cinemascope** *s. m.* Técnica de cine en que se proyectan las imágenes sobre pantallas curvadas y dan sensación de profundidad. ▪ Es una palabra inglesa.

**cinemática** *s. f.* Parte de la física que estudia el movimiento de los cuerpos.

**cinematografía** *s. f.* Técnica y arte del cine.

**cinematográfico, ca** *adj.* Del cine o relacionado con él: *película cinematográfica, técnicas cinematográficas.*

**cinematógrafo** *s. m.* **1.** Aparato para proyectar películas de cine. **2.** Local de cine.

**cinético, ca** *adj.* Relacionado con el movimiento de los cuerpos. **FAM.** Cinemática.

**cingalés, sa** *adj.* y *s. m.* y *f.* **1.** De Ceilán, isla de Asia que actualmente forma el estado de Sri Lanka. ‖ *s. m.* **2.** Idioma que se habla en esta isla.

**cíngaro, ra** *adj.* y *s. m.* y *f.* Gitano de Europa central y del este.

**cínico, ca** *adj.* y *s. m.* y *f.* Se dice de la persona que dice o hace de forma descarada lo contrario de lo que piensa: *El muy cínico critica a sus compañeros por hacer lo mismo que él hace.* **SIN.** Falso, hipócrita. **ANT.** Sincero. **FAM.** Cinismo.

**cinismo** *s. m.* Característica de las personas cínicas. **SIN.** Falsedad, hipocresía. **ANT.** Sinceridad.

**cinquillo** *s. m.* Juego de cartas que consiste en colocar por orden todas las que se tienen a partir del cinco de cada palo; gana el que coloque antes todas sus cartas.

**cinta** *s. f.* **1.** Tira larga y estrecha hecha con material flexible y que puede servir para muchas cosas: *La niña se recogió el pelo con una cinta. El libro tenía una cinta para señalar las páginas.* **2.** Cinta magnética y cajita que la contiene: *Me grabó el disco en una cinta virgen.* **3.** Pieza de carne larga y redondeada que se corta del lomo del cerdo.
**EXPR. cinta aislante** La que lleva pegamento y se emplea para recubrir y aislar los empalmes de los cables eléctricos. **cinta magnética** Tira de material plástico en la que se graban sonidos e imágenes, como la de los casetes y videocasetes.
**SIN. 1.** Banda, faja. **2.** Casete.
**FAM.** Cinto, cintura.

**cinto** *s. m.* Cinturón.

**cintura** *s. f.* **1.** Parte del cuerpo más estrecha entre el tronco y la cadera. **2.** Parte de una prenda que rodea esta parte del cuerpo: *La cintura de la falda se me ha quedado estrecha.*
**EXPR. meter** a alguien **en cintura** Regañarle o hacer que obedezca.
**SIN. 1.** y **2.** Talle.
**FAM.** Cinturilla, cinturón.

**cinturilla** *s. f.* En los vestidos, faldas y pantalones, tira de tela que se ajusta a la cintura.
**SIN.** Cintura.

**cinturón** *s. m.* **1.** Correa o banda con que se ajusta una prenda o de la que cuelga una cosa, por ejemplo una pistola. **2.** En karate, judo y otras artes marciales, cinta con que se ajusta el traje y que indica con su color la categoría de los deportistas: *Su hermano es cinturón negro de karate.*
**EXPR. cinturón de seguridad** El que sujeta a los ocupantes de los coches y otros vehículos a sus asientos. **cinturón industrial** Zona con fábricas e industrias que rodea una población. ‖ **apretarse el cinturón** Procurar gastar poco dinero.
**SIN. 1.** Cinto. **2.** Cordón.

**cipayo** *s. m.* Soldado indio que luchaba en los ejércitos de Francia, Portugal y Reino Unido en los siglos XVIII y XIX.

**cipote** *s. m.* Pene. ■ Es una palabra vulgar.

**ciprés** *s. m.* Árbol muy alto y alargado, con hojas muy finas de color verde oscuro que no se caen. Se cultiva en parques y jardines y sobre todo en los cementerios.

**circense** *adj.* Del circo o relacionado con él: *Las acrobacias en el trapecio son un espectáculo circense.*

**circo** *s. m.* **1.** Lugar donde actúan los payasos, los trapecistas, los domadores y otros artistas. Tiene una o varias pistas, asientos para los espectadores y normalmente está cubierto con una carpa. **2.** Lugar en que los antiguos romanos celebraban carreras de carros o caballos, luchas y otros espectáculos.
**FAM.** Circense.

circo

**circonio** *s. m.* Metal en forma de polvo negro, radiactivo, que resiste la acción de los ácidos y arde sin producir llama.
FAM. Circonita.

**circonita** *s. f.* Mineral que se utiliza en joyería por su parecido con el diamante: *Me regalaron unos pendientes de oro con circonitas.*

**circuito** *s. m.* **1.** Camino que se recorre y vuelve al punto de partida, por ejemplo en carreras de automóviles, motocicletas o bicicletas. **2.** Recorrido de un viaje turístico: *Este verano haremos un circuito por los Países Bajos.* **3.** Conjunto de cables o conductores unidos por donde pasa la corriente eléctrica.
EXPR. **corto circuito** Busca **cortocircuito**.
FAM. Cortacircuitos, cortocircuito.

**circulación** *s. f.* **1.** Acción de circular: *Un atasco en la tubería impide la circulación del agua.* **2.** Movimiento por las vías públicas de personas y vehículos, sobre todo el de los automóviles: *Hoy la circulación está fatal, he tardado una hora en llegar.* **3.** Recorrido que hace la sangre al circular por el cuerpo: *Algunos ejercicios son muy buenos para la circulación.* **4.** Movimiento o intercambio de algunas cosas como los productos que se compran y venden, o el dinero.
EXPR. **poner en circulación** Hacer que algo comience a circular, es decir, se use, se venda o pase de unas personas a otras: *Se han puesto en circulación varias monedas nuevas.* **retirar de la circulación** Hacer que algo no circule, que no se use ni se venda: *Han retirado de la circulación algunas medicinas.*
SIN. **2.** Tránsito, tráfico.

**circular¹** *v.* **1.** Moverse, ir y venir: *Por este carril sólo pueden circular los autobuses.* **2.** Distribuirse la sangre por el organismo a través de los vasos sanguíneos. **3.** Pasar una cosa de unas personas a otras, por ejemplo monedas o noticias: *Circula el rumor de que van a suspender las clases.*
SIN. **1.** Transitar. **3.** Difundirse, propagarse.
FAM. Circulación, circulatorio.

**circular²** *adj.* **1.** Que tiene forma de círculo: *El ruedo de las plazas de toros es circular.* ‖ *s. f.* **2.** Carta o aviso para comunicar algo a varias personas: *El club de fútbol envió a sus socios una circular para informarles de la subida de los abonos.*
SIN. **1.** Redondo. **2.** Comunicado.

**circulatorio, ria** *adj.* **1.** Relacionado con la circulación. **2.** Se dice del aparato o conjunto de órganos y vasos sanguíneos en que se realiza la circulación de la sangre.

**círculo** *s. m.* **1.** Área o superficie plana que está contenida dentro de una circunferencia. **2.** Circunferencia. **3.** Corro de personas: *Todos los alumnos hicieron círculo alrededor de Marta, que se puso a bailar.* **4.** Grupo de amigos. **5.** Asociación, club.
EXPR. **círculo polar** Cada uno de los dos círculos menores del globo terrestre paralelos al ecuador, que rodean los polos; el que rodea el polo norte se llama *círculo polar ártico* y el que rodea el polo sur, *círculo polar antártico.*
SIN. **1.** y **2.** Redondel.
FAM. Circular¹, circular². / Semicírculo.

**circuncidar** *v.* Hacer una circuncisión: *Los judíos y los musulmanes circuncidan a los niños cuando son bebés.*

**circuncisión** *s. f.* Corte en círculo para quitar parte de la piel que rodea el extremo del pene.
FAM. Circuncidar, circunciso.

**circunciso** *adj. y s. m.* Se dice del hombre que ha sido circuncidado.

**circundar** *v.* Rodear, estar alrededor: *Una valla circunda el patio del colegio.*
SIN. Cercar, envolver.

**circunferencia** *s. f.* Curva cerrada en la que todos sus puntos están a la misma distancia de uno interior llamado *centro.*
FAM. Semicircunferencia.

**circunflejo** *adj.* Se dice de un tipo de acento usado en algunas lenguas como el francés, que se representa como un ángulo con el pico hacia arriba (^).

**circunloquio** *s. m.* Utilización de muchas palabras o explicaciones para expresar algo que se podría decir más brevemente: *Empleó muchos circunloquios porque no sabía cómo decirle que el trabajo que había hecho le parecía un desastre.*

**circunscribir** *v.* **1.** Reducir, limitar: *Circunscribió las preguntas del examen sólo a las dos últimas lecciones.* **2.** En geometría, formar una figura de manera que otra quede dentro de ella, pero tocándose las dos en algunos puntos. ■ Su participio es irregular: *circunscrito.*
SIN. **1.** Restringir, ceñir. ANT. **1.** Ampliar.
FAM. Circunscripción, circunscrito.

**circunscripción** *s. f.* **1.** Acción de circunscribir. **2.** División administrativa, eclesiástica, electoral o militar de un territorio.
SIN. **2.** Distrito, demarcación, zona.

**circunscrito, ta** *adj.* **1.** Reducido, limitado. **2.** Se dice de la figura geométrica que circunscribe a otra.

**circunspecto, ta** *adj.* Serio y prudente, que no muestra sus sentimientos.

**circunstancia** *s. f.* Condición, situación o cualquier otra cosa que rodea a una persona o cosa y puede influir en ella: *Estás cansado y tienes un poco de fiebre. Creo que en esas circunstancias no deberías salir a la calle.*
FAM. Circunstancial.

**circunstancial** *adj.* **1.** Que obedece a una circunstancia o depende de ella: *Tener que hacer ese viaje ha sido circunstancial.* **2.** Se dice del complemento del verbo que indica modo, lugar, tiempo u otras cosas.
SIN. **1.** Accidental. ANT. **1.** Premeditado, previsto.

**circunvalación** s. f. **1.** Acción de rodear un lugar, por ejemplo una ciudad. **2.** Vía que rodea a una ciudad: *Desde que han hecho la circunvalación hay menos atascos en el centro.* Se llama también *carretera de circunvalación* o *vía de circunvalación.*

**cirílico, ca** adj. Del abecedario que se utiliza en ruso y en otras lenguas eslavas.

**cirio** s. m. **1.** Vela de cera, larga y gruesa. **2.** Jaleo, lío: *¡Menudo cirio se armó esta mañana en el recreo!* SIN. **2.** Alboroto, follón.

**cirro** s. m. Nube blanca y ligera, en forma de hilos o franjas finas, que está en las capas altas de la atmósfera. ■ Se dice también *cirroestrato* o *cirrostrato.* FAM. Cirrocúmulo, cirroestrato, cirrostrato.

**cirrocúmulo** s. m. Nube de aspecto algodonoso y bordes desgarrados.

**cirroestrato** o **cirrostrato** s. m. Busca **cirro.**

**cirrosis** s. f. Enfermedad incurable del hígado que se produce por la destrucción de sus células, y cuya causa más frecuente es el tomar bebidas alcohólicas en exceso. ■ No varía en plural.

**ciruela** s. f. Fruto del ciruelo, de forma, color y tamaño muy variable según el tipo de árbol que lo produce. Las ciruelas pueden ser redondas o alargadas, amarillas, verdosas o negras. FAM. Ciruelo.

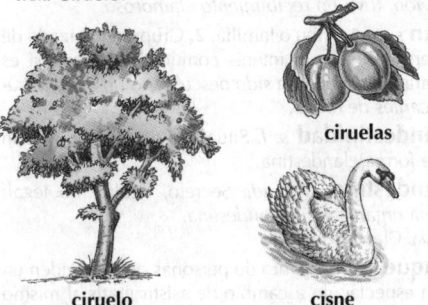

ciruelas

ciruelo      cisne

**ciruelo** s. m. Árbol frutal que da la ciruela; tiene hojas alargadas y acabadas en punta, y pequeñas flores blancas.

**cirugía** s. f. Parte de la medicina que cura mediante operaciones. FAM. Cirujano. / Cardiocirugía, microcirugía, neurocirujía, quirúrgico.

**cirujano, na** s. m. y f. Médico especialista en cirugía. SIN. Operador.

**ciscarse** v. Cagarse. Se suele usar para expresar desprecio: *Me cisco en todo lo que digas.* ■ Delante de *e* se escribe *qu* en lugar de *c: cisque.*

**cisco** s. m. **1.** Carbón vegetal en trozos pequeños. **2.** Alboroto, jaleo: *Se armó un buen cisco al salir los niños de clase.*

EXPR. **hacer cisco** a alguien o algo Hacer daño o perjudicar a una persona o romper o estropear una cosa: *Estos zapatos me hacen cisco. Hizo cisco la cámara de fotos.* SIN. **2.** Cirio, follón, barullo. FAM. Ciscarse.

**cisma** s. m. Separación de un grupo de personas de una Iglesia o religión a la que pertenecían. ANT. Unidad, unión.

**cisne** s. m. Ave palmípeda de cabeza pequeña, cuello muy largo y flexible, patas cortas y alas grandes. Es muy buena nadadora y la especie más común tiene el plumaje completamente blanco.

**cisterciense** adj. y s. m. Se dice de los monjes de la orden del Císter y de lo relacionado con ellos: *una abadía cisterciense.*

**cisterna** s. f. **1.** Depósito de agua en un retrete. **2.** Vehículo o barco construido para transportar líquidos: *un camión cisterna.* **3.** Depósito, casi siempre bajo tierra, en donde se recoge el agua de lluvia o de un río o manantial.

**cistitis** s. f. Inflamación de la vejiga de la orina que produce escozor y continuas ganas de hacer pis. ■ No varía en plural.

**cita** s. f. **1.** El hecho de fijar una hora y lugar para encontrarse dos o más personas, o para que alguien te reciba: *El dentista le ha dado cita para las seis de la tarde.* **2.** Ese encuentro: *Margarita acudió a la cita que tenía con Roberto.* **3.** Palabras de una obra o de un autor que alguien repite diciendo a quién pertenecen: *En su trabajo de fin de curso aparecen citas de varios escritores.* SIN. **3.** Mención.

**citación** s. f. Aviso que se hace a una persona por orden del juez para que vaya al juzgado.

**citar** v. **1.** Dar una cita a alguien: *La doctora le citó en su consulta a las cuatro. Se citaron para comer en una pizzería.* **2.** Llamar el juez a una persona. **3.** Hacer citas de autores u obras, o mencionarlos. FAM. Cita, citación. / Concitar.

**cítara** s. f. Nombre de varios instrumentos musicales con cuerdas, que se tocan con una púa. (Puedes ver su ilustración en la página siguiente).

**citología** s. f. **1.** Parte de la biología que estudia las células. **2.** Análisis de las células que hay en la sangre, la saliva o en otro fluido de un paciente para saber si tiene alguna enfermedad.

**citoplasma** s. m. Parte de la célula que rodea el núcleo.

**cítrico, ca** adj. **1.** Del limón, la naranja u otras frutas parecidas: *La industria cítrica es importante en Valencia.* ‖ s. m. pl. **2.** Frutas agrias o agridulces, como el limón o la naranja. **3.** Plantas que producen esas frutas, como el limonero o el naranjo.

**ciudad** *s. f.* Población grande con calles, edificios y medios de transporte, en la que viven personas que se dedican sobre todo a actividades no agrícolas. **FAM.** Ciudadano, ciudadela.

**ciudad-realeño, ña** *adj.* y *s. m.* y *f.* De Ciudad Real, ciudad y provincia españolas.

**ciudadanía** *s. f.* Situación de la persona que es ciudadano de algún lugar; también, los derechos y deberes que un país reconoce a sus ciudadanos.

**ciudadano, na** *adj.* y *s. m.* y *f.* **1.** Habitante y vecino de una ciudad: *Somos ciudadanos de Madrid.* || *s. m.* y *f.* **2.** Persona que tiene unos derechos y obligaciones como habitante de un país: *ciudadano español.* **FAM.** Ciudadanía. / Conciudadano.

**ciudadela** *s. f.* Lugar fortificado dentro de una ciudad.

**civeta** *s. f.* Mamífero carnívoro de Asia y África, de tamaño medio, cola larga, patas cortas y pelo con manchas o rayas; produce una sustancia, llamada *algalia,* que se utiliza en perfumería. Se llama también *gato de algalia.*

**cívico, ca** *adj.* Que muestra civismo, que se comporta como buen ciudadano: *Demuestra su conducta cívica al respetar las señales de tráfico.* **SIN.** Civilizado.

**civil** *adj.* **1.** De los ciudadanos o relacionado con ellos. **2.** No militar: *la población civil; la aviación civil.* **3.** No religioso: *Le enterraron en el cementerio civil.* || *s. m.* **4.** Guardia civil. Busca **guardia.** **FAM.** Civilizar. / Incivil.

**civilización** *s. f.* **1.** Conjunto de ideas, creencias religiosas, cultura, artes y modos de vida de un pueblo: *Estamos estudiando la civilización de los antiguos griegos.* **2.** Acción de civilizar o civilizarse.

**civilizado, da** *adj.* **1.** Se dice de la persona o pueblo que han adquirido unos conocimientos y cultura que antes no tenían. **2.** Con educación y buenos modales: *La profesora nos dijo que nos portáramos de forma civilizada y no nos insultáramos.* **SIN. 2.** Cívico, educado.

**civilizar** *v.* **1.** Hacer civilizado a una persona o a un pueblo. **2.** Educar: *Espero que en el colegio civilicen un poco a este niño, porque está hecho un bruto.* ■ Delante de *e* se escribe *c* en lugar de *z*: *civilicé.* **FAM.** Civilización, civilizado.

**civismo** *s. m.* Característica de los ciudadanos que cumplen con sus obligaciones hacia el resto de la sociedad. **FAM.** Cívico. / Incívico.

**cizalla** *s. f.* **1.** Especie de tijeras grandes para cortar metal y otros materiales duros; también, aparato eléctrico que sirve para lo mismo. **2.** Especie de guillotina que se utiliza para hacer cortes rectos en el papel o en el cartón.

**cizaña** *s. f.* **1.** Planta gramínea muy perjudicial para los sembrados y muy difícil de eliminar; su semilla es venenosa. **2.** Cualquier cosa que hace daño a otra, la estropea o la echa a perder. **3.** Lo que alguien hace para que otros se enemisten o discutan: *Jorge metió cizaña entre sus hermanos y acabaron peleándose.* **FAM.** Cizañero. / Encizañar.

**cizañero, ra** *adj.* y *s. m.* y *f.* Que provoca peleas o discusiones entre los demás, poniendo a unos en contra de otros: *Toda la pandilla se llevaba bien hasta que apareció Juan, que es un cizañero.*

**clac** *s. f.* Busca **claque.**

**clamar** *v.* **1.** Quejarse, dar voces suplicando ayuda o socorro. **2.** Pedir, exigir: *Clamaban justicia ante el juez.* **EXPR. clama al cielo** Frase que se dice cuando algo nos parece muy injusto: *Clama al cielo que tanta gente pase hambre.* **SIN. 1.** y **2.** Implorar, suplicar. **FAM.** Clamor, clamoroso. / Aclamar, declamar, exclamar, proclamar, reclamar.

**clamor** *s. m.* **1.** Gritos, voces, ruidos confusos y fuertes: *Se oía el clamor de los espectadores en el estadio.* **2.** Grito de dolor, queja o protesta. **SIN. 1.** Vocerío, griterío. **2.** Lamento, quejido.

**clamoroso, sa** *adj.* Con clamor, sobre todo con gritos y aplausos: *Cuando el cantante bajó del avión, tuvo un recibimiento clamoroso.*

**clan** *s. m.* **1.** Tribu o familia. **2.** Grupo organizado de personas con un interés común, sobre todo si es para algo malo: *Ha sido descubierto un clan de traficantes de droga.*

**clandestinidad** *s. f.* Situación de los que actúan de forma clandestina.

**clandestino, na** *adj.* Secreto, oculto, no legal: *una organización clandestina.* **FAM.** Clandestinidad.

**claque** *s. f.* Conjunto de personas que aplauden en un espectáculo a cambio de asistir gratis al mismo o de recibir dinero o alguna otra recompensa. ■ Se dice también **clac.**

**claqué** *s. m.* Baile americano en el que se marca el ritmo con el sonido de los zapatos sobre el suelo.

**claqueta** *s. f.* Pizarra que se utiliza en el rodaje de una película para escribir en ella algunos datos

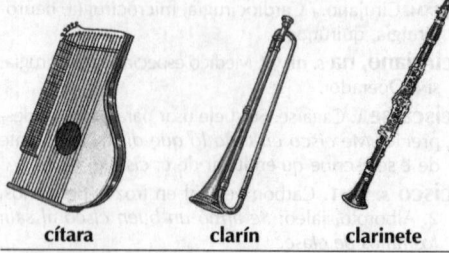

cítara      clarín      clarinete

técnicos y que tiene una parte móvil unida por una bisagra que, al cerrarse rápidamente, hace un ruido que indica que se empieza a rodar.

**clara** *s. f.* **1.** Materia transparente y blanquecina que rodea la yema del huevo. **2.** Cerveza con gaseosa.

**claraboya** *s. f.* Ventana abierta en el techo o en lo alto de una pared.
SIN. Tragaluz.

**claramente** *adv.* Con claridad: *Esta lección explica claramente cómo funciona el aparato digestivo del ser humano.*

**clarear** *v.* **1.** Comenzar a amanecer: *Ya clarea: dentro de poco se oirá el canto de los pájaros.* **2.** Despejarse el cielo: *Esperaron a que clareara para irse a la piscina.* || **clarearse 3.** Transparentarse: *Esa falda se clarea.* ■ Este verbo se usa en tercera persona.
SIN. **1.** Alborear. **2.** Aclarar. ANT. **1.** Anochecer. **2.** Nublarse.

**clarete** *adj. y s. m.* Vino rosado.

**claridad** *s. f.* **1.** Efecto que causa la luz al iluminar un espacio y que permite ver bien lo que hay en él. **2.** Característica de lo que resulta sencillo y fácil de entender: *En el libro están explicadas con claridad las reglas de ortografía.* **3.** Característica de lo que se ve u oye bien: *Me llega con claridad tu voz a través del teléfono.* **4.** Capacidad de la persona que entiende, razona y se explica bien: *Magdalena tiene una gran claridad de ideas.* **5.** Característica de aquello de lo que no se duda: *Ese chico sabe con claridad lo que quiere ser de mayor.* **6.** Hecho de no ocultar nada: *Dime con toda claridad por qué estás enfadado.*
SIN. **4.** Lucidez. **5.** Certeza. **6.** Franqueza. ANT. **1.** Oscuridad.

**clarificar** *v.* **1.** Aclarar, explicar. **2.** Hacer que un líquido esté menos espeso o turbio: *Clarificó la mezcla añadiendo más agua.* ■ Delante de *e* se escribe *qu* en lugar de *c*: *Hablaré con el profesor para que me clarifique algunos puntos de la lección.*
ANT. **1.** Confundir, embrollar. **2.** Espesar, enturbiar.

**clarín** *s. m.* Instrumento musical parecido a la trompeta, pero más pequeño, de sonido más agudo y sin llaves ni pistones.
FAM. Clarinete.

**clarinete** *s. m.* Instrumento musical de viento que tiene una boquilla con lengüeta simple y un tubo con agujeros.

**clarisa** *adj. y s. f.* Se dice de la monja que pertenece a la orden fundada por Santa Clara.

**clarividencia** *s. f.* Capacidad de ver y comprender con claridad las cosas.
SIN. Lucidez.
FAM. Clarividente.

**clarividente** *adj. y s. m. y f.* Que posee clarividencia.
SIN. Lúcido.

**claro, ra** *adj.* **1.** Que tiene luz o mucha luz: *Los últimos pisos son más claros.* **2.** Se dice del color con mucho blanco en su mezcla: *He pintado el mar de azul claro.* **3.** Poco espeso: *Te ha salido el chocolate muy claro.* **4.** Transparente: *agua clara.* **5.** Despejado, sin nubes: *Hoy la noche está clara: se ven las estrellas.* **6.** Que se ve, oye o comprende bien: *La foto está muy clara. Su pronunciación del inglés es clara.* **7.** Evidente, que no se puede dudar de ello: *Está claro que tengo que estudiar más si quiero aprobar.* **8.** Que se explica con claridad: *El profesor es claro y los chicos le entienden muy bien.* **9.** Que habla sin ocultar nada: *Soy muy claro, así que te diré que lo que has hecho me parece una tontería.* || *s. m.* **10.** Espacio del bosque sin árboles. **11.** Parte del cielo en que no hay nubes. || *adv.* **12.** Sin poder dudar o comprendiéndolo bien: *Ayer no sabía cómo resolver este problema de matemáticas, pero hoy lo veo claro.* **13.** Naturalmente, por supuesto, sí: *¡Pues claro que vamos a ser campeones! –¿Ponemos la televisión? –¡Claro!*
EXPR. **a las claras** Sin ocultar nada: *Me dijo a las claras lo que pensaba.*
SIN. **1.** Luminoso, iluminado. **6.** Nítido. **7.** Indudable. **9.** Franco. **12.** Claramente. ANT. **1.**, **2.**, **5.**, **6.** y **8.** Oscuro. **4.** Turbio. **5.** Nublado. **7.** Dudoso.
FAM. Clara, claraboya, claramente, clarear, clarete, claridad, clarificar, clarín, clarividencia, claroscuro. / Aclarar, esclarecer.

**claroscuro** *s. m.* Contraste de claridad y sombras en un cuadro, dibujo o fotografía.

**clase** *s. f.* **1.** Conjunto de personas, animales o cosas agrupadas por tener unas mismas características: *¿No tiene peras de otra clase? Se casó con una chica de clase social alta.* **2.** Habitación en que el profesor enseña a los alumnos: *Yo me sentaba al final de la clase.* **3.** Conjunto de estudiantes que reciben enseñanza de la misma materia o del mismo curso: *Fuimos de excursión toda la clase.* **4.** Enseñanza de una materia: *Ese profesor da clase de lengua a los de quinto.* **5.** Elegancia, distinción: *Esa señora tiene mucha clase vistiendo.*
SIN. **1.** Tipo, especie, género. **2.** Aula. **5.** Estilo.
FAM. Clásico, clasificar, clasista.

**clasicismo** *s. m.* Tendencia artística que valora sobre todo la armonía de las formas e imita los modelos griegos y romanos.

**clásico, ca** *adj.* **1.** De las antiguas Grecia y Roma o relacionado con ellas: *Estudia lenguas clásicas.* **2.** Se dice de un tipo de música más culta y complicada que la ligera o popular: *En música clásica su compositor preferido es Mozart.* **3.** Característico o típico de alguien o algo: *En Navidad tomamos el clásico turrón.* **4.** Tradicional, serio y elegante: *Llevaba un traje clásico azul marino.* || *adj. y s. m.* **5.** De una época muy importante en la literatura o

el arte, como los siglos XVI y XVII en España: *Calderón de la Barca es uno de nuestros más importantes clásicos.* **6.** Se dice de las obras y de los autores más famosos entre los de su clase y que pueden tomarse como modelo: *«La vuelta al mundo en 80 días» es un clásico de la literatura juvenil.*
SIN. **1.** Grecorromano. **3.** Propio, peculiar.
FAM. Clasicismo. / Neoclásico.

**clasificación** *s. f.* **1.** Acción de clasificar o clasificarse: *Querían conseguir la clasificación para la final de atletismo.* **2.** Conjunto o lista ordenada de personas o cosas: *Ese ciclista es el segundo de la clasificación.*

**clasificado, da** *adj.* y *s. m.* y *f.* **1.** Que ha conseguido clasificarse en una competición. || *adj.* **2.** Se dice de la información que es secreta: *Sorprendieron a un espía fotografiando documentos clasificados.*
SIN. **2.** Reservado.

**clasificador, ra** *adj.* y *s. m.* y *f.* Que clasifica o sirve para clasificar algo: *Raúl lleva los apuntes en una carpeta clasificadora.*
SIN. Archivador.

**clasificar** *v.* **1.** Ordenar por clases: *Ha clasificado las fotografías por años.* **2.** Considerar a una persona, animal o cosa dentro de un determinado grupo: *No sé si clasificar a Luis entre mis amigos.* || **clasificarse 3.** Lograr un puesto en un concurso o competición. ■ Delante de *e* se escribe *qu* en lugar de *c*: *Me clasifiqué en quinto lugar.*
SIN. **1.** y **2.** Catalogar, encuadrar, encasillar.
FAM. Clasificación, clasificado, clasificador. / Desclasificar, inclasificable.

**clasista** *adj.* y *s. m.* y *f.* Que aprecia o valora a las personas por la clase social a la que pertenecen.

**claudia** *adj.* y *s. f.* Se dice de un tipo de ciruela de color verde claro, muy sabrosa y dulce.

**claudicar** *v.* Abandonar, rendirse: *Como llevaba tantos campeonatos sin ganar, el atleta claudicó y decidió retirarse.* ■ Delante de *e* se escribe *qu* en lugar de *c*: *claudiqué.*
SIN. Ceder. ANT. Perseverar, resistir.

**claustro** *s. m.* **1.** Pasillo cubierto con columnas que rodea el patio interior de algunos conventos, iglesias u otros edificios. **2.** Conjunto o reunión de los profesores de un colegio, instituto o universidad.
SIN. **1.** Corredor. **2.** Asamblea.
FAM. Claustrofobia. / Enclaustrar.

**claustrofobia** *s. f.* Miedo y angustia que tienen algunas personas en los lugares cerrados.

**cláusula** *s. f.* Cada una de las partes de un contrato o de otros escritos: *En la primera cláusula de las bases del concurso se indica la edad de los participantes.*
SIN. Artículo, apartado.

**clausura** *s. f.* **1.** Acción de cerrar un lugar o dar por terminada una actividad: *El ayuntamiento ha orde-*

nado la clausura de ese bar porque no cumplía las normas. A la clausura del campeonato asistió numeroso público.* **2.** Parte de un convento en la que viven los religiosos y donde no pueden entrar otras personas, sin salir de él: *una monja de clausura.*
SIN. **1.** Cierre, terminación, conclusión, final. ANT. **1.** Inauguración, apertura.
FAM. Clausurar.

**clausurar** *v.* **1.** Poner fin a una actividad o anunciar que se ha terminado: *El próximo domingo se clausuran los Juegos Olímpicos.* **2.** Cerrar algo de manera que no pueda abrirse: *Han clausurado una de las puertas porque no se usaba.*
SIN. **1.** Concluir, terminar. **2.** Condenar. ANT. **1.** Inaugurar. **1.** y **2.** Abrir.

**clavado, da** *adj.* **1.** Metido como un clavo en algún lugar: *Tenía una espinita clavada en un dedo.* **2.** Sujeto con clavos: *Pusieron un letrero clavado en la pared.* **3.** Exacto, igual o muy parecido: *Este niño es clavado a su padre.*

**clavar** *v.* **1.** Meter un clavo u otra cosa parecida con golpes o haciendo fuerza en algún lugar: *Ten cuidado, que te vas a clavar un alfiler.* **2.** Sujetar algo con clavos: *Clavó el cartel en la puerta.* **3.** Cobrar muy caro: *En esa tienda te clavan.*
ANT. **2.** Desclavar.
FAM. Clavado. / Desclavar, enclavar.

**clave** *s. f.* **1.** Lenguaje que emplea signos o palabras especiales y se usa para mandar mensajes secretos: *La carta estaba en clave para que nadie se enterara de lo que ponía.* **2.** Cosa tal la que no se puede hacer o entender algo: *El entrenamiento es la clave de un buen deportista.* **3.** Signo musical al principio del pentagrama que indica la nota correspondiente a cada línea o espacio. **4.** Contraseña, password.
SIN. **1.** Código. **2.** Base, quid.
FAM. Clavecín, clavija. / Autoclave.

**clavecín** *s. m.* Busca **clavicémbalo**.

**clavel** *s. m.* **1.** Planta de tallos con nudos, hojas verdosas, largas y estrechas, y flores olorosas de diversos colores con los pétalos terminados en piquitos por el borde de arriba. **2.** Flor de esa planta.
FAM. Clavellina.

**clavellina** *s. f.* Tipo de clavel de tallos, hojas y flores más pequeños.

**clavero** *s. m.* Árbol tropical con la copa en forma de pirámide; de los capullos secos de sus flores se obtiene la especia llamada *clavo.*

**clavicémbalo** *s. m.* Instrumento musical de cuerdas que se hacen sonar al tocar las teclas.
SIN. Clavecín.

**clavicordio** *s. m.* Instrumento musical de cuerdas que se hacen sonar al tocar el teclado mediante un mecanismo que tiene dentro de una caja rectangular.

**clavícula** *s. f.* Cada uno de los dos huesos que tenemos entre la parte baja del cuello y los hombros.

**clavija** *s. f.* **1.** Pieza en forma de barrita pequeña que se encaja en un agujero y sirve para sujetar o conectar algo: *El enchufe tiene dos clavijas.* **2.** Cada una de las llaves que tienen algunos instrumentos musicales como la guitarra para sujetar y tensar las cuerdas.
SIN. **1.** Borne.
FAM. Clavijero.

**clavijero** *s. m.* Pieza de un instrumento musical donde están situadas las clavijas.

**clavillo** *s. m.* Clavo pequeño que se utiliza para sujetar algo, por ejemplo las dos hojas de una tijera.

**clavo** *s. m.* **1.** Barrita de metal, con punta en un extremo y cabeza en el otro. **2.** Capullo seco de la flor del clavero que se emplea para dar sabor picante a algunos alimentos. **3.** Abultamiento y dureza que se forma a veces en la piel, sobre todo en las manos o en los pies.
EXPR. **agarrarse a un clavo ardiendo** Aceptar cualquier remedio, aunque no sea muy bueno, para salir de un apuro. **como un clavo** Muy puntual: *El portero cierra el portal todos los días a las nueve, como un clavo.* **dar en el clavo** Acertar.
FAM. Clavar, clavero, clavillo.

**claxon** *s. m.* Bocina eléctrica de los automóviles.

**clemencia** *s. f.* Compasión o perdón hacia el que ha hecho algo que merece castigo.
SIN. Indulgencia, benevolencia. ANT. Rigor, severidad.
FAM. Clemente. / Inclemencia.

**clemente** *adj.* Que tiene o muestra clemencia: *El profesor fue clemente y puso un castigo menos duro.*
SIN. Compasivo, indulgente. ANT. Riguroso, severo.

**clementina** *s. f.* Tipo de mandarina de piel más roja y carne muy dulce.

**cleptomanía** *s. f.* Enfermedad que hace que quien la padece sienta la necesidad de robar cosas aunque no sean valiosas.
FAM. Cleptómano.

**cleptómano, na** *adj. y s. m. y f.* Persona que padece cleptomanía.

**clerecía** *s. f.* **1.** Conjunto de los clérigos o sacerdotes. **2.** Oficio del clérigo.
SIN. **1.** Clero.

**clerical** *adj.* Del clero o relacionado con él.
SIN. Eclesiástico.
FAM. Anticlerical.

**clérigo** *s. m.* Sacerdote.
SIN. Cura, eclesiástico. ANT. Laico, seglar.

**clero** *s. m.* Conjunto de los clérigos.
FAM. Clerecía, clerical, clérigo.

**clic** o **click** *s. m.* Pequeño ruido que se oye al pulsar uno de los botones del ratón de un ordenador o de otro aparato; también, acción de pulsar esos botones.

**cliché** *s. m.* **1.** Plancha que tiene algo grabado para poder imprimirlo en otro sitio. **2.** Negativo de una película fotográfica del que se pueden sacar copias.
SIN. **2.** Placa.

**cliente, ta** *s. m. y f.* **1.** Persona que suele comprar en una tienda o utilizar los servicios de otro establecimiento o de un profesional: *Es clienta de esta peluquería desde hace años. Este abogado tiene muchos clientes.* ‖ *s. m.* **2.** En informática, programa que establece un intercambio de información con otro programa, llamado servidor, que está en otro ordenador.
SIN. **1.** Comprador.
FAM. Clientela.

**clientela** *s. f.* Conjunto de clientes de una persona o establecimiento: *La panadería del barrio tiene una clientela fija.*

**clima** *s. m.* **1.** Características generales de la atmósfera en un lugar o región: *El clima en el norte es más húmedo.* **2.** Ambiente que existe en una situación o entre un grupo de personas: *En la clase había un clima de fiesta porque ese día daban las vacaciones.*
FAM. Climático, climatizar, climatograma, climatología, climograma. / Aclimatar, microclima.

**climático, ca** *adj.* Del clima o relacionado con él: *cambios climáticos.*
SIN. Climatológico.

**climatizador** *s. m.* Aparato o instalación que sirve para mantener un espacio en condiciones agradables de temperatura y humedad: *El climatizador de mi coche mantiene la temperatura interior a 22º.*

**climatizar** *v.* Poner o mantener un lugar cerrado en condiciones agradables de temperatura y humedad.
■ Delante de *e* se escribe *c* en lugar de *z*: *climatice.*
FAM. Climatizador.

**climatograma** *s. m.* Busca **climograma.**

**climatología** *s. f.* Ciencia que estudia el clima.
FAM. Climatológico.

**climatológico, ca** *adj.* Relacionado con el clima o la climatología: *En primavera y otoño hay muchos cambios climatológicos.*
SIN. Climático.

**clímax** *s. m.* Parte o momento más importante, por ejemplo de una película o de la historia que se cuenta en un libro. ■ No varía en plural.
SIN. Culmen, culminación, apogeo.

**climograma** *s. m.* Representación gráfica de un clima en la que se indican las temperaturas medias y las precipitaciones mensuales. Se llama también *climatograma.*

# clínex - coartada

**clínex** *s. m.* Busca **kleenex**.

**clínica** *s. f.* **1.** Establecimiento, generalmente privado, en que se atiende a los enfermos. **2.** Parte de la medicina que se ocupa del cuidado directo de los enfermos.
SIN. **1.** Sanatorio, hospital.
FAM. Clínico. / Policlínica.

**clínico, ca** *adj.* Relacionado con el cuidado directo de los enfermos: *Le hicieron unos análisis clínicos completos.*

**clip** *s. m.* **1.** Alambre o plástico doblado de forma que puede sujetar varios papeles. **2.** Cierre a presión que tienen algunas cosas como los pendientes o los broches. **3.** Parte breve de una película, o un vídeo corto, generalmente musical. ■ Es una palabra inglesa. Su plural es *clips*.

**clítoris** *s. m.* Órgano pequeño y carnoso que se encuentra situado en la parte externa de los genitales femeninos. ■ No varía en plural.

**cloaca** *s. f.* **1.** Tubería o conducto bajo tierra por donde pasan las aguas sucias de una población. **2.** Parte final del intestino de las aves y otros animales.
SIN. **1.** Alcantarilla.

**clon** *s. m.* Ser vivo o grupo de células producido a partir de una sola célula o de un solo individuo. ■ Su plural es *clones*.
FAM. Clonar, clónico.

**clonación** *s. f.* Acción de clonar.

**clonar** *v.* Producir clones a partir de una célula o de un único individuo: *Los científicos han conseguido clonar ovejas y otros animales.*
FAM. Clonación.

**clónico, ca** *adj. y s. m. y f.* **1.** Relacionado con el clon o producido mediante clonación: *una oveja clónica.* **2.** Que es idéntico o exacto a otro: *Los dos hermanos son clónicos, soy incapaz de distinguirlos.* **3.** Se dice del ordenador construido con piezas de marcas diferentes.

**cloquear** *v.* Emitir un sonido característico la gallina clueca.

**clorar** *v.* Añadir cloro a una sustancia, normalmente al agua para que pueda beberse o para desinfectarla.

**cloro** *s. m.* Elemento químico gaseoso, de color amarillo verdoso, olor fuerte, tóxico y que se disuelve fácilmente en agua.
FAM. Clorar, cloroformo.

**clorofila** *s. f.* Sustancia de color verde y buen olor que tienen la mayoría de las plantas; con ella realizan la fotosíntesis. Se utiliza en la fabricación de medicamentos y productos de belleza.
FAM. Clorofílico.

**clorofílico, ca** *adj.* Relacionado con la clorofila o que la tiene: *plantas clorofílicas.*

**cloroformo** *s. m.* Líquido incoloro de olor fuerte, que se evapora fácilmente y se emplea para anestesiar.

**clóset** o **closet** *s. m.* En Hispanoamérica, armario, sobre todo el que está empotrado. ■ *Closet* es una palabra inglesa. El plural es *clósets* o *closets*.

**clown** *s. m.* Payaso. ■ Es una palabra inglesa. Su plural es *clowns*.

**club** *s. m.* **1.** Grupo de personas que se unen, por ejemplo para realizar deporte o para otra actividad: *Somos del club de montañeros.* **2.** Lugar en que se reúnen o al que van para realizar esas actividades: *Los sábados vamos al club a jugar al tenis.* **3.** Especie de bar en el que suele haber algún espectáculo y donde se bebe y se baila: *un club nocturno.* ■ Su plural es *clubs* o *clubes*.
SIN. **1.** Asociación, círculo, sociedad.
FAM. Aeroclub, puticlub, videoclub.

**clueca** *adj. y s. f.* Se dice de las gallinas cuando están empollando los huevos.
FAM. Cloquear.

**cluniacense** *adj. y s. m.* Se dice de los monjes de la congregación benedictina de Cluny y de lo relacionado con ellos: *un monasterio cluniacense.*

**coacción** *s. f.* Fuerza que se emplea para obligar a alguien a hacer o decir algo: *Le hicieron decir que sí con coacciones.*
SIN. Amenaza, presión.
FAM. Coaccionar.

**coaccionar** *v.* Emplear la fuerza o la violencia para obligar a alguien a hacer o decir algo.
SIN. Amenazar, presionar, intimidar.

**coadjutor** *s. m.* Sacerdote que ayuda al párroco en su trabajo.

**coagulación** *s. f.* Acción de coagular o coagularse algunos líquidos, principalmente la sangre.

**coagular** *v.* Volver sólidos algunos líquidos, sobre todo la sangre.
SIN. Cuajar, solidificar. ANT. Licuar.
FAM. Coagulación, coágulo. / Anticoagulante.

**coágulo** *s. m.* Parte de algunas sustancias, principalmente sangre, que se ha coagulado: *La formación de coágulos en las venas es muy peligrosa.*
SIN. Trombo.

**coalición** *s. f.* Unión de personas, grupos de personas o países para conseguir algo juntos: *una coalición de partidos políticos.*
SIN. Alianza, asociación.

**coaligarse** *v.* Unirse personas, grupos o países para lograr algo juntos. ■ Delante de *e* se escribe *gu* en lugar de *g*: *Es necesario que nuestros ejércitos se coaliguen para derrotar al invasor.*
SIN. Aliarse, asociarse. ANT. Dividir.
FAM. Coalición.

**coartada** *s. f.* Prueba con que el acusado de un delito demuestra que él no pudo ser el autor.

**coartar** *v.* Impedir que alguien actúe como quiere o que algo se desarrolle con normalidad: *Le coartaba que siempre estuvieran riñéndole.*
SIN. Cohibir, coaccionar. ANT. Animar, permitir.
FAM. Coartada.

**coatí** *s. m.* Mamífero americano carnívoro, de cabeza alargada con hocico estrecho, cola larga y pelo tupido; vive en los árboles. ■ Su plural es *coatís* o *coatíes.*

**coautor, ra** *s. m. y f.* Persona que hace algo con otra o con otras: *Los hermanos Grimm fueron coautores de muchos cuentos.*
SIN. Colaborador.

**coba** *s. f.* Alabanza exagerada o poco sincera que se hace a alguien, normalmente para conseguir algo: *En clase hay unos pelotas que aprovechan cualquier ocasión para dar coba al profesor.*
SIN. Adulación, lisonja.
FAM. Cobista.

**cobalto** *s. m.* Metal de color blanco rojizo, duro y difícil de fundir; se emplea en la fabricación de pinturas y esmaltes.

**cobarde** *adj. y s. m. y f.* **1.** Se dice de la persona que no se atreve a hacer nada ante un peligro o dificultad por miedo; también se dice de lo que es propio de ella: *No seas cobarde y salta, que no pasa nada.* **2.** Que ataca sin dar la cara o hace daño a otro sabiendo que éste puede menos: *El que me pegó por la espalda era un cobarde.*
SIN. **1.** Miedica, gallina, pusilánime. **2.** Traidor. ANT. **1.** Valiente, atrevido.
FAM. Cobardía. / Acobardar.

**cobardía** *s. f.* Característica de las personas cobardes: *Actuó con cobardía al pegar a un niño que era más pequeño que él.*
ANT. Valentía, atrevimiento.

**cobaya** *s. m. y f.* Mamífero roedor, parecido al conejo, pero más pequeño y con las orejas cortas; se utiliza en medicina para algunos experimentos. También es conocido con el nombre de *conejillo de Indias.*

**cobertizo** *s. m.* Lugar cubierto con un techo de material poco resistente, que se usa para refugiarse, por ejemplo de la lluvia: *Durante la tormenta los animales se metieron en un cobertizo.*
SIN. Cabaña, choza, porche.

**cobertor** *s. m.* Colcha o manta de cama.

**cobertura** *s. f.* **1.** Cualquier cosa que sirve para cubrir o proteger algo: *Una sábana sirvió de cobertura para tapar el sillón.* **2.** Extensión de territorio a la que llegan diversos servicios, sobre todo de teléfono, radio o televisón: *Este programa es de cobertura nacional. Su teléfono móvil tiene muy poca cobertura.*
SIN. **1.** Cubierta, revestimiento, tapadera.

**cobija** *s. f.* En Hispanoamérica, manta y ropa de cama.

**cobijar** *v.* Dar refugio o protección a alguien: *Los cobijó en su casa porque no tenían un sitio para pasar la noche. Se cobijaron de la lluvia en un portal.*
SIN. Albergar, hospedar; guarecer, amparar.
FAM. Cobija, cobijo.

**cobijo** *s. m.* Lugar para cobijarse: *Con el vendaval los animales buscaron cobijo detrás de unas piedras.*
SIN. Refugio, resguardo, protección, albergue.

**cobista** *s. m. y f.* Persona que da mucha coba.
SIN. Adulador, pelota.

**COBOL** *s. m.* Palabra formada con el inglés *Common Business Oriented Language*, 'lenguaje orientado a negocios comunes'. Es un lenguaje informático con el que se crean programas de ordenador para llevar la gestión administrativa o comercial de una empresa.

**cobra** *s. f.* Serpiente venenosa que ensancha el cuello cuando se levanta para atacar; vive en zonas cálidas de África, Asia y Oceanía y puede llegar a medir más de dos metros de largo.

**cobrador, ra** *s. m. y f.* Persona encargada de cobrar: *Vino el cobrador con el recibo del agua.*
SIN. Recaudador. ANT. Pagador.

**cobrar** *v.* **1.** Pedir y recoger una cantidad como pago de algo: *Camarero, me cobra por favor.* **2.** Tomar, conseguir: *Le ha cobrado cariño a su primo. Este libro ha cobrado mucha fama últimamente. Los cazadores cobraron varias piezas en una mañana.* **3.** Recibir una paliza: *Como no te calles, vas a terminar cobrando.*
SIN. **1.** Percibir, recaudar. **2.** Coger, obtener, adquirir. ANT. **1.** Pagar, abonar.
FAM. Cobrador, cobro.

**cobre** *s. m.* Metal rojizo, del que es fácil hacer láminas o alambres finos; es buen conductor del calor y la electricidad y se combina bien con otros metales, para hacer por ejemplo bronce o latón.
FAM. Cobrizo.

coatí

cobaya          cobra

**cobrizo, za** *adj.* **1.** Parecido al cobre en el color. **2.** Se dice del mineral que tiene cobre.

**cobro** *s. m.* Acción de cobrar dinero. **ANT.** Pago.

**coca**[1] *s. f.* **1.** Arbusto que se cultiva principalmente en América del Sur; de sus hojas se saca la cocaína. **2.** Cocaína. **FAM.** Cocaína.

**coca**[2] *s. f.* Moño que se hace retorciendo y enrollando parte del pelo: *Le hicieron una coca a cada lado de la cabeza para vestirla de valenciana.*

**coca-cola** *s. f.* Refresco con gas de color oscuro y sabor dulce.

**cocaína** *s. f.* Sustancia que se saca de las hojas de la coca y se utiliza como droga. **FAM.** Cocainómano.

**cocainómano, na** *s. m.* y *f.* Drogadicto que consume cocaína.

**cocción** *s. f.* Acción de cocer o cocerse algo: *Los macarrones quedan bien con ocho minutos de cocción.*

**cóccix** *s. m.* Busca **coxis.** ■ No varía en plural.

**cocear** *v.* Dar coces.

**cocedero** *s. m.* Tienda o restaurante donde se cuece marisco.

**cocer** *v.* **1.** Cocinar un alimento dentro de un líquido que se pone a hervir: *El arroz hay que cocerlo el tiempo justo.* **2.** Hervir o hacer hervir un líquido: *Es bueno cocer la leche fresca antes de tomarla.* **3.** Calentar en el horno algunas cosas para cocinarlas o prepararlas: *Antiguamente se cocía el pan en muchas casas.* ‖ **cocerse 4.** Pasar mucho calor: *Me estoy cociendo, no puedo tomar más el sol.* **5.** Prepararse algo en secreto: *El profesor sospechaba que algo se cocía en la clase, pero no sabía qué.* ■ Delante de *a* y *o* se escribe *z* en lugar de *c*. Es un verbo irregular. Se conjuga como *mover.* **FAM.** Cocción, cocedero, cocido, cocinar. / Cochifrito, escocer, recocer.

**cochambre** *s. amb.* Suciedad, porquería, basura: *Estuvo toda la mañana limpiando la cocina porque estaba llena de cochambre.* **FAM.** Cochambroso.

**cochambroso, sa** *adj.* Que está viejo y descuidado o lleno de cochambre: *Tira ya esos pantalones vaqueros, que están cochambrosos.*

**coche** *s. m.* **1.** Automóvil: *Fuimos a Cádiz en coche.* **2.** Vagón de tren para transportar viajeros. **3.** Vehículo con ruedas para llevar a un niño pequeño tumbado o sentado. ■ Se usa mucho el diminutivo *cochecito.* **4.** Carruaje para viajeros tirado por caballerías: *un coche de caballos.* **EXPR. coche cama** Vagón de tren que tiene departamentos con camas para poder viajar de noche durmiendo. **SIN. 1.** Auto, turismo. **4.** Carroza, landó, berlina.

**FAM.** Cochera, cochero. / Aparcacoches, carricoche, guardacoches, lavacoches.

**cochera** *s. f.* Lugar donde se guardan coches, autobuses y otros vehículos. **SIN.** Garaje.

**cochero** *s. m.* Persona que conduce un coche de caballos.

**cochifrito** *s. m.* Guiso de cabrito o de cordero troceado, cocido y frito.

**cochinada** *s. f.* **1.** Porquería, guarrería: *No cojas cochinadas del suelo.* **2.** Acción injusta o grosera: *No invitarla me parece una cochinada.* **SIN. 1.** y **2.** Marranada, cerdada, guarrada. **2.** Jugada, faena.

**cochinilla** *s. f.* **1.** Pequeño crustáceo terrestre de forma ovalada. Vive en zonas húmedas, bajo las piedras o las hojas, y al tocarlo se hace una bolita. **2.** Insecto del tamaño de una chinche y con el cuerpo arrugado. A veces causa muchos daños a la agricultura.

**cochinillo** *s. m.* Cerdito que aún mama. **SIN.** Lechón.

**cochino, na** *adj.* y *s. m.* y *f.* Cerdo. **FAM.** Cochinada, cochinillo, cochiquera. / Cochambre.

**cochiquera** *s. f.* Pocilga.

**cocido** *s. m.* Guiso hecho con garbanzos, carne, tocino y verduras, muy popular en España.

**cociente** *s. m.* Resultado de la división.

**cocina** *s. f.* **1.** Habitación de la casa donde se prepara la comida. **2.** Mueble o placa para cocinar los alimentos: *Su cocina funciona con gas o electricidad.* **3.** Maneras de preparar los alimentos: *Elena va a clases de cocina para aprender a hacer buenos guisos.* **4.** Conjunto de guisos y platos típicos de un país o región: *A Marisa le gusta mucho la cocina italiana.*

**cocinar** *v.* Preparar los alimentos para poder comerlos. **SIN.** Guisar. **FAM.** Cocina, cocinero, cocinilla. / Precocinado.

**cocinero, ra** *s. m.* y *f.* Persona que cocina, especialmente si ése es su trabajo.

**cocinilla** *s. f.* **1.** Cocina portátil. ‖ *s. m.* **2.** Hombre al que le gusta cocinar y hacer tareas de la casa.

**cocker** *adj.* y *s. m.* y *f.* Se dice de una raza de perros de mediano tamaño, con pelo largo y orejas grandes y caídas. ■ Es una palabra inglesa. Su plural es *cockers.*

**coco**[1] *s. m.* **1.** Fruto del cocotero. Tiene una cáscara marrón, muy dura y cubierta de fibras como si fueran pelos. Su pulpa es blanca y algo dura y está bañada en un líquido dulce. **2.** Cabeza: *Aparta el coco, que no veo.* **3.** Fantasma con que se asusta a los niños. **4.** Persona muy fea. **SIN. 2.** Cocorota, chola, melón, chaveta. **FAM.** Coca[2], cocorota, cocotal, cocotero. / Descocarse.

**coco²** *s. m.* **1.** Bacteria de forma redonda u ovalada. **2.** Busca **gorgojo**.

**cococha** *s. f.* Bulto carnoso de la cabeza de la merluza y del bacalao, que es muy apreciado como alimento.

**cocodrilo** *s. m.* Reptil anfibio de gran tamaño, con la piel cubierta de escamas, muy dura y de color verdoso. Tiene cuatro patas cortas, cola larga y fuerte y una boca muy grande con dientes afilados.

cocodrilo

**cocorota** *s. f.* Cabeza, sobre todo la parte de arriba. **SIN.** Coco, chola, melón, chaveta.

**cocotal** *s. m.* Terreno en el que crecen cocoteros.

**cocotero** *s. m.* Árbol alto y de tronco delgado, parecido a una palmera. Su fruto es el coco.

**cóctel** o **coctel** *s. m.* **1.** Bebida que se prepara mezclando licores con zumos y refrescos. **2.** Fiesta o reunión donde se sirven bebidas y aperitivos: *Dieron un cóctel para celebrar su boda.* **EXPR. cóctel de mariscos** Plato que tiene gambas y otros mariscos, lechuga y salsa rosa. **FAM.** Coctelera.

**coctelera** *s. f.* Recipiente para preparar los cócteles.

**coda¹** *s. f.* **1.** Parte final de una composición musical, que normalmente repite los pasajes princi-

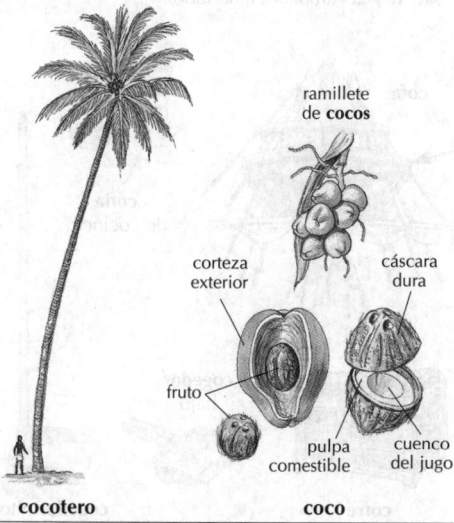
ramillete de **cocos**
corteza exterior
cáscara dura
fruto
pulpa comestible
cuenco del jugo
cocotero
**coco**

pales. **2.** Conjunto de versos que se pone al final de algunos poemas.

**coda²** *s. f.* Pieza triangular que refuerza dos tablas unidas en ángulo.

**codazo** *s. m.* Golpe dado con el codo.

**codearse** *v.* Tratarse de igual a igual con otra persona: *Le gusta codearse con la gente importante.* **SIN.** Relacionarse, alternar.

**codeína** *s. f.* Sustancia derivada del opio que se utiliza como calmante, por ejemplo para quitar la tos.

**codera** *s. f.* **1.** Roce o desgaste en las mangas de una prenda de vestir por haberla usado mucho. **2.** Remiendo o refuerzo que se pone en la manga de una prenda de vestir por la parte del codo.

**códice** *s. m.* Libro antiguo escrito a mano.

**codicia** *s. f.* Deseo muy grande de tener riquezas u otras cosas, como fama o poder: *Su codicia era tan grande, que no se conformaba con nada.* **SIN.** Ambición, avaricia. **ANT.** Renuncia. **FAM.** Codiciado, codiciar, codicioso.

**codiciado, da** *adj.* Que es muy apreciado o deseado por todos: *Mañana sabremos a quién ha correspondido el codiciado premio de la lotería.*

**codiciar** *v.* Tener un gran deseo de riquezas u otras cosas: *Codiciaba el puesto de jefe.* **SIN.** Ambicionar, ansiar. **ANT.** Renunciar.

**codicioso, sa** *adj.* y *s. m.* y *f.* Que tiene codicia. **SIN.** Ambicioso, avaricioso.

**codificador** *s. m.* Aparato o programa informático que compone un mensaje con un código.

**codificar** *v.* **1.** Componer un mensaje con unos signos y unas reglas, es decir, con un código. **2.** Transmitir señales de televisión usando un código especial para que sólo las personas abonadas puedan ver las imágenes. **3.** Ordenar un conjunto de leyes para formar un código. ■ Delante de *e* se escribe *qu* en lugar de *c*: *Codifiqué el mensaje.* **SIN. 1.** Cifrar. **ANT. 3.** Descodificar, descifrar. **FAM.** Codificador. / Decodificar, descodificar.

**código** *s. m.* **1.** Conjunto de signos o señales y una serie de reglas para poder utilizarlos, que permite hacer e interpretar mensajes: *Se comunicaban a través de un código de señales luminosas.* **2.** Conjunto organizado de leyes o normas sobre alguna materia: *el código de la circulación, el código penal.* **FAM.** Codificar.

**codillo** *s. m.* **1.** En animales como el cerdo o la vaca, unión de la pata delantera con el pecho, y la parte entre esta unión y la rodilla. **2.** Hueso de jamón.

**codo** *s. m.* **1.** Parte saliente de la articulación del brazo con el antebrazo. **2.** Trozo de un tubo doblado en ángulo.

**EXPR. clavar, hincar** o **apretar los codos** Estudiar mucho. **codo con codo** Uno junto a otro. También, en colaboración con otra persona: *Sonia y Elena trabajan codo con codo.*
**FAM.** Coda², codazo, codearse, codera, codillo. / Acodarse, recodo.

**codorniz** *s. f.* Ave pequeña de plumaje pardo con rayitas blancas y rojo en el pecho. Vive en las praderas y sembrados y se alimenta sobre todo de semillas. Su carne es comestible. ■ Su plural es *codornices.*

**codorniz**

**coeficiente** *s. m.* **1.** Número que se coloca a la izquierda de otro número o de una variable y que los multiplica; por ejemplo, en *2(3+6)* el coeficiente es *2* y en *8x*, el coeficiente es *8.* **2.** Grado o intensidad en que aparece una propiedad o en que se da un fenómeno.

**coercitivo, va** *adj.* Que impide por la fuerza o mediante castigos que alguien actúe con libertad: *Los dictadores imponen medidas coercitivas a los ciudadanos.*
**SIN.** Represivo. **ANT.** Permisivo.

**coetáneo, a** *adj.* y *s. m.* y *f.* Que tiene la misma edad o es de la misma época que otra persona: *Colón y los Reyes Católicos fueron coetáneos.*
**SIN.** Contemporáneo.

**coexistir** *v.* Existir al mismo tiempo: *En el bosque coexisten animales de distintas especies.*
**SIN.** Convivir.

**cofa** *s. f.* Plataforma colocada en la parte alta de algunos de los palos de un barco.

**cofia** *s. f.* Especie de gorro usado para sujetar el pelo en algunos uniformes, como el de enfermera, o como el que llevan las cocineras.

**cofrade** *s. m.* y *f.* Persona que pertenece a una cofradía.

**cofradía** *s. f.* Asociación de personas, sobre todo de tipo religioso o profesional.
**SIN.** Hermandad, congregación.
**FAM.** Cofrade.

**cofre** *s. m.* Especie de caja o baúl para guardar cosas: *Los piratas enterraron el cofre del tesoro.*
**SIN.** Arca, arcón.
**FAM.** Encofrar.

**cogedor** *s. m.* Utensilio con forma de pala para recoger basura, carbón, ceniza.
**SIN.** Recogedor.

**coger** *v.* **1.** Poner las manos sobre alguien o algo para moverlo o sujetarlo, o hacerlo utilizando otros medios: *Cogió al niño en brazos. Coge las aceitunas con un palillo.* **2.** Empezar a tener algo: *Vaya resfriado que has cogido. Ha cogido la costumbre de hablar a gritos.* **3.** Alcanzar, atrapar, pillar: *¡Corre, que te coge! El toro cogió al torero.* **4.** Aceptar: *Le di el dinero, pero no quiso cogérmelo.* **5.** Descubrir, sorprender: *Le cogí revolviendo en tus cajones.* **6.** Montarse en un vehículo: *Como era tarde, cogimos un taxi.* **7.** Entender: *¿Has cogido el chiste?* **8.** Caber: *Ese sofá es demasiado grande y no coge por la puerta.* **9.** En Hispanoamérica, realizar el acto sexual. Con este significado, es una palabra vulgar. ■ Delante de *a* y *o* se escribe *j* en lugar de *g*: *Coja las llaves.*
**EXPR. cogerla** Emborracharse.
**SIN. 1.** Asir, aferrar. **1.** y **2.** Agarrar. **2.**, **3.** y **5.** Pescar. **6.** Subir. **7.** Comprender, cazar, captar, percibir. **8.** Entrar. **ANT. 1.** a **3.** Soltar. **4.** Rechazar. **6.** Bajar, apearse.
**FAM.** Cogedor, cogida, cogido. / Acoger, encoger, escoger, recoger, sobrecoger.

**cogida** *s. f.* Acción de coger el toro al torero.

**cogido, da** *adj.* **1.** Agarrado, sujeto: *¿Tienes la cuerda bien cogida?* **2.** Obligado a algo: *Me diste tu palabra de honor de que vendrías, así que te tengo bien cogido.* **3.** Que tiene mucho catarro, gripe u otra enfermedad parecida: *Paco tiene bronquitis y está muy cogido.*
**SIN. 1.** y **2.** Atrapado, amarrado.

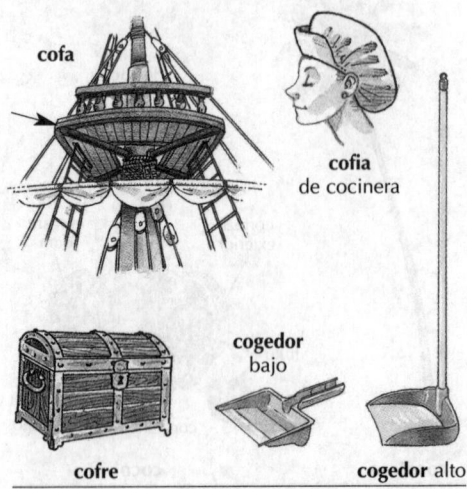

cofa

cofia
de cocinera

cogedor
bajo

cofre

cogedor alto

**cogollo** *s. m.* Parte de dentro y más tierna de hortalizas como el repollo o la lechuga.

**cogorza** *s. f.* Borrachera.

**cogote** *s. m.* Parte de atrás y de arriba del cuello.
SIN. Nuca.
FAM. Acogotar.

**cohabitar** *v.* Vivir juntos en la misma casa.
SIN. Convivir.

**coherencia** *s. f.* Relación entre unas cosas y otras cuando no hay contradicciones o diferencias entre ellas: *Había mucha coherencia entre lo que pensaba y lo que hacía.*
SIN. Congruencia, conformidad. ANT. Incoherencia.
FAM. Coherente. / Incoherencia.

**coherente** *adj.* Que tiene coherencia.
SIN. Congruente, consecuente, acorde. ANT. Incoherente.

**cohesión** *s. f.* Unión, conexión.
SIN. Enlace. ANT. Desunión, desconexión.

**cohete** *s. m.* **1.** Cartucho cargado de pólvora que, al encenderlo, sale disparado y estalla en el aire: *En los fuegos artificiales tiraron muchos cohetes.* **2.** Aparato volador de forma alargada, que se mueve a gran velocidad impulsado por un potente chorro de gases, como por ejemplo los que se lanzan con naves al espacio o los misiles de guerra.

**cohibir** *v.* Hacer que una persona no se sienta libre o cómoda para hacer algo: *Le cohibía que todos le estuvieran mirando y se equivocó al recitar la poesía.*
SIN. Reprimir, refrenar, coartar. ANT. Estimular.

**cohombro** *s. m.* **1.** Planta de huerto, variedad del pepino, de fruto largo y torcido. **2.** Este mismo fruto.
EXPR. **cohombro de mar** Animal marino de cuerpo alargado, piel dura y tentáculos alrededor de la boca.

**cohorte** *s. f.* **1.** División de la antigua legión romana. **2.** Grupo de personas: *El cantante llegó acompañado por una cohorte de fans.*

**coincidencia** *s. f.* Hecho de coincidir dos o más personas o cosas: *¡Qué coincidencia encontrarnos en el parque!*
SIN. Concurrencia; casualidad.

**coincidir** *v.* **1.** Ser iguales o estar de acuerdo dos o más personas o cosas: *Los gustos de Laura y María coinciden.* **2.** Ajustar una cosa con otra: *Esta pieza del puzzle coincide con aquella.* **3.** Ocurrir varias cosas al mismo tiempo: *Su marcha coincidió con nuestra llegada.* **4.** Encontrarse dos o más personas en un mismo lugar: *Javi y Susana coincidieron en el parque de atracciones.*
SIN. **1.** Concordar. **2.** Casar, encajar. **3.** Concurrir.
ANT. **1.** Discrepar.
FAM. Coincidencia.

**coito** *s. m.* Unión sexual del hombre y la mujer; también, de algunos animales.
SIN. Cópula, apareamiento.

**cojear** *v.* **1.** Andar mal o con dificultad por tener un defecto, lesión o dolor en las piernas o los pies: *Ya no utiliza las muletas, pero todavía cojea.* **2.** Moverse un mueble por no estar bien apoyado en el suelo: *La silla cojea.* **3.** Tener un defecto o fallar en algo: *Siempre ha cojeado en historia.*
EXPR. **saber de qué pie cojea** alguien Conocer sus defectos.
SIN. **1.** Renquear.

**cojera** *s. f.* Defecto o lesión que impide andar bien.

**cojín** *s. m.* Bolsa cerrada y rellena de material blando y esponjoso que se usa para sentarse o apoyarse sobre ella.
SIN. Almohadón.
FAM. Cojinete.

**cojinete** *s. m.* Pieza en la que se apoya un eje y le permite girar con suavidad.

**cojitranco, ca** *adj. y s. m. y f.* Que cojea al caminar.

**cojo, ja** *adj. y s. m. y f.* **1.** Que cojea: *Se quedó cojo por un accidente. Esta mesa está coja.* **2.** Que le falta una pierna o una pata.
EXPR. **a la pata coja** Saltando sobre una pierna y llevando la otra encogida.
FAM. Cojear, cojera, cojitranco.

**cojón** *s. m.* **1.** Testículo. ‖ *s. m. pl.* **2.** Valor, coraje: *Demostró tener cojones cuando se enfrentó al atracador.* ‖ **¡cojones!** *interj.* **3.** Se usa para expresar enfado, disgusto, admiración o negación. ■ Es una palabra vulgar.
FAM. Cojonudo. / Acojonar, descojonarse.

**cojonudo, da** *adj.* Estupendo, muy bueno: *Ayer vi una película cojonuda.* ■ Es una palabra vulgar.

**col** *s. f.* Planta de tallo grueso y hojas anchas, de la que existen muchas variedades, todas ellas comestibles, como el repollo, la lombarda o las coles de Bruselas.
FAM. Coliflor.

**cola**[1] *s. f.* **1.** Extremidad que tienen muchos animales en la parte de atrás del cuerpo: *Algunos monos se sujetan con la cola.* **2.** Extremo o prolongación de algunas cosas: *la cola de un avión, la cola de un vestido.* **3.** Fila de personas o vehículos que esperan para hacer algo: *Había mucha cola delante de la taquilla.* **4.** Pene.
EXPR. **cola de caballo** Coleta en la parte de atrás de la cabeza. ‖ **traer cola** una cosa Tener graves consecuencias: *Eso que has dicho sobre el director va a traer cola.*
SIN. **1.** Rabo. **2.** Final, fin. ANT. **2.** Cabeza, principio.
FAM. Colear, coleta, coletilla, colilla, colín, colista. / Coda[1].

**cola**[2] *s. f.* Sustancia que se usa para pegar.
SIN. Goma, pegamento.
FAM. Colágeno. / Encolar.

**cola**[3] *s. f.* **1.** Árbol de África tropical de flor pequeña y amarilla, hoja ovalada y semilla en forma de estrella. **2.** Esta semilla, llamada también *nuez de cola*, y sustancia excitante que se obtiene de ella. **3.** Refresco oscuro y con gas elaborado con esta sustancia.

**colaboración** *s. f.* Acción de colaborar.
SIN. Cooperación, ayuda.

**colaboracionismo** *s. m.* Colaboración de los habitantes de un país con el enemigo que les ha invadido.

**colaboracionista** *adj. y s. m. y f.* Se dice del que colabora con los enemigos que han ocupado su país.

**colaborador, ra** *adj. y s. m. y f.* Que colabora: *Trabajó en la revista como colaborador.*

**colaborar** *v.* **1.** Trabajar junto con otras personas en una misma tarea: *Si todos colaboramos, antes terminaremos.* **2.** Ayudar o contribuir: *Colaboró con varios millones a la construcción del nuevo hospital.* **3.** Escribir en un periódico, revista o en cualquier otra obra, pero sin formar parte de la empresa: *Muchos científicos colaboraron en la enciclopedia.*
SIN. **1.** y **2.** Cooperar.
FAM. Colaboración, colaboracionismo, colaboracionista, colaborador.

**colacao** *s. m.* **1.** Polvos de cacao que se pueden disolver, por ejemplo, en la leche. **2.** Leche mezclada con estos polvos.

**colación** *s. f.* Comida ligera.
EXPR. **sacar a colación** o **traer a colación** Mencionar a alguien o algo.
SIN. Tentempié, piscolabis.

**colada** *s. f.* **1.** Lavado de la ropa de casa: *Hace la colada dos veces por semana.* **2.** La ropa lavada: *Tendió la colada.* **3.** Lava que corre por la pendiente de un volcán.

**coladero** *s. m.* **1.** Lugar por donde es fácil pasar o colarse: *Entran sin pagar porque la alambrada está rota y es un coladero.* **2.** Centro de enseñanza, examen, asignatura o profesor con los que se aprueba fácilmente: *En mi instituto, la asignatura de dibujo es un coladero.*

**colado, da** *adj.* **1.** Pasado por el colador. **2.** Se dice del hierro fundido sin refinar. **3.** Muy enamorado: *Está colado por Lola.*

**colador** *s. m.* Utensilio para colar líquidos que consiste en una telilla o una lámina con agujeros y un mango.
SIN. Filtro, tamiz.

**coladura** *s. f.* Equivocación: *Vaya coladura, le saludé creyendo que era otra persona.*
SIN. Error, fallo. ANT. Acierto.

**colágeno** *s. m.* Sustancia formada por proteínas que se encuentra en los huesos, los cartílagos y otras partes del cuerpo; al cocerla se transforma en gelatina: *Algunas cremas de belleza llevan colágeno.*

**colapsar** *v.* Producir o sufrir un colapso: *A causa de la tormenta, se colapsó el tráfico.*
SIN. Paralizar, interrumpir.

**colapso** *s. m.* **1.** Fallo repentino en el funcionamiento del corazón. **2.** Paralización o fuerte disminución en cualquier actividad: *La continua lluvia produjo un colapso en el tráfico.*
FAM. Colapsar.

**colar** *v.* **1.** Hacer pasar un líquido por una tela o filtro para separar las partes sólidas o las impurezas: *Cuela la leche porque no me gusta la nata.* **2.** Hacer pasar por verdadero o bueno algo que no lo es: *Le colaron un billete falso.* **3.** Meter o meterse por un lugar: *El agua se colaba por las grietas.* || **colarse 4.** Entrar en un sitio a escondidas o con disimulo: *Se colaron en el metro.* **5.** Saltarse a alguien que está delante en una cola: *¡Eh, señora, no se cuele!* **6.** Equivocarse: *Te has colado, eso no es así.* ■ Es un verbo irregular. Se conjuga como *contar*.
SIN. **1.** Filtrar, tamizar. **6.** Confundirse.
FAM. Colada, coladero, colado, colador, coladura.

**colateral** *adj.* **1.** Situado a los lados de otra cosa principal: *La avenida tenía calles colaterales.* **2.** Se dice del pariente que no lo es por línea directa.
SIN. **1.** Lateral, adyacente.

**colcha** *s. f.* Tela que se pone sobre las sábanas y las mantas para cubrir la cama y adornarla.
SIN. Cubrecama.
FAM. Colchón. / Acolchar.

**colchón** *s. m.* Saco cerrado y relleno de un material blando, como la lana o la gomaespuma, que se pone sobre la cama para tumbarse en él.
SIN. Colchoneta, jergón.
FAM. Colchonería, colchoneta.

**colchonería** *s. f.* **1.** Tienda donde se venden colchones, almohadas, cojines y otras cosas parecidas. **2.** Fábrica de colchones.

**colchoneta** *s. f.* **1.** Colchón delgado. **2.** Especie de colchón de plástico inflado con aire.

**cole** *s. m.* Forma abreviada de **colegio**.

**colear** *v.* **1.** Mover la cola: *Los peces coleaban fuera del agua.* **2.** Durar todavía las consecuencias de alguna cosa: *Aún colea su discusión con Lucía.*

**colección** *s. f.* **1.** Conjunto de cosas de un mismo tipo, que suelen estar ordenadas: *Me enseñó su colección de monedas.* **2.** Muchas personas o cosas: *Menuda colección de tonterías les dijo.*
SIN. **1.** Recopilación, repertorio, selección. **2.** Montón, cantidad, multitud.
FAM. Coleccionable, coleccionar, coleccionista.

**coleccionable** *adj.* **1.** Que forma parte de una colección, que se pueden coleccionar: *fascículos* *coleccionables.* || *s. m.* **2.** Conjunto de fascículos que se publican periódicamente: *El periódico regala un coleccionable sobre la historia del cine.*

**coleccionar** *v.* Hacer colección: *Colecciona sellos de todos los países.*
**SIN.** Recopilar, reunir.

**coleccionista** *s. m.* y *f.* Persona que hace colecciones de cosas.

**colecta** *s. f.* Hecho de reunir dinero u otras cosas con fines benéficos, por ejemplo para ayudar a los pobres o a los que han sufrido alguna catástrofe: *Hicieron una colecta para UNICEF.*
**FAM.** Colectivo, colector. / Recolectar.

**colectividad** *s. f.* Grupo o conjunto de personas, por ejemplo las que viven en un mismo lugar.
**SIN.** Comunidad.

**colectivismo** *s. m.* Sistema económico que pretende que todo lo que produce riqueza, como la tierra o las fábricas, pertenezca a la comunidad entera y no sólo a unos pocos.

**colectivizar** *v.* Transformar en colectiva una propiedad privada. ■ Delante de *e* se escribe *c* en lugar de *z*: *Los manifestantes piden al gobierno que colectivice las fábricas.*

**colectivo, va** *adj.* **1.** Relacionado con una colectividad o grupo de personas: *Mis hijos van al colegio en los transportes colectivos.* **2.** Se dice del sustantivo que en singular designa un conjunto de personas, animales o cosas, como *enjambre, ejército* o *rebaño.* || *s. m.* **3.** Grupo de personas con los mismos fines o intereses: *El colectivo de trabajadores del campo pide más ayuda.* **4.** En Hispanoamérica, microbús.
**SIN.** **1.** Común, comunitario. **ANT.** **1.** Individual.
**FAM.** Colectividad, colectivismo, colectivizar.

**colector** *s. m.* Canal que recoge las aguas que llegan de otros conductos, en especial las aguas sucias de las alcantarillas.

**colega** *s. m.* y *f.* **1.** Persona que tiene la misma profesión que otra. **2.** Amigo, camarada.

**colegiado, da** *adj.* y *s. m.* y *f.* **1.** Se dice de la persona que pertenece a un colegio profesional, por ejemplo de médicos o de abogados. || *adj.* **2.** Se dice de algunos cargos o puestos ocupados por varias personas de la misma categoría: *Los pianistas se examinan ante un tribunal colegiado formado por profesores de música.* || *s. m.* **3.** Árbitro de fútbol, baloncesto u otros deportes: *El colegiado pitó el final del partido.*

**colegial, la** *s. m.* y *f.* Niño que va al colegio.

**colegiarse** *v.* Apuntarse una persona al colegio formado por todos los de su misma profesión.

**colegiata** *s. f.* Tipo de iglesia.

**colegio** *s. m.* **1.** Centro donde se estudia la enseñanza primaria y en algunos casos también la

secundaria. **2.** Asociación de personas de la misma profesión: *el colegio de arquitectos.*
**EXPR.** **colegio mayor** Residencia donde viven estudiantes universitarios.
**SIN.** **1.** Escuela, cole. **2.** Corporación.
**FAM.** Cole, colega, colegiado, colegial, colegiarse, colegiata.

**coleóptero** *adj.* y *s. m.* Insecto, como el escarabajo y la mariquita, que tiene un caparazón muy duro, una boca capaz de masticar y dos alas duras llamadas *élitros*, que cubren otras dos alas más débiles y finas.

**cólera** *s. f.* **1.** Enfado en que una persona se pone muy violenta y grita mucho. || *s. m.* **2.** Enfermedad infecciosa causada por una bacteria, que se transmite a través de las aguas contaminadas; produce un fuerte dolor de tripa, vómitos y diarrea. Es muy contagiosa y ocasiona grandes epidemias.
**EXPR.** **montar en cólera** Enfadarse mucho.
**SIN.** **1.** Ira, enojo, furia.
**FAM.** Colérico. / Encolerizar.

**colérico, ca** *adj.* Que se deja llevar por la cólera.
**SIN.** Furioso, irritable, iracundo.

**colesterol** *s. m.* Sustancia grasa que se forma principalmente en el hígado y que procede de los alimentos que tomamos. Cuando hay un exceso de esta sustancia en los vasos sanguíneos, puede impedir el paso normal de la sangre.

**coleta** *s. f.* Pelo recogido detrás de la cabeza o a los lados.
**EXPR.** **cortarse la coleta** Retirarse un torero; también, dejar otras profesiones o actividades.
**FAM.** Coletazo.

**coletazo** *s. m.* **1.** Golpe dado con la cola. **2.** Manifestación de algo que está a punto de desaparecer: *El verano está dando sus últimos coletazos, dentro de poco empezará el fresquito.*

**coletilla** *s. f.* Palabra o expresión que no es necesaria pero que se repite mucho al hablar, como apoyo o por costumbre: *¿verdad?, o sea, ¿no?*
**SIN.** Muletilla.

**coleto** Se utiliza en las expresiones **echarse** algo **al coleto**, que significa 'comerlo, beberlo' o 'terminarlo rápidamente': *Se echó la copa al coleto. Se echó al coleto el novelón en dos días,* y **decir** o **pensar** alguien una cosa **para su coleto**, que significa 'decírsela a sí mismo, pensarla': *Aunque me callé, me dije para mi coleto que todo esto era muy raro.*

**colgado, da** *adj.* **1.** Que alguien lo colgó: *un cuadro colgado en la pared.* **2.** Sin dinero, sin amigos o sin aquello que uno necesita: *Su hermano se ha llevado el coche y a he dejado colgado.* **3.** Se dice del que está bajo los efectos de alguna droga. **4.** Loco. **5.** Se dice del que está muy enamorado.
**SIN.** **3.** Colocado. **4.** Grillado, majara, pirado. **4** y **5.** Chiflado. **5.** Colado, quedado.

**colgador** s. m. Percha para colgar algo.

**colgadura** s. f. Telas que cubren las paredes o balcones de un edificio en algunas celebraciones o festividades. ■ Se usa sobre todo en plural.

**colgajo** s. m. Cosa fea que cuelga, como los trozos de la ropa rota o descosida.

**colgante** adj. **1.** Que cuelga. || s. m. **2.** Collar, gargantilla o cadena que cuelga del cuello.

**colgar** v. **1.** Sujetar una cosa a otra dejando suelto uno de sus extremos y sin que toque el suelo: Colgué los vestidos en el armario. **2.** Estar una cosa en el aire sujeta a otra: Las cortinas cuelgan de una barra metálica. **3.** Ahorcar. **4.** Abandonar una profesión o actividad: Cuando estaba en primero de medicina, colgó los estudios. **5.** Cortar una conversación telefónica: Se despidió de su amiga y colgó el teléfono. || **colgarse 6.** Ponerse bajo los efectos de una droga o volverse adicto a las drogas. **7.** Bloquearse un ordenador o un sistema informático. ■ Delante de e se escribe gu en lugar de g. Es un verbo irregular. Se conjuga como contar.
SIN. **2.** Pender. **4.** Dejar. ANT. **1.** Descolgar.
FAM. Colgado, colgador, colgadura, colgajo, colgante, cuelgue. / Descolgar.

**colibrí** s. m. Pájaro muy pequeño, de pico largo y fino y plumas de colores muy alegres. Se alimenta de insectos y del néctar de las flores. ■ Su plural es colibrís o colibríes.

**cólico** s. m. Dolor muy fuerte de tripa, con retortijones y normalmente acompañado de vómitos, que se debe a la inflamación y contracción brusca de las paredes del intestino. También puede producirse en otras partes del cuerpo, como la vejiga o el riñón.

**coliflor** s. f. Variedad de la col que al echar el tallo forma una masa blanca y redonda.

**colilla** s. f. Parte del cigarrillo que ya no se fuma y se tira.

**colimbo** s. m. Ave acuática de pico aplastado por los lados, cuerpo grande y oscuro con pintas blancas y patas adaptadas para nadar. Vive en las costas de regiones frías y se alimenta de peces.

**colín** s. m. Barrita de pan muy delgada.

**colina** s. f. Elevación natural del terreno, menor que la de un monte.

**colindante** adj. Se dice de un pueblo, casa o terreno que está al lado de otro: Estas dos fincas colindantes están separadas por una valla.
SIN. Limítrofe, contiguo.

**colirio** s. m. Medicamento líquido que se echa en los ojos para curar irritaciones o infecciones.

**coliseo** s. m. Teatro importante.

**colisión** s. f. Choque: En la autopista se produjo una colisión entre dos coches.
FAM. Colisionar.

**colisionar** v. Chocar: Los barcos colisionaron a causa de la niebla.

**colista** adj. y s. m. y f. Que va el último en una clasificación: El equipo colista de primera división desciende a segunda.

**colitis** s. f. Inflamación del intestino en la zona del colon que produce diarreas. ■ No varía en plural.

**collado** s. m. **1.** Pequeña elevación de terreno. **2.** Terreno entre dos montañas por donde se puede pasar fácilmente de un lado a otro de la sierra.
SIN. **1.** Cerro, colina, otero. **2.** Paso, puerto.

**collage** s. m. Cuadro que se hace pegando papeles y otros materiales sobre una superficie: Hizo un collage con trozos de periódicos en una cartulina. ■ Es una palabra francesa.

**collar** s. m. **1.** Objeto que se lleva como adorno alrededor del cuello: Se puso el collar de perlas para ir a la fiesta. **2.** Objeto que se pone alrededor del cuello de un animal doméstico para tenerlo sujeto: el collar del perro. **3.** Conjunto de plumas de distinto color que tienen algunas aves alrededor del cuello.
FAM. Collarín, collera, collerón.

**collarín** s. m. Collar ancho que se pone alrededor del cuello para que no se muevan las vértebras cervicales cuando éstas han sufrido algún golpe o desgaste.

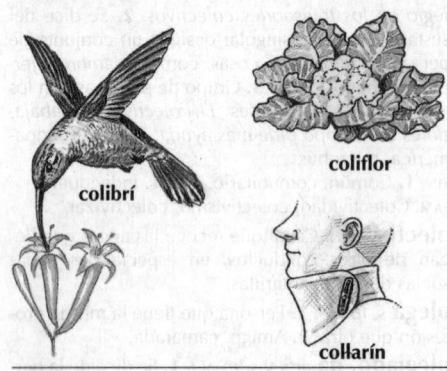

coliflor

colibrí

collarín

**colleja** s. f. Golpe dado con la palma de la mano en la parte de atrás del cuello.
SIN. Pescozón.

**collera** s. f. Objeto de cuero o lona, con relleno de paja o lana, que se pone alrededor del cuello de las caballerías para sujetar en él los correajes de tiro.

**collerón** s. m. Collar adornado que se usa para proteger el cuello de los caballos que tiran de coches y carrozas.

**collie** adj. y s. m. y f. Se dice de una raza escocesa de perros pastores, de pelo largo y hocico alargado y fino. ■ Es una palabra inglesa.

**colmado, da** *adj.* **1.** Completamente lleno: *El sótano está colmado de trastos.* || *s. m.* **2.** Tienda en la que se venden comestibles. **3.** Establecimiento en el que se sirven comidas. **SIN. 1.** Abarrotado, repleto, saturado. **2.** Ultramarinos. **3.** Taberna. **ANT. 1.** Vacío.

**colmar** *v.* **1.** Llenar algo hasta el borde: *Colmó tanto la copa que se derramó el agua.* **2.** Dar algo con abundancia: *A su llegada le colmaron de regalos.* **3.** Satisfacer por completo: *Participar en ese campeonato de tenis colmaba todas sus ilusiones.* **ANT. 1.** Vaciar. **FAM.** Colmado.

**colmena** *s. f.* Lugar natural o fabricado por el hombre donde viven las abejas y hacen los panales de miel.

**colmillo** *s. m.* **1.** En los mamíferos, diente puntiagudo situado delante de cada fila de muelas. **2.** Cada uno de los grandes dientes en forma de cuerno que tienen los elefantes a los dos lados de la boca.

**colmo** *s. m.* Cantidad de una cosa que sobresale de los bordes del recipiente que la contiene. **EXPR. para colmo** Por si fuera poco: *Para colmo he perdido la cartera.* **ser el colmo** Ser algo intolerable: *Es el colmo: todos los días llegas tarde al colegio.* También, ser extraordinario, llegar al grado máximo de algo: *Romperme ahora una pierna es el colmo de la mala suerte.* **FAM.** Colmar.

**colocación** *s. f.* **1.** Acción de colocar: *La colocación de los ladrillos le llevará al albañil más de una semana.* **2.** Manera en que está colocado algo: *Cambió la colocación de los muebles de su cuarto.* **3.** Trabajo: *Busca una colocación como vendedor.* **SIN. 2.** Situación. **3.** Empleo, puesto.

**colocado, da** *adj.* **1.** Puesto o situado en un lugar: *Lleva la corbata mal colocada.* **2.** Que tiene trabajo: *Está colocado en un banco.* **3.** Que está bajo los efectos de las bebidas alcohólicas o de la droga.

**colocar** *v.* **1.** Poner en un sitio: *Para que no entrara tanta luz colocó unas persianas en la ventana.* **2.** Dar o conseguir un empleo: *Se colocó en un banco.* **3.** Conseguir que una persona acepte algo que no deseaba o aguante algo desagradable: *Ese vendedor logró colocarme el bolso, aunque yo no tenía intención de comprarlo. ¡Vaya rollo que te ha colocado Raúl!* || **colocarse 4.** Estar bajo los efectos de la droga o de las bebidas alcohólicas. ■ Delante de *e* se escribe *qu* en lugar de *c*: *Coloqué los libros encima de la mesa.* **SIN. 1.** Situar, instalar. **2.** Emplear. **3.** Endilgar, endosar. **4.** Colgarse. **ANT. 1.** Descolocar, desordenar. **2.** Echar, despedir. **FAM.** Colocación, colocado, colocón. / Descolocar.

**colocón** *s. m.* **1.** Borrachera: *Bebió mucho en la fiesta y ahora lleva un colocón tremendo.* **2.** Efecto producido por la droga. **SIN. 2.** Cuelgue.

**colofón** *s. m.* Remate, final de algo: *Como colofón de la fiesta, actuó un conocido grupo de rock.*

**colombiano, na** *adj.* y *s. m.* y *f.* De Colombia, país de América del Sur.

**colombicultura** *s. f.* Técnica de criar palomas.

**colombino, na** *adj.* De Cristóbal Colón o relacionado con él: *los viajes colombinos.*

**colon** *s. m.* Parte del intestino grueso situada entre el ciego y el recto. **FAM.** Cólico, colitis.

**colonia¹** *s. f.* **1.** Territorio ocupado y gobernado por un país y que está fuera de sus fronteras: *Gibraltar es una colonia británica en España.* **2.** Conjunto de personas que viven en un país o territorio distinto del suyo: *El embajador visitó a la colonia española en Alemania.* **3.** Lugar donde se quedan a vivir. **4.** Grupo de viviendas: *una colonia de chalés.* **5.** En México, barrio. **6.** Grupo de animales o plantas del mismo tipo que viven juntos, a veces unidos entre sí, por ejemplo los corales. **SIN. 1.** Posesión, dominio. **3.** Asentamiento. **FAM.** Colonial, colonialismo, colonizar, colono.

**colonia²** *s. f.* Líquido hecho con agua, alcohol y sustancias aromáticas, que nos echamos para oler bien.

**colonial** *adj.* De las colonias de un país.

**colonialismo** *s. m.* Política de algunos países que tienen bajo su dominio, fuera de sus fronteras, otros territorios llamados *colonias.*

**colonización** *s. f.* Acción de colonizar.

**colonizador, ra** *adj.* y *s. m.* y *f.* Que coloniza.

**colonizar** *v.* **1.** Convertir un territorio en colonia de un país: *Los franceses colonizaron parte de África.* **2.** Llevar las personas de un lugar su cultura y sus costumbres a otro territorio. ■ Delante de *e* se escribe *c* en lugar de *z*: *colonicen.* **FAM.** Colonización, colonizador / Descolonización.

**colono** *s. m.* **1.** Persona que va a un territorio para poblarlo, cultivarlo o vivir en él. **2.** Agricultor que trabaja las tierras de otro mediante un contrato.

**coloquial** *adj.* Se dice del lenguaje, las palabras o las expresiones que empleamos corrientemente en la conversación: *Decir «bici» en vez de «bicicleta» es una manera coloquial de hablar.*

**coloquio** *s. m.* **1.** Conversación: *Estuvo de coloquio con su amiga hasta muy tarde.* **2.** Reunión de varias personas para hablar sobre algún tema: *En la televisión ha habido un coloquio sobre cine.* **SIN. 1.** Charla. **2.** Debate. **FAM.** Coloquial.

**color** *s. m.* **1.** Propiedad que vemos en los objetos por efecto de la luz y que nos permite distinguir dos

cosas de la misma forma y tamaño, por ejemplo una rosa roja y una amarilla. **2.** Sustancia para pintar o teñir: *El pintor mezcló varios colores para conseguir el tono que quería.* **3.** Animación: *Fue una fiesta con mucho color, todos cantaban y bailaban.* **EXPR. de color** Ni blanco ni negro: *un vestido de color.* También se dice de las personas negras y mulatas. **de color de rosa** De forma optimista: *Está muy animado: todo lo ve de color de rosa.* **sacarle** o **salirle** a alguien **los colores** Avergonzar a alguien o avergonzarse.
**SIN. 2.** Pintura, pigmento, tinte. **3.** Gracia, alegría, vida.
**FAM.** Coloración, colorado, colorante, colorear, colorete, colorido, colorín, colorista. / Bicolor, decolorar, descolorido, incoloro, multicolor, tecnicolor, tricolor.

**coloración** *s. f.* **1.** Color de algo: *Las plumas de ese pájaro tienen una coloración azulada.* **2.** Acción de colorear: *Existen tintes especiales para la coloración del cabello.*
**SIN. 1.** Tono.

**colorado, da** *adj.* De color rojo.
**EXPR. poner** o **ponerse colorado** Poner o ponerse el rostro de este color a causa de la vergüenza: *Noté que mentía porque se puso colorado.*
**SIN.** Encarnado.

**colorante** *adj. y s. m.* Sustancia que da color: *Si echas tanto colorante al arroz se va a poner muy amarillo.*

**colorear** *v.* **1.** Dar color a una cosa: *Los niños colorean los dibujos en clase.* || **colorearse 2.** Tomar una cosa algún color: *Durante la tormenta el cielo se coloreó de rojo.*
**SIN. 1.** Pintar. **1. y 2.** Teñir. **ANT. 1. y 2.** Decolorar. **2.** Desteñirse.

**colorete** *s. m.* Polvo para dar color a las mejillas.

**colorido** *s. m.* Colores de una cosa y forma en que están agrupados: *Esta tela tiene un colorido muy alegre.*

**colorín** *s. m.* **1.** Color muy intenso: *Hizo un dibujo con muchos colorines.* **2.** Jilguero.

**colorista** *adj.* **1.** Que tiene mucho color: *La moda de esta primavera es muy colorista.* || *adj. y s. m. y f.* **2.** Se dice del pintor que pone mucho color en sus cuadros, y de su estilo y su obra. **3.** Se dice del escritor que utiliza muchos adjetivos y muy variados, y de su estilo y su obra.

**colosal** *adj.* **1.** Gigantesco, de gran tamaño: *El palacio es un edificio colosal.* **2.** Extraordinario: *La cantante recibió muchos aplausos porque había tenido una actuación colosal.*
**SIN. 1.** Enorme. **2.** Magnífico, excelente, estupendo.
**ANT. 2.** Pésimo, desastroso.

**coloso** *s. m.* **1.** Estatua de tamaño mucho mayor que el natural. **2.** Persona, animal o cosa muy grande.

**3.** Persona o cosa muy importante en algo: *Newton fue un coloso de la ciencia.*
**SIN. 2. y 3.** Gigante. **3.** Genio.
**FAM.** Colosal.

**columna** *s. f.* **1.** Pieza con forma de cilindro que sirve para sostener el techo u otras partes de una construcción. **2.** Cada una de las zonas que en una página impresa están separadas de arriba abajo por un espacio en blanco: *Las páginas del periódico están divididas en columnas.* **3.** Algunas cosas con forma de cilindro: *la columna de mercurio del termómetro. Una columna de humo se elevaba a lo lejos.* **4.** Conjunto de soldados o vehículos en fila de dos o más.
**EXPR. columna vertebral** En los vertebrados, conjunto de huesos unidos y articulados entre sí a lo largo del cuerpo, que forman su eje principal.
**SIN. 1.** Pilar, pilastra.
**FAM.** Columnata, columnista.

**columnata** *s. f.* Serie de columnas que sostienen o adornan un edificio.

**columnista** *s. m. y f.* Persona que escribe columnas en un periódico.

**columpiar** *v.* **1.** Dar impulso a alguien que está montado en un columpio para que se balancee. || **columpiarse 2.** Balancearse en un columpio u otra cosa parecida: *Los niños se columpiaban en el parque.* **3.** Equivocarse, meter la pata.

**columpio** *s. m.* **1.** Asiento colgado de dos cuerdas o cadenas que sirve para balancearse. || *s. m. pl.* **2.** En los parques, toboganes, balancines y otros aparatos en que se suben y juegan los niños para divertirse.
**FAM.** Columpiar.

**colutorio** *s. m.* Líquido para enjuagarse la boca: *Después de cepillarme los dientes, uso un colutorio con flúor.*

**colza** *s. f.* Planta que tiene unas semillas de las que se obtiene un aceite usado en la alimentación y en la industria.

**colosos**

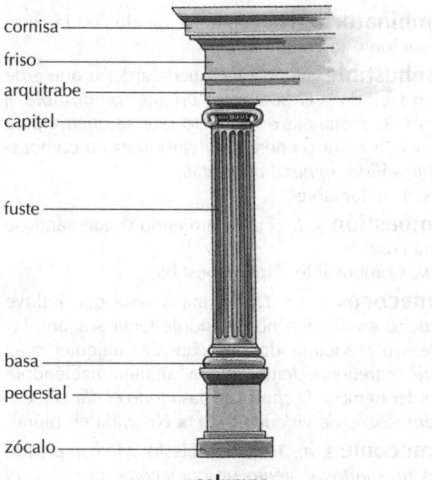

cornisa
friso
arquitrabe
capitel

fuste

basa
pedestal

zócalo

**columna**

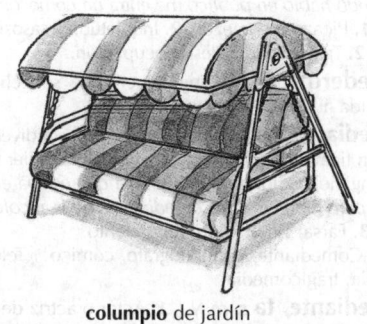

**columpio** de jardín

**coma¹** *s. f.* **1.** Signo ortográfico (,) que indica una pequeña pausa y sirve para separar palabras o grupos de palabras. Se emplea, por ejemplo, cuando vamos nombrando una serie de cosas, como en la oración *Pueden tomar sopa, pescado, carne, verdura.* **2.** En matemáticas, signo que separa la parte entera de un número de la parte decimal, por ejemplo 4,50.
**FAM.** Comilla.

**coma²** *s. m.* Estado de algunos enfermos graves en el que permanecen como si estuvieran profundamente dormidos.
**FAM.** Comatoso.

**comadre** *s. f.* **1.** La madrina de un niño para la madre, el padre o el padrino de ese niño. **2.** Vecina y amiga con la que una mujer tiene más trato y confianza. **3.** Mujer chismosa.
**FAM.** Comadreja, comadreo, comadrona.

**comadreja** *s. f.* Mamífero del tamaño de un gato pequeño, con el cuerpo largo y delgado. Tiene color rojizo en el lomo y blanco por debajo. Caza

ratones, topos y otros animalitos, y también se alimenta de los huevos y crías de las aves.

**comadreo** *s. m.* Acción de contar chismes sobre los demás.

**comadrona** *s. f.* Mujer que ayuda a otra a dar a luz.
**SIN.** Matrona, partera.

**comanche** *adj. y s. m. y f.* De un pueblo indio que vivía en América del Norte, al este de las Montañas Rocosas.

**comandancia** *s. f.* Territorio o división militar que manda un comandante; también, el lugar donde están las oficinas de un comandante.

**comandante** *s. m. y f.* **1.** Jefe militar por encima del capitán y por debajo del teniente coronel. **2.** Militar que en algunas ocasiones tiene el mando, aunque no sea comandante. **3.** Oficial piloto al mando del avión. **4.** Jefe u oficial de la marina que manda en un buque de guerra.
**EXPR. comandante en jefe** Oficial al mando de todas las fuerzas armadas de un país, de un ejército o de una operación.
**FAM.** Comandancia.

**comandar** *v.* Mandar un ejército, una flota o cualquier unidad militar: *El general comanda las tropas.*
**FAM.** Comandita, comando.

**comandita** Se utiliza en la expresión **en comandita**, que significa 'en grupo, todos juntos': *Los alumnos fueron en comandita a hablar con el director.*

**comando** *s. m.* **1.** Grupo pequeño de militares que realizan misiones especiales y peligrosas. **2.** Grupo de una organización terrorista. **3.** Instrucción que se da al ordenador.
**FAM.** Comandante.

**comarca** *s. f.* División de un territorio en la que hay varias poblaciones.
**FAM.** Comarcal.

**comarcal** *adj.* **1.** De una comarca o relacionado con ella. || *adj. y s. f.* **2.** Carretera pequeña entre lugares de una misma comarca.

**comatoso, sa** *adj.* Del estado de coma o que se encuentra en estado de coma: *Los pacientes comatosos son atendidos en esta planta del hospital.*

**comba** *s. f.* **1.** Juego en que los niños saltan por encima de una cuerda, moviéndola y haciéndola pasar por debajo de los pies y sobre la cabeza. **2.** La cuerda que se emplea en ese juego.
**EXPR. no perder comba** Estar muy atento para aprovechar las oportunidades o para enterarse bien de algo: *A Juan no se le escapa una, no pierde comba.*
**FAM.** Combar.

**combar** *v.* Torcer, curvar una cosa, por ejemplo una madera: *Las repisas de la estantería se han combado por ponerles tantos libros encima.*
**SIN.** Abarquillar, arquear.

**combate** s. m. **1.** Lucha, pelea: *En clase de judo hicimos combate.* **2.** Acción de guerra en que se enfrentan fuerzas militares.
**EXPR. fuera de combate** Vencido de tal manera que no puede seguir la lucha: *En el tercer asalto el boxeador quedó fuera de combate.* También, sin poder hacer nada: *La gripe le dejó fuera de combate durante una semana.*
**SIN. 2.** Batalla.

**combatiente** adj. y s. m. y f. Que combate, por ejemplo los soldados en la guerra.
**FAM.** Excombatiente.

**combatir** v. **1.** Luchar, pelear: *Los soldados estaban preparados para combatir.* **2.** Procurar eliminar o destruir cualquier cosa mala: *Este champú ayuda a combatir la grasa del cabello.* **3.** Atacar, oponerse a algo: *En las discusiones unos combaten las opiniones de los otros.*
**SIN. 1.** Guerrear. **ANT. 3.** Defender.
**FAM.** Combate, combatiente, combativo.

**combativo, va** adj. Muy luchador: *Es un chico la mar de combativo: defiende con entusiasmo sus ideas y planes.*

**combi** s. m. Frigorífico con dos puertas y dos motores, uno para el congelador y otro para la nevera.

**combinación** s. f. **1.** Acción de combinar: *Con la combinación de colores el pintor consiguió un cuadro precioso.* **2.** Números, letras o signos para abrir una caja fuerte u otro mecanismo de seguridad. **3.** Prenda de vestir que las mujeres se ponen encima de la ropa interior y debajo del vestido. **4.** En química, mezcla de dos o más sustancias distintas para obtener una nueva.
**EXPR. tener buena** o **mala combinación** Tener una manera fácil o difícil de llegar a un lugar utilizando medios de transporte.

**combinado, da** adj. **1.** Unido, mezclado: *Ese collar resulta muy bien combinado con los pendientes y la pulsera.* **2.** Se dice del plato que tiene varios alimentos: *Tomó un plato combinado de patatas, huevos fritos y salchichas.* ‖ s. m. **3.** Mezcla de bebidas. **4.** Equipo deportivo formado por miembros de distintos equipos.

**combinar** v. **1.** Unir varias cosas para que formen un conjunto o un compuesto: *combinar bebidas; combinar sustancias químicas.* **2.** Ir una cosa bien con otra: *Ese pañuelo de cuello combina bien con el abrigo.* **3.** Pasarse el balón o más jugadores: *El defensa combinó con el delantero para que éste tirara a gol.*
**SIN. 1.** Juntar, mezclar. **2.** Casar. **ANT. 1.** Desunir, separar.
**FAM.** Combi, combinación, combinado, combinatoria, combinatorio.

**combinatoria** s. f. Parte de las matemáticas que estudia las diferentes formas en que se pueden agrupar los elementos de un conjunto.

**combinatorio, ria** adj. Relacionado con la combinación o la combinatoria.

**combustible** adj. **1.** Que puede arder o que arde con facilidad: *El butano es un gas combustible.* ‖ s. m. **2.** Sustancia o producto que se quema para producir calor o energía: *El carbón es un combustible sólido, mineral o vegetal.*
**SIN. 1.** Inflamable.

**combustión** s. f. El estar ardiendo o quemándose una cosa.
**FAM.** Combustible. / Incombustible.

**comecocos** s. m. **1.** Persona o cosa que influye mucho en alguien no dejándole tener sus propias ideas o preocupándole mucho. **2.** Cualquier cosa que entretiene demasiado a alguien haciéndole perder tiempo: *El chaval se pasa todo el día con ese comecocos de videoconsola.* ■ No varía en plural.

**comecome** s. m. **1.** Picor molesto: *Me han picado los mosquitos y siento un comecome por todo el cuerpo.* **2.** Nervios, preocupación o impaciencia: *Cuando hablo en público me entra un comecome...*
**SIN. 1.** Picazón, comezón. **2.** Inquietud, desasosiego.
**ANT. 2.** Tranquilidad, despreocupación.

**comedero** s. m. Recipiente en que se echa la comida a los animales.

**comedia** s. f. **1.** Obra de teatro o película divertida y con final feliz. **2.** Obra de teatro de cualquier tipo. **3.** Engaño, acción fingida: *Parecía que estaba enfermo, pero todo era una comedia para no ir al colegio.*
**SIN. 3.** Farsa, simulación, fingimiento.
**FAM.** Comediante, comediógrafo, cómico. / Telecomedia, tragicomedia.

**comediante, ta** s. m. y f. **1.** Actor o actriz de teatro. **2.** Persona que aparenta o finge algo: *¡Menudo comediante está hecho! Dice que no puede dormir para que le leas un cuento.*
**SIN. 1.** y **2.** Cómico.

**comedido, da** adj. Moderado, educado.

**comediógrafo, fa** s. m. y f. Autor de comedias.
**SIN.** Dramaturgo.

**comedirse** v. Contenerse, no dejarse llevar por un sentimiento o un deseo: *Aunque no te caiga bien, debes comedirte y tratarle con educación.* ■ Es un verbo irregular. Se conjuga como *pedir.*
**SIN.** Moderarse, reportarse.
**FAM.** Comedido.

**comedor** s. m. Cuarto o salón donde se come.

**comedura** Se usa en la expresión **comedura de coco** o **de tarro**, que significa 'acción de comer o comerse el coco'. Busca **comer.**

**comendador, ra** s. m. y f. **1.** Caballero que tiene una dignidad o cargo especial en algunas órdenes militares o civiles: *El padre de doña Inés era comendador.* **2.** Superior de algunas órdenes religiosas: *la comendadora del convento de la Merced.*

**comensal** *s. m.* y *f.* **1.** Cada una de las personas que están comiendo en una misma mesa. **2.** Ser vivo que se aprovecha de otro pero sin perjudicarlo ni beneficiarlo.
FAM. Comensalismo.

**comensalismo** *s. m.* Asociación entre dos seres vivos en la que uno de ellos consigue un beneficio, como alimento, refugio o transporte, mientras que el otro, aunque no se beneficia, tampoco resulta perjudicado.

**comentar** *v.* **1.** Explicar algo para que se entienda mejor: *En clase comentamos algunos poemas.* **2.** Hablar sobre personas, asuntos o cosas: *En la pandilla comentamos el concierto de ese grupo.*
FAM. Comentario, comentarista.

**comentario** *s. m.* **1.** Escrito en que se explica o analiza una obra: *La profesora nos mandó hacer un comentario de esa novela.* **2.** Información y opiniones de un especialista en los periódicos, en la radio o en la televisión, por ejemplo sobre deportes o política. **3.** Lo que alguien comenta: *No hagas caso de los comentarios de Enrique: quiere fastidiarte.*
SIN. **1.** Crítica, glosa. **3.** Parecer, opinión, juicio.

**comentarista** *s. m.* y *f.* Persona que hace o escribe comentarios: *El comentarista narraba a los telespectadores los momentos más emocionantes de la carrera de motos.*

**comenzar** *v.* Empezar. ■ Delante de *e* se escribe *c* en lugar de *z*. Es un verbo irregular. Se conjuga como *pensar*.
FAM. Comienzo.

**comer** *v.* **1.** Tomar alimento: *Inés come poco porque quiere adelgazar.* **2.** Masticar el alimento en la boca y pasarlo al estómago: *Tienes que comer despacio para no atragantarte.* **3.** Tomar la comida principal: *Comimos en casa y cenamos en una pizzería.* **4.** Desgastar: *El sol ha comido el color de esa cortina.* **5.** Ganar una pieza al contrario en juegos como las damas, el ajedrez o el parchís. **6.** Estar dominado por un sentimiento: *Le come la envidia al ver que sacas tan buenas notas.* **7.** Picar un insecto: *Por la noche le comen los mosquitos.* || **comerse 8.** No escribir o no pronunciar algunas sílabas, letras, palabras o números: *En el dictado creo que me he comido algunas palabras.*
EXPR. **comer el coco** o **el tarro** Influir mucho en una persona: *Intentó comerme el coco para que me fuera con él de viaje.* **comerse el coco** o **el tarro** Pensar demasiado en algo, darle muchas vueltas. **sin comerlo ni beberlo** Sin que uno lo haya buscado: *Sin comerlo ni beberlo se vio metida en ese follón.*
SIN. **1.** Alimentarse, nutrirse. **3.** Almorzar. **4.** Gastar, destruir. **4.** y **6.** Corroer. **7.** Acribillar.
FAM. Comecome, comedero, comedor, comestible, comezón, comida, comidilla, comido, comilón, comilona, comisquear, comistrajo. / Concomerse, incomible, malcomer.

**comercial** *adj.* **1.** Relacionado con el comercio y los comerciantes. **2.** Que se vende bien: *Esa ropa es muy comercial: la compran mucho los jóvenes.* || *adj.* y *s. m.* y *f.* **3.** Se dice de las personas que trabajan en la venta de los productos de una empresa.

**comercializar** *v.* Hacer que llegue a las tiendas y otros establecimientos un producto para que el público lo pueda comprar: *Esa empresa ha comercializado un nuevo perfume.* ■ Delante de *e* se escribe *c* en lugar de *z*: *comercialicé.*

**comerciante** *adj.* y *s. m.* y *f.* **1.** Persona que comercia. || *s. m.* y *f.* **2.** Persona que tiene un comercio.
SIN. **2.** Tendero.

**comerciar** *v.* Obtener dinero o beneficio comprando, vendiendo o cambiando productos.

**comercio** *s. m.* **1.** Acción o actividad de comerciar: *Se dedica al comercio.* **2.** Tienda en que se venden productos a la gente: *El domingo no abren los comercios.*
FAM. Comercial, comercializar, comerciante, comerciar.

**comestible** *adj.* **1.** Que se puede comer. || *s. m. pl.* **2.** Alimentos, cosas de comer: *Cerca de casa hay una tienda de comestibles.*
SIN. **2.** Comida, víveres, provisiones.

**cometa** *s. m.* **1.** Astro con una larga cola brillante. || *s. f.* **2.** Juguete hecho con tela o papel, que tiene una especie de cola y se eleva en el aire sujetándolo con un cordel: *En la playa unos niños echaban a volar sus cometas.*

cometa

**cometer** *v.* Hacer alguna falta, error o delito: *Has cometido un fallo en el examen. La policía persigue al que ha cometido el robo.*
SIN. Incurrir.
FAM. Cometido, comisión. / Acometer.

**cometido** *s. m.* Tarea, encargo: *Han mandado un helicóptero con el cometido de llevar alimentos a los pueblos inundados.*
SIN. Misión, trabajo, función.

**comezón** *s. f.* **1.** Picor muy molesto: *Sentía comezón alrededor de la herida.* **2.** Inquietud, impaciencia, por ejemplo cuando deseamos mucho una cosa. **SIN. 1.** Picor, prurito. **2.** Intranquilidad, desasosiego, desazón.

**cómic** *s. m.* Serie de viñetas o escenas dibujadas en las que se cuenta una historia. ■ Su plural es *cómics.*

**comicidad** *s. f.* Característica de lo que es cómico: *La película tiene escenas de gran comicidad.* **ANT.** Dramatismo, seriedad.

**comicios** *s. m. pl.* Elecciones, votación.

**cómico, ca** *adj.* **1.** Que divierte o produce risa: *Resultó muy cómico cuando Juan se escurrió y se cayó a la piscina.* || *s. m.* y *f.* **2.** Artista que cuenta chistes y hace otras cosas para hacer reír al público. **3.** Actor de teatro. **4.** Persona que finge: *Es un cómico: dice que está malo para no ir a clase.* **SIN. 1.** Gracioso, ridículo, grotesco. **2.** a **4.** Comediante. **ANT. 1.** Dramático, trágico, triste. **FAM.** Comicidad.

**comida** *s. f.* **1.** Alimento, cosas que se comen: *Ha ido al mercado a comprar comida.* **2.** Acción de comer, sobre todo la que se hace a mediodía o a primeras horas de la tarde: *Tomamos macarrones en la comida y pescado en la cena.* **EXPR. comida rápida** Comida que se prepara en poco tiempo porque se hace con ingredientes ya elaborados, como la que sirven en las hamburgueserías. **SIN. 1.** Vianda. **2.** Almuerzo.

**comidilla** *s. f.* Tema que es motivo para que la gente comente y chismorree: *Su forma de vestir, tan rara, era la comidilla del barrio.*

**comido, da** *adj.* Que tiene señales de que alguien se comió una parte: *He encontrado el queso comido por los ratones.* **EXPR. lo comido por lo servido** Una cosa compensa la otra; se dice sobre todo del negocio o trabajo en el que se gana lo mismo que se gasta en él: *Gano bastante dinero como repartidor, pero todo se me va en pagar la furgoneta, así que lo comido por lo servido.*

**comienzo** *s. m.* Principio de algo: *En el comienzo del curso hubo una reunión de padres, profesores y alumnos.* **SIN.** Inicio. **ANT.** Final.

**comilla** *s. f.* Cada uno de los dos signos ortográficos (' ', " ", « ») que se pone al principio y al final de una cita, o de palabras o expresiones que se quieren destacar. ■ Se usa casi siempre en plural.

**comilón, na** *adj.* y *s. m.* y *f.* Persona que come mucho.

**comilona** *s. f.* Comida abundante o con platos muy variados: *Nos dimos una buena comilona en casa de tu primo.* **SIN.** Banquete, festín.

**comino** *s. m.* **1.** Hierba de semillas de color marrón y pequeño tamaño, que se utilizan como condimento y se llaman también *cominos.* **2.** Niño pequeño: *Mira al comino, cómo quiere llegar a la mesa.* **EXPR. importarle** a uno **un comino** No importarle nada: *Me importa un comino que vengas o no.* **SIN. 2.** Enano, mico, renacuajo.

**comisaría** *s. f.* Oficina de la policía dirigida por un comisario: *Denunció el robo en la comisaría. Fue a comisaría a hacerse el carné de identidad.*

**comisario** *s. m.* **1.** Jefe superior de policía que manda en una comisaría. **2.** Persona a la que otras han dado poder para hacer alguna tarea: *El comisario de la exposición es el responsable de que los pabellones estén terminados a tiempo.* **FAM.** Comisaría.

**comisión** *s. f.* **1.** Tanto por ciento que se lleva el vendedor por las ventas que hace: *En esta tienda las empleadas tienen comisión por cada producto que venden.* **2.** Conjunto de personas que, en representación de un grupo, están encargadas de hacer algo: *Una comisión de alumnos fue a hablar con el jefe de estudios.* **SIN. 2.** Comité, delegación. **FAM.** Comisario, comisionar.

**comisionar** *v.* Encargar a alguien un trabajo o una tarea: *El alcalde comisionó a un concejal para organizar las fiestas.* **SIN.** Delegar.

**comisquear** *v.* Comer a menudo pero poca cantidad, o probar un poco de varias cosas: *Me he pasado la mañana comisqueando y ahora no tengo hambre.* **SIN.** Picar.

**comistrajo** *s. m.* Comida mala o mal hecha.

**comisura** *s. f.* Punto de unión de algunas partes del cuerpo, como en los labios o en el rabillo del ojo.

**comité** *s. m.* Grupo de personas que, en representación de otras, se encargan de algo; por ejemplo, en las empresas representan a los trabajadores. **SIN.** Delegación, comisión.

**comitiva** *s. f.* Acompañamiento de personas: *Detrás del coche de los reyes iba la comitiva.* **SIN.** Cortejo, séquito.

**como** *adv.* **1.** De la manera que: *Dibuja un paisaje como quieras.* **2.** Se emplea para hacer comparaciones: *Es rojo como la sangre. Carmen es tan alta como su madre.* **3.** Según: *Como dice mi amigo...* **4.** Se usa para poner ejemplos: *Algunos juegos, como el dominó y las damas, son muy entretenidos.* **5.** Más o menos, aproximadamente: *Te he llamado como diez veces.* **6.** Por tener una función o cargo: *Habló como delegado de la clase.* || *conj.* **7.** Equivale a 'si': *Como apruebe, me van a regalar una bici.* **8.** Equivale a 'porque': *Como recibí un telegrama, fui rápidamente a verle.* **FAM.** Cómo.

**cómo** *interr. y excl.* **1.** De qué manera: *¿Cómo te peinas? ¿Cómo llueve!* || *interr.* **2.** Por qué: *¿Cómo no habéis avisado?* || **¡cómo!** *interj.* **3.** Forma de expresar asombro o enfado: *¡Cómo! ¿Te parece barato?* **EXPR.** **¿a cómo?** Se usa para preguntar el precio de algo: *¿A cómo están las ciruelas?* **¡cómo no!** o **¿cómo no?** Con mucho gusto o desde luego: *–¿Me pasas el azúcar? –¡Cómo no!*

**cómoda** *s. f.* Mueble con unos cajones delante, que sirve normalmente para guardar ropa.

**comodidad** *s. f.* **1.** Cualidad de cómodo: *En la biblioteca puedes leer con comodidad.* **2.** Cualquier cosa que ayuda a hacer más agradable nuestra vida: *Su cocina tiene todo tipo de comodidades: lavavajillas, microondas...* **3.** Conveniencia, provecho: *Sólo busca su comodidad y no le importan los demás.*

**comodín** *s. m.* Carta o cara de los dados que puede valer por cualquier otra.

**cómodo, da** *adj.* **1.** Que hace que uno se encuentre bien o a gusto: *un peinado cómodo, una butaca cómoda.* **2.** Que resulta más fácil o que viene mejor: *Le es más cómodo ir en metro que coger el coche.* **3.** Se dice del que se encuentra a gusto: *Ponte cómoda, como si estuvieras en tu casa.* || *adj. y s. m. y f.* **4.** Persona comodona. **SIN. 1.** Confortable. **ANT. 1.** a **3.** Incómodo. **FAM.** Cómoda, comodidad, comodín, comodón. / Acomodar, incómodo.

**comodón, na** *adj. y s. m. y f.* Persona que sólo busca su comodidad.

**comodoro** *s. m.* En la marina del Reino Unido y en las de otros países, capitán de navío que está al mando de un grupo de barcos.

**comoquiera que** o **como quiera que** *expr.* De cualquier manera que: *Comoquiera que te pongas, no te lo voy a dar.*

**compact disc** *expr.* **1.** Disco de música, de pequeño tamaño, que está grabado y se reproduce por láser. **2.** Aparato para hacer sonar estos discos. ■ Es una expresión inglesa. Su plural es *compact discs.* También se usa solamente *compact.*

**compacto, ta** *adj.* **1.** Apretado, con pocos huecos o poros: *La masa del bizcocho ha quedado demasiado compacta.* || *s. m.* **2.** Compact disc. **SIN. 1.** Macizo, denso, consistente. **ANT. 1.** Esponjoso, poroso.

**compadecer** *v.* Sentir lástima por las desgracias y sufrimientos de otros: *Te compadezco porque lo estás pasando mal. Se compadece de las desgracias de los demás.* ■ Es un verbo irregular. Se conjuga como *agradecer.* **SIN.** Apiadarse. **FAM.** Compasión.

**compadre** *s. m.* **1.** Padrino de un niño, para la madre, el padre o la madrina de ese niño. **2.** Padre de un niño para sus padrinos. **3.** Tratamiento familiar que se dan algunos hombres amigos o compañeros.

**compaginar** *v.* Hacer que una cosa no impida a otra y puedan realizarse o desarrollarse las dos: *Hay que compaginar los juegos con el estudio.* **SIN.** Conciliar, compatibilizar.

**compañerismo** *s. m.* Buen trato y ayuda que existe entre compañeros: *Había un ambiente de compañerismo entre todos los alumnos.* **SIN.** Camaradería.

**compañero, ra** *s. m. y f.* **1.** Persona con la que otra hace algo o realiza la misma actividad que ella: *Isabel se lleva bien con sus compañeras de clase.* **2.** Cada una de las cosas iguales que se usan juntas: *Aquí hay un calcetín, pero no encuentro el compañero.* **SIN. 1.** Camarada, colega. **FAM.** Compañerismo.

**compañía** *s. f.* **1.** Acción de acompañar: *La radio le hace compañía.* **2.** Persona, animal o cosa que acompaña a otra: *Ya veo que hoy traes buena compañía.* **3.** Grupo de personas que se unen con algún fin o para hacer algo juntas: *Trabaja para una compañía de transportes. Actúa en una compañía de teatro.* **4.** Grupo militar mandado por un capitán. **SIN. 2.** Acompañamiento, acompañante. **3.** Sociedad, empresa. **ANT. 1.** Soledad. **FAM.** Compañero. / Acompañar.

**comparable** *adj.* Que puede compararse con otra persona o cosa: *Tu dibujo no es comparable al mío.*

**comparación** *s. f.* **1.** Acción de comparar: *La comparación de los dos exámenes demostró que un chico había copiado a otro.* **2.** Relación entre cosas que son iguales, o una mayor o mejor que otra: *Para mi gusto, el verano no tiene comparación con el invierno.* **SIN. 1.** Contraste, cotejo, confrontación. **2.** Parangón.

**comparar** *v.* Examinar dos o más cosas para descubrir en qué se parecen y en qué se diferencian: *Al comparar los precios, vio que los de esa tienda eran más baratos.* **SIN.** Contrastar, cotejar, confrontar. **FAM.** Comparable, comparación, comparativo. / Incomparable.

**comparativo, va** *adj.* **1.** Que compara o sirve para comparar: *«Mejor» es un adjetivo comparativo.* || *adj. y s. m.* **2.** Grado del adjetivo y del adverbio que sirve para comparar dos cualidades o dos circunstancias, respectivamente.

**comparecencia** *s. f.* Acción de comparecer: *Se espera de un momento a otro la comparecencia del ministro ante las cámaras.*

**comparecer** *v.* Presentarse una persona en un lugar: *El presidente compareció ante los periodistas.* ■ Es un verbo irregular. Se conjuga como *agradecer.* **SIN.** Acudir, personarse. **ANT.** Faltar. **FAM.** Comparecencia. / Incomparecencia.

**comparsa** *s. m.* y *f.* **1.** Actor que en el teatro hace papeles poco importantes. **2.** Persona poco importante o que depende de otra: *En la oficina no pinta nada, no es más que un comparsa.* || *s. f.* **3.** En el teatro, conjunto de actores que hacen papeles de poca importancia. **4.** Grupo de personas disfrazadas que participan en algunas fiestas: *En el desfile de carnaval iban varias comparsas.*

**compartimiento** o **compartimento** *s. m.* Cada una de las partes en que se divide un espacio o lugar: *En el tren íbamos nosotros solos en un compartimento. El baúl tenía varios compartimientos para guardar las cosas.*
**SIN.** Departamento, división, apartado.

**compartir** *v.* **1.** Repartir con los demás lo que uno tiene o usar algo entre varios: *Roberto compartió el bocadillo con su amigo. Sólo había un ordenador y lo compartían los tres compañeros.* **2.** Sentir o pensar lo mismo que otra persona: *Comparto tu tristeza. Los dos amigos compartían los mismos gustos.*
**FAM.** Compartimiento, compartimiento.

**compás** *s. m.* **1.** Instrumento para dibujar circunferencias, que consiste en dos varillas unidas por la parte de arriba. **2.** Forma de dividir el tiempo en una composición musical, que marca el ritmo de la melodía. **3.** Instrumento usado en navegación.
**FAM.** Compasillo. / Acompasado, descompasado.

**compasillo** *s. m.* Compás musical de cuatro tiempos.

**compasión** *s. f.* Sentimiento de lástima por los sufrimientos y desgracias de otra persona: *Sintió compasión por aquel hombre que pedía limosna.*
**SIN.** Conmiseración, condolencia.
**FAM.** Compasivo.

**compasivo, va** *adj.* Que siente o demuestra compasión hacia alguien: *Se acercó al enfermo con mirada compasiva.*

**compatibilizar** *v.* Hacer compatibles dos o más cosas: *Muchos estudiantes tienen que compatibilizar los estudios con un trabajo.* ■ Delante de *e* se escribe *c* en lugar de *z*: *compatibilice.*
**SIN.** Compaginar, conciliar.

**compatible** *adj.* **1.** Que puede suceder o hacerse juntamente con otra cosa: *Esas dos medicinas son compatibles, puedes tomarlas a la vez.* **2.** Se dice del ordenador o del sistema informático que puede usar los mismos programas, dispositivos o aparatos que otro diferente.
**ANT.** **1.** Incompatible.
**FAM.** Compatibilizar. / Incompatible.

**compatriota** *s. m.* y *f.* Persona de la misma patria que otra: *Cuando se viaja por el extranjero es agradable encontrar algún compatriota.*
**SIN.** Paisano, conciudadano.

**compeler** *v.* Obligar a una persona a hacer algo por la fuerza o por tener autoridad sobre ella: *El policía les compelió a desalojar la casa.*
**SIN.** Forzar, conminar.
**FAM.** Compulsión.

**compendio** *s. m.* Resumen de lo más importante de una materia: *Ese libro es un buen compendio de historia.*
**SIN.** Resumen, síntesis. **ANT.** Ampliación.

**compenetración** *s. f.* Hecho de compenetrarse varias personas: *Existía una buena compenetración entre los dos hermanos.*

**compenetrarse** *v.* Entenderse o llevarse bien varias personas: *El entrenador se compenetraba muy bien con los jugadores.*
**SIN.** Identificarse, congeniar. **ANT.** Discrepar.
**FAM.** Compenetración.

**compensación** *s. f.* Lo que se da o se hace a alguien para compensarle por una cosa buena o mala: *Le hizo un regalo como compensación por su ayuda.*
**SIN.** Recompensa, reparación.

**compensar** *v.* **1.** Igualar una cosa mala con otra buena: *Los comerciantes tratan de compensar las pérdidas con las ganancias.* **2.** Dar o hacer algo a alguien por una cosa buena que ha hecho o por un daño que ha sufrido: *No sabía cómo compensarle por todo lo que le había ayudado.* **3.** Merecer la pena: *Compensa comprar cosas buenas, aunque sean más caras, porque duran más.*
**SIN.** **1.** Equilibrar, nivelar, contrarrestar, neutralizar. **2.** Recompensar, reparar, resarcir.
**FAM.** Compensación. / Descompensar, recompensar.

**competencia** *s. f.* **1.** Lucha entre personas o animales que quieren lograr una misma cosa: *En la liga de baloncesto hay mucha competencia entre los equipos.* **2.** Empresa, organización o negocio que compite con otro: *Nuestros productos son más baratos que los de la competencia.* **3.** Lo que alguien puede hacer por su profesión o cargo: *Entre las competencias del delegado de curso está la de presentar al profesor las peticiones de la clase.* **4.** Capacidad de una persona para hacer bien alguna cosa: *Nadie dudaba de su competencia como ingeniero.* **5.** En Hispanoamérica, competición deportiva.
**SIN.** **1.** Oposición, pugna. **3.** Facultad, atribución, incumbencia. **4.** Aptitud. **ANT.** **4.** Ineptitud.

**competente** *adj.* **1.** Que puede hacer algo por su profesión o cargo: *Cualquier médico es competente para darte una receta.* **2.** Experto en algo, que sabe hacer bien alguna cosa: *Ramón es un mecánico muy competente.*
**SIN.** **1.** Autorizado. **1.** y **2.** Capacitado, apto. **2.** Calificado, cualificado, entendido, eficaz. **ANT.** **2.** Incompetente, inexperto.

**competer** v. Ser alguna cosa tarea de alguien: *La educación de los niños compete a los padres y a los profesores.*
SIN. Incumbir, atañer.
FAM. Competencia, competente. / Incompetente.

**competición** s. f. Prueba en la que varias personas luchan por conseguir una misma cosa: *Mucha gente quería ver la competición de atletismo.*
SIN. Contienda.

**competidor, ra** adj. y s. m. y f. Que compite: *No estaba seguro de ganar, porque sus competidores eran muy buenos.*
SIN. Rival, contendiente.

**competir** v. Luchar contra otros por conseguir una misma cosa: *Más de veinte esquiadores compiten por lograr una medalla.* ■ Es un verbo irregular. Se conjuga como *pedir.*
SIN. Rivalizar, pugnar, medirse.
FAM. Competición, competidor, competitividad, competitivo.

**competitividad** s. f. 1. Competencia o lucha que existe entre varias personas: *En el deporte es importante que exista competitividad para ir mejorando.* 2. Característica de competitivo.

**competitivo, va** adj. Que puede competir muy bien con otros: *Los pantalones vaqueros de esa marca son competitivos, tienen el mismo precio que otros y buena calidad.*

**compilación** s. f. Colección de escritos o partes de diferentes libros en uno solo: *una compilación de poemas.*
SIN. Recopilación.

**compilador, ra** adj. y s. m. y f. Que compila.

**compilar** v. 1. Reunir en un libro varios escritos o partes de distintos libros. 2. En informática, traducir un programa a un lenguaje con el que el ordenador puede trabajar y que se llama *código máquina.*
SIN. 1. Recopilar.
FAM. Compilación.

**compincharse** v. Ponerse de acuerdo varias personas, sobre todo para hacer algo malo: *Varios alumnos se compincharon para gastarle una broma al profesor.*
SIN. Confabularse, conchabarse.

**compinche** s. m. y f. Compañero de diversiones o de malas acciones: *Tenía un compinche que le avisó de cuándo podía colarse en el cine.*
SIN. Camarada, colega.
FAM. Compincharse.

**complacencia** s. f. Gusto o contento: *Hablaba con complacencia de las buenas notas que habían sacado sus hijos.*
SIN. Agrado, satisfacción, placer. ANT. Desagrado, disgusto.

**complacer** v. 1. Dar gusto a alguien: *Fueron a la playa para complacer a sus hijos.* ‖ **complacerse 2.** Alegrarse o sentir agrado con algo: *Se complace en poder ayudar a su amigo.* ■ Es un verbo irregular. Se conjuga como *agradecer.*
SIN. 1. Contentar, agradar, satisfacer. ANT. 1. Desagradar, disgustar, molestar.
FAM. Complacencia, complaciente.

**complaciente** adj. Que está dispuesto a dar gusto a los demás: *Tienen un padre muy complaciente que les lleva a todas partes.*

**complejidad** s. f. Complicación, dificultad.
ANT. Sencillez, simplicidad.

**complejo, ja** adj. 1. Complicado, difícil: *Manejar este vídeo es muy complejo.* ‖ s. m. 2. Conjunto de edificios y otras instalaciones destinadas a alguna actividad: *El alcalde inauguró un complejo deportivo en las afueras del pueblo.* 3. Idea que una persona tiene de sí misma y que influye en su conducta y manera de ser; muchas veces es una idea equivocada: *Tiene complejo de fea porque lleva gafas desde pequeña.*
ANT. 1. Sencillo, simple.
FAM. Complejidad. / Acomplejar.

**complementar** v. Mejorar una cosa o añadirle algo que le faltaba: *El profesor complementa con sus explicaciones lo que los alumnos estudian en el libro de texto.*
SIN. Completar.

**complementario, ria** adj. 1. Que complementa alguna cosa: *En esa revista encontraréis una información complementaria sobre los viajes espaciales.* 2. Se dice de los colores del arco iris. 3. Se dice de los ángulos que juntos suman 90 grados.

**complemento** s. m. 1. Cualquier cosa que se añade a otra para completarla o hacerla mejor: *El bolso y los zapatos son complementos importantes de la ropa.* 2. Palabra o grupo de palabras que completan el significado de otra u otras, por ejemplo en *el coche de mi padre, de mi padre* es complemento del nombre *coche.* (Puedes ver su cuadro en la página siguiente).
SIN. 1. Añadido.
FAM. Complementar, complementario.

**completamente** adv. Del todo, sin que falte nada: *El suelo estaba completamente limpio.*
SIN. Totalmente.

**completar** v. Hacer que algo esté completo: *Sólo falta una pieza para completar el puzzle.*
SIN. Acabar, llenar, terminar, perfeccionar.
FAM. Completiva.

**completiva** adj. y s. f. Se dice de la oración subordinada que funciona como complemento directo. Por ejemplo en *Le dije que me avisara, que me avisara* es una proposición completiva.

**completo, ta** adj. 1. Perfecto, sin que falte nada: *La colección de cuentos está completa.* 2. Lleno: *El aparcamiento está completo.* 3. Muy: *Miguel es un completo empollón.*

| COMPLEMENTOS DEL VERBO | | |
|---|---|---|
| **CLASES** | **FUNCIÓN** | **EJEMPLOS** |
| Complemento directo (u objeto directo) | Indica la persona o cosa que recibe directamente la acción del verbo. Puede sustituirse por los pronombres *lo, la, los* o *las*. | *Vio un barco.* *(Lo vio.)* |
| Complemento indirecto (u objeto indirecto) | Indica la persona o cosa que recibe indirectamente la acción del verbo. Puede sustituirse por los pronombres *le* o *les*. | *Escribió una carta a su prima.* *(Le escribió una carta.)* |
| Complemento circunstancial | Indica circunstancias como el lugar, el tiempo o el modo en que se realiza la acción del verbo. | *Llega a las ocho.* *Conduce con cuidado.* |
| Complemento agente | En las oraciones pasivas indica quién realiza la acción del verbo. Lleva la preposición *por*. | *América fue descubierta por los españoles.* |

**EXPR. al completo** Todo: *Irá la familia al completo.* También, lleno: *El cine estaba al completo.*
**SIN. 1.** Entero, íntegro. **2.** Ocupado, repleto. **ANT. 1.** Incompleto, imperfecto, parcial. **2.** Vacío.
**FAM.** Completamente, completar. / Incompleto.

**complexión** *s. f.* Forma y características del cuerpo de una persona o de un animal: *Mi hermano es de complexión fuerte.*
**SIN.** Constitución, naturaleza.

**complicación** *s. f.* Aquello que hace más difícil algo o lo empeora: *Si no hay ninguna complicación saldrá del hospital mañana.*
**SIN.** Contratiempo, tropiezo, dificultad, complejidad. **ANT.** Facilidad, sencillez, simplicidad.

**complicado, da** *adj.* **1.** Difícil: *Esta asignatura es bastante complicada.* **2.** Que ha participado o está metido en algo malo: *Le acusaron de estar complicado en el robo.*
**SIN. 2.** Implicado. **ANT. 1.** Fácil, sencillo.

**complicar** *v.* **1.** Hacer que algo sea difícil o más difícil: *No compliques más las cosas y haz lo que te ha dicho.* **2.** Hacer que alguien participe en algo malo: *El ladrón complicó a sus amigos en el atraco de la joyería.* ■ Delante de *e* se escribe *qu* en lugar de *c*: *No te compliques.*
**SIN. 1.** Dificultar, enredar, liar. **2.** Implicar, envolver. **ANT. 1.** Simplificar, facilitar.
**FAM.** Complicación, complicado.

**cómplice** *s. m. y f.* Persona que ayuda a otra en un delito.
**SIN.** Compinche.
**FAM.** Complicidad.

**complicidad** *s. f.* Hecho de ser cómplice una persona de otra: *Aunque él no había robado nada, le acusaron de complicidad.*

**complot** o **compló** *s. m.* Acuerdo secreto entre varias personas para actuar contra alguien o algo: *Había un complot para echar al entrenador del equipo.* ■ *Complot* es una palabra francesa. Su plural es *complots*.
**SIN.** Conspiración, confabulación, conjura, trama.

**complutense** *adj.* **1.** De Alcalá de Henares, ciudad de la provincia de Madrid. ‖ *adj. y s. f.* **2.** Se dice de una universidad que actualmente está en Madrid, pero que tuvo su origen en Alcalá de Henares. ■ Con este significado suele escribirse con mayúscula.

**componenda** *s. f.* Acuerdo entre varios para sacar un beneficio: *Hicieron una componenda para que nadie se enterara de ese feo asunto.*
**SIN.** Apaño, chanchullo, amaño, enjuague.

**componente** *adj. y s. m. y f.* Cada una de las personas o cosas que forman un conjunto u otra cosa: *Es uno de los componentes del grupo musical.*
**SIN.** Integrante.

**componer** *v.* **1.** Formar algo juntando o juntándose varias personas o cosas: *Con todas esas palabras tienes que componer una oración. El equipo lo componen once personas.* **2.** Realizar una obra musical o poética: *Mozart compuso muchas sinfonías. Compuso una poesía dedicada a su madre.* **3.** Arreglar algo que estaba estropeado o roto: *Trató de componer el jarrón pegándole el asa rota.* **4.** Adornar o arreglar a una persona o cosa: *Las chicas se compusieron para ir al baile.* ‖ **componerse 5.** Estar formado algo de las cosas que se dicen: *El aire se compone de oxígeno y otros gases.* ■ Es un verbo irregular. Se conjuga como *poner*.
**EXPR. componérselas** Hacer lo que sea necesario para salir de un apuro o superar una dificultad.
**SIN. 2.** Crear, escribir. **3.** Apañar, restaurar. **4.** Acicalarse, ataviar, emperifollar, aviar. **ANT. 1.** Desintegrar. **1.** y **5.** Descomponer. **3.** Estropear, romper.
**FAM.** Componenda, componente, composición, compositor, compostura, compuesto. / Descomponer, recomponer.

**comportamiento** *s. m.* Manera de comportarse: *Su comportamiento conmigo cuando estuve enferma fue estupendo.*
SIN. Conducta, actuación, proceder.

**comportar** *v.* **1.** Tener una cosa algo como consecuencia: *El médico nos dijo que la operación no comportaba ningún peligro.* ‖ **comportarse 2.** Actuar de una manera: *Marga se comporta con mucha educación.* **3.** Portarse bien: *Ya eres mayor y debes saber comportarte.*
SIN. **1.** Suponer, implicar, conllevar, entrañar. **2.** y **3.** Obrar.
FAM. Comportamiento.

**composición** *s. f.* **1.** Acción de componer algo. **2.** Obra musical o poema: *Tocaron una composición para piano y orquesta.* **3.** Redacción sobre algún tema: *El profesor les mandó hacer una composición sobre las vacaciones.* **4.** Manera de estar formada una sustancia y cantidad de cada uno de los elementos que la componen: *En esta lección de ciencias estudiaremos la composición de las rocas.* **5.** Forma de crear nuevas palabras por la unión de otras que ya existen o de varias raíces; por ejemplo, *sacacorchos* está formada con *sacar* y *corcho*.
SIN. **4.** Disposición, estructura. ANT. **1.** Descomposición, desintegración.

**compositor, ra** *adj. y s. m. y f.* Que compone obras musicales: *La orquesta tocaba obras de un compositor español.*
SIN. Músico.

**compostelano, na** *adj. y s. m. y f.* De Santiago de Compostela, ciudad de Galicia.

**compostura** *s. f.* **1.** Acción de arreglar algo: *Una modista le hizo la compostura de la falda.* **2.** Buenos modales en la forma de comportarse: *Aunque estaba enfadada, supo guardar la compostura y ser amable con los invitados.*
SIN. **1.** Composición. **2.** Formas. ANT. **1.** Descomposición; desarreglo.

**compota** *s. f.* Postre que se hace cociendo con mucho azúcar trocitos de fruta.

**compra** *s. f.* **1.** Acción de comprar: *A mi hermana le encanta ir de compras.* **2.** Cualquier cosa que se compra, sobre todo lo necesario para el consumo diario en una casa: *Mamá lleva la compra en un carrito.*
SIN. **1.** y **2.** Adquisición. ANT. **1.** Venta.

**comprador, ra** *adj. y s. m. y f.* Que compra algo.
ANT. Vendedor.

**comprar** *v.* Conseguir una cosa pagando por ella: *Se compró un walkman con el dinero que le habían dado por su cumpleaños.*
SIN. Adquirir, mercar. ANT. Vender.
FAM. Compra, comprador, compraventa.

**compraventa** *s. f.* Acción de comprar y vender: *Se dedica a la compraventa de coches usados.*

**comprender** *v.* **1.** Entender: *Con lo que me has explicado comprendo mejor la lección. Mis hermanos mayores no me comprenden.* **2.** Incluir, contener: *La zona inundada comprende varios pueblos de la comarca.*
SIN. **1.** Captar, enterarse. **2.** Alcanzar, englobar. ANT. **1.** Ignorar.
FAM. Comprensible, comprensión, comprensivo. / Incomprensión.

**comprensible** *adj.* Que se puede comprender o entender: *Es comprensible que después de estudiar tanto quiera divertirse.*
ANT. Incomprensible.

**comprensión** *s. f.* Capacidad para comprender o entender: *Tiene mucha comprensión con los fallos de los demás. Los estudiantes de inglés hacen ejercicios de comprensión escuchando varias cintas en un casete.*
ANT. Incomprensión.

**comprensivo, va** *adj.* Que muestra comprensión con los demás: *Sus padres son comprensivos y no le han reñido por haber suspendido.*
SIN. Tolerante, benévolo, condescendiente. ANT. Intolerante.

**compresa** *s. f.* **1.** Gasa o tela doblada varias veces que se pone sobre una parte del cuerpo para contener una hemorragia, cubrir una herida o para otras cosas. **2.** Pieza alargada de material absorbente que usan las mujeres durante la menstruación.

**compresión** *s. f.* Acción de comprimir, presión.
■ No confundir con *comprensión*, 'capacidad para comprender'.

**compresor, ra** *adj. y s. m.* **1.** Que comprime o sirve para comprimir. ‖ *s. m.* **2.** Aparato o máquina para comprimir un líquido o un gas.

**comprimido** *s. m.* Medicina en forma de pastilla.
SIN. Píldora, gragea.

**comprimir** *v.* **1.** Apretar algo de manera que ocupe menos espacio: *Si comprimes bien las cosas, cabrá todo en la maleta.* **2.** En informática, reducir el espacio que ocupa un archivo usando un programa compresor.
SIN. **1.** Oprimir, prensar.
FAM. Compresa, compresión, compresor, comprimido. / Descomprimir.

**comprobación** *s. f.* Acción de comprobar: *En clase hicimos la comprobación de los ejercicios de matemáticas.*
SIN. Revisión, prueba.

**comprobante** *adj. y s. m.* Recibo u otra cosa que sirve para demostrar algo, por ejemplo que se ha pagado lo que se debía: *Guarda el comprobante de la compra por si tienes que cambiar la blusa.*
SIN. Justificante, resguardo, factura.

**comprobar** *v.* Ver si algo está bien o es cierto: *Comprueba si funcionan los frenos de la bici.*

*Tengo que comprobar si lo que me ha dicho es verdad.* ■ Es un verbo irregular. Se conjuga como *contar.*

**SIN.** Revisar, probar.

**FAM.** Comprobación, comprobante.

**comprometedor, ra** *adj.* y *s. m.* y *f.* Que compromete, obliga a alguien a algo o le pone en una situación difícil.

**comprometer** *v.* **1.** Hacer que alguien se sienta obligado a hacer algo: *Una beca de estudios te compromete a seguir sacando buenas notas.* **2.** Poner a alguien o algo en una situación difícil: *No comprometas a Ernesto, él nunca ha hablado mal de Maite.* || **comprometerse 3.** Prometer una persona que va a hacer algo: *Mi hermano se ha comprometido a ayudarme.*

**SIN. 2.** Complicar, arriesgar, perjudicar. **ANT. 1.** Dispensar. **2.** Proteger.

**FAM.** Comprometedor, comprometido, compromiso.

**comprometido, da** *adj.* **1.** Que tiene un compromiso. **2.** Difícil o que da mucho apuro: *Me parece comprometido preguntarle si va a invitarme a su cumpleaños.*

**SIN. 2.** Delicado, embarazoso, espinoso. **ANT. 2.** Fácil.

**compromiso** *s. m.* **1.** Acuerdo o promesa por los que alguien está obligado a algo: *Ese cantante tiene un compromiso para dar varios recitales en verano.* **2.** Situación difícil o apurada: *No le preguntó por qué no vino, para no ponerle en un compromiso.*

**SIN. 1.** Pacto, trato. **2.** Aprieto, apuro, dificultad, brete.

**compuerta** *s. f.* En canales y presas, plancha que puede abrirse y cerrarse para dejar pasar el agua o retenerla.

**compuesto, ta** *adj.* **1.** Formado por dos o más partes o elementos: *«Sacapuntas» es una palabra compuesta.* **2.** Se dice de los tiempos del verbo que se conjugan con el participio y un verbo auxiliar, como *has hecho, fue amado.* **3.** Arreglado, preparado: *Las mozas estaban compuestas para el baile.* || *s. m.* **4.** Cosa formada por varias partes o elementos: *un compuesto químico.*

**EXPR. número compuesto** El que tiene más divisores además de él mismo y el uno. || **quedarse** una mujer **compuesta y sin novio** Perder al novio cuando estaba a punto de casarse.

**SIN. 1.** Complejo, mixto. **3.** Acicalado, listo. **ANT. 1.** Simple, sencillo.

**compulsar** *v.* Comparar una copia de un documento con el original para comprobar y certificar que son iguales: *Para que le compulsen la fotocopia del DNI, debe presentar también el original.*

**compulsión** *s. f.* Deseo irresistible de hacer una cosa: *Si ve a alguien encender un cigarro, no puede evitar la compulsión de fumar.*

**FAM.** Compulsivo.

**compulsivo, va** *adj.* Que tiene o provoca un deseo irresistible de hacer una cosa: *Cuando estoy nervioso me entra un hambre compulsiva y no puedo parar de comer.*

**compungido, da** *adj.* Muy triste, apenado: *Después de haber regañado a los niños, la madre estaba compungida.*

**SIN.** Afligido, abatido, pesaroso. **ANT.** Alegre, contento.

**compungir** *v.* Provocar tristeza o pena: *La muerte de su perro le ha compungido mucho.* ■ Delante de *a* y *o* se escribe *j* en lugar de *g*: *compunja.*

**SIN.** Afligir, apenar. **ANT.** Alegrar.

**FAM.** Compungido.

**computador** o **computadora** *s. m.* o *f.* Ordenador: *Ya sabe manejar la computadora.*

**FAM.** Computerizar.

**computar** *v.* Contar, calcular: *El tiempo se computa en años, meses, días, horas...*

**SIN.** Medir.

**FAM.** Computador, computadora, cómputo.

**computerizar** *v.* Aplicar técnicas informáticas para realizar una tarea que anteriormente se hacía de otra manera. ■ Delante de *e* se escribe *c* en lugar de *z*: *Computericé los datos.*

**SIN.** Informatizar.

**cómputo** *s. m.* Cuenta, cálculo: *Hicieron el cómputo de los goles marcados por los equipos en toda la liga.*

**comulgar** *v.* **1.** Tomar la comunión. **2.** Tener las mismas ideas o sentimientos que otro: *El padre no comulga con la forma de pensar de su hijo mayor.* ■ Delante de *e* se escribe *gu* en lugar de *g*: *Comulgué el domingo.*

**SIN. 2.** Coincidir, concordar. **ANT. 2.** Discrepar.

**común** *adj.* **1.** Que pertenece a varios a la vez: *Los dos edificios tenían un jardín común. Tenemos gustos comunes.* **2.** Corriente o frecuente: *Compraron un vino común. El sarampión es una enfermedad común entre los niños.* **3.** Se dice del sustantivo que nombra personas, animales o cosas sin indicar uno en concreto de su clase, como *hombre, gato* o *manzana.*

**EXPR. en común** Junto con otro u otros, compartiendo alguna cosa: *Posee el apartamento en común con su hermana. Tienen en común su afición por la pintura.* **por lo común** Frecuentemente, normalmente.

**SIN. 1.** Colectivo, general. **2.** Ordinario, usual, habitual. **ANT. 1.** Particular. **2.** Raro, extraordinario.

**FAM.** Comuna, comunal, comunicar, comunidad, comunión, comunismo, comunitario, comúnmente. / Descomunal, mancomunidad.

**comuna** *s. f.* **1.** Forma de vida de un grupo de personas que habitan en la misma casa y comparten todas las cosas. **2.** En Hispanoamérica, municipio o ayuntamiento.

**comunal** *adj.* Que pertenece a todos los vecinos de un municipio: *tierras comunales, prados comunales.*

**comunero, ra** *adj.* y *s. m.* y *f.* De un movimiento de protesta de las ciudades y pueblos castellanos contra Carlos V, a principios del siglo XVI.

**comunicación** *s. f.* **1.** Acción de comunicarse las personas o las cosas: *La televisión es un importante medio de comunicación. Había una puerta de comunicación entre los dos despachos.* **2.** Aviso, nota: *Le llegó una comunicación para que fuera a recoger un paquete a correos.* || *s. f. pl.* **3.** El correo, el teléfono, el telégrafo y los transportes: *A causa de la tormenta, las comunicaciones quedaron cortadas.* **SIN. 1.** Difusión, enlace, conexión. **2.** Notificación. **FAM.** Telecomunicación.

**comunicado, da** *adj.* **1.** Unido o relacionado con otra persona o cosa, por ejemplo un lugar con otro u otros: *Su barrio, gracias al metro, está muy bien comunicado.* || *s. m.* **2.** Aviso, escrito o informe: *El jefe del gobierno dio un comunicado por la radio.* **SIN. 2.** Comunicación, anuncio, notificación, declaración.

**comunicante** *adj.* **1.** Que comunica algo. **2.** Que se comunica con otra persona o cosa.

**comunicar** *v.* **1.** Hacer saber una cosa a alguien: *Nos comunicaron que se habían trasladado a otra ciudad.* **2.** Hacer llegar a alguien un sentimiento o estado de ánimo: *Aquel paisaje tan bonito comunicaba una sensación de tranquilidad.* **3.** Unir o poner en relación cosas o lugares: *Su dormitorio se comunica con el de los niños.* **4.** Ponerse en contacto las personas, por ejemplo por teléfono o por carta: *Por fin consiguió comunicar con su familia.* **5.** Dar el teléfono una señal que indica que la línea está ocupada: *Te llamé ayer, pero tu teléfono comunicaba.* ■ Delante de *e* se escribe *qu* en lugar de *c*: *Comuniqué la noticia.* **SIN. 1.** Informar, decir, notificar. **2.** Transmitir, contagiar. **3.** Conectar, enlazar. **ANT. 1.** Ocultar, callar. **3.** Aislar. **FAM.** Comunicación, comunicado, comunicante, comunicativo. / Incomunicación, incomunicado.

**comunicativo, va** *adj.* **1.** Relacionado con la comunicación. **2.** Se dice de la persona a la que le gusta decir lo que piensa, lo que siente, cómo se encuentra: *Su hermano es poco sociable, pero ella es muy comunicativa.* **SIN. 2.** Abierto, extrovertido. **ANT. 2.** Reservado.

**comunidad** *s. f.* **1.** Conjunto de personas que viven juntas o se interesan por las mismas cosas: *Ingresó en una comunidad religiosa. Es presidente de la comunidad de vecinos.* **2.** División territorial o administrativa: *la comunidad autónoma de Castilla-La Mancha.* **3.** Nombre que se da a algunas asociaciones y organismos internacionales: *Comunidad Económica Europea.* **SIN. 1.** Colectividad, colectivo, congregación. **FAM.** Comunero.

**comunión** *s. f.* **1.** Sacramento de la eucaristía. **2.** Unión, relación. **EXPR. primera comunión** Ceremonia con que se celebra el hecho de recibir la comunión por primera vez. **SIN. 2.** Conexión, vínculo. **ANT. 2.** Desunión. **FAM.** Comulgar. / Excomulgar.

**comunismo** *s. m.* Doctrina y sistema político y económico que pretende que todas las cosas pertenezcan a la comunidad y no haya propiedad privada. **FAM.** Comunista.

**comunista** *adj.* y *s. m.* y *f.* Que es partidario del comunismo o está relacionado con él.

**comunitario, ria** *adj.* **1.** De una comunidad o relacionado con ella: *En los campings, los servicios y las duchas son comunitarios.* **2.** De la Unión Europea: *España es uno de los países comunitarios.*

**comúnmente** *adv.* Normalmente, corrientemente: *Utiliza comúnmente los transportes públicos.*

**con** *prep.* **1.** Indica el instrumento para hacer algo: *Cortó la cinta con las tijeras.* **2.** Indica el modo en que se hace algo: *Nos trata con cariño.* **3.** Expresa compañía o relación: *Andrés viene con nosotros. Se escribe con un chico italiano.* **4.** Indica contenido o cualquier cosa que alguien tiene: *Hay una jarra con zumo. Es una persona con mucha suerte.* **5.** A pesar de: *Con lo alto que es, y no se le da bien el baloncesto.* **FAM.** Conque.

**conato** *s. m.* Acción o suceso que no llega a realizarse por completo: *Hubo un conato de fuga en la cárcel. Los bomberos apagaron sin dificultad un conato de incendio.* **SIN.** Intento, amago, tentativa.

**concatenación** *s. f.* Unión de cosas, unas detrás de otras.

**concatenar** *v.* Unir, encadenar: *Iba concatenando ideas para escribir un cuento.* **SIN.** Enlazar. **FAM.** Concatenación.

**concavidad** *s. f.* Característica de las cosas cóncavas y parte cóncava de algo: *La lluvia dejó charcos en las concavidades de las rocas.*

**cóncavo, va** *adj.* Se dice de la línea o superficie curva que tiene su parte hundida en el lado por el que se la mira. **ANT.** Convexo. **FAM.** Concavidad.

**concebir** *v.* **1.** Quedarse embarazada una mujer: *Concibió su primer hijo cuando todavía era muy joven.* **2.** Tener una idea sobre algo: *Su afición por las aventuras le llevó a concebir una historia de*

*piratas.* **3.** Creer algo posible: *No concibo cómo puede gustarte esa música.* **4.** Empezar a tener algunos sentimientos como esperanzas o ilusiones. ■ Es un verbo irregular. Se conjuga como *pedir.*
**SIN. 1.** Engendrar. **2.** Idear, planear, proyectar, forjar. **3.** Comprender, entender, imaginar. **4.** Albergar, abrigar.
**FAM.** Concepción. / Anticonceptivo, inconcebible, preconcebido.

**conceder** *v.* **1.** Dar una cosa porque se tiene poder para hacerlo: *Le han concedido el premio.* **2.** Dar a algo la importancia que merece: *Le enseñó el bultito al médico, pero éste no le concedió ninguna importancia.*
**SIN. 1.** Otorgar, adjudicar, asignar. **2.** Atribuir. **ANT. 1.** Negar, denegar.
**FAM.** Concesión.

**concejal, la** *s. m.* y *f.* Persona que forma parte de un concejo o ayuntamiento.
**FAM.** Concejalía.

**concejalía** *s. f.* **1.** Cargo de concejal: *La mayoría de las concejalías fueron ocupadas por los candidatos del partido ganador.* **2.** Departamento a cargo de un concejal: *concejalía de juventud.*

**concejo** *s. m.* **1.** Ayuntamiento. **2.** Reunión del ayuntamiento: *El concejo se celebrará esta tarde.*
**SIN. 1.** Cabildo.
**FAM.** Concejal.

**concelebrar** *v.* Celebrar la misa varios sacerdotes.

**concentración** *s. f.* Acción de concentrar o concentrarse: *Había una concentración de personas delante de la entrada. Para este trabajo se necesita mucha concentración.*
**SIN.** Reunión, acumulación, aglomeración; condensación. **ANT.** Dispersión; distracción.

**concentrado, da** *adj.* **1.** Reunido en un lugar. **2.** Que tiene la atención fija en algo: *Estaba totalmente concentrado en lo que hacía.* || *adj.* y *s. m.* **3.** Se dice de las mezclas que tienen menos líquido de lo normal: *Le gusta el café concentrado. Echó al guiso un concentrado de carne.*
**SIN. 1.** Agrupado, centralizado. **2.** Centrado. **3.** Condensado. **ANT. 1.** Disperso. **2.** Distraído.

**concentrar** *v.* **1.** Reunir a personas o cosas que estaban separadas: *Los perros ayudaban al pastor a concentrar el rebaño.* **2.** Aumentar la cantidad de sólido disuelto en una mezcla, disminuyendo el líquido: *Deja cocer el caldo para que se concentre.* || **concentrarse 3.** Fijar la atención en algo: *Con aquel jaleo no podía concentrarme en la lectura.*
**SIN. 1.** Juntar, agrupar, aglutinar. **2.** Condensar, espesar. **3.** Abstraerse, ensimismarse, embeberse. **ANT. 1.** Dispersar, separar. **2.** Aclarar. **3.** Distraerse.
**FAM.** Concentración, concentrado. / Reconcentrado.

**concéntrico, ca** *adj.* Se dice de las figuras geométricas que tienen un mismo centro: *circunferencias concéntricas.*

**concepción** *s. f.* **1.** Hecho de quedarse embarazada una mujer. **2.** Forma de pensar sobre alguna cosa: *Mario tiene una concepción muy rara sobre la amistad.*
**SIN. 1.** Fecundación. **2.** Concepto, visión.

**concepto** *s. m.* **1.** Idea, pensamiento: *Cuando pensamos en alguna cosa, formamos un concepto de ella.* **2.** Opinión que se tiene sobre alguien o algo: *Sus compañeros tienen muy buen concepto de Laura.* **3.** Cargo, función: *Contrataron a una persona en concepto de ayudante.*
**SIN. 1.** Noción. **2.** Juicio, valoración, impresión, concepción. **3.** Condición, calidad, papel.
**FAM.** Conceptual, conceptuar.

**conceptual** *adj.* De los conceptos o ideas: *Este libro es interesante en su contenido conceptual, pero está mal escrito.*

**conceptuar** *v.* Formar un concepto u opinión sobre alguien o algo: *Todos le conceptúan como un buen médico.*
**SIN.** Considerar, juzgar, estimar.

**concerniente** *adj.* Que concierne a alguien o algo, o está relacionado con ellos: *En la conferencia trataron problemas concernientes a la educación.*
**SIN.** Referente, relativo.

**concernir** *v.* Ser algo tarea u obligación de una persona: *Corregir los ejercicios concierne a la profesora.* ■ Es un verbo irregular. Se conjuga como *discernir,* pero sólo se emplean las terceras personas de cada tiempo.
**SIN.** Atañer, tocar, incumbir.
**FAM.** Concerniente.

**concertar** *v.* **1.** Ponerse de acuerdo en algo: *Concertaron un viaje con la agencia.* **2.** Tener los mismos morfemas gramaticales dos o más palabras variables, por ejemplo el sustantivo y el adjetivo con respecto al género y al número: *niñas altas;* o el pronombre y el verbo con respecto a los morfemas de número y persona: *ellos suben.* ■ Es un verbo irregular. Se conjuga como *pensar.*
**SIN. 1.** Acordar, pactar, convenir. **2.** Concordar.
**FAM.** Concierto. / Desconcertar.

**concertina** *s. f.* Acordeón que tiene un fuelle largo y dos tapas de forma octogonal o hexagonal, con un teclado en cada una de ellas.

**concertino** *s. m.* Violinista más importante de una orquesta, que toca los solos de violín y las partes más difíciles. Se llama también *primer violín.*

**concertista** *s. m.* y *f.* Persona que se dedica a dar conciertos con un solo instrumento: *Es concertista de piano.*

**concesión** *s. f.* **1.** Acción de conceder: *Estaba seguro de la concesión de la beca de estudios.* **2.** Hecho de ceder ante algo o admitir alguna cosa: *Sabía que estaba equivocado, pero no quiso hacer concesiones.*
**SIN. 1.** Adjudicación.
**FAM.** Concesionario, concesivo.

**concesionario** *s. m.* Persona o empresa a la que el Estado u otra empresa permite construir, explotar o vender algo: *Esa marca de coches tiene muchos concesionarios en nuestro país.*

**concesivo, va** *adj.* En gramática, se dice de las oraciones subordinadas que indican una dificultad que no impide que se cumpla lo que expresa la oración principal: *Aunque estaba nublado* (oración subordinada concesiva), *fuimos de excursión* (oración principal). También se dice de las conjunciones que van delante de estas oraciones, como *aunque, a pesar de que, ya que.*

**concha** *s. f.* **1.** Caparazón o cubierta dura que protege por fuera las partes blandas de algunos animales, como los moluscos o las tortugas. **2.** Carey, material sacado del caparazón de las tortugas de este mismo nombre. **3.** Pieza colocada en la parte de delante del escenario donde se pone el apuntador para que no le vea el público. **4.** En Hispanoamérica, órgano sexual femenino. ■ Con este significado, es una palabra vulgar.
**FAM.** Desconchar.

**conchabarse** *v.* Ponerse de acuerdo varias personas contra otra o para hacer algo malo.
**SIN.** Confabularse, compincharse.

**conciencia** *s. f.* **1.** Capacidad de las personas para distinguir lo que está bien de lo que está mal. **2.** Total conocimiento que tiene una persona de lo que hace y de lo que la rodea: *Cuando le pegó, no tenía conciencia de lo que hacía.* **3.** Capacidad de darnos cuenta de lo que pasa a través de los sentidos: *Se desmayó, pero recuperó la conciencia unos minutos después.* ■ Se dice también *consciencia.*
**EXPR.** **cargo de conciencia** Arrepentimiento, hecho de sentirse culpable. ‖ **a conciencia** Con mucho cuidado y muy bien: *Este nudo está hecho a conciencia.*
**SIN.** **1.** Moral, moralidad. **2.** Entendimiento.
**FAM.** Concienciar, concienzudo. / Consciencia.

**concienciar** *v.* Hacer que alguien se dé cuenta de algo, sobre todo de un problema o de una situación difícil para otras personas: *Los ricos deben concienciarse de que pueden ayudar a los más pobres.*

**concienzudo, da** *adj.* **1.** Cuidadoso: *Es muy concienzuda trabajando.* **2.** Hecho a conciencia: *una labor concienzuda.*
**SIN.** **1.** y **2.** Esmerado, meticuloso. **ANT.** **1.** Descuidado, chapucero.

**concierto** *s. m.* **1.** Función en que se tocan piezas musicales o en la que actúa un cantante o un grupo de música: *Sus padres fueron a un concierto de la orquesta nacional. Hoy da un concierto mi conjunto favorito de rock.* **2.** Trato, acuerdo: *El vendedor y el comprador de la casa llegaron a un concierto.*
**EXPR.** **sin orden ni concierto** Busca **orden.**
**SIN.** **1.** Audición, recital. **2.** Pacto, convenio, arreglo. **ANT.** **2.** Discrepancia.
**FAM.** Concertina, concertino, concertista.

**conciliábulo** *s. m.* Reunión de personas que se quiere mantener oculta, sobre todo si es ilegal o se hace contra alguien.

**conciliación** *s. f.* Acción de conciliar: *No puede haber conciliación entre opiniones tan diferentes.*
**SIN.** Acuerdo, concordancia. **ANT.** Enfrentamiento, oposición.

**conciliador, ra** *adj.* Que concilia o pone de acuerdo.

**conciliar** *v.* Poner de acuerdo personas o cosas enfrentadas o contrarias: *Consiguió conciliar a sus hermanos después de la pelea.*
**EXPR.** **conciliar el sueño** Lograr dormirse.
**SIN.** Concordar, armonizar, reconciliar. **ANT.** Enemistar, oponer.
**FAM.** Conciliación, conciliador, concilio. / Reconciliar.

**concilio** *s. m.* Reunión de obispos y sacerdotes en que se tratan cuestiones importantes sobre la Iglesia y la religión.
**SIN.** Sínodo.
**FAM.** Conciliábulo.

**concisión** *s. f.* Característica de las cosas concisas, breves y precisas: *Se lo explicó con concisión.*
**SIN.** Brevedad, precisión. **ANT.** Extensión.

**conciso, sa** *adj.* Breve y preciso: *Utiliza un lenguaje claro y conciso.*
**SIN.** Sucinto, lacónico. **ANT.** Extenso.
**FAM.** Concisión.

**concitar** *v.* **1.** Provocar un sentimiento o una reacción negativas contra uno mismo o contra otra persona: *El alcalde ha concitado el rechazo de los vecinos.* **2.** Reunir: *El concierto concitó a un numeroso público.*
**SIN.** **1.** Atraer, suscitar. **2.** Congregar.

**conciudadano, na** *s. m. y f.* Habitante de una ciudad o de un país con respecto a los demás habitantes.
**SIN.** Compatriota.

**cónclave** O **conclave** *s. m.* Reunión de cardenales para elegir un nuevo papa.

**concluir** *v.* **1.** Acabar, terminar: *El director concluyó la película hace un mes. Hoy concluye el curso.* **2.** Llegar a una decisión o conclusión a partir de algo: *Después de examinar las pruebas, el juez concluyó que el acusado era inocente.* ■ Es un verbo irregular. Se conjuga como *huir.*
**SIN.** **1.** Finalizar, completar. **2.** Deducir, decidir, determinar, resolver. **ANT.** **1.** Empezar, comenzar.
**FAM.** Conclusión, concluyente. / Inconcluso.

**conclusión** *s. f.* **1.** Final, terminación: *La conclusión de las obras del paso subterráneo se espera para el mes de marzo.* **2.** Decisión o consecuencia a la que se llega después de examinar algo o pensar sobre ello: *Los familiares del enfermo estaban esperando la conclusión de los médicos.*
**EXPR.** **en conclusión** Finalmente, en resumen.

SIN. **1.** Fin, término. **2.** Determinación, deducción. ANT. **1.** Comienzo, principio.

**concluyente** *adj.* Que dice o muestra algo claramente y sin dudas: *El director fue muy concluyente al anunciar lo que esperaba de los alumnos.* SIN. Rotundo, tajante, terminante, categórico. ANT. Dudoso.

**concomerse** *v.* Estar muy enfadado o angustiado por tener unos sentimientos muy fuertes de envidia, odio, impaciencia: *Se concomía de rabia por no haber sido el primero en llegar a la meta.* SIN. Reconcomerse, corroerse. FAM. Reconcomerse.

**concordancia** *s. f.* En gramática, relación que hay entre algunas palabras; por ejemplo el adjetivo tiene el mismo género y número que el sustantivo que va con él: *casa blanca, casas blancas;* y el verbo coincide con su sujeto en número y persona: *ella baila, ellos bailan.*

**concordar** *v.* **1.** Coincidir una cosa con otra, ser iguales: *Esta noticia del periódico concuerda con la que han dado en la tele.* **2.** En gramática, existir concordancia entre dos o más palabras de una frase: *El sustantivo y el adjetivo concuerdan en género y número.* ■ Es un verbo irregular. Se conjuga como *contar.* SIN. **2.** Concertar. FAM. Concordancia, concordato, concordia.

**concordato** *s. m.* Acuerdo sobre asuntos religiosos que un país firma con el Vaticano, el estado de la Iglesia católica romana.

**concordia** *s. f.* Situación en la que no hay problemas ni peleas entre las personas: *Se dieron la mano y volvió a haber concordia entre ellos.* SIN. Paz, armonía, acuerdo. ANT. Discordia.

**concreción** *s. f.* **1.** Forma de hablar y escribir limitándose a cosas concretas o a lo más importante. **2.** Masa formada por la acumulación de partículas; por ejemplo, las estalactitas y estalagmitas que hay en algunas cuevas son concreciones de cal. SIN. **1.** Precisión.

**concretamente** *adv.* En concreto.

**concretar** *v.* **1.** Fijar con exactitud: *Marta y Juan ya han concretado la fecha de la boda.* **2.** Reducir lo que se habla o escribe a cosas concretas o a lo más importante: *Para concretar, vamos a tratar el asunto principal: cómo conseguir el dinero para el viaje.* SIN. **1.** Detallar. **1.** y **2.** Precisar. ANT. **2.** Divagar.

**concreto, ta** *adj.* **1.** No cualquier objeto, sino uno en particular: *Estos libros no me sirven; estoy buscando uno concreto.* **2.** Preciso, exacto: *Todavía no tenían datos concretos sobre el número de participantes en la carrera.* **3.** Se dice de todo lo que se percibe con los sentidos: *Un reloj o un cuadro son cosas concretas, mientras que la maldad o la belleza son abstractas.* **4.** En gramática, se dice del nombre o sustantivo que designa estas cosas: «Árbol», «ca-

ballo» y «libro» son nombres concretos. ‖ *s. m.* **5.** En Hispanoamérica, hormigón.

EXPR. **en concreto** En particular, no otra cosa: *Lo que le preocupa en concreto es su salud.* SIN. **1.** Determinado. ANT. **1.** Indeterminado. **2.** Impreciso. **3.** y **4.** Abstracto. FAM. Concreción, concretamente, concretar. / Inconcreto.

**concubina** *s. f.* Mujer que es la amante de un hombre. SIN. Querida.

**conculcar** *v.* Actuar contra una ley, una norma o un derecho. ■ Delante de *e* se escribe *qu* en lugar de *c: La ONU vigila que en ningún país se conculquen los derechos humanos.* SIN. Infringir, vulnerar, violar, transgredir. ANT. Cumplir.

**concuñado, da** *s. m.* y *f.* **1.** Hermano de uno de los esposos con relación a los hermanos del otro: *Mi hermano y las hermanas de mi marido son concuñados.* **2.** Esposo o esposa de una persona con relación al esposo o la esposa de un hermano de esa persona: *Mi marido y la mujer de mi hermano son concuñados.*

**concupiscencia** *s. f.* Deseo exagerado de tener relaciones sexuales. SIN. Lujuria, lascivia.

**concurrencia** *s. f.* Conjunto de personas que acuden a un lugar, espectáculo o reunión: *Al final de la función, la concurrencia se puso en pie para aplaudir a los actores.* SIN. Público, audiencia.

**concurrido, da** *adj.* **1.** Lleno de gente: *La discoteca estaba muy concurrida en nochevieja.* **2.** Se dice de los lugares a los que va mucha gente: *El parque estaba muy concurrido a esa hora de la tarde.*

**concurrir** *v.* **1.** Reunirse varias personas en un mismo lugar: *Todos los que concurrieron a la fiesta eran amigos suyos.* **2.** Juntarse, coincidir varias cosas, sucesos o circunstancias: *En este cruce concurren tres caminos. Muchos motivos concurrieron para que la película no tuviera éxito.* **3.** Participar en un concurso o en unas elecciones. SIN. **1.** y **2.** Concentrarse, confluir. **2.** Converger. FAM. Concurrencia, concurrido, concurso.

**concursante** *s. m.* y *f.* Persona que participa en un concurso: *El concursante que acierte más preguntas ganará el premio.*

**concursar** *v.* Participar en un concurso.

**concurso** *s. m.* **1.** Prueba entre varias personas para conseguir un premio: *Ramón ha ganado el concurso de disfraces.* **2.** Modo de dar un puesto o cargo a la persona que tiene más méritos: *Ha ganado por concurso la plaza de médico.* **3.** Manera de encargar un trabajo a la empresa que ofrece mejores condiciones: *Han salido a concurso las obras de la autopista.* **4.** Cooperación, ayuda: *Solucionaron el problema con el concurso de todos los vecinos.* **SIN. 1.** Certamen, torneo. **4.** Contribución. **FAM.** Concursante, concursar.

**condado** *s. m.* Territorio bajo el dominio de un conde.

**condal** *adj.* Del conde o de la condesa: *ciudad condal.*

**conde, condesa** *s. m. y f.* **1.** Persona de la nobleza que tiene un título inferior al de marqués y superior al de vizconde. || *s. f.* **2.** Mujer del conde. **FAM.** Condado, condal, condestable. / Vizconde.

**condecoración** *s. f.* Cruz, medalla u otra insignia que se da a una persona por sus méritos.

**condecorar** *v.* Dar una cruz, medalla u otra insignia a una persona por sus méritos. **FAM.** Condecoración.

**condena** *s. f.* **1.** Castigo que se pone al que comete un delito o una falta. **2.** Acción de rechazar algo que nos parece malo o injusto: *Expresó su condena a todos los actos de violencia.* **SIN. 1.** Pena, sanción. **2.** Rechazo. **ANT. 1.** Absolución.

**condenación** *s. f.* **1.** Acción de condenar. **2.** En algunas religiones, como la cristiana, el castigo del infierno.

**condenado, da** *adj. y s. m. y f.* **1.** Que sufre una condena: *Después del juicio, el condenado ingresó en prisión.* || *adj.* **2.** Obligado, forzado a algo: *Tenía tanto trabajo que se vio condenado a quedarse sin vacaciones.* **3.** Que molesta o fastidia: *Este condenado gato me ha arañado la mano.* **SIN. 3.** Maldito, endiablado. **ANT. 1.** Absuelto.

**condenar** *v.* **1.** Declarar culpable el juez a alguien y ponerle una pena o castigo: *Le condenaron por atracar un banco.* **2.** Desaprobar, decir que algo es malo: *Los pacifistas condenan la guerra.* **3.** Obligar a alguien a hacer algo que no desea: *Una lesión en la rodilla le condenó a estar un mes sin jugar al fútbol.* **4.** Cerrar para siempre una puerta o ventana, o poner un tabique en una habitación para que no se pueda usar. || **condenarse 5.** Ir al infierno. **SIN. 1.** Castigar, culpar, penar, sancionar. **2.** Reprobar, censurar. **4.** Clausurar. **ANT. 1.** Absolver, exculpar. **2.** Aprobar. **FAM.** Condena, condenación, condenado, condenatorio.

**condenatorio, ria** *adj.* De la condena o que contiene una condena: *El juez dictó una sentencia condenatoria.*

**condensación** *s. f.* Acción de condensar o condensarse algo, por ejemplo el vapor de agua.

**condensador, ra** *adj.* **1.** Que condensa. || *s. m.* **2.** Aparato formado por dos conductores, separados por un aislante, que sirve para almacenar electrici-

dad. **3.** Aparato para condensar gases usado en laboratorios, frigoríficos y algunas máquinas.

**condensar** *v.* **1.** Hacer líquido o sólido un vapor: *Cuando el vapor de agua se enfría, se condensa en pequeñas gotas.* **2.** Hacer más espeso algo, sobre todo un líquido. **3.** Resumir un escrito, una narración u otra cosa: *En unas pocas líneas condensó el argumento de la película.* **SIN. 2.** Concentrar, espesar. **3.** Sintetizar. **ANT. 1.** Evaporar. **3.** Ampliar. **FAM.** Condensación, condensador.

**condescendencia** *s. f.* Característica de las personas condescendientes.

**condescender** *v.* Ceder por amabilidad y hacer que otra persona quiere: *La profesora condescendió a explicarles otra vez la lección.* ■ Es un verbo irregular. Se conjuga como *tender.* **SIN.** Acceder, consentir, transigir. **ANT.** Negarse. **FAM.** Condescendencia, condescendiente.

**condescendiente** *adj.* Que sabe ceder y hace lo que quieren otros: *Es muy condescendiente: siempre que puede, intenta dar gusto a los demás.*

**condestable** *s. m.* En la Edad Media, persona que mandaba en el ejército en nombre del rey.

**condición** *s. f.* **1.** Modo de ser de las personas, animales o cosas: *Este perro es un animal de condición muy noble, nada rebelde y muy cariñoso.* **2.** Situación en que se encuentra una persona: *Por su condición de extranjero tenía más dificultad para encontrar trabajo.* **3.** Lo que es necesario para que algo pueda realizarse: *Para ir al cine, puso como condición que fueran a buscarle a casa.* || *s. f. pl.* **4.** Estado, situación de alguna cosa: *Este pescado está en malas condiciones, no se puede comer.* **5.** Cualidades que tiene una persona para algo: *Es un chico con muchas condiciones para la gimnasia.* **EXPR. en condiciones** En buenas condiciones: *El enfermo ya está en condiciones de salir del hospital.* **SIN. 1.** Naturaleza, índole, natural. **5.** Capacidad, destreza. **FAM.** Condicional, condicionamiento, condicionante, condicionar. / Acondicionar, incondicional.

**condicional** *adj.* **1.** Que depende de una condición: *Este aprobado es condicional: si no estudia más, tendrá que repetir el examen.* **2.** Se dice de la oración subordinada que indica una condición para que se cumpla lo que expresa la oración principal: *Si hace buen tiempo* (oración subordinada condicional), *iremos de excursión* (oración principal). También se dice de las conjunciones que van delante de estas oraciones, como por ejemplo: *si, como, con tal que.* || *s. m.* **3.** Uno de los tiempos verbales del modo indicativo, por ejemplo: *cantaría, viviría, habría salido.* **SIN. 1.** Provisional. **ANT. 1.** Incondicional, firme, definitivo.

**condicionamiento** *s. m.* Circunstancia que influye en una persona o en una cosa limitando sus posibilidades: *La edad es un condicionamiento importante a la hora de practicar algunos deportes.*
SIN. Restricción, limitación.

**condicionante** *adj. y s. m. y f.* Que condiciona: *El precio es un factor condicionante a la hora de elegir vivienda.*
SIN. Determinante.

**condicionar** *v.* **1.** Influir en una persona o cosa limitando sus posibilidades: *Como su hermano es el primero de la clase, eso le condiciona y hace que se esfuerce más.* **2.** Poner una condición para hacer algo: *Elena ha condicionado su participación en el equipo a que la nombren capitana.*
SIN. **1.** Determinar.

**condimentar** *v.* Echar a las comidas sustancias como sal, aceite, pimienta o ajo para que tengan mejor sabor.
SIN. Sazonar, aderezar, aliñar.

**condimento** *s. m.* Sustancia que se echa a las comidas para mejorar su sabor, como la sal, el aceite, el vinagre o las especias.
SIN. Aderezo, aliño.
FAM. Condimentar.

**condiscípulo, la** *s. m. y f.* Compañero de estudios: *Nos conocemos desde pequeños porque fuimos condiscípulos en el colegio.*

**condolencia** *s. f.* Sentimiento o pena por el dolor o la desgracia de otra persona: *Los asistentes al funeral expresaron su condolencia a la viuda.*
SIN. Pésame, pesar.

**condolerse** *v.* Sentir el dolor o la desgracia de otra persona. ■ Es un verbo irregular. Se conjuga como *mover.*
SIN. Compadecerse. ANT. Alegrarse, congratularse.
FAM. Condolencia.

**condón** *s. m.* Busca **preservativo.**

**condonar** *v.* Perdonar una pena, especialmente la de muerte, o una deuda.
SIN. Indultar, dispensar, librar.

**cóndor** *s. m.* Ave parecida a un buitre de gran tamaño, con la cabeza y el cuello pelados y el resto del cuerpo cubierto de plumas de color negro, menos las alas y las plumas del cuello, que son blancas. Habita en la cordillera de los Andes, en América del Sur, y es la mayor de las aves voladoras.

**conducción** *s. f.* **1.** Acción de conducir o llevar: *Las autoridades recomiendan prudencia en la conducción. Contrataron vaqueros para la conducción del ganado.* **2.** Conjunto de tuberías o cables por donde pasa la electricidad, un líquido o un gas.
SIN. **1.** Transporte, traslado.

cóndor

conejo

**conducir** *v.* **1.** Llevar, transportar de un lugar a otro: *El guía les condujo hasta el museo. Los metales conducen bien la electricidad.* **2.** Guiar un vehículo para que vaya por donde uno quiere: *Todavía no ha aprendido a conducir.* **3.** Dirigir: *El general conduce a sus soldados.* **4.** Ser causa de algo, llevar a un resultado: *La mala actuación del jugador condujo a su equipo a la derrota.* ‖ **conducirse 5.** Actuar alguien de una manera: *Es muy educada, se conduce con buenos modales.* ■ Es un verbo irregular.
SIN. **3.** Mandar, gobernar, regir. **5.** Comportarse, proceder, portarse.

## CONDUCIR

### INDICATIVO

| Presente | Pretérito perfecto simple |
|---|---|
| conduzco | conduje |
| conduces | condujiste |
| conduce | condujo |
| conducimos | condujimos |
| conducís | condujisteis |
| conducen | condujeron |

### SUBJUNTIVO

| Presente | Pretérito imperfecto |
|---|---|
| conduzca | condujera, -ese |
| conduzcas | condujeras, -eses |
| conduzca | condujera, -ese |
| conduzcamos | condujéramos, -ésemos |
| conduzcáis | condujerais, -eseis |
| conduzcan | condujeran, -esen |

### Futuro

| | |
|---|---|
| condujere | condujéremos |
| condujeres | condujereis |
| condujere | condujeren |

**FAM.** Conducción, conducta, conductibilidad, conductividad, conducto, conductor. / Salvoconducto.

**conducta** s. f. Manera de portarse o actuar: *El público tuvo una conducta muy violenta al arrojar objetos al campo de fútbol.*
**SIN.** Comportamiento, proceder.

**conductividad** o **conductibilidad** s. f. Capacidad de conducir el calor o la electricidad: *El cobre se usa en instalaciones eléctricas por su gran conductividad.*

**conducto** s. m. **1.** Tubo o canal, por ejemplo los que existen en el organismo o aquellos por los que circula un líquido o un gas: *el conducto auditivo. Se ha atascado el conducto del agua.* **2.** Camino que sigue una noticia, una orden, un escrito oficial: *Le llegó el permiso por el conducto reglamentario.*
**SIN. 1.** Cañería, tubería. **2.** Vía, procedimiento.

**conductor, ra** adj. y s. m. y f. **1.** Persona que conduce un vehículo. || adj. y s. m. **2.** Se dice de los cuerpos que conducen bien o mal el calor o la electricidad: *La madera y el carbón son malos conductores del calor. Los metales son buenos conductores de la electricidad.*
**SIN. 1.** Chófer.
**FAM.** Semiconductor.

**condumio** s. m. Comida, alimento: *Se gana el condumio con su trabajo.*
**SIN.** Sustento.

**conectar** v. **1.** Enchufar, poner en contacto dos piezas para que una máquina o aparato funcione: *Al conectar estos dos cables, se enciende la bombilla.* **2.** Relacionar, unir o poner en comunicación: *El metro conecta las principales zonas de la ciudad. En las noticas de la tele conectaron en directo con el lugar del accidente.* **3.** Entenderse y llevarse bien dos o más personas: *Nos conocemos hace poco, pero hemos conectado estupendamente.* || **conectarse 4.** Ponerse en comunicación con un sistema informático: *conectarse a internet.*
**SIN. 1.** Acoplar, empalmar. **2.** Contactar. **3.** Sintonizar, congeniar. **ANT. 1.** Desconectar, desenchufar.
**FAM.** Conector, conexión. / Desconectar, inconexo.

**conector, ra** adj. y s. m. Que sirve para conectar: *Se necesita un conector especial para enchufar la radio a la red eléctrica.*

**conejera** s. f. **1.** Madriguera de conejos. **2.** Lugar pequeño, sucio y en malas condiciones donde viven muchas personas.

**conejero, ra** adj. Que caza conejos: *un perro conejero.*

**conejillo de Indias** s. m. Busca **cobaya**.

**conejo, ja** s. m. y f. Animal mamífero de orejas grandes, cola corta, patas de atrás más largas que las de delante, que le permiten correr muy deprisa, y pelo espeso y suave.
**FAM.** Conejera, conejero.

**conexión** s. f. Unión o relación entre personas, cosas o ideas: *Eva perdió la conexión con sus antiguos compañeros. El electricista hizo una conexión entre los dos cables. El libro narra distintas historias sin ninguna conexión entre ellas.*
**SIN.** Contacto, enlace. **ANT.** Desconexión.

**confabulación** s. f. Acuerdo o plan secreto que se hace en contra de alguien.
**SIN.** Conspiración, conjura.

**confabularse** v. Planear algo en secreto para perjudicar a alguien.
**SIN.** Conspirar, conjurarse, conchabarse.
**FAM.** Confabulación.

**confección** s. f. **1.** Acción de confeccionar, sobre todo prendas de vestir: *Su padre se dedica a la confección de trajes de señora.* **2.** Fabricación de ropa en serie, a diferencia de la que se hace a medida.
**SIN. 1.** Elaboración, fabricación.

**confeccionar** v. Hacer algunas cosas, por ejemplo prendas de vestir o comidas.
**SIN.** Fabricar; elaborar.
**FAM.** Confección.

**confederación** s. f. Alianza o agrupación de personas, grupos, empresas o naciones.
**SIN.** Federación, liga, coalición.
**FAM.** Confederado.

**confederado, da** adj. y s. m. y f. Unido o asociado con otros en una confederación.
**SIN.** Federado.

**conferencia** s. f. **1.** Exposición que una persona hace sobre un tema cultural o científico ante un público: *Dio una conferencia sobre la contaminación y el medio ambiente.* **2.** Comunicación telefónica de una ciudad a otra o de un país a otro. **3.** Reunión entre dos o más personas para tratar algún asunto importante: *Se ha celebrado una conferencia para tratar sobre el hambre en el mundo.*
**EXPR. conferencia de prensa** Reunión de una persona importante con los periodistas para informar sobre algo y contestar a sus preguntas.
**SIN. 1.** Comunicación, lección, charla.
**FAM.** Conferenciante. / Videoconferencia.

**conferenciante** s. m. y f. Persona que da una conferencia ante un público.

**conferir** v. Dar, otorgar: *Su cargo de director le confiere muchos poderes. La presencia de tantos niños confirió al acto un carácter muy alegre.* ■ Es un verbo irregular. Se conjuga como *sentir.*
**SIN.** Conceder. **ANT.** Desposeer, privar.

**confesar** v. **1.** Reconocer algo que antes se había ocultado: *Confesó que había participado en aquel robo.* **2.** Decir una persona sus pecados a un sacerdote para que la perdone, y oír éste los pecados de esa persona. **3.** Decir sinceramente lo que uno piensa:

*Confieso que me encuentro a gusto en tu casa.* ■ Es un verbo irregular. Se conjuga como *pensar*.

**ANT. 1.** Ocultar, callar, silenciar.

**FAM.** Confesión, confesional, confesionario, confeso, confesonario, confesor. / Aconfesional, inconfesable.

**confesión** *s. f.* **1.** Declaración que una persona hace de sus culpas o delitos. **2.** Hecho de decir al confesor los pecados que uno ha cometido. **3.** Religión: *la confesión católica.*

**SIN. 3.** Fe, creencia.

**confesional** *adj.* Que sigue una confesión religiosa determinada: *Un estado confesional es el que tiene una religión oficial.*

**ANT.** Aconfesional.

**confesionario** o **confesonario** *s. m.* En las iglesias, cabina donde el sacerdote escucha a las personas que van a confesarse.

**confeso, sa** *adj.* y *s. m.* y *f.* Persona que ha confesado su delito o culpa.

**confesor** *s. m.* Sacerdote que confiesa.

**confeti** *s. m.* Trocitos de papel, de distintos colores y formas, que se arrojan las personas unas a otras en el carnaval y otras fiestas. ■ Es una palabra italiana.

**confiado, da** *adj.* **1.** Que tiene confianza en que las cosas sucedan como espera: *Está confiado en que todo saldrá bien.* **2.** Que confía en todo el mundo: *No seas tan confiada y no vayas dejando el bolso por cualquier parte.*

**SIN. 1.** Esperanzado. **2.** Crédulo. **ANT. 2.** Desconfiado.

**confianza** *s. f.* **1.** Seguridad que uno tiene en las personas o en las cosas: *Si te lo cuento es porque tengo confianza en ti. Tengo confianza en que aprobaré.* **2.** Forma sencilla y natural de tratarse los que son parientes o se conocen mucho: *Te hablo con confianza porque eres mi amigo.*

**EXPR. de confianza** Se dice de la persona o cosa en que se puede confiar: *Dejó a los niños con una persona de confianza.* También se dice de la persona con quien tenemos trato familiar: *Puedes hablar con tranquilidad delante de Mario porque es de confianza.* **en confianza** En secreto: *Esto te lo cuento en confianza, sólo lo sabemos tú y yo.* También, con familiaridad: *Ponte cómodo en el sillón, estamos en confianza.*

**SIN. 2.** Llaneza; franqueza. **ANT. 1.** Desconfianza. **2.** Afectación.

**confiar** *v.* **1.** Tener confianza en una persona o cosa: *Aunque el enfermo está grave, el médico confía en que se curará.* **2.** Dejar al cuidado de alguien o encargar algo a alguien: *Como tenía que salir de viaje, le confió los niños a una amiga.* **3.** Decir algo en confianza a alguien: *Le confió a Luisa sus secretos.* || **confiarse 4.** Descuidarse por tener excesiva

confianza en algo: *Como iba ganando el partido, el portero se confió y le metieron un gol.*

**SIN. 1.** Fiarse, creer. **2.** Encomendar, entregar, dar. **ANT. 1.** Desconfiar.

**FAM.** Confiado, confianza, confidencia. / Desconfiar.

**confidencia** *s. f.* Secreto que se cuenta a otro.

**FAM.** Confidencial, confidente.

**confidencial** *adj.* Que es secreto y no debe ser conocido por otras personas.

**SIN.** Reservado.

**confidente** *s. m.* y *f.* **1.** Persona a la que alguien cuenta sus secretos. **2.** Persona que sirve de espía y da información a la policía o, en caso de guerra, al enemigo.

**configuración** *s. f.* **1.** Forma, aspecto o estructura de algo: *El viento y el agua van cambiando la configuración de las costas.* **2.** Características del funcionamiento de un programa, de la pantalla de un ordenador, de una impresora, y que puede cambiar la persona que los utiliza: *Tuve que cambiar la configuración de la pantalla, para ver bien el CD-ROM.*

**SIN. 1.** Figura, disposición.

**configurar** *v.* **1.** Dar a algo una forma o estructura: *El autor ha configurado el libro en diez capítulos.* **2.** Dar una configuración a un programa informático, a la pantalla de un ordenador, a una impresora.

**SIN. 1.** Formar; organizar, disponer.

**FAM.** Configuración.

**confín** *s. m.* **1.** Punto más lejano hasta donde alcanza la vista o donde se supone que termina algo: *Se distinguía un pueblecito en los confines del valle. Su viaje le llevó hasta los confines del mundo.* **2.** Frontera: *los confines de España y Francia.*

**SIN. 1.** Horizonte. **2.** Linde, lindero.

**FAM.** Confinar.

**confinamiento** *s. m.* **1.** Hecho de confinar a una persona o a un animal: *Cuando terminó su confinamiento, el preso fue puesto en libertad.* **2.** Pena que consiste en obligar a una persona a vivir en un determinado lugar, en libertad pero vigilado por las autoridades.

**SIN. 1.** Encierro, prisión.

**confinar** *v.* Llevar a alguien a un lugar del que no puede salir: *Confinaron a los presos en celdas.*

**SIN.** Desterrar, deportar; aislar, encerrar. **ANT.** Liberar.

**FAM.** Confinamiento.

**confirmación** *s. f.* **1.** Acción de confirmar o asegurar que algo es cierto: *Las manchas rojas dieron al médico la confirmación de que era sarampión.* **2.** Sacramento de la religión católica por el que la persona bautizada confirma y refuerza su fe.

**SIN. 1.** Ratificación, verificación. **ANT. 1.** Rectificación, negación.

**confirmar** *v.* **1.** Afirmar algo de nuevo o dar por cierta o segura alguna cosa: *Me han confirmado que*

*ya tenemos los billetes para el avión.* **2.** Administrar el sacramento de la confirmación o recibirlo.
**SIN. 1.** Reafirmar, corroborar, ratificar. **ANT. 1.** Desmentir, negar.
**FAM.** Confirmación.

**confiscar** *v.* Quedarse el Estado o las autoridades con algo que alguien tiene de forma ilegal: *Le confiscaron un radiocasete en la aduana.* ■ Delante de *e* se escribe *qu* en lugar de *c*: *confisque.*
**SIN.** Requisar.

**confitado, da** *adj.* **1.** Cubierto de azúcar: *almendras confitadas.* **2.** Se dice de las frutas cocidas en almíbar: *melocotón confitado.*

**confite** *s. m.* Golosina en forma de bolita.
**FAM.** Confitado, confitería, confitura. / Confeti.

**confitería** *s. f.* **1.** Establecimiento donde se hacen o venden dulces. **2.** En América del Sur, café o cafetería.
**SIN. 1.** Bombonería, pastelería.

**confitura** *s. f.* Dulce parecido a la mermelada.

**conflagración** *s. f.* Guerra entre países.
**SIN.** Contienda, enfrentamiento. **ANT.** Paz.

**conflictivo, va** *adj.* Que causa conflictos o los tiene: *Es un chico conflictivo, no obedece a nadie.*
**SIN.** Problemático.

**conflicto** *s. m.* **1.** Lucha o desacuerdo entre personas o cosas: *En clase se produjo un conflicto entre los que querían retrasar el examen y los que no.* **2.** Situación difícil, apurada.
**SIN. 1.** Disputa, enfrentamiento, choque, pugna. **2.** Apuro, aprieto. **ANT. 1.** Paz, acuerdo.
**FAM.** Conflictivo.

**confluencia** *s. f.* Hecho de confluir dos o más personas o cosas y lugar donde lo hacen: *Pusieron un paso de peatones en la confluencia de estas dos calles.*

**confluir** *v.* Juntarse en un punto distintas personas o cosas: *Todas las carrozas del desfile confluyeron en la plaza.* ■ Es un verbo irregular. Se conjuga como *huir.*
**SIN.** Afluir, desembocar, concurrir, converger. **ANT.** Bifurcarse, dispersarse.
**FAM.** Confluencia.

**conformarse** *v.* Aceptar una cosa o aguantarse con ella: *Me conformo con aprobar el examen.*
**SIN.** Resignarse, transigir. **ANT.** Rebelarse.
**FAM.** Conforme, conformidad, conformismo, conformista. / Disconforme, inconformista.

**conforme** *adj.* **1.** De acuerdo con algo: *El comprador estaba conforme con el precio de la casa.* **2.** Contento, satisfecho: *La comida del restaurante no les dejó muy conformes.* ‖ *adv.* **3.** Según: *Se celebró el concierto conforme a lo que anunciaba el programa.*
**SIN. 1.** Acorde. **2.** Complacido. **ANT. 1.** Disconforme. **2.** Descontento, insatisfecho.

**conformidad** *s. f.* **1.** Acuerdo o igualdad entre personas o cosas: *Hubo conformidad entre los jueces y le dieron a la gimnasta la máxima puntuación.* **2.** Aprobación: *El director dio su conformidad al horario.* **3.** Resignación, paciencia: *Estuvo escayolada casi un mes, pero lo llevó con mucha conformidad.*
**SIN. 1.** Concordancia, armonía. **2.** Consentimiento, permiso. **ANT. 1.** Discordancia.

**conformismo** *s. m.* Actitud de la persona que se conforma con cualquier cosa, sin protestar.

**conformista** *adj. y s. m. y f.* Que se conforma con todo.
**ANT.** Inconformista.

**confort** *s. m.* Comodidad y bienestar: *Le gustaba el confort de aquel hotel.* ■ Es una palabra francesa. Su plural es *conforts.*
**SIN.** Desahogo, holgura. **ANT.** Incomodidad.
**FAM.** Confortable.

**confortable** *adj.* Cómodo y agradable: *Este sillón es muy confortable.*
**SIN.** Acogedor. **ANT.** Incómodo, desagradable.

**confortar** *v.* Dar fuerzas o ánimos: *Cuando encontraron al alpinista perdido, le dieron coñac para confortarle. Confortó a su amigo con palabras cariñosas.*
**SIN.** Fortalecer, estimular, reanimar; alentar. **ANT.** Debilitar; desalentar.
**FAM.** Reconfortar.

**confraternizar** *v.* Tratar a otras personas como amigos: *Ha confraternizado con todos sus compañeros.* ■ Delante de *e* se escribe *c* en lugar de *z*: *confraternice.*
**SIN.** Simpatizar, congeniar. **ANT.** Odiarse.

**confrontación** *s. f.* **1.** Comparación de dos o más cosas. **2.** Enfrentamiento o competición: *Nuestro equipo saldrá victorioso de la confrontación.*
**SIN. 1.** Cotejo.

**confrontar** *v.* **1.** Comparar dos o más cosas: *Confrontaron los resultados de los dos equipos.* **2.** Poner o estar una persona o cosa frente a otra, sobre todo en una lucha, competición o discusión: *Esta noche el campeón y el aspirante al título confrontarán sus fuerzas.*
**SIN. 1.** Cotejar. **2.** Enfrentar.
**FAM.** Confrontación.

**confundir** *v.* **1.** Creer que una persona o cosa es otra distinta: *Huy, te había confundido con tu hermano. Tomás se confundió de portal.* **2.** Mezclar personas o cosas de forma que no puedan distinguirse unas de otras: *Para que no le viéramos, se confundió entre la gente.* **3.** Dejar sin saber qué decir o qué hacer: *Tantas felicitaciones acabaron por confundirle.* ‖ **confundirse 4.** Equivocarse: *Me confundí en la división.*
**SIN. 1.** y **4.** Errar. **2.** Revolver, embarullar. **3.** Avergonzar, abochornar, desconcertar, turbar. **ANT. 1.** y **4.** Acertar, atinar. **2.** Separar, aislar.
**FAM.** Confusión, confuso. / Inconfundible.

**285**

**confusión** *s. f.* **1.** Equivocación: *Tuve una confusión y cogí un autobús que no iba a mi barrio.* **2.** Mezcla, desorden: *¿Qué es toda esta confusión que hay encima de la mesa?* **3.** Vergüenza, apuro: *Le hicieron tantas alabanzas que no salía de su confusión.*
**SIN. 1.** Error, yerro. **2.** Barullo, lío, jaleo, mezcolanza. **3.** Desconcierto, bochorno. **ANT. 1.** Acierto. **2.** Orden.

**confuso, sa** *adj.* **1.** Difícil de entender, ver o distinguir: *Tiene una letra muy confusa. A lo lejos se oían voces confusas.* **2.** Que no sabe qué hacer o qué decir: *La contestación de su amiga la dejó confusa.* **3.** Avergonzado.
**SIN. 1.** Complicado; borroso, vago, difuso. **2.** Desconcertado, perplejo. **3.** Abochornado. **ANT. 1.** Claro; nítido.

**conga** *s. f.* Baile popular cubano en que unas personas van detrás de las otras agarrándose por la cintura.

**congelación** *s. f.* Hecho de congelarse una cosa.

**congelador** *s. m.* Parte del frigorífico o mueble independiente que congela los alimentos.

**congelar** *v.* **1.** Hacer sólido un líquido al enfriarlo mucho: *Se ha congelado el agua de los charcos.* **2.** Enfriar un sólido hasta que quede helada su parte líquida, como se hace con los alimentos para conservarlos: *Congeló la carne y el pescado.* **3.** Tener mucho frío: *Si no llevo camiseta, me congelo.* **4.** Impedir que algo pueda utilizarse, por ejemplo una cuenta que alguien tiene en un banco. **5.** Impedir que algo aumente o siga adelante: *A Pepe le han congelado el sueldo. Con el vídeo puedes congelar la imagen.*
**SIN. 1.** y **3.** Helar. **5.** Detener, bloquear. **ANT. 1.** Fundir. **1.** y **2.** Descongelar.
**FAM.** Congelación, congelador. / Anticongelante, descongelar.

**congénere** *adj.* y *s. m.* y *f.* Del mismo género, persona de la misma clase que otra: *Los tramposos sólo pueden esperar la ayuda de sus congéneres, estafadores y ladrones.*
**SIN.** Semejante, afín, igual.

**congeniar** *v.* Llevarse bien dos o más personas por tener caracteres y gustos parecidos: *Ignacio y Nuria congeniaron enseguida.*
**SIN.** Simpatizar, entenderse, conectar. **ANT.** Chocar.

**congénito, ta** *adj.* Se dice de aquello con lo que se nace y no se adquiere después: *Tenía una enfermedad congénita.*
**SIN.** Innato. **ANT.** Adquirido.

**congestión** *s. f.* **1.** Acumulación excesiva o anormal de sangre o de otros líquidos en alguna parte del cuerpo: *Tengo la cara roja porque el calor me produce congestión. Está constipado y tiene congestión de nariz.* **2.** Acumulación de personas o vehículos que impide o hace más difícil el paso: *La congestión del tráfico en las carreteras aumenta los fines de semana.*
**SIN. 2.** Embotellamiento, atasco. **ANT. 2.** Fluidez.
**FAM.** Congestionar. / Descongestionar.

**congestionar** *v.* Producir una congestión: *Cuando hace algún esfuerzo grande se le congestiona la cara. En Navidades se congestiona de coches el centro de la ciudad.*
**ANT.** Descongestionar.

**conglomerado** *s. m.* Material que resulta al unirse trozos o partículas de otros materiales.
**SIN.** Amalgama.

**conglomerar** *v.* Unir trozos o partículas de una o varias sustancias para hacer una materia sólida y compacta.
**SIN.** Aglomerar, aglutinar. **ANT.** Desunir, disgregar.
**FAM.** Conglomerado.

**congoja** *s. f.* Sentimiento de profunda pena y preocupación.
**SIN.** Angustia, aflicción, pesar. **ANT.** Alegría, satisfacción.
**FAM.** Acongojar.

**congoleño, ña** o **congolés, sa** *adj.* y *s. m.* y *f.* De la República del Congo o de la República Democrática del Congo, países de África.

**congraciarse** *v.* Ganarse la simpatía, el cariño o la ayuda de alguien: *El primer día, fue a saludar a sus vecinos para congraciarse con ellos.*
**SIN.** Avenirse. **ANT.** Enemistarse, regañar.

**congratular** *v.* Poner contento y satisfecho: *Nos congratula saber que tu hermano ha terminado sus estudios.*
**SIN.** Celebrar, aplaudir. **ANT.** Compadecer.

**congregación** *s. f.* Comunidad de personas con fines religiosos.

**congregar** *v.* Reunir o atraer gente: *La llegada de la actriz congregó a numerosos periodistas.* ■ Delante de *e* se escribe *gu* en lugar de *g*: *congregué.*
**SIN.** Agrupar, juntar, convocar. **ANT.** Dispersar.
**FAM.** Congregación.

**congresista** *s. m.* y *f.* Persona que va a un congreso.

**congreso** *s. m.* **1.** Reunión de personas para tratar temas científicos, profesionales o de otro tipo: *Asistió a un congreso de medicina.* **2.** Reunión de los políticos elegidos por los ciudadanos para hacer las leyes y discutir las decisiones del gobierno. **3.** Edificio donde se celebran estas reuniones. ■ Con los dos últimos significados, a veces se escribe con mayúscula.
**SIN. 1.** Convención, simposio.
**FAM.** Congresista.

**congrio** *s. m.* Pez marino con el cuerpo muy largo, parecido a una anguila. No tiene escamas y su piel es muy resbaladiza. Es comestible.

**congruencia** *s. f.* Relación entre las cosas cuando no hay contradicciones o diferencias entre ellas. SIN. Acuerdo, coherencia. ANT. Incongruencia. FAM. Congruente. / Incongruencia.

**congruente** *adj.* Que no tiene contradicciones ni diferencias con otra cosa: *Lo que ha hecho es congruente con su forma de pensar.* SIN. Coherente. ANT. Incongruente, incoherente.

**cónico, ca** *adj.* Que tiene forma de cono.

**conífero, ra** *adj. y s. f.* Planta o árbol de hojas que no caen en ninguna estación del año, con frutos en forma de cono o esfera (piñas), por ejemplo el pino, el abeto o el ciprés.

**conjetura** *s. f.* Opinión o idea que se basa en algo poco seguro: *Hasta ahora sólo hay conjeturas sobre la posibilidad de vida en otros planetas.* SIN. Suposición, sospecha. FAM. Conjeturar.

**conjeturar** *v.* **1.** Hacer conjeturas o suposiciones: *Podemos conjeturar por qué desaparecieron los dinosaurios, pero no lo sabemos seguro.* **2.** Pensar una cosa basándose en pistas, pero sin saberlo a ciencia cierta: *La policía conjeturó el móvil del crimen por los indicios que tenía.* SIN. **1.** Suponer, sospechar.

**conjugación** *s. f.* **1.** Conjunto de las formas de un verbo en todos sus tiempos, modos y personas. La conjugación resulta de combinar la raíz de un verbo con todas las desinencias verbales posibles: por ejemplo, en la conjugación del verbo *cantar*, la raíz *cant-* se combina con las desinencias *-a* (*canta*), *-amos* (*cantamos*), *-arán* (*cantarán*). **2.** Cada uno de los tres grupos en que se dividen los verbos según termine su infinitivo en *-ar* (*cantar*, primera conjugación), en *-er* (*temer*, segunda conjugación) o en *-ir* (*partir*, tercera conjugación). (Puedes ver los cuadros de la conjugación de los verbos en las siguientes tres páginas).

**conjugar** *v.* Poner un verbo en todas sus formas. ■ Delante de *e* se escribe *gu* en lugar de *g*: *Conjugué el verbo «amar».* FAM. Conjugación.

**conjunción** *s. f.* Palabra invariable que une palabras y grupos de palabras, por ejemplo oraciones. Son conjunciones *y*, *ni*, *porque*, *pero*: *Llegó y nos saludó. No quiero café ni cacao.* (Puedes ver su cuadro en la página 291).

**conjuntamente** *adv.* Junto con otra u otras personas: *Silvia y Esperanza harán el mural conjuntamente.*

**conjuntar** *v.* Combinar cosas diferentes de modo que queden bien: *conjuntar colores.* SIN. Armonizar, coordinar.

**conjuntiva** *s. f.* Membrana que recubre la parte interior del párpado y la parte delantera del globo del ojo, protegiéndolos y manteniéndolos húmedos.

**conjuntivitis** *s. f.* Inflamación de la conjuntiva del ojo, que produce enrojecimiento y sensación de picor. ■ No varía en plural.

**conjuntivo, va** *adj.* **1.** Se dice de un tejido del organismo que sirve para unir otros tejidos y órganos del cuerpo. **2.** En gramática, que se refiere a la conjunción o tiene sus características. FAM. Conjuntiva, conjuntivitis.

**conjunto, ta** *adj.* **1.** Se dice de las cosas que están unidas y tienen el mismo fin: *Los dos cursos hicieron una fiesta conjunta y sacaron más dinero para el viaje.* ‖ *s. m.* **2.** Grupo de personas, animales o cosas: *Un rebaño es un conjunto de ovejas.* **3.** En matemáticas, grupo de elementos que cumplen una condición. **4.** Dos o más prendas de vestir combinadas: *Llevaba un conjunto muy bonito de chaqueta y falda.* **5.** Grupo de músicos y cantantes: *un conjunto rock.* **6.** Equipo deportivo: *El conjunto argentino se clasificó para el mundial.* EXPR. **en conjunto** En general, sin entrar en detalles: *Su barrio, en conjunto, está bastante bien.* SIN. **1.** Común. **2.** Agrupación. ANT. **1.** Individual. FAM. Conjunción, conjuntamente, conjuntar, conjuntivo. / Subconjunto.

**conjura** o **conjuración** *s. f.* Acuerdo entre varias personas para actuar contra otras, sobre todo contra los que tienen el gobierno o el poder. SIN. Conspiración, trama.

**conjurar** *v.* **1.** Unirse con otros para actuar contra alguien, sobre todo si tiene poder: *Los habitantes del pueblo se conjuraron para obligar al alcalde a que dejara su cargo.* **2.** Alejar daños, peligros y otras cosas malas: *El hechicero quería conjurar con su canto el ataque de la tribu enemiga.* SIN. **1.** Conspirar, maquinar, tramar. **2.** Eludir, rechazar. ANT. **2.** Atraer. FAM. Conjura, conjuración, conjuro.

**conjuro** *s. m.* Palabras mágicas para hacer hechizos o alejar males: *La bruja hizo un conjuro para convertir al príncipe en rana.* SIN. Sortilegio.

**conllevar** *v.* Ser algo consecuencia de una cosa o ir unido a ella: *Estudiar siempre conlleva algún esfuerzo.* SIN. Implicar, suponer, comportar. ANT. Excluir.

**conmemoración** *s. f.* Hecho de recordar a una persona o acontecimiento con alguna celebración: *En 1992 se celebró la conmemoración del descubrimiento de América.*

**conmemorar** *v.* Recordar a una persona o un acontecimiento con una celebración o un monumento: *Esta estatua conmemora a los héroes de la guerra.* SIN. Rememorar. FAM. Conmemoración, conmemorativo.

# CONJUGACIÓN DE LOS VERBOS REGULARES

## PRIMERA CONJUGACIÓN: C A N T A R

| INDICATIVO | | SUBJUNTIVO | |
|---|---|---|---|
| **TIEMPOS SIMPLES** | **TIEMPOS COMPUESTOS** | **TIEMPOS SIMPLES** | **TIEMPOS COMPUESTOS** |
| **Presente** | **Pretérito perfecto compuesto** | **Presente** | **Pretérito perfecto** |
| canto | he cantado | cante | haya cantado |
| cantas | has cantado | cantes | hayas cantado |
| canta | ha cantado | cante | haya cantado |
| cantamos | hemos cantado | cantemos | hayamos cantado |
| cantáis | habéis cantado | cantéis | hayáis cantado |
| cantan | han cantado | canten | hayan cantado |
| **Pretérito imperfecto** | **Pretérito pluscuamperfecto** | **Pretérito imperfecto** | **Pretérito pluscuamperfecto** |
| cantaba | había cantado | cantara, -ase | hubiera, -ese cantado |
| cantabas | habías cantado | cantaras, -ases | hubieras, -eses cantado |
| cantaba | había cantado | cantara, -ase | hubiera, -ese cantado |
| cantábamos | habíamos cantado | cantáramos, -ásemos | hubiéramos, -ésemos cantado |
| cantabais | habíais cantado | cantarais, -aseis | hubierais, -eseis cantado |
| cantaban | habían cantado | cantaran, -asen | hubieran, -esen cantado |
| **Pretérito perfecto simple** | **Pretérito anterior** | **Futuro** | **Futuro perfecto** |
| canté | hube cantado | cantare | hubiere cantado |
| cantaste | hubiste cantado | cantares | hubieres cantado |
| cantó | hubo cantado | cantare | hubiere cantado |
| cantamos | hubimos cantado | cantáremos | hubiéremos cantado |
| cantasteis | hubisteis cantado | cantareis | hubiereis cantado |
| cantaron | hubieron cantado | cantaren | hubieren cantado |
| **Futuro** | **Futuro perfecto** | **IMPERATIVO** | |
| cantaré | habré cantado | | |
| cantarás | habrás cantado | canta, cantad | |
| cantará | habrá cantado | | |
| cantaremos | habremos cantado | **INFINITIVO** | |
| cantaréis | habréis cantado | | |
| cantarán | habrán cantado | cantar | haber cantado |
| **Condicional** | **Condicional perfecto** | **GERUNDIO** | |
| cantaría | habría cantado | | |
| cantarías | habrías cantado | cantando | habiendo cantado |
| cantaría | habría cantado | | |
| cantaríamos | habríamos cantado | **PARTICIPIO** | |
| cantaríais | habríais cantado | | |
| cantarían | habrían cantado | cantado | |

# SEGUNDA CONJUGACIÓN: T E M E R

| INDICATIVO | | SUBJUNTIVO | |
|---|---|---|---|
| TIEMPOS SIMPLES | TIEMPOS COMPUESTOS | TIEMPOS SIMPLES | TIEMPOS COMPUESTOS |
| **Presente** | **Pretérito perfecto compuesto** | **Presente** | **Pretérito perfecto** |
| temo | he temido | tema | haya temido |
| temes | has temido | temas | hayas temido |
| teme | ha temido | tema | haya temido |
| tememos | hemos temido | temamos | hayamos temido |
| teméis | habéis temido | temáis | hayáis temido |
| temen | han temido | teman | hayan temido |
| **Pretérito imperfecto** | **Pretérito pluscuamperfecto** | **Pretérito imperfecto** | **Pretérito pluscuamperfecto** |
| temía | había temido | temiera, -ese | hubiera, -ese temido |
| temías | habías temido | temieras, -eses | hubieras, -eses temido |
| temía | había temido | temiera, -ese | hubiera, -ese temido |
| temíamos | habíamos temido | temiéramos, -ésemos | hubiéramos, -ésemos temido |
| temíais | habíais temido | temierais, -eseis | hubierais, -eseis temido |
| temían | habían temido | temieran, -esen | hubieran, -esen temido |
| **Pretérito perfecto simple** | **Pretérito anterior** | **Futuro** | **Futuro perfecto** |
| temí | hube temido | temiere | hubiere temido |
| temiste | hubiste temido | temieres | hubieres temido |
| temió | hubo temido | temiere | hubiere temido |
| temimos | hubimos temido | temiéremos | hubiéremos temido |
| temisteis | hubisteis temido | temiereis | hubiereis temido |
| temieron | hubieron temido | temieren | hubieren temido |
| **Futuro** | **Futuro perfecto** | **IMPERATIVO** | |
| temeré | habré temido | | |
| temerás | habrás temido | teme, temed | |
| temerá | habrá temido | | |
| temeremos | habremos temido | **INFINITIVO** | |
| temeréis | habréis temido | | |
| temerán | habrán temido | temer | haber temido |
| **Condicional** | **Condicional perfecto** | **GERUNDIO** | |
| temería | habría temido | temiendo | habiendo temido |
| temerías | habrías temido | | |
| temería | habría temido | **PARTICIPIO** | |
| temeríamos | habríamos temido | | |
| temeríais | habríais temido | temido | |
| temerían | habrían temido | | |

| INDICATIVO | | | |
| --- | --- | --- | --- |
| **TIEMPOS SIMPLES** | **TIEMPOS COMPUESTOS** | | |

| **Presente** | **Pretérito perfecto compuesto** |
| --- | --- |
| parto | he partido |
| partes | has partido |
| parte | ha partido |
| partimos | hemos partido |
| partís | habéis partido |
| parten | han partido |

| **Pretérito imperfecto** | **Pretérito pluscuamperfecto** |
| --- | --- |
| partía | había partido |
| partías | habías partido |
| partía | había partido |
| partíamos | habíamos partido |
| partíais | habíais partido |
| partían | habían partido |

| **Pretérito perfecto simple** | **Pretérito anterior** |
| --- | --- |
| partí | hube partido |
| partiste | hubiste partido |
| partió | hubo partido |
| partimos | hubimos partido |
| partisteis | hubisteis partido |
| partieron | hubieron partido |

| **Futuro** | **Futuro perfecto** |
| --- | --- |
| partiré | habré partido |
| partirás | habrás partido |
| partirá | habrá partido |
| partiremos | habremos partido |
| partiréis | habréis partido |
| partirán | habrán partido |

| **Condicional** | **Condicional perfecto** |
| --- | --- |
| partiría | habría partido |
| partirías | habrías partido |
| partiría | habría partido |
| partiríamos | habríamos partido |
| partiríais | habríais partido |
| partirían | habrían partido |

| SUBJUNTIVO | | | |
| --- | --- | --- | --- |
| **TIEMPOS SIMPLES** | **TIEMPOS COMPUESTOS** | | |

| **Presente** | **Pretérito perfecto** |
| --- | --- |
| parta | haya partido |
| partas | hayas partido |
| parta | haya partido |
| partamos | hayamos partido |
| partáis | hayáis partido |
| partan | hayan partido |

| **Pretérito imperfecto** | **Pretérito pluscuamperfecto** |
| --- | --- |
| partiera, -ese | hubiera, -ese partido |
| partieras, -eses | hubieras, -eses partido |
| partiera, -ese | hubiera, -ese partido |
| partiéramos, -ésemos | hubiéramos, -ésemos partido |
| partierais, -eseis | hubierais, -eseis partido |
| partieran, -esen | hubieran, -esen partido |

| **Futuro** | **Futuro perfecto** |
| --- | --- |
| partiere | hubiere partido |
| partieres | hubieres partido |
| partiere | hubiere partido |
| partiéremos | hubiéremos partido |
| partiereis | hubiereis partido |
| partieren | hubieren partido |

| IMPERATIVO |
| --- |
| parte, partid |

| INFINITIVO | |
| --- | --- |
| partir | haber partido |

| GERUNDIO | |
| --- | --- |
| partiendo | habiendo partido |

| PARTICIPIO |
| --- |
| partido |

| TIPOS DE CONJUNCIONES | | |
|---|---|---|
| **FUNCIÓN** | **CLASE** | **EJEMPLOS** |
| **Conjunciones coordinantes** <br> Unen palabras y proposiciones que tienen la misma función sintáctica. | **copulativas:** *y, e, ni* | *Los perros corrían* **y** *saltaban.* |
| | **adversativas:** *mas, pero, sino* | *Le gusta la tele,* **pero** *prefiere leer.* |
| | **disyuntivas:** *o, u* | *Podemos salir* **o** *quedarnos en casa.* |
| **Conjunciones subordinadas** <br> Subordinan una proposición a otra, es decir, hacen depender una proposición de otra. | **completivas:** *que* | *Le dijo* **que** *viniera.* |
| | **de tiempo:** *mientras, después* | *Escucha música* **mientras** *trabaja.* |
| | **de lugar:** *donde* | *Se puso* **donde** *estaba más cómodo.* |
| | **de modo:** *como* | *Pinta* **como** *le han enseñado.* |
| | **comparativas:** *que* | *Sabe más de lo* **que** *cree.* |
| | **finales:** *para que, a fin de que* | *Lo dijo* **para que** *todos se enteraran.* |
| | **causales:** *porque, puesto que* | *Se enfadó* **porque** *no le invitaron.* |
| | **concesivas:** *aunque* | *Fueron al campo* **aunque** *llovía.* |
| | **condicionales:** *si* | ***Si** pudiera me iría de viaje.* |

**conmemorativo, va** *adj.* Que conmemora a una persona o acontecimiento: *Han puesto una escultura conmemorativa de la llegada del hombre a la Luna.*

**conmigo** *pron. pers.* Con la persona que habla, o sea yo, la primera persona del singular: *Vino conmigo al cine.*

**conminar** *v.* Exigir u obligar a alguien a hacer una cosa mediante un aviso o una amanaza: *La policía conminó a los secuestradores a entregarse.* **SIN.** Intimar.

**conmiseración** *s. f.* Lástima que producen las desgracias o males de otras personas. **SIN.** Compasión, condolencia, piedad. **ANT.** Indiferencia.

**conmoción** *s. f.* Impresión o alteración muy fuertes que produce alguna cosa: *La marcha de algunos profesores causó una gran conmoción en el instituto.* **EXPR. conmoción cerebral** Atontamiento o pérdida del conocimiento producidos por un golpe muy fuerte en la cabeza. **SIN.** Agitación, trastorno, perturbación. **ANT.** Serenidad. **FAM.** Conmocionar.

**conmocionar** *v.* Impresionar, alterar: *Aquella noticia conmocionó a todo el pueblo.* **SIN.** Agitar, trastornar, perturbar, turbar. **ANT.** Serenar.

**conmovedor, ra** *adj.* Que conmueve o emociona: *Ver cómo la perra cuidaba a sus cachorros resultaba conmovedor.* **SIN.** Emocionante, enternecedor.

**conmover** *v.* Producir un sentimiento de emoción o pena: *La película era muy triste y conmovió a los niños. Se conmovió al ver tanta pobreza en aquellas chabolas.* ■ Es un verbo irregular. Se conjuga como *mover*. **SIN.** Emocionar, enternecer, impresionar, apenar. **FAM.** Conmovedor. / Conmoción, inconmovible.

**conmutación** *s. f.* Cambio de una cosa por otra. **SIN.** Sustitución, trueque, permutación.

**conmutador, ra** *adj.* **1.** Que conmuta. || *s. m.* **2.** En los aparatos e instalaciones eléctricas, mecanismo para cambiar la dirección de la corriente o para cortarla.

**conmutar** *v.* Cambiar una cosa por otra: *Le conmutaron la pena de cárcel por una multa.* **SIN.** Permutar, sustituir, trocar. **FAM.** Conmutación, conmutador, conmutativa.

**conmutativa** *adj. y s. f.* Se dice de la propiedad de la suma y la multiplicación que afirma que el orden de sus elementos no influye en el resultado; por ejemplo, $3 + 5$ y $5 + 3$ tienen el mismo resultado: 8; lo mismo ocurre con $6 \times 7$ y $7 \times 6$, que en ambos casos dan 42.

**connivencia** *s. f.* **1.** Acuerdo entre varias personas para llevar a cabo un engaño o un delito: *Los atracadores actuaron en connivencia con un empleado del banco.* **2.** Hecho de permitir que las personas a su cargo cometan una falta: *Algunos dependientes se llevaban productos con la connivencia del encargado de la tienda.* **SIN. 1.** Confabulación. **1.** y **2.** Complicidad. **2.** Tolerancia.

**connotación** *s. f.* Sentido o intención que una palabra o una frase tiene además de su significado principal: *Su advertencia tenía una connotación de amenaza.*

**cono** *s. m.* **1.** Figura geométrica acabada en punta y que tiene como base un círculo. **2.** Cosa con esta forma, por ejemplo un cucurucho.
FAM. Cónico, conífero.

**conocedor, ra** *adj.* y *s. m.* y *f.* Que conoce alguna cosa o está enterado de ella: *Es un gran conocedor de la literatura moderna.*
SIN. Informado; entendido, especialista.

**conocer** *v.* **1.** Tener idea de qué es y cómo es una persona o cosa, por haberla visto, haber oído hablar sobre ella o haberla estudiado: *Claro que conozco esa calle. Ayer conocí a su novia. Conoce los nombres de todos los ríos de España.* **2.** Distinguir, reconocer: *Conocía cuál era su bata porque tenía bordadas sus iniciales.* **3.** Tener trato con una persona: *Elena y Elvira se conocen desde que eran pequeñas.* ■ Es un verbo irregular. Se conjuga como agradecer.
EXPR. **se conoce que** Parece que: *No quiere salir, se conoce que no se encuentra bien.*
SIN. **1.** y **2.** Saber. **2.** Identificar. **3.** Tratar, frecuentar. ANT. **1.** Desconocer, ignorar.
FAM. Conocedor, conocido, conocimiento. / Desconocer, reconocer.

**conocido, da** *adj.* **1.** Que se conoce, sobre todo si lo conoce mucha gente: *Ese restaurante es bastante conocido. Su padre es un conocido abogado.* ‖ *s. m.* y *f.* **2.** Persona con la que se tiene trato, pero no amistad: *Invitó a amigos y conocidos.*
SIN. **1.** Popular, famoso. ANT. **1.** Desconocido.

**conocimiento** *s. m.* **1.** Capacidad para conocer y entender las cosas. **2.** Capacidad para darnos cuenta a través de los sentidos de lo que nos rodea: *Al golpearse en la cabeza, perdió el conocimiento.* ‖ *s. m. pl.* **3.** Conjunto de cosas que se conocen sobre una ciencia, un arte, una técnica: *Tiene muchos conocimientos de historia de España.*
SIN. **1.** Inteligencia, razón, juicio. **3.** Cultura. ANT. **1.** Desconocimiento, ignorancia.

**conque** *conj.* **1.** Va delante de una frase u oración en la que se expresa la consecuencia de lo que acaba de decirse: *Tengo que ducharme; conque acaba rápido y déjame entrar en el cuarto de baño.* **2.** Se usa para hablar de algo sabido o para apoyar una frase: *Conque ¿has ganado el premio?*

**conquense** *adj.* y *s. m.* y *f.* De Cuenca, ciudad y provincia españolas.

**conquista** *s. f.* **1.** Acción de conquistar y la cosa conquistada. **2.** Persona a la que se consigue enamorar: *Has hecho una buena conquista, porque Luisa es la chica más maja del grupo.*
SIN. **1.** Toma. ANT. **1.** Pérdida.

**conquistador, ra** *adj.* y *s. m.* y *f.* **1.** Que conquista un territorio. **2.** Persona a la que se le da bien enamorar a otras.
SIN. **2.** Donjuán.

**conquistar** *v.* **1.** En la guerra, apoderarse de un territorio con la ayuda de las armas. **2.** Lograr una cosa con esfuerzo o habilidad: *El cantante conquistó el primer puesto en el festival.* **3.** Lograr una persona que otra se enamore de ella. **4.** Conseguir que alguien nos tenga simpatía, aprecio, que le caigamos bien o le gustemos: *Desde el primer día, Diego conquistó a todos sus compañeros.*
SIN. **1.** Tomar, adueñarse, ocupar, someter. **2.** Alcanzar, obtener. **3.** y **4.** Cautivar. ANT. **1.** y **2.** Perder.
FAM. Conquista, conquistador. / Reconquistar.

**consabido, da** *adj.* **1.** Sabido por todos: *No me vengas con el consabido cuento de que el autobús ha tardado, si has llegado tarde es porque te has dormido.* **2.** Habitual: *Celebraron la consabida cena de Nochebuena.*
SIN. **1.** Conocido. **2.** Acostumbrado. ANT. **1.** Desconocido, ignorado.

**consagración** *s. f.* **1.** Acción de consagrar o consagrarse. **2.** En la misa, el momento en que el sacerdote consagra el pan y el vino.
SIN. **1.** Dedicación, ofrecimiento, entrega.

**consagrar** *v.* **1.** Ofrecer a Dios. **2.** Entregar, dedicar: *Consagraba su tiempo libre a coleccionar minerales.* **3.** Dar importancia o fama: *La gira que ha realizado con el conjunto de rock por Europa le ha consagrado como una figura de la canción.* **4.** En la misa, pronunciar el sacerdote las palabras para que el pan y el vino se transformen en el cuerpo y sangre de Cristo.
SIN. **3.** Confirmar.
FAM. Consagración.

**consanguíneo, a** *adj.* y *s. m.* y *f.* **1.** Que tiene los mismos antepasados que otra persona. **2.** Los que son hermanos sólo de padre.

**consanguinidad** *s. f.* Parentesco entre varias personas que tienen unos mismos padres, abuelos u otros antepasados.
FAM. Consanguíneo.

**consciencia** *s. f.* Busca **conciencia**.
FAM. Consciente.

**consciente** *adj.* **1.** Que se da cuenta de las cosas: *Era consciente del peligro que le amenazaba.* **2.** Sin perder el conocimiento: *El enfermo está consciente.* **3.** Se dice de la persona responsable y sensata: *Para la edad que tiene, es un chico muy consciente.*
ANT. **1.** a **3.** Inconsciente. **3.** Irresponsable.
FAM. Inconsciente, subconsciente.

**consecución** *s. f.* Acción de conseguir algo: *La consecución de la victoria fue posible gracias a la colaboración de todo el equipo.*
SIN. Logro, obtención. ANT. Fracaso.

**consecuencia** *s. f.* **1.** Cualquier hecho que resulta de otro: *Esas buenas notas son consecuencia de haberte esforzado tanto.* **2.** Hecho de estar de acuerdo una cosa con lo que alguien piensa, dice o hace: *Debes actuar en consecuencia con tus decisiones y no volverte atrás.*
SIN. **1.** Efecto, resultado. **2.** Coherencia, congruencia. ANT. **1.** Causa.
FAM. Consecuente, consecutivo.

**consecuente** *adj.* Se dice de la persona que actúa según su forma de pensar: *Si eres consecuente, harás lo que dices que vas a hacer.*
SIN. Coherente, congruente. ANT. Inconsecuente, incoherente, incongruente.
FAM. Inconsecuente.

**consecutivo, va** *adj.* **1.** Que sigue sin interrupción a otra cosa: *Fue cuatro veranos consecutivos al pueblo de sus abuelos.* **2.** En gramática, se dice de la oración que expresa la consecuencia de lo que se indica en otra; también se dice de la conjunción que va delante de esa oración. Por ejemplo, en *El cine empieza a las siete, conque saldremos a las seis,* la oración consecutiva es *conque saldremos a las seis* y la conjunción consecutiva *conque.*
SIN. **1.** Seguido, sucesivo.

**conseguido, da** *adj.* **1.** Que se ha logrado: *La puntuación conseguida por el equipo es muy alta.* **2.** Bien hecho: *El retrato que pintó a su madre está muy conseguido.*

**conseguir** *v.* Obtener, lograr: *He conseguido el disco que buscaba. Ha conseguido ser el primero en el campeonato.* ■ Delante de *a* y *o* se escribe *g* en lugar de *gu.* Es un verbo irregular. Se conjuga como *pedir.*
ANT. Perder, fracasar.
FAM. Consecución, conseguido.

**consejería** *s. f.* **1.** Departamento de la Administración, especialmente de una comunidad autónoma. **2.** Lugar u oficina donde se encuentra este departamento: *La Consejería de Turismo está en la Plaza Mayor.* **3.** Cargo de consejero de ese departamento: *La señora Martínez ocupa la Consejería de Urbanismo.*

**consejero, ra** *s. m.* y *f.* **1.** Persona que aconseja: *Cuando no sabía qué hacer, preguntaba a su amigo, que era su mejor consejero.* **2.** Miembro de un Consejo. **3.** Persona que dirige una consejería en una comunidad autónoma.
SIN. **1.** Asesor, guía.

**consejo** *s. m.* **1.** Opinión que una persona nos da sobre lo que debemos hacer o no hacer: *No sé qué película ver, dame tu consejo.* **2.** Organismo formado por un grupo de personas que juntas gobiernan, dirigen o aconsejan. ■ Con este significado se escribe con mayúscula: *el Consejo escolar.*
SIN. **1.** Recomendación, asesoramiento.
FAM. Consejería, consejero. / Aconsejar.

**consenso** *s. m.* Acuerdo de todos: *Al elegir el delegado de curso hubo consenso entre la mayoría de los alumnos.*
SIN. Unanimidad. ANT. Discrepancia.
FAM. Consensuar.

**consensuar** *v.* Llegar a un consenso o acuerdo todas las personas de un grupo: *El gobierno y la oposición consensuaron una nueva ley.*

**consentido, da** *adj.* y *s. m.* y *f.* Muy mimado.
SIN. Caprichoso, malcriado.

**consentimiento** *s. m.* Permiso que una persona da a otra para que haga algo: *Se necesita el consentimiento del director del colegio para hacer esa actividad.*
SIN. Aprobación, autorización.

**consentir** *v.* **1.** Permitir algo, dejar que se haga: *El vigilante del museo consintió que hicieran fotos de los cuadros.* **2.** Mimar mucho, dar muchos caprichos: *Su abuela consiente a sus nietos.* ■ Es un verbo irregular. Se conjuga como *sentir.*
SIN. **1.** Aprobar, autorizar, acceder. **1.** y **2.** Tolerar. **2.** Malcriar. ANT. **1.** Impedir, prohibir, oponerse.
FAM. Consentido, consentimiento. / Consenso.

**conserje** *s. m.* **1.** Persona encargada de la vigilancia y cuidado de un edificio o de un establecimiento público. **2.** Empleado de la conserjería de un hotel.
SIN. **1.** Portero, ordenanza, bedel.
FAM. Conserjería.

**conserjería** *s. f.* **1.** Oficina o cargo del conserje. **2.** En los hoteles, lugar donde los clientes dejan las llaves y recogen las cartas o avisos.

**conserva** *s. f.* Alimento preparado y envasado para que dure mucho tiempo.

**conservación** *s. f.* Acción de conservar o conservarse: *Para la conservación de un edificio es muy importante que el tejado esté en buen estado y no haya goteras.*
SIN. Mantenimiento.

**conservacionismo** *s. m.* Forma de pensar y actuar de quien trata de conservar algo, sobre todo la naturaleza y el medio ambiente.
FAM. Conservacionista.

**conservacionista** *adj.* y *s. m.* y *f.* Del conservacionismo o partidario del conservacionismo.

**conservador, ra** *adj.* y *s. m.* y *f.* **1.** Que conserva. **2.** Se dice de la persona o el partido que no quiere que haya cambios, por ejemplo en la forma de vivir o en la política.
ANT. **2.** Progresista.

**conservadurismo** *s. m.* Forma de pensar y actuar de las personas conservadoras.

**conservante** *s. m.* Sustancia que se añade a los alimentos para conservarlos.

**conservar** *v.* **1.** Hacer que una cosa dure en buen estado: *Metió la carne en la cámara frigorífica para que se conservara.* **2.** Seguir teniendo algo: *Conservo*

*las fotos de las vacaciones. Conserva la costumbre de leer antes de acostarse.* **3.** Hacer conservas: *conservar el atún en aceite.* || **conservarse 4.** Tener buen aspecto una persona, parecer más joven de lo que es: *Mi abuela se conserva muy bien.*
**SIN. 2.** Guardar. **ANT. 1.** y **4.** Estropear. **2.** Perder.
**FAM.** Conserva, conservación, conservacionismo, conservador, conservadurismo, conservante, conservatorio, conservero.

**conservatorio** *s. m.* Lugar en que se enseña música.

**conservero, ra** *adj.* De las conservas o relacionado con ellas: *la industria conservera.*

**considerable** *adj.* Grande o importante: *Entre su casa y el colegio hay una distancia considerable. Las pérdidas causadas por la lluvia son considerables.*
**SIN.** Notable. **ANT.** Insignificante.
**FAM.** Considerablemente.

**considerablemente** *adv.* De manera considerable: *En ese país ha aumentado considerablemente la población.*

**consideración** *s. f.* **1.** Observación: *El profesor le hizo algunas consideraciones para que mejorara la redacción.* **2.** El hecho de pensar en los demás y tratarlos bien: *Tiene consideración con las personas mayores y las ayuda cuando lo necesitan.* **3.** Aprecio, estima: *Es muy formal y trabajador, por eso le tienen en gran consideración.*
**SIN. 1.** Reflexión. **2.** Miramiento, respeto. **ANT. 2.** Desconsideración.
**FAM.** Desconsideración.

**considerado, da** *adj.* **1.** Tenido en cuenta, examinado. **2.** Que trata bien a los demás, con delicadeza, amabilidad y respeto: *Esa enfermera es muy considerada con los pacientes y es muy amable con ellos.* **3.** Apreciado, estimado: *Ese profesor está muy considerado en el colegio.*
**SIN. 2.** Mirado, delicado, respetuoso.

**considerar** *v.* **1.** Pensar despacio y con tranquilidad: *Estuvo considerando las carreras que le gustaría estudiar.* **2.** Opinar, creer: *El profesor consideró que la respuesta del niño era correcta. Todos la consideran una persona muy inteligente.*
**SIN. 1.** Examinar, reflexionar, meditar. **2.** Juzgar.
**FAM.** Considerable, consideración, considerado. / Reconsiderar.

**consigna** *s. f.* **1.** Orden o instrucción que se da a algunas personas; por ejemplo, en el ejército, la que se da a un soldado que está vigilando. **2.** En algunos lugares, como las estaciones de ferrocarril, lugar en que dejamos durante un tiempo los equipajes y las cosas que llevamos: *Dejó las maletas en consigna hasta la hora de salir el tren.*

**consignar** *v.* **1.** Dejar una cosa en un sitio para que la guarden durante un tiempo. **2.** Poner por escrito.
**SIN. 1.** Depositar. **2.** Anotar.
**FAM.** Consigna.

**consigo** *pron. pers.* Equivale a 'con él mismo', 'con ella misma' o 'con usted mismo', y sus plurales: *Si trae consigo algo de dinero, te pagará. Señores Pérez, traigan consigo su carné de identidad.*

**consiguiente** *adj.* Que depende o se deduce de otra cosa: *Las malas notas de Jorge provocaron el consiguiente enfado de sus padres.*
**EXPR. por consiguiente** Como consecuencia de lo que se ha dicho: *Te has portado bien, por consiguiente tendrás un buen regalo.*
**SIN.** Correspondiente.

**consistencia** *s. f.* **1.** Resistencia, dureza: *La consistencia del acero es mayor que la del hierro.* **2.** El ser más o menos espesa una masa o una pasta. **3.** Característica de lo que tiene buenas razones o fundamentos: *Lo que dijo no tenía consistencia, nadie le creyó.*
**SIN. 1.** y **3.** Solidez, firmeza.
**FAM.** Consistente.

**consistente** *adj.* **1.** Que consiste en algo que se dice: *Recibió un premio consistente en un viaje.* **2.** Que tiene consistencia: *Para unir metales es necesario un pegamento consistente.*
**SIN. 2.** Compacto, duro, firme, sólido.

**consistir** *v.* Ser una cosa lo que después se dice, estar formada o compuesta por lo que se indica: *Su trabajo ahora consiste en estudiar. Un monopatín consiste en una tabla con ruedas.*
**SIN.** Estribar, constar.
**FAM.** Consistencia. / Inconsistencia.

**consistorial** *adj.* Del consistorio.

**consistorio** *s. m.* Ayuntamiento.
**FAM.** Consistorial.

**consola** *s. f.* **1.** Mesa de adorno que suele colocarse arrimada a la pared en algún lugar de la casa. **2.** Tablero de mandos de un avión o nave espacial. **3.** Teclado y pantalla de un ordenador. **4.** Aparato de videojuegos.
**FAM.** Videoconsola.

**consolación** *s. f.* Acción de consolar o consolarse.

**consolar** *v.* Dar consuelo. ■ Es un verbo irregular. Se conjuga como *contar.*
**SIN.** Aliviar, confortar. **ANT.** Apenar, afligir.
**FAM.** Consolación, consuelo. / Desconsuelo, inconsolable.

**consolidación** *s. f.* Acción de consolidar o consolidarse.

**consolidar** *v.* Hacer que algo esté fuerte y firme: *Consolidaron los cimientos con hormigón.*
**SIN.** Reforzar, fortalecer, afianzar. **ANT.** Debilitar.
**FAM.** Consolidación.

**consomé** *s. m.* Caldo de carne.

**consonancia** *s. f.* **1.** Semejanza o igualdad que tienen entre sí varias cosas: *Las cortinas deben estar en consonancia con la tapicería del sofá.* **2.** Rima consonante.
**SIN. 1.** Conformidad, armonía.

**consonante** *s. f.* **1.** Cada una de las letras que, con las vocales, forman el alfabeto. || *adj.* **2.** Se dice de la rima que se da entre los versos cuando terminan de la misma manera desde la última vocal acentuada. FAM. Consonancia, consonántico.

**consonántico, ca** *adj.* De las consonantes: *sonidos consonánticos.*

**consorcio** *s. m.* Gran empresa formada por la unión de otras de menor tamaño.

**consorte** *s. m. y f.* El marido o la esposa; se usa mucho detrás de sustantivos como *príncipe, duque, conde* para referirse a la persona que está casada con quien tiene esos títulos. SIN. Cónyuge.

**conspiración** *s. f.* Acción de conspirar contra alguien. SIN. Intriga, confabulación.

**conspirador, ra** *s. m. y f.* Persona que conspira.

**conspirar** *v.* Unirse varias personas contra alguien, por ejemplo para quitarle del gobierno. SIN. Intrigar, confabularse, conjurarse. FAM. Conspiración, conspirador.

**constancia** *s. f.* Característica de la persona que no deja de hacer lo que ha comenzado: *Admiro su constancia: ni un solo día ha faltado a clase.* SIN. Tenacidad, tesón. FAM. Constante.

**constante** *adj.* **1.** Continuo: *Tiene un dolor de cabeza constante.* **2.** Muy frecuente: *Como ha ganado el concurso, le llegan constantes felicitaciones.* **3.** Que no deja de hacer lo que ha comenzado: *Es muy constante y entrena todos los días.* SIN. **1.** Persistente. **3.** Tenaz, perseverante, firme. ANT. **3.** Inconstante. FAM. Constantemente.

**constantemente** *adv.* De manera constante: *Se queja constantemente de estar muy cansado.* SIN. Continuamente, frecuentemente.

**constar** *v.* **1.** Tener la certeza o la seguridad de algo: *Le constaba que ese pueblo tenía estación de tren.* **2.** Aparecer por escrito: *En la guía consta su dirección y su número de teléfono.* **3.** Tener las partes o cosas que se indican: *El examen consta de diez preguntas cortas y un tema más largo.* SIN. **2.** Figurar. **3.** Componerse, consistir. FAM. Constancia. / Inconstancia.

**constatación** *s. f.* Acción de constatar. SIN. Confirmación.

**constatar** *v.* Comprobar un hecho, ver si algo es verdad o como uno cree que es: *Miró el cajón para constatar que dentro estaba el dinero.* SIN. Confirmar, verificar. FAM. Constatación.

**constelación** *s. f.* Conjunto de estrellas agrupadas de modo que forman una figura. Lleva el nombre de esa figura, por ejemplo, la constelación águila, que se parece a esta ave.

**consternación** *s. f.* Tristeza o dolor muy grandes. SIN. Pena, abatimiento.

**consternado, da** *adj.* Muy triste: *Se quedó consternada al enterarse de que su madre estaba muy enferma.* SIN. Afligido, apesadumbrado. ANT. Alegre.

**consternar** *v.* Causar a alguien tristeza o dolor muy grandes. SIN. Apenar, abatir, afligir, apesadumbrar. ANT. Alegrar, reconfortar. FAM. Consternación, consternado.

**constipado** *s. m.* Catarro, resfriado. ■ Se dice también *costipado.*

**constiparse** *v.* Acatarrarse, resfriarse. ■ Se dice también *costiparse.* FAM. Constipado.

**constitución** *s. f.* **1.** Acción de constituir. **2.** Ley principal y más importante de un país. ■ Con este significado se escribe con mayúscula. **3.** Forma del cuerpo de las personas; así, por su constitución algunas son más fuertes o más gordas que otras. **4.** Composición y cualidades de una cosa. SIN. **1.** Formación. **3.** Naturaleza. FAM. Constitucional. / Inconstitucional.

**constitucional** *adj.* **1.** De la Constitución de un país o relacionado con ella; también, que está de acuerdo con lo que dice la Constitución. **2.** De la constitución física de las personas. ANT. **1.** Inconstitucional.

**constituir** *v.* **1.** Formar, componer: *Once jugadores constituyen un equipo de fútbol.* **2.** Ser algo lo que se indica: *El petróleo constituye la principal riqueza de ese país.* **3.** Crear, organizar: *En la clase de ciencias naturales se han constituido varios grupos de trabajo.* ■ Es un verbo irregular. Se conjuga como *huir.* SIN. **1.** Integrar. **3.** Establecer. FAM. Constitución, constitutivo, constituyente. / Reconstituyente.

**constitutivo, va** *adj.* Que forma parte de una cosa: *El oxígeno es un elemento constitutivo del aire.*

**constituyente** *adj. y s. m.* **1.** Que constituye una parte de algo: *El oxígeno y el hidrógeno son los elementos constituyentes del agua.* || *adj.* **2.** Se dice de las cortes o asambleas reunidas para hacer la Constitución de un país o para reformar la que tiene. SIN. **1.** Componente.

**constreñir** *v.* **1.** Poner límites, reducir: *La falta de dinero constriñe sus planes.* **2.** Apretar u oprimir una parte del cuerpo: *El enfermero constreñía la herida para detener la hemorragia.* ■ Es un verbo irregular. Se conjuga como *ceñir.* SIN. **1.** Limitar, restringir. ANT. **1.** Ampliar.

**construcción** *s. f.* **1.** Acción de construir: *Han comenzado la construcción de la autopista.* **2.** Trabajo que consiste en construir casas: *Se dedica a la construcción.* **3.** Obra construida: *Esta catedral es una construcción muy antigua.* **4.** Frase o expresión: *«Prêt à porter» es una construcción francesa que significa «listo para llevar».* || *s. f. pl.* **5.** Juguete que consiste en piezas de madera o plástico, de muchas formas variadas, con las que se hacen figuras o casas.
SIN. **1.** Edificación. **3.** Edificio. ANT. **1.** Destrucción, derribo.

**constructivo, va** *adj.* Que es provechoso o sirve para mejorar: *Es más constructivo colaborar con los compañeros que trabajar cada uno por su lado.*
SIN. Positivo. ANT. Destructivo, perjudicial.

**constructor, ra** *adj. y s. m. y f.* Que construye, sobre todo edificios: *una empresa constructora.*

**construir** *v.* **1.** Fabricar, hacer algunas cosas, por ejemplo un edificio, un puente o una carretera. **2.** Ordenar las palabras y unirlas bien, de acuerdo con las reglas de la gramática. ■ Es un verbo irregular. Se conjuga como *huir.*
SIN. **1.** Edificar, levantar, erigir. ANT. **1.** Destruir, derribar.
FAM. Construcción, constructivo, constructor. / Reconstruir.

**consuegro, gra** *s. m. y f.* Lo que es el padre o la madre del marido para los padres de la mujer, y al revés.

**consuelo** *s. m.* Lo que sirve para disminuir el sufrimiento, tristeza o disgusto de una persona: *Es difícil dar consuelo a quien ha sufrido tanto.*
SIN. Alivio. ANT. Desconsuelo.

**cónsul** *s. m.* **1.** Persona que en un país extranjero se encarga de defender a las personas y los intereses de su país. **2.** Cada una de las dos personas que en la antigua Roma eran elegidas para gobernar y dirigir el ejército.
FAM. Consulado, consular.

**consulado** *s. m.* **1.** Edificio u oficina del cónsul. **2.** En la antigua Roma, cargo del cónsul y tiempo que duraba su gobierno.

**consular** *adj.* Del cónsul o del consulado.

**consulta** *s. f.* **1.** Lo que preguntamos a alguien o miramos en un libro o en otro sitio cuando buscamos información. **2.** Acción de examinar y atender el médico a los enfermos: *La doctora tiene consulta los martes y jueves.* **3.** Lugar donde el médico examina y atiende a los enfermos.

**consultar** *v.* **1.** Pedir opinión o consejo a alguien: *Consultó al médico sobre el dolor que tenía en la espalda.* **2.** Buscar información: *Consulté el plano para saber dónde caía esa calle.*
SIN. **1.** Informarse.
FAM. Consulta, consultivo, consultoría, consultorio.

**consulting** *s. m.* Busca **consultoría.** ■ Es una palabra inglesa. Su plural es *consultings.*

**consultivo, va** *adj.* Se dice de los organismos que sirven para resolver las consultas y aconsejar: *El ministro pidió un informe a su comité consultivo.*

**consultoría** *s. f.* **1.** Actividad que consiste en informar y aconsejar a las empresas sobre temas legales o económicos. **2.** Oficina o empresa dedicada a esa actividad.
SIN. **1.** y **2.** Consulting.

**consultorio** *s. m.* **1.** Lugar donde varios médicos examinan y atienden a sus pacientes. **2.** Programa de radio o televisión o sección de un periódico en que se contesta a preguntas que hace la gente. **3.** Lugar donde se contesta a consultas sobre algún tema.

**consumación** *s. f.* El hecho de conseguir o realizar algo por completo: *Aquella medalla de oro fue para él la consumación de todas sus esperanzas.*
SIN. Realización, cumplimiento.

**consumado, da** *adj.* **1.** Terminado, cumplido. **2.** Que tiene gran perfección: *Su padre era un consumado pintor.*
ANT. **2.** Mediocre.

**consumar** *v.* Hacer o cumplir algo completamente: *El ladrón consumó el robo y se escapó con el botín. La venta se consumará cuando el comprador entregue el dinero.*
SIN. Realizar, terminar, completar. ANT. Iniciar, incumplir.
FAM. Consumación, consumado.

**consumición** *s. f.* **1.** Acción de consumir o consumirse. **2.** Alimento o bebida que se toma en un bar o restaurante: *Por favor, pague las consumiciones a la salida.*
SIN. **1.** Agotamiento.

**consumido, da** *adj.* **1.** Gastado, acabado, que alguien lo consumió. **2.** Flaco y con mal aspecto: *Encontré a Alejandra muy consumida después de su enfermedad.*

**consumidor, ra** *adj. y s. m. y f.* Que consume, gasta o compra algo: *En verano el número de consumidores de helados es mayor.*

**consumir** *v.* **1.** Utilizar o gastar algo una persona, animal o cosa, especialmente lo que necesita para vivir o poder funcionar: *Los niños consumen muchas golosinas. ¡Cuánta gasolina consume este coche!* **2.** Tomar algo en un bar o restaurante: *Consumieron tres cafés y tres tostadas.* **3.** Hacer que algo se haga más pequeño, se destruya o desaparezca completamente: *El fuego consumió toda la madera. Como siga hirviendo el agua, se va a consumir.* **4.** Causarle a alguien mucho malestar e intranquilidad: *La envidia le consume y no le deja vivir tranquilo.*

SIN. **2.** Comer; beber. **4.** Angustiar, devorar, concomerse. ANT. **3.** Engrosar, dilatar. **4.** Fortalecer, satisfacer.

FAM. Consumición, consumido, consumidor, consumismo, consumo.

**consumismo** *s. m.* Afición muy grande a comprar cosas sin necesidad: *La publicidad puede hacer que aumente el consumismo.*
FAM. Consumista.

**consumista** *adj.* **1.** Del consumismo. ‖ *adj. y s. m. y f.* **2.** Que practica el consumismo: *Eres un consumista, compras por comprar.*

**consumo** *s. m.* Acción de consumir algo, sobre todo alimentos y otras cosas necesarias para vivir: *Ha aumentado el consumo de agua.*

**consustancial** *adj.* Propio o característico de una persona o cosa por su naturaleza o porque siempre va unido a ella: *La capacidad de hablar es consustancial al ser humano.*
SIN. Inherente, intrínseco, connatural.

**contabilidad** *s. f.* **1.** Cuentas que alguien lleva para saber el dinero que se ingresa y el que se gasta: *Su padre se ocupa de la contabilidad de la casa.* **2.** Estudio de todo lo relacionado con esas cuentas.

**contabilizar** *v.* Contar o llevar la cuenta de algo: *Cada jugador tiene que contabilizar los puntos que hace.* ■ Delante de *e* se escribe *c* en lugar de *z*: *Lo contabilicé todo.*

**contable** *adj.* **1.** Se dice de los sustantivos que nombran cosas que pueden ser contadas, por ejemplo *niño* o *manzana*: *cuatro niños, dos manzanas.* ‖ *s. m. y f.* **2.** Persona que lleva las cuentas del dinero que ingresa y gasta otra persona o una empresa.
ANT. **1.** Incontable.

**contactar** *v.* Ponerse en contacto con alguien: *Intentó contactar con sus amigos, pero no estaban en casa.*
SIN. Comunicarse.

**contacto** *s. m.* **1.** Acción de tocar o tocarse: *Sintió frío al entrar en contacto con el agua.* **2.** Relación entre personas: *Tenemos mucho contacto con nuestros vecinos.* **3.** Unión entre dos partes de un circuito eléctrico que hace que pase la corriente y funcione un aparato.
SIN. **1.** Toque. **2.** Comunicación, trato. ANT. **3.** Desconexión.
FAM. Contactar.

**contado, da** *adj.* Poco, escaso: *Va al cine en contadas ocasiones.*
EXPR. **al contado** Modo de pagar algo de una vez.
ANT. Mucho, abundante, numeroso.

**contador** *s. m.* Aparato que sirve para medir o contar algo, por ejemplo la cantidad de gas o de agua que se gasta en una casa.

**contagiar** *v.* **1.** Pegarle una enfermedad a otra persona: *Los constipados se contagian fácilmente.*

**2.** Pegarle a alguien otras cosas como gestos, costumbres o manías: *El niño consiguió contagiarles a todos la risa.*
SIN. **1.** Transmitir, contaminar.
FAM. Contagio, contagioso. / Infectocontagioso.

**contagio** *s. m.* Hecho de contagiar o contagiarse una enfermedad: *Se puso una vacuna para evitar el contagio de gripe.*
SIN. Contaminación.

**contagioso, sa** *adj.* Que se contagia: *La gripe es una enfermedad contagiosa. Tiene una risa contagiosa.*

**contaminación** *s. f.* **1.** Hecho de existir en una cosa o en un lugar sustancias que los perjudican o estropean: *No nos podemos bañar por la contaminación de las aguas del río.* **2.** Contagio: *Aislaron a algunos enfermos para evitar la contaminación dentro del hospital.*

**contaminante** *adj. y s. m.* Que contamina: *El humo de los coches es uno de los principales contaminantes del aire.*

**contaminar** *v.* Dañar o estropear algo con sustancias perjudiciales: *El barco se hundió y el petróleo que llevaba contaminó el mar.*
SIN. Infectar. ANT. Purificar.
FAM. Contaminación, contaminante. / Descontaminar.

**contante** Se usa en la expresión **contante y sonante**, y se dice del dinero en monedas y billetes con que se paga al contado.

**contar** *v.* **1.** Decir los números seguidos: *Cuenta hasta diez mientras nos escondemos.* **2.** Poner un número a cada cosa de un conjunto para saber cuántas hay: *Cuenta las faltas que has tenido en el dictado.* **3.** Decir a alguien algo que ha pasado o una historia inventada: *La abuela nos contó un cuento antes de irnos a la cama.* **4.** Poseer, disponer: *Ese pueblo cuenta con cultivos de patatas y otras hortalizas.* **5.** Tener en cuenta algo: *Sus padres ya contaban con que iría a verles.* **6.** Poner a alguien o algo en un grupo con otros: *Contaba a Elisa entre sus mejores amigas.* **7.** Tener importancia, valer: *Lo que cuenta es aprender, no sólo aprobar.* ■ Es un verbo irregular.
SIN. **2.** Enumerar. **3.** Narrar, relatar, referir. **5.** y **6.** Considerar. **7.** Importar, interesar. ANT. **5.** Prescindir.
FAM. Contabilidad, contabilizar, contable, contado, contador, contante, cuenta, cuentagotas, cuentaki

| CONTAR | | |
|---|---|---|
| **INDICATIVO** | **SUBJUNTIVO** | **IMPERATIVO** |
| **Presente** | **Presente** | |
| cuento | cuente | |
| cuentas | cuentes | cuenta |
| cuenta | cuente | |
| contamos | contemos | |
| contáis | contéis | contad |
| cuentan | cuenten | |

lómetros, cuentarrevoluciones, cuento. / Descontar, incontable, recuento.

**contemplación** *s. f.* **1.** Acción de contemplar. **2.** Meditación religiosa que se hace pensando en Dios o en las cosas divinas. || *s. f. pl.* **3.** Cuidado especial que uno tiene con alguien o algo: *Tenía demasiadas contemplaciones con sus nietos.*
SIN. **3.** Miramientos, remilgos.

**contemplar** *v.* **1.** Mirar una cosa con tranquilidad: *Se pasaba las horas en la orilla contemplando el mar.* **2.** Pensar en algo o tenerlo en cuenta: *Contemplaron la posibilidad de cambiar de casa.* **3.** Poner mucho cuidado en dar gusto a alguien o estar muy pendiente de él: *Sus padres le contemplan tanto que va a ser un niño mimado y mal educado.*
SIN. **1.** Admirar. **2.** Considerar. **3.** Consentir, mimar. ANT. **3.** Maltratar.
FAM. Contemplación.

**contemplativo, va** *adj. y s. m. y f.* Dedicado a la contemplación o meditación religiosa.

**contemporáneo, a** *adj. y s. m. y f.* **1.** Que es de la misma época que otra persona o cosa: *Goya y Napoleón fueron contemporáneos.* **2.** De la época actual: *Visitaron una exposición de pintores contemporáneos.*
SIN. **1.** Coetáneo.

**contemporizar** *v.* Ponerse de acuerdo con alguien que tiene unas ideas o una manera de ser diferentes, o ceder ante él. ■ Delante de *e* se escribe *c* en lugar de *z*: *contemporicé.*
SIN. Consentir, transigir. ANT. Empeñarse, obstinarse.

**contención** *s. f.* Acción de contener algo o impedir que se mueva o avance: *Construyeron un muro de contención para que no se desbordara el río.*
SIN. Retención, sujeción.

**contencioso, sa** *adj. y s. m.* Se dice de los asuntos sobre los que se discute en un juicio.

**contender** *v.* Luchar o enfrentarse: *Los dos equipos contendían por el título de liga.* ■ Es un verbo irregular. Se conjuga como *tender.*
SIN. Combatir, pelear, competir.
FAM. Contencioso, contendiente, contienda.

**contendiente** *adj. y s. m. y f.* Se dice de la persona que lucha o se enfrenta con otras: *Uno de los contendientes se retiró y se acabó el combate.*
SIN. Combatiente, competidor.

**contenedor** *s. m.* **1.** Especie de caja de gran tamaño en que se meten mercancías para transportarlas. **2.** Recipiente grande que se pone en las calles para echar basuras o escombros y que se puede transportar en camiones.

**contener** *v.* **1.** Tener dentro una cosa: *Esa botella contiene leche. El diccionario contiene las definiciones de muchas palabras.* **2.** Impedir que alguien o algo se mueva o avance: *Intentó contener al perro, pero no pudo evitar que se escapara.* **3.** Aguantarse

las ganas de algo o no dejar que se note un sentimiento: *Se despidió de nosotros intentando contener las lágrimas.* ■ Es un verbo irregular. Se conjuga como *tener.*
SIN. **1.** Incluir, encerrar, comprender. **2.** Detener, retener. **3.** Dominar. ANT. **2.** Soltar.
FAM. Contención, contenedor, contenido, continencia, continente. / Incontenible, incontinencia.

**contenido, da** *adj.* **1.** Que se contiene: *El vino contenido en esa garrafa es dulce. Les contó el chiste con la risa contenida.* || *s. m.* **2.** Cualquier cosa que está dentro de otra: *Abrimos el paquete para ver su contenido.* **3.** Significado de una palabra o grupo de palabras: *No consigo entender el contenido de esa frase.*

**contentar** *v.* **1.** Alegrar o dar gusto a alguien: *Era un padrazo, intentaba contentar a sus hijos en todo lo que podía.* **2.** Hacer que alguien se conforme: *Será mejor que te contentes con ese pastel porque no hay otro.*
SIN. **1.** Complacer. **1.** y **2.** Satisfacer.

**contento, ta** *adj.* **1.** Alegre, feliz: *Es mi cumpleaños y estoy muy contenta.* **2.** Satisfecho, conforme: *Está contento con lo que tiene y no quiere más.* || *s. m.* **3.** Alegría, felicidad: *El motivo de su contento era que había aprobado todo.*
SIN. **1.** Jubiloso. **2.** Complacido. **3.** Gozo, dicha, júbilo, alborozo. ANT. **1.** Triste, afligido. **2.** Descontento, insatisfecho. **3.** Pena, tristeza.
FAM. Contentar. / Descontento.

**contera** *s. f.* Pieza o fundita que se pone como remate o protección en la punta de un bastón, de un paraguas, en las patas de una silla o en otros objetos.

**contertulio, lia** *s. m. y f.* Persona que participa en la misma tertulia que otra: *Juan hace un programa de radio en el que comenta la actualidad con otros contertulios.*

**contestación** *s. f.* Palabras con que se contesta a algo: *Al final del libro vienen las contestaciones de los ejercicios.*
SIN. Respuesta.

**contestador** *s. m.* Aparato conectado a un teléfono que, cuando no se puede atender una llamada, contesta algo que tiene grabado y en el que la persona que llama puede dejar su mensaje.

**contestar** *v.* **1.** Decir algo cuando nos hacen una pregunta: *Le preguntaron cómo estaba y contestó que bien.* **2.** Hacer algo como respuesta a lo que otro dice o hace: *Le insultaron y contestó con un bofetón.* **3.** Decir algo de malos modos como respuesta a lo que otra persona ha dicho o mandado: *Su padre le castigó por contestarle.*
SIN. **1.** Responder, reponer, corresponder. **1.** y **3.** Replicar. ANT. **1.** Callar. **3.** Obedecer.
FAM. Contestación, contestador, contestatario, contestón. / Incontestable.

**contestatario, ria** *adj.* y *s. m.* y *f.* Que no acepta las normas establecidas o protesta por ellas.
SIN. Rebelde, crítico, inconformista. ANT. Conformista, sumiso.

**contestón, na** *adj.* y *s. m.* y *f.* Que contesta con malos modos o cuando no debe.
SIN. Respondón.

**contexto** *s. m.* **1.** Lo que se dice antes o después de una frase o palabra y con lo que éstas tienen relación: *Por el contexto puedes saber si se habla de la pata de la mesa o de la de un animal.* **2.** Conjunto de hechos o circunstancias en que existe alguien o se hace algo: *Ese libro tan triste fue escrito en un contexto de guerra.*
SIN. **1.** Trama. **2.** Entorno, ambiente.
FAM. Contextualizar.

**contextualizar** *v.* Situar algo en su contexto para que se entienda mejor: *Un buen estudio debe contextualizar los hechos en su momento histórico.* ■ Delante de *e* se escribe *c* en lugar de *z*: *contextualice.*

**contextura** *s. f.* Manera de estar formada alguna cosa.
SIN. Textura, estructura.

**contienda** *s. f.* Guerra, lucha, enfrentamiento: *Por fin acabó la contienda entre esos dos países.*
SIN. Batalla, combate, pelea. ANT. Paz, concordia.

**contigo** *pron. pers.* Con la persona a la que alguien se dirige: *Espérame y voy contigo.*

**contigüidad** *s. f.* Hecho de estar una cosa justo al lado de otra.

**contiguo, gua** *adj.* Que está justo al lado: *En clase se sentaban en mesas contiguas.*
SIN. Vecino. ANT. Separado, lejano.
FAM. Contigüidad.

**continencia** *s. f.* Moderación en las pasiones, los deseos o los impulsos: *El médico le recomendó continencia en el comer.*
SIN. Comedimiento, templanza. ANT. Incontinencia.

**continental** *adj.* **1.** De un continente o de la parte de un continente que no es una isla: *Hizo un viaje por la Europa continental.* **2.** Se dice del clima que tiene inviernos fríos, veranos cálidos y escasez de lluvias.
FAM. Intercontinental.

**continente** *s. m.* **1.** Cosa que contiene dentro otra: *La botella es el continente y el líquido que tiene en su interior el contenido.* **2.** Cada una de las seis grandes partes en que se divide la Tierra: Europa, Asia, África, América, Oceanía y la Antártida.
ANT. **1.** Contenido.
FAM. Continental. / Subcontinente.

**contingencia** *s. f.* Suceso imprevisto.
SIN. Eventualidad.

**contingente** *adj.* **1.** Que puede suceder o no suceder. || *s. m.* **2.** Gran número de soldados o poli-

cías: *Enviaron a la zona un contingente de tropas.*
SIN. **1.** Incierto. ANT. **1.** Seguro, necesario.

**continuación** *s. f.* Cualquier cosa con que se continúa otra: *Este programa de televisión es continuación de otro anterior.*
EXPR. **a continuación** Inmediatamente después o detrás: *A continuación de las noticias podrán ver la película.*
SIN. Prolongación, prórroga. ANT. Interrupción.

**continuador, ra** *adj.* y *s. m.* y *f.* Que continúa lo que otro ha empezado: *Los hijos fueron los continuadores del negocio del padre.*

**continuamente** *adv.* De manera continua, sin parar: *Se está quejando continuamente.*

**continuar** *v.* **1.** Hacer lo que uno mismo u otra persona estaba haciendo: *Puedes marcharte, yo continuaré tu trabajo.* **2.** Estar en el mismo lugar o en la misma situación en que se estaba: *Marcos continúa en el sitio donde le vimos hace un rato. Continúa haciendo frío.* **3.** Extenderse: *El jardín continúa detrás de aquella verja.*
SIN. **1.** Prorrogar, reanudar, prolongar. **1.** a **3.** Seguir. **2.** Persistir, subsistir. ANT. **1.** Interrumpir; parar, cesar.
FAM. Continuación, continuador, continuamente, continuidad, continuo. / Discontinuo.

**continuidad** *s. f.* **1.** Hecho de no tener paradas ni interrupciones: *La continuidad en el estudio es importante para que no se olviden las cosas.* **2.** Unión entre las partes de algo que van una detrás de otra: *Hay una continuidad entre todos los programas de esta serie de televisión.*
SIN. **1.** Persistencia, constancia. **2.** Relación, encadenamiento.

**continuo, nua** *adj.* **1.** Que no se para, no se termina o no tiene cortes: *Desde que está enfermo tiene continuos dolores. Si hay línea continua en la carretera no se puede adelantar.* **2.** Que sucede muchas veces o con frecuencia: *En esta ciudad son continuos los atascos de tráfico.*
SIN. **1.** Seguido. **1.** y **2.** Constante, incesante. ANT. **1.** y **2.** Intermitente. **2.** Discontinuo.

**contonearse** *v.* Andar moviendo mucho los hombros y las caderas: *La modelo desfiló contoneándose para lucir el vestido.*

**contorno** *s. m.* **1.** Línea que forma el borde de un dibujo, de un objeto o de un lugar: *Dibuja el contorno del jarrón y luego colorea lo de dentro.* **2.** Zona alrededor de un lugar: *A la feria del pueblo iba también la gente del contorno.*
SIN. **1.** Silueta, perímetro. **2.** Proximidades, cercanías, aledaños, inmediaciones.

**contorsión** *s. f.* Movimiento violento o forzado del cuerpo o de alguna de sus partes: *La bailarina mora danzaba haciendo contorsiones.*
SIN. Contracción, convulsión.
FAM. Contorsionarse, contorsionista.

**contorsionarse** *v.* Hacer movimientos violentos con todo el cuerpo: *Se contorsionaba de dolor en el suelo por la patada que le habían dado.*
**SIN.** Retorcerse.

**contorsionista** *s. m.* y *f.* Artista que hace movimientos difíciles del cuerpo, por ejemplo en el circo o en algunos espectáculos de baile.

**contra** *prep.* **1.** Expresa oposición, lucha o enfrentamiento: *Los vecinos están en contra de que quiten el parque del barrio. Mañana jugamos contra tu colegio.* **2.** Indica que una persona o cosa está apoyada en otra: *Pon la silla contra la pared.* **3.** A cambio de: *Envían un regalo contra el envío de cinco etiquetas de este yogur.* ‖ *s. m.* **4.** Dificultad, inconveniente: *Estuvo pensando los pros y los contras de cambiar de colegio.* ‖ **¡contra!** *interj.* **5.** Expresa enfado, disgusto o sorpresa: *No seas pesado ¡contra!*
**FAM.** Contrario. / Encontrar.

**contra natura** *expr.* Contrario a lo que es natural. ■ Es una expresión latina.
**SIN.** Antinatural.

**contraalisios** *s. m. pl.* Vientos de las capas altas de la atmósfera que se forman en el ecuador y se mueven en sentido opuesto a los vientos alisios.

**contraatacar** *v.* Responder con otro ataque al ataque del enemigo o del contrario. ■ Delante de *e* se escribe *qu* en lugar de *c*: *Cuando contraatacamos los jugadores contrarios, todos debemos ir a defender nuestra portería.*

**contraataque** *s. m.* Ataque que se realiza en respuesta a otro del contrario: *El equipo metió el tercer gol en un rápido contraataque.*
**SIN.** Contraofensiva.
**FAM.** Contraatacar.

**contrabajo** *s. m.* **1.** Instrumento musical de cuerda parecido al violín pero mucho más grande; se toca de pie apoyándolo en el suelo. **2.** Voz más grave que la del bajo y persona que tiene esta voz.

**contrabandista** *s. m.* y *f.* Persona que se dedica al contrabando.

**contrabando** *s. m.* **1.** Acción de introducir en un país o sacar de él mercancías sin cumplir lo que mandan las leyes: *La policía le detuvo porque se dedicaba al contrabando de drogas.* **2.** Esas mercancías.
**SIN.** **2.** Alijo.
**FAM.** Contrabandista.

**contrabarrera** *s. f.* Segunda fila de asientos de una plaza de toros.

**contracción** *s. f.* **1.** Acción de contraer o hacer más pequeño algo. **2.** Encogimiento de un nervio o de un músculo que se produce sin quererlo uno y produce dolor: *El tenista tiene una contracción en el muslo.* **3.** Palabra formada por la unión de otras dos suprimiendo parte de una de ellas; por ejem-

plo, *al* y *del* son contracciones formadas por *a* y *el*, y *de* y *el*.
**SIN.** **1.** Disminución. **ANT.** **2.** Distensión.

**contrachapado, da** *adj.* y *s. m.* Tablero formado por varias láminas muy finas de madera pegadas unas con otras.

**contracorriente** Se usa en la expresión **a contracorriente**, con el significado de 'en contra de lo que hacen o piensan los demás'.

**contráctil** *adj.* Se dice de los músculos o de los órganos que se contraen con facilidad.

**contractura** *s. f.* Encogimiento involuntario de un músculo que produce dolor: *El tenista no pudo acabar el partido porque sufrió una contractura.*

**contracubierta** *s. f.* Lado interior de la cubierta de un libro.

**contradecir** *v.* **1.** Decir lo contrario que otro: *Él dijo que había ido a clase, pero su hermano le contradijo.* **2.** Estar en contra: *Lo que ha hecho se contradice con lo que piensa.* ■ Es un verbo irregular. Se conjuga como *decir*.
**SIN.** **1.** Rebatir, replicar. **2.** Contraponerse, chocar. **ANT.** **1.** Confirmar, ratificar. **2.** Concordar.
**FAM.** Contradicción, contradictorio.

**contradicción** *s. f.* Acción o palabra con que se contradice algo: *Es una contradicción que digas que quieres salir y luego te quedes en casa.*

**contradictorio, ria** *adj.* Que se contradice con otra cosa o consigo mismo: *Sus opiniones son contradictorias, pues uno dice que el trabajo está bien y el otro que tiene fallos.*
**ANT.** Coincidente.

**contraer** *v.* **1.** Hacer o hacerse más pequeña una cosa: *La goma se contrae cuando se deja de estirar.* **2.** Encogerse un músculo o un nervio. **3.** Llegar a tener algo, como una enfermedad, una costumbre o una obligación: *Miriam contrajo el sarampión. Los obreros han contraído el compromiso de terminar las obras mañana.* ■ Es un verbo irregular. Se conjuga como *traer*.
**EXPR.** **contraer matrimonio** Casarse.
**SIN.** **1.** Disminuir. **3.** Adquirir, asumir. **ANT.** **1.** Agrandar, estirar, dilatar.
**FAM.** Contracción, contráctil, contractura, contrayente.

**contraespionaje** *s. m.* Servicio de seguridad de un país contra el espionaje extranjero.

**contrafuerte** *s. m.* **1.** Pilar que se une a un muro para reforzarlo. **2.** Pieza que se pone en la parte del talón del zapato, como refuerzo.

**contragolpe** *s. m.* Contraataque.

**contrahecho, cha** *adj.* Que tiene joroba u otra deformidad del cuerpo.
**SIN.** Deforme.

**contraindicación** *s. f.* Aquello por lo que una medicina u otra cosa no debe emplearse: *Una con-*

traindicación para tomar aspirinas es tener úlcera de estómago.
ANT. Indicación.
FAM. Contraindicado.

**contraindicado, da** *adj.* Que no debe hacerse o tomarse porque tiene contraindicaciones.

**contralmirante** *s. m.* Grado militar de la marina de guerra equivalente al de general de brigada del ejército de tierra.

**contralto** *s. m.* **1.** En música, voz entre la de soprano y la de tenor. || *s. m. y f.* **2.** Persona, especialmente mujer, que tiene esta voz.

**contraluz** *s. amb.* Aspecto de una cosa cuando la vemos estando nosotros de frente a la luz. ■ Su plural es *contraluces*.

**contramaestre** *s. m.* **1.** En la marina, suboficial que se encarga de que los marineros cumplan las órdenes dadas por el oficial. **2.** Jefe o vigilante de los obreros en algunas fábricas y talleres.
SIN. 2. Capataz.

**contramano** Se utiliza en la expresión **a contramano**, que significa 'en dirección contraria a la que debe ser': *El conductor no se dio cuenta de que conducía a contramano por la carretera.*

**contraofensiva** *s. f.* En la guerra, ataque de un ejército para responder a otro del enemigo.
SIN. Contraataque.

**contraoferta** *s. f.* Oferta que se da como respuesta a una anterior.

**contraorden** *s. f.* Orden que anula otra: *Si no hay contraorden, debéis levantaros a las ocho.*

**contrapartida** *s. f.* Cosa buena que compensa a otra que no es tan buena: *Ese trabajo es difícil, pero tiene la contrapartida de ser muy interesante.*

**contrapelo** Se utiliza en la expresión **a contrapelo**, que significa 'contra la dirección del pelo de un tejido o de la piel de un animal'.

**contrapesar** *v.* Igualar un peso con otro: *Se puso al otro lado de la barca para contrapesar.*
SIN. Equilibrar, nivelar.

**contrapeso** *s. m.* Peso que iguala a otro: *El ascensor lleva un contrapeso para que no baje bruscamente.*
FAM. Contrapesar.

**contrapié** Se usa en la expresión **a contrapié**, que significa 'con el pie en mala postura para lo que se quiere hacer': *Como le pilló a contrapié, el jugador no pudo llegar al balón.*

**contraponer** *v.* Poner o estar en contra una cosa de otra: *Quiere ir al cine y también le apetece pasear, pero esas dos cosas se contraponen.* ■ Es un verbo irregular. Se conjuga como *poner*.
SIN. Oponer, enfrentar.
FAM. Contraposición, contrapuesto.

**contraportada** *s. f.* **1.** Página anterior a la portada de un libro, donde aparecen algunos datos de éste.

**2.** Parte posterior de la cubierta de un libro o revista.

**contraposición** *s. f.* Oposición entre dos cosas: *Contrastaba la alegría del vencedor en contraposición a la tristeza del derrotado.*

**contraproducente** *adj.* Que tiene un efecto contrario al que se busca: *Si quieres que te salga bien el dibujo, es contraproducente que lo hagas tan deprisa.*
SIN. Perjudicial. ANT. Beneficioso, conveniente.

**contrapuesto, ta** *adj.* Opuesto, contrario a otra cosa: *Nunca se pone de acuerdo con su hermana, porque tienen gustos contrapuestos.*

**contrapunto** *s. m.* **1.** Técnica musical en la que varias melodías suenan a la vez, independientemente pero dentro de un conjunto. **2.** Contraste entre dos o más cosas: *Puso el contrapunto humorístico a la conferencia comenzando con un chiste.*

**contrariado, da** *adj.* Disgustado o de mal humor porque las cosas no salen como desea: *Estaba contrariado porque se le había estropeado el coche.*

**contrariar** *v.* **1.** Poner obstáculos a los deseos o planes de una persona: *¡Es que me tienes que contrariar en todo lo que digo!* **2.** Disgustar: *Le contrarió mucho que no le invitaran.*
SIN. 2. Enfadar, enojar. ANT. 1. Favorecer, ayudar. 2. Agradar, satisfacer.
FAM. Contrariado.

**contrariedad** *s. f.* **1.** Suceso imprevisto que retrasa o estropea nuestros planes: *Fue una contrariedad que se pusiera a llover.* **2.** Disgusto que tiene alguien por no haberle salido las cosas como quería: *Mostró su contrariedad al ver que ya no quedaban entradas para el concierto.*
SIN. 1. Contratiempo, percance. 2. Descontento.

**contrario, ria** *adj.* **1.** Que es opuesto a algo o lo rechaza: *Por esta carretera vamos en sentido contrario. Ese profesor es contrario a mandar muchos deberes.* || *s. m. y f.* **2.** Adversario: *Venció al contrario en pocos minutos.*
EXPR. **al contrario** o **por el contrario** Al revés, de modo opuesto: *No pienses que fue una fiesta aburrida; al contrario, lo pasamos estupendamente.* **de lo contrario** Si no es así: *Obedece, de lo contrario te quedas castigado en casa.* **llevar la contraria** Oponerse a lo que otro dice o hace.
SIN. 2. Rival, enemigo. ANT. 2. Amigo, partidario.
FAM. Contrariar, contrariedad.

**contrarreloj** *adj. y s. f.* Se dice de la carrera ciclista en la que los corredores salen de uno en uno, y gana el que tarda menos en hacer el recorrido.

**contrarrestar** *v.* Servir una cosa para hacer desaparecer o disminuir el efecto de otra: *La gripe le ha dejado sin fuerzas y se ha tomado unas vitaminas para contrarrestar.*
SIN. Neutralizar, paliar.

**contrasentido** *s. m.* Cosa que no tiene sentido: *Es un contrasentido que quiera adelgazar y se pase el día comiendo dulces.*

**contraseña** *s. f.* **1.** Señal o palabras que sólo conocen los que pertenecen al mismo grupo y que deben utilizar para ser reconocidos por los demás: *Para entrar en el campamento por la noche debes dar la contraseña.* **2.** Conjunto de letras o números que sirve para identificar a una persona que utiliza un ordenador u otro sistema al que no puede acceder todo el mundo: *No puedo entrar en su ordenador, necesito su contraseña.*
**SIN. 2.** Password, clave.

**contrastar** *v.* **1.** Examinar algo para saber si es correcto o exacto: *Contrastó el resultado de su división con el que venía en el libro.* **2.** Verse muy distinta una cosa entre otras: *La palidez de Nuria contrastaba con el color moreno de las otras chicas.*
**SIN. 1.** Comprobar, constatar, verificar. **2.** Chocar, resaltar, destacar, distinguirse.
**FAM.** Contraste.

**contraste** *s. m.* Diferencia grande u oposición entre personas o cosas: *Hay un contraste entre esos colores tan alegres y estos otros tan apagados.*

**contrata** *s. f.* Contrato para hacer una obra o prestar un servicio por un precio determinado.

**contratación** *s. f.* Acción de contratar.

**contratar** *v.* Hacer un contrato una persona con otra: *Le han contratado como electricista en la empresa. Ha contratado un apartamento en la playa para este verano.*
**FAM.** Contrata, contratación, contratista, contrato.

**contratiempo** *s. m.* Suceso inesperado y desagradable: *Hubo un contratiempo a última hora y no pudimos salir de viaje.*
**SIN.** Imprevisto, complicación, percance, contrariedad.

**contratista** *s. m.* y *f.* Empresa o persona que presta un servicio o realiza una obra por medio de una contrata.

**contrato** *s. m.* Acuerdo entre dos o más personas por el que se obligan a hacer algo: *En el contrato se dice que el club pagará al jugador una millonada.*
**FAM.** Precontrato.

**contravenir** *v.* Actuar o ir en contra de lo ordenado: *Tocar la pelota con el pie contraviene las reglas del baloncesto.* ■ Es un verbo irregular. Se conjuga como *venir.*
**SIN.** Desobedecer, infringir, transgredir, quebrantar.
**ANT.** Cumplir, obedecer.

**contraventana** *s. f.* Puertecilla que cubre los cristales de una ventana o balcón para que no entre luz ni frío.

**contrayente** *adj.* y *s. m.* y *f.* Persona que contrae matrimonio.

**contribución** *s. f.* **1.** Acción de contribuir. **2.** Dinero que da una persona para contribuir a algo, principalmente el que pagan los ciudadanos para ayudar a los gastos del Estado.
**SIN. 2.** Aportación, ayuda.

**contribuir** *v.* **1.** Dar una cantidad de dinero para algún fin: *Contribuyó con cien euros a la campaña contra el hambre en el mundo.* **2.** Ayudar a que algo ocurra: *El viento contribuyó a que se extendiera el fuego.* ■ Es un verbo irregular. Se conjuga como *huir.*
**SIN. 1.** Aportar. **1.** y **2.** Colaborar, cooperar.
**FAM.** Contribución, contribuyente.

**contribuyente** *adj.* y *s. m.* y *f.* Ciudadano que paga los impuestos que corresponden al Estado.

**contrición** *s. f.* Tristeza que siente uno por haber ofendido a Dios.
**FAM.** Contrito.

**contrincante** *s. m.* y *f.* Rival, adversario: *El campeón venció a todos sus contrincantes.*
**SIN.** Contrario, competidor, contendiente.

**contrito, ta** *adj.* Que está arrepentido por haber cometido una falta, un error o un pecado: *Vino todo contrito a pedir perdón.*

**control** *s. m.* **1.** Acción de controlar: *Una persona se encarga del control de los paquetes que entran en almacén.* **2.** Lugar donde se controla: *Los ciclistas pasaron en pelotón por el primer control de la etapa.* **3.** Dominio: *El conductor perdió el control del coche y se salió de la carretera.* **4.** Examen: *En este mes hemos tenido dos controles de matemáticas.*
**SIN. 1.** Inspección, comprobación, vigilancia. **ANT. 1.** y **3.** Descontrol.
**FAM.** Controlar. / Autocontrol, descontrol.

**controlador, ra** *s. m.* y *f.* **1.** Persona que controla. ‖ *s. m.* **2.** Driver.
**EXPR. controlador aéreo** Cada una de las personas que, desde una torre, organizan el tráfico aéreo para que los aviones despeguen, vuelen y aterricen sin problemas.

**controlar** *v.* **1.** Mirar con cuidado para que algo se haga bien o sea como tiene que ser: *Varios técnicos controlan el proceso de fabricación de los coches para que no tengan defectos.* **2.** Dominar o dirigir: *Tienes que controlar tus nervios. El astronauta controla la nave espacial.*
**SIN. 1.** Inspeccionar, comprobar, vigilar.
**FAM.** Controlador. / Incontrolado.

**controversia** *s. f.* Larga discusión entre personas que opinan de forma diferente sobre alguna cosa.
**SIN.** Debate, disputa, polémica.
**FAM.** Controvertido.

**controvertido, da** *adj.* Muy discutido o que provoca discusión.
**SIN.** Polémico.

**contumaz** *adj.* Que se mantiene en un error y no está dispuesto a reconocer que se ha equivocado. ■ Su plural es *contumaces*.

**contundente** *adj.* **1.** Que produce daño sin causar herida ni rotura de ningún hueso: *Un golpe contundente le dejó en el suelo sin sentido.* **2.** Que convence totalmente y no admite duda: *La prueba que dio de su amistad fue contundente. La victoria de su equipo fue contundente: vencieron por cinco a cero.* SIN. **2.** Tajante, convincente, concluyente, aplastante, rotundo. ANT. **2.** Dudoso.

**conturbar** *v.* **1.** Hacer que alguien se sienta muy inquieto, intranquilo o impresionado por algo: *La noticia de que su amigo estaba enfermo le conturbó.* ‖ **conturbarse 2.** Sentirse muy impresionado o alterado por algo. SIN. **1.** Impresionar, conmover, conmocionar. **1.** y **2.** Turbar.

**contusión** *s. f.* Lesión causada por un golpe que no produce herida exterior ni fractura. FAM. Contundente, contusión.

**contusionado, da** *adj.* Que tiene contusiones: *El conductor del vehículo estaba contusionado después del accidente.*

**convalecencia** *s. f.* Estado de la persona que ha pasado una enfermedad y todavía no se ha puesto bien del todo. SIN. Recuperación.

**convalecer** *v.* Estar una persona recuperando las fuerzas después de una enfermedad. ■ Es un verbo irregular. Se conjuga como *agradecer.* FAM. Convalecencia, convaleciente.

**convaleciente** *adj. y s. m. y f.* Que convalece de una enfermedad: *Aunque ya se encuentra mejor, todavía está convaleciente de la operación.*

**convalidación** *s. f.* Acción de convalidar una asignatura, un curso u otra cosa.

**convalidar** *v.* Confirmar que una cosa vale, sobre todo los estudios que se han realizado en otro centro de enseñanza o en otro país. FAM. Convalidación.

**convencer** *v.* **1.** Lograr mediante razones que una persona haga algo o piense de la manera que queremos: *Le convencí para que viniera con nosotros a la sierra. El acusado convenció al tribunal de su inocencia.* **2.** Gustar, parecer bien: *Este vestido me convence, me lo compraré.* ■ Delante de *a* y *o* se escribe *z* en lugar de *c*: *A ver si te convenzo.* SIN. **1.** Persuadir. **2.** Agradar, complacer. ANT. **1.** Disuadir. **2.** Disgustar. FAM. Convencimiento, convicción, convicto, convincente.

**convencimiento** *s. m.* Hecho de estar una persona convencida de algo: *Tengo el convencimiento de que serás un buen pintor.* SIN. Convicción.

**convención** *s. f.* **1.** Asamblea o reunión de personas. **2.** Algo que todos admitimos por costumbre o por habernos puesto antes de acuerdo, por ejemplo las señales de tráfico. **3.** Acuerdo, tratado. SIN. **1.** Congreso, conferencia, simposio. **3.** Convenio, pacto. FAM. Convencional, convencionalismo.

**convencional** *adj.* Que se hace por acuerdo de todos o por costumbre: *El significado de las señales de tráfico es convencional.* SIN. Arbitrario.

**convencionalismo** *s. m.* Lo que está bien o mal visto en la sociedad y debemos cumplir para estar bien considerados. Por ejemplo, los convencionalismos nos obligan a ir vestidos más elegantemente cuando vamos a una fiesta.

**conveniencia** *s. f.* **1.** Utilidad: *Le hizo ver la conveniencia de usar una crema para el sol.* **2.** Provecho para uno mismo, sin tener en cuenta a los demás: *Es una persona egoísta, que sólo mira su propia conveniencia.* SIN. **2.** Interés, beneficio.

**conveniente** *adj.* Que conviene hacerlo porque es bueno, provechoso o adecuado: *Es conveniente que te abrigues porque hace frío.* SIN. Beneficioso, oportuno, apropiado. ANT. Inconveniente, perjudicial, inadecuado, inapropiado.

**convenio** *s. m.* Acuerdo entre varias personas. SIN. Trato, alianza, pacto, convención. ANT. Desacuerdo.

**convenir** *v.* **1.** Ser una cosa buena o útil para alguien: *Estás cansado; te conviene descansar un rato.* **2.** Decidir algo varias personas poniéndose de acuerdo: *Como hacía buen tiempo, convinieron en ir al campo.* ■ Es un verbo irregular. Se conjuga como *venir.* SIN. **2.** Acordar, concertar. ANT. **1.** Perjudicar, dañar. FAM. Convención, conveniencia, conveniente, convenio. / Inconveniencia, reconvenir.

**conventillo** *s. m.* En Hispanoamérica, casa grande de vecinos.

**convento** *s. m.* Edificio en que viven religiosos o religiosas de una misma orden. SIN. Monasterio. FAM. Conventillo, conventual.

**conventual** *adj.* Del convento: *La vida conventual tiene unos horarios muy estrictos.*

**convergencia** *s. f.* Hecho de converger dos o más cosas y punto en el que convergen: *El atasco se forma en la convergencia de las dos carreteras.* SIN. Confluencia. ANT. Separación, desviación.

**convergente** *adj.* Que converge: *Las líneas convergentes se cruzan en un mismo punto.* ANT. Divergente.

**converger** o **convergir** v. Ir varias cosas a unirse en el mismo punto: *En ese cruce convergen tres carreteras*. ■ Delante de *a* y *o* se escribe *j* en lugar de *g*: *converjan*.
SIN. Confluir, juntarse, concurrir. ANT. Divergir, separarse.
FAM. Convergencia, convergente.

**conversación** s. f. Hecho de estar conversando dos o más personas: *Mónica y su amiga tuvieron una larga conversación por teléfono*.
SIN. Charla.

**conversador, ra** adj. y s. m. y f. Que conversa, especialmente el que lo hace de forma agradable e interesante: *Me gusta escucharte porque eres un gran conversador*.

**conversar** v. Hablar unas personas con otras.
SIN. Charlar, platicar, departir. ANT. Callar.
FAM. Conversación, conversador.

**conversión** s. f. Acción de convertir o convertirse: *Después de su conversión al cristianismo cambió de vida*.

**converso, sa** adj. y s. m. y f. Que se ha convertido al cristianismo.

**convertible** adj. 1. Que se puede transformar en otra cosa: *Este sofá es convertible en cama*. ‖ adj. y s. m. 2. Automóvil descapotable.

**convertidor** s. m. Caldera grande en que se transforma el hierro fundido en acero.

**convertir** v. 1. Transformar, cambiar una cosa en otra: *Han convertido aquel edificio en un lujoso hotel. Su deseo de ir a China se convirtió en realidad*. 2. Convencer a alguien para que siga una religión o forma de pensar: *Los misioneros convirtieron a muchos indios al cristianismo*. ■ Es un verbo irregular. Se conjuga como *sentir*.
SIN. 1. Mudar, trocar.
FAM. Conversión, converso, convertible, convertidor. / Reconvertir.

**convexo, xa** adj. Curvado por la parte de fuera.
ANT. Cóncavo.

**convicción** s. f. 1. Convencimiento. ‖ s. f. pl. 2. Ideas en las que una persona cree firmemente.
SIN. 1. Certeza, seguridad. 2. Creencias, principios.
ANT. 1. Duda.

**convicto, ta** adj. Se dice del acusado de un delito cuando se ha demostrado que es culpable.

**convidado, da** adj. y s. m. y f. Persona invitada a una fiesta, banquete u otra cosa agradable.

**convidar** v. 1. Invitar a una persona a algo agradable, por ejemplo a una comida: *Como era su cumpleaños, convidó a sus amigos a merendar*. 2. Animar a hacer algo: *Este sol convida a darse un baño en la piscina*.
SIN. 2. Incitar, estimular. ANT. 2. Desanimar, disuadir.
FAM. Convidado, convite.

**convincente** adj. Que convence: *Diego fue tan convincente que todos hicieron lo que proponía*.
SIN. Persuasivo.

**convite** s. m. Comida, banquete u otra cosa a la que nos invitan.

**convivencia** s. f. Hecho de convivir con otras personas.

**convivir** v. Vivir con otras personas.
FAM. Convivencia.

**convocar** v. 1. Llamar a una o varias personas para que vayan a un sitio o a un acto: *El director convocó en su despacho a los delegados de curso*. 2. Anunciar que en tal fecha se van a hacer unos exámenes, un concurso, unas elecciones o algo parecido: *Han convocado un concurso de bandas de música*. ■ Delante de *e* se escribe *qu* en lugar de *c*: *convoque*.
SIN. 1. Citar. ANT. 1. y 2. Desconvocar.
FAM. Convocatoria. / Desconvocar.

**convocatoria** s. f. 1. Acción de convocar: *Fijaron para el mes de marzo la convocatoria de las elecciones para alcalde*. 2. Anuncio con que se convocan exámenes, concursos, elecciones: *En el tablón han puesto la convocatoria del concurso de fotografía*.
SIN. 1. Cita, llamamiento. 2. Aviso.

**convoy** s. m. 1. Conjunto de personas que acompañan a un grupo de barcos o vehículos para protegerlos mientras viajan. 2. Este grupo de barcos o vehículos que van protegidos.

**convulsión** s. f. 1. Movimiento brusco del cuerpo y de los músculos producido por una enfermedad o un ataque. 2. Impresión o alteración muy fuertes: *La noticia del cierre del colegio produjo una verdadera convulsión entre los padres*.
SIN. 1. Espasmo. 2. Agitación, conmoción.
FAM. Convulsionar, convulsivo.

**convulsionar** v. Producir convulsiones o sufrirlas: *La revolución convulsionó el país*.

**convulsivo, va** adj. Que va acompañado por una convulsión: *Le dio un ataque y se cayó al suelo haciendo movimientos convulsivos*.

**conyugal** adj. De los cónyuges o relacionado con ellos: *el domicilio conyugal*.

**cónyuge** s. m. y f. Marido o esposa.
SIN. Consorte.
FAM. Conyugal.

**coña** s. f. 1. Burla o broma: *No te lo tomes en serio, que te lo he dicho de coña*. 2. Cosa molesta o pesada: *Es una coña tener que estudiar el fin de semana*.
EXPR. **ni de coña** De ninguna manera: *Ni de coña le prestaría mi coche a ese irresponsable*.
SIN. 2. Fastidio, lata.

**coñac** s. m. Bebida alcohólica muy fuerte que se obtiene destilando distintas clases de vino y se con-

serva durante algún tiempo en toneles de roble para que tome sabor. ■ Su plural es *coñacs*.
**SIN.** Brandy.

**coñazo** *adj.* y *s. m.* Persona o cosa molesta, pesada o aburrida: *La fiesta fue un coñazo y no nos divertimos nada*. ■ Es una palabra vulgar.
**SIN.** Rollo, lata, peñazo.

**coño** *s. m.* **1.** Parte externa de los genitales femeninos. || ¡**coño!** *interj.* **2.** Indica enfado o asombro. ■ Es una palabra vulgar.
**FAM.** Coña, coñazo. / Escoñar.

**cooperación** *s. f.* Acción de cooperar en algo.

**cooperante** *adj.* y *s. m.* y *f.* Que coopera; se dice sobre todo de la persona que presta su ayuda en un país poco desarrollado.

**cooperar** *v.* Ayudar a otras personas para hacer algo juntos: *Todos cooperamos para decorar el escenario en la función*.
**SIN.** Colaborar, contribuir.
**FAM.** Cooperación, cooperante, cooperativa.

**cooperativa** *s. f.* **1.** Agrupación de personas con unos mismos intereses, para conseguir cosas que benefician a todos: *una cooperativa de agricultores*. **2.** Establecimiento donde se venden productos de una cooperativa.
**FAM.** Cooperativismo, cooperativista.

**cooperativismo** *s. m.* Sistema económico y social que se basa en la asociación de las personas en cooperativas.

**cooperativista** *adj.* y *s. m.* y *f.* Relacionado con las cooperativas o que pertenece a una de ellas.

**coordenada** *adj.* y *s. f.* Se dice de las líneas que sirven de referencia para determinar la posición de un punto.

**coordinación** *s. f.* **1.** Acción de coordinar: *En ballet es muy importante la coordinación de los movimientos*. **2.** En gramática, unión de dos palabras o grupos de palabras con la misma función sintáctica, mediante otra palabra que hace de enlace; por ejemplo, *César y Montse, ¿Estudias o trabajas?* son casos de coordinación.
**SIN. 1.** Organización. **ANT. 1.** Desorganización.

**coordinado, da** *adj.* **1.** Que tiene coordinación. || *adj.* y *s. f.* **2.** Se dice de las palabras u oraciones entre las que existe una relación de coordinación.

**coordinador, ra** *adj.* y *s. m.* y *f.* Que coordina.

**coordinante** *adj.* y *s. m.* Se dice de las conjunciones que unen palabras o grupos de palabras con la misma función sintáctica, como *y*, *o*, *pero*, *ni*.

**coordinar** *v.* Organizar o combinar distintas cosas o acciones: *Cada uno de nosotros hace tareas diferentes y Manuel se encarga de coordinarlas*.
**SIN.** Ordenar, compaginar. **ANT.** Desorganizar.
**FAM.** Coordinación, coordinado, coordinador, coordinante. / Descoordinación.

**copa** *s. f.* **1.** Vaso en forma de campana y sostenido sobre un pie. **2.** Líquido que contiene. **3.** Fiesta donde se sirven bebidas y aperitivos: *Fuimos a la copa de bienvenida*. **4.** Premio que se da al ganador de una competición deportiva: *Ha ganado varias copas en competiciones de judo*. **5.** Competición deportiva: *El equipo se clasificó para la copa de Europa*. **6.** Parte más alta de un árbol, formada por las ramas y las hojas. **7.** Parte hueca del sombrero donde se mete la cabeza. **8.** En la baraja española, carta del palo llamado *copas*. || *s. f. pl.* **9.** Palo de la baraja española en el que figuran una o varias copas.
**FAM.** Copear, copeo, copete, copetín, copo, copón.

**copa** (premio)

**copar** *v.* **1.** Quedarse con todo, por ejemplo ganar todos los premios en un concurso o llenar por completo un lugar. **2.** Rodear a alguien impidiéndole huir: *La policía copó a los ladrones en el callejón*.
**SIN. 2.** Acorralar, cercar.

**copear** *v.* Tomar copas de vino o de licor: *El viernes estuve copeando con los amigos*.
**SIN.** Chatear.

**copeo** *s. m.* Acción de copear.

**copete** *s. m.* **1.** Mechón de pelo que queda levantado sobre la frente. **2.** Penacho de plumas que tienen algunas aves en la cabeza. **3.** Parte del contenido de una vasija, una cuchara o algo semejante, que sobresale por encima de los bordes: *una cucharada de azúcar con copete*. **4.** Pieza de adorno que sirve de remate en la parte superior de un mueble u otro objeto.
**EXPR. de alto copete** Importante, de categoría: *Sólo se trata con gente de alto copete*.
**FAM.** Encopetado.

**copetín** *s. m.* **1.** Copa de licor. **2.** Cóctel o aperitivo: *Dieron un copetín en el estreno de la película*.

**copia** *s. f.* Cosa que se hace igual que otra o que la imita: *Me gustaría tener una copia de la foto en la que estamos todos los amigos. Ese cuadro es una copia del que está en el museo*.
**SIN.** Duplicado, imitación.
**FAM.** Fotocopia, multicopista.

**copiar** v. 1. Hacer una cosa igual que otra que se toma como modelo o imitarla: *Copié un dibujo del libro. Copia a su hermana en la forma de vestir.* 2. Cuando se hace un examen o un trabajo, mirar el de un compañero o lo escrito en otra parte para poner lo mismo y presentarlo como si se le hubiera ocurrido al que copia: *La señorita de lengua nos pilló copiando y nos ha suspendido.*
SIN. 1. Calcar, duplicar; remedar. 2. Plagiar.
FAM. Copia, copión, copista.

**copiloto** s. m. Persona que se sienta al lado del piloto para ayudarle: *Durante el rally iba de copiloto en el coche de su hermana.*

**copión, na** adj. 1. Que copia un examen o un trabajo de un compañero: *El profesor pilló al alumno copión y le suspendió.* || adj. y s. m. y f. 2. Que imita a otro: *Eres una copiona, te has comprado un jersey como el mío.*

**copioso, sa** adj. Abundante: *En ese restaurante sirven unas raciones muy copiosas.*
SIN. Cuantioso, numeroso. ANT. Escaso.

**copista** s. m. y f. Persona que copia obras de arte o escritos.
SIN. Amanuense.

**copla** s. f. 1. Poesía que suele ser letra de muchas canciones populares. 2. Cosa que se repite con pesadez o de forma inoportuna: *¿Otra vez con la misma copla?*
SIN. 2. Canción, cantinela, rollo.

**copo** s. m. 1. Cada uno de los trocitos en que cae la nieve. 2. Trocito parecido de algo: *Desayuno leche con copos de maíz.*

**copón** s. m. Copa grande donde se guardan las hostias consagradas en la misa.
EXPR. del copón Muy grande o muy intenso: *Hace un frío del copón.*

**coproducción** s. f. Cosa producida por varias personas y, sobre todo, película de cine hecha por productoras de varios países.

**copropietario, ria** adj. y s. m. y f. Que es propietario de una cosa junto con otros: *Los cuatro hermanos son copropietarios del negocio.*

**cópula** s. f. 1. Unión sexual del macho y la hembra. 2. Palabra que sirve de unión entre dos palabras u oraciones, como las conjunciones y los verbos copulativos.
SIN. 1. Apareamiento, coito.
FAM. Copular, copulativo.

**copular** v. Realizar la cópula sexual.
SIN. Aparearse.

**copulativo, va** adj. 1. Se dice de los verbos que sirven de enlace entre el sujeto y su atributo, como *ser, estar* o *parecer.* 2. Se dice de las oraciones que se construyen con estos verbos. 3. Se dice de las conjunciones que unen palabras y oraciones añadiendo simplemente una a otra, como *y, e, ni.* 4. Se dice de las oraciones que están unidas por estas conjunciones, como *Fuimos a nadar y luego hicimos gimnasia. Ni fuma ni bebe.*

**coque** s. m. Combustible sólido que se obtiene del carbón mineral al someterlo a altas temperaturas.

**coqueta** s. f. Mueble de dormitorio con espejo y cajones.

**coquetear** v. Intentar las chicas atraer y gustar a los chicos, o los chicos a las chicas: *El primer día de clase Sonia empezó a coquetear con Quique.*

**coquetería** s. f. Característica de las personas coquetas.

**coqueto, ta** adj. y s. m. y f. 1. Persona a la que le gusta coquetear. 2. Presumido: *Como es tan coqueto, no deja de mirarse al espejo.* || adj. 3. Agradable, mono: *El salón ha quedado muy coqueto.*
SIN. 1. Frívolo, casquivano. 3. Gracioso, chulo. ANT. 2. Descuidado. 3. Feo.
FAM. Coqueta, coquetear, coquetería, coquetón.

**coquetón, na** adj. 1. Agradable, gracioso, mono: *El apartamento es pequeño, pero muy coquetón.* || adj. y s. m. y f. 2. Que le gusta coquetear: *Es un coquetón y por eso está siempre rodeado de mujeres.*
SIN. 1. y 2. Coqueto. 2. Frívolo.

**coquilla** s. f. En algunos deportes, aparato que se colocan los hombres para proteger los genitales de los golpes.

**coquina** s. f. Molusco con las conchas ovaladas y muy aplastadas que vive enterrado en la arena y es comestible.

**coracero** s. m. Soldado de caballería que iba protegido con coraza.

**coraje** s. m. 1. Ánimo, valentía: *Al equipo le sobra coraje para enfrentarse a cualquiera.* 2. Rabia, enfado: *Me da coraje que seas tan caprichoso.*
SIN. 1. Valor, decisión, arrojo. 2. Irritación, furia, cólera. ANT. 1. Desánimo, cobardía. 2. Gusto.
FAM. Corajudo. / Encorajinar.

**corajudo, da** adj. Que actúa con coraje o valentía.
SIN. Valiente, animoso. ANT. Cobarde, pusilánime.

**coral¹** s. m. 1. Animal marino muy pequeño que vive dentro de un esqueleto parecido a un árbol y forma colonias con otros muchos en los mares tropicales. 2. Esqueleto de estos animales, de color rojo o rosa, que se usa en joyería.
FAM. Coralífero, coralino.

**coral²** adj. 1. Del coro o relacionado con él: *música coral.* || s. f. 2. Agrupación de cantantes.
SIN. 2. Coro, orfeón, escolanía.

**coralífero, ra** adj. Que tiene corales: *arrecifes coralíferos.*

**coralino** adj. De coral o que se parece al coral: *arrecife coralino.*

**Corán** Libro sagrado de los musulmanes, que contiene la palabra de Dios revelada a su profeta Mahoma.

**coraza** *s. f.* **1.** Armadura que prote el pecho y la espalda. **2.** Placa de material duro que cubre y protege una cosa, por ejemplo un tanque. **3.** Caparazón de algunos animales como las tortugas. **FAM.** Coracero. / Acorazado.

**corazón** *s. m.* **1.** Órgano principal del sistema circulatorio. Está constituido por un músculo y se encarga de recoger la sangre que le llega de las venas e impulsarla hasta las demás partes del cuerpo. En las personas está situado en el pecho, hacia la parte izquierda. **2.** Figura con que suele representarse este órgano y cosa con esta forma. **3.** Sentimientos de una persona: *Sara tiene un gran corazón y le gusta ayudar a todo el mundo.* **4.** Lo que está situado en el centro de algo o es lo más importante: *Se ha comprado una casa en pleno corazón de la ciudad. Santi es el corazón de la pandilla.* **5.** Dedo más largo de los cinco de la mano. || *s. m. pl.* **6.** Palo de la baraja francesa que tiene dibujados en sus cartas uno o varios corazones de color rojo.

**EXPR. con el corazón en la mano** o **de todo corazón** Con toda franqueza y sinceridad. **el corazón en un puño** Expresa gran temor o preocupación: *Le dieron tal susto que tiene el corazón en un puño.* **partir** o **romper a alguien el corazón** Darle mucha pena. **romper corazones** Enamorar.

**FAM.** Corazonada. / Acorazonado, cordial, descorazonado, rompecorazones.

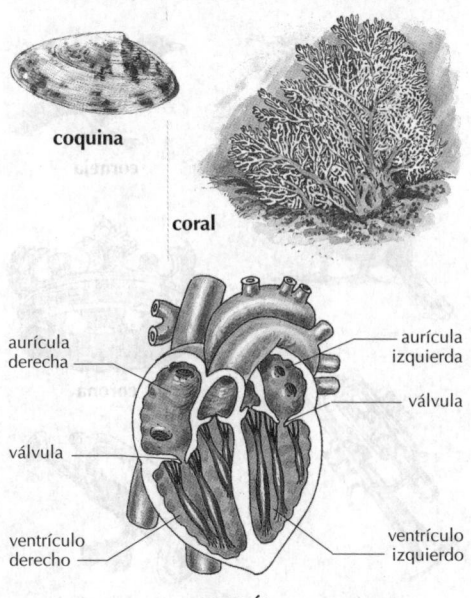

coquina

coral

aurícula derecha

aurícula izquierda

válvula

válvula

ventrículo derecho

ventrículo izquierdo

**corazón**

**corazonada** *s. f.* Sensación de que algo va a ocurrir o de que va a ser de una determinada manera: *Mi padre tenía la corazonada de que iba a tocarle la lotería.*
**SIN.** Presentimiento, pálpito, sospecha, presagio.

**corbata** *s. f.* Tira de tela que se ponen sobre todo los hombres debajo del cuello de la camisa y se ata dejando caer las puntas sobre el pecho.
**FAM.** Encorbatado.

**corbeta** *s. f.* Barco ligero de guerra, más pequeño que la fragata. ■ No confundir con *corveta*, 'movimiento del caballo'.

corbeta

**corcel** *s. m.* Caballo veloz, grande y bonito.

**corchea** *s. f.* Figura musical que equivale a la mitad de una negra.
**FAM.** Semicorchea.

**corchera** *s. f.* Cuerda o cable con flotadores que separa las calles en las piscinas.

**corchete** *s. m.* **1.** Broche formado por dos piezas: una tiene forma de asa, donde se mete la otra que tiene forma de gancho. **2.** Signo ortográfico con un uso parecido al del paréntesis.
**FAM.** Corchea.

**corcho** *s. m.* **1.** Material blando y muy ligero que se forma en la corteza de algunos árboles, sobre todo del alcornoque. **2.** Tapón hecho con un trozo de esta corteza.
**FAM.** Corchera. / Acorcharse, descorchar, sacacorchos.

**corcova** *s. f.* Joroba, chepa, giba.

**cordaje** *s. m.* Conjunto de cuerdas, sobre todo de una embarcación o de un instrumento musical: *el cordaje del violín.*

**cordel** *s. m.* Cuerda delgada.
**SIN.** Bramante.

**cordero, ra** *s. m.* y *f.* Cría de la oveja antes de cumplir un año.

**cordial** *adj.* Amable y cariñoso: *Nos envía un cordial saludo.*
**SIN.** Afable, simpático. **ANT.** Antipático, huraño.
**FAM.** Cordialidad.

**cordialidad** *s. f.* Característica de las personas y cosas cordiales: *Le trató con cordialidad.*
**SIN.** Amabilidad, cariño, simpatía. **ANT.** Antipatía.

**cordillera** *s. f.* Conjunto de montañas unidas entre sí y más o menos en línea.
SIN. Sierra.

**cordobán** *s. m.* Piel curtida de cabra.

**cordobés, sa** *adj.* y *s. m.* y *f.* De Córdoba, ciudad y provincia de Andalucía.
EXPR. **sombrero cordobés** Busca **sombrero**.
FAM. Cordobán.

**cordón** *s. m.* **1.** Cuerda de hilos, lana, cuero, plástico: *Abróchate los cordones de los zapatos.* **2.** Cable de algunos aparatos, por ejemplo el del teléfono. **3.** Conjunto de personas colocadas en línea o alrededor de algo para impedir el paso: *Un cordón de policías rodeaba el estadio.* **4.** En Hispanoamérica, bordillo de la acera.
EXPR. **cordón umbilical** Órgano largo y flexible que une al feto con la placenta de la madre durante el embarazo.
FAM. Cordoncillo. / Acordonar.

**cordoncillo** *s. m.* **1.** Línea de bordado. **2.** Línea en relieve que forma el tejido de algunas telas. **3.** Reborde pequeño y alargado de algunas cosas.

**cordura** *s. f.* Estado de la persona cuerda, que no está loca.
SIN. Sensatez. ANT. Locura.

**coreano, na** *adj.* y *s. m.* y *f.* **1.** De Corea, país del este de Asia. ‖ *s. m.* **2.** Lengua de Corea.

**corear** *v.* Repetir algo varias personas al mismo tiempo, por ejemplo lo que dice otra o la letra de una canción.

**coreografía** *s. f.* **1.** Conjunto de movimientos y pasos que hace un grupo de baile. **2.** Arte de inventar o preparar bailes para una música: *Cuando abandonó la danza, se dedicó a la coreografía.*
FAM. Coreógrafo.

**coreógrafo, fa** *s. m.* y *f.* Persona que se dedica a la coreografía.

**corintio, tia** *adj.* y *s. m.* y *f.* **1.** De Corinto, ciudad de Grecia. ‖ *adj.* y *s. m.* **2.** Se dice del estilo arquitectónico de la Grecia antigua caracterizado por tener en el capitel de sus columnas un adorno imitando las hojas espinosas y rizadas del acanto.

**corinto** *s. m.* Color marrón rojizo, algo morado.

**corista** *s. f.* En las revistas y otros espectáculos de teatro, artista del coro.

**cormorán** *s. m.* Ave con plumas oscuras, pico largo y en forma de gancho y patas cortas y fuertes, preparadas para nadar.

**cornada** *s. f.* Golpe dado por un animal con los cuernos y herida que produce.

**cornamenta** *s. f.* Cuernos de algunos animales como el toro o el ciervo.

**cornamusa** *s. f.* **1.** Trompeta larga con una vuelta en el centro del tubo y una boca muy ancha. **2.** Gaita.

**córnea** *s. f.* Membrana transparente que forma la parte delantera del globo del ojo.

**cornear** *v.* Dar cornadas.
SIN. Embestir.

**corneja** *s. f.* Pájaro parecido al cuervo, pero más pequeño.

**córneo, a** *adj.* De consistencia o dureza parecida a la del cuerno.

**córner** *s. m.* En fútbol y en otros deportes, falta que comete un equipo cuando lanza el balón fuera del campo por la línea de fondo de su propia portería y que se castiga con un saque desde la esquina a favor del equipo contrario. ■ Es una palabra inglesa. Su plural es *córners* o *córneres.*

**corneta** *s. f.* Instrumento de viento formado por un tubo de metal en forma de cono enrollado, que se utiliza para dar los distintos toques en el ejército y en las bandas militares.
FAM. Cornetín.

**cornetín** *s. m.* **1.** Instrumento musical parecido a la trompeta, pero más pequeño. **2.** Corneta pequeña utilizada en el ejército para dar las órdenes.

**cornezuelo** *s. m.* Hongo parásito del centeno y otros cereales.

**cornisa** *s. f.* **1.** Saliente en la parte superior de un edificio o en otra parte del mismo. **2.** Remate parecido en otra cosa, por ejemplo en un mueble. **3.** Parte saliente y rocosa que recorre el borde de una meseta, de una montaña o de un acantilado: *la cornisa cantábrica.*

cormorán

corneja

corona

cornetín

cornetín del ejército

**cornudo, da** *adj.* **1.** Que tiene cuernos. || *adj.* y *s. m.* **2.** Se dice del marido al que su mujer le engaña acostándose con otro hombre.

**cornúpeta** *adj.* y *s. m.* y *f.* Que tiene cuernos; se dice sobre todo del toro.

**coro** *s. m.* **1.** Grupo de personas que se reúnen para cantar. **2.** Grupo de personas que, en un espectáculo de teatro, actúan juntas y acompañan a los artistas principales. **3.** Poesía hecha para que la canten un grupo de personas. **4.** Lugar de las iglesias donde se colocan los cantores o donde se reúnen los religiosos para cantar o rezar.
**EXPR. a coro** Al mismo tiempo: *Los cinco respondieron a coro.*
**SIN. 1.** Coral, orfeón.
**FAM.** Coral², corear, coreografía, corista. / Trascoro.

**corola** *s. f.* Conjunto de los pétalos de la flor.
**FAM.** Corolario.

**corolario** *s. m.* Consecuencia de un hecho: *La larga sequía tuvo como corolario hambre y enfermedades.*
**SIN.** Secuela.

**corona** *s. f.* **1.** Joya en forma de aro que rodea la cabeza, como la que llevan los reyes y los emperadores. **2.** Aro de ramas o flores que se pone alrededor de la cabeza o al que se dan otros usos, como los que se dejan en las tumbas, en recuerdo de alguien. **3.** Reino o monarquía: *la Corona española.* ■ Con este significado se suele escribir con mayúscula. **4.** Cerco que rodea la cabeza de las imágenes de la Virgen y los Santos. **5.** Ruedecita para dar cuerda a los relojes. **6.** Parte del diente que queda fuera de la encía. **7.** La parte de un círculo comprendida entre dos circunferencias que tienen el mismo centro.
**SIN. 4.** Nimbo, halo.
**FAM.** Coronar, coronario, coronilla.

**coronar** *v.* **1.** Ponerle una corona a alguien al nombrarle rey o reina: *La reina de las fiestas del año pasado coronó a la de este año.* **2.** Colocar o colocarse una persona o cosa en la parte superior de algo: *Una estrella dorada coronaba el árbol de Navidad.* **3.** Terminar algo o ser una cosa el final de otra: *Los fuegos artificiales coronaron las fiestas de esa ciudad.*
**SIN. 2.** y **3.** Rematar. **3.** Acabar. **ANT. 3.** Iniciar.

**coronario, ria** *adj.* y *s. f.* **1.** Se dice sobre todo de las arterias que llevan la sangre al corazón. || *adj.* **2.** Se aplica a las enfermedades relacionadas con el corazón y las arterias que lo riegan.

**coronel** *s. m.* y *f.* Jefe militar de los ejércitos de tierra y aire, que tiene a su mando un regimiento; su graduación está entre la de teniente coronel y la de general.

**coronilla** *s. f.* Parte superior de la cabeza por detrás: *Se ha dado con el pico de la ventana en la coronilla.*

**EXPR. andar** o **ir de coronilla** Estar muy atareado haciendo algo o intentando dar gusto a alguien: *Tiene tanto que estudiar estos días que anda de coronilla.*
**estar hasta la coronilla** Estar harto: *Estoy hasta la coronilla de esperarte.*

**corpiño** *s. m.* **1.** Prenda de vestir de mujer, muy ajustada y sin mangas, que cubre el pecho y la espalda hasta la cintura. **2.** En Argentina, sujetador, prenda interior femenina.

**corporación** *s. f.* **1.** Agrupación de personas que tiene sus propias normas y trata de defender los intereses comunes a todos sus miembros. Son corporaciones, por ejemplo, las organizaciones de personas de una misma profesión como la formada por los médicos o los abogados. **2.** Conjunto de personas que forman el ayuntamiento de un pueblo o ciudad: *Al pregón de las fiestas asistió la corporación.*
**SIN. 1.** Colegio.
**FAM.** Corporativismo, corporativo.

**corporal** *adj.* **1.** Del cuerpo o relacionado con él: *El ejercicio corporal ayuda a mantenerse en forma.* || *s. m. pl.* **2.** Tela cuadrada del tamaño de un pañuelo, sobre la que se ponen el cáliz y la hostia en la misa.

**corporativismo** *s. m.* Comportamiento de un grupo de personas con la misma profesión que defiende sus intereses aunque perjudique al resto de la sociedad.

**corporativo, va** *adj.* Que forma una corporación o se relaciona con ella.

**córpore insepulto** *expr.* Se dice de las ceremonias fúnebres que tienen lugar antes de que se entierre el cadáver: *misa córpore insepulto.* ■ Es una expresión latina.

**corpóreo, a** *adj.* Que tiene cuerpo o está formado por alguna materia.
**SIN.** Material. **ANT.** Inmaterial.
**FAM.** Incorpóreo.

**corpulencia** *s. f.* Característica de las personas, animales o árboles corpulentos: *Los jugadores de rugby tienen gran corpulencia.*

**corpulento, ta** *adj.* Se dice de las personas, animales o árboles altos, grandes y fuertes: *El oso es un animal corpulento.*
**SIN.** Robusto, fornido. **ANT.** Endeble, pequeño.
**FAM.** Corpulencia.

**corpus** *s. m.* Conjunto de textos, datos o materiales sobre una materia determinada. ■ Es una palabra latina. No varía en plural.
**EXPR. Corpus** o **Corpus Christi** Fiesta que la Iglesia católica celebra en honor a la eucaristía.

**corpúsculo** *s. m.* Cuerpo muy pequeño o cantidad muy pequeña de materia.

**corral** *s. m.* **1.** Lugar cercado y al aire libre, en las casas o en el campo, donde habitualmente se encierra a los animales domésticos o al ganado. **2.**

En algunas casas antiguas, patio descubierto donde se hacían representaciones teatrales; se suele llamar *corral de comedias*.
**FAM.** Corrala, corralito, corro. / Acorralar.

**corrala** *s. f.* Casa de vecinos de varios pisos con un amplio patio interior al que dan las puertas de cada vivienda.

**corralito** *s. m.* Sitio con suelo de lona y una red como pared, donde se coloca a los niños pequeños para que jueguen sin peligro.
**SIN.** Parque.

**correa** *s. f.* **1.** Tira larga y estrecha de cuero o de otro material, que se utiliza sobre todo para atar o sujetar algo: *Ponle la correa al perro para que no se escape.* **2.** Capacidad para aguantar trabajos o bromas sin cansarse ni enfadarse: *Para dar clase a niños pequeños hay que tener bastante correa.*
**SIN.** **1.** Cinturón. **2.** Aguante, paciencia.
**FAM.** Correaje.

**correaje** *s. m.* Conjunto de correas que tiene una cosa: *Antes de montar, se aseguró de que el caballo tenía bien puesto el correaje.*

**corrección** *s. f.* **1.** Cambio que se hace para corregir algo que estaba mal: *El profesor nos devolvió los cuadernos con las correcciones.* **2.** Castigo leve que se le pone a alguien. **3.** Educación, modo de portarse las personas de manera correcta. **4.** Manera correcta de hacer algo: *Isabel lee con corrección.*
**SIN.** **1.** Rectificación, enmienda. **3.** Cortesía. **ANT.** **3.** Incorrección, descortesía.

**correccional** *adj.* **1.** Que sirve para corregir: *un castigo correccional.* || *s. m.* **2.** Centro donde se lleva a los chicos que han cometido un delito y no son aún mayores para ir a la cárcel.
**SIN.** **1.** Correctivo. **2.** Reformatorio.

**correctamente** *adv.* De manera correcta, bien: *Procuraba hacer las cosas correctamente.*

**correctivo, va** *adj.* y *s. m.* **1.** Que corrige o trata de corregir algo. || *s. m.* **2.** Castigo que se le pone a alguien para que no vuelva a hacer algo malo que ha hecho: *El capitán puso un correctivo al soldado por dormirse en la guardia.*
**SIN.** **1.** Correccional.

**correcto, ta** *adj.* **1.** Bien hecho o sin ningún fallo: *El resultado del ejercicio de matemáticas es correcto.* **2.** Se dice de la persona educada, que sabe comportarse bien en todo momento.
**SIN.** **1.** Perfecto, preciso. **2.** Atento, comedido. **ANT.** **1.** Incorrecto, imperfecto. **2.** Descortés, desatento.

**corrector, ra** *adj.* y *s. m.* y *f.* Que corrige algo: *Esta máquina de escribir tiene una tecla correctora.*

**corredera** *adj.* **1.** Se dice de las puertas o ventanas que se abren y cierran deslizándose por ranuras o carriles. ■ También se usa la expresión *de corredera.* || *s. f.* **2.** Ranura o carril por donde resbala o

corre una pieza en algunos mecanismos. **3.** Esa pieza que resbala o corre.
**SIN.** **2.** Raíl, riel.

**corredizo, za** *adj.* Se dice de los nudos o lazos que se aprietan o aflojan con facilidad porque pueden correr por la cuerda o tira donde están hechos: *El nudo de la corbata es un nudo corredizo.*

**corredor, ra** *adj.* y *s. m.* y *f.* **1.** Que corre mucho: *Los perros de caza son buenos corredores.* || *adj.* y *s. f.* **2.** Se dice de las aves que tienen alas que no les sirven para volar y patas desarrolladas para correr, como el avestruz. || *s. m.* y *f.* **3.** Persona que participa en una carrera: *Los corredores estaban preparados en la pista para tomar la salida.* **4.** Persona que tiene por oficio poner en contacto a las personas que quieren vender algo con las que lo quieren comprar. **5.** Persona que se ocupa de hacer apuestas para otras personas. || *s. m.* **6.** Pasillo o galería con ventanas.
**SIN.** **3.** Atleta. **6.** Claustro.

**corregidor** *s. m.* **1.** Antiguamente, persona que actuaba como juez en algunas poblaciones. **2.** Antiguamente, cargo parecido al de alcalde.

**corregir** *v.* **1.** Señalar lo que está mal o cambiarlo para que esté bien: *Lee la carta y si tiene alguna falta corrígela. El defecto que tiene en la vista se le corregirá cuando crezca.* **2.** Decir a una persona que ha hecho mal algo: *Alberto se equivocó al contar y su madre le corrigió cariñosamente.* **3.** Ver el profesor los ejercicios o exámenes de los alumnos y ponerles nota. ■ Delante de *a* y *o* se escribe *j* en lugar de *g.* Es un verbo irregular. Se conjuga como *pedir.*
**SIN.** **1.** Rectificar, enmendar. **2.** Reñir, reprender, advertir, amonestar. **ANT.** **1.** Confirmar, ratificar. **2.** Aprobar, alabar.
**FAM.** Corrección, correccional, correctamente, correctivo, correcto, corrector. / Incorrecto, incorregible.

**correlación** *s. f.* Relación que existe entre una cosa y otra: *Normalmente hay una correlación entre lo que una persona estudia y lo que sabe.*
**SIN.** Correspondencia, conexión. **ANT.** Desconexión.
**FAM.** Correlativo, correlato.

**correlativo, va** *adj.* **1.** Se dice de las cosas que están en correlación. **2.** Que va inmediatamente después que otro: *El dos, el tres y el cuatro son números correlativos.* **3.** Se dice de las palabras o grupos de palabras que expresan una relación entre dos cosas. Por ejemplo en la frase *Cuanto más corras, tanto menos tardarás en llegar, cuanto* y *tanto* son términos correlativos o que están en correlación.
**SIN.** **1.** Correspondiente. **2.** Consecutivo, sucesivo.

**correlato** *s. m.* Cosa o suceso que está en relación con otro: *La tensión del partido tuvo su correlato en la calle, donde se enfrentaron aficionados de ambos equipos.*

**correligionario, ria** *adj.* y *s. m.* y *f.* Se dice de las personas que pertenecen a un mismo grupo por tener la misma religión o también las mismas ideas sobre algo; por ejemplo, son correligionarios los miembros de un partido político.
**SIN.** Camarada.

**correntada** *s. f.* En Hispanoamérica, corriente muy fuerte de agua.

**correo** *s. m.* **1.** Medio por el que se mandan cartas o paquetes pequeños y servicio encargado de transportarlos: *Te enviaré las fotos por correo.* **2.** Conjunto de cartas que se mandan o se reciben: *El portero nos metió el correo por debajo de la puerta.* **3.** Antiguamente, persona encargada de llevar mensajes de un lugar a otro: *el correo del zar.* || *s. m. pl.* **4.** Edificio donde se organiza el transporte y reparto de las cartas y paquetes: *Fuimos a correos a echar una carta.*
**EXPR.** **correo electrónico** Mensaje que se envía a través de Internet y sistema por el que se mandan estos mensajes. Se llama también *e-mail.*
**SIN.** 2. Correspondencia. 3. Emisario, mensajero.

**correoso, sa** *adj.* Que se estira y se dobla fácilmente sin romperse, como el caucho, la goma o el pan cuando está húmedo.
**SIN.** Elástico. **ANT.** Rígido.

**correpasillos** *s. m.* Juguete infantil con ruedas sobre el que se sientan los niños y se mueven empujándose con los pies. ■ No varía en plural.

**correr** *v.* **1.** Andar rápidamente dándose impulso, de manera que entre un paso y el siguiente queden un momento los dos pies en el aire: *El jugador corrió con la pelota de un lado a otro del campo.* **2.** Ir deprisa o hacer algo con rapidez: *No corras tanto, que vamos a llegar demasiado pronto. Abrió el paquete corriendo para ver qué tenía.* **3.** Moverse el aire o algún líquido o gas: *Corría una brisa muy agradable. Abre el grifo y deja correr el agua un poco.* **4.** Pasar el tiempo: *En vacaciones los días corren muy deprisa.* **5.** Mover un cerrojo, una cortina o cosas parecidas para cerrar o tapar algo: *Corre el visillo para que no te vean desde la calle.* **6.** Mover o apartar a una persona o cosa: *Corre esa silla a un lado, que estorba.* **7.** Pasar de unas personas a otras una noticia: *Se ha corrido el rumor de que mañana hay examen.* **8.** Pasar por una situación de peligro o aventura: *Si andas por el borde de la acera, corres el riesgo de caerte.* || **correrse** **9.** Extenderse los colores: *Al lavar la falda, se han corrido los colores de las flores.* **10.** Tener un orgasmo. ■ Con este significado, es una palabra vulgar.
**EXPR.** **a todo correr** Lo más rápido posible. **correrla** Ir de juerga. **dejar correr** algo Dejar que pase sin preocuparse por ello: *Deja correr un poco de tiempo y verás como todo se arregla.*
**SIN.** 1. Trotar. 2. Apresurarse, aligerar, precipitarse. 3. Fluir. 6. Desplazar. 7. Propagar, divulgar, circular. **ANT.** 1. Pararse, detenerse. 2. Tardar, retrasarse, atrasarse.

**FAM.** Corredera, corredizo, corredor, correpasillos, correría, corretear, correvedile, correveidile, corrida, corrido, corriente, corrimiento. / Descorrer, recorrer.

**correría** *s. f.* **1.** Ataque que se hace en el territorio enemigo, destruyendo todo lo que se encuentra al paso. || *s. f. pl.* **2.** Aventuras, juergas, travesuras: *Al abuelo le gustaba contarnos las correrías de su juventud.*
**SIN.** 2. Peripecias.

**correspondencia** *s. f.* **1.** Acción de corresponder o corresponderse: *Le hizo un regalo en correspondencia a la ayuda que había recibido.* **2.** Relación por carta entre dos o más personas: *Mantiene correspondencia con chicos de otros países.* **3.** Cartas que envía o recibe una persona: *Cogimos la correspondencia del buzón.*
**SIN.** 1. Correlación, conexión, equivalencia. 2. Trato, comunicación. 3. Correo.

**corresponder** *v.* **1.** Tener relación una cosa con otra: *Ese significado corresponde a otra palabra.* **2.** Responder a algo que se recibe dando o haciendo alguna cosa: *Les hizo un regalo para corresponder a todo lo que habían hecho por él.* **3.** Tocar o ser para alguien alguna cosa: *A mí me corresponde hacer la compra los sábados.*
**SIN.** 1. Relacionarse, concordar. 2. Agradecer, recompensar. **ANT.** 1. Contrastar.
**FAM.** Correspondencia, correspondiente, corresponsal.

**correspondiente** *adj.* Que está relacionado con alguien o algo o es propio de ellos: *Había nevado y hacía el correspondiente frío.*
**SIN.** Consabido, pertinente, adecuado. **ANT.** Desproporcionado, inadecuado.

**corresponsal** *s. m.* y *f.* **1.** Periodista de un diario, revista o cadena de radio o televisión enviado a otra población o a un país extranjero para que mande información sobre lo que allí ocurre: *El corresponsal en París le hizo una entrevista al ganador del Tour de Francia.* **2.** Persona a través de la que una empresa o comerciante mantiene relaciones con personas de otro país o lugar.
**SIN.** 2. Agente, representante, delegado.

**corretear** *v.* Correr de un lado para otro: *Durante el recreo, los niños correteaban por el patio.*

**correveidile** o **correvedile** *s. m.* y *f.* Persona a la que le gusta enterarse de las cosas de otras y las va contando a los demás.
**SIN.** Cotilla, chismoso.

**corrida** *s. f.* **1.** Acción de correr de un lugar a otro: *Vete a casa de una corrida y coge los libros.* **2.** Espectáculo en que se lidian toros.
**SIN.** 1. Carrera. 2. Lidia.

**corrido, da** *adj.* **1.** Que se ha recorrido corriendo: *En televisión pusieron imágenes de los primeros kilómetros corridos por los ciclistas.* **2.** Que se ha

movido o se ha apartado: *Deja corrido el cerrojo de la puerta.* **3.** Se dice de la situación de peligro o aventuras por la que alguien ha pasado: *El peligro corrido en la operación de anginas fue muy pequeño.* **4.** Se dice de algunas partes de un edificio que van de un lado a otro seguidas: *un balcón corrido.* **5.** Avergonzado: *Luis se quedó todo corrido cuando los demás descubrieron que había dicho una mentira.* ‖ *s. m.* **6.** Canción a dos voces, con acompañamiento musical, propia de México, Venezuela y otros países hispanoamericanos.
**EXPR. de corrido** o **de corrida** De carrerilla, todo seguido: *Leyó la lección de corrido.*
**SIN. 4.** Seguido, continuo. **5.** Abochornado, cortado.

**corriente** *adj.* **1.** Que corre: *Hoy en día hay agua corriente en casi todos los pueblos.* **2.** Ni bueno ni malo, ni bonito ni feo: *Cómprame un cuaderno corriente.* **3.** Que lo hace mucha gente o que ocurre muchas veces o en muchos sitios: *Es corriente irse de vacaciones en verano.* **4.** Se dice del día, mes, año u otro espacio de tiempo en el que se está: *Le enviaremos lo que pidió a finales del mes corriente.* ‖ *s. f.* **5.** Movimiento de un líquido o un gas: *La corriente del río llevó la barca hasta la orilla. Abre la ventana para que se haga un poco de corriente de aire.* **6.** Electricidad que pasa a través de un cable o hilo conductor: *Da la luz para ver si hay corriente.* Se llama también *corriente eléctrica.* **7.** Ideas, pensamientos o modos de hacer las cosas característicos de un grupo de personas: *Hay una exposición de pintores de corrientes artísticas modernas.*
**EXPR. al corriente** Sin atraso: *Está al corriente en el pago de todos los recibos.* También significa 'enterado, que sabe algo': *Estamos al corriente de lo que ha pasado.* **llevar** o **seguir la corriente a alguien** Decirle que se está de acuerdo con él aunque no sea verdad.
**SIN. 2.** Normal, ordinario, vulgar, mediocre. **2.** y **3.** Común, habitual, frecuente. **ANT. 1.** Estancado. **2.** y **3.** Extraordinario, raro.
**FAM.** Correntada, corrientemente. / Contracorriente.

**corrientemente** *adv.* **1.** La mayoría de las veces o habitualmente: *Corrientemente después de comer, el abuelo se echa un rato la siesta.* **2.** Normal, ni mal ni bien: *Bah, en ese restaurante se come corrientemente.*

**corrillo** *s. m.* Grupo de personas que se juntan aparte para hablar de algo: *A la salida de clase, algunos alumnos se quedaron en corrillos comentando el examen.*
**SIN.** Corro, círculo.

**corrimiento** *s. m.* Movimiento de una gran extensión de terreno: *El terremoto provocó varios corrimientos de tierras.*

**corro** *s. m.* **1.** Grupo de personas en círculo: *Los periodistas hicieron un corro alrededor de los jugadores.* **2.** Juego de niños que consiste en saltar y moverse cogidos de la mano y cantando alguna canción.
**SIN. 1.** Corrillo.
**FAM.** Corrillo.

**corroborar** *v.* Decir o probar que es cierto algo que ya se había dicho o hecho: *Las fotos corroboran que en Marte no hay seres vivos.*
**SIN.** Ratificar, reafirmar, apoyar, refrendar. **ANT.** Negar, refutar, rebatir.

**corroer** *v.* **1.** Desgastar poco a poco una cosa el agua, el viento o alguna sustancia: *El viento y la arenilla fueron corroyendo las estatuas del parque.* **2.** Sentirse mal o intranquilo, o hacer que alguien se sienta así: *Le corroía la envidia.* ■ Es un verbo irregular. Se conjuga como *roer.*
**SIN. 1.** Gastar, carcomer. **2.** Consumir, concomerse.
**FAM.** Corrosión, corrosivo.

**corromper** *v.* **1.** Estropear algunas cosas, como los alimentos o el agua: *El pescado se ha corrompido por estar tantos días fuera de la nevera.* **2.** Hacer que alguien o algo se vuelva malo según la moral: *Era un buen chico, pero las malas amistades acabaron corrompiéndole.*
**SIN. 1.** Pudrir, descomponer. **2.** Viciar, enviciar. **ANT. 1.** Conservar. **2.** Ennoblecer.
**FAM.** Corrupción, corruptela, corrupto, corruptor.

**corrosión** *s. f.* Acción de corroer alguna cosa: *La corrosión ha dañado mucho a las estatuas de piedra.*
**SIN.** Desgaste.

**corrosivo, va** *adj.* Que corroe: *El ácido sulfúrico es una sustancia muy corrosiva.*

**corrupción** *s. f.* Acción de corromper o corromperse: *El calor hace más rápida la corrupción de los alimentos. Al final del imperio romano había una gran corrupción en las costumbres.*
**SIN.** Descomposición, putrefacción; perversión.

**corruptela** *s. f.* Corrupción, soborno o asunto ilegal.

**corrupto, ta** *adj.* y *s. m.* y *f.* Se dice de las personas, formas de vida o costumbres que están corrompidas.
**SIN.** Enviciado, depravado.
**FAM.** Incorrupto.

**corruptor, ra** *adj.* y *s. m.* y *f.* Se dice de quien hace que se corrompa otra persona, un modo de vida o una costumbre.

**corrusco** *s. m.* **1.** Trozo de pan duro. **2.** Pico de la barra de pan.
**SIN. 1.** Mendrugo, coscurro.

**corsario, ria** *adj.* y *s. m.* y *f.* Se decía de los piratas autorizados por su gobierno para atacar y robar barcos enemigos, y de lo relacionado con ellos.

**corsé** *s. m.* **1.** Prenda interior muy ajustada al cuerpo que usan las mujeres. **2.** Prenda ajustada que se les pone a las personas que tienen alguna lesión de columna vertebral.
**FAM.** Corsetería. / Encorsetar.

**corsetería** *s. f.* Tienda donde se hacen y se venden corsés, fajas y otras prendas semejantes.

**corso, sa** *adj.* y *s. m.* y *f.* **1.** De Córcega, isla francesa en el mar Mediterráneo. ‖ *s. m.* **2.** Dialecto italiano que se habla en esa isla.

**corta** *s. f.* Acción de cortar árboles y plantas. **SIN.** Tala.

**cortacésped** *s. amb.* Máquina que sirve para cortar el césped.

**cortacircuitos** *s. m.* Aparato que sirve para cortar automáticamente la corriente eléctrica cuando es excesiva o peligrosa. ■ No varía en plural.

**cortadillo** *s. m.* **1.** Pastel de forma cuadrada. **2.** Terrón de azúcar.

**cortado, da** *adj.* **1.** Que lo cortaron o se cortó: *Para hacer la estantería compró las maderas ya cortadas. Está cortado el tráfico en el centro de la ciudad. Tengo las manos cortadas. No te tomes la leche si está cortada.* ‖ *adj.* y *s. m.* y *f.* **2.** Tímido, vergonzoso, apocado: *No seas tan cortado y pregúntales si puedes jugar con ellos.* ‖ *adj.* y *s. m.* **3.** Se dice del café que se sirve con un poco de leche. **SIN. 2.** Corto, parado, cohibido. **ANT. 2.** Atrevido, osado, desenvuelto.

**cortadura** *s. f.* Corte producido en la piel con un cuchillo, navaja u otra cosa que corta: *Se hizo varias cortaduras al recoger los cristales rotos.* **SIN.** Tajo, raja.

**cortafrío** *s. m.* Herramienta de acero, de punta recta y afilada, que se utiliza para cortar metales u otros materiales en frío, golpeando sobre ella con un martillo. **SIN.** Escoplo.

**cortafuego** o **cortafuegos** *s. m.* Camino o zanja en línea recta que se hace en las montañas o entre los sembrados para evitar que se extienda el fuego, en caso de que lo haya. ■ *Cortafuegos* no varía en plural.

**cortante** *adj.* **1.** Que sirve para cortar: *El cuchillo es un instrumento cortante.* **2.** Que deja a alguien cortado o sin atreverse a hacer o decir nada: *El director le recibió de una manera tan cortante que no se atrevió a preguntarle nada.*

**cortapisa** *s. f.* Dificultad o condición para hacer algo: *Le pusieron tantas cortapisas para organizar la rifa que decidieron no hacerla.* **SIN.** Obstáculo, limitación, pega, traba. **ANT.** Facilidad.

**cortaplumas** *s. m.* Navaja pequeña. ■ No varía en plural.

**cortapuros** *s. m.* Utensilio que sirve para cortar la punta de los puros antes de fumárselos. ■ No varía en plural.

**cortar** *v.* **1.** Hacer una raja en algún lugar o separar un trozo de algo con instrumentos como un cu-

chillo o unas tijeras: *Se cortó en un dedo con la navaja. Córtate un trocito de tarta.* **2.** Impedir que alguien o algo pase o continúe: *La policía cortó el tráfico por la zona donde ocurrió el accidente. Me han llamado por teléfono, pero se ha cortado la comunicación.* **3.** Quitar parte de algo o hacer que dure menos o que sea más pequeño: *Cortaron algunas escenas de la película. Tienen que cortarme un poco la falda porque me queda muy larga.* **4.** Dejar a alguien sin saber qué hacer o qué decir, o quedarse de ese modo: *Es muy simpática, lo que pasa es que se corta mucho delante de la gente.* **5.** Ir a través de un líquido o por el aire: *El velero navegaba cortando las olas.* **6.** Ir por un camino más corto: *Llegaron antes porque cortaron por un atajo.* **7.** Separar en dos partes el conjunto de cartas de una baraja para que queden desordenadas. ‖ **cortarse 8.** Estropearse la leche, una salsa o una crema al quedar mal mezcladas las sustancias que las forman: *Se le cortó la mayonesa y tuvo que tirarla.*

**EXPR. cortar por lo sano** Terminar algo de manera brusca.

**SIN. 1.** Rajar, escindir, seccionar. **4.** Aturdir, avergonzar. **5.** Surcar. **6.** Acortar, atajar. **ANT. 1.** Unir, pegar. **FAM.** Corta, cortacésped, cortacircuitos, cortadillo, cortado, cortadura, cortafrío, cortafuego, cortafuegos, cortante, cortaplumas, cortapuros, cortaúñas, corte[1], corto. / Entrecortado, recortar.

**cortaúñas** *s. m.* Utensilio para cortar las uñas. ■ No varía en plural.

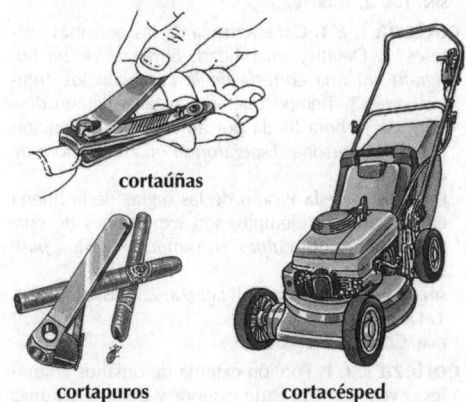

cortaúñas

cortapuros          cortacésped

**corte**[1] *s. m.* **1.** Acción y resultado de cortar: *¡Menudo corte se ha hecho cuando estaba pelando la naranja!* **2.** Filo de un instrumento cortante. **3.** Técnica de saber cortar los vestidos: *Elena sabe corte y se hace muchos vestidos.* **4.** Cantidad de tela con la que se hacen prendas de vestir: *un corte de falda.* **5.** Trozo de helado entre dos galletas. **6.** Aquello que deja a una persona sin saber cómo reaccionar ni qué decir: *¡Vaya corte que le has* *dado al presumido de Enrique!* **7.** Vergüenza: *¡Vaya corte, me he equivocado de timbre y he llamado a casa del vecino!* **SIN. 7.** Apuro.

**corte²** *s. f.* **1.** Población donde vive el rey en las monarquías. **2.** El rey, la familia real y las personas que les acompañan y ayudan. **3.** En Hispanoamérica, tribunal de justicia. || *s. f. pl.* **4.** En España, personas que hacen las leyes y que forman el Congreso y el Senado. ■ Con este significado se escribe con mayúscula. **EXPR. hacer la corte** Cortejar. **FAM.** Cortejar, cortesano, cortesía.

**cortedad** *s. f.* Timidez, encogimiento, sentimiento de vergüenza.

**cortejar** *v.* Decir piropos a una chica o hacer otras cosas para agradarla y conquistarla. **SIN.** Galantear. **FAM.** Cortejo.

**cortejo** *s. m.* **1.** Acción de cortejar. **2.** Conjunto de personas que van de acompañamiento en una ceremonia: *Los reyes entraron en el palacio seguidos de un cortejo de invitados.* **SIN. 2.** Séquito, comitiva.

**cortés** *adj.* Atento, amable, educado: *Es muy cortés, siempre cede el asiento a las señoras mayores.* **SIN.** Correcto, considerado. **ANT.** Descortés.

**cortesano, na** *adj.* **1.** De la corte o relacionado con ella. || *s. m.* **2.** Persona que sirve al rey en la corte. **SIN. 1.** y **2.** Palaciego.

**cortesía** *s. f.* **1.** Característica de las personas corteses. **2.** Detalle, amabilidad: *El regalo de un bolígrafo era una cortesía de la casa con los compradores.* **3.** Tiempo que se espera a alguien después de la hora fijada por amabilidad y atención hacia esa persona: *Esperaron el cuarto de hora de cortesía.* **EXPR. de cortesía** Propio de las reglas de la buena educación; por ejemplo, son expresiones de cortesía *gracias, disculpe, con mucho gusto, pase usted primero.* **SIN. 1.** y **2.** Gentileza, delicadeza. **2.** Obsequio. **ANT. 1.** Descortesía. **FAM.** Cortés. / Descortés.

**corteza** *s. f.* **1.** Porción externa de órganos animales o vegetales. **2.** Parte exterior y dura de algunas frutas y otras cosas: *la corteza de la naranja, la corteza del pan, la corteza del queso.* **EXPR. corteza terrestre** Capa sólida que recubre la Tierra; tres cuartas partes de esta capa están cubiertas por el agua. **SIN. 2.** Cáscara.

**cortijo** *s. m.* Finca típica de Andalucía con una gran casa y con tierras alrededor.

**cortina** *s. f.* **1.** Paño grande hecho de tejidos diversos que se cuelga delante de ventanas, de puer-

tas y de otras cosas. **2.** Lo que tapa, oculta o separa algo: *Está cayendo tal cortina de agua que no deja ver la carretera. Una cortina de humo ocultaba el avance de la infantería.* **FAM.** Cortinaje, cortinilla.

**cortinaje** *s. m.* Conjunto o juego de cortinas.

**cortinilla** *s. f.* Cortina pequeña, como las de las ventanas de los trenes y otros vehículos.

**cortisona** *s. f.* Sustancia que se saca de la corteza de unas glándulas situadas encima del riñón o se prepara por métodos químicos. La cortisona se utiliza en medicina.

**corto, ta** *adj.* **1.** Pequeño o de menos longitud en comparación con otras cosas de su misma clase: *Le queda bien el pelo corto.* **2.** Menos largo que lo que debería ser: *Belén ha crecido mucho y se le ha quedado corta la falda.* **3.** Que dura poco tiempo: *El examen fue corto: en media hora ya habíamos terminado.* **4.** Poco inteligente o poco espabilado. **5.** Tímido: *No seas corto y dile con confianza lo que te pasa.* || *adj.* y *s. m.* **6.** Con menos cantidad de lo habitual: *un café corto.* || *s. m.* **7.** Cortometraje. **EXPR. corto de vista** Miope. **quedarse corto** No llegar a una cantidad por haber calculado mal: *Pensó que le iba a costar diez euros, pero se quedó corta.* No ser nunca suficiente lo que se dice para llegar a expresar lo bueno o lo malo de algo: *Ese museo me parece maravilloso, y me quedo corta.* **SIN. 3.** Breve. **4.** Torpe, necio. **5.** Vergonzoso, apocado. **ANT. 1.** a **3.** Largo. **4.** Listo. **FAM.** Cortedad, cortometraje. / Acortar, paticorto.

**cortocircuito** *s. m.* Corriente de gran intensidad que se produce por algún fallo en un aparato o entre dos cables eléctricos mal aislados.

**cortometraje** *s. m.* Película que no dura más de treinta minutos. **SIN.** Corto.

**coruñés, sa** *adj.* y *s. m.* y *f.* De La Coruña, ciudad y provincia de Galicia.

**corva** *s. f.* Parte de la pierna, opuesta a la rodilla, por donde se dobla y encorva.

**corvejón** *s. m.* Una articulación que los cuadrúpedos tienen en las patas posteriores.

**corveta** *s. f.* Movimiento que se enseña al caballo y que consiste en caminar sobre las patas de atrás, teniendo las de delante en alto. ■ No confundir con *corbeta,* 'barco ligero de guerra'.

**corvo, va** *adj.* Curvo: *Los halcones y las águilas tienen el pico corvo.* **SIN.** Encorvado. **FAM.** Corva, corvejón, corveta.

**corzo, za** *s. m.* y *f.* Animal parecido al ciervo, con el pelo rojizo en verano y grisáceo en invierno. El macho tiene astas pequeñas poco ramificadas.

**cosa** *s. f.* **1.** Todo lo que de algún modo existe, distinto de las personas, las plantas y los animales, como por ejemplo, una mesa, un semáforo o un cuadro. **2.** Palabra que utilizamos en el lenguaje con muchos significados, a menudo en lugar de otras: *Quita esa cosa de ahí. Tenemos muchas cosas que hacer en el colegio. ¡Qué cosas te pasan!* **3.** En oraciones negativas, equivale a nada: *No hay cosa peor que no tener confianza en los demás.* **EXPR. cosa fina** Cosa muy buena: *Nos comimos una paella cosa fina.* **cosa mala** Mucho, muy grande: *Estuvo lloviendo cosa mala.* **poquita** (o **poca**) **cosa** Persona bajita y delgada o que parece estar débil. ‖ **como quien no quiere la cosa** Con mucho disimulo. **como si tal cosa** Sin dar importancia a nada. **ser cosa de** Ser algo conveniente: *Si te sigue doliendo el pie, será cosa de ir al médico.*

**cosaco, ca** *adj.* y *s. m.* y *f.* **1.** Se dice de los habitantes de varios distritos del sur de la antigua Rusia. ‖ *s. m.* **2.** Soldado ruso de tropa ligera.

**coscoja** *s. f.* **1.** Árbol bajo o arbusto parecido a la encina, de hojas perennes pequeñas con el borde muy espinoso y fruto en forma de bellota. **2.** Hoja seca de la encina.

**coscorrón** *s. m.* Golpe dado en la cabeza, del que no sale sangre, pero duele. **SIN.** Cabezazo, cosqui. **FAM.** Cosqui.

**coscurro** *s. m.* Busca **cuscurro. SIN.** Corrusco, tarugo.

**cosecha** *s. f.* **1.** Conjunto de frutos que en una época del año se recogen de la tierra, como el trigo o la uva. **2.** Producto que se obtiene de esos frutos: *una cosecha de vino.* **3.** Ocupación de recoger esos frutos. **4.** Época en que se recogen. **EXPR. de la cosecha** de alguien De su propia invención: *Esos versos son de su cosecha.* **SIN. 3.** y **4.** Recolección, recogida. **FAM.** Cosechadora, cosechar.

**cosechadora** *s. f.* Máquina que sirve para cortar y recoger la cosecha, sobre todo de los cereales.

**cosechar** *v.* **1.** Recoger los productos del campo cuando están maduros. **2.** Ganarse algo, como triunfos, aplausos, odios: *Después de tanto tiempo entrenando, cosechó la merecida victoria.* **SIN. 1.** Recolectar. **2.** Obtener, granjearse.

**coser** *v.* **1.** Unir con hilo y aguja dos o más pedazos de tela u otras cosas. **2.** Hacer pespuntes, bordados y otras labores en una tela. **3.** Grapar. **EXPR. ser** algo **coser y cantar** Ser muy fácil. **ANT. 1.** Descoser. **FAM.** Cosido, costura. / Descoser.

**cosido, da** *adj.* **1.** Unido al coserlo: *Ya está cosido el botón que se te cayó.* ‖ *s. m.* **2.** Costura que se hace en una tela: *Ese cosido está muy mal hecho, se va a romper pronto.*

**cosmética** *s. f.* Arte de preparar y emplear los cosméticos.

**cosmético, ca** *adj.* y *s. m.* Se dice del producto empleado para cuidar o embellecer la piel o el pelo. **FAM.** Cosmética.

**cósmico, ca** *adj.* Del cosmos o que está relacionado con él.

**cosmonauta** *s. m.* y *f.* Astronauta.

**cosmonave** *s. f.* Busca **astronave.**

**cosmopolita** *adj.* y *s. m.* y *f.* **1.** Persona que conoce muchos países y ha vivido en distintas partes del extranjero. ‖ *adj.* **2.** Se dice de los lugares en que hay gente y costumbres de muchos países: *una ciudad cosmopolita.*

**cosmos** *s. m.* El mundo, el universo. ■ No varía en plural. **FAM.** Cósmico, cosmonauta.

**coso** *s. m.* Plaza de toros.

**cosqui** *s. m.* Busca **coscorrón.**

**cosquillas** *s. f. pl.* Ganas de reír que le entran a una persona sin ella quererlo cuando alguien o algo le toca alguna parte del cuerpo, por ejemplo la planta de los pies. **FAM.** Cosquilleo.

**cosquilleo** *s. m.* Sensación semejante a las cosquillas o la que producen las cosquillas. **SIN.** Hormigueo, hormiguillo.

**costa**[1] *s. f.* Zona de tierra cerca del mar o en contacto con él. **SIN.** Litoral. **FAM.** Costanera, costear[2], costero. / Guardacostas.

**costa**[2] *s. f.* **1.** Coste. ‖ *s. f. pl.* **2.** Gastos de un juicio. **EXPR. a costa de** Se usa para indicar que algo se ha conseguido con trabajo, cansancio, sacrificio: *Ha logrado ser un buen tenista a costa de entrenar mucho.* También, conseguir algo sirviéndose de otras personas: *Veranea a costa de su tía, que le paga todo.* **a toda costa** Como sea, sin que nada lo impida: *A toda costa quiere aprender alemán.*

**costado** *s. m.* **1.** Cada uno de los dos lados del cuerpo que están debajo de los brazos, entre el pecho y la espalda. **2.** Lado de muchas cosas, por ejemplo los costados del casco de un buque o los costados de un mueble. **EXPR. por los cuatro costados** Por todas partes, se mire por donde se mire: *Es honrado por los cuatro costados.* **FAM.** Costa[1], costal, costalada, costalazo, costilla. / Acostar, intercostal, recostar.

**costal** *s. m.* Saco grande, generalmente de tela tosca: *un costal de harina.* **SIN.** Talego, talega.

**costalada** o **costalazo** *s. f.* o *m.* Golpe que nos damos cuando caemos de costado o de espaldas. **SIN.** Batacazo, trastazo.

**costanera** *s. f.* En Hispanoamérica, paseo marítimo.

**costar** *v.* **1.** Tener una cosa un precio que hay que pagar para adquirirla: *Esos zapatos cuestan sesenta euros.* **2.** Necesitar alguien tiempo, esfuerzo u otra cosa para conseguir algo: *Me ha costado cinco meses convencerle.* **3.** Causar: *Se fue a la calle en camiseta y le costó un resfriado.* ■ Es un verbo irregular. Se conjuga como *contar.*
**EXPR. costarle caro** algo a alguien Ocasionarle a una persona una cosa mucho daño o perjuicio: *A esos ladrones les va a costar caro lo que han hecho.*
**SIN. 1.** Valer.
**FAM.** Costa², coste, costear¹, costo, costoso.

**costarricense** o **costarriqueño, ña** *adj.* y *s. m.* y *f.* De Costa Rica, país de América Central.

**coste** *s. m.* Lo que cuesta una cosa.
**SIN.** Costa, importe, precio.

**costear¹** *v.* Pagar un gasto: *Como trabaja, puede costearse las vacaciones.*

**costear²** *v.* Ir navegando un barco sin perder de vista la costa.

**costero, ra** *adj.* De la costa o relacionado con ella: *las zonas costeras.*

**costilla** *s. f.* **1.** Cada uno de los huesos largos y curvados que se hallan en el tórax, desde el esternón hasta la columna vertebral. **2.** Estos huesos, junto con la carne que los recubre, de animales como el cerdo, utilizados como alimento.
**FAM.** Costillar.

**costillar** *s. m.* Las costillas y la parte del cuerpo de la persona o del animal donde se encuentran: *Nos comimos un costillar de ternera a la barbacoa.*

**costipado** *s. m.* Busca **constipado.**

**costiparse** *v.* Busca **constiparse.**
**FAM.** Costipado.

**costo** *s. m.* Lo que cuesta una cosa.
**SIN.** Coste, costa, importe, precio.

**costoso, sa** *adj.* Que cuesta mucho, ya sea dinero o esfuerzo: *Es bastante costoso irse en verano a aprender inglés a Londres. Al equipo del colegio le será costoso vencer en el campeonato.*
**SIN.** Caro; dificultoso. **ANT.** Barato; fácil.

**costra** *s. f.* **1.** Capa dura que se forma sobre las heridas cuando se secan. **2.** Capa dura que se forma en otras cosas: *La sartén tenía una costra de grasa.*
**FAM.** Costroso.

**costroso, sa** *adj.* **1.** Que tiene costras. **2.** Sucio y de aspecto viejo y estropeado: *Tira esos vaqueros tan costrosos y cómprate otros.*
**SIN. 2.** Zarrapastroso.

**costumbre** *s. f.* **1.** Lo que se convierte en algo habitual por hacerse a menudo: *Tiene costumbre de comer fuera.* **2.** Cualquier cosa que durante mucho tiempo han hecho algunos pueblos o regiones y que se ha convertido en algo tradicional: *En Navidad es costumbre comer turrón.*
**SIN. 1.** Hábito.
**FAM.** Costumbrismo. / Acostumbrar.

**costumbrismo** *s. m.* Descripción o retrato de las costumbres típicas de un lugar en una obra artística.

**costura** *s. f.* **1.** Acción de coser: *Su madre es modista y dedica mucho tiempo a la costura.* **2.** Labor que se está cosiendo. **3.** Serie de puntadas que se hacen al coser algo.
**FAM.** Costurera, costurero, costurón.

**costurera** *s. f.* Mujer que tiene como oficio la costura.

**costurero** *s. m.* Caja o bolsa para guardar los hilos, las agujas, los dedales y otras cosas que se emplean en la costura.

**costurón** *s. m.* **1.** Costura mal hecha. **2.** Cicatriz grande y muy visible: *El corte le dejó un costurón en la pierna.*

**cota¹** *s. f.* **1.** Número que en los mapas señala la altura de un punto sobre el nivel del mar o sobre otro plano de nivel. **2.** Esta misma altura.
**FAM.** Acotación.

**cota²** *s. f.* Antigua armadura para proteger el cuerpo.

**cotarro** *s. m.* **1.** Cualquier asunto o actividad: *Es él quien maneja el cotarro.* **2.** Grupo o reunión de personas: *Puso música para animar el cotarro.*

**cotejar** *v.* Comparar una cosa con otra u otras para ver si son iguales o diferentes.
**SIN.** Confrontar.
**FAM.** Cotejo.

**cotejo** *s. m.* Acción de cotejar.
**SIN.** Confrontación.

**cotidiano, na** *adj.* Que se hace o sucede cada día: *El paseo por el parque es para él algo cotidiano.*
**SIN.** Diario, acostumbrado, habitual.

**cotiledón** *s. m.* Forma con que aparece la primera hoja en el embrión de las plantas con flores. El embrión en muchas de estas plantas tiene dos o más cotiledones.
**FAM.** Dicotiledónea, monocotiledónea.

**cotilla** *adj.* y *s. m.* y *f.* Persona que cotillea.
**SIN.** Chismoso.
**FAM.** Cotillear.

**cotillear** *v.* **1.** Ir contando chismes de otros. **2.** Observar alguien las cosas de otras personas para enterarse de su vida y otros detalles que no le importan: *¿Quién ha estado cotilleando en mi cajón?*
**SIN. 1.** Murmurar. **2.** Husmear.
**FAM.** Cotilleo.

**cotilleo** *s. m.* Acción de cotillear.

**cotillón** *s. m.* **1.** Baile y fiesta con que se celebra algún día importante, como la Nochevieja o la noche de Reyes. **2.** Conjunto de gorros, serpentinas, matasuegras y cosas semejantes que se usan en esas fiestas.

**cotización** *s. f.* **1.** Cantidad de dinero que se paga, especialmente para poder beneficiarse de los servicios de una institución: *cotización a la Seguridad Social.* **2.** Precio que alcanzan las acciones y valores en la bolsa: *Ha subido la cotización de las acciones de la empresa.* **3.** Valoración que se hace de una persona o una cosa: *Se ha disparado la cotización de ese actor desde que ganó el óscar.*

**cotizar** *v.* **1.** Pagar una cantidad de dinero: *Los socios cotizan todos los meses al club.* **2.** Publicar en la bolsa el precio de las acciones y valores. ‖ **cotizarse 3.** Estar muy bien considerado, gozar de prestigio: *Los informáticos se cotizan mucho.* ■ Delante de *e* se escribe *c* en lugar de *z*: *coticé.* **FAM.** Cotización.

**coto** *s. m.* Terreno acotado: *un coto de caza.* **EXPR. poner coto** Impedir que continúe un desorden, un abuso, un vicio. **FAM.** Acotar.

**cotorra** *s. f.* **1.** Nombre que vulgarmente se da a varias aves prensoras, la mayoría tropicales, de cabeza grande, pico fuerte y ganchudo, con alas y cola largas y de diversos colores. **2.** Persona que no para de hablar. **SIN. 2.** Loro, parlanchín. **FAM.** Cotorrear, cotorreo.

**cotorrear** *v.* Hablar mucho sin decir nada importante. **SIN.** Charlar, parlotear.

**cotorreo** *s. m.* Acción de cotorrear.

**cotufa** *s. f.* **1.** Palomita de maíz. **2.** Chufa, tubérculo que se come remojado en agua o se usa para hacer horchata.

**country** *s. m.* Música popular típica del sur y oeste de Estados Unidos. ■ Es una palabra inglesa.

**covacha** *s. f.* **1.** Cueva pequeña. **2.** Vivienda o cuarto pobre y muy sucio. **SIN. 1.** Antro, caverna. **2.** Cuchitril.

**cowboy** *s. m.* Vaquero del oeste americano. ■ Es una palabra inglesa. Su plural es *cowboys.*

**coxal** *adj.* De la cadera o relacionado con ella: *hueso coxal.*

**coxis** *s. m.* Hueso que forma la última parte de la columna vertebral; se compone de cuatro vértebras y está articulado con el sacro. ■ Se dice también *cóccix.* No varía en plural.

**coyote** *s. m.* Especie de lobo que habita en México y otros países americanos. Es un mamífero carnívoro, de color gris amarillento y del tamaño de un perro mastín. Se le conoce también como *perro* o *lobo de las praderas.*

**coyuntura** *s. f.* **1.** Circunstancia, oportunidad para algo: *El ladrón aprovechó la coyuntura de que la casa estaba vacía para entrar a robar.* **2.** Situación económica de un país en un momento dado. **SIN. 1.** Ocasión. **FAM.** Coyuntural. / Descoyuntar.

**coyuntural** *adj.* Que depende de las circunstancias o del momento: *Esta situación es coyuntural, en unos días todo habrá pasado.* **SIN.** Circunstancial.

**coz** *s. f.* Patada brusca y hacia atrás que un borrico, caballo u otro animal parecido da con cualquiera de las patas; también, el golpe que da con ese movimiento. ■ Su plural es *coces.* **FAM.** Cocear.

**CPU** *s. f.* Palabra formada con la expresión inglesa *Central Processing Unity,* 'unidad central de procesamiento', que es el elemento más importante de un ordenador y realiza las funciones más básicas.

**crac**[1] *s. m.* Ruido que producen algunas cosas cuando se rompen.

**crac**[2] *s. m.* Quiebra o desastre económico. ■ Su plural es *cracs.*

**cracker** *s. m. y f.* Persona que se mete en un sistema informático al que no tiene acceso, para robar información o destruir datos. ■ Es una palabra inglesa. Su plural es *crackers.*

**crampón** *s. m.* Pieza metálica con dientes o pinchos que los montañeros ponen en la suela de sus botas para no resbalar en la nieve o el hielo.

**craneal** *adj.* Del cráneo: *fractura craneal.*

**cráneo** *s. m.* Conjunto de ocho huesos unidos que forman la parte de arriba y de atrás de la cabeza y que contienen el encéfalo. **FAM.** Craneal.

**crápula** *s. m.* **1.** Hombre golfo y juerguista. ‖ *s. f.* **2.** Vida que lleva este hombre. **SIN. 1.** Calavera, libertino. **2.** Libertinaje.

**craso, sa** *adj.* Se dice de un error, disparate o algo parecido cuando es muy grande. **SIN.** Abultado, enorme. **ANT.** Insignificante.

**cráter** *s. m.* **1.** Hoyo en forma de embudo, situado en la parte superior de los volcanes, por donde éstos echan la lava y los gases. (Busca el dibujo de

coyote

volcán). **2.** Hoyo que deja un meteorito al chocar contra la superficie de la Luna o de la Tierra.

**crawl** *s. m.* Busca **crol**. ■ Es una palabra inglesa.

**creación** *s. f.* **1.** Acción de crear o producir: *Hay muchos enfermos y es necesaria la creación de más hospitales.* **2.** Todas las cosas creadas por Dios. **3.** Conjunto de las obras de un artista: *Dentro de la creación de ese escritor destaca la poesía.*

**creador, ra** *adj. y s. m. y f.* **1.** Que crea alguna cosa: *Al desfile de modelos asistieron los creadores de los trajes.* ‖ *s. m.* **2.** Dios. ■ Con este significado se escribe con mayúscula.

**crear** *v.* **1.** Hacer algo que antes no existía: *Dios creó el mundo en siete días. Se encierra en su taller para crear nuevas esculturas. Creó una compañía discográfica.* **2.** Causar, producir: *Con su mala conducta no hace más que crear problemas.* **SIN. 1.** Engendrar, fundar, establecer, instituir. **2.** Forjarse. **ANT. 1.** Destruir. **FAM.** Creación, creador, creatividad, creativo. / Procrear, recrear.

**creatividad** *s. f.* Capacidad e imaginación que tiene una persona para crear e inventarse cosas originales y bonitas.

**creativo, va** *adj.* Que tiene creatividad o ayuda a tenerla: *Es un escritor muy creativo. Dibujar es una de las actividades más creativas.* **ANT.** Rutinario, monótono.

**crecedero, ra** *adj.* **1.** Que puede crecer. **2.** Se dice de la ropa que se compra grande para que pueda servirle a un niño aunque crezca.

**crecepelo** *s. m.* Sustancia que se usa para hacer crecer el cabello.

**crecer** *v.* **1.** Aumentar de tamaño, sobre todo en altura: *¡Cómo ha crecido este niño!* **2.** Hacerse adulto: *Julia dice que, cuando crezca, será piloto.* **3.** Hacerse algo más grande o importante: *Con los nuevos anuncios, ha crecido el número de compradores.* **4.** Aparecer en cierto lugar o ambiente, por ejemplo una planta: *En primavera, las margaritas crecen en el campo.* ‖ **crecerse 5.** Volverse atrevido o tomar más seguridad en uno mismo: *Se crece delante de los pequeños, pero luego se asusta por todo.* ■ Es un verbo irregular. Se conjuga como *agradecer.* **SIN. 1.** Estirar, desarrollar. **2.** Madurar. **3.** Incrementarse, agrandarse, subir. **4.** Darse. **5.** Envalentonarse. **ANT. 1.** y **3.** Menguar. **3.** Disminuir. **5.** Achicarse. **FAM.** Crecedero, crecepelo, creces, crecida, crecido, creciente, crecimiento. / Acrecentar, acrecer, decrecer, excrecencia.

**creces** Se usa en la expresión **con creces** y significa 'más de lo necesario o suficiente': *Ese error lo pagará con creces.*

**crecida** *s. f.* Aumento de la cantidad de agua de un río debido al deshielo o a las lluvias intensas. **SIN.** Avenida, riada.

**crecido, da** *adj.* **1.** Que ha aumentado de tamaño: *Mi hermana pequeña está muy crecida. Después de las lluvias, el río baja crecido.* **2.** Numeroso, grande o abundante: *Un crecido número de visitantes acudió a la exposición.* **SIN. 2.** Nutrido, copioso. **ANT. 2.** Escaso.

**creciente** *adj.* Que crece o aumenta: *Esperaban tener un número creciente de visitantes en los días que durara la exposición.* **EXPR. cuarto creciente** Fase de la Luna intermedia entre la Luna nueva y la Luna llena. **ANT.** Decreciente, menguante.

**crecimiento** *s. m.* Acción de crecer: *Las vitaminas son necesarias para un buen crecimiento.* **EXPR. crecimiento vegetativo** Busca **vegetativo.** **SIN.** Desarrollo, estirón; aumento, incremento, subida. **ANT.** Disminución, mengua.

**credencial** *adj.* **1.** Que acredita o demuestra algo. ‖ *s. f.* **2.** Documento que acredita o demuestra el cargo que se le ha dado a una persona.

**credibilidad** *s. f.* Característica de las cosas que pueden creerse fácilmente o de aquellas personas que las dicen: *Si miente mucho, es lógico que pierda credibilidad.*

**crédito** *s. m.* **1.** Dinero que se pide prestado a un banco o a una empresa: *Pidieron un crédito para comprarse el coche.* **2.** Posibilidad que alguien tiene de que le presten dinero o de poder pagar algo más tarde: *Su madre tiene crédito en la tienda.* **3.** Hecho de aceptar algo como cierto o verdadero: *No daba crédito a lo que oía.* **4.** Fama, prestigio: *Ese médico tiene gran crédito entre sus colegas.* **EXPR. a crédito** A plazos o pagándolo más tarde: *Compraron la enciclopedia a crédito.* **SIN. 3.** Credibilidad. **4.** Reputación, consideración, renombre. **ANT. 3.** Duda. **FAM.** Acreditar.

**credo** *s. m.* **1.** Oración que resume todas las cosas en que creen los católicos y que comienza diciendo: *Creo en Dios Padre...* **2.** Conjunto de creencias de una religión o de ideas de un movimiento político. **SIN. 2.** Fe; ideología.

**crédulo, la** *adj. y s. m. y f.* Se dice de las personas que se lo creen todo. **SIN.** Cándido, ingenuo, inocente. **ANT.** Incrédulo, desconfiado.

**creencia** *s. f.* **1.** Hecho de creer firmemente una cosa: *Ella sigue en la creencia de que no quisimos ayudarla.* **2.** Idea o conjunto de ideas en las que alguien cree, sobre todo las religiosas: *Eran amigos a pesar de tener creencias distintas.* **SIN. 1.** Certeza, convicción. **2.** Ideología, ideario, credo. **ANT. 1.** Duda.

**creer** *v.* **1.** Aceptar algo como cierto: *Nadie se va a creer una excusa tan tonta.* **2.** Pensar que alguien o algo es de una determinada manera: *Anda, si yo*

creía que Natalia y Luis vendrían más tarde. *Se cree
más listo que los demás.* **3.** Tener fe religiosa: *creer
en Dios.* **4.** Confiar en algo: *Cree en los adelantos
de la medicina.* ■ Es un verbo irregular. Se conjuga
como *leer.*
SIN. **1.** Admitir, tragarse. **2.** Suponer, estimar, imaginar. ANT. **1.** y **2.** Dudar, negar. **1.** y **4.** Desconfiar. **3.**
Abjurar.
FAM. Credencial, credibilidad, crédito, credo, creencia, creíble, creído, creyente. / Descrédito, descreído,
incrédulo, increíble.

**creíble** *adj.* Que se puede creer o aceptar como
cierto: *La historia que se cuenta en esa película es
muy creíble.*

**creído, da** *adj.* y *s. m.* y *f.* Presumido, que se da
mucha importancia: *Resulta antipático porque es
muy creído.*
SIN. Vanidoso, fantasma. ANT. Modesto.

**crema** *s. f.* **1.** Pasta hecha con leche, huevos y azúcar, o con otros ingredientes y sabores: *Prefiero los
bollos rellenos de crema.* **2.** Nata de la leche. **3.** Puré
poco espeso que se hace con algunos alimentos,
como mariscos o verduras. **4.** Licor espeso: *crema de
whisky.* **5.** Nombre dado a algunas sustancias pastosas con muy diferentes usos, por ejemplo las que se
emplean como producto de belleza, como medicina
o para limpiar los zapatos. **6.** Color blanco amarillento: *Lleva una chaqueta crema.*
SIN. **5.** Pomada.
FAM. Cremoso. / Descremado.

**cremación** *s. f.* Acción de quemar un cadáver: *Los
familiares asistieron a la cremación del difunto.*
SIN. Incineración.
FAM. Crematorio.

**cremallera** *s. f.* **1.** Cierre de prendas de vestir y
otras cosas, que tiene dos filas de dientes por los
que corre una pieza que los va encajando. **2.** Barra
con una serie de dientes en la que encaja una pieza
que les permite a algunos trenes subir y bajar por
terrenos muy montañosos.

tren de **cremallera**

**crematorio, ria** *adj.* y *s. m.* **1.** Se dice del lugar
donde se queman los cadáveres: *horno crematorio.*
|| *s. m.* **2.** Lugar donde se queman basuras.

**crème** Palabra que se usa en la expresión francesa
**la crème de la crème**, que significa 'lo mejor de lo
mejor': *En las olimpiadas se reúne la crème de la
crème del deporte mundial.*

**cremoso, sa** *adj.* Parecido a la crema o que tiene
mucha crema: *La salsa le salió muy suave y cremosa.*

**crêpe** *s. f.* Tortita muy fina hecha con harina, huevos, leche o agua, que se prepara a la plancha y suele
servirse enrollada y con un relleno dulce o salado.
■ Es una palabra francesa.
FAM. Crepería.

**crepería** *s. f.* Restaurante donde se sirven crêpes.

**crepitar** *v.* Hacer un ruido parecido al de la leña al
arder.
SIN. Chisporrotear.

**crepuscular** *adj.* Del crepúsculo o relacionado
con él: *una luz crepuscular.*

**crepúsculo** *s. m.* Claridad que se ve en el cielo un
poquito antes de que salga el Sol y, sobre todo, luz
suave que queda en el cielo cuando se pone el Sol.
SIN. Alba, albor; ocaso.
FAM. Crepuscular.

**crespo, pa** *adj.* Se dice del cabello fuerte y muy
rizado.
SIN. Ensortijado. ANT. Lacio, liso.
FAM. Crespón. / Encrespar.

**crespón** *s. m.* **1.** Tela de seda o gasa ondulada. **2.**
Tira negra que se pone en señal de luto.

**cresta** *s. f.* **1.** Parte carnosa que tienen levantada
sobre la cabeza algunas aves, como el gallo. **2.**
Conjunto de plumas que algunas aves tienen levantadas sobre la cabeza, como por ejemplo la cacatú-
a. **3.** Saliente que tienen algunos animales sobre
la cabeza y que puede extenderse sobre el lomo,
como por ejemplo el de algunos reptiles. **4.** Cumbre de una montaña cuando es muy rocosa. **5.** Parte
más alta de una ola.
EXPR. **en la cresta de la ola** En su mejor momento:
*Ese cantante está en la cresta de la ola.*
SIN. **2.** Penacho, copete.

**creta** *s. f.* Roca caliza, blanda y de color blanco,
formada hace miles de años con caparazones,
esqueletos y otros restos de animales marinos.

**cretense** *adj.* y *s. m.* y *f.* De una isla de Grecia llamada Creta.

**cretino, na** *adj.* y *s. m.* y *f.* Tonto, estúpido.
SIN. Idiota, majadero, imbécil, necio. ANT. Listo.

**cretona** *s. f.* Tela fuerte que suele ser de algodón.

**creyente** *adj.* y *s. m.* y *f.* Que cree en Dios o sigue
alguna religión.
ANT. Ateo.

**319**

**cría** *s. f.* **1.** Acción de criar niños o animales: *Se dedica a la cría de aves.* **2.** Un animal mientras es alimentado por su madre: *Las vacas estaban en el prado con sus crías.*
SIN. **1.** Crianza.

**criadero** *s. m.* **1.** Lugar donde se crían animales. **2.** Lugar adonde se trasplantan árboles o plantas para que se desarrollen. **3.** Lugar donde abunda un mineral: *un criadero de cobre.*
SIN. **1.** Granja. **2.** Vivero. **3.** Yacimiento, mina.

**criadilla** *s. f.* Testículo de algunos animales, como el toro, que se toma como alimento.

**criado, da** *adj.* **1.** Se dice del niño que ha dejado de alimentarse mamando o tomando el biberón: *La madre ya no tiene que estar tan pendiente del niño porque está criado.* **2.** Con las palabras *bien* o *mal,* se dice de las personas bien o mal educadas: *Es muy bien criado y siempre da las gracias.* || *s. m.* y *f.* **3.** Persona que trabaja haciendo las tareas de una casa que no es suya: *El marqués vivía en un palacio con muchos criados.*
SIN. **3.** Sirviente, servidor, chico.

**criador, ra** *s. m.* y *f.* **1.** Persona que se dedica a criar animales: *un criador de perros.* **2.** Persona que se dedica a elaborar vinos.

**crianza** *s. f.* **1.** Acción de criar, en especial a los niños mientras maman. **2.** Educación que ha recibido una persona: *buena o mala crianza.*

**criar** *v.* **1.** Alimentar las madres a sus hijos recién nacidos o las hembras de los animales a sus crías: *La perra todavía está criando a sus cachorros.* **2.** Cuidar y educar a los niños: *A Juan le criaron sus abuelos.* **3.** Cuidar animales o plantas y hacer que se reproduzcan: *En esa granja crían ovejas y corderos. Han criado plantas tropicales en el invernadero.* **4.** Tener crías un animal: *Tiene varias cerdas, pero aún no han criado.* **5.** Producir algo una cosa: *Con tanta porquería vas a criar cucarachas.* **6.** Dar al vino algunos cuidados después de que ha fermentado: *Crían el vino en toneles de madera.* || **criarse 7.** Desarrollarse, crecer: *Sus hijos se están criando sanos y robustos.*
SIN. **2.** Enseñar, instruir. **3.** Cultivar. **4.** Procrear, parir. **5.** Formar, originar. ANT. **1.** Destetar.
FAM. Cría, criadero, criadilla, criado, criador, crianza, criatura, crío, criollo. / Malcriar.

**criatura** *s. f.* **1.** Cualquiera de las cosas creadas por Dios, sobre todo el ser humano. **2.** Niño pequeño.
SIN. **1.** Ser. **2.** Crío, chico, chiquillo, nene.

**criba** *s. f.* **1.** Instrumento formado por una telilla o rejilla fina, sostenidas por un aro, que sirve para separar partes de distinto tamaño, por ejemplo el grano de la paja. **2.** Hecho de elegir a las personas o a las cosas mejores para algo: *Harán una criba para seleccionar a los más preparados.*
SIN. **1.** Tamiz, cedazo. **2.** Selección, elección.
FAM. Cribar.

**cribar** *v.* **1.** Separar con la criba partes de distinto tamaño o las impurezas de un producto: *cribar el grano, cribar los minerales.* **2.** Hacer una selección dentro de un grupo.
SIN. **1.** Tamizar, cerner, cernir. **2.** Seleccionar.

**crimen** *s. m.* **1.** Delito muy grave que comete una persona, sobre todo el hecho de matar a otra. **2.** Cosa muy mal hecha o que resulta injusta: *Me parece un crimen tener encerrado a ese perro.*
SIN. **1.** Asesinato, homicidio. **2.** Atropello, disparate.
FAM. Criminal, criminalidad, criminalista, criminología. / Incriminar

**criminal** *adj.* y *s. m.* y *f.* **1.** Que ha cometido un crimen. || *adj.* **2.** Que es un crimen o delito: *Fue acusado de varias acciones criminales.* **3.** Relacionado con los crímenes y delitos: *derecho criminal.*
SIN. **1.** Delincuente, malhechor, asesino. **3.** Penal.

**criminalidad** *s. f.* **1.** Lo que hace que una acción sea considerada un crimen: *Los jueces deben decidir sobre la criminalidad de los actos que se llevan a juicio.* **2.** Existencia de crímenes: *La policía se esfuerza por combatir la criminalidad.*

**criminalista** *adj.* y *s. m.* y *f.* **1.** Se dice de la persona especializada en la parte del derecho que trata sobre los delitos y las penas. || *adj.* **2.** Se dice del libro o estudio que trata sobre estos temas.

**criminología** *s. f.* Ciencia que trata sobre los delitos, sus causas y sus consecuencias.

**crin** *s. f.* Pelos que tienen los caballos y otros animales en la parte superior del cuello y en la cola.

**crío, a** *s. m.* y *f.* Niño pequeño.
SIN. Criatura, chiquillo, nene.

**criollo, lla** *adj.* y *s. m.* y *f.* **1.** Se dice del descendiente de europeos que ha nacido en Latinoamérica. **2.** De Latinoamérica: *música criolla.*

**cripta** *s. f.* **1.** Capilla debajo de una iglesia. **2.** Lugar bajo tierra donde se enterraba a los muertos.
SIN. **2.** Catacumbas.
FAM. Críptico.

**críptico, ca** *adj.* Muy difícil de entender: *Utilizaba un lenguaje totalmente críptico.*
SIN. Oscuro, enigmático, incomprensible. ANT. Claro, comprensible.

**criptógama** *adj.* y *s. f.* Se dice de las plantas que no tienen flores.

**críquet** *s. m.* Juego de pelota de origen inglés que se practica con palas de madera entre dos equipos de once jugadores y en un campo de hierba con dos porterías.

**crisálida** *s. f.* Etapa del desarrollo de algunos insectos como las mariposas, en que la larva se va transformando en adulto.

**crisantemo** *s. m.* Planta de tallos largos y flores grandes, de diferentes colores, sobre todo amarillas o moradas, formadas por muchos pétalos pequeños.

**crisis** *s. f.* **1.** Momento grave, en el que existen cambios o problemas, y por el que pasa una enfermedad, una empresa, una situación: *El equipo pasó por una pequeña crisis, pero ya la ha superado.* **2.** Mala situación económica: *Su negocio está en crisis.* ■ No varía en plural.
SIN. **1.** Trance, aprieto, dificultad. **2.** Recesión. ANT. **1.** Estabilidad. **2.** Bienestar; recuperación.
FAM. Crítico.

**crisma**[1] *s. f.* **1.** Cabeza: *Casi se rompe la crisma.* ‖ *s. amb.* **2.** Mezcla de aceite y bálsamo consagrados, que se usa en algunas ceremonias religiosas.

**crisma**[2] *s. m.* Tarjeta para felicitar las Navidades.
SIN. Felicitación.

**crisol** *s. m.* Recipiente usado para fundir diferentes tipos de metales.
FAM. Acrisolado.

**crispación** *s. f.* Acción de crispar o crisparse: *Dio un golpe en la mesa en un momento de crispación.*
SIN. Convulsión; alteración, irritación, enfado. ANT. Relajación, calma.

**crispar** *v.* **1.** Contraer de repente los músculos de una parte del cuerpo: *Sus manos se crisparon a causa de los nervios.* **2.** Poner nervioso o enfadar a alguien: *Me crispa que te metas con tu hermano pequeño.*
SIN. **1.** Estremecer. **2.** Alterar, irritar, exasperar, enfurecer. ANT. **1.** Relajar. **2.** Calmar, tranquilizar.
FAM. Crispación.

**cristal** *s. m.* **1.** Material artificial duro, transparente y fácil de romper, que se forma al enfriarse rápidamente un mineral fundido: *una botella de cristal.* **2.** Lámina de este material: *Cambiaron el cristal de la vitrina.* **3.** Cuerpo mineral que aparece en la naturaleza con la forma de un poliedro más o menos regular, como la sal o el cuarzo.

EXPR. **cristal líquido** Sustancia líquida de aspecto cristalino que se usa para fabricar pantallas de ordenador o de otros aparatos electrónicos.
FAM. Cristalera, cristalería, cristalero, cristalino, cristalización, cristalizar, cristalografía. / Acristalar.

**cristalera** *s. f.* **1.** Ventana, puerta o parte de un muro formada por cristales: *Las fachadas de algunos edificios modernos están hechas con cristaleras.* **2.** Armario con cristales.
SIN. **2.** Vitrina.

**cristalería** *s. f.* **1.** Establecimiento donde se fabrican o venden objetos de cristal. **2.** Conjunto de objetos de cristal, sobre todo el formado por vasos y copas de distintos tamaños.

**cristalero, ra** *s. m. y f.* **1.** Persona que fabrica o vende cristales. **2.** Persona que los coloca en puertas y ventanas.

**cristalino, na** *adj.* **1.** De características parecidas a las del cristal: *El agua del arroyo era totalmente cristalina.* ‖ *s. m.* **2.** Órgano transparente del ojo, que se encuentra detrás de la pupila. Enfoca los rayos luminosos en la retina y hace posible ver claramente objetos que están situados a diferentes distancias.
SIN. **1.** Claro, transparente, límpido. ANT. **1.** Opaco, turbio.

**cristalización** *s. f.* Acción de cristalizar o cristalizarse.

**cristalizar** *v.* **1.** Tomar una sustancia la forma y la estructura del cristal: *La sal cristaliza en las salinas.* **2.** Tener algo un resultado concreto: *Las conversaciones entre los dos gobernantes cristalizaron en un acuerdo.* ■ Delante de *e* se escribe *c* en lugar de *z*: *cristalice.*
SIN. **2.** Concretarse, especificarse, cuajar.

**cristalografía** *s. f.* Ciencia que estudia los cristales minerales.

copas

coñac licor jarra de agua jerez vino agua champán

vasos

licorera

whisky combinado agua vino cubitera jarra de cerveza

**cristalería**

**cristianar** v. Bautizar a un niño.

**cristiandad** s. f. Conjunto de todas las personas y países de religión cristiana.
SIN. Cristianismo.

**cristianismo** s. m. **1.** Religión de los que siguen a Jesucristo y sus enseñanzas. **2.** Cristiandad.
FAM. Cristianar, cristiandad, cristianizar, cristiano.

**cristianizar** v. Llevar el cristianismo a un lugar o grupo de personas. ■ Delante de e se escribe c en lugar de z: cristianice.
SIN. Evangelizar, catequizar.

**cristiano, na** adj. y s. m. y f. **1.** Relacionado con el cristianismo o que sigue esta religión. ‖ s. m. y f. **2.** Cualquier persona: No hay cristiano que resista este calor.
EXPR. **en cristiano** De manera que se entienda: Haz el favor de hablarme en cristiano para que me entere.
FAM. Judeocristiano, paleocristiano.

**Cristo** s. m. **1.** Nombre dado a Jesús. **2.** Imagen de Cristo crucificado.
EXPR. **hecho un cristo** Destrozado, hecho una pena.
**todo cristo** Todo el mundo.
FAM. Cristianismo.

**criterio** s. m. **1.** Regla o norma que se sigue para hacer algo: Siguieron dos criterios diferentes para clasificar los minerales. **2.** Opinión o parecer de una persona: Según el criterio del árbitro, fue penalty.
SIN. **1.** Principio. **2.** Juicio, idea.

**crítica** s. f. **1.** Opinión que se da acerca de algo, sobre todo de una obra artística o de un espectáculo: Esa película ha recibido muy buenas críticas. **2.** Conjunto de personas que hacen críticas de literatura, cine u otra materia: Los cuadros de ese pintor han gustado mucho a la crítica. **3.** Mala opinión sobre algo: Su comportamiento provocó fuertes críticas.
SIN. **1.** Juicio. **3.** Censura. ANT. **3.** Aprobación.
FAM. Criticar, criticón. / Autocrítica.

**criticar** v. **1.** Dar una mala opinión sobre algo que disgusta o parece incorrecto: Criticaron su forma de hablar, porque decían que era grosera. **2.** Hacer críticas literarias o artísticas. ■ Delante de e se escribe qu en lugar de c: Critiqué su comportamiento.
SIN. **1.** Censurar, desaprobar. ANT. **1.** Aprobar.

**crítico, ca** adj. **1.** Que critica: Es muy crítico con los defectos de los demás. **2.** Grave, muy peligroso: El enfermo ha empeorado; su estado es crítico. **3.** Decisivo u oportuno: Sólo se preocupa de estudiar en el momento crítico, justo antes de los exámenes. ‖ s. m. y f. **4.** Persona que se dedica a la crítica de libros, espectáculos u otras cosas.
FAM. Criterio, crítica.

**criticón, na** adj. y s. m. y f. Persona que critica o pone faltas a todo: ¡No seas criticón! Cada uno puede ir vestido como quiera.

**croar** v. Cantar la rana.

**croata** adj. y s. m. y f. De Croacia, antigua república de Yugoslavia.

**crocanti** o **crocante** adj. **1.** Se dice del chocolate o helado que tiene dentro trocitos de almendra. ‖ s. m. **2.** Guirlache.

**croché** o **crochet** s. m. **1.** Labor de ganchillo: un tapete de croché. **2.** En boxeo, golpe que se da con el brazo doblado en forma de gancho. ■ Crochet es una palabra francesa y su plural es crochets.

**croissant** s. m. Busca **cruasán**. ■ Es una palabra francesa. Su plural es croissants.

**crol** s. m. Forma de nadar con el cuerpo boca abajo, moviendo los pies y sacando los brazos del agua, por encima de la cabeza, primero uno y después el otro. ■ Se usa también crawl.

**cromado, da** adj. Que tiene un baño de cromo: un metal cromado.

**cromático, ca** adj. **1.** De los colores o relacionado con ellos. **2.** Se dice de la escala musical de doce semitonos.

**crómlech** s. m. Monumento prehistórico formado por grandes piedras colocadas en círculo. ■ Su plural es crómlechs.

**cromo** s. m. **1.** Metal duro, del mismo color que la plata, muy resistente a la humedad y al óxido. Se emplea en aleaciones, para hacer aceros inoxidables y para fabricar pinturas. **2.** Trozo de papel con un dibujo o una foto que los niños coleccionan.
EXPR. **como un cromo** o **hecho un cromo** Lleno de heridas o de golpes; también, con la ropa rota o muy mal vestido: Tras la pelea quedó hecho un cromo.
FAM. Cromado, cromático. / Mercurocromo.

**cromosoma** s. m. En el núcleo de la célula, cada una de las partes que contienen los genes que luego se transmiten de padres a hijos.

**crónica** s. f. **1.** Relato de hechos históricos en el mismo orden en que éstos han ocurrido. **2.** Información sobre temas de actualidad en prensa, radio o televisión.
SIN. **2.** Reportaje.
FAM. Cronista.

**crónico, ca** adj. **1.** Se dice de las enfermedades que se padecen mucho tiempo y no se curan: Ese fumador tiene una bronquitis crónica. **2.** Se dice de problemas, males o vicios que existen desde hace tiempo y tienen difícil solución: La contaminación es un problema crónico de muchas ciudades.
SIN. **2.** Arraigado. ANT. **2.** Nuevo, reciente.
FAM. Crónica.

**cronista** s. m. y f. Persona que escribe una crónica histórica o periodística.

**cronoescalada** s. f. Carrera ciclista contrarreloj en la que hay que subir por una montaña.

**cronología** s. f. **1.** Ciencia que fija el orden y las fechas en que han ocurrido los hechos históricos.

**2.** Lista de personas o hechos históricos ordenados por sus fechas.
FAM. Cronológico.

**cronológico, ca** *adj.* Que sigue el orden en que han ido ocurriendo los hechos.

**cronometrar** *v.* Medir el tiempo con un cronómetro: *Los jueces cronometran el tiempo que tarda cada corredor en llegar a la meta.*

**cronómetro** *s. m.* Reloj para medir con precisión periodos de tiempo muy pequeños.
FAM. Cronometrar.

**cróquet** *s. m.* Juego que consiste en golpear una bola con un mazo para hacerla pasar por unos aros puestos en el suelo siguiendo un recorrido.

**croqueta** *s. f.* Pasta de forma ovalada, hecha de besamel con trocitos de jamón, pescado u otro alimento, que se reboza en huevo y se fríe.

**croquis** *s. m.* Dibujo esquemático de un paisaje, una casa o cualquier cosa, que se hace a ojo y sin detalle: *Para explicar cómo había ocurrido el accidente, dibujó un croquis.* ■ No varía en plural.
SIN. Apunte, bosquejo, esbozo.

**cross** *s. m.* Prueba deportiva que consiste en correr varios kilómetros por el campo. ■ Es una palabra inglesa. No varía en plural.
FAM. Ciclocross, motocross.

**crótalo** *s. m.* **1.** Instrumento parecido a las castañuelas. **2.** Serpiente de cascabel.

**crotorar** *v.* Hacer la cigüeña un ruido característico con el pico.

**cruasán** *s. m.* Bollo en forma de media luna. ■ Se usa también *croissant.*

**cruce** *s. m.* **1.** Acción de cruzar. **2.** Lugar donde se cruzan dos o más calles, carreteras o caminos. **3.** En una calle, paso señalado para peatones. **4.** Mezcla de dos especies de plantas o de animales: *El mulo es un cruce de yegua y asno.*
SIN. **2.** Confluencia, encrucijada, intersección.

**crucería** *s. f.* En el arte gótico, conjunto de arcos diagonales, llamados *nervios* u *ojivas*, que refuerzan y adornan las aristas de la bóveda.

**crucero** *s. m.* **1.** Viaje turístico que se hace en barco, parando en distintos puertos. **2.** En las iglesias, espacio en el que se cruza la nave mayor con la nave transversal. **3.** Buque de guerra de gran tamaño, que cruza el mar con fines de vigilancia. **4.** Cruz de piedra que está colocada en un cruce de caminos o en un atrio.

**crucial** *adj.* Decisivo, de gran importancia para lo que va a suceder después: *En ese momento crucial se decidió el resultado del partido.*
SIN. Crítico, esencial. ANT. Trivial, intrascendente.

**crucificar** *v.* Clavar a una persona en una cruz. ■ Delante de *e* se escribe *qu* en lugar de *c*: *crucifiquen.*
FAM. Crucifijo, crucifixión.

**crucifijo** *s. m.* Cruz que representa a Jesucristo crucificado.

**crucifixión** *s. f.* Acción de crucificar.

**crucigrama** *s. m.* Pasatiempo que consiste en rellenar unas casillas con palabras que hay que adivinar a partir de unas definiciones.

**crudeza** *s. f.* **1.** Característica del tiempo cuando es desagradable y difícil de soportar. **2.** Característica de las palabras o imágenes muy duras o violentas: *La novela impresiona mucho porque tiene partes de gran crudeza.*
SIN. **1.** Rigor. **1.** y **2.** Dureza, aspereza. ANT. **1.** y **2.** Suavidad.

**crudo, da** *adj.* **1.** Se dice de un alimento que no está cocinado o no está suficientemente cocinado: *Estas chuletas todavía están crudas; voy a ponerlas de nuevo en la sartén.* **2.** Se dice de algunas cosas, como la seda, el lienzo o el cuero, en su estado natural y sin elaborar. **3.** Se dice de la fruta que no está madura. **4.** Se dice del color beige muy clarito, casi blanco, y de las cosas que tienen ese color. **5.** Se dice del tiempo muy frío y desagradable: *un invierno muy crudo.* **6.** Se dice de las imágenes o las palabras que, por ser demasiado realistas, pueden impresionar o resultar desagradables: *Esa película tiene unas escenas muy crudas.* **7.** Difícil de lograr: *Si quieres que te deje su walkman, lo tienes crudo.* ‖ *s. m.* **8.** Petróleo sin refinar: *Ha bajado el precio del barril de crudo.*
SIN. **3.** Inmaduro, verde. **5.** Riguroso. **6.** Duro. ANT. **1.** Frito; cocinado. **5.** Templado, benigno, suave.
FAM. Crudeza. / Recrudecer.

**cruel** *adj.* **1.** Que disfruta haciendo daño a los demás o viendo sus desgracias: *Sus compañeras son muy crueles: se ríen de ella porque está gordita.* **2.** Se dice de la acción o de otra cosa que provoca mucho daño o sufrimiento: *Padece una enfermedad muy cruel que le ha dejado ciego.*
SIN. **1.** y **2.** Despiadado, inhumano. **2.** Atroz.
FAM. Crueldad.

**crueldad** *s. f.* **1.** Característica de cruel. **2.** Acción cruel: *Es una crueldad abandonar a ese perrito.*
SIN. **1.** y **2.** Atrocidad, barbaridad.

**cruento, ta** *adj.* Que provoca muchas muertes o heridas graves: *una cruenta lucha.*
SIN. Sangriento, encarnizado. ANT. Incruento.
FAM. Incruento.

**crujido** *s. m.* Ruido que hace una cosa al crujir.

**crujiente** *adj.* Que cruje: *Las patatas fritas están crujientes.*

**crujir** *v.* Hacer ruido algunos cuerpos cuando se parten, se doblan o se rozan unos con otros, por ejemplo la madera cuando se resquebraja.
FAM. Crujido, crujiente.

**crupier** *s. m.* y *f.* En casinos y casas de juegos, empleado que dirige las partidas y paga o recoge el dinero apostado.

**323**

**crustáceo** *adj.* y *s. m.* Animal que tiene varios pares de patas y suele estar cubierto por un caparazón duro. La mayoría viven en el mar, como la langosta, la cigala o el centollo, y otros viven en los ríos, como algunos cangrejos.

**cruz** *s. f.* **1.** Figura con la forma de la letra *X.* **2.** Objeto formado por un madero vertical cruzado perpendicularmente por otro madero, en que se clavaba a los condenados por algunos delitos. **3.** Símbolo del cristianismo, con la forma anterior, en memoria de Jesucristo que murió crucificado. **4.** Condecoración o insignia con forma parecida a la anterior. **5.** Gran sufrimiento o trabajo: *Es una cruz tenerse que levantar todos los días a las seis de la mañana.* **6.** Reverso de una moneda o medalla. **7.** Parte más alta del lomo de algunos animales, por ejemplo de un caballo. ■ Su plural es *cruces.*
**EXPR. cruz griega** La que tiene los cuatro brazos iguales. **cruz latina** La cristiana, en la que el palo horizontal es más pequeño y corta al vertical cerca de su extremo superior. || **en cruz** Con los brazos extendidos horizontalmente. **hacerse cruces** Asombrarse mucho: *Cuando le conté lo que nos costó llegar, se hacía cruces.*
**SIN. 1.** Aspa. **3.** Crucifijo. **5.** Suplicio, calvario.
**FAM.** Crucería, crucial, crucificar, crucigrama, cruzada, cruzar. / Encrucijada.

**cruzada** *s. f.* En la Edad Media, campaña militar que hicieron los cristianos contra los musulmanes para recuperar los Santos Lugares, como Jerusalén.

**cruzado, da** *adj.* **1.** Atravesado o en forma de cruz: *Un autobús cruzado en mitad de la carretera impedía el paso de los coches.* **2.** Se dice de una chaqueta, abrigo o falda con el ancho necesario para poder poner un delantero sobre otro. || *s. m.* **3.** El que participaba en una cruzada.

**cruzar** *v.* **1.** Atravesar o poner una cosa sobre otra en forma de cruz: *Se sentó y cruzó las piernas.* **2.** Poner el delantero de una prenda de vestir sobre el otro: *Como tenía frío, se cruzó la chaqueta.* **3.** Ir de uno a otro lado de un lugar o cosa: *Con una pequeña barca cruzaron el lago.* **4.** Dirigirse las personas miradas, saludos o palabras: *Se vieron en la calle, pero apenas cruzaron unas palabras.* **5.** Juntar un macho y una hembra de distintas razas pero de la misma especie para que tengan crías. Se usa también para las plantas. || **cruzarse 6.** Pasar por un sitio dos personas o cosas que van por el mismo camino pero en distintas direcciones: *Cuando iba paseando por la calle me crucé con una compañera del trabajo.* ■ Delante de *e* se escribe *c* en lugar de *z.*
**EXPR. cruzarle** a uno **la cara** Darle una bofetada. **cruzarse de brazos** No hacer nada.
**SIN. 3.** Atravesar, pasar. **6.** Coincidir.
**FAM.** Cruce, crucero, cruzado. / Descruzar, entrecruzar.

**cuaderna** *s. f.* Cada una de las piezas curvas que parten de la quilla de un barco y forman parte de su armadura.
**EXPR. cuaderna vía** Estrofa de cuatro versos de catorce sílabas que riman todos.

**cuaderno** *s. m.* Conjunto de hojas de papel en forma de libro.
**EXPR. cuaderno de bitácora** Libro que se lleva en los barcos para apuntar el rumbo, la velocidad y otros datos de la navegación.
**FAM.** Cuaderna. / Desencuadernar, encuadernar.

**cuadra** *s. f.* **1.** Lugar donde se tiene a los caballos y otros animales de carga. **2.** Conjunto de caballos de un mismo dueño. **3.** En Hispanoamérica, manzana o bloque de casas.
**SIN. 1.** Caballeriza, establo.

**cuadrado, da** *adj.* **1.** Con la forma de un cuadrado: *una habitación cuadrada.* **2.** Se dice de una unidad de longitud convertida en unidad de superficie, por ejemplo un metro cuadrado equivale a lo que ocupa un cuadrado que tiene de lado un metro. || *s. m.* **3.** Polígono que tiene cuatro lados iguales y cuatro ángulos rectos. **4.** En matemáticas, resultado de multiplicar un número por sí mismo: *Nueve es el cuadrado de tres.*

**cuadragésimo, ma** *num.* **1.** Que ocupa por orden el número cuarenta. **2.** Se dice de cada una de las cuarenta partes en que se divide una cosa.
**SIN. 2.** Cincuentavo.

**cuadrante** *s. m.* **1.** Cuarta parte de un círculo o una circunferencia. **2.** Instrumento usado en astronomía para medir ángulos.

**cuadrar** *v.* **1.** Ser igual o estar de acuerdo: *Aquello cuadraba con lo que le había contado Marta.* **2.** Convenir, ir bien con algo: *Esta mesa cuadra con la decoración del resto de la sala.* || **cuadrarse 3.** Quedarse parada una persona con los pies formando ángulo recto, como hacen los soldados cuando saludan a sus superiores.
**SIN. 1.** Coincidir, casar, concordar. **2.** Adecuarse, armonizar. **ANT. 2.** Desentonar, contrastar.

**cuádriceps** *s. m.* Músculo situado en la parte de delante del muslo que permite estirar la pierna. ■ No varía en plural.

**cuadrícula** *s. f.* Conjunto de cuadrados que se forma al cruzarse en ángulo recto dos grupos de líneas paralelas: *Utilizo un cuaderno con cuadrícula para las matemáticas.*

**cuadriculado, da** *adj.* Se dice de las hojas de papel divididas en cuadritos.

**cuadriga** *s. f.* Carro tirado por cuatro caballos enganchados uno al lado del otro; se llama así al que utilizaban los antiguos romanos en las carreras.

**cuadrilátero, ra** *adj.* **1.** Que tiene cuatro lados. || *s. m.* **2.** Polígono de cuatro lados, como el cua-

drado o el rectángulo. **3.** En el boxeo, parte del recinto donde se disputan los combates.
**SIN. 3.** Ring.

**cuadrilla** *s. f.* **1.** Grupo de personas que hacen el mismo trabajo o se reúnen para conseguir lo mismo: *Una cuadrilla de albañiles arregló la casa.* **2.** En los toros, grupo de toreros que ayudan al matador.
**SIN. 1.** Partida, brigada.

**cuadro** *s. m.* **1.** Lienzo o lámina sobre la que se representan figuras, paisajes u otras cosas y que puede colocarse en un marco: *los cuadros de un museo.* **2.** Figura en forma de cuadrado: *Lleva una falda de cuadros.* **3.** Escena o suceso: *Se dejaron un grifo abierto y menudo cuadro se encontraron al llegar a casa.* **4.** Conjunto de personas que realizan una actividad: *El cuadro de médicos del equipo atendió al jugador lesionado.* **5.** Esquema que consiste en un conjunto de datos, nombres o explicaciones que aparecen dentro de un recuadro: *En el libro de texto hay varios cuadros para explicar los pronombres.* **6.** Tablero en el que está colocada una serie de aparatos o dispositivos: *el cuadro de mandos de un avión.*
**EXPR. cuadro clínico** Conjunto de síntomas en un enfermo o en una enfermedad.
**SIN. 2.** Cuadrado, cuadrilátero. **3.** Visión.
**FAM.** Cuadra, cuadrado, cuadrante, cuadrar, cuadrícula, cuadriculado, cuadriga, cuadrilátero, cuadrilla. / Encuadrar, escuadra, recuadro.

**cuadrúpedo, da** *adj.* y *s. m.* Animal de cuatro patas.

**cuádruple** o **cuádruplo, pla** *adj.* y *s. m.* Que es cuatro veces mayor que otra cosa: *El cuádruple de tres es doce.*
**FAM.** Cuadruplicar.

**cuadruplicar** *v.* Multiplicar por cuatro. ■ Delante de *e* se escribe *qu* en lugar de *c*: *Aunque cuadruplique mis ahorros, no podré comprarme la bicicleta.*

**cuajada** *s. f.* Parte sólida de la leche que se separa de la parte líquida.

**cuadriga** romana

**cuajar¹** *v.* **1.** Unir las partes de un líquido para convertirlo en sólido, por ejemplo la leche para hacer queso o los huevos para hacer tortilla. **2.** Cubrir, llenar de algo: *En primavera las plantas se cuajan de flores.* **3.** Formar la nieve una capa sobre una superficie. **4.** Lograr que algo tenga buena acogida o que su resultado sea favorable: *La moda de la minifalda ha cuajado. Tuvo que cerrar la tienda porque el negocio no cuajó.*
**SIN. 1.** Coagular. **2.** Colmar, cargar. **4.** Resultar, cristalizar. **ANT. 1.** Fundir. **4.** Frustrarse, malograrse.
**FAM.** Cuajada, cuajar², cuajarón, cuajo.

**cuajar²** *s. m.* En los rumiantes, cuarta cavidad del estómago que segrega el jugo gástrico.

**cuajarón** *s. m.* Porción de sangre o de otro líquido que se ha vuelto sólida.

**cuajo** *s. m.* **1.** Sustancia para cuajar un líquido, en especial la que sirve para cuajar la leche y convertirla en queso. **2.** Demasiada calma: *¡Qué cuajo tienes! ¿No ves que vamos a perder el tren?*
**EXPR. de cuajo** De raíz: *El vendaval arrancó los árboles de cuajo.*
**SIN. 2.** Pachorra, cachaza, flema.

**cual** *relat.* **1.** Equivale a *que* y lleva delante el artículo determinado: *Las niñas con las cuales comí ayer son mis primas.* || *adv.* **2.** Equivale a *como*: *Es una persona muy sincera que se muestra tal cual es.*
**FAM.** Cuál, cualquier, cualquiera.

**cuál** *interr.* Sirve para preguntar sobre personas, animales o cosas: *¿Cuál de los dos libros prefieres?*

**cualidad** *s. f.* **1.** Cada una de las propiedades o características que distinguen a los seres vivos o a las cosas: *El imán tiene la cualidad de atraer los objetos metálicos. La maldad es la cualidad de malo.* **2.** Cosas buenas de una persona: *Este chico tiene muchas cualidades, es listo, simpático y trabajador.*
**SIN. 2.** Virtud.
**FAM.** Cualitativo.

**cualificado, da** *adj.* Se dice del trabajador especialmente preparado para hacer una tarea.

**cualitativo, va** *adj.* Que indica cualidad.
**ANT.** Cuantitativo.

**cualquier** *indef.* Forma abreviada de **cualquiera**.
■ Se emplea delante de un sustantivo: *cualquier caballo, cualquier mesa.*

**cualquiera** *indef.* **1.** Indica personas, animales o cosas, pero sin señalar cuál de ellas: *Eso lo sabe hacer cualquiera. Dame un bolígrafo cualquiera para apuntar el teléfono.* || *s. m.* **2.** Hombre poco importante. || *s. f.* **3.** Prostituta. ■ Como indefinido su plural es *cualesquiera* y como sustantivo su plural es *cualquieras.*

**cuan** *adv.* Se emplea para destacar una cualidad: *A causa de la nieve resbaló y cayó cuan largo era.*

**cuán** *relat.* Forma abreviada de **cuánto**. ■ Se emplea delante de un adjetivo o adverbio en frases exclamativas: *¡Cuán desgraciada se siente!*

**cuando** *adv.* **1.** En el momento de, en el instante en que: *Cuando llamen al timbre, les abres la puerta.* ‖ *conj.* **2.** Equivale a *si*: *Cuando está tan nervioso, por algo será.* **3.** Con el adverbio *aun* significa *aunque*: *Aun cuando te enfades conmigo, no te dejaré mi reloj.* **EXPR.** **de cuando en cuando** o **de vez en cuando** Algunas veces, de tiempo en tiempo. **FAM.** Cuándo.

**cuándo** *interr.* En qué momento: *¿Cuándo te vas?*

**cuantía** *s. f.* Cantidad de dinero que supone algo, por ejemplo una deuda o unos gastos: *Todavía no han calculado la cuantía de los daños que causó el fuego en el edificio.* **SIN.** Importe.

**cuantificador** *s. m.* En lingüística, palabra que se refiere a otra y expresa idea de cantidad, como *cinco, cada* o *todo.*

**cuantificar** *v.* Decir algo en cantidades: *Cuantificaron el precio de los muebles nuevos en mil doscientos euros.* ■ Delante de *e* se escribe *qu* en lugar de *c*: *cuantifique.* **SIN.** Calcular, valorar, tasar. **FAM.** Cuantificador.

**cuantioso, sa** *adj.* Abundante, grande: *Como recompensa le dieron una cuantiosa suma de dinero.* **SIN.** Mucho, considerable, copioso, numeroso. **ANT.** Poco, escaso.

**cuantitativo, va** *adj.* Relacionado con la cantidad o el número de algo. **ANT.** Cualitativo.

**cuanto, ta** *relat.* Todo lo que; a veces indica una cantidad indeterminada: *Leía cuantos libros caían en sus manos. Le dije cuanto sabía. Ven cuanto antes. Cuanto más tiene, más quiere.* **EXPR.** **en cuanto** Tan pronto como: *Saldré en cuanto me arregle.* **en cuanto a** En relación con, por lo que se refiere a: *En cuanto a lo que me has preguntado, no sé qué contestar.* **FAM.** Cuan, cuantía, cuantificar, cuantioso, cuantitativo. / Cantidad.

**cuánto, ta** *interr.* **1.** Se usa para preguntar la cantidad: *¿Cuántos litros de gasolina caben en el depósito de este coche? ¿Cuánto pesas?* ‖ *excl.* **2.** Destaca la cantidad de algo: *¡Cuánta gente! ¡Cuánto sabe!* **EXPR.** **¿a cuánto?** ¿A qué precio?: *¿A cuánto sale el metro de tela?* **FAM.** Cuán.

**cuáquero, ra** *adj. y s. m. y f.* De una secta cristiana protestante, fundada en el siglo XVII en Inglaterra; los cuáqueros son pacifistas, llevan una vida sencilla y austera y no tienen ritos ni sacerdotes como otras iglesias.

**cuarcita** *s. f.* Roca formada por granos de cuarzo, muy dura, que normalmente es de color blanco; se utiliza en la construcción y en la cerámica.

**cuarenta** *num.* **1.** Cuatro veces diez. **2.** Que sigue por orden al treinta y nueve. ‖ *s. m.* **3.** Signos que representan este número. **EXPR.** **cantarle** a alguien **las cuarenta** Decirle con claridad lo que se tiene contra él. **FAM.** Cuarentavo, cuarentena, cuarentón.

**cuarentavo, va** *num. y s. m.* Cuadragésimo, cada una de las cuarenta partes en que se divide algo.

**cuarentena** *s. f.* **1.** Conjunto de cuarenta unidades: *Da clases a una cuarentena de alumnos.* **2.** Periodo de cuarenta días, meses o años. **3.** Tiempo que se tiene aislados a personas o animales enfermos para evitar que contagien a otros.

**cuarentón, na** *adj. y s. m. y f.* Se dice de la persona que tiene entre cuarenta y cincuenta años.

**cuaresma** *s. f.* Para los cristianos, periodo de cuarenta días que va desde el miércoles de ceniza hasta la Pascua de Resurrección, y que está dedicado a la penitencia y el ayuno.

**cuarta** *s. f.* Palmo, medida de longitud.

**cuartear** *v.* **1.** Partir en trozos, sobre todo animales que sirven de alimento, como las reses. ‖ **cuartearse** **2.** Hacerse rajas o grietas en una cosa: *Se le mojaron los zapatos y la piel se cuarteó.* **SIN.** **1.** Descuartizar, despedazar, trocear. **2.** Rajarse, agrietarse, abrirse, resquebrajarse.

**cuartel** *s. m.* **1.** Edificios y otras instalaciones donde viven y realizan sus actividades los soldados. **2.** Lugar parecido donde están policías o bomberos. **3.** Descanso en una lucha o en un enfrentamiento: *No daba cuartel a sus enemigos.* **EXPR.** **cuartel general** Lugar donde están los altos mandos de un ejército. **FAM.** Cuartelero, cuartelillo. / Acuartelar.

**cuartelero, ra** *adj.* **1.** Del cuartel. **2.** Se dice del lenguaje grosero y lleno de palabrotas.

**cuartelillo** *s. m.* Edificio de un puesto de policía, de bomberos, de parte de una tropa, y sobre todo, de la guardia civil.

**cuarterón** *s. m.* Cada uno de los cuadrados que tienen algunas puertas y ventanas.

**cuarterón, na** *adj. y s. m. y f.* Se decía en América del hijo de un mestizo y de una española o de una mestiza y un español.

**cuarteta** *s. f.* Estrofa de cuatro versos de ocho sílabas o menos en la que rima el primero con el tercero y el segundo con el cuarto.

**cuarteto** *s. m.* **1.** Conjunto musical formado por cuatro instrumentos o por cuatro cantantes. **2.** Composición musical hecha para cuatro instrumentos o voces. **3.** Estrofa de cuatro versos de más de ocho sílabas en la que suelen rimar el primero y el cuarto y el segundo y el tercero.

**cuartilla** *s. f.* Hoja de papel que es la cuarta parte de un pliego.

**cuarto, ta** *num.* **1.** Que ocupa por orden el número cuatro: *Vive en el cuarto piso.* ‖ *num.* y *s. m.* **2.** Se dice de cada una de las cuatro partes en que se divide una cosa: *Este vaso es de cuarto de litro.* ‖ *s. m.* **3.** Habitación de una casa. **4.** Cada una de las cuatro partes en que se puede dividir horizontal y verticalmente el cuerpo de algunos animales como las reses o las aves: *los cuartos traseros.* ‖ *s. m. pl.* **5.** Dinero.
**EXPR. cuarto creciente** Busca **creciente. cuarto menguante** Busca **menguante.** ‖ **de tres al cuarto** De poco valor o categoría: *Menudo cocinero de tres al cuarto estás tú hecho.* **tres cuartos de lo mismo** Igualmente, lo mismo: *A Laura no le gusta andar y a Pedro tres cuartos de lo mismo.*
**SIN. 3.** Pieza, dependencia, estancia. **5.** Pasta.
**FAM.** Cuarta, cuartear, cuartel, cuarterón -na, cuarteta, cuarteto, cuartilla. / Decimocuarto, descuartizar, sacacuartos.

**cuarzo** *s. m.* Mineral muy duro que está formado por sílice y es componente de muchas rocas.
**FAM.** Cuarcita.

**cuate, ta** *adj.* y *s. m.* y *f.* **1.** En México y América Central, amigo. **2.** En México, mellizo o gemelo.

**cuaternario, ria** *adj.* y *s. m.* Se dice del periodo geológico que comenzó hace unos dos millones de años. En este periodo apareció el hombre y hubo grandes glaciares.

**cuatrero, ra** *s. m.* y *f.* Ladrón de ganado.

**cuatrillizo, za** *adj.* y *s. m.* y *f.* Se dice de cada uno de los cuatro hermanos nacidos en un mismo parto.

**cuatrimestral** *adj.* **1.** Que se repite cada cuatro meses: *En esta asignatura nos hacen exámenes cuatrimestrales.* **2.** Que dura cuatro meses.

**cuatrimestre** *s. m.* Periodo de tiempo de cuatro meses: *El primer cuatrimestre del año va de enero a abril.*
**FAM.** Cuatrimestral.

**cuatrimotor** *s. m.* Avión con cuatro motores.

**cuatro** *num.* **1.** Tres y uno. **2.** Expresa poca cantidad de algo: *Para cuatro pelos que tiene, se pasa el día en la peluquería.* **3.** Cuarto: *Luis hace el cuatro en la clasificación.* ‖ *s. m.* **4.** Signo que representa este número.
**FAM.** Cuadragésimo, cuádruple, cuádruplo, cuaternario, cuatrero, cuatrocientos. / Catorce, veinticuatro.

**cuatrocientos, tas** *num.* **1.** Cuatro veces cien. **2.** Que sigue por orden al trescientos noventa y nueve. ‖ *s. m.* **3.** Conjunto de signos que representan este número.

**cuba** *s. f.* Recipiente para líquidos formado por una serie de tablas curvadas y unidas, que está cerrado en sus extremos por dos bases circulares.
**EXPR. como una cuba** Muy borracho.
**SIN.** Barril, tonel.
**FAM.** Cubeta.

**cubalibre** o **cuba-libre** *s. m.* Mezcla de una bebida alcohólica, como ginebra o ron, con un refresco de cola.
**FAM.** Cubata.

**cubano, na** *adj.* y *s. m.* y *f.* De Cuba, país de América.
**FAM.** Afrocubano.

**cubata** *s. m.* Cubalibre.

**cubero** *s. m.* Persona que hace o vende cubas.
**EXPR. a ojo de buen cubero** Busca **ojo.**

**cubertería** *s. f.* Conjunto de cubiertos y cosas parecidas para servir la comida.

**cubeta** *s. f.* Recipiente de poco fondo y casi siempre rectangular o cuadrado, como los que se usan en los laboratorios o los que se emplean para revelar fotografías.

**cúbico, ca** *adj.* **1.** Que tiene la forma de un cubo geométrico. **2.** Se dice de una unidad de longitud convertida en unidad de capacidad, por ejemplo un metro cúbico equivale al contenido de un cubo que tiene como lado un metro.

**cubículo** *s. m.* Habitación o lugar muy pequeños.
**SIN.** Cuchitril.

**cubierta** *s. f.* **1.** Lo que cubre una cosa para taparla o protegerla: *La lavadora tiene una cubierta a juego con los muebles de la cocina.* **2.** Tapa de un libro: *La foto del autor aparecía en la cubierta de la novela.* **3.** Parte exterior del techo de un edificio. **4.** Parte exterior de las ruedas de algunos vehículos. **5.** Cada uno de los pisos de un barco, y sobre todo el de más arriba: *Los pasajeros tomaban el sol en la cubierta.*
**FAM.** Contracubierta.

**cubierto, ta** *adj.* **1.** Que tiene algo por encima que lo tapa o lo protege: *Tomamos pasteles cubiertos de chocolate. Fuimos a una piscina cubierta.* **2.** Que ha sido pagado o tiene lo suficiente: *Con el dinero que ganan sus padres están cubiertas las necesidades de la familia.* ‖ *s. m.* **3.** Utensilio para comer o servir la comida, como la cuchara, el tenedor o el cuchillo. **4.** Conjunto formado por una cuchara, un tenedor y un cuchillo. (Puedes ver su ilustración en la página siguiente.) **5.** Servicio de mesa para cada persona: *Puso dos cubiertos más, pues Luis y Eva se quedaban a comer.* **6.** Comida que se sirve en restaurantes y hoteles con unos platos y precios fijos: *En vez de comer a la carta, pidieron el cubierto.*
**EXPR. a cubierto** Protegido.
**SIN. 1.** Tapado, protegido, envuelto. **2.** Satisfecho. **6.** Menú. **ANT. 1.** Descubierto, destapado, desprotegido.
**FAM.** Cubertería.

**cubil** *s. m.* **1.** Lugar donde se meten los animales para dormir, por ejemplo una cueva. **2.** Escondrijo: *Encontraron el cubil de los ladrones.*
**SIN. 1.** y **2.** Guarida, madriguera.
**FAM.** Cubículo.

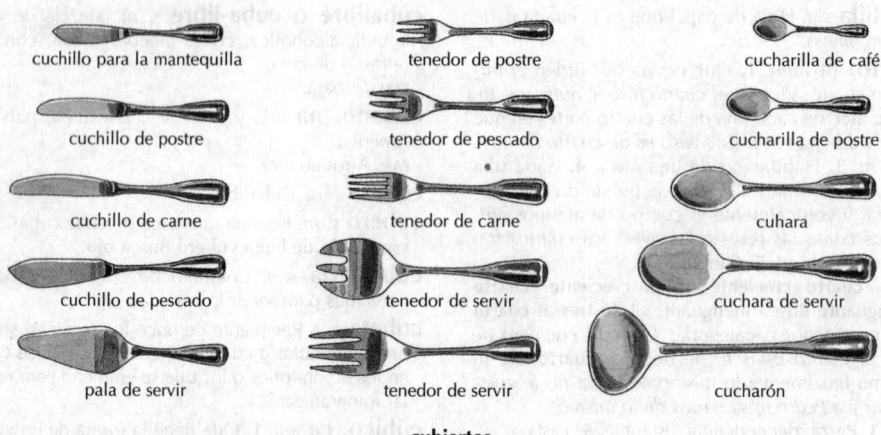

cuchillo para la mantequilla · tenedor de postre · cucharilla de café

cuchillo de postre · tenedor de pescado · cucharilla de postre

cuchillo de carne · tenedor de carne · cuhara

cuchillo de pescado · tenedor de servir · cuchara de servir

pala de servir · tenedor de servir · cucharón

**cubiertos**

**cubilete** *s. m.* **1.** Vaso donde se meten algunas cosas, como en el que se usa para mover y tirar los dados. **2.** Molde de cocina.

**cubismo** *s. m.* Estilo de pintura que comenzó en Francia a principios del siglo xx y que se caracteriza por representar figuras y objetos mediante formas geométricas. **FAM.** Cubista.

**cubista** *adj.* y *s. m.* y *f.* Relacionado con el cubismo o que sigue este estilo.

**cubitera** *s. f.* **1.** Recipiente que se mete en el congelador con agua para hacer cubitos de hielo. **2.** Recipiente en el que se ponen los cubitos de hielo para servirlos.

**cubito** *s. m.* Pedacito o dado de hielo que se echa en las bebidas para enfriarlas. **FAM.** Cubitera.

**cúbito** *s. m.* Hueso más largo y grueso de los dos que forman el antebrazo.

**cubo**[1] *s. m.* Recipiente más ancho por la boca que por el fondo y con un asa en el borde de arriba. **SIN.** Balde. **FAM.** Cuba. / Tapacubos.

**cubo**[2] *s. m.* **1.** Figura geométrica formada por seis caras que son cuadrados iguales. **2.** En matemáticas, resultado de multiplicar un número dos veces por sí mismo: *Ocho es el resultado de elevar dos al cubo.* **FAM.** Cúbico, cubismo, cubito.

**cubrebañera** *s. f.* Lona que cubre el hueco de la piragua y se ajusta al cuerpo del piragüista para evitar que entre agua.

**cubrecadena** *s. f.* Pieza de la bicicleta que cubre y protege la cadena.

**cubrecama** *s. m.* Colcha.

**cubrerradiador** *s. m.* Mueble para cubrir un radiador de calefacción.

**cubrir** *v.* **1.** Poner algo encima de una cosa: *Cubrió la tarta con nata. Has cubierto la mesa de papeles.* **2.** Proteger, defender: *Levantó los brazos para cubrirse la cara.* **3.** Llenar de algo: *Le cubrieron de insultos. El cielo se cubrió de nubes.* **4.** Completar algo o ser suficiente para alguna cosa: *Los turistas han cubierto todas las plazas del hotel. Con el dinero que sacaron de la rifa cubrieron los gastos de la excursión.* **5.** Llegarle el agua a una persona hasta una altura: *Cruzamos el río por una parte que cubría muy poco.* **6.** Recorrer una distancia: *El nadador tiene que cubrir mil metros a braza.* **7.** Encargarse una persona o un medio de comunicación de recoger toda la información sobre un suceso mientras se produce: *La primera cadena de televisión cubrirá toda la información de los Juegos Olímpicos.* **8.** Unirse el macho a la hembra para fecundarla. || **cubrirse 9.** Ponerse el sombrero. ■ Su participio es irregular: *cubierto.* **SIN. 1.** Tapar, recubrir, envolver. **2.** Resguardar. **3.** Colmar, cargar, abarrotar. **4.** Copar; bastar. **8.** Montar, aparearse. **ANT. 1.** Descubrir, destapar. **2.** Desproteger. **FAM.** Cobertizo, cobertor, cobertura, cubierta, cubierto, cubrebañera, cubrecadena, cubrecama, cubrerradiador. / Descubrir, encubrir, recubrir.

**cucamonas** *s. f. pl.* Mimos, carantoñas. **SIN.** Zalamerías, arrumacos.

**cucaña** *s. f.* En las fiestas, palo largo untado con algo resbaladizo, por el que hay que subir para coger un premio situado en lo alto.

**cucaracha** *s. f.* Insecto de forma ovalada, con antenas largas y finas. Las cucarachas son de color negro, rojizo o marrón y se esconden en lugares oscuros y húmedos, de los que salen por las noches.

**cuchara** *s. f.* **1.** Cubierto formado por un mango y una parte ovalada, que se emplea para tomar alimentos más o menos líquidos, como sopas o purés. **2.** Parte de las grúas y las excavadoras en la que se recogen y transportan los materiales. **FAM.** Cucharada, cucharilla, cucharón.

**cucharada** *s. f.* Lo que cabe en una cuchara: *Me dieron una cucharada de jarabe.*

**cucharilla** *s. f.* **1.** Cuchara pequeña, como la de postre o la que se usa para remover el café. **2.** Pieza metálica con varios anzuelos que al moverla brilla y atrae a los peces.

**cucharón** *s. m.* Cuchara grande para servir la comida.

**cuché** *adj. y s. m.* Se dice del papel brillante que se usa en revistas y libros que llevan fotografías o dibujos.

**cuchichear** *v.* Hablar bajito para que otros no se enteren. **SIN.** Murmurar. **FAM.** Cuchicheo.

**cuchicheo** *s. m.* Lo que se dice cuchicheando. **SIN.** Murmuración.

**cuchilla** *s. f.* **1.** Hoja de acero con un filo, empleada para cortar. **2.** Hoja de afeitar. **3.** Cuchillo grande, como el que usan los carniceros.

**cuchillada** *s. f.* Herida hecha con un cuchillo o con un arma parecida.

**cuchillo** *s. m.* **1.** Instrumento utilizado para cortar que está formado por un mango y una hoja de acero afilada. **2.** Corriente de aire frío que entra por una rendija. **FAM.** Cuchilla, cuchillada. / Acuchillar.

**cuchipanda** *s. f.* Reunión de personas para comer y divertirse.

**cuchitril** *s. m.* Habitación o casa muy pequeña.

**cuchufleta** *s. f.* Broma, chufla, chirigota.

**cuclillas** Se utiliza en la expresión **en cuclillas**, que significa 'agachado y con el trasero cerca de los talones o apoyado en ellos'.

**cuclillo** *s. m.* Ave trepadora de pequeño tamaño. Tiene la cola larga, las alas puntiagudas y el pico grueso. Las hembras ponen sus huevos en los nidos de otras aves.

**cuco** *s. m.* Especie de cuna pequeña portátil que suele formar parte del coche de los niños pequeños.

**cuco, ca** *adj.* **1.** Bonito, mono: *Tiene una casa muy cuca.* ‖ *adj. y s. m. y f.* **2.** Pícaro, listo: *Mira qué cuco, se ha buscado el mejor sitio para él.* ‖ *s. m.* **3.** Cuclillo. **4.** Reloj de cuco. **EXPR.** **reloj de cuco** Reloj de pared con un cuclillo

mecánico que canta las horas, las medias horas o los cuartos. **SIN.** **1.** Lindo, chulo. **2.** Ladino, taimado, zorro. **ANT.** **2.** Ingenuo, simple. **FAM.** Cuclillo.

**cucurucho** *s. m.* **1.** Cono de papel o cartón para guardar cosas pequeñas, como frutos secos o caramelos: *Compramos un cucurucho de chufas.* **2.** Objeto con esta forma, por ejemplo los que están hechos de barquillo y sobre los que se pone una bola de helado. **3.** Gorro en forma de cono que llevan los penitentes en las procesiones de Semana Santa. **SIN.** **3.** Capirote.

**cuelgue** *s. m.* Efecto que produce la droga. **SIN.** Colocón.

**cuello** *s. m.* **1.** Parte del cuerpo que une la cabeza al tronco. **2.** Parte de una prenda que cubre o rodea el cuello: *Llevaba un jersey de cuello alto.* **3.** Parte más estrecha de algunos objetos, como por ejemplo una botella o una bombilla. **SIN.** **1.** Pescuezo, garganta. **FAM.** Collar. / Alzacuello, descollar.

**cuenca** *s. f.* **1.** Hueco donde está cada uno de los ojos. **2.** Territorio por el que corren las aguas de un río y de sus afluentes. **3.** Región donde abunda un mineral y donde hay minas para sacarlo. **SIN.** **1.** Órbita. **FAM.** Cuenco.

**cuenco** *s. m.* **1.** Especie de tazón. **2.** Hueco de algunas cosas: *Bebió en el cuenco de la mano.* **SIN.** **1.** Escudilla, bol.

**cuenta** *s. f.* **1.** Acción de contar: *He perdido la cuenta de los kilómetros que hemos recorrido.* **2.** Operación matemática, como la suma o la resta: *Ya ha aprendido a leer y a hacer cuentas.* **3.** Nota donde está escrito lo que alguien tiene que pagar: *Le pidió la cuenta al camarero.* **4.** Anotaciones y operaciones de las ganancias y pérdidas que tiene una persona o una empresa: *Su padre lleva las cuentas de una agencia de viajes.* **5.** Anotación que un banco o una caja de ahorros lleva de los ingresos o pagos de un cliente. **6.** Explicación o excusa: *No tengo por qué darte cuenta de lo que hago.* **7.** Bolita con un agujero en el centro con la que se hacen collares y otras cosas. **8.** Cuidado, deber o responsabilidad de una persona: *Mariano siempre viaja por su cuenta. Los gastos corrieron de su cuenta.* **EXPR.** **la cuenta de la vieja** La que se hace contando con los dedos o de otra manera muy simple. ‖ **a cuenta** Como anticipo: *Como no llevaba suficiente dinero, le dejó al carnicero cinco euros a cuenta.* **caer en la cuenta** o **darse cuenta** Ver o comprender algo: *Me di cuenta de que había dejado la puerta abierta.* **dar cuenta de** una cosa Acabarla: *En un minuto los niños dieron cuenta de los pasteles.*

**rendir cuentas** Busca **rendir. tomar** o **tener** algo **en cuenta** Hacer caso de ello: *Ten en cuenta sus consejos.* **traer** o **tener cuenta** una cosa Ser ventajosa: *Nos tiene más cuenta ir en metro que en coche.*
SIN. **1.** Recuento, cómputo. **3.** Recibo, minuta. **6.** Justificación. **8.** Obligación, incumbencia, cargo.

**cuentagotas** *s. m.* Utensilio formado por un pequeño tubito para echar un líquido gota a gota. ■ No varía en plural.

**cuentakilómetros** *s. m.* **1.** Aparato que indica los kilómetros que ha recorrido un automóvil. **2.** A veces, también se da este nombre al aparato que marca la velocidad. ■ No varía en plural.

**cuentarrevoluciones** *s. m.* Aparato que indica las revoluciones de un motor, como el que llevan algunos automóviles. ■ No varía en plural.

**cuentista** *adj. y s. m. y f.* **1.** Quejica: *No tiene nada malo, lo que pasa es que es un cuentista.* **2.** Exagerado y algo mentiroso o presumido: *No creas todo lo que diga José, porque es un poco cuentista.* || *s. m. y f.* **3.** Persona que escribe cuentos.
SIN. **1.** Protestón, llorón, ñoño. **2.** Fantasioso, embustero, trolero.

**cuentitis** *s. f.* Enfermedad falsa que se finge para evitar hacer alguna cosa: *Lo tuyo no es gripe sino cuentitis.* ■ No varía en plural.

**cuento** *s. m.* **1.** Narración corta, sobre todo la que cuenta cosas inventadas y va dirigida a los niños: *el cuento del gato con botas.* **2.** Mentira, chisme o pretexto: *Siempre está contando cuentos sobre los demás. Que no me venga con cuentos, si ha llegado tarde es porque se ha dormido.* **3.** Hecho de fingir o simular algo: *Tú no estás enfermo, lo que tienes es mucho cuento.*
EXPR. **venir a cuento** Tener relación con algo que se dice.
SIN. **1.** Historia. **2.** Patraña, enredo, embuste, excusa.
FAM. Cuentista, cuentitis.

**cuerda** *s. f.* **1.** Conjunto de hilos de cáñamo, esparto u otro material, que juntos y retorcidos forman uno solo más grueso. **2.** Hilo fuerte y tirante que tienen algunos instrumentos musicales, como el arpa, la guitarra o el violín. **3.** Muelle o resorte que hace funcionar el reloj y otros mecanismos, por ejemplo algunos juguetes. **4.** En geometría, línea recta que une dos puntos de una curva.
EXPR. **cuerda floja** Cable o alambre sobre el que realizan sus ejercicios acróbatas y trapecistas. **cuerdas vocales** Membranas situadas en la laringe, que vibran en contacto con el aire que procede de los pulmones, produciendo así los sonidos de la voz. || **bajo cuerda** A escondidas, sin que se sepa: *Le dieron dinero bajo cuerda.* **dar cuerda** a alguien Animarle a que haga algo; también, darle conversación.
SIN. **1.** Cordel, soga, maroma.
FAM. Cordaje, cordel, cordón. / Encordar, monocorde.

**cuerdo, da** *adj. y s. m. y f.* En su sano juicio, es decir, no loco.
ANT. Demente, chiflado.
FAM. Cordura.

**cuerna** *s. f.* **1.** Cuerno macizo que algunos animales, por ejemplo los ciervos, mudan todos los años. **2.** Cornamenta de un animal.

**cuerno** *s. m.* **1.** Parte saliente y dura que tienen en la cabeza algunos animales como el toro, el carnero o el ciervo. **2.** Abultamiento duro y puntiagudo que tienen algunos animales, como el que tiene el rinoceronte sobre la mandíbula superior. **3.** Antena de algunos animales: *los cuernos de un caracol.* **4.** Cualquier cosa de forma parecida a los cuernos de un toro: *los cuernos de la luna.* **5.** Instrumento de viento de forma parecida a un cuerno de toro y con un sonido como el de una trompa.
EXPR. **al cuerno** Indica rechazo o desprecio: *Al cuerno, ya estoy harta de todos.* **coger el toro por los cuernos** Hacer frente a un peligro o dificultad con valentía. **irse** algo **al cuerno** Salir mal una cosa: *No nos dejaron la tienda y se fueron al cuerno nuestros planes de hacer una acampada.*
SIN. **1.** Asta.
FAM. Cornada, cornamenta, cornamusa, córnea, cornear, córneo, corneta, cornezuelo, cornudo, cornúpeta, cuerna. / Descornarse, escornarse, mancuerna, tricornio, unicornio.

**cuero** *s. m.* **1.** Pellejo que cubre la carne de los animales. **2.** Este pellejo después de que se ha curtido y preparado para diferentes usos. **3.** Recipiente para contener líquidos hecho con la piel entera de algunos animales: *un cuero de vino.* **4.** Balón de fútbol.
EXPR. **cuero cabelludo** Piel en donde nace el cabello. || **en cueros** Sin ropa, desnudo.
SIN. **3.** Odre. **4.** Pelota, esférico.

**cuerpo** *s. m.* **1.** Conjunto de cabeza, tronco y extremidades de las personas y de los animales. **2.** Tronco del cuerpo, sin contar la cabeza, los brazos y las piernas. **3.** Cualquier materia sólida, líquida o gaseosa. **4.** Cualquier objeto de tres dimensiones que ocupa un lugar en el espacio, como un cubo, un cilindro. **5.** La parte de arriba del vestido que va desde el cuello o los hombros hasta la cintura: *El cuerpo del vestido de novia era de seda.* **6.** Cada una de las partes que se pueden distinguir en un edificio o en un mueble: *Como el armario es de dos cuerpos, en un lado pone la ropa de invierno y en otro la de verano.* **7.** Conjunto de personas que realizan una actividad o tienen la misma profesión: *Se ha reunido el cuerpo médico del hospital. El cuerpo de baile hizo su actuación.* **8.** Grueso de un tejido, un papel o algo parecido: *Esta tela tiene poco cuerpo y no abriga.* **9.** Consistencia y densidad de algunas cosas como las masas o el vino: *Los vinos con cuerpo tienen olor y sabor más fuerte.*

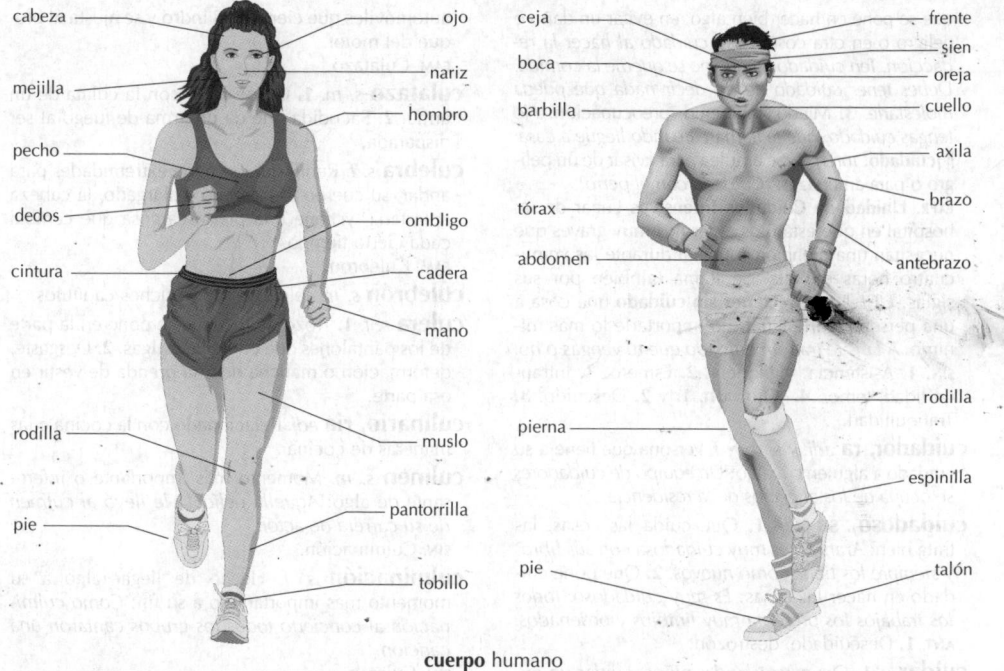

cabeza · ojo · mejilla · nariz · hombro · pecho · dedos · ombligo · cintura · cadera · mano · rodilla · muslo · pie · pantorrilla · tobillo

ceja · frente · boca · sien · barbilla · oreja · cuello · axila · tórax · brazo · abdomen · antebrazo · rodilla · pierna · espinilla · pie · talón

**cuerpo** humano

**EXPR. a cuerpo** o **a cuerpo gentil** Sin abrigo, chaqueta u otra prenda parecida: *He venido a cuerpo porque hace un día buenísimo.* **de cuerpo presente** Estando presente el cadáver antes de ser enterrado.

**SIN. 1.** Organismo. **2.** Torso.

**FAM.** Corpiño, corporal, corpóreo, corpulento, corpúsculo. / Anticuerpo.

**cuervo** *s. m.* Pájaro negro con el pico en forma de cono, y más grande que la paloma.

**cuesco** *s. m.* **1.** Hueso de la fruta. **2.** Pedo ruidoso.

**SIN. 1.** Güito.

**cuesta** *s. f.* Terreno en pendiente: *En esta ciudad hay muchas cuestas.*

**EXPR. a cuestas** Sobre los hombros y las espaldas: *A mi hermano pequeño le gusta que le lleven a cuestas.* **cuesta arriba** Que resulta pesado, fatigoso o que exige mucho esfuerzo: *Se le hacen cuesta arriba las matemáticas.*

**SIN.** Rampa, repecho.

**cuestación** *s. f.* Recogida de limosnas o donativos para un fin benéfico o piadoso.

**SIN.** Colecta.

**cuestión** *s. f.* **1.** Asunto, tema: *En la reunión se trató la cuestión del horario de las clases.* **2.** Pregunta: *Debéis responder las cuestiones que hay al final de cada lección.* **3.** Cosa que se duda, algo que hay

que resolver: *La cuestión estaba en elegir un lugar para las vacaciones.*

**SIN. 1.** Materia. **1.** y **3.** Problema. **3.** Dificultad.

**FAM.** Cuestionar, cuestionario.

**cuestionar** *v.* **1.** Poner en duda: *Cuestionó la verdad de la noticia.* || **cuestionarse 2.** Preguntarse, ponerse a pensar algo: *Se cuestionaba si había hecho bien apuntándose a aquel curso.*

**SIN. 2.** Plantearse, interrogarse.

**FAM.** Incuestionable.

**cuestionario** *s. m.* **1.** Lista de preguntas o cuestiones: *Este cuestionario es muy fácil: debes responder de la manera más breve posible.* **2.** Conjunto de temas que hay que estudiar en un curso o para un examen.

**SIN. 2.** Temario.

**cueva** *s. f.* Cavidad natural, o construida artificialmente, en la superficie de la tierra o en su interior.

**SIN.** Caverna, gruta.

**FAM.** Covacha.

**cuezo** Se usa en la expresión **meter el cuezo**, que significa 'equivocarse': *Ha metido el cuezo en el dictado.* Y también, 'ser indiscreto al hablar', decir lo que no se debe: *Has metido el cuezo; Alejandra no sabía que le iban a regalar un ordenador.*

**cuidado** *s. m.* **1.** Acción de cuidar: *La enfermera se encargaba del cuidado de los enfermos.* **2.** Atención que se pone en hacer bien algo, en evitar un daño o peligro o en otra cosa: *Puso cuidado al hacer la redacción. Ten cuidado de que no se queme la comida. Debes tener cuidado de no decir nada que pueda molestarle.* **3.** Miedo, inquietud, preocupación: *No tengas cuidado, que te llamaré cuando llegue a casa.* || **¡cuidado!** *interj.* **4.** Se emplea para avisar de un peligro o para amenazar: *¡Cuidado con el perro!* **EXPR. Unidad de Cuidados Intensivos** Lugar de un hospital en que están los enfermos muy graves que necesitan una atención especial durante las veinticuatro horas del día. Se llama también por sus siglas: *UCI.* || **traer** o **tener sin cuidado** una cosa a una persona Darle igual, no importarle lo más mínimo: *A Luis le trae sin cuidado que tú vengas o no.* **SIN. 1.** Asistencia, vigilancia. **2.** Esmero. **3.** Intranquilidad, temor. **4.** ¡Ojo! **ANT. 1.** y **2.** Descuido. **3.** Tranquilidad.

**cuidador, ra** *adj.* y *s. m.* y *f.* Persona que tiene a su cuidado a alguien o a algo: *Un equipo de cuidadores se ocupa de los ancianos de la residencia.*

**cuidadoso, sa** *adj.* **1.** Que cuida las cosas, las trata bien: *Arancha es muy cuidadosa con sus libros y siempre los tiene como nuevos.* **2.** Que pone cuidado en hacer las cosas: *Es muy cuidadoso: todos los trabajos los presenta muy limpios y ordenados.* **ANT. 1.** Descuidado, destrozón.

**cuidar** *v.* **1.** Ocuparse: *cuidar niños, cuidar un jardín.* **2.** Atender a los enfermos y a otras personas que no pueden valerse por sí mismas. **3.** Vigilar o estar atento a algo: *El profesor cuida de que los alumnos no copien en el examen. Cuida de que lleve todo en la maleta y no se le olvide nada.* **4.** Poner atención en hacer bien las cosas: *En el dictado cuidó la ortografía.* **5.** Tratar bien: *Cuida tus cuadernos, no los rompas.* || **cuidarse 6.** Hacer una persona lo necesario para tener buena salud o buen aspecto: *Su madre se cuida mucho: hace gimnasia y procura no engordar.* **7.** Evitar algo que sabemos que no debemos hacer: *Cuídate mucho de dar una mala contestación a la abuela.* **SIN. 2.** Asistir. **3.** Fijarse. **ANT. 1.** y **2.** Desatender. **1.** a **5.** Descuidar. **5.** Estropear. **6.** Despreocuparse. **FAM.** Cuidado, cuidador, cuidadoso. / Descuidar.

**cuita** *s. f.* Pena, sufrimiento de una persona. **SIN.** Tristeza, desventura, aflicción. **ANT.** Alegría. **FAM.** Cuitado.

**cuitado, da** *adj.* Desgraciado, apenado, que sufre mucho. **SIN.** Desventurado. **ANT.** Feliz, afortunado.

**culada** *s. f.* Golpe que se da una persona en el culo al caer al suelo.

**cular** *adj.* **1.** Del culo. **2.** Se dice del embutido hecho con la parte más gruesa de la tripa: *chorizo cular.*

**culata** *s. f.* **1.** Parte posterior de las armas de fuego, que sirve para agarrarlas o para apoyarlas en el hombro cuando se va a disparar. **2.** Pieza de los automóviles que cierra el cilindro y se ajusta al bloque del motor. **FAM.** Culatazo.

**culatazo** *s. m.* **1.** Golpe dado con la culata de un arma. **2.** Sacudida que da un arma de fuego al ser disparada.

**culebra** *s. f.* Reptil que no tiene extremidades para andar; su cuerpo es estrecho y alargado, la cabeza aplastada, y tiene una piel escamosa que cambia cada cierto tiempo. **FAM.** Culebrón.

**culebrón** *s. m.* Telenovela de muchos capítulos.

**culera** *s. f.* **1.** Trozo de tela que se pone en la parte de los pantalones que cubre las nalgas. **2.** Desgaste, deformación o mancha de una prenda de vestir en esa parte.

**culinario, ria** *adj.* Relacionado con la cocina o las maneras de cocinar.

**culmen** *s. m.* Momento más importante o interesante de algo: *Aquella película le llevó al culmen de su carrera de actor.* **SIN.** Culminación.

**culminación** *s. f.* Hecho de llegar algo a su momento más importante o a su fin: *Como culminación al concierto todos los grupos cantaron una canción.* **SIN.** Culmen.

**culminante** *adj.* Que está en su momento más importante o interesante: *Cuando entraron en la sala, la película estaba en el punto culminante.* **SIN.** Destacado, crítico, decisivo. **ANT.** Secundario.

**culminar** *v.* **1.** Llegar algo a su momento más importante o interesante. **2.** Terminar, rematar: *Los festejos culminaron con los fuegos artificiales.* **SIN. 2.** Acabar, finalizar. **ANT. 2.** Empezar. **FAM.** Culmen, culminación, culminante.

**culo** *s. m.* **1.** Parte del cuerpo situada debajo de la espalda, sobre la que nos sentamos, y también parte de atrás de algunos animales. **2.** Ano. **3.** Parte sobre la que se apoyan algunos objetos, como por ejemplo un vaso o una botella. **EXPR. culo de mal asiento** Persona muy inquieta, que no se encuentra a gusto en ningún sitio. || **a tomar por culo** Con verbos como *mandar* o *ir*, se usa para expresar enfado o rechazo hacia alguien o algo. Con verbos como *estar* o *ir*, significa 'muy lejos'. ■ Esta expresión es vulgar. **con el culo al aire** En situación difícil o comprometida: *Se fue el entrenador del equipo y los dejó con el culo al aire.* **ir** alguien o algo **de culo** Ir muy mal. **perder el culo** Ir muy deprisa; también, hacer todo lo posible por alguien o algo: *Pierde el culo por agradar a su jefe.* **SIN. 1.** Trasero, posaderas, pompi. **FAM.** Culada, cular, culata, culera, culón, culote. / Lameculos, recular.

**culón, na** *adj.* Que tiene el culo grande.

**culote** *s. m.* **1.** Prenda interior femenina con forma de pantalón corto. **2.** Pantalón corto y ceñido que usan los ciclistas.

**culpa** *s. f.* Hecho de haber actuado mal, haber cometido un error o causado algún daño: *Me echaron la culpa de romper el cristal. La lluvia tuvo la culpa de que no pudiéramos salir.* SIN. Defecto, fallo, responsabilidad, culpabilidad. ANT. Inocencia. FAM. Culpabilidad, culpable, culpar. / Disculpa.

**culpabilidad** *s. f.* Hecho de ser culpable: *Para que le condenen tiene que demostrarse su culpabilidad.* ANT. Inocencia.

**culpable** *adj. y s. m. y f.* Que tiene la culpa de alguna cosa: *Ignacio fue el culpable de que nos castigaran.* SIN. Responsable, causante. ANT. Inocente.

**culpar** *v.* Echarle la culpa a alguien. SIN. Acusar, achacar, imputar. ANT. Exculpar. FAM. Exculpar, inculpar.

**cultismo** *s. m.* Palabra procedente del latín o del griego que se usa en otro idioma y que no ha cambiado o ha cambiado muy poco, como por ejemplo *cátedra* o *amígdala*.

**cultivado, da** *adj.* **1.** Se dice de la tierra, de las plantas o de otras cosas que se cultivan: *El pueblo estaba rodeado de campos cultivados. Las fresas que se comen son cultivadas, pero también hay fresas silvestres.* **2.** Se dice de la persona culta y bien educada. SIN. **2.** Refinado. ANT. **1.** Yermo, silvestre. **2.** Bruto.

**cultivador, ra** *adj. y s. m. y f.* **1.** Que se dedica a cultivar algo. ‖ *s. m. y f.* **2.** Especie de arado arrastrado por un tractor, que sirve para cultivar la tierra.

**cultivar** *v.* **1.** Hacer en la tierra los trabajos necesarios para plantar algo y que dé fruto: *Cultiva lechugas en el huerto de su casa.* **2.** Criar cosas como setas o mejillones: *Cultivaba champiñones.* **3.** Hacer lo necesario para que continúen y sean cada vez mejores cosas como las relaciones con los demás o las cualidades que una persona tiene: *Cultiva la amistad de los chicos que conoció este verano. Cultiva su afición por la música.* SIN. **1.** Labrar. **3.** Cuidar, fomentar. ANT. **3.** Perder, descuidar, abandonar. FAM. Cultivado, cultivador, cultivo. / Monocultivo.

**cultivo** *s. m.* **1.** Acción de cultivar algo: *En ese pueblo se dedican al cultivo de árboles frutales.* **2.** Plantas que se cultivan: *El arroz es el principal cultivo de China.* SIN. **1.** Labranza.

**culto, ta** *adj.* **1.** Que tiene cultura: *Es un hombre muy culto que sabe de muchas cosas.* **2.** Se dice de las palabras difíciles utilizadas sobre todo por personas de mucha cultura. ‖ *s. m.* **3.** Acción o celebración con la que se muestra respeto y se alaba a Dios, a la Virgen, a los santos o a cosas que se consideran divinas o sagradas: *Muchos pueblos antiguos daban culto al Sol.* SIN. **1.** Sabio, ilustrado, instruido. **3.** Adoración, devoción; rito, liturgia. ANT. **1.** Inculto, ignorante. FAM. Cultismo, cultivar, cultura. / Inculto.

**cultura** *s. f.* **1.** Conjunto de conocimientos de una persona: *Tiene bastante cultura porque ha leído y ha viajado mucho.* **2.** Conjunto de conocimientos, costumbres y obras artísticas, literarias o de otro tipo de las personas de un lugar o de una época: *La cultura árabe tuvo mucha influencia en España.* SIN. **1.** Formación. **1. y 2.** Saber, sabiduría. **2.** Civilización. ANT. **1.** Incultura. FAM. Cultural, culturismo, culturizar.

**cultural** *adj.* Relacionado con la cultura: *Asistimos a conferencias y otros actos culturales.*

**culturismo** *s. m.* Actividad para desarrollar los músculos del cuerpo humano, mediante la realización de ejercicios y una alimentación adecuada. FAM. Culturista.

**culturista** *s. m. y f.* Persona que practica el culturismo.

**culturizar** *v.* Hacer que una persona o grupo de personas tengan más cultura: *Podéis leer ese libro sobre inventos para culturizaros un poco.* ■ Delante de *e* se escribe *c* en lugar de *z*: *Me culturicé.* SIN. Enseñar, instruir, ilustrar.

**cumbia** *s. f.* Baile y canción popular de Colombia.

**cumbre** *s. f.* **1.** Parte más alta de una montaña: *Los montañeros llegaron a la cumbre después de una dura subida.* **2.** Mejor momento de una persona o cosa: *Ese ciclista está ahora en la cumbre de su vida deportiva.* SIN. **1.** Pico. **1. y 2.** Cima, cúspide. **2.** Apogeo, culmen. ANT. **2.** Decadencia. FAM. Encumbrar.

**cumpleaños** *s. m.* Día en que alguien cumple años y fiesta con que lo celebra: *Hoy es el cumpleaños de Andrés.* ■ No varía en plural.

**cumplido, da** *adj.* **1.** Realizado: *Su orden está cumplida. Vio cumplidos sus deseos.* **2.** Que pone mucho cuidado en cumplir sus obligaciones o en quedar bien con los demás: *Marina es muy cumplida, siempre se acuerda de felicitarme por mi santo.* **3.** Se dice de la edad de una persona: *Alfonso tiene ya 20 años cumplidos.* **4.** Amplio, abundante: *Recibió la cumplida recompensa por aquel trabajo.* ‖ *s. m.* **5.** Palabras o acciones con las que se trata de agradar a alguien o quedar bien con él: *Les recibieron con muchos cumplidos.* SIN. **2.** Cumplidor, correcto, educado, cortés. **5.** Gentileza, delicadeza, detalle. ANT. **2.** Descortés, desatento. **5.** Descortesía.

**cumplidor, ra** *adj. y s. m. y f.* Se dice de la persona que cumple sus obligaciones y las cosas que

promete: *Es muy cumplidor, nunca sale sin terminar su trabajo.*
SIN. Cumplido, responsable. ANT. Irresponsable.

**cumplimentar** *v.* **1.** Visitar o saludar una persona a otra más importante para mostrarle su respeto o ponerse a sus órdenes: *El alcalde cumplimentó al rey en su visita a la capital.* **2.** Rellenar un papel o documento poniendo los datos que en él se piden.

**cumplimiento** *s. m.* Acción de cumplir: *Nunca deja para más tarde el cumplimiento de sus obligaciones.*
SIN. Realización, ejecución.

**cumplir** *v.* **1.** Hacer una persona lo que otra le manda, o algo que había prometido o que era obligación suya: *El soldado cumplió la orden del capitán con rapidez.* **2.** Hacer realidad algo: *Con ese viaje se cumplió su deseo.* **3.** Llegar a tener una persona o cosa una edad o antigüedad: *Hoy cumplo 15 años. El programa de televisión ha cumplido un año.* **4.** Tratar de ser educado o quedar bien: *Le invitó a su boda sólo por cumplir.*
SIN. **1.** Obedecer. ANT. **1.** Incumplir.
FAM. Cumpleaños, cumplido, cumplidor, cumplimentar, cumplimiento. / Incumplir.

**cúmulo** *s. m.* **1.** Conjunto de muchas cosas amontonadas o que suceden a la vez: *Había un cúmulo de libros encima de la mesa. Con aquel cúmulo de encargos no tuvo tiempo para nada.* **2.** Nube que parece un trozo grande de algodón y no suele producir lluvias.
SIN. **1.** Acumulación, montón.
FAM. Acumular. / Cirrocúmulo, estratocúmulo.

**cuna** *s. f.* **1.** Especie de cama pequeña y rodeada de barrotes, para bebés o niños muy pequeños. **2.** Lugar donde ha nacido una persona o donde tiene su origen algo: *Estados Unidos fue la cuna del rock and roll.* **3.** Familia o antepasados de una persona: *Era una dama de noble cuna.*
SIN. **1.** Moisés. **3.** Linaje, estirpe.
FAM. Acunar.

**cundir** *v.* **1.** Avanzar en una tarea: *La tarde le cundió mucho y terminó todos los ejercicios.* **2.** Tener o haber para mucho: *No compres demasiada pintura porque cunde mucho.* **3.** Extenderse un sentimiento como el miedo o la duda: *Se apagaron las luces y el pánico cundió entre el público.*
SIN. **1.** Rendir, progresar. **3.** Difundirse, propagarse.
ANT. **1.** Retrasarse.

**cuneta** *s. f.* Desnivel que hay en el borde de caminos y carreteras para recoger las aguas de lluvia: *El coche dio un frenazo y se salió a la cuneta.*

**cuña** *s. f.* **1.** Pieza que se pone entre dos cosas para que ajusten o para poder separarlas y que suele tener una forma triangular: *Puso una cuña debajo de la puerta para que no se cerrara.* **2.** Especie de

orinal plano que usan los enfermos que no pueden levantarse de la cama. **3.** En Hispanoamérica, recomendación o influencia para conseguir un empleo u otra cosa. **4.** Anuncio corto de radio o televisión. Se llama también *cuña publicitaria.*
EXPR. **meter cuña** Hacer que las personas discutan o se enemisten.
SIN. **1.** Calce.

**cuñado, da** *s. m. y f.* **1.** Hermano o hermana de la persona con la que alguien está casado. **2.** Esposo o esposa de la hermana o del hermano de una persona.
FAM. Concuñado.

**cuño** *s. m.* Instrumento para grabar dibujos y figuras en monedas y medallas y señal que deja.
EXPR. **de nuevo cuño** Nuevo, recién aparecido: *En los diccionarios suelen aparecer palabras antiguas y también de nuevo cuño.*
FAM. Cuña. / Acuñar.

**cuota** *s. f.* **1.** Cantidad de dinero que se paga por algunas cosas, por ejemplo por ser socio de un club. **2.** Parte de alguna cosa: *A cada uno de los herederos le correspondía una cuota del piso.*

**cupé** *s. m.* Automóvil con dos puertas y que suele tener sólo dos plazas.

**cuplé** *s. m.* Canción corta, alegre y a veces un poco atrevida, muy de moda a comienzos del siglo XX.
FAM. Cupletista.

**cupletista** *s. f.* Cantante de cuplés.

**cupo** *s. m.* **1.** Cantidad de una cosa que se destina para algo: *Fueron a apuntarse al gimnasio, pero ya estaba completo el cupo.* **2.** Conjunto de jóvenes que pueden ir a la mili.
SIN. **2.** Contingente.

**cupón** *s. m.* Trozo de papel que se corta o se separa de un conjunto y al que se da un valor o uso determinado, como por ejemplo los billetes de lotería o los que aparecen en los paquetes de algunos productos para participar en un concurso.

**cúpula** *s. f.* Bóveda en forma de media esfera, con que se cubre todo un edificio o parte de él.

**cura** *s. f.* **1.** Acción de limpiar una herida para desinfectarla y que sane: *El médico me hizo varias curas en la pierna.* **2.** Nombre de algunos tratamientos médicos, por ejemplo una cura de adelgazamiento o una cura de reposo. **3.** Curación: *Esa enfermedad tiene cura.* || *s. m.* **4.** Sacerdote católico.

**curación** *s. f.* Acción de curar o curarse: *La curación de sus heridas será lenta.*

**curado, da** *adj.* **1.** Se dice de una persona, enfermedad o herida que se curó. **2.** Se dice de las carnes o pescados que se curan con sal, ahumándolos o exponiéndolos al aire para que se conserven mucho tiempo: *Este jamón no está bien curado, todavía está muy blando.*

**EXPR. estar curado de espanto** Haber vivido una persona tantas cosas que ya no se sorprende ni le impresiona nada.

**curandero, ra** *s. m. y f.* Persona que sin ser médico se dedica a curar utilizando masajes, bebidas hechas con plantas y otros remedios.

**curar** *v.* **1.** Hacer que desaparezca una enfermedad con medicinas u otro tratamiento: *Estas pastillas te curarán el catarro.* **2.** Limpiar una herida para desinfectarla y que vaya sanando: *Me curaron la rodilla con agua oxigenada.* **3.** Preparar las carnes o pescados echándoles sal, ahumándolos o dejándolos al aire, para que se conserven mucho tiempo: *El jamón se obtiene curando la pierna del cerdo.* **4.** Curtir las pieles. || **curarse 5.** Volver a estar sano: *Estuve un mes enfermo, pero por fin me curé.*
**SIN. 1.** y **5.** Sanar. **ANT. 1.** y **5.** Enfermar.
**FAM.** Cura, curación, curado, curandero, curativo, curita. / Incurable.

**curativo, va** *adj.* Que sirve para curar: *El doctor le está tratando con una nueva técnica curativa.*

**curda** *s. f.* Borrachera.
**SIN.** Cogorza, trompa, mona, melopea.

**curdo, da** *adj. y s. m. y f.* Busca **kurdo**.

**cureña** *s. f.* Armazón con ruedas sobre el que van montados algunos cañones de artillería.

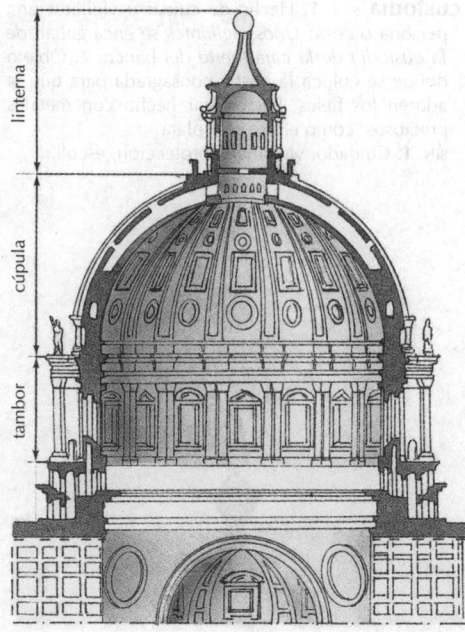

linterna

cúpula

tambor

**cúpula**

**curia** *s. f.* Conjunto de organismos y personas que ayudan al papa en el gobierno de la Iglesia católica. Se llama también *curia romana.*

**curiosamente** *adv.* **1.** Extrañamente, de manera que llama la atención: *Curiosamente, salía en ese momento y pudo ver cómo se quemaba el coche.* **2.** De forma curiosa.

**curiosear** *v.* Intentar enterarse de lo que otros hacen o dicen, a veces observando a escondidas sus cosas: *Le pilló curioseando en su bolso.*
**SIN.** Fisgonear, fisgar, husmear.

**curiosidad** *s. f.* Deseo grande de saber o averiguar algo: *Tengo curiosidad por saber de qué están hablando. La curiosidad por conocer la vida de los animales le llevó a estudiar biología.*
**ANT.** Indiferencia.

**curioso, sa** *adj. y s. m. y f.* **1.** Que tiene curiosidad por enterarse de algo: *¡Qué curiosa eres! ¿A ti qué te importa lo que tengo en mi armario?* || *adj.* **2.** Que llama la atención o provoca el interés de una persona: *Es curioso que los gusanos de seda se transformen en mariposas.* **3.** Limpio y ordenado: *Este niño tiene sus cuadernos muy curiosos; no hay un solo tachón.*
**SIN. 1.** Entrometido; interesado. **2.** Interesante, extraño. **3.** Pulcro, esmerado. **ANT. 1.** Discreto. **3.** Sucio, dejado.
**FAM.** Curiosamente, curiosear, curiosidad.

**curita** *s. f.* En Hispanoamérica, tirita o esparadrapo.

**currante** *adj. y s. m. y f.* Persona que trabaja.
**SIN.** Trabajador.

**currar** *v.* Trabajar.
**FAM.** Currante, curre, currelar, curro.

**curre** *s. m.* Trabajo.
**SIN.** Curro.

**currelar** *v.* Currar, trabajar.

**currículo** *s. m.* **1.** Busca **currículum**. **2.** Plan de estudios. **3.** Conjunto de actividades escolares organizadas para que el alumno adquiera unos conocimientos o habilidades.

**currículum** *s. m.* Escrito hecho por una persona que desea conseguir un trabajo, en que aparecen sus datos personales, los cursos o títulos que tiene y su experiencia en otros trabajos. Se llama también *currículum vitae* o *currículo.* ■ Su plural es *currícula, currículum* o *currículos.*

**curro** *s. m.* Busca **curre**.

**curry** *s. m.* Condimento compuesto de jengibre, clavo y azafrán: *Comieron pollo al curry en un restaurante chino.* ■ Es una palabra inglesa.

**cursar** *v.* **1.** Estudiar una materia o curso: *Cursa estudios de ingeniería.* **2.** Hacer que un escrito, orden u otra cosa lleguen a su destinatario: *Si no entregas dos fotografías, no podremos cursar tu solicitud para entrar en el colegio.*
**SIN. 2.** Expedir.

**cursi** *adj.* y *s. m.* y *f.* Que pretende ser fino y elegante, pero resulta ridículo: *Esa niña cursi lleva el pelo lleno de lazos de colores.*
**FAM.** Cursilada, cursilería.

**cursilada** *s. f.* Acción o cosa cursi.
**SIN.** Cursilería.

**cursilería** *s. f.* **1.** Característica de cursi. **2.** Acción o cosa cursi.
**SIN.** **1.** y **2.** Cursilada.

**cursillista** *s. m.* y *f.* Persona que asiste a un cursillo.

**cursillo** *s. m.* Curso de poca duración para perfeccionar una materia o que trata sobre una actividad concreta: *Ha hecho un cursillo de socorrista.*
**FAM.** Cursillista.

**cursivo, va** *adj.* y *s. f.* Se dice de la letra de imprenta que está inclinada hacia la derecha.
**SIN.** Bastardilla.

**curso** *s. m.* **1.** Dirección que lleva una corriente de agua o recorrido que sigue un astro: *Pasearon siguiendo el curso del río.* **2.** Conjunto de etapas por las que pasa algo: *La enfermedad tiene que seguir su curso.* **3.** Tiempo del año en que los alumnos tienen clase: *El curso termina en junio.* **4.** Cada una de las divisiones de un ciclo de enseñanza: *Paula ya ha pasado a tercer curso.* **5.** Conjunto de lecciones y prácticas sobre una materia: *Está haciendo un curso de inglés.* **6.** Periodo de tiempo: *El albañil dijo que terminaría en el curso de una semana.* **7.** Circulación y uso entre las personas: *Tiene muchas monedas antiguas que ya no son de curso legal.*
**SIN.** **1.** Cauce, trayectoria, itinerario. **2.** Desarrollo, marcha, evolución, derrotero. **5.** Cursillo. **6.** Transcurso.
**FAM.** Cursar, cursillo, cursor.

**cursor** *s. m.* Figura o dibujo que se mueve por la pantalla de algunos aparatos, como los ordenadores, y sirve de indicador.

**curtir** *v.* **1.** Preparar las pieles de algunos animales para poder hacer prendas y objetos con ellas. **2.** Poner morena y hacer más fuerte el sol y el aire la piel de las personas. **3.** Acostumbrar a alguien a trabajos duros y dificultades.
**SIN.** **1.** Adobar, curar. **3.** Fortalecer, endurecer.
**FAM.** Encurtido.

**curva** *s. f.* **1.** Línea que no va derecha y no forma ángulos. **2.** Parte de una carretera o de otra cosa que está formada por estas líneas: *El motorista redujo la velocidad para tomar la curva.* **3.** Esquema que representa el desarrollo de un fenómeno.
**SIN.** **2.** Revuelta. **3.** Gráfica. **ANT.** **1.** Recta.
**FAM.** Curvado, curvar, curvatura, curvilíneo, curvo. / Corvo, encorvar.

**curvado, da** *adj.* Que tiene forma curva.

**curvar** *v.* Dar forma curva o coger algo esa forma: *El peso de los libros curvó la estantería. La madera se curvó de poner tantas cosas encima.*
**SIN.** Arquear, encorvar, combar. **ANT.** Enderezar.

**curvatura** *s. f.* Desviación de la línea recta.

**curvilíneo, a** *adj.* Que tiene forma curva o está formado por curvas: *A lo lejos se veían las formas curvilíneas de la carretera.*

**curvo, va** *adj.* Que tiene la forma de una curva: *El alfanje es una especie de espada curva.*
**SIN.** Curvilíneo, arqueado. **ANT.** Recto, derecho.

**cuscurro** *s. m.* **1.** Extremo de una barra de pan. **2.** Trocito de pan frito que se echa a algunas sopas y purés. ■ Se dice también *coscurro.*
**SIN.** **2.** Picatoste.

**cuscús** *s. m.* Guiso árabe que se hace con sémola de trigo, carne y verduras. ■ Es una palabra árabe. No varía en plural.

**cúspide** *s. f.* **1.** Cumbre de una montaña: *Los alpinistas llegaron a la cúspide.* **2.** Extremo puntiagudo de algunas cosas. **3.** Mejor momento de algo: *Llegó a la cúspide como cantante.*
**SIN.** **1.** Cima. **2.** Vértice. **3.** Apogeo, apoteosis. **ANT.** **3.** Decadencia.

**cusqui** Se utiliza en la expresión **hacer la cusqui**, que significa 'fastidiar, molestar o perjudicar a alguien': *Me han robado el coche y me han hecho la cusqui.*

**custodia** *s. f.* **1.** Hecho de cuidar o vigilar a una persona o cosa: *Unos vigilantes se encargaban de la custodia de la caja fuerte del banco.* **2.** Objeto donde se coloca la hostia consagrada para que la adoren los fieles. Suele estar hecho con metales preciosos, como el oro o la plata.
**SIN.** **1.** Cuidado, vigilancia, protección, escolta.

custodia

**custodiar** *v.* Cuidar o vigilar: *La policía custodió los cuadros hasta el museo.*
SIN. Proteger, escoltar. ANT. Descuidar, abandonar.
FAM. Custodia, custodio.

**custodio** *adj. y s. m.* Que cuida o vigila: *El ángel de la guarda es un ángel custodio.*

**cutáneo, a** *adj.* De la piel o del cutis: *En primavera suelen salir granitos e irritaciones cutáneas.*

**cutícula** *s. f.* Piel fina y delgada que está pegada a la base de la uña.

**cutis** *s. m.* Piel que cubre el cuerpo humano y sobre todo la de la cara. ■ No varía en plural.
FAM. Cutáneo, cutícula. / Subcutáneo.

**cutre** *adj.* De poca calidad, pobre y descuidado: *Ese bar es barato, pero también muy cutre.*
SIN. Miserable, mísero, mezquino. ANT. Lujoso.

**cutter** *s. m.* Herramienta con una cuchilla que se puede recoger dentro del mango; se usa en trabajos manuales o para cortar papel. ■ Es una palabra inglesa. Su plural es *cutters.*

**cuyo, ya** *relat.* Indica posesión y equivale a 'del cual, de la cual, de los cuales y de las cuales': *La caoba es un árbol cuya madera se usa para hacer muebles.*

**cuzqueño, ña** *adj. y s. m. y f.* De Cuzco, departamento y ciudad de Perú.

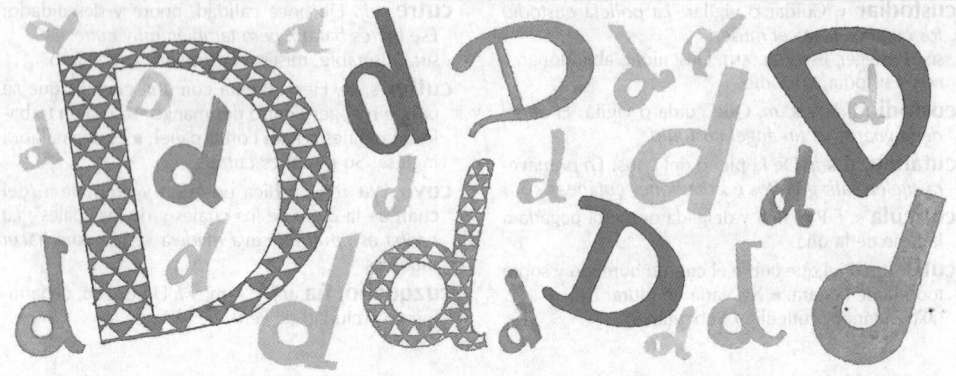

**d** *s. f.* Cuarta letra del abecedario y tercera consonante. Su nombre es *de*.

**dabuten** o **dabuti** *adj.* **1.** Estupendo, muy bueno: *Es una película dabuten.* ‖ *adv.* **2.** Muy bien: *Lo pasamos dabuti en su cumpleaños.* ■ Cuando es adjetivo, no varía en plural.
**SIN. 1.** Magnífico, fabuloso. **1.** y **2.** Guay. **2.** Estupendamente. **ANT. 1.** Espantoso. **2.** Fatal.

**daca** Se utiliza en la expresión **toma y daca**. Busca **toma²**.

**dactilar** *adj.* De los dedos o relacionado con ellos: *El ladrón dejó sus huellas dactilares en la puerta.* **SIN.** Digital.

**dádiva** *s. f.* Regalo, obsequio.

**dadivoso, sa** *adj.* y *s. m.* y *f.* Que suele dar lo que tiene sin esperar nada a cambio.
**SIN.** Generoso, desprendido. **ANT.** Tacaño, avaro.

**dado** *s. m.* Objeto en forma de cubo que se usa en algunos juegos; tiene las caras numeradas del uno al seis por medio de puntos o una figura distinta en cada cara.

dado

dalia

dálmata

daga

**dado, da** *adj.* Concreto, especial: *Dijeron que le llamarían en un momento dado.*
**EXPR. ser** alguien **dado a** Tener afición o inclinación por algo: *Raúl es muy dado a leer novelas policiacas.* **dado que** Puesto que, ya que: *Dado que no viene, empezaremos a cenar sin él.*

**daga** *s. f.* Espada con la hoja corta y fina.

**dalai-lama** *s. m.* Sacerdote que tiene la máxima autoridad en la religión budista.

**dalia** *s. f.* Planta de jardín, con flores de variados colores, que tienen el botón central amarillo, la corola grande y muchos pétalos.

**dálmata** *adj.* y *s. m.* y *f.* Se dice de una raza de perros con las orejas caídas y el pelo corto, blanco con manchas negras.

**daltónico, ca** *adj.* y *s. m.* y *f.* Que tiene daltonismo.

**daltonismo** *s. m.* Defecto en la vista que impide a quien lo tiene distinguir algunos colores.
**FAM.** Daltónico.

**dama** *s. f.* **1.** Señora elegante, de buena posición social. **2.** Mujer a la que un hombre quiere enamorar: *El caballero llevó un ramo de flores a su dama.* **3.** Cada una de las mujeres que sirven a una reina o princesa. ‖ *s. f. pl.* **4.** Juego sobre un tablero con 64 cuadros y 12 piezas para cada jugador.
**EXPR. dama de honor** Joven que forma parte de la corte o acompaña a otra en algunos actos, por ejemplo las damas de honor de una novia.
**FAM.** Damero, damisela.

**damajuana** *s. f.* Recipiente de cristal grande y redondeado, de cuello corto y boca estrecha, que suele estar protegido por una cesta de mimbre o paja.

**damasco** *s. m.* **1.** Tapiz de seda o lana que tiene dibujos en relieve hechos con hilos de igual color pero distinto grosor. **2.** En América, albaricoque y albaricoquero.
**FAM.** Damasquinado.

**damasquinado, da** *adj.* y *s. m.* Objeto de hierro o acero decorado con oro u otro metal precioso.

**damero** *s. m.* **1.** Tablero de cuadros negros y blancos con el que se juega a las damas. **2.** Pasatiempo en el que a partir de unas definiciones se adivinan palabras que se van colocando en casillas, de forma que al final se puede leer una frase.
SIN. **2.** Crucigrama.

**damisela** *s. f.* **1.** Señorita. **2.** Muchacha muy delicada o presumida: *Se asustó y se desmayó como una damisela.*

**damnificado, da** *adj.* y *s. m.* y *f.* Que ha sufrido daños, por ejemplo como consecuencia de una catástrofe: *Llevaron comida y medicinas a los damnificados por el terremoto.*
SIN. Dañado, perjudicado. ANT. Beneficiado.

**dan** *s. m.* Cada uno de los diez niveles superiores que se alcanzan a partir de cinturón negro en las artes marciales: *Luis es quinto dan de judo.* ■ Es una palabra japonesa.

**dandi** *s. m.* Hombre muy elegante: *Con ese traje pareces un dandi.*

**danés, sa** *adj.* y *s. m.* y *f.* **1.** De Dinamarca, país del norte de Europa. || *s. m.* **2.** Lengua que se habla en este país.
EXPR. **gran danés** Busca **dogo**.

**dantesco, ca** *adj.* Horrible, espantoso: *Vi un documental sobre la guerra en el que aparecían unas imágenes dantescas.*
SIN. Sobrecogedor, aterrador, pavoroso. ANT. Agradable, placentero.

**danza** *s. f.* Baile.
EXPR. **en danza** En continua actividad, sin parar: *Lleva todo el día en danza preparando las maletas.*
SIN. Ballet.

**danzar** *v.* Bailar, sobre todo bailes artísticos. ■ Delante de *e* se escribe *c* en lugar de *z*: *dancé*.
FAM. Danza, danzarín.

**danzarín, na** *adj.* y *s. m.* y *f.* Bailarín.

**dañar** *v.* Causar daño: *El granizo dañó los campos de trigo. Se cayó y se dañó la rodilla.*
SIN. Perjudicar, estropear, herir. ANT. Beneficiar.

**dañino, na** *adj.* Que causa daño: *El tabaco es dañino para la salud.*
SIN. Nocivo, perjudicial. ANT. Inofensivo.

**daño** *s. m.* **1.** Mal o perjuicio hecho a alguien o algo: *El accidente causó muchos daños al coche.* **2.** Dolor producido por un golpe o caída: *Al caerme de la bici me he hecho daño en la pierna.* **3.** Sufrimiento: *Le hizo mucho daño que ya no quisiera ser su amigo.*
SIN. **1.** Deterioro, estropicio. ANT. **1.** Bien, beneficio. **2.** Alivio.
FAM. Dañar, dañino. / Damnificado.

**dar** *v.* **1.** Hacer que una cosa que tenemos o está a nuestro alcance pase a otro, por ejemplo para que

la pueda usar o tomar, o como pago de algo: *Le he dado a Rosa mis patines. Por favor, dame el libro de encima de la mesa. Nos dieron un bocadillo. Le dieron poco dinero por su viejo coche.* **2.** Realizar una acción, por ejemplo *dar un beso*: besar; *dar saltos*: saltar; *dar un abrazo*: abrazar. **3.** Hacer que alguien obtenga algo: *Le han dado sobresaliente en lengua.* **4.** Producir, proporcionar: *Esta tierra da trigo y cebada. Me dio mucha alegría recibir tantos regalos. Un poco de aceite dará mejor sabor a la ensalada.* **5.** Comunicar, decir: *Cuando llegue Fernando, le daré tu recado. El entrenador dio algunos consejos a los jugadores.* **6.** Explicar, pronunciar: *Este profesor da clases de matemáticas.* **7.** Aplicar: *El pintor dio una mano de barniz a los muebles.* **8.** Abrir o conectar algo: *Al entrar en la habitación, di la luz.* **9.** Ofrecer, celebrar: *Esta tarde doy una fiesta por mi cumpleaños.* **10.** Echar una película, representar una obra de teatro o emitir un programa de televisión. **11.** Sonar en el reloj las campanadas de alguna hora: *Han dado las cuatro en el reloj de la iglesia.* **12.** Suceder una cosa a alguien, empezar a sentirla: *Le dio un dolor en el estómago.* **13.** Tocar, chocar: *Eres tan alto que das con la cabeza en el techo.* **14.** Acertar: *Tiró una flecha a la diana y dio en el blanco.* || *darse* **15.** Entregarse: *Es una persona generosa, que se da a los demás.* **16.** Suceder, existir: *Se da el hecho de que mañana es fiesta.* **17.** Resultarle fácil o difícil a una persona algo: *A Pili se le da bien el dibujo.* ■ Es un verbo irregular.
EXPR. **dar de sí** Ensancharse una prenda de vestir: *La chaqueta ha dado de sí.* También, ser suficiente: *El dinero le dio de sí para las cosas que tenía que comprar.* **darle** a uno **por** una cosa Entrarle de repente mucho interés por algo: *Ahora le da por ir todos los domingos al campo.* También, tener una manía: *A Irene le da por morderse las uñas.* **darse cuenta** Busca **cuenta**. **dárselas** alguien **de** algo Presumir de

| DAR | |
|---|---|
| **INDICATIVO** | |
| **Presente** | **Pretérito perfecto simple** |
| doy | di |
| das | diste |
| da | dio |
| damos | dimos |
| dais | disteis |
| dan | dieron |

| SUBJUNTIVO | |
|---|---|
| **Pretérito imperfecto** | **Futuro** |
| diera, -ese | diere |
| dieras, -eses | dieres |
| diera, -ese | diere |
| diéramos, -ésemos | diéremos |
| dierais, -eseis | diereis |
| dieran, -esen | dieren |

una cosa: *Se las da de listo.* **no dar una** o **no dar ni una** Equivocarse continuamente o hacerlo todo mal. **para dar y tomar** Mucho, en abundancia. **SIN. 1.** Entregar, regalar, ceder, donar; pagar, abonar. **3.** Conceder, otorgar. **4.** Suministrar, causar. **6.** Impartir. **12.** Sobrevenir. **15.** Consagrarse. **16.** Ocurrir, acontecer. **ANT. 1.** Arrebatar, despojar, negar. **1.** y **4.** Quitar. **8.** Cortar, cerrar; apagar. **14.** Fallar, errar. **FAM.** Daca, dádiva, dadivoso, dado, dado -da.

**dardo** *s. m.* Objeto parecido a una flecha pequeña que se lanza con la mano.

**dársena** *s. f.* Parte de un puerto resguardada y preparada para que en ella carguen y descarguen los barcos. **SIN.** Fondeadero, muelle.

**datáfono** *s. m.* Aparato que transmite información por teléfono, como por ejemplo los datos de un cliente que paga con tarjeta de crédito.

**datar** *v.* **1.** Poner fecha, por ejemplo a una carta. **2.** Tener algo su comienzo en el momento que se indica: *Su amistad con Luisa data de los años en que iban al colegio.* **SIN. 2.** Remontarse.

**dátil** *s. m.* Fruto comestible de algunas palmeras, de color marrón y forma alargada, que tiene la carne blanquecina y un hueso duro en el centro. **FAM.** Datilera.

**datilera** *adj.* y *s. f.* Se dice de la palmera que da dátiles.

**dato** *s. m.* Cifra, nombre u otra información que sirve para conocer algo: *En el carné de identidad aparecen los datos de una persona. Con esos datos puedes resolver el problema de matemáticas.* **FAM.** Datáfono.

**DDT** *s. m.* Un insecticida muy fuerte.

**de** *prep.* Se utiliza para indicar posesión: *el despacho de mi padre;* expresa de dónde son o de dónde vienen las personas o las cosas: *Soy de Jaén. Salió de casa a la una;* la materia de que está hecho algo o la cosa que contiene: *un mueble de madera; un frasco de colonia;* aquello sobre lo que trata algo: *una novela de aventuras;* la causa: *Lloró de rabia;* el empleo o la profesión: *Trabaja de electricista;* las cualidades de una persona o cosa: *un hombre de gran inteligencia;* el tiempo en que sucede algo: *Viajaremos de noche;* la finalidad de algo: *una máquina de coser;* a veces expresa una parte de algo: *un cuarto de kilo.* **FAM.** Dequeísmo.

**deambular** *v.* Andar de una parte a otra, sin ir a ningún sitio fijo. **SIN.** Vagar.

**deán** *s. m.* Sacerdote de mayor grado después del obispo.

**debacle** *s. f.* Desastre, catástrofe o derrota muy grande: *El partido fue una auténtica debacle, perdimos por seis a cero.* ▪ Es una palabra francesa.

**debajo** *adv.* En lugar inferior respecto de otro que está encima: *Levanta la alfombra; seguro que hay polvo debajo. Tu bolígrafo está debajo de la mesa.* **ANT.** Encima, sobre.

**debate** *s. m.* Discusión sobre un tema entre varias personas, de manera ordenada.

**debatir** *v.* Discutir varias personas sobre algo. **FAM.** Debate.

**debe** *s. m.* Parte de una cuenta que alguien tiene en un banco o una caja de ahorros, en la que aparecen sus pagos o el dinero que saca. **ANT.** Haber.

**deber**[1] *v.* **1.** Tener alguna obligación: *Debes entregar esta carta a Luis. Le debes una explicación porque te portaste mal con él.* **2.** Tener una persona que devolver dinero a otra: *Debe a su hermano el préstamo que le hizo.* **3.** Suponer que algo ha sucedido o tener duda de ello. ▪ En este caso se usa con la preposición *de: Por la hora que es, debe de haber llegado a casa.* ‖ **deberse 4.** Tener por causa, ser consecuencia de algo: *El que no te saliera el problema de matemáticas se debe a que hiciste mal la división.* **SIN. 2.** Adeudar. **FAM.** Debe, deber[2], debido, débito, deuda. / Indebido.

**deber**[2] *s. m.* **1.** Lo que tiene que hacer una persona, su obligación: *El deber de los padres es cuidar de los hijos.* ‖ *s. m. pl.* **2.** Trabajo que el profesor manda a los alumnos para que lo hagan en casa; por ejemplo, problemas de matemáticas, una redacción y otros ejercicios.

**debido, da** *adj.* Obligado, conveniente: *Los camilleros trasladaron al herido con el debido cuidado.* **EXPR. debido a** A causa de: *La hierba se secó debido a la falta de lluvia.* **SIN.** Exigido, necesario, adecuado, oportuno.

**débil** *adj.* y *s. m.* y *f.* **1.** De poca fuerza o resistencia: *Después de la enfermedad se ha quedado un poco débil. Una luz muy débil entraba a través de las cortinas.* **2.** Se dice de la persona que tiene poca voluntad y cede ante algo que no debería: *Ha sido débil y ha vuelto a fumar.* **SIN. 1.** Flojo, endeble. **ANT. 1.** Resistente. **1.** y **2.** Fuerte. **FAM.** Debilidad, debilitamiento, debilitar, debilucho.

**debilidad** *s. f.* **1.** Característica de las personas o cosas débiles. **2.** Afición o cariño exagerado hacia alguien o algo: *Muestra debilidad por su nieto. Tiene debilidad por esquiar.* **SIN. 1.** Flojedad. **ANT. 1.** Fortaleza, vigor.

**debilitamiento** *s. m.* Acción de debilitar.

**debilitar** *v.* Disminuir la fuerza, la resistencia o el poder de una persona o cosa: *Casi no tiene fuerzas; la fiebre le ha debilitado mucho.* **SIN.** Desgastar, agotar. **ANT.** Fortalecer.

**debilucho, cha** *adj.* Que tiene poca fuerza. **SIN.** Enclenque. **ANT.** Fortachón.

**débito** *s. m.* Deuda, sobre todo de dinero.
**SIN.** Adeudar.

**debut** *s. m.* **1.** Presentación o primera actuación en público de un artista, compañía o de otra persona en una actividad: *La bailarina recibió muchos aplausos el día de su debut. Esta novela es su debut como escritor.* **2.** Estreno de una película, de una obra de teatro u otra cosa. ■ Es una palabra francesa. Su plural es *debuts*.
**FAM.** Debutante, debutar.

**debutante** *adj. y s. m. y f.* Se dice de la persona que hace su debut en una actividad: *Se notaba que era debutante por lo nervioso que estaba.*

**debutar** *v.* **1.** Presentarse por primera vez ante el público un artista o una compañía. **2.** Hacer su presentación una persona en otra actividad.

**década** *s. f.* Periodo de diez años.

**decadencia** *s. f.* **1.** Pérdida de fuerza o de importancia de alguien o algo. **2.** Tiempo en que sucede.
**SIN. 1.** Declive. **1.** y **2.** Ocaso. **ANT. 1.** y **2.** Auge.

**decadente** *adj.* Que pierde o ha perdido fuerza o importancia: *Esta ciudad tiene un aspecto decadente.*

**decaedro** *s. m.* Cuerpo geométrico de diez caras.

**decaer** *v.* Perder fuerza, energía o importancia: *Ese equipo de balonmano ha decaído mucho; antes era uno de los mejores.* ■ Es un verbo irregular. Se conjuga como *caer*.
**SIN.** Disminuir, empeorar, debilitarse. **ANT.** Fortalecerse, mejorar.
**FAM.** Decadencia, decadente, decaído.

**decágono** *s. m.* Polígono de diez lados.

**decagramo** *s. m.* Medida de masa que equivale a diez gramos.

**decaído, da** *adj.* **1.** Muy triste o desanimado: *Mari está muy decaída porque le han escayolado una pierna y no puede salir.* **2.** Sin fuerzas: *Se encontraba decaído por el calor que hacía.*

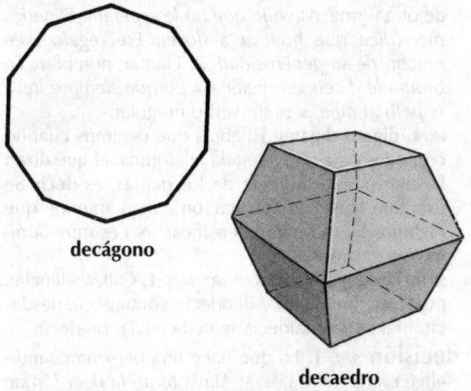

decágono

decaedro

**SIN. 1.** Abatido, deprimido. **2.** Agotado, rendido, aplanado. **ANT. 1.** Animado, alegre. **2.** Fuerte.

**decalitro** *s. m.* Medida de capacidad que equivale a diez litros.

**decálogo** *s. m.* **1.** En las religiones cristiana y judía, los diez mandamientos de la ley de Dios. **2.** Conjunto de normas, reglas o principios, normalmente diez: *Una de las reglas del decálogo del actor es creerse el papel que interpreta.*

**decámetro** *s. m.* Medida de longitud que equivale a diez metros.

**decano, na** *s. m. y f.* **1.** Persona más antigua de una comunidad o grupo. **2.** Persona que, sin ser la más antigua, dirige con ese título una facultad universitaria o un colegio profesional, como el colegio de abogados.

**decantación** *s. f.* Hecho de decantar o decantarse.

**decantar** *v.* **1.** Inclinar con suavidad una vasija sobre otra para que caiga el líquido únicamente y no las sustancias que puede haber en el fondo. **2.** Dejar reposar una mezcla, por ejemplo agua y aceite, para que se separen las sustancias que contiene por la acción de la gravedad. || **decantarse** **3.** Decidirse por alguien o algo: *Entre los escritos presentados al premio de redacción, el profesor se decantó por el de Pablo.*
**SIN. 3.** Inclinarse, optar.
**FAM.** Decantación.

**decapante** *adj. y s. m.* Producto para quitar la capa de pintura o de óxido que cubre algo.

**decapar** *v.* Quitar la capa de pintura, barniz u óxido que cubre una superficie: *Antes de volver a pintar la mesa hay que decaparla.*
**FAM.** Decapante.

**decapitar** *v.* Cortar la cabeza.
**SIN.** Degollar, guillotinar.

**decárea** *s. f.* Medida de superficie que equivale a diez áreas.

**decathlon** o **decatlón** *s. m.* Competición de atletismo en la que cada participante realiza diez pruebas.

**decena** *s. f.* Conjunto de diez unidades.

**decencia** *s. f.* Característica de las personas decentes.
**SIN.** Honestidad, decoro, recato.

**decenio** *s. m.* Periodo de diez años: *En el último decenio la informática ha evolucionado mucho.*
**SIN.** Década.

**decente** *adj.* **1.** De acuerdo con la moral o con lo que la gente considera buen comportamiento. **2.** Limpio, arreglado: *Dejó su cuarto decente.* **3.** Que resulta suficiente, bueno: *Cobra un sueldo bastante decente.*
**SIN. 1.** Honrado, honesto, recatado, púdico. **2.** Curioso, aseado. **3.** Adecuado. **ANT. 1.** Indecente, deshonesto. **3.** Miserable.
**FAM.** Decencia. / Adecentar, indecente.

**decepción** *s. f.* Lo que sentimos cuando algo no es como habíamos esperado: *¡Qué decepción! Fuimos a la pista de patinaje y la habían cerrado.* SIN. Desilusión, desengaño, chasco. FAM. Decepcionar.

**decepcionar** *v.* Causar una decepción. SIN. Desilusionar, desengañar, defraudar.

**deceso** *s. m.* Muerte de una persona por causas naturales: *El deceso del paciente se produjo ayer.* SIN. Defunción, fallecimiento, óbito.

**dechado** *s. m.* Persona que sirve de ejemplo por sus buenas cualidades o comportamiento: *Su prima es un dechado de simpatía.*

**decibelio** *s. m.* Unidad para medir la intensidad de un sonido.

**decididamente** *adv.* **1.** Con decisión, con seguridad: *En las emergencias hay que actuar decididamente.* **2.** En conclusión, en efecto: *Decididamente, no ha sido una buena idea invitar a tus amigos a casa.*

**decidido, da** *adj.* **1.** Se dice de aquello sobre lo que alguien ha tomado una decisión: *Ya tiene decidido qué coche va a comprar.* **2.** Que tiene decisión y valor: *Lourdes es muy decidida: este verano se va sola a Irlanda a aprender inglés.* **3.** Firme, seguro: *Con paso decidido se dirigió al despacho del director.* SIN. **1.** Acordado, determinado. **2.** Atrevido, valiente, animoso. **2.** y **3.** Resuelto. **3.** Enérgico. ANT. **2.** Indeciso. **3.** Dudoso, vacilante.

**decidir** *v.* **1.** Tomar una decisión: *He decidido apuntarme a la excursión.* **2.** Ser la causa principal de algo: *El último gol decidió el partido.* **3.** Animar a hacer algo o a dejar de hacerlo: *Su afición al dibujo le ha decidido a estudiar Bellas Artes.* || **decidirse 4.** Animarse, atreverse: *No se decidió a conducir con aquella niebla y se fue en tren.* SIN. **1.** Acordar. **3.** Mover, impulsar. FAM. Decididamente, decidido, decisión, decisivo. / Indeciso.

**decigramo** *s. m.* Medida de masa que equivale a la décima parte de un gramo.

**decilitro** *s. m.* Medida de capacidad que equivale a la décima parte de un litro.

**décima** *s. f.* **1.** Cada una de las diez partes iguales en que se divide una cosa: *Le faltan tres décimas para sacar un diez en matemáticas.* **2.** Tipo de estrofa compuesta por diez versos octosílabos con una rima especial. Se llama también *espinela.*

**decimal** *adj.* Que va de diez en diez; por ejemplo, en el sistema métrico decimal, 1 metro es igual a 10 decímetros, 100 centímetros y 1.000 milímetros. EXPR. **fracción decimal** La que tiene por denominador la unidad seguida de ceros; por ejemplo, 1/10. **número decimal** El que tiene una parte entera y otra decimal, separadas por una coma, por ejemplo, 0,28. La parte entera es 0 y la parte decimal es 28.

**decímetro** *s. m.* Medida de longitud que equivale a la décima parte de un metro.

**décimo, ma** *num.* **1.** Que ocupa por orden el número diez: *En el concurso ha quedado el décimo.* || *num.* y *s. m.* y *f.* **2.** Se dice de cada una de las diez partes iguales en que se divide una cosa: *una décima de segundo.* || *s. m.* **3.** Décima parte del billete de lotería. || *s. f. pl.* **4.** Un poco de fiebre: *Se tomó una aspirina porque tenía unas décimas.* FAM. Décima, decimal, decimoctavo, decimocuarto, decimonoveno, decimoquinto, decimoséptimo, decimosexto, decimotercer, decimotercero. / Duodécimo, undécimo.

**decimoctavo, va** *num.* Que ocupa por orden el número dieciocho: *Llegó a la meta en decimoctava posición.*

**decimocuarto, ta** *num.* Que ocupa la posición número catorce de una serie: *Luis es el decimocuarto de la lista.*

**decimonónico, ca** *adj.* Del siglo XIX: *Bécquer es un poeta decimonónico.*

**decimonoveno, na** o **decimonono, na** *num.* Que ocupa por orden el número diecinueve: *En el decimonoveno capítulo descubren al asesino.*

**decimoquinto, ta** *num.* Que ocupa por orden el número quince: *Ya he enviado la decimoquinta carta.*

**decimoséptimo, ma** *num.* Que ocupa por orden el número diecisiete: *Ésta es la decimoséptima edición del festival.*

**decimosexto, ta** *num.* Que ocupa por orden el número dieciséis: *La decimosexta lección habla del adjetivo.*

**decimotercer** *num.* Forma abreviada de **decimotercero.** ■ Se usa delante de un sustantivo masculino: *Celebramos nuestro decimotercer aniversario.*

**decimotercero, ra** *num.* Que ocupa por orden el número trece: *Gonzalo fue el decimotercero en llegar.*

**decir** *v.* **1.** Expresar algo con palabras o manifestarlo de otra forma: *Me dijo que no le esperara. El periódico dice que hoy va a llover. Ese regalo dice mucho de su generosidad.* **2.** Llamar, nombrar: *En broma le dicen «el melenas» porque siempre lleva el pelo al rape.* ■ Es un verbo irregular. EXPR. **diga** o **dígame** Palabras que decimos cuando contestamos a una llamada telefónica. **el qué dirán** Lo que piensa la gente de los demás. **es decir** Se usa para hacer una aclaración a algo anterior. **que digamos** Se usa para intensificar: *No es muy bonito que digamos.* SIN. **1.** Contar, referir; mostrar. ANT. **1.** Callar, silenciar. FAM. Dicción, dicho. / Bendecir, contradecir, desdecir, indecible, maldecir, maledicencia, predecir.

**decisión** *s. f.* **1.** Lo que hace una persona cuando elige entre varias cosas: *Alicia tomó la decisión de*

quedarse en casa. **2.** Característica de las personas que están seguras de lo que tienen que hacer y no dudan en hacerlo: *Se enfrentó a ellos con decisión y les dijo que no estaba de acuerdo.*
SIN. **1.** y **2.** Determinación. **2.** Arrojo. ANT. **2.** Indecisión, vacilación, inseguridad.

**decisivo, va** *adj.* Que decide o tiene efectos muy importantes: *Ese examen es decisivo para pasar al siguiente curso.*
SIN. Determinante.

**declamación** *s. f.* La acción y el arte de declamar: *Recita los poemas así de bien porque dio clases de declamación.*

**declamar** *v.* Decir un texto, sobre todo en verso, con una entonación y unos gestos especiales.
SIN. Recitar.
FAM. Declamación.

**declaración** *s. f.* Acción de declarar.
SIN. Revelación, confesión, dictamen.

| DECIR | |
|---|---|
| **GERUNDIO** | **PARTICIPIO** |
| diciendo | dicho |

| INDICATIVO | |
|---|---|
| **Presente** | **Pretérito perfecto simple** |
| digo | dije |
| dices | dijiste |
| dice | dijo |
| decimos | dijimos |
| decís | dijisteis |
| dicen | dijeron |
| **Futuro** | **Condicional** |
| diré | diría |
| dirás | dirías |
| dirá | diría |
| diremos | diríamos |
| diréis | diríais |
| dirán | dirían |

| SUBJUNTIVO | |
|---|---|
| **Presente** | **Pretérito perfecto simple** |
| diga | dijera, -ese |
| digas | dijeras, -eses |
| diga | dijera, -ese |
| digamos | dijéramos, -ésemos |
| digáis | dijerais, -eseis |
| digan | dijeran, -esen |
| **Futuro** | |
| dijere | dijéremos |
| dijeres | dijereis |
| dijere | dijeren |

| IMPERATIVO | |
|---|---|
| di | decid |

**declarado, da** *adj.* Conocido, sabido, muy claro: *Es un declarado defensor de los animales.*

**declarante** *adj.* y *s. m.* y *f.* Que declara.

**declarar** *v.* **1.** Comunicar, dar a conocer algo; por ejemplo, decir un testigo al juez lo que sabe sobre el hecho que se está juzgando. **2.** Decidir un juez o tribunal una cosa, por ejemplo si una persona es culpable o inocente. **3.** Comunicar una persona a Hacienda lo que posee y el dinero que gana. **4.** En las aduanas, decir una persona los objetos que va a pasar. ‖ **declararse 5.** Aparecer claramente una cosa: *Se declaró una epidemia de gripe.* **6.** Decir una persona a otra que le gusta o está enamorado de ella.
SIN. **1.** Revelar, confesar, testificar, atestiguar. **2.** Dictaminar, fallar. ANT. **1.** Callar, ocultar.
FAM. Declaración, declarado, declarante.

**declinación** *s. f.* En algunas lenguas, como el latín o el alemán, conjunto de las diferentes formas que presentan las palabras para expresar las distintas funciones gramaticales.

**declinar** *v.* **1.** Ir perdiendo salud, inteligencia, riqueza, belleza u otras cosas. **2.** Acercarse algo a su fin: *Declinaba el día cuando los pescadores volvieron al puerto.* **3.** Renunciar, no aceptar: *declinar una invitación.*
SIN. **1.** Debilitarse, decaer. **2.** Acabarse. **3.** Rechazar, rehusar.
FAM. Declinación. / Indeclinable.

**declive** *s. m.* **1.** Pendiente, cuesta, inclinación del terreno o de cualquier otra superficie. **2.** Debilidad, decadencia: *el declive de un negocio.*
SIN. **2.** Caída. ANT. **2.** Auge.

**decodificador** *s. m.* Busca **descodificador**.

**decodificar** *v.* Busca **descodificar**. ▪ Delante de *e* se escribe *qu* en lugar de *c*: *decodifique*.
FAM. Decodificador.

**decolaje** *s. m.* En América del Sur, despegue de un avión.

**decolar** *v.* En América del Sur, despegar un avión.
FAM. Decolaje.

**decolorar** *v.* Quitar el color o hacer que disminuya: *La blusa azul se ha decolorado después de lavarla.*
SIN. Desteñir.

**decomisar** *v.* Confiscar las autoridades mercancías de contrabando: *La policía decomisó un cargamento de tabaco.*

**decomiso** *s. m.* **1.** Acción de apropiarse el Estado de mercancías de contrabando. **2.** Esas mercancías de las que se apropia el Estado.

**decoración** *s. f.* **1.** Acción de decorar. **2.** Conjunto de cosas con que se decora algo, por ejemplo una habitación. **3.** Arte de adornar edificios, habitaciones o lugares con muebles, telas, pinturas, esculturas, luces u otras cosas.

**decorado, da** *adj.* **1.** Que alguien lo decoró: *Su casa está decorada con mucho gusto.* || *s. m.* **2.** Telas pintadas y otras cosas que se usan en los teatros para situar la escena en un lugar. **3.** Calles, casas, castillos y otras cosas que se utilizan en las películas para representar los lugares en que ocurre algo.

**decorador, ra** *s. m.* y *f.* Profesional que se dedica a la decoración.

**decorar** *v.* **1.** Poner en un lugar muebles, cuadros u otras cosas para crear un ambiente bonito. **2.** Adornar: *Decoró la carpeta con fotos de artistas.*
**FAM.** Decoración, decorado, decorador, decorativo. / Condecorar.

**decorativo, va** *adj.* **1.** Que se emplea en la decoración o está relacionado con ella. **2.** Que tiene una función o un cargo que no son realmente importantes, o no sirven para mucho: *Su papel como director de la empresa es puramente decorativo, no puede tomar decisiones.*
**SIN. 1.** Ornamental.

**decoro** *s. m.* **1.** Hecho de comportarse bien, por ejemplo cumplir con el deber o ser respetuoso. **2.** Decencia en la manera de hablar y de vestir.
**SIN. 1.** Respeto. **2.** Pudor, recato. **ANT. 2.** Indecencia.
**FAM.** Decorar, decoroso. / Indecoroso.

**decoroso, sa** *adj.* **1.** Que guarda el decoro en la manera de comportarse, hablar o vestir. **2.** Suficientemente bueno, que no queda mal: *El corredor tuvo una decorosa actuación al llegar a la meta en quinto lugar.*
**SIN. 1.** Respetuoso, recatado, pudoroso. **1.** y **2.** Decente. **2.** Satisfactorio. **ANT. 1.** Irrespetuoso, indecente. **2.** Vergonzoso.

**decrecer** *v.* Hacerse una cosa menor en tamaño, cantidad o importancia: *Después del escándalo, decreció su popularidad.* ■ Es un verbo irregular. Se conjuga como *agradecer.*
**SIN.** Menguar, disminuir. **ANT.** Aumentar.
**FAM.** Decreciente.

**decreciente** *adj.* Que disminuye, que va de más a menos.
**ANT.** Creciente.

**decrépito, ta** *adj.* y *s. m.* y *f.* Viejo, en decadencia.
**ANT.** Lozano, joven.
**FAM.** Decrepitud.

**decrepitud** *s. f.* Pérdida de facultades físicas y mentales de las personas ancianas.

**decretar** *v.* Decidir o mandar una cosa alguien que tiene autoridad para hacerlo: *El juez decretó la libertad del detenido.*
**SIN.** Resolver, ordenar, dictar.
**FAM.** Decreto.

**decreto** *s. m.* **1.** Decisión o mandato del que tiene autoridad. **2.** Ley dictada por el gobierno en algunos casos: *un decreto ley.*
**SIN. 1.** Resolución.

**decúbito** *s. m.* Posición horizontal de las personas y los animales cuando están tumbados: *El ejercicio de gimnasia comienza en decúbito.*
**EXPR. decúbito prono** Tumbado boca abajo. **decúbito supino** Tumbado boca arriba.

**dedal** *s. m.* Utensilio de costura parecido a una caperuza, que se pone en el dedo para empujar la aguja y no pincharse cuando se cose.

**dédalo** *s. m.* Laberinto: *El centro de la ciudad es un auténtico dédalo.*

**dedicación** *s. f.* **1.** Acción de dedicar o dedicarse. **2.** Gran interés y esfuerzo con que alguien se dedica a una actividad: *Trabajó como investigador con gran dedicación.*
**SIN. 2.** Entrega, aplicación. **ANT. 2.** Desinterés.

**dedicar** *v.* **1.** Destinar: *Dedica poco tiempo a ver la televisión.* **2.** Consagrar un templo u otra cosa al culto. **3.** Ofrecer o dirigir una persona algo a otras, por ejemplo cuando un escritor firma y pone unas palabras en su libro para el que lo ha comprado. || **dedicarse 4.** Ocuparse en una actividad o tener una profesión: *–¿A qué se dedica tu madre? –Es abogada.* ■ Delante de *e* se escribe *qu* en lugar de *c*: *dediqué.*
**SIN. 1.** Emplear, asignar.
**FAM.** Dedicación, dedicatoria.

**dedicatoria** *s. f.* Frase o texto con que se dedica a una persona un libro, una foto u otra cosa: *La dedicatoria decía «A mi amiga Pili, con cariño».*

**dedil** *s. m.* Funda con la que se tapa el extremo de un dedo para protegerlo: *Se puso un dedil para que no se le ensuciase la herida.*

**dedillo** Se usa en la expresión **al dedillo**, que significa 'muy bien, con todo detalle': *Se sabía al dedillo su papel en la función.*

**dedo** *s. m.* **1.** Cada una de las partes en que terminan la mano y el pie de las personas y de muchos animales. **2.** El ancho que tiene un dedo cuando se usa para medir: *Le dijo a la peluquera que le cortara cuatro dedos de melena.*

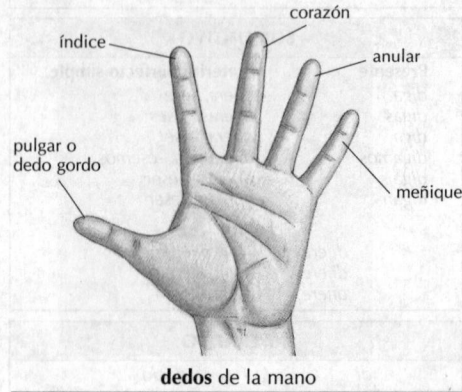

**dedos** de la mano

**EXPR. dedo anular** El cuarto de la mano, en el que suelen ponerse los anillos. **dedo corazón** o **de en medio** El tercero de la mano y el más largo. **dedo índice** El segundo de la mano, con el que normalmente se señala. **dedo meñique** El quinto de la mano; es más delgado y corto y está en el extremo opuesto al pulgar; también el más pequeño del pie. **dedo pulgar** o **dedo gordo** El primero y más grueso de la mano; también se llama *dedo gordo* al más grueso del pie. || **a dedo** Por recomendación, por enchufe o al azar: *Le eligieron a dedo para ese empleo, sin tener en cuenta si valía o no.* También, haciendo dedo. **chuparse el dedo** Ser muy bobo: *No me mientas: ¿crees que me chupo el dedo?* **chuparse los dedos** Sentir especial placer con algo, generalmente de comer: *Mamá ha comprado una tarta que está para chuparse los dedos.* **hacer dedo** Hacer autoestop. **no tener dos dedos de frente** Tener poca inteligencia. **poner el dedo en la llaga** Referirse a la parte más difícil, comprometida o preocupante de un asunto.

**FAM.** Dedal, dedil, dedillo.

**deducción** *s. f.* Acción de deducir.
**SIN.** Consecuencia; descuento, rebaja.

**deducir** *v.* **1.** Sacar consecuencias de algo: *Le encontré muy contento, por eso deduzco que sus problemas se han solucionado.* **2.** Descontar una parte de una cantidad: *Del precio total le dedujeron un cinco por ciento.* ■ Es un verbo irregular. Se conjuga como *conducir*.
**SIN. 1.** Concluir. **2.** Restar, rebajar.
**FAM.** Deducción, deductivo.

**deductivo, va** *adj.* Que actúa por deducción, sacando consecuencias: *Nos explicó el método deductivo que siguieron para descubrir al asesino.*

**defecar** *v.* En lenguaje culto, hacer caca. ■ Delante de *e* se escribe *qu* en lugar de *c*: *defequé.*
**SIN.** Cagar, excretar, evacuar.

**defección** *s. f.* Abandono por parte de una o varias personas de una causa, un partido, una organización: *Los rebeldes se rindieron después de la defección de la mayoría de sus partidarios.*
**SIN.** Deserción, separación, marcha. **ANT.** Adhesión, unión.

**defectivo** *adj.* Se dice del verbo que no se usa en todos los modos, tiempos o personas, como por ejemplo *abolir* o *soler.*

**defecto** *s. m.* Falta o imperfección: *Esas zapatillas tienen un defecto de fábrica. El único defecto que tiene es ser tacaño.*
**SIN.** Fallo, desperfecto, tara, tacha. **ANT.** Perfección; virtud.
**FAM.** Defección, defectivo, defectuoso. / Deficiente, indefectible.

**defectuoso, sa** *adj.* Se dice de las cosas o acciones que tienen algún defecto: *Esa casete está defectuosa; se sale la cinta.*

**defender** *v.* **1.** Proteger a alguien o algo de un daño u otra cosa mala: *Se puso un anorak para defenderse del frío. Los jugadores defendieron muy bien la portería y no les metieron ningún gol.* **2.** Actuar en contra de alguien para responder a su ataque: *Como le golpearon, se defendió pegándole.* **3.** Decir algo en favor de una persona a la que otros critican: *Todos decían que ella era muy envidiosa, pero yo la defendí.* **4.** Apoyar una idea, una opinión, una causa: *Defiendo todo lo que ha dicho Luis.* **5.** En un juicio, dar razones un abogado a favor de una persona; por ejemplo, demostrar que no ha hecho aquello de que se le acusa. ■ Es un verbo irregular. Se conjuga como *tender.*
**SIN. 1.** Amparar, resguardar, salvaguardar. **4.** Abogar.
**ANT. 1., 2.** y **4.** Atacar. **5.** Acusar.
**FAM.** Defendido, defensa, defensivo, defensor. / Indefendible, indefenso.

**defendido, da** *adj.* y *s. m.* y *f.* Se dice de la persona a la que defiende un abogado.

**defenestrar** *v.* Quitar a una persona de su cargo o puesto de forma inesperada o brusca: *El presidente defenestró a varios de los anteriores ministros.*
**SIN.** Destituir, expulsar.

**defensa** *s. f.* **1.** Lo que se hace al defender o defenderse: *Salimos en defensa de Ana.* **2.** Lo que sirve para defender o defenderse: *El pelo de los animales es una defensa contra el frío.* **3.** Abogado defensor. **4.** En el fútbol y otros deportes, línea de jugadores que se colocan cerca de su portería y tienen que parar los ataques del equipo contrario. || *s. m.* y *f.* **5.** Cada uno de esos jugadores: *El árbitro expulsó a un defensa.*
**SIN. 1.** Ayuda, auxilio, apoyo, amparo, resguardo. **1.** y **2.** Protección. **ANT. 1.** Ataque. **3.** Acusación.

**defensivo, va** *adj.* Que sirve para defenderse: *un arma defensiva.*
**EXPR. a la defensiva** Con intención de defenderse: *Se puso a la defensiva, porque pensó que iban a reírse de él.*
**SIN.** Protector. **ANT.** Ofensivo.

**defensor, ra** *adj.* y *s. m.* y *f.* Que defiende, como por ejemplo el abogado que se encarga de defender al acusado en un juicio.

**deferencia** *s. f.* Atención o amabilidad que se tiene con alguien por respeto: *Tuvo la deferencia de ir a recogerle al aeropuerto.*
**SIN.** Consideración. **ANT.** Desconsideración.
**FAM.** Deferente.

**deferente** *adj.* Que se comporta con deferencia: *Hay que tener un trato deferente con los ancianos.*
**EXPR. conducto deferente** Cada uno de los conductos que comunican los testículos con el exterior.
**SIN.** Atento, cortés, considerado, respetuoso. **ANT.** Desatento, desconsiderado.

**deficiencia** *s. f.* **1.** Defecto o imperfección: *La habitación del hotel tenía algunas deficiencias.*

**2.** Característica de las personas que son deficientes.
SIN. **2.** Discapacidad.
FAM. Inmunodeficiencia.

**deficiente** *adj. y s. m.* **1.** Que no es suficiente o le falta algo para estar completo o bien hecho: *Presentó un trabajo muy deficiente.* || *adj. y s. m. y f.* **2.** Se dice de la persona que tiene algún defecto como ser sordo, ciego, paralítico, o tener una inteligencia por debajo de lo normal.
SIN. **1.** Escaso; imperfecto, defectuoso. **2.** Discapacitado. ANT. **1.** Suficiente; perfecto.
FAM. Deficiencia, déficit.

**déficit** *s. m.* **1.** Lo que ocurre cuando se gasta más dinero del que se gana o recibe: *La tienda tenía un déficit de diez mil euros.* **2.** Falta de algo: *Había déficit de hospitales en la región.* ■ Su plural es *déficit* o *déficits.*
SIN. **2.** Escasez, carencia. ANT. **2.** Sobra.
FAM. Deficitario.

**deficitario, ria** *adj.* Que tiene o produce déficit: *Su negocio quebró porque era deficitario.*

**definición** *s. f.* **1.** Explicación del significado de una palabra o expresión: *En este diccionario vienen las definiciones de muchas palabras.* **2.** Acción de definir o definirse.

**definido, da** *adj.* **1.** Preciso, concreto: *Hizo un dibujo con trazos muy definidos.* **2.** Algunas gramáticas llaman así a los artículos *el, la, los, las.*
SIN. **2.** Determinado. ANT. **1.** Indefinido.

**definir** *v.* **1.** Explicar el significado de una palabra, de una expresión o de otra cosa. **2.** Hacer algo claro o preciso: *El pintor hizo los rasgos principales de la cara, pero le faltaba definir los detalles.* || **definirse 3.** Decir una persona su opinión sobre alguna cosa.
SIN. **3.** Pronunciarse, decantarse.
FAM. Definición, definido, definitivo. / Autodefinido, indefinido.

**definitivo, va** *adj.* Que es lo último y ya no puede cambiarse: *Decidieron la fecha definitiva del viaje.*
EXPR. **en definitiva** En resumen: *Bueno, en definitiva, yo qué tengo que hacer.*
SIN. Decisivo, concluyente, terminante. ANT. Provisional.

**deforestación** *s. f.* Destrucción o pérdida de los bosques y selvas.

**deforestar** *v.* Eliminar o destruir la vegetación de los bosques y selvas: *La plaga del año pasado deforestó 300 hectáreas.*
FAM. Deforestación.

**deformación** *s. f.* Lo que pasa cuando algo se deforma.
EXPR. **deformación profesional** Costumbres que se van adquiriendo en una actividad o profesión.
SIN. Alteración, desproporción.

**deformar** *v.* **1.** Cambiar la forma o el aspecto de algo, estropeándolo o dándole otro que no es el suyo: *Se ha deformado la mochila por meter tantos libros.* **2.** Cambiar o exagerar lo que se dice: *La televisión deformó la noticia: en realidad, hicieron huelga muchos más estudiantes.*
SIN. **1.** y **2.** Desfigurar, alterar, desvirtuar.
FAM. Deformación, deforme, deformidad.

**deforme** *adj.* Que no tiene una forma normal: *El perrito nació con una pata deforme.*
SIN. Desproporcionado, contrahecho. ANT. Proporcionado.

**deformidad** *s. f.* Aquello que es deforme.

**defraudar** *v.* **1.** Resultar alguien o algo peor de lo que uno esperaba: *Le dijeron que la película era muy buena, pero le ha defraudado.* **2.** No pagar el dinero que se debe, haciendo trampas: *Defraudó a Hacienda.*
SIN. **1.** Desilusionar, decepcionar. **2.** Estafar. ANT. **1.** Satisfacer.

**defunción** *s. f.* Muerte de una persona.
SIN. Fallecimiento. ANT. Nacimiento.

**degeneración** *s. f.* Acción de degenerar.
SIN. Empeoramiento, degradación. ANT. Regeneración.

**degenerado, da** *adj.* **1.** Muy estropeado. || *adj. y s. m. y f.* **2.** Se dice de la persona que tiene muchos vicios o muy malos.
SIN. **2.** Vicioso, pervertido, depravado. ANT. **2.** Virtuoso.

**degenerar** *v.* **1.** Estropearse, perder las personas o las cosas su fuerza o sus buenas cualidades. **2.** Convertirse una cosa en otra peor: *La discusión degeneró en una pelea.*
SIN. **1.** Empeorar, decaer, degradarse. ANT. **1.** Regenerarse.
FAM. Degeneración, degenerado, degenerativo.

**degenerativo, va** *adj.* Que degenera o se va deteriorando: *No ve bien porque sufre una enfermedad degenerativa de la vista.*

**deglución** *s. f.* Acción de tragar los alimentos.

**deglutir** *v.* Tragar, hacer pasar un alimento de la boca al estómago.
FAM. Deglución.

**degollar** *v.* Cortar el cuello. ■ Es un verbo irregular. Se conjuga como *contar.*
SIN. Decapitar.
FAM. Degollina, degüello.

**degollina** *s. f.* **1.** Gran cantidad de muertes violentas. **2.** Muchos suspensos en un examen o asignatura.
SIN. **1.** Carnicería. **1.** y **2.** Escabechina.

**degradación** *s. f.* Acción de degradar.
SIN. Destitución; degeneración, deterioro; humillación. ANT. Ascenso, mejora.

**degradante** *adj.* Que hace perder el orgullo o dignidad a una persona: *No volveré más después del trato degradante que me dieron.*
SIN. Humillante, indigno. ANT. Digno, honorable.

**degradar** *v.* **1.** Bajar a alguien de categoría, por ejemplo en el ejército. **2.** Desgastarse o estropearse las personas o las cosas: *Con tanta contaminación se está degradando el aire que respiramos.* **3.** Hacer que alguien pierda su orgullo o su dignidad.
SIN. **1.** Destituir, deponer. **2.** Degenerar, deteriorar, desvirtuar, debilitar. **3.** Humillar, envilecer, deshonrar. ANT. **1.** Ascender. **2.** Mejorar. **3.** Honrar.
FAM. Degradación, degradante. / Biodegradable.

**degüello** *s. m.* Acción de degollar.
EXPR. **ir** o **tirar a degüello** Ofender o hacer daño a alguien con mucha dureza y mala intención.

**degustación** *s. f.* Acción de degustar un alimento o una bebida: *Les invitaron a una degustación de quesos de la región.*

**degustar** *v.* Probar un alimento o una bebida para ver cómo sabe.
FAM. Degustación.

**dehesa** *s. f.* Campo vallado en el que pasta el ganado o en el que se crían toros bravos.
SIN. Pastizal, prado.

**deíctico, ca** *adj. y s. m.* Que señala; se aplica sobre todo a los demostrativos y adverbios que señalan algo presente entre los que están hablando o que aparece citado en el texto. Así, en la frase *Como antes dije, antes* es un elemento deíctico.

**deidad** *s. f.* Dios o diosa de algunas religiones y mitologías.
SIN. Divinidad.

**dejadez** *s. f.* Característica de las personas dejadas.
■ Su plural es *dejadeces.*
SIN. Abandono, desgana. ANT. Esmero, pulcritud.

**dejado, da** *adj. y s. m. y f.* Se dice de la persona muy descuidada con ella misma y con sus cosas: *Es un dejado, lleva la ropa llena de manchas.*
SIN. Abandonado, desastrado. ANT. Cuidadoso.

**dejar** *v.* **1.** Soltar lo que se tiene agarrado o ponerlo en un lugar: *Deja ese rotulador, que te vas a manchar. Podéis dejar los abrigos en el perchero.* **2.** No seguir con una actividad: *Dejó el trabajo para continuar sus estudios.* **3.** Romper la relación que se tiene con una persona: *Ha dejado a su novio.* **4.** Marcharse de un lugar: *Dejó el pueblo cuando era muy joven.* **5.** Hacer que alguien o algo quede de alguna manera: *Tanto ejercicio me deja agotada. La modista ha dejado muy bien el vestido que arregló.* **6.** No molestar: *Déjame, ya me tienes aburrido.* **7.** Darle algo a alguien o encargarle alguna cosa: *Cuando Rubén se fue, me dejó un póster y un montón de tebeos. Mamá nos ha dejado algunas tareas para hacer.* **8.** Prestar: *Daniel me dejó su bici.* **9.** Permitir: *Si me dejan ir al viaje,*

será estupendo. || **dejarse 10.** Olvidarse una cosa en un sitio: *Me he dejado en el cine la bufanda y los guantes.* **11.** Descuidarse una persona en su aseo o en sus cosas: *Se deja mucho, cada vez va menos arreglada.*
SIN. **1.** Desprenderse; colocar, depositar. **2.** a **4.** Abandonar. **3.** Plantar. **4.** Retirarse. **7.** Ceder, encomendar. **9.** Consentir, admitir, tolerar. **11.** Abandonarse. ANT. **1.** Coger, tomar, retener. **2.** y **3.** Continuar. **4.** Quedarse. **6.** Fastidiar, incomodar. **9.** Prohibir. **11.** Cuidarse, aviarse.
FAM. Dejadez, dejado, deje, dejo.

**deje** o **dejo** *s. m.* Modo de pronunciar o de dar la entonación característico de cada región.
SIN. Tonillo.

**del** Contracción de la preposición *de* y el artículo *el*: *las tiendas del barrio.*

**delación** *s. f.* Acción de delatar: *Descubrieron el escondite del botín gracias a la delación de uno de los compinches.*
SIN. Acusación, denuncia.

**delantal** *s. m.* Prenda que cubre la parte de delante del cuerpo y se ata a la cintura por detrás; se usa para no mancharse al hacer algunas labores: *Para guisar se puso el delantal.*
SIN. Mandil.

**delante** *adv.* **1.** En la parte a la que se mira: *Ese televisor tiene los botones delante.* **2.** En un puesto anterior: *Cuando fuimos a sacar las entradas, había mucha gente delante.* **3.** Enfrente: *La foto que tienes delante es un retrato de mi abuela.* **4.** En presencia de una persona: *En vez de criticarla, di lo que piensas de ella cuando esté delante.*
SIN. **2.** Antes. ANT. **1.** y **2.** Detrás. **2.** Después.
FAM. Delantal, delantera, delantero. / Adelante.

**delantera** *s. f.* **1.** Parte de delante: *Tenía un golpe en la delantera del coche.* **2.** Ventaja que se le lleva a alguien: *El primer corredor le llevaba al segundo una delantera de tres puestos.* **3.** En el fútbol y otros deportes, línea de jugadores más adelantados, que tienen que lanzar los ataques.
SIN. **1.** Frente, cara, fachada. ANT. **1.** Trasera.

**delantero, ra** *adj.* **1.** Que está delante: *Las ruedas delanteras estaban desgastadas.* || *s. m.* **2.** En una prenda de vestir, pieza que forma la parte de delante. || *s. m. y f.* **3.** En deportes como el fútbol, cada uno de los jugadores de la delantera.
ANT. Trasero.

**delatar** *v.* **1.** Acusar al que ha cometido una falta o delito: *Un vecino delató a los ladrones.* **2.** Dejar ver, mostrar: *Sus ojeras delataban cansancio.*
SIN. **1.** Denunciar, chivarse. **2.** Descubrir, manifestar, revelar, denotar. ANT. **1.** Encubrir. **2.** Ocultar.
FAM. Delación, delator.

**delator, ra** *adj. y s. m. y f.* Que delata o acusa: *No quiso decir quién fue, pero lanzó una mirada dela-*

*tora a uno de los detenidos. Capturaron al ladrón gracias a sus delatores.*

**SIN.** Acusador.

**delco** *s. m.* Aparato que en los motores de algunos coches lleva la corriente a las bujías.

**delegación** *s. f.* **1.** Acción de delegar algo en una persona. **2.** Conjunto de delegados. **3.** Oficina o edificio de los delegados. **4.** En México, ayuntamiento y término municipal. **5.** En México, oficina de policía.

**delegado, da** *adj.* y *s. m.* y *f.* Se dice de la persona a la que otras encargan hacer alguna cosa; por ejemplo, a los delegados de curso los eligen sus compañeros para que representen a toda la clase.

**FAM.** Subdelegado.

**delegar** *v.* Dar permiso o poder una persona o empresa a otra para que actúe en su nombre. ■ Delante de *e* se escribe *gu* en lugar de *g*: *Es conveniente que delegue algunas tareas en su ayudante.*

**SIN.** Encomendar, autorizar.

**FAM.** Delegación, delegado.

**deleitar** *v.* **1.** Producir gusto o agrado. ‖ **deleitarse 2.** Sentir agrado: *Se deleitaba viendo aquel paisaje.*

**SIN. 1.** Gustar, agradar, complacer. **2.** Gozar. **ANT. 1.** Disgustar, desagradar. **2.** Sufrir.

**deleite** *s. m.* Gusto, agrado.

**SIN.** Placer, satisfacción, gozo, complacencia. **ANT.** Disgusto, desagrado.

**FAM.** Deleitar.

**deletrear** *v.* Decir una a una las letras que forman una palabra: *Como tiene un apellido extranjero, la telefonista le pidió que se lo deletreara.*

**deleznable** *adj.* Despreciable: *Se comportó de forma deleznable.*

**SIN.** Miserable. **ANT.** Admirable.

**delfín** *s. m.* Mamífero marino de forma semejante a la de un pez; mide de 2 a 3 metros, tiene la boca en forma de pico y es muy inteligente.

**FAM.** Delfinario.

**delfines**

**delfinario** *s. m.* Instalación en la que se muestran delfines vivos.

**delgadez** *s. f.* Característica de las personas o cosas delgadas. ■ Su plural es *delgadeces.*

**SIN.** Flaqueza. **ANT.** Gordura.

**delgado, da** *adj.* Se dice de las personas que tienen pocas carnes, o las cosas poco gruesas.

**SIN.** Flaco; fino. **ANT.** Gordo.

**FAM.** Delgadez, delgaducho. / Adelgazar.

**delgaducho, cha** *adj.* Muy delgado: *Estuvo enfermo y se quedó así de delgaducho.*

**SIN.** Flacucho.

**deliberación** *s. f.* Acción de deliberar: *Tomaron una decisión tras largas deliberaciones.*

**SIN.** Discusión, reflexión, meditación.

**deliberado, da** *adj.* Que está hecho aposta, queriendo: *Decía que no, pero el empujón que le dio había sido deliberado.*

**SIN.** Intencionado. **ANT.** Involuntario.

**deliberar** *v.* Pensar o discutir las cosas antes de tomar una decisión.

**SIN.** Meditar, reflexionar.

**FAM.** Deliberación, deliberado.

**delicadeza** *s. f.* **1.** Característica de las personas y cosas delicadas. **2.** Atención o detalle que se tiene con alguien: *Tuvieron la delicadeza de acompañarnos hasta casa.*

**SIN. 1.** Finura, suavidad, cuidado. **2.** Cortesía, consideración, miramiento. **ANT. 1.** Aspereza, rudeza. **2.** Descortesía, grosería.

**delicado, da** *adj.* **1.** Débil, que enferma, se estropea o se rompe con facilidad: *La abuela es muy mayor y está algo delicada. Cuidado al coger ese jarrón, que es muy delicado.* **2.** Muy suave y agradable: *La lana de ese jersey es muy delicada. Los rasgos de su cara son muy delicados.* **3.** Fino y educado: *unos modales delicados.* **4.** Difícil o comprometido: *Decirle que su madre estaba enferma era delicado.*

**SIN. 1.** Enfermizo, pachucho, frágil. **2.** Selecto, sutil, exquisito. **3.** Refinado. **4.** Embarazoso, peliagudo. **ANT. 1.** Sano, fuerte, resistente. **2.** y **3.** Ordinario. **3.** Vulgar, grosero.

**FAM.** Delicadeza.

**delicatessen** *s. f. pl.* Comidas delicadas y exquisitas que se suelen vender ya preparadas y cocinadas: *En la boda sirvieron canapés y otras delicatessen.* ■ Es una palabra inglesa que procede del alemán.

**delicia** *s. f.* Sensación de gusto o placer: *Con el calor que hace, este vientecillo es una delicia.*

**SIN.** Satisfacción, deleite, gozo. **ANT.** Asco.

**FAM.** Delicioso.

**delicioso, sa** *adj.* Muy agradable: *Este helado está delicioso.*

**SIN.** Exquisito, rico.

**delictivo, va** *adj.* Que es un delito o está relacionado con el delito: *Su carrera delictiva le llevó a la cárcel.*

**delimitar** *v.* Marcar los límites de alguna cosa: *Delimitaron la finca con una valla. Delimitaron sus tareas y cada uno se encargó de una cosa.* SIN. Limitar, acotar.

**delincuencia** *s. f.* **1.** Actividad de los delincuentes. **2.** Conjunto de delincuentes.

**delincuente** *s. m. y f.* Persona que comete delitos. SIN. Malhechor, criminal.

**delineante** *s. m. y f.* Persona que se dedica a hacer dibujos geométricos y a trazar planos.

**delinear** *v.* Dibujar las líneas de una figura, especialmente de un plano. FAM. Delineante.

**delinquir** *v.* Cometer delitos. ▪ Delante de *a* y *o* se escribe *c* en lugar de *qu*: *delinco.* FAM. Delincuencia, delincuente.

**delirante** *adj.* **1.** Que delira: *Decía cosas sin sentido porque estaba delirante.* **2.** Absurdo, lleno de disparates: *En los sueños ocurren cosas delirantes.* SIN. **2.** Disparatado, loco, excéntrico. ANT. **2.** Normal.

**delirar** *v.* **1.** Decir alguien cosas sin sentido y mostrarse nervioso o inquieto, por ejemplo cuando tiene una fiebre muy alta. **2.** Hacer o decir tonterías o disparates: *¿Cómo vamos a salir de paseo con esta lluvia? ¡Tú deliras!* SIN. **1.** Alucinar. **1.** y **2.** Desvariar. **2.** Desbarrar. FAM. Delirante, delirio.

**delirio** *s. m.* Acción de delirar: *Al subirle la fiebre, comenzó el delirio.* EXPR. **delirio de grandeza** Hecho de creerse alguien más que los demás o de querer cosas muy buenas o elevadas, que no puede alcanzar. SIN. Desvarío, alucinación, desatino. ANT. Lucidez.

**delírium trémens** *expr.* Crisis grave, con temblores y delirio, que sufren las personas alcohólicas cuando dejan de beber durante un corto periodo de tiempo. ▪ Es una expresión latina.

**delito** *s. m.* Acción que está castigada por las leyes, porque va en contra de una persona o de la sociedad: *Robar es un delito.* SIN. Crimen, infracción. FAM. Delictivo, delinquir.

**delta** *s. m.* Terreno en forma de triángulo que se forma en la desembocadura de algunos ríos, donde se va quedando parte de la tierra que arrastra la corriente de esos ríos. FAM. Deltoides.

**deltoides** *s. m.* Músculo de forma triangular que se encuentra en el hombro y sirve para levantar el brazo. ▪ No varía en plural.

**demacrado, da** *adj.* Delgado y muy pálido, con aspecto de enfermo. SIN. Consumido. ANT. Lozano, saludable.

**demagogia** *s. f.* Lo que hacen los políticos u otras personas cuando intentan conseguir el apoyo de los demás por cualquier medio, sobre todo prometiéndoles cosas buenas que son muy difíciles de cumplir. FAM. Demagógico, demagogo.

**demagógico, ca** *adj.* Relacionado con la demagogia.

**demagogo, ga** *adj. y s. m. y f.* Que hace demagogia.

**demanda** *s. f.* **1.** Petición: *Muchos padres fueron al colegio en demanda de una plaza para su hijo.* **2.** Lo que la gente pide y desea comprar: *En los últimos años ha aumentado la demanda de vídeos.* **3.** En derecho, escrito que una persona presenta ante un juez pidiendo algo, por ejemplo que alguien le pague el dinero que le debe; con la demanda empieza un juicio o proceso. SIN. **1.** Solicitud.

**demandar** *v.* **1.** Pedir: *Los trabajadores de esa fábrica demandan una subida de sueldo.* **2.** En derecho, presentar una demanda: *El dueño del apartamento le demandó porque no pagaba el alquiler.* SIN. **1.** Solicitar, suplicar, rogar. FAM. Demanda.

**demarcación** *s. f.* **1.** Territorio al que se ha puesto unos límites. **2.** División de un territorio que está bajo el mando de una autoridad, por ejemplo una provincia. SIN. **2.** Circunscripción, distrito.

**demarrar** *v.* En una carrera deportiva, acelerar de pronto uno de los participantes para alejarse de los otros competidores.

**demás** *indef.* El resto, las otras personas o cosas: *Conchi y las demás niñas pasaron la tarde en el parque. Es un hombre bueno, que se preocupa por los demás.* FAM. Demasía, demasiado.

**demasía** Se usa en la expresión **en demasía**, que significa 'con exceso': *Come en demasía, por eso está tan gordo.* ANT. Moderación.

**demasiado, da** *indef.* **1.** En mayor número o cantidad de lo que sería normal o bueno: *En esa sala hay demasiadas personas. En invierno hace demasiado frío.* || *adv.* **2.** Más de lo debido: *Ese chico habla demasiado.* SIN. **1.** Excesivo, desmedido. ANT. **1.** y **2.** Poco.

**demencia** *s. f.* Locura. ANT. Cordura. FAM. Demencial, demente.

**demencial** *adj.* **1.** Relacionado con la demencia o locura: *Le pusieron un tratamiento pues presentaba síntomas demenciales.* **2.** Disparatado, absurdo, exagerado: *Los precios han subido de una forma demencial.*

**SIN. 2.** Desproporcionado. **ANT. 2.** Moderado, mesurado.

**demente** *adj. y s. m. y f.* Loco, chiflado. **ANT.** Cuerdo.

**demo** *s. m.* En informática, programa de demostración que sirve para mostrar cómo es y cómo funciona un programa determinado.

**democracia** *s. f.* **1.** Forma de gobierno en que los ciudadanos eligen a sus gobernantes por medio de votaciones y éstos deben gobernar cumpliendo las leyes. **2.** País gobernado de esta forma: *España es una democracia.* **FAM.** Demócrata, democrático, democratizar. / Antidemocrático.

**demócrata** *adj. y s. m. y f.* Persona partidaria de la democracia.

**democrático, ca** *adj.* Que sigue las normas de la democracia.

**democratización** *s. f.* Acción de democratizar: *Luchó por la democratización del país.*

**democratizar** *v.* Hacer que alguien o algo siga los principios o las normas de la democracia: *El nuevo gobierno intenta democratizar las leyes.* ▪ Delante de *e* se escribe *c* en lugar de *z*: *democratice.* **FAM.** Democratización.

**demografía** *s. f.* Estudio de la población, por ejemplo del número de habitantes de un país o de cuántos nacen y mueren en un periodo de tiempo. **FAM.** Demográfico.

**demográfico, ca** *adj.* Relacionado con la demografía.

**demoledor, ra** *adj. y s. m. y f.* Que destruye o que hace mucho daño: *En los huracanes, el viento sopla con fuerza demoledora. Hicieron una crítica tan demoledora de la película, que nadie fue a verla.*

**demoler** *v.* Destruir algo, por ejemplo un edificio: *Demolieron la vieja fábrica porque estaba ruinosa.* ▪ Es un verbo irregular. Se conjuga como *mover.* **SIN.** Tirar, derribar, derruir. **ANT.** Construir, edificar. **FAM.** Demoledor, demolición.

**demolición** *s. f.* Acción de demoler. **SIN.** Destrucción, derribo. **ANT.** Construcción.

**demoníaco, ca** o **demoniaco, ca** *adj.* Del demonio o propio del demonio: *una secta demoníaca, un carácter demoníaco.* **SIN.** Diabólico. **ANT.** Angelical.

**demonio** *s. m.* **1.** Diablo. **2.** Persona muy mala. **EXPR. a demonios** Con verbos como *saber, oler, sonar,* muy mal. **como un demonio** Mucho: *Corría como un demonio.* **de mil demonios** Muy fuerte o intenso: *Hace un frío de mil demonios.* **llevarse** a una persona **los demonios** Enfadarse mucho: *Si le coges algo sin permiso, se pone que se lo llevan los demonios.* **FAM.** Demoníaco. / Endemoniado, pandemónium.

**demora** *s. f.* Retraso: *El autocar llegó a la estación con una demora de cincuenta minutos.* **SIN.** Tardanza.

**demorar** *v.* **1.** Retrasar. ‖ **demorarse 2.** Pararse o entretenerse en un lugar: *Llegó tarde porque se demoró viendo los escaparates de las tiendas.* **SIN. 1.** Atrasar, retardar, diferir. **2.** Detenerse. **ANT. 1.** Adelantar. **2.** Apresurarse. **FAM.** Demora.

**demostración** *s. f.* Acción de demostrar algo y pruebas, palabras y otras cosas con las que se demuestra: *Le hizo un regalo a su padre en demostración de cariño. El vendedor hizo una demostración de cómo funcionaba la aspiradora.*

**demostrar** *v.* **1.** Probar una cosa para que no se dude de ella: *La abogada demostró que el acusado era inocente.* **2.** Mostrar claramente, revelar: *Esa grosería demuestra su falta de educación.* **3.** Enseñar cómo funciona o cómo se hace algo. ▪ Es un verbo irregular. Se conjuga como *contar.* **SIN. 2.** Indicar, manifestar. **ANT. 1.** Objetar, refutar. **FAM.** Demo, demostración, demostrativo. / Indemostrable.

**demostrativo, va** *adj. y s. m.* En gramática, se dice de algunas palabras que sirven para señalar, como por ejemplo, *este, ese, aquel;* así, *este libro* indica que el libro está cerca de mí; *ese libro,* que está algo más lejos, y *aquel libro,* que está mucho más lejos.

**demudado, da** *adj.* Se dice de la persona a la que le cambia la expresión o el color de la cara por una impresión fuerte o un malestar físico: *Carlos quedó demudado por el susto.*

**denario** *s. m.* Antigua moneda romana.

**denegar** *v.* No dar a alguien lo que pide: *Le han denegado la beca de estudios.* ▪ Delante de *e* se escribe *gu* en lugar de *g*. Es un verbo irregular. Se conjuga como *pensar.* **SIN.** Negar. **ANT.** Acceder.

**denigrante** *adj.* Que denigra u ofende: *Recibió un trato denigrante.* **SIN.** Humillante, ofensivo. **ANT.** Digno, respetuoso.

**denigrar** *v.* Ofender a alguien haciéndole parecer peor o de menos categoría que los demás. **SIN.** Humillar, desacreditar, desprestigiar. **ANT.** Honrar, respetar.

**denodado, da** *adj.* Esforzado, valeroso, decidido: *Es un denodado defensor de los derechos humanos.* **SIN.** Valiente, animoso. **ANT.** Débil, pusilánime.

**denominación** *s. f.* Nombre que se da a una persona o cosa: *Reciben la denominación de anfibios animales como el sapo y la rana.*

**denominador** *s. m.* En matemáticas, número que indica las partes en que se divide otro llamado *numerador.* Se escribe debajo de éste separado por una raya horizontal o en la misma línea detrás del signo (:), por ejemplo, en 5/7 y 5:7, 7 es el denominador.

**denominar** *v.* Dar un nombre a una persona, animal o cosa: *A los animales que tienen columna vertebral se les denomina vertebrados.*
SIN. Llamar, nombrar, designar.
FAM. Denominación, denominador.

**denostar** *v.* Insultar o hablar muy mal de una persona o cosa: *Tuvo que defenderse de los que le denostaban.* ■ Es un verbo irregular. Se conjuga como *contar.*
SIN. Injuriar, ofender. ANT. Alabar, elogiar.
FAM. Denuesto.

**denotar** *v.* Significar, indicar: *Su voz denota nerviosismo.*
SIN. Manifestar, revelar.

**densidad** *s. f.* **1.** Característica de denso. **2.** En física, resultado de dividir la masa de un cuerpo por el volumen del mismo. Por ejemplo, la densidad del agua es 1, porque un litro de agua pura tiene una masa de un kilogramo.
EXPR. **densidad de población** Número de habitantes por unidad de superficie: *La densidad de población en este país es de cien personas por kilómetro cuadrado.*

**denso, sa** *adj.* **1.** Que tiene mucha masa en poco volumen. **2.** Se dice de los gases y líquidos espesos: *Una densa niebla le impedía ver la carretera.* **3.** Que tiene muy juntas o apretadas las partes o cosas que lo forman: *En este bosque tan denso es fácil perderse.* **4.** Se dice de un texto que en poca extensión tiene mucho contenido, por lo que es difícil entenderlo.
SIN. **1.** Compacto, consistente, concentrado. **2.** Condensado, pastoso. **3.** Tupido. ANT. **1.** Hueco. **2.** y **3.** Claro.
FAM. Densidad. / Condensar.

**dentado, da** *adj.* Con dientes o puntas parecidas a ellos: *Partió la carne con un cuchillo dentado.*

**dentadura** *s. f.* Todos los dientes, colmillos y muelas que tiene en la boca una persona o un animal.

**dental** *adj.* De los dientes o relacionado con ellos: *Cepillarse los dientes ayuda a no tener enfermedades dentales.*

**dentellada** *s. f.* Acción de clavar los dientes en algo y herida que dejan en la parte donde muerden.
SIN. Mordisco, bocado.

**dentera** *s. f.* Sensación desagradable que se tiene en los dientes, por ejemplo al oír ruidos chirriantes o al comer algunos alimentos ácidos.
SIN. Grima.

**dentición** *s. f.* **1.** Formación de los dientes y tiempo que dura este proceso. **2.** Tipo de dientes que tienen los mamíferos, según su especie.

**dentífrico, ca** *adj.* y *s. m.* Sustancia para limpiar los dientes.

**dentina** *s. f.* Materia dura y blanca que forma los dientes.
SIN. Marfil.

**dentista** *s. m.* y *f.* Persona que se dedica a cuidar y arreglar la dentadura: *Fue al dentista a sacarse una muela.* (Puedes ver su ilustración en la página siguiente).
SIN. Odontólogo.

**dentón, na** *adj.* y *s. m.* y *f.* **1.** Que tiene los dientes muy grandes o salientes. ‖ *s. m.* **2.** Pez marino, parecido al besugo, con los dientes centrales muy salientes.
SIN. **1.** Dentudo.

**dentro** *adv.* **1.** En el interior de alguien o algo: *Creo que hay alguien en casa porque se oye ruido dentro. El bolso está dentro del armario.* **2.** Cuando pase un perio[do de tiempo: *Dentro de una semana nos dan las vacaciones.*
ANT. **1.** Fuera.
FAM. Adentro.

**dentudo, da** *adj.* y *s. m.* y *f.* Dentón, con los dientes muy grandes o salientes.

**denuedo** *s. m.* Esfuerzo que se hace para conseguir algo: *Luchó con denuedo para alcanzar la cima de la montaña.*
SIN. Constancia, valor, ánimo, tesón.
FAM. Denodado.

**denuesto** *s. m.* Insulto grave.
SIN. Injuria, agravio. ANT. Alabanza, elogio.

**denuncia** *s. f.* Acción de denunciar y escrito en que se denuncia algo: *Puso una denuncia en la comisaría porque le habían robado el coche.*

**denunciar** *v.* **1.** Comunicar a la policía, a un juez o a otra autoridad que se ha cometido un delito: *Varios testigos denunciaron el robo.* **2.** Decir públicamente, por ejemplo en un periódico, que una cosa va contra la ley o no debe hacerse.
SIN. **1.** Acusar, delatar. **2.** Revelar, manifestar. ANT. **1.** Encubrir. **2.** Ocultar, esconder, tapar.
FAM. Denuncia.

**deparar** *v.* Dar, proporcionar: *No sabemos qué nos deparará el futuro.*
SIN. Causar, producir, conceder, suministrar.

**departamento** *s. m.* **1.** Cada una de las partes en que se divide una empresa, oficina, vehículo u otra cosa: *Trabaja en el departamento de ventas de esa empresa.* **2.** Cada uno de los territorios en que se dividen algunos países, como Francia. **3.** En Hispanoamérica, apartamento.
SIN. **1.** Compartimiento, compartimento, sector, dependencia.

**departir** *v.* Conversar: *Estuvieron departiendo durante más de tres horas.*
SIN. Charlar, hablar, dialogar, platicar.

**depauperado, da** *adj.* Empobrecido, arruinado: *Tras la guerra, el país quedó depauperado.*

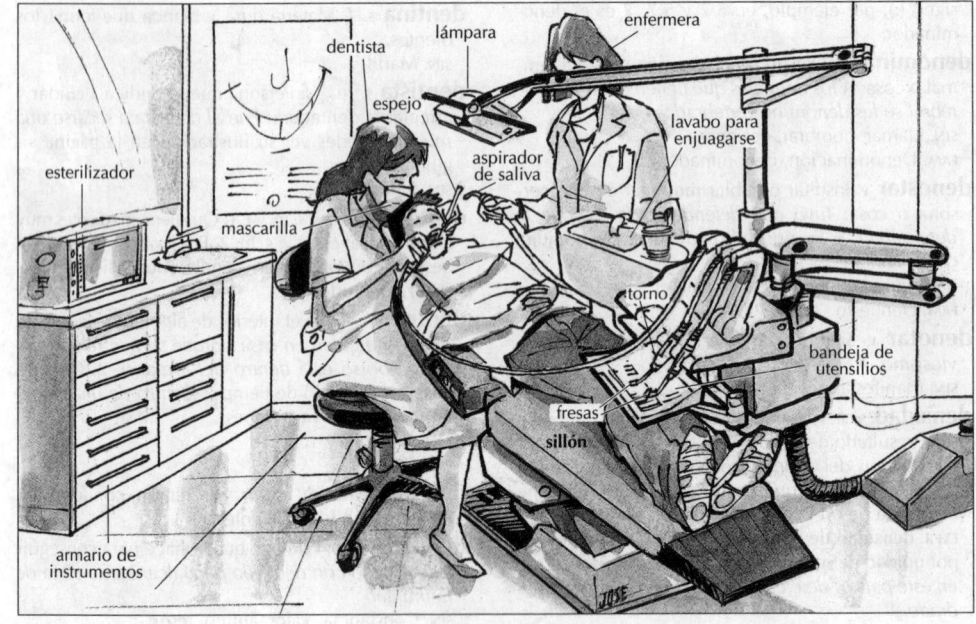

esterilizador

dentista

espejo

lámpara

enfermera

mascarilla

aspirador de saliva

lavabo para enjuagarse

torno

bandeja de utensilios

fresas

sillón

armario de instrumentos

**dentista**

**dependencia** *s. f.* **1.** Situación del que depende de otra persona o cosa; por ejemplo, la necesidad que tienen algunas personas de consumir drogas o bebidas alcohólicas de las que no pueden prescindir. **2.** Oficina que depende de otra más importante. **3.** Cada una de las habitaciones de un gran edificio, por ejemplo de un palacio.
SIN. **1.** Subordinación; adicción. **2.** Sección, departamento. ANT. **1.** Independencia, autonomía.
FAM. Drogodependencia.

**depender** *v.* **1.** Estar bajo la autoridad de una persona: *Del director dependen más de cien empleados.* **2.** Producirse una cosa si se da una condición: *Del resultado del último partido dependía que el equipo fuera o no campeón.* **3.** Necesitar de una persona o cosa: *Como no tiene trabajo, depende de sus padres.*
FAM. Dependencia, dependiente, dependiente -ta. / Independiente.

**dependiente** *adj.* Que depende de otra persona o cosa.
SIN. Subordinado. ANT. Independiente, autónomo.

**dependiente, ta** *s. m.* y *f.* En una tienda, empleado que atiende al público: *La dependienta le sacó varios modelos de zapatos.*

**depilación** *s. f.* Acción de depilar.

**depilar** *v.* Quitar el vello de algunas partes del cuerpo.
FAM. Depilación, depilatorio.

**depilatorio, ria** *adj.* y *s. m.* Se dice del procedimiento o la sustancia que sirve para depilar.

**deplorable** *adj.* Lamentable: *Ese edificio tan viejo y sucio se encuentra en un estado deplorable.*
SIN. Lastimoso, penoso, pésimo, vergonzoso.

**deplorar** *v.* Lamentar algo que causa pena o disgusto.
ANT. Celebrar.
FAM. Deplorable.

**deponer** *v.* **1.** Echar a una persona del puesto o cargo que ocupa. **2.** Abandonar algo, como una actitud, un comportamiento: *Acabará la guerra cuando uno de los bandos deponga las armas.* ■ Es un verbo irregular. Se conjuga como *poner*.
SIN. **1.** Destituir, relevar. ANT. **1.** Reponer, nombrar. **2.** Mantener.
FAM. Deposición.

**deportar** *v.* Expulsar el gobierno a una persona de un país o lugar, como castigo, y enviarla a otro del que no pueda salir.
SIN. Desterrar, confinar. ANT. Repatriar.

**deporte** *s. m.* Juego o ejercicio físico que realiza una persona sola o por equipos siguiendo unas normas, como por ejemplo el atletismo, el baloncesto o el tenis.
EXPR. **por deporte** Por gusto, sin que sea necesario: *Trabaja por deporte, porque tiene un montón de dinero.*
FAM. Deportista, deportividad, deportivo. / Polideportivo.

**deportista** *adj.* y *s. m.* y *f.* Persona que practica algún deporte.

**deportividad** *s. f.* Comportamiento deportivo: *El tenista aceptó su derrota con deportividad.*
SIN. Corrección, juego limpio. ANT. Juego sucio.

**deportivo, va** *adj.* **1.** Relacionado con el deporte. **2.** Se dice del comportamiento que debe tener un deportista, siguiendo las reglas del juego; también, cualquier otra persona en una actividad. **3.** Se dice de las prendas de vestir cómodas, que suelen usarse en el tiempo libre: *una chaqueta deportiva.*
SIN. **2.** Noble. **3.** Sport.

**deposición** *s. f.* **1.** Acción de echar a una persona de su cargo. **2.** En lenguaje culto, la caca y el hecho de expulsarla.
SIN. **2.** Heces. ANT. **1.** Nombramiento.

**depositar** *v.* **1.** Dar dinero u otras cosas de valor a una persona o banco para que los guarde: *Depositó su dinero en una caja de ahorros.* **2.** Colocar en un sitio: *Depositó la carta en el buzón.* **3.** Poner en una persona un sentimiento: *Ha depositado toda su confianza en el médico.* ‖ **depositarse 4.** Posarse en el fondo de un vaso u otro sitio las partículas sólidas que hay en un líquido: *En el fondo del tazón se depositó un poco de azúcar.*
SIN. **2.** Poner, dejar. **3.** Confiar. **4.** Sedimentarse.
FAM. Depositario, depósito.

**depositario, ria** *adj.* y *s. m.* y *f.* **1.** Se dice de la persona que guarda un bien o un objeto valioso que es propiedad de otra persona. **2.** Se dice de la persona en la que se deposita un sentimiento: *Su hijo es el depositario de todas sus ilusiones.*

**depósito** *s. m.* **1.** Conjunto de cosas depositadas en un lugar: *La policía encontró un importante depósito de armas.* **2.** Sitio o recipiente donde se guarda o encierra algo: *El depósito de gasolina del coche está vacío.*

**depravado, da** *adj.* y *s. m.* y *f.* Vicioso, pervertido.
SIN. Degenerado, corrompido. ANT. Virtuoso.

**depre** *adj.* **1.** Deprimido, que sufre depresión. ‖ *s. f.* **2.** Depresión: *Sara suele ser animosa, pero ahora está con la depre.*

**depreciar** *v.* Disminuir el precio o valor de algo.
SIN. Devaluar, desvalorizar. ANT. Revalorizar.

**depredador, ra** *adj.* y *s. m.* Se dice del animal que se alimenta de otros a los que captura vivos.
SIN. Predador, cazador.
FAM. Predador.

**depresión** *s. f.* **1.** Lo que tiene la persona que se encuentra muy triste y ha perdido el interés por las cosas; muchas personas para curarse necesitan un tratamiento. **2.** Hundimiento o hueco en una superficie o terreno.
SIN. **2.** Hoyo, concavidad. ANT. **1.** Alegría, euforia. **2.** Elevación.

**depresivo, va** *adj.* **1.** Relacionado con la depresión: *Padece una enfermedad depresiva.* ‖ *adj.* y *s. m.* y *f.* **2.** Se dice de la persona que fácilmente tiene depresión.

**deprimente** *adj.* Que deprime.
SIN. Triste.

**deprimido, da** *adj.* Que sufre depresión.

**deprimir** *v.* Producir tristeza o depresión, o sufrirla: *Me deprime ver animales abandonados.*
SIN. Entristecer. ANT. Animar, alegrar.
FAM. Depre, depresión, deprimente, deprimido. / Antidepresivo.

**deprisa** *adv.* Con rapidez.
SIN. Rápidamente. ANT. Despacio.

**depurado, da** *adj.* Hecho con cuidado, muy trabajado: *Utiliza una técnica muy depurada para revelar sus fotos.*

**depurador, ra** *adj.* y *s. m.* y *f.* Que depura: *Pusieron una depuradora en la piscina.*

**depurar** *v.* **1.** Limpiar, quitar de una sustancia la suciedad u otras cosas que no deben estar en ella: *depurar el agua.* **2.** Perfeccionar, mejorar: *depurar el lenguaje.*
SIN. **1.** Purificar. **2.** Refinar.
FAM. Depurado, depurador, depurativo.

**depurativo, va** *adj.* **1.** Que sirve para depurar. ‖ *s. m.* **2.** Medicina que se toma para limpiar la sangre.

**dequeísmo** *s. m.* Uso incorrecto de la preposición *de* delante de la conjunción *que*, con verbos como *pensar, opinar, decir*, que no se construyen con esa preposición. Por ejemplo, es dequeísmo y, por lo tanto, está mal dicho: *Pienso de que tiene razón.*

**derbi** o **derby** *s. m.* **1.** Partido, generalmente de fútbol, entre equipos de la misma ciudad o región. **2.** Nombre de algunas carreras de caballos. ■ *Derby* es una palabra inglesa. Su plural es *derbys.*

**derecha** *s. f.* **1.** La mano que está en el lado opuesto al del corazón; también la pierna de ese lado: *Escribo con la derecha. Paró el balón con la derecha.* **2.** Lo que mira o queda a ese lado en otras cosas: *En España los coches circulan por la derecha de la carretera.* **3.** El conjunto de personas, grupos y partidos que tienen ideas políticas conservadoras.
SIN. **1.** Diestra. ANT. **1.** a **3.** Izquierda.
FAM. Ultraderecha.

**derechista** *adj.* y *s. m.* y *f.* De ideas políticas de derecha: *un partido derechista.*
SIN. Conservador. ANT. Izquierdista.

**derechazo** *s. m.* En deporte, golpeo o disparo con la mano o la pierna derecha.

**derecho, cha** *adj.* **1.** Recto, vertical, sin torcerse a un lado o a otro: *Pon las fotos derechas en el álbum. Siéntate derecha, que luego te duele la espalda.* **2.** Sin entretenerse o desviarse: *En cuanto salgamos del cine, vamos derechos a casa.* **3.** Se

**353**

dice de la mano y otras partes del cuerpo que están en el lado opuesto al corazón y de las cosas que miran o quedan a ese lado. || *adv.* **4.** Sin torcerse: *Escribe derecho.* || *s. m.* **5.** Leyes que todos los ciudadanos deben cumplir para respetarse y no causarse daños unos a otros. **6.** La carrera universitaria en la que se estudian estas leyes. **7.** Lo que nos permite hacer o exigir alguna cosa: *Si no estás de acuerdo con la nota que te han puesto, tienes derecho a protestar al profesor.* **8.** Cara o lado principal de un tejido, papel u otra cosa. || *s. m. pl.* **9.** Dinero que cobran por su trabajo algunos profesionales como los notarios o los escritores.
**SIN. 1.** Erguido. **3.** Diestro. **8.** Anverso, haz. **ANT. 1.** y **4.** Torcido. **3.** Izquierdo. **8.** Reverso, envés.
**FAM.** Derecha, derechista.

**deriva** *s. f.* Desvío de una nave de su rumbo o dirección a causa del viento, las olas o la corriente.
**EXPR. a la deriva** Se dice de un barco o de un objeto que flota llevado por las olas y el viento, sin gobierno; también, se dice de una empresa, de un asunto que no tiene nadie que lo dirija.

**derivación** *s. f.* **1.** El hecho de derivar o derivarse una cosa de otra; por ejemplo, una carretera o un camino que se deriva de otro más importante. **2.** Una manera de formar nuevas palabras, añadiendo sufijos o prefijos a otras, por ejemplo a *ropa* le añadimos *-ero* y tenemos *ropero,* a *hacer* le ponemos delante *des-* y tenemos *deshacer.*

**derivado, da** *adj.* **1.** Que se deriva de otra cosa: *Los daños derivados de la inundación fueron muy grandes.* || *adj.* y *s. m.* **2.** En gramática, la palabra formada a partir de otra: *«Jugador» es una palabra derivada de «jugar».* **3.** En química, producto o sustancia que se obtiene de otro mediante una serie de transformaciones: *La gasolina es un derivado del petróleo.*

**derivar** *v.* **1.** Proceder una cosa de otra: *Algunas enfermedades derivan de la falta de vitaminas en el organismo.* **2.** Formarse una palabra a partir de otra o tener su origen en otra: *«Incapaz» deriva de «capaz». «Amable» deriva de la palabra latina «amabilis».* **3.** Tomar algo una dirección nueva: *La película, que empieza siendo de aventuras, deriva hacia lo policiaco.* **4.** En una corriente o conducto, separar una parte para llevarla en otra dirección. **5.** Desviarse una nave de su rumbo o dirección.
**SIN. 1.** Provenir, originarse, nacer. **3.** Evolucionar.
**FAM.** Deriva, derivación, derivado.

**dermatitis** *s. f.* Irritación de la piel que suele producir picores. ▪ No varía en plural.

**dermatología** *s. f.* Parte de la medicina que estudia las enfermedades de la piel.
**FAM.** Dermatólogo.

**dermatólogo, ga** *s. m.* y *f.* Médico especialista en las enfermedades de la piel.

**dermis** *s. f.* Capa más gruesa de la piel, cubierta por la epidermis. ▪ No varía en plural.

**FAM.** Dermatitis, dermatología, dermoprotector. / Epidermis, hipodérmico, paquidermo.

**dermoprotector, ra** *adj.* Se dice de lo que cuida o protege la piel: *Utiliza un jabón dermoprotector.*

**derogar** *v.* Hacer que una ley u otra norma dejen de obligar. ▪ Delante de *e* se escribe *gu* en lugar de *g: derogue.*
**SIN.** Anular. **ANT.** Promulgar.

**derrama** *s. f.* Gasto que se produce además de los habituales: *Los vecinos aprobaron una derrama para pintar la fachada.*

**derramamiento** *s. m.* Acción de derramar.
**SIN.** Derrame.

**derramar** *v.* Hacer que un líquido o una cosa menuda, por ejemplo en polvo o en grano, salga del lugar donde está y se extienda: *Tiró el vaso y se derramó la leche.*
**SIN.** Verter, esparcir, desparramar.
**FAM.** Derrama, derramamiento, derrame.

**derrame** *s. m.* **1.** En medicina, salida de un líquido fuera del órgano o del sitio donde debe estar. **2.** Acción de derramar.
**SIN. 2.** Derramamiento.

**derrapar** *v.* Patinar un vehículo desviándose hacia un lado.
**FAM.** Derrape.

**derrape** *s. m.* Acción de derrapar.

**derredor** Se usa en la expresión **en derredor,** que significa 'alrededor'.

**derrengado, da** *adj.* **1.** Que se ha hecho mucho daño en la espalda o en el lomo: *El pobre burro está derrengado de llevar tanto peso.* **2.** Cansadísimo después de un esfuerzo: *Estuvo toda la mañana pintando y acabó derrengado.*
**SIN. 2.** Molido, rendido.

**derrengar** *v.* **1.** Hacer mucho daño en la espalda o en el lomo. **2.** Cansar muchísimo. ▪ Delante de *e* se escribe *gu* en lugar de *g: Me derrengué de tanto correr.*
**FAM.** Derrengado.

**derretir** *v.* **1.** Hacer el calor que algunas cosas se ablanden o se vuelvan líquidas: *Si no metes en la nevera el helado, se derretirá.* || **derretirse 2.** Querer mucho a una persona o ponerse muy cariñoso con ella: *En cuanto ven al crío, los abuelos se derriten.* ▪ Es un verbo irregular. Se conjuga como *pedir.*

**derribar** *v.* **1.** Tirar al suelo a una persona, animal o cosa: *Le puso la zancadilla y le derribó.* **2.** Destruir: *derribar una pared, derribar un puente.* **3.** Hacer perder a una persona su cargo o su poder: *Derribaron al dictador.*
**SIN. 1.** Tumbar. **2.** Derruir, demoler, derrumbar. **3.** Derrocar. **ANT. 1.** Alzar, levantar. **2.** Construir, edificar. **3.** Reponer.
**FAM.** Derribo.

**derribo** *s. m.* Acción de derribar una construcción, y también el conjunto de materiales que se sacan al derribarla.
SIN. Demolición, destrucción. ANT. Construcción.

**derrick** *s. m.* Estructura metálica que sirve de soporte a una grúa, a una máquina perforadora o a otra cosa parecida. ■ Es una palabra inglesa. Su plural es *derricks*.

**derrocar** *v.* Quitar a alguien de un puesto elevado o de mando, por ejemplo a un rey, por medios violentos. ■ Delante de *e* se escribe *qu* en lugar de *c*: *derroque*.
SIN. Derribar. ANT. Reponer.

**derrochador, ra** *adj.* y *s. m.* y *f.* Persona que derrocha.
SIN. Derrochón, despilfarrador. ANT. Ahorrador, ahorrativo.

**derrochar** *v.* 1. Gastar inútilmente algo: *Derrocha su sueldo y por eso no le queda nada a fin de mes. No derroches agua: cierra el grifo cuando termines de usarlo.* 2. Tener gran abundancia de una cosa buena: *Roberto derrochaba felicidad.*
SIN. 1. Despilfarrar, dilapidar, fundir. 2. Rebosar. ANT. 1. Ahorrar. 2. Carecer.
FAM. Derrochador, derroche, derrochón.

**derroche** *s. m.* Acción de derrochar: *Quita algunas bombillas, no es necesario tanto derroche de luz.*
SIN. Despilfarro, gasto. ANT. Ahorro.

**derrochón, na** *adj.* y *s. m.* y *f.* Que gasta mucho.
SIN. Derrochador, despilfarrador. ANT. Ahorrador.

**derrota** *s. f.* 1. El ser vencido por otro en una guerra, juego, competición deportiva u otra cosa. 2. Rumbo o dirección de un barco.
SIN. 1. Fracaso, pérdida. 2. Derrotero. ANT. 1. Victoria, triunfo.

**derrotar** *v.* 1. Ganar al enemigo o al contrario, por ejemplo en la guerra o en un juego o competición. 2. Dejar a alguien muy desanimado. 3. Cansar mucho a alguien: *Me ha derrotado haciéndome subir la cuesta corriendo.*
SIN. 1. Vencer. ANT. 1. Perder.
FAM. Derrota, derrotero, derrotista.

**derrotero** *s. m.* 1. El camino o la dirección que una persona toma para conseguir algo: *Su padre es agricultor, pero a él no le gusta el trabajo del campo y va por otros derroteros.* 2. Rumbo o dirección que ha de seguir una nave.
SIN. 2. Derrota.

**derrotista** *adj.* y *s. m.* y *f.* Persona que antes de conocer el final de algo ya piensa que va a salir mal.

**derruir** *v.* Destruir, derribar una construcción, por ejemplo una casa. ■ Es un verbo irregular. Se conjuga como *huir*.
SIN. Demoler, derrumbar. ANT. Construir, edificar.

**derrumbamiento** o **derrumbe** *s. m.* Lo que ocurre cuando algo se derrumba.
SIN. Hundimiento. ANT. Levantamiento.

**derrumbar** *v.* 1. Derribar, destruir: *A causa del terremoto se derrumbaron varios edificios.* 2. Dejar a alguien muy triste y sin ganas de nada: *La separación de sus padres le derrumbó.*
SIN. 1. Demoler, derruir. 1. y 2. Hundir. 2. Abatir, deprimir, desmoralizar. ANT. 1. Construir. 2. Animar.
FAM. Derrumbamiento, derrumbe.

**desabastecido, da** *adj.* Sin las cosas que necesita o debe tener: *Ha ido tanta gente al supermercado que lo han dejado desabastecido de pan.*

**desaborido, da** *adj.* 1. Sin sabor o sin sustancia. || *adj.* y *s. m.* y *f.* 2. Persona aburrida, sin gracia, sosa. ■ Se dice también *esaborío*.
SIN. 1. Insípido, desabrido, insulso. ANT. 1. Sabroso. 2. Gracioso.
FAM. Desabrido. / Esaborío.

**desabotonar** *v.* Abrir una prenda de vestir sacando los botones de sus ojales.
SIN. Desabrochar. ANT. Abotonar.

**desabrido, da** *adj.* 1. Que no tiene gusto o sabor, o apenas lo tiene, o lo tiene malo. 2. Se dice del tiempo cuando es malo, llueve, hace viento. 3. De mal genio.
SIN. 1. Soso, insípido, desaborido, insulso. 1. a 3. Desagradable. 2. Desapacible, destemplado. 3. Huraño, adusto, áspero. ANT. 1. Sabroso. 2. Apacible. 3. Dulce, amable.

**desabrigado, da** *adj.* Que no está abrigado, que lleva poca ropa cuando hace frío.

**desabrigar** *v.* Quitar una prenda de abrigo. ■ Delante de *e* se escribe *gu* en lugar de *g*: *Desabrigué al niño porque hacía calor.*
ANT. Abrigar.
FAM. Desabrigado.

**desabrochar** *v.* Abrir una camisa, falda u otra cosa que estaba abrochada.

**desacato** *s. m.* Falta de obediencia o respeto a una persona con autoridad.

**desacelerar** *v.* Disminuir la velocidad de algo o hacer algo más despacio.
SIN. Retardar, retrasar. ANT. Acelerar.

**desacertado, da** *adj.* Equivocado, sin acierto: *El entrenador ha estado muy desacertado con el planteamiento del partido.*
ANT. Acertado.

**desacierto** *s. m.* El hecho de no haber acertado en algo: *Fue un desacierto sacar las plantas a la terraza porque se han helado con el frío.*
SIN. Equivocación. ANT. Acierto.
FAM. Desacertado.

**desacompasado, da** *adj.* Busca **descompasado**.

**desaconsejar** *v.* Convencer a una persona para que no haga algo o haga lo contrario.
SIN. Disuadir.

**desacostumbrado, da** *adj.* Que no es lo corriente: *En junio ha hecho un frío desacostumbrado para la época.*
SIN. Inusual, insólito, raro. ANT. Acostumbrado, habitual.

**desacostumbrar** *v.* Hacer perder una costumbre, o dejar de estar acostumbrado a algo.
SIN. Deshabituar. ANT. Acostumbrar.
FAM. Desacostumbrado.

**desacreditar** *v.* Hacer que la buena opinión que se tiene de una persona o cosa se pierda o disminuya: *Desacreditaron al actor contando mentiras sobre su pasado.*
SIN. Desprestigiar. ANT. Acreditar.

**desactivar** *v.* Quitar a una bomba o a otro objeto explosivo lo que les hace estallar.
ANT. Activar.

**desacuerdo** *s. m.* Falta de acuerdo en alguna cosa: *El profesor estaba en desacuerdo con los alumnos que querían retrasar el examen.*
SIN. Discrepancia. ANT. Acuerdo.

**desafiante** *adj.* Que desafía o provoca: *un tono desafiante, una actitud desafiante.*

**desafiar** *v.* **1.** Decirle una persona a otra si quiere luchar o competir con ella para ver si es capaz de ganarla: *Juan desafió a Pedro al ajedrez.* **2.** Enfrentarse a una situación peligrosa o difícil: *Los exploradores, en la selva, tuvieron que desafiar muchos peligros.*
SIN. 2. Afrontar, apechar, arrostrar.
FAM. Desafiante, desafío.

**desafinar** *v.* Dar mal una nota al cantar o al tocar un instrumento: *Esa guitarra desafina.*
SIN. Desentonar. ANT. Afinar.

**desafío** *s. m.* **1.** Acción de desafiar a alguien. **2.** Tarea difícil que alguien debe realizar: *Para él es un desafío aprobar todo el curso.*
SIN. 1. y 2. Reto.

**desaforado, da** *adj.* Muy grande, excesivo: *Tiene un hambre desaforada.*
SIN. Enorme, desmedido, desmesurado. ANT. Mínimo.

**desafortunado, da** *adj. y s. m. y f.* **1.** Que no tiene suerte. || *adj.* **2.** No muy conveniente o acertado: *El periodista hizo un comentario bastante desafortunado sobre el entrenador del equipo.*
SIN. 1. Desgraciado. 2. Impertinente. ANT. 1. Afortunado. 2. Oportuno.

**desagradable** *adj.* **1.** Que causa desagrado: *En ese lugar hay un olor muy desagradable. Me resulta muy desagradable tener que reñirle.* **2.** Antipático, poco amable: *Qué desagradable es, ni siquiera nos ha saludado.*
SIN. **1.** Asqueroso, repugnante; molesto, fastidioso. **2.** Arisco, hosco. ANT. **1.** y **2.** Agradable. **2.** Simpático.

**desagradar** *v.* No gustar una persona o cosa: *Le desagrada tener que madrugar.*
SIN. Disgustar, molestar, fastidiar. ANT. Agradar.
FAM. Desagradable, desagrado.

**desagradecido, da** *adj. y s. m. y f.* **1.** Se dice de la persona que no agradece las cosas que se hacen por ella. || *adj.* **2.** Se dice de las tareas en las que, por su resultado, no se nota lo mucho que ha costado hacerlas.
SIN. **1.** y **2.** Ingrato. ANT. **1.** y **2.** Agradecido.

**desagrado** *s. m.* Disgusto, molestia, asco: *Si vas a ir a la excursión con desagrado, es mejor que no vayas. Se tomó la medicina con verdadero desagrado.*
SIN. Fastidio, descontento, rabia, repugnancia. ANT. Gusto, satisfacción.

**desagraviar** *v.* Compensar a una persona por haber recibido un agravio o un perjuicio: *Le dieron un homenaje para desagraviarle.*
SIN. Resarcir, indemnizar. ANT. Agraviar, ofender.
FAM. Desagravio.

**desagravio** *s. m.* Acción de compensar con algo bueno a una persona a la que antes se había ofendido o perjudicado.
ANT. Agravio, ofensa.

**desaguar** *v.* **1.** Sacar el agua de un lugar: *La lavadora desagua en el fregadero. Desaguaron el pantano.* **2.** Desembocar un río en el mar, en otro río o en un lago.
SIN. 1. Achicar, drenar. 2. Afluir.
FAM. Desagüe.

**desagüe** *s. m.* Lugar o tubería por donde se va el agua, por ejemplo del lavabo.
SIN. Sumidero.

**desaguisado** *s. m.* Estropicio, destrozo: *Menudo desaguisado, ha tirado toda la comida por el suelo.*
SIN. Fechoría, trastada.

**desahogado, da** *adj.* **1.** Grande, amplio: *Quitó algunos muebles y el salón le quedó más desahogado.* **2.** Que no tiene problemas de dinero: *Se ha comprado un coche ahora que está más desahogado.*
SIN. **1.** Ancho, despejado, holgado. **2.** Acomodado. ANT. **1.** Estrecho. **2.** Apurado.

**desahogar** *v.* **1.** Quitar cosas de un lugar para dejarlo más libre, con más sitio: *Tienes que desahogar de libros aquella estantería.* **2.** Mostrar bruscamente un sentimiento o estado de ánimo: *Desahogó su enfado dando puñetazos en la mesa.* || **desahogarse 3.** Contarle a alguien lo que nos preocupa o nos tiene tristes: *Como volvió a suspender, fue a desahogarse con su amigo.* ■ Delante de *e* se escribe *gu* en lugar de *g*: *Déjale que se desahogue.*
SIN. **1.** Despejar, descongestionar. **2.** Desfogar. **3.** Explayarse. ANT. **2.** Reprimir.
FAM. Desahogado, desahogo.

**desahogo** *s. m.* **1.** Situación en la que no hay apuros, por ejemplo de trabajo o de dinero: *Si trabajas un poco cada día, luego tendrás más desahogo.* **2.** Hecho de desahogarse con alguien: *Cuando está triste, su madre le sirve de desahogo.*
SIN. **1.** Comodidad, bienestar, holgura. ANT. **1.** Ahogo, estrechez.

**desahuciar** *v.* **1.** Decir el médico que ya no se puede hacer nada por un enfermo. **2.** Obligar a una persona que está alquilada en una casa o en un local a que se vaya de él.
SIN. **2.** Echar, expulsar.
FAM. Desahucio.

**desahucio** *s. m.* Hecho de obligar a una persona a dejar una casa o local alquilado: *El juez decretó el desahucio.*

**desairar** *v.* Hacer un desprecio a alguien: *Acepta su regalo si no quieres desairarle.*
SIN. Menospreciar, desdeñar. ANT. Respetar.
FAM. Desaire.

**desaire** *s. m.* Desprecio que se le hace a alguien.
SIN. Menosprecio, desdén. ANT. Detalle.

**desajustar** *v.* **1.** Separar cosas que están unidas y ajustadas: *El pedal de la bici está flojo porque se ha desajustado la tuerca.* **2.** Funcionar mal un aparato u otra cosa: *El reloj del vídeo se ha desajustado.*
SIN. **1.** Desencajar. ANT. **1.** Ajustar.
FAM. Desajuste.

**desajuste** *s. m.* Hecho de estar algo desajustado o de no corresponder una cosa con otra.

**desalar** *v.* Quitar la sal a algo: *Antes de cocinar el bacalao hay que desalarlo.*
ANT. Salar.

**desalentador, ra** *adj.* Que desalienta o desanima: *Después de tanto esfuerzo los resultados fueron desalentadores.*
SIN. Descorazonador, deprimente. ANT. Alentador.

**desalentar** *v.* Desanimar a alguien: *Le desalentó ver que no mejoraba de su enfermedad.* ■ Es un verbo irregular. Se conjuga como *pensar.*
SIN. Abatir. ANT. Alentar, animar.
FAM. Desalentador, desaliento.

**desaliento** *s. m.* Estado de la persona que ha perdido los ánimos o el entusiasmo.
SIN. Desánimo, abatimiento. ANT. Ánimo.

**desalinizadora** *s. f.* Instalación en la que se elimina la sal del agua del mar.

**desalinizar** *v.* Quitar la sal del agua del mar para hacerla potable. ■ Delante de *e* se escribe *c* en lugar de *z: desalinicen.*
FAM. Desalinizadora.

**desaliñado, da** *adj.* Poco aseado o arreglado.
SIN. Desaseado, desastrado. ANT. Limpio, pulcro.
FAM. Desaliño.

**desaliño** *s. m.* Falta de cuidado en el vestir, en el aseo o en el aspecto de una persona.

**desalmado, da** *adj. y s. m. y f.* Muy malo o cruel.
SIN. Malvado, perverso, canalla. ANT. Bondadoso.

**desalojar** *v.* Dejar vacío un lugar: *Tuvieron que desalojar el edificio porque había fuego.*
SIN. Desocupar, evacuar. ANT. Ocupar.
FAM. Desalojo.

**desalojo** *s. m.* Acción de desalojar.

**desamor** *s. m.* Falta de amor o afecto.
SIN. Enemistad, aversión. ANT. Amor, amistad.

**desamparar** *v.* Abandonar a alguien o no darle la ayuda que necesita.
SIN. Desatender, desasistir, descuidar. ANT. Amparar, asistir.
FAM. Desamparo.

**desamparo** *s. m.* Situación de la persona que se encuentra sola y sin nadie que la ayude.
SIN. Abandono. ANT. Amparo.

**desandar** *v.* Retroceder en lo que se lleva andado o en algo que se ha hecho. ■ Es un verbo irregular. Se conjuga como *andar.*
SIN. Recular. ANT. Avanzar.

**desangelado, da** *adj.* Soso, sin gracia ni adornos: *Esa pared está muy desangelada sin ningún cuadro.*
SIN. Insulso. ANT. Airoso.

**desangrar** *v.* **1.** Sacar la sangre a una persona o animal. || **desangrarse 2.** Perder mucha sangre.

**desanimar** *v.* **1.** Hacer que alguien pierda los ánimos o el entusiasmo: *No te desanimes, verás qué bien te sale la próxima vez.* **2.** Convencer a alguien para que no haga alguna cosa: *Juan iba a ver esa película, pero su amigo le desanimó.*
SIN. **1.** Desalentar, desmoralizar, abatir. **2.** Disuadir.
ANT. **1.** y **2.** Animar, estimular. **2.** Persuadir.
FAM. Desánimo.

**desánimo** *s. m.* Estado de la persona que ha perdido los ánimos o el entusiasmo.
SIN. Desaliento, abatimiento. ANT. Ánimo.

**desanudar** *v.* Deshacer el nudo o los nudos de algo: *Desanúdate la corbata.*

**desapacible** *adj.* Que no es agradable o tranquilo, como por ejemplo el tiempo cuando hace viento y frío.
SIN. Desagradable, destemplado. ANT. Apacible.

**desaparecer** *v.* **1.** Dejar de existir o manifestarse: *Nuestro antiguo barrio desapareció y en su lugar han construido una urbanización muy moderna.* **2.** No estar en un lugar o irse de él: *Me ha desaparecido el estuche. En cuanto llegó Pedro, Rosa desapareció.* ■ Es un verbo irregular. Se conjuga como *agradecer.*
SIN. **1.** Extinguirse. **1.** y **2.** Esfumarse, desvanecerse.
ANT. **1.** y **2.** Aparecer.
FAM. Desaparición.

**desaparición** *s. f.* Acción de desaparecer: *La contaminación de mares y ríos ha provocado la desaparición de muchos peces.*
SIN. Extinción. ANT. Aparición.

**desapasionado, da** *adj.* Que no muestra pasión ni entusiasmo.
SIN. Frío. ANT. Apasionado.

**desapego** *s. m.* Falta de apego, cariño o afición por alguien o algo.
SIN. Desinterés. ANT. Cariño, amor.

**desapercibido, da** *adj.* **1.** Sin que se vea o se note: *La casa está rodeada de árboles y desde la carretera pasa desapercibida.* **2.** Sin estar preparado: *El examen de matemáticas le cogió desapercibido.*
SIN. **1.** Inadvertido. **2.** Desprevenido, despistado, distraído. ANT. **2.** Prevenido.

**desaprensivo, va** *adj.* y *s. m.* y *f.* Que no le importa hacer daño o cosas malas.
SIN. Malvado, desconsiderado, gamberro.

**desaprobar** *v.* No encontrar bien alguna cosa, no estar de acuerdo con ella: *Desaprobaron el comportamiento de su hijo.* ■ Es un verbo irregular. Se conjuga como *contar.*
SIN. Censurar, condenar. ANT. Aprobar.

**desaprovechar** *v.* No sacar de alguna cosa todo el provecho que podría sacarse: *¿Vas a desaprovechar el día ahí sentado, con el buen tiempo que hace?*
SIN. Desperdiciar, malgastar. ANT. Aprovechar.

**desarmado, da** *adj.* Indefenso, sin armas.
ANT. Armado.

**desarmar** *v.* **1.** Quitarle las armas a una persona, a un ejército o a un país. **2.** Desmontar las distintas piezas de una cosa: *Desarmó la radio en un minuto.* **3.** Hacer menor un enfado o algo parecido: *Fue a regañarle, pero la cara de pena del niño le desarmó.*
ANT. **1.** y **2.** Armar. **2.** Montar.
FAM. Desarmado, desarme.

**desarme** *s. m.* Hecho de reducir un país sus armas y su ejército: *Los dos países hicieron un acuerdo de desarme.*

**desarraigado** *adj.* **1.** Se dice de algunas cosas, como costumbres o vicios, que han desaparecido. **2.** No unido al lugar donde se ha nacido o vivido.
SIN. **1.** Extinguido, desterrado. ANT. **1.** y **2.** Arraigado.

**desarraigar** *v.* **1.** Sacar de la tierra un árbol o planta con su raíz. **2.** Apartar a una persona del lugar en el que nació o en el que vive. **3.** Acabar con una costumbre, pasión o vicio. ■ Delante de *e* se escribe *gu* en lugar de *g*: *desarraigue.*
SIN. **2.** y **3.** Desterrar. ANT. **1.** a **3.** Arraigar.
FAM. Desarraigado, desarraigo.

**desarraigo, da** *s. m.* **1.** Acción de desarraigar. **2.** Situación de la persona desarraigada.

**desarrapado, da** *adj.* y *s. m.* y *f.* Muy mal vestido, con la ropa sucia y rota: *El pobre vagabundo iba todo desarrapado.* ■ Se escribe también *desharrapado.*

**desarreglo** *s. m.* Desorden o estropicio: *Con esos desarreglos de comidas tiene fatal el estómago.*
SIN. Desorganización, desbarajuste. ANT. Arreglo, orden.

**desarrollado, da** *adj.* Se dice del país o la región con un nivel económico alto.

**desarrollar** *v.* **1.** Hacer que alguien o algo se haga grande, fuerte o sea mejor: *Va a un gimnasio para desarrollar los músculos. El país se ha desarrollado mucho en los últimos años.* **2.** Tratar extensamente un tema: *Ese libro desarrolla cómo será el mundo dentro de cien años.* **3.** Realizar: *En el campamento los chicos desarrollan una gran actividad.* ‖ **desarrollarse 4.** Ir sucediendo o pasando una cosa: *Las fiestas del pueblo se desarrollaron con toda normalidad.*
SIN. **1.** Crecer, aumentar, madurar, enriquecer. **4.** Ocurrir, transcurrir, evolucionar. ANT. **1.** Disminuir, empobrecer, estancarse.
FAM. Desarrollado, desarrollismo, desarrollo. / Subdesarrollo.

**desarrollismo** *s. m.* Política que pretende lograr un gran crecimiento económico en poco tiempo, sin tener en cuenta los daños que pueda causar en la sociedad o en el medio ambiente.

**desarrollo** *s. m.* **1.** Acción de desarrollar o desarrollarse: *El agua es necesaria para el desarrollo de las plantas.* **2.** En una bicicleta, combinación entre el plato y los piñones.
SIN. **1.** Crecimiento, aumento, progreso, enriquecimiento. ANT. **1.** Disminución.

**desarropar** *v.* Quitar o apartar la ropa: *Se resfrió porque se desarropó por la noche.*
SIN. Destapar. ANT. Tapar, abrigar.

**desarrugar** *v.* Quitar las arrugas. ■ Delante de *e* se escribe *gu* en lugar de *g*: *desarrugue.*

**desarticular** *v.* **1.** Deshacer un plan, una organización o un grupo: *La policía desarticuló una banda de atracadores de bancos.* **2.** Separar dos o más cosas unidas, por ejemplo las piezas de un mecanismo.
SIN. **1.** Desorganizar. **2.** Desencajar, dislocar. ANT. **2.** Articular.

**desaseado, da** *adj.* y *s. m.* y *f.* **1.** Que está sucio o se lava poco. **2.** Sucio y mal arreglado.
SIN. **1.** y **2.** Desastrado. ANT. **1.** Limpio, pulcro. **1.** y **2.** Aseado.

**desasir** *v.* **1.** Soltar o soltarse lo que está sujeto: *Logró desasirse de sus ataduras.* ‖ **desasirse 2.** Deshacerse, desprenderse: *No es fácil desasirse de las viejas costumbres.* ■ Es un verbo irregular. Se conjuga como *asir.*
SIN. **1.** y **2.** Liberarse. ANT. **1.** Asir.

**desasistir** *v.* No darle a alguien la ayuda que necesita.
SIN. Desatender, abandonar, desamparar. ANT. Asistir.

**desasnar** *v.* Hacer menos ordinaria o inculta a una persona.

**desasosiego** *s. m.* Intranquilidad, nerviosismo: *El desasosiego no le dejaba dormir.*
SIN. Inquietud. ANT. Tranquilidad, calma.

**desastrado, da** *adj.* y *s. m.* y *f.* Sucio y mal vestido: *¡Cómo vas a salir tan desastrado!*
SIN. Desaseado. ANT. Aseado.

**desastre** *s. m.* **1.** Suceso que produce daños y desgracias: *Las heladas son un desastre para los árboles frutales.* **2.** Cosa que ha salido muy mal: *El partido del domingo fue un desastre.* **3.** Persona que tiene mala suerte o lo hace todo mal: *Deja que Gloria envuelva el regalo, porque tú eres un desastre.*
SIN. **1.** Catástrofe, tragedia. **1.** a **3.** Calamidad. ANT. **2.** Éxito.
FAM. Desastrado, desastroso.

**desastroso, sa** *adj.* Que produce un desastre o es un desastre: *La falta de lluvia es desastrosa para las plantas. He hecho un examen desastroso.*

**desatado, da** *adj.* **1.** Se dice de las cosas que, aunque se pueden atar, están separadas o sueltas: *Tienes los cordones desatados.* **2.** Sin moderación o sin control: *Tenía tanta hambre que me puse a comer de forma desatada.*
SIN. **2.** Desenfrenado, desbocado. ANT. **1.** Atado. **2.** Moderado, comedido.

**desatar** *v.* **1.** Soltar lo que estaba atado: *No consigo desatar este nudo.* **2.** Hacer que empiece a actuar algo que estaba quieto o tranquilo: *El fuerte viento desató la tormenta.* ‖ **desatarse 3.** Perder la timidez o el miedo: *Es callado al principio, pero luego se desata y no hay quien le haga parar.*
SIN. **2.** Desencadenar. ANT. **1.** Atar. **3.** Reprimirse, cortarse.
FAM. Desatado.

**desatascador** *s. m.* **1.** Utensilio compuesto por un palo y una ventosa que sirve para desatascar desagües. ‖ *adj.* y *s. m.* **2.** Aparato o sustancia que sirve para desatascar.

**desatascar** *v.* Quitar lo que atasca o no deja pasar. ■ Delante de *e* se escribe *qu* en lugar de *c*: *Desatasqué la cañería.*
SIN. Desatrancar. ANT. Atascar.
FAM. Desatascador.

**desatender** *v.* No ocuparse de una persona o cosa como se debe: *No puedes desatender a los niños ni un minuto porque pueden hacer cualquier trastada.* ■ Es un verbo irregular. Se conjuga como *tender.*
SIN. Descuidar, desasistir. ANT. Atender.
FAM. Desatento.

**desatento, ta** *adj.* y *s. m.* y *f.* Que no es atento ni amable con los demás.
SIN. Desconsiderado, descortés. ANT. Atento.

**desatino** *s. m.* Locura, disparate.
SIN. Despropósito.

**desatornillar** *v.* Sacar o aflojar un tornillo dándole vueltas. ■ Se dice también *destornillar.*
ANT. Atornillar.

**desatrancar** *v.* **1.** Quitar la tranca con que se había cerrado una puerta. **2.** Dejar libre el paso por una tubería u otro conducto: *El fontanero desatrancó el retrete.* ■ Delante de *e* se escribe *qu* en lugar de *c*: *Desatranqué la puerta.*
SIN. **2.** Desatascar. ANT. **1.** y **2.** Atrancar. **2.** Atascar, obstruir.

**desautorizar** *v.* **1.** No dar autorización o permiso. **2.** Quitar la autoridad a alguien. ■ Delante de *e* se escribe *c* en lugar de *z*: *Es posible que el ayuntamiento desautorice la construcción de un nuevo aparcamiento.*
SIN. **1.** Prohibir. ANT. **1.** Autorizar.

**desavenencia** *s. f.* Lo que hace que las personas no se lleven bien o no se pongan de acuerdo: *Su matrimonio se deshizo por las desavenencias.*
SIN. Discrepancia. ANT. Armonía.

**desayunar** *v.* Tomar el desayuno: *Pidió una tostada y un zumo para desayunar.*

**desayuno** *s. m.* Primera comida del día que se toma por la mañana.
FAM. Desayunar.

**desazón** *s. f.* **1.** Preocupación, inquietud: *Le produce desazón que sus hijos vuelvan tan tarde por la noche.* **2.** Sensación de picor que causa molestia.
SIN. **1.** Desasosiego, intranquilidad. **1.** y **2.** Comezón. ANT. **1.** Sosiego.
FAM. Desazonar.

**desazonar** *v.* Intranquilizar, preocupar: *Comprendo que te desazone verle con fiebre y no saber qué le pasa.*

**desbancar** *v.* Quitar el puesto a una persona para ocuparlo uno mismo: *El nuevo jugador desbancó al titular del equipo.* ■ Delante de *e* se escribe *qu* en lugar de *c*: *Le desbanqué.*
SIN. Suplantar, reemplazar.

**desbandada** *s. f.* Acción de huir o separarse en distintas direcciones un grupo de personas o animales: *Al oír los disparos de los cazadores, los pájaros salieron volando en desbandada.*

**desbandarse** *v.* Huir o separarse en distintas direcciones un grupo de personas o animales.
SIN. Dispersarse. ANT. Concentrarse.
FAM. Desbandada.

**desbarajuste** *s. m.* Desorden: *¡Qué desbarajuste de habitación! Tienes que ordenarla enseguida.*
SIN. Lío, barullo, jaleo. ANT. Orden.

**desbaratar** *v.* Deshacer algo, estropearlo o impedir que se haga: *Una avería en el coche desbarató sus planes de salir el fin de semana.*
SIN. Descomponer, arruinar; frustrar. ANT. Arreglar, ordenar; favorecer, propiciar.

**desbarrar** *v.* Decir o hacer tonterías.
SIN. Desvariar.

**desbastar** *v.* **1.** Quitar las partes más bastas de una cosa: *desbastar un tronco.* **2.** Refinar a una persona: *Ni en los mejores colegios consiguieron desbastarlo.*
SIN. 2. Pulir, civilizar.

**desbloquear** *v.* Eliminar o apartar los obstáculos: *desbloquear un camino, desbloquear una negociación.*
ANT. Bloquear, obstaculizar.

**desbocarse** *v.* **1.** Abrirse más de lo debido el cuello de una prenda de vestir. **2.** No obedecer un caballo al freno que lo sujeta y galopar sin control: *La yegua se desbocó y estuvo a punto de tirar al jinete.* ■ Delante de *e* se escribe *qu* en lugar de *c*: *No dejes que se desboque el caballo.*

**desbordamiento** *s. m.* Acción de desbordar o desbordarse: *El desbordamiento del río causó graves inundaciones.*

**desbordante** *adj.* Que desborda: *Lola tenía una alegría desbordante.*

**desbordar** *v.* **1.** Salirse algo de los bordes: *El río se desbordó por las fuertes lluvias.* **2.** Ser excesivo, pasar de un límite: *Había tanta gente que desbordaban la capacidad del local. Tiene tantas cosas que hacer que le desbordan.* **3.** Tener una persona un sentimiento tan fuerte que no puede ocultarlo: *Ana desbordaba de buen humor.*
SIN. 1. Derramarse, inundar. 1. y 3. Rebosar. 2. Rebasar, superar.
FAM. Desbordamiento, desbordante.

**desbrozar** *v.* **1.** Limpiar de ramas y maleza: *desbrozar un camino.* **2.** Quitar lo que no es necesario o lo que estorba: *Desbrocé el texto de frases inútiles.* ■ Delante de *e* se escribe *c* en lugar de *z.*

**descabalado, da** *adj.* Incompleto, que le falta alguna de sus piezas: *Este par de calcetines está descabalado.*
ANT. Completo.

**descabalar** *v.* Dejar incompleta una cosa formada por dos o más piezas: *Rompió dos platos hondos y descabaló la vajilla.*
FAM. Descabalado.

**descabalgar** *v.* Bajarse del caballo o de otro animal usado para cabalgar. ■ Delante de *e* se escribe *gu* en lugar de *g*: *descabalgue.*

**descabellado, da** *adj.* Disparatado, que no tiene ningún sentido: *Tuvo la descabellada idea de ir a la sierra cuando la carretera estaba llena de nieve.*
ANT. Sensato.

**descabellar** *v.* Matar instantáneamente al toro clavándole la punta de la espada en la cerviz.
FAM. Descabellado.

**descabezar** *v.* **1.** Quitar la cabeza. **2.** Romper o suprimir la parte superior de una cosa. **3.** Dejar sin jefes: *La policía descabezó la banda al detener a los cabecillas.* ■ Delante de *e* se escribe *c* en lugar de *z*: *descabecé.*
EXPR. **descabezar un sueño** Dormir un rato.

**descacharrar** *v.* Busca **escacharrar**.

**descafeinado** *adj. y s. m.* Se dice del café al que se ha quitado la cafeína.

**descalabrar** *v.* Herir a una persona, sobre todo en la cabeza. ■ Se dice también *escalabrar.*
FAM. Descalabro. / Escalabrar.

**descalabro** *s. m.* Fracaso, daño o pérdida: *Tras aquel descalabro, los soldados se rindieron.*

**descalcificar** *v.* Disminuir la cantidad de calcio que hay en los huesos de una persona. ■ Delante de *e* se escribe *qu* en lugar de *c*: *Es frecuente que en los ancianos los huesos se descalcifiquen.*
ANT. Calcificar.

**descalificar** *v.* **1.** En una competición o concurso, echar a un participante por no haber respetado alguna norma del reglamento: *A ese corredor le descalificaron por empujar a sus rivales durante la carrera.* **2.** Hacer perder a alguien la buena opinión que los demás tienen de él: *Su falta de compañerismo le descalifica ante sus amigos.* ■ Delante de *e* se escribe *qu* en lugar de *c*: *descalifique.*
SIN. 2. Desprestigiar, desacreditar. ANT. 2. Acreditar.

**descalzar** *v.* Quitar los zapatos, sandalias u otro calzado. ■ Delante de *e* se escribe *c* en lugar de *z*: *Me descalcé al llegar a casa.*
ANT. Calzar.
FAM. Descalzo.

**descalzo, za** *adj.* Que lleva los pies desnudos, sin ningún calzado.

**descamar** *v.* **1.** Quitar las escamas a los peces. ‖ **descamarse 2.** Caerse la piel en forma de escamas.

**descambiar** *v.* En lenguaje corriente, devolver una cosa que se ha comprado recuperando el dinero que costó o cambiándola por otra.

**descaminado, da** *adj.* No acertado, equivocado: *Vas descaminado si piensas que te voy a ayudar.* ■ Se dice también *desencaminado.*
SIN. Desacertado, errado. ANT. Acertado, encaminado.

**descamisado, da** *adj.* Sin camisa, o que lleva la camisa desabrochada o fuera de los pantalones.

**descampado** *s. m.* Terreno sin árboles ni casas. ■ Se dice también *escampado.*

**descansado, da** *adj.* **1.** Que no está cansado: *Haz los deberes cuando estés más descansado.* **2.** Cómodo, que se hace sin mucho esfuerzo: *Este trabajo es muy descansado; lo terminarás enseguida.*

**descansar** v. **1.** Dejar de hacer una actividad cuando se está cansado para recuperar fuerzas: *Descansamos unos minutos antes de seguir los entrenamientos.* **2.** Dormir: *Esta noche he descansado muy bien.* **3.** Estar sin cultivo un campo durante uno o más años. **4.** Disminuir un dolor o preocupación: *Con esta pastilla te descansa el dolor de muelas.* **5.** Estar una persona enterrada en un lugar. **6.** Estar una cosa apoyada en otra: *Descansó la cabeza sobre la almohada.*
SIN. **5.** Yacer. ANT. **1.** Cansarse.
FAM. Descansado, descansillo, descanso.

**descansillo** s. m. Parte horizontal en que termina cada uno de los tramos de una escalera.
SIN. Rellano.

**descanso** s. m. **1.** Parada que se hace en un trabajo o esfuerzo para descansar: *Se tomó un descanso y luego siguió estudiando.* **2.** Espacio de tiempo en que se interrumpe una película, obra de teatro, deporte u otra cosa para continuar después.
SIN. **2.** Intermedio, entreacto.

**descapotable** adj. y s. m. Automóvil con una capota que se puede plegar para dejar al descubierto la parte en que van los ocupantes.

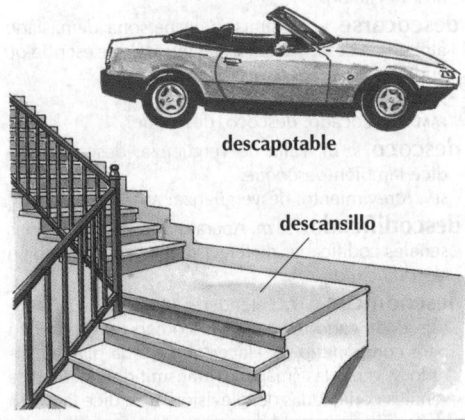

descapotable

descansillo

**descarado, da** adj. y s. m. y f. Que actúa con descaro: *Deja de mirarla, no seas descarado.*
SIN. Desvergonzado, fresco, atrevido.

**descarga** s. f. **1.** Acción de descargar: *En esta parte del puerto se hace la descarga de los barcos.* **2.** Serie de disparos que se hacen de una vez. **3.** Paso brusco de corriente eléctrica de un cuerpo a otro que tiene distinto potencial.
ANT. **1.** Carga.

**descargar** v. **1.** Quitar la carga que lleva un vehículo o un animal. **2.** Librar a una persona de un trabajo u obligación: *La asistenta la descargó de muchas tareas de la casa.* **3.** Disparar un arma de fuego o sacar de ella la carga. **4.** Dejar algo sin carga

eléctrica: *Este coche no funciona porque se ha descargado la batería.* **5.** En informática, grabar archivos desde un ordenador o desde Internet al disco duro de otro ordenador. **6.** Dar un golpe fuerte: *Descargó un puñetazo contra la mesa.* **7.** Hacer caer sobre alguien el enfado, mal humor u otro sentimiento parecido: *Descargó su mal genio sobre los demás.* **8.** Caer lluvia o granizo de las nubes: *Descargó una fuerte tormenta.* ■ Delante de *e* se escribe *gu* en lugar de *g*: *descargué.*
SIN. **2.** Dispensar, eximir. **3.** Tirar. **6.** Propinar, atizar. **7.** Desahogar, desfogar. ANT. **1.** Cargar. **2.** Responsabilizar.
FAM. Descarga, descargo.

**descargo** s. m. Justificación o excusa por algo que se ha hecho mal: *En su descargo hay que decir que lo hizo sin mala intención.*

**descarnado, da** adj. **1.** Que no tiene carne: *un hueso descarnado.* **2.** Que se dice o se muestra con toda su dureza, sin ocultar nada: *Nos hizo un descarnado relato de la guerra.*
SIN. **2.** Crudo.

**descaro** s. m. Falta de vergüenza de una persona que hace o dice cosas que no debe con la mayor naturalidad, sin importarle los demás: *Ese alumno estaba copiando en el examen con el mayor descaro.*
SIN. Atrevimiento, insolencia, desfachatez.
FAM. Descarado.

**descarriado, da** adj. Apartado o desviado del camino que debe seguir, por ejemplo la persona que deja de portarse honradamente.

**descarriar** v. Apartar o desviar del camino, sobre todo del buen comportamiento que se tenía hasta el momento: *Sus padres temían que las malas compañías lo fueran a descarriar.*
SIN. Perder, torcer. ANT. Encauzar, enderezar, encarrilar.
FAM. Descarriado.

**descarrilamiento** s. m. Acción de descarrilar un tren.

**descarrilar** v. Salirse un tren o tranvía de los carriles sobre los que marcha.
FAM. Descarrilamiento.

**descartar** v. **1.** Rechazar, no contar con una persona o cosa: *El entrenador descartó a aquel jugador porque estaba lesionado.* ‖ **descartarse 2.** En algunos juegos de cartas, dejar un jugador las que no le sirven para coger otras del montón.
SIN. **1.** Desechar, excluir, prescindir.
FAM. Descarte.

**descarte** s. m. Acción de descartar o descartarse, sobre todo en un juego de cartas: *Hice muchos descartes porque tenía unas cartas muy malas.*

**descascarillarse** v. Quitarse el esmalte, pintura u otra cosa que cubre la superficie de algo: *El plato se descascarilló al caer al suelo.*
SIN. Desconcharse.

**descastado, da** *adj.* y *s. m.* y *f.* Que muestra poco cariño a sus familiares o no corresponde al cariño que éstos le dan: *Carlos es un descastado: lleva muchos meses sin visitar a sus abuelos.* SIN. Despegado.

**descatalogar** *v.* Quitar de un catálogo: *descatalogar un libro.* ■ Delante de *e* se escribe *gu* en lugar de *g*: *descataloguen.*

**descendencia** *s. f.* Hijos, nietos y otras generaciones que proceden de una misma persona. SIN. Prole, progenie. ANT. Ascendencia.

**descendente** *adj.* Que desciende. ANT. Ascendente.

**descender** *v.* **1.** Bajar: *Al descender del autobús, tropezó. El avión descendió para aterrizar en el aeropuerto. El nivel del agua en los pantanos ha descendido por la falta de lluvias.* **2.** Tener a alguien por antepasado: *Desciende de una importante familia de comerciantes.* ■ Es un verbo irregular. Se conjuga como *tender.* SIN. **1.** Desmontar; disminuir. **2.** Proceder, venir, provenir. ANT. **1.** Subir, ascender; crecer, aumentar. FAM. Descendencia, descendente, descendiente, descendimiento, descenso. / Condescender.

**descendiente** *s. m.* y *f.* Persona que desciende de otra, por ejemplo su hijo o su nieto: *Al morir el dueño, sus descendientes vendieron la tienda.* ANT. Ascendiente.

**descendimiento** *s. m.* Bajada del cuerpo de Cristo de la cruz: *El cuadro representa el descendimiento.*

**descenso** *s. m.* Acción de descender: *El esquiador empezó el descenso a mucha velocidad. Se espera un descenso de las temperaturas para el fin de semana.* SIN. Bajada; disminución. ANT. Ascenso, subida.

**descentralización** *s. f.* Acción de descentralizar.

**descentralizar** *v.* Hacer que dependan de distintos jefes o gobiernos tareas, servicios u otras cosas que dependían de un solo jefe o gobierno central. ■ Delante de *e* se escribe *c* en lugar de *z*: *descentralicen.* ANT. Centralizar. FAM. Descentralización.

**descentrar** *v.* **1.** Poner algo fuera de su centro: *Alguien ha movido el cuadro y lo ha descentrado.* **2.** Hacer que alguien se despiste o no se acostumbre a un ambiente o situación: *Tantos cambios de colegio le han descentrado.* ANT. **1.** y **2.** Centrar. **2.** Concentrar.

**descerebrado, da** *adj.* y *s. m.* y *f.* Que tiene poca inteligencia o poco juicio: *Siempre está haciendo insensateces, es un descerebrado.* SIN. Estúpido, zoquete, insensato. ANT. Listo, sensato.

**descerebrar** *v.* **1.** Hacer que deje de funcionar el cerebro: *El golpe estuvo a punto de descerebrarle.* **2.** Extraer el cerebro: *Descerebraron un ratón para experimentar con él.* FAM. Descerebrado.

**descerrajar** *v.* Abrir una puerta arrancando o rompiendo la cerradura.

**descifrar** *v.* **1.** Conseguir leer algo que está escrito en clave: *Descifraron un mensaje del enemigo.* **2.** Explicar algo que no se entendía fácilmente: *Varios investigadores intentaron descifrar la misteriosa leyenda de la pirámide.* SIN. **1.** Descodificar. **2.** Desentrañar. ANT. **1.** Cifrar. FAM. Indescifrable.

**desclasificar** *v.* **1.** Sacar algo del orden por clases en que se encuentra. **2.** Hacer pública una información que estaba clasificada como secreto. ■ Delante de *e* se escribe *qu* en lugar de *c*: *desclasifique.* ANT. **1.** Clasificar.

**desclavar** *v.* Quitarle a algo los clavos, chinchetas u otras cosas parecidas con que está sujeto. ANT. Clavar.

**descocado, da** *adj.* y *s. m.* y *f.* Descarado, atrevido en el modo de vestir: *Con aquella minifalda iba un poco descocada.* ANT. Recatado.

**descocarse** *v.* Mostrarse una persona demasiado atrevida o desenvuelta. ■ Delante de *e* se escribe *qu* en lugar de *c*: *No te descoques.* SIN. **1.** Desmadrarse, desmelenarse. FAM. Descocado, descoco, descoque.

**descoco** *s. m.* Falta de vergüenza, descaro. ■ Se dice también *descoque.* SIN. Atrevimiento, desvergüenza. ANT. Recato.

**descodificador** *s. m.* Aparato que descodifica las señales codificadas de televisión. ■ Se dice también *decodificador.*

**descodificar** *v.* **1.** Entender o interpretar un mensaje codificado aplicando el código que se utilizó para componerlo. **2.** Hacer que pueda oírse el sonido y verse las imágenes transmitidos mediante señales codificadas de televisión. ■ Se dice también *decodificar.* Delante de *e* se escribe *qu* en lugar de *c*: *Para ver los canales de pago hacer falta un aparato que descodifique las señales.* SIN. **1.** Descifrar. FAM. Descodificador.

**descojonarse** *v.* Reírse mucho de alguien. ■ Es una palabra vulgar.

**descolgar** *v.* **1.** Quitar una cosa de donde está colgada: *Descuelga el abrigo de la percha y póntelo.* **2.** Dejar caer poco a poco a una persona o cosa sujetándola de alguna manera, por ejemplo con una cuerda: *Como no podían sacar el piano por la puerta lo descolgaron por el balcón. El trapecista se descolgó por una cuerda.* **3.** Poner el teléfono de manera que se pueda hablar por él y oír al que llama: *Descolgué el teléfono, pero no contestó nadie.*

|| **descolgarse 4.** En algunos deportes, quedarse un corredor atrás: *Al ciclista número dos le fallaron las fuerzas y se descolgó del pelotón.* **5.** Hacer o decir algo inesperado: *¿Ahora te descuelgas con que no quieres ir a la excursión?* ■ Delante de *e* se escribe *gu* en lugar de *g*. Es un verbo irregular. Se conjuga como *contar*.
SIN. **1.** y **2.** Bajar. **2.** Deslizarse. **4.** Atrasarse, rezagarse. ANT. **1.** y **3.** Colgar. **2.** Subir.

**descollar** *v*. Destacar entre otras personas o cosas: *La torre de la iglesia descollaba entre las casas del pueblo.* ■ Es un verbo irregular. Se conjuga como *contar*.
SIN. Sobresalir, resaltar, despuntar.

**descolocar** *v*. Desordenar o cambiar de sitio: *No me descoloques los libros, que acabo de ordenarlos.* ■ Delante de *e* se escribe *qu* en lugar de *c*: *Lo descoloqué todo.*
SIN. Revolver, embarullar. ANT. Colocar, ordenar.

**descolonización** *s. f.* Proceso por el cual un país o territorio que era gobernado por otro obtiene la independencia política.
ANT. Colonización.

**descolorido, da** *adj*. Que tiene el color desgastado: *De tanto lavar la blusa se ha quedado descolorida.*
SIN. Pálido, apagado. ANT. Coloreado.

**descompasado, da** *adj*. Que no va al compás: *El cantante iba totalmente descompasado con el ritmo de la música.*
SIN. Desacompasado. ANT. Acompasado.

**descompensar** *v*. Hacer que algo pierda el equilibrio en que estaba: *La balanza se ha descompensado porque uno de los platillos pesa más que el otro.*
SIN. Desequilibrar. ANT. Compensar, equilibrar.

**descomponer** *v*. **1.** Separar las partes o cosas que forman algo: *Los científicos han conseguido descomponer el átomo.* **2.** Estropear: *Moviéndote tanto vas a conseguir descomponer el peinado que te han hecho.* **3.** Pudrir, corromper: *Como tuvieron la comida cerrada mucho tiempo, algunos alimentos se habían descompuesto.* **4.** Poner nervioso, hacer perder la calma: *Le metieron tanto miedo que se descompuso y se puso a chillar.* || **descomponerse 5.** Poner un gesto de estar enfermo o encontrarse mal: *Cuando le dieron esa noticia tan triste, se le descompuso la cara.* ■ Es un verbo irregular. Se conjuga como *poner*.
SIN. **1.** Dividir. **2.** Desbaratar. **4.** Trastornar. ANT. **1.** y **2.** Componer. **2.** Arreglar. **3.** Conservar. **4.** Serenar.
FAM. Descomposición, descompuesto.

**descomposición** *s. f.* **1.** Acción de descomponer o descomponerse algo. **2.** Diarrea, cagalera: *Comió muchos pasteles y tuvo descomposición.*

**descompresión** *s. f.* Disminución de la presión que actúa sobre alguien o algo: *Los buceadores deben ascender lentamente, pues una descompresión brusca puede dañar su organismo.*
ANT. Compresión.

**descomprimir** *v*. Hacer que lo que está comprimido vuelva al tamaño o al estado que tenía antes: *descomprimir un archivo informático.*
FAM. Descompresión.

**descompuesto, ta** *adj*. **1.** Que tiene cólico o diarrea. **2.** Que se ha puesto nervioso o ha perdido la calma: *Cuando vio que le habían robado el monedero, se puso a chillar descompuesta.* **3.** Que tiene un gesto de estar enfermo o encontrarse mal: *Llegó con la cara descompuesta de frío.*

**descomunal** *adj*. Muy grande, mayor de lo normal: *Tiene un despiste descomunal, no se entera de nada.*
SIN. Enorme, extraordinario, monumental, gigantesco. ANT. Insignificante.

**desconcertante** *adj*. Que desconcierta: *Hace preguntas tan desconcertantes que no sé qué contestarle.*
SIN. Sorprendente.

**desconcertar** *v*. Dejar a alguien sorprendido, sin saber qué hacer o pensar: *El tenista desconcertó a su rival al acercarse corriendo a la red.* ■ Es un verbo irregular. Se conjuga como *pensar*.
SIN. Confundir, desorientar. ANT. Orientar.
FAM. Desconcertante, desconcierto.

**desconchar** *v*. Romper un trocito de la capa que recubre algo: *No des patadas en la pared que se va a desconchar la pintura.*
SIN. Descascarillarse.
FAM. Desconchón.

**desconchón** *s. m.* Parte que se ha desconchado de la capa que recubre algo: *La pintura de la puerta está llena de desconchones.*

**desconcierto** *s. m.* **1.** Lío, falta grande de orden: *Después del sexto gol el desconcierto en el equipo que perdía fue muy grande.* **2.** Situación en la que alguien no sabe qué hacer o qué pensar.
SIN. **1.** Desorden, desorganización. **1.** y **2.** Confusión.

**desconectar** *v*. **1.** Hacer que deje de pasar la corriente eléctrica que hace funcionar un aparato: *Ese radiador se conecta y se desconecta solo según la temperatura que haya.* **2.** Separar a una persona o cosa de otra o hacer que dejen de estar relacionadas: *Cuando se cambió de casa se desconectó bastante de sus amigos.*
SIN. **1.** Apagar, desenchufar. **2.** Desunir. ANT. **1.** y **2.** Conectar.
FAM. Desconexión.

**desconexión** *s. f.* Falta de unión o relación entre personas o cosas: *Con la desconexión que hay entre los jugadores ese equipo no puede ganar.*
ANT. Conexión, unión.

**desconfiado, da** *adj.* y *s. m.* y *f.* Que desconfía de todo: *Es muy desconfiado, cuando está solo no se atreve a abrir la puerta.* SIN. Receloso, suspicaz. ANT. Confiado.

**desconfianza** *s. f.* Falta de confianza. SIN. Recelo, suspicacia. ANT. Confianza.

**desconfiar** *v.* No tener confianza en alguien o algo: *Los jugadores desconfiaban del árbitro, pensaban que estaba a favor del otro equipo.* SIN. Recelar. ANT. Confiar, creer. FAM. Desconfiado, desconfianza.

**descongelar** *v.* Hacer que algo deje de estar congelado: *Metió el pan en el horno para descongelarlo. Antes de freír el pescado hay que esperar a que se descongele.* SIN. Deshelar. ANT. Congelar.

**descongestión** *s. f.* Acción de descongestionar: *Este medicamento favorece la descongestión nasal.* ANT. Congestión.

**descongestionar** *v.* **1.** Quitar o disminuir la cantidad excesiva de personas o cosas que hay en un lugar: *El nuevo aparcamiento ayudará a descongestionar de coches el barrio.* **2.** Quitar o disminuir un atasco o cualquier cosa que tapa o impide el paso: *Con esas gotas se te descongestionará la nariz enseguida.* SIN. **1.** Desahogar. **2.** Desatascar, destaponar. ANT. **1.** y **2.** Congestionar. **2.** Atascar, taponar. FAM. Descongestión.

**desconocedor, ra** *adj.* y *s. m.* y *f.* Que desconoce algo: *José es desconocedor de la situación.*

**desconocer** *v.* No conocer a alguien o algo, o no saber alguna cosa: *Desconocía quién era el director. Desconoce cómo se dice eso en inglés.* ■ Es un verbo irregular. Se conjuga como *agradecer.* SIN. Ignorar. ANT. Conocer, saber. FAM. Desconocedor, desconocido, desconocimiento.

**desconocido, da** *adj.* y *s. m.* y *f.* **1.** Se dice de la persona o cosa que no se conoce: *La India es un país desconocido para mí.* || *adj.* **2.** Muy cambiado: *Vicente está desconocido con barba.* SIN. **1.** Conocido.

**desconocimiento** *s. m.* Falta de conocimiento sobre algo: *Con el desconocimiento que tiene del francés no se va a entender en Francia.* SIN. Ignorancia. ANT. Conocimiento.

**desconsideración** *s. f.* Falta de consideración o de educación que se tiene con alguien: *Fue una desconsideración que ni siquiera le dieras las gracias.* SIN. Descortesía. ANT. Atención, cortesía. FAM. Desconsiderado.

**desconsiderado, da** *adj.* y *s. m.* y *f.* Poco respetuoso o poco educado: *Llega siempre tarde, es un desconsiderado con los que le están esperando.* ANT. Considerado, amable.

**desconsolado, da** *adj.* Muy triste o apenado, que no se consuela con nada: *Se quedó llorando desconsolado porque se iba su mejor amigo.* SIN. Afligido, acongojado.

**desconsuelo** *s. m.* Pena o tristeza muy grande que no encuentra consuelo: *Lloraba con desconsuelo porque se había muerto su perro.* SIN. Aflicción, congoja, desolación. ANT. Alegría. FAM. Desconsolado.

**descontado** Se emplea en la expresión **por descontado**, que significa 'con seguridad, que no se duda': *Dio por descontado que vendría. Vas a aprobar, por descontado.*

**descontaminar** *v.* Disminuir o eliminar la contaminación. ANT. Contaminar.

**descontar** *v.* Restar o quitar una cantidad o parte de algo: *El libro valía cinco euros, les descontaron uno, y sólo les costó cuatro.* ■ Es un verbo irregular. Se conjuga como *contar.* SIN. Rebajar, deducir. ANT. Añadir, sumar. FAM. Descontado, descuento.

**descontento, ta** *adj.* **1.** Que no está contento o satisfecho: *Está descontento con su dibujo, no le ha salido bien.* || *s. m.* **2.** Sentimiento del que no está contento o satisfecho: *El motivo del descontento del público era que su equipo había perdido.* SIN. **1.** Disgustado, contrariado, insatisfecho. **2.** Enojo, enfado, decepción. ANT. **1.** y **2.** Contento.

**descontrol** *s. m.* Desorden muy grande: *Menudo descontrol hay en esa casa cuando se van los padres.* SIN. Jaleo, barullo, lío, desorganización. ANT. Orden, organización. FAM. Descontrolado, descontrolarse.

**descontrolado, da** *adj.* Que ha perdido el control o va sin control: *Al coche se le reventó una rueda y se salió de la carretera descontrolado.*

**descontrolarse** *v.* Perder el control: *El coche se descontroló y se salió de la carretera.*

**desconvocar** *v.* Anunciar que no se va a hacer una reunión, un examen u otra cosa parecida: *Han desconvocado el concurso de disfraces por el mal tiempo.* ■ Delante de *e* se escribe *qu* en lugar de *c*: *Desconvoqué la fiesta.* SIN. Anular, suprimir. ANT. Convocar.

**descoordinación** *s. f.* Falta de coordinación.

**descoque** *s. m.* Busca **descoco**.

**descorazonado, da** *adj.* Desanimado, triste. SIN. Desilusionado, desmoralizado, apenado. ANT. Animado, alegre. FAM. Descorazonador.

**descorazonador, ra** *adj.* Que hace perder el ánimo: *Es descorazonador ver que avanza tan poco en la recuperación de la rodilla operada.* SIN. Desalentador, deprimente. ANT. Alentador.

**descorchar** v. Quitar el tapón de corcho de una botella: *Descorcharon unas botellas de champán para brindar por el nuevo año.*

**descornarse** v. **1.** Darse un golpe muy fuerte. **2.** Esforzarse, trabajar mucho para lograr algo. ■ Es un verbo irregular. Se conjuga como *contar*: *Se descuerna para sacar adelante a su familia.* Se dice también *escornarse.*

**descorrer** v. **1.** Apartar una cortina o cosa parecida: *Descorrieron el telón y aparecieron los actores.* **2.** Correr un cerrojo o pestillo de manera que pueda abrirse la puerta o ventana donde está puesto.

**descortés** adj. Poco educado, que no tiene cortesía: *Es muy descortés, nunca da las gracias.*
SIN. Desatento. ANT. Cortés.
FAM. Descortesía.

**descortesía** s. f. Falta de cortesía o amabilidad: *Fue una descortesía que ni siquiera se acercara a saludarles.*
SIN. Desconsideración. ANT. Atención, cortesía.

**descoser** v. Quitar o romperse el hilo con que está cosido algo: *Al meter el brazo, descosió la manga. Se me ha descosido el bajo de la falda.*
ANT. Coser.
FAM. Descosido.

**descosido, da** adj. y s. m. Que tiene quitado o roto el hilo que lo cosía: *El bolsillo del pantalón está descosido. Llevas un descosido en el puño de la camisa.*
EXPR. **como un descosido** Mucho: *Llegó el primero porque corrió como un descosido.*

**descoyuntar** v. Hacer que se salgan los huesos de su sitio o salirse ellos solos por alguna causa: *Al caerse se le descoyuntó un hombro.*
SIN. Dislocar.

**descrédito** s. m. Pérdida de la buena fama.
SIN. Desprestigio. ANT. Prestigio.

**descreído, da** adj. y s. m. y f. Que no tiene fe, sobre todo religiosa.

**descremado, da** adj. Se dice de la leche y de otros alimentos hechos con leche a la que se le ha quitado la crema o grasa.
SIN. Desnatado.

**describir** v. **1.** Decir cómo es una persona, lugar o cosa: *Describe en diez líneas cómo es tu casa.* **2.** Hacer un cuerpo al moverse una línea o figura: *El balón describió una curva antes de entrar en la canasta.* ■ Su participio es irregular: *descrito.*
SIN. **1.** Detallar. **2.** Trazar, dibujar, recorrer.
FAM. Descripción, descriptivo. / Indescriptible.

**descripción** s. f. Acción de describir: *El abuelo nos hizo una descripción exacta de cómo era el pueblo donde nació.*

**descriptivo, va** adj. Que describe algo o tiene muchas descripciones.

**descruzar** v. Separar lo que estaba cruzado. ■ Delante de *e* se escribe *c* en lugar de *z*: *Descrucé las piernas.*

**descuadernar** v. Busca **desencuadernar**.

**descuajaringar** o **descuajeringar** v. **1.** Desarmar, romper: *Como sigas dándole golpes a la silla, la vas a descuajaringar del todo.* ‖ **descuajaringarse** o **descuajeringarse 2.** Troncharse de risa: *Los niños se descuajaringaban viendo a su padre disfrazado.* **3.** Cansarse mucho. ■ Delante de *e* se escribe *gu* en lugar de *g*: *No lo descuajeringues.*
SIN. **1.** Escacharrar. **2.** Desternillarse. ANT. **1.** Armar, arreglar.

**descuartizar** v. Cortar en trozos, por ejemplo el cuerpo de un animal: *El carnicero descuartizó un cordero.* ■ Delante de *e* se escribe *c* en lugar de *z*: *descuartice.*
SIN. Despedazar, trocear.

**descubierto, ta** adj. **1.** Que alguien lo descubrió o se descubrió. **2.** Sin proteger, de manera que puede ser atacado fácilmente: *El portero dejó descubierta la portería y el equipo contrario metió gol.* **3.** Despejado: *No creo que llueva porque el cielo está descubierto.* ‖ s. m. **4.** Falta de dinero en la cuenta de un banco o caja de ahorros: *un cheque en descubierto.*
EXPR. **al descubierto** De manera clara. También, al aire libre: *Tuvieron que dormir en el campo al descubierto.*
SIN. **1.** a **3.** Cubierto.

**descubridor, ra** s. m. y f. Persona que descubre algo, como un territorio o un medicamento.

**descubrimiento** s. m. **1.** Acción de descubrir una cosa, encontrar o enterarse de algo: *El descubrimiento de América es uno de los hechos históricos más importantes.* **2.** Lo que se descubre: *La penicilina es un descubrimiento que ha ayudado a salvar muchas vidas.*

**descubrir** v. **1.** Encontrar algo que no se conocía o que estaba escondido: *Fleming descubrió la penicilina. He descubierto el chocolate que mamá tenía guardado.* **2.** Enterarse de algo o aprender una cosa que no se sabía: *La policía ha descubierto quién es el culpable. Mi perro ha descubierto cómo se abren las puertas.* **3.** Quitarle a una cosa lo que la cubría: *El médico le descubrió la herida para curársela.* **4.** Hacer que se sepa o se conozca algo: *Mi amigo me descubrió un secreto.* ‖ **descubrirse 5.** Quitarse el sombrero, la gorra u otra cosa parecida que se lleva en la cabeza: ■ Su participio es irregular: *descubierto.*
SIN. **2.** Averiguar, idear. **4.** Mostrar, manifestar. ANT. **3.** Tapar. **3.** y **5.** Cubrir. **4.** Ocultar, encubrir.
FAM. Descubierto, descubridor, descubrimiento.

**descuento** s. m. Rebaja que se hace del precio de algo: *Si compras más de tres libros, te hacían descuento.*
SIN. Reducción. ANT. Subida, aumento.

**descuidado, da** *adj.* **1.** Poco cuidado: *No me gusta este parque, está muy descuidado.* || *adj.* y *s. m.* y *f.* **2.** Que pone poco cuidado en las cosas o no se ocupa bien de ellas: *No seas tan descuidado y cuelga bien tu ropa.*
SIN. **1.** Desatendido, abandonado. ANT. **1.** Cuidado. **2.** Cuidadoso.

**descuidar** *v.* **1.** No ocuparse bien de una persona o cosa, o poner poco cuidado en algo: *Si descuidas el jardín se morirán todas las plantas. Se descuidó un poco y se le quemaron las patatas.* **2.** Se emplea para decirle a alguien que esté tranquilo, que se hará lo que se le dice: *Descuida, te llevaré lo que me has pedido.* || **descuidarse 3.** En expresiones como *si me descuido, si te descuidas* u otras parecidas, significa 'casi': *¡Hala, si te descuidas, me tiras!*
SIN. **1.** Desatender, abandonar. ANT. **1.** Cuidar.
FAM. Descuidado, descuidero, descuido.

**descuidero, ra** *s. m.* y *f.* Ladrón que roba aprovechando un descuido.
SIN. Ratero.

**descuido** *s. m.* **1.** Distracción, falta de cuidado: *Le quitó la pelota en un descuido.* **2.** Poco cuidado en el aseo o en el vestir: *Viste con descuido.*
SIN. **1.** Fallo. **2.** Abandono. ANT. **1.** Cuidado, esmero. **2.** Aseo.

**desde** *prep.* **1.** Indica el origen de alguien o algo, o de dónde viene: *Desde una punta a otra de la clase hay seis metros. Venimos desde mi casa andando.* **2.** Expresa el lugar donde está alguien, por ejemplo cuando ve, oye o nota algo que está más lejos: *Desde mi ventana se ve el mar.* **3.** Indica el momento a partir del que pasa o sucede algo: *Se conocen desde hace muchos años.*

**desdecir** *v.* **1.** Desentonar: *Aquella corbata de colorines desdecía con un traje tan elegante.* || **desdecirse 2.** Decir lo contrario o una cosa distinta de lo que antes se había afirmado: *El testigo dijo que le había visto la cara al ladrón, pero luego se desdijo.* ■ Es un verbo irregular. Se conjuga como *decir*.
SIN. **1.** Chocar. **2.** Retractarse. ANT. **2.** Reafirmarse.

**desdén** *s. m.* El no hacer caso a una persona o cosa, despreciándola: *Se dirigió a nosotros con desdén.*
SIN. Menosprecio, desprecio. ANT. Interés, afecto.
FAM. Desdeñar.

**desdentado, da** *adj.* Que no tiene dientes o no los tiene todos.

**desdeñable** *adj.* Que se puede rechazar o despreciar: *Le ofrecieron un sueldo nada desdeñable.*
SIN. Despreciable. ANT. Aceptable.

**desdeñar** *v.* Rechazar, despreciar: *Le gustaba desdeñar a sus pretendientes.*
ANT. Aceptar.
FAM. Desdeñable.

**desdibujarse** *v.* Verse sin claridad una imagen: *Era muy anciano y la mayoría de los recuerdos se le desdibujaban en la memoria.*
SIN. Borrarse, desvanecerse. ANT. Perfilarse.

**desdicha** *s. f.* Lo que causa mucha pena o mucho daño a alguien: *Tuvo la desdicha de caer enfermo justo cuando pensaba irse de viaje.*
SIN. Desgracia, desventura, adversidad. ANT. Dicha, alegría, fortuna.
FAM. Desdichado.

**desdichado, da** *adj.* y *s. m.* y *f.* Que tiene desdicha o mala suerte.
SIN. Desgraciado, infeliz. ANT. Dichoso, feliz.

**desdoblar** *v.* Extender algo que estaba doblado: *Desdobló las sábanas y las puso en la cama.*
SIN. Desplegar. ANT. Doblar.

**desdoro** *s. m.* Daño que sufre la reputación o la buena fama de alguien: *No es ningún desdoro pedir ayuda cuando estás en apuros.*
SIN. Desprestigio, deshonra, baldón.

**desdramatizar** *v.* Quitar importancia o gravedad a algo: *Las autoridades procuran desdramatizar la situación y piden calma a los ciudadanos.* ■ Delante de *e* se escribe *c* en lugar de *z*.
SIN. Suavizar. ANT. Dramatizar, exagerar.

**deseable** *adj.* Que merece que alguien lo desee: *Sería deseable que el barrio estuviera más limpio.*

**desear** *v.* Querer una cosa o tener muchas ganas de algo: *Deseaba convertirse en un gran escritor. Deseo que lleguen las vacaciones. Se despidió de nosotros y nos deseó mucha suerte.*
SIN. Anhelar, ansiar, apetecer.

**desecar** *v.* Secar, quitar la humedad. ■ Delante de *e* se escribe *qu* en lugar de *c*: *deseque.*
ANT. Humedecer.

**desechable** *adj.* Que se desecha, que sólo puede usarse una vez: *jeringuillas desechables.*

**desechar** *v.* **1.** Rechazar: *Desechó el plan de ir a la piscina porque tenía mucho que hacer.* **2.** Dejar o tirar algo que no sirve: *Desechó la ropa vieja.*
SIN. **1.** Descartar, excluir. ANT. **2.** Aprovechar.
FAM. Desechable, desecho.

**desecho** *s. m.* Lo que no sirve para nada. ■ No confundir con *deshecho*, 'resultado de deshacer'.
SIN. Residuo, sobrante, basura.

**desembalar** *v.* Quitar el papel, las cuerdas y otras cosas en las que viene envuelto algo.
SIN. Desempaquetar, desenvolver. ANT. Embalar, empaquetar, envolver.

**desembarazarse** *v.* Librarse de una persona o cosa que molesta o estorba: *Ya se desembarazó de ese pesado.* ■ Delante de *e* se escribe *c* en lugar de *z*: *me desembaracé.*
SIN. Apartar, deshacerse.

**desembarcar** v. **1.** Sacar de un barco y colocar en tierra las cosas que van en él. **2.** Salir de una embarcación las personas que van en ella: *Cuando Antonio desembarcó, todos sus amigos le estaban esperando.* ■ Delante de *e* se escribe *qu* en lugar de *c*. ANT. **1.** y **2.** Embarcar. FAM. Desembarco.

**desembarco** s. m. Acción de desembarcar.

**desembocadura** s. f. Lugar por donde un río o canal desemboca en otro, en un lago o en el mar. ANT. Nacimiento.

**desembocar** v. **1.** Entrar un río o canal en otro, en un lago o en el mar. **2.** Tener una calle o un camino salida a un sitio: *La avenida desemboca en la plaza.* **3.** Tener el final que se indica: *Su amistad desembocó en noviazgo.* ■ Delante de *e* se escribe *qu* en lugar de *c*: *desemboque.* SIN. **1.** Desaguar, afluir. **3.** Terminar, culminar. ANT. **3.** Comenzar. FAM. Desembocadura.

**desembolsar** v. Pagar o entregar dinero: *Para apuntarse al curso, tuvo que desembolsar parte del precio de la matrícula.* SIN. Abonar. ANT. Embolsarse. FAM. Desembolso.

**desembolso** s. m. Pago o entrega de una cantidad de dinero: *Al comprar el piso tuvieron que hacer un importante desembolso.*

**desembragar** v. Soltar o quitar el embrague de un vehículo. ■ Delante de *e* se escribe *gu* en lugar de *g*: *desembrague.*

**desembrollar** v. Aclarar, deshacer una confusión. ANT. Embrollar.

**desembuchar** v. Contar una persona lo que sabe y tenía callado: *Desembucha, ¿qué te ha dicho Eva?* SIN. Cantar, confesar. ANT. Callar.

**desempacar** v. **1.** Quitar el embalaje de una mercancía. **2.** Deshacer las maletas. ■ Delante de *e* se escribe *qu* en lugar de *c*: *Nada más llegar al hotel desempaqué el equipaje.* SIN. **1.** Desempaquetar, desembalar.

**desempañar** v. Hacer que una cosa deje de estar empañada.

**desempaquetar** v. Quitar lo que cubre un paquete, desenvolverlo. SIN. Desembalar. ANT. Empaquetar.

**desemparejado, da** adj. Que no tiene pareja: *Este calcetín está desemparejado.* SIN. Desparejado. ANT. Emparejado.

**desempatar** v. Hacer que un empate se deshaga: *En el último minuto desempataron.* ANT. Empatar. FAM. Desempate.

**desempate** s. m. Acción de desempatar. ANT. Empate.

**desempeñar** v. **1.** Recuperar alguien lo que empeñó, por ejemplo unas joyas, pagando un dinero a cambio. **2.** Realizar un trabajo o una tarea; por ejemplo hacer un papel en una obra de teatro o de cine. SIN. **2.** Ejercer; interpretar. ANT. **1.** Empeñar. FAM. Desempeño.

**desempeño** s. m. Acción de desempeñar. ANT. Empeño.

**desempleado, da** adj. y s. m. y f. Persona que está en el paro, es decir que no tiene empleo. SIN. Parado. ANT. Empleado, trabajador.

**desempleo** s. m. Situación de las personas sin empleo. SIN. Paro. ANT. Empleo, trabajo. FAM. Desempleado.

**desempolvar** v. **1.** Quitar el polvo. **2.** Volver a recordar o a utilizar cosas que se habían olvidado o abandonado: *Este viaje me dará la oportunidad de desempolvar mi inglés.*

**desencadenante** s. m. Origen o causa de algo: *Una chispa fue el desencadenante de la explosión.*

**desencadenar** v. **1.** Quitar las cadenas al que está amarrado con ellas. **2.** Causar algo, sobre todo si es malo o violento: *La sequía ha desencadenado muchos problemas en el campo.* || **desencadenarse 3.** Producirse con fuerza o violencia fenómenos naturales, como una tempestad o una tormenta. SIN. **2.** Originar. **2.** y **3.** Desatar. **3.** Estallar. ANT. **1.** Encadenar. FAM. Desencadenante.

**desencajado, da** adj. **1.** Que está sacado o separado del lugar donde encaja: *Arregla el marco de la puerta, está desencajado.* **2.** Con la cara alterada por un susto o una fuerte impresión: *Venía desencajado, parecía que había visto un fantasma.* SIN. **2.** Desfigurado, descompuesto. ANT. **2.** Sereno.

**desencajar** v. **1.** Sacar una cosa de donde está encajada. || **desencajarse 2.** Ponerse la cara con un gesto como de miedo o dolor. SIN. **2.** Desfigurarse, descomponerse. ANT. **2.** Serenarse. FAM. Desencajado.

**desencaminado, da** adj. Busca **descaminado**.

**desencantar** v. **1.** Hacer que alguien sienta desencanto o decepción: *Siempre quise conocer esa ciudad, pero cuando la vi me desencantó.* **2.** Deshacer un encantamiento. SIN. **1.** Desilusionar, decepcionar. ANT. **1.** Ilusionar. **1.** y **2.** Encantar. **2.** Hechizar. FAM. Desencanto.

**desencanto** s. m. Desilusión, decepción. SIN. Desengaño. ANT. Ilusión.

**desenchufar** v. Sacar el enchufe, desconectar un aparato de la red eléctrica: *Desenchufa la tele.* ANT. Enchufar.

**desencolar** v. Separar lo que está unido con cola. **SIN.** Despegar. **ANT.** Encolar.

**desencriptar** v. En informática, hacer que un archivo encriptado vuelva a su estado normal y pueda leerse.

**desencuadernar** v. Quitar la cubierta y despegar o descoser las hojas de un libro, revista, cuaderno. ■ Se dice también *descuadernar*. **ANT.** Encuadernar.

**desencuentro** s. m. Falta de acuerdo: *Se produjo un desencuentro entre empresarios y trabajadores.* **SIN.** Desacuerdo, desavenencia. **ANT.** Avenencia.

**desenfadado, da** adj. Poco serio, con sentido del humor: *No hace falta que vayas muy elegante, es una cena desenfadada.* **SIN.** Informal. **ANT.** Formal.

**desenfado** s. m. El hecho de comportarse una persona con naturalidad y sentido del humor: *Viste con desenfado.* **ANT.** Seriedad. **FAM.** Desenfadado.

**desenfocar** v. No hacer un buen enfoque, poner borrosa la imagen en fotografía o cine. ■ Delante de *e* se escribe *qu* en lugar de *c*: *desenfoqué.*

**desenfrenado, da** adj. **1.** Que no tiene freno o moderación, sobre todo en los placeres y diversiones. **2.** Muy rápido o acelerado: *El coche circulaba a una velocidad desenfrenada.*

**desenfreno** s. m. Falta de freno o moderación: *Comía y bebía con desenfreno.* **SIN.** Desmesura, libertinaje. **FAM.** Desenfrenado.

**desenfundar** v. Quitar la funda a una cosa o sacarla de ella: *El caballero desenfundó su espada.* **SIN.** Desenvainar. **ANT.** Enfundar.

**desenganchar** v. **1.** Soltar lo que está enganchado: *Desenganchó el arado del tractor.* ‖ **desengancharse 2.** En el lenguaje de la droga, conseguir dejarla. **ANT. 1.** y **2.** Enganchar.

**desengañado, da** adj. Que se ha dado cuenta de que estaba engañado o equivocado, de que las cosas no son como esperaba o desearía. **SIN.** Desilusionado, decepcionado.

**desengañar** v. Hacer que alguien vea el engaño o error en que se encuentra, que las cosas no son como esperaba o desearía: *Desengáñate: tu amigo no es como tú crees.* **SIN.** Desilusionar, decepcionar. **ANT.** Engañar. **FAM.** Desengañado, desengaño.

**desengaño** s. m. Hecho de desengañarse de una persona o cosa: *Sufrió un desengaño; estaba muy enamorado de su novia y ella le dejó.* **SIN.** Desilusión, decepción.

**desengrasar** v. Quitar la grasa. **ANT.** Engrasar.

**desenlace** s. m. La forma en que termina un suceso, una novela, una película u otra cosa: *Se quedó a ver el desenlace del partido de baloncesto.* **SIN.** Fin, final. **ANT.** Comienzo.

**desenmarañar** v. **1.** Soltar las cosas enredadas entre sí: *Desenmaraña el ovillo para seguir tejiendo.* **2.** Ordenar o aclarar algo muy confuso: *Hace falta un buen detective para desenmarañar el caso.* **SIN. 1.** Desenredar, desliar. **1.** y **2.** Desembrollar. **2.** Desentrañar. **ANT. 1.** Liar. **1.** y **2.** Enmarañar. **2.** Embrollar.

**desenmascarar** v. Descubrir lo que alguien es o hace en realidad: *La policía desenmascaró al hombre que había cometido esos atracos.* **ANT.** Enmascarar, encubrir.

**desenredar** v. Conseguir que algo deje de estar enredado, por ejemplo el pelo. **ANT.** Enredar.

**desenrollar** v. Soltar lo que está enrollado. **ANT.** Enrollar.

**desenroscar** v. **1.** Quitar un tornillo, un tapón de una botella u otra cosa que está enroscada. **2.** Extender lo que está enroscado: *La serpiente se desenroscó.* ■ Delante de *e* se escribe *qu* en lugar de *c*: *Desenrosqué la tuerca.* **SIN. 2.** Desenrollar. **ANT. 1.** y **2.** Enroscar. **2.** Enrollar.

**desentenderse** v. **1.** No querer ocuparse de algo: *Se desentendió de los preparativos de la fiesta.* Hacer una persona como que no se entera de algo: *Cuando le hablan de sus notas, se desentiende y mira para otro lado.* ■ Es un verbo irregular. Se conjuga como *tender.* **SIN. 1.** Despreocuparse. **ANT. 1.** Preocuparse. **FAM.** Desentendido.

**desentendido, da** Se usa en la expresión **hacerse el desentendido**, que significa 'hacer una persona como que no se entera de nada': *Cuando su padre le dijo que tenía que limpiar el cuarto, él se hizo el desentendido.*

**desenterrar** v. **1.** Sacar lo que está enterrado. **2.** Traer a la memoria lo que se tenía olvidado, por ejemplo recuerdos del pasado. ■ Es un verbo irregular. Se conjuga como *pensar.* **SIN. 1.** Exhumar. **ANT. 1.** y **2.** Enterrar.

**desentonar** v. **1.** Desafinar la voz o un instrumento musical. **2.** No resultar bien con lo de alrededor: *Esa camisa desentona con el traje.* **SIN. 1.** Disonar. **2.** Contrastar, chocar. **ANT. 1.** Entonar, afinar. **2.** Pegar, armonizar.

**desentrañar** v. Llegar al fondo de algo, averiguar una cosa difícil: *Querían desentrañar el misterio de aquellos ruidos que oían por la noche.* **SIN.** Descubrir, descifrar.

**desentrenado, da** *adj.* Que hace tiempo que no se entrena o no hace algo y por eso ha perdido la costumbre de hacerlo.
ANT. Entrenado, preparado.

**desentumecer** *v.* Hacer que recobre agilidad un miembro que está algo rígido y cuesta moverlo: *El montañero movía los brazos y los pies para desentumecerse.* ■ Es un verbo irregular. Se conjuga como *agradecer.*
ANT. Agarrotar.

**desenvainar** *v.* Sacar la espada u otra arma blanca de la vaina o funda en que está metida.
SIN. Desenfundar. ANT. Envainar.

**desenvoltura** *s. f.* Habilidad y facilidad para hacer las cosas o para hablar en público: *Aunque es muy pequeño, maneja el ordenador con mucha desenvoltura.*
SIN. Soltura. ANT. Torpeza.

**desenvolver** *v.* **1.** Quitar la envoltura: *Ha desenvuelto el paquete rápidamente para ver lo que contenía.* ‖ **desenvolverse 2.** Saber cómo actuar y hacerlo con naturalidad o habilidad: *Marcelo es un niño muy espabilado: se desenvuelve muy bien en el colegio.* **3.** Producirse: *En estas vacaciones la salida de vehículos se desenvuelve con normalidad.* ■ Es un verbo irregular. Se conjuga como *volver.*
SIN. **1.** Desempaquetar. **2.** Manejarse, arreglárselas, componérselas. **3.** Desarrollarse, transcurrir. ANT. **1.** Envolver, empaquetar.
FAM. Desenvoltura, desenvuelto.

**desenvuelto, ta** *adj.* **1.** Sin la envoltura que lo cubría. **2.** Que tiene desenvoltura: *Demostró ser muy desenvuelto hablando con todo el mundo.*
ANT. **2.** Torpe; tímido.

**deseo** *s. m.* Lo que alguien desea: *Sopla las velas y pide un deseo.*
SIN. Anhelo, afán, ansia.
FAM. Deseable, desear, deseoso, desiderativo. / Indeseable.

**deseoso, sa** *adj.* Que desea algo: *Estoy deseoso de veros.*

**desequilibrado, da** *adj.* **1.** Que no tiene equilibrio. ‖ *adj.* y *s. m.* y *f.* **2.** Loco, chiflado.
SIN. **2.** Perturbado. ANT. **1.** y **2.** Equilibrado.

**desequilibrar** *v.* **1.** Hacer perder el equilibrio o perderlo: *Vas a desequilibrar la balanza. La gimnasta se desequilibró y cayó al suelo desde la barra.* **2.** Hacer perder la cabeza a alguien, volver un poco loco: *Tantos problemas acabarán por desequilibrarle.*
SIN. **1.** Desnivelar, descompensar. **2.** Enloquecer, perturbar. ANT. **1.** Equilibrar.
FAM. Desequilibrado, desequilibrio.

**desequilibrio** *s. m.* Falta de equilibrio.

**deserción** *s. f.* Acción de desertar.

**desertar** *v.* **1.** Abandonar un soldado el ejército. **2.** Abandonar un grupo, partido político u otra cosa.
FAM. Deserción, desertor.

**desértico, ca** *adj.* **1.** Del desierto o relacionado con él: *un clima desértico.* **2.** Sin gente: *Aquel barrio estaba desértico.*
SIN. **2.** Desierto. ANT. **2.** Poblado.

**desertizar** *v.* Convertir un terreno en desierto. ■ Delante de *e* se escribe *c* en lugar de *z*: *La sequía contribuye a que se desertice el país.*

**desertor, ra** *s. m.* y *f.* Persona que deserta; sobre todo se llama así al soldado que lo hace.

**desescombrar** *v.* Quitar los escombros de un lugar.

**desesperación** *s. f.* **1.** Situación de la persona que se encuentra sin esperanza, que sólo ve lo malo de las cosas. **2.** El hecho de estar alguien muy enfadado, disgustado o nervioso.
SIN. **1.** Desolación.

**desesperado, da** *adj.* y *s. m.* y *f.* Que llega a la desesperación.

**desesperante** *adj.* Que desespera: *El tráfico que hay en la carretera es desesperante.*

**desesperanza** *s. f.* Estado de ánimo de la persona que ha perdido la esperanza o la ilusión.
SIN. Desesperación, desaliento.

**desesperar** *v.* **1.** Poner inquieto, intranquilo, impaciente: *Este niño me desespera, no come nada.* **2.** Perder la esperanza: *Iban tres a cero y ya desesperaban de ganar el partido.*
SIN. **1.** Irritar, enojar. **2.** Desalentarse, desanimarse. ANT. **1.** Tranquilizar. **2.** Animarse.
FAM. Desesperación, desesperado, desesperante, desesperanza, desespero.

**desespero** *s. m.* En América del Sur, desesperación.

**desestabilizar** *v.* Hacer que algo pierda la estabilidad o el equilibrio. ■ Delante de *e* se escribe *c* en lugar de *z*: *Las fuertes corrientes de aire hacen que los aviones se desestabilicen.*
ANT. Estabilizar.

**desestimar** *v.* **1.** No aceptar, rechazar algo que se ha pedido: *Desestimaron su solicitud de ingreso en el club.* **2.** Valorar poco las cualidades de una persona o una cosa: *No desestimes la capacidad del equipo contrario.*
SIN. **1.** Denegar. **2.** Desdeñar, despreciar, subestimar. ANT. **1.** Aprobar, conceder. **2.** Estimar, apreciar.

**desfachatez** *s. f.* Descaro, atrevimiento: *Qué desfachatez, intenta irse sin pagar.* ■ Su plural es *desfachateces.*
SIN. Frescura, osadía, desvergüenza. ANT. Comedimiento.

**desfalco** *s. m.* Delito que comete la persona que se apropia del dinero o los bienes que le han confiado.

**desfallecer** v. **1.** Perder las fuerzas: *Uno de los corredores desfalleció antes de llegar a la meta.* **2.** Desmayarse: *No había comido y estuvo a punto de desfallecer.* **3.** Desanimarse: *El público no dejaba de aplaudir al jugador para que no desfalleciera.* ■ Es un verbo irregular. Se conjuga como *agradecer*. SIN. **1.** Debilitarse, flojear, flaquear. **3.** Decaer, abatirse. ANT. **1.** Resistir. **3.** Animarse. FAM. Desfallecimiento.

**desfallecimiento** s. m. Acción de desfallecer. SIN. Flojera; desmayo; desánimo. ANT. Ánimo.

**desfasado, da** adj. Muy antiguo o pasado de moda: *Algunas de las máquinas de aquella fábrica estaban desfasadas.*

**desfase** s. m. **1.** Hecho de quedarse las cosas anticuadas. **2.** Diferencia que existe entre una cosa y otra que va por delante de ella: *Había un desfase entre lo poco que ganaba y lo mucho que gastaba.* FAM. Desfasado.

**desfavorable** adj. Que es contrario, hace daño o perjudica: *El viento era desfavorable y les costaba mucho manejar el velero.* SIN. Perjudicial, adverso, hostil. ANT. Favorable, beneficioso.

**desfavorecer** v. Perjudicar o no favorecer: *Esa ley protege al empresario y desfavorece al trabajador.* ■ Es un verbo irregular. Se conjuga como *agradecer*.

**desfigurar** v. Cambiar la forma o el aspecto de una persona o cosa, estropeándolo o dándole otro que no es el suyo: *Del golpe se le ha desfigurado la mano. Algunas lentes desfiguran las imágenes. ¿No sabes contar las cosas sin desfigurarlas?* SIN. Deformar, alterar, desvirtuar. ANT. Mejorar.

**desfiladero** s. m. Paso estrecho y entre dos montañas. SIN. Cañón, cañada.

**desfilar** v. Ir en fila un conjunto de personas o de cosas, unas detrás de otras, como los soldados ante un jefe o las modelos en un pase de moda. FAM. Desfiladero, desfile.

**desfile** s. m. **1.** Acción de desfilar: *Los deportistas se preparaban para el desfile de inauguración de los Juegos Olímpicos.* **2.** Conjunto de personas o cosas que desfilan: *Vimos un desfile de coches antiguos.*

**desflecar** v. Hacer flecos en una tela destejiendo los hilos de sus bordes. ■ Delante de *e* se escribe *qu* en lugar de *c*: *La costura evita que el vestido se desfleque.*

**desflorar** v. Hacer que una mujer pierda la virginidad. SIN. Desvirgar.

**desfogar** v. Demostrar con fuerza un sentimiento o un estado de ánimo: *Desfogó con ella su mal humor.* ■ Delante de *e* se escribe *gu* en lugar de *g*: *Me desfogué gritando.* SIN. Descargar. ANT. Reprimir.

**desfondar** v. **1.** Quitar o romper el fondo de una cosa, especialmente de un recipiente: *El peso acabó desfondando la bolsa.* **2.** Agotar la fuerza o la resistencia física: *La cuesta desfondó a varios corredores.*

**desgajar** v. Separar una parte de una cosa a la que está unida: *El viento desgajó una rama del árbol.* SIN. Arrancar.

**desgalichado, da** adj. De aspecto descuidado y desgarbado. SIN. Desaliñado, desastrado, descuidado. ANT. Arreglado, pulcro, garboso.

**desgana** s. f. Falta de ganas para comer o para otra cosa: *Como tenía desgana, sólo pidió una ensalada. Nos ayudó, pero con desgana.* SIN. Apatía, abulia. ANT. Gana, hambre; gusto. FAM. Desganado.

**desganado, da** adj. Que no tiene ganas de alguna cosa: *No quería comer, estaba desganada.*

**desgañitarse** v. Gritar muy fuerte y con esfuerzo: *Tuvo que desgañitarse para que pudieran oírle.* SIN. Vociferar.

**desgarbado, da** adj. Que no tiene garbo, gracia o elegancia al andar o moverse: *Como es tan alto tiene unos andares algo desgarbados.* ANT. Garboso.

**desfiladero**

**desgarrado, da** adj. **1.** Que está roto por haber tirado de él. **2.** Muy intenso o que muestra mucho sentimiento o pena: *Hablaba con voz desgarrada. Se oyeron gritos desgarrados.*
SIN. **1.** Rasgado. ANT. **2.** Suave.

**desgarrador, ra** adj. Que produce mucha pena o impresión: *Nos contaron una historia desgarradora.*
SIN. Desolador.

**desgarrar** v. **1.** Romper una cosa al tirar de ella: *Se enganchó con el picaporte y se desgarró la manga.* **2.** Causar mucha pena o impresión: *Ver a aquella anciana tan sola y triste le desgarró el corazón.*
FAM. Desgarrado, desgarrador, desgarro, desgarrón.

**desgarro** s. m. Roto que se hace en una cosa al tirar de ella: *Llevas un desgarro en la cazadora.*
SIN. Desgarrón.

**desgarrón** s. m. Desgarro grande en una cosa.

**desgastar** v. Gastar poco a poco una cosa al usarla o rozarla mucho: *Se me han desgastado las suelas de los zapatos. El agua y el viento desgastan las rocas.*
SIN. Consumir. ANT. Conservar.
FAM. Desgaste.

**desgaste** s. m. Acción de desgastar o desgastarse una cosa: *Al ir por caminos de piedras las ruedas de los coches sufren un mayor desgaste.*

**desglosar** v. Dividir en partes, o separar una o más cosas de un conjunto: *El profesor desglosó la lección en varios temas.*
SIN. Desgajar. ANT. Englobar.
FAM. Desglose.

**desglose** s. m. Separación de las distintas partes que forman un conjunto: *Haz el desglose de los gastos para ver en qué cosas hemos empleado el dinero.*

**desgobierno** s. m. Falta de organización o de dirección, desorden: *El desgobierno llevó el negocio al borde la ruina.*
SIN. Desorganización, desbarajuste. ANT. Organización, orden, dirección.

**desgracia** s. f. **1.** Cosa que causa mucho daño o pena a alguien: *Isabel tuvo la desgracia de romperse una pierna el primer día de vacaciones.* **2.** Mala suerte: *Vaya desgracia, mira que perder las llaves.*
EXPR. **por desgracia** Por mala suerte o porque la situación es desfavorable: *Por desgracia, todo ha salido mal.*
SIN. **1.** Desdicha, desventura, adversidad. **2.** Gafe. ANT. **1.** Alegría, fortuna.
FAM. Desgraciadamente, desgraciado, desgraciar.

**desgraciadamente** adv. Por desgracia: *Desgraciadamente, no podré ir a tu cumpleaños.*

**desgraciado, da** adj. y s. m. y f. **1.** Que tiene desgracias o mala suerte. **2.** Mala persona.
SIN. **1.** Desdichado. **2.** Canalla, malvado. ANT. **1.** Afortunado, dichoso.

**desgraciar** v. Estropear, fastidiar: *¡Hala, ya has desgraciado la tele!*
SIN. Romper, escacharrar.

**desgranar** v. Sacar el grano de algo, por ejemplo de una espiga o de una mazorca de maíz.

**desgravar** v. Descontar una cantidad de un impuesto.

**desgreñado, da** adj. Muy despeinado.

**desguace** s. m. **1.** Acción de desguazar un vehículo u otro aparato: *Después del accidente el coche sólo servía para desguace.* **2.** Lugar donde se llevan los vehículos y otros aparatos viejos o rotos para que los desguacen.

**desguarnecer** v. Dejar sin protección. ■ Es un verbo irregular. Se conjuga como *agradecer*.

**desguazar** v. Desmontar las piezas de un vehículo o de otro aparato, por ejemplo para venderlas por separado. ■ Delante de *e* se escribe *c* en lugar de *z*: *Este coche tan viejo está ya para que lo desguacen.*
FAM. Desguace.

**deshabitado, da** adj. Se dice del lugar que ha quedado vacío, pero en el que antes vivía gente.
SIN. Despoblado, desierto. ANT. Habitado.

**deshabituar** v. Hacer perder un hábito o una costumbre.
SIN. Desacostumbrar. ANT. Habituar.

**deshacer** v. **1.** Separar las partes que componen una cosa: *Al terminar el puzzle, lo deshizo y guardó las piezas.* **2.** Dejar una cosa como estaba antes de hacerla o arreglarla: *Se ha deshecho el nudo. Si saltas encima de la cama la vas a deshacer.* **3.** Destruir o causar un gran daño: *El vendaval deshizo varias cabañas.* **4.** Hacer líquida una cosa o mezclar un sólido y un líquido: *Cómete el helado antes de que se deshaga. Tuve que deshacer la pastilla en un poco de agua.* **5.** Romper un trato, un acuerdo, un pacto. **6.** Recorrer un camino en sentido contrario al que ya se ha hecho: *Nos equivocamos de dirección y tuvimos que deshacer lo andado.* ‖ **deshacerse 7.** Seguido de la preposición *en* y palabras como *alabanzas, elogios* o *insultos*, decir o hacer muchos: *Fue muy amable, se deshizo en atenciones con nosotros.* ■ Es un verbo irregular. Se conjuga como *hacer*.
EXPR. **deshacerse de** alguien o algo Separarse de una persona, o dar o vender una cosa: *Se deshizo de las revistas viejas.*
SIN. **1.** Descomponer, desmontar, desarmar. **3.** Derribar, machacar, estropear, perjudicar. **4.** Derretir, licuar; desleír. ANT. **1.** Componer. **4.** Solidificar.
FAM. Deshecho.

**desharrapado, da** adj. Busca **desarrapado**.

**deshecho, cha** adj. **1.** Que alguien lo deshizo o que se deshizo: *Llevas deshecha una trenza. El chocolate está deshecho.* **2.** Muy mal, muy triste, muy cansado: *Ha suspendido y está deshecho. Se acuesta* tarde y por las mañanas está deshecha. ■ No confundir con *desecho*, 'lo que no sirve para nada'. **SIN. 2.** Destrozado, abatido; roto, molido. **ANT. 1.** Hecho. **2.** Feliz; descansado.

**deshelar** *v.* Hacer líquido lo que está helado: *La nieve de las montañas se deshiela en primavera.* ■ Es un verbo irregular. Se conjuga como *pensar*. **SIN.** Deshacer, derretir, licuar. **ANT.** Congelar. **FAM.** Deshielo.

**desheredado, da** *adj.* y *s. m.* y *f.* **1.** Que no hereda. **2.** Pobre, sin medios para vivir: *Toda su vida la dedicó a ayudar a los desheredados.* **SIN. 2.** Necesitado, marginado. **ANT. 2.** Rico, acomodado.

**desheredar** *v.* Dejar sin herencia a alguien que debería heredar. **FAM.** Desheredado.

**deshidratar** *v.* **1.** Quitarle a un cuerpo el agua que contiene: *Date crema para evitar que la piel se deshidrate con el sol.* ‖ **deshidratarse 2.** Perder mucha agua el organismo por no tomar líquidos o por otros motivos, como sudar demasiado o tener diarrea. **ANT. 1.** Hidratar.

**deshielo** *s. m.* **1.** Lo que ocurre cuando se deshacen la nieve y el hielo de las montañas al comenzar la primavera y calentar más el sol. **2.** Época del año en la que sucede esto.

**deshilachado, da** *adj.* Se dice de la tela o la prenda que tiene los bordes desgastados, con los hilos sacados.

**deshilachar** *v.* Sacar hilos de una tela: *El puño de la camisa se ha deshilachado.* **FAM.** Deshilachado.

**deshilvanado, da** *adj.* **1.** Que se han quitado los hilvanes. **2.** Se dice del discurso o el razonamiento difícil de entender, porque no no hay unión o conexión entre sus partes.

**deshilvanar** *v.* Quitar los hilvanes de una tela. **FAM.** Deshilvanado.

**deshinchar** *v.* **1.** Sacar o salir el aire de una cosa hinchada: *Se ha deshinchado el globo.* **2.** Bajar la hinchazón o la inflamación de una parte del cuerpo: *No podré hacer gimnasia hasta que no se me deshinche el tobillo.* ‖ **deshincharse 3.** Desanimarse: *No te deshinches tan pronto y vuelve a intentarlo.* **SIN. 1.** y **3.** Desinflar. **3.** Desmoralizarse. **ANT. 1.** y **2.** Hinchar, inflar. **2.** Inflamarse. **3.** Animarse.

**deshojar** *v.* Quitar las hojas de una planta o los pétalos de una flor.

**deshollinador, ra** *adj.* y *s. m.* y *f.* **1.** Persona cuyo oficio es quitar el hollín de las chimeneas. ‖ *s. m.* **2.** Utensilio con el que se limpian las chimeneas.

**deshollinar** *v.* Limpiar el hollín que queda dentro de las chimeneas. **FAM.** Deshollinador.

**deshonesto, ta** *adj.* Que no es honesto, honrado o decente. **SIN.** Deshonroso, indecente. **ANT.** Honrado.

**deshonor** *s. m.* Sentimiento de la persona que cree que ha perdido su honor o su dignidad. **SIN.** Deshonra, humillación. **ANT.** Honor, honra.

**deshonra** *s. f.* Sentimiento de la persona que cree que ha perdido su honra o su dignidad. **SIN.** Deshonor, humillación. **ANT.** Honra, honor.

**deshonrar** *v.* Hacer que alguien pierda la honra o la dignidad. **SIN.** Humillar. **ANT.** Honrar. **FAM.** Deshonra, deshonroso.

**deshonroso, sa** *adj.* Que hace perder la honra o la dignidad de alguien o la perjudica. **SIN.** Humillante.

**deshora** o **deshoras** Se usa en la expresión **a deshora** o **a deshoras**, que significa 'fuera del tiempo en que debe hacerse algo': *Si comes a deshoras, después no cenarás.*

**deshuesar** *v.* Quitar los huesos de la carne o de la fruta: *Deshuesó el pavo antes de servirlo.*

**deshumanizar** *v.* Hacer que alguien o algo sea más duro o más cruel para las personas. ■ Delante de *e* se escribe *c* en lugar de *z*: *El dinero hace que mucha gente se deshumanice.* **SIN.** Endurecer. **ANT.** Humanizar.

**desiderativo, va** *adj.* Se dice de las oraciones que expresan deseo, como por ejemplo: *¡Ojalá venga Luis este verano!*

**desidia** *s. f.* Falta de ganas o interés: *Estudiaba con desidia.* **SIN.** Dejadez, pereza. **ANT.** Energía, afán.

**desierto, ta** *adj.* **1.** Se dice del lugar que está vacío, sin gente: *Por la noche las calles se quedan desiertas.* ‖ *s. m.* **2.** Terreno muy seco, que suele estar lleno de arena y en el que no hay vegetación o hay muy poca. **SIN. 1.** Deshabitado, despoblado, desértico. **ANT. 1.** Habitado, concurrido. **FAM.** Desertar, desértico, desertizar.

**desierto**

**designación** *s. f.* **1.** Acción de designar a alguien o algo para alguna cosa: *Estaba feliz con su designación para el nuevo cargo.* **2.** Nombre que se da a algo.
SIN. **1.** Destino. **2.** Denominación.

**designar** *v.* **1.** Destinar a una persona o cosa para que ocupe un cargo o desempeñe una función: *Le han designado para un trabajo muy importante.* **2.** Nombrar, llamar. **3.** Señalar, determinar: *Aún no han designado día para la reunión.*
SIN. **1.** Elegir. **2.** Denominar. **3.** Indicar.
FAM. Designación, designio.

**designio** *s. m.* Idea que tiene alguien de hacer alguna cosa.
SIN. Intención, propósito, proyecto, plan.

**desigual** *adj.* **1.** Distinto, diferente: *Los resultados de los partidos fueron muy desiguales.* **2.** Con muchos cambios o altibajos: *Por aquí no se puede patinar porque el suelo es muy desigual.*
SIN. **1.** Diverso. **2.** Irregular. ANT. **1.** Igual, semejante. **2.** Uniforme.
FAM. Desigualdad.

**desigualdad** *s. f.* **1.** Diferencia: *Es tremenda la desigualdad que existe entre ricos y pobres.* **2.** Hoyos y elevaciones de un terreno o de una superficie: *Lijaron la madera para quitar las desigualdades.*
SIN. **1.** Disparidad, variedad, desproporción. **2.** Desnivel, altibajos. ANT. **1.** Igualdad.

**desilusión** *s. f.* Sentimiento que tiene alguien al ver que una persona o cosa no es como esperaba: *Irene se llevó una desilusión cuando le dijeron que no participaría en la obra de teatro.*
SIN. Desengaño, decepción. ANT. Ilusión.
FAM. Desilusionar.

**desilusionar** *v.* Hacer que alguien sufra una desilusión: *Le habían dicho que la película era muy interesante, pero a él le desilusionó.*
SIN. Decepcionar, defraudar. ANT. Ilusionar.

**desincrustar** *v.* Separar lo que está incrustado.

**desinencia** *s. f.* Terminación de una palabra que indica si un sustantivo es masculino o femenino, singular o plural; así, en *niño, niña, niños, niñas,* las desinencias son *-o, -a, -os, -as.* En los verbos, indica cuál es el tiempo, la persona y el número: así, en la palabra *corremos,* la desinencia *-emos* nos dice que el tiempo es presente de indicativo, la persona, la primera, y el número, plural.

**desinfectante** *adj. y s. m.* Que desinfecta: *El agua oxigenada es un desinfectante muy bueno para las heridas.*

**desinfectar** *v.* Limpiar de gérmenes una herida u otra cosa para evitar que se produzca una infección: *Le desinfectaron el arañazo. Desinfectó las pinzas para sacarle una espina.*
SIN. Esterilizar. ANT. Infectar.
FAM. Desinfectante.

**desinflar** *v.* **1.** Sacar el aire de un balón, rueda u otra cosa inflada. **2.** Hacer perder el ánimo o la energía que tenía alguien: *Cuando vio que era imposible ganar el partido, se desinfló.*
SIN. **1.** Deshinchar. **2.** Hundir, desmoralizar. ANT. **1.** Inflar, hinchar. **2.** Animar.

**desinformación** *s. f.* **1.** Falta de información, desconocimiento de algo. **2.** Hecho de comunicar información falsa o incompleta.
FAM. Desinformado.

**desinformado, da** *adj.* Que no está informado o no está bien informado.

**desinhibirse** *v.* Perder la vergüenza, actuar espontáneamente: *Quique es tímido, le cuesta desinhibirse.*
ANT. Inhibirse.

**desinsectar** *v.* Eliminar los insectos.

**desintegración** *s. f.* Acción de desintegrar o desintegrarse.
SIN. Desunión, descomposición. ANT. Integración, asociación.

**desintegrar** *v.* Separar los elementos o las partes que componen algo: *Decidieron desintegrar el grupo. Los meteoritos se desintegran al chocar con la atmósfera.*
SIN. Descomponer, desunir, disgregar. ANT. Integrar, unir.
FAM. Desintegración.

**desinterés** *s. m.* Falta de interés: *Como no le gustan las clases de historia, escucha al profesor con desinterés.*
ANT. Interés.
FAM. Desinteresado, desinteresarse.

**desinteresado, da** *adj.* Que actúa generosamente, sin pedir nada a cambio: *Agradecimos mucho su ayuda desinteresada.*

**desinteresarse** *v.* Dejar de tener interés por una persona o una cosa: *A medida que el chico crecía, se desinteresaba de lo juegos.*
ANT. Interesarse.

**desintoxicar** *v.* Curar a una persona que se ha intoxicado por tomar algo malo para el cuerpo. Por ejemplo, hay que desintoxicar a una persona cuando ha tomado una comida que estaba en malas condiciones o cuando ha consumido drogas. ■ Delante de *e* se escribe *qu* en lugar de *c*: *desintoxique.*
ANT. Intoxicarse.

**desistir** *v.* Renunciar alguien a algo que pensaba hacer: *Desistió de salir porque estaba cansado.*
SIN. Ceder, cejar. ANT. Insistir, perseverar.

**deslavazado, da** *adj.* Que no hay orden ni relación entre las partes que lo componen: *Es una película tan deslavazada que no hay forma de seguir el argumento.*
SIN. Disperso. ANT. Ligado, trabado.

**desleal** *adj.* Que no es leal o fiel con alguien: *Fue desleal al contar los secretos de su amiga.* SIN. Infiel.

**deslealtad** *s. f.* Falta de lealtad. SIN. Infidelidad, traición. ANT. Fidelidad. FAM. Desleal.

**desleír** *v.* Mezclar una sustancia sólida con un líquido para que se disuelva. ■ Es un verbo irregular. Se conjuga como *reír*. SIN. Disolver, diluir.

**deslenguado, da** *adj.* y *s. m.* y *f.* Que habla a los demás sin ningún respeto o les dice palabras groseras. SIN. Malhablado. ANT. Mirado, considerado.

**desliar** *v.* 1. Deshacer un lío. 2. Desatar un envoltorio: *Deslía el paquete para ver qué es.* SIN. 2. Desembalar, desempaquetar. ANT. 1. y 2. Liar. 2. Atar.

**desligar** *v.* Separar, desunir. ■ Delante de *e* se escribe *gu* en lugar de *g*: *desligué*. SIN. Deslindar. ANT. Ligar.

**deslindar** *v.* Separar cosas para que no se confundan o para que se vean más claras: *Deslindaron los dos terrenos con una valla. La profesora deslindó los contenidos de la lección que eran completamente nuevos.* SIN. Acotar; delimitar.

**desliz** *s. m.* Equivocación o falta que se hace por no pensar bien las cosas. ■ Su plural es *deslices*. SIN. Desacierto, yerro.

**deslizable** *adj.* Que se puede deslizar: *una puerta deslizable.*

**deslizar** *v.* 1. Pasar o resbalar suavemente sobre algo: *Deslizó la mano por la barandilla de la escalera. El esquiador se desliza por la nieve.* 2. Poner una cosa en un sitio, casi siempre con suavidad o disimulo: *Deslizó las cartas por debajo de la puerta.* ■ Delante de *e* se escribe *c* en lugar de *z*: *Me deslicé por el tobogán.* SIN. 1. Patinar, escurrirse. FAM. Desliz, deslizable. / Aerodeslizador.

**deslomar** *v.* 1. Romper o dañar la espalda de una persona o el lomo de un animal: *No cojas tanto peso que te vas a deslomar.* 2. Realizar un esfuerzo muy grande o trabajar mucho: *Se desloma para sacar la familia adelante.* SIN. 2. Desriñonarse.

**deslucido, da** *adj.* 1. Se dice de algo que ha perdido el buen aspecto que tenía: *Los pantalones estaban deslucidos de tanto usarlos.* 2. Que no ha salido tan bien como se esperaba: *Las fiestas del barrio estuvieron deslucidas a causa de la lluvia que cayó el fin de semana.*

**deslucir** *v.* Dejar algo deslucido, sin buen aspecto. ■ Es un verbo irregular. Se conjuga como *lucir*. ANT. Lucir. FAM. Deslucido.

**deslumbrante** *adj.* Que deslumbra por su buen aspecto: *Raquel estaba deslumbrante con ese vestido.*

**deslumbrar** *v.* 1. Cegar a una persona la luz. 2. Dejar asombrado o maravillado a alguien: *Mariano deslumbró a todos con los juegos de magia que sabía hacer.* SIN. 2. Fascinar. FAM. Deslumbrante.

**deslustrar** *v.* 1. Quitar el lustre o brillo de una cosa. 2. Quitar mérito a algo o hacer que resulte mal: *Ese pequeño fallo no deslustra tu trabajo.* SIN. 1. y 2. Empañar. 2. Deslucir. ANT. 1. Abrillantar, lustrar.

**desmadejado, da** *adj.* Sin fuerzas y muy cansado: *El calor le deja desmadejado.* SIN. Flojo, debilitado, decaído. ANT. Vigoroso.

**desmadrado, da** *adj.* Que actúa de manera alocada, sin vergüenza ni moderación. SIN. Desenfrenado, desmedido. ANT. Moderado, comedido.

**desmadrarse** *v.* Actuar de forma alocada, sin vergüenza.

**desmadre** *s. m.* Desorden, follón: *Cuando se marchó la profesora, la clase fue el desmadre.* SIN. Cachondeo, descontrol, desbarajuste. ANT. Orden. FAM. Desmadrado, desmadrarse.

**desmagnetizar** *v.* Hacer que un imán o un objeto magnetizado pierda la capacidad de atraer metales. ■ Delante de *e* se escribe *c* en lugar de *z*: *desmagnetice*. ANT. Magnetizar.

**desmán** *s. m.* Acción mala, injusta: *La policía trató de evitar que los gamberros cometieran desmanes al final del partido.* SIN. Injusticia, atropello. FAM. Desmandarse.

**desmandarse** *v.* Hacer uno lo que le da la gana, no obedecer.

**desmano** Se emplea en la expresión **a desmano**, que significa 'en un lugar apartado, alejado del camino que uno lleva': *No creo que pase por allí, ese barrio me queda a desmano.*

**desmantelar** *v.* Deshacer algo que está montado u organizado: *Cuando terminaron las fiestas, desmantelaron los puestos que había en la calle.* SIN. Desmontar, desarmar. ANT. Montar.

**desmañado, da** *adj.* y *s. m.* y *f.* Que no tiene maña para hacer algo: *Soy muy desmañado con los trabajos manuales.* SIN. Torpe, patoso. ANT. Mañoso, hábil.

**desmaquillador, ra** *adj.* y *s. m.* Que sirve para quitar el maquillaje: *Usa una toallita desmaquilladora. Antes de acostarse se limpia la cara con un desmaquillador.*

**desmaquillar** v. Quitar el maquillaje y otros cosméticos de la cara.
ANT. Maquillar.
FAM. Desmaquillador.

**desmarcarse** v. En algunos deportes de equipo, quedarse un jugador libre del contrario que le marcaba. ■ Delante de *e* se escribe *qu* en lugar de *c*: *Me desmarqué y conseguí meter el balón en la canasta.*

**desmayado, da** adj. **1.** Decaído, débil: *Ha estado toda la semana con gripe y aún anda un poco desmayado.* **2.** Se dice de los colores apagados o desvaídos: *Tiene un traje de un verde desmayado muy feo.*
SIN. **2.** Desvaído, descolorido, pálido. ANT. **2.** Vivo, brillante.

**desmayarse** v. Caerse una persona y quedarse como dormida durante un espacio corto de tiempo.
SIN. Desvanecerse.
FAM. Desmayado, desmayo.

**desmayo** s. m. Hecho de desmayarse una persona: *Tuvo un desmayo porque llevaba muchas horas sin comer.*
SIN. Desvanecimiento, desfallecimiento.

**desmedido, da** adj. Muy grande, excesivo: *Tiene unas ganas de comer desmedidas.*
SIN. Desmesurado, exagerado, desaforado. ANT. Moderado.

**desmejorado, da** adj. Que tiene peor salud o aspecto que antes, por ejemplo después de una enfermedad: *Desde que le operaron, David está muy desmejorado.*

**desmelenarse** v. **1.** Despeinarse. **2.** Comportarse de forma alocada, sin control: *Cuando se desmelena no hay quien lo pare.*
SIN. **2.** Desmadrarse, desinhibirse. ANT. **2.** Inhibirse.

**desmembración** s. f. Acción de desmembrar o separar las partes de algo.

**desmembrar** v. **1.** Separar los miembros del cuerpo de una persona o un animal. **2.** Separar una parte o las partes que forman una cosa: *La marcha de sus mejores componentes desmembró el equipo.* ■ Es un verbo irregular. Se conjuga como *pensar.*
FAM. Desmembración.

**desmemoriado, da** adj. y s. m. y f. Con poca memoria o sin ella.
SIN. Olvidadizo.

**desmentido** s. m. Comunicado público en el que se desmiente una noticia o una información: *Salió un desmentido en la prensa asegurando que las acusaciones eran falsas.*

**desmentir** v. Decir o demostrar que lo que otro ha dicho no es verdad: *Se hablaba de que el colegio iba a ser derribado, pero el director lo desmintió.* ■ Es un verbo irregular. Se conjuga como *sentir.*
ANT. Confirmar, ratificar, reafirmar.
FAM. Desmentido.

**desmenuzar** v. Dividir una cosa en trocitos pequeños. ■ Delante de *e* se escribe *c* en lugar de *z*: *Desmenucé un trozo de pan para echar las migas a los pájaros.*

**desmerecer** v. **1.** Perder valor: *La habitación desmerece mucho con ese sofá tan feo.* **2.** Ser inferior a otra persona o cosa con la que se compara: *Ese chico desmerece de sus hermanos: no es tan listo como ellos.* ■ Es un verbo irregular. Se conjuga como *agradecer.*

**desmesura** s. f. Falta de mesura o moderación.
SIN. Exageración, exceso.
FAM. Desmesurado.

**desmesurado, da** adj. Muy grande, mucho mayor de lo debido.
SIN. Exagerado, desmedido, desproporcionado. ANT. Comedido.

**desmigajar** v. Hacer migajas algo.
SIN. Desmenuzar.

**desmigar** v. **1.** Deshacer en migas. **2.** Quitarle la miga al pan. ■ Delante de *e* se escribe *gu* en lugar de *g*: *desmigue.*

**desmilitarizar** v. Reducir o quitar las instalaciones militares de un territorio. ■ Delante de *e* se escribe *c* en lugar de *z*: *desmilitaricen.*

**desmitificar** v. Dejar de idealizar o valorar en exceso a una persona o cosa. ■ Delante de *e* se escribe *qu* en lugar de *c*: *Lo admiraba mucho, pero cuando lo conocí en persona lo desmitifiqué.*
ANT. Mitificar.

**desmochar** v. Quitar la punta o la parte superior: *Un rayo desmochó la torre.*

**desmontar** v. **1.** Separar las distintas piezas o elementos que forman algo: *Desmontamos la rueda de la bicicleta para meterla en el maletero del coche.* **2.** Bajar alguien de algo sobre lo que está montado, por ejemplo de un caballo.
SIN. **1.** Desarmar. **2.** Apear. ANT. **1.** Armar. **1.** y **2.** Montar.

**desmoralizar** v. Desanimar mucho a una persona de forma que no se sienta con ánimos o fuerzas para hacer algo. ■ Delante de *e* se escribe *c* en lugar de *z*: *Si el equipo sigue perdiendo, es posible que los jugadores se desmoralicen.*
SIN. Desalentar.

**desmoronar** v. **1.** Deshacer poco a poco: *El viento desmoronó el castillo de arena que los niños habían construido en la playa.* ‖ **desmoronarse 2.** Venirse abajo una persona, quedarse sin fuerza, entusiasmo u otra cosa: *Estuvo aguantando sin llorar pero al final se desmoronó.*
SIN. **1.** y **2.** Derrumbar. ANT. **2.** Recomponerse; sobreponerse.

**desmotivar** v. Quitar el interés o el ánimo para hacer algo: *Como no aprendía mucho, se desmotivó y dejó las clases.*
SIN. Desanimar. ANT. Motivar, alentar.

**desmovilizar** *v.* **1.** Hacer que vuelvan a su vida normal los soldados que habían sido movilizados: *Tras firmarse la paz, desmovilizaron al ejército.* **2.** Anular una movilización social, como una huelga o una manifestación. ■ Delante de *e* se escribe *c* en lugar de *z*: *desmovilicen.*
SIN. **2.** Desconvocar.

**desnatado, da** *adj.* Sin la nata que tenía: *leche desnatada, yogur desnatado.*
FAM. Semidesnatado.

**desnaturalizado, da** *adj.* **1.** Que no tiene las características que por naturaleza le corresponden. || *adj.* y *s. m.* y *f.* **2.** Se dice de las personas que no sienten cariño hacia sus familiares más cercanos.

**desnivel** *s. m.* **1.** Diferencia de altura entre dos o más puntos o zonas: *Entre la cima de la montaña y el pueblo hay un desnivel de mil metros.* **2.** Subidas y bajadas de un camino o carretera.
FAM. Desnivelar.

**desnivelar** *v.* Hacer que dos cosas dejen de estar niveladas o igualadas: *Un gol en el último minuto desniveló el marcador.*
SIN. Desequilibrar. ANT. Igualar, equilibrar.

**desnucar** *v.* **1.** Romper los huesos de la nuca. **2.** Matar o matarse de un golpe en la nuca. ■ Delante de *e* se escribe *qu* en lugar de *c*: *desnuque.*

**desnuclearizar** *v.* Reducir o quitar las instalaciones o armas nucleares de un territorio. ■ Delante de *e* se escribe *c* en lugar de *z*: *desnuclearice.*

**desnudar** *v.* Dejar desnudo, quitar la ropa.
SIN. Desvestir. ANT. Vestir.
FAM. Desnudo. / Nudismo.

**desnudez** *s. f.* El estar desnuda una persona o cosa. ■ Su plural es *desnudeces.*

**desnudo, da** *adj.* **1.** Sin ropa. **2.** Vacío, sin nada que lo cubra o adorne: *Los árboles se quedan desnudos en otoño. Las habitaciones del piso que alquilaron estaban desnudas, sin muebles.* || *s. m.* **3.** En pintura y escultura, figura humana sin vestir.
SIN. **1.** Desvestido. **2.** Desprovisto, desguarnecido. ANT. **1.** Vestido. **2.** Cubierto.
FAM. Desnudez.

**desnutrición** *s. f.* Debilidad de la persona que no se alimenta bien.
FAM. Desnutrido.

**desnutrido, da** *adj.* Que tiene desnutrición.

**desobedecer** *v.* No hacer lo que nos mandan: *Me han castigado por desobedecer y salir sin permiso.* ■ Es un verbo irregular. Se conjuga como *agradecer.*
SIN. Incumplir. ANT. Obedecer.
FAM. Desobediencia, desobediente.

**desobediencia** *s. f.* El hecho de desobedecer.
SIN. Rebeldía. ANT. Obediencia.

**desobediente** *adj.* y *s. m.* y *f.* Que desobedece.
SIN. Rebelde. ANT. Obediente.

**desobstruir** *v.* Eliminar lo que impide el paso de un conducto o camino. ■ Es un verbo irregular. Se conjuga como *huir.*
SIN. Desatascar. ANT. Obstruir, atascar.

**desocupado, da** *adj.* **1.** Libre, vacío: *Aquí hay un asiento desocupado.* **2.** Que no tiene cosas que hacer: *Ahora puedes hablar con ella porque está desocupada.*
ANT. **1.** y **2.** Ocupado. **2.** Atareado.

**desocupar** *v.* Dejar vacío un sitio: *Los huéspedes deben desocupar la habitación del hotel a las doce del mediodía.*
SIN. Vaciar, desalojar, evacuar. ANT. Ocupar, llenar.
FAM. Desocupado.

**desodorante** *adj.* y *s. m.* Que sirve para quitar los malos olores, sobre todo los del cuerpo: *Ha comprado unos polvos desodorantes para los pies. Después de ducharse se echa desodorante en las axilas.*
FAM. Desodorizar.

**desodorizar** *v.* Eliminar el olor, sobre todo el desagradable. ■ Delante de *e* se escribe *c* en lugar de *z*: *desodorice.*

**desoír** *v.* No hacer caso de una cosa: *Eso te pasa por desoír mis consejos.* ■ Es un verbo irregular. Se conjuga como *oír.*
SIN. Ignorar, pasar. ANT. Atender, seguir.

**desojarse** *v.* Forzar la vista hasta estropearla o dañarla: *Si lees con tan poca luz te vas a desojar.*

**desolación** *s. f.* **1.** Destrucción total de algo. **2.** Pena muy grande.
SIN. **1.** Ruina. **2.** Tristeza, desconsuelo, aflicción.
ANT. **2.** Alegría.
FAM. Desolado, desolador.

**desolado, da** *adj.* **1.** Se dice del lugar despoblado, abandonado: *Después del incendio, el monte quedó desolado.* **2.** Muy afligido o triste: *Su hermano está desolado por la mala noticia.*

**desolador, ra** *adj.* **1.** Que destruye totalmente: *Los efectos del vendaval fueron desoladores.* **2.** Que da mucha pena.
SIN. **1.** Destructor. **2.** Triste, desgarrador. ANT. **2.** Alegre.

**desollar** *v.* Quitar el pellejo o la piel, o un trozo: *desollar una res.* ■ Es un verbo irregular. Se conjuga como *contar.*
SIN. Pelar.

**desorbitado, da** *adj.* Muy grande o exagerado: *En esa tienda, la ropa tiene unos precios desorbitados.*

**desorbitar** *v.* **1.** Sacar algo de su órbita o de su lugar habitual. **2.** Dar más importancia de la que tiene a una cosa o hacerla más grande: *No desorbitemos la gravedad de la situación, que no es para tanto. Los precios de las casas se han desorbitado.*
SIN. **2.** Exagerar, disparar.
FAM. Desorbitado.

**desorden** *s. m.* **1.** Falta de orden en cualquier cosa: *Qué desorden hay en el armario.* **2.** Alboroto: *Después del partido, se produjeron desórdenes en los alrededores del estadio.*
**SIN. 1.** Lío, desorganización, confusión. **ANT. 1.** Organización.
**FAM.** Desordenado, desordenar.

**desordenado, da** *adj.* **1.** Que no está en orden: *Tiene la mesa muy desordenada: toda llena de papeles.* **2.** Que hace las cosas sin ningún orden: *Claro que no encuentras nada, si no fueras tan desordenado.*
**SIN. 1.** y **2.** Desorganizado. **ANT. 1.** y **2.** Ordenado. **2.** Organizado.

**desordenar** *v.* Poner las cosas en desorden: *Procura no desordenar las fichas del parchís.*
**SIN.** Liar, desorganizar, confundir. **ANT.** Ordenar.

**desorganización** *s. f.* Desorden, lío.
**SIN.** Confusión, desconcierto. **ANT.** Organización.

**desorganizar** *v.* Dejar algo sin orden o sin organización. ■ Delante de *e* se escribe *c* en lugar de *z*: *Coge lo que quieras, pero no me desorganices el cajón.*
**SIN.** Desordenar, liar. **ANT.** Organizar.
**FAM.** Desorganización.

**desorientación** *s. f.* Hecho de encontrarse desorientada una persona.

**desorientar** *v.* **1.** Hacer que alguien se pierda o no sepa dónde está: *No conocía bien aquel barrio y se desorientó.* **2.** Dejar a alguien sin saber qué pensar o qué hacer: *La radio dio noticias contrarias y desorientó a los oyentes.*
**SIN. 1.** Extraviar. **2.** Confundir, desconcertar. **ANT. 1.** y **2.** Orientar.
**FAM.** Desorientación.

**desovar** *v.* Soltar los huevos las hembras de algunos animales como los insectos, los peces o las ranas.
**FAM.** Desove.

**desove** *s. m.* Acción de desovar y época del año en la que desovan los peces, los insectos y los anfibios.

**despabilado, da** *adj.* Busca **espabilado**.

**despabilar** *v.* Busca **espabilar**.
**FAM.** Despabilado.

**despachar** *v.* **1.** Atender a los clientes o al público: *En la tienda nos despachó una dependienta muy simpática.* **2.** Vender mercancías, entradas, billetes: *En los estancos despachan tabaco, sellos y otras cosas.* **3.** Reunirse con otras personas para solucionar o decidir cosas: *El director despacha con los profesores todas las semanas.* **4.** Hacer o terminar una cosa: *Despacho esta tarea en un minuto y nos vamos de paseo.* ‖ **despacharse 5.** Decir sin miedo ni rodeos todo lo que nos apetece: *Se despachó a gusto, le dijo todo lo que pensaba de ella.*
**SIN. 2.** Expender. **4.** Acabar. **5.** Desahogarse, explayarse.
**FAM.** Despacho.

**despacho** *s. m.* **1.** Habitación o lugar donde se trabaja o se estudia: *En su despacho tiene un ordenador.* **2.** Acción de despachar: *El horario de despacho es de nueve a una.* **3.** Lugar donde se despacha o vende algo: *Sus padres tienen un despacho de pan.* **4.** Comunicación: *En el periódico recibieron un despacho de la agencia de noticias en el que se comunicaba la dimisión del ministro.*
**SIN. 1.** Oficina.

**despachurrar** *v.* Busca **espachurrar**.

**despacio** *adv.* **1.** Empleando mucho tiempo: *Si vamos tan despacio, no llegaremos a la primera clase.* **2.** En América del Sur, en voz baja.
**SIN. 1.** Lentamente. **ANT. 1.** Deprisa.
**FAM.** Despacioso.

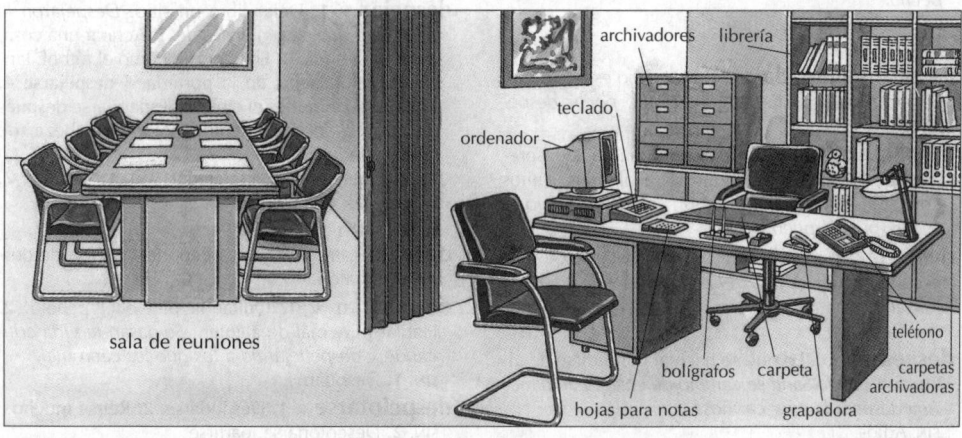

despacho

**despacioso, sa** *adj.* Que es lento o hace las cosas despacio, sin prisa
SIN. Pausado. ANT. Rápido, apresurado.

**despampanante** *adj.* Muy llamativo: *Carolina llegó en un coche despampanante.*
SIN. Impresionante.

**despanzurrar** *v.* Reventar o espachurrar algo: *Se le cayeron los pasteles y se despanzurraron.*

**desparasitar** *v.* Eliminar los parásitos.

**desparejado, da** *adj.* Que no tiene pareja, por ejemplo un guante solo o un calcetín.
SIN. Desemparejado.

**desparpajo** *s. m.* Característica de las personas que hablan y actúan con mucha soltura y sin que les dé vergüenza: *Para ser tan pequeño, tu hermano cuenta las cosas con mucho desparpajo.*
SIN. Desenvoltura, desenfado. ANT. Timidez, corte.

**desparramar** *v.* **1.** Poner por muchos sitios algo que estaba junto: *Desparramó los papeles por la mesa.* **2.** Divertirse sin control y haciendo todo lo que uno quiere: *Se pasó el sábado desparramando en la discoteca.*
SIN. **1.** Esparcir, desperdigar, diseminar. ANT. **1.** Reunir.
FAM. Desparrame.

**desparrame** *s. m.* Juerga, mucha diversión.

**despatarrarse** *v.* Separar mucho las piernas, sobre todo al sentarse. ■ Se dice también *espatarrarse.*

**despavorido, da** *adj.* Que tiene mucho miedo: *El perro le ladró y él salió despavorido.*
SIN. Aterrado, aterrorizado.

**despechado, da** *adj.* Que siente despecho: *Está despechado porque me haces más caso a mí que a él.*

**despecho** *s. m.* Enfado o rabia que tiene una persona por algo que le ha pasado o que le han hecho: *Como perdió, no quiso felicitar al ganador por despecho.*
SIN. Resentimiento, rencor.
FAM. Despechado.

**despechugado, da** *adj.* Con mucho escote o con el pecho muy destapado: *Se resfrió por ir despechugado.*

**despectivo, va** *adj.* Que muestra o indica desprecio; en gramática se llama así a algunos sufijos como *-ajo* (*sombra/sombrajo*), *-ejo* (*tipo/tipejo*) o *-ucho* (*pueblo/pueblucho*).

**despedazar** *v.* Hacer pedazos. ■ Delante de *e* se escribe *c* en lugar de *z*: *No despedaces la goma de borrar.*
SIN. Destrozar.

**despedida** *s. f.* Lo que se hace al despedirse de alguien: *Cuando Santi se cambió de colegio, le dimos una despedida muy cariñosa.*
SIN. Adiós.
ANT. Bienvenida, recibimiento.

**despedir** *v.* **1.** Decirle adiós a una persona: *Le acompañamos a la estación para despedirnos de él.* **2.** Echar o dar una cosa: *Los volcanes despiden humo y lava.* **3.** Echar a una persona de su trabajo o irse ella misma: *Bruno se ha despedido de la librería en que trabajaba.* || **despedirse 4.** Dar por perdido algo que queremos o que nos gusta: *Despídete de esas zapatillas deportivas.* ■ Es un verbo irregular. Se conjuga como *pedir.*
SIN. **2.** Lanzar, arrojar, expulsar, emitir. **4.** Olvidarse, prescindir. ANT. **1.** Recibir. **2.** Aspirar. **3.** Contratar.
FAM. Despedida, despido.

**despegable** *adj.* Que se puede despegar: *Eduardo tiene un cuento con pegatinas despegables.*

**despegado, da** *adj.* **1.** Separado de la cosa a la que estaba pegado o unido: *Hay varios cromos despegados.* **2.** Que no es muy cariñoso o sociable.
SIN. **2.** Insociable, arisco, frío.

**despegar** *v.* **1.** Separar una cosa de otra a la que estaba pegada o unida. **2.** Levantarse del suelo y empezar a volar un avión, un helicóptero, un cohete. || **despegarse 3.** En una carrera deportiva, separarse un participante del conjunto que forman los demás: *El ciclista colombiano se despegó del pelotón.* ■ Delante de *e* se escribe *gu* en lugar de *g*: *No despegues la etiqueta.*
SIN. **1.** Desprender, arrancar. **2.** Elevarse. ANT. **1.** Pegar, adherir. **2.** Aterrizar.
FAM. Despegable, despegado, despegue.

**despegue** *s. m.* Acción de despegar un avión, un helicóptero, un cohete.
ANT. Aterrizaje.

**despeinar** *v.* Estropear el peinado o revolver el pelo: *Cierra la ventanilla, que el viento me despeina.*
ANT. Peinar.

**despejado, da** *adj.* Que se despejó: *El cielo está despejado. Tiene la cabeza despejada.*

**despejar** *v.* **1.** Dejar libre un sitio: *Despejaron la calle para que pasara el desfile.* **2.** Aclarar una cosa, como una duda. **3.** En deportes como el fútbol, lanzar la pelota lejos de la portería. || **despejarse 4.** Quedarse sin nubes el cielo. **5.** Espabilarse después de dormir, de haber tenido dolor de cabeza, de haber estado borracho.
SIN. **1.** Desalojar. **2.** Esclarecer. ANT. **1.** Ocupar. **2.** Complicar. **4.** Nublarse.
FAM. Despejado, despeje.

**despeje** *s. m.* En algunos deportes, acción de despejar el balón.

**despellejar** *v.* **1.** Quitar la piel o el pellejo. **2.** Hablar muy mal de alguien: *Se pasan la vida criticando y despellejando a los que les caen mal.*
SIN. **1.** Desollar.

**despelotarse** *v.* **1.** Desnudarse. **2.** Reírse mucho.
SIN. **2.** Descojonarse, partirse.
FAM. Despelote.

**despelote** *s. m.* **1.** Acción de despelotarse. **2.** Desorden, jaleo, falta de formalidad: *La fiesta se convirtió en un despelote y los vecinos protestaron.*

**despeluchar** *v.* **1.** Caérsele el pelo a un animal cuando cambia el pelaje. **2.** Quitarle el pelillo a una cosa o perderlo ésta por sí sola.

**despenalizar** *v.* Hacer que una cosa que era delito deje de serlo. ■ Delante de *e* se escribe *c* en lugar de *z: despenalice.* ANT. Penalizar.

**despendolarse** *v.* Desmadrarse, comportarse de forma descontrolada.

**despensa** *s. f.* Habitación o armario donde se guardan cosas de comer.

**despeñadero** *s. m.* Barranco, precipicio.

**despeñar** *v.* Tirar a una persona, animal o cosa por un precipicio, o caerse por él: *Se despeñaron por el barranco dos ovejas del rebaño.* FAM. Despeñadero.

**despepitarse** *v.* **1.** Hablar a gritos. **2.** Con la preposición *por,* sentir muchas ganas de hacer algo: *Se despepita por montarse en la noria.* **3.** Reírse mucho.

**desperdiciar** *v.* Gastar demasiado de algo o no sacar buen provecho de una cosa: *Cómetelo todo, no desperdicies la comida.* SIN. Malgastar, desaprovechar. ANT. Aprovechar, apurar. FAM. Desperdicio.

**desperdicio** *s. m.* **1.** Acción de desperdiciar algo: *¡Qué desperdicio de papel! Escribe por las dos caras para aprovechar las hojas.* ‖ *s. m. pl.* **2.** Basuras, cosas que sobran: *Cuando termines de comer echa los desperdicios en esta bolsa.* EXPR. **no tener desperdicio** Ser una persona o una cosa muy buena, muy útil: *Es un libro divertidísimo, no tiene desperdicio.* También significa lo contrario, ser muy malo o no servir para nada: *Este programa es aburrido y está mal hecho; vamos, que no tiene desperdicio.* SIN. **2.** Restos, residuos, desechos. ANT. **1.** Aprovechamiento.

**desperdigar** *v.* **1.** Separar personas, animales o cosas que estaban unidos: *Entraron al zoo todos juntos, pero acabaron desperdigándose.* **2.** Ir dejando muchas cosas por todas partes. ■ Delante de *e* se escribe *gu* en lugar de *g: No desperdigues la ropa por toda la habitación.* SIN. **1.** y **2.** Desparramar, dispersar, diseminar, disgregar. ANT. **1.** y **2.** Reunir.

**desperezarse** *v.* Estirarse cuando uno tiene sueño o pereza. ■ Delante de *e* se escribe *c* en lugar de *z: Me desperecé al levantarme.*

**desperfecto** *s. m.* **1.** Daño poco importante: *La gotera causó desperfectos en casa de los vecinos.*

**2.** Defecto pequeño en una cosa: *Uno de los muebles tenía un desperfecto.* SIN. **1.** Deterioro. **2.** Falta, imperfección.

**despertador** *s. m.* Reloj que hace sonar una alarma a la hora que se le marca.

esfera
campana
minutero
horario
aguja de
la alarma
**de campana**
hora en
dígitos
**digital**
pulsador
altavoz
sintonizador
de emisoras
volumen
**con radio**
**analógico**
**despertador**

**despertar**[1] *v.* **1.** Hacer que una persona deje de dormir: *Le despertó el ruido de la calle. Se despertó a media noche con dolor de tripa.* **2.** Causar, producir: *Hacer ejercicio despierta el hambre.* **3.** Hacerse más listo y avispado: *Como no despiertes, te van a tomar el pelo.* ■ Es un verbo irregular. Se conjuga como *pensar.* SIN. **1.** y **3.** Espabilar. **2.** Provocar, avivar. FAM. Despertador, despertar[2], despierto.

**despertar**[2] *s. m.* Momento en que alguien se despierta o forma en que lo hace: *Vaya despertar que tiene, se levanta de un humor...*

**despiadado, da** *adj.* Muy malo o cruel, sin piedad: *Algunas personas despiadadas pegan a los animales.* SIN. Brutal, inhumano, desalmado, feroz. ANT. Bueno, compasivo.

**despido** *s. m.* Acción de despedir a una persona de su trabajo. SIN. Expulsión. ANT. Admisión.

**despiece** *s. m.* Acción de partir en trozos el cuerpo de un animal como la ternera o el cordero para poder consumirlo.

**despierto, ta** *adj.* **1.** Que no está dormido. **2.** Listo, avispado: *Para su edad, es un chico despierto.* SIN. **2.** Espabilado, vivo. ANT. **2.** Torpe.

**despiezar** *v.* Separar las partes de un animal o las piezas de un objeto: *El carnicero despieza un cerdo. El mecánico despieza un coche.* ■ Delante de *e* se escribe *c* en lugar de *z.* FAM. Despiece.

**despilfarrador, ra** *adj. y s. m. y f.* Que despilfarra. SIN. Derrochador. ANT. Ahorrador.

**despilfarrar** *v.* Gastar mucho dinero o hacerlo sin necesidad.
SIN. Dilapidar, malgastar. ANT. Ahorrar.
FAM. Despilfarrador, despilfarro.

**despilfarro** *s. m.* Gasto de dinero excesivo o no necesario: *Irnos de vacaciones a un hotel tan caro me parece un despilfarro.*
ANT. Ahorro.

**despintar** *v.* Quitar o perder la pintura: *Voy a despintarme las uñas. La silla es muy vieja y se ha despintado.*

**despiojar** *v.* Quitar los piojos.

**despiporre** o **despiporren** Se usa en la expresión **ser el despiporre** o **despiporren**, que significa ser muy divertido o desmadrado: *La fiesta fue el despiporre.*

**despistado, da** *adj.* y *s. m.* y *f.* Distraído: *Qué despistado eres, has vuelto a dejarte el paraguas.*

**despistar** *v.* **1.** Hacer que alguien pierda una pista, se equivoque o no sepa por dónde seguir: *La liebre consiguió despistar a los cazadores y se escondió en su madriguera. La señal estaba mal puesta y despistaba a los conductores.* || **despistarse 2.** Distraerse: *Nos despistamos un momento y perdimos el autobús.*
SIN. 1. Desorientar, confundir. ANT. 1. Orientar.
FAM. Despistado, despiste.

**despiste** *s. m.* Distracción o fallo: *En un despiste de Silvia, el perro se comió su merienda.*

**desplante** *s. m.* Chulería.
SIN. Insolencia.

**desplazamiento** *s. m.* Acción de desplazarse.

**desplazar** *v.* **1.** Mover a una persona, animal o cosa del lugar en que está para ponerla en otro: *El jugador desplazó al contrario para intentar agarrar el balón.* **2.** Dejar a alguien en un puesto menos importante o en una situación peor: *Sigue siendo el portero titular del equipo, hasta ahora nadie le ha desplazado.* || **desplazarse 3.** Ir de un lugar a otro: *Para ir al trabajo tiene que desplazarse desde muy lejos.* ■ Delante de *e* se escribe *c* en lugar de *z*: *desplacé.*
SIN. 1. Trasladar, correr. 2. Relegar, postergar. ANT. 1. Inmovilizar.
FAM. Desplazamiento.

**desplegable** *s. m.* Hoja o póster grande que se presenta doblado y puede desplegarse para ver su contenido.

**desplegar** *v.* **1.** Extender lo que está plegado o recogido: *Desplegó el papel para envolver el paquete.* **2.** Hacer que los soldados, policías u otras personas que iban en grupo se extiendan por un lugar: *La patrulla se desplegó en busca de los montañeros perdidos.* **3.** Poner en práctica una persona sus cualidades o lo que sabe: *Desplegó todo su ingenio para convencerle.* ■ Delante de *e* se escribe *gu* en lugar de *g.* Es un verbo irregular. Se conjuga como *pensar.*
SIN. 1. Desdoblar, estirar. 2. Dispersar, disgregar. ANT. 1. Plegar. 2. Replegar.
FAM. Desplegable, despliegue.

**despliegue** *s. m.* Acción de desplegar o desplegarse: *Ordenaron el despliegue de la policía.*
SIN. Extensión; exhibición, alarde.

**desplomarse** *v.* Caerse de repente una persona o cosa que estaba de pie o en posición vertical: *Le dio un mareo y se desplomó en la calle. Con el terremoto se desplomaron algunos edificios.*
SIN. Derrumbar. ANT. Levantar.
FAM. Desplome.

**desplome** *s. m.* Acción de desplomarse.

**desplumar** *v.* **1.** Quitarle las plumas a un ave. **2.** Dejar a alguien sin dinero: *No compres nada en esa tienda tan cara, que te despluman.*
SIN. 1. Pelar. 2. Limpiar.

**despoblado, da** *adj.* y *s. m.* Que se ha quedado sin habitantes: *Ese lugar que ahora es un despoblado fue una ciudad importante.*
SIN. Deshabitado, desierto. ANT. Poblado.

**despoblar** *v.* Hacer que se vaya la gente que vivía en un lugar o quedarse un sitio sin habitantes: *Las guerras antiguas despoblaron algunas regiones de España. Muchas pequeñas aldeas se han despoblado porque la gente se va a vivir a la ciudad.* ■ Es un verbo irregular. Se conjuga como *contar.*
ANT. Poblar.
FAM. Despoblado.

**despojar** *v.* **1.** Robar o quitar a una persona o cosa algo que tiene: *Unos ladrones les despojaron de todas sus joyas.* || **despojarse 2.** Quitarse la ropa: *Pilar se despojó de la chaqueta porque hacía mucho calor en el cine.* **3.** Quedarse una persona sin algo que tenía: *Se despojó de parte de su dinero y se lo dio a los pobres.*
SIN. 1. Arrebatar, desposeer; expoliar. 3. Desprenderse. ANT. 1. Restituir. 2. Ponerse.
FAM. Despojo.

**despojo** *s. m.* **1.** Acción de despojar o despojarse. || *s. m. pl.* **2.** Lo que sobra de una cosa: *Al final de la fiesta no quedaban más que los despojos.* **3.** Vísceras y partes menos carnosas de las aves y otros animales que se comen.
SIN. 1. Expolio. 2. Desperdicios. 3. Menudos, menudillos.

**despolitizar** *v.* Quitar el carácter político a una persona o cosa: *Es conveniente despolitizar las fiestas de conmemoración de la fundación de la ciudad.* ■ Delante de *e* se escribe *c* en lugar de *z*: *despolitice.*

**desportilladura** *s. f.* Pequeña rotura en el borde de una cosa.
SIN. Mella.

**desportillar** *v.* Romper o romperse un trocito del borde de una cosa: *Le dio un golpe a la taza y la desportilló.*
SIN. Descascarillarse, desconchar, mellar.
FAM. Desportilladura.

**desposado, da** *adj.* y *s. m.* y *f.* Recién casado.

**desposarse** *v.* **1.** Casarse. **2.** Antiguamente, hacer en público la promesa de casarse con una persona.
SIN. **2.** Prometerse. ANT. **1.** Divorciarse.
FAM. Desposado, desposorio.

**desposeer** *v.* Quitarle a una persona o cosa algo que tenía: *Aquella derrota le desposeyó del título de campeón.* ■ Es un verbo irregular. Se conjuga como *leer.*
SIN. Despojar, arrebatar. ANT. Dar, restituir.

**desposorio** *s. m.* **1.** Boda. **2.** Antiguamente, promesa pública de casarse con alguien.
SIN. **2.** Esponsales.

**déspota** *s. m.* y *f.* Persona que abusa de su poder y trata con dureza a los que están a sus órdenes.
SIN. Tirano, dictador.
FAM. Despótico, despotismo.

**despótico, ca** *adj.* Del déspota o del despotismo: *un gobierno despótico.*
SIN. Tiránico, dictatorial, absolutista.

**despotismo** *s. m.* **1.** Autoridad total de una persona o de un gobierno sin que esté limitada por ninguna ley: *La llegada de la democracia al país terminó con el despotismo.* **2.** Abuso de poder de la persona que manda: *El jefe trata a los empleados con despotismo.*
SIN. **1.** y **2.** Tiranía, autoritarismo.

**despotricar** *v.* Hablar mal de alguien o algo: *Le suspendieron y se puso a despotricar contra todos los profesores.* ■ Delante de *e* se escribe *qu* en lugar de *c*: *No despotriques.*
ANT. Alabar.

**despreciable** *adj.* Que merece ser despreciado.
ANT. Estimable.

**despreciar** *v.* **1.** Pensar que una persona o cosa es mala o no vale nada: *Despreciaba a los que eran menos listos que él.* **2.** Rechazar a una persona o cosa o no hacer caso de ella: *Margarita despreció el regalo que le habían hecho porque no le gustaba.*
SIN. **1.** Menospreciar, subestimar. **2.** Desdeñar. ANT. **1.** Estimar, apreciar, respetar. **2.** Aceptar.

**despreciativo, va** *adj.* Que refleja desprecio: *Me ofendí porque hizo un comentario despreciativo sobre mí.*
SIN. Despectivo. ANT. Admirativo, elogioso.

**desprecio** *s. m.* Lo que hacemos cuando despreciamos a alguien o algo: *Fue un desprecio no invitarle.*
SIN. Menosprecio, desconsideración, desaire. ANT. Aprecio, respeto.
FAM. Despreciable, despreciar, despreciativo.

**desprender** *v.* **1.** Separar una cosa de otra a la que está unida: *Se le desprendió uno de los adornos del vestido.* **2.** Soltar o echar algo como agua o calor: *Esa planta desprende un olor muy agradable.* ‖ **desprenderse 3.** Dar una persona algo que tenía: *Tendrás que desprenderte de algunos juguetes porque ya no te caben en el cuarto.* **4.** Sacar una conclusión a partir de algo: *De sus palabras se desprende que está enfadado.*
SIN. **1.** Despegar. **2.** Emanar. **3.** Despojarse, renunciar. **4.** Deducirse. ANT. **1.** Prender.
FAM. Desprendido, desprendimiento.

**desprendido, da** *adj.* **1.** Separado de aquello a lo que estaba unido: *Tiene los botones de la camisa desprendidos.* **2.** Generoso, que no le importa dar o compartir lo que tiene: *Es una persona muy desprendida: deja sus cosas a los demás.*
SIN. **1.** Suelto. **2.** Espléndido. ANT. **1.** Prendido, unido. **2.** Agarrado, tacaño, interesado, roñoso.

**desprendimiento** *s. m.* **1.** Caída de una cosa que se desprende: *En esa parte de la montaña suele haber desprendimientos de rocas.* **2.** Modo de ser de la persona desprendida o generosa.
SIN. **2.** Generosidad. ANT. **2.** Tacañería.

**despreocupado, da** *adj.* Que no se preocupa, sobre todo de su forma de actuar o de vestir.

**despreocuparse** *v.* **1.** Dejar de preocuparse: *No estés tan nervioso, despreocúpate un poco, verás como te sale bien el examen.* **2.** Dejar de ocuparse de una persona o cosa: *Ahora que sus hijos son mayores puede despreocuparse un poco de ellos.*
SIN. **2.** Desentenderse, descuidarse. ANT. **1.** Preocuparse, inquietarse. **2.** Ocuparse, atender.
FAM. Despreocupado.

**desprestigiar** *v.* Quitar o perder el prestigio o la buena fama: *Trató de desprestigiar a su compañero hablando de sus fallos. Los coches de esa marca se han desprestigiado porque se estropean mucho.*
SIN. Desacreditar, deshonrar, difamar. ANT. Ensalzar, honrar.
FAM. Desprestigio.

**desprestigio** *s. m.* Pérdida del prestigio o la buena fama de alguien o algo: *Fue un desprestigio para el equipo quedar el último en el campeonato.*
ANT. Prestigio.

**desprevenido, da** *adj.* Que no está preparado para algo: *Le pilló desprevenido y le quitó la pelota.*
SIN. Descuidado. ANT. Prevenido.

**desprogramar** *v.* Borrar o cambiar las instrucciones que se han dado a una máquina para que haga una cosa: *Voy a desprogramar el vídeo para que no grabe la película. Se desprogramó el ordenador y ahora no funciona.*
ANT. Programar.

**desproporción** *s. f.* Diferencia muy grande, falta de proporción: *En el dibujo había una desproporción entre los árboles grandísimos y las casas enanas.* ANT. Proporción.
FAM. Desproporcionado.

**desproporcionado, da** *adj.* Que resulta demasiado grande o demasiado pequeño al lado de otra cosa o en comparación con ella.

**despropósito** *s. m.* Palabra o acción inoportuna o sin sentido.
SIN. Disparate, desatino. ANT. Acierto.

**desproteger** *v.* Dejar o quedarse sin protección: *Les metieron gol por haber desprotegido la portería.* ■ Delante de *a* y *o* se escribe *j* en lugar de *g*: *desproteja.*
SIN. Desguarnecer. ANT. Proteger.

**desprovisto, ta** *adj.* Que le falta algo que tenía o una cosa necesaria o útil: *Ese libro está desprovisto de dibujos.*
SIN. Falto, carente. ANT. Provisto.

**después** *adv.* **1.** Expresa que algo sucede a continuación o más tarde que otra cosa: *Después de las vacaciones cuesta más ir al trabajo. Después que meriendes puedes salir a jugar.* **2.** Indica que una persona o cosa está detrás o más allá que otra: *Mi casa está después del cine.* **3.** Expresa orden, por ejemplo de importancia o de gustos: *Yo soy el más alto después de mi padre.*
EXPR. **después de todo** Al final: *Después de todo no nos ha salido tan mal el mural.*
SIN. **1.** Posteriormente. **1.** y **2.** Seguidamente. ANT. **1.** Anteriormente. **1.** y **2.** Antes.

**despuntar** *v.* **1.** Romper la punta de una cosa: *El lápiz se despuntó al caerse.* **2.** Comenzar a brotar y llenarse de tallos los árboles y plantas: *Es primavera y ya están despuntando los rosales.* **3.** Empezar a aparecer algo: *Los barcos pesqueros vuelven al puerto al despuntar el día.* **4.** Sobresalir, destacar: *Marina despuntaba entre sus compañeras de clase.*
SIN. **3.** Asomar; clarear. **4.** Distinguirse.

**desquiciar** *v.* Sacar a alguien de quicio, hacer que pierda la calma o la paciencia.
ANT. Serenar, centrar.

**desquitarse** *v.* Hacer o conseguir algo que sirve de compensación por alguna pérdida, molestia o daño que se ha tenido: *En vacaciones quiso desquitarse de lo poco que había salido durante el curso.*
SIN. Compensar, resarcir.
FAM. Desquite.

**desquite** *s. m.* Acción de desquitarse.

**desratizar** *v.* Acabar con las ratas y ratones de un lugar. ■ Delante de *e* se escribe *c* en lugar de *z*: *El local permanecerá cerrado hasta que lo desraticen.*

**desriñonarse** *v.* **1.** Hacerse una persona daño en los riñones: *Se desriñonó al levantar la mesa.* **2.**

Hacer un esfuerzo muy grande: *¡Trabaja un poco, que no te vas a desriñonar!*
SIN. **2.** Deslomarse.

**desrizar** *v.* Quitar los rizos o las ondulaciones del pelo. ■ Delante de *e* se escribe *c* en lugar de *z*: *desricéis.*

**destacado, da** *adj.* **1.** Que se hace destacar: *El párrafo destacado es la explicación.* **2.** Que se distingue entre los demás por ser muy bueno o importante: *Este premio se concede sólo a los científicos más destacados.*
SIN. **2.** Relevante, sobresaliente. ANT. **2.** Mediocre.

**destacamento** *s. m.* Grupo de soldados o policías enviados a un lugar para cumplir alguna misión.

**destacar** *v.* **1.** Verse o notarse algo, como las cualidades de una persona o cosa o su importancia, o hacer que se vea o se note más: *Su hermana destaca entre sus amigas porque es la más alta. El profesor destacó los puntos principales de la lección.* **2.** Enviar a un grupo de personas a un lugar para que cumplan una misión: *Destacaron un equipo de televisión al estadio para retransmitir el partido.* ■ Delante de *e* se escribe *qu* en lugar de *c*: *Subraya la frase para que destaque.*
SIN. **1.** Sobresalir, descollar; distinguir, señalar. ANT. **1.** Igualar.
FAM. Destacado, destacamento.

**destajo** *s. m.* Forma de trabajar en la que el trabajador no tiene un sueldo fijo, sino que cobra según el trabajo que hace.

**destapar** *v.* Quitar la tapa de algo o cualquier cosa que cubre a alguien o algo: *Destapa el bote y coge algunos caramelos. No te destapes en la cama, que te vas a constipar.*
SIN. Descubrir. ANT. Tapar, cubrir.
FAM. Destape.

**destape** *s. m.* Hecho de desnudarse una persona en público, especialmente en espectáculos o películas.

**destaponar** *v.* **1.** Quitar un tapón. **2.** Desatascar algo: *Hay que destaponar el lavabo porque no corre el agua.*
SIN. **1.** Destapar. ANT. **1.** y **2.** Taponar.

**destartalado, da** *adj.* **1.** Que resulta poco acogedor por ser excesivamente grande o por estar desordenado o en condiciones no muy buenas: *Sus abuelos viven en una casa muy antigua y destartalada.* **2.** Viejo, roto, medio desarmado: *El coche tenía ya más de diez años y estaba bastante destartalado, pero todavía andaba.*
SIN. **1.** Desangelado. **2.** Desvencijado.

**destejer** *v.* Deshacer un tejido separando la lana o los hilos que lo forman.
ANT. Tejer.

**destellar** *v.* Producir destellos.

**destello** *s. m.* Luz fuerte que aparece de repente y dura poco tiempo: *En el cielo se veían los destellos de los fuegos artificiales.*
SIN. Resplandor, ráfaga.
FAM. Destellar.

**destemplado, da** *adj.* **1.** Se dice de la persona que no se encuentra bien y siente un poco de frío. **2.** Se dice del tiempo que está algo frío y desagradable: *El día estaba destemplado y no apetecía bañarse.* **3.** Desafinado: *La guitarra está algo destemplada.* ANT. **2.** y **3.** Templado.

**destemplar** *v.* **1.** Dejar destemplado a alguien. **2.** Desafinar un instrumento musical.
FAM. Destemplado.

**destensar** *v.* Aflojar una cuerda o algo semejante: *Se ha destensado el cable del freno de la bicicleta.* ANT. Tensar.

**desteñir** *v.* **1.** Manchar una cosa con su color a otra: *La toalla rosa ha desteñido y me ha estropeado una camiseta blanca.* **2.** Borrar un poco o del todo los colores de una tela o de otra cosa: *La lejía destiñe los colores. La falda se destiñó al lavarla.* ■ Es un verbo irregular. Se conjuga como *ceñir*.
SIN. **2.** Decolorar. ANT. **2.** Teñir.

**desternillarse** *v.* Troncharse de risa: *Contó un chiste que era para desternillarse.*
SIN. Mondarse.

**desterrar** *v.* **1.** Echar a alguien de su país o de un lugar y prohibirle que vuelva. **2.** Abandonar, dejar: *Como hace mucho frío, he desterrado la idea de ir a la piscina.* ■ Es un verbo irregular. Se conjuga como *pensar*.
SIN. **1.** Deportar. ANT. **1.** Repatriar.
FAM. Destierro.

**destetar** *v.* Dejar de dar de mamar a los niños pequeños o a las crías de los animales para que se acostumbren a comer las cosas normales.
FAM. Destete.

**destete** *s. m.* Momento en el que se deja de dar de mamar a los bebés o a las crías de los animales.

**destiempo** Se usa en la expresión **a destiempo**, que significa 'fuera de tiempo o en un momento no oportuno': *La felicitación le ha llegado a destiempo, porque su cumpleaños fue ayer.*

**destierro** *s. m.* Acción de desterrar y situación de la persona a la que se destierra.

**destilación** *s. f.* Acción de destilar alguna sustancia, por ejemplo para fabricar alcohol o licores.

**destilar** *v.* **1.** Separar la parte de un líquido que más se evapora calentándolo y volviéndolo a enfriar después; por ejemplo, se destila el zumo fermentado de algunas frutas para fabricar licores. **2.** Soltar algún cuerpo un líquido gota a gota: *El pino destila gotitas de resina.*
FAM. Destilación, destilería.

**destilería** *s. f.* Industria donde se destilan algunas sustancias, por ejemplo para fabricar alcohol o bebidas alcohólicas.

**destinado, da** *adj.* Que tiene un destino concreto: *Este dinero está destinado a obras de caridad. Ese oficial está destinado en Canarias.*

**destinar** *v.* **1.** Emplear una cosa para algo: *Destinaron una de las habitaciones de la casa a cuarto de juegos.* **2.** Enviar a una persona a un lugar para algo, por ejemplo para trabajar allí.
SIN. **1.** Dedicar. **2.** Mandar.
FAM. Destinado, destinatario, destino. / Predestinar.

**destinatario, ria** *s. m.* y *f.* Persona a quien se envía una cosa o para la que se hace algo: *La carta llegó al destinatario con mucho retraso. Los niños son los destinatarios de esa película de aventuras.*

**destino** *s. m.* **1.** Lugar al que tiene que ir una persona o cosa: *Los pasajeros con destino a Madrid pueden subir al avión.* **2.** Aquello para lo que se hace o se emplea algo: *Recogían ropa con destino al país que había sufrido el terremoto.* **3.** Lugar adonde se envía a una persona, por ejemplo para que trabaje: *Su padre es militar y cambia mucho de destino.* **4.** Lo que hace que las cosas ocurran de una manera sin que podamos cambiarlas: *El destino hizo que se conocieran y se hicieran amigos.*
SIN. **2.** Finalidad, objetivo. **3.** Puesto, plaza. **4.** Sino, hado.

**destitución** *s. f.* Acción de destituir.

**destituir** *v.* Quitar a alguien de su cargo o empleo: *Han destituido al entrenador porque el equipo ha perdido todos los partidos.* ■ Es un verbo irregular. Se conjuga como *huir*.
SIN. Despedir, deponer. ANT. Restituir.
FAM. Destitución.

**destornillador** *s. m.* Objeto que sirve para apretar y aflojar tornillos.

**destornillar** *v.* **1.** Busca **desatornillar**. ‖ **destornillarse 2.** Troncharse de risa.
SIN. **2.** Desternillarse, mondarse.
FAM. Destornillador.

**destreza** *s. f.* Capacidad de la persona que sabe hacer bien algo, sobre todo un trabajo a mano o un ejercicio con el cuerpo: *Un trapecista necesita mucha destreza para hacer sus acrobacias.*
SIN. Habilidad, soltura. ANT. Torpeza.

**destripar** *v.* **1.** Sacar las tripas de un animal o una persona. **2.** Desmontar un aparato o sacar lo que tiene dentro un objeto: *Destripa el secador a ver si lo puedes arreglar. No destripes tus muñecos.* **3.** Contar el final o argumento de un chiste, relato, película, estropeándolo: *Me destripó la novela contándome quién era el asesino.*
FAM. Destripaterrones.

**destripaterrones** *s. m.* **1.** Campesino. || *adj.* y *s. m.* y *f.* **2.** Se dice de la persona inculta o sin modales. ■ No varía en plural. SIN. **2.** Paleto, cateto.

**destronar** *v.* Echar al rey de su trono y quitarle su autoridad o poder.

**destrozado, da** *adj.* **1.** Roto o estropeado: *Tiene el pelo destrozado de tanto teñírselo.* **2.** Muy apenado o abatido: *Está destrozado desde que perdió a su perro.* **3.** Muy cansado: *Después de todo el día trabajando, acabo destrozado.*

**destrozar** *v.* **1.** Dejar una cosa completamente rota o estropeada: *Este niño destroza los zapatos.* **2.** Causar mucho daño, dolor o pena: *Le destrozó la muerte de su amiga. El granizo destrozó las cosechas. Las lesiones pueden destrozar su carrera deportiva.* ■ Delante de *e* se escribe *c* en lugar de *z*: *destrocé.* SIN. **1.** Romper, estropear, despedazar. ANT. **1.** Arreglar. **2.** Ayudar, animar. FAM. Destrozado, destrozo.

**destrozo** *s. m.* Lo que se hace cuando se destroza algo: *El terremoto produjo graves destrozos.*

**destrucción** *s. f.* Acción de destruir o destruirse algo: *La bomba causó la destrucción de numerosos edificios.*

**destructivo, va** *adj.* Que destruye, destroza o hace daño. SIN. Destructor.

**destructor, ra** *adj.* **1.** Que destruye: *Cuando un volcán está en actividad tiene una gran fuerza destructora.* || *s. m.* **2.** Barco de guerra rápido y preparado para lanzar misiles. SIN. **1.** Destructivo.

**destruir** *v.* Destrozar algo de manera que quede inservible y no se pueda arreglar, o acabar con ello. ■ Es un verbo irregular. Se conjuga como *huir.* SIN. Asolar, devastar, derruir, derrumbar, arruinar. ANT. Construir. FAM. Destrucción, destructivo, destructor. / Indestructible.

**desunión** *s. f.* Falta de unión, sobre todo entre las personas: *Las discusiones provocaron la desunión en la pandilla.* SIN. División; enemistad, desavenencia.

**desunir** *v.* Separar a las personas o cosas que estaban unidas: *La pelea desunió a los dos amigos. Al caerse el libro al suelo, se desunieron las hojas.* SIN. Dividir; enemistar. ANT. Unir, juntar, conciliar. FAM. Desunión.

**desusado, da** *adj.* **1.** Raro o poco frecuente: *Hace un calor desusado para esta época del año.* **2.** Anticuado, que ya no se usa: *Antes casi todos los hombres llevaban capa, pero hoy es una costumbre desusada.* SIN. **1.** Desacostumbrado, anormal, inusual. **2.** Pasado. ANT. **1.** Acostumbrado. **2.** Actual.

**desuso** *s. m.* Poco o ningún uso que tiene algo. FAM. Desusado.

**desvaído, da** *adj.* Se dice del color apagado o que ha perdido intensidad: *Sus ojos son de un azul desvaído.* SIN. Pálido, descolorido. ANT. Vivo, brillante, intenso.

**desvalido, da** *adj.* y *s. m.* y *f.* Que no tiene protección ni medios para defenderse en la vida: *En ese asilo recogen a ancianos desvalidos.* SIN. Desamparado, indefenso. ANT. Protegido.

**desvalijar** *v.* Quitarle a una persona todo lo que lleva encima o robar todas las cosas valiosas de un sitio: *Los ladrones desvalijaron la caja fuerte.* SIN. Despojar, saquear.

**desvalorizar** *v.* Disminuir el valor de una cosa. ■ Delante de *e* se escribe *c* en lugar de *z*: *desvalorice.* SIN. Devaluar. ANT. Revalorizar.

**desván** *s. m.* Cuarto situado en la parte más alta de una casa donde suelen guardarse las cosas viejas. SIN. Buhardilla, altillo.

**desvanecerse** *v.* **1.** Desaparecer una cosa poco a poco: *La niebla se desvaneció y empezó a lucir el sol.* **2.** Marearse, desmayarse: *Como llevaba muchas horas sin comer, se desvaneció.* ■ Es un verbo irregular. Se conjuga como *agradecer.* SIN. **1.** Esfumarse, disiparse. FAM. Desvanecimiento.

**desvanecimiento** *s. m.* Mareo, desmayo.

**desvariar** *v.* Decir o hacer tonterías: *Tú desvarías, ¿cómo vamos a salir de paseo con esta lluvia?* SIN. Delirar. FAM. Desvarío.

**desvarío** *s. m.* Tontería, disparate. SIN. Despropósito, desatino.

**desvelar**[1] *v.* **1.** Hacer perder el sueño o no dejar dormir: *Le desveló el ruido de la calle.* || **desvelarse 2.** Poner mucho cuidado y atención en alguien o algo: *La madre se desvela por sus hijos.* SIN. **1.** Despabilar, espabilar. **2.** Desvivirse, esmerarse. ANT. **1.** Adormecer. **2.** Despreocuparse. FAM. Desvelo.

**desvelar**[2] *v.* Decir algo que era secreto o no se sabía: *Su hermano le desveló el final de la película porque él ya la había visto.* SIN. Revelar. ANT. Ocultar.

**desvelo** *s. m.* Mucho esfuerzo, cuidado y preocupación que se pone en algo: *Tantos desvelos le han servido a Luis para sacar unas buenas notas en sus estudios.*

**desvencijar** *v.* Romper, desarmar: *Se ha desvencijado el sofá.* SIN. Descuajaringar, descuajeringar. ANT. Arreglar.

**desventaja** *s. f.* Motivo por el que una persona o cosa es peor o está en peor situación que otras:

*El colegio es bueno, pero tiene la desventaja de estar un poco lejos.*
**SIN.** Inconveniente. **ANT.** Ventaja.

**desventura** *s. f.* Mala suerte.
**SIN.** Adversidad, desdicha. **ANT.** Ventura.
**FAM.** Desventurado.

**desventurado, da** *adj.* y *s. m.* y *f.* Desgraciado, desdichado.

**desvergonzado, da** *adj.* y *s. m.* y *f.* Que no tiene vergüenza.
**SIN.** Sinvergüenza, descarado, atrevido. **ANT.** Vergonzoso, formal.

**desvergüenza** *s. f.* Atrevimiento, descaro: *¡Qué desvergüenza, mira que irse sin pagar!*
**SIN.** Frescura, desfachatez. **ANT.** Recato.
**FAM.** Desvergonzado.

**desvestir** *v.* Quitarle la ropa a alguien o quitársela uno mismo: *Se desvistió y se metió en la cama.*
■ Es un verbo irregular. Se conjuga como *pedir.*
**SIN.** Desnudar. **ANT.** Vestir.

**desviación** *s. f.* **1.** Acción de desviar o desviarse: *El desfile hizo necesaria la desviación del tráfico en algunas calles.* **2.** Camino que sale de otro más importante: *Después del semáforo tienes que tomar la primera desviación a la derecha.* **3.** Cosa que se separa de lo que se considera normal.
**SIN. 1.** y **2.** Desvío. **3.** Anormalidad, irregularidad, anomalía.

**desviar** *v.* Separar a una persona o cosa del camino que seguía o de la dirección o posición que se considera normal: *Si te sientas en una mala postura, se te puede desviar la columna vertebral.*
**FAM.** Desviación, desvío.

**desvincular** *v.* Deshacer el vínculo o relación de una persona o cosa con otra: *Paco se desvinculó del grupo y ya no le hemos vuelto a ver.*
**SIN.** Separar. **ANT.** Vincular.

**desvío** *s. m.* **1.** Acción de desviar: *Hicieron un desvío en la corriente del río.* **2.** Camino que sale de otro más importante.
**SIN. 1.** y **2.** Desviación.

**desvirgar** *v.* Hacer que una mujer deje de ser virgen. ■ Delante de *e* se usa *gu* en lugar de *g*: *desvirgue.*
**SIN.** Desflorar.

**desvirtuar** *v.* Quitar o disminuir el valor o las características de alguien o algo: *El calor puede desvirtuar algunos alimentos.*
**SIN.** Deformar, adulterar, empobrecer. **ANT.** Resaltar.

**desvitalizar** *v.* Eliminar el nervio de un diente. ■ Delante de *e* se escribe *c* en lugar de *z*: *Ha ido al dentista para que le desvitalicen una muela.*

**desvivirse** *v.* Poner mucho interés y cariño en alguien o algo: *Se desvive por sus nietos.*
**SIN.** Desvelarse. **ANT.** Despreocuparse.

**detall** Se usa en la expresión **al detall,** que significa 'al por menor': *venta al detall.*

**detallar** *v.* Contar o tratar una cosa con todo detalle, sin dejar nada: *Fuimos a la agencia para que nos detallaran el recorrido del viaje.*
**SIN.** Pormenorizar, puntualizar.

**detalle** *s. m.* **1.** Lo que no es totalmente necesario, pero completa a otra cosa o la hace más bonita: *Ese vestido te queda muy soso, ponle algún detalle, como un broche o un cinturón.* **2.** Dato o información que aclara o completa: *Le contó con todo detalle sus vacaciones.* **3.** Cosa que se hace para agradar a alguien, por ejemplo un regalo: *Le compró un detalle por su cumpleaños. Tuvo el detalle de ir a buscarle al aeropuerto.* **4.** Parte de un cuadro, de una escultura o de otra cosa: *Como la fotografía era muy grande, pusimos en un marco sólo un detalle.*
**SIN. 1.** Adorno, complemento, accesorio. **2.** Pormenor, particularidad. **3.** Atención, finura, cortesía.
**FAM.** Detallar, detallista.

**detallista** *adj.* **1.** Se dice de la persona que se preocupa mucho de los detalles: *María puso la mesa y, como es tan detallista, la adornó con flores y velas.* **2.** Muy atento con los demás: *Es muy detallista con su madre y siempre que puede le regala flores.*

**detección** *s. f.* Hecho de detectar una cosa: *La detección del virus que causa la enfermedad permitirá hallar un remedio eficaz.*

**detectar** *v.* Darse cuenta de una cosa o descubrirla, por ejemplo por medio de un aparato: *El radar detectó la presencia de un avión.*
**SIN.** Captar, localizar.
**FAM.** Detección, detector.

**detective** *s. m.* y *f.* Persona que hace trabajos parecidos a los de la policía, como solucionar robos o crímenes, por encargo de los clientes: *Contrató a un detective para que encontrara al ladrón de las joyas.*
**SIN.** Investigador.

**detector, ra** *adj.* y *s. m.* Se dice del aparato que sirve para detectar o notar alguna cosa, como por ejemplo el que se usa para encontrar metales.

**detención** *s. f.* Acción de detener o detenerse: *La detención de los atracadores fue difícil. La detención del tren se debió a una avería.*
**SIN.** Captura, arresto; retención.

**detener** *v.* **1.** Parar a una persona o cosa no dejándole seguir o hacer algo: *Miguel quería irse sin comer, pero Jorge le detuvo. Detuvo el coche delante de la entrada.* **2.** Coger la policía a una persona que ha cometido un delito: *Han detenido a los secuestradores.* ‖ **detenerse 3.** Pararse, por ejemplo para ver alguna cosa o para descansar: *Siempre se detiene un rato delante del escaparate de la juguetería.* ■ Es un verbo irregular. Se conjuga como *tener.*

**SIN. 1.** Paralizar, inmovilizar, retener. **2.** Arrestar, prender. **ANT. 1.** Avanzar. **2.** Soltar, liberar.
**FAM.** Detención, detenido, detenimiento.

**detenido, da** *adj.* y *s. m.* y *f.* **1.** Que alguien lo detuvo o se detuvo: *Los detenidos confesaron quién era el jefe de la banda. Había muchos coches detenidos en el peaje.* || *adj.* **2.** Hecho con mucha atención: *Hizo una lectura detenida de la redacción para ver si había errores.*
**SIN. 2.** Atento, minucioso.

**detenimiento** *s. m.* Forma de hacer las cosas despacio y con mucha atención: *Lee las preguntas con detenimiento antes de contestarlas.*
**SIN.** Cuidado, paciencia. **ANT.** Prisa.

**detentar** *v.* Tener una persona un cargo, un título u otra cosa sin que le corresponda: *Detenta la presidencia del país desde que dio el golpe de Estado.*
■ No confundir con *ostentar*, 'tener un cargo o un título con todo el derecho'.
**SIN.** Usurpar.

**detergente** *s. m.* Jabón o producto para lavar o limpiar, por ejemplo, vestidos, camisas, sábanas.

**deteriorar** *v.* Estropear: *La casa era muy antigua y los techos se habían deteriorado.*
**SIN.** Dañar, descacharrar. **ANT.** Arreglar.
**FAM.** Deterioro.

**deterioro** *s. m.* Daño, desperfecto o estropicio en una cosa: *Enviaron el cuadro muy bien protegido para que no sufriera ningún deterioro.*

**determinación** *s. f.* **1.** Lo que decide hacer una persona: *El agricultor tomó la determinación de comprarse un tractor nuevo.* **2.** Característica de las personas que no dudan al hacer las cosas.
**SIN. 1.** y **2.** Decisión. **2.** Resolución. **ANT. 2.** Indecisión.

**determinado, da** *adj.* **1.** Decidido, fijado: *Aún no tiene determinado adónde irá de vacaciones.* **2.** Algunos libros de gramática llaman así a los artículos *el, la, los, las.*
**ANT. 1.** y **2.** Indeterminado.

**determinante** *adj.* **1.** Que determina o hace que alguien o algo sea de una manera. || *s. m.* **2.** En gramática, palabra que va delante del sustantivo y lo concreta o determina. Son determinantes el artículo, los demostrativos, los posesivos, los indefinidos y los numerales.

**determinar** *v.* **1.** Señalar algo con exactitud: *Aún no se ha determinado la fecha de la excursión.* **2.** Hacer que alguien tome una decisión o tomarla una persona: *El médico determinó que había que operar al enfermo.* **3.** Hacer que alguien o algo sea de una manera: *El clima determina el tipo de vegetación que hay en un lugar.* **4.** En gramática, modificar el artículo u otro determinante al sustantivo, indicando que se trata de uno concreto, como en *el niño, mi casa, tres gatos.*

**SIN. 1.** Fijar, precisar. **1.** y **4.** Concretar. **2.** Decidir, resolver. **3.** Condicionar, influir.
**FAM.** Determinación, determinado, determinante, determinismo. / Autodeterminación, indeterminado, predeterminar.

**determinismo** *s. m.* Teoría filosófica según la cual todo sucede debido a las leyes de la naturaleza o a la voluntad de Dios, sin que los seres humanos puedan hacer nada por cambiarlo.

**detestable** *adj.* Muy malo, horrible: *Se lo pasaron muy bien, pero la comida fue detestable.*
**SIN.** Horrendo, aborrecible. **ANT.** Estupendo.

**detestar** *v.* Odiar: *Detesta levantarse temprano.*
**SIN.** Aborrecer, abominar. **ANT.** Gustar; estimar.
**FAM.** Detestable.

**detonación** *s. f.* Explosión: *La detonación de la bomba se oyó desde muy lejos.*
**SIN.** Estallido.

**detonador** *s. m.* Dispositivo que hace estallar un explosivo.

**detonante** *adj.* **1.** Que provoca una detonación. || *s. m.* **2.** La causa de un hecho o de una cosa violenta o negativa: *La discusión fue el detonante de la pelea.*

**detonar** *v.* **1.** Hacer estallar: *detonar un explosivo.* **2.** Hacer explosión: *La bomba no llegó a detonar.*
**SIN. 1.** y **2.** Explosionar. **2.** Explotar.
**FAM.** Detonación, detonador, detonante.

**detractor, ra** *adj.* y *s. m.* y *f.* Persona que critica o está en contra de alguien o de algo: *Sus películas gustan mucho, pero también tienen sus detractores.*
**SIN.** Oponente. **ANT.** Partidario.

**detrás** *adv.* **1.** En la parte que está a espaldas de una persona o cosa: *Se sentaron detrás de nosotras.*

## DETERMINANTES

| PALABRAS QUE CUMPLEN ESTA FUNCIÓN | |
| --- | --- |
| Artículos | *el, la, los, las* |
| Demostrativos | *este, esta, estos, estas<br>ese, esa, esos, esas<br>aquel, aquella, aquellos, aquellas* |
| Posesivos | *mi, mis<br>tu, tus<br>su, sus<br>nuestro, nuestra, nuestros, nuestras<br>vuestro, vuestra, vuestros, vuestras* |
| Indefinidos | *un, una<br>algún, alguna, algunos, algunas<br>ningún, ninguna, ningunos, ningunas<br>poco, poca, pocos, pocas<br>otro, otra, otros, otras* |
| Numerales | *uno, dos, tres...<br>primero, segundo, tercero...<br>medio, doceavo...* |

**2.** A continuación de alguien o algo: *En la cola, voy detrás de esa señora.* **3.** Sin que esté allí una persona o sin que ella se entere: *Ricardo parece nuestro amigo, pero por detrás nos critica.* SIN. **1.** Tras, atrás. ANT. **1.** a **3.** Delante.

**detrimento** Se usa en la expresión **en detrimento**, que significa 'en perjuicio': *Algunas costumbres, como fumar, van en detrimento de la salud.*

**detrito** o **detritus** *s. m.* Basura o desechos: *La fábrica producía muchos detritos.* ■ La palabra *detritus* no varía en plural. SIN. Restos, residuos.

**deuce** *s. m.* En el tenis, igualdad de puntos entre los jugadores en un momento de un partido. ■ Es una palabra inglesa. SIN. Iguales.

**deuda** *s. f.* **1.** Lo que una persona tiene que pagar o devolver a otra: *Tiene con un amigo una deuda de 120 euros.* **2.** Obligación que siente una persona de ayudar o recompensar a otra que la ha tratado bien: *Los padres de su amiga se portaron tan bien que estaba en deuda con ellos.* FAM. Deudo, deudor. / Adeudar, endeudar.

**deudo, da** *s. m. y f.* Pariente o familiar.

**deudor, ra** *adj. y s. m. y f.* Que debe alguna cosa, sobre todo dinero. ANT. Acreedor.

**devaluar** *v.* Bajar el valor de algo y, sobre todo, el de una moneda en comparación con las de otros países: *El dólar se ha devaluado.* ANT. Revalorizar.

**devanar** *v.* Enrollar un hilo, un alambre o una cuerda alrededor de una cosa: *Devanó en ovillos las madejas de lana.* EXPR. **devanarse los sesos** Pensar mucho sobre algo.

**devaneo** *s. m.* Relación amorosa breve y poco importante. SIN. Amorío, romance.

**devastador, ra** *adj.* Que devasta o destruye: *Los efectos del granizo sobre los campos de trigo fueron devastadores.* SIN. Destructor.

**devastar** *v.* Destruir por completo: *Un terremoto devastó la ciudad.* SIN. Asolar, arrasar, arruinar. ANT. Reconstruir. FAM. Devastador.

**devengar** *v.* Tener derecho a recibir un dinero por acciones, cuentas, o por el trabajo o el servicio realizado. ■ Delante de *e* se escribe *gu* en lugar de *g*: *devengue.*

**devoción** *s. f.* **1.** Sentimiento de amor hacia Dios, la Virgen o algún santo. **2.** Cariño o afición muy grandes por alguien o algo: *Tiene devoción por su hermana pequeña. Siente verdadera devoción por todos los deportes.*

SIN. **2.** Simpatía, adoración, apego. ANT. **2.** Odio, manía. FAM. Devocionario, devoto.

**devocionario** *s. m.* Libro de oraciones.

**devolución** *s. f.* Acción de devolver una cosa: *Para hacer la devolución de una compra hay que hablar con la dependienta.*

**devolver** *v.* **1.** Dar una cosa a la persona de quien se ha recibido o llevarla al lugar de donde se había sacado: *Alberto me devolvió todos los discos que le presté. ¿Has devuelto los libros a la biblioteca?* **2.** Mandarle o dirigirle a alguien lo que había mandado o dirigido: *Yo te lanzo la pelota y tú me la devuelves. Nos han devuelto la carta porque pusimos mal la dirección.* **3.** Llevar una cosa al sitio donde se ha comprado para que nos den el dinero que nos costó: *No me gustaron los pantalones y fui a la tienda a devolverlos.* **4.** Darle a alguien la vuelta cuando paga: *Le dio al camarero seis euros y éste le devolvió uno con veinte céntimos.* **5.** Vomitar: *Le sentó mal la comida y devolvió.* || **devolverse 6.** En Hispanoamérica, volverse, regresar. ■ Es un verbo irregular. Se conjuga como *volver.* SIN. **1.** Restituir. ANT. **1.** Quedarse. FAM. Devolución, devuelto.

**devorar** *v.* **1.** Tragar muy deprisa y con muchas ganas: *Devoró el bocadillo en unos segundos.* **2.** Comer un animal a otro. **3.** Hacer algo con mucho interés y muy deprisa: *Daniel no lee los libros, los devora.* SIN. **1.** Engullir, zampar.

**devoto, ta** *adj. y s. m. y f.* Que tiene mucha devoción o reza mucho a Dios, la Virgen o algún santo: *Su abuela es muy devota de San Antonio.* SIN. Fervoroso.

**devuelto** *s. m.* Vómito.

**día** *s. m.* **1.** Espacio de tiempo, dividido en veinticuatro horas, que tarda la Tierra en dar una vuelta sobre su eje: *El lunes es el primer día de la semana.* **2.** Tiempo durante el que luce el Sol: *Hicieron el viaje de día, pues a su padre no le gusta conducir de noche.* EXPR. **al día** Al corriente, sin ningún retraso: *Ha pagado todos los recibos y está al día.* También, conociendo lo que pasa en el momento o los últimos adelantos de algo: *Le gusta leer el periódico para estar al día.* **el día de mañana** En el futuro: *Ahorra para el día de mañana.* **hoy día** u **hoy en día** Actualmente: *Hoy en día mucha gente tiene coche.* SIN. **1.** Jornada. ANT. **2.** Noche. FAM. Diario. / Dieta², diurno.

**diabetes** *s. f.* Enfermedad que padecen las personas que tienen mucha azúcar en la sangre. ■ No varía en plural. FAM. Diabético.

**diabético, ca** *adj.* **1.** De la diabetes o relacionado con ella. ‖ *adj.* y *s. m.* y *f.* **2.** Persona que padece esta enfermedad.

**diablesa** *s. f.* Diablo femenino.

**diablo** *s. m.* **1.** Cada uno de los ángeles que se rebelaron contra Dios y fueron castigados con el infierno; en especial, se da este nombre a Lucifer, príncipe de todos ellos. **2.** Niño travieso o revoltoso. ‖ ¡**diablo!** *interj.* **3.** Expresa sorpresa, enfado u otra cosa: *¡Diablo de mesa! He vuelto a tropezar otra vez con ella.*
**SIN. 1.** a **3.** Demonio. **2.** Trasto.
**FAM.** Diablesa, diablura, diabólico, diábolo. / Endiablado.

**diablura** *s. f.* Lo que hacen los niños traviesos y revoltosos.
**SIN.** Travesura, trastada.

**diabólico, ca** *adj.* **1.** Del diablo o relacionado con él. **2.** Muy malo, malvado: *El asesino tenía un plan diabólico para acabar con su víctima.*

**diábolo** *s. m.* Juguete que consiste en dos conos unidos por sus vértices y que se baila con una cuerda sujeta a dos varillas.

**diácono** *s. m.* En la religión católica, persona que ha recibido el sacramento del sacerdocio en su grado inferior.

**diacrítico, ca** *adj.* Se dice de los signos ortográficos que indican que una letra tiene un valor especial, por ejemplo el acento de *más* (mayor cantidad) para distinguirlo de *mas* (pero) o la diéresis de *vergüenza*, que indica que esa *u* se pronuncia.

**diacrónico, ca** *adj.* Se dice de lo que se considera teniendo en cuenta su evolución en el tiempo y de los hechos que ocurren durante ese tiempo: *Está haciendo un estudio diacrónico de la historia de los siglos XVII y XVIII.*
**ANT.** Sincrónico.

**diadema** *s. f.* **1.** Adorno en forma de aro abierto que se ponen las mujeres en la cabeza para sujetarse el pelo. **2.** Corona que se pone de adorno en la cabeza.

**diáfano, na** *adj.* **1.** Se dice del cuerpo que permite que pase a través de él la luz casi en su totalidad. **2.** Transparente, claro, limpio: *El cielo estaba totalmente diáfano, sin nubes.*

**diafragma** *s. m.* **1.** Músculo de los mamíferos que separa el abdomen y el tórax. **2.** En una cámara de fotos, disco pequeño con un agujero que se abre o se cierra para que entre más o menos luz.

**diagnosis** *s. f.* Diagnóstico. ■ No varía en plural.

**diagnosticar** *v.* Decir qué enfermedad tiene una persona después de haberla examinado. ■ Delante de *e* se escribe *qu* en lugar de *c*: *diagnostiqué.*
**FAM.** Diagnosis, diagnóstico.

**diagnóstico** *s. m.* Hecho de diagnosticar un médico la enfermedad que tiene alguien: *Los familiares del paciente esperaban con impaciencia el diagnóstico del doctor.*
**SIN.** Diagnosis.

**diagonal** *adj.* y *s. f.* **1.** En un polígono, recta que va de un vértice a otro y lo divide en dos partes. **2.** En un poliedro, recta que une dos vértices que no están situados en la misma cara. **3.** Se dice de la línea o calle que corta a otras, pero no es perpendicular a ellas.
**SIN. 3.** Oblicuo.

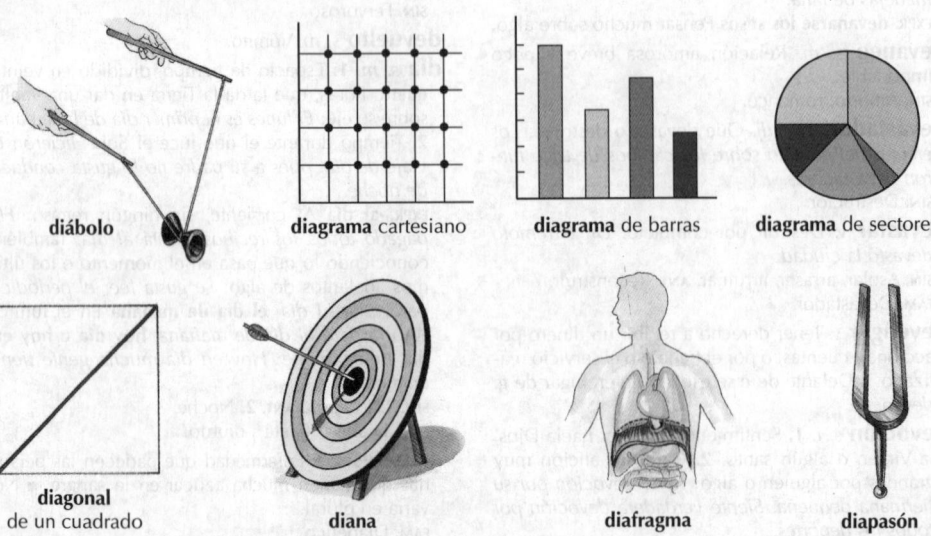

**diábolo**

**diagrama** cartesiano

**diagrama** de barras

**diagrama** de sectores

**diagonal**
de un cuadrado

**diana**

**diafragma**

**diapasón**

**diagrama** *s. m.* Esquema o dibujo geométrico con que se representan y explican algunas cosas, sobre todo cantidades y datos.
**EXPR. diagrama cartesiano** Diagrama que está formado por ejes de coordenadas. Busca **eje. diagrama de barras** El que compara distintas cantidades representándolas con rectángulos de diferentes tamaños. **diagrama de tarta** (o **de sectores**) El que muestra cómo está repartida una cosa mediante un círculo dividido en porciones de diferentes tamaños y colores.
**SIN.** Gráfico.

**dial** *s. m.* Placa con letras o números sobre la que se mueve un indicador (una aguja, una señal luminosa, un disco), que en algunas radios y teléfonos sirve para seleccionar la emisora o para marcar el número. ■ Es una palabra inglesa.

**dialectal** *adj.* Relacionado con los dialectos: *variante dialectal.*

**dialéctica** *s. f.* **1.** Parte de la filosofía que estudia la forma de razonar y sus reglas. **2.** Capacidad y técnica para discutir o argumentar de forma lógica y razonada.
**FAM.** Dialéctico.

**dialéctico, ca** *adj.* Relacionado con la dialéctica.

**dialecto** *s. m.* **1.** Variedad de una lengua en cada una de las zonas en que se habla: *El andaluz es un dialecto del castellano.* **2.** Cualquier lengua que procede de otra; por ejemplo, el castellano, el francés y el italiano son dialectos del latín.
**FAM.** Dialectal, dialectología.

**dialectología** *s. f.* Ciencia que estudia los dialectos.

**diálisis** *s. f.* Sistema para limpiar la sangre de las personas a las que no les funcionan bien los riñones. Se llama también *hemodiálisis.* ■ No varía en plural.
**FAM.** Hemodiálisis.

**dialogar** *v.* Tener un diálogo dos o más personas. ■ Delante de *e* se escribe *gu* en lugar de *g*: *Dialogué con ellos.*
**SIN.** Conversar, charlar, hablar.

**diálogo** *s. m.* Conversación hablada o escrita entre dos o más personas.
**EXPR. diálogo de besugos** Conversación que tienen dos personas sin enterarse cada una de lo que dice la otra.
**SIN.** Charla, plática. **ANT.** Monólogo.
**FAM.** Dialogar.

**diamante** *s. m.* **1.** Piedra preciosa, de gran valor, que es el más brillante y duro de todos los minerales. Está compuesto de carbono puro cristalizado. || *s. m. pl.* **2.** Uno de los cuatro palos de la baraja francesa.
**FAM.** Diamantino.

**diamantino, na** *adj.* Del diamante o que tiene sus características: *una dureza diamantina.*

**diametralmente** *adv.* **1.** De un extremo al contrario: *Si atraviesas diametralmente el pueblo, acortas mucho camino.* **2.** Completamente: *Mi hermana y yo somos diametralmente distintos.*

**diámetro** *s. m.* Recta que, pasando por el centro, divide una circunferencia en dos partes iguales.
**FAM.** Diametralmente.

**diana** *s. f.* **1.** Objeto con círculos concéntricos que se coloca lejos para ejercitar la puntería. También centro de este objeto. **2.** Toque militar de corneta para despertar a los soldados.
**EXPR. hacer diana** Dar en el blanco: *De los diez dardos que lanzó Joaquín, solamente consiguió hacer tres dianas.*

**diantre** *s. m.* Demonio. ■ Se usa en construcciones exclamativas para expresar sorpresa o enfado.

**diapasón** *s. m.* Aparato en forma de horquilla que vibra al ser golpeado y produce un sonido. Se utiliza para afinar instrumentos musicales y también lo utilizan los médicos, por ejemplo para comprobar si una persona oye bien.

**diapositiva** *s. f.* Fotografía copiada en un material transparente, que se proyecta sobre una pantalla.
**SIN.** Filmina.

**diario, ria** *adj.* **1.** Que se hace todos los días: *la comida diaria.* || *s. m.* **2.** Periódico que se publica todos los días. **3.** Libro en que una persona escribe cada día las cosas que le suceden, sus pensamientos y opiniones.
**EXPR. a diario** Cada día, todos los días: *Desde que se han hecho novios se ven a diario.* **de diario** Se dice de lo que se usa en los días corrientes, sin reservarlo para ocasiones especiales: *la ropa de diario.*
**SIN. 1.** Cotidiano.
**FAM.** Diarismo. / Telediario.

**diarismo** *s. m.* En Hispanoamérica, periodismo.

**diarrea** *s. f.* Lo que tiene una persona cuando hace caca muchas veces y más líquida de lo normal.
**SIN.** Descomposición. **ANT.** Estreñimiento.

**diáspora** *s. f.* Dispersión de una comunidad de personas, especialmente la de los judíos por el mundo.

**diástole** *s. f.* Hecho de dilatarse los ventrículos del corazón cuando la sangre entra en ellos.
**ANT.** Sístole.

**dibujante** *s. m. y f.* Persona que se dedica a dibujar.

**dibujar** *v.* **1.** Hacer un dibujo: *La niña dibuja un gato en su cuaderno.* || **dibujarse 2.** Aparecer o mostrarse: *En su cara empiezan a dibujarse unas pequeñas arrugas.*
**SIN. 1.** Pintar. **2.** Revelarse; percibirse. **ANT. 1.** y **2.** Borrar.
**FAM.** Dibujante, dibujo. / Desdibujarse.

**dibujo** *s. m.* **1.** Figura de un objeto que se traza sobre una superficie con lápiz, pinturas u otros utensilios:

Hizo un dibujo de su casa y luego lo coloreó. **2.** Arte de dibujar: *Carmen estudia dibujo en la universidad.* **EXPR. dibujo lineal** El realizado con escuadra, cartabón, compás y otros instrumentos parecidos. **dibujos animados** Película hecha con dibujos que se mueven gracias a una técnica especial.

**dicción** *s. f.* **1.** Manera de pronunciar: *Tiene una dicción rara porque es francés.* **2.** Forma de hablar o escribir: *Debo mejorar mi dicción porque no me expreso muy bien.*
**SIN. 1.** Pronunciación.
**FAM.** Diccionario.

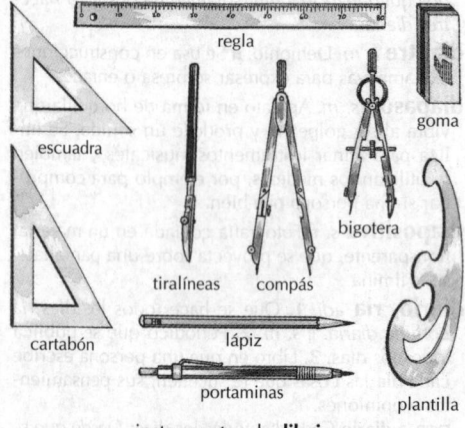

regla

goma

escuadra

bigotera

tiralíneas     compás

cartabón        lápiz

portaminas

plantilla

instrumentos de **dibujo**

**diccionario** *s. m.* Libro que recoge palabras de un idioma o ciencia ordenadas alfabéticamente. Al lado de cada una de ellas aparece su definición o la palabra equivalente en otra lengua: *He buscado el significado de esta palabra en un diccionario. Se compró un diccionario inglés-español.*

**dicha** *s. f.* Felicidad, suerte.
**SIN.** Alegría, fortuna, ventura. **ANT.** Desdicha.
**FAM.** Dichoso. / Desdicha.

**dicharachero, ra** *adj.* Se dice de la persona que tiene gracia y hace muchas bromas al hablar.

**dicho, cha** *adj.* **1.** Que alguien lo dijo: *Y dicho esto, doy por terminada la lección.* || *s. m.* **2.** Frase muy conocida que expresa un consejo, advertencia u otra cosa: *«A buen hambre no hay pan duro» es un dicho popular.*
**FAM.** Dicha, dicharachero. / Antedicho, entredicho, redicho, susodicho.

**dichoso, sa** *adj.* **1.** Feliz, afortunado: *Se sentía dichoso porque le habían nombrado capitán del equipo.* **2.** Molesto o fastidioso: *Le dijo al niño que dejara de tocar el dichoso silbato.*
**SIN. 1.** Contento. **2.** Maldito, desagradable. **ANT. 1.** Infeliz; desafortunado.

**diciembre** *s. m.* El último de los doce meses que hay en el año; tiene treinta y un días.

**dicotiledónea** *adj.* y *s. f.* Se dice de la planta angiosperma que tiene el embrión con dos cotiledones, como la judía.

**dictado** *s. m.* **1.** Ejercicio escolar que consiste en ir copiando el alumno lo que el profesor dicta. || *s. m. pl.* **2.** Lo que manda la razón, la conciencia o el corazón: *Siguió los dictados de su corazón y perdonó a su amigo.*

**dictador, ra** *s. m.* y *f.* **1.** Gobernante de un país que tiene todo el poder y manda sin tener en cuenta las opiniones o libertades de los ciudadanos. **2.** Persona muy autoritaria.
**SIN. 1.** y **2.** Tirano. **2.** Déspota.
**FAM.** Dictadura, dictatorial.

**dictadura** *s. f.* Forma de gobierno de un dictador.
**ANT.** Democracia.

**dictáfono** *s. m.* Aparato para grabar mensajes, cartas o conversaciones y escucharlos después.

**dictamen** *s. m.* Opinión que da sobre algo una persona que está especializada en ello, por ejemplo el dictamen que hace el médico cuando ha examinado al enfermo.
**FAM.** Dictaminar.

**dictaminar** *v.* Dar alguien su opinión sobre algo: *El médico dictaminó que la enfermedad del niño no era grave.*

**dictar** *v.* **1.** Leer o decir algo para que otro lo vaya escribiendo: *El profesor dictaba a los alumnos un texto.* **2.** Dar una ley, norma, sentencia: *En el plazo de tres días el juez dictará sentencia.* **3.** Mandar algo a una persona su razón, su conciencia o su corazón: *Hizo lo que le dictaba la conciencia y decidió ayudar a aquel pobre.*
**SIN. 2.** Publicar, decretar. **ANT. 2.** Derogar.
**FAM.** Dictado, dictador, dictáfono, dictamen.

**dictatorial** *adj.* **1.** Relacionado con los dictadores o con las dictaduras: *Cuando llegó al poder, estableció un gobierno dictatorial.* **2.** Muy autoritario: *El nuevo director impuso unas normas dictatoriales.*
**SIN. 2.** Tiránico.

**didáctica** *s. f.* Parte de la pedagogía que estudia los métodos de enseñanza.

**didáctico, ca** *adj.* Que sirve para enseñar: *un juguete didáctico.*
**SIN.** Educativo, pedagógico.
**FAM.** Didáctica. / Autodidacta.

**diecinueve** *num.* **1.** Diez más nueve. **2.** Que ocupa por orden el número diecinueve. || *s. m.* **3.** Signos con que se representa.
**SIN. 2.** Decimonoveno.
**FAM.** Diecinueveavo. / Decimonónico, decimonono.

**diecinueveavo, va** *num.* y *s. m.* Se dice de cada una de las diecinueve partes iguales en que se divide una cosa. ■ No confundir con *decimonoveno*, 'que ocupa por orden el número diecinueve'.

**dieciochavo, va** *num.* Busca **dieciochoavo**.

**dieciochesco, ca** *adj.* Del siglo XVIII.

**dieciocho** *num.* **1.** Diez más ocho. **2.** Que ocupa por orden el número dieciocho. ‖ *s. m.* **3.** Signos con que se representa.
SIN. **2.** Decimoctavo.
FAM. Dieciochavo, dieciochesco, dieciochoavo.

**dieciochoavo, va** *num.* y *s. m.* Se dice de cada una de las dieciocho partes iguales en que se divide una cosa. ■ No confundir con *decimoctavo*, 'que ocupa por orden el número dieciocho'. Se dice también *dieciochavo*.

**dieciséis** *num.* **1.** Diez más seis. **2.** Que ocupa por orden el número dieciséis. ‖ *s. m.* **3.** Signos con que se representa.
SIN. **2.** Decimosexto.
FAM. Dieciseisavo.

**dieciseisavo, va** *num.* y *s. m.* Se dice de cada una de las dieciséis partes iguales en que se divide una cosa. ■ No confundir con *decimosexto*, 'que ocupa por orden el número dieciséis'.

**diecisiete** *num.* **1.** Diez más siete. **2.** Que ocupa por orden el número diecisiete. ‖ *s. m.* **3.** Signos con que se representa.
SIN. **2.** Decimoséptimo.
FAM. Diecisieteavo.

**diecisieteavo, va** *num.* y *s. m.* Se dice de cada una de las diecisiete partes iguales en que se divide una cosa. ■ No confundir con *decimoséptimo*, 'que ocupa por orden el número diecisiete'.

**diedro** *adj.* Se dice del ángulo que está formado por dos planos que se cortan.

**diente** *s. m.* **1.** Cada uno de los huesos que tienen las personas y algunos animales en las mandíbulas para masticar los alimentos. Sobre todo se llaman así los incisivos para distinguirlos de los molares: *Este niño tiene algunos dientes, pero todavía no le han salido las muelas.* **2.** Cada uno de los salientes o puntas de algunos utensilios, máquinas o herramientas: *los dientes de un peine, de una sierra, de unos engranajes.*
EXPR. **diente de ajo** Cada una de las partes en que se divide una cabeza de ajo. **dientes de leche** Primeros dientes que les salen a los niños, que luego se caen a cierta edad. ‖ **enseñar** o **mostrar los dientes** Demostrar que uno está dispuesto a atacar o defenderse. **hablar** o **decir** algo **entre dientes** Decirlo en voz muy baja para que no se oiga. También, refunfuñar. **poner** una cosa **los dientes largos** Provocar algo mucho deseo: *Cuando pasa por la pastelería, los bombones le ponen los dientes largos.*

FAM. Dentado, dentadura, dental, dentellada, dentera, dentición, dentífrico, dentina, dentista, dentón, dentudo. / Desdentado, mondadientes, regañadientes.

**diéresis** *s. f.* **1.** Hecho de pronunciar en sílabas distintas las dos vocales que forman un diptongo, haciendo de una sílaba dos; por ejemplo, si se pronuncia *ci-e-lo* en lugar de *cie-lo*. **2.** Signo ortográfico (¨) que se coloca encima de la *u* de las sílabas *gue* y *gui* para indicar que esta letra debe pronunciarse, por ejemplo en la palabra *cigüeña*. ■ No varía en plural.

**diesel** *s. m.* Tipo de motor que funciona con gasoil en lugar de gasolina y que suelen llevar los camiones y otros vehículos. ■ Es una palabra alemana. No varía en plural.
FAM. Turbodiesel.

**diestra** *s. f.* Mano derecha.

**diestro, tra** *adj.* y *s. m.* y *f.* **1.** Que utiliza sobre todo la mano derecha. ‖ *adj.* **2.** Experto, que tiene habilidad para hacer algo: *Maite es muy diestra en el manejo del ordenador.* **3.** Que está a la derecha. ‖ *s. m.* **4.** Torero.
EXPR. **a diestro y siniestro** A todos lados, sin orden ni miramientos.
SIN. **2.** Hábil, ducho. **3.** Derecho. **4.** Matador. ANT. **1.** Zurdo. **2.** Torpe.
FAM. Destreza, diestra. / Adiestrar, ambidextro, ambidiestro.

**dieta¹** *s. f.* Alimentación que sigue una persona, sobre todo la que manda el médico al que está enfermo o quiere adelgazar: *Tiene mal el estómago y debe seguir una dieta especial.*
FAM. Dietético.

**dieta²** *s. f.* Dinero extra que se paga a una persona por realizar un trabajo especial o por tener que hacerlo fuera del lugar en que vive.
FAM. Dietario.

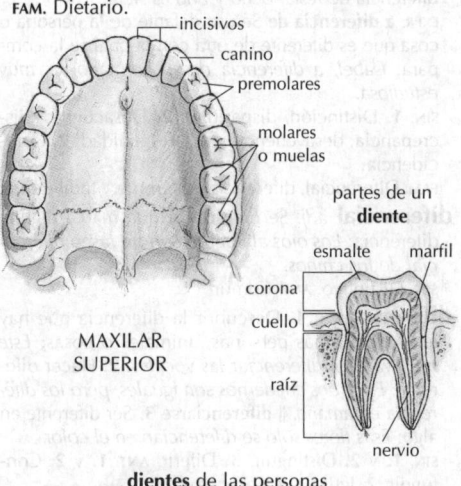

incisivos
canino
premolares
molares o muelas
partes de un **diente**
esmalte
marfil
corona
cuello
raíz
MAXILAR SUPERIOR
nervio

**dientes** de las personas

**dietario** *s. m.* Libro en que se apuntan todos los días los gastos e ingresos de una casa o de un comercio.

**dietética** *s. f.* Parte de la medicina que estudia la alimentación y su relación con la salud.

**dietético, ca** *adj.* Relacionado con la dieta alimenticia o la dietética: *En el supermercado venden alimentos dietéticos.*
FAM. Dietética.

**diez** *num.* **1.** Nueve más uno. **2.** Décimo. || *s. m.* **3.** Signos con que se representa este número. ▪ Su plural es *dieces*.
FAM. Diecinueve, dieciocho, dieciséis, diecisiete, diezmo. / Década, decena, decenio, décimo.

**diezmar** *v.* Causar muchas muertes una guerra, enfermedad u otra desgracia; también, matar muchos animales o destruir las plantas: *La turbeculosis era una de las enfermedades que más diezmaba a la población.*

**diezmo** *s. m.* Antiguo impuesto que se pagaba a la Iglesia o al rey y que consistía en la décima parte de los cultivos, los rebaños o las mercancías.
FAM. Diezmar.

**difamación** *s. f.* El difamar a una persona.

**difamar** *v.* Crearle mala fama a una persona, hablando mal de ella.
SIN. Desacreditar, desprestigiar, calumniar. ANT. Elogiar, alabar.
FAM. Difamación.

**diferencia** *s. f.* **1.** Lo que hace distinta a una persona, animal o cosa de otros: *La diferencia entre estas dos telas está en el color.* **2.** Falta de acuerdo que hace que las personas discutan o riñan: *Se enfadaron por algunas diferencias que habían surgido entre ellos.* **3.** Resultado de restar dos cantidades: *La diferencia de restar ocho y uno es siete.*
EXPR. **a diferencia de** Se usa delante de la persona o cosa que es diferente de otra con la cual se la compara: *Isabel, a diferencia de su hermano, es muy estudiosa.*
SIN. **1.** Distinción, disparidad. **2.** Desacuerdo, discrepancia, desavenencia. ANT. **1.** Igualdad. **2.** Coincidencia.
FAM. Diferencial, diferenciar, diferente. / Indiferente.

**diferencial** *adj.* Se dice de lo que marca alguna diferencia: *Los ojos alargados son un rasgo diferencial de los chinos.*
SIN. Distintivo. ANT. Común.

**diferenciar** *v.* **1.** Descubrir la diferencia que hay entre dos o más personas, animales o cosas: *Este niño ya sabe diferenciar las vocales.* **2.** Hacer diferente: *Estos dos cuadernos son iguales, pero los diferencia el tamaño.* || **diferenciarse 3.** Ser diferente en algo: *Esas flores sólo se diferencian en el color.*
SIN. **1.** y **2.** Distinguir. **3.** Diferir. ANT. **1.** y **2.** Confundir. **2.** Igualar. **3.** Parecerse.

**diferente** *adj.* **1.** Que no es igual a otro: *Mi bicicleta es diferente de la tuya, tiene las ruedas más grandes.* || *adv.* **2.** De manera distinta: *Este melón sabe diferente al de ayer, está más dulce.*
SIN. **1.** y **2.** Distinto. ANT. **1.** Semejante. **1.** y **2.** Igual.

**diferido** Se usa en la expresión **en diferido**, que se dice de las competiciones deportivas y otros programas que primero se graban y más tarde la radio o la televisión los transmiten.

**diferir** *v.* **1.** Ser diferente: *El apartamento, en la realidad, difería mucho de como aparecía en el anuncio.* **2.** Dejar para más tarde: *Decidieron diferir el viaje para el verano.* ▪ Es un verbo irregular. Se conjuga como *sentir*.
SIN. **1.** Diferenciarse. **2.** Aplazar, retardar, demorar, posponer. ANT. **1.** Parecerse, coincidir. **2.** Adelantar.
FAM. Diferencia, diferido.

**difícil** *adj.* **1.** Que cuesta mucho conseguirlo, hacerlo o comprenderlo: *Es difícil que encontremos un taxi a estas horas. Para mí el inglés es una asignatura difícil.* **2.** Se dice de la persona con la que no resulta fácil tratar.
SIN. **1.** Complejo. **1.** y **2.** Complicado. **2.** Problemático. ANT. **1.** Fácil.
FAM. Dificultad, dificultar, dificultoso.

**dificultad** *s. f.* **1.** Característica de las cosas difíciles: *La dificultad de ese ejercicio de gimnasia está en el salto.* **2.** Problema o situación difícil: *Se vio en una gran dificultad cuando el coche se quedó sin gasolina.* **3.** Obstáculo para conseguir o hacer algo: *Si no atiendes en clase, tendrás muchas dificultades para aprobar.*
SIN. **1.** Complicación, complejidad. **2.** Aprieto, apuro. **3.** Impedimento. ANT. **1.** a **3.** Facilidad.

**dificultar** *v.* Hacer difícil una cosa: *Se oye un ruido en el teléfono que dificulta la comunicación.*
SIN. Estorbar, obstaculizar, entorpecer. ANT. Facilitar.

**dificultoso, sa** *adj.* Que resulta difícil.
SIN. Complicado, complejo. ANT. Fácil, sencillo.

**difteria** *s. f.* Enfermedad infecciosa que se caracteriza por la formación de unas membranas en la garganta que impiden la respiración. Ataca sobre todo a los niños.
SIN. Garrotillo.

**difuminar** *v.* Hacer que algo quede menos marcado o menos claro, sobre todo las líneas y sombras de un dibujo.
ANT. Marcar.
FAM. Difumino.

**difumino** *s. m.* Rollillo de papel suave que termina en punta y que se utiliza en dibujo para difuminar.

**difundir** *v.* **1.** Conseguir que se extienda a un gran número de personas una noticia, una moda u otra cosa: *El periódico difundió los resultados de las elecciones.* **2.** Extender, esparcir: *Varios focos difunden luz por el estadio.*
SIN. **1.** Divulgar, propagar. **2.** Dispersar.

**FAM.** Difusión, difuso, difusor. / Radiodifusión, teledifusión.

**difunto, ta** *s. m.* y *f.* Una persona que está muerta. **SIN.** Fallecido, cadáver. **ANT.** Vivo.
**FAM.** Defunción.

**difusión** *s. f.* Acción de difundir o difundirse.
**EXPR. medios de difusión** Medios de comunicación, es decir, la radio, la televisión y la prensa, que hacen llegar al público informaciones, música, entretenimientos y otras cosas.
**SIN.** Expansión, propagación, divulgación, transmisión.

**difuso, sa** *adj.* Poco preciso o poco claro: *En la foto la imagen se ve difusa.*
**SIN.** Impreciso, vago, borroso.

**difusor, ra** *adj.* **1.** Que extiende o difunde algo: *La editorial realiza una importante labor difusora de la cultura.* ‖ *s. m.* **2.** Aparato o pieza que sirve para difundir o dispersar una cosa: *Este ventilador lleva un difusor que dirige el aire en todas direcciones.*

**digerir** *v.* **1.** Convertir en el aparato digestivo los alimentos en sustancias que sirven para la nutrición. **2.** Aceptar alguna cosa mala: *Ha tardado mucho en digerir la derrota de su equipo.* ■ Es un verbo irregular. Se conjuga como *sentir*.
**SIN. 2.** Asimilar, encajar.

**digestión** *s. f.* Lo que hace que los alimentos se conviertan en sustancias más sencillas que pueden ser asimiladas por el organismo.
**FAM.** Digerir, digestivo. / Indigestión.

**digestivo, va** *adj.* **1.** De la digestión; se habla principalmente de *aparato digestivo,* que es el conjunto de órganos que realizan la digestión. ‖ *adj.* y *s. m.* **2.** Se dice de lo que ayuda a la digestión.

**digital** *adj.* **1.** De los dedos o relacionado con ellos: *las huellas digitales.* **2.** Se dice de los sistemas o aparatos que trabajan con multitud de señales que sólo pueden tener un valor en un instante entre dos posibles. Representan la información mediante dígitos o cifras; por ejemplo, los relojes digitales son los que no tienen manecillas y dan la hora, los minutos y los segundos en cifras.
**SIN. 1.** Dactilar. **ANT. 2.** Analógico.
**FAM.** Digitalizar.

**digitalizar** *v.* Transformar una información en números para que pueda utilizarse en los ordenadores: *Este programa puede digitalizar cualquier tipo de imagen.* ■ Delante de e se escribe c en lugar de z: *Está esperando que los informáticos digitalicen el documento.*

**digitígrado, da** *adj.* Animal que camina apoyando únicamente los dedos, como por ejemplo el gato.

**dígito** *s. m.* El número que se expresa con una sola cifra; por ejemplo, son dígitos el 1, el 2, el 3.
**FAM.** Digital.

**dignarse** *v.* Hacer lo que otro pide o desea: *Por fin se dignó recibirnos.*
**SIN.** Consentir, acceder. **ANT.** Negarse.

**dignatario** *s. m.* Persona que tiene un cargo muy importante: *A la conferencia asistieron dignatarios de varios países.*

**dignidad** *s. f.* **1.** Aquello por lo que una persona merece ser respetada: *la dignidad del ser humano.* **2.** Forma de vida en que las personas tienen lo que necesitan y merecen. **3.** Un cargo importante, por ejemplo el de alcalde.
**SIN. 1.** Respeto. **2.** Decoro.

**dignificar** *v.* Hacer digno o respetable: *Cumpliste con tu deber y eso te dignifica.* ■ Delante de e se escribe qu en lugar de c: *dignifique.*
**SIN.** Honrar, ennoblecer. **ANT.** Degradar.

**digno, na** *adj.* **1.** Que merece lo que se indica: *Su esfuerzo en este trimestre es digno de alabanza.* **2.** Se dice de la persona respetable y honrada. **3.** Que produce satisfacción: *El equipo de natación obtuvo un digno quinto puesto.* **4.** Que está bien y es suficiente para lo que necesitan y merecen las personas: *un sueldo digno, un trabajo digno, una vivienda digna.*
**SIN. 1.** Merecedor. **2.** Honesto. **2.** y **4.** Decente. **3.** Satisfactorio. **4.** Decoroso. **ANT. 1.** a **4.** Indigno.
**FAM.** Dignarse, dignatario, dignidad, dignificar. / Fidedigno, indigno.

**dígrafo** *s. m.* Grupo de dos letras que representan un solo sonido, como ch, rr o ll.

**digresión** *s. f.* Parte de un discurso o de un escrito que se aparta del tema principal: *En lugar de ir al grano, este trabajo se pierde en digresiones.*

**dije** *s. m.* Adorno o joya que se lleva colgada de una cadena o una pulsera.

**dilación** *s. f.* Retraso en hacer algo: *Por la dilación de las obras, el parque no estará terminado hasta el año próximo.*
**SIN.** Demora, tardanza. **ANT.** Adelanto.

**dilapidar** *v.* Malgastar el dinero u otros bienes.
**SIN.** Derrochar, despilfarrar. **ANT.** Ahorrar.

**dilatación** *s. f.* Acción de dilatar o dilatarse.
**ANT.** Contracción.

**dilatado, da** *adj.* **1.** Se dice de lo que se dilata. **2.** Muy grande o extenso: *Fue abogado durante un periodo de tiempo muy dilatado.*
**SIN. 2.** Prolongado. **ANT. 2.** Breve.

**dilatar** *v.* **1.** Aumentar el tamaño de algo: *El calor dilata las vías del tren.* **2.** Alargar o durar más tiempo: *La reunión de los profesores se dilató varias horas.*
**SIN. 1.** Agrandar. **2.** Prolongar. **ANT. 1.** Contraer.
**FAM.** Dilación, dilatación, dilatado.

**dilema** *s. m.* Situación de una persona cuando tiene que elegir entre dos cosas: *Se encontraba ante el dilema de escoger inglés o francés.*

**diligencia** *s. f.* **1.** Rapidez y cuidado con que se hace algo: *Terminó su trabajo con gran diligencia.* **2.** Una gestión u otra cosa que hay que hacer para resolver algo: *Para sacar el pasaporte se necesitan varias diligencias.* **3.** Antiguamente, coche de caballos cerrado que llevaba viajeros.
SIN. **1.** Prontitud, presteza, celeridad; esmero. **2.** Trámite. ANT. **1.** Lentitud; descuido, negligencia.

**diligente** *adj.* Que hace las cosas con rapidez y cuidado.
SIN. Rápido, presto; cuidadoso, esmerado. ANT. Lento; descuidado, negligente.
FAM. Diligencia.

**dilucidar** *v.* Aclarar, poner en claro: *Voy a leer otra vez la carta a ver si consigo dilucidar lo que quiere decir.*
SIN. Esclarecer.

**diluir** *v.* Disolver: *Da vueltas al chocolate para que se diluya en la leche.* ■ Es un verbo irregular. Se conjuga como *huir.*
SIN. Desleír.

**diluviar** *v.* Llover mucho y con gran fuerza. ■ Este verbo sólo se usa en tercera persona.

**diluvio** *s. m.* Lluvia abundante y fuerte; sobre todo se llama así al Diluvio Universal, que dice la *Biblia* que ocurrió en tiempos de Noé.
FAM. Diluviar. / Antediluviano.

**dimanar** *v.* Proceder, tener su origen en algo.
SIN. Provenir, nacer.

**dimensión** *s. f.* **1.** La longitud, la altura y el volumen de una persona, animal o cosa; a veces hay una sola dimensión, como ocurre en las líneas; otras veces hay dos, como por ejemplo en un dibujo, y casi siempre tres, por ejemplo en un piano, en un perro o en nosotros mismos. **2.** El tamaño: *Un armario de grandes dimensiones.* **3.** La importancia de algunas cosas: *La ciudad sufrió un terremoto de enormes dimensiones.*
SIN. **1.** y **3.** Magnitud.
FAM. Sobredimensionar, tridimensional.

**dimes y diretes** *expr.* Comentarios, habladurías, cotilleos: *Se nos pasó la tarde entre dimes y diretes y no hicimos nada.*

**diminutivo, va** *adj. y s. m.* **1.** Se dice de los sufijos, como *-ito, -illo,* que se añaden a la raíz de las palabras para expresar un tamaño menor o para dar a la palabra valores especiales, con un tono cariñoso o de afecto: *casita, gatito, abuelillo.* || *s. m.* **2.** Palabra que se ha formado con este sufijo.
ANT. **1.** y **2.** Aumentativo.

**diminuto, ta** *adj.* De tamaño pequeñísimo: *Enrique escribe con una letra diminuta: casi no se ve.*
SIN. Minúsculo, insignificante. ANT. Enorme.
FAM. Diminutivo.

**dimisión** *s. f.* El hecho de dimitir: *El ministro presentó la dimisión.*

**dimitir** *v.* Dejar una persona el cargo que ocupa, informando de ello.
FAM. Dimisión.

**dimorfismo** *s. m.* En biología, hecho de que en una misma especie existan grandes diferencias entre unos individuos y otros, como sucede, por ejemplo, entre el león y la leona.

**dinámica** *s. f.* Parte de la física que estudia las relaciones entre el movimiento de los cuerpos y las causas que lo producen.
FAM. Termodinámica.

**dinámico, ca** *adj.* **1.** Relacionado con el movimiento de las cosas y las causas que lo producen. **2.** Se dice de la persona con vitalidad y energía, que hace muchas cosas: *Es muy dinámica: estudia idiomas, aprende ballet y juega al tenis.* También se dice de las situaciones y actividades en las que se dan esas características: *Tiene un trabajo muy dinámico, en contacto con mucha gente.*
SIN. **2.** Activo.
FAM. Dinámica, dinamismo, dinamizar, dinamo, dinamómetro. / Aerodinámico.

**dinamismo** *s. m.* Energía, rapidez y capacidad de hacer muchas cosas.
SIN. Empuje, brío.

**dinamita** *s. f.* Mezcla explosiva que tiene nitroglicerina.
FAM. Dinamitar.

**dinamitar** *v.* Volar con dinamita algo.

**dinamizar** *v.* Dar más dinamismo a una cosa: *El profesor quiere dinamizar las clases haciéndolas más participativas.* ■ Delante de *e* se escribe *c* en lugar de *z: dinamice.*

**dinamo** o **dínamo** *s. f.* Aparato que transforma la energía mecánica en energía eléctrica.

**dinamómetro** *s. m.* Instrumento que sirve para medir las fuerzas.

**dinar** *s. m.* **1.** Moneda de Yugoslavia, Macedonia, Argelia, Jordania, Irak, Yemen, Tunicia, Kuwait, Libia, Sudán y Bahrein. **2.** Antigua moneda árabe de oro. ■ Es una palabra árabe.

**dinastía** *s. f.* Serie de reyes de una misma familia.
SIN. Casa.
FAM. Dinástico.

**dinástico, ca** *adj.* De una dinastía o relacionado con ella.

**dineral** *s. m.* Mucho dinero.

**dinero** *s. m.* Monedas y billetes que se utilizan para comprar las cosas.
FAM. Dineral. / Adinerado.

**dingo** *s. m.* Especie de perro salvaje australiano, de tamaño medio y pelaje amarillento o rojizo, con la parte de abajo blanca y la cola muy peluda.

**dinosaurio** *s. m.* Nombre dado a unos reptiles que vivieron hace millones de años. La mayoría tenía un gran tamaño y estaban adaptados a todos los medios: algunos eran terrestres, otros acuáticos y otros podían volar.

**dinoterio** *s. m.* Mamífero de la familia de los elefantes que vivió hace millones de años. Tenía colmillos curvados hacia abajo, una altura de unos cinco metros y una longitud de unos seis.

**dintel** *s. m.* Parte horizontal que está situada encima de los huecos de puertas y ventanas.

**diñar** *v.* Morir. Se usa sobre todo en la expresión **diñarla**.
**SIN.** Palmar, doblar.

**diocesano, na** *adj.* De la diócesis o relacionado con ella: *museo diocesano*.

**diócesis** *s. f.* El territorio que depende de un obispo. ■ No varía en plural.
**FAM.** Diocesano. / Archidiócesis.

diplodocus

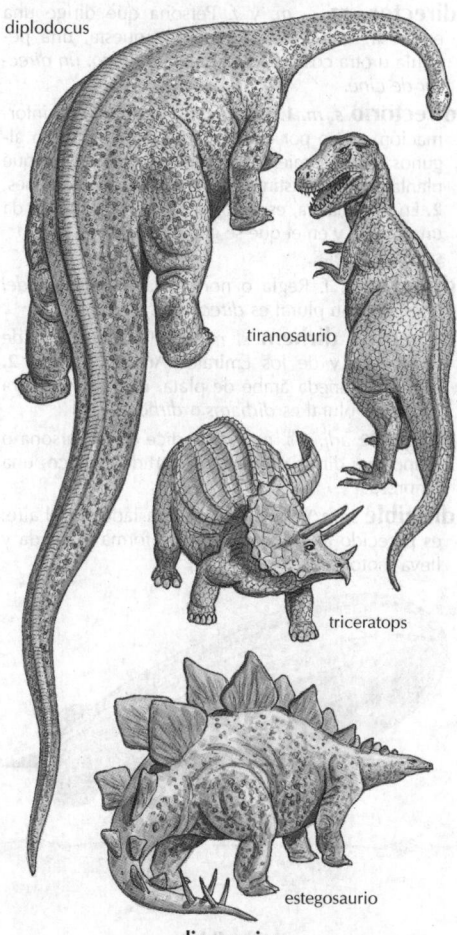

tiranosaurio

triceratops

estegosaurio

**dinosaurios**

**dioptría** *s. f.* Unidad empleada por los oculistas y ópticos para medir el defecto de visión de un ojo.

**dios, sa** *s. m. y f.* **1.** En las religiones que admiten muchos dioses, seres sobrenaturales con diferentes poderes, cualidades y misiones: *Venus era la diosa del amor*. ‖ *s. m.* **2.** En las religiones que admiten un solo dios, ser supremo, creador del universo. ■ Con este significado se escribe con mayúscula.
**EXPR. a la buena de Dios** De cualquier manera, sin pensar: *Contestó sin saber, a la buena de Dios*. **costar** (o **necesitar**) **Dios y ayuda** Costar o necesitar mucho esfuerzo: *Me ha costado Dios y ayuda encontrar lo que se me había perdido*. **Dios mediante** Busca **mediante**. **ni Dios** Nadie. **todo Dios** Todo el mundo. **vaya por Dios** o **válgame Dios** Se usa para expresar disgusto o enfado por algo: *Vaya por Dios, se nos han olvidado las entradas del cine en casa*. **venir Dios a ver** a alguien Sucederle algo muy bueno inesperadamente.
**SIN. 1.** Divinidad, deidad. **2.** Señor, Altísimo, Todopoderoso.
**FAM.** Deidad, divino, divo. / ¡Adiós!, endiosar, pordiosero.

**dióxido** *s. m.* Compuesto que tiene en su molécula dos átomos de oxígeno y uno de otro elemento.
**EXPR. dióxido de carbono** Gas que tiene en su molécula un átomo de carbono y dos de oxígeno; no tiene color ni olor y, a partir de cierta cantidad, produce asfixia. Se encuentra en el aire en pequeñísima cantidad.

**diplodocus** o **diplodoco** *s. m.* Animal que vivió hace muchos millones de años; era muy grande, tenía cuatro patas, la cabeza pequeña y el cuello y la cola muy largos. ■ La palabra *diplodocus* no varía en plural.

**diploma** *s. m.* Papel o cartulina donde pone que alguien tiene un título, unos estudios o que ha ganado un premio.
**SIN.** Título.
**FAM.** Diplomacia, diplomado, diplomarse, diplomatura.

**diplomacia** *s. f.* **1.** Actividad que realiza un país para mantener buenas relaciones con el resto de los países: *El ministro de Asuntos Exteriores es el jefe de la diplomacia española*. **2.** Habilidad que tiene una persona para tratar con las demás y llevarse bien con ellas: *Raquel, con mucha diplomacia, le pidió permiso a su padre para llegar más tarde*.
**SIN. 2.** Tacto.
**FAM.** Diplomático.

**diplomado, da** *adj. y s. m. y f.* Se dice de la persona que tiene un título que demuestra que ha realizado unos estudios, generalmente de grado inmediatamente inferior a los de licenciado.

**diplomarse** *v.* Obtener una persona un diploma al terminar unos estudios.

**diplomático, ca** *adj.* y *s. m.* y *f.* **1.** De la diplomacia o que se dedica a ella: *Esos países rompieron sus relaciones diplomáticas.* || *adj.* **2.** Que tiene diplomacia o habilidad para tratar a la gente.

**diplomatura** *s. f.* Título universitario que se obtiene al aprobar el primer ciclo de una carrera.

**díptico** *s. m.* Cuadro o dibujo grabado representado en dos tableros que se cierran como un libro.

**diptongar** *v.* **1.** Convertirse una vocal en diptongo. **2.** Pronunciar dos vocales formando diptongo, como ocurre con la *i* y la *o* de *período* (pe-ri-o-do) cuando se pronuncia *periodo* (pe-rio-do). ■ Delante de *e* se escribe *gu* en lugar de *g*: *diptongue*. ANT. **1.** Monoptongar.

**diptongo** *s. m.* Unión de dos vocales en una misma sílaba. Por lo menos una de las dos vocales tiene que ser cerrada (*i*, *u*), como en *aire*, *seis*, *huésped*, *cuatro*. FAM. Diptongar. / Monoptongar, triptongo.

**diputación** *s. f.* **1.** Conjunto de los diputados. **2.** Lugar donde se reúnen.

**diputado, da** *s. m.* y *f.* Persona ha sido elegida elegida por votación para representar a los ciudadanos y realizar tareas como hacer las leyes y controlar al gobierno. FAM. Diputación. / Eurodiputado.

**dique** *s. m.* **1.** Muro que sirve para que no pase una corriente de agua o para contener las olas. **2.** En un puerto, parte cerrada con compuertas que se deja seca para poder arreglar allí los barcos. Se llama también *dique seco*.

**dirección** *s. f.* **1.** Hacia donde va una persona o cosa: *Iba en dirección a su casa. Siga la dirección de la flecha.* **2.** Acción de dirigir: *Su padre está encargado de la dirección de una fábrica.* **3.** Persona o conjunto de personas que dirigen una empresa u otra cosa: *A las reuniones del colegio acuden los padres de los alumnos, los profesores y la dirección.* **4.** Calle, plaza u otro lugar donde vive una persona o está alguna cosa: *Le di mi dirección y mi número de teléfono.* **5.** Mecanismo que sirve para dirigir un vehículo y que se maneja con el volante. **6.** En informática, serie de números o letras que identifica a un usuario en un servidor de correo electrónico o de Internet. EXPR. **dirección asistida** Busca **servodirección**. SIN. **1.** Rumbo. **2.** Gobierno, mando. **2.** y **3.** Jefatura. **3.** Directiva. **4.** Domicilio, señas. FAM. Subdirección, servodirección.

**directiva** *s. f.* **1.** Conjunto de personas que dirigen una empresa u otra cosa. **2.** Se llama así a algunos tipos de normas: *una directiva de la Unión Europea.* SIN. **1.** Dirección, mando.

**directivo, va** *adj.* y *s. m.* y *f.* Que dirige una empresa u otra cosa.

**directo, ta** *adj.* **1.** Que sigue una línea o un camino recto, sin desviarse: *Hay una línea directa de autobús hasta Burgos.* **2.** Que se hace sin que intervengan otras personas o cosas: *venta directa.* **3.** Se dice del complemento del verbo que nombra a la persona, al animal o cosa sobre los que recae la acción del verbo. Por ejemplo, en la oración *Estudio francés*, el complemento directo es *francés*, que es aquello que yo estudio. **4.** Sincero: *Ana es muy directa y habla sin rodeos.* || *adv.* **5.** Sin desviarse: *Volví directo a casa.* EXPR. **en directo** Se aplica al programa de radio o televisión que se está realizando al mismo tiempo que lo oímos o lo vemos. También se dice cuando un cantante actúa delante del público. SIN. **1.** Recto, seguido. **4.** Franco. ANT. **1.** Torcido. **2.** Indirecto. FAM. Indirecto.

**director, ra** *s. m.* y *f.* Persona que dirige una empresa, una asociación, una orquesta, una película u otra cosa: *la directora del banco, un director de cine.*

**directorio** *s. m.* **1.** Lista en la que se da una información, como por ejemplo los cuadros que en algunos establecimientos y edificios indican en qué planta están los distintos departamentos y secciones. **2.** En informática, espacio de memoria al que se da un nombre y en el que se guardan ficheros. SIN. **2.** Carpeta.

**directriz** *s. f.* Regla o norma: *las directrices del colegio.* ■ Su plural es *directrices*.

**dirham** o **dirhem** *s. m.* **1.** Moneda actual de Marruecos y de los Emiratos Árabes Unidos. **2.** Antigua moneda árabe de plata. ■ Es una palabra árabe. Su plural es *dirhams* o *dirhems*.

**dirigente** *adj.* y *s. m.* y *f.* Se dice de la persona o grupo que dirige un país, un partido político, una empresa.

**dirigible** *s. m.* Vehículo que se traslada por el aire; es parecido al globo, pero tiene forma alargada y lleva motores.

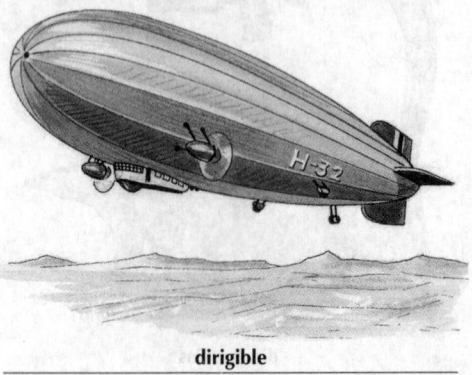

dirigible

**dirigir** v. **1.** Llevar por un camino o una dirección, o seguirlos: *El capitán dirigía a los soldados. Cuando vimos a Virginia, se dirigía al cine.* **2.** Decirle a alguien alguna cosa, hablándole o escribiéndole: *Se dirigió al revisor para preguntarle si el tren paraba en aquel pueblo.* **3.** Hacerle llegar algo a alguien, por ejemplo una carta o un saludo. **4.** Orientar hacia cierto sitio: *Dirigió la mirada hacia la ventana.* **5.** Mandar en un país, en una empresa, en un grupo o en otra cosa, organizándolos: *Dirige una agencia de viajes. Es actor, pero también ha dirigido varias películas.* ■ Delante de *a* y *o* se escribe *j* en lugar de *g*: *Me dirijo a casa.* SIN. **1.** Conducir, guiar. **5.** Gobernar, regir. FAM. Dirección, directiva, directivo, directo, director, directorio, directriz, dirigente, dirigible. / Subdirector, teledirigir.

**dirimir** v. Resolver un desacuerdo o una discusión: *Se reunieron para dirimir sus diferencias.*

**disc-jockey** s. m. y f. Persona que pone los discos en la radio o en una discoteca. ■ Es una palabra inglesa. Su plural es *disc-jockeys.* SIN. Pinchadiscos.

**discal** adj. Relacionado con las pequeñas almohadillas de cartílago en forma de disco que hay entre las vértebras de la columna: *hernia discal.*

**discapacidad** s. f. Limitación física o psíquica que impide a una persona realizar algunas actividades. SIN. Minusvalía. FAM. Discapacitado.

**discapacitado, da** adj. y s. m. y f. Se dice de la persona que sufre una discapacidad. SIN. Minusválido.

**discar** v. En América del Sur, marcar un número de teléfono. ■ Delante de *e* se escribe *qu* en lugar de *c.*

**discernimiento** s. m. Hecho de discernir entre dos o más cosas.

**discernir** v. Distinguir una cosa de otra viendo y entendiendo las diferencias que hay entre ellas: *discernir entre la verdad y la mentira, discernir entre el bien y el mal.* ■ Es un verbo irregular. SIN. Diferenciar, separar. ANT. Confundir. FAM. Discernimiento.

| DISCERNIR | | |
|---|---|---|
| **INDICATIVO** | **SUBJUNTIVO** | **IMPERATIVO** |
| **Presente** | **Presente** | |
| discierno | discierna | |
| disciernes | disciernas | discierne |
| discierne | discierna | |
| discernimos | discernamos | |
| discernís | discernáis | discernid |
| disciernen | disciernan | |

**disciplina** s. f. **1.** Normas que sigue un grupo o que deben seguirse para hacer algo. **2.** Obediencia con que una persona sigue estas normas: *Un buen deportista necesita disciplina.* **3.** Asignatura o materia de estudio. **4.** Modalidad de un deporte: *Es el mejor esquiador en la disciplina de descenso.* SIN. **1.** Normativa. **4.** Especialidad. ANT. **2.** Desobediencia. FAM. Disciplinado, disciplinario. / Indisciplina.

**disciplinado, da** adj. Que obedece unas normas o que tiene disciplina.

**disciplinario, ria** adj. Relacionado con la disciplina o que sirve para mantener la disciplina: *Los marines tienen un régimen disciplinario muy duro.* FAM. Interdisciplinario.

**discípulo, la** s. m. y f. Persona que recibe enseñanzas de un maestro: *La profesora se dirigió a sus discípulos. El Greco fue un pintor que tuvo muchos discípulos.* SIN. Alumno, pupilo, seguidor. FAM. Condiscípulo.

**discman** s. m. Aparato pequeño y portátil para escuchar discos compactos con cascos. ■ Es una palabra inglesa. Su plural es *discmans.*

**disco** s. m. **1.** Objeto delgado circular de diversos materiales, como por ejemplo el que se lanza en atletismo. **2.** Objeto plano en forma de círculo en el que se graban sonidos que luego se reproducen en un tocadiscos. **3.** En informática, placa en la que se graba la información. **4.** Semáforo: *Cruzó la calle con el disco verde.* EXPR. **disco compacto** Disco pequeño en el que se graba y se reproduce información, imágenes o sonido mediante un rayo láser. **disco duro** Parte del ordenador en la que se almacena la información. **disco óptico** En informática, placa circular donde se graba y se lee la información por medio de un rayo láser. FAM. Discal, discar, discobar, discografía, discoidal, discoteca, disquete. / Giradiscos, pinchadiscos, tocadiscos.

**discobar** s. m. Bar que abre por la noche en el que se puede beber, escuchar música y bailar.

**discografía** s. f. **1.** Técnica que se emplea en la grabación de discos musicales. **2.** Conjunto de discos u otras grabaciones de un mismo cantante, estilo, país, tema. FAM. Discográfico.

**discográfico, ca** adj. Relacionado con los discos o la discografía: *casa discográfica.*

**discoidal** adj. Con forma de disco.

**díscolo, la** adj. y s. m. y f. Desobediente, rebelde. SIN. Indisciplinado. ANT. Obediente, dócil.

**disconforme** adj. Que no está de acuerdo. ANT. Conforme, partidario.

**discontinuo, nua** *adj.* Que se va parando o tiene cortes e interrupciones.
SIN. Entrecortado, intermitente. ANT. Continuo.

**discordancia** *s. f.* Falta de relación o de acuerdo entre las personas o las cosas: *Había discordancias entre las informaciones de los distintos periódicos.*
SIN. Desacuerdo, discrepancia, incoherencia. ANT. Armonía, coherencia.
FAM. Discordante.

**discordante** *adj.* Se dice de la persona o cosa que es diferente, no armoniza o no está de acuerdo: *La mesa de metal era el elemento discordante del salón. La única voz discordante era la de Manuel.*

**discordia** *s. f.* Falta de acuerdo y armonía entre las personas.
SIN. Desacuerdo, desavenencia. ANT. Concordia.
FAM. Discordancia.

**discoteca** *s. f.* **1.** Local para escuchar música y bailar. **2.** Colección de discos.
SIN. **2.** Fonoteca.
FAM. Discotequero.

**discotequero, ra** *adj.* **1.** Propio de una discoteca: *Con aquella música y las luces, la fiesta tenía un ambiente discotequero.* || *adj.* y *s. m.* y *f.* **2.** Se dice de la persona a la que le gustan las discotecas.

**discreción** *s. f.* Característica de las personas discretas: *Es una persona de gran discreción, se le puede confiar un secreto con toda tranquilidad.*
EXPR. **a discreción** Mucho, sin límite; también, como cada uno quiera: *En la fiesta hubo comida a discreción. Dejo a tu discreción la elección del color.*
SIN. Prudencia, sensatez, tacto. ANT. Indiscreción.
FAM. Discrecional.

**discrecional** *adj.* Que depende de lo que decida cada uno: *La asistencia a la conferencia es discrecional, va el que quiere.*
EXPR. **parada discrecional** Parada que hace un vehículo de transporte público sólo cuando lo pide un pasajero. **servicio discrecional** Servicio de transporte en el que el recorrido, el horario y las paradas las decide la persona que lo contrata.
SIN. Optativo, opcional. ANT. Obligatorio.

**discrepancia** *s. f.* Diferencia entre ideas y opiniones de dos o más personas.
SIN. Desacuerdo. ANT. Acuerdo, conformidad.

**discrepar** *v.* No estar de acuerdo: *Discrepaba con lo que opinaba su jefe.*
SIN. Disentir. ANT. Coincidir.
FAM. Discrepancia.

**discreto, ta** *adj.* **1.** Se dice de la persona que es prudente cuando habla o actúa y sabe guardar un secreto: *Fue discreta y no contó la conversación que había oído.* **2.** Regular, no muy grande o importante: *El partido de tenis fue discreto.*

SIN. **1.** Sensato, reservado. **2.** Normal, corriente, modesto. ANT. **1.** Indiscreto, imprudente. **2.** Extraordinario.
FAM. Discreción. / Indiscreto.

**discriminación** *s. f.* Acción de discriminar a alguien.

**discriminar** *v.* Tratar peor a alguien por ser de otra raza, tener otras ideas o religión o por otros motivos.
SIN. Segregar, marginar. ANT. Equiparar.
FAM. Discriminación, discriminatorio. / Indiscriminado.

**discriminatorio, ria** *adj.* Que discrimina a alguien: *Le acusaron de dar un trato discriminatorio a los extranjeros.*

**disculpa** *s. f.* Explicación que una persona le da a otra para que la perdone o no se enfade con ella por alguna cosa: *Le pidió disculpas por haberle hecho esperar tanto.*
SIN. Perdón; excusa, pretexto.
FAM. Disculpar.

**disculpar** *v.* **1.** Perdonar un error o una falta de otra persona o encontrar motivos para hacerlo: *Disculparon tu comportamiento porque se dieron cuenta de que estabas algo nervioso.* || **disculparse** **2.** Pedir perdón o dar explicaciones por alguna cosa: *Se disculpó por haber llegado tarde.*
SIN. **1.** Dispensar. **1.** y **2.** Excusar. ANT. **1.** Condenar.

**discurrir** *v.* **1.** Pensar: *Tuvo que discurrir bastante para resolver el ejercicio.* **2.** Ir una cosa por un sitio: *El río discurría por el valle.* **3.** Pasar o suceder: *Los festejos discurrieron con normalidad.*
SIN. **1.** Razonar. **2.** Fluir. **3.** Transcurrir, desarrollarse.
FAM. Discurso.

**discursear** *v.* Dar discursos en los que no se dice nada interesante.

**discurso** *s. m.* Palabras que alguien dice en público: *El primer día de clase, el director pronunció un discurso.*
SIN. Alocución, disertación.
FAM. Discursear.

**discusión** *s. f.* Acción de discutir con alguien: *Tuve una discusión con Carmen por una tontería.*
SIN. Debate; riña. ANT. Reconciliación.

**discutible** *adj.* Que no está claro, que se puede discutir: *Tu opinión es discutible.*
ANT. Indiscutible.

**discutir** *v.* **1.** Ver entre varios un asunto, diciendo cada uno lo que piensa sobre ello: *Ya discutiremos mañana dónde iremos de vacaciones. ¡Qué rollo, se pasaron toda la tarde discutiendo de fútbol!* **2.** Regañar: *Mi hermana y yo nos queremos mucho, pero discutimos.* **3.** Mostrar desacuerdo: *No le discutas y hazle caso.*
SIN. **1.** Debatir. **2.** Reñir. **3.** Contradecir. ANT. **2.** Reconciliarse. **3.** Aceptar, acatar.
FAM. Discusión, discutible. / Indiscutible.

**disecar** v. Preparar un animal muerto para que tenga el mismo aspecto que si estuviera vivo. ■ Delante de *e* se escribe *qu* en lugar de *c: disequé.*

**disección** s. f. Acción de cortar en partes un cadáver o una planta para estudiarlos.
FAM. Diseccionar.

**diseccionar** v. Cortar en partes un cadáver o una planta para estudiarlos.

**diseminar** v. Separar lo que estaba unido, dejándolo por muchos sitios: *El viento disemina el polen de las flores.*
SIN. Dispersar, desperdigar. ANT. Agrupar.

**disensión** s. f. Acción de disentir.
SIN. Desacuerdo, oposición.

**disentería** s. f. Enfermedad del intestino producida por microbios y que causa mucho dolor de tripa, fiebre y diarrea.

**disentir** v. No estar de acuerdo. ■ Es un verbo irregular. Se conjuga como *sentir.*
SIN. Discrepar. ANT. Asentir.
FAM. Disensión.

**diseñador, ra** s. m. y f. Persona que se dedica a hacer diseños.

**diseñar** v. Hacer un diseño.

**diseño** s. m. Dibujo que muestra cómo puede ser un edificio, un vestido u otra cosa que se va a hacer.
SIN. Boceto.
FAM. Diseñador, diseñar.

**disertación** s. f. Discurso sobre una materia.

**disertar** v. Hablar en público sobre un tema del que se sabe mucho: *El conferenciante disertó sobre política internacional.*

**disfraz** s. m. Vestido que una persona se pone para parecer un personaje famoso, un animal o una cosa. ■ Su plural es *disfraces.*
FAM. Disfrazar.

**disfrazar** v. Ponerle a una persona un disfraz: *Sandra se disfrazó de Caperucita.* ■ Delante de *e* se escribe *c* en lugar de *z: Me disfracé.*

**disfrutar** v. 1. Pasarlo bien, sentir alegría o placer: *Los niños disfrutaron mucho en la excursión.* 2. Tener algo bueno: *Disfruta de una salud estupenda.*
SIN. 1. Divertirse. 1. y 2. Gozar. ANT. 1. Aburrirse. 1. y 2. Sufrir, padecer.
FAM. Disfrute.

**disfrute** s. m. Acción de disfrutar: *El abuelo se dedica ahora al disfrute de su jubilación.*

**disfunción** s. f. Mal funcionamiento de algún órgano o parte del cuerpo: *Padece una disfunción que le impide digerir bien la comida.*

**disgregar** v. Separar lo que estaba unido: *Apareció el lobo y se disgregó el rebaño.* ■ Delante de *e* se escribe *gu* en lugar de *g: No os disgreguéis.*

SIN. Desunir, dispersar, desintegrar. ANT. Juntar, unir, congregar.

**disgustar** v. 1. No gustar: *Le disgusta el sabor de esa medicina.* 2. Poner triste o enfadado: *A la tía le disgustó que no fueras a verla.*
SIN. 1. Desagradar, molestar. 2. Apenar, entristecer, enojar. ANT. 1. Gustar, agradar. 2. Alegrar.
FAM. Disgusto.

**disgusto** s. m. 1. Tristeza, pena: *Se ha llevado un disgusto porque ha perdido el reloj.* 2. Enfado, discusión: *Ha tenido un disgusto con su hermano porque se ha puesto muy cabezota.* 3. Desgracia: *No juguéis con los cuchillos, que al final vamos a tener un disgusto.*
EXPR. **a disgusto** Incómodo, no a gusto: *Estaba a disgusto en aquel campamento porque no habían ido sus amigos.*
SIN. 2. Pelea, disputa. 3. Desastre. ANT. 1. Gusto, placer, alegría, satisfacción.

**disidente** adj. y s. m. y f. Se dice de la persona que deja de formar parte de un grupo porque no está de acuerdo con los demás.
ANT. Partidario, adepto.

**disimulado, da** adj. 1. Hecho o puesto de forma que no se vea o no se note: *La droga estaba disimulada entre la mercancía.* ‖ adj. y s. m. y f. 2. Se dice de la persona que disimula o que hace como que no se entera: *En clase se hace el disimulado para que no le pregunten.*

**disimular** v. 1. Actuar una persona de manera que no se note lo que hace, lo que sabe o lo que siente: *Disimula, haz que no le ves. Ya sé que te ha sentado mal lo que te ha dicho, pero disimula un poco.* 2. Tratar de algo se note menos o no se vea: *Se puso la mano delante de la boca para disimular el bostezo. Le puso un adorno al vestido para disimular una mancha.*
SIN. 1. Simular, aparentar, fingir. 2. Ocultar, camuflar. ANT. 1. Mostrar. 2. Descubrir; resaltar.
FAM. Disimulado, disimulo.

**disimulo** s. m. Forma de actuar una persona disimulando: *Guardó el regalo con disimulo para que no se diera cuenta.*

**disipado, da** adj. Que sólo se dedica a las diversiones o a los placeres: *Es un juerguista que lleva una vida disipada.*
SIN. Desenfrenado, libertino, licencioso.

**disipar** v. 1. Hacer desaparecer algo: *La explicación del profesor disipó las dudas de los alumnos. A mediodía ya se habían disipado las nubes.* 2. Malgastar el dinero u otros bienes: *Disipó su fortuna en juergas y diversiones.*
SIN. 1. Esfumar, desvanecer. 2. Despilfarrar, derrochar, dilapidar. ANT. 1. Reforzar, conservar, aumentar. 2. Ahorrar.
FAM. Disipado.

**dislate** *s. m.* Disparate: *No tiene ni idea, por eso no dice más que dislates.*

**dislexia** *s. f.* Dificultad anormal que tienen algunos niños para aprender a leer y escribir bien.
**FAM.** Disléxico.

**disléxico, ca** *adj.* y *s. m.* y *f.* Se dice de la persona que tiene dislexia.

**dislocar** *v.* Sacar o salirse un hueso de su sitio: *Se dislocó un brazo jugando al fútbol.* ■ Delante de *e* se escribe *qu* en lugar de *c: Me disloqué el codo.*
**SIN.** Descoyuntar, desarticular. **ANT.** Colocar.
**FAM.** Disloque.

**disloque** *s. m.* Jaleo, lío. Se usa sobre todo en la expresión **ser** algo **el disloque:** *El último día de clase fue el disloque: salimos todos gritando y saltando por los pasillos.*

**disminución** *s. f.* Acción de disminuir: *Para la próxima semana se espera una disminución de las temperaturas.*
**SIN.** Bajada, reducción, descenso. **ANT.** Aumento, subida.

**disminuido, da** *adj.* **1.** Que es menos de lo que era antes: *Está con gripe y tiene sus fuerzas algo disminuidas.* || *adj.* y *s. m.* y *f.* **2.** Que tiene algún defecto físico o mental, como por ejemplo un paralítico o un retrasado.
**SIN. 2.** Deficiente, impedido, minusválido.

**disminuir** *v.* Ser o hacer algo menor o más pequeño de lo que era antes: *El viento ha disminuido, pero todavía hace frío. Disminuye la velocidad, que vas muy rápido.* ■ Es un verbo irregular. Se conjuga como *huir.*
**SIN.** Bajar, reducir. **ANT.** Aumentar, crecer.
**FAM.** Disminución, disminuido. / Diminuto.

**disociar** *v.* Separar una cosa de otra a la que está unida: *No era fácil disociar en aquella historia la realidad y lo que se había inventado el autor.*
**SIN.** Desunir.

**disolución** *s. f.* **1.** Líquido que resulta de mezclar dos o más sustancias: *Las lentillas se limpian con una disolución de agua con sal.* **2.** Acción de disolver o disolverse: *la disolución del azúcar en la leche; la disolución de un grupo.*
**SIN. 1.** Solución, mezcla. **ANT. 2.** Concentración.

**disoluto, ta** *adj.* y *s. m.* y *f.* Que se dedica a los vicios y los placeres: *Su vida disoluta escandaliza a todo el pueblo.*
**SIN.** Disipado, libertino, vicioso. **ANT.** Virtuoso, austero.

**disolvente** *s. m.* Sustancia líquida que se usa para disolver otras sustancias; por ejemplo, el aguarrás es un disolvente de pinturas y barnices.

**disolver** *v.* **1.** Mezclar una sustancia con un líquido deshaciéndola del todo en él: *Mueve la cucharilla para disolver bien el azúcar. El jabón se disolvió en*
el agua. **2.** Deshacer una reunión, un grupo de personas o un matrimonio: *Al llegar a la plaza la manifestación se disolvió pacíficamente.* ■ Es un verbo irregular. Se conjuga como *volver.*
**SIN. 1.** Diluir. **2.** Dispersar, disgregar. **ANT. 2.** Reunir, congregar.
**FAM.** Disolución, disoluto, disolvente. / Indisoluble.

**disonancia** *s. f.* Sonido que resulta desagradable, que no es armonioso.

**disonante** *adj.* Que disuena: *Ese acorde de la guitarra es disonante; debes de haber puesto mal los dedos.*

**disonar** *v.* **1.** Sonar mal: *Esa guitarra disuena; estará desafinada.* **2.** Ser opuesto a los demás o estar en desacuerdo con ellos: *Tiene unas ideas rarísimas que disuenan con las del resto del grupo.* ■ Es un verbo irregular. Se conjuga como *contar.*
**SIN. 1.** y **2.** Desentonar. **2.** Discrepar. **ANT. 1.** y **2.** Armonizar.
**FAM.** Disonancia, disonante.

**dispar** *adj.* Distinto: *Eran amigos, aunque tenían gustos muy dispares.*
**SIN.** Diferente. **ANT.** Igual, parecido.
**FAM.** Disparidad.

**disparada** *s. f.* En Hispanoamérica, fuga precipitada.
**EXPR.** **a la disparada** En América del Sur, a toda prisa, corriendo.

**disparadero** *s. m.* Disparador de un arma.
**EXPR.** **poner** a una persona **en el disparadero** Hacer que una persona pierda la paciencia: *No quería enfadarme con él, pero me puso en el disparadero con tanto molestarme.*

**disparado, da** *adj.* **1.** Que alguien lo disparó o se disparó: *Cuatro de las balas disparadas dieron en el blanco.* **2.** Muy deprisa: *La llamó su madre y salió disparada hacia su casa.*
**SIN. 1.** y **2.** Lanzado.

**disparador** *s. m.* **1.** Mecanismo que en las armas de fuego acciona el disparo. **2.** Mecanismo que hace funcionar una cámara fotográfica.

**disparar** *v.* **1.** Lanzar una bala, una flecha u otro proyectil con un arma: *Los indios disparaban flechas desde lo alto de la colina.* **2.** Lanzar cualquier cosa con fuerza: *El delantero disparó a puerta y metió gol.* **3.** Poner en funcionamiento un mecanismo: *El edificio tiene una alarma que se dispara en caso de incendio.* || **dispararse 4.** Subir o aumentar algo mucho y en poco tiempo: *En unos años se han disparado los precios de las casas.*
**SIN. 1.** Tirar. **2.** Arrojar, chutar. **3.** Accionar. **ANT. 4.** Caer.
**FAM.** Disparada, disparadero, disparado, disparador, disparo.

**disparatado, da** *adj.* Que es un disparate: *Ha tenido la disparatada idea de bañarse en el mar con el frío que hace.*
**SIN.** Absurdo.

**disparate** *s. m.* **1.** Palabra o acción equivocada o sin sentido que alguien dice o hace sin saber o sin pensar: *No había estudiado nada y puso un montón de disparates en el examen. Es un disparate que te gastes todo el dinero en chucherías.* **2.** Cantidad excesiva de cualquier cosa: *Ha comido un disparate, se va a poner malo.*
SIN. **1.** Absurdo, insensatez, desatino, despropósito. **1.** y **2.** Burrada. ANT. **1.** Acierto.
FAM. Disparatado.

**disparidad** *s. f.* Diferencia: *No se ponen de acuerdo, porque hay disparidad entre lo que piensa uno y lo que piensa el otro.*

**disparo** *s. m.* **1.** Acción de disparar: *Hizo tres disparos, pero ninguno dio en la diana.* **2.** Herida o marca que produce un proyectil disparado con un arma: *El herido tenía un disparo en el brazo. Había un disparo en el cristal.*
SIN. **1.** y **2.** Tiro.

**dispendio** *s. m.* Gasto excesivo o innecesario.
SIN. Despilfarro. ANT. Ahorro, economía.

**dispensa** *s. f.* Permiso especial que se le da a una persona para algunas cosas.

**dispensar** *v.* **1.** Perdonar: *Espero que ustedes me dispensen por haber llegado tarde.* **2.** Permitir que alguien no cumpla una obligación: *Como se había torcido el tobillo, la dispensaron de hacer gimnasia.* **3.** Dar o conceder: *El público dispensó un caluroso aplauso al ganador.*
SIN. **1.** Disculpar, excusar. **2.** Eximir. **3.** Otorgar, rendir. ANT. **1.** Condenar. **2.** Obligar. **3.** Negar.
FAM. Dispensa, dispensario. / Indispensable.

**dispensario** *s. m.* Lugar adonde los enfermos pueden ir para que les vea el médico y donde se pueden hacer algunas curas: *En el dispensario le curaron un poco las heridas y lo mandaron al hospital.*
SIN. Ambulatorio.

**dispepsia** *s. f.* Trastorno del estómago que produce una mala digestión de los alimentos.

**dispersar** *v.* **1.** Separar a las personas o cosas que estaban juntas, o irse cada una de ellas por un sitio: *La policía dispersó al grupo de huelguistas. Fueron juntos hasta la plaza y después se dispersaron cada uno hacia su casa.* **2.** Distraer una persona su atención haciendo o pensando muchas cosas distintas: *Si empiezas varias cosas a la vez, te dispersas y no acabas nada.*
SIN. **1.** Desperdigar, diseminar. ANT. **1.** Reunir, congregar. **1.** y **2.** Concentrar.
FAM. Dispersión, disperso.

**dispersión** *s. f.* **1.** Acción de dispersar: *La dispersión de los vecinos obliga al cartero a caminar mucho.* **2.** Dificultad para concentrarse en lo que se hace: *Esa dispersión no te ayuda a estudiar.*
SIN. **1.** Separación, diseminación. **2.** Distracción. ANT. **1.** y **2.** Concentración.

**disperso, sa** *adj.* **1.** Se dice de las personas o cosas que están separadas o cada una en un sitio: *Tenía sus juguetes dispersos por toda la casa.* **2.** Que no consigue concentrarse: *Hoy te noto disperso, no pones atención en lo que haces.*
SIN. **1.** Desperdigado. **2.** Distraído, abstraído. ANT. **1.** Reunido, congregado. **2.** Centrado.

**display** *s. m.* Pantalla de algunos aparatos electrónicos como una calculadora o un vídeo. ■ Es una palabra inglesa. Su plural es *displays*.

**displicencia** *s. f.* Desprecio, indiferencia: *El jefe trata con displicencia a sus empleados.*
SIN. Desdén. ANT. Solicitud, amabilidad.
FAM. Displicente.

**displicente** *adj. y s. m. y f.* Que muestra displicencia.
SIN. Desdeñoso, frío. ANT. Afectuoso, amable, solícito.

**disponer** *v.* **1.** Preparar, colocar las cosas para algo: *Dispusieron las sillas en filas para ver la función de teatro.* **2.** Mandar, dar una orden: *El director de la carrera dispuso que los ciclistas llevasen chichonera.* **3.** Seguido de la preposición *de*, significa 'tener o utilizar': *Disponía de un par de horas antes de la salida del tren. Le dijo que podía disponer de su cámara de fotos si tenía cuidado con ella.* || **disponerse 4.** Estar a punto de: *Me disponía a salir cuando me llamaste por teléfono.* ■ Es un verbo irregular. Se conjuga como *poner*.
SIN. **1.** Arreglar, organizar. **2.** Determinar, ordenar. ANT. **1.** Desordenar. **3.** Carecer.
FAM. Disponible, disposición, dispositivo, dispuesto. / Indisponer, predisponer.

**disponibilidad** *s. f.* Situación de la persona o cosa que está disponible para algo: *Para el puesto de vendedor buscan alguien con disponibilidad para viajar.*
SIN. Facilidad, posibilidad.

**disponible** *adj.* Se dice de la persona con la que se puede contar o de la cosa que se puede utilizar: *En el hotel solamente quedaban disponibles tres habitaciones.*
SIN. Vacante. ANT. Ocupado.
FAM. Disponibilidad.

**disposición** *s. f.* **1.** Modo en que se encuentra o está colocado alguien o algo: *Tiene gripe y no está en disposición de hacer un viaje. Cambió la disposición de los muebles de su cuarto y le quedó más espacio.* **2.** Norma, mandato: *Hay una disposición que prohíbe dejar en la calle las bolsas de basura fuera de los contenedores.* **3.** Interés o capacidad para hacer o aprender algo: *Miguel tiene buena disposición para la música.*
EXPR. **última disposición** Testamento. || **a disposición de** alguien De manera que se pueda contar con lo que se dice o utilizarlo: *Si necesitas ayuda, estoy a tu disposición. Puso su casa a nuestra disposición por si queríamos quedarnos a dormir allí.*
SIN. **1.** Colocación; condición. **2.** Orden, ley. **3.** Condiciones, talento, facilidad.

**dispositivo** *s. m.* Mecanismo o sistema para hacer algo o conseguir un resultado: *Han puesto un dispositivo en la puerta para que se cierre sola. La policía montó un dispositivo de seguridad alrededor del campo de fútbol.*
SIN. Aparato; plan.

**dispuesto, ta** *adj.* **1.** Preparado, colocado: *Las mesas están dispuestas en filas.* **2.** Mandado, ordenado. **3.** Que tiene intención de hacer algo: *Como no venías, estaba dispuesta a irme yo sola.* **4.** Que pone interés para hacer las cosas pronto y bien: *Mi hijo es muy dispuesto y ayuda mucho en casa.*
SIN. **3.** Presto. **4.** Diligente.

**disputa** *s. f.* **1.** Discusión, pelea: *Tuvimos una disputa en casa porque nadie quería sacar al perro.* **2.** Competición: *Cinco equipos participan en la disputa por el título de liga.*
ANT. **1.** Acuerdo.

**disputar** *v.* **1.** Participar en una competición: *El tenista español disputará la final del torneo.* **2.** Discutir, pelear: *Disputaban sobre fútbol.*
SIN. **1.** Jugar.
FAM. Disputa.

**disquete** *s. m.* En informática, disco flexible que se introduce en el ordenador para grabar información.
FAM. Disquetera.

**disquetera** *s. f.* Parte del ordenador donde se mete un disquete para leer o grabar información.

**disquisición** *s. f.* **1.** Comentario que se aparta del tema del que se está tratando: *Ve al grano y no te pierdas en disquisiciones.* **2.** Examen profundo de algo.

**distancia** *s. f.* **1.** Espacio que hay entre dos personas o cosas: *Del cole a mi casa hay poca distancia.* **2.** Tiempo que pasa entre una cosa y otra: *Entre el nacimiento de su primer hijo y el del segundo sólo hay un año de distancia.* **3.** Diferencia: *Había una gran distancia entre la bici del anuncio y la que estaba en el escaparate.* **4.** Disminución de la amistad que tenía una persona con otra: *Como dejaron de verse, cada vez había más distancia entre ellos.*
SIN. **1.** y **2.** Separación. **3.** Desigualdad. **4.** Alejamiento, frialdad. ANT. **1.** y **4.** Cercanía. **3.** Semejanza, igualdad. **4.** Intimidad, cordialidad.
FAM. Distanciar.

**distanciar** *v.* **1.** Alejar, poner a más distancia: *Distánciate un poco del televisor, no es bueno verlo tan cerca.* || **distanciarse 2.** Disminuir la amistad entre dos personas: *Eran muy amigos, pero con los años se han distanciado.*
SIN. **1.** Apartar. ANT. **1.** Acercar, aproximar. **2.** Unir.

**distante** *adj.* **1.** Alejado, que está a bastante distancia: *La casa estaba muy distante de la playa.* **2.** Que no muestra confianza o afecto en el trato con otros: *Al nuevo se le notaba un poco distante con sus compañeros.*

SIN. **1.** Lejano, retirado. ANT. **1.** Próximo, cercano. **2.** Familiar, cordial.

**distar** *v.* **1.** Estar separada una cosa de otra por un espacio o tiempo: *La granja dista del pueblo un kilómetro.* **2.** Haber diferencia entre una cosa y otra: *Lo que dijo distaba mucho de la verdad.*
SIN. **2.** Diferenciarse. ANT. **2.** Acercarse, parecerse.
FAM. Distancia, distante. / Equidistar.

**distendido, da** *adj.* **1.** Relajado, sin tensiones ni problemas: *La negociación se desarrolló en un ambiente distendido.* **2.** Se dice del músculo o el ligamento que sufre un estiramiento violento.
SIN. **1.** Cordial. ANT. **1.** Tenso, crispado.

**distensión** *s. f.* **1.** Disminución de la tensión: *Tras años de enfrentamiento, hubo un periodo de distensión entre los dos países.* **2.** Estiramiento brusco producido en un músculo o en los ligamentos: *Jugando al tenis se hizo una distensión en el codo.*
FAM. Distendido.

**distinción** *s. f.* **1.** Acción de distinguir o distinguirse una cosa de otra: *No percibía claramente la distinción entre los dos sonidos.* **2.** Premio, honor: *Le concedieron la distinción de ser la reina de las fiestas.* **3.** Elegancia: *Iba vestida con distinción.*
SIN. **2.** Privilegio, dignidad. **3.** Refinamiento, clase. ANT. **2.** Deshonor. **3.** Vulgaridad.

**distingo** *s. m.* Distinción que se hace entre personas o cosas: *No hizo distingos entre sus amigos, a todos los invitó.*

**distinguido, da** *adj.* **1.** Elegante: *Con aquel traje estaba muy distinguido.* **2.** Que destaca en algo: *Actuará en el concierto un distinguido pianista.*
SIN. **1.** Refinado. **2.** Destacado. ANT. **1.** Ordinario, grosero. **2.** Vulgar, mediocre.

**distinguir** *v.* **1.** Notar en qué es distinta una persona, animal o cosa de otra: *¿Sabes distinguir una liebre de un conejo?* **2.** Hacer que alguien o algo se diferencie de otros: *He marcado mis libros para distinguirlos de los tuyos.* **3.** Ver: *Ese cartel está muy lejos y no distingo bien las letras.* **4.** Darle un premio u honor a alguien o algo: *Distinguieron su novela con el primer premio.* || **distinguirse 5.** Tener una persona o cosa algo que la hace diferente o mejor: *Esa chica se distingue por su amabilidad.* ■ Delante de *a* y *o* se escribe *g* en lugar de *gu*: *No distingo.*
SIN. **1.** Discernir. **1.** y **2.** Diferenciar. **3.** Divisar. Galardonar, condecorar. ANT. **1.** y **2.** Confundir.
FAM. Distinción, distingo, distinguido, distintivo, distinto. / Indistinto.

**distintivo, va** *adj.* y *s. m.* Que sirve para distinguir a una persona o cosa de otras o que la caracteriza: *El distintivo de esa marca es una estrella.*
SIN. Característico; señal, característica.

**distinto, ta** *adj.* **1.** Que no es igual o no es el mismo: *Hoy lleva un vestido distinto al de ayer.* ‖ *adj. pl.* **2.** Varios: *Hay distintas formas de nadar.* **SIN. 1.** Diferente. **ANT. 1.** Parecido, semejante.

**distorsión** *s. f.* Hecho de deformar una cosa: *La tormenta produjo distorsiones en la imagen.* **SIN.** Deformación, desfiguración.

**distorsionar** *v.* Cambiar o deformar una cosa de forma que no aparezca como realmente es: *Hay espejos que distorsionan las imágenes.* **SIN.** Desfigurar. **FAM.** Distorsión.

**distracción** *s. f.* **1.** Falta de atención: *En un momento de distracción se cayó de la moto.* **2.** Cualquier cosa que divierte o entretiene: *Con ese puzzle ya tiene distracción para el fin de semana.*

**distraer** *v.* **1.** Apartar la atención de una persona de aquello que estaba haciendo o de lo que pasa alrededor: *Procura no distraerte en clase.* **2.** Entretener, hacer pasar el rato agradablemente: *Se distrae jugando con las muñecas.* ■ Es un verbo irregular. Se conjuga como *traer*. **SIN. 1.** Despistar. **2.** Divertir. **ANT. 1.** Concentrar. **2.** Aburrir. **FAM.** Distracción, distraído.

**distraído, da** *adj. y s. m. y f.* **1.** Que se distrae con facilidad. ‖ *adj.* **2.** Entretenido, divertido: *un juego muy distraído.*

**distribución** *s. f.* Acción de distribuir y forma en que se distribuye algo: *En el colegio cambiaron la distribución de las clases.* **SIN.** Reparto.

**distribuidor, ra** *adj. y s. m. y f.* Se dice de la persona o empresa que recibe un producto del fabricante y lo distribuye entre los comerciantes para que lo vendan.

**distribuir** *v.* Repartir o colocar de manera organizada: *El profesor nos distribuyó en varios grupos.* ■ Es un verbo irregular. Se conjuga como *huir*. **SIN.** Asignar; disponer, ordenar. **ANT.** Desordenar. **FAM.** Distribución, distribuidor, distributivo. / Redistribuir

**distributivo, va** *adj.* **1.** En gramática, se dice de las conjunciones que van delante de oraciones coordinadas disyuntivas y se repiten, como *o... o, bien... bien.* También se llama así a estas oraciones: *O vamos al cine, o vamos al teatro.* **2.** Se dice de las palabras que expresan una idea de distribución o reparto, como *cada* o *sendos.*

**distrito** *s. m.* Cada una de las partes en que se divide una ciudad o una región.

**disturbio** *s. m.* Desorden, riña o pelea, sobre todo si ocurre en las calles. **SIN.** Altercado, tumulto. **FAM.** Antidisturbios.

**disuadir** *v.* Convencer a alguien para que no haga algo o para que cambie de idea: *Quería dejar los estudios y sus padres intentaron disuadirle.* **SIN.** Desaconsejar, desanimar. **ANT.** Animar. **FAM.** Disuasión, disuasivo, disuasorio.

**disuasión** *s. f.* Acción de disuadir.

**disuasivo, va** o **disuasorio, ria** *adj.* Que se dice o se hace para disuadir a alguien: *Tenemos el perro como medida disuasoria contra los ladrones.*

**disyunción** *s. f.* Relación entre dos o más cosas, cada una de las cuales excluye a las otras. **FAM.** Disyuntiva, disyuntivo.

**disyuntiva** *s. f.* Situación en la que hay que elegir entre dos posibilidades: *Cuando terminó el instituto se encontró ante la disyuntiva de buscar trabajo o hacer una carrera.*

**disyuntivo, va** *adj.* En gramática, se dice de las oraciones coordinadas que indican una elección entre dos cosas, de manera que si se cumple una no puede cumplirse la otra, como por ejemplo en: *¿Qué hacemos, salimos o nos quedamos?* También se dice de las conjunciones que van delante de estas oraciones (*o, u*).

**diu** *s. m.* Aparato que algunas mujeres se colocan en la entrada del útero para evitar quedarse embarazadas. ■ Esta palabra está formada por las siglas de *dispositivo intrauterino.*

**diurético, ca** *adj. y s. m.* Se dice del medicamento o la sustancia que hace orinar más.

**diurno, na** *adj.* Que ocurre, vive o se hace durante el día: *La temperatura diurna es algo más alta.* **ANT.** Nocturno.

**divagar** *v.* Hablar o hacer algo sin centrarse en lo más importante: *En sus respuestas a la prensa el presidente del club de fútbol no hizo más que divagar y no dijo lo que interesaba a los oyentes.* ■ Delante de *e* se escribe *gu* en lugar de *g: No divagues.* **SIN.** Desviarse, dispersarse. **ANT.** Centrarse.

**diván** *s. m.* Sofá con o sin brazos que no suele tener respaldo.

**divergencia** *s. f.* **1.** Separación de dos o más cosas. **2.** Desacuerdo. **ANT. 1.** Convergencia.

**divergente** *adj.* **1.** Que se va separando de otra cosa: *dos líneas divergentes.* **2.** Que no está de acuerdo: *dos opiniones divergentes.* **ANT. 1.** Convergente.

**divergir** *v.* **1.** Irse separando poco a poco dos o más cosas: *Los caminos divergían, uno hacia el monte y otro hacia la playa.* **2.** No estar de acuerdo. ■ Delante de *a* y *o* se escribe *j* en lugar de *g: Se llevan bien, aunque diverjan en algunas cosas.* **SIN. 1.** Desviarse, apartarse. **2.** Disentir. **ANT. 1.** Converger. **1.** y **2.** Coincidir. **FAM.** Divergencia, divergente.

**diversidad** *s. f.* Diferencia o variedad: *Entre ellos había mucha diversidad de opiniones.*

**diversificar** *v.* Hacer más variada una cosa o dividirla en varias diferentes: *Diversificaron el trabajo para hacer cada uno una tarea distinta.* ■ Delante de *e* se escribe *qu* en lugar de *c*: *diversifique.*

**diversión** *s. f.* Acción de divertirnos y cosa que nos divierte: *Estoy leyendo por diversión. Su diversión favorita es montar en bici.* SIN. Distracción, entretenimiento, pasatiempo. ANT. Aburrimiento.

**diverso, sa** *adj.* Distinto o variado: *En su redacción, Julia hablaba de temas muy diversos.* SIN. Heterogéneo. ANT. Igual, homogéneo. FAM. Diversidad, diversificar.

**divertido, da** *adj.* Que divierte: *Vimos un programa en la tele muy divertido. Ignacio es muy divertido, te ríes mucho con él.* SIN. Entretenido, distraído, ameno; gracioso, ocurrente. ANT. Aburrido, triste.

**divertimento** *s. m.* **1.** Composición musical breve y alegre, de estructura libre y escrita para varios instrumentos. **2.** Divertimiento.

**divertimiento** *s. m.* Diversión. SIN. Entretenimiento.

**divertir** *v.* Producir alguien o algo alegría o gusto: *Rafa nos estuvo divirtiendo con sus chistes. Como más me divierto es pintando.* ■ Es un verbo irregular. Se conjuga como *sentir.* SIN. Entretener, distraer, amenizar. ANT. Aburrir. FAM. Diversión, divertido, divertimento, divertimiento.

**dividendo** *s. m.* **1.** Cantidad que hay que dividir por otra. **2.** Parte de los beneficios de una empresa que corresponde a cada acción.

**dividir** *v.* **1.** Separar en partes, por ejemplo para repartir algo: *Dividió la tarta en ocho raciones. Se dividieron el trabajo para terminar antes.* **2.** En matemáticas, hacer una división: *Divide 46 entre 2.* **3.** Enemistar a las personas: *Las mentiras que contaron sobre ellos dividieron a los dos amigos.* SIN. **1.** Partir; repartir, distribuir. **3.** Enfrentar. ANT. **1.** Unir, juntar. FAM. Dividendo, divisible, división, divisor, divisorio. / Indivisible, subdividir.

**divieso** *s. m.* Grano gordo con pus.

**divinamente** *adv.* De maravilla, muy bien: *Lo pasamos divinamente.*

**divinidad** *s. f.* Dios o diosa: *Los antiguos griegos y romanos adoraban a muchas divinidades.*

**divinizar** *v.* **1.** Considerar a alguien como un dios: *Los antiguos egipcios divinizaban a los faraones.* **2.** Alabar o admirar a una persona de forma exagerada: *No me parece buen cantante, aunque sus fans le han divinizado.* ■ Delante de *e* se escribe *c* en lugar de *z*: *divinice.*

**divino, na** *adj.* **1.** De Dios o de los dioses. **2.** Muy bueno o muy bonito: *Hace una tarde divina. Llevaba un collar divino.* SIN. **2.** Maravilloso, extraordinario, espléndido. ANT. **2.** Horrible, horroroso. FAM. Divinamente, divinidad, divinizar. / Adivinar.

**divisa** *s. f.* **1.** Señal o signo que sirve para distinguir una cosa de otras: *Los toros llevaban la divisa de sus ganaderías.* **2.** Dinero que procede de un país extranjero: *Los turistas dejan muchas divisas en nuestro país.*

**divisar** *v.* Ver algo desde lejos o con poca claridad: *Desde la playa se divisaban algunos barcos.* SIN. Atisbar. FAM. Divisa.

**divisible** *adj.* Que puede dividirse. En matemáticas, se dice del número que al dividirse por otro da como resultado un número entero.

**división** *s. f.* **1.** Acción de dividir. **2.** Operación matemática que consiste en repartir un número, llamado *dividendo*, en tantas partes iguales como unidades tiene otro, llamado *divisor*. **3.** Falta de acuerdo: *En clase había división de opiniones para elegir al delegado.* **4.** En el ejército, unidad que está formada por dos o más brigadas o regimientos. **5.** En algunos deportes, conjunto de equipos agrupados según su categoría: *Juega en un equipo de tercera división.* SIN. **1.** Partición, fracción, reparto. **3.** Desacuerdo, desavenencia, discrepancia. ANT. **1.** Unión. **3.** Concordia.

**divisor** *s. m.* **1.** En una división, cantidad por la que se divide otra. **2.** Cualquiera de los números que pueden dividir otro exactamente. Por ejemplo: 1, 2, 4 y 8 son divisores de 8. EXPR. **común divisor** Número que divide de forma exacta a varios números. Por ejemplo, 5 es común divisor de 10, de 15 y de 20. **máximo común divisor** El mayor de todos los divisores comunes de varios números. Por ejemplo: 4 es el máximo común divisor de 8 y 12.

**divisorio, ria** *adj.* Que divide o separa: *La frontera es la línea divisoria entre dos países.*

**divo, va** *adj. y s. m. y f.* **1.** Artista de mucha categoría, sobre todo un cantante de ópera. **2.** Persona que se cree muy importante o mejor que los demás: *Va de diva por la vida, como si los demás no contásemos.* SIN. **1.** Estrella, figura. **2.** Engreído, presuntuoso, arrogante. ANT. **2.** Modesto.

**divorciado, da** *adj. y s. m. y f.* Persona que deja de estar casada después de que el juez ha deshecho su matrimonio.

**divorciarse** *v.* Deshacerse un matrimonio después de haberlo permitido el juez: *Se divorciaron a los tres años de casados.* FAM. Divorcio, divorciado.

**divorcio** *s. m.* Acción de divorciarse.

**divulgación** *s. f.* Acción de divulgar: *Su película tuvo una gran divulgación.*
SIN. Difusión, extensión, propagación.

**divulgar** *v.* Dar a conocer algo a mucha gente: *El libro divulga muchos conocimientos interesantes sobre las estrellas.* ■ Delante de *e* se escribe *gu* en lugar de *g*: *divulgue.*
SIN. Difundir, extender, propagar. ANT. Ocultar.
FAM. Divulgación, divulgativo.

**divulgativo, va** *adj.* Que sirve para divulgar información o conocimientos: *Se suscribió a una revista divulgativa de medicina.*

**DNI** *s. m.* Primeras letras de *Documento Nacional de Identidad.* Es el carné que contiene los datos personales de los ciudadanos españoles.

**do** *s. m.* Nombre de la primera nota de la escala musical.

**doberman** *adj.* y *s. m.* y *f.* Se dice de una raza de perros fuertes, delgados y muy ágiles que suelen adiestrarse como perro guardián.

**dobladillo** *s. m.* Borde de una tela doblado hacia dentro y cosido para que no se deshilache, como el que se hace en los pantalones.

**doblaje** *s. m.* Acción de doblar una película a otro idioma.

**doblar** *v.* **1.** Hacer que una parte de un objeto quede pegada contra otra, repitiéndolo una o más veces: *Dobla la cartulina en cuatro.* **2.** Torcer una cosa que estaba derecha: *¡Cuidado, no dobles la antena del coche!* **3.** Hacer algo dos veces mayor o tener el doble que otro: *Dobló sus ahorros en pocos meses. Su hermana le dobla la edad.* **4.** Dar la vuelta, cambiar de dirección: *Se encontró con su vecina al doblar la calle.* **5.** Traducir una película a otro idioma o cambiar la voz de un actor por la de otro: *Doblaron la película al español. Han doblado la voz del protagonista.* **6.** Sustituir un extra a un actor en algunas escenas, sobre todo en las peligrosas. **7.** En algunas carreras deportivas, sacar una ventaja de una vuelta completa. **8.** Tocar las campanas.
SIN. **1.** Plegar. **2.** Curvar, combar, arquear. **3.** Duplicar. **4.** Girar, virar. ANT. **1.** Desdoblar, extender. **2.** Enderezar, estirar.
FAM. Dobladillo, doblaje, doblegar, doblez. / Desdoblar, redoblar.

**doble** *adj.* y *s. m.* **1.** Dos veces más: *Luis tiene el doble de caramelos que Ana. Ese cuaderno es el doble de ancho que el mío. Hoy hace el doble de frío que ayer.* || *adj.* **2.** Formado por dos cosas iguales: *Han puesto cristales dobles en las ventanas.* || *s. m.* **3.** Persona que se parece mucho a otra: *Es el mismísimo doble de Manolo.* **4.** Actor que sustituye a otro, por ejemplo en las escenas peligrosas. || *s. m. pl.* **5.** En baloncesto, falta que consiste en

botar el balón, agarrarlo con las dos manos y volverlo a botar.
SIN. **1.** Duplo. **2.** Par, pareja. ANT. **1.** Medio, mitad. **2.** Sencillo.
FAM. Doblar, doblete, doblón. / Duplo.

**doblegar** *v.* Obligar a alguien a que obedezca o a que ceda. ■ Delante de *e* se escribe *gu* en lugar de *g*: *doblegué.*
SIN. Someter, dominar.

**doblete** *s. m.* Hecho de conseguir o hacer una cosa dos veces: *Nuestro equipo hizo doblete al ganar la copa y la liga. El mismo actor, en un doblete magistral, interpreta los papeles de padre y de hijo.*

**doblez** *s. m.* **1.** Lo que se forma al doblar una cosa o cada una de las veces en que se dobla algo: *Hizo varios dobleces a la manta para guardarla.* || *s. f.* **2.** Hipocresía, falsedad: *Confiaba en ella porque todavía no conocía su doblez.* ■ Su plural es *dobleces.*
ANT. **2.** Sinceridad.

**doblón** *s. m.* Antigua moneda castellana de oro.

**doce** *num.* **1.** Diez y dos. **2.** Que ocupa por orden el número doce. || *s. m.* **3.** Signos con que se representa.
SIN. **2.** Duodécimo.
FAM. Doceavo, docena.

**doceavo, va** *num.* y *s. m.* Se dice de cada una de las doce partes iguales en que se divide una cosa. ■ No confundir con *duodécimo*, 'que ocupa por orden el número doce'.

**docena** *s. f.* Conjunto formado por doce personas, animales o cosas: *una docena de lápices, una docena de alumnos.*
FAM. Adocenar.

**docencia** *s. f.* Actividad de las personas que se dedican a la enseñanza: *Su padre lleva muchos años dedicado a la docencia.*
SIN. Educación.
FAM. Docente.

**docente** *adj.* y *s. m.* y *f.* Que se dedica a la enseñanza o está relacionado con ella: *un centro docente, los docentes del instituto.*
SIN. Educativo; profesor, maestro, educador.

**dócil** *adj.* Obediente y fácil de educar: *Este perro es muy dócil y le gusta mucho que le acaricien.*
SIN. Manso, manejable, sumiso. ANT. Desobediente, rebelde.
FAM. Docilidad.

**docilidad** *s. f.* Característica de las personas y animales dóciles.
SIN. Mansedumbre, sumisión. ANT. Rebeldía.

**docto, ta** *adj.* y *s. m.* y *f.* Que sabe mucho.
SIN. Sabio, erudito, letrado. ANT. Ignorante.

**doctor, ra** *s. m.* y *f.* **1.** Médico: *El doctor le mandó un jarabe para la tos.* **2.** Persona que tiene el grado universitario más alto: *Es doctora en filosofía.*

**EXPR. doctor honoris causa** Título honorífico que algunas universidades conceden a una persona importante.

**FAM.** Docto, doctorado, doctoral, doctorarse.

**doctorado, da** *adj.* **1.** Que le han dado el grado universitario de doctor. ‖ *s. m.* **2.** Título de doctor que se obtiene al hacer unos cursos en la universidad, que también se llaman *doctorado*, y presentar un trabajo llamado *tesis*.

**doctoral** *adj.* Relacionado con el doctor o con el doctorado: *Estoy terminando la tesis doctoral.*

**doctorarse** *v.* Obtener una persona el título universitario de doctor.

**doctrina** *s. f.* Conjunto organizado de las ideas y pensamientos de un autor, una escuela o algo semejante: *la doctrina de Aristóteles, la doctrina de la Iglesia católica.*

**FAM.** Doctrinal / Adoctrinar.

**doctrinal** *adj.* De la doctrina o relacionado con ella.

**documentación** *s. f.* **1.** Documento o documentos que sirven para identificar a alguien o algo: *La policía les pidió la documentación.* **2.** Información que hay sobre un tema o un asunto: *Para hacer ese trabajo sobre las abejas necesitó documentación.*

**SIN. 2.** Credencial.

**documentado, da** *adj.* **1.** Que tiene el documento que lo identifica: *Hay que ir siempre documentado, por si te piden el carné.* **2.** Que tiene muchos datos o información: *un trabajo muy documentado.*

**SIN. 1.** Acreditado. **2.** Informado. **ANT. 1.** Indocumentado.

**documental** *s. m.* Película en la que las escenas y los personajes son reales y tiene como fin enseñar o informar a la gente: *Vimos un documental sobre las ballenas.*

**FAM.** Documentalista.

**documentalista** *s. m. y f.* **1.** Persona que trabaja buscando y reuniendo información sobre un tema, por ejemplo en un periódico, en la televisión, en una editorial. **2.** Persona que hace documentales.

**documentar** *v.* Dar una información completa sobre alguna cosa o buscarla: *Para hacer esta redacción tengo que documentarme.*

**SIN.** Informar, instruir.

**documento** *s. m.* Escrito u otra cosa que da información sobre algo o lo demuestra; por ejemplo, un diploma es un documento que demuestra que tienes un título.

**FAM.** Documentación, documentado, documental, documentar. / Indocumentado.

**dodecaedro** *s. m.* Poliedro que tiene doce caras.

**dodo** *s. m.* Ave del tamaño de un cisne, pico fuerte y en forma de gancho e incapaz de volar, que vivía en algunas islas del Pacífico y se extinguió en el siglo XVIII.

**dodotis** *s. m.* Pañal de celulosa que se ajusta al cuerpo del bebé mediante tiras adhesivas y se tira después de usar. ■ No varía en plural.

**dogal** *s. m.* Soga que se ata al cuello de las caballerías.

**dogma** *s. m.* **1.** Lo que una religión afirma como verdadero y de lo que no se puede dudar: *Es un dogma de la Iglesia católica que la Virgen María nació sin pecado original.* **2.** Cualquier cosa que se afirma sin que sea posible dudar de ella.

**FAM.** Dogmático, dogmatismo.

**dogmático, ca** *adj.* **1.** De los dogmas o relacionado con ellos. ‖ *adj. y s. m. y f.* **2.** Que piensa que sus ideas u opiniones son verdaderas y no admite que otros las discutan.

**SIN. 2.** Intransigente. **ANT. 2.** Flexible, transigente.

**dogmatismo** *s. m.* Forma de pensar y de comportarse de las personas dogmáticas.

**dogo** *adj. y s. m. y f.* Se dice de una raza de perros muy grandes y fuertes, con la cabeza gruesa y el pelo corto. Suelen utilizarse como perros guardianes. Se llama también *gran danés.*

**dólar** *s. m.* La moneda de varios países, como Estados Unidos, Canadá y Australia.

**dolencia** *s. f.* Enfermedad o malestar que tiene una persona que no está bien de salud.

**SIN.** Achaque, afección. **ANT.** Bienestar, salud.

**doler** *v.* **1.** Sentir dolor en alguna parte del cuerpo: *A Tomás le duele la rodilla.* **2.** Producir dolor: *El practicante le puso una inyección que dolía mucho.* **3.** Causar tristeza o pena algo que otra persona ha hecho: *Le dolió que no le invitara a su fiesta.* ■ Es un verbo irregular. Se conjuga como *mover*.

**SIN. 2.** Lastimar. **3.** Apenar, afligir. **ANT. 2.** Calmar, aliviar. **3.** Alegrar, animar.

**dolido, da** *adj.* Apenado, triste por algo que otra persona ha hecho: *Jaime está dolido porque cree que no se merecía ese castigo.*

**dolmen** *s. m.* Monumento funerario, de la época del neolítico, que consiste en una losa horizontal sostenida por grandes piedras verticales.

**dolmen**

**dolor** *s. m.* **1.** Malestar que causa una herida, un golpe u otra cosa en alguna parte del cuerpo: *Tiene un dolor de muelas que no le deja dormir.* **2.** Pena, tristeza: *Le causó mucho dolor la noticia de que su amigo estaba enfermo.*
SIN. **1.** y **2.** Sufrimiento. **2.** Pesar, aflicción. ANT. **1.** Bienestar. **2.** Alegría.
FAM. Dolencia, doler, dolido, dolorido, doloroso. / Condolerse, duelo², indoloro.

**dolorido, da** *adj.* Que duele: *Tiene la pierna dolorida por la caída que sufrió esquiando.*

**doloroso, sa** *adj.* **1.** Que produce dolor en alguna parte del cuerpo: *Recibió un golpe muy doloroso en la espinilla.* **2.** Que causa pena.
SIN. **2.** Lamentable. ANT. **2.** Alegre, gozoso.

**doma** *s. f.* Acción de domar: *Se dedica a la doma de caballos.*

**domador, ra** *s. m.* y *f.* Persona que se dedica a domar animales salvajes.

**domar** *v.* **1.** Hacer manso a un animal para que obedezca a las personas. **2.** Conseguir que una persona deje de ser rebelde y haga lo que uno quiere: *A esta niña tan traviesa es imposible domarla.* **3.** Hacer que una cosa se vuelva flexible: *Los zapatos te aprietan un poco porque todavía no los has domado.*
SIN. **1.** y **2.** Amansar, amaestrar.
FAM. Doma, domador. / Indomable, indómito, redomado.

**domeñar** *v.* Dominar, someter: *domeñar los sentimientos, domeñar un país.*
SIN. Controlar. ANT. Liberar, soltar.

**domesticar** *v.* Hacer que un animal salvaje se vuelva manso y pueda vivir con las personas. ■ Delante de *e* se escribe *qu* en lugar de *c*: *domestique.*

**doméstico, ca** *adj.* **1.** De la casa o relacionado con ella: *Hacer la comida, lavar y planchar son tareas domésticas.* **2.** Se dice del animal que vive con las personas, como el perro o el gato.
SIN. **1.** Casero. ANT. **2.** Salvaje.
FAM. Domesticar.

**domiciliar** *v.* **1.** Hacer una persona que le paguen el sueldo y le cobren los recibos a través de una cuenta en el banco. ‖ **domiciliarse 2.** Fijar una persona su domicilio en un lugar.

**domiciliario, ria** *adj.* Relacionado con el domicilio o que ocurre o se hace en él: *El médico le hizo al enfermo una visita domiciliaria.*

**domicilio** *s. m.* Edificio, piso o local donde vive una persona o donde está situada una tienda, una oficina u otra cosa.
SIN. Casa, vivienda; dirección, sede.
FAM. Domiciliar, domiciliario.

**dominación** *s. f.* **1.** Acción de dominar. **2.** Dominio sobre un pueblo, territorio o nación: *España estuvo muchos siglos bajo la dominación árabe.*

**dominante** *adj.* **1.** Que domina: *En la pintura de ese autor el color dominante es el rojo.* **2.** Se dice de la persona a la que le gusta dominar a las demás. ■ Con este significado se usa familiarmente el femenino *dominanta.*
SIN. **1.** Predominante. **2.** Mandón.

**dominar** *v.* **1.** Tener poder sobre alguien o algo de forma que haga lo que uno quiere: *Los romanos dominaron a muchos pueblos de la antigüedad.* **2.** Conocer bien un idioma, ciencia u otra cosa que se ha aprendido: *Como vivió tantos años en Londres, domina el inglés a la perfección.* **3.** Contener algo: *Los bomberos dominaron rápidamente el incendio. Aunque estaba muy nervioso, consiguió dominarse.* **4.** Ver desde lo alto una gran extensión de terreno: *Desde aquí se domina toda la sierra.* **5.** Ser más usado o destacar algo: *Este verano dominan los vestidos de colores suaves.*
SIN. **1.** Someter. **3.** Controlar. **4.** Abarcar. **5.** Predominar, resaltar. ANT. **1.** Obedecer. **2.** Desconocer, ignorar. **3.** Avivar.
FAM. Dominación, dominante, dominio. / Autodominio, domeñar, predominar.

**domingas** *s. f. pl.* Los pechos de la mujer.
SIN. Tetas.

**domingo** *s. m.* Día de la semana que está entre el sábado y el lunes.
FAM. Dominguero, dominical. / Endomingarse.

**dominguero, ra** *adj.* y *s. m.* y *f.* Que suele salir al campo, la playa o la montaña los domingos o días de fiesta, cuando va todo el mundo.

**dominical** *adj.* **1.** Del domingo. ‖ *s. m.* **2.** Revista que algunos periódicos publican los domingos.

**dominicano, na** *adj.* y *s. m.* y *f.* De la República Dominicana, país de América, y de Santo Domingo, su capital.

**dominico, ca** *adj.* y *s. m.* y *f.* De la orden religiosa fundada por Santo Domingo de Guzmán.

**dominio** *s. m.* **1.** Poder o superioridad que se tiene sobre personas o cosas: *Esas tierras estuvieron bajo el dominio de un conde.* **2.** Conocimiento de una ciencia, técnica u otra cosa: *Su dominio del ordenador nos sorprendió.* **3.** Territorio que pertenece a otro y está gobernado o administrado por él.
EXPR. **ser** una cosa **del dominio público** Ser conocida por todo el mundo.
SIN. **1.** Dominación, imperio. **2.** Destreza, maestría, pericia. **3.** Colonia, posesión.

**dominó** *s. m.* Juego que se hace con veintiocho fichas rectangulares, divididas en dos cuadrados. Cada uno de estos cuadrados puede ir en blanco o llevar marcados de una a seis puntos. (Puedes ver su dibujo en la página siguiente.)

**domótica** *s. f.* Disciplina que se ocupa de los sistemas informáticos que controlan las instalaciones

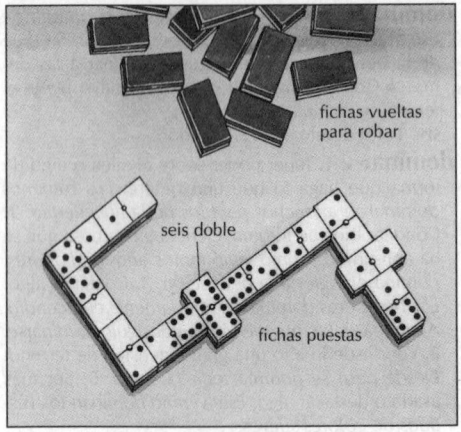

fichas vueltas para robar

seis doble

fichas puestas

**dominó**

de las casas y edificios, como los dispositivos anti-rrobo o el aire acondicionado.

**don¹** *s. m.* **1.** Habilidad que tiene una persona para hacer algo: *Julia tiene un don especial para tocar el piano.* **2.** Regalo: *El hada madrina concedió a la princesa tres dones.*
**EXPR. don de gentes** Facilidad para relacionarse y tratar con otras personas.
**SIN. 1.** Destreza. **2.** Presente, obsequio. **ANT. 1.** Torpeza, incapacidad.

**don²** *s. m.* Se pone delante de los nombres propios masculinos para dirigirse a un hombre o hablar de él con respeto: *don Antonio.*
**EXPR. don nadie** Persona sin ninguna importancia.

**donación** *s. f.* Acción de donar.
**SIN.** Regalo.

**donaire** *s. m.* **1.** Gracia que tiene una persona al hablar, moverse, escribir. **2.** Ocurrencia, dicho gracioso.

**donante** *adj.* y *s. m.* y *f.* Persona que dona algo; en especial, la que dona la sangre o algún órgano de su cuerpo.

**donar** *v.* Dar algo que uno posee, sin obtener dinero a cambio: *Donó parte de su fortuna a un hospital.*
**SIN.** Obsequiar, regalar. **ANT.** Quitar, despojar.
**FAM.** Don¹, donación, donaire, donante, donativo. / Condonar.

**donativo** *s. m.* Dinero u otra cosa que alguien da, sobre todo para ayudar a las personas que lo necesitan: *Todos los años hace un donativo a un asilo de ancianos.*
**SIN.** Donación, limosna.

**doncel** *s. m.* En la Edad Media, joven noble que todavía no era caballero.
**FAM.** Doncella.

**doncella** *s. f.* **1.** Muchacha joven, en especial la que todavía no se ha casado. **2.** Criada que se ocupa de las tareas de la casa, excepto de la cocina, o que atiende o sirve a una señora.
**SIN. 2.** Sirvienta, chacha.

**donde** *adv.* **1.** En el lugar en que está alguien o algo o en que sucede algo: *En ese edificio es donde viven mis primos. Ésta es la calle donde nací.* **2.** A veces indica una conclusión o deducción: *No quiso saludarnos, de donde pensamos que estaba enfadado.*
**FAM.** Dónde, dondequiera. / Adonde.

**dónde** *interr.* **1.** Significa 'en qué lugar': *¿Dónde está el libro de lengua? No sé dónde está mi hermano.* ‖ *excl.* **2.** Expresa enfado, protesta o extrañeza: *Pero ¡dónde se ha visto tal cosa!*
**FAM.** Adónde.

**dondequiera** *adv.* En cualquier parte. Se usa sobre todo seguido de *que*: *Dondequiera que pongas ese espejo tan bonito, estará bien.*

**dondiego** *s. m.* Planta originaria de América, de flores grandes y de vivos colores que se abren sólo por las noches y desprenden un olor fuerte y agradable.
**EXPR. dondiego de día** Planta de flores azules, con cuello blanco y fondo amarillo, que se abren por el día y se cierran al anochecer.

**donjuán** *s. m.* Hombre que conquista a muchas mujeres.

**donostiarra** *adj.* y *s. m.* y *f.* De San Sebastián, capital de Guipúzcoa, provincia del País Vasco.

**donut** *s. m.* Especie de rosquilla esponjosa, normalmente recubierta de azúcar o chocolate. ■ Es una palabra inglesa. Su plural es *donuts.*

**doña** *s. f.* Se pone delante de los nombres propios femeninos para dirigirse a una mujer o hablar de ella con respeto: *doña Carmen.*

**dopaje** *s. m.* Acción de dopar o de doparse. Se llama también *doping.*

**dopar** *v.* En deportes, dar o tomar drogas que aumentan artificialmente la fuerza y la resistencia para obtener mejores resultados: *Fue descalificado porque se dopaba.*
**FAM.** Dopaje.

**doping** *s. m.* Busca **dopaje.** ■ Es una palabra inglesa.
**FAM.** Dopar. / Antidoping.

**doquier** o **doquiera** *adv.* Se usan en las expresiones **por doquier** o **por doquiera**, con el significado de 'por cualquier parte'.

**dorada** *s. f.* Pez marino, con el cuerpo muy plano, de color azulado o negro por encima, blanco por el vientre y una mancha dorada en la cabeza. Su carne es muy apreciada.

**dorado, da** *adj.* **1.** De color de oro o parecido a él. **2.** Se dice de una etapa o periodo muy bueno, de gran esplendor: *Los siglos XVI y XVII fueron una época dorada de la literatura.* ‖ *s. m.* **3.** Capa dorada de un

objeto: *Esta sortija ha perdido el dorado.* || *s. m. pl.*
**4.** Conjunto de adornos y objetos de metal de color de oro.
SIN. **2.** Glorioso, brillante.

**dorar** *v.* **1.** Cubrir un objeto con una capa de oro o de otra sustancia que tenga su mismo color. **2.** Freír o asar un alimento hasta que tome color dorado: *Antes de guisar la carne, la doró en mantequilla.* || **dorarse 3.** Tomar color dorado: *En esta época del año empiezan a dorarse las uvas.*
EXPR. **dorar la píldora** Mostrar algo de forma que parezca más agradable o bueno de lo que es. También, alabar mucho a una persona con la intención de conseguir algo.
SIN. **2.** Tostar.
FAM. Dorada, dorado. / Desdoro.

**dórico, ca** *adj.* y *s. m.* Se dice de un estilo arquitectónico de la Grecia antigua caracterizado por tener columnas con estrías y capiteles sin adornos.

**dormida** *s. f.* Acción de dormir: *echarse una dormida.*

**dormido, da** *adj.* Que está atontado o distraído: *Pon más cuidado en lo que haces, que hoy pareces dormido.*

**dormilón, na** *adj.* y *s. m.* y *f.* Que duerme mucho o le gusta mucho dormir.
SIN. Lirón, marmota.

**dormir** *v.* **1.** Cerrar los ojos y dejar de pensar y hacer cosas para descansar, como hacemos por ejemplo por las noches: *Esta noche he dormido nueve horas.* **2.** Hacer que alguien descanse de este modo: *Mamá cogió al bebé en brazos para dormirlo.* **3.** Dejar a alguien en un estado parecido al del sueño, por ejemplo cuando le ponen anestesia a un enfermo para operarlo. || **dormirse 4.** Quedarse sin sensibilidad algún miembro del cuerpo, sin poder notarlo: *Se me ha dormido una pierna.* **5.** No poner la atención o el esfuerzo suficientes: *Si quieres seguir siendo el primero, no te duermas.* ■ Es un verbo irregular.
EXPR. **dormirse en los laureles** Confiarse demasiado pensando que ya casi se ha conseguido lo que se pretendía: *Llevaba muy bien el curso, pero al final se durmió en los laureles y casi suspende.*
SIN. **3.** Anestesiar. **4.** Entumecerse. **5.** Distraerse, descuidarse, abandonarse. ANT. **1.** a **3.** Despertar.
FAM. Dormida, dormido, dormilón, dormitar, dormitorio. / Adormecer, adormidera, adormilarse, duermevela.

**dormitar** *v.* Estar medio dormido: *El abuelo dormitaba en el sillón después de comer.*
SIN. Amodorrarse. ANT. Espabilarse.

**dormitorio** *s. m.* Habitación para dormir. (Puedes ver su ilustración en la página siguiente).
SIN. Alcoba.

**dorsal** *adj.* **1.** Del dorso o de la espalda: *La aleta dorsal del tiburón tiene forma triangular.* || *s. m.* **2.** En carreras y otros deportes, número que los participantes llevan en la espalda.

| DORMIR | |
|---|---|
| **INFINITIVO** | **GERUNDIO** |
| dormir | durmiendo |

| INDICATIVO | |
|---|---|
| **Presente** | **Pretérito perfecto simple** |
| duermo | dormí |
| duermes | dormiste |
| duerme | durmió |
| dormimos | dormimos |
| dormís | dormisteis |
| duermen | durmieron |

| SUBJUNTIVO | |
|---|---|
| **Presente** | **Pretérito imperfecto** |
| duerma | durmiera, -ese |
| duermas | durmieras, -eses |
| duerma | durmiera, -ese |
| durmamos | durmiéramos, -ésemos |
| durmáis | durmierais, -eseis |
| duerman | durmieran, -esen |
| **Futuro** | |
| durmiere | durmiéremos |
| durmieres | durmiereis |
| durmiere | durmieren |

| IMPERATIVO | |
|---|---|
| duerme | dormid |

**dorso** *s. m.* **1.** Espalda de las personas y lomo de los animales. **2.** Revés de una cosa: *el dorso de la mano.*
SIN. **2.** Envés, reverso. ANT. **2.** Cara, anverso.
FAM. Dorsal.

**dos** *num.* **1.** Uno y uno. **2.** Segundo: *Vimos la película en la fila dos del cine.* || *s. m.* **3.** Signo con que se representa.
EXPR. **cada dos por tres** o **a cada dos por tres** Con mucha frecuencia: *Llama por teléfono cada dos por tres.*
FAM. Doce, doscientos. / Dúo, entredós, veintidós.

**doscientos, tas** *num.* **1.** Dos veces cien. **2.** Que ocupa por orden el número doscientos. || *s. m.* **3.** Signos con que se representa.
FAM. Ducentésimo.

**dosel** *s. m.* Especie de techo de adorno que se pone encima de un altar, de un trono, de una cama.

**dosificador** *s. m.* Aparato o utensilio para dosificar medicinas u otras cosas.

**dosificar** *v.* Fijar la dosis o cantidad de un medicamento o de otras cosas: *El médico es quien debe dosificar las medicinas. Si quieres llegar al final de la carrera, tendrás que dosificar tus fuerzas.* ■ Delante de *e* se escribe *qu* en lugar de *c*: *dosifiqué.*
SIN. Graduar, regular.
FAM. Dosificador.

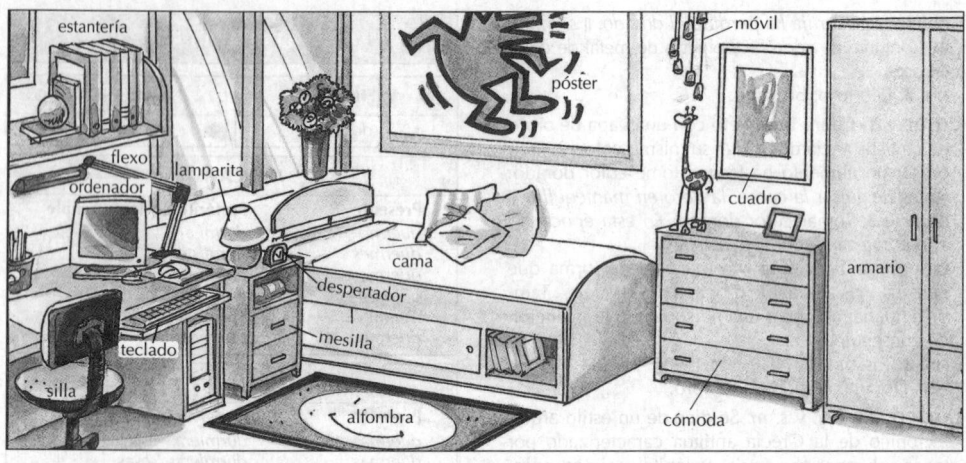

Labels: estantería, flexo, lamparita, ordenador, teclado, silla, despertador, mesilla, alfombra, cama, póster, móvil, cuadro, armario, cómoda

**dormitorio**

**dosis** *s. f.* **1.** Cantidad de medicina que se da al enfermo cada vez. **2.** Cantidad de otras cosas: *Se necesita una buena dosis de paciencia para aguantar a ese pesado.* ■ No varía en plural.
FAM. Dosificar. / Sobredosis.

**dossier** *s. m.* Conjunto de documentos con información sobre una persona o cosa. ■ Es una palabra francesa. Su plural es *dossiers.*
SIN. Informe, expediente.

**dotación** *s. f.* **1.** Acción de dotar y aquello con que se dota: *La dotación del premio era de cincuenta mil euros.* **2.** Conjunto de personas que manejan un barco, un avión u otro vehículo parecido, o que atienden a los pasajeros: *La dotación del submarino es de cuarenta personas.*
SIN. **1.** Asignación. **2.** Tripulación.

**dotado, da** *adj.* **1.** Que tiene lo que se dice: *El toro está dotado de una gran fuerza.* **2.** Que tiene buenas cualidades para algo: *Su hijo está muy bien dotado para el deporte.*
SIN. **1.** Provisto; poseedor. **2.** Apto, capacitado. ANT. **1.** Carente. **2.** Inepto.

**dotar** *v.* **1.** Dar ciertas cualidades a las personas o animales: *La naturaleza dotó al hombre de inteligencia.* **2.** Dar a una persona o cosa algo que necesita o la mejora: *Dotaron a la oficina con un estupendo equipo de ordenadores.*
SIN. **1.** Otorgar, conferir. **2.** Proveer, equipar.
FAM. Dotación, dotado. / Superdotado.

**dote** *s. f.* **1.** Bienes que una mujer lleva cuando se casa o cuando ingresa en un convento. **2.** Capacidad o habilidad para algo: *Margarita tiene dotes para el dibujo: podrá estudiar Bellas Artes.*
SIN. **2.** Cualidad, don.
FAM. Dotar. / Cazadotes.

**dracma** *s. m.* **1.** Moneda actual de Grecia. **2.** Antigua moneda de plata de los griegos y los romanos.

**draga** *s. f.* Máquina o aparato para dragar.
FAM. Dragar.

**dragaminas** *s. m.* Barco que se utiliza para retirar del mar las minas explosivas. ■ No varía en plural.

**dragar** *v.* **1.** Limpiar el fondo de puertos, ríos, canales. **2.** Quitar o destruir las minas de los mares. ■ Delante de *e* se escribe *gu* en lugar de *g*: *drague.*
FAM. Dragaminas.

**drago** *s. m.* Árbol de las islas Canarias, de gran altura, que tiene el tronco grueso y muchas ramas y la copa ancha y siempre verde.

**dragón** *s. m.* Animal fantástico que aparece en cuentos infantiles e historias antiguas; es de gran tamaño y echa fuego por la boca.
FAM. Drago.

**drama** *s. m.* **1.** Una obra de teatro. **2.** Una obra de teatro o película de tema serio, triste o desgraciado. **3.** Suceso triste o lamentable: *El que su padre se quedara sin trabajo fue un drama para la familia.*
SIN. **3.** Desdicha, desgracia. ANT. **3.** Alegría.
FAM. Dramático, dramatizar, dramaturgo, dramón. / Melodrama.

**dramático, ca** *adj.* **1.** Del drama o relacionado con él: *Estudia arte dramático porque quiere ser actor de teatro.* **2.** Que impresiona y produce angustia o tristeza: *Vivió unos momentos dramáticos cuando se produjo aquel incendio.*
SIN. **2.** Trágico. ANT. **1.** y **2.** Cómico. **2.** Alegre.
FAM. Dramatismo.

**dramatismo** *s. m.* Carácter de las cosas o situaciones dramáticas: *Durante el incendio se vivieron momentos de gran dramatismo.*

**dramatizar** *v.* **1.** Dar forma y características de drama. **2.** Exagerar lo malo de una cosa. ▪ Delante de *e* se escribe *c* en lugar de *z*: *No dramatices: el hecho de que hayáis perdido este partido no significa que vayáis a quedar los últimos.*
FAM. Desdramatizar.

**dramaturgia** *s. f.* **1.** Arte de componer obras de teatro. **2.** Conjunto de obras teatrales.

**dramaturgo, ga** *s. m.* y *f.* Persona que escribe dramas, obras de teatro.
FAM. Dramaturgia.

**dramón** *s. m.* **1.** Obra de teatro de poca calidad que intenta conmover al espectador exagerando las situaciones dramáticas. **2.** Suceso triste y conmovedor: *La muerte de su hijo fue un auténtico dramón.* ▪ Se usa frecuentemente con intención de exagerar: *Su equipo ha perdido el partido y ha sido un dramón.*

**drapeado, da** *adj.* Se dice de las telas o prendas con muchos pliegues: *una falda drapeada.*

**drástico, ca** *adj.* Rápido y enérgico: *El ayuntamiento tomó medidas drásticas para reducir el gasto de agua.*
SIN. Tajante, radical. ANT. Suave, moderado.

**drenaje** *s. m.* **1.** Acción de drenar un terreno. **2.** Acción de drenar una cavidad del cuerpo. **3.** Tubos y otras cosas que se emplean para ello.

**drenar** *v.* **1.** Eliminar el agua de un terreno. **2.** Vaciar una herida, un grano, un tumor o una parte del cuerpo humano del líquido que se encuentra anormalmente en ella.
FAM. Drenaje.

**dribbling** *s. m.* Acción de driblar. ▪ Es una palabra inglesa. Su plural es *dribblings.*
FAM. Driblar.

**driblar** *v.* En algunos deportes, avanzar el jugador que lleva el balón esquivando a los jugadores del equipo contrario.

**dragón**

**dromedario**

**drive** *s. m.* En el tenis, golpe que se da a la pelota de abajo arriba, devolviéndola al contrario por el mismo lado de la mano que sostiene la raqueta. ▪ Es una palabra inglesa.

**driver** *s. m.* En informática, pequeño programa que permite la comunicación de una impresora, escáner, ratón, módem, con el ordenador al que está conectado. ▪ Es una palabra inglesa. Su plural es *drivers.*
SIN. Controlador.

**droga** *s. f.* Sustancia que, entre otros efectos, puede producir una sensación de excitación, tranquilidad o que hace ver cosas que no existen. Algunas se utilizan en medicina, como la morfina, para calmar dolores muy fuertes. Pero, sobre todo, se llama *drogas* a las sustancias que, como el hachís o la cocaína, producen una sensación de placer y pueden causar graves daños en el organismo.
FAM. Drogadicción, drogar, drogata, drogodependencia, drogota, droguería. / Antidroga.

**drogadicción** *s. f.* Hábito de consumir drogas.
FAM. Drogadicto.

**drogadicto, ta** *adj.* y *s. m.* y *f.* Persona que toma o se inyecta drogas y está tan acostumbrado a ellas que no puede dejarlas.
SIN. Drogata, drogota.

**drogar** *v.* Hacer tomar o inyectar drogas a una persona, o tomarlas ella misma. ▪ Delante de *e* se escribe *gu* en lugar de *g*: *drogue.*

**drogata** o **drogota** *s. m.* y *f.* Drogadicto.

**drogodependencia** *s. f.* Dependencia física o psíquica de una droga.

**droguería** *s. f.* Tienda donde se venden diversos productos, como los que se usan en la limpieza de las casas, pinturas y otras cosas parecidas.

**dromedario** *s. m.* Animal mamífero y rumiante muy parecido al camello, pero con una sola joroba.

**druida** *s. m.* Sacerdote de los antiguos celtas.

**drupa** *s. f.* Fruto carnoso que tiene dentro un solo hueso; por ejemplo el melocotón o la ciruela.

**dual** *adj.* Que tiene dos aspectos, dos partes, dos elementos: *Gracias a un sistema dual, puedes ver la película en español o en el idioma original.*

**dubitativo, va** *adj.* **1.** Que duda o no sabe qué hacer: *Encontré a Javier dubitativo: no sabía si apuntarse a esquí o a clases de guitarra.* **2.** En gramática, se dice de una clase de oraciones que expresan duda, como *Quizá vaya a la excursión.*
SIN. **1.** Indeciso. ANT. **1.** Seguro.

**dublinés, sa** *adj.* y *s. m.* y *f.* De Dublín, capital de la República de Irlanda.

**ducado** *s. m.* **1.** Territorio bajo el dominio de un duque. **2.** Antigua moneda de oro que se usó en España.

**ducal** *adj.* Del duque: *palacio ducal.*

**ducentésimo, ma** *adj.* y *s. m.* y *f.* **1.** Que ocupa por orden el número doscientos. || *adj.* y *s. m.* **2.** Cada una de las doscientas partes iguales en que se divide una cosa.

**ducha** *s. f.* **1.** Chorritos de agua muy finos que se dejan caer sobre el cuerpo mediante un aparato que tiene muchos agujeritos por donde sale el agua: *Me doy una ducha por las mañanas.* **2.** La instalación y el aparato que nos permiten ducharnos; también el cuarto donde está esta instalación. **EXPR. ducha de agua fría** Noticia, suceso o algo que hace o dice una persona y que hace que otra se quede desilusionada: *La eliminación del equipo fue una ducha de agua fría para todos sus seguidores.* **FAM.** Duchar.

**duchar** *v.* Dar o darse una ducha.

**ducho, cha** *adj.* Experto, que conoce bien algo: *Miriam está muy ducha en matemáticas.* **SIN.** Versado, experimentado. **ANT.** Inexperto.

**dúctil** *adj.* **1.** Que se puede moldear fácilmente: *La arcilla es un material muy dúctil.* **2.** Se dice de los metales con que se pueden hacer hilos o alambres con facilidad: *El cobre es un metal dúctil.* **3.** Se dice de la persona fácil de manejar o que se acomoda sin dificultad a cualquier cosa: *Es un niño muy dúctil, no suele crear problemas.* **SIN. 1.** Maleable, flexible. **1.** y **3.** Manejable. **ANT. 1.** Duro, rígido. **3.** Inflexible.

**duda** *s. f.* **1.** Falta de seguridad que tiene una persona, que le hace no saber qué hacer o qué escoger: *Estoy en una duda, no sé si es mejor llamarle o esperar a que venga.* **2.** Cualquier cosa de la que alguien no está seguro: *Al final de la clase podéis preguntar las dudas que tengáis.* **SIN. 1.** Vacilación, indecisión. **2.** Dificultad. **ANT. 1.** Seguridad, decisión; confianza, fe.

**dudar** *v.* No estar seguro de alguien o algo o no saber qué hacer: *Dudo que eso que dice tu amigo sea verdad. Dudaba entre irme o quedarme.* **SIN.** Vacilar, titubear. **ANT.** Confiar, decidir. **FAM.** Dubitativo, duda, dudoso. / Indudable.

**dudoso, sa** *adj.* **1.** Que tiene dudas: *Estaba dudoso, no sabía qué comprarse.* **2.** Se dice de aquello de lo que alguien duda o que no está claro: *Tengo cinco respuestas bien, tres dudosas y dos mal.* **SIN. 1.** Dubitativo, vacilante. **2.** Confuso, incierto. **ANT. 1.** y **2.** Seguro. **2.** Cierto, preciso.

**duelo¹** *s. m.* **1.** Combate entre dos personas para solucionar entre ellas una cuestión de honor o una ofensa. **2.** Enfrentamiento o lucha entre dos rivales: *El duelo entre los dos equipos fue igualado.*

**duelo²** *s. m.* Demostración de dolor, pena o tristeza por la muerte de una persona: *Cuando murió el alcalde hubo un día de duelo en la ciudad.*

**duende** *s. m.* **1.** Personaje fantástico de cuentos y leyendas, pequeño y revoltoso: *En el palacio pasa-* ban cosas muy raras y la gente creía que había duendes. **2.** Encanto o característica especial de una persona o cosa que la hace agradable: *Esa chica no es muy guapa, pero tiene duende.* **SIN. 1.** Genio.

**dueño, ña** *s. m.* y *f.* Persona que tiene o posee algo: *Su padre es el dueño de la tienda.* **EXPR. ser** alguien **dueño** o **muy dueño** Poder hacer algo si quiere: *Eres muy dueño de no ir a ver a tu amigo, pero a mí no me parece bien.* **ser** alguien **dueño de sí mismo** Saber actuar una persona pensando lo que es mejor, sin dejarse llevar por los nervios o por lo que le apetece. **SIN.** Propietario, poseedor, amo. **FAM.** Adueñarse.

**duermevela** *s. m.* o *f.* Sueño ligero e interrumpido que no permite descansar.

**dueto** *s. m.* Dúo musical.

**dulce** *adj.* **1.** De sabor parecido al del azúcar: *Este melocotón está muy dulce.* **2.** Que no tiene sabor ácido, amargo o salado, a diferencia de otras cosas del mismo tipo que sí tienen ese sabor: *agua dulce, almendra dulce.* **3.** Delicado, agradable, cariñoso: *Mi amiga tiene una voz muy dulce. Es un niño muy dulce, siempre está tranquilo y sonriente.* || *s. m.* **4.** Pastel, golosina: *Se te van a estropear los dientes de comer tantos dulces.* **SIN. 3.** Suave, grato. **4.** Chuchería. **ANT. 1.** Salado, amargo. **3.** Desagradable. **FAM.** Dulcería, dulcificar, dulzaina, dulzón, dulzor, dulzura. / Agridulce, edulcorar, endulzar.

**dulcería** *s. f.* Establecimiento donde se hacen o venden dulces. **SIN.** Confitería, pastelería.

**dulcificar** *v.* Hacer más dulce, más suave y agradable: *Cuando mira a su niño se le dulcifica la expresión de la cara.* ■ Delante de *e* se escribe *qu* en lugar de *c*: *dulcifique.*

**dulzaina** *s. f.* Instrumento popular de viento de sonido agudo y parecido a una flauta, que se toca soplando por una boquilla.

**dulzón, na** *adj.* **1.** De sabor demasiado dulce: *No me gustan las bebidas dulzonas.* **2.** Muy sentimental: *La película tiene un final demasiado dulzón.* **SIN. 1.** Empalagoso. **ANT. 1.** Amargo.

**dulzor** *s. m.* Característica de las cosas dulces: *Le gustaban mucho las uvas por su dulzor.*

**dulzura** *s. f.* Característica de las personas o cosas delicadas, agradables o cariñosas: *La abuela es muy amable y habla siempre con mucha dulzura.*

**duna** *s. f.* Montañita de arena formada por el viento, como las que hay en el desierto o en algunas playas.

**dúo** *s. m.* **1.** Pareja de músicos o de cantantes: *Las dos hermanas se presentaron al festival de canciones formando un dúo.* **2.** Canción para ser cantada por dos personas o música que tienen que tocar dos instrumentos: *Al público le gustó mucho el dúo que interpretaron los dos cantantes.*

**EXPR. a dúo** Entre dos personas o las dos a la vez: *Les preguntó adónde iban y respondieron a dúo que a ningún sitio.*

**FAM.** Dual, dueto.

**duodécimo, ma** *num.* **1.** Que ocupa por orden el número doce: *Alfonso vive en el piso duodécimo de ese edificio tan alto.* || *num. y s. m.* **2.** Se dice de cada una de las doce partes en que se divide una cosa.

**SIN. 2.** Doceavo.

**duodeno** *s. m.* Primera parte del intestino delgado que está unida al estómago.

**dúplex** *s. m.* Casa para vivienda con dos plantas comunicadas por una escalera interior. ■ No varía en plural.

**duplicado, da** *adj.* **1.** Que es el resultado de multiplicar algo por dos: *Apostó cinco euros y se los devolvieron duplicados.* || *s. m.* **2.** Copia de una cosa: *Sacó un duplicado de la foto para regalársela a los amigos.*

**duplicar** *v.* Multiplicar algo por dos o tener el doble: *En verano se duplica la venta de helados. Tu primo te duplica la edad.* ■ Delante de *e* se escribe *qu* en lugar de *c*: *Lo dupliqué.*

**SIN.** Doblar. **ANT.** Partir.

**FAM.** Duplicado. / Reduplicar.

**duplicidad** *s. f.* **1.** Característica de lo que es doble: *Nos repartiremos el trabajo para evitar la duplicidad de tareas.* **2.** Hipocresía, engaño: *Sus palabras parecen sinceras, sin duplicidad.*

**SIN. 2.** Doblez, falsedad. **ANT. 2.** Sinceridad.

**duplo, pla** *adj. y s. m.* Se dice del número que contiene dos veces a otro: *Cuatro es duplo de dos y ocho es duplo de cuatro.*

**SIN.** Doble.

**FAM.** Dúplex, duplicar, duplicidad.

**duque, duquesa** *s. m. y f.* **1.** Persona de la nobleza que tiene un título menos importante que el de príncipe y más que el de marqués o conde. || *s. f.* **2.** Mujer del duque.

**FAM.** Ducado, ducal. / Archiduque.

**duración** *s. f.* Tiempo que dura algo: *La película tiene una duración de dos horas. Las pilas del reloj son de larga duración.*

**duradero, ra** *adj.* Que dura o resiste bastante tiempo: *Parece que esas zapatillas son duraderas, espero que tardes más en romperlas.*

**SIN.** Resistente.

**duralex** *s. m.* Material transparente parecido al vidrio utilizado para hacer vajillas.

**duramadre** o **duramáter** *s. f.* La más externa de las meninges que envuelven el encéfalo y la médula espinal.

**FAM.** Epidural.

**durante** *prep.* Expresa que una cosa sucede en el tiempo que dura algo: *Durante el verano he leído varios libros. Estuvimos hablando durante la fiesta de la próxima excursión.*

**durar** *v.* Pasar un tiempo desde el principio de algo hasta que termina, se estropea o deja de existir: *Sus vacaciones duraron una semana. El abrigo le ha durado dos inviernos. El entrenador duró una temporada en el equipo.*

**SIN.** Extenderse, prolongarse, resistir, aguantar. **ANT.** Acabarse.

**FAM.** Duración, duradero, durante. / Perdurar.

**durazno** *s. m.* **1.** Árbol frutal de mediano tamaño con flores rosadas; es una variedad del melocotonero. **2.** Fruto de este árbol.

**dureza** *s. f.* **1.** Característica de lo que es duro: *El mármol es un material de gran dureza. El entrenador es muy exigente y trata con dureza a los jugadores.* **2.** Capa de piel dura que se forma en algunas partes del cuerpo: *De tanto andar se le habían formado durezas en la planta de los pies.*

**SIN. 1.** Resistencia, brusquedad. **2.** Callo, callosidad. **ANT. 1.** Blandura, flexibilidad; dulzura, suavidad, delicadeza.

**duro, ra** *adj.* **1.** Que no se puede doblar, rayar o cortar con facilidad: *Tiene mal los dientes y no puede comer turrón ni cosas duras.* **2.** Resistente, que aguanta bien: *Esa bici es dura, puedes meterla por cualquier camino.* **3.** Capaz de soportar muchas cosas, como sufrimiento o trabajo: *Miguel se cayó del columpio, pero es muy duro y no se quejó.* **4.** Que resulta difícil o cuesta soportarlo: *Sexto es un curso bastante duro. En Rusia el clima es muy duro porque hace mucho frío.* **5.** Exigente, violento o que molesta a los demás: *No seas tan duro con tu hermano pequeño, aunque se equivoque.* || *s. m.* **6.** Moneda española equivalente a cinco pesetas. || *adv.* **7.** Con fuerza o con gran esfuerzo: *Para ser un buen tenista hay que entrenar duro.*

**EXPR. duro de mollera** Que le cuesta entender las cosas. **duro de oído** Un poco sordo. || **estar a las duras y a las maduras** Estar en lo malo lo mismo que en lo bueno: *Las personas que son amigas tienen que estar a las duras y a las maduras.* **lo que faltaba para el duro** Se dice cuando, después de una desgracia o dificultad, llega otra que no se esperaba. **tener** alguien **la cabeza dura** o **muy dura** Ser muy cabezota: *No hay manera de convencerle, mira que tiene la cabeza dura.*

**SIN. 2.** Duradero. **3.** Sufrido. **4.** Arduo. **5.** Riguroso, implacable; crudo. **ANT. 1.** y **5.** Blando. **2.** y **3.** Endeble, débil, frágil. **4.** Suave, ligero, agradable. **5.** Comprensivo, tolerante, inocente.

**FAM.** Dureza. / Endurecer.

**duty-free** *s. m.* Tienda que vende productos sin impuestos, como por ejemplo las que hay en los aeropuertos. ■ Es una palabra inglesa.

**e¹** *s. f.* Quinta letra del abecedario y segunda vocal. ■ Su plural es *es*.

**e²** *conj.* Se emplea en lugar de la conjunción *y* delante de palabras que comienzan por *i* o *hi*, pero no delante de las que comienzan por *hie*; así, se dice *Carmen e Ismael; cuentos e historias*, pero *bronce y hierro*. ■ Fíjate en que *e* no sustituye a *y* cuando comienza una interrogación o una admiración: *¿Y Ismael?*

**e-mail** *s. m.* Correo electrónico. Busca **correo**. ■ Es una palabra inglesa. Se dice también *mail*.

**ebanista** *s. m. y f.* Carpintero que trabaja maderas buenas, como el ébano.

**ebanistería** *s. f.* **1.** Taller del ebanista. **2.** Trabajo del ebanista.

**ébano** *s. m.* Árbol muy alto, con la copa ancha y el tronco grueso, del que se saca una madera maciza con la que se fabrican muebles e instrumentos musicales.
**FAM.** Ebanista, ebanistería.

**ebrio, ebria** *adj.* Borracho.
**SIN.** Bebido, embriagado, beodo. **ANT.** Sobrio.

**ebullición** *s. f.* Acción de hervir un líquido, produciéndose burbujas en él. Es el proceso de cambio de estado de la materia, de líquido a gaseoso.
**SIN.** Hervor.

**ebúrneo, a** *adj.* De marfil o que parece marfil, sobre todo por el color: *una escultura ebúrnea, una piel ebúrnea.*

**eccehomo** *s. m.* **1.** Imagen de Jesucristo con una corona de espinas, como estaba al ser presentado por Pilatos al pueblo. **2.** Persona que tiene muy mal aspecto, con heridas y contusiones: *Tuvo una pelea y le dejaron hecho un eccehomo.* ■ Se escribe también *ecce homo*.

**eccema** *s. m.* Aparición en la piel de escamas, pequeñas ampollas y manchas rojizas, que produce mucho picor o escozor. ■ Se escribe también *eczema*.

**echar** *v.* **1.** Lanzar o lanzarse: *Échame el balón. Estaban jugando y el perro se echó encima de él.* **2.** Hacer salir: *Me echaron del equipo de fútbol. La chimenea echaba humo.* **3.** Meter o dejar una cosa en un sitio: *Compra un sello y echa la postal al buzón.* **4.** Dejar caer, derramar: *Échame un poco de leche.* **5.** Tumbar o tumbarse: *Se echó un rato en la cama para descansar porque estaba muy cansada.* **6.** Poner o ponerse: *Si tienes frío, échate una manta más.* **7.** Mover, inclinar, colocar: *¿Por qué no te echas el pelo hacia atrás? Si te echas a un lado, me podré sentar yo también.* **8.** Salirle: *Este niño llora porque está echando los dientes. Esta planta echa unas flores muy bonitas.* **9.** En la televisión, cine o teatro, poner una película, un programa, una obra u otra cosa: *Hoy echan dibujos animados.* **10.** Cerrar: *Cuando salgas, echa el cerrojo.* **11.** Calcular: *A Sonia le echo unos doce años.* **12.** Hacer la acción que indica el sustantivo: *echar una bronca, echar cuentas.* **13.** Jugar a las quinielas, a la lotería o a otros juegos. **14.** Comenzar una acción: *Se echó a reír.* ‖ **echarse 15.** Empezar una relación con otra persona: *Se echó muchos amigos en el colegio.*
**EXPR.** **echar a perder** o **a rodar** Estropear. **echar a suertes** Dejar que la suerte decida. **echar chispas** Estar muy enfadado. **echar de menos** Notar que alguien o algo falta. También, estar triste o apenado por ello. **echar un cable** o **echar una mano** a una persona Ayudarla. **echarse atrás** Retirarse de algo que uno pensaba hacer, abandonar: *Alicia se echó atrás y no se apuntó al campeonato de karate.*
**SIN.** **1.** Tirar. **1.** y **2.** Arrojar. **2.** Expulsar, despedir. **3.** Introducir. **4.** Verter. **5.** Acostar. **8.** Brotar. **9.** Dar, proyectar, transmitir, emitir. **10.** Correr. **11.** Suponer. **ANT.** **1.** Coger, recibir. **2.** Admitir. **3.** y **4.** Recoger. **5.** Levantar. **8.** Caerse. **10.** Abrir.
**FAM.** Desechar.

**echarpe** *s. m.* Pañuelo largo y estrecho que se ponen las mujeres sobre los hombros.
**SIN.** Chal.

**eclecticismo** *s. m.* **1.** Tendencia a combinar elementos, ideas o estilos muy diferentes. **2.** Modo de actuar del que toma una posición intermedia entre ideas o posturas contrarias, en lugar de decidirse claramente por una.

**ecléctico, ca** *adj. y s. m. y f.* Del eclecticismo o que actúa con eclecticismo: *Su casa tiene una decoración muy ecléctica. Me decidí por una solución ecléctica que combinaba ambas propuestas.* **FAM.** Eclecticismo.

**eclesial** *adj.* De la Iglesia o relacionado con ella. **SIN.** Eclesiástico.

**eclesiástico, ca** *adj.* **1.** Relacionado con la Iglesia y los clérigos. ‖ *s. m.* **2.** Clérigo. **SIN. 1.** Clerical. **ANT. 1.** y **2.** Laico, seglar.

**eclipsar** *v.* **1.** Tapar un astro a otro. **2.** Ser tan buena persona que las cualidades de los demás quedan por debajo de las de ella o no se valoran: *La fama de ese pintor eclipsó a otros de su época.* ‖ **eclipsarse 3.** Sufrir un astro un eclipse.

**eclipse** *s. m.* Hecho que se produce cuando un astro tapa del todo o en parte a otro. Por ejemplo, existe un eclipse de Sol cuando la Luna se pone entre el Sol y la Tierra quedando todo el Sol oculto (eclipse total) o sólo una parte de él (eclipse parcial). **FAM.** Eclipsar, eclíptica.

**eclipse** de Luna

**eclíptica** *s. f.* Recorrido que hace la Tierra al moverse alrededor del Sol, y que tiene forma ovalada.

**eclosión** *s. f.* **1.** Salida de un ser vivo de la envoltura que lo contenía, como una flor del capullo o un pájaro del huevo. **2.** Aparición repentina de algo: *La eclosión de la primavera.* **FAM.** Eclosionar.

**eclosionar** *v.* Hacer eclosión.

**eco** *s. m.* **1.** Repetición de un sonido al chocar contra un cuerpo duro: *Al gritar los alpinistas desde la montaña, se oyó el eco.* **2.** El hecho de extenderse algo por la importancia que tiene: *El estreno de esa película ha tenido eco en muchos países.*

**EXPR. hacerse eco** Difundir, dar a conocer un hecho, una noticia. **SIN. 2.** Alcance, resonancia, difusión. **FAM.** Ecografía.

**ecografía** *s. f.* Técnica que se usa en medicina para ver los órganos que tenemos dentro del cuerpo.

**ecología** *s. f.* Ciencia que estudia las relaciones que hay entre los seres vivos y el medio ambiente en el que viven. **FAM.** Ecológico, ecologismo, ecologista.

**ecológico, ca** *adj.* **1.** De la ecología o del medio ambiente: *El incendio forestal produjo un grave daño ecológico.* **2.** Que cuida el medio ambiente o no lo daña: *En casa siempre utilizamos productos de limpieza ecológicos.*

**ecologismo** *s. m.* Ideas y movimiento que defienden la conservación del medio ambiente.

**ecologista** *adj. y s. m. y f.* Que defiende la conservación del medio ambiente y la naturaleza.

**economato** *s. m.* Establecimiento donde algunos grupos de personas pueden comprar productos a un precio más bajo de lo habitual.

**economía** *s. f.* **1.** Ciencia que estudia la mejor manera de utilizar los bienes y el dinero, y obtener beneficios con ellos. **2.** Riqueza mayor o menor que tiene un país, un territorio, una empresa, una familia o una persona: *La economía de esa nación ha mejorado porque se han construido fábricas muy modernas. Su economía no le permite irse de viaje este verano.* **3.** Ahorro de dinero, tiempo u otra cosa. **FAM.** Economato, económico, economista, economizar.

**económico, ca** *adj.* **1.** De la economía o relacionado con ella. **2.** Que cuesta poco dinero: *Se ha comprado unos pantalones muy económicos en las rebajas.* **3.** Se dice de la persona que gasta poco. **SIN. 2.** Barato, asequible. **3.** Ahorrador, ahorrativo. **ANT. 2.** Caro, costoso. **3.** Derrochador.

**economista** *s. m. y f.* Persona que es experta en economía.

**economizar** *v.* Gastar lo menos posible: *Si quieres comprarte esa bicicleta, economiza y no te gastes toda la paga de la semana.* ■ Delante de *e* se escribe *c* en lugar de *z*: *Economicé papel escribiendo por las dos caras de la hoja.* **SIN.** Ahorrar. **ANT.** Malgastar, derrochar, despilfarrar.

**ecosistema** *s. m.* El conjunto formado por los seres vivos, el lugar en el que viven y las relaciones que se establecen entre ellos.

**ecuación** *s. f.* Igualdad entre dos expresiones matemáticas que contienen una o más incógnitas. En una ecuación hay números y letras, y estas letras son las incógnitas que hay que hallar; por ejemplo $3x + 2 = 11$.

**ecuador** *s. m.* Círculo perpendicular al eje de la Tierra, que divide a ésta en dos mitades iguales llamadas *hemisferios*: el norte y el sur. El ecuador es el paralelo central de la Tierra.
FAM. Ecuatorial.

**ecualizador** *s. m.* Circuito electrónico que sirve para mejorar la calidad del sonido de un televisor, una radio o un equipo de sonido, ampliando o disminuyendo sus frecuencias.

**ecuánime** *adj.* Que es justo, que trata a las personas y las cosas como se merecen.
FAM. Ecuanimidad.

**ecuanimidad** *s. f.* Característica de ecuánime: *Nadie pone en duda la ecuanimidad del tribunal.*
SIN. Justicia, imparcialidad.

**ecuatoguineano, na** *adj. y s. m. y f.* De Guinea Ecuatorial, país de África.

**ecuatorial** *adj.* Del ecuador, paralelo central de la Tierra.
FAM. Ecuatoguineano, ecuatoriano.

**ecuatoriano, na** *adj. y s. m. y f.* De Ecuador, país de América del Sur.

**ecuestre** *adj.* **1.** Relacionado con los caballos: *ejercicios ecuestres.* **2.** Se dice de la figura que en un cuadro o escultura está representada a caballo: *una estatua ecuestre.*

estatua **ecuestre**

**ecuménico, ca** *adj.* **1.** De todo el mundo o que se extiende al mundo entero. **2.** Se dice de los concilios en los que está representada toda la Iglesia católica.
SIN. **1.** Mundial, universal.

**eczema** *s. m.* Busca **eccema**.

**edad** *s. f.* **1.** El tiempo que una persona o animal lleva viviendo; se cuenta a partir de su nacimiento. **2.** Periodo de la vida de una persona: *la edad escolar, la edad juvenil, la edad madura.* **3.** Cada uno de los periodos en que se ha dividido la historia; por ejemplo, la *Edad Antigua*, la *Edad Media*. ■ Con este significado se escribe normalmente con mayúscula.
EXPR. **Edad Antigua** Periodo de la historia que va desde la aparición de las primeras civilizaciones hasta la caída del imperio romano (siglo v). **Edad Contemporánea** Aquella en la que estamos hoy y que comenzó con la Revolución Francesa. **edad de los metales** Parte de la prehistoria que se llama así porque el hombre comenzó a fabricar armas e instrumentos de metal; se divide en las edades del cobre, del bronce y del hierro. **edad de piedra** Primer periodo de la prehistoria, en que el hombre utilizaba instrumentos de piedra. **edad del pavo** Edad en la que los niños empiezan a hacerse mayores, se vuelven muy raros y hacen muchas tonterías. **Edad Media** La que va desde el siglo v hasta finales del siglo xv. **Edad Moderna** Periodo que va desde el final de la Edad Media hasta la Revolución Francesa (1789). **mayor de edad** Busca **mayor**. **menor de edad** Busca **menor**. **tercera edad** La vejez, el último periodo de la vida de las personas.

**edelweiss** *s. m.* Planta con hojas cubiertas de pelillo y flores blancas muy bonitas, que crece en zonas de alta montaña. ■ Es una palabra alemana. No varía en plural.

**edema** *s. m.* Inflamación de una parte del cuerpo provocada por acumulación de líquido: *edema pulmonar.*

**edén** *s. m.* **1.** El Paraíso terrenal en el que, según nos cuenta la *Biblia*, vivieron Adán y Eva. **2.** Lugar muy agradable: *Ese jardín es un edén.*

**edición** *s. f.* **1.** La acción de editar un libro, periódico u otra cosa. **2.** Conjunto de ejemplares de una misma obra realizados de una sola vez: *Se han hecho varias ediciones de este cuento.* **3.** Cada celebración de un concurso, festival u otra cosa.
SIN. **2.** Tirada.

**edicto** *s. m.* **1.** Mandato o decreto dado por una autoridad. **2.** Aviso para el conocimiento de los ciudadanos colocado en un sitio público o impreso en los periódicos.

**edificación** *s. f.* La acción de edificar y el edificio o conjunto de ellos que se han edificado.
SIN. Construcción. ANT. Demolición.

**edificante** *adj.* Se dice de lo que da buen ejemplo y anima a otros a obrar bien.

**edificar** *v.* Hacer edificios. ■ Delante de *e* se escribe *qu* en lugar de *c*: *Cuando se edifique en esta zona, muchas familias vendrán a vivir aquí.*
SIN. Construir, levantar. ANT. Derrumbar.
FAM. Edificación, edificante, edificio.

**edificio** *s. m.* Construcción, como aquella donde viven las personas o en la que hay tiendas u oficinas.
SIN. Edificación, casa, inmueble.

**edil, edila** *s. m. y f.* Concejal de un ayuntamiento.

**editar** *v.* **1.** Publicar un libro, periódico u otra cosa por medio de la imprenta o de cualquier otro sistema de reproducción. **2.** Hacer que un archivo se vea en la pantalla del ordenador para trabajar con él.
SIN. **1.** Imprimir.
FAM. Edición, editor, editorial. / Reeditar.

**editor, ra** *adj. y s. m. y f.* **1.** Persona o empresa que edita o publica algo. ‖ *s. m. y f.* **2.** Persona encargada de cuidar todo lo que se relaciona con la publicación de un libro, revista u otra obra. ‖ *s. m.* **3.** En informática, programa que permite crear, ver, modificar e imprimir textos, imágenes u otro tipo de información.

**editorial** *adj.* **1.** Relacionado con las ediciones o los editores: *Lleva muchos años trabajando en el mundo editorial.* ‖ *s. f.* **2.** Empresa que edita libros, revistas o periódicos. ‖ *s. m.* **3.** Artículo que se coloca en un lugar destacado del periódico, no lleva firma y expresa la opinión de éste sobre un asunto.
FAM. Editorialista.

**editorialista** *s. m. y f.* Persona que escribe editoriales en un periódico.

**edredón** *s. m.* Colcha rellena de plumas, guata u otro material, que se pone sobre la cama.

**educación** *s. f.* **1.** Hecho de enseñar a una persona los conocimientos necesarios y las normas de cómo debe comportarse. **2.** Manera de comportarse correctamente con los demás: *El dependiente le dijo con educación que no podía atenderle.*
EXPR. **educación física** Actividad para desarrollar y perfeccionar el cuerpo mediante la gimnasia y el deporte.
SIN. **1.** Enseñanza, instrucción. **2.** Cortesía, corrección, urbanidad. ANT. **1.** Analfabetismo, incultura. **2.** Descortesía, grosería.

**educado, da** *adj.* Que tiene buena educación o buenos modales.
SIN. Cortés, correcto, considerado. ANT. Descortés, grosero.

**educador, ra** *s. m. y f.* Persona que educa o enseña a otras.
SIN. Profesor, maestro.

**educar** *v.* **1.** Dar a alguien los conocimientos necesarios y enseñarle cómo debe comportarse: *Los padres y los profesores tienen la tarea de educar a los niños.* **2.** Perfeccionar y desarrollar la voz, el oído u otra cosa. ■ Delante de *e* se escribe *qu* en lugar de *c*: *eduqué.*
SIN. **1.** Formar, instruir. **2.** Ejercitar, afinar. ANT. **1.** Malcriar.

FAM. Educación, educado, educador, educativo. / Maleducar.

**educativo, va** *adj.* Que educa o sirve para educar: *juegos educativos.*
SIN. Didáctico, pedagógico.

**edulcorante** *adj. y s. m.* Se dice de la sustancia que sirve para endulzar, como la sacarina.

**edulcorar** *v.* Poner dulce algo.
SIN. Endulzar, azucarar. ANT. Amargar.
FAM. Edulcorante.

**efectista** *adj.* Que trata de producir un efecto o una fuerte impresión en las personas a las que se dirige: *Fue un discurso efectista, pero en el fondo no decía nada importante.*
SIN. Sensacionalista.

**efectivamente** *adv.* Sirve para confirmar lo que se ha dicho o se ha pensado antes: *Efectivamente, Susana es la mejor jugadora del equipo.*

**efectividad** *s. f.* Característica de lo que es efectivo, eficaz: *Algunas medicinas pierden efectividad si no se toman a su hora.*
SIN. Eficacia.

**efectivo, va** *adj.* **1.** Que produce efecto o es eficaz: *Este champú es muy efectivo contra la caspa.* ‖ *s. m.* **2.** Dinero en monedas o billetes: *Pagó en efectivo las cosas que había comprado.* ‖ *s. m. pl.* **3.** Número de personas que tiene una empresa, ejército, policía u otro grupo para hacer algo.
EXPR. **hacer efectivo** Realizar; cuando se refiere a una cantidad de dinero, significa pagarla o cobrarla.
SIN. **1.** Eficaz, eficiente, operativo. ANT. **1.** Ineficaz, inútil.

**efecto** *s. m.* **1.** El resultado de la acción de algo: *Estos alimentos se han congelado por efecto del frío.* ‖ *s. m. pl.* **2.** Objetos de una persona, oficina u otro lugar, por ejemplo ropas y muebles: *Cuando Aurora se cambió de casa, trasladó todos sus efectos en un camión.*
EXPR. **efectos especiales** Trucos que se utilizan en una película u obra de teatro para representar cosas que en realidad no existen, por ejemplo una tormenta. ‖ **en efecto** Efectivamente. **hacer** o **surtir efecto** Producir el resultado que se esperaba: *La aspirina te hará efecto dentro de un rato.*
SIN. **1.** Consecuencia, producto. **2.** Pertenencias, bienes, enseres.
FAM. Efectista, efectivamente, efectividad, efectivo, efectuar.

**efectuar** *v.* Hacer algo: *El tren efectuará su llegada dentro de pocos minutos.*
SIN. Realizar, ejecutar.

**efemérides** *s. f. pl.* Hechos importantes ocurridos en distintos años, pero en el mismo día y mes.

**efervescencia** *s. f.* **1.** Producción de burbujas dentro de un líquido. **2.** Nerviosismo, inquietud o agitación entre la gente: *Los días anteriores a las* vacaciones se nota una gran efervescencia en el colegio.

**efervescente** *adj.* Que echa burbujas: *La aspirina efervescente se deshace en el agua y forma burbujitas.*
FAM. Efervescencia.

**eficacia** *s. f.* Característica de la persona o cosa que es eficaz.
SIN. Eficiencia. ANT. Ineficacia.

**eficaz** *adj.* **1.** Que produce el efecto que se desea: *Este jarabe es muy eficaz contra la tos.* **2.** Se dice de la persona que realiza bien su trabajo. ■ Su plural es *eficaces*.
SIN. **1.** Efectivo. **1.** y **2.** Eficiente. ANT. **1.** Ineficaz. **2.** Incompetente.
FAM. Eficacia. / Ineficaz.

**eficiencia** *s. f.* Característica de eficiente.
SIN. Eficacia.

**eficiente** *adj.* Eficaz; se dice sobre todo de personas: *Elena es una azafata eficiente, con mucha experiencia.*
SIN. Competente; efectivo. ANT. Incompetente; ineficaz.
FAM. Eficiencia.

**efigie** *s. f.* Imagen de una persona que se reproduce en un cuadro, escultura u otra cosa.
SIN. Retrato, figura.

**efímero, ra** *adj.* Que dura poco tiempo: *Las mariposas tienen una vida efímera.*
SIN. Breve, fugaz. ANT. Largo, perenne.

**efluvio** *s. m.* Olor, vapor o pequeñas partículas que desprende algo.

**efusión** *s. f.* Forma muy afectuosa de demostrar a alguien que lo apreciamos mucho.
ANT. Frialdad.
FAM. Efusivo.

**efusivo, va** *adj.* Que muestra mucho afecto o cariño: *Sus tíos le recibieron de forma efusiva.*
SIN. Caluroso. ANT. Frío.

**egipcio, cia** *adj.* y *s. m.* y *f.* **1.** De Egipto, país del nordeste de África. || *s. m.* **2.** Lengua hablada en Egipto.

**egiptología** *s. f.* Ciencia que estudia la cultura del Egipto antiguo.

**égloga** *s. f.* Poema en que dos o más pastores hablan del amor o de la vida en el campo.

**ego** *s. m.* Soberbia: *Su enorme ego le impide reconocer sus errores.* ■ Es una palabra latina, significa 'yo'.
EXPR. **alter ego** Persona en la que otra tiene mucha confianza: *El vicepresidente es el alter ego del presidente de la compañía.*
FAM. Egocéntrico, egoísta, ególatra.

**egocéntrico, ca** *adj.* Se dice de la persona que se cree el centro de atención y más importante que los demás: *A veces, los niños que no tienen hermanos son un poco egocéntricos.*
SIN.Ególatra, egoísta.
FAM. Egocentrismo.

**egocentrismo** *s. m.* Forma de ser de la persona egocéntrica.
SIN. Egolatría, egoísmo.

**egoísmo** *s. m.* Característica de la persona egoísta.
ANT. Altruismo, abnegación.

**egoísta** *adj.* y *s. m.* y *f.* Que sólo piensa en sí mismo y no le importan los demás.
FAM. Egoísmo.

**ególatra** *adj.* y *s. m.* y *f.* Que siente demasiada admiración por sí mismo: *Aunque es un gran artista, la fama no le ha vuelto ególatra.*
SIN. Egocéntrico, egoísta, narcisista. ANT. Modesto.
FAM. Egolatría.

**egolatría** *s. f.* Valoración y admiración excesiva por uno mismo.
SIN. Egocentrismo, egoísmo, narcisismo. ANT. Humildad, modestia.

**egregio, gia** *adj.* Que destaca por su importancia o por sus méritos: *El Cid fue un egregio personaje.*
SIN. Insigne, distinguido, eminente, eximio.

**egresado, da** *adj.* En Hispanoamérica, se dice de la persona que ha terminado sus estudios y tiene un título.

**egresar** *v.* En Hispanoamérica, salir de un colegio, universidad u otro centro de estudios, después de haber conseguido el título.
FAM. Egresado.

**¡eh!** *interj.* Según el tono con que se diga, sirve para llamar, preguntar o advertir algo a otra persona: *¡Eh, ven aquí!*

**eje** *s. m.* **1.** Línea recta que pasa por el centro de un cuerpo o una figura. **2.** Barra, varilla o línea que pasa por el centro de un cuerpo y sirve para que éste gire alrededor de ella, por ejemplo el eje al que están unidas las ruedas de una bicicleta. **3.** Persona, cosa o asunto muy importante, que es el centro de algo: *Luis es el eje del equipo de baloncesto. La construcción del nuevo parque fue el eje de la reunión.*
EXPR. **eje cartesiano** o **de coordenadas** Cada una de las dos coordenadas o rectas perpendiculares que sirven para determinar la posición de un punto en un plano. El eje horizontal se llama *abscisa* y el vertical *ordenada*.
SIN. **3.** Núcleo, base.

**ejecución** *s. f.* **1.** Acción de ejecutar o realizar algo. **2.** Manera en que se ejecuta algo, sobre todo una obra musical.
SIN. **1.** Realización.

**ejecutable** *adj.* **1.** Que se puede ejecutar o llevar a cabo: *Es un plan arriesgado, aunque ejecutable.* **2.** Se dice de los archivos informáticos que contienen una serie de órdenes que pueden ser ejecutadas por el ordenador.

**ejecutar** v. **1.** Hacer, realizar: *La gimnasta ejecutó un salto de mucha dificultad.* **2.** Tocar una pieza musical. **3.** Matar a una persona que ha sido condenada a pena de muerte.
SIN. **1.** Efectuar, cumplir. **3.** Ajusticiar. ANT. **1.** Incumplir.
FAM. Ejecución, ejecutable, ejecutiva, ejecutivo, ejecutor.

**ejecutiva** s. f. Grupo de personas que dirigen algo, por ejemplo una empresa o un partido político.

**ejecutivo, va** s. m. y f. Persona que participa en la dirección de una empresa.
EXPR. **poder ejecutivo** El gobierno de una nación. ■ Con este significado, a veces se dice simplemente *el ejecutivo.*

**ejecutor, ra** adj. y s. m. y f. Que ejecuta o hace una cosa: *La policía detuvo al ejecutor del robo, pero sigue buscando a sus cómplices.*

**ejemplar** adj. **1.** Que es bueno y por ello sirve de ejemplo a otras personas: *Tuvo una vida ejemplar dedicada al cuidado de los enfermos.* **2.** Se dice del castigo que se pone a una persona para que sirva de escarmiento a otras. ‖ s. m. **3.** Copia de un libro, periódico u otra cosa: *De esta novela se han vendido cien mil ejemplares.* **4.** Cada uno de los seres vivos de una raza o especie: *Carlos tiene un magnífico ejemplar de perro mastín.*
SIN. **2.** Aleccionador. **3.** Reproducción, muestra. **4.** Espécimen.

**ejemplaridad** s. f. Característica de la persona o cosa ejemplar.

**ejemplificar** v. Poner ejemplos para demostrar o aclarar algo. ■ Delante de e se escribe *qu* en lugar de *c*: *¿Puede contarnos algún caso que ejemplifique su teoría?*

**ejemplo** s. m. **1.** Persona, acción o conducta que debe imitarse si es buena y evitarse si es mala: *Su buen comportamiento es un ejemplo para todos.* **2.** Texto u otra cosa que se dice como muestra de algo o para entenderlo mejor: *Un ejemplo de reptil es el cocodrilo. La profesora puso varios ejemplos de oraciones coordinadas.*
EXPR. **por ejemplo** Se dice antes de poner un ejemplo: *En España han nacido importantes pintores, por ejemplo Velázquez, Goya y Picasso.*
SIN. **1.** Modelo, patrón, guía.
FAM. Ejemplar, ejemplaridad, ejemplificar.

**ejercer** v. **1.** Realizar las actividades de una profesión u oficio: *Desde hace años ejerce como abogado.* **2.** Tener influencia, poder o cosas parecidas sobre alguien o algo: *Los hermanos mayores suelen ejercer mucha influencia sobre los pequeños.* **3.** Utilizar un derecho: *Los ciudadanos ejercen su derecho a votar en las elecciones.* ■ Delante de a y o se

escribe *z* en lugar de *c*: *Es posible que ese arquitecto ya no ejerza.*
SIN. **1.** Desempeñar, profesar. **1.** y **3.** Ejercitar.
FAM. Ejercicio, ejercitar, ejército.

**ejercicio** s. m. **1.** Tarea que hacen los estudiantes para practicar lo que han aprendido en la lección. **2.** Examen, prueba: *Aprobó el primer ejercicio de la evaluación.* **3.** Conjunto de movimientos del cuerpo que se hacen para entrenar o estar en forma: *Luis hace ejercicio todas las mañanas.* **4.** Acción de ejercer algo: *El embajador conoció muchos países en el ejercicio de su profesión.*
SIN. **3.** Gimnasia, deporte. **4.** Desempeño. ANT. **3.** Reposo, descanso.

**ejercitar** v. **1.** Practicar con alguna cosa o hacer ejercicios con ella para que esté mejor o algo se nos dé bien: *Le gusta ejercitar los músculos para estar fuerte. La profesora les mandó aprenderse un poema para que ejercitaran la memoria.* **2.** Dedicarse a una profesión o actividad: *Su padre lleva muchos años ejercitando la medicina.* **3.** Hacer uso de algo como, por ejemplo, un derecho o una capacidad.
SIN. **1.** Entrenar. **2.** y **3.** Ejercer.

**ejército** s. m. **1.** Conjunto de soldados, con sus armas y vehículos, que defienden un país o que están bajo el mismo mando. **2.** Grupo muy numeroso: *un ejército de hormigas.*
SIN. **1.** Milicia. **2.** Multitud, legión.

**ejido** s. m. Campo a las afueras de un pueblo que pertenece a todos los vecinos y se suele usar para reunir el ganado y para trillar.

**el** art. m. Va delante de un sustantivo masculino singular. A menudo va delante de un adjetivo y lo convierte en sustantivo: *el malo, el listo.* También acompaña a sustantivos femeninos que comienzan por a o ha acentuadas: *el águila, el habla.*

**él, ella, ello** pron. pers. Indica la persona o la cosa de la que se habla, que es la tercera persona. Puede hacer de sujeto: *Él me llamó. Ella lo sabía;* o de complemento si va detrás de una preposición: *Se lo dieron a él. Fuimos con ella. Hablaron de ello.* ■ Las formas plurales para el masculino y el femenino son *ellos, ellas.*

**elaboración** s. f. Acción de elaborar una cosa y manera en que se hace: *La elaboración de ese postre es bastante complicada.*

**elaborado, da** adj. **1.** Que alguien lo elaboró. **2.** Que se ha hecho con mucho trabajo y cuidado: *El dibujo que presentó al concurso estaba muy elaborado.*
SIN. **2.** Cuidado, esmerado. ANT. **2.** Descuidado, chapucero.

**elaborar** v. Preparar una cosa utilizando lo necesario para ello y haciéndolo de la manera conveniente: *Elaborar este guiso lleva mucho tiempo.*
SIN. Hacer, fabricar, confeccionar.
FAM. Elaboración, elaborado.

**elasticidad** *s. f.* **1.** Característica de elástico. **2.** Ejercicios que se hacen para tener los músculos flexibles.
SIN. **1.** Flexibilidad. ANT. **1.** Rigidez.

**elástico, ca** *adj.* **1.** Se dice de lo que puede estirarse y volver luego a la forma que tenía antes: *La goma es un material elástico.* ‖ *s. m.* **2.** Cinta o cordón de goma, por ejemplo la que se pone en algunas prendas de vestir para que se ajusten o se sostengan.
SIN. **1.** Flexible. ANT. **1.** Rígido.
FAM. Elasticidad.

**elección** *s. f.* **1.** Acción de elegir y cosa que se elige: *El regalo que le hicieron le pareció una estupenda elección.* **2.** Votación en la que se elige a una persona o grupo para que ocupe un puesto o cargo: *Se presentó a las elecciones para alcalde.*
SIN. **2.** Comicios, sufragio.
FAM. Electivo, electo, elector, electorado, electoral.

**electivo, va** *adj.* Se dice del cargo o puesto que se consigue por elección: *Los escaños del Congreso y del Senado son electivos.*

**electo, ta** *adj.* Que ha sido elegido: *El presidente electo tomará posesión del cargo el miércoles.*

**elector, ra** *s. m.* y *f.* Persona que vota en unas elecciones o tiene derecho a hacerlo.
SIN. Votante.

**electorado** *s. m.* Conjunto de electores o votantes de un país, región o ciudad.

**electoral** *adj.* De las elecciones o relacionado con ellas: *Todos los partidos políticos preparaban sus campañas electorales.*
FAM. Electoralista.

**electoralista** *adj.* Que se dice o se hace sólo para ganar unas elecciones: *La inauguración de la nueva carretera en vísperas de las elecciones fue tachada de electoralista por la oposición.*

**electricidad** *s. f.* **1.** Energía que se produce al pasar electrones de unos átomos a otros; da luz y calor y se aprovecha para hacer funcionar máquinas y aparatos. **2.** Esta energía cuando pasa a través de un cable o hilo conductor: *Cortaron la electricidad en la casa mientras instalaban la lámpara.*
SIN. **2.** Corriente.
FAM. Electricista, eléctrico, electrificar, electrizar, electrocutar, electrodo, electrodoméstico, electrógeno, electrólito, electrón, electrónica, electroscopio. / Fotoeléctrico, hidroeléctrico.

**electricista** *s. m.* y *f.* Persona que coloca y arregla instalaciones eléctricas.

**eléctrico, ca** *adj.* **1.** De la electricidad o relacionado con ella. **2.** Que tiene electricidad, la conduce o funciona con ella: *una partícula eléctrica, un cable eléctrico, una cafetera eléctrica.*

**electrificar** *v.* **1.** Poner electricidad en una cosa o en un lugar: *electrificar una alambrada.* **2.** Adaptar una máquina o instalación para que funcione con electricidad: *Mis padres han electrificado la calefacción de su vivienda.* ■ Delante de *e* se escribe *qu* en lugar de *c*: *electrifique.*

**electrizante** *adj.* **1.** Que electriza. **2.** Que emociona o entusiasma: *El partido de baloncesto fue un espectáculo electrizante.*
SIN. **2.** Emocionante.

**electrizar** *v.* **1.** Producir electricidad en un cuerpo: *Al frotar con un paño un objeto de plástico, éste se electriza.* **2.** Producir gran entusiasmo o emoción: *Su último concierto electrizó al público.* ■ Delante de *e* se escribe *c* en lugar de *z*: *electricé.*
SIN. **2.** Entusiasmar, emocionar.
FAM. Electrizante.

**electrocardiograma** *s. m.* Prueba que se le hace a una persona con un aparato especial que repre-

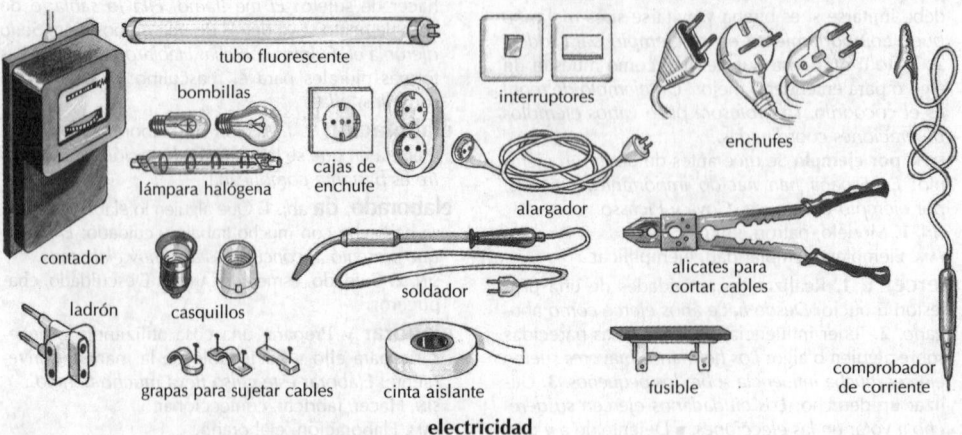

tubo fluorescente

bombillas

lámpara halógena

cajas de enchufe

interruptores

enchufes

alargador

contador

ladrón

casquillos

soldador

alicates para cortar cables

grapas para sujetar cables

cinta aislante

fusible

comprobador de corriente

**electricidad**

senta en un papel y mediante unas líneas el ritmo de los latidos de su corazón.

**electrochoque** *s. m.* Busca **electroshock**.

**electrocutar** *v.* Matar a una persona o morir ésta por una descarga eléctrica.

**electrodo** *s. m.* Cada uno de los extremos de un conductor que recibe o comunica una corriente eléctrica.

**electrodoméstico** *adj. y s. m.* Se dice de los aparatos eléctricos que se utilizan en las casas, como la lavadora, la televisión o la aspiradora.

**electroencefalograma** *s. m.* Prueba que se hace a una persona con un aparato especial para descubrir si tiene algún daño o enfermedad en el cerebro.

**electrógeno, na** *adj.* **1.** Que produce electricidad. ‖ *s. m.* **2.** Aparato que produce energía eléctrica.
**EXPR. grupo electrógeno** Busca **grupo**.
**SIN. 2.** Generador.

**electroimán** *s. m.* Aparato en el que la energía de una corriente eléctrica se transforma en energía magnética. Puede estar formado por una barra de hierro a la que se enrolla un hilo conductor.

**electrólisis** o **electrolisis** *s. f.* Fenómeno que se produce al circular la corriente eléctrica a través de una disolución en agua. ■ No varía en plural.

**electrólito** o **electrolito** *s. m.* Sustancia que, al disolverse en el agua, hace que ésta sea conductora de la electricidad, como por ejemplo las sales o los ácidos.
**FAM.** Electrólisis.

**electromagnético, ca** *adj.* De las corrientes eléctricas en relación con los campos magnéticos.

**electromagnetismo** *s. m.* Parte de la física que estudia los fenómenos producidos conjuntamente por la electricidad y el magnetismo.
**FAM.** Electromagnético.

**electrón** *s. m.* Partícula muy pequeña de un átomo que tiene carga eléctrica negativa.

**electrónica** *s. f.* **1.** Parte de la física que estudia lo relacionado con las señales que se envían y se reciben por medio de electricidad de baja potencia. **2.** Técnica que utiliza estas señales.
**FAM.** Electrónico.

**electrónico, ca** *adj.* De la electrónica o que está hecho según lo que enseña esta ciencia: *Una radio es un aparato electrónico*.

**electroscopio** *s. m.* Aparato para descubrir si hay electricidad en un cuerpo.

**electroshock** *s. m.* Descarga eléctrica que se aplica al cerebro para tratar algunas enfermedades mentales. ■ Se dice también *electrochoque*.

**elefante, ta** *s. m. y f.* Animal mamífero de gran tamaño. Tiene unas orejas muy grandes y su nariz y su labio superior forman una larga trompa. Posee dos enormes colmillos que le sirven para defenderse. Vive en África y en Asia y se alimenta de hierba.
**EXPR. elefante marino** Animal parecido a una foca muy grande que tiene en el hocico una pequeña trompa.
**FAM.** Elefantiasis.

**elefante**

**elefantiasis** *s. f.* Enfermedad que produce un enorme aumento de algunas partes del cuerpo, sobre todo de las piernas y los genitales. ■ No varía en plural.

**elegancia** *s. f.* Característica de las personas y las cosas elegantes.

**elegante** *adj.* **1.** Que se pone ropa y otras cosas buenas y bonitas y las combina con buen gusto; también se dice de estas cosas: *Irene iba muy elegante con su sombrero. Le regalamos a papá una corbata muy elegante*. **2.** Muy fino, bonito o de alta categoría: *Natalia tiene unos andares muy elegantes. Ése es uno de los restaurantes más elegantes de la ciudad*.
**SIN. 1.** y **2.** Distinguido, bello. **2.** Lujoso, aristocrático. **ANT. 1.** y **2.** Ordinario, vulgar, hortera.
**FAM.** Elegancia.

**elegía** *s. f.* Poesía muy triste, sobre todo la que se hace por la muerte de una persona.
**FAM.** Elegiaco.

**elegiaco, ca** o **elegíaco, ca** *adj.* **1.** De la elegía: *El poeta escribió versos elegiacos por la muerte de su padre*. **2.** Que expresa tristeza y dolor: *Los familiares del difunto hablaron en tono elegiaco en el funeral*.

**elegir** *v.* Preferir a una persona o cosa entre otras, por ejemplo para que haga algo o para quedarse con ella: *Todos elegimos al nuevo capitán del equipo. Elegí el pantalón vaquero*. ■ Delante de *a* y *o* se escribe *j* en lugar de *g*. Es un verbo irregular. Se conjuga como *pedir*.
**SIN.** Escoger, seleccionar. **ANT.** Rechazar.
**FAM.** Elección. / Reelegir.

**elemental** *adj.* **1.** Fundamental, básico: *No sabe mucho de mecánica, sólo tiene unos conocimien-*

*tos elementales.* **2.** Sencillo, poco complicado: *Las primeras herramientas que hizo el hombre eran muy elementales.*
SIN. **1.** Esencial. **2.** Simple. ANT. **1.** Accesorio. **2.** Complejo.

**elemento** *s. m.* **1.** Cada una de las personas o cosas que componen un grupo: *Laura es uno de los mejores elementos dentro del equipo de balonmano. Esta vajilla está formada por veinte elementos.* **2.** Cosa o circunstancia que influye en otra o forma parte de ella: *Los viajes y las aventuras son un elemento muy importante en el argumento de sus novelas.* **3.** Persona, sobre todo si se quiere destacar algo malo de ella: *¡Menudo elemento es este niño! Ha vuelto a escaparse.* **4.** En química, cuerpo que no puede descomponerse en otros más simples sin perder sus características. **5.** Medio en que vive una persona o un animal: *El agua es el elemento en que se desarrollan los peces.* ‖ *s. m. pl.* **6.** Algunos fenómenos atmosféricos como el viento o la tormenta: *El capitán y la tripulación lucharon toda la noche contra los elementos para salvar el barco.*
EXPR. **el líquido elemento** El agua.
SIN. **1.** Integrante. **5.** Ambiente, hábitat.
FAM. Elemental.

**elenco** *s. m.* **1.** Conjunto de actores que forman una compañía teatral: *La obra será un éxito gracias al magnífico elenco con el que cuenta.* **2.** Conjunto de personas destacadas: *El estreno de la película reunió a un elenco de famosos.*
SIN. **1.** Reparto.

**elepé** *s. m.* Busca **long play.**

**elevación** *s. f.* **1.** Acción de elevar o elevarse. **2.** Parte de una cosa que está más alta que lo que la rodea: *Subimos a una elevación del terreno para ver mejor el paisaje.*
SIN. **1.** Subida, ascenso; aumento, incremento. **2.** Saliente, colina, prominencia. ANT. **1.** Bajada, descenso, disminución. **2.** Depresión.

**elevado, da** *adj.* **1.** Alto: *un edificio elevado, unos precios elevados.* **2.** Muy bueno o importante: *Tiene unos sentimientos muy elevados y le gusta ayudar a todo el mundo.* **3.** Difícil, complicado: *Utilizaba un lenguaje demasiado elevado que pocos entendían.*
SIN. **2.** Noble, sublime. **3.** Complejo. ANT. **1.** y **2.** Bajo. **2.** Mezquino. **3.** Fácil, sencillo.

**elevador, ra** *adj.* **1.** Que eleva o sube. ‖ *s. m.* **2.** Máquina para subir personas o mercancías.

**elevalunas** *s. m.* Mecanismo para subir y bajar los cristales de las ventanillas de un vehículo: *Mi coche tiene elevalunas eléctrico.* ■ No varía en plural.

**elevar** *v.* **1.** Levantar: *Utilizaron una grúa para elevar la mercancía.* **2.** Aumentar el valor, la cantidad o la intensidad de algo: *Los precios se han elevado últimamente. Procura no elevar la voz, tu hermana está durmiendo.* **3.** Poner a una persona en una

situación o cargo mejor: *Le elevaron a la categoría de director.* **4.** En matemáticas, hacer una potencia: *elevar al cuadrado, elevar al cubo.*
SIN. **1.** y **2.** Subir, alzar. **2.** Incrementar, acrecentar. **3.** Ascender. ANT. **1.** y **2.** Bajar, descender. **2.** Disminuir, reducir. **3.** Degradar.
FAM. Elevación, elevado, elevador, elevalunas.

**elfo** *s. m.* Personaje fantástico de las leyendas escandinavas, que era bueno y vivía en los bosques.

**elidir** *v.* Suprimir una letra o también una palabra dentro de una oración, porque se entiende sin ella. Por ejemplo en la frase: *De las dos camisas prefiero la verde*, se ha elidido la palabra *camisa* (*la camisa verde*).
FAM. Elisión.

**eliminación** *s. f.* Acción de eliminar.
SIN. Supresión.

**eliminar** *v.* **1.** Rechazar a una persona o cosa, no contar con ella para algo: *Llegó hasta la final del campeonato, pero luego le eliminaron.* **2.** Quitar: *Este detergente elimina muy bien las manchas.* **3.** Echar fuera el organismo una sustancia: *El cuerpo elimina lo que no le sirve mediante los excrementos y la orina.*
SIN. **1.** Descartar, excluir. **1.** y **3.** Desechar. **2.** Suprimir. **3.** Arrojar, expeler. ANT. **1.** Admitir, incorporar. **3.** Absorber, retener.
FAM. Eliminación, eliminatoria, eliminatorio.

**eliminatoria** *s. f.* Prueba para seleccionar a los que participan en una competición, en un concurso o en algo parecido.

**eliminatorio, ria** *adj.* Que elimina o sirve para eliminar, como por ejemplo algunos exámenes que, si se aprueban, los temas sobre los que tratan no entran en el siguiente examen.

**elipse** *s. f.* Curva cerrada y plana que tiene forma ovalada.

**elipsis** *s. f.* **1.** Eliminación de una o más palabras en una oración o una frase sin que cambie su significado. Por ejemplo en: *¿Tienes el libro de lengua?*

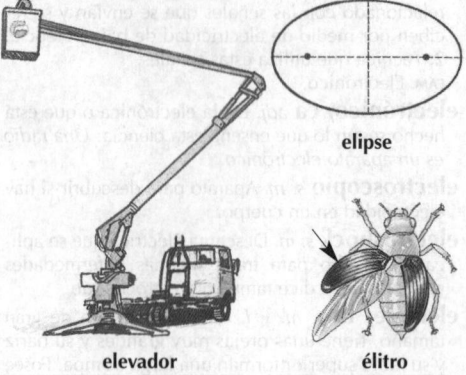

**elipse**

**elevador**      **élitro**

*No, sólo he traído el de sociales,* hay una elipsis en la segunda oración porque se ha suprimido la palabra *libro* (*el libro de sociales*). **2.** Salto en el tiempo de una película o de una narración, en el que la acción se corta y continúa más adelante sin que se cuente lo que ha pasado entremedias. ▪ No varía en plural.
**SIN. 1.** Elisión.
**FAM.** Elíptico.

**elíptico, ca** *adj.* Se dice de la palabra o grupo de palabras que se han suprimido de una oración.

**elisión** *s. f.* Acción de elidir.
**SIN.** Elipsis.

**élite** o **elite** *s. f.* Grupo pequeño de personas importantes o que destacan en una actividad: *En las olimpiadas participa la élite del deporte.*
**FAM.** Elitismo, elitista.

**elitismo** *s. m.* Sistema o actitud que beneficia a una élite, dándoles preferencia o mejor trato que a los demás: *Es un colegio muy caro, lo que favorece el elitismo.*

**elitista** *adj.* Que está relacionado con la élite o va dirigido a este tipo de personas: *Es un club muy elitista, en el que no admiten a cualquiera.*

**élitro** *s. m.* Cada una de las alas, duras y que no sirven para volar, que tienen algunos insectos como los escarabajos. Los élitros protegen las verdaderas alas, que se quedan debajo cuando el animal no vuela.

**elixir** o **elíxir** *s. m.* Líquido que se usa como medicina o que tiene propiedades parecidas, como por ejemplo los que sirven para enjuagarse la boca.

**elocuencia** *s. f.* Capacidad que tiene una persona para hablar muy bien y poder impresionar o convencer a los demás con lo que dice.
**SIN.** Labia.
**FAM.** Elocuente.

**elocuente** *adj.* Que tiene elocuencia: *Fue muy elocuente hablando y convenció a todos.*

**elogiar** *v.* Decir cosas buenas de alguien o algo: *Los periodistas elogiaron la obra de teatro.*
**SIN.** Alabar, ensalzar. **ANT.** Insultar, criticar.

**elogio** *s. m.* Cosa buena que se dice de alguien o algo: *Los gimnastas hicieron muy bien los ejercicios y recibieron muchos elogios.*
**SIN.** Alabanza. **ANT.** Insulto, crítica.
**FAM.** Elogiar, elogioso.

**elogioso, sa** *adj.* Que dice cosas buenas de algo o de alguien: *Me han hablado de ti en términos muy elogiosos.*

**elucidar** *v.* Aclarar, explicar, hacer entender: *El profesor puso un ejemplo para tratar de elucidar la cuestión.*
**SIN.** Clarificar.

**elucubración** *s. f.* **1.** Acción de elucubrar, pensar mucho: *Después de muchas elucubraciones di con la solución.* **2.** Cosa que alguien piensa o imagina: *Llenó un libro entero con sus elucubraciones.*
**SIN. 1.** y **2.** Pensamiento, reflexión.

**elucubrar** *v.* Pensar mucho o demasiado sobre algo: *Se pasó la tarde elucubrando para poder solucionar el problema.*
**SIN.** Cavilar, reflexionar, meditar.
**FAM.** Elucubración.

**eludir** *v.* Evitar algo molesto o desagradable: *Como estaba enfadada con Carmen, eludió hablar con ella.*
**SIN.** Evadir, soslayar, esquivar, rehuir. **ANT.** Afrontar, acometer.
**FAM.** Ineludible.

**emanación** *s. f.* **1.** Acción de emanar. **2.** Gases, olores u otras cosas que emanan de algo.

**emanar** *v.* **1.** Salir de un cuerpo un olor, vapor o radiación. **2.** Proceder una cosa de otra que es su causa o su origen: *La mayoría de los errores emanan de la ignorancia.* **3.** Transmitir o reflejar una cosa, sobre todo un sentimiento o una sensación: *Este paisaje emana paz.*
**SIN. 1.** Exhalar, despedir, desprender, emitir. **1.** y **3.** Irradiar. **2.** Derivar, provenir, arrancar, originarse. **3.** Comunicar.
**FAM.** Emanación.

**emancipación** *s. f.* Acción de emancipar o emanciparse.

**emanciparse** *v.* Hacerse independiente: *Los hijos se emancipan cuando pueden vivir por su cuenta, sin depender de los padres.*
**SIN.** Independizarse.
**FAM.** Emancipación.

**embadurnar** *v.* Untar o llenar de algo pegajoso, grasiento o que mancha: *Se cayó en un charco y se embadurnó toda la ropa.*
**SIN.** Pringar, tiznar.

**embajada** *s. f.* Lugar en el que trabajan el embajador y sus empleados. La función de las embajadas es representar a su país en una nación extranjera y prestar algunos servicios.
**SIN.** Legación.
**FAM.** Embajador.

**embajador, ra** *s. m.* y *f.* Persona que representa a su país y a su jefe de Estado en otra nación.

**embalaje** *s. m.* **1.** Acción de embalar o empaquetar. **2.** Envoltura o caja que protege las cosas que se van a transportar.

**embalar** *v.* Envolver o colocar en cajas las cosas que se van a transportar para que no se rompan o estropeen.
**SIN.** Empaquetar. **ANT.** Desembalar, desempaquetar.
**FAM.** Embalaje. / Desembalar.

**embalarse** v. Aumentar mucho la velocidad: *Al bajar la cuesta, la bici se embaló.*
SIN. Acelerarse. ANT. Frenarse.

**embalsamar** v. Preparar un cadáver para evitar que se descomponga.

**embalsar** v. Hacer que el agua se quede retenida en un sitio y no corra: *Si la alcantarilla se atasca, la lluvia se embalsa en la calle.*
SIN. Estancar.

**embalse** s. m. Lago artificial en que queda retenida y almacenada el agua de un río.
SIN. Pantano, estanque.

**embarazada** adj. y s. f. Se dice de la mujer que va a tener un niño.

**embarazar** v. 1. Fecundar un hombre a una mujer, hacer que vaya a tener un hijo. 2. Estorbar: *Esta falda tan larga me embaraza los movimientos.* || **embarazarse** 3. Sentir vergüenza: *No le gusta hablar en público porque se embaraza mucho.* ■ Delante de *e* se escribe *c* en lugar de *z*.
SIN. 1. Preñar. 3. Cohibirse, turbarse, cortarse.
FAM. Embarazada, embarazo, embarazoso. / Desembarazarse.

**embarazo** s. m. 1. Estado de la mujer embarazada que suele durar nueve meses. 2. Sensación de vergüenza o corte que siente una persona.
SIN. 1. Gestación, preñez. 2. Apuro, cortedad, empacho. ANT. 2. Desparpajo, atrevimiento.

**embarazoso, sa** adj. Se dice de las situaciones en que una persona no sabe qué hacer o qué decir: *Fue un momento embarazoso cuando vio que no llevaba dinero para pagar.*

**embarcación** s. f. Barco.
SIN. Navío.
FAM. Embarcadero, embarcar.

**embarcadero** s. m. Lugar destinado para embarcar y desembarcar personas o mercancías.
SIN. Atracadero.

**embarcar** v. 1. Subir personas o mercancías a un barco, tren o avión. 2. Hacer que una persona participe en algo arriesgado: *Le embarcaron en una empresa en la que perdió mucho dinero.* ■ Delante de *e* se escribe *qu* en lugar de *c*: *embarquen.*
ANT. 1. Desembarcar.
FAM. Embarque. / Desembarcar.

**embargar** v. 1. Hacer un embargo por orden del juez u otra autoridad: *Por no pagar sus deudas le embargaron el coche.* 2. Llenar a alguien una sensación o sentimiento: *Al recibir el trofeo, le embargó la emoción y no pudo hablar.* ■ Delante de *e* se escribe *gu* en lugar de *g*: *embargue.*
SIN. 2. Colmar, inundar.
FAM. Embargo.

**embargo** s. m. 1. Hecho de retener los bienes de una persona por orden del juez u otra autoridad, por ejemplo cuando esa persona no ha pagado sus deudas o ha cometido algunos delitos. 2. Prohibición de un país a otro de comprar y transportar algunas cosas, por ejemplo armas.
EXPR. **sin embargo** Relaciona dos oraciones e indica que lo que dice la primera no impide lo que expresa la segunda: *Estaba lloviendo; sin embargo, nos fuimos a jugar al balón.*

**embarque** s. m. Acción de embarcarse personas o embarcar mercancías.
ANT. Desembarco.

**embarrancar** v. 1. Quedarse parada una embarcación al chocar su casco con el fondo: *El barco embarrancó en la escollera.* 2. Quedar una cosa atascada en un lugar; no poder pasar: *Nuestro coche se embarrancó en un arroyo y tuvieron que remolcarnos.* || **embarrancarse** 3. No saber salir de un problema o dificultad: *Me embarranqué con las matemáticas y suspendí el curso.* ■ Delante de *e* se escribe *qu* en lugar de *c*.
SIN. 1. Encallar, vararse. 2. Atorarse. 3. Atascarse.

**embarrar** v. 1. Cubrir o manchar con barro: *Los niños se embarraron jugando en el parque.* 2. Meter a alguien en problemas o en asuntos sucios.

**embarullar** v. Confundir unas cosas con otras: *En el examen me embarullé y no acerté una sola pregunta.*
SIN. Enredar, liar, embrollar. ANT. Desenredar.

**embate** s. m. Golpe fuerte y violento, por ejemplo el de las olas o el viento.
SIN. Embestida, acometida, arremetida.

**embaucador, ra** adj. y s. m. y f. Que embauca o engaña a otras personas.

**embaucar** v. Engañar a otro. ■ Delante de *e* se escribe *qu* en lugar de *c*: *embauqué.*
FAM. Embaucador.

**embeber** v. 1. Chupar un cuerpo sólido un líquido: *La bayeta embebió el agua que había en el suelo.* || **embeberse** 2. Estar muy concentrado haciendo o viendo algo: *Luis se embebió en la lectura y no se enteró de que sonaba el teléfono.*
SIN. 1. Absorber. 2. Enfrascarse, ensimismarse. ANT. 1. Escupir, rechazar. 2. Distraerse.

**embelesar** v. Gustar tanto algo a una persona que ésta no se entera de lo que pasa a su alrededor.
SIN. Cautivar, fascinar.
FAM. Embeleso.

**embeleso** s. m. Acción de embelesar o embelesarse.
SIN. Fascinación.

**embellecedor, ra** adj. 1. Que embellece: *crema embellecedora.* || s. m. 2. Pieza que cubre o adorna algunas partes de los automóviles.

**embellecer** v. Hacer bella o más bella a una persona o cosa. ■ Es un verbo irregular. Se conjuga como *agradecer.*
ANT. Afear.
FAM. Embellecedor.

**emberrenchinarse** o **emberrincharse** v. Enfadarse mucho, coger un berrinche.
SIN. Enrabietarse.

**embestida** s. f. Acción de embestir.
SIN. Acometida.

**embestir** v. Lanzarse con fuerza contra una persona o cosa: *El toro embistió contra el caballo.* ■ Es un verbo irregular. Se conjuga como *pedir.*
SIN. Arremeter, atacar, acometer.
FAM. Embestida.

**embetunar** v. Dar betún a los zapatos.

**emblema** s. m. **1.** Medalla, escudo u otra insignia, con una frase o texto, que caracteriza y distingue a una familia, ciudad o institución. **2.** Figura que se toma como representación de algo: *La paloma es el emblema de la paz.*
SIN. **1.** Enseña. **2.** Símbolo.
FAM. Emblemático.

**emblemático, ca** adj. **1.** Que es un emblema o símbolo de otra cosa: *La paloma blanca es la figura emblemática de la paz.* **2.** Que es importante o representativo: *Fue el escritor más emblemático de su generación.*
SIN. **1.** Simbólico, alegórico. **2.** Significativo, característico.

**embobado, da** adj. Que le gusta tanto algo que no se entera de nada más: *Los niños estaban embobados en el circo viendo a los payasos.*

**embobar** v. Dejar a alguien embobado o quedarse uno embobado: *Este niño se emboba viendo la televisión.*
SIN. Embelesar, fascinar, pasmar.
FAM. Embobado.

**embocado, da** adj. Se dice del vino mezcla de seco y dulce.
SIN. Abocado.

**embocadura** s. f. **1.** Entrada o boca de un río, puerto o canal. **2.** Pieza por donde se sopla en un instrumento musical de viento. **3.** Gusto que tiene un vino: *Este rioja tiene muy buena embocadura.* **4.** Pieza de hierro que se pone en la boca de los caballos para sujetarlos y dirigirlos.
SIN. **1.** Bocana. **2.** Boquilla. **4.** Bocado.

**embolado** s. m. **1.** Situación que desagrada o molesta mucho a una persona. **2.** Engaño o mentira.
SIN. **1.** Papeleta, problema. **2.** Embuste, bola, trola.

**embolador** s. m. En Colombia, limpiabotas.

**embolia** s. f. Hecho de atascarse una arteria por grasa, aire o un coágulo, que impide que la sangre pueda circular.

**émbolo** s. m. Pieza que al moverse sirve para empujar un líquido o gas, por ejemplo el que tienen las jeringuillas o los motores de explosión.

**embolsarse** v. Ganar dinero: *Al vender el chalé, se embolsó una buena cantidad de millones.*
ANT. Perder, gastar.
FAM. Desembolsar, reembolsar.

**emboquillado, da** adj. y s. m. Se dice del cigarro con boquilla o filtro.

**emborrachar** v. **1.** Poner o ponerse borracho. **2.** Atontar, marear: *Lleva un perfume tan fuerte que emborracha.*
SIN. **1.** Embriagar. ANT. **1.** y **2.** Despejar.

**emborrascarse** v. Ponerse el tiempo malo, como cuando hay borrasca. ■ Este verbo se usa sólo en tercera persona. Delante de e se escribe *qu* en lugar de *ce.*

**emborregado, da** adj. Se dice del cielo cubierto de nubes.

**emborronar** v. Llenar o manchar con borrones un dibujo o algo que se ha escrito: *Marisa emborronó el dibujo y tuvo que repetirlo.*

**emboscada** s. f. **1.** Hecho de esconderse una o varias personas en algún lugar para atacar a otras por sorpresa. **2.** Trampa preparada contra alguien.
SIN. **1.** y **2.** Celada, encerrona.
FAM. Emboscarse.

**emboscarse** v. **1.** Esconderse para atacar por sorpresa: *Los indios se emboscaron en el desfiladero y esperaron a los soldados.* **2.** Ocultarse en el bosque o entre ramas. ■ Delante de e se escribe *qu* en lugar de *c*: *Me embosqué entre la maleza y nadie me encontró.*

**embotar** v. **1.** Quitar el filo o la punta a un cuchillo, espada u otra cosa que corta. **2.** Hacer que los sentidos perciban menos o peor de lo normal: *Los vapores del amoniaco me han embotado el olfato y no huelo nada.* || **embotarse 3.** No poder pensar con claridad: *De tanto ver la tele se le embotó la cabeza.*
SIN. **1.** Mellar, despuntar. **2.** Entumecer, insensibilizar. **3.** Aturdirse, ofuscarse. ANT. **1.** Afilar. **2.** Aguzar, avivar. **3.** Despejarse.

**embotellamiento** s. m. Atasco de vehículos en una carretera.

**embotellar** v. **1.** Poner el vino u otra bebida en botellas. **2.** Producir los vehículos un atasco.
FAM. Embotellamiento.

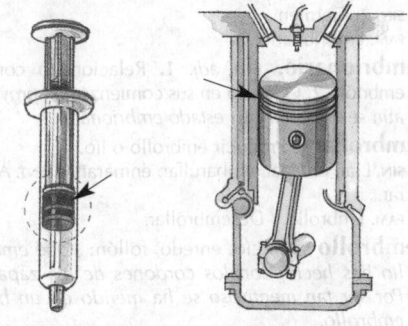

**émbolo** de jeringuilla    **émbolo** de motor

**embozado, da** *adj.* Que lleva tapada la parte de abajo de la cara: *El misterioso personaje iba embozado para evitar ser reconocido.*

**embozo** *s. m.* **1.** Parte de la sábana de arriba que se dobla hacia fuera y toca la cara del que se acuesta. **2.** Parte de una prenda de vestir, sobre todo de la capa, que cubre el rostro. **FAM.** Embozado.

**embragar** *v.* Poner en contacto dos ejes que giran para que se transmita el movimiento de uno al otro: *Cuando conduces un automóvil, para embragar tienes que levantar el pie del pedal de embrague.* ■ Delante de *e* se escribe *gu* en lugar de *g*: *embraguen.* **FAM.** Embrague. / Desembragar.

**embrague** *s. m.* Mecanismo que sirve para acoplar y desacoplar dos ejes en movimiento. En los coches sirve para cambiar de marcha.

**embrear** *v.* Cubrir con brea: *Embrearon la barca para que no entrara agua.*

**embriagador, ra** *adj.* Que embriaga o produce gran placer o satisfacción: *Del jardín subía un perfume embriagador.*

**embriagar** *v.* **1.** Poner borracho. **2.** Producir algo a una persona tal placer o satisfacción que se queda como fuera de sí: *El penetrante olor de las flores le embriagaba. El éxito le embriagó tanto que se creyó el mejor del equipo.* ■ Delante de *e* se escribe *gu* en lugar de *g*: *embriague.* **SIN.** **1.** Emborrachar. **2.** Cautivar, extasiar, enajenar. **ANT.** **1.** Despejar. **2.** Repeler, disgustar. **FAM.** Embriagador, embriaguez.

**embriaguez** *s. f.* Estado de la persona que está ebria, borracha. ■ Su plural es *embriagueces.*

**embrión** *s. m.* **1.** Lo que es una persona, animal o planta cuando está empezando a formarse y desarrollarse, por ejemplo el ser humano durante los tres primeros meses de embarazo. **2.** Comienzo de algo que va a desarrollarse después: *Estas cuartillas son el embrión de su nueva novela.* **SIN.** **2.** Germen. **FAM.** Embrionario.

**embrionario, ria** *adj.* **1.** Relacionado con el embrión. **2.** Que está en sus comienzos: *El proyecto aún se encuentra en estado embrionario.*

**embrollar** *v.* Producir embrollo o lío. **SIN.** Liar, enredar, embarullar, enmarañar. **ANT.** Aclarar. **FAM.** Embrollo. / Desembrollar.

**embrollo** *s. m.* Lío, enredo, follón: *¡Qué embrollo has hecho con los cordones de los zapatos! Por ser tan mentiroso se ha metido en un buen embrollo.* **SIN.** Maraña, barullo. **ANT.** Orden.

**embromar** *v.* **1.** Gastar una broma a alguien. **2.** En Hispanoamérica, molestar o perjudicar. **SIN.** **1.** Vacilar.

**embrujar** *v.* **1.** Actuar sobre una persona por medio de la brujería o la magia. **2.** Atraer mucho la belleza o los encantos de una persona o lugar: *Sus ojos negros embrujaban a todos los que la miraban.* **SIN.** **1.** y **2.** Encantar, hechizar. **2.** Cautivar, fascinar. **ANT.** **2.** Repeler. **FAM.** Embrujo.

**embrujo** *s. m.* **1.** Encantamiento, hechizo: *El príncipe se convirtió en rana por un embrujo.* **2.** Atracción muy fuerte: *Aquel pueblo tan bonito ejercía un embrujo sobre todos los que lo visitaban.* **SIN.** **2.** Fascinación.

**embrutecer** *v.* Hacer bruto o más bruta a una persona. ■ Es un verbo irregular. Se conjuga como *agradecer.*

**embuchado, da** *adj.* y *s. m.* Se dice del embutido que se hace con carne picada metida en una tripa de animal: *lomo embuchado.*

**embuchar** *v.* **1.** Meter carne picada y otros alimentos en una tripa de animal para hacer embutidos. **2.** Cebar a las aves metiéndoles comida en el buche. **3.** Comer mucho y casi sin masticar la comida. **SIN.** **1.** Embutir. **3.** Engullir. **FAM.** Embuchado. / Desembuchar.

**embudo** *s. m.* Utensilio formado por un cono hueco que termina en un canutillo, que sirve para pasar líquidos de un recipiente a otro sin que se derramen.

**embuste** *s. m.* Mentira. **SIN.** Trola, bola, patraña. **ANT.** Verdad. **FAM.** Embustero.

**embustero, ra** *adj.* y *s. m.* y *f.* Que dice embustes o mentiras. **SIN.** Mentiroso. **ANT.** Sincero.

**embutido** *s. m.* **1.** Tripa de cerdo u otro material que se rellena, sobre todo, de carne de cerdo picada, con algunas especias y condimentos, como el salchichón o el chorizo. **2.** Acción de embutir.

**embutir** *v.* **1.** Preparar embutidos, por ejemplo morcillas o chorizos. **2.** Meter una cosa dentro de

**embudo**

otra apretándola: *Para hacer una almohada su madre embutió la gomaespuma en la tela.*
**SIN.** **1.** Embuchar.
**FAM.** Embutido.

**emental** *s. m.* Queso suizo hecho con leche de vaca y que tiene grandes agujeros.

**emergencia** *s. f.* Suceso o accidente que es urgente y exige una rápida atención.
**SIN.** Urgencia.

**emerger** *v.* Salir una cosa que estaba hundida en el agua o sobresalir una parte de ésta: *El submarino emergió a pocos metros del barco.* ■ Delante de *a* y *o* se escribe *j* en lugar de *g*: *emerjan.*
**ANT.** Sumergirse.
**FAM.** Emergencia.

**emérito, ta** *adj.* **1.** Se dice de la persona que se ha jubilado y que recibe un premio o una recompensa por sus buenos servicios. **2.** Se dice del profesor de universidad que sigue dando clases después de jubilado, debido a sus muchos conocimientos y a su valor profesional.

**emigración** *s. f.* Acción de emigrar y el conjunto de personas que han emigrado.
**SIN.** Éxodo. **ANT.** Inmigración.

**emigrante** *adj. y s. m. y f.* Persona que emigra.
**ANT.** Inmigrante.

**emigrar** *v.* **1.** Dejar el lugar donde alguien ha nacido y vive para irse a otro país o región. **2.** Marcharse de un lugar a otro algunos animales buscando alimento o un clima mejor, o para reproducirse.
**ANT.** **1.** Inmigrar.
**FAM.** Emigración, emigrante.

**eminencia** *s. f.* **1.** Una persona que sobresale mucho en una cosa, como en una ciencia, en las letras, en el arte: *Este físico es una eminencia y ha realizado importantes investigaciones.* **2.** Una forma de tratamiento que se utiliza para dirigirse a los cardenales.
**SIN.** **1.** Cerebro, genio.
**FAM.** Eminente. / Preeminencia.

**eminente** *adj.* Se dice de la persona que destaca mucho en algo, en una ciencia, profesión o actividad: *A esa conferencia acudieron eminentes médicos de todo el mundo.*
**SIN.** Insigne, ilustre. **ANT.** Mediocre.

**emir** *s. m.* Príncipe o caudillo árabe.
**FAM.** Emirato.

**emirato** *s. m.* **1.** Cargo de emir. **2.** Tiempo que dura el gobierno del emir; también el territorio en que gobierna.

**emisario, ria** *s. m. y f.* Persona enviada a un lugar para llevar un mensaje o tratar un asunto con alguien.
**SIN.** Mensajero, enviado.

**emisión** *s. f.* Acción de emitir: *la emisión de monedas; la emisión de programas por radio y televisión.*

**emisor, ra** *s. m. y f.* El que emite o comunica un mensaje.
**SIN.** Hablante. **ANT.** Oyente, receptor.

**emisora** *s. f.* La estación que emite programas de radio o televisión: *En esa emisora ponen música clásica.*

**emitir** *v.* **1.** Echar una cosa algo que sale de ella: *La lámpara emite luz.* **2.** Producir un sonido: *La oveja emite balidos.* **3.** Transmitir programas la radio y la televisión. **4.** Comunicar, manifestar: *Cuando le entrevistaron, el novelista emitió su opinión sobre varios temas de actualidad.* **5.** Crear monedas, billetes de banco y otras cosas, y ponerlos en circulación.
**SIN.** **1.** Arrojar, emanar. **3.** Radiar, televisar. **4.** Expresar, exponer. **ANT.** **1.** Recibir, absorber.
**FAM.** Emisario, emisión, emisor, emisora.

**emoción** *s. f.* Sentimiento o impresión fuerte. Por ejemplo, una persona puede sentir emoción al ver a un familiar que no ha visto desde hace mucho tiempo, cuando recibe un premio o ante sucesos desgraciados.
**FAM.** Emocional, emocionante, emocionar, emotivo.

**emocional** *adj.* **1.** De las emociones o relacionado con ellas: *Aquella discusión con su mejor amigo afectó a su estado emocional.* **2.** Que se deja llevar por la emoción: *Es muy emocional y enseguida se le saltan las lágrimas.*
**SIN.** **2.** Emotivo, sensible. **ANT.** **2.** Frío, imperturbable.

**emocionante** *adj.* Que causa emoción: *Es emocionante subir en la montaña rusa.*

**emocionar** *v.* Causar emoción o sentirla: *Cuando le dieron la medalla en natación, se emocionó.*
**SIN.** Conmover, turbar, alterar.

**emolumento** *s. m.* Pago de un trabajo. ■ Se usa sobre todo en plural: *El abogado reclamó sus emolumentos.*
**SIN.** Honorarios, retribución, sueldo.

**emotividad** *s. f.* **1.** Capacidad de producir emociones. **2.** Sensibilidad para notar las emociones: *Los niños suelen tener más emotividad que los adultos.*

**emotivo, va** *adj.* **1.** Que produce emoción: *una despedida muy emotiva.* **2.** Se dice de la persona muy sensible, que se emociona fácilmente.
**SIN.** **1.** Conmovedor. **ANT.** **1.** y **2.** Frío. **2.** Insensible.
**FAM.** Emotividad.

**empacadora** *s. f.* Máquina que sirve para meter las cosas en pacas o paquetes.

**empacar** *v.* Colocar en pacas, paquetes o cajas. ■ Delante de *e* se escribe *qu* en lugar de *c*: *empaqué.*
**FAM.** Empacadora. / Desempacar.

**empachar** *v.* Producir indigestión o tenerla: *El día de su cumpleaños se empachó de pasteles.*
**SIN.** Hartar, indigestarse.
**FAM.** Empacho.

**empacho** *s. m.* **1.** Indigestión causada por la comida. **2.** Vergüenza, apuro: *Aunque le llamaron la*

atención delante de todos, él no sintió ningún empacho.
SIN. 2. Corte, embarazo. ANT. 2. Desparpajo.

**empadronamiento** s. m. Acción de empadronar o empadronarse.

**empadronar** v. Apuntar a una persona en el padrón, es decir, en la lista en que aparecen los que viven en un lugar.
SIN. Censar.
FAM. Empadronamiento.

**empalagar** v. 1. Hartar o resultar desagradable un alimento por ser demasiado dulce o pesado: *Esa tarta tiene mucho chocolate y empalaga.* 2. Producir fastidio una persona que es demasiado amable y cariñosa. ■ Delante de e se escribe gu en lugar de g: empalague.
FAM. Empalagoso.

**empalagoso, sa** adj. Que empalaga: *Estos pasteles son muy empalagosos. Su hija es muy empalagosa; está todo el día pegada a su madre.*

**empalar** v. Atravesar con un palo a una persona, como tortura.

**empalidecer** v. Busca **palidecer.** ■ Es un verbo irregular. Se conjuga como agradecer.

**empalizada** s. f. Valla hecha con estacas o palos enlazados y clavados en el suelo.

**empalmar** v. 1. Unir dos cosas de modo que se continúen: *Empalma estas dos cuerdas. La lección doce empalma con la trece.* 2. Al hacer un recorrido o viaje, bajarse de un tren, un metro, y coger a continuación otro. || **empalmarse 3.** Excitarse sexualmente un hombre o un animal macho. ■ Con este significado, es una palabra vulgar.
SIN. 1. Ensamblar, conectar, enlazar. ANT. 1. Desunir, separar.
FAM. Empalme.

**empalme** s. m. 1. Hecho de empalmar dos cosas. 2. Cosa que empalma con otra. 3. El lugar donde empalman dos vías de comunicación o medios de transporte.
SIN. 1. Unión. 1. y 3. Enlace. ANT. 1. Separación.

**empanada** s. f. Una masa rellena por dentro de carne, chorizo, atún u otros alimentos, que se cuece al horno.
EXPR. **empanada mental** Lío, confusión de ideas.
FAM. Empanadilla.

**empanadilla** s. f. Pequeña masa redonda, muy fina, que se rellena de carne, atún u otro alimento, se dobla en forma de media luna y se fríe.

**empanar** v. Cubrir un alimento con pan rallado para freírlo después, por ejemplo un filete.
FAM. Empanada.

**empantanado, da** adj. Desordenado, revuelto, sin arreglar: *Tiene la habitación empantanada: ninguna cosa está en su sitio.*

**empantanar** v. 1. Llenar de agua un terreno: *Las lluvias empantanaron el jardín.* 2. Detener o interrumpir un asunto: *La negociación se ha empantanado por falta de acuerdo.*
SIN. 1. Inundar, anegar. 2. Estancar, parar.
FAM. Empantanado.

**empañar** v. 1. Quitar brillo y transparencia a un cristal, cubrirlo el vapor de agua: *Se le han empañado las gafas.* 2. Cubrir los ojos de lágrimas. 3. Hacer que disminuya la buena fama o el mérito de alguien.
SIN. 3. Desprestigiar, desacreditar.
FAM. Desempañar.

**empapar** v. 1. Mojar del todo: *Empapó la bayeta. Si no llevas el paraguas, te empaparás.* || **empaparse** 2. Enterarse bien de una cosa.
SIN. 1. Impregnar, calar. ANT. 1. Secar.

**empapelado** s. m. 1. Acción de cubrir una pared con papel. 2. Papel pintado que se usa para cubrir una pared u otra superficie: *El empapelado de esta habitación ya está pasado de moda.*

**empapelador, ra** s. m. y f. Persona que empapela paredes.

**empapelar** v. 1. Cubrir las paredes con papel pintado: *Mi madre quiere empapelar el comedor.* 2. Castigar a alguien con una multa, con la cárcel o con algo semejante: *Le empapelaron por no pagar los impuestos.*
SIN. 2. Emplumar.
FAM. Empapelado, empapelador.

**empapuzar** v. Dar mucho de comer o comer demasiado. ■ Delante de e se escribe c en lugar de z: *No empapuces al niño, que le va a sentar mal.*
SIN. Atiborrar, atracar.

**empaque** s. m. Aspecto distinguido de una persona que en su forma de vestir y comportarse nos parece muy importante.
SIN. Señorío, distinción.

**empaquetar** v. Hacer paquetes.
SIN. Embalar, envolver, empacar. ANT. Desempaquetar, desenvolver.
FAM. Desempaquetar.

**emparedado** s. m. Dos rebanadas finas de pan con un alimento dentro.
SIN. Sandwich.

**emparedar** v. 1. Encerrar a una persona en un lugar sin comunicación con el exterior. 2. Esconder una cosa en el hueco de una pared o entre dos paredes.
FAM. Emparedado.

**emparejar** v. Formar parejas: *Los chicos y las chicas se emparejaron para el baile.*

**emparentado, da** adj. 1. Que es de la misma familia que otra persona: *Jorge está emparentado con unos duques.* 2. Que tiene relación con otra

cosa o el mismo origen que ella: *Esas dos lenguas están emparentadas.*
**SIN. 2.** Relacionado.

**emparentar** *v.* **1.** Al casarse con una persona, adquirir parentesco el marido con la familia de la mujer y la mujer con la del marido. **2.** Tener una cosa relación con otra o tener el mismo origen. ■ Es un verbo regular, aunque a veces se conjuga como *pensar.*
**FAM.** Emparentado.

**emparrado** *s. m.* Parra que crece sujeta a un armazón formando una cubierta: *Debajo del emparrado del patio se está fresco en verano.*
**SIN.** Parral.

**empastar** *v.* **1.** Rellenar el dentista con una pasta especial el hueco producido por una caries en un diente o en una muela. **2.** Extender el pintor los colores en un cuadro o mezclarlos.
**FAM.** Empaste.

**empaste** *s. m.* **1.** Acción de empastar un diente o los colores de un cuadro. **2.** Pasta que utiliza el dentista para empastar un diente o una muela.

**empatar** *v.* **1.** Conseguir dos jugadores o equipos el mismo número de tantos o puntos. **2.** Conseguir el mismo número de votos los que se presentan a una votación.
**SIN. 1.** y **2.** Igualar. **ANT. 1.** y **2.** Desempatar.
**FAM.** Empate. / Desempatar.

**empate** *s. m.* Lo que ocurre cuando se empata.

**empecinarse** *v.* Ponerse cabezota en algo, no querer ceder: *Carlos se empecinó en no cortarse el pelo.*
**SIN.** Empeñarse, obstinarse, obcecarse. **ANT.** Transigir.

**empedernido, da** *adj.* Se dice de la persona que tiene un vicio o costumbre que no puede dejar: *Era un jugador empedernido: todos los días iba al bingo.*
**SIN.** Incorregible.

**empedrado, da** *adj.* y *s. m.* **1.** Se dice del suelo o de la calle que están recubiertos de piedras. **2.** Se dice del cielo que se cubre de nubes pequeñas, que están muy juntas unas de otras.

**empedrar** *v.* Cubrir el suelo con piedras ajustadas entre sí. ■ Es un verbo irregular. Se conjuga como *pensar.*
**FAM.** Empedrado.

**empeine** *s. m.* Parte de arriba del pie que llega hasta donde comienzan los dedos.

**empellón** *s. m.* Empujón fuerte.

**empeñado, da** *adj.* **1.** Se dice de las cosas, como sortijas, collares, pulseras, que el propietario entrega a cambio de un préstamo y puede recuperarlas cuando devuelve el dinero. **2.** Se dice de la persona que tiene muchas deudas: *Ha comprado un coche y está empeñado.* **3.** Que se esfuerza mucho

por conseguir algo o que no quiere ceder: *Está empeñada en sacarse el carné de conducir.*
**SIN. 2.** Endeudado, entrampado. **3.** Obstinado, emperrado. **ANT. 1.** Desempeñado.

**empeñar** *v.* **1.** Dejar una cosa empeñada, como por ejemplo las joyas. || **empeñarse 2.** Tener muchas deudas: *Para pagar esa casa tan cara, tendrá que empeñarse toda la vida.* **3.** Ponerse cabezota, querer conseguir algo como sea: *Sandra se ha empeñado en hacer una fiesta con todos sus amigos.*
**SIN. 2.** Endeudarse, entramparse. **3.** Empecinarse, obcecarse, emperrarse. **ANT. 1.** Desempeñar. **3.** Ceder, transigir.
**FAM.** Empeñado, empeño. / Desempeñar.

**empeño** *s. m.* **1.** Acción de empeñar o empeñarse. **2.** Muchas ganas de hacer o conseguir algo, gran interés en ello: *Tiene gran empeño en aprender a tocar la guitarra.*
**EXPR. casa de empeño** Establecimiento donde la gente va a empeñar cosas a cambio de dinero.
**SIN. 2.** Afán, deseo, anhelo; constancia, tesón.

**empeoramiento** *s. m.* El hecho de empeorar.
**ANT.** Mejora.

**empeorar** *v.* Poner o ponerse peor: *De ayer a hoy el enfermo ha empeorado; le ha subido la fiebre.*
**ANT.** Mejorar.
**FAM.** Empeoramiento.

**empequeñecer** *v.* **1.** Hacer una cosa más pequeña. **2.** Hacer que algo parezca menos importante de lo que es. ■ Es un verbo irregular. Se conjuga como *agradecer.*
**SIN. 1.** Encoger, menguar, mermar. **ANT. 1.** y **2.** Agrandar, engrandecer.

**emperador** *s. m.* **1.** Rey de un imperio. **2.** Pez espada.
**FAM.** Emperatriz.

**emperatriz** *s. f.* Reina de un imperio. ■ Su plural es *emperatrices.*

**emperejilar** *v.* Emperifollar.

**emperifollar** *v.* Arreglar demasiado, poner muchos adornos: *Para ir a la cena se emperifolló poniéndose muchos collares y anillos.*
**SIN.** Emperejilar, endomingarse.

**emperrarse** *v.* Empeñarse en algo, ponerse cabezota: *Se emperró en salir de excursión, a pesar del tiempo tan malo.*
**SIN.** Obstinarse, obcecarse, empecinarse. **ANT.** Ceder, transigir.

**empezar** *v.* **1.** Pasar de no hacer a hacer algo: *Los novios empezaron el baile. He empezado los deberes. Los montañeros han empezado a subir la montaña.* **2.** Comenzar a usar o consumir algo: *empezar una tela, una barra de pan.* **3.** Tener comienzo algo: *El concurso de disfraces empieza a las seis.* **4.** Ponerse a: *Roberto empezó a reírse. Ha empezado a llover.* ■ Delante de *e* se escribe *c* en

lugar de *z*. Es un verbo irregular. Se conjuga como *pensar*.
SIN. **1.** Emprender. **1.** a **3.** Iniciar. ANT. **1.** a **3.** Acabar, terminar.
FAM. Empiece.

**empiece** *s. m.* Principio, comienzo: *Mi madre me ayudó con el empiece de la labor, pero yo hice lo demás.*

**empinado, da** *adj.* Con mucha pendiente: *una calle muy empinada.*
ANT. Llano.

**empinar** *v.* **1.** Levantar en alto: *El padre empinó a su hija pequeña para que viera el desfile de gigantes y cabezudos.* **2.** Levantar e inclinar un jarro, un botijo, una bota o algo parecido, para beber. || **empinarse 3.** Ponerse de puntillas: *Se empinó para parecer más alto que su amigo.*
EXPR. **empinar el codo** Beber mucho, tomar bebidas alcohólicas en exceso.
ANT. **3.** Agacharse.
FAM. Empinado. / Pino -na.

**empingorotado, da** *adj.* Se dice de la persona rica o de buena posición social que presume de ello: *No me gusta ir a ese restaurante porque sólo van señores empingorotados.*

**empiñonado** *s. m.* Dulce con piñones.

**empírico, ca** *adj.* Que se basa en la experiencia y la observación de los hechos.

**empitonar** *v.* Coger el toro con la punta del cuerno: *El toro empitonó al torero.*

**emplaste** *s. m.* Pasta de yeso usada para rellenar las grietas o huecos de una pared antes de pintarla.
FAM. Emplastecer.

**emplastecer** *v.* Dar pasta de yeso a una superficie para dejarla lisa y preparada para pintar. ■ Es un verbo irregular. Se conjuga como *agradecer*.

**emplasto** *s. m.* **1.** Pasta medicinal que se ablanda con el calor y se pega sobre la piel para curar heridas y otras cosas. **2.** Cosa blanda, pegajosa, apelmazada y de mal aspecto: *La primera vez que intenté hacer croquetas me salió un emplasto asqueroso.*
SIN. **2.** Mazacote, plasta.

**emplazamiento**[1] *s. m.* Citación ante un juez o un tribunal.

**emplazamiento**[2] *s. m.* Lugar donde está algo o alguien: *El hotel está en un emplazamiento inmejorable, muy cerca del centro de la ciudad.*
SIN. Ubicación, situación.

**emplazar**[1] *v.* Citar, por ejemplo un juez a una persona para que se presente en un día y hora determinados. ■ Delante de *e* se escribe *c* en lugar de *z*: *Está esperando a que le emplace el juez.*
SIN. Convocar.
FAM. Emplazamiento[1].

**emplazar**[2] *v.* Colocar, situar: *En este terreno van a emplazar un nuevo hotel.* ■ Delante de *e* se escribe *c* en lugar de *z*: *emplace.*
SIN. Establecer.
FAM. Emplazamiento[2]. / Reemplazar.

**empleado, da** *adj.* **1.** Que se ha utilizado para algo: *El dinero que se gastó en arreglar la casa lo da por bien empleado.* **2.** Ocupado en un trabajo: *Esta empresa tiene muchas personas empleadas en la limpieza.* || *s. m. y f.* **3.** Persona a la que se paga un salario por hacer un trabajo.
EXPR. **estarle** a alguien una cosa **bien empleada** Tener merecido el daño o cualquier cosa mala que le ocurre: *La regañina le estuvo bien empleada, por contestón.*
SIN. **1.** Usado, destinado; gastado, invertido. **2.** Colocado. **3.** Trabajador, asalariado.

**emplear** *v.* **1.** Utilizar algo para un fin: *Puedes emplear esta estantería para poner tus libros. El fontanero empleó media hora en arreglar este grifo.* **2.** Dar un empleo a una persona o encargarle un trabajo: *Le han empleado en una fábrica de tejidos.*
SIN. **1.** Usar, destinar; gastar, invertir. **2.** Colocar.
ANT. **1.** Desechar. **2.** Echar, expulsar.
FAM. Empleado, empleo.

**empleo** *s. m.* **1.** Acción de emplear: *En ese folleto se explica el modo de empleo del vídeo.* **2.** Trabajo que realiza una persona y por el cual recibe un salario: *Ha encontrado un empleo como secretaria en esa oficina.*
SIN. **1.** Uso, utilización. **2.** Colocación, ocupación, puesto. ANT. **2.** Desempleo.
FAM. Desempleo, pluriempleo.

**emplomado, da** *adj.* **1.** Cubierto de plomo o soldado o sujeto con plomo: *una vidriera emplomada.* || *s. m.* **2.** Cubierta de plomo que recubre un techo. **3.** Conjunto de tiras de plomo que sujetan los cristales de las vidrieras.

**emplomar** *v.* **1.** Poner plomo a alguna cosa para cubrirla, soldarla o asegurarla: *emplomar las cañerías.* **2.** En América del Sur, empastar un diente o una muela.
FAM. Emplomado.

**emplumar** *v.* **1.** Poner plumas a algo: *emplumar un sombrero, emplumar una flecha.* **2.** Castigar, detener o juzgar a una persona: *Lo emplumaron por traficar con droga.*
SIN. **2.** Empapelar.

**empobrecer** *v.* Hacer que alguien o algo sea pobre o más pobre: *La falta de lluvia ha empobrecido a muchos agricultores. Si no aprendes más palabras, tu vocabulario se empobrecerá.* ■ Es un verbo irregular. Se conjuga como *agradecer*.
SIN. Arruinar. ANT. Enriquecer, prosperar.
FAM. Empobrecimiento.

**empobrecimiento** *s. m.* Acción de empobrecer o empobrecerse.
**ANT.** Enriquecimiento.

**empollar** *v.* **1.** Calentar un ave sus huevos poniéndose encima de ellos con el fin de que los polluelos se desarrollen en su interior. **2.** Estudiar mucho: *Voy a empollarme los verbos, que mañana los van a preguntar en clase.*
**SIN. 1.** Incubar.
**FAM.** Empolle, empollón.

**empolle** *s. m.* Acción de empollar o estudiar mucho.

**empollón, na** *adj. y s. m. y f.* Persona que estudia mucho.

**empolvar** *v.* Poner polvos de maquillaje sobre la cara: *Voy al baño a empolvarme la nariz.*
**FAM.** Desempolvar.

**emponzoñar** *v.* **1.** Envenenar. **2.** Dañar, echar a perder: *La envidia emponzoñó su amistad.*
**SIN. 2.** Envilecer.

**emporio** *s. m.* Ciudad o lugar famosos por el desarrollo comercial, cultural, científico o artístico.

**emporrarse** *v.* Drogarse fumando porros.

**empotrar** *v.* **1.** Meter una cosa dentro de la pared o por debajo del suelo: *empotrar un armario.* **2.** Encajar una cosa en otra, sobre todo, al chocar: *No le dio tiempo a frenar y el coche se empotró contra la pared.*

**emprendedor, ra** *adj.* Decidido para hacer cosas difíciles o que suponen esfuerzo o riesgo: *Es muy emprendedor, piensa hacer una revista para todo el barrio.*

**emprender** *v.* Empezar una actividad difícil o que necesita mucho esfuerzo: *Los ciclistas han emprendido la subida a la montaña.*
**EXPR. emprenderla con** alguien o algo Tomarla contra una persona o cosa, o empezar a darle golpes o algo parecido: *Se puso rabioso y la emprendió a tortas con todo el mundo.*
**SIN.** Comenzar, iniciar, acometer, abordar. **ANT.** Acabar, finalizar.
**FAM.** Emprendedor, empresa. / Reemprender.

**empresa** *s. f.* **1.** Conjunto de edificios, máquinas, trabajadores y otras cosas organizadas para realizar alguna actividad con la que se gana dinero: *Mi padre trabaja en una empresa que construye casas.* **2.** Acción o trabajo difícil o en el que se necesita gran esfuerzo: *Salvar algunas especies de animales es una empresa muy importante.*
**SIN. 1.** Sociedad, compañía, firma. **2.** Tarea, obra, operación, proyecto.
**FAM.** Empresariado, empresarial, empresario.

**empresariado** *s. m.* Conjunto de empresarios.
**SIN.** Patronal.

**empresarial** *adj.* De las empresas o de los empresarios: *La crisis empresarial provocó el cierre de varios negocios.*

**empresario, ria** *s. m. y f.* Dueño de una empresa y persona que la dirige.

**empréstito** *s. m.* Dinero que se presta, sobre todo el que se concede al Estado o a una sociedad, que da a cambio unos documentos en los que se compromete a devolverlo con intereses.

**empujar** *v.* **1.** Hacer fuerza contra alguien o algo o darle un golpe, para intentar moverlo: *El coche no arrancaba y tuvimos que empujarlo entre todos.* **2.** Hacer que una persona haga algo o animarla para que lo haga: *Su triunfo le empujó a dedicarse totalmente al tenis.*
**SIN. 1.** y **2.** Impulsar. **2.** Llevar, incitar, estimular. **ANT. 1.** Tirar. **2.** Desanimar, disuadir.
**FAM.** Empuje, empujón.

**empuje** *s. m.* **1.** Fuerza que se hace contra alguien o algo para intentar moverlo: *Las ventanas se abrieron con el fuerte empuje del viento.* **2.** Energía, entusiasmo, decisión: *Empezaron el partido de fútbol con mucho empuje, pero pronto se cansaron.*
**SIN. 2.** Ánimo, brío, arranque. **ANT. 2.** Desgana, desánimo.

**empujón** *s. m.* **1.** Golpe brusco que se da a una persona o cosa para moverla o apartarla: *Me dio un empujón para entrar él primero en el autobús.* **2.** Lo que se hace de una vez poniendo más esfuerzo o dedicando más tiempo, para adelantar en una actividad: *Ayer le dimos un buen empujón al mural, así que mañana estará terminado.*
**SIN. 1.** Empellón, envite. **2.** Impulso, avance, progreso.

**empuñadura** *s. f.* Parte por donde se agarran una espada, un bastón u otros objetos parecidos.
**SIN.** Puño, mango.

**empuñar** *v.* Agarrar con la mano algo, como un arma o una herramienta, para usarlo: *El caballero empuñó la espada y salió a defender su castillo.*
**SIN.** Asir, sujetar. **ANT.** Soltar.
**FAM.** Empuñadura.

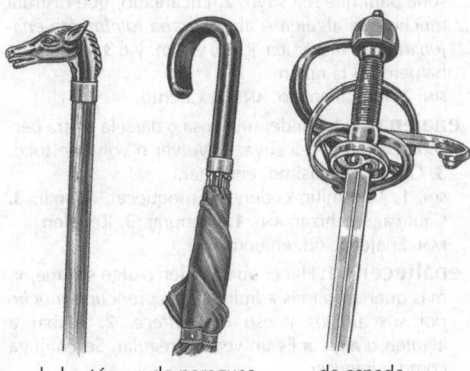

de bastón    de paraguas    de espada
**empuñaduras**

**empurar** *v.* Meter un puro a alguien, castigarle: *Le empuraron por faltar a clase.*

**emú** *s. m.* Ave corredora muy grande, con las plumas de color gris o marrón oscuro, que no puede volar. Vive en las llanuras de Australia. ▪ Su plural es *emús*, o *emúes*.

**emular** *v.* Imitar a alguien intentando hacer las cosas igual o mejor: *Quiere emular a su hermano, que es un gran deportista.*

**émulo, la** *adj. y s. m. y f.* Que emula a otro: *El discípulo se ha convertido en un digno émulo de su maestro.*
SIN. Imitador, competidor.

**emulsión** *s. f.* Líquido que tiene flotando pequeñas partículas de otro líquido que no llegan a disolverse por completo.

**en** *prep.* **1.** Dentro de: *En esta casa hace un calor horroroso.* **2.** Sobre: *En esa mesa hay un montón de libros.* **3.** Indica el tiempo que se tarda en hacer algo o durante el que sucede una cosa: *Espérame, en diez minutos estoy en tu casa. En verano iremos de vacaciones a la playa.* **4.** La manera en que está o se hace algo: *Prefiero los dibujos en colores. Mi padre me lleva al cole en coche.* **5.** El precio: *Nos dejaron la bici en muy poco dinero.* **6.** Aquello a lo que se dedica o de lo que se ocupa alguien: *¿En qué estás pensando?*

**enagua** *s. f.* Prenda interior que llevan las mujeres debajo de la ropa de vestir, parecida a una falda o a un vestido.
SIN. Combinación.

**enajenación** *s. f.* **1.** Hecho de vender o dar una cosa a alguien para que sea suya. **2.** Locura de una persona. ▪ Con este último significado se utiliza también la expresión *enajenación mental.*
SIN. **1.** Venta, transmisión, traspaso. ANT. **1.** Compra. **2.** Cordura.

**enajenado, da** *adj.* **1.** Vendido o dado a otra persona para que sea suyo. **2.** Encantado, que disfruta mucho con alguien o algo: *Estaba totalmente enajenado con la música.* ‖ *adj. y s. m. y f.* **3.** Loco, que ha perdido la razón.
SIN. **2.** Ido, alienado. ANT. **2.** Cuerdo.

**enajenar** *v.* **1.** Vender una cosa o dársela a otra persona para que sea suya. **2.** Volver o volverse loco. **3.** Gustar muchísimo, encantar.
SIN. **1.** Transmitir, ceder. **2.** Enloquecer, alienar. **3.** Cautivar, hechizar. ANT. **1.** Comprar. **3.** Repeler.
FAM. Enajenación, enajenado.

**enaltecer** *v.* **1.** Hacer que alguien o algo sea mejor, más querido o más admirado: *Se preocupa mucho por sus amigos y eso le enaltece.* **2.** Alabar a alguien o algo. ▪ Es un verbo irregular. Se conjuga como *agradecer.*
SIN. **1.** Engrandecer, exaltar. **1.** y **2.** Ensalzar. **2.** Elogiar, encomiar. ANT. **1.** y **2.** Humillar. **2.** Criticar.

**enamoradizo, za** *adj.* Que se enamora con facilidad: *Es muy enamoradiza, ya ha tenido cuatro novios.*

**enamorado, da** *adj. y s. m. y f.* Que se enamoró de alguien o algo.

**enamoramiento** *s. m.* Acción de enamorarse y estado de la persona enamorada: *Salía con un chico, pero se le pasó pronto el enamoramiento.*

**enamorar** *v.* **1.** Hacer un hombre que una mujer sienta amor por él o al revés: *Es muy guapo y ha enamorado a muchas chicas.* **2.** Gustar mucho a alguien una cosa o sentirse muy atraído por ella: *Se enamoró de aquel pueblecito tan encantador y se quedó allí a vivir.* ‖ **enamorarse 3.** Sentir amor un hombre por una mujer o al revés: *Mis padres se enamoraron nada más conocerse.*
SIN. **1.** y **2.** Cautivar. **2.** Encantar, entusiasmar. **3.** Prendarse. ANT. **3.** Desagradar.
FAM. Enamoradizo, enamorado, enamoramiento, enamoriscarse.

**enamoriscarse** *v.* **1.** Enamorarse, pero sin mucha fuerza o sin intención de empezar una relación seria. **2.** Empezar a sentir amor: *Creo que se está enamoriscando de ese chico.* ▪ Delante de *e* se escribe *qu* en lugar de *c.*
SIN. **1.** Tontear, ligar.

**enanismo** *s. m.* Enfermedad que hace que algunas personas no crezcan y se queden mucho más bajas de lo normal.

**enano, na** *adj.* **1.** Que es mucho más pequeño que la mayoría de los de su misma clase: *un arbolito enano.* ‖ *adj. y s. m. y f.* **2.** Muy pequeño o muy bajito: *Esa camiseta es enana, no creo que me valga.* ‖ *s. m. y f.* **3.** Persona que tiene una enfermedad que le ha impedido crecer. **4.** Nombre cariñoso que se da a veces a los niños: *Bajaron al parque para que jugaran los enanos.* **5.** Personaje con forma humana, muy pequeño, que aparece a menudo en los cuentos para niños.
EXPR. **como un enano** Mucho: *Me he reído como un enano con tus chistes.*
SIN. **1.** Diminuto, canijo. ANT. **1.** y **2.** Grande, enorme. **1.** a **3.** Gigante.
FAM. Enanismo.

**enarbolar** *v.* Levantar o colocar en alto una bandera o algo parecido: *Enarbolaron todas las banderas del barco al llegar al puerto.*
SIN. Izar, alzar.

**enardecer** *v.* **1.** Hacer que una lucha, pelea u otra cosa se vuelva más violenta o intensa: *Cada vez estaban más enfadados y la discusión se iba enardeciendo por momentos.* **2.** Entusiasmar, excitar los ánimos de alguien: *La actuación del cantante enardeció al público, que no dejaba de aplaudir.* ▪ Es un verbo irregular. Se conjuga como *agradecer.*
SIN. **1.** Calentar. **2.** Emocionar, enfervorizar. ANT. **1.** Apaciguar. **1.** y **2.** Calmar, sosegar.

**encabalgamiento** *s. m.* Separación en versos distintos de dos o más palabras que forman una frase, por lo que el final de un verso enlaza con el principio del siguiente.

**encabezamiento** *s. m.* Lo que se pone en la parte de arriba al principio de un escrito, por ejemplo la fecha en una carta.
**ANT.** Pie.

**encabezar** *v.* **1.** Poner o ir al principio: *Pusieron una frase muy bonita para encabezar el mural. Un grupo de cinco ciclistas encabezaba la carrera.* **2.** Ser el primero en hacer algo, dirigirlo: *Un grupo de aficionados encabezó las protestas contra el árbitro.* ■ Delante de *e* se escribe *c* en lugar de *z*: *encabecé.*
**SIN.** **2.** Acaudillar, capitanear.
**FAM.** Encabezamiento.

**encabritarse** *v.* **1.** Levantar el caballo las patas delanteras, por ejemplo cuando se asusta por algo. **2.** Levantarse la parte delantera de un vehículo, de un barco: *Se le encabritó la moto y Rubén estuvo a punto de caerse.* **3.** Enfadarse o alterarse mucho.
**SIN.** **3.** Enfurecerse.

**encabronar** *v.* Enfadar mucho. ■ Es una palabra vulgar.
**SIN.** Enfurecer, enojar, cabrear.

**encadenado, da** *adj.* **1.** Que alguien lo encadenó. **2.** Se dice de la estrofa en la que el primer verso repite todo o parte del último verso de la estrofa anterior: *tercetos encadenados.* **3.** Se dice del verso que empieza repitiendo la última palabra del verso anterior.

**encadenamiento** *s. m.* **1.** Acción de encadenar o encadenarse. **2.** Conjunto de cosas unidas o relacionadas una detrás de otra: *El encadenamiento de unas cuantas buenas jugadas hizo que el equipo ganara el partido.*
**SIN.** **1.** y **2.** Enlace, unión.

**encadenar** *v.* **1.** Sujetar con cadenas: *El domador encadenó al león a un barrote de la jaula.* **2.** Unir o relacionar una cosa con otra que va detrás: *El tenista consiguió encadenar unos saques estupendos.*
**SIN.** **1.** Atar, amarrar. **2.** Enlazar, ligar, concatenar, sucederse. **ANT.** **1.** Desencadenar, desligar.
**FAM.** Encadenado, encadenamiento. / Desencadenar.

**encajar** *v.* **1.** Meter, poner o quedar colocada una cosa dentro de otra de manera que esté bien ajustada: *Procura encajar bien la ventana antes de cerrarla. Las piezas de un puzzle encajan perfectamente en su sitio.* **2.** Aceptar: *Miriam ha encajado bastante bien el suspenso, no se ha desanimado.* **3.** Adaptarse una persona bien a algo, estar a gusto: *Estoy seguro de que Pili encajará bien en nuestra pandilla.* **4.** Estar de acuerdo, resultar bien una cosa con otra: *La noticia del periódico encajaba con lo que había dicho la radio. Ese sofá encaja bien en la sala.* **5.** En algunos deportes, sufrir tantos, golpes o una derrota: *Ese portero ha encajado sólo diez goles en toda la temporada.*
**SIN.** **1.** Acoplar. **2.** Asimilar. **3.** Acomodarse, integrarse. **4.** Concordar, casar. **ANT.** **1.** Desencajar. **4.** Diferir, discrepar, desentonar.
**FAM.** Encaje. / Desencajar.

**encaje** *s. m.* **1.** Acción de encajar una cosa en otra: *Para que esa máquina funcione, el encaje de las piezas tiene que ser perfecto.* **2.** Tejido fino que está calado haciendo dibujos: *El vestido de la novia era de encaje.*
**SIN.** **1.** Acoplamiento.

**encajonar** *v.* Meter o dejar a una persona o cosa en un sitio muy estrecho: *No acerques más tu mesa a la mía, que me vas a encajonar y no voy a poder salir.*

**encalado** *s. m.* Acción de encalar las paredes.
**SIN.** Blanqueo.

**encalar** *v.* Darle cal a las paredes o a otra cosa para ponerlas blancas.
**SIN.** Blanquear.
**FAM.** Encalado.

**encallar** *v.* Quedarse parada una embarcación al chocar su fondo con arena o rocas: *Había muy poca profundidad y la barquita encalló en la orilla.*
**SIN.** Varar.

**encallecer** *v.* **1.** Salir callos o durezas en la piel: *A los agricultores se les encallecen las manos de trabajar en la tierra.* || **encallecerse 2.** Hacerse fuerte o resistente ante las molestias, dificultades o sufrimientos: *Le han pasado tantas cosas que se ha encallecido y no llora por nada.* ■ Es un verbo irregular. Se conjuga como *agradecer.*
**SIN.** **2.** Endurecerse, curtirse. **ANT.** **1.** Suavizar. **2.** Ablandarse, enternecerse.

**encalomar** *v.* Dar o encargar a otro algo que no nos gusta o nos resulta pesado: *Estoy harto de que me encalomen siempre los trabajos más duros.*
**SIN.** Endosar, endilgar.

**encamar** *v.* Meter en la cama a alguien, sobre todo si está enfermo.

**encaminar** *v.* **1.** Indicar a alguien el camino o ponerle en él: *No sabía ir a la estación y un señor muy amable le encaminó.* **2.** Hacer algo con una finalidad: *Encamina sus esfuerzos a mejorar en sus estudios.* || **encaminarse 3.** Ir hacia algún sitio: *Cuando se encaminó hacia su casa, ya estaba anocheciendo.*
**SIN.** **1.** Llevar, guiar, orientar. **2.** Destinar, dirigir. **3.** Marcharse. **ANT.** **1.** Desviar, desorientar.
**FAM.** Desencaminado.

**encandilar** *v.* **1.** Dejar a alguien totalmente asombrado o fascinado: *Los trapecistas encandilaron a los niños.* **2.** Enamorar: *Es tan simpática y tan guapa que ha encandilado a casi todos los chicos de la clase.*
**SIN.** **1.** Impresionar, cautivar.

**encanecer** v. Ponerse gris o blanco el pelo: *La abuela ha encanecido mucho en los últimos años.* ■ Es un verbo irregular. Se conjuga como *agradecer.*

**encanijar** v. Hacer que alguien se quede canijo: *Este niño se va a encanijar como siga sin comer.*

**encantado, da** adj. **1.** Muy contento: *Beatriz está encantada con el perrito que le han regalado.* **2.** Se dice de la persona o cosa que tiene un encantamiento o hechizo: *El hada vivía en un castillo encantado.* **3.** Se usa como fórmula de cortesía cuando nos presentan a alguien: *–Éste es el señor Fernández. –Encantado.* **SIN. 1.** Feliz, eufórico. **2.** Hechizado, embrujado. **ANT. 1.** Desilusionado, descontento.

**encantador, ra** adj. **1.** Muy agradable o simpático: *Es un chico encantador, da gusto hablar con él.* || s. m. y f. **2.** Persona que hace encantamientos: *un encantador de serpientes.* **SIN. 1.** Cautivador, adorable. **ANT. 1.** Desagradable, antipático.

**encantamiento** s. m. Acción de magia como las que se hacen en algunos cuentos, para que alguien o algo sea diferente, actúe de una manera que no es normal o pasen cosas raras: *La bruja había hecho un encantamiento en el palacio del príncipe.* **SIN.** Hechizo.

**encantar** v. **1.** Gustar mucho: *Me ha encantado esa película.* **2.** Hacer un encantamiento o hechizo: *Se decía que un mago había encantado el bosque y nadie se atrevía a pasar por él.* **SIN. 1.** Fascinar. **2.** Hechizar, embrujar. **ANT. 1.** Disgustar. **FAM.** Encantado, encantador, encantamiento, encanto. / Desencantar.

**encanto** s. m. **1.** Conjunto de características de una persona o cosa que hacen que guste o resulte atrayente: *El día del cumpleaños siempre tiene un encanto especial.* **2.** Persona encantadora: *Elisa es un encanto, estuvo todo el tiempo pendiente de nosotros.*

**encañonar** v. Apuntar a alguien o algo con un arma de fuego.

**encapotado, da** adj. Se dice del cielo cuando está cubierto de nubes.

**encapotarse** v. Cubrirse el cielo de nubes como cuando va a haber tormenta o va a llover. **SIN.** Nublarse. **ANT.** Despejarse, abrirse. **FAM.** Encapotado.

**encapricharse** v. Tener una persona capricho por algo: *Marcos se encaprichó con el perro y se tuvieron que comprar.* **SIN.** Emperrarse, empeñarse. **ANT.** Desistir.

**encapuchado, da** adj. y s. m. y f. Se dice de las personas que se cubren la cara y la cabeza con una capucha o con algo parecido: *Los atracadores entraron encapuchados en el banco.*

**encarado, da** adj. Que tiene buena o mala cara: *El malo de la película era un individuo mal encarado que daba miedo.*

**encaramarse** v. Subirse a un lugar alto: *El gato salió corriendo y se encaramó a un árbol.* **SIN.** Trepar. **ANT.** Bajar, descender.

**encarar** v. **1.** Hacer frente a algo, tratar de solucionarlo: *Tienes que encarar las dificultades que se te presenten.* **2.** Poner cara a cara a dos personas o cosas: *Encaró las dos piezas de tela para cortarlas iguales.* || **encararse 3.** Enfrentarse a una persona, discutir con ella: *El jugador se encaró con el árbitro porque le había pitado una falta.* **SIN. 1.** Afrontar. **ANT. 1.** Evitar, eludir, rehuir. **FAM.** Encarado. / Malencarado.

**encarcelamiento** s. m. Acción de meter a una persona en la cárcel: *El juez ordenó el encarcelamiento del detenido.* **ANT.** Excarcelación.

**encarcelar** v. Meter en la cárcel. **SIN.** Apresar. **ANT.** Excarcelar, liberar, soltar. **FAM.** Encarcelamiento.

**encarecer** v. **1.** Aumentar el precio o valor de algo: *Las naranjas se han encarecido porque este año ha habido una mala cosecha.* **2.** Alabar mucho a una persona o cosa. **3.** Recomendar mucho algo: *El profesor les encareció que visitaran la exposición de pintura.* ■ Es un verbo irregular. Se conjuga como *agradecer.* **SIN. 1.** Subir. **2.** Enaltecer, ensalzar. **3.** Aconsejar, sugerir, insistir. **ANT. 1.** Abaratar, bajar, rebajar. **FAM.** Encarecidamente.

**encarecidamente** adv. Con mucho interés o insistencia: *Le pidió encarecidamente que le ayudara.* **SIN.** Insistentemente.

**encargado, da** adj. **1.** Que alguien lo encargó: *He dejado encargadas en la tienda varias cosas.* || adj. y s. m. y f. **2.** Que se encarga de algo: *Laura es la encargada de recoger el dinero para el regalo de Javier. Si no está el dueño, pregunta por el encargado de la tienda.*

**encargar** v. **1.** Mandar o pedir a alguien que haga una cosa: *Mamá me ha encargado que cuide de mi hermano pequeño.* **2.** Pedir en una tienda o en un restaurante algo para que lo preparen o lo envíen: *Alejandro ha encargado unas pizzas para la cena.* || **encargarse 3.** Ocuparse de algo: *Alicia se encargará de recoger el correo.* ■ Delante de e se escribe gu en lugar de g: *Lo encargué.* **SIN. 1.** Encomendar. **ANT. 3.** Despreocuparse, desentenderse. **FAM.** Encargado, encargo.

**encargo** s. m. **1.** Acción de encargar: *Llamó a la tienda para hacer un encargo.* **2.** Lo que se encarga: *Han traído el encargo de la tienda.* **SIN. 2.** Recado, pedido.

**encariñarse** v. Cogerle cariño a una persona, animal o cosa: *Luis se ha encariñado con un gatito del parque y quiere llevárselo a casa.*

**encarnación** s. f. **1.** Acción de encarnar o encarnarse. **2.** Representación o personificación: *Isabel estaba contenta, su cara era la encarnación de la alegría.*
SIN. **2.** Imagen.

**encarnado, da** adj. **1.** Que se encarnó. **2.** Representado, personificado: *El personaje encarnado por la protagonista era el más bonito de la película.* ‖ adj. y s. m. y f. **3.** De color rojo: *un jersey encarnado.*
SIN. **3.** Colorado.

**encarnadura** s. f. Característica de algunos tejidos del cuerpo para curarse bien después de haber tenido una herida.

**encarnar** v. **1.** Representar a un personaje o una cualidad: *Una niña rubia encarnaba a Caperucita en la obra de teatro. Luisa es una chica encantadora que encarna la sencillez y la bondad.* ‖ **encarnarse 2.** Según la religión cristiana, hacerse Dios hombre en la persona de Jesucristo. **3.** Meterse o clavarse una uña, al crecer, en la carne de alrededor.
SIN. **1.** Interpretar; personificar.
FAM. Encarnación, encarnado, encarnadura. / Reencarnarse.

**encarnizado, da** adj. Se dice de la pelea o discusión muy cruel o violenta: *Entre los dos ciervos hubo una encarnizada lucha para ser el jefe de la manada.*
SIN. Salvaje, feroz, cruento, enconado.

**encarrilar** v. **1.** Poner bien un vehículo para que siga por el carril o por el camino del que se había salido. **2.** Poner o preparar a alguien o algo para que haga lo que se piensa que es mejor o se desarrolle bien: *El padre quiso encarrilar a su hija para que fuera arquitecta como él.*
SIN. **2.** Guiar, encauzar, orientar. ANT. **2.** Desorientar.

**encarte** s. m. Hoja o folleto de papel diferente que el resto, que se coloca, suelto, pegado o cosido, entre las hojas de un libro o revista.

**encasillar** v. **1.** Poner algo en una casilla, como por ejemplo las letras de los crucigramas. **2.** Incluir en un grupo a personas o cosas por alguna característica: *Ha protagonizado varias comedias y le han encasillado como actor cómico.*

**encasquetar** v. **1.** Colocar bien metido en la cabeza un sombrero, un gorro u otra cosa parecida: *Mi hermano se ha encasquetado una gorra y no se la quita para nada.* **2.** Dar o encargar a una persona algo que no le gusta o le resulta molesto: *Como no sabían qué regalar a su padre, le encasquetaron una corbata. No le apetecía hacer el trabajo y se lo encasquetó a Ramón.*
SIN. **1.** Calar. **2.** Endosar, endilgar.

**encasquillarse** v. **1.** Quedarse atascado un mecanismo o una pieza: *El pedal de la bici se ha encasquillado y no gira.* **2.** Quedarse parado alguien al hablar o al pensar, trabándosele la lengua o sin saber cómo seguir: *Al recitar la poesía se encasquilló y no pudo terminar.*
SIN. **1.** Engancharse. **2.** Tartamudear. ANT. **1.** Desatascarse.

**encastillarse** v. Ponerse cabezota, empeñarse por completo en algo.
SIN. Obstinarse, emperrarse, obcecarse.

**encastrar** v. Meter una cosa dentro de otra de manera que quede bien ajustada: *El carpintero encastró la estantería en el hueco de la pared.*
SIN. Encajar, empotrar.

**encausar** v. Hacer un juicio contra alguien.
SIN. Procesar.

**encauzar** v. **1.** Hacer que una corriente de agua vaya por donde tiene que ir: *Encauzaron las aguas del río para regar varias huertas.* **2.** Llevar por buen camino: *Con dos goles marcados en la primera parte, el equipo encauzó el partido.* ▪ Delante de *e* se escribe *c* en lugar de *z*: *Lo encaucé.*
SIN. **1.** Canalizar. **2.** Encaminar, encarrilar, guiar, orientar. ANT. **2.** Desviar, torcerse.

**encebollado, da** adj. y s. m. Se dice del guiso cocinado con mucha cebolla.

**encefálico, ca** adj. Del encéfalo: *El cráneo protege la masa encefálica.*

**encefalitis** s. f. Inflamación del encéfalo provocada por una infección. ▪ No varía en plural.

**encéfalo** s. m. Conjunto de centros nerviosos que están dentro del cráneo. Sus partes más importantes son el cerebro, el cerebelo y el bulbo raquídeo.
FAM. Encefálico, encefalitis, encefalograma. / Electroencefalograma.

**encefalograma** s. m. Gráfico que refleja la actividad que se produce en el cerebro.

**encelar** v. Dar o sentir celos: *Se encela cuando le hacen más caso a su hermano que a él.*

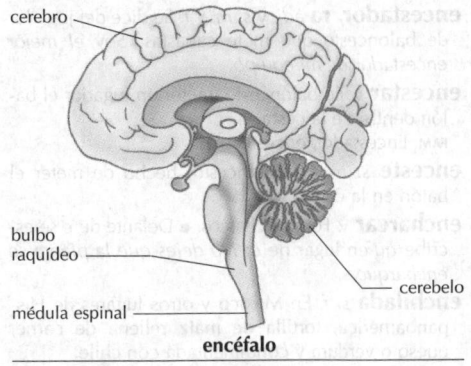

cerebro

bulbo raquídeo

médula espinal

cerebelo

**encéfalo**

**encendedor** *s. m.* Objeto que sirve para encender por medio de una llama, chispa o de otra forma. SIN. Mechero.

**encender** *v.* **1.** Hacer que una cosa arda para que dé luz o calor: *encender una vela.* **2.** Hacer que llegue la corriente eléctrica a un aparato, lámpara u otra cosa: *Mariano encendió la televisión para ver su programa favorito.* **3.** Hacer que nazca o sea más intenso el odio, el amor, una discusión u otra cosa. || **encenderse 4.** Ponerse colorada una persona: *Se le encendieron las mejillas porque es muy tímida.* ■ Es un verbo irregular. Se conjuga como *tender.* SIN. **1.** Prender. **2.** Poner, conectar. **3.** Provocar, excitar, avivar, exaltar. **4.** Sonrojarse, ruborizarse. ANT. **1.** y **2.** Apagar. **2.** Quitar, desconectar. **4.** Palidecer. FAM. Encendedor, encendido.

**encendido, da** *adj.* **1.** Que alguien lo encendió: *Las luces de la casa están encendidas.* **2.** Excitado, acalorado: *Defendió de forma encendida a su amigo porque sabía que era inocente.* **3.** Se dice del rojo muy intenso y de las cosas que tienen este color. || *s. m.* **4.** Acción de encender: *el encendido del motor de un coche.*

**encerado, da** *adj.* **1.** Se dice de las cosas a las que se ha dado cera. || *s. m.* **2.** Tablero negro o de otro color para escribir en él con tizas: *Elena escribió en el encerado lo que le dictaba la profesora.* SIN. **2.** Pizarra.

**encerar** *v.* Extender cera sobre algo, en especial sobre el suelo de un edificio. FAM. Encerado.

**encerrar** *v.* **1.** Meter en un sitio cerrado: *Encerraron al león en una jaula.* **2.** Contener, incluir: *Ese libro de historia encierra muchas cosas interesantes.* ■ Es un verbo irregular. Se conjuga como *pensar.* SIN. **2.** Comprender, englobar, entrañar. ANT. **1.** Soltar, sacar. FAM. Encerrona, encierro.

**encerrona** *s. f.* Trampa para obligar a una persona a hacer o decir algo.

**encestador, ra** *adj.* y *s. m.* y *f.* Se dice del jugador de baloncesto que mete canastas: *Soy el mejor encestador de mi equipo.*

**encestar** *v.* En baloncesto, meter un jugador el balón dentro de la cesta. FAM. Encestador, enceste.

**enceste** *s. m.* En baloncesto, hecho de meter el balón en la canasta.

**encharcar** *v.* Formar charcos. ■ Delante de *e* se escribe *qu* en lugar de *c*: *No dejes que la planta se encharque.*

**enchilada** *s. f.* En México y otros lugares de Hispanoamérica, tortilla de maíz rellena de carne, queso o verdura y condimentada con chile.

**enchironar** *v.* Meter en la cárcel: *Han enchironado al que me robó el coche.* SIN. Encarcelar, apresar.

**enchufar** *v.* **1.** Encajar las dos piezas del enchufe para que llegue la corriente eléctrica a un aparato: *Enchufa la batidora.* **2.** Dar a alguien un trabajo u otra cosa buena, no por sus propios méritos, sino por una recomendación: *Consiguió un empleo en esa fábrica porque su tío lo enchufó.* ANT. **1.** Desenchufar. FAM. Enchufe. / Desenchufar.

**enchufe** *s. m.* **1.** Las dos piezas que hay que encajar para que un aparato eléctrico funcione. **2.** Forma de conseguir un trabajo u otra cosa gracias a una recomendación y no por méritos propios. FAM. Enchufismo.

**enchufismo** *s. m.* Costumbre de dar los trabajos o los cargos por enchufe o recomendación.

**encía** *s. f.* En la boca, parte carnosa en que están encajados los dientes y muelas.

**encíclica** *s. f.* Escrito que dirige el papa a los obispos y creyentes de la Iglesia católica.

**enciclopedia** *s. f.* Libro o conjunto de libros que contienen los conocimientos fundamentales de una o varias materias. Puede estar organizado por temas o por orden alfabético. FAM. Enciclopédico.

**enciclopédico, ca** *adj.* De una enciclopedia o relacionado con ella.

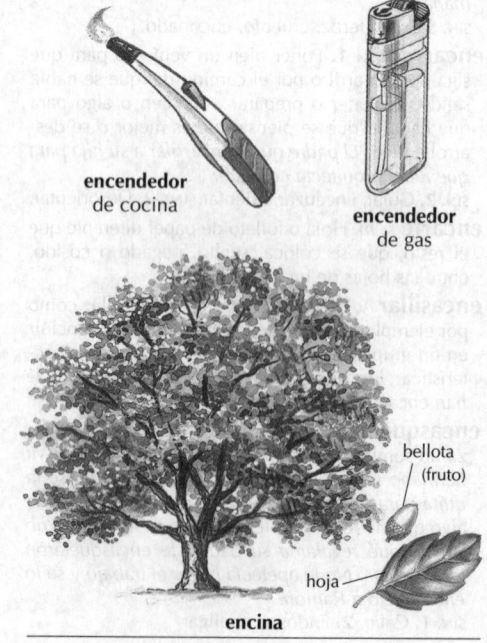

encendedor
de cocina

encendedor
de gas

bellota
(fruto)

hoja

encina

**encierro** *s. m.* **1.** Acción de encerrar o encerrarse, sobre todo si alguien lo hace voluntariamente: *Los obreros de esa fábrica hicieron un encierro para pedir un aumento de salarios.* **2.** Lugar donde se encierra: *Lleva tres días sin salir de su encierro.* **3.** Acción de llevar los toros al toril para encerrarlos antes de la corrida: *los encierros de las fiestas de San Fermín en Pamplona.*
**ANT. 1.** Salida.

**encima** *adv.* **1.** En un lugar más alto que otro, sobre alguien o algo: *La colcha se pone encima de las sábanas.* **2.** En un puesto o cargo más elevado: *Encima de este empleado hay dos jefes.* **3.** Muy cerca: *Tengo que estudiar mucho porque ya están encima los exámenes.* **4.** Vigilando o atendiendo constantemente a alguien o algo: *El crío es muy pequeño y hay que estar todo el día encima de él.* **5.** Además: *Perdí la cartera y encima llegué tarde a clase.*
**EXPR. por encima** Superficialmente, sin profundizar: *Leyó el periódico por encima.*
**ANT. 1.** Abajo. **1.** y **2.** Debajo.
**FAM.** Encimera, encimero.

**encimera** *s. f.* Tablero que cubre los muebles y electrodomésticos de la cocina.

**encimero, ra** *adj.* Que está o se pone encima de otra cosa: *sábanas encimeras.*
**ANT.** Bajero.

**encina** *s. f.* Árbol de copa ancha, con las hojas pequeñas acabadas en punta, y madera muy dura. Su fruto es la bellota. Crece en regiones secas de España.
**FAM.** Encinar.

**encinar** *s. m.* Terreno en el que hay muchas encinas.

**encinta** *adj.* Se dice de la mujer que está embarazada, que va a tener un hijo.
**SIN.** Preñada.

**encizañar** *v.* Meter cizaña, hacer que otros se enfaden.
**SIN.** Enemistar, malmeter. **ANT.** Reconciliar.

**enclaustrar** *v.* **1.** Meter en un claustro o en un convento: *Enclaustraron a la novicia cuando casi era una niña.* **2.** Encerrar en algún sitio: *Cuando se acercan los exámenes, me enclaustro para estudiar y apenas salgo.*

**enclavado, da** *adj.* Situado en un lugar: *El pueblo está enclavado en un hermoso valle.*
**SIN.** Ubicado, emplazado.

**enclavar** *v.* Poner en un lugar: *Enclavaron la nueva colonia junto al pinar.*
**SIN.** Situar, ubicar, emplazar.
**FAM.** Enclavado, enclave.

**enclave** *s. m.* Territorio o grupo de personas con unas características propias que está dentro de otro mayor.

**enclenque** *adj.* y *s. m.* y *f.* Muy flaco, con pocas fuerzas o poca salud.
**SIN.** Canijo, escuchimizado, endeble, esmirriado. **ANT.** Robusto, rollizo.

**encofrado** *s. m.* **1.** Estructura o molde que sostiene el hormigón hasta que se pone duro. **2.** Cubierta de madera que se pone en las galerías de las minas para que no se caiga la tierra.

**encofrar** *v.* Hacer un armazón o molde que sujeta el hormigón hasta que se pone duro.
**FAM.** Encofrado.

**encoger** *v.* **1.** Disminuir el tamaño de algunas cosas: *Esta camisa me queda pequeña porque ha encogido al lavarla.* **2.** Hacer que nuestro cuerpo o una parte de él ocupe menos espacio: *Encogió las piernas para que nadie tropezara al pasar.* ‖ **encogerse 3.** Acobardarse. ■ Delante de *a* y *o* se escribe *j* en lugar de *g*: *Es posible que este pantalón encoja.*
**EXPR. encogerse de hombros** Levantar los hombros en señal de que no sabemos la respuesta a una pregunta o de que algo no nos importa.
**SIN. 2.** Contraer, retraer. **3.** Achicarse, apocarse, achantarse. **ANT. 1.** Ensanchar. **2.** Estirar. **3.** Crecerse.

**encogido, da** *adj.* **1.** Que se ha vuelto más pequeño u ocupa menos espacio del normal: *Tuve que hacer todo el viaje encogido en un coche diminuto.* **2.** Acobardado o tímido: *Está un poco encogido porque no conoce a nadie.* ‖ *s. m.* **3.** Arruga que se hace en una tela al engancharse o tirar de un hilo: *Llevas un encogido en la chaqueta.*
**SIN. 2.** Apocado, vergonzoso.

**encolar** *v.* Dar cola a una superficie para pegar algo sobre ella.
**FAM.** Desencolar.

**encolerizar** *v.* Enfadar mucho a una persona y ponerla furiosa. ■ Delante de *e* se escribe *c* en lugar de *z*: *encolerice.*
**SIN.** Enojar, irritar. **ANT.** Calmar, aplacar.

**encomendar** *v.* **1.** Encargar a alguien que haga algo: *Encomendó a la abuela el cuidado de los niños.* ‖ **encomendarse 2.** Ponerse en manos de alguien, por ejemplo de Dios, buscando su ayuda. ■ Es un verbo irregular. Se conjuga como *pensar.*
**SIN. 1.** Delegar.
**FAM.** Encomienda.

**encomiable** *adj.* Que es muy bueno y merece ser alabado: *Esa asociación desarrolla una encomiable labor de ayuda a los más pobres.*
**SIN.** Loable, admirable. **ANT.** Abominable.

**encomiar** *v.* Elogiar mucho a alguien o algo.
**SIN.** Alabar, ensalzar, celebrar. **ANT.** Criticar.
**FAM.** Encomiable, encomio.

**encomienda** *s. f.* **1.** Tarea que se le encomienda o encarga a una persona para que la haga. **2.** Organización que existía en América después de la con-

quista española, en la que una persona tenía a su cargo a un grupo de indios que trabajaban para ella y a los que debía proteger, educar y enseñar la religión cristiana.
SIN. **1.** Encargo.

**encomio** *s. m.* Elogio grande.
SIN. Alabanza.

**enconado, da** *adj.* Se dice de la lucha o la discusión que es fuerte y violenta: *Los herederos se enzarzaron en una enconada disputa por la herencia.*
SIN. Encarnizado.

**enconar** *v.* **1.** Hacer que aumente el odio o la enemistad entre dos o más personas. **2.** Poner peor una herida.
SIN. **1.** Avivar, recrudecer, exacerbar. ANT. **1.** Apaciguar. **2.** Sanar, curar, cicatrizar.
FAM. Enconado, encono.

**encono** *s. m.* Enemistad o rencor grande entre dos o más personas.
SIN. Aversión, inquina. ANT. Amor, afecto.

**encontradizo, za** Se usa en la expresión **hacerse uno el encontradizo**, que significa buscar el encuentro con una persona y comportarse como si este encuentro fuera casual.

**encontrado, da** *adj.* **1.** Que alguien lo encontró: *El barco encontrado en el fondo del mar es muy antiguo.* **2.** Contrario, opuesto: *Los dos tenían opiniones encontradas.*
SIN. **2.** Enfrentado.

**encontrar** *v.* **1.** Descubrir a una persona o cosa por casualidad o porque se la estaba buscando: *Me encontré con Marisa en la parada del autobús. Encontré el bolígrafo que había perdido.* **2.** Ver a una persona, animal o cosa de una manera: *Con este corte de pelo te encuentro muy cambiado.* || **encontrarse 3.** Estar en un lugar: *Isabel se encuentra en Cádiz.* **4.** Sentirse una persona de la manera que se indica: *Estuve dos días enfermo, pero ya me encuentro bien.* **5.** Unirse en un punto dos o más cosas: *En el vértice del ángulo se encuentran las dos rectas.* ■ Es un verbo irregular. Se conjuga como *contar*.
SIN. **1.** Topar. **1.** a **3.** Hallar. **5.** Coincidir, converger. ANT. **1.** Perder. **5.** Separarse.
FAM. Encontradizo, encontrado, encontronazo, encuentro. / Desencuentro, reencontrar.

**encontronazo** *s. m.* Choque fuerte: *Al intentar coger el balón, los dos jugadores sufrieron un encontronazo.*

**encopetado, da** *adj.* **1.** De buena posición social: *Su novia es de una familia muy encopetada.* **2.** Muy bien vestido y arreglado: *Iban muy encopetados a la boda.*
SIN. **2.** Acicalado, emperifollado. ANT. **1.** Humilde. **1.** y **2.** Sencillo. **2.** Informal.

**encorajinar** *v.* Poner a uno furioso y muy enfadado.
SIN. Encolerizar, irritar, enfurecer. ANT. Calmar.

**encorbatado, da** *adj.* Que lleva corbata: *Luis llegó encorbatado a la fiesta.*

**encordar** *v.* **1.** Poner cuerdas a los instrumentos musicales o a las raquetas de tenis. || **encordarse 2.** Atarse los montañeros unos a otros para evitar accidentes cuando están escalando. ■ Es un verbo irregular. Se conjuga como *contar*.

**encorsetar** *v.* **1.** Poner el corsé o cualquier cosa que apriete mucho el cuerpo. **2.** Limitar o quitar la libertad: *Demasiadas normas encorsetan la imaginación de los niños.*

**encorvado, da** *adj.* **1.** Que tiene forma curva: *Los loros tienen el pico encorvado.* **2.** Con la espalda inclinada hacia delante: *Procura no caminar encorvado.*

**encorvar** *v.* **1.** Hacer que una cosa tome forma curva. || **encorvarse 2.** Doblar una persona la espalda hacia delante por la edad, por la costumbre o por otras causas.
SIN. **1.** Arquear, curvar. ANT. **1.** y **2.** Enderezar.
FAM. Encorvado.

**encrespado, da** *adj.* **1.** Se dice del mar muy agitado, con muchas olas. **2.** Muy irritado o enfadado. **3.** Con el pelo rizado o muy tieso.
SIN. **3.** Ensortijado.

**encrespar** *v.* **1.** Enfadar mucho: *El público se encrespó cuando el árbitro anuló el gol.* **2.** Alborotar y levantar las olas del mar. **3.** Rizar el pelo haciendo rizos muy pequeños.
SIN. **1.** Irritar, exasperar, crispar. **2.** Picarse. ANT. **1.** y **2.** Calmar. **2.** Apaciguar, serenar. **3.** Alisar.
FAM. Encrespado.

**encriptar** *v.* En informática, transformar la información en fórmulas matemáticas o signos extraños para que otras personas no puedan entenderla si no conocen las claves que devuelven el archivo a su estado normal.
FAM. Desencriptar.

**encrucijada** *s. f.* **1.** Sitio donde se cruzan dos o más caminos o calles. **2.** Situación difícil en que una persona puede hacer varias cosas y no sabe por cuál decidirse.
SIN. **1.** Cruce, intersección. **2.** Dilema.

**encuadernación** *s. f.* **1.** Acción de encuadernar algo. **2.** Tapas de cartón u otro material con que se ha encuadernado un libro.

**encuadernador, ra** *s. m.* y *f.* Persona que encuaderna.

**encuadernar** *v.* Coser o pegar las hojas que van a formar un libro y ponerles tapas.
FAM. Encuadernación, encuadernador. / Desencuadernar.

**encuadrar** *v.* **1.** Poner una cosa en un marco o cuadro. **2.** Incluir dentro de un grupo, época o circunstancias: *Las poesías de ese escritor se encuadran en el romanticismo.* **3.** Captar la imagen de algo con el objetivo de una cámara de fotos, de cine o de vídeo.
SIN. **1.** y **2.** Enmarcar. **2.** Clasificar, encasillar.
FAM. Encuadre.

**encuadre** *s. m.* Lo que capta el objetivo de una cámara según se coloque ésta.

**encubierto, ta** *adj.* Que ha sido ocultado intencionadamente para que no se descubra.

**encubridor, ra** *adj.* y *s. m.* y *f.* Que oculta algo o ayuda a otra persona que ha hecho algo malo para que no sea descubierta.

**encubrir** *v.* Ocultar una cosa o impedir que llegue a saberse: *encubrir un crimen, un robo.* ■ Su participio es irregular: *encubierto.*
SIN. Esconder, enmascarar, camuflar. ANT. Revelar, denunciar, delatar.
FAM. Encubierto, encubridor.

**encuentro** *s. m.* **1.** Acción de encontrarse personas o cosas. **2.** Partido de fútbol, de baloncesto o de otro deporte.

**encuesta** *s. f.* Preguntas que se hacen a un grupo de personas para conocer su opinión sobre algo.
SIN. Sondeo.
FAM. Encuestar.

**encuestar** *v.* Hacer una encuesta a alguien para conocer su opinión: *Durante las elecciones, varias empresas encuestan a miles de personas.*

**encumbrado, da** *adj.* Elevado o importante: *Han encargado el proyecto a un arquitecto muy encumbrado.*
SIN. Eminente.

**encumbrar** *v.* Colocar a alguien en una buena posición: *El premio Nobel encumbró a ese escritor.*
SIN. Elevar. ANT. Relegar.
FAM. Encumbrado.

**encurtido, da** *adj.* y *s. m.* Se dice de los pepinillos, aceitunas y otros alimentos que se conservan en vinagre.

**ende** Se utiliza en la expresión **por ende**, que significa por tanto, por consiguiente: *Estas botas son más ligeras y, por ende, más cómodas.*

**endeble** *adj.* Débil, de poca fuerza o resistencia: *Esa tabla tan endeble no podrá soportar tantos libros.*
SIN. Flojo, frágil, enclenque. ANT. Fuerte, sólido.

**endecasílabo** *adj.* y *s. m.* Se dice del verso de once sílabas.

**endémico, ca** *adj.* **1.** Se dice de las enfermedades que son habituales en un territorio o país. **2.** Se dice de otros males y problemas frecuentes en un lugar: *La contaminación es un mal endémico de muchas ciudades.* **3.** Se dice de las especies de animales y plantas propias de una región o de un país.
SIN. **3.** Autóctono.

**endemoniado, da** *adj.* y *s. m.* y *f.* **1.** Que tiene el demonio en el cuerpo y está dominado por él. ‖ *adj.* **2.** Se dice de todo lo que molesta o da mucho trabajo: *Ayer hizo un frío endemoniado.*
SIN. **1.** Poseso, poseído. **2.** Maldito, endiablado.

**enderezar** *v.* **1.** Poner derecho lo que está torcido o inclinado: *Enderezaron el poste para que no se cayera.* **2.** Dirigir a una persona o cosa para que vaya por buen camino: *Estuvo a punto de arruinarse, pero al final enderezó su negocio.* ■ Delante de *e* se escribe *c* en lugar de *z*: *Enderecé los tallos de la planta para que no se troncharan.*
SIN. **1.** Alzar, erguir. **2.** Encauzar, encarrilar, encaminar. ANT. **1.** Torcer, tumbar. **2.** Estropear, pervertir, desviar.

**endeudar** *v.* Llenar o llenarse de deudas.
SIN. Entramparse.

**endiablado, da** *adj.* Muy malo, que molesta o fastidia mucho: *Ese señor tan gruñón tiene un genio endiablado.*
SIN. Endemoniado, maldito.

**endibia** *s. f.* Planta de huerta, con hojas de color verde claro agrupadas en un manojo. Se come sobre todo en ensaladas. ■ Se escribe también *endivia*.

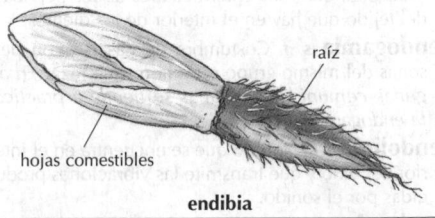

raíz
hojas comestibles
**endibia**

**endilgar** *v.* Encargar a otro algo molesto o desagradable: *Le endilgó a su hermano la limpieza del cuarto.* ■ Delante de *e* se escribe *gu* en lugar de *g*: *endilgue.*
SIN. Endosar, endiñar, largar, encasquetar. ANT. Librar.

**endiñar** *v.* **1.** Pegar a alguien: *Me endiñó un puñetazo.* **2.** Dar o encargar a otro algo que nos molesta o que no nos gusta: *Si crees que me vas a endiñar tus tareas, estás listo.*
SIN. **1.** Atizar, sacudir. **2.** Endosar, endilgar.

**endiosado, da** *adj.* Que se siente muy superior a los demás y cree que todos deben admirarlo.
SIN. Creído.

**endiosar** *v.* Hacer que alguien se crea muy importante o muy bueno: *No es muy buen actor, pero el éxito le ha endiosado.*
FAM. Endiosado.

**endivia** *s. f.* Busca **endibia**.

**endocarpio** o **endocarpo** *s. m.* En algunos frutos, parte en que está encerrada la semilla; por ejemplo en un melocotón el endocarpio es el hueso.

endocarpio

**enebro** con su fruto

**endocrino, na** *adj.* **1.** Se dice de las hormonas que se forman dentro del cuerpo, y también de las glándulas que las producen. **2.** Que está relacionado con estas hormonas y glándulas. ‖ *s. m.* y *f.* **3.** Médico especializado en endocrinología. También se llama *endocrinólogo.*
FAM. Endocrinología.

**endocrinología** *s. f.* Parte de la medicina que estudia las glándulas endocrinas y sus enfermedades.

**endodoncia** *s. f.* Tratamiento que hacen los dentistas para curar las enfermedades de los nervios y del tejido que hay en el interior de los dientes.

**endogamia** *s. f.* Costumbre de casarse con personas del mismo grupo o de la misma raza: *En algunas comunidades gitanas se tiende a practicar la endogamia.*

**endolinfa** *s. f.* Líquido que se encuentra en el interior del oído y que transmite las vibraciones producidas por el sonido.

**endomingarse** *v.* Vestirse con ropa de fiesta o arreglarse más que de costumbre: *Se endomingaron para la cena.* ■ Delante de *e* se escribe *gu* en lugar de *g.*
SIN. Emperifollarse, emperejilarse.

**endosar** *v.* Dar o encargar a otro lo que no nos gusta o nos resulta pesado: *A Carmen le han endosado hacer la lista de los compañeros que quieran ir a la excursión.*
SIN. Endilgar, encasquetar, enjaretar.

**endoscopia** *s. f.* Examen hecho con un endoscopio.

**endoscopio** *s. m.* Aparato de medicina, con luz y en forma de tubo, que se introduce en el cuerpo de un paciente para examinarlo por dentro.
FAM. Endoscopia.

**endrina** *s. f.* Ciruela silvestre de color negro azulado y sabor ácido, con la que se hace el licor llamado *pacharán.*

**endrino, na** *adj.* **1.** De color negro azulado: *pelo endrino.* ‖ *s. m.* **2.** Ciruelo silvestre con espinas en las ramas y cuyo fruto es la endrina.
FAM. Endrina.

**endulzar** *v.* **1.** Poner dulce algo: *Endulzó la leche con azúcar.* **2.** Hacer más agradable o feliz: *Tener buenos amigos endulza la vida.* ■ Delante de *e* se escribe *c* en lugar de *z*: *endulcé.*
ANT. **1.** y **2.** Amargar.

**endurecer** *v.* **1.** Poner dura una cosa: *Hacía mucha gimnasia para endurecer las piernas.* **2.** Hacer a una persona más dura, fuerte o insensible: *Las desgracias le han endurecido.* ■ Es un verbo irregular. Se conjuga como *agradecer.*
SIN. **2.** Curtir. ANT. **1.** Reblandecer. **1.** y **2.** Ablandar. **2.** Enternecer.

**enea** *s. f.* Planta con hojas estrechas y largas que se utilizan para tejer asientos de sillas y otros objetos. ■ Se escribe también *anea.*

**eneágono** *s. m.* Polígono de nueve ángulos y nueve lados.

**eneasílabo, ba** *adj.* y *s. m.* Se dice del verso de nueve sílabas.

**enebrina** *s. f.* Fruto del enebro.

**enebro** *s. m.* Arbusto de tres o cuatro metros de altura, de hojas rígidas, que pinchan y están agrupadas de tres en tres; su madera es fuerte y rojiza y su fruto, la *enebrina,* se utiliza para elaborar ginebra.
FAM. Enebrina.

**eneldo** *s. m.* Planta con hojas divididas en tiras estrechas y flores amarillas en círculo. Se usa en medicina y en cocina, como hierba aromática.

**enema** *s. m.* Líquido que se mete por el ano para ayudar a hacer caca.
SIN. Lavativa.

**enemigo, ga** *adj.* y *s. m.* y *f.* **1.** Contrario, sobre todo aquellos contra los que se lucha en una batalla o en una guerra: *Hicieron huir al enemigo.* **2.** Se dice de la persona a la que no le gusta algo o que lo rechaza: *Paula es enemiga del calor: no soporta el verano. Es enemigo de la violencia.* ‖ *s. m.* y *f.* **3.** Persona que no se lleva bien con otra, la odia e intenta hacerle daño.
SIN. **1.** Adversario. ANT. **1.** Partidario, aliado. **2.** y **3.** Amigo.
FAM. Enemistad, enemistar.

**enemistad** *s. f.* Sentimiento que existe entre aquellos que son enemigos o no se llevan bien.
SIN. Aversión, inquina. ANT. Amistad.

**enemistar** *v.* Hacer que alguien pierda la amistad que tenía con otro, o dejar de ser amigos: *Se enemistaron después de haber sido inseparables durante años.*

**energético, ca** *adj.* De la energía o relacionado con ella.

**energía** *s. f.* **1.** Lo que puede cambiar las propiedades o el estado de los cuerpos. Hay muchos tipos de energía; por ejemplo, la energía eléctrica, la energía química, la energía calorífica. **2.** Fuerzas que tiene una persona para hacer algo: *A pesar de los años, al abuelo no le faltan energías.* EXPR. **fuentes de energía** El Sol, el viento, el petróleo y otras cosas que proporcionan energía a las personas. SIN. **2.** Empuje. ANT. **2.** Debilidad. FAM. Energético, enérgico.

**enérgico, ca** *adj.* Que tiene energía, fuerza o decisión: *Leyó con voz enérgica. Es una mujer enérgica y decidida.* ANT. Apocado, flojo, débil.

**energúmeno, na** *s. m.* y *f.* Persona que se pone hecha una fiera. Se usa mucho en las expresiones **como un energúmeno** y **hecho un energúmeno**: *Cuando su padre le dijo que no iban al cine, se puso como un energúmeno.*

**enero** *s. m.* Primer mes del año; tiene treinta y un días.

**enervar** *v.* **1.** Quitar las fuerzas, debilitar. **2.** En el lenguaje corriente, se emplea como poner nervioso, pero este uso es incorrecto. ANT. **1.** Fortalecer, vigorizar. **2.** Calmar.

**enésimo, ma** *adj.* Se dice del número grande de veces que se repite una cosa: *Es la enésima vez que te digo que guardes tu ropa.*

**enfadar** *v.* **1.** Causar enfado o cogerse un enfado: *Pórtate bien y no enfades a los tíos. Se enfadó porque no le llamamos.* || **enfadarse 2.** Enemistarse o regañar con alguien: *Se ha enfadado con su hermana y no la habla.* SIN. **1.** Enojar, irritar. ANT. **2.** Reconciliarse. FAM. Enfado, enfadoso. / Desenfado.

**enfado** *s. m.* El ponerse alguien de muy mal humor o dejar de hablar a otro por algo que le ha molestado: *Se cogió un enfado porque sus padres no le dejaron ver aquel programa de televisión.*

**enfadoso, sa** *adj.* **1.** Que enfada o molesta: *Resulta enfadoso que llegue siempre tarde.* **2.** Que da mucho trabajo o que resulta complicado: *Fue muy enfadoso arreglar la lavadora.* SIN. **1.** Irritante. **2.** Trabajoso.

**enfangar** *v.* **1.** Cubrir de barro o meter en el barro. || **enfangarse 2.** Mezclarse en asuntos sucios, peligrosos o mal vistos por los demás: *Juan se enfangó en negocios ilegales.* ■ Delante de *e* se escribe *gu* en lugar de *g*: *Como se enfangue en las drogas, le será muy difícil salir de ellas.*

**énfasis** *s. m.* Fuerza con que alguien dice algo para destacar su importancia. ■ No varía en plural. FAM. Enfático, enfatizar.

**enfático, ca** *adj.* Con énfasis.

**enfatizar** *v.* Poner un interés especial en destacar algo al hablar o escribir: *En la conferencia se enfatizó la necesidad de ayudar al Tercer Mundo.* ■ Delante de *e* se escribe *c* en lugar de *z*.

**enfermar** *v.* Ponerse enfermo: *Ha enfermado del corazón.* ANT. Curar, sanar.

**enfermedad** *s. f.* Lo que hace que el organismo de las personas, animales y plantas no funcione bien. SIN. Dolencia, afección. ANT. Salud.

**enfermería** *s. f.* Lugar que hay en algunos sitios, como campos de fútbol, plazas de toros, colegios y empresas, para curar y atender a heridos, lesionados o enfermos. SIN. Botiquín.

**enfermero, ra** *s. m.* y *f.* Persona que cuida y atiende a enfermos o heridos, ayudando a los médicos en su trabajo.

**enfermizo, za** *adj.* **1.** Se dice de la persona que tiene poca salud, que se pone enferma con frecuencia. **2.** Propio de un enfermo, de una persona que no está sana: *Debería ir al médico, tiene un color enfermizo.* **3.** Propio de una persona desequilibrada, loca: *Esa barbaridad es propia de una mente enfermiza.* SIN. **1.** Delicado, frágil. **3.** Morboso, malsano. ANT. **1.** Saludable, robusto. **1.** a **3.** Sano.

**enfermo, ma** *adj.* y *s. m.* y *f.* **1.** Que tiene una enfermedad. **2.** Desequilibrado, loco. SIN. **1.** Malo, indispuesto; paciente. **2.** Demente. ANT. **1.** Sano, curado, bueno. **2.** Cuerdo. FAM. Enfermar, enfermedad, enfermería, enfermero, enfermizo.

**enfervorizar** *v.* Producir gran entusiasmo e interés: *El gol de la victoria enfervorizó al público, que se puso de pie y aplaudió.* ■ Delante de *e* se escribe *c* en lugar de *z*: *enfervorice.* SIN. Entusiasmar, enardecer, exaltar, excitar. ANT. Desalentar.

**enfilar** *v.* **1.** Tomar una dirección: *El coche enfiló la autopista.* **2.** Apuntar o dirigir algo hacia un sitio: *Los soldados enfilaron el cañón hacia el blanco.*

**enfisema** *s. m.* Formación de bolsas de gas en un tejido del organismo, por ejemplo en el de los pulmones.

**enflaquecer** *v.* Poner o ponerse flaco. ■ Es un verbo irregular. Se conjuga como *agradecer.* SIN. Adelgazar. ANT. Engordar.

**enfocar** *v.* **1.** Hacer que se vea con claridad una imagen que se mira a través de una lente o que se proyecta en una pantalla: *Enfocó los prismáticos para ver bien al caballo que iba el primero en la carrera.* **2.** Dirigir hacia alguien o algo un foco, una cámara de cine o de vídeo: *El fotógrafo enfocó a los novios.* **3.** Tratar algo de una manera: *Enfocó la redacción sobre Salamanca fijándose en sus edifi-*

*cios artísticos.* ■ Delante de *e* se escribe *qu* en lugar de *c*: *enfoqué.*
**SIN. 1.** Encuadrar, ajustar. **2.** Iluminar. **3.** Orientar. **ANT. 1.** Desenfocar, descentrar.
**FAM.** Enfoque. / Desenfocar.

**enfoque** *s. m.* Acción de enfocar.
**SIN.** Encuadre; orientación.

**enfoscado** *s. m.* Capa de cemento o de otro material con que se enfosca.

**enfoscar** *v.* Cubrir una pared con cemento o con una mezcla pastosa, o tapar los agujeros que tenga. ■ Delante de *e* se escribe *qu* en lugar de *c*: *enfosque.*
**FAM.** Enfoscado.

**enfrascarse** *v.* Estar atento a una cosa sin darse cuenta de nada más: *Eduardo se enfrascó en la película y no apartaba la vista del televisor.* ■ Delante de *e* se escribe *qu* en lugar de *c*: *Me enfrasqué.*
**SIN.** Concentrarse, embeberse, engolfarse. **ANT.** Distraerse.

**enfrentamiento** *s. m.* Acción de enfrentar o enfrentarse.
**SIN.** Lucha, contienda; competición; discusión. **ANT.** Reconciliación.

**enfrentar** *v.* **1.** Hacer que alguien luche, compita o discuta con otro: *La guerra enfrentó a los dos países. En la final se enfrentan los dos equipos mejores. Los dos amigos se enfrentaron porque pensaban de manera muy distinta.* **2.** Intentar solucionar algo: *Ese chico tiene que enfrentarse al problema de su timidez.*
**SIN. 1.** Contender. **2.** Afrontar, arrostrar. **ANT. 1.** Reconciliar. **2.** Eludir.
**FAM.** Enfrentamiento.

**enfrente** *adv.* **1.** Delante o en la parte opuesta: *Federico y yo nos sentamos enfrente uno de otro. Enfrente del parque hay muchas tiendas.* **2.** En contra: *No pudieron hacer más cambios en la finca porque tenían enfrente a toda la comunidad de vecinos.*
**FAM.** Enfrentar.

**enfriamiento** *s. m.* **1.** Acción de enfriar o enfriarse. **2.** Catarro, resfriado.
**SIN. 2.** Constipado.

**enfriar** *v.* **1.** Poner fría una cosa o dar frío: *La leche se ha enfriado. Este frigorífico enfría poco.* **2.** Quitar fuerza a un sentimiento u otra cosa: *La separación enfrió el cariño que sentía por él.* || **enfriarse 3.** Coger frío, resfriarse.
**SIN. 2.** Entibiar. **3.** Acatarrarse, constiparse. **ANT. 1.** Calentar. **2.** Avivar, encender.
**FAM.** Enfriamiento.

**enfundar** *v.* Poner una cosa dentro de su funda.
**SIN.** Envainar. **ANT.** Desenfundar.
**FAM.** Desenfundar.

**enfurecer** *v.* Poner furioso: *Se enfureció al enterarse de que le habían engañado.* ■ Es un verbo irregular. Se conjuga como *agradecer.*
**SIN.** Irritar, enojar, encolerizar. **ANT.** Tranquilizar, calmar.

**enfurruñarse** *v.* Ponerse enfadado: *Se enfurruñó porque le dijeron que dejara de comer chucherías.*

**engalanar** *v.* Adornar o arreglarse: *Engalanaron la clase para celebrar el final del curso. Se engalanó para ir al baile.*
**SIN.** Emperifollar, acicalarse.

**engalladura** *s. f.* Busca **galladura.**

**enganchar** *v.* **1.** Sujetar con un gancho o cosa parecida: *He enganchado las hojas con una grapa.* **2.** Unir: *A este tren le han enganchado un vagón más.* **3.** Coger o atrapar: *La policía enganchó al delincuente.* **4.** Atraer a alguien con astucia: *Le engancharon para que preparara los bocadillos de la fiesta.* || **engancharse 5.** Quedarse sujeto a algo: *Se le ha enganchado la falda con la puerta.* **6.** Empezar a consumir drogas y no poder dejarlas.
**SIN. 1.** y **3.** Agarrar, prender. **3.** Pillar. **3.** y **4.** Pescar. **ANT. 1.** a **3.** Soltar. **1., 2., 5.** y **6.** Desenganchar. **6.** Desintoxicarse.
**FAM.** Enganche, enganchón. / Desenganchar, rengancharse.

**enganche** *s. m.* **1.** Acción de enganchar o engancharse. **2.** Una cosa usada para enganchar.

**enganchón** *s. m.* Roto que se hace en la ropa al engancharse con algo: *Te has hecho un enganchón en las medias.*

**engañabobos** *s. m.* Cosa que parece buena o que alguien hace pasar por buena, pero que realmente no lo es: *Esta crema para la celulitis es un engañabobos, no sirve para nada.* ■ No varía en plural.
**SIN.** Engañifa, estafa.

**engañar** *v.* **1.** Hacer creer a una persona algo que no es cierto o que no es como parece: *Le engañó diciéndole que iría, cuando pensaba quedarse en casa. Esta tarta engaña: parece muy rica, pero está asquerosa.* **2.** Hacer a alguien una trampa o estafa: *Te han engañado, este billete que te han dado es falso.* **3.** Calmar por poco tiempo una necesidad, sobre todo el hambre: *Toma este trozo de pan para engañar el hambre.* **4.** Hacer el amor con otra persona que no es la pareja. || **engañarse 5.** No querer ver la verdad: *Pedro se engaña al pensar que le van a dar ese premio.*
**SIN. 1.** Mentir, liar; confundir. **2.** Timar, embaucar. **4.** Traicionar. **ANT. 1.** y **5.** Desengañar.
**FAM.** Engañifa, engaño, engañoso. / Desengañar, engañabobos.

**engañifa** *s. f.* Engaño por el que se quiere hacer pasar por buena una cosa que no lo es.
**SIN.** Engañabobos, timo, estafa.

**engaño** *s. m.* Hecho de engañar o ser engañado. SIN. Mentira; error; timo, estafa; traición. ANT. Desengaño; verdad, realidad.

**engañoso, sa** *adj.* Que engaña, que parece de una manera y es de otra: *El anuncio es engañoso; presenta ese juguete como si fuera muy bueno, y se rompe enseguida.* SIN. Falso, falaz. ANT. Verdadero.

**engarce** *s. m.* Acción de engarzar y el metal en que se engarza alguna cosa. SIN. Engaste.

**engarzar** *v.* **1.** Unir una cosa con otra de modo que formen cadena: *Ha engarzado el collar haciendo pasar las bolitas por el hilo.* **2.** Encajar, principalmente una piedra preciosa en un soporte de metal. **3.** Unir, enlazar: *Según hablaban iban engarzando unos temas con otros.* ■ Delante de *e* se escribe *c* en lugar de *z*: *engarce.* SIN. **1.** y **3.** Encadenar. **2.** Engastar. **3.** Empalmar, conectar, vincular. ANT. **3.** Desconectar. FAM. Engarce.

**engastar** *v.* Encajar una cosa en otra, y sobre todo una piedra preciosa, por ejemplo un diamante, en un soporte de metal. SIN. Engarzar. FAM. Engaste.

**engaste** *s. m.* Soporte de metal en que se encaja algo, sobre todo una piedra preciosa. SIN. Engarce.

**engatusar** *v.* Ganarse con alabanzas o amabilidades a una persona para obtener algo de ella. SIN. Camelar.

**engendrar** *v.* **1.** Producir un hijo al unirse sexualmente el hombre y la mujer; también se dice a veces de algunos animales. **2.** Causar algo: *La falta de cariño engendró en él muchos temores.* SIN. **1.** Procrear. **2.** Originar, generar. FAM. Engendro.

**engendro** *s. m.* **1.** Criatura que nace deforme o monstruosa. **2.** Cosa muy mal hecha.

**englobar** *v.* Contener, incluir: *El precio de la excursión engloba los gastos de viaje y hotel.* SIN. Comprender, abarcar. ANT. Excluir.

**engolado, da** *adj.* **1.** Se dice de la voz que resuena en el fondo de la boca o en la garganta. **2.** Que es exagerado, falso, poco natural: *El modo de hablar de este actor es muy engolado.* **3.** Soberbio y presumido: *Me aburrí mucho en la fiesta porque estaba llena de señoras engoladas.* SIN. **1.** Gutural. **2.** Altisonante, afectado. **3.** Engreído, presuntuoso.

**engolfarse** *v.* Concentrarse mucho en algo sin darse cuenta de nada más: *Cuando se engolfa en la música, ya puedes llamarle que no te oye.* SIN. Enfrascarse, embeberse. ANT. Distraerse.

**engolosinar** *v.* Hacer que alguien sienta deseos de alguna cosa: *Engolosinó al niño prometiéndole una bici.*

**engomar** *v.* Poner goma a una cosa para pegarla: *engomar un sobre, engomar un cartel.*

**engominar** *v.* Poner gomina en el pelo para fijarlo.

**engordar** *v.* Poner o ponerse gordo, con más peso: *Hace mucho ejercicio para no engordar.* ANT. Adelgazar. FAM. Engorde.

**engorde** *s. m.* Acción de engordar los animales.

**engorro** *s. m.* Algo que molesta o fastidia mucho: *Tener que ir tan lejos con este calor es un engorro.* SIN. Lata, fastidio, pesadez, incordio. ANT. Placer, gusto. FAM. Engorroso.

**engorroso, sa** *adj.* Que resulta un engorro, que molesta o fastidia: *Es engorroso llevar tantas maletas.* SIN. Latoso, fastidioso, molesto.

**engranaje** *s. m.* **1.** Acción de engranar. **2.** Conjunto de piezas con dientes que engranan unos con otros.

**engranar** *v.* Encajar unos con otros los dientes de una o más piezas para que, al moverse o girar una, haga que se mueva otra. FAM. Engranaje.

**engrandecer** *v.* **1.** Hacer más grande: *Aquel éxito engrandeció su fama como cantante.* **2.** Hacer más noble o mejor: *Esa buena acción le engrandece.* ■ Es un verbo irregular. Se conjuga como *agradecer.* SIN. **1.** Agrandar, acrecentar. **2.** Enaltecer, ensalzar. ANT. **1.** Empequeñecer, reducir.

**engrasar** *v.* Untar algo con grasa o aceite: *Mercedes engrasó las ruedas de los patines para que rodaran mejor.* SIN. Lubricar. ANT. Desengrasar. FAM. Engrase. / Desengrasar.

**engrase** *s. m.* Acción de engrasar.

**engreído, da** *adj.* **1.** Soberbio y presumido. **2.** En algunos lugares de América del Sur, mimado, malcriado. SIN. **1.** Vanidoso. ANT. **1.** Humilde. FAM. Engreimiento, engreír.

**engreimiento** *s. m.* Forma de ser de la persona engreída. SIN. Soberbia, presunción, vanidad. ANT. Humildad.

**engreír** *v.* **1.** Hacer a alguien soberbio y presumido. **2.** En algunos lugares de América del Sur, mimar, malcriar. ■ Es un verbo irregular. Se conjuga como *reír.*

**engrescar** *v.* Hacer que dos o más personas discutan o se peleen. ■ Delante de *e* se escribe *qu* en lugar de *c*: *engresque.* SIN. Enzarzar, azuzar, encizañar. ANT. Reconciliar, interceder.

**engrosar** *v.* **1.** Hacer grueso o más grueso: *La bombilla se engrosa por uno de sus extremos.* **2.** Aumentar: *Nuevas chicas engrosaron el equipo de baloncesto.*
SIN. **1.** Ensanchar, abultar. **2.** Incrementar. ANT. **1.** Estrechar. **2.** Disminuir, reducir.

**engrudo** *s. m.* Masa de harina y agua que sirve para pegar papeles y otras cosas parecidas.

**enguachinar** *v.* Echarle a algo más agua de lo necesario: *Ten cuidado, no enguachines la sopa.*

**enguarrar** *v.* Ensuciar, manchar: *Se me cayó el café y enguarré toda la mesa.*

**engullir** *v.* Tragar la comida muy deprisa y casi sin masticar: *Tenía tanta hambre que engulló el bocadillo en un minuto.* ■ Es un verbo irregular. Se conjuga como *mullir*.
SIN. Devorar, zampar, embuchar.

**engurruñar** *v.* Arrugar, encoger: *Engurruñó el periódico y lo tiró a la papelera.*

**enharinar** *v.* Cubrir con harina un alimento: *Enharina el pescado antes de freírlo.*

**enhebrar** *v.* **1.** Meter una hebra o un hilo por el ojo de una aguja o por el agujerito de una cuenta o de una perlita. **2.** Unir, enlazar: *No paraban de hablar y enhebraban una conversación con otra.*
SIN. **1.** Ensartar, enfilar. **2.** Empalmar.

**enhiesto, ta** *adj.* Levantado, derecho.
SIN. Erguido, empinado, recto. ANT. Tumbado, inclinado.

**enhorabuena** *s. f.* Felicitación que se da a una persona por algo bueno que ha hecho o le ha pasado: *Le dimos la enhorabuena por haber ganado la carrera.*

**enigma** *s. m.* Persona o cosa que no se conoce o es muy difícil de comprender: *Sigue siendo un enigma dónde escondieron los ladrones el botín.*
SIN. Misterio, secreto, incógnita.
FAM. Enigmático.

**enigmático, ca** *adj.* Misterioso o muy difícil de entender.
SIN. Secreto, recóndito.

**enjabonar** *v.* Dar jabón a algo para lavarlo: *Enjabónate bien las manos, que las tienes llenas de pintura.*

**enjaezar** *v.* Poner adornos a los caballos. ■ Delante de *e* se escribe *c* en lugar de *z*: *Enjaecé mi yegua.*

**enjalbegar** *v.* Dar a las paredes cal o yeso disuelto en agua para ponerlas blancas. ■ Delante de *e* se escribe *gu* en lugar de *g*: *Enjalbegué la fachada.*
SIN. Blanquear, encalar.

**enjambre** *s. m.* **1.** Conjunto de las abejas de una colmena. **2.** Conjunto numeroso de personas, animales o cosas: *Acudió a recibir al actor un enjambre de admiradoras.*
SIN. **2.** Muchedumbre, multitud.

**enjaretar** *v.* **1.** Pasar un cordón o una cinta por el hueco de un doblez hecho en una tela. **2.** Hacer o decir algo muy deprisa y mal: *Nos enjaretó cuatro explicaciones mal dichas.* **3.** Dar a otro algo que nos resulta molesto o pesado: *Como no le apetecía ir al concierto, nos enjaretó las entradas.*
SIN. **3.** Endosar, endilgar.

**enjaular** *v.* **1.** Meter en una jaula. **2.** Meter en la cárcel.
SIN. **1.** y **2.** Encerrar. **2.** Encarcelar.

**enjoyado, da** *adj.* Que lleva muchas joyas: *Iba muy enjoyada al teatro.*

**enjoyar** *v.* Adornar con joyas.
FAM. Enjoyado.

**enjuagar** *v.* **1.** Quitar el jabón o la espuma de alguna cosa, echándole agua: *Después de lavar, enjuagó la ropa.* || **enjuagarse 2.** Limpiarse la boca y los dientes con agua o con otro líquido. ■ Delante de *e* se escribe *gu* en lugar de *g*: *Me enjuagué después de comer.*
FAM. Enjuague.

**enjuague** *s. m.* **1.** Acción de enjuagar o enjuagarse. **2.** Trampa, chanchullo: *Hicieron algunos enjuagues para pagar menos.*
SIN. **2.** Amaño, trapicheo.

**enjugar** *v.* Secar algo que está mojado o húmedo, sobre todo las lágrimas o el sudor. ■ Delante de *e* se escribe *gu* en lugar de *g*: *Me enjugué el sudor de la cara.*

**enjuiciar** *v.* **1.** Dar un juicio o una opinión sobre alguien o algo: *No se puede enjuiciar a las personas sin conocerlas bien.* **2.** Hacer un juicio contra alguien: *Le enjuiciaron por robo.*
SIN. **1.** y **2.** Juzgar. **2.** Procesar.

**enjundia** *s. f.* Lo más importante de algo, sobre todo del contenido de un libro o de lo que se dice: *Su novela, además de estar muy bien escrita, tenía mucha enjundia.*
SIN. Sustancia. ANT. Paja.
FAM. Enjundioso.

**enjundioso, sa** *adj.* Que contiene muchas ideas o ideas muy profundas: *Este enjundioso estudio es el resultado de años de investigación.*

**enjuto, ta** *adj.* Flaco.
SIN. Delgado. ANT. Gordo, rollizo.

**enlace** *s. m.* **1.** Persona o cosa que une o pone en comunicación otras personas o cosas: *Las conjunciones son enlaces entre palabras o entre oraciones.* **2.** Boda: *El enlace de Rodrigo y Sonia se celebrará en septiembre.*
SIN. **1.** Conexión, nexo, ligazón, vínculo. **2.** Casamiento, matrimonio, desposorio. ANT. **1.** Separación, desunión.
FAM. Desenlace.

**enladrillar** *v.* Cubrir un suelo con ladrillos.
SIN. Solar, pavimentar.

**enlatar** v. Meter los alimentos en latas de conserva.

**enlazar** v. Unir o relacionar: *El pasillo enlaza con todas las habitaciones de la casa. En la conversación enlazaron varios temas.* ■ Delante de *e* se escribe *c* en lugar de *z*: *enlacé*.
SIN. Conectar, empalmar, vincular, ligar, trabar. ANT. Desunir, separar.
FAM. Enlace.

**enlodar** v. **1.** Cubrir o manchar con lodo. **2.** Perjudicar la reputación de una persona: *No permitirá que una mentira enlode su buen nombre.*
SIN. **1.** Enfangar, embarrar. **2.** Desacreditar, mancillar.

**enloquecer** v. Volver o volverse loco. ■ Es un verbo irregular. Se conjuga como *agradecer*.
SIN. Enajenar, trastornar, desequilibrar.

**enlosar** v. Poner losas o baldosas en el suelo: *Los albañiles están enlosando el camino del jardín.*

**enlucido, da** adj. **1.** Cubierto con una capa de yeso o de alguna materia parecida. **2.** Capa de yeso o de una materia parecida con que se enluce una superficie.

**enlucir** v. Cubrir una pared o un techo con una capa de yeso o con algo parecido: *Enlucieron la fachada con cal.* ■ Es un verbo irregular. Se conjuga como *lucir*.
SIN. Revocar.
FAM. Enlucido.

**enlutado, da** adj. Se dice de la persona que va vestida de negro por la muerte de alguien cercano.

**enmadrado, da** adj. Se dice del niño que no se separa de su madre y depende demasiado de ella.

**enmarañar** v. **1.** Hacer una maraña o un lío con algo: *El gato estuvo jugando con los ovillos y enmarañó los hilos.* **2.** Complicar alguna cosa: *El argumento de la película cada vez se enmaraña más.*
SIN. **1.** y **2.** Enredar, liar. **2.** Embarullar, embrollar. ANT. **1.** y **2.** Desenredar. **2.** Aclarar.
FAM. Desenmarañar.

**enmarcar** v. **1.** Poner marco a cosas como cuadros o fotografías. **2.** Situar algo dentro de un tiempo, lugar o estilo: *Sus últimas películas se enmarcan dentro del género de aventuras.* ■ Delante de *e* se escribe *qu* en lugar de *c*: *Enmarqué la foto.*
SIN. **1.** y **2.** Encuadrar.

**enmascarado, da** adj. **1.** Oculto o disimulado por alguien. ‖ adj. y s. m. y f. **2.** Se dice de la persona que lleva máscara o que va disfrazada.

**enmascarar** v. **1.** Tapar la cara con una careta o con un disfraz. **2.** Esconder o disimular una cosa: *enmascarar un defecto.*
SIN. **2.** Ocultar, encubrir. ANT. **1.** Desenmascarar. **2.** Descubrir.
FAM. Enmascarado. / Desenmascarar.

**enmasillar** v. Sujetar algo con masilla, por ejemplo un cristal a su marco, o rellenar con masilla grietas o agujeros.

**enmendar** v. Corregir o corregirse: *Prometió enmendarse y no ser tan contestón.* ■ Es un verbo irregular. Se conjuga como *pensar*.
EXPR. **enmendarle la plana** a alguien Corregirle sus defectos o equivocaciones.
SIN. Rectificar, reparar. ANT. Reincidir.
FAM. Enmienda.

**enmienda** s. f. **1.** Acción de enmendar o enmendarse. **2.** Corrección o cambio que se hace a un escrito, a una ley o algo parecido.
SIN. **1.** Rectificación, remedio, reforma, mejora. ANT. **1.** Reincidencia.

**enmohecer** v. Cubrir o cubrirse de moho: *El pan se enmohece con la humedad.* ■ Es un verbo irregular. Se conjuga como *agradecer*.

**enmoquetar** v. Cubrir con moqueta: *Han enmoquetado el pasillo y el dormitorio.*

**enmudecer** v. **1.** Perder el habla o quedarse callado: *Pilar enmudeció del susto.* **2.** Dejar de sonar o hacer ruido: *Después de sonar con fuerza, las campanas enmudecieron.* ■ Es un verbo irregular. Se conjuga como *agradecer*.

**ennegrecer** v. Poner o ponerse negra alguna cosa: *El humo de la chimenea ennegreció parte de la pared.* ■ Es un verbo irregular. Se conjuga como *agradecer*.
SIN. Ensuciar, oscurecer. ANT. Blanquear, aclarar.

**ennoblecer** v. **1.** Hacer a alguien noble, de buenos sentimientos: *Trabajó mucho por salvar y cuidar a los animales, y eso le ennoblece.* **2.** Dar elegancia: *Aquellos tapices tan antiguos ennoblecían la sala.* ■ Es un verbo irregular. Se conjuga como *agradecer*.
SIN. **1.** Honrar, enaltecer. **2.** Refinar, embellecer, realzar. ANT. **1.** Deshonrar, humillar. **2.** Afear.

**enojadizo, za** adj. Que se enfada fácilmente: *Tengo que tener mucho cuidado al tratar a Ana, porque es muy enojadiza.*
SIN. Irritable, colérico.

**enojar** v. Enfadar o molestar mucho: *Se enojó con su hijo porque había salido sin permiso. Lo que más le enoja es que le hagan esperar.*
SIN. Enfurecer, irritar, encolerizar, fastidiar. ANT. Calmar; gustar.
FAM. Enojadizo, enojo, enojoso.

**enojo** s. m. Enfado.
SIN. Irritación.

**enojoso, sa** adj. Que enoja: *La discusión entre los dos vecinos fue larga y enojosa, pues no se ponían de acuerdo.*
SIN. Irritante; fastidioso.

**enología** s. f. Conocimientos sobre cómo se hace y cómo se conserva el vino.

**enorgullecer** *v.* Llenar de orgullo y satisfacción: *A sus padres les enorgullece que su hijo sea buen deportista. Se enorgullecía de tener tantos amigos.* ■ Es un verbo irregular. Se conjuga como *agradecer.* SIN. Halagar; vanagloriarse. ANT. Avergonzar.

**enorme** *adj.* Muy grande: *Ese jersey te queda enorme. Entre esos dos libros existe una enorme diferencia.* SIN. Inmenso, gigantesco. ANT. Pequeño, mínimo. FAM. Enormemente, enormidad.

**enormemente** *adv.* Muy, mucho: *Tu idea me parece enormemente interesante.*

**enormidad** *s. f.* Cantidad o tamaño muy grandes de alguna cosa: *La primera vez que vio el mar le sorprendió su enormidad.* EXPR. **una enormidad** Muchísimo: *Me costó una enormidad encontrarte.* SIN. Grandeza. ANT. Pequeñez.

**enquistarse** *v.* Formarse un quiste.

**enrabietar** o **enrabiar** *v.* Hacer rabiar a alguien o agarrar una rabieta: *No enrabietes a tu hermano. Se enrabieta cuando pierde.* SIN. Enfadar, irritar.

**enraizar** *v.* **1.** Echar raíces las plantas. **2.** Quedarse a vivir en un lugar: *Hace varias generaciones que su familia enraizó en la comarca.* **3.** Tener éxito entre la gente una cosa, como una moda o una costumbre: *El uso del teléfono móvil ha enraizado totalmente.* ■ Delante de *e* se escribe *c* en lugar de *z*: *enraíce.* SIN. **1.** Prender. **1.** a **3.** Arraigar. **2.** Establecerse. **3.** Implantarse. ANT. **1.** a **3.** Desarraigar. **2.** Marcharse. **3.** Olvidarse.

**enramada** *s. f.* **1.** Conjunto de ramas de árboles entrelazadas: *La enramada da sombra al jardín.* **2.** Cabaña hecha con ramas de árboles.

**enrarecer** *v.* **1.** Hacer menos denso un gas. **2.** Hacer el aire menos puro: *El aire se había enrarecido porque mucha gente fumaba y el lugar era pequeño.* **3.** Hacer peor una cosa, como por ejemplo una situación o una relación: *Después de aquella riña tan fuerte el ambiente se enrareció.* ■ Es un verbo irregular. Se conjuga como *agradecer.* SIN. **2.** Contaminar. **2.** y **3.** Viciar. **3.** Empeorar. ANT. **2.** Purificar. **3.** Mejorar.

**enredadera** *adj. y s. f.* Se dice de las plantas que, como la hiedra, tienen unos tallos con pequeñas raíces que se sujetan a otras plantas o a los muros y van trepando por ellos.

**enredador, ra** *adj. y s. m. y f.* **1.** Que enreda o enemista a otras personas. **2.** Travieso, inquieto. SIN. **1.** Liante. **2.** Trasto.

**enredar** *v.* **1.** Hacer un lío con hilos, pelos y otras cosas parecidas: *Con el aire se me ha enredado el pelo.* **2.** Hacer algo difícil o más difícil de lo que es: *Ya tenemos bastantes problemas, no enredes más*

las cosas. **3.** Meter a alguien en algo malo o peligroso: *Cada vez que hace alguna fechoría quiere enredarnos a los demás en ella.* **4.** Hacer por medio de chismes y habladurías que las personas discutan o dejen de ser amigas. **5.** Jugar o hacer travesuras: *Los niños estuvieron toda la tarde enredando en su habitación.* ‖ **enredarse 6.** Engancharse con algo: *Espera, se me ha enredado el pie en un cable.* **7.** Empezar una pelea o una discusión: *Las dos se enredaron a tortas.* SIN. **1.** Enmarañar. **1.** a **3.** Liar. **2.** Embrollar. **2.** y **3.** Complicar. **3.** Implicar, involucrar. **4.** Enemistar, encizañar, malmeter. **7.** Enzarzarse. ANT. **1.** Desenredar. **2.** Aclarar. FAM. Enredadera, enredador, enredo, enredoso. / Desenredar.

**enredo** *s. m.* **1.** Conjunto de cosas enredadas como hilos, pelos y cosas parecidas. **2.** Problema, complicación: *En buen enredo nos ha metido tu amigo.* **3.** Chisme, cotilleo: *Le gusta andar contando enredos de la gente.* SIN. **1.** Lío, revoltijo, maraña. **2.** Embrollo, jaleo, follón. **3.** Mentira, intriga.

**enredoso, sa** *adj.* Lleno de enredos, muy difícil o complicado: *Esta situación es demasiado enredosa para que la puedas resolver tú solo.* SIN. Enrevesado, lioso, confuso. ANT. Fácil, claro.

**enrejado** *s. m.* Reja de barrotes, listones o cañas entrecruzados que tienen algunas puertas y ventanas.

**enrejar** *v.* Poner rejas: *enrejar una ventana.* FAM. Enrejado.

**enrevesado, da** *adj.* Muy difícil o complicado: *Les mandaron un ejercicio enrevesado.* SIN. Confuso, enredoso. ANT. Fácil, sencillo.

**enriquecer** *v.* **1.** Hacer rico o más rico: *Su familia se enriqueció cuando les tocó la lotería.* **2.** Aumentar, mejorar: *Leía mucho para enriquecer sus conocimientos.* ■ Es un verbo irregular. Se conjuga como *agradecer.*

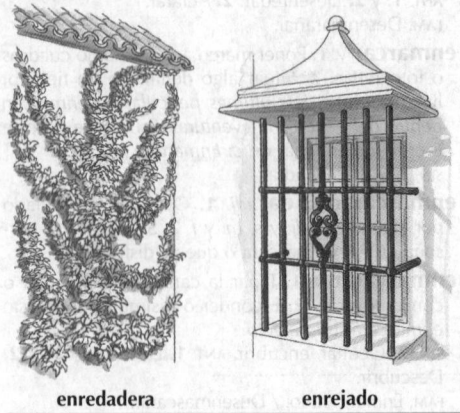

enredadera          enrejado

**ANT. 1.** Empobrecer, arruinar. **2.** Disminuir, empeorar.
**FAM.** Enriquecimiento.

**enriquecimiento** *s. m.* Acción de enriquecer o enriquecerse.
**ANT.** Empobrecimiento.

**enrocar** *v.* En ajedrez, mover el rey dos casillas hacia la torre y poner la torre del mismo color al lado del rey, saltando por encima de éste y dentro de una sola jugada. ▪ Delante de *e* se escribe *qu* en lugar de *c*.
**FAM.** Enroque.

**enrojecer** *v.* Poner rojo: *Su piel enrojeció por haber tomado mucho el sol.* ▪ Es un verbo irregular. Se conjuga como *agradecer.*
**SIN.** Encender, ruborizarse, sonrojarse. **ANT.** Palidecer.
**FAM.** Enrojecimiento.

**enrojecimiento** *s. m.* Acción de enrojecer o enrojecerse: *Usó una crema para evitar el enrojecimiento de la piel.*

**enrolarse** *v.* Meterse en el ejército o en otro grupo o asociación: *Cuando cumplió los dieciocho años, se enroló en la marina.*

**enrollado, da** *adj.* **1.** Que alguien lo enrolló. **2.** Se dice de la persona que es agradable y se porta bien con los demás: *Me gusta el profesor de arte porque es muy enrollado.*

**enrollar** *v.* **1.** Poner una cosa en forma de rollo: *Enrolló la persiana para que entrara más luz por la ventana.* || **enrollarse 2.** Extenderse mucho al hablar o al escribir: *No te enrolles tanto por teléfono.* **3.** Tener relaciones amorosas dos personas. **4.** Tener facilidad para relacionarse con la gente: *Tiene un montón de amigos porque se enrolla bien.* **5.** Portarse bien con alguien: *El portero de la disco se enrolló y nos dejó pasar gratis.*
**SIN. 1.** Arrollar, enroscar, envolver. **ANT. 1.** Desenrollar. **2.** Abreviar, cortar.
**FAM.** Enrollado. / Desenrollar.

**enronquecer** *v.* Ponerse ronco: *Marta enronqueció de tanto gritar.* ▪ Es un verbo irregular. Se conjuga como *agradecer.*

**enroque** *s. m.* En ajedrez, acción de enrocar.

**enroscar** *v.* **1.** Enrollar algo haciendo que forme una espiral: *La serpiente se enroscó sobre sí misma.* **2.** Introducir una cosa en un sitio dándole vueltas, por ejemplo un tornillo en una tuerca. ▪ Delante de *e* se escribe *qu* en lugar de *c*: *Enrosqué el tapón de la botella.*
**SIN. 2.** Atornillar. **ANT. 1.** y **2.** Desenroscar. **2.** Desatornillar.
**FAM.** Desenroscar.

**ensaimada** *s. f.* Bollo en forma de caracol.

**ensalada** *s. f.* Plato que se prepara con varios vegetales, como lechuga, tomate, cebolla, a los que se da sabor con aceite, vinagre y sal. También se le puede echar otros alimentos y salsas.
**FAM.** Ensaladera, ensaladilla.

**ensaladera** *s. f.* Recipiente hondo para servir la ensalada.

**ensaladilla** *s. f.* Plato compuesto de patatas cocidas, zanahorias, atún y otros alimentos, mezclados con mayonesa. Se llama también *ensaladilla rusa.*

**ensalmo** *s. m.* Rezo u otra cosa que se cree que tiene poderes mágicos para curar a los enfermos.

**ensalzar** *v.* Alabar mucho: *Ensalzó los magníficos monumentos de la ciudad.* ▪ Delante de *e* se escribe *c* en lugar de *z*: *ensalce.*
**SIN.** Elogiar, encomiar, enaltecer.

**ensambladura** *s. f.* Unión de dos piezas haciéndolas encajar.

**ensamblaje** o **ensamble** *s. m.* Hecho y resultado de ensamblar.

**ensamblar** *v.* Unir dos piezas, sobre todo de madera, encajando unas partes en otras.
**SIN.** Acoplar.
**FAM.** Ensambladura, ensamblaje, ensamble.

**ensanchar** *v.* Hacer más ancho: *Ensancharon la carretera para que pudieran circular por ella más vehículos. La modista ensanchó el vestido porque quedaba estrecho.*
**SIN.** Agrandar, extender. **ANT.** Estrechar, encoger.
**FAM.** Ensanche.

**ensanche** *s. m.* **1.** Acción de ensanchar algo y parte que se ensancha: *El ensanche de la autopista se realizará el próximo mes.* **2.** Parte de una ciudad en que se van construyendo nuevos barrios.

**ensangrentar** *v.* Manchar o llenar de sangre. ▪ Es un verbo irregular. Se conjuga como *pensar.*

**ensañamiento** *s. m.* Acción de ensañarse.

**ensañarse** *v.* Hacer daño a una persona o animal de manera muy cruel o como si se disfrutara al hacerlo.
**SIN.** Cebarse. **ANT.** Apiadarse.
**FAM.** Ensañamiento.

**ensartar** *v.* **1.** Meter por un hilo o alambre perlas, cuentas o anillos: *Ensartó varias bolitas de colores para hacerse un collar.* **2.** Atravesar un cuerpo con un objeto que tiene punta: *Ensartó los trocitos de carne en un pincho para hacerlos en la barbacoa.* **3.** Decir de forma seguida varias cosas, como chistes, disparates o anécdotas: *Cuando Pablo se pone a hablar, ensarta una historieta detrás de otra.*
**SIN. 1.** Enfilar. **2.** Traspasar, espetar. **3.** Encadenar, empalmar.

**ensayar** *v.* **1.** Hacer varias veces una obra de teatro, baile, ejercicio de gimnasia u otra cosa para que salga lo mejor posible cuando haya que realizarlo ante el público o en una competición. **2.** Hacer pruebas para ver si algo es realmente eficaz, resistente o bueno: *En el laboratorio están ensayando una nueva vacuna contra esa enfermedad.* **3.** En el rugby y en el fútbol americano, conseguir un ensayo. SIN. **2.** Experimentar, probar. ANT. **1.** Improvisar. FAM. Ensayo.

**ensayista** *s. m. y f.* Persona que escribe ensayos.

**ensayo** *s. m.* **1.** Acción de ensayar: *En el segundo ensayo el atleta batió el récord del mundo de salto de altura.* **2.** Representación que se hace de una obra de teatro u otro espectáculo antes de que se estrene ante el público. **3.** Escrito breve que contiene los pensamientos de un autor sobre un tema literario, científico, filosófico. **4.** En el rugby y el fútbol americano, acción de dejar el balón detrás de la línea contraria. ANT. **1.** Improvisación. FAM. Ensayista.

**enseguida** *adv.* En un momento, inmediatamente: *Dijo que tenía que salir, pero que volvía enseguida.* ■ Se escribe también separado: *en seguida.*

**ensenada** *s. f.* Bahía, entrada del mar en la tierra. SIN. Cala, rada.

**enseña** *s. f.* Medalla, bandera u otra cosa que distingue y representa a un grupo de personas: *La bandera es la enseña nacional.* SIN. Insignia, estandarte, emblema.

**enseñado, da** *adj.* Que lo han educado o acostumbrado para que actúe de una forma. ■ Se utiliza mucho con los adverbios *bien* y *mal*: *Este perro está muy bien enseñado, se sienta y da la patita.* SIN. Adiestrado, instruido, amaestrado, entrenado.

**enseñanza** *s. f.* **1.** Actividad que consiste en enseñar a los alumnos. || *s. f. pl.* **2.** Los conocimientos, técnicas y otras cosas que se enseñan.

**enseñar** *v.* **1.** Dar a alguien los conocimientos necesarios para que aprenda algo: *Mi hermano mayor me enseñó a montar en bici. Este profesor enseña matemáticas en el instituto.* **2.** Poner delante una cosa para que otro la vea: *Clara me enseñó su nuevo reloj.* **3.** Servir algo de escarmiento a una persona: *Esto te enseñará a no ser tan mentiroso.* SIN. **1.** Instruir, educar. **2.** Mostrar. ANT. **2.** Ocultar, esconder. FAM. Enseñado, enseñanza.

**enseñorearse** *v.* Apoderarse de algo. SIN. Adueñarse, apropiarse.

**enseres** *s. m. pl.* Muebles, utensilios y otras cosas necesarias que hay en una casa o local. SIN. Efectos, útiles, avíos.

**ensilladura** *s. f.* Parte del lomo del caballo donde se coloca la silla de montar.

**ensillar** *v.* Poner la silla de montar a un caballo. FAM. Ensilladura.

**ensimismamiento** *s. m.* Estado de la persona muy concentrada en sus pensamientos: *El ruido del teléfono le sacó de su ensimismamiento.*

**ensimismarse** *v.* Quedarse una persona muy pensativa, sin enterarse de lo que ocurre a su alrededor. SIN. Abstraerse, enfrascarse. ANT. Distraerse. FAM. Ensimismamiento.

**ensoberbecer** *v.* Hacer que uno se vuelva soberbio y se crea superior a los demás: *La fama y el dinero le ensoberbecieron.* ■ Es un verbo irregular. Se conjuga como *agradecer*. SIN. Envanecer. ANT. Humillar, rebajar.

**ensombrecer** *v.* **1.** Cubrir de sombra, oscurecer: *Unas nubes muy oscuras ensombrecen el cielo.* **2.** Hacer que algo sea menos alegre: *Un pequeño accidente de tráfico ensombreció el final de sus vacaciones.* ■ Es un verbo irregular. Se conjuga como *agradecer*. SIN. **1.** Nublarse. **2.** Entristecer, apenar. ANT. **1.** Aclarar. **2.** Alegrar.

**ensoñación** *s. f.* Fantasía, cosa que se imagina o se sueña. EXPR. **ni por ensoñación** Ni en sueños, de ninguna manera: *Eso no pienso hacerlo ni por ensoñación.* SIN. Ensueño, ilusión.

**ensopar** *v.* Poner hecho una sopa, empapar. SIN. Calar, mojar.

**ensordecedor, ra** *adj.* Se dice de los ruidos o sonidos muy fuertes, que impiden oír bien.

**ensordecer** *v.* **1.** Impedir un ruido muy fuerte que alguien pueda oír. **2.** Dejar sorda a una persona. ■ Es un verbo irregular. Se conjuga como *agradecer*. SIN. **1.** Atronar. FAM. Ensordecedor.

**ensortijado, da** *adj.* Se dice del pelo muy rizado. ANT. Liso.

**ensuciar** *v.* Manchar, poner sucio: *Laura se ensució el vestido de barro.* SIN. Embadurnar, tiznar; empañar. ANT. Limpiar.

**ensueño** *s. m.* Cosa muy buena que una persona sueña o se imagina. EXPR. **de ensueño** Estupendo, fantástico: *Hicieron un viaje de ensueño por muchos países.* SIN. Ilusión, fantasía.

**entablamento** *s. m.* Parte superior de la fachada de algunos edificios, como los templos griegos, formada por *cornisa, friso* y *arquitrabe*.

**entablar** *v.* Comenzar algunas cosas, como un diálogo o una discusión: *Los dos amigos entablaron una conversación muy interesante.* SIN. Emprender, empezar, iniciar. ANT. Zanjar.

**entablillar** *v.* Sujetar con tablillas y vendas una pierna o un brazo roto para que no se mueva.

**entallado, da** *adj.* Se dice de la ropa que queda ajustada por la cintura: *una blusa entallada.*

**entallar** *v.* Hacer que una prenda de vestir quede ajustada por el talle o la cintura. FAM. Entallado.

**entarimado, da** *adj.* y *s. m.* Se dice del suelo cubierto de tablas o parqué: *pavimento entarimado, poner un entarimado.*
SIN. Tarima.

**ente** *s. m.* **1.** Ser, lo que existe, ya sea en la realidad o en el pensamiento: *La película narraba la historia de una mujer perseguida por un misterioso ente.* **2.** Empresa o institución, sobre todo la relacionada con el Estado, como por ejemplo la televisión: *Eligieron al nuevo director del ente público.*
FAM. Entidad.

**entelequia** *s. f.* Cosa o situación imaginaria, que no puede existir en la realidad: *Debemos luchar por la paz en el mundo, aunque parezca una entelequia.*
SIN. Quimera, ilusión, utopía.

**entendederas** *s. f. pl.* Inteligencia, capacidad de una persona para entender las cosas.
SIN. Entendimiento, luces.

**entendedor, ra** *adj.* y *s. m.* y *f.* Que entiende: *Es un gran entendedor de cine.*

**entender**[1] *v.* **1.** Conocer el significado de algo: *No entiendo qué quiere decir esta señal. Pudieron entenderse gracias a que los dos sabían inglés.* **2.** Conocer las causas o motivos de algo: *Entiendo que haya llegado tarde porque hay mucho atasco en la carretera.* **3.** Saber cómo es una persona y la manera de tratarla: *Marisol es muy paciente y sabe entender a los niños pequeños.* **4.** Saber, ser experto en algo: *José Luis entiende mucho de plantas.* || **entenderse 5.** Llevarse bien con una persona o ponerse de acuerdo: *Los dos hermanos se entienden a la perfección.* ■ Es un verbo irregular. Se conjuga como *tender.*
SIN. **1.** a **3.** y **5.** Comprender. **5.** Congeniar, compenetrarse. ANT. **5.** Chocar, discrepar.
FAM. Entendederas, entendedor, entender[2], entendido, entendimiento. / Desentenderse, malentendido, sobreentender, sobrentender.

**entender**[2] *s. m.* Opinión, juicio: *A mi entender, creo que deberías repasar otra vez la lección.*

**entendido, da** *adj.* y *s. m.* y *f.* Que es especialista en algo porque sabe mucho de ello.
SIN. Experto, diestro, versado.

**entendimiento** *s. m.* **1.** Capacidad de las personas para entender las cosas, compararlas y tener opiniones sobre ellas. **2.** Acuerdo: *Después de dos horas de discusión, llegaron a un entendimiento.*
SIN. **1.** Razón, inteligencia. **2.** Arreglo, convenio. ANT. **2.** Desacuerdo, desavenencia.

**entente** *s. f.* Acuerdo o buena relación entre países o gobiernos. ■ Es una palabra francesa.

**enteradillo, lla** *adj.* y *s. m.* y *f.* Persona que presume de saber mucho.
SIN. Sabelotodo, sabiondo, listillo.

**enterado, da** *adj.* **1.** Que se enteró: *¿Sabes que mañana me voy de vacaciones? Sí, estoy enterado.* || *adj.* y *s. m.* y *f.* **2.** Persona que sabe mucho sobre algo. || *s. m.* y *f.* **3.** Persona que cree que lo sabe todo y presume de ello.
SIN. **2.** Entendido, versado, ducho. **3.** Sabelotodo. ANT. **2.** Inexperto.

**enteramente** *adv.* Del todo, completamente: *Estoy enteramente convencido de que hemos hecho bien.*

**enterarse** *v.* **1.** Conocer una persona una noticia u otra cosa: *Me he enterado de que te vas a Portugal.* **2.** Darse cuenta una persona de lo que pasa a su alrededor: *Antonio no se enteró de que estaban llamando al timbre.* **3.** Comprender lo que se dice o se lee: *Por fin me he enterado de cómo se maneja este vídeo.*
EXPR. **te vas a enterar** o **se va a enterar** Frase para amenazar o hacer una advertencia a alguien.
SIN. **1.** Informarse. **2.** Percatarse, apercibirse.
FAM. Enteradillo, enterado.

**entereza** *s. f.* Característica de la persona que cuando vive una situación muy triste o desagradable sabe mantenerse tranquila y no pierde los nervios.
SIN. Firmeza, temple, fortaleza, aplomo. ANT. Debilidad.

**enterizo, za** *adj.* De una sola pieza: *He comprado un pijama enterizo para el bebé.*

**enternecedor, ra** *adj.* Que produce ternura o emoción: *Es enternecedor ver cómo cuida la perra a sus cachorros.*
SIN. Conmovedor.

**enternecer** *v.* Hacer que una persona sienta ternura o se emocione. ■ Es un verbo irregular. Se conjuga como *agradecer.*
SIN. Conmover, emocionar. ANT. Endurecer.
FAM. Enternecedor.

**entero, ra** *adj.* **1.** Completo, sin faltar nada: *Llegamos pronto al cine y pudimos ver entera la película.* **2.** Se dice de la persona que sabe dominarse: *Estuvo muy entero cuando le dieron la triste noticia; ni siquiera lloró.* || *adj.* y *s. m.* **3.** En matemáticas, se dice de los números positivos o negativos como 0, 1, 2, 3, −1, −2, que no tienen decimales.
SIN. **1.** Íntegro, cabal. ANT. **1.** Incompleto.
FAM. Enteramente, entereza, enterizo.

**enterrador, ra** *s. m.* y *f.* Persona encargada de enterrar a los muertos.
SIN. Sepulturero.

**enterramiento** *s. m.* **1.** Acción de enterrar. **2.** Lugar donde se ha enterrado a un cadáver.
SIN. **1.** Entierro. **2.** Sepultura, fosa, tumba.

**enterrar** *v.* **1.** Poner algo debajo de la tierra: *Los piratas cavaron un hoyo para enterrar el tesoro.*

**2.** Dar sepultura a una persona que ha muerto. ■ Es un verbo irregular. Se conjuga como *pensar*. **SIN. 1.** y **2.** Sepultar. **2.** Inhumar. **ANT. 1.** y **2.** Desenterrar. **2.** Exhumar. **FAM.** Enterrador, enterramiento, entierro. / Desenterrar.

**entibiar** *v.* **1.** Poner tibio o templado. **2.** Quitar fuerza a un sentimiento o a una relación: *La distancia entibió nuestra amistad.* **SIN. 2.** Enfriar. **ANT. 2.** Avivar.

**entidad** *s. f.* **1.** Empresa, asociación: *En esta calle han puesto una nueva entidad bancaria.* **2.** Importancia: *Como lleva poco tiempo trabajando, todavía se encarga de asuntos de poca entidad.* **SIN. 1.** Sociedad, compañía, organismo, corporación. **2.** Alcance, trascendencia.

**entierro** *s. m.* **1.** Acción de enterrar. **2.** El cadáver que se va a enterrar y las personas que lo acompañan: *Por esta calle acaba de pasar un entierro.* **SIN. 1.** Enterramiento. **2.** Sepelio.

**entintar** *v.* Manchar o empapar de tinta.

**entoldado** *s. m.* **1.** Lugar cubierto de toldos. **2.** El toldo o conjunto de toldos que se ponen en un lugar para dar sombra.

**entoldar** *v.* Cubrir con toldos: *Hemos entoldado el patio para que no dé tanto sol.* **FAM.** Entoldado.

**entomología** *s. f.* La parte de la zoología que estudia los insectos.

**entonación** *s. f.* Acción de entonar y la manera en que se hace.

**entonado, da** *adj.* **1.** Que combina bien con otra cosa: *Lleva la corbata entonada con el traje.* **2.** Restablecido, con más fuerzas: *Estoy más entonado gracias a las vitaminas.* **3.** Contento y animado por haber tomado una bebida alcohólica. **4.** De clase social alta: *La novia es de familia entonada.* **SIN. 1.** Armonizado. **3.** Achispado. **4.** Encopetado.

**entonar** *v.* **1.** Cantar en el tono correcto. **2.** Cantar, recitar: *Entonó un bello canto a su tierra.* **3.** Ir bien una cosa con otra: *Se puso un collar que entonaba con la blusa.* **4.** Hacer algo que una persona se encuentre mejor, con más fuerzas: *Con este frío un vaso de leche caliente te entonará.* **5.** Poner contento y animado a alguien una bebida alcohólica: *Después de tomarse un par de copas se entonó y comenzó a contar chistes.* **SIN. 1.** Afinar. **3.** Pegar, combinar, armonizar. **4.** Restablecer, tonificar. **5.** Achisparse. **ANT. 1.** Desafinar. **1.** y **3.** Desentonar. **FAM.** Entonación, entonado. / Desentonar.

**entonces** *adv.* **1.** Indica un tiempo o momento: *Entonces, cuando yo estudiaba, tenía muchos amigos.* **2.** En ese caso, siendo así: *Si no te parece bien, entonces di lo que piensas.*

**entontecer** *v.* Volver tonto a alguien. ■ Es un verbo irregular. Se conjuga como *agradecer*. **SIN.** Atontar. **ANT.** Espabilar.

**entorchado** *s. m.* Bordado hecho con hilo de oro o plata que algunas personas, como los generales, llevan su uniforme en las vueltas de las mangas.

**entornar** *v.* Dejar una puerta, una ventana o los ojos sin cerrar del todo. **SIN.** Entreabrir.

**entorno** *s. m.* Lo que rodea a alguien o algo; por ejemplo, el *entorno familiar* son las personas de nuestra familia y la casa en que vivimos. **SIN.** Ámbito, ambiente, círculo.

**entorpecer** *v.* **1.** Hacer que algo vaya mal o más lento: *Un tractor entorpecía el tráfico en la carretera.* **2.** Poner torpe: *Estar mucho tiempo sentado entorpece las piernas.* **3.** No dejar pensar con claridad. ■ Es un verbo irregular. Se conjuga como *agradecer*. **SIN. 1.** Dificultar, obstaculizar. **3.** Embotar. **ANT. 1.** Facilitar. **3.** Espabilar.

**entrada** *s. f.* **1.** Acción de entrar: *Compró material nuevo para la entrada al cole. Celebraron juntos la entrada del nuevo año.* **2.** Lugar por donde se entra: *La entrada principal del palacio da a esta calle.* **3.** Trozo de papel que permite entrar en un cine, teatro, museo, discoteca y otros lugares. **4.** Cuando se compra algo, por ejemplo un piso, parte del dinero que cuesta y que se entrega de una vez al principio. **5.** Parte que se queda sin pelo encima de las sienes: *A los treinta años ya tenía entradas.* **6.** Plato más ligero que se sirve antes de los principales. **7.** En los diccionarios, cada palabra con su definición. **8.** En algunos lugares de América del Sur, ingreso de dinero, ganancia. **SIN. 1.** Ingreso, introducción. **1.** y **2.** Acceso. **ANT. 1.** y **2.** Salida.

**entrado, da** *adj.* Avanzado: *Entrado el día, nos fuimos a la playa.* **EXPR. entrado en años** Se dice de la persona que va siendo mayor.

**entramado** *s. m.* **1.** Estructura formada por tiras, láminas o tablas que se entrecruzan: *El tejado se sostiene sobre un entramado de madera.* **2.** Conjunto de ideas o de hechos que se cruzan o se relacionan unos con otros: *El entramado de historias de esta novela es muy complicado.*

**entrambos, bas** *adj.* Los dos, uno y otro. **SIN.** Ambos.

**entramparse** *v.* Deber mucho dinero: *Prefiero pagar todo lo que pueda de una vez para no entramparme.* **SIN.** Endeudarse, empeñarse.

**entrante** *adj.* **1.** Próximo, que entra: *En la semana entrante hay dos fiestas.* || *s. m.* **2.** Entrada hacia el interior en el borde de una cosa: *El mar hacía* *un entrante en la costa.* **3.** Plato que se sirve como entrada.

ANT. **1.** y **2.** Saliente.

**entraña** *s. f.* **1.** Órgano interno del cuerpo de las personas y los animales. **2.** Los sentimientos de una persona: *Era un hombre sin entrañas: no le importaba ver sufrir a los demás.* **3.** Parte más oculta, el interior: *En las entrañas de la cueva había una completa oscuridad.*

SIN. **1.** Víscera, tripa, intestino, asadura. **2.** Corazón, alma.

FAM. Entrañable, entrañar.

**entrañable** *adj.* Querido, que llega a lo más hondo del corazón: *Les unía una amistad entrañable. Su abuelo es una persona entrañable; siempre tan cariñoso con todo el mundo.*

**entrañar** *v.* Llevar una cosa unida otra: *Construir un aparcamiento en esa calle entraña tener que cerrarla al tráfico.*

SIN. Suponer, implicar, conllevar.

FAM. Desentrañar.

**entrar** *v.* **1.** Ir de fuera adentro: *Entró en un portal para protegerse de la lluvia.* **2.** Caber o introducirse una cosa dentro de otra: *Esta linterna no me entra en el bolsillo del pantalón. Mira a ver si entra el enchufe.* **3.** Estar dentro de otra cosa: *En el precio del hotel también entra el desayuno.* **4.** Ser admitido en un grupo, en un trabajo: *Entró en el equipo de baloncesto. Ha entrado de profesor en el colegio.* **5.** Comenzar a sentir lo que indican algunos sustantivos: *Me entra miedo cuando pienso en los exámenes. En la sombra me entra frío.* **6.** Empezar: *Ha entrado el invierno y hay que ponerse más ropa.* **7.** Meterse, tomar parte en algo: *No me apetece entrar en discusiones. Quería entrar en el negocio.*

EXPR. **no entrarle** a una persona una cosa No llegar a comprenderla: *Los verbos no le entran. No me entra en la cabeza que todavía no hayáis pensado adónde queréis ir.*

SIN. **1.** Pasar, penetrar. **2.** Coger. **3.** Incluirse. **4.** Ingresar. **5.** Dar. **6.** Iniciarse. **7.** Intervenir, participar. ANT. **1.**, **2.**, **4.** y **7.** Salir. **3.** Excluir. **4.** Dejar, abandonar. **5.** Terminar, acabar.

FAM. Entrada, entrado, entrante.

**entre** *prep.* **1.** En medio de: *Entre tu mesa y la mía hay un pasillo.* **2.** Dentro de: *Entre la ropa de la maleta he metido tus pañuelos. Entre los ciclistas de la carrera hay varios españoles.* **3.** Expresa estado intermedio, que tiene de una cosa y de otra: *Su pelo es entre moreno y castaño.* **4.** Indica que lo hacen varias personas: *Entre todos limpiaron la clase. Se pelearon entre ellos.* **5.** Se usa delante de las cosas que se pueden escoger: *Elige entre estos dos regalos.* **6.** Indica alguna relación: *Entre Elisa y María había una gran amistad.*

**entreabierto, ta** *adj.* Que está abierto un poco, no del todo: *El balcón está entreabierto.*

**entreabrir** *v.* Abrir un poco, no del todo: *entreabrir los ojos, entreabrir el balcón, entreabrir la puerta.* ■ Su participio es irregular: *entreabierto.*

SIN. Entornar.

FAM. Entreabierto.

**entreacto** *s. m.* Intermedio en una representación de teatro.

**entrecano, na** *adj.* Se dice del pelo que tiene algunas canas, pero que no es todo blanco.

**entrecejo** *s. m.* El espacio que hay entre las dos cejas.

**entrecerrar** *v.* Cerrar a medias, pero no completamente: *Entrecerraba los ojos porque le molestaba el sol.* ■ Es un verbo irregular. Se conjuga como *pensar.*

**entrecomillado** *s. m.* Texto que está escrito entre comillas.

**entrecomillar** *v.* Poner entre comillas palabras, frases o párrafos.

FAM. Entrecomillado.

**entrecortado, da** *adj.* No seguido, con cortes o interrupciones: *Al recibir el premio se emocionó y sólo pudo decir unas palabras entrecortadas.*

**entrecot** *s. m.* Filete que se saca de la parte de las costillas de la res; se llama también así a cualquier filete grueso.

**entrecruzar** *v.* Cruzar dos o más cosas entre sí: *entrecruzar las piernas.* ■ Delante de *e* se escribe *c* en lugar de *z*: *entrecruce.*

**entredicho** *s. m.* El hecho de poner en duda, por ejemplo la honradez o sinceridad de alguien: *Aquella acción puso en entredicho la fama de buena persona que tenía.*

**entredós** *s. m.* Tira de adorno, bordada o de encaje, que se cose entre dos telas. ■ Su plural es *entredoses.*

**entrega** *s. f.* **1.** Acción de entregar o entregarse: *El alcalde hizo entrega de la copa al vencedor. Su entrega al deporte es exagerada.* **2.** Acto en el que se entregan premios, títulos y otras cosas. **3.** Publicación de una obra por partes: *una novela por entregas.*

SIN. **3.** Fascículo.

**entregar** *v.* **1.** Dar, poner en manos de alguien: *Entregó las llaves al portero. El delincuente, al verse rodeado, se entregó a la policía.* || **entregarse 2.** Dedicarse a algo con mucho interés: *Se ha entregado al estudio de la medicina.* ■ Delante de *e* se escribe *gu* en lugar de *g*: *Entregué el paquete.*

SIN. **1.** Conceder, otorgar, depositar. ANT. **1.** Quitar; liberar. **2.** Desentenderse.

FAM. Entrega.

**entreguerras** Se usa en la expresión **de entreguerras**, que se aplica al periodo de paz que hay entre dos guerras, sobre todo al que hubo entre el fin de la Primera Guerra Mundial y el comienzo de la Segunda Guerra Mundial.

**entrelazar** *v.* Enlazar una cosa con otra, cruzándolas entre sí. ■ Delante de *e* se escribe *c* en lugar de *z*: *Me entrelacé el pelo en una trenza.*
**SIN.** Entrecruzar.

**entrelínea** *s. f.* Espacio blanco entre dos líneas de un texto.
**SIN.** Interlineado.

**entremedias** *adv.* Entre dos o más tiempos, acciones, cosas o lugares: *Voy a clase de informática, después a clase de inglés y, entremedias, suelo tomarme un café.* ■ Se escribe también separado: *entre medias.*

**entremés** *s. m.* **1.** Plato ligero que se toma generalmente antes de las comidas: *Nos pusieron como entremeses jamón, chorizo y queso.* **2.** Pieza breve y divertida que en el teatro solían poner entre los actos de una obra más larga.

**entremeter** *v.* **1.** Meter una cosa entre otras: *Para que no se deshiciera la cama entremetió bien las sábanas.* ‖ **entremeterse 2.** Meterse una persona en donde no debe: *No te entremetas en la discusión.*
**SIN. 1.** y **2.** Entrometer. **2.** Inmiscuirse.
**FAM.** Entremetido.

**entremetido, da** *adj.* Entrometido, que se mete donde no debe.

**entremezclar** *v.* Mezclar: *En esa película se entremezclan escenas tristes con escenas alegres.*

**entrenador, ra** *s. m.* y *f.* Persona que entrena a personas o animales.
**SIN.** Míster.

**entrenamiento** *s. m.* Acción de entrenar o entrenarse y ejercicios que se hacen con ese fin.

**entrenar** *v.* **1.** Repetir algo muchas veces para prepararse, sobre todo los ejercicios que hacen los deportistas: *Los jugadores del equipo de baloncesto entrenan tres días a la semana.* **2.** Dirigir a otros en esos ejercicios: *El profesor de gimnasia entrena al equipo de fútbol.*
**SIN. 1.** Practicar, ejercitar.
**FAM.** Entrenador, entrenamiento. / Desentrenado.

**entreoír** *v.* Oír algo pero no muy bien: *Desde mi casa entreoí una conversación de mis vecinos.* ■ Es un verbo irregular. Se conjuga como *oír.*

**entrepaño** *s. m.* **1.** Trozo de una pared entre dos columnas o dos huecos: *Vamos a colocar una estantería en un entrepaño del salón.* **2.** Tabla horizontal o estante de un mueble. **3.** Cada uno de los cuadrados en los que se dividen algunas puertas y ventanas.
**SIN. 2.** Balda, anaquel. **3.** Cuarterón.

**entrepierna** *s. f.* **1.** Parte interior de los muslos. **2.** Órganos sexuales del hombre o de la mujer.

**entreplanta** *s. f.* Planta situada entre los sótanos y el primer piso o el bajo, normalmente usada para locales comerciales y oficinas.

**entresacar** *v.* **1.** Sacar unas cosas de entre otras para escoger: *Entresaqué algunas frases del libro.* **2.** Cortar o eliminar algo de un conjunto, por ejemplo, pelo: *El peluquero me entresacó del flequillo.* ■ Delante de *e* se escribe *qu* en lugar de *c*: *entresaque.*
**SIN. 1.** Elegir, seleccionar; extraer.

**entresijo** *s. m.* **1.** Membrana que une el estómago y el intestino con la parte interior de la tripa. ‖ *s. m. pl.* **2.** Cosas ocultas o desconocidas de una persona, un grupo, una actividad, una situación: *Tardé años en conocer todos los entresijos del negocio.*
**SIN. 2.** Interioridades.

**entresuelo** *s. m.* **1.** En teatros y cines, planta sobre el patio de butacas. **2.** Piso de una casa situado sobre la planta baja y debajo de la primera.

**entretanto** *adv.* Mientras ocurre o se hace algo: *Voy a calentar la comida, entretanto tú puedes poner la mesa.* ■ Se escribe también separado: *entre tanto.*

**entretejer** *v.* **1.** Meter distintos hilos en la tela que se está tejiendo para hacer una labor o dibujo. **2.** Entrecruzar, entremezclar: *A lo largo de la novela se iban entretejiendo historias muy diferentes.*

**entretela** *s. f.* Tejido que se pone como refuerzo entre la tela y el forro en chaquetas y otras prendas de vestir.
**EXPR.** de mis (tus, sus...) entretelas Muy querido, de lo más hondo del corazón: *¡Hijo de mis entretelas!*

**entretener** *v.* **1.** Hacer que alguien lo pase bien y se divierta: *Me entretiene ver fotos. Se entretiene muchísimo navegando en internet.* **2.** Distraer a alguien haciéndole perder el tiempo, o distraerse uno mismo: *Lo entretuvo un amigo y casi llega tarde a clase. Se entretiene con cualquier cosa y no estudia.* ■ Es un verbo irregular. Se conjuga como *tener.*
**SIN. 1.** Divertir, disfrutar. **ANT. 1.** Aburrir, cansar.
**FAM.** Entretenido, entretenimiento.

**entretenido, da** *adj.* **1.** Que entretiene y divierte: *Dibujar es muy entretenido.* **2.** Distraído, que no se aburre: *Estoy entretenida oyendo música.* **3.** Que ocupa mucho tiempo: *La paella está muy buena, pero es demasiado entretenido hacerla.*
**SIN. 1.** Divertido, ameno. **3.** Pesado. **ANT. 1.** y **2.** Aburrido. **3.** Rápido.

**entretenimiento** *s. m.* El hecho de entretenerse y lo que entretiene.
**SIN.** Distracción, diversión, pasatiempo. **ANT.** Aburrimiento.

**entretiempo** Se usa en la expresión **de entretiempo**, que indica el tiempo entre el invierno y el verano, es decir, la primavera y el otoño: *Se ha comprado un vestido de entretiempo.*

**entrever** *v.* **1.** Ver algo sin claridad, de manera confusa: *Desde lejos y a través de los árboles se entreveía un riachuelo.* **2.** Adivinar, sospechar: *Al hablar con él, entrevió lo que quería.* ■ Es un verbo irregular. Se conjuga como *ver.*
SIN. **1.** Atisbar. **1.** y **2.** Vislumbrar. **2.** Intuir.

**entreverado, da** *adj.* Que tiene intercaladas o mezcladas cosas diferentes.

**entrevista** *s. f.* **1.** Encuentro en el que una persona hace preguntas a otra para saber algo que le interesa, por ejemplo la entrevista que hace un periodista a alguien famoso. **2.** Reunión de dos o más personas para tratar de un asunto: *Mañana tiene una entrevista con el director.*
FAM. Entrevistador, entrevistar.

**entrevistador, ra** *s. m.* y *f.* Persona que hace entrevistas: *El entrevistador preguntó al actor sobre su última película.*

**entrevistar** *v.* **1.** Hacer una entrevista: *Ese periodista ha entrevistado a cantantes, actores, deportistas y a otros muchos famosos.* || **entrevistarse** **2.** Reunirse dos o más personas para tratar de un asunto importante.

**entristecer** *v.* **1.** Producir tristeza o ponerse uno triste: *Le entristecía cambiar de colegio por separarse de sus amigos.* **2.** Hacer que algo tenga un aspecto triste: *Esa pintura tan oscura entristece la habitación.* ■ Es un verbo irregular. Se conjuga como *agradecer.*
SIN. **1.** Apenar, afligir. ANT. **1.** Contentar. **1.** y **2.** Alegrar.

**entrometer** *v.* **1.** Meter una cosa entre otras. || **entrometerse** **2.** Meterse una persona donde no debe: *No te entrometas en nuestra conversación.*
SIN. **1.** y **2.** Entremeter. **2.** Inmiscuirse.
FAM. Entrometido.

**entrometido, da** *adj.* y *s. m.* y *f.* Que se mete en lo que no debe.
SIN. Entremetido.

**entroncar** *v.* **1.** Tener una relación: *Su poesía entronca con las canciones populares.* **2.** Tener o adquirir parentesco: *Sus abuelos entroncan con una antigua familia de Toledo.* ■ Delante de *e* se escribe *qu* en lugar de *c.*
SIN. **1.** Unir, vincular, conectar. **2.** Emparentar.
FAM. Entronque.

**entronizar** *v.* Colocar a una persona en el trono. ■ Delante de *e* se escribe *c* en lugar de *z*: *entronice.*
ANT. Destronar.

**entronque** *s. m.* Acción de entroncar: *el entronque de dos familias, el entronque de dos caminos.*
SIN. Vínculo, conexión.

**entubar** *v.* Poner tubos a una persona o a una cosa: *Durante la operación le entubaron para que pudiera respirar.*

**entuerto** *s. m.* Injusticia, ofensa: *Va por ahí deshaciendo entuertos, como si fuera el defensor de todos.*
SIN. Agravio.

**entumecerse** *v.* Ponerse las piernas u otro miembro rígido, sin poder moverse: *Había nevado y se le entumecieron los pies.* ■ Es un verbo irregular. Se conjuga como *agradecer.*
SIN. Agarrotar. ANT. Desentumecer.
FAM. Entumecimiento. / Desentumecer.

**entumecimiento** *s. m.* Hecho de entumecerse una parte del cuerpo.

**enturbiar** *v.* **1.** Poner turbia una cosa: *La tierra que arrastra ese río enturbia el agua.* **2.** Estropear algo o disminuir la alegría, entusiasmo o animación: *Aquella discusión enturbió su amistad.*
SIN. **1.** Ensuciar.

**entusiasmar** *v.* **1.** Producir entusiasmo, gustarle a alguien mucho una cosa: *El cantante entusiasmó a sus fans. Le entusiasma esquiar.* || **entusiasmarse** **2.** Sentir entusiasmo: *Se entusiasmó cuando le dijeron que irían al parque de atracciones.*
SIN. **1.** Encantar, apasionar, enfervorizar. ANT. **1.** Aburrir, desagradar.

**entusiasmo** *s. m.* **1.** Lo que sienten las personas cuando algo les gusta o les interesa muchísimo: *Ese cantante ha despertado un gran entusiasmo entre los jóvenes.* **2.** Interés y esfuerzo muy grandes: *Estudia con entusiasmo para ser arquitecto.*
SIN. **2.** Empeño. ANT. **1.** y **2.** Desinterés.
FAM. Entusiasmar, entusiasta.

**entusiasta** *adj.* y *s. m.* y *f.* Que siente entusiasmo por algo o se entusiasma fácilmente: *Laura es una entusiasta del rock.*
SIN. Forofo, fanático, fan, incondicional.

**enumeración** *s. f.* El hecho de exponer por orden una serie de cosas, a veces poniéndoles números.
FAM. Enumerar.

**enumerar** *v.* Hacer una enumeración: *Enumera las partes del cuerpo humano.*
SIN. Contar, detallar.

**enunciación** *s. f.* Acción de enunciar.
SIN. Formulación, exposición.

**enunciado** *s. m.* **1.** Palabras con que se enuncia o expone algo, por ejemplo un problema de matemáticas donde aparecen los datos necesarios para resolverlo. **2.** En lengua, un conjunto de palabras entre pausas marcadas.

**enunciar** *v.* Expresar algo de forma breve y precisa; en matemáticas, exponer los datos de un problema.
SIN. Formular.
FAM. Enunciación, enunciado, enunciativa.

**enunciativa** *adj.* y *s. f.* En gramática, se dice de las oraciones que afirman o niegan algo. Por ejemplo, *María se peina* o *Carmen no sabe nadar.*

**envainar** *v.* Meter en la vaina la espada u otra arma blanca.
SIN. Enfundar. ANT. Desenvainar.
FAM. Desenvainar.

**envalentonarse** *v.* Hacerse el valiente, como no temiendo nada.
SIN. Crecerse. ANT. Acobardarse, achantarse, achicarse.

**envanecer** *v.* Hacer que alguien se vuelva vanidoso o muy creído. ■ Es un verbo irregular. Se conjuga como *agradecer*.
SIN. Ensoberbecer. ANT. Humillar.

**envarado, da** *adj.* Se dice de la persona orgullosa y que se da mucha importancia.
SIN. Estirado, engreído.

**envasar** *v.* Introducir en envases algo para guardarlo, conservarlo o transportarlo.
SIN. Embotellar, enlatar.
FAM. Envase.

**envase** *s. m.* **1.** Recipiente para conservar o transportar un producto, como por ejemplo una botella o una lata. **2.** El hecho de envasar algo o introducirlo en esos recipientes.

**envejecer** *v.* Hacer viejo o ponerse viejo: *Tantas preocupaciones le han envejecido. Envejeció pronto.* ■ Es un verbo irregular. Se conjuga como *agradecer*.
ANT. Rejuvenecer.
FAM. Envejecimiento.

**envejecimiento** *s. m.* El hecho de envejecer.

**envenenado, da** *adj.* **1.** Que alguien lo envenenó: *El perro murió envenenado.* **2.** Que contiene veneno: *La madrastra le dio a Blancanieves una manzana envenenada.* **3.** Que esconde algún mal: *Sus elogios eran un regalo envenenado.*

**envenenamiento** *s. m.* **1.** Acción de envenenar. **2.** Enfermedad o muerte producida por un veneno: *Ha habido varios casos de envenenamiento por comer setas del campo.*
SIN. **2.** Intoxicación.

**envenenar** *v.* **1.** Dar un veneno a una persona o animal, o tomarlo ellos. **2.** Poner veneno en una cosa que alguien va a tomar: *La reina envenenó la manzana antes de dársela a Blancanieves.* **3.** Dañar algo, como la amistad o los sentimientos.
SIN. **1.** Intoxicar. **2.** Emponzoñar. ANT. **1.** Desintoxicar.
FAM. Envenenado, envenenamiento.

**envergadura** *s. f.* **1.** Importancia de algo: *En la plaza están haciendo una obra de mucha envergadura.* **2.** Distancia entre las puntas de las alas extendidas de un ave o de un avión, o entre los extremos de los brazos de una persona: *El águila es un ave de gran envergadura.* **3.** Anchura de la vela de un barco por la parte de abajo.
SIN. **1.** Alcance, relevancia.

**envés** *s. m.* Revés de una hoja o de una tela: *Me parece que tienes puesta la sábana por el envés.*
SIN. Reverso, cruz, dorso. ANT. Cara, derecho, anverso.

**enviado, da** *adj.* **1.** Que alguien lo envió: *No creo que hayan llegado todavía las cartas enviadas.* ‖ *s. m.* y *f.* **2.** Persona que va a un lugar por mandato de otra para hacer algo: *Las televisiones de todos los países mandarán enviados a las Olimpiadas para que informen desde allí.*
SIN. **1.** Mandado, remitido.

**enviar** *v.* **1.** Mandar una cosa a algún sitio: *Nos enviarán el paquete a casa. Te enviaré el documento por correo electrónico.* **2.** Hacer ir a alguien a un lugar con algún fin: *Su madre le envió al mercado a comprar la fruta.*
SIN. **1.** Remitir, expedir. **2.** Destinar. ANT. **1.** y **2.** Recibir.
FAM. Enviado, envío.

**enviciar** *v.* **1.** Hacer que alguien tenga un vicio o coger un vicio una persona: *Sus amigos jugaban mucho a las maquinitas y acabaron enviciándole. Empezó a fumar por tontería y terminó enviciándose.* ‖ **enviciarse 2.** Coger demasiada afición por una cosa y no poder dejarla: *Se ha enviciado con los juegos del ordenador y no quiere salir de casa.*
SIN. **1.** Pervertir, corromper. **2.** Engolosinarse. ANT. **1.** Regenerar.

**envidar** *v.* Hacer un envite o apuesta contra alguien en un juego de cartas.
SIN. Apostar.
FAM. Envite.

**envidia** *s. f.* **1.** Tristeza o rabia que siente una persona al ver que a otro le pasan cosas buenas o le quieren más los demás: *Bárbara tiene envidia de su hermano pequeño. Casi se muere de envidia cuando se enteró de que a Roberto le habían ascendido.* **2.** Deseo de alguien de tener o hacer lo mismo que otro: *¡Qué envidia, vaya viaje que estáis preparando!*
SIN. **1.** Celos, pelusa.
FAM. Envidiable, envidiar, envidioso.

**envidiable** *adj.* Que es muy bueno y lo desea todo el mundo: *Su abuelo tiene una salud envidiable.*
SIN. Deseable, apetecible. ANT. Aborrecible.

**envidiar** *v.* Tener envidia de alguien: *Si Sonia te envidia es por ser a ti a quien han elegido para el puesto. Te envidio, has tenido una suerte increíble.*

**envidioso, sa** *adj.* y *s. m.* y *f.* Que tiene envidia de las cosas buenas que les pasan a los demás.
SIN. Celoso.

**envilecer** *v.* Hacer mala y despreciable a una persona o cosa: *Las mentiras envilecen a quien las dice.* ■ Es un verbo irregular. Se conjuga como *agradecer*.
SIN. Pervertir, degenerar, deshonrar, degradar. ANT. Enaltecer.

**envío** *s. m.* **1.** Acción de enviar: *Hicieron el envío del paquete por correo.* **2.** Lo que se envía: *Creo que el envío no va a llegar a tiempo.* SIN. **2.** Remesa.

**envite** *s. m.* **1.** Empujón: *Le dio tal envite a la mesa que la tiró al suelo.* **2.** Apuesta que se hace en algunos juegos de cartas. SIN. **1.** Empellón.

**enviudar** *v.* Quedarse viuda una persona.

**envoltijo** *s. m.* Paquete o envoltorio mal hecho.

**envoltorio** *s. m.* **1.** Cualquier cosa o cosas envueltas sin mucho cuidado: *Hizo un envoltorio con las toallas y las metió en la bolsa de la playa.* **2.** Aquello con que se envuelve una cosa: *No rompas el envoltorio del paquete por si tenemos que cambiarlo.* SIN. **1.** Lío. **2.** Envoltura.

**envoltura** *s. f.* Lo que envuelve o rodea una cosa: *El paquete venía con una envoltura muy bonita. La atmósfera es la envoltura gaseosa de la Tierra.* SIN. Envoltorio, revestimiento.

**envolvente** *adj.* Que envuelve o rodea: *Mi cadena de música tiene sonido envolvente.*

**envolver** *v.* **1.** Cubrir a una persona o cosa, rodeándola con algo: *Envuélvame la caja de bombones, por favor. Se envolvió con la capa. La niebla envolvía las montañas.* **2.** Convencer a alguien: *El vendedor les envolvió con sus explicaciones y acabaron comprando el televisor.* **3.** Hacer que alguien participe en una cosa o se vea metido en ella. ■ Es un verbo irregular. Se conjuga como *volver.* SIN. **1.** Empaquetar, liar, embalar; arropar. **3.** Comprometer, involucrar, implicar. ANT. **1.** Desenvolver, desempaquetar. FAM. Envoltijo, envoltorio, envoltura, envolvente, envuelto. / Desenvolver.

**envuelto, ta** *adj.* **1.** Que hay algo que lo envuelve: *El juguete está envuelto en papel de regalo.* **2.** Comprometido en algo malo: *Se vio envuelto en una serie de asuntos ilegales.*

**enyesado, da** *adj.* **1.** Cubierto de yeso. **2.** Que lleva una escayola en alguna parte del cuerpo: *Se rompió un brazo y lo lleva enyesado.* ‖ *s. m.* **3.** Acción de enyesar.

**enyesar** *v.* **1.** Tapar o cubrir con yeso: *Hay que enyesar los desconchones de la pared antes de pintarla.* **2.** Poner un vendaje recubierto con yeso en una parte del cuerpo para que no se pueda mover. SIN. **2.** Escayolar. FAM. Enyesado.

**enzarzar** *v.* **1.** Meter en una discusión o pelea: *Se enzarzaron en una riña porque uno había insultado al otro.* ‖ **enzarzarse 2.** Meterse en una actividad difícil o muy entretenida: *Me he enzarzado en terminar el trabajo y no voy a poder salir.* ■ Delante de *e* se escribe *c* en lugar de *z*: *No te enzarces.*

SIN. **1.** Azuzar, incitar, encizañar. ANT. **1.** Apaciguar, separar.

**enzima** *s. amb.* Molécula compuesta por proteínas que interviene en los procesos químicos de los seres vivos.

**eólico, ca** *adj.* Producido por la acción del viento: *Los molinos de viento aprovechan la energía eólica.*

**épica** *s. f.* Tipo de poesía en la que se cuentan grandes hazañas de un héroe o de un pueblo entero. FAM. Épico.

**epiceno** *adj.* Se dice de los sustantivos, como algunos de animales, que tienen una misma terminación y artículo para el macho y la hembra; por ejemplo, *jilguero* es un sustantivo epiceno.

**epicentro** *s. m.* Punto de la superficie de la Tierra donde primero se notan los efectos de un terremoto.

**épico, ca** *adj.* De la épica o relacionado con ese tipo de poesía: *El «Poema de mio Cid» es una de las obras épicas más importantes.*

**epidemia** *s. f.* Enfermedad infecciosa que ataca a la vez a muchas personas de un lugar: *Este año hay una epidemia de gripe muy mala.* FAM. Epidémico.

**epidémico, ca** *adj.* De la epidemia: *Las autoridades aconsejan vacunarse ante el nuevo brote epidémico de gripe.*

**epidérmico, ca** *adj.* De la epidermis: *capa epidérmica, células epidérmicas.*

**epidermis** *s. f.* Capa externa de la piel de las personas y de los animales. ■ No varía en plural. FAM. Epidérmico.

**epidural** *adj. y s. f.* Se dice de la anestesia que se pone en la espina dorsal para no sentir dolor de la cintura para abajo: *Muchas mujeres prefieren dar a luz con anestesia epidural.*

**epifanía** *s. f.* Fiesta en que la Iglesia católica celebra la adoración de los Reyes Magos al Niño Jesús; es el 6 de enero. ■ Suele escribirse con mayúscula.

**epigastrio** *s. m.* Parte del cuerpo que va desde debajo del pecho hasta el ombligo.

**epiglotis** *s. f.* Órgano unido a la parte de atrás de la lengua que cierra la glotis al tragar, para evitar que los alimentos vayan hacia las vías respiratorias. ■ No varía en plural.

**epígono** *s. m.* Persona que sigue las enseñanzas, las ideas o el estilo artístico de otra persona o de una escuela anterior.

**epígrafe** *s. m.* **1.** Título con que empieza un capítulo u otro apartado de un escrito: *Marta, lee el primer epígrafe de la lección.* **2.** Resumen que se pone al principio de un capítulo, un artículo o cualquier apartado de un libro, en el que se dice lo más importante de ellos. SIN. **1.** Encabezamiento.

**epigrama** *s. m.* Poesía corta que expresa un pensamiento ingenioso o una burla.

**epilepsia** *s. f.* Enfermedad del sistema nervioso que produce ataques en los que la persona tiene movimientos violentos e involuntarios y pierde el conocimiento. **FAM.** Epiléptico.

**epiléptico, ca** *adj.* **1.** De la epilepsia o relacionado con esa enfermedad: *ataques epilépticos.* || *adj. y s. m. y f.* **2.** Se dice de la persona que tiene epilepsia.

**epílogo** *s. m.* Parte final de alguna cosa, sobre todo de un libro. **ANT.** Prólogo.

**episcopado** *s. m.* **1.** Conjunto de los obispos: *El episcopado español ha publicado un documento sobre la familia.* **2.** Cargo del obispo. **SIN.** **2.** Obispado. **FAM.** Episcopal.

**episcopal** *adj.* Del obispo o relacionado con él: *El obispo vive en el palacio episcopal.*

**episódico, ca** *adj.* **1.** Del episodio o compuesto de episodios: *una narración episódica.* **2.** Poco importante: *Nuestra pelea fue un suceso episódico que ya está olvidado.* **SIN.** **2.** Anecdótico, trivial. **ANT.** **2.** Fundamental.

**episodio** *s. m.* **1.** Cada uno de los sucesos que se producen en una acción, en la vida de una persona o en una época: *La guerra de la Independencia contra los franceses fue un episodio importante de la historia de España.* **2.** Cada una de las divisiones de una novela, un cuento o una serie de radio o televisión, en la que se cuenta una acción que es parte de la principal: *El último episodio del libro era el más divertido.* **SIN.** **1.** y **2.** Capítulo. **2.** Pasaje. **FAM.** Episódico.

**epístola** *s. f.* En lenguaje culto, carta; por ejemplo, las escritas por los apóstoles a los antiguos cristianos, que forman parte de la *Biblia.* **SIN.** Misiva. **FAM.** Epistolar, epistolario.

**epistolar** *adj.* Relacionado con la epístola: *La novela está escrita en estilo epistolar, como si fuese un conjunto de cartas.*

**epistolario** *s. m.* Conjunto de cartas o epístolas escritas por una persona, o libro en el que se recogen.

**epitafio** *s. m.* Frase que se pone a veces sobre la tumba de una persona.

**epitelial** *adj.* Se dice del tejido que recubre todas las superficies externas e internas del cuerpo de las personas y de los animales.

**epitelio** *s. m.* Tejido epitelial.

**epíteto** *s. m.* Adjetivo que expresa una característica propia o destacada del sustantivo al que acompaña; por ejemplo, en *cielo azul,* el adjetivo *azul* es un epíteto porque el cielo suele tener ese color.

**época** *s. f.* Días, meses, años u otro espacio de tiempo: *La primavera es la época de las flores. Este niño lleva una época en que come fatal.* **EXPR.** **de época** Antiguo, de un tiempo pasado: *Hemos visto un desfile de coches de época.* **hacer época** Tener mucha importancia, destacar mucho en su tiempo: *Los dibujos de Walt Disney han hecho época.* **SIN.** Temporada, momento, era.

**epopeya** *s. f.* **1.** Poema bastante largo en el que se cuentan leyendas o acciones heroicas de hombres, dioses antiguos o pueblos enteros. **2.** Acción realizada con muchas dificultades o con mucho esfuerzo: *¡Menuda epopeya fue aquel viaje, nevando todo el día!* **SIN.** **1.** Saga. **2.** Odisea, proeza, gesta.

**equidad** *s. f.* Modo de actuar de las personas justas, que dan a cada uno lo que le corresponde o se merece: *Los jueces calificaron con equidad a todos los deportistas.* **SIN.** Justicia. **ANT.** Injusticia. **FAM.** Equiparar, equitativo.

**equidistante** *adj.* Que está a la misma distancia que otra u otras cosas.

**equidistar** *v.* Estar a la misma distancia: *Los tres pueblos equidistan de la capital.* **FAM.** Equidistante.

**équido** *s. m.* Nombre que se da a los mamíferos que tienen patas largas y andan sobre una especie de uña llamada *casco,* como por ejemplo el caballo o el burro. **FAM.** Equino, equitación. / Ecuestre.

**equilátero, ra** *adj.* Se dice de la figura o del cuerpo geométrico que tiene todos sus lados iguales: *un triángulo equilátero.*

**equilibrado, da** *adj.* **1.** Que actúa con sensatez, sin hacer locuras ni exageraciones: *Es agradable tratar con ella porque tiene una mente muy equilibrada.* **2.** Que tiene equilibrio: *Una dieta equilibrada consiste en combinar adecuadamente los tipos de alimentos.* **3.** Se dice de cosas iguales o parecidas: *Las fuerzas de los dos equipos están equilibradas.* **SIN.** **1.** Prudente, razonable. **3.** Igualado, nivelado. **ANT.** **1.** y **2.** Desequilibrado.

**equilibrar** *v.* **1.** Poner en equilibrio: *Equilibró con pesos los dos platillos de la balanza.* **2.** Hacer que dos o más cosas sean iguales o proporcionadas, de forma que una no supere a la otra: *Los contrarios comenzaron marcando, pero un gol de penalty equilibró el marcador.* **SIN.** **1.** Estabilizar. **2.** Nivelar, compensar, igualar. **ANT.** **1.** y **2.** Desequilibrar.

**equilibrio** *s. m.* **1.** Estado de un cuerpo sometido a dos o más fuerzas iguales que se contrarrestan: *Los platos de la balanza están en equilibrio cuando lo* que se pone en cada uno pesa lo mismo. **2.** Situación de una persona o cosa cuando está quieta o sin caerse, en una posición o lugar en que es posible que se mueva o se caiga: *Perdí el equilibrio y me fui al suelo.* **3.** Acuerdo y armonía entre las personas y las cosas: *En ese dibujo hay un gran equilibrio de colores.* || *s. m. pl.* **4.** Ejercicios del equilibrista. SIN. **2.** Estabilidad. **3.** Proporción, concordancia. **4.** Malabarismos. ANT. **2.** y **3.** Desequilibrio. FAM. Equilibrado, equilibrar, equilibrista. / Desequilibrar.

**equilibrismo** *s. m.* Conjunto de ejercicios y juegos que realiza un equilibrista. SIN. Acrobacia.

**equilibrista** *s. m.* y *f.* Persona que hace ejercicios difíciles que consisten en mantener cosas sin que se caigan o en sostenerse ella sin caerse, como los que andan por la cuerda floja. SIN. Acróbata, funámbulo. FAM. Equilibrismo.

**equilibrista**

**equino, na** *adj.* Del caballo o relacionado con él. SIN. Caballar.

**equinoccio** *s. m.* Cada uno de los dos momentos del año en que, por estar el Sol sobre el ecuador, los días y las noches duran lo mismo en toda la Tierra. Esto ocurre el 21 de marzo (equinoccio de primavera) y el 23 de septiembre (equinoccio de otoño).

**equinodermo** *s. m.* Nombre que se da a los animales marinos invertebrados que tienen el cuerpo simétrico y un esqueleto exterior, como por ejemplo el erizo y la estrella de mar.

**equipaje** *s. m.* Maletas y otras cosas que se llevan de viaje: *En el aeropuerto había carritos para llevar los equipajes.* SIN. Bagaje. FAM. Portaequipaje.

**equipamiento** *s. m.* **1.** Acción de equipar. **2.** Conjunto de objetos e instalaciones que se usan en una

actividad o en un servicio: *El colegio va a comprar equipamiento para el aula de informática.* SIN. **2.** Equipo, material.

**equipar** *v.* Dar a alguien o poner a algo lo necesario para alguna cosa: *Cuando vamos de acampada nos equipamos muy bien. Equiparon el coche con radio y aire acondicionado.* SIN. Proveer, surtir, abastecer. FAM. Equipaje, equipamiento, equipo.

**equiparar** *v.* Comparar dos cosas iguales o que se consideran iguales: *Los vinos de esta región son tan buenos que pueden equipararse con los mejores.* SIN. Igualar. ANT. Diferenciar.

**equipo** *s. m.* **1.** Grupo de personas que participan en un trabajo: *Su padre forma parte del equipo de profesores.* **2.** Grupo completo de deportistas o jugadores que compite con otro u otros: *Seleccionaron a Maite para el equipo nacional de karate.* **3.** Conjunto de aparatos o cosas que sirven para algún fin: *Se me ha estropeado el equipo de música. Se compró un equipo de tenis.* SIN. **1.** Personal.

**equis** *s. f.* **1.** Nombre de la letra *x.* || *adj.* **2.** Se usa para referirse a alguien o algo que no se conoce o que no interesa decir: *Si el coche cuesta equis dinero, yo pagaré la mitad y mi hermano la otra mitad.* ■ No varía en plural.

**equitación** *s. f.* Deporte de montar a caballo. SIN. Hípica.

**equitativo, va** *adj.* Justo, imparcial: *Hicieron un reparto muy equitativo.* SIN. Ecuánime. ANT. Injusto.

**equivalencia** *s. f.* Relación que hay entre dos o más cosas equivalentes.

**equivalente** *adj.* **1.** Que vale lo mismo que otra cosa. || *s. m.* **2.** Cosa que equivale a otra: *En vez del regalo me dieron su equivalente en dinero.* SIN. **1.** Semejante. **1.** y **2.** Igual.

**equivaler** *v.* Tener dos o más cosas el mismo valor, significado, intensidad: *Un kilo equivale a mil gramos. La expresión «tener lugar» equivale a «suceder», «ocurrir».* ■ Es un verbo irregular. Se conjuga como *valer.* FAM. Equivalencia, equivalente.

**equivocación** *s. f.* Acción de equivocarse: *Elegir este regalo para papá me parece una equivocación.* SIN. Equívoco.

**equivocado, da** *adj.* **1.** Que se equivoca: *Creía que tenía razón, pero estaba totalmente equivocado.* **2.** Que contiene una equivocación o un error: *una decisión equivocada, un cálculo equivocado.*

**equivocar** *v.* **1.** Hacer algo distinto de lo que se debería o tomar una cosa por otra pensando que son lo mismo. **2.** Hacer que alguien se confunda o cometa un error: *Calla, me estás equivocando al contar.* || **equivocarse 3.** Cometer un error, confun-

dirse. ■ Delante de *e* se escribe *qu* en lugar de *c*: *Me equivoqué al marcar tu número de teléfono.*
SIN. **1.** Errar. **1.** a **3.** Confundir. **3.** Patinar, colarse.
ANT. **1.** y **3.** Acertar.
FAM. Equivocación, equivocado, equívoco. / Inequívoco.

**equívoco, ca** *adj.* y *s. m.* **1.** Que puede confundir o entenderse de varias maneras. ‖ *s. m.* **2.** Equivocación: *Hubo un equívoco en el hotel y nos dieron las llaves de otra habitación.*
SIN. **1.** Ambiguo. **2.** Confusión, error, malentendido.
ANT. **1.** Inequívoco.

**era¹** *s. f.* Periodo de tiempo que se cuenta a partir de una fecha o de un hecho importante, como la era cristiana, que comienza con el nacimiento de Cristo.
SIN. Época.

**era²** *s. f.* Espacio de tierra limpia y lisa donde se trilla y separa el grano de las espigas de los cereales.
FAM. Erial.

**eral, la** *s. m.* y *f.* Cría de la vaca que tiene más de un año pero menos de dos.

**erario** *s. m.* Los bienes y el dinero del Estado: *Los impuestos que pagamos van a formar parte del erario.*

**erección** *s. f.* **1.** Acción de erigir. **2.** El hecho de levantarse el pene.

**eréctil** *adj.* Que puede levantarse, enderezarse o ponerse tieso: *Los erizos tienen púas eréctiles.*

**erecto, ta** *adj.* Que está levantado, derecho o tieso.

**eremita** *s. m.* Persona que vive en un lugar solitario y se dedica a la oración y a la penitencia.
SIN. Ermitaño, anacoreta.

**ergonómico, ca** *adj.* Se dice de los objetos que tienen un diseño especial para adaptarse al cuerpo humano y ser más cómodos de usar: *Todas las sillas de esta oficina son ergonómicas.*

**erguir** *v.* Levantar, poner derecho: *erguir la cabeza.* ■ Delante de *a* y *o* se escribe *g* en lugar de *gu*. Es un verbo irregular.
SIN. Alzar, elevar, enderezar. ANT. Bajar, inclinar.
FAM. Erección, eréctil, erecto.

**erial** *s. m.* Tierra o campo que está sin cultivar o no puede producir.
SIN. Baldío, yermo. ANT. Sembrado.

**erigir** *v.* Construir un edificio o un monumento, o crear algo como una ciudad o una empresa: *Erigieron la catedral hace cuatro siglos.* ■ Delante de *a* y *o* se escribe *j* en lugar de *g*: *erijo.*
SIN. Alzar, edificar; establecer, fundar, instituir. ANT. Destruir.

**erisipela** *s. f.* Enfermedad de la piel en la que aparecen manchas rojas en la cara y en la cabeza.

**eritema** *s. m.* Inflamación y enrojecimiento de la piel.

**erizar** *v.* Levantar, poner tieso el pelo o el vello, como las púas del erizo. ■ Delante de *e* se escribe *c*

### ERGUIR

**GERUNDIO**

irguiendo

**INDICATIVO**

| Presente | Pretérito perfecto simple |
|---|---|
| irgo o yergo | erguí |
| irgues o yergues | erguiste |
| irgue o yergue | irguió |
| erguimos | erguimos |
| erguís | erguisteis |
| irguen o yerguen | irguieron |

**SUBJUNTIVO**

| Presente | Pretérito imperfecto |
|---|---|
| irga o yerga | irguiera, -ese |
| irgas o yergas | irguieras, -eses |
| irga o yerga | irguiera, -ese |
| irgamos o yergamos | irguiéramos, -ésemos |
| irgáis o yergáis | irguierais, -eseis |
| irgan o yergan | irguieran, -esen |

**Futuro**

| | |
|---|---|
| irguiere | irguiéremos |
| irguieres | irguiereis |
| irguiere | irguieren |

**IMPERATIVO**

| | |
|---|---|
| irgue o yergue | erguid |

en lugar de *z*: *Tengo frío y no puedo evitar que se me erice el vello de los brazos.*

**erizo** *s. m.* Animal mamífero pequeño, que está cubierto de púas muy duras. Tiene el hocico puntiagudo y las patas y la cola muy cortas. Se alimenta de insectos y para defenderse de otros animales se enrosca formando una bola.
EXPR. **erizo de mar** Animal marino de forma redondeada que tiene un caparazón duro cubierto de pinchos.
FAM. Erizar.

erizo

erizo de mar          ermita

**ermita** *s. f.* Iglesia pequeña o capilla que suele estar en las afueras de una población.
FAM. Ermitaño.

**ermitaño, ña** *s. m. y f.* **1.** Persona que vive en una ermita y cuida de ella. ‖ *s. m.* **2.** Monje que vive solo y dedicado a la oración y a la penitencia.
SIN. **2.** Eremita, anacoreta.

**erógeno, na** *adj.* Que produce o siente excitación sexual: *En el cuerpo hay diversas zonas erógenas.*

**erosión** *s. f.* Desgaste que se va produciendo poco a poco en la superficie de la Tierra por la acción del viento, del agua y de los cambios de temperatura.
FAM. Erosionar, erosivo.

**erosionar** *v.* Producir erosión: *El viento y el agua van erosionando poco a poco la tierra y cambiando su aspecto.*

**erosivo, va** *adj.* De la erosión o que la produce: *Las lluvias torrenciales son muy erosivas.*

**erótico, ca** *adj.* Relacionado con el amor y el deseo sexual.
SIN. Amoroso.
FAM. Erotismo. / Erógeno.

**erotismo** *s. m.* Característica de lo que es erótico.

**errabundo, da** *adj.* Busca **errante**.

**erradicar** *v.* Quitar por completo una cosa mala: *Algunas asociaciones trabajan para erradicar el hambre y la pobreza en el mundo.* ■ Delante de *e* se escribe *qu* en lugar de *c*: *erradique.*
SIN. Eliminar, terminar, suprimir, extirpar. ANT. Arraigar, sembrar.

**errante** *adj.* Que va de un lado para otro sin tener lugar fijo: *Los artistas que actúan en el circo llevan una vida errante.*
SIN. Errabundo, ambulante. ANT. Sedentario.

**errar** *v.* **1.** No acertar: *Quiso dar en el centro de la diana, pero erró el tiro.* **2.** Equivocarse o hacer algo malo: *Reconoció que había errado al echarnos la culpa.* **3.** Ir de un lado para otro sin tener un lugar fijo para estar o vivir. ■ Es un verbo irregular.
SIN. **1.** Fallar. **3.** Vagar, deambular. ANT. **1.** Atinar. **3.** Asentarse, establecerse.
FAM. Errabundo, errante, errático, error. / Yerro.

| ERRAR | | |
|---|---|---|
| INDICATIVO | SUBJUNTIVO | IMPERATIVO |
| **Presente** | **Presente** | |
| yerro | yerre | |
| yerras | yerres | yerra |
| yerra | yerre | |
| erramos | erremos | |
| erráis | erréis | errad |
| yerran | yerren | |

**errata** *s. f.* Error en un libro, en una revista o en cualquier obra impresa.
SIN. Equivocación, gazapo.

**errático, ca** *adj.* **1.** Busca **errante**. **2.** Que se sale de lo normal y corriente: *una conducta errática.*
SIN. **2.** Extraño, extravagante.

**erre** *s. f.* Nombre de la letra *r.*
EXPR. **erre que erre** Insistiendo de manera terca: *Te digo que me dejes en paz y tú erre que erre.*

**erróneo, a** *adj.* Que está mal hecho o tiene algún error: *La respuesta es errónea.*
SIN. Equivocado, incorrecto. ANT. Correcto.

**error** *s. m.* **1.** Cosa falsa o mal hecha: *Es un error pensar que el Sol da vueltas alrededor de la Tierra. En esta multiplicación hay dos errores.* **2.** Algo que no se debería haber hecho: *Fue un error salir de viaje con ese mal tiempo.*
SIN. **1.** Falsedad, incorrección, falta, errata. **1.** y **2.** Fallo. **2.** Desacierto. ANT. **1.** Verdad, exactitud. **2.** Acierto.
FAM. Errata, erróneo.

**ertzaina** *s. m. y f.* Miembro de la policía autonómica vasca. ■ Es una palabra vasca.
FAM. Ertzaintza.

**ertzaintza** *s. f.* La policía autonómica vasca. ■ Es una palabra vasca.

**eructar** *v.* Echar por la boca los gases del estómago haciendo ruido.
FAM. Eructo.

**eructo** *s. m.* Lo que hace una persona al eructar.
SIN. Regüeldo.

**erudición** *s. f.* Gran cantidad de conocimientos que alguien tiene sobre una o varias materias.
SIN. Saber, cultura. ANT. Ignorancia, incultura.
FAM. Erudito.

**erudito, ta** *adj. y s. m. y f.* Que tiene erudición o sabe mucho de una o varias materias.
SIN. Sabio. ANT. Ignorante.

**erupción** *s. f.* **1.** Salida violenta de materias sólidas, líquidas o gaseosas que hay en el interior de la Tierra: *La erupción del volcán provocó grandes destrozos.* **2.** Aparición en la piel de granos o manchas; también, estos granos o manchas.
SIN. **2.** Brote.
FAM. Eruptivo.

**eruptivo, va** *adj.* De la erupción.

**esaborío, a** *adj.* Busca **desaborido**.

**esbeltez** *s. f.* Característica de esbelto. ■ Su plural es *esbelteces.*

**esbelto, ta** *adj.* Alto, delgado y de figura elegante.
ANT. Rechoncho.
FAM. Esbeltez.

**esbirro** *s. m.* Matón al que alguien paga para que haga los actos violentos que le ordena.
SIN. Sicario.

**esbozar** v. **1.** Hacer un esbozo de algo: *El pintor esbozó el retrato dibujando los rasgos principales de la cara.* **2.** Comenzar un gesto sin hacerlo totalmente: *Su rostro esbozó una sonrisa.* ■ Delante de e se escribe c en lugar de z: *esbocé.*

**esbozo** s. m. **1.** Dibujo o pintura que se hace trazando los rasgos principales. **2.** Esquema de una obra, plan u otra cosa: *El escritor hizo un esbozo de lo que sería su próximo libro.*
**SIN. 1.** Boceto, bosquejo, apunte.
**FAM.** Esbozar.

**escabechado, da** adj. En escabeche: *Tomaron truchas escabechadas.*

**escabeche** s. m. Salsa preparada con aceite, vinagre, laurel y otros condimentos, para conservar y hacer más sabroso algo, sobre todo los pescados: *una lata de sardinas en escabeche.*
**FAM.** Escabechado, escabechina.

**escabechina** s. f. **1.** Gran número de muertes o destrozos. **2.** Hecho de haber muchos suspensos en un examen.
**SIN. 1.** Carnicería, hecatombe.

**escabel** s. m. Banqueta o taburete, sobre todo la que sirve para apoyar los pies en ella.

**escabroso, sa** adj. **1.** Se dice del terreno montañoso, con rocas o desniveles que hacen difícil caminar por él. **2.** Que se considera un poco indecente: *Algunas escenas amorosas de la película eran escabrosas.* **3.** Que resulta difícil o incómodo hablar de ello: *Durante toda la reunión evitaron tratar un tema tan escabroso.*
**SIN. 1.** Abrupto, quebrado. **2.** Atrevido, descarado. **3.** Delicado. **ANT. 1.** Llano. **2.** Inocente.

**escabullirse** v. **1.** Escaparse: *El niño intentó coger un pez, pero se le escabulló entre los dedos. El ladrón se escabulló entre la multitud y no consiguieron atraparle.* **2.** Evitar algo que nos desagrada: *Siempre que hay faena se escabulle.* ■ Es un verbo irregular. Se conjuga como *mullir.*
**SIN. 1.** Escurrirse, desaparecer. **2.** Escaquearse, librarse.

**escacharrar** v. Romper o estropear una cosa: *Este reloj ya se ha escacharrado otra vez.* ■ Se escribe también *descacharrar.*
**SIN.** Destrozar, averiar, escachifollar. **ANT.** Arreglar.

**escachifollar** v. Estropear, romper: *Se ha escachifollado la televisión.*
**SIN.** Destrozar, averiar, escacharrar. **ANT.** Arreglar.

**escafandra** s. f. Traje que usan los buzos para estar debajo del agua y los astronautas en sus viajes por el espacio; está completamente cerrado y permite ver y respirar a la persona que lo lleva.

**escafoides** s. m. Nombre de uno de los huesos del pie y de uno de la mano. ■ No varía en plural.

**escagarruzarse** v. Cagarse sin querer y sin poder evitarlo. ■ Delante de e se escribe c en lugar de z.

**escala** s. f. **1.** Escalera de una sola pieza hecha de cuerda u otros materiales. **2.** Serie ordenada de cosas, como las notas musicales o los colores. **3.** Divisiones que tienen algunos instrumentos de medida: *la escala de un termómetro.* **4.** En un mapa, dibujo, plano o maqueta, relación que existe entre sus dimensiones y el tamaño real de la superficie que representa. Un mapa a escala 1:50 significa que cada unidad del mapa equivale a cincuenta unidades de superficie real. **5.** Parada que hace un barco o avión en su recorrido: *El vuelo con destino a Nueva York tiene escala en París.* **6.** Importancia o cantidad de algo: *Estas dos tiendas se dedican a la venta de ropa deportiva, pero a distinta escala.*
**SIN. 6.** Proporción, magnitud, envergadura.
**FAM.** Escalafón, escalar, escalera, escalinata, escalón.

**escalabrar** v. Busca **descalabrar.**

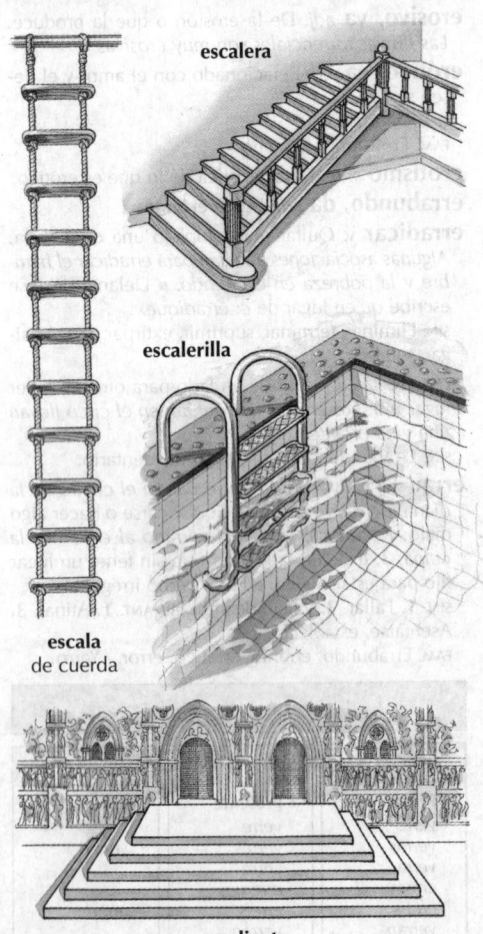

escalera

escalerilla

escala
de cuerda

escalinata

**escalada** *s. f.* **1.** Acción de escalar una montaña u otra cosa. **2.** Aumento rápido de algo, por ejemplo de la violencia o de los precios.
SIN. **1.** Ascensión, ascenso. ANT. **1.** Descenso. **2.** Caída.
FAM. Cronoescalada.

**escalador, ra** *adj. y s. m. y f.* Que escala algo, por ejemplo una montaña.
SIN. Alpinista.

**escalafón** *s. m.* Lista de personas que trabajan en un cuerpo, por ejemplo el cuerpo de profesores, ordenadas por los méritos y la antigüedad.
SIN. Jerarquía.

**escalar** *v.* **1.** Subir a un sitio alto utilizando una escala o trepando: *Los alpinistas escalaron el monte.* **2.** Llegar a una posición o categoría más alta: *Ese equipo de ciclistas escaló los primeros puestos de la clasificación.*
SIN. **1.** Ascender. **2.** Medrar, progresar, prosperar.
ANT. **1.** Bajar.
FAM. Escalada, escalador.

**escaldado, da** *adj.* **1.** Que se bañó con agua muy caliente o se quemó con algo hirviendo. **2.** Que está escarmentado por algo malo que le ha ocurrido antes.

**escaldar** *v.* **1.** Bañar una cosa con agua hirviendo. **2.** Quemar a alguien algo que está hirviendo: *No te des la ducha tan caliente, que te vas a escaldar.*
FAM. Escaldado.

**escaleno** *adj.* Se dice del triángulo que tiene los tres lados desiguales.

**escalera** *s. f.* **1.** Serie de peldaños construidos para subir de un piso a otro o para entrar en un edificio. **2.** Utensilio portátil con unos escalones o travesaños para subir o bajar: *Enrique se subió a la escalera para pintar el techo de la habitación.*
FAM. Escalerilla.

**escalerilla** *s. f.* Escalera con pocos escalones, por ejemplo la que tienen las piscinas para entrar y salir del agua.

**escaléxtric** *s. m.* **1.** Juguete que consiste en una pista con raíles por la que corren coches eléctricos. **2.** Cruce de carreteras en el que pasan unas por encima de otras: *Para llegar al centro comercial tengo que cruzar la autopista subiendo por un escaléxtric.*

**escalfar** *v.* Cocer un huevo sin la cáscara.

**escalinata** *s. f.* Escalera ancha, como la que hay a la entrada de algunos grandes edificios.
SIN. Gradas.

**escalofriante** *adj.* Que produce escalofríos, sobre todo porque da miedo o asusta: *La película tenía escenas escalofriantes.*
SIN. Tremendo, espeluznante.

**escalofrío** *s. m.* Temblor que recorre el cuerpo de una persona cuando le entra frío de repente, tiene fiebre o miedo.
FAM. Escalofriante.

**escalón** *s. m.* **1.** Cada una de las partes horizontales de una escalera. **2.** Puesto que se asciende en un cargo, empleo u otra cosa.
SIN. **1.** Peldaño. **2.** Grado.
FAM. Escalonado, escalonar.

**escalonado, da** *adj.* **1.** De forma gradual, no de golpe, sin subidas o bajadas muy bruscas: *El precio de los coches ha subido de manera escalonada en los últimos años.* **2.** En forma de escalón: *En muchas regiones se aprovechan los terrenos escalonados para cultivos.*

**escalonar** *v.* **1.** Poner a varias personas o cosas dejando una distancia entre ellas: *Escalonaron las señales en la carretera cada quinientos metros.* **2.** Hacer varias cosas dejando que pase un tiempo entre una y otra.
ANT. **1.** Juntar, reunir. **1.** y **2.** Concentrar.

**escalope** *s. m.* Filete fino de carne que se reboza en huevo y pan rallado y se fríe.

**escalpelo** *s. m.* Cuchillo pequeño de hoja estrecha y puntiaguda, como el que usan los cirujanos en las operaciones. ■ Se dice también *escarpelo.*

**escama** *s. f.* **1.** Cada una de las placas pequeñas y duras que cubren la piel de peces y reptiles, para protegerla. **2.** Otras cosas que tienen algún parecido con estas placas, por ejemplo la caspa.
FAM. Escamar, escamoso. / Descamar.

**escamado, da** *adj.* Que empieza a desconfiar o sospechar de algo.

**escamar** *v.* **1.** Hacer que una persona empiece a sospechar o desconfiar: *Le escamaba que los niños estuviesen tan callados: ¿qué estarían haciendo?* **2.** Quitar las escamas a los peces.
SIN. **1.** Mosquear; sospechar, recelar. **2.** Descamar.
FAM. Escamado.

**escamoso, sa** *adj.* Que tiene escamas, como la piel de peces y reptiles.

**escamotear** *v.* **1.** Hacer desaparecer una cosa con habilidad, sin que otro se dé cuenta: *El mago escamoteó el conejo que había sacado del sombrero.* **2.** Eliminar u ocultar algo de forma intencionada.

**escampado** *s. m.* Busca **descampado**.

**escampar** *v.* Dejar de llover: *No saldremos de casa hasta que escampe.* ■ Sólo se usa en tercera persona.

**escanciar** *v.* Echar el vino u otra bebida en un vaso.

**escandalera** *s. f.* Ruido grande, alboroto: *Los vecinos hicieron una fiesta y montaron una escandalera tremenda.*
SIN. Jaleo, escándalo.

**escandalizar** *v.* **1.** Armar escándalo: *Esos niños escandalizan a todo el vecindario con sus gritos.* **2.** Hacer que alguien se horrorice por algo que le parece grosero, indecente, injusto o ilegal. ▪ Delante de *e* se escribe *c* en lugar de *z*: *No me extraña que se escandalice al oír esas palabrotas.*
**SIN. 1.** Alborotar.

**escándalo** *s. m.* **1.** Ruido grande producido por voces o gritos. **2.** Cualquier acción o conducta que hace que la gente se indigne o hable mucho de ella por pensar que es indecente, injusta o que va contra la ley: *Fue un escándalo; dejó plantado a su novio el mismo día de la boda.*
**SIN. 1.** Jaleo, bulla, griterío.
**FAM.** Escandalera, escandalizar, escandaloso.

**escandaloso, sa** *adj.* **1.** Que hace mucho ruido: *Esos vecinos tan escandalosos no me dejan dormir.* **2.** Que causa escándalo e indignación.

**escandinavo, va** *adj.* y *s. m.* y *f.* De Escandinavia, es decir, de Dinamarca, Finlandia, Noruega o Suecia, países del norte de Europa.

**escanear** *v.* Obtener imágenes con un escáner.

**escáner** *s. m.* **1.** Aparato de rayos X que, con ayuda de un ordenador, permite obtener imágenes muy claras del cuerpo humano en varios planos. También se llama así a la imagen que se obtiene con este aparato. **2.** Aparato con el que se consiguen imágenes de un original en papel o de un objeto, que luego se pueden utilizar y modificar con un programa de ordenador. ▪ Se escribe también *scanner*.
**FAM.** Escanear.

**escaño** *s. m.* **1.** Asiento de los miembros del parlamento. **2.** Puesto de parlamentario.

**escapada** *s. f.* **1.** Acción de escapar o escaparse: *Un grupo de presos preparaban la escapada.* **2.** Breve descanso del trabajo o de las ocupaciones habituales para ir a algún sitio: *Pilar aprovechó el fin de semana para hacer una escapada al campo.*
**SIN. 1.** Huida.

**escapar** *v.* **1.** Huir: *El tigre se escapó de la jaula.* **2.** Librarse de un peligro, enfermedad u otra cosa mala: *El perro escapó por poco de ser atropellado.* **3.** Quedar fuera de las obligaciones, posibilidades o capacidad de comprender de una persona: *Se me escapa lo que ha querido decir con esa frase.* ‖ **escaparse 4.** Salirse un líquido o gas por algún agujero o raja. **5.** Perder o no conseguir algo: *Aunque eché a correr, se me escapó el autobús. A ese atleta se le ha escapado la ocasión de ganar una medalla.* **6.** Decir sin querer algo que se debía callar: *El regalo de mamá tiene que ser una sorpresa, que no se te escape delante de ella.* **7.** Hacer algo sin poderse contener: *A Esther se le escapó la risa en clase.*
**SIN. 1.** Fugarse. **2.** Salvarse; eludir. **ANT. 1.** Atrapar, agarrar. **1.** y **5.** Coger. **2.** Sufrir.
**FAM.** Escapada, escapatoria, escape.

**escaparate** *s. m.* En las tiendas y comercios, parte de la fachada cubierta con cristales donde se exponen las cosas que se venden: *En el escaparate de esa librería vi el libro que estaba buscando.*
**FAM.** Escaparatista.

escaparate

**escaparatista** *s. m.* y *f.* Persona que se encarga de colocar las cosas en los escaparates de forma atractiva para el público.

**escapatoria** *s. f.* Forma de escapar o de salir de una situación difícil: *Cuando vio que no tenía escapatoria, el atracador se entregó a la policía.*
**SIN.** Salida, escape.

**escape** *s. m.* **1.** Salida de un gas o líquido por un agujero, raja o tubo: *En esa casa ha habido un escape de gas. El tubo de escape del coche está obstruido.* **2.** Salida, solución para escapar de una dificultad o apuro.
**EXPR. a escape** Con mucha rapidez: *A las seis tengo que salir a escape.*
**SIN. 1.** Fuga. **2.** Escapatoria.

**escapulario** *s. m.* Objeto formado por dos pedazos pequeños de tela con alguna imagen religiosa, que están unidos con dos cintas largas para colgarlo del cuello. Lo llevan algunas personas por devoción.

**escaquearse** *v.* Escabullirse una persona para evitar algo que no le gusta: *Yolanda se escaqueó para no arreglar su habitación.*
**SIN.** Zafarse, largarse. **ANT.** Cumplir, apechugar.

**escarabajo** *s. m.* Insecto coleóptero, de cuerpo negro, ovalado y cubierto con un caparazón, que se alimenta de estiércol.

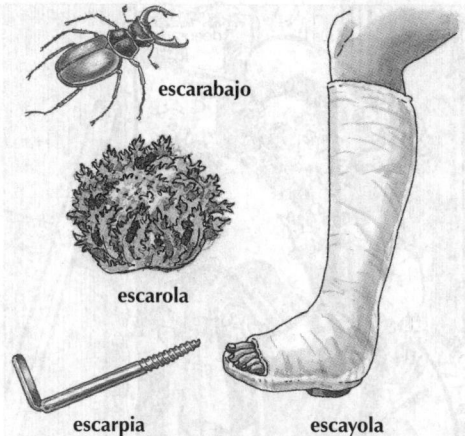

escarabajo

escarola

escarpia          escayola

**escaramujo** *s. m.* **1.** Rosal silvestre que da unas flores rosadas y un fruto rojo carnoso. **2.** Fruto de esta planta.

**escaramuza** *s. f.* En la guerra, combate de poca importancia.
SIN. Refriega.

**escarapela** *s. f.* Adorno hecho de cintas de colores dobladas en forma de círculo: *Los tunos llevan una escarapela en la capa.*

**escarbar** *v.* **1.** Remover la tierra u otra cosa con las manos, alguna herramienta, o con las patas y el hocico como hacen los animales: *Los conejos escarban la tierra para hacer sus madrigueras.* **2.** Hurgar algo, por ejemplo una herida, con los dedos o con otra cosa. **3.** Investigar en algún asunto para intentar descubrir algo.
SIN. **1.** Hozar. **2.** Rascar. **3.** Fisgar, indagar, escudriñar.

**escarceo** *s. m.* **1.** Intento que se hace en una actividad a la que uno no se dedica normalmente: *Soy dibujante, pero he hecho algunos escarceos en pintura.* **2.** Aventura amorosa: *Ha tenido varios escarceos, pero ninguna relación seria.*
SIN. **1.** Tentativa, incursión.

**escarcha** *s. f.* Vapor de agua que se congela por la noche y cubre el suelo y otras superficies.
FAM. Escarchado.

**escarchado, da** *adj.* **1.** Que tiene escarcha. **2.** Se dice de las frutas cubiertas de un baño de almíbar que forma una capa parecida a la escarcha.

**escardar** *v.* Arrancar los cardos y malas hierbas de un campo cultivado.

**escarlata** *adj.* y *s. m.* Se dice del rojo un poco menos intenso que el carmín y de las cosas que lo tienen.
FAM. Escarlatina.

**escarlatina** *s. f.* Enfermedad contagiosa de los niños que produce fiebre alta, manchas de color escarlata en la piel e inflamación de la garganta y las amígdalas.

**escarmentar** *v.* **1.** Dar un escarmiento o castigo a una persona. **2.** Aprender alguien de los daños que causan sus errores o los de otro para no volver a cometerlos: *Después del corte que se hizo, el niño escarmentó y no volvió a jugar más con el cuchillo.* ■ Es un verbo irregular. Se conjuga como *pensar.*
FAM. Escarmiento.

**escarmiento** *s. m.* **1.** Castigo que se da a una persona cuando hace algo malo para que le sirva de lección y no vuelva a hacerlo. **2.** Enseñanza que se obtiene después de sufrir algún daño.

**escarnecer** *v.* Hacer burla de una persona, ofendiéndola y humillándola. ■ Es un verbo irregular. Se conjuga como *agradecer.*
SIN. Humillar. ANT. Alabar.
FAM. Escarnio.

**escarnio** *s. m.* Burla que humilla y ofende mucho.
SIN. Mofa, befa. ANT. Alabanza.

**escarola** *s. f.* Planta de huerta, de hojas abundantes y rizadas que se comen en ensalada.

**escarpado, da** *adj.* Se dice del terreno con mucha pendiente, por el cual es muy peligroso subir o bajar.
SIN. Empinado, inclinado. ANT. Llano.
FAM. Escarpadura.

**escarpadura** *s. f.* Pendiente muy grande en el terreno.

**escarpelo** *s. m.* Busca **escalpelo**.

**escarpia** *s. f.* Clavo doblado en ángulo recto para colgar cosas de él.
SIN. Alcayata.

**escarpín** *s. m.* Zapato ligero y flexible.

**escasear** *v.* Haber poca cantidad de algo: *A causa de las heladas este año escasea la fruta.*
SIN. Faltar. ANT. Abundar.

**escasez** *s. f.* Lo que pasa cuando hay poco de algo: *Prohibieron regar por la escasez de agua.* ■ Su plural es *escaseces.*
SIN. Carencia, necesidad. ANT. Abundancia.

**escaso, sa** *adj.* **1.** Poco o no suficiente: *Ese equipo tiene escasas posibilidades de ganar la liga. Un escaso número de personas vieron la película.* **2.** Que le falta un poco para estar justo: *El frutero le vendió cuatro kilos escasos de patatas.*
SIN. **1.** Limitado, exiguo. **2.** Corto. ANT. **1.** Mucho, abundante. **2.** Largo.
FAM. Escasear, escasez.

**escatimar** *v.* Dar lo menos posible de algo: *Es un tacaño, ¡cómo escatima el dinero!*
SIN. Ahorrar, regatear. ANT. Prodigar.

concha del apuntador — telón — público — actor — actriz — decorados

apuntador — candilejas — proscenio — escena

**escenario**

**escatología¹** *s. f.* Conjunto de creencias sobre la vida después de la muerte.
FAM. Escatológico¹.

**escatología²** *s. f.* Lo que tiene que ver con los excrementos.
FAM. Escatológico².

**escatológico, ca¹** *adj.* De la escatología o la vida después de la muerte.

**escatológico, ca²** *adj.* De la escatología o de los excrementos: *Los chistes escatológicos no me hacen gracia.*

**escay** *s. m.* Busca **skay**.

**escayola** *s. f.* Yeso especial que, mezclado con agua, se emplea para hacer esculturas, en la decoración de las casas o para que no se mueva un miembro roto o dislocado. (Puedes ver su ilustración en la página anterior).
FAM. Escayolar, escayolista.

**escayolar** *v.* Poner una escayola en un brazo, pierna u otra parte del cuerpo que se ha roto o dislocado para tenerlo quieto.
SIN. Enyesar.

**escayolista** *s. m. y f.* Persona que trabaja con la escayola: *Un escayolista puso la moldura en el techo del salón.*

**escena** *s. f.* **1.** Escenario: *Todos los actores salieron a escena para saludar al público.* **2.** Cada una de las partes de una obra de teatro o película en que intervienen los mismos personajes y sucede algo: *En esa escena cómica todos los niños reían a carcajadas.* **3.** El mundo del teatro: *Es el mejor actor de la escena española.* **4.** Suceso o situación de la vida real: *Cuando se produjo el incendio, se vivieron escenas de gran nerviosismo.* **5.** Comportamiento exagerado con el que se intenta impresionar o llamar la atención: *Cuando intentaron echarle, amenazó con ponerse a gritar y hacer una escena.*
SIN. **2.** Secuencia. **5.** Número.
FAM. Escenario, escénico, escenificar, escenografía.

**escenario** *s. m.* **1.** Parte de un teatro o local donde los actores, bailarines u otros artistas actúan ante el público. **2.** Lugar en que ocurre la acción de una película o un suceso de la vida real: *Esta ciudad fue el escenario de una importante batalla.*
SIN. **1.** Escena.

**escénico, ca** *adj.* De la escena o del teatro: *el arte escénica, una obra escénica.*

**escenificación** *s. f.* Acción de escenificar.

**escenificar** *v.* Representar una obra de teatro o una historia cualquiera como si fuera una obra de teatro: *Los alumnos pequeños escenificaron el cuento de Caperucita.* ■ Delante de *e* se escribe *qu* en lugar de *c*: *escenifique.*
SIN. Montar.
FAM. Escenificación.

**escenografía** *s. f.* **1.** Arte de realizar decorados para el teatro, el cine, la televisión u otros espectáculos. **2.** Conjunto de esos decorados. FAM. Escenógrafo.

**escenógrafo, fa** *adj.* y *s. m.* y *f.* Persona que realiza los decorados para el teatro, el cine, la televisión u otros espectáculos.

**escepticismo** *s. m.* Duda o desconfianza que tiene una persona sobre alguien o algo. SIN. Incredulidad. ANT. Fe, confianza. FAM. Escéptico.

**escéptico, ca** *adj.* y *s. m.* y *f.* Que duda o desconfía de alguien o algo. SIN. Incrédulo. ANT. Confiado.

**escindir** *v.* Separar o dividir: *En la subida el pelotón de los ciclistas se escindió en dos grupos.* SIN. Cortar, partir, romper. ANT. Juntar, agrupar, unir. FAM. Escisión.

**escisión** *s. f.* Separación o división. SIN. Corte, partición. ANT. Unión, agrupación.

**esclarecer** *v.* Hacer que algo se conozca o se entienda: *La policía está tratando de esclarecer las causas del accidente.* ■ Es un verbo irregular. Se conjuga como *agradecer.* SIN. Aclarar. ANT. Oscurecer, liar. FAM. Esclarecido.

**esclarecido, da** *adj.* Que destaca por sus méritos o su importancia: *Le dieron el Nobel a uno de nuestros más esclarecidos científicos.* SIN. Distinguido, ilustre, insigne, eminente.

**esclava** *s. f.* Pulsera con una placa rectangular en el centro en la que se suele grabar el nombre.

**esclavina** *s. f.* Capa corta que cubre los hombros: *El detective llevaba un abrigo verde con esclavina.*

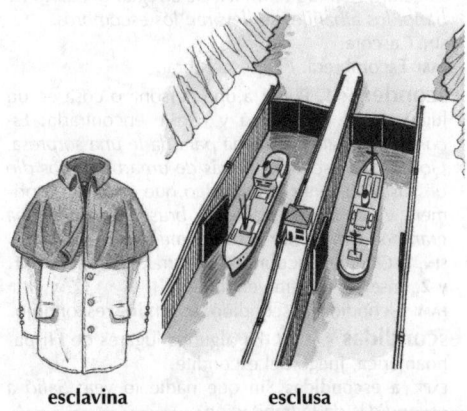

esclavina          esclusa

**esclavista** *adj.* y *s. m.* y *f.* Relacionado con la esclavitud o que está a favor de la esclavitud.

**esclavitud** *s. f.* **1.** Antiguamente, situación de las personas sin ninguna libertad ni derechos, que tenían un amo que las trataba como si fueran cosas suyas. **2.** Situación de la persona que depende excesivamente de alguien o algo o se siente obligada a actuar de una manera: *Para ella es una esclavitud tener que ir todos los días a la compra.*

**esclavizar** *v.* **1.** Hacer esclavo a alguien o tratarle como esclavo: *Los romanos esclavizaban a sus prisioneros.* **2.** Obligar a alguien, tenerle dominado: *Tener un perro te esclaviza bastante porque hay que sacarlo todos los días.* ■ Delante de *e* se escribe *c* en lugar de *z: esclavice.* ANT. **1.** Libertar. **1.** y **2.** Liberar, emanciparse.

**esclavo, va** *adj.* y *s. m.* y *f.* **1.** Antiguamente, persona sin ninguna libertad ni derechos, que tenía un amo que la trataba como si fuera una cosa suya. **2.** Que depende excesivamente de alguien o algo y no puede dejarlo: *Es esclavo de la moda, no se compra nada que no sea de marca.* SIN. **1.** Siervo. ANT. **1.** Libre. FAM. Esclava, esclavina, esclavista, esclavitud, esclavizar.

**esclerosis** *s. f.* Endurecimiento anormal de un tejido o de un órgano del cuerpo. ■ No varía en plural. FAM. Esclerótica. / Arteriosclerosis.

**esclerótica** *s. f.* La más externa de las tres membranas que recubren el globo del ojo. Es dura y de color blanco, menos la parte central de delante, que es transparente.

**esclusa** *s. f.* Parte de un canal, con compuertas que se pueden abrir o cerrar para aumentar o disminuir el nivel del agua y que los barcos puedan pasar de un lado a otro que está a diferente altura.

**escoba** *s. f.* **1.** Utensilio para barrer formado por un palo que tiene en su extremo un cepillo o varias ramas atadas. **2.** Juego de cartas en que el jugador tiene que intentar sumar quince puntos con una carta suya y otra u otras que están sobre la mesa. SIN. **1.** Cepillo, escobón. FAM. Escobazo, escobero, escobilla, escobón.

**escobazo** *s. m.* Golpe dado con una escoba. EXPR. **echar** a alguien **a escobazos** Echar a una persona de mala manera. **tratar** a alguien **a escobazos** Tratarlo muy mal.

**escobero** *s. m.* Armario o cuartito pequeño donde se guardan las escobas.

**escobilla** *s. f.* **1.** Escoba pequeña, por ejemplo la que se emplea para limpiar el váter. **2.** Pieza de algunas máquinas eléctricas que sirve para mantener el contacto entre la parte fija y la que se mueve. **3.** En algunos lugares de América del Sur, cepillo de dientes.

**escobón** *s. m.* Escoba grande: *Los barrenderos usan escobones para barrer las calles.*

**escocedura** *s. f.* **1.** Escozor, sensación que se tiene cuando escuece algo. **2.** Zona de la piel que escuece: *Me eché pomada en la escocedura y se me calmó.*

**escocer** *v.* **1.** Sentir en el cuerpo una sensación parecida a la que tienes cuando te quemas o cuando te ponen alcohol en una herida: *Me escuece la lengua porque tengo una llaga.* **2.** Causar algo esta sensación: *El alcohol escuece en las heridas.* **3.** Ofender o molestar: *A veces, que te digan la verdad escuece.* || **escocerse 4.** Irritarse la piel de una parte del cuerpo por el roce, el sudor u otro motivo. ■ Delante de *a* y *o* se escribe *z* en lugar de *c*. Es un verbo irregular. Se conjuga como *mover*.
**SIN. 1.** y **2.** Picar.
**FAM.** Escocedura, escozor.

**escocés, sa** *adj.* y *s. m.* y *f.* **1.** De Escocia, región del norte de Gran Bretaña. || *adj.* **2.** Se dice del dibujo con cuadros de distintos colores y de las telas que lo tienen. **3.** Se dice de la falda plisada y de cuadros parecida a la del traje típico de Escocia. || *s. m.* **4.** Dialecto celta que se habla en Escocia.

**escofina** *s. f.* Herramienta parecida a una lima, con dientes gruesos y triangulares.

**escoger** *v.* Preferir a alguien o algo entre varias personas o cosas: *De estos tres libros puedes escoger el que más te guste.* ■ Delante de *a* y *o* se escribe *j* en lugar de *g*: *Escojo éste.*
**SIN.** Elegir, seleccionar.
**FAM.** Escogido.

**escogido, da** *adj.* y *s. m.* y *f.* **1.** Que alguien lo escogió: *Marta resultó escogida para representar al colegio en el campeonato de judo.* **2.** Que es de los mejores entre el resto de los de su clase: *En esa tienda venden sólo fruta muy escogida.*
**SIN. 1.** Elegido, seleccionado. **2.** Selecto.

**escogorciar** *v.* Estropear o romper.

**escolanía** *s. f.* Coro de niños de una iglesia, de un monasterio o de un colegio.
**FAM.** Escolano.

**escolano** *s. m.* Niño de una escolanía.

**escolapio, pia** *adj.* y *s. m.* y *f.* Se dice de los religiosos de la orden de las Escuelas Pías.

**escolar** *adj.* **1.** De la escuela o de los estudiantes: *Nuestro colegio participa en el campeonato escolar de gimnasia.* || *adj.* y *s. m.* y *f.* **2.** Niño que va a la escuela o al colegio: *Muchos escolares se quedan a comer en el colegio.*
**SIN. 2.** Colegial, alumno.

**escolaridad** *s. f.* Tiempo durante el que se va a la escuela o a otro centro de enseñanza.

**escolarizar** *v.* Hacer que los niños u otras personas puedan ir a la escuela o al colegio: *El Gobierno a hecho un plan para escolarizar a todos los niños.* ■ Delante de *e* se escribe *c* en lugar de *z*: *escolarice.*

**escoliosis** *s. f.* Deformación de la columna vertebral hacia un lado. ■ No varía en plural.

**escollera** *s. f.* Muro o saliente en un puerto o en una playa hecho con grandes piedras o bloques de cemento, para proteger un lugar de las olas del mar.
**SIN.** Malecón, espigón, dique.

**escollo** *s. m.* **1.** Roca en el agua cerca de la superficie, que se ve poco y es peligrosa para los barcos: *El velero iba muy despacio para no chocar con los escollos.* **2.** Dificultad, obstáculo: *Los ciclistas han tenido que vencer muchos escollos hasta llegar a la meta.*
**SIN. 1.** Arrecife. **2.** Problema, barrera.
**FAM.** Escollera.

**escolopendra** *s. f.* Ciempiés de color amarillento y con dos uñas venenosas en la cabeza; su picadura duele mucho.

**escolta** *s. f.* **1.** Conjunto de personas que acompañan a alguien o algo para protegerlo: *El jefe del Gobierno viaja en un avión con su escolta.* **2.** Acción de escoltar a alguien o algo. || *s. m.* y *f.* **3.** Persona que acompaña a alguien o algo para protegerlo: *Los escoltas de los reyes estaban atentos a todo lo que pasaba alrededor.*
**SIN. 2.** Protección, custodia. **3.** Guardaespaldas.

**escoltar** *v.* Acompañar a alguien o algo para protegerlo: *La policía escoltó el autobús de los jugadores hasta el campo.*
**SIN.** Custodiar, proteger.
**FAM.** Escolta.

**escombrera** *s. f.* Sitio donde se amontonan los escombros: *A las afueras de la ciudad hay una escombrera.*

**escombro** *s. m.* Ladrillos y otros materiales para tirar que quedan en las obras o al derribar una construcción: *Cuando terminen de arreglar el cuarto de baño, los albañiles se llevarán los escombros.*
**SIN.** Cascote.
**FAM.** Escombrera. / Desescombrar.

**esconder** *v.* **1.** Poner a una persona o cosa en un lugar donde no se vea y cueste encontrarla: *Esconde el regalo de mamá para darle una sorpresa. Gonzalo se escondió detrás de un árbol y nos dio un susto.* **2.** Tener dentro algo que no se ve a primera vista: *Bajo su aspecto brusco esconde una gran bondad. El mar esconde muchos tesoros.*
**SIN. 1.** Ocultar, encubrir. **2.** Encerrar, guardar. **ANT. 1.** y **2.** Enseñar, mostrar, exhibir.
**FAM.** Escondidas, escondido, escondite, escondrijo.

**escondidas** *s. f. pl.* En algunos lugares de Hispanoamérica, juego del escondite.
**EXPR. a escondidas** Sin que nadie lo vea: *Salió a escondidas de la habitación.*

**escondido, da** *adj.* **1.** Que alguien lo escondió o se escondió: *Luisa tiene su diario escondido para que no se lo coja nadie.* **2.** Que está fuera o lejos

de los lugares más conocidos o por donde más se pasa: *Sus abuelos viven en un pueblo escondido de la montaña.*
**SIN. 1.** Oculto, encubierto, disimulado. **2.** Retirado, apartado, recóndito.

**escondite** *s. m.* **1.** Lugar donde se esconde o se puede esconder alguien o algo: *La policía encontró el escondite de los ladrones.* **2.** Juego de niños que consiste en que un jugador debe encontrar a los demás que se han escondido.
**SIN. 1.** Escondrijo, refugio.

**escondrijo** *s. m.* Lugar donde se esconde o se puede esconder una persona, un animal o una cosa: *La liebre se metió en su escondrijo.*
**SIN.** Escondite, refugio.

**escoñar** *v.* **1.** Estropear, romper: *No tires la bici al suelo, que la vas a escoñar.* || **escoñarse 2.** Tener un accidente y darse un golpe fuerte. ■ Es una palabra vulgar.

**escopeta** *s. f.* Arma de fuego de un metro de longitud aproximadamente, con uno o dos cañones, que se usa sobre todo para cazar.
**FAM.** Escopetado, escopetazo.

**escopetado, da** *adj.* Muy deprisa: *Se ha ido escopetado porque llegaba tarde.*
**SIN.** Disparado.

**escopetazo** *s. m.* **1.** Disparo hecho con una escopeta y ruido que produce: *Oímos los escopetazos de los cazadores.* **2.** Daño o herida producido por un disparo de escopeta: *El jabalí muerto presentaba varios escopetazos.*

**escoplo** *s. m.* Barra de hierro, con la punta recta y muy afilada, que utilizan los carpinteros o escultores golpeándola con un mazo sobre la madera o la piedra para hacer figuras.

**escorar** *v.* Inclinarse un barco por el viento, por las olas o por otras causas: *El barco escoraba hacia la derecha y parecía que iba a volcar.*

**escorbuto** *s. m.* Enfermedad causada por la falta de vitamina C, que produce debilidad, heridas en la piel y otros daños.

**escoria** *s. f.* **1.** Restos esponjosos que quedan después de quemarse el carbón. **2.** Lava esponjosa de los volcanes. **3.** Restos que quedan al fundirse los metales. **4.** Lo peor o lo más despreciable de algo: *Aquella panda de ladrones era la escoria del barrio.*
**SIN. 4.** Desecho, basura.

**escoriación** *s. f.* Irritación o pequeña herida en la primera capa de la piel. ■ Se dice también *excoriación.*

**escornarse** *v.* **1.** Darse un golpe muy fuerte. **2.** Esforzarse mucho: *Me escuerno trabajando para ganar esta miseria.* ■ Se dice también *descornarse.* Es un verbo irregular. Se conjuga como *contar.*

**escorpena** o **escorpina** *s. f.* Busca **cabracho**.

**escorpio** *s. m.* **1.** Escorpión, signo del zodiaco. ■ Con este significado suele escribirse con mayúscula. || *s. m.* y *f.* **2.** Persona nacida bajo ese signo.

**escorpión** *s. m.* **1.** Arácnido con las patas delanteras en forma de pinzas y una cola larga que se curva hacia delante y termina en un aguijón venenoso. **2.** Octavo signo del zodiaco. ■ Con este significado suele escribirse con mayúscula. || *s. m.* y *f.* **3.** Persona nacida bajo ese signo entre el 23 de octubre y el 22 de noviembre. ■ Con este significado no varía en plural.
**SIN. 1.** Alacrán. **2.** y **3.** Escorpio.
**FAM.** Escorpio.

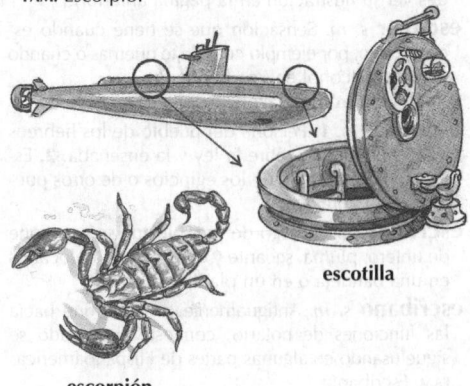

escotilla

escorpión

**escorzo** *s. m.* En pintura, posición de una figura cuando una parte de ella está vuelta o girada.

**escotado, da** *adj.* Que tiene un escote muy grande: *Lucía lleva una camiseta muy escotada.*

escorzo

467

**escote**[1] *s. m.* Abertura de una prenda de vestir que deja al descubierto el cuello y, a veces, parte del pecho y de la espalda.
FAM. Escotado.

**escote**[2] Se usa en la expresión **a escote**, que significa 'pagando cada uno la parte que le toca de un gasto hecho por varias personas': *Las cosas de la fiesta las compramos a escote entre todos.*

**escotilla** *s. f.* Cada una de las aberturas que hay en la cubierta de un barco para pasar a los compartimientos interiores y para ventilarlos: *Cerraron todas las escotillas del submarino y se sumergieron.* (Puedes ver su ilustración en la página anterior).

**escozor** *s. m.* Sensación que se tiene cuando escuece algo, por ejemplo cuando te quemas o cuando te ponen alcohol en una herida.
SIN. Quemazón, desazón.

**escriba** *s. m.* **1.** Persona del pueblo de los hebreos que sabía mucho sobre la ley y la enseñaba. **2.** Escribano o secretario de los egipcios o de otros pueblos de la antigüedad.

**escribanía** *s. f.* Juego de escribir que se compone de tintero, pluma, secante y otras piezas, colocados en una bandeja o en un platillo.

**escribano** *s. m.* Antiguamente, persona que hacía las funciones de notario; con este significado se sigue usando en algunas partes de Hispanoamérica.
FAM. Escribanía.

**escribido, da** *adj.* Se usa en la expresión **leído y escribido**. Busca **leído**.

**escribiente** *s. m.* y *f.* Empleado de oficina que escribía o copiaba a mano lo que le mandaban.

**escribir** *v.* **1.** Poner palabras y frases en un papel o en una superficie con un lápiz, una tiza o con otro instrumento: *Mi hermano pequeño todavía está aprendiendo a escribir.* **2.** Hacer libros, discursos u otras obras parecidas: *Escribió una novela de aventuras.* **3.** Comunicarse con alguien por escrito: *¿Me escribirás este verano?* ■ Su participio es irregular: *escrito.*
SIN. **2.** Redactar. **3.** Cartearse.
FAM. Escriba, escribano, escribido, escribiente, escrito, escritor, escritorio, escritura. / Manuscrito, reescribir.

**escrito, ta** *adj.* **1.** Que alguien lo escribió: *Me envió una carta escrita a máquina.* ‖ *s. m.* **2.** Cosa que se ha escrito, como una carta o un libro.
EXPR. **por escrito** Escribiendo alguna cosa: *Me dio sus señas por escrito.*
SIN. **2.** Texto, publicación.

**escritor, ra** *s. m.* y *f.* Persona que escribe libros, artículos y otras obras.
SIN. Autor.

**escritorio** *s. m.* Mueble para escribir y guardar papeles y otras cosas, que tiene cajoncitos y se cierra con una tapa o una pequeña persiana.

**escritura** *s. f.* **1.** Letras u otros signos con que se escribe. **2.** Papeles en que se dice lo que se ha hecho en un contrato o en un acuerdo. **3.** La Biblia. ■ Con este significado se escribe con mayúscula y se dice también *Sagrada Escritura, Escrituras* y *Sagradas Escrituras.*
FAM. Escriturar.

**escriturar** *v.* Dejar escrito y firmado un contrato o un acuerdo en un documento para que sea legal: *Fueron al notario a escriturar la compra del piso.*

**escroto** *s. m.* Bolsa que contiene los testículos.

**escrúpulo** *s. m.* **1.** Duda o intranquilidad que tiene una persona sobre si una acción suya es buena o no: *Le entraron escrúpulos de si había sido demasiado severo regañándoles.* **2.** Honradez, buen comportamiento: *Es una persona sin escrúpulos, no le importa hacer lo que sea con tal de ganar dinero.* **3.** Miedo o asco que da usar o tomar algo que nos parece que está sucio o que no es muy bueno: *Tiene escrúpulo de beber en cualquier vaso de un bar.*
SIN. **1.** y **2.** Conciencia. **2.** Moral. **3.** Recelo, melindre.
FAM. Escrupuloso.

**escrupuloso, sa** *adj.* y *s. m.* y *f.* **1.** Que hace las cosas con cuidado e interés. **2.** Se dice de la persona a la que le da miedo o asco usar o tomar cosas que cree que están sucias o que no son muy buenas: *Es muy escrupuloso y no quiere secarse con la toalla del hotel.*
SIN. **1.** Cuidadoso, cumplidor, esmerado. **2.** Asqueroso, melindroso. ANT. **1.** Descuidado.

**escrutar** *v.* **1.** Mirar con mucha atención y cuidado: *El vigía escrutaba el horizonte buscando al enemigo.* **2.** Contar los votos en unas elecciones.
SIN. **1.** Examinar, escudriñar.
FAM. Escrutinio. / Escudriñar, inescrutable.

**escrutinio** *s. m.* Acción de contar los votos de unas elecciones o el número de boletos en unas apuestas.

**escuadra** *s. f.* **1.** Regla de dibujo, en forma de triángulo rectángulo, que tiene iguales dos de sus lados. **2.** Cualquier pieza u objeto que tiene forma de ángulo recto: *El balón entró por la escuadra de la portería.* **3.** Conjunto de barcos de guerra mandados por un almirante.
FAM. Escuadrilla, escuadrón.

**escuadrilla** *s. f.* **1.** Conjunto de barcos de guerra de pequeño tamaño. **2.** Conjunto de aviones de guerra que están al mando de un mismo jefe.

**escuadrón** *s. m.* **1.** Unidad de caballería mandada por un capitán. **2.** Unidad del ejército del aire que equivale a un batallón.

**escuálido, da** *adj.* Débil y flaco.
SIN. Delgado, enclenque, esmirriado, escuchimizado, esquelético. ANT. Gordo, rollizo.

**escualo** *s. m.* Tiburón.

**escucha** *s. f.* Acción de escuchar, sobre todo las conversaciones de otras personas sin que éstas lo sepan: *La policía realizó escuchas telefónicas de los sospechosos.*
**EXPR. a la escucha** Atento para escuchar: *Le iban a llamar de un programa de radio, así que estaba a la escucha.*

**escuchar** *v.* **1.** Oír algo con atención: *Estuve escuchando el disco que me dejaste.* **2.** Prestar atención a lo que nos dicen y hacer caso de ello: *Escucha sus consejos.*
**SIN. 2.** Atender.
**FAM.** Escucha. / Radioescucha.

**escuchimizado, da** *adj.* Muy débil y flaco: *No come nada y se está quedando escuchimizada.*
**SIN.** Raquítico, esmirriado, escuálido. **ANT.** Gordo, rollizo.

**escudarse** *v.* Utilizar algo como pretexto o apoyarse en alguien para hacer o dejar de hacer alguna cosa: *Para no ayudarnos, se escudó en que estaba muy ocupado.*
**SIN.** Excusarse, servirse, valerse.

**escudería** *s. f.* Equipo de competición de coches o motos de carreras, junto con los técnicos que los mantienen y los pilotos que los conducen.

**escudero** *s. m.* Persona que acompañaba a un caballero, le llevaba las armas y le servía: *Sancho era el escudero de don Quijote.*

**escudilla** *s. f.* Recipiente en forma de media esfera para tomar alimentos líquidos.
**SIN.** Cuenco, bol.

**escudo** *s. m.* **1.** Lámina de material duro que se sujeta con un brazo y sirve para protegerse el cuerpo de un golpe o de un ataque. **2.** Objeto o dibujo de diferentes formas que representa a una familia de nobles, a un país o a una ciudad, a un equipo. **3.** La moneda de Portugal.

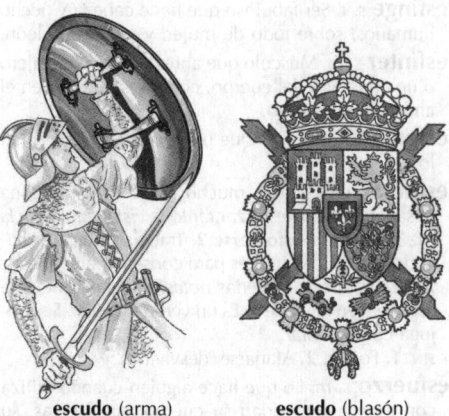

**escudo** (arma)      **escudo** (blasón)

**EXPR. escudo de armas** Escudo que representa a una familia noble o a una ciudad.
**SIN. 2.** Blasón; insignia, distintivo.
**FAM.** Escudarse, escudería, escudero.

**escudriñar** *v.* Mirar o examinar algo con mucha atención: *Escudriñó toda la casa en busca del reloj.*

**escuela** *s. f.* **1.** Lugar donde se dan clases de alguna enseñanza, sobre todo donde van los niños a aprender: *escuela de arquitectura, de bellas artes. Vamos a la escuela en autocar.* **2.** Conjunto de seguidores, discípulos y obras de un estilo, de una doctrina o de un maestro.
**SIN. 1.** Academia, liceo; colegio. **2.** Tendencia, corriente.
**FAM.** Escolanía, escolar, escolaridad, escolarizar, escuelero. / Autoescuela, extraescolar, preescolar.

**escuelero, ra** *s. m. y f.* En algunos lugares de Hispanoamérica, maestro de escuela; en otros lugares, escolar.

**escueto, ta** *adj.* Breve, corto: *Le envió una carta muy escueta.*
**SIN.** Conciso, sucinto. **ANT.** Largo, prolijo.

**escuincle** *s. m.* En México, niño o muchacho.

**esculpir** *v.* Trabajar un material duro como la piedra o el mármol para hacer una escultura.
**SIN.** Labrar.

**escultor, ra** *s. m. y f.* Persona que hace esculturas.

**escultórico, ca** *adj.* De la escultura: *Visitamos un museo escultórico.*

**escultura** *s. f.* **1.** Figura hecha con un material como barro, madera, piedra o bronce. **2.** Arte de hacer estas figuras: *Sabe mucho sobre pintura y escultura.*
**SIN. 1.** Estatua, talla, imagen.
**FAM.** Esculpir, escultor, escultórico, escultural. / Lipoescultura.

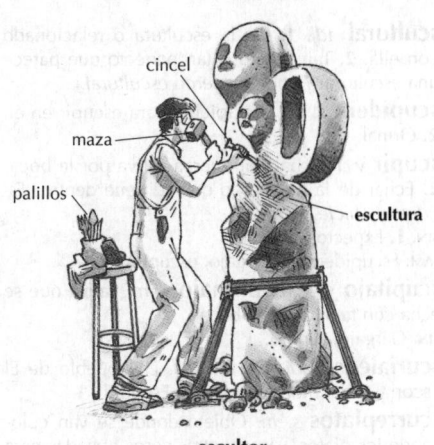

cincel
maza
palillos
escultura

**escultor**

**escultural** *adj.* **1.** De la escultura o relacionado con ella. **2.** Tan bonito o tan perfecto que parece una escultura: *Tiene un cuerpo escultural.*

**escupidera** *s. f.* **1.** Recipiente para escupir en él. **2.** Orinal.

**escupir** *v.* **1.** Echar con fuerza saliva por la boca. **2.** Echar de la boca algo que se tiene dentro: *Escupe el chicle.* **SIN. 1.** Expectorar. **FAM.** Escupidera, escupitajo, escupitinajo.

**escupitajo** o **escupitinajo** *s. m.* Saliva que se echa con fuerza por la boca. **SIN.** Gargajo, esputo.

**escurialense** *adj.* y *s. m.* y *f.* Del pueblo de El Escorial o del monasterio de El Escorial.

**escurreplatos** *s. m.* Objeto donde se van colocando los platos, vasos y otras cosas fregadas para que escurran el agua. ▪ No varía en plural. **SIN.** Escurridor.

**escurridizo, za** *adj.* **1.** Que se escurre fácilmente: *El jabón estaba escurridizo y se me escapó de las manos.* **2.** Que hace escurrirse a alguien o algo: *Ten cuidado, el suelo está muy escurridizo.* **SIN. 1.** y **2.** Resbaladizo.

**escurrido, da** *adj.* **1.** Que escurrió el agua que tenía. **2.** Delgado y poco marcado: *Este chico es un poco escurrido de hombros.* ‖ *s. m.* **3.** Acción de escurrir. **SIN. 2.** Estrecho.

**escurridor** *s. m.* **1.** Escurreplatos. **2.** Colador con agujeros grandes para escurrir verduras y otros alimentos.

**escurrir** *v.* **1.** Hacer que una cosa mojada o que contiene un poquito de líquido lo suelte, o soltarlo ella misma: *Antes de colgar la ropa, la escurrió. Puso los cacharros en el fregadero para que escurrieran.* **2.** Resbalar: *Ha nevado y el suelo escurre un montón. Me escurrí al bajar las escaleras y casi me caigo.* **EXPR. escurrir el bulto** Busca **bulto**. **SIN. 2.** Deslizar. **FAM.** Escurreplatos, escurridizo, escurrido, escurridor.

**escusado** *s. m.* Retrete, wáter. ▪ Se dice también *excusado.* **SIN.** Servicio.

**escúter** *s. m.* Busca **scooter**.

**esdrújulo, la** *adj.* y *s. f.* Se dice de la palabra acentuada en la antepenúltima sílaba, como *lámpara, cúspide* o *luciérnaga*. **FAM.** Sobreesdrújulo, sobresdrújulo.

**ese, esa, eso** *dem.* Señala a una persona, animal o cosa que está más cerca del que escucha que del que habla: *Acércame esa revista. Esos pasteles son los que le gustan.* ▪ *Eso* es una forma neutra y nunca acompaña a un sustantivo. *Ese, esa, esos* y *esas* pueden llevar acento cuando no acompañan a un sustantivo: *Ése (o Ese) es el chico que se sienta a mi lado en clase.* **EXPR. a eso de** Expresa un tiempo aproximado: *Llegarían a eso de las tres y media.* **ni por ésas** De ninguna manera: *Lo pegué con cola, pero ni por ésas.*

**esencia** *s. f.* **1.** Lo que hace que una persona o cosa sea como es. **2.** Lo más importante de algo: *La esencia del deporte es competir y participar, no ganar.* **3.** Sustancia concentrada que se saca de alguna cosa: *El bizcocho tenía esencia de anís.* **4.** Perfume muy concentrado. **SIN. 1.** Naturaleza. **2.** Fundamento, núcleo, meollo. **3.** Concentrado. **ANT. 1.** Detalle. **FAM.** Esencial, esenciero. / Quintaesencia

**esencial** *adj.* Muy importante, fundamental: *Entrenar es esencial para ser un buen deportista.* **SIN.** Básico, principal, primordial, elemental. **ANT.** Secundario, superficial.

**esenciero** *s. m.* Frasco para guardar perfume.

**esfera** *s. f.* **1.** Figura geométrica formada por una superficie curva en la que todos sus puntos están situados a la misma distancia de otro interior, llamado *centro*. Una esfera es, por ejemplo, una pelota. **2.** Círculo en que giran las manecillas del reloj o de algunos instrumentos parecidos: *Su reloj tiene la esfera negra. La esfera de una brújula.* **3.** Globo que forma la Tierra. **4.** Clase o ambiente de una persona o grupo: *Es un personaje de las altas esferas de la sociedad.* **SIN. 4.** Ámbito. **FAM.** Esférico, esferográfica, esferógrafo. / Atmósfera, barisfera, estratosfera, hidrosfera, ionosfera, litosfera, mesosfera, ozonosfera, semiesfera, termosfera, troposfera.

**esférico, ca** *adj.* **1.** Que tiene forma de esfera. ‖ *s. m.* **2.** Balón de fútbol. **SIN. 1.** Redondo. **2.** Pelota.

**esferográfica** *s. f.* En algunos lugares de Hispanoamérica, pluma estilográfica.

**esferógrafo** *s. m.* En algunos lugares de Hispanoamérica, bolígrafo.

**esfinge** *s. f.* Ser fabuloso que tiene cabeza y pecho humanos, sobre todo de mujer, y cuerpo de león.

**esfínter** *s. m.* Músculo que abre o cierra un agujero o un conducto del cuerpo, como los que hay en el ano o en el esófago.

**esforzado, da** *adj.* Que pone mucho esfuerzo en lo que hace.

**esforzar** *v.* **1.** Hacer mucho esfuerzo con alguna cosa: *En lugar de esforzar tanto la vista, enciende la luz para leer.* ‖ **esforzarse 2.** Trabajar mucho o hacerlo con mucho interés para conseguir algo: *Se esfuerza para sacar buenas notas.* ▪ Delante de *e* se escribe *c* en lugar de *z*. Es un verbo irregular. Se conjuga como *contar*. **SIN. 1.** Forzar. **2.** Afanarse, desvivirse.

**esfuerzo** *s. m.* Lo que hace alguien cuando utiliza con mucha intensidad su cuerpo, sus fuerzas, su

inteligencia, su voluntad o cualquier otra cosa: *Aún está débil y el médico le ha dicho que no haga esfuerzos. Mañana haré un esfuerzo y me levantaré pronto. Con su mala memoria, tiene que hacer verdaderos esfuerzos para acordarse de las cosas.*
SIN. Afán, empeño, sacrificio.
FAM. Esforzado, esforzar.

**esfumarse** *v.* Desaparecer: *En cuanto me di la vuelta, ya os habíais esfumado.*
SIN. Escabullirse, evaporarse, desvanecerse.

**esgrafiado** *s. m.* Técnica de decoración que consiste en dar a una superficie dos capas de pintura de colores diferentes y raspar la capa de arriba siguiendo un dibujo, de forma que se vea el color de la de abajo.

**esgrima** *s. f.* Técnica y deporte de manejar la espada y otras armas parecidas para combatir. (Puedes ver su ilustración en la página siguiente).

**esgrimir** *v.* **1.** Sostener un arma o algo parecido contra alguien: *Uno de los atracadores esgrimió su pistola contra el cajero del banco.* **2.** Utilizar cualquier otra cosa contra alguien, por ejemplo razones para convencerle.
SIN. **1.** Empuñar. **2.** Emplear, servirse.
FAM. Esgrima.

**esguince** *s. m.* Rotura o daño en los ligamentos: *Se cayó y se hizo un esguince en el tobillo.*

**eslabón** *s. m.* Cada una de las piezas o aritos que, enlazados unos con otros, forman una cadena.

**eslalon** *s. m.* Carrera de esquí en la que los deportistas bajan muy rápidos por una pendiente, sorteando una serie de banderas colocadas a izquierda y derecha del recorrido. ■ Se escribe también *slálom.*

esfinge

**eslavo, va** *adj.* y *s. m.* y *f.* **1.** De un grupo de antiguos pueblos que ocuparon el norte y el centro de Europa. ‖ *s. m.* **2.** Idioma que hablaban estos pueblos y del que proceden lenguas como el ruso o el polaco.
FAM. Yugoeslavo, yugoslavo.

**eslip** *s. m.* Calzoncillo o braga pequeños y ajustados. ■ Su plural es *eslips.* Se escribe también *slip.*

**eslogan** *s. m.* Frase corta con la que se anuncia un producto o se hace publicidad de algo. ■ Se escribe también *slogan.*

**eslora** *s. f.* Lo que mide un barco de la proa a la popa.

**eslovaco, ca** *adj.* y *s. m.* y *f.* **1.** De Eslovaquia, país de Europa central. ‖ *s. m.* **2.** Lengua que se habla en Eslovaquia.
FAM. Checoeslovaco, checoslovaco.

**esloveno, na** *adj.* y *s. m.* y *f.* **1.** De Eslovenia, país de Europa. ‖ *s. m.* **2.** Lengua que se habla en este país.

**esmaltar** *v.* Cubrir algo con esmalte.

**esmalte** *s. m.* **1.** Barniz que se hace fundiendo vidrio de colores y que se utiliza para cubrir y adornar superficies de metal, porcelana u otros materiales. **2.** Barniz que se pone sobre las uñas para darles color y brillo. **3.** Capa blanca y dura que recubre los dientes.
SIN. **2.** Laca.
FAM. Esmaltar. / Quitaesmalte.

**esmerado, da** *adj.* **1.** Hecho con mucho esmero o cuidado: *un trabajo esmerado.* **2.** Que pone mucho esmero o cuidado en lo que hace.
SIN. **1.** y **2.** Minucioso, concienzudo. ANT. **1.** y **2.** Chapucero.

**esmeralda** *s. f.* **1.** Piedra preciosa de color verde. ‖ *s. m.* **2.** Color verde intenso como el de esta piedra.

**esmerarse** *v.* Poner alguien mucho esmero o cuidado en lo que hace: *Se esmeró en prepararnos una cena estupenda.*

**esmeril** *s. m.* Roca de color oscuro y muy dura que se usa para pulir metales, piedras preciosas y otras cosas.
FAM. Esmerilado.

**esmerilado, da** *adj.* Pulido con un mineral muy duro y rugoso que se llama *esmeril: un cristal esmerilado, una bombilla esmerilada.*

**esmero** *s. m.* Mucho cuidado que alguien pone al hacer algo: *Envolvió el regalo con esmero.*
SIN. Celo, primor. ANT. Descuido.
FAM. Esmerado, esmerarse.

**esmirriado, da** *adj.* Muy débil y flaco.
SIN. Raquítico, enclenque, escuchimizado. ANT. Fuerte, robusto.

**esmoquin** *s. m.* Chaqueta de hombre con el cuello de seda largo. ■ Se escribe también *smoking.*

**esnifar** *v.* Aspirar droga por la nariz: *esnifar cocaína.*

esgrima

**esnob** *adj.* Se dice de la persona que, para darse importancia, sigue las modas, costumbres o ideas de la gente que a ella le parece más moderna y elegante. ■ Su plural es *esnobs.* Se escribe también *snob.*
FAM. Esnobismo.

**esnobismo** *s. m.* Comportamiento y forma de ser de la persona esnob.

**esófago** *s. m.* Tubo del aparato digestivo por el que pasan los alimentos desde la faringe hasta el estómago.

**esotérico, ca** *adj.* Secreto, oculto, misterioso: *Los brujos saben magia y otros conocimientos esotéricos.*
FAM. Esoterismo.

**esoterismo** *s. m.* **1.** Característica de las cosas esotéricas. **2.** Estudio de temas ocultos y misteriosos, como la magia.

**espabilado, da** *adj.* **1.** Que no está atontado o dormido: *Qué espabilado estás tan temprano.* **2.** Listo y hábil: *Marisa, como es la más espabilada, cogió el mejor sitio.* ■ Se escribe también *despabilado.*
SIN. **1.** y **2.** Despierto. **2.** Avispado. ANT. **2.** Tonto.

**espabilar** *v.* **1.** Quitar el sueño: *No toma café por las noches porque le espabila.* **2.** Despertarse del todo: *Tarda un montón en espabilarse por las mañanas.* **3.** Hacer a alguien más listo: *A ver si espabila y no vuelven a engañarle.* **4.** Darse prisa: *Espabila o perderemos el tren.* ■ Se escribe también *despabilar.*
SIN. **1.** Desvelar. **4.** Apresurarse, apurarse. ANT. **1.** Adormecer. **3.** Atontar. **4.** Tardar.
FAM. Espabilado. / Despabilar.

**espachurrar** *v.* Estrujar, aplastar o reventar algo al apretarlo con fuerza: *Se han espachurrado las uvas.* ■ Se dice también *despachurrar.*

**espaciador** *s. m.* Tecla de las máquinas de escribir y los ordenadores para dejar espacios en blanco.

**espacial** *adj.* Del espacio o relacionado con él: *un viaje espacial, una nave espacial.*

**espaciar** *v.* **1.** Dejar espacios, separaciones entre las cosas: *Tienes que espaciar más las palabras para que no se junten.* **2.** Dejar que pase algún tiempo entre una cosa y otra; por ejemplo, espaciar las comidas.
SIN. **1.** Separar. ANT. **1.** y **2.** Juntar.

**espacio** *s. m.* **1.** Extensión en la que están contenidos todos los cuerpos que existen y, sobre todo, lugar donde están los astros. **2.** Lugar que ocupa o puede ocupar alguien o algo: *En mi coche hay espacio para uno más. En el espacio que hay entre la pared y el armario puedes colocar tu guitarra.* **3.** Separación entre algunas cosas, como la que hay entre las palabras de una frase. **4.** Tiempo: *Terminaron el trabajo en el espacio de cinco días.* **5.** Programa de radio o televisión: *A las seis hay un espacio deportivo en la primera cadena.*
SIN. **2.** Sitio. **3.** Distancia. **4.** Plazo, intervalo.
FAM. Espaciador, espacial, espaciar, espacioso. / Aeroespacial, ciberespacio, despacio.

**espacioso, sa** *adj.* Amplio, con mucho espacio: *El gimnasio del colegio es espacioso.*
SIN. Vasto. ANT. Pequeño.

**espada** *s. f.* **1.** Arma blanca de hoja larga y cortante que tiene un mango para agarrarla. **2.** En la baraja española, carta del palo llamado *espadas.* || *s. f. pl.* **3.** Palo de la baraja española en el que figuran una o varias espadas. || *s. m.* **4.** Torero.

**EXPR. entre la espada y la pared** Se dice de alguien que está en una situación muy difícil, que tiene que elegir entre dos cosas igualmente malas.
**SIN. 1.** Estoque, acero. **4.** Matador, diestro.
**FAM.** Espadachín, espadaña, espadín.

**espadachín** *s. m.* Persona que sabe manejar muy bien la espada.

**espadaña** *s. f.* Campanario de una sola pared, que tiene unos huecos abiertos para las campanas.

**espadín** *s. m.* Espada de hoja estrecha que forma parte de algunos uniformes militares.

**espagueti** o **espaguetis** *s. m. pl.* Pasta comestible de harina de trigo en forma de fideos largos. ■ Se escribe también *spaghetti*.

**espalda** *s. f.* **1.** En el cuerpo de las personas, la parte de atrás desde los hombros hasta la cintura. **2.** En el cuerpo de los animales, el lomo. **3.** Parte de atrás de algunas cosas. **4.** Forma de nadar con el cuerpo tumbado boca arriba moviendo los brazos y los pies.
**EXPR. a espaldas** de una persona A escondidas, sin enfrentarse a ella: *Parecen muy amigos de él, pero luego le critican a sus espaldas.* **dar la espalda** o **volver la espalda** a una persona Quitarle la ayuda, confianza o cariño que le habíamos dado.
**FAM.** Espaldarazo, espalderas, espaldilla. / Guardaespaldas, respaldar.

**espaldarazo** *s. m.* **1.** Golpe que se da en la espalda: *Me atraganté y mi padre me dio unos espaldarazos para ayudarme a respirar.* **2.** Reconocimiento de los méritos de alguien: *Este premio ha supuesto un espaldarazo en su carrera de escritor.*

**espalderas** *s. f. pl.* Barras horizontales sujetas a la pared para hacer ejercicios de gimnasia.

**espaldilla** *s. f.* Pata y cuarto delantero de algunos animales.

**espanglish** *s. m.* Lengua que es una mezcla del español y del inglés y que hablan algunos hispanos de los Estados Unidos. ■ También se escribe *spanglish*.

**espantada** *s. f.* **1.** Huida repentina de uno o más animales. **2.** Hecho de dejar alguien bruscamente algo, sobre todo por miedo.
**SIN. 1.** Estampida. **2.** Abandono.

**espantadizo, za** *adj.* Que se espanta con facilidad: *El caballo es muy espantadizo, así que ten cuidado de que no se asuste.*
**SIN.** Asustadizo.

**espantajo** *s. m.* **1.** Espantapájaros. **2.** Persona de aspecto ridículo y mal vestida.

**espantapájaros** *s. m.* Lo que se pone en los sembrados y huertos para espantar a los pájaros, sobre todo un muñeco con forma humana. ■ No varía en plural.
**SIN.** Espantajo.

espantapájaros

espadaña

**espantar** *v.* **1.** Producir espanto o miedo: *Le espanta la oscuridad.* **2.** Echar fuera o apartar: *La vaca espanta a las moscas con el rabo.*
**SIN. 1.** Aterrar, aterrorizar, horrorizar. **2.** Ahuyentar.
**FAM.** Espantada, espantadizo, espantajo, espantapájaros.

**espanto** *s. m.* **1.** Miedo enorme, terror. **2.** Persona o cosa muy fea: *Ese vestido es un espanto.*
**EXPR. de espanto** Enorme, muy grande: *Hoy hace un frío de espanto.*
**SIN. 1.** Horror, pánico, pavor.
**FAM.** Espantar, espantoso.

**espantoso, sa** *adj.* **1.** Que produce espanto: *Hubo un accidente espantoso.* **2.** Enorme, tremendo: *En el cine había una cola espantosa.*
**SIN. 1.** Terrorífico. **1.** y **2.** Terrible, horrible.

**español, la** *adj.* y *s. m.* y *f.* **1.** De España. ‖ *s. m.* **2.** Idioma que se habla principalmente en España y en muchos países de América.
**SIN. 1.** Castellano.
**FAM.** Españolada, españolismo, españolizar. / Espanglish, judeoespañol.

**españolada** *s. f.* Película, espectáculo u otra cosa que exagera la forma de ser o las costumbres típicas de los españoles.

**españolismo** *s. m.* **1.** Carácter español. **2.** Amor o afición a las cosas de España.

**españolizar** *v.* **1.** Transmitir la cultura española: *Los colonos españolizaron América.* **2.** Dar forma española a una palabra o una expresión de otro idioma. ■ Delante de *e* se escribe *c* en lugar de *z*.

**esparadrapo** *s. m.* Tira de tela o de plástico que se pega por uno de sus lados y se emplea para sujetar gasas, algodones y vendajes.

**esparcimiento** *s. m.* **1.** Diversión, entretenimiento. **2.** Acción de esparcir o esparcirse.
**SIN. 1.** Distracción, recreo. **ANT. 1.** Aburrimiento.

**esparcir** *v.* **1.** Separar y extender cosas que estaban juntas: *Al romperse la bolsa, la basura se esparció por el suelo.* **2.** Hacer que una noticia llegue a mucha gente o a muchos sitios. ■ Delante de *a* y *o* se escribe *z* en lugar de *c*: *esparzo*.
**SIN. 1.** Dispersar, desparramar, diseminar. **2.** Propagar, difundir, divulgar. **ANT. 1.** Acumular.
**FAM.** Esparcimiento.

**espárrago** *s. m.* Brote tierno, de forma alargada y comestible, de la planta que se llama también *espárrago* o *esparraguera*.
**FAM.** Esparraguera.

(de albañil)

(de cultivo)   (silvestres o trigueros)   (de pintor)

**espárragos**                    **espátulas**

**esparraguera** *s. f.* Planta de tallo recto, hojas muy finas y flores de color blanco verdoso, que produce unos brotes tiernos que son los espárragos.

**espartano, na** *adj.* y *s. m.* y *f.* **1.** De Esparta, ciudad de la antigua Grecia. ‖ *adj.* **2.** Severo, duro, austero: *Aquí en las montañas llevamos una vida espartana, sin lujos ni comodidades.*
**ANT. 2.** Confortable, agradable, muelle.

**esparteña** *s. f.* Zapatilla de lona con la suela de esparto.
**SIN.** Alpargata.

**esparto** *s. m.* Planta con unas hojas muy largas y enrolladas, que se usan para fabricar sogas, esteras, suelas y otras cosas.
**FAM.** Esparteña.

**espasmo** *s. m.* Contracción de los músculos que se produce sin quererlo uno.
**FAM.** Espasmódico.

**espasmódico, ca** *adj.* Del espasmo o que va acompañado de espasmos: *El paciente sufre dolores espasmódicos.*

**espatarrarse** *v.* Busca **despatarrarse.**

**espato** *s. m.* Nombre de diversos minerales formados por láminas.
**FAM.** Feldespato.

**espátula** *s. f.* Paleta pequeña y con mango, como la que usan los albañiles y los pintores.

**especia** *s. f.* Sustancia vegetal que se añade en pequeña cantidad a guisos y comidas para darles más sabor; por ejemplo, la pimienta.
**FAM.** Especiar, especiero.

**especial** *adj.* **1.** Distinto de lo normal o corriente: *Hoy es un día especial: nos dan las vacaciones.* **2.** Que es un poco raro: *Es muy especial para las comidas.* **3.** Que está preparado o sirve para algo: *Para pegar madera se necesita una cola especial.*
**EXPR. en especial** Se emplea para destacar una persona o cosa entre otras: *Es aficionado al cine y, en especial, a las películas de terror.*
**SIN. 1.** Diferente, singular, peculiar. **3.** Apropiado. **ANT. 1.** Común.
**FAM.** Especialidad, especialista, especializarse, especialmente.

**especialidad** *s. f.* **1.** Cada una de las partes en que se divide una ciencia o actividad y a la que se dedican distintas personas: *La medicina tiene muchas especialidades.* **2.** Aquello que hace muy bien una persona, un establecimiento, una región: *La especialidad de ese restaurante es el cordero asado.*
**SIN. 1.** Especialización.

**especialista** *adj.* y *s. m.* y *f.* **1.** Persona que tiene conocimientos y habilidades en una ciencia, profesión o actividad, sobre todo en alguna rama de la medicina. ‖ *s. m.* y *f.* **2.** Persona que en el cine y la televisión sustituye a un actor en las escenas peligrosas o que requieren una habilidad especial.
**SIN. 1.** Experto. **2.** Doble.

**especialización** *s. f.* El hecho de especializarse: *Buscan personas con especialización para ese trabajo.*

**especializarse** *v.* Adquirir unos conocimientos y habilidades necesarios en una rama o parte de una ciencia, profesión o actividad y dedicarse a ella. ■ Delante de *e* se escribe *c* en lugar de *z*: *Me especialicé en literatura inglesa.*
**FAM.** Especialización.

**especialmente** *adv.* En especial, en particular.

**especiar** *v.* Añadir especias a un guiso o a un plato.

**especie** *s. f.* **1.** Grupo de seres naturales que tienen características comunes; se utiliza en biología para clasificar a los seres vivos. **2.** Algo parecido a otra cosa: *La bandurria es una especie de guitarra.* **3.** Rumor, noticia.
**EXPR. en especie** En género, en productos, no en dinero.
**FAM.** Especial, específico.

**especiero** *s. m.* Armarito o estantería con cajones o tarros para guardar las especias.

**especificación** *s. f.* Acción de especificar.

**especificar** v. **1.** Señalar con claridad: *El profesor específicó las lecciones que entraban en el examen.* **2.** Dar una información o un detalle concretos. ■ Delante de *e* se escribe *qu* en lugar de *c*: *Es necesario que especifique su edad en el impreso.* **SIN. 1.** Determinar, precisar. **2.** Detallar. **FAM.** Especificación, especificativo.

**especificativo, va** adj. Se dice del adjetivo que concreta o especifica al sustantivo al que acompaña; por ejemplo en *los barcos pesqueros*, *pesqueros* es un adjetivo especificativo que indica que sólo se habla de los barcos que se dedican a la pesca. **ANT.** Explicativo, epíteto.

**específico, ca** adj. **1.** Que es propio o característico de una persona, animal, cosa o grupo, y no de otros: *El pensar es específico de los seres humanos.* **2.** Se dice del medicamento o remedio que sirve en concreto para tratar o curar una enfermedad y no otra. **SIN. 1.** Peculiar. **FAM.** Especificar.

**espécimen** s. m. Modelo, muestra, ejemplar: *Ese animal es un espécimen muy raro que sólo vive en las selvas tropicales.* ■ Su plural es *especímenes*.

**espectacular** adj. Impresionante, que llama la atención: *El atleta realizó un salto espectacular y batió el récord del mundo. El accidente fue espectacular, pero afortunadamente no hubo ningún herido grave.* **SIN.** Aparatoso.

**espectáculo** s. m. **1.** Obra de teatro, actuación de circo u otra cosa que divierte y entretiene al público. **2.** Suceso extraordinario, que llama la atención: *Un eclipse de Sol es siempre un espectáculo.* **3.** Acción que causa escándalo o asombro: *¡Menudo espectáculo que dio poniéndose a gritar en mitad de la clase!* **SIN. 3.** Número, numerito. **FAM.** Espectacular.

**espectador, ra** s. m. y f. Persona que asiste a un espectáculo o ve la televisión. **SIN.** Asistente, telespectador. **FAM.** Telespectador.

**espectral** adj. **1.** Relacionado con los espectros o fantasmas: *una aparición espectral.* **2.** Del espectro de la luz. **SIN. 1.** Fantasmal, terrorífico, fantasmagórico.

**espectro** s. m. **1.** Fantasma o aparecido que alguien cree ver, generalmente de aspecto terrorífico. **2.** Serie de colores en que se descompone la luz. **FAM.** Espectral.

**especulación** s. f. Acción de especular.

**especulador, ra** s. m. y f. Persona que gana dinero comprando cosas y luego vendiéndolas mucho más caras.

**especular** v. **1.** Reflexionar, pensar sobre algo como hacen los filósofos. **2.** Imaginar o suponer cosas sin tener suficientes razones para hacerlo: *Podemos especular sobre las causas del accidente, pero todavía no estamos seguros.* **3.** Comprar cosas a bajo precio para luego venderlas mucho más caras. **SIN. 1.** Meditar, elucubrar. **FAM.** Especulación, especulador, especulativo.

**especulativo, va** adj. **1.** De la especulación económica: *Ha ganado mucho dinero con actividades especulativas.* **2.** Se dice del conocimiento teórico por oposición al que se basa en la práctica: *Muchas teorías especulativas se demuestran equivocadas cuando se experimentan.*

**espejismo** s. m. **1.** El hecho de ver la imagen de objetos lejanos más cerca de donde realmente están y al revés; es frecuente en los desiertos. **2.** Cosa que parece real, pero no lo es: *Creyeron que el equipo había mejorado, pero fue un espejismo.* **SIN. 2.** Fantasía, quimera.

**espejo** s. m. **1.** Cristal en el que pueden reflejarse la luz y los objetos: *Para peinarme me miro en el espejo.* **2.** Cualquier superficie donde se reflejan los objetos, por ejemplo el agua de un estanque. **FAM.** Espejismo.

**espeleología** s. f. Exploración de las cuevas por deporte o con fines científicos. **FAM.** Espeleólogo.

**espeleólogo, ga** adj. y s. m. y f. Persona que hace espeleología.

**espeluznante** adj. Que causa mucho miedo: *En la película salían monstruos espeluznantes.* **SIN.** Terrorífico, aterrador.

**espeluzno** s. m. Temblor que recorre el cuerpo de una persona cuando tiene miedo. **FAM.** Espeluznante.

**espera** s. f. Acción de esperar a alguien o a que algo pase: *Nos queda media hora de espera hasta que salga el tren.*

**esperable** adj. Que se puede esperar: *El plan no dio los resultados esperables.* **SIN.** Previsible. **ANT.** Inesperado.

**esperanto** s. m. Idioma inventado para que puedan utilizarlo y entenderse todas las personas del mundo.

**esperanza** s. f. **1.** Confianza que tiene alguien de que ocurra lo que desea: *Carlos tiene la esperanza de que se curará pronto.* **2.** Virtud por la que el cristiano espera que se hagan realidad las cosas buenas prometidas por Dios. **SIN. 1.** Ilusión. **FAM.** Esperanzado, esperanzador.

**esperanzado, da** adj. Que tiene esperanza de que las cosas ocurran como desea: *Está esperan-*

zada, cree que puede ganar el campeonato de gimnasia artística.
SIN. Ilusionado.

**esperanzador, ra** adj. Que hace que una persona confíe en que las cosas van a suceder como desea: *El resultado de la operación es muy esperanzador, creo que te pondrás pronto bien.*
SIN. Alentador.

**esperar** v. **1.** Tener confianza en que suceda algo: *Espero aprobar el examen.* **2.** Quedarse una persona en un sitio hasta que venga alguien o suceda alguna cosa: *Estoy esperando a mi hermano que va a salir ahora.* **3.** Ir a ocurrir algo: *Nos esperan tiempos difíciles. ¡La que te espera como se enteren de lo que has hecho!*
EXPR. **de aquí te espero** Muy grande: *Hace un frío de aquí te espero.*
SIN. **1.** Confiar. **2.** y **3.** Aguardar. ANT. **1.** Desconfiar, desesperar.
FAM. Espera, esperable, esperanza. / Desesperar, inesperado.

**esperma** s. amb. **1.** Semen. **2.** Sustancia grasa que se saca de la cabeza del cachalote y se emplea para la fabricación de velas y pomadas. Se llama también *esperma de ballena.*
FAM. Espermafita, espermatozoide, espermatozoo.

**espermafita** adj. y s. f. Se dice de las plantas que se reproducen por semillas.
SIN. Fanerógama.

**espermatozoide** o **espermatozoo** s. m. Célula masculina que puede fecundar al óvulo en la reproducción.

**esperpento** s. m. Persona o cosa muy fea o ridícula: *Con aquella ropa tan rara iba hecho un esperpento.*
SIN. Mamarracho, birria. ANT. Maravilla.

**espesar** v. Poner algo espeso o más espeso: *Echa más harina a la papilla para espesarla.*
SIN. Concentrar, apelmazar. ANT. Aclarar, diluir.

**espeso, sa** adj. **1.** Que está poco líquido: *un puré espeso.* **2.** Se dice de las cosas que tienen sus partes muy juntas y apretadas: *El bosque era muy espeso y nos costaba mucho trabajo andar por él.* **3.** Grueso, macizo: *Las casas antiguas tienen muros espesos.*
SIN. **1.** Denso, concentrado, pastoso. **2.** Tupido, cerrado. **3.** Ancho. ANT. **1.** Fluido. **2.** Despejado. **3.** Delgado.
FAM. Espesar, espesor, espesura.

**espesor** s. m. **1.** Grosor: *Las paredes tienen tan poco espesor que se oye perfectamente a los vecinos.* **2.** Característica de las cosas espesas.
SIN. **1.** Grueso. **2.** Espesura.

**espesura** s. f. **1.** Lugar con muchas plantas y árboles muy juntos unos de otros, como algunos bosques o selvas. **2.** Característica de las cosas espesas.
SIN. **2.** Espesor.

**espetar** v. **1.** Decirle a una persona de repente algo que le sorprende o le molesta: *Marisa le espetó a Cristina que no le gustaba el traje que llevaba.* **2.** Atravesar los pescados, los pollos u otros alimentos con un pincho para ponerlos a asar.
SIN. **1.** Soltar.

**espetón** s. m. Pincho con el que se atraviesan los pescados, los pollos u otros alimentos, por ejemplo para ponerlos a asar.
FAM. Espetar.

**espía** s. m. y f. **1.** Persona que se dedica a espiar, sobre todo para un país extranjero: *Una patrulla detuvo a un espía que pasaba información al enemigo.* **2.** Se llama así también a algunas cosas que se usan para espiar: *un avión espía, un satélite espía.*
SIN. **1.** Agente.

**espiar** v. Tratar de enterarse sin que se note de lo que hace alguien o de cómo es alguna cosa: *Estaba espiando detrás de la puerta para oír lo que hablaban.* ■ No confundir con *expiar*, 'borrar una culpa o cumplir un castigo'.
SIN. Vigilar, fisgar.
FAM. Espía, espionaje. / Contraespionaje.

**espichar** v. Morir.
SIN. Diñar, palmar.

**espiga** s. f. **1.** Conjunto de flores o frutos pequeños unidos a un tallo común, como los del trigo. **2.** Parte o pieza de un objeto que se puede encajar en otro para sujetarlos o unirlos. **3.** Pequeño cilindro o taco de madera que se encaja en un agujero para sujetar o unir dos tablas.
FAM. Espigado, espigar, espigón, espiguilla.

**espigado, da** adj. Se dice de la persona alta, delgada y con el cuerpo bien formado.
SIN. Esbelto. ANT. Rechoncho.

**espigar** v. **1.** Coger las espigas que no se han segado o las que han quedado caídas en el campo. **2.** Buscar y recoger datos o información en varios sitios: *Para hacer el trabajo ha ido espigando ideas y citas en muchos libros.* || **espigarse 3.** Ponerse una persona alta, delgada y con el cuerpo bien formado: *Esta niña se está espigando mucho, será una buena moza.* ■ Delante de e se escribe gu en lugar de g: *espigue.*
SIN. **2.** Investigar. **3.** Crecer.

**espigón** s. m. Muro que se construye a la orilla del mar o de un río para proteger un lugar del avance del agua o de la corriente.
SIN. Malecón, escollera, dique.

**espiguilla** s. f. Dibujo parecido a una espiga, con una línea recta de la que salen a los lados otras muchas paralelas entre sí; se emplea por ejemplo en algunos tejidos.

**espina** s. f. **1.** Cada uno de los huesos largos y puntiagudos de un pez. **2.** Pinchito duro que tienen algunas plantas.

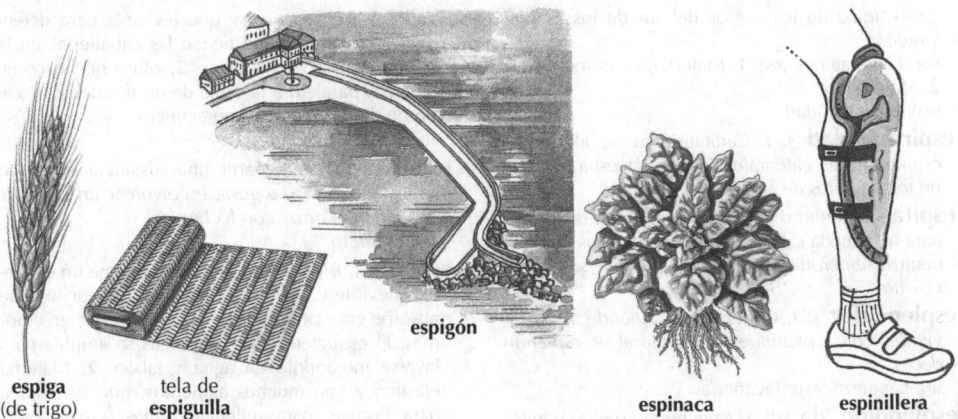

espiga
(de trigo)

tela de
**espiguilla**

**espigón**

**espinaca**

**espinillera**

---

**EXPR. espina bífida** Defecto de nacimiento que consiste en que la espina dorsal no se ha cerrado completamente y deja fuera parte de la médula y algunos nervios, formando un bulto en la espalda. **espina dorsal** Columna vertebral. || **darle** a alguien **mala espina** una cosa Hacer que piense que va a pasar algo malo.

FAM. Espinal, espinar, espinazo, espinilla, espino, espinoso. / Puercoespín.

**espinaca** s. f. Planta de huerta con hojas verdes que nacen cerca de la raíz; tiene hierro y vitaminas y es comestible.

**espinal** adj. De la columna vertebral o relacionado con ella: la médula espinal.

**espinar** s. m. Terreno en el que crecen los espinos.

**espinazo** s. m. Columna vertebral.
SIN. Espina dorsal.

**espingarda** s. f. **1.** Antiguo cañón que lanzaba bolas de hierro o plomo. **2.** Escopeta muy larga que usaban los moros. **3.** Mujer alta, delgada y sin gracia al moverse.
SIN. **3.** Desgarbada.

**espinilla** s. f. **1.** Parte de delante del hueso de la pierna por debajo de la rodilla: Mi hermano pequeño me ha dado una patada muy fuerte en la espinilla. **2.** Granito de grasa que se forma en la piel de la cara.
FAM. Espinillera.

**espinillera** s. f. Pieza que se pone en la pierna para proteger la espinilla, como la que llevan los futbolistas u otros deportistas.

**espino** s. m. **1.** Planta que tiene espinas en las ramas. **2.** Alambre con pinchos que se emplea para hacer cercas.

**espinoso, sa** adj. **1.** Que tiene espinas: Los rosales tienen las ramas espinosas. **2.** Difícil, que puede causar problemas: No te metas en la discusión entre los dos amigos porque es un tema espinoso.
SIN. **2.** Peliagudo, delicado, comprometido.

**espionaje** s. m. Lo que hace un espía.

**espira** s. f. Cada una de las vueltas de una espiral.

**espiración** s. f. Acción de echar el aire que se ha tomado al respirar.
ANT. Inspiración.

**espiral** s. f. Línea curva que da vueltas alrededor de algo, parecida a un rizo o a un muelle.
FAM. Espira.

**espirar** v. Echar el aire que tomamos al respirar. ■ No confundir con expirar, 'morir, terminar'.
SIN. Soplar. ANT. Inspirar.
FAM. Espiración, espíritu.

**espiritado, da** adj. Flaco, muy delgado.

**espiritismo** s. m. Comunicación que algunas personas creen tener con los muertos.

**espiritoso, sa** adj. Se dice las bebidas que contienen mucho alcohol.

**espíritu** s. m. **1.** Parte no material del ser humano con la que puede pensar, sentir y querer. **2.** Ser invisible, que no tiene cuerpo, como los ángeles o los dioses de algunas religiones: El castillo del cuento estaba lleno de malos espíritus. **3.** Modo de ser o de comportarse: En el equipo había un espíritu de amistad y compañerismo.
EXPR. **Espíritu Santo** En la religión cristiana, tercera persona de la Santísima Trinidad.
SIN. **1.** Alma, conciencia, mente. **2.** Ánima. **3.** Talante. ANT. **1.** Cuerpo, materia.
FAM. Espiritado, espiritismo, espiritoso, espiritual.

**espiritual** adj. **1.** Del espíritu o relacionado con él: El alma es la parte espiritual del hombre. **2.** Que le interesan las cosas del pensamiento o de la religión más que las cosas materiales. || s. m. **3.** Canto religioso típico de los negros del sur de los Estados Unidos.

**SIN. 1.** Inmaterial. **ANT. 1.** Material, corpóreo, físico. **2.** Materialista.

**FAM.** Espiritualidad.

**espiritualidad** *s. f.* Característica de lo que es espiritual: *Las catedrales reflejan la espiritualidad de los hombres de la Edad Media.*

**espita** *s. f.* Tubito o grifo colocado en un recipiente para que pueda salir por él el líquido o gas que está dentro: *Abrieron la espita del tonel y se salió todo el vino.*

**esplendidez** *s. f.* Generosidad: *Atiende a sus invitados con esplendidez.* ■ Su plural es *esplendideces.*

**SIN.** Largueza. **ANT.** Tacañería.

**espléndido, da** *adj.* **1.** Muy bueno o muy bonito: *Hacía un día tan espléndido que los chicos decidieron ir a la piscina.* **2.** Generoso, que no le importa dar o gastarse lo que tiene: *Luisa es muy espléndida, le ha comprado a su amiga un regalo carísimo.*

**SIN. 1.** Estupendo, magnífico, soberbio. **2.** Desprendido, rumboso. **ANT. 1.** Pésimo. **2.** Tacaño, miserable.

**FAM.** Esplendidez.

**esplendor** *s. m.* **1.** Grandeza, belleza, lujo: *En aquel palacio celebraban fiestas de gran esplendor.* **2.** Situación mejor a la que ha llegado una persona o cosa: *Este tenista está en un momento de esplendor, ha ganado los principales campeonatos.* **3.** Brillo, resplandor: *el esplendor de una estrella.*

**SIN. 1.** Grandiosidad, hermosura. **2.** Apogeo, plenitud, culminación. **ANT. 1.** Fealdad. **2.** Decadencia. **FAM.** Espléndido, esplendoroso.

**esplendoroso, sa** *adj.* **1.** Que brilla o resplandece: *Hoy hace un sol esplendoroso.* **2.** Que impresiona por su belleza o grandiosidad: *Aquí las puestas de sol son esplendorosas.*

**SIN. 1.** Resplandeciente. **2.** Espectacular, impresionante. **ANT. 2.** Corriente, vulgar.

**espliego** *s. m.* Arbusto de hojas estrechas y grisáceas y flores azules agrupadas en espigas, que tiene muy buen olor. Se emplea para fabricar algunos perfumes.

**SIN.** Lavanda.

**espolear** *v.* Pinchar o golpear al caballo con la espuela para que ande o corra.

**SIN.** Aguijonear, picar.

**espoleta** *s. f.* Mecanismo para hacer estallar la carga explosiva de una bomba u otro proyectil parecido.

**espoliar** *v.* Busca **expoliar**.

**espolio** *s. m.* Busca **expolio**.

**espolón** *s. m.* **1.** Pequeño huesecillo que tienen las patas de los machos de algunas aves, como los gallos y los faisanes, y que les sirve para defenderse. **2.** Saliente que tienen las caballerías en la parte de atrás de las patas. **3.** Muro hecho como defensa, paralelo a la orilla de un río, del mar o al borde de un barranco o precipicio.

**SIN. 3.** Malecón.

**espolvorear** *v.* Repartir una sustancia en polvo sobre una cosa: *Le gusta espolvorear un poco de canela en el arroz con leche.*

**SIN.** Esparcir.

**esponja** *s. f.* **1.** Animal marino que tiene un esqueleto flexible y con muchos agujeritos, por los que absorbe gran cantidad de agua, y que vive en colonias. El esqueleto de las esponjas se emplea para lavarse mojándolo en agua y jabón. **2.** Material elástico y con muchos agujeritos, que se emplea para lavarse, para rellenar cojines o para otras cosas.

**FAM.** Esponjar, esponjoso.

**esponjar** *v.* **1.** Poner algo menos apretado, como una esponja: *La masa de las rosquillas se esponja al freírlas.* || **esponjarse 2.** Ponerse contenta una persona al hacer bien una cosa o cuando la alaban por algo.

**SIN. 1.** Mullir. **2.** Enorgullecerse, envanecerse. **ANT. 1.** Endurecer.

**esponjoso, sa** *adj.* Blando y poco apretado como una esponja: *Me gusta que las toallas estén suaves y esponjosas.*

**SIN.** Mullido.

**esponsales** *s. m. pl.* Promesa de casarse que se hacen públicamente un hombre y una mujer, y fiesta con que se celebra.

**SIN.** Desposorio.

**espónsor** *s. m.* Persona o empresa que paga una actividad para conseguir publicidad: *Una compañía telefónica es el espónsor de la carrera ciclista.* ■ Se escribe también *sponsor.*

**SIN.** Promotor, patrocinador, mecenas.

**espontaneidad** *s. f.* Característica de la persona o cosa espontánea: *El protagonista de la película es un niño que actúa con mucha espontaneidad.*

**SIN.** Naturalidad.

**espontáneo, a** *adj.* **1.** Que se produce solo, sin que nadie haga nada: *Las margaritas crecen de manera espontánea en el campo.* **2.** Se dice de lo que hace una persona voluntariamente y sin pensarlo mucho: *Su ayuda fue espontánea, no se la pedimos.* **3.** Que actúa de manera sencilla y sincera, tal como es: *Se acercó muy espontáneo para decirnos que se alegraba mucho de vernos.* || *s. m.* y *f.* **4.** Espectador que en una corrida de toros salta al ruedo para torear.

**SIN. 1.** Automático. **2.** Voluntario, libre. **3.** Natural. **ANT. 2.** Obligado.

**FAM.** Espontaneidad.

**espora** *s. f.* Célula reproductora que no necesita ser fecundada, como la de los musgos, helechos y hongos.
FAM. Esporádico.

**esporádico, ca** *adj.* Que se produce con poca frecuencia, sin que se sepa cuándo va a suceder: *En el último mes ha habido algunos cortes de luz esporádicos.*
SIN. Ocasional, aislado, suelto. ANT. Regular, constante.

**esposar** *v.* Ponerle a una persona las esposas: *La policía atrapó al ladrón y lo esposó.*

**esposas** *s. f. pl.* Aros de metal unidos por una cadena con los que se sujeta por las muñecas a una persona, por ejemplo cuando la detiene la policía.
FAM. Esposar.

**esposo, sa** *s. m. y f.* Persona con la que está casado alguien.
SIN. Cónyuge.
FAM. Esponsales, esposas. / Desposarse.

**espray** *s. m.* Busca **spray**.

**esprint** *s. m.* Busca **sprint**.
FAM. Esprintar.

**esprintar** *v.* Realizar un esfuerzo al final de una carrera y correr lo más rápido posible para llegar el primero a la meta.

**espuela** *s. f.* Arco de metal que tiene en el centro una ruedecilla con pinchos y se sujeta al talón de la bota del jinete para golpear al caballo y hacer que ande o corra.
FAM. Espolear, espolón.

**espuerta** *s. f.* Cesta de mimbre, esparto u otro material, que tiene dos asas.
EXPR. **a espuertas** En mucha cantidad: *Gana el dinero a espuertas.*

**espulgar** *v.* **1.** Quitar las pulgas o los piojos. **2.** Examinar con mucho cuidado y atención. ■ Delante de *e* se escribe *gu* en lugar de *g*: *Espulgué el texto para buscar posibles erratas.*
SIN. **1.** Desparasitar.

**espuma** *s. f.* **1.** Burbujas que se forman en la superficie de un líquido, por ejemplo de la cerveza. **2.** Tejido sintético muy fino y elástico: *unas medias de espuma.*
EXPR. **crecer como la espuma** Crecer muy rápidamente.
FAM. Espumadera, espumar, espumarajo, espumillón, espumoso. / Gomaespuma.

**espumadera** *s. f.* Utensilio de cocina que tiene un mango largo y un disco con agujeros y sirve para sacar los fritos de la sartén.

**espumar** *v.* Quitar la espuma, especialmente a un caldo: *espumar la sopa del cocido.*

**espumarajo** *s. m.* Saliva espumosa que se echa por la boca.

**espumillón** *s. m.* Tira con flecos, de colores vivos y brillantes, que se usa sobre todo en los adornos de Navidad.

**espumoso, sa** *adj.* Que hace o tiene espuma o burbujas: *El champán es un vino espumoso.*

**espurio, ria** *adj.* **1.** Se dice del hijo de dos personas que no están casadas entre sí. **2.** Falso, que no es auténtico: *Uno de los cuadros que se atribuyen a Goya es espurio.*
SIN. **1.** Bastardo, ilegítimo, natural.

**espurrear** o **espurriar** *v.* Manchar o rociar algo con líquido o comida que se echa por la boca.

**esputar** *v.* Echar esputos por la boca.
SIN. Expectorar.

**esputo** *s. m.* Saliva espesa con mocos que se echa por la boca.
SIN. Expectoración, gargajo, lapo.
FAM. Esputar.

**esqueje** *s. m.* Trocito de una planta que se mete en el tallo de otra o en la tierra para que nazca un nuevo vegetal.

**esquela** *s. f.* **1.** Cartulina pequeña con los bordes negros que se envía para comunicar la muerte de alguien. **2.** Recuadro que aparece en los periódicos para comunicar lo mismo.

**esquelético, ca** *adj.* Muy flaco: *El pobre gato estaba esquelético.*
SIN. Escuálido, escuchimizado, esmirriado.

**esqueleto** *s. m.* **1.** Conjunto de huesos y articulaciones que sostiene el cuerpo de los seres humanos y de los animales vertebrados. (Puedes ver su ilustración en la página siguiente). **2.** Parte exterior dura de algunos animales como los saltamontes, las arañas o los cangrejos. **3.** Pieza o piezas que sostienen una cosa: *Esa escultura de barro tiene un esqueleto de madera.* **4.** Persona muy delgada.
EXPR. **mover** o **menear el esqueleto** Bailar.
SIN. **1.** Osamenta. **2.** Caparazón. **3.** Armazón, armadura, estructura.
FAM. Esquelético.

**esquema** *s. m.* **1.** Representación de alguna cosa mediante líneas y dibujos: *Nos hizo un esquema para explicarnos cómo se iba a su casa.* **2.** Resumen de las ideas o partes más importantes de algo: *Hacer esquemas de cada lección le ayuda a estudiar.*
SIN. **1.** Boceto, esbozo, croquis.
FAM. Esquemático, esquematizar.

**esquemático, ca** *adj.* Que parece un esquema o está hecho mediante esquemas.

**esquematizar** *v.* Exponer o representar una cosa mostrando sólo los puntos o ideas principales. ■ Delante de *e* se escribe *c* en lugar de *z*: *esquematice.*
SIN. Resumir.

**esquí** *s. m.* **1.** Tabla larga y estrecha para deslizarse sobre la nieve o el agua. **2.** Deporte que se practica

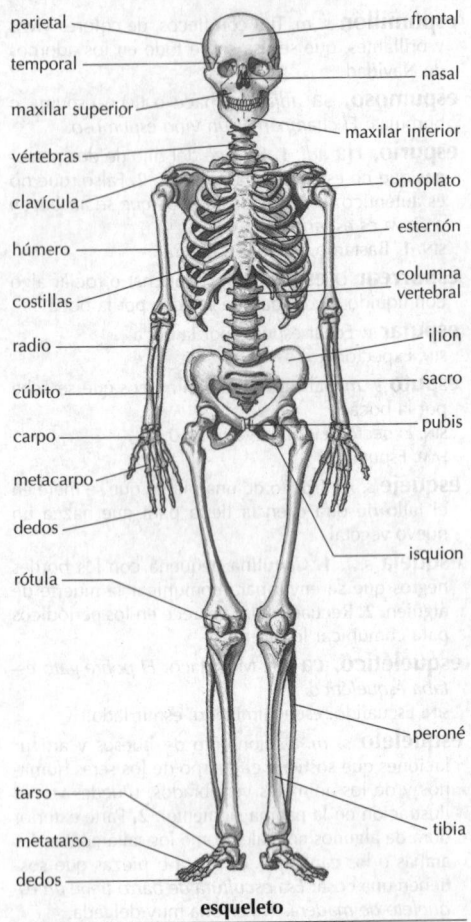

parietal
temporal
maxilar superior
vértebras
clavícula
húmero
costillas
radio
cúbito
carpo
metacarpo
dedos
rótula
tarso
metatarso
dedos

frontal
nasal
maxilar inferior
omóplato
esternón
columna vertebral
ilion
sacro
pubis
isquion
peroné
tibia

**esqueleto**

deslizándose sobre la nieve con una de estas tablas colocadas en cada pie. ■ Su plural es *esquís* o *esquíes*.
**EXPR. esquí acuático** Deporte que consiste en deslizarse sobre el agua una persona con esquís, arrastrada por una lancha con motor.
**FAM.** Esquiador, esquiar. / Portaesquís, telesquí.

**esquiador, ra** *s. m.* y *f.* Persona que practica el esquí.

**esquiar** *v.* Deslizarse sobre la nieve o el agua con esquís.

**esquife** *s. m.* Bote que se lleva en un barco grande y que se usa para ir a tierra.

**esquijama** *s. m.* Pijama ajustado hecho con un tejido de punto.

**esquila** *s. f.* Cencerro pequeño, como el que llevan las ovejas y las cabras.

**esquilador, ra** *s. m.* y *f.* **1.** Persona que esquila a los animales. ‖ *s. f.* **2.** Máquina para cortar el pelo o la lana a los animales.

**esquilar** *v.* Cortarles el pelo o la lana a los animales, sobre todo a las ovejas.
**SIN.** Trasquilar.
**FAM.** Esquilador. / Trasquilar.

**esquilmar** *v.* **1.** Dejar algo totalmente acabado o seco: *Sacaron todo el mineral y esquilmaron la mina.* **2.** Dejar a alguien sin dinero: *Estuvo jugando a las cartas y le esquilmaron.*

**esquimal** *adj.* y *s. m.* y *f.* **1.** De un pueblo que vive en las costas cercanas al polo norte y se alimenta de los animales que caza y pesca. Algunos esquimales construyen sus casas con hielo. ‖ *s. m.* **2.** Lengua hablada por este pueblo.

**esquina** *s. f.* **1.** Ángulo que forman dos paredes de un edificio, sobre todo en la parte de fuera, en la calle: *La farmacia está en aquella esquina.* **2.** Parte de una cosa donde se unen dos de sus lados o caras: *El marco tenía unos adornos en las esquinas.*
**FAM.** Esquinado, esquinazo.

**esquinado, da** *adj.* **1.** Se dice de la persona que tiene mal humor y que es difícil de tratar: *No conviene bromear con Lola hoy, porque está esquinada.* **2.** Se dice de la persona que tiene malas intenciones: *No me fío de él porque ha demostrado ser bastante esquinado.*

**esquinazo** *s. m.* Esquina.
**EXPR. dar esquinazo** Evitar encontrarse con una persona o conseguir despistarla.

**esquirla** *s. f.* **1.** Trocito que se desprende al romperse un hueso. **2.** Trocito que se desprende de un cristal, de una madera o de otra cosa dura.

**esquirol** *s. m.* y *f.* Persona que va a trabajar cuando sus compañeros hacen huelga.

**esquivar** *v.* **1.** Hacer un movimiento para no chocar contra alguna cosa, no recibir un golpe o algo parecido: *Casi se da un trompazo contra el árbol, pero lo esquivó en el último momento.* **2.** Intentar no encontrarse con alguien o no hacer una cosa: *Trató de esquivarle para no pararse a hablar con él.*
**SIN.** **1.** Sortear. **2.** Rehuir, eludir. **ANT.** **1.** Chocar.
**FAM.** Esquivo.

**esquivo, va** *adj.* Que no quiere encontrarse con otros, ni saludarlos o tratar con ellos.
**SIN.** Arisco, huraño, insociable. **ANT.** Sociable, amable.

**esquizofrenia** *s. f.* Enfermedad mental de la persona que cree que es dos personas a la vez y se comporta de una forma extraña con muchos cambios en su estado de ánimo.
**FAM.** Esquizofrénico.

**esquizofrénico, ca** *adj.* y *s. m.* y *f.* Que tiene esquizofrenia.

**estabilidad** *s. f.* Característica de los cuerpos o cosas que no se caen, no se mueven o no cambian: *Los coches pesados tienen más estabilidad. Ha vuelto la estabilidad en el tiempo.*
SIN. Equilibrio, firmeza, permanencia. ANT. Desequilibrio.

**estabilizar** *v.* Hacer estable. ■ Delante de *e* se escribe *c* en lugar de *z*: *estabilice.*
SIN. Equilibrar, afianzar, consolidar. ANT. Desestabilizar, desequilibrar.

**estable** *adj.* **1.** Que no está en peligro de caer, cambiar o desaparecer: *Ten cuidado al sentarte, esa silla es poco estable.* **2.** Que permanece mucho tiempo en un sitio o una situación: *Muchos clientes de ese hotel son estables.*
SIN. **1.** Firme, sólido, invariable. **1.** y **2.** Permanente, fijo. ANT. **1.** Inestable, variable. **1.** y **2.** Provisional.

esquí acuático

prueba de eslalon

bandera

bastón

esquí

**esquí** sobre nieve

FAM. Estabilidad, estabilizar, establecer. / Desestabilizar, inestable.

**establecer** *v.* **1.** Poner o crear algo en un sitio: *La Cruz Roja estableció varios puestos de socorro en las carreteras.* **2.** Decir algo, sobre todo lo que debe hacerse o cómo es alguna cosa: *El director establecerá el nuevo horario.* ‖ **establecerse 3.** Quedarse a vivir en un lugar: *Hace muchos años que su familia se estableció en el pueblo.* **4.** Abrir un negocio o dedicarse a una actividad: *Trabajaba en la peluquería de su padre, pero luego se estableció por su cuenta.* ■ Es un verbo irregular. Se conjuga como *agradecer.*
SIN. **1.** Fundar, instaurar. **2.** Ordenar, mandar, disponer. **3.** Afincarse, asentarse, instalarse. ANT. **3.** Irse.
FAM. Establecimiento. / Preestablecer, restablecer.

**establecimiento** *s. m.* **1.** Acción de establecer alguna cosa o establecerse en un lugar. **2.** Lugar dedicado al comercio o a cualquier otra actividad, como por ejemplo una tienda, un restaurante o un centro de enseñanza. **3.** Colonia que funda un pueblo en un país extranjero: *Cádiz fue antiguamente un establecimiento fenicio.*

**establo** *s. m.* Lugar cubierto donde se tiene al ganado.
SIN. Cuadra, caballeriza, cobertizo.
FAM. Estabular.

**estabular** *v.* Criar y mantener a los animales en establos.

**estaca** *s. f.* **1.** Palo con punta en uno de sus extremos para poder clavarlo. **2.** Palo gordo y fuerte.
SIN. **2.** Garrote, tranca.
FAM. Estacada, estacazo.

**estacada** Se usa en la expresión **en la estacada**, que significa 'en peligro o en una situación difícil': *No le ayudó nadie, le dejaron en la estacada.*

**estacazo** *s. m.* Golpe que se da con una estaca o un palo, o cualquier otro golpe: *Vámonos antes de que nos echen a estacazos.*
SIN. Garrotazo, porrazo, tortazo, trastazo.

**estación** *s. f.* **1.** Cada uno de los cuatro periodos en que se divide el año: primavera, verano, otoño e invierno. **2.** Temporada: *Comenzó la estación de las lluvias.* **3.** Lugar fijo en que para un tren, un autobús u otro medio de transporte, como por ejemplo el metro. **4.** Lugar donde se para alguien o algo. **5.** Conjunto de aparatos, edificios u otras cosas para realizar una actividad: *una estación de esquí, una estación científica.* **6.** Cada una de las catorce paradas que hizo Jesucristo en su camino hacia el Calvario.
EXPR. **estación de servicio** Gasolinera que tiene además otras instalaciones y servicios, por ejemplo una tienda o una máquina de lavado.
SIN. **2.** Época, etapa. **4.** Parada, detención.
FAM. Estacional, estacionar, estacionario.

**estacional** *adj.* **1.** De alguna de las estaciones del año: *Las tiendas ya han expuesto la moda estacional.*

**2.** Que dura solo un periodo del año: *Beatriz ha conseguido un empleo estacional como socorrista.*

**estacionamiento** *s. m.* **1.** Acción de estacionar o estacionarse. **2.** Lugar donde se pueden aparcar los coches: *Dejó el coche en el estacionamiento de la plaza.*
SIN. **1.** y **2.** Aparcamiento. **2.** Parking.

**estacionar** *v.* Poner algo en un lugar, sobre todo un vehículo: *Estacionó la camioneta junto a la entrada de la fábrica.*
SIN. Aparcar. ANT. Circular.
FAM. Estacionamiento.

**estacionario, ria** *adj.* Que no cambia, ni mejora ni empeora: *El médico dijo que el enfermo se encontraba en estado estacionario.*
SIN. Estable, invariable. ANT. Variable.

**estadillo** *s. m.* Cuadro con columnas o casillas para rellenar con diferentes datos.

**estadio** *s. m.* **1.** Lugar donde se hacen competiciones deportivas y que tiene gradas para los espectadores. **2.** Etapa en el desarrollo de algo: *Los anfibios pasan por distintos estadios antes de convertirse en adultos.*
SIN. **1.** Campo. **2.** Fase, ciclo.

**estadista** *s. m.* **1.** Jefe de un Estado: *Se reunirán los estadistas europeos para firmar un acuerdo.* **2.** Persona que sabe mucho de la política y relaciones entre países. **3.** Persona que sabe estadística.

**estadística** *s. f.* Ciencia que estudia algunos hechos a partir de números y cantidades; por ejemplo, para saber si la población de un lugar crece o disminuye, la estadística tiene que averiguar cuántas personas nacen, mueren, emigran o van allí a vivir.
FAM. Estadístico.

**estadístico, ca** *adj.* De la estadística o relacionado con ella.

**estado** *s. m.* **1.** Situación en que se encuentra una persona o cosa: *Preguntó al médico por el estado del enfermo. La carne estaba en mal estado.* **2.** Forma en que se encuentra la materia según la unión que haya entre sus moléculas: *estado sólido, líquido o gaseoso.* **3.** Clase o situación de una persona en la sociedad. **4.** Conjunto de ministerios y otros organismos que dirigen y organizan un país. ■ Con este significado suele escribirse con mayúscula. **5.** Territorio y población de un país. **6.** En una federación, como por ejemplo Estados Unidos, cada

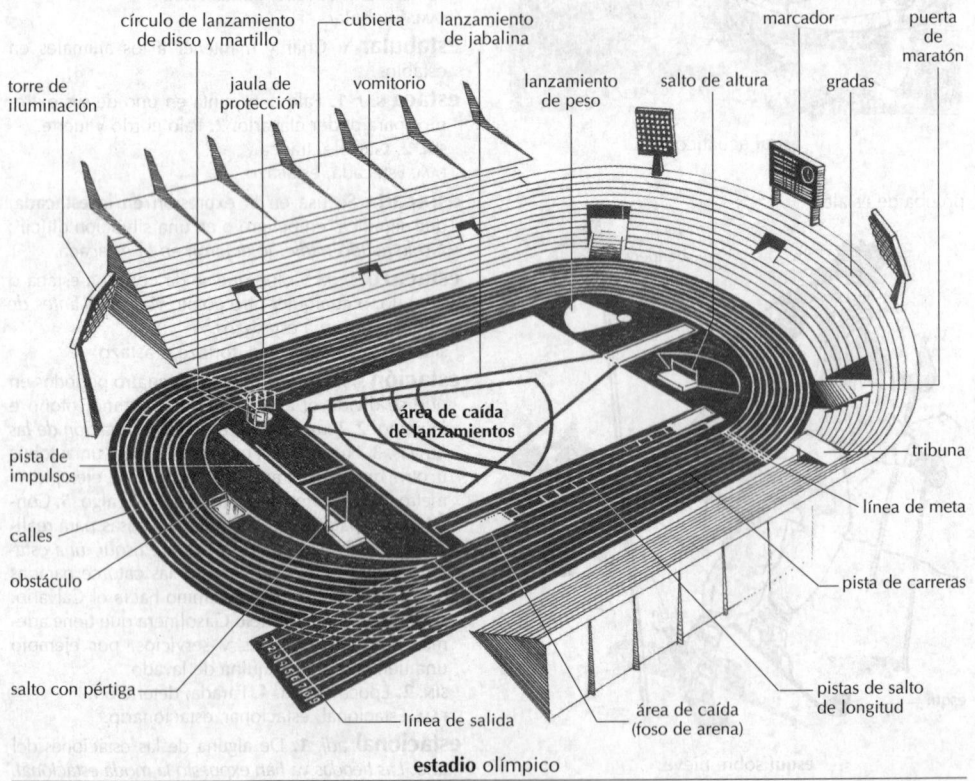

círculo de lanzamiento de disco y martillo — cubierta — lanzamiento de jabalina — marcador — puerta de maratón

torre de iluminación — jaula de protección — vomitorio — lanzamiento de peso — salto de altura — gradas

área de caída de lanzamientos

pista de impulsos

tribuna

línea de meta

calles

obstáculo

pista de carreras

salto con pértiga

línea de salida

área de caída (foso de arena)

pistas de salto de longitud

**estadio** olímpico

uno de los territorios independientes que la componen: *el estado de Texas.*

**EXPR. estado civil** Situación de cada persona según la ley civil, por ejemplo si está soltera o casada. ‖ **en estado** Se dice de la mujer que está embarazada.

**SIN. 1.** y **3.** Condición.

**FAM.** Estadillo, estadio, estadista, estadística, estatal.

**estadounidense** *adj.* y *s. m.* y *f.* De los Estados Unidos, país de América del Norte.

**SIN.** Norteamericano, yanqui.

**estafa** *s. f.* Engaño con que se estafa a alguien.

**SIN.** Timo.

**estafador, ra** *s. m.* y *f.* Persona que hace estafas.

**estafar** *v.* Engañar a una persona para sacar dinero u otro beneficio, por ejemplo cobrándole de más o no dándole lo debido.

**SIN.** Timar.

**FAM.** Estafa, estafador.

**estafeta** *s. f.* Oficina de correos.

**estalactita** *s. f.* Especie de columna, larga y puntiaguda, que sale hacia abajo del techo de las cuevas al irse acumulando la cal que llevan las gotitas de agua.

**estalagmita** *s. f.* Especie de columna, larga y puntiaguda, que, al contrario que las estalactitas, se forma en el suelo de algunas cuevas.

**estallar** *v.* **1.** Romperse una cosa de golpe y haciendo ruido, como por ejemplo un globo inflado o una bomba. **2.** Abrirse una cosa por estar muy llena o muy tirante: *Has llenado tanto la bolsa, que ha estallado.* **3.** Ocurrir una cosa de repente y con violencia: *estallar una tormenta.* **4.** No poder aguantar un sentimiento, como la risa o el llanto, y manifestarlo de repente: *Estuvo conteniendo las lágrimas, pero no pudo más y estalló.*

**SIN. 1.**, **2.** y **4.** Explotar, reventar.

**FAM.** Estallido. / Restallar.

**estallido** *s. m.* Acción de estallar y ruido que hace una cosa cuando estalla: *El estallido del cohete anunció el comienzo de las fiestas.*

**SIN.** Explosión, estampido, zambombazo.

**estambre** *s. m.* **1.** Tejido de lana muy liso y algo brillante. **2.** Órgano reproductor masculino de las flores. Está formado por un hilito con una cabeza en su extremo, llamada *antera*, en la que se encuentra el polen.

**estamento** *s. m.* Grupo que forman dentro de una sociedad personas que se dedican a una misma actividad o son de la misma clase social: *el estamento militar, el estamento médico.*

**estameña** *s. f.* Tela basta de lana.

**estampa** *s. f.* **1.** Dibujo o fotografía: *Esa enciclopedia tiene muchas estampas.* **2.** Aspecto de una persona, animal o cosa: *Los caballos de carreras tienen una estampa muy bonita.*

**estalactitas** y **estalagmitas**

**SIN. 1.** Lámina, cromo, grabado. **2.** Planta, porte, pinta, presencia, traza.

**FAM.** Estampilla.

**estampado, da** *adj.* **1.** Que alguien lo estampó o se estampó. ‖ *adj.* y *s. m.* **2.** Se dice de las telas y prendas que tienen dibujos: *Se puso una blusa estampada.*

**estampar** *v.* **1.** Dejar marcado algo sobre papel, tela, planchas de metal u otra cosa: *estampar dibujos en un libro.* **2.** Marcar una cosa en otra: *Estampó sus pisadas en la arena de la playa.* **3.** Tirar o aplastar algo contra otra cosa: *Uno de los payasos le estampó al otro una tarta en la cara.* **4.** Darle a alguien con fuerza un beso o un golpe.

**SIN. 1.** Imprimir. **3.** Estrellar. **4.** Plantar; atizar.

**FAM.** Estampa, estampado, estampida, estampido.

**estampía** Se usa en la expresión **de estampía**, que significa 'de repente, con mucha prisa': *Nos vio y salió de estampía.*

**estampida** *s. f.* Hecho de salir corriendo de repente el ganado.

**estampido** *s. m.* Ruido muy fuerte, como el que hace algo cuando estalla.

**SIN.** Estallido.

**estampilla** *s. f.* **1.** Sello que sirve para marcar algo en un papel, por ejemplo la firma de una persona. **2.** En Hispanoamérica, sello de correos.

**estancar** *v.* **1.** Detener algo o quedarse sin movimiento: *Las aguas se estancaron.* **2.** Hacer que algo no avance, que quede parado. ■ Delante de *e* se escribe *qu* en lugar de *c*: *Me estanqué en este problema de matemáticas y no he sabido seguir.*

**SIN. 2.** Paralizar, atascar.

**FAM.** Estanco, estanque.

**estancia** *s. f.* **1.** El hecho de permanecer alguien en un lugar durante un periodo de tiempo: *Durante su estancia en Zaragoza visitó los monumentos principales.* **2.** Habitación o sala de una vivienda. **3.** En

América del Sur, hacienda o casa de campo, sobre todo la dedicada a la ganadería.
SIN. **2.** Cuarto, aposento.
FAM. Estanciero.

**estanciero, ra** *s. m.* y *f.* En Hispanoamérica, el dueño o el encargado de una estancia o hacienda.

**estanco, ca** *adj.* **1.** Se dice de las cosas que están totalmente cerradas y separadas entre sí: *compartimentos estancos.* || *s. m.* **2.** Lugar en que se vende tabaco, cerillas, sellos de correos y otras cosas.
FAM. Estanquero.

**estándar** *adj.* Normal, corriente; acompaña a sustantivos como *medida, modelo: un tornillo de medida estándar.* ■ Se escribe también *standard.*
FAM. Estandarizar.

**estandarizar** *v.* Ajustar a un tipo, un modelo o una norma: *Se pretende estandarizar las etiquetas de los productos en toda la Unión Europea.* ■ Delante de *e* se escribe *c* en lugar de *z: estandarice.*
SIN. Normalizar, uniformar, homologar. ANT. Diversificar.

**estandarte** *s. m.* Pedazo de tela que va sujeto a una barra, lleva un escudo u otra cosa y su forma suele ser cuadrada; por ejemplo, el estandarte de un cuerpo de caballería.
FAM. Portaestandarte.

**estanque** *s. m.* Sitio grande que contiene agua, como los que hay en los parques y que suelen tener patos y a veces también peces de colores.

**estanquero, ra** *s. m.* y *f.* Persona encargada de un estanco.

**estante** *s. m.* Tabla horizontal que sirve para poner cosas encima, por ejemplo libros.
SIN. Anaquel, repisa, balda.
FAM. Estantería.

**estantería** *s. f.* Mueble formado por estantes: *En la estantería tengo libros, cintas de vídeo y discos compactos.*

**estaño** *s. m.* Metal de color blanco plateado, más duro y brillante que el plomo, y resistente a la humedad.

**estar** *v.* **1.** Encontrarse de una manera: *Estoy cansada, dormida, contenta, aburrida, atenta, de mal humor.* **2.** Hallarse en un lugar: *Estoy en el colegio;* en un momento del tiempo: *Estamos en vacaciones, estamos en agosto;* a una temperatura: *La habitación está a 20 grados;* a una distancia: *Ese pueblo está a cincuenta kilómetros de Segovia;* haciendo algo: *Los chicos están de excursión, estoy de exámenes.* **3.** Tener un precio: *¿A cuánto está el kilo de jamón?* **4.** Tener una utilidad: *Las sillas están para que os sentéis.* **5.** Quedarle a una persona la ropa de la manera que se indica: *Esa camiseta te está estupendamente.* **6.** Cuando va acompañando a un verbo en gerundio, indica que se realiza una ac-

ción: *Estoy soñando. El avión está aterrizando.* || **estarse 7.** Permanecer en un sitio o en una situación: *Se estuvo toda la mañana en casa. Estate quietecito.* ■ Es un verbo irregular.
EXPR. **estar a bien** o **estar a mal** con alguien Llevarse bien o mal con él. **estar de más** No tener trabajo: *Su padre está de más y busca un empleo.* Sobrar: *Me marcho porque aquí estoy de más.* En frases negativas, ser útil o conveniente: *No estaría de más que le echaras una regañina por haber llegado tarde.* **estar en todo** Ser muy atento, cuidarse de todo sin olvidar ningún detalle. **estar por** Estar casi decidido a hacer una cosa: *Estoy por irme con vosotros al parque.* No haberse realizado todavía: *Los deberes están por hacer.*
SIN. **3.** Costar, valer. **5.** Sentar, caer.
FAM. Estación, estado, estamento, estancia, estante, estática, estatua, estatuir, estatura, estatuto. / Bienestar, malestar.

**estarcido** *s. m.* Dibujo que resulta de pintar encima de una lámina que tiene recortado un dibujo a través del cual pasa la pintura a la superficie que hay detrás: *Hemos decorado la pared del salón con estarcido.*

**estárter** *s. m.* Busca **starter.**

**estatal** *adj.* Del Estado o relacionado con él.
SIN. Oficial, gubernamental. ANT. Privado.

**estática** *s. f.* Parte de la mecánica que estudia las leyes del equilibrio de los cuerpos.
FAM. Estático.

**estático, ca** *adj.* **1.** De la estática o relacionado con ella. **2.** Sin cambios, en el mismo estado, parado: *Esta tecla del vídeo es para dejar la imagen estática.*
SIN. **2.** Quieto, fijo, invariable, inmóvil, paralizado.
ANT. **1.** y **2.** Dinámico. **2.** Cambiante.

| ESTAR | |
|---|---|
| **INDICATIVO** | |
| **Presente** | **Pretérito perfecto simple** |
| estoy | estuve |
| estás | estuviste |
| está | estuvo |
| estamos | estuvimos |
| estáis | estuvisteis |
| están | estuvieron |

| SUBJUNTIVO | |
|---|---|
| **Pretérito imperfecto** | **Futuro** |
| estuviera, -ese | estuviere |
| estuvieras, -eses | estuvieres |
| estuviera, -ese | estuviere |
| estuviéramos, -ésemos | estuviéremos |
| estuvierais, -eseis | estuviereis |
| estuvieran, -esen | estuvieren |

**estatua** *s. f.* Escultura que un artista hace, generalmente con figura humana o animal.
FAM. Estatuaria, estatuilla.

**estatuaria** *s. f.* Arte de hacer estatuas.

**estatuilla** *s. f.* Estatua pequeña: *El actor premiado con el Oscar recibió la estatuilla con gran emoción.*

**estatuir** *v.* Establecer, ordenar: *El consejo escolar estatuyó varias normas.* ■ Es un verbo irregular. Se conjuga como *huir.*

**estatura** *s. f.* Altura de una persona, lo que mide desde los pies a la cabeza.
SIN. Talla.

**estatus** *s. m.* Busca **status.** ■ No varía en plural.

**estatutario, ria** *adj.* De los estatutos o que está en los estatutos.

**estatuto** *s. m.* Conjunto de normas por las que se rige un grupo de personas, como el que tienen los trabajadores de un país o los estatutos de las comunidades autónomas.
SIN. Reglamento.
FAM. Estatutario.

**este** *s. m.* **1.** Uno de los cuatro puntos cardinales, aquel por donde sale el Sol. **2.** Región o territorio situados en esa parte.
SIN. **1.** Levante, oriente. ANT. **1.** y **2.** Oeste.
FAM. Nordeste, noreste, oeste, sudeste, sureste.

**este, esta, esto** *dem.* Señala a una persona, animal o cosa que está cerca del que habla: *Este tebeo es muy entretenido. Toma esta silla.* ■ *Esto* es una forma neutra y nunca acompaña a un sustantivo. *Este, esta, estos* y *estas* pueden llevar acento cuando no acompañan a un sustantivo: *–¿Qué zapatos quieres ponerte? –Éstos (o Estos), porque son muy cómodos.*

**estegosaurio** *s. m.* Dinosaurio que tenía unas placas en forma de cresta en el lomo, espinas en la cola y patas posteriores terminadas en tres dedos con pezuñas. (Puedes ver su ilustración en **dinosaurio**).

**estela** *s. f.* Señal que dejan algunas cosas que se mueven, por ejemplo una embarcación en el agua.

**estelar** *adj.* **1.** De las estrellas o relacionado con ellas. **2.** Principal o muy importante: *Le dieron un papel estelar en la película.*
FAM. Estelaridad. / Interestelar.

**estelaridad** *s. f.* En América del Sur, popularidad.

**estenotipia** *s. f.* **1.** Taquigrafía que se escribe con una máquina especial. **2.** Esta máquina.

**estentóreo, a** *adj.* Se dice de la voz, el grito o el sonido muy fuertes.
SIN. Ruidoso, estridente. ANT. Suave, flojo.

**estepa** *s. f.* Llanura extensa donde no crecen árboles y hay una vegetación adaptada a la sequedad.
FAM. Estepario.

**estepario, ria** *adj.* De la estepa: *Muchos pueblos esteparios son nómadas.*

**estera** *s. f.* Tejido grueso de esparto, junco u otro material para cubrir el suelo.
FAM. Esterilla.

**estercolero** *s. m.* **1.** Sitio donde se recoge y amontona el estiércol. **2.** Lugar muy sucio: *El patio es un estercolero, está lleno de porquería.*
SIN. **1.** Muladar. **2.** Pocilga, cochiquera.

**estéreo** *adj.* y *s. m.* Forma abreviada de **estereofónico.**

**estereofónico, ca** *adj.* y *s. m.* Se dice de un sistema para grabar o reproducir sonidos en el que éstos vienen de distintas direcciones, por lo cual resulta muy real. También se dice del equipo que tiene este sistema.
FAM. Estéreo.

**estereotipado, da** *adj.* Que se repite siempre de la misma manera: *gestos estereotipados.*

**estereotipo** *s. m.* **1.** Modelo o norma que se acepta o se considera normal dentro de un grupo de personas: *Las adolescentes suelen seguir los mismos estereotipos.* **2.** Idea o imagen bastante simple que la gente tiene de alguien o algo: *El estereotipo que se tiene del español es el de una persona bajita y morena.*

**estéril** *adj.* **1.** Se dice de la persona o animal que no puede tener hijos. **2.** Que no da frutos: *Este campo es estéril.* **3.** Que no produce o no consigue nada: *El equipo luchó para ganar, pero su esfuerzo ha sido estéril.*
SIN. **2.** Árido, improductivo. **3.** Inútil, ineficaz. ANT. **1.** y **2.** Fértil, fecundo. **2.** Productivo, fructífero. **3.** Útil, eficaz.
FAM. Esterilidad, esterilización, esterilizar.

**esterilidad** *s. f.* Característica de estéril.

**esterilización** *s. f.* Acción de esterilizar.

**esterilizar** *v.* **1.** Hacer que una persona o animal no pueda tener hijos. **2.** Destruir en alguna cosa los gérmenes que pueden causar enfermedades: *esterilizar la leche, esterilizar un bisturí.* ■ Delante de *e* se escribe *c* en lugar de *z*: *esterilice.*
SIN. **2.** Desinfectar.

**esterilla** *s. f.* Estera que se usa en la playa y en la piscina para tumbarse a tomar el sol.

**esterlina** *adj.* Se dice de la libra, moneda del Reino Unido.

**esternocleidomastoideo** *s. m.* Músculo del cuello que permite girar la cabeza hacia los lados o hacia adelante.

**esternón** *s. m.* Hueso plano, de forma alargada y terminado en punta, situado en la parte de delante del tórax. Al esternón están unidos mediante cartílagos los siete primeros pares de costillas.
FAM. Esternocleidomastoideo.

**estero** *s. m.* **1.** Zona de la costa que se inunda cuando sube la marea. **2.** Terreno bajo cubierto de agua poco profunda. **3.** En algunos lugares de América del Sur, riachuelo.

**estertor** *s. m.* Respiración de los moribundos; es jadeante o dificultosa y produce un sonido ronco.

**estética** *s. f.* **1.** Parte de la filosofía que trata de la belleza. **2.** Aspecto bello: *Cuida mucho la estética de su casa.*

**esteticista** *s. m. y f.* Persona que se dedica al cuidado y embellecimiento del cuerpo de las personas: *La esteticista me recomendó este maquillaje.* ■ Se llama también *esthéticien* y *esthéticienne*.

**estético, ca** *adj.* **1.** De la estética. **2.** De aspecto bello: *Hace gimnasia para tener una figura estética.* **ANT. 2.** Antiestético, feo. **FAM.** Estética, esteticista. / Antiestético.

**estetoscopio** *s. m.* Instrumento utilizado en medicina para auscultar.

**esthéticien, esthéticienne** *s. m. y f.* Busca **esteticista**. ■ Es una palabra francesa.

**estiaje** *s. m.* El nivel más bajo que tienen las aguas de un río, lago o laguna en verano.

**estibador, ra** *s. m. y f.* Persona que estiba.

**estibar** *v.* **1.** Apretar cosas de modo que ocupen poco espacio y puedan caber más. **2.** Repartir o colocar bien los pesos de un buque. **3.** Cargar y descargar mercancías de los barcos. **FAM.** Estibador.

**estiércol** *s. m.* **1.** Excremento de los animales. **2.** Abono que consiste en excremento de animales mezclado con restos vegetales. **FAM.** Estercolero.

**estigma** *s. m.* **1.** Marca o señal en el cuerpo. **2.** Cosa mala y deshonrosa de una persona, que hace que los demás la miren mal. **3.** Parte superior del pistilo de la flor donde es recogido el polen; es la abertura en que termina el estilo. **4.** Cada una de las pequeñas aberturas que tienen en el abdomen los insectos, arañas, ciempiés y otros bichos parecidos, por donde entra el aire en la tráquea. **SIN. 1.** Signo, huella. **2.** Mancha.

**estilarse** *v.* Estar de moda: *Se estilan mucho las faldas negras. Ésta es la música que ahora se estila.* **SIN.** Llevarse.

**estilete** *s. m.* Puñal de hoja muy estrecha.

**estilismo** *s. m.* Actividad del estilista, la persona que se ocupa del estilo y la imagen.

**estilista** *s. m. y f.* **1.** Un escritor que se distingue por su elegante estilo. **2.** Persona que se ocupa del estilo y la imagen en revistas de moda, en decoración, en algunos espectáculos. **FAM.** Estilismo.

**estilística** *s. f.* Estudio del estilo de los escritores y de las formas de expresarse con palabras.

**estilizado, da** *adj.* Que tiene una figura armoniosa, alta y delgada: *Las modelos son mujeres muy estilizadas.* **SIN.** Esbelto.

**estilizar** *v.* Hacer delgado. ■ Delante de *e* se escribe *c* en lugar de *z*: *Quiero un traje oscuro que estilice la figura.* **FAM.** Estilizado.

**estilo** *s. m.* **1.** Las características que distinguen a una época, artista, escritor, a cualquier obra de arte, película, moda, lenguaje y a otras personas y cosas: *Esa catedral es de estilo barroco. Prefiero ropa de estilo más informal.* **2.** Cada una de las formas en que se practican algunos deportes: *Nada estilo mariposa.* **3.** Modo: *Ha elegido un estilo de vida sencillo.* **4.** Elegancia: *Tiene mucho estilo al vestir.* **5.** Tubo alargado que forma parte del pistilo de las flores y que comunica el ovario con el exterior. **EXPR. por el estilo** Parecido o aproximado. **SIN. 2.** Modalidad. **3.** y **4.** Clase. **4.** Distinción. **FAM.** Estilarse, estilete, estilista, estilística, estilizar, estilográfica, estiloso.

**estilográfica** *s. f.* Pluma que escribe con la tinta de un depósito que lleva en el mango.

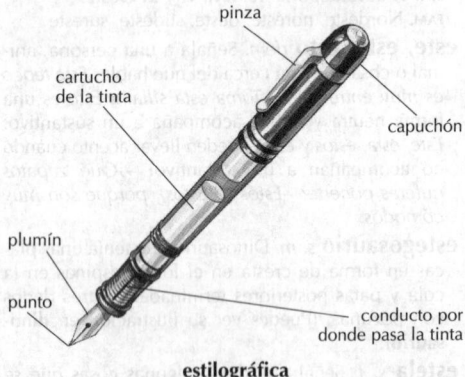

pinza

cartucho de la tinta

capuchón

plumín

punto

conducto por donde pasa la tinta

**estilográfica**

**estiloso, sa** *adj.* Que tiene estilo o clase: *Silvia es muy elegante y lleva una ropa muy estilosa.*

**estima** *s. f.* Afecto, aprecio: *Le tienen estima porque es un chico muy educado.* **SIN.** Estimación, cariño. **ANT.** Odio, enemistad. **FAM.** Autoestima.

**estimable** *adj.* Que se estima o merece ser estimado: *El programa de televisión contó con la presencia estimable de numerosos artistas.* **SIN.** Apreciable. **ANT.** Despreciable.

**estimación** *s. f.* **1.** Estima, aprecio. **2.** Cálculo: *Hizo una estimación de lo que le iba a costar el arreglo del coche.*

SIN. **1.** Afecto. **2.** Evaluación, valoración, apreciación.

**estimado, da** *adj.* **1.** Que se estima o aprecia: *Estimado compañero.* **2.** Calculado: *La duración estimada del vuelo es de dos horas.*
SIN. **1.** Apreciado, querido. **2.** Valorado, evaluado, tasado.

**estimar** *v.* **1.** Sentir afecto o cariño: *Sus amigos le estiman mucho.* **2.** Parecerle a uno muy bien: *El entrenador estima mucho los esfuerzos que hacen los jugadores por ganar el partido.* **3.** Calcular: *Se estima en miles de millones los daños causados por el terremoto.* **4.** Creer, tener una opinión: *El médico estima que debes dejar de fumar.*
SIN. **1.** Querer. **1.** y **2.** Apreciar. **2.** y **3.** Valorar. **3.** Evaluar, tasar. **4.** Considerar, opinar, juzgar. ANT. **1.** Odiar. **1.** y **2.** Despreciar.
FAM. Estima, estimable, estimación, estimado, estimativo. / Desestimar, inestimable, sobreestimar, sobrestimar, subestimar.

**estimativo, va** *adj.* Que se estima o calcula de forma aproximada: *Me han dado un precio estimativo y cuando terminen la obra me dirán exactamente cuánto cuesta.*

**estimulante** *adj.* y *s. m.* Se dice de las cosas que estimulan, como por ejemplo algunos medicamentos que hacen que los órganos funcionen más activamente, y algunas bebidas, como el café o el té. ANT. Calmante, tranquilizante.

**estimular** *v.* **1.** Animar a hacer alguna cosa, a realizarla mejor o en menos tiempo: *El premio le estimuló a seguir estudiando.* **2.** Hacer que algún órgano o parte del cuerpo funcione más activamente: *Dieron un masaje al jugador para estimular la circulación de la sangre.*
SIN. **1.** Mover, incitar. ANT. **1.** Desanimar.
FAM. Estimulante, estímulo.

**estímulo** *s. m.* **1.** Cualquier cosa que estimula o anima a hacer algo: *Las buenas notas fueron un estímulo para estudiar más.* **2.** Aquello que provoca una reacción o respuesta en un ser vivo cuando actúa sobre él. Por ejemplo, la luz es un estímulo que hace que las pupilas de los ojos disminuyan de tamaño.
SIN. **1.** Aliciente, acicate.

**estío** *s. m.* Verano.
FAM. Estival.

**estipendio** *s. m.* Paga que recibe una persona por el trabajo o los servicios que ha realizado.
SIN. Sueldo, remuneración, retribución.

**estipular** *v.* Poner en una ley, contrato u otra cosa lo que hay que cumplir: *Estipularon en el contrato que el precio del alquiler sería de setecientos euros mensuales.*
SIN. Convenir, concertar, acordar, pactar.

**estirado, da** *adj.* **1.** Que alguien lo estiró. || *adj.* y *s. m.* y *f.* **2.** Se dice de la persona que se da mucha importancia y trata a los demás como si fuera superior a ellos.
SIN. **2.** Orgulloso, engreído, altivo.

**estiramiento** *s. m.* **1.** Acción de estirar o estirarse: *Hoy hemos hecho estiramientos en clase de gimnasia.* **2.** El ser estirada una persona.
SIN. **2.** Arrogancia, orgullo, engreimiento.

**estirar** *v.* **1.** Tirar de los extremos de una cosa, a veces haciendo fuerza, por ejemplo para que se alargue o quede más lisa o extendida: *Estiró el cable para que llegara al enchufe. Estiró las sábanas para colocarlas sobre la cama.* **2.** Poner rectos los brazos o el cuerpo. **3.** Hacer que algo dure más, por ejemplo el dinero o el tiempo: *Luis estira la paga que le da su padre para poder llegar al fin de semana.* || **estirarse 4.** Ser generoso: *Javier se estiró y le hizo un buen regalo a su hermano.*
EXPR. **estirar la pata** Morir. **estirar las piernas** Andar un rato para quitarse la pesadez de las piernas.
SIN. **1.** Tensar, alisar. **1.** y **3.** Prolongar. ANT. **1.** Aflojar, arrugar. **1.** y **2.** Encoger. **3.** Acortar. **4.** Escatimar.
FAM. Estirado, estiramiento, estirón.

**estirón** *s. m.* **1.** Acción de estirar o tirar con fuerza de una cosa. **2.** Crecimiento rápido en estatura: *¡Menudo estirón ha dado Pedrito desde la última vez que lo vi!*
SIN. **1.** Tirón.

**estirpe** *s. f.* Todos los antepasados y descendientes de una persona, sobre todo si es noble o ilustre.
SIN. Linaje, casta.

**estival** *adj.* Propio del estío o verano.
SIN. Veraniego. ANT. Invernal.

**estocada** *s. f.* Pinchazo que se da con la espada o el estoque.

**estofa** *s. f.* Clase, calidad: *Ésa es gente de baja estofa, ordinaria y sin educación.*
SIN. Ralea, calaña.

**estofado, da** *adj.* y *s.* Guiso de carne o pescado al que se echa aceite, vino, cebolla y otros condimentos y que se cuece a fuego lento.

**estoicismo** *s. m.* **1.** Serenidad y resignación ante los problemas y las desgracias: *Los conductores aguantaban el atasco con estoicismo.* **2.** Escuela filosófica de la antigua Grecia, fundada por Zenón.
FAM. Estoico.

**estoico, ca** *adj.* y *s. m.* y *f.* Del estoicismo o que soporta con estoicismo los problemas y desgracias: *Su carácter estoico le hace llevar su enfermedad con entereza.*

**estola** *s. f.* **1.** Tira larga y estrecha que el sacerdote lleva colgada del cuello durante la misa. **2.** Pieza larga de piel o de tela que se ponen las mujeres alrededor del cuello y sobre los hombros.

**estoma** *s. m.* Cada uno de los agujeritos que tienen las hojas de las plantas en su superficie, a través de los cuales pueden respirar.

**estomacal** *adj.* Relacionado con el estómago. SIN. Gástrico.

**estomagante** *adj.* Que fastidia tanto que llega a ser inaguantable: *Su amabilidad es tan falsa que resulta estomagante.*

**estómago** *s. m.* En las personas y en muchos animales, órgano en forma de bolsa en el que empieza la digestión. FAM. Estomacal, estomagante.

**estomatología** *s. f.* Parte de la medicina que estudia y trata las enfermedades de la boca. FAM. Estomatólogo.

**estomatólogo, ga** *s. m. y f.* Médico especialista en las enfermedades de la boca.

**estoniano, na** o **estonio, nia** *adj. y s. m. y f.* De Estonia, país del nordeste de Europa.

**estopa** *s. f.* **1.** Parte basta y gruesa del lino o del cáñamo. **2.** Tela que se fabrica con este material.

**estoque** *s. m.* Espada estrecha que no tiene filo, como la que usan los toreros para matar al toro. FAM. Estocada, estoquear.

**estoquear** *v.* Herir o matar con un estoque, especialmente a un toro.

**estor** *s. m.* Pieza de tela, papel u otro material que se pone en ventanas, puertas y balcones y sirve como una cortina o persiana.

**estorbar** *v.* **1.** Hacer que a una persona le resulte difícil algo: *Un árbol en mitad de la carretera nos estorbaba el paso.* **2.** Molestar: *Con este calor me estorba la cazadora.* SIN. **1.** Obstaculizar, dificultar. **2.** Fastidiar. FAM. Estorbo.

**estorbo** *s. m.* Persona o cosa que estorba.

**estornino** *s. m.* Pájaro de cabeza pequeña, cola corta, pico amarillo y plumas negras que tienen reflejos verdes y morados y pintas blancas.

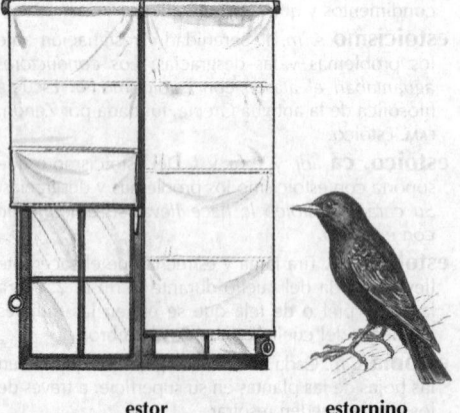

estor          estornino

**estornudar** *v.* Echar ruidosamente por la boca y la nariz el aire que se estaba respirando: *Estornudó muchas veces porque estaba resfriado.* FAM. Estornudo.

**estornudo** *s. m.* Acción de estornudar y ruido que se hace al estornudar.

**estrábico, ca** *adj.* Que tiene estrabismo. SIN. Bizco.

**estrabismo** *s. m.* Defecto de la vista en que un ojo mira en distinta dirección que el otro. SIN. Bizquera. FAM. Estrábico.

**estrado** *s. m.* **1.** Lugar un poco más elevado, donde se coloca un trono o se ponen las personas más importantes de una reunión: *El actor subió al estrado para recoger el premio.* **2.** Lugar de la sala de un tribunal donde se sitúan los jueces y las personas que van a declarar.

**estrafalario, ria** *adj.* Muy raro, que llama mucho la atención. SIN. Extravagante. ANT. Normal.

**estragado, da** *adj.* Que tiene malestar en el estómago por haber comido mucho o por haber tomado alimentos muy fuertes, por ejemplo picantes. SIN. Lleno, harto.

**estragón** *s. m.* Hierba de tallos delgados con muchas ramas, hojas estrechas y flores amarillentas, que se usa como condimento.

**estragos** *s. m. pl.* Destrozos, daños o muertes causados por algo, como una guerra, una epidemia o las drogas. SIN. Destrucción, ruina. FAM. Estragado.

**estrambótico, ca** *adj.* Muy raro, que llama mucho la atención: *Se presentó en la fiesta con un vestido estrambótico.* SIN. Estrafalario, extravagante, excéntrico. ANT. Normal.

**estrangulador, ra** *adj. y s. m. y f.* **1.** Que estrangula. ‖ *s. m.* **2.** Mecanismo que abre o cierra el paso del aire al carburador de un motor.

**estrangular** *v.* Ahogar a una persona o animal apretándole el cuello para que no pueda respirar. FAM. Estrangulador.

**estraperlista** *s. m. y f.* Persona que se dedica al estraperlo.

**estraperlo** *s. m.* Actividad que consiste en vender ilegalmente y a precios muy caros productos escasos, sobre todo alimentos. FAM. Estraperlista.

**estratagema** *s. f.* Trampa, engaño. SIN. Treta, artimaña, ardid, argucia.

**estratega** *s. m. y f.* Persona que domina la estrategia: *Napoleón fue un gran estratega.*

**estrategia** *s. f.* **1.** Manera de dirigir y organizar las operaciones militares. **2.** Modo de organizarse para conseguir algo: *Los jugadores no quisieron decir cuál sería su estrategia para ganar el partido.*
**SIN. 1.** y **2.** Táctica.
**FAM.** Estratagema, estratega, estratégico.

**estratégico, ca** *adj.* **1.** Que está hecho con estrategia o es bueno para la estrategia: *El general trató con los oficiales los planes estratégicos.* **2.** Bien situado: *Esa cafetería está en un lugar estratégico.*

**estrato** *s. m.* **1.** Cada una de las capas de rocas sedimentarias que hay en un terreno. **2.** Cada una de las capas o clases en que se divide algo: *Esa familia pertenece a un estrato de la sociedad muy alto.* **3.** Tipo de nube baja paralela al horizonte que tiene forma de banda.
**FAM.** Cirroestrato, cirrostrato, estratosfera, sustrato.

**estratocúmulo** *s. m.* Nube baja y plana, de color blanco o grisáceo, que cubre gran parte del cielo.

**estratosfera** *s. f.* Parte de la atmósfera situada entre los 10-18 kilómetros y los 50 kilómetros de altura, que tiene una capa de ozono que protege a los seres vivos de los rayos perjudiciales del Sol.

**estraza** Se usa sobre todo en la expresión **papel de estraza**, papel muy áspero, de color marrón o gris.

**estrechamente** *adv.* **1.** Muy de cerca: *vigilar estrechamente, colaborar estrechamente.* **2.** Con poco dinero: *vivir estrechamente.*

**estrechamiento** *s. m.* **1.** Acción de estrechar o estrecharse. **2.** Lugar donde se estrecha algo: *Más adelante hay un estrechamiento en la carretera.*

**estrechar** *v.* **1.** Hacer una cosa más estrecha de lo que era: *Mari Cruz ha adelgazado y la modista ha tenido que estrecharle el vestido. El río se estrecha al pasar entre esas rocas.* **2.** Apretar con los brazos o las manos: *Raúl y Fernando se estrecharon las manos al saludarse.* **3.** Hacer que aumente la unión, confianza o buenas relaciones entre personas o países: *La cooperación internacional contribuye a estrechar lazos entre las naciones.* || **estrecharse 4.** Ponerse muy juntas varias personas en un lugar para que quepa más gente: *Los viajeros se estrecharon en el autobús para que montaran unos niños.*
**SIN. 1.** Comprimir, disminuir, encoger. **4.** Apiñarse, apretarse. **ANT. 1.** Ensanchar. **3.** Enfriar.
**FAM.** Estrechamiento.

**estrechez** *s. f.* **1.** Característica de estrecho. **2.** Falta de dinero y otras cosas necesarias: *Esa familia pasó muchas estrecheces cuando el padre se quedó sin trabajo.* ▪ Su plural es *estrecheces.*
**SIN. 1.** y **2.** Apretura. **2.** Aprieto, privación, penuria.
**ANT. 1.** Anchura.

**estrecho, cha** *adj.* **1.** Que tiene poca anchura o menos anchura de la normal: *El pasillo de mi casa es largo y estrecho.* **2.** Que queda muy ajustado y

aprieta: *Los pantalones se le han quedado estrechos.* **3.** Que está metido en un espacio demasiado pequeño: *Si montamos seis personas en ese coche, vamos a ir muy estrechos.* **4.** Se dice de la amistad o relación entre personas que se llevan muy bien y tienen mucha confianza. También se dice del parentesco muy cercano. **5.** Muy duro o estricto: *El director impuso unas normas muy estrechas. La policía sometió al sospechoso a una estrecha vigilancia.* **6.** Se dice de la persona que tiene unas ideas muy rígidas sobre las relaciones sexuales. || *s. m.* **7.** Parte del mar que separa dos costas que están bastante cerca una de otra: *El estrecho de Gibraltar separa la costa de Marruecos de la de España.*
**SIN. 1.** Delgado, angosto. **2.** Ceñido, justo. **3.** Apretado. **4.** Íntimo. **5.** Severo, férreo. **ANT. 1.** a **3.** Amplio. **2.** y **3.** Holgado. **4.** Lejano, superficial.
**FAM.** Estrechamente, estrechar, estrechez, estrechura.

**estrechura** *s. f.* **1.** Estrechez de un paso o de un lugar. **2.** Situación difícil, sobre todo por falta de dinero: *La familia pasó muchas estrecheras cuando el padre se quedó en paro.*
**SIN. 2.** Apuro, apretura. **ANT. 1.** Anchura.

**estrella** *s. f.* **1.** Astro que tiene luz propia. **2.** Figura con que se representa este astro y cualquier objeto de esta forma: *Rosa llevaba un vestido negro con estrellas amarillas.* **3.** Persona muy famosa, que destaca entre las demás, como algunos actores, cantantes o deportistas. **4.** Signo que indica la categoría de alguien o algo: *Lleva dos estrellas en la manga porque es teniente. Nos hospedamos en un hotel de cuatro estrellas.* **5.** Suerte, destino: *La buena estrella del equipo hizo que éste ganara la copa.*
**EXPR.** **estrella de David** La de seis puntas, que es el símbolo del judaísmo. **estrella de mar** Animal marino en forma de estrella de cinco puntas. **estrella fugaz** Astro que cruza muy rápidamente el cielo y desaparece. || **ver** uno **las estrellas** Sentir un dolor muy fuerte: *Cuando me pillé el dedo vi las estrellas.*
**SIN. 3.** Figura. **5.** Fortuna, sino, hado.
**FAM.** Estrellado, estrellato.

**estrellado, da** *adj.* Con estrellas o en forma de estrella.

**estrellar** *v.* **1.** Tirar con violencia una cosa contra otra, haciéndola pedazos: *Se enfadó y estrelló el plato contra el suelo.* || **estrellarse 2.** Sufrir un choque violento, por ejemplo un avión o alguien que tiene un accidente de coche: *El autocar se estrelló contra una valla de la autopista.* **3.** Fracasar una persona.
**SIN. 1.** Romper, estampar. **2.** Chocar. **3.** Fallar. **ANT. 3.** Triunfar.

**estrellato** *s. m.* Situación del artista del espectáculo que alcanza la fama, especialmente en el cine: *La actriz llegó al estrellato muy joven.*

**estremecedor, ra** *adj.* Que estremece.

**estremecer** *v.* **1.** Hacer temblar: *La tierra se estremeció a causa del terremoto.* **2.** Causar o sentir

miedo, temor o preocupación. ■ Es un verbo irregular. Se conjuga como *agradecer*.
SIN. **1.** Sacudir; tiritar. **2.** Asustar; sobresaltar. ANT. **2.** Tranquilizar.
FAM. Estremecedor, estremecimiento.

**estremecimiento** *s. m.* Temblor que tiene una persona o cosa cuando se estremece.

**estrenar** *v.* **1.** Usar una cosa por primera vez: *Ayer estrené los zapatos nuevos que me habían regalado.* **2.** Presentar por primera vez ante el público una obra de teatro, una película u otro espectáculo. ‖ **estrenarse 3.** Realizar una persona por primera vez cualquier actividad: *Luis se estrenó ayer como entrenador del equipo de fútbol.*
FAM. Estreno. / Reestrenar.

**estreno** *s. m.* Acción de estrenar o estrenarse algo, sobre todo una película u otro espectáculo.
FAM. Preestreno.

**estreñido, da** *adj.* Que tiene dificultad para hacer caca.

**estreñimiento** *s. m.* Dificultad que tiene una persona para hacer caca.
ANT. Descomposición, diarrea, cagalera.

**estreñir** *v.* Producir estreñimiento. ■ Es un verbo irregular. Se conjuga como *ceñir*.
SIN. Astringir.
FAM. Estreñido, estreñimiento.

**estrépito** *s. m.* Ruido muy grande.
SIN. Estruendo, fragor. ANT. Silencio.
FAM. Estrepitoso.

**estrepitoso, sa** *adj.* **1.** Con estrépito. **2.** Muy grande: *El equipo sufrió una estrepitosa derrota.*
SIN. **2.** Espectacular.

**estrés** *s. m.* Estado de gran nerviosismo en que se encuentra una persona, sobre todo cuando tiene demasiado trabajo. ■ No varía en plural. Se escribe también *stress*.
FAM. Estresante, estresar.

**estresante** *adj.* Que produce estrés: *Los ejecutivos llevan una vida muy estresante.*
ANT. Relajante.

**estresar** *v.* Producir estrés: *El tráfico me estresa.*
SIN. Angustiar, agobiar. ANT. Relajar.

**estría** *s. f.* **1.** Surco en línea recta que se hace en una superficie, en especial el que tienen de arriba abajo algunas columnas. **2.** Línea que se forma en la piel cuando ésta se ha estirado excesivamente. Por ejemplo, es frecuente que las mujeres tengan estrías en el vientre después del embarazo o cualquier persona si engorda mucho.
SIN. **1.** Canal, ranura, hendidura.
FAM. Estriado, estriar.

**estriado, da** *adj.* Con estrías: *Ese edificio tiene las columnas estriadas.*

**estriar** *v.* Formar estrías.

**estribación** *s. f.* Serie de montañas más bajas que salen a uno y otro lado de una cordillera.

**estribar** *v.* **1.** Apoyarse una cosa en otra más firme y resistente: *El puente estriba en seis pilares.* **2.** Tener algo su causa o explicación en lo que se dice: *El éxito de esa película estriba en la buena interpretación de los actores.*
SIN. **1.** Cargar, sustentarse. **2.** Basarse, radicar, residir. ANT. **1.** Sostener.
FAM. Estribación.

**estribillo** *s. m.* **1.** Versos o frases que se repiten detrás de una o varias estrofas en un poema o canción. **2.** Palabra o frase que una persona repite muchas veces al hablar o escribir.
SIN. **2.** Muletilla.

**estribo** *s. m.* **1.** Pieza de metal, madera o cuero en que el jinete apoya los pies cuando va montado a caballo. **2.** Especie de escalón para subir y bajar de un coche de caballos o de otros vehículos. **3.** Cada una de las piezas que tiene a los dos lados una motocicleta para apoyar los pies. **4.** Uno de los huesecillos del oído medio encargados de transmitir al oído interno las vibraciones recogidas por el tímpano.
EXPR. **perder los estribos** Perder una persona la paciencia y enfadarse mucho.
FAM. Estribar, estribillo.

**estribor** *s. m.* Lado derecho de un barco, mirando de popa a proa.

**estricnina** *s. f.* Sustancia venenosa que se saca de algunas plantas y que se utiliza por ejemplo para matar ratas.

**estricto, ta** *adj.* **1.** Que hay que cumplirlo exactamente y sin excepción: *La prohibición de bañarse en esa playa es muy estricta.* **2.** Que hace con mucha exactitud lo que está mandado: *Juan es muy estricto, cumple todas las normas.* **3.** Indica que una cosa hay que entenderla en su significado exacto: *Los ingleses, en sentido estricto, son los de Inglaterra, no los de todo el Reino Unido.*
SIN. **1.** y **2.** Riguroso, rígido, severo, inflexible. **2.** Cumplidor, obediente. ANT. **1.** Amplio, libre, tolerante. **2.** Desobediente.

**estridente** *adj.* **1.** Se dice de los sonidos chirriantes y desagradables. **2.** Se dice de los colores y otras cosas que resultan desagradables por ser muy exagerados y llamativos.
SIN. **1.** Destemplado. **1.** y **2.** Chillón. ANT. **1.** y **2.** Suave, armonioso.

**estriptís** o **estriptis** *s. m.* Busca **strip-tease**. ■ No varía en plural.

**estrofa** *s. f.* Cada una de las partes de un poema formada por dos o más versos ordenados de algún modo.

**estropajo** *s. m.* Trozo de esparto o de algún otro material áspero que se utiliza para fregar los platos u otras cosas.
FAM. Estropajoso.

**estropajoso, sa** *adj.* **1.** Áspero, que parece estropajo: *Tiene un pelo estropajoso. Este filete está estropajoso y no hay quien se lo coma.* **2.** Que habla o pronuncia de manera que no se entiende bien: *El niño está empezando a hablar y tiene una lengua estropajosa.*
SIN. **1.** Basto. ANT. **1.** Sedoso.

**estropear** *v.* **1.** Poner algo mal o de modo que no pueda utilizarse: *Has estropeado el jersey de tanto tirar de las mangas. El bolígrafo se ha estropeado y no pinta.* **2.** Impedir que se haga algo o hacer que salga peor de lo deseado: *La lluvia nos estropeó la excursión a la montaña. La fiesta se estropeó porque no pudo ir casi nadie.*
SIN. **1.** Dañar, deteriorar; deslucir. **2.** Chafar, frustrar, malograr. ANT. **1.** Arreglar. **2.** Favorecer.
FAM. Estropicio.

**estropicio** *s. m.* Rotura o destrozo grande de alguna cosa: *A Borja se le cayeron los platos y organizó un buen estropicio.*
SIN. Desastre.

**estructura** *s. f.* **1.** Orden o modo de estar colocadas las cosas que forman algo: *La estructura del libro es muy sencilla: tiene un índice, cinco lecciones y al final un resumen.* **2.** Construcción u otra cosa que sirve de soporte o de refuerzo: *La estructura de este edificio está formada por columnas de hierro.*
SIN. **1.** Organización, ordenación, configuración. **2.** Armazón.
FAM. Estructural, estructurar. / Infraestructura, reestructurar.

**estructural** *adj.* De la estructura: *El edificio tiene fallos estructurales.*

**estructurar** *v.* Colocar u organizar de algún modo las cosas que forman algo: *El profesor estructuró la explicación en tres partes.*
SIN. Disponer, distribuir. ANT. Desorganizar.

**estruendo** *s. m.* Ruido muy fuerte: *Al caerse, la estantería produjo un gran estruendo.*
SIN. Estrépito. ANT. Silencio.
FAM. Estruendoso.

**estruendoso, sa** *adj.* Que produce mucho ruido: *Se escuchó una explosión estruendosa.*
SIN. Estrepitoso, ruidoso.

**estrujar** *v.* **1.** Apretar una cosa arrugándola o aplastándola: *Estrujó el papel y lo tiró a la papelera. Estruja bien la naranja para que salga más zumo.* **2.** Apretar a una persona con fuerza: *Cuando Jorge te da un abrazo es que te estruja.*
EXPR. **estrujarse la cabeza** (o **los sesos**) Pensar mucho: *Por más que se estrujó la cabeza, no consiguió acordarse del nombre de aquella calle.*
SIN. **1.** Exprimir. **2.** Apretujar, aplastar, achuchar.
ANT. **1.** Estirar.

**estuario** *s. m.* Desembocadura muy ancha de un río, donde se mezcla el agua de éste con la del mar.

**estuche** *s. m.* Caja o cartera para guardar algo: *Los lápices venían en un estuche de madera.*

**estuco** *s. m.* Masa de yeso con otros materiales que se utiliza para recubrir las paredes sobre las que se va a pintar, o para hacer figuras y adornos en muros y techos.

**estudiado, da** *adj.* **1.** Se dice de aquello que ha estado estudiando una persona: *Este tema ya está estudiado, voy a seguir con el siguiente.* **2.** Poco natural, que se nota que alguien ha pensado mucho cómo hacerlo: *Leticia normalmente no anda así, esos movimientos son estudiados.*
SIN. **2.** Afectado, amanerado, artificioso. ANT. **2.** Natural, espontáneo.

**estudiante** *s. m. y f.* Persona que se dedica a estudiar: *En época de exámenes la biblioteca está llena de estudiantes.*
SIN. Alumno, escolar.
FAM. Estudiantil, estudiantina.

**estudiantil** *adj.* De los estudiantes o relacionado con ellos: *Ya va a la universidad y durante el curso vive en una residencia estudiantil.*

**estudiantina** *s. f.* Tuna.

**estudiar** *v.* **1.** Leer, ver o escuchar algo intentando entenderlo o aprenderlo: *Para mañana tengo que estudiar una lección de sociales.* **2.** Ir a un colegio, a un instituto o a un lugar parecido para aprender: *Mi primo estudia en el mismo colegio que yo.* **3.** Pensar o mirar algo despacio y con detalle: *Se estudió el plano de carreteras para ver por dónde iba a hacer el viaje.*
SIN. **1.** Preparar, memorizar, empollar. **3.** Considerar, meditar, reflexionar; examinar.
FAM. Estudiado, estudiante, estudio, estudioso.

**estudio** *s. m.* **1.** Acción de estudiar: *Todos los días tenemos un par de horas de estudio.* **2.** Trabajo científico o de investigación que trata de algún tema: *En sus vacaciones el profesor hizo un estudio sobre las cigüeñas.* **3.** Piso pequeño que tiene sólo una habitación, cocina y cuarto de baño. **4.** Lugar donde trabajan algunas personas, como los artistas: *un estudio de pintor, un estudio de fotógrafo.* **5.** Lugar preparado para hacer películas de cine o programas de radio o televisión: *Había mucha gente en el estudio viendo el concurso.* || *s. m. pl.* **6.** Actividad de estudiar y las cosas que se estudian: *Está muy ocupado con sus estudios y no tiene tiempo para nada.*
SIN. **1.** Aprendizaje; reflexión, análisis, observación. **2.** Tratado, ensayo. **4.** Taller.

**estudioso, sa** *adj. y s. m. y f.* Que estudia mucho.

**estufa** *s. f.* Aparato que sirve para calentar una habitación. (Puedes ver su ilustración en la página siguiente.)
SIN. Calentador.

**estupefaciente** *adj. y s. m.* Nombre que se da a algunas drogas.
SIN. Narcótico.

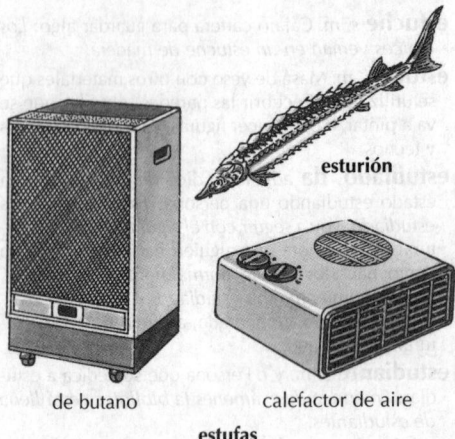

de butano          calefactor de aire

**estufas**

**estupefacto, ta** *adj.* Asombrado, sin saber qué hacer o qué decir: *Como no esperaba que se enfadase, me quedé estupefacto cuando me gritó.* SIN. Pasmado, desconcertado; maravillado. ANT. Impasible. FAM. Estupefaciente.

**estupendo, da** *adj.* **1.** Muy bueno o muy bonito: *Es un médico estupendo. Me han comprado una raqueta estupenda.* || *adv.* **2.** Muy bien: *Este verano lo hemos pasado estupendo.* SIN. **1.** Excelente, extraordinario, magnífico. **2.** Fenomenal. ANT. **1.** Malo. **2.** Mal.

**estupidez** *s. f.* **1.** Característica de las personas o cosas estúpidas. **2.** Palabra o acción estúpida: *Lo que has dicho es una estupidez.* ■ Su plural es *estupideces.* SIN. **1.** y **2.** Tontería.

**estúpido, da** *adj. y s. m. y f.* Poco inteligente, torpe, tonto: *Puso un montón de disculpas estúpidas para no dejarme la moto.* SIN. Imbécil, idiota, bobo, necio, absurdo, ridículo. ANT. Inteligente, listo, espabilado. FAM. Estupidez.

**estupor** *s. m.* Asombro muy grande: *La gente observaba con estupor los ejercicios que hacían los trapecistas.* SIN. Pasmo. FAM. Estupefacto.

**estupro** *s. m.* Delito que comete el que se aprovecha sexualmente de un menor.

**esturión** *s. m.* Pez de mar, de unos cinco metros de longitud, con el cuerpo cubierto de placas duras y la cabeza terminada en un hocico afilado. Sube por los ríos para poner sus huevos, que son muy apreciados porque con ellos se hace el caviar.

**esvástica** *s. f.* Cruz con cuatro brazos iguales y que al final de cada brazo tiene un trazo en ángulo recto con él: *La esvástica fue el símbolo de los nazis.*

**etapa** *s. f.* **1.** Camino o distancia que se recorre de una sola vez entre dos paradas: *Hicimos el viaje a Italia en tres etapas. Las etapas de montaña son muy duras para los ciclistas.* **2.** Cada una de las partes en que se divide una acción o el desarrollo de algo: *La juventud es una de las etapas más bonitas de la vida.* SIN. **1.** Trayecto, tramo, jornada. **2.** Periodo, ciclo.

**etarra** *adj. y s. m. y f.* De la organización terrorista vasca ETA.

**etcétera** *s. m.* Palabra que se pone después de varias cosas para indicar que hay otras que no se dicen. ■ Casi siempre se usa su forma abreviada *etc.: De madera se fabrican mesas, sillas, cajas, etc.*

**éter** *s. m.* Sustancia líquida o gaseosa, incolora, que arde y se evapora fácilmente y tiene un fuerte olor. Se emplea en medicina como anestesia. FAM. Etílico.

**etéreo, a** *adj.* Que no es material y no se puede tocar ni coger: *La música es la más etérea de las artes.* SIN. Inmaterial, incorpóreo, vago, sutil.

**eternamente** *adv.* **1.** Para siempre, todo el tiempo: *Juan prometió a Luisa amarla eternamente.* **2.** Durante mucho tiempo o por mucho tiempo: *No voy a esperar eternamente a que te decidas.*

**eternidad** *s. f.* **1.** Lo que no tiene principio ni se acabará nunca: *La religión cristiana enseña que Dios existe desde toda la eternidad.* **2.** Tiempo muy largo: *Había mucho atasco en la carretera y tardamos una eternidad en llegar al pueblo.* ANT. **1.** Fugacidad. **2.** Instante.

**eternizarse** *v.* Tardar mucho en hacer algo o tener que esperar mucho: *Laura se eterniza en el cuarto de baño. Te eternizas esperando al autobús.* ■ Delante de *e* se escribe *c* en lugar de *z: Me eternicé.*

**eterno, na** *adj.* **1.** Que no tuvo principio ni terminará nunca: *Jesucristo prometió a sus discípulos la vida eterna.* **2.** Que dura siempre o que dura mucho tiempo: *Los dos amigos querían que su amistad fuera eterna. Aquella clase la pareció eterna.* **3.** Que se repite muchas veces: *Otra vez está con el eterno problema de qué ropa se pone.* SIN. **1.** Infinito, inmortal, perpetuo, imperecedero. **2.** Interminable. **3.** Constante. ANT. **1.** Efímero, perecedero. **2.** Breve, fugaz. FAM. Eternamente, eternidad, eternizarse.

**ética** *s. f.* Normas que dicen lo que está bien o mal y cómo tienen que portarse las personas. SIN. Moral. FAM. Ético.

**ético, ca** *adj.* **1.** De la ética o relacionado con ella: *Una norma ética importante es: No hagas a otros lo que no quieras que te hagan a ti.* **2.** Que sigue

las reglas de la ética: *Su comportamiento ha sido ético.*
**SIN. 1.** y **2.** Moral. **ANT. 2.** Inmoral.

**etílico, ca** *adj.* **1.** Se dice del alcohol que tienen el vino y otras bebidas alcohólicas y que se produce cuando fermenta el zumo de las frutas. **2.** De este alcohol o relacionado con él.

**étimo** *s. m.* Etimología, palabra de la que deriva otra.

**etimología** *s. f.* **1.** Palabra o palabras de las que deriva otra. Por ejemplo, la etimología de *ciencia* es la palabra latina *scientia*, que significa 'saber, conocimiento'. **2.** Disciplina que estudia el origen de las palabras.
**SIN. 1.** Étimo.
**FAM.** Étimo, etimológico.

**etimológico, ca** *adj.* De la etimología o relacionado con ella.

**etíope** o **etiope** *adj.* y *s. m.* y *f.* De Etiopía, país del este de África.

**etiqueta** *s. f.* Papel, tela, plástico u otra cosa que se pega o se sujeta a algo y donde aparecen su nombre o su marca, lo que vale y otras informaciones: *Los libros de la biblioteca tienen etiquetas con el nombre y el autor. En la etiqueta del jersey viene el precio.*
**EXPR. de etiqueta** Se dice de las fiestas o reuniones serias y elegantes en las que hay que ir muy bien vestido: *una cena de etiqueta.* Se dice también de los trajes que se llevan a estas reuniones.
**SIN.** Rótulo.
**FAM.** Etiquetar.

**etiquetar** *v.* Poner etiquetas: *Etiquetaron todos los productos del supermercado.*

**etnia** *s. f.* Conjunto de personas de una misma raza, lengua, religión y cultura.
**FAM.** Étnico, etnografía, etnología.

**étnico, ca** *adj.* De una raza o de un pueblo o relacionado con ellos.

**etnografía** *s. f.* Ciencia que describe las razas, pueblos y culturas: *La etnografía es parte de la antropología.*

**etnología** *s. f.* Ciencia que estudia los distintos pueblos, razas y culturas.
**FAM.** Etnológico.

**etnológico, ca** *adj.* De la etnología o relacionado con ella: *Visitamos el museo etnológico.*

**etrusco, ca** *adj.* y *s. m.* y *f.* **1.** De un antiguo pueblo que vivió en Italia hace muchos siglos. || *s. m.* **2.** Lengua que hablaba este pueblo.

**eucalipto** *s. m.* Árbol muy alto, de hojas alargadas y puntiagudas que huelen muy bien y de las que se saca una sustancia que ayuda a respirar cuando uno está constipado.

**eucaristía** *s. f.* **1.** Sacramento que Cristo fundó en la Última Cena para estar siempre con los que

creen en Él, dándoles a comer su cuerpo y a beber su sangre, transformados en pan y vino. **2.** Misa.
**FAM.** Eucarístico.

**eucarístico, ca** *adj.* De la eucaristía.

**eufemismo** *s. m.* Palabra o expresión que se dice en lugar de otra que resulta ordinaria, demasiado dura o sincera, o por otros motivos, como cuando decimos *trasero* en vez de *culo* o *dar a luz* en vez de *parir.*
**FAM.** Eufemístico.

**eufemístico, ca** *adj.* Del eufemismo o que es un eufemismo: *Se usa la expresión eufemística «tercera edad» en lugar de «vejez».*

**eufonía** *s. f.* Característica de la palabra o la frase que suena bien al escucharla.
**FAM.** Eufónico.

**eufónico, ca** *adj.* Que tiene eufonía.

**euforia** *s. f.* Alegría muy grande.
**SIN.** Exaltación, júbilo. **ANT.** Depresión.
**FAM.** Eufórico.

**eufórico, ca** *adj.* Muy contento.
**SIN.** Exultante. **ANT.** Triste, deprimido.

**eunuco** *s. m.* Hombre al que se le han quitado los órganos genitales o se los han dejado inútiles: *En los harenes de Oriente había eunucos encargados de cuidar y vigilar a las mujeres.*

**¡eureka!** *interj.* Expresa alegría por conseguir o encontrar algo que se deseaba mucho.

**euro** *s. m.* La moneda de los países de la Unión Europea.

**eurodiputado, da** *s. m.* y *f.* Diputado del Parlamento Europeo.

**europeísmo** *s. m.* Ideología que defiende la unión de los países de Europa.

**europeo, a** *adj.* y *s. m.* y *f.* De Europa.
**FAM.** Euro, eurodiputado, europeísmo. / Centroeuropeo, indoeuropeo.

**euskera** *s. m.* **1.** La lengua vasca. || *adj.* **2.** De esta lengua o relacionado con ella: *una palabra euskera.* ■ Es una palabra vasca.

**eutanasia** *s. f.* Acción de provocar la muerte a un enfermo que ya no puede curarse y tiene muchos sufrimientos.

**evacuación** *s. f.* Acción de evacuar: *La evacuación de los heridos se realizó en helicópteros.*

**evacuar** *v.* **1.** Dejar vacío un lugar por haber en él un peligro: *Los bomberos evacuaron a las personas que todavía estaban en la casa incendiada.* **2.** En lenguaje más culto, hacer caca.
**SIN. 1.** Desalojar, desocupar. **2.** Defecar. **ANT. 1.** Ocupar.
**FAM.** Evacuación.

**evadir** *v.* **1.** Evitar algo con habilidad o con astucia: *Tú también tienes la culpa, así que no intentes evadir tu responsabilidad.* **2.** Sacar dinero u otros bie-

nes de un país de manera ilegal. ‖ **evadirse 3.** Escaparse alguien que está preso. **4.** Distraerse una persona para no pensar en sus problemas: *Enrique se evade de sus preocupaciones viendo la televisión.*
SIN. **1.** Eludir; sortear. **3.** Fugarse, huir. **4.** Abstraerse. ANT. **1.** Afrontar. **4.** Preocuparse.
FAM. Evasión, evasiva.

**evaluación** *s. f.* **1.** Acción de evaluar o calcular. **2.** Lo que hace un profesor para saber lo que han aprendido los alumnos, principalmente poniéndoles un examen: *En la primera evaluación aprobé.*

**evaluar** *v.* Calcular, hallar el valor o la calidad de algo: *El profesor evaluó los trabajos de los alumnos.*
SIN. Valorar, estimar.
FAM. Evaluación. / Autoevaluación.

**evangélico, ca** *adj.* **1.** Del evangelio. ‖ *adj. y s. m. y f.* **2.** De las religiones protestantes y de lo relacionado con ellas.

**evangelio** *s. m.* **1.** Vida y doctrina de Jesucristo. **2.** Los cuatro libros en que está escrita. ■ Con este significado suele escribirse con mayúscula. **3.** Parte de la misa en que se lee un fragmento de estos libros.
FAM. Evangélico, evangelista, evangelizar.

**evangelista** *s. m.* Los cuatro discípulos de Jesucristo que escribieron los Evangelios: San Mateo, San Marcos, San Lucas y San Juan.

**evangelización** *s. f.* Acción de evangelizar.

**evangelizador, ra** *adj. y s. m. y f.* Que evangeliza.

**evangelizar** *v.* Dar a conocer la doctrina de Jesucristo que está escrita en los Evangelios. ■ Delante de *e* se escribe *c* en lugar de *z*: *evangelice.*
FAM. Evangelización, evangelizador.

**evaporación** *s. f.* Acción de convertirse un líquido en vapor.

**evaporar** *v.* Convertir un líquido en vapor: *El agua se evaporó por el calor.*
ANT. Licuar.
FAM. Evaporación.

**evasé** *adj.* Se dice de las faldas o los vestidos que se van ensanchando hacia abajo: *La bailarina lleva una falda evasé.*

**evasión** *s. f.* Acción de evadir o evadirse.
SIN. Fuga.

**evasiva** *s. f.* Lo que dice una persona a otra para no contestar claramente a lo que le pregunta.
SIN. Rodeo, excusa.

**evento** *s. m.* Suceso importante.
SIN. Acontecimiento.
FAM. Eventual.

**eventual** *adj.* **1.** Se dice del empleado que trabaja en una empresa por un tiempo, que no es fijo. También se dice de este trabajo: *Juan tiene un trabajo eventual, que sólo dura seis meses.* **2.** Que no

es seguro, pero puede ocurrir: *Un eventual fallo del ascensor obligaría a subir andando.*
SIN. **2.** Posible. ANT. **1.** Estable.
FAM. Eventualidad.

**eventualidad** *s. f.* **1.** Característica de eventual. **2.** Cosa que puede ocurrirle a alguien: *Si te retrasas por cualquier eventualidad, nos avisas.*

**evidencia** *s. f.* Característica de lo que es evidente y no se puede dudar de ello.
EXPR. **poner** o **quedar en evidencia** Hacer que una falta o defecto quede al descubierto y lo vean los demás: *Al portarse de una forma tan grosera, él mismo se puso en evidencia.*

**evidenciar** *v.* Hacer evidente o muy clara una cosa: *La goleada que sufrió el equipo evidencia su mala preparación.*

**evidente** *adj.* Que es tan claro que no se puede dudar o negar: *Es evidente que si no riega las plantas se secarán.*
SIN. Indudable, indiscutible. ANT. Incierto, dudoso.
FAM. Evidencia, evidenciar.

**evitar** *v.* Hacer lo necesario para no sufrir un peligro, molestia o cualquier cosa mala: *Al sujetarle el brazo, evitó que el niño se cayera. Julio regresó temprano de la sierra para evitar las caravanas de los domingos.*
SIN. Eludir, rehuir. ANT. Producir, provocar.
FAM. Inevitable.

**evocación** *s. f.* Acción de evocar.

**evocar** *v.* Recordar algo del pasado: *Javier evocó los días que había vivido en el pueblo cuando era niño.* ■ Delante de *e* se escribe *qu* en lugar de *c*: *evoqué.*
SIN. Acordarse, rememorar. ANT. Olvidar.
FAM. Evocación.

**evolución** *s. f.* **1.** Cambio que se produce poco a poco. ‖ *s. f. pl.* **2.** Vueltas, giros o ejercicios de alguien o algo: *El público observó las evoluciones de la gimnasta con el aro y la pelota.*
SIN. **1.** Transformación, progreso.
FAM. Evolucionar, evolucionismo, evolutivo.

**evolucionar** *v.* Tener una evolución: *Si toma este medicamento, el enfermo evolucionará favorablemente.*

**evolucionismo** *s. m.* Teoría que explica la transformación de las especies por los cambios que se van produciendo en sucesivas generaciones: *Según el evolucionismo, el hombre proviene del mono.*

**evolutivo, va** *adj.* De la evolución: *Los científicos estudian el proceso evolutivo que se produjo en los mamíferos.*

**ex profeso** *expr.* Con la única intención de hacer una cosa concreta: *He hecho este viaje ex profeso para verte.* ■ Es una expresión latina.

**exabrupto** *s. m.* Palabra muy brusca, que se dice con malos modales.

**exacerbar** *v.* **1.** Hacer más fuerte un dolor, una molestia o un sentimiento: *Su mal humor se exacerbó cuando vio que tenía el coche estropeado.* **2.** Enfadar mucho a una persona.
SIN. **1.** Agudizar, avivar. **2.** Exasperar, encolerizar. ANT. **1.** Mitigar, aliviar. **2.** Sosegar.

**exactitud** *s. f.* Característica de lo que es exacto: *Dime con exactitud a qué hora sale el tren.*

**exacto, ta** *adj.* **1.** Que no es aproximado, sino que ha sido medido o calculado con toda precisión: *Este paquete pesa cinco kilos exactos.* **2.** Que es igual a otro: *Estos dos bolígrafos son exactos; no se diferencian en nada.* **3.** Que se dice o se hace como es o como debe ser: *Ésta es la orden exacta del capitán.* **4.** Cierto, verdadero: *Todo lo que ha contado Fernando es exacto.*
SIN. **1.** Cabal. **3.** Estricto, preciso, riguroso. ANT. **1.** Inexacto.
FAM. Exactitud. / Inexacto.

**exageración** *s. f.* Cosa muy exagerada: *-Para llegar a casa tardo dos horas. -¡Qué exageración, pero si vives aquí al lado!*

**exagerado, da** *adj. y s. m. y f.* **1.** Que exagera mucho al decir o hacer las cosas: *¡Qué exagerado eres! ¿Cómo se te ocurre echar tanta azúcar en la leche?* ‖ *adj.* **2.** Excesivo, mayor de lo normal: *A Carmen le cobraron un precio exagerado por arreglar la televisión.*
SIN. **2.** Desmedido, desmesurado.

**exagerar** *v.* **1.** Contar las cosas como si éstas fueran más grandes o importantes de lo que son: *Me parece que exageras: ese ciclista no es tan bueno como dices.* **2.** Hacer más de lo que sería bueno o conveniente: *Lola exagera por querer adelgazar y come poquísimo.*
SIN. **1.** Agrandar, abultar. **2.** Pasarse.
FAM. Exageración, exagerado.

**exaltación** *s. f.* Hecho de exaltar o de exaltarse.

**exaltado, da** *adj. y s. m. y f.* Que se exalta con facilidad: *En el partido, un grupo de exaltados tiraron objetos al campo.*

**exaltar** *v.* **1.** Alabar mucho: *El poeta exaltó en sus versos la belleza de la ciudad.* ‖ **exaltarse 2.** Ponerse una persona nerviosa y excitada cuando hay algo que la enfada o la entusiasma mucho: *Es mejor no discutir con él porque enseguida se exalta.*
SIN. **1.** Ensalzar, enaltecer. **2.** Excitarse, apasionarse. ANT. **2.** Serenarse, calmarse.
FAM. Exaltación, exaltado.

**examen** *s. m.* **1.** Prueba que se pone a una persona para ver si ha aprendido bien algo o está preparada para hacer un trabajo: *Ignacio ha aprobado el examen de inglés.* **2.** Hecho de mirar u observar a una persona o cosa con mucha atención: *El médico examinó al niño para ver si tenía inflamada la garganta.*

SIN. **1.** Ejercicio, control. **2.** Reconocimiento, inspección.
FAM. Examinador, examinar.

**examinador, ra** *s. m. y f.* Persona que examina.

**examinar** *v.* **1.** Hacer un examen a una persona para ver si sabe lo suficiente de algo. **2.** Mirar detenidamente a una persona o cosa: *El joyero examinó el collar para ver si era falso.*
SIN. **2.** Analizar, explorar, revisar.

**exánime** *adj.* **1.** Muerto. **2.** Sin fuerzas, que está muy débil.
SIN. **2.** Desmayado, exhausto. ANT. **1.** Vivo. **2.** Fuerte, vigoroso.

**exasperación** *s. f.* Acción de exasperar o exasperarse: *Este ordenador es lento hasta la exasperación.*
SIN. Irritación.

**exasperante** *adj.* Que exaspera o hace perder la paciencia.

**exasperar** *v.* Poner a alguien muy enfadado y nervioso: *A Julia la exaspera tener que esperar tanto tiempo el autobús.*
SIN. Irritar, enfurecer, encolerizar, impacientar. ANT. Tranquilizar.
FAM. Exasperación, exasperante.

**excarcelación** *s. f.* Acción de sacar a alguien de la cárcel: *El juez ordenó la excarcelación del recluso.*
ANT. Encarcelamiento.

**excarcelar** *v.* Sacar de la cárcel con una orden del juez o de otra autoridad a alguien que está preso.
SIN. Libertar, liberar. ANT. Encarcelar.
FAM. Excarcelación.

**excavación** *s. f.* Acción de excavar y sitio excavado: *En aquella excavación encontraron los restos de una muralla romana.*

**excavadora** *s. f.* Máquina para excavar.

**excavar** *v.* Hacer un hoyo o zanja, sobre todo en el suelo.
SIN. Cavar, socavar, ahondar.
FAM. Excavación, excavadora.

**excedencia** *s. f.* Situación de un empleado o funcionario que deja por un tiempo el puesto que ocupa, pero puede volver a él si quiere.

**excedente** *adj. y s. m.* **1.** Lo que sobra o queda de una cosa: *El supermercado regala el material excedente a una ONG.* **2.** Se dice del empleado que está en excedencia. ‖ *s. m. pl.* **3.** Beneficios de una empresa: *El propietario ha invertido los excedentes en modernizar las instalaciones.*

**exceder** *v.* **1.** Ser más o mayor que: *Lo que cuesta ese traje excede de lo que puede gastarse Elena.* ‖ **excederse 2.** Pasarse de lo que sería bueno o necesario: *Se excedió con la sal y la comida estaba muy salada.*

**SIN. 1.** Superar, adelantar, ganar, aventajar. **2.** Propasarse, extralimitarse. **ANT. 2.** Contenerse, moderarse. **FAM.** Excedencia, excedente, exceso.

**excelencia** *s. f.* **1.** Característica de excelente. **2.** Título de respeto y cortesía que se da a algunas personas por el cargo que tienen, por ejemplo a los alcaldes o rectores de universidad.
**EXPR. por excelencia** Indica que a una persona o cosa se le puede poner un nombre o adjetivo mejor que a otras: *«El Quijote» es la novela española por excelencia.*

**excelente** *adj.* Que destaca por sus buenas cualidades: *En este pueblo hacen unos pasteles excelentes.*
**SIN.** Estupendo, extraordinario, magnífico, excepcional. **ANT.** Pésimo.
**FAM.** Excelencia, excelentísimo.

**excelentísimo, ma** *adj.* Forma de tratar a las personas que tienen el título de excelencia.

**excelso, sa** *adj.* Extraordinario, de muy buenas cualidades: *Estos versos fueron escritos por un excelso poeta.*
**SIN.** Sublime, insigne, elevado. **ANT.** Ínfimo, bajo.

**excentricidad** *s. f.* Comportamiento muy raro y fuera de lo normal: *Se vale de sus excentricidades para llamar la atención.*
**SIN.** Extravagancia, rareza. **ANT.** Normalidad.

**excéntrico, ca** *adj. y s. m. y f.* Se dice de la persona que vive y se comporta de una forma muy rara, fuera de lo normal. También, se dice de sus costumbres y otras cosas.
**SIN.** Raro, extravagante, estrafalario. **ANT.** Corriente.
**FAM.** Excentricidad.

**excepción** *s. f.* Cosa que se aparta de lo que es habitual o normal: *Los verbos que acaban en «bir» se escriben con «b»; hervir, servir y vivir son excepciones.*
**EXPR. a excepción de** o **con excepción de** Todo menos lo que se indica: *Rosa contestó a las preguntas del examen a excepción de la última.*
**SIN.** Salvedad. **ANT.** Inclusión.
**FAM.** Excepcional.

**excepcional** *adj.* **1.** Que ocurre rara vez: *Es excepcional que en esta ciudad llueva tantos días seguidos.* **2.** Muy bueno, extraordinario: *Ayer pusieron en la televisión una película excepcional.*
**SIN. 1.** Inusual. **2.** Excelente, estupendo, único. **ANT. 1.** Normal, corriente.

**excepto** *prep.* Fuera de, menos: *Ricardo trabaja todos los días excepto los domingos.*
**SIN.** Salvo. **ANT.** Incluso.

**exceptuar** *v.* Dejar fuera a una persona, animal o cosa del grupo al que pertenece: *Exceptuando algunos días, en enero hizo mucho frío.*
**SIN.** Excluir, eliminar, apartar. **ANT.** Incluir.
**FAM.** Excepción, excepto.

**excesivo, va** *adj.* Más grande o en mayor cantidad de lo que sería bueno: *Ayer hizo un calor excesivo.*
**SIN.** Exagerado, demasiado, desmedido.

**exceso** *s. m.* **1.** Lo que se sale de lo normal, necesario o conveniente: *Hizo muchos excesos en la comida y después le dolía el estómago. Está muy cansado porque tiene exceso de trabajo.* **2.** Acción injusta, abuso: *En las guerras se cometen muchos excesos.*
**SIN. 1.** Exageración. **2.** Atropello. **ANT. 1.** Carencia, moderación.
**FAM.** Excesivo.

**excipiente** *s. m.* Sustancia que se mezcla con las medicinas para que sea más fácil tomarlas.

**excitable** *adj.* Que se excita fácilmente: *Hay que tratarle con tacto porque es una persona muy excitable.*
**SIN.** Irritable, alterable.

**excitación** *s. f.* Estado en que se encuentra una persona que se excita.

**excitante** *adj.* Que excita: *El té y el café son bebidas excitantes. En aquella excursión los niños vivieron momentos muy excitantes.*

**excitar** *v.* **1.** Hacer que alguien deje de estar tranquilo y se encuentre nervioso, impaciente o entusiasmado: *No le gusta tomar café porque le excita mucho y luego no puede dormir.* **2.** Hacer que algo sea más intenso o se ponga en actividad: *Tomó un jarabe para excitar el apetito. Las historias que había sobre la cueva excitaron la curiosidad de los niños.*
**SIN. 1.** Agitar, alborotar, enardecer. **2.** Activar. **ANT. 1.** y **2.** Calmar, tranquilizar.
**FAM.** Excitable, excitación, excitante.

**exclamación** *s. f.* **1.** Palabra o frase que dice una persona para expresar con mucha fuerza su alegría, enfado u otro sentimiento: *Al ver que había aprobado todo el curso, lanzó una exclamación de alegría.* **2.** Signo ortográfico que se pone al principio (¡) y al final (!) de estas palabras o frases.
**SIN. 1.** Interjección.

**exclamar** *v.* Decir una exclamación: *El público exclamó: «¡Ánimo, vais a ganar!».*
**FAM.** Exclamación, exclamativo.

**exclamativo, va** *adj.* **1.** Propio de la exclamación. **2.** Se dice de las oraciones con que alguien expresa su sorpresa, alegría, tristeza u otra cosa; llevan los signos (¡) y (!) al principio y al final: *¡Qué frío hace esta mañana!*

**excluir** *v.* **1.** Dejar fuera de un grupo: *Todos los mamíferos viven en la tierra, si excluimos la ballena, el delfín y algún otro.* **2.** Negar algo: *Los científicos excluyen que haya vida en Venus.* ■ Es un verbo irregular. Se conjuga como *huir.*
**SIN. 1.** Exceptuar, apartar, separar, eliminar. **2.** Rechazar, desechar. **ANT. 1.** Incluir. **1.** y **2.** Admitir, aceptar.
**FAM.** Exclusión, exclusive, exclusivo, excluyente.

**exclusión** *s. f.* Acción de excluir. **SIN.** Separación. **ANT.** Inclusión.

**exclusiva** *s. f.* Privilegio por el que sólo una persona o empresa está autorizada para publicar, vender o hacer algo: *Ese fotógrafo es el único que puede hacer fotos de la boda porque tiene la exclusiva.*

**exclusive** *adv.* Sin incluir la última persona, animal o cosa que se ha nombrado: *Estudia hasta la lección 8 exclusive.* **ANT.** Inclusive.

**exclusivo, va** *adj.* Único, de uno solo: *Sonia fue al pueblo con el fin exclusivo de ver a sus abuelos. La modelo llegó a la fiesta con un vestido exclusivo.* **FAM.** Exclusiva.

**excluyente** *adj.* Que excluye.

**excombatiente** *adj. y s. m. y f.* Se dice de la persona que ha luchado en alguna guerra: *La película trata sobre un excombatiente de la guerra de Vietnam.*

**excomulgar** *v.* Echar a una persona de la comunidad católica y prohibirle recibir los sacramentos. ■ Delante de *e* se escribe *gu* en lugar de *g*: *excomulgue.* **FAM.** Excomunión.

**excomunión** *s. f.* Acción de excomulgar.

**excoriación** *s. f.* Busca **escoriación.**

**excrecencia** *s. f.* Bulto anormal que le sale a un organismo animal o vegetal: *El dermatólogo me extirpó una excrecencia que me había salido en la axila.*

**excreción** *s. f.* Eliminación y expulsión de las sustancias sobrantes del organismo.

**excremento** *s. m.* Restos de la comida que después de la digestión son expulsados por el ano. **SIN.** Caca, mierda, heces, deposición.

**excretar** *v.* Expulsar el organismo los restos de la comida, la orina u otras sustancias sobrantes: *El sudor es excretado por las glándulas sudoríparas de la piel.* **SIN.** Defecar, evacuar. **FAM.** Excreción, excretor.

**excretor, ra** *adj.* Que sirve para excretar. Se dice sobre todo del **aparato excretor**, formado por los riñones, los uréteres, la vejiga y la uretra, que elimina las sustancias sobrantes del cuerpo.

**exculpar** *v.* Declarar que una persona no es culpable de algo: *El juez exculpó al acusado de todos los cargos.* **SIN.** Absolver. **ANT.** Inculpar, acusar. **FAM.** Exculpatorio.

**exculpatorio, ria** *adj.* Que exculpa.

**excursión** *s. f.* Viaje corto a un lugar que suele estar cerca, por ejemplo a la montaña, al campo o a alguna ciudad, para pasarlo bien, hacer deporte o aprender cosas. **FAM.** Excursionista.

**excursionista** *s. m. y f.* Persona que va de excursión.

**excusa** *s. f.* **1.** Lo que una persona dice, aunque no sea verdad, para librarse de una obligación o de algo que no quiere hacer: *Puso la excusa de que tenía que estudiar para no ir a aquel cumpleaños que no le apetecía.* **2.** Motivo que uno encuentra para hacer algo que le apetece y no sentirse mal por ello: *El calor fue una excusa para echarse la siesta.* **3.** Explicación que una persona da a otra cuando la ha molestado: *Le presentó sus excusas por no haberla felicitado.* **SIN. 1.** y **2.** Pretexto. **1.** a **3.** Disculpa. **2.** y **3.** Justificación.

**excusado** *s. m.* Busca **escusado.**

**excusado, da** *adj.* **1.** Innecesario, que no hace falta: *Excusado es decir que puedes contar conmigo.* **2.** Que está libre de algunas obligaciones o impuestos.

**excusar** *v.* **1.** Disculpar a otro de algo que ha hecho o dejado de hacer, o disculparse uno mismo: *El director se excusó por no haber podido recibirlos.* **2.** Evitar, librar: *La lluvia le excusó de tener que llevar a los niños al zoo.* **SIN. 2.** Ahorrar. **ANT. 1.** Culpar. **FAM.** Excusa, excusado -da. / Inexcusable.

**execrable** *adj.* Muy malo, que merece ser rechazado o condenado: *un crimen execrable.* **SIN.** Abominable, detestable, horroroso.

**exento, ta** *adj.* Libre de tener que hacer algo: *Como Rosa se ha torcido el tobillo, está exenta de ir a clase de gimnasia.* **SIN.** Dispensado. **ANT.** Obligado.

**exequias** *s. f. pl.* Ceremonias religiosas que se hacen por una persona que ha muerto. **SIN.** Funerales.

**exfoliar** *v.* Eliminar las capas más externas de la piel.

**exhalación** *s. f.* **1.** Rayo. **2.** Estrella fugaz. **3.** Acción de exhalar. **EXPR. como una exhalación** Muy rápido: *La moto pasó como una exhalación.* **SIN. 1.** Centella. **3.** Emanación, efluvio.

**exhalar** *v.* **1.** Despedir gases, vapores u olores: *El campo lleno de flores exhalaba un agradable olor.* **2.** Lanzar una persona suspiros o quejas. **SIN. 1.** Desprender. **2.** Proferir. **FAM.** Exhalación.

**exhaustividad** *s. f.* Característica de lo que es exhaustivo: *El informe recoge todos los datos, está hecho con exhaustividad.*

**exhaustivo, va** *adj.* Muy completo: *Esta lección estudia de manera exhaustiva los pronombres.* **SIN.** Total. **ANT.** Parcial. **FAM.** Exhaustividad.

**exhausto, ta** *adj.* Acabado, agotado: *Dejaron exhausta la mina de cobre. Después de nadar diez largos salió exhausto de la piscina.*
SIN. Vacío; rendido, deshecho. ANT. Lleno; descansado.
FAM. Exhaustivo.

**exhibición** *s. f.* Acción de exhibir: *En el colegio hicieron una exhibición de judo y asistimos toda la clase.*
SIN. Demostración.

**exhibicionismo** *s. m.* Comportamiento de la persona exhibicionista.

**exhibicionista** *adj.* y *s. m.* y *f.* **1.** Persona a la que le gusta exhibirse desnuda o medio desnuda en lugares públicos. **2.** Persona a la que le gusta llamar la atención en público.
FAM. Exhibicionismo.

**exhibir** *v.* **1.** Mostrar o presentar algo a otros o ante el público: *En los escaparates exhiben ya la ropa del otoño. Luis exhibió su habilidad tocando la guitarra.* **2.** Hacer alguien que los demás le miren, llamar la atención: *Le gusta exhibirse con unos vestidos muy llamativos.*
SIN. **1.** Enseñar, ofrecer, exponer. **1.** y **2.** Lucir. ANT. **1.** Ocultar.
FAM. Exhibición, exhibicionista.

**exhortación** *s. f.* Acción de exhortar.

**exhortar** *v.* Animar a alguien con palabras a que haga o deje de hacer algo.
FAM. Exhortación, exhortativa.

**exhortativa** *adj.* En gramática, se dice de las oraciones que expresan consejo, ruego, mandato o prohibición; por ejemplo, *haz los deberes; no vuelvas tarde.*

**exhumación** *s. f.* Acción de exhumar: *Se procedió a la exhumación del cadáver.*
SIN. Desenterramiento. ANT. Inhumación.

**exhumar** *v.* Desenterrar un cadáver o restos humanos.
ANT. Enterrar, inhumar.
FAM. Exhumación.

**exigencia** *s. f.* Acción de exigir y cosa que se exige.

**exigente** *adj.* y *s. m.* y *f.* Persona que exige mucho: *Ese profesor es muy exigente: quiere que nos sepamos todo muy bien.*
SIN. Severo, riguroso. ANT. Tolerante, flexible.

**exigir** *v.* **1.** Obligar a alguien a que haga algo: *Para sacar libros de la biblioteca, te exigen el carné.* **2.** Pedir alguien una cosa a la que tiene derecho: *Si el reloj que compraste no funciona, exige que te lo cambien por otro.* **3.** Necesitar: *Aprender idiomas exige mucho tiempo.* **4.** Querer que las cosas estén muy bien hechas: *El entrenador exige mucho a los jugadores.* ■ Delante de *a* y *o* se escribe *j* en lugar de *g: No le exijas tanto.*
SIN. **2.** Reclamar, reivindicar. **3.** Precisar.
FAM. Exigencia, exigente.

**exiguo, gua** *adj.* Muy pequeño, escaso: *Tiene una paga tan exigua que no le llega para comer.*
SIN. Reducido, insignificante. ANT. Grande, abundante.

**exilado, da** *adj.* Busca **exiliado**.

**exilarse** *v.* Busca **exiliarse**.

**exiliado, da** *adj.* y *s. m.* y *f.* Persona que ha dejado su país, sobre todo por motivos políticos. ■ Se dice también *exilado.*

**exiliarse** *v.* Marcharse alguien de su país, sobre todo por motivos políticos. ■ Se dice también *exilarse.*
FAM. Exiliado, exilio. / Exilado, exilarse.

**exilio** *s. m.* **1.** Acción de exiliarse. **2.** Lugar y tiempo en que se vive exiliado.

**eximente** *adj.* **1.** Que exime. ‖ *adj.* y *s. f.* **2.** Se dice de las circunstancias que según la ley libran de la responsabilidad por haber cometido un delito: *El juez consideró la defensa propia como eximente y dejó libre al acusado.*

**eximio, mia** *adj.* Muy bueno, que destaca por alguna cualidad: *un eximio historiador.*
SIN. Excelente, insigne, ilustre, eminente.

**eximir** *v.* Liberar a alguien de algo, por ejemplo de una obligación o de una responsabilidad.
SIN. Librar, dispensar. ANT. Obligar.
FAM. Eximente.

**existencia** *s. f.* **1.** El hecho de existir: *La existencia de oro en la región atrajo a muchos aventureros.* **2.** La vida de las personas: *Durante toda su existencia fue un hombre feliz.* ‖ *s. f. pl.* **3.** Mercancías: *En el almacén hay existencias de esas sillas.*
SIN. **3.** Género. ANT. **1.** Inexistencia. **2.** Muerte.

**existencial** *adj.* Relacionado con la existencia.

**existente** *adj.* Que existe.
SIN. Real. ANT. Inexistente.

**existir** *v.* **1.** Tener alguien o algo ser real y verdadero: *Existe la Tierra, el Sol.* **2.** Tener vida: *Los dinosaurios existieron hace muchísimos años.* **3.** Haber, estar, hallarse: *Aún existen en los pueblos tiendas que venden de todo.*
SIN. **2.** Vivir. **3.** Encontrarse. ANT. **2.** Morir.
FAM. Existencia, existencial, existente. / Coexistir, inexistente.

**éxito** *s. m.* **1.** Un buen resultado: *Espero que tengáis éxito en el partido de mañana.* **2.** El hecho de que a la gente le guste alguien o algo: *Esa película ha tenido mucho éxito.*
SIN. **1.** Triunfo, logro. **2.** Fama, aceptación, celebridad. ANT. **1.** y **2.** Fracaso.
FAM. Exitoso.

**exitoso, sa** *adj.* Que tiene éxito: *una película exitosa.*

**éxodo** *s. m.* **1.** Regreso de los hebreos a Palestina desde Egipto, dirigidos por Moisés. **2.** Marcha de gente de un lugar a otro.
SIN. **2.** Emigración, salida. ANT. **2.** Regreso, retorno.

**exorbitante** *adj.* Excesivo: *Un precio exorbitante.* SIN. Descomunal, enorme, exagerado. ANT. Moderado, comedido.

**exorcismo** *s. m.* Ritos y fórmulas para expulsar al demonio del cuerpo de una persona. FAM. Exorcista, exorcizar.

**exorcista** *s. m.* y *f.* Persona que realiza exorcismos.

**exorcizar** *v.* Realizar exorcismos. ■ Delante de *e* se escribe *c* en lugar de *z*: *exorcice.*

**exótico, ca** *adj.* **1.** Que procede de un país extranjero. **2.** Que llama la atención por ser extraño, chocante: *Se preparó un disfraz muy exótico para la fiesta de carnaval.* SIN. **1.** Foráneo. **2.** Original, insólito. ANT. **1.** Autóctono. **2.** Común, corriente. FAM. Exotismo.

**exotismo** *s. m.* Característica de exótico.

**expandir** *v.* Extender: *Se expandió la noticia de que iban a poner una fábrica de azúcar en el pueblo. El vino se ha expandido por el mantel al volcarse la botella.* SIN. Propagarse, difundirse, divulgarse; esparcirse; dilatarse. FAM. Expansión, expansivo.

**expansión** *s. f.* **1.** Acción de expandir o expandirse: *la expansión de un pueblo, de un gas.* **2.** Distracción, entretenimiento: *Se había pasado toda la tarde estudiando y necesitaba unos momentos de expansión.* SIN. **1.** Extensión; dilatación. **2.** Esparcimiento, diversión. ANT. **1.** Contracción. **2.** Aburrimiento. FAM. Expansionarse, expansionista.

**expansionarse** *v.* Distraerse, divertirse: *Isabel necesita salir al campo y expansionarse.* SIN. Entretenerse. ANT. Aburrirse.

**expansionista** *adj.* y *s. m.* y *f.* Que pretende extender su poder o su influencia, especialmente a otros países o zonas: *La política expansionista de aquel país provocó una guerra con las naciones vecinas.*

**expansivo, va** *adj.* **1.** Que se expande o se extiende: *La onda expansiva de la explosión rompió numerosos cristales.* **2.** Que tiene facilidad para relacionarse con los demás y hacer amistad. SIN. **2.** Comunicativo, extrovertido, abierto. ANT. **2.** Introvertido, cerrado.

**expatriar** *v.* Obligar a una persona a abandonar su patria.

**expectación** *s. f.* Curiosidad e interés grandes con que la gente espera alguna cosa: *Ante la entrega de premios, había una gran expectación entre los alumnos.* FAM. Expectante, expectativa.

**expectante** *adj.* Que espera observando con atención: *Los niños estuvieron quietos y expectantes hasta que aparecieron los payasos.*

**expectativa** *s. f.* Posibilidad de lograr alguna cosa: *Tenía buenas expectativas de encontrar trabajo.* EXPR. **estar a la expectativa** Estar a la espera de algo.

**expectoración** *s. f.* **1.** Acción de expectorar. **2.** Lo que se echa al expectorar. SIN. **2.** Esputo, gargajo.

**expectorante** *adj.* y *s. m.* Que hace expectorar.

**expectorar** *v.* Arrancar y expulsar por la boca, tosiendo o carraspeando, las mucosidades, pus o sangre que se han producido en los órganos respiratorios. SIN. Esputar. FAM. Expectoración, expectorante.

**expedición** *s. f.* **1.** Viaje o marcha en que intervienen personas muy preparadas para lo que tienen que hacer. También, este equipo de personas: *una expedición militar, científica, de arqueólogos.* **2.** Acción de expedir: *la expedición de un pasaporte.*

**expedicionario, ria** *adj.* y *s. m.* y *f.* Que va en una expedición.

**expedientar** *v.* Formar expediente a alguien, abrirle una investigación.

**expediente** *s. m.* **1.** Las calificaciones obtenidas por un alumno a lo largo de sus estudios, o los servicios realizados por un empleado: *Marta tiene un buen expediente, pues en todos los cursos su nota media es de sobresaliente.* **2.** Investigación sobre la conducta de un empleado o funcionario para ver si ha cometido una falta. **3.** Conjunto de los papeles y escritos sobre un asunto: *Ese juzgado tiene doscientos expedientes de accidentes de tráfico.* FAM. Expedientar.

**expedir** *v.* **1.** Escribir un documento, por ejemplo un cheque. **2.** Enviar, mandar: *expedir un paquete, una carta.* ■ Es un verbo irregular. Se conjuga como *pedir.* SIN. **1.** Extender. **2.** Remitir, facturar. FAM. Expedición, expedicionario, expediente, expedito.

**expeditivo, va** *adj.* Que actúa con eficacia y rapidez, sin detenerse en nada: *Es muy expeditivo en su trabajo: toma las decisiones enseguida.* SIN. Decidido, resuelto, enérgico. ANT. Lento, torpe.

**expedito, ta** *adj.* Sin obstáculos ni estorbos: *Retiraron el coche averiado para dejar la carretera expedita.* FAM. Expeditivo.

**expeler** *v.* Arrojar, hacer salir algo con fuerza: *El volcán expelía grandes cantidades de lava.* SIN. Expulsar, echar, despedir. ANT. Absorber.

**expendedor, ra** *adj.* y *s. m.* y *f.* Que vende o despacha alguna cosa: *En los bares hay máquinas expendedoras de tabaco.*

**expendeduría** *s. f.* Tienda en que se vende al público tabaco y otras cosas.

**expender** *v.* Vender o despachar: *expender billetes de ferrocarril.*
FAM. Expendedor, expendeduría, expensas.

**expensas** Se usa en la expresión **a expensas de** alguien, que significa 'pagando esa persona los gastos de otra': *Aunque ya es mayor, Jorge vive a expensas de sus padres.*

**experiencia** *s. f.* **1.** Lo que una persona aprende con la práctica o con la vida: *Escribe muy bien a máquina porque tiene mucha experiencia.* **2.** El sentir o conocer una persona algo por sí misma: *Hasta ahora no he montado en barco, pero me gustaría tener esa experiencia.* **3.** Experimento.
SIN. **1.** Costumbre, hábito. **2.** Vivencia. **3.** Ensayo, prueba. ANT. **1.** Inexperiencia.
FAM. Experimental, experimentar, experto. / Inexperiencia.

**experimentación** *s. f.* **1.** Acción de experimentar. **2.** Método con el que la ciencia investiga haciendo experimentos.

**experimentado, da** *adj.* Se dice de la persona que tiene experiencia: *Es un conductor muy experimentado: lleva muchos años conduciendo.*
SIN. Ducho. ANT. Inexperto.

**experimental** *adj.* **1.** Basado en la experiencia o en los experimentos. **2.** Que todavía está probándose: *Ese coche es un modelo experimental.*

**experimentar** *v.* **1.** Hacer experimentos: *En los laboratorios se experimentan nuevos productos.* **2.** Sentir o conocer algo por uno mismo, por su experiencia: *Cuando subió a la montaña rusa, experimentó lo que era sentir miedo.* **3.** Sufrir un cambio, transformación u otra cosa: *Esa ciudad ha experimentado un gran crecimiento.*
SIN. **1.** Ensayar, probar. **2.** Percibir, notar, advertir, percatarse.
FAM. Experimentación, experimentado, experimento.

**experimento** *s. m.* Prueba que se hace para estudiar, observar o averiguar algo: *Si haces el experimento de soltar una piedra en el aire, verás que cae al suelo por la fuerza de la gravedad.*
SIN. Ensayo, experiencia.

**experto, ta** *adj. y s. m. y f.* Que entiende mucho de algo o sabe hacer algo muy bien: *En la empresa necesitan un experto en ordenadores.*
SIN. Entendido, versado, ducho. ANT. Inexperto.

**expiar** *v.* Sufrir el castigo por un delito o por algo malo que se ha hecho: *El ladrón tuvo que expiar su culpa en la cárcel.* ■ No confundir con *espiar*, 'vigilar disimuladamente'.
SIN. Pagar, purgar.
FAM. Expiatorio.

**expiatorio, ria** *adj.* Que sirve para expiar: *castigo expiatorio.*
EXPR. **chivo expiatorio** Busca **chivo.**

**expirar** *v.* **1.** Morir: *Expiró a los 80 años.* **2.** Terminar el tiempo fijado para algo: *El día 5 expira el plazo para presentar los dibujos del concurso.* ■ No confundir con *espirar*, 'echar el aire al respirar'.
SIN. **1.** Fallecer, fenecer. **2.** Vencer. ANT. **1.** Nacer.

**explanada** *s. f.* Terreno llano, sin edificios ni árboles: *Delante de la escuela hay una explanada donde jugamos al fútbol.*
SIN. Descampado.

**explayarse** *v.* **1.** Alargarse mucho al decir o escribir algo: *Marta se explayó contándonos todo lo que había hecho en vacaciones.* **2.** Contar una persona a otra sus sentimientos para desahogarse: *Se explayó con su amiga.* **3.** Distraerse, disfrutar de tiempo de esparcimiento: *Los padres llevaron a los niños al campo para que se explayaran.*
SIN. **1.** Extenderse. **2.** Confesarse. **3.** Expansionarse. ANT. **1.** Ceñirse, constreñirse.

**explicación** *s. f.* Lo que se dice o sirve para explicar algo: *Estaba atento a las explicaciones del profesor. La explicación de que haya jugado tan mal es que estaba lesionado.*
SIN. Aclaración; causa, motivo, justificación.

**explicar** *v.* **1.** Hablar de algo con claridad para que otros puedan conocerlo o entenderlo bien: *Mi hermano me explicó cómo tenía que hacer el dibujo.* **2.** Servir para que se entienda una cosa: *Ha llovido poco este año y eso explica que haya menos agua en los embalses.* ‖ **explicarse 3.** Entender algo: *No ha comido nada; ahora me explico por qué está tan delgado.* ■ Delante de *e* se escribe *qu* en lugar de *c*: *Lo expliqué bien.*
SIN. **1.** Aclarar, enseñar, mostrar. **3.** Comprender.
FAM. Explicación, explicativo. / Inexplicable.

**explicativo, va** *adj.* **1.** Que explica o sirve para explicar alguna cosa: *El profesor hizo un dibujo explicativo de lo que estaba diciendo.* **2.** Se dice del adjetivo que expresa una cualidad propia o habitual del sustantivo al que acompaña; por ejemplo, en *nieve blanca*, *blanca* es un adjetivo explicativo.
SIN. **1.** Aclaratorio. **2.** Epíteto. ANT. **2.** Especificativo.

**explicitar** *v.* Expresar o decir claramente: *El cliente explicitó sus deseos.*

**explícito, ta** *adj.* **1.** Que se expresa o aparece claramente: *En la carta tuvo que hacer una petición explícita de lo que quería.* **2.** Que dice o explica algo con claridad: *Fue explícito al contarnos su plan.*
SIN. **1.** Manifiesto, patente. **1.** y **2.** Claro. ANT. **1.** Implícito, tácito, sugerido. **2.** Oscuro, confuso.
FAM. Explicitar.

**exploración** *s. f.* Acción de explorar: *Antes de acampar hicieron una pequeña exploración de la zona.*
SIN. Examen, inspección, reconocimiento.

**explorador, ra** *adj.* y *s. m.* y *f.* Persona que explora un lugar: *Los exploradores descubrieron varios poblados antiguos en la selva.*

**explorar** *v.* **1.** Recorrer un país, una región u otro lugar para conocerlo o descubrir lo que hay en él: *Los astronautas exploraron la Luna.* **2.** Ver el médico al enfermo y hacerle las pruebas necesarias para saber qué tiene: *Después de explorar al niño, el médico dijo que tenía sarampión.*
**SIN. 1.** Inspeccionar, rastrear, investigar. **2.** Reconocer, examinar.
**FAM.** Exploración, explorador, exploratorio.

**exploratorio, ria** *adj.* Que se utiliza para explorar: *Los médicos detectaron el tumor por medio de una nueva técnica exploratoria.*

**explosión** *s. f.* **1.** Acción de romperse algo de manera brusca o violenta haciendo mucho ruido: *La explosión de la bomba causó grandes destrozos.* **2.** Acción de quemarse rápidamente un combustible, como la que se produce en los cilindros del motor de los coches. **3.** Hecho de manifestarse de forma espontánea y brusca un sentimiento: *Se produjo una explosión de entusiasmo y todo el público se puso a aplaudir.*
**SIN. 1.** Reventón, estallido.
**FAM.** Explosionar.

**explosionar** *v.* Estallar o hacer estallar una bomba u otra cosa parecida.
**SIN.** Explotar, detonar.

**explosivo, va** *adj.* y *s. m.* **1.** Que puede explotar o producir una explosión: *La pólvora es un explosivo muy antiguo.* || *adj.* **2.** Muy chocante, muy llamativo, que produce gran asombro: *Esa mezcla de colores es explosiva.* **3.** Se dice de la acción o del sentimiento que se manifiesta de manera brusca: *Los nervios hicieron que tuviera una reacción explosiva y se pusiera a chillar.*

**explotación** *s. f.* **1.** Acción de explotar a una persona o cosa. **2.** Lugar con las máquinas o instalaciones necesarias para explotar una cosa, por ejemplo un terreno o una mina.
**SIN. 1.** Aprovechamiento.

**explotador, ra** *adj.* y *s. m.* y *f.* Se dice del que explota a los que trabajan para él.

**explotar**[1] *v.* **1.** Sacar un provecho o un beneficio de una cosa poniendo los medios necesarios: *Están explotando una mina de cobre.* **2.** Hacer trabajar mucho a una persona en beneficio de uno mismo: *Se cambiaron de trabajo porque su jefe les explotaba.*
**SIN. 1.** Trabajar. **1.** y **2.** Aprovechar.
**FAM.** Explotación, explotador.

**explotar**[2] *v.* **1.** Estallar una bomba, un cohete, un globo. **2.** Mostrar de repente y con mucha fuerza un sentimiento: *No pudo aguantarse la risa y explotó en mitad de la clase.*
**SIN. 1.** Explosionar. **1.** y **2.** Reventar.
**FAM.** Explosión, explosivo.

**expoliar** *v.* Quitar injustamente algo a alguien. ▪ Se dice también *espoliar.*
**SIN.** Despojar, desposeer. **ANT.** Devolver.
**FAM.** Expolio. / Espoliar, espolio.

**expolio** *s. m.* **1.** Acción de expoliar. **2.** Bronca, follón: *Los dos conductores se pusieron a discutir y montaron un expolio en el aparcamiento.* ▪ Se dice también *espolio.*
**SIN. 2.** Gresca, pelotera. **ANT. 1.** Devolución.

**exponente** *s. m.* **1.** Número pequeño que se coloca a la derecha y en la parte de arriba de otro para indicar las veces que este último debe multiplicarse por sí mismo. **2.** Persona o cosa más importante de algo como un grupo o un estilo: *Este cantante es el máximo exponente de la música rock.*

**exponer** *v.* **1.** Presentar una cosa para que la vean los demás, como hace por ejemplo un pintor con sus cuadros. **2.** Decir o explicar algo: *El profesor expuso la lección en clase.* **3.** Poner a una persona o cosa de manera que pueda recibir la acción de algo: *Se quemó por exponerse demasiado al sol.* **4.** Poner en peligro: *Los domadores se exponen mucho cuando entran en la jaula de los leones.* ▪ Es un verbo irregular. Se conjuga como *poner.*
**SIN. 1.** Enseñar, exhibir, lucir. **2.** Expresar, declarar. **3.** Someter. **4.** Arriesgar. **ANT. 1.** Ocultar. **4.** Proteger.
**FAM.** Exponente, exposición, expósito, expositor, expuesto.

**exportación** *s. f.* Acción de exportar.
**ANT.** Importación.

**exportador, ra** *adj.* y *s. m.* y *f.* Que exporta.

**exportar** *v.* Vender o enviar mercancías a un país extranjero: *España exporta naranjas.*
**ANT.** Importar.
**FAM.** Exportación, exportador.

**exposición** *s. f.* Acción de exponer o exponerse: *El pintor hizo una exposición de sus cuadros.*
**SIN.** Exhibición, muestra; explicación, declaración.

**expósito, ta** *adj.* y *s. m.* y *f.* Se dice del niño que ha sido abandonado por sus padres nada más nacer o dejado en algún establecimiento benéfico: *Los expósitos se criaban en los orfanatos.*

**expositor** *s. m.* Mueble o vitrina en que se colocan cosas para que se vean bien: *Los bronceadores están en el segundo expositor.* (Puedes ver su ilustración en la página siguiente).
**SIN.** Mostrador, escaparate.

**exprés** *adj.* **1.** Se dice de algunos aparatos que son muy rápidos: *una olla exprés, una cafetera exprés.* || *adj.* y *s. m.* y *f.* **2.** Se dice de los trenes expresos. **3.** Se dice del café hecho con una cafetera exprés. ▪ No varía en plural.

**expresamente** *adv.* **1.** Claramente: *Le dijo expresamente lo que quería.* **2.** Especialmente, con la intención o el fin que se dice: *Vino desde Sevilla a Madrid expresamente para vernos.*

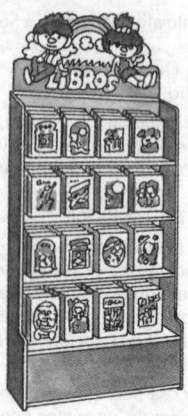

**expositor** de libros          **exprimidor** eléctrico

**exprimidor** manual

**expresar** *v.* Dar a entender con palabras, gestos o de otro modo lo que uno piensa, siente o quiere: *Aunque es extranjero, se expresa muy bien en español. Expresó su agradecimiento enviándole un regalo.*
SIN. Manifestar, declarar, reflejar, revelar.
FAM. Expresión, expresionismo, expresivo, expreso.

**expresión** *s. f.* **1.** Acción de expresar: *Los perros mueven la cola como expresión de alegría.* **2.** Gesto que pone una persona y con el que expresa un sentimiento: *Por la expresión de su cara nos dimos cuenta de que no le había gustado el regalo.* **3.** Palabra y, sobre todo, conjunto de palabras que juntas significan una misma cosa, como por ejemplo *hablar por los codos* (hablar mucho) o *sin pies ni cabeza* (sin orden, confuso).
SIN. **1.** Manifestación, declaración. **3.** Término, voz, vocablo; locución, dicho.

**expresionismo** *s. m.* Estilo artístico en que el artista muestra con gran intensidad sus sentimientos y sensaciones. Apareció en Europa a principios del siglo XX y tuvo mucha importancia en pintura y en cine.

**expresividad** *s. f.* Facilidad para expresar pensamientos o sentimientos: *Carmen comunica su alegría con la expresividad de su rostro.*

**expresivo, va** *adj.* Que expresa de manera muy viva pensamientos o sentimientos: *Tiene unos ojos muy expresivos.*
ANT. Soso.
FAM. Expresividad. / Inexpresivo.

**expreso, sa** *adj.* **1.** Que se dice claramente. ‖ *adj. y s. m.* **2.** Se dice del tren rápido de pasajeros que tiene paradas en muy pocas estaciones. ‖ *adv.* **3.** Expresamente para alguien o algo: *Lo hizo expreso para agradarle.*
SIN. **1.** Claro, evidente. ANT. **1.** Implícito.
FAM. Expresamente.

**exprimidor** *s. m.* Utensilio para sacar el zumo de frutas como las naranjas y los limones.

**exprimir** *v.* Apretar o retorcer una cosa para sacarle el jugo: *exprimir una naranja.*
SIN. Estrujar.
FAM. Exprimidor.

**expropiación** *s. f.* Acción de expropiar.
ANT. Restitución.

**expropiar** *v.* Quitarle a alguien el Estado o un organismo oficial una cosa que le pertenece, dándole dinero para compensarle; por ejemplo, se expropia un terreno para hacer una carretera.
FAM. Expropiación.

**expuesto, ta** *adj.* **1.** En peligro de que le pase alguna cosa: *Con la ventana abierta estás expuesto a pillar un resfriado.* **2.** Peligroso: *No le gusta conducir de noche porque dice que es más expuesto.*
SIN. **2.** Arriesgado. ANT. **2.** Prudente, seguro.

**expulsar** *v.* Echar a alguien o algo de un sitio: *Le expulsaron del colegio.*
SIN. Arrojar, despedir, expeler. ANT. Admitir.
FAM. Expulsión.

**expulsión** *s. f.* Acción de expulsar: *El árbitro decidió la expulsión del jugador.*
SIN. Despido. ANT. Admisión.

**expurgar** *v.* Quitar lo malo o inútil de una cosa; sobre todo, suprimir palabras y párrafos de un escrito. ■ Delante de *e* se escribe *gu* en lugar de *g*: *expurgue.*

**exquisitez** *s. f.* **1.** Característica de las personas y las cosas exquisitas o elegantes. **2.** Cosa exquisita. ■ Su plural es *exquisiteces*: *En ese restaurante dan una comida sencilla, no pidas exquisiteces.*
SIN. **1.** Distinción, finura. ANT. **1.** Vulgaridad.

**exquisito, ta** *adj.* **1.** Muy fino y elegante: *Su madre tiene un gusto exquisito para vestir.* **2.** Que está muy rico: *El postre estaba exquisito.*
SIN. **1.** Refinado, distinguido, delicado. **2.** Delicioso. ANT. **1.** Vulgar, ordinario. **2.** Asqueroso.
FAM. Exquisitez.

**extasiar** *v.* Producir algo mucho gusto o gran admiración: *Me extasiaba mirando la puesta de sol.*
SIN. Encantar, fascinar, embelesar.

**éxtasis** *s. m.* **1.** Estado de la persona que siente tanta admiración por alguna cosa o se encuentra tan feliz que no se entera de nada más. **2.** Un tipo de droga prohibida que se fabrica en laboratorios y que es muy potente. ■ No varía en plural.
SIN. **1.** Fascinación.
FAM. Extasiar.

**extemporáneo, a** *adj.* Que se hace o se dice cuando no conviene: *Hizo un comentario extemporáneo en la reunión.*
SIN. Inoportuno, inconveniente. ANT. Oportuno, acertado.

**extender** v. **1.** Hacer que algo ocupe más espacio, por ejemplo si estaba unido a otras cosas o doblado: *Extendió por la mesa las piezas del puzzle. Extiende el cable para que llegue hasta el enchufe.* **2.** Poner algo sobre toda una superficie: *Extiende la mermelada en la tostada.* **3.** Hacer que algo llegue a muchas personas, cosas o lugares: *Vestir con ropa vaquera se ha extendido por todo el mundo. Para prevenir nuevos incendios, las autoridades han extendido la vigilancia a toda la comarca.* **4.** Escribir un cheque, un recibo o algo parecido. || **extenderse 5.** Ocupar un sitio o durar un tiempo: *La temporada de lluvias se extendió de abril a junio.* **6.** Hablar o escribir mucho sobre algo: *Cuéntamelo sin extenderte.* ■ Es un verbo irregular. Se conjuga como *tender*. **SIN. 1.** Dispersar, desparramar, desperdigar; desdoblar, desplegar. **2.** Dar, untar. **3.** Difundir, divulgar, propagar. **5.** Expandirse; prolongarse. **6.** Enrollarse. **ANT. 1.** Juntar, agrupar; doblar. **FAM.** Extensible, extensión, extensivo, extenso, extensor.

**extensible** adj. Que se puede extender: *Tenemos una mesa extensible en la que pueden comer hasta doce personas.*

**extensión** s. f. **1.** Acción de extender o extenderse: *En gimnasia hicimos extensiones de brazos y piernas.* **2.** Sitio que ocupa una cosa: *La finca de sus abuelos ocupa una enorme extensión de terreno.* **3.** Tiempo que dura una cosa. **EXPR. en toda la extensión de la palabra** En todo su significado: *Es una mentirosa en toda la extensión de la palabra.* **por extensión** Se dice de las palabras y expresiones que, además de su significado principal, significan otras cosas con las que están relacionadas. Por ejemplo, *leonera* es una jaula para los leones y, por extensión, una habitación muy desordenada. **SIN. 1.** Difusión, expansión, propagación. **2.** Superficie, área. **3.** Transcurso. **ANT. 1.** Unión, reducción; flexión.

**extensivo, va** adj. Que se extiende o se aplica a otras personas o cosas: *Las nuevas normas se harán extensivas a todos los grupos del instituto.*

**extenso, sa** adj. Muy grande, que ocupa mucho: *Las gacelas y las cebras viven en las extensas llanuras de África. Escribió un libro muy extenso.* **EXPR. por extenso** Extendiéndose mucho, con todo detalle: *El profesor hizo un resumen de la lección y luego la explicó por extenso.* **SIN.** Amplio, vasto, largo. **ANT.** Pequeño, breve.

**extensor, ra** adj. y s. m. Que extiende o hace que se extienda algo, en especial se dice de cada uno de los músculos que permiten estirar pies y manos.

**extenuado, da** adj. Muy débil o cansado: *El corredor llegó extenuado a la meta.* **SIN.** Agotado. **ANT.** Fresco.

**extenuar** v. Dejar muy débil o cansado. **SIN.** Agotar. **ANT.** Fortalecer. **FAM.** Extenuado.

**exterior** adj. **1.** Que está situado en la parte de fuera o da a la parte de fuera: *La cáscara es una cubierta exterior que tienen los frutos. Vive en un piso exterior.* **2.** Relacionado con los países del extranjero: *comercio exterior, ministro de Asuntos Exteriores.* || s. m. **3.** Parte de fuera de una cosa: *Pintaron el exterior del edificio.* **SIN. 1.** Externo. **3.** Fachada. **ANT. 1.** Interno. **1.** a **3.** Interior. **2.** Nacional. **FAM.** Exteriorizar, exteriormente, externo.

**exteriorizar** v. Mostrar alguien lo que siente o piensa: *Le da vergüenza exteriorizar sus sentimientos.* ■ Delante de *e* se escribe *c* en lugar de *z*: *Exterioricé mi enfado.* **SIN.** Manifestar, expresar, revelar, descubrir. **ANT.** Ocultar, disimular.

**exteriormente** adv. En el exterior, por fuera. **ANT.** Interiormente.

**exterminador, ra** adj. y s. m. y f. Que extermina: *Llamaré a un exterminador para que acabe con las ratas del sótano.*

**exterminar** v. Matar o destruir a todas las personas, animales o plantas de un grupo o de un lugar: *Compraron un veneno para exterminar a los pulgones de las plantas del jardín.* **SIN.** Suprimir, extinguir, aniquilar. **ANT.** Proteger; salvar. **FAM.** Exterminador, exterminio.

**exterminio** s. m. Acción de exterminar. **SIN.** Aniquilación, matanza. **ANT.** Protección, defensa.

**externo, na** adj. **1.** De fuera o por fuera: *Pintó la caja de azul por la parte externa.* || adj. y s. m. y f. **2.** Se dice de algunas personas que no viven ni comen en el mismo lugar donde trabajan o estudian: *En el colegio hay alumnos externos y mediopensionistas.* **SIN. 1.** Exterior. **ANT. 1.** Interior. **2.** Interno.

**extinción** s. f. Acción de extinguir o extinguirse: *Los bomberos trabajaron toda la noche en la extinción del fuego.* **SIN.** Terminación; cese. **ANT.** Comienzo, nacimiento.

**extinguir** v. **1.** Apagar el fuego o la luz: *Los bomberos están tratando de extinguir el incendio del bosque.* **2.** Hacer desaparecer algo o acabarse algo poco a poco: *Si no se protege a los osos en España, pueden terminar extinguiéndose.* ■ Delante de *a* y *o* se escribe *g* en lugar de *gu*: *Echa más leña al fuego para que no se extinga.* **SIN. 1.** Sofocar. **2.** Agotar, cesar. **ANT. 1.** Encender. **1.** y **2.** Originar. **FAM.** Extinción, extinto, extintor.

**extinto, ta** adj. **1.** Que se ha extinguido o ha desaparecido: *una especie extinta.* **2.** Apagado: *un volcán extinto.*

**extintor**

---

**extintor** *s. m.* Especie de botella que tiene a presión una sustancia con la que se puede apagar el fuego.

**extirpar** *v.* Sacar algo que está dentro de una parte del cuerpo: *Le han extirpado un quiste que tenía en el brazo.*
SIN. Arrancar, extraer. ANT. Implantar.

**extorsión** *s. f.* **1.** Molestia o perjuicio grande: *Le ha causado mucha extorsión que se averiara el coche porque tenía que irse de viaje.* **2.** Hecho de utilizar la violencia contra alguien o asustarle para obtener dinero u otra cosa de él.
SIN. **1.** Trastorno, estropicio. ANT. **1.** Ayuda.
FAM. Extorsionar.

**extorsionar** *v.* **1.** Causar extorsión o molestia: *Querría que me hicieses un favor, si no te extorsiona mucho.* **2.** Utilizar la violencia o amenazas contra alguien para obtener algo de él: *Una banda extorsionaba a los comerciantes para sacarles dinero.*
SIN. **1.** Molestar, trastornar.

**extra** *adj.* **1.** De mejor calidad que la normal: *Estos bombones están hechos con chocolate extra.* **2.** Que se da o se hace además de lo normal: *Los que quieran pueden hacer un trabajo extra de naturales. Le han dado una paga extra.* ‖ *s. m.* y *f.* **3.** Persona que sale en una película sin tener un papel destacado: *En las películas de vaqueros hay muchos extras que hacen de indios.*
SIN. **1.** Excelente, extraordinario, superior. **2.** Plus. ANT. **1.** Inferior.

**extracción** *s. f.* Acción de extraer: *El dentista tuvo que hacerle la extracción de una muela picada.*

**extracto** *s. m.* **1.** Resumen en el que se dice lo más importante de algo: *Al principio de cada lección viene un extracto.* **2.** Sustancia concentrada que se saca de alguna cosa: *un extracto de hierbas aromáticas.*
SIN. **1.** Síntesis, compendio. **2.** Esencia. ANT. **1.** Ampliación.

**extractor, ra** *adj.* y *s. m.* Que sirve para extraer: *En la cocina tienen un extractor de humos.*

**extradición** *s. f.* Acción de extraditar.
ANT. Acoger.

**extraditar** *v.* Entregar a una persona refugiada en un país a las autoridades de otro en el que se la

busca por haber cometido algún delito: *El gobierno ha extraditado a un narcotraficante.*
FAM. Extradición.

**extraer** *v.* **1.** Sacar algo de donde estaba: *Pusieron una bomba en el pozo para extraer más fácilmente el agua. El médico extrajo el pincho que se le había clavado en el pie.* **2.** Sacar una sustancia de un fruto o de otra cosa: *El mosto se extrae de las uvas.* **3.** Llegar a una idea, a un resultado o a algo parecido: *Después de oírles a todos, extrajo la conclusión de que nadie decía la verdad.* ■ Es un verbo irregular. Se conjuga como *traer*.
SIN. **1.** Extirpar. **2.** Obtener. **3.** Deducir. ANT. **1.** Introducir; implantar.
FAM. Extracción, extracto, extractor.

**extraescolar** *adj.* Se dice de las actividades que se hacen fuera del horario escolar, pero que complementan la formación y la educación: *Me he apuntado a varias actividades extraescolares, como ajedrez y atletismo.*

**extrafino, na** *adj.* **1.** Más delgado de lo normal: *He comprado una calculadora extrafina, para llevarla en el bolsillo.* **2.** De muy buena calidad: *chocolate extrafino.*

**extralimitarse** *v.* Pasarse de lo que está permitido o de lo que se debe hacer: *Se extralimitó comiendo y engordó varios kilos. Usted se ha extralimitado al insultar a su vecino.*
SIN. Excederse, propasarse. ANT. Comedirse.

**extramarital** o **extramatrimonial** *adj.* Que tiene lugar fuera del matrimonio: *Su esposa se divorció de él porque mantenía relaciones extramaritales con otra mujer.*

**extramuros** *adv.* Fuera de las murallas de una población: *La ermita está extramuros.*
ANT. Intramuros.

**extranjería** *s. f.* **1.** El ser extranjero. **2.** Conjunto de normas que regulan la situación de los extranjeros en un país.

**extranjerismo** *s. m.* Palabra o expresión que viene de otro idioma; por ejemplo, *burger* es un extranjerismo que viene del inglés.

**extranjero, ra** *adj.* y *s. m.* y *f.* **1.** De otro país: *La película que hemos visto es extranjera.* ‖ *s. m.* **2.** Cualquier país distinto del nuestro: *Para viajar al extranjero es útil saber inglés.*
SIN. **1.** Forastero, foráneo. ANT. **1.** Nativo, aborigen; nacional.
FAM. Extranjería, extranjerismo.

**extranjis** Se usa en la expresión **de extranjis**, que significa 'en secreto o sin que se note': *Nos colamos de extranjis en la fiesta.*

**extrañar** *v.* **1.** Parecer algo extraño o mostrar una persona que algo le parece extraño: *Me extraña que Pablo tarde tanto en llegar. Mamá se extrañó al ver nuestra habitación tan ordenada.* **2.** Echar de

menos, sentir que alguien no está: *El niño se puso a llorar porque extrañaba a sus padres.*
SIN. **1.** Sorprender, asombrar, admirar, maravillar. **2.** Añorar.

**extrañeza** *s. f.* Lo que causa en una persona algo que le parece extraño: *Le producía extrañeza que su amigo no le hubiera invitado a su cumpleaños.* SIN. Sorpresa, asombro.

**extraño, ña** *adj.* **1.** Raro, que no es normal: *Este frío en verano es muy extraño.* ‖ *adj.* y *s. m.* y *f.* **2.** Que pertenece a un grupo, familia o país distinto: *Como soy nuevo aquí, me miran como a un extraño.* **3.** Desconocido: *No abras la puerta a los extraños.* ‖ *s. m.* **4.** Movimiento brusco que no se esperaba: *El coche hizo un extraño y chocó contra un poste.* SIN. **1.** Insólito, excepcional, singular. **2.** Forastero, ajeno. ANT. **1.** Corriente, habitual. FAM. Extrañar, extrañeza.

**extraoficial** *adj.* Que no es oficial: *Su nombramiento es extraoficial, pues todavía no lo ha firmado el ministro.*

**extraordinariamente** *adv.* De manera extraordinaria, más o mejor que lo normal: *La comida de este restaurante es extraordinariamente buena.*

**extraordinario, ria** *adj.* **1.** Muy bueno, mejor de lo normal: *Este vestido tiene una tela extraordinaria. El pastel estaba extraordinario.* ‖ *adj.* y *s. m.* **2.** Aparte de lo que es normal: *Les dieron un día extraordinario de vacaciones por las fiestas del colegio. El día del padre hicieron un extraordinario y fueron a comer fuera toda la familia.* SIN. **1.** Estupendo, notable. **2.** Excepcional, raro, insólito, extra. ANT. **1.** Mediocre, vulgar, usual. **1.** y **2.** Común. FAM. Extraordinariamente.

**extraplano, na** *adj.* Más plano de lo normal: *reloj extraplano.*

**extrapolar** *v.* **1.** Aplicar una conclusión o un resultado a otros casos parecidos: *No se puede extrapolar al resto de Europa todo lo que ocurre en España.* **2.** Sacar de su contexto una frase o una información: *Han interpretado mal mi comentario porque lo han extrapolado del resto de la entrevista.* ANT. **2.** Contextualizar.

**extrarradio** *s. m.* Barrio o zona de las afueras de una ciudad. SIN. Periferia.

**extrasensorial** *adj.* Que ocurre o se experimenta sin que intervengan los sentidos: *Comunicarse sólo con la mente es un fenómeno extrasensorial.*

**extraterrestre** *adj.* y *s. m.* y *f.* De otro planeta diferente a la Tierra: *En la película los extraterrestres viajaban en un platillo volante.* SIN. Alienígena. ANT. Terrícola, terrestre.

**extravagancia** *s. f.* Cosa extravagante: *Ese sombrero con tantas plumas es una extravagancia.*

**extravagante** *adj.* Raro y muy llamativo: *Se vistió de una manera muy extravagante.* SIN. Estrafalario, excéntrico, estrambótico. ANT. Corriente. FAM. Extravagancia.

**extravertido, da** *adj.* y *s. m.* y *f.* Busca **extrovertido.**

**extraviar** *v.* Perder o perderse: *Ha extraviado el monedero. Se extravió en la calle y no sabía llegar a su casa.* SIN. Desorientarse, descarriarse. ANT. Encontrar; orientarse. FAM. Extravío.

**extravío** *s. m.* Acción de extraviar o extraviarse: *Denunció en la comisaría el extravío de su bolso.* SIN. Pérdida; desorientación. ANT. Hallazgo; orientación.

**extremadamente** *adv.* Mucho, muy: *El tiempo está extremadamente frío.* SIN. Extraordinariamente.

**extremado, da** *adj.* **1.** Mucho, muy grande: *Para este trabajo hay que poner un cuidado extremado.* **2.** Exagerado, que se sale de lo normal: *El invierno es extremado en esta región, hace mucho frío.* SIN. **1.** Enorme. **2.** Excesivo. ANT. **1.** y **2.** Moderado. FAM. Extremadamente.

**extremar** *v.* Poner en algo el máximo cuidado, interés o prudencia: *Se extremaron las precauciones para que no se extendiera la epidemia de gripe.* SIN. Exagerar. ANT. Moderar, descuidar.

**extremaunción** *s. f.* Sacramento de la Iglesia católica que se da a las personas que están en peligro de morir.

**extremeño, ña** *adj.* y *s. m.* y *f.* De Extremadura, comunidad autónoma de España.

**extremidad** *s. f.* **1.** Parte final de una cosa. **2.** En las personas, cada uno de los brazos o de las piernas, y en los animales, las patas y la cola. SIN. **1.** Extremo, remate, punta.

**extremismo** *s. m.* Ideas y manera de pensar y actuar de los extremistas. SIN. Radicalismo.

**extremista** *adj.* y *s. m.* y *f.* Que tiene unas ideas muy radicales o exageradas, sobre todo en política. ANT. Moderado. FAM. Extremismo.

**extremo, ma** *adj.* **1.** Se dice de lo que está más alejado del centro: *El acomodador les sentó en las butacas extremas de la fila.* **2.** Muy grande, máximo: *La pista estaba mojada y los motoristas tenían que tomar las curvas con extremo cuidado.* ‖ *s. m.* **3.** Parte que está al principio o final de algo, o situada más lejos del centro: *Vive en un extremo de*

*la ciudad.* **4.** Situación en que se llega al límite, al grado máximo de algo: *Se enfadó con él y llegó al extremo de no saludarle.* **5.** En el fútbol y otros deportes, cada uno de los dos delanteros que juegan por los lados del campo.
**EXPR. en extremo** Mucho, demasiado: *Mima a sus nietos en extremo.*
**SIN. 1.** Lejano, distante. **2.** Sumo. **3.** Extremidad, punta, cabo. **4.** Colmo. **ANT. 1.** Central, céntrico. **2.** Mínimo, moderado.
**FAM.** Extremado, extremar, extremidad, extremista, extremoso.

**extremoso, sa** *adj.* Exagerado, excesivo: *Ángel es muy extremoso al expresar sus sentimientos.*

**extrínseco, ca** *adj.* Que no forma parte de las características de alguien o algo.
**SIN.** Externo, accesorio. **ANT.** Intrínseco.

**extrovertido, da** *adj. y s. m. y f.* Que no le importa contar a los demás lo que piensa y siente: *Las personas extrovertidas enseguida hacen amigos.* ■ Se dice también *extravertido.*
**SIN.** Abierto, comunicativo. **ANT.** Introvertido.

**exuberancia** *s. f.* Abundancia muy grande de algo: *El palacio destaca por la exuberancia de su decoración.*
**SIN.** Riqueza, profusión. **ANT.** Escasez, probreza.

**exuberante** *adj.* Muy abundante: *En las selvas la vegetación es exuberante.*
**FAM.** Exuberancia.

**exudar** *v.* Dejar salir poco a poco una sustancia, sobre todo un líquido: *El pino exuda resina.*
**SIN.** Rezumar.

**exultante** *adj.* Contentísimo.
**SIN.** Alegre, eufórico. **ANT.** Triste.

**exvoto** *s. m.* Objeto que se ofrece a Dios, a la Virgen o a los santos como muestra de agradecimiento. ■ Se escribe también *ex voto.*
**SIN.** Ofrenda.

**eyaculación** *s. f.* Acción de eyacular.

**eyacular** *v.* Echar con fuerza la sustancia contenida en un órgano, especialmente el semen de los genitales masculinos.
**FAM.** Eyaculación.

**f** *s. f.* Sexta letra del abecedario y cuarta consonante. Su nombre es *efe*.

**fa** *s. m.* Nombre de la cuarta nota o sonido de la escala musical.

**fabada** *s. f.* Guiso de judías blancas con tocino, chorizo y morcilla, típico de Asturias.

**fábrica** *s. f.* Lugar donde se fabrican o se hacen cosas con máquinas: *fábrica de automóviles*.

**fabricación** *s. f.* Acción de fabricar.

**fabricante** *s. m.* y *f.* Persona o empresa que se dedica a fabricar productos: *Su padre es fabricante de juguetes*.

**fabricar** *v.* **1.** Transformar materias en cosas que podemos utilizar, empleando máquinas o herramientas, por ejemplo hacer muebles con la madera. **2.** Construir. ■ Delante de *e* se escribe *qu* en lugar de *c*: *Fabriqué un barquito de madera para mis sobrinos*.
**FAM.** Fábrica, fabricación, fabricante. / Prefabricado.

**fábula** *s. f.* **1.** Cuento del que se saca alguna enseñanza, sobre todo los que muestran animales o cosas que hablan y actúan como las personas: *la fábula de la cigarra y la hormiga.* **2.** Mentira o his-

**fábrica**

toria inventada: *Ya nadie le cree porque siempre está contando fábulas.*
**EXPR. de fábula** Fabuloso, estupendo: *Nos hizo un tiempo de fábula.*
**SIN. 2.** Chisme, patraña. **ANT. 2.** Verdad.
**FAM.** Fabulista, fabuloso.

**fabulista** *s. m.* y *f.* Escritor de fábulas.

**fabuloso, sa** *adj.* **1.** Imaginario o inventado: *El dragón es un animal fabuloso.* **2.** Muy grande o muy bueno: *Le tocó una fabulosa cantidad de dinero en la lotería. Hace un día fabuloso.*
**SIN. 1.** Legendario. **1.** y **2.** Fantástico. **2.** Extraordinario. **ANT. 1.** Real, verdadero. **2.** Pésimo.

**faca** *s. f.* Cuchillo grande y con punta, especialmente el de forma curva.
**FAM.** Facón.

**facción** *s. f.* **1.** Parte de un grupo de personas o de un país que se enfrenta a otra, por ejemplo en una guerra o en una rebelión. || *s. f. pl.* **2.** Líneas o partes que forman la cara: *Tiene las mismas facciones que su padre.*
**SIN. 1.** Bando. **2.** Rasgos.
**FAM.** Faccioso.

**faccioso, sa** *adj.* y *s. m.* y *f.* **1.** De la facción o relacionado con las facciones: *una lucha facciosa.* **2.** Que participa en una revuelta o rebelión: *Un grupo de facciosos intentaron dar un golpe de Estado.*
**SIN. 2.** Rebelde, sublevado.

**faceta** *s. f.* Cada una de las diferentes características o cualidades de alguien o algo: *Luis descubrió su faceta de actor en la obra de teatro del instituto.*
**FAM.** Polifacético.

**facha¹** *s. f.* **1.** Aspecto que tiene una persona o cosa: *Es un señor muy elegante y de buena facha.* **2.** Persona o cosa fea o ridícula: *Con ese traje viejo vas hecho una facha.*
**SIN. 1.** Pinta, presencia. **2.** Adefesio, birria, esperpento. **ANT. 2.** Belleza.
**FAM.** Fachada, fachoso. / Desfachatez.

**facha²** *adj.* y *s. m.* y *f.* De ideas muy conservadoras. ■ Es una palabra despectiva.
SIN. Carca. ANT. Rojo, progresista.

**fachada** *s. f.* **1.** Parte exterior de los muros de un edificio. **2.** Aspecto, apariencia: *Parece que tienen mucho dinero, pero todo es fachada.*
SIN. **2.** Presencia, pinta, facha.

**fachoso, sa** *adj.* De mala facha o aspecto.
SIN. Descuidado, desastrado.

**facial** *adj.* De la cara: *rasgos faciales.*
FAM. Maxilofacial.

**fácil** *adj.* **1.** Que se hace con poco esfuerzo o es poco complicado: *Este trabajo es fácil y acabaremos pronto.* **2.** Que es posible que ocurra: *Es fácil que llueva mañana.* || *adv.* **3.** Fácilmente: *Eso se dice fácil, pero hacerlo es otra cosa.*
SIN. **1.** Sencillo, chupado. **2.** Probable. ANT. **1.** Difícil, complejo. **2.** Improbable, raro.
FAM. Facilidad, facilitar, facilón.

**facilidad** *s. f.* **1.** El ser fácil una cosa. **2.** Habilidad para hacer bien una cosa: *Habla bien el francés porque tiene facilidad para los idiomas.* || *s. f. pl.* **3.** Posibilidades que se dan a alguien para que le resulte más fácil una cosa: *En esta tienda dan facilidades de pago.*
SIN. **1.** Sencillez. **2.** Capacidad, aptitud. ANT. **1.** Dificultad, complicación. **2.** Incapacidad.

**facilitar** *v.* **1.** Hacer algo más fácil: *Esta máquina facilita mucho el trabajo.* **2.** Dar a alguien algo que necesita: *Me facilitaron tu número de teléfono.*
SIN. **1.** Simplificar, favorecer. **2.** Proporcionar, suministrar. ANT. **1.** Dificultar. **2.** Quitar, privar.

**facilón, na** *adj.* Muy fácil: *Esta adivinanza es muy facilona.*

**facineroso, sa** *adj.* y *s. m.* y *f.* Delincuente, criminal.
SIN. Malhechor, bandido.

**facón** *s. m.* En Argentina y otros países de América del Sur, cuchillo largo y puntiagudo que usan los gauchos.

**facsímil** *adj.* y *s. m.* Copia exacta del original de un texto o dibujo.

**factible** *adj.* Que se puede hacer: *Llamó a un arquitecto para que le dijera si eran factibles las reformas que quería hacer en la finca.*
SIN. Posible. ANT. Imposible.

**factor, ra** *s. m.* y *f.* **1.** Empleado del ferrocarril o de una empresa de transportes que se ocupa de las mercancías y equipajes. || *s. m.* **2.** Cosa o circunstancia que influye en otra o es parte de ella: *La luz es un factor fundamental para el crecimiento de las plantas.* **3.** Cada una de las cantidades con las que se hace una multiplicación.
SIN. **2.** Elemento, agente, aspecto.
FAM. Factoría.

**factoría** *s. f.* Fábrica grande con muchas instalaciones.
SIN. Industria.

**factura** *s. f.* Documento que se entrega a alguien y en el que pone lo que tiene que pagar por algo: *El fontanero le presentó la factura de la reparación.*
SIN. Cuenta, recibo, nota.
FAM. Facturar.

**facturar** *v.* **1.** Entregar equipajes y paquetes en una estación, puerto o aeropuerto para que los envíen a su destino: *Facturaron las maletas para viajar más cómodos en el tren.* **2.** Pasar a alguien la cuenta de las cosas que ha comprado o de los trabajos realizados para él: *La fábrica ha facturado los ladrillos al constructor.*

**facultad** *s. f.* **1.** Capacidad para hacer algo: *El ser humano tiene la facultad de pensar. Mi hermana tiene grandes facultades para el canto.* **2.** Poder o derecho para hacer alguna cosa: *El árbitro tiene la facultad de expulsar a los jugadores.* **3.** Cada uno de los centros de una universidad donde se estudian las distintas carreras: *facultad de derecho, facultad de medicina.*
SIN. **1.** Aptitud. **2.** Autoridad. ANT. **1.** Incapacidad.
FAM. Facultar, facultativo.

**facultar** *v.* Dar a alguien autorización o capacidad para hacer algo: *Este carné faculta a los socios para entrar en la piscina.*
SIN. Autorizar, capacitar. ANT. Incapacitar.

**facultativo, va** *adj.* **1.** Que se puede hacer o no: *El examen es facultativo.* **2.** Se dice de los consejos o indicaciones que da el médico al paciente: *Dejó de fumar por recomendación facultativa.* || *s. m.* **3.** Médico: *Había varios facultativos de guardia en el hospital.*
SIN. **1.** Voluntario, opcional. **3.** Doctor. ANT. **1.** Obligatorio.

**facundia** *s. f.* Facilidad para hablar o tendencia a hablar demasiado.
SIN. Elocuencia, locuacidad.

**fado** *s. m.* Canción popular de Portugal de carácter triste.

**faena** *s. f.* **1.** Trabajo, labor: *las faenas del campo. Hoy tengo mucha faena.* **2.** Cosa que perjudica o molesta a alguien: *¡Qué faena perder las llaves!* **3.** Actuación del torero al torear al toro.
SIN. **1.** Tarea, quehacer. **2.** Trastada, jugarreta. ANT. **1.** Descanso, ocio.
FAM. Faenar, faenero.

**faenar** *v.* Trabajar, sobre todo pescando en el mar o haciendo las faenas del campo.

**faenero, ra** *adj.* Que faena o trabaja en el mar o en el campo: *barco faenero.*

**fagocito** *s. m.* Célula que envuelve y destruye a otras células, microbios o cuerpos perjudiciales para el organismo.

**fagot** *s. m.* Instrumento musical de viento con forma de tubo muy grueso con agujeros y llaves que se toca soplando por una boquilla de caña. ■ Su plural es *fagotes*.

**faisán** *s. m.* Ave del tamaño de un gallo. Tiene la cola larga y el macho posee un plumaje muy vistoso. Su carne es muy apreciada como alimento.

**faja** *s. f.* **1.** Tira de tela o de otro material que rodea una cosa, como la que se lleva alrededor de la cintura en algunos trajes o la que se pone alrededor de periódicos e impresos. **2.** Prenda elástica que llevan algunas mujeres y que se ajusta a las caderas y la cintura para hacerlas más delgadas. También la que se pone a los niños pequeños para abrigarles la tripa. **FAM.** Fajar, fajín. / Refajo.

**fajar** *v.* **1.** Poner una faja, por ejemplo a un recién nacido. **2.** Atar o rodear algo con una tira.

**fajín** *s. m.* Tira de tela que llevan alrededor de la cintura algunos militares en su uniforme, como los generales, o ciertos funcionarios con un cargo muy importante.

faisán          fajín

**fajo** *s. m.* Conjunto de papeles puestos unos sobre otros y atados: *un fajo de billetes*.

**falacia** *s. f.* Mentira. **SIN.** Embuste, falsedad. **ANT.** Verdad.

**falange** *s. f.* Cada uno de los huesos de los dedos; se llama así sobre todo al que está más cerca de la palma de la mano. **FAM.** Falangeta, falangina.

**falangeta** *s. f.* Hueso de la punta de los dedos.

**falangina** *s. f.* Hueso de los dedos situado entre la falange y la falangeta.

**falangista** *adj.* y *s. m.* y *f.* De Falange Española, organización política fundada en 1933 por José Antonio Primo de Rivera.

**falaz** *adj.* Mentiroso, falso. ■ Su plural es *falaces*. **SIN.** Embustero. **ANT.** Sincero, verdadero. **FAM.** Falacia.

**falda** *s. f.* **1.** Prenda de vestir o parte del vestido que cae de la cintura hacia abajo. **2.** Tela que se pone sobre algunas cosas y las cubre hasta el suelo: *las faldas de una mesa camilla*. **3.** Parte de abajo de una montaña. **FAM.** Faldero, faldón. / Maxifalda, minifalda, sobrefalda.

**faldero, ra** *adj.* **1.** De la falda. **2.** Se dice del hombre al que le gustan mucho las mujeres. **EXPR.** **perro faldero** Busca **perro**. **SIN.** **2.** Mujeriego.

**faldón** *s. m.* **1.** Parte de algunas prendas de vestir que cae suelta desde la cintura: *el faldón de la camisa, los faldones de la chaqueta*. **2.** Ropa larga que se pone a los bebés encima de las otras prendas. **3.** Pieza que cuelga de la parte de abajo de algunas cosas: *los faldones de un coche deportivo*.

**falla¹** *s. f.* **1.** Escalón o corte que se forma en un terreno al romperse y moverse dos trozos de la corteza terrestre. **2.** En Hispanoamérica, fallo, equivocación.

**falla²** *s. f.* **1.** Muñeco o grupo de muñecos que se queman en las calles de Valencia la noche de San José. ∥ *s. f. pl.* **2.** Fiestas celebradas esa noche. ■ Con este significado se escribe con mayúscula. **FAM.** Fallero.

**fallar¹** *v.* Decir un juez, un jurado o un tribunal lo que ha decidido sobre algo: *Esta tarde se fallarán los premios de poesía*. **SIN.** Sentenciar, dictar. **FAM.** Fallo¹.

**fallar²** *v.* **1.** Hacer mal algo, no funcionar una cosa o no dar a alguien o algo el resultado que se esperaba: *Luis falló el tiro. Este reloj falla. Te necesito este viernes, no me falles*. **2.** Perder algo su fuerza o resistencia: *Le fallaron las piernas*. **SIN.** **1.** Errar; estropearse. **2.** Flaquear, ceder. **ANT.** **1.** Acertar. **2.** Resistir. **FAM.** Falla¹, fallido, fallo².

**fallecer** *v.* Morir una persona. ■ Es un verbo irregular. Se conjuga como *agradecer*. **SIN.** Perecer, expirar. **ANT.** Nacer; vivir. **FAM.** Fallecimiento. / Desfallecer.

**fallecimiento** *s. m.* Muerte de una persona. **SIN.** Defunción. **ANT.** Nacimiento.

**fallero, ra** *adj.* **1.** De las Fallas valencianas. ∥ *s. m.* y *f.* **2.** Persona que participa en estas fiestas.

**fallido, da** *adj.* Que ha fallado o no ha resultado como se esperaba: *un intento fallido*. **SIN.** Fracasado, frustrado.

**fallo¹** *s. m.* Acción de fallar un juez, un jurado: *El tribunal dio a conocer su fallo*. **SIN.** Sentencia, decisión, veredicto.

**fallo²** *s. m.* **1.** Error, equivocación: *Fue un fallo que no le avisaran a tiempo. Tengo dos fallos en el test.*

**2.** Mal resultado o mal funcionamiento: *El corredor tuvo que retirarse por un fallo del motor de su coche.*
SIN. **1.** Falta, descuido. **2.** Fracaso. ANT. **1.** Acierto. **2.** Éxito.

**falo** *s. m.* Busca **pene**.

**falsear** *v.* Cambiar alguna cosa de modo que ya no sea la verdadera: *Falsearon tanto sus palabras que parecía que había dicho lo contrario.*
SIN. Deformar, desfigurar, desvirtuar.

**falsedad** *s. f.* **1.** Mentira: *Todo lo que dijeron contra aquel hombre era una falsedad.* **2.** Característica de falso: *Parecía ser nuestro amigo, pero actuaba con falsedad.*
SIN. **1.** Embuste, engaño. **2.** Hipocresía. ANT. **1.** Verdad. **2.** Sinceridad.

**falsete** *s. m.* Voz más aguda que la normal, como la que hace un hombre imitando la de una mujer o la de un niño.

**falsificación** *s. f.* **1.** Acción de falsificar. **2.** Lo que se ha falsificado: *Este collar no es auténtico, es una falsificación.*

**falsificar** *v.* Hacer una copia de algo intentando que parezca de verdad: *Falsificó la firma en el cheque.* ■ Delante de *e* se escribe *qu* en lugar de *c*: *falsifiqué.*
FAM. Falsificación.

**falsilla** *s. f.* Hoja con rayas que se pone debajo del papel en que se va a escribir para no torcerse.

**falso, sa** *adj.* **1.** Que es mentira o no es de verdad: *una noticia falsa, un billete falso.* **2.** Que se estropea o se rompe con facilidad: *Cuidado con los escalones, que son muy falsos y se hunden.* ‖ *adj.* y *s. m.* y *f.* **3.** Que es un mentiroso o no es sincero: *Es un falso, no te puedes fiar de él.*
SIN. **2.** Frágil, flojo. **3.** Hipócrita, embustero. ANT. **1.** Real, auténtico. **2.** Resistente. **3.** Franco.
FAM. Falsear, falsedad, falsete, falsificar, falsilla.

**falta** *s. f.* **1.** Hecho de no haber nada o haber muy poco de algo: *Las plantas se han secado por falta de agua. Hay falta de dependientes en esa tienda.* **2.** Ausencia de una persona: *Si te vas, pronto notarán tu falta.* **3.** Error o fallo: *Cometió varias faltas de ortografía.* **4.** Acción que está mal o que va en contra de una ley o una regla: *Le perdonaron la falta porque no era muy grave. Las faltas cometidas dentro del área se castigan con penalty.*
EXPR. **echar en falta** Tener pena de que no esté alguien: *Echa en falta a sus amigos.* También, notar que falta algo: *Echó en falta varios libros.* **hacer falta** Necesitar o ser necesario: *Coge el papel que te haga falta para escribir esa carta. No hace falta que te quedes.*
SIN. **1.** Carencia, escasez. **3.** Equivocación. **4.** Culpa, delito. ANT. **1.** Abundancia. **2.** Asistencia. **3.** Acierto.

**faltar** *v.* **1.** No haber alguna cosa o no ser suficiente: *Falta leche, baja a comprarla. Al guiso le falta sal.* **2.** No estar una persona o cosa donde debe estar: *Falta dinero del cajón. Voy a pasar lista para ver quién falta.* **3.** No ir alguien a algún sitio: *Ayer te esperaba, pero faltaste a la cita.* **4.** Quedar algún tiempo para que llegue u ocurra una cosa: *Faltan varios meses para las vacaciones.* **5.** Ofender a alguien o no tenerle respeto: *Le regañaron por faltar al profesor.* **6.** No cumplir alguien lo que ha prometido o lo que debe hacer: *Dijo que nos ayudaría, pero luego faltó a su promesa.*
EXPR. **no faltaba más** Sirve para decir con educación a alguien que haremos lo que nos pide: *¿Me deja usted pasar? No faltaba más.*
SIN. **1.** Escasear. **2.** Desaparecer. **5.** Insultar, molestar. **6.** Incumplir, quebrantar. ANT. **1.** Abundar; sobrar. **3.** Asistir. **5.** y **6.** Respetar.
FAM. Falta, falto, faltón.

**falto, ta** *adj.* Que no tiene algo: *Esta habitación es muy triste, está falta de luz.*
SIN. Escaso, necesitado. ANT. Lleno.

**faltón, na** *adj.* y *s. m.* y *f.* Que ofende a los demás o les falta al respeto: *Le castigaron por ser faltón con los mayores.*
SIN. Insolente, irrespetuoso. ANT. Respetuoso.

**faltriquera** *s. f.* Bolsa pequeña que antiguamente se llevaba colgada de la cintura y servía para guardar el dinero y otras cosas.

**fama** *s. f.* **1.** Hecho de ser alguien o algo muy conocido y admirado: *Goya alcanzó gran fama como pintor.* **2.** Lo que los demás piensan de alguien o algo: *Esa confitería tiene fama de ser la mejor del barrio.*
SIN. **1.** Celebridad, renombre. **2.** Reputación.
FAM. Famoso. / Afamado, difamar, infame.

**famélico, ca** *adj.* Muy flaco, sobre todo por no comer: *Aquel perro vagabundo estaba famélico.*
SIN. Esmirriado, esquelético. ANT. Gordo.

**familia** *s. f.* **1.** Grupo formado por los padres y sus hijos y, también, por todas las personas que son parientes entre sí: *Los domingos se reúne toda la familia.* **2.** Hijos, descendencia: *Están pensando en aumentar la familia.* **3.** Conjunto de personas, animales o cosas que tienen algo en común: *El gato pertenece a la familia de los felinos. El español y el catalán son lenguas de la misma familia, porque las dos vienen del latín.*
SIN. **1.** Parentela. **2.** Prole.
FAM. Familiar, familiaridad, familiarizar. / Unifamiliar.

**familiar** *adj.* **1.** De la familia o relacionado con ella: *una reunión familiar.* **2.** Conocido, corriente o habitual: *Su cara me es familiar. Los ordenadores son cada vez más familiares entre los estudiantes.* **3.** Sencillo, natural: *Es un hombre amable y de trato muy familiar.* **4.** Se dice del lenguaje y de las palabras que usamos corrientemente al hablar: *«Comerse el coco» es una expresión familiar.* **5.** Se dice

de algunas cosas que son de mayor tamaño que el normal para que las use toda la familia: *coche familiar, envase familiar.* ‖ *s. m.* **6.** Persona de la misma familia que otra: *Todos sus familiares se reunieron en el bautizo.*
SIN. **2.** Común, normal. **3.** Llano. **4.** Coloquial, conversacional. **6.** Pariente. ANT. **2.** Raro. **3.** Solemne. **5.** Individual.

**familiaridad** *s. f.* Confianza que alguien tiene con los amigos o con las personas a las que trata mucho: *Se tratan con tanta familiaridad porque se conocen desde pequeños.*
SIN. Intimidad. ANT. Desconfianza; frialdad.

**familiarizar** *v.* Hacer que algo resulte familiar o normal para alguien. ■ Delante de *e* se escribe *c* en lugar de *z*: *Aunque acabo de llegar, enseguida me familiaricé con el trabajo.*
SIN. Acostumbrar, habituar.

**famoso, sa** *adj.* y *s. m.* y *f.* Se dice de las personas y cosas que son muy conocidas o de las que se habla mucho: *Es un actor inglés muy famoso. Esta pastelería es famosa por sus tartas.*
SIN. Célebre, renombrado, popular. ANT. Desconocido, anónimo.

**fan** *s. m.* y *f.* Persona a la que le gusta mucho un artista, un conjunto musical, una moda, un deporte: *un fan del rock.* ■ Su plural es *fans.*
SIN. Fanático, aficionado, hincha.

**fanal** *s. m.* **1.** Farol grande que se usa como señal en los barcos y los puertos. **2.** Campana transparente para proteger una luz o un objeto.

**fanático, ca** *adj.* y *s. m.* y *f.* **1.** Se dice de la persona que cree que su religión o sus ideas y opiniones son las mejores o las únicas verdaderas y no admite las de los demás. **2.** Muy aficionado a alguien o algo: *Es un fanático de la música.*
SIN. **1.** Exaltado, intolerante. **2.** Entusiasta, admirador, fan.
FAM. Fan, fanatismo.

**fanatismo** *s. m.* Ideas y forma de pensar y actuar de los fanáticos.
SIN. Extremismo. ANT. Tolerancia.

**fandango** *s. m.* Un tipo de baile popular español, de ritmo alegre, que se acompaña de castañuelas y guitarra. También, copla y música de este baile.

**fanega** *s. f.* **1.** Medida para semillas como el trigo o la cebada, y que varía según las regiones. **2.** Medida para calcular la extensión de los campos.

**fanerógama** *adj.* y *s. f.* Se dice de las plantas que tienen flores.

**fanfarria** *s. f.* Banda de música, sobre todo la militar.

**fanfarrón, na** *adj.* y *s. m.* y *f.* Que presume mucho: *Es un fanfarrón que se las da de conquistar a todas las chicas.*
SIN. Presumido, fantasma, chulo, fantoche. ANT. Modesto.

FAM. Fanfarria, fanfarronada, fanfarronear, fanfarronería.

**fanfarronada** o **fanfarronería** *s. f.* Lo que hacen y dicen los fanfarrones.
SIN. Bravata, chulería.

**fanfarronear** *v.* Hacer el fanfarrón: *Le gusta fanfarronear delante de las chicas.*
SIN. Presumir.

**fango** *s. m.* Barro que hay en el fondo del agua que está quieta.
SIN. Lodo, cieno.
FAM. Fangoso. / Enfangar.

**fangoso, sa** *adj.* Que tiene fango o que se parece al fango: *agua fangosa.*

**fantasear** *v.* Pensar en cosas fantásticas o imaginarias: *Le gustaba fantasear imaginando que era un capitán pirata.*
SIN. Soñar.

**fantasía** *s. f.* **1.** Capacidad para imaginar o inventar cosas que no existen: *Las hadas son personajes creados por la fantasía.* **2.** Cosa que uno inventa con la imaginación: *Este niño tiene la cabeza llena de fantasías.*
SIN. **1.** Imaginación, inventiva. **2.** Invención, figuraciones. ANT. **2.** Realidad.
FAM. Fantasear, fantasioso, fantástico.

**fantasioso, sa** *adj.* y *s. m.* y *f.* Que tiene mucha imaginación y siempre está fantaseando.

**fantasma** *s. m.* **1.** Persona o cosa que parece de verdad, pero no lo es, y sólo existe en nuestra imaginación o en los sueños. **2.** Espíritu de una persona muerta que dicen que se aparece a los vivos y los asusta: *Según la leyenda, el fantasma de una dama habitaba en el castillo.* **3.** Deshabitado, sin gente: *un pueblo fantasma.* ‖ *adj.* y *s. m.* y *f.* **4.** Persona que presume mucho: *Es un fantasma, siempre dice que es el mejor.*
SIN. **2.** Aparición, espectro. **4.** Presumido, fanfarrón, fantoche.
FAM. Fantasmada, fantasmal.

**fantasmada** *s. f.* Lo que hace o dice una persona que presume de lo que no tiene o lo que no es: *Fue una fantasmada decir que había escalado la montaña él solo.*

**fantasmal** *adj.* Relacionado con los fantasmas: *El bosque con niebla tiene un aspecto fantasmal.*

**fantástico, ca** *adj.* **1.** Que no es de verdad, que es inventado por la imaginación: *En los cuentos hay hadas, brujas, duendes, ogros y otros seres fantásticos.* **2.** Estupendo, maravilloso: *Hoy hace un día fantástico para ir a la playa.*
SIN. **1.** Imaginario, irreal. **1.** y **2.** Fabuloso. **2.** Sensacional. ANT. **1.** Real. **2.** Horrible.

**fantoche** *s. m.* **1.** Muñeco o marioneta. **2.** Persona de aspecto ridículo. ‖ *adj.* y *s. m.* y *f.* **3.** Fanfarrón, presumido.
SIN. **2.** Espantajo, mamarracho. **3.** Fantasma.

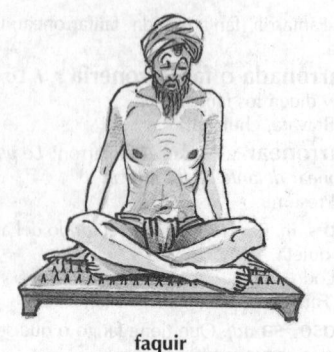

faquir

**faquir** *s. m.* **1.** En la India, persona que vive de limosnas y lleva una vida de sacrificios y oración. **2.** Artista de circo que se tumba sobre clavos, se traga espadas y hace otras cosas parecidas.

**faralaes** *s. m. pl.* Volantes que adornan los vestidos típicos andaluces.

**farallón** *s. m.* Roca grande, alta y en pico que sobresale del mar o del terreno.

**farándula** *s. f.* **1.** El mundo del teatro y de los artistas de espectáculos. **2.** Compañía de teatro o de circo que va actuando de pueblo en pueblo.

**faraón** *s. m.* Rey del antiguo Egipto.

faraón

**fardada** *s. f.* Cosa que se hace o se dice para presumir y darse importancia.
SIN. Fanfarronada, fantasmada.

**fardar** *v.* Presumir, darse importancia delante de los demás: *Estuvo todo el tiempo fardando con su moto nueva.*
SIN. Fanfarronear.
FAM. Fardada, farde, fardón.

**farde** *s. m.* Lo que llama la atención por ser muy bonito o muy bueno: *Esas gafas de sol son un farde.*
SIN. Pasada, chulada.

**fardo** *s. m.* Paquete grande y apretado: *Hicieron fardos con los papeles y cartones viejos.*

**fardón, na** *adj.* **1.** Que es muy bonito y vistoso: *Mira qué cazadora más fardona.* ‖ *adj.* y *s. m.* y *f.* **2.** Persona que farda o presume.
SIN. **1.** y **2.** Chulo.

**farero, ra** *s. m.* y *f.* Persona encargada del faro por el que se guían los barcos.

**farfullar** *v.* Decir algo muy rápido y de manera que no se entiende: *Cuando le tocó hablar, se puso tan nervioso que comenzó a farfullar.*
SIN. Balbucear, mascullar.

**faringe** *s. f.* Conducto de la garganta que va de la boca al esófago.
FAM. Faringitis.

**faringitis** *s. f.* Inflamación de la faringe. ■ No varía en plural.

**fario** Se emplea en la expresión **mal fario** que significa 'mala suerte': *Dicen que romper un espejo da mal fario.*

**farisaico, ca** *adj.* **1.** De los fariseos o relacionado con ellos. **2.** Se dice de quien quiere parecer bueno sin serlo.
SIN. **2.** Hipócrita, falso.

**fariseo, a** *s. m.* y *f.* **1.** Persona de una secta de los antiguos judíos. **2.** Persona que quiere parecer buena sin serlo.
SIN. **2.** Hipócrita, falso. ANT. **2.** Sincero, auténtico.
FAM. Farisaico.

**farmacéutico, ca** *s. m.* y *f.* **1.** Persona que prepara y vende medicinas en una farmacia. **2.** Persona que ha estudiado farmacia.

**farmacia** *s. f.* **1.** Tienda donde se preparan y venden las medicinas. **2.** Ciencia que trata de los medicamentos.
SIN. **1.** Botica.
FAM. Farmacéutico, fármaco, farmacología.

**fármaco** *s. m.* Medicina, medicamento.

**farmacología** *s. f.* Parte de la medicina que estudia la composición de los medicamentos y su acción sobre el organismo.

**faro** *s. m.* **1.** Torre alta situada en costas y puertos, con una luz en lo alto para guiar de noche a los barcos. **2.** Aparato que da una luz muy fuerte, como los que llevan los automóviles para alumbrar la carretera.
FAM. Farero, farol.

**farol** *s. m.* **1.** Caja transparente que contiene una luz y sirve para alumbrar. **2.** Cosa que alguien dice o hace para presumir o para engañar a otro: *Eso de que habla inglés es un farol, no tiene ni idea.*
SIN. **1.** Fanal. **2.** Fanfarronada, engaño, mentira, bravata.
FAM. Farola, farolear, farolero, farolillo.

**farola** *s. f.* Farol grande, normalmente sobre un poste, que ilumina las calles por la noche.

**farolear** *v.* Darse importancia, tirarse faroles.
**SIN.** Fanfarronear.

**farolero, ra** *s. m. y f.* **1.** Persona que se encargaba de encender y apagar los faroles de la calle. ‖ *adj. y s. m. y f.* **2.** Mentiroso o fanfarrón, que se tira faroles.
**SIN. 2.** Embustero, fantasma.

**farolillo** *s. m.* Farol pequeño hecho de papeles de colores, que sirve como adorno en fiestas, ferias y verbenas.

**farra** *s. f.* Juerga, parranda: *Cuando se va de farra vuelve tardísimo.*
**SIN.** Jarana, jolgorio.

**farragoso, sa** *adj.* Que no se comprende, confuso, desordenado: *un escrito farragoso.*

**farruco, ca** *adj.* Chulo y contestón: *Su madre le castigó porque se puso farruco.*
**SIN.** Respondón, flamenco.

**farsa** *s. f.* **1.** Obra de teatro, sobre todo la que hace reír al público. **2.** Cosa que se prepara para que parezca lo que no es: *Lo de su accidente fue una farsa para librarse del trabajo.*
**SIN. 1.** y **2.** Comedia. **2.** Engaño, trampa.
**FAM.** Farsante.

**farsante** *adj. y s. m. y f.* Persona que engaña a los demás haciéndose pasar por lo que no es: *Decía que era médico, pero resultó ser un farsante.*

**fascículo** *s. m.* Cada uno de los cuadernillos o partes de un libro que se van publicando y entregando a los lectores por separado y en distintas veces: *una enciclopedia por fascículos.*

**fascinación** *s. f.* Atracción muy fuerte hacia una persona o cosa.

**SIN.** Encanto, seducción, hechizo. **ANT.** Rechazo, asco.

**fascinante** *adj.* Que fascina: *Le pareció tan fascinante el libro que se lo leyó de un tirón.*
**SIN.** Encantador, seductor, atractivo. **ANT.** Repelente, repugnante.

**fascinar** *v.* **1.** Atraer mucho la atención de alguien una persona o cosa: *La nueva miss España fascinó a todos con su belleza y simpatía.* **2.** Gustar muchísimo: *A Pepe le fascinan las películas de aventuras.*
**SIN. 1.** Cautivar, embelesar. **1.** y **2.** Encantar. **2.** Entusiasmar. **ANT. 1.** y **2.** Repeler, repugnar. **2.** Asquear.
**FAM.** Fascinación, fascinante.

**fascismo** *s. m.* Movimiento político que hubo en Italia a principios del siglo xx, en el que los gobernantes no daban libertad a la gente.
**FAM.** Fascista. / Facha[2].

**fascista** *adj. y s. m. y f.* Del fascismo o partidario de este movimiento político.

**fase** *s. f.* **1.** Parte en que se divide una acción o algo que ocurre: *Nuestro equipo de judo ha pasado a la segunda fase del campeonato.* **2.** Cada una de las formas en que puede verse la Luna: *La Luna tiene cuatro fases: luna nueva, cuarto creciente, luna llena y cuarto menguante.*
**SIN. 1.** Etapa, periodo.
**FAM.** Desfase.

**fast food** *expr.* **1.** Comida rápida. Busca **comida**. **2.** Restaurante de comida rápida. ■ Es una expresión inglesa.

**fastidiado, da** *adj.* Que no se encuentra bien, molesto, enfermo: *Está fastidiado porque ha discutido con un compañero. Ana anda fastidiada del estómago.*

**fastidiar** *v.* **1.** Molestar mucho: *Me fastidia tener que ir tan lejos.* **2.** Estropear, dañar o romper: *Empezó a llover y se fastidió la excursión. Se cayó y se fastidió la rodilla. Ya se ha vuelto a fastidiar la tele.* ‖ **fastidiarse 3.** Aguantarse: *No le gustaba la comida y prefirió fastidiarse y quedarse sin comer.*
**SIN. 1.** Disgustar, incordiar. **1.** y **2.** Jorobar. **2.** Escacharrar. **ANT. 1.** Gustar, encantar.

**fastidio** *s. m.* Cosa que molesta: *¡Qué fastidio! Ya no quedan entradas para el cine.*
**SIN.** Rollo, lata, incordio.
**FAM.** Fastidiado, fastidiar, fastidioso.

**fastidioso, sa** *adj.* Que fastidia o molesta: *¡Qué ruido tan fastidioso!*
**SIN.** Molesto, incómodo, latoso. **ANT.** Agradable.

**fasto** *s. m.* Lujo, pompa, riqueza: *Celebraron la boda con gran fasto.*
**FAM.** Fastuoso.

**fastuoso, sa** *adj.* Que tiene mucho lujo: *El palacio del rey era fastuoso.*
**SIN.** Lujoso, majestuoso. **ANT.** Modesto, sencillo.

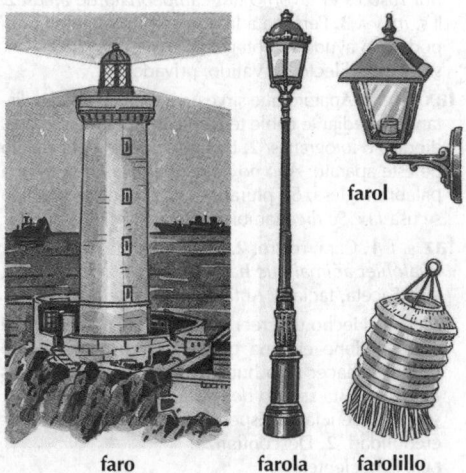

farol

faro　　　farola　　　farolillo

**fatal** adj. **1.** Muy malo: La comida de aquel restaurante estaba fatal. || adv. **2.** Muy mal: Esta tarde lo he pasado fatal, me he aburrido mucho.
SIN. **1.** Horrible, pésimo. ANT. **1.** Buenísimo.
FAM. Fatalidad, fatalista. / Fatídico.

**fatalidad** s. f. Mala suerte: Tuvo la fatalidad de caerse y torcerse un tobillo.
SIN. Desgracia, desdicha. ANT. Fortuna.

**fatalismo** s. m. Actitud o forma de pensar de la persona fatalista.

**fatalista** adj. y s. m. y f. Que piensa que todas las cosas que ocurren son inevitables y no se pueden cambiar.
FAM. Fatalismo.

**fatídico, ca** adj. Que tiene muy malas consecuencias: El accidente fue fatídico, hubo varios heridos.
SIN. Fatal, nefasto. ANT. Esperanzador.

**fatiga** s. f. **1.** Cansancio. **2.** Dificultad para respirar: Le da fatiga cuando sube escaleras.
SIN. **1.** Agotamiento, debilidad. ANT. **1.** Descanso.

**fatigar** v. Producir fatiga: Las personas que fuman se fatigan más cuando hacen ejercicio. ■ Delante de e se escribe gu en lugar de g: Me fatigué corriendo.
SIN. Cansar, agotar. ANT. Descansar.
FAM. Fatiga, fatigoso. / Infatigable.

**fatigoso, sa** adj. Que fatiga, que cansa: un trabajo fatigoso.
SIN. Cansado, penoso. ANT. Descansado.

**fatuo, tua** adj. **1.** Poco inteligente o profundo: No dijo nada interesante, sólo hizo comentarios fatuos. **2.** Que presume mucho de lo que es o de lo que tiene.
SIN. **1.** Necio, vano, frívolo. **2.** Presuntuoso, engreído. ANT. **1.** Enjundioso.

**fauces** s. f. pl. La boca y los dientes de animales muy fieros, como los leones o los tiburones.

**fauna** s. f. Animales de un país, región o periodo de tiempo: En esa selva hay mucha fauna.
FAM. Fauno.

**fauno** s. m. Personaje de la mitología romana que tenía forma de hombre, patas y cuernos de cabra y vivía en los campos.

**fausto, ta** adj. Alegre, afortunado: El nacimiento de la niña fue un fausto acontecimiento para todos.
SIN. Feliz, venturoso.
FAM. Infausto.

**favela** s. f. Chabola de las grandes ciudades de Brasil. ■ Es una palabra portuguesa.

**favor** s. m. **1.** Ayuda que se da a alguien: Su compañero le hizo el favor de prestarle dinero. **2.** Simpatía y apoyo que una persona recibe de otras: Es un cantante que siempre tiene el favor del público.

EXPR. **a favor** Que beneficia y ayuda a una persona o cosa: Celebraron una rifa a favor de los más necesitados del barrio. De acuerdo: Hicieron una votación para saber quién estaba a favor y quién estaba en contra. También, en la misma dirección: Nadar a favor de la corriente del río cuesta menos trabajo.
**favor de** En México, se utiliza para pedir algo de forma educada: ¿Favor de atenderme, señorita?
**por favor** o **hacer el favor** Se utiliza para pedir una cosa a alguien educadamente: Por favor, ¿me da dos barras de pan?
SIN. **1.** Servicio. ANT. **1.** Perjuicio. **2.** Enemistad, odio.
FAM. Favorable, favorecer, favoritismo, favorito.

**favorable** adj. **1.** Que favorece, bueno: Si el tiempo es favorable, el barco saldrá del puerto mañana. **2.** Partidario, que está de acuerdo con algo: El profesor es favorable a cambiar la fecha de algunos exámenes.
SIN. **1.** Adecuado, conveniente, propicio. **2.** Conforme. ANT. **1.** Desfavorable, perjudicial, malo. **2.** Contrario.
FAM. Desfavorable.

**favorecer** v. **1.** Ayudar, beneficiar: El viento en aquella etapa favoreció a los ciclistas. **2.** Hacer que una persona esté más guapa: Esa camisa te favorece mucho. ■ Es un verbo irregular. Se conjuga como agradecer.
SIN. **1.** Apoyar. **2.** Embellecer. ANT. **1.** Perjudicar. **2.** Afear.
FAM. Desfavorecer.

**favoritismo** s. m. Hecho de ayudar o hacer un favor sólo a algunos cuando otros lo merecen igual o más: Trata a todos por igual, sin favoritismos.
SIN. Enchufe.

**favorito, ta** adj. y s. m. y f. **1.** Preferido, que gusta más: La paella es mi comida favorita. **2.** Que seguramente ganará, que es el mejor de todos: El jugador ruso es el favorito del campeonato de ajedrez. || s. m. y f. **3.** Persona a la que un rey o alguien muy poderoso ayuda y protege.
SIN. **1.** Predilecto. **3.** Valido, privado.

**fax** s. m. **1.** Aparato que sirve para mandar a larga distancia, mediante cable telefónico, mensajes escritos, dibujos o fotografías. **2.** Lo que se manda por medio de este aparato: Aún no he recibido su fax. ■ Es una palabra inglesa. Su plural es faxes, aunque también se usa fax. Se dice también telefax.

**faz** s. f. **1.** Cara, rostro. **2.** Superficie: Se interesa por cualquier animal que haya sobre la faz de la Tierra.
FAM. Faceta, facial. / Antifaz, haz[2], interfaz.

**fe** s. f. **1.** Hecho de creer en Dios. **2.** Confianza que alguien tiene en una persona o cosa, pensando que va a hacer algo bueno: Tiene mucha fe en los médicos, está seguro de que le van a curar.
SIN. **1.** Creencia. **2.** Esperanza. ANT. **1.** Ateísmo, incredulidad. **2.** Desconfianza.
FAM. Fehaciente.

**fealdad** s. f. Característica de las personas o cosas feas: *Su enorme simpatía compensaba la fealdad de los rasgos de su cara.* ANT. Belleza, hermosura.

**febrero** s. m. Segundo mes del año. Tiene veintiocho días, y veintinueve en los años bisiestos.

**febrícula** s. f. Fiebre ligera.

**febril** adj. **1.** De la fiebre o parecido a la fiebre: *El enfermo notaba en la frente un calor febril.* **2.** Que tiene fiebre. **3.** Muy vivo, muy agitado: *Estaban preparando la fiesta y había una actividad febril.*

**fecal** Se usa en la expresión **heces fecales.** Busca **heces.**

**fecha** s. f. Día, mes y año en que pasa o se hace algo: *¿Cuál es la fecha de tu cumpleaños?* FAM. Fechar.

**fechar** v. **1.** Poner la fecha en algún sitio: *fechar una carta.* **2.** Determinar la fecha en que ocurrió o fue hecha una cosa: *Los arqueólogos fecharon la estatua en el siglo IV antes de Cristo.*

**fechoría** s. f. Mala acción o travesura: *En cuanto dejas solo al crío, empieza a hacer fechorías.* SIN. Maldad, trastada.

**fécula** s. f. Sustancia de color blanco que hay en la mayoría de los vegetales, sobre todo en la patata y en el arroz.

**fecundación** s. f. Unión de una célula masculina y una femenina para crear un nuevo ser.

**fecundar** v. **1.** Unirse una célula masculina a una femenina para crear un nuevo ser: *Los gallos fecundan los huevos de las gallinas para que nazcan los polluelos.* **2.** Hacer que algo sea fecundo, que produzca: *Los agricultores echan abonos y así fecundan las tierras.* SIN. **2.** Fertilizar. ANT. **2.** Esterilizar. FAM. Fecundación, fecundidad, fecundo.

**fecundidad** s. f. Característica de fecundo: *La fecundidad de la mujer disminuye con la edad. La fecundidad de su obra literaria se debe a su gran imaginación.* SIN. Fertilidad; productividad. ANT. Esterilidad.

**fecundo, da** adj. **1.** Que puede criar o que puede producir: *Esta oveja todavía es fecunda, aún puede tener corderos. Es una tierra muy fecunda, dará una buena cosecha de trigo.* **2.** Se dice del escritor o artista que ha hecho muchas obras: *Fue un autor fecundo, escribió más de treinta novelas.* SIN. **1.** Fértil, productivo. ANT. **1.** Estéril.

**federación** s. f. Agrupación de varias organizaciones, países o estados. SIN. Confederación. FAM. Federal, federarse. / Confederación.

**federal** adj. Que está formado por varias organizaciones, países o estados. FAM. Federalismo.

**federalismo** s. m. Sistema político de los países que, como los Estados Unidos, están formados por varios estados asociados que dependen de un gobierno central, pero tienen también un gobierno propio en cada estado.

**federarse** v. **1.** Agruparse varias organizaciones, países o estados. **2.** Hacerse socio de una federación: *El equipo de baloncesto del barrio se ha federado para poder participar en los campeonatos.*

**fehaciente** adj. Que demuestra sin ninguna duda una cosa: *No podemos creerle hasta que nos presente una prueba fehaciente.* SIN. Fidedigno, indiscutible. ANT. Dudoso.

**feldespato** s. m. Mineral que abunda en la naturaleza y existe en muchas rocas, por ejemplo en el granito. Se usa para fabricar vidrio y cerámica.

**felicidad** s. f. Estado de alegría y bienestar muy grandes. SIN. Dicha. ANT. Tristeza.

**felicitación** s. f. **1.** Acción de felicitar: *Cuando terminó la carrera recibió muchas felicitaciones.* **2.** Tarjeta en la que se felicita a alguien: *Ha enviado felicitaciones de Navidad a todos sus amigos.* SIN. **1.** Enhorabuena.

**felicitar** v. **1.** Decir a alguien que nos alegramos por algo bueno que ha hecho o le ha pasado: *Te felicito por haber ganado el premio.* **2.** Desear a alguien que sea feliz, sobre todo en una fecha determinada: *Le han felicitado por su cumpleaños.* SIN. **1.** Congratularse. ANT. **1.** Compadecer. FAM. Felicitación.

**feligrés, sa** s. m. y f. Persona que pertenece a una parroquia. SIN. Parroquiano. FAM. Feligresía.

**feligresía** s. f. Conjunto de los feligreses de una parroquia.

**felino, na** adj. y s. m. Del grupo de animales al que pertenecen el gato y el león: *La pantera y el tigre son felinos.*

**feliz** adj. **1.** Que siente felicidad, que está muy contento: *Está feliz con su nuevo trabajo.* **2.** Bueno, afortunado: *un feliz acontecimiento.* ■ Su plural es *felices.* SIN. **1.** y **2.** Alegre, dichoso. ANT. **1.** y **2.** Triste. FAM. Felicidad, felicitar. / Infeliz.

**felón, na** adj. Que comete felonía. SIN. Traidor, canalla.

**felonía** s. f. Engaño o mala acción que una persona hace a otra que confía en ella. SIN. Traición, deslealtad, canallada. ANT. Lealtad, fidelidad. FAM. Felón.

**felpa** *s. f.* Tela parecida al terciopelo, pero un poco más áspera.
FAM. Felpudo.

**felpudo** *s. m.* Alfombrilla que se pone en las puertas de las casas para limpiarse las suelas de los zapatos.

**femenino, na** *adj.* **1.** De la mujer o de la hembra de los animales. **2.** Propio de la mujer: *unos andares muy femeninos.* **3.** Se dice de la parte de las plantas en la que nacen los frutos y las semillas: *El pistilo está formado por los órganos femeninos de la flor.* **4.** Se dice del género gramatical de las palabras que se refieren a mujeres o animales hembra, y a las cosas a las que se ha dado este género por su terminación o por su uso. Muchas palabras que tienen este género acaban en *a: niña, secretaria, casa.* ANT. **1.** a **4.** Masculino.
FAM. Fémina, femineidad, feminidad, feminista. / Afeminado.

**fémina** *s. f.* Mujer: *Las féminas pueden hacer los mismos trabajos que los hombres.*

**feminidad** o **femineidad** *s. f.* Conjunto de características que se consideran propias de las mujeres.

**feminismo** *s. m.* Movimiento que defiende que las mujeres deben tener los mismos derechos y oportunidades que los hombres.

**feminista** *adj. y s. m. y f.* Que piensa que las mujeres deben tener los mismos derechos y oportunidades que los hombres.

**femoral** *adj.* **1.** Del fémur: *fractura femoral.* ‖ *adj. y s. f.* **2.** Arteria que recorre el muslo.

**fémur** *s. m.* Hueso del muslo. Es el hueso más largo del cuerpo.
FAM. Femoral.

**fenecer** *v.* Morir. ■ Es un verbo irregular. Se conjuga como *agradecer.*
SIN. Fallecer, perecer. ANT. Nacer.

**fenicio, cia** *adj. y s. m. y f.* De Fenicia, un antiguo país situado a orillas del Mediterráneo oriental. Los fenicios eran navegantes y comerciantes y fundaron ciudades en la costa española, como por ejemplo Cádiz.

**fénix** *s. m.* **1.** Ave mitológica que ardía en una hoguera y renacía de sus propias cenizas. **2.** Persona excepcional en algún aspecto: *Lope de Vega escribió cientos de obras, por lo que fue llamado el «Fénix de los Ingenios».* ■ No varía en plural.

**fenomenal** *adj. y adv.* Muy bueno, estupendo.
SIN. Fenómeno, fantástico, colosal, extraordinario. ANT. Malo, fatal.

**fenómeno** *s. m.* **1.** Cualquier cosa que ocurre: *La lluvia es un fenómeno de la naturaleza.* **2.** Persona muy buena en el deporte, en el trabajo o en otra actividad: *El nuevo delantero centro del equipo es*

*un fenómeno.* ‖ *adj. y adv.* **3.** Estupendo o estupendamente: *Lo pasamos fenómeno el otro día en la sierra.*
SIN. **1.** Hecho, acontecimiento, suceso. **2.** Maravilla, prodigio, portento. **3.** Fenomenal, fabuloso, extraordinario. ANT. **2.** Desastre, calamidad. **3.** Mal, fatal.
FAM. Fenomenal.

**feo, a** *adj. y s. m. y f.* **1.** Que no es bonito, que no es guapo. **2.** Que no va bien: *La cosa se está poniendo fea, ya pierden por 2 a 0.* **3.** Que está mal, que disgusta a alguien: *Tuvo un detalle muy feo con Luis, no quiso dejarle el libro.* **4.** Ilegal, deshonroso: *Los detenidos estaban metidos en un negocio muy feo de venta de armas.* ‖ *s. m.* **5.** Desprecio: *Ha hecho un feo a Pedro al no invitarle a su fiesta de cumpleaños.*
SIN. **1.** Antiestético. **2.** Adverso. **4.** Sucio. **5.** Grosería, menosprecio. ANT. **1.** Bello. **2.** Favorable. **4.** Legal, honrado. **5.** Cortesía.
FAM. Fealdad. / Afear.

**feracidad** *s. f.* Característica de lo que es feraz.
SIN. Fertilidad, fecundidad. ANT. Esterilidad.

**feraz** *adj.* Se dice de la tierra muy fértil o abundante en frutos. ■ Su plural es *feraces.*
FAM. Feracidad.

**féretro** *s. m.* Caja donde se coloca el cuerpo de una persona muerta para enterrarlo.
SIN. Ataúd.

**feria** *s. f.* **1.** Reunión de muchos productos o animales para mostrarlos y venderlos: *En la feria del libro vimos el diccionario que tenemos en casa.* **2.** Casetas, carruseles y espectáculos para que la gente se divierta: *He montado en la noria y en los coches de choque de la feria.*
FAM. Feriado, ferial, feriante.

**feriado** *adj. y s. m.* Se dice del día en el que no se trabaja por ser festivo.

**ferial** *adj.* De la feria: *recinto ferial.*

**feriante** *adj. y s. m. y f.* Persona que va a una feria para comprar o vender.

**fermentación** *s. f.* Transformación de algunas sustancias por la acción de microorganismos: *El yogur se produce por fermentación de la leche.*

**fermentar** *v.* Producirse la fermentación: *El zumo de uva fermenta y así se produce el vino.*
FAM. Fermentación, fermento.

**fermento** *s. m.* Sustancia que produce la fermentación de otra, como por ejemplo la levadura.

**ferocidad** *s. f.* Característica de lo que es feroz: *Es impresionante la ferocidad de los tiburones.*
SIN. Fiereza, brutalidad, crueldad. ANT. Mansedumbre, dulzura.

**feroz** *adj.* **1.** Se dice de algunos animales carnívoros muy salvajes, que atacan y se comen a otros; por ejemplo, el tigre, el león y el lobo. **2.** Cruel, violento o que produce mucho daño: *Se enfren-*

castillo encantado · noria gigante · montaña rusa · circo · tómbola · tiovivo · puesto de golosinas · puesto de helados

**feria**

taron en un combate feroz. **3.** Muy fuerte o intenso: *Tengo un hambre feroz.* ■ Su plural es *feroces.*
SIN. **1.** Fiero. **2.** Despiadado, atroz, encarnizado. **2.** y **3.** Brutal. **3.** Tremendo. ANT. **1.** Manso. **2.** Inofensivo, dulce.
FAM. Ferocidad.

**férreo, a** *adj.* **1.** Muy duro, fuerte o resistente: *Consigue lo que se propone porque tiene una voluntad férrea.* **2.** Se dice de la vía del tren y de la línea o recorrido que sigue un tren.
SIN. **1.** Firme, consistente. ANT. **1.** Frágil, débil.
FAM. Ferretería, ferruginoso. / Ferrocarril, ferroviario.

**ferretería** *s. f.* Tienda donde se venden herramientas, objetos de metal y cacharros de cocina.

**ferrocarril** *s. m.* **1.** Tren. **2.** Camino hecho con dos carriles de hierro paralelos sobre los que circula el tren. (Puedes ver su ilustración en la página siguiente). **3.** Empresa que se dedica al transporte por medio de trenes: *Trabaja en el ferrocarril.*

**ferroviario, ria** *adj.* **1.** Del ferrocarril. ‖ *s. m.* y *f.* **2.** Persona que trabaja en el ferrocarril.

**ferruginoso, sa** *adj.* Que tiene hierro: *El agua de este lugar es bastante ferruginosa.*

**ferry** *s. m.* Barco para llevar pasajeros, vehículos y vagones de tren. ■ Es una palabra inglesa. Su plural es *ferries.*
SIN. Transbordador.

**fértil** *adj.* **1.** Se dice de la tierra que produce mucho: *Los terrenos cercanos a los ríos suelen ser muy fértiles.* **2.** Se dice de los artistas que crean muchas obras. **3.** Se dice de la mujer o de la hembra de un animal que puede tener hijos o crías.
SIN. **1.** y **2.** Fecundo, productivo, fructífero. ANT. **1.** a **3.** Estéril.
FAM. Fertilidad, fertilizar. / Infértil.

**fertilidad** *s. f.* Característica de lo que es fértil.
SIN. Fecundidad; productividad. ANT. Esterilidad.

**fertilizante** *adj.* y *s. m.* Que sirve para fertilizar.
SIN. Abono.

**fertilizar** *v.* Hacer fértil, sobre todo la tierra, echándole abonos. ■ Delante de *e* se escribe *c* en lugar de *z: Fertilicé el jardín.*
SIN. Abonar.
FAM. Fertilizante.

**férula** *s. f.* Tablilla o pieza rígida que se utiliza para inmovilizar un miembro: *Cuando se fracturó la rodilla le pusieron una férula en la pierna.*

**ferviente** *adj.* Que muestra mucho fervor, interés o entusiasmo: *Es una ferviente admiradora de ese cantante.*
SIN. Apasionado, entusiasta. ANT. Indiferente, desapasionado.

**fervor** *s. m.* **1.** Sentimiento muy intenso de una persona al rezar, ir a misa o al hacer otros actos religiosos. **2.** Interés o entusiasmo: *Los aficionados siguen con fervor a la selección.*
SIN. **1.** Devoción. **2.** Pasión. ANT. **2.** Desinterés.
FAM. Ferviente, fervoroso. / Enfervorizar.

**fervoroso, sa** *adj.* Que demuestra fervor, sobre todo al rezar, oír misa o en otros actos religiosos.
SIN. Piadoso.

**festejar** *v.* Hacer fiestas en honor de alguien o algo: *Festejaron su cumpleaños con una cena.*
SIN. Celebrar, conmemorar.

**festejo** *s. m.* Fiesta o fiestas con que se celebra alguna cosa: *Se hicieron muchos festejos en la semana de Carnavales.*
SIN. Celebración.
FAM. Festejar.

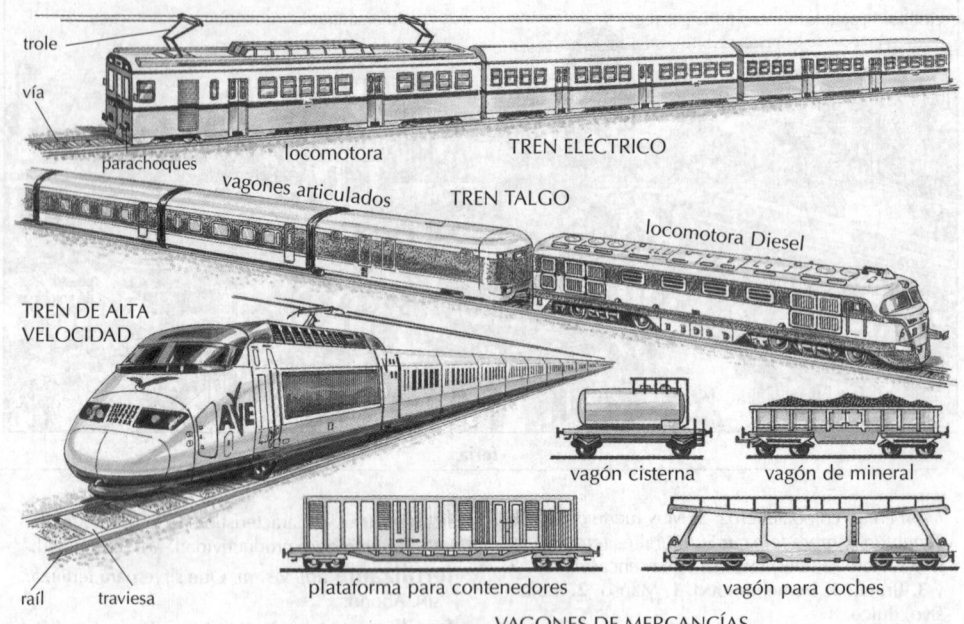

trole

vía

parachoques

locomotora

**TREN ELÉCTRICO**

vagones articulados

**TREN TALGO**

locomotora Diesel

**TREN DE ALTA VELOCIDAD**

vagón cisterna

vagón de mineral

raíl

traviesa

plataforma para contenedores

vagón para coches

**VAGONES DE MERCANCÍAS**

**ferrocarril**

**festín** *s. m.* **1.** Banquete, a veces con baile y otras diversiones. **2.** Comida muy rica o abundante.
SIN. **1.** Convite. **1.** y **2.** Comilona.

**festival** *s. m.* Conjunto de funciones o actuaciones que se dedican a un arte o a un espectáculo, a veces para ganar un premio: *un festival de cine.*
SIN. Certamen, concurso, muestra.
FAM. Festivalero.

**festivalero, ra** *adj.* Relacionado con los festivales: *música festivalera.*

**festividad** *s. f.* Fiesta con que se celebra algo: *El día de Reyes es una festividad religiosa.*
SIN. Celebración, conmemoración.

**festivo, va** *adj.* y *s. m.* **1.** Se dice del día en que no se trabaja o en que se celebra alguna cosa. **2.** Alegre, gracioso: *Hablaba en tono festivo.*
SIN. **2.** Desenfadado, chistoso. ANT. **1.** Laboral. **2.** Serio; triste.
FAM. Festividad.

**festón** *s. m.* Bordado o dibujo que adorna el borde de una cosa.

**fetal** *adj.* **1.** Relacionado con el feto. **2.** Se dice de la postura en la que las piernas están encogidas hacia el pecho, como la que tiene el feto dentro de la madre: *posición fetal.*

**fetén** *adj.* **1.** Muy bueno, estupendo: *Comimos en un restaurante fetén.* || *adv.* **2.** Muy bien: *En el zoo lo pasamos fetén.*
SIN. **1.** y **2.** Fenomenal, fabuloso, fantástico. ANT. **1.** y **2.** Horrible.

**fetiche** *s. m.* **1.** Objeto o figurita a la que adora un pueblo primitivo. **2.** Objeto que algunas personas creen que tiene poderes mágicos y que da suerte a quien lo lleva. **3.** Objeto que excita sexualmente a algunas personas, como por ejemplo ciertas prendas de vestir.
SIN. **1.** Tótem. **2.** Amuleto, talismán.
FAM. Fetichismo.

**fetichismo** *s. m.* **1.** Adoración a los fetiches. **2.** Admiración excesiva hacia una persona o cosa: *Su pasión por esa cantante raya el fetichismo.* **3.** Atracción sexual que provoca en algunas personas mirar o tocar ciertos objetos.
FAM. Fetichista.

**fetichista** *adj.* **1.** Relacionado con el fetichismo: *culto fetichista.* || *adj.* y *s. m.* y *f.* **2.** Que practica el fetichismo. **3.** Persona que se excita sexualmente mirando o tocando ciertos objetos.

**fétido, da** *adj.* Que huele muy mal: *De la alcantarilla sale un olor fétido.*
SIN. Maloliente, hediondo. ANT. Perfumado.

**feto** *s. m.* **1.** Embrión de una persona y de algunos animales, desde que empieza a tener una forma parecida a la que tendrá después, hasta que sale del vientre de la madre. **2.** Persona muy fea. SIN. **2.** Adefesio. FAM. Fetal.

**fettuccini** *s. m. pl.* Pasta de harina en forma de tira fina y delgada, que se come cocida. ■ Es una palabra italiana.

**feudal** *adj.* Del feudo o del feudalismo: *un castillo feudal, un señor feudal.*

**feudalismo** *s. m.* Tipo de sociedad de la Edad Media en la que había señores y vasallos. El señor entregaba un feudo a su vasallo y éste se comprometía a defender a su señor en la guerra y a trabajar las tierras que le había entregado.

**feudo** *s. m.* En la Edad Media, tierra que el señor feudal entregaba a un vasallo para que la trabajara. Esta tierra no pertenecía al vasallo, sino al señor, que recibía parte de lo que producía. FAM. Feudal, feudalismo.

**fez** *s. m.* Gorro de fieltro rojo con forma de cubilete que se usa en algunos lugares del norte de África y en Turquía. ■ Su plural es *feces.*

**fiabilidad** *s. f.* Característica de las cosas o las personas fiables: *Hemos comprobado la fiabilidad de los datos.*

**fiable** *adj.* **1.** Se dice de las personas o cosas de las que nos podemos fiar: *Creo todo lo que él dice, porque todas sus informaciones son fiables.* **2.** Que funciona bien, que no falla ni se estropea: *Esta cerradura es muy fiable, nunca se atasca.* SIN. **1.** Fidedigno. **2.** Seguro. ANT. **1.** Dudoso. **2.** Inseguro, falso. FAM. Fiabilidad.

**fiador, ra** *s. m.* y *f.* Persona que se compromete a hacerse cargo de las deudas o las obligaciones de otra si fuera necesario: *El banco le exige un fiador para darle el crédito.*

**fiambre** *s. m.* **1.** Alimento preparado para comerlo frío, sobre todo carnes, como el jamón, la mortadela o los embutidos. **2.** Cuerpo de una persona muerta. SIN. **2.** Muerto, cadáver. FAM. Fiambrera.

**fiambrera** *s. f.* Recipiente con tapa muy ajustada que se utiliza para llevar comida. SIN. Tartera.

**fianza** *s. f.* Cosa, sobre todo dinero, que alguien da a otro para asegurar que va a cumplir o hacer algo: *Cuando alquilamos el piso, el casero nos pidió una fianza.* SIN. Garantía. FAM. Afianzar.

**fiar** *v.* **1.** Vender sin pedir el pago en el momento en que se hace la compra: *En las tiendas del barrio le fían.* ‖ **fiarse 2.** Tener confianza en alguien o algo: *Le conté mi secreto porque me fío de ella.* SIN. **2.** Confiar. ANT. **2.** Desconfiar. FAM. Fiable, fiador, fianza. / Confiar.

**fiasco** *s. m.* Fracaso o mal resultado: *El tenista revelación resultó ser un fiasco, no ganó ni un partido.* SIN. Decepción. ANT. Éxito, alegría.

**fibra** *s. f.* **1.** Hilo artificial con el que se hacen telas: *un tejido de fibra.* **2.** Aquello de que están formados los músculos y otros tejidos de los animales o de las plantas, parecido a un hilo. SIN. **1.** Hebra. FAM. Fibroso.

**fibroso, sa** *adj.* Que está formado por fibras o tiene muchas fibras.

**ficción** *s. f.* Historia inventada por alguien: *Escribió una novela de ficción.* SIN. Invención, cuento, fábula. FAM. Ficticio.

**ficha** *s. f.* **1.** Pieza de diferentes formas y tamaños que tiene muchos usos; por ejemplo, las que se emplean en algunos juegos o las que se dan en los vestuarios para poder recoger la ropa. **2.** Papel o cartulina donde aparecen los datos de una persona o cosa: *Hizo una ficha de cada libro con el título y el autor.* **3.** Cartulina u hoja de papel con ejercicios para que haga el alumno. FAM. Fichar, fichero.

**fichaje** *s. m.* **1.** Acción de fichar o contratar a alguien. **2.** Persona a la que han fichado: *Tienen dos nuevos fichajes en el equipo.*

**fichar** *v.* **1.** Hacer una ficha con los datos de una persona o cosa: *La policía fichó a los ladrones.* **2.** Contratar a una persona, sobre todo a un deportista: *Han fichado a un futbolista argentino.* **3.** Pasar los trabajadores una ficha por un reloj o un contador para que cuente el tiempo que están trabajando: *En su empresa todos los empleados fichan a la entrada y a la salida.* FAM. Fichaje.

**fichero** *s. m.* **1.** Caja o mueble donde se guardan ordenadas las fichas. **2.** En informática, conjunto de datos que tienen relación entre sí y que se guardan con un mismo nombre. SIN. **1.** Clasificador, archivador.

**ficticio, cia** *adj.* Que parece verdadero, pero no lo es: *Toda aquella riqueza era ficticia, en realidad no tenían mucho dinero.* SIN. Aparente, fingido, falso, inventado. ANT. Real.

**ficus** *s. m.* Planta de hojas grandes, ovaladas y fuertes. ■ No varía en plural.

**fidedigno, na** *adj.* Se dice de las cosas de las que podemos fiarnos: *Las noticias que dio ese periódico eran totalmente fidedignas.* SIN. Fiable. ANT. Dudoso.

**fidelidad** *s. f.* Característica de fiel.

**EXPR. alta fidelidad** Característica de algunos aparatos, como tocadiscos o magnetófonos, con los que se consigue muy buen sonido.
**SIN.** Lealtad. **ANT.** Infidelidad.

**fidelísimo, ma** *adj.* Superlativo de **fiel**. Muy fiel.

**fideo** *s. m.* **1.** Cada uno de los hilitos de pasta con que se hace sopa. **2.** Persona muy delgada.
**SIN. 2.** Esqueleto.
**FAM.** Fideuá.

**fideuá** *s. f.* Plato de origen catalán parecido a la paella que se hace con fideos, en lugar de arroz, y caldo de pescado, ajo y aceite. ▪ Es una palabra catalana.

**fiebre** *s. f.* **1.** Aumento excesivo de la temperatura del cuerpo, producido por una enfermedad: *No fue a clase porque tenía fiebre.* **2.** Afición muy grande por alguna cosa: *Le ha dado la fiebre de la natación y va todos los días a la piscina.*
**SIN. 1.** Calentura. **2.** Manía, moda.
**FAM.** Febrícula, febril.

**fiel[1]** *adj.* **1.** Se dice de las personas en las que se puede confiar porque nunca te van a engañar o traicionar. **2.** Se dice también de los animales buenos, que no abandonan a su amo. **3.** Que cumple sus compromisos o cree en algo sin cambiar de idea: *Se mantuvo fiel a su promesa.* **4.** Que representa otra cosa tal como es: *La imitación que hicieron de las joyas era tan fiel que casi no se notaba la diferencia.* || *s. m. y f.* **5.** Persona que sigue una religión: *El sacerdote habló a los fieles.*
**SIN. 1.** Noble. **1.** a **3.** Leal. **4.** Exacto, fidedigno. **5.** Creyente. **ANT. 1.** y **3.** Infiel, desleal. **4.** Inexacto.
**FAM.** Fidelidad, fidelísimo. / Infiel.

**fiel[2]** *s. m.* **1.** Aguja de una balanza que, cuando está vertical, indica que los dos platillos tienen el mismo peso. **2.** Clavito que asegura las dos partes de las tijeras.

**fieltro** *s. m.* Tela gruesa y tiesa que no va tejida, sino prensada, y se utiliza para hacer sombreros, zapatillas, muñecos y otras cosas.

**fiera** *s. f.* **1.** Animal salvaje y peligroso, como los leones o los tigres. **2.** Persona que tiene muy mal genio y se enfada mucho. || *s. m. y f.* **3.** Persona muy buena en algo: *Es un fiera nadando, no hay quien le gane.*
**SIN. 1.** Alimaña, bestia. **2.** Energúmeno, ogro. **3.** Fenómeno. **ANT. 3.** Desastre.

**fiereza** *s. f.* Característica de las personas o animales fieros: *El tigre se distingue por su fiereza.*

**fiero, ra** *adj.* Se dice del animal muy peligroso, que muerde o araña, como muchos animales salvajes, por ejemplo el león o el tigre.
**SIN.** Feroz. **ANT.** Manso.
**FAM.** Fiera, fiereza. / Feroz.

**fierro** *s. m.* En Hispanoamérica, hierro.

**fiesta** *s. f.* **1.** Reunión de varias personas para divertirse o celebrar alguna cosa: *Estamos preparando la fiesta de fin de curso.* **2.** Día en que no se trabaja, sobre todo en el que se celebra algo especial. || *s. f. pl.* **3.** Actividades y diversiones que se hacen para celebrar un día o una ocasión especial: *En las fiestas del pueblo habrá baile, concursos y verbenas.* **4.** Lo que hace una persona o animal para demostrar que está contento o para agradar: *El cachorrito nos lamía y nos hacía fiestas.*
**EXPR. fiesta de guardar** Fiesta religiosa.
**SIN. 1.** Guateque, celebración. **2.** Festividad. **3.** Festejos.
**FAM.** Festejo, festín, festival, festivo. / Aguafiestas.

**figón** *s. m.* Establecimiento barato donde se sirven comidas.
**SIN.** Mesón, taberna, tasca.

**figura** *s. f.* **1.** Forma exterior o aspecto de una persona, animal o cosa: *Silvia hace ballet y tiene una figura muy bonita. Hicieron las galletas con figura de corazón.* **2.** En geometría, espacio limitado por líneas o superficies, como un triángulo o un cubo. **3.** Dibujo, escultura u otra cosa que representa a alguien o algo: *Visitaron el museo de figuras de cera.* **4.** Signo que representa la duración de una nota musical. **5.** Cada una de las posturas o ejercicios de la danza, la gimnasia, el patinaje y otras actividades. **6.** Persona importante o que destaca en una actividad: *En ese programa hacen entrevistas a las grandes figuras de la canción.*
**EXPR. figura retórica** Modo de expresarse bonito y original que utilizan los escritores y los poetas. Por ejemplo, la metáfora y la comparación son figuras retóricas.
**SIN. 1.** Silueta, estampa, tipo. **6.** Personalidad, as.
**FAM.** Figurar, figurín, figurón. / Configurar, desfigurar, prefigurar, transfiguración.

**figuración** *s. f.* Cosa que uno se figura o se imagina: *¡Qué vas a estar enfermo! Eso son figuraciones tuyas.*
**SIN.** Imaginación, suposición, sospecha.

**figurado, da** *adj.* Se dice del significado de las palabras y expresiones que es distinto del suyo principal, pero con el que tienen alguna relación. Por ejemplo *gallina* se utiliza en sentido figurado para referirse a una persona cobarde, porque estas aves se asustan fácilmente.

**figurante** *s. m. y f.* **1.** Persona que actúa en una obra de teatro o en una película con un papel poco importante. **2.** Persona que tiene poca importancia en un asunto o grupo: *No sabe hacer nada, así que lo tienen como figurante.*

**figurar** *v.* **1.** Formar la figura de alguien o algo: *Los decorados del teatro figuraban un antiguo castillo.* **2.** Estar una persona o cosa en un grupo con otras o en un lugar: *Esa tenista figura entre las mejores del mundo. Al final del escrito debe figurar la firma.*

**3.** Presumir y tratar con gente importante: *Si le gusta ir a esas fiestas tan elegantes es por figurar.* ||
**figurarse 4.** Creer algo sin estar muy seguro de que sea así: *Me figuro que ya habrán llegado a casa.*
**SIN. 1.** Simular. **2.** Hallarse, encontrarse. **4.** Imaginarse, suponer, olerse, sospechar.
**FAM.** Figuración, figurado, figurante, figurativo.

**figurativo, va** *adj.* Se dice del arte que representa figuras y cosas que pueden reconocerse en la realidad, al contrario que el arte abstracto.

**figurín** *s. m.* **1.** Dibujo de un vestido o de un traje que sirve de modelo para hacerlo luego. **2.** Conjunto de estos dibujos o revista de modas. **3.** Persona muy bien vestida.

**figurón** *s. m.* Persona que quiere parecer importante sin serlo.

**fijación** *s. f.* **1.** Acción de fijar. **2.** Manía muy fuerte: *Tiene verdadera fijación por las motos.*
**SIN. 2.** Obsesión.

**fijador, ra** *adj. y s. m.* Se dice de lo que sirve para fijar, como el producto que se pone en el pelo para que no se mueva o la sustancia que se usa al revelar las fotos para que quede clara la imagen.

**fijar** *v.* **1.** Poner una cosa de forma que no se mueva o no se caiga: *Mueve esa ruedecita del televisor para fijar la imagen. Fijó la estantería a la pared con unos tornillos.* **2.** Poner la atención o la mirada sobre alguien o algo: *El gato se quedó muy quieto y fijó sus ojos sobre el ratón.* **3.** Decidir algo de forma definitiva: *Ya han fijado las fechas de los exámenes.* || **fijarse 4.** Poner mucha atención en algo: *Fíjate en esa nube, tiene forma de barco.*
**SIN. 1.** Asegurar, sujetar, afianzar. **2.** Dirigir. **3.** Determinar, precisar, señalar. **4.** Percatarse. **ANT. 1.** Soltar. **2.** Desviar.
**FAM.** Fijación, fijador.

**fijeza** *s. f.* Persistencia o insistencia: *mirar con fijeza.*

**fijo, ja** *adj.* **1.** Sujeto a otra cosa o sin moverse: *Ese mueble está fijo a la pared. Tenía la mirada fija en la ventana.* **2.** Que no cambia o que es para siempre: *Ya tiene domicilio fijo.* || *adv.* **3.** Con seguridad: *Fijo que mañana nos llama.*
**SIN. 1. y 2.** Firme, estable. **2.** Permanente, definitivo. **3.** Seguramente, seguro. **ANT. 1. y 2.** Inestable. **2.** Eventual.
**FAM.** Fijar, fijeza. / Afijo, infijo, interfijo, prefijo, sufijo.

**fila** *s. f.* **1.** Conjunto de personas o cosas colocadas una detrás de otra o una al lado de otra: *En el álbum los cromos están puestos en filas.* **2.** Antipatía: *Mónica no tiene fila.* || *s. f. pl.* **3.** El servicio militar, el ejército: *Han llamado a filas a mi hermano.* **4.** Grupo, bando: *Luchó en nuestras filas durante la guerra.*
**EXPR. fila india** La que está formada por varias personas o cosas una detrás de otra. || **romper filas**

Dejar los soldados de estar en formación, en filas.
**SIN. 1.** Hilera, cola. **2.** Manía, tirria.
**FAM.** Desfilar, enfilar.

**filamento** *s. m.* Cosa en forma de hilo.
**SIN.** Hebra, fibra.

**filantropía** *s. f.* Forma de ser o de pensar que lleva a hacer el bien a los demas sin esperar nada a cambio.
**FAM.** Filántropo.

**filántropo, pa** *s. m. y f.* Persona que ayuda a los demás sin esperar nada a cambio.
**SIN.** Altruista.

**filarmónico, ca** *adj.* Se dice de algunas orquestas o sociedades de música clásica.

**filatelia** *s. f.* Conocimientos sobre los sellos y afición a coleccionarlos.

**filete** *s. m.* **1.** Loncha de carne o pescado, sin huesos ni espinas. **2.** Línea que sirve de adorno o separa un párrafo o un dibujo en un libro, en un escrito o en otra cosa.
**EXPR. filete ruso** Filete de carne picada rebozado y frito.
**SIN. 1.** Bisté, entrecot. **2.** Cenefa, lista, franja.

**filfa** *s. f.* Cosa que parece buena o de verdad, pero no lo es: *Todas esas joyas son pura filfa.*
**SIN.** Patraña, engañifa.

**filiación** *s. f.* **1.** Señas de una persona, como son su nombre y el de sus padres, el lugar y la fecha en que nació, y otros datos. **2.** El origen de una persona o cosa o su relación con otras: *Las lenguas de la misma filiación se parecen.* **3.** Hecho de pertenecer una persona a un grupo o tener unas ideas: *Cada uno vota de acuerdo con su filiación política.*

**filial** *adj.* **1.** De los hijos: *amor filial.* || *adj. y s. f.* **2.** Se dice de la tienda o del establecimiento que depende de otro principal: *Han abierto en el barrio otra filial de ese banco.*
**SIN. 2.** Sucursal, delegación.
**FAM.** Filiación. / Afiliarse.

**filibustero** *s. m.* Pirata que navegaba por el mar Caribe, entre América Central y América del Sur, durante el siglo XVII.

**filigrana** *s. f.* **1.** Objeto hecho con alambritos de oro o plata que forman dibujos muy complicados. **2.** Cosa hecha con mucha habilidad o perfección: *Ese futbolista hace filigranas con el balón.*
**SIN. 1.** Florituras, virguería. **ANT. 2.** Chapuza.

**filípica** *s. f.* Regañina fuerte.
**SIN.** Reprimenda. **ANT.** Elogio.

**filipino, na** *adj. y s. m. y f.* De las islas Filipinas, país del sudeste de Asia.

**filisteo, a** *adj. y s. m. y f.* De un antiguo pueblo que era enemigo de los israelitas y que aparece en la *Biblia.*

**filloa** *s. f.* Torta de harina, huevos y leche. ■ Es una palabra gallega.

**film** o **filme** *s. m.* Película de cine: *Ganó el festival un filme italiano.* ■ *Film* es una palabra inglesa y su plural es *films*.
FAM. Filmar, filmina, filmografía, filmoteca. / Microfilm, telefilme.

**filmación** *s. f.* Acción de filmar: *La filmación de la película duró tres meses.*
SIN. Rodaje.

**filmar** *v.* Tomar imágenes y sonido con una cámara de vídeo o de cine: *filmar una película.*
SIN. Rodar.
FAM. Filmación.

**filmina** *s. f.* Diapositiva.

**filmografía** *s. f.* Conjunto de películas de un actor, director, género: *la filmografía de Pedro Almodóvar.*

**filmoteca** *s. f.* Lugar donde se guardan filmes o películas.

**filo** *s. m.* Borde que corta y está afilado, por ejemplo de un cuchillo o de una espada.
SIN. Corte, arista.
FAM. Fila, filamento, filete, filón, filoso. / Afilar.

**filología** *s. f.* Ciencia que estudia una lengua o grupo de lenguas y sus literaturas.
FAM. Filólogo.

**filólogo, ga** *s. m. y f.* Persona que se dedica a la filología.

**filón** *s. m.* **1.** Mineral que aparece entre las grietas de la tierra: *En la mina encontraron un filón de oro.* **2.** Persona o cosa que da mucho dinero: *Abrieron un bar cerca de la playa y resultó ser un filón.*
SIN. **1.** Veta, vena. **2.** Mina, chollo. ANT. **2.** Ruina.

**filoso, sa** *adj.* En Hispanoamérica, afilado.

**filosofar** *v.* Pensar sobre los temas y cuestiones que trata la filosofía.

**filosofía** *s. f.* **1.** Ciencia que trata sobre temas muy importantes que siempre han interesado al ser humano, como cuál es el origen del mundo y de la vida y qué acciones son buenas o malas. **2.** Tranquilidad para aguantar cosas malas o pesadas: *En vez de enfadarse porque no le elegieron para la obra de teatro, se lo tomó con filosofía.*
FAM. Filosofar, filosófico, filósofo.

**filosófico, ca** *adj.* De la filosofía o relacionado con ella: *un pensamiento filosófico.*

**filósofo, fa** *s. m. y f.* Persona que se dedica a la filosofía.

**filoxera** *s. f.* **1.** Insecto parecido al pulgón, que daña las hojas y las raíces de la vid. **2.** Enfermedad que causa este insecto a la vid.

**filtración** *s. f.* Paso de un líquido u otra cosa a través de un filtro o de un sólido.

**filtrar** *v.* **1.** Hacer pasar algo por un filtro: *Filtró el aceite frito para poder usarlo otra vez.* **2.** Pasar un líquido u otra cosa a través de un cuerpo sólido: *Pusieron aislantes en la pared para que no se filtrara el agua de lluvia. La luz se filtraba por la persiana.*
SIN. **1.** Colar. **2.** Infiltrar.
FAM. Filtración. / Infiltrar.

**filtro** *s. m.* Papel, tela u otra cosa por la que se hace pasar un líquido, la luz o sonido, para quitarles parte de lo que contienen, sobre todo lo que no hace falta o es malo: *Algunas gafas tienen un filtro para que los rayos del Sol no hagan daño a los ojos.*
FAM. Filtrar.

**fimosis** *s. f.* Estrechez excesiva del prepucio del pene, que no permite descubrir el glande. ■ No varía en plural.

**fin** *s. m.* **1.** Parte o momento en que termina una cosa: *El invierno llegó a su fin.* **2.** Lo que se quiere conseguir con algo: *Las arañas hacen sus telas con el fin de atrapar en ellas a los insectos.*
EXPR. **fin de año** Nochevieja, última noche del año. **fin de semana** El sábado y el domingo. || **a fin de cuentas** En resumen, en conclusión: *No te preocupes tanto; a fin de cuentas, no es tu problema.* **al fin** o **por fin** Después de haber trabajado mucho o haber pasado dificultades: *Nos tiramos tres horas en la cola, pero por fin conseguimos las entradas.* **al fin y al cabo** Sin embargo, después de todo: *Este reloj no es muy bueno, pero al fin y al cabo funciona.* **en fin** Resumiendo: *Fue una fiesta estupenda, con música, comida, actuaciones..., en fin: de todo.* A veces tiene un significado parecido a '¿qué le vamos a hacer?': *Han cerrado la tienda, en fin, ya buscaremos otra.*
SIN. **1.** Final, terminación, término. **2.** Finalidad, objetivo, intención, propósito. ANT. **1.** Principio, comienzo.
FAM. Final, finalidad, finar, finiquito, finito. / Afín, confín, definir, sinfín.

**finado, da** *s. m. y f.* Persona que ha muerto: *Los familiares del finado fueron al entierro.*
SIN. Difunto.

**final** *adj.* **1.** Que es lo último o termina alguna cosa: *Ya han comenzado los exámenes finales. La actuación final del concierto fue estupenda.* **2.** Se dice de la oración que indica aquello para lo que se hace algo; por ejemplo en: *Cerró las ventanas para que no entrara la lluvia*, «para que no entrara la lluvia» es una oración final. También se dice de las conjunciones con que suelen empezar estas oraciones, como *para que* o *a fin de que*. || *s. m.* **3.** Fin de una cosa: *El final de la película era muy emocionante.* || *s. f.* **4.** Última parte de un campeonato o de un concurso en la que se deciden los ganadores: *Su equipo llegó a la final de baloncesto.*

**SIN. 3.** Término, remate, conclusión, desenlace. **ANT. 1.** Inicial. **3.** Principio, comienzo. **FAM.** Finalista, finalizar, finalmente. / Semifinal.

**finalidad** *s. f.* Lo que se quiere conseguir con algo: *La finalidad principal de un diccionario es dar los significados de las palabras.* **SIN.** Fin, objetivo, intención, propósito.

**finalista** *adj. y s. m. y f.* Que ha llegado a la final de un campeonato o de un concurso.

**finalizar** *v.* Terminar, acabar. ■ Delante de *e* se escribe *c* en lugar de *z*: *Finalicé mi tarea.* **SIN.** Concluir, rematar. **ANT.** Empezar.

**finalmente** *adv.* En último lugar, después de muchas cosas: *Estaba todo lleno, pero finalmente encontramos hotel.*

**finamente** *adv.* De manera fina: *Le dijo finamente que se callara.*

**financiación** *s. f.* Acción de financiar.

**financiar** *v.* Dar dinero para crear un negocio o una empresa, para pagar algo o como ayuda para algunas actividades: *Un banco financia ese concierto.* **SIN.** Sufragar, pagar, subvencionar. **FAM.** Financiación.

**financiero, ra** *adj.* **1.** Relacionado con el dinero, los bancos y la economía. ‖ *s. m. y f.* **2.** Persona que sabe mucho de estas cosas y se dedica a ellas.

**financista** *s. m. y f.* En Hispanoamérica, financiero.

**finanzas** *s. f. pl.* Actividades económicas a las que se dedican los bancos y otras empresas. **SIN.** Negocios. **FAM.** Financiar, financiero, financista.

**finar** *v.* Morir, fallecer. **FAM.** Finado.

**finca** *s. f.* Terreno o edificio que tiene alguien en el campo o en una ciudad: *Ha comprado una finca muy cerca del pueblo y quiere hacer una granja. Los vecinos de la casa hablaron con el dueño de la finca.* **SIN.** Hacienda; casa, bloque. **FAM.** Afincarse.

**finés, sa** *adj. y s. m. y f.* Busca **finlandés**.

**fineza** *s. f.* **1.** Atención o cuidado con que se hace una cosa: *El joyero ha realizado un trabajo de gran fineza.* **2.** Palabras o comportamiento con los que se trata de agradar a alguien: *Es un hombre muy amable y siempre me dice alguna fineza.* **SIN. 2.** Galantería, cortesía.

**finger** *s. m.* Tubo por el que se entra directamente a un avión desde la terminal del aeropuerto. ■ Es una palabra inglesa. Su plural es *fingers.* (Busca el dibujo de **aeropuerto**).

**fingimiento** *s. m.* Hecho de fingir una persona. **SIN.** Simulación.

**fingir** *v.* Hacer creer algo que no es verdad con palabras, gestos o acciones: *El niño fingió que estaba dormido cuando su madre entró en la habitación.* ■ Delante de *a* y *o* se escribe *j* en lugar de *g*: *finjo.* **SIN.** Aparentar, simular. **FAM.** Fingimiento. / Ficción.

**finiquito** *s. m.* Dinero con que se acaba de pagar algo o se da a un trabajador cuando termina su contrato. **SIN.** Liquidación.

**finito, ta** *adj.* Se dice de lo que tiene fin. **SIN.** Limitado. **ANT.** Infinito. **FAM.** Infinito.

**finlandés, sa** *adj. y s. m. y f.* **1.** De Finlandia, país del norte de Europa. ‖ *s. m.* **2.** Idioma que se habla en Finlandia. ■ Se dice también *finés.*

**fino, na** *adj.* **1.** Delgado: *La tarta lleva una fina capa de nata.* **2.** De buen gusto o de buena calidad: *Sonia fue a la fiesta con un vestido muy fino y elegante. Tenía una pulsera de oro fino.* **3.** Educado, con muy buenos modales. **4.** Se dice del oído, el olfato u otro sentido que es muy agudo y capta todo. **5.** Que tiene mucha habilidad para algo: *Aunque era un ladrón muy fino, consiguieron cogerle.* **SIN. 1.** Flaco. **2.** Refinado, selecto, distinguido. **3.** Cortés. **5.** Sagaz. **ANT. 1.** Grueso. **2.** y **3.** Basto, vulgar. **3.** Grosero. **4.** y **5.** Torpe. **FAM.** Finamente, fineza, finolis, finura. / Afinar, extrafino, refinar.

**finolis** *adj. y s. m. y f.* Persona demasiado fina y que por eso resulta cursi. ■ No varía en plural. **ANT.** Basto.

**finta** *s. f.* Movimiento rápido que se hace para esquivar o engañar a otro, sobre todo en algunos deportes como el fútbol o la esgrima.

**finura** *s. f.* Característica de fino.

**fiordo** *s. m.* Entrante del mar en la costa, estrecho y profundo, como los que hay en Noruega.

**firma** *s. f.* **1.** Nombre y apellidos de una persona, que ella pone en un escrito con una especie de gara-

fiordo

bato. **2.** Empresa comercial: *En esta tienda venden ropa de firmas muy conocidas.*
**FAM.** Firmante, firmar.

**firmamento** *s. m.* Cielo, lugar en que están las estrellas y otros astros.
**SIN.** Espacio.

**firmante** *adj.* y *s. m.* y *f.* Persona que firma algo.

**firmar** *v.* Poner uno su firma en un escrito: *Escribió una postal a sus tíos y la firmó.*
**SIN.** Rubricar.

**firme** *adj.* **1.** Que está bien sujeto y no se mueve ni se cae: *El mueble está firme apoyado en la pared, no creo que se caiga.* **2.** Muy seguro, que no cambia o que no se desanima: *Este equipo es un firme aspirante a ganar la copa. Entre las dos chicas hay una amistad firme, pues se conocen desde hace mucho tiempo.* ‖ *s. m.* **3.** Suelo de carreteras y calles. ‖ *adv.* **4.** Sin desanimarse ni cambiar de opinión: *Carlos trabajó firme para tener buenas notas.*
**EXPR. de firme** Con fuerza o constancia: *Llueve de firme. Estudia de firme.* **en firme** De manera segura: *una promesa en firme.* **¡firmes!** Orden que se da a los soldados en el ejército para que se pongan derechos y con los pies formando escuadra.
**SIN. 1.** Seguro, estable, fijo. **1.** y **2.** Fuerte. **2.** Inalterable, inmutable. **ANT. 1.** Frágil, inestable. **1.** y **2.** Débil. **2.** Variable, voluble.
**FAM.** Firma, firmamento, firmeza. / Afirmar, confirmar.

**firmeza** *s. f.* Característica de firme: *Gerardo defendió con firmeza sus opiniones. Comprobaron la firmeza del puente antes de pasar.*
**SIN.** Estabilidad, fuerza. **ANT.** Debilidad.

**fiscal** *s. m.* y *f.* **1.** Funcionario que se encarga de acusar en un juicio. ‖ *adj.* **2.** Relacionado con el fiscal o con el fisco.
**FAM.** Fiscalía.

**fiscalía** *s. f.* **1.** Oficina o despacho donde trabaja el fiscal. **2.** Profesión del fiscal: *Lleva poco tiempo ejerciendo la fiscalía.*

**fiscalizar** *v.* **1.** Investigar a una persona o a una empresa para ver si paga sus impuestos al Estado. **2.** Vigilar y criticar lo que hacen los demás. ■ Delante de *e* se escribe *c* en lugar de *z*: *No me gusta que fiscalicen mi conducta.*

**fisco** *s. m.* Conjunto de organismos que se encargan de cobrar los impuestos y otras cosas.
**SIN.** Hacienda.
**FAM.** Fiscal, fiscalizar. / Confiscar.

**fiscorno** *s. m.* Instrumento musical de viento que consiste en un tubo largo de metal, cónico y con pistones; es uno de los instrumentos que se usan para tocar sardanas.

**fisgar** o **fisgonear** *v.* Intentar enterarse de las cosas o los asuntos de los demás curioseando: *Cuando Miguel llegó a casa, su hermana estaba fisgando en*

su habitación. ■ En *fisgar*, delante de *e* se escribe *gu* en lugar de *g*: *fisgué.*
**SIN.** Cotillear, husmear.
**FAM.** Fisgón.

**fisgón, na** *adj.* y *s. m.* y *f.* Que le gusta fisgar o fisgonear: *La fisgona de la vecina se pasa el día espiándonos.*
**SIN.** Cotilla, entrometido.

**física** *s. f.* Ciencia que estudia los cuerpos que hay en el universo, su forma, movimiento, peso, temperatura y otros fenómenos.
**FAM.** Físico. / Astrofísica, metafísica.

**físico, ca** *adj.* **1.** Relacionado con la física: *El hecho de que el agua se congele cuando baja la temperatura es un fenómeno físico.* **2.** Relacionado con el cuerpo humano: *Hace ejercicio físico todas las mañanas para estar en forma.* **3.** Se dice de todo lo que hay en el universo, como mares, lagos, cordilleras, y de lo que trata de ello: *En este mapa físico de España aparecen las montañas y los ríos.* ‖ *s. m.* y *f.* **4.** Persona que se dedica a la física. ‖ *s. m.* **5.** Aspecto exterior de una persona: *María tiene un físico muy agradable.*
**SIN. 2.** Corporal. **5.** Fisonomía, apariencia, porte. **ANT. 2.** y **3.** Espiritual. **3.** Inmaterial.

**fisiología** *s. f.* Ciencia que estudia las funciones de los órganos de los seres vivos.
**FAM.** Fisiológico.

**fisiológico, ca** *adj.* Relacionado con la fisiología.

**fisión** *s. f.* División del núcleo de un átomo, que produce una gran cantidad de energía.
**ANT.** Fusión.

**fisionomía** *s. f.* Busca **fisonomía**.

**fisioterapeuta** *s. m.* y *f.* Persona que tiene como profesión aplicar la fisioterapia.

**fisioterapia** *s. f.* Tratamiento para que funcionen mejor los músculos y los huesos mediante masajes, gimnasia, corrientes eléctricas o de otras formas.
**FAM.** Fisioterapeuta.

**fisonomía** *s. f.* **1.** Cara de una persona, con los rasgos que la hacen distinta de las demás. **2.** Aspecto de otras cosas, por ejemplo del paisaje o de una ciudad. ■ Se dice también *fisionomía.*
**FAM.** Fisonomista.

**fisonomista** *adj.* y *s. m.* y *f.* Que recuerda o reconoce bien las caras de otras personas.

**fístula** *s. f.* Conducto que se forma debajo de la piel para dar salida al pus que se ha acumulado dentro del cuerpo. A veces la fístula es un conducto que comunica dos órganos que no deberían estar unidos.

**fisura** *s. f.* Grieta, raja: *A consecuencia de la caída tuvo una fisura en un hueso.*

**flacidez** o **flaccidez** *s. f.* Característica de flácido. ■ Su plural es *flacideces* o *flaccideces.*

**flácido, da** o **fláccido, da** *adj.* Blando y caído: *Adelgazó mucho y se le quedó el cuerpo flácido.* **SIN.** Flojo, fofo. **ANT.** Firme, duro. **FAM.** Flaccidez, flacidez.

**flaco, ca** *adj.* Muy delgado.
**EXPR.** **punto flaco** Defecto, aquello que una persona hace o tiene peor: *Su punto flaco es la memoria; estudia mucho, pero enseguida se le olvida.* **SIN.** Enjuto, escuálido. **ANT.** Gordo. **FAM.** Flacucho, flaquear, flaqueza. / Enflaquecer.

**flacucho, cha** *adj.* Muy flaco.
**SIN.** Delgaducho.

**flagelar** *v.* Dar golpes en el cuerpo con un flagelo o algo parecido.
**SIN.** Azotar.

**flagelo** *s. m.* **1.** Especie de látigo formado normalmente por cuerdas anudadas. **2.** Calamidad o desgracia: *Después de la guerra, sufrieron el flagelo del hambre.* **3.** Extremidad o prolongación que tienen algunos microbios y células para moverse.
**SIN.** **2.** Azote.
**FAM.** Flagelar.

**flagrante** *adj.* **1.** Se dice del delito en el mismo momento en que se está cometiendo: *La policía sorprendió al ladrón en flagrante delito.* **2.** Que es tan claro que no se puede dudar de ello: *Presentó pruebas flagrantes de su inocencia.*
**SIN.** **2.** Evidente, indudable. **ANT.** **2.** Dudoso.

**flamante** *adj.* **1.** De muy buen aspecto porque está recién hecho o es nuevo: *Se compró un flamante apartamento en la playa.* **2.** Se dice de la persona que es nueva en algo: *El flamante ganador del torneo de tenis recibió la copa.*

**flambear** *v.* Echar licor a un alimento y hacerlo arder durante unos momentos: *flambear los plátanos con el ron.*

**flamear** *v.* **1.** Echar llamas. **2.** Moverse formando ondas una bandera, una vela u otra cosa a causa del viento. **3.** Pasar por la llama algo, por ejemplo un alimento antes de servirlo, o un instrumento que se quiere desinfectar.
**SIN.** **1.** Arder. **2.** Ondear.

**flamenco, ca** *adj.* y *s. m.* y *f.* **1.** Se dice del cante y baile andaluz y gitano. También se dice de sus artistas y de lo que está relacionado con él: *un traje flamenco.* **2.** De Flandes, región antigua que actualmente es una parte de Bélgica. || *adj.* **3.** Chulo, insolente: *Se puso flamenco y le insultó.* **4.** De aspecto sano y fuerte: *La abuela tiene ochenta años y fíjate qué flamenca está.* || *s. m.* **5.** Ave de un metro de altura más o menos, con patas y cuello muy largos, y plumas de color rosa o rojizo. **6.** Lengua que se habla en Flandes.
**SIN.** **3.** Farruco, gallito. **4.** Lozano.

**flan** *s. m.* Dulce que se hace mezclando yemas de huevo, leche y azúcar, y poniéndolo al baño María

dentro de un molde. Por encima suele tener caramelo líquido.
**EXPR.** **hecho un flan** o **como un flan** Muy nervioso.
**FAM.** Flanera, flanero.

**flanco** *s. m.* Parte de los lados de algo, por ejemplo de un barco o del cuerpo de una persona.
**SIN.** Costado, ala, lateral.
**FAM.** Flanquear.

**flanero** o **flanera** *s. m.* o *f.* Molde para hacer flanes.

**flanquear** *v.* Estar o ir a los lados de una persona o cosa: *Dos fuertes guardaespaldas flanqueaban al ministro.*
**SIN.** Bordear; escoltar.

**flaquear** *v.* **1.** Disminuir las fuerzas, la resistencia o los ánimos: *En el segundo tiempo flaquearon las fuerzas de los jugadores.* **2.** Estar menos preparado en unas cosas que en otras: *Pedro flaquea mucho en inglés.*
**SIN.** **1.** Ceder, decaer, agotarse. **2.** Flojear, cojear.
**ANT.** **1.** Fortalecerse, resistir. **2.** Destacar.

**flaqueza** *s. f.* Fallo que comete una persona por ser un poco débil y no poder resistirse a algunas cosas.

**flas** o **flash** *s. m.* Luz muy fuerte y breve que se enciende en las cámaras fotográficas para hacer fotos en lugares oscuros. ■ *Flash* es una palabra inglesa.

**flato** *s. m.* Flatulencia y dolor que causa.
**FAM.** Flatulencia, flatulento.

**flatulencia** *s. f.* Gases que se acumulan en el estómago y causan molestias.
**SIN.** Flato.

**flatulento, ta** *adj.* **1.** Que produce flato. || *adj.* y *s. m.* y *f.* **2.** Se dice de la persona que tiene flato.

**flauta** *s. f.* **1.** Instrumento musical de viento que consiste en un tubo con varios agujeros por el que se sopla. || *s. m.* y *f.* **2.** Flautista.
**FAM.** Flautín, flautista. / Aflautado.

flash flauta

**flautín** *s. m.* Flauta pequeña de sonido muy agudo.

**flautista** *s. m. y f.* Persona que toca la flauta.

**flebitis** *s. f.* Inflamación de una vena. ■ No varía en plural.
FAM. Tromboflebitis.

**flecha** *s. f.* **1.** Varilla que termina en una punta triangular y que se dispara con un arco. **2.** Cualquier cosa que tiene esta forma: *La flecha indica que la salida está a la izquierda.*
SIN. **1.** Saeta.
FAM. Flechazo.

**flechazo** *s. m.* **1.** Herida de flecha o marca que deja en un lugar. **2.** Hecho de enamorarse de repente de una persona a la que se acaba de ver o conocer.

**fleco** *s. m.* **1.** Hilos o cordoncillos que cuelgan de una tira de tela o de otro material y que sirven de adorno. **2.** Borde de una tela que está muy usada y se ha deshilachado.
FAM. Flequillo. / Desflecar.

**flema** *s. f.* **1.** Mocos que se tienen en la garganta y que se expulsan al toser o al escupir. **2.** Característica de la persona demasiado tranquila, que no se pone nerviosa por nada. **3.** Lentitud para hacer las cosas.
SIN. **1.** Esputo, gargajo. **2.** Calma, serenidad. **3.** Pachorra, cachaza. ANT. **2.** Nerviosismo. **3.** Diligencia.
FAM. Flemático, flemón.

**flemático, ca** *adj.* Muy tranquilo, que no se pone nervioso por nada.

**flemón** *s. m.* Bulto que sale en las encías.

**flequillo** *s. m.* Pelo que cae sobre la frente.

**fletar** *v.* Alquilar un avión, un barco u otro vehículo para transportar personas o mercancías.

**flexibilidad** *s. f.* Característica de flexible: *Los gimnastas tienen mucha flexibilidad.*
SIN. Elasticidad.

**flexibilizar** *v.* Hacer flexible o más flexible. ■ Delante de e se escribe c en lugar de z: *Que flexibilicen el horario no significa que trabajemos menos.*
ANT. Endurecer.

**flexible** *adj.* **1.** Que se dobla con facilidad sin romperse: *El cobre es un metal muy flexible.* **2.** Que es capaz de cambiar de opinión o de adaptarse a las circunstancias: *La profesora fue flexible y estuvo de acuerdo en cambiar la fecha del examen.*
SIN. **1.** Elástico, dúctil, maleable. **2.** Comprensivo.
ANT. **1.** y **2.** Inflexible, rígido.
FAM. Flexibilidad, flexibilizar, flexión, flexo. / Inflexible.

**flexión** *s. f.* **1.** Acción de doblar el tronco u otra parte del cuerpo. **2.** Cambio que se produce en la forma de muchas palabras para indicar, por ejemplo, qué función desempeñan en la oración o la persona, el número, el tiempo y el modo de las formas de un verbo.
FAM. Flexionar, flexivo, flexor. / Genuflexión, inflexión, reflexión.

**flexionar** *v.* Doblar una parte del cuerpo: *flexionar las piernas.*

**flexivo, va** *adj.* Relacionado con la flexión de las palabras.

**flexo** *s. m.* Lámpara que se pone en la mesa y tiene un brazo movible que permite iluminar sólo un trozo de espacio.

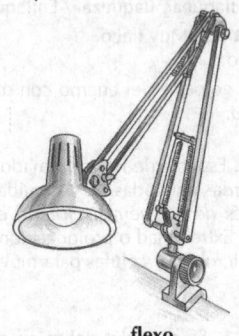

flexo

**flexor, ra** *adj. y s. m.* Se dice de los músculos que sirven para flexionar los miembros.

**flipar** *v.* **1.** Gustar mucho una cosa: *La película flipa un montón.* **2.** Sentir los efectos de una droga.
SIN. **1.** Molar. **1.** y **2.** Alucinar.
FAM. Flipe.

**flipe** *s. m.* Hecho de flipar o cosa que flipa: *Con el flipe que llevaba no podía ni hablar. El móvil que se ha comprado es un flipe.*

**flirt** *s. m.* **1.** Relación amorosa que dura poco tiempo y no es importante: *Se le conocen algunos flirts, pero ninguna relación seria.* **2.** Persona con la que se tiene esta relación: *Ayer conocí al nuevo flirt de Antonio.* ■ Es una palabra inglesa. Su plural es *flirts.*
SIN. **1.** Romance, aventura. **1.** y **2.** Ligue. **2.** Conquista.
FAM. Flirtear.

**flirtear** *v.* **1.** Ligar, coquetear: *Antonio flirtea con todas las mujeres.* **2.** Dedicarse a algo sin seriedad ni constancia: *Flirtea con la política, pero no quiere presentarse a las elecciones.*
SIN. **1.** Tontear.

**flojear** *v.* Ser algo más flojo que antes, debilitarse o disminuir: *Marisa ha flojeado en la última evaluación. A finales de mes las ventas de la tienda flojean.*
SIN. Aflojar, decaer. ANT. Apretar; aumentar.

**flojedad** *s. f.* Característica de flojo.

**flojera** *s. f.* **1.** Cansancio y debilidad que tiene una persona. **2.** Pereza, holgazanería.
SIN. **1.** Flojedad.

**flojo, ja** *adj.* **1.** Que está poco apretado o poco tirante: *La bombilla no alumbra porque está floja.* **2.** Que tiene poca fuerza o intensidad: *Tomás es un chico flojo, enseguida se cansa. Con este viento tan flojo el velero casi no se mueve.* **3.** Que no es bueno: *Con ese examen tan flojo no podía aprobar.* **4.** Poco, escaso: *El desayuno ha sido flojo.* **5.** Vago, perezoso: *No seas flojo y levántate de una vez.* **SIN.** **1.** Suelto, flácido. **2.** Débil, endeble. **3.** Insuficiente; mediocre. **ANT.** **1.** Tenso, duro. **2.** Fuerte. **3.** Brillante. **FAM.** Flojear, flojedad, flojera. / Aflojar.

**flor** *s. f.* **1.** Parte de las plantas, de bonitos colores, en que están los órganos para la reproducción: *En primavera, muchas plantas echan flores.* **2.** Lo mejor de algo: *A los quince años está en la flor de la vida.* **3.** Elogio o piropo: *Como quiere mucho a su nieto se pasa el día echándole flores.* **EXPR.** **flor de lis** Flor en forma de lirio del escudo de los Borbones franceses. **la flor y nata** Las personas más importantes o destacadas en algo: *En las olimpiadas participa la flor y nata de los atletas.* ‖ **a flor de** En la superficie de algo: *Se puso a dar gritos porque tenía los nervios a flor de piel.* **SIN.** **3.** Galantería, requiebro. **ANT.** **2.** Escoria. **3.** Insulto. **FAM.** Flora, floración, floral, floreado, florecer, florero, floricultura, florido, floripondio, florista, floristería, florituras. / Aflorar, desflorar, inflorescencia.

**flora** *s. f.* **1.** Conjunto de plantas que hay en un país o región. **2.** Conjunto de bacterias que crecen en algunos órganos y que son necesarias para que éstos funcionen bien: *la flora intestinal.* **SIN.** **1.** Vegetación.

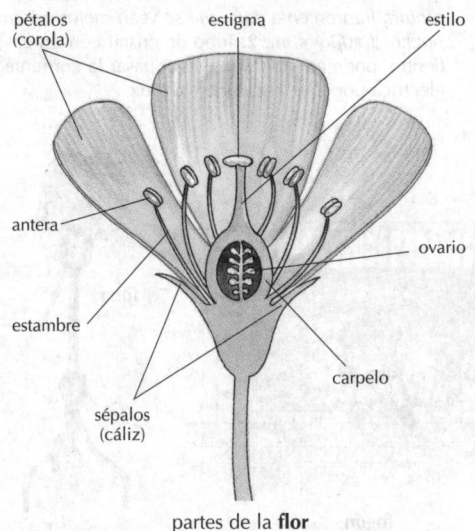

pétalos (corola)
estigma
estilo
antera
ovario
estambre
carpelo
sépalos (cáliz)

partes de la **flor**

**floración** *s. f.* El florecer las plantas y la época en que florecen.

**floral** *adj.* De las flores o relacionado con ellas.

**floreado, da** *adj.* Con flores: *Pilar lleva un vestido floreado.*

**florecer** *v.* **1.** Dar flores las plantas: *Al comienzo de la primavera florecen los almendros.* **2.** Nacer y desarrollarse un movimiento artístico, una civilización u otra actividad: *En el siglo pasado florecieron nuevos estilos en el arte de la pintura.* ■ Es un verbo irregular. Se conjuga como *agradecer.* **ANT.** **2.** Decaer. **FAM.** Floreciente, florecimiento.

**floreciente** *adj.* Favorable, que marcha bien: *Su bar es hoy un negocio floreciente.* **SIN.** Próspero.

**florecimiento** *s. m.* Acción de florecer una planta, un movimiento artístico, una civilización.

**florentino, na** *adj.* y *s. m.* y *f.* De Florencia, ciudad de Italia.

**florero** *s. m.* Vasija para colocar flores: *En el centro de la mesa puso un bonito florero.*

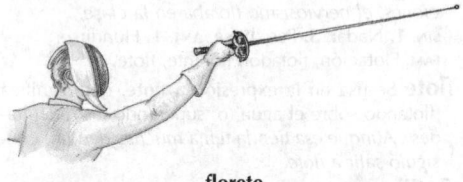

**florete**

**florete** *s. m.* Espada fina que se usa en el deporte de la esgrima.

**floricultura** *s. f.* Acción y arte de cultivar flores y plantas de adorno.

**florido, da** *adj.* **1.** Con flores: *un prado florido, un estampado florido.* **2.** Se dice del lenguaje o del estilo bonito y muy adornado, con muchas figuras retóricas. **SIN.** **1.** Floreado. **2.** Barroco. **ANT.** **2.** Prosaico, sobrio.

**florín** *s. m.* La moneda de los Países Bajos y otros estados.

**floripondio** *s. m.* Flor grande o adorno muy exagerado.

**florista** *s. m.* y *f.* Persona que vende flores y plantas.

**floristería** *s. f.* Tienda donde se venden flores y plantas.

**florituras** *s. f. pl.* Cosas que se añaden a otra porque quedan bien, pero que no son necesarias: *Decidí no meterme en florituras y acabar lo antes posible el trabajo que me habían mandado.*

**flota** *s. f.* **1.** Todos los barcos de guerra, pesca o transporte que posee un país o una empresa. **2.** Grupo de

barcos que tienen una misma misión. **3.** Conjunto de otros vehículos, como aviones, coches, camiones o autobuses, que tiene una empresa o un país.
**SIN. 1.** y **2.** Escuadra, armada.
**FAM.** Flotar, flotilla.

**flotación** *s. f.* Acción de flotar.
**EXPR. línea de flotación** La que forma la superficie del agua en el casco de una embarcación, separando la parte sumergida de la que está fuera.

**flotador** *s. m.* Objeto que flota en un líquido, como por ejemplo los que utilizan las personas para no hundirse en el agua.
**SIN.** Salvavidas.

**flotante** *adj.* **1.** Que flota. **2.** Que no es constante, que varía en su número: *Esta localidad tiene dos mil habitantes, además de una población flotante de varios miles de turistas.*
**SIN. 2.** Fluctuante, variable. **ANT. 2.** Estable.

**flotar** *v.* **1.** Mantenerse sobre un líquido sin hundirse: *La madera y el corcho flotan en el agua.* **2.** Estar un cuerpo suspendido, sin tocar el suelo ni ninguna otra superficie: *Los astronautas flotan en el espacio.* **3.** Notarse algo: *El día antes de las vacaciones, el nerviosismo flotaba en la clase.*
**SIN. 1.** Nadar. **3.** Percibirse. **ANT. 1.** Hundirse.
**FAM.** Flotación, flotador, flotante, flote.

**flote** Se usa en la expresión **a flote**, que significa 'flotando sobre el agua' o 'superando las dificultades': *Aunque esa tienda tenía muchas deudas, consiguió salir a flote.*

**flotilla** *s. f.* Conjunto de barcos o aviones pequeños.

**fluctuación** *s. f.* Acción de fluctuar.

**fluctuar** *v.* Tener cambios algunas cosas, por ejemplo subir y bajar el precio o la cantidad de algo: *El precio de la carne ha fluctuado mucho este mes.*
**SIN.** Variar, oscilar. **ANT.** Mantenerse, estabilizarse.
**FAM.** Fluctuación.

**fluidez** *s. f.* Característica de lo que es fluido: *Habla inglés con mucha fluidez.* ▪ Su plural es *fluideces.*

**fluido, da** *adj.* y *s. m.* **1.** Líquido o gas: *El agua es un fluido.* ‖ *adj.* **2.** Se dice de la forma de hablar o escribir con facilidad y claridad: *Mi amiga inglesa habla un español muy fluido.* **3.** Que se mueve o marcha bien: *Esta mañana la circulación de los coches es fluida.* ‖ *s. m.* **4.** Corriente eléctrica.
**SIN. 4.** Luz, electricidad. **ANT. 1.** Sólido. **3.** Dificultoso.
**FAM.** Fluidez.

**fluir** *v.* **1.** Correr un líquido o gas por un lugar o salir de algún sitio: *El río fluye por el valle.* **2.** Salir con mucha facilidad ideas o palabras de la mente o de la boca de alguien. ▪ Es un verbo irregular. Se conjuga como *huir.*
**SIN. 1.** Discurrir. **1.** y **2.** Manar. **ANT. 1.** y **2.** Estancarse.
**FAM.** Fluido, flujo. / Reflujo.

**flujo** *s. m.* **1.** Acción de fluir algo, por ejemplo un líquido o un gas. **2.** Subida de la marea. **3.** Salida de un líquido del cuerpo, tanto si es normal como si es señal de una enfermedad.
**ANT. 2.** Reflujo.

**flúor** *s. m.* Elemento químico. Es un gas amarillento que puede destruir casi todos los metales. Se usa para muchas cosas, por ejemplo para fortalecer los dientes y evitar que tengan caries.
**FAM.** Fluorar, fluorescente.

**fluorar** *v.* Echar flúor a algo: *fluorar el agua de beber.*

**fluorescente** *adj.* **1.** Se dice de algunas sustancias que reflejan mucho la luz: *Pintan las señales con pintura fluorescente para que se vean mejor por la noche.* ‖ *adj.* y *s. m.* **2.** Tubo de cristal con un gas dentro, por ejemplo flúor, que al pasar la corriente eléctrica por él se enciende y da luz.

flotador

foco

foca

fogón

**fluvial** *adj.* De los ríos o relacionado con ellos.

**fobia** *s. f.* **1.** Miedo muy grande y que no es normal a algunos animales, objetos o situaciones: *Hay personas que tienen fobia a estar en lugares cerrados, por ejemplo en el metro o en los ascensores.* **2.** Odio hacia una persona.
SIN. **2.** Manía, aversión. ANT. **2.** Simpatía.
FAM. Agorafobia, claustrofobia, fotofobia, hidrofobia, xenofobia.

**foca** *s. f.* Animal mamífero, con el cuerpo gordo y a la vez alargado, que tiene aletas y puede vivir en el agua. Habita en zonas muy frías.

**focha** *s. f.* Ave de color oscuro, patas largas y pico blanco, que tiene un bulto blanco en la frente; vive junto a aguas poco profundas, como pantanos y albuferas. Se llama también *foja* y *gallareta*.

**foco** *s. m.* **1.** Lámpara que da mucha luz y que, normalmente, puede dirigirse: *Los focos del teatro iluminaron el escenario.* **2.** En Hispanoamérica, bombilla y, también, faro de los automóviles. **3.** En México, farola. **4.** Punto de donde sale luz o calor. **5.** Lugar en que nace algo y se extiende en distintas direcciones: *Una muela picada puede ser un foco de infección.*
SIN. **5.** Centro, núcleo.
FAM. Bifocal, enfocar.

**fofo, fa** *adj.* Que está un poco gordo y tiene la carne blanda.
SIN. Flojo, flácido. ANT. Duro.

**fogata** *s. f.* Hoguera que se hace con leña u otra cosa: *Hacer fogatas en el bosque puede ser muy peligroso.*

**fogón** *s. m.* **1.** Lugar que tenían las cocinas antiguas para hacer fuego y guisar. **2.** Sitio donde se echa el combustible en una caldera de vapor o en algunos hornos.
SIN. **1.** Hogar.
FAM. Fogonero.

**fogonazo** *s. m.* Llama que aparece de repente y dura muy poco, como la que produce un disparo.
SIN. Llamarada, destello.

**fogonero, ra** *s. m. y f.* Persona encargada del fogón de un horno o de la caldera de una máquina de vapor.

**fogoso, sa** *adj.* Que tiene mucha vitalidad, energía o entusiasmo: *Era un caballo muy fogoso y resultaba difícil dominarlo.*
SIN. Impetuoso, ardiente, vehemente, apasionado. ANT. Calmado.

**foguear** *v.* **1.** Acostumbrarse al fuego o ruido de los disparos: *Los cazadores foguean a los perros para que no se asusten.* **2.** Acostumbrarse una persona a hacer un trabajo o actividad: *Lleva un mes trabajando, todavía se está fogueando.*
FAM. Fogueo.

**fogueo** Se utiliza en la expresión **de fogueo**, y se dice de las balas o de los disparos que sólo hacen ruido, que no tienen proyectil: *En las películas se utiliza munición de fogueo.*

**foie-gras** *s. m.* Pasta que se hace con el hígado de algunos animales, como el ganso o el cerdo, y que se utiliza como alimento. ■ Es una palabra francesa. En español se escribe también *fuagrás*. No varía en plural.

**foja**¹ *s. f.* Busca **focha**.

**foja**² *s. f.* En Hispanoamérica, hoja de papel.

**folclore** o **folklore** *s. m.* La música, la literatura o la artesanía popular de una región o de un país.
FAM. Folclórico, folklórico.

**folclórico, ca** o **folklórico, ca** *adj.* **1.** Del folclore: *Un conjunto interpretó música folclórica de Castilla.* || *s. m. y f.* **2.** Persona que canta o baila flamenco.

**fólder** *s. m.* Carpeta para guardar papeles.

**folio** *s. m.* Hoja grande de papel para escribir o dibujar.
FAM. Portafolios. / Exfoliar.

**folk** *s. m.* Tipo de música que tiene su origen en las canciones populares. ■ Es una palabra inglesa.

**follaje** *s. m.* Ramas y hojas de los árboles o vegetación de un lugar.

**follar** *v.* Hacer el acto sexual. ■ Es una palabra vulgar.

**folletín** *s. m.* Película o libro de asunto sentimental y complicado.

**folleto** *s. m.* Impreso de una o varias páginas en el que se informa de algo: *En la agencia de viajes pidió un folleto sobre las playas de la región.*
FAM. Folletín.

**follón** *s. m.* Lío, barullo, bronca: *Como había tanta gente, se armó un follón tremendo a la entrada del cine.*
SIN. Jaleo, alboroto, movida. ANT. Tranquilidad, paz.
FAM. Follonero.

**follonero, ra** *adj. y s. m. y f.* Persona que suele meterse en follones o provocarlos.

**fomentar** *v.* Aumentar la actividad o intensidad de algo: *Han construido varias piscinas para fomentar la natación.*
SIN. Favorecer, promover, impulsar, promocionar. ANT. Obstaculizar.
FAM. Fomento.

**fomento** *s. m.* Acción de fomentar: *Es importante el fomento de la lectura desde la escuela.*
SIN. Promoción, impulso.

**fonda** *s. f.* Casa donde los viajeros pueden comer y dormir pagando poco dinero.
SIN. Posada, pensión.

**fondeadero** *s. m.* Puerto o lugar profundo en la costa donde puede dejarse un barco.

**fondear** *v.* **1.** Sujetar una embarcación en el fondo del agua con un ancla o algo que pese mucho: *El barco fondeó a varios kilómetros de la playa para pescar.* **2.** Quedarse un barco en un puerto: *Hoy ha fondeado en el puerto un barco que viene de Argentina.*
**SIN. 1.** Anclar. **2.** Atracar.
**FAM.** Fondeadero.

**fondista** *s. m.* y *f.* Deportista especializado en carreras largas.

**fondo** *s. m.* **1.** Parte de abajo de un vaso, botella, bote. **2.** Suelo que está debajo del agua del mar, un río, un lago. **3.** Profundidad: *La piscina tiene mucho fondo y no hago pie.* **4.** Final, lugar más alejado de algo: *La cocina está al fondo del pasillo.* **5.** Superficie o color sobre el cual hay figuras dibujadas: *Ha comprado un mantel de flores blancas sobre fondo azul.* **6.** Lo más importante de algo: *El fondo del problema es conseguir dinero.* **7.** Verdadera forma de ser de una persona: *Aunque David es muy travieso, tiene buen fondo.* **8.** Resistencia física para el deporte: *El corredor no tenía bastante fondo y a mitad de carrera estaba agotado.* || *s. m. pl.* **9.** Dinero que se tiene.
**EXPR. bajos fondos** El ambiente de los delincuentes. || **a fondo** Con mucho interés, del todo: *Óscar se ha estudiado a fondo la lección de historia.*
**SIN. 1.** Culo, base. **2.** Lecho. **6.** Núcleo, centro, meollo. **ANT. 4.** Principio.
**FAM.** Fondear, fondista, fondón. / Desfondar, mediofondista, trasfondo.

**fondón, na** *adj.* y *s. m.* y *f.* Un poco gordo: *Andrés se está poniendo fondón.*
**SIN.** Regordete, grueso. **ANT.** Flaco, delgado.

**fondue** *s. f.* **1.** Plato de queso fundido, carne frita u otros alimentos que se prepara en un hornillo especial de alcohol. **2.** Hornillo y cazuela en los que se prepara este plato. ■ Es una palabra francesa.

**fonema** *s. m.* Sonido de una letra.

**fonendoscopio** o **fonendo** *s. m.* Aparato que utilizan los médicos para oír el corazón de los pacientes.

**fonética** *s. f.* Ciencia que estudia los sonidos de las palabras de una lengua.
**FAM.** Fonético.

**fonético, ca** *adj.* De la fonética o relacionado con los sonidos del lenguaje.

**foniatra** o **foníatra** *s. m.* y *f.* Médico especialista en foniatría.

**foniatría** *s. f.* Parte de la medicina que estudia las enfermedades de las cuerdas vocales y de los demás órganos que producen la voz.
**FAM.** Foniatra.

**fono** *s. m.* En algunos lugares de Hispanoamérica, aparato de teléfono o número de teléfono.

**fonógrafo** *s. m.* Gramófono.

**fonoteca** *s. f.* Lugar en que se guardan ordenados discos y cintas, y donde la gente puede ir a escucharlos.

**fontanela** *s. f.* Espacio membranoso que hay entre los huesos del cráneo de los bebés antes de que éstos terminen de formarse.

**fontanería** *s. f.* **1.** Trabajo del fontanero: *El padre de Luis se dedica a la fontanería.* **2.** Cañerías, grifos y otros aparatos para llevar y usar el agua en las casas: *Tiene que cambiar la fontanería del piso porque es muy vieja.* **3.** Tienda del fontanero.

**fontanero, ra** *s. m.* y *f.* Persona que se dedica a arreglar o poner las cañerías, grifos y otros aparatos para el uso del agua en las casas.
**FAM.** Fontanería.

**footing** *s. m.* Ejercicio físico que consiste en correr no muy deprisa. ■ Es una palabra inglesa.

**foque** *s. m.* Vela triangular de un barco.

**forajido, da** *adj.* y *s. m.* y *f.* Delincuente que huye de la policía.

**foral** *adj.* Del fuero o relacionado con él: *Navarra tiene un régimen foral.*

**foráneo, a** *adj.* Que viene de fuera, sobre todo del extranjero: *una costumbre foránea.*
**SIN.** Forastero. **ANT.** Nacional, local.

**forastero, ra** *adj.* y *s. m.* y *f.* De otro país o de otro lugar: *En esta época, el hotel se llena de forasteros.*
**SIN.** Extranjero, foráneo. **ANT.** Nacional; autóctono.

**forcejear** *v.* Hacer fuerza cuando se lucha contra alguien o para liberarse de algo: *Estuvo forcejeando para romper la cuerda que le ataba las manos.*
**FAM.** Forcejeo.

**forcejeo** *s. m.* Acción de forcejear: *Después de un breve forcejeo, los policías desarmaron al atracador.*

**fórceps** *s. m.* Instrumento con forma de tenaza que se usa en los partos difíciles para ayudar a sacar al niño. ■ No varía en plural.

**forense** *adj.* y *s. m.* y *f.* Se dice del médico que se ocupa de cuestiones relacionadas con la ley, como examinar un cadáver para saber si se ha cometido un crimen.

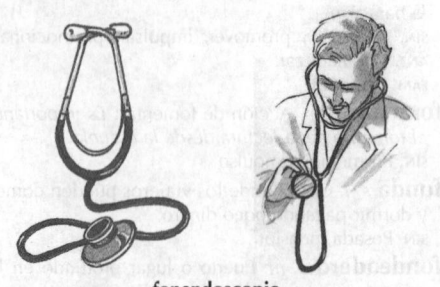
fonendoscopio

**forestal** *adj.* Relacionado con los bosques o las selvas: *En Brasil hay una gran riqueza forestal.*
FAM. Reforestar.

**forfait** *s. m.* **1.** Abono que se compra para realizar una actividad o utilizar unas instalaciones, sobre todo de esquí, todas las veces que se quiera durante un tiempo limitado. **2.** Viaje organizado por una agencia en el que el precio incluye todos los gastos. ■ Es una palabra francesa. Su plural es *forfait* o *forfaits.*

**forja** *s. f.* **1.** Taller donde el herrero trabaja los metales calentándolos y golpeándolos con un martillo. **2.** Acción de forjar: *la forja del hierro.*
SIN. **1.** Fragua.
FAM. Forjado, forjar.

**forjado, da** *adj.* **1.** Se dice del metal al que se le ha dado forma en la forja: *una reja de hierro forjado.* ‖ *s. m.* **2.** Acción de forjar. **3.** Estructura con la que se hacen las paredes y las separaciones entre los pisos de un edificio.

**forjar** *v.* **1.** Dar forma a los objetos de metal calentándolos y dándoles golpes con un martillo. Actualmente se hace también con máquinas. **2.** Conseguir algo trabajando o esforzándose mucho: *Estudia muy duro para forjarse un porvenir.* **3.** Inventarse o imaginar alguna cosa: *forjarse ilusiones.*

**forma** *s. f.* **1.** Figura exterior de las cosas: *La mesa tiene forma redonda.* **2.** Modo, manera: *Su hermana tiene una forma de reírse muy graciosa. La mejor forma de llegar al pueblo es en autocar.* **3.** Condición física de un deportista o de cualquier otra persona: *Está en buena forma porque corre cinco kilómetros todos los días.* **4.** La hostia consagrada: *la sagrada forma.*
EXPR. **de todas formas** Sin embargo: *Te guste o no, iremos a su casa de todas formas.* **guardar las formas** Comportarse como es debido en un lugar: *Supo guardar las formas perfectamente en el restaurante.*
SIN. **1.** Aspecto, apariencia. **2.** Medio, método.
FAM. Formal, formar, formato, formón, fórmula. / Malformación, uniforme.

**formación** *s. f.* **1.** Acción de formar o formarse: *La formación del vapor se produce al calentar mucho el agua.* **2.** Conocimientos de una persona: *Estudió en la universidad y tiene una buena formación.* **3.** Conjunto de personas ordenadas en filas: *Los deportistas desfilaban en formación.*
SIN. **1.** Creación, constitución. **2.** Estudios, cultura.

**formal** *adj.* **1.** Que se porta como es debido: *Estuvo muy formal en clase.* **2.** Fijo, que no cambia: *Tiene novia formal desde hace un año.*
SIN. **1.** Responsable, serio.
FAM. Formalidad, formalizar. / Informal.

**formalidad** *s. f.* **1.** Manera de portarse las personas formales: *Si no tienes más formalidad, te voy a castigar.* **2.** Condición que se exige para hacer algo, sobre todo cuando no es muy necesaria: *Para entrar en la piscina te piden el carné de socio, pero es pura formalidad porque pasa todo el mundo.*
SIN. **1.** Corrección, seriedad. **2.** Requisito.

**formalizar** *v.* Hacer más seria o fija alguna cosa: *César y Ana han formalizado sus relaciones y ya son novios.* ■ Delante de *e* se escribe *c* en lugar de *z*: *formalicé.*

**formar** *v.* **1.** Hacer una cosa con un material o con distintos elementos: *El hielo se forma al enfriar mucho el agua. Los chicos del barrio hemos formado un equipo de fútbol.* **2.** Enseñar, dar conocimientos o recibirlos: *Este médico se ha formado en la universidad de Madrid.* **3.** Colocarse ordenadamente en filas: *El profesor de gimnasia da un pitido con el silbato para que formemos.*
SIN. **1.** Constituir. **2.** Educar, instruir. **3.** Alinearse.
ANT. **1.** Deshacer.
FAM. Formación, formativo. / Deformar, reformar, transformar.

**formatear** *v.* En informática, dar a un soporte de datos, como un disquete o un disco, una estructura que permita leer y grabar información en él.
SIN. Inicializar.

**formativo, va** *adj.* Que sirve para aprender: *Ese programa de televisión es muy formativo.*
SIN. Educativo, didáctico.

**formato** *s. m.* Tamaño y forma de un libro, cuaderno, fotografía y otras cosas parecidas.
FAM. Formatear.

**formenterano, na** *adj. y s. m. y f.* De Formentera, una de las islas baleares.

**formica** *s. f.* Material muy resistente que se utiliza para recubrir mesas y otros muebles, sobre todo los de la cocina.

**formidable** *adj.* Muy bueno, estupendo.
SIN. Extraordinario, magnífico. ANT. Horrible.

**formol** *s. m.* Líquido que se utiliza para desinfectar y para conservar animales muertos.

**formón** *s. m.* Herramienta con mucho filo y mango que usan los carpinteros.

**fórmula** *s. f.* **1.** Expresión que se emplea para calcular alguna cosa; por ejemplo, la fórmula del área del cuadrado es lado por lado: $A = l \times l$. **2.** Letras y números que indican los elementos que forman una sustancia; por ejemplo, la fórmula del agua es $H_2O$, dos átomos de hidrógeno y uno de oxígeno. **3.** Componentes que se utilizan para hacer una comida, bebida, medicina: *En la caja viene escrita la fórmula de las pastillas.* **4.** Manera de solucionar o conseguir alguna cosa: *El profesor encontró la fórmula para que la clase fuera más divertida.* **5.** Forma más o menos fija de expresar o hacer una cosa: *«Buenos días» es una fórmula de saludo muy corriente.* **6.** Cada una de las cate-

gorías de las carreras de coches: *Es un famoso piloto de fórmula 1.*
SIN. **3.** Receta; composición. **4.** Solución, forma.
FAM. Formular, formulario, formulismo.

**formular** *v.* Decir que se quiere algo o pedir una cosa de palabra o por escrito: *Formuló su deseo en voz alta para que todos le oyeran.*
SIN. Manifestar, exponer.

**formulario** *s. m.* Papel con espacios en blanco para rellenar con respuestas o con los datos de una persona, por ejemplo su nombre y apellidos, edad, dirección: *Hay que rellenar un formulario para hacerse el carné de la biblioteca.*
SIN. Impreso.

**formulismo** *s. m.* **1.** Tendencia a hacer las cosas siguiendo unas fórmulas o procedimientos establecidos: *El excesivo formulismo de la Administración complica muchos los trámites.* **2.** Forma de actuar con la que sólo se pretende quedar bien: *Me felicitó por puro formulismo; en realidad se muere de envidia.*
SIN. **1.** Burocracia.

**fornicar** *v.* Tener relaciones sexuales con una persona con la que no se está casado. ■ Delante de *e* se escribe *qu* en lugar de *c: fornique.*

**fornido, da** *adj.* Se dice de la persona que está fuerte.
SIN. Musculoso, cachas. ANT. Débil, enclenque.

**foro** *s. m.* Plaza de las antiguas ciudades romanas donde se hablaba de los asuntos importantes y se hacían los juicios.
FAM. Forense, fórum. / Aforo, fuero.

**forofo, fa** *adj. y s. m. y f.* Persona que tiene mucha afición por algo, sobre todo por un equipo de fútbol.
SIN. Hincha.

**forraje** *s. m.* Hierba que se da como alimento al ganado.
FAM. Forrajero.

**forrajero, ra** *adj.* Se dice de la hierba o planta que se usa como forraje.

**forrar** *v.* **1.** Cubrir con papel, plástico, tela o con algo parecido: *He forrado los libros para que no se rompan.* **2.** Pegar una paliza a alguien. || **forrarse 3.** Hincharse a comer: *Se forró a pasteles en la fiesta.* **4.** Ganar muchísimo dinero.
SIN. **1.** Recubrir, revestir. **2.** Zurrar, sacudir, zumbar. **3.** Inflarse, hartarse. **4.** Enriquecerse. ANT. **4.** Empobrecerse.

**forro** *s. m.* Papel, plástico, tela u otra cosa que se utiliza para forrar algo: *He cambiado el forro del libro porque ya estaba roto.*
EXPR. **ni por el forro** Nada en absoluto: *No se ha estudiado la lección ni por el forro.*
FAM. Forrar.

**fortachón, na** *adj. y s. m. y f.* Persona que está muy fuerte.
SIN. Forzudo, robusto, fornido. ANT. Enclenque.

**fortalecer** *v.* Hacer fuerte: *La gimnasia fortalece los músculos.* ■ Es un verbo irregular. Se conjuga como *agradecer.*
SIN. Reforzar, robustecer. ANT. Debilitar.

**fortaleza** *s. f.* **1.** Fuerza: *Puede levantar mucho peso porque tiene una gran fortaleza.* **2.** Construcción con murallas y otras defensas para protegerse de los ataques de los enemigos.
SIN. **1.** Energía, vigor. **2.** Fortificación, fuerte. ANT. **1.** Debilidad.

**fortificación** *s. f.* **1.** Acción de fortificar: *Los soldados hicieron las obras de fortificación de la ciudad.* **2.** Lugar protegido de los ataques de los enemigos con murallas y otras construcciones: *Visitaron una antigua fortificación árabe.*

**fortificar** *v.* Proteger un lugar del ataque del enemigo con murallas y otras construcciones. ■ Delante de *e* se escribe *qu* en lugar de *c: fortifiquen.*
SIN. Amurallar.
FAM. Fortificación.

**fortín** *s. m.* Fortaleza o fuerte pequeño.

**fortísimo, ma** *adj.* Superlativo de **fuerte.** Muy fuerte: *Le dio una bofetada fortísima.*

**fortuito, ta** *adj.* Que ocurre por casualidad: *Su encuentro con Andrés en la piscina fue fortuito, no tenía ni idea de que estuviese allí.*
SIN. Casual, imprevisto. ANT. Deliberado.

**fortuna** *s. f.* **1.** Suerte: *Tuvo fortuna y el balón entró en la portería. Se compró un billete de lotería para probar fortuna.* **2.** Gran cantidad de dinero: *Ganó una fortuna en los negocios.*
EXPR. **por fortuna** Por suerte: *Era ya muy tarde, pero por fortuna la tienda estaba abierta todavía.*
SIN. **1.** Potra, chorra; destino, azar. **2.** Dineral, millonada. ANT. **2.** Miseria.
FAM. Fortuito. / Afortunado, cazafortunas, infortunado, infortunio.

**fórum** *s. m.* Reunión de varias personas para conversar o discutir sobre un tema. ■ Es una palabra latina. Su plural es *fórums.*
EXPR. **cine fórum** Busca **cinefórum.**
FAM. Cinefórum.

**forúnculo** *s. m.* Bulto con pus dentro, que duele mucho.
SIN. Divieso.

**forzado, da** *adj.* **1.** Que alguien lo forzó: *Se dieron cuenta de que la cerradura estaba forzada.* **2.** Que no es sincero, que no se hace de verdad: *Puso una sonrisa forzada para disimular su dolor.*
SIN. **2.** Fingido, artificial. ANT. **2.** Verdadero, auténtico.

**forzar** *v.* **1.** Hacer fuerza en una cosa, a veces casi rompiéndola: *Han forzado la tapa de la caja y ahora ya no se puede cerrar.* **2.** Hacer que algo funcione demasiado rápido o con demasiada fuerza: *Para subir esa cuesta ha tenido que forzar el motor del coche.*

**3.** Obligar a una persona a hacer una cosa que no quiere: *Sus amigos le forzaron a montarse en la montaña rusa.* **4.** Violar a una persona. ■ Delante de *e* se escribe *c* en lugar de *z*. Es un verbo irregular. Se conjuga como *contar*.
SIN. **3.** Presionar.
FAM. Forzado.

**forzoso, sa** *adj.* Que hay que hacerlo obligatoriamente, que no se puede evitar: *Para aprobar es forzoso que entregue ese trabajo.*
SIN. Obligatorio, indispensable. ANT. Voluntario.

**forzudo, da** *adj.* y *s. m.* y *f.* Persona que tiene mucha fuerza.
SIN. Fortachón, fornido. ANT. Débil.

**fosa** *s. f.* **1.** Hoyo en el que se entierra a los muertos. **2.** Hueco muy profundo en la superficie de la tierra o en el fondo del mar.
EXPR. **fosas nasales** Agujeros de la nariz.
SIN. **1.** Tumba.
FAM. Foso.

**fosco, ca** *adj.* **1.** Se dice del pelo fuerte y alborotado: *Tiene un pelo tan fosco que no hay quien se lo peine.* **2.** Oscuro, sobre todo cuando se habla de la luz o del cielo: *Va a llover porque el cielo está fosco.*
ANT. **1.** Lacio.
FAM. Hosco.

**fosfatina** Se utiliza en la expresión **hecho fosfatina**, que significa 'muy cansado, dolorido, desanimado o enfermo': *El esfuerzo me ha dejado hecha fosfatina.* Se usa también en la expresión **hacer fosfatina**, que significa 'destrozar o causar un daño grave': *El choque ha hecho fosfatina el coche. Como te agarre te voy a hacer fosfatina.*

**fosfato** *s. m.* Sustancia que tiene fósforo y se usa sobre todo para abonar los campos.
FAM. Fosfatina.

**fosforescente** *adj.* Se dice de algunos materiales que dan luz por sí solos: *Le han regalado una figurita fosforescente que se ve con la luz apagada.*

**fosforito, ta** *adj.* Muy brillante o chillón: *Para subrayar uso un rotulador verde fosforito.*

**fósforo** *s. m.* **1.** Cerilla. **2.** Elemento químico que da luz en la oscuridad.
FAM. Fosforescente, fosforito. / Fosfato.

**fósil** *adj.* y *s. m.* Restos de animales y plantas que vivieron hace muchos miles de años y se han convertido en piedra.
FAM. Fosilizarse.

**fosilizarse** *v.* Convertirse en piedra los restos de animales y plantas que vivieron hace miles de años.
■ Delante de *e* se escribe *c* en lugar de *z*: *fosilicen.*

**foso** *s. m.* **1.** Hoyo muy grande en el suelo. **2.** Hoyo profundo que se hacía alrededor de los castillos para que los enemigos no pudieran acercarse; muchas veces estaban llenos de agua. **3.** Sitio con arena en el que cae el atleta después de hacer el salto de longitud. **4.** En el teatro, espacio que está debajo del escenario y donde se pone la orquesta.

**foto** *s. f.* Fotografía, imagen que se saca con una cámara fotográfica.

**foto-finish** *s. f.* Foto que se hace en la línea de meta de una carrera deportiva para comprobar quién ha llegado el primero. ■ Se escribe también *photo finish*.

**fotocélula** *s. f.* Célula fotoeléctrica. Busca **célula**.

**fotocopia** *s. f.* Copia que se hace de un escrito, de un dibujo o de otra cosa con una máquina que saca una especie de fotografía.
FAM. Fotocopiadora, fotocopiar.

**fotocopiadora** *s. f.* Máquina con la que se hacen las fotocopias.

**fotocopiar** *v.* Hacer fotocopias.

**fotoeléctrico, ca** *adj.* Se dice de los fenómenos eléctricos producidos por la luz y de los aparatos que funcionan gracias a estos fenómenos.
EXPR. **célula fotoeléctrica** Busca **célula**.

**fotofobia** *s. f.* Hecho de no poder aguantar bien la luz: *Rafa no puede tomar el sol porque tiene fotofobia.*

**fotogénico, ca** *adj.* Que sale muy bien en las fotografías.

**fotografía** *s. f.* **1.** Imagen que se toma con una máquina especial llamada *cámara fotográfica.* **2.** Actividad y conocimientos del que toma estas imágenes: *Pedro está haciendo un curso de fotografía.*
SIN. **1.** Retrato.
FAM. Foto, fotogénico, fotografiar, fotográfico, fotógrafo, fotograma, fotomatón.

**fotografiar** *v.* Sacar fotografías.

**fotográfico, ca** *adj.* De la fotografía o relacionado con ella.

**fósiles**

**fotocopiadora**

**fotógrafo, fa** *s. m.* y *f.* Persona que hace fotografías.

**fotograma** *s. m.* Cada una de las fotografías que componen una película de cine y que, pasadas muy rápido, producen la sensación de movimiento.

**fotomatón** *s. m.* Cabina donde se hacen en muy poco tiempo fotografías pequeñas.

**fotómetro** *s. m.* Aparato que mide la intensidad de la luz; se utiliza sobre todo en cine y fotografía.

**fotomontaje** *s. m.* Imagen hecha combinando dos o más fotografías que se usa en publicidad, arte, revistas.

**fotonovela** *s. f.* Historia con fotos y letreros donde pone lo que van diciendo los personajes.

**fotosíntesis** *s. f.* Proceso por el cual las plantas verdes, utilizando la luz del sol, convierten en alimento las sustancias que obtienen de la tierra. ■ No varía en plural.

**fototropismo** *s. m.* Movimiento de las plantas hacia la luz, por ejemplo el del girasol.

**foulard** *s. m.* Busca **fular**. ■ Es una palabra francesa. Su plural es *foulards*.

**foxterrier** *adj.* y *s. m.* y *f.* Se dice de una raza de perros de tamaño mediano, con las orejas un poco caídas y el morro con barbitas. ■ Es una palabra inglesa. Su plural es *foxterriers*.

**frac** *s. m.* Chaqueta de hombre que por delante llega hasta la cintura y por detrás tiene como dos faldones largos. Se usa en fiestas o reuniones muy elegantes. ■ Es una palabra francesa. Su plural es *fraques* o *fracs*.

**fracasado, da** *adj.* y *s. m.* y *f.* Persona que no ha conseguido lo que quería en la vida.

**fracasar** *v.* No tener éxito alguien o algo: *El negocio fracasó y el dueño tuvo que vender la tienda.*

**SIN.** Malograrse, frustrarse. **ANT.** Triunfar, prosperar. **FAM.** Fracasado, fracaso.

**fracaso** *s. m.* Hecho de salir mal una cosa: *La fiesta fue un fracaso, vino muy poca gente.*

**fracción** *s. f.* Número quebrado. **FAM.** Fraccionar, fraccionario. / Fracturar.

**fraccionar** *v.* Dividir una cosa en partes: *En lugar de devolver el dinero de una vez, he fraccionado el pago en varias mensualidades.* **SIN.** Fragmentar, repartir. **ANT.** Unir, agrupar.

**fraccionario, ria** *adj.* Se dice de los números quebrados: *2/5 es un número fraccionario.*

**fractura** *s. f.* Hecho de romperse una cosa dura, sobre todo un hueso.

**fracturar** *v.* Romper una cosa dura, sobre todo un hueso: *En la caída se fracturó un brazo.* **SIN.** Partir, quebrar. **FAM.** Fractura.

**fragancia** *s. f.* Olor muy bueno: *la fragancia de las flores.* **SIN.** Aroma, perfume. **ANT.** Peste, hedor. **FAM.** Fragante.

**fragante** *adj.* Que tiene fragancia, buen olor: *un aroma fragante.*

**fragata** *s. f.* Barco de guerra de tamaño mediano.

**frágil** *adj.* **1.** Que se rompe con facilidad: *El cristal es un material frágil.* **2.** Que se estropea fácilmente: *Tiene una salud frágil.* **SIN. 1.** Quebradizo. **2.** Endeble, delicado. **ANT. 1.** y **2.** Fuerte. **FAM.** Fragilidad.

**fragilidad** *s. f.* Característica de las cosas frágiles: *La porcelana es muy delicada por su fragilidad.*

**fragmentar** *v.* Partir una cosa en trozos o dividir algo en varias partes. **SIN.** Trocear, separar. **ANT.** Unir.

frac · fragata

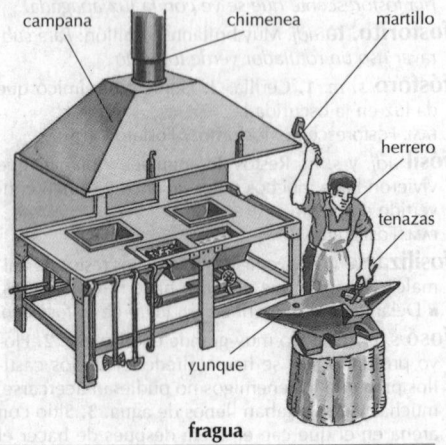

campana · chimenea · martillo · herrero · tenazas · yunque

fragua

**fragmentario, ria** adj. **1.** Que está hecho con fragmentos. **2.** Incompleto o no acabado: *Tiene un conocimiento fragmentario de la historia, sólo conoce una parte.*

**fragmento** s. m. Trozo o parte de algo: *Aún quedan en el suelo fragmentos del jarrón roto.*
SIN. Cacho, porción.
FAM. Fragmentar, fragmentario.

**fragor** s. m. Ruido grande y continuo: *el fragor de las olas rompiendo contra las rocas.*
SIN. Estruendo, estrépito. ANT. Silencio.

**fragua** s. f. **1.** Fogón donde se calientan las piezas de metal para ablandarlas y luego darles forma apretándolas y golpeándolas. **2.** Taller donde está este fogón.
SIN. **2.** Forja.
FAM. Fraguar.

**fraguar** v. **1.** Planear o ir preparando algo: *La idea de hacer un periódico en el colegio se ha ido fraguando poco a poco.* **2.** Ponerse duro el cemento, el yeso o cosas parecidas: *No hay que tocar la pared hasta que fragüe bien el yeso.*
SIN. **1.** Tramar, urdir, maquinar. **2.** Endurecerse, solidificarse.

**fraile** s. m. Se llama así a los religiosos de algunas órdenes, como los franciscanos, carmelitas o dominicos.
FAM. Frailecillo, fray.

**frailecillo** s. m. Ave con la parte de arriba negra y el vientre y la cara de color blanco. Su pico es fuerte con rayas de colores muy vivos. Vive en las costas y se alimenta de peces.

**frambuesa** s. f. Fruto del frambueso, de color rojo y sabor dulce y un poco ácido; es una especie de fresa formada por pequeñas bolitas juntas.
FAM. Frambueso.

**frambueso** s. m. Arbusto con espinas, tallo delgado, flores blancas y fruto comestible llamado *frambuesa.*

**francachela** s. f. Juerga.

**francamente** adv. **1.** Sinceramente, de verdad: *Francamente, el deporte no es lo tuyo.* **2.** Muy: *Su vestido es francamente bonito.*

**francés, sa** adj. y s. m. y f. **1.** De Francia, país de Europa. ‖ s. m. **2.** Idioma que hablan en Francia y otros países.
SIN. **1.** Galo.
FAM. Franchute, francófono. / Afrancesado, vascofrancés.

**franchute** adj. y s. m. y f. Francés. ▪ Es una palabra despectiva.

**franciscano, na** adj. y s. m. y f. De la orden religiosa que fundó San Francisco de Asís.

**franco, ca** adj. **1.** Sincero, que dice lo que piensa o siente: *Su madre fue franca con ella: le dijo que* con aquella ropa estaba hecha una facha. **2.** Verdadero, evidente: *El enfermo ha tenido una franca mejoría.* **3.** Sin ningún obstáculo: *Las máquinas quitanieves dejaron el paso franco.* **4.** Se dice del lugar en el que no se pagan impuestos: *puerto franco.* ‖ s. m. **5.** La moneda de Francia y de otros países como Suiza, Bélgica y Luxemburgo.
SIN. **2.** Auténtico, manifiesto. **4.** Exento. ANT. **1.** Hipócrita, falso, mentiroso. **3.** Obstruido.
FAM. Francamente, franquear, franqueza, franquicia.

**francófono, na** adj. y s. m. y f. Se dice de las personas y países de lengua francesa.

**francotirador, ra** s. m. y f. Tirador que se coloca él solo en un sitio para disparar.

**franela** s. f. Tejido fino de lana o algodón con pelillo en una de sus caras.

**franja** s. f. Tira, banda: *La cortina tiene una franja blanca y otra verde.*

**franquear** v. **1.** Poner los sellos en algo que se va a mandar por correo. **2.** Dejar el paso libre: *franquear la puerta.* **3.** Atravesar algún sitio venciendo alguna dificultad: *Consiguieron franquear las líneas enemigas y ponerse a salvo.*
SIN. **2.** Despejar. **3.** Cruzar, traspasar. ANT. **2.** Obstruir.
FAM. Franqueo. / Infranqueable.

**franqueo** s. m. **1.** Hecho de poner los sellos en cartas, paquetes y otras cosas que se mandan por correo: *Esta tarjeta no necesita franqueo.* **2.** También, la cantidad de dinero que se pone en sellos: *Muchos sobres de propaganda tienen el franqueo pagado.*

**franqueza** s. f. Característica de las personas que son francas, que dicen lo que piensan o sienten: *Me contestó con franqueza que no iba a la excursión porque no le apetecía.*
SIN. Sinceridad. ANT. Falsedad; mentira.

**franquicia** s. f. Privilegio que se concede a una persona o grupo para no tener que pagar unos derechos o impuestos.

**franquismo** s. m. Régimen político que hubo en España desde 1939 hasta 1975, durante la dictadura de Francisco Franco.
FAM. Franquista.

**frailecillo**     **frambuesa**

**franquista** *adj.* y *s. m.* y *f.* Del franquismo o partidario de este régimen político.

**frasca** *s. f.* Recipiente de vidrio para el vino, normalmente de base cuadrada.

**frasco** *s. m.* Recipiente que suele ser de cristal y tiene formas muy distintas: *En el armario del cuarto de baño hay varios frascos: uno de alcohol, otro de colonia, otro de champú.*
SIN. Tarro.
FAM. Frasca.

**frase** *s. f.* Un conjunto de palabras que tiene sentido; por ejemplo, *Me voy con mis amigos a la playa* es una frase.
EXPR. **frase hecha** Frase que tiene una forma fija y siempre se dice del mismo modo, por ejemplo *como anillo al dedo.*
SIN. Oración.
FAM. Paráfrasis, perífrasis.

**fraternal** *adj.* Propio de un hermano: *un amor fraternal.*
SIN. Fraterno.

**fraternidad** *s. f.* Unión y sentimiento de cariño que hay entre hermanos y entre los que se tratan como hermanos.
SIN. Hermandad. ANT. Odio.

**fraterno, na** *adj.* Fraternal.
FAM. Fraternal, fraternidad. / Confraternizar, fratricidio.

**fratricida** *adj.* Relacionado con el fratricidio: *una lucha fratricida.*

**fratricidio** *s. m.* **1.** Crimen del que mata a su hermano. **2.** Lucha o enfrentamiento entre personas muy cercanas o del mismo país.
FAM. Fratricida.

**fraude** *s. m.* Delito que consiste en engañar a alguien para obtener un beneficio.
FAM. Fraudulento. / Defraudar.

**fraudulento, ta** *adj.* Que es un fraude: *El detenido se dedicaba a la venta fraudulenta de joyas falsas.*

**fray** *s. m.* Forma abreviada de **fraile**, que se usa delante del nombre de los religiosos de algunas órdenes.

**frazada** *s. f.* Manta con pelo que se echa sobre la cama.

**frecuencia** *s. f.* **1.** El hecho de ser algo frecuente: *Voy al cine con frecuencia. Lee tebeos con frecuencia. En esa región llueve con frecuencia.* **2.** Número de veces que ocurre una cosa en un espacio de tiempo: *Reparten el butano con una frecuencia de dos veces por semana.*

**frecuentado, da** *adj.* Se dice del lugar que la gente frecuenta: *El museo es el lugar más frecuentado por los turistas.*

**frecuentar** *v.* **1.** Ir mucho a un sitio: *Su hermano frecuenta esa discoteca.* **2.** Tratar con frecuencia:

*Sigo frecuentando a mis antiguos compañeros de curso.*
FAM. Frecuentado.

**frecuente** *adj.* **1.** Que se repite cada poco tiempo: *Hace frecuentes excursiones al campo.* **2.** Que es lo normal, lo que más se da: *En España es frecuente comer entre las dos y las tres de la tarde.*
SIN. **2.** Corriente, habitual, común, usual. ANT. **2.** Raro, extraño, inusual.
FAM. Frecuencia, frecuentar, frecuentemente. / Infrecuente.

**frecuentemente** *adv.* Con frecuencia, muchas veces: *Sueño frecuentemente con el mar.*

**free-lance** *adj.* y *s. m.* y *f.* Se dice de la persona que trabaja por su cuenta y vende su trabajo a otras personas o empresas: *Trabaja para la prensa como fotógrafo free-lance.* ■ Es una palabra inglesa.

**fregadero** *s. m.* Pila para fregar los cacharros de la cocina.

**fregado** *s. m.* **1.** Acción de fregar: *Dio un buen fregado al suelo.* **2.** Lío, jaleo: *Este chico anda siempre metido en fregados.*
SIN. Follón, enredo.

**fregar** *v.* **1.** Limpiar con agua y jabón o con otro producto los suelos, los cacharros, las ventanas, normalmente frotándolos con un utensilio. **2.** En Hispanoamérica, molestar o perjudicar a alguien. ■ Delante de *e* se escribe *gu* en lugar de *g.* Es un verbo irregular. Se conjuga como *pensar.*
FAM. Fregadero, fregado, fregona, fregotear, friega, friegaplatos. / Refregar.

**fregona** *s. f.* **1.** Utensilio formado por un manojo de tiras y un mango largo que se utiliza para fregar el suelo sin tener que arrodillarse. **2.** Mujer que trabaja fregando. ■ Con este último significado es una palabra despectiva.

**fregotear** *v.* **1.** Fregar deprisa y mal: *Fregotea los platos antes de meterlos en el lavavajillas.* **2.** Fregar mucho: *Se pasa todo el día fregoteando el suelo.*

**freidora** *s. f.* Recipiente hondo para freír, que a veces es eléctrico.

**freiduría** *s. f.* Establecimiento donde se fríe pescado para venderlo o servirlo allí mismo.

**freír** *v.* **1.** Cocinar un alimento en una sartén con aceite, mantequilla o manteca de cerdo. **2.** Acribillar; por ejemplo, dar muchos picotazos los insectos o matar a alguien con muchos tiros. ‖ **freírse 3.** Pasar mucho calor: *Ana se va a freír tomando tanto sol.* ■ Es un verbo irregular. Se conjuga como *reír.* El verbo *freír* tiene dos participios: uno regular, *freído,* y otro irregular, mucho más frecuente, *frito.*
SIN. **3.** Achicharrarse, asarse. ANT. **3.** Helarse, congelarse.
FAM. Freidora, freiduría. / Frito, refrito, sofreír.

**fréjol** *s. m.* Judía, alubia. ■ Se dice también *fríjol* o *frijol.*

**frenada** *s. f.* Acción de frenar.

**frenar** *v.* **1.** Detener o disminuir la marcha, por ejemplo un coche, una moto, un caballo. **2.** Parar, hacer que algo no aumente: *Debe frenar sus gastos si quiere ahorrar.*
SIN. **2.** Contener, moderar. ANT. **1.** Acelerar.
FAM. Frenada, frenazo, freno. / Refrenar.

**frenazo** *s. m.* Acción de frenar bruscamente: *Tuvimos que dar un frenazo para no atropellar a un peatón.*
ANT. Acelerón.

**frenesí** *s. m.* **1.** Pasión muy grande. **2.** Actividad y movimiento excesivos: *Se fue al campo huyendo del frenesí de la vida moderna.* ■ Su plural es *frenesís* o *frenesíes*.
SIN. **1.** Desenfreno, exaltación. **2.** Ajetreo. ANT. **2.** Calma, tranquilidad.
FAM. Frenético.

**frenético, ca** *adj.* Furioso, muy enfadado y excitado: *Me pone frenético que la gente toque la bocina sin motivo.*
SIN. Exaltado, desquiciado.

**frenillo** *s. m.* Membrana que sujeta algunos órganos, como la lengua.

**freno** *s. m.* **1.** Lo que tienen los automóviles y máquinas para frenar. **2.** Pieza de hierro de la brida que se introduce en la boca de los caballos para sujetarlos y dirigirlos. **3.** El hecho de detener una acción, un sentimiento u otra cosa: *Le gusta inventar historias sin poner freno a su imaginación.*
SIN. **3.** Obstáculo, traba, impedimento.
FAM. Frenillo. / Desenfreno, servofreno.

**frente** *s. f.* **1.** Parte de arriba de la cara, entre las sienes, que va desde donde comienza el pelo hasta las cejas. ‖ *s. m.* **2.** Parte de delante: *el frente de la catedral.* **3.** Zona donde se lucha en una guerra. **4.** Superficie que separa dos masas de aire de diferente temperatura y humedad; esta palabra la oímos con frecuencia en la información del tiempo: *Por el sur viene un frente cálido.*
EXPR. **al frente** Hacia delante: *Da tres pasos al frente.* En cabeza o al mando: *El capitán está al frente del equipo.* **de frente** Hacia delante: *Camina de frente.* Uno enfrente de otro: *Cuando salí de clase, me encontré a Pedro de frente.* **frente a** Enfrente de: *La tienda está frente al parque.* Contra: *Mañana jugamos frente a los del otro colegio.* Ante: *Estoy frente a una dificultad y no sé cómo resolverla.* **hacer frente** a alguien o algo Luchar o enfrentarse a él: *Hicimos frente al enemigo.* También, no huir de los problemas o las dificultades, intentar resolverlos.
FAM. Frontal, frontera, frontispicio, frontón. / Afrontar, confrontar, enfrente.

**fresa¹** *s. f.* **1.** Planta con tallos que crecen por el suelo y fruto de color rojo que se llama también

fresa. ‖ *s. m.* **2.** Color de este fruto.
FAM. Fresón.

**fresa²** *s. f.* Herramienta que se hace girar muy rápido para hacer agujeros, pulir o dar forma a piezas de metal o de otro material.
FAM. Fresador, fresadora, fresar.

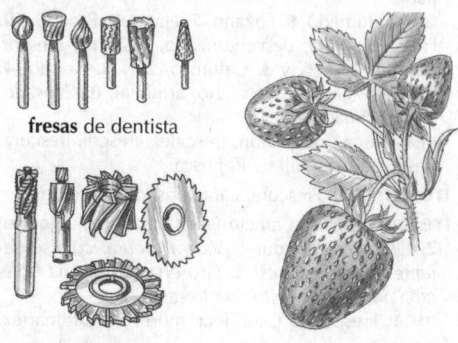

**fresas** de dentista

**fresas** de distintos aparatos

**fresa** (planta y fruto)

**fresador, ra** *s. m. y f.* Persona que maneja una fresadora.

**fresadora** *s. f.* Máquina provista de una fresa con la que se da forma, se pulen o se perforan piezas.

**fresar** *v.* Trabajar una pieza con la fresa.

**fresca** *s. f.* **1.** Fresquito, como el que hace en verano a primeras horas de la mañana. **2.** Lo que se dice a alguien de malos modos y que puede sentarle mal o dejarle cortado: *Le soltó una fresca para que le dejara en paz.*
SIN. **2.** Insolencia.

**frescachón, na** *adj.* Se dice de la persona de aspecto sano y robusto.
ANT. Enclenque, enfermizo.

**frescales** *s. m. y f.* Persona fresca, caradura. ■ No varía en plural.
SIN. Aprovechado, jeta.

**fresco, ca** *adj.* **1.** Un poco frío: *Ponte el jersey porque el día está fresco.* **2.** Se dice de carnes, pescados, huevos y otros alimentos recientes, que tienen que consumirse pronto porque, si no, se estropean. **3.** Que es agradable porque no da calor: *Esta habitación es la más fresca.* **4.** Que todavía no se ha secado: *Cuidado, que la pintura está fresca y mancha.* **5.** Que acaba de producirse: *Le han dado noticias frescas.* **6.** Que tiene aspecto joven y sano: *Tiene la belleza fresca de los dieciocho años.* **7.** Espontáneo, natural: *Los dibujos de los niños tienen un estilo fresco.* **8.** Descansado, no fatigado: *Después de haber parado unos minutos los jugadores estaban frescos.* **9.** Tranquilo, como si no le importara: *Se han metido con él y se ha quedado tan fresco.* ‖ *adj. y s. m. y f.* **10.** Descarado, caradura: *¡Vaya fresco, había* una cola increíble en el cine y se ha puesto el primero! ‖ *s. m.* **11.** Un poco de frío, sin que sea demasiado. **12.** Pintura para decorar paredes y techos, que se hace con colores disueltos en agua y se da sobre una superficie de argamasa húmeda.

**EXPR. traer** a alguien algo **al fresco** No importarle nada.

**SIN. 4.** Húmedo. **6.** Lozano. **7.** Llano. **9.** Pancho. **10.** Frescales, cara, desvergonzado, jeta. **11.** Frescor, frescura. **ANT. 1.** y **3.** Caluroso. **2.** y **5.** Pasado. **4.** Seco. **6.** Ajado. **7.** Afectado, artificial. **8.** Cansado. **9.** Preocupado.

**FAM.** Fresca, frescachón, frescales, frescor, frescura, fresquera, fresquilla. / Refrescar.

**frescor** *s. m.* Frescura, característica de fresco.

**frescura** *s. f.* **1.** Característica de fresco, algo frío. **2.** Descaro, cara dura: *¡Vaya frescura, colarse delante de mis narices!* **3.** Grosería: *Le di una bofetada porque me soltó una frescura.*

**SIN. 1.** Frescor. **2.** Cara, jeta, morro. **3.** Ordinariez.

**fresno** *s. m.* Árbol alto con muchas ramas, el tronco gordo y la madera blanca y muy flexible.

**fresón** *s. m.* Fruto parecido a la fresa, pero más grande.

**fresquera** *s. f.* Mueble o lugar fresco y ventilado donde se guardan los alimentos para conservarlos frescos.

**fresquilla** *s. f.* Variedad de melocotón.

**frialdad** *s. f.* **1.** Sensación de frío. **2.** El hecho de tratar a otros con poco cariño: *Les saludó con mucha frialdad, ni siquiera les dio la mano.* **3.** Calma, característica del que no se pone nervioso.

**SIN. 2.** Indiferencia, desinterés. **ANT. 1.** y **2.** Calor.

**fricción** *s. f.* **1.** El frotar el cuerpo o una parte de él echándole una sustancia o dando un masaje. **2.** Roce de una cosa con otra.

**SIN. 1.** Friega.

**FAM.** Friccionar.

**friccionar** *v.* Dar fricciones.

**friega** *s. f.* Acción de frotar una parte del cuerpo para curarla o quitar un dolor, sobre todo echando alguna sustancia: *Le dieron unas friegas de alcohol en la espalda.*

**SIN.** Fricción.

**friegaplatos** *s. m.* **1.** Máquina eléctrica para lavar platos, cacerolas y cubiertos. ‖ *s. m.* y *f.* **2.** Persona encargada de lavar los platos en un restaurante, en un bar o en un hotel. ■ No varía en plural.

**SIN. 1.** Lavavajillas. **1.** y **2.** Lavaplatos.

**frigidez** *s. f.* **1.** Incapacidad de una mujer para excitarse sexualmente. **2.** Frialdad. ■ Su plural es *frigideces.*

**ANT. 2.** Calidez.

**frígido, da** *adj.* y *s. f.* **1.** Que sufre frigidez. ‖ *adj.* **2.** Muy frío: *un viento frígido.*

**SIN. 2.** Gélido, helado. **ANT. 1.** y **2.** Ardiente. **2.** Abrasador.

**FAM.** Frigidez.

**frigoría** *s. f.* Unidad con la que se mide el frío.

**frigorífico, ca** *adj.* y *s. m.* **1.** Que produce frío o mantiene frío algo artificialmente; por ejemplo, las cámaras que conservan los alimentos de este modo. ‖ *s. m.* **2.** Electrodoméstico que consiste en una especie de armario donde se conservan fríos los alimentos y las bebidas. **3.** En Argentina, Paraguay y Uruguay, industria en la que se congela carne y otros alimentos para conservarlos.

**SIN. 2.** Nevera.

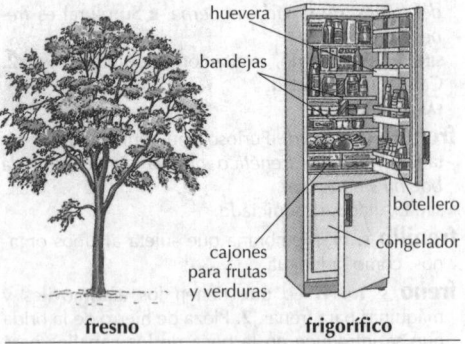

huevera
bandejas
botellero
cajones para frutas y verduras
congelador

**fresno**     **frigorífico**

**fríjol** o **frijol** *s. m.* Busca **fréjol.**

**frío, a** *adj.* **1.** Con bajas temperaturas: *Este país tiene un clima frío.* **2.** Que no está caliente: *Las lentejas se han quedado frías.* **3.** Poco cariñoso o amistoso: *Inés debe de haberse enfadado porque ha estado muy fría con sus compañeras.* **4.** Se dice de la persona que no muestra sus sentimientos, que conserva la calma y se domina. **5.** Poco acogedor: *una habitación fría.* **6.** Se dice de algunos colores, como el azul o el verde, que producen una sensación de tranquilidad. ‖ *s. m.* **7.** Baja temperatura que hace que tengamos que ir abrigados. **8.** Sensación que tiene una persona o un animal cuando necesita calor.

**EXPR. coger frío** Coger un catarro o un enfriamiento por la baja temperatura. **quedarse** uno **frío** Quedarse impresionado, sin saber cómo reaccionar por no esperarse algo.

**SIN. 3.** Distante, seco. **4.** Insensible. **ANT. 1.**, **5.** y **6.** Cálido. **2.** y **6.** Caliente. **3.** Amable. **4.** Apasionado, entusiasta; ardiente. **7.** y **8.** Calor.

**FAM.** Frialdad, friolento, friolera, friolero. / Enfriar, escalofrío, frígido, frigoría, frigorífico, refrigerar, resfriarse.

**friolento, ta** *adj.* En Hispanoamérica, friolero, que enseguida tiene frío.

**friolera** *s. f.* Gran cantidad de algo, sobre todo de dinero: *El coche le va a costar la friolera de cinco millones.*

**friolero, ra** *adj.* y *s. m.* y *f.* Persona que siente mucho el frío: *Paula es una friolera: hasta en el autobús lleva los guantes.*
ANT. Caluroso.

**frisar** *v.* Estar cerca de una edad: *Su abuela frisa los setenta.*
SIN. Rondar.

**friso** *s. m.* **1.** Franja decorada que hay debajo de la cornisa en algunas obras de arquitectura, por ejemplo en los templos griegos. **2.** Franja que adorna la parte de arriba de una pared. **3.** Banda que se pone en la parte de abajo de la pared, tiene aproximadamente un metro o metro y medio de altura, y es de madera o de otro material.
SIN. 3. Zócalo.

**fritada** *s. f.* Conjunto de alimentos fritos: *una fritada de boquerones.*
SIN. Fritura.

**fritanga** *s. f.* **1.** Alimento frito que resulta desagradable por su aspecto o por su olor. **2.** En Hispanoamérica, fritura.

**frito, ta** *adj.* **1.** Que alguien lo frió: *huevos fritos.* **2.** Profundamente dormido: *El abuelo se ha quedado frito en el sofá.* **3.** Muerto: *Le dejaron frito de un disparo.* **4.** Harto, enfadado, que ya no puede más: *Tiene frita a Carolina dándole la lata para que le acompañe al cine.* || *s. m.* **5.** Alimento frito.
SIN. 4. Irritado, exasperado.
FAM. Fritada, fritanga, fritura. / Cochifrito.

**fritura** *s. f.* Conjunto de alimentos fritos.

**frivolidad** *s. f.* Característica de frívolo.
ANT. Seriedad.

**frívolo, la** *adj.* y *s. m.* y *f.* Poco serio o importante, o que sólo busca diversión: *Los dos vecinos mantenían una charla frívola: hablaban del tiempo, las vacaciones y cosas así.*
SIN. Superficial, intrascendente, trivial.
FAM. Frivolidad.

**fronda** *s. f.* Conjunto espeso de ramas y hojas.
FAM. Frondosidad, frondoso.

**frondosidad** *s. f.* Característica de lo que es frondoso: *la frondosidad de la selva.*

**frondoso, sa** *adj.* Con muchas hojas y ramas.
SIN. Exuberante.

**frontal** *adj.* **1.** De la frente: *El golpe le ha hecho una brecha en la región frontal.* **2.** De la parte de delante o por la parte de delante: *La fachada frontal del edificio da al paseo. Dos coches sufrieron un choque frontal.* || *adj.* y *s. m.* **3.** Se dice del hueso o del músculo que está situado en la frente.

**frontenis** *s. m.* Juego de frontón en el que se usan raquetas y pelotas parecidas a las del tenis. ■ No varía en plural.

**frontera** *s. f.* **1.** Zona de separación entre dos países. **2.** Lo que limita una cosa o la separa de otra: *una imaginación sin fronteras, la frontera entre el bien y el mal.*
SIN. 2. Límite, barrera.
FAM. Fronterizo.

**fronterizo, za** *adj.* **1.** Que está en la frontera o se relaciona con ella: *ciudad fronteriza.* **2.** Se dice del país que tiene frontera con otro.

**frontispicio** *s. m.* **1.** Fachada, la parte de delante de un edificio. **2.** Frontón de una fachada, de una puerta o de una ventana.

**frontón** *s. m.* **1.** Juego que consiste en lanzar una pelota contra una pared y golpearla cuando vuelve; también se llama así a la pared contra la que se lanza la pelota. **2.** Lugar o edificio preparado para este juego. **3.** Parte de arriba de una fachada, de una puerta o de una ventana, que normalmente tiene forma triangular.
SIN. 3. Frontispicio.
FAM. Frontenis.

**frotación** o **frotamiento** *s. f.* o *m.* Acción de frotar o frotarse.

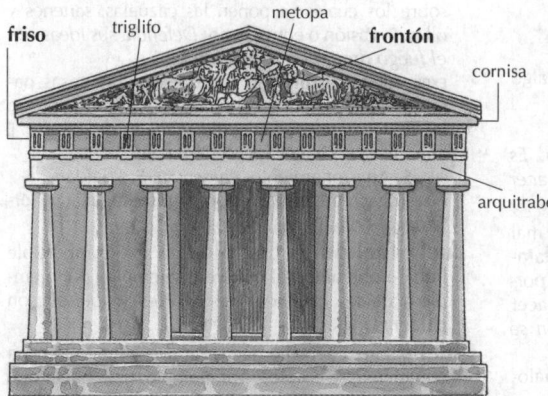

friso y frontón (arquitectura)

friso · triglifo · metopa · frontón · cornisa · arquitrabe

frontón (juego)

**frotar** *v.* Pasar muchas veces una cosa sobre otra con fuerza: *He estado frotando con un paño el cristal para ver si se quitaba la mancha.*
SIN. Restregar.
FAM. Frotación, frotamiento.

**fructífero, ra** *adj.* Que produce fruto o resultado: *Esta tierra es fructífera y todos los años se recoge una buena cosecha. Sus esfuerzos han sido fructíferos; ha conseguido la medalla de oro.*
SIN. Productivo, fértil; provechoso, beneficioso. ANT. Estéril; inútil.

**fructificar** *v.* 1. Dar fruto los árboles y otras plantas. 2. Producir un buen resultado. ■ Delante de *e* se escribe *qu* en lugar de *c*: *fructifique.*
ANT. 2. Fracasar.

**fructosa** *s. f.* Azúcar que se encuentra en la miel y en muchas frutas.

**frugal** *adj.* 1. Se dice de las comidas poco abundantes: *Es preferible que las cenas sean frugales.* 2. Que no come ni bebe demasiado.
SIN. 1. Ligero. 1. y 2. Sobrio, parco. ANT. 1. Opíparo. 2. Tragón.

**fruición** *s. f.* Placer, satisfacción: *Leía con fruición novelas de aventuras.*
SIN. Goce; deleite.

**frunce** *s. m.* Arruga pequeña, pliegue, o el conjunto de ellos, que se hacen en una tela o en un papel.
SIN. Fruncido, doblez.

**fruncido, da** *adj.* 1. Que tiene frunces o pliegues: *una falda fruncida.* || *s. m.* 2. Frunce.

**fruncir** *v.* 1. Arrugar la frente, las cejas, el entrecejo, sobre todo cuando estamos enfadados o algo no nos ha gustado: *Marta frunció el ceño cuando le dijeron que no iban a la sierra.* 2. Hacer pequeños pliegues o dobleces en una tela, papel o cosa parecida. ■ Delante de *a* y *o* se escribe *z* en lugar de *c*: *frunza, frunzo.*
FAM. Frunce, fruncido.

**fruslería** *s. f.* Cosa de poco valor o importancia.
SIN. Pequeñez, bagatela.

**frustración** *s. f.* Hecho de sentirse mal por algo que no ha salido como uno quería.
SIN. Decepción, desengaño, desilusión.

**frustrante** *adj.* Que hace sentir frustración: *Es frustrante ver que todo sale mal y no poder hacer nada.*

**frustrar** *v.* 1. Hacer que una persona se sienta mal por algo que no ha salido como ella quería; también, sentirse uno mismo así: *Se ha frustrado porque no le eligieron para el campeonato.* 2. Hacer que algo fracase o no se realice: *La excursión se frustró por la lluvia.*
SIN. 1. Decepción, desengaño. 2. Estropear, malograr.
FAM. Frustración, frustrante.

**fruta** *s. f.* Fruto comestible de algunas plantas que se cultivan; por ejemplo, son frutas las naranjas, las peras, las manzanas.
FAM. Frutal, frutería, frutero, fruticultura. / Afrutado, hortofrutícola, lavafrutas.

**frutal** *adj.* y *s. m.* Se dice del árbol que produce fruta: *El naranjo es un árbol frutal que da naranjas.*

**frutería** *s. f.* Tienda en la que se vende fruta.

**frutero, ra** *adj.* 1. Relacionado con la fruta. || *s. m.* y *f.* 2. Vendedor de fruta. || *s. m.* 3. Recipiente para la fruta.

**fruticultura** *s. f.* Cultivo de árboles frutales y técnica que se emplea para cultivarlos.

**fruto** *s. m.* 1. Parte de la planta que tiene dentro las semillas. Es en lo que se transforma el ovario de la flor después de la fecundación. 2. Producto de la tierra: *Este año la huerta ha dado los frutos esperados.* 3. El hijo que se está haciendo en el vientre de su madre. 4. Lo que se produce como consecuencia de algo: *El premio que ha conseguido es fruto de haber estudiado mucho.*
SIN. 2. Producción, cosecha. 4. Resultado, rendimiento; beneficio.
FAM. Fructífero, fructificar, fructosa, fruta. / Infructuoso, infrutescencia, usufructo.

**fu** Se usa en la expresión **ni fu ni fa** que significa que algo resulta indiferente, que no es bueno ni malo: *A mí el fútbol ni fu ni fa; prefiero ver una buena película.*

**fuagrás** *s. m.* Busca **foie-gras**. ■ No varía en plural.

**fucsia** *s. f.* 1. Arbusto con flores de color rojo oscuro; es una planta de adorno. || *s. m.* 2. Color como el de estas flores.

**fuego** *s. m.* 1. Luz y calor que desprende una materia que arde. También se llama así a la materia que está ardiendo. 2. Incendio: *Los bomberos apagaron el fuego.* 3. Disparo de un arma. 4. En las cocinas, cada uno de los puntos que dan lumbre, sobre los cuales se ponen las cazuelas, sartenes y ollas. 5. Pasión o entusiasmo: *Defendía sus ideas con el fuego propio de la juventud.*
EXPR. **fuegos artificiales** Cohetes y otras cosas parecidas que se encienden y se hacen explotar en las fiestas para producir ruido y luces de colores. || **abrir fuego** o **hacer fuego** Disparar.
SIN. 5. Apasionamiento, calor. ANT. 5. Frialdad.
FAM. Fogata, fogón, fogonazo, fogoso, foguear. / Cortafuego, cortafuegos, desfogar.

**fuel, fuel-oil** o **fuelóleo** *s. m.* Combustible líquido obtenido del petróleo; se emplea por ejemplo para las calefacciones. ■ *Fuel* y *fuel-oil* son palabras inglesas.

**fuelle** *s. m.* Utensilio que coge aire y luego lo echa con fuerza; se emplea, por ejemplo, para hacer que arda más el fuego, o en algunos instrumentos musicales, como el acordeón.

**fuente** *s. f.* **1.** Lugar por donde sale el agua que va por debajo de la tierra. **2.** Construcción con uno o más tubitos por los que sale el agua: *En medio de la plaza había una fuente.* **3.** Un recipiente grande en que se sirven alimentos; suele ser alargado o redondo y llano: *Puso las patatas en una fuente.* **4.** Las obras, temas, estilos y otras cosas que sirven de información o de inspiración a alguien, por ejemplo a un escritor o a un pintor. **5.** Lo que produce algo o de donde sale: *La pesca, la agricultura y la ganadería son importantes fuentes de riqueza.* **6.** Cada uno de los tipos de letra que se usan en informática. **EXPR. fuentes de energía** Busca **energía. SIN. 1.** Manantial. **5.** Origen, procedencia. **FAM.** Fontanela, fontanero.

**fuer** Se usa en la expresión **a fuer de**, que significa 'por ser la cosa que se dice o haciendo como si lo fuera': *A fuer de amigo, tengo que decirte la verdad. Entre ellos había uno que, a fuer de jefe, daba órdenes.*

**fuera** *adv.* **1.** En el exterior de algo: *He visto el palacio por fuera. Mi padre está fuera del país, en Inglaterra.* **2.** Que no está o no se hace en el tiempo en que se debía: *Eva se ha apuntado a los cursillos de natación fuera de plazo.* **3.** Indica que algo está más allá de lo que podemos ver, conseguir o alcanzar: *No compró ese coche porque está fuera de sus posibilidades.* || **¡fuera!** *interj.* **4.** Se emplea para echar a alguien o decir que no se quiere algo. **EXPR. de fuera** De otro lugar o país. **fuera de** Excepto, aparte de: *Fuera de vosotros, no he invitado a nadie.* Dejando a un lado: *Fuera de bromas, creo que esta vez nos hemos pasado.* **fuera de combate** Vencido o sin poder luchar. **fuera de serie** Extraordinario, excepcional: *Es un delantero fuera de serie.* **fuera de sí** Que ha perdido la razón o que no puede controlar los nervios: *Cuando se enfada, se pone fuera de sí.* **ANT. 1.** Dentro. **FAM.** Foráneo, forastero, fueraborda. / Afuera.

**fueraborda** *adj. y s. m.* **1.** Pequeño motor con una hélice que está por fuera en la parte de atrás de algunas embarcaciones de recreo. || *adj. y s. amb.* Embarcación que lleva este motor.

**fuero** *s. m.* **1.** Privilegio o ley especial que hace muchos años se daba a regiones, ciudades y personas; en algunos lugares todavía se conservan. **2.** Clase de tribunal o de juez al que está sometido un asunto o una persona; existe el fuero civil, al que se someten los ciudadanos en general, y además otros fueros, como el militar y el eclesiástico. **3.** Nombre de algunas obras o textos que reúnen leyes: *Fuero Juzgo.* **FAM.** Fuer. / Foral.

**fuerte** *adj.* **1.** Que tiene mucha fuerza o resistencia: *una persona fuerte, una madera fuerte, una salud fuerte.* **2.** Grande, abundante: *Hubo una fuerte nevada.* **3.** Muy intenso, que se nota mucho: *El color de esta chaqueta es verde fuerte. Tiene un fuerte dolor de estómago.* **4.** Poderoso: *Ese país tiene una economía fuerte. Tenía fuertes razones para castigar a su hijo.* **5.** Que produce mucho efecto, sensación, mucho daño u otro resultado: *El coñac es una bebida muy fuerte. No tomó esas pastillas para dormir porque eran muy fuertes.* **6.** Bien sujeto o apretado: *El nudo de la corbata está muy fuerte.* **7.** Que se da con fuerza: *Le ha dado un bofetón muy fuerte.* **8.** Que es capaz de hacer frente a las cosas, de mostrarse resistente, sin dejarse vencer: *Supo ser fuerte cuando tuvo que separarse de su familia.* **9.** Se dice del carácter y genio de algunas personas que enseguida se enfadan. || *s. m.* **10.** Lugar rodeado de un muro hecho de troncos u otros materiales para defenderse del enemigo. || *adj. y s. m.* **11.** Que sabe mucho de algo o se le da muy bien: *Está fuerte en inglés. Su fuerte es la gimnasia.* || *adj. y adv.* **12.** Que se oye mucho: *Un ruido muy fuerte se ha oído. No pongas la radio tan fuerte.* **13.** Mucho o abundante: *Le gusta desayunar fuerte.* **SIN. 1.** Forzudo, robusto, resistente. **2.** Numeroso, copioso. **8.** Valiente, entero; constante. **9.** Irascible, irritable. **10.** Fortificación. **11.** Ducho; especialidad. **ANT. 1.** Enclenque. **12.** Flojo. **FAM.** Fortachón, fortalecer, fortaleza, fortificar, fortín, fortísimo. / Contrafuerte.

**fuerza** *s. f.* **1.** Lo que hace que un cuerpo se mueva, se pare o cambie de forma: *Los barcos de vela navegan gracias a la fuerza del viento.* **2.** Músculos y otras cualidades físicas de una persona o un animal que les permiten mover algo y hacer muchas cosas: *En el partido de fútbol, Nacho corrió con todas sus fuerzas. En muchos trabajos del campo el hombre aprovechaba antes la fuerza de los anima-*

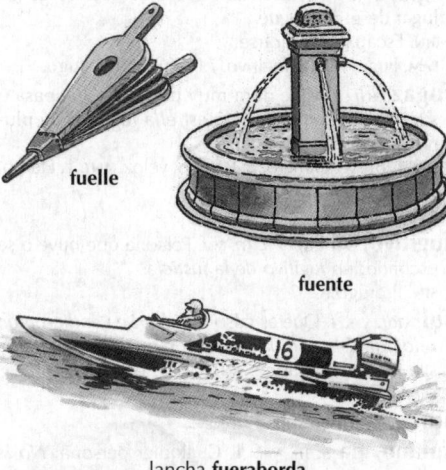

fuelle

fuente

lancha **fueraborda**

*les.* **3.** Resistencia, lo que hace que algo pueda soportar un peso: *la fuerza de unos pilares, de unas vigas.* **4.** Capacidad para conseguir algo o producir un resultado: *Tiene mucha fuerza de voluntad y todos los días estudia un rato.* **5.** Autoridad, poder: *la fuerza de la ley.* **6.** Empuje, vitalidad: *Ha llovido y el trigo está creciendo con fuerza.* **7.** Acción violenta: *Los ladrones emplearon la fuerza en el atraco al banco.* **8.** Electricidad: *Al no haber fuerza, no funcionaba ninguna máquina en la fábrica.* **9.** Tropa, conjunto de soldados: *Fuerzas enemigas cruzaron hoy la frontera.*
**EXPR. fuerza bruta** La fuerza física empleada sin derecho o sin inteligencia. **fuerza pública** o **fuerzas de orden público** La policía, los guardias. **fuerzas armadas** El ejército de un país. || **a fuerza de** Haciendo repetidamente algo: *A fuerza de animarle, su amigo ha conseguido que Antonio se apuntara a judo.* **a la fuerza** Utilizando la fuerza: *Lo echaron a la fuerza del bar porque estaba borracho.* Necesariamente: *Con todo lo que trabaja, a la fuerza tiene que estar cansado.*
**SIN. 1.** y **2.** Energía, potencia. **2.** Fortaleza, vigor. **3.** Solidez, firmeza. **6.** Ímpetu. **ANT. 2.** Debilidad.
**FAM.** Forcejear, forzar, forzoso, forzudo, fuerte. / Esfuerzo, reforzar.

**fuet** *s. m.* Embutido típico de Cataluña parecido al salchichón, pero más delgado y largo. ■ Es una palabra catalana.

**fuga** *s. f.* **1.** Acción de fugarse, huir: *Detuvieron al ladrón, pero éste se dio a la fuga.* **2.** Salida de un líquido o gas por un agujero o una raja que no deberían existir: *La cañería tiene una fuga.*
**SIN. 1.** Huida, escapada, evasión. **2.** Escape.

**fugacidad** *s. f.* Característica de fugaz.
**SIN. 1.** Brevedad, rapidez.

**fugarse** *v.* Huir. ■ Delante de *e* se escribe *gu* en lugar de *g*: *Me fugué.*
**SIN.** Escaparse, evadirse.
**FAM.** Fuga, fugaz, fugitivo. / Prófugo, tránsfugo.

**fugaz** *adj.* **1.** Que dura muy poco. **2.** Que pasa o sucede rápidamente: *una estrella fugaz.* ■ Su plural es *fugaces.*
**SIN. 1.** Breve, efímero. **2.** Rápido, veloz. **ANT. 1.** Eterno. **1.** y **2.** Duradero.
**FAM.** Fugacidad.

**fugitivo, va** *adj.* y *s. m.* y *f.* Persona que huye o se esconde: *un fugitivo de la justicia.*
**SIN.** Prófugo.

**ful**[1] *adj.* y *s. f.* Que es falso o malo: *Le vendieron un reloj ful. Este partido es una ful, me aburro mucho.*
**SIN.** Porquería, basura. **ANT.** Guay.
**FAM.** Fulero.

**ful**[2] *s. m.* Busca **full**.

**fulano, na** *s. m.* y *f.* **1.** Cualquier persona: *No le digo lo que me pasó porque luego se lo cuenta a*

*fulano, a mengano y a todo el mundo.* **2.** Persona de mala pinta: *Iba por la calle y un fulano se acercó a pedirle dinero.*
**SIN. 1.** Zutano, perengano. **2.** Menda, tío, tipo, sujeto.

**fular** *s. m.* Pañuelo largo de tela muy fina que se pone en el cuello. ■ Se utiliza también la palabra francesa *foulard.*

**fulbito** *s. m.* Busca **futbito**.

**fulero, ra** *adj.* **1.** Fullero, tramposo. **2.** Chapucero.

**fulgor** *s. m.* Brillo intenso: *En las noches de verano se ve el fulgor de las estrellas.*
**SIN.** Resplandor.
**FAM.** Fulgurante. / Refulgir.

**fulgurante** *adj.* Muy rápido y con mucho éxito: *Esa actriz tuvo una carrera fulgurante, a los pocos años de empezar ya era muy famosa.*
**SIN.** Brillante.

**full** *s. m.* Jugada del póker en la que se tiene un trío y una pareja. ■ Es una palabra inglesa. En español se escribe también *ful.*

**full contact** *expr.* Deporte que es una mezcla de boxeo y artes marciales. ■ Es una expresión inglesa.

**fullero, ra** *adj.* y *s. m.* y *f.* Que hace trampas en las cartas y otros juegos. ■ Se dice también *fulero.*

**fulminante** *adj.* Muy rápido: *El efecto de la pastilla fue fulminante, se le quitó el dolor de cabeza enseguida.*
**SIN.** Instantáneo, súbito. **ANT.** Lento.

**fulminar** *v.* Matar o destruir al instante: *Durante la tormenta un rayo fulminó el árbol.*
**SIN.** Destrozar, aniquilar, pulverizar.
**FAM.** Fulminante.

**fumadero** *s. m.* Lugar destinado para fumar.

**fumador, ra** *adj.* y *s. m.* y *f.* Persona que fuma.

**fumar** *v.* **1.** Aspirar y soltar el humo del tabaco de un cigarrillo, un puro o una pipa. || **fumarse 2.** No hacer alguien una cosa que debía hacer: *Juan se ha fumado la clase de matemáticas.* **3.** Gastar dinero rápidamente: *Se fumó la paga en media hora.*
**SIN. 2.** Pasar, escaquearse. **3.** Fundir, pulir.
**FAM.** Fumadero, fumador. / Infumable.

**fumarola** *s. f.* Gases y vapores que salen de las grietas de un terreno volcánico.

**fumata** *s. f.* En el Vaticano, columna de humo que indica si ha sido elegido o no el nuevo papa, tras cada votación de los cardenales; cuando es blanca significa que sí ha sido elegido, y si es negra, que no. ■ Es una palabra italiana.

**fumigar** *v.* Echar insecticida en un lugar para matar los bichos. ■ Delante de *e* se escribe *gu* en lugar de *g*: *Fumigué el sótano porque había cucarachas.*

**fumista** *s. m.* y *f.* Persona que limpia y arregla chimeneas.

**funámbulo, la** *s. m.* y *f.* Artista de circo que hace ejercicios de equilibrio sobre el alambre.
SIN. Equilibrista, volatinero.

**función** *s. f.* **1.** Actividad que realiza alguien o algo, aquello para lo que sirve: *La principal función de un profesor es enseñar.* **2.** Cada vez que ponen la película en un cine, que representan una obra de teatro o cualquier otro espectáculo: *Fueron a la función de circo de las seis de la tarde.*
EXPR. **en función** Dependiendo de: *El profesor pone la nota en función del número de respuestas que se han acertado.*
SIN. **1.** Finalidad, utilidad. **2.** Sesión, actuación.
FAM. Funcional, funcionar, funcionario. / Disfunción.

**funcional** *adj.* **1.** Relacionado con las funciones: *No puede hablar debido a un trastorno funcional.* **2.** Útil o práctico: *Los muebles que diseña no son bonitos, pero sí muy funcionales.*

**funcionamiento** *s. m.* Acción o manera de funcionar una cosa: *Los mecánicos conocen muy bien el funcionamiento del motor de los coches.*

**funcionar** *v.* Hacer alguien o algo lo que tiene que hacer, ir bien una persona o cosa: *El tren eléctrico funciona dándole a este botón. La clase funciona perfectamente con la nueva profesora.*
SIN. Marchar. ANT. Fallar, pararse.
FAM. Funcionamiento.

**funcionario, ria** *s. m.* y *f.* Persona que trabaja para el Estado y no en una empresa privada: *Su padre es funcionario, trabaja en el Ministerio de Educación y Ciencia.*

**funda** *s. f.* Bolsa, estuche o algo parecido que sirve para meter una cosa dentro y que así quede protegida: *Se me ha perdido la funda de las gafas en el autobús.*
FAM. Enfundar.

**fundación** *s. f.* **1.** Acción de fundar: *La fundación de esta ciudad fue hace 500 años.* **2.** Institución creada con diversos fines, por ejemplo culturales, religiosos o para atender a los pobres: *Es una fundación que se encarga de enviar ropa y comida a algunos países de África.*
SIN. **1.** Creación, constitución.

**fundado, da** *adj.* **1.** Que alguien lo fundó: *casa fundada en 1923.* **2.** Que está justificado con razones o argumentos: *La policía tiene motivos fundados para sospechar de él.*

**fundador, ra** *adj.* y *s. m.* y *f.* Que funda una cosa: *Su padre fue el fundador de la asociación.*

**fundamental** *adj.* Muy importante: *Para practicar un deporte es fundamental tener una buena alimentación.*
SIN. Básico, esencial, primordial. ANT. Secundario, accidental.
FAM. Fundamentalmente.

**fundamentalismo** *s. m.* Ideología de los grupos políticos o religiosos que siguen la doctrina más tradicional y rigurosa: *fundamentalismo islámico.*
SIN. Integrismo.
FAM. Fundamentalista.

**fundamentalista** *adj.* y *s. m.* y *f.* Del fundamentalismo o partidario del fundamentalismo.
SIN. Integrista.

**fundamentalmente** *adv.* Principalmente: *El cuerpo humano está formado fundamentalmente por agua.*

**fundamentarse** *v.* Tener una cosa su base o fundamento en algo: *La riqueza de esta región se fundamenta en las naranjas y limones.*
SIN. Basarse.

**fundamento** *s. m.* Lo principal, la base de algo: *El fundamento del compañerismo es ayudarse unos a otros.*
SIN. Esencia, pilar.
FAM. Fundamental, fundamentalismo, fundamentarse.

**fundar** *v.* **1.** Crear una ciudad, institución, empresa: *Los españoles fundaron muchas ciudades en América.* ‖ **fundarse** **2.** Tener su fundamento, apoyarse: *Muchos descubrimientos de la ciencia se fundan en hechos que ocurrieron por casualidad.*
SIN. **1.** Levantar, constituir, instituir, instaurar. **2.** Basarse.
FAM. Fundación, fundado, fundador, fundamento. / Infundado.

**fundición** *s. f.* **1.** Acción de fundir los metales. **2.** Fábrica o taller donde se funde el metal.
SIN. **1.** Fusión.

**fundir** *v.* **1.** Convertir en líquido un cuerpo sólido calentándolo: *Echó mantequilla en la sartén caliente y se fundió al instante.* **2.** Unir, mezclar: *Se fundieron los dos grupos de trabajo para formar uno más grande.* **3.** Gastar dinero rápidamente: *Fundió en el puesto todo lo que le había dado su padre.* ‖ **fundirse** **4.** Quemarse el hilillo que tienen las bombillas por dentro o el motor de un aparato eléctrico: *Se ha fundido la lámpara y ahora estamos a oscuras.*
SIN. **1.** Derretir. **2.** Juntar, fusionar. **3.** Pulir. ANT. **1.** Solidificar. **2.** Separar, desunir. **3.** Ahorrar.
FAM. Fundición. / Fusible, fusión, refundir.

**fúnebre** *adj.* **1.** Relacionado con los muertos: *coche fúnebre.* **2.** Muy triste: *Todo vestido de negro, aquel señor tenía un aspecto fúnebre.*
SIN. **1.** Funerario, mortuorio. **2.** Lúgubre, tétrico. ANT. **2.** Alegre.
FAM. Funeral, funerala, funerario, funesto.

**funeral** *s. m.* Ceremonia que se hace por un muerto.
SIN. Exequias, honras fúnebres.

**funerala** Se usa en la expresión **a la funerala** y se dice del ojo que está morado por haber recibido un golpe: *Le dieron un puñetazo y le pusieron el ojo a la funerala.*

**funerario, ria** *adj.* **1.** Relacionado con los entierros y las ceremonias dedicadas a los muertos. ‖ *s. f.* **2.** Empresa que se ocupa de llevar a los muertos al cementerio y de enterrarlos o quemarlos. SIN. **1.** Mortuorio.

**funesto, ta** *adj.* Desgraciado, muy malo: *Ha sido un fin de semana funesto en la carretera; hubo muchos accidentes.*
SIN. Aciago, nefasto. ANT. Feliz, dichoso.

**fungicida** *adj. y s. m.* Se dice de la sustancia que sirve para matar hongos.

**funicular** *adj. y s. m.* Se dice de la cabina o del tren que sube por una montaña o una cuesta arrastrado por cables o cadenas que tiran de él.

**funk** o **funky** *s. m.* Música de ritmo fuerte y repetitivo que procede de la mezcla del jazz y del blues. ■ Es una palabra inglesa.

**furcia** *s. f.* Prostituta. ■ Es una palabra vulgar.

**furgón** *s. m.* **1.** Vehículo largo y cubierto para transportar equipajes y otras cosas: *Un furgón de mudanzas llevó los muebles a la nueva casa.* **2.** Vagón de tren cerrado para transportar mercancías y equipajes. FAM. Furgoneta.

**furgoneta** *s. f.* Vehículo más pequeño que el camión para transportar y repartir mercancías.

**furia** *s. f.* **1.** Enfado muy violento contra alguien o algo: *Desahogó su furia golpeando la pared.* **2.** Fuerza o entusiasmo con que se hace algo: *Todo el equipo luchó con furia para conseguir ganar.* **3.** Violencia con que se mueve o sucede algo: *La furia de la tormenta hizo naufragar el barco.*
SIN. **1.** Ira, cólera. **1.** a **3.** Furor. **2.** Coraje, pasión, ímpetu. ANT. **1.** a **3.** Calma.
FAM. Furibundo, furioso, furor. / Enfurecer.

**furibundo, da** *adj.* **1.** Furioso: *Echó una mirada furibunda al que le puso la zancadilla.* **2.** Que se enfada con facilidad.
SIN. **1.** y **2.** Colérico. **2.** Irascible. ANT. **1.** y **2.** Manso.

**furioso, sa** *adj.* **1.** Lleno de furia, muy enfadado: *Se puso furioso cuando le dije que había perdido su libro.* **2.** Muy grande, terrible o violento: *una furiosa tempestad.*
SIN. **1.** Furibundo, colérico. **2.** Tremendo, pavoroso. ANT. **1.** y **2.** Manso, suave.

**furor** *s. m.* Furia: *Atacaron con furor al enemigo. El furor del viento arrancó algunos árboles.*
EXPR. **hacer furor** Ponerse o estar algo muy de moda: *Esta temporada hace furor la minifalda.*
SIN. Ira, cólera; pasión, entusiasmo; violencia. ANT. Calma, tranquilidad.

**furtivo, va** *adj.* **1.** Que se hace a escondidas o con disimulo: *Los alumnos echaban miradas furtivas al reloj para ver cuánto faltaba para el recreo.* ‖ *adj. y*

*s. m. y f.* **2.** Se dice de quien hace algo a escondidas, sobre todo de la persona que caza o pesca sin tener permiso o en lugares donde está prohibido.
SIN. **1.** Oculto; disimulado. ANT. **1.** Abierto.

**fusa** *s. f.* Figura musical equivalente a la mitad de una semicorchea.
FAM. Semifusa.

**fuselaje** *s. m.* Cuerpo de un avión, donde van las personas y la carga.

**fusible** *s. m.* Hilo o chapa de metal que se pone en un circuito eléctrico; el fusible se funde y corta la corriente cuando pasa por él demasiada electricidad y, así, evita que se quemen los cables y los aparatos eléctricos.
SIN. Plomos.

**fusiforme** *adj.* De forma redondeada, alargada y más fina por los extremos, como un huso.

**fusil** *s. m.* Arma de fuego larga que dispara balas y es usada por los soldados.
FAM. Fusilar. / Subfusil.

**fusilamiento** *s. m.* Acción de fusilar a una persona.

**fusilar** *v.* **1.** Matar a una persona con disparos de fusil. **2.** Copiar el trabajo de otra persona y presentarlo como si lo hubiera hecho uno mismo: *El profesor le suspendió porque había fusilado el examen del compañero.*
SIN. **2.** Plagiar.
FAM. Fusilamiento.

**fusión** *s. f.* **1.** Hecho de convertirse en líquido una cosa sólida por medio del calor: *Hacen falta temperaturas altísimas para conseguir la fusión de los metales.* **2.** Unión: *Con la fusión de sus pequeños negocios crearon una gran empresa.*
SIN. **1.** Fundición. **2.** Reunión, agrupación. ANT. **2.** Separación.
FAM. Fusionar.

**fusionar** *v.* Producir la unión de dos cosas: *Esos dos bancos se han fusionado para formar otro más importante.*
SIN. Fundir, unir. ANT. Separar.

**fusta** *s. f.* Especie de vara flexible con que las personas que montan golpean a los caballos para hacerlos correr.
FAM. Fustigar.

**fuste** *s. m.* Parte larga de una columna, que se encuentra entre la base y el capitel.

**fustigar** *v.* Dar golpes con una fusta, correa o látigo a los caballos para que anden o corran. ■ Delante de *e* se escribe *gu* en lugar de *g*: *fustigue.*

**futbito** *s. m.* Tipo de fútbol-sala. ■ Se dice también *fulbito.*

**fútbol** *s. m.* Deporte que se juega entre dos equipos que mueven y se pasan un balón por medio de los pies y la cabeza para tratar de meterlo en la portería contraria.

CAMPO DE FÚTBOL

córner
portería
portero
área
portería
defensa
medio o
centrocampista
banda
delantero
centro
de
campo
balón
árbitro
jugador
de
campo
portero

fútbol

**EXPR. fútbol americano** Deporte parecido al rugby que se juega en los Estados Unidos.

**FAM.** Fulbito, futbito, fútbol-sala, futbolero, futbolín, futbolista, futbolístico.

**fútbol-sala** *s. m.* Deporte parecido al fútbol, que se juega entre menos jugadores y en un campo y con un balón más pequeños.

**futbolero, ra** *adj. y s. m. y f.* Aficionado al fútbol: *Es muy futbolero, no se pierde ni un partido.*

**futbolín** *s. m.* Juego que imita un partido de fútbol y consiste en una mesa con figuritas que se mueven por medio de unas barras y con las que se golpea una bola que hace de balón.

**futbolista** *s. m. y f.* Jugador de fútbol.

**futbolístico, ca** *adj.* Del fútbol: *quiniela futbolística.*

**fútil** *adj.* Poco importante o serio: *un asunto fútil.* **SIN.** Insignificante, frívolo. **ANT.** Esencial.

**futurista** *adj.* Muy moderno, que parece del futuro: *Este nuevo coche tiene un diseño muy futurista.* **SIN.** Vanguardista, avanzado. **ANT.** Anticuado.

**futuro, ra** *adj.* **1.** Que existirá o sucederá: *Debemos conservar la naturaleza para los hombres futuros.* ‖ *adj. y s. m.* **2.** En gramática, tiempo del verbo que expresa una acción que ocurrirá. ‖ *s. m.* **3.** Tiempo que aún no ha llegado: *Esa película sucede en el mundo del futuro.* **4.** Buenas posibilidades que tendrá una persona o una cosa: *Esa profesión tiene mucho futuro.* **SIN. 1.** Venidero. **3.** Porvenir, mañana. **4.** Perspectivas. **ANT. 1.** a **3.** Pasado. **FAM.** Futurista, futurología.

**futurología** *s. f.* Conjunto de estudios que pretenden predecir lo que pasará en el futuro. **FAM.** Futurólogo.

**futurólogo, ga** *s. m. y f.* Persona que predice el futuro.

**g** *s. f.* Séptima letra del abecedario y quinta consonante. Su nombre es *ge*. ■ Cuando va seguida de *e, i*, se pronuncia igual que *j* (*ángel, girasol*), excepto si en medio se coloca una *u* (*guerra, guitarra*) o *ü* (*cigüeña*). En el resto de los casos se pronuncia como en *gato, goma* o *gusano*.

**gabacho, cha** *adj.* y *s. m.* y *f.* Francés. ■ Es una palabra despectiva.

**gabán** *s. m.* Abrigo: *El abuelo se puso un grueso gabán porque hacía mucho frío.*
**SIN.** Sobretodo.

**gabardina** *s. f.* **1.** Prenda de vestir para protegerse de la lluvia. **2.** Tela parecida a la que se usa para hacer esta prenda de vestir: *unos pantalones de gabardina.*
**EXPR. con** (o **en**, o **a la**) **gabardina** Forma de preparar algunos alimentos rebozados en una masa ligera de harina y luego fritos: *gambas con gabardina.*

**gabarra** *s. f.* **1.** Barquito para la carga y descarga de mercancías en los puertos. **2.** Embarcación de transporte, mayor que la lancha, que suele tener cubierta.

**gabinete** *s. m.* **1.** Lugar o habitación con los aparatos necesarios donde un médico, psicólogo o psiquiatra examina a los pacientes. **2.** Sala dedicada al estudio de una ciencia. **3.** Conjunto de los ministros de un país: *El presidente de la nación reunió a todo el gabinete.* ■ Con este significado, puede escribirse con mayúscula.
**SIN. 3.** Gobierno.

**gacela** *s. f.* Mamífero rumiante con cabeza pequeña, los cuernos curvados hacia atrás y patas largas y finas. Es de color marrón claro por arriba y blanco por el vientre. Vive en las grandes praderas de África y Asia.

**gaceta** *s. f.* **1.** Periódico que trata de temas culturales, científicos o de otro tipo. **2.** Persona cotilla que se entera de todo.
**SIN. 2.** Correveidile.
**FAM.** Gacetilla, gacetillero.

**gacetilla** *s. f.* Noticia corta en un periódico.

**gacetillero, ra** *s. m.* y *f.* Persona que escribe gacetillas.

**gachas** *s. f. pl.* Comida parecida a una papilla que se hace con harina, agua y sal, a la que después se le pueden echar otras cosas.

**gachí** *s. f.* Mujer, chica. ■ Su plural es *gachís.*

**gachó** *s. m.* Hombre, individuo.
**SIN.** Tipo, tío.
**FAM.** Gachí.

**gacho, cha** *adj.* Doblado hacia abajo: *Después de la regañina, Eugenio salió con la cabeza gacha.*
**SIN.** Agachado. **ANT.** Erguido.

**gachupín, na** *s. m.* y *f.* Nombre que se da en México a los españoles. ■ Es una palabra despectiva.

**gaditano, na** *adj.* y *s. m.* y *f.* De Cádiz, ciudad y provincia de Andalucía.

**gaélico, ca** *adj.* y *s. m.* **1.** De un pueblo celta de Irlanda y Escocia: *tradiciones gaélicas.* || *s. m.* **2.** Dialecto celta de Irlanda y Escocia.

**gafar** *v.* Traer la mala suerte y hacer que algo salga mal: *Deja de repetir que mañana va a llover porque vas a gafar la excursión.*

**gafas** *s. f. pl.* Objeto formado por dos lentes o cristales, colocados en una armadura que se apoya en la nariz y se sujeta en las orejas con unas patillas. Las personas utilizan gafas cuando no ven bien o para protegerse del sol.
**SIN.** Anteojos.
**FAM.** Gafotas.

**gafe** *adj.* y *s. m.* y *f.* Persona que trae mala suerte: *Antonio es gafe: cuando él elige un restaurante, comemos fatal.*
**SIN.** Cenizo.
**FAM.** Gafar.

**gafotas** *adj.* y *s. m.* y *f.* Que usa gafas. ■ Es una palabra despectiva. No varía en plural.

**gag** *s. m.* Escena cómica: *La película tiene algunos gags muy buenos.* ■ Es una palabra inglesa. El plural es *gags*.

**gagá** *adj.* Que chochea, que dice o hace tonterías a causa de la edad: *Su abuelo está gagá.*

**gaita** *s. f.* **1.** Instrumento musical de viento compuesto de una bolsa de cuero que se llena de aire y de la que salen una boquilla por la que se sopla y dos flautas. Es típico de Galicia, Asturias y Escocia. **2.** Molestia, fastidio: *Es una gaita tener que levantarse tan temprano.*
**SIN. 2.** Lata, engorro, incordio.
**FAM.** Gaitero. / Soplagaitas.

**gaitero, ra** *s. m. y f.* Persona que toca la gaita.

**gajes** Se usa sobre todo en la expresión **gajes del oficio**, que son las molestias propias de cada profesión, y que una persona tiene que aguantar cuando se dedica a esa profesión: *Que un médico tenga guardias son gajes del oficio.*

**gajo** *s. m.* **1.** Trozos en que se dividen algunos frutos como la naranja, el limón y la mandarina. **2.** Cada uno de los grupitos de uvas que tiene un racimo.
**FAM.** Desgajar.

**gala** *s. f.* **1.** Vestido muy bueno y elegante, mejor que los que llevamos a diario: *Se puso sus mejores galas para ir al concierto.* **2.** Fiesta o reunión a la que hay que ir muy bien vestido: *Se celebró una cena de gala en el palacio real.* **3.** Actuación de un cantante o grupo.
**EXPR. hacer gala de** algo Presumir de ello. **tener a gala** Estar orgulloso de una cosa: *Tiene a gala no haber llegado nunca tarde al trabajo.*
**SIN. 2.** Celebración, recepción. **3.** Recital, concierto, show.
**FAM.** Galán. / Engalanar.

**galáctico, ca** *adj.* Relacionado con las galaxias.
**FAM.** Intergaláctico.

**galán** *s. m.* **1.** Hombre guapo y atractivo. **2.** Actor de cine o teatro que hace papeles de hombre joven que gusta a las mujeres.
**FAM.** Galante.

**galante** *adj.* Se dice del hombre que es muy educado y agradable con las mujeres: *Eduardo ha sido muy galante al acompañar a esa chica a su casa.*
**SIN.** Cortés. **ANT.** Descortés.
**FAM.** Galantear, galantería.

**galantear** *v.* Intentar conquistar a una mujer diciéndole cosas bonitas o haciendo cosas para agradarle: *Le gustaba galantear a todas las chicas.*

**galantería** *s. f.* **1.** Característica del hombre galante. **2.** Palabras o acciones galantes.
**SIN. 1.** Cortesía.

**galantina** *s. f.* Carne rellena, cocida y recubierta con gelatina, que se come fría como fiambre.

**galápago** *s. m.* Tortuga de agua dulce, con el caparazón algo plano, que tiene los dedos unidos por una membrana.

**galardón** *s. m.* Premio: *La escritora recogió el galardón.*
**SIN.** Recompensa.
**FAM.** Galardonar.

**galardonar** *v.* Dar un galardón o premio: *Galardonaron su película en el festival de cine.*
**SIN.** Premiar, recompensar.

**galaxia** *s. f.* Conjunto de estrellas y planetas que hay en una zona del espacio: *El Sistema Solar, donde está la Tierra, pertenece a la galaxia llamada Vía Láctea.*
**FAM.** Galáctico.

**galbana** *s. f.* Pereza, pocas ganas de hacer cosas.
**SIN.** Flojera. **ANT.** Diligencia.

**galena** *s. f.* Mineral compuesto de azufre y plomo, de color gris y brillo metálico.

**galeón** *s. m.* Barco grande de vela, que podía ser de guerra o de transporte, muy usado para el comercio de España con América durante los siglos XV al XVII.

**galeote** *s. m.* Antiguamente, persona que estaba condenada a remar en los barcos.

**galera** *s. f.* **1.** Barco antiguo de vela y remo. ‖ *s. f. pl.* **2.** Antiguamente, castigo que consistía en remar en las galeras reales.
**FAM.** Galeón, galeote.

gabarra

gaita

gacela

galápago

galera

galeón

**galería** *s. f.* **1.** Pasillo que tienen algunos edificios, con grandes ventanales, para dar luz a las habitaciones interiores. **2.** Sala larga y amplia de algunos edificios, como por ejemplo los museos. **3.** Local donde se exponen cuadros y otras obras de arte. **4.** Lugar cubierto donde hay muchas tiendas: *una galería comercial.* **5.** Túnel, por ejemplo el que hay en las minas o el que hacen algunos animales como los topos o las hormigas. **6.** Público o gente en general: *No tiene vida privada, todo lo que hace es cara a la galería.*

**galerna** *s. f.* Viento fuerte y frío, como el que sopla del noroeste en la costa norte de España.

**galés, sa** *adj.* y *s. m.* y *f.* **1.** De Gales, región de Gran Bretaña. || *s. m.* **2.** Idioma que se habla en Gales.

**galgo, ga** *adj.* y *s. m.* y *f.* Se dice de una raza de perros de cuerpo delgado, patas largas, cabeza pequeña y hocico alargado. Corren muy deprisa y se utilizan en competiciones deportivas y en la caza.

**gálibo** *s. m.* Arco de metal que hay en algunas carreteras para comprobar si un vehículo cabe por un túnel o un puente.
**EXPR. luces de gálibo** Busca **luz**.

**galicismo** *s. m.* Palabra o expresión del francés que se usa en otra lengua.

**galimatías** *s. m.* Cosa complicada y muy difícil de entender: *Las instrucciones de uso del vídeo son un galimatías, no hay quién se aclare.* ■ No varía en plural.

**galladura** *s. f.* Pequeño coágulo de sangre que se encuentra en la yema de los huevos de gallina fecundados. ■ Se dice también *engalladura*.

**gallardete** *s. m.* Bandera en forma de triángulo, que se pone por ejemplo en los barcos.
**SIN.** Banderín.

**gallardía** *s. f.* **1.** Buena presencia de una persona. **2.** Valentía para hacer algo.

**gallardo, da** *adj.* **1.** Que tiene buena presencia y se mueve con mucha elegancia. **2.** Valiente y bueno con los demás.
**SIN. 1.** Apuesto, atractivo. **1.** y **2.** Bizarro. **2.** Valeroso, bravo. **ANT. 1.** Feo, desgarbado. **2.** Cobarde, vil.
**FAM.** Gallardete, gallardía.

**gallareta** *s. f.* Busca **focha**.

**gallear** *v.* Presumir, hacerse el valiente: *El más fuerte de los muchachos galleaba delante de sus compañeros.*
**SIN.** Fanfarronear.

**gallego, ga** *adj.* y *s. m.* y *f.* **1.** De Galicia, comunidad autónoma española, situada en el noroeste. **2.** Nombre que se da a los españoles en América del Sur, sobre todo a los que se han establecido allí. || *s. m.* **3.** Lengua que se habla en Galicia.

**gallera** *s. f.* Lugar en el que se celebran peleas de gallos.

**galleta** *s. f.* **1.** Pasta muy crujiente, hecha de harina, azúcar, huevos y otros alimentos que se cuecen al horno. **2.** Bofetada, golpe.
**SIN. 2.** Cachete, guantazo, sopapo.

**gallina** *s. f.* **1.** Hembra del gallo, que se cría para aprovechar sus huevos y su carne. Se diferencia del gallo en que es más pequeña, su cresta es más corta y no tiene espolones. || *adj.* y *s. m.* y *f.* **2.** Cobarde: *Ese niño es un gallina, todo le da miedo.*
**EXPR. carne** o **piel de gallina** Busca **carne**. **la gallina** o **la gallinita ciega** Juego en que uno de los jugadores, con los ojos vendados, intenta coger a alguno de los otros y adivinar quién es.
**SIN. 2.** Cagueta. **ANT. 2.** Valiente.
**FAM.** Gallinaza, gallinazo, gallinejas, gallinero, gallineta.

**gallinaza** *s. f.* Caca de las gallinas.

**gallinazo** *s. m.* Ave rapaz americana, muy grande y parecida al buitre, de color pardo y con la cabeza sin plumas; se alimenta de animales muertos.

**gallinejas** *s. f. pl.* Plato típico de Madrid que consiste en tripas fritas de gallina o de cordero.

**gallinero** *s. m.* **1.** Lugar donde se crían y guardan las gallinas, gallos y otras aves de corral. **2.** Sitio en que hay mucho jaleo. **3.** Parte alta y más barata de los teatros.

**gallineta** *s. f.* **1.** Ave de alas cortas, patas largas y color gris con rayas negras que vive en lagunas y pantanos de lugares fríos. **2.** Busca **becada**. **3.** Busca **pintada²**.

**gallito** *s. m.* Persona que se pone chula.

**gallo** *s. m.* **1.** Ave doméstica, que es el macho de la gallina. Tiene muchas plumas, una cresta roja y alta, y espolones en las patas. **2.** Voz chillona y desagradable que a veces sale al cantar o al hablar. **3.** Pez marino, con el cuerpo plano y los ojos en el lado izquierdo; suele permanecer recostado en el fondo del mar. Se utiliza mucho como alimento.
**EXPR. en menos que canta un gallo** Con mucha rapidez. **otro gallo (me, te...) cantara** Expresa que las cosas podrían haber ido mejor: *Si hubiera estudiado más durante el curso, otro gallo le cantara.*
**FAM.** Galladura, gallear, gallera, gallina, gallito. / Engalladura.

**galo, la** *adj.* y *s. m.* y *f.* **1.** De la Galia, nombre que dieron los romanos a lo que hoy es Francia. **2.** Francés.
**FAM.** Galicismo.

**galón¹** *s. m.* **1.** Cinta estrecha, de tejido fuerte, a veces con un hilo dorado o plateado, que sirve de adorno en vestidos y otras cosas. **2.** Cinta parecida que se pone en los uniformes militares para indicar algunos grados. **3.** Grado del ejército: *Ganó sus galones en el campo de batalla.*
**SIN. 1.** Trencilla.

**galón²** *s. m.* Medida para líquidos. El galón inglés equivale a 4,59 litros y el americano a 3,78.

bebedero
ponederos
comedero

**gallinero**

**galopada** *s. f.* Carrera del caballo cuando galopa.

**galopante** *adj.* Se dice de las cosas que aparecen de repente y crecen o se desarrollan muy deprisa: *Hay una epidemia galopante de gripe.*

**galopar** *v.* **1.** Correr un caballo a galope. **2.** Ir montada una persona sobre un caballo que va a galope. **FAM.** Galopante.

**galope** *s. m.* Carrera del caballo en la que, durante un momento, tiene las cuatro patas en el aire. **FAM.** Galopada, galopar.

**galpón** *s. m.* En Hispanoamérica, almacén o barracón.

**galvanizado, da** *adj.* Se dice del metal que está recubierto de una capa de cinc o de otro metal para que no se oxide.

**galvanizar** *v.* Cubrir un metal con una capa de otro metal, sobre todo de cinc. ■ Delante de *e* se escribe *c* en lugar de *z*: *galvanice.* **FAM.** Galvanizado.

**gama** *s. f.* **1.** Serie de cosas que tienen algo en común y que van ordenadas de más a menos o de menos a más, sobre todo de colores: *Laura eligió el rojo más claro de la gama.* **2.** Conjunto de cosas variadas, dentro de una misma categoría: *En el concesionario tenían una amplia gama de coches deportivos.* **3.** Escala musical. **SIN. 1.** Gradación.

**gamada** *adj.* Se dice de la cruz con cuatro brazos iguales y que al final de cada brazo tiene un trazo en ángulo recto con él.

**gamba** *s. f.* **1.** Crustáceo marino de cuerpo alargado. Tiene el caparazón no muy duro, dos antenas largas y muchos pares de patitas. Es muy apreciado como alimento. **2.** Pierna, pata. **FAM.** Gambito.

**gamberrada** *s. f.* Acción propia de un gamberro.

**gamberrismo** *s. m.* Comportamiento propio de los gamberros.

**gamberro, rra** *adj.* y *s. m.* y *f.* Persona que para divertirse rompe cosas, arma jaleo o molesta a los demás. **SIN.** Alborotador, vándalo. **ANT.** Cívico, civilizado. **FAM.** Gamberrada, gamberrismo.

**gambito** *s. m.* Jugada del ajedrez que consiste en dejarse comer una pieza, normalmente un peón, para conseguir una buena posición.

**gameto** *s. m.* Cada una de las dos células sexuales, masculina y femenina, que se unen para que nazca un nuevo ser vivo. ·

**gamitido** *s. m.* Sonido que hace el gamo.

**gamma** *s. f.* Tercera letra del alfabeto griego, que corresponde al sonido suave de nuestra *g.* **FAM.** Gama, gamada.

**gamo** *s. m.* Mamífero rumiante parecido al ciervo, que tiene el pelo de color pardo rojizo y los cuernos aplastados en forma de pala. **FAM.** Gamitido.

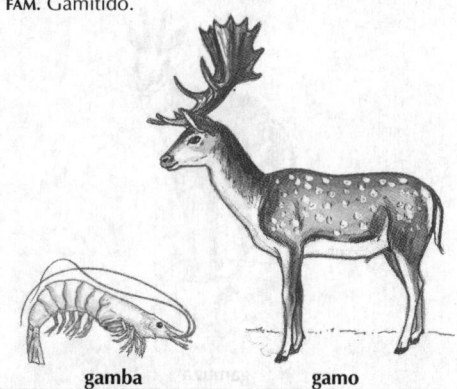

**gamba**          **gamo**

**gamusino** *s. m.* Animal imaginario con el que se hacen bromas a los cazadores novatos.

**gamuza** *s. f.* **1.** Mamífero rumiante del tamaño de una cabra grande, con los cuernos lisos y rectos que se doblan en la punta. En España, abunda en los Pirineos. **2.** Piel curtida de este animal u otras parecidas; también, tejido de lana o algodón que imita a estas pieles. **3.** Paño suave para limpiar.
SIN. **1.** Rebeco.

**gana** *s. f.* **1.** Deseo de algo: *Carlos tiene ganas de ir a la playa.* **2.** Hambre, apetito: *No voy a comer porque no tengo ganas.*
EXPR. **darle** a alguien **la gana** Hacer algo una persona porque quiere: *Me fui porque me dio la gana.* **de buena** o **de mala gana** Con gusto o a disgusto: *Le dejó el libro de mala gana.*
SIN. **2.** Gazuza, gusa. ANT. **1.** y **2.** Desgana.
FAM. Desgana.

**ganadería** *s. f.* **1.** Actividad dedicada a la cría de ganado. **2.** Conjunto de ganados de una región, país, o de una misma persona: *En este lugar hay varias ganaderías de toros bravos.*

**ganadero, ra** *adj.* **1.** Del ganado o de la ganadería. || *adj.* y *s. m.* y *f.* **2.** Dueño de una ganadería.

**ganado** *s. m.* Conjunto de animales cuadrúpedos de una misma especie, como ovejas, cabras, toros, vacas o caballos, que se crían para aprovechar su carne, su piel, su fuerza.
SIN. Rebaño, manada.
FAM. Ganadería, ganadero.

**ganador, ra** *adj.* y *s. m.* y *f.* Que gana un premio u otra cosa.
SIN. Vencedor.

**ganancia** *s. f.* Dinero u otra cosa que se gana: *Al vender esas fincas consiguió grandes ganancias.*
SIN. Provecho, rendimiento. ANT. Pérdida.
FAM. Ganancial.

**ganancial** *adj.* Se dice de las cosas que, en un matrimonio, pertenecen por igual al marido y a la mujer;

se usa sobre todo en la expresión **bienes gananciales**.

**ganar** *v.* **1.** Conseguir dinero cuando se hace un negocio o trato: *Ganó varios millones con la venta de la casa.* **2.** Recibir un sueldo una persona por el trabajo que hace: *Le han contratado en una nueva empresa y gana un dineral al mes.* **3.** Conseguir un trofeo, una victoria u otra cosa: *Arturo ganó la carrera. Ganaron el primer premio de la lotería.* **4.** Merecer algo: *Después de tanto trabajo, te has ganado unas vacaciones.* **5.** Ser mejor que otro: *A Carmen nadie la gana en simpatía.* **6.** Llegar al sitio que se quiere, casi siempre con esfuerzo: *Ganaron la orilla del río a nado.* **7.** Mejorar: *Desde que se cambió de peinado, Rosa ha ganado mucho.*
SIN. **1.** Embolsarse, ingresar. **2.** Cobrar. **3.** Vencer. **5.** Aventajar, superar. ANT. **1.** y **3.** Perder.
FAM. Ganado, ganador, ganancia.

**ganchillo** *s. m.* **1.** Aguja que termina en un pequeño gancho y se utiliza para hacer algunas labores de punto. **2.** Labor que se hace con esta aguja: *La abuela ha hecho un paño de ganchillo.*

**ganchito** *s. m.* Aperitivo de patata, maíz o trigo frito, que tiene forma alargada o de gancho.

**gancho** *s. m.* **1.** Objeto con forma curva por uno de los extremos, que sirve para agarrar o colgar cosas: *El tendero tiene los jamones colgados en ganchos.* **2.** Encanto que tiene una persona o cosa: *Andrés tiene gancho, gusta mucho a las chicas.* **3.** Persona o cosa que sirve para atraer a otros: *La publicidad es un buen gancho para que la gente compre un producto.* **4.** Golpe dado de abajo arriba con el brazo doblado.
SIN. **1.** Garfio. **3.** Atractivo.
FAM. Ganchillo, ganchito, ganchudo. / Enganchar.

**ganchudo, da** *adj.* En forma de gancho.

**gandul, la** *adj.* y *s. m.* y *f.* Persona muy vaga: *No seas gandul y ayuda a tus hermanos.*
SIN. Holgazán, haragán. ANT. Trabajador, diligente.
FAM. Gandulear, gandulería.

**gandulear** *v.* Hacer el vago.
SIN. Vaguear, holgazanear. ANT. Trabajar.

**gandulería** *s. f.* Característica o comportamiento de la persona gandula.
SIN. Vagancia, vaguería, holgazanería. ANT. Diligencia, presteza.

**ganga¹** *s. f.* Parte que va unida a los minerales cuando son extraídos de la mina, y que no sirve.

**ganga²** *s. f.* Algo muy bueno que se consigue sin esfuerzo o por poco dinero: *Ese coche tan barato ha sido una auténtica ganga.*
SIN. Chollo, ocasión.

**ganglio** *s. m.* Órganos muy pequeños que tenemos por todo el cuerpo, y que ayudan a defender nuestro organismo de las infecciones. También se llaman *ganglios linfáticos.*

**gamuza**

**gangoso, sa** *adj.* y *s. m.* y *f.* Que habla de una forma rara, como si lo hiciera por la nariz, casi siempre por tener algún defecto en los conductos nasales.

**gangrena** *s. f.* Muerte de una parte del cuerpo porque no circula por ella la sangre suficiente. **FAM.** Gangrenarse.

**gangrenarse** *v.* Sufrir gangrena una parte del cuerpo.

**gángster** *s. m.* Persona que pertenece a una banda de criminales, es muy violenta y se dedica a negocios que están fuera de la ley. ■ Su plural es *gángsteres* o *gángsters*. Se escribe también *gánster*.

**gansada** *s. f.* Tontería que uno hace o dice, a veces para que se rían los demás. **SIN.** Gracia, bobada.

**ganso, sa** *s. m.* y *f.* **1.** Ave doméstica de gran tamaño, de color blanco o gris, pico grueso y patas fuertes. ‖ *adj.* y *s. m.* y *f.* **2.** Persona que intenta ser graciosa y hace bobadas. ‖ *adj.* **3.** Grande, alto. **SIN. 1.** Ánsar, oca. **FAM.** Gansada.

**gánster** *s. m.* Busca **gángster.**

**ganzúa** *s. f.* Alambre fuerte, doblado por la punta, para abrir una cerradura si no se tiene llave.

**gañán** *s. m.* **1.** Hombre que trabaja en una casa de campo y se dedica a las tareas agrícolas, por ejemplo a arar la tierra. **2.** Hombre fuerte y bruto.

**gañido** *s. m.* Aullido o quejido de algunos animales: *Dejaron solo al cachorrillo y no paraba de lanzar gañidos.*

**gañir** *v.* Aullar o quejarse algunos animales, como el perro. ■ Es un verbo irregular. Se conjuga como *mullir.* **FAM.** Gañido. / Desgañitarse.

**gañote** *s. m.* Garganta: *De un solo trago se echó al gañote todo el vaso de vino.* **SIN.** Gaznate.

**garabatear** *v.* Hacer garabatos: *Los más pequeños aprendían a coger el lápiz y a garabatear en el cuaderno.* **SIN.** Pintarrajear, garrapatear.

**garabato** *s. m.* Letras mal hechas o rayas que no significan nada, como las que hacen los niños pequeños. **SIN.** Pintarrajo. **FAM.** Garabatear.

**garaje** *s. m.* **1.** Lugar cerrado donde se guardan los coches. **2.** Taller donde se arreglan coches. **SIN. 1.** Cochera, aparcamiento, parking.

**garante** *adj.* Que da garantía de algo: *Su guardaespaldas es el garante de su seguridad.*

**garantía** *s. f.* **1.** Todo lo que sirve para asegurar que algo se va a cumplir: *Le dejó una cantidad de dinero como garantía de que iba a pagar el resto.* **2.** Papel con la firma o el sello de una empresa en el que ésta se compromete, durante un tiempo, a arreglar gratis una cosa que alguien acaba de comprar: *El frigorífico tiene una garantía por un año.* **3.** Confianza que ofrece alguien o algo: *Compraron el reloj en una tienda de garantía.* **SIN. 3.** Credibilidad, crédito. **FAM.** Garante, garantizar.

**garantizar** *v.* **1.** Asegurar que algo se va a cumplir: *El mecánico le garantizó que su coche estaría arreglado en una hora.* **2.** Obligarse por un tiempo una empresa a arreglar gratis una cosa que alguien acaba de comprar: *Esta marca garantiza las lavadoras durante dos años.* ■ Delante de *e* se escribe *c* en lugar de *z*: *Les garanticé que irías.*

**garbanzo** *s. m.* Planta de flores blancas y unos 50 centímetros de altura, que tiene una semilla comestible, redonda y de color beige, llamada también *garbanzo.* **EXPR. garbanzo negro** Persona que destaca por algo malo en una familia o en un grupo.

**garbeo** *s. m.* Paseo: *¿Te vienes a dar un garbeo?* **SIN.** Vuelta.

**garbo** *s. m.* Forma bonita y elegante de moverse, hablar o hacer las cosas una persona: *Tiene mucho garbo al andar.* **SIN.** Salero, gracia, elegancia. **FAM.** Garbeo, garboso. / Desgarbado.

**garboso, sa** *adj.* Que tiene garbo. **SIN.** Saleroso, elegante. **ANT.** Soso.

**garceta** *s. f.* Ave parecida a la garza, con las plumas blancas o grises, pico fino, cuello delgado y patas negras. Vive en las orillas de ríos y lagunas.

**garcilla** *s. f.* Ave zancuda de cuerpo corto y alas robustas, que vive en zonas pantanosas.

**gardenia** *s. f.* Arbusto que tiene espinas en los tallos y unas flores blancas, muy bonitas y de muy buen olor, llamadas también *gardenias.*

**garduña** *s. f.* Mamífero carnívoro de pequeño tamaño, que tiene el cuerpo alargado, el cuello largo y las patas cortas. Su pelo es entre marrón y gris, con una mancha blanca en el pecho.

**garete** Se usa en la expresión **ir** o **irse al garete**, que significa 'estropearse algo, fracasar': *Sus negocios se fueron al garete.*

gardenia

ganso          garduña

**garfio** *s. m.* Gancho de hierro que sirve para sujetar o agarrar algo.

**gargajear** *v.* Escupir gargajos.

**gargajo** *s. m.* Saliva espesa y con mocos que se echa por la boca.
SIN. Esputo, escupitajo, lapo.
FAM. Gargajear.

**garganta** *s. f.* **1.** Parte de delante del cuello: *Se abrigó la garganta con una bufanda.* **2.** Parte de dentro del cuello: *Tiene dolor de garganta.* **3.** Paso estrecho y hondo entre dos montañas.
SIN. **2.** Gaznate. **3.** Desfiladero, cañón.
FAM. Gargantilla. / Gargajo, gárgaras.

**gargantilla** *s. f.* Collar corto que se pone alrededor del cuello.

**gárgaras** *s. f. pl.* Acción de tener un líquido en la garganta, con la boca abierta y hacia arriba, sin tragarlo y echando el aire para removerlo y hacer burbujas.
EXPR. **mandar** a alguien o algo **a hacer gárgaras** Echar bruscamente a alguien o separarse uno de algo que no quiere.
SIN. Gargarismo.
FAM. Gargarismo.

**gargarismo** *s. m.* **1.** Gárgaras. **2.** Líquido para hacer gárgaras.

**gárgola** *s. f.* Adorno que hay en las cornisas de algunos edificios, como las catedrales, para que salga el agua de lluvia. Suele tener forma de monstruo o de animal imaginario.

**garita** *s. f.* **1.** Caseta o torrecita donde se meten, para vigilar, los soldados y otras personas. **2.** En los portales, cuarto pequeño donde está el portero.
SIN. **2.** Chiscón.
FAM. Garito.

**garito** *s. m.* **1.** Local ilegal en el que se juega a las cartas y a juegos de azar. **2.** Bar de copas: *Nos tomamos una cerveza en un garito que hay cerca de la facultad.*

**garlopa** *s. f.* Herramienta de carpintero parecida a un cepillo largo y con mango que se utiliza para igualar las superficies ya alisadas.

**garra** *s. f.* **1.** Uña fuerte y afilada que tienen en los dedos algunos animales, como los leones o las águilas. **2.** Mano o pata de los animales que tienen estas uñas. **3.** Atractivo, interés: *Mucha gente fue a ver ese espectáculo porque tenía garra.*
SIN. **2.** Zarpa. **3.** Gancho.
FAM. Garrapiñar. / Agarrar, desgarrar.

**garrafa** *s. f.* Recipiente de cristal, plástico u otra cosa, parecido a una botella grande y redondeada.
FAM. Garrafón.

**garrafal** *adj.* **1.** Se dice de los errores o faltas que son muy grandes o muy graves: *Tuvo una equivocación garrafal.* || *adv.* **2.** Muy mal: *El actor se puso nervioso y estuvo garrafal.*
SIN. **1.** Enorme, tremendo, monstruoso. **2.** Fatal. ANT. **1.** Leve. **2.** Genial.

**garrafón** *s. m.* Garrafa grande.
EXPR. **de garrafón** Se dice de las bebidas alcohólicas de mala calidad: *whisky de garrafón.*

**garrapata** *s. f.* Bicho de forma parecida a la de la araña que vive en la piel o en el pelo de algunos animales para chuparles la sangre.

**garrapatear** *v.* Busca **garabatear**.

**garrapiñado, da** *adj.* Se dice de las almendras, los piñones y otros frutos secos que están cubiertos por una capa rojiza y gruesa de azúcar hecho caramelo.

**garrapiñar**[1] *v.* Bañar almendras y otros frutos secos con una capa de azúcar hecho caramelo.
FAM. Garrapiñado.

**garrapiñar**[2] *v.* Robar algo agarrándolo o tirando de ello: *En un despiste le garrapiñaron el bolso.*

**garrido, da** *adj.* Guapo, de buen aspecto: *un garrido caballero.*
SIN. Gallardo, apuesto. ANT. Feo, contrahecho.

**garriga** *s. f.* Matorral formado por distintos arbustos espinosos, matas aromáticas y otras plantas, que crece en zonas de clima mediterráneo.

**garrocha** *s. f.* Vara larga terminada en un pincho de acero, como por ejemplo la que se usa en las corridas para picar a los toros.
SIN. Pica, puya.

**garrota** *s. f.* **1.** Palo grueso y fuerte. **2.** Bastón curvado por la parte de arriba.
SIN. **1.** Garrote, tranca. **2.** Cayado.

**garrotazo** *s. m.* Golpe dado con un garrote o con un palo.
SIN. Trancazo.

**garrote** *s. m.* **1.** Palo grueso y fuerte. **2.** Antiguo instrumento para matar a los condenados a muerte, estrangulándoles o partiéndoles el cuello. También se le llamaba *garrote vil.*
SIN. **1.** Tranca.
FAM. Garrotazo, garrote, garrotillo. / Agarrotar.

**garrotillo** *s. m.* Busca **difteria**.

**garrucha** *s. f.* Busca **polea**.

gárgola        garrafa

**garrulería**[1] *s. f.* Comportamiento de la persona garrula.

**garrulería**[2] *s. f.* Conversación de la persona gárrula.

**garrulo, la** *adj.* y *s. m.* y *f.* Se dice de la persona basta, que no sabe comportarse con educación. SIN. Paleto, palurdo, cateto. ANT. Fino, refinado. FAM. Garrulería[1].

**gárrulo, la** *adj.* **1.** Se dice de las aves que cantan o graznan mucho. **2.** Que habla mucho, charlatán. SIN. **2.** Hablador, parlanchín. ANT. **2.** Callado. FAM. Garrulería[2].

**garúa** *s. f.* En Hispanoamérica, llovizna, lluvia muy fina.

**garza** *s. f.* Ave de patas largas y finas, con las plumas blancas o gris claro. Tiene el cuello largo y en forma de S y, en la cabeza, un penacho con plumas hacia atrás. Vive en las orillas de lagos y pantanos y se alimenta de peces. FAM. Garceta, garcilla.

garza

**garzo, za** *adj.* Azul; se dice sobre todo de los ojos.

**gas** *s. m.* **1.** Estado de la materia, como el del aire o el vapor de agua. **2.** Combustible en este estado: *Esta cocina funciona con gas.* ‖ *s. m. pl.* **3.** Aire que se produce en la digestión y se queda en el intestino. EXPR. **gas ciudad** Gas combustible que llega a las casas o a las industrias a través de tuberías. **gas natural** Gas que se forma en la naturaleza en grandes depósitos subterráneos y se usa como combustible. ‖ **a todo gas** A toda velocidad o con toda fuerza: *El coche pasó por la autopista a todo gas.* SIN. **3.** Flato, flatulencia. FAM. Gasear, gaseoducto, gaseosa, gaseoso, gasoducto, gasoil, gasóleo. / Antigás.

**gasa** *s. f.* **1.** Tela muy fina y transparente: *Se puso en el cuello un pañuelo de gasa.* **2.** Tejido que tiene los hilos muy separados y se usa como venda, como compresa o para tapar heridas.

**gascón, na** *adj.* y *s. m.* y *f.* **1.** De Gascuña, región de Francia. ‖ *s. m.* **2.** Dialecto hablado en Gascuña.

**gasear** *v.* **1.** Hacer que un líquido absorba gas. **2.** Hacer respirar gases asfixiantes, tóxicos o lacrimógenos a una persona o a un animal.

**gaseoducto** o **gasoducto** *s. m.* Tubería muy ancha y muy larga por la que se conducen gases combustibles desde lugares muy lejanos.

**gaseosa** *s. f.* Agua con burbujas, de sabor dulce.

**gaseoso, sa** *adj.* **1.** En estado de gas, como el aire o el vapor. **2.** Se dice del líquido que tiene gas.

**gasfíter, gásfiter** o **gasfitero** *s. m.* En algunos países de América del Sur, fontanero.

**gasofa** *s. f.* Gasolina.

**gasoil** o **gasóleo** *s. m.* Combustible parecido a la gasolina con el que funcionan algunos vehículos y que también se usa en algunas calefacciones. FAM. Gasolina.

**gasolina** *s. f.* Combustible líquido que se saca del petróleo y se usa en los motores de los coches y como disolvente. FAM. Gasolinera.

**gasolinera** *s. f.* Lugar donde se vende gasolina.

**gastado, da** *adj.* **1.** Acabado: *Este tubo de pegamento ya está gastado.* **2.** Estropeado por el uso: *El cuello de esta camisa está muy gastado.*

**gastador, ra** *adj.* y *s. m.* y *f.* **1.** Que gasta mucho dinero. ‖ *s. m.* y *f.* **2.** Soldado especializado en hacer trincheras y zanjas. **3.** Cada uno de los soldados de cada batallón que abren paso en marchas y desfiles. SIN. **1.** Derrochador, manirroto. **2.** Zapador. ANT. **1.** Ahorrador.

**gastar** *v.* **1.** Emplear dinero en algo: *Nos gastamos mucho en las vacaciones.* **2.** Ir acabando o estropeando una cosa, por ejemplo con el uso: *No gastes tanta agua. Se han gastado las suelas de los zapatos.* **3.** Llevar o usar una cosa corrientemente: *¿Qué colonia gastas?* EXPR. **gastar una broma** Hacerla. **gastarlas** Comportarse alguien siempre de una manera; sobre todo se usa para decir que una persona tiene muy mal genio: *No te metas con él, ya sabes cómo las gasta.* SIN. **2.** Desgastar, ajar. **2.** y **3.** Utilizar. ANT. **1.** y **2.** Ahorrar. FAM. Gastado, gastador, gasto. / Desgastar, malgastar.

**gasto** *s. m.* Lo que se gasta o se ha gastado, sobre todo dinero: *Este mes, con las vacaciones, he tenido más gastos.* SIN. Consumo; desembolso. ANT. Ahorro.

**gástrico, ca** *adj.* Del estómago o relacionado con él: *jugos gástricos.* FAM. Gastritis.

**gastritis** *s. f.* Inflamación del estómago, que produce dolor. ■ No varía en plural.

**gastroenteritis** *s. f.* Inflamación del estómago y del intestino, que produce dolor y diarrea. ■ No varía en plural.

**gastronomía** *s. f.* Conocimientos sobre las distintas formas de preparar la comida y sobre los platos que son típicos de un país o región. FAM. Gastronómico.

gata con gatitos

gato de Angora

gato siamés

gato persa

gato rojo

**gastronómico, ca** *adj.* Relacionado con la gastronomía: *He comprado una guía gastronómica para conocer los mejores restaurantes.*

**gatear** *v.* **1.** Andar a gatas: *Su hermano es muy pequeño y todavía gatea.* **2.** Subir por un muro o por un árbol como lo hacen los gatos.
SIN. **2.** Trepar.

**gatera** *s. f.* Agujero en una pared o en una puerta para que entren y salgan los gatos y otros animales pequeños.

**gatillo** *s. m.* Palanca de las pistolas y otras armas de fuego que se aprieta con el dedo para disparar.

**gato, ta** *s. m.* y *f.* **1.** Mamífero pequeño que tiene la cabeza redondeada, las orejas de punta, la cola larga y el pelo muy suave. En el extremo de las patas tiene uñas que puede meter y sacar. Vive en las casas como animal de compañía. || *s. m.* **2.** Instrumento que se pone debajo de una cosa que pesa mucho para levantarla, como el que se usa para poder cambiar una rueda de un coche.
EXPR. **gato de algalia** Busca **civeta**. || **a gatas** Forma de ponerse o de andar alguien, apoyándose en las manos y los pies o las rodillas, como los gatos. **buscarle tres pies al gato** Busca **pie**. **cuatro gatos** Muy poca gente: *En el cine estábamos cuatro gatos.* **dar gato por liebre** Dar una cosa mala o que vale poco por otra parecida, pero mucho mejor. **haber gato encerrado** Haber algo raro o sospechoso en alguna cosa. **llevarse el gato al agua** Ser alguien, entre varios, el que consigue alguna cosa. **tener gato** a alguien Tenerle manía.
SIN. **1.** Minino.
FAM. Gatear, gatera, gatillo, gatuno. / Pelagatos.

**gatuno, na** *adj.* Del gato o que se parece a él: *Laura tiene unos andares gatunos.*

**gaucho, cha** *adj.* y *s. m.* Se dice de las personas que viven en las grandes llanuras de Argentina y Uruguay, en América del Sur, y se dedican a llevar el ganado, montadas a caballo, de un lado a otro.

**gaveta** *s. f.* **1.** Cajón de un escritorio y de algunos otros muebles. **2.** Mueble para escribir que tiene uno o varios cajones.

**gavia** *s. f.* **1.** Vela que se pone en la parte alta de algunos de los palos de un barco. **2.** Plataforma colocada en la parte alta de algunos de los palos de un barco. **3.** Surco en la tierra que sirve para separar propiedades o como desagüe.
SIN. **2.** Cofa.

**gavilán** *s. m.* Ave rapaz de pequeño tamaño que tiene las alas cortas y redondeadas y la cola larga. Es de color gris azulado por arriba con rayas rojizas por debajo.

**gavilla** *s. f.* Conjunto de ramas, espigas u otras cosas parecidas, atadas o sujetas de algún modo.

**gaviota** *s. f.* Ave de plumas blancas y grises que tiene el pico largo y terminado en gancho. Sus patas son apropiadas para nadar. Vive en las costas de todos los continentes.

**gay** *adj.* y *s. m.* Homosexual. ■ Es una palabra inglesa. Su plural es *gays.*

**gayumbos** *s. m. pl.* Calzoncillos.

**gazapo**[1] *s. m.* Cría del conejo.
FAM. Agazaparse.

**gazapo²** *s. m.* Equivocación al hablar o al escribir.
**SIN.** Errata, error, despiste.

**gazmoñería** *s. f.* Forma de comportarse y de pensar que tienen las personas gazmoñas.

**gazmoño, ña** *adj. y s. m. y f.* Se dice de la persona cursi, a la que todo le parece malo o indecente y que se escandaliza por cualquier cosa.
**SIN.** Mojigato, puritano, ñoño.
**FAM.** Gazmoñería.

**gaznate** *s. m.* Parte de arriba de la garganta.

**gazpacho** *s. m.* Sopa fría hecha con tomates, pepinos, cebolla y ajo, crudos y normalmente triturados, que lleva también aceite, vinagre y sal.

**gazuza** *s. f.* Hambre, ganas de comer: *A estas horas, tengo una gazuza...*
**SIN.** Apetito, gusa. **ANT.** Desgana.

**géiser** *s. m.* Chorro de agua caliente y vapor que sale de la tierra y suele aparecer en regiones donde hay volcanes.

**geisha** *s. f.* Mujer japonesa educada para entretener, acompañar y servir a los hombres. ■ Es una palabra japonesa.

**gel** *s. m.* **1.** Jabón líquido que se usa en la ducha y en el baño. **2.** Pasta transparente con la que se hacen medicinas o productos de belleza.

**gelatina** *s. f.* **1.** Sustancia espesa y transparente que se hace cociendo huesos y ternillas. **2.** Sustancia parecida que se hace al cocer frutas: *gelatina de fresa, de cerezas.*
**FAM.** Gel, gelatinoso.

**gelatinoso, sa** *adj.* Que tiene gelatina o parece gelatina.

**gélido, da** *adj.* Helado, muy frío.
**SIN.** Congelado, glacial. **ANT.** Caliente.
**FAM.** Congelar.

**gema** *s. f.* **1.** Piedra preciosa. **2.** Brote de una planta antes de que le salgan hojitas.
**SIN.** **2.** Yema, botón.
**FAM.** Gemología.

gavilán

gaviota

géiser

**gemelo, la** *adj. y s. m. y f.* **1.** Se dice de cada uno de los dos niños o crías de un animal que han nacido de un mismo parto, sobre todo los que son muy parecidos porque proceden de un mismo óvulo. **2.** Se dice de dos cosas iguales que están juntas, por ejemplo dos columnas o dos arcos. || *s. m.* **3.** Músculo de la pantorrilla que está formado por dos músculos finos que terminan en un solo tendón. || *s. m. pl.* **4.** Dos piezas unidas por una barrita o cadenita con que se abrochan los puños de las camisas. **5.** Prismáticos.
**SIN.** **1.** Mellizo. **5.** Anteojos.
**FAM.** Géminis.

**gemido** *s. m.* Sonido que expresa pena, dolor y otros sentimientos.
**SIN.** Lamento, quejido.

**géminis** *s. m.* **1.** Tercer signo del zodiaco. ■ Con este significado suele escribirse con mayúscula. || *s. m. y f.* **2.** Persona nacida bajo este signo, entre el 20 de mayo y el 21 de junio. ■ Esta palabra no varía en plural.

**gemir** *v.* Dar gemidos las personas y también los animales. ■ Es un verbo irregular. Se conjuga como *pedir.*
**SIN.** Sollozar.
**FAM.** Gemido. / Gimotear.

**gemología** *s. f.* Parte de la geología que estudia las gemas o piedras preciosas.

**gen** *s. m.* Partícula que está en los cromosomas de las células; a través de ella pasan de padres a hijos algunas características, como por ejemplo el color del pelo o de los ojos.
**FAM.** Genética, genoma, genotipo.

**genciana** *s. f.* Planta de hojas grandes ovaladas, flores amarillas agrupadas, fruto en cápsula y raíz de olor fuerte y sabor amargo que se usa para mejorar la digestión o bajar la fiebre.

**gendarme** *s. m.* En Francia y otros países, agente de policía.
**FAM.** Gendarmería.

**gendarmería** *s. f.* **1.** Cuerpo de policía francés. **2.** Cuartel de los gendarmes.

**genealogía** *s. f.* **1.** Antepasados de cada persona. **2.** Escrito o cuadro en que están los antepasados de una persona.
SIN. **1.** Linaje, estirpe, abolengo.
FAM. Genealógico.

**genealógico, ca** *adj.* De la genealogía o relacionado con ella.

**generación** *s. f.* **1.** Acción de generar. **2.** Conjunto de personas que viven en una misma época y tienen edades parecidas.
FAM. Generacional.

**generacional** *adj.* Relacionado con las generaciones: *Ese libro trata de las diferencias generacionales entre padres e hijos.*

**generador, ra** *adj. y s. m.* **1.** Que genera o produce. ‖ *s. m.* **2.** Aparato que produce energía: *generador eléctrico.*

**general** *adj.* **1.** Que se puede decir de todo un conjunto de personas o cosas o de la mayor parte: *El profesor de dibujo dio el aprobado general.* **2.** Que no es exacto o preciso: *Dio una explicación muy general, sin entrar en detalles.* ‖ *s. m. y f.* **3.** Jefe militar que está por encima del grado de coronel. ‖ *s. m.* **4.** El superior de una orden religiosa.
EXPR. **en general** o **por lo general** Generalmente: *El verano aquí es por lo general muy agradable.* También, sin referirse a una persona o cosa en concreto: *Les felicitó a todos en general.*
SIN. **1.** Genérico, colectivo. ANT. **1.** Particular.
FAM. Generala, generalato, generalidad, generalizar, generalmente.

**generala** *s. f.* **1.** Toque militar que avisa a las tropas para que se preparen con las armas. **2.** Mujer del general.

**generalato** *s. m.* **1.** Grado de general: *Alcanzó el generalato muy joven.* **2.** Conjunto de los generales de un ejército.

**generalidad** *s. f.* **1.** La mayoría de las personas o cosas que forman un conjunto: *Le apoyó la generalidad de la gente.* ‖ *s. f. pl.* **2.** Cosas generales o poco exactas: *No tenía ni idea de la lección y sólo contestaba generalidades.*
SIN. **1.** Colectividad. ANT. **1.** Minoría.

**generalizar** *v.* Hacer algo general, extenderlo a muchas personas: *El uso de ropa vaquera se ha generalizado a todo el mundo.* ■ Delante de *e* se escribe *c* en lugar de *z*: *No generalices.*
SIN. Extender, difundir; pluralizar. ANT. Limitar.

**generalmente** *adv.* Casi siempre: *Generalmente pasa los veranos en la sierra.*

**generar** *v.* **1.** Producir, causar: *Al frotar una cosa contra otra se genera calor.* **2.** Dar vida a un nuevo ser: *Las semillas generan nuevas plantas.*
SIN. **1.** Originar. **2.** Engendrar.
FAM. Generación, generador, generatriz, género, génesis. / Degenerar, regenerar.

**generatriz** *adj. y s. f.* En geometría, se dice de la línea o figura que al moverse genera o produce otra figura o cuerpo geométrico. ■ Su plural es *generatrices.*

**genérico, ca** *adj.* Común a todo lo que entra dentro de un género o conjunto: *«Pájaro» es el nombre genérico de muchas aves.*
SIN. General, colectivo. ANT. Específico.

**género** *s. m.* **1.** Conjunto de personas, animales, plantas o cosas que se parecen en algo: *La guitarra es del género de los instrumentos de cuerda.* **2.** Lo que se vende en una tienda: *Esa carnicería tiene buen género.* **3.** Tela, tejido: *Ese traje, además de ser elegante, está confeccionado con muy buen*

| GÉNERO GRAMATICAL | | |
|---|---|---|
| **MASCULINO** | **FEMENINO** | **FORMACIÓN DEL FEMENINO** |
| *maestro* | *maestra* | Se sustituye *-o* por *-a*. |
| *león* | *leona* | Se añade *-a*. |
| *guardia* | *guardia* | No varía. |
| *barón*<br>*gallo*<br>*poeta* | *baronesa*<br>*gallina*<br>*poetisa* | Añaden terminaciones especiales. |
| *actor* | *actriz* | Cambia su terminación. |
| *padrino*<br>*toro*<br>*caballo* | *madrina*<br>*vaca*<br>*yegua* | Masculino y femenino son palabras distintas. |

**género. 4.** Categoría gramatical según la cual las palabras pueden ser masculinas, femeninas o neutras: *La palabra «teléfono» es del género masculino.* **5.** Cada uno de los tipos en que se agrupan las obras artísticas: *Este libro pertenece al género de la novela de aventuras.*
SIN. **1.** Grupo, clase. **2.** Artículos.
FAM. General, genérico, generoso. / Congénere.

**generosidad** *s. f.* Característica de las personas que son generosas.

**generoso, sa** *adj.* Que da o reparte lo que tiene: *Ha sido muy generoso regalándole todos esos juguetes.*
SIN. Espléndido, desprendido. ANT. Rata, tacaño.
FAM. Generosidad.

**génesis** *s. f.* Creación o formación de una cosa: *la génesis de las montañas.* ■ No varía en plural.

**genética** *s. f.* Ciencia que estudia las características que se heredan en los animales o plantas, por ejemplo el color de los ojos, del pelo o de la piel.
FAM. Genético, genetista.

**genético, ca** *adj.* Relacionado con los genes o la genética: *Algunas enfermedades son genéticas y se heredan de padres a hijos.*

**genetista** *s. m. y f.* Especialista en genética.

**genial** *adj.* **1.** Muy inteligente, con mucho talento: *Todos le consideraban un arquitecto genial.* ‖ *adj. y adv.* **2.** Muy bueno, extraordinariamente: *Lo pasamos genial en la piscina.*
SIN. **1.** Brillante. **2.** Excelente, espléndido, formidable. ANT. **1.** Torpe, mediocre. **2.** Malo, fatal.
FAM. Genialidad.

**genialidad** *s. f.* **1.** Genio, talento: *La obra de Picasso muestra la genialidad del pintor.* **2.** Idea, comentario o acción original o ingeniosa.
ANT. **1.** Mediocridad, vulgaridad.

**genio** *s. m.* **1.** Persona muy inteligente o con mucho talento para algo: *Mozart fue un genio de la música.* **2.** Forma de ser de las personas que se enfadan fácilmente: *Tiene un genio que no hay quien le aguante.* **3.** Personaje fantástico de los cuentos que tiene poderes mágicos.
SIN. **1.** Lumbrera. **2.** Mal humor. ANT. **1.** Nulidad, calamidad. **2.** Simpatía.
FAM. Genial. / Congeniar, ingenio.

**genital** *adj.* **1.** De los órganos reproductores o relacionado con ellos. ‖ *s. m. pl.* **2.** Órganos sexuales.

**genocidio** *s. m.* Matanza de un grupo de personas por su raza, su religión o por motivos políticos.

**genoma** *s. m.* Conjunto de los cromosomas que hay en una célula.

**genotipo** *s. m.* Conjunto de los genes de un individuo.

**genovés, sa** *adj. y s. m. y f.* De Génova, ciudad de Italia.

**gente** *s. f.* **1.** Las personas en general: *Le gusta hablar con la gente.* **2.** Con los adjetivos *buena* y *mala*, persona: *Elisa es buena gente.*
EXPR. **gente bien** La que tiene dinero o es de clase social elevada. **gente guapa** Gente bien. **gente menuda** Los niños.
FAM. Gentil, gentilicio, gentío, gentuza.

**gentil** *adj.* Amable.
SIN. Atento. ANT. Grosero.
FAM. Gentileza, gentilhombre.

**gentileza** *s. f.* **1.** Amabilidad: *Tuvo la gentileza de cederle el asiento.* **2.** Cosa que se hace o se regala por cortesía: *El libro que le enviaron fue una gentileza de la editorial.*

**gentilhombre** *s. m.* Noble que servía en la corte o acompañaba a un personaje importante. ■ Su plural es *gentileshombres.*

**gentilicio, cia** *adj. y s. m.* Palabra que indica el país o lugar de donde es una persona o cosa, como *español*, *inglés* o *andaluz.*

**gentío** *s. m.* Gran cantidad de gente en un lugar.
SIN. Muchedumbre, multitud.

**gentuza** *s. f.* Mala gente.
SIN. Chusma, morralla, plebe.

**genuflexión** *s. f.* El doblar la rodilla ante alguien o algo para mostrar respeto.

**genuino, na** *adj.* Auténtico, puro: *Se compró un collar de perlas genuinas.*
SIN. Verdadero. ANT. Falso.

**geo** *s. m. y f.* Primeras letras de *Grupo Especial de Operaciones.* Es un miembro de un cuerpo de la policía española especializada en operaciones muy arriesgadas, como por ejemplo liberar rehenes.

**geografía** *s. f.* Ciencia que estudia el aspecto exterior de la Tierra, por ejemplo sus montañas, ríos, regiones y países.
FAM. Geográfico.

**geográfico, ca** *adj.* De la geografía o relacionado con esta ciencia.

**geógrafo, fa** *s. m. y f.* Persona que se dedica a la geografía.

**geoide** *s. m.* Forma teórica de la Tierra, que se determina tomando como superficie el nivel medio de los mares; es una esfera achatada por los polos.

**geología** *s. f.* Ciencia que estudia los materiales y la formación de la Tierra.
FAM. Geológico, geólogo.

**geológico, ca** *adj.* De la geología o relacionado con esta ciencia.

**geólogo, ga** *s. m. y f.* Persona que se dedica a la geología.

**geometría** *s. f.* Parte de las matemáticas que estudia los puntos, las líneas y las figuras.
FAM. Geométrico.

**geométrico, ca** *adj.* **1.** De la geometría o relacionado con ella. **2.** Se dice de los dibujos hechos con líneas rectas y curvas muy perfectas.

**georgiano, na** *adj.* y *s. m.* y *f.* **1.** De Georgia, país de Asia caucásica. **2.** De Georgia, estado de los Estados Unidos. || *s. m.* **3.** Lengua hablada en Georgia, país de Asia.

**geranio** *s. m.* Planta de tallo y hojas fuertes y flores de colores muy vivos. Suelen tenerse en tiestos en ventanas y balcones.

**gerbo** *s. m.* Busca **jerbo**.

**gerencia** *s. f.* **1.** Cargo y actividad de gerente: *Mi hermano se ocupa de la gerencia del negocio familiar.* **2.** Persona o conjunto de personas que dirigen una empresa: *Los aficionados culpan a la gerencia del descenso del club.*

**gerente** *s. m.* y *f.* Persona que dirige una empresa o una sociedad.
**FAM.** Gerencia.

**geriatra** *s. m.* y *f.* Médico especializado en los ancianos.

**geriatría** *s. f.* Rama de la medicina que estudia y trata las enfermedades de los ancianos.
**FAM.** Geriatra, geriátrico.

**geriátrico, ca** *adj.* **1.** De la geriatría. || *adj.* y *s. m.* **2.** Se dice del hospital o residencia que se ocupa del cuidado de personas ancianas.

**gerifalte** *s. m.* Persona muy importante o con mucho poder.
**SIN.** Mandamás.

**germanía** *s. f.* Lenguaje secreto utilizado por ladrones y delincuentes en los siglos XVI y XVII.

**germánico, ca** *adj.* y *s. m.* y *f.* De Germania, antigua región que ocupaba gran parte del centro de Europa. Los pueblos germánicos invadieron el imperio romano en el siglo V después de Cristo.

**germanismo** *s. m.* Palabra o expresión del alemán que se usa en otra lengua.

**germano, na** *adj.* y *s. m.* y *f.* **1.** De Germania, antigua región europea. **2.** Alemán.
**SIN.** **1.** Germánico.
**FAM.** Germánico, germanismo.

**germen** *s. m.* **1.** Microorganismo que puede producir enfermedades. **2.** Tallito que empieza a salir de una semilla. **3.** Origen o causa de algo: *El verano que pasaron juntos fue el germen de su gran amistad.*
**SIN.** **1.** Microbio. **3.** Principio, comienzo, raíz.
**FAM.** Germinar.

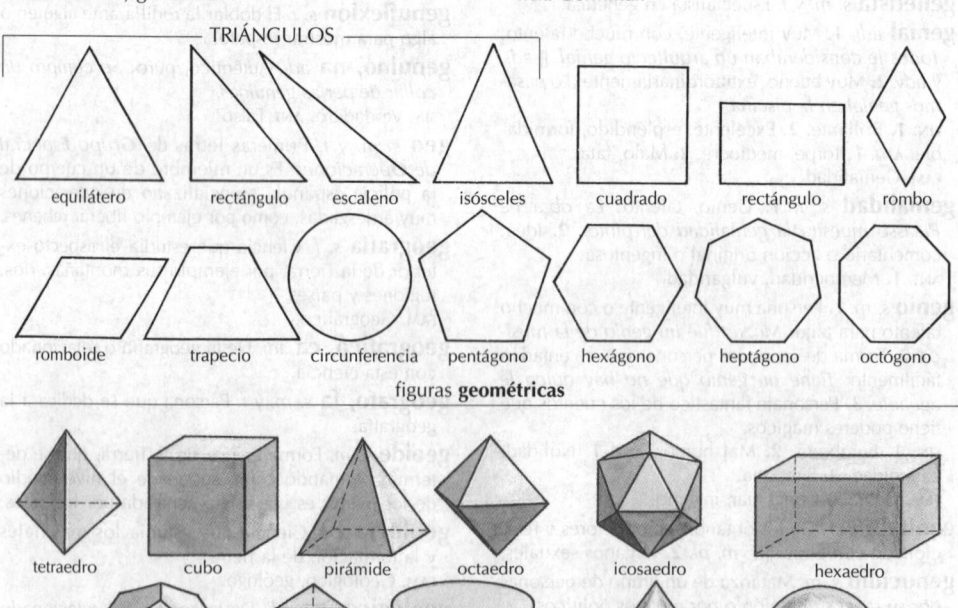

TRIÁNGULOS

equilátero · rectángulo · escaleno · isósceles · cuadrado · rectángulo · rombo

romboide · trapecio · circunferencia · pentágono · hexágono · heptágono · octógono

figuras **geométricas**

tetraedro · cubo · pirámide · octaedro · icosaedro · hexaedro

dodecaedro · prisma · cilindro · cono · esfera

cuerpos **geométricos**

**germinar** *v.* Empezar a desarrollarse una semilla para formar una planta.

**gerontología** *s. f.* Parte de la medicina que estudia las enfermedades y los problemas de la vejez.

**gerundense** *adj.* y *s. m.* y *f.* De Gerona, ciudad y provincia de Cataluña.

**gerundio** *s. m.* Forma no personal del verbo que acaba en *-ando* o *-iendo* y expresa una acción que se está produciendo, por ejemplo en la frase *Ahora está comiendo.*

**gesta** *s. f.* Acción valiente, arriesgada o muy importante: *Este libro cuenta la gesta del descubrimiento de América.*
**EXPR. cantar de gesta** Busca **cantar²**.
**SIN.** Hazaña.

**gestación** *s. f.* **1.** El hecho de formarse los hijos dentro de la madre. **2.** Preparación, elaboración: *La gestación de su última novela duró un año.*
**SIN. 1.** Embarazo.

**gestante** *adj.* Se dice de la mujer que está embarazada.

**gestar** *v.* **1.** Tener la madre a su hijo dentro de ella. || **gestarse 2.** Formarse o desarrollarse algo: *La idea de hacer un viaje toda la clase se fue gestando durante el curso.*
**FAM.** Gestación, gestante.

**gesticular** *v.* Hacer gestos: *Mariano gesticula mucho cuando habla.*

**gestión** *s. f.* **1.** Acción que se realiza para conseguir algo: *Tuvo que hacer varias gestiones para sacarse el pasaporte.* **2.** Dirección y organización de una empresa o de un asunto.
**SIN. 1.** Trámite, diligencia.
**FAM.** Gestionar, gestor, gestoría. / Autogestión.

**gestionar** *v.* **1.** Hacer gestiones: *Sus padres gestionaron el cambio de colegio.* **2.** Dirigir, organizar: *El hijo del dueño se encarga de gestionar la tienda.*

**gesto** *s. m.* **1.** Movimiento de los músculos de la cara o las manos que normalmente expresa algo: *Probó la comida y puso un gesto de asco.* **2.** Acción buena o mala: *Fue un bonito gesto ayudar a su amigo a estudiar en vacaciones.*
**SIN. 1.** Seña, visaje. **2.** Detalle.
**FAM.** Gesta, gesticular, gestual.

**gestor, ra** *adj.* y *s. m.* y *f.* **1.** Que gestiona o dirige: *Algunos empleados criticaron la labor gestora del encargado.* || *s. m.* y *f.* **2.** Miembro de una empresa que participa en su administración.

**gestoría** *s. f.* Oficina que se encarga de resolver asuntos, como sacar el carné de identidad o de conducir a alguien.

**gestual** *adj.* De los gestos o que se hace con gestos: *lenguaje gestual.*

**giba** *s. f.* Joroba.
**FAM.** Gibar.

**gibar** *v.* Fastidiar, molestar.
**SIN.** Chinchar, jorobar.

**gibón** *s. m.* Mono con los brazos muy largos, que puede caminar a dos patas y vive en los árboles. Habita en Asia.

**gibraltareño, ña** *adj.* y *s. m.* y *f.* De Gibraltar, territorio británico situado en el sur de España.

**gigabyte** *s. m.* Unidad de medida informática que equivale a 1.024 megabytes. ■ Es una palabra inglesa. Su plural es *gigabytes.*

**gigante, ta** *s. m.* y *f.* **1.** Personaje fantástico de gran estatura que aparece en los cuentos. **2.** Figura típica de algunas fiestas: dentro de ella va una persona, y representa a un hombre o una mujer muy altos. **3.** Persona muy alta. || *s. m.* **4.** Persona muy buena en una actividad: *Mozart fue un gigante de la música.* || *adj.* **5.** Muy grande. ■ Como adjetivo sólo se usa la forma *gigante: Mi madre ha comprado una sandía gigante.*
**SIN. 1.** Ogro. **4.** Monstruo, genio. **ANT. 1., 3.** y **5.** Enano. **3.** Retaco. **5.** Pequeño.
**FAM.** Gigantesco, gigantismo, gigantón.

**gigantesco, ca** *adj.* Muy grande.

**gigantismo** *s. m.* Enfermedad que hace que algunas personas crezcan mucho más de lo normal.

**gigantón, na** *s. m.* y *f.* **1.** Persona muy grande. **2.** Gigante de las fiestas populares.

**gigoló** *s. m.* Hombre joven y atractivo que mantiene relaciones sexuales con mujeres a cambio de dinero o regalos.

**gijonés, sa** o **gijonense** *adj.* y *s. m.* y *f.* De Gijón, ciudad de Asturias.

**gil, gilí** o **gilipollas** *adj.* y *s. m.* y *f.* Estúpido, tonto, poco inteligente. ■ El plural de *gilí* es *gilís. Gilipollas* no varía en plural y es una palabra vulgar.
**SIN.** Idiota, memo. **ANT.** Listo, inteligente, espabilado.
**FAM.** Gilipollez, gilipuertas.

**gilipollez** *s. f.* Estupidez, tontería. ■ Es una palabra vulgar. Su plural es *gilipolleces: Es mejor que te calles, porque sólo sabes decir gilipolleces.*

**gilipuertas** *adj.* y *s. m.* y *f.* Gilipollas. ■ No varía en plural.

**gim-jazz** *s. m.* Busca **gym-jazz**.

**gimnasia** *s. f.* Ejercicios que se hacen para dar fuerza y agilidad al cuerpo: *En el colegio tenemos clase de gimnasia.*
**EXPR. gimnasia sueca** La que consiste en flexiones y movimientos sin utilizar aparatos.
**FAM.** Gimnasio, gimnasta, gimnástico.

**gimnasio** *s. m.* Lugar donde hay instalaciones y aparatos para hacer gimnasia o practicar algún deporte. (Puedes ver su ilustración en la página siguiente).

**gimnasta** *s. m.* y *f.* Persona que se dedica a hacer gimnasia: *Las gimnastas españolas quedaron muy bien en el campeonato.*

espejo

cinta de movimiento continuo

pesas

banco de pesas

aparato para desarrollar los pectorales

aparato para desarrollar la zona lumbar

**gimnasio**

**gimnástico, ca** *adj.* De gimnasia: *Es bueno hacer ejercicios gimnásticos al levantarse por la mañana.*

**gimnosperma** *adj.* y *s. f.* Se dice de las plantas que no tienen frutos.

**gimotear** *v.* Empezar como a llorar, pero sin llegar a hacerlo: *El niño se puso a gimotear porque no le habían comprado el juguete.*
**SIN.** Lloriquear.

**gincana** *s. f.* Carrera en que los corredores, casi siempre utilizando un vehículo, deben vencer muchos obstáculos y dificultades. ■ Se escribe también *gymkhana.*

**ginebra** *s. f.* Bebida alcohólica fuerte y de color transparente, hecha con algunas semillas y bayas de enebro.

**gineceo** *s. m.* **1.** Órgano femenino de la flor, que tiene forma de botella: *Al caer el polen en el gineceo se forman las semillas de la planta.* **2.** Parte de la casa de los antiguos griegos donde estaban las mujeres.
**SIN. 1.** Pistilo.

**ginecología** *s. f.* Parte de la medicina que se ocupa de los órganos sexuales de la mujer.
**FAM.** Ginecólogo.

**ginecólogo, ga** *s. m.* y *f.* Médico que se dedica a la ginecología.

**gineta** *s. f.* Busca **jineta.**

**gingivitis** *s. f.* Inflamación de las encías. ■ No varía en plural.

**ginseng** *s. m.* Planta originaria de Asia cuya raíz posee propiedades medicinales. ■ Es una palabra china.

**gira** *s. f.* **1.** Viaje por varios lugares, volviendo luego al lugar de donde se ha salido: *Antonio ha hecho una gira turística por Andalucía.* **2.** Serie de actua-

ciones musicales o artísticas por varios lugares: *El grupo de rock ha realizado una gira por varios países de Europa.*
**SIN. 1.** Recorrido, ruta. **2.** Tournée.

**giradiscos** *s. m.* Pieza del tocadiscos o del equipo de música sobre la que se pone el disco para que dé vueltas. ■ No varía en plural.
**SIN.** Plato.

**giralda** *s. f.* Veleta con forma de persona o de animal que se pone sobre una torre.

**girar** *v.* **1.** Dar vueltas alrededor de algo, como hacen por ejemplo los caballitos de un tiovivo, o sobre sí mismo, como una peonza. **2.** Cambiar de dirección: *El coche giró a la derecha.* **3.** Tratar algo sobre un tema: *Su conversación giraba en torno a los muchos viajes que había hecho.* **4.** Enviar dinero por correo o telégrafo: *Cada mes, su padre le envía dinero por giro postal.*
**SIN. 1.** Rotar. **2.** Torcer, doblar, virar. **3.** Hablar, ocuparse, versar.
**FAM.** Giradiscos, giralda, girasol, giratorio, giro. / Autogiro.

**girasol** *s. m.* Planta de tallo largo y hojas en forma de corazón. Su flor es como una margarita muy grande que gira siguiendo la luz del Sol. Sus semillas, las pipas, son comestibles y se usan también para hacer aceite.

**giratorio, ria** *adj.* Que gira: *Los dentistas y los peluqueros suelen tener sillones giratorios.*

**girl scout** *expr.* Niña o muchacha que pertenece al grupo de los scouts, que se dedica a hacer acampadas y excursiones al aire libre. ■ Es una expresión inglesa. Su plural es *girl scouts.*

**giro** *s. m.* **1.** Acción de girar: *El coche dio un giro a la derecha.* **2.** Frase, expresión: *Cuando habla utiliza giros típicos de Asturias.* **3.** Envío de dinero por correo o telégrafo: *un giro postal.*
SIN. **1.** Vuelta, rotación, viraje. **2.** Construcción.

**gitano, na** *adj.* y *s. m.* y *f.* De una raza de personas que procedía de la India y se ha extendido por Europa y otras partes. Muchos de ellos van siempre de un lugar a otro.
EXPR. **que no se lo salta un gitano** Muy grande: *Se zampó un filete que no se lo salta un gitano.*
SIN. Calé, cíngaro. ANT. Payo.
FAM. Agitanado.

**glaciación** *s. f.* Cada una de las épocas, hace miles de años, en las que hacía mucho más frío que en la actualidad y gran parte de la Tierra estaba cubierta por el hielo. En estas épocas se formaron los glaciares.

**glacial** *adj.* **1.** Helado, muy frío: *Esta madrugada sopla un viento glacial.* **2.** Se dice de las zonas de la Tierra cercanas a los polos: *Los pingüinos viven en las regiones glaciales.*
SIN. **1.** Gélido. **1.** y **2.** Polar. ANT. **1.** Caliente, cálido. **2.** Tropical.
FAM. Glaciación, glaciar.

**glaciar** *s. m.* Masa de hielo que hay en partes altas de las montañas y que se desliza muy lentamente formando una especie de río.

**gladiador** *s. m.* Luchador que en el circo romano combatía con otros luchadores o con fieras.

**gladiolo** o **gladíolo** *s. m.* Planta de jardín con hojas que salen directamente del tallo y flores que forman una espiga.

**glamour** *s. m.* Atractivo o fascinación que tiene una persona o una cosa: *Las estrellas de cine tienen mucho glamour.* ■ Es una palabra inglesa.

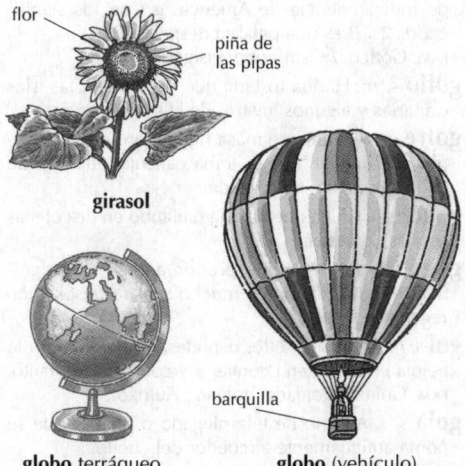

flor

piña de las pipas

**girasol**

**globo** terráqueo     **globo** (vehículo)

barquilla

**glande** *s. m.* Parte final del pene.

**glándula** *s. f.* Cada uno de los órganos de los animales y de los seres humanos que producen sustancias que el cuerpo necesita o que éste expulsa fuera, como la saliva, las lágrimas o el sudor.

**glasé** *s. m.* Tejido brillante de seda o tela artificial que lo imita.

**glaseado, da** *adj.* Se dice de los postres, bizcochos y pasteles que están recubiertos con azúcar derretido y clara de huevo.

**glasear** *v.* Recubrir un dulce con una capa brillante hecha de azúcar derretido y clara de huevo.
FAM. Glasé, glaseado.

**glaucoma** *s. m.* Enfermedad de los ojos en la que la pupila toma un color verdoso y que produce pérdida de visión y fuertes dolores.

**glicerina** *s. f.* Líquido espeso y sin color que se usa para hacer algunos productos de belleza y farmacia y para preparar nitroglicerina.
FAM. Nitroglicerina.

**global** *adj.* General, de todo un conjunto: *A final de curso haremos un examen global.*
SIN. Total, entero. ANT. Parcial.
FAM. Globalización, globalizar.

**globalización** *s. f.* Acción de globalizar.

**globalizar** *v.* Hacer global; especialmente, hacer que algo se extienda por todo el mundo. ■ Delante de *e* se escribe *c* en lugar de *z*: *Internet hace que la información se globalice cada vez más.*

**globo** *s. m.* **1.** Especie de bolsa de goma o de otro material flexible, llena de aire o gas, que utilizan los niños para jugar o se pone como adorno en las fiestas. **2.** Vehículo volador formado por una bolsa redondeada muy grande, llena de aire caliente o de un gas más ligero que el aire, de la que cuelga una barquilla para los viajeros. **3.** Nombre de algunos objetos o cuerpos más o menos redondos: *globo de luz, globo de la Tierra.*
FAM. Global, glóbulo. / Englobar.

**glóbulo** *s. m.* Cada una de las células que se encuentran a millones en la sangre y que se dividen en *glóbulos rojos*, que llevan el oxígeno a través del organismo, y *glóbulos blancos*, que destruyen los microbios y cuerpos perjudiciales.

**gloria** *s. f.* **1.** Según algunas religiones, lugar al que van las personas buenas después de morir y en el que estarán con Dios y serán felices. **2.** Gran fama que se consigue al hacer algo importante; también, aquello con que se logra esta fama: *El ciclista español se cubrió de gloria al ganar el Giro de Italia. Le gusta recordar sus glorias pasadas.* **3.** Gran placer o satisfacción: *Canta que da gloria oírle.* || *s. m.* **4.** Oración que se reza después del padrenuestro y el avemaría.
EXPR. **estar** alguien **en la gloria** Encontrarse muy a gusto. **saber** algo **a gloria** Saber muy bien.

**SIN. 1.** Cielo, paraíso, bienaventuranza. **2.** Renombre, celebridad; logro, mérito. **3.** Gusto. **ANT. 1.** Infierno, condenación. **2.** Fracaso. **3.** Asco.

**FAM.** Gloriar, glorieta, glorificar, glorioso. / Vanagloria.

**gloriar** *v.* **1.** Busca **glorificar.** ‖ **gloriarse 2.** Presumir, sentirse orgulloso. **3.** Sentirse muy alegre y feliz.

**SIN. 2.** Vanagloriarse, jactarse, alardear.

**glorieta** *s. f.* **1.** Plaza donde van a parar varias calles. **2.** Cenador. **3.** Plazoleta de un jardín o un parque.

**glorificar** *v.* Alabar: *glorificar a Dios y a los santos.* ■ Delante de *e* se escribe *qu* en lugar de *c*: *glorifiqué.*

**SIN.** Ensalzar, enaltecer, gloriar. **ANT.** Ofender.

**glorioso, sa** *adj.* Que tiene gloria o fama o la da: *una hazaña gloriosa.*

**SIN.** Memorable, honroso. **ANT.** Deshonroso.

**glosa** *s. f.* **1.** Explicación o comentario que se hace sobre un libro u otro texto. **2.** Nota que se pone en un texto para explicar alguna dificultad.

**SIN. 1.** Interpretación, reseña.

**FAM.** Glosar, glosario. / Desglosar.

**glosar** *v.* Explicar o comentar.

**glosario** *s. m.* Vocabulario que explica las palabras difíciles o dudosas de un libro.

**glotis** *s. f.* Espacio de la laringe situado entre las cuerdas vocales. ■ No varía en plural.

**FAM.** Epiglotis.

**glotón, na** *adj.* y *s. m.* y *f.* Que come mucho: *El muy glotón se comió todos los pasteles.*

**SIN.** Comilón, tragón. **ANT.** Desganado.

**FAM.** Glotonear, glotonería.

**glotonear** *v.* Comer mucho y con ansia.

**glotonería** *s. f.* Característica de las personas glotonas.

**SIN.** Gula, ansia. **ANT.** Desgana.

**glucemia** *s. f.* Concentración de azúcar en la sangre.

**FAM.** Hiperglucemia, hipoglucemia.

**glúcido** *s. m.* Hidrato de carbono. Busca **hidrato.**

**FAM.** Glucemia, glucosa.

**glucosa** *s. f.* Azúcar que se encuentra en la miel, la fruta y la sangre de las personas y los animales; la glucosa que tenemos en la sangre nos sirve como reserva de energía.

**gluten** *s. m.* Sustancia pegajosa de color pardo y muy nutritiva que se obtiene mezclando harina de trigo con agua y separando luego los glúcidos.

**FAM.** Aglutinar.

**glúteo** *s. m.* Cada uno de los tres músculos que forman las nalgas.

**gneis** *s. m.* Roca de grano grueso que tiene capas alternas de minerales claros y oscuros. ■ No varía en plural.

**gnomo** *s. m.* Geniecillo del bosque, especie de enanito que aparece en cuentos y leyendas.

**gobernación** *s. f.* Acción de gobernar.

**SIN.** Gobierno, administración.

**gobernador, ra** *s. m.* y *f.* Persona que gobierna una provincia, ciudad o territorio.

**gobernanta** *s. f.* **1.** Mujer que en los grandes hoteles se encarga de mantenerlo todo limpio y cuidado. **2.** En Hispanoamérica, institutriz.

**gobernante** *adj.* y *s. m.* y *f.* Que gobierna, sobre todo un país: *En la democracia, la gente elige a los gobernantes.*

**SIN.** Dirigente.

**gobernar** *v.* **1.** Dirigir o mandar, sobre todo un país, dando las órdenes o normas necesarias. **2.** Conducir un barco. ■ Es un verbo irregular. Se conjuga como *pensar.*

**SIN. 1.** Regir, administrar. **2.** Guiar, pilotar.

**FAM.** Gobernación, gobernador, gobernanta, gobernante, gobierno, gubernamental, gubernativo. / Ingobernable.

**gobierno** *s. m.* **1.** Acción de gobernar. **2.** Conjunto de personas que gobiernan un país: *Todo el gobierno asistió al acto.* ■ Con este significado, puede escribirse con mayúscula.

**SIN. 1.** Gobernación, administración; pilotaje. **2.** Gabinete.

**FAM.** Autogobierno, desgobierno.

**goce** *s. m.* **1.** Acción de gozar. **2.** Gusto, placer.

**SIN. 2.** Delicia, gozo. **ANT. 2.** Pena, sufrimiento.

**godo, da** *adj.* y *s. m.* y *f.* **1.** De un antiguo pueblo que procedía de Escandinavia e invadió parte del imperio romano. Los godos fundaron reinos en España e Italia. **2.** En Canarias se llama así a las personas de la Península. **3.** Nombre que daban a los españoles en América del Sur durante las guerras de independencia de América. ■ Con los significados **2** y **3** es una palabra despectiva.

**FAM.** Gótico. / Ostrogodo, visigodo.

**gofio** *s. m.* Harina tostada que se toma en las islas Canarias y algunos lugares de Hispanoamérica.

**gofre** *s. m.* Dulce de masa ligera con forma de rejilla rectangular, que se toma caliente, cubierto de chocolate, nata, mermelada.

**gogó¹** *s. f.* Chica que trabaja bailando en discotecas o salas de fiestas.

**gogó²** Se utiliza en la expresión **a gogó,** que significa 'en gran cantidad, mucho': *En la fiesta hubo regalos a gogó.*

**gol** *s. m.* En fútbol y otros deportes, hecho de meter la pelota en la portería contraria y conseguir un tanto.

**FAM.** Golazo, goleada, golear. / Autogol.

**gola** *s. f.* Adorno de tela plegado o rizado, que se ponía antiguamente alrededor del cuello.

**FAM.** Golilla. / Engolado.

**golazo** *s. m.* Gol conseguido mediante un potente disparo o una jugada muy buena.

**goleada** *s. f.* Muchos goles que marca un equipo durante un partido.

**goleador, ra** *adj.* y *s. m.* y *f.* Se dice del jugador o del equipo que marca muchos goles: *Ese delantero es el máximo goleador de la liga.*

**golear** *v.* Marcar muchos goles al equipo contrario.
FAM. Goleador.

**goleta** *s. f.* Barco de vela ligero con dos o tres palos.

**golf** *s. m.* Deporte que consiste en meter una pelotita, golpeándola con un bastón especial, en una serie de hoyos muy alejados unos de otros. ▪ Es una palabra inglesa.
FAM. Golfista. / Minigolf.

golfista
búnker — pelota — bandera
hoyo
palo
green
ría
tee

**golf**

**golfa** *s. f.* Prostituta.

**golfear** *v.* Portarse como un golfo.

**golfería** *s. f.* **1.** Comportamiento o acción propia de un golfo: *De joven hizo muchas golferías.* **2.** Grupo de golfos: *No me gusta que el chaval se junte con la golfería del barrio.*
SIN. **1.** Sinvergonzonería, pillería.

**golfista** *s. m.* y *f.* Jugador de golf.

**golfo** *s. m.* Trozo grande de mar que entra en la costa.
FAM. Engolfarse.

**golfo, fa** *adj.* y *s. m.* y *f.* **1.** Pillo, vagabundo. **2.** Persona holgazana y juerguista.
SIN. **1.** Granuja, bribón. **2.** Vago, sinvergüenza.
FAM. Golfa, golfear, golfería.

**golilla** *s. f.* Adorno que antiguamente se ponían los hombres en el cuello; está formado por una tira de tela negra que lleva encima otra más ancha, blanca y almidonada.

**gollería** *s. f.* **1.** Comida de sabor y aspecto muy agradable: *La abuela siempre está preparando bollos, pasteles y otras gollerías.* **2.** Cosa muy buena pero de la que se puede prescindir: *Se compró un coche baratito, sin cierre centralizado, airbag y gollerías por el estilo.*

**gollete** *s. m.* Cuello de botellas, garrafas, vasijas y recipientes parecidos.

**golondrina** *s. f.* Pájaro pequeño, oscuro o negro por arriba y blanco por abajo, con el pico corto, las alas largas y puntiagudas y la cola larga, terminada en dos puntas.
EXPR. **golondrina de mar** Nombre que se da a varias especies de aves parecidas a las gaviotas; anidan en costas y en lagos y tienen las alas estrechas, el pico alargado y la cola en forma de horquilla.
FAM. Golondrino.

**golondrino** *s. m.* **1.** Cría de la golondrina. **2.** Bulto que sale en el sobaco y duele mucho.

**golosina** *s. f.* Cosa dulce de comer, como los caramelos, los pasteles o los bombones.
FAM. Goloso. / Engolosinar.

**goloso, sa** *adj.* y *s. m.* y *f.* **1.** Se dice de la persona a la que le gustan mucho los dulces. ‖ *adj.* **2.** Se dice de algo que es muy bueno y muchos lo quieren: *Se presentó bastante gente al concurso porque el premio era muy goloso.* **3.** Sucio, manchado: *¡Lávate bien, que vienes goloso!*
SIN. **2.** Deseable, tentador.

**golpazo** *s. m.* Busca **golpetazo**.

**golpe** *s. m.* **1.** Choque fuerte de una cosa con otra: *Me he dado un golpe en la rodilla con la mesa.* **2.** Desgracia, disgusto: *Perder la final fue un duro golpe para el equipo.* **3.** Atraco, robo: *Después de dar el golpe, los ladrones huyeron con el dinero.* **4.** Cosa graciosa o ingeniosa que se dice o se hace. **5.** Aparición de algo de forma repentina y violenta: *Un golpe de viento cerró la puerta. Le dio un golpe de tos y no podía hablar.*
EXPR. **golpe bajo** En boxeo, el que se da por debajo de la cintura y no vale; también, faena, mala pasada. **golpe de Estado** Acción por la que el ejército o un grupo armado se apodera ilegalmente y por la fuerza del gobierno de un país. ‖ **a golpe de** alguna cosa A fuerza de algo o sirviéndose de ello: *Hicimos el camino en bici, a golpe de pedal.* **de golpe** De una vez o de repente: *Se bebió toda la botella de golpe. No le des la noticia de golpe.* **no dar golpe** o **no dar ni golpe** No trabajar.
SIN. **1.** Impacto, colisión. **2.** Adversidad, revés, contrariedad. **3.** Asalto. **4.** Salida, ocurrencia.
FAM. Golpazo, golpear, golpetazo, golpetear, golpista, golpiza. / Agolparse, contragolpe, paragolpes.

**golpear** *v.* Dar uno o más golpes a alguien o algo: *Golpeó la puerta con los nudillos.*
SIN. Pegar, dar, atizar, sacudir.

**golpetazo** *s. m.* Golpe fuerte.
SIN. Golpazo, trastazo, porrazo.

**golpetear** *v.* Dar muchos golpes seguidos: *La ventana estaba mal cerrada y no dejaba de golpetear.*
SIN. Repiquetear.
FAM. Golpeteo.

**golpeteo** *s. m.* Acción de golpetear.

**golpista** *adj.* Relacionado con el golpe de Estado o que participa en un golpe de Estado: *Los militares golpistas se rindieron a la tropas del Gobierno.*

**golpiza** *s. f.* En Hispanoamérica, paliza.

**goma** *s. f.* **1.** Sustancia espesa y pegajosa que se saca de algunas plantas. **2.** Material elástico que se obtiene de esta sustancia o que se hace artificialmente. **3.** Tira o hilo de este material que puede estirarse: *Se sujetó el pelo con una goma.* **4.** Trozo del mismo material que se usa para borrar. **5.** Pegamento líquido.
EXPR. **goma de mascar** Chicle.
SIN. **1.** Caucho. **4.** Borrador. **5.** Cola.
FAM. Gomaespuma, gomero, gomina, gominola. / Engomar, tiragomas.

**gomaespuma** *s. f.* Goma artificial con que se hacen cojines, colchones y cosas parecidas.

**gomero** *s. m.* En América del Sur, árbol que produce el caucho o goma y persona que recolecta el caucho.

**gomero, ra** *adj.* y *s. m.* y *f.* De la isla de La Gomera, Canarias.

**gomina** *s. f.* Crema para fijar el pelo.
FAM. Engominar.

**gominola** *s. f.* Golosina blanda con sabor a frutas y recubierta de azúcar.

**gónada** *s. f.* Glándula sexual que produce las células reproductoras: los espermatozoides y los óvulos. La gónada masculina es el testículo y la femenina, el ovario.

**góndola** *s. f.* **1.** Barca típica de Venecia, que tiene los extremos curvados hacia arriba y se mueve con un solo remo. **2.** En algunos lugares de América del Sur, ómnibus, autobús.
FAM. Gondolero.

**gondolero** *s. m.* Hombre que lleva una góndola.

**gong** o **gongo** *s. m.* Disco o plancha grande de metal que se golpea con una maza y suena muy fuerte. ▪ *Gong* es una palabra inglesa.

**gonorrea** *s. f.* Infección de los genitales producida por una bacteria; se contagia a través del acto sexual.

**gordezuelo, la** *adj.* y *s. m.* y *f.* Se dice de la persona un poco gorda y de sus miembros.

**gordinflas** *adj.* y *s. m.* y *f.* Gordo, gordinflón. ▪ Es una palabra despectiva. No varía en plural.

**gordinflón, na** *adj.* y *s. m.* y *f.* Se dice de la persona gorda ▪ Es una palabra despectiva.

**gordo, da** *adj.* **1.** Que tiene mucho grosor o abulta mucho: *tela gorda, cabeza gorda.* **2.** Grave, importante: *Está preocupado porque tiene un problema muy gordo.* || *adj.* y *s. m.* y *f.* **3.** Se dice de la persona o animal que tiene mucha carne o grasa: *Se ha puesto muy gordo y la ropa se le ha quedado pequeña.* || *adj.* y *s. m.* **4.** Pulgar: *el dedo gordo.* **5.** Primer premio de la lotería: *Nos ha tocado el gordo.* || *s. m.* **6.** Grasa de la carne: *Este jamón tiene mucho gordo.*
EXPR. **caer gordo** Resultar antipática una persona. **ni gorda** Nada: *Está tan oscuro que no se ve ni gorda.*
SIN. **1.** y **2.** Grande. **1.** y **3.** Grueso. **2.** Serio, considerable. **3.** Obeso. **6.** Sebo. ANT. **1.** Fino. **1.** y **2.** Pequeño. **1.** y **3.** Delgado. **2.** Insignificante. **3.** Flaco. **6.** Magro.
FAM. Gordezuelo, gordinflas, gordinflón, gordura. / Engordar, regordete.

**gordura** *s. f.* Exceso de carne o grasa en una persona o en un animal.
SIN. Obesidad. ANT. Delgadez.

**gorgojo** *s. m.* Insecto muy pequeño, redondeado y de color oscuro, que vive en los granos de algunas plantas y es muy malo para ellas.

**gorgonzola** *s. m.* Queso italiano de forma cilíndrica y sabor fuerte.

**gorgorito** *s. m.* Sonido que se hace con voz aguda y que está formado por otros sonidos cortos y muy seguidos, sobre todo al cantar.

**gorguera** *s. f.* Adorno de tul, encaje u otra tela transparente que antiguamente se llevaba alrededor del cuello.

**gorila** *s. m.* **1.** El mono más grande y fuerte de todos; es tan alto como una persona y tiene el pelo muy oscuro. Vive en los bosques de África. **2.** Guardaespaldas: *Los gorilas del actor no dejaban acercarse a los fans.*

**góndola**

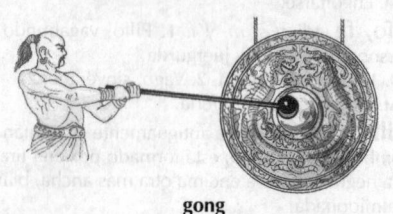

**gong**

**gorjear** *v.* Hacer cambios rápidos de sonidos agudos con la voz, sobre todo los pájaros.
FAM. Gorjeo.

**gorjeo** *s. m.* Especie de gorgorito que hacen algunos pájaros al cantar.
SIN. Trino.

**gorra** *s. f.* Gorro sin copa ni alas y con visera.
EXPR. **con la gorra** Fácilmente, sin esfuerzo: *Este examen lo aprobamos con la gorra.* **de gorra** Gratis: *El taquillero, que es amigo suyo, le dejó pasar de gorra.*
FAM. Gorro, gorrón.

**gorrinada** *s. f.* **1.** Suciedad, porquería. **2.** Acción grosera, indecente o mala: *Le han hecho una gorrinada al no contar con él.*
SIN. **2.** Guarrada, cochinada, marranada. ANT. **1.** Limpieza.

**gorrino, na** *s. m.* y *f.* **1.** Nombre que se da al cerdo. ‖ *adj.* y *s. m.* y *f.* **2.** Persona sucia: *¡No seas gorrino y lávate las manos antes de comer!*
SIN. **1.** y **2.** Puerco, cochino, guarro, marrano. ANT. **2.** Limpio.
FAM. Gorrinada.

**gorrión, na** *s. m.* y *f.* Pájaro pequeño que tiene el pico corto y el plumaje pardo. Se alimenta de granos e insectos y es muy común por toda España.

gorrión

**gorro** *s. m.* **1.** Prenda con que se tapa la cabeza, sobre todo la que no tiene alas ni visera. **2.** Lo que cubre el extremo o punta de algo: *el gorro del bolígrafo.*
EXPR. **hasta el gorro** Harto: *Estoy hasta el gorro de tus tonterías.*
SIN. **1.** Sombrero. **2.** Capucha, capuchón.

**gorrón, na** *adj.* y *s. m.* y *f.* Persona que vive, come o se divierte a costa de otros, sin pagar.
SIN. Aprovechado.
FAM. Gorronear.

**gorronear** *v.* Comer, beber, vivir o disfrutar de alguna cosa a costa de otros: *Juan gorronea dinero a sus padres en vez de trabajar.*

**gota** *s. f.* **1.** Parte pequeña y redonda que se desprende de un líquido. **2.** Pequeña cantidad de algo: *Échame sólo una gota de leche en el café.* ■ En frases negativas significa 'nada': *No queda ni gota de azúcar.* **3.** Una enfermedad muy dolorosa que hace

que se hinchen algunas articulaciones, sobre todo el dedo gordo del pie.
EXPR. **sudar** alguien **la gota gorda** Trabajar o esforzarse mucho: *Sudamos la gota gorda para aprobar el curso.*
SIN. **2.** Chispa, pizca. ANT. **2.** Montón.
FAM. Gotear, gotera, gotero, goterón, gotoso. / Agotar, cuentagotas.

**gotear** *v.* **1.** Caer o dejar caer un líquido gota a gota: *Después de llover gotea agua de los árboles. Ese grifo gotea, ciérralo bien.* **2.** Empezar a llover gotas espaciadas, poco a poco. ■ Con este significado sólo se usa en tercera persona: *Ponte el impermeable porque está goteando.*
FAM. Goteo.

**gotelé** *s. m.* Técnica para pintar paredes echando gotas de pintura espesa que dan aspecto de granos.

**goteo** *s. m.* Acción de gotear.

**gotera** *s. f.* Agujero o grieta en el techo o la pared por donde se cuela el agua.

**gotero** *s. m.* **1.** Aparato con el que se introduce líquido o medicamentos gota a gota a través de una vena: *A los enfermos que no pueden comer les suministran suero a través de un gotero.* **2.** En Hispanoamérica, cuentagotas.

**goterón** *s. m.* Gota muy grande: *Llévate el paraguas, porque están cayendo unos goterones tremendos.*

**gótico, ca** *adj.* y *s. m.* **1.** Se dice del estilo artístico que se dio en Europa entre los siglos XII y XVI, caracterizado principalmente por hacer edificios muy altos, emplear arcos y otros elementos acabados en punta y por representar las figuras humanas con gran realismo. ‖ *adj.* **2.** Se dice de un tipo de letra

arquitectura **gótica**

de trazos rectos y puntiagudos. || *s. m.* **3.** Lengua de los godos.

**gotoso, sa** *adj.* y *s. m.* y *f.* Enfermo de gota.

**gouache** *s. m.* Aguada. ■ Es una palabra francesa.

**gouda** *s. m.* Queso holandés en forma de rueda, hecho con leche de vaca.

**gourmet** *s. m.* y *f.* Persona de gustos refinados que sabe mucho de cocina. ■ Es una palabra francesa. Su plural es *gourmets*. ■

**gozada** *s. f.* Placer o satisfacción muy grandes que produce alguna cosa: *Quedarse un ratito más en la cama por las mañanas es una gozada.*
SIN. Gustazo, goce.

**gozar** *v.* **1.** Pasarlo bien, sentir alegría o placer: *Los niños gozaban jugando en la playa.* **2.** Tener algo bueno: *Goza de buena salud.* ■ Delante de *e* se escribe *c* en lugar de *z*: *Gocé mucho con el viaje.*
SIN. **1.** y **2.** Disfrutar. ANT. **1.** y **2.** Sufrir. **2.** Carecer, padecer.

**gozne** *s. m.* Bisagra de puertas y ventanas.

**gozo** *s. m.* Placer, alegría: *Sentía un enorme gozo al escuchar esa música.*
SIN. Goce, contento, satisfacción, gusto. ANT. Pena, disgusto.
FAM. Goce, gozada, gozar, gozoso. / Regocijo.

**gozoso, sa** *adj.* **1.** Que siente gozo: *Se le veía gozoso cuando fue a recoger el premio.* **2.** Que da gozo o se hace con gozo: *Con tanto calor es gozoso meterse en el agua fresquita.*
SIN. **1.** Contento, radiante. **1.** y **2.** Dichoso, feliz. ANT. **1.** y **2.** Triste, desdichado.

**grabación** *s. f.* **1.** Acción de grabar sonidos, imágenes u otra cosa: *la grabación de un concierto.* **2.** Lo que se ha grabado en un disco o una cinta magnética: *Tengo varias grabaciones de este grupo.*

**grabado** *s. m.* **1.** Arte de grabar imágenes o dibujos y manera de hacerlo. **2.** Estampa, lámina o ilustración hecha por medio de este arte. **3.** Plancha grabada para reproducir o imprimir fotografías, dibujos o textos.
FAM. Huecograbado, pirograbado.

**grabadora** *s. f.* Magnetófono.
SIN. Casete.

**grabar** *v.* **1.** Marcar algo sobre una superficie dura con un objeto afilado o haciéndolo de otra manera: *Grabaron sus iniciales en el árbol.* **2.** Marcar una imagen o dibujo en una tabla de madera o en una plancha de metal de modo que, al poner tinta en las zonas marcadas y luego apretar la plancha sobre una hoja, se quede el dibujo en el papel. **3.** Recoger sonidos, imágenes u otra cosa en un disco o en una cinta magnética para poder después volver a escucharlos o verlos otra vez. ■ No confundir con *gravar*, 'poner impuestos'.

SIN. **1.** Tallar, cincelar, labrar. **3.** Registrar. ANT. **1.** y **3.** Borrar.
FAM. Grabación, grabado, grabadora.

**gracejo** *s. m.* Gracia al hablar o al escribir: *Esta chica se expresa con mucho gracejo.*
SIN. Salero, donaire.

**gracia** *s. f.* **1.** Lo que hace reír: *El chiste de Pedro tiene mucha gracia.* **2.** Cosa que enfada o molesta: *Es una gracia que ahora que estamos pasándolo tan bien tengamos que irnos.* **3.** Salero, desenvoltura: *Canta con gracia.* **4.** En la religión cristiana, don que Dios da a los seres humanos para que estén sin pecado. **5.** Beneficio, algo bueno que se da a alguien: *El hada madrina concedió a Cenicienta la gracia de poder ir al baile del príncipe.* **6.** Perdón a un condenado. || *s. f. pl.* **7.** Lo que decimos para mostrar nuestro agradecimiento: *Le di las gracias por su regalo.*
EXPR. **caer** alguien **en gracia** Caer bien, resultar simpático. ■ **gracias a** Por medio de, a causa de alguien o algo: *Gracias a ella el equipo mejoró.*
SIN. **1.** Humor, chispa. **3.** Garbo. **5.** Merced. **6.** Indulto. ANT. **6.** Condena.
FAM. Gracejo, gracioso. / Agraciado, desgracia.

**grácil** *adj.* Delgado, delicado: *La bailarina tenía una grácil figura.*
SIN. Esbelto. ANT. Tosco.

**gracioso, sa** *adj.* y *s. m.* y *f.* **1.** Que divierte o hace reír: *Inés es muy graciosa: te lo pasas fenomenal con ella.* **2.** Que desagrada y molesta: *¿Quién será el gracioso que a estas horas de la noche llama por teléfono?* **3.** Agradable, simpático: *unos ojos graciosos, una voz graciosa.* || *s. m.* y *f.* **4.** Actor o actriz que representa papeles que hacen reír al público.
SIN. **1.** Divertido. **3.** Salado. ANT. **1.** Serio. **3.** Desagradable, feo.

**grada** *s. f.* **1.** Cada uno de los asientos que como escalones hay en un estadio, en una plaza de toros, en una cancha de frontón y en otros lugares. || *s. f. pl.* **2.** Conjunto de esos asientos.
SIN. **2.** Graderío, gradería.
FAM. Gradería, graderío.

**gradación** *s. f.* Un conjunto de cosas ordenadas de más a menos o de menos a más; por ejemplo, una gradación de colores va de los tonos más claros a los más fuertes, o al contrario.
SIN. Escala, progresión.

**gradén** *s. m.* Cajonera que se coloca en los armarios.

**graderío** o **gradería** *s. m.* o *f.* El conjunto de gradas y también el público que está sentado en ellas.

**grado¹** *s. m.* **1.** Lugar que ocupa alguien o algo en un orden, de más a menos o de menos a más; por ejemplo, en el ejército el grado de capitán está por encima del de teniente. **2.** Unidad de medida, como la que se usa para medir la temperatura, los

ángulos o el alcohol que hay en una bebida. **3.** En lengua, cada una de las tres formas con que puede expresarse la intensidad del significado de un adjetivo; así el adjetivo *simpática* está en grado positivo en *Sara es simpática*, en grado comparativo en *Sara es más simpática que Paula* y en grado superlativo en *Sara es la más simpática* (o *simpatiquísima*). **4.** Intensidad, cantidad: *En mayor o menor grado a todos los niños les gustan los dibujos animados.*
SIN. **1.** Escalón, nivel.
FAM. Grada, gradación, gradual, graduar. / Centígrado, degradar, posgrado, retrógrado.

**grado²** *s. m.* Gusto con que una persona hace algo: *Si pudiera, de buen grado se iría con vosotros de vacaciones a Galicia.*
FAM. Agradar, agradecer, gracia, grato.

**graduable** *adj.* Que puede graduarse.

**graduación** *s. f.* **1.** Acción de graduar. **2.** El número de grados que hay en algo, por ejemplo la cantidad de alcohol que contiene el vino. **3.** Categoría de un militar.

**graduado, da** *adj.* **1.** Medido o dividido en grados: *unas gafas graduadas, una regla graduada.* ‖ *adj. y s. m. y f.* **2.** Una persona que ha conseguido graduarse en una universidad.
EXPR. **graduado escolar** Título que alguien consigue al terminar con éxito los estudios elementales.
SIN. **2.** Titulado.

**gradual** *adj.* Que va por grados, sin saltos bruscos: *Anuncian un descenso gradual del calor.*
SIN. Progresivo. ANT. Repentino.

**graduar** *v.* **1.** Dar a una cosa el grado que se desea: *Esta plancha puede graduarse: puede ponerse más o menos caliente según el tipo de tela.* **2.** Medir los grados: *Se graduó la vista y le dijeron que necesitaba gafas.* **3.** Aumentar o disminuir una cosa de forma gradual, poco a poco: *Fue graduando su ritmo de carrera para llegar a la meta.* ‖ **graduarse** **4.** En las universidades, conseguir un título al terminar unos estudios.
FAM. Graduable, graduación, graduado.

**graffiti** *s. m. pl.* Dibujos o letreros pintados en paredes y otras superficies de la calle. ▪ Es una palabra italiana. La palabra correcta para el singular es *graffito.*
SIN. Pintada.

**grafía** *s. f.* Letra o letras con que se representan los sonidos.

**gráfico, ca** *adj.* **1.** Propio de la escritura o de la imprenta: *las artes gráficas.* **2.** Con ilustraciones, dibujos o signos: *En la lámina aparecen de forma gráfica las partes de una flor.* ‖ *s. m. o f.* **3.** Dibujo o esquema para explicar algo o para representar cantidades o datos: *En el gráfico se ve cómo aumenta la población en las ciudades.*

EXPR. **gráfico de barras** Diagrama de barras. Busca **diagrama**. **gráfico de sectores** Diagrama de sectores. Busca **diagrama**.
SIN. **2.** Ilustrado. **3.** Diagrama.
FAM. Grafía, grafología.

**grafito** *s. m.* Carbono puro cristalizado; es de color negro o gris oscuro y buen conductor del calor y de la electricidad. Se usa, por ejemplo, para fabricar minas de lápices.

**grafología** *s. f.* Estudio que se hace de la escritura de una persona para saber cómo es, qué carácter o personalidad tiene.
FAM. Grafólogo.

**grafólogo, ga** *s. m. y f.* Experto en grafología.

**gragea** *s. f.* Pastilla que suele estar recubierta de una sustancia dulce.
SIN. Píldora.

**grajilla** *s. f.* Pájaro de plumaje negro, con el cogote y lados de la cara de color gris y pico corto, que suele vivir cerca de pueblos o ciudades.

**grajo, ja** *s. m. y f.* Ave parecida al cuervo, de plumaje negro azulado.
FAM. Grajilla.

**gramática** *s. f.* **1.** Ciencia que estudia y describe los elementos de una lengua y cómo se relacionan entre ellos. **2.** Libro que trata de este estudio: *Me he comprado una gramática de inglés.*
FAM. Gramatical, gramático.

**gramatical** *adj.* Relacionado con la gramática.

**gramático, ca** *s. m. y f.* Persona que estudia la gramática de una lengua y sabe mucho de ella.

**gramínea** *adj. y s. f.* Se dice de unas plantas que tienen tallos cilíndricos con nudos, hojas alargadas que salen de los nudos y flores en espiga; por ejemplo, los cereales.

**gramo** *s. m.* **1.** En física, unidad de masa. **2.** En lenguaje corriente, unidad de peso: *Pidió trescientos gramos de chorizo.*
FAM. Centigramo, decagramo, decigramo, hectogramo, kilogramo, miligramo.

**gramófono** *s. m.* Aparato que reproduce sonidos grabados en un disco; tiene una aguja que recorre los surcos de éste y un altavoz por fuera.
SIN. Fonógrafo.

gramófono

**gramola** *s. f.* Un tipo de gramófono que tiene dentro un altavoz.

**gran** *adj.* Forma abreviada de **grande**. ■ Se utiliza delante de un sustantivo masculino o femenino singular y a veces da más fuerza a su significado: *una gran ciudad, un gran libro, una gran amistad, un gran mentiroso.*

**grana** *s. f.* Color rojo oscuro.
SIN. Granate.
FAM. Granada, granate.

**granada** *s. f.* **1.** Fruto de un árbol llamado *granado.* Es redondo y con una corteza de color amarillento rojizo; por dentro tiene muchos granos encarnados y jugosos, que están muy juntos unos con otros. **2.** Bomba pequeña que se lanza con la mano. **3.** Bala de cañón.
FAM. Granadero, granado. / Lanzagranadas.

**granadero** *s. m.* **1.** Soldado que lanza las granadas. **2.** Antiguamente, cada uno de los soldados que, por ser altos, formaban a la cabeza del regimiento.

**granadino, na** *adj.* y *s. m.* y *f.* De Granada, ciudad y provincia de Andalucía.

**granado** *s. m.* Árbol espinoso, de 2 a 5 metros de alto, de hojas brillantes, flores rojas grandes, cuyo fruto es la granada.

**granado, da** *adj.* **1.** Se dice de la persona madura o con experiencia. **2.** Selecto, escogido: *A la fiesta acudió lo más granado de la sociedad madrileña.*

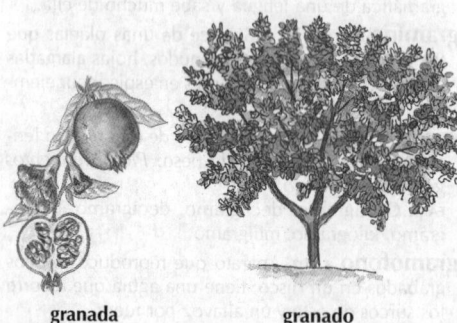

granada      granado

**granate** *s. m.* **1.** Color rojo oscuro: *una chaqueta granate.* **2.** Piedra que se usa en joyería. Puede tener distintos colores y la más conocida es de color rojo brillante o violeta.
SIN. **1.** Grana.

**grancanario, ria** *adj.* y *s. m.* y *f.* De Gran Canaria, isla española.

**grande** *adj.* **1.** De un tamaño o extensión mayor que el corriente: *una mesa grande; una piscina grande.* **2.** Se dice de ropas, zapatos y otras cosas que, cuando una persona se las pone, no le quedan bien, le sobran. **3.** De una cantidad mayor que la normal: *Cobra un sueldo grande.* **4.** Mucho o muy intenso: *Le entraron grandes deseos de reír. Hace un frío muy grande.* **5.** Muy bueno: *Alicia tiene un corazón muy grande.* **6.** Muy malo: *Las mentiras son un defecto grande.* || *adj.* y *s. m.* y *f.* **7.** Que vale mucho o destaca por sus méritos o cualidades: *Al festival acudieron grandes figuras de la canción.* || *s. m.* **8.** Título de algunos nobles españoles, que reciben el nombre de *grandes de España.*
EXPR. **en grande** Muy bien: *Lo pasé en grande.*
SIN. **1.** Vasto, extenso. **2.** Ancho. **7.** Importante. ANT. **1.** a **4.** Pequeño. **2.** Estrecho. **3.** Insignificante.
FAM. Gran, grandeza, grandioso, grandullón. / Agrandar, engrandecer.

**grandeza** *s. f.* **1.** Característica de grande: *la grandeza del océano.* **2.** Bondad, los buenos sentimientos o el obrar bien: *grandeza de corazón.*
SIN. **1.** Grandiosidad. **2.** Generosidad. ANT. **2.** Mezquindad.

**grandilocuencia** *s. f.* El hablar o escribir de manera muy poco natural, utilizando palabras y expresiones cultas y difíciles.
ANT. Sencillez.
FAM. Grandilocuente.

**grandilocuente** *adj.* Que habla o escribe con grandilocuencia.
SIN. Pomposo. ANT. Sencillo.

**grandiosidad** *s. f.* Característica de grandioso.
SIN. Grandeza. ANT. Pequeñez.

**grandioso, sa** *adj.* Que impresiona por lo grande, por sus cualidades o características: *Desde lo alto del monte se contemplaba un paisaje grandioso.*
SIN. Enorme, majestuoso, magnífico. ANT. Insignificante.
FAM. Grandiosidad.

**grandullón, na** *adj.* y *s. m.* y *f.* Se dice de la persona grande y fuerte, especialmente de los niños demasiado grandes para su edad.

**granel** Se usa en la expresión **a granel**, que es una manera de vender sin envase o sin medida exacta.

**granero** *s. m.* **1.** Sitio donde se guarda el grano. **2.** Territorio que produce mucho cereal y que puede proporcionarlo a otros lugares.
SIN. **1.** Silo, hórreo.

**granítico, ca** *adj.* **1.** Del granito o que está compuesto de granito: *roca granítica.* **2.** Que es muy duro o firme: *una voluntad granítica.*
SIN. **2.** Pétreo, férreo.

**granito** *s. m.* Roca compacta, dura y de varios colores, compuesta de cuarzo, feldespato y mica.
FAM. Granítico.

**granívoro, ra** *adj.* Se dice de los animales que se alimentan de granos.

**granizado** *s. m.* Refresco que tiene hielo en trocitos muy pequeños y zumo de frutas o café: *un granizado de limón.*

**granizar** *v.* Caer granizo. ■ Este verbo se usa sólo en tercera persona. Delante de *e* se escribe *c* en lugar de *z*: *granice.*
FAM. Granizado.

**granizo** *s. m.* Agua congelada en forma de bolitas que caen de las nubes con mucha fuerza.
FAM. Granizar.

**granja** *s. f.* **1.** Finca en el campo con casa, corrales y establos. **2.** Sitio en donde se crían pollos, gallinas y otros animales.
FAM. Granjearse, granjero.

**granjearse** *v.* Conseguir una persona que otra tenga un sentimiento hacia ella, por ejemplo simpatía o antipatía.
SIN. Ganarse, captarse, procurarse.

**granjero, ra** *s. m. y f.* Persona que tiene una granja o se ocupa de ella.

**grano** *s. m.* **1.** Semilla y fruto de los cereales y de otras plantas. **2.** Cada uno de los frutos o semillas que con otros iguales forman un conjunto: *un grano de granada, de uva.* **3.** Trozo muy pequeño de algo: *un grano de sal, de arena.* **4.** Bulto pequeño que sale en la piel.
EXPR. **grano** o **granito de arena** Pequeña ayuda: *Pedro puso su granito de arena en la preparación de la función.* || **ir al grano** Tratar de lo más importante de algo, sin hablar de otras cosas: *Vamos al grano: ¿qué es lo que te preocupa?*
SIN. **4.** Espinilla.
FAM. Grana, granado -da, granero, granito, granívoro, granizo, granulado, gránulo, granuloso. / Desgranar.

**granuja** *s. m. y f.* **1.** Persona que engaña o estafa. **2.** Pillo: *¡Granuja! ¿Dónde te has escondido?*
SIN. **1.** y **2.** Bribón.
FAM. Granujada, granujería.

**granujada** *s. f.* Cosa que hace o dice un granuja.
SIN. Gamberrada, pillería.

**granujería** *s. f.* Característica o comportamiento de la persona granuja.

**granulado, da** *adj.* En forma de granos: *azúcar granulado.*

**gránulo** *s. m.* Grano pequeño o bolita.

**granuloso, sa** *adj.* Formado por pequeños granos o que los tiene en su superficie.

**grao** *s. m.* Puerto o lugar donde atracan las embarcaciones.

**grapa** *s. f.* Trozo pequeño y delgado de metal con los extremos doblados que se clavan para unir o sujetar papeles u otras cosas.
FAM. Grapadora, grapar.

**grapadora** *s. f.* Utensilio para poner grapas en los papeles o en lo que se quiere unir.

**grapar** *v.* Sujetar con grapas: *Graparé estas hojas para que no se me pierda alguna.*

**grasa** *s. f.* Nombre de distintas sustancias que normalmente tienen un aspecto pringoso; por ejemplo, las grasas que hay en muchos alimentos, como el aceite, la mantequilla o algunas carnes, las cuales proporcionan mucha energía al organismo; otras sustancias que se utilizan para engrasar las máquinas; también la grasa que se forma en el pelo o en la piel.
FAM. Grasiento, graso, grasoso. / Engrasar.

**grasiento, ta** *adj.* Lleno de grasa o sucio por la grasa.
SIN. Grasoso.

**graso, sa** *adj.* Que tiene grasa o se compone sobre todo de grasa.

**grasoso, sa** *adj.* Que tiene mucha grasa.
SIN. Grasiento.

**gratén** *s. m.* Forma de cocinar un alimento cubriéndolo con una capa de besamel, pan rallado o queso que luego se dora en el horno: *macarrones al gratén.*

**gratificación** *s. f.* Dinero que se da para recompensar por algo.

**gratificante** *adj.* Que gusta mucho, que produce satisfacción: *El premio fue gratificante para Ana.*

**gratificar** *v.* Recompensar a alguien, casi siempre con dinero, por un trabajo, servicio, ayuda. ■ Delante de *e* se escribe *qu* en lugar de *c*: *gratifique.*
SIN. Premiar, retribuir.
FAM. Gratificación, gratificante.

**gratinador** *s. m.* Dispositivo que hay en la parte de arriba de algunos hornos y que sirve para tostar los alimentos por encima.

**gratinar** *v.* Tostar por encima un alimento en el horno.
FAM. Gratinador.

**gratis** *adv.* Sin tener que dar dinero a cambio o sin cobrar: *Hoy se puede entrar gratis en esa discoteca porque la inauguran.*
FAM. Gratuidad, gratuito.

**gratitud** *s. f.* El agradecer a alguien lo que ha hecho por nosotros: *Le hizo un regalo para mostrar su gratitud por lo que le había ayudado.*
SIN. Agradecimiento. ANT. Ingratitud.

**grato, ta** *adj.* Que agrada: *Las vacaciones que pasó en la playa fueron muy gratas para Marta.*
SIN. Agradable. ANT. Ingrato.
FAM. Gratificar, gratis, gratitud. / Ingrato.

**gratuidad** *s. f.* El ser gratis una cosa: *Los padres piden la gratuidad de los libros de texto.*

**gratuito, ta** *adj.* **1.** Que no cuesta dinero: *La entrada a ese museo es gratuita.* **2.** Sin fundamento o sin justificación: *La sospecha de que iban a cerrar la fábrica era gratuita; el dueño no tenía esa idea.*
SIN. **1.** Gratis, libre. **2.** Infundado. ANT. **2.** Fundado.

**grava** *s. f.* Piedra machacada que se usa para cubrir y poner llano el suelo o para hacer hormigón. **FAM.** Gravilla.

**gravamen** *s. m.* **1.** Impuesto, dinero que se paga al Estado. **2.** Deuda o carga que hay sobre una propiedad, por ejemplo la hipoteca de una casa. **SIN. 1.** Tributo. **FAM.** Gravar.

**gravar** *v.* Poner un impuesto: *Van a subir el impuesto que grava el tabaco.* ■ No confundir con *grabar*, 'tallar, labrar'. **SIN.** Desgravar. **FAM.** Gravoso. / Desgravar.

**grave** *adj.* **1.** Que tiene mucha importancia, peligro o consecuencias muy malas: *un error grave, una enfermedad grave.* **2.** Que está muy enfermo. **3.** Serio: *un rostro grave.* ‖ *adj.* y *s. m.* **4.** Un sonido como ronco y más bajo, por ejemplo la voz de los hombres en comparación con la de las mujeres.‖ *adj.* y *s. f.* **5.** Se dice de la palabra que tiene el acento en la penúltima sílaba. **SIN. 1.** Importante, peligroso, difícil. **3.** Solemne, severo. **5.** Llana. **ANT. 1.** Insignificante, leve. **2.** Sano. **3.** Alegre. **4.** Agudo. **FAM.** Gravedad. / Agravar.

**gravedad** *s. f.* **1.** Fuerza de atracción que existe entre los cuerpos; por ejemplo, la Tierra atrae a todos los cuerpos que están a una distancia no muy grande de ella. **2.** Característica o estado de grave: *La gravedad de su enfermedad hizo necesario llevarle al hospital.* **SIN. 2.** Importancia. **ANT. 2.** Levedad. **FAM.** Gravitar. / Ingrávido.

**gravidez** *s. f.* Embarazo, preñez. ■ Su plural es *gravideces.*

**gravilla** *s. f.* Grava fina.

**gravitación** *s. f.* **1.** Teoría física que explica que los cuerpos se atraen entre sí según su masa y la distancia que hay entre ellos. **2.** Esta fuerza de atracción que existe entre los cuerpos.

**gravitar** *v.* **1.** En física, moverse un cuerpo por la acción de la fuerza de la gravedad: *La Luna gravita alrededor de la Tierra.* **2.** Tener tendencia a caer un cuerpo sobre otro a causa de su peso: *La rama de un árbol gravitaba sobre el río.* **3.** Descansar un cuerpo pesado sobre otro que lo sostiene: *El techo gravita sobre unas columnas.* **4.** Amenazar, estar una desgracia o algo malo a punto de suceder: *Sobre ese país gravita el peligro de un terremoto.* **SIN. 2.** y **4.** Pender. **3.** Cargar, apoyar, sustentar. **FAM.** Gravitación, gravitatorio.

**gravitatorio, ria** *adj.* De la gravitación: *El campo gravitatorio de un planeta atrae los cuerpos que se acercan a él.*

**gravoso, sa** *adj.* Que causa mucho gasto: *Estudiar en el extranjero resulta muy gravoso.* **SIN.** Costoso, caro. **ANT.** Barato.

**graznar** *v.* Dar graznidos.

**graznido** *s. m.* **1.** Sonido parecido a un chillido que hacen el cuervo, el grajo, el ganso y otras aves. **2.** Una voz desagradable, que molesta al oído: *En vez de cantar lo que hace es lanzar graznidos.* **FAM.** Graznar.

**greca** *s. f.* Banda o tira de adorno con un dibujo, sobre todo si tiene figuras geométricas. **SIN.** Cenefa.

**grecolatino, na** *adj.* Relacionado con los griegos y los latinos: *la cultura grecolatina.*

**grecorromano, na** *adj.* Relacionado con los griegos y los romanos: *Zeus o Júpiter era el dios principal de la mitología grecorromana.*

**greda** *s. f.* Arcilla arenosa de color blanco azulado.

**green** *s. m.* Terreno de un campo de golf con césped corto y muy cuidado situado alrededor de cada hoyo. ■ Es una palabra inglesa. Su plural es *greens.*

**gregario, ria** *adj.* Se dice de la persona que no tiene ideas propias y hace lo que le dicen otros. **SIN.** Borrego.

**gregoriano, na** *adj.* Se dice de un tipo de canto o música religiosos.

**grelo** *s. m.* Hoja tierna de la planta del nabo que se come en algunos guisos.

**gremial** *adj.* De un gremio, oficio o profesión.

**gremio** *s. m.* Agrupación de personas que tienen una misma profesión u oficio y que apareció en Europa durante la Edad Media. **FAM.** Gremial.

**greña** *s. f.* Pelo revuelto y mal peinado: *Péinate esas greñas.* **EXPR. andar a la greña** Estar siempre regañando dos o más personas: *Los dos hermanos se llevan muy mal y por cualquier cosa andan a la greña.* **SIN.** Pelambrera. **FAM.** Greñudo. / Desgreñado.

**greñudo, da** *adj.* Que tiene el pelo revuelto y descuidado.

**gres** *s. m.* Cerámica muy dura y resistente que se usa para hacer azulejos, baldosas y otros objetos que se emplean en las casas, por ejemplo vajillas. ■ No varía en plural.

**gresca** *s. f.* **1.** Riña, pelea. **2.** Jaleo, follón: *¿Quién está armando gresca?* **SIN. 1.** Trifulca. **1.** y **2.** Bronca. **2.** Alboroto. **FAM.** Engrescar.

**gresite** *s. m.* Azulejos de gres cuadrados y muy pequeños que se usan para alicatar paredes, suelos y piscinas.

**grey** *s. f.* **1.** Rebaño. **2.** Conjunto de personas que tienen características comunes o son de un mismo grupo, como por ejemplo los fieles que forman la Iglesia católica.

**FAM.** Gregario. / Congregar, disgregar.

**grial** *s. m.* Copa que utilizó Jesús en la Última Cena, según algunas leyendas medievales: *Los caballeros de la mesa redonda buscaban el santo grial.*

**griego, ga** *adj. y s. m. y f.* **1.** De Grecia, país del sudeste de Europa. || *s. m.* **2.** Lengua hablada en Grecia.

**FAM.** Grecolatino, grecorromano.

**grieta** *s. f.* Raja en la tierra o en cualquier otra cosa, como por ejemplo las que salen a veces en la piel: *Se ha hecho una grieta en la pared. Tiene grietas en la planta de los pies por andar descalza.*

**SIN.** Abertura, fisura, hendidura.

**FAM.** Agrietar.

**grifa** *s. f.* Marihuana.

**SIN.** María.

**grifería** *s. f.* Conjunto de grifos: *Hemos cambiado la grifería de la cocina.*

**grifo** *s. m.* **1.** Utensilio que suele ser de metal y tiene una llave para abrir o cerrar el paso de un líquido. **2.** Animal fantástico, con cabeza, alas y patas delanteras de águila y cuerpo de león.

**FAM.** Grifería.

**grifón, na** *adj. y s. m. y f.* Se dice de una raza de perros pequeños, de pelo rizado y áspero, usados para la caza y como animal de compañía.

**grill** *s. m.* **1.** Parrilla. **2.** Fuego situado en la parte de arriba de los hornos de gas para tostar los alimentos por encima. ■ Es una palabra inglesa. Su plural es *grills.*

**grillado, da** *adj. y s. m. y f.* Loco, chiflado.

**SIN.** Pirado. **ANT.** Cuerdo.

**grillarse** *v.* Volverse loco.

**FAM.** Grillado.

**grillete** *s. m.* Aro de hierro con el que se sujetaba a los presos por el tobillo.

**grillo** *s. m.* **1.** Insecto de color negro, con la cabeza redonda y los ojos salientes. Tiene alas duras y cortas,

llamadas *élitros*, y los machos, al rozar una con otra, hacen un ruido muy característico. || *s. m. pl.* **2.** Conjunto de dos grilletes unidos por una misma pieza que, al ponérselos en los pies a los presos, no les dejaban andar.

**FAM.** Grillarse, grillete.

**grima** *s. f.* **1.** Rabia o lástima que da una cosa: *Me da grima que gastes tanta agua sin necesidad.* **2.** Dentera: *Me da grima el roce de la tiza en la pizarra.*

**gringo, ga** *adj. y s. m. y f.* Nombre que dan los hispanoamericanos a las personas de los Estados Unidos.

**gripal** *adj.* De la gripe o relacionado con ella: *El médico me diagnosticó un proceso gripal y me mandó que me quedara en la cama.*

**gripar** *v.* Hacer que no puedan moverse piezas que giran o van juntas, normalmente por no haber aceite lubricante que las haga resbalar.

**gripe** *s. f.* Enfermedad causada por un virus, que produce sobre todo fiebre y catarro.

**FAM.** Gripal, griposo.

**griposo, sa** *adj. y s. m. y f.* Que tiene gripe.

**gris** *adj. y s. m.* **1.** Se dice del color que es mezcla de blanco y negro; también se dice de las cosas que lo tienen. **2.** Corriente, que no destaca: *Llevaba una vida gris y aburrida.* **3.** Triste, apagado: *un día gris.*

**SIN.** **2.** Vulgar, mediocre. **ANT.** **3.** Alegre, vivo.

**FAM.** Grisáceo.

**grisáceo, a** *adj.* De color gris o parecido a gris.

**grisú** *s. m.* Gas muy peligroso que puede incendiarse y que hay a veces en las minas, sobre todo en las de carbón. ■ Su plural es *grisús* o *grisúes.*

**gritar** *v.* Dar gritos o hablar muy alto: *Se asustó y gritó. Grítale, porque está muy lejos y no te va a oír.*

**SIN.** Chillar, berrear, vocear, vociferar. **ANT.** Susurrar, murmurar.

**FAM.** Griterío, grito.

**griterío** *s. m.* Jaleo de personas gritando.

**SIN.** Vocerío, alboroto, bulla.

**grito** *s. m.* Sonido, palabra o expresión que se hace o se dice muy fuerte: *Dio un grito al pincharse. ¿Quién está pegando gritos ahí fuera?*

**EXPR.** **el último grito** Lo más moderno: *Se ha comprado el último grito en ordenadores.* || **a gritos** o **a grito pelado** Gritando mucho. **estar en un grito** Quejarse alguien de que le duele mucho algo. **poner el grito en el cielo** Enfadarse mucho.

**SIN.** Chillido, berrido.

**groenlandés, sa** *adj. y s. m. y f.* De Groenlandia, isla de Dinamarca.

**grogui** *adj.* Atontado, como por ejemplo los boxeadores cuando han recibido muchos golpes.

greca

grifo con un solo mando

grillo

grifo con dos mandos

**grosella** *s. f.* **1.** Fruto muy pequeño de color rojo y sabor dulce, aunque un poco ácido. ‖ *s. m.* **2.** Color rojo, como el de este fruto.

**grosería** *s. f.* Característica de grosero y cosa grosera: *Le preguntó si esa silla estaba ocupada y él le respondió con una grosería.*
SIN. Ordinariez. ANT. Finura.

**grosero, ra** *adj.* y *s. m.* y *f.* Ordinario y maleducado: *El muy grosero se puso a insultarla en mitad de la calle.*
SIN. Basto, descortés, soez. ANT. Fino, educado.
FAM. Grosería.

**grosor** *s. m.* **1.** La más pequeña de las tres dimensiones, que no es ni la altura ni la anchura: *Este papel es más fuerte que este otro, porque tiene más grosor.* **2.** Diámetro de un cuerpo con forma de cilindro: *el grosor de una columna, el grosor de un tornillo.*
SIN. 1. Grueso. 1. y 2. Espesor.

**grosso modo** *expr.* Aproximadamente, más o menos: *La obra costará, grosso modo, unos dos millones.* ■ Es una expresión latina.

**grotesco, ca** *adj.* Que por ser muy feo o raro produce risa o rechazo: *Tan pintada y con esas ropas, tenía un aspecto grotesco.*
SIN. Estrafalario, extravagante.

**grúa** *s. f.* **1.** Máquina para levantar y mover pesos muy grandes, que tiene una barra horizontal o inclinada de la que cuelgan cables y poleas: *En el puerto hay grúas para cargar las mercancías en los barcos.* **2.** Camión que tiene una máquina como ésta y sirve para arrastrar otros vehículos, por ejemplo cuando están estropeados.

**grueso, sa** *adj.* **1.** Gordo: *Come mucho y está un poco grueso. Este hilo es tan grueso que no cabe por el ojo de la aguja.* ‖ *s. m.* **2.** Grosor de una cosa: *Midieron el grueso de la pared.* **3.** Parte más grande o más numerosa de un conjunto: *El ciclista se separó del grueso del pelotón.*
SIN. 1. Robusto, corpulento, obeso. 2. Espesor. ANT. 1. Flaco, delgado.
FAM. Grosero, grosor. / Engrosar.

**grulla** *s. f.* Ave muy grande de patas largas, que tiene las plumas grises, el pico y el cuello largos y las alas grandes y redondeadas.

**grumete** *s. m.* Chico que aprende a ser marinero y ayuda en las labores del barco.

**grumo** *s. m.* Pegote que se forma en un líquido o en una pasta líquida: *Este puré tiene muchos grumos.*
FAM. Grumoso.

**grumoso, sa** *adj.* Que tiene grumos: *Esa cola de pegar ya no vale, se ha quedado muy grumosa.*

**gruñido** *s. m.* **1.** Sonido que hacen algunos animales como el cerdo o el jabalí. **2.** Sonido que hacen otros animales, como los perros, para asustar o cuando van a atacar. **3.** Sonidos roncos de enfado o protesta que hacen las personas.

**gruñir** *v.* **1.** Dar gruñidos los animales: *Los cerdos gruñían en la pocilga. Fui a acariciar a tu perro Boby y me gruñó.* **2.** Quejarse, protestar: *Cuando su madre le manda a un recado, se pone a gruñir.* ■ Es un verbo irregular. Se conjuga como *mullir.*
SIN. 2. Refunfuñar.
FAM. Gruñido, gruñón.

**gruñón, na** *adj.* y *s. m.* y *f.* Se dice de la persona que gruñe o protesta mucho.
SIN. Protestón.

**grupa** *s. f.* Parte de atrás del lomo de animales como el caballo o la mula.

**grupo** *s. m.* Dos o más personas o cosas que están unidas, trabajan juntas o tienen algo en común: *Estamos en el mismo curso, pero en grupos distintos.*
EXPR. **grupo electrógeno** Sistema formado por un motor y un generador, que transforma la energía mecánica en electricidad: *En el hospital tienen un grupo electrógeno por si falla el suministro eléctrico.*
SIN. Conjunto, agrupación.
FAM. Grupúsculo. / Agrupar, subgrupo.

**grupúsculo** *s. m.* Grupo formado por pocas personas.

**gruta** *s. f.* Cueva entre rocas, caverna.

**gruyer** o **gruyere** *s. m.* Queso suizo de leche de vaca que tiene forma de rueda muy grande.

**gua** *s. m.* **1.** Hoyito que se hace en el suelo para meter en él las canicas. **2.** Juego de las canicas.

**guacamayo** *s. m.* Ave americana, parecida a un papagayo, pero más grande, con las plumas rojas, azules y amarillas y la cola muy larga y vistosa.

**guacamole** o **guacamol** *s. m.* Pasta de color verde, típica de México, hecha con aguacate, cebolla y otros ingredientes.

**guachimán** *s. m.* En Hispanoamérica, vigilante o guarda.

**guadalajareño, ña** *adj.* y *s. m.* y *f.* De Guadalajara, ciudad y provincia españolas.

**guadaña** *s. f.* Instrumento para segar que tiene una cuchilla curva y puntiaguda y un mango largo.

**guaflex** *s. m.* Material para encuadernar que imita la piel. ■ No varía en plural.

**guagua** *s. f.* En Canarias y algunos países de Hispanoamérica, autobús.
SIN. Ómnibus.

**guajiro, ra** *s. m.* y *f.* En Cuba y otros lugares de Hispanoamérica, campesino.

**guajolote** *s. m.* En México, pavo, ave.

**gualda** *s. f.* Hierba de flores amarillas de la que se saca un colorante amarillo dorado utilizado para teñir telas.
FAM. Gualdo.

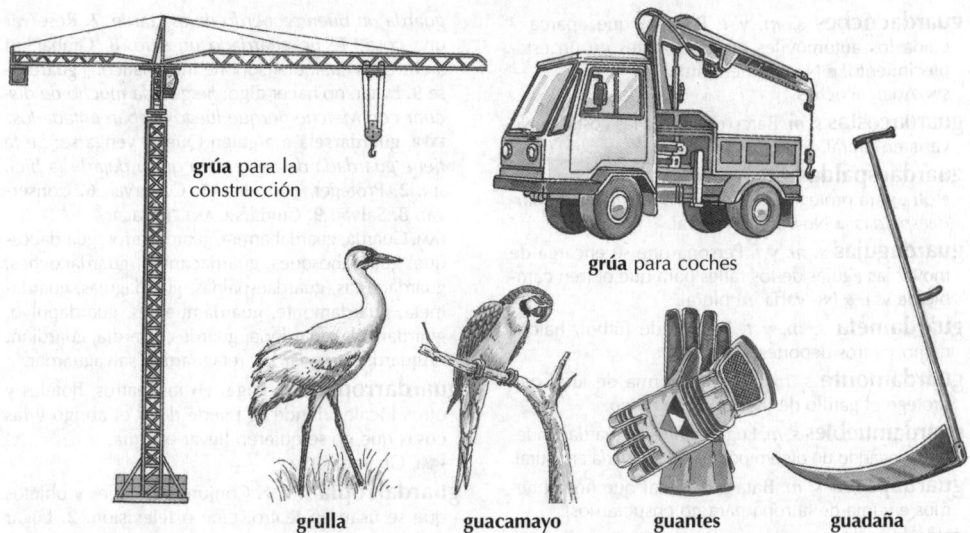

**grúa** para la construcción

**grúa** para coches

grulla      guacamayo      guantes      guadaña

**gualdo, da** *adj.* y *s. m.* Se dice del color amarillo dorado y de las cosas que lo tienen: *La bandera de España es roja y gualda.*

**gualdrapa** *s. f.* **1.** Cobertura larga que se coloca sobre las caballerías como adorno. **2.** Trozo de ropa vieja, harapo. **SIN. 2.** Andrajo.

**guanaco** *s. m.* Mamífero parecido a la llama, pero más grande, con el cuerpo cubierto de pelo largo de color pardo rojizo, que vive en América del Sur.

**guanche** *adj.* y *s. m.* y *f.* **1.** De un pueblo que vivía en las islas Canarias antes de que formaran parte de España. || *s. m.* **2.** Lengua hablada por este pueblo.

**guano** *s. m.* Excrementos de aves marinas que se utilizan para abonar el campo.

**guantazo** o **guantada** *s. m.* o *f.* Tortazo, puñetazo, golpe. **SIN.** Torta, bofetada.

**guante** *s. m.* Prenda que cubre las manos para no tener frío en ellas o para protegerlas. **EXPR. como un guante** o **más suave que un guante** Muy obediente, tranquilo y sin protestar: *Después de hablar con el profesor, Juan se quedó más suave que un guante y dejó de armar líos en clase.* **de guante blanco** Se aplica al ladrón muy hábil y que no emplea la fuerza. **echar el guante** a alguien Pillarle, cogerle: *La policía echó el guante al ladrón.* **FAM.** Guantada, guantazo, guantera.

**guantera** *s. f.* Especie de cajón que hay en la parte del coche enfrente de los asientos de delante y que se utiliza para meter cosas.

**guaperas** *adj.* y *s. m.* Se dice del hombre guapo y presumido. ■ No varía en plural.

**guapetón, na** *adj.* Guapo, atractivo: *Estás muy guapetona con ese vestido.*

**guapo, pa** *adj.* y *s. m.* y *f.* **1.** Se dice de la persona que tiene buen aspecto, que gusta verla, sobre todo la cara. **2.** Bueno, bonito: *Era una película guapa de verdad.* **SIN. 1.** Bello, hermoso, agraciado. **2.** Estupendo, fabuloso. **ANT. 1.** Feo. **2.** Malo. **FAM.** Guaperas, guapetón.

**guaraní** *adj.* y *s. m.* y *f.* **1.** De un pueblo de indios sudamericanos que vive en Paraguay. || *s. m.* **2.** Idioma que hablan estos indios. ■ Su plural es *guaranís* o *guaraníes.*

**guarda** *s. m.* y *f.* Persona que vigila algún lugar o alguna cosa: *El guarda del parque no deja pasar a nadie.* **EXPR. guarda jurado** El que se contrata para vigilar algo. **SIN.** Vigilante.

**guardabarrera** *s. m.* y *f.* Persona que en las vías de tren vigila un paso a nivel.

**guardabarros** *s. m.* Pieza que cubre las ruedas de un vehículo y las protege de las salpicaduras de barro. ■ No varía en plural. **SIN.** Aleta.

**guardabosque** o **guardabosques** *s. m.* y *f.* Guarda de un bosque. ■ La palabra *guardabosques* no varía en plural.

**guardacantón** *s. m.* Bloque de piedra que protege las esquinas de los edificios de los golpes de los vehículos o que impide el paso de éstos a las zonas peatonales.

**guardacoches** *s. m.* y *f.* Persona que aparca y cuida los automóviles de los clientes en un establecimiento. ■ No varía en plural.
SIN. Aparcacoches.

**guardacostas** *s. m.* Barco que vigila las costas. ■ No varía en plural.

**guardaespaldas** *s. m.* y *f.* Persona que acompaña a otra para protegerla: *El ministro llevaba dos guardaespaldas.* ■ No varía en plural.

**guardagujas** *s. m.* y *f.* Persona que se encarga de mover las agujas de los raíles para que el tren cambie de vía. ■ No varía en plural.

**guardameta** *s. m.* y *f.* Portero de fútbol, balonmano y otros deportes.

**guardamonte** *s. m.* Pieza en forma de arco que protege el gatillo de las armas de fuego.

**guardamuebles** *s. m.* Lugar donde se guardan muebles, pagando un dinero por ello. ■ No varía en plural.

**guardapolvo** *s. m.* Bata o delantal que nos ponemos encima de la ropa para no ensuciarnos.

**guardar** *v.* **1.** Meter una cosa en un sitio para que esté segura: *Ha guardado los pendientes en el cajón para que no se le pierdan.* **2.** Cuidar, vigilar: *El perro guarda la casa.* **3.** Callarse algo: *Se guardó lo que pensaba y no dijo nada.* **4.** Tener o mantener lo que se dice: *guardar respeto, guardar silencio.* **5.** Cumplir: *Hay que guardar lo que se promete.* **6.** Tener un recuerdo o sensación de algo: *Rosa*

guarda un buen recuerdo de esa tarde. **7.** Reservar una cosa: *Te he guardado un sitio.* **8.** Grabar un archivo en cualquier soporte informático. || **guardarse 9.** Evitar, no hacer algo: *Se guarda mucho de discutir con Merche porque luego acaban enfadados.*
EXPR. **guardársela** a alguien Querer vengarse: *Se la tiene guardada desde que no quiso dejarle la bici.*
SIN. **2.** Proteger, custodiar. **5.** Observar. **6.** Conservar. **8.** Salvar. **9.** Cuidarse. ANT. **1.** Sacar.
FAM. Guarda, guardabarrera, guardabarros, guardabosque, guardabosques, guardacantón, guardacoches, guardacostas, guardaespaldas, guardagujas, guardameta, guardamonte, guardamuebles, guardapolvo, guardarropa, guardería, guardés, guardia, guardián. / Aguardar, resguardar, retaguardia, salvaguardar.

**guardarropa** *s. m.* Lugar en los teatros, hoteles y otros locales donde se puede dejar el abrigo y las cosas que no se quieren llevar encima.
FAM. Guardarropía.

**guardarropía** *s. f.* **1.** Conjunto de trajes y objetos que se usan en teatro, cine o televisión. **2.** Lugar donde se guardan estos trajes.

**guardería** *s. f.* Establecimiento donde se cuida a los niños pequeños.

**guardés, sa** *s. m.* y *f.* Persona que se encarga de cuidar y vigilar una finca o una casa.

**guardia** *s. m.* y *f.* **1.** Persona que suele ir armada y se encarga de vigilar y mantener el orden. || *s. f.* **2.**

guardería

Acción de vigilar alguna cosa: *Hay un policía de guardia en la puerta.* **3.** Grupo de personas armadas que vigilan o protegen a alguien o algo: *la guardia del rey.* **4.** Tiempo que están funcionando fuera del horario normal los hospitales, farmacias y otros establecimientos: *Ha ido a comprar la medicina a una farmacia de guardia.* **5.** Postura que pone un boxeador o luchador para defenderse.
**EXPR. guardia civil** Cuerpo armado español que mantiene el orden en los pueblos y vigila las costas, fronteras y carreteras; también se llama así a las personas de este cuerpo.
**SIN. 1.** Policía, agente. **2.** Vigilancia. **3.** Escolta.
**FAM.** Guardiamarina. / Vanguardia.

**guardiamarina** *s. m.* y *f.* Alumno de los últimos cursos de una academia de la armada.

**guardián, na** *s. m.* y *f.* Persona que vigila en algún lugar.
**EXPR. perro guardián** Busca **perro.**
**SIN.** Vigilante.

**guarecer** *v.* Proteger, defender: *Los montañeros se metieron en una cueva para guarecerse de la lluvia.* ■ Es un verbo irregular. Se conjuga como *agradecer.*
**SIN.** Cobijar, resguardar. **ANT.** Desproteger.
**FAM.** Guarida.

**guarida** *s. f.* **1.** Lugar donde se meten los animales para dormir o refugiarse. **2.** Sitio donde se esconde o se refugia alguien: *La policía descubrió la guarida de los ladrones.*
**SIN. 1.** Cueva, madriguera, cubil. **2.** Refugio.

**guarismo** *s. m.* Número, cifra.

**guarnecer** *v.* Proteger, defender un lugar. ■ Es un verbo irregular. Se conjuga como *agradecer.*
**FAM.** Guarnición. / Desguarnecer.

**guarnición** *s. f.* **1.** Hortalizas o legumbres que se ponen acompañando a un alimento más fuerte, como carne o pescado: *Pidió un filete con guarnición de guisantes.* **2.** Adornos que se ponen en la ropa, las cortinas y otras cosas. **3.** Soldados que protegen un lugar: *Toda la guarnición de la ciudad desfiló ante el general.* ‖ *s. f. pl.* **4.** Correajes que se ponen a los caballos.
**FAM.** Guarnicionería.

**guarnicionería** *s. f.* **1.** Taller donde se hacen correajes para las caballerías y otras cosas de cuero. **2.** Tienda donde se venden.

**guarrada** *s. f.* **1.** Cosa sucia. **2.** Mala acción que perjudica a alguien: *Quitarle el cuaderno de ejercicios fue una guarrada.*
**SIN. 1.** Guarrería. **1.** y **2.** Cochinada, marranada. **2.** Faena, jugarreta.

**guarrazo** *s. m.* Golpe que se da alguien.
**SIN.** Porrazo, golpetazo, batacazo.

**guarrear** *v.* Ensuciar.

**guarreras** *adj.* y *s. m.* y *f.* Se dice de la persona sucia. ■ No varía en plural.

**guarrería** *s. f.* **1.** Guarrada, cosa sucia. **2.** Suciedad o basura: *Hay que limpiar toda esta guarrería.*

**guarrindongo, ga** *adj.* y *s. m.* y *f.* Muy guarro o sucio.
**SIN.** Asqueroso, repugnante. **ANT.** Limpio, impoluto.

**guarro, rra** *adj.* y *s. m.* y *f.* **1.** Persona o cosa sucia. **2.** Persona o cosa con mala intención, que perjudica a alguien. ‖ *s. m.* y *f.* **3.** Cerdo, animal.
**SIN. 1.** a **3.** Puerco, cochino, gorrino, marrano. **ANT. 1.** Limpio, aseado. **2.** Bueno, noble.
**FAM.** Guarrada, guarrazo, guarrear, guarreras, guarrería, guarrindongo. / Enguarrar, gorrino.

**guasa** *s. f.* Tono de burla con que se dice algo: *Le preguntó con mucha guasa si los pantalones que llevaba puestos eran de su abuelo.*
**EXPR. estar de guasa** Bromear.
**SIN.** Ironía, sorna, socarronería. **ANT.** Seriedad, gravedad.
**FAM.** Guasearse, guasón.

**guasearse** *v.* Burlarse de alguien.
**SIN.** Pitorrearse, chotearse, mofarse.

**guasón, na** *adj.* y *s. m.* y *f.* Persona a la que le gusta bromear.

**guata** *s. f.* Lámina de algodón que se usa para rellenar colchas, prendas de vestir u otra cosa.
**FAM.** Guateado, guatear.

**guateado, da** *adj.* Que está relleno con guata: *una chaqueta guateada.*
**SIN.** Acolchar.

**guatear** *v.* Rellenar con guata.

**guatemalteco, ca** *adj.* y *s. m.* y *f.* De Guatemala, país de América Central.

**guateque** *s. m.* Fiesta que da una persona en su casa y en la que se come, se toman bebidas y se baila.
**SIN.** Baile.

**guay** *adj.* **1.** Estupendo: *Este disco es guay.* ‖ *adv.* **2.** Muy bien: *Lo pasamos guay en el parque de atracciones.* ■ No varía en plural.
**SIN. 1.** Magnífico. **1.** y **2.** Fenómeno. **ANT. 1.** y **2.** Fatal.

**guayaba** *s. f.* Fruta tropical de forma ovalada y sabor dulce, que tiene por dentro muchos granos pequeños.
**FAM.** Guayabera, guayabo.

**guayabera** *s. f.* Chaquetilla o camisa suelta y de tela fina.

**guayabo** *s. m.* Árbol originario de América Central que se cultiva por su fruto, la guayaba.

**gubernamental** o **gubernativo, va** *adj.* Del gobierno de un país o relacionado con él.
**SIN.** Oficial.

**gubia** *s. f.* Herramienta que usan los carpinteros y escultores que consiste en un mango de madera con un filo de hierro. (Puedes ver su ilustración en la página siguiente).
**SIN.** Formón.

**guedeja** *s. f.* **1.** Cabellera larga de una persona o mechón de pelo. **2.** Melena del león.
SIN. **2.** Pelambrera.

**guepardo** *s. m.* Mamífero carnívoro, muy veloz, parecido al leopardo.

gubia

guepardo

**guerra** *s. f.* **1.** Lucha con armas entre países o grupos de personas. **2.** Cualquier clase de enfrentamiento o lucha, sobre todo si es muy dura o larga: *La rivalidad entre los dos equipos se ha convertido en una auténtica guerra.* **3.** Acciones para acabar con algo malo: *la guerra contra la droga.*
EXPR. **guerra civil** Guerra entre los habitantes de un mismo país. ‖ **dar guerra** Molestar: *Estos niños no paran de dar guerra.* También, dar problemas: *El coche ya es viejo y le está dando mucha guerra.*
SIN. **1.** Conflagración. **1.** y **2.** Contienda. **2.** Disputa.
ANT. **1.** Paz.
FAM. Guerrear, guerrera, guerrero, guerrilla. / Aguerrido, entreguerras, posguerra.

**guerrear** *v.* Hacer la guerra: *Muchos pueblos antiguos guerreaban constantemente para defender sus territorios.*

**guerrera** *s. f.* Chaqueta que llevan algunos uniformes militares, ajustada y a veces abrochada desde el cuello.
SIN. Casaca.

**guerrero, ra** *adj.* y *s. m.* y *f.* **1.** Persona que lucha en una guerra. ‖ *adj.* **2.** De la guerra o relacionado con ella. **3.** Se dice del niño travieso que da mucha guerra.
SIN. **1.** Combatiente, soldado. **2.** Bélico, marcial.
ANT. **2.** Pacífico.

**guerrilla** *s. f.* Grupos armados de personas que, sin formar un ejército, aprovechan que conocen muy bien un lugar para atacar por sorpresa al enemigo. La guerrilla es típica, por ejemplo, de un país que ha sido invadido por otro.
FAM. Guerrillero.

**guerrillero, ra** *s. m.* y *f.* Persona que forma parte de una guerrilla.

**gueto** *s. m.* Lugar dentro de una ciudad o país donde viven apartadas y en malas condiciones personas de otra raza o de otra cultura.

**guía** *s. m.* y *f.* **1.** Persona que enseña algo a otra, le aconseja lo que debe hacer o le dice por dónde tiene que ir: *El guía nos enseñó muy bien el museo.* ‖ *s. f.* **2.** Cualquier cosa que sirve para ayudar a alguien a hacer algo o para que sepa por dónde tiene que ir: *El dibujo del libro os puede servir de guía para el que tenéis que hacer.* **3.** Libro o folleto en que se dan informaciones sobre un lugar, sobre cómo funciona algún aparato, sobre la dirección y el teléfono de personas o sobre otras cosas: *Nos compramos una guía de Barcelona para visitar los lugares más importantes. Mi madre buscó el teléfono de la tienda en la guía.* **4.** Carril, ranura u otra cosa que sirve para que un objeto vaya por donde tiene que ir al moverlo: *No se puede subir la persiana porque se ha salido de su guía.* ‖ *s. amb.* **5.** Manillar de una bicicleta, de una moto o de algo parecido.
SIN. **1.** Maestro, conductor. **2.** Pauta. **3.** Manual.

**guiar** *v.* **1.** Servir de guía: *Un señor les guió hasta la calle que buscaban.* **2.** Conducir un coche, una moto u otro vehículo. ‖ **guiarse** Utilizar a alguien o algo para que nos sirva de guía: *Nos guiamos por las señales que había en el sendero a través del monte.*
SIN. **1.** Orientar, encauzar. ANT. **1.** Desorientar, desviar.
FAM. Guía, guión.

**guijarro** *s. m.* Piedra pequeña y redondeada, como las que hay en la orilla del mar o en los ríos.
SIN. China, chinarro.
FAM. Guijo.

**guijo** *s. m.* Piedras pequeñas que se emplean para hacer caminos y carreteras o para rellenarlos antes de echar el asfalto.
SIN. Grava, gravilla.

**guillotina** *s. f.* **1.** Máquina que se utilizaba antiguamente para cortar la cabeza a los condenados a muerte. **2.** Máquina con una cuchilla para cortar papel u otras cosas.
FAM. Guillotinar.

**guillotinar** *v.* **1.** Cortarle a alguien la cabeza en la guillotina. **2.** Cortar papel u otra cosa parecida con una guillotina.

**guinda** *s. f.* **1.** Fruto del guindo, parecido a la cereza, pero más redondo y de sabor más ácido. **2.** Cualquier cosa que sirve de final a algo: *El coro del colegio puso la guinda al festival de este año.*
SIN. **2.** Colofón.
FAM. Guindilla, guindo.

**guindar** *v.* Robar: *Me guindaron la cartera sin que me diera cuenta.*

**guindilla** *s. f.* Un tipo de pimiento alargado y estrecho, de sabor muy picante.

**guindo** *s. m.* Árbol que produce las guindas. Es bastante alto, tiene hojas de color oscuro y flores blancas.

**guinea** *s. f.* Antigua moneda inglesa de oro.

**guineano, na** *adj.* y *s. m.* y *f.* De Guinea, nombre de varios países de África.
FAM. Guinea. / Ecuatoguineano.

**guiñapo** *s. m.* **1.** Tela sucia, rota o muy arrugada: *Metió la chaqueta en la cartera y cuando llegó a casa estaba hecha un guiñapo.* **2.** Persona que está

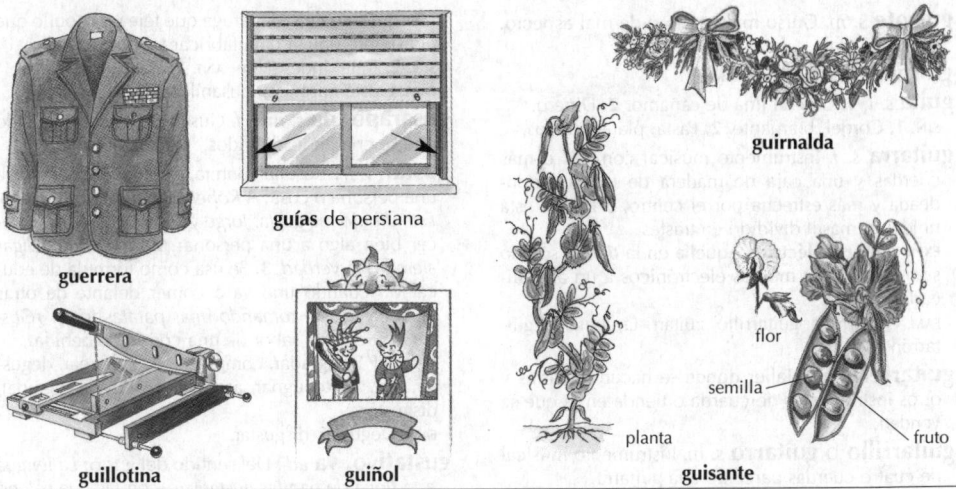

**guerrera**

**guías** de persiana

**guirnalda**

flor

semilla

planta

fruto

**guisante**

**guillotina**

**guiñol**

enferma, tiene pocas fuerzas o se encuentra desanimada: *Ha tenido gripe y está hecho un guiñapo.* SIN. **1.** Andrajo, harapo. **2.** Piltrafa.

**guiñar** *v.* **1.** Cerrar un ojo un momento dejando el otro abierto, por ejemplo para hacerle una seña a alguien. **2.** Cerrar casi por completo los ojos como se hace cuando no se ve bien o cuando hay mucha luz: *Me parece que necesitas gafas porque guiñas los ojos para ver la tele.* FAM. Guiño.

**guiño** *s. m.* Gesto que se hace al guiñar un ojo: *Su amigo le hizo un guiño para desearle suerte.*

**guiñol** *s. m.* Representación de teatro con muñecos movidos por personas que están detrás del escenario de manera que no se las vea.

**guión** o **guion** *s. m.* **1.** Escrito en que se apunta lo más importante del tema del que se va a tratar, para no olvidarse de nada y decir las cosas siguiendo un orden: *El profesor explicaba la lección con un guión delante.* **2.** Escrito donde se cuenta lo que tienen que decir y hacer los actores de una película o de un programa de radio o televisión. **3.** Rayita que se emplea al escribir para indicar varias cosas, por ejemplo que la última palabra del renglón no está completa y continúa en el siguiente. SIN. **2.** Libreto. FAM. Guionista.

**guionista** *s. m. y f.* Persona que hace el guión de una película o de un programa de radio o televisión.

**guipar** *v.* Ver, darse cuenta de algo: *Desde aquí no guipo nada.* SIN. Pillar.

**guipur** *s. m.* Tela de encaje de malla gruesa.

**guipuzcoano, na** *adj. y s. m. y f.* De Guipúzcoa, provincia del País Vasco.

**guiri** *s. m. y f.* Extranjero: *En verano, las playas se llenan de guiris.*

**guirigay** *s. m.* Griterío, alboroto: *Menudo guirigay hay en el patio a la hora del recreo.* ■ Su plural es *guirigays* o *guirigáis.* SIN. Jaleo, follón, escándalo.

**guirlache** *s. m.* Dulce parecido al turrón duro hecho con almendras tostadas y caramelo.

**guirnalda** *s. f.* Tira de adorno hecha con flores, hojas y otras cosas unidas.

**guisa** *s. f.* Modo, manera: *Llevaba un palo a guisa de bastón.* FAM. Guisar.

**guisado, da** *adj.* **1.** Se dice de los alimentos preparados al fuego con otras sustancias que les dan más sabor: *De primer plato hay patatas guisadas.* || *s. m.* **2.** Carne o pescado cocidos con patatas, verdura y otras sustancias que les dan más sabor: *Mamá ha hecho un guisado de ternera buenísimo.* SIN. **2.** Guiso.

**guisante** *s. m.* **1.** Planta del tipo de las legumbres, trepadora, con flores blancas y un fruto alargado que tiene dentro unas semillas redondas de color verde o amarillo, muy utilizadas como alimento. **2.** Semilla de esta planta.

**guisar** *v.* Preparar los alimentos cociéndolos al fuego con otras sustancias que les dan más sabor. SIN. Cocinar. FAM. Guisado, guiso. / Desaguisado.

**guiso** *s. m.* Alimento que se ha guisado para comerlo: *Papá ha preparado hoy un guiso de pescado.* SIN. Guisado. FAM. Guisote.

**guisote** *s. m.* Guiso mal hecho o de mal aspecto. **SIN.** Comistrajo.

**güisqui** *s. m.* Busca **whisky**.

**guita** *s. f.* **1.** Cuerda fina de cáñamo. **2.** Dinero. **SIN. 1.** Cordel, bramante. **2.** Pasta, plata, cuartos.

**guitarra** *s. f.* Instrumento musical con seis o más cuerdas y una caja de madera de forma redondeada y más estrecha por el centro, a la que está unido un mástil dividido en trastes. **EXPR. guitarra eléctrica** Aquella en la que el sonido se transmite por medios electrónicos a un amplificador. **FAM.** Guitarrería, guitarrillo, guitarrista, guitarro, guitarrón.

**guitarrería** *s. f.* Taller donde se hacen guitarras y otros instrumentos de cuerda o tienda en la que se venden.

**guitarrillo** o **guitarro** *s. m.* Instrumento musical de cuatro cuerdas parecido a la guitarra.

**guitarrista** *s. m.* y *f.* Persona que se dedica a tocar la guitarra.

**guitarrón** *s. m.* Guitarra grande de tono bajo.

**güito** *s. m.* Hueso de fruta, como el del albaricoque o la ciruela.

**gula** *s. f.* Muchas ganas de comer y beber, aunque no se tenga hambre. **SIN.** Glotonería, voracidad, avidez. **ANT.** Templanza. **FAM.** Gulusmear.

**gulasch** *s. m.* Estofado de buey o cerdo, típico de Hungría. ■ Es una palabra húngara.

**gulusmear** *v.* Estar buscando algo rico para comer sin que sea todavía la hora de la comida.

**guripa** *s. m.* **1.** Guardia o policía. **2.** Soldado raso.

**gurriato** *s. m.* **1.** Pollo del gorrión. **2.** Niño.

**gurruño** *s. m.* Cosa encogida o arrugada: *Hizo un gurruño con el papel antes de tirarlo.* **SIN.** Lío. **FAM.** Engurruñar.

**gurú** *s. m.* **1.** Guía espiritual de un grupo religioso en la India. **2.** Persona que tiene mucha influencia sobre otras. ■ Su plural es *gurús* o *gurúes*.

**gusa** *s. f.* Hambre. **SIN.** Gazuza, gana. **ANT.** Desgana.

**gusanera** *s. f.* Lugar donde se crían gusanos.

**gusanillo** *s. m.* **1.** Gusano pequeño. **2.** Hilo de seda, oro, plata u otro material, enrollado en espiral, para adornar las telas. **EXPR. matar el gusanillo** Quitar el hambre comiendo algo ligero.

**gusano** *s. m.* **1.** Cualquier animal de cuerpo alargado, blando, sin esqueleto ni extremidades, que camina encogiendo y estirando el cuerpo, como por ejemplo la lombriz. **2.** Persona muy mala y despreciable.

**EXPR. gusano de seda** Oruga que teje un capullo que el hombre utiliza para fabricar tejidos de seda. **SIN. 2.** Rata, indeseable. **ANT. 2.** Bendito. **FAM.** Gusa, gusanera, gusanillo. / Agusanarse.

**gusarapo, pa** *s. m.* y *f.* Gusano o animal parecido que se cría en los líquidos.

**gustar** *v.* **1.** Resultar bonita, agradable o atractiva una persona o cosa: *A Roberto le gusta ir al campo. Este dibujo me gusta. Jorge y Eva se gustan.* **2.** Parecer bien algo a una persona: *Me gusta que digas siempre la verdad.* **3.** Se usa como fórmula de educación cuando uno va a comer delante de otras personas: *Estoy tomando unas patatas fritas. ¿Gustas?* **4.** Sentir el sabor de una comida o bebida. **SIN. 1.** y **2.** Agradar, complacer. **4.** Saborear, degustar. **ANT. 1.** Repugnar, asquear. **1.** y **2.** Desagradar, disgustar. **FAM.** Degustar, disgustar.

**gustativo, va** *adj.* Del sentido del gusto: *La lengua está llena de papilas gustativas, con las que se percibe el sabor.*

**gustazo** *s. m.* Mucho gusto que da hacer lo que a uno le apetece: *Me voy a dar el gustazo de irme de vacaciones cinco días a Italia.*

**gustillo** *s. m.* Saborcillo que queda en la boca después de tomar algo o que acompaña a otro más fuerte: *Esa bebida está buena, pero deja un gustillo amargo.* **SIN.** Regusto.

**gustirrinín** *s. m.* Sensación de placer muy agradable: *Me da mucho gustirrinín que me acaricien el pelo.*

**gusto** *s. m.* **1.** Uno de los cinco sentidos corporales con el que se perciben y se distinguen los sabores. **2.** Sabor que tienen las cosas: *Compró un bloque de helado de tres gustos.* **3.** Placer, satisfacción que produce algo: *Da gusto ver cómo los niños se divierten en el parque.* **4.** Agrado con que una persona hace una cosa: *–¿Le importaría ayudarme a llevar la bolsa? –Con mucho gusto.* **5.** Lo que uno quiere hacer: *Si Mercedes estudia informática, es por su gusto.* **6.** Lo que a cada uno le gusta, sus preferen

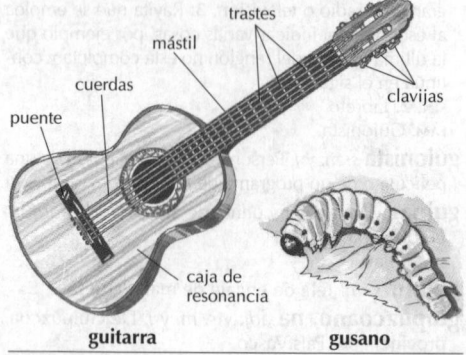

trastes
mástil
cuerdas
clavijas
puente
caja de resonancia

**guitarra** **gusano**

cias: *Los gustos de Luis y de Carmen no son los mismos: él prefiere la playa y ella la montaña.* **7.** Capacidad de saber elegir lo que es bonito, lo que resulta bien: *¡Qué traje más elegante llevas! Se nota que tienes muy buen gusto.* **8.** Lo que hace que una cosa se considere bonita o fea, agradable o desagradable: *Nos gastó una broma de mal gusto.* **EXPR. a gusto** Muy bien, muy cómodo: *Con sus amigos está a gusto porque puede hablar de lo que quiere. Voy muy a gusto con esta ropa.* También, satisfecho: *Hasta que no saque un notable en esa asignatura, no me quedo a gusto.* **mucho gusto** o **tanto gusto** o **el gusto es mío** Expresiones educadas que se dicen cuando una persona es presentada a otra. **SIN. 3.** Complacencia. **5.** Voluntad, decisión; deseo.

**7.** Elegancia, distinción. **ANT. 3.** y **4.** Desagrado. **3.** y **5.** Disgusto.
**FAM.** Gustar, gustativo, gustazo, gustillo, gustirrinín, gustoso. / Regusto.

**gustoso, sa** *adj.* **1.** Sabroso. **2.** Que hace algo con gusto: *Dijo que nos acompañaría muy gustoso.*

**gutural** *a dj.* Se dice de los sonidos graves o profundos, que parece que salen de lo más hondo de la garganta: *una voz gutural.*

**gym-jazz** *s. m.* Gimnasia que se practica siguiendo el ritmo de música moderna. ■ Es una palabra inglesa. Se escribe también *gim-jazz.*

**gymkhana** *s. f.* Busca **gincana**. ■ Es una palabra inglesa.

**h** *s. f.* Octava letra del abecedario y sexta consonante. Su nombre es *hache*. ■ Esta letra no se pronuncia.

**haba** *s. f.* **1.** Planta leguminosa, cultivada en huerta, con el fruto formado por una vaina, es decir, una cáscara alargada que contiene unas semillas algo más grandes que las judías. **2.** El fruto y la semilla de esta planta. ■ Esta palabra se emplea en singular con *el* y *un*: *el haba, un haba*; los otros determinantes se usan en femenino: *esta haba, alguna haba*.
**FAM.** Habichuela, habón.

**habanera** *s. f.* Canción y música de origen cubano, de ritmo suave.

**habanero, ra** *adj. y s. m. y f.* De La Habana, capital de Cuba.
**FAM.** Habanera, habano.

**habano** *s. m.* Cigarro puro hecho en la isla de Cuba.

**haber¹** *v.* **1.** Se usa para formar los tiempos compuestos de los verbos: *he escrito, había hablado, habré dormido*. **2.** Tener una obligación: *Hemos de ayudarle*. **3.** Ser necesario o conveniente: *Hay que descansar. Si llueve, habrá que llevar paraguas.* **4.** Usado en tercera persona de singular, estar, existir, darse: *Hubo muchos niños en el cumpleaños. Sobre esa película hay distintas opiniones. Hay inviernos muy fríos. De postre habrá tarta. Había muchos baches en la carretera.* **5.** También, en tercera persona de singular, suceder, ocurrir: *Ha habido varios terremotos.* **6.** La forma *ha* de este verbo, con expresiones de tiempo, significa 'haber pasado ese tiempo': *Años ha se marchó.* ■ Es un verbo irregular.
**EXPR. de lo que no hay** Se usa para decir que alguien es el colmo: *Adrián es de lo que no hay, ha vuelto a darnos plantón.* **habérselas con** alguien Enfrentarse con una persona. **no hay de qué** Así respondemos a una persona cuando nos da las gracias.

**SIN. 2.** y **3.** Deber. **3.** Necesitar, convenir. **4.** Encontrarse, hallarse. **5.** Acaecer, sobrevenir, acontecer. **ANT. 4.** Faltar.
**FAM.** Haber².

**haber²** *s. m.* **1.** Parte de una cuenta que alguien tiene en un banco o una caja de ahorros, donde se indica el dinero que se ingresa. ‖ *s. m. pl.* **2.** Lo que

| HABER |
| --- |

| INDICATIVO | |
| --- | --- |
| **Presente** | **Pretérito perfecto simple** |
| he | hube |
| has | hubiste |
| ha, hay | hubo |
| hemos | hubimos |
| habéis | hubisteis |
| han | hubieron |
| **Futuro** | **Condicional** |
| habré | habría |
| habrás | habrías |
| habrá | habría |
| habremos | habríamos |
| habréis | habríais |
| habrán | habrían |

| SUBJUNTIVO | |
| --- | --- |
| **Presente** | **Pretérito imperfecto** |
| haya | hubiera, -ese |
| hayas | hubieras, -eses |
| haya | hubiera, -ese |
| hayamos | hubiéramos, -ésemos |
| hayáis | hubierais, -eseis |
| hayan | hubieran, -esen |
| **Futuro** | |
| hubiere | hubiéremos |
| hubieres | hubiereis |
| hubiere | hubieren |

cobra un trabajador o un pensionista: *Este mes ya le han pagado los haberes.*
**SIN. 2.** Sueldo, paga, salario; pensión. **ANT. 1.** Debe.

**habichuela** *s. f.* Judía, planta y semilla.

**hábil** *adj.* **1.** Que se le da bien hacer algo: *Fue muy hábil al acabar este puzzle en tan poco tiempo.* **2.** Se dice del tiempo que realmente tenemos para alguna cosa: *Quedan cinco días hábiles de clase.*
**SIN. 1.** Habilidoso, mañoso, diestro, experto. **ANT. 1.** Torpe, inútil.
**FAM.** Habilidad, habilidoso, habilitar. / Rehabilitar.

**habilidad** *s. f.* Capacidad para hacer bien las cosas.
**SIN.** Destreza, maña. **ANT.** Torpeza.

**habilidoso, sa** *adj.* Que es hábil, sobre todo para cosas que se hacen con las manos.
**SIN.** Mañoso, diestro. **ANT.** Torpe.

**habilitar** *v.* **1.** Preparar, arreglar: *Han habilitado su cuarto como despacho.* **2.** Dar poder a una persona para hacer algo: *Le habilitaron para que pagara a los empleados.*
**SIN. 2.** Capacitar, autorizar.
**FAM.** Inhabilitar.

**habitabilidad** *s. f.* Conjunto de características que hacen que un lugar se pueda habitar: *Los clientes se quejan de que el camping no reúne suficientes condiciones de habitabilidad.*

**habitable** *adj.* Que puede habitarse.
**FAM.** Habitabilidad.

**habitación** *s. f.* Cada una de las partes en que se divide una casa, como el comedor, la cocina, el salón y, sobre todo, la que se usa para dormir.
**SIN.** Cuarto; dormitorio, alcoba.

**habitáculo** *s. m.* Espacio cerrado en el que pueden estar una o varias personas: *El habitáculo del coche es amplio.*

**habitante** *s. m. y f.* Cada una de las personas que habitan en un lugar.
**SIN.** Residente, vecino.

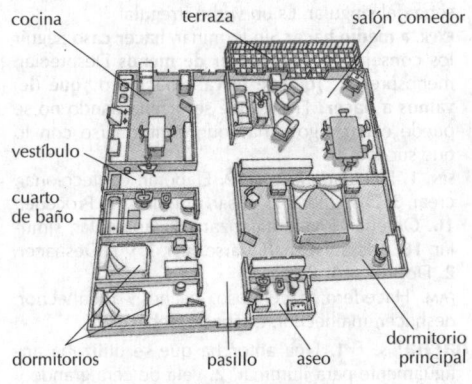

cocina · terraza · salón comedor · vestíbulo · cuarto de baño · dormitorios · pasillo · aseo · dormitorio principal

**habitaciones** de una casa

**habitar** *v.* Vivir en un lugar: *El león habita en África. Los gallegos habitan en el noroeste de España y los andaluces en el sur.*
**SIN.** Poblar, morar; residir.
**FAM.** Habitable, habitación, habitáculo, habitante, hábitat. / Cohabitar, deshabitado, inhabitable.

**hábitat** *s. m.* **1.** Territorio con unas características especiales habitado por un conjunto de seres vivos: *El río de montaña es el hábitat de la trucha.* **2.** En geografía, lugar donde habita un tipo de población; así se habla de *hábitat rural,* el de la población del campo, y de *hábitat urbano,* el de la población de la ciudad. ■ Su plural es *hábitat* o *hábitats.*

**hábito** *s. m.* **1.** Costumbre: *Nunca perdió el hábito de leer. Su padre tiene el hábito de fumar.* **2.** Vestimenta usada por religiosos y religiosas.
**FAM.** Habituado, habitual, habituar. / Deshabituar.

**habituado, da** *adj.* Que tiene un hábito o está acostumbrado a algo: *Está habituado a dormir la siesta. Los que viven en el sur están habituados al calor.*

**habitual** *adj.* Que se repite, que se hace por hábito o costumbre: *Todas las mañanas, a la hora habitual, Alicia va al parque a correr.*
**FAM.** Habitualmente.

**habitualmente** *adv.* De manera habitual: *Habitualmente, compra el pan en esa tienda.*
**SIN.** Normalmente, generalmente.

**habituar** *v.* Hacer que alguien tenga un hábito o se acostumbre a algo: *Pasará algún tiempo hasta que se habitúe a su nuevo trabajo.*
**SIN.** Acostumbrar, adaptar. **ANT.** Deshabituar.

**habla** *s. f.* **1.** Capacidad de hablar: *Recuperó el habla gracias a una operación.* **2.** Acción de hablar o modo de hacerlo: *El habla de los gallegos tiene un tonillo muy especial.* ■ Esta palabra se emplea en singular con el y un: *el habla, un habla;* los otros determinantes se usan en femenino: *esta habla, alguna habla.*

**hablado, da** *adj.* **1.** Dicho con palabras: *Domina el inglés hablado, pero no el escrito.* **2.** Que se habló o se acordó: *Podéis venir con nosotros el fin de semana, ya lo tengo hablado con mis padres.*
**EXPR. bien hablado** La persona que habla con educación. **mal hablado** La persona que habla de forma grosera, diciendo palabrotas.

**hablador, ra** *adj. y s. m. y f.* Persona que habla mucho.

**habladurías** *s. f. pl.* Cosas que la gente va diciendo de otros sin mucho fundamento, con el fin de criticar: *Dicen que le expulsaron de varios colegios, pero no son más que habladurías.*
**SIN.** Chisme, murmuración.

**hablante** *s. m. y f.* La persona que habla.
**SIN.** Emisor. **ANT.** Oyente; receptor.

**hablar** *v.* **1.** Pronunciar sonidos para formar palabras: *Es mudo y por eso no puede hablar. Habla*

# habón - hacha

mal: *no pronuncia la «r»*. **2.** Comunicarse con otros mediante palabras; también por otros medios, como señas. **3.** Decir cosas buenas o malas de alguien o algo: *Me han hablado muy bien de esa película.* **4.** Tratar, referirse a alguien o algo: *El periódico habla hoy de los atascos que hay con motivo de las vacaciones.* **5.** Confesar, dar a conocer algo que se había ocultado: *El testigo habló en el juicio y dijo todo lo que sabía.* **6.** Tener buenas relaciones con alguien. Se usa sobre todo en frases negativas: *No se habla con su hermana.*

**EXPR. hablar mal** Decir palabrotas. **hablar por los codos** Hablar mucho. **ni hablar** No, de ninguna manera: *¿Me dejas el coche? Ni hablar.*

**SIN. 1.** y **2.** Expresarse. **2.** Conversar, charlar, dialogar. **2.** a **4.** Contar. **5.** Cantar. **ANT. 1.**, **2.** y **5.** Callar. **5.** Silenciar.

**FAM.** Habla, hablado, hablador, habladurías, hablante. / Hispanohablante, malhablado.

**habón** *s. m.* Bulto enrojecido que aparece en la piel y pica mucho, causado generalmente por la picadura de un insecto.
**SIN.** Grano; roncha.

**hacedero, ra** *adj.* Que puede hacerse: *El trabajo es hacedero en el plazo que nos han dado.*
**SIN.** Factible.

**hacendado, da** *adj.* y *s. m.* y *f.* La persona que tiene muchas tierras y casas.
**SIN.** Potentado, terrateniente.

**hacendoso, sa** *adj.* Que hace bien y con cuidado las tareas de la casa.

**hacer** *v.* **1.** Realizar: *Ha hecho un viaje por toda América. Espero hacer un buen examen.* **2.** Fabricar, construir: *El carpintero nos hizo una mesa para el comedor. Enfrente van a hacer un edificio de oficinas.* **3.** Preparar: *hacer la comida, hacer las maletas.* **4.** Producir un resultado o tener un efecto: *Tu carta la ha hecho feliz. Me he hecho daño al darme con la mesa. Hizo añicos la taza.* **5.** Dar aspecto: *Ese peinado la hace más guapa.* **6.** Volver, convertir: *Sus nuevos amigos le han hecho más hablador. Cuando se hizo mayor, buscó un trabajo.* **7.** Representar un papel: *El actor hace de malo en esa película.* **8.** Unido a su complemento tiene el significado de éste: *hacer el vago, hacer el tonto.* **9.** Obligar a algo, mandar: *El director le hizo venir.* **10.** Cumplir: *El día treinta de agosto Inés hace diez años.* **11.** Obrar, actuar: *Ha hecho mal en regañarle.* **12.** Formar o completar un número o cantidad: *Dos más dos hacen cuatro. Este huevo hace la docena.* **13.** Ocupar un lugar: *Haces el número cinco de la lista de espera.* **14.** Expresa el tiempo que hay o la temperatura: *Hoy hace malo. Hizo mucho calor.* **15.** Haber pasado un tiempo: *Hace un mes que no te veo.* ‖ **hacerse 16.** Conseguir: *El equipo se hizo con el triunfo.* **17.** Fingir: *hacerse el dormido.* **18.** Acostumbrarse: *Lleva dos años en un colegio*

## HACER

| GERUNDIO | PARTICIPIO |
|---|---|
| haciendo | hecho |

### INDICATIVO

| Presente | Pretérito perfecto simple |
|---|---|
| hago | hice |
| haces | hiciste |
| hace | hizo |
| hacemos | hicimos |
| hacéis | hicisteis |
| hacen | hicieron |

| Futuro | Condicional |
|---|---|
| haré | haría |
| harás | harías |
| hará | haría |
| haremos | haríamos |
| haréis | haríais |
| harán | harían |

### SUBJUNTIVO

| Presente | Pretérito imperfecto |
|---|---|
| haga | hiciera, -ese |
| hagas | hicieras, -eses |
| haga | hiciera, -ese |
| hagamos | hiciéramos, -ésemos |
| hagáis | hicierais, -eseis |
| hagan | hicieran, -esen |

| Futuro | |
|---|---|
| hiciere | hiciéremos |
| hicieres | hiciereis |
| hiciere | hicieren |

### IMPERATIVO

| haz | haced |
|---|---|

inglés, pero no se hace al idioma. ▪ Con los significados **14** y **15** este verbo se usa sólo en tercera persona del singular. Es un verbo irregular.

**EXPR. a medio hacer** Sin terminar. **hacer caso** Seguir los consejos de otro. **hacer de menos** Despreciar, menospreciar. **¿qué se le va a hacer?** o **¿qué (le) vamos a hacer?** Frases que se dicen cuando no se puede evitar algo y hay que conformarse con lo que sucede.

**SIN. 1.** Efectuar, ejecutar. **2.** Elaborar, confeccionar, crear. **3.** Disponer. **4.** Causar, originar. **11.** Proceder. **16.** Obtener, lograr, alcanzar. **17.** Aparentar, simular. **18.** Adaptarse, habituarse. **ANT. 1.** y **2.** Deshacer. **2.** Destruir. **16.** Perder.

**FAM.** Hacedero, hacendoso, hecho. / Bienhechor, deshacer, malhechor, quehacer, rehacer.

**hacha¹** *s. f.* **1.** Una antorcha que se utilizaba antiguamente para iluminar. **2.** Vela de cera grande y gruesa. ▪ Esta palabra se emplea en singular con *el*

y *un*: *el hacha, un hacha*; los otros determinantes se usan en femenino: *esta hacha, alguna hacha.*
**SIN. 1.** Hachón.
**FAM.** Hachón.

**hacha²** *s. f.* Herramienta formada por una hoja ancha unida a un mango de madera: *El leñador corta ramas con el hacha.* ■ Esta palabra se emplea en singular con *el* y *un*: *el hacha, un hacha*; los otros determinantes se usan en femenino: *esta hacha, alguna hacha.*
**EXPR. ser** una persona **un hacha** Destacar en algo, ser muy bueno: *Iván es un hacha en ciencias.*
**FAM.** Hachazo.

**hachazo** *s. m.* Golpe que se da con el hacha para cortar una cosa: *El leñador partió el tronco de un hachazo.*

**hachís** *s. m.* Droga que se obtiene a partir de un tipo de cáñamo; los que la consumen la fuman mezclada con el tabaco. ■ No varía en plural.

**hachón** *s. m.* **1.** Hacha o vela grande. **2.** Antorcha.

**hacia** *prep.* **1.** Indica dirección: *Carmen va hacia el colegio.* **2.** Más o menos, aproximadamente, cerca de: *La clase está hacia el final del pasillo. Piensa volver del viaje hacia el dos de agosto.*

**hacienda** *s. f.* **1.** Finca o campos que tiene alguien. **2.** Los bienes y propiedades de una persona. **3.** Ministerio que se ocupa de administrar el dinero y los bienes del Estado y de cobrar los impuestos; recibe el nombre de *Ministerio de Economía y Hacienda.* ■ Con este último significado se escribe con mayúscula.
**SIN. 1.** y **2.** Posesiones. **2.** Fortuna, heredad, patrimonio.
**FAM.** Hacendado.

**hacinamiento** *s. m.* El hecho de haber muchas personas o cosas en poco espacio.
**SIN.** Aglomeración.

**hacinar** *v.* Amontonar, juntar en muy poco espacio: *Era una familia muy pobre, que se hacinaba en un pequeño piso.*
**FAM.** Hacinamiento.

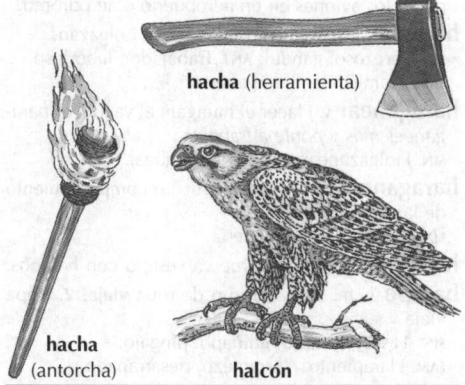

**hacha** (herramienta)

**hacha**
(antorcha)

**halcón**

**hacker** *s. m.* y *f.* Persona que accede a un sistema informático de forma ilegal. ■ Es una palabra inglesa. Su plural es *hackers.*

**hada** *s. f.* Personaje fantástico que aparece en los cuentos como una mujer bella, que suele llevar una varita mágica dotada de grandes poderes: *En el cuento de Pinocho el hada da vida a un muñeco de madera.* ■ Esta palabra se emplea en singular con *el* y *un*: *el hada, un hada*; los otros determinantes se usan en femenino: *esta hada, alguna hada.*

**hado** *s. m.* Aquello que según creen algunos es la causa de que las cosas sucedan de una manera, sin que podamos hacer nada por cambiarlas.
**SIN.** Destino, fatalidad, sino.
**FAM.** Hada.

**hagiografía** *s. f.* Historia de la vida de los santos.

**haitiano, na** *adj.* y *s. m.* y *f.* De Haití, país de América.

**¡hala!** *interj.* Se usa para dar ánimos o meter prisa, o para expresar sorpresa, disgusto, admiración, impresión: *¡Hala!, que llegamos tarde. ¡Hala! ¡Qué golpe se ha dado!* ■ Se dice también *¡hale!*

**halagador, ra** *adj.* Que halaga: *Le resulta muy halagador que todos le digan que canta muy bien.*

**halagar** *v.* **1.** Producir orgullo o satisfacción: *Le halaga que su equipo le considere el mejor jugador.* **2.** Mostrar aprecio o admiración a alguien con palabras o acciones: *Le hizo un regalo muy bonito para halagarla.* ■ Delante de *e* se escribe *gu* en lugar de *g*: *halague.*
**SIN. 1.** Enorgullecer. **2.** Alabar, adular. **ANT. 1.** y **2.** Ofender.
**FAM.** Halagador, halago, halagüeño.

**halago** *s. m.* Acción de halagar y cosa que halaga.
**SIN.** Alabanza, agasajo, adulación. **ANT.** Ofensa.

**halagüeño, ña** *adj.* **1.** Que indica que van a ir bien las cosas: *Las noticias sobre el enfermo son halagüeñas: se pondrá bueno.* **2.** Que halaga.
**SIN. 1.** Prometedor, optimista, favorable. **2.** Halagador. **ANT. 1.** Pesimista, desfavorable.

**halar** *v.* Tirar, sobre todo de una cuerda o algo parecido: *El marinero haló los cabos.* ■ Se dice también *jalar.*

**halcón** *s. m.* Ave rapaz, de alas largas y puntiagudas, pico curvo, cola larga y garras muy fuertes; es una excelente voladora y buena cazadora. Se puede domesticar y se usa en cetrería.
**FAM.** Halconero.

**halconero, ra** *s. m.* y *f.* Persona que cuida y adiestra halcones.

**¡hale!** *interj.* Busca *¡hala!*

**hálito** *s. m.* Aliento: *Dijo sus últimas palabras con un hálito de voz.*
**FAM.** Halitosis. / Exhalar, inhalar.

**halitosis** *s. f.* Mal aliento. ■ No varía en plural.

**hall** *s. m.* Vestíbulo. ■ Es una palabra inglesa. Su plural es *halls*.

**hallar** *v.* **1.** Encontrar: *Cuando llegó a casa, halló a Luis con fiebre.* **2.** Descubrir, averiguar: *Halla la suma de 496 y 302. Halló el motivo por el que José se había enfadado.* ‖ **hallarse 3.** Estar en un lugar o situación: *Su padre se halla en Asturias. Es normal hallarse cansado después de una larga caminata.* **FAM.** Hallazgo.

**hallazgo** *s. m.* **1.** Acción de hallar. **2.** Aquello que ha sido hallado, sobre todo cuando se trata de algo importante o muy bueno: *Ha sido un hallazgo encontrar un apartamento tan barato junto a la playa.* **SIN. 1.** Encuentro. **2.** Descubrimiento. **ANT. 1.** y **2.** Pérdida.

**halo** *s. m.* **1.** Aro luminoso, como el que a veces se ve alrededor del Sol y de la Luna, o el que tienen alrededor de la cabeza las imágenes religiosas. **2.** Atmósfera que rodea a alguien o algo. **SIN. 1.** Nimbo, corona. **1.** y **2.** Aureola.

**halógeno, na** *adj.* Se dice de unas lámparas, faros y bombillas que producen una luz blanca y brillante.

**haltera** *s. f.* Barra con dos pesados discos de metal en sus extremos, para practicar la halterofilia. **FAM.** Halterofilia.

**halterofilia** *s. f.* Deporte que consiste en levantar halteras.

halterofilia          hámster

**hamaca** *s. f.* **1.** Red o lona que se cuelga de sus dos extremos y sirve de cama. **2.** Tumbona.

**hambre** *s. f.* **1.** Necesidad de comer. **2.** Deseo muy grande de algo: *Después de tantos días lloviendo tengo hambre de sol.* ■ Esta palabra se emplea en singular con *el* y *un*: *el hambre, un hambre*; los otros determinantes se usan en femenino: *esta hambre, alguna hambre*.
**EXPR. hambre canina** Gana de comer muy grande. ‖ **matar el hambre** Comer algo para saciarla.

**SIN. 1.** Apetito, gazuza, gusa. **2.** Ansia, sed. **ANT. 1.** Hartura.
**FAM.** Hambriento, hambrón, hambruna.

**hambriento, ta** *adj.* y *s. m.* y *f.* **1.** Que tiene mucha hambre: *A estas horas el perrito debe de estar hambriento.* ‖ *adj.* **2.** Que desea mucho alguna cosa: *Es una persona ambiciosa, hambrienta de poder.* **SIN. 2.** Ansioso, sediento. **ANT. 1.** Saciado. **2.** Harto.

**hambrón, na** *adj.* y *s. m.* y *f.* Que come mucho o con ansia. **SIN.** Glotón, comilón.

**hambruna** *s. f.* Situación de hambre o falta de alimentos que dura mucho tiempo en un lugar: *La sequía llevó la hambruna a esa región.*

**hamburguesa** *s. f.* **1.** Filete redondo de carne picada. **2.** Pan redondo que se rellena con este filete y a veces con otros alimentos, como tomate, pepinillo o mostaza. **FAM.** Hamburguesería.

**hamburguesería** *s. f.* Establecimiento donde se venden y se toman hamburguesas.

**hampa** *s. f.* **1.** Conjunto de maleantes y delincuentes. **2.** Forma de vida y actividades de estos individuos. ■ Esta palabra se emplea en singular con *el* y *un*: *el hampa, un hampa*; los otros determinantes se usan en femenino: *esta hampa, alguna hampa*. **SIN. 1.** y **2.** Delincuencia. **FAM.** Hampón.

**hampón** *adj.* y *s. m.* Miembro del hampa. **SIN.** Delincuente, malhechor.

**hámster** *s. m.* Animal parecido al ratón, que puede ser de varios colores, casi sin cola. Algunas personas los tienen en casa como animales domésticos. ■ Es una palabra alemana. Su plural es *hámsters*.

**hándicap** *s. m.* Obstáculo, desventaja: *Miguel quiere ser jugador de baloncesto, pero tiene el hándicap de que es bajo.* ■ Es una palabra inglesa. Su plural es *hándicaps*. **SIN.** Dificultad, inconveniente, pega. **ANT.** Ventaja.

**hangar** *s. m.* Lugar donde se guardan, revisan o reparan los aviones en un aeropuerto o aeródromo.

**haragán, na** *adj.* y *s. m.* y *f.* Vago, holgazán. **SIN.** Perezoso, gandul. **ANT.** Trabajador, laborioso. **FAM.** Haraganear, haraganería.

**haraganear** *v.* Hacer el haragán, el vago: *No haraganees más y ponte a trabajar.* **SIN.** Holgazanear, gandulear, vaguear.

**haraganería** *s. f.* Característica o comportamiento de la persona haragana. **SIN.** Vagancia, holgazanería.

**harapiento, ta** *adj.* Que va vestido con harapos.

**harapo** *s. m.* **1.** Trozo roto de ropa vieja. **2.** Ropa vieja y sucia. **SIN. 1.** y **2.** Andrajo, guiñapo, pingajo. **FAM.** Harapiento. / Arrapiezo, desarrapado.

**haraquiri** *s. m.* Manera en que se suicidaban los antiguos guerreros japoneses, clavándose la espada en el vientre. ■ Es una palabra japonesa.

**hardware** *s. m.* Toda la parte material de los ordenadores, por ejemplo la pantalla, el teclado, los disquetes. Lo demás es el *software*, que está formado por los programas. ■ Es una palabra inglesa.

**harekrisna** *s. m.* y *f.* Persona que pertenece al Hare Krisna, religión que adora al dios hindú Krisna. ■ No varía en plural

**harén** o **harem** *s. m.* **1.** Entre los musulmanes, parte de la casa donde viven sólo las mujeres. **2.** Conjunto de estas mujeres.

**harina** *s. f.* Polvo que resulta al moler las semillas de los cereales, sobre todo del trigo, y otras cosas. Se usa mucho para hacer pan.
**EXPR. estar metido en harina** Estar muy ocupado o concentrado trabajando en alguna cosa. **ser** una cosa **harina de otro costal** Ser muy distinta.
**FAM.** Harinoso. / Enharinar.

**harinoso, sa** *adj.* Que tiene mucha harina o se parece a ella: *una manzana harinosa.*

**hartada** *s. f.* Hartazgo: *Nos dimos una hartada de mejillones y nos pusimos malos.*

**hartar** *v.* **1.** Aburrir, cansar: *Me está hartando con tanto venir a protestar.* || **hartarse 2.** Hacer una cosa hasta que ya no se puede más: *Nos hartamos de helados. Se hartó a trabajar en el jardín.*
**SIN. 1.** Molestar, hastiar. **2.** Atiborrarse, atracarse, inflarse.
**FAM.** Hartada, hartazgo, harto, hartón, hartura.

**hartazgo** *s. m.* Hecho de comer, beber o hacer cualquier otra cosa en exceso.
**SIN.** Hartada, hartón, tracón, panzada.

**harto, ta** *adj.* **1.** Que se ha hartado de alguna cosa y ya no puede más: *Quedó harto después de tanta comida.* **2.** Cansado o aburrido de algo: *Estoy harta de este tiempo tan malo.* || *adv.* **3.** Muy, demasiado: *A los montañeros les resultó harto difícil la subida hasta la cima de la montaña.*
**SIN. 1.** Lleno, atiborrado, ahíto. **2.** Hastiado. **ANT. 1.** Hambriento. **2.** Deseoso. **3.** Poco, apenas.

**hartón** *s. m.* Hartazgo: *¡Menudo hartón a bailar nos dimos!*

**hartura** *s. f.* **1.** Hecho de quedarse harta o llena una persona: *Comimos hasta la hartura en la fiesta.* **2.** Hecho de estar harto o cansado de algo: *¡Qué hartura de tiempo, no para de llover!*

**hasta** *prep.* y *conj.* **1.** Expresa el final de un lugar, de un tiempo, de una cantidad o de una acción: *Dio un paseo hasta la playa. No nos veremos hasta después de las vacaciones. Hasta que no le llamó, no se quedó tranquila.* || *adv.* **2.** Incluso: *Es tan sencillo que hasta un niño podría entenderlo.* ■ No confundir con *asta,* 'palo de la bandera' o 'cuerno'.

**hastiar** *v.* Aburrir: *Le hastiaban esos seriales tan largos que ponían por la tele.*
**SIN.** Cansar, hartar. **ANT.** Divertir.

**hastío** *s. m.* Aburrimiento, cansancio: *Le produjo hastío aquel viaje tan largo y tan pesado.*
**SIN.** Tedio. **ANT.** Diversión, gusto.
**FAM.** Hastiar.

**hatajo** *s. m.* **1.** Conjunto de personas o cosas malas o que no valen para nada: *un hatajo de ladrones.* **2.** Grupo pequeño de cabezas de ganado. ■ También puede escribirse sin *h: atajo.*
**SIN. 1.** Panda, pandilla. **2.** Hato.

**hatillo** *s. m.* Envoltorio pequeño con ropa y otras cosas.

**hato** *s. m.* **1.** Envoltorio de ropa y otras cosas que lleva una persona cuando va de un lugar a otro. **2.** Rebaño.
**SIN. 1.** Hatillo.
**FAM.** Hatajo, hatillo.

**hawaiano, na** *adj.* y *s. m.* y *f.* De las islas Hawai, situadas en el océano Pacífico.

**haya** *s. f.* Árbol muy alto que tiene la corteza lisa y gris o blanquecina. Sus hojas son ovaladas y da unos frutos que parecen castañas pequeñas, llamados *hayucos.* ■ Esta palabra se emplea en singular con *el* y *un: el haya, un haya*; los otros determinantes se usan en femenino: *esta haya, alguna haya.*
**FAM.** Hayal, hayedo, hayuco.

**hayedo** o **hayal** *s. m.* Lugar donde hay muchas hayas.

**hayuco** *s. m.* Fruto del haya.

**haz**[1] *s. m.* **1.** Conjunto de cosas alargadas, como espigas, hierba o leña, unidas y atadas. **2.** Conjunto de rayos de luz que salen de un mismo punto. ■ Su plural es *haces.*
**SIN. 1.** Manojo, gavilla.
**FAM.** Hacinar.

**haz**[2] *s. f.* En una cosa que tiene dos caras, el derecho, por ejemplo el haz de las hojas de las plantas. ■ Su plural es *haces.* Esta palabra se emplea en singular con *el* y *un: el haz, un haz*; los otros

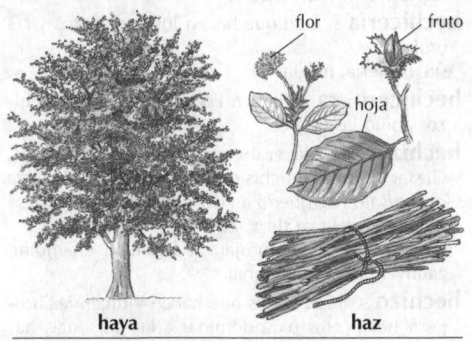

flor   fruto
hoja

haya   haz

determinantes se usan en femenino: *esta haz, alguna haz*.
**ANT.** Revés, envés.

**hazaña** *s. f.* Acción muy valiente o muy importante: *Le dieron una medalla por sus hazañas en la guerra*.
**SIN.** Proeza, gesta.

**hazmerreír** *s. m.* Persona de la que se ríen o se burlan las demás.

**he** Se usa en las expresiones **he aquí, he allí** y **he ahí**, que se utilizan para señalar o enseñar una persona o cosa: *He aquí el cuadro más valioso del museo*.

**heavy** *adj.* **1.** Duro o fuerte: *No te extrañe que se enfade, es muy heavy lo que le has dicho*. || *adj.* y *s. m.* y *f.* **2.** Del heavy metal o seguidor de esta clase de música. || *s. m.* **3.** Heavy metal, un tipo de rock duro. ■ Es una palabra inglesa. Su plural es *heavys* o *heavies*.

**hebilla** *s. f.* Objeto de metal o de otros materiales que sirve para unir los dos extremos de un cinturón, de una correa o de otra cosa parecida.

**hebra** *s. f.* **1.** Nombre que se da a algunas fibras vegetales y animales, como las que tienen en el borde las judías verdes o las que hay en la carne. **2.** Trozo de hilo de coser que se pone en la aguja.
**EXPR.** **pegar la hebra** Ponerse a hablar con alguien durante mucho tiempo.
**FAM.** Enhebrar.

**hebraísmo** *s. m.* **1.** Judaísmo, religión de los judíos. **2.** Palabra o expresión del hebreo usada en otra lengua.

**hebreo, a** *adj.* y *s. m.* y *f.* **1.** De un pueblo que antiguamente vivió en Palestina, una región de Asia. || *s. m.* **2.** Lengua de este pueblo; actualmente se habla en Israel y en las comunidades judías.
**SIN.** **1.** Israelita, judío.
**FAM.** Hebraísmo.

**hecatombe** *s. f.* Catástrofe en la que mueren muchas personas.
**SIN.** Matanza.

**heces** *s. f. pl.* Caca que se expulsa por el ano. Se llaman también *heces fecales*.
**SIN.** Excrementos, deposición.

**hechicería** *s. f.* Lo que hacen los hechiceros y las brujas.
**SIN.** Brujería, magia.

**hechicero, ra** *s. m.* y *f.* Persona que hace hechizos como las brujas.

**hechizar** *v.* **1.** Hacer un hechizo a una persona. **2.** Gustar o atraer muchísimo: *Le hechizó la belleza del paisaje y se quedó a vivir allí*. ■ Delante de *e* se escribe *c* en lugar de *z*: *hechice*.
**SIN.** **1.** Encantar, embrujar. **2.** Fascinar, enamorar, cautivar. **ANT.** **2.** Repugnar.

**hechizo** *s. m.* **1.** Cosas que hacen y dicen las brujas y hechiceros para dominar a las personas, ha-

cerles daño o, por ejemplo, para convertirlas en otra cosa: *La bruja hizo un hechizo para convertir al príncipe en rana*. **2.** Gran atractivo que tiene una persona o cosa: *No hay quien resista el hechizo de sus ojos*.
**SIN.** **1.** Encantamiento. **2.** Encanto.
**FAM.** Hechicería, hechicero, hechizar.

**hecho, cha** *adj.* **1.** Que alguien lo hizo: *Ya tengo hecho el dibujo*. **2.** Se dice de los alimentos que están más cocinados de lo normal: *Pidió un filete muy hecho*. **3.** Acostumbrado a algo: *Como es del norte, está más hecho al frío*. || *s. m.* **4.** Lo que hace o hizo una persona. **5.** Lo que ocurre o ha ocurrido: *El ministro no quería hablar de la fuga de los presos, pues no conocía los hechos*.
**EXPR.** **de hecho** En realidad: *Claro que se enfadó, de hecho no le habló en todo el día*. **hecho y derecho** Se dice de la persona que ya es adulta.
**SIN.** **3.** Habituado, adaptado. **4.** Acción, acto. **5.** Acontecimiento, suceso, caso. **ANT.** **3.** Desacostumbrado.
**FAM.** Hechura.

**hechura** *s. f.* Forma de estar hecha una cosa, sobre todo la ropa: *La hechura de esa chaqueta es muy bonita*.

**hectárea** *s. f.* Medida de superficie que equivale a 100 áreas.

**hectogramo** *s. m.* Medida de masa que equivale a 100 gramos.

**hectolitro** *s. m.* Medida de capacidad que equivale a 100 litros.

**hectómetro** *s. m.* Medida de longitud que equivale a 100 metros.

**heder** *v.* Oler muy mal: *Esta charca hiede a podrido*. ■ Es un verbo irregular. Se conjuga como *tender*.
**SIN.** Apestar, atufar.

**hediondo, da** *adj.* Que huele muy mal.
**SIN.** Apestoso, maloliente, fétido. **ANT.** Perfumado, aromático.

**hedonismo** *s. m.* Filosofía o forma de pensar que sostiene que lograr placer es lo más importante de la vida.
**FAM.** Hedonista.

**hedonista** *adj.* **1.** Relacionado con el hedonismo. || *adj.* y *s. m.* y *f.* **2.** Que sólo busca conseguir placer: *un comportamiento hedonista*.

**hedor** *s. m.* Olor muy malo y muy fuerte.
**SIN.** Peste. **ANT.** Perfume, aroma.
**FAM.** Heder, hediondo.

**hegemonía** *s. f.* Superioridad de alguien o algo sobre los demás, sobre todo de un país sobre otro u otros.
**SIN.** Predominio, supremacía. **ANT.** Inferioridad, dependencia.
**FAM.** Hegemónico.

**hegemónico, ca** *adj.* De la hegemonía o que tiene hegemonía: *el poder hegemónico de los Estados Unidos en el mundo.*
**SIN.** Predominante, superior. **ANT.** Dependiente, inferior.

**hégira** o **héjira** *s. f.* Huida de Mahoma de La Meca a Medina, que ocurrió en el año 622 después de Cristo; a partir de este año empieza a contarse la era de los musulmanes, que también se llama *hégira.*

**helada** *s. f.* Fenómeno atmosférico que consiste en que la temperatura desciende por debajo de 0 grados y todo queda cubierto de hielo.

**heladera** *s. f.* En América del Sur, nevera.

**heladería** *s. f.* Lugar donde se hacen, se venden y también se sirven helados y granizados.

**heladero, ra** *s. m. y f.* Vendedor de helados.

**helado, da** *adj.* **1.** Que se ha hecho hielo: *Cuando salió por la mañana todos los charcos estaban helados.* **2.** Muy frío o con mucho frío: *Este café está helado. Cierra la ventana porque nos vamos a quedar helados.* **3.** Muy sorprendido: *Cuando le dijeron lo que le costaría el viaje, se quedó helado.* ‖ *s. m.* **4.** Dulce muy frío hecho con leche, azúcar, zumo o sabores de frutas y otras cosas.
**SIN. 1.** y **2.** Congelado. **3.** Pasmado, atónito. **ANT. 1.** Descongelado.
**FAM.** Heladería, heladero.

**helador, ra** *adj.* Que hiela o que es muy frío: *Estas temperaturas son heladoras.*

**heladora** *s. f.* Aparato para hacer helados y sorbetes caseros.

**helar** *v.* **1.** Hacer sólido un líquido al enfriarlo mucho, sobre todo convertirse el agua en hielo. **2.** Estropear o dañar el frío las plantas u otras cosas, como por ejemplo los tejidos del cuerpo: *Este invierno se helaron los frutales. A uno de los montañeros se le heló un pie.* **3.** Producirse heladas. ■ Con este significado sólo se usa en tercera persona: *Esta noche ha helado.* ‖ **helarse 4.** Pasar alguien mucho frío o quedarse muy frío: *Pon otra manta en la cama, que si no te hielas. Se ha helado la sopa.* ■ Es un verbo irregular. Se conjuga como *pensar.*
**SIN. 1., 2.** y **4.** Congelar. **4.** Enfriar. **ANT. 1.** Deshelar, descongelar.
**FAM.** Helada, heladera, helado, helador, heladora. / Deshelar.

**helecho** *s. m.* Planta de hojas grandes y muy verdes que están formadas por hojitas triangulares y algo rizadas. Crece en bosques húmedos, donde hay mucha sombra.

**helénico, ca** *adj.* De la antigua Grecia.

**helenismo** *s. m.* **1.** La cultura de los antiguos griegos y su influencia en otras civilizaciones. **2.** Periodo de la historia griega que va desde la muerte de Alejandro Magno hasta el comienzo de la dominación romana. **3.** Palabra o expresión del griego que se usa en otra lengua.

**helenístico, ca** *adj.* Del helenismo: *época helenística, cultura helenística.*

**heleno, na** *adj.* y *s. m. y f.* De la Hélade, nombre que dieron a Grecia en la antigüedad.
**SIN.** Griego.
**FAM.** Helénico, helenismo, helenístico.

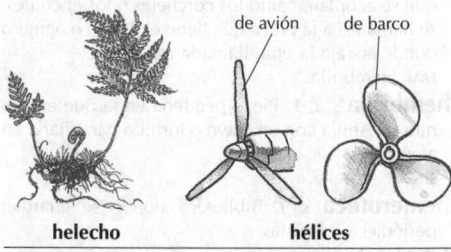
de avión    de barco
**helecho**          **hélices**

**hélice** *s. f.* **1.** Pieza formada por aletas o aspas que giran alrededor de un eje, como por ejemplo las que hacen avanzar a los barcos y a algunos aviones, movidas por un motor. **2.** Espiral.
**FAM.** Helicoidal.

**helicoidal** *adj.* Que tiene forma de hélice o espiral: *Las escaleras de caracol son helicoidales.*

**helicóptero** *s. m.* Vehículo que vuela movido por una hélice muy grande que tiene en la parte de arriba. Puede subir y bajar verticalmente y pararse en el aire.
**FAM.** Helipuerto.

**helio** *s. m.* Elemento químico en estado de gas que se encuentra en pequeñas cantidades en la atmósfera.

**helipuerto** *s. m.* Aeropuerto donde despegan y aterrizan helicópteros.

**helvético, ca** *adj.* y *s. m. y f.* De Suiza, que antiguamente se llamó Helvecia.
**SIN.** Suizo.

rotor
hélice
hélice de cola
cabina
patín de aterrizaje
**helicópteros**

**hematíe** *s. m.* Glóbulo rojo.
FAM. Hematología, hematoma.

**hematología** *s. f.* Parte de la medicina que estudia y trata la sangre.

**hematoma** *s. m.* Mancha morada o amarillenta que sale en la piel a causa de un golpe.
SIN. Moratón, cardenal.

**hembra** *s. f.* **1.** Animal del sexo femenino. **2.** Se dice de las plantas que sólo tienen flores femeninas. **3.** En algunos objetos formados por dos piezas que se acoplan, como los corchetes o los enchufes, se llama así a la pieza que tiene el hueco o agujero donde encaja la otra, llamada *macho*.
FAM. Hembrilla.

**hembrilla** *s. f.* **1.** Pieza pequeña en la que encaja otra. **2.** Anilla con un clavo o tornillo para fijarla en algún sitio.
SIN. **2.** Armella.

**hemeroteca** *s. f.* Biblioteca donde se guardan periódicos y revistas.

**hemiciclo** *s. m.* **1.** Medio círculo. **2.** Espacio en forma de medio círculo, con filas de asientos alrededor, como el del salón del Congreso donde se reúnen los diputados.

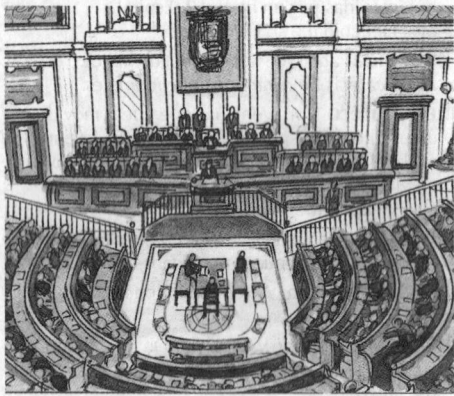

hemiciclo

**hemiplejia** o **hemiplejía** *s. f.* Parálisis de todo un lado del cuerpo.
FAM. Hemipléjico.

**hemipléjico, ca** *adj.* y *s. m.* y f. De la hemiplejia o que sufre hemiplejia.

**hemisferio** *s. m.* **1.** Cada una de las dos mitades de la esfera terrestre separadas por el ecuador. **2.** Cada una de las dos mitades de una esfera dividida por un plano que pasa por su centro.

**hemistiquio** *s. m.* Cada una de las dos mitades en que se dividen algunos versos.

**hemodiálisis** *s. f.* Busca **diálisis.** ■ No varía en plural.

**hemofilia** *s. f.* Enfermedad que consiste en que la sangre tiene dificultad para coagularse; la hemofilia puede pasar de padres a hijos.
FAM. Hemofílico.

**hemofílico, ca** *adj.* y *s. m.* y f. Que tiene hemofilia.

**hemoglobina** *s. f.* Sustancia de color rojo contenida en los glóbulos rojos de la sangre, que sirve para transportar el oxígeno.

**hemorragia** *s. f.* Salida de la sangre de las venas o arterias por las que circula, sobre todo cuando se produce en grandes cantidades.

**hemorroidal** *adj.* Relacionado con las hemorroides.

**hemorroide** *s. f.* Almorrana.
FAM. Hemorroidal. / Almorrana.

**henchido, da** *adj.* Lleno o repleto: *Se nota que está henchido de orgullo por su hijo.*
SIN. Pleno.

**henchir** *v.* Llenar de algo alguna cosa de manera que se vaya abultando a la vez que se llena: *henchir el pecho de aire.* ■ Es un verbo irregular. Se conjuga como *pedir.*
FAM. Henchido.

**hender** *v.* Abrir o rajar una cosa. ■ Es un verbo irregular. Se conjuga como *tender.* Se dice también *hendir.*
SIN. Agrietar, resquebrajar.
FAM. Hendidura, hendir.

**hendidura** *s. f.* Raja o grieta en alguna cosa.
SIN. Abertura, fisura, ranura.

**hendir** *v.* Busca **hender.** ■ Es un verbo irregular. Se conjuga como *discernir.*

**henna** *s. f.* **1.** Árbol pequeño de flores blancas y hojas ovaladas que se usan para hacer cosméticos. **2.** Colorante en forma de polvo rojo que se obtiene moliendo las hojas secas de ese árbol: *Se tiñe el pelo con henna.* ■ Es una palabra árabe.

**heno** *s. m.* **1.** Planta de la misma familia del trigo, con las hojas estrechas y flores en forma de espiga. **2.** Hierba cortada y seca con que se alimenta al ganado.
EXPR. **fiebre del heno** Alergia que produce el polen de algunas plantas gramíneas.

**hepático, ca** *adj.* y *s. m.* y f. Relacionado con el hígado o que tiene una enfermedad en el hígado.
FAM. Hepatitis.

**hepatitis** *s. f.* Enfermedad que produce una inflamación del hígado. Puede deberse a un virus o a otras causas. ■ No varía en plural.

**heptaedro** *s. m.* Cuerpo geométrico formado por siete caras, que nunca es regular.

**heptágono** *adj.* y *s. m.* Polígono de siete lados y siete ángulos.

**heptasílabo, ba** *adj. y s. m.* De siete sílabas.

**heptathlon** o **heptatlón** *s. m.* Competición femenina de atletismo en la que cada participante realiza siete pruebas.

**heráldica** *s. f.* Conocimientos sobre los escudos de armas de una familia, ciudad o país.

**heraldo** *s. m.* Antiguamente, mensajero o persona que anunciaba los sucesos importantes.
FAM. Heráldica.

**herbáceo, a** *adj.* Se dice de la planta que tiene el mismo aspecto que la hierba, como la alfalfa.

**herbario** *s. m.* Colección de hierbas y plantas secas que se conservan y se clasifican, sobre todo para su estudio.

**herbicida** *adj. y s. m.* Producto químico que se echa en los campos sembrados para que no crezcan en ellos hierbas perjudiciales.

**herbívoro, ra** *adj.* Se dice del animal que se alimenta de hierba, como el caballo o el conejo.

**herbolario** *s. m.* Tienda donde se venden hierbas y plantas medicinales.
SIN. Herboristería.

**herboristería** *s. f.* Herbolario.

**herciano, na** *adj.* Busca **hertziano**.

**hercio** *s. m.* Busca **hertzio**.

**hercúleo, a** *adj.* Propio de Hércules, héroe mitológico famoso por su enorme fortaleza: *Hace falta una fuerza hercúlea para mover esa piedra.*

**hércules** *s. m.* Hombre muy fuerte y corpulento.
FAM. Hercúleo.

**heredad** *s. f.* Terreno o fincas de un solo dueño.
SIN. Hacienda, posesión.
FAM. Heredar.

**heredar** *v.* **1.** Recibir los bienes u otras cosas que deja una persona al morir. **2.** Recibir una persona al nacer algunas características o cualidades de sus padres u otros familiares: *Laura ha heredado los ojos azules de su abuela.* **3.** Recibir algo que procede de una persona o de un momento anterior: *Luisito ha heredado los jerséis de sus hermanos mayores.*
FAM. Heredero, hereditario. / Desheredar.

**heredero, ra** *adj. y s. m. y f.* Que hereda algo.

**hereditario, ria** *adj.* Que se hereda de padres a hijos, por ejemplo algunas enfermedades.

**hereje** *s. m. y f.* Persona que defiende o sigue una herejía.
ANT. Ortodoxo.

**herejía** *s. f.* Doctrina religiosa que se aparta de la Iglesia católica porque está en contra de algunas creencias fundamentales de ésta.
SIN. Heterodoxia. ANT. Ortodoxia.
FAM. Hereje. / Herético.

**herencia** *s. f.* Todas las cosas que se heredan: *Recibió de sus padres una importante herencia.*
SIN. Legado.

**herético, ca** *adj.* Relacionado con las herejías o los herejes.

**herida** *s. f.* **1.** Rotura o desgarro producidos en un tejido del cuerpo, sobre todo a consecuencia de un golpe o de un corte: *Fernando se cayó y se ha hecho una herida en el codo.* **2.** Ofensa, pena o sufrimiento: *El tiempo cierra todas las heridas.*

**herido, da** *adj. y s. m. y f.* Que tiene heridas en el cuerpo: *En el incendio hubo varios heridos.*
EXPR. **sentirse herido** Sentirse ofendido o muy triste por algo: *Se sintió herido cuando sus amigos se fueron al cine sin decírselo a él.*
SIN. Lesionado. ANT. Ileso.

**herir** *v.* **1.** Producir una herida en el cuerpo: *Al cortar el pan, se hirió con el cuchillo.* **2.** Hacer que alguien se sienta ofendido o muy triste: *Le hiere que todos se burlen de él.* **3.** Producir una sensación molesta en la vista, el oído o en otro de los cinco sentidos: *El sol le hiere los ojos. Esta peste hiere el olfato.* ■ Es un verbo irregular. Se conjuga como *sentir.*
SIN. **1.** Lesionar, lastimar. **2.** Apenar, doler. **3.** Irritar, ofender.
FAM. Herida, herido, hiriente. / Malherir, zaherir.

**hermafrodita** *adj. y s. m. y f.* Que tiene los dos sexos, es decir, que es macho y hembra a la vez, como algunas flores.

**hermanar** *v.* Unir, juntar.
SIN. Armonizar, conciliar. ANT. Separar; enfrentar.

**hermanastro, tra** *s. m. y f.* Para una persona, los hijos de su madrastra o de su padrastro.

**hermandad** *s. f.* **1.** Parentesco que hay entre los hermanos. **2.** Gran afecto y unión entre personas o pueblos que no son hermanos, pero se tratan como si lo fueran. **3.** Nombre de algunas asociaciones de personas: *la hermandad de donantes de sangre.*
SIN. **1.** y **2.** Fraternidad. **2.** Afinidad, compenetración. **3.** Congregación, cofradía.

**hermano, na** *s. m. y f.* **1.** Persona que tiene los mismos padres o, por lo menos, el mismo padre o madre que otra. **2.** Nombre que se da a los frailes y monjas: *Las hermanas del convento rezan en la capilla.* **3.** Entre los cristianos, todos los seres humanos entre sí por ser hijos del mismo Padre, Dios. || *adj. y s. m. y f.* **4.** Persona o cosa unida a otra por algo: *Luis y Carlos son hermanos en la desgracia.*
EXPR. **hermano político** Cuñado.
SIN. **2.** Fray; sor.
FAM. Hermanar, hermanastro, hermandad.

**herméticamente** *adv.* De forma hermética: *La botella está herméticamente cerrada.*

**hermético, ca** *adj.* **1.** Que cierra tan bien que no deja pasar aire u otra cosa de fuera: *El bote de*

*mermelada tiene una tapadera hermética.* **2.** Muy difícil de comprender.
**SIN. 2.** Oscuro, incomprensible. **ANT. 2.** Claro.
**FAM.** Herméticamente, hermetismo.

**hermetismo** *s. m.* Característica de las cosas herméticas o de aquello que es muy difícil de entender.

**hermosear** *v.* Hacer o poner hermoso: *Esas columnas hermosean la fachada.*
**SIN.** Embellecer, adornar.

**hermoso, sa** *adj.* **1.** Que tiene una gran belleza: *Desde lo alto de la montaña se ve un hermoso paisaje.* **2.** Grande: *La casa tiene tres habitaciones bien hermosas.* **3.** De buen aspecto, bien desarrollado: *Tu hijo está muy hermoso; se nota que come bien.* **4.** Se dice del tiempo soleado: *En un día tan hermoso apetece ir a la piscina.* **5.** Muy noble o generoso: *Fue un hermoso gesto que le ayudaras.*
**SIN. 1.** Bonito, lindo, bello. **3.** Lozano. **4.** Radiante. **ANT. 1., 4.** y **5.** Feo. **3.** Enclenque. **4.** Desapacible. **5.** Indigno.
**FAM.** Hermosear, hermosura.

**hermosura** *s. f.* **1.** Característica de la persona o cosa hermosa: *Todos los chicos se quedan prendados de su hermosura.* **2.** Persona o cosa hermosa: *¡Vaya hermosura de niño!*
**SIN. 1.** Lozanía. **1.** y **2.** Belleza. **ANT. 1.** Fealdad. **2.** Adefesio, birria.

**hernia** *s. f.* Hecho de salirse un órgano o parte de él del sitio en que debe estar, por ejemplo cuando alguien hace un esfuerzo muy grande.
**FAM.** Herniarse.

**herniarse** *v.* **1.** Producirse una hernia. **2.** Hacer mucho esfuerzo; suele decirse en tono de burla cuando alguien trabaja poco: *¡No creo que te hayas herniado con lo que has hecho hoy!*

**héroe, heroína** *s. m.* y *f.* **1.** Persona muy valiente que realiza acciones buenas y peligrosas. **2.** Persona muy admirada por sus cualidades: *Ese ciclista es el héroe de todos los chicos del barrio.* **3.** Protagonista de una novela, tebeo, película u obra de teatro. || *s. m.* **4.** Para los griegos y los romanos, hijo de un dios o una diosa y de un ser humano, como por ejemplo Hércules.
**SIN. 2.** Ídolo, figura. **ANT. 1.** Cobarde.
**FAM.** Heroicidad, heroico, heroísmo. / Antihéroe.

**heroicidad** *s. f.* **1.** Característica de la persona o de la acción que demuestran heroísmo. **2.** Acción admirable para la que se necesita mucho valor.
**SIN. 1.** Valentía. **2.** Hazaña, proeza. **ANT. 1.** y **2.** Cobardía.

**heroico, ca** *adj.* Propio de los héroes y de las situaciones que demuestran heroísmo.
**ANT.** Cobarde.

**heroína** *s. f.* Droga que se obtiene de la morfina.
**FAM.** Heroinómano.

**heroinómano, na** *adj.* y *s. m.* y *f.* Drogadicto que consume heroína.

**heroísmo** *s. m.* Valentía para realizar acciones muy buenas y peligrosas.

**herpes** o **herpe** *s. m.* Nombre de algunas enfermedades causadas por virus; muchas de ellas producen en la piel bultitos dolorosos. ■ La palabra *herpes* no varía en plural.

**herradura** *s. f.* Pieza de hierro en forma de U que se clava en las pezuñas de las caballerías para que no se desgasten o dañen contra el suelo.

**herraje** *s. m.* Conjunto de piezas de metal que refuerza o adorna algunas cosas como baúles, maletas, puertas o ventanas.

**herramienta** *s. f.* **1.** Cualquier utensilio, sobre todo de metal, que se coge con la mano para hacer algunos trabajos, por ejemplo el martillo o los alicates. **2.** Cosa utilizada para trabajar o para hacer algo: *Este diccionario es una excelente herramienta para los estudiantes.*
**SIN. 1.** Útil. **1.** y **2.** Instrumento. **2.** Medio.

**herrar** *v.* Poner herraduras en las pezuñas de las caballerías. ■ Es un verbo irregular. Se conjuga como *pensar.* No confundir con *errar,* 'equivocarse'.

**herrería** *s. f.* Taller donde trabaja el herrero.
**SIN.** Fragua.

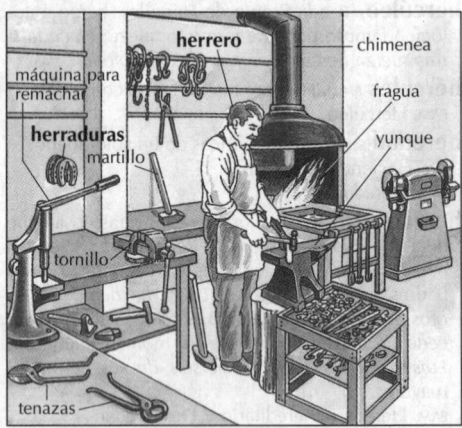

**herrería**

**herrerillo** *s. m.* Pájaro pequeño de pico corto y cónico y plumas negras, azules, amarillas y blancas.

**herrero, ra** *s. m.* y *f.* Persona que golpea los metales con un martillo cuando están muy calientes para darles forma y hacer diversos objetos.

**herreruelo** *s. m.* Pájaro pequeño que se alimenta de insectos. El macho tiene el dorso, la cabeza y la cola negros y el resto blanco; la hembra es grisácea por el dorso y blanca en el vientre.

**herrete** *s. m.* Remate de metal que tienen los extremos de algunos cordones.

**herrumbre** *s. f.* Capa oxidada que se forma sobre el hierro a causa de la humedad.
SIN. Óxido, orín.
FAM. Herrumbroso.

**herrumbroso, sa** *adj.* Que tiene herrumbre.

**hertziano, na** *adj.* Se dice de las ondas que sirven para transmitir sonidos o imágenes a distancia; se utilizan en la radio y la televisión. ■ Se escribe también *herciano.*

**hertzio** *s. m.* Unidad en la que se mide la frecuencia de un movimiento vibratorio. ■ Se escribe también *hercio.*
FAM. Hertziano. / Herciano, hercio.

**hervidero** *s. m.* Lugar donde hay mucha gente y mucho jaleo.
SIN. Hormiguero.

**hervir** *v.* **1.** Producir burbujas un líquido al calentarlo a una temperatura que varía según el líquido. **2.** Calentar el agua a cien grados de temperatura, a veces metiendo algo dentro de ella: *Rosa puso los huevos en un cazo con agua para hervirlos.* **3.** Sentir de forma muy intensa un deseo o una pasión: *Hierve en deseos de conocer Italia.* ■ Es un verbo irregular. Se conjuga como *sentir.*
SIN. **1.** y **2.** Cocer. **3.** Arder. ANT. **3.** Aplacarse.
FAM. Hervidero, hervor.

**hervor** *s. m.* Acción de hervir un líquido.
SIN. Ebullición.

**heterodoxia** *s. f.* Hecho de no estar de acuerdo con algunas creencias o ideas de una religión, doctrina o teoría aceptada por la mayoría.
ANT. Ortodoxia.
FAM. Heterodoxo.

**heterodoxo, xa** *adj.* y *s. m.* y *f.* Que no está de acuerdo con algunas creencias o ideas de una religión, doctrina o teoría aceptada por la mayoría.
ANT. Ortodoxo.

**heterogéneo, a** *adj.* Que está compuesto de cosas o partes distintas: *El pastel tiene una mezcla heterogénea de ingredientes.*
SIN. Diverso, variado. ANT. Homogéneo.

**heteronimia** *s. f.* En lingüística, fenómeno en el que dos palabras de significados muy cercanos tienen una forma y origen distintos; por ejemplo: *marido* y *mujer, yegua* y *caballo.*

**heterónimo** *s. m.* Palabra que tiene un significado muy cercano al de otra, pero su origen y su forma es diferente; son heterónimos, por ejemplo, *hombre* y *mujer.*
FAM. Heteronimia.

**heterosexual** *adj.* y *s. m.* y *f.* Se dice de la persona que se siente atraída por personas del otro sexo.
ANT. Homosexual.
FAM. Heterosexualidad.

**heterosexualidad** *s. f.* Atracción o relación sexual que se da entre personas de diferente sexo.
ANT. Homosexualidad.

**heterótrofo, fa** *adj.* y *s. m.* y *f.* Se dice de los seres vivos que se alimentan de otros seres vivos. Son heterótrofos los animales y los vegetales sin clorofila.
ANT. Autótrofo.

**hexaedro** *s. m.* Cuerpo geométrico que tiene seis caras planas, por ejemplo el cubo.

**hexagonal** *adj.* Que tiene forma de hexágono.

**hexágono** *adj.* y *s. m.* Polígono con seis ángulos y seis lados.
FAM. Hexagonal.

**hexasílabo, ba** *adj.* y *s. m.* De seis sílabas: *un verso hexasílabo.*

**hi-fi** Primeras letras de la expresión inglesa *High Fidelity*, que significa 'alta fidelidad': *Tiene un equipo de música hi-fi muy bueno.*

**hiato** *s. m.* Separación en sílabas distintas de dos vocales que están juntas. Esto ocurre cuando las dos vocales son abiertas (*a, e, o*): ca-er, le-o; o cuando el acento va en la vocal cerrada (*i, u*): re-ír, ba-úl.
ANT. Diptongo.

**hibernación** *s. f.* Estado de los animales que hibernan.

**hibernar** *v.* Pasar el invierno algunos animales, por ejemplo la marmota o el lirón, como si estuvieran dormidos, con la respiración, la temperatura y otras funciones corporales más bajas de lo normal.
SIN. Invernar.
FAM. Hibernación.

**hibisco** *s. m.* Planta de hojas grandes y flores de vivos colores con cinco pétalos.

**híbrido, da** *adj.* y *s. m.* **1.** Animal o planta que nace de unir un macho y una hembra de distinta raza, género o especie: *El mulo es un híbrido que proviene de asno y yegua.* **2.** Se dice de otras cosas que son el resultado de mezclar varios elementos.
SIN. **2.** Mixto. ANT. **1.** y **2.** Puro.

**hidalgo, ga** *s. m.* y *f.* **1.** Noble de categoría más baja dentro de la antigua nobleza castellana. || *adj.* **2.** De estos nobles o relacionado con ellos.
ANT. **1.** y **2.** Plebeyo.
FAM. Hidalguía.

**hidalguía** *s. f.* **1.** Condición de hidalgo. **2.** Caballerosidad, generosidad, nobleza: *Se comportó con hidalguía al perdonar a sus enemigos.*

**hidra** *s. f.* **1.** Animal acuático de agua dulce que tiene el cuerpo en forma de tubo y en uno de sus extremos una boca rodeada por tentáculos que, al tocarlos, producen un escozor muy fuerte. **2.** Nombre que se da a algunas especies de culebras marinas venenosas. **3.** Monstruo fantástico de siete cabezas.

**hidratación** *s. f.* Acción de hidratar.

**hidratante** *adj.* Que hidrata: *Isabel usa una crema hidratante para las manos porque las tiene bastante resecas.*

**hidratar** *v.* **1.** Añadir agua a algo, especialmente a la piel cuando está seca poniéndole una crema. **2.** En química, unir una sustancia o un cuerpo con el agua para formar un compuesto.
ANT. **1.** y **2.** Deshidratar.
FAM. Hidratación, hidratante. / Deshidratar.

**hidrato** *s. m.* Sustancia formada por la unión de un cuerpo con el agua.
EXPR. **hidrato de carbono** Sustancia, formada por carbono, oxígeno e hidrógeno, que se encuentra en los alimentos y proporciona energía a los seres vivos; los dulces, por ejemplo, son ricos en hidratos de carbono. Se llama también *glúcido* y *carbohidrato.*
FAM. Hidratar. / Carbohidrato.

**hidráulico, ca** *adj.* **1.** Se dice de la energía que se produce por la fuerza del agua. **2.** Que funciona por el movimiento o la presión de un líquido: *una grúa hidráulica.*

**hidroavión** *s. m.* Avión que puede despegar desde el agua o aterrizar en ella.

hidroavión

**hidrocarburo** *s. m.* Sustancia compuesta de carbono e hidrógeno, por ejemplo el petróleo o el gas butano.

**hidroeléctrico, ca** *adj.* Relacionado con la electricidad que se obtiene aprovechando la fuerza del agua, por ejemplo de un río: *energía hidroeléctrica.*

**hidrófilo, la** *adj.* Se dice de la sustancia o material que absorbe el agua con facilidad, por ejemplo el algodón.
ANT. Hidrófugo.

**hidrofobia** *s. f.* Enfermedad de la rabia, que es transmitida por los perros y otros animales.

**hidrófugo, ga** *adj.* y *s. m.* Que no deja pasar la humedad: *un tejido hidrófugo, una pintura hidrófuga.*
ANT. Hidrófilo.

**hidrógeno** *s. m.* Gas menos pesado que el aire, sin ningún color, olor o sabor, que arde con mucha facilidad. Se combina con el oxígeno para formar el agua.

**hidrografía** *s. f.* Parte de la geografía que estudia los mares, ríos y lagos.
FAM. Hidrográfico.

**hidrográfico, ca** *adj.* Relacionado con la hidrografía: *Están haciendo un estudio hidrográfico del Ebro.*

**hidrojet** *s. m.* **1.** Sistema de propulsión que consiste en expulsar agua a mucha presión y que utilizan algunas embarcaciones para moverse. **2.** Embarcación que se mueve con este sistema. ■ Su plural es *hidrojets.*

**hidrólisis** *s. f.* En química, división de una molécula en iones que se produce por efecto del agua, de un ácido o de un fermento. ■ No varía en plural.

**hidrología** *s. f.* Ciencia que estudia las propiedades, la distribución y la utilización del agua en la Tierra.
FAM. Hidrológico.

**hidrológico, ca** *adj.* Relacionado con la hidrología.

**hidromasaje** *s. m.* Masaje que se hace con agua y aire a presión: *Me he comprado una bañera con hidromasaje.*

**hidropesía** *s. f.* Acumulación anormal de suero en una parte del cuerpo.
FAM. Hidrópico.

**hidrópico, ca** *adj.* y *s. m.* y *f.* De la hidropesía o que sufre hidropesía.

**hidrosfera** *s. f.* La parte líquida de la Tierra, es decir, los mares, ríos, lagos, océanos.

**hidrosoluble** *adj.* Que se puede disolver en agua: *Le recetaron unas pastillas hidrosolubles para la gripe.*

**hidroterapia** *s. f.* Utilización del agua para curar enfermedades.

**hidróxido** *s. m.* Compuesto químico formado por un elemento metálico, oxígeno e hidrógeno.

**hiedra** *s. f.* Planta trepadora con hojas de color verde oscuro que se sujeta a los muros, árboles y otras cosas mediante raicillas que brotan de sus ramas. ■ Se escribe también *yedra.*
FAM. Yedra.

**hiel** *s. f.* Bilis.

**hielera** *s. f.* En Chile, Guatemala y México, refrigerador, nevera.

**hielo** *s. m.* Agua que se ha vuelto sólida por efecto del frío.
EXPR. **romper el hielo** Empezar una conversación, una relación u otra cosa que hasta entonces nadie se había atrevido a comenzar: *Se produjo un silencio muy incómodo en la reunión hasta que alguien hizo una broma para romper el hielo.*
FAM. Helar, hielera. / Gélido, rompehielos.

hiedra

hiena

hierbabuena

higo

higuera

**hiena** *s. f.* Animal mamífero carnívoro que vive en África y parte de Asia. Tiene el pelaje gris con manchas o rayas oscuras y le destaca en la espalda una parte de pelo más abundante. Se alimenta de carroña o de animales cazados por otros.

**hierático, ca** *adj.* **1.** Que no muestra con sus gestos lo que piensa o siente: *El emperador presenció hierático la ceremonia y no habló ni hizo gesto alguno.* **2.** Se dice de las esculturas o pinturas que representan figuras rígidas e inexpresivas, como las del antiguo arte egipcio.
SIN. **1.** Impasible, inalterable. ANT. **1.** Expresivo.

**hierba** *s. f.* **1.** Cualquier planta pequeña de tallo tierno. **2.** Conjunto de muchas de estas plantas.
EXPR. **mala hierba** Plantas perjudiciales que crecen en los sembrados. ■ Se escribe también *yerba.*
SIN. **2.** Césped, verde.

FAM. Herbáceo, herbario, herbicida, herbívoro, herbolario, herboristería, hierbabuena, hierbajo. / Yerba.

**hierbabuena** *s. f.* Planta de olor muy agradable que se usa como condimento en algunos guisos y también se toma en infusión. ■ Se escribe también *yerbabuena.*

**hierbajo** *s. m.* Hierba sin valor ni utilidad que crece sin ser cultivada.

**hierro** *s. m.* **1.** Metal de color gris plateado; es uno de los más abundantes y con él se hacen muchísimos objetos. **2.** Cualquier pieza o instrumento de hierro o de otro metal parecido: *Las rejas son unos hierros que se ponen en las ventanas.*
EXPR. **de hierro** Muy duro o resistente: *El abuelo, aunque es muy mayor, tiene una salud de hierro.* **quitar hierro** a algo Hacer que algo parezca menos importante o grave de lo que es: *No tuvo más remedio que darle la mala noticia, aunque procuró quitarle hierro.*
FAM. Herradura, herraje, herramienta, herrar, herrería, herrerillo, herrero, herreruelo, herrete, herrumbre. / Férreo, fierro.

**higadillos** o **higaditos** *s. m. pl.* Hígados de animales pequeños, sobre todo de las aves, que se utilizan como alimento.

**hígado** *s. m.* Órgano de las personas y de muchos animales que produce la bilis y realiza otras funciones muy importantes.
FAM. Higadillos, higaditos.

**higiene** *s. f.* Limpieza, aseo: *La falta de higiene es causa de muchas enfermedades.*
ANT. Suciedad.
FAM. Higiénico. / Antihigiénico.

**higiénico, ca** *adj.* Relacionado con la higiene.
SIN. Limpio. ANT. Antihigiénico, sucio.

**higo** *s. m.* Uno de los frutos de la higuera, blando y muy dulce, que es por fuera de color verde, negro o morado y por dentro encarnado y blanco, y está lleno de pequeñas semillas. Se come fresco o seco.
EXPR. **higo chumbo** Fruto de la chumbera. Tiene forma ovalada, color verde amarillento o rojizo y es muy dulce. || **de higos a brevas** De tarde en tarde, pasando mucho tiempo entre una vez y otra. **estar** algo **hecho un higo** Estar una cosa muy estropeada o arrugada.
FAM. Higuera.

**higuera** *s. f.* Árbol de mediana altura, madera blanda y hojas grandes, verdes y brillantes por encima y grises y ásperas por debajo. Algunas variedades dan dos frutos: los higos, en otoño, y las brevas, hacia el verano.
EXPR. **estar en la higuera** Estar muy distraído o no enterarse de nada.

**hijastro, tra** *s. m. y f.* Para una persona, el hijo o hija que su esposo o esposa tiene de una unión anterior.

**hijo, ja** *s. m.* y *f.* **1.** Una persona o animal con relación a sus padres. **2.** Una persona respecto al país o lugar donde ha nacido: *Entre los hijos ilustres de Córdoba se encuentra el poeta Góngora.*
**EXPR. hijo de papá** El que tiene padres ricos o importantes y se aprovecha de eso. **hijo de puta** (o **de perra**, o **de su madre**) Persona de mala intención. ■ Es una expresión vulgar que se usa como insulto. **hijo natural** El que alguien tiene sin haberse casado o con otra persona que no es su marido o su mujer. **hijo político** o **hija política** El yerno o la nuera. ‖ **como todo hijo de vecino** Como cualquier persona, como todo el mundo.
SIN. **1.** Vástago. **2.** Natural.
FAM. Hijastro, hijoputa, hijuela. / Ahijado, prohijar.

**hijoputa, hijaputa** *adj.* y *s. m.* y *f.* Hijo de puta. Busca **hijo.**

**hijuela** *s. f.* **1.** Cada una de las partes en que se divide una herencia y documento en el que se escribe lo que corresponde a cada heredero. **2.** Cosa que depende o deriva de otra principal; se dice sobre todo de los caminos que salen de otro y llevan a lugares por los que éste no pasa: *Este autobús hace la ruta Madrid-Toledo con hijuelas.*

**hilacha** o **hilacho** *s. f.* o *m.* **1.** Hilo que cuelga de la ropa: *La camisa está tan desgastada que tiene hilachas.* ‖ *s. f. pl.* **2.** Parte muy pequeña de algo: *Casi estoy acabando el trabajo, sólo me quedan unas hilachas.*
SIN. **2.** Resto, migaja.

**hilado, da** *adj.* **1.** Que ha sido convertido en hilos: *huevo hilado, tabaco hilado.* ‖ *s. m.* **2.** Acción de hilar: *el hilado del algodón.*

**hilandero, ra** *s. m.* y *f.* Persona que tiene como oficio hilar.

**hilar** *v.* Convertir en hilo las materias que sirven para hacer tejidos, como el lino, la seda, la lana o el algodón.
FAM. Hilado, hilandero.

**hilarante** *adj.* Que da risa: *una comedia hilarante.*
FAM. Hilaridad.

**hilaridad** *s. f.* Risa que da algo: *El actor tropezó en el escenario, lo que provocó la hilaridad del público.*

**hilera** *s. f.* Grupo de personas, animales o cosas colocados en línea uno detrás de otro: *Los montañeros avanzaban en hilera por la pendiente.*
SIN. Fila.

**hilo** *s. m.* **1.** Hebra o fibra larga y delgada de algodón, lino, lana y materias parecidas que se usa para hacer tejidos o para coser. **2.** Hebra de cualquier material flexible: *hilo de cobre.* **3.** Tipo de tela hecha con fibra de lino: *Llevo una camisa de hilo.* **4.** Desarrollo de lo que se está diciendo o pensando: *Se distrajo y perdió el hilo de la explicación.*

**EXPR. pender de un hilo** Estar alguien o algo en peligro o muy poco seguro: *Estuvo tan grave que su vida pendía de un hilo.*
SIN. **2.** Alambre.
FAM. Hilacha, hilacho, hilar, hilera. / Deshilachar, sobrehilar.

**hilván** *s. m.* Costura de puntadas largas que se hace para señalar o sujetar lo que se va a coser; también se llaman así los hilos con que está hecha esta costura.
FAM. Hilvanar.

**hilvanar** *v.* **1.** Señalar o sujetar con hilvanes: *hilvanar los bajos de un pantalón.* **2.** Unir unas ideas, palabras o frases con otras al hablar o al escribir: *Estaba tan borracho que no podía hilvanar dos frases seguidas.*
FAM. Deshilvanar.

**himen** *s. m.* Membrana que recubre la vagina en las mujeres vírgenes.

**himno** *s. m.* Poesía o composición musical en alabanza de alguien o algo, como la que se dedica a un país: *Antes del partido una banda de música tocó los himnos nacionales de los dos países.*

**hincapié** Se usa en la expresión **hacer hincapié**, que significa 'insistir': *El profesor hizo hincapié en las lecciones más difíciles.*

**hincar** *v.* Clavar una cosa con punta: *Levantó una cerca hincando estacas en el suelo.* ■ Delante de *e* se escribe *qu* en lugar de *c*: *hinquemos.*
**EXPR. hincar el diente** Morder: *Tengo ganas de hincarle el diente al bocadillo.* Comenzar a hacer o a ocuparse de una cosa: *A ver si esta tarde le hinco el diente a los deberes de vacaciones.* Apropiarse o empezar a disfrutar de algo: *Los nietos tienen ganas de hincarle el diente a la herencia de los abuelos.* **hincar los codos** Busca **codo.**
SIN. Introducir, hundir. ANT. Desclavar.
FAM. Hincapié. / Ahínco.

**hincha** *s. f.* **1.** Antipatía, manía: *Dice que no le han dado el premio a él porque le tienen hincha.* ‖ *s. m.* y *f.* **2.** Persona que sigue con gran entusiasmo a un equipo deportivo: *Los hinchas animaban a su equipo en el partido.*
SIN. **1.** Tirria, asco. **2.** Forofo, seguidor. ANT. **1.** Simpatía, afecto.

**hinchable** *adj.* Que se puede hinchar: *una colchoneta hinchable.*

**hinchado, da** *adj.* Que alguien lo hinchó o se hinchó: *Tengo la tripa hinchada de tanto comer. Se dio un golpe en el codo y ahora lo tiene hinchado.*
SIN. Inflado, lleno; inflamado. ANT. Deshinchado, desinflado.

**hinchar** *v.* **1.** Hacer algo más grande llenándolo de aire, de gas o de otra cosa: *hinchar un globo, hinchar un balón.* ‖ **hincharse 2.** Abultarse una parte del cuerpo por un golpe, una herida o una infla-

mación: *Me torcí el tobillo y se me hinchó muchísimo.* **3.** Hacer una cosa hasta que ya no se puede más, sobre todo comer: *Nos hinchamos de caramelos.*
**SIN. 1.** a **3.** Inflar. **2.** Inflamarse. **3.** Hartarse, atiborrarse. **ANT. 1.** Vaciar, desinflar. **1.** y **2.** Deshinchar. **FAM.** Hincha, hinchable, hinchado, hinchazón. / Deshinchar.

**hinchazón** *s. f.* Hecho de hincharse una parte del cuerpo: *Tenía una hinchazón alrededor de la herida.* **SIN.** Inflamación.

**hindi** *s. m.* Lengua que se habla en la India.

**hindú** *adj.* y *s. m.* y *f.* De la India, país de Asia; sobre todo se dice de los que practican el hinduismo o el budismo. ■ Su plural es *hindús* o *hindúes.* **SIN.** Indio. **FAM.** Hindi, hinduismo.

**hinduismo** *s. m.* Principal religión de la India.

**hinojo**[1] *s. m.* Rodilla. **EXPR. de hinojos** De rodillas.

**hinojo**[2] *s. m.* Planta de flores amarillas que se usa como condimento, por el sabor de sus frutos parecido al del anís, y también en medicina porque ayuda a hacer la digestión.

**hip-hop** *s. m.* Movimiento juvenil originario de los Estados Unidos que se distingue por su afición al rap, a las pintadas en las paredes y al breakdance. ■ Es una palabra inglesa.

**hipar** *v.* **1.** Tener hipo. **2.** Hacer un sonido parecido al hipo al llorar.

**híper** *s. m.* Forma abreviada de **hipermercado.** ■ No varía en plural.

**hiperactivo, va** *adj.* y *s. m.* y *f.* Se dice de la persona demasiado nerviosa y activa, que no puede estarse quieta.

**hipérbato** o **hipérbaton** *s. m.* Cambio del orden normal de las palabras en la frase. Por ejemplo, hay hipérbaton en: *Debajo del árbol croaban las ranas.* El orden normal sería: *Las ranas croaban debajo del árbol.* ■ Su plural es *hipérbatos.*

**hipérbola** *s. f.* En geometría, curva plana y simétrica que se obtiene al cortar una superficie cónica por un plano paralelo a su eje. **FAM.** Hipérbole, hiperbólico.

**hipérbole** *s. f.* Exageración muy grande, como cuando decimos *Te he llamado más de un millón de veces.*

**hiperbólico, ca** *adj.* **1.** Muy exagerado: *Hizo un relato hiperbólico de sus aventuras.* **2.** De la hipérbola o con forma de hipérbola: *El balón describió una trayectoria hiperbólica.* **ANT. 1.** Sobrio, realista.

**hiperglucemia** *s. f.* Subida de la cantidad normal de azúcar en la sangre. **ANT.** Hipoglucemia.

**hipermercado** *s. m.* Supermercado muy grande que suele estar en las afueras de las ciudades. **SIN.** Híper.

**hipermétrope** *adj.* y *s. m.* y *f.* Que tiene hipermetropía: *No puede leer sin gafas porque es hipermétrope.*

**hipermetropía** *s. f.* Defecto de la vista que consiste en ver bien de lejos y mal de cerca. **FAM.** Hipermétrope.

**hiperónimo, ma** *adj.* y *s. m.* Se dice de la palabra que tiene un significado general que incluye el significado de otras. Por ejemplo, *perro* es el hiperónimo de *caniche, dálmata, bulldog, pastor alemán.* **ANT.** Hipónimo.

**hipersensibilidad** *s. f.* Sensibilidad exagerada.

**hipersensible** *adj.* Que es exageradamente sensible. **FAM.** Hipersensibilidad.

**hipertensión** *s. f.* Tensión arterial alta. **ANT.** Hipotensión. **FAM.** Hipertenso.

**hipertenso, sa** *adj.* y *s. m.* y *f.* Que tiene hipertensión: *Mónica tiene que comer con poca sal porque es hipertensa.* **ANT.** Hipotenso.

**hipertermia** *s. f.* Aumento excesivo de la temperatura del cuerpo. **SIN.** Fiebre. **ANT.** Hipotermia.

**hipertexto** *s. m.* En informática, forma de estar organizada la información contenida en uno o en varios archivos, de manera que, al seleccionar un elemento, por ejemplo una palabra, nos lleve directamente a otro elemento con el que está relacionado.

**hipertrofia** *s. f.* **1.** Crecimiento excesivo y anormal de un órgano del cuerpo: *Tiene una hipertrofia muscular en el brazo derecho de tanto jugar al tenis.* **2.** Desarrollo excesivo de una cosa. **ANT. 1.** Atrofia.

**hípica** *s. f.* Deporte que se practica a caballo, como las carreras o los saltos de obstáculos. **SIN.** Equitación.

**hípico, ca** *adj.* Relacionado con los caballos y los deportes que se practican con ellos: *El jinete español ganó el trofeo hípico.* **FAM.** Hípica, hipódromo.

**hipido** *s. m.* Sonido parecido al hipo que se hace al llorar.

**hipnosis** *s. f.* Estado de la persona hipnotizada. ■ No varía en plural.

**hipnótico, ca** *adj.* De la hipnosis o relacionado con ella: *un estado hipnótico.*

**hipnotismo** *s. m.* Actividad del que se dedica a hipnotizar.

**hipnotizar** *v.* Dormir profundamente a alguien y hacer que obedezca las órdenes que se le dan durante ese sueño. ■ Delante de *e* se escribe *c* en lugar de *z*: *hipnotice*.
**FAM.** Hipnosis, hipnótico, hipnotismo.

**hipo** *s. m.* Sacudidas bruscas del cuerpo que le dan a alguien y hacen que el aire salga de golpe por la boca produciendo un ruido.
**EXPR. quitar el hipo** Asombrar mucho algo por ser muy bueno: *Tiene una moto que quita el hipo.*
**FAM.** Hipar, hipido.

**hipoalérgico, ca** *adj.* Que está preparado para que no produzca alergia: *Ha comprado una crema hipoalérgica.*

**hipocampo** *s. m.* Pez marino que tiene la cabeza parecida a la de un caballo y que nada en posición vertical. ■ También se llama *caballito de mar.*

**hipocondriaco, ca** o **hipocondríaco, ca** *adj.* y *s. m.* y *f.* Persona que siempre está preocupada por su salud y teme padecer alguna enfermedad.

**hipocresía** *s. f.* Forma de ser o de actuar de los hipócritas.

**hipócrita** *adj.* y *s. m.* y *f.* Que finge lo que no es o lo que no siente: *El muy hipócrita habla bien de ellos cuando están delante, pero luego los critica a sus espaldas.*
**ANT.** Sincero, franco.
**FAM.** Hipocresía.

**hipodérmico, ca** *adj.* Que está o actúa debajo de la piel: *Le pusieron una inyección hipodérmica para vacunarlo.*

**hipódromo** *s. m.* Lugar donde se hacen carreras de caballos y otras pruebas de equitación.

**hipófisis** *s. f.* Glándula unida al encéfalo que regula la actividad de las demás glándulas y el funcionamiento del organismo. ■ No varía en plural.

**hipoglucemia** *s. f.* Bajada de la cantidad normal de azúcar en la sangre.
**ANT.** Hiperglucemia.

**hipónimo, ma** *adj.* y *s. m.* Se dice de la palabra que tiene un significado que se incluye dentro de otro más amplio. Por ejemplo, *margarita, amapola, rosa* son hipónimos de *flor.*
**ANT.** Hiperónimo.

**hipopótamo** *s. m.* Animal mamífero de cuerpo muy gordo y patas cortas; tiene la piel gruesa y de color gris y una cabeza grande con un hocico enorme. Vive en los ríos y lagos de África.

**hipoteca** *s. f.* **1.** Modo de asegurar que se va a pagar una deuda poniendo una casa o una finca como garantía. **2.** La casa o finca con que se garantiza ese pago.
**FAM.** Hipotecar, hipotecario.

**hipotecar** *v.* Hacer una hipoteca sobre una propiedad. ■ Delante de *e* se escribe *qu* en lugar de *c*: *Hipotequé mi casa a cambio de un préstamo.*

**hipotecario, ria** *adj.* Relacionado con la hipoteca: *Pidió un crédito hipotecario para comprarse una casa.*

**hipotensión** *s. f.* Tensión arterial baja.
**ANT.** Hipertensión.
**FAM.** Hipotenso.

**hipotenso, sa** *adj.* y *s. m.* y *f.* Que tiene hipotensión.
**ANT.** Hipertenso.

**hipotenusa** *s. f.* En un triángulo rectángulo, el lado que está enfrente del ángulo recto.

**hipotermia** *s. f.* Bajada excesiva de la temperatura del cuerpo.

**hipótesis** *s. f.* Explicación o idea que no está probada, pero que de momento se da por buena. ■ No varía en plural.
**SIN.** Suposición, conjetura. **ANT.** Confirmación.
**FAM.** Hipotético.

salto de obstáculos

gorra
amazona
casaca
silla
bota de montar
estribo
riendas

carrera de caballos

fusta
jockeys
cincha

**hípica**

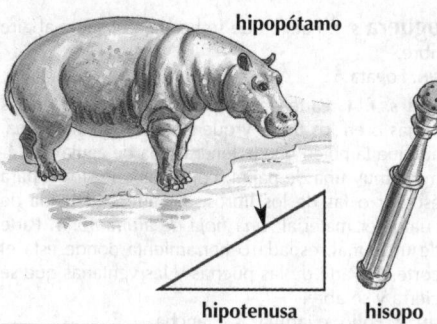

**hipopótamo**

**hipotenusa**     **hisopo**

**hipotético, ca** *adj.* **1.** De la hipótesis o que está basado en una hipótesis. **2.** Poco probable: *En el hipotético caso de que te pierdas, llámame.* **SIN. 2.** Dudoso.

**hippy** o **hippie** *adj.* y *s. m.* y *f.* De un movimiento juvenil que apareció en Estados Unidos en los años sesenta del siglo XX; sus miembros llevaban el pelo largo y vestían con colores alegres; vivían en grupos, en contacto con la naturaleza y rechazaban la violencia. ■ Es una palabra inglesa. Su plural es *hippies.*

**hiriente** *adj.* Que hiere u ofende: *Hizo llorar a la chica con sus comentarios hirientes.* **SIN.** Ofensivo. **ANT.** Cariñoso.

**hirsuto, ta** *adj.* Se dice del pelo duro y tieso y de lo que está cubierto por él. **ANT.** Liso, lacio.

**hisopo** *s. m.* Utensilio usado en las iglesias para esparcir el agua bendita; consiste en un mango acabado en una bola con agujeros, por los que sale el agua al agitarlo.

**hispalense** *adj.* y *s. m.* y *f.* De Sevilla, que antiguamente se llamó Hispalis. **SIN.** Sevillano.

**hispánico, ca** *adj.* De España y del resto de los países de lengua española. **SIN.** Hispano, español.

**hispanidad** *s. f.* Conjunto de los pueblos y países que hablan español.

**hispanista** *s. m.* y *f.* Persona que estudia la lengua y la cultura españolas.

**hispano, na** *adj.* **1.** De España o de los países de lengua española: *la comunidad hispana.* ‖ *adj.* y *s. m.* y *f.* **2.** Se dice de los habitantes de habla española de los Estados Unidos. **SIN. 1.** Hispánico. **FAM.** Hispánico, hispanidad, hispanoamericano, hispanoárabe, hispanohablante, hispanojudío, hispanomusulmán, hispanorromano.

**hispanoamericano, na** *adj.* y *s. m.* y *f.* De los países americanos de lengua española.

**hispanoárabe** *adj.* y *s. m.* y *f.* De la parte de la península Ibérica dominada por los musulmanes en la Edad Media.

**hispanohablante** *adj.* y *s. m.* y *f.* Que habla español.

**hispanojudío, a** *adj.* y *s. m.* y *f.* Se dice de los judíos que vivían en España durante la Edad Media.

**hispanomusulmán, na** *adj.* y *s. m.* y *f.* Busca **hispanoárabe**.

**hispanorromano, na** *adj.* y *s. m.* y *f.* De la península Ibérica bajo la dominación romana.

**histeria** o **histerismo** *s. f.* o *m.* **1.** Nerviosismo. **2.** Un tipo de enfermedad nerviosa grave. **ANT. 1.** Calma, tranquilidad. **FAM.** Histérico.

**histérico, ca** *adj.* y *s. m.* y *f.* Que tiene histeria o la muestra: *un grito histérico.* **SIN.** Nervioso. **ANT.** Tranquilo.

**histograma** *s. m.* Diagrama en el que se representan unos datos mediante rectángulos o barras.

**historia** *s. f.* **1.** Sucesión de hechos importantes que han ocurrido en el pasado: *La primera vez en la historia que el hombre pisó la Luna fue en 1969.* **2.** La ciencia que estudia esos hechos: *Mañana tengo examen de historia.* **3.** Sucesos o cosas, inventados o verdaderos, que alguien cuenta a otras personas: *Los niños escuchaban atentos las historias que les contaba el abuelo.* **SIN. 3.** Relato, narración, cuento. **FAM.** Historiado, historiador, historial, histórico, historieta. / Prehistoria.

**historiado, da** *adj.* En arte y arquitectura, se dice de los elementos decorados con dibujos y escenas.

**historiador, ra** *s. m.* y *f.* Persona que se dedica a estudiar la historia y escribir sobre ella.

**historial** *s. m.* Escrito con todos los datos importantes sobre alguien, como los que informan de las enfermedades que ha tenido un paciente o de los estudios, trabajos y méritos de una persona. **SIN.** Currículum, expediente.

**histórico, ca** *adj.* **1.** De la historia o relacionado con ella: *Muchos monumentos tienen un gran valor histórico.* **2.** Se dice de un hecho muy importante: *Cristóbal Colón partió del puerto de Palos en su histórico viaje hacia América.* **3.** Que ha existido o ha sucedido de verdad: *Rodrigo Díaz de Vivar, el Cid, fue un personaje histórico.* **SIN. 2.** Trascendente, crucial. **3.** Auténtico, real. **ANT. 2.** Intrascendente. **3.** Imaginario; incierto.

**historieta** *s. f.* **1.** Relato que se va contando con dibujos. **2.** Cuento o relato breve y divertido. **SIN. 1.** Tebeo, cómic.

**histrión** *s. m.* **1.** Actor de teatro, sobre todo el que actúa de manera exagerada. **2.** Persona que se comporta o se expresa de forma muy exagerada o

que finge algo con muchos gestos: *El muy histrión simuló la falta tirándose al suelo y chillando.*
**SIN. 2.** Comediante.
**FAM.** Histriónico, histrionismo.

**histriónico, ca** *adj.* Propio de un histrión: *Sus gestos histriónicos le hacían parecer ridículo.*
**SIN.** Exagerado, teatral. **ANT.** Natural, sobrio.

**histrionismo** *s. m.* Forma muy exagerada de hablar, moverse o actuar una persona.
**SIN.** Afectación. **ANT.** Naturalidad.

**hit** *s. m.* Disco de música que tiene mucho éxito y se vende mucho. ■ Es una palabra inglesa. Su plural es *hits*.

**hitita** *adj. y s. m. y f.* **1.** De un pueblo de la Edad Antigua que creó un gran imperio en Asia Menor entre los años 1600 y 1200 antes de Cristo. || *s. m.* **2.** Lengua de este pueblo.

**hito** *s. m.* **1.** Poste de piedra que señala los límites de las tierras, la dirección de los caminos o indica las distancias. **2.** Suceso o cosa muy importante: *«El Quijote» es uno de los hitos de la literatura universal.*
**EXPR. mirar de hito en hito** Mirar fijamente, sin apartar la vista.
**SIN. 1.** Mojón, señal.

**hobby** *s. m.* Afición favorita de alguien, con la que se entretiene en su tiempo libre: *El hobby de Ricardo son los videojuegos.* ■ Es una palabra inglesa. Su plural es *hobbies* o *hobbys*.

**hocico** *s. m.* Parte saliente de la cabeza de los animales, en la que tienen la nariz y la boca.
**FAM.** Hocicudo, hozar.

**hocicudo, da** *adj.* Que tiene el hocico largo o grande.

**hockey** *s. m.* Deporte en el que dos equipos intentan meter con un bastón una bola o un disco en la portería contraria. Hay tres tipos: con patines de ruedas, con patines de cuchilla sobre hielo o corriendo sobre un campo de hierba. ■ Es una palabra inglesa.

**hogar** *s. m.* **1.** Lugar donde se enciende fuego. **2.** La casa donde uno vive con su familia. **3.** Familia: *Quiere casarse y fundar un hogar.*
**SIN. 1.** Fogón, chimenea. **2.** Domicilio, vivienda, morada.
**FAM.** Hogareño, hogaza, hoguera.

**hogareño, ña** *adj.* Se dice de la persona a la que le gusta quedarse en casa: *Joaquín es muy hogareño, casi nunca sale los fines de semana.*
**SIN.** Familiar.

**hogaza** *s. f.* Pan grande de forma redonda.

**hogaza**

**hoguera** *s. f.* Fuego que se hace en el suelo al aire libre.
**SIN.** Fogata.

**hoja** *s. f.* **1.** Parte de las plantas que crece en las ramas o en los tallos y que suele ser ancha y fina, aunque también puede tener forma de aguja. **2.** Lámina muy fina de papel, como las que sirven para escribir o las de los libros. **3.** Lámina delgada de cualquier material: *una hoja de aluminio.* **4.** Parte de un puñal, espada o herramienta donde está el corte. **5.** Parte de las puertas y las ventanas que se cierra y se abre.
**SIN. 2.** Folio, cuartilla. **3.** Plancha.
**FAM.** Hojalata, hojaldre, hojarasca, hojear, hojuela. / Deshojar, milhojas.

**hojalata** *s. f.* Lámina de metal muy fina y que se dobla fácilmente.
**FAM.** Hojalatería.

**hojalatería** *s. f.* Lugar en el que se fabrican o se venden objetos de hojalata.

**hojaldrado, da** *adj.* **1.** Hecho de hojaldre. || *s. m.* **2.** Pastel de hojaldre.

**hojaldre** *s. m.* Masa de algunos bollos que tiene capas muy finas unas encima de otras.
**FAM.** Hojaldrado.

**hojarasca** *s. f.* Hojas secas que hay por el suelo.

**hojear** *v.* Pasar las hojas de un libro, revista o algo parecido mirándolas o leyéndolas por encima: *El profesor dijo que ya había hojeado los exámenes, pero que aún no los había corregido.* ■ No confundir con *ojear*[1], 'pasar la vista rápidamente por algún sitio', ni con *ojear*[2], 'espantar a los animales para cazarlos'.

**hojuela** *s. f.* Masa de harina muy delgada y fina que se suele comer frita.
**EXPR. miel sobre hojuelas** Busca **miel**.

**¡hola!** *interj.* Palabra que se utiliza para saludar.
**ANT.** Adiós.

**holandés, sa** *adj. y s. m. y f.* **1.** De Holanda, país del oeste de Europa. || *s. m.* **2.** Idioma que hablan en Holanda. || *s. f.* **3.** Hoja de papel un poco más pequeña que un folio.
**SIN. 1.** y **2.** Neerlandés.

**holding** *s. m.* Sociedad financiera que tiene la mayoría de las acciones de otras empresas y las controla de esta forma. ■ Es una palabra inglesa. Su plural es *holdings*.

**holgado, da** *adj.* **1.** Amplio, ancho: *A Marga le gusta llevar las blusas holgadas.* **2.** Se dice de la situación económica en la que no hay problemas de dinero: *Desde que le han subido el sueldo la situación de su familia es más holgada.*
**SIN. 1.** Grande. **2.** Desahogado, acomodado. **ANT. 1.** Estrecho, ceñido. **2.** Necesitado.
**FAM.** Holgura.

**holganza** *s. f.* Descanso, el no hacer nada. SIN. Ocio, recreo. ANT. Actividad.

**holgar** *v.* **1.** No trabajar, hacer el vago: *Estuvo toda la tarde holgando tumbado en el sillón.* **2.** No hacer falta, sobrar: *Huelga decir que el que copie en el examen suspenderá.* ■ Delante de *e* se escribe *gu* en lugar de *g*. Es un verbo irregular. Se conjuga como *contar*. SIN. **1.** Descansar, vaguear. ANT. **1.** Currar. FAM. Holgado, holganza, holgazán.

**holgazán, na** *adj.* y *s. m.* y *f.* Vago, que no quiere trabajar. SIN. Gandul, haragán. ANT. Trabajador. FAM. Holgazanear, holgazanería.

**holgazanear** *v.* Estar haciendo el vago: *Se pasa el día holgazaneando sin estudiar.* SIN. Gandulear. ANT. Trabajar.

**holgazanería** *s. f.* Característica o comportamiento de la persona holgazana. SIN. Vagancia, gandulería.

**holgura** *s. f.* **1.** Espacio que queda entre dos cosas que deben estar juntas: *Hay holgura entre este tornillo y la tuerca, y por eso se mueve.* **2.** Situación del que tiene bastante dinero. ANT. **2.** Estrechez, apuros.

**hollar** *v.* Pisar o poner los pies sobre algo: *Existen lugares que aún no han sido hollados por el hombre.* ■ Es un verbo irregular. Se conjuga como *contar*. FAM. Huella.

**hollejo** *s. m.* Pellejo de algunas frutas y legumbres, como las uvas, las judías, los garbanzos.

**hollín** *s. m.* Sustancia negra y grasienta que el humo deja en las chimeneas, en las paredes o sobre los objetos. SIN. Tizne. FAM. Deshollinar.

**holocausto** *s. m.* Gran matanza de seres humanos.

**holografía** *s. f.* Técnica fotográfica que utiliza rayos láser para obtener hologramas. FAM. Holograma.

**holograma** *s. m.* Fotografía que da sensación de relieve, como si hubiera espacio por dentro, y que va cambiando según el lugar desde el que la miramos.

**hombrada** *s. f.* Acción propia de un hombre valiente y decidido.

**hombre** *s. m.* **1.** Ser vivo caracterizado por su mayor inteligencia, su capacidad de hablar y por ir de pie, sostenido sólo por las dos piernas. **2.** Persona del sexo masculino: *Sólo confeccionan ropa de hombre.* **3.** Persona valiente, fuerte: *Pórtate como un hombre y no llores en el dentista.* EXPR. **hombre del saco** Hombre imaginario con que se amenaza a los niños para que se porten bien. **hombre lobo** Personaje fantástico, tema de la literatura y del cine, que en las noches de luna llena se transforma en un monstruo mitad hombre, mitad lobo. **hombre público** Hombre importante, sobre todo el que participa en la política. **hombre rana** Persona con un traje y un equipo para bucear. SIN. **2.** Varón. ANT. **2.** Mujer. **3.** Cobarde; débil. FAM. Hombrada, hombretón, hombría, hombruno, homínido. / Gentilhombre.

**hombrera** *s. f.* **1.** Pequeña almohadilla que se pone en las prendas de vestir para levantar los hombros. **2.** Cinta o trozo de tela estrecho que va por encima de los hombros en algunos vestidos y camisetas. **3.** Franja de tela colocada sobre los hombros de los uniformes militares y otras ropas parecidas, por donde se meten correas o cordones. **4.** Pieza para protegerse los hombros en algunos deportes.

**hombretón** *s. m.* Hombre grande y corpulento.

**hombría** *s. f.* La fuerza y la valentía de los hombres.

**hombro** *s. m.* **1.** Parte del cuerpo que está a los dos lados del cuello, de donde salen los brazos. **2.** Parte de una camisa, chaqueta u otra prenda que queda en esa parte. EXPR. **a hombros** Encima de los hombros: *Sacaron a hombros al torero que había cortado dos orejas.* **arrimar el hombro** Ayudar, colaborar: *Todos arriman el hombro para dejar limpia la casa.* **encogerse de hombros** Levantar los hombros, que quiere decir que una cosa no la sabes o no te importa: *Cuando le preguntaron la capital de Brasil a Paco, se encogió de hombros.* FAM. Hombrera.

**hombruno, na** *adj.* Se dice de las mujeres que parecen hombres y de lo relacionado con ellas: *Yolanda es tan corpulenta que tiene un aspecto hombruno.* SIN. Masculino.

**homenaje** *s. m.* Fiesta o ceremonia que se hace en honor de alguien: *Hicieron un homenaje a un futbolista muy famoso de la ciudad.* FAM. Homenajear.

**homenajear** *v.* Hacer un homenaje a alguien: *Homenajearon al profesor más viejo del colegio.*

**homeópata** *adj.* y *s. m.* y *f.* Se dice del médico especialista en homeopatía.

**homeopatía** *s. f.* Tratamiento para curar una enfermedad dándole al enfermo pequeñas cantidades de la misma sustancia que la provoca. FAM. Homeópata.

**homicida** *adj.* y *s. m.* y *f.* Que comete homicidio o se usa para cometerlo: *arma homicida.*

**homicidio** *s. m.* El matar a una persona. FAM. Homicida.

**homilía** *s. f.* Explicación que hace el cura en la misa de las lecturas de la *Biblia* o de otro tema religioso.

**homínido** *adj.* y *s. m.* Se dice de una familia de mamíferos primates que actualmente está formada sólo por el hombre.

**homófono, na** *adj.* y *s. m.* Se dice de las palabras que se pronuncian igual y tienen diferente significado, por ejemplo *vaca*, el animal, y *baca*, la que se pone encima de los coches.

**homogeneidad** *s. f.* Característica de lo que es homogéneo.
SIN. Uniformidad. ANT. Heterogeneidad.

**homogeneizar** *v.* Hacer homogéneas cosas distintas o hacer homogéneo un conjunto o mezcla formados por elementos diferentes. ■ Delante de *e* se escribe *c* en lugar de *z*: *homogeneícen.*

**homogéneo, a** *adj.* **1.** Se dice del conjunto formado por personas o cosas parecidas: *Es un grupo de amigos muy homogéneo, todos tienen los mismos gustos.* **2.** Se dice de aquello en lo que no se notan diferencias: *La pintura de la pared ha quedado bastante homogénea, con el mismo color por todas partes.*
FAM. Homogeneidad, homogeneizar.

**homógrafo, fa** *adj.* Se dice de las palabras que se escriben igual pero que tienen orígenes y significados distintos, por ejemplo *canto*, 'composición que se canta'; *canto*, 'trozo de piedra', y *canto*, 'borde de una cosa'.

**homologar** *v.* **1.** Hacer que varias cosas sean iguales o equivalentes. **2.** Considerar una autoridad que una cosa vale para algo: *Estos libros de texto están homologados por el Ministerio de Educación y pueden utilizarse en los colegios.* ■ Delante de *e* se escribe *gu* en lugar de *g*: *homologue.*

**homólogo, ga** *adj.* y *s. m.* y *f.* Que tiene una función o cargo equivalente: *El ministro de Economía español tuvo una reunión con su homólogo francés.*
FAM. Homologar.

**homonimia** *s. f.* Hecho de ser homónimas dos o más palabras.

**homónimo, ma** *adj.* Se dice de las palabras que se pronuncian de la misma manera y suelen escribirse igual, pero tienen distinto significado, por ejemplo *bota*, la que sirve para guardar el vino, y *bota*, calzado.
FAM. Homonimia.

**homosexual** *adj.* y *s. m.* y *f.* Persona que se siente atraída por otras de su mismo sexo.
ANT. Heterosexual.
FAM. Homosexualidad.

**homosexualidad** *s. f.* Atracción o relación sexual que se da entre personas del mismo sexo.
ANT. Heterosexualidad.

**honda** *s. f.* Tira de cuero o de otro material que sirve para arrojar piedras con mucha fuerza. ■ No confundir con *onda*, 'curva'.

**hondo, da** *adj.* **1.** Que tiene bastante profundidad: *El río es muy hondo en la parte del centro.* **2.** Se dice de los sentimientos muy fuertes o muy íntimos: *Sintió una pena muy honda cuando tuvo que marcharse. Que le despreciaran de esa manera le dolió en lo más hondo de su ser.*
SIN. **1.** y **2.** Profundo. **2.** Intenso. ANT. **1.** y **2.** Superficial.
FAM. Hondonada, hondura. / Ahondar.

**hondonada** *s. f.* Parte de un terreno que está más honda que el resto.

**hondura** *s. f.* Característica de las cosas hondas: *la hondura de un pozo; la hondura de unos sentimientos.*
EXPR. **meterse** o **entrar en honduras** Meterse en lo más difícil o complicado de algo: *Echó un vistazo rápido a la lección antes de meterse en honduras.*
SIN. Profundidad.

**hondureño, ña** *adj.* y *s. m.* y *f.* De Honduras, país de América Central.

**honestidad** *s. f.* Característica de honesto.
SIN. Honradez, integridad.

**honesto, ta** *adj.* Honrado, decente: *Perdió la cartera y se la devolvieron; tuvo suerte de dar con gente honesta.*
SIN. Íntegro. ANT. Deshonesto.
FAM. Honestidad. / Deshonesto.

**hongo** *s. m.* **1.** Nombre dado a unos seres vivos que no son animales ni plantas, se alimentan de restos de otros seres vivos y no pueden desplazarse. Hay hongos muy pequeños, como el moho, y otros más grandes, como las setas. **2.** Tipo de sombrero redondo y bajo.
SIN. **2.** Bombín.

**honor** *s. m.* **1.** Orgullo y amor propio de una persona que la llevan a actuar como cree que debe hacerlo: *Su honor le hace defender siempre a los más débiles.* **2.** Fama o consideración que los demás tienen de alguien: *El triunfo le ha proporcionado honor y respeto de todos.* **3.** Lo que hace a alguien sentirse orgulloso: *Consideraba un honor que el director del colegio le felicitara por haber ganado el concurso de pintura.* || *s. m. pl.* **4.** Ceremonia o actos que se hacen para mostrar respeto y aprecio a una persona: *El presidente alemán recibió los honores del gobierno español.*
SIN. **2.** Honra, reputación. ANT. **1.** a **3.** Deshonra, deshonor.
FAM. Honorable, honorario, honorífico. / Deshonor.

**honorable** *adj.* Que merece un gran respeto.

**honorario, ria** *adj.* **1.** Honorífico. || *s. m. pl.* **2.** Dinero que alguien recibe por un trabajo: *Los obreros están en huelga porque no cobraron sus honorarios.*
SIN. **2.** Emolumentos.

**honorífico, ca** *adj.* Se dice de los cargos o trabajos que dan prestigio, pero no dinero.
SIN. Honorario.

**honoris causa** *expr.* Se dice de los grados universitarios que son honoríficos y se conceden a personas importantes: *doctor honoris causa.* ■ Es una expresión latina que significa 'por motivo o razones de honor'.

**honra** *s. f.* Respeto y consideración que tienen a alguien los demás: *Consiguieron meter un gol en el último minuto para salvar la honra.*
**EXPR. honras fúnebres** Ceremonias dedicadas a una persona muerta.
**SIN.** Prestigio, fama, reputación, honor. **ANT.** Deshonra, deshonor.
**FAM.** Honrado, honrar, honrilla, honroso. / Deshonrar.

**honradez** *s. f.* Característica de las personas y las cosas honradas. ■ Su plural es *honradeces.*

**honrado, da** *adj.* **1.** Se dice de las personas que actúan correctamente, que cumplen su palabra y obligaciones; también se dice de sus acciones. **2.** Que está de acuerdo con las leyes o con las normas que se consideran buenas y correctas: *un negocio honrado.*
**SIN. 1.** Íntegro. **1.** y **2.** Honesto, decente. **2.** Limpio. **ANT. 1.** Deshonesto. **2.** Turbio, sucio.
**FAM.** Honradez.

**honrar** *v.* **1.** Dar honra, ser una cosa motivo de orgullo: *El valor que tuvo al salvar a la niña le honra.* **2.** Mostrar respeto hacia alguien. ‖ **honrarse 3.** Sentirse orgulloso por algo.
**SIN. 1.** Enaltecer, ennoblecer. **2.** Respetar. **ANT. 1.** Deshonrar. **3.** Avergonzarse.

**honrilla** *s. f.* Orgullo, amor propio: *Perdimos cuatro a uno, pero al menos marcamos un gol para salvar la honrilla.*

**honroso, sa** *adj.* Que honra: *Quedar en el segundo puesto es un resultado muy honroso.*
**SIN.** Digno, decoroso. **ANT.** Deshonroso.

**hooligan** *s. m.* y *f.* Hincha inglés de fútbol que suele comportarse de forma violenta. ■ Es una palabra inglesa. Su plural es *hooligans.*

**hora** *s. f.* **1.** Cada una de las veinticuatro partes iguales en que se divide el día: *He estado estudiando dos horas.* **2.** Momento en que se hace algo o que es apropiado para alguna cosa: *Su hora de levantarse es las ocho de la mañana.* **3.** Cada una de las partes en que se divide el oficio divino, en las que los religiosos rezan diferentes oraciones, como maitines, laudes o vísperas.
**EXPR. hora punta** Cuando todo el mundo entra o sale del trabajo y los transportes y las calles están llenos de gente. ‖ **a buenas horas** o **a buenas horas mangas verdes** Expresa que algo ocurre demasiado tarde. **entre horas** Entre una comida y otra: *Ana siempre está comiendo entre horas y por eso no tiene hambre a la hora de cenar.* **pasar** (o **estar**) **las horas muertas** Dedicar mucho tiempo a una cosa sin darnos cuenta de que pasan las horas: *Su hermano se pasa las horas muertas navegando por internet.*
**FAM.** Horario. / Ahora, deshora, deshoras, enhorabuena.

**horadar** *v.* Hacer un agujero en algo atravesándolo.
**SIN.** Perforar, taladrar.

**horario, ria** *adj.* **1.** Relacionado con la hora: *Va a haber un cambio horario, a las doce hay que poner los relojes en la una.* ‖ *s. m.* **2.** Distribución de las horas de un trabajo o actividad: *El horario de la tienda es de 9 a 2 y, por la tarde, de 4 a 8.*

**horca** *s. f.* **1.** Construcción de la que cuelga una cuerda con la que se ahorcaba a los condenados a muerte. **2.** Especie de tenedor muy grande empleado para amontonar la paja y para otras faenas del campo. ■ No confundir con *orca,* 'animal marino'.
**SIN. 2.** Bieldo.
**FAM.** Horcajadas, horquilla. / Ahorcar.

**horcajadas** Se usa en la expresión **a horcajadas,** que es la manera de montar a caballo o de sentarse en un sitio poniendo una pierna a cada lado.

**horchata** *s. f.* Bebida hecha con chufas machacadas, agua y azúcar.
**FAM.** Horchatería.

**horchatería** *s. f.* Lugar donde se hace o se vende horchata.

**horda** *s. f.* Grupo de guerreros muy violentos.

**horizontal** *adj.* y *s. f.* Que está con todos sus puntos o partes a la misma altura: *Cuando una persona se tumba se coloca en posición horizontal.*
**EXPR. coger la horizontal** Acostarse, tumbarse.
**ANT.** Vertical.

**horizonte** *s. m.* **1.** Línea más lejana a la que llega la vista, donde parece que se juntan la tierra o el mar con el cielo. **2.** Ideas o ambiciones de una persona: *Antonio es una persona de amplios horizontes, le gustaría ser un gran médico.*
**FAM.** Horizontal.

**horma** *s. f.* Objeto o aparato que se mete dentro de los zapatos o los sombreros para ensancharlos y darles forma.

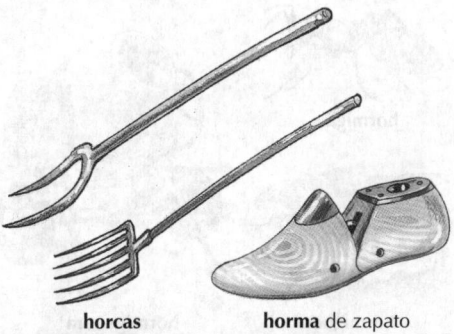

horcas            horma de zapato

**hormiga** s. f. **1.** Insecto de color oscuro que vive en grandes grupos en agujeros excavados en el suelo y es muy laboriosa. **2.** Hormiguita, persona muy trabajadora y ahorradora. **FAM.** Hormigueo, hormiguero, hormiguillo, hormiguita.

**hormigón** s. m. Pasta hecha de arena, piedrecillas y cemento que al secarse se pone muy dura; se utiliza en la construcción: *Han hecho un puente de hormigón para poder cruzar el río.* **FAM.** Hormigonera.

**hormigonera** s. f. Máquina que mezcla el hormigón en un recipiente que va dando vueltas. Puede estar puesta en un camión.

**hormiguear** v. Producir hormigueo. **SIN.** Cosquillear.

**hormigueo** s. m. **1.** Cosquilleo o picor en alguna parte del cuerpo, como el que sentimos cuando se nos duerme una pierna o un brazo. **2.** Nerviosismo, agitación: *El día antes de un viaje me entra siempre un hormigueo que no me deja estar quieto.* **SIN. 1.** Hormiguillo, comezón. **2.** Desasosiego, desazón. **ANT. 2.** Calma. **FAM.** Hormiguear.

**hormiguero** s. m. **1.** Red de túneles que las hormigas excavan en la tierra, en un árbol, en un muro, y que es donde éstas viven. **2.** Lugar donde hay mucha gente en movimiento: *La entrada del estadio era un hormiguero.* **SIN. 2.** Hervidero.

**hormiguillo** s. m. Hormigueo, cosquilleo.

**hormiguita** s. f. Persona muy trabajadora y ahorradora: *Es una hormiguita, todo lo que le dan lo mete en la hucha.* **SIN.** Hormiga.

**hormona** s. f. Nombre de diferentes sustancias que hay en el organismo con funciones muy importantes y que son producidas por diversas glándulas, como por ejemplo la hormona que hace que las personas crezcan. **FAM.** Hormonal.

**hormonal** adj. De las hormonas o relacionado con ellas.

**hornacina** s. f. Hueco que se hace en una pared para meter dentro una estatua u otro objeto de adorno.

**hornada** s. f. **1.** Barras de pan, objetos de cerámica y otras cosas que se cuecen al mismo tiempo en el horno. **2.** Personas que acaban unos estudios o consiguen un trabajo al mismo tiempo: *Pedro es de la última hornada de alumnos de sexto del colegio.* **SIN. 2.** Promoción.

**hornazo** s. m. Rosca o torta adornada con huevos o con otros alimentos que se cuecen en el horno junto con la masa.

**hornear** v. Cocinar en el horno: *hornear un pavo.*

**hornillo** s. m. Pequeño aparato donde se hace o se calienta la comida. Puede ser eléctrico o funcionar con leña, gas o algún otro combustible. **SIN.** Infiernillo, infernillo.

**horno** s. m. **1.** Lugar o aparato donde se meten los alimentos para calentarlos o cocinarlos. Algunos hornos más grandes sirven para cocer el pan o las piezas de barro. **2.** Lugar donde se hacen el pan y los bollos. **3.** Sitio donde hace mucho calor: *Mi habitación es un horno en verano.* **EXPR.** **alto horno** Horno industrial donde se funde el hierro. **horno crematorio** El utilizado en los cementerios para quemar los cadáveres. **horno microondas** Busca **microondas.** **SIN. 2.** Tahona. **3.** Sauna. **ANT. 3.** Nevera. **FAM.** Hornada, hornazo, hornear, hornillo.

**horóscopo** s. m. Lo que se dice que va a ocurrir según el signo del zodiaco que tenga una persona.

**horquilla** s. f. **1.** Trozo de alambre u otro material doblado por el centro que se usa para sujetar el pelo. **2.** En las bicicletas y motos, parte del cuadro que tiene como dos patas, donde se coloca la rueda de delante.

**horrendo, da** adj. Horrible: *En las guerras hay matanzas horrendas. Vimos una película horrenda.*

hormiga

hormiguero  hormigonera  hornacina  horno microondas  horno tradicional

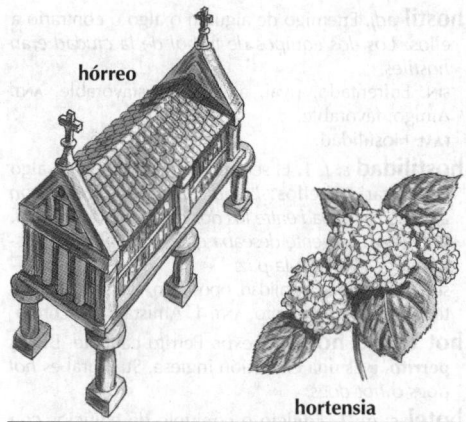

hórreo

hortensia

SIN. Terrible, horroroso, espantoso. ANT. Bonito; bueno.

**hórreo** *s. m.* Casa de madera o piedra, típica de Asturias y de Galicia, donde se almacenan el grano y otros productos del campo.

**horrible** *adj.* **1.** Que causa horror: *Tuvieron un accidente de coche horrible.* **2.** Muy feo o muy malo: *Llevó a la fiesta unos pantalones horribles.* **3.** Muy grande o intenso: *Hacía un calor horrible.*
SIN. **1.** y **2.** Horrendo, horroroso, espantoso, horripilante. **3.** Enorme, tremendo. ANT. **2.** Precioso.

**horripilante** *adj.* Horrible: *un crimen horripilante; una camisa horripilante.*
SIN. Horroroso, espantoso. ANT. Bonito; bueno.

**horripilar** *v.* Causar un miedo o un rechazo muy grandes: *Le horripila viajar en avión. Me horripilan los colores chillones.*
SIN. Horrorizar, espantar. ANT. Encantar.
FAM. Horripilante.

**horrísono, na** *adj.* Se dice de un sonido muy desagradable: *Intenta aprender a tocar el violín, pero sólo saca unos ruidos horrísonos.*

**horror** *s. m.* **1.** Miedo muy grande: *Dio un grito de horror al ver una culebra entre las piedras.* **2.** Lo que siente una persona ante una tragedia o una catástrofe: *Da horror pensar en la cantidad de personas que mueren de hambre.* **3.** Sentimiento de rechazo o desagrado muy grande: *Tiene horror a montar en avión.* || *s. m. pl.* **4.** Desgracias, sufrimientos o tragedias muy grandes: *En los periódicos salen fotos de los horrores de la guerra.*
EXPR. **horrores** o **un horror** Muchísimo: *Le gusta horrores ir al cine. Me ha costado un horror hacer este dibujo.*
SIN. **1.** a **3.** Terror, espanto, pavor. **3.** Manía, aversión. ANT. **3.** Gusto. **4.** Maravilla.
FAM. Horrendo, horrible, horripilar, horrísono, horrorizar, horroroso.

**horrorizar** *v.* Causar horror a alguien: *Le horrorizaban las tormentas en el campo.* ■ Delante de *e* se escribe *c* en lugar de *z*: *horrorice.*
SIN. Asustar, aterrar.

**horroroso, sa** *adj.* **1.** Que causa horror: *En la tele han puesto unas imágenes horrorosas de la guerra.* **2.** Muy feo o muy malo: *Ese sombrero es horroroso. Hoy hace un tiempo horroroso.* **3.** Muy grande: *Tengo unas ganas horrorosas de verte.*
SIN. **1.** Aterrador, terrorífico. **1.** y **2.** Espantoso. **1.** y **3.** Terrible. **2.** Horrible, horrendo. **3.** Enorme, inmenso, tremendo. ANT. **2.** Bonito, estupendo, magnífico.

**hortaliza** *s. f.* Planta que se cultiva en las huertas, como las lechugas.

**hortelano, na** *s. m.* y *f.* Persona que tiene o cultiva una huerta.

**hortensia** *s. f.* Planta de flores olorosas de distintos colores que se cultiva sobre todo como planta de adorno.

**hortera** *adj.* y *s. m.* y *f.* Muy vulgar y de mal gusto: *Marisa lleva una ropa muy hortera.*
SIN. Ordinario, chabacano. ANT. Elegante, distinguido.
FAM. Horterada.

**horterada** *s. f.* Cosa vulgar o de mal gusto: *En este canal ponen una horterada de concurso.*

**hortícola** *adj.* De la horticultura: *La sequía amenaza la producción hortícola de la zona.*

**horticultura** *s. f.* Cultivo de las plantas de huerta.

**hortofrutícola** *adj.* Relacionado con el cultivo de las huertas y los árboles frutales.

**hosco, ca** *adj.* Poco simpático, poco sociable.
SIN. Antipático, desabrido, huraño. ANT. Afable.

**hospedaje** *s. m.* **1.** Acción de hospedar a alguien: *Antiguamente la gente daba hospedaje en sus casas a los viajeros.* **2.** Lugar donde alguien se hospeda: *Nada más llegar a la ciudad se puso a buscar hospedaje.*
SIN. **1.** y **2.** Alojamiento, albergue.

**hospedar** *v.* **1.** Darle a una persona un lugar donde pueda quedarse por un tiempo: *Hospedaron a los amigos que habían venido a verles en casa de unos familiares.* || **hospedarse 2.** Estar en un hotel o en casa de alguien durante un tiempo: *Cuando vengas a vernos a Sevilla puedes hospedarte en nuestra casa.*
SIN. **1.** y **2.** Alojar, albergar, instalar.
FAM. Hospedaje, hospedería.

**hospedería** *s. f.* Lugar donde se pueden hospedar personas, sobre todo el que hay en algunos monasterios y conventos.
SIN. Hostal, pensión, posada, hostería.

**hospiciano, na** *adj.* y *s. m.* y *f.* Que vive en un hospicio o se ha criado allí.

**603**

**hospicio** *s. m.* Lugar donde se recoge a niños huérfanos o abandonados, o a otras personas pobres que no tienen casa.
SIN. Orfanato, orfelinato.
FAM. Hospiciano.

**hospital** *s. m.* Edificio grande donde se atiende y cura a los enfermos.
SIN. Sanatorio, clínica.
FAM. Hospitalario, hospitalizar.

**hospitalario, ria** *adj.* **1.** Que acoge a las personas que no conoce y es amable con ellas: *En este país la gente es muy hospitalaria con los extranjeros.* **2.** Se dice de los lugares en los que es agradable estar. **3.** Del hospital o relacionado con él: *Después de la operación necesitó cuidados hospitalarios durante un tiempo.*
SIN. **1.** y **2.** Acogedor. ANT. **2.** Inhóspito.
FAM. Hospitalidad. / Inhóspito.

**hospitalidad** *s. f.* El acoger bien y con amabilidad a las personas que no se conoce: *Se quedó admirado de la hospitalidad con que le trataron en aquel pueblo.*

**hospitalización** *s. f.* Acción de hospitalizar a alguien: *Tenía una enfermedad grave y necesitó un tiempo de hospitalización.*

**hospitalizar** *v.* Dejar a alguien en un hospital o clínica durante el tiempo en que necesita cuidados especiales: *Le han hospitalizado para operarle de apendicitis.* ■ Delante de *e* se escribe *c* en lugar de *z*: *hospitalice.*
SIN. Ingresar.
FAM. Hospitalización.

**hostal** *s. m.* Hotel pequeño y no muy lujoso.
SIN. Hostería, hospedería, posada.
FAM. Hostelería. / Hostería.

**hostelería** *s. f.* Conjunto de hoteles, restaurantes y otros servicios y personas que se dedican a dar alojamiento y comida a los clientes.
FAM. Hostelero.

**hostelero, ra** *adj.* **1.** De la hostelería: *sector hostelero, actividad hostelera.* ‖ *s. m.* y *f.* **2.** Persona encargada de un hostal o una hostería.

**hostería** *s. f.* Hostal.
SIN. Hospedería, fonda, posada.

**hostia** *s. f.* **1.** Lámina fina y redonda, de pan hecho sin levadura, que se consagra en la misa para dar la comunión. **2.** Golpe, puñetazo o bofetón. ■ Con este significado, es una palabra vulgar.
FAM. Hostiar.

**hostiar** *v.* Dar hostias o golpear. ■ Es una palabra vulgar.

**hostigar** *v.* Molestar a alguien tratando de obligarle para que haga algo: *Su familia no hacía más que hostigarle para que se pusiera a trabajar pronto.* ■ Delante de *e* se escribe *gu* en lugar de *g*: *No le hostigues.*
SIN. Asediar, incordiar, pinchar.

**hostil** *adj.* Enemigo de alguien o algo o contrario a ellos: *Los dos equipos de fútbol de la ciudad eran hostiles.*
SIN. Enfrentado, rival, adverso, desfavorable. ANT. Amigo, favorable.
FAM. Hostilidad.

**hostilidad** *s. f.* **1.** El ser enemigo de alguien o algo o contrario a ellos: *Las discusiones provocaron algo de hostilidad entre los dos compañeros.* ‖ *s. f. pl.* **2.** Guerra: *La gente deseaba que terminaran las hostilidades y llegara la paz.*
SIN. Enemistad, rivalidad, oposición, aversión. **2.** Contienda, enfrentamiento. ANT. **1.** Amistad, concordia.

**hot dog** o **hot-dog** *expr.* Perrito caliente. Busca **perrito.** ■ Es una expresión inglesa. Su plural es *hot dogs* o *hot-dogs.*

**hotel** *s. m.* **1.** Edificio o conjunto de edificios con muchas habitaciones donde alguien puede quedarse un tiempo pagando por ello. **2.** Chalé.
SIN. **1.** Parador, albergue. **2.** Villa.
FAM. Hotelero. / Aparthotel, apartotel.

**hotelero, ra** *adj.* **1.** Relacionado con los hoteles: *Están construyendo un complejo hotelero.* ‖ *s. m.* y *f.* **2.** Persona que dirige o es propietaria de un hotel.

**hotentote** *adj.* y *s. m.* y *f.* **1.** De un pueblo del sudoeste de África. ‖ *s. m.* **2.** Lengua de este pueblo.

**hovercraft** *s. m.* Vehículo que se desplaza por la tierra o por el agua sobre una capa de aire a presión. ■ Es una palabra inglesa. Su plural es *hovercrafts.*

**hoy** *adv.* **1.** En el día en que estamos: *Hoy hace buenísimo.* **2.** Actualmente, en el tiempo en que estamos: *Hoy se viaja más que hace años.*
EXPR. **hoy día** u **hoy en día** En estos tiempos. **hoy por hoy** De momento, aunque más adelante las cosas cambien: *Hoy por hoy la tienda de su familia marcha bastante bien.*

**hoya** *s. f.* **1.** Hoyo grande en el terreno, por ejemplo en el fondo de algunos ríos. **2.** Llanura grande rodeada de montañas.
SIN. **1.** Hondonada. **2.** Depresión.

**hoyo** *s. m.* Agujero que hay en el terreno o en otra superficie: *Han hecho un hoyo en el jardín para plantar un árbol.*
SIN. Depresión, socavón, hoya.
FAM. Hoya, hoyuelo.

**hoyuelo** *s. m.* Hoyo pequeño que tienen algunas personas en la cara o en la barbilla: *Cuando se ríe le salen unos hoyuelos muy graciosos.*

**hoz¹** *s. f.* Herramienta que tiene una parte curva cortante y un mango, y que se utiliza para segar. ■ Su plural es *hoces.*

**hoz²** *s. f.* Paso estrecho entre montañas. ■ Su plural es *hoces.*
SIN. Desfiladero, garganta.

**hozar** *v.* Remover la tierra con el hocico algunos animales como el cerdo o el jabalí. ■ Delante de *e* se escribe *c* en lugar de *z*: *hoce*.
SIN. Escarbar.

**hucha** *s. f.* Caja o recipiente de cualquier forma en que se echa dinero por una raja para guardarlo.
SIN. Alcancía.

**hueco, ca** *adj.* **1.** Que no tiene nada dentro: *Esa figurita está hueca.* **2.** Esponjoso, mullido, que no está apretado: *Le gusta que la almohada quede un poco hueca. Esa blusa es para llevarla más bien hueca.* **3.** Orgulloso, muy contento de sí mismo: *Se puso hueco por las alabanzas que le hacían de su trabajo.* || *s. m.* **4.** Espacio vacío: *Vamos a dejar un hueco para que se siente aquí Susana.* **5.** Tiempo libre que queda entre varias ocupaciones: *Tenemos que hacer un hueco para ir a ver a los tíos.*
SIN. **1.** Huero. **1.** y **2.** Ahuecado. **2.** Suelto. **3.** Presuntuoso, engreído. **4.** Cavidad. ANT. **1.** Lleno. **1.** y **2.** Macizo, compacto. **2.** Apelmazado. **3.** Modesto.
FAM. Huecograbado, huecorrelieve. / Ahuecar, oquedad.

**huecograbado** *s. m.* **1.** Técnica de imprimir en la que se utilizan planchas o cilindros grabados y mojados en tinta. **2.** Grabado que se imprime con esta técnica.

**huecorrelieve** *s. m.* Figura o relieve en el que los dibujos están en un nivel más bajo que el fondo.

**huelga** *s. f.* Modo de protestar los trabajadores dejando de trabajar: *Hoy no hay pan porque están en huelga los panaderos.*
FAM. Huelguista.

**huelguista** *adj.* y *s. m.* y *f.* Que hace huelga.

**huella** *s. f.* **1.** Señal que queda en algún sitio después de pisarlo, tocarlo o pasar por encima de él: *Entraron con los zapatos mojados y fueron dejando huellas por toda la casa.* **2.** Recuerdo o impresión que dejan algunas cosas pasadas: *El accidente dejó en él una gran huella.*

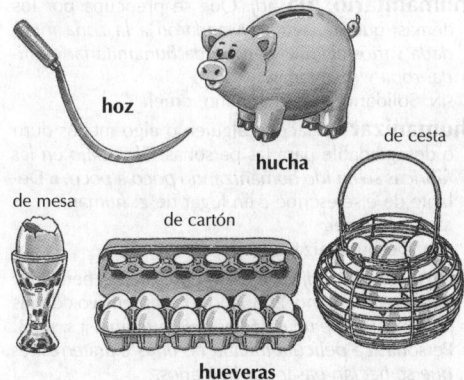

hoz

de cesta

hucha

de mesa

de cartón

**hueveras**

EXPR. **huellas dactilares** Señal que dejan las rayitas que hay en las yemas de los dedos y que son diferentes en cada persona.
SIN. **1.** Pisada, marca. **1.** y **2.** Rastro.

**huelveño, ña** *adj.* y *s. m.* y *f.* De Huelva, ciudad y provincia españolas.
SIN. Onubense.

**huérfano, na** *adj.* y *s. m.* y *f.* Que no tiene padres o que ha perdido a alguno de ellos: *Natalia es huérfana de madre.*
FAM. Orfandad.

**huero, ra** *adj.* Vacío, hueco: *Ese árbol está muerto y tiene el tronco huero.*
ANT. Lleno.

**huerta** *s. f.* Terreno más grande que el huerto, donde se cultivan verduras, legumbres y árboles frutales: *En Valencia hay muchas huertas llenas de naranjos.*
FAM. Hortaliza, hortelano, hortícola, horticultura, hortofrutícola, huertano, huerto.

**huertano, na** *adj.* y *s. m.* y *f.* De Valencia, Murcia y otras zonas de Levante, donde hay muchas huertas.

**huerto** *s. m.* Terreno pequeño al lado de una casa donde se cultivan verduras, legumbres y árboles frutales.

**hueso** *s. m.* **1.** Cada una de las piezas duras y blanquecinas que forman el esqueleto de las personas y de los animales vertebrados. **2.** Parte dura y redondeada que tienen dentro algunas frutas y en donde está la semilla: *Ten cuidado, no te tragues el hueso de la aceituna.* || *adj.* y *s. m.* **3.** Color blanco amarillento. **4.** Muy duro o muy difícil: *Nos ha tocado un profesor muy hueso. Esta asignatura es un hueso.*
SIN. **2.** Güito. **4.** Ogro.
FAM. Huesudo. / Deshuesar, óseo, sinhueso.

**huésped, da** *s. m.* y *f.* **1.** Persona que vive en la casa de otra o está en un hotel o en un sitio parecido: *En el hostal había muy pocos huéspedes.* || *s. m.* **2.** Animal o planta que tiene parásitos o comensales que viven gracias a él.
FAM. Hospedar.

**hueste** *s. f.* **1.** Ejército o grupo de gente armada: *Desde las murallas del castillo vieron llegar a las huestes del enemigo.* **2.** Grupo de seguidores o defensores de alguien o algo: *El entrenador del equipo dio las órdenes a sus huestes.*
SIN. **1.** Tropa. **2.** Partidarios, adeptos. ANT. **2.** Oponentes.

**huesudo, da** *adj.* Que tiene mucho hueso o que se le notan mucho los huesos: *unas manos huesudas.*

**hueva** *s. f.* **1.** Masa formada por los huevecillos de algunos peces, como el salmón, que se encuentra dentro de una especie de bolsa que esos peces tienen. **2.** Cada uno de los huevecillos de los peces.

**huevera** *s. f.* **1.** Bolsa o caja con huecos para guardar los huevos. **2.** Copita para servir los huevos pasados por agua.

**huevería** *s. f.* Tienda donde se venden huevos.

**huevero, ra** *s. m.* y *f.* Vendedor de huevos.

**huevo** *s. m.* **1.** Lo que ponen las hembras de algunos animales, como las aves, los peces, los reptiles y los insectos, y de donde salen sus crías cuando ya están formadas. Algunos huevos, como los de las gallinas, se usan como alimento. **2.** Célula formada al unirse las células reproductoras femenina y masculina de los mamíferos.
**EXPR.** **pisando huevos** Muy despacio.
**FAM.** Hueva, huevera, huevería, huevero, huevón. / Ahuevado, aovado, desovar, ovíparo, ovovivíparo.

**huevón, na** *adj.* y *s. m.* y *f.* **1.** Se dice de la persona lenta, calmosa y poco viva. **2.** En algunos lugares de Hispanoamérica, tonto, imbécil; en otros lugares, vago, holgazán.

**hugonote, ta** *adj.* y *s. m.* y *f.* Nombre que se daba a los calvinistas franceses de los siglos XVI y XVII.

**huida** *s. f.* Acción de huir de un sitio.

**huidizo, za** *adj.* Que suele huir, por ejemplo porque es tímido o miedoso: *Los ciervos son animales huidizos.*
**SIN.** Asustadizo. **ANT.** Atrevido.

**huipil** *s. m.* En Centroamérica y México, blusa femenina amplia y sin mangas, generalmente con bordados.

| HUIR | |
|---|---|
| **GERUNDIO** | |
| *huyendo* | |
| **INDICATIVO** | |
| **Presente** | **Pretérito perfecto simple** |
| *huyo* | *huí* |
| *huyes* | *huiste* |
| *huye* | *huyó* |
| *huimos* | *huimos* |
| *huis* | *huisteis* |
| *huyen* | *huyeron* |
| **SUBJUNTIVO** | |
| **Presente** | **Pretérito imperfecto** |
| *huya* | *huyera, -ese* |
| *huyas* | *huyeras, -eses* |
| *huya* | *huyera, -ese* |
| *huyamos* | *huyéramos, -ésemos* |
| *huyáis* | *huyerais, -eseis* |
| *huyan* | *huyeran, -esen* |
| **Futuro** | |
| *huyere* | *huyéremos* |
| *huyeres* | *huyereis* |
| *huyere* | *huyeren* |
| **IMPERATIVO** | |
| *huye* | *huid* |

**huir** *v.* **1.** Marcharse muy deprisa de un sitio o escaparse de él, por no querer estar allí o para evitar un peligro: *Los ladrones huyeron al oír a la policía. El zorro consiguió huir de la trampa que le puso el cazador.* **2.** Apartarse de una persona o cosa, evitarla: *Si quiere adelgazar, tendrá que huir de los dulces.* ■ Es un verbo irregular.
**SIN.** **1.** Escaparse, evadirse. **2.** Rehuir, esquivar. **ANT.** **1.** Quedarse.
**FAM.** Huida, huidizo. / Ahuyentar, rehuir.

**hula-hoop** *s. m.* Aro que se hace girar alrededor de la cintura, como juego o como deporte. ■ Es una palabra inglesa. Su plural es *hula-hoops.*

**hule** *s. m.* Tela recubierta por un lado con una capa brillante, que se utiliza por ejemplo como mantel.

**hulla** *s. f.* Tipo de carbón que se usa como combustible.

**humanamente** *adv.* Con todos los medios que tienen las personas: *Los bomberos hicieron lo humanamente posible para apagar el fuego.*

**humanidad** *s. f.* **1.** Bondad hacia los demás: *Es una persona de gran humanidad, ayuda a la gente siempre que puede.* **2.** Conjunto de los seres humanos: *El descubrimiento de la penicilina fue muy importante para toda la humanidad.* ‖ *s. f. pl.* **3.** Los estudios de la lengua, de la literatura, de la historia y de la cultura en general.
**SIN.** **1.** Caridad. **3.** Letras. **ANT.** **1.** Maldad.

**humanismo** *s. m.* **1.** Lo que hace que nos preocupemos por los demás y nos portemos bien con ellos. **2.** Movimiento cultural que hubo en Europa en el renacimiento y que se dedicó al estudio del arte y de la literatura, sobre todo de los griegos y romanos antiguos.
**FAM.** Humanista.

**humanista** *adj.* y *s. m.* y *f.* **1.** Del humanismo, movimiento cultural del renacimiento, o relacionado con él. **2.** Persona que se dedica a estudiar humanidades, por ejemplo la lengua, la literatura y la historia. **3.** Que se preocupa y se interesa por los demás.

**humanitario, ria** *adj.* Que se preocupa por los demás, que los ayuda: *Mandaron a la zona inundada varios aviones con ayuda humanitaria: comida, ropa y medicinas.*
**SIN.** Solidario. **ANT.** Inhumano, cruel.

**humanizar** *v.* Hacer a alguien o algo menos duro o desagradable para las personas: *El trabajo en las fábricas se ha ido humanizando poco a poco.* ■ Delante de *e* se escribe *c* en lugar de *z*: *humanice.*
**ANT.** Endurecer.
**FAM.** Deshumanizar.

**humano, na** *adj.* **1.** Del hombre, de las personas: *el cuerpo humano.* **2.** Bueno y comprensivo con las personas: *Tiene un carácter muy humano.* ‖ *s. m.* **3.** Persona: *La película trataba de unos extraterrestres que se hacían pasar por humanos.*

SIN. **2.** Bondadoso, considerado, compasivo. ANT. **2.** Inhumano, malo, cruel.

FAM. Humanamente, humanidad, humanismo, humanitario, humanizar, humanoide. / Infrahumano, inhumano, sobrehumano.

**humanoide** *adj.* y *s. m.* y *f.* Que tiene el aspecto o las características de un ser humano: *En la película, los extraterrestres enviaban un humanoide a la Tierra.*

**humareda** *s. f.* Gran cantidad de humo: *Una humareda salía de las chimeneas de la fábrica.*

**humear** *v.* Echar humo una cosa: *El guiso humeaba al destapar la olla.*

**humectador** *s. m.* Busca **humidificador**.

**humedad** *s. f.* Agua u otro líquido que hace que una cosa esté húmeda.
ANT. Sequedad.

**humedecer** *v.* Mojar un poco una cosa: *Humedeció el trapo para limpiar la mesa.* ■ Es un verbo irregular. Se conjuga como *agradecer.*
SIN. Humidificar. ANT. Secar, resecar.

**húmedo, da** *adj.* **1.** Que está un poco mojado. **2.** Se dice del clima o del lugar en el que llueve mucho.
ANT. **1.** y **2.** Seco. **2.** Árido.
FAM. Humectador, humedad, humedecer, humidificar.

**húmero** *s. m.* Hueso del brazo que está entre el hombro y el codo.

**humidificador** *s. m.* Aparato que evapora agua y hace que haya más humedad en un espacio cerrado.

**humidificar** *v.* Hacer que haya más humedad en un sitio o en una cosa. ■ Delante de *e* se escribe *qu* en lugar de *c*: *humidifique.*
FAM. Humidificador.

**humildad** *s. f.* Característica de humilde: *Aunque es muy rico y muy famoso, trata a la gente con mucha humildad.*
SIN. Sencillez, modestia, llaneza. ANT. Vanidad, soberbia.
FAM. Humilde.

**humilde** *adj.* **1.** Que no presume. **2.** Pobre o de clase social baja: *Hicieron muchas viviendas para las gentes más humildes.*
SIN. **1.** Sencillo, llano. **1.** y **2.** Modesto. ANT. **1.** Vanidoso, soberbio. **2.** Acomodado.

**humillación** *s. f.* Acción de humillar.

**humilladero** *s. m.* Lugar con una cruz o imagen que suele estar en la entrada de los pueblos.

**humillante** *adj.* Que humilla: *Fue humillante la derrota del equipo: les ganaron 7 a 0.*

**humillar** *v.* Hacer que una persona se sienta menos que los demás: *Empezó a reírse de ella para humillarla delante de sus amigos.*
SIN. Avergonzar. ANT. Alabar, ensalzar.
FAM. Humillación, humilladero, humillante.

**humo** *s. m.* **1.** Gas que sale de una cosa que se está quemando. || *s. m. pl.* **2.** Comportamiento de una persona que se cree que está por encima de los demás: *Desde que le han dicho que es un estupendo deportista, tiene unos humos que no hay quien le aguante.*
SIN. **2.** Arrogancia, vanidad. ANT. **2.** Humildad, modestia.
FAM. Humareda, humear. / Ahumar, esfumarse, fumarola, fumata, fumigar, fumista, sahumerio.

**humor** *s. m.* **1.** Estado de ánimo por el que estamos contentos o enfadados: *Durmió toda la noche de un tirón y se levantó de buen humor.* **2.** Ganas de hacer algo: *No estaba de humor para bromas.* **3.** Característica de las personas o cosas alegres y divertidas: *Echaron en la tele una película de humor.* **4.** Nombre que se daba antiguamente a los líquidos que segrega el cuerpo.
SIN. **1.** Genio, talante. **3.** Gracia.
FAM. Humorada, humorismo, humorista, humorístico. / Malhumor.

**humorada** *s. f.* Cosa divertida o extravagante que alguien dice o hace: *Ana siempre nos hace reír con sus humoradas.*
SIN. Ocurrencia, gracia, golpe.

**humorismo** *s. m.* **1.** Sentido del humor. **2.** Actividad profesional de un humorista: *Con lo gracioso que eres te podrías dedicar al humorismo.*
SIN. **1.** Gracia, ingenio.

**humorista** *s. m.* y *f.* Artista que se dedica a contar chistes y a hacer reír al público.
SIN. Cómico.

**humorístico, ca** *adj.* Que tiene humor, es divertido y hace reír: *Esa revista trae una página humorística llena de chistes.*
SIN. Cómico, gracioso. ANT. Serio.

**humus** *s. m.* Tierra muy oscura que tiene materiales orgánicos, como restos de hojas y cortezas, cacas de animales y otras cosas que hacen que sea muy buena para las plantas. ■ Es una palabra latina. No varía en plural.

**hundido, da** *adj.* **1.** Que alguien lo hundió o se hundió. **2.** Muy triste: *Está hundido porque perdió en el campeonato.*
SIN. **2.** Deprimido. ANT. **2.** Alegre, animado.

**hundimiento** *s. m.* **1.** Acción de hundir o de hundirse: *el hundimiento de un barco, el hundimiento del sótano de una casa.* **2.** Parte más hundida de algo: *Había un hundimiento en el terreno.*
SIN. **1.** Derrumbamiento. **2.** Socavón, hondonada. ANT. **1.** Levantamiento.

**hundir** *v.* **1.** Meter hacia abajo alguna cosa en un sólido o en un líquido, o irse hacia abajo: *Hunde la sombrilla en la arena. La barca se hundió con la tormenta.* **2.** Hacer que algo se caiga o caerse una cosa: *La casa era muy vieja y se hundió.* **3.** Dar un golpe en una cosa o aplastarla, metiendo una parte

hacia dentro: *Su coche chocó contra otro y se hundió toda la parte de delante.* **4.** Fracasar, perderse algo: *Se ha hundido la empresa donde trabajaba.* **5.** Dejar muy triste, preocupado o en muy mala situación: *Esa mala noticia le ha hundido.*
**SIN. 1.** Sumergir. **2.** Derrumbar, desmoronar. **3.** Abollar. **4.** Arruinar, malograr. **5.** Desmoralizar. **ANT. 1.** Sacar; emerger. **2.** Levantar. **5.** Animar.
**FAM.** Hundido, hundimiento.

**húngaro, ra** *adj.* y *s. m.* y *f.* **1.** De Hungría, país del este de Europa. || *s. m.* **2.** Lengua que se habla en este país.

**huno, na** *adj.* y *s. m.* y *f.* De un pueblo nómada que venía de Asia y que invadió Europa a finales del siglo IV después de Cristo.

**huracán** *s. m.* **1.** Viento muy fuerte que gira formando grandes círculos, característico de las zonas tropicales. **2.** Viento muy fuerte.
**SIN. 1.** Ciclón, tifón, tornado. **2.** Vendaval.
**FAM.** Huracanado.

**huracanado, da** *adj.* Que tiene la fuerza o las características de un huracán: *Hacía un viento huracanado que derribaba árboles.*

**huraño, ña** *adj.* Se dice de la persona a la que no le gusta hablar o tratar con los demás.
**SIN.** Arisco, esquivo. **ANT.** Sociable, abierto.

**hurgar** *v.* **1.** Remover algo, sobre todo en un hueco: *hurgarse la nariz.* **2.** Fisgar, curiosear: *¿Pero, qué haces hurgando en su armario?* ■ Delante de *e* se escribe *gu* en lugar de *g*: *hurgué.*
**SIN. 1.** Escarbar, revolver. **2.** Fisgonear, husmear.

**hurón** *s. m.* Mamífero carnívoro que tiene el cuerpo pequeño, largo y delgado y las patas cortas. Es muy feroz y se mete en las madrigueras de sus presas, por lo que a veces lo utilizan para cazar.

**¡hurra!** *interj.* Expresa alegría o satisfacción: *¡Hurra! ¡Hemos ganado!*

**hurtadillas** Se usa en la expresión **a hurtadillas**, que significa 'a escondidas': *Como llegó tarde, entró en clase a hurtadillas.*

**hurtar** *v.* Robar una cosa, sin utilizar la violencia.
**SIN.** Quitar, mangar, birlar, choricear.
**FAM.** Hurtadillas, hurto.

**hurto** *s. m.* Acción de hurtar una cosa y la cosa que se hurta: *Les denunciaron por hurto.*

**húsar** *s. m.* Antiguo soldado de caballería que vestía un uniforme parecido al de la caballería húngara.

**husky** *s. m.* Abrigo acolchado con costuras en forma de rombos. ■ Es una palabra inglesa. Su plural es *huskies.*
**EXPR. husky siberiano** Raza de perros que tiene las orejas en punta, los ojos pardos o azules y el pelaje suave y muy espeso, normalmente blanco o gris.

**husmear** *v.* **1.** Ir buscando con el olfato el rastro que deja alguna cosa, como hacen los perros. **2.** Fisgar o curiosear: *Le pilló husmeando en su mochila.*
**SIN. 1.** Rastrear. **2.** Hurgar, fisgonear, cotillear.

**huso** *s. m.* Instrumento en forma de cilindro, alargado y más fino por los extremos, que se usaba para hilar. En él se enrollaba el hilo que iba saliendo.
**EXPR. huso horario** Cada una de las veinticuatro partes en que se divide el globo terrestre, que están limitadas por dos meridianos y en las que la hora es la misma.
**FAM.** Fuselaje, fusiforme.

**hutu** *adj.* y *s. m.* y *f.* De un conjunto de pueblos de raza negra que vive en Ruanda y Burundi, países de África.

**¡huy!** *interj.* Expresa asombro o dolor: *¡Huy, qué moto más chula! ¡Huy, qué daño!*

hurón

**i** *s. f.* Novena letra del abecedario y tercera vocal. ■ Su plural es *íes*.

**ibérico, ca** *adj.* **1.** De la península Ibérica, es decir, de España y Portugal. **2.** Se dice de una raza de cerdo criado en España que es muy apreciado en alimentación; se dice también de los productos que se sacan de estos cerdos: *jamón ibérico*.

**ibero, ra** o **íbero, ra** *adj. y s. m. y f.* **1.** Se dice de los antiguos pobladores de la península Ibérica. ‖ *s. m.* **2.** Lengua que hablaban.
FAM. Ibérico, iberoamericano. / Celtíbero.

**iberoamericano, na** *adj. y s. m. y f.* De Iberoamérica, es decir, de los países americanos en los que se habla español o portugués.
SIN. Latinoamericano, hispanoamericano.

**ibicenco, ca** *adj. y s. m. y f.* **1.** De Ibiza, isla de las Baleares. ‖ *s. m.* **2.** Variedad del balear que se habla en esta isla.

**ibis** *s. m.* Ave zancuda parecida a la cigüeña, pero más pequeña y con el pico largo y curvado. Vive en zonas pantanosas de África y de América y se alimenta de animales acuáticos. ■ No varía en plural.

**iceberg** *s. m.* Bloque o montaña de hielo que flota en el mar. ■ Es una palabra inglesa. Su plural es *icebergs*.

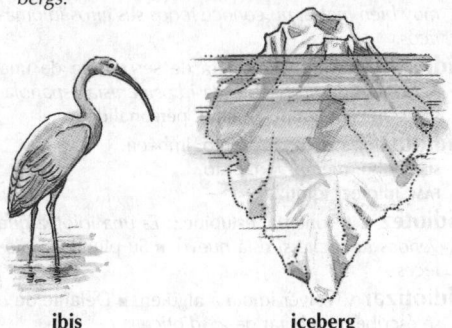

ibis                    iceberg

**icono** *s. m.* **1.** Dibujo que, en su forma, se parece a lo que está representando, como muchas señales de tráfico o como, por ejemplo, el dibujo de la papelera que en algunos ordenadores se usa para borrar ficheros. **2.** Imagen religiosa pintada sobre una tabla, como se hace sobre todo en algunos países del este de Europa.
FAM. Iconoclasta, iconografía.

**icono** de una          **icono** religioso
señal de tráfico

**iconoclasta** *adj. y s. m. y f.* **1.** Que no admite que se dé culto a las imágenes religiosas; se dice sobre todo de un movimiento religioso que surgió en el imperio bizantino y que destruía las imágenes y perseguía a quienes las adoraban. **2.** Que no respeta las normas, los gustos o los valores que acepta la mayoría de la gente: *Muchos jóvenes pasan por una etapa iconoclasta.*

**iconografía** *s. f.* **1.** En arte, estudio y explicación del significado de las imágenes, pinturas, esculturas. **2.** Conjunto de imágenes, cuadros, esculturas de una época o de un asunto determinado: *la iconografía barroca.*

**icosaedro** *s. m.* Cuerpo geométrico que tiene veinte caras.

**ictericia** *s. f.* Color amarillo que tiene la piel cuando alguien está enfermo del hígado.

**ictiología** *s. f.* Parte de la zoología que estudia los peces.

**609**

**ictiosaurio** o **ictiosauro** *s. m.* Reptil marino muy grande que vivió hace muchos millones de años; se parecía a un delfín y tenía grandes dientes y cuatro aletas.

**ida** *s. f.* Acción de ir de un sitio a otro: *Ha sacado un billete sólo de ida, pues vuelve en coche.*
SIN. Marcha, partida. ANT. Vuelta, llegada.

**idea** *s. f.* **1.** Lo que conocemos o pensamos de las personas y las cosas: *La idea que todos tienen de Rosa es que es una chica estupenda. Las ideas del abuelo están anticuadas.* **2.** Lo que a alguien se le ocurre: *Tuvo una magnífica idea.* **3.** Plan, intención: *Tenía idea de ir al cine, pero me quedé en casa.*
EXPR. **mala idea** Mala intención: *No lo hice a mala idea, fue sin querer.* ‖ **hacerse a la idea** Acostumbrarse: *Al principio no le gustaba ir al colegio, pero ya se ha hecho a la idea.*
SIN. **1.** Concepto, juicio, opinión, creencia. **2.** Ocurrencia. **3.** Proyecto.
FAM. Ideal, idear, ideario, ideología.

**ideal** *adj.* **1.** Imaginario, que sólo existe en el pensamiento: *El ecuador es una línea ideal que divide horizontalmente a la Tierra en dos mitades.* **2.** Maravilloso, muy bueno: *Este parque es ideal para pasear.* ‖ *s. m.* **3.** Modelo: *Su ideal de vacaciones es tomar el sol.* **4.** Deseo que a una persona le gustaría ver cumplido: *Su ideal es ser capitán de barco.* **5.** Conjunto de las ideas o creencias de una persona: *Defiende sus ideales con entusiasmo.*
SIN. **1.** Irreal, inventado. **2.** Estupendo, fantástico. **3.** Canon. **4.** Aspiración, objetivo, meta. ANT. **1.** Real.
FAM. Idealismo, idealista, idealizar.

**idealismo** *s. m.* Forma de pensar y de actuar de la persona idealista: *Su idealismo le lleva a ponerse siempre del lado de los débiles.*
ANT. Pragmatismo.

**idealista** *adj.* y *s. m.* y *f.* Persona que defiende sus ideales aunque sean difíciles de realizar.
ANT. Realista, pragmático.

**idealizar** *v.* Pensar que una persona o cosa es mejor de lo que es en realidad. ■ Delante de *e* se escribe *c* en lugar de *z*: *Es normal que los niños idealicen a sus padres y los vean como los mejores.*

**idear** *v.* Pensar una idea o un plan: *Ideó la manera de salirse con la suya.*
SIN. Discurrir, concebir.

**ideario** *s. m.* Conjunto de las ideas o creencias de una persona o de un grupo.
SIN. Ideología, credo.

**ídem** *pron.* Significa 'lo mismo' y se usa para no tener que repetir lo que se ha dicho antes. ■ Es una palabra latina.

**idéntico, ca** *adj.* Igual o muy parecido: *Tu hermano gemelo es idéntico a ti.*
SIN. Exacto. ANT. Diferente.
FAM. Ídem, identidad, identificar.

**identidad** *s. f.* **1.** Hecho de ser idénticas dos o más personas o cosas. **2.** Hecho de ser una persona o cosa la misma que se dice o se cree que es: *Antes de dejarle pasar, un guardia comprobó su identidad.*
SIN. **1.** Semejanza, equivalencia. ANT. **1.** Desigualdad, diferencia.

**identificación** *s. f.* Acción de identificar o identificarse.

**identificar** *v.* **1.** Comprobar o reconocer que una persona o cosa es la que se busca o se cree: *El testigo identificó a los ladrones.* **2.** Relacionar, unir: *Identifica verano con vacaciones.* ‖ **identificarse 3.** Estar totalmente de acuerdo con alguien o algo: *Tiene una forma de pensar muy optimista, con la que me identifico totalmente.* **4.** Sentirse o imaginarse igual que otra persona: *Cuando leía la novela, se identificaba con el protagonista.* ■ Delante de *e* se escribe *qu* en lugar de *c*: *identifique.*
SIN. **2.** Asociar, vincular. **3.** y **4.** Simpatizar, solidarizarse. ANT. **2.** Oponer. **3.** Disentir.
FAM. Identificación.

**ideología** *s. f.* Conjunto de las ideas de una persona, grupo o doctrina, sobre todo en política y religión.
SIN. Ideario, credo.
FAM. Ideológico, ideólogo.

**ideológico, ca** *adj.* De la ideología o relacionado con ella.

**ideólogo, ga** *s. m.* y *f.* Persona que se encarga de explicar y difundir las ideas o principios de una organización, de un movimiento o de un grupo político.

**idílico, ca** *adj.* Muy agradable o hermoso: *un paisaje idílico.*
SIN. Paradisíaco, encantador. ANT. Horrible.

**idilio** *s. m.* Aventura o relación amorosa.
SIN. Amorío.
FAM. Idílico.

**idioma** *s. m.* Lengua de un grupo de personas, de un pueblo o de una nación.
FAM. Idiomático.

**idiomático, ca** *adj.* De un idioma: *Aunque habla muy bien inglés, no conoce todos sus giros idiomáticos.*

**idiosincrasia** *s. f.* Manera de ser propia de una persona o de un pueblo: *la idiosincrasia española.*
SIN. Carácter, temperamento, personalidad.

**idiota** *adj.* y *s. m.* y *f.* Tonto, imbécil.
SIN. Bobo, memo. ANT. Listo.
FAM. Idiotez, idiotizar.

**idiotez** *s. f.* Tontería, estupidez: *Es una idiotez que vendas tu coche si está nuevo.* ■ Su plural es *idioteces.*

**idiotizar** *v.* Volver idiota a alguien. ■ Delante de *e* se escribe *c* en lugar de *z*: *idiotice.*

**ido, da** *adj.* **1.** Loco, chiflado. **2.** Muy distraído o despistado: *Estás ido, ¿en qué piensas?*
SIN. **1.** Chalado, majareta. **2.** Lelo, atontado. ANT. **1.** Cuerdo. **2.** Atento.

**idólatra** *adj. y s. m. y f.* Que adora a un ídolo o a una cosa como si fueran un dios.

**idolatrar** *v.* **1.** Adorar a un ídolo. **2.** Admirar mucho a una persona: *Ana idolatra a su hermano mayor.*
SIN. **2.** Venerar. ANT. **2.** Despreciar.

**idolatría** *s. f.* Acción de idolatrar: *Siente idolatría por su padre.*
SIN. Adoración, devoción, veneración. ANT. Desprecio.

**ídolo** *s. m.* **1.** Imagen o cosa a la que se adora como a un dios. **2.** Persona muy admirada: *Ese cantante es un ídolo entre los jóvenes.*
SIN. **1.** Fetiche, tótem. **2.** Héroe, figura.
FAM. Idólatra, idolatrar, idolatría.

**idóneo, a** *adj.* Que es bueno o vale para algo: *Lola es la persona idónea para delegada de curso.*
SIN. Ideal, adecuado, apto. ANT. Inadecuado, inepto.

**iglesia** *s. f.* **1.** Templo cristiano: *Van a misa a la iglesia del barrio.* **2.** Conjunto de todos los miembros de una religión cristiana: *la Iglesia católica, las Iglesias protestantes.* **3.** Conjunto de los fieles católicos: *En la Iglesia manda el papa.* ■ Con los dos últimos significados se escribe con mayúscula.
FAM. Eclesial, eclesiástico.

**iglú** *s. m.* Casa que hacen los esquimales con bloques de hielo y que tiene forma de media esfera. ■ Es una palabra esquimal. Su plural es *iglús* o *iglúes.*

**ígneo, a** *adj.* **1.** Relacionado con el fuego o parecido al fuego: *un resplandor ígneo.* **2.** Se dice de la roca o materia que viene del interior de la Tierra: *Los volcanes expulsan materiales ígneos.*
FAM. Ignición, ignífugo.

**ignición** *s. f.* El encenderse o quemarse una cosa; se refiere normalmente a los motores.
SIN. Combustión.

**ignífugo, ga** *adj.* Resistente al fuego: *Los bomberos usan trajes especiales ignífugos.*

**ignominia** *s. f.* **1.** Deshonra o vergüenza: *La traición es la peor de las ignominias.* **2.** Ofensa o injusticia contra alguien: *Fue una ignominia que le insultaran delante de todos.*
SIN. **1.** Deshonor, oprobio. **2.** Afrenta, ultraje, humillación. ANT. **1.** Honor.
FAM. Ignominioso.

**ignominioso, sa** *adj.* Que causa ignominia: *una derrota ignominiosa.*
SIN. Deshonroso, indigno. ANT. Honroso, digno.

**ignorancia** *s. f.* **1.** Hecho de no saber una cosa: *Si hizo eso fue por ignorancia; nadie le dijo que no se podía.* **2.** Falta de conocimientos.
SIN. **1.** Desconocimiento, incultura. ANT. **1.** Conocimiento. **2.** Cultura, ciencia, sabiduría.

**ignorante** *adj. y s. m. y f.* Que no sabe nada o sabe muy poco: *No dice más que tonterías porque es un ignorante.*
SIN. Inculto. ANT. Culto, sabio.

**ignorar** *v.* **1.** No saber una cosa: *La policía aún ignora quién fue el culpable.* **2.** No hacer caso de alguien o algo: *Como ignoró las instrucciones que le dieron, lo hizo todo mal.*
SIN. **1.** Desconocer. **2.** Desatender, desoír. ANT. **1.** Conocer. **2.** Atender.
FAM. Ignorancia, ignorante. / Ignoto.

**ignoto, ta** *adj.* Que no se conoce o que no ha sido descubierto: *América era tierra ignota hasta la llegada de Colón.*

**igual** *adj.* **1.** Se dice de la persona, animal o cosa que es como otra o muy parecida: *Los colegiales vestían uniformes iguales.* **2.** Liso, sin diferencias de altura: *un terreno igual.* ‖ *adv.* **3.** Lo mismo: *Me da igual salir o no.* ‖ *s. m. pl.* **4.** En el tenis, pelota vasca, pimpón, igualdad de puntos entre los jugadores. **5.** Cupones de lotería que vende la Organización Nacional de Ciegos de España (ONCE).
SIN. **1.** Idéntico, exacto; similar. **2.** Llano, uniforme. **4.** Deuce. ANT. **1.** Diferente. **1.** y **2.** Desigual. **2.** Accidentado.
FAM. Igualar, igualdad, igualitario. / Desigual, inigualable.

**igualar** *v.* **1.** Hacer o hacerse iguales personas o cosas: *Juan ha igualado en altura a su hermano.* **2.** Empatar: *El equipo visitante igualó el marcador en el último minuto.* **3.** Alisar, allanar: *Han igualado el terreno antes de asfaltarlo.*
SIN. **1.** Nivelar, equiparar, alcanzar. **3.** Aplanar. ANT. **1.** Diferenciar. **2.** Desempatar. **3.** Desnivelar.

**igualdad** *s. f.* Hecho de ser iguales personas o cosas.
SIN. Coincidencia, identidad. ANT. Desigualdad.

**igualitario, ria** *adj.* Que pretende la igualdad: *Una educación igualitaria no hace distinciones entre chicos y chicas.*

**iguana** *s. f.* Reptil con patas largas, dedos puntiagudos y una cresta a lo largo del lomo; es bas-

**iglú**

tante grande y vive en regiones de América y del Pacífico.
FAM. Iguanodonte.

**iguana**

**iguanodonte** *s. m.* Dinosaurio herbívoro de gran tamaño que tenía una especie de pico y caminaba derecho sobre las patas de atrás.

**ijada** o **ijar** *s. f.* o *m.* Espacio entre las costillas y los huesos de las caderas.

**ikastola** *s. f.* Escuela en la que se enseña en vasco. ■ Es una palabra vasca.

**ikurriña** *s. f.* Bandera del País Vasco. ■ Es una palabra vasca.

**ilación** *s. f.* Unión ordenada de las ideas o partes de un escrito, un discurso, un relato: *Escribió dos folios llenos de ideas sueltas, sin ilación unas con otras.* FAM. Ilativo.

**ilativo, va** *adj.* Que une dos palabras o frases; por ejemplo, *y* es una conjunción ilativa.

**ilegal** *adj.* Que va en contra de la ley: *Conducir sin carné es ilegal.* SIN. Ilícito, ilegítimo, prohibido. ANT. Legal. FAM. Ilegalidad, ilegalizar.

**ilegalidad** *s. f.* Característica de lo que es ilegal. ANT. Legalidad.

**ilegalizar** *v.* Hacer que algo sea ilegal: *En ese país han ilegalizado varios partidos políticos.* ■ Delante de *e* se escribe *c* en lugar de *z*: *ilegalicen.* ANT. Legalizar.

**ilegible** *adj.* Que no se puede leer: *Tiene una letra ilegible.* SIN. Indescifrable, ininteligible. ANT. Legible.

**ilegítimo, ma** *adj.* **1.** Que va contra la ley. **2.** Se dice del hijo que alguien tiene con otra persona que no es su esposo o esposa. SIN. **1.** Ilegal, ilícito. **2.** Natural, bastardo. ANT. **1.** Legal, lícito. **1.** y **2.** Legítimo.

**íleon** *s. m.* Tercera y última parte del intestino delgado.

**ilerdense** *adj.* y *s. m.* y *f.* De Lérida, ciudad y provincia españolas. SIN. Leridano.

**ileso, sa** *adj.* Que no ha sufrido lesión o daño: *Resultó ileso en el accidente.* ANT. Herido.

**iletrado, da** *adj.* **1.** Inculto, ignorante. **2.** Que no sabe leer ni escribir. SIN. **2.** Analfabeto. ANT. **1.** Culto, instruido.

**ilicitano, na** *adj.* y *s. m.* y *f.* De Elche, ciudad española.

**ilícito, ta** *adj.* Que no se puede hacer porque está prohibido por las leyes o porque es malo: *Le detuvieron por participar en varios negocios ilícitos.* SIN. Ilegal, inmoral. ANT. Lícito.

**ilimitado, da** *adj.* Que no tiene límites: *Le dieron tiempo ilimitado para devolver el dinero.*

**ilion** *s. m.* Uno de los huesos de la cadera que forman la pelvis.

**ilógico, ca** *adj.* Que no es razonable: *Es ilógico que se enfade si nadie le ha hecho nada.* SIN. Absurdo. ANT. Lógico.

**iluminación** *s. f.* **1.** Acción de iluminar. **2.** Conjunto de luces que alumbran un lugar: *Ya han instalado en las calles la iluminación de las fiestas.* **3.** Cantidad de luz que hay o entra en un lugar: *Esta habitación es muy oscura, tiene poca iluminación.* SIN. **1.** y **2.** Alumbrado.

**iluminado, da** *adj.* **1.** Que tiene luz: *Hay gente en casa, porque la ventana está iluminada.* || *adj.* y *s. m.* y *f.* **2.** Persona que se cree elegida por Dios o por un poder sobrenatural para llevar a cabo una misión.

**iluminar** *v.* **1.** Dar luz sobre algo: *El coche ilumina la carretera con sus faros.* **2.** Adornar con luces: *Iluminaron la plaza para la verbena.* SIN. **1.** Alumbrar. ANT. **1.** Oscurecer, apagar. FAM. Iluminación, iluminado.

**ilusión** *s. f.* **1.** Lo que alguien se imagina o cree ver o sentir, pero que no es real: *Le pareció ver a alguien en la oscuridad, pero sólo fue una ilusión.* **2.** Esperanza o deseo que es muy difícil que se cumpla: *No te hagas ilusiones, no creo que nos elijan para la obra de teatro.* **3.** Alegría o entusiasmo: *Le hizo mucha ilusión el regalo. Se entrena con ilusión para el campeonato.* SIN. **1.** Visión, espejismo, fantasía. **3.** Empeño, afán, ánimo. ANT. **1.** Realidad. **2.** y **3.** Desilusión. **3.** Desgana. FAM. Ilusionar, ilusionismo, ilusionista, iluso, ilusorio. / Desilusión.

**ilusionar** *v.* **1.** Hacer que alguien tenga ilusiones o esperanzas: *Se había ilusionado mucho con aquel viaje, pero no pudo ir.* **2.** Hacer ilusión, causar alegría: *Le ilusiona mucho entrar en el equipo de baloncesto.* SIN. **2.** Alegrar, encantar. ANT. **1.** Desengañar, desilusionar. **2.** Entristecer.

**ilusionismo** *s. m.* Arte de hacer trucos de magia: *Ese mago es un genio del ilusionismo.* SIN. Prestidigitación.

**ilusionista** *s. m.* y *f.* Persona que hace trucos de magia. SIN. Mago, prestidigitador.

**iluso, sa** *adj.* y *s. m.* y *f.* **1.** Que se deja engañar fácilmente: *El muy iluso se creyó que el reloj que compró en un puesto de la calle era de oro.* **2.** Que tiene ilusiones o deseos imposibles: *No seas iluso; el premio se lo darán a otro.*
**SIN. 1.** Ingenuo, cándido. **2.** Soñador. **ANT. 1.** Espabilado. **2.** Realista.

**ilusorio, ria** *adj.* Que es una ilusión, que no es real: *Todas sus esperanzas son ilusorias, nunca conseguirá ese trabajo habiendo gente mejor preparada que él.*
**SIN.** Engañoso, irreal, falso. **ANT.** Real, verdadero.

**ilustración** *s. f.* **1.** Educación, instrucción. **2.** Fotografía o dibujo de un libro o una revista. **3.** Movimiento cultural, político y filosófico que existió en Europa y América en el siglo XVIII y que confiaba sobre todo lo demás en la razón o la inteligencia del ser humano. También, época en la que se desarrolló este movimiento.
**SIN. 1.** Cultura, formación. **2.** Lámina, figura, grabado. **ANT. 1.** Ignorancia, incultura.

**ilustrado, da** *adj.* **1.** Que tiene ilustraciones: *una obra ilustrada.* **2.** Se dice de la persona que tiene cultura. ǁ *adj.* y *s. m.* y *f.* **3.** Del movimiento de la ilustración.

**ilustrador, ra** *adj.* **1.** Que ilustra o aclara. ǁ *s. m.* y *f.* **2.** Persona que ilustra un libro, una revista, con fotos o dibujos.
**SIN. 1.** Ilustrativo.

**ilustrar** *v.* **1.** Aclarar algo mediante ejemplos, imágenes, comparaciones. **2.** Poner ilustraciones, fotos o dibujos en un libro, revista u otra publicación. **3.** Educar, aprender: *Leía muchos libros para ilustrarse.*
**SIN. 1.** Explicar, esclarecer. **3.** Formar.
**FAM.** Ilustración, ilustrado, ilustrador, ilustrativo, ilustre.

**ilustrativo, va** *adj.* Que ilustra o aclara: *Un buen ejemplo es más ilustrativo que una larga explicación.*
**SIN.** Ilustrador, aclaratorio, explicativo.

**ilustre** *adj.* **1.** Noble, distinguido: *Su familia era de las más ilustres del lugar.* **2.** Se dice de la persona que destaca en una profesión, ciencia o actividad: *Le estaba tratando un ilustre médico.*
**SIN. 2.** Eminente, insigne, prestigioso. **ANT. 2.** Mediocre.
**FAM.** Ilustrísimo.

**ilustrísimo, ma** *adj.* Forma de tratar a las personas que tienen algunos cargos de importancia: *el ilustrísimo director de la Real Academia Española.*

**imagen** *s. f.* **1.** Lo que vemos al mirarnos en el espejo. **2.** Figura de una persona o cosa en una pantalla, una fotografía, un cuadro, o una escultura: *En la televisión han repetido las imágenes del desfile.* **3.** Una estatua o una pintura de Cristo, la Virgen o los santos, como las que hay en las iglesias. **4.** Aspecto de alguien, por ejemplo su forma de ir vestido o peinado: *Se ha cortado el pelo y ha cambiado de imagen.* **5.** Lo que representa a alguien o algo en nuestro pensamiento: *Le gustó tanto aquel pueblo que todavía guarda su imagen en la memoria.* **6.** Lo que hace el poeta o el escritor al utilizar una cosa para expresar otra; por ejemplo, en estos versos de Jorge Manrique, el *río* es imagen de nuestra *vida* y el *mar*, de la *muerte*: «*Nuestras vidas son los ríos / que van a dar a la mar / que es el morir.*»
**FAM.** Imaginar, imaginería, imago.

**imaginación** *s. f.* **1.** Capacidad de las personas para formar imágenes en su pensamiento y para inventarse cosas: *Para escribir cuentos hay que tener mucha imaginación.* **2.** Algo que alguien piensa, pero que no es verdadero: *Cree que la profesora le tiene manía, pero sólo son imaginaciones suyas.*
**SIN. 1.** y **2.** Fantasía. **2.** Figuración, suposición.

**imaginar** *v.* **1.** Formar imágenes en el pensamiento: *Imaginaos una playa y unos niños jugando en ella...* **2.** Inventar: *Pablo imaginó un juego muy divertido.* **3.** Pensar, creer que algo es de una manera: *Imagino que a estas horas estará en casa.*
**SIN. 1.** Fantasear. **2.** Idear, concebir. **3.** Suponer, figurarse.
**FAM.** Imaginación, imaginaria, imaginario, imaginativo. / Inimaginable.

**imaginaria** *s. f.* **1.** Vigilancia por turnos que hacen los soldados de un cuartel por la noche. ǁ *s. m.* y *f.* **2.** Soldado que hace esta vigilancia: *El imaginaria fue reemplazado a las tres.*

**imaginario, ria** *adj.* Que sólo existe en la imaginación, no en la realidad: *Las hadas son personajes imaginarios, que aparecen en los cuentos.*

**imaginativo, va** *adj.* Que tiene mucha imaginación: *Para trabajar en publicidad hay que ser muy imaginativo.*

**imaginería** *s. f.* **1.** Arte de pintar o tallar imágenes religiosas. **2.** Conjunto de imágenes de esta clase: *la imaginería de Semana Santa.*

**imago** *s. m.* Aspecto final de los insectos que, como las mariposas, sufren metamorfosis.

**imán**[1] *s. m.* Mineral u otra materia capaz de atraer al hierro y otros metales.
**FAM.** Imantar. / Electroimán.

**imán**[2] *s. m.* Jefe religioso musulmán. ■ Es una palabra árabe.

**imantar** *v.* Hacer que un metal tenga las propiedades de un imán.

**imbatible** *adj.* Que no puede ser derrotado.
**SIN.** Invencible.

**imbebible** *adj.* Que no se puede beber porque está muy malo: *Este café es imbebible.*

**613**

**imbécil** *adj.* y *s. m.* y *f.* Persona tonta, estúpida.
SIN. Idiota, bobo, necio. ANT. Listo, inteligente, sensato.
FAM. Imbecilidad.

**imbecilidad** *s. f.* **1.** Característica de las personas tontas, imbéciles. **2.** Cosa tonta que se dice o se hace: *Ya eres mayorcito para esas imbecilidades.*
SIN. **1.** y **2.** Idiotez, estupidez, tontería. ANT. **1.** Inteligencia, sensatez.

**imberbe** *adj.* y *s. m.* Se dice del chico al que aún no le ha salido la barba o del hombre que tiene muy poca.
SIN. Barbilampiño, lampiño.

**imborrable** *adj.* **1.** Que no se puede borrar: *tinta imborrable.* **2.** Que no se puede olvidar porque fue muy bueno: *Tengo un recuerdo imborrable de aquellas vacaciones.*
SIN. **1.** Indeleble. **2.** Inolvidable.

**imbuir** *v.* Hacer que alguien tenga unas ideas o sentimientos. ■ Es un verbo irregular. Se conjuga como *huir.*
SIN. Infundir, inculcar.

**imitación** *s. f.* **1.** Acción de imitar: *Ese cómico hace imitaciones de cantantes y otros artistas.* **2.** Cosa que imita a otra: *En la sortija no lleva un diamante, sino una imitación.*
SIN. **1.** y **2.** Copia, plagio.

**imitador, ra** *adj.* y *s. m.* y *f.* Que imita: *Es un gran imitador de los famosos.*

**imitamonos** o **imitamonas** *adj.* y *s. m.* y *f.* Se dice de la persona que imita a otra en todo. ■ No varía en plural.

**imitar** *v.* **1.** Hacer algo del mismo modo que otro: *Se pone la ropa de su hermana porque le gusta imitarla.* **2.** Parecer otra cosa: *Este bolso imita piel.*
SIN. **1.** Copiar, remedar, plagiar. **2.** Semejar.
FAM. Imitación, imitador, imitamonas, imitamonos. / Inimitable.

**impaciencia** *s. f.* Lo que tenemos cuando estamos impacientes: *Durante el viaje se notaba su impaciencia por llegar.*
SIN. Nerviosismo, inquietud. ANT. Paciencia, calma.
FAM. Impacientarse, impaciente.

**impacientarse** *v.* Perder la paciencia, ponerse nervioso al esperar: *Cuando sus amigos no llegan puntuales, se impacienta.*

**impaciente** *adj.* Que se pone nervioso porque no es capaz de esperar o desea que algo ocurra enseguida: *Estaba impaciente por ver el regalo.*

**impactante** *adj.* Que causa mucha impresión: *Esta revista trae fotos de animales muy impactantes.*
SIN. Impresionante.

**impactar** *v.* **1.** Hacer impacto, chocar: *La piedra impactó en el cristal, pero no llegó a romperlo.*

**2.** Causar mucha impresión: *Nos impactó la noticia del accidente.*
SIN. **2.** Conmocionar, impresionar.

**impacto** *s. m.* **1.** Choque de una cosa contra otra; también, la señal que deja: *Había dos impactos de bala en esa pared.* **2.** Efecto, impresión: *Con ese vestido tan bonito causarás impacto en la fiesta.*
SIN. **1.** Colisión. **2.** Sensación, conmoción. ANT. **2.** Indiferencia.
FAM. Impactante, impactar.

**impagable** *adj.* Que es tan valioso o importante que no se puede pagar con dinero: *La ayuda que nos prestó es impagable.*
SIN. Inestimable.

**impago** *s. m.* Hecho de no pagar una deuda o un plazo: *Lo denunciaron por impago de multas.*

**impala** *s. m.* Mamífero africano parecido al antílope, de lomo marrón y vientre blanco; los machos tienen los cuernos finos y doblados en forma de S.

**impar** *adj.* y *s. m.* Cualquier número que no es divisible por dos, como 1, 3, 25, 57, 109.
SIN. Non. ANT. Par.

**imparable** *adj.* Que no se puede parar: *Desde que entró en la empresa, su ascenso ha sido imparable.*

**imparcial** *adj.* Que juzga o actúa sin dejarse llevar de preferencias por unos o por otros: *Un juez debe ser imparcial. En la discusión se mantuvo imparcial.*
SIN. Justo, objetivo, neutral. ANT. Parcial.
FAM. Imparcialidad.

**imparcialidad** *s. f.* El ser imparcial.
ANT. Parcialidad.

**impartir** *v.* Dar algunas cosas, por ejemplo una clase: *Ese profesor imparte inglés en el instituto.*

**impasible** *adj.* Que no se enfada ni se pone nervioso por las cosas que le pasan: *Permaneció impasible cuando le insultaron.*
SIN. Imperturbable, inalterable. ANT. Exaltado, histérico.

**impasse** *s. m.* Situación en la que no se avanza porque no se encuentra una solución: *Las negociaciones están en un impasse.* ■ Es una palabra francesa.
ANT. Avance.

**impávido, da** *adj.* Que no se pone nervioso ni se sorprende ni se asusta: *Cuando se fue la luz se quedó esperando impávido.*
SIN. Impasible, inalterable, impertérrito.

**impecable** *adj.* Sin ningún defecto o mancha, muy perfecto: *Ha presentado una redacción impecable: sin ninguna falta de ortografía. Su conducta es impecable.*
SIN. Intachable, irreprochable. ANT. Defectuoso, sucio.

**impedido, da** *adj.* y *s. m.* y *f.* Persona que no puede usar sus miembros o alguno de ellos: *Desde*

el accidente de coche está impedido en una silla de ruedas.
SIN. Inválido, imposibilitado, tullido.

**impedimenta** s. f. Equipaje o carga que lleva una persona, sobre todo un soldado.

**impedimento** s. m. Cosa que impide algo o que es un obstáculo: No le pusieron ningún impedimento para entrar en la biblioteca.
SIN. Dificultad, traba.

**impedir** v. Hacer imposible o difícil una cosa: A pesar de la vigilancia, nada impidió que los atracadores se llevaran el botín. El portero nos impidió el paso. ■ Es un verbo irregular. Se conjuga como pedir.
SIN. Imposibilitar, dificultar, obstaculizar. ANT. Posibilitar.
FAM. Impedido, impedimenta, impedimento.

**impeler** v. 1. Empujar: El chorro de gases que expulsa el cohete lo impele hacia delante. 2. Animar a hacer algo: La curiosidad le impele a probar cosas nuevas.
SIN. 1. y 2. Impulsar, mover. 2. Incitar, estimular. ANT. 1. y 2. Frenar. 2. Desanimar.

**impenetrable** adj. 1. Que no se puede penetrar o atravesar: un muro impenetrable. 2. Que no se puede conocer o entender: Es una persona impenetrable, no hay modo de saber lo que piensa.
SIN. 2. Inescrutable. ANT. 2. Transparente.

**impenitente** adj. y s. m. y f. 1. Se dice de la persona que tiene un vicio o una costumbre que no quiere o no puede dejar: un fumador impenitente. 2. Se dice de la persona que no se arrepiente de sus pecados.
SIN. 1. Incorregible, empedernido.

**impensable** adj. Absurdo, imposible o muy difícil: Parece impensable que en pleno verano se ponga a nevar.
SIN. Ilógico, increíble, inimaginable. ANT. Lógico, natural, posible.

**impepinable** adj. Que no se puede dudar de ello ni discutirlo: Aunque digan que jugamos mal, ganamos el partido y eso es impepinable.
SIN. Seguro, cierto, indudable, indiscutible. ANT. Incierto, dudoso.

**imperar** v. Mandar, dominar: El uso de los pantalones vaqueros impera entre los jóvenes.
SIN. Reinar, regir.
FAM. Imperativo, imperio, imperioso.

**imperativo, va** adj. 1. Que manda o de mando: Habló en tono imperativo. 2. En gramática, se dice del modo de los verbos que se utiliza para expresar un mandato, una orden o un ruego, como lávate, lavaos.

**imperceptible** adj. Que no lo podemos percibir con nuestros sentidos o lo notamos muy poco: Ese sonido es imperceptible. Esa manchita en el cuadro es imperceptible.
ANT. Perceptible.

**imperdible** s. m. Alfiler doblado que se clava en la ropa o en otra cosa y luego se abrocha sujetándolo por un extremo.

**imperdonable** adj. Que no se puede perdonar: Es imperdonable que no invitara el día de su cumpleaños a su mejor amigo.
SIN. Intolerable, inaceptable.

**imperecedero, ra** adj. Que no perece o no termina nunca: La fama de ese escritor es imperecedera.
SIN. Inmortal. ANT. Perecedero.

**imperfección** s. f. 1. Característica de imperfecto. 2. Aquello que hace que alguien o algo no sea perfecto.
SIN. 1. y 2. Defecto, deficiencia.

**imperfecto, ta** adj. 1. Que no es perfecto. ‖ adj. y s. m. 2. Se dice de los tiempos de los verbos que expresan una acción no terminada: el pretérito imperfecto de indicativo es cantaba y el de subjuntivo cantara; el futuro imperfecto de indicativo es cantaré y el de subjuntivo cantare.
FAM. Imperfección.

**imperial** adj. Del emperador o del imperio.

**imperialismo** s. m. Política que defiende que unos países tienen derecho a dominar a otros.
FAM. Imperialista.

**imperialista** adj. y s. m. y f. Relacionado con el imperialismo o que defiende el imperialismo.

**impericia** s. f. Falta de pericia o habilidad.
SIN. Incapacidad, ineptitud. ANT. Destreza.

**imperio** s. m. 1. País gobernado por un emperador. 2. El tiempo en que éste gobierna: Durante el imperio de Carlos V hubo muchas guerras. 3. Organización política en la que un país extiende su dominio a otros territorios. 4. El conjunto de estos territorios: el imperio romano.
FAM. Imperial, imperialismo. / Emperador.

**imperioso, sa** adj. 1. Autoritario, que manda con mucha energía: Se lo ordenó de forma imperiosa. 2. Urgente: Tenía la necesidad imperiosa de terminar ese trabajo.
SIN. 1. Dominante. ANT. 1. Suave, blando.

**impermeabilizar** v. Hacer impermeable: Impermeabilizaron el tejado y ya no tenemos goteras. ■ Delante de e se escribe c en lugar de z: impermeabilice.

**impermeable** adj. 1. Que no puede ser atravesado por el agua y otros líquidos. ‖ s. m. 2. Prenda hecha con una tela que no deja pasar el agua de la lluvia.
SIN. 2. Chubasquero. ANT. 1. Permeable.
FAM. Impermeabilizar.

**impersonal** adj. 1. Que no es original de una persona: El estilo con que escribe sus cartas es muy impersonal. 2. Que no se refiere a ninguna persona en concreto: El profesor dijo, de forma impersonal,

**615**

*que estaba contento con sus alumnos, sin dar nombres.* **3.** Se dice de las oraciones que no pueden llevar sujeto, como *Nieva en Granada,* y de las que no llevan sujeto porque es desconocido o no interesa decirlo: *Cuentan que tú y Tere habéis reñido.* **4.** Se dice del verbo que no puede llevar sujeto, como *llover, nevar* o *granizar.*

**impertérrito, ta** *adj.* Que no muestra miedo, enfado ni nerviosismo: *El árbitro soportó impertérrito las protestas de los aficionados.*
**SIN.** Impasible, impávido, tranquilo. **ANT.** Nervioso, descompuesto.

**impertinencia** *s. f.* **1.** Característica o comportamiento de la persona impertinente. **2.** Cosa impertinente que alguien dice o hace: *Sé más educado y deja de decir impertinencias.*
**SIN. 1.** y **2.** Insolencia. **ANT. 1.** Discreción, consideración.

**impertinente** *adj.* y *s. m.* y *f.* Que molesta por ser muy pesado, descarado o meterse donde no le llaman: *Cuando lo operaron, se puso muy impertinente: no paraba de pedir cosas. Ha sido un impertinente al preguntar a esa señora los años que tiene.*
**SIN.** Molesto, inconveniente, insolente, indiscreto, desconsiderado. **ANT.** Discreto, considerado.
**FAM.** Impertinencia.

**imperturbable** *adj.* Que nada le quita la paz o la tranquilidad.
**SIN.** Impasible, inmutable. **ANT.** Excitable.

**ímpetu** *s. m.* **1.** Violencia, gran fuerza: *El viento soplaba con ímpetu.* **2.** Energía, empuje: *Si quieres ganar el concurso, tienes que poner mucho ímpetu.*
**SIN. 1.** Furia. **2.** Brío, empeño, afán, decisión. **ANT. 2.** Desgana.
**FAM.** Impetuoso.

**impetuoso, sa** *adj.* **1.** Con ímpetu. **2.** Que actúa de forma precipitada, sin pararse a pensar.
**SIN. 1.** Violento. **2.** Impulsivo. **ANT. 1.** Débil.

**impío, a** *adj.* y *s. m.* y *f.* Que no tiene religión o no respeta las cosas sagradas.
**SIN.** Irreverente. **ANT.** Pío, piadoso, devoto.

**implacable** *adj.* **1.** Que no se deja ablandar o conmover: *Fueron implacables y no le quitaron el castigo.* **2.** Que no se puede aplacar o calmar: *Una tormenta implacable hizo naufragar al barco.*
**SIN. 1.** Duro, riguroso, severo. **ANT. 1.** Clemente.

**implantación** *s. f.* Acción de implantar.
**SIN.** Implante, colocación, establecimiento. **ANT.** Eliminación.

**implantar** *v.* **1.** Hacer que la gente siga una moda o una costumbre. **2.** Hacer que algo empiece a ser obligatorio: *Se ha implantado el uso del cinturón de seguridad desde que uno se monta en el coche.* **3.** Colocar algo, por ejemplo un órgano, un tejido o una pieza artificial en alguna parte del cuerpo: *Le sacaron la muela rota y le implantaron una postiza.*

**SIN. 1.** y **2.** Establecer. **ANT. 1.** y **2.** Eliminar, abolir.
**FAM.** Implantación, implante. / Reimplantar.

**implante** *s. m.* **1.** Acción de implantar: *Le han hecho un implante de pelo.* **2.** Objeto, tejido u órgano que se implanta en el cuerpo.

**implicación** *s. f.* **1.** Participación en un hecho, sobre todo en un delito: *El detenido confesó su implicación en el secuestro.* **2.** Consecuencia: *Han tomado una decisión que puede tener importantes implicaciones.*
**SIN. 2.** Repercusión.

**implicar** *v.* **1.** Hacer intervenir a alguien en algo: *Le implicaron en el robo.* **2.** Significar, conllevar: *Tener un cachorro en casa implica cuidados y atenciones hacia él.* ■ Delante de *e* se escribe *qu* en lugar de *c*: *implique.*
**SIN. 1.** Envolver, involucrar, mezclar. **2.** Suponer, entrañar.
**FAM.** Implicación, implícito.

**implícito, ta** *adj.* Que sin decirlo se da a entender: *En la carta está implícito su deseo de venir a vernos.*
**SIN.** Sobrentendido. **ANT.** Explícito, expreso.

**implorar** *v.* Pedir una cosa con muchos ruegos o con lágrimas.
**SIN.** Suplicar, rogar.

**impoluto, ta** *adj.* Limpio, sin manchas: *La cocina está impoluta porque nadie la ha usado.*

**imponderable** *adj.* **1.** Que no se puede medir. **2.** De mucho valor o importancia: *Solucionamos el problema gracias a la ayuda imponderable de todos ustedes.* ‖ *s. m.* **3.** Suceso que no se puede prever y que influye en algo: *La obra tendría que estar acabada, pero surgieron algunos imponderables.*
**SIN. 1.** Incalculable, imprevisible. **2.** Inestimable, inapreciable. **3.** Imprevisto. **ANT. 1.** Ponderable.

**imponente** *adj.* Que impone o impresiona, sobre todo por su aspecto, su belleza, su tamaño: *un coche imponente.*
**SIN.** Impresionante, excelente, estupendo. **ANT.** Insignificante.

**imponer** *v.* **1.** Obligar a algo: *Se ha impuesto la tarea de leer todos los días un buen rato.* **2.** Causar miedo o respeto: *Por las noches el mar impone.* ‖ **imponerse 3.** Ser necesario: *Se impone que este mes estudiéis más.* **4.** Dominar, ser mucho mejor que otros: *El corredor se impuso al pelotón.* **5.** Hacerse o usarse una cosa en vez de otras: *El tratar de tú se ha impuesto entre los jóvenes.* ■ Es un verbo irregular. Se conjuga como *poner.*
**SIN. 2.** Asustar, impresionar. **4.** Superar, aventajar. **5.** Predominar, imperar, reinar, prevalecer.
**FAM.** Imponente, imposición, impuesto.

**impopular** *adj.* Que no gusta a la mayoría de la gente: *una medida impopular, un político impopular.*
**ANT.** Popular.

**importación** *s. f.* El hecho de comprar cosas a un país extranjero.
ANT. Exportación.

**importador, ra** *adj. y s. m. y f.* Que importa cosas del extranjero.

**importancia** *s. f.* Valor, interés o influencia que tiene una persona o cosa: *El descubrimiento de la brújula tuvo mucha importancia para la navegación. Se hizo una herida de poca importancia.*
EXPR. **darse** una persona **importancia** Presumir mucho una persona.
SIN. Consideración, significación, envergadura, trascendencia, alcance, magnitud, peso.

**importante** *adj.* Que tiene importancia: *Es importante para él encontrar trabajo. Un número importante de personas asistió al concierto.*
SIN. Fundamental, considerable, notable. ANT. Secundario.

**importar** *v.* **1.** Tener importancia o interés: *Le importa mucho aprobar ese examen. A ti no te importa lo que hablamos.* **2.** Se usa en frases educadas para preguntarle a alguien si le molesta una cosa: *¿Le importa cerrar la puerta cuando salga?* **3.** Comprar cosas a un país extranjero: *España importa petróleo.* **4.** Costar algo un precio: *En las etiquetas pone lo que importa la ropa.*
SIN. **1.** Interesar, preocupar; afectar, atañer, incumbir, concernir. **4.** Valer. ANT. **3.** Exportar.
FAM. Importación, importador, importancia, importante, importe.

**importe** *s. m.* Lo que vale una cosa en dinero: *El importe del libro es de diez euros.*
SIN. Coste, precio, cuantía.

**importunar** *v.* Molestar, por ejemplo interrumpiendo a una persona que está ocupada.
SIN. Incordiar, fastidiar.

**imposibilidad** *s. f.* **1.** Hecho de ser imposible algo: *Ante la imposibilidad de acercarse él mismo a recibirle mandó a su ayudante.* **2.** Enfermedad o defecto físico que impide o hace difícil el desempeñar algún cargo, empleo o profesión.
ANT. **1.** Posibilidad.

**imposibilitado, da** *adj. y s. m. y f.* Persona que no puede mover su cuerpo o algún miembro: *Está imposibilitado y por eso va en silla de ruedas.*
SIN. Tullido, impedido.

**imposibilitar** *v.* Hacer imposible algo.
SIN. Impedir. ANT. Posibilitar.

**imposible** *adj.* **1.** Que no es posible: *Es imposible que los peces vivan fuera del agua.* **2.** Muy malo, insoportable: *Tiene un carácter imposible. Hoy está imposible, no se le puede dirigir la palabra.* ‖ *adj. y s. m.* **3.** Muy difícil o que no se puede hacer: *Me pides imposibles, así no te puedo ayudar.*
SIN. **2.** Inaguantable, insufrible. ANT. **1.** Posible. **3.** Fácil.
FAM. Imposibilidad, imposibilitado, imposibilitar.

**imposición** *s. f.* **1.** Acción de imponer o de imponerse. **2.** Cantidad de dinero que se mete en una cuenta de ahorro.

**impostar** *v.* Hacer que la voz suene potente y clara, sin temblores.

**impostor, ra** *adj. y s. m. y f.* Que engaña; se dice sobre todo del que se hace pasar por quien no es.
FAM. Impostura.

**impostura** *s. f.* Engaño que quiere parecer verdad, sobre todo cuando alguien se hace pasar por otra persona o por lo que no es: *Parece simpática, pero es todo una impostura.*
SIN. Farsa, mentira.

**impotencia** *s. f.* El ser impotente.

**impotente** *adj. y s. m.* **1.** Que no tiene poder o fuerza para hacer una cosa: *Se ve impotente ante ese problema tan grave.* **2.** El hombre que no puede hacer el acto sexual.
SIN. **1.** Incapaz, inútil.
FAM. Impotencia.

**impracticable** *adj.* **1.** Se dice del camino o lugar por el que no se puede pasar: *La nieve ha dejado impracticable la carretera.* **2.** Que no se puede hacer: *Abandonamos el plan porque era impracticable.*
SIN. **1.** Inaccesible. **2.** Imposible, irrealizable, inviable. ANT. **1.** y **2.** Practicable.

**imprecación** *s. f.* Expresión con la que se desea a una persona que le ocurra algo malo.

**imprecisión** *s. f.* Falta de precisión.
SIN. Indefinición, vaguedad. ANT. Exactitud, claridad.

**impreciso, sa** *adj.* No preciso, poco claro: *Recuerdo su cara, pero de forma imprecisa.*
SIN. Indefinido, vago. ANT. Concreto, exacto.
FAM. Imprecisión.

**impredecible** *adj.* Que no se puede predecir: *El futuro es impredecible.*
SIN. Imprevisible.

**impregnar** *v.* Empapar, mojar una cosa, como un algodón en alcohol o un pañuelo en colonia.

**imprenta** *s. f.* **1.** La técnica de imprimir. **2.** Taller donde se imprime. **3.** Aparato para imprimir. (Puedes ver su ilustración en la página siguiente).

**imprescindible** *adj.* Se dice de alguien o algo de lo que no se puede prescindir, que es necesario: *Para jugar bien es imprescindible entrenarse.*
SIN. Indispensable. ANT. Innecesario.

**impresentable** *adj. y s. m. y f.* **1.** Que no se puede presentar a nadie por estar mal hecho, sucio o feo: *Un cuaderno con tachaduras es impresentable.* ‖ *adj. y s. m.* **2.** Se dice de la persona maleducada, informal, desconsiderada: *Ha vuelto a dejarnos plantados, tu amigo es un impresentable.*

**impresión** *s. f.* **1.** Acción de imprimir algo: *Se ha acabado la impresión del libro.* **2.** Señal que una cosa deja en otra contra la que se aprieta: *Se veía*

617

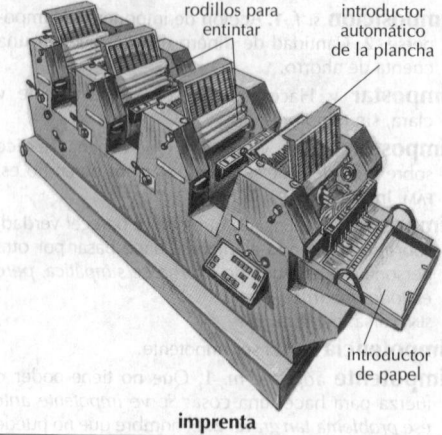

rodillos para entintar

introductor automático de la plancha

introductor de papel

**imprenta**

*sobre la nieve la impresión de las pisadas de lobos.* **3.** Efecto o sensación que causa algo en una persona: *Prefiero meterme poco a poco en el agua para que no me dé impresión.* **4.** Opinión que alguien tiene de algo: *Tengo la impresión de que Julián no te cae bien. Los médicos se reunieron para tener un cambio de impresiones.*
**SIN. 2.** Marca. **3.** Impacto, emoción.
**FAM.** Impresionante, impresionar, impresionismo.

**impresionable** *adj.* Que se impresiona o emociona con facilidad: *No le des la mala noticia de golpe, porque es muy impresionable.*
**SIN.** Sensible. **ANT.** Imperturbable, duro.

**impresionante** *adj.* **1.** Que impresiona: *En la película la escena de la persecución es impresionante.* **2.** Muy grande o muy intenso: *Tengo unas ganas impresionantes de que lleguen las vacaciones. Hizo un calor impresionante.*

**impresionar** *v.* Causar en alguien una gran impresión, como miedo, emoción, sorpresa, admiración: *Aquella tormenta por la noche le impresionó. Me impresionó el buen aspecto que tenía después de la operación.*
**SIN.** Emocionar, conmover, afectar, turbar.
**FAM.** Impresionable.

**impresionismo** *s. m.* Movimiento artístico que reproduce las impresiones que la naturaleza o cualquier otra cosa producen en el artista. Surgió en la pintura, en Francia, a finales del siglo XIX. Las pinturas de estos artistas se caracterizan por estar hechas con pinceladas sueltas y gruesas.
**FAM.** Impresionista.

**impresionista** *adj. y s. m. y f.* Relacionado con el impresionismo o que sigue este estilo.

**impreso, sa** *adj.* **1.** Que está reproducido en la imprenta. ‖ *s. m.* **2.** Papel que tiene unos espacios para rellenar a mano o a máquina: *Ya tengo el*

*impreso para hacerme el pasaporte.* **3.** Obra o escrito reproducidos en la imprenta.

**impresor, ra** *adj.* **1.** Que imprime. ‖ *s. m.* **2.** Dueño o encargado de una imprenta.

**impresora** *s. f.* Máquina para imprimir.

**imprevisible** *adj.* Que no se puede prever o saber que va a pasar: *Las respuestas que dan los niños pequeños son imprevisibles.*
**SIN.** Inesperado, repentino, insospechado. **ANT.** Previsible.

**imprevisión** *s. f.* Falta de previsión: *Salió sin paraguas por imprevisión y ahora se estará mojando.*

**imprevisto, ta** *adj. y s. m.* No previsto, que no sabemos que va a ocurrir: *En las vacaciones lleva más dinero de lo que se piensa gastar por si hay imprevistos.*
**SIN.** Inesperado, repentino; imponderable.
**FAM.** Imprevisible, imprevisión.

**imprimir** *v.* **1.** Reproducir en papel u otro material textos, dibujos o fotos, con una prensa o con otras máquinas. **2.** Elaborar una obra que se ha reproducido de esa manera, editarla, publicarla. **3.** Dejar una marca apretando, por ejemplo las huellas de los dedos. **4.** Dar a algo un estilo, sentimiento u otra característica, por ejemplo velocidad: *El poeta imprime a su poesía la tristeza que siente. Si quieres terminar a tiempo, tendrás que imprimirle velocidad a ese trabajo.* ■ Tiene dos participios: uno regular, *imprimido*, y otro irregular, *impreso*.
**FAM.** Imprenta, impresión, impreso, impresor, impresora. / Reimprimir.

**improbable** *adj.* Poco probable, que es difícil que ocurra: *Es improbable que nos vuelva a tocar la lotería como el año pasado.*
**SIN.** Dudoso, incierto. **ANT.** Seguro.

**ímprobo, ba** *adj.* Se dice del trabajo o esfuerzo muy grandes, excesivos.
**SIN.** Agotador.

**improcedente** *adj.* **1.** Que no es oportuno o adecuado: *Ese comentario fue improcedente.* **2.** Que no está de acuerdo con la ley o las normas: *Le indemnizaron por despido improcedente.*
**SIN. 1.** Inoportuno, desacertado, inconveniente. **ANT. 1.** Correcto, acertado. **1. y 2.** Procedente.

**improductivo, va** *adj.* Que no produce: *Esos campos son improductivos: en ellos no se puede plantar nada. El esfuerzo que hicieron para que el equipo ganase fue improductivo.*
**SIN.** Estéril, inútil. **ANT.** Productivo, fecundo, fértil; útil.

**impronta** *s. f.* **1.** Imagen reproducida en hueco o en relieve sobre una materia blanda. **2.** Influencia o característica que una persona o cosa deja en otras: *En toda su obra se nota la impronta de su estilo.*
**SIN. 2.** Huella.

**impronunciable** *adj.* **1.** Que no se puede pronunciar o es difícil de pronunciar: *El nombre de esa* ciudad holandesa es impronunciable. **2.** Que no se debe decir para no ofender: *No repetiré la palabrota que dijo porque es impronunciable en público.*

**improperio** *s. m.* Insulto grave.
**SIN.** Injuria. **ANT.** Alabanza, elogio.

**impropio, pia** *adj.* No propio, que resulta raro en una persona o cosa, o que no es adecuado: *Es impropio de un adulto dar brincos por la calle.*
**SIN.** Extraño, chocante; inadecuado, inconveniente. **ANT.** Propio.

**improvisación** *s. f.* Acción de improvisar.
**ANT.** Preparación.

**improvisar** *v.* Hacer una cosa de pronto sin haberla preparado antes: *Aparecimos por sorpresa en casa de mi tía y tuvo que improvisar una cena para seis.*
**ANT.** Preparar, planear.
**FAM.** Improvisación, improviso.

**improviso** Se usa en la expresión **de improviso**, que significa 'de repente', 'sin avisar': *El profesor nos puso un examen de improviso.*

**imprudencia** *s. f.* **1.** Falta de prudencia. **2.** Acción, dicho o cosa imprudente: *Es una gran imprudencia cruzar la calle con el semáforo en rojo porque te puede pillar un coche.*
**SIN. 1.** y **2.** Insensatez, temeridad, descuido. **ANT. 1.** Prudencia. **1.** y **2.** Precaución.
**FAM.** Imprudente.

**imprudente** *adj.* y *s. m.* y *f.* Que no tiene prudencia o se hace sin prudencia.
**SIN.** Irreflexivo, insensato, temerario, descuidado. **ANT.** Prudente, sensato.

**impúdico, ca** *adj.* y *s. m.* y *f.* Muy atrevido o indecente: *Lleva unos vestidos transparentes muy impúdicos.*
**SIN.** Desvergonzado, provocativo. **ANT.** Púdico, recatado.

**impuesto** *s. m.* Cantidad de dinero que se paga al Estado, comunidades autónomas o ayuntamientos para que hagan cosas que son necesarias.

**impugnar** *v.* Oponerse a una decisión o a un resultado por considerarlos ilegales o injustos: *Impugnamos la votación de delegados porque creemos que ha habido trampa.*

**impulsar** *v.* **1.** Dar empuje para producir movimiento: *El viento impulsa la nave.* **2.** Animar o ser la causa de algo: *El deseo de llegar a ser médico le impulsa a estudiar.*
**SIN. 1.** Propulsar. **2.** Incitar, estimular. **ANT. 1.** y **2.** Parar, frenar.
**FAM.** Impulsivo, impulso, impulsor.

**impulsivo, va** *adj.* y *s. m.* y *f.* Persona que hace las cosas sin pensarlas, dejándose llevar por sus impulsos y sentimientos.
**ANT.** Reflexivo.

**impulso** *s. m.* **1.** Acción de impulsar, hacer que algo se mueva dando empuje; también se llama así a la fuerza que tiene algo mientras se mueve: *Se dio impulso con los brazos y pudo dar una voltereta. La pelota llevaba tanto impulso que se salió del campo.* **2.** Algo que anima, que mueve a hacer una cosa: *Necesita un impulso para estudiar.* **3.** Deseo fuerte que nos lleva a hacer algo sin pensarlo: *En cuanto le vio tuvo el impulso de abrazarle.*
**SIN. 1.** Empujón, propulsión. **2.** Acicate. **3.** Arrebato, arranque, pronto. **ANT. 1.** a **3.** Freno.

**impulsor, ra** *adj.* y *s. m.* y *f.* Que impulsa: *un mecanismo impulsor, los impulsores de un proyecto.*
**SIN.** Propulsor; promotor. **ANT.** Freno.

**impune** *adj.* Que queda sin castigo: *Nunca se descubrió al culpable y el crimen quedó impune.*
**FAM.** Impunidad.

**impunidad** *s. f.* Hecho de quedar impune o sin castigo: *Ese sujeto hace lo que quiere con total impunidad.*

**impuntual** *adj.* Que llega tarde a las citas o a los plazos: *Es muy impuntual y siempre tenemos que esperarle.*

**impureza** *s. f.* **1.** Característica de impuro. **2.** Sustancia o cosa distinta a otra con la que se encuentra mezclada y a la que hace perder valor o la perjudica: *Esta agua tiene impurezas.*
**ANT. 1.** Pureza.

**impuro, ra** *adj.* **1.** No puro: *aire impuro.* **2.** Indecente, deshonesto.
**SIN. 1.** Corrompido, contaminado, sucio, turbio, viciado. **2.** Obsceno, lujurioso. **ANT. 1.** Limpio, depurado. **1.** y **2.** Puro. **2.** Honesto, casto.
**FAM.** Impureza.

**imputar** *v.* Pensar o decir que alguien ha hecho algo malo: *Consiguió demostrar que él no había cometido el crimen que le imputaban.*
**SIN.** Culpar, achacar.

**in albis** *expr.* En blanco, sin entender o sin recordar: *Estudia mucho, pero cuando le preguntan se queda in albis.* ■ Es una expresión latina.

**in extremis** *expr.* **1.** En el último momento: *Embarcaron en el avión in extremis.* **2.** A punto de morir: *Le dieron la extremaunción in extremis.* ■ Es una expresión latina.

**in fraganti** *expr.* En el mismo momento en que se está cometiendo una falta o delito: *Atraparon al ladrón in fraganti.* ■ Se escribe también *infraganti.*

**in mente** *expr.* En mente, en el pensamiento: *No creas que me he olvidado de ti, te tengo in mente.* ■ Es una expresión latina.

**in situ** *expr.* En el mismo sitio: *Nos hizo una demostración in situ de lo que era capaz de hacer.* ■ Es una expresión latina.

**in vitro** *expr*. Se refiere a los experimentos y procesos biológicos que se hacen en un laboratorio, como la fecundación artificial de un óvulo fuera del cuerpo de la mujer. ■ Es una expresión latina que significa 'en vidrio, en cristal'.

**inabarcable** *adj*. Que no se puede abarcar: *La tarea es tan enorme que me pareció inabarcable.*

**inacabable** *adj*. Que es difícil de acabar o no se acaba: *Estábamos tan cansados que el camino parecía inacabable.*
SIN. Interminable.

**inacabado, da** *adj*. Que no está acabado: *Se fue de vacaciones dejando su trabajo inacabado.*
SIN. Inconcluso. ANT. Terminado.

**inaccesible** *adj*. No accesible; se dice de alguien o algo a lo que no se puede llegar, o de una cosa que no se puede entender: *una cumbre inaccesible, una explicación inaccesible.*
SIN. Inalcanzable; incomprensible, ininteligible; intratable. ANT. Accesible; comprensible; tratable.

**inacción** *s. f*. Falta de acción o de actividad: *Tengo que hacer algo, no soporto la inacción.*
SIN. Inactividad, ociosidad.

**inaceptable** *adj*. Que no se puede aceptar: *Es inaceptable que se haya portado contigo de forma tan grosera.*
SIN. Intolerable. ANT. Tolerable.

**inactividad** *s. f*. Falta de actividad: *Después de un tiempo de inactividad, el hotel ha vuelto a funcionar a pleno rendimiento.*

**inactivo, va** *adj*. Que no está activo: *El jugador sufrió una lesión y estuvo dos meses inactivo.*

**inadaptado, da** *adj. y s. m. y f*. Que no se adapta a las circunstancias o al lugar en que vive.
ANT. Integrado.

**inadecuado, da** *adj*. Que no es adecuado o no vale para algo: *Estas tijeras son inadecuadas para cortar el pelo.*
SIN. Inapropiado. ANT. Apropiado.

**inadmisible** *adj*. Que no se puede o no se debe admitir: *Me parece inadmisible que dejes a tu hija sola en casa.*
ANT. Admisible.

**inadvertido, da** *adj*. Se dice de aquello de lo que no nos damos cuenta: *Había tanta gente que la ausencia de Isabel pasó inadvertida.*

**inagotable** *adj*. Que no se agota o acaba: *Eres una fuente inagotable de sorpresas.*
SIN. Inacabable, interminable.

**inaguantable** *adj*. Que no se puede aguantar o soportar: *Este olor es inaguantable.*
SIN. Insoportable, insufrible.

**inalámbrico, ca** *adj*. Se dice del teléfono, micrófono u otros medios de comunicación eléctrica que no utilizan cables para la transmisión.

**inalcanzable** *adj*. Que no se puede alcanzar o conseguir: *Un coche tan caro es inalcanzable para él.*
SIN. Inaccesible. ANT. Accesible.

**inalterable** *adj*. Que no se altera o que no se pone nervioso: *A pesar de la regañina que le echó el profesor, su cara se mantuvo inalterable.*
SIN. Inmutable, impasible, imperturbable. ANT. Inquieto.

**inamovible** *adj*. Que no se puede mover ni cambiar: *Mi decisión es inamovible, no irás a la fiesta.*
SIN. Inapelable, firme.

**inanición** *s. f*. Debilidad muy grande producida por la falta de alimentos.

**inanimado, da** *adj*. Que no tiene vida, es decir que no es persona, animal o planta: *Las rocas son seres inanimados.*
SIN. Inerte. ANT. Vivo, animado.

**inapelable** *adj*. **1.** Se dice de la sentencia o la decisión que no se puede anular o cambiar. **2.** Indudable, indiscutible: *Nuestro equipo venció de forma inapelable.*
SIN. **1.** Firme, inamovible. **2.** Claro, manifiesto. ANT. **2.** Dudoso, discutible.

**inapetencia** *s. f*. Falta de ganas de comer.
SIN. Desgana. ANT. Hambre, apetito.
FAM. Inapetente.

**inapetente** *adj*. Que tiene inapetencia: *Cuando me encuentro mal estoy inapetente.*
SIN. Desganado. ANT. Hambriento.

**inapreciable** *adj*. **1.** Pequeñísimo: *La diferencia de altura entre los dos amigos es inapreciable.* **2.** Que tiene mucho valor: *Los chicos agradecieron al guía su inapreciable ayuda.*
SIN. **1.** Imperceptible. ANT. **1.** Manifiesto.

**inapropiado, da** *adj*. Que no es apropiado o no sirve bien para algo: *Estos zapatos son inapropiados para andar por el campo.*
SIN. Inadecuado, impropio. ANT. Adecuado.

**inasequible** *adj*. Que no se puede conseguir o comprar: *Ser multimillonario es una meta inasequible para la mayoría. Esa casa tiene un precio inasequible.*
SIN. Inalcanzable, inaccesible. ANT. Asequible.

**inaudito, ta** *adj*. **1.** Sorprendente porque no hemos oído otro caso igual: *La radio ha dado una noticia inaudita: un perro consiguió salvar a un niño que estaba a punto de ahogarse en el río.* **2.** Que no se puede tolerar: *Fue inaudito: le insultó y le pegó.*
SIN. **1.** Insólito, asombroso. **2.** Inaceptable.

**inauguración** *s. f*. Acción de inaugurar algo: *A la inauguración de la discoteca fueron muchos jóvenes del barrio.*
SIN. Apertura. ANT. Clausura, cierre.

**inaugural** *adj*. De la inauguración: *una ceremonia inaugural.*

**inaugurar** v. **1.** Dar comienzo a algo o poner algo en funcionamiento con un acto solemne: *Hoy se ha inaugurado el curso. El Rey inauguró un nuevo parque en la ciudad.* **2.** Abrir una tienda u otro negocio haciendo una celebración. SIN. **1.** y **2.** Estrenar, iniciar. ANT. **1.** y **2.** Clausurar, cerrar. FAM. Inauguración, inaugural.

**inca** adj. y s. m. y f. **1.** De un antiguo pueblo americano que, a la llegada de los españoles, dominaba un imperio en la zona oeste de América del Sur, desde Quito (Ecuador) hasta Santiago de Chile. || s. m. **2.** Rey que gobernaba a este imperio. FAM. Incaico.

**incaico, ca** adj. De los incas: *el imperio incaico.*

**incalculable** adj. Que no se puede calcular, sobre todo por ser demasiado grande: *Los daños causados por las inundaciones son incalculables.* SIN. Enorme.

**incalificable** adj. **1.** Que no se puede calificar. **2.** Se dice de lo que se rechaza por ser malo o vergonzoso: *un comportamiento incalificable.* SIN. **2.** Censurable, inadmisible. ANT. **2.** Encomiable, laudable.

**incandescente** adj. Se dice del metal que se pone rojo por la acción del calor.

**incansable** adj. Que no se cansa o que aguanta mucho sin cansarse. SIN. Infatigable. ANT. Cansino.

**incapacidad** s. f. Falta de capacidad para algo: *El tenista demostró su incapacidad para vencer a su adversario.* SIN. Ineptitud. ANT. Aptitud.

**incapacitado, da** adj. y s. m. y f. Se dice de la persona que tiene una limitación física, mental o legal que no le permite hacer alguna cosa: *El accidente le dejó incapacitado para trabajar. Está legalmente incapacitado para administrar sus bienes porque se volvió loco.*

**incapacitar** v. Hacer que alguien o algo sea incapaz para una cosa: *Una grave lesión en la rodilla le incapacitó para el atletismo.* SIN. Impedir. FAM. Incapacitado.

**incapaz** adj. Que no es capaz de hacer algo: *Inés es incapaz de mentir. Es incapaz de aprenderse esa lección.* ■ Su plural es *incapaces.* SIN. Inútil, negado, inepto. ANT. Listo, hábil, competente. FAM. Incapacidad, incapacitar.

**incautarse** v. Apoderarse las autoridades de mercancías o cosas: *Los policías se incautaron de un cargamento de armas.*

**incauto, ta** adj. y s. m. y f. Que es ingenuo y resulta fácil engañarle. SIN. Crédulo, cándido. ANT. Espabilado.

**incendiar** v. Hacer fuego y provocar un incendio. FAM. Incendiario, incendio.

**incendiario, ria** adj. y s. m. y f. **1.** Se dice de la persona que provoca un incendio a propósito: *La detuvieron por incendiaria.* || adj. **2.** Que sirve para provocar un incendio: *La bomba tenía mecanismo incendiario.*

**incendio** s. m. Fuego grande que se extiende cada vez más.

**incensario** s. m. Brasero para quemar incienso que cuelga de unas cadenas, por lo que puede balancearse de un lado a otro para esparcir el humo durante una ceremonia religiosa. SIN. Botafumeiro.

**incentivar** v. Dar un incentivo: *Incentiva a sus empleados con buenos sueldos.* SIN. Estimular.

**incentivo** s. m. Lo que se da o se hace para que una persona haga un trabajo o una actividad con más ganas: *Un buen incentivo para que los alumnos estudien es utilizar juegos.* SIN. Estímulo, aliciente, gratificación. FAM. Incentivar.

**incertidumbre** s. f. Falta de seguridad sobre algo que hace que alguien esté intranquilo: *Después de dos días de incertidumbre, encontraron con vida a los montañeros desaparecidos.* SIN. Desasosiego. ANT. Certidumbre.

**incesante** adj. Que no para o se repite con mucha frecuencia: *La lluvia fue incesante durante toda la noche.* SIN. Constante, continuo. ANT. Interrumpido, intermitente.

**incesto** s. m. Relación sexual entre personas que no se pueden casar por ser familiares muy cercanos. FAM. Incestuoso.

**incestuoso, sa** adj. Del incesto o relacionado con él.

**incidencia** s. f. **1.** Incidente, cosa que ocurre durante algo: *El locutor contaba a los espectadores las incidencias del partido.* **2.** Importancia o influencia que tiene una cosa en otra.

**incidente** s. m. Cualquier cosa que ocurre durante algo, sobre todo si es mala: *Llegó con dos horas de retraso porque el viaje estuvo lleno de incidentes. En el concierto de rock se produjeron algunos incidentes sin importancia.* SIN. Incidencia; contratiempo.

**incidir** v. **1.** Caer en una falta o error: *Al hacer las divisiones siempre incide en el mismo fallo.* **2.** Influir, tener efecto: *La publicidad incide en las ventas de un producto.* **3.** Tratar un tema o insistir en él: *La profesora incidió en esa parte de la lección porque era la más importante.* SIN. **1.** Incurrir. FAM. Incidencia, incidente. / Coincidir, reincidir.

**incienso** *s. m.* Resina de algunos árboles que al arder produce un olor fuerte. Se usa sobre todo en ceremonias religiosas.
**FAM.** Incensario.

**incierto, ta** *adj.* **1.** Que no es cierto: *Lo que ha dicho Luis es totalmente incierto.* **2.** Poco seguro: *Si no encuentra pronto un trabajo, su futuro será muy incierto.*
**SIN. 1.** Falso. **2.** Inseguro. **ANT. 1.** Cierto.

**incineración** *s. f.* Acción de incinerar.

**incinerador, ra** *adj. y s. m. o f.* Se dice del aparato o instalación que sirve para incinerar: *incinerador de basuras.*

**incinerar** *v.* Quemar algo hasta convertirlo en cenizas, sobre todo un cadáver.
**SIN.** Calcinar, carbonizar.
**FAM.** Incineración, incinerador.

**incipiente** *adj.* Que empieza: *Su tío tiene una incipiente calvicie.*

**incisión** *s. f.* Corte hecho con un instrumento, por ejemplo el que hace un cirujano con el bisturí.

**incisivo, va** *adj.* **1.** Que sirve para abrir o cortar. **2.** Que pretende herir o molestar: *Le dijo unas frases incisivas con mala intención.* ‖ *adj. y s. m.* **3.** Diente delantero con el borde cortante.
**SIN. 2.** Punzante, mordaz.

**inciso** *s. m.* **1.** Una frase en medio de otra. **2.** Lo que alguien dice apartándose del tema principal: *El profesor hizo un inciso en su explicación para recordar que mañana era el examen.*
**FAM.** Incisión, incisivo.

**incitar** *v.* Animar a una persona para que haga algo, sobre todo si es malo.
**SIN.** Inducir, instigar.

**incívico, ca** o **incivil** *adj.* Que no se comporta como un buen ciudadano.
**ANT.** Cívico, civilizado.

**inclasificable** *adj.* Que no se puede decir de qué clase es: *Lleva una camisa de un color inclasificable, no sé si es amarilla o granate.*

**inclemencia** *s. f.* **1.** Falta de clemencia. **2.** Dureza del tiempo atmosférico cuando es muy desagradable, por ejemplo cuando hace mucho frío.
**SIN. 1.** Severidad. **1.** y **2.** Rigor. **ANT. 1.** Piedad, misericordia.
**FAM.** Inclemente.

**inclemente** *adj.* **1.** Que no tiene clemencia. **2.** Se dice del tiempo atmosférico desagradable, sobre todo cuando llueve o hace mucho frío.
**ANT. 1.** Clemente, misericordioso.

**inclinación** *s. f.* **1.** Acción de inclinar. **2.** Dirección que tiene algo cuando se inclina: *El ciclista subió por una cuesta de gran inclinación.* **3.** Reverencia que se hace con la cabeza o el cuerpo. **4.** Afición,

gusto, tendencia: *Desde pequeño tuvo inclinación por el dibujo.*
**SIN. 2.** Pendiente. **4.** Preferencia, predisposición. **ANT. 4.** Manía, repulsa.

**inclinar** *v.* **1.** Hacer que algo deje de estar en posición horizontal o vertical: *Maite inclinó la jarra para echar el agua en los vasos. Se inclinó para saludar a la reina.* **2.** Influir, convencer: *El nacimiento de su segundo hijo la inclinó a buscar un piso mayor.* ‖ **inclinarse 3.** Tener tendencia o más facilidad para una cosa que para otra: *Se inclina a pensar que Manuel está diciendo la verdad.* **4.** Preferir algo: *Los dos vestidos eran bonitos, pero se inclinó por el amarillo.*
**SIN. 1.** Torcer. **2.** Mover. **3.** Tender. **ANT. 1.** Enderezar. **3.** Resistirse.
**FAM.** Inclinación.

**incluir** *v.* **1.** Poner una cosa dentro de otra: *En la carta incluyó dos fotografías.* **2.** Hacer que una persona o cosa esté dentro de algo: *Incluyeron a Ricardo en la lista de los aprobados.* **3.** Contener: *El precio del viaje incluye la comida.* ■ Es un verbo irregular. Se conjuga como *huir.*
**SIN. 1.** y **2.** Meter, introducir. **2.** Incorporar. **3.** Comprender, englobar. **ANT. 1.** a **3.** Excluir.
**FAM.** Inclusión, inclusive, incluso.

**inclusa** *s. f.* Antiguo establecimiento benéfico donde vivían los niños abandonados.
**SIN.** Hospicio.
**FAM.** Inclusero.

**inclusero, ra** *adj. y s. m. y f.* **1.** Se decía de la persona que se había criado en una inclusa. **2.** Se dice de las cosas o los aparatos de marca poco conocida o de imitación: *un ordenador inclusero.*
**SIN. 1.** Hospiciano.

**inclusión** *s. f.* Acción de incluir.
**ANT.** Exclusión.

**inclusive** *adv.* Incluyendo la última persona, animal o cosa que se ha nombrado: *En el examen entra desde la primera lección hasta la quinta inclusive.*

**incluso** *adv. y prep.* Hasta, aun, incluyendo a alguien o algo: *Estaba muy simpático con nosotros, incluso nos invitó a su fiesta. Todas las chicas, incluso tu hermana, se disfrazaron.*

**incógnita** *s. f.* **1.** Misterio, cosa que no se conoce: *Se fue ayer de vacaciones, pero el lugar en que se encuentra es una incógnita.* **2.** En una ecuación de matemáticas, cantidad no conocida que hay que averiguar y que está representada por una letra.
**SIN. 1.** Enigma.
**FAM.** Incógnito.

**incógnito** Se usa sobre todo en la expresión **de incógnito**, que significa 'intentando no ser reconocido por los demás': *La cantante viajó de incógnito para no ser molestada por los periodistas.*

**incoherencia** *s. f.* Característica de incoherente y cosa incoherente.
SIN. Incongruencia. ANT. Coherencia.
FAM. Incoherente.

**incoherente** *adj.* Que no es coherente, que no tiene sentido: *A causa de la fiebre el enfermo empezó a decir cosas incoherentes.*
SIN. Incongruente. ANT. Coherente.

**incoloro, ra** *adj.* Sin color: *El agua es un líquido incoloro.*

**incólume** *adj.* Que no ha sufrido ningún daño: *Salió incólume del accidente.*
SIN. Ileso, indemne.

**incombustible** *adj.* **1.** Que no se quema: *La sala de fiestas tiene una alfombra incombustible.* **2.** Se dice de la persona que se mantiene mucho tiempo en un puesto o realizando una actividad: *A sus ochenta años todavía sigue llevando el negocio, es incombustible.*
SIN. **1.** Ignífugo.

**incomible** *adj.* Que no se puede comer, sobre todo porque está mal cocinado: *El pollo tenía tanta sal que estaba incomible.*
SIN. Intragable.

**incomodar** *v.* Causar molestia o incomodidad: *A Carlos le incomoda que fumen delante de él.*
SIN. Fastidiar, molestar.
FAM. Incomodo.

**incomodidad** *s. f.* **1.** Falta de comodidad: *La incomodidad de ese asiento hace que le duela la espalda.* **2.** Molestia: *Fue un viaje lleno de incomodidades.*

**incomodo** *s. m.* Molestia: *Te haré una visita, si no te causa incomodo.*
SIN. Incomodidad, fastidio.

**incómodo, da** *adj.* **1.** Que le falta comodidad: *Esta butaca es muy incómoda.* **2.** Que resulta desagradable: *Para el profesor fue incómodo tener que decirle que no podía aprobarle.* **3.** Se dice de la persona que está a disgusto: *Con ese grupo de gente Eduardo se encuentra incómodo.*
SIN. **1.** Fastidioso. **2.** Embarazoso. **2.** y **3.** Molesto, violento. ANT. **1.** a **3.** Cómodo. **2.** Agradable.
FAM. Incomodar, incomodidad.

**incomparable** *adj.* Tan bueno o tan hermoso que no se puede comparar con nada: *Ana tiene un gusto incomparable para vestir. El tren recorre paisajes incomparables.*
SIN. Extraordinario, excelente. ANT. Vulgar, corriente.

**incomparecencia** *s. f.* Hecho de no comparecer: *Nuestra selección se apuntó la victoria por incomparecencia del equipo contrario.*
ANT. Comparecencia.

**incompatible** *adj.* **1.** Que no puede hacerse o suceder a la vez con otra cosa: *Tuvo que dejar las clases de inglés porque eran incompatibles con su horario de trabajo.* **2.** Se dice de las personas que no pueden estar juntas por tener un carácter totalmente opuesto.
SIN. **1.** y **2.** Antagónico.

**incompetencia** *s. f.* Falta de capacidad para hacer bien las cosas: *El accidente se debió a la incompetencia del piloto.*
ANT. Competencia.
FAM. Incompetente.

**incompetente** *adj. y s. m. y f.* Se dice de la persona que no sabe hacer bien su trabajo.
SIN. Inepto, incapaz. ANT. Competente, eficiente.

**incompleto, ta** *adj.* Que no está completo porque le falta algo.
ANT. Entero, acabado.

**incomprendido, da** *adj. y s. m. y f.* Que no es comprendido por los demás: *Algunos artistas fueron personas incomprendidas en su época.*

**incomprensible** *adj.* Que no se puede comprender o es muy difícil comprenderlo.
SIN. Ininteligible.

**incomprensión** *s. f.* Falta de comprensión que sufre una persona.
FAM. Incomprendido, incomprensible.

**incomunicación** *s. f.* Falta de comunicación: *La nevada provocó la incomunicación de algunas aldeas. En los pueblos pequeños todos se conocen y hay menos incomunicación.*
SIN. Aislamiento.

**incomunicado, da** *adj.* Que no está comunicado: *El pueblo ha quedado incomunicado porque la nieve impide ir por la carretera.*
SIN. Aislado, separado. ANT. Unido.

**inconcebible** *adj.* Que no puede comprenderse o que parece inexplicable: *Es inconcebible que algunas personas abandonen a los perros.*
SIN. Incomprensible.

**inconcluso, sa** *adj.* Que no está concluido o terminado: *La obra quedó inconclusa por falta de dinero.*
SIN. Inacabado. ANT. Acabado.

**inconcreto, ta** *adj.* Que no es concreto: *Si me dais instrucciones tan inconcretas, no sé qué hacer.*
SIN. Indefinido, impreciso. ANT. Claro, definido, preciso.

**incondicional** *adj.* **1.** Sin poner ninguna condición: *En aquel momento tuvo la ayuda incondicional de sus amigos.* || *adj. y s. m. y f.* **2.** Persona totalmente partidaria de otra, de una organización o de una idea: *El jugador fue criticado por el público; sólo sus incondicionales le defendían.*
SIN. **1.** Absoluto, total. **2.** Adepto. ANT. **1.** Condicional. **2.** Enemigo.

**inconexo, xa** *adj.* Sin conexión o relación entre sí: *Me dio unas cuantas explicaciones inconexas, así que no me enteré de nada.*

**inconfesable** *adj.* Que no se puede confesar o decir en público, sobre todo si es algo vergonzoso: *Es un tipo misterioso, seguro que oculta algún secreto inconfesable.*

**inconformismo** *s. m.* Forma de pensar o de actuar de la persona inconformista.

**inconformista** *adj. y s. m. y f.* Que no se conforma o está de acuerdo con nada.
SIN. Rebelde.
FAM. Inconformismo.

**inconfundible** *adj.* Que es imposible confundirlo: *Julio tiene una voz inconfundible.*
SIN. Característico, peculiar.

**incongruencia** *s. f.* Característica de incongruente y cosa incongruente.
SIN. Incoherencia. ANT. Coherencia.
FAM. Incongruente.

**incongruente** *adj.* Incoherente, que no se puede comprender.

**inconmensurable** *adj.* Enorme, extraordinario: *El cariño que le tienen es inconmensurable.*
SIN. Infinito, inmenso. ANT. Modesto.

**inconmovible** *adj.* Que no se conmueve: *Por más que le rogaron, Raúl permaneció inconmovible.*
SIN. Impasible, imperturbable.

**inconsciencia** *s. f.* **1.** Característica de la persona inconsciente o poco responsable: *Mira que conducir sin carné... ¡Qué inconsciencia la tuya!* **2.** Estado de la persona que ha perdido el conocimiento: *Se golpeó la cabeza y permaneció tres días en estado de inconsciencia.*
SIN. **1.** Imprudencia, insensatez. ANT. **1.** Prudencia, sensatez.

**inconsciente** *adj.* **1.** Que ha perdido el conocimiento: *Tuvo un accidente de coche y estuvo varias horas inconsciente.* **2.** Se dice de los gestos o movimientos que se hacen de forma mecánica y sin darse cuenta. ‖ *adj. y s. m. y f.* **3.** Que no es sensato ni responsable: *Julián es un inconsciente: ayer casi provoca un incendio en la cocina.*
SIN. **2.** Involuntario, automático. **3.** Imprudente, insensato, irresponsable. ANT. **1.** y **2.** Consciente. **2.** Voluntario, deliberado. **3.** Prudente.
FAM. Inconsciencia.

**inconsecuente** *adj. y s. m. y f.* Que dice o piensa una cosa, pero luego actúa de forma muy distinta.
SIN. Incoherente. ANT. Consecuente.

**inconsistencia** *s. f.* Falta de consistencia.
SIN. Debilidad. ANT. Solidez, firmeza, resistencia.
FAM. Inconsistente.

**inconsistente** *adj.* Que no tiene consistencia: *El puente se hundió porque estaba hecho con materiales inconsistentes. Es el principal sospechoso, pues su coartada es inconsistente.*
SIN. Débil. ANT. Consistente, sólido, firme.

**inconsolable** *adj.* Muy triste, que no se le puede consolar: *Está inconsolable desde que tuvo aquel disgusto.*
SIN. Desconsolado.

**inconstancia** *s. f.* Falta de constancia: *Con esa inconstancia no acabarás nunca nada.*
ANT. Perseverancia.
FAM. Inconstante.

**inconstante** *adj.* Que no tiene constancia en lo que hace: *Raúl es un inconstante: empezó a estudiar francés, pero enseguida lo dejó.*
ANT. Constante, perseverante.

**inconstitucional** *adj.* Que va en contra de lo que dice la Constitución.

**incontable** *adj.* **1.** Tan numeroso que no se puede contar: *Recibieron incontables llamadas solicitando información.* **2.** Se dice de los sustantivos que nombran cosas que no se pueden contar, por ejemplo *amabilidad* o *grandeza.*
SIN. **1.** Innumerable. ANT. **1.** Contado, escaso. **2.** Contable.

**incontenible** *adj.* Que no se puede contener o reprimir: *un llanto incontenible.*
SIN. Irreprimible, irrefrenable.

**incontestable** *adj.* Que no se puede discutir ni contradecir: *una verdad incontestable.*
SIN. Indiscutible.

**incontinencia** *s. f.* **1.** Falta de continencia o moderación en los deseos o los placeres. **2.** Hecho de no poder contener el pis.
FAM. Incontinente.

**incontinente** *adj.* **1.** Que no puede contener sus deseos: *Juan es un fumador incontinente.* **2.** Que sufre incontinencia.

**incontrolable** *adj.* Que no se puede controlar: *Cuando veo un pastel me entra un deseo incontrolable de comérmelo.*

**incontrolado, da** *adj.* Que funciona, actúa o se mueve sin control: *Un coche incontrolado se salió de la carretera.*
SIN. Descontrolado.
FAM. Incontrolable.

**inconveniencia** *s. f.* **1.** Característica de lo que es inconveniente. **2.** Cosa poco acertada o inoportuna que se dice o se hace: *No piensa antes de hablar y acaba soltando inconveniencias.* **3.** Inconveniente.
SIN. **2.** Impertinencia.
FAM. Inconveniente.

**inconveniente** *adj.* **1.** Que no es acertado u oportuno: *En aquella reunión tan elegante se presentó con un vestido inconveniente.* ‖ *s. m.* **2.** Aspecto malo de algo: *A pesar de los inconvenientes le gusta vivir en el campo.* **3.** Dificultad, obstáculo: *Le dijeron que no había ningún inconveniente para pagar el vídeo a plazos.*

**SIN. 1.** Inoportuno. **2.** Desventaja, inconveniencia. **3.** Problema, pega, traba. **ANT. 1.** Conveniente. **2.** Ventaja.

**incordiar** *v.* Molestar o fastidiar: *El hermano pequeño no para de incordiar a sus hermanos mayores.* **FAM.** Incordio.

**incordio** *s. m.* Persona o cosa que molesta o fastidia: *Tener que madrugar es un incordio.* **SIN.** Molestia, fastidio. **ANT.** Encanto.

**incorporación** *s. f.* Acción de incorporar o incorporarse: *El equipo ha mejorado mucho con la incorporación del nuevo fichaje.*

**incorporar** *v.* **1.** Unir una cosa a otra: *Primero batió la yema y después incorporó la clara del huevo.* **2.** Levantar la parte de arriba del cuerpo de alguien que está tumbado: *La enfermera incorporó al herido para hacerle una cura.* || **incorporarse 3.** Entrar en un grupo o empresa: *Hoy se incorporan los nuevos.* **SIN. 1.** Añadir. **2.** Enderezar, alzar. **3.** Integrar. **ANT. 2.** Recostar, tender. **FAM.** Incorporación. / Reincorporarse.

**incorpóreo, a** *adj.* Que no tiene cuerpo o materia: *Los fantasmas son seres incorpóreos.* **SIN.** Inmaterial.

**incorrección** *s. f.* **1.** Error, falta. **2.** Cosa poco respetuosa o educada que se dice o hace: *Cometió una incorrección al pasar delante de sus vecinos sin saludar.* **SIN. 1.** Equivocación. **2.** Descortesía. **ANT. 1.** Acierto. **2.** Cortesía.

**incorrecto, ta** *adj.* **1.** Que no es correcto. **2.** Poco respetuoso, grosero. **SIN. 1.** Equivocado, erróneo. **ANT. 1.** Exacto, acertado. **2.** Educado. **FAM.** Incorrección.

**incorregible** *adj.* **1.** Que no se puede corregir. **2.** Que no quiere corregir sus faltas, errores o costumbres.

**incorruptible** *adj.* Que no se puede corromper: *una moral incorruptible.*

**incorrupto, ta** *adj.* Que no se ha corrompido: *Debajo de los hielos de Siberia encontraron cuerpos de mamuts incorruptos.* **FAM.** Incorruptible.

**incredulidad** *s. f.* Actitud de la persona incrédula, que se resiste a creer que algo es verdad. **SIN.** Escepticismo.

**incrédulo, la** *adj.* Que no cree que es verdad lo que le cuentan. **SIN.** Escéptico, desconfiado. **ANT.** Crédulo. **FAM.** Incredulidad.

**increíble** *adj.* Que no se puede creer o es difícil de creer: *Tuvo una suerte increíble: le tocó el gordo.* **SIN.** Inverosímil, tremendo. **FAM.** Increíblemente.

**increíblemente** *adv.* **1.** No se puede creer, parece mentira: *Increíblemente, aquellos seres eran extraterrestres.* **2.** Mucho, extraordinariamente: *Esta chica es increíblemente inteligente.*

**incrementar** *v.* Aumentar: *La población de esta ciudad se ha incrementado mucho.* **SIN.** Crecer, acrecentar, ampliar. **ANT.** Disminuir, reducir. **FAM.** Incremento.

**incremento** *s. m.* Aumento: *El empleado pidió un incremento de sueldo.* **SIN.** Crecimiento. **ANT.** Disminución, reducción.

**increpar** *v.* **1.** Reprender o reprochar duramente a una persona: *Sus compañeros le increparon por llegar tarde.* **2.** Insultar: *Un loco increpaba a los transeúntes en la calle.*

**incriminar** *v.* Acusar de un delito grave a una persona: *Un testigo del atraco incriminó al acusado.* **SIN.** Inculpar. **ANT.** Exculpar.

**incruento, ta** *adj.* Se dice del enfrentamiento o la lucha en que no se producen muertos. **ANT.** Cruento.

**incrustación** *s. f.* Acción de incrustar y cosa que se incrusta en otra.

**incrustar** *v.* **1.** Introducir en una superficie piedras, metales u otras cosas para que sirvan de adorno. || **incrustarse 2.** Meterse un cuerpo en otro con violencia: *La bala se incrustó en la pared.* **SIN. 1.** Engastar. **2.** Empotrar. **FAM.** Incrustación. / Desincrustar.

**incubación** *s. f.* **1.** Acción de incubar. **2.** Periodo durante el que las aves y otros animales incuban sus huevos. **3.** Primer periodo de algunas enfermedades, desde que se empieza a tenerlas hasta que comienzan a notarse sus efectos: *La incubación de la gripe dura unos tres días.*

**incubadora** *s. f.* **1.** Aparato donde se mete a los niños que han nacido antes de tiempo o que han nacido con algún problema de salud para man-

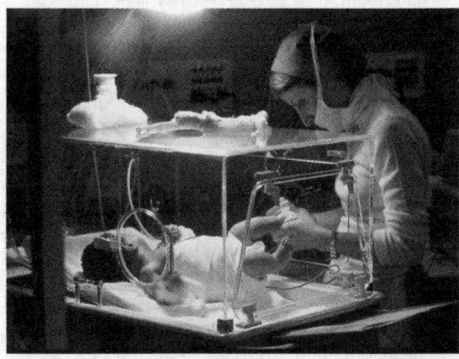

incubadora

tenerlos vivos. **2.** Aparato para empollar artificialmente los huevos de las aves domésticas.

**incubar** *v.* **1.** Ponerse un ave sobre sus huevos para calentarlos y que nazcan los polluelos. **2.** Empezar a desarrollar algo poco a poco, sobre todo una enfermedad: *El niño está incubando la varicela.* SIN. **2.** Gestarse. FAM. Incubación, incubadora.

**incuestionable** *adj.* Que no se puede cuestionar: *La opinión del rector es incuestionable.* SIN. Indiscutible, incontestable.

**inculcar** *v.* Hacer que alguien tenga firmemente una idea, un sentimiento u otra cosa: *Inculcó a los niños el amor a los animales.* ■ Delante de *e* se escribe *qu* en lugar de *c*: *inculqué.* SIN. Infundir, imbuir.

**inculpar** *v.* Acusar a una persona de un delito: *Le inculparon injustamente de un robo.* SIN. Incriminar, culpar. ANT. Exculpar.

**inculto, ta** *adj. y s. m. y f.* **1.** Que no tiene cultura, que sabe muy poco. ‖ *adj.* **2.** Se dice del terreno no cultivado. SIN. **2.** Yermo, baldío. ANT. **1.** Culto. FAM. Incultura.

**incultura** *s. f.* Falta de cultura o conocimientos. SIN. Ignorancia. ANT. Saber, sabiduría.

**incumbencia** *s. f.* Hecho de incumbirle algo a una persona. SIN. Competencia.

**incumbir** *v.* Ser algo el trabajo, la obligación o la responsabilidad de una persona: *Todos los problemas del colegio le incumben al director.* SIN. Atañer, concernir. FAM. Incumbencia.

**incumplimiento** *s. m.* Hecho de no cumplir algo: *El Ayuntamiento le puso una multa por incumplimiento de las normas municipales.*

**incumplir** *v.* No cumplir algo: *Al conducir a tanta velocidad incumple las normas de tráfico.* SIN. Infringir, quebrantar. ANT. Respetar. FAM. Incumplimiento.

**incurable** *adj. y s. m. y f.* Se dice de un enfermo o enfermedad que no se puede curar.

**incurrir** *v.* Cometer una falta, un error, una culpa o algo parecido. SIN. Incidir. FAM. Incursión.

**incursión** *s. f.* **1.** Acción de entrar un ejército en territorio del enemigo. **2.** Lo que hace alguien cuando realiza una actividad nueva para él: *Ese periodista ha hecho alguna incursión en la novela.* SIN. **1.** Correría.

**indagación** *s. f.* Acción de indagar: *Estuve haciendo indagaciones para averiguar lo que pasó.* SIN. Investigación.

**indagar** *v.* Hacer lo necesario para averiguar algo: *La policía indaga las causas del incendio.* ■ Delante de *e* se escribe *gu* en lugar de *g*: *indaguen.* SIN. Investigar, inquirir. FAM. Indagación.

**indebido, da** *adj.* Que no debe hacerse por ir en contra de las normas o de lo que es conveniente: *Un adelantamiento indebido provocó el accidente.* ANT. Debido, obligado, exigido.

**indecencia** *s. f.* **1.** Característica de lo que no es decente: *Le expulsaron por comportarse con indecencia.* **2.** Cosa indecente que se dice o se hace: *Este chiste es una indecencia.* SIN. **1.** Inmoralidad. **2.** Grosería, obscenidad. ANT. **1.** Decencia.

**indecente** *adj.* Que no es decente: *Va vestida de una forma indecente. La habitación de Carlos está indecente, sucia y desordenada.* SIN. Inmoral, obsceno; impresentable. ANT. Honesto, decente; limpio, aseado. FAM. Indecencia.

**indecible** *adj.* Tan grande o tan fuerte que no se puede explicar: *Al verle sintió una alegría indecible.* SIN. Increíble, indescriptible.

**indecisión** *s. f.* Falta de decisión de una persona. ANT. Determinación, resolución.

**indeciso, sa** *adj. y s. m. y f.* Persona que duda y no sabe qué hacer: *Lorenzo está indeciso: aún no ha elegido el regalo que quiere.* SIN. Dubitativo, vacilante. ANT. Decidido, resuelto. FAM. Indecisión.

**indeclinable** *adj.* Se dice de lo que se tiene que hacer o cumplir obligatoriamente: *Le gustaría quedarse, pero tiene un compromiso indeclinable.* SIN. Insoslayable, ineludible.

**indecoroso, sa** *adj.* Que no tiene decoro: *una conducta indecorosa.* SIN. Indigno, vergonzoso. ANT. Decoroso, digno.

**indefectible** *adj.* Que no puede faltar o dejar de ocurrir: *Haga frío o calor, el abuelo siempre con su indefectible boina. La indefectible llegada de la primavera.* SIN. Inevitable, seguro, infalible.

**indefendible** *adj.* Que no se puede defender: *La tropa abandonó el fuerte porque era indefendible. Esa idea es absurda, totalmente indefendible.*

**indefenso, sa** *adj.* Que no puede o no sabe defenderse: *Un bebé es un ser indefenso al que hay que proteger.* SIN. Desprotegido. ANT. Defendido, protegido.

**indefinición** *s. f.* Característica de lo que es indefinido. SIN. Imprecisión.

**indefinidamente** *adv.* De manera indefinida o por tiempo indefinido: *Suspendieron la función indefinidamente.*

**indefinido, da** *adj.* **1.** Que no es definido ni claro: *Este pescado tiene un sabor indefinido.* **2.** Sin límite o terminación: *Consiguió un trabajo como mecánico por tiempo indefinido.* **3.** Se dice del adjetivo o pronombre que no se refiere a una persona o cosa en concreto, como *algunos, varios, cualquiera.* || *adj.* y *s. m.* **4.** Se dice del pretérito perfecto simple, por ejemplo *salió* o *viajé.*
SIN. **1.** Impreciso, confuso, borroso, vago. ANT. **1.** Preciso, delimitado. **2.** Limitado.
FAM. Indefinición, indefinidamente.

**indeleble** *adj.* Que no se puede borrar: *Ten cuidado de no mancharte con esos rotuladores indelebles.*

**indemne** *adj.* Que no ha sufrido ningún daño: *Consiguió salir indemne de la pelea.*

**indemnización** *s. f.* Acción de indemnizar y dinero u otra cosa con que se indemniza.

**indemnizar** *v.* Dar dinero u otra cosa a alguien por un daño o perjuicio que ha sufrido: *Le indemnizaron con quince mil euros por las heridas que tuvo cuando fue atropellado.* ■ Delante de *e* se escribe *c* en lugar de *z: indemnicen.*
SIN. Resarcir, reparar, compensar.
FAM. Indemnización.

**indemostrable** *adj.* Que no se puede demostrar.

**independencia** *s. f.* Situación del que es independiente y no depende de otro.
SIN. Libertad, autonomía, emancipación. ANT. Dependencia, dominación.

**independentismo** *s. m.* Movimiento político que defiende la independencia de un país, una región, un pueblo.

**independiente** *adj.* **1.** Que no está junto o unido a otro: *Los dos hermanos duermen en habitaciones independientes.* **2.** Que no depende de otra persona, de otro país o de otra cosa: *Los Estados Unidos se hicieron independientes de Inglaterra en el año 1783.*
FAM. Independencia, independentismo, independientemente, independizarse.

**independientemente** *adv.* Aparte de, sin tener en cuenta: *Van a ir al campo independientemente del tiempo que haga.*

**independizarse** *v.* Hacerse independiente: *México se independizó a principios del siglo XIX.* ■ Delante de *e* se escribe *c* en lugar de *z: independice.*

**indescifrable** *adj.* Que no se puede entender: *La letra de los apuntes de Juan es indescifrable.*
SIN. Incomprensible, ininteligible. ANT. Comprensible.

**indescriptible** *adj.* Que no se puede describir por lo impresionante que es: *El paisaje tenía una belleza indescriptible.*

**indeseable** *adj.* y *s. m.* y *f.* Persona mala, despreciable: *Algún indeseable se ha dedicado a tirar la basura de los cubos por el suelo.*
SIN. Indigno. ANT. Bueno, digno.

**indestructible** *adj.* Que no se puede destruir o romper.
SIN. Irrompible, inalterable, firme.

**indeterminación** *s. f.* Falta de determinación o decisión: *Has perdido muchas oportunidades por culpa de tu indeterminación.*

**indeterminado, da** *adj.* **1.** Que no se sabe exactamente cuál es: *una cantidad indeterminada.* **2.** Algunos libros de gramática llaman así al artículo que va delante de un nombre no conocido por los que hablan; tiene las formas *un, una, unos, unas.*
SIN. **1.** Impreciso. ANT. **1.** y **2.** Determinado.
FAM. Indeterminación.

**indexar** *v.* En informática, hacer un índice de datos.

**indiano, na** *adj.* y *s. m.* y *f.* **1.** De las Indias Occidentales, es decir, de América. **2.** Se decía de la persona que emigraba a América y regresaba rica a España.

**indicación** *s. f.* Palabra o señal que indica algo: *En la carretera hay una indicación que dice por dónde se va a la playa.*

**indicado, da** *adj.* Adecuado, conveniente, que sirve bien para algo: *El papel más indicado para pintar con acuarelas es el que chupa mucho el agua.*
SIN. Apropiado, oportuno. ANT. Inapropiado.

**indicador, ra** *adj.* **1.** Que indica algo: *En el supermercado hay carteles indicadores de dónde está cada cosa.* || *s. m.* **2.** Instrumento para indicar alguna cosa: *Los aviones tienen un indicador de la altura a la que vuelan.*

**indicar** *v.* **1.** Decir algo con palabras o señales: *El árbitro indicó con las manos que parara el juego.* **2.** Decir el médico al enfermo las medicinas que tiene que tomar o el tratamiento que debe seguir. ■ Delante de *e* se escribe *qu* en lugar de *c: indique.*
SIN. **1.** Comunicar, avisar, informar. **2.** Recetar.
FAM. Indicación, indicado, indicador, indicativo. / Contraindicación.

**indicativo, va** *adj.* y *s. m.* **1.** Que indica algo: *En los coches hay una luz indicativa para saber si queda ya poca gasolina.* **2.** Uno de los modos de los verbos, junto al subjuntivo y el imperativo; por ejemplo, la forma *tú comes* es del presente de indicativo.
SIN. **1.** Indicador, indicación.

**índice** *s. m.* **1.** Lista que hay al principio o al final de un libro, donde pone el título de cada parte y la página en la que está: *Miró el índice del libro de ciencias para ver en qué página estaba la lección 5.* **2.** Dedo de la mano que está después del gordo. Es el que usamos para señalar. **3.** Hecho que indica

alguna cosa: *El número de libros que se leen en un país es índice de la cultura de sus habitantes.* **4.** Número que expresa la cantidad de algo: *El índice de natalidad indica cuántas personas nacen al año en un lugar.*
**SIN. 3.** Indicio, señal. **4.** Tasa.
**FAM.** Indicar, indicio. / Subíndice, superíndice.

**indicio** *s. m.* Aquello que muestra que hay o ha habido una cosa o que algo va a pasar: *Hay algunos indicios de que va a llover.*
**SIN.** Señal, huella, síntoma.

**indiferencia** *s. f.* Desinterés hacia alguien o algo: *Miró con indiferencia el regalo que le hizo Sara.*
**SIN.** Desprecio, apatía. **ANT.** Interés, cariño.

**indiferente** *adj.* **1.** Se dice de lo que da igual: *Es indiferente ir por esta carretera o por aquélla.* **2.** Se dice de la persona a la que no le interesa alguien o algo, que le da igual: *Estaba indiferente: lo mismo le daba salir de paseo que quedarse en casa.*
**SIN. 1.** Indistinto. **2.** Distante. **ANT. 1.** Preferible. **2.** Interesado.
**FAM.** Indiferencia.

**indígena** *adj. y s. m. y f.* De un país o región, sobre todo si es de las primeras personas que vivieron allí: *Los conquistadores españoles lucharon contra los indígenas cuando llegaron a América.*
**SIN.** Nativo, aborigen, autóctono. **ANT.** Extranjero, foráneo.

**indigencia** *s. f.* Situación del que es indigente: *Lo perdió todo y ahora vive en la indigencia.*

**indigente** *adj. y s. m. y f.* Persona que no tiene ni para comer.
**SIN.** Pobre, necesitado, mendigo. **ANT.** Rico, acomodado.
**FAM.** Indigencia.

**indigestarse** *v.* Sentar mal una comida, sobre todo por haber comido mucho.
**SIN.** Empacharse.

**indigestión** *s. f.* Malestar en el estómago, sobre todo por haber comido demasiado.
**SIN.** Empacho.
**FAM.** Indigestarse, indigesto.

**indigesto, ta** *adj.* Se dice de la comida que sienta mal porque es muy fuerte.

**indignación** *s. f.* Gran enfado que produce alguna cosa mala o injusta: *Sintió indignación al ver que estaban pegando a su compañero.*
**SIN.** Rabia, irritación, enojo, coraje, ira. **ANT.** Agrado, contento, satisfacción.

**indignante** *adj.* Que produce indignación: *Es indignante que haya países en los que la gente se muere de hambre.*

**indignar** *v.* Enfadar mucho a alguien alguna cosa mala o injusta: *Le indigna que se rían de David porque está gordo.*

**SIN.** Irritar, enojar, enfurecer. **ANT.** Agradar, satisfacer.
**FAM.** Indignación, indignante.

**indigno, na** *adj.* **1.** Que no merece alguna cosa: *Se ha portado muy mal con Serafín, es indigno de su amistad.* **2.** Que no es honrado ni respetable: *Le expulsaron del club por su comportamiento indigno.*
**SIN. 2.** Vil, despreciable. **ANT. 1.** Merecedor. **1.** y **2.** Digno. **2.** Decente, honrado.
**FAM.** Indignar.

**índigo** *adj. y s. m.* Busca **añil**.

**indio, dia** *adj. y s. m. y f.* **1.** De la India, país de Asia. **2.** Se dice de las personas que vivían en América antes del descubrimiento de este continente por los europeos. Sus descendientes siguen viviendo en muchos países de América.
**EXPR. hacer el indio** Hacer el tonto.
**SIN. 1.** Hindú.
**FAM.** Indiano. / Amerindio.

**indirecta** *s. f.* Cosa que se da a entender sin decirla claramente: *Lanzó una indirecta para ver si su padre le llevaba al circo.*

**indirecto, ta** *adj.* **1.** Que no es directo: *Se enteró de manera indirecta de que Paco se había cambiado*

azteca

inca

sioux

apache

**indios** de América

de casa, porque él no se lo dijo. **2.** Se dice del complemento del verbo que indica la persona o cosa que recibe el daño o el provecho de la acción del verbo. Lleva la preposición *a*; por ejemplo en la frase *Clara ha escrito una carta a sus tíos*, *a sus tíos* es el complemento indirecto.
**ANT. 1.** y **2.** Directo.
**FAM.** Indirecta.

**indisciplina** *s. f.* Falta de disciplina.
**SIN.** Rebeldía, desobediencia. **ANT.** Disciplina.
**FAM.** Indisciplinado.

**indisciplinado, da** *adj.* Que no se porta bien, que no obedece: *Es un niño muy indisciplinado, no hace caso nunca al profesor.*
**SIN.** Desobediente, rebelde. **ANT.** Obediente, disciplinado.

**indiscreción** *s. f.* **1.** Característica de las personas o cosas indiscretas. **2.** Algo que resulta indiscreto: *Contarle el secreto a Moncho fue una indiscreción.*
**SIN. 1.** y **2.** Imprudencia. **ANT. 1.** Discreción, tacto.

**indiscreto, ta** *adj.* y *s. m.* y *f.* **1.** Que va contando cosas que debería callarse: *No le confíes secretos a Marga porque es muy indiscreta y luego lo va diciendo todo por ahí.* **2.** Que quiere enterarse de cosas que no son asunto suyo. **3.** Que se dice y no debería decirse: *Hizo un comentario indiscreto sobre su familia que molestó a Juan.*
**SIN. 1.** Bocazas. **1.** y **3.** Imprudente. **2.** Cotilla, curioso, entrometido. **3.** Inconveniente. **ANT. 1.** a **3.** Discreto, prudente.
**FAM.** Indiscreción.

**indiscriminado, da** *adj.* Igual para todos: *Los alumnos del colegio, de manera indiscriminada, tienen que entrar a las nueve y media.*
**SIN.** Indistinto.

**indiscutible** *adj.* Que está tan claro que no se puede discutir: *Es indiscutible que el equipo de Valencia era el mejor de todos.*
**SIN.** Evidente.

**indisoluble** *adj.* **1.** Que no se puede disolver: *un producto indisoluble en agua.* **2.** Que no se puede deshacer o romper: *una amistad indisoluble.*

**indispensable** *adj.* Completamente necesario: *Es indispensable sacarse el carné para conducir un coche.*
**SIN.** Imprescindible, preciso. **ANT.** Innecesario.

**indisponer** *v.* **1.** Hacer que una persona se enemiste con otra. **2.** Sufrir una persona una indisposición: *Los viajes en autobús hacen que se indisponga.* ■ Es un verbo irregular. Se conjuga como *poner.*
**FAM.** Indisposición, indispuesto.

**indisposición** *s. f.* Enfermedad que no es grave y que dura poco tiempo.
**SIN.** Trastorno.

**indispuesto, ta** *adj.* Un poco enfermo.

**indistinto, ta** *adj.* Indiferente, que da igual: *Es indistinto que vaya Víctor o Manuel: la entrada vale para cualquiera.*

**individual** *adj.* De una sola persona o para una sola persona: *Pidió en el hotel una habitación individual.*
**SIN.** Particular, personal. **ANT.** General, colectivo, común.

**individualismo** *s. m.* Actitud de la persona individualista.

**individualista** *adj.* y *s. m.* y *f.* Se dice de la persona que quiere hacerlo todo sola: *Ese jugador es un individualista, nunca pasa el balón a otro.*

**individuo, dua** *s. m.* y *f.* **1.** Persona, sujeto: *Había un individuo un poco raro en aquel bar.* ‖ *s. m.* **2.** Miembro de un conjunto: *Las cebras viven en manadas de numerosos individuos.*
**SIN. 1.** Menda, tipo, tío.
**FAM.** Individual, individualismo, individualista.

**indivisible** *adj.* Que no puede ser dividido: *5 es indivisible entre 3.*
**ANT.** Divisible.
**FAM.** Indiviso.

**indiviso, sa** *adj.* Que no está dividido: *una cantidad indivisa, un número indiviso.*

**indocumentado, da** *adj.* y *s. m.* y *f.* Se dice de la persona que no tiene o no lleva consigo los documentos que la identifica: *Lo detuvieron por ir indocumentado.*

**indoeuropeo, a** *adj.* y *s. m.* y *f.* **1.** De un grupo de pueblos prehistóricos que se extendieron por el sureste de Europa y el oeste de Asia. ‖ *s. m.* **2.** Lengua de estos pueblos, de la que proceden muchos idiomas europeos y asiáticos.

**índole** *s. f.* Forma de ser: *María es de índole tranquila.*
**SIN.** Naturaleza, carácter.

**indolencia** *s. f.* Desgana, pereza o falta de interés.
**SIN.** Abulia, apatía.

**indolente** *adj.* y *s. m.* y *f.* Perezoso o descuidado, que no pone interés en las cosas.
**ANT.** Inquieto, activo.
**FAM.** Indolencia.

**indoloro, ra** *adj.* Que no produce dolor: *Las operaciones hechas con láser son indoloras.*
**SIN.** Inocuo.

**indomable** *adj.* Que no se deja domar o dominar: *No hay quien pueda con Marisa, tiene un carácter indomable.*

**indómito, ta** *adj.* Rebelde, que no se deja domar o dominar.
**SIN.** Salvaje. **ANT.** Dócil.

**indonesio, sia** *adj.* y *s. m.* y *f.* **1.** De Indonesia, país de Asia. ‖ *s. m.* **2.** Grupo de lenguas que se hablan en Indonesia y otros lugares del sudeste de Asia.

**indostaní** *adj.* y *s. m.* y *f.* **1.** De Indostán, parte norte de la India. || *s. m.* **2.** Lengua hablada en la India y en Pakistán. ■ Su plural es *indostanís* o *indostaníes.*

**inducción** *s. f.* Acción de inducir.

**inducir** *v.* Llevar a alguien a hacer o pensar algo: *No ver el coche en la puerta le indujo a creer que ya se habían marchado.* ■ Es un verbo irregular. Se conjuga como *conducir.*
SIN. Impulsar, incitar, convencer. ANT. Apartar, disuadir.
FAM. Inducción, inductor.

**inductor, ra** *adj.* y *s. m.* y *f.* Que anima o convence a otros para hacer algo, sobre todo para cometer un delito: *Le acusaron de ser el inductor del crimen, aunque no participó directamente en él.*

**indudable** *adj.* Que está muy claro, que no se puede dudar: *Es indudable que Antonio es el que mejor juega al baloncesto de la clase.*
SIN. Evidente, indiscutible. ANT. Dudoso.

**indulgencia** *s. f.* **1.** Característica de las personas indulgentes. **2.** Perdón que concede la Iglesia del castigo que hay que cumplir por los pecados.
SIN. **1.** Comprensión, tolerancia, benevolencia.

**indulgente** *adj.* Que comprende y perdona: *Ese profesor es bastante indulgente con los defectos de sus alumnos.*
SIN. Comprensivo, condescendiente. ANT. Inflexible, despiadado.
FAM. Indulgencia.

**indultar** *v.* Dar el indulto a alguien: *Han indultado a un ladrón por haberse portado bien en la cárcel.*

**indulto** *s. m.* Hecho de perdonar a alguien un castigo, sobre todo a un delincuente.
SIN. Amnistía. ANT. Condena.
FAM. Indultar.

**indumentaria** *s. f.* Ropa, vestimenta.
SIN. Vestuario, ropaje, atavío.

**industria** *s. f.* **1.** Actividad que transforma las materias primas, como por ejemplo metales o madera, en objetos o productos útiles. **2.** Fabricación de productos con máquinas y en gran cantidad. **3.** Lugar con las máquinas, empleados y material necesarios para fabricar algo: *Puso una industria de juguetes.*
EXPR. **industria ligera** La que trabaja con pequeñas cantidades de materia prima. **industria pesada** La que trabaja con grandes cantidades de materia prima para fabricar máquinas, motores y cosas parecidas.
SIN. **1.** Manufactura. ANT. **2.** Artesanía.
FAM. Industrial, industrialización, industrializar, industrioso.

**industrial** *adj.* **1.** De la industria: *Bilbao tiene mucha actividad industrial.* || *s. m.* y *f.* **2.** Persona que posee una industria; también la que se dedica al comercio o tiene algún negocio.
SIN. **2.** Empresario, fabricante.

**industrialización** *s. f.* Acción de industrializar.

**industrializar** *v.* Poner industrias en un lugar o aumentar o mejorar las que ya había. ■ Delante de *e* se escribe *c* en lugar de *z*: *industrialice.*

**industrioso, sa** *adj.* **1.** Muy trabajador. **2.** Que hace las cosas con habilidad e ingenio.
SIN. **1.** Laborioso, activo. **2.** Habilidoso, hábil. ANT. **1.** Perezoso. **2.** Torpe.

**inédito, ta** *adj.* **1.** Que todavía no ha sido publicado: *una novela inédita.* **2.** Se dice del escritor que todavía no ha publicado nada: *un autor inédito.* **3.** Nuevo, no conocido aún: *Es un tipo de música inédita en España.*
SIN. **3.** Desconocido. ANT. **3.** Conocido.

**inefable** *adj.* Que no se puede explicar con palabras: *Esta música me produce un placer inefable.*
SIN. Indescriptible, inenarrable.

**ineficacia** *s. f.* El ser ineficaz.
ANT. Eficacia.

**ineficaz** *adj.* Que no es eficaz, inútil: *Las pastillas que tomó han sido ineficaces para curarle el catarro.* ■ Su plural es *ineficaces.*
SIN. Nulo. ANT. Eficaz.
FAM. Ineficacia.

**ineludible** *adj.* Que no se puede eludir, que hay que hacerlo: *Tiene la obligación ineludible de ir a clase.*
SIN. Inevitable.

**inenarrable** *adj.* Tan increíble o extraordinario que no se puede describir: *Durante mis viajes he vivido experiencias inenarrables.*
SIN. Indescriptible, inefable, impresionante. ANT. Normal.

**ineptitud** *s. f.* Característica de las personas ineptas o torpes.

**inepto, ta** *adj.* y *s. m.* y *f.* Persona torpe o inútil para algo: *Jorge es un inepto para el dibujo.*
SIN. Incapaz, incompetente. ANT. Competente.
FAM. Ineptitud.

**inequívoco, ca** *adj.* Muy claro, indudable: *Su sonrisa era señal inequívoca de que estaba contento.*
SIN. Evidente. ANT. Dudoso.

**inercia** *s. f.* **1.** Fuerza que hace que los cuerpos sigan estando quietos o continúen en movimiento, si no hay otra fuerza que lo impida. **2.** Lo que lleva a hacer siempre lo mismo por pereza, por no cambiar: *Se pone a ver la televisión por inercia, no porque le guste el programa que están echando.*
FAM. Inerte.

**inerme** *adj.* Desarmado o indefenso: *La debilidad le ha dejado inerme contra las enfermedades.*

**inerte** *adj.* Que no tiene vida.

**inescrutable** *adj.* Que no se puede saber ni averiguar: *No sé qué está tramando, sus intenciones son inescrutables.*
SIN. Impenetrable. ANT. Transparente, claro.

**inesperado, da** *adj.* Que no se esperaba: *Recibieron la visita inesperada de sus tíos.*
SIN. Imprevisto, insospechado. ANT. Previsto.

**inestabilidad** *s. f.* Característica de la persona o cosa inestable.
EXPR. **inestabilidad atmosférica** Cambios repentinos de temperatura que dan lugar a nubes y lluvias.

**inestable** *adj.* **1.** Que puede caerse o cambiar con facilidad: *Es un jarrón muy inestable, al menor movimiento se va al suelo. Hay que llevarse el chubasquero porque el tiempo está inestable y puede ponerse a llover.* **2.** Se dice de la persona que cambia fácilmente de estado de ánimo o de forma de pensar: *José es un chico inestable, a veces está muy contento y de repente se pone de mal humor.*
SIN. **1.** Variable, inseguro. **2.** Voluble. ANT. **1.** Seguro, permanente. **1.** y **2.** Estable.
FAM. Inestabilidad.

**inestimable** *adj.* Que es tan valioso que no se puede valorar como se merece: *No lo habríamos conseguido sin su inestimable ayuda.*
SIN. Impagable.

**inevitable** *adj.* Que no se puede evitar: *Es casi inevitable mancharse cuando te pones a pintar.*
SIN. Irremediable, ineludible.

**inexactitud** *s. f.* **1.** Característica de lo que es inexacto: *No lo reconocí porque me lo describieron con mucha inexactitud.* **2.** Cosa inexacta: *Esta enciclopedia está llena de inexactitudes.*
SIN. **1.** Imprecisión. **2.** Equivocación, error. ANT. **1.** Exactitud.

**inexacto, ta** *adj.* Que no es exacto, que no es completamente verdadero: *La carta no llegó porque la dirección que habían puesto era inexacta.*
SIN. Erróneo, incorrecto, impreciso; falso. ANT. Correcto, preciso; cierto.
FAM. Inexactitud.

**inexcusable** *adj.* **1.** Que no se puede excusar o disculpar: *un error inexcusable.* **2.** Que se tiene que hacer: *Debe usted asistir al acto pues su presencia es inexcusable.*
SIN. **1.** Imperdonable. **2.** Ineludible.

**inexistencia** *s. f.* Hecho de no existir: *Nada crece en este terreno debido a la inexistencia de agua.*
SIN. Carencia, ausencia, falta. ANT. Existencia, presencia.
FAM. Inexistente.

**inexistente** *adj.* Que no existe o que no hay de lo que se dice: *La historia del cuento sucede en un país inexistente. La vegetación en el desierto es casi inexistente.*
SIN. Irreal, imaginario; ausente. ANT. Existente.

**inexorable** *adj.* Que no se puede evitar: *Es inexorable que las personas vayan haciéndose mayores.*
SIN. Inevitable, irremediable.

**inexperiencia** *s. f.* Falta de experiencia: *Los equipos juveniles juegan con más inexperiencia.*
SIN. Impericia. ANT. Pericia.
FAM. Inexperto.

**inexperto, ta** *adj.* y *s. m.* y *f.* Que no tiene experiencia en algo: *Andrés todavía es inexperto, por eso no le salen bien las fotografías.*
SIN. Novato, principiante. ANT. Experto.

**inexplicable** *adj.* Que no tiene explicación: *Es inexplicable que ganes tanto dinero y nunca tengas un céntimo.*
SIN. Increíble, injustificable.

**inexpresivo, va** *adj.* Poco expresivo, que no muestra lo que piensa o lo que siente: *Como pone ese gesto inexpresivo no sé si le ha gustado el regalo.*
SIN. Impasible, frío. ANT. Vivo.

**inexpugnable** *adj.* Que es imposible o muy difícil de conquistar: *una fortaleza inexpugnable.*

**inextricable** *adj.* **1.** Se dice del lugar muy enmarañado y espeso, en el que es difícil entrar o moverse: *un bosque inextricable.* **2.** Que es muy complicado y difícil de entender: *un misterio inextricable.*
SIN. **1.** Inaccesible. **1.** y **2.** Intrincado. **2.** Oscuro.

**infalibilidad** *s. f.* Característica de infalible.

**infalible** *adj.* Que no falla: *Esta crema es infalible para que no te queme el sol.*
SIN. Seguro. ANT. Inseguro.
FAM. Infalibilidad.

**infame** *adj.* y *s. m.* y *f.* **1.** Que no tiene honra. **2.** Muy malvado, que tiene mala intención. **3.** Muy malo: *La carretera era infame, tenía muchas curvas y estaba llena de baches.*
SIN. **1.** Indigno. **2.** Perverso, despreciable. **3.** Horrible, pésimo. ANT. **1.** Digno, noble. **2.** Bondadoso. **3.** Excelente, estupendo.
FAM. Infamia.

**infamia** *s. f.* **1.** Deshonra. **2.** Acción o palabras que perjudican mucho a alguien.
SIN. **1.** Vileza. **2.** Maldad, canallada.

**infancia** *s. f.* Primer periodo de la vida de las personas, mientras son niños.
SIN. Niñez.

**infante, ta** *s. m.* y *f.* **1.** Hermano o hermana de un príncipe o de una princesa. **2.** Antiguo título castellano que se daba a los parientes del rey. **3.** Niño. || *s. m.* **4.** Soldado de infantería.
SIN. **3.** Crío.
FAM. Infancia, infantería, infanticidio, infantil.

**infantería** *s. f.* Conjunto de soldados de un ejército que luchan a pie.

**infanticida** *adj.* y *s. m.* y *f.* Que comete un infanticidio.

**infanticidio** *s. m.* Acción de matar a un niño.
**FAM.** Infanticida.

**infantil** *adj.* De los niños, relacionado con ellos o que está destinado a ellos: *El sarampión suele ser una enfermedad infantil. Hace dibujos para cuentos infantiles.*
**FAM.** Infantilismo.

**infantilismo** *s. m.* Comportamiento o forma de ser propios de un niño en un adolescente o en un adulto.
**ANT.** Madurez.

**infarto** *s. m.* Daño que se produce en un órgano, sobre todo en el corazón, cuando no le llega el oxígeno que necesita, al no circular bien la sangre por las arterias o venas.

**infatigable** *adj.* Que no se cansa ni se desanima.
**SIN.** Incansable. **ANT.** Cansino.

**infausto, ta** *adj.* Que produce desgracia o va acompañado de desgracia: *En este día infausto lloramos la muerte de un gran hombre.*
**SIN.** Desgraciado, lamentable, aciago. **ANT.** Dichoso, feliz.

**infección** *s. f.* **1.** Hecho de infectarse una herida. **2.** Enfermedad causada por microbios y que puede contagiarse: *El médico le ha dicho que tiene una infección de garganta.*

**infeccioso, sa** *adj.* Que produce infección o es causado por una infección: *Los lugares muy sucios son focos infecciosos. Una enfermedad infecciosa.*

**infectar** *v.* **1.** Llenar de microbios una herida, una parte del cuerpo o una cosa: *Se hizo un arañazo y se puso mercromina para que no se le infectara.* **2.** Contagiar una enfermedad: *Pusieron aparte a algunos de los enfermos para que no infectaran a los demás.* ▪ No confundir con *infestar*, 'llenar de cosas malas'.
**SIN.** **2.** Transmitir. **ANT.** **1.** Desinfectar.
**FAM.** Infección, infeccioso, infecto, infectocontagioso. / Desinfectar.

**infecto, ta** *adj.* **1.** Muy sucio: *Los servicios de este bar son infectos.* **2.** Muy malo: *Aquí la comida es infecta.* **3.** Que se ha infectado: *una herida infecta.*
**SIN.** **1.** y **2.** Asqueroso, repugnante. **ANT.** **1.** Impoluto, pulcro. **2.** Excelente.

**infectocontagioso, sa** *adj.* Se dice de la enfermedad infecciosa que se contagia.

**infelicidad** *s. f.* Falta de felicidad.
**SIN.** Desgracia, desdicha. **ANT.** Dicha.

**infeliz** *adj.* y *s. m.* y *f.* **1.** Que no es feliz, está triste o sufre por algo. **2.** Se dice de la persona que tiene poco carácter o es muy inocente: *Es un infeliz, se cree cualquier cosa que le cuentan.* ▪ Su plural es *infelices.*

**SIN.** **1.** Desgraciado, desdichado. **2.** Apocado, ingenuo, simple. **ANT.** **1.** Dichoso. **2.** Decidido, vivo.
**FAM.** Infelicidad.

**inferior** *adj.* **1.** Que está más abajo que otra cosa o por debajo de ella: *Las piernas son las extremidades inferiores.* **2.** Que tiene menos cantidad o tamaño: *El número de turistas ha sido inferior al del año pasado.* **3.** De menos calidad o categoría: *Aquel hotel era muy caro, por eso buscó otro inferior.* ‖ *adj.* y *s. m.* y *f.* **4.** Se dice de la persona que está a las órdenes de otra o es de una clase social más baja.
**SIN.** **3.** Peor. **4.** Subordinado, subalterno. **ANT.** **1.** a **4.** Superior. **3.** Mejor.
**FAM.** Inferioridad.

**inferioridad** *s. f.* Situación de una persona o cosa que está por debajo de otra, o es menor o peor que ella: *Cómo no le vas a ganar, es más débil y está en inferioridad de condiciones.*
**ANT.** Superioridad.

**inferir** *v.* **1.** Sacar consecuencias de algo: *Por lo poco que contó, inferí que tiene problemas en casa.* **2.** Causar un daño: *Ganó el combate pese a que su contrincante le infirió un duro castigo.* ▪ Es un verbo irregular. Se conjuga como *sentir.*
**SIN.** **1.** Deducir. **2.** Ocasionar, infligir.

**infernal** *adj.* **1.** Del infierno o relacionado con él. **2.** Muy malo o muy desagradable: *Aquel guiso tenía un sabor infernal. Por fin paró esa música infernal.*
**SIN.** **2.** Horrible, espantoso. **ANT.** **1.** Celestial. **2.** Estupendo, maravilloso.

**infernillo** *s. m.* Busca **infiernillo**.

**infértil** *adj.* Se dice de la tierra o de la mujer que no es fértil.
**SIN.** Estéril, yermo.

**infestar** *v.* Llenar un lugar personas, animales o cosas malas: *Abrió la ventana y la habitación se infestó de moscas.* ▪ No confundir con *infectar*, 'causar infección'.
**ANT.** Vaciar, limpiar.

**infidelidad** *s. f.* Falta de fidelidad o lealtad hacia una persona o cosa.

**infiel** *adj.* **1.** Que no es fiel: *Los animales pocas veces son infieles a sus amos.* **2.** Que engaña a su pareja con otra persona. ‖ *adj.* y *s. m.* y *f.* **3.** De distinta religión a la que uno tiene y que éste considera falsa; así llamaban, por ejemplo, los cristianos a los musulmanes.
**SIN.** **1.** Desleal, traidor. **3.** Gentil. **ANT.** **1.** Leal. **1.** y **3.** Fiel.
**FAM.** Infidelidad.

**infiernillo** *s. m.* Hornillo para calentar o guisar. ▪ Se dice también *infernillo.*

**infierno** *s. m.* **1.** Según algunas religiones, lugar adonde van, cuando mueren, las personas que han sido malas. **2.** Lugar o situación donde se sufre

mucho: *Aquella enfermedad tan larga fue un infierno para ella.*
**ANT. 1.** Cielo, paraíso.
**FAM.** Infernal, infernillo, infiernillo.

**infijo** *s. m.* Letras que están dentro de una palabra, entre su raíz y la terminación, como por ejemplo *-ambr-* en *pelambrera* o *-ec-* en *pececillo.* ▪ Se llama también *interfijo.*

**infiltración** *s. f.* Acción de infiltrar o infiltrarse.

**infiltrar** *v.* **1.** Hacer pasar un líquido a través de un cuerpo sólido: *La lluvia se infiltraba en la pared.* ‖ **infiltrarse 2.** Meterse una persona en un lugar o grupo sin que los demás se enteren o sin que sepan quién es, por ejemplo para espiar.
**FAM.** Infiltración.

**ínfimo, ma** *adj.* Muy poco o muy malo: *La tela le costó muy barata, pero la calidad era ínfima.*
**SIN.** Mínimo; pésimo. **ANT.** Grande, estupendo.

**infinidad** *s. f.* Muchas personas o cosas: *Recibió infinidad de regalos.*
**SIN.** Multitud. **ANT.** Escasez.

**infinitamente** *adv.* Muchísimo: *Mi ordenador es infinitamente mejor que el suyo.*

**infinitesimal** *adj.* Se dice de la cantidad muy pequeña, que se acerca al cero.

**infinitivo** *s. m.* Forma no personal del verbo, terminada en *-ar* (primera conjugación), *-er* (segunda conjugación) e *-ir* (tercera conjugación), que da nombre al verbo: *cantar, temer, partir.*

**infinito, ta** *adj.* **1.** Que no tiene fin ni está limitado por nada: *La serie de los números es infinita.* **2.** Que hay tantos que no se pueden contar: *Las estrellas del cielo son infinitas.* ‖ *s. m.* **3.** Lo que no tiene fin ni límites: *La nave espacial despegó y se perdió en el infinito.*
**SIN. 2.** Incontable, innumerable.
**FAM.** Infinidad, infinitamente, infinitesimal, infinitivo.

**inflación** *s. f.* Subida grande y continua de los precios de las cosas.

**inflador** *s. m.* Bomba de aire o aparato para inflar algo, por ejemplo un neumático.

**inflamable** *adj.* Que se inflama o arde fácilmente: *El butano es un gas inflamable.*

**inflamación** *s. f.* Acción de inflamarse una sustancia o una parte del cuerpo: *La inflamación del gas produjo una fuerte explosión. El médico le mandó una pomada para la inflamación de la rodilla.*

**inflamarse** *v.* **1.** Arder algo produciendo llamas. **2.** Hincharse una parte del cuerpo, sobre todo a causa de un golpe: *Se cayó jugando y se le ha inflamado el tobillo.*
**SIN. 1.** Incendiarse, encenderse, prenderse. **ANT. 1.** Apagarse. **2.** Deshincharse.
**FAM.** Inflamable, inflamación. / Antiinflamatorio.

**inflar** *v.* **1.** Hinchar o hincharse: *Tienes que inflar la rueda de la bici. Marta se infló de helados.* **2.** Dar muchos golpes: *Le inflaron a tortas.*
**SIN. 1.** Abultar; atiborrar. **ANT. 1.** Desinflar.
**FAM.** Inflación, inflador. / Desinflar.

**inflexible** *adj.* Que no cambia de opinión o no se adapta a otra cosa: *Le intentaron convencer para que les perdonara, pero él se mantuvo inflexible.*
**SIN.** Firme, duro, rígido, severo. **ANT.** Flexible, tolerante.

**inflexión** *s. f.* **1.** Cambio de tono que se hace al hablar: *Según describía el accidente, su voz adquiría inflexiones dramáticas.* **2.** En matemáticas, punto de una curva en el que ésta cambia de sentido.

**infligir** *v.* Hacer sufrir a alguien cosas como castigos o derrotas. ▪ Delante de *a* y *o* se escribe *j* en lugar de *g*: *inflijo.* No confundir con *infringir*, 'no cumplir una ley u otra cosa'.

**inflorescencia** *s. f.* Grupo de flores en una misma rama, como por ejemplo la hortensia o el geranio.

**influencia** *s. f.* Poder o efecto que tiene una persona o cosa sobre otra: *La luz y el agua tienen una gran influencia en el crecimiento de las plantas.*
**SIN.** Influjo.

**influenciable** *adj.* Se dice de la persona que se deja influir fácilmente.

**influenciar** *v.* Influir una persona en otra.

**influir** *v.* Producir cambios y resultados una persona o cosa en otra: *El apoyo del público influyó en que el equipo ganara el partido.* ▪ Es un verbo irregular. Se conjuga como *huir.*
**FAM.** Influencia, influenciable, influenciar, influjo, influyente.

**influjo** *s. m.* Influencia.

**influyente** *adj.* **1.** Que influye. **2.** Se dice de la persona importante, que tiene influencia o poder.
**SIN. 2.** Poderoso.

**información** *s. f.* **1.** Acción de informar o informarse. **2.** Conjunto de noticias y conocimientos sobre alguna cosa: *En la agencia de viajes le dieron información sobre París.* **3.** Lugar donde se informa sobre algo: *Cuando llegó al aeropuerto, preguntó en información a qué hora salía su vuelo.*

**informador, ra** *adj. y s. m. y f.* Persona que se dedica profesionalmente a informar.

**informal** *adj. y s. m. y f.* **1.** Se dice de la persona que no cumple sus obligaciones ni sus compromisos: *Es un informal, había quedado con él y no se presentó a la cita.* **2.** Poco serio o solemne: *Iban vestidos con ropa informal.*
**SIN. 1.** Malqueda. **ANT. 1.** Cumplidor. **1.** y **2.** Formal.
**FAM.** Informalidad.

**informalidad** *s. f.* Forma de ser o comportamiento propio de una persona informal: *Llegar tarde a las citas es una informalidad.*
**ANT.** Formalidad.

**informar** *v.* Darle a alguien noticias o datos sobre alguna cosa: *En la estación le informaron sobre el horario de los trenes.*
**FAM.** Información, informador, informática, informativo, informe. / Desinformación.

**informática** *s. f.* Conjunto de técnicas y conocimientos sobre cómo tratar y guardar la información mediante el uso de ordenadores.
**FAM.** Informático, informatizar.

**informático, ca** *adj.* **1.** De la informática o relacionado con ella. ‖ *s. m.* y *f.* **2.** Persona que se dedica a la informática.

**informativo, va** *adj.* **1.** Que informa o sirve para informar. ‖ *s. m.* **2.** Programa de radio o televisión donde se dan las noticias.

**informatizar** *v.* Organizar la información o una actividad utilizando medios informáticos: *La universidad ha informatizado la matriculación de sus alumnos.* ■ Delante de *e* se escribe *c* en lugar de *z.*
**SIN.** Computerizar.

**informe** *s. m.* Conjunto de datos o informaciones sobre una persona o cosa: *Pidieron informes sobre el nuevo empleado a su antiguo jefe.*
**SIN.** Información, referencia.

**infortunado, da** *adj.* y *s. m.* y *f.* **1.** Que no tiene suerte: *El coche atropelló a un infortunado peatón.* **2.** Que causa desgracia o va acompañado de ella: *Lo perdió todo por culpa de una serie de infortunadas circunstancias.*

**SIN. 1.** y **2.** Desafortunado, desgraciado. **ANT. 1.** y **2.** Afortunado.

**infortunio** *s. m.* Desgracia o mala suerte.
**SIN.** Adversidad, desdicha. **ANT.** Fortuna.

**infracción** *s. f.* Acción y efecto de infringir o no cumplir una ley o norma.
**SIN.** Falta.
**FAM.** Infractor.

**infractor, ra** *adj.* y *s. m.* y *f.* Persona que comete una infracción: *El guardia multó al infractor.*

**infraestructura** *s. f.* **1.** Conjunto de los medios e instalaciones necesarios para realizar una actividad o para vivir en un lugar: *Trabaja en una compañía internacional con una gran infraestructura. Esta ciudad tiene una buena infraestructura de transportes.* **2.** Estructura básica de una obra que soporta el resto de la construcción: *El edificio se vino abajo porque la infraestructura estaba muy deteriorada.*

**infraganti** *adv.* Busca **in fraganti**.

**infrahumano, na** *adj.* Tan malo que no es apropiado para las personas: *Esa familia vive en una chabola en condiciones infrahumanas.*

**infranqueable** *adj.* Que no se puede franquear o atravesar: *un muro infranqueable.*

**infrarrojo, ja** *adj.* Se dice de unos rayos que no podemos ver, pero que nos hacen sentir el calor.

**infrautilizar** *v.* Utilizar poco una cosa o sin aprovecharla al máximo. ■ Delante de *e* se escribe *c* en

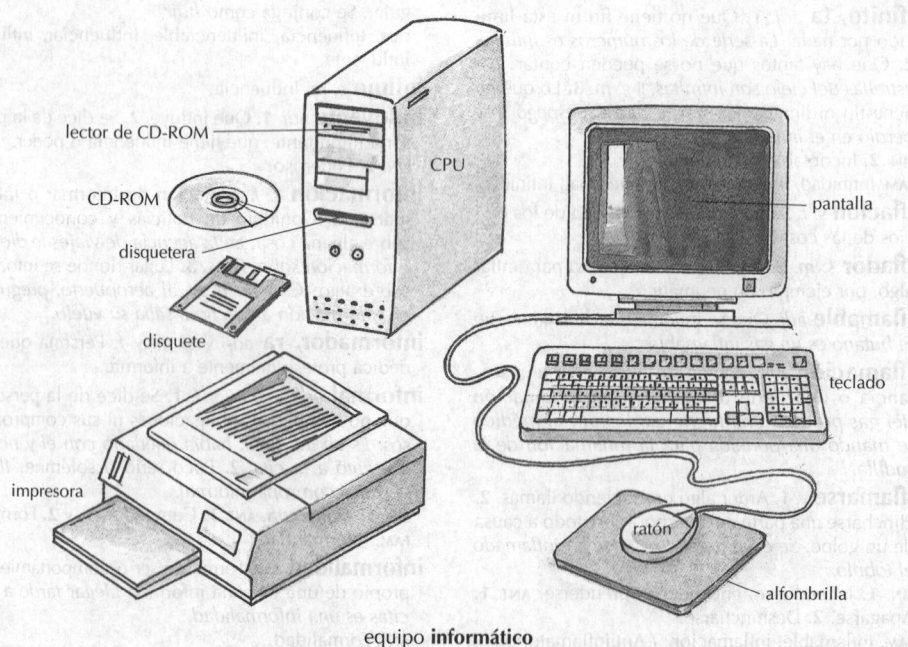

lector de CD-ROM

CPU

CD-ROM

disquetera

disquete

impresora

pantalla

teclado

ratón

alfombrilla

**equipo informático**

lugar de *z*: *El uso excesivo del coche hace que se infrautilice el transporte público.*

**infravalorar** *v.* Dar a una persona o a una cosa menos valor del que se merece: *No es verdad que todo lo hagas mal, es que te infravaloras.*
SIN. Subestimar. ANT. Sobrevalorar, sobrestimar.

**infravivienda** *s. f.* Vivienda que no tiene las condiciones necesarias para vivir en ella, como por ejemplo una chabola.

**infrecuente** *adj.* Que no es frecuente.
SIN. Raro, insólito. ANT. Habitual.

**infringir** *v.* No cumplir una ley o norma: *Le pusieron una multa por infringir el reglamento.* ■ Delante de *a* y *o* se escribe *j* en lugar de *g*: *infrinjo.* No confundir con *infligir*, 'poner un castigo'.
SIN. Incumplir, violar. ANT. Obedecer, acatar.
FAM. Infracción.

**infructuoso, sa** *adj.* Que no da los resultados que se esperaban: *Me di por vencido después de varios intentos infructuosos.*
SIN. Inútil, estéril.

**infrutescencia** *s. f.* Conjunto de frutos agrupados de forma que parecen uno solo, como por ejemplo, la mora o la frambuesa.

**ínfulas** Se usa en la expresión **darse ínfulas**, que significa 'darse mucha importancia, presumir mucho': *Como es el primero de la clase, se da unas ínfulas...*

**infumable** *adj.* **1.** Se dice del tabaco tan malo que casi no se puede fumar. **2.** Aburrido o de mala calidad: *Ayer vi una película infumable.*

**infundado, da** *adj.* Que no tiene ningún motivo o fundamento: *Su temor a suspender era infundado, ya que se había esforzado mucho durante el curso.*
ANT. Fundado.
FAM. Infundio.

**infundio** *s. m.* Mentira o rumor que se cuenta para perjudicar a alguien.
SIN. Calumnia.

**infundir** *v.* Causar en alguien un sentimiento o estado de ánimo: *El médico dijo que el enfermo ya estaba mejor e infundió esperanzas a su familia.*
FAM. Infusión, infuso.

**infusión** *s. f.* Bebida que se hace cociendo o metiendo en agua muy caliente hierbas o frutos: *una infusión de manzanilla, una infusión de tila.*

**infuso, sa** *adj.* Se dice de los conocimientos que, según la religión católica, Dios concede a los seres humanos. ■ Se usa mucho en broma: *No estudias y luego pretendes aprobar por ciencia infusa.*

**ingeniar** *v.* **1.** Inventar o idear algo con ingenio: *Ingenió el modo de colarse en la piscina sin ser visto.* || **ingeniárselas 2.** Hacer lo que sea para conseguir algo o salir de una dificultad: *Se las ingenió para conseguir entradas del concierto.*
SIN. **1.** Planear.

**ingeniería** *s. f.* Conocimientos y técnicas que permiten al hombre aprovechar los descubrimientos científicos y los recursos de la naturaleza; por ejemplo, una parte de la ingeniería está dedicada a la construcción de puentes, canales y carreteras.
FAM. Ingeniero.

**ingeniero, ra** *s. m. y f.* Persona que tiene el título de ingeniería y se dedica a ella.

**ingenio** *s. m.* Capacidad para inventar cosas o para pensar y hablar con gracia: *Tiene mucho ingenio escribiendo cuentos.*
SIN. Talento, inventiva, agudeza. ANT. Torpeza.
FAM. Ingeniar, ingeniería, ingenioso.

**ingenioso, sa** *adj.* Se dice de las personas que tienen mucho ingenio y de las cosas que lo demuestran: *Es muy ingenioso y nos hace reír con las cosas que se le ocurren.*
SIN. Ocurrente.

**ingente** *adj.* Muy grande o numeroso: *En el concurso recibían cantidades ingentes de cartas.*
SIN. Inmenso, enorme. ANT. Insignificante.

**ingenuidad** *s. f.* Característica de ingenuo: *Qué ingenuidad, se cree todo lo que le cuentas.*
SIN. Inocencia, candidez. ANT. Malicia, picardía.

**ingenuo, nua** *adj. y s. m. y f.* Que no tiene picardía ni malicia, que se lo cree todo: *Le toman el pelo porque es un ingenuo.*
SIN. Inocente, cándido. ANT. Malicioso.
FAM. Ingenuidad.

**ingerir** *v.* Tragar comida, bebida o medicinas. ■ Es un verbo irregular. Se conjuga como *sentir.*
SIN. Tomar.
FAM. Ingesta, ingestión.

**ingesta** o **ingestión** *s. f.* Acción de ingerir o tragar alimentos o medicinas.

**ingle** *s. f.* Parte del cuerpo donde se une el tronco con el muslo.
FAM. Inguinal.

**inglés, sa** *adj. y s. m. y f.* **1.** De Inglaterra, región de Gran Bretaña. || *s. m.* **2.** Lengua que se habla en el Reino Unido, Estados Unidos, Canadá, Australia y en otros países.

**ingobernable** *adj.* Que no se puede gobernar: *un país ingobernable, un barco ingobernable.*

**ingratitud** *s. f.* Característica de ingrato, de desagradecido.
ANT. Gratitud.

**ingrato, ta** *adj. y s. m. y f.* **1.** Desagradecido: *Es una persona muy ingrata, ni siquiera les dio las gracias por el favor que le hicieron. Es un trabajo ingrato, no se nota el esfuerzo que se pone en él.* **2.** Desagradable, molesto: *Tuvieron un viaje largo y muy ingrato.*
SIN. **2.** Fastidioso, enojoso. ANT. **1.** Agradecido. **2.** Agradable, grato.
FAM. Ingratitud.

**ingravidez** *s. f.* Característica de lo que es ingrávido: *la ingravidez de los astronautas en el espacio.*

**ingrávido, da** *adj.* Que no pesa porque no está sujeto a la fuerza de la gravedad: *En el espacio los cuerpos son ingrávidos.*
**FAM.** Ingravidez.

**ingrediente** *s. m.* Cada una de las cosas con que se hace un guiso, una bebida, un medicamento.
**SIN.** Componente.

**ingresar** *v.* **1.** Entrar en una asociación o grupo: *ingresar en una academia, ingresar en un club deportivo.* **2.** Quedarse como paciente en una clínica o en un hospital: *Ingresó en el sanatorio un día antes de la operación.* **3.** Meter dinero en un banco o caja de ahorros: *Ingresó trescientos euros en su cuenta.*
**SIN. 1.** Incorporarse. **2.** Internar. **ANT. 1.** Salir, abandonar. **3.** Sacar.
**FAM.** Ingrediente, ingreso.

**ingreso** *s. m.* **1.** Acción de ingresar en una asociación, grupo, hospital. **2.** Cantidad de dinero que se mete en un banco o caja de ahorros. **3.** Cantidad de dinero que gana o recibe una persona o empresa: *Con sus ingresos y los de su marido tienen suficiente para vivir.*

**inguinal** *adj.* De la ingle: *una hernia inguinal.*

**inhabilitar** *v.* **1.** Declarar una autoridad, por ejemplo un juez, que una persona no puede ocupar un cargo, desempeñar una profesión o ejercer un derecho. **2.** Impedir que una persona pueda hacer algo: *Una lesión le inhabilitó para jugar al baloncesto.*
**SIN. 1.** y **2.** Incapacitar.

**inhabitable** *adj.* Que no tiene las condiciones suficientes para ser habitado: *Después del terremoto, la casa quedó inhabitable.*

**inhalación** *s. f.* Acción de inhalar: *Se intoxicó por inhalación de gas.*

**inhalador** *s. m.* Aparato que sirve para inhalar.

**inhalar** *v.* Aspirar un gas, un vapor o un líquido en gotitas muy finas.
**FAM.** Inhalación, inhalador.

**inherente** *adj.* Que es propio o característico de una persona o cosa y siempre va unido a ella.

**inhibición** *s. f.* **1.** Acción de inhibir o inhibirse. **2.** Complejo o temor que impide que una persona haga algo que quiere o puede hacer: *Le gustaría tener menos inhibiciones y ser más abierta y atrevida.*

**inhibir** *v.* No dejar que alguien haga lo que quiere o que actúe con naturalidad.
**SIN.** Cohibir, refrenar. **ANT.** Animar.
**FAM.** Inhibición. / Desinhibirse.

**inhóspito, ta** *adj.* Se dice de los lugares, climas y otras cosas que son desagradables, en los que no se está a gusto: *Su pueblo está en la montaña y resulta inhóspito en invierno.*
**ANT.** Acogedor.

**inhumano, na** *adj.* Muy malo y cruel: *Los esclavos recibían un trato inhumano.*
**SIN.** Despiadado, atroz. **ANT.** Piadoso.

**inhumar** *v.* Enterrar a un cadáver.
**SIN.** Sepultar. **ANT.** Exhumar.

**iniciación** *s. f.* **1.** Acción de iniciar: *Algunas piscinas adelantan la iniciación de la temporada.* **2.** Enseñanza de los primeros conocimientos de una actividad: *Estoy dando un curso de iniciación a internet.* **3.** Acto por el que alguien entra a formar parte de un grupo reducido, una secta o una sociedad secreta: *Tras una ceremonia de iniciación, los jóvenes de la tribu son admitidos como guerreros.*
**SIN. 1.** Inicio, comienzo. **2.** Introducción.

**iniciado, da** *adj. y s. m. y f.* **1.** Se dice de la persona que tiene conocimientos que sólo poseen unos pocos: *Éste es un secreto que sólo saben los iniciados.* **2.** Miembro de un grupo reducido, de una secta o de una sociedad secreta.
**ANT. 1.** Profano.

**inicial** *adj.* **1.** Que es lo primero, que está al inicio o comienzo de algo. || *adj. y s. m.* **2.** Se dice de la primera letra de una palabra o de un nombre: *Llevaba bordadas sus iniciales en la camisa.*
**ANT. 1.** Final.

**inicializar** *v.* **1.** En informática, instalar o preparar un programa para que pueda ser usado. **2.** En informática, formatear. ■ Delante de *e* se escribe *c* en lugar de *z*: *inicialicen.*
**FAM.** Reinicializar.

**iniciar** *v.* **1.** Comenzar, empezar. **2.** Enseñar a alguien los primeros conocimientos sobre alguna actividad: *Su padre le inició en la pintura.* **3.** Revelar a una persona los secretos de alguna cosa o hacerle formar parte de un grupo cerrado, una secta o una sociedad secreta: *El hechicero inició a su discípulo en la magia negra.*
**SIN. 2.** Instruir. **2.** y **3.** Introducir.
**FAM.** Iniciación, iniciado, inicial, inicializar, iniciativa, inicio. / Reiniciar.

**iniciativa** *s. f.* **1.** Capacidad que tiene una persona para comenzar cosas o realizar planes e ideas: *Tiene mucha iniciativa y siempre se le ocurre algún juego nuevo.* **2.** Idea que da alguien para hacer alguna cosa: *Les pareció muy bien su iniciativa de organizar un concurso de dibujo.* **3.** El hacer algo antes que los demás: *Tomó la iniciativa y comenzó a hablar.*
**SIN. 1.** Decisión. **2.** Proposición, sugerencia.

**inicio** *s. m.* Comienzo.
**SIN.** Principio. **ANT.** Final.

**inicuo, cua** *adj.* **1.** Muy injusto: *El reparto de las ganancias fue inicuo.* **2.** Malvado o cruel: *Dijo*

*cosas inicuas sobre su hermano.* ■ No confundir con *inocuo,* 'que no hace daño'.
SIN. **1.** Arbitrario.
FAM. Iniquidad.

**inigualable** *adj.* Tan bueno que nada ni nadie lo puede igualar: *El jamón ibérico tiene un sabor inigualable.*
SIN. Inmejorable, único. ANT. Normal.

**inimaginable** *adj.* Que es imposible o difícil de imaginar: *Hasta mediados del siglo xx los viajes espaciales eran inimaginables.*
SIN. Impensable, inconcebible.

**inimitable** *adj.* Que no se puede imitar: *Su estilo es inimitable.*

**ininteligible** *adj.* Que no se entiende o es muy difícil entenderlo: *Tiene una letra ininteligible.*
SIN. Incomprensible, enrevesado. ANT. Sencillo.

**ininterrumpido, da** *adj.* Que no tiene cortes o interrupciones.
SIN. Continuado, continuo, incesante. ANT. Interrumpido.

**iniquidad** *s. f.* Injusticia o maldad: *Fue una iniquidad que invitase a todos menos a ti.*
SIN. Canallada, ignominia.

**injerencia** *s. f.* Hecho de intervenir en un asunto ajeno: *No admito injerencias de nadie en mi vida privada.*
SIN. Intromisión.

**injerirse** *v.* Meterse alguien en asuntos que no son los suyos. ■ Es un verbo irregular. Se conjuga como *sentir.*
SIN. Entrometerse, inmiscuirse.
FAM. Injerencia.

**injertar** *v.* **1.** Poner una rama o tronco de una planta unida a una parte de otra planta, o dentro de ella, para que brote. **2.** Poner un trozo de piel o de otro tejido en una parte del cuerpo que está dañada para que se unan.
FAM. Injerto.

**injerto** *s. m.* **1.** Acción de injertar una cosa en otra. **2.** Cosa que se injerta, por ejemplo una rama en otra.

**injuria** *s. f.* Ofensa o insulto muy grave que se hace a una persona.
SIN. Afrenta, agravio. ANT. Alabanza.
FAM. Injuriar, injurioso.

**injuriar** *v.* Insultar u ofender una persona.
SIN. Denostar, denigrar. ANT. Ensalzar.

**injurioso, sa** *adj.* Que injuria: *Sus comentarios injuriosos no consiguen molestarme.*

**injusticia** *s. f.* **1.** El ser algo injusto. **2.** Acción injusta.

**injustificado, da** *adj.* Que no tiene justificación: *El profesor suspendió a toda la clase de forma injustificada.*
SIN. Justificado.

**injusto, ta** *adj.* Que no es justo: *Ese reparto me parece injusto, a Miguel le has dado mucho menos dinero que a los otros.*
SIN. Arbitrario, parcial. ANT. Imparcial.
FAM. Injusticia.

**inmaculado, da** *adj.* **1.** Limpio, sin manchas: *Llevaba un vestido blanco inmaculado.* **2.** Puro o sin defectos: *Es un buen oficial, con una hoja de servicios inmaculada.* || *s. f.* **3.** La Virgen María. ■ Con este significado se escribe con mayúscula.
SIN. **1.** Impoluto. **2.** Intachable. ANT. **1.** Sucio.

**inmadurez** *s. f.* El ser inmaduro.
ANT. Madurez.

**inmaduro, ra** *adj.* **1.** Se dice de los frutos que todavía están verdes. || *adj.* y *s. m.* y *f.* **2.** Se dice de la persona que, aunque es mayor, a veces se comporta como un niño.
SIN. **2.** Infantil. ANT. **1.** y **2.** Maduro.
FAM. Inmadurez.

**inmaterial** *adj.* Se dice de las cosas que no son materiales, que no se pueden ver y tocar, como por ejemplo los sentimientos.
SIN. Espiritual. ANT. Corpóreo.

**inmediaciones** *s. f. pl.* Lugares que están alrededor de otro o junto a él: *Tenía una casa en las inmediaciones del pueblo.*
SIN. Alrededores, aledaños, cercanías.

**inmediato, ta** *adj.* **1.** Que ocurre enseguida, sin que pase casi tiempo: *El efecto del jarabe fue inmediato, en un momento se le calmó la tos.* **2.** Que está al lado de otra cosa: *Su casa es la inmediata a la de sus padres.*
SIN. **2.** Contiguo, seguido. ANT. **2.** Alejado.
FAM. Inmediaciones.

**inmejorable** *adj.* Que es tan bueno que no se puede mejorar: *Somos muy amigos y nuestras relaciones son inmejorables.*
SIN. Excelente, insuperable. ANT. Pésimo.

**inmemorial** *adj.* Muy antiguo.

**inmensamente** *adv.* Muchísimo: *Es inmensamente rico.*
SIN. Enormemente, extremadamente.

**inmensidad** *s. f.* Característica de lo que es inmenso: *la inmensidad del océano.*

**inmenso, sa** *adj.* Muy grande o muy fuerte: *La urbanización tenía un jardín inmenso. Cuando recibió la carta de su hija le dio una inmensa alegría.*
SIN. Enorme, tremendo. ANT. Pequeño.
FAM. Inmensamente, inmensidad.

**inmerecido, da** *adj.* Que no es merecido: *El castigo era inmerecido, no fue él quien rompió el jarrón.*

**inmersión** *s. f.* Acción de meter o meterse en un líquido: *La tripulación del submarino se preparaba para la inmersión.*

**inmerso, sa** *adj.* **1.** Dentro de un líquido. **2.** Muy concentrado en alguna cosa, sin darse cuenta de nada más: *No oyó cuando llamaron al timbre porque estaba inmerso en la lectura.* **3.** En una situación mala o de la que es difícil salir.
SIN. **1.** Sumergido. **2.** Abstraído, ensimismado.
FAM. Inmersión.

**inmigración** *s. f.* Acción de inmigrar.

**inmigrante** *s. m.* y *f.* Persona que inmigra.

**inmigrar** *v.* Llegar una persona o animal a un país o región para quedarse a vivir allí.
FAM. Inmigración, inmigrante.

**inminente** *adj.* Que va a suceder enseguida.
SIN. Inmediato. ANT. Remoto.

**inmiscuirse** *v.* Meterse alguien en los asuntos de otras personas. ■ Es un verbo irregular. Se conjuga como *huir*.
SIN. Entrometerse.

**inmisericorde** *adj.* Que no tiene misericordia.
SIN. Despiadado, cruel. ANT. Misericordioso, clemente.

**inmobiliaria** *s. f.* Empresa que se dedica a construir, vender y alquilar viviendas y locales.

**inmodestia** *s. f.* Falta de modestia o humildad.

**inmolar** *v.* Matar a una persona o a un animal para ofrecérselo como sacrificio a los dioses.
SIN. Sacrificar.

**inmoral** *adj.* y *s. m.* y *f.* Que va contra la moral o no la tiene en cuenta.
SIN. Deshonesto, indecente, ilícito. ANT. Moral, honesto, decente.
FAM. Inmoralidad.

**inmoralidad** *s. f.* **1.** Característica de inmoral. **2.** Cosa inmoral que se dice o se hace: *Es una inmoralidad que te aproveches de tus amigos.*
SIN. **1.** y **2.** Indecencia. ANT. **1.** Moralidad.

**inmortal** *adj.* **1.** Que no puede morir. **2.** Se dice de la persona o cosa que siempre tendrá valor y será recordada: *«El Quijote» es una obra inmortal de la literatura.*
SIN. **1.** Eterno. ANT. **1.** Mortal.
FAM. Inmortalidad, inmortalizar.

**inmortalidad** *s. f.* Hecho de ser inmortal.

**inmortalizar** *v.* Hacer que una cosa no se olvide. ■ Delante de *e* se escribe *c* en lugar de *z*: *Inmortalicé el acto con una foto.*

**inmóvil** *adj.* Que no se mueve: *El conejo vio al cazador y se quedó inmóvil detrás de un arbusto.*
SIN. Quieto, parado, estático. ANT. Móvil.
FAM. Inmovilismo, inmovilizar.

**inmovilismo** *s. m.* Tendencia a mantener sin cambios una situación política, social, económica, ideológica.
SIN. Conservadurismo. ANT. Progresismo.

**inmovilizar** *v.* Poner a alguien o algo de manera que no pueda moverse: *Se rompió un brazo y se lo han inmovilizado con una escayola.* ■ Delante de *e* se escribe *c* en lugar de *z*: *inmovilicé.*
SIN. Paralizar, detener, bloquear. ANT. Mover.

**inmueble** *s. m.* Edificio.
FAM. Inmobiliaria.

**inmundicia** *s. f.* Basura, suciedad: *Las papeleras del parque estaban llenas de inmundicias.*
SIN. Porquería, cochambre.

**inmundo, da** *adj.* Muy sucio: *En ese lugar inmundo huele fatal.*
SIN. Cochambroso. ANT. Limpio.
FAM. Inmundicia.

**inmune** *adj.* Que está protegido contra una enfermedad u otras cosas perjudiciales: *La vacuna le hizo inmune a la viruela.*
FAM. Inmunidad, inmunitario, inmunizar, inmunodeficiencia, inmunología.

**inmunidad** *s. f.* **1.** Protección contra cosas perjudiciales, sobre todo la resistencia del organismo de las personas y los animales frente a algunas enfermedades. **2.** Privilegio que tienen algunas personas, como parlamentarios o diplomáticos, que impide que sean detenidos y juzgados como el resto de los ciudadanos.

**inmunitario, ria** *adj.* Relacionado con la inmunidad.

**inmunizar** *v.* Hacer inmune a alguien. ■ Delante de *e* se escribe *c* en lugar de *z*: *inmunice.*

**inmunodeficiencia** *s. f.* Enfermedad causada por la disminución de las defensas naturales del organismo.

**inmunología** *s. f.* Parte de la medicina que estudia cómo actúan las defensas del organismo contra las infecciones.
FAM. Inmunológico.

**inmunológico, ca** *adj.* De la inmunología o de la inmunidad contra las enfermedades: *El sistema inmunológico es un conjunto de órganos que defienden el organismo de las infecciones.*

**inmutable** *adj.* Que no cambia, que se queda igual que estaba.
SIN. Inalterable. ANT. Variable.

**inmutar** *v.* Poner nervioso o emocionar a alguien: *Ni se inmutó cuando le dijeron que había ganado el primer premio.*
SIN. Alterar, conmover, turbar.
FAM. Inmutable.

**innato, ta** *adj.* Que lo tiene una persona desde su nacimiento: *La afición a la música es innata en ella.*
SIN. Natural, congénito. ANT. Adquirido.

**innecesario, ria** *adj.* Que no es necesario.

**innegable** *adj.* Que no se puede negar porque está muy claro: *Después de lo que nos ha ayudado es innegable que es una gran persona.*

**innoble** *adj*. Despreciable, que no es noble: *Se comportó de forma innoble tratando mal a aquel pobre hombre*.
SIN. Indigno, vil. ANT. Leal, digno.

**innocuo, cua** *adj*. Busca **inocuo**.

**innovación** *s. f.* Un cambio o una cosa nueva que se hace en algo: *Este año habrá algunas innovaciones en el colegio: van a hacer pistas de tenis*.
SIN. Novedad.

**innovador, ra** *adj. y s. m. y f.* Que hace innovaciones o es una innovación: *El coche de Juan tiene un diseño innovador*.
SIN. Novedoso, moderno. ANT. Anticuado.

**innovar** *v.* Cambiar algo haciendo cosas nuevas: *Los jóvenes modistos están innovando el mundo de la moda*.
SIN. Renovar.
FAM. Innovación, innovador.

**innumerable** *adj*. Tan numeroso que no se puede contar: *En ese bosque hay innumerables mariposas*.
SIN. Incontable. ANT. Escaso.

**inocencia** *s. f.* Característica del que es inocente: *El abogado demostró en el juicio la inocencia del acusado*.
ANT. Malicia; culpabilidad.

**inocentada** *s. f.* Broma que suele gastarse el día 28 de diciembre, fiesta de los Santos Inocentes.

**inocente** *adj. y s. m. y f.* **1.** Que no tiene culpa: *Cuando le cogió la policía él decía que era inocente*. **2.** Que se lo cree todo o que no tiene mala intención: *No seas inocente: ¿no ves que te están tomando el pelo? Es una broma inocente, no creo que se moleste*.
SIN. **2.** Ingenuo, cándido, candoroso; inofensivo.
ANT. **1.** Culpable. **2.** Malicioso, dañino.
FAM. Inocencia, inocentada.

**inocular** *v.* Meter en el cuerpo alguna sustancia: *La serpiente inocula el veneno al morder*.
SIN. Inyectar.

**inocuo, cua** *adj*. Que no hace daño: *Estas pastillas son inocuas, puedes tomarlas sin miedo*. ■ Se escribe también *innocuo*.
SIN. Inofensivo. ANT. Dañino, nocivo.
FAM. Innocuo.

**inodoro, ra** *adj*. **1.** Que no tiene olor: *El agua es incolora e inodora*. || *s. m.* **2.** Retrete.
SIN. **2.** Wáter.

**inofensivo, va** *adj*. Que no hace daño ni molesta: *Las ovejas son animales inofensivos*.
SIN. Inocuo. ANT. Peligroso, dañino, nocivo.

**inolvidable** *adj*. Que no se puede olvidar, sobre todo porque es muy bueno: *Aquellas vacaciones son inolvidables; lo pasamos bomba*.

**inoperante** *adj*. Que no funciona o no sirve: *El teléfono estaba inoperante porque no lo habían*

conectado. *Todos los remedios resultaron inoperantes contra la enfermedad*.
SIN. Inútil, ineficaz. ANT. Eficaz.

**inopia** Se usa en la expresión **estar en la inopia**, que significa 'estar distraído, no enterarse de lo que pasa'.

**inopinado, da** *adj*. Que pasa o se hace sin esperarlo: *De pronto se levantó y se marchó de forma inopinada*.
SIN. Inesperado, imprevisto. ANT. Previsible.

**inoportuno, na** *adj. y s. m. y f.* Que se hace, se dice o sucede fuera del lugar o del tiempo en que estaría bien: *Tuvieron una visita inoportuna justo cuando iban a empezar a comer*.
SIN. Intempestivo. ANT. Oportuno.

**inorgánico, ca** *adj*. Que no tiene vida: *Los minerales están formados de materia inorgánica*.
SIN. Inerte. ANT. Orgánico.

**inoxidable** *adj*. Que no se oxida: *Estos cubiertos son de acero inoxidable*.

**inquebrantable** *adj*. Que no puede cambiar, que se mantiene firme: *El entrenador del equipo tenía una confianza inquebrantable en sus jugadores*.
SIN. Sólido. ANT. Frágil.

**inquietante** *adj*. Que inquieta: *Pasear de noche por el bosque resulta inquietante*.

**inquietar** *v.* Poner inquieto o nervioso: *Le dijo que no se inquietara si veía que tardaba en llegar*.
SIN. Intranquilizar, alarmar. ANT. Tranquilizar.
FAM. Inquietante.

**inquieto, ta** *adj*. **1.** Que no puede estarse quieto: *Este niño es muy inquieto, no para de correr y juguetear*. **2.** Nervioso, preocupado: *Los padres estaban inquietos porque era tarde y los niños no llegaban*.
SIN. **2.** Intranquilo, alarmado. ANT. **1.** y **2.** Tranquilo.
FAM. Inquietar, inquietud.

**inquietud** *s. f.* **1.** Nerviosismo, falta de tranquilidad: *Había inquietud entre los alumnos porque aún no sabían las notas*. **2.** Ganas de aprender cosas nuevas y de conocer a otras personas y lugares: *Es una chica con inquietudes y lee mucho*.
SIN. **1.** Intranquilidad, agitación, preocupación. ANT. **1.** Tranquilidad, calma.

**inquilino, na** *s. m. y f.* Persona que vive en una casa alquilada.

**inquina** *s. f.* Antipatía o manía a alguien: *Desde que nos peleamos me tiene una inquina terrible*.
SIN. Aversión, tirria. ANT. Simpatía.

**inquirir** *v.* Preguntar o investigar: *La juez inquirió las causas del accidente*. ■ Es un verbo irregular. Se conjuga como *adquirir*.
SIN. Interrogar, indagar.
FAM. Inquisición, inquisidor, inquisitivo.

**inquisición** *s. f.* **1.** Investigación para averiguar algo: *Las inquisiciones de la policía no lograron aclarar los hechos*. **2.** Antiguo tribunal eclesiás-

tico que perseguía y castigaba los delitos contra la religión católica. Se llamaba también *Santo Oficio*. ■ Con este significado se escribe con mayúscula.
**SIN. 1.** Indagación, pesquisa.

**inquisidor, ra** *adj.* **1.** Inquisitivo. ‖ *s. m.* **2.** Juez de la Inquisición.

**inquisitivo, va** *adj.* Que inquiere o se emplea para inquirir: *El inspector dirigió al sospechoso una mirada inquisitiva.*
**SIN.** Inquisidor, interrogativo.

**inri** Iniciales de *Iesus Nazarenus Rex Iudaeorum* (Jesús de Nazaret, rey de los judíos), inscripción latina que, a modo de burla, pusieron en la cruz en la que murió Jesucristo. Se emplea también en la expresión **para más inri**, que significa 'encima, por si fuera poco': *Me perdí en medio del bosque y, para más inri, empezó a llover.*

**insaciable** *adj.* Que no se harta nunca y siempre quiere más: *Ese chico tiene un hambre insaciable.*

**insalivación** *s. f.* Proceso de mezclar los alimentos con la saliva dentro de la boca para ayudar a digerirlos.

**insalubre** *adj.* Que hace daño a la salud: *Respirar el aire contaminado de las grandes ciudades es bastante insalubre.*
**SIN.** Insano.

**insalvable** *adj.* Imposible o muy difícil de superar o resolver: *De un lado a otro del río había una distancia insalvable. No pudieron llegar a la cumbre porque encontraron dificultades insalvables.*
**SIN.** Invencible, insuperable.

**insano, na** *adj.* Que perjudica a la salud: *Fumar es insano.*
**SIN.** Perjudicial, insalubre, nocivo. **ANT.** Sano.

**insatisfacción** *s. f.* Estado en que se encuentra una persona insatisfecha: *No pudo ocultar su insatisfacción por los malos resultados.*
**SIN.** Descontento. **ANT.** Satisfacción.

**insatisfecho, cha** *adj.* Que no está satisfecho o contento: *Ha comido poco y se ha quedado insatisfecho. El profesor está algo insatisfecho con el trabajo de sus alumnos.*
**SIN.** Descontento.
**FAM.** Insatisfacción.

**inscribir** *v.* **1.** Apuntar a alguien o algo en una lista o en un registro: *Los que quieran participar en el torneo de tenis deben inscribirse antes del lunes.* **2.** Dibujar una figura geométrica dentro de otra, por ejemplo un triángulo dentro de un cuadrado, de manera que se toquen en varios puntos, pero sin cortarse. ■ Su participio es irregular: *inscrito.*
**SIN. 1.** Anotar, registrar. **ANT. 1.** Borrar. **2.** Circunscribir.
**FAM.** Inscripción. / Preinscripción.

**inscripción** *s. f.* **1.** Acción de inscribir: *Ya ha empezado el plazo de inscripción en el colegio para el próximo curso.* **2.** Palabras escritas en una piedra o en un objeto de metal o de madera: *Estas monedas tienen inscripciones con el nombre del rey.*
**SIN. 1.** Anotación, registro.

**insecticida** *s. m.* Sustancia para matar insectos.

**insectívoro, ra** *adj. y s. m.* **1.** Se dice de los animales que se alimentan de insectos, como los topos, las ranas y muchos pájaros. ‖ *adj.* **2.** Se dice de las plantas que atrapan insectos entre sus hojas y se alimentan de ellos.

**insecto** *s. m.* Nombre de muchísimos animalitos artrópodos que tienen antenas, tres pares de patas, el cuerpo dividido en tres partes y, en la mayoría de los casos, uno o dos pares de alas. Son insectos, por ejemplo, las moscas, las mariposas y las hormigas.
**FAM.** Insecticida, insectívoro. / Desinsectar.

**inseguridad** *s. f.* Lo que tiene una persona o cosa que es insegura o está insegura: *Caminaba con inseguridad porque tenía miedo a caerse otra vez.*
**SIN.** Duda. **ANT.** Seguridad.

**inseguro, ra** *adj.* Que no es o no está seguro: *Los coches antiguos eran más inseguros que los modernos. No contestó a una de las preguntas porque estaba insegura.*
**SIN.** Peligroso; dudoso, indeciso. **ANT.** Seguro, firme.
**FAM.** Inseguridad.

**inseminación** *s. f.* Acción de inseminar.
**EXPR. inseminación artificial** Procedimiento que consiste en llevar el semen al óvulo para fecundarlo sin realizar el acto sexual.

**inseminar** *v.* Hacer que llegue el semen del macho al óvulo de la hembra para fecundarlo y crear un nuevo ser.
**FAM.** Inseminación.

**insensatez** *s. f.* **1.** Característica del que es insensato: *Haciendo las cosas con esa insensatez no le puede salir nada bien.* **2.** Lo que hace o dice una persona insensata: *Nadie le hizo caso porque no decía más que insensateces.* ■ Su plural es *insensateces.*
**SIN. 1.** Necedad. **2.** Tontería. **ANT. 1.** Sensatez.

**insensato, ta** *adj. y s. m. y f.* Imprudente, que no piensa bien lo que hace o lo que dice: *Se le ocurrió la insensata idea de poner la bolsa cerca del fuego y se quemó todo.*
**SIN.** Irresponsable. **ANT.** Sensato.
**FAM.** Insensatez.

**insensibilizar** *v.* Hacer insensible: *La anestesia insensibilizó la zona que iba a ser operada.* ■ Delante de e se escribe c en lugar de z: *insensibilicen.*

**insensible** *adj.* **1.** Que no siente nada: *Tuvo un accidente de moto y la mano le quedó insensible. Es insensible: no le importa ver sufrir a la gente.* **2.** Que casi no se nota: *Ha habido un aumento insensible de la temperatura.*
**SIN. 2.** Inapreciable, imperceptible. **ANT. 1.** y **2.** Sensible. **2.** Notable, perceptible.
**FAM.** Insensibilizar.

**inseparable** *adj.* Que no se puede separar o casi nunca se separa: *Laura y Marina son amigas inseparables.*

**insepulto, ta** *adj.* Se dice del cadáver que no ha sido sepultado.

**insertar** *v.* Meter una cosa dentro de otra o entre otras: *Para que funcione la máquina hay que insertar una moneda en la ranura.*
SIN. Introducir, incluir, intercalar. ANT. Sacar, extraer.
FAM. Reinsertar.

**inservible** *adj.* Que no sirve para nada: *Se le ha roto una pata a la silla y está inservible.*
SIN. Inútil.

**insidia** *s. f.* Cosa insidiosa que se dice o se hace.
SIN. Asechanza, engaño.
FAM. Insidioso.

**insidioso, sa** *adj.* Que se hace o se dice para perjudicar o engañar: *Sus comentarios insidiosos son muy ofensivos.*

**insigne** *adj.* Famoso, muy bueno: *El autor de ese libro es un insigne escritor.*
SIN. Célebre.

**insignia** *s. f.* Símbolo o escudo de un grupo de personas: *Llevaba en la solapa la insignia de su equipo de fútbol.*
SIN. Distintivo, enseña.

**insignificancia** *s. f.* Cosa insignificante: *No vamos a discutir por una insignificancia.*
SIN. Pequeñez, ridiculez, tontería.

**insignificante** *adj.* Muy pequeño o muy poco importante: *Sólo le queda una cantidad insignificante de dinero.*
SIN. Inapreciable, ridículo. ANT. Importante.
FAM. Insignificancia.

**insinuación** *s. f.* Acción o palabras con que se insinúa algo: *No hace más que hacerle insinuaciones, pero ella no se entera.*

**insinuar** *v.* **1.** Dar a entender algo sin decirlo claramente: *Como pronto es su cumpleaños les insinuó el regalo que quería.* || **insinuarse 2.** Verse algo un poquito o de manera no clara: *Parecía que se insinuaba a lo lejos un castillo.*
SIN. 1. Sugerir, apuntar. 2. Adivinarse.
FAM. Insinuación.

**insípido, da** *adj.* Que no sabe a nada o casi a nada: *Este melón está insípido.*
SIN. Insulso, soso, desabrido. ANT. Sabroso.

**insistencia** *s. f.* El insistir mucho: *Con su insistencia logró convencerles para que le dejaran ver la televisión.*
SIN. Persistencia, perseverancia.

**insistente** *adj.* Que insiste mucho: *Se puso tan insistente que acabó resultando pesada.*
SIN. Persistente, perseverante.

**insistir** *v.* Repetir alguien una acción o pedir algo varias veces para conseguir lo que quiere: *Insiste llamando a la puerta hasta que te abran. No insistas, porque no te voy a dar lo que pides.*
SIN. Persistir, perseverar. ANT. Desistir.
FAM. Insistencia, insistente.

**insobornable** *adj.* Se dice de la persona a la que no se puede sobornar.

**insociable** *adj.* y *s. m.* y *f.* Que tiene pocos amigos o no le gusta estar ni hablar con otras personas.
SIN. Huraño. ANT. Sociable.

**insolación** *s. f.* Daño o malestar que le produce a una persona haber estado al sol demasiado tiempo.

**insolencia** *s. f.* Falta de respeto, descaro: *Su madre le castigó por contestar con tanta insolencia.*

**insolentarse** *v.* Portarse de forma insolente: *Luisa está castigada por insolentarse con sus padres.*

**insolente** *adj.* y *s. m.* y *f.* Descarado, que no le tiene respeto a alguien: *Fue a protestarle al profesor y se puso algo insolente con él.*
SIN. Impertinente. ANT. Respetuoso.
FAM. Insolencia, insolentarse.

**insolidaridad** *s. f.* Falta de solidaridad.

**insolidario, ria** *adj.* y *s. m.* y *f.* Que no es solidario y no ayuda a los demás.
FAM. Insolidaridad.

**insólito, ta** *adj.* Raro, que no sucede casi nunca: *Estamos en marzo y hace un calor insólito.*
SIN. Anormal, inaudito. ANT. Corriente, normal.

**insolvencia** *s. f.* Hecho de ser insolvente.

**insolvente** *adj.* Que no tiene dinero para poder pagar algo, por ejemplo lo que le debía a alguien.
ANT. Solvente.
FAM. Insolvencia.

**insomne** *adj.* Que tiene insomnio.

**insomnio** *s. m.* El no poder dormir una persona.
FAM. Insomne.

**insondable** *adj.* **1.** Que no puede calcularse su profundidad: *un abismo insondable.* **2.** Muy difícil de comprender o conocer: *un misterio insondable.*
SIN. 2. Impenetrable, inescrutable.

**insonorizar** *v.* Preparar algo, como una habitación, para que se oigan menos los ruidos. ■ Delante de *e* se escribe *c* en lugar de *z*: *insonorice.*

**insoportable** *adj.* Que no hay quien lo soporte: *Hace un frío insoportable.*
SIN. Inaguantable.

**insoslayable** *adj.* Que no se puede soslayar o evitar: *Me gustaría poder ir a la fiesta, pero tengo un compromiso insoslayable.*
SIN. Ineludible.

**insospechado, da** *adj.* Que nadie se lo esperaba: *La película tenía un final insospechado.*
SIN. Inesperado, imprevisto. ANT. Previsto.

**insostenible** *adj.* **1.** Que no se puede soportar más: *Tiene poco dinero y tantos gastos son insostenibles para él.* **2.** Que no se puede defender porque no tiene sentido: *No tiene razón, lo que dice es insostenible.*
**SIN. 1.** Insoportable.

**inspección** *s. f.* Acción de inspeccionar: *La policía hizo una inspección del lugar y no vio nada raro.*
**SIN.** Revisión, reconocimiento.

**inspeccionar** *v.* Mirar o examinar a alguien o algo con detalle para ver cómo está o para buscar una cosa: *El detective inspeccionó los alrededores de la casa y no vio a nadie.*
**SIN.** Revisar, explorar; reconocer.
**FAM.** Inspección, inspector.

**inspector, ra** *s. m. y f.* **1.** Persona encargada de inspeccionar algo. **2.** Policía que se encarga de una investigación.
**FAM.** Subinspector.

**inspiración** *s. f.* **1.** Acción de tomar aire al respirar. **2.** Idea que le sirve a alguien para hacer algo: *Muchos pintores buscan inspiración en el paisaje.*
**SIN. 1.** Aspiración. **ANT. 1.** Espiración.

**inspirado, da** *adj.* **1.** Que se inspira o se basa en una cosa: *La película está inspirada en un hecho real.* **2.** Que tiene inspiraciones o ideas: *Hoy que estaba inspirado escribí un poema.*

**inspirar** *v.* **1.** Tomar aire u otro gas al respirar. **2.** Producir un sentimiento en una persona: *No conoce mucho a sus vecinos, pero le inspiran confianza.* **3.** Darle a alguien una idea o coger una persona ideas de algo para hacer una cosa: *El director de cine se inspiró en una novela para hacer su película.*
**SIN. 1.** Aspirar, inhalar. **2.** Infundir, provocar. **3.** Sugerir. **ANT. 1.** Espirar.
**FAM.** Inspiración, inspirado.

**instalación** *s. f.* **1.** Acción de instalar o instalarse: *Las mismas personas que trajeron los muebles se encargaron de su instalación.* **2.** Conjunto de objetos, edificios y otras cosas, preparados o colocados para que puedan usarse: *Ese colegio tiene muchas instalaciones deportivas.*
**SIN. 1.** Colocación; montaje.

**instalador, ra** *s. m. y f.* Profesional que se dedica a instalar una cosa: *Hoy vienen los instaladores a poner la cocina.*

**instalar** *v.* **1.** Colocar algo en un lugar o prepararlo para que funcione y pueda usarse: *Están esperando que les instalen el teléfono. Me he instalado un juego nuevo en el ordenador.* **2.** Colocar o acomodar a alguien en un lugar: *Instaló a su amigo en el cuarto de los invitados.*
**SIN. 1.** Montar. **2.** Alojar.
**FAM.** Instalación, instalador.

**instancia** *s. f.* Escrito en el que se pide algo a una autoridad, a un jefe o a un director: *Hizo una instancia para solicitar que le admitieran en el instituto.*
**EXPR. a instancias de** alguien A petición de una persona: *Se presentó para delegado a instancias del profesor.* **en última instancia** Si no hay otra solución: *En última instancia puede pedir prestado el dinero.*
**SIN.** Solicitud.

**instantáneo, a** *adj.* **1.** Muy rápido, que se produce enseguida: *En cuanto se tomó la medicina la mejoría fue instantánea.* **2.** Que dura sólo un instante: *Vimos un resplandor instantáneo y al momento sonó el primer trueno.*
**SIN. 1.** Inmediato. **2.** Momentáneo, fugaz. **ANT. 1.** Retardado. **2.** Eterno.

**instante** *s. m.* Un tiempo muy corto: *Dijo que terminaría el trabajo en un instante.*
**SIN.** Momento, segundo, santiamén. **ANT.** Eternidad.
**FAM.** Instancia, instantáneo.

**instar** *v.* Insistir a alguien o meterle prisa para que haga una cosa: *Nos instaron a que nos apuntásemos, pues se estaba acabando el plazo.*

**instaurar** *v.* Hacer que comience algo o que la gente lo siga, por ejemplo una costumbre: *La monarquía se instauró en España hace muchos años.*
**SIN.** Establecer, implantar, instituir. **ANT.** Suprimir.

**instigar** *v.* Ponerse pesado con alguien para que haga algo: *No hacían más que instigar al entrenador para que se fuera del equipo.* ■ Delante de *e* se escribe *gu* en lugar de *g*: *instigues.*
**SIN.** Incitar, inducir. **ANT.** Disuadir.

**instintivo, va** *adj.* Se dice de lo que se hace por instinto o le sale a alguien sin pensar: *Se agachó de manera instintiva y no le dio la pelota.*
**SIN.** Inconsciente. **ANT.** Meditado, estudiado.

**instinto** *s. m.* Lo que hace que la mayoría de las personas o de los animales de la misma especie se comporten de una manera sin que nadie se lo haya enseñado o sin pensarlo: *Las aves aprenden a volar por instinto.*
**SIN.** Intuición.
**FAM.** Instintivo.

**institución** *s. f.* **1.** Acción de instituir algo. **2.** Organización fundada o establecida para realizar alguna actividad o dar algún servicio a las personas: *Las escuelas son instituciones de enseñanza.*
**SIN. 1.** Fundación. **2.** Organismo. **ANT. 1.** Supresión.
**FAM.** Institucional, institucionalizar.

**institucional** *adj.* **1.** Relacionado con las instituciones. **2.** De carácter oficial: *El presidente de Francia ha llegado en visita institucional.*
**ANT. 2.** Privado, particular.

**institucionalizar** *v.* **1.** Convertir algo en institución o darle sus características. **2.** Convertir una cosa en costumbre: *Se ha institucionalizado tomar las vacaciones en agosto.* ■ Delante de *e* se escribe *c* en lugar de *z*.

**instituir** *v.* Crear, hacer que comience o exista algo: *Han instituido un premio de dibujo para los alumnos del colegio.* ■ Es un verbo irregular. Se conjuga como *huir.*
**SIN.** Establecer, fundar, instaurar. **ANT.** Suprimir.
**FAM.** Institución, instituto, institutriz.

**instituto** *s. m.* **1.** Centro público donde se estudia el bachillerato. **2.** Nombre de algunas instituciones u organizaciones: *El Instituto para la Conservación de la Naturaleza se encarga de vigilar los bosques.*

**institutriz** *s. f.* Mujer que trabaja en casa de una familia y se encarga de la educación de los niños. ■ Su plural es *institutrices.*

**instrucción** *s. f.* **1.** Normas u órdenes que dicen cómo hay que hacer algo: *Leyó las instrucciones para ver cómo se ponían las pilas del radiocasete.* **2.** Acción de instruir o enseñar a alguien: *Los soldados aprenden a desfilar durante el tiempo de instrucción.* **3.** Lo que ha aprendido una persona estudiando: *Era una mujer con poca instrucción, pero muy inteligente.*
**SIN.** **1.** Directrices. **2.** Educación, adiestramiento. **2.** y **3.** Formación. **3.** Cultura.
**FAM.** Macroinstrucción.

**instructivo, va** *adj.* Que sirve para instruir o enseñar: *Este libro tiene unos juegos muy instructivos.*
**SIN.** Didáctico.

**instructor, ra** *adj.* y *s. m.* y *f.* Persona que instruye en una actividad: *un instructor de gimnasia, una instructora de vela.*

**instruido, da** *adj.* Que tiene muchos conocimientos.
**SIN.** Culto, leído, erudito. **ANT.** Ignorante, inculto.

**instruir** *v.* Enseñar a alguien, aumentar sus conocimientos: *Necesita instruirse un poco sobre cómo se usa el ordenador.* ■ Es un verbo irregular. Se conjuga como *huir.*
**SIN.** Formar, adiestrar, ilustrar.
**FAM.** Instrucción, instructivo, instructor, instruido.

**instrumental** *adj.* **1.** De los instrumentos o de lo que se hace con ellos: *Ese grupo es muy bueno en la música instrumental.* || *s. m.* **2.** Conjunto de instrumentos: *La limpieza del instrumental médico es muy importante.*

**instrumentista** *s. m.* y *f.* **1.** Músico que toca un instrumento. **2.** Persona que fabrica instrumentos musicales.

**instrumento** *s. m.* **1.** Cosa que sirve para realizar algo: *Para hacer el mueble necesita algunos instrumentos de carpintero.* **2.** Objeto que se emplea para producir sonidos musicales, como la guitarra o el piano.
**SIN.** **1.** Herramienta, utensilio, útil.
**FAM.** Instrumental, instrumentista.

**insubordinación** *s. f.* Acción de insubordinarse.
**SIN.** Rebelión, insumisión. **ANT.** Sometimiento, obediencia.

**insubordinarse** *v.* Desobedecer, ponerse en contra del que manda: *Algunos jugadores se insubordinaron y se negaron a ir a los entrenamientos.*
**SIN.** Rebelarse. **ANT.** Someterse.
**FAM.** Insubordinación.

**insuficiencia** *s. f.* **1.** Escasez o falta de una cosa: *La insuficiencia de medios impidió retransmitir el partido.* **2.** En medicina, hecho de no poder un órgano

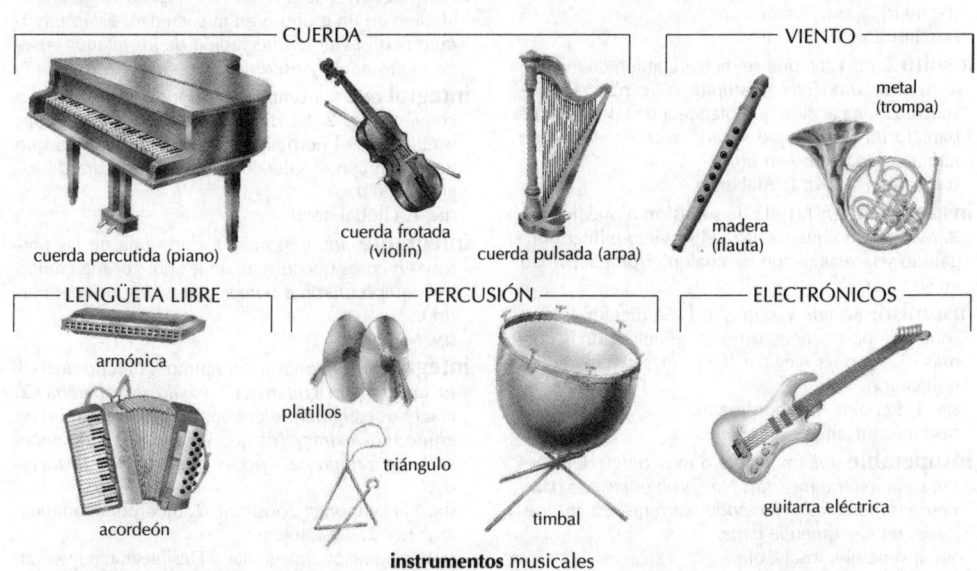

CUERDA

cuerda percutida (piano)

cuerda frotada (violín)

cuerda pulsada (arpa)

VIENTO

metal (trompa)

madera (flauta)

LENGÜETA LIBRE

armónica

acordeón

PERCUSIÓN

platillos

triángulo

timbal

ELECTRÓNICOS

guitarra eléctrica

**instrumentos** musicales

realizar sus funciones de manera adecuada: *El paciente ingresó en urgencias con insuficiencia cardiaca.*
SIN. **1.** Carencia, penuria. ANT. **1.** Suficiencia, abundancia.

**insuficiente** *adj.* **1.** Que no es suficiente: *El dinero que llevaba para comprar el libro era insuficiente.* || *s. m.* **2.** Suspenso, nota más baja que el cinco.
SIN. **1.** Escaso, corto, limitado. ANT. **1.** Bastante, abundante. **1.** y **2.** Suficiente. **2.** Aprobado.
FAM. Insuficiencia.

**insuflar** *v.* **1.** Meter gas, vapor o una sustancia en polvo dentro de un órgano: *Cuando lo rescataron del agua, le insuflaron aire en los pulmones para reanimarle.* **2.** Transmitir a una persona sentimientos o ideas: *El entrenador insufló ánimo a sus jugadores.*

**insufrible** *adj.* Que no se puede sufrir o soportar: *Hace un calor insufrible.*
SIN. Insoportable, inaguantable.

**insular** *adj.* y *s. m.* y *f.* De una isla.
SIN. Isleño.
FAM. Península.

**insulina** *s. f.* Hormona producida por el páncreas para que haya en la sangre la cantidad necesaria de glucosa; también se puede obtener artificialmente por métodos químicos.

**insulso, sa** *adj.* **1.** Sin sabor o con poco sabor: *Esta comida está insulsa.* **2.** Sin gracia o interés: *La fiesta resultó muy insulsa.*
SIN. **1.** Insípido. **1.** y **2.** Soso. ANT. **1.** Sabroso. **2.** Interesante.

**insultar** *v.* Ofender con palabras, gestos o acciones: *Le insultó llamándole idiota.*
SIN. Injuriar. ANT. Alabar.
FAM. Insulto.

**insulto** *s. m.* **1.** Lo que se dice a alguien cuando se le insulta: *«Imbécil», «estúpido», «cerdo» son insultos.* **2.** Una acción que ofende a una persona: *Le pareció un insulto que sospecharan de él porque había desaparecido un libro.*
SIN. **1.** Injuria. ANT. **1.** Alabanza.

**insumisión** *s. f.* **1.** Falta de sumisión u obediencia. **2.** Movimiento que rechaza el servicio militar obligatorio y la realización de cualquier otra actividad en su lugar.

**insumiso, sa** *adj.* y *s. m.* y *f.* **1.** Se dice de la persona que no obedece o no se somete a unas normas. **2.** Que se niega a hacer el servicio militar obligatorio.
SIN. **1.** Rebelde, insubordinado.
FAM. Insumisión.

**insuperable** *adj.* Imposible o muy difícil de superar, solucionar o mejorar: *Hay problemas que parecen insuperables. Haciendo carreras es insuperable, no hay quien le gane.*
SIN. Invencible, insalvable.

**insurgente** *adj.* y *s. m.* y *f.* Que se ha sublevado contra el gobierno o la autoridad.
SIN. Insurrecto, sublevado, rebelde.
FAM. Insurrección.

**insurrección** *s. f.* Un levantamiento o sublevación, por ejemplo la insurrección de un grupo de militares contra sus jefes.
SIN. Rebelión.
FAM. Insurrecto.

**insurrecto, ta** *adj.* y *s. m.* y *f.* Que participa en una insurrección.

**insustancial** *adj.* Que no tiene importancia o interés: *una conversación insustancial.*
SIN. Trivial, anodino. ANT. Interesante, apasionante.

**insustituible** *adj.* Que no se puede sustituir o es difícil de sustituir.

**intachable** *adj.* Que no tiene nada que se pueda criticar o que parezca mal: *Dio ejemplo de una conducta intachable.*
SIN. Irreprochable, impecable. ANT. Censurable.

**intacto, ta** *adj.* Que no ha sido tocado o dañado, que permanece como estaba desde su comienzo: *No tenía hambre y volvió a casa con el bocadillo intacto. El paquete llegó intacto: no sufrió ningún daño.*
SIN. Íntegro, entero; ileso.

**intangible** *adj.* **1.** Que no se puede tocar, que debe ser respetado: *Estas normas son intangibles, no se pueden cambiar.* **2.** Que no es material: *El alma es intangible.*
SIN. **1.** Intocable, sagrado, inviolable. **2.** Inmaterial. ANT. **2.** Tangible.

**integración** *s. f.* El hecho de integrar o integrarse alguien en un grupo o en la sociedad: *Están intentando conseguir la integración de los gitanos enseñándoles a leer y escribir.*

**integral** *adj.* **1.** Completo, con todo lo necesario o conveniente. **2.** Se dice de un pan de color más oscuro que el normal, hecho con una harina que tiene también el salvado, que es la cáscara de los granos de trigo.
SIN. **1.** Global, total.

**integrante** *adj.* y *s. m.* y *f.* Cada una de las personas o cosas que forman un grupo: *Los integrantes del equipo fueron a comer juntos después del partido.*
SIN. Miembro.

**integrar** *v.* **1.** Formar un conjunto: *El grupo de rock lo integran un guitarrista, el bajo y el batería.* **2.** Hacer que alguien se encuentre bien dentro de un grupo: *Los extranjeros que vienen a España necesitan un trabajo para poder integrarse en la sociedad.*
SIN. **1.** Componer, constituir. **2.** Incorporar, adaptar.
ANT. **1.** y **2.** Desintegrar.
FAM. Integración, integrante. / Desintegrar, reintegrar.

**integridad** *s. f.* Característica de las personas íntegras, que cumplen con su deber y se portan bien con los demás.
EXPR. **integridad física** La salud o la vida de una persona.
SIN. Honestidad, honradez, rectitud.

**integrismo** *s. m.* Tendencia de algunos grupos, especialmente religiosos o políticos, a mantener las tradiciones y a oponerse a cualquier cambio o evolución: *el integrismo islámico.*
SIN. Fundamentalismo.
FAM. Integrista.

**integrista** *adj.* Del integrismo o partidario del integrismo.
SIN. Fundamentalista.

**íntegro, gra** *adj.* **1.** Entero, completo: *Devolvió la cantidad íntegra que le habían prestado.* **2.** Honrado, que tiene integridad.
SIN. 1. Total. 2. Honesto. ANT. 1. Incompleto, parcial. 2. Deshonesto.
FAM. Integral, integrar, integridad, integrismo.

**intelecto** *s. m.* Inteligencia.

**intelectual** *adj.* **1.** De la inteligencia o relacionado con ella: *Estudiar es una actividad intelectual.* ‖ *adj.* y *s. m.* y *f.* **2.** Persona que se dedica a pensar y escribir sobre temas importantes, como la política, la literatura, la filosofía: *Muchos intelectuales colaboran en esta revista.*
SIN. 2. Pensador.

**inteligencia** *s. f.* Capacidad para comprender las cosas.
SIN. Mente, razón.
FAM. Intelecto, intelectual, inteligente, inteligible. / Ininteligible.

**inteligente** *adj.* **1.** Que tiene inteligencia o está hecho con inteligencia: *una pregunta muy inteligente.* **2.** Se dice del edificio o del aparato que tiene un sistema informático o electrónico que controla automáticamente muchas de sus funciones.
SIN. 1. Listo. ANT. 1. Tonto, torpe.

**inteligible** *adj.* Que se puede entender: *Tienes una letra bastante inteligible, se lee muy bien.*
SIN. Comprensible. ANT. Ininteligible.

**intemerata** Se utiliza en la expresión **la intemerata**, que significa 'muchísimo, una exageración': *Arreglar la casa nos va a costar la intemerata.*

**intemperie** Se usa en la expresión **a la intemperie**, que significa 'al aire libre': *Los que fueron a la excursión durmieron a la intemperie.*

**intempestivo, va** *adj.* Que molesta porque es inoportuno: *Llamaron al timbre a horas intempestivas, a las tres de la madrugada.*

**intemporal** *adj.* Que no cambia o que no pierde valor con el paso del tiempo.
ANT. Temporal.

**intención** *s. f.* **1.** Pensamiento que tiene alguien de hacer algo, aunque no esté seguro de poderlo hacer: *Juan tiene la intención de dar clases de inglés este verano.* **2.** Deseo de hacer algo bueno o malo para alguien: *La broma tenía mala intención.*
SIN. 1. Propósito, empeño. 1. y 2. Idea.
FAM. Intencionado. / Bienintencionado, malintencionado.

**intencionado, da** *adj.* Hecho con intención, queriendo: *El golpe fue intencionado, lo hizo aposta.*
SIN. Voluntario, deliberado. ANT. Involuntario.

**intendencia** *s. f.* **1.** Parte del ejército que se encarga de abastecer a la tropa. **2.** Administración u organización de una cosa: *En el campamento de verano, Luis era el encargado de intendencia.* **3.** Cargo y lugar de trabajo del intendente.

**intendente, ta** *s. m.* y *f.* **1.** Jefe del servicio de intendencia del ejército. **2.** Jefe de algunos servicios económicos o empresas que dependen del Estado. **3.** En algunos lugares de América del Sur, gobernador o alcalde. **4.** En México, inspector de policía.
FAM. Intendencia. / Superintendente.

**intensidad** *s. f.* Fuerza o energía que tiene algo o con que se hace una cosa: *Con el mando del volumen se controla la intensidad del sonido de la tele. Me estoy entrenando con mucha intensidad para ir a las olimpiadas.*
SIN. Potencia; esfuerzo.
FAM. Intenso.

**intensificar** *v.* Dar más intensidad. ■ Delante de *e* se escribe *qu* en lugar de *c*: *intensifiquen.*

**intensivo, va** *adj.* **1.** Que se hace de forma muy intensa: *El herido está muy grave y necesita cuidados intensivos.* **2.** Que se hace en menos tiempo o espacio de lo normal: *Estoy haciendo un curso intensivo de inglés.*

**intenso, sa** *adj.* De mucha intensidad: *Sentía un dolor intenso en la espalda.*
SIN. Fuerte, potente. ANT. Débil.
FAM. Intensificar, intensivo.

**intentar** *v.* Hacer alguien lo necesario para realizar una cosa sin estar seguro de que lo va a conseguir: *Aunque es difícil, va a intentar ganar la carrera.*
SIN. Procurar, tratar. ANT. Desistir, renunciar, claudicar.
FAM. Intento, intentona.

**intento** *s. m.* Acción de intentar: *Logró encestar al segundo intento.*
SIN. Tentativa. ANT. Renuncia.

**intentona** *s. f.* Intento, sobre todo el que no tiene éxito: *Los detenidos eran aficionados y fracasaron en su intentona de robar el banco.*

**interacción** *s. f.* Acción o influencia recíproca entre dos o más personas o cosas: *En este curso hay una buena interacción entre los alumnos y el profesor.*

**interactivo, va** *adj.* **1.** De la interacción o que produce interacción. **2.** Se dice del programa informático que permite la comunicación entre una persona y un ordenador: *Utilizan un método interactivo para aprender programación con el ordenador.*

**intercalar** *v.* Meter una cosa entre otras: *Intercaló las nuevas hojas de apuntes entre las demás.*
**SIN.** Insertar.

**intercambiador** *s. m.* Estación en la que hay varios medios de transporte juntos para que un pasajero pueda cambiar de uno a otro.

**intercambiar** *v.* Dar una cosa y recibir otra por ella.
**FAM.** Intercambiador.

**intercambio** *s. m.* Acción de intercambiar una cosa por otra: *Los capitanes de los dos equipos hicieron un intercambio de banderines.*
**SIN.** Trueque, canje.
**FAM.** Intercambiar.

**interceder** *v.* Rogar en favor de alguien: *El profesor intercedió por Antonio ante el director para que le perdonara el castigo.*
**SIN.** Abogar, mediar, terciar.
**FAM.** Intercesión.

**interceptar** *v.* **1.** Impedir que algo llegue adonde iba: *El portero consiguió interceptar el disparo del delantero centro.* **2.** Obstruir, estorbar, cortar: *Una gran roca interceptaba la carretera.*
**SIN.** **1.** Detener, parar, interrumpir. **2.** Obstaculizar.

**intercesión** *s. f.* Hecho de interceder: *El director nos quitó el castigo gracias a la intercesión de un profesor.*
**SIN.** Mediación, intervención.

**intercity** *s. m.* Tren rápido de largo recorrido que une dos ciudades.

**intercontinental** *adj.* Entre dos o más continentes: *Han bajado las tarifas de las llamadas intercontinentales.*

**intercostal** *adj.* Que está entre las costillas; se dice sobre todo del espacio que hay entre costilla y costilla.

**interdisciplinario, ria** *adj.* Que se refiere a dos o más disciplinas o ciencias: *La enseñanza interdisciplinaria ayuda a mejorar la formación de los alumnos.*

**interés** *s. m.* **1.** Importancia o valor que una cosa tiene para alguien: *Paco dice que ese libro tiene mucho interés.* **2.** Deseo que tiene una persona de conocer, saber o hacer algo: *Siempre ha tenido mucho interés por la historia de España.* **3.** Dinero que te da el banco según la cantidad que has metido en él. **4.** Cantidad de más que hay que pagar al banco por un dinero que te ha prestado. **5.** Lo que conviene a alguien: *Los padres siempre actúan en interés de sus hijos.* **6.** Deseo excesivo de obtener un beneficio: *Sólo es su amigo por interés, porque le deja copiar en los exámenes.*
**SIN.** **2.** Ganas, afán, empeño. **ANT.** **2.** Desinterés, apatía.
**FAM.** Interesado, interesante, interesar. / Desinterés.

**interesado, da** *adj.* **1.** Que tiene interés por algo: *Mónica está muy interesada en aprender a nadar.* **2.** Que únicamente quiere sacar provecho: *Es muy interesado, sólo va con Roberto porque siempre le está invitando.*
**SIN.** **2.** Egoísta. **ANT.** **1.** y **2.** Desinteresado.

**interesante** *adj.* Que interesa: *La película era muy interesante.*
**SIN.** Atrayente, sugestivo. **ANT.** Aburrido, tonto.

**interesar** *v.* **1.** Tener interés por algo: *Le interesan mucho las carreras de motos.* **2.** Hacer que alguien tenga interés por alguna cosa: *El profesor intenta interesar a sus alumnos por la literatura leyendo trozos de novelas en clase.*
**SIN.** **1.** Atraer. **2.** Motivar. **ANT.** **1.** Pasar.

**interestelar** *adj.* Situado entre dos o más astros; se dice sobre todo del espacio que hay entre ellos.

**interface** o **interfaz** *s. amb.* **1.** En informática, dispositivo que conecta dos aparatos, dos circuitos o dos sistemas. **2.** En informática, el diseño que tiene en pantalla un programa o una aplicación, tal como lo ve el usuario cuando lo utiliza. ■ Su plural es *interfaces*. *Interface* es una palabra inglesa.

**interfecto, ta** *adj.* y *s. m.* y *f.* **1.** Se dice de la persona que muere violentamente: *Encontraron el cuerpo del interfecto en el lugar del crimen.* ‖ *s. m.* y *f.* **2.** Persona de la que se habla: *Estábamos hablando de Rebeca, cuando apareció la interfecta.*

**interferencia** *s. f.* **1.** Acción de interferir. **2.** Interrupción de las imágenes o el sonido en la televisión, la radio, el teléfono y otros aparatos parecidos: *Había interferencias en el televisor, salían unas rayas que no dejaban ver nada.*

**interferir** *v.* **1.** Ser un obstáculo. **2.** Causar interferencias. ■ Es un verbo irregular. Se conjuga como *sentir*.
**SIN.** **1.** Interponerse.
**FAM.** Interferencia.

**interfijo** *s. m.* Busca **infijo**.

**interfono** *s. m.* **1.** Sistema telefónico que se utiliza para comunicarse dentro de un edificio. **2.** Aparato que se usa en este sistema.

**intergaláctico, ca** *adj.* Situado entre dos o más galaxias.

**ínterin** *s. m.* Tiempo que pasa entre dos acciones o momentos: *En el ínterin entre clase y clase, aprovechamos para repasar la lección.* ■ Su plural es *ínterin* o *interines*.

**interina** *s. f.* Criada de una casa que no vive en ella.
**ANT.** Interna.

**interino, na** *adj.* y *s. m.* y *f.* Se dice de la persona que realiza un trabajo o una función de forma temporal: *Trabaja como médico interino hasta que le den su plaza.*
ANT. Fijo.
FAM. Ínterin.

**interior** *adj.* **1.** En la parte de dentro o de la parte de dentro: *La chaqueta tiene un forro interior de color azul.* **2.** Se dice de las prendas que se llevan debajo del resto de la ropa, como los calzoncillos, las bragas o el sujetador. || *adj.* y *s. m.* **3.** Se dice del piso que no tiene ventanas o balcones a la calle. || *s. m.* **4.** Ideas o sentimientos de una persona: *Aunque no se le notaba, en su interior estaba muy triste.* **5.** Parte de un país que está lejos del mar. **6.** En Hispanoamérica, todos los lugares que no son la capital o las ciudades principales. || *s. m.* y *f.* **7.** En fútbol, jugador que juega entre el extremo y el delantero centro.
SIN. **1.** Interno. **4.** Alma, espíritu. ANT. **1.** Externo. **1.**, **3.** y **4.** Exterior.
FAM. Interiorismo, interiorista.

**interiorismo** *s. m.* Profesión que consiste en decorar el interior de casas, locales y edificios.

**interiorista** *s. m.* y *f.* Persona que se dedica al interiorismo.

**interjección** *s. f.* Palabra o frase que sirve para expresar una impresión, un aviso, una orden, un saludo. Casi siempre se escribe entre signos de admiración: *¡oh!, ¡vaya!, ¡hola!, ¡estupendo!*

**interlínea** *s. f.* Espacio que hay entre dos líneas de un escrito.

**interlocutor, ra** *s. m.* y *f.* Cada una de las personas que hablan en una conversación.

**interludio** *s. m.* Composición musical breve que se toca antes o en el intermedio de otra más larga, que suele ser una ópera.

**intermediario, ria** *adj.* y *s. m.* y *f.* **1.** Que hace algo para poner de acuerdo a otros: *El director actuó de intermediario entre los alumnos y el profesor para fijar la fecha de los exámenes.* **2.** Persona que lleva los productos desde donde los hacen hasta la gente que los compra.
SIN. **1.** Mediador.

**intermedio, dia** *adj.* **1.** Que está en medio: *Juan ha quedado en un puesto intermedio en el concurso, ni el primero ni el último.* || *s. m.* **2.** Tiempo de descanso en una película, actuación o cualquier espectáculo.
FAM. Intermediario.

**interminable** *adj.* Que dura demasiado, que nunca se acaba: *La película le pareció interminable.*

**intermitente** *adj.* **1.** Que se para y luego continúa, y así muchas veces: *Hubo una lluvia intermitente.* || *s. m.* **2.** Luz que se enciende y apaga rápidamente para indicar algo, por ejemplo la que llevan los vehículos para señalar que van a torcer.
SIN. **1.** Discontinuo. ANT. **1.** Continuo.

**internacional** *adj.* **1.** De varios o de todos los países del mundo: *Se ha celebrado una semana internacional de cine.* || *adj.* y *s. m.* y *f.* **2.** Se dice del deportista que participa en una competición entre dos o más países: *Es internacional, ha jugado ya varias veces con la selección española de fútbol.*
SIN. **1.** Mundial, universal. ANT. **1.** Nacional.

**internado** *s. m.* Colegio u otro centro de enseñanza en el que los alumnos comen y duermen.

**internar** *v.* **1.** Meter a alguien en un lugar para que permanezca allí, por ejemplo en un hospital: *Le internaron ayer porque le iban a operar de la rodilla.* || **internarse 2.** Ir hacia hacia la parte de dentro de algo: *Se internaron en el bosque porque querían ver las ardillas.*
SIN. **1.** Ingresar. **2.** Adentrarse, penetrar. ANT. **1.** Sacar. **2.** Salir.
FAM. Internado, interno.

**internauta** *s. m.* y *f.* Persona que utiliza Internet.

**internet** *s. f.* Primeras letras de la expresión inglesa *Inter Network*, 'redes interconectadas'. Es una red de comunicación formada por muchos ordenadores conectados entre sí, a la que se puede acceder para compartir la información con todos esos ordenadores. ■ Suele escribirse con mayúscula.

**internista** *adj.* y *s. m.* y *f.* Se dice del médico especializado en las enfermedades de los órganos internos del cuerpo.

**interno, na** *adj.* **1.** Que ocurre o está por dentro de algo: *Tiene una heridita en la parte interna de la nariz.* || *adj.* y *s. m.* y *f.* **2.** Persona que vive en el mismo sitio en que trabaja o estudia: *Los alumnos internos comen y duermen en el colegio.* || *s. m.* y *f.* **3.** Persona que está en la cárcel.
SIN. **3.** Preso, recluso. ANT. **1.** Exterior, externo.
FAM. Internista.

**interpelación** *s. f.* Acción de interpelar.

**interpelar** *v.* Pedir explicaciones a una persona: *Algunos vecinos del edificio interpelaron al administrador sobre las cuentas.*
FAM. Interpelación.

**interplanetario, ria** *adj.* Que está o se produce entre dos o más planetas: *viajes interplanetarios.*

**interpolar** *v.* Poner una cosa entre otras, sobre todo palabras o párrafos en un texto: *Interpola ejemplos detrás de las explicaciones y el trabajo quedará mejor.*
SIN. Intercalar, insertar.

**interponer** *v.* **1.** Poner o estar algo entre dos o más personas o cosas: *Una valla se interpone entre los dos jardines.* || **interponerse 2.** Ponerse una persona entre otras para impedir o dificultar que hagan algo: *Se interpuso entre los chicos para que no se pegaran.*
■ Es un verbo irregular. Se conjuga como *poner.*

**interpretación** *s. f.* **1.** Acción de interpretar o entender algo de una manera: *Mi interpretación de lo ocurrido es diferente de la tuya.* **2.** Actuación de un cantante, músico o actor: *El público aplaudió mucho la interpretación de la soprano.*

**interpretar** *v.* **1.** Entender algo de una manera: *Aunque no lo dijo claramente, todos interpretaron que quería marcharse a casa.* **2.** Representar los actores una obra de teatro o una película. **3.** Cantar o tocar para el público alguna pieza musical.
SIN. **1.** Descifrar. **2.** Actuar.
FAM. Interpretación, interpretativo, intérprete. / Malinterpretar.

**interpretativo, va** *adj.* Relacionado con la interpretación: *En las clases de teatro se desarrolla la capacidad interpretativa.*

**intérprete** *s. m. y f.* **1.** Cantante, músico o actor. **2.** Persona que va traduciendo una conversación entre personas que hablan distintas lenguas, para que puedan entenderse.

**interrelación** *s. f.* Relación mutua entre personas o cosas: *Existe una interrelación entre el hombre y el medio en que vive.*

**interrogación** *s. f.* **1.** Signo que se coloca al principio (¿) y al final (?) de una palabra o frase en la que se pregunta algo: *¿Te vienes mañana al cine?* **2.** Palabra o expresión con la que se pregunta algo.
SIN. **2.** Pregunta.

**interrogante** *s. amb.* Cosa que no se sabe y se pregunta.
SIN. Incógnita, enigma.

**interrogar** *v.* Hacer preguntas a alguien para descubrir algo, sobre todo la policía a una persona para saber si ha hecho algo malo. ■ Delante de *e* se escribe *gu* en lugar de *g*: *interroguen*.
FAM. Interrogación, interrogante, interrogativo, interrogatorio.

**interrogativo, va** *adj. y s. f.* Se dice de las palabras u oraciones que sirven para preguntar algo, por ejemplo *¿quién?, ¿cuándo?, ¿dónde estuviste ayer?, ¿cómo te llamas?*

**interrogatorio** *s. m.* Preguntas que se hacen para aclarar un hecho: *La policía hizo varios interrogatorios para descubrir al ladrón.*

**interrumpir** *v.* Parar o impedir algo que se produce o que se está haciendo: *El profesor interrumpió la clase porque Rosa se puso mala y tuvieron que llevarla a casa.*
SIN. Detener; entorpecer, obstaculizar. ANT. Continuar; favorecer.
FAM. Interrupción, interruptor. / Ininterrumpido.

**interrupción** *s. f.* Acción de interrumpir: *Se produjo una interrupción en el partido de tenis a causa de la lluvia.*
SIN. Parada, detención. ANT. Continuación.

**interruptor** *s. m.* Lo que abre o cierra un circuito eléctrico, por ejemplo la llave que sirve para encender y apagar la luz.

**intersección** *s. f.* **1.** Encuentro de dos líneas, superficies o cuerpos que se cruzan: *En la intersección de las dos carreteras hay una señal de ceda el*

| INTERROGATIVOS | | |
| --- | --- | --- |
| | **FUNCIÓN DETERMINANTE** | **FUNCIÓN DE SUSTANTIVO** |
| **qué** | *¿Qué libro te gusta?* | *¿Qué compró?* |
| **quién**<br>**quiénes** | .......... | *¿Quién ha llamado?*<br>*Dime quiénes son.* |
| **cuál**<br>**cuáles** | .......... | *¿Cuál ha elegido?*<br>*¿Con cuáles te quedas?* |
| **cuánto**<br>**cuánta**<br>**cuántos**<br>**cuántas** | *¿Cuánto dinero hay?*<br>*¿Cuánta gente vino?*<br>*¿Cuántos niños fueron?*<br>*¿Cuántas respuestas acertó?* | *Pregúntale cuánto tiene.*<br>*Compraré leche, pero ¿cuánta?*<br>*No sabe cuántos le quedan.*<br>*¿Cuántas recibiste?* |
| **FUNCIÓN DE ADVERBIO** | | |
| **cómo** | *¿Cómo lo has hecho? ¿Sabes cómo está?* | |
| **cuándo** | *¿Cuándo llega el primer tren?* | |
| **dónde** | *¿Te dijeron dónde guardó la carpeta?* | |
| **cuánto** | *¿Cuánto le quieres, mucho o poco?* | |

**paso. 2.** En matemáticas, elementos comunes que tienen dos conjuntos.
SIN. **1.** Cruce.

**intersticio** s. m. Pequeño espacio entre dos cosas: *El agua se cuela por los intersticios de las rocas.* SIN. Grieta, ranura, resquicio.

**interurbano, na** adj. Que existe o se realiza entre distintas ciudades o pueblos: *Las llamadas de teléfono interurbanas han bajado de precio.*

**intervalo** s. m. **1.** Tiempo que hay entre dos hechos: *Entre el examen de matemáticas y el de lengua tuvieron un intervalo de una semana.* **2.** Distancia que hay entre dos cosas: *Los árboles están plantados a intervalos de tres metros.*

**intervención** s. f. **1.** Acción de intervenir en algo. **2.** Operación de cirugía.
SIN. **1.** Participación.

**intervencionismo** s. m. **1.** Sistema político en el que el Estado interviene en la economía del país. **2.** Doctrina política que está a favor de que un país intervenga en los asuntos de otros.

**intervenir** v. **1.** Hacer algo en un asunto o actividad, sobre todo con otros: *Han intervenido en el trabajo sobre las mariposas varios alumnos de sexto.* **2.** Hacer una operación de cirugía: *Le han intervenido para quitarle un bulto que tenía en el brazo.* ■ Es un verbo irregular. Se conjuga como *venir.*
SIN. **1.** Participar. **2.** Operar. ANT. **1.** Abstenerse.
FAM. Intervención, intervencionismo, interventor.

**interventor, ra** s. m. y f. **1.** Persona que controla y autoriza algunas operaciones para que se hagan de acuerdo con la ley: *El interventor ha revisado las cuentas de la empresa.* **2.** En las elecciones, persona designada por un partido que comprueba la votación y los resultados. **3.** Controlador de los billetes del tren.
SIN. **1.** Inspector. **3.** Revisor.

**interviú** s. f. Entrevista: *El periodista ha hecho una interviú al actor principal de la película.* ■ Su plural es *interviús.*

**intestinal** adj. Relacionado con el intestino: *Le operaron porque tenía una obstrucción intestinal.*

**intestino, na** adj. **1.** Se dice de los enfrentamientos entre las personas de un mismo país o grupo: *Las luchas intestinas arruinaron la nación.* ‖ s. m. **2.** Tubo largo con muchas curvas, situado entre el estómago y el ano, donde se hace la última parte de la digestión.
SIN. **1.** Interno; civil.
FAM. Intestinal.

**intimar** v. **1.** Hacerse muy amigo de alguien: *Ana y yo fuimos compañeros de curso, pero no llegamos a intimar.* **2.** Exigir con autoridad o amenazas a alguien que haga una cosa: *Aunque les intimaron a rendirse, los defensores no entregaron el castillo.*
SIN. **2.** Conminar.

**intimidad** s. f. **1.** La vida de una persona en su casa y con su familia: *Aunque parece muy serio, en la intimidad es muy simpático.* **2.** Sentimientos y pensamientos de una persona que, normalmente, no cuenta a los demás.

**intimidar** v. **1.** Asustar: *Es tan alto y tiene una voz tan fuerte que intimida a cualquiera.* **2.** Amenazar a alguien para que haga algo: *El ladrón le intimidó con una navaja para que le diera el dinero.*
SIN. **1.** Atemorizar. **2.** Coaccionar.

**intimista** adj. Que refleja emociones o sentimientos íntimos de las personas: *Prefiero una película intimista a un film de acción.*

**íntimo, ma** adj. **1.** Interior o profundo: *Escribe en su diario sus pensamientos más íntimos.* **2.** Familiar, privado, sólo para una persona o para muy pocas: *una cena íntima, una carta íntima.* **3.** Se dice de la relación o unión muy fuerte o estrecha: *Existe una íntima amistad entre Juan y Luisa.* ‖ adj. y s. m. y f. **4.** Se dice de las personas con las que se tiene más amistad: *Sólo invitó a los íntimos a la fiesta.*
SIN. **1.** Hondo. **2.** Reservado. **4.** Entrañable.
FAM. Intimar, intimidad, intimista.

**intocable** adj. **1.** Que no se puede tocar, que debe ser respetado: *Ese archivo es intocable porque guarda todos los documentos de la empresa.* ‖ adj. y s. m. y f. **2.** En la India, persona de la clase social más baja.
SIN. **1.** Intangible.

**intolerable** adj. Que no se puede tolerar o permitir: *Es intolerable lo mal que algunas personas tratan a sus animales.*
SIN. Inaceptable. ANT. Tolerable.

**intolerancia** s. f. **1.** Forma de pensar y actuar de la persona que no tolera o admite otras ideas distintas de las suyas. **2.** Hecho de no poder tolerar el cuerpo una cosa: *Susana tiene intolerancia a algunos medicamentos.*
SIN. **1.** Intransigencia. ANT. **1.** Tolerancia.
FAM. Intolerable, intolerante.

**intolerante** adj. y s. m. y f. Que tiene o muestra intolerancia.

**intoxicación** s. f. Acción de intoxicarse y daño que produce en el organismo.

**intoxicarse** v. Ponerse muy enfermo por tomar algo venenoso o en mal estado, o por tomar mucho de algunas sustancias: *Se intoxicó con mayonesa en malas condiciones.* ■ Delante de *e* se escribe *qu* en lugar de *c*: *Me intoxiqué.*
SIN. Envenenarse. ANT. Desintoxicarse.
FAM. Intoxicación. / Desintoxicar.

**intragable** adj. **1.** Muy malo o muy pesado: *El pastel que hizo Antonio era intragable. Me salí del cine porque la película era intragable.* **2.** Muy difícil de creer: *Nos largó una excusa intragable.*
SIN. **1.** Incomible, infumable, insoportable. **2.** Increíble.

**intramuros** *adv.* Dentro de las murallas de una población: *La catedral está intramuros.* **ANT.** Extramuros.

**intramuscular** *adj.* Que está, se pone o se produce dentro de los músculos: *La enfermera me puso una inyección intramuscular.*

**intranet** *s. f.* Red parecida a Internet, pero entre los ordenadores de una empresa o grupo.

**intranquilidad** *s. f.* Inquietud, falta de tranquilidad. **SIN.** Desasosiego. **ANT.** Calma.

**intranquilizar** *v.* Hacer perder a alguien la tranquilidad. ■ Delante de *e* se escribe *c* en lugar de *z*: *intranquilice.* **SIN.** Inquietar, preocupar. **ANT.** Tranquilizar.

**intranquilo, la** *adj.* Que no está tranquilo: *Estaré intranquilo hasta que sepa que has llegado a tu destino.* **SIN.** Inquieto. **ANT.** Tranquilo. **FAM.** Intranquilidad, intranquilizar.

**intransferible** *adj.* Que no se puede transferir: *Este carné es intransferible, sólo lo puede utilizar la persona que figura en él.*

**intransigencia** *s. f.* Forma de ser o de actuar de la persona intransigente.

**intransigente** *adj.* **1.** Que no admite ideas contrarias a las suyas. **2.** Se dice de quien no permite el menor fallo o error. **SIN. 1.** Intolerante. **2.** Inflexible, exigente. **FAM.** Intransigencia.

**intransitable** *adj.* Se dice del sitio por el que no se puede transitar o andar: *La calle está intransitable porque han levantado todo el suelo.*

**intransitivo, va** *adj. y s. m. y f.* Se dice de los verbos que no llevan complemento directo, como por ejemplo *permanecer, crecer, morir, pestañear;* también se dice de la oración formada con estos verbos.

**intrascendente** *adj.* Que no tiene trascendencia o importancia: *Hablaban de cosas intrascendentes para pasar el rato.* **SIN.** Trivial. **ANT.** Trascendente.

**intratable** *adj.* Se dice de las personas difíciles de tratar por ser antipáticas, maleducadas o tener mal carácter. **SIN.** Irritable, huraño. **ANT.** Tratable.

**intravenoso, sa** *adj.* Que está, se produce o se pone dentro de las venas; se dice sobre todo de la inyección que se pone directamente en una vena.

**intrépido, da** *adj.* Valiente, audaz. **SIN.** Valeroso, osado. **ANT.** Cobarde.

**intriga** *s. f.* **1.** Conjunto de acciones que se realizan en secreto para conseguir algo: *Descubrió las intrigas que sus enemigos planeaban contra él.* **2.** Conjunto de sucesos que pasan en una novela, en una obra de teatro o en una película mantienen el interés del lector o espectador. **SIN. 1.** Confabulación. **2.** Trama.

**intrigante** *adj. y s. m. y f.* **1.** Se dice de la persona que intriga: *Nos peleamos por culpa de unos intrigantes.* ‖ *adj.* **2.** Que provoca interés o curiosidad: *Le vigilaba porque su comportamiento me parecía intrigante.* **SIN. 1.** Liante, enredador. **2.** Curioso, misterioso, sospechoso.

**intrigar** *v.* **1.** Actuar alguien en secreto y con astucia para lograr algo o para perjudicar a otra persona: *Los envidiosos intrigaban para que no le diesen el premio.* **2.** Provocar algo el interés o la curiosidad: *La extraña conducta de Raúl intrigaba a sus amigos.* ■ Delante de *e* se escribe *gu* en lugar de *g*: *intrigues.* **SIN. 1.** Conspirar, maquinar. **2.** Extrañar, escamar. **FAM.** Intriga, intrigante.

**intrincado, da** *adj.* **1.** Que tiene muchos cruces, rodeos y vueltas: *un camino intrincado.* **2.** Enredado, difícil o confuso: *un asunto intrincado.*

**intríngulis** *s. m.* Dificultad o interés que tiene una cosa: *Este juego parecía fácil, pero tiene su intríngulis.* ■ No varía en plural. **SIN.** Complicación; meollo.

**intrínseco, ca** *adj.* Se dice del valor o de alguna otra cualidad que algo tiene por sí mismo y no por otras causas: *Un billete de 100 euros es bastante dinero, pero su valor intrínseco es escaso, pues el papel con que está hecho cuesta poco.* **SIN.** Propio. **ANT.** Extrínseco.

**introducción** *s. f.* **1.** Acción de introducir o introducirse. **2.** Lo que se pone o se dice al comienzo de algo y sirve de preparación o explicación: *Las lecciones de este libro empiezan con una introducción.* **SIN. 1.** Preámbulo. **ANT. 2.** Epílogo.

**introducir** *v.* **1.** Meter una cosa en otra: *Para llamar por teléfono hay que introducir una moneda en la ranura.* **2.** Hacer entrar a alguien o algo en un lugar o grupo: *La enfermera introdujo al paciente en la sala de espera. Alberto introdujo a su hermano en el coro del colegio.* ‖ **introducirse 3.** Entrar alguien en un sitio: *Un ladrón se introdujo en la casa por la noche.* ■ Es un verbo irregular. Se conjuga como *conducir.* **SIN. 1.** Encajar, insertar. **3.** Penetrar, colarse. **ANT. 1.** Sacar. **2.** Expulsar. **3.** Salir. **FAM.** Introducción, introductorio.

**introductorio, ria** *adj.* Que sirve para introducir: *Antes de que apareciera el invitado hizo una presentación introductoria.*

**intromisión** *s. f.* El meterse alguien en asuntos de otros: *Le gusta decidir él solo lo que va a hacer, sin intromisiones de nadie.*

**introspectivo, va** *adj.* De la introspección: *análisis introspectivo.*

**introvertido, da** *adj. y s. m. y f.* Se dice de la persona tímida que se mete en sus pensamientos y habla poco con los demás. **SIN.** Retraído. **ANT.** Extrovertido.

**intrusismo** *s. m.* Hecho de desempeñar una actividad sin estar autorizado para ello: *Los médicos se quejan del intrusismo de los curanderos.*

**intruso, sa** *s. m. y f.* Persona que entra o está donde no debe: *Echaron a un intruso que se había colado en la fiesta.*
SIN. Extraño.
FAM. Intrusismo.

**intuición** *s. f.* **1.** Hecho de intuir una cosa: *De repente tuvo la intuición de que iba a venir su amigo.* **2.** Capacidad para intuir algo: *Tiene mucha intuición para los negocios.*
SIN. **1.** Impresión. **2.** Instinto.

**intuir** *v.* Tener la impresión de que ocurre o va a ocurrir una cosa o de que algo es de una manera: *Por sus miradas intuyó que no era bien recibido.*
■ Es un verbo irregular. Se conjuga como *huir.*
SIN. Captar, percibir, presentir.
FAM. Intuición, intuitivo.

**intuitivo, va** *adj.* Que tiene intuición o actúa por intuición: *Las personas intuitivas se dan cuenta de cosas que las demás no notan.*

**inundación** *s. f.* **1.** Hecho de inundar o inundarse. **2.** Aumento del agua de un río que hace que se salga por las orillas.
SIN. **2.** Riada, crecida.

**inundar** *v.* **1.** Cubrir de agua un lugar: *Se dejó un grifo abierto y se ha inundado la casa.* **2.** Llenar un lugar de personas o cosas: *Durante las elecciones inundan de carteles la ciudad.*
SIN. **1.** Encharcar, anegar. **2.** Atestar. ANT. **1.** Achicar. **2.** Vaciar.
FAM. Inundación.

**inusitado, da** *adj.* Que no es normal, que no ocurre casi nunca: *Hizo un frío inusitado en julio.*
SIN. Inusual, insólito. ANT. Corriente, habitual.

**inusual** *adj.* No usual, que ocurre muy pocas veces: *Estará enfermo, porque es inusual que vuelva tan temprano del colegio.*
SIN. Desacostumbrado, inusitado. ANT. Habitual.

**inútil** *adj. y s. m. y f.* Que no sirve: *Tras el accidente, el coche quedó inútil. Es un inútil para las matemáticas.*
SIN. Inservible, inepto. ANT. Útil.
FAM. Inutilidad, inutilizar.

**inutilidad** *s. f.* Característica de inútil: *Dejó de intentarlo cuando se dio cuenta de la inutilidad de sus esfuerzos.*
SIN. Ineficacia. ANT. Utilidad.

**inutilizar** *v.* Hacer que algo ya no sirva. ■ Delante de *e* se escribe *c* en lugar de *z*: *inutilicen.*
SIN. Estropear; invalidar. ANT. Arreglar; habilitar.

**invadir** *v.* **1.** Entrar en un lugar por la fuerza: *Los enemigos invadieron todo el país.* **2.** Llenar un lugar muchas personas o cosas perjudiciales: *Las ma-*
*las hierbas invadieron el jardín.* **3.** Tener alguien una sensación o un sentimiento muy fuertes: *Le invadió el miedo y echó a correr.*
SIN. **1.** Asaltar, ocupar. **2.** Inundar, saturar. **3.** Dominar, apoderarse.
FAM. Invasión, invasor.

**invalidar** *v.* Hacer que algo no valga: *El profesor invalidó el examen de los que habían copiado.*
SIN. Anular, inutilizar.

**invalidez** *s. f.* Hecho de ser inválido. ■ Su plural es *invalideces.*

**inválido, da** *adj. y s. m. y f.* Persona que, por tener algún defecto, un daño o por faltarle algún miembro, no puede moverse normalmente.
SIN. Minusválido, imposibilitado.
FAM. Invalidar, invalidez.

**invariable** *adj.* Que no varía: *Los adverbios y preposiciones son invariables; no cambian de forma.*
SIN. Inalterable, inmutable. ANT. Variable.

**invasión** *s. f.* Acción de invadir: *Están estudiando la invasión de España por las tropas francesas. En verano se produce una invasión de turistas en las playas.*
SIN. Asalto, ocupación; plaga.

**invasor, ra** *adj. y s. m. y f.* Que invade: *El ejército invasor conquistó la capital.*

**invencible** *adj.* Imposible de vencer o dominar: *un rival invencible, un miedo invencible.*
SIN. Insuperable.

**invención** *s. f.* **1.** Acción de inventar: *la invención de la imprenta.* **2.** Lo que alguien se inventa: *Nadie creyó lo que decía; todos pensaron que era otra de sus invenciones.*
SIN. **1.** Descubrimiento, hallazgo. **2.** Fantasía.

**inventar** *v.* **1.** Encontrar algo nuevo o una nueva forma de hacer alguna cosa: *Franklin inventó el pararrayos.* **2.** Imaginar, idear: *inventar cuentos.*
SIN. **1.** Descubrir, hallar. **2.** Concebir, planear.
FAM. Invención, inventario, inventiva, invento, inventor.

**inventariar** *v.* Hacer un inventario: *Hay que inventariar todo lo que ha recibido el almacén.*

**inventario** *s. m.* Lista en que se escriben todas las cosas que tiene una persona o un grupo.
SIN. Registro.
FAM. Inventariar.

**inventiva** *s. f.* Capacidad o facilidad para inventar.
SIN. Imaginación, creatividad.

**invento** *s. m.* Cosa que se ha inventado: *El teléfono es uno de los inventos más utilizados.*

**inventor, ra** *s. m. y f.* El que inventa una cosa nueva.

**invernadero** *s. m.* Lugar preparado para proteger las plantas del frío en invierno; suele estar cubierto con cristales. (Puedes ver su ilustración en la página siguiente).

**invernadero**

**invernal** *adj.* Del invierno, o que se hace o sucede en él: *El esquí es un deporte invernal.* **ANT.** Estival.

**invernar** *v.* **1.** Pasar el invierno en un lugar: *Muchos alemanes jubilados invernan en España.* **2.** Busca **hibernar**.

**inverosímil** *adj.* Que no parece verdad y resulta difícil de creer: *La historia que contaba era tan inverosímil, que lo tomaron por loco.* **SIN.** Increíble. **ANT.** Verosímil.

**inversión** *s. f.* **1.** Acción de invertir. **2.** Dinero que se invierte en un negocio. **SIN.** **1.** Alteración, cambio.

**inverso, sa** *adj.* Contrario, opuesto: *En el otro carril los coches circulan en sentido inverso.*

**inversor, ra** *adj.* y *s. m.* y *f.* Que invierte dinero en negocios o en la bolsa.

**invertebrado, da** *adj.* y *s. m.* y *f.* Se dice de los animales que no tienen columna vertebral, como los insectos o los gusanos.

**invertir** *v.* **1.** Cambiar las cosas, colocándolas en una dirección, una posición o un orden contrario al que tenían: *Los espejos invierten la imagen que reflejan; lo que está a la derecha se ve a la izquierda y al revés.* **2.** Emplear, gastar: *Invirtió mucho tiempo en ese trabajo.* **3.** Dar dinero para un negocio con el fin de obtener un beneficio. ■ Es un verbo irregular. Se conjuga como *sentir.* **SIN.** **1.** Alterar, trastocar. **2.** Destinar. **FAM.** Inversión, inverso, inversor.

**investidura** *s. f.* **1.** Acción de investir. **2.** Votación que se hace en el parlamento para nombrar oficialmente al presidente del gobierno.

**investigación** *s. f.* Acción de investigar: *En la investigación de aquel caso, el inspector interrogó a muchas personas.*

**investigador, ra** *adj.* y *s. m.* y *f.* Persona que investiga.

**investigar** *v.* Estudiar, examinar o hacer todo lo necesario para descubrir o conocer algo: *La policía investiga para hallar a los autores del robo. El médico está investigando una nueva vacuna.* ■ Delante de *e* se escribe *gu* en lugar de *g*: *investigue.* **SIN.** Averiguar, indagar. **FAM.** Investigación, investigador.

**investir** *v.* Dar a una persona un cargo importante. ■ Es un verbo irregular. Se conjuga como *pedir.* **FAM.** Investidura.

**inviable** *adj.* Que no puede hacerse: *Construir un túnel en aquel monte era inviable.* **SIN.** Imposible, irrealizable. **ANT.** Viable.

**invicto, ta** *adj.* Que no ha sido vencido: *Nuestro equipo lleva invicto veinte partidos.* **SIN.** Triunfador, victorioso.

**invidente** *adj.* y *s. m.* y *f.* Persona ciega. **ANT.** Vidente.

**invierno** *s. m.* Estación más fría del año, entre el otoño y la primavera. **FAM.** Invernadero, invernal, invernar.

**inviolable** *adj.* Que no se puede violar o romper: *un acuerdo inviolable.*

**invisible** *adj.* Que no se puede ver: *El protagonista del cuento tenía una capa que le hacía invisible.* **ANT.** Visible.

**invitación** *s. f.* **1.** Acción de invitar a alguien a alguna cosa: *Aceptó su invitación de ir con ellos a la playa.* **2.** Tarjeta con que se invita a alguien: *Hizo ella misma las invitaciones para su fiesta.*

**invitado, da** *adj.* y *s. m.* y *f.* Que alguien le invitó: *En la fiesta había más de cien invitados.* **SIN.** Convidado.

**invitar** *v.* **1.** Decirle una persona a otra si quiere ir a celebrar algo con ella, ir a su casa, comer, beber, divertirse sin tener que pagar nada: *Sus padres me han invitado a pasar el fin de semana con ellos en la sierra. Les invitó a café en su casa.* **2.** Decirle a alguien que haga algo o animar a hacerlo: *El director les invitó a sentarse. Este tiempo tan bueno invita a salir y pasear.* **SIN.** **1.** y **2.** Convidar. **2.** Incitar, mover. **FAM.** Invitación, invitado. / Envidar.

**invocación** *s. f.* Acción de invocar.

**invocar** *v.* **1.** Llamar a Dios, a los santos o a un espíritu, para pedirles algo. **2.** Nombrar a una persona o cosa para que alguien nos ayude o para demostrar algo: *Para pedirle dinero, invocó la amistad que había tenido con su familia.* ■ Delante de *e* se escribe *qu* en lugar de *c*: *invoques.* **SIN.** **1.** Suplicar, rogar. **1.** y **2.** Implorar. **2.** Recurrir, apelar, requerir. **FAM.** Invocación.

**involución** *s. f.* Retroceso en la marcha de una cosa: *La subida del petróleo supuso una involución para el desarrollo económico del país.* **SIN.** Recesión. **ANT.** Evolución, progreso.

**involucrar** *v.* Hacer que alguien participe en algo malo: *Le involucraron en el robo.* **SIN.** Complicar, comprometer, implicar.

**involuntario, ria** *adj.* Que se hace o pasa sin querer, sin intención: *Cuando bostezamos de sueño, lo hacemos de forma involuntaria.* **ANT.** Voluntario.

**invulnerable** *adj.* Que no puede ser herido o sufrir algún daño: *La armadura le hacía invulnerable.* **SIN.** Inmune. **ANT.** Vulnerable.

**inyección** *s. f.* **1.** Acción de inyectar. **2.** Sustancia o medicina que se inyecta.

**inyectar** *v.* **1.** Meter en el cuerpo una medicina o una droga con una jeringuilla. **2.** Meter alguna sustancia a presión en el organismo, como hacen algunos animales e insectos con su veneno. **SIN. 1.** Pinchar. **1.** y **2.** Inocular. **FAM.** Inyección.

**ion** o **ión** *s. m.* Átomo o grupo de átomos con carga eléctrica. **FAM.** Ionosfera. / Anión, catión.

**ionosfera** *s. f.* Última capa de la atmósfera que contiene pocos gases, pero con carga eléctrica.

**ipso facto** *expr.* En el momento, inmediatamente: *Lo llamé y acudió ipso facto.* ■ Es una expresión latina.

**ir** *v.* **1.** Moverse o trasladarse de un lugar a otro: *ir en coche, irse de viaje, ir a clase, ir por el pan.* **2.** Tener una dirección: *Esta carretera va a Toledo.* **3.** Tener una extensión: *La lección va de la página 1 a la 20.* **4.** Estar colocado o situado: *Su equipo iba el segundo. Ana va por tercero de primaria.* **5.** Marchar, encontrarse: *¿Cómo te va? Bien, gracias. Rosa va mejor de su catarro.* **6.** Tratar sobre un asunto: *¿De qué va esa película?* **7.** Combinar: *Esa corbata le irá bien con la camisa.* **8.** Vestir: *Marta iba muy elegante.* **9.** Gustar: *Las comidas picantes me van.* **10.** Decir o hacer algo de una manera: *El castigo con que te ha amenazado tu padre va en serio.* **11.** Depender: *Yo prefiero el rojo, pero eso va en gustos.* **12.** Querer parecer: *Raúl va de listo.* **13.** Con *a* y un infinitivo, tener la intención de hacer algo: *Vamos a bailar.* **14.** Con un gerundio, expresa una acción que se realiza poco a poco: *Ya vas aprendiendo a montar en bici.* || **irse 15.** Salirse un líquido o gas de donde está encerrado: *El aceite de la botella se va por ese agujerito.* **16.** No poder controlar o sujetar algo: *Al partir el pan, se le fue el cuchillo y se cortó.* ■ Es un verbo irregular. **EXPR. ¡dónde va a parar!** Destaca la diferencia que existe entre dos o más personas o cosas: *Nuestro equipo es muchísimo mejor que el de ellos, ¡dónde va a parar!* **el no va más** Lo mejor, lo máximo. **ni**

**irle ni venirle** algo a alguien No importarle. **SIN. 1.** Desplazarse, encaminarse; acudir; largarse. **3.** Extenderse, ocupar. **7.** Entonar, sentar. **9.** Agradar. **15.** y **16.** Escaparse. **ANT. 1.** Volver; quedarse, venirse. **7.** Desentonar. **9.** Disgustar. **FAM.** Ida, ido, ¡vamos!

**ira** *s. f.* Enfado en que una persona se pone muy violenta: *Empezaron a discutir y en un ataque de ira se fue de casa dando un portazo.* **SIN.** Rabia, enojo, cólera, furia, furor. **ANT.** Calma. **FAM.** Iracundo, irascible. / Airado.

**iracundo, da** *adj. y s. m. y f.* Que se deja llevar por la ira o que está dominado por la ira: *Se puso a gritar, iracundo.* **SIN.** Irascible, colérico, furioso.

**iraní** *adj. y s. m. y f.* De Irán, país del sudoeste de Asia. ■ Su plural es *iraníes* o *iraníes.*

**iraquí** *adj. y s. m. y f.* De Irak, país del sudoeste de Asia. ■ Su plural es *iraquís* o *iraquíes.*

**irascible** *adj.* Que se enfada enseguida.

**iris** *s. m.* **1.** Círculo azul, marrón, verde o de otro color situado en el centro del ojo y que tiene dentro la pupila. **2.** Arco iris. ■ No varía en plural. **FAM.** Irisado.

| I R |
| --- |

| GERUNDIO |
| --- |
| *yendo* |

| INDICATIVO | | |
| --- | --- | --- |
| **Presente** | **Pretérito imperfecto** | **Pretérito perfecto simple** |
| *voy* | *iba* | *fui* |
| *vas* | *ibas* | *fuiste* |
| *va* | *iba* | *fue* |
| *vamos* | *íbamos* | *fuimos* |
| *vais* | *ibais* | *fuisteis* |
| *van* | *iban* | *fueron* |

| SUBJUNTIVO | |
| --- | --- |
| **Presente** | **Pretérito imperfecto** |
| *vaya* | *fuera, -ese* |
| *vayas* | *fueras, -eses* |
| *vaya* | *fuera, -ese* |
| *vayamos* | *fuéramos, -ésemos* |
| *vayáis* | *fuerais, -eseis* |
| *vayan* | *fueran, -esen* |

| Futuro | |
| --- | --- |
| *fuere* | *fuéremos* |
| *fueres* | *fuereis* |
| *fuere* | *fueren* |

| IMPERATIVO | |
| --- | --- |
| *ve* | *id* |

**irisado, da** *adj.* Que tiene reflejos de varios colores, como el arco iris: *En el agua, una mancha de aceite despedía brillos irisados.*

**irlandés, sa** *adj.* y *s. m.* y *f.* **1.** De Irlanda, isla y país de Europa. || *s. m.* **2.** Una de las lenguas que se hablan en Irlanda. || *adj.* y *s. m.* **3.** Se dice del café al que se le echa whisky y nata.

**ironía** *s. f.* El decir una cosa pero dando a entender todo lo contrario, por ejemplo mediante la entonación o los gestos.
SIN. Sorna, guasa, sarcasmo.
FAM. Irónico, ironizar.

**irónico, ca** *adj.* Que tiene ironía.

**ironizar** *v.* Hablar o escribir con ironía sobre alguien o algo. ■ Delante de *e* se escribe *c* en lugar de *z*: *ironicé.*

**IRPF** *s. m.* Primeras letras de *Impuesto sobre la Renta de las Personas Físicas,* que es como se llama en España al dinero que un ciudadano debe pagar al Estado por lo que gana al año, para que éste haga con él cosas necesarias para todos.

**irracional** *adj.* **1.** Que no tiene capacidad para razonar: *Los animales, a diferencia del hombre, son seres irracionales.* **2.** Que no es razonable o no está bien pensado: *Es irracional que quiera terminar todo ese trabajo en una hora.*
SIN. **2.** Ilógico, insensato. ANT. **1.** Racional. **2.** Sensato.

**irradiar** *v.* **1.** Salir de un cuerpo rayos de luz, calor u otra energía en todas las direcciones: *El Sol irradia calor.* **2.** Comunicar, transmitir: *Maite es muy agradable, irradia simpatía.* || **irradiarse 3.** Extenderse: *El dolor del codo se le irradia al brazo.*
SIN. **1.** Emitir, radiar. **1.** y **3.** Difundir. **3.** Propagarse.

**irreal** *adj.* Que no es real.
SIN. Ficticio, imaginario, fantástico.
FAM. Irrealidad.

**irrealidad** *s. f.* Característica de lo que no es real.

**irrealizable** *adj.* Que no se puede realizar: *Le parecía irrealizable su deseo de ir a Grecia.*

**irrebatible** *adj.* Que no se puede rebatir: *Me convenció con un argumento irrebatible.*

**irreconciliable** *adj.* **1.** Se dice de las personas que no se pueden reconciliar: *Eran inseparables, pero ahora son enemigos irreconciliables.* **2.** Se dice de las cosas o ideas que no pueden ponerse de acuerdo: *Juan y Pedro no se entienden porque tienen opiniones irreconciliables.*
SIN. **2.** Incompatible, opuesto. ANT. **2.** Próximo, compatible.

**irreconocible** *adj.* Que no se puede reconocer: *Desde que se rapó el pelo está irreconocible.*

**irreductible** *adj.* **1.** Que no se puede hacer más pequeño. **2.** Que no se puede someter o conquistar: *Es un pueblo irreductible que ha rechazado todas las invasiones.*

**irreemplazable** *adj.* Que no se puede reemplazar o sustituir: *Tuve que comprar una cámara porque la pieza que se rompió era irreemplazable.* ■ Se escribe también *irremplazable.*

**irreflexivo, va** *adj.* **1.** Hecho sin pensar. || *adj.* y *s. m.* y *f.* **2.** Que no piensa bien las cosas antes de hacerlas.
SIN. **1.** y **2.** Irracional, inconsciente. ANT. **1.** y **2.** Reflexivo.

**irrefrenable** *adj.* Que no se puede refrenar o contener: *Estaba tan contento que me entró un irrefrenable deseo de gritar.*
SIN. Incontenible, irreprimible.

**irrefutable** *adj.* Que no se puede refutar: *Las pruebas en contra del acusado eran irrefutables.*
SIN. Irrebatible.

**irregular** *adj.* **1.** Que tiene cambios, fallos, altibajos y otras cosas que hacen que algo no sea regular: *El comportamiento de ese alumno durante el curso ha sido irregular.* **2.** Que se aparta de una regla o norma: *«Haber» es un verbo irregular.* **3.** En geometría, se dice del polígono que no tiene los lados y ángulos iguales entre sí.
SIN. **1.** Desigual, discontinuo, variable. **2.** Anormal. ANT. **1.** a **3.** Regular.
FAM. Irregularidad.

**irregularidad** *s. f.* **1.** Característica de irregular. **2.** Cosa irregular: *El autocar da muchos botes por las irregularidades del terreno.*
ANT. **1.** y **2.** Regularidad.

**irrelevante** *adj.* Sin importancia.
SIN. Intrascendente, insignificante. ANT. Relevante.

**irremediable** *adj.* Que no tiene remedio, que ya no se puede arreglar o solucionar.
SIN. Irreparable.

**irremisible** *adj.* Que no se puede perdonar: *Cometió un error irremisible y fue expulsado del club.*

**irremplazable** *adj.* Busca **irreemplazable.**

**irrenunciable** *adj.* Se dice de aquello a lo que no se puede renunciar.

**irreparable** *adj.* Que no se puede reparar o remediar: *La tormenta de granizo ha provocado daños irreparables en los campos de trigo.*
SIN. Irremediable.

**irrepetible** *adj.* Que no se puede repetir: *un momento irrepetible, una situación irrepetible.*
SIN. Único, excepcional.

**irreprimible** *adj.* Que no se puede reprimir o contener: *La historia era tan triste que me entraron unas ganas irreprimibles de llorar.*
SIN. Irrefrenable, incontenible.

**irreprochable** *adj.* Que no se le puede reprochar nada porque ha estado o actuado bien.
SIN. Intachable. ANT. Censurable.

**irresistible** *adj.* **1.** Que no se puede resistir: *Hace un calor irresistible.* **2.** Se dice de la persona muy atractiva: *Eduardo es un chico irresistible.*
SIN. **1.** Inaguantable, insufrible. ANT. **2.** Feo.

**irresoluble** *adj.* Que no se puede resolver: *El crucigrama era irresoluble, se habían equivocado en las definiciones.*

**irresoluto, ta** *adj.* Que no se decide o que le cuesta tomar decisiones.
SIN. Indeciso, vacilante. ANT. Resoluto, decidido.

**irrespetuoso, sa** *adj.* Que no es respetuoso con alguien o algo.
SIN. Desconsiderado, irreverente.

**irrespirable** *adj.* **1.** Que no se puede o no se debe respirar. **2.** Se dice del ambiente en el que una persona se siente incómoda o rechazada: *Como se llevan mal, se ha creado un ambiente irrespirable en el trabajo.*

**irresponsable** *adj. y s. m. y f.* Que no es responsable.

**irreverente** *adj.* Que no tiene respeto, sobre todo a las cosas sagradas.
SIN. Irrespetuoso, impío. ANT. Reverente.

**irreversible** *adj.* Que ya no se puede cambiar o solucionar: *Su enfermedad es irreversible, no tiene curación.*
SIN. Reversible.

**irrevocable** *adj.* Que no se puede revocar o anular: *Las órdenes del capitán son irrevocables.*

**irrigación** *s. f.* Acción de irrigar.

**irrigar** *v.* **1.** Regar. **2.** Llegar la sangre a todas las partes del cuerpo. **3.** Mojar con un líquido alguna parte por dentro del cuerpo, sobre todo el intestino, metiendo ese líquido por el ano. ■ Delante de *e* se escribe *gu* en lugar de *g*: *irrigue.*
FAM. Irrigación.

**irrisorio, ria** *adj.* **1.** Que da risa, ridículo. **2.** Muy pequeño o muy poco importante: *Le pagaron una cantidad irrisoria después de haber trabajado durante todo el día.*
SIN. **2.** Mínimo, insignificante. ANT. **2.** Grande.

**irritable** *adj.* Que se irrita o enfada enseguida.
SIN. Irascible, colérico. ANT. Tranquilo.

**irritación** *s. f.* **1.** Parte del cuerpo que está roja y duele o escuece: *Le mandaron unas pastillas para la irritación de garganta.* **2.** Enfado.
SIN. **2.** Enojo.

**irritante** *adj.* Que irrita: *Tiene un tono de voz irritante. Esa crema es irritante para la piel.*

**irritar** *v.* **1.** Poner roja una parte del cuerpo, produciendo dolor o escozor: *Había mucho humo y se le irritaron los ojos.* **2.** Enfadar: *Tiene muy mal genio y se irrita por cualquier tontería.*
SIN. **2.** Enojar, enfurecer. ANT. **2.** Tranquilizar.
FAM. Irritable, irritación, irritante.

**irrompible** *adj.* Que no se rompe o es muy difícil romperlo: *Le pusieron en las gafas graduadas cristales irrompibles.*

**irrumpir** *v.* Entrar o aparecer de repente: *Dos desconocidos irrumpieron en la sala.*
FAM. Irrupción.

**irrupción** *s. f.* Acción de irrumpir.

**isa** *s. f.* Canción y baile típico de las islas Canarias.

**isla** *s. f.* Parte de tierra que está rodeada de agua por todos los lados.
FAM. Isleño, isleta, islote. / Aislar.

**islam** *s. m.* **1.** Religión de los musulmanes que fue fundada por Mahoma. **2.** Conjunto de los países de cultura y religión musulmanas. ■ Es una palabra árabe. Suele escribirse con mayúscula.
SIN. **1.** Islamismo.
FAM. Islámico, islamismo.

**islámico, ca** *adj.* Del islam o relacionado con esta religión y cultura.

**islamismo** *s. m.* Religión de los musulmanes, fundada por su profeta Mahoma.
SIN. Islam.

**islandés, sa** *adj. y s. m. y f.* **1.** De Islandia, país del norte de Europa. || *s. m.* **2.** Lengua que se habla en este país.

**isleño, ña** *adj. y s. m. y f.* De una isla: *Los canarios son isleños.*

**isleta** *s. f.* **1.** Isla pequeña. **2.** Trozo de acera o zona señalizada en medio de una calle, una plaza o una carretera, por la que no pueden pasar los coches; suele servir para dirigir el tráfico o para que los peatones crucen más fácilmente.

**islote** *s. m.* **1.** Isla pequeña y sin habitantes. **2.** Roca muy grande que sobresale en el mar.

**isobara** o **isóbara** *s. f.* En un mapa, línea que une los puntos que tienen la misma presión atmosférica.

**isósceles** *adj.* Se dice de la figura geométrica que tiene dos lados iguales: *un triángulo isósceles.* ■ No varía en plural.

**isquion** *s. m.* Uno de los huesos de la cadera que forman la pelvis.

**israelí** *adj. y s. m. y f.* De Israel, país del oeste de Asia, a orillas del mar Mediterráneo. ■ Su plural es *israelís* o *israelíes.*
FAM. Israelita.

**israelita** *adj.* De un pueblo que antiguamente vivió en Palestina.
SIN. Hebreo, judío.

**istmo** *s. m.* Trozo estrecho de tierra que une una península con el continente o dos continentes entre sí.

**italiano, na** *adj. y s. m. y f.* **1.** De Italia, país del sur de Europa. || *s. m.* **2.** Lengua que se habla en Italia.

**itinerante** *adj.* Que no tiene un sitio fijo donde estar o vivir y va de un lado a otro: *Dejaron algunas salas del museo para exposiciones itinerantes.* SIN. Ambulante, errante, nómada. ANT. Permanente.

**itinerario** *s. m.* Camino o recorrido: *Este autobús lleva siempre el mismo itinerario.* SIN. Trayecto, ruta, circuito. FAM. Itinerante.

**IVA** *s. m.* Primeras letras de *Impuesto sobre el Valor Añadido*; es el dinero que, en los países de la Unión Europea, el Estado cobra sobre todas las cosas que se venden o se contratan.

**izar** *v.* Subir algo tirando de la cuerda o del cable en que está sujeto, como se hace por ejemplo con las banderas o con las velas de un barco. ■ Delante de *e* se escribe *c* en lugar de *z*: *icé*. SIN. Levantar, alzar. ANT. Arriar.

**izquierda** *s. f.* **1.** La mano que está situada en el lado del corazón; también la pierna de ese lado: *Escribe con la izquierda. Paró el balón con la izquierda.* **2.** Lo que mira o queda a ese lado en otras cosas: *El coche giró por la izquierda.* **3.** El conjunto de personas, grupos y partidos que tienen ideas socialistas o comunistas. ANT. **1.** a **3.** Derecha. FAM. Izquierdista, izquierdo.

**izquierdista** *adj. y s. m. y f.* De ideas políticas de izquierda: *una organización izquierdista.* SIN. Progresista. ANT. Derechista, conservador.

**izquierdo, da** *adj.* Se dice de la mano y de otras partes del cuerpo que están situadas en el lado del corazón, y de las cosas que miran o quedan a ese lado: *Levantó el pie izquierdo. Se ha roto la patilla izquierda de las gafas.* ANT. Derecho.

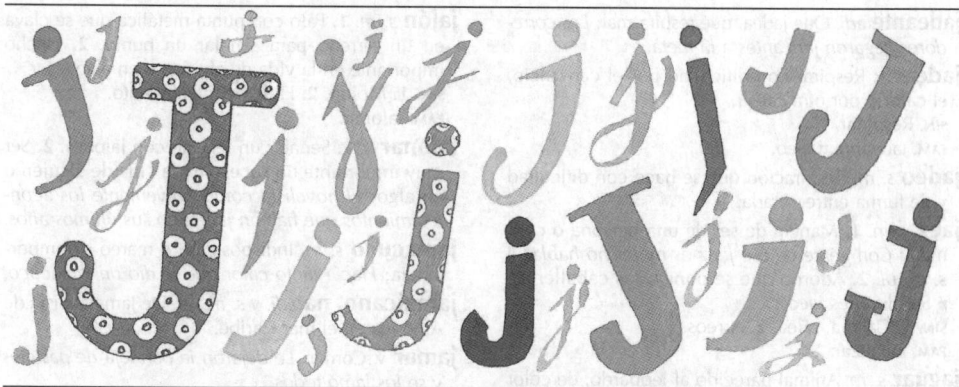

**j** *s. f.* Décima letra del abecedario y séptima de las consonantes. Su nombre es *jota*.

**jabalí, jabalina** *s. m.* y *f.* Especie de cerdo salvaje de color pardo, con el hocico alargado y unos colmillos grandes que sobresalen de la boca. ■ El plural de *jabalí* es *jabalís* o *jabalíes*.
FAM. Jabato.

**jabalina** *s. f.* Vara larga, con punta, que sirve para arrojarla y que actualmente se emplea en algunas pruebas deportivas: *lanzamiento de jabalina.*

**jabato, ta** *s. m.* y *f.* **1.** Cría de jabalí. ‖ *adj.* y *s. m.* y *f.* **2.** Persona muy valiente.
SIN. **1.** Rayón. **2.** Audaz, atrevido. ANT. **2.** Cobarde.

**jabón** *s. m.* Producto para lavarse o lavar la ropa u otras cosas.
FAM. Jaboncillo, jabonera, jabonoso. / Enjabonar.

**jaboncillo** *s. m.* **1.** Jabón pequeño. **2.** Pastilla hecha de un tipo de talco que usan los sastres y las modistas para hacer señales en la tela y saber por dónde tienen que coser o cortar.

**jabonera** *s. f.* Recipiente para dejar o guardar la pastilla de jabón.

**jabonoso, sa** *adj.* Que tiene jabón: *Lava los platos con agua jabonosa.*

**jaca** *s. f.* **1.** Caballo de poca altura. **2.** Yegua.
FAM. Jaco.

**jacarandoso, sa** *adj.* Que tiene gracia o alegría.
SIN. Garboso, saleroso.

**jacetano, na** *adj.* y *s. m.* y *f.* De Jaca, ciudad de Huesca.

**jacinto** *s. m.* Planta con bulbo y flores pequeñas en forma de campana, que pueden ser de muchos colores y están agrupadas en espiga.

**jaco** *s. m.* Caballo pequeño y no muy bonito.
SIN. Jamelgo, penco, rocín.

**jacobeo, a** *adj.* Relacionado con el apóstol Santiago.

**jacquard** *s. m.* Tipo de tejido con dibujos geométricos de distintos colores repetidos. ■ Es una palabra francesa.

**jactancia** *s. f.* Actitud de la persona que se jacta o presume mucho de algo.
SIN. Presunción, arrogancia. ANT. Modestia.

**jactancioso, sa** *adj.* Que se jacta o presume mucho de algo.

**jactarse** *v.* Presumir mucho de algo: *Se jacta de ser el que mejores notas saca de toda la clase.*
SIN. Alardear, vanagloriarse. ANT. Avergonzarse.
FAM. Jactancia, jactancioso.

**jaculatoria** *s. f.* Oración religiosa corta.

**jacuzzi** *s. m.* Baño de agua caliente con burbujas y chorros de agua a presión. ■ Es una palabra japonesa.

**jade** *s. m.* Mineral muy duro, de color verde o blanquecino, que se emplea en joyería y para hacer cosas de adorno.

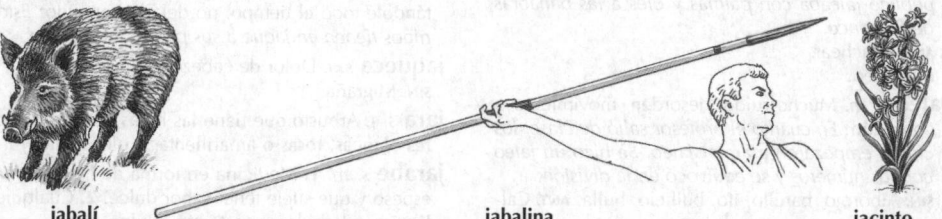

jabalí               jabalina               jacinto

**jadeante** *adj.* Que jadea, que respira mal: *Los corredores llegaron jadeantes a la meta.*

**jadear** *v.* Respirar con dificultad por el cansancio, el calor o por otra causa.
SIN. Resoplar.
FAM. Jadeante, jadeo.

**jadeo** *s. m.* Respiración que se hace con dificultad y de forma entrecortada.

**jaez** *s. m.* **1.** Manera de ser de una persona o cosa mala: *Con gente de ese jaez es mejor no hablar.* ‖ *s. m. pl.* **2.** Adorno que se pone a las caballerías.
■ Su plural es *jaeces*.
SIN. **1.** Calaña, ralea. **2.** Arreos.
FAM. Enjaezar.

**jaguar** *s. m.* Animal parecido al leopardo, de color amarillento con manchas negras redondas, o a veces totalmente negro. Caza de noche y vive en América.

**jaguar**

**jaimitada** *s. f.* Broma o travesura.

**jalar**[1] *v.* Busca **halar**.

**jalar**[2] *v.* **1.** Comer: *En un instante se jaló todo el bocadillo.* **2.** Correr o huir: *Salió jalando para coger el autobús.*
SIN. **1.** Tragar, jamar, zampar.

**jalea** *s. f.* Especie de mermelada de fruta, muy pastosa y transparente, con aspecto de gelatina.
EXPR. **jalea real** Sustancia blanquecina que producen las abejas para alimentar a las reinas y a las larvas.

**jalear** *v.* Animar con gritos o palmadas a los que bailan, cantan o participan en una competición: *El público jaleaba con palmas y olés a las bailaoras de flamenco.*
ANT. Abuchear.
FAM. Jaleo.

**jaleo** *s. m.* Mucho ruido, desorden, movimiento o confusión: *En cuanto el profesor salió de clase, los chicos empezaron a armar jaleo. Se hizo un jaleo con los números y se equivocó en la división.*
SIN. Alboroto, barullo, lío, bullicio, bulla. ANT. Calma, orden.

**jalón** *s. m.* **1.** Palo con punta metálica que se clava en un terreno para señalar un punto. **2.** Hecho importante en la vida de alguien o en algo.
SIN. **1.** Mojón. **2.** Hito, acontecimiento.
FAM. Jalonar.

**jalonar** *v.* **1.** Señalar un terreno con jalones. **2.** Ser muy importante un suceso en la vida de alguien o en algo: *El novelista contó brevemente los acontecimientos que habían jalonado sus últimos años.*

**jamacuco** *s. m.* Indisposición o mareo sin importancia: *Hacía tanto calor que le dio un jamacuco.*

**jamaicano, na** *adj. y s. m. y f.* De Jamaica, isla de América en el mar Caribe.

**jamar** *v.* Comer: *Le dejaron la bandeja de pasteles y se los jamó todos.*
SIN. Jalar, zampar.

**jamás** *adv.* En ningún momento: *Marisa no ha salido jamás al extranjero.*
SIN. Nunca.

**jamba** *s. f.* Las dos piezas verticales en que se sujetan a cada lado las puertas y ventanas.

**jamelgo** *s. m.* Caballo flaco y de mal aspecto.
SIN. Penco, rocín, jaco.

**jamón** *s. m.* **1.** Pierna de cerdo curada. Se llama también *jamón serrano.* **2.** Pierna de una persona, sobre todo cuando es gruesa.
EXPR. **jamón York** o **jamón de York** Jamón cocido que se toma como fiambre. ‖ **estar jamón** Ser alguien muy guapo, muy atractivo. **un jamón** o y **un jamón (con chorreras)** Ni hablar: *–Voy a coger tu bicicleta. –¿La mía? Y un jamón.*
FAM. Jamona. / Ajamonarse.

**jamona** *adj. y s. f.* Se dice de la mujer madura y un poco gorda.

**japonés, sa** *adj. y s. m. y f.* **1.** De Japón, islas situadas en el noreste de Asia, en el océano Pacífico. ‖ *s. m.* **2.** Lengua hablada en Japón.
SIN. **1.** Nipón.

**japuta** *s. f.* Palometa, un pez de mar de forma ovalada y color gris. Es muy utilizado como alimento.

**jaque** *s. m.* Jugada de ajedrez en que el rey o la reina están amenazados por una pieza contraria. Cuando el rey ya no puede salvarse se llama *jaque mate*, con lo cual se acaba la partida.
EXPR. **tener** o **traer en jaque** a alguien Estar molestándole todo el tiempo, no dejarle tranquilo: *Estos niños tienen en jaque a sus padres todo el día.*

**jaqueca** *s. f.* Dolor de cabeza.
SIN. Migraña.

**jara** *s. f.* Arbusto que tiene las hojas pegajosas, flores blancas, rosas o amarillentas y olor fuerte.

**jarabe** *s. m.* **1.** Medicina en forma de líquido muy espeso y que suele tener sabor dulce. **2.** Cualquier líquido o bebida que está muy dulce.

**jarana** *s. f.* **1.** Juerga. **2.** Bronca, escándalo.
SIN. **1.** Diversión, parranda, farra. **2.** Altercado, gresca, trifulca.
FAM. Jaranero.

**jaranero, ra** *adj.* Que le gusta mucho la jarana: *Se apunta a todas las fiestas, es muy jaranera.*
SIN. Juerguista.

**jarapa** *s. f.* Alfombra de tejido grueso y basto.

**jarcha** *s. f.* Cancioncilla corta escrita en castellano, que los poetas árabes o hebreos que vivieron en España ponían al final de sus poemas.

**jarcia** *s. f.* **1.** Conjunto de aparejos y cabos de un barco. ■ Con este significado se usa más en plural. **2.** Conjunto de instrumentos que se utilizan para pescar.

**jardín** *s. m.* Lugar con árboles, plantas y flores para estar en él o pasear.
EXPR. **jardín de infancia** Sitio donde se lleva a los niños muy pequeños para que estén allí, jueguen y empiecen a aprender algunas cosas.
SIN. Parque.
FAM. Jardinera, jardinería, jardinero. / Ajardinado.

**jardinera** *s. f.* Recipiente grande, que suele tener forma alargada, y sirve para sembrar plantas o flores en él.

**jardinería** *s. f.* El cultivo y el cuidado de las plantas y flores de jardín.

**jardinero, ra** *s. m.* y *f.* Persona que se dedica a cuidar un jardín.
EXPR. **a la jardinera** Modo de guisar algunos alimentos con verduras variadas: *ternera a la jardinera.*

**jareta** *s. f.* **1.** Pliegue cosido que se hace en la ropa como adorno. **2.** Doblez cosido en una tela en el que se deja un hueco para meter una cinta o goma. Se usa, por ejemplo, para ajustar una prenda al cuerpo.
FAM. Enjaretar.

**jarra** *s. f.* Recipiente de boca ancha con asa y un pico en el borde para echar el líquido con facilidad: *Pásame la jarra del agua.*
EXPR. **en jarras** Con los brazos separados del cuerpo y las manos apoyadas en la cintura.
FAM. Jarrear, jarro, jarrón.

**jarrear** *v.* Llover mucho y muy fuerte. ■ Sólo se usa en tercera persona.
SIN. Diluviar.

**jarrete** *s. m.* **1.** Parte alta y carnosa de la pantorrilla, especialmente la de las vacas y otras reses. **2.** Parte de la pierna opuesta a la rodilla, por donde se dobla.
SIN. **2.** Corva, corvejón.

**jarro** *s. m.* Recipiente de boca ancha con asa.
EXPR. **un jarro de agua fría** Algo que nos da un disgusto y nos hace perder la ilusión por una cosa: *No conseguir los billetes para el viaje fue un jarro de agua fría.*

**jarrón** *s. m.* Recipiente más alto que ancho, que se usa como adorno, por ejemplo para colocar flores.
SIN. Florero.

**jaspe** *s. m.* Piedra con manchas de distintos colores que se utiliza para hacer cosas de adorno: *una figurilla de jaspe.*
FAM. Jaspeado.

**jaspeado, da** *adj.* Con pintas o manchitas de color de formas irregulares: *una camisa jaspeada.*

**jauja** *s. f.* Lugar imaginario donde hay mucha riqueza y en el que se puede conseguir cualquier cosa: *¿Qué te crees, que esto es jauja? No hay dinero para un equipo de música tan caro.*

**jaula** *s. f.* Caja hecha con barras o palos que se usa para tener animales dentro.
FAM. Enjaular.

**jauría** *s. f.* Conjunto de perros que van juntos en una cacería.

**jazmín** *s. m.* Planta con flores pequeñas blancas o amarillas muy olorosas, que suele estar en paredes y verjas.

**jazz** *s. m.* Música que surgió en Estados Unidos, en la que hay muchos cambios de ritmo y los que la tocan improvisan con frecuencia. ■ Es una palabra inglesa. No varía en plural.

**jeans** *s. m. pl.* Pantalones vaqueros. ■ Es una palabra inglesa.

**jebe** *s. m.* Nombre que se da en Hispanoamérica al caucho y al árbol que lo produce.

**jeep** *s. m.* Coche muy resistente preparado para ir por terrenos muy difíciles. ■ Es una palabra inglesa. Su plural es *jeeps.*
SIN. Todoterreno.

**jefatura** *s. f.* **1.** Hecho de ser jefe de algo: *Llegó a la jefatura del Estado al ganar las elecciones.* **2.** Oficina donde está la policía.

**jefazo, za** *s. m.* y *f.* El jefe más importante: *El jefazo en persona me felicitó por mi trabajo.*

jazmín

jaula

jeep

**jefe, fa** *s. m. y f.* Persona que manda a otras o las dirige: *El indio más anciano era el jefe de la tribu.* **EXPR. jefe de Estado** Persona que es la máxima autoridad de un país; en los reinos es el monarca, en las repúblicas es el presidente. **SIN.** Dirigente, patrón. **ANT.** Subordinado. **FAM.** Jefatura, jefazo.

**jengibre** *s. m.* Hierba de hojas alargadas y flores amarillas y rojas, con un tallo subterráneo del que se saca una sustancia aromática.

**jeque** *s. m.* Jefe musulmán de un territorio, de un lugar o de una comunidad.

**jerarca** *s. m. y f.* Persona que tiene mucha importancia dentro de una organización. **SIN.** Jefe. **ANT.** Subordinado.

**jerarquía** *s. f.* **1.** Forma de estar organizado un grupo de personas o cosas por orden de importancia o de categoría, como por ejemplo la Iglesia católica. **2.** Cada una de las categorías que hay en los grupos que están organizados de esta manera: *El grado de capitán general es la jerarquía más alta del ejército.* **SIN. 1.** y **2.** Graduación, escalafón, escala. **FAM.** Jerarca, jerárquico, jerarquizar.

**jerárquico, ca** *adj.* Que está organizado o dividido en jerarquías.

**jerarquizar** *v.* Organizar un grupo de personas o cosas por orden de importancia o de categoría: *Tenemos que jerarquizar el trabajo, de lo más urgente a lo menos importante.* ■ Delante de *e* se escribe *c* en lugar de *z: jerarquice.*

**jerbo** *s. m.* Animal parecido a un ratón, con los ojos grandes y las patas de atrás mucho más largas que las de delante para poder saltar. Vive en el norte de África y en el este de Europa. ■ Se escribe también *gerbo.*

**jerbo**

**jerez** *s. m.* Vino blanco y seco, que se hace en la provincia de Cádiz. ■ Su plural es *jereces.*

**jerezano, na** *adj. y s. m. y f.* De Jerez de la Frontera, ciudad de Cádiz.

**jerga** *s. f.* Lenguaje especial que utilizan entre sí las personas de una misma profesión o grupo. **SIN.** Argot. **FAM.** Jergal. / Jerigonza.

**jergal** *adj.* Relacionado con la jerga: *Los médicos utilizan muchas palabras jergales que la gente no entiende.*

**jergón** *s. m.* Colchón relleno de hierba, paja u otras cosas parecidas.

**jerigonza** *s. f.* **1.** Lenguaje hecho con palabras inventadas. **2.** Lenguaje difícil de comprender.

**jeringa** *s. f.* Jeringuilla grande: *Los veterinarios sacaron una muestra de sangre de caballo con una jeringa.*

**jeringuilla** *s. f.* Tubo hueco de plástico o de cristal que se usa para poner inyecciones. Es más estrecho por uno de sus extremos, en el que se sujeta la aguja. Dentro tiene una barrita que, al sacarla o empujarla, aspira o echa el líquido que se va a inyectar.

**jeroglífico, ca** *adj.* **1.** Se dice de la escritura que, en lugar de utilizar letras y otros signos, emplea dibujos, como por ejemplo la de los antiguos egipcios. || *s. m.* **2.** Pasatiempo que consiste en adivinar una palabra, una frase o una respuesta, a partir de dibujos y símbolos.

**jeroglífico** egipcio

**jerónimo, ma** *adj. y s. m. y f.* Religioso de la orden de San Jerónimo.

**jersey** *s. m.* Prenda de vestir de punto o de lana que tiene mangas y llega hasta la cintura o la cadera. ■ Su plural es *jerséis.* **SIN.** Suéter.

**jesuita** *adj. y s. m.* De la Compañía de Jesús, orden religiosa que fundó San Ignacio de Loyola. **FAM.** Jesuítico.

**jesuítico, ca** *adj.* **1.** Relacionado con la orden religiosa de los jesuitas. **2.** Hipócrita. ■ Con este significado es una palabra despectiva.

**jet** *s. m.* **1.** Avión impulsado por un chorro de gases. || *s. f.* **2.** Conjunto de personas que pertenecen a la alta sociedad. Con este significado se dice también *jet set* o *jet society.* ■ Es una palabra inglesa. Su plural es *jets.* **SIN.** Reactor. **FAM.** Hidrojet.

**jeta** *s. f.* **1.** Cara de una persona. || *adj. y s. m. y f.* **2.** Descaro, desvergüenza; también, persona des-

carada y fresca: *Ángel tiene mucha jeta, nunca nos ayuda. Como es un jeta, no paga.*
**SIN. 1.** y **2.** Rostro. **2.** Caradura.

**jíbaro, ra** *adj.* y *s. m.* y *f.* De un pueblo americano que vive en las selvas del Amazonas. Reducían las cabezas de sus enemigos.

**jibia** *s. f.* **1.** Animal marino parecido a un calamar, pero más grande. Tiene por dentro un hueso de forma ovalada. **2.** Hueso de estos animales.
**SIN. 1.** Sepia.

**jícara** *s. f.* Taza pequeña para tomar el chocolate.

**jienense** o **jiennense** *adj.* y *s. m.* y *f.* De Jaén, ciudad y provincia españolas.

**jijona** *s. m.* Turrón blando hecho con almendras machacadas y miel o azúcar.

**jilguero** *s. m.* Pájaro pequeño que tiene las plumas de color marrón, las alas negras y amarillas y la cabeza blanca, negra y roja. Canta muy bien y puede vivir en jaulas, en las casas.
**SIN.** Colorín.

**jineta** *s. f.* Animal mamífero de pelo gris con manchas negras. Tiene la cola larga, las patas cortas y un tamaño parecido al de un gato. ■ Se escribe también *gineta*.

**jinete** *s. m.* Persona que monta un caballo.

**jiñar** *v.* **1.** Hacer caca. ‖ **jiñarse 2.** Asustarse mucho: *Se jiña con las películas de miedo.* ■ Es una palabra vulgar.
**SIN. 1.** Cagar. **2.** Cagarse, atemorizarse.

**jipiar** *v.* Ver: *Apártate, que no jipio.*

**jipijapa** *s. f.* **1.** Tira que se saca de las hojas de una palma y se emplea para hacer sombreros. ‖ *s. m.* **2.** Sombrero hecho con estas tiras.

**jipío** *s. m.* Grito o quejido de las canciones flamencas.

**jirafa** *s. f.* Animal mamífero que tiene el cuello muy largo y delgado y puede medir hasta cinco metros.

**jibia**

**jilguero**

**jineta**       **jirafa**

Su cabeza es pequeña y tiene dos cuernecillos en la parte de arriba. El color de su piel es amarillento con manchas marrones. Se alimenta de las hojas de los árboles y vive en África.

**jirón** *s. m.* **1.** Trozo roto de una prenda de vestir o de una tela. **2.** Trozo separado o arrancado de otra cosa.
**SIN. 1.** Desgarrón, andrajo, harapo.

**jiu-jitsu** *s. m.* Lucha japonesa en la que se pega con las manos, los pies, los codos, y se trata de inmovilizar al contrario. ■ Es una palabra japonesa.

**¡jo!** *interj.* Exclamación para expresar sorpresa, admiración, fastidio o protesta: *¡Jo, qué guay! ¡Jo, qué rollazo!* ■ Se dice también *¡jobar!, ¡jolín!, ¡jolines!* o *¡jopé!*

**¡jobar!** *interj.* Busca **¡jo!**

**jockey** *s. m.* Jinete que monta los caballos en las carreras. ■ Es una palabra inglesa. Su plural es *jockeys.*

**jocoso, sa** *adj.* Muy gracioso y divertido.
**SIN.** Cómico, chistoso. **ANT.** Serio, aburrido.

**joder** *v.* **1.** Hacer el acto sexual. **2.** Molestar o fastidiar mucho: *Me jode que digas esas cosas delante de la gente.* **3.** Estropear una cosa: *Estuvo trasteando con el ordenador y lo jodió.* ‖ **¡joder!** *interj.* **4.** Se usa para expresar disgusto o enfado. ■ Es una palabra vulgar.
**SIN. 2.** y **3.** Jorobar. **3.** Escacharrar, romper.
**FAM.** ¡Jo!, ¡jobar!, jodido, ¡jolín!, ¡jolines!, ¡jopé!

**jodido, da** *adj.* **1.** Que no se encuentra bien o sufre algo malo: *Está jodido porque tiene que repetir curso.* **2.** Que es muy malo, molesto o difícil: *Este trabajo es muy jodido. La situación está jodida para encontrar empleo.* ■ Es una palabra vulgar.
**SIN. 1.** y **2.** Jorobado.

**jofaina** *s. f.* Palangana.

**jogging** *s. m.* Ejercicio que consiste en correr no muy deprisa y siempre al mismo ritmo. ■ Es una palabra inglesa.
**SIN.** Footing.

**jolgorio** *s. m.* Diversión alegre y ruidosa: *¡Menudo jolgorio había en la verbena!*
**SIN.** Juerga, jarana, bulla.

**¡jolín!** o **¡jolines!** *interj.* Busca **¡jo!**

**jónico, ca** *adj.* y *s. m.* y *f.* **1.** De Jonia, región de la antigua Grecia. ‖ *adj.* y *s. m.* **2.** Se dice del estilo arquitectónico de la Grecia antigua que se caracteriza por utilizar columnas con surcos que en su capitel tienen cuatro adornos en forma de espiral, llamados *volutas.* ‖ *s. m.* **3.** Uno de los dialectos del griego antiguo.

**¡jopé!** *interj.* Busca **¡jo!**

**jordano, na** *adj.* y *s. m.* y *f.* De Jordania, país del oeste de Asia.

**jornada** *s. f.* **1.** Tiempo que se trabaja al día o a la semana: *Su padre termina la jornada a las seis de*

la tarde. **2.** Día: *En el telediario dieron las noticias más importantes de la jornada.*
**FAM.** Jornal.

**jornal** *s. m.* Dinero que gana un trabajador por cada día de trabajo.
**SIN.** Salario, paga.
**FAM.** Jornalero.

**jornalero, ra** *s. m.* y *f.* Persona que por cada día de trabajo recibe una paga; sobre todo se dice de algunos trabajadores del campo.
**SIN.** Bracero, peón.

**joroba** *s. f.* **1.** Abultamiento que se tiene en la espalda, en el pecho o en los dos sitios a la vez, producido por una desviación de la columna vertebral. **2.** Bulto que tienen algunos animales en el lomo: *El camello tiene dos jorobas.*
**SIN. 1.** Chepa, corcova. **1.** y **2.** Giba.
**FAM.** Jorobado, jorobar.

**jorobado, da** *adj.* **1.** Fastidiado, dañado o roto: *Tengo la pierna jorobada. El mueble está jorobado.* **2.** Difícil, complicado: *Me han puesto un problema muy jorobado en el examen.* **3.** Que está molesto o no se encuentra bien: *Estoy jorobado porque me voy a quedar sin vacaciones.* || *adj.* y *s. m.* y *f.* **4.** La persona que tiene joroba.
**SIN. 2.** Peliagudo, enrevesado, engorroso. **3.** Enfadado, enojado, irritado.

**jorobar** *v.* Fastidiar, estropear: *Le joroba madrugar. Se ha jorobado la excursión. Se cayó y se jorobó un brazo.*
**SIN.** Molestar, incomodar, incordiar; dañar. **ANT.** Gustar, agradar.

**jota¹** *s. f.* Nombre de la letra *j*.
**EXPR. ni jota** Nada o muy poco: *No entiende ni jota de matemáticas. Con esas gafas no ve ni jota.*

**jota²** *s. f.* **1.** Baile de Aragón y de otras regiones españolas. **2.** Música y canción que acompañan a este baile.
**FAM.** Jotero.

**jotero, ra** *s. m.* y *f.* Persona que canta o baila jotas.

**joven** *adj.* y *s. m.* y *f.* **1.** Que tiene poca edad: *un chico joven, una planta joven.* **2.** Propio de la juventud o relacionado con ella: *La moda joven es muy alegre. A pesar de su edad, se mantiene joven.*
**SIN. 1.** Muchacho, adolescente. **2.** Juvenil. **ANT. 1.** y **2.** Viejo.
**FAM.** Jovenzuelo, juvenil, juventud. / Rejuvenecer.

**jovenzuelo, la** *adj.* y *s. m.* y *f.* Persona joven.
**SIN.** Niñato.

**jovial** *adj.* Alegre, con buen humor: *Lourdes tiene un carácter jovial: te lo pasas muy bien con ella.*
**SIN.** Animado, bromista, ameno. **ANT.** Serio, triste.
**FAM.** Jovialidad.

**jovialidad** *s. f.* Alegría, buen humor: *Aunque tiene muchos problemas, Pedro no ha perdido su jovialidad.*

**joya** *s. f.* **1.** Objeto de valor, hecho con metales, piedras preciosas, perlas, que se ponen las personas como adorno: *Para la fiesta Inés se puso sus joyas.* **2.** Persona o cosa que vale mucho: *Los cuadros que tiene son joyas de un valor enorme. Su hijo es una joya, muy listo y trabajador.*
**SIN. 1.** y **2.** Alhaja. **2.** Tesoro, maravilla. **ANT. 1.** Baratija.
**FAM.** Joyería, joyero. / Enjoyar.

**joyería** *s. f.* **1.** Tienda donde se venden joyas y taller en que se hacen. **2.** Arte y técnica de hacer joyas.

**joyero, ra** *s. m.* y *f.* **1.** Persona que hace o vende joyas. || *s. m.* **2.** Cajita u otra cosa que se utiliza para guardar las joyas.

**joystick** *s. m.* Palanca para dirigir los movimientos que se utiliza en algunos juegos electrónicos. ▪ Es una palabra inglesa. Su plural es *joysticks.*

**juan lanas** *expr.* Hombre de poco carácter que se deja dominar por los demás.
**SIN.** Pusilánime.

**juanete** *s. m.* Hueso en el comienzo del dedo gordo del pie, cuando sobresale demasiado; suele doler mucho al rozar con el calzado.

**jubilación** *s. f.* **1.** Acción de jubilar o jubilarse. **2.** Cantidad de dinero que cobra una persona que se ha jubilado.
**SIN. 2.** Pensión.
**FAM.** Prejubilación.

**jubilado, da** *adj.* y *s. m.* y *f.* Persona que ha llegado a la jubilación.

**jubilar** *v.* **1.** Retirar a una persona de su trabajo, porque es muy mayor o por otras causas, pagándole una cantidad de dinero. **2.** Dejar de usar alguna cosa por vieja, antigua o porque ya no sirve: *Voy a jubilar estos zapatos porque están muy gastados.*
**SIN. 2.** Desechar. **ANT. 2.** Aprovechar.
**FAM.** Jubilación, jubilado.

**jubileo** *s. m.* Entre los católicos, indulgencia o perdón general que el papa concede en algunas ocasiones especiales, por ejemplo a los que peregrinan a Roma en el año santo, que se celebra cada veinticinco años.

**júbilo** *s. m.* Alegría muy grande.
**SIN.** Alborozo, regocijo, entusiasmo. **ANT.** Tristeza, pena.
**FAM.** Jubilar, jubileo, jubiloso.

**jubiloso, sa** *adj.* Muy alegre, lleno de júbilo.
**SIN.** Contento, gozoso.

**jubón** *s. m.* Antigua prenda ajustada, con o sin mangas, que cubría la parte de arriba del cuerpo.

**judaico, ca** *adj.* Relacionado con los judíos o con el judaísmo.

**judaísmo** *s. m.* Religión de los judíos, que tiene como creencias las enseñanzas de la parte de la *Bi-*

*blia* que se llama *Antiguo Testamento* y no admite que Jesucristo sea el enviado de Dios.
**SIN.** Hebraísmo.

**judas** *s. m.* Persona traidora: *Es un judas, en cuanto te descuidas te está engañando.* ■ No varía en plural.

**judeocristiano, na** *adj.* De la tradición judía y cristiana, sobre todo cuando se habla de la moral, la cultura o las costumbres.

**judeoespañol, la** *adj.* **1.** De los judíos que vivían en España durante la Edad Media y de sus descendientes. || *s. m.* **2.** Variedad del español hablada por estas personas.
**SIN. 1.** y **2.** Sefardí, sefardita.

**judería** *s. f.* Barrio judío: *En muchas ciudades españolas existen antiguas juderías.*

**judía** *s. f.* **1.** Planta leguminosa con el fruto en vainas aplastadas que terminan en dos puntas y tienen dentro varias semillas. Se cultiva en huertas y tanto la vaina como el fruto se usan mucho como alimento. **2.** Fruto y semilla de esta planta.
**SIN. 1.** y **2.** Alubia, habichuela, fréjol, fríjol.
**FAM.** Judión.

judía

**judiada** *s. f.* Acción que perjudica a una persona: *Menuda judiada me hicieron, me pincharon las ruedas del coche.* ■ Es una palabra despectiva.
**SIN.** Faena, trastada.

**judicatura** *s. f.* **1.** Cargo de juez. **2.** Conjunto de los jueces de un país.

**judicial** *adj.* Del juez, de la justicia o relacionado con ellos.

**judío, a** *adj.* y *s. m.* y *f.* **1.** Hebreo. **2.** Que practica la religión llamada judaísmo. **3.** De Judea, antigua región de Palestina.
**FAM.** Judaico, judaísmo, judeocristiano, judeoespañol, judería, judiada. / Hispanojudío.

**judión** *s. m.* Tipo de judía más grande que la normal.

**judo** *s. m.* Deporte de lucha de origen japonés que se practica sin armas entre dos contrincantes; en el judo se hacen llaves, se agarra al contrario y se procura hacerlo caer. ■ Es una palabra japonesa.
**FAM.** Judoka.

**judoka** *s. m.* y *f.* Persona que practica el judo. ■ Es una palabra japonesa.

**juego** *s. m.* **1.** Lo que hacemos cuando jugamos: *Los chicos dejaron el juego para ver la televisión.* **2.** Aquello que divierte o entretiene a una persona y que suele hacerse según unas reglas, por ejemplo el parchís, los crucigramas, los rompecabezas, el billar, el pimpón. **3.** Lo que hacen algunas personas para entretener a otras, por ejemplo los juegos malabares que vemos en los circos. **4.** Un entretenimiento, como el bingo, la lotería, la ruleta, en el que según la suerte que tengan las personas ganan o pierden lo que han apostado. ■ Se llaman también *juegos de azar.* **5.** Lo que une dos cosas de manera que puedan tener movimiento; también, este movimiento: *el juego de la mano, el juego de la rodilla.* **6.** Conjunto de cosas parecidas o que tienen un mismo fin: *un juego de café, un juego de herramientas.* **7.** Combinación de cosas para que resulten agradables o bonitas: *En ese cuadro hay un bonito juego de colores.*
**EXPR. fuera de juego** Posición en que se encuentra un jugador de fútbol cuando está más adelantado que los defensas del equipo contrario. **juego de rol** Busca **rol. juegos de manos** Los que consisten en realizar cosas con las manos para las que se necesita mucha habilidad, como hacer aparecer o desaparecer objetos. **Juegos Olímpicos** Conjunto de competiciones deportivas que se celebran desde 1896, cada cuatro años, en la ciudad que se elige para ello. || **estar en juego** una cosa Depender esa cosa del resultado de otra: *En ese partido está en juego la clasificación para el mundial.* **hacer juego** Combinar bien una cosa con otra: *En nuestra habitación las cortinas hacen juego con las colchas.*
**SIN. 5.** Articulación, movilidad.

**juerga** *s. f.* Diversión muy animada, con ruido, jaleo, en la que la gente se lo pasa bien.
**SIN.** Jolgorio, jarana, parranda.
**FAM.** Juerguista.

judo

**juerguista** *adj.* y *s. m.* y *f.* Persona a la que le gustan las juergas.
SIN. Jaranero.

**jueves** *s. m.* Día de la semana que está entre el miércoles y el viernes. ■ No varía en plural.
EXPR. **no ser nada del otro jueves** No ser muy bueno.

**juez, za** *s. m.* y *f.* **1.** Persona que, de acuerdo con lo que dicen las leyes, decide si una cosa es justa o injusta, si alguien ha actuado bien o mal, y pone las penas que merecen los que no han cumplido esas leyes. **2.** El que valora los méritos de alguien, por ejemplo de los que se presentan a un concurso. **3.** En deporte, persona encargada de hacer cumplir el reglamento. ‖ *s. m.* **4.** Jefe supremo de los antiguos israelitas, antes de que fuesen gobernados por reyes. ■ Su plural es *jueces.*
EXPR. **juez de línea** En algunos deportes, sobre todo en fútbol, es la persona que ayuda al árbitro y vigila el partido desde las bandas. En tenis, juez de pista. **juez de paz** Persona que, sin ser juez ni abogado, puede hacer algunas de sus funciones, como por ejemplo intervenir en delitos poco importantes o celebrar bodas. **juez de pista** En tenis, el ayudante del juez de silla que se encarga de avisar a éste cuando la pelota traspasa la línea de la cancha; también se llama *juez de línea.* En automovilismo y motociclismo, la persona que da la salida, controla que se sigan las reglas durante la carrera y vigila los tiempos. **juez de silla** En tenis y voleibol, el árbitro que vigila el partido desde una silla.
SIN. 3. Árbitro.
FAM. Judicatura, judicial, juicio, juzgar.

**jugada** *s. f.* **1.** Cada una de las acciones que realiza un jugador: *Mercedes ganó al ajedrez en pocas jugadas. El futbolista hizo una jugada perfecta.* **2.** Acción mala realizada contra alguien un que éste se lo espere: *El no avisarle para la fiesta ha sido una jugada.* ■ Con este significado se dice también *mala jugada.*
SIN. 2. Jugarreta, faena, trastada.

**jugador, ra** *s. m.* y *f.* **1.** Persona que participa en un juego, en un partido o en una competición: *Los equipos de fútbol se componen de once jugadores.* ‖ *adj.* y *s. m.* y *f.* **2.** Persona a la que le gustan los juegos en los que se apuesta o juega a ellos para ganar dinero.
SIN. 1. Competidor, participante. 2. Tahúr.

**jugar** *v.* **1.** Hacer una cosa por diversión o entretenimiento: *Los niños jugaban a saltar olas en el mar.* **2.** Participar en un juego o competición: *jugar al fútbol.* **3.** Participar en sorteos o juegos en los que todo o mucho depende de la suerte, como las cartas, los dados, las quinielas y otros: *jugar a la lotería.* ‖ **jugarse 4.** Arriesgarse a perder algo: *Los trapecistas se juegan la vida en sus actuaciones.* ■ Delante de *e* se escribe *gu* en lugar de *g.* Es un verbo irregular.
EXPR. **jugar limpio** Jugar sin trampas o hacer algo sin engañar ni perjudicar a alguien. **jugar sucio** Hacer trampas en el juego o actuar con engaños o a trai-

ción. **jugarla** o **jugársela** a alguien Perjudicar o engañar a una persona: *Confió en esos caraduras y se la jugaron.*
SIN. 1. Divertirse, entretenerse. 2. Competir.
FAM. Juego, jugada, jugador, jugarreta, juguete, juguetear, juguetón. / Jocoso, videojuego.

**jugarreta** *s. f.* Engaño o acción mala contra alguien: *Ya no somos amigos porque me hizo varias jugarretas.*
SIN. Jugada, faena.

**juglar, juglaresa** *s. m.* y *f.* Artista de la Edad Media que iba de un lugar a otro recitando poesías, cantando y bailando o haciendo juegos y malabares.
FAM. Juglaresco, juglaría.

**juglaresco, ca** *adj.* De los juglares: *poesía juglaresca.*

**juglaría** *s. f.* Oficio de juglar.
EXPR. **mester de juglaría** Busca **mester.**

**jugo** *s. m.* **1.** Zumo o líquido de un vegetal o un animal: *jugo de limón, jugo de carne.* **2.** Salsa de algunos alimentos cocinados: *ternera en su jugo.* **3.** Nombre de algunos líquidos que produce el cuerpo: *El jugo gástrico deshace los alimentos en el estómago.* **4.** Lo más importante, útil o valioso de algo: *Si estudias bien, le sacarás más jugo a los conocimientos.*
SIN. 3. Secreción. 4. Sustancia, provecho.
FAM. Jugoso. / Enjugar.

**jugoso, sa** *adj.* **1.** Que tiene jugo o mucho jugo: *La carne está muy jugosa.* **2.** Muy interesante o provechoso: *un comentario jugoso, un negocio jugoso.*
SIN. 2. Útil, valioso, fructífero. ANT. 1. Seco.

**juguete** *s. m.* Objeto que sirve para que jueguen los niños.
FAM. Juguetería, juguetero.

**juguetear** *v.* Entretenerse jugando y enredando: *Mientras nos escuchaba, jugueteaba con el lápiz.*

**juguetería** *s. f.* Tienda de juguetes.

**juguetero, ra** *adj.* **1.** Relacionado con el juguete: *Trabaja en una empresa juguetera.* ‖ *adj.* y *s. m.* y *f.* **2.** Profesional que fabrica juguetes.

**juguetón, na** *adj.* Se dice de la persona o animal que está siempre jugando o haciendo travesuras: *un cachorrillo juguetón.*
SIN. Travieso. ANT. Tranquilo.

| JUGAR | | |
|---|---|---|
| INDICATIVO | SUBJUNTIVO | IMPERATIVO |
| **Presente** | **Presente** | |
| juego | juegue | |
| juegas | juegues | juega |
| juega | juegue | |
| jugamos | juguemos | |
| jugáis | juguéis | jugad |
| juegan | jueguen | |

**juicio** *s. m.* **1.** Capacidad para juzgar a las personas, los hechos y las cosas: *Él ya es mayor y tiene juicio para saber lo que está bien o está mal.* **2.** Idea u opinión que uno tiene de alguien o algo: *Los compañeros de Gloria tienen un juicio estupendo de ella.* **3.** Estado de la persona que no está loca: *Si no se calma acabará perdiendo el juicio.* **4.** Acto en el que un juez o un tribunal examina unas pruebas o unos hechos para juzgar a una persona o un asunto.
**EXPR. juicio final** o **juicio universal** En la religión cristiana, el que hará Dios cuando se acabe el mundo para premiar o castigar a cada persona.
**SIN. 1.** Razón, criterio. **2.** Parecer, dictamen. **3.** Cordura, sensatez. **4.** Proceso, causa, pleito, litigio. **ANT. 3.** Locura, delirio.
**FAM.** Juicioso. / Enjuiciar.

**juicioso, sa** *adj.* Formal, sensato.

**julepe** *s. m.* **1.** Juego de cartas en el que se reparten cinco a cada jugador y se descubre una; gana el que hace dos bazas de las cinco que se pueden hacer. **2.** Esfuerzo o trabajo grande: *Me he metido un buen julepe a descargar cajas.* **3.** Mucho uso de alguna cosa: *Tiene un camión antiguo, pero le mete buenos julepes.*
**SIN. 2.** y **3.** Tute.

**julio** *s. m.* Séptimo mes del año, que tiene 31 días.

**jumento, ta** *s. m.* y *f.* Asno, burro.
**SIN.** Borrico.

**jumilla** *s. m.* Vino tinto o rosado que se produce en la comarca murciana de Jumilla.

**junco¹** *s. m.* Planta de tallo recto, liso y flexible y hojas como tiras delgadas, que crece en las orillas de los ríos.
**FAM.** Junquillo.

**junco**
(planta)        **junco** (barco)

**junco²** *s. m.* Barco pequeño con velas rectangulares, muy usado en los mares de Oriente.

**jungla** *s. f.* Selva tropical, sobre todo la del sur de Asia.

**junio** *s. m.* Sexto mes del año, que tiene 30 días.

**júnior** *adj.* **1.** Se añade al nombre del hijo cuando es el mismo del padre, para diferenciarlos. || *adj.* y *s. m.* y *f.* **2.** Se dice de la categoría de los deportistas jóvenes. ■ Su plural es *júniors.*
**SIN. 2.** Juvenil. **ANT. 2.** Sénior.

**junípero** *s. m.* Enebro.

**junquillo** *s. m.* **1.** Planta parecida al junco y con flores amarillas de fuerte olor. Se utiliza en perfumería. **2.** Cualquier adorno en forma de junco, como los que se ponen en algunas puertas.

**junta** *s. f.* **1.** Reunión de personas para tratar sobre algún asunto: *La junta de vecinos es esta tarde.* **2.** Conjunto de personas nombradas para administrar o dirigir los asuntos de otras: *La junta directiva del club decidió fichar un nuevo entrenador.* **3.** Juntura: *El gas se salía por las juntas de la cañería.*
**SIN. 1.** Asamblea. **2.** Directiva.
**FAM.** Tapajuntas.

**juntar** *v.* **1.** Poner juntos: *Juntaron varias mesas para que todos pudieran sentarse. Después de tantos años la familia volvió a juntarse.* **2.** Reunir una cantidad de algo: *Ahorró hasta juntar el dinero necesario para comprarse la bici.* || **juntarse 3.** Andar en compañía de alguien, tener amistad: *A su padre no le gusta que se junte con los gamberros del barrio.*
**SIN. 1.** Acercar, arrimar, agrupar, congregar. **3.** Sumar. **ANT. 1.** Separar, desunir. **1.** y **2.** Dispersar. **3.** Rehuir.

**junto, ta** *adj.* **1.** Se dice de lo que está cerca o unido: *En la taquilla pidió dos butacas juntas.* **2.** Reunido: *En el zoo se pueden ver muchos animales juntos.* **3.** En compañía de, acompañado de: *Nos fuimos todos juntos de viaje.* || *adv.* **4.** Cerca de: *Hay una carretera junto a mi casa.* **5.** En compañía de, a la vez: *Junto con la carta llegó un paquete.*
**SIN. 1.** Próximo, vecino, inmediato, contiguo. **2.** Agrupado, congregado. **ANT. 1.** a **3.** Separado.
**FAM.** Junta, juntar, juntura. / Adjunto, ajuntar, arrejuntarse, conjunto.

**juntura** *s. f.* **1.** Parte o lugar donde se unen dos o más cosas: *La ventana no ajusta bien y entra corriente por las junturas.* **2.** Pieza que se coloca entre dos tubos o partes de un aparato para unirlos: *Se ha roto la juntura del grifo y se sale el agua.*
**SIN. 1.** y **2.** Junta. **2.** Empalme.

**jura** *s. f.* Acto en el que alguien jura ser fiel a un país, a la constitución, a una persona, a los deberes de un cargo.

**jurado** *s. m.* **1.** Conjunto de personas que examina y premia o puntúa a las personas, animales o cosas que se presentan a un concurso. **2.** Tribunal formado por un grupo de ciudadanos, que decide al final de un juicio si es culpable o inocente la persona a la que se juzga. **3.** Cada uno de los miembros de estas dos clases de tribunales.

**juramentarse** v. Comprometerse dos o más personas mediante un juramento a hacer algo: *Los mosqueteros se juramentaron para rescatar al príncipe.* **SIN.** Conjurarse.

**juramento** s. m. **1.** Acción de jurar. **2.** Blasfemia o palabrota.
**SIN. 1.** Compromiso, promesa. **2.** Maldición, taco.
**FAM.** Juramentarse.

**jurar** v. **1.** Afirmar o prometer algo, poniendo por testigo a Dios o a personas y cosas muy queridas o muy respetadas: *Los soldados juran ante la bandera defender su país.* **2.** Afirmar o prometer algo firmemente: *Te juro que no volveré a hacerlo.* **3.** Aceptar un cargo u otra cosa prometiendo respetarlos y cumplir con las obligaciones y deberes que tienen: *El ministro juró ayer su cargo.*
**EXPR. jurársela** o **jurárselas** a alguien Prometer vengarse de él o hacerle daño: *Se la juró por no haberle ayudado cuando se lo pidió.*
**FAM.** Jura, jurado, juramento. / Abjurar, conjurar, perjurio.

**jurásico, ca** adj. y s. m. **1.** Periodo de la historia de la Tierra que comenzó hace 190 millones de años y acabó hace unos 135 millones; en él aparecieron las aves y vivieron muchos dinosaurios. || adj. **2.** De este tiempo: *la fauna jurásica.*

**jurel** s. m. Pez que vive en casi todos los mares y se usa mucho como alimento. También se llama *chicharro.*

**jurídico, ca** adj. Del derecho, de las leyes, o relacionado con ellos.
**SIN.** Judicial, legal.
**FAM.** Jurisdicción, jurisprudencia, jurista.

**jurisdicción** s. f. **1.** Poder o autoridad para gobernar y hacer cumplir las leyes. **2.** Territorio sobre el que alguien manda o en el que tienen valor unas leyes.
**SIN. 1.** Competencia, atribución, potestad. **2.** Demarcación, circunscripción.
**FAM.** Jurisdiccional.

**jurisdiccional** adj. Relacionado con la jurisdicción: *Las aguas jurisdiccionales rodean las costas de un país y están bajo su autoridad.*

**jurisprudencia** s. f. **1.** Ciencia del derecho. **2.** Conjunto de leyes que hay sobre un asunto: *Conoce la jurisprudencia penal al dedillo.* **3.** Conjunto de decisiones de los tribunales que se utilizan como modelo para otros casos parecidos.
**SIN. 2.** Legislación.

**jurista** s. m. y f. Persona que conoce muy bien el derecho y las leyes.

**justa** s. f. En la Edad Media, combate a caballo y con lanza.

**justamente** adv. **1.** Con justicia: *Ganamos justamente, sin hacer trampas.* **2.** Exactamente o en el mismo momento: *Ha cortado el pastel justamente por la mitad. Justamente acaba de entrar.*
**SIN. 2.** Precisamente, justo.

**justicia** s. f. **1.** El dar a cada uno lo que le toca o se merece de acuerdo con la ley o la moral: *El dueño de la tienda que habían atracado pedía justicia. Le dieron el premio con toda justicia.* **2.** Conjunto de leyes, organismos y personas de un país encargados de castigar los delitos y resolver los conflictos entre los ciudadanos: *Huyó al extranjero para escapar de la justicia española.*
**EXPR. hacer justicia** Reconocer el mérito o las cualidades que alguien tiene: *Esa foto no te hace justicia: tú eres mucho más guapa.*
**SIN. 1.** Rectitud. **ANT. 1.** Injusticia.
**FAM.** Justiciero. / Ajusticiar.

**justiciero, ra** adj. y s. m. y f. Que hace justicia de una forma muy estricta, sobre todo para castigar al culpable.
**SIN.** Severo, implacable. **ANT.** Tolerante.

**justificación** s. f. Explicación u otra cosa que justifica algo: *Llegó tarde, pero tenía la justificación de que se había estropeado el metro.*
**SIN.** Excusa, pretexto.

**justificado, da** adj. Que existe algo que lo justifica: *Ayer no vino a clase de inglés, pero fue por un motivo justificado.*
**ANT.** Injustificado.

**justificante** adj. y s. m. Papel u otra prueba que sirve para justificar algo: *El alumno entregó un justificante del médico para demostrar que había estado enfermo.*
**SIN.** Comprobante.

**justificar** v. **1.** Ser una cosa la causa de que otra no parezca mal: *Un gran atasco en la carretera justificaba su retraso.* **2.** Dar razones para disculpar la conducta de una persona: *Te diré para justificarle que a veces es un poco despistado.* **3.** Probar o demostrar algo: *Para devolver un producto, debe presentar el recibo que justifica que lo ha comprado en la tienda.* ■ Delante de e se escribe *qu* en lugar de *c: justifiquen.*
**SIN. 1.** Explicar. **2.** Excusar. **3.** Acreditar. **ANT. 2.** Acusar.
**FAM.** Justificación, justificado, justificante. / Injustificado.

**justo, ta** adj. **1.** Que actúa según la ley o las normas de la moral, o está de acuerdo con ellas: *un juez justo; una sentencia justa.* **2.** Merecido, que es como debe ser: *Es justo que consiga el premio después de tantos esfuerzos.* **3.** Exacto en número, peso o medida: *El niño lleva el dinero justo para comprar un helado.* **4.** Ajustado, apretado: *Esa falda te queda justa.* || adv. **5.** Exactamente, en el mismo momento: *Eso es justo lo que necesita para trabajar. Entró justo cuando yo salía.*
**SIN. 1.** Equitativo, ecuánime, objetivo, imparcial. **3.** Cabal. **5.** Precisamente, justamente. **ANT. 1.** Arbitrario. **1.** y **2.** Injusto. **3.** Inexacto. **4.** Amplio.
**FAM.** Justamente, justicia, justificar. / Ajustar, injusto.

**juvenil** *adj.* **1.** De los jóvenes o relacionado con ellos. || *adj.* y *s. m.* y *f.* **2.** Se dice de la categoría a la que pertenecen los deportistas jóvenes, en general entre los quince y los dieciocho años. SIN. **2.** Júnior. ANT. **1.** Viejo. **2.** Sénior.

**juventud** *s. f.* **1.** Etapa de la vida que va desde la niñez hasta la madurez. **2.** Característica de joven: *En medio de todos aquellos señores mayores, Roberto destacaba por su juventud.* **3.** Conjunto de personas jóvenes: *La juventud del pueblo acudió a bailar a la plaza.* SIN. **1.** y **2.** Mocedad. ANT. **1.** Vejez. **2.** Ancianidad.

**juzgado** *s. m.* Sitio donde se celebran los juicios, en el que trabajan el juez y otros funcionarios.

**juzgar** *v.* **1.** Examinar y decidir un juez o tribunal: *Le juzgaron por robar en un supermercado. Un tribunal juzga los méritos de los que se presentan a la oposición de maestro.* **2.** Tener una idea u opinión: *El médico juzgó que lo mejor era trasladar al niño al hospital.* ■ Delante de *e* se escribe *gu* en lugar de *g*: *juzguen.* SIN. **1.** Dictaminar, fallar, sentenciar. **2.** Considerar, opinar, creer. FAM. Juzgado. / Prejuzgar.

**k** *s. f.* Letra número once del abecedario y octava de las consonantes. Su nombre es *ka*.

**k. o.** *s. m.* Iniciales de la expresión inglesa *knock-out*, que significa 'fuera de combate'.

**Kaaba** Nombre del santuario de la ciudad árabe de La Meca al que van los musulmanes en peregrinación para adorar una piedra sagrada que hay en él. ■ Es una palabra árabe.

**káiser** *s. m.* Título de los emperadores alemanes de finales del siglo XIX y principios del XX.

**kamikaze** *s. m.* **1.** Piloto japonés que se tiraba con su avión contra un barco u otro objetivo enemigo para destruirlo, aunque también él moría al hacerlo. **2.** Persona que se arriesga demasiado o de forma muy imprudente. ■ Es una palabra japonesa.

**kan** *s. m.* Emperador de algunos países de Asia.

**kaputt** *adj.* Acabado, roto o estropeado: *Tengo que comprarme otro bolígrafo, éste está kaputt.* ■ Es una palabra alemana. No varía en plural.

**karaoke** *s. m.* **1.** Aparato que reproduce la música de las canciones; la letra aparece escrita en una pantalla para que la gente pueda cantarla. **2.** Local público donde se puede cantar con ese aparato. ■ Es una palabra japonesa.

**kárate** o **karate** *s. m.* Lucha de origen japonés que consiste sobre todo en el combate con manos y pies. ■ Es una palabra japonesa.
FAM. Karateca.

**karateca** *s. m.* y *f.* Luchador de kárate. ■ Es una palabra japonesa.

**karst** *s. m.* Tipo de terreno caracterizado por tener grietas, cavernas, galerías y cañones que se forman cuando algunas rocas, como la caliza o el yeso, se disuelven con el agua. ■ Se escribe también *carst*.
FAM. Kárstico. / Carst.

**kárstico, ca** *adj.* Relacionado con el karst: *un paisaje kárstico*. ■ Se escribe también *cárstico*.

**kart** *s. m.* Pequeño coche para una sola persona con un motor poco potente, que se usa en circuitos especiales. ■ Es una palabra inglesa. Su plural es *karts*.

kart

**karting** *s. m.* **1.** Deporte en el que se hacen carreras de karts. **2.** Circuito de karts. ■ Es una palabra inglesa. No varía en plural.

**kasbah** *s. f.* Barrio antiguo de las ciudades árabes. ■ Es una palabra árabe.

**katiusca** *s. f.* Bota alta de goma. ■ Es una palabra rusa.

**kayak** *s. m.* **1.** Canoa larga y estrecha que usan los esquimales. **2.** Canoa parecida que se utiliza en competiciones deportivas. ■ Es una palabra esquimal. Su plural es *kayaks*.

**kechup** *s. m.* Busca **ketchup**.

kayak

**kendo** *s. m.* Lucha japonesa en la que se usan espadas o palos de bambú. ■ Es una palabra japonesa.

**keniano, na** o **keniata** *adj. y s. m. y f.* De Kenia, país del este de África.

**kepis** o **kepí** *s. m.* Busca **quepis.** ■ *Kepis* no varía en plural. El plural de *kepí* es *kepís.*

**kermés** o **kermes** *s. f.* Fiesta al aire libre, sobre todo la que se hace con el fin de conseguir dinero para los pobres y otras personas que lo necesitan.

**ketchup** *s. m.* Salsa de tomate, vinagre, azúcar y especias. ■ Es una palabra inglesa. Se dice también *catchup, catsup* y *kechup.*

**kibutz** *s. m.* Granja colectiva israelí explotada por una comunidad, en la que sus miembros comparten el trabajo, los medios y los beneficios. ■ Es una palabra hebrea. Su plural es *kibutz* o *kibutzim.*

**kiko** *s. m.* Grano de maíz frito y salado.

**kilo** *s. m.* **1.** Forma abreviada de **kilogramo. 2.** Un millón de pesetas: *Ganó dos kilos en la lotería.*

**kilobyte** *s. m.* En informática, unidad para medir la memoria de un ordenador que equivale a 1.024 bytes.

**kilogramo** *s. m.* Unidad de masa que equivale a mil gramos.
**FAM.** Kilo.

**kilolitro** *s. m.* Medida para líquidos que equivale a mil litros o a un metro cúbico.

**kilometraje** *s. m.* Número de kilómetros recorridos o distancia en kilómetros entre dos lugares.

**kilométrico, ca** *adj.* Muy largo.

**kilómetro** *s. m.* Medida de longitud que equivale a mil metros.
**FAM.** Kilometraje, kilométrico. / Cuentakilómetros.

**kilotón** *s. m.* Unidad que sirve para medir la potencia explosiva de una bomba atómica; equivale a mil toneladas de un explosivo llamado *trilita.*

**kilovatio** *s. m.* Unidad que mide la potencia eléctrica y equivale a mil vatios.

**kimono** *s. m.* Busca **quimono.** ■ Es una palabra japonesa.

**kindergarten** *s. m.* Jardín de infancia. Busca **jardín.** ■ Es una palabra alemana.

**kiosco** *s. m.* Busca **quiosco.**

**kiowa** *adj. y s. m. y f.* **1.** De un pueblo de indios de América del Norte. ‖ *s. m.* **2.** Zapato mocasín con la suela blanda.

**kit** *s. m.* **1.** Aparato o mueble que se vende por piezas para montarlo luego. **2.** Conjunto de varias cosas que tienen relación entre sí o sirven para lo mismo: *Compró un kit de limpieza para los cristales.* ■ Es una palabra inglesa. Su plural es *kits.*

**kitsch** *adj.* Se dice de la decoración y los objetos muy llamativos y de mal gusto. ■ Es una palabra alemana. No varía en plural.

**kivi** o **kiwi** *s. m.* **1.** Fruta de piel marrón con pelitos, de color verde por dentro. Tiene sabor dulce y un poco ácido. **2.** Ave de plumaje marrón, patas fuertes y largo pico en curva. No puede volar y vive en las islas de Nueva Zelanda.

**kiwi** (ave)          **kiwi** (fruta)

**kleenex** *s. m.* Pañuelo de papel. ■ No varía en plural. Se escribe también *clínex.*

**koala** *s. m.* Mamífero marsupial parecido a un oso, pero más pequeño, que habita en Australia. Tiene el hocico corto, las orejas grandes y el pelo gris. Vive en los árboles, de cuyas hojas se alimenta.

**kremlin** *s. m.* Parte fortificada de las ciudades rusas, sobre todo la de Moscú, donde se encuentra el gobierno de Rusia. ■ Es una palabra rusa.

**kung fu** *s. m.* Lucha de origen chino que consiste en golpear con manos y pies. ■ Es una palabra china.

**kurdo, da** *adj. y s. m. y f.* Se dice de un pueblo de religión musulmana que vive en la región del Kurdistán, que comprende parte de Turquía, Irak, Irán y Armenia.

**kuwaití** *adj. y s. m. y f.* De Kuwait, pequeño país del oeste de Asia. ■ Su plural es *kuwaitís* o *kuwaíties.*

**koala**

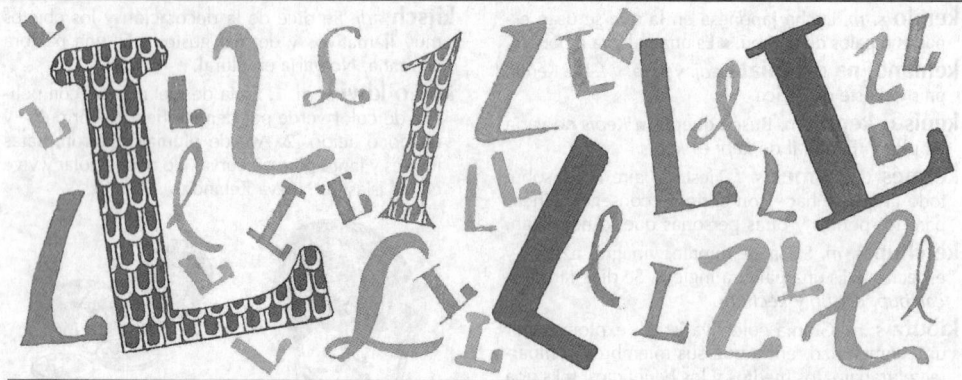

**l** *s. f.* Letra número doce del abecedario y novena consonante. Su nombre es *ele*. ■ Seguida de otra *l*, tiene un sonido especial como en *llamar* o *llegar*.

**la¹** *art. f.* **1.** Va delante de un sustantivo femenino singular: *la gata, la cocina*. ■ También puede ir delante de un adjetivo y lo convierte en sustantivo: *la rápida, la peor.* ‖ *pron. pers. f.* **2.** Indica la persona o cosa de la que se habla y funciona como complemento directo: *Pepa iba con sus amigas; la vimos en el zoo. Cuando termines de usar las tijeras, déjamelas.*
**FAM.** Laísmo.

**la²** *s. m.* Nombre de la sexta nota de la escala musical.

**laberinto** *s. m.* **1.** Lugar lleno de caminos que se cruzan, que no llevan a ningún sitio o que están puestos de tal manera que es muy difícil encontrar la salida. **2.** Conjunto de órganos que forman el oído interno de las personas y de algunos animales.

**labia** *s. f.* Facilidad que tiene una persona para hablar, sobre todo si la utiliza para convencer a los demás: *Para ser un buen vendedor hay que tener labia.*
**SIN.** Elocuencia.

**labial** *adj.* De los labios o relacionado con ellos: *Tenía los labios cortados y se dio una pomada labial.*

**labio** *s. m.* **1.** Cada uno de los bordes carnosos que forman la abertura de la boca y que pueden moverse. **2.** Cada uno de los bordes de la vulva. **3.** Borde de fuera de algunas cosas: *los labios de una herida.*
**EXPR. morderse los labios** Hacer esfuerzos para no decir algo o para no reírse: *No estaba de acuerdo con Ramón, pero me mordí los labios para no discutir.*
**SIN. 1.** Morro, hocico.
**FAM.** Labia, labial. / Pintalabios.

**labor** *s. f.* **1.** Trabajo o actividad que hace alguien. **2.** Trabajo de costura, de bordado, de punto: *Apren-* dió a hacer labores de ganchillo. **3.** Trabajos que se hacen para preparar y cultivar la tierra.
**SIN. 1.** Tarea, faena, quehacer. **3.** Labranza. **ANT. 1.** Ocio.
**FAM.** Laborable, laboral, laborar, laboratorio, laborioso, laborismo, labrar. / Colaborar, elaborar.

**laborable** *adj. y s. m.* Se dice del día de trabajo, que no es fiesta: *Esta piscina es más barata los laborables que los festivos.*

**laboral** *adj.* Del trabajo o relacionado con él: *Su jornada laboral es de ocho horas.*
**FAM.** Laboralista.

**laboralista** *adj. y s. m. y f.* Abogado especialista en casos que tienen que ver con el trabajo.

**laborar** *v.* Trabajar la tierra: *En las aldeas del interior mucha gente se dedica a laborar los campos.*

**laboratorio** *s. m.* Lugar con los aparatos, materiales y productos necesarios para que investiguen los científicos, para hacer experimentos, análisis y otras cosas: *Trabaja en un laboratorio donde se hacen medicinas. Reveló las fotos en el laboratorio.*

**laborioso, sa** *adj.* **1.** Que trabaja mucho y hace las cosas bien y con cuidado. **2.** Que necesita mucho trabajo y atención: *Pintar el marco de la ventana ha sido muy laborioso.*
**SIN. 1.** Trabajador, hacendoso. **2.** Trabajoso, difícil, complicado. **ANT. 1.** Vago, holgazán. **2.** Fácil, sencillo.

**laborismo** *s. m.* En el Reino Unido y otros países, movimiento político de ideas socialistas.
**FAM.** Laborista.

**laborista** *adj. y s. m. y f.* Del laborismo o seguidor de este movimiento político: *partido laborista.*

**labradío, a** *adj.* Busca **labrantío**.

**labrador, ra** *adj. y s. m. y f.* Se dice de la persona que trabaja en el campo y, sobre todo, de la que cultiva sus propias tierras.
**SIN.** Campesino, agricultor, labriego.

**labrantío, a** *adj.* y *s. m.* Se dice del campo o tierra que se labra y se cultiva.

**labranza** *s. f.* Trabajos que hay que hacer en la tierra de cultivo.

**labrar** *v.* **1.** Dar forma a un material como la madera, la piedra o el cuero, o grabar cosas en él. **2.** Cultivar la tierra: *labrar los campos.* **3.** Hacer surcos en la tierra para después sembrar. **4.** Trabajar y esforzarse alguien para conseguir estar bien y no tener problemas en el futuro: *Estudia mucho para labrarse un buen porvenir.*
**SIN. 1.** Tallar, esculpir, modelar. **3.** Arar. **4.** Forjar.
**FAM.** Labradío, labrador, labrantío, labranza, labriego.

**labriego, ga** *s. m.* y *f.* Persona que trabaja en el campo, cultivando la tierra.
**SIN.** Labrador, campesino, agricultor.

**laca** *s. f.* **1.** Resina que se saca de algunos árboles del sur de Asia. **2.** Barniz o pintura brillante y resistente que se hace con esta resina y otras sustancias. **3.** Sustancia que se echa en el pelo con un spray y sirve para que no se deshaga el peinado.
**EXPR. laca de uñas** Barniz que se usa para dar color o brillo a las uñas.
**FAM.** Lacar.

**lacado, da** *adj.* **1.** Pintado o barnizado con laca: *Tiene un armario lacado en el baño.* ‖ *s. m.* **2.** Acción de lacar: *El lacado de esa estantería no está bien, hay que repasarlo.*

**lacar** *v.* Barnizar o decorar una cosa con laca: *Lacaron el mueble de negro.* ■ Delante de *e* se escribe *qu* en lugar de *c*: *laque.*
**FAM.** Lacado.

**lacayo** *s. m.* **1.** Antiguamente, criado que acompañaba a su señor y que solía ir sentado junto al cochero. **2.** Persona que adula a otra y la obedece en todo. ■ Con este significado, es una palabra despectiva.

**lacerante** *adj.* Que lacera o hace sufrir mucho: *un dolor lacerante.*

**lacerar** *v.* **1.** Herir o hacer daño: *En el accidente, los hierros le laceraron el brazo.* **2.** Hacer sufrir mucho a una persona: *Le laceraban unos celos terribles.*
**SIN. 2.** Torturar.
**FAM.** Lacerante.

**lacero, ra** *s. m.* y *f.* **1.** Persona que atrapa animales con un lazo. **2.** Empleado municipal que recoge a los perros vagabundos.

**lacha** *s. f.* Vergüenza, apuro: *A Juan le da lacha hablar con las chicas.*
**SIN.** Corte, bochorno.

**lacio, cia** *adj.* **1.** Se dice del pelo muy liso, sin ondas ni rizos. **2.** Mustio, algo estropeado: *No ha regado los tiestos y las plantas están lacias.*
**SIN. 2.** Marchito. **ANT. 1.** Rizado, ondulado. **2.** Fresco, lozano.

**lacón** *s. m.* Pata delantera del cerdo cocida o curada.

**lacónico, ca** *adj.* Que habla o escribe utilizando pocas palabras; se dice también de lo que se habla o escribe así: *Le dio una respuesta lacónica.*
**SIN.** Conciso, breve, escueto, sintético. **ANT.** Hablador, locuaz.
**FAM.** Laconismo.

**laconismo** *s. m.* Característica de la persona lacónica.
**ANT.** Locuacidad.

**lacra** *s. f.* **1.** Algo malo que deja en alguien una enfermedad o cualquier daño físico. **2.** Cosa mala y perjudicial: *La droga es una lacra de la sociedad.*
**SIN. 1.** Secuela. **2.** Mal, perjuicio. **ANT. 2.** Bien, beneficio.

**lacrar** *v.* Cerrar algo, como por ejemplo un sobre, poniendo un pegote de lacre.

**lacre** *s. m.* Pasta sólida que se usa, derretida, para sellar o cerrar sobres, paquetes y otras cosas. Suele ser de color rojo.
**FAM.** Lacrar.

**lacrimógeno, na** *adj.* **1.** Se dice de los gases y humos que irritan los ojos y producen muchas lágrimas. **2.** Demasiado triste o sentimental: *La película era tan lacrimógena que nos hartamos de llorar.*
**SIN. 2.** Lacrimoso, sensiblero.

**lacrimoso, sa** *adj.* **1.** Que llora o tiene lágrimas: *Tiene los ojos lacrimosos porque le molestan las lentillas.* **2.** Que hace llorar: *Nos contó una historia lacrimosa para darnos pena.*
**SIN. 1.** Lloroso. **2.** Lacrimógeno, sensiblero.

**lactancia** *s. f.* Tiempo durante el cual los mamíferos se alimentan de la leche de sus madres.
**FAM.** Lactante.

**lactante** *adj.* y *s. m.* y *f.* **1.** Se dice del bebé durante el tiempo en el que se alimenta de la leche de su madre. ‖ *adj.* y *s. f.* **2.** Se dice de la madre que da de mamar: *Las lactantes tienen que tomar calcio.*

**lácteo, a** *adj.* **1.** Hecho con leche o a partir de ella: *El queso y la mantequilla son productos lácteos.* ‖ *s. m. pl.* **2.** Alimentos obtenidos de la leche.
**FAM.** Láctico.

**láctico, ca** *adj.* Relacionado con la leche: *una sustancia láctica.*

**lactosa** *s. f.* Azúcar que hay en la leche de los mamíferos, a la que da su sabor dulce.

**lacustre** *adj.* De los lagos: *Las garzas son aves lacustres.*

**ladear** *v.* Inclinar o torcer hacia un lado: *Ladeó la cabeza. Se ladeó el sombrero.*

**ladera** *s. f.* Cualquiera de los lados de una montaña.
**SIN.** Falda, vertiente.

**ladilla** *s. f.* Insecto pequeño que vive como parásito entre el vello de las personas, sobre todo en el pubis; sus picaduras son muy molestas.

**ladino, na** *adj.* y *s. m.* y *f.* Que actúa con astucia y disimulo para conseguir lo que quiere.
**SIN.** Astuto, sagaz. **ANT.** Inocente, ingenuo.

**lado** *s. m.* **1.** Cada una de las dos mitades, derecha e izquierda, de una persona, animal o cosa: *La furgoneta chocó contra el lado derecho de nuestro coche. No se puede aparcar en el lado derecho de la calle.* **2.** Cada una de las caras o superficies de una cosa: *¿En qué lado del disco está esa canción? El folio está escrito por los dos lados.* **3.** Sitio, lugar: *No encuentro las gafas por ningún lado.* **4.** Aspecto: *Es muy optimista, sólo ve el lado bueno de las cosas.* **5.** Parte o bando a los que apoya alguien: *Jaime y Nuria están de nuestro lado.*
**EXPR. al lado** Muy cerca: *Sagrario vive aquí al lado.* **al lado de** En comparación con: *No es muy simpático, pero al lado de su hermano resulta agradable.* **dar de lado** a alguien o algo Rechazarlo. **dejar a un lado** o **dejar de lado** a una persona No contar con ella o no tenerla en cuenta.
**SIN. 1.** Costado, flanco, ala. **2.** Anverso; reverso. **4.** Faceta.
**FAM.** Ladear, ladera. / Lateral.

**ladrar** *v.* Dar ladridos el perro.

**ladrido** *s. m.* Sonido que hace el perro.
**FAM.** Ladrar.

**ladrillo** *s. m.* **1.** Pieza de barro cocido con forma rectangular que se utiliza para construir paredes y otras cosas. **2.** Cosa pesada o aburrida: *Este libro es un ladrillo, no puedo con él.*
**SIN. 2.** Plomo, peñazo, rollo.
**FAM.** Enladrillar.

**ladrón, na** *adj.* y *s. m.* y *f.* **1.** Persona que roba. ‖ *s. m.* **2.** Enchufe con varios agujeros para poder conectar distintos aparatos a la vez.
**SIN. 1.** Caco, ratero, atracador.
**FAM.** Ladronzuelo. / Latrocinio.

**ladronzuelo, la** *s. m.* y *f.* Ladrón de poca monta: *Atraparon a un ladronzuelo que robaba radios de coches.*

**lady** *s. f.* Tratamiento que se da en el Reino Unido a las mujeres de la nobleza. ■ Es una palabra inglesa. Su plural es *ladies.*

**lagar** *s. m.* Lugar donde se pisa la uva para hacer vino o se prensa la aceituna para obtener aceite.

**lagartija** *s. f.* Animal parecido a un lagarto pequeño, que se mueve muy deprisa y vive en los huecos de los muros y entre las rocas.

**lagarto, ta** *s. m.* y *f.* **1.** Reptil de color verdoso que tiene el cuerpo cubierto de escamas, la cola larga y cuatro patas cortas. Vive en regiones donde no hace frío. ‖ *adj.* y *s. m.* y *f.* **2.** Persona astuta y mala.
**SIN. 2.** Taimado, ladino.
**FAM.** Lagartija, lagartona.

**lagartona** *s. f.* Mujer astuta y mala.
**SIN.** Lagarta.

**lago** *s. m.* Extensión de agua dentro de un continente que está rodeada de tierra por todas partes.
**FAM.** Lagar, laguna. / Lacustre.

**lágrima** *s. f.* Cada una de las gotas con un líquido salado que producen unas glándulas situadas debajo de los párpados. Sirven para limpiar los ojos y mantenerlos húmedos y salen muchas cuando lloramos.
**EXPR. lágrimas de cocodrilo** Las que no son de verdad, sino fingidas.
**FAM.** Lagrimal. / Lacrimógeno, lacrimoso.

**lagrimal** *adj.* **1.** De las lágrimas o relacionado con ellas: *las glándulas lagrimales.* ‖ *s. m.* **2.** Parte del ojo que está más cerca de la nariz.

**laguna** *s. f.* **1.** Lago pequeño. **2.** Cosa que falta en un escrito o en una exposición, que no se sabe o no se recuerda: *Es muy anciano y, aunque se acuerda de muchas cosas, a veces tiene lagunas.*
**SIN. 2.** Ausencia, omisión.

**laico, ca** *adj.* y *s. m.* y *f.* **1.** Que no es sacerdote ni está en una orden religiosa. ‖ *adj.* **2.** Que no sigue una religión o no es de la Iglesia: *una escuela laica.*
**SIN. 1.** Lego, seglar, secular.

**laísmo** *s. m.* Uso de los pronombres *la, las,* cuando debería emplearse *le, les. La* o *las* deben utilizarse como complemento directo y *le* o *les* como complemento indirecto. Por eso la frase *A Laura la di el recado* es incorrecta y hay que decir *A Laura le di el recado.*
**FAM.** Laísta.

**laísta** *adj.* y *s. m.* y *f.* Se dice de la persona que al hablar o escribir comete laísmo.

**laja** *s. f.* Piedra plana y más bien fina.
**SIN.** Lasca.

**lama** *s. m.* Religioso budista del Tíbet y Asia central.
**FAM.** Lamaísmo.

**lamaísmo** *s. m.* Rama de la religión budista del Tíbet y Asia central.

**lambucear** *v.* Picar o tomar algo de comida cada poco tiempo: *Deja de lambucear, que luego no comes.*
**SIN.** Lechucear.

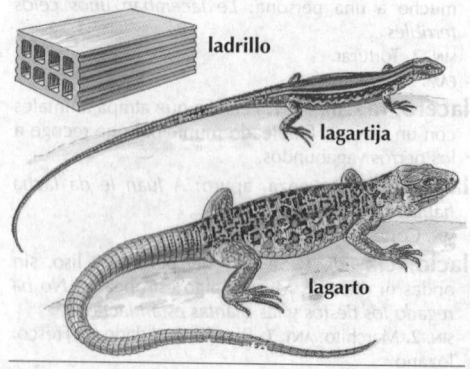

ladrillo

lagartija

lagarto

**lamé** *s. m.* Tela muy brillante hecha con hilos de oro o plata. ■ Es una palabra francesa.

**lameculos** *adj. y s. m. y f.* Persona que adula a otra y hace todo lo que le dice para conseguir algo. ■ Es una palabra vulgar. No varía en plural.
**SIN.** Pelota, cobista.

**lamentable** *adj.* **1.** Que hace sentir pena o disgusto. **2.** Que causa muy mala impresión por ser muy malo, estar muy estropeado o por otros motivos: *Hacía tanto calor que la fruta llegó en un estado lamentable.*
**SIN. 1.** Triste, trágico, dramático. **2.** Desastroso, lastimoso, impresentable, penoso. **ANT. 2.** Admirable, estupendo.

**lamentación** *s. f.* Acción de lamentarse por alguna cosa: *En lugar de tantas lamentaciones por haberle tratado mal, deberías ir a pedirle perdón.*
**SIN.** Lamento, quejido, queja.

**lamentar** *v.* **1.** Sentir pena o disgusto por alguna cosa: *Dijo que lamentaba no poder venir.* ‖ **lamentarse 2.** Quejarse: *Deja de lamentarte por el castigo y de ahora en adelante pórtate bien.*
**ANT. 1.** Celebrar. **2.** Alegrarse.
**FAM.** Lamentable, lamentación, lamento.

**lamento** *s. m.* Palabra, sonido u otra cosa que expresa pena, dolor o disgusto.
**SIN.** Lamentación, quejido, queja. **ANT.** Risa.

**lamer** *v.* Pasar la lengua por una cosa: *Los gatitos terminaron la leche y lamían el plato.*
**EXPR. que no me lamo, que no te lames**... Expresa que algo es muy fuerte, grande o importante: *Tiene un gripazo que no se lame.*
**SIN.** Chupar.
**FAM.** Lameculos, lametazo, lametón. / Lambucear, relamer.

**lametazo** o **lametón** *s. m.* Lo que se hace al pasar la lengua por un sitio, sobre todo si se hace con fuerza: *Su perro nos llenó de lametones nada más vernos.*

**lámina** *s. f.* **1.** Trozo delgado y plano de cualquier material: *La cama tiene un somier de láminas de madera.* **2.** Dibujo o fotografía: *Le regalaron un libro de animales con muchas láminas en color.*
**SIN. 1.** Placa, chapa. **2.** Estampa, ilustración, grabado.
**FAM.** Laminar¹, laminar².

**laminado, da** *adj.* **1.** Que está hecho láminas o que está formado por láminas: *metal laminado, techo laminado.* ‖ *s. m.* **2.** Acción de laminar: *No todos los materiales admiten el laminado.*

**laminar¹** *v.* **1.** Dar forma de lámina: *Trabaja en una empresa en la que laminan el hierro.* **2.** Cubrir con láminas: *Han laminado el techo para que no salgan goteras.*
**FAM.** Laminado.

**laminar²** *adj.* Que tiene forma de lámina o está formado por capas de láminas: *La pizarra es una roca laminar.*

**lámpara** *s. f.* **1.** Utensilio para dar luz artificial. **2.** Bombilla eléctrica. **3.** Mancha, sobre todo en la ropa: *Tienes una lámpara de café en la camisa.*
**FAM.** Lamparilla, lamparita, lamparón.

**lamparilla** *s. f.* Velita o luz pequeña, como las que se ponen delante de las imágenes de la Virgen y los santos.

**lamparita** *s. f.* **1.** Lámpara pequeña. **2.** En América del Sur, bombilla.

**lamparón** *s. m.* Mancha en la ropa: *Tiene todas las camisas llenas de lamparones.*
**SIN.** Lámpara.

**lampiño, ña** *adj.* **1.** Se dice del hombre que no tiene barba o del chico al que todavía no le ha salido. **2.** Que no tiene vello en el cuerpo.
**SIN. 1.** Barbilampiño, imberbe. **ANT. 1.** Barbudo. **2.** Peludo.
**FAM.** Barbilampiño.

**lamprea** *s. f.* Pez de cuerpo delgado y muy largo, parecido al de una serpiente, que tiene la boca en forma de ventosa. Es muy apreciado como alimento.

**lana** *s. f.* **1.** Pelo de la oveja y otros animales parecidos, como la llama. **2.** Pelo de otros animales que recuerda al de las ovejas: *un perro de lanas.* **3.** Hilo hecho con el pelo de animales como la oveja y tejido que se hace con estos hilos: *una madeja de lana, un jersey de lana.* **4.** Dinero.
**FAM.** Lanar, lanilla, lanolina, lanudo.

**lanar** *adj.* Se dice del ganado que tiene lana.

**lance** *s. m.* **1.** Situación o suceso en la vida de una persona o en el argumento de un libro o película. **2.** Cada una de las acciones importantes que decidirán el resultado en un juego o en otro enfrentamiento. **3.** Riña, pelea.
**SIN. 1.** Episodio, incidente. **2.** Jugada. **3.** Trifulca.

**lancero** *s. m.* Soldado que lleva una lanza.

**lanceta** *s. f.* **1.** Instrumento de cirugía con una hoja triangular muy afilada que se usa para cortar. **2.** En algunos lugares de Hispanoamérica, aguijón.

**lancha** *s. f.* **1.** Barca grande, que suele tener motor, y se usa para transportar carga y pasajeros entre lugares cercanos o para vigilar la costa. **2.** Barco pequeño y sin cubierta.

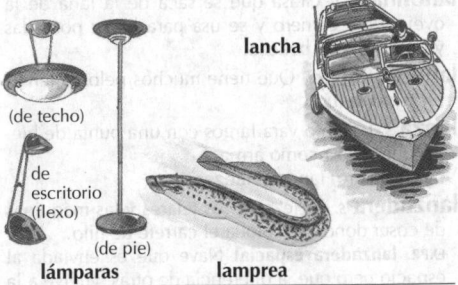

lancha

(de techo)

de escritorio (flexo)

(de pie)

**lámparas**       **lamprea**

**landa** *s. f.* Extensión grande y llana de terreno que no se puede cultivar y en la que crecen plantas silvestres.

**landó** *s. m.* Coche de caballos con cuatro ruedas que tiene capota delante y detrás.

**langosta** *s. f.* **1.** Crustáceo marino grande que tiene dos largas antenas y cinco pares de patas sin pinzas. Es muy apreciado como alimento. **2.** Insecto parecido al saltamontes, de color marrón, verde o rojizo. A veces se forman grupos de miles de langostas y son muy perjudiciales para la agricultura. **FAM.** Langostino.

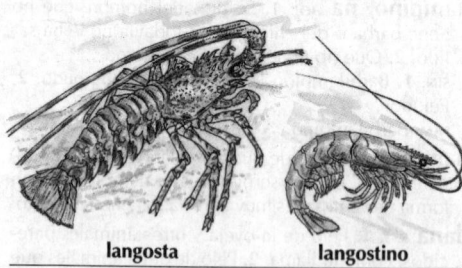

langosta      langostino

**langostino** *s. m.* Crustáceo marino parecido a la gamba, pero más grande.

**languidecer** *v.* **1.** Hacerse algo más débil. **2.** Estar triste o desanimado. ■ Es un verbo irregular. Se conjuga como *agradecer*.
**SIN. 1.** Debilitar, desfallecer.

**languidez** *s. f.* Característica de lánguido. ■ Su plural es *languideces*.
**SIN.** Debilidad, flojedad; tristeza. **ANT.** Fuerza; alegría, ánimo.

**lánguido, da** *adj.* **1.** Débil, sin fuerza ni energía: *Me tendió una mano lánguida, como muerta.* **2.** Triste, desanimado: *La muchacha tenía una mirada lánguida.*
**SIN. 1.** Flojo. **2.** Decaído. **ANT. 1.** Fuerte. **2.** Alegre, animado.
**FAM.** Languidecer, languidez.

**lanilla** *s. f.* **1.** Pelillo que tienen algunas prendas de lana. **2.** Tela fina de lana: *un traje de lanilla.*

**lanolina** *s. f.* Grasa que se saca de la lana de la oveja y del carnero y se usa para hacer pomadas y productos de belleza.

**lanudo, da** *adj.* Que tiene muchos pelos o lanas: *un perro lanudo.*

**lanza** *s. f.* Palo o vara largos con una punta de hierro que se usa como arma.
**FAM.** Lancero, lanceta, lanzar.

**lanzadera** *s. f.* Pieza de los telares y las máquinas de coser donde se coloca el carrete de hilo.
**EXPR. lanzadera espacial** Nave que es enviada al espacio pero que, a diferencia de otras, vuelve a la Tierra y aterriza como los aviones, por lo que se puede usar otra vez.

**lanzado, da** *adj.* **1.** Que alguien lo lanzó. **2.** Muy rápido: *Los coches iban lanzados por la pista de carreras.* ‖ *adj.* y *s. m.* y *f.* **3.** Se dice de la persona decidida, que se atreve a todo: *Ese chico es muy lanzado, ahora dice que quiere irse al extranjero a estudiar.*
**SIN. 2.** Veloz. **3.** Atrevido, osado. **ANT. 3.** Cobarde, indeciso.

**lanzagranadas** *s. m.* Arma que lanza granadas. ■ No varía en plural.

**lanzallamas** *s. m.* Arma portátil que lanza a corta distancia un chorro de fuego. ■ No varía en plural.

**lanzamiento** *s. m.* **1.** Acción de lanzar: *El lanzamiento del nuevo disco fue todo un éxito.* **2.** Prueba deportiva que consiste en lanzar algunos objetos, como el disco, el peso o la jabalina.

**lanzamisiles** *adj.* y *s. m.* Se dice de la instalación, el aparato o la plataforma desde la que se lanzan misiles. ■ No varía en plural.

**lanzar** *v.* **1.** Arrojar, tirar: *lanzar una piedra.* **2.** Realizar algunas cosas de forma que parece que echamos algo hacia afuera: *lanzar un grito, lanzar una mirada.* **3.** Dar a conocer a una persona o cosa al público: *Van a lanzar a ese chico como cantante* **4.** ‖ **lanzarse** Ponerse a hacer algo con energía, decidirse: *Por fin, Pedro se ha lanzado y le ha pedido a Rosa que salga con él.* ■ Delante de e se escribe c en lugar de z: *En esta piscina no dejan que los niños se lancen desde el trampolín grande.*
**SIN. 1.** y **2.** Echar. **2.** Mandar, soltar. **3.** Promocionar. **4.** Atreverse.
**FAM.** Lance, lanzadera, lanzado, lanzagranadas, lanzallamas, lanzamiento, lanzamisiles.

**lanzaroteño, ña** *adj.* y *s. m.* y *f.* De Lanzarote, isla de Canarias.

**laña** *s. f.* **1.** Grapa especial con la que se unen dos piezas, sobre todo si son de cerámica. **2.** Grapa que se usa en medicina para cerrar heridas.

**laosiano, na** *adj.* y *s. m.* y *f.* **1.** De Laos, país de Asia. ‖ *s. m.* **2.** Lengua de ese país.

**lapa** *s. f.* **1.** Molusco marino con una concha en forma de cono que vive pegado a las rocas. **2.** Persona que siempre está con alguien, que no le deja ni un momento: *Jorge es una lapa, se pega a la pandilla y no hay manera de librarse de él.*

**lapicera** *s. f.* **1.** Lápiz plano que usan los carpinteros. **2.** En América del Sur, pluma estilográfica.

**lapicero** *s. m.* Palito de madera largo y recto con una mina por dentro que se utiliza para escribir o dibujar. También los hay de plástico o metal con un mecanismo para sacar o meter la mina.
**SIN.** Lápiz; portaminas.

**lápida** *s. f.* Piedra rectangular plana con algo grabado en recuerdo de alguien, como las que hay en los cementerios.
SIN. Losa.
FAM. Lapidar.

**lapidar** *v.* Tirar piedras a una persona o matarla tirándole piedras.
SIN. Apedrear.

**lapidario, ria** *adj.* Se dice de la frase corta y seria que dice algo importante.
SIN. Solemne.

**lapilli** *s. m. pl.* Trozos pequeños de lava que arrojan los volcanes en erupción. ■ Es una palabra italiana. A veces se usa como singular: *el lapilli.*

**lapislázuli** *s. m. pl.* Mineral muy duro de color azul que se usa como adorno: *Tiene un anillo de lapislázuli.*
SIN. Lazurita.

**lápiz** *s. m.* Lapicero. ■ Su plural es *lápices.*
FAM. Lapicera, lapicero. / Afilalápices.

**lapo** *s. m.* Escupitajo.
SIN. Escupitinajo, gargajo, esputo.

**lapón, na** *adj.* y *s. m.* y *f.* **1.** De Laponia, una región del norte de Europa; se dice sobre todo de un pueblo de esta región que se dedica a la ganadería de renos. ‖ *s. m.* **2.** Lengua de este pueblo.

**lapso** *s. m.* Periodo de tiempo: *En un lapso de tres días saldrán las notas de los exámenes.*
FAM. Lapsus.

**lapsus** *s. m.* Equivocación que alguien tiene sin darse cuenta: *El locutor tuvo un lapsus y confundió las dos noticias.* ■ Es una palabra latina. No varía en plural.
SIN. Error, confusión, despiste. ANT. Acierto.

**lar** *s. m.* **1.** Sitio donde se enciende el fuego en algunas casas y cocinas. ‖ *s. m. pl.* **2.** La casa o el hogar de alguien: *Después de cuatro años en el extranjero, volvió a sus lares.*
SIN. **1.** Fogón, hogar.

**largamente** *adv.* **1.** Durante mucho tiempo: *Hablaron largamente hasta que llegaron a un acuerdo.* **2.** Con abundancia o generosidad: *El rey recompensó largamente a sus servidores.*

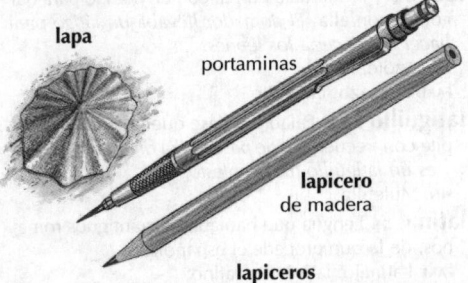

lapa

portaminas

lapicero
de madera

lapiceros

**largar** *v.* **1.** Contar algo muy largo o muy pesado: *Les largó un discurso de dos horas.* **2.** Dar o encargar a alguien algo molesto o desagradable: *Nos largan el trabajo y ellos se van de fiesta.* **3.** Hablar mucho, sobre todo si se dicen cosas que no se deben decir: *No le cuentes secretos, porque se pone a largar y se los dice a cualquiera.* **4.** Echar a alguien: *Lo han largado del trabajo.* ‖ **largarse 5.** Irse: *La fiesta estaba muy aburrida y me largué.* ■ Delante de *e* se escribe *gu* en lugar de *g*: *Que te largues.*
SIN. **1.** y **2.** Encasquetar. **2.** Endosar, endilgar. **3.** Rajar. **5.** Pirarse, marcharse. ANT. **5.** Quedarse; volver.

**largavistas** *s. m.* En América del Sur, prismáticos, gemelos. ■ No varía en plural.

**largo, ga** *adj.* **1.** Que tiene mucha o demasiada longitud: *Las jirafas tienen un cuello muy largo. Los pantalones te están largos.* **2.** Que dura mucho o que tarda mucho en acabar: *El cuento que leyó José era muy largo.* ‖ *s. m.* **3.** La mayor de las dimensiones de una cosa: *La mesa tiene un metro de largo.*
EXPR. **a la larga** Después de bastante tiempo: *Lo malo de este color es que a la larga destiñe.* **a lo largo de** Durante: *A lo largo del año he visto un montón de películas.* **dar largas** Retrasar algo sin decir que no se quiere hacer: *Los padres de Juan le están dando largas para comprarle el ordenador.* **¡largo!** Se usa para echar a alguien bruscamente de un sitio: *¡Largo de aquí!* **largo y tendido** Durante mucho tiempo: *Estuvimos hablando largo y tendido sobre los viejos tiempos.* **para largo** Para mucho tiempo: *Con este trabajo de lengua los alumnos tienen para largo.*
SIN. **1.** Prolongado. ANT. **1.** y **2.** Corto. **2.** Breve.
FAM. Largamente, largar, largavistas, largometraje, larguero, largueza, larguirucho, largura. / Alargar, patilargo.

**largometraje** *s. m.* Película de larga duración.

**larguero** *s. m.* Palo horizontal de la portería de fútbol y otros deportes.
SIN. Travesaño.

**largueza** *s. f.* Generosidad: *Si me ayudas, te recompensaré con largueza.*
SIN. Esplendidez. ANT. Tacañería.

**larguirucho, cha** *adj.* y *s. m.* y *f.* Persona demasiado alta y delgada.

**largura** *s. f.* Longitud, largo.

**laringe** *s. f.* Parte del aparato respiratorio que hay en la garganta y en la cual están las cuerdas vocales. En los hombres se nota desde fuera porque forma la nuez, ese abultamiento que tienen en medio del cuello.
FAM. Laringitis, laringología.

**laringitis** *s. f.* Inflamación de la laringe. ■ No varía en plural.

**laringología** *s. f.* Parte de la medicina que estudia la laringe y sus enfermedades.

**larva** *s. f.* Etapa de crecimiento de algunos animales como por ejemplo los insectos: *Las orugas son las larvas de las mariposas.*
FAM. Larvado, larvario.

**larvado, da** *adj.* Que está escondido o no se nota: *Aunque parecen amigos, entre ellos hay un odio larvado.*
SIN. Oculto, latente. ANT. Manifiesto.

**larvario, ria** *adj.* Relacionado con las larvas: *La oruga es la mariposa en estado larvario.*

**lasaña** *s. f.* Plato italiano hecho con pasta, carne picada, queso, besamel y otros ingredientes.

**lasca** *s. f.* Trozo de piedra plano y delgado.

**lascivia** *s. f.* Lujuria.

**lascivo, va** *adj.* Lujurioso.
FAM. Lascivia.

**láser** *s. m.* Aparato que produce un rayo de una luz especial, que actualmente tiene una gran utilidad. Se emplea, por ejemplo, para soldar, para hacer pequeños cortes en cirugía y para hacer sonar los compact discs.

**lasitud** *s. f.* Cansancio, debilidad: *La enfermedad le dejó en un estado de lasitud.*

**lástima** *s. f.* **1.** Pena, tristeza por algo malo que pasa: *Los perros abandonados me dan lástima.* **2.** Lo que produce pena o tristeza: *Es una lástima que no puedas venir, con las ganas que tenía de verte.*
ANT. **1.** y **2.** Alegría.
FAM. Lastimar, lastimero, lastimoso.

**lastimar** *v.* Hacer daño: *Por querer llevar tanto peso se lastimó el brazo.*
SIN. Fastidiar, dañar, lesionar, magullar.

**lastimero, ra** *adj.* Que da lástima: *El gatito daba maullidos lastimeros, seguro que tenía hambre.*
SIN. Quejumbroso.

**lastimoso, sa** *adj.* Muy malo, muy estropeado: *Después del incendio la casa quedó en un estado lastimoso.*
SIN. Penoso, lamentable, desastroso, deplorable.
ANT. Estupendo.

**lastrar** *v.* **1.** Poner lastre en un barco o en un globo. **2.** Obstaculizar una cosa: *Las asignaturas pendientes le lastran este curso.*

**lastre** *s. m.* **1.** Peso que se pone en el fondo de un barco para que sea más estable y seguro. **2.** Peso que llevan los globos para tirarlo y así poder subir. **3.** Estorbo, dificultad: *Este niño no sabe leer bien y eso es un lastre para su formación.*
SIN. **3.** Obstáculo, impedimento, traba. ANT. **3.** Ventaja.
FAM. Lastrar.

**lata** *s. f.* **1.** Hojalata, lámina fina de metal que se dobla fácilmente. **2.** Caja o bote hecho de este material; también, esta caja o bote con lo que tiene dentro: *Hemos llevado latas de atún a la excursión.*

**3.** Cosa pesada o molesta: *Es una lata tener que levantarse tan temprano.*
EXPR. **dar la lata** Molestar, fastidiar.
SIN. **3.** Fastidio, pesadez, tostón, rollo. ANT. **3.** Gusto, delicia.
FAM. Latazo, latoso. / Abrelatas, enlatar.

**latazo** *s. m.* Persona o cosa aburrida y pesada: *La espera en el aeropuerto fue un auténtico latazo.*
SIN. Fastidio, pesadez.

**latente** *adj.* Que existe, pero que no se nota claramente: *Había un nerviosismo latente en el equipo antes del partido.*
SIN. Escondido, velado, disfrazado. ANT. Claro, manifiesto, expreso.

**lateral** *adj.* **1.** Que está en un lado: *Las bicicletas deben circular por el carril lateral de la carretera.* || *s. m.* **2.** Lo que está en un lado de algo: *La puerta está en un lateral del edificio.*
SIN. **2.** Margen, orilla, flanco, ala. ANT. **1.** Central. **2.** Centro.
FAM. Bilateral, colateral, unilateral.

**látex** *s. m.* **1.** Líquido blanco que se saca de algunos árboles. **2.** Material elástico que se fabrica con este líquido: *Los cirujanos usan guantes de látex.*

**latido** *s. m.* Cada uno de los movimientos del corazón.
SIN. Palpitación.
FAM. Latir.

**latifundio** *s. m.* Terreno de gran extensión de un solo dueño.
ANT. Minifundio.
FAM. Latifundismo, latifundista.

**latifundismo** *s. m.* Forma en que están repartidas las tierras de un lugar en el que lo que más hay son latifundios.
ANT. Minifundismo.

**latifundista** *adj.* **1.** Relacionado con el latifundio. || *s. m.* y *f.* **2.** Propietario de un latifundio.

**latigazo** *s. m.* **1.** Golpe dado con un látigo. **2.** Dolor fuerte que dura sólo un momento: *Ya le ha dado un latigazo la muela picada, tendrá que ir al dentista.*
SIN. **1.** Azote. **2.** Pinchazo, punzada.

**látigo** *s. m.* Cuerda o correa con un mango para dar golpes con ella: *El domador llevaba un látigo para hacer obedecer a los leones.*
SIN. Azote, fusta.
FAM. Latigazo, latiguillo.

**latiguillo** *s. m.* Palabra o frase que una persona repite con frecuencia: *Se pasa el día diciendo «pues», y es un latiguillo muy molesto.*
SIN. Muletilla.

**latín** *s. m.* Lengua que hablaban los antiguos romanos, de la que procede el español.
FAM. Latinajo, latinismo, latino.

**latinajo** *s. m.* Palabra, frase o cita en latín: *El párroco soltó una sarta de latinajos que nadie entendió.* ■ Es una palabra despectiva.

**latinismo** *s. m.* Palabra o expresión del latín que se utiliza en otra lengua, como por ejemplo *ipso facto*, que significa 'en el acto'.

**latino, na** *adj.* y *s. m.* y *f.* **1.** De los antiguos romanos: *la lengua latina, la literatura latina.* **2.** Se dice de los países y personas que hablan una lengua derivada del latín: *Un cantante español triunfa en todo el mundo latino.* ‖ *adj.* **3.** Se dice de una vela que tiene forma triangular.
**FAM.** Latinoamericano. / Grecolatino.

**latinoamericano, na** *adj.* y *s. m.* y *f.* De Latinoamérica, conjunto de países de América que han recibido la lengua y la cultura de España, Portugal y Francia.

**latir** *v.* Dar latidos el corazón.
**SIN.** Palpitar.

**latitud** *s. f.* **1.** Distancia que hay desde un punto cualquiera de la superficie de la Tierra hasta el ecuador: *España está entre los 35 y 45 grados de latitud norte.* **2.** Lugar de la Tierra: *En las latitudes que están cerca de los polos hace mucho frío.*

**lato, ta** *adj.* Extenso o amplio: *El nuevo profesor tiene una lata experiencia en la enseñanza.*
**EXPR.** **en sentido lato** En sentido general: *La gente utiliza la palabra «inglés» en sentido lato para referirse a todos los británicos.*
**SIN.** Dilatado, vasto. **ANT.** Breve, reducido.

**latón** *s. m.* Metal de color dorado que se hace mezclando cobre y cinc. Con él se fabrican recipientes y diversos objetos, por ejemplo los picaportes de las puertas.

**latoso, sa** *adj.* Molesto, fastidioso.
**SIN.** Pesado, plomo, rollo, petardo. **ANT.** Agradable, entretenido, divertido.

**latrocinio** *s. m.* Robo: *Cometieron el latrocinio aprovechando la noche.*

**laúd** *s. m.* Instrumento musical parecido a la guitarra, pero más pequeño y con la caja de forma casi redonda.

**laudable** *adj.* Que merece ser alabado: *Ayudar a los necesitados es una actitud laudable.*
**SIN.** Loable, encomiable.
**FAM.** Laudatorio, laudes.

**láudano** *s. m.* Mezcla de opio, azafrán, canela y vino que antiguamente se tomaba como calmante.

**laudatorio, ria** *adj.* Que alaba: *El crítico hizo comentarios laudatorios de la obra del artista.*
**SIN.** Elogioso.

**laudes** *s. f. pl.* Una de las oraciones que rezan los religiosos diariamente.

**laureado, da** *adj.* Se dice de la persona que recibe un premio o una condecoración: *El escritor laureado fue el centro de atención de la ceremonia.*

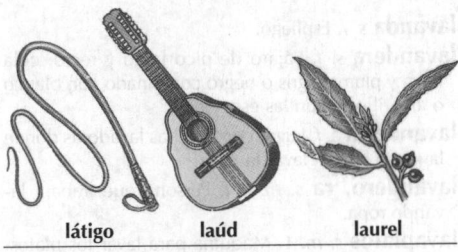

látigo     laúd     laurel

**laurel** *s. m.* Árbol de pequeño tamaño con las hojas alargadas y terminadas en punta, que se usan para dar sabor a la comida.
**EXPR.** **dormirse en los laureles** Busca **dormir.**
**FAM.** Laureado, laurisilva.

**laurisilva** *s. f.* Tipo de vegetación compuesta de árboles de hoja perenne que crece en algunas zonas de las islas Canarias.

**lava** *s. f.* Líquido espeso y muy caliente que lanzan los volcanes. Son rocas fundidas por las altas temperaturas que hay dentro de la Tierra.

**lavable** *adj.* Que se puede lavar: *tejido lavable.*

**lavabo** *s. m.* **1.** Pila con grifos que se usa para lavarse la cara y las manos. **2.** Cuarto de baño.
**SIN.** **2.** Baño, wáter, excusado, servicio.

**lavacoches** *s. m.* y *f.* Persona que limpia coches en garajes o gasolineras. ■ No varía en plural.

**lavadero** *s. m.* Lugar donde se lava, sobre todo la ropa.

**lavado** *s. m.* Acción de lavar o lavarse.
**SIN.** Lavatorio.
**FAM.** Prelavado.

**lavadora** *s. f.* Máquina para lavar la ropa.

lavadora

**lavafrutas** *s. m.* Recipiente con agua para lavar fruta. ■ No varía en plural.

**lavamanos** *s. m.* **1.** Cuenco con agua que se pone en la mesa para lavarse los dedos cuando se come algo con las manos. **2.** Depósito de agua con un grifo y una pila que sirve para lavarse las manos. ■ No varía en plural.

**lavanda** *s. f.* Espliego.

**lavandera** *s. f.* Pájaro de pico largo y recto, cola larga y plumaje gris o negro combinado con blanco o amarillo, según las especies.

**lavandería** *s. f.* Lugar con muchas lavadoras donde la gente lleva a lavar la ropa.

**lavandero, ra** *s. m. y f.* Persona que trabaja lavando ropa.

**lavaplatos** *s. m.* **1.** Máquina para lavar los platos, vasos, cubiertos. ‖ *s. m. y f.* **2.** Persona encargada de lavar los platos en un restaurante, en un bar o en un hotel. ▪ No varía en plural.
SIN. **1.** Lavavajillas. **1.** y **2.** Friegaplatos.

**lavar** *v.* Limpiar a alguien o algo mojándolo con agua y dándole jabón u otra cosa parecida.
SIN. Fregar, bañar. ANT. Ensuciar, manchar.
FAM. Lavable, lavabo, lavacoches, lavadero, lavado, lavadora, lavafrutas, lavamanos, lavandería, lavandero, lavaplatos, lavarropas, lavativa, lavatorio, lavavajillas.

**lavarropas** *s. m.* En América del Sur, máquina lavadora. ▪ No varía en plural.

**lavativa** *s. f.* **1.** Líquido que se introduce por el ano para ayudar a hacer caca y limpiar así el intestino. **2.** Instrumento con que se hace esta limpieza.
SIN. **1.** Enema.

**lavatorio** *s. m.* Acción de lavar o lavarse.
SIN. Lavado.

**lavavajillas** *s. m.* **1.** Máquina eléctrica para lavar platos, vasos y cubiertos. **2.** Jabón especial para lavar la vajilla. ▪ No varía en plural.
SIN. **1.** Lavaplatos, friegaplatos.

**lavavajillas**

**laxante** *adj. y s. m.* Se dice de la sustancia que ayuda a hacer caca.

**laxitud** *s. f.* Característica de la persona o cosa laxa.
SIN. Flacidez; debilidad. ANT. Firmeza.

**laxo, xa** *adj.* **1.** Que no está tenso ni duro: *Desde que le quitaron la escayola, tiene los músculos del brazo muy laxos.* **2.** Que no sigue con firmeza unos principios o unas normas: *una conducta laxa, una moral laxa.*
SIN. **1.** Flojo, flácido.
FAM. Laxitud.

**lazada** *s. f.* **1.** Curva cerrada o círculo que forman algunos nudos. **2.** Nudo en que hay varias de estas curvas, por ejemplo la lazada con la que nos atamos los zapatos.
SIN. **2.** Lazo.

**lazareto** *s. m.* Lugar donde antiguamente se tenía aisladas a las personas con enfermedades contagiosas.

**lazarillo** *adj. y s. m.* Persona o animal que va con un ciego para guiarle: *El perro lazarillo sólo cruzaba cuando el disco se ponía verde.*

**lazo** *s. m.* **1.** Nudo en el que hay dos o más lazadas, por ejemplo el que se usa para atarse los zapatos o el que se ponen las chicas para hacerse una coleta. **2.** Corbata con un nudo parecido. **3.** Cuerda con un nudo corredizo que se utiliza para coger a los animales y para otros fines, por ejemplo la que usan los vaqueros para atrapar a las vacas desde su caballo. **4.** Trampa, engaño: *Es difícil que Luis, con lo listo que es, caiga en el lazo.* **5.** Unión, relación: *Ana y Eva tenían fuertes lazos de amistad.*
EXPR. **echar el lazo** Coger, pillar: *La policía echó el lazo a los ladrones.*
SIN. **4.** Red, encerrona, treta. **5.** Vínculo, enlace, conexión.
FAM. Lacero, lazada. / Enlazar, entrelazar.

**lazurita** *s. f.* Lapislázuli.

**le** *pron. pers. m. y f.* **1.** Se usa como complemento indirecto: *Lucía le ha comprado a Nieves una sortija.* **2.** También se emplea muchas veces como complemento directo masculino al hablar de una persona: *Le vio al asomarse por la ventana.*
FAM. Leísmo.

**leal** *adj.* **1.** Se dice de la persona fiel, en la que se puede confiar: *Carlos es muy leal, nunca dejará solo a un amigo cuando le necesite.* **2.** Se dice del animal bueno, que obedece y sigue siempre a su amo: *Tiene un perro muy leal.*
SIN. **1.** y **2.** Noble. ANT. **1.** Infiel, traidor, traicionero. **1.** y **2.** Desleal.
FAM. Lealtad.

**lealtad** *s. f.* Característica de las personas leales.
SIN. Fidelidad, nobleza. ANT. Traición, deslealtad.
FAM. Deslealtad.

**leasing** *s. m.* Alquiler de una cosa que ofrece además la posibilidad de comprarla después. ▪ Es una palabra inglesa. Su plural es *leasings.*

**lebrato** *s. m.* Cría de la liebre.

**lebrel** *adj. y s. m. y f.* Se dice de una raza de perros altos, delgados y con el labio de arriba y las orejas caídas. Se usan mucho para cazar.

**lección** *s. f.* **1.** Cada una de las divisiones de una asignatura o materia: *El profesor explicó la lección de las plantas.* **2.** Explicación o clase que se da a una persona para que aprenda: *Ayer di mi primera lección de piano.* **3.** Enseñanza o escarmiento: *El accidente me sirvió de lección y nunca más montaré en moto sin casco.*
**SIN. 1.** Tema. **3.** Aviso.
**FAM.** Aleccionar.

**lechada** *s. f.* Masa líquida hecha con agua y cal, yeso o cemento que se usa para unir ladrillos u otras piezas, para blanquear paredes o para rellenar los huecos entre los azulejos y las baldosas.

**lechal** *adj. y s. m.* Cordero que todavía mama.

**lechazo** *s. m.* Cordero lechal.

**leche** *s. f.* **1.** Líquido blanco producido por las mamas de las hembras de los mamíferos, con el que alimentan a sus crías. **2.** Cualquier líquido parecido: *Se ha comprado leche bronceadora para ponerse morena.* **3.** Golpe, caída o choque: *Me tropecé y me di una leche tremenda.* **4.** Genio, facilidad para enfadarse: *No provoques a tu hermano porque tiene una leche...* ■ Con los significados **3** y **4** es una palabra vulgar.
**EXPR. leche frita** Dulce que se hace con una masa dulce de leche y harina que luego se reboza y se fríe. **leche merengada** Helado que se hace con leche, azúcar y canela. **mala leche** Mal genio, mal humor: *Pablo está de mala leche porque le han despertado de la siesta.* ‖ **ser la leche** Ser el colmo o ser muy sorprendente: *Esto es la leche, llevo una hora esperando el autobús. Miguel es la leche, siempre consigue hacer reír a la gente.* ■ Estas dos últimas expresiones son vulgares.
**FAM.** Lechada, lechal, lechazo, lechera, lechería, lechero, lechón, lechoso. / Lactancia, lácteo, lactosa.

**lechera** *s. f.* Jarra, a veces con tapa, para echar o llevar la leche.

**lechería** *s. f.* Tienda donde se vende leche.

**lechero, ra** *adj.* **1.** De la leche o relacionado con ella: *la industria lechera.* **2.** Se dice de los animales de los que obtenemos leche: *vaca lechera.* ‖ *s. m. y f.* **3.** Persona que vende leche.

**lecho** *s. m.* **1.** Cama o lugar preparado para dormir. **2.** Fondo del mar, de un río o de un lago.
**SIN. 1.** Catre.

lechuga

lechuza

**lechón, na** *s. m. y f.* Cerdito que todavía mama.
**SIN.** Cochinillo.

**lechoso, sa** *adj.* Que se parece a la leche, sobre todo por su color: *una piel lechosa.*
**SIN.** Blanquecino.

**lechucear** *v.* Estar a todas horas comiendo golosinas o comida en pequeñas cantidades.
**SIN.** Lambucear.

**lechuga** *s. f.* Planta de huerta de grandes hojas que se comen en ensalada.
**FAM.** Lechuguino.

**lechuguino** *s. m.* Joven demasiado arreglado y presumido.

**lechuza** *s. f.* Ave rapaz nocturna, de pico corto y curvo, ojos grandes y plumaje blanco y dorado claro con manchas pardas; se alimenta principalmente de ratas y ratones.
**FAM.** Lechucear, lechuzo.

**lechuzo, za** *adj. y s. m. y f.* Se dice de la persona que lechucea.

**lectivo, va** *adj.* Se dice de los días en que hay que ir a clase.

**lector, ra** *adj. y s. m. y f.* **1.** Persona que lee algo: *Este periódico tiene muchos lectores.* ‖ *s. m. y f.* **2.** Profesor que enseña su propio idioma en una universidad extranjera: *Pablo es lector de español en la universidad de Oxford.* ‖ *s. m.* **3.** Aparato que lee las marcas grabadas en una cinta, un disco u otra cosa y las transforma en imágenes o sonidos: *un lector de compact disc.*

**lectura** *s. f.* **1.** Acción de leer. **2.** Libro, revista u otra cosa que se lee.

**leer** *v.* **1.** Pasar la vista por las letras de un escrito entendiendo lo que pone en él: *El niño está apren-*

| LEER | | |
|---|---|---|
| **GERUNDIO** | | |
| *leyendo* | | |
| **INDICATIVO** | | |
| **Pretérito perfecto simple** | | |
| leí | leímos | |
| leíste | leísteis | |
| leyó | leyeron | |
| **SUBJUNTIVO** | | |
| **Pretérito imperfecto** | **Futuro** | |
| leyera, -ese | leyere | |
| leyeras, -eses | leyeres | |
| leyera, -ese | leyere | |
| leyéramos, -ésemos | leyéremos | |
| leyerais, -eseis | leyereis | |
| leyeran, -esen | leyeren | |

*diendo a leer.* **2.** Comprender el significado de otros signos: *Los ciegos leen con las manos.* **3.** Interpretar una máquina unas marcas o señales grabadas y transformarlas en imágenes, sonidos u otra cosa: *El procesador del ordenador lee la información del disco duro.* **4.** Adivinar una cosa: *Parecía que le estaba leyendo el pensamiento cuando le preguntó si quería ir al cine.* ■ Es un verbo irregular.

**EXPR. leer entre líneas** Adivinar la verdadera intención de una persona por lo que ésta dice o escribe, aunque no lo exprese claramente: *Si lees entre líneas, verás que detrás de sus amables palabras hay una amenaza.* **leerle** a uno **la cartilla** Busca **cartilla**.

**SIN. 2.** Interpretar. **4.** Captar.

**FAM.** Lección, lector, lectura, legible, leído, leyenda. / Ilegible, releer.

**legación** *s. f.* **1.** Misión o mensaje que lleva un legado. **2.** Conjunto de personas a las órdenes de un legado y lugar donde trabajan.

**SIN. 1.** y **2.** Comisión, delegación.

**legado** *s. m.* **1.** Lo que alguien deja en testamento. **2.** Lo que se deja o lo que pasa a personas que van a venir después: *Los españoles recibieron el legado cultural de los árabes.* **3.** Persona enviada por un gobierno o una autoridad para tratar un asunto.

**SIN. 1.** y **2.** Herencia. **3.** Emisario, delegado.

**legajo** *s. m.* Conjunto de papeles escritos que tratan de un mismo asunto y suelen estar atados.

**legal** *adj.* **1.** Que está bien hecho de acuerdo con lo que dice la ley o que ésta lo permite. **2.** Relacionado con la ley o la justicia: *medicina legal.* **3.** Que merece confianza: *Te puedes fiar de ella porque es una chica legal.*

**SIN. 1.** Legítimo, lícito. **2.** Judicial. **3.** Leal. **ANT. 1.** Ilegal.

**FAM.** Legalidad, legalista, legalizar. / Ilegal.

**legalidad** *s. f.* Característica de lo que es legal.

**legalista** *adj.* y *s. m.* y *f.* Que cumple o hace cumplir todo lo que dicen las leyes o las normas, sin tener en cuenta nada más: *Al juez, que es muy legalista, ya le puedes suplicar que no sirve de nada.*

**legalización** *s. f.* Acción de legalizar.

**legalizar** *v.* **1.** Hacer legal algo. **2.** Decir que es bueno o verdadero un escrito o una firma. ■ Delante de *e* se escribe *c* en lugar de *z*: *legalicen.*

**SIN. 1.** y **2.** Legitimar.

**FAM.** Legalización.

**légamo** *s. m.* Lodo, barro pegajoso.

**SIN.** Cieno, limo.

**legaña** *s. f.* Líquido producido por las glándulas de los párpados que se seca en los ojos; es frecuente tener legañas cuando nos levantamos por la mañana.

**FAM.** Legañoso.

**legañoso, sa** *adj.* Que tiene legañas: *Cuando duermo mucho me levanto con los ojos legañosos.*

**legar** *v.* **1.** Dejar algo una persona a otra en su testamento. **2.** Dejar la cultura, las tradiciones u otras cosas a los que vienen después: *Los romanos nos legaron su cultura.* ■ Delante de *e* se escribe *gu* en lugar de *g*: *legue.*

**FAM.** Legación, legado.

**legendario, ria** *adj.* **1.** Que sólo existe en las leyendas. **2.** Que ha conseguido mucha fama.

**leggings** *s. m. pl.* Pantalón elástico ajustado. ■ Es una palabra inglesa.

**legible** *adj.* Que se puede leer con facilidad: *Hizo las letras muy claras para que su carta fuera legible.*

**ANT.** Ilegible, ininteligible.

**legión** *s. f.* **1.** Cuerpo principal del ejército en la antigua Roma. **2.** Nombre de algunas unidades militares compuestas por soldados profesionales. **3.** Gran número de personas o animales: *En la orilla del río había una legión de mosquitos.*

**SIN. 3.** Multitud, muchedumbre, enjambre.

**FAM.** Legionario.

**legionario, ria** *adj.* **1.** De la legión o relacionado con ella. ‖ *adj.* y *s. m.* **2.** Soldado de una legión.

**legionella** *s. f.* **1.** Enfermedad contagiosa grave que causa fiebre, congestión y neumonía. **2.** Bacteria que produce esa enfermedad.

**legislación** *s. f.* **1.** Acción de legislar. **2.** Conjunto de leyes de un país o de un mismo tipo.

**SIN. 2.** Código.

**legislador, ra** *adj.* y *s. m.* y *f.* Que hace las leyes: *El parlamento tiene capacidad legisladora.*

**legislar** *v.* Hacer las leyes.

**FAM.** Legislación, legislador, legislativo, legislatura.

**legislativo, va** *adj.* y *s. m.* De la legislación o relacionado con ella.

**legislatura** *s. f.* Periodo de tiempo que va desde que se forma el Parlamento hasta que se disuelve.

**legitimar** *v.* **1.** Asegurar que un escrito o firma es auténtico. **2.** Hacer que alguien o algo sea legítimo, por ejemplo un hijo que una persona ha tenido sin estar casada.

**SIN. 1.** Legalizar. **2.** Habilitar, facultar; reconocer.

**legitimidad** *s. f.* Característica de legítimo.

**legítimo, ma** *adj.* **1.** De acuerdo con lo que dice la ley: *Entregaron la casa a sus legítimos dueños.* **2.** Justo, razonable: *Le dio un puñetazo en legítima defensa.* **3.** Auténtico, verdadero: *oro legítimo.*

**SIN. 1.** Legal. **1.** y **2.** Lícito. **3.** Genuino. **ANT. 1.** Ilegítimo, ilegal. **2.** Injusto. **3.** Falso.

**FAM.** Legitimar, legitimidad. / Ilegítimo.

**lego, ga** *adj.* y *s. m.* **1.** Religioso que no es sacerdote. ‖ *adj.* y *s. m.* y *f.* **2.** Laico, que no es sacerdote ni está en una orden religiosa **3.** Persona que no sabe o entiende de una materia.

**SIN. 2.** Seglar. **3.** Ignorante, profano. **ANT. 3.** Iniciado, experto.

**legua** *s. f.* Medida de longitud que equivale a algo más de 5,5 kilómetros.

**EXPR. a la legua, a una legua, a cien leguas** o **a mil leguas** Claramente: *Se ve a la legua que no tiene ni idea de inglés.*

**leguleyo, ya** *s. m.* y *f.* Abogado que no sabe mucho de leyes. ■ Es una palabra despectiva.

**SIN.** Picapleitos.

**legumbre** *s. f.* Garbanzos, lentejas y cualquier fruto o semilla que crece dentro de una vaina.

**FAM.** Leguminosa.

**leguminosa** *adj.* y *s. f.* Planta que tiene el fruto en forma de vaina con varias semillas dentro, como el garbanzo, la lenteja, la algarroba o el guisante.

**lehendakari** *s. m.* Presidente del gobierno vasco. ■ Es una palabra vasca. Se escribe también *lendakari.*

**leído, da** *adj.* **1.** Que alguien lo lee: *Éste es uno de los libros más leídos.* **2.** Se dice de la persona muy culta, que sabe mucho.

**EXPR. leído y escribido** Forma humorística de decir que una persona es bastante culta.

**SIN. 2.** Erudito. **ANT. 2.** Ignorante.

**leísmo** *s. m.* Uso de los pronombres *le, les* cuando debería emplearse *lo, la, los, las. Le* y *les* deben utilizarse como complemento indirecto y *lo, la, los* y *las* como complemento directo. Por eso la frase *Este libro le compré ayer* es incorrecta y hay que decir *Este libro lo compré ayer.* ■ No se considera incorrecto cuando se refiere a personas del género masculino. Así se puede decir *A Pedro le vi* o *A Pedro lo vi.*

**FAM.** Leísta.

**leísta** *adj.* y *s. m.* y *f.* Se dice de la persona que al hablar o escribir comete leísmo.

**leitmotiv** *s. m.* **1.** Tema musical que se repite con frecuencia en una composición. **2.** Motivo o tema central de una cosa: *Las últimas noticias se convirtieron en el leitmotiv de todas las conversaciones.* ■ Es una palabra alemana. No varía en plural.

**lejanía** *s. f.* **1.** Parte más lejana de un lugar, que se ve a lo lejos: *En la lejanía vieron un caballo.* **2.** Característica de lejano.

**SIN. 1.** Horizonte, lontananza. **ANT. 1.** Cercanías, proximidades. **2.** Cercanía, proximidad.

**lejano, na** *adj.* **1.** Que está lejos: *un país lejano.* **2.** Que ocurrió hace mucho tiempo: *El abuelo contaba historias lejanas.* **3.** Que tiene una relación muy pequeña con otra persona o cosa: *Pedro y Luis son primos lejanos.*

**SIN. 1.** Apartado, alejado. **1.** a **3.** Remoto. **ANT. 1.** y **2.** Próximo. **1.** a **3.** Cercano.

**lejía** *s. f.* Líquido de olor muy fuerte que se usa para limpiar y desinfectar y también para poner la ropa blanca.

**lejos** *adv.* **1.** A mucha distancia: *Todavía estamos lejos del pueblo.* **2.** Hace mucho tiempo: *La época en que las chicas no podían llevar pantalones queda muy lejos.*

**EXPR. a lo lejos** Situado a mucha distancia: *Vimos un barco a lo lejos, pero no pudimos distinguir su bandera.* **de lejos** Desde una gran distancia: *De lejos parecía mi primo, pero al acercarse vi que no era él.* **lejos de** En vez de, en lugar de. ■ Con este significado, va seguido de un verbo en infinitivo: *Lejos de disculparse, siguió insultándonos.*

**ANT. 1.** y **2.** Cerca.

**FAM.** Lejanía, lejano. / Alejar.

**lelo, la** *adj.* Atontado.

**SIN.** Alelado, bobo, tonto. **ANT.** Listo, despierto.

**FAM.** Alelado.

**lema** *s. m.* Frase que expresa la forma en que debe actuar una persona: *El lema de los deportistas es: lo importante es participar.*

**SIN.** Máxima.

**lemming** *s. m.* Roedor pequeño de cola corta y pelaje amarillento o gris que habita en las regiones árticas y realiza migraciones en grandes grupos. ■ Es una palabra inglesa. Su plural es *lemmings.*

**lémur** *s. m.* Mamífero primate de hocico grande y cola larga que vive en los árboles de la isla de Madagascar y del archipiélago de las Comores.

**lencería** *s. f.* **1.** Ropa interior de mujer y otras prendas como camisones y pijamas. **2.** Tienda o parte de una tienda en que se vende este tipo de ropa.

**lendakari** *s. m.* Busca **lehendakari.**

**lengua** *s. f.* **1.** Órgano situado dentro de la boca, que está formado por un músculo. Con él notamos el sabor de los alimentos, nos ayuda a tragarlos y también a hablar. **2.** Nombre de algunas cosas que tienen una forma parecida a la de este órgano: *una lengua de fuego.* **3.** Sistema de comunicación de una comunidad de personas que consiste en un conjunto de sonidos que se combinan para formar palabras y frases: *El español, el francés y el italiano son lenguas.*

**EXPR. lengua afilada,** o **viperina,** o **de doble filo,** o **de víbora** Mala lengua, persona que habla mal de los demás. **lengua de gato** Pequeño bizcocho o chocolatina muy delgados y alargados. **lengua de trapo,** o **de estropajo,** o **media lengua** Forma de hablar de la persona que pronuncia mal: *Mi hermanito es muy pequeño y todavía habla con lengua de trapo.* **lengua muerta** La que no se habla actualmente, como el latín. **mala lengua** Persona que habla mal de otra: *Según las malas lenguas, ganó el campeonato porque hizo trampa.* ‖ **darle a la lengua** Hablar mucho. **hacerse lenguas** de algo o alguien Alabarlo mucho, hablar muy bien de ello. **irse de la lengua** Decir cosas que uno debería haber callado. **morderse la lengua** Esforzarse para no decir alguna cosa: *Aunque tu padre te pregunte qué le vamos a regalar, tú muérdete la lengua.* **tener algo en la punta de la lengua**

**681**

Estar a punto de decir algo que no se acaba de recordar. **tirarle** a uno **de la lengua** Provocar a una persona para que diga algo que no quiere decir o que debe callar.

**SIN. 3.** Idioma, lenguaje.

**FAM.** Lenguado, lenguaje, lenguaraz, lengüeta, lengüetada, lengüetazo, lingüística. / Bilingüe, deslenguado, monolingüe, trabalenguas.

**lenguado** *s. m.* Pez marino, de cuerpo casi plano, con los dos ojos en el mismo lado del cuerpo. Es muy apreciado como alimento.

**lenguaje** *s. m.* **1.** Cualquier sistema que sirve para comunicarse con otros: *el lenguaje de las abejas, el lenguaje de los sordomudos.* **2.** Capacidad que tiene el ser humano de comunicarse por medio de palabras y frases. **3.** Idioma, lengua: *El guía del viaje conoce bien el lenguaje de los habitantes de este lugar.* **4.** Manera de hablar o de expresarse con palabras: *El libro está escrito en un lenguaje muy claro.* **5.** En informática, sistema de signos, letras, números que, siguiendo unas reglas, se usa para programar un ordenador.

**lenguaraz** *adj.* y *s. m.* y *f.* Se dice de la persona que habla de forma atrevida o desvergonzada: *No te ofendas por lo que dice, habla con ese descaro porque es lenguaraz.*

**lengüeta** *s. f.* **1.** Tira de cuero que tienen los zapatos por arriba, sobre la que se atan los cordones. **2.** Lámina fina y redondeada por la punta, como la que llevan algunos instrumentos musicales en la boquilla.

**lengüetada** o **lengüetazo** *s. f.* o *m.* Cada una de las pasadas que se da con la lengua para lamer una cosa: *Con esos lengüetazos te vas a acabar el helado en un santiamén.*

**SIN.** Lametazo, lametón.

**lente** *s. f.* **1.** Cuerpo transparente, casi siempre de cristal, que tiene una o dos superficies curvas. Puede aumentar, disminuir o cambiar la imagen de un objeto. Las lentes se utilizan para hacer lupas, microscopios, gafas. || *s. m. pl.* **2.** Gafas.

**EXPR. lente de contacto** Lentilla.

**FAM.** Lentilla.

**lenteja** *s. f.* **1.** Planta leguminosa con las semillas redondas y de color marrón. **2.** Semilla de esta planta: *un plato de lentejas.*

**FAM.** Lentejuela.

**lentejuela** *s. f.* Circulito del tamaño de una lenteja, hecho de un material brillante, que se pone en los vestidos como adorno.

**lenticular** *adj.* **1.** Que tiene la forma de la semilla de una lenteja: *Algunas bicis de carreras tienen ruedas lenticulares.* || *s. m.* **2.** Uno de los huesecillos del oído medio encargados de transmitir al oído interno las vibraciones recogidas por el tímpano.

**lentilla** *s. f.* Lente pequeñita que se pone directamente en el ojo y sirve para lo mismo que las gafas.

**lentisco** *s. m.* Mata o arbusto de madera dura y rojiza, flores pequeñas y fruto de color rojo que luego se vuelve negro. Abunda en la zona mediterránea.

**lentitud** *s. f.* Característica de las personas o las cosas lentas.

**SIN.** Parsimonia. **ANT.** Rapidez, celeridad.

**lento, ta** *adj.* Que va o hace las cosas muy despacio: *¡Qué lento es este autobús!*

**SIN.** Pesado, plasta, tardón; tardo. **ANT.** Veloz, rápido.

**FAM.** Lentitud.

**leña** *s. f.* **1.** Troncos y ramas secas que se cortan en trozos y sirven para hacer fuego. **2.** Golpes, tortas.

**EXPR. añadir** o **echar leña al fuego** Hacer que aumente un enfado, discusión u otra cosa.

**SIN. 2.** Zurra, paliza.

**FAM.** Leñador, leñazo, leñero, leño, leñoso.

**leñador, ra** *s. m.* y *f.* Persona que se dedica a cortar leña en el bosque o en el monte.

**leñazo** *s. m.* **1.** Golpe dado con un leño. **2.** Cualquier golpe fuerte: *Se dio un leñazo contra el árbol.*

**SIN. 1.** y **2.** Tortazo, trompazo, castañazo.

**leñero, ra** *adj.* y *s. m.* y *f.* **1.** Persona que vende leña. **2.** Se dice de la persona violenta, sobre todo cuando se habla de un deportista o un equipo: *Ese futbolista tiene fama de leñero.*

**leño** *s. m.* **1.** Trozo de árbol cortado y sin ramas. **2.** Persona de poca inteligencia.

**SIN. 2.** Zoquete, tarugo, ceporro.

**leñoso, sa** *adj.* Se dice de los tallos o frutos de algunas plantas que tienen la dureza y la consistencia de la madera.

**leo** *s. m.* **1.** Quinto signo del zodiaco. ■ Con este significado suele escribirse con mayúscula. || *s. m.* y *f.* **2.** Persona nacida bajo este signo, entre el 22 de julio y el 22 de agosto. ■ Con este significado no varía en plural.

**león, na** *s. m.* y *f.* **1.** Mamífero carnívoro felino de gran tamaño y pelaje entre amarillo y rojo. El macho se distingue de la hembra por tener una gran melena. **2.** Persona muy valiente o que tiene mucho genio.

**EXPR. león marino** Mamífero carnívoro marino, muy grande, de la familia de la foca.

**FAM.** Leo, leonado, leonera, leopardo.

**leonado, da** *adj.* De color rubio rojizo como el que tiene el león: *cabello leonado.*

**leonera** *s. f.* **1.** Sitio donde están encerrados los leones. **2.** Habitación o casa muy desordenada.

**leonés, sa** *adj.* **1.** De León, ciudad y provincia de España, y ciudad de México. **2.** Del antiguo reino de León.

**FAM.** Castellano-leonés.

**leopardo** *s. m.* Mamífero carnívoro de la misma familia del león o el gato. Es de color amarillento con manchas negras, tiene la cabeza grande, el cuello corto y es muy ágil.

león

leopardo

leona

león marino

**leotardos** *s. m. pl.* Medias que llegan hasta la cintura: *Luisa lleva leotardos de lana en invierno.*

**Lepe** Se usa en las expresiones **saber más que Lepe** y **saber más que Lepe, Lepijo y su hijo,** que significan 'saber mucho, ser muy astuto'.

**leporino, na** *adj.* Se dice del labio superior de una persona que por un defecto de nacimiento está partido como el de la liebre.

**lepra** *s. f.* Enfermedad infecciosa que produce llagas por todo el cuerpo y también ataca el sistema nervioso.
**FAM.** Leproso.

**leprosería** *s. f.* Hospital para leprosos.

**leproso, sa** *adj.* y *s. m.* y *f.* Persona que tiene la enfermedad de la lepra.
**FAM.** Leprosería.

**lerdo, da** *adj.* y *s. m.* y *f.* **1.** Que es torpe para comprender o hacer las cosas. **2.** Lento y torpe al andar.
**SIN. 1.** Tonto, zoquete. **1.** y **2.** Tardo. **ANT. 1.** Listo. **2.** Ágil, ligero.

**leridano, na** *adj.* y *s. m.* y *f.* De Lérida, ciudad y provincia catalanas.

**lesbiana** *adj.* y *s. f.* Mujer que siente atracción sexual por otras mujeres.
**FAM.** Lesbianismo.

**lesbianismo** *s. m.* Atracción sexual que siente una mujer por otras mujeres.

**lesión** *s. f.* Daño que causa una herida, un golpe o una enfermedad: *No pudo jugar el partido por culpa de una lesión.*
**FAM.** Lesionar, lesivo. / Ileso, lisiar.

**lesionar** *v.* Producir una lesión: *Antonio se lesionó esquiando.*
**SIN.** Herir, lastimar.

**lesivo, va** *adj.* Que produce lesiones o perjuicios: *El médico le ha dicho que sus hábitos alimenticios son lesivos.*

**letal** *adj.* Que puede causar la muerte.
**SIN.** Mortífero, mortal.

**letanía** *s. f.* Oración que consiste en una serie de frases que se repiten para rogar a Dios, la Virgen o los santos.

**letargo** *s. m.* Sueño muy profundo o que dura mucho: *Los osos pasan el invierno en letargo.*
**FAM.** Aletargar.

**letón, na** *adj.* y *s. m.* y *f.* **1.** De Letonia, estado del norte de Europa. ‖ *s. m.* **2.** Lengua de este país.

**letra** *s. f.* **1.** Cada uno de los signos con los que escribimos y que representan los sonidos utilizados para hablar. **2.** Manera de escribir estos signos: *Tiene una letra muy bonita.* **3.** Las palabras de una canción: *Sólo cantaban los que se sabían la letra.* **4.** Papel donde pone una cantidad que hay que pagar en una fecha. ‖ *s. f. pl.* **5.** Nombre que se da al conjunto de ciencias formado por la filosofía, la lengua, la literatura, la historia: *No le gustan las matemáticas, prefiere las asignaturas de letras.*
**EXPR. letra de imprenta** o **letra de molde** La letra impresa, para distinguirla de la que está escrita a mano; también, letra mayúscula. ‖ **al pie de la letra** Exactamente como está escrito o como se dice: *Cumplió las instrucciones al pie de la letra.*
**SIN. 2.** Escritura, caligrafía. **5.** Humanidades. **ANT. 5.** Ciencias.
**FAM.** Letrado, letrero, letrilla. / Deletrear, literal, literatura.

**letrado, da** *adj.* **1.** Culto, instruido. ‖ *s. m.* y *f.* **2.** Abogado o juez.
**SIN. 1.** Ilustrado, docto, sabio. **2.** Magistrado. **ANT. 1.** Inculto, ignorante.
**FAM.** Iletrado.

**letraset** *s. m.* Lámina transparente con letras que se pegan en una superficie apretando sobre ellas.

**letrero** *s. m.* Mensaje que se escribe o se coloca en un sitio visible para indicar algo: *En la orilla del río hay un letrero que prohíbe bañarse.*
SIN. Rótulo, cartel.

**letrilla** *s. f.* **1.** Poesía de versos cortos que suele estar acompañada de música. **2.** Poesía de tema amoroso, humorístico o satírico con un estribillo que se repite después de cada estrofa.

**letrina** *s. f.* Agujero en el suelo que se utiliza como retrete.

**leucemia** *s. f.* Enfermedad muy grave de la sangre, producida por un aumento excesivo de los leucocitos o glóbulos blancos.

**leucocito** *s. m.* Célula de la sangre que defiende al organismo de las infecciones. Se llama también *glóbulo blanco.*

**leva** *s. f.* **1.** Acción de reclutar gente, sobre todo cuando es para el ejército. **2.** Acción de levar anclas: *Antes de la leva hay que comprobar que todo esté preparado.* **3.** En mecánica, pieza que gira y produce un movimiento de vaivén sobre una varilla. **4.** En mecánica, palanca.

**levadizo, za** *adj.* Que se puede levantar: *el puente levadizo de un castillo.*

**levadura** *s. f.* Sustancia formada por unos hongos que hacen fermentar a otras sustancias con las que se mezcla; se emplea en panadería, pastelería y para hacer cerveza.

**levantamiento** *s. m.* **1.** Acción de levantar alguna cosa: *levantamiento de pesos.* **2.** Rebelión, sublevación: *un levantamiento militar.*
SIN. **2.** Alzamiento, motín.

**levantar** *v.* **1.** Llevar algo de abajo arriba o ponerlo en un lugar más alto: *Levantó una piedra del suelo para ver si debajo se había metido la lagartija. Ese cuadro está muy bajo, hay que levantarlo un poco.* **2.** Poner derecho o de pie: *Levanta la silla que se ha caído.* **3.** Dirigir algo hacia arriba: *levantar la mirada.* **4.** Edificar, construir: *Han levantado una casa aquí al lado.* **5.** Hacer que suene más fuerte la voz: *Levanta la voz, que no te oímos.* **6.** Rebelar, sublevar: *El pueblo de Madrid se levantó contra los invasores franceses.* **7.** Producir o causar: *Las declaraciones del ministro levantaron una fuerte polémica. El ruido me levanta dolor de cabeza.* || **levantarse 8.** Dejar la cama después de haber dormido o de haber estado enfermo en ella: *Me levanto a las ocho de la mañana. Se encuentra mucho mejor y el médico le ha dicho que puede levantarse.* **9.** Ponerse de pie una persona: *Me levanté para ceder mi asiento a una anciana.* **10.** Empezar a producirse algo: *Se está levantando mucho viento.*

SIN. **1.** Subir. **1.** a **3.**, **5.** y **6.** Alzar. **1.**, **3.** y **4.** Elevar. **2.** Enderezar. **7.** Provocar. ANT. **1.**, **2.** y **4.** Tirar. **1.**, **3.** y **5.** Bajar. **4.** Demoler. **6.** Someter. **8.** Acostarse.
FAM. Levantamiento, levante, levantisco.

**levante** *s. m.* **1.** Este, oriente, lugar por donde sale el Sol. **2.** Viento húmedo y cálido que sopla desde el este. **3.** Conjunto de las comarcas de la costa mediterránea de España, sobre todo la Comunidad Valenciana y la Región de Murcia. ■ Con este significado se escribe con mayúscula.
ANT. Occidente, oeste. **1.** y **2.** Poniente.
FAM. Levantino.

**levantino, na** *adj.* y *s. m.* y *f.* Del Levante español.

**levantisco, ca** *adj.* Que tiende a rebelarse: *El rey sometió a los nobles levantiscos.*
SIN. Rebelde, indómito. ANT. Sumiso.

**levar** *v.* Recoger el ancla.
EXPR. **levar anclas** Zarpar, salir un barco del puerto: *La flota levó anclas al amanecer.*
FAM. Leva, levadizo, levadura, levitar. / Elevar.

**leve** *adj.* **1.** De poco peso: *una leve pluma.* **2.** De poca importancia o gravedad: *una herida leve, una falta leve.* **3.** Suave, poco fuerte o intenso: *Tiene un olfato tan fino, que nota el más leve olor.*
SIN. **1.** y **2.** Liviano. **1.** a **3.** Ligero. ANT. **1.** Pesado. **2.** Grave.
FAM. Levedad.

**levedad** *s. f.* Característica de lo que es leve.

**levita** *s. f.* Prenda que consiste en una especie de chaqueta larga, ajustada a la cintura, con faldones rectos que se cruzan por delante.
FAM. Tiralevitas.

**levitar** *v.* Elevarse una persona o una cosa en el aire sin que nada lo sostenga.

**lexema** *s. m.* Parte más importante de una palabra, que es la que indica su significado; por ejemplo, *perr-* es el lexema de *perro, perrito* y *perruno.*
SIN. Raíz.

**lexía** *s. f.* Conjunto de letras o sonidos que tienen un significado, en especial el formado por más de una palabra, como *sacacorchos, tren de aterrizaje* o *hablar por los codos.*

**léxico, ca** *adj.* **1.** Relacionado con las palabras de una lengua. || *s. m.* **2.** Conjunto de las palabras y expresiones de una lengua, o las usadas normalmente por una persona, un grupo, en una profesión. **3.** Diccionario.
FAM. Lexema, lexía, lexicografía.

**lexicografía** *s. f.* **1.** Técnica que se utiliza para hacer diccionarios. **2.** Conjunto de conocimientos necesarios para elaborar un diccionario.

**ley** *s. f.* **1.** Manera siempre igual en que suceden las cosas en el mundo: *la ley de la gravedad.* **2.** Norma o conjunto de normas que ordenan, prohíben o regulan alguna cosa: *Todos los ciudadanos deben* cumplir la ley. **3.** Cariño o lealtad: *Le tomó ley a esta ciudad y ya no quiere marcharse.* **4.** Cantidad de oro o plata puros que deben tener las monedas y las joyas.

**EXPR. ley de la ventaja** En fútbol y otros deportes, regla por la que el árbitro no castiga algunas faltas porque, si lo hiciera, beneficiaría al equipo que la cometió. **ley de vida** Lo normal que ocurra en la vida de las personas; se refiere sobre todo a la muerte: *Es ley de vida que los padres mueran antes que los hijos.* **ley del embudo** Norma que se aplica de forma injusta, beneficiando o perjudicando a unos más que a otros. ‖ **con todas las de la ley** Con todo el derecho y cumpliendo las normas: *El escritor ganó el premio con todas las de la ley.*

**SIN. 2.** Legislación, reglamento, código. **3.** Afecto. **ANT. 3.** Odio, manía.

**FAM.** Legal, legislar, legítimo, leguleyo.

**leyenda** *s. f.* **1.** Narración de hechos fantásticos o imaginarios que la gente repite como si hubieran ocurrido en realidad. **2.** Texto escrito sobre algunas cosas, como por ejemplo monedas, escudos, estandartes, cuadros, láminas.

**FAM.** Legendario.

**lezna** *s. f.* Instrumento puntiagudo que se utiliza para hacer agujeros, como el que usan los zapateros.

**liana** *s. f.* Nombre de unas plantas tropicales que se enroscan en los árboles y que tienen unas ramas que cuelgan como si fueran cuerdas.

**SIN.** Bejuco.

**liante, ta** *adj. y s. m. y f.* Persona que lía a otras, las confunde o las engaña.

**liar** *v.* **1.** Envolver y atar paquetes con papeles, cuerdas, gomas: *Liaron el regalo con cintas y papeles de colores.* **2.** Enrollar: *Antes los cigarrillos no venían hechos y tenía que liarlos uno mismo.* **3.** Complicar, enredar: *La película cada vez se va liando más, yo no me entero de nada.* **4.** Confundir a alguien: *Explícamelo más despacio, que me estás liando.* **5.** Convencer a alguien con engaños o poniéndose muy pesado con él: *Él no quería ir al viaje, pero sus amigos le liaron.* ‖ **liarse 6.** Ponerse a hacer algo: *Se liaron a puñetazos. Se lían a hablar y no paran.* **7.** Tener relaciones amorosas o sexuales con una persona: *Elena dejó a su novio y se lió con un compañero de trabajo.*

**SIN. 1.** Embalar, empaquetar. **2.** Arrollar. **3.** Embrollar, embarullar. **4.** Equivocar. **5.** Engatusar. **6.** Enfrascarse, lanzarse. **ANT. 1.** Desenvolver. **2.** Desenrollar.

**FAM.** Liante, lío. / Aliarse, desliar.

**libanés, sa** *adj. y s. m. y f.* Del Líbano, país del oeste de Asia.

**libar** *v.* Chupar el jugo de algo, como hacen los insectos con el néctar de las flores.

**SIN.** Succionar, sorber.

**libelo** *s. m.* Escrito en que se dicen cosas malas o falsas de alguien o algo.

**libélula** *s. f.* Insecto de cuerpo alargado, ojos muy grandes y dos pares de alas iguales; es buen volador y se alimenta de moscas y mosquitos. Vive en charcas y sitios con agua. Se llama también *caballito del diablo.*

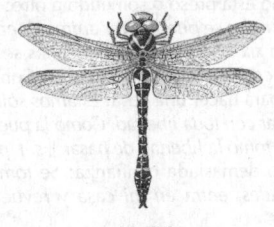

**libélula**

**liberación** *s. f.* Acción de liberar: *La liberación de los secuestrados se llevó a cabo sin problemas.*

**liberal** *adj. y s. m. y f.* **1.** Que defiende la libertad y la tolerancia o comprensión con las ideas y acciones de los demás. **2.** Partidario del liberalismo político y económico. ‖ *adj.* **3.** Generoso: *Es muy liberal a la hora de dar propinas.* **4.** Se dice de las profesiones de las personas que trabajan sin depender de nadie y, también, de los profesionales que las ejercen, como algunos abogados, médicos, ingenieros.

**SIN. 3.** Desprendido, espléndido. **ANT. 1.** Intolerante, intransigente. **3.** Tacaño.

**FAM.** Liberalidad, liberalismo, liberalizar.

**liberalidad** *s. f.* Característica del que es liberal o generoso.

**SIN.** Generosidad, desprendimiento. **ANT.** Tacañería.

**liberalismo** *s. m.* **1.** Ideas y forma de actuar en política y economía que defienden la libertad de cada persona. **2.** Característica del que es liberal o tolerante.

**SIN. 2.** Tolerancia. **ANT. 2.** Intransigencia.

**liberalizar** *v.* Dar mayor libertad, sobre todo en la política o la economía. ▪ Delante de *e* se escribe *c* en lugar de *z*: *Cuando liberalicen el horario comercial, muchas tiendas abrirán todos los días y cerrarán más tarde.*

**liberar** *v.* **1.** Dar libertad o poner en libertad: *Llegaron más soldados para liberar la ciudad. El juez liberó a un detenido.* **2.** Desprender, echar: *El fuego libera calor.* **3.** Quitar un compromiso, obligación o preocupación: *Le liberó de su promesa. Se liberó de su miedo a volar y tomó un avión.*

**SIN. 1.** Libertar. **2.** Despedir, emitir. **3.** Librar, descargar, eximir. **ANT. 1.** Apresar, esclavizar, invadir. **2.** Captar. **3.** Obligar.

**FAM.** Liberación.

**líbero** *s. m.* Jugador de fútbol que no tiene una posición fija y no marca a un contrario.

**libérrimo, ma** *adj.* Superlativo de **libre**. Muy libre.

**libertad** *s. f.* **1.** Capacidad que tienen las personas de hacer o no una cosa y de hacerla de una manera o de otra. **2.** Estado de la persona, animal, pueblo, país que no está preso o sometido a otro: *En las reservas naturales se pueden ver animales en libertad. En el siglo xix las colonias americanas se independizaron y consiguieron la libertad.* **3.** Confianza en el trato o para hacer una cosa: *Estamos solos, puede usted hablar con toda libertad. Como la puerta estaba abierta, se tomó la libertad de pasar.* || *s. f. pl.* **4.** Atrevimiento o demasiada confianza: *Se toma excesivas libertades; entra en mi casa y revuelve todos mis discos.* **SIN. 1.** Voluntad. **2.** Independencia. **3.** Franqueza. **ANT. 2.** Esclavitud, cautividad, prisión. **FAM.** Libertario, liberto.

**libertador, ra** *adj. y s. m. y f.* Persona que liberta a otras.

**libertar** *v.* Dar la libertad: *Libertó a un zorro que había caído en un lazo.* **SIN.** Liberar. **ANT.** Esclavizar, encerrar. **FAM.** Libertador.

**libertario, ria** *adj.* Que está a favor de la desaparición de las leyes, los gobiernos y cualquier tipo de política.

**libertinaje** *s. m.* Libertad excesiva, en la que no se respeta la ley, la moral ni la libertad de los demás.

**libertino, na** *adj. y s. m. y f.* Se dice de la persona que tiene muchos vicios y de sus actos y costumbres. **SIN.** Vicioso, inmoral. **ANT.** Virtuoso.

**liberto, ta** *s. m. y f.* En la antigua Roma, esclavo liberado.

**libidinoso, sa** *adj.* Lujurioso.

**libido** *s. f.* En psicología, deseo sexual.

**libio, bia** *adj. y s. m. y f.* De Libia, país del norte de África.

**libra** *s. f.* **1.** Moneda del Reino Unido. Su nombre completo es *libra esterlina.* **2.** Medida de peso que equivale a algo menos de medio kilogramo. **3.** Séptimo signo del zodiaco. ■ Con este significado suele escribirse con mayúscula. || *s. m. y f.* **4.** Persona nacida bajo este signo, entre el 22 de septiembre y el 23 de octubre. ■ Con este significado no varía en plural.

**librado, da** Se usa en las expresiones **salir bien librado** o **salir mal librado**, que significan 'salir beneficiado' o, por el contrario, 'perjudicado' de algo: *Aunque el examen era muy difícil, ha salido bien librado. No quiso intervenir en la pelea para no salir mal librado.*

**librar** *v.* **1.** Evitar a alguien algo molesto, pesado, malo o peligroso: *No te vayas, que hoy no te libras de fregar los platos. La suerte le libró de morir en ese accidente.* **2.** Llevar a cabo un combate o una lucha: *Los ejércitos libraron una dura batalla.* **3.** Tener un empleado su día libre: *Yo os abriré el portal, porque el portero libra los domingos.* **SIN. 1.** Liberar, salvar. **2.** Entablar. **ANT. 1.** Cargar, imponer. **FAM.** Librado.

**libre** *adj.* **1.** Se dice de la persona que puede hacer una cosa o no hacerla, o hacerlo de una forma u otra: *Eres libre para decidir qué quieres hacer con tu futuro.* **2.** Se dice del que no está preso o del que no es esclavo. **3.** Suelto, sin estar sujeto: *En la selva los animales viven libres.* **4.** Independiente o no dominado: *un país libre.* **5.** Que no tiene lo que se dice a continuación: *libre de temores.* **6.** No ocupado: *En el hotel quedan dos habitaciones libres.* **7.** Sin obstáculos: *En cuanto dejen libre la carretera podremos pasar.* **8.** Se dice del tiempo durante el cual no hacemos la actividad habitual, como trabajar o estudiar: *En su tiempo libre le gusta mucho pasear.* **EXPR. al aire libre** En el campo, en la montaña, en contacto con la naturaleza. **por libre** Haciéndolo uno por su cuenta, sin formar parte de un grupo: *Me presentaré al examen por libre.* **SIN. 5.** Exento. **6.** Desocupado, vacante, vacío, disponible. **ANT. 2.** y **3.** Cautivo. **4.** Oprimido. **7.** Cortado, cerrado, interceptado. **FAM.** Liberal, liberar, líbero, libérrimo, libertad, libertar, libertinaje, libertino, librar, librepensador.

**librea** *s. f.* Uniforme de gala que usan porteros y conserjes en lugares muy elegantes o en ocasiones importantes.

**librepensador, ra** *adj.* Se dice de la persona que defiende la tolerancia y la razón sobre cualquier otra cosa.

**librería** *s. f.* **1.** Tienda en la que se venden libros. **2.** Mueble con estanterías para colocar libros.

**librero, ra** *s. m. y f.* Persona que vende libros.

**libresco, ca** *adj.* De los libros o que se basa en los libros y no en la realidad: *Sus conocimientos son sólo librescos, no tiene experiencia de la vida.*

**libreta** *s. f.* Cuaderno para escribir cosas: *En la libreta he apuntado tu dirección y tu teléfono.* **EXPR. libreta de ahorros** Cuadernillo que dan los bancos o cajas de ahorros a las personas que abren una cuenta para ahorrar; en ella están anotados el dinero que meten o sacan y los intereses que reciben.

**libretista** *s. m. y f.* Profesional que escribe libretos.

**libreto** *s. m.* Texto de una ópera o zarzuela. **FAM.** Libretista.

**libro** *s. m.* **1.** Conjunto de hojas escritas o impresas sujetas por un lado y que tienen una cubierta. **2.** Un

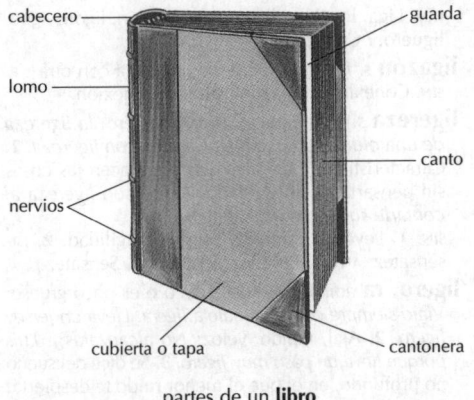

cabecero

guarda

lomo

canto

nervios

cubierta o tapa

cantonera

partes de un **libro**

conjunto de hojas encuadernadas o unidas de otra forma para diversos usos, por ejemplo para apuntar las cuentas de una tienda o de otro negocio. **3.** Una parte del estómago de los rumiantes.
**EXPR. libro de bolsillo** El de pequeño tamaño que puede llevarse en el bolsillo. **libro de familia** Libreta en que aparecen los datos del matrimonio y de sus hijos. **libro de texto** El que utilizan los alumnos para seguir las clases y para estudiar una asignatura. || **Hablar** o **explicarse como un libro abierto** Hablar muy claro, de modo que se entienda todo perfectamente; a veces se dice en broma para dar a entender todo lo contrario.
**FAM.** Librería, librero, libresco, libreta, libreto. / Sujetalibros.

**licántropo** adj. y s. m. y f. Persona que sufre una enfermedad mental que le hace creer que es un lobo y actuar como si lo fuera.

**licencia** s. f. **1.** Permiso para algo: El rey dio licencia a los presentes para retirarse. **2.** Permiso de acuerdo con la ley para hacer algo o para utilizar un producto y documento que demuestra que se tiene ese permiso: Todos los programas de ordenador que uso tienen licencia.
**SIN. 1.** y **2.** Autorización. **ANT. 1.** Prohibición.
**FAM.** Licenciarse, licencioso.

**licenciado, da** adj. y s. m. y f. **1.** La persona que cuando acaba una carrera universitaria obtiene un título con el que puede ejercer esa carrera: Es licenciado en derecho. **2.** En Hispanoamérica, tratamiento que se da a los abogados. **3.** Soldado que ha acabado la mili.
**SIN. 1.** Titulado.

**licenciarse** v. **1.** Terminar la mili un soldado. **2.** Conseguir una licenciatura.
**FAM.** Licenciado, licenciatura.

**licenciatura** s. f. Grado o título que se consigue al acabar los estudios universitarios.

**licencioso, sa** adj. Indecente, inmoral.
**SIN.** Vicioso. **ANT.** Virtuoso, decente.

**liceo** s. m. **1.** Nombre que reciben algunos centros o asociaciones culturales o de entretenimiento. **2.** En algunos países, instituto, centro de enseñanza secundaria.

**lícito, ta** adj. Que está permitido por la ley o nos parece bien: Se hizo rico por medios lícitos.
**SIN.** Legítimo, legal, honrado. **ANT.** Ilícito.
**FAM.** Ilícito.

**licor** s. m. Bebida que tiene alcohol, sustancias aromáticas, agua y azúcar.
**FAM.** Licorera, licorería.

**licorera** s. f. **1.** Botella para servir licor. **2.** Mueble o lugar donde se guardan licores. **3.** Lugar donde se hacen los licores.

**licorería** s. f. Lugar donde se hacen y venden licores.

**licuadora** s. f. Aparato eléctrico para licuar frutas u otros alimentos.

**licuar** v. Hacer líquida una cosa sólida o gaseosa.
**FAM.** Licuadora.

**lid** s. f. **1.** Lucha, combate. **2.** Discusión, disputa.
**EXPR. en buena lid** De forma justa y legal, sin hacer trampa: El equipo contrario ganó el partido en buena lid.
**SIN. 1.** Pelea, contienda. **2.** Debate.
**FAM.** Lidia, lidiar.

**líder** s. m. **1.** Persona que dirige o manda en un grupo, partido, movimiento. **2.** Deportista o equipo que va el primero en la clasificación: Este ciclista es el líder de la Vuelta a España. **3.** Cualquiera que domina en algo, que sobresale entre otros: Es la fábrica líder en calzado.
**SIN. 1.** Jefe, dirigente, cabeza, guía.
**FAM.** Liderar, liderato, liderazgo.

**liderar** v. **1.** Dirigir un grupo: Lidera la asociación de estudiantes desde hace tres años. **2.** Ser el primero de una clasificación: Es difícil que un equipo pequeño lidere la liga.

**liderato** o **liderazgo** s. m. El hecho de ser líder: El ciclista colombiano mantiene el liderazgo en la clasificación.
**SIN.** Dirección, dominio.

**lidia** s. f. Acción de lidiar, sobre todo toros.

**lidiar** v. **1.** Luchar para conseguir una cosa: Tuve que lidiar con el vendedor para que me devolviera el dinero. **2.** Tener que tratar con personas molestas, que dan mucho trabajo: Mi madre dice que está cansada de lidiar con sus empleados. **3.** Torear.
**SIN. 2.** Bregar.

**liebre** s. f. Mamífero que tiene las patas de atrás muy desarrolladas y unas largas orejas puntiagudas. Es un animal frecuente en España; se asusta enseguida y corre mucho. Su aspecto es parecido al del conejo.

**FAM.** Lebrato, lebrel, leporino.

**liebre**

**liendre** *s. f.* Huevecillo del piojo.

**lienzo** *s. m.* **1.** Tela hecha normalmente de lino, cáñamo o algodón. **2.** Tela preparada para pintar sobre ella, y cuadro ya pintado. **SIN. 2.** Pintura, óleo.

**lifting** *s. m.* Operación de cirugía estética que, por medio de estiramientos, reduce o quita las arrugas de la piel. ■ Es una palabra inglesa. Su plural es *liftings*.

**liga** *s. f.* **1.** Cinta elástica que sirve para sujetar a la pierna las medias y los calcetines. **2.** Competición deportiva en la que cada equipo tiene que jugar contra todos los demás que son de la misma categoría: *Hoy ponen por televisión un partido de fútbol de la liga.* **3.** Unión fuerte de ciudadanos, grupos o países con un interés común: *liga de países democráticos.* **SIN. 3.** Asociación, alianza, coalición, confederación. **FAM.** Liguilla.

**ligadura** *s. f.* **1.** Acción de ligar. **2.** Cuerda, correa o cualquier cosa que sirve para atar o sujetar: *El prisionero logró desatar sus ligaduras y huyó.* **3.** Unión de dos cables, cuerdas u otras cosas. **4.** Lo que a una persona le ata o le une fuertemente a algo: *Se fue a vivir solo y rompió las ligaduras con su familia.* **EXPR. ligadura de trompas** Operación que se hace a una mujer para impedir que se quede embarazada. **SIN. 2.** a **4.** Atadura, lazo.

**ligamento** *s. m.* Tendón o membrana que une los huesos y las articulaciones o sostiene un órgano del cuerpo.

**ligar** *v.* **1.** Atar o unir: *El médico ligó la arteria para que el paciente no sangrara. A Javier y a mí nos liga un sentimiento de compañerismo.* **2.** Atraer o conquistar a una persona para tener con ella una relación amorosa. ■ Delante de *e* se escribe *gu* en lugar de *g*: *En la discoteca ligué con una chica guapísima.* **EXPR. ligarla** o **ligársela** En algunos juegos como el escondite, tocarle a uno perseguir, buscar o atrapar a los demás. **SIN. 1.** Amarrar. **ANT. 1.** Desligar.

**FAM.** Liga, ligadura, ligamento, ligazón, ligón, ligue, liguero. / Coaligarse, desligar.

**ligazón** *s. f.* Unión fuerte de una cosa con otra. **SIN.** Conexión, trabazón. **ANT.** Desconexión.

**ligereza** *s. f.* **1.** Característica de ligero: *la ligereza de una pluma, de una tela. Camina con ligereza.* **2.** Característica de las personas que hacen las cosas sin pensarlas y sin cuidado: *Actuó con ligereza al contarle sus secretos.* **SIN. 1.** Levedad; rapidez, presteza, agilidad. **2.** Insensatez. **ANT. 1.** Pesadez, lentitud. **2.** Sensatez.

**ligero, ra** *adj.* **1.** Que pesa poco o es poco grueso: *Viajo siempre con una maleta ligera. Lleva un jersey ligero.* **2.** Ágil, rápido, veloz: *No alcanzarás a Luis porque lleva un paso muy ligero.* **3.** Se dice del sueño no profundo, en el que el menor ruido te despierta. **4.** Se dice de los alimentos que se digieren pronto y fácilmente: *una cena ligera.* **5.** De poca importancia o sin gravedad: *Se ha hecho unos rasguños ligeros en la piel. Tengo un ligero catarro.* **6.** Suave, de poca intensidad o fuerza: *Sopla un vientecillo ligero.* **EXPR. a la ligera** Rápida y descuidadamente, sin pensar: *Casarse es una decisión que no se puede tomar a la ligera.* **SIN. 1.** y **5.** Leve. **6.** Flojo, débil. **ANT. 1.**, **3.** y **4.** Pesado. **5.** Grave. **6.** Fuerte, intenso. **FAM.** Ligereza. / Aligerar, ultraligero.

**light** *adj.* **1.** Se dice de los alimentos o bebidas que tienen pocas calorías: *Come los yogures light para no engordar.* **2.** Que tiene poca importancia o profundidad: *Hizo un comentario muy light, yo hubiese dicho algo peor.* ■ Es una palabra inglesa. No varía en plural.

**lignito** *s. m.* Carbón mineral; es un combustible que produce poco calor.

**ligón, na** *adj.* y *s. m.* y *f.* Persona que liga mucho con otras. **SIN.** Conquistador.

**ligue** *s. m.* Acción de ligar y persona con la que alguien liga.

**liguero, ra** *adj.* **1.** De una liga deportiva o relacionado con ella: *Ha comenzado el campeonato liguero.* || *s. m.* **2.** Prenda interior que llevan las mujeres alrededor de la cintura, con cintitas y enganches para sujetar las medias.

**liguilla** *s. f.* Competición deportiva en la que juegan pocos equipos: *Ganaron la liguilla del barrio, pero luego perdieron.*

**lija** *s. f.* **1.** Pez marino que tiene la piel sin escamas y con unos granitos muy duros; antes se usaba la piel seca de este pez o de otros parecidos para limpiar y pulir metales y maderas. **2.** Un tipo de papel muy fuerte que tiene unos granitos muy duros pegados a una de sus caras y que sirve para lijar. Con este significado se llama también *papel de lija.* **SIN. 1.** Pintarroja. **FAM.** Lijar.

**lijado, da** *adj.* **1.** Que alguien lo lijó. || *s. m.* **2.** Acción de lijar: *Primero, se realiza el lijado de la madera y, después, su barnizado.*

**lijadora** *s. f.* Máquina que sirve para lijar o pulir: *Necesitarás una lijadora para alisar esa mesa de madera.*

**lijar** *v.* Dejar lisa o más suave una superficie pasándole una lija.
SIN. Pulir.
FAM. Lijado, lijadora.

**lila¹** *s. f.* **1.** Arbusto con florecitas de color morado o blanco que están agrupadas en racimos y dan muy buen olor. **2.** La flor de este arbusto. || *s. m.* **3.** Color morado de esta flor.
SIN. **1.** Lilo. **3.** Malva.
FAM. Lilo.

**lila²** *adj. y s. m. y f.* Persona boba o que se deja engañar.
SIN. Tonto, necio, primo, pringado.

**liliputiense** *adj. y s. m. y f.* Enano.
ANT. Gigante.

**lilo** *s. m.* Lila, arbusto.

**lima¹** *s. f.* **1.** Herramienta de acero que consiste en una barra con la superficie áspera, que se utiliza para poner lisos metales, madera y otras cosas. **2.** Utensilio parecido, de pequeño tamaño, para limar las uñas. **3.** Persona que come mucho: *Pedro es una lima: merienda unos bocadillos enormes.*
FAM. Limar.

**lima²** *s. f.* Fruto de un árbol llamado *limero* y también *lima*; tiene una forma casi redonda, corteza de color amarillo o verdoso y la carne jugosa algo más dulce que la del limón.

**limadura** *s. f.* Cada uno de los pequeños trocitos que se caen al limar un metal.
SIN. Viruta.

**limar** *v.* **1.** Pulir, poner lisa una cosa con la lima: *limar las uñas.* **2.** Disminuir: *Intentaron dialogar para limar sus diferencias.*
SIN. **1.** Alisar, desgastar. **2.** Debilitar, reducir.
FAM. Limadura.

**limbo** *s. m.* **1.** En la religión católica, lugar adonde van las almas de los niños que mueren sin haber sido bautizados. **2.** Lugar adonde se cree que iban las personas buenas después de morir, antes de la resurrección de Cristo. **3.** Parte ancha de la hoja, que tiene dos caras: el haz y el envés.

**limeño, ña** *adj. y s. m. y f.* De Lima, capital de Perú, país de América del Sur.

**limitación** *s. f.* **1.** Acción de limitar: *Hay limitación de entradas para el concierto.* **2.** Aquello que limita o impide: *Aunque trabaja bien, tiene la limitación de que es muy lento.*
SIN. **2.** Impedimento.

**limitado, da** *adj.* **1.** Que tiene límites: *Ese vuelo tiene un número limitado de plazas.* **2.** Se dice de la persona poco inteligente.
SIN. **1.** Reducido, restringido. ANT. **1.** Infinito.

**limitar** *v.* **1.** Señalar los límites de algo: *Han limitado el terreno con una cerca.* **2.** Poner límites, reducir: *Debido a la sequía han limitado el consumo de agua.* **3.** Tener un territorio o país fronteras comunes con otro: *España limita al oeste con Portugal.* || **limitarse 4.** Hacer alguien sólo lo que se expresa: *Se limitó a escuchar, sin dar su opinión.*
SIN. **1.** Delimitar, acotar. **2.** Recortar, restringir. **4.** Ceñirse. ANT. **2.** Aumentar, ampliar.
FAM. Limitación, limitado. / Delimitar, extralimitarse, ilimitado.

**límite** *s. m.* **1.** Algo que señala la separación entre dos cosas: *Las fronteras marcan los límites entre países.* **2.** El final o el grado mayor de algo: *De aquí hasta el límite de la parcela hay unos doscientos metros. Su paciencia tiene un límite, así que no le hartes.* **3.** Aquello que no se puede o no se debe pasar: *Tenemos una hora límite de llegada.*
EXPR. **situación límite** Situación o estado de mayor peligro o gravedad.
SIN. **1.** División, linde. **2.** Fin, término. **2. y 3.** Tope.
FAM. Limitar, limítrofe.

**limítrofe** *adj.* Se dice del territorio, país, lugar o terreno que tiene límites con otro.
SIN. Colindante, aledaño.

**limo** *s. m.* Cieno, barro.
SIN. Lodo, légamo.

**limón** *s. m.* **1.** Fruto del limonero, de color amarillo y sabor ácido. **2.** Limonero, árbol que da ese fruto. **3.** Color del fruto del limonero.
FAM. Lima², limonada, limonar, limonero.

**limonada** *s. f.* Bebida hecha con zumo de limón, agua y azúcar.

**limonar** *s. m.* Terreno plantado con limoneros.

**limonero** *s. m.* Árbol que tiene como fruto el limón.

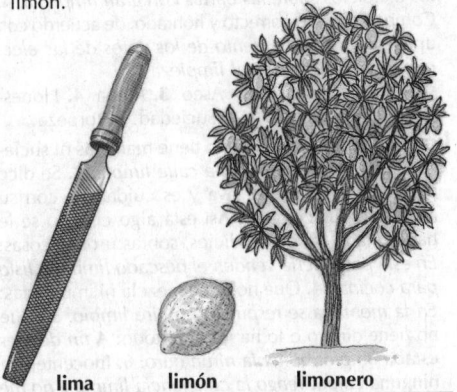

**lima**      **limón**      **limonero**

**limosna** *s. f.* Dinero u otra cosa que se da a los pobres para ayudarles.
FAM. Limosnero.

**limosnero, ra** *adj.* y *s. m.* y *f.* Que da limosna a menudo.

**limpia** Se utiliza en la expresión **hacer una limpia**, que significa 'limpiar u ordenar una cosa': *Vas a tener que hacer una limpia en tu habitación si quieres que te deje salir.*

**limpiabotas** *s. m.* y *f.* Persona que se dedica a limpiar botas y zapatos. ■ No varía en plural.

**limpiador, ra** *adj.* y *s. m.* y *f.* **1.** Que limpia: *La limpiadora se encargará de quitar las manchas.* ‖ *s. m.* **2.** Producto para limpiar: *He comprado un limpiador de muebles que repele el polvo.*

**limpiamente** *adv.* **1.** Con habilidad, sin tropiezos ni dificultades: *El atleta saltó el listón limpiamente.* **2.** Con honradez y respetando las normas: *Hemos ganado la competición limpiamente.*

**limpiaparabrisas** *s. m.* Una o dos varillas que se mueven a un lado y a otro por el parabrisas de los vehículos para limpiar la lluvia o la nieve. ■ No varía en plural.

**limpiar** *v.* **1.** Quitar la suciedad: *Limpió la alfombra.* **2.** Quitar lo que estorba, es malo o no sirve: *El pescado hay que limpiarlo bien antes de cocinarlo. Limpió su casa de cucarachas.* **3.** Robar: *Sin darse cuenta, le limpiaron el bolso.* **4.** En el juego, ganar todo el dinero de una o más personas con las que se está jugando.
SIN. **1.** Asear. **3.** Choricear, mangar, afanar, birlar. ANT. **1.** Ensuciar, manchar.
FAM. Limpia, limpiabotas, limpiador, limpiaparabrisas.

**límpido, da** *adj.* Limpio, claro: *En esa zona el mar está límpido.*

**limpieza** *s. f.* **1.** Característica de limpio. **2.** Acción de limpiar: *Los sábados hago la limpieza de la casa.* **3.** Habilidad, agilidad, destreza: *La gimnasta hizo los ejercicios sobre las barras con gran limpieza.* **4.** Comportamiento correcto y honrado, de acuerdo con unas normas: *El recuento de los votos de las elecciones se hizo con total limpieza.*
SIN. **1.** Pulcritud. **1.** y **2.** Aseo. **3.** Maña. **4.** Honestidad, corrección. ANT. **1.** Suciedad. **3.** Torpeza.

**limpio, pia** *adj.* **1.** Que no tiene manchas ni suciedad: *una mesa limpia, una calle limpia.* **2.** Se dice de la persona que se lava y es cuidadosa con su aspecto y sus cosas. **3.** Así está algo cuando se le han quitado los desperdicios, sobras u otras cosas: *En esta pescadería venden el pescado limpio y listo para cocinar.* **4.** Que no tiene mezcla ni impurezas: *En la montaña se respiraba un aire limpio.* **5.** Que no tiene dinero o lo ha perdido todo: *A fin de mes estaba limpio: no tenía ni un duro.* **6.** Inocente, sin ninguna culpa: *Tengo la conciencia limpia y no me* arrepiento de nada. **7.** Se usa en algunas expresiones como **a golpe limpio** o **a tiro limpio**, para expresar que se dan muchos golpes o se pegan muchos tiros. ‖ *adj.* y *adv.* **8.** Honradamente y cumpliendo las normas: *Jugó limpio: respetó las reglas del juego.*
EXPR. **pasar a limpio** Copiar un escrito con limpieza, sin tachones. **sacar en limpio** Obtener una idea clara de algo: *No saqué nada en limpio de la explicación del profesor.* También, obtener un provecho o una ganancia: *De la venta del piso sacó en limpio 20 millones.*
SIN. **1.** y **2.** Pulcro, aseado. **4.** Puro. **5.** Pelado. **8.** Íntegro, honesto; correcto; limpiamente. ANT. **1.**, **2.**, **6.** y **8.** Sucio. **4.** Impuro. **5.** Forrado. **6.** Culpable.
FAM. Limpiamente, limpiar, límpido, limpieza.

**limusina** *s. f.* Automóvil lujoso de gran tamaño.

**linaje** *s. m.* Conjunto de antepasados y descendientes de una persona.
SIN. Estirpe, abolengo.

**linaza** *s. f.* Semilla del lino; de ella se saca un aceite que se usa en industria, el *aceite de linaza*, que tiene un uso importante para fabricar pinturas y barnices.

**lince** *s. m.* **1.** Mamífero carnívoro, parecido al gato, pero mucho mayor, con las orejas puntiagudas que terminan en un mechón de pelos negros; tiene una vista muy buena. **2.** Persona astuta, muy lista: *Arturo es un lince para los negocios.*

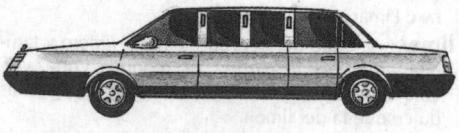

limusina

lince

**linchamiento** *s. m.* Acción de linchar.

**linchar** *v.* Matar una multitud de personas a otra sin que se la haya juzgado.
FAM. Linchamiento.

**lindante** *adj.* Que linda con algo: *El piso lindante con el nuestro está deshabitado.*
SIN. Lindero, colindante, contiguo.

**lindar** *v.* Estar dos territorios, terrenos, edificios juntos: *Su casa linda con unas oficinas.*
FAM. Lindante, lindero. / Colindante, deslindar.

**linde** *s. amb.* Límite, separación entre casas, campos, fincas, propiedades o territorios.
SIN. División, lindero.
FAM. Lindar.

**lindero, ra** *adj.* **1.** Que linda o está junto con otra cosa: *A la casa de Miguel se llega por un camino lindero con el río.* || *s. m.* **2.** Linde.
SIN. **1.** Lindante, colindante, limítrofe. **2.** Límite.

**lindezas** *s. f. pl.* **1.** Palabras o detalles que agradan. **2.** Cuando se dice con ironía, insultos, groserías: *Le llamó tonto, imbécil y otras lindezas.*
SIN. **1.** Piropos. **2.** Insolencias, frescas.

**lindo, da** *adj.* Bonito, que gusta verlo: *Le he regalado a mi madre una figurita muy linda.*
EXPR. **de lo lindo** Mucho: *Nos hemos reído de lo lindo con los chistes de tu amigo.*
SIN. Hermoso, majo, mono.
FAM. Lindezas.

**línea** *s. f.* **1.** En geometría, sucesión continua de puntos: *línea curva, línea recta.* **2.** Raya o trazo continuo que se extiende a lo largo: *la línea del horizonte, las líneas de la mano.* **3.** Figura esbelta, el buen tipo: *Hace gimnasia para guardar la línea.* **4.** Fila de palabras escritas: *Escribe unas líneas a la abuela para felicitarla.* **5.** Serie de personas, animales o cosas colocadas en la misma dirección: *A lo largo de la playa hay una línea de hoteles y restaurantes.* **6.** Vía de comunicación o de transporte: *línea aérea; la línea tres del metro.* **7.** Sistema de cables, hilos y otras cosas que hacen posible la comunicación por medio del teléfono o el telégrafo. **8.** Serie de personas unidas por parentesco: *línea paterna, línea materna.* **9.** Estilo, diseño, forma: *La línea deportiva se ha impuesto en la ropa juvenil. Todos sus muebles son de líneas sencillas.* **10.** Conjunto de jugadores de un equipo que tienen la misma finalidad: *línea defensiva.* || *s. f. pl.* **11.** El ejército y el lugar en el que está situado: *Atacaron las líneas enemigas.*
EXPR. **línea de flotación** Busca **flotación**. **línea de meta** La que señala el comienzo de la portería en algunos deportes; también, la que en una carrera señala la llegada. **líneas aéreas** Compañía de transporte por avión. || **en líneas generales** De manera general, sin entrar en detalles: *En líneas generales, las niñas crecen más rápido que los niños.* **leer entre líneas** Busca **leer**.
SIN. **4.** Renglón. **6.** Ruta.
FAM. Lineal. / Aerolíneas, alinear, delineante, entrelínea, interlínea, rectilíneo, tiralíneas.

**lineal** *adj.* Hecho con líneas o relacionado con ellas: *dibujo lineal.*

**linfa** *s. f.* Líquido compuesto sobre todo de proteínas y glóbulos blancos, que circula en nuestro cuerpo por unos ganglios y vasos llamados *linfáticos.*
FAM. Linfático, linfocito.

**linfático, ca** *adj.* De la linfa o relacionado con ella.

**linfocito** *s. m.* Leucocito que produce anticuerpos para la defensa del organismo.

**lingotazo** *s. m.* Trago de una bebida alcohólica.

**lingote** *s. m.* Trozo o barra de metal sin pulir, sobre todo de oro, plata, platino y hierro.

**lingüista** *s. m. y f.* Persona especializada en el estudio del lenguaje y la lengua.

**lingüística** *s. f.* Ciencia que estudia el lenguaje y la lengua.
FAM. Lingüista, lingüístico.

**lingüístico, ca** *adj.* **1.** De la lingüística: *El departamento lingüístico de esta universidad tiene mucho prestigio.* **2.** Relacionado con la lengua: *Estudia las diferencias lingüísticas entre unas regiones y otras.*

**linier** *s. m.* Juez de línea. Busca **juez**.

**linimento** *s. m.* Sustancia líquida con que se frota la piel, por ejemplo la que se usa para aliviar dolores musculares.

**lino** *s. m.* **1.** Planta con un tallo del que se saca una fibra textil también llamada *lino.* **2.** La fibra textil y el tejido de esta fibra.
FAM. Linaza.

**linóleo** o **linóleum** *s. m.* Material que se emplea sobre todo para cubrir suelos pegándolo encima.
■ El plural de *linóleum* es *linóleums.*

**linotipia** *s. f.* **1.** Máquina que se usa en imprenta para componer textos. **2.** Técnica para componer con esta máquina.

**linterna** *s. f.* **1.** Lamparita con pilas eléctricas que podemos llevar en la mano. **2.** Farol que se lleva fácilmente en la mano, con una sola cara de vidrio y un asa en la opuesta. **3.** Pequeña torre que hay al final de la cúpula de algunos edificios, con ventanas para iluminar el interior.

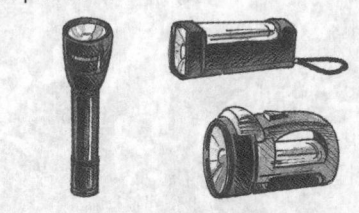

distintos tipos de **linternas**

**lío** *s. m.* **1.** Algo que es complicado, difícil de entender o de resolver: *Me he armado un lío con esa división.* **2.** Situación mala de la que cuesta salir: *Se ha metido en un buen lío por contar tantas mentiras.* **3.** Lo que está desordenado: *Encima de la mesa tengo un lío de papeles.* **4.** Conjunto de cosas envueltas o atadas, por ejemplo ropas: *Hizo un lío con la ropa sucia y la llevó a la lavandería.* **5.** Aventura amorosa.
SIN. **1.** Follón. **1.** a **3.** Embrollo. **1.** y **3.** Jaleo. **4.** Hato.
FAM. Lioso.

**liofilizar** *v.* Separar el agua de un alimento u otra sustancia congelándolo y eliminando luego el hielo.
■ Delante de *e* se escribe *c* en lugar de *z*: *liofilicen*.

**lioso, sa** *adj.* **1.** Que es un lío: *un problema muy lioso.* || *adj.* y *s. m.* y *f.* **2.** Se dice de la persona que va contando cosas de unos y de otros con mala intención.
SIN. **1.** Liado, enredado, embrollado. **2.** Chismoso.
ANT. **1.** Claro.

**lípido** *s. m.* Sustancia que se encuentra en el organismo y le proporciona energía; se caracteriza por no disolverse en el agua. Los lípidos son lo que corrientemente llamamos *grasas.*
FAM. Lipoescultura, liposucción.

**lipoescultura** *s. f.* Operación que consiste en modelar la figura de una persona eliminando la grasa que le sobra.

**liposucción** *s. f.* Técnica que se usa para quitar la grasa que hay debajo de la piel: *Tenía un montón de tripa, pero se ha hecho una liposucción.*

**lipotimia** *s. f.* Desmayo que ocurre de pronto y dura poco tiempo; se produce cuando no llega suficiente sangre al cerebro.

**liquen** *s. m.* Ser vivo formado por la unión de un alga con un hongo, que viven en simbiosis. Crece en el suelo, en los troncos de los árboles y en muros de regiones húmedas; no tiene hojas, flores ni raíces. Puede ser de diferentes colores.

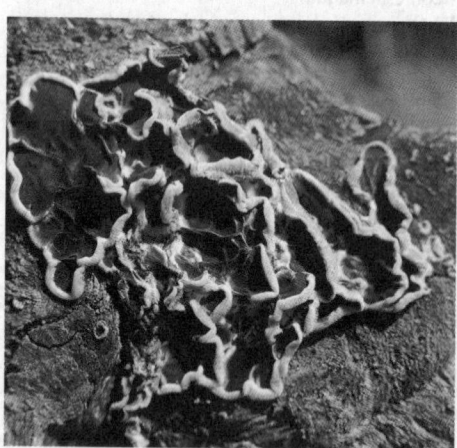

liquen

**liquidación** *s. f.* Acción de liquidar algo y cosa que se liquida: *En la tienda están de liquidación porque el dueño se jubila. Cuando acabaron la obra, los trabajadores cobraron su liquidación y se marcharon.*
SIN. Cancelación; saldo; pago.

**liquidar** *v.* **1.** Pagar totalmente algo que se debía: *Necesita mucho dinero para liquidar todas sus deudas.* **2.** Vender un comercio todas las cosas más baratas para que la gente lo compre todo: *En esa tienda liquidan todos los muebles porque van a cerrar.* **3.** Gastar algo completamente: *En pocos años liquidó toda su fortuna.* **4.** Terminar con algo: *Cuando liquide todo el trabajo que le queda se irá de vacaciones.* **5.** Matar: *El asesino había liquidado a varias personas.*
SIN. **1.** Cancelar, saldar. **3.** Fundir, malgastar. **5.** Acabar. ANT. **1.** Contraer. **2.** Comenzar.
FAM. Liquidación.

**liquidez** *s. f.* **1.** Característica de lo que es líquido. **2.** Capacidad para pagar una deuda con dinero. **3.** Capacidad para transformar una cosa o propiedad en dinero.

**líquido, da** *adj.* y *s. m.* **1.** Se dice del estado de la materia que es como el del agua. **2.** Se dice de las sustancias que están en ese estado y se pueden beber: *Como le duelen las muelas no toma más que líquidos.* **3.** Se dice del dinero que uno tiene y puede utilizar, sobre todo después de descontar los impuestos, las deudas o los gastos.
SIN. **1.** Fluido. **3.** Neto.
FAM. Liquidar, liquidez. / Licuar.

**lira¹** *s. f.* **1.** Antiguo instrumento musical de cuerda parecido a un arpa, pero más pequeño. **2.** Estrofa compuesta por cinco versos de siete y once sílabas, que riman el primero con el tercero y el segundo con el cuarto y el quinto.
FAM. Lírica.

**lira²** *s. f.* La moneda de Italia y de Turquía.

**lírica** *s. f.* Género literario formado por las obras en verso en las que el autor expresa sobre todo sus sentimientos o sus pensamientos.
FAM. Lírico, lirismo.

**lírico, ca** *adj.* **1.** De la lírica o relacionado con ella: *Todos los poemas de ese autor son de tema lírico.* **2.** Se dice de las obras teatrales cantadas o que tienen parte cantada, como la ópera o la zarzuela. || *adj.* y *s. m.* y *f.* **3.** Se dice del poeta que escribe obras de poesía lírica. **4.** Que canta óperas o zarzuelas: *En España hay cantantes líricos muy buenos.*
SIN. **1.** Poético.

**lirio** *s. m.* Planta que tiene las hojas alargadas y estrechas y flores muy bonitas de color violeta, azul y a veces blanco. Se utiliza para fabricar perfumes y como planta decorativa.

**lirismo** *s. m.* Característica de lo que es lírico o emotivo: *Hay en la película escenas cargadas de lirismo.*

**lirón** *s. m.* **1.** Mamífero roedor que tiene el pelo muy suave, de color amarillento por la espalda y blanco por el vientre, y una larga cola. Vive en los bosques de Europa y el norte de África, y pasa todo el invierno dentro de su madriguera. **2.** Persona muy dormilona.

**lis** *s. f.* Flor de lis. Busca **flor**.

**lisboeta** *adj.* y *s. m.* y *f.* De Lisboa, capital de Portugal.

**lisiado, da** *adj.* y *s. m.* y *f.* Que le falta algún miembro o lo tiene herido: *Un accidente le dejó lisiado.*
SIN. Mutilado, inválido, impedido, tullido.

**lisiar** *v.* Dejar lisiado.
SIN. Mutilar, tullir, lesionar.

**liso, sa** *adj.* **1.** Sin arrugas, desigualdades o salientes: *Le gustan más las paredes lisas y pintadas de blanco.* **2.** No rizado: *Carlos tiene el pelo muy liso.* **3.** De un solo color: *Marta lleva unos pantalones lisos y una blusa de flores.*
EXPR. **lisa y llanamente** Dicho de manera sencilla y directa: *Le dije, lisa y llanamente, que había cometido una injusticia.*
SIN. **1.** Plano, llano. **2.** Lacio. ANT. **1.** Arrugado, rugoso. **2.** Ensortijado.
FAM. Lisura. / Alisar.

**lisonja** *s. f.* Alabanza que se hace a alguien para pedirle luego una cosa o para conseguir algo a cambio: *Intentó convencerle con lisonjas para que le prestara dinero.*
SIN. Halago, adulación.
FAM. Lisonjear, lisonjero.

**lisonjear** *v.* Decir lisonjas a alguien.
SIN. Halagar, adular.

**lisonjero, ra** *adj.* y *s. m.* y *f.* Que alaba o resulta agradable: *Le habló con palabras lisonjeras para pedirle que le ayudara.*
SIN. Halagador, adulador. ANT. Ofensivo.

**lista** *s. f.* **1.** Tira de cualquier material: *Una lista de madera adorna el salpicadero del coche.* **2.** Raya o línea más o menos ancha: *Me gustan mucho las camisetas de listas azules.* **3.** Papel que tiene escritos los nombres de personas o cosas: *Hizo una lista de sus amigos para invitarles a la fiesta.*
EXPR. **lista negra** Conjunto de personas a las que alguien no aprecia o contra las que tiene algo: *Desde que discutí con el jefe, me tiene en su lista negra.* ||

**pasar lista** Leer en voz alta los nombres de las personas escritos en un papel para saber si están.
SIN. **1.** y **2.** Banda. **2.** Franja. **3.** Listado, relación.
FAM. Listado, listar, listín, listón. / Alistarse.

**listado, da** *adj.* **1.** Que tiene listas o rayas: *El tigre tiene el lomo listado.* || *s. m.* **2.** Lista de personas o cosas: *En esa librería tienen un listado con los nombres de sus clientes.*
SIN. **1.** Rayado. ANT. **1.** Liso.

**listar** *v.* Hacer una lista: *Hoy tiene que terminar de listar los libros de la biblioteca.*

**listillo, lla** *adj.* y *s. m.* y *f.* Persona que presume de saber mucho.

**listín** *s. m.* Cuaderno para apuntar teléfonos y direcciones.

**listo, ta** *adj.* y *s. m.* y *f.* **1.** Que tiene facilidad para pensar y entiende las cosas rápidamente: *Como es muy listo se aprende las lecciones enseguida.* **2.** Se dice de las personas que hacen las cosas como más les interesa para obtener un beneficio: *Es un listo, ha cogido el pastel más grande.* || *adj.* **3.** Preparado: *La comida ya está lista.*
EXPR. **estar listo** o **ir listo** Estar apañado, no tener ninguna posibilidad: *Vas listo si crees que te voy a invitar.* **pasarse de listo** Equivocarse alguien por presumir de que sabe mucho o de que es mejor que los demás.
SIN. **1.** Inteligente, despierto. **1.** y **2.** Espabilado. **2.** Avispado, hábil, astuto. **3.** Dispuesto. ANT. **1.** Tonto, lerdo. **2.** Primo.
FAM. Listillo.

**listón** *s. m.* Tabla larga, delgada y estrecha: *Con varios listones hizo un marco para un cuadro.*
EXPR. **colocar**, **dejar** o **poner el listón muy alto** Ser tan buena una persona que es difícil que alguien la supere: *El campeón dejó el listón muy alto para sus competidores.*

**lisura** *s. f.* **1.** Característica de lo que está liso. **2.** En algunos lugares de Hispanoamérica, grosería, palabras o acción ordinarias y maleducadas.

**litera** *s. f.* **1.** Cada una de las camas que están unidas una encima de otra: *Mi hermano pequeño duerme en la litera de arriba y yo en la de abajo.*

lirio    lirón    litera

**2.** Especie de carroza con dos palos largos delante y detrás para poder ser transportada a hombros o por caballerías.

**literal** *adj.* Que dice exactamente lo mismo que está escrito o lo que ha dicho otra persona: *Hizo una copia literal de lo que ponía en el libro.* SIN. Textual, fiel. ANT. Libre.

**literario, ria** *adj.* De la literatura o relacionado con ella: *Presentó su novela a un concurso literario.*

**literato, ta** *s. m. y f.* Autor de obras de literatura. SIN. Escritor.

**literatura** *s. f.* **1.** Arte que consiste en expresar sentimientos o ideas con palabras escritas o habladas: *Le gustaría ser escritor y dedicarse a la literatura.* **2.** Estudio de ese arte y de sus autores y obras: *La asignatura que más le gusta es la literatura.* **3.** Conjunto de libros u obras literarias de una época, un país, un estilo: *Ha leído muchas obras de literatura inglesa.* FAM. Literario, literato.

**litigar** *v.* **1.** Disputar algo en un juicio: *Los parientes litigaron por la herencia.* **2.** Discutir, reñir. ■ Delante de *e* se escribe *gu* en lugar de *g*: *litiguen.*

**litigio** *s. m.* Enfrentamiento, sobre todo el que tratan de solucionar dos personas en un juicio. SIN. Pleito; discusión. ANT. Conciliación. FAM. Litigar.

**litografía** *s. f.* Dibujo o escrito grabado o imprimido con planchas de piedra o metal.

**litoral** *s. m.* **1.** La orilla del mar: *En el litoral mediterráneo hay muchas playas.* ‖ *adj.* **2.** Relacionado con la orilla del mar: *Los cangrejos y los mejillones son animales de la fauna litoral.* SIN. **1.** Costa. **2.** Costero.

**litosfera** *s. f.* Capa superficial de la Tierra, formada por otras dos capas: la corteza y el manto.

**litro** *s. m.* Medida para líquidos, que es igual a la cantidad de un líquido que cabe en un cubo de 10 centímetros de lado. FAM. Litrona. / Centilitro, decalitro, decilitro, hectolitro, kilolitro, mililitro.

**litrona** *s. f.* Botella de cerveza de un litro.

**lituano, na** *adj. y s. m. y f.* **1.** De Lituania, país situado en el norte de Europa, junto al mar Báltico. ‖ *s. m.* **2.** Lengua de ese país.

**liturgia** *s. f.* Celebraciones religiosas de la Iglesia católica y normas que se siguen en ellas. SIN. Rito, culto, ritual. FAM. Litúrgico.

**litúrgico, ca** *adj.* De la liturgia o relacionado con ella: *una celebración litúrgica.*

**liviano, na** *adj.* **1.** Delgado, que pesa poco o es poco resistente: *Esa chaqueta es muy liviana y no te abriga nada. La silla era muy liviana y se ha roto enseguida.* **2.** Poco importante o poco serio: *Tenían una conversación liviana sobre ropa y regalos. Pilló un constipado muy liviano.* SIN. **1.** y **2.** Ligero. **2.** Leve, informal. ANT. **1.** Pesado, grueso. **2.** Grave; formal.

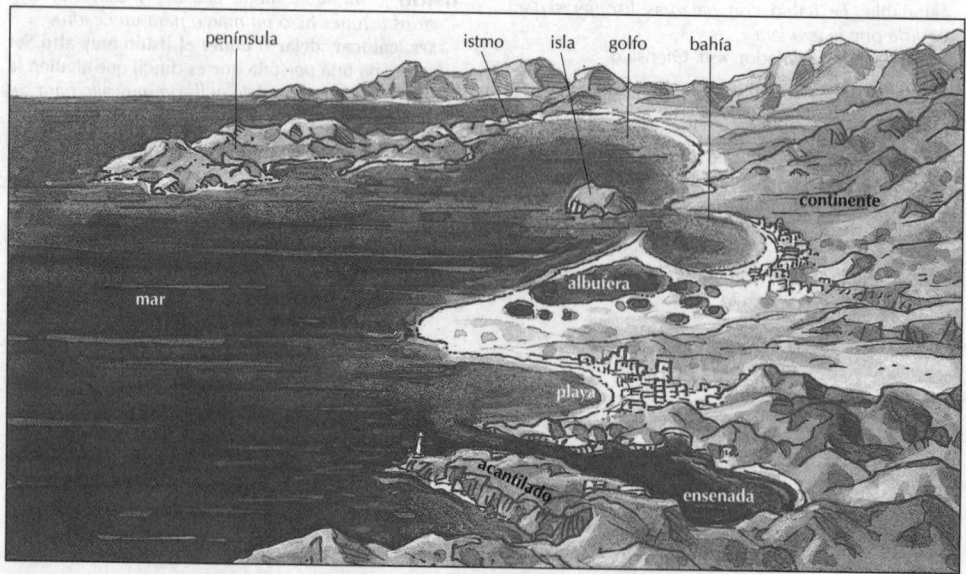

litoral

**lívido, da** *adj.* Que tiene la cara u otra parte del cuerpo pálida o de color un poco morado: *Se quedó lívido del susto.*

**living** *s. m.* Salón o cuarto de estar. ■ Es una palabra inglesa. Su plural es *livings*. Se utiliza sobre todo en Hispanoamérica.

**liza** *s. f.* Lucha o combate.
**SIN.** Enfrentamiento, batalla.

**llaga** *s. f.* Herida abierta que escuece y duele: *Tiene llagas en la boca y le cuesta comer.*
**SIN.** Úlcera.
**FAM.** Llagar.

**llagar** *v.* Causar llagas. ■ Delante de *e* se escribe *gu* en lugar de *g*: *llague.*

**llama¹** *s. f.* **1.** Luz muy caliente, amarilla rojiza y en forma de lengua, que sale de algo cuando se está quemando. **2.** Sentimiento muy fuerte: *Aún estaba viva en su corazón la llama del amor.*
**SIN.** **2.** Ardor, pasión.
**FAM.** Llamarada, llamear. / Lanzallamas.

**llama²** *s. f.* Mamífero rumiante, de pelo color marrón claro, con el cuello y las patas bastante largas. Vive en los Andes, se aprovecha su carne, su leche y su lana, y domesticado se usa como animal de carga.

**llamada** *s. f.* **1.** Acción de llamar: *La secretaria es la encargada de atender las llamadas.* **2.** Palabra o señal con que se llama o avisa a alguien: *En cuanto oyó la llamada de su madre subió a casa.* **3.** Signo o número que se pone en un escrito para indicar que se busque en otra parte donde se explican más cosas.
**SIN.** **1.** Llamamiento, convocatoria, cita. **2.** Aviso, advertencia, indicación.

**llamado** *s. m.* En Hispanoamérica, llamada o llamamiento.

**llamador** *s. m.* Botón del timbre u otra cosa para llamar a la puerta.

**llamamiento** *s. m.* **1.** Petición importante y urgente que se hace a muchas personas: *En el discurso de Navidad el rey hizo un llamamiento en favor de la paz.* **2.** Acción de llamar a alguien, sobre todo para hacer el servicio militar.
**SIN.** **1.** Llamada, exhortación. **2.** Convocatoria.

**llamar** *v.* **1.** Decir el nombre de una persona o animal, gritarle o hacerle algún gesto para avisarle de algo o para que venga a donde estamos: *Corre, llama a Luis y dile que se ha olvidado la cartera.* **2.** Tratar de hablar por teléfono con alguien: *Tenemos que llamar a Marisa para felicitarla porque es su santo.* **3.** Poner un nombre a alguien o algo, o tener una persona o cosa un nombre: *A su primer hijo le llamaron Pedro. Su perro se llama Brutus.* **4.** Golpear en una puerta o hacer sonar el timbre para que abran o digan si se puede pasar.
**EXPR. llamar la atención** Reñir a alguien: *Le llamaron la atención por estar hablando en clase.* También,

destacar, hacer que los demás se fijen: *Con aquel sombrero iba llamando la atención.*
**SIN.** **2.** Telefonear. **3.** Nombrar, denominar, bautizar.
**FAM.** Llamada, llamado, llamador, llamamiento, llamativo.

**llamarada** *s. f.* Llama grande que sale bruscamente de algo que se está quemando y luego desaparece: *Con el aire salían llamaradas de la chimenea.*
**SIN.** Fogonazo.

**llamativo, va** *adj.* Que llama mucho la atención: *Llevaba una corbata muy llamativa.*
**SIN.** Vistoso, chillón. **ANT.** Sencillo, corriente.

**llamear** *v.* Echar llamas: *Deberías echar más leña, el fuego ya no llamea.*

**llana** *s. f.* Herramienta que tiene una plancha de metal con un asa y que se utiliza para extender el yeso o la argamasa.

**llanero, ra** *adj.* y *s. m.* y *f.* Que habita en la llanura: *ave llanera.*

**llaneza** *s. f.* Sencillez que tiene una persona en la forma de hacer las cosas o al tratar con los demás: *El profesor hablaba a los niños con llaneza.*
**SIN.** Naturalidad. **ANT.** Solemnidad, afectación.

**llano, na** *adj.* **1.** Sin diferencias de altura ni desigualdades: *En Castilla hay muchos campos llanos plantados de trigo.* **2.** Sencillo y natural en el trato con los demás: *Era una persona llana y nos recibió en su casa como si fuéramos de la familia.* **3.** Se dice de las personas que no son importantes ni de clase social alta: *el pueblo llano, el estado llano.* ‖ *adj.* y *s. f.* **4.** Se dice de la palabra acentuada en la penúltima sílaba, como *difícil* o *mosca*. ‖ *s. m.* **5.** Terreno sin diferencias de altura ni desigualdades: *Desde la torre se veía todo el llano.*
**SIN.** **1.** Plano, liso, raso. **2.** Familiar, espontáneo, campechano, afable. **4.** Grave. **5.** Llanura. **ANT.** **1.** Desigual, accidentado. **2.** Ceremonioso, solemne, afectado.
**FAM.** Llana, llanero, llaneza, llanura. / Allanar, arrellanarse, rellano.

**llanta** *s. f.* **1.** Parte metálica de las ruedas de los coches y otros vehículos sobre la que se coloca el

llama        llana

neumático de goma. **2.** En Hispanoamérica, neumático o cubierta de las ruedas.

**llantera** o **llantina** *s. f.* Llanto fuerte o prolongado: *Le dio tal llantera que parecía que no iba a parar de llorar nunca.*

**llanto** *s. m.* Acción de llorar una persona: *No pudo aguantar el llanto cuando tuvo que despedirse de sus amigos.* **ANT.** Risa. **FAM.** Llantera, llantina.

**llanura** *s. f.* Terreno llano y muy grande: *En las llanuras de La Mancha aún quedan molinos de viento.* **SIN.** Llano, planicie. **ANT.** Montaña.

**llave** *s. f.* **1.** Objeto metálico, alargado y estrecho, que se mete en una cerradura y sirve para cerrarla y abrirla. **2.** Objeto parecido al anterior que sirve para hacer funcionar algunos aparatos, por ejemplo para arrancar el coche. **3.** Pieza que sirve para abrir y cerrar un grifo o para hacer que pase o deje de pasar un líquido o gas por una tubería. **4.** Herramienta para apretar o aflojar tuercas: *Necesita una llave para bajar el sillín de la bicicleta.* **5.** Botoncito, pequeña palanca u otra cosa para encender y apagar la luz eléctrica. **6.** Signo ortográfico que se representa como { } o [ ]. **7.** En algunos deportes como el judo, movimiento que se hace para tirar al contrario o no dejar que se mueva. **8.** Lo que sirve para hacer algo o lo pone más fácil: *Sabe varios idiomas y eso ha sido la llave para conseguir un buen trabajo.* **EXPR.** **llave de contacto** La que se emplea para arrancar el motor de un vehículo. **llave inglesa** Herramienta que puede abrirse más o menos para ajustarse a cualquier tuerca y girarla. **llave maestra** Aquella con la que se pueden abrir todas las cerraduras de un lugar, por ejemplo todas las habitaciones de un hotel. ‖ **bajo llave** Guardado en un lugar cerrado con llave. **SIN.** **3.** Válvula. **FAM.** Llavero, llavín.

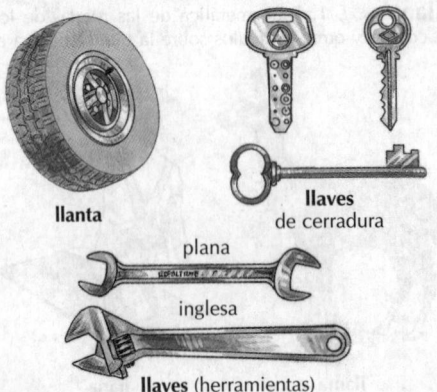

llanta

llaves
de cerradura

plana

inglesa

**llaves** (herramientas)

**llavero** *s. m.* Objeto para llevar las llaves.

**llavín** *s. m.* Llave pequeña.

**llegada** *s. f.* **1.** Acción de llegar: *Con la llegada de la primavera los campos se llenan de flores.* **2.** Lugar o línea donde termina una carrera deportiva: *Mucha gente esperaba en la llegada a los ciclistas.* **SIN.** **1.** Advenimiento. **2.** Meta. **ANT.** **1.** Ida, marcha. **1.** y **2.** Salida.

**llegar** *v.* **1.** Terminar alguien o algo su viaje, recorrido o lo que estaba haciendo: *Cuando lleguemos a casa te llamaremos. He llegado hasta la mitad del libro.* **2.** Venir o suceder algo en el momento actual: *Por fin llegó el verano.* **3.** Durar alguien o algo hasta un tiempo o situación: *No sé si esta planta llegará al verano.* **4.** Conseguir algo: *Si te esfuerzas llegarás a ser un buen deportista.* **5.** Tener algo una medida o cantidad: *El árbol llega hasta el primer piso de la casa. El dinero que tenemos llega a quinientos euros.* **6.** Ser algo suficiente: *Con lo que tengo ahorrado me llega para comprar ese libro.* ■ Delante de *e* se escribe *gu* en lugar de *g*: *llegué.* **EXPR.** **estar** alguien o algo **al llegar** Faltar muy poco para que venga una persona o suceda alguna cosa: *Ya estamos en junio y las vacaciones están al llegar.* **SIN.** **1.** Arribar. **2.** Ocurrir, sobrevenir. **3.** Resistir, conservarse, mantenerse. **4.** Lograr. **6.** Bastar. **ANT.** **1.** Partir, salir. **6.** Faltar. **FAM.** Llegada. / Allegar.

**llenar** *v.* **1.** Meter o poner personas o cosas en un lugar sin que quede más sitio: *Lléname el vaso de agua. Fuimos a comer toda la familia y llenamos medio restaurante.* **2.** Dar mucho de alguna cosa: *La abuela la llenó de besos al verla. Le llenó de alegría ver a su amigo.* **3.** Dejar a una persona contenta o satisfecha: *El deporte llena su vida.* ‖ **llenarse 4.** Hartarse de comer o beber: *Este niño no come nada, se llena enseguida.* **SIN.** **1.** Abarrotar, atestar. **4.** Hincharse, inflarse, atiborrarse. **ANT.** **1.** Vaciar.

**lleno, na** *adj.* **1.** Que no caben más personas o cosas: *El cine estaba lleno, no había entradas. La caja está llena de galletas.* **2.** Que tiene mucho de algo: *Tiene la habitación llena de juguetes. La despedida de sus amigos le ha dejado lleno de tristeza.* **3.** Que ha comido o bebido mucho y no puede más: *No quiero postre, estoy lleno.* **4.** Un poco gordo: *Esa chica está bastante llena.* **EXPR.** **de lleno** Directamente: *Le daba el sol de lleno y no veía nada.* También significa 'exactamente': *Ha acertado de lleno en el blanco.* **SIN.** **1.** Repleto, rebosante, colmado; atestado, abarrotado. **2.** Plagado. **3.** Harto. **4.** Regordete. **ANT.** **1.** Desierto, despejado. **1.** y **2.** Vacío. **4.** Delgado, flaco. **FAM.** Llenar. / Rellenar.

**llevadero, ra** *adj.* Fácil de soportar: *Hicieron varias paradas para que la marcha fuera más llevadera.* **ANT.** Insoportable.

**llevar** *v.* **1.** Hacer que una persona, animal o cosa pase de un lugar a otro: *Llevé a los niños al zoo. Llevé la ropa a la tintorería.* **2.** Conducir: *Ésta es la carretera que lleva al pueblo. Mi padre lleva el coche. Su afición por el teatro la llevó a ser actriz.* **3.** Tener: *La niña lleva el mismo nombre que su madre. Creo que Antonio lleva razón.* **4.** Vestir: *Marta llevaba una blusa azul.* **5.** Haber pasado un tiempo en un lugar o haciendo algo: *Luis lleva dos años viviendo aquí.* **6.** Cobrar una cantidad de dinero: *El mecánico le llevó cien euros por arreglarle el coche.* **7.** Encargarse de algo: *Es ella quien lleva la tienda.* **8.** Soportar algo molesto o desagradable de la manera que se indica: *Lleva mal tener que estudiar un sábado.* **9.** Tener una diferencia una persona o cosa en comparación con otra: *Su hermano le lleva dos años.* || **llevarse 10.** Estar de moda: *Este año se lleva el color verde.* **11.** Mantener una relación buena o mala con otras personas: *Carlos se lleva bien con Juan.* **12.** Coger, quitar: *Sin darse cuenta se llevó la bufanda de Laura.* **13.** Conseguir: *Una película inglesa se llevó todos los premios.* **14.** Sufrir, recibir: *Se llevó un buen susto cuando se cayó de la bici.* **15.** En algunas operaciones matemáticas, apartar una cifra que resulta de un cálculo para añadirla al siguiente: *Diez y cinco son quince y me llevo una.* **EXPR. llevar las de ganar** (o **las de perder**) Tener más posibilidades de ganar o de perder en algún asunto: *Si te peleas con tu padre, siempre llevarás las de perder.* **SIN. 1.** Transportar, trasladar. **2.** Guiar, encaminar. **7.** Ocuparse. **8.** Tolerar, padecer. **13.** Lograr, obtener. **ANT. 1.** Dejar, abandonar. **FAM.** Llevadero. / Conllevar, sobrellevar.

**llorar** *v.* **1.** Salir lágrimas de los ojos por tristeza, alegría o por otra causa: *Me lloran los ojos cuando pelo cebollas.* **2.** Quejarse mucho: *Pedro estuvo llorándole a su madre para que le diera más dinero.* **FAM.** Llorera, llorica, lloriquear, lloro, llorón, lloroso.

**llorera** *s. f.* Llanto fuerte o continuo: *¡Menuda llorera tiene la niña porque le han quitado la muñeca!*

**llorica** *s. m. y f.* Persona que llora con frecuencia y por cualquier motivo: *No seas llorica, tampoco ha sido un susto tan grande.*

**lloriquear** *v.* Llorar de forma débil, como sin ganas. **SIN.** Gimotear.

**lloro** *s. m.* Acción de llorar: *Déjate de lloros, que se va a solucionar todo.* **SIN.** Llanto.

**llorón, na** *adj. y s. m. y f.* **1.** Que llora mucho: *Ese bebé es un llorón.* **2.** Se dice de la persona que siempre se está quejando. || *adj.* **3.** Se dice de algunos árboles cuyas ramas cuelgan mucho: *un sauce llorón.* **SIN. 2.** Quejica. **ANT. 1.** Risueño.

**lloroso, sa** *adj.* **1.** Que ha llorado o va a empezar a llorar. **2.** Que llora: *La encontró llorosa en su habitación.*

**llover** *v.* **1.** Caer agua de las nubes. **2.** Producirse algo en abundancia: *A esa modelo le llueven las ofertas de trabajo.* ■ Es un verbo irregular. Se conjuga como *mover*. Sólo se usa en tercera persona. **EXPR. como quien oye llover** Sin hacer caso. **llover a cántaros** (o **a mares**) Llover mucho y muy fuerte. **llover sobre mojado** Suceder una cosa desagradable o molesta después de haber ocurrido otras parecidas. **SIN. 2.** Abundar, afluir. **ANT. 1.** Escampar, despejarse. **2.** Faltar, escasear. **FAM.** Llovizna, lluvia.

**llovizna** *s. f.* Lluvia muy fina. **FAM.** Lloviznar.

**lloviznar** *v.* Caer una lluvia muy fina. ■ Este verbo sólo se usa en tercera persona. **SIN.** Chispear.

**lluvia** *s. f.* **1.** Gotas de agua que caen de las nubes. **2.** Caída o llegada abundante de algo: *La lotería dejó una lluvia de millones en esa ciudad.* **EXPR. lluvia ácida** Lluvia que contiene gran cantidad de ácido procedente de la contaminación de las fábricas. Es muy perjudicial para las plantas. **lluvia de estrellas** Aparición de muchas estrellas fugaces en una zona del cielo. **SIN. 1.** Precipitación, chubasco, chaparrón. **ANT. 1.** Sequía. **2.** Escasez. **FAM.** Lluvioso. / Pluvial.

**lluvioso, sa** *adj.* Con lluvia: *La zona norte de España es muy lluviosa. Hoy el día está lluvioso.*

**lo** *art. neutro* **1.** Va delante de adjetivos, adverbios o relativos: *lo malo; lo bien que habla; lo que quieras.* || *pron. pers. m.* **2.** Indica la persona o cosa de la que se habla y funciona como complemento directo: *A Jorge lo vi en el cine. Eso yo no lo sabía.* ■ Cuando hablamos de una persona del género masculino se puede sustituir por *le*: *A Jorge le vi en el cine.* **FAM.** Loísmo.

**loa** *s. f.* **1.** Alabanza. **2.** Composición poética en que se alaba a una persona o se celebra un acontecimiento. **SIN. 1.** Elogio, apología. **ANT. 1.** Crítica.

**loable** *adj.* Que merece elogio o alabanza.

**loar** *v.* Alabar. **SIN.** Elogiar, ensalzar. **ANT.** Maldecir. **FAM.** Loa, loable, loor.

**lobanillo** *s. m.* Bulto, casi siempre de grasa, que se forma debajo de la piel. **SIN.** Quiste.

**lobato** o **lobezno** *s. m.* Cachorro o cría del lobo.

**lobera** *s. f.* Madriguera de los lobos.

**lobo, ba** *s. m.* y *f.* Mamífero carnívoro que puede medir hasta 85 cm de alto y metro y medio de largo; tiene las orejas levantadas y el hocico acabado en punta. Su pelaje puede ser pardo o gris y suele vivir en pequeños grupos. **EXPR.** **lobo de mar** Marino con muchos años de experiencia. **lobo marino** Foca. ‖ **¡menos lobos!** Expresión que se dice cuando alguien exagera mucho. **FAM.** Lobato, lobera, lobezno, lobuno.

lobo

**lóbrego, ga** *adj.* Oscuro y triste: *La habitación era muy lóbrega, pues no tenía ventanas.* **SIN.** Lúgubre, tenebroso. **ANT.** Alegre.

**lóbulo** *s. m.* **1.** La parte de abajo de la oreja, que es blanda y redonda, donde se ponen los pendientes. **2.** Parte redondeada de algunas cosas, por ejemplo de los pulmones.

**lobuno, na** *adj.* Del lobo o como del lobo: *Tengo un hambre lobuna.*

**local** *adj.* **1.** De un lugar o en un lugar concreto: *El dentista me puso anestesia local en la encía para empastarme la muela.* **2.** De un pueblo o ciudad: *La orquesta local tocará en las fiestas del pueblo.* ‖ *s. m.* **3.** Sitio cubierto y cerrado en el que se pone una tienda o una empresa o donde se realiza una actividad: *En ese edificio se venden locales para oficinas.* **SIN.** **1.** Localizado. **ANT.** **1.** General. **2.** Nacional. **FAM.** Localidad, localismo, localizar.

**localidad** *s. f.* **1.** Cualquier lugar poblado, por ejemplo una ciudad o un pueblo: *En esta localidad hay un festival de música rock.* **2.** Lugar donde se sienta el que va al cine, el teatro, el circo u otro espectáculo. **3.** El billete o entrada que se compra para entrar en ellos. **SIN.** **1.** Población. **2.** Plaza, butaca.

**localismo** *s. m.* Palabra o expresión que sólo se usa en una localidad o en una zona: *El libro está lleno de localismos de su región.*

**localización** *s. f.* **1.** Acción de localizar: *Un helicóptero ayudaba a la localización de los montañeros que se perdieron.* **2.** Lugar donde está alguien o algo: *En el plano encontrarás la localización de las estaciones de metro.* **SIN.** **2.** Situación, ubicación.

**localizar** *v.* **1.** Saber dónde está alguien o algo: *Ya han localizado al niño que se había perdido.* ‖ **localizarse 2.** Estar algo en un lugar: *La mayor parte de las tiendas se localizan en el centro de la ciudad.* ▪ Delante de *e* se escribe *c* en lugar de *z*: *Espera que localicen el libro en esta biblioteca.* **SIN.** **1.** Encontrar, hallar. **2.** Situarse, ubicarse. **ANT.** **1.** Perder. **FAM.** Localización.

**locatis** *adj.* y *s. m.* y *f.* Loco, chiflado. ▪ No varía en plural.

**loción** *s. f.* Líquido que se echa en alguna parte del cuerpo para darse un pequeño masaje: *Su padre se da una loción en la cara después de afeitarse.*

**loco, ca** *adj.* y *s. m.* y *f.* **1.** Que tiene una enfermedad que le lleva a pensar o hacer cosas extrañas, poco normales. **2.** Persona que hace cosas peligrosas sin pensar en lo que puede pasar: *Es un loco conduciendo, un día va a tener un accidente.* ‖ *adj.* **3.** Con mucha actividad: *Hoy ha tenido un día loco en el trabajo.* **4.** Que tiene mucha alegría, rabia u otro sentimiento fuerte: *Luis estaba loco de contento por haber aprobado todas en junio.* **5.** Se dice de la persona a la que le gusta mucho una cosa, que tiene muchas ganas de hacer algo: *Está loco por las motos. Marisol está loca por irse de vacaciones.* **6.** Mucho, muy grande: *Tiene una suerte loca, ya le ha tocado dos veces la lotería.* **EXPR.** **a lo loco** De manera imprudente, sin pensar: *Las decisiones importantes no se deben tomar a lo loco.* **hacerse el loco** Disimular, fingir que no se ha visto o no se sabe alguna cosa: *No te hagas el loco y ven a ayudarnos.* **ni loco** No, de ninguna manera: *Con lo mal que he comido, no vuelvo a este restaurante ni loco.* **SIN.** **1.** Ido, demente. **2.** Imprudente, insensato, temerario. **3.** Agitado, ajetreado. **5.** Deseoso. **6.** Extraordinario, tremendo. **ANT.** **1.** y **2.** Cuerdo. **2.** Prudente, sensato. **6.** Poco. **FAM.** Locatis, locura, loquero. / Alocado, enloquecer.

**locomoción** *s. f.* Movimiento o traslado de un lugar a otro: *El tren, el autobús y el avión son medios de locomoción.* **SIN.** Desplazamiento, transporte.

**locomotor, ra** *adj.* **1.** Que produce movimiento o está relacionado con él: *El aparato locomotor del hombre está formado por los huesos y los músculos.* ‖ *s. f.* **2.** Máquina de tren. **FAM.** Locomoción.

**locuacidad** *s. f.* Característica de la persona locuaz: *¡Cuánta locuacidad! ¿No se calla nunca?* **SIN.** Labia, verborrea, verbosidad. **ANT.** Laconismo, mutismo.

**locuaz** *adj.* Que habla mucho. ▪ Su plural es *locuaces*.
SIN. Hablador, parlanchín. ANT. Callado.
FAM. Locuacidad.

**locución** *s. f.* Frase o expresión formada siempre por las mismas palabras y que tiene un significado especial, como por ejemplo la locución *estirar la pata*, que significa 'morirse'.
FAM. Alocución.

**locura** *s. f.* **1.** Enfermedad que lleva a las personas a pensar o hacer cosas raras. **2.** Acción peligrosa que se hace sin pensar en lo que puede pasar: *Es una locura conducir a tanta velocidad.* **3.** Afecto, entusiasmo o interés muy grandes: *Este niño quiere con locura a su madre.* **4.** Cosa o situación exagerada: *Estos precios tan altos son una locura.*
SIN. **1.** Demencia, delirio. **2.** Imprudencia, insensatez. **2.** y **4.** Disparate. **3.** Pasión. ANT. **1.** Cordura. **2.** Acierto.

**locutor, ra** *s. m.* y *f.* Persona que habla por la radio o la televisión para dar noticias, anuncios o para presentar o dirigir un programa.
FAM. Locutorio.

**locutorio** *s. m.* **1.** Lugar o cabina en que hay un teléfono público. **2.** En algunos sitios, como las cárceles o los conventos, habitación dividida por rejas o por un cristal donde se reciben las visitas.

**lodazal** *s. m.* Lugar con mucho lodo.

**loden** *s. m.* Un tejido muy fuerte de lana; también, la prenda de abrigo hecha con él. ▪ Es una palabra alemana.

**lodo** *s. m.* Barro que se forma en un terreno.
SIN. Fango, cieno.
FAM. Lodazal. / Enlodar.

**logaritmo** *s. m.* En matemáticas, exponente al que hay que elevar un número o base para obtener una cantidad determinada.

**lógica** *s. f.* **1.** Ciencia que estudia las leyes del pensamiento. **2.** Forma de pensar razonando: *Con un poco de lógica se pueden resolver muchos problemas.* **3.** El ser algo lógico o razonable: *Empezar las cosas por el final no tiene lógica.*
SIN. **2.** Razón, razonamiento. **3.** Coherencia. ANT. **3.** Incoherencia.
FAM. Lógico, logística. / Ilógico.

**lógico, ca** *adj.* **1.** De la lógica o relacionado con ella. **2.** Razonable: *Es lógico que se quede en la cama si se encuentra mal.* ‖ *s. m.* y *f.* **3.** Que se dedica a la ciencia de la lógica.
SIN. **1.** Racional. **2.** Natural. ANT. **1.** y **2.** Ilógico. **2.** Absurdo, extraño.

**logística** *adj.* y *s. m.* y *f.* **1.** Parte del ejército que estudia la situación y el abastecimiento de la tropa. **2.** Organización. **3.** Lógica que emplea el método y los símbolos matemáticos.

**logopeda** *s. m.* y *f.* Profesional que estudia y corrige los problemas que tienen algunas personas con el lenguaje, sobre todo al hablar: *El logopeda dice que se queda afónica porque fuerza mucho las cuerdas vocales.*

**logotipo** *s. m.* Símbolo que representa a una marca, empresa, y está formado por letras, abreviaturas, dibujos.

**logrado, da** *adj.* **1.** Que se ha conseguido: *El éxito logrado es mérito de todo el equipo.* **2.** Bien hecho: *Está muy logrado el paisaje del cuadro, parece real.*

**lograr** *v.* Conseguir, llegar a hacer o a tener algo que se desea o intenta: *Logró aprobar todo el curso.*
SIN. Alcanzar, obtener. ANT. Perder.
FAM. Logrado, logro. / Malograr.

**logro** *s. m.* **1.** Hecho de lograr algo. **2.** Éxito o resultado: *El profesor va anotando los logros de sus alumnos durante el curso.*
SIN. **1.** Consecución, obtención. ANT. **1.** Pérdida. **2.** Fracaso.

**logroñés, sa** *adj.* y *s. m.* y *f.* De Logroño, ciudad de España, capital de La Rioja.

**loísmo** *s. m.* Uso de los pronombres *lo* o *los* cuando debería emplearse *le* o *les*. *Lo* y *los* deben utilizarse como complemento directo y *le* y *les* como complemento indirecto. Por eso la frase *Coge el mueble y dalo una capa de pintura* es incorrecta y hay que decir *dale una capa de pintura*.
FAM. Loísta.

**loísta** *adj.* y *s. m.* y *f.* Se dice de la persona que al hablar o escribir comete loísmo.

**loma** *s. f.* Pequeño monte de forma alargada.
SIN. Colina.

**lombarda** *s. f.* Especie de repollo de color morado.

**lombriz** *s. f.* Gusano muy largo de color rojizo que se alimenta de sustancias que hay en la tierra. ▪ Su plural es *lombrices*.

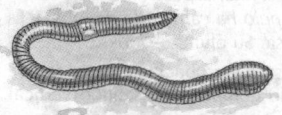

**lombriz**

**lomo** *s. m.* **1.** Parte de arriba del cuerpo de los animales que es como la espalda en las personas. **2.** Carne de esta parte del animal, sobre todo la del cerdo. **3.** Parte del libro donde están unidas las hojas; la que vemos cuando está en las estanterías.
EXPR. **cinta de lomo** Pieza de carne de cerdo larga y redondeada; suele comerse en rodajas. **lomo embuchado** Lomo de cerdo curado que se come como fiambre.
SIN. **1.** Dorso.
FAM. Loma. / Deslomar, solomillo.

**lona** *s. f.* Tela gruesa y resistente; con ella se hacen, por ejemplo, los toldos o las tiendas de campaña. **FAM.** Loneta.

**loncha** *s. f.* Trozo ancho y delgado de algún alimento, por ejemplo de algún fiambre como el jamón. **SIN.** Tajada, lonja.

**londinense** *adj. y s. m. y f.* De Londres, ciudad inglesa, capital del Reino Unido.

**loneta** *s. f.* Tejido resistente menos grueso que la lona.

**long play** *s. m.* Disco musical de larga duración. ■ Es un término inglés. Su plural es *long plays*. A veces sólo se escriben sus iniciales *LP*. Se dice también *elepé*.

**longaniza** *s. f.* Chorizo largo y muy delgado.

**longevidad** *s. f.* El vivir muchos años: *Ha aumentado la longevidad de las personas.*

**longevo, va** *adj.* Que vive muchos años: *Los elefantes son animales muy longevos.* **FAM.** Longevidad.

**longitud** *s. f.* **1.** La dimensión más grande de una superficie: *Aquel puente tiene 200 metros de longitud.* **2.** Distancia que hay desde un sitio cualquiera de la Tierra hasta el meridiano 0, que pasa por la ciudad inglesa de Greenwich. **FAM.** Longitudinal.

**longitudinal** *adj.* Hecho o puesto siguiendo la longitud de algo: *Cuando le operaron le quedó una cicatriz longitudinal en el brazo.*

**longui** o **longuis** Se usa en las expresiones **hacerse el longui** o **hacerse el longuis**, que significan 'hacerse el tonto, disimular': *Cuando hay que poner la mesa, mi hermano siempre se hace el longuis.*

**lonja** *s. f.* Lugar que hay en los puertos donde se vende el pescado que han traído los barcos.

**lontananza** *s. f.* Lo que está a lo lejos: *En lontananza se veía un pueblecito.*

**look** *s. m.* Pinta, aspecto de una persona: *Con ese corte de pelo ha cambiado de look.* ■ Es una palabra inglesa. Su plural es *looks*.

**looping** *s. m.* Acrobacia aérea en la que se realiza un círculo completo en sentido vertical. ■ Es una palabra inglesa. Su plural es *loopings*.

**loor** *s. m.* Alabanza, elogio. **SIN.** Loa. **ANT.** Crítica.

**loquero, ra** *s. m. y f.* **1.** Persona que vigila o cuida a los locos. ‖ *s. m.* **2.** Manicomio.

**lord** *s. m.* Título que dan los ingleses a algunas personas importantes; es parecido a *conde* o *duque* en España. ■ Es una palabra inglesa. Su plural es *lords*.

**loro** *s. m.* **1.** Ave de pico curvo y plumaje de vivos colores que vive en África y en las selvas del Amazonas. Algunos son capaces de hablar, repitiendo lo que oyen. **2.** Persona que no para de hablar. **3.** Aparato de radio o radiocasete.

**EXPR. al loro** Atento a lo que ocurre: *Hay que estar al loro porque en un descuido el niño hará cualquier trastada.*

**lorza** *s. f.* Trozo de tela que se dobla y cose en la ropa como adorno o para acortarla y luego poder alargarla si se quiere.

**losa** *s. f.* **1.** Piedra en forma de rectángulo lisa, plana y de poco grosor, como la que se pone en los cementerios para cubrir las tumbas. **2.** Cosa muy pesada, que cuesta mucho hacerla: *Para mí es una losa eso de tener que madrugar todos los días.* **SIN. 1.** Lápida. **2.** Peso, carga. **ANT. 2.** Alivio. **FAM.** Loseta. / Enlosar.

**loseta** *s. f.* Baldosa, por ejemplo la que se pone en el suelo: *Se le cayó el martillo a Juan y rompió una loseta.*

**lote** *s. m.* **1.** Conjunto de cosas que se venden o se dan: *Pedro ha conseguido un lote de libros en un concurso de la tele.* **2.** Parte en que se divide algo para repartirlo, por ejemplo un terreno. **FAM.** Lotería.

**lotería** *s. f.* **1.** Juego en el que se saca un número y el que lo tiene gana dinero u otro premio. **2.** Cualquier cosa que sólo depende de la suerte: *Ese examen era una lotería.* **EXPR. lotería primitiva** Juego en el que se sacan por sorteo seis números de entre cuarenta y nueve y ganan premio los jugadores que hayan señalado esos números en sus boletos. **FAM.** Lotero, loto[2].

**lotero, ra** *s. m. y f.* Persona que vende lotería.

**loto**[1] *s. m.* Planta que vive en el agua, con las hojas grandes y las flores muy olorosas, generalmente de color blanco azulado. Suelen ponerlas en lagos y estanques como adorno.

**loto**[2] *s. f.* Lotería primitiva. Busca **lotería**. **EXPR. bono loto** Busca **bonoloto**.

**loza** *s. f.* Barro cocido y barnizado, que se usa sobre todo para hacer platos, tazas y otros objetos que se tienen en las casas.

**lozanía** *s. f.* **1.** Persona de aspecto lozano. **2.** Orgullo, soberbia.

**loro**

**loto**

**lozano, na** *adj.* Sano y de buen aspecto: *Aunque es mayor, se conserva lozano. Las plantas del jardín estaban muy lozanas después de los días de lluvia.* SIN. Saludable, lustroso. ANT. Débil, mustio. FAM. Lozanía.

**LP** *s. m.* Busca **long play**.

**lubina** *s. f.* Pez marino grande, de cuerpo largo y delgado, y color plateado con una línea oscura a cada lado. Es muy apreciado como alimento.

**lubricante** o **lubrificante** *adj.* y *s. m.* Se dice del aceite o sustancia que se usa para lubricar.

**lubricar** o **lubrificar** *v.* Poner entre dos superficies o piezas que rozan entre sí aceite u otra sustancia para que el roce sea más suave y se desgasten menos o funcionen mejor. ■ Delante de *e* se escribe *qu* en lugar de *c*: *lubrique, lubrifique.* FAM. Lubricante, lubrificante.

**lucense** *adj.* y *s. m.* y *f.* De Lugo, ciudad y provincia españolas. ■ Se dice también *lugués.*

**lucerna** o **lucernario** *s. f.* o *m.* Ventana alta que da luz y ventilación a una habitación. SIN. Claraboya, tragaluz.

**lucero** *s. m.* **1.** Estrella que se ve en el cielo, grande y muy brillante. **2.** Lunar blanco que tienen algunos animales, como los caballos, en la frente. EXPR. **lucero del alba** El planeta Venus. || **al lucero del alba** A cualquiera: *Eso se lo digo a Inés y al lucero del alba si es necesario.*

**lucha** *s. f.* **1.** Acción de luchar. **2.** Pelea, batalla. **3.** Discusión, riña o enfrentamiento. SIN. **2.** Conflicto, contienda, lid. **3.** Polémica, controversia.

**luchador, ra** *s. m.* y *f.* **1.** Persona que practica algún deporte de lucha: *Los luchadores subieron al ring.* || *adj.* y *s. m.* y *f.* **2.** Se dice de la persona que se esfuerza por conseguir algo.

**luchar** *v.* **1.** Pelear personas o animales: *Los ciervos luchan entrelazando sus cuernos.* **2.** Participar en una competición, juego o concurso una o más personas contra otras para intentar ganar. **3.** Esforzarse por algo: *Luchó mucho para conseguir el primer puesto.* SIN. **1.** Combatir, enfrentarse. **3.** Trabajar. FAM. Lucha, luchador.

**lucidez** *s. f.* Característica de lúcido. SIN. Sagacidad, perspicacia, coherencia.

**lucido, da** *adj.* **1.** Muy bonito, bueno o acertado. **2.** Que deja que alguien pueda lucirse y demostrar lo bueno que es en algo: *Le dieron el papel de protagonista, que es el más lucido.*

**lúcido, da** *adj.* Que puede pensar claramente y entender las cosas con facilidad: *Su abuelo tiene casi noventa años y está totalmente lúcido.* SIN. Sagaz, perspicaz, coherente. FAM. Lucidez.

**luciérnaga** *s. f.* Insecto grande parecido a un gusano. Las hembras no tienen alas y producen una luz verde azulada más fuerte que la de los machos.

**Lucifer** *n. p.* **1.** Nombre del demonio. || **lucifer** *s. m.* **2.** Persona muy mala.

**lucimiento** *s. m.* Acción de lucirse.

**lucio** *s. m.* Pez de río muy grande, de color amarillo verdoso, que tiene una boca también grande con muchos dientes. Es carnívoro y puede atacar incluso a aves y a algunos mamíferos que viven en el agua. Es comestible.

luciérnagas

lucio

**lucir** *v.* **1.** Dar luz: *Esa bombilla es vieja y luce poco.* **2.** Brillar: *¡Cómo lucen las estrellas en el cielo!* **3.** Dar algo resultado o provecho: *No le luce nada lo que come, está delgadísimo.* **4.** Demostrar alguien sus cualidades o lo bien que hace algo: *Gabriel conoce muchos trucos de magia, así que podrá lucirse en la fiesta.* **5.** Llevar puesta una cosa o enseñarla, sobre todo si es bonita o elegante: *Lucía un precioso vestido de noche.* **6.** Verse bien una cosa, destacar: *Donde más luce ese jarrón es encima del mueble.* ■ Es un verbo irregular. SIN. **1.** Alumbrar, iluminar. **2.** Relucir, resplandecer, relumbrar. **3.** Cundir. **4.** y **5.** Exhibir. **6.** Resaltar. FAM. Lucido, lucimiento. / Deslucir, enlucir, relucir, traslucir.

| LUCIR | |
|---|---|
| **INDICATIVO** | **SUBJUNTIVO** |
| **Presente** | **Presente** |
| luzco | luzca |
| luces | luzcas |
| luce | luzca |
| lucimos | luzcamos |
| lucís | luzcáis |
| lucen | luzcan |

**lucrarse** *v.* Sacar un beneficio económico de un negocio o encargo.

**lucrativo, va** *adj.* Que produce lucro, beneficio o ganancias: *El bar que tiene en la plaza mayor es un negocio muy lucrativo.*
SIN. Beneficioso, provechoso.

**lucro** *s. m.* Beneficio o ganancia que se saca de algo, sobre todo de un negocio.
SIN. Provecho. ANT. Pérdida.
FAM. Lucrarse, lucrativo.

**luctuoso, sa** *adj.* Que produce tristeza o pena.

**lúdico, ca** *adj.* Relacionado con el juego y las diversiones.
FAM. Ludopatía, ludoteca.

**ludópata** *adj.* y *s. m.* y *f.* Persona que padece ludopatía.

**ludopatía** *s. f.* Obsesión irresistible por los juegos de azar, como el bingo, la lotería o las tragaperras, que puede llevar a una persona a perder mucho dinero apostando.
FAM. Ludópata.

**ludoteca** *s. f.* Sitio donde hay juegos y juguetes, en especial para los niños.

**luego** *adv.* **1.** Después, más tarde: *Llovió un poquito, pero luego salió el Sol.* **2.** Más allá, más adelante: *Primero está el parque y luego la piscina.* ‖ *conj.* **3.** Por lo tanto: *Están todas las luces apagadas, luego no pueden haber llegado aún.*
EXPR. **desde luego** Sí, pues claro, sin ninguna duda: *¿Puedo sentarme? Desde luego. Desde luego este dibujo es el mejor.* **hasta luego** Expresión que se dice para despedirse de alguien a quien se va a ver más tarde.

**lugar** *s. m.* **1.** Espacio que ocupa o puede ocupar una persona o cosa: *Ordenó los libros y puso cada uno en su lugar.* **2.** Sitio o población: *Veranea allí desde hace mucho y conoce a todos los del lugar.* **3.** Una parte de una superficie o de otra cosa: *¿En qué lugar de la carta se pone la fecha?* **4.** Situación o posición que ocupa alguien o algo en un orden o en una lista: *Quedé en segundo lugar en el concurso de dibujo.* **5.** Momento u ocasión: *No encontraba lugar para darle la mala noticia.*
EXPR. **en lugar** de otra persona Si se estuviera en la misma situación que ella: *Yo en tu lugar hubiera ido a la excursión.* **en lugar de** En vez de: *Cogió el autobús en lugar de ir en metro.* **en primer lugar** Lo primero de todo. **fuera de lugar** Que no es oportuno o conveniente: *Enfadarse de esa manera con el camarero estuvo fuera de lugar.* **sin lugar a dudas** Sin que haya ninguna duda. **tener lugar** Ocurrir, suceder: *Los Juegos Olímpicos de 1992 tuvieron lugar en Barcelona.*
SIN. **2.** Paraje, pueblo, poblado, aldea. **5.** Oportunidad, motivo.
FAM. Lugareño, lugarteniente.

**lugareño, ña** *adj.* y *s. m.* y *f.* Se dice de la persona que ha nacido o vive en una población pequeña.
SIN. Aldeano, pueblerino.

**lugarteniente** *s. m.* Persona que sustituye a otra en su cargo o empleo.

**lúgubre** *adj.* Muy triste y oscuro: *El cuadro es bonito, pero tiene unos colores muy lúgubres.*
SIN. Lóbrego, sombrío, fúnebre. ANT. Alegre, vivo.

**lugués, sa** *adj.* y *s. m.* y *f.* Busca **lucense**.

**lujo** *s. m.* **1.** Mucha riqueza y comodidad que hay en un lugar o tiene una persona o cosa: *Vive en un chalé de lujo. Es muy rica y le gusta rodearse de todo tipo de lujos.* **2.** Mucha abundancia de cualquier otra cosa: *En la obra de teatro que estrenaron había gran lujo de vestuario y decorados.* **3.** Cosa que no puede tener o conseguir una persona: *Comer todos los días en restaurantes es un lujo que no puedo permitirme.*
SIN. **1.** Opulencia.
FAM. Lujoso.

**lujoso, sa** *adj.* Que tiene mucho lujo o riqueza: *La reina llevaba un lujoso vestido.*
SIN. Rico, fastuoso. ANT. Pobre.

**lujuria** *s. f.* Ganas exageradas de tener relaciones sexuales.
FAM. Lujurioso.

**lujurioso, sa** *adj.* Que tiene lujuria.
SIN. Libidinoso, lascivo.

**lulú** *adj.* y *s. m.* y *f.* Se dice de un tipo de perros que suelen ser pequeños, tienen mucho pelo y la cabeza, las orejas y el hocico parecidos a los de un zorro. ■ Su plural es *lulús*.

**lumbago** *s. m.* Dolor fuerte en la zona de los riñones.

**lumbar** *adj.* Se dice de la zona del cuerpo situada entre la última costilla y los glúteos y de lo relacionado con ella.
FAM. Lumbago.

**lumbre** *s. f.* **1.** Fuego que se enciende quemando leña, carbón u otro material combustible para guisar o calentarse: *La mujer puso el puchero en la lumbre para hacer la comida.* **2.** Cualquier cosa con que se enciende otra: *Le pidió lumbre al camarero para encender el cigarrillo.*
FAM. Lumbrera. / Alumbrar, deslumbrar, relumbrar, vislumbrar.

**lumbrera** *s. f.* Persona muy inteligente o de gran talento.
SIN. Genio, sabio.

**luminaria** *s. f.* **1.** Luz o conjunto de luces que se ponen en las calles durante las fiestas. **2.** En las iglesias, luz que alumbra permanentemente al Santísimo Sacramento.

**lumínico, ca** *adj.* De la luz: *fenómenos lumínicos.*

**luminosidad** *s. f.* Luz o claridad: *Este balcón da mucha luminosidad a la habitación.*

**luminoso, sa** *adj.* **1.** Que tiene o despide luz o claridad: *Los colores claros son más luminosos que los oscuros. Sobre la puerta de la tienda hay un cartel luminoso.* **2.** Se dice de las ideas, explicaciones o palabras que son muy claras y acertadas: *De pronto se le ocurrió una idea luminosa para solucionar el problema.*
**SIN. 1.** Iluminado, resplandeciente, deslumbrante. **2.** Atinado, certero. **ANT. 1.** Oscuro, sombrío, apagado. **2.** Desacertado, inoportuno.
**FAM.** Luminaria, lumínico, luminosidad, luminotecnia. / Iluminar.

**luminotecnia** *s. f.* Técnica para iluminar de manera artificial, con focos, bombillas.

**luna** *s. f.* **1.** Único satélite natural de la Tierra, que gira alrededor de ésta y que se ve porque refleja la luz del Sol. ■ Con este significado se escribe con mayúscula. **2.** Satélite natural de cualquier planeta: *las lunas de Júpiter.* **3.** Cristal de vidrieras y escaparates. **4.** Espejo, sobre todo el de un armario.
**EXPR. luna de miel** Primeros meses del matrimonio; también, viaje que hacen los novios después de su boda. **Luna llena** La Luna cuando se ve iluminada entera la cara que mira a la Tierra. **Luna nueva** La Luna cuando no se puede ver desde la Tierra, al iluminar el Sol la cara que está escondida. **media luna** Figura de luna en cuarto creciente o menguante, cuando sólo se ve una parte de ella, y, también, cualquier objeto o figura que tiene esta forma. Es el símbolo de los musulmanes. ‖ **estar en la luna** Estar distraído, sin darse cuenta de lo que pasa.
**FAM.** Lunar, lunático, luneta. / Alunizar, elevalunas, plenilunio.

la **Luna**

**lunar** *adj.* **1.** De la Luna o relacionado con ella: *La superficie lunar está llena de cráteres.* ‖ *s. m.* **2.** Manchita oscura y redonda en la piel. **3.** Dibujo en forma de círculo de color distinto del fondo: *Me compré una blusa blanca con lunares rojos.*

**lunático, ca** *adj.* y *s. m.* y *f.* Persona a la que le dan manías o locuras.
**SIN.** Loco, maniático, excéntrico. **ANT.** Cuerdo.

**lunch** *s. m.* Comida ligera que se ofrece a los invitados a una fiesta. ■ Es una palabra inglesa. Su plural es *lunchs.*

**lunes** *s. m.* Primer día de la semana. ■ No varía en plural.

**luneta** *s. f.* **1.** Cristal de la parte de atrás de los automóviles. **2.** Cada uno de los cristales de las gafas.

**lunfardo, da** *adj.* **1.** En Argentina, se dice del mundo de los ladrones y de lo relacionado con él. ‖ *s. m.* **2.** Lenguaje especial de los delincuentes de Buenos Aires; muchas de sus palabras y expresiones han pasado al habla común.

**lupa** *s. f.* Lente con la que se ven las cosas más grandes; suele tener un soporte o un mango.

**lupanar** *s. m.* Prostíbulo, burdel.

**lúpulo** *s. m.* Planta trepadora que tiene unos frutos usados para dar aroma y sabor amargo a la cerveza.

**lusitano, na** *adj.* y *s. m.* y *f.* **1.** De Lusitania, antigua provincia romana de Hispania, que comprendía más o menos Portugal y Extremadura. **2.** Portugués.
**SIN. 2.** Luso.
**FAM.** Luso.

**luso, sa** *adj.* y *s. m.* y *f.* Portugués.
**SIN.** Lusitano.

**lustrabotas** o **lustrador** *s. m.* En Hispanoamérica, limpiabotas. ■ *Lustrabotas* no varía en plural.

**lustrar** *v.* Dar brillo a una cosa frotándola mucho: *lustrar los zapatos.*
**SIN.** Abrillantar, pulir.
**FAM.** Lustrabotas, lustrador. / Deslustrar.

**lustre** *s. m.* **1.** Brillo, sobre todo el que se consigue lustrando algo. **2.** Aspecto lustroso.
**FAM.** Lustrar, lustroso.

**lustro** *s. m.* Periodo de tiempo de cinco años.
**SIN.** Quinquenio.

**lustroso, sa** *adj.* **1.** Que tiene lustre o brillo: *La cera deja los suelos muy lustrosos.* **2.** De aspecto sano y fuerte: *En ese pueblo crían unos cochinillos gordos y lustrosos.*
**SIN. 1.** Brillante, reluciente. **2.** Hermoso, saludable. **ANT. 1.** Apagado. **2.** Flaco, enfermizo.

**luteranismo** *s. m.* **1.** Doctrina religiosa protestante basada en las teorías de Lutero. **2.** Conjunto de personas que siguen esta doctrina.

**luterano, na** *adj.* y *s. m.* y *f.* Cristiano protestante que sigue las ideas de Martín Lutero, un reformador religioso alemán.
**FAM.** Luteranismo.

**luto** *s. m.* **1.** Dolor por la muerte de una persona: *Guardaron un minuto de silencio en señal de luto.*

**2.** Tiempo en que se muestra este dolor: *Durante el luto salieron poco de casa.* **3.** Ropa de color negro u otro signo externo que indica ese dolor: *Amalia lleva luto por la muerte de su marido.*
**FAM.** Enlutado, luctuoso.

**luxación** *s. f.* Hecho de salirse un hueso de su sitio: *El golpe le produjo una luxación en la rodilla.*

**luxemburgués, sa** *adj.* y *s. m.* y *f.* De Luxemburgo, pequeño país del oeste de Europa.

**luz** *s. f.* **1.** Forma de energía que ilumina las cosas y hace que podamos verlas: *El Sol da luz y calor.* **2.** Corriente eléctrica: *Han cortado la luz y no funciona la tele.* **3.** Objeto o aparato que sirve para iluminar: *Se han fundido dos luces del salón.* **4.** Algo que ayuda a comprender mejor una cosa: *Lo que dijo Andrés arrojó un poco de luz para saber cómo fue el accidente.* || *s. f. pl.* **5.** Inteligencia: *Es una persona de muchas luces.* ■ Su plural es *luces.*
**EXPR. luces de gálibo** Las que llevan los vehículos muy grandes, en la parte de arriba, delante y detrás, para indicar su gran tamaño. **luz de cruce** o **corta** La que llevan los vehículos y debe iluminar como mínimo una zona de 40 metros por delante. **luz de posición** La que lleva un vehículo para que se le vea cuando está parado en un sitio poco iluminado. **luz larga** o **de carretera** La que lleva un vehículo y debe iluminar al menos una zona de 100 metros por delante. || **a todas luces** Muy claramente, sin duda: *Este cuento es a todas luces más divertido que ese otro.* **dar a luz** Tener un niño una mujer. **sacar** o **salir a la luz** Dar a conocer o ser conocido algo que estaba oculto o que sólo conocían unos pocos: *Esa editorial ha sacado a la luz poemas de famosos escritores que nunca se habían publicado.*
**SIN. 1.** Claridad, luminosidad. **2.** Electricidad. **ANT. 1.** Oscuridad.
**FAM.** Lucerna, lucernario, lucero, lúcido, luciérnaga, lucir. / Contraluz, tragaluz.

**lycra** *s. f.* Tejido que se ajusta mucho al cuerpo; con él se hacen bañadores, algunos pantalones de chica, las camisetas de los ciclistas y otras prendas.

**m** *s. f.* Letra número trece del abecedario y décima de las consonantes. Su nombre es *eme*.

**macabro, bra** *adj.* Que se refiere a las cosas más feas o tristes de la muerte: *Contó un cuento macabro de cadáveres y cementerios.*
SIN. Fúnebre, lúgubre.

**macaco, ca** *s. m.* y *f.* Mono de Asia y África, de tamaño mediano, cuerpo robusto y pelo de color pardo grisáceo.

**macana** *s. f.* En América del Sur, tontería, disparate.

**macanudo, da** *adj.* Estupendo, extraordinario: *Sus padres le han regalado una bici macanuda.*

**macarra** *adj.* y *s. m.* y *f.* **1.** Se dice de la persona chula y agresiva, y también de lo que tiene relación con ella. **2.** Hortera, de mal gusto. ‖ *s. m.* **3.** Hombre que vive del dinero que ganan las prostitutas.
SIN. **3.** Chulo, proxeneta.

**macarrón** *s. m.* Pasta de harina de trigo en forma de canuto pequeño que se come cocida.
FAM. Macarrónico.

**macarrónico, ca** *adj.* Se dice de un idioma cuando alguien lo habla muy mal: *Aunque su español era macarrónico, aquel extranjero conseguía hacerse entender.*

**macedonia** *s. f.* Postre preparado con el zumo y los trozos de varias frutas.

**macedonio, nia** *adj.* y *s. m.* y *f.* **1.** De Macedonia, antigua región de los Balcanes. **2.** De la República de Macedonia, país de los Balcanes. ‖ *s. m.* **3.** Lengua que se habla en esta república.

**macerar** *v.* Ablandar una cosa apretándola, golpeándola o metiéndola en un líquido: *Puso a macerar guindas en aguardiente.*

**macero** *s. m.* Empleado de las Cortes o de algunos ayuntamientos y corporaciones, que asiste a los actos y ceremonias importantes llevando una maza.

**maceta** *s. f.* Tiesto, normalmente de barro cocido, donde se cultivan plantas.
FAM. Macetero.

**macetero** *s. m.* Soporte o vasija para colocar una maceta.

**machaca** *s. m.* y *f.* **1.** En la mili, soldado que está a las órdenes de un suboficial. **2.** Persona que hace trabajos pesados, aburridos o de poca importancia: *Trabaja de machaca pegando sellos en la mensajería.*

**machacar** *v.* **1.** Golpear una cosa para hacerla pedazos, aplastarla o cambiar su forma: *Machaca el ajo y el perejil antes de añadirlos al pollo.* **2.** Hacer o repetir algo muchas veces: *Las lecciones son difíciles, pero el profesor las machaca hasta que nos las aprendemos.* ■ Delante de *e* se escribe *qu* en lugar de *c*: *machaqué.*
SIN. **1.** Majar, moler. **2.** Insistir. ANT. **2.** Desistir.
FAM. Machaca, machacón.

**machacón, na** *adj.* Que se repite hasta hacerse pesado: *No le gusta esa música machacona que ponen en las discotecas.*
SIN. Insistente, repetitivo.
FAM. Machaconería.

**machaconería** *s. f.* Repetición de algo una y otra vez hasta resultar muy pesado: *Este niño nos cansa con su machaconería y acabamos dándole todo lo que pide.*
SIN. Insistencia.

macaco          maceta

**machada** *s. f.* Cosa difícil o arriesgada que un hombre hace para demostrar que es muy macho, muy valiente: *Hizo la machada de meterse en el mar en febrero.*

**machamartillo** Se usa en la expresión **a macha-martillo**, que significa 'con mucha intensidad o firmeza': *Defiende sus ideas a machamartillo, nada le hace cambiar de opinión.*

**machar** *v.* Golpear, aplastar: *Macha bien los ajos para que el guiso tenga más sabor.*
FAM. Machamartillo.

**macheta** *s. f.* Cuchilla de hoja ancha que se usa para picar carne.

**machetazo** *s. m.* Golpe que se da con un machete y corte que produce.

**machete** *s. m.* Cuchillo grande de hoja ancha y con un solo filo, como el que se usa para abrirse paso en la selva.
FAM. Macheta, machetazo.

**machismo** *s. m.* Comportamiento y actitud de una persona machista.

**machista** *adj. y s. m. y f.* Que piensa que el hombre es superior a la mujer.
ANT. Feminista.

**macho**[1] *adj. y s. m.* **1.** Animal del sexo masculino. **2.** Se dice de las plantas que sólo tienen órganos reproductores masculinos: *plátano macho.* **3.** Que es fuerte, valiente o tiene otras cualidades o hace cosas que se piensa que son más propias de los hombres: *El niño se dio un buen golpe, pero por hacerse el macho no lloró.* ‖ *s. m.* **4.** En algunos objetos que están formados por dos piezas que se ajustan, como los corchetes o los enchufes, la pieza que se mete en la otra, llamada *hembra.*
ANT. **1.** Hembra.
FAM. Machada, machismo, machista, machote. / Marimacho, sietemachos.

**macho**[2] *s. m.* Mulo.

**machote** *adj. y s. m.* Que es fuerte y valiente, que se comporta como un hombre: *Se hace el machote para impresionar a su novia.*

**macilento, ta** *adj.* Muy delgado, pálido o triste: *Llevaba dos meses estudiando sin salir de casa y tenía un aspecto macilento.*
SIN. Flaco, lívido, alicaído.

**macillo** *s. m.* Palillo con una bola en la punta para tocar el xilófono y otros instrumentos musicales.

**macizo, za** *adj.* **1.** Sólido y apretado, con pocos huecos o poros: *un bloque macizo de piedra.* **2.** De aspecto musculoso o muy atractivo: *En ese anuncio salen chicos muy macizos.* ‖ *s. m.* **3.** Conjunto de montañas. **4.** Grupo de plantas o flores en un parque o un jardín.
SIN. **1.** Compacto. **2.** Cachas; guapo. **4.** Parterre.
ANT. **1.** Esponjoso, vacío.

**macramé** *s. m.* **1.** Tejido hecho a mano con hilos trenzados formando una red. **2.** Hilo con que se hace este tejido.

**macrobiótico, ca** *adj.* Se dice de un tipo de alimentación a base de cereales, legumbres, hortalizas y algas marinas: *comida macrobiótica, alimentos macrobióticos.*

**macroinstrucción** *s. f.* En informática, conjunto de instrucciones que se dan al ordenador para que haga una serie de operaciones.

**mácula** *s. f.* **1.** Defecto o falta que estropea algo: *Este alumno ha hecho un trabajo perfecto, sin mácula.* **2.** Cada una de las manchas o zonas oscuras que se observan en el Sol.
SIN. **1.** Mancha, tacha, borrón.

**macuto** *s. m.* Mochila o saco que se lleva a la espalda.
SIN. Morral.

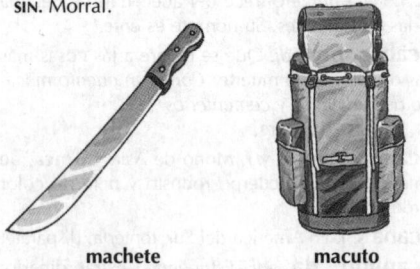

machete        macuto

**madalena** *s. f.* Busca **magdalena**.

**madeja** *s. f.* Ovillo de lana o de hilo.
FAM. Desmadejado.

**madera** *s. f.* **1.** Parte dura de los árboles y arbustos que se encuentra debajo de la corteza: *De madera se hacen muebles y muchos otros objetos.* **2.** Talento o capacidad que tiene alguien para una cosa: *Este chico tiene madera de deportista.* **3.** En el lenguaje de los delincuentes, la policía.
SIN. **3.** Bofia.
FAM. Maderamen, maderero, madero.

**maderamen** *s. m.* Conjunto de maderas que se utilizan en una obra.

**maderero, ra** *adj.* **1.** De la madera o relacionado con ella: *industria maderera.* ‖ *s. m. y f.* **2.** Comerciante de maderas.

**madero** *s. m.* **1.** Pieza o tabla larga de madera. **2.** Árbol cortado y sin ramas. **3.** En el lenguaje de los delincuentes, agente de policía.
SIN. **1.** Tablón. **2.** Tronco.

**madrastra** *s. f.* Nueva esposa del padre para los hijos que éste tiene de un matrimonio anterior.

**madraza** *s. f.* Madre muy cariñosa.

**madre** *s. f.* **1.** Lo que es una mujer para sus hijos. **2.** Lo que es la hembra de un animal para sus crías. **3.** Causa u origen de algo: *La pereza es madre de vicios.* **4.** Título que se da a algunas monjas. **5.** Cauce de un río. **6.** Posos del mosto, del vino o del vinagre que se depositan en el fondo del recipiente.

**EXPR. madre del cordero** Lo más importante, la clave de un asunto: *Si queremos montar un negocio, la madre del cordero es conseguir dinero.* **madre política** Suegra. ‖ **¡la madre que me** (o **te, le...**) **parió!** Expresión que indica enfado hacia alguien, pero a veces también admiración. ■ Es una expresión vulgar. **¡madre mía!** o **¡mi madre!** Expresión que indica sorpresa o asombro. **salirse de madre** Excederse, pasarse.

**SIN. 1.** Mamá. **3.** Fuente. **5.** Lecho.

**FAM.** Madrastra, madraza, madreperla, madrépora, madreselva, madriguera, madrina, materno, matriarcado, matriz, matrona. / Comadre, desmadre, enmadrado.

**madreña** *s. f.* Zueco, zapato de madera. ■ Se dice también *almadreña.*

**madreperla** *s. f.* Molusco parecido a la ostra, de forma casi redonda, y que muchas veces contiene una perla en su interior.

**madrépora** *s. f.* Pequeño animal marino que tiene un esqueleto por fuera y vive pegado a las rocas en los mares tropicales, formando colonias que constituyen arrecifes y atolones.

**madreselva** *s. f.* Arbusto de tallo trepador; sus hojas son verdes, oscuras por encima y claras por debajo; sus flores, blancas, rosadas o rojas, y tiene un olor fuerte y agradable.

**madrigal** *s. m.* Poema breve de tema amoroso, escrito en versos de once y siete sílabas.

**madriguera** *s. f.* **1.** Cueva pequeña y estrecha en la que viven algunos animales: *la madriguera del conejo.* **2.** Lugar escondido donde se refugia alguien: *Los ladrones se ocultaron en su madriguera.* **SIN. 1.** y **2.** Guarida, cubil. **2.** Escondrijo.

**madrileño, ña** *adj.* y *s. m.* y *f.* De Madrid, capital de España y también provincia y comunidad autónoma de este país.

**madrina** *s. f.* **1.** Mujer que acompaña y ayuda a alguien que recibe algunos sacramentos, como el matrimonio o, sobre todo, el bautismo. **2.** Mujer que preside algunos actos: *La esposa del coronel fue la madrina de la jura de bandera.* **FAM.** Amadrinar.

**madroño** *s. m.* **1.** Arbusto de hojas que no se caen, flores blancas y frutos redondos con granitos en su superficie, de color rojo y sabor dulce. **2.** Fruto de este arbusto.

**madrugada** *s. f.* **1.** Momento del día en que amanece. **2.** Horas que siguen a la medianoche. **SIN. 1.** Alba, aurora.

**madrugador, ra** *adj.* y *s. m.* y *f.* Que madruga: *Es muy madrugadora: se levanta siempre a las seis.*

**madrugar** *v.* Levantarse al amanecer o muy temprano. ■ Delante de *e* se escribe *gu* en lugar de *g*: *Madrugué para salir a cazar.* **FAM.** Madrugada, madrugador, madrugón.

**madrugón** *s. m.* Hecho de levantarse muy temprano.

**madurar** *v.* **1.** Ponerse maduros los frutos. **2.** Ir haciéndose más seria y responsable una persona con el tiempo: *Este chico era muy alocado, pero ha madurado bastante últimamente.* **3.** Pensar mucho en un plan, una idea u otra cosa hasta encontrar la manera de hacerlo: *El compositor fue madurando la melodía de su nueva canción.* **SIN. 1.** Sazonarse.

**madurez** *s. f.* Característica o estado de la persona o cosa madura. **SIN.** Sazón; prudencia, cordura. **ANT.** Inmadurez.

**maduro, ra** *adj.* **1.** Se dice del fruto que está en el buen momento para ser recogido o comido. **2.** Prudente, responsable: *A pesar de ser muy joven, Luisa es una chica madura y formal.* **3.** Se dice de la persona que ya no es joven, pero tampoco vieja. **SIN. 1.** Sazonado. **2.** Sensato, reflexivo. **ANT. 1.** Verde. **1.** y **2.** Inmaduro. **3.** Joven, muchacho. **FAM.** Madurar, madurez. / Inmaduro.

**maese** *s. m.* Antiguamente, forma de dirigirse a algunas personas que tenían ciertos oficios; indicaba respeto y se ponía delante del nombre propio: *maese Pedro.*

**maestría** *s. f.* **1.** Habilidad, destreza: *Ese jinete monta con gran maestría.* **2.** Título de maestro en un oficio. **SIN. 1.** Pericia. **ANT. 1.** Impericia.

**maestro, tra** *adj.* y *s. m.* y *f.* **1.** Persona que enseña a otras, sobre todo a los niños en una escuela. **2.** Persona muy importante y con muchos conocimientos en alguna ciencia, un arte u otra actividad: *Velázquez fue uno de los grandes maestros de la pintura.* ‖ *s. m.* **3.** Persona que ha alcanzado el

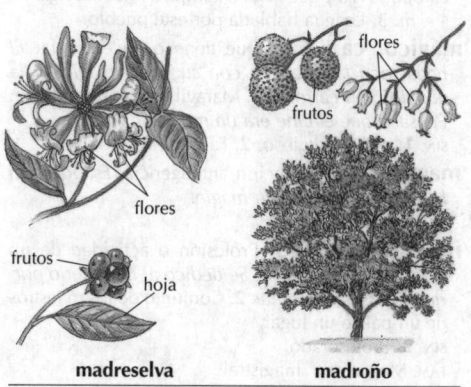

flores

frutos

flores

frutos

hoja

**madreselva**   **madroño**

grado más alto en un oficio: *Los albañiles trabajan a las órdenes de un maestro de obras.* **4.** Compositor de música o director de orquesta. **5.** Matador de toros. ‖ *adj.* **6.** Se dice de la obra o del trabajo muy bien hecho, que destaca entre los demás: *«Las Meninas» es una obra maestra.*
**SIN. 1.** Profesor. **5.** Diestro. **6.** Magistral, ejemplar.
**ANT. 6.** Corriente, vulgar.
**FAM.** Maese, maestría. / Amaestrar.

**mafia** *s. f.* **1.** Organización de criminales muy poderosa. **2.** Grupo de personas que se organiza para hacer cosas ilegales o que no están bien, o que controla un negocio o una actividad y no deja participar a otros. ■ Es una palabra italiana.
**FAM.** Mafioso.

**mafioso, sa** *adj.* y *s. m.* y *f.* De la mafia.

**magazine** *s. m.* **1.** Revista informativa con fotos: *Suele comprar el magazine los domingos.* **2.** Programa de televisión o radio en el que se ofrece información general, concursos, entrevistas, actuaciones musicales, reportajes. ■ Es una palabra inglesa.

**magdalena** *s. f.* Bollo hecho con harina, aceite, leche y huevo y que se cuece al horno en moldes metálicos o de papel. ■ Se escribe también *madalena*.

**magenta** *adj.* y *s. m.* Color mezcla de rojo y azul. ■ Es una palabra italiana.

**magia** *s. f.* **1.** Arte o poder con que se pretende hacer cosas extraordinarias por medio de la brujería, utilizando fuerzas extrañas de la naturaleza, llamando a los espíritus y con otras prácticas parecidas. **2.** Arte y espectáculo en el que se realizan, mediante trucos, cosas que parecen imposibles. **3.** Atractivo o encanto: *la magia del circo.*
**EXPR. magia blanca** La que por medios naturales hace cosas extraordinarias. **magia negra** Hechicería, brujería.
**SIN. 2.** Prestidigitación. **3.** Embrujo, seducción, fascinación.
**FAM.** Mágico, mago.

**magiar** *adj.* y *s. m.* y *f.* **1.** Húngaro. **2.** De un pueblo que procedía de las llanuras situadas entre Europa y Asia y que llegó a Europa a fines del siglo IX. ‖ *s. m.* **3.** Lengua hablada por este pueblo.

**mágico, ca** *adj.* **1.** Que tiene o hace magia: *El hada tocó la calabaza con su varita mágica y la convirtió en carroza.* **2.** Maravilloso, sorprendente: *Pensaba que el cine era un mundo mágico.*
**SIN. 1.** y **2.** Prodigioso. **2.** Fascinante, fabuloso.

**magín** *s. m.* Imaginación, inteligencia: *Esa idea tan buena la sacó él de su magín.*
**SIN.** Ingenio.

**magisterio** *s. m.* **1.** Profesión o actividad de un maestro o un profesor: *Se dedicó al magisterio porque le gustaba enseñar.* **2.** Conjunto de los maestros de un país o un lugar.
**SIN. 2.** Profesorado.
**FAM.** Magistrado, magistral.

**magistrado, da** *s. m.* y *f.* **1.** Juez. **2.** Miembro de un tribunal colegiado de justicia.
**FAM.** Magistratura.

**magistral** *adj.* **1.** Hecho con maestría, con mucha habilidad o talento: *El torero realizó una faena magistral.* **2.** De un maestro o del magisterio.
**SIN. 1.** Perfecto, genial, soberbio. **ANT. 1.** Malo, mediocre.

**magistratura** *s. f.* **1.** Conjunto de magistrados de un país. **2.** Cargo del magistrado.

**magma** *s. m.* Masa de rocas fundidas a causa de la presión y la temperatura, que se encuentra en las zonas más profundas de la corteza terrestre. Forma la lava que sale a la superficie por los volcanes.

**magnanimidad** *s. f.* Característica de la persona magnánima.

**magnánimo, ma** *adj.* Que es noble y generoso, sobre todo para perdonar: *Decidió mostrarse magnánimo y olvidar el mal que le habían hecho.*
**ANT.** Ruin.
**FAM.** Magnanimidad.

**magnate** *s. m.* y *f.* Persona muy importante en las finanzas, la industria o los negocios.

**magnesia** *s. f.* Sustancia blanca compuesta de magnesio; es muy resistente al calor, por lo que se emplea en la industria; también se usa en medicina como purgante.

**magnesio** *s. m.* Metal de color blanco que arde con una llama muy brillante, por lo que se usa, entre otras cosas, para hacer bengalas.
**FAM.** Magnesia.

**magnético, ca** *adj.* Del magnetismo o relacionado con él: *Las películas de vídeo se graban en cintas magnéticas.*

**magnetismo** *s. m.* **1.** Conjunto de los fenómenos que se producen por la propiedad de atraer o repeler que tienen los imanes. **2.** Capacidad que tiene alguien o algo para atraer a las personas: *Algunas ciudades ejercen un magnetismo especial sobre los viajeros.*
**SIN. 2.** Fascinación, atractivo.
**FAM.** Magnético, magnetita, magnetizar, magnetofón, magnetófono, magnetoscopio. / Electromagnetismo.

**magnetita** *s. f.* Piedra imán; mineral de hierro, de color negro, pesado y con propiedades magnéticas.

**magnetizar** *v.* Hacer que una cosa atraiga los metales como si fuera un imán: *Las agujas se magnetizan si las frotas con un imán.* ■ Delante de *e* se escribe *c* en lugar de *z*: *magnetice.*
**FAM.** Desmagnetizar.

**magnetófono** o **magnetofón** *s. m.* Aparato para grabar sonidos en una cinta magnética y reproducirlos.
**SIN.** Grabadora.

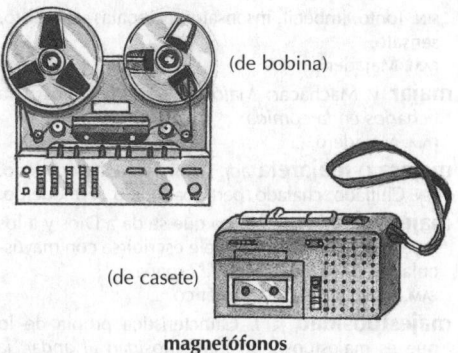

(de bobina)

(de casete)

**magnetófonos**

**magnetoscopio** *s. m.* Aparato que graba y reproduce sonidos e imágenes de vídeo sobre una cinta magnética.

**magnicida** *adj. y s. m. y f.* Se dice de quien comete magnicidio.

**magnicidio** *s. m.* Asesinato de una persona importante o muy famosa: *El magnicidio del cantante conmocionó a todo el país.*
FAM. Magnicida.

**magnificar** *v.* Dar a algo más importancia de la que tiene. ■ Delante de *e* se escribe *qu* en lugar de *c*: *No magnifiques la gravedad de tu enfermedad, que no tienes nada serio.*
SIN. Desorbitar, exagerar.

**magnificencia** *s. f.* **1.** Característica de las cosas que impresionan por ser muy grandes, lujosas o importantes: *Quedamos maravillados por la magnificencia de aquella catedral.* **2.** Gran generosidad: *Gracias a la magnificencia de los ciudadanos, podemos enviar ayuda a los países que la necesitan.*
SIN. **1.** Grandiosidad, esplendor. **2.** Esplendidez, liberalidad. ANT. **1.** Pobreza, mediocridad. **2.** Tacañería.

**magnífico, ca** *adj.* Muy bueno, estupendo.
SIN. Extraordinario, excelente, espléndido, soberbio. ANT. Malo, fatal.
FAM. Magnificencia.

**magnitud** *s. f.* **1.** Propiedad de las cosas que puede ser medida, como la longitud, el peso, la masa, la temperatura y el tiempo. **2.** Tamaño, importancia o intensidad de algo: *Este cantante tuvo un éxito de gran magnitud.*
SIN. **2.** Dimensión, proporción.

**magno, na** *adj.* Muy grande o importante.
SIN. Extraordinario, soberbio, excelso. ANT. Insignificante.
FAM. Magnánimo, magnate, magnicidio, magnificar, magnífico, magnitud.

**magnolia** *s. f.* **1.** Árbol de hojas que no se caen en ninguna estación del año, flores grandes de color blanco y frutos con semillas rojas. Se llama también *magnolio.* **2.** Flor de este árbol.

**magnolio** *s. m.* Magnolia, árbol.

**mago, ga** *s. m. y f.* **1.** Persona que practica la magia. ‖ *adj. y s. m.* **2.** Cada uno de los tres reyes de Oriente que adoraron a Jesús en Belén. ‖ *s. m. y f.* **3.** Persona que tiene una habilidad especial para algo: *Este futbolista es un mago del balón.*
SIN. **1.** Brujo, hechicero, encantador; prestidigitador, ilusionista.

**magrear** *v.* Tocar mucho a una persona, sobre todo cuando es con intención sexual.
SIN. Sobar, toquetear.

**magrebí** *adj. y s. m. y f.* Del Magreb, región del norte de África, en la que están países como Marruecos y Argelia. ■ Su plural es *magrebís* o *magrebíes.*

**magro, gra** *adj.* **1.** Se dice de la carne sin grasa. ‖ *s. m.* **2.** Carne de cerdo que está junto al lomo.

**maguey** *s. m.* Pita, planta.

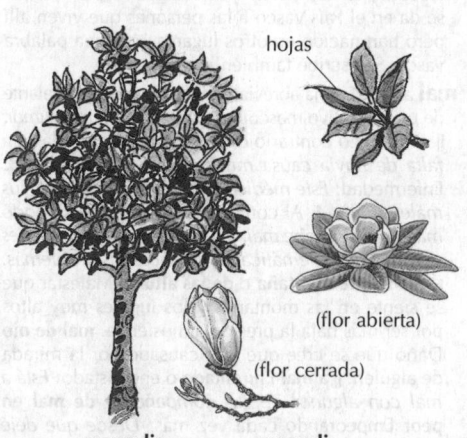

hojas

(flor abierta)

(flor cerrada)

**magnolio**     **magnolia**

**mago** (ilusionista)

**magulladura** *s. f.* Señal o cardenal que deja en la piel de una parte del cuerpo un golpe o algo que la aplasta.

**magullar** *v.* Causar daño en una parte del cuerpo un golpe o algo que la aplasta, pero sin que salga sangre. **FAM.** Magulladura.

**maharajá** *s. m.* Busca **marajá**.

**mahometano, na** *adj.* y *s. m.* y *f.* Seguidor del Islam, la religión que fundó Mahoma.

**mahonés, sa** *adj.* y *s. m.* y *f.* De Mahón, ciudad de Menorca.

**mahonesa** *s. f.* Busca **mayonesa**.

**maicena** *s. f.* Harina fina de maíz.

**mail** *s. m.* Correo electrónico. Busca **correo**. ■ Es una palabra inglesa. Su plural es *mails*. Se dice también *e-mail*.

**mailing** *s. m.* Envío de información o de publicidad por correo a muchas personas. ■ Es una palabra inglesa. Su plural es *mailings*.

**maillot** *s. m.* **1.** Camiseta que usan los ciclistas. **2.** Prenda elástica muy ajustada al cuerpo, que se usa en gimnasia, atletismo, ballet. ■ Es una palabra francesa. Su plural es *maillots*.

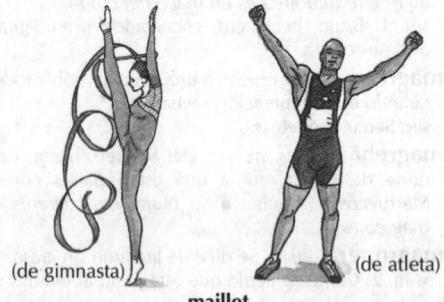

(de gimnasta)        (de atleta)

**maillot**

**maitines** *s. m. pl.* Primera de las oraciones que los religiosos rezan todos los días; se reza al amanecer.

**maître** *s. m.* Camarero principal de un restaurante. ■ Es una palabra francesa.

**maíz** *s. m.* Planta bastante alta de tallo muy recto y fuerte, con grandes hojas. Su fruto es una mazorca formada por muchos granos de color amarillo. Este grano es comestible y también se emplea para hacer aceite. ■ Su plural es *maíces*. **FAM.** Maicena, maizal.

**maizal** *s. m.* Terreno plantado con maíz.

**majada** *s. f.* Lugar en el campo adonde se lleva al ganado por la noche.

**majadería** *s. f.* Lo que hace o dice un majadero: *Bájate de ahí y deja de hacer majaderías.*

**majadero, ra** *adj.* y *s. m.* y *f.* Que hace o dice muchas tonterías.

**SIN.** Tonto, imbécil, insensato; metepatas. **ANT.** Listo, sensato.
**FAM.** Majadería.

**majar** *v.* Machacar: *Majó unos cuantos ajos para echarlos en la comida.*
**FAM.** Majadero.

**majara** o **majareta** *adj.* y *s. m.* y *f.* Un poco loco. **SIN.** Chiflado, chalado, perturbado, ido. **ANT.** Cuerdo.

**majestad** *s. f.* Tratamiento que se da a Dios y a los reyes y emperadores. ■ Suele escribirse con mayúscula: *Su Majestad el rey de España.*
**FAM.** Majestuoso. / Mayestático.

**majestuosidad** *s. f.* Característica propia de lo que es majestuoso: *su majestuosidad al andar, la majestuosidad del palacio.*

**majestuoso, sa** *adj.* Muy elegante o solemne. **SIN.** Señorial, grandioso, fastuoso.
**FAM.** Majestuosidad.

**majo, ja** *adj.* **1.** Se dice de la persona que gusta a los demás porque es guapa o porque es simpática y buena. **2.** Bueno y bonito sin ser lujoso: *Se ha comprado un pisito pequeño, pero muy majo.* ‖ *s. m.* y *f.* **3.** Personaje del siglo XVIII típico de Madrid. Goya los pintó en algunos de sus cuadros.
**SIN.** **1.** Agradable, simpático. **2.** Cuco, coqueto. **ANT.** **1.** Desagradable; feo.

**majorero, ra** *adj.* y *s. m.* y *f.* De la isla de Fuerteventura, en las Canarias.

**majorette** *s. f.* Chica con uniforme, generalmente con falda corta, que desfila en algunas fiestas. ■ Es una palabra francesa.

**majuela** *s. f.* Fruto que da el majuelo. Es una bolita roja con sabor dulce y un hueso por dentro.

**majuelo** *s. m.* Planta que tiene las ramas con espinas y florecillas blancas. Su fruto es la majuela.
**FAM.** Majuela.

**maketo, ta** *adj.* y *s. m.* y *f.* Nombre despectivo que se da en el País Vasco a las personas que viven allí pero han nacido en otros lugares. ■ Es una palabra vasca. Se escribe también *maqueto*.

**mal** *adj.* **1.** Forma abreviada de **malo**. ■ Se usa delante de un sustantivo masculino: *mal tiempo, mal humor.* ‖ *s. m.* **2.** Lo contrario del bien, las cosas malas: *La falta de lluvia causa mucho mal a las plantas.* **3.** Enfermedad: *Este médico le ha curado de todos sus males.* ‖ *adv.* **4.** Al contrario de bien: *Juan se portó mal. Esa salsa sabe mal.* **5.** Difícilmente: *Mal puedes aprobar las matemáticas si no haces los problemas.* **EXPR.** **mal de montaña** o **de las alturas** Malestar que se siente en las montañas y los lugares muy altos por ser más baja la presión atmosférica. **mal de ojo** Daño que se cree que está causado por la mirada de alguien. ‖ **a mal** Enfrentado o enemistado: *Está a mal con algunos de sus compañeros.* **de mal en peor** Empeorando cada vez más: *Desde que dejé el trabajo, las cosas me han ido de mal en peor.*

**menos mal** Expresión de alivio que se dice cuando se ha evitado o se ha solucionado algo malo: *Mi hermano me ha roto las gafas, menos mal que tengo otras de repuesto.* **ni un mal** Ni siquiera: *No compró ni un mal libro en la feria.* **tomar** uno **a mal** una cosa Ofenderse: *Tomó a mal la broma y se enfadó mucho.* SIN. **2.** Maldad, perversidad. **4.** Incorrectamente, erróneamente, injustamente. ANT. **1.** Buen. **2.** Bondad; beneficio. **4.** Perfectamente.

**malabar** Se usa en la expresión **juegos malabares**, ejercicios que consisten en lanzar objetos al aire y recogerlos o mantenerlos en equilibrio. FAM. Malabarismos.

**malabarismos** *s. m. pl.* **1.** Juegos malabares. Busca **malabar**. **2.** Acciones complicadas y difíciles: *Tuvieron que hacer malabarismos para conseguir las entradas del partido.* SIN. **2.** Virguerías.

**malabarista** *s. m. y f.* Persona que hace juegos malabares.

**malabarista**

**malacitano, na** *adj. y s. m. y f.* Busca **malagueño**.

**malacostumbrar** *v.* **1.** Acostumbrar a una persona a tener todo lo que quiere, sobre todo si son caprichos: *Malacostumbras a la niña comprándole todo lo que pide.* **2.** Hacer que una persona adquiera malas costumbres: *Desde que va con esos amigos se está malacostumbrando a llegar muy tarde.* SIN. **1.** Malcriar. **2.** Viciar, pervertir.

**málaga** *s. m.* Vino oscuro, dulce y con mucha cantidad de alcohol que se hace con uva de la región de Málaga.

**malagueño, ña** *adj. y s. m. y f.* De Málaga, ciudad y provincia de Andalucía. ■ Se dice también *malacitano*.

**malaje** *adj. y s. m. y f.* **1.** Persona que quiere hacerse el gracioso sin conseguirlo. **2.** Persona desagradable o que tiene mala intención: *Algún malaje me ha pinchado la rueda del coche.* ‖ *s. m.* **3.** Poca gracia: *¡Menudo malaje tienes gastando bromas!*

SIN. **1.** Dasaborido, esaborío, patoso. **1.** y **2.** Malasombra. **2.** Malo, malintencionado. ANT. **2.** Ángel.

**malandrín, na** *adj. y s. m. y f.* Malo, granuja. SIN. Perverso, malintencionado, bellaco. ANT. Bueno, bondadoso.

**malaquita** *s. f.* Mineral de color verde brillante con manchas de diversos tonos. Se usa para hacer joyas y otros objetos de adorno.

**malaria** *s. f.* Paludismo.

**malasombra** *adj. y s. m. y f.* **1.** Persona que hace chistes y quiere hacerse la simpática, pero no lo es. **2.** Persona que tiene mala intención. SIN. **1.** Patoso, esaborío. **1.** y **2.** Malaje. **2.** Malvado.

**malayo, ya** *adj. y s. m. y f.* **1.** Se dice de un grupo de personas de raza amarilla que vive en Malaisia y otros lugares del sudeste de Asia. ‖ *adj. y s. m.* **2.** Lengua que hablan estas personas.

**malbaratar** *v.* **1.** Malgastar o perder una cosa: *Tenía mucho dinero ahorrado, pero desde que sale con esa chica lo ha malbaratado.* **2.** Malvender: *Quiso vender su piso muy rápido y al final lo malbarató.*

**malcomer** *v.* Comer poco y mal.

**malcriado, da** *adj. y s. m. y f.* Maleducado porque sus padres le consienten todo: *Es un malcriado, si quiere algo se pone a llorar y lo consigue.*

**malcriar** *v.* Educar mal a los hijos dejándoles hacer todo lo que quieren o dándoles todos los caprichos: *Malcría a sus hijos comprándoles todo lo que le piden.* SIN. Consentir, mimar. FAM. Malcriado.

**maldad** *s. f.* **1.** Característica de las personas malas. **2.** Cosa mala que alguien hace o dice: *¡Pagarás por tus maldades!* SIN. **1.** Perversidad. **2.** Fechoría. ANT. **1.** Bondad.

**maldecir** *v.* Echar maldiciones, decir cosas que muestran odio o enfado hacia alguien o algo: *Se le ha roto tantas veces el coche que siempre está maldiciendo el día que se lo compró.* ■ Es un verbo irregular. Se conjuga como *decir*, excepto en el participio y los tiempos de futuro de indicativo, condicional e imperativo, que son regulares. SIN. Despotricar. ANT. Bendecir. FAM. Maldición, maldito.

**maldición** *s. f.* **1.** Palabras con las que se muestra odio o enfado hacia alguien o algo: *Se puso a soltar maldiciones porque empezó a llover y quería ir a la piscina.* **2.** Castigo que se cree que está causado por un hechizo o una fuerza mágica: *Me ocurren tantas desgracias que parece que me hubiesen echado una maldición.* ‖ **¡maldición!** *interj.* **3.** Expresa enfado o una sorpresa desagradable: *¡Maldición! Se ha caído el espejo y se ha roto.* ANT. **1.** y **2.** Bendición.

**maldito, ta** *adj.* **1.** Se emplea en algunas expresiones que indican enfado o desagrado: *¡Maldita sea! ¡Maldita la gracia que hacen esas bromitas!* ‖ *adj.* y *s. m.* y *f.* **2.** Persona malvada: *Hay que atrapar a esos malditos.* **3.** Castigado por una maldición: *Han perdido todos los partidos que llevan jugados, parece que están malditos.*
**ANT. 1.** y **2.** Bendito.

**maleable** *adj.* **1.** Se dice del metal del que pueden sacarse láminas fácilmente. **2.** Se dice del material al que se puede dar forma con facilidad, por ejemplo la plastilina o el barro que se usa para hacer figuras.
**SIN. 2.** Dúctil. **ANT. 2.** Duro, rígido.

**maleante** *s. m.* y *f.* Persona que roba o hace otras cosas que no están permitidas por la ley.
**SIN.** Delincuente, malhechor.

**malear** *v.* **1.** Hacer que una persona se haga mala o adquiera malas costumbres: *No malees al chico haciéndole de rabiar.* **2.** Estropear o echar a perder una cosa: *No congeles la fruta porque se malea.*
**SIN. 1.** Pervertir, corromper.

**malecón** *s. m.* Muro que se construye en los puertos para protegerlos de las aguas.
**SIN.** Espigón, dique, rompeolas.

**maledicencia** *s. f.* El hablar mal de los demás: *La gente piensa mal de mí por culpa de la maledicencia de algunos.*
**SIN.** Murmuración.

**maleducado, da** *adj.* y *s. m.* y *f.* Que no se sabe comportar como es debido y no trata con respeto a los demás.
**SIN.** Descortés. **ANT.** Educado.

**maleducar** *v.* Educar mal a alguien, sobre todo a un niño. ■ Delante de *e* se escribe *qu* en lugar de *c*: *No maleduques al crío dándole todo lo que pide.*
**SIN.** Malcriar.
**FAM.** Maleducado.

**maleficio** *s. m.* Palabras o acciones de brujería o magia para causar daño: *La bruja del cuento hizo un maleficio para vencer a sus enemigos.*
**SIN.** Encantamiento.
**FAM.** Maléfico.

**maléfico, ca** *adj.* Que perjudica o causa daño: *El tabaco tiene efectos maléficos sobre el organismo.*
**SIN.** Malo, perjudicial, dañino, nocivo. **ANT.** Bueno.

**malencarado, da** *adj.* y *s. m.* y *f.* Persona que por su cara produce temor.

**malentendido** *s. m.* El hecho de entender mal una cosa: *Hubo un malentendido y la taquillera le dio tres entradas para el cine en vez de dos.*
**SIN.** Equivocación, error.

**malestar** *s. m.* Sensación de encontrarse mal o molesto.

**maleta** *s. f.* **1.** Especie de caja grande con asa para llevar la ropa y otras cosas en los viajes. ‖ *adj.* y *s. m.* y *f.* **2.** Persona torpe en algo: *José es un maleta para el dibujo.*
**FAM.** Maletero, maletilla, maletín.

**maletero** *s. m.* **1.** Espacio que hay en los coches para meter el equipaje. **2.** En las casas, armario empotrado en la parte alta de la pared donde se meten cosas que no se usan con frecuencia.

**maletilla** *s. m.* y *f.* Joven que está aprendiendo a torear.

**maletín** *s. m.* Maleta pequeña, sobre todo la que se usa para llevar papeles y documentos.
**SIN.** Portafolios.

**malevolencia** *s. f.* Maldad, mala intención.
**SIN.** Perversidad. **ANT.** Bondad.

**malévolo, la** *adj.* y *s. m.* y *f.* Malvado, que tiene mala intención.
**SIN.** Perverso, maligno, pérfido. **ANT.** Bondadoso.
**FAM.** Malevolencia.

**maleza** *s. f.* **1.** Malas hierbas que crecen en los sembrados. **2.** Vegetación muy abundante y apretada, como la que hay en los bosques y las selvas.
**SIN. 2.** Espesura.

**malformación** *s. f.* Parte del cuerpo mal formada: *La chepa que tienen algunas personas es una malformación en la columna vertebral.*

**malgache** *adj.* y *s. m.* y *f.* **1.** De la isla de Madagascar, estado de África. ‖ *s. m.* **2.** Lengua que se habla en Madagascar.

**malgastar** *v.* Gastar inútilmente una cosa: *Siempre se malgasta la paga en tonterías.*
**SIN.** Desaprovechar, desperdiciar, despilfarrar, derrochar, dilapidar. **ANT.** Aprovechar, ahorrar.

**malhablado, da** *adj.* y *s. m.* y *f.* Persona que dice muchos tacos y otras palabras feas.
**SIN.** Grosero, vulgar.

**malhechor, ra** *adj.* y *s. m.* y *f.* Persona que hace cosas malas o no permitidas por la ley.
**SIN.** Delincuente, maleante.

**malherido, da** *adj.* Gravemente herido.

**malherir** *v.* Herir gravemente a una persona. ■ Es un verbo irregular. Se conjuga como *sentir*.
**FAM.** Malherido.

**malhumor** *s. m.* Estado de la persona que está de mal humor o que se enfada fácilmente: *En el fondo es buena chica, pero nadie soporta su malhumor.*
**FAM.** Malhumorado.

**malhumorado, da** *adj.* Que está de mal humor o tiene mal humor.
**SIN.** Enfadado, irritado, enojado; gruñón, irritable. **ANT.** Contento, simpático.

**malicia** *s. f.* **1.** Inteligencia o habilidad para conseguir lo que se quiere, para engañar a los demás o para no dejarse engañar: *Descubren todas tus mentiras porque no tienes ninguna malicia.* **2.** Mala intención: *Gastan bromas, pero sin malicia.*

**SIN. 1.** Picardía, astucia. **2.** Maldad. **ANT. 1.** Inocencia. **FAM.** Maliciarse, malicioso.

**maliciarse** v. Sospechar: *El profesor se malició que Luis estaba copiando, y fue a su sitio y le pilló.*

**malicioso, sa** adj. Que tiene malicia.
**SIN.** Pícaro; malévolo. **ANT.** Ingenuo, inocente.

**maligno, na** adj. **1.** Malvado, muy malo. **2.** Que causa mucho perjuicio; se dice sobre todo de algunas enfermedades muy graves.
**SIN. 1.** Malévolo, perverso. **2.** Perjudicial, dañino, pernicioso, nocivo. **ANT. 1.** Bueno, bondadoso. **2.** Beneficioso; benigno.

**malintencionado, da** adj. y s. m. y f. Que tiene mala intención, que pretende hacer daño.
**SIN.** Malicioso, maligno, malévolo.

**malinterpretar** v. Interpretar o entender mal una cosa: *No me malinterpretes: no te critico, te estoy dando un consejo.*
**SIN.** Confundir. **ANT.** Comprender.

**malla** s. f. **1.** Tejido en forma de red. **2.** Traje, medias o pantalones de tejido elástico que van muy ajustados al cuerpo. Se utilizan, por ejemplo, en gimnasia o en ballet. **3.** En Hispanoamérica, traje de baño femenino de una sola pieza.

**mallorquín, na** adj. y s. m. y f. **1.** De Mallorca, isla de las Baleares. ‖ s. m. **2.** Variedad del balear que se habla en esta isla.

**malmeter** v. **1.** Hacer o decir cosas para que otras personas sean enemigos o se lleven mal: *Siempre está malmetiendo a la gente para que se peleen.* **2.** Hacer que alguien haga algo malo: *Los amigos de Enrique le malmeten para que falte a clase.*
**SIN. 1.** Encizañar. **2.** Inducir, instigar. **ANT. 1.** Unir.

**malnacido, da** adj. y s. m. y f. Persona muy mala y despreciable.
**SIN.** Canalla, miserable. **ANT.** Bueno, leal.

**malnutrición** s. f. Mala nutrición de una persona que no se alimenta bien.

**malo, la** adj. y s. m. y f. **1.** Que no es bueno o no está bueno: *Hizo un tiempo bastante malo este fin de semana. Es una mala persona: si puede fastidiarte, lo hace. No se comió el pescado porque decía que estaba malo.* ‖ adj. **2.** Enfermo: *No fue a clase porque estaba malo.*
**EXPR. de malas** De mal humor: *Como estaba de malas se puso a regañar a todo el mundo.* **poner malo** Enfadar, alterar: *Me pone malo verte todo el día tumbado sin hacer nada.* **por las malas** Por la fuerza: *Si no quiere ir al dentista por las buenas, tendrá que ser por las malas.*
**SIN. 1.** Imperfecto; deteriorado; negativo, adverso; dañino; malvado, perverso; revoltoso. **2.** Pachucho, indispuesto. **ANT. 1.** Beneficioso; favorable; bondadoso; formal. **2.** Sano.
**FAM.** Mal, malacostumbrar, malaje, malasombra, malbaratar, malcomer, malcriar, maldad, maldecir, ma-

leante, malear, maledicencia, maleficio, malencarado, malentendido, malestar, malévolo, maleza, malformación, malgastar, malhablado, malhechor, malherir, malhumor, malicia, maligno, malintencionado, malinterpretar, malmeter, malnacido, malnutrición, malograr, maloliente, malparado, malpensado, malqueda, malquistar, malsano, malsonante, maltraer, maltratar, maltrecho, malvender, malversar, malvivir. ‖ Aguamala, anomalía.

**malogrado, da** adj. **1.** Que se malogra. **2.** Se dice de la persona que muere joven: *El malogrado actor falleció en el mejor momento de su carrera.*

**malograr** v. Hacer que algo no resulte bien, estropear: *La lluvia malogró la cosecha.*
**SIN.** Fastidiar, fracasar.
**FAM.** Malogrado.

**maloliente** adj. Que huele mal.
**SIN.** Apestoso, fétido, hediondo.

**malparado, da** adj. Muy perjudicado, con muchos daños: *Salió malparado del accidente de coche.*
**SIN.** Maltrecho.

**malpensado, da** adj. y s. m. y f. Que piensa que los demás son malos o que hacen algo malo: *Es tan malpensado que siempre cree que se ríen de él.*
**SIN.** Desconfiado. **ANT.** Confiado.

**malqueda** s. m. y f. Persona que no cumple lo que dice que va a hacer o que suele faltar a su cita con otras personas.
**SIN.** Informal. **ANT.** Cumplidor.

**malquistar** v. Hacer que una persona se enfade con otra.
**SIN.** Enemistar, enfrentar. **ANT.** Reconciliar.

**malsano, na** adj. **1.** Malo para la salud: *Aquí hay un ambiente malsano con tanto humo.* **2.** Que parece propio de un enfermo o de un loco: *Tiene una obsesión malsana por la muerte.*
**SIN. 1.** Insano, insalubre. **2.** Enfermizo, morboso. **ANT. 1.** y **2.** Sano, saludable.

**malsonante** adj. Que suena mal; por ejemplo, los tacos y otras expresiones vulgares.

**malta** s. f. Cereal tostado que se usa para hacer cerveza y también para tomarlo como si fuera café.

**maltés, sa** adj. y s. m. y f. **1.** De Malta, isla y país del Mediterráneo. ‖ adj. y s. m. **2.** Lengua que se habla en este país.

**maltraer** Se usa en la expresión **tener** o **traer a maltraer**, que significa 'molestar' o 'hacer sufrir': *Ese niño, con tanto llorar, trae a maltraer a sus padres.*

**maltratar** v. Tratar mal a una persona, a un animal o a una cosa, causarle daño.
**SIN.** Dañar, estropear, perjudicar. **ANT.** Cuidar, mimar.
**FAM.** Maltrato.

**maltrato** s. m. Acción de maltratar.

**maltrecho, cha** *adj.* Que queda en mal estado: *La bicicleta quedó maltrecha cuando Jorge se dio contra el árbol.*
**SIN.** Destrozado, deshecho, malparado.

**malva** *s. f.* **1.** Planta con hojas de color verde intenso y flores violeta. ‖ *s. m.* **2.** Color violeta suave, como el de las flores de esta planta: *Llevaba un vestido malva.*
**EXPR. como una malva** Dócil, muy obediente: *El jefe le ha echado una bronca y ahora está como una malva.* **estar criando malvas** Estar muerto y enterrado.

**malvado, da** *adj.* y *s. m.* y f. Persona mala, capaz de hacer daño a los demás; también se dice de sus acciones.
**SIN.** Perverso, maligno, depravado, desalmado. **ANT.** Bueno, bondadoso.

**malvender** *v.* Vender una cosa por mucho menos dinero del que vale: *Luis tuvo que malvender su coche porque necesitaba dinero urgentemente.*

**malversación** *s. f.* Acción de malversar.

**malversar** *v.* Quedarse o gastar mal una persona el dinero ajeno que está a su cargo: *Lo detuvieron por malversar dinero del banco en que trabajaba.*
**FAM.** Malversación.

**malvivir** *v.* Vivir mal, pobremente: *En algunos barrios pobres la gente malvive en casuchas de madera.*

**mama** *s. f.* **1.** Órgano de las hembras de los mamíferos por donde sale la leche con que alimentan a sus crías. **2.** Mamá.
**SIN. 1.** Teta, seno, pecho.
**FAM.** Mamá, mamar, mamella. / Amamantar, mamífero, premamá.

**mamá** *s. f.* Nombre cariñoso que se da a las madres.

**mamado, da** *adj.* Borracho.
**SIN.** Bebido, ebrio.

**mamar** *v.* Chupar las crías de los mamíferos la leche de las mamas o tetas de la madre.
**FAM.** Mamado, mamón.

**mamarrachada** *s. f.* **1.** Cosa ridícula que se hace o se dice: *Deja de hacer mamarrachadas, estás llamando la atención.* **2.** Cosa fea o mal hecha.
**SIN. 1.** Extravagancia, tontería. **2.** Mamarracho.

**mamarracho** *s. m.* **1.** Persona mal vestida o de aspecto ridículo: *Con ese traje tan feo y tan raro va hecho un mamarracho.* **2.** Cosa fea o mal hecha: *Este cuadro es un mamarracho.* **3.** Persona muy poco importante o que no merece respeto.
**SIN. 1.** Fantoche. **1.** y **2.** Espantajo, adefesio. **2.** Birria. **3.** Pelele. **ANT. 2.** Maravilla.
**FAM.** Mamarrachada.

**mambo** *s. m.* Música y baile de origen cubano que tiene mucho ritmo.

**mamella** *s. f.* Cada uno de los dos apéndices alargados que cuelgan del cuello de la cabra y otros animales.

**mameluco, ca** *adj.* y *s. m.* y f. **1.** Soldado egipcio de un cuerpo de caballería creado por Napoleón en el siglo XIX. **2.** Miembro de una milicia que estableció una dinastía en Egipto entre 1250 y 1517. **3.** Tonto, torpe.
**SIN. 3.** Necio, bobo. **ANT. 3.** Listo, despierto.

**mamífero, ra** *adj.* y *s. m.* Se dice de los animales vertebrados que dan de mamar a sus crías.

**mamón, na** *adj.* y *s. m.* y f. **1.** Se dice del niño que está en edad de mamar o que todavía mama. **2.** Persona despreciable o que tiene muy mala intención. ■ Con este significado es una palabra vulgar.
**SIN. 2.** Capullo, cabrón.

**mamotreto** *s. m.* **1.** Libro muy gordo: *Tardó semanas en leerse ese mamotreto.* **2.** Cosa muy grande o que estorba: *Ese armario es un mamotreto que ocupa casi todo el cuarto.*
**SIN. 1.** Tocho. **2.** Armatoste.

**mampara** *s. f.* Pared o plancha de madera, plástico u otra cosa que sirve para hacer separaciones en una habitación o en un edificio.

**mamporro** *s. m.* Golpe, tortazo.
**SIN.** Puñetazo, porrazo, trompazo.

**mampostería** *s. f.* Obra que se hace con piedras de distintos tamaños y unidas con argamasa, sin que formen filas o sigan un orden.

**mamut** *s. m.* Animal que vivió hace miles de años y que era parecido a un elefante, pero con el cuerpo cubierto de pelo y dos colmillos enormes. ■ Es una palabra rusa. Su plural es *mamuts* o *mamutes.*

**maná** *s. m.* Alimento que, según la *Biblia*, Dios envió desde el cielo para que no se murieran de hambre los hebreos cuando atravesaban el desierto hacia la tierra prometida.

**manada** *s. f.* Grupo de animales salvajes o domésticos que van juntos: *una manada de búfalos, una manada de caballos.*

**manager** *s. m.* y f. Persona que se ocupa de los contratos o de los asuntos económicos de un artista o de un deportista. ■ Es una palabra inglesa. Su plural es *managers.*
**SIN.** Representante, apoderado.

**manantial** *s. m.* Corriente de agua que sale de forma natural de la tierra o de entre las rocas.
**SIN.** Fuente.

**mamut**

**manar** *v.* Salir un líquido de algún sitio: *El agua manaba de la fuente.*
SIN. Fluir, surgir, nacer.
FAM. Manantial. / Dimanar, emanar.

**manatí**

**manatí** *s. m.* Animal mamífero parecido a una foca, pero más gordo y con la cabeza de gran tamaño. Vive en las desembocaduras de los grandes ríos en América del Sur y en África. ■ Su plural es *manatís* o *manatíes.*

**manaza** *s. f.* **1.** Mano grande. ‖ **manazas** *adj.* y *s. m.* y *f.* **2.** Persona a la que no se le da bien hacer cosas con las manos: *Es un manazas: lo rompe todo.* ■ *Manazas* no varía en plural.
SIN. **2.** Patoso, torpe. ANT. **2.** Manitas.

**mancebo, ba** *s. m.* y *f.* **1.** Aprendiz o dependiente, sobre todo de farmacia. ‖ *s. m.* **2.** Chico, muchacho.
SIN. Joven, mozo. ANT. Viejo.
FAM. Amancebarse.

**mancha** *s. f.* **1.** Señal que deja la suciedad u otra cosa: *Llevas una mancha de tinta en el pantalón.* **2.** Parte de una superficie de distinto color que el resto: *Las jirafas tienen manchas en la piel.* **3.** Vergüenza, deshonra: *La expulsión del colegio fue una mancha en su expediente.*
SIN. **1.** Marca, lámpara. **3.** Deshonor. ANT. **3.** Honor.
FAM. Manchar. / Mácula, quitamanchas.

**manchar** *v.* Echar una mancha en algo o ensuciar alguna cosa: *Cuidado, no te manches con la pintura.*
SIN. Salpicar, pringar, tiznar. ANT. Limpiar.

**manchego, ga** *adj.* y *s. m.* y *f.* **1.** De La Mancha, región de España. ‖ *adj.* y *s. m.* **2.** Se dice de un tipo de queso que se hace en esta región.
FAM. Castellano-manchego.

**mancillar** *v.* Perjudicar el honor o buena fama de una persona: *Si no cumples tus promesas mancillarás tu reputación.*

**manco, ca** *adj.* y *s. m.* y *f.* **1.** Persona a la que le falta un brazo o una mano, o los dos, o los tiene mal y no puede usarlos. ‖ *adj.* **2.** Se dice de aquello a lo que le falta algo importante: *La historia queda manca con ese final tan corto.*
EXPR. **no ser manco** Hacer bien alguna cosa, tener habilidad para algo.
SIN. **2.** Incompleto, defectuoso, cojo. ANT. **2.** Completo, perfecto.

**mancomunidad** *s. f.* Asociación de personas o empresas para conseguir cosas que por separado no podrían lograr.
SIN. Agrupación, federación, confederación.

**mancuerna** *s. f.* **1.** Pesa pequeña que se utiliza en gimnasia. **2.** En América del Sur, gemelo de la camisa.

**mandado, da** *adj.* **1.** Que alguien lo mandó. ‖ *s. m.* y *f.* **2.** Persona que está a las órdenes de otra y sólo hace lo que le dicen. ‖ *s. m.* **3.** Recado o encargo: *Envió al chico con el mandado.*

**mandamás** *s. m.* y *f.* Jefe de un lugar o de un grupo. ■ Su plural es *mandamases.*

**mandamiento** *s. m.* **1.** Lo que manda hacer un superior o una autoridad: *El juez dictó un mandamiento para que la policía registrara la casa.* **2.** Cada una de las diez normas de la ley de Dios y de las cinco de la Iglesia, que deben cumplir todos los católicos.
SIN. **1.** Mandato, orden, disposición.

**mandanga** *s. f.* **1.** Lentitud o tranquilidad excesiva: *Como sigas vistiéndote con esa mandanga no llegamos al cine.* ‖ *s. f. pl.* **2.** Tonterías o cuentos: *Déjate de mandangas y explícame por qué no has hecho lo que te mandé.*

**mandar** *v.* **1.** Decir lo que se tiene que hacer: *Nos han mandado leer dos libros en vacaciones.* **2.** Ser alguien la persona que dice lo que hay que hacer y la que da órdenes: *En un barco manda el capitán.* **3.** Hacer que le llegue una cosa a alguien: *Le mandó el paquete por correo.* **4.** Hacer que alguien vaya a otro lugar: *Sigue trabajando en la misma empresa, pero le han mandado a otra ciudad.*
SIN. **1.** Ordenar, decretar. **2.** Dirigir, gobernar, conducir, regir. **3.** Remitir, expedir. **3.** y **4.** Enviar.
FAM. Mandado, mandamás, mandamiento, mandatario, mandato, mando, mandón. / Comandar, demandar.

**mandarín** *s. m.* **1.** Persona que tenía cargos importantes en la antigua China. **2.** Dialecto chino que se habla en el norte del país.
FAM. Mandarina, mandarino.

**mandarina** *s. f.* Fruto del mandarino, parecido a una naranja pequeña, muy dulce y con una piel gruesa que se quita muy fácilmente.

**mandarino** *s. m.* Árbol frutal que da la mandarina.

**mandatario, ria** *s. m.* y *f.* Gobernante, dirigente: *Se reunieron los mandatarios de varios países.*

**mandarina**

**mandato** *s. m.* **1.** Lo que manda hacer un jefe o una autoridad. **2.** Tiempo que dura un cargo: *Se han realizado muchas obras durante el mandato de este alcalde.* SIN. **1.** Mandamiento, norma, disposición. **2.** Mando.

**mandíbula** *s. f.* **1.** Cada uno de los dos huesos que forman la boca de los vertebrados y donde están los dientes. **2.** Parte de la cara donde están estos huesos. **3.** Cada una de las dos piezas duras que forman la boca de otros animales, como insectos o cangrejos. EXPR. **reír a mandíbula batiente** Busca **reír**. SIN. **1.** Maxilar, quijada.

**mandil** *s. m.* Delantal que suele ser de cuero o tela fuerte y se usa en algunos oficios para no mancharse ni estropearse la ropa.

**mandioca** *s. f.* Planta americana cuyas raíces tienen unos tubérculos de los que se saca la tapioca. SIN. Yuca.

**mando** *s. m.* **1.** Autoridad que tiene alguien para dar órdenes y decir a otros lo que tienen que hacer. **2.** Persona o grupo de personas que tienen esta autoridad: *Su padre es un alto mando del ejército.* **3.** Botón, palanca u otra cosa con que se hace funcionar un aparato, un vehículo, un mecanismo: *En la parte de abajo están los mandos de la tele.* EXPR. **mando a distancia** Instrumento con el que se controla desde lejos el funcionamiento de un aparato: *Cambia de canal con el mando a distancia.* SIN. **1.** Mandato, gobierno, dirección. **2.** Jefe, superior. ANT. **2.** Inferior, subordinado. FAM. Telemando.

**mandoble** *s. m.* **1.** Espada grande que se manejaba con las dos manos. **2.** Golpe dado con una espada, cogiéndola con las dos manos. **3.** Golpe, bofetada.

**mandolina** *s. f.* Instrumento musical de cuerda parecido a una guitarra pequeña, pero con la caja ovalada y redondeada por detrás.

**mandón, na** *adj.* y *s. m.* y *f.* Se dice de la persona a la que le gusta mucho mandar. FAM. Marimandón.

**mandrágora** *s. f.* Planta sin tallo, con muchas hojas grandes y como arrugadas, que salen por encima del suelo; tiene una raíz gruesa de formas muy distintas. Antiguamente la utilizaban las brujas y los hechiceros.

**mandril** *s. m.* Mono de gran tamaño, con la cabeza grande y el hocico alargado. Tiene el pelo marrón, la nariz roja, rodeada de pliegues azul claro brillante. Vive en África formando manadas y es muy feroz.

**manduca** *s. f.* Comida.

**manducar** *v.* Comer. ■ Delante de *e* se escribe *qu* en lugar de *c*: *manduque.*

**manecilla** *s. f.* Aguja o flechita que tienen algunos aparatos para señalar algo, por ejemplo las del reloj que indican las horas, los minutos y los segundos.

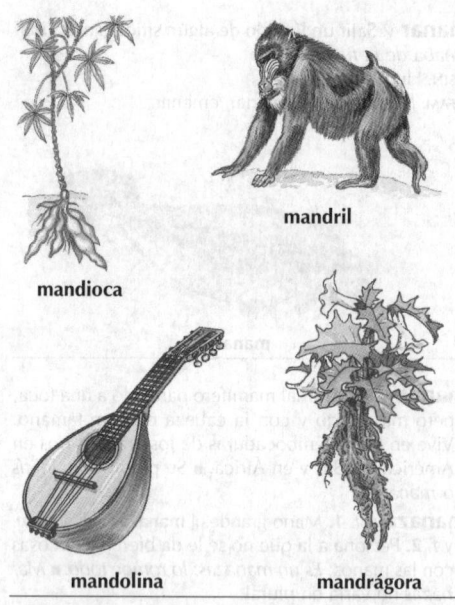

mandril

mandioca

mandolina          mandrágora

**manejable** *adj.* Que se maneja muy bien: *Las nuevas cámaras de vídeo son muy manejables.*

**manejar** *v.* **1.** Usar o mover una cosa con las manos: *El peluquero manejaba muy deprisa las tijeras.* **2.** Usar cualquier cosa, de la manera que sea: *Les enseñaron a manejar el ordenador. Ya trabaja y puede manejar su propio dinero.* **3.** Dirigir una cosa o mandar a las personas: *Maneja sus negocios desde el extranjero. Como es muy pequeño, le manejan sus amigos.* || **manejarse 4.** Saber cómo actuar o qué hacer en una situación o con algunas personas: *Amelia se maneja muy bien con los niños.* SIN. **1.** Maniobrar. **1.** y **2.** Manipular. **2.** Emplear. **3.** Llevar. **4.** Desenvolverse, arreglarse, apañarse. FAM. Manejable, manejo. / Tejemaneje.

**manejo** *s. m.* **1.** Acción de manejar una cosa: *Ese librito explica el manejo de la calculadora.* **2.** Trampa, chanchullo: *No sé qué manejos haría al repartir las tareas, pero se quedó con la más fácil.* SIN. **1.** Uso, utilización, empleo. **2.** Amaño.

**manera** *s. f.* **1.** Forma en que se hace o sucede una cosa: *Ir al cine es una manera entretenida de pasar el tiempo.* || *s. f. pl.* **2.** Modales, educación: *Fue a protestar, pero de muy buenas maneras.* EXPR. **manera de ser** Carácter o forma de portarse de una persona. || **a manera de** Como si fuera otra cosa: *Laura se puso un pañuelo en la cabeza a manera de sombrero.* **de manera que** Por lo tanto: *Has llegado tarde, de manera que tendrás que recuperar el tiempo perdido.* **de ninguna manera** No, en absoluto: *Dijo que no le ayudaría de ninguna manera.* **de todas maneras** o **de cualquier**

**manera** En cualquier caso: *No me han invitado, pero de todas maneras no pensaba ir.*
**SIN. 1.** Medio, sistema, método, procedimiento. **1.** y **2.** Modo.
**FAM.** Amanerado, sobremanera.

**manes** *s. m. pl.* En la mitología romana, dioses o espíritus a los que se adoraba porque eran buenos y protectores.

**manga**[1] *s. f.* **1.** Parte de una prenda de vestir que cubre el brazo: *una camisa de manga corta.* **2.** Manguera. **3.** Cada una de las partes en que se dividen las competiciones de algunos juegos y deportes, como el esquí. **4.** Aparato en forma de embudo, con una boquilla al final, que se rellena de crema, nata u otra cosa y sirve para hacer adornos en tartas y otros platos. **5.** Anchura de un barco.
**EXPR. manga ancha** Hecho de permitir demasiado: *El profesor tuvo manga ancha y aprobó a toda la clase.* || **en mangas de camisa** Sin chaqueta ni jersey: *No salgas en mangas de camisa porque hace frío.* **manga por hombro** Con mucho desorden: *Aún no había limpiado y todo estaba manga por hombro.* **sacarse** algo **de la manga** Decir alguien algo que no es cierto o que se lo ha inventado.
**FAM.** Mango[1], manguera, manguito. / Arremangar, bocamanga, remangar.

**manga**[2] *s. m.* Cómic japonés y, también, las películas de dibujos animados inspiradas en estos cómics. ■ Es una palabra japonesa.

**manganeso** *s. m.* Elemento químico, que es un metal brillante, de color gris claro, duro, pero fácil de romper.

**mangante** *adj.* y *s. m.* y *f.* **1.** Que manga o roba. **2.** Sinvergüenza que se aprovecha de los demás engañándolos.
**SIN. 1.** Ladrón, chorizo. **2.** Caradura.

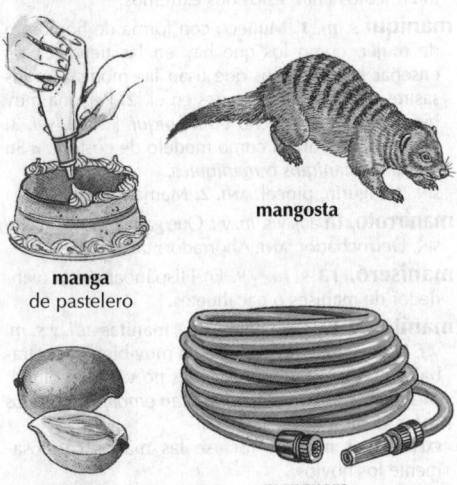

**mangosta**

**manga**
de pastelero

**mango**          **manguera**

**mangar** *v.* Robarle algo a alguien. ■ Delante de *e* se escribe *gu* en lugar de *g*: *Dejé las cosas en el coche: espero que no me manguen nada.*
**SIN.** Birlar, choricear, afanar.
**FAM.** Mangante.

**manglar** *s. m.* Plantas adaptadas a la sal del mar y que crecen en las zonas pantanosas de las costas tropicales.

**mangle** *s. m.* Árbol tropical de flores amarillas, ramas largas que llegan hasta el suelo y raíces aéreas.

**mango**[1] *s. m.* Pieza alargada de algunas herramientas o recipientes por donde se les agarra: *el mango del cuchillo, el mango de un cazo.*

**mango**[2] *s. m.* Árbol tropical de corteza oscura y lisa, que tiene pequeñas florecitas y da un fruto, también llamado *mango*, de olor muy agradable y sabor muy dulce.

**mangonear** *v.* Meterse una persona en los asuntos de otras y decirles lo que tienen que hacer y cómo deben hacerlo.
**SIN.** Dirigir, controlar.

**mangosta** *s. f.* Animal mamífero de pequeño tamaño que tiene el pelo rojizo o gris, la cola larga y las patas cortas. Es muy ágil y caza serpientes para comérselas.

**manguera** *s. f.* Tubo largo de goma u otro material flexible en el que entra un líquido por un extremo y sale por el otro; se usa para regar, apagar fuegos, llenar depósitos o para otras cosas.
**SIN.** Manga.

**manguito** *s. m.* **1.** Prenda de abrigo en forma de tubo en la que se meten las manos para tenerlas calientes. **2.** Media manga que cubre desde el codo hasta la muñeca y sirve para proteger las mangas de la ropa o para otros usos: *Los guardias suelen llevar manguitos brillantes cuando dirigen el tráfico.* **3.** Cilindro hueco que sirve para unir dos trozos de tubo de igual grosor. **4.** Flotador que se ponen los niños en los brazos.

**maní** *s. m.* Cacahuete. ■ Su plural es *manís* o *manises.*
**FAM.** Manisero.

**manía** *s. f.* **1.** Idea que una persona no puede quitarse de la cabeza y le hace comportarse de forma extraña o siempre de la misma manera: *Juan cree que la gente le mira mal, pero no son más que manías suyas.* **2.** Costumbre de hacer siempre una cosa, cuando es exagerada o se trata de algo que no debería hacerse: *Tiene la manía de morderse las uñas.* **3.** Afición o deseo muy grande por alguna cosa: *Le ha dado la manía de coleccionar postales.* **4.** Antipatía o desagrado por una persona o cosa: *Les he cogido manía a las lentejas.*
**SIN. 1.** Obsesión, figuración. **2.** Vicio. **4.** Tirria, rabia, ojeriza. **ANT. 4.** Simpatía.
**FAM.** Maniaco, maniático, manicomio.

**maniaco, ca** o **maníaco, ca** *adj. y s. m. y f.* Persona que tiene una manía muy fuerte que le hace comportarse de una manera extraña y muchas veces peligrosa. **SIN.** Obseso, psicópata.

**maniatar** *v.* Atar las manos.

**maniático, ca** *adj.* Que tiene una manía o muchas manías: *Es un maniático del orden: se pone furioso si una cosa no está en su sitio.* **SIN.** Obseso.

**manicomio** *s. m.* Hospital o clínica para enfermos con alguna clase de locura. **SIN.** Psiquiátrico.

**manicura** *s. f.* Cuidado y arreglo de las manos, sobre todo de las uñas. **FAM.** Manicuro.

**manicuro, ra** *s. m. y f.* Persona que trabaja haciendo la manicura a otras.

**manido, da** *adj.* **1.** Que es muy conocido y ya no es original: *La película trata un tema muy manido, del que ya se han hecho muchas otras.* **2.** Gastado y estropeado por el uso o por tocarlo mucho. **SIN.** **1.** Tópico, trillado. **2.** Manoseado, sobado, ajado. **ANT.** **1.** Novedoso. **1.** y **2.** Nuevo.

**manifestación** *s. f.* **1.** Acción de manifestar alguna cosa: *Las lágrimas suelen ser una manifestación de tristeza.* **2.** Conjunto de muchas personas que se reúnen en un sitio o salen por las calles para protestar o pedir alguna cosa. **SIN.** **1.** Expresión, demostración, muestra.

**manifestante** *s. m. y f.* Persona que va a una manifestación.

**manifestar** *v.* **1.** Expresar o dar a conocer algo, como un sentimiento, un pensamiento o una opinión: *Le envió una carta en la que manifestaba su agradecimiento por la invitación.* || **manifestarse** **2.** Hacer una manifestación o participar en ella: *Los trabajadores se manifestaron delante de la fábrica.* ■ Es un verbo irregular. Se conjuga como *pensar.* **SIN.** **1.** Decir, mostrar, declarar. **ANT.** **1.** Callar, ocultar, disimular. **FAM.** Manifestación, manifestante, manifiesto.

**manifiesto, ta** *adj.* **1.** Muy claro, que se ve o se nota enseguida: *Las noticias deben de ser buenas, pues las recibieron con manifiesta alegría.* || *s. m.* **2.** Escrito en que una persona o un grupo manifiesta sus ideas y opiniones sobre alguna cosa. **SIN.** **1.** Evidente, patente. **2.** Declaración, proclama. **ANT.** **1.** Oculto, disimulado.

**manigua** *s. f.* En Cuba y otros países del Caribe, terreno que tiene mucha maleza.

**manija** *s. f.* Mango o manivela de algunas herramientas e instrumentos. **SIN.** Asa.

**manilla** *s. f.* **1.** Asa del picaporte de puertas y ventanas. **2.** Manecilla del reloj. **SIN.** **1.** Tirador. **2.** Aguja.

**manillar** *s. m.* Pieza de las bicicletas y las motocicletas que sirve para dirigirlas y tuerce a derecha e izquierda la rueda de delante. **SIN.** Guía.

**maniobra** *s. f.* **1.** Todo lo que se hace para mover una cosa o manejar una máquina o instrumento: *Tuvo que hacer muchas maniobras para aparcar el coche en un sitio tan pequeño. El avión comenzó la maniobra de aterrizaje.* **2.** Trampa o chanchullo que se hace para sacar un beneficio: *Se le ocurrió una maniobra para colarse en el concierto.* || *s. f. pl.* **3.** Ejercicios y prácticas que hacen los soldados. **SIN.** **1.** Operación. **1.** y **2.** Manejo. **2.** Amaño. **FAM.** Maniobrar.

**maniobrar** *v.* Hacer maniobras para mover o manejar algo.

**manipulación** *s. f.* Acción de manipular. **SIN.** Manejo.

**manipulador, ra** *adj. y s. m. y f.* Que manipula: *Es muy manipuladora, hace todo lo que puede para salirse con la suya.*

**manipular** *v.* **1.** Hacer algo con las manos o utilizando herramientas o instrumentos: *El electricista cortó la luz para manipular con los cables.* **2.** Manejar máquinas y aparatos: *El vídeo puede manipularse con el mando a distancia.* **3.** Influir en alguien o cambiar las cosas para conseguir un fin: *Manipuló los resultados para ganar la votación.* **SIN.** **1.** Maniobrar, operar. **3.** Falsear. **FAM.** Manipulación, manipulador.

**maniqueo, a** *adj. y s. m. y f.* Que divide las cosas en buenas o malas, sin tener en cuenta los grados intermedios entre estos dos extremos.

**maniquí** *s. m.* **1.** Muñeco con forma de hombre o de mujer, como los que hay en las tiendas para enseñar la ropa o los que usan las modistas y los sastres para probar los trajes en él. **2.** Persona muy bien vestida: *Iba hecho un maniquí.* || *s. m. y f.* **3.** Persona que trabaja como modelo de costura. ■ Su plural es *maniquís* o *maniquíes.* **SIN.** **2.** Figurín, pincel. **ANT.** **2.** Mamarracho.

**manirroto, ta** *adj. y s. m. y f.* Que gasta mucho dinero. **SIN.** Derrochador. **ANT.** Ahorrador; tacaño.

**manisero, ra** *s. m. y f.* En Hispanoamérica, vendedor de manises o cacahuetes.

**manita** *s. f.* **1.** Mano pequeña. || **manitas** *adj. y s. m. y f.* **2.** Persona a la que se le da muy bien hacer trabajos con las manos. ■ *Manitas* no varía en plural: *Mis padres son muy manitas: han empapelado ellos solos la casa.*

**EXPR.** **hacer manitas** Tocarse las manos cariñosamente los novios.

**SIN.** **2.** Mañoso. **ANT.** **2.** Manazas, chapucero.

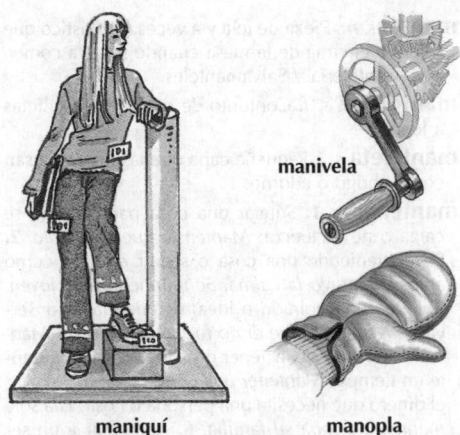

**manivela**

**maniquí** **manopla**

**manito** *s. m.* En México, mano, compadre.

**manivela** *s. f.* Pieza doblada formando un ángulo recto que se mueve con la mano para hacer girar otra pieza o para que funcione un mecanismo: *Algunos toldos se enrollan dando vueltas a una manivela.* SIN. Manubrio.

**manjar** *s. m.* Cosa de comer, sobre todo si está rica. SIN. Alimento, comestible, vianda.

**mano**[1] *s. f.* **1.** Última parte del brazo de las personas, desde la muñeca. Tiene cinco dedos que nos permiten agarrar y manejar cosas. **2.** Se llama también así a las extremidades de delante de algunos animales: *La ardilla cogió la nuez con las manos. El caballo cojeaba un poco de la mano izquierda.* **3.** Con *derecha* e *izquierda*, lado derecho o izquierdo: *La salida está a mano derecha.* **4.** Capa de pintura u otra cosa parecida: *Cuando se le secó el esmalte de las uñas, se dio otra mano.* **5.** Partida de los juegos de cartas; también, el jugador que la comienza: *Ha ganado esta mano. Elena es mano.* **6.** Acción o intervención de alguien: *El armario está todo revuelto, cómo se nota la mano de tu hermano.* **7.** Poder, influencia o capacidad para hacer una cosa: *Le pidió a su tío que le buscara un empleo porque sabía que tenía mano en la empresa. Yo quiero ayudarte, pero no está en mi mano.* **8.** Habilidad: *Tiene mucha mano para tratar con los niños.* EXPR. **mano de obra** Obreros que hacen una cosa: *Necesitaban mano de obra para terminar la construcción del edificio.* **mano de santo** Remedio que es muy bueno, rápido y eficaz: *Este jarabe es mano de santo para la tos.* **mano derecha** Persona que ayuda siempre a otra y le es muy útil. **mano dura** Forma de tratar o castigar a alguien siendo muy duro y severo. **mano izquierda** Habilidad que tiene alguien para tratar con los demás o solucionar cosas. || **a mano** Que está hecho con las manos, sin máquinas. También, cerca o en un lugar que nos

viene muy bien: *He puesto las tijeras en el cajón para tenerlas a mano.* **a mano armada** Utilizando armas: *un robo a mano armada.* **a manos llenas** Con mucha abundancia: *Gasta el dinero a manos llenas.* **abrir la mano** Ser menos duro, por ejemplo al castigar a alguien: *El profesor abrió la mano y les aprobó.* **con las manos en la masa** En el momento en que se está haciendo algo malo: *Pillaron al ladrón con las manos en la masa.* **dar** o **estrechar la mano** a alguien Coger la mano a alguien para saludarle o en señal de amistad. **de segunda mano** Usado: *Compró un coche de segunda mano.* **echar una mano** a alguien Ayudarle. **en manos de** Al cuidado de alguien. También, en poder de alguien: *La ciudad quedó en manos del enemigo.* **írsele** a alguien **la mano** Pasarse: *Se le fue la mano con la sal.* **lavarse las manos** No querer saber nada de una cosa ni tener responsabilidad en ella. **levantar la mano** Hacer el gesto de ir a golpear a alguien. **llevarse las manos a la cabeza** Asombrarse mucho o escandalizarse. **mano a mano** Entre dos o más personas: *Juan y Jacobo hicieron el trabajo mano a mano.* **mano sobre mano** Sin trabajar, sin hacer nada. **manos a la obra** Expresión que se usa para animar a alguien a ponerse a trabajar. **poner la mano en el fuego por** alguien o algo Estar completamente seguro de que se puede confiar en una persona o de que una cosa es verdad: *Daniel no ha mentido: yo pongo la mano en el fuego por él.* **poner la mano encima** a alguien Pegarle. **tener las manos largas** Ser muy pegón o un poco ladrón. **traerse** alguien algo **entre manos** Planear o tramar algo. SIN. **3.** Costado, flanco. **6.** Influencia. **8.** Maña, tacto. FAM. Manaza, manecilla, manejar, maniatar, manicura, manija, manilla, manillar, maniobra, manipular, manirroto, manita, manivela, manojo, manosear, manotada, manotazo, manotear, manual, manualidades, manubrio, manufactura, manuscrito. / Amanuense, balonmano, besamanos, contramano, desmano, lavamanos, mandoble, pasamanería, pasamanos, secamanos, trasmano.

**mano**[2] *s. m.* En México, amigo, compadre; es una manera amistosa de dirigirse a alguien. ■ Se dice también *manito*.

**manojo** *s. m.* Conjunto de cosas alargadas que pueden sujetarse con una mano: *un manojo de hierba.* EXPR. **estar hecho (o ser) un manojo de nervios** Estar muy nervioso. SIN. Haz, puñado.

**manoletina** *s. f.* Tipo de zapatos de chica, planos, que recuerdan a los que llevan los toreros.

**manolo, la** *s. m.* y *f.* Chulapo, persona vestida con el traje típico madrileño.

**manómetro** *s. m.* Instrumento para medir la presión de líquidos y gases.

**manopla** *s. f.* Guante que no tiene separaciones para los dedos, sólo para el pulgar.

**manosear** *v.* Tocar mucho alguien a una persona o cosa.
SIN. Sobar, toquetear.

**manotada** o **manotazo** *s. f.* o *m.* Golpe que se da con la mano abierta.
SIN. Guantada, bofetada.

**manotear** *v.* **1.** Dar golpes con las manos abiertas: *La mujer se puso a manotear y consiguió que el ladrón soltara su bolso.* **2.** Mover mucho las manos: *Pensé que discutían porque gritaban mucho y manoteaban.*

**mansalva** Se usa en la expresión **a mansalva**, que significa 'mucho, en cantidad': *Ganó dinero a mansalva en los negocios.*

**mansedumbre** *s. f.* Característica de manso.
SIN. Docilidad, tranquilidad, paciencia. ANT. Bravura, rebeldía.

**mansión** *s. f.* Casa grande, muy bonita, con mucho lujo.
SIN. Palacio. ANT. Chabola.

**manso, sa** *adj.* **1.** Se dice del animal que no ataca a las personas o se puede domesticar fácilmente. **2.** Se dice de la persona que no se enfada y a la que no le gustan las peleas.
SIN. **1.** Domesticado, domado, dócil. **1.** y **2.** Tranquilo. **2.** Dulce, pacífico, paciente. ANT. **1.** Bravo, salvaje. **2.** Guerrero, peleón.
FAM. Mansedumbre. / Amansar.

**manta** *s. f.* **1.** Pieza de tela gruesa, grande y rectangular, que sirve para abrigarse, sobre todo en la cama. **2.** Pez parecido a la raya. ‖ *s. m.* y *f.* **3.** Persona muy torpe: *Pedro es un manta conduciendo.*
EXPR. **a manta** o **a mantas** Mucho: *Está lloviendo a mantas.* **liarse la manta a la cabeza** Ponerse a hacer una cosa con decisión y sin pensar en las consecuencias: *Como me líe la manta a la cabeza, dejo el trabajo y me voy al extranjero.*
SIN. **3.** Calamidad, desastre, pato.
FAM. Mantear. / Somanta.

**mantear** *v.* Poner a alguien encima de una manta sujeta por varios y moverla muy fuerte para lanzar hacia arriba a esta persona.
FAM. Manteo[1].

**manteca** *s. f.* **1.** Grasa de los animales, sobre todo la del cerdo. **2.** Grasa de la leche. **3.** Grasa que se saca de algunos frutos: *manteca de cacao.*
SIN. **1.** Unto. **2.** Nata, mantequilla.
FAM. Mantecado, mantecoso, mantequilla.

**mantecado, da** *s. m.* y *f.* **1.** Bollo que se hace con manteca de cerdo. ‖ *s. m.* **2.** Dulce parecido al polvorón. ‖ *adj.* y *s. m.* **3.** Helado que se prepara con leche, azúcar y huevos.

**mantecoso, sa** *adj.* Que tiene manteca o es blando y suave como la manteca: *un queso mantecoso.*

**mantel** *s. m.* Pieza de tela y a veces de plástico que se pone encima de la mesa cuando se va a comer.
FAM. Mantelería. / Salvamanteles.

**mantelería** *s. f.* Conjunto de mantel y servilletas a juego.

**manteleta** *s. f.* Pequeña capa que las mujeres usan como abrigo o adorno.

**mantener** *v.* **1.** Sujetar una cosa para que no se caiga o no se tuerza: *Mantén la cuerda tirante.* **2.** Seguir teniendo una cosa o seguir estando como antes: *Mantuvo la calma. Se mantiene muy joven.* **3.** Tener una opinión o idea, defenderla y conservarla: *Mantiene que él no fue quien lo hizo. Mantuvo su promesa.* **4.** Tener o hacer una cosa durante un tiempo: *Mantener una conversación.* **5.** Pagar el dinero que necesita una persona o cosa: *Ella sola mantiene a toda su familia.* **6.** Alimentar a un ser vivo: *Los bebés se mantienen de leche durante los primeros meses.* ‖ **mantenerse 7.** Seguir o estar en un sitio sin caerse o torcerse: *Aunque estaba borracho, se mantenía de pie. Los muros se mantuvieron después del incendio.* ■ Es un verbo irregular. Se conjuga como *tener*.
SIN. **1.** Soportar, aguantar. **1.**, **3.** y **4.** Sostener. **2.** Conservar. **3.** Afirmar. **6.** Nutrir, comer. ANT. **1.** Soltar. **3.** Negar.
FAM. Mantenido, mantenimiento.

**mantenido, da** *s. m.* y *f.* **1.** Persona que vive del dinero de otra: *Buscaba trabajo para dejar de ser un mantenido en casa de sus padres.* **2.** Persona que es amante de otra que le paga todos sus gastos.

**mantenimiento** *s. m.* **1.** Acción de mantener o mantenerse. **2.** Cuidados que necesita algo para conservarse: *Las revisiones son necesarias para el buen mantenimiento de los automóviles.*
SIN. **1.** Manutención.

**manteo**[1] *s. m.* Acción de mantear.

**manteo**[2] *s. m.* Capa larga que llevaban los estudiantes y los sacerdotes.

**mantequería** *s. f.* Tienda donde se vende mantequilla, leche y otros alimentos.

**mantequilla** *s. f.* Grasa que se saca de la nata de la leche y se usa como alimento.
FAM. Mantequería.

**mantilla** *s. f.* **1.** Prenda de mujer que se pone sobre la cabeza y cae sobre los hombros. Suele ser de encaje. **2.** Prenda con que se envuelve a los bebés para abrigarlos.
EXPR. **estar en mantillas** Estar empezando alguna cosa o estar muy poco adelantada.

**mantillo** *s. m.* Tierra muy buena para las plantas porque tiene estiércol y otros materiales orgánicos, como hojas y cortezas que se están pudriendo.

**mantis** *s. f.* Insecto de cuerpo alargado y estrecho, de color amarillento o verdoso y muy ágil. La hembra es más grande que el macho y se lo come después de unirse con él para la reproducción. Se llama también *mantis religiosa*. ■ No varía en plural.

**manto** *s. m.* **1.** Capa grande que tapa desde la cabeza o los hombros hasta los pies. **2.** Capa de la Tierra, situada entre la corteza terrestre y el núcleo. FAM. Manta, manteleta, manteo[2], mantilla, mantillo, mantón. / Desmantelar.

**mantón** *s. m.* Prenda que se ponen las mujeres sobre los hombros como abrigo o adorno.
EXPR. **mantón de manila** Mantón de seda con bordados de colores vistosos.

**manual** *adj.* **1.** Que se hace o se maneja con las manos: *trabajos manuales.* ‖ *s. m.* **2.** Libro en el que viene lo más importante de alguna materia: *Cuando compró el ordenador, le dieron un manual de instrucciones.*
SIN. **1.** Artesanal. **2.** Compendio. ANT. **1.** Mecánico, automático.

**manualidades** *s. f. pl.* Trabajos que se hacen con las manos, sobre todo los que se aprenden a hacer en la escuela.

**manubrio** *s. m.* **1.** Mango de una herramienta o de un instrumento. **2.** Manivela para hacer funcionar algunos aparatos: *El organillo se toca moviendo un manubrio.* **3.** En algunos lugares de Hispanoamérica, manillar; también es el volante de un automóvil.
SIN. **1.** Agarrador, empuñadura. **1.** y **2.** Manija.

**manufactura** *s. f.* **1.** Cosa que se hace a mano o con máquinas. **2.** Fábrica, taller: *una manufactura de calzado.*
SIN. **2.** Industria.
FAM. Manufacturar.

**manufacturar** *v.* Fabricar una cosa a mano o con máquinas: *En este taller se manufacturan lámparas.*
SIN. Elaborar.

**manuscrito, ta** *adj.* **1.** Escrito a mano. ‖ *s. m.* **2.** Documento o libro escrito a mano, sobre todo el que es valioso por ser muy antiguo o de una persona famosa.

**manutención** *s. f.* Hecho de mantener a una persona o una cosa.
SIN. Mantenimiento, sustento.

**manzana** *s. f.* **1.** Fruto del manzano; tiene forma redonda, la piel muy fina y es de color amarillo, verde o rojo. Su carne es blanca y sabe dulce o un poco ácida. **2.** Conjunto de casas seguidas y rodeado por calles.
SIN. **2.** Bloque.
FAM. Manzanilla, manzano.

**manzanilla** *s. f.* **1.** Planta que tiene unas flores muy olorosas, parecidas a las margaritas. **2.** Bebida que se prepara con las flores de esta planta. **3.** Vino blanco, seco y aromático, que se hace en algunos lugares de Andalucía.

**manzano** *s. m.* Árbol con el tronco agrietado y florecitas blancas o rosadas, que da como fruto las manzanas.

**maña** *s. f.* **1.** Habilidad o facilidad para algo: *Se da mucha maña pintando.* **2.** Medio que se emplea con habilidad, astucia o engaño para conseguir una cosa: *Usó todas sus mañas para convencerle.*
SIN. **1.** Destreza, mano, pericia. **2.** Treta, truco, argucia. ANT. **1.** Torpeza.
FAM. Mañoso. / Amañar, artimaña, desmañado.

**mañana** *adv.* **1.** En el día siguiente al de hoy: *Hoy no podré terminarlo, pero mañana sí.* ‖ *adv.* y *s. m.* **2.** El tiempo futuro: *Estudia mucho; se está preparando para el mañana.* ‖ *s. f.* **3.** Tiempo que va desde el amanecer hasta el mediodía: *Tiene clases por las mañanas.* **4.** Tiempo que va desde la medianoche hasta el mediodía: *Se acostó a las cuatro de la mañana.*
EXPR. **pasado mañana** El día siguiente a mañana: *Si hoy es lunes, pasado mañana será miércoles.*
SIN. **2.** Porvenir. ANT. **3.** Ayer. **3.** Tarde, noche.
FAM. Mañanero, mañanita.

**mañanero, ra** *adj.* **1.** De la mañana: *Cuando está en la playa le gusta darse baños mañaneros en el mar.* ‖ *adj.* y *s. m.* y *f.* **2.** Madrugador: *Es muy mañanero, incluso los sábados se levanta temprano.*
SIN. **1.** Matutino.

**mañanita** *s. f.* **1.** Especie de capa corta de tela o lana que llega hasta la cintura. ‖ *s. f. pl.* **2.** Canción popular mejicana.

**maño, ña** *adj.* y *s. m.* y *f.* De Aragón, comunidad autónoma española.
SIN. Aragonés.

**mañoso, sa** *adj.* Que se da mucha maña haciendo las cosas: *Arregló el enchufe en un momento porque es muy mañosa.*
SIN. Habilidoso, diestro, manitas. ANT. Torpe, patoso.

**maorí** *adj.* y *s. m.* y *f.* **1.** De un pueblo indígena que vive en el norte de la isla Norte de Nueva Zelanda. ‖ *s. m.* **2.** Lengua de este pueblo. ■ Su plural es *maorís* o *maoríes.*

manzanilla     manzana     manzano

**mapa** *s. m.* Dibujo que representa la superficie de la Tierra o una parte de ella.
**FAM.** Mapamundi.

**mapache** *s. m.* Mamífero de tamaño mediano y la piel de color gris, con una larga cola peluda a rayas blancas y oscuras. Tiene la cara blanca con una mancha alrededor de los ojos, como si fuera un antifaz. Vive en América del Norte y se alimenta de pequeños animales, insectos y frutas.

**mapamundi** *s. m.* Mapa que representa toda la superficie de la Tierra.

**mapuche** *adj. y s. m. y f.* Araucano.

**maqueta** *s. f.* **1.** Modelo hecho en tamaño mucho más pequeño de un edificio o de otra cosa: *Presentaron la maqueta del nuevo automóvil.* **2.** Todos los textos y las ilustraciones de un libro puestos de manera que se vea cómo van a quedar cuando estén impresos.
**FAM.** Maquetar.

**maquetar** *v.* Hacer la maqueta de un texto.

**maqueto, ta** *adj. y s. m. y f.* Busca **maketo**.

**maquiavélico, ca** *adj.* Se dice de las personas que actúan con astucia o engaños para conseguir lo que quieren y también de las cosas que hacen estas personas: *Ideó un maquiavélico plan para deshacerse de sus enemigos.*

**maquillador, ra** *s. m. y f.* Persona que trabaja maquillando a otras.

**maquillaje** *s. m.* **1.** Acción de maquillar o maquillarse: *Para salir en la tele hay que someterse antes a una sesión de maquillaje.* **2.** Crema o polvos que se ponen en la cara para darle un color distinto: *Voy a ponerme un poco de maquillaje porque estoy muy pálida.*

**maquillar** *v.* Poner a una persona en la cara maquillaje, cremas y polvos con color, u otros productos para que esté más guapa, se disfrace, actúe en el teatro, en el cine o en la televisión.
**ANT.** Desmaquillar.
**FAM.** Maquillador, maquillaje. / Desmaquillar.

**máquina** *s. f.* **1.** Conjunto de piezas que funcionan juntas y sirven para realizar un trabajo: *Los motores son máquinas. Utiliza la máquina de escribir.* **2.** Locomotora de los trenes.
**EXPR. a máquina** Utilizando máquinas. **a toda máquina** Muy deprisa, a toda potencia.
**SIN. 1.** Aparato, artilugio.
**FAM.** Maquinal, maquinar, maquinaria, maquinilla, maquinista.

**maquinación** *s. f.* Plan que se prepara en secreto, sobre todo para hacer algo malo: *Contrató un detective para que descubriera las maquinaciones de sus enemigos.*
**SIN.** Intriga, conspiración, asechanza, manejo.

**maquinal** *adj.* Se dice de lo que se hace sin pensar o sin querer: *Tragar la comida es algo maquinal. Bostezar es un gesto maquinal.*

**maquinar** *v.* Planear en secreto algo malo: *Seguro que estarán maquinando una nueva trastada.*
**SIN.** Idear, tramar, conspirar, urdir, intrigar.
**FAM.** Maquinación.

**maquinaria** *s. f.* **1.** Conjunto de máquinas: *la maquinaria de un barco, la maquinaria agrícola.* **2.** Conjunto de piezas que hacen funcionar un aparato: *Se ha estropeado la maquinaria del reloj.*

**maquinilla** *s. f.* Instrumento o aparato para afeitarse.

**maquinista** *s. m. y f.* Persona que maneja una máquina, sobre todo la que conduce una locomotora.

**mar** *s. amb.* **1.** Gran cantidad de agua salada que cubre la mayor parte de la superficie terrestre. **2.** Cada una de las partes en que se divide esta cantidad de agua: *mar Mediterráneo, mar Rojo.* **3.** Gran cantidad de alguna cosa: *No sé qué hacer, tengo un mar de dudas.*
**EXPR. alta mar** Parte del mar que está muy lejos de la costa. || **a mares** Mucho, en abundancia: *Suda a mares.* **hacerse a la mar** Partir o salir un barco. **la mar de** Mucho o muchos: *Se sabe la mar de chistes.*
**SIN. 3.** Montaña, montón. **ANT. 3.** Pizca.
**FAM.** Marea, marear, marejada, maremoto, marina, marino, marisco, marisma, marítimo. / Amarar, amerizar, bajamar, pleamar, submarino, ultramar.

**marabú** *s. m.* Ave muy alta, con las patas largas y fuertes y las alas grandes. Tiene el pico largo y el plumaje gris, excepto en el vientre y en los hombros que es blanco. Vive en África. ■ Su plural es *marabús* o *marabúes.*

**marabunta** *s. f.* **1.** Conjunto de muchas hormigas que van comiéndose y destrozando todo lo que encuentran a su paso. **2.** Mucho desorden o destrucción.

mapache

mapamundi

**maraca** *s. f.* Instrumento musical formado por un mango con una bola, que tiene dentro granitos o semillas. Se hace sonar al moverlo con la mano.

**marajá** *s. m.* Antiguo rey o príncipe de algunos países de la India. ■ Se escribe también *maharajá.*

**maraña** *s. f.* **1.** Conjunto de pelos, hilos o cosas parecidas, mezcladas y revueltas. **2.** Cosa muy complicada y difícil de solucionar: *El detective fue desenredando la maraña del caso.* **3.** Gran cantidad de arbustos y maleza: *Por esta parte el bosque forma una maraña que impide el paso.* **SIN. 1.** Revoltijo. **1.** y **2.** Lío, enredo. **2.** Confusión. **FAM.** Enmarañar.

**marasmo** *s. m.* **1.** Paralización total de una persona o cosa: *Tras su dimisión, el partido sufrió un duro marasmo.* **2.** Debilidad o agotamiento extremo que produce una enfermedad.

**maratón** *s. amb.* Carrera en la que se recorren unos 42 kilómetros. **FAM.** Maratoniano.

**maratoniano, na** *adj.* **1.** Relacionado con el maratón: *Las pruebas maratonianas fueron las más duras.* **2.** Agotador, intenso: *Lleva un ritmo de trabajo maratoniano, no deja el ordenador ni para comer.* ‖ *s. m.* y *f.* **3.** Deportista que corre el maratón: *El último maratoniano llegó fuera de los tiempos de clasificación.*

**maravedí** *s. m.* Antigua moneda española. ■ Su plural es *maravedís, maravedises* o *maravedíes.*

**maravilla** *s. f.* **1.** Persona o cosa muy buena o extraordinaria: *¡Qué maravilla de vestido! Las maravillas del universo.* **2.** Asombro, admiración: *Causa maravilla lo bien que habla el nene.* **3.** Planta de jardín que tiene flores anaranjadas; es una variedad de la caléndula. **EXPR. a las mil maravillas** o **de maravilla** Muy bien: *Toca la guitarra a las mil maravillas. El vestido te siente de maravilla.* **SIN. 1.** Fenómeno, prodigio. **ANT. 1.** Birria. **FAM.** Maravillar, maravilloso.

**maravillar** *v.* Causar asombro o admiración: *Me maravilla lo bien que baila.* **SIN.** Admirar, asombrar, sorprender.

**maravilloso, sa** *adj.* Muy bueno, extraordinario: *Pasaron una tarde maravillosa en el campo.* **SIN.** Estupendo, fantástico. **ANT.** Pésimo.

**marbellí** *adj.* y *s. m.* y *f.* De Marbella, ciudad española. ■ Su plural es *marbellís* o *marbellíes.*

**marca** *s. f.* **1.** Señal que sirve para distinguir una cosa, saber a quién pertenece o la empresa que lo fabrica: *Puso una marca en el jersey para no confundirlo con el de su hermano. Hay muchas marcas de coches.* **2.** Señal que deja algo: *La marca que tiene en la frente es de una herida que se hizo de pequeño.* **3.** Hecho de influir mucho en alguien una cosa o un suceso: *Las enseñanzas de su profesor le dejaron marca.* **4.** Resultado que obtiene un deportista en algunas pruebas: *El nadador batió la marca mundial en la distancia de cien metros.* **EXPR. de marca** Se dice de los productos de una marca que tiene prestigio: *unos tejanos de marca.* **de marca** o **de marca mayor** Muy grande, que se sale de lo normal: *Es un granuja de marca mayor.* **SIN. 1.** Signo, indicador. **2.** Huella. **4.** Récord. **FAM.** Marcar. / Comarca, plusmarca.

**marcado, da** *adj.* **1.** Que alguien lo marcó: *Tiene todos los pañuelos marcados con sus iniciales.* **2.** Que se nota mucho: *Entre estos dos países hay marcadas diferencias.* **SIN. 2.** Evidente, acusado. **ANT. 2.** Inapreciable.

**marcador, ra** *adj.* y *s. m.* y *f.* **1.** Que marca. ‖ *s. m.* **2.** Tablero donde se anotan los puntos o tantos que va consiguiendo un equipo o un jugador.

**marcaje** *s. m.* Acción de marcar a un jugador del equipo contrario para hacerle difícil su juego.

**marcapasos** *s. m.* Aparato electrónico de pequeño tamaño que llevan algunas personas enfermas del corazón para que éste pueda latir de forma adecuada. ■ No varía en plural.

**marcar** *v.* **1.** Poner una marca o señal: *Marcó los ejercicios que tenía que hacer en casa.* **2.** Dejar algo una marca: *El haber perdido a sus padres de pequeño marcó su vida. Ese golpe le marcó la pierna.* **3.** Indicar el reloj la hora u otro aparato aquello que mide: *El reloj marca las dos. El termómetro marca 37 grados.* **4.** Indicar o dar a conocer otras cosas: *¿Qué precio marca la etiqueta? El descubrimiento de América marcó el comienzo de una nueva época.* **5.** Formar un número con el disco o las teclas del teléfono para llamar a alguien. **6.** En algunos deportes, meter un gol o hacer un tanto. **7.** En algunos deportes, colocarse cerca de un jugador del equipo contrario para que no pueda jugar bien. **8.** Hacer que se noten los pasos o divisiones de un baile o de una marcha militar: *Los soldados marcan el paso cuando desfilan.* **9.** Peinar y dar forma al

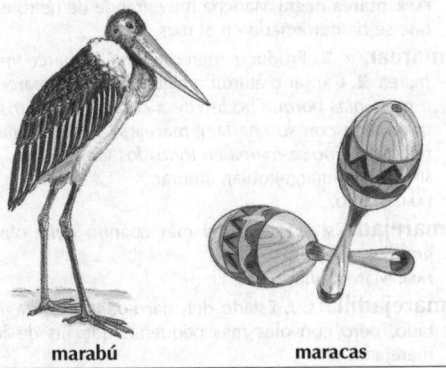

marabú          maracas

pelo. || **marcarse 10.** Hacer o decir algo: *Se marcó unas sevillanas. Se marca cada rollo...* ■ Delante de *e* se escribe *qu* en lugar de *c*: *Marqué el número de teléfono de Alicia.*
**SIN. 1.** Señalizar. **1.** a **4.** Señalar. **2.** Influir. **6.** Apuntar, anotar.
**FAM.** Marcado, marcador, marcaje. / Demarcación, desmarcarse, remarcar.

**marcha** *s. f.* **1.** Acción de marchar o marcharse: *Todos sintieron la marcha de Luis. Los excursionistas hicieron una marcha por la montaña.* **2.** Manera de marchar o velocidad con que se hace: *El barco fue disminuyendo su marcha al llegar al puerto.* **3.** Funcionamiento o desarrollo de algo: *El entrenador habló con los jugadores acerca de la marcha del equipo.* **4.** Animación: *¡Vaya marcha que tienen tus amigos!* **5.** Cada una de las posiciones del cambio de velocidades de un vehículo. **6.** Composición musical de ritmo muy marcado: *marcha militar, marcha nupcial, marcha fúnebre.* **7.** Prueba deportiva que consiste en andar lo más rápido posible teniendo siempre un pie en contacto con el suelo.
**EXPR. marcha atrás** Acción de retroceder un vehículo y mecanismo que lleva para poder hacerlo: *Dio marcha atrás para aparcar el coche.* || **a marchas forzadas** Realizando las cosas con mucha prisa: *Trabajaron a marchas forzadas para acabar a tiempo.* **dar marcha atrás** Decidir no hacer algo que se pensaba llevar a cabo: *El gobierno ha dado marcha atrás y no subirá la gasolina.* **poner en marcha** algo Hacer que comience a funcionar: *El ayuntamiento ha puesto en marcha un plan para limpiar la ciudad.* **sobre la marcha** Según se va haciendo algo: *No había preparado el discurso y tuve que inventar sobre la marcha.*
**SIN. 1.** Partida; caminata. **ANT. 1.** Parada.
**FAM.** Marchador.

**marchador, ra** *s. m.* y *f.* Deportista que compite en la marcha.

**marchamo** *s. m.* **1.** Chapa o marca que se pone a algunos productos, por ejemplo a los embutidos, para indicar que ya han pasado un control de calidad. **2.** Señal que ponen los funcionarios de una aduana en los paquetes y maletas para indicar que ya los han revisado.

**marchante, ta** *s. m.* y *f.* Persona que compra y vende, sobre todo la que se dedica a comerciar con obras de arte.

**marchar** *v.* **1.** Ir de un sitio a otro: *Marchaban a través del campo a paso lento.* **2.** Abandonar un lugar: *Ayer se marchó de Madrid.* **3.** Funcionar: *Este coche todavía marcha.* **4.** Ir bien o mal una persona, una actividad u otra cosa: *La nueva discoteca marcha estupendamente.*
**SIN. 1.** Desplazarse. **1.**, **3.** y **4.** Andar. **2.** Partir. **4.** Desarrollarse, desenvolverse. **ANT. 1.** Detenerse. **2.** Volver; permanecer.
**FAM.** Marcha, marchoso.

**marchitar** *v.* **1.** Secar o poner feas las plantas o flores. **2.** Hacer perder la belleza o el buen aspecto: *Su piel se marchitó a causa de la edad.*
**SIN. 1.** Agostar. **1.** y **2.** Ajar. **ANT. 1.** Florecer. **2.** Rejuvenecer.
**FAM.** Marchito.

**marchito, ta** *adj.* **1.** Se dice de las flores y plantas cuando empiezan a secarse. **2.** Se dice de las personas y de su cuerpo cuando empiezan a envejecer.
**SIN. 1.** y **2.** Ajado. **ANT. 1.** y **2.** Lozano, fresco.

**marchoso, sa** *adj.* y *s. m.* y *f.* Muy animado.
**SIN.** Alegre, juerguista.

**marcial** *adj.* **1.** Relacionado con el ejército o la guerra: *Los soldados cantaban himnos marciales.* **2.** Firme, muy derecho: *Camina con un porte marcial.*
**EXPR. artes marciales** Nombre de varios deportes de origen oriental como el judo, el karate o el taekwondo, en que luchan dos personas.
**SIN. 1.** Guerrero, castrense, bélico. **2.** Erguido. **ANT. 1.** Civil. **2.** Desgarbado.

**marciano, na** *adj.* **1.** Del planeta Marte. || *adj.* y *s. m.* y *f.* **2.** Extraterrestre, ser de otro planeta: *Esta noche ponen en la televisión una película de marcianos.*
**SIN. 2.** Alienígena.

**marco** *s. m.* **1.** Cerco que rodea una cosa o en el que queda encajada: *el marco de un cuadro, de una puerta, de una ventana.* **2.** Ambiente o escenario que rodea algo: *Ese pueblecito fue el marco en que se rodó la película.* **3.** La moneda de Alemania y de Finlandia.
**SIN. 1.** Moldura. **2.** Entorno, ámbito.
**FAM.** Enmarcar.

**mare mágnum** *expr.* Busca **maremágnum.** ■ Es una expresión latina. No varía en plural.

**marea** *s. f.* Movimiento de las aguas del mar, que primero ascienden y después descienden, producido por la atracción del Sol y la Luna: *Cuando sube la marea, el mar cubre toda la playa.*
**EXPR. marea negra** Mancha muy grande de petróleo que se ha derramado en el mar.

**marear** *v.* **1.** Producir mareo: *A mí el barco me marea.* **2.** Cansar o aturdir a alguien: *No me marees a preguntas porque no te voy a contar nada. Luisa me marea con su charla.* || **marearse 3.** Sufrir mareo: *Este niño se marea en todos los viajes.*
**SIN. 2.** Abrumar, agobiar, atontar.
**FAM.** Mareo.

**marejada** *s. f.* Estado del mar cuando tiene olas grandes.
**FAM.** Marejadilla.

**marejadilla** *s. f.* Estado del mar cuando está agitado, pero con olas más pequeñas que las de la marejada.

**maremágnum** o **maremagno** *s. m.* Gran cantidad de personas o cosas desordenadas: *Entre el maremágnum de gente que había, no encontré a Luisa.* ▪ Se escribe también *mare mágnum. Maremágnun* no varía en plural.

**maremoto** *s. m.* Especie de terremoto que se produce en el mar, con gran agitación de las aguas.

**marengo** *adj. y s. m.* Se dice del color gris muy oscuro.

**mareo** *s. m.* **1.** Malestar que produce náuseas y vómitos, sudor, palidez y dificultad para estar de pie: *Siempre que viaja en autocar sufre mareos.* **2.** Cansancio o agobio que sufre una persona por el ruido, el jaleo o cosas parecidas: *Los sitios llenos de gente me producen mareo.*
**SIN. 1.** Vértigo, vahído. **2.** Atontamiento.

**marfil** *s. m.* **1.** Material blanquecino y muy duro del que están formados los colmillos de los elefantes y, en poca cantidad, los dientes de los animales vertebrados. Se emplea para fabricar objetos. **2.** Color como el de este material.
**FAM.** Marfileño.

**marfileño, ña** *adj.* **1.** De marfil o que se parece al marfil: *Tiene una piel de blancura marfileña.* ‖ *adj. y s. m. y f.* **2.** De Costa de Marfil, país de África.

**margarina** *s. f.* Alimento parecido a la mantequilla que se fabrica sobre todo con aceites vegetales.

**margarita** *s. f.* **1.** Planta con flores que tienen el centro amarillo y los pétalos blancos. **2.** Flor de esta planta.

margarita

**margen** *s. amb.* **1.** Borde de una cosa: *Pasearon por la margen derecha del río.* ‖ *s. m.* **2.** Espacio en blanco que hay alrededor de una página escrita. **3.** Límite de tiempo, de espacio o de otra cosa que tiene una persona: *El profesor les dio poco margen de tiempo para hacer el examen.* **4.** Lo que gana un comerciante por cada producto que vende.
**EXPR. al margen** Apartado, sin intervenir: *Hicieron planes para el fin de semana, pero a Luisa la dejaron al margen.*
**SIN. 1.** Ribera. **4.** Ganancia, beneficio.
**FAM.** Marginal, marginar.

**marginación** *s. f.* Hecho de marginar o ser marginado: *la marginación de los inmigrantes, la marginación de los gitanos.*

**marginado, da** *adj. y s. m. y f.* **1.** Apartado de un grupo, sin que nadie le haga caso. **2.** Se dice de las personas que por la forma en que viven no se sienten aceptadas por la sociedad.

**marginal** *adj.* **1.** De poca importancia: *Yo no me preocuparía por eso: es un problema marginal.* **2.** En el margen o del margen: *El profesor puso varias notas marginales en mi ejercicio.* ‖ *adj. y s. m. y f.* **3.** Se dice de las personas marginadas y de lo relacionado con ellas: *una conducta marginal, un barrio marginal.*
**SIN. 1.** Secundario, accesorio. **ANT. 1.** Principal, esencial.

**marginar** *v.* Apartar a una persona o grupo, no hacerles caso o rechazarlos: *Sus compañeros le marginan porque es muy antipático.*
**SIN.** Separar, excluir, relegar, discriminar. **ANT.** Integrar.
**FAM.** Marginación, marginado.

**maría** *s. f.* **1.** Asignatura fácil de aprobar. **2.** Mujer sencilla que normalmente es ama de casa. **3.** Galleta redonda y plana.

**mariachi** *s. m.* **1.** Música popular y muy alegre, típica de México. **2.** Orquesta que toca esta música. **3.** Cada uno de los músicos de esta orquesta.

**mariano, na** *adj.* Relacionado con la Virgen María y, sobre todo, con su culto.

**marica** *s. m.* **1.** Hombre homosexual o que hace gestos y movimientos como los de las mujeres. ▪ Con este significado es una palabra despectiva y vulgar. ‖ *s. f.* **2.** Urraca.
**SIN. 1.** Maricón, mariquita, afeminado.
**FAM.** Maricón, mariconada, mariconera, mariquita. / Amariconarse.

**Maricastaña** *n. p.* Nombre que se usa para indicar que algo es muy antiguo: *Ese pantalón es del año de Maricastaña. Tiene libros guardados de los tiempos de Maricastaña.*

**maricón** *s. m.* Marica, hombre homosexual. ▪ Es una palabra despectiva y vulgar.

**mariconada** *s. f.* **1.** Cosa que parece propia de un marica. **2.** Tontería, cosa sin importancia: *No te ofendas ahora por esa mariconada, cosas peores has oído.* **3.** Acción con la que se perjudica a alguien. ▪ Es una palabra despectiva y vulgar.
**SIN. 2.** Chorrada, gilipollez. **3.** Putada, faena, jugarreta.

**mariconera** *s. f.* Bolso de mano que usan los hombres.

**marido** *s. m.* Esposo de una mujer.
**FAM.** Marital. / Extramarital.

**marihuana** o **mariguana** *s. f.* Droga que se obtiene de las hojas de una planta; los que la consumen la fuman mezclada con el tabaco.

**marimacho** *s. m.* Mujer que por su aspecto o por su forma de comportarse parece un hombre.

**marimandón, na** *s. m.* y *f.* Persona mandona, que quiere que otros hagan lo que ella quiere.

**marimorena** *s. f.* Riña o pelea con mucho jaleo: *Se armó la marimorena cuando una chica intentó colarse en el cine.*
SIN. Trifulca, gresca.

**marina** *s. f.* **1.** Conjunto de barcos de una nación y personal que trabaja en todo lo relacionado con ellos. Pueden ser de guerra o estar dedicados al comercio. **2.** Ciencia que enseña a navegar.
SIN. **1.** Flota, armada.
FAM. Marine, marinería, marinero. / Aguamarina, guardiamarina.

**marine** *s. m.* Soldado de infantería de la marina de los Estados Unidos o del Reino Unido.

**marinería** *s. f.* Grupo de marineros, en especial el que va en un barco.

**marinero, ra** *adj.* **1.** De la marina o de los marineros. ‖ *s. m.* y *f.* **2.** Tripulante de un barco, sobre todo el que no tiene graduación.
EXPR. **a la marinera** Forma de cocinar algunos alimentos, sobre todo los pescados, con una salsa que lleva aceite, ajo, cebolla y perejil.

**marino, na** *adj.* **1.** Del mar: *Las ballenas y los tiburones son animales marinos.* ‖ *adj.* y *s. m.* **2.** Color azul muy oscuro. ‖ *s. m.* **3.** Persona experta en navegar. **4.** Persona que trabaja en la marina: *Su padre era capitán de barco y él también es marino.*
SIN. **1.** Marítimo. **3.** Navegante.

**marioneta** *s. f.* **1.** Muñeco que se mueve por medio de hilos. **2.** Persona con poca personalidad, que se deja manejar por otra. ‖ *s. f. pl.* **3.** Obra de teatro hecha con esos muñecos.
SIN. **1.** a **3.** Títere.

**mariposa** *s. f.* **1.** Insecto con cuatro alas de colores muy vistosos. **2.** Una forma de nadar en que se impulsan los dos brazos hacia delante con mucha fuerza. **3.** Palomilla, tuerca con dos aletas para que se pueda apretar con los dedos.
FAM. Mariposear.

**mariposear** *v.* **1.** Cambiar muchas veces de lugar, de ocupación, de aficiones: *Estuvo mariposeando un tiempo hasta que se decidió por la medicina.* **2.** Andar todo el tiempo dando vueltas alrededor de una persona o cosa: *Ese cantante siempre lleva un montón de admiradoras mariposeando alrededor.* **3.** Coquetear: *Estuvo mariposeando con varios chicos durante el verano.* **4.** Comportarse un hombre de forma afeminada.
SIN. **1.** Zascandilear. **2.** Revolotear, pulular. **3.** Flirtear, tontear.

**mariquita** *s. f.* **1.** Insecto de forma ovalada que tiene cuatro alas, dos de ellas duras y de color rojo o amarillo con puntitos negros. ‖ *s. m.* **2.** Marica, hombre homosexual. ■ Con este último significado, es una palabra despectiva.

**marisabidilla** *s. f.* Mujer que presume de saberlo todo.
SIN. Sabihonda.

**mariscada** *s. f.* Comida en que se toman mariscos.

**mariscador, ra** *adj.* y *s. m.* y *f.* Persona que pesca marisco.

**mariscal** *s. m.* Grado superior del ejército en algunos países.

**mariscar** *v.* Pescar marisco. ■ Delante de *e* se escribe *qu* en lugar de *c*: *marisque.*

**marisco** *s. m.* Nombre que se da a los crustáceos y moluscos comestibles, como la langosta, la cigala, el cangrejo, los langostinos o los percebes.
FAM. Mariscada, mariscador, mariscar, marisquería.

**marisma** *s. f.* Terreno pantanoso, cerca de la costa, que se inunda por las aguas del mar.

**marisquería** *s. f.* Restaurante donde principalmente se come marisco.

**marista** *adj.* y *s. m.* De las congregaciones religiosas devotas de la Virgen María.

**marital** *adj.* Del matrimonio o propio del matrimonio: *Se ha separado después de quince años de vida marital.*
SIN. Conyugal.

**marítimo, ma** *adj.* Relacionado con el mar, que vive o se hace en el mar, o que está junto a él: *Este barco se dedica al transporte marítimo de mercancías. Fueron andando por el paseo marítimo.*
SIN. Marino, náutico.

**marketing** *s. m.* Conjunto de técnicas y métodos para estudiar las posibilidades de venta que va a tener un nuevo producto o servicio y para ayudar

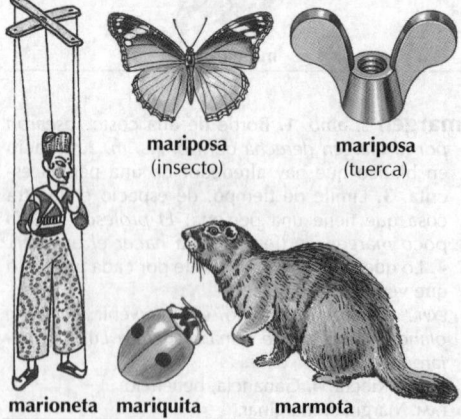

mariposa (insecto)

mariposa (tuerca)

marioneta   mariquita   marmota

a darlo a conocer y distribuirlo en las tiendas y entre el público. ■ Es una palabra inglesa. Su plural es *marketings*. Se dice también *mercadotecnia*.

**marmita** *s. f.* Olla grande de metal.

**marmitako** *s. m.* Guiso de bonito con patatas. ■ Es una palabra vasca.

**mármol** *s. m.* Roca caliza, muy dura, de varios colores, con vetas, que se emplea por ejemplo para cubrir suelos, construir tumbas o hacer esculturas. **FAM.** Marmolina, marmolista, marmóreo.

**marmolina** *s. f.* Material que imita el mármol.

**marmolista** *s. m.* y *f.* Persona que vende y talla mármol.

**marmóreo, a** *adj.* Hecho de mármol o que se parece al mármol: *una dureza marmórea.*

**marmota** *s. f.* **1.** Mamífero roedor, del tamaño de un gato, que vive en las altas montañas y pasa el invierno durmiendo en su madriguera. **2.** Persona que duerme mucho.

**maroma** *s. f.* Cuerda muy gruesa.

**maromo** *s. m.* **1.** Hombre del que no se sabe el nombre: *Venía acompañado de un maromo que resultó ser su hermano.* **2.** Novio, marido o amante de una mujer: *Fue a la boda acompañada de su maromo.* **SIN. 1.** Individuo, fulano, tipo.

**marqués, sa** *s. m.* y *f.* **1.** Persona de la nobleza que tiene un título más importante que el de conde y menos que el de duque. ‖ *s. f.* **2.** Mujer del marqués.

**marquesina** *s. f.* Cubierta colocada sobre la entrada de un edificio, una parada de autobús, un andén u otro lugar, que sirve sobre todo para proteger del sol y la lluvia a las personas que esperan.

**marquetería** *s. f.* **1.** Trabajo de decorar la madera metiendo en ella piezas de marfil, nácar, metales u otras maderas. **2.** Técnica que consiste en hacer dibujos y calados en una madera muy fina con una sierra especial. **SIN. 1.** Taracea.

**marrajo** *s. m.* Nombre de varias especies de tiburones de gran tamaño, hocico alargado y cola en forma de media luna.

**marranada** *s. f.* **1.** Cosa sucia. **2.** Mala acción que perjudica o fastidia a otro. **SIN. 1.** y **2.** Cerdada, guarrada, cochinada.

**marrano, na** *adj.* y *s. m.* y *f.* **1.** Persona o cosa sucia. **2.** Persona que se porta mal con otros. ‖ *s. m.* y *f.* **3.** Cerdo, animal. **SIN. 1.** a **3.** Puerco, cochino, guarro. **ANT. 1.** Limpio. **2.** Bueno. **FAM.** Marranada.

**marrar** *v.* Fallar: *Marró el tiro y no metió gol.* **SIN.** Errar, equivocarse. **ANT.** Acertar.

marquesina

**marras** Se usa en la expresión **de marras**, que significa 'ya conocido, el mismo o la misma de otras veces': *Por la tarde, vio de nuevo al individuo de marras con el que se había peleado.*

**marrón** *adj.* y *s. m.* **1.** Se dice del color como el de la cáscara de castaña; también se dice de las cosas que lo tienen: *unos zapatos marrones.* **2.** Cosa molesta o pesada. **SIN. 1.** Pardo, castaño. **2.** Papeleta, engorro.

**marron glacé** *expr.* Dulce hecho de castañas confitadas y recubiertas con azúcar. ■ Es una expresión francesa.

**marroquí** *adj.* y *s. m.* y *f.* De Marruecos, país del norte de África. ■ Su plural es *marroquís* o *marroquíes*. **FAM.** Marroquinería.

**marroquinería** *s. f.* **1.** Fabricación de artículos de piel o cuero. **2.** Conjunto de estos artículos, por ejemplo carteras, bolsos o maletas.

**marrullero, ra** *adj.* y *s. m.* y *f.* Que utiliza todo tipo de trampas o trucos para engañar a otro. **SIN.** Tramposo.

**marsellés, sa** *adj.* y *s. m.* y *f.* De Marsella, ciudad de Francia. **FAM.** Marsellesa.

**marsellesa** *s. f.* Himno nacional de los franceses.

**marsopa** o **marsopla** *s. f.* Mamífero marino parecido al delfín, pero con el dorso negro, el vientre rosado y el morro más chato.

marsopa

**marsupial** *adj.* y *s. m.* Se dice de los mamíferos, como el canguro, cuyas hembras tienen una bolsa por delante del cuerpo para llevar a sus crías cuando son muy pequeñas.

**marsupio** *s. m.* Bolsa que tienen en la parte exterior del vientre las hembras de los canguros y otros marsupiales para llevar a sus crías.
**FAM.** Marsupial.

**marta** *s. f.* Mamífero carnívoro de cabeza pequeña, cola larga y pelo muy espeso y suave de color castaño. Su piel se usa para hacer abrigos.

**martes** *s. m.* Segundo día de la semana. ■ No varía en plural.

**martillar** *v.* Busca **martillear**.

**martillazo** *s. m.* Golpe dado con el martillo.

**martillear** *v.* **1.** Dar golpes con un martillo. **2.** Atormentar, preocupar mucho: *Aquella idea le martillea la cabeza.* ■ Se dice también *martillar.*
**SIN. 2.** Agobiar, abrumar.

**martillo** *s. m.* **1.** Herramienta compuesta de un mango de madera y una cabeza de hierro, que sirve para golpear. **2.** Uno de los huesecillos del oído medio encargado de transmitir al oído interno las vibraciones recogidas por el tímpano.
**FAM.** Martillar, martillazo, martillear. / Machamartillo.

**martín pescador** *expr.* Ave de plumas brillantes de color verde o azul por arriba y castaño rojizo por el vientre, que tiene el pico largo y puntiagudo. Vive en las orillas de los ríos y lagunas y se alimenta de pececillos.

**martingala** *s. f.* Engaño u otra cosa que se hace de forma astuta para conseguir algo: *Se sabía muchas martingalas para colarse en los sitios sin pagar.*
**SIN.** Treta, artimaña.

**martini** *s. m.* **1.** Vermú. **2.** Bebida alcohólica hecha con ginebra y vermú seco.

**mártir** *s. m.* y *f.* **1.** Persona que muere por defender su religión o sus ideas. **2.** Persona que soporta muchos sufrimientos.
**SIN. 2.** Víctima.
**FAM.** Martirio, martirizar, martirologio.

**martirio** *s. m.* **1.** Muerte o torturas que padece una persona por defender su religión o sus ideas. **2.** Sufrimiento, molestia o fastidio muy grande: *Tener que estudiar esa lección tan aburrida es un martirio.*
**SIN. 1.** y **2.** Tormento, suplicio.

**martirizar** *v.* **1.** Matar o torturar a un mártir. **2.** Causar mucha pena, molestia o fastidio: *Aquí, en verano, los mosquitos te martirizan.* ■ Delante de *e* se escribe *c* en lugar de *z*: *martiricen.*
**SIN. 2.** Molestar, incordiar, atormentar, afligir.

**martirologio** *s. m.* Libro que contiene la lista de los mártires y santos de la religión cristiana.

**maruja** *s. f.* Nombre que se da en broma a las amas de casa.
**FAM.** Marujear.

**marujear** *v.* Hacer lo que se supone que hacen las marujas.

**marxismo** *s. m.* Conjunto de ideas económicas, políticas y filosóficas de Karl Marx, pensador alemán que vivió en el siglo XIX. También, movimiento que intenta llevar a la práctica esas ideas.
**FAM.** Marxista.

**marxista** *adj.* y *s. m.* y *f.* Del marxismo o partidario del marxismo.

**marzo** *s. m.* Tercer mes del año, que tiene treinta y un días.

**mas** *conj.* Pero: *Me dijeron que jugaba al baloncesto, mas no sabía que lo hiciera tan bien.*

**más** *adv.* **1.** Expresa mayor cantidad o intensidad de algo: *Javier quiere más azúcar. Ahora hace más frío. Esta película es más interesante. Ana es más decidida que Luisa.* **2.** Tan: *¡Qué libro más aburrido!* **3.** Refuerza una negación: *A ese lugar no vuelvo más porque no me ha gustado.* || *s. m.* **4.** Signo aritmético (+) de la suma: *4 + 5 = 9.*
**EXPR. de lo más** Muy: *Pasaron una tarde de lo más divertida.* **de más** De sobra: *He preparado comida de más por si llegan nuevos invitados. Me voy porque aquí estoy de más.* **el que más y el que menos** o **quien más y quien menos** Todo el mundo, sin excepción: *El que más y el que menos ha hecho alguna vez una travesura.* **más bien** Por el contrario: *No creo que llueva, más bien parece que hará un día espléndido.* **más o menos** Aproximadamente: *El pueblo queda más o menos a un kilómetro de aquí.* **sin más ni más** Sin motivo o de repente: *Luisa se levantó y se marchó sin más.* **sus más y sus menos** Peleas, problemas: *Tuvo sus más y sus menos con Carmen, pero ahora se llevan estupendamente.*
**FAM.** Además, demás.

**masa** *s. f.* **1.** Mezcla que resulta al añadir un líquido a una sustancia sólida o en polvo: *La masa para hacer el pan es una mezcla de agua, harina y levadura.* **2.** Conjunto de muchas personas: *una gran masa de gente.* **3.** Conjunto de cosas o cantidad de materia que forma algo: *El Sol está escondido detrás de una masa de nubes. El mar es una enorme masa de agua.* **4.** En física, cantidad de materia que tiene un cuerpo; se mide principalmente en kilogramos. **5.** En algunos lugares de América del Sur, pastelito.

marta        martín pescador

**EXPR. en masa** Todo o todos a la vez: *Los chicos salieron en masa al recreo.*
**SIN. 1.** Pasta. **2.** Multitud.
**FAM.** Masificado, masilla, masivo. / Amasar.

**masacrar** *v.* Hacer una masacre.
**SIN.** Exterminar.

**masacre** *s. f.* Matanza de muchas personas, sobre todo cuando no pueden defenderse.
**SIN.** Exterminio.
**FAM.** Masacrar.

**masai** *adj. y s. m. y f.* De un pueblo de pastores que vive en Kenia y Tanzania, países de África.

**masaje** *s. m.* Acción de apretar, frotar o dar ligeros golpes en algunas partes del cuerpo para que una persona se encuentre mejor.
**SIN.** Friega, fricción.
**FAM.** Masajear, masajista. / Hidromasaje.

**masajear** *v.* Dar masajes: *Masajéame el cuello, que lo tengo un poco tenso.*

**masajista** *s. m. y f.* Profesional que se dedica a dar masajes, por ejemplo en centros deportivos o en institutos de belleza.

**mascar** *v.* Masticar: *El niño masca un chicle.* ■ Delante de *e* se escribe *qu* en lugar de *c*: *masqué.*

**máscara** *s. f.* **1.** Pieza o aparato con que alguien se cubre la cara. Se usa por ejemplo para no ser reconocido por los demás o para no respirar gases perjudiciales. **2.** Traje con que alguien se disfraza: *Mis amigos fueron a un baile de máscaras en las fiestas de Carnaval.*
**SIN. 1.** Careta, antifaz. **2.** Disfraz.
**FAM.** Mascarada, mascarilla, mascarón. / Enmascarar.

**mascarada** *s. f.* **1.** Fiesta en la que la gente se tapa la cara con máscaras. **2.** Lo que se prepara para ocultar algo o para engañar a los demás: *Su enfermedad era una mascarada: se lo inventó para dar pena y que le diesen dinero.*
**SIN. 2.** Farsa, engaño.

**mascarilla** *s. f.* **1.** Máscara que sólo tapa la boca y nariz, como las que llevan los cirujanos durante las operaciones. **2.** Crema que se pone sobre la piel y el cabello para cuidarlos; se deja durante un rato y luego se quita. **3.** Molde que se saca del rostro de una persona para hacer una escultura con él.
**SIN. 1.** Antifaz. **3.** Vaciado.

**mascarón** *s. m.* Cara de formas raras o fantásticas que adorna algunas obras de arquitectura: *El agua de la fuente sale de varios mascarones.*
**EXPR. mascarón de proa** Figura colocada como adorno en lo alto de la proa de un barco.

**mascletá** *s. f.* Serie de petardos que explotan uno detrás de otro y son típicos de las fiestas valencianas. ■ Es una palabra valenciana.

**mascota** *s. f.* **1.** Animal, cosa y a veces persona que se cree que trae buena suerte o sirve para represen-

tar algo: *La mascota de nuestro equipo es un elefante.* **2.** Animal que uno tiene en su casa.
**SIN. 1.** Amuleto, talismán.

**masculino, na** *adj.* **1.** Se dice del ser vivo que tiene órganos para fecundar. También se dice de todo lo que está relacionado con estos seres. **2.** Propio del hombre: *Tiene una voz muy masculina.* ‖ *adj. y s. m.* **3.** Género gramatical de los sustantivos que significan personas y animales del sexo masculino, y de las cosas a las que se ha dado este género por su terminación o por su uso: *«Gato», «hombre» y «portal» son palabras de género masculino.*
**SIN. 1.** Macho. **2.** Viril, varonil. **ANT. 1.** a **3.** Femenino.

**mascullar** *v.* Hablar entre dientes o en voz baja de forma que no se entienda bien.
**SIN.** Murmurar.

**masetero** *s. m.* Cada uno de los músculos que mueven la mandíbula de abajo.

**masía** *s. f.* Casa de campo típica de Cataluña, con tierras de cultivo y establos para el ganado.

**masificado, da** *adj.* Se dice del lugar en el que hay mucha gente: *En vacaciones, las playas están masificadas.*
**SIN.** Atiborrado, atestado. **ANT.** Vacío, desierto.

**masilla** *s. f.* Pasta hecha con diversas sustancias, como la que se usa a veces para sujetar los cristales a los marcos.
**FAM.** Enmasillar.

**masivo, va** *adj.* En gran cantidad: *El fin de semana se produjo una salida masiva de automóviles.*
**SIN.** Enorme. **ANT.** Insignificante, moderado.

**masoca** *adj. y s. m. y f.* Masoquista.

**masón, na** *s. m. y f.* Miembro de la masonería.

**masonería** *s. f.* Asociación secreta, extendida por todo el mundo; sus miembros se consideran hermanos y se ayudan unos a otros. Se dividen en grupos llamados *logias.*
**FAM.** Masón.

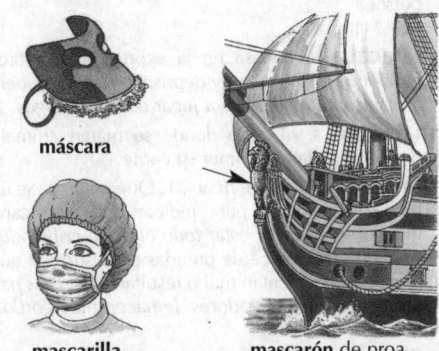

**máscara**

**mascarilla**      **mascarón** de proa

**masoquismo** *s. m.* El disfrutar alguien cuando le hacen sufrir.
**FAM.** Masoca, masoquista. / Sadomasoquismo.

**masoquista** *adj.* y *s. m.* y *f.* Persona que disfruta con cosas desagradables o cuando le hacen sufrir.
**SIN.** Masoca.

**mastaba** *s. f.* Tumba del antiguo Egipto que es como una pirámide plana por arriba y con un rectángulo como base.

**máster** *s. m.* Curso especializado, sobre todo para personas que tienen un título universitario. ■ Es una palabra inglesa. Su plural es *másters.*

**masticar** *v.* Deshacer los alimentos en la boca con los dientes y las muelas. ■ Delante de *e* se escribe *qu* en lugar de *c*: *Mastiqué despacio el filete.*
**SIN.** Mascar.

**mástil** *s. m.* **1.** Palo vertical que sostiene una o varias velas en un barco. **2.** Palo vertical que sirve para sostener otras cosas: *el mástil de una bandera.* **3.** Pieza estrecha y larga de los instrumentos de cuerda, como la guitarra o la bandurria.
**SIN. 2.** Asta.

**mastín** *adj.* y *s. m.* y *f.* Se dice de una raza de perros muy fuertes y robustos, con la cabeza grande y el pelo corto. Son buenos perros pastores y de defensa.

**mastodonte** *s. m.* **1.** Animal parecido al elefante, que vivió en la Tierra hace miles de años. **2.** Persona o cosa de tamaño muy grande.
**SIN. 2.** Mamotreto, armatoste. **ANT. 2.** Miniatura.
**FAM.** Mastodóntico.

**mastodóntico, ca** *adj.* Que es del tamaño de un mastodonte.

**mastuerzo** *adj.* y *s. m.* Torpe, tonto.
**SIN.** Zoquete, bruto, zopenco. **ANT.** Listo, hábil.

**masturbación** *s. f.* Acción de masturbarse.

**masturbarse** *v.* Sentir placer una persona tocando sus órganos sexuales.
**FAM.** Masturbación.

**mata** *s. f.* Matojo, hierba o arbusto de poca altura.
**EXPR. mata de pelo** Pelo largo y abundante de una persona.
**FAM.** Matorral.

**matacaballo** Se usa en la expresión **a matacaballo**, que significa 'muy deprisa': *Hizo los deberes a matacaballo para irse a jugar con sus amigos.*

**matadero** *s. m.* Sitio donde se matan animales para que podamos comer su carne.

**matador, ra** *adj.* y *s. m.* y *f.* **1.** Que mata. **2.** Se usa como exageración para indicar que algo cansa mucho: *Es matador estar todo el día escribiendo a máquina.* **3.** Se dice de prendas de vestir que quedan ridículas, sientan mal o resultan feas: *Esos pantalones le están matadores: le hacen muy gordo.* || *s. m.* y *f.* **4.** Torero.
**SIN. 4.** Espada, diestro.

**matadura** *s. f.* **1.** Llaga o herida que se hace un burro, mula u otro animal parecido al rozarse con las correas y otras cosas que llevan. **2.** Golpe o herida de poca importancia: *Estuvo jugando al fútbol y llegó a casa con la pierna llena de mataduras.*

**matamoscas** *s. m.* **1.** Producto que sirve para matar moscas y mosquitos. **2.** Paleta con rejilla y un mango largo que sirve para matar moscas. ■ No varía en plural.

**matanza** *s. f.* **1.** Acción de matar. **2.** Muchas muertes de personas causadas en una guerra, en una batalla o en otra situación parecida. **3.** Tarea de matar los cerdos y preparar su carne para hacer embutidos y fiambre; también se llama matanza a los productos que se obtienen en ella y a la época en que se hace.
**SIN. 2.** Masacre, carnicería, exterminio.

**matar** *v.* **1.** Quitar la vida. **2.** Quitar el hambre o la sed: *Para matar el hambre se ha comido unas patatas fritas.* **3.** Pasar el tiempo: *Mata las horas haciendo crucigramas.* **4.** Hacer sufrir o quitar la salud: *Le matan los disgustos que le dan sus hijos.* || **matarse 5.** Quitarse la vida uno mismo. **6.** Perder la vida: *Se cayó del andamio y se mató.* **7.** Esforzarse mucho: *Se mata a estudiar.* **8.** No quedar bien una cosa con otra: *El marrón y el azul se matan.*
**EXPR. llevarse a matar** con alguien Llevarse muy mal. **matarlas callando** Hacer algo malo, pero dando la impresión a los demás de que uno es muy bueno y no hace esas cosas.
**SIN. 1.** Asesinar, liquidar. **2.** Calmar. **5.** Suicidarse.
**FAM.** Matacaballo, matadero, matador, matadura, matamoscas, matanza, matarife, matarratas, matasanos, matasellos, matasiete, matasuegras, matón. / Rematar.

**matarife** *s. m.* Persona que mata animales y parte su cuerpo en trozos en el matadero.

**matarratas** *s. m.* **1.** Veneno para matar ratas. **2.** Bebida alcohólica muy fuerte y de mal sabor. ■ No varía en plural.
**SIN. 1.** Raticida.

**matasanos** *s. m.* y *f.* Manera de llamar en broma a los médicos, sobre todo a los malos médicos. ■ No varía en plural.

**matasellos** *s. m.* **1.** Marca o dibujo que aparece sobre los sellos de las cartas y paquetes que recibimos, para que no puedan utilizarse dos veces. **2.** Tampón que tienen en las oficinas de correos para poner esta marca. ■ No varía en plural.

**matasiete** *s. m.* Hombre que presume de valiente y al que le gusta buscar pelea.
**SIN.** Matón, chulo, bravucón.

**matasuegras** *s. m.* Objeto de broma que consiste en un tubo de papel enroscado, con una boquilla en un extremo, por donde se sopla para que se desenrolle bruscamente, de manera que otra persona se asuste. ■ No varía en plural.

**match** *s. m.* En deporte, encuentro entre dos personas o dos equipos: *un match de tenis, un match de fútbol.* ■ Es una palabra inglesa. Su plural es *matchs* o *matches.*

**match-ball** *s. m.* En el tenis y otros deportes, punto que da la victoria al jugador o al equipo que lo marca. ■ Es una palabra inglesa. Su plural es *match-balls.*

**mate¹** *s. m.* **1.** Jugada en el ajedrez en la que el rey de un bando es atacado de tal manera por las piezas del adversario que no puede defenderse; gana el jugador que da el mate. **2.** Tiro fuerte de la pelota de arriba abajo; en baloncesto, por ejemplo, es la canasta que se mete de este modo.

**mate²** *adj.* Sin brillo: *Revelaron las fotos en mate.* **ANT.** Brillante.

**mate³** *s. m.* **1.** Planta que se cultiva en América del Sur. **2.** Hojas secas de esta planta y bebida que se prepara hirviendo estas hojas en algunos países de América del Sur.

**matemáticas** *s. f. pl.* Ciencia que estudia los números, las figuras geométricas y otras cosas. **FAM.** Matemático.

**matemático, ca** *adj.* **1.** De las matemáticas. **2.** Que no falla, que suele cumplirse: *Es matemático: cada vez que quiero ir a la piscina, amanece nublado.* || *s. m.* y *f.* **3.** Persona que se dedica a las matemáticas.

**materia** *s. f.* **1.** Todo lo que existe en el universo, formado por partículas que se agrupan en átomos y moléculas. **2.** Sustancia o material de que está hecha una cosa: *Plástico y madera son las materias empleadas en este mueble.* **3.** Aquello sobre lo que se habla, se escribe o se discute: *La materia de la conversación fue el deporte.* **4.** Asignatura: *Conocimiento del medio es la materia que se me da mejor.* **EXPR. materia gris** Cerebro, inteligencia. **materia prima** Sustancia natural utilizada en una industria para hacer sus productos. **SIN. 3.** Tema, asunto. **FAM.** Material. / Inmaterial.

**material** *adj.* **1.** De materia o relacionado con ella. **2.** Lo que no es espiritual: *Sólo se preocupa del dinero y las cosas materiales.* **3.** Se dice del que hace algo directamente y en persona: *el autor material del crimen.* || *s. m.* **4.** Materia que se emplea para hacer algo: *El material del suelo es de primera.* **5.** Conjunto de instrumentos, máquinas y otras cosas que son necesarias para algo, por ejemplo en un trabajo, en una actividad: *Ahí venden material de oficina.* **6.** Cuero curtido: *un monedero de material.* **SIN. 2.** Terrenal. **ANT. 1.** y **2.** Inmaterial. **FAM.** Materialismo, materialista, materializar, materialmente.

**materialismo** *s. m.* **1.** Doctrina filosófica que únicamente cree en lo material. **2.** Actitud de la persona materialista.

**materialista** *adj.* y *s. m.* y *f.* **1.** La persona que aprecia excesivamente las cosas materiales, el dinero y las posesiones. || *s. m.* y *f.* **2.** En México, transportista.

**materializar** *v.* **1.** Hacer realidad un proyecto, idea, promesa, deseo: *Consiguió materializar su sueño de montar un restaurante.* **2.** Hacer que una persona se vuelva materialista. ■ Delante de *e* se escribe *c* en lugar de *z*: *materialicéis.*

**materialmente** *adv.* **1.** De manera material. **2.** De hecho, realmente: *Tiene clase a las tres, así que le es materialmente imposible llegar a casa a comer.*

**maternal** *adj.* Propio de la madre: *amor maternal, cuidados maternales.* **SIN.** Materno.

**maternidad** *s. f.* **1.** Hecho de ser madre. **2.** Centro clínico para la asistencia de mujeres que van a tener un hijo.

**maternizada** *adj.* Se dice de la leche que tiene las mismas características que la de la mujer.

**materno, na** *adj.* **1.** De la madre o relacionado con la madre. **2.** Se dice de la lengua que una persona aprende de sus padres: *Habla varios idiomas, pero su lengua materna es el inglés.* **SIN. 1.** Maternal. **FAM.** Maternal, maternidad, maternizada.

**matinal** *adj.* Relacionado con la mañana, o que ocurre o se hace por la mañana. **SIN.** Matutino. **FAM.** Matiné.

**matiné** *s. f.* Sesión de un espectáculo que se hace por la mañana o a primera hora de la tarde.

**matiz** *s. m.* **1.** Cada una de las intensidades que puede tener un color sin que deje de distinguirse de los demás. **2.** Rasgo o diferencia pequeña: *Había en sus palabras un matiz de chulería.* ■ Su plural es *matices.* **SIN. 1.** Tonalidad, gama. **FAM.** Matizar.

**matización** *s. f.* Acción de matizar.

**matizar** *v.* **1.** Combinar de manera armoniosa los colores. **2.** Dar un tono a un color. **3.** Señalar los matices de algo o dar a algo un matiz: *Su explicación no queda clara, necesita matizarla.* ■ Delante de *e* se escribe *c* en lugar de *z*: *matice.* **SIN. 1.** Graduar. **3.** Concretar, puntualizar. **FAM.** Matización.

**matojo** *s. m.* Planta o arbusto de poca altura. **SIN.** Mata.

**matón** *s. m.* **1.** Hombre que presume de valiente y busca pelea. **2.** Guardaespaldas. **SIN. 1.** Bravucón, chulo.

**matorral** *s. m.* Arbusto o conjunto de arbustos y matas.

**matraca** *s. f.* **1.** Rueda de tablas en forma de cruz, con mazos que al girar la rueda producen un ruido fuerte y desagradable; se usa en Semana Santa en lugar de las campanas. **2.** Instrumento de madera que produce un sonido desagradable. **3.** Rollo, tabarra: *Le da la matraca a su madre para que le compre los pantalones que quiere.* ‖ *s. f. pl.* **4.** La asignatura de matemáticas.
**SIN. 2.** Carraca. **3.** Tostón, murga, lata.

**matraz** *s. m.* Vasija de vidrio en forma de esfera con un cuello recto y estrecho, muy utilizada en los laboratorios. ■ Su plural es *matraces.*

**matriarcado** *s. m.* Una forma de organización social, que se cree que tenían algunos pueblos primitivos, en la que mandaban las mujeres.
**ANT.** Patriarcado.
**FAM.** Matriarcal.

**matriarcal** *adj.* Del matriarcado o que está relacionado con él.

**matrícula** *s. f.* **1.** Lo que se hace cuando uno se apunta a un curso, a una asignatura o a otra cosa parecida: *La matrícula para las clases de inglés cuesta sesenta euros.* **2.** Lista de nombres de personas o cosas que se inscriben con un fin. **3.** Anotación de un vehículo en una lista oficial y placa que lleva, en la que aparece el número que tiene en esa lista.
**EXPR.** **matrícula de honor** La mejor calificación, superior al sobresaliente.
**FAM.** Matricular.

**matricular** *v.* Apuntar a alguien o algo en un curso, en una asignatura o en una lista oficial: *Se ha matriculado en una autoescuela para dar clases de conducir.*
**SIN.** Inscribir.

**matrimonial** *adj.* Del matrimonio o relacionado con él.
**FAM.** Matrimonialista.

**matrimonialista** *adj. y s. m. y f.* Se dice del abogado especialista en derecho de familia: *Tuvieron que ir a un matrimonialista para tramitar la separación.*

**matrimonio** *s. m.* **1.** Unión de un hombre y una mujer que se hace según la ley, para vivir juntos y formar una familia. **2.** En la religión católica, sacramento por el cual un hombre y una mujer se unen para siempre con ese mismo fin. **3.** Un hombre y una mujer casados.
**SIN. 1.** Casamiento.
**FAM.** Matrimonial. / Extramatrimonial, prematrimonial.

**matrioska** *s. f.* Muñeca de madera que se puede abrir por la cintura y dentro tiene una muñeca igual pero más pequeña que también se abre y tiene otra muñeca más pequeña, y así sucesivamente. ■ Es una palabra rusa.

**matritense** *adj. y s. m. y f.* Madrileño.

**matriz** *s. f.* **1.** Órgano de las mujeres y de las hembras de los mamíferos en el que se desarrolla el hijo antes de nacer. **2.** Molde en que se funden cosas.

**3.** Parte que queda unida al talonario al arrancar los talones, cheques u otras cosas que lo forman. ■ Su plural es *matrices.*
**SIN. 1.** Útero, seno.

**matrona** *s. f.* **1.** Mujer madura y gruesa. **2.** Comadrona.

**matusalén** *s. m.* Persona muy vieja: *Se conserva bien, pero tiene más años que matusalén.*

**matute** *s. m.* **1.** Hecho de introducir una cosa de forma ilegal en un lugar: *Le metieron un matute y ni se enteró.* **2.** Mercancía que se introduce de ese modo.
**EXPR.** **de matute** De contrabando, clandestinamente: *Se cansó de hacer autostop y vino de matute en un tren.*

**matutino, na** *adj.* Relacionado con las horas de la mañana, que ocurre o se hace en ellas: *La compra es una de sus tareas matutinas. La mayor parte de los periódicos son matutinos.*
**SIN.** Matinal.
**FAM.** Matinal. / Maitines.

**maula** *s. f.* **1.** Cosa que no vale para nada o es muy vieja. **2.** Engaño o trampa. ‖ *adj. y s. m. y f.* **3.** Que trabaja poco y mal. **4.** Que engaña o hace trampa.
**SIN. 1.** Trasto, armatoste, cachivache. **2.** Timo, estafa. **3.** Vago, haragán, holgazán. **4.** Tramposo, estafador.

**maullar** *v.* Dar maullidos el gato.

**maullido** *s. m.* El miau, miau típico del gato.
**FAM.** Maullar.

**mauritano, na** *adj. y s. m. y f.* De Mauritania, país del noroeste de África.

**mausoleo** *s. m.* Sepulcro muy grande y monumental.

**maxifalda** *s. f.* Falda hasta los tobillos.

**maxilar** *adj.* **1.** De las mandíbulas o relacionado con ellas. ‖ *adj. y s. m.* **2.** Se dice de cada uno de los tres huesos que forman las mandíbulas.
**FAM.** Maxilofacial.

**maxilofacial** *adj.* Del maxilar y de la cara: *Sonia es especialista en cirugía maxilofacial.*

**máxima** *s. f.* **1.** Frase breve repetida siempre de la misma manera que expresa un principio moral o una enseñanza. **2.** Norma que sigue una persona o grupo en su comportamiento.
**SIN. 1.** Sentencia. **2.** Lema.

**máximamente** o **máxime** *adv.* Sobre todo, con mayor motivo: *Deberías estudiar más, máxime si quieres sacar un sobresaliente.*

**máximo, ma** *adj.* **1.** Superlativo de **grande**. Indica que no hay nada por encima, que es el más grande, el mayor: *Es el máximo responsable de la empresa. La máxima puntuación que se puede alcanzar en este examen es un diez.* ‖ *s. m.* **2.** Lo más a lo que

alguien o algo puede llegar: *El depósito está al máximo de su capacidad.*
**SIN. 1.** Sumo. **ANT. 1.** y **2.** Mínimo.
**FAM.** Máxima, máximamente, máxime.

**maya** *adj. y s. m. y f.* De un pueblo indio que habitaba principalmente en la península de Yucatán, México y en otras regiones cercanas.

**mayestático, ca** *adj.* Que es majestuoso o solemne: *Se entra en el templo por un mayestático pórtico.*
**EXPR. plural mayestático** Uso del pronombre personal de primera persona en plural (*nosotros*) en lugar del singular (*yo*) que utilizan las personas ilustres.

**mayo** *s. m.* Quinto mes del año, que tiene treinta y un días.

**mayólica** *s. f.* Cerámica recubierta de un esmalte metálico.

**mayonesa** *s. f.* Salsa que se hace batiendo aceite y huevos crudos. ■ Se dice también *mahonesa.*

**mayor** *adj. y s. m. y f.* **1.** Comparativo del adjetivo **grande**. De más tamaño, intensidad o cantidad: *La casa que ha comprado es mayor que la que tenía antes.* **2.** Que tiene más edad: *Mi amigo es mayor que José.* ■ Con estos dos significados puede convertirse en superlativo: *Su pueblo es el mayor de la provincia. Petra es la mayor de las hermanas.* **3.** Principal: *la plaza mayor de un pueblo.* **4.** Persona adulta: *El hermano de Antonio ya es mayor, tiene veinticinco años.* **5.** Anciano, viejo: *A la gente mayor le gusta sentarse en los parques.*
**EXPR. aguas mayores** Busca **agua. mayor de edad** Persona que, según la ley, es adulta y puede votar y ejercer otros derechos; en España se es mayor de edad a partir de los dieciocho años. || **al por mayor** En grandes cantidades: *Comprar al por mayor es más barato.*
**ANT. 1.** y **2.** Menor. **4.** y **5.** Niño, joven.
**FAM.** Mayoral, mayorazgo, mayordomo, mayoría, mayorista, mayoritario. / Mayúsculo.

**mayoral** *s. m.* **1.** Pastor principal. **2.** Jefe de un grupo de trabajadores del campo.

**mayorazgo, ga** *s. m. y f.* **1.** Persona que por ser el primer hijo hereda los bienes familiares. || *s. m.* **2.** Derecho que permite que el primer hijo de una familia herede. **3.** Conjunto de los bienes que se heredan de esta forma.

**mayordomo** *s. m.* Sirviente principal de una casa.

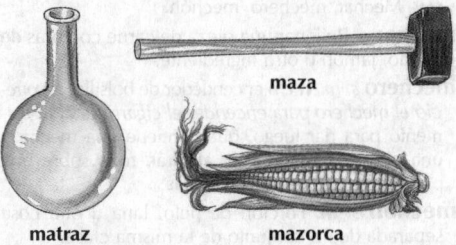

maza

matraz          mazorca

**mayoría** *s. f.* La mayor parte de personas o cosas: *A la mayoría de mis amigos no le dejan ver la tele por la noche.*
**EXPR. mayoría absoluta** La formada por más de la mitad del total de los votos en una elección. **mayoría de edad** Situación de la persona que es mayor de edad. **mayoría simple** o **relativa** La de la persona, grupo o propuesta que tiene más votos que los demás en una elección.
**ANT.** Minoría.

**mayorista** *s. m. y f.* Persona que compra algo en gran cantidad para luego venderlo a otros que, a su vez, lo venden al público.

**mayoritario, ria** *adj.* De la mayoría: *La opinión mayoritaria en la clase era ir de excursión a una playa.*
**SIN.** General. **ANT.** Minoritario.

**mayúscula** *adj. y s. f.* Letra más grande y de forma distinta que la normal, que se usa algunas veces, por ejemplo después de punto o en los nombres propios.
**SIN.** Capital. **ANT.** Minúscula.

**mayúsculo, la** *adj.* Muy grande: *Tuvo un fallo mayúsculo en el examen.*
**SIN.** Tremendo, garrafal. **ANT.** Minúsculo, mínimo.
**FAM.** Mayúscula.

**maza** *s. f.* **1.** Utensilio parecido a un martillo, pero más grande y pesado, que se usa para dar golpes. **2.** Palo con una bola en la punta que se utiliza para tocar el bombo.
**SIN. 1.** Mazo.
**FAM.** Macero, mazazo, mazo.

**mazacote** *s. m.* **1.** Cosa demasiado apretada cuando debería estar suelta o esponjosa: *El bizcocho que hizo Pedro era un mazacote.* **2.** Cosa demasiado pesada, grande o sin gracia: *Han puesto una escultura en el parque que es un mazacote.*
**FAM.** Amazacotado.

**mazapán** *s. m.* Dulce hecho con almendras molidas y azúcar. Normalmente tiene forma de figuritas y se toma en Navidad.

**mazazo** *s. m.* Golpe dado con una maza o algo parecido.

**mazmorra** *s. f.* Cárcel que está debajo del suelo.
**SIN.** Calabozo.

**mazo** *s. m.* **1.** Maza pequeña o de poco peso. **2.** Conjunto de cosas iguales y bien colocadas, por ejemplo el mazo de las cartas de la baraja.
**SIN. 2.** Manojo, fajo.
**FAM.** Macillo.

**mazorca** *s. f.* Espiga grande del maíz, formada por granos muy juntos.
**SIN.** Panocha.

**mazurca** *s. f.* Música y baile popular de Polonia.

**me** *pron. pers.* Indica la primera persona del singular. Tiene la función de complemento directo: *Me trajo en coche*; o complemento indirecto: *Me regaló un* *pañuelo*. Otras veces sirve para dar más expresividad: *Me comí un bocadillo*. También se utiliza para formar los verbos pronominales: *Me arrepentí de lo que había hecho*.

**mea culpa** *expr.* Significa 'por mi culpa': *Mea culpa: he sido yo el que se ha equivocado*. ■ Es una expresión latina.

**meada** *s. f.* Pis que se echa de una vez.

**meadero** *s. m.* Lugar donde se mea.

**meado, da** *adj.* **1.** Manchado de pis. ‖ *s. m.* **2.** Meada.

**meandro** *s. m.* Curva de un río.

**meapilas** *s. m.* y *f.* Persona excesivamente beata. ■ No varía en plural.

**mear** *v.* Orinar, echar el pis.
**FAM.** Meada, meadero, meado, meapilas, meón.

**meca** *s. f.* Lugar muy importante en una actividad: *Hollywood es la meca del cine*.

**¡mecachis!** *interj.* Se usa para expresar contrariedad, sorpresa o enfado: *¡Mecachis!, me he olvidado de felicitarla por su cumpleaños*.

**mecánica** *s. f.* **1.** Parte de la física que estudia el movimiento de los cuerpos, las fuerzas que pueden producirlo y la relación que existe entre ellas. **2.** Estudio de las máquinas y de lo relacionado con ellas, por ejemplo cómo funcionan, cómo se hacen, cómo se emplean. **3.** Lo que da movimiento a una máquina, aparato u otra cosa parecida: *la mecánica de un coche*. **4.** Funcionamiento de algo: *Conoce la mecánica de su oficio*.
**SIN. 3.** Mecanismo.

**mecánico, ca** *adj.* **1.** Hecho con máquinas o relacionado con ellas: *el cosido mecánico del calzado*. **2.** Que se hace sin pensar: *Tomó de manera mecánica el mismo camino que todos los días*. ‖ *s. m.* y *f.* **3.** Persona que se dedica al manejo, reparación o mantenimiento de máquinas, como por ejemplo las que trabajan en talleres de coches.
**FAM.** Mecánica, mecanismo, mecanizar.

**mecanismo** *s. m.* **1.** Conjunto de piezas unidas entre sí para hacer que algo se mueva o funcione: *el mecanismo de un ascensor*. **2.** Manera de producirse una actividad, una función u otra cosa: *el mecanismo de un trabajo*.
**SIN. 1.** Dispositivo, maquinaria. **2.** Funcionamiento, desarrollo.

**mecanización** *s. f.* El hecho de empezar a usar máquinas en una actividad; por ejemplo, la mecanización de los trabajos agrícolas.

**mecanizado, da** *adj.* Que se hace con máquinas: *Utilizan un sistema mecanizado para empaquetar los productos*.

**mecanizar** *v.* Empezar a usar máquinas en una actividad. ■ Delante de *e* se escribe *c* en lugar de *z*: *mecanice*.
**SIN.** Automatizar.
**FAM.** Mecanización, mecanizado.

**mecano** *s. m.* Juguete formado por piezas de metal o de plástico que se unen por medio de tornillos o de otro modo, y con el cual se pueden construir grúas, camiones u otros objetos.

**mecanografía** *s. f.* Técnica de escribir a máquina.
**FAM.** Mecanografiar, mecanógrafo. / Taquimecanografía.

**mecanografiar** *v.* Escribir algo a máquina.

**mecanógrafo, fa** *s. m.* y *f.* Persona que sabe mecanografía y se dedica a escribir a máquina.

**mecedora** *s. f.* Una silla de brazos con los pies sobre dos arcos o piezas curvas que permiten al que se sienta mecerse en ella.

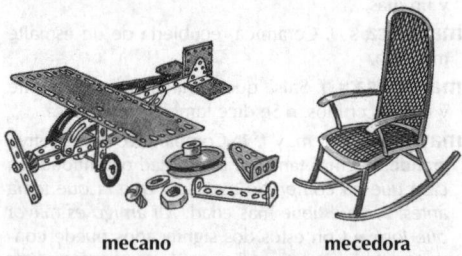

mecano   mecedora

**mecenas** *s. m.* Persona con dinero que ayuda a artistas y escritores para que realicen su actividad. ■ No varía en plural.

**mecer** *v.* Mover suavemente de un lado a otro, como cuando se mece a un niño en la cuna o en los brazos para que se duerma. ■ Delante de *a* y *o* se escribe *z* en lugar de *c*: *Me mezo*.
**SIN.** Acunar; balancear.
**FAM.** Mecedora.

**mecha** *s. f.* **1.** Cuerda retorcida que se pone dentro de las velas, candiles, mecheros y otras cosas para hacerla arder. **2.** Tubo relleno de pólvora o cuerda preparada para hacer explotar o volar minas y barrenos, o para disparar armas de fuego antiguas. ‖ *s. f. pl.* **3.** Algunos mechones de pelo teñidos de un color diferente al que tiene el resto del cabello: *En la peluquería le dieron unas mechas caoba*.
**EXPR. a toda mecha** Rápidamente, con mucha prisa: *No queda más tiempo, hay que terminar el ejercicio a toda mecha*. **aguantar mecha** Soportar con paciencia algo desagradable.
**FAM.** Mechar, mechero, mechón.

**mechar** *v.* Rellenar una pieza de carne con tiras de tocino, jamón u otro ingrediente.

**mechero** *s. m.* **1.** Un encendedor de bolsillo: *Le ofreció el mechero para encender el cigarrillo*. **2.** Instrumento para dar fuego, que contiene una mecha y una pequeña rueda que, al girar, roza sobre una piedrecilla que produce chispas.

**mechón** *s. m.* Porción de pelo, lana u otra cosa separada de un conjunto de la misma clase.

**meconio** *s. m.* Primera caca de un niño recién nacido.

**medalla** *s. f.* Objeto pequeño, redondo, generalmente de metal, con una imagen, símbolo u otra cosa grabada: *Tiene una medalla de plata de la Virgen de Montserrat. A ese corredor le dieron la medalla de oro.* FAM. Medallero, medallista, medallón.

**medallero** *s. m.* Relación de medallas que consiguen los deportistas de una competición: *He visto en el medallero que España tiene cuatro medallas de oro.*

**medallista** *s. m. y f.* Deportista que tiene una medalla en una competición: *El medallista fue entrevistado por la televisión.*

**medallón** *s. m.* **1.** Medalla grande. **2.** Elemento decorativo en forma redonda u ovalada, que se encuentra en paredes y fachadas de edificios. **3.** Rodaja de un alimento, sobre todo de pescado: *medallones de merluza.*

**médano** *s. m.* **1.** Busca **duna**. **2.** En el mar, banco de arena que está a ras del agua.

**media**[1] *s. f.* **1.** El resultado de sumar varias cantidades y dividirlo por el número de cantidades que hay; por ejemplo, si alguien tiene en lengua las calificaciones 8, 6, 7, y quiere saber la media que ha obtenido, suma estas cantidades y las divide entre tres, con lo que obtiene un 7. A esta media se le llama también *media aritmética*. **2.** Treinta minutos además de la hora indicada: *las dos y media.*

**media**[2] *s. f.* **1.** Prenda femenina de lana, nailon o espuma que cubre la pierna hasta la rodilla, el muslo o, a veces, hasta la cintura. **2.** Calcetín alto: *Los jugadores del equipo llevan medias blancas.*

**mediación** *s. f.* **1.** Acción de intervenir una persona y conseguir algo para otra: *Entró en ese colegio por mediación de su primo.* **2.** Hecho de intervenir alguien para resolver un conflicto, discusión o pelea, poniendo paz entre varios: *La mediación de la ONU puso fin al enfrentamiento entre los dos países.*

**mediado, da** *adj.* Hacia la mitad o que tiene más o menos la mitad: *Mediado el mes de julio, se fue de vacaciones. La jarra de agua está mediada.* EXPR. **a mediados de año, mes, siglo** u otro tiempo Hacia la mitad del mismo.

**mediador, ra** *adj. y s. m. y f.* Que interviene en favor de otro o trata de solucionar algo, por ejemplo procurando reconciliar a dos que riñen.

**mediana** *s. f.* **1.** En matemáticas, línea que une cada vértice de un triángulo con el punto medio del lado opuesto. **2.** Valla u otra cosa que separa las dos direcciones que hay en una autopista o carretera.

**medianamente** *adv.* Normalmente, ni mucho ni poco: *Cualquier persona medianamente inteligente puede resolver este crucigrama.*

**medianería** *s. f.* Muro, pared, cerca, valla u otra división común a dos edificios o a dos terrenos que están uno al lado del otro: *Esta valla es una medianería: es nuestra y del vecino.*

**medianero, ra** *adj.* Que está en medio de dos cosas, por ejemplo una pared que separa dos casas. FAM. Medianería.

**medianía** *s. f.* El hecho de no ser ni muy bueno ni muy malo, sino mediano: *Como jugador de baloncesto su primo es una medianía.* SIN. Mediocridad. ANT. Eminencia, figura.

**mediano, na** *adj.* Que no es ni muy alto ni muy bajo, ni muy grande ni muy pequeño, ni muy bueno ni muy malo, ni muy joven ni muy viejo; es decir, que está en el medio: *Su estatura es mediana. Usa la talla mediana. Me he comprado un cuaderno mediano. Ha hecho un examen mediano. Es una mujer de mediana edad.* FAM. Medianamente.

**medianoche** *s. f.* **1.** Hora en que el Sol está en el punto opuesto al del mediodía: *Las campanadas del reloj daban las doce: era medianoche.* **2.** Las horas de la noche que están en el medio de la misma: *La sed la despertó a medianoche.* **3.** Bollo pequeño partido en dos mitades entre las cuales se coloca una loncha de jamón, de queso u otro alimento. ■ Con este último significado, su plural es *mediasnoches.* Con los significados **1** y **2** se escribe también separado: *media noche.* ANT. **1.** y **2.** Mediodía.

**mediante** *adv.* Por medio de: *Comprendió la lección mediante la ayuda del profesor.* EXPR. **Dios mediante** Si Dios quiere, si no pasa nada que lo impida: *Dios mediante, saldremos de viaje el dos de agosto.*

**mediar** *v.* **1.** Llegar algo aproximadamente a la mitad: *Mediaba la tarde cuando salimos a pasear.* **2.** Intervenir una persona en favor de alguien, haciendo algo por ella: *Silvia medió para que mis padres me levantaran el castigo.* **3.** Intervenir una persona en una discusión, riña, problema, para resolver la situación, poner paz entre los que discuten o están enemistados: *El alcalde del pueblo medió para poner fin a la enemistad entre varios vecinos.* **4.** Existir una cosa en medio de otras: *Entre las dos hermanas media una diferencia de edad de diez años.* **5.** Pasar un tiempo entre dos hechos: *Mediaron dos meses entre que él escribió la carta y recibió respuesta.* SIN. **2.** Interceder. **3.** Terciar. FAM. Mediación, mediado, mediador, mediante, mediatizar.

**mediatizar** *v.* Influir una persona en la actividad o comportamiento de otra limitando su libertad: *Él lo hubiese hecho, pero está mediatizado por Ángela.* ■ Delante de *e* se escribe *c* en lugar de *z*: *mediatices.*

**mediatriz** *s. f.* Recta perpendicular al punto medio de un segmento. ■ Su plural es *mediatrices*.

**medicación** *s. f.* **1.** Conjunto de medicamentos y medios que pueden curar una enfermedad. **2.** Hecho de indicar un médico las medicinas que necesita un enfermo.

**medicamento** *s. m.* Sustancia utilizada para evitar, curar o aliviar una enfermedad.
SIN. Medicina, fármaco.
FAM. Medicamentoso.

**medicamentoso, sa** *adj.* Que sirve como medicamento: *la sustancia medicamentosa de una planta.*

**medicar** *v.* Recetar o dar medicamentos a una persona: *No te mediques si no te lo dice el médico.* ■ Delante de *e* se escribe *qu* en lugar de *c*.
FAM. Automedicarse.

**medicina** *s. f.* **1.** Ciencia que trata de las enfermedades y de cómo evitarlas o curarlas. **2.** Carrera universitaria que se estudia para ser médico y la profesión de médico. **3.** Medicamento.
SIN. **3.** Fármaco.
FAM. Medicación, medicamento, medicinal, médico.

**medicinal** *adj.* **1.** De la medicina o relacionado con ella. **2.** Que sirve o se usa para curar, que tiene algo que puede curar: *aguas medicinales.*

**medición** *s. f.* Acción de medir: *Los meteorólogos hacen todos los días una medición de la temperatura.*

**médico, ca** *adj.* **1.** De la medicina o relacionado con ella: *una consulta médica.* ‖ *s. m.* y *f.* **2.** Persona que tiene como profesión la medicina.
EXPR. **médico de cabecera** (o **de familia**) Médico que atiende a un enfermo para cosas generales que no necesitan de un médico especialista.
SIN. **2.** Doctor.
FAM. Medicar.

**medida** *s. f.* **1.** Acción de medir y lo que mide una persona, animal o cosa: *Necesitaba saber las medidas del frigorífico para ver si le cabía en la cocina.* **2.** Unidad que sirve para medir, como por ejemplo el metro, el litro, el gramo. **3.** Lo que alguien hace para conseguir o evitar algo: *Se han adoptado nuevas medidas para que los accidentes de tráfico disminuyan.* **4.** Grado, intensidad: *¿En qué medida te interesa este libro?* **5.** Prudencia, moderación: *Bebe con medida.*
EXPR. **a medida** o **a la medida** Hecho con las medidas de la persona o de la cosa a la que se destina: *un abrigo a medida; un armario a la medida.* **a medida que** Según, conforme: *A medida que iba anocheciendo hacía más frío.* **en cierta medida** Un poco, algo, pero no totalmente: *En cierta medida, los padres son responsables de los actos de los hijos.* **en gran medida** Mucho, muy: *En gran medida, los coches son responsables de la contaminación.*
SIN. **3.** Disposición, prevención, precaución. **5.** Mesura, comedimiento.

**medidor, ra** *adj.* y *s. m.* y *f.* **1.** Que mide o sirve para medir: *Los técnicos emplearon un medidor para comprobar la corriente eléctrica.* ‖ *s. m.* **2.** En Sudamérica, contador de la luz, el agua o el gas.

**medieval** *adj.* De la Edad Media o relacionado con ella.
FAM. Medievalista, medievo.

**medievalista** *s. m.* y *f.* Persona que se dedica a estudiar la Edad Media y sabe mucho de este periodo de la historia.

**medievo** *s. m.* Edad Media: *Los historiadores sitúan esa obra literaria en el medievo.*

**medina** *s. f.* Parte antigua de una ciudad árabe.

**medio, dia** *adj.* **1.** Que está por la mitad: *Se comió media barrita de pan. Ha hecho medio camino. Se ha leído medio libro. Tarda media hora en llegar a casa.* **2.** Que está entre los dos extremos o en el centro de algo: *Pertenece a la clase media.* **3.** Se usa también exagerando con el significado de 'gran parte': *Medio barrio salió a recibirle.* **4.** Incompleto, no acabado: *Habla con medias palabras: nunca dice todo lo que piensa.* **5.** Se dice del tercer dedo de la mano, el más largo. ‖ *s. m.* **6.** Parte o punto central de algo, es decir la parte de algo que está a la misma distancia de sus extremos: *Hay una estatua en el medio de la plaza.* **7.** Quebrado que tiene por denominador el 2; por ejemplo 5/2, 9/2. **8.** Manera de conseguir algo: *Encontró el medio de convencerle.* **9.** Aquello que sirve para un fin: *El autobús es un medio de transporte. El trabajo es su medio de ganarse la vida. El periódico, la radio y la televisión son medios de comunicación e información.* **10.** El ambiente o circunstancias en que vive y se desarrolla una persona, animal o planta: *Los animales tienen características distintas según el medio en el que habitan.* ‖ *s. m. pl.* **11.** Dinero y otras cosas que alguien posee o con que alguien cuenta: *Su padre tiene medios suficientes para pagarle los estudios.* ‖ *adv.* **12.** No del todo: *En el viaje se ha quedado medio dormida.*
EXPR. **medio ambiente** Busca **ambiente**. ‖ **a medias** La mitad cada uno: *En el restaurante pagaron a medias.* Sin terminar: *Ha dejado los deberes a medias.* No del todo: *Confía en él a medias.* **de medio a medio** Completamente: *Te equivocas de medio a medio.* **en medio** o **en medio de** En mitad de: *Se sentó en medio del sofá.* Entre personas o cosas: *Se puso en medio de Conchi y Marisa. En medio de los papeles encontré el monedero.* En un sitio donde se estorba: *Si te pones en medio no puedo pasar.* No obstante, a pesar de: *En medio de su tristeza, se reía.* **por medio** o **por en medio** o **por el medio** Por la mitad o por dentro de algo: *Partió la tarta por medio. La carretera cruza por medio del pueblo.* En desorden, revuelto, no estando en su sitio: *En su casa lo tiene todo por medio.* **por medio de** Con la ayuda o la intervención de algo o alguien: *Este trabajo se hace más rápido por medio*

*de un ordenador.* A través de: *Por medio de un conocido se enteró de la noticia.*
**SIN. 2.** Intermedio. **5.** Corazón. **6.** Mitad, centro. **8.** Modo, forma, procedimiento, método, recurso. **10.** Hábitat, entorno. **11.** Fortuna. **ANT. 1.** Entero. **4.** Completo.
**FAM.** Media¹, media², mediana, medianero, medianía, mediano, medianoche, mediar, mediatriz, medioambiente, mediocampista, mediocre, mediodía, mediofondista, mediopensionista, médium. / Entremedias, intermedio, multimedia, promedio.

**medioambiental** *adj.* Relacionado con el medioambiente.

**medioambiente** *s. m.* Medio ambiente. Busca **ambiente**.
**FAM.** Medioambiental.

**mediocampista** *s. m. y f.* Busca **centrocampista**.

**mediocre** *adj.* y *s. m. y f.* Ni bueno ni malo, de poca calidad o inteligencia.
**SIN.** Vulgar.
**FAM.** Mediocridad.

**mediocridad** *s. f.* Característica de mediocre.

**mediodía** *s. m.* **1.** Momento del día en que el Sol está en el punto más alto de su elevación sobre el horizonte. **2.** Las horas de la mitad del día: *la comida del mediodía.* **3.** El sur.
**ANT. 1.** y **2.** Medianoche. **3.** Norte.

**mediofondista** *s. m. y f.* Atleta que corre en las carreras de 800 a 3.000 metros, que son las de medio fondo.

**mediopensionista** *adj.* y *s. m. y f.* Se dice de la persona y, sobre todo, del alumno que come al mediodía en el centro donde estudia: *Desde que está como mediopensionista ha engordado.*

**medir** *v.* **1.** Hallar la altura, la longitud, el volumen, el peso, la capacidad, la temperatura, el tiempo o cualquier otra cosa utilizando unas unidades: *Se midió en la farmacia para saber si había crecido. El termómetro mide la temperatura.* **2.** Tener una altura, longitud, volumen o cualquier otra cosa que tiene cantidad: *Marisa mide 1,65. La terraza mide tres metros de largo.* **3.** Comparar cualidades, habilidades u otras cosas: *El campeón de karate midió sus fuerzas con el adversario.* **4.** Hacer o decir algo teniendo cuidado, siendo prudente: *Midió sus palabras para no decir algo que pudiera molestar a su amigo.* ■ Es un verbo irregular. Se conjuga como *pedir.*
**SIN. 1.** Calcular. **4.** Moderar.
**FAM.** Medición, medida, medidor. / Comedirse, desmedido.

**meditabundo, da** *adj.* Que está muy pensativo.
**SIN.** Ensimismado, absorto.

**meditación** *s. f.* Acción de meditar.

**meditar** *v.* Ponerse a pensar sobre algo en silencio: *Meditó sobre lo que iba a hacer.*
**SIN.** Reflexionar.
**FAM.** Meditabundo, meditación. / Premeditación.

**mediterráneo, a** *adj.* Relacionado con el mar Mediterráneo y con los territorios que están junto a este mar: *la dieta mediterránea, las costas mediterráneas.*

**médium** *s. m. y f.* Persona de la que se cree que puede comunicarse con los muertos. ■ Su plural es *médiums.*

**medrar** *v.* Mejorar una persona de posición social o económica; por ejemplo, en un trabajo conseguir un puesto mejor.
**SIN.** Prosperar, progresar, ascender.

**medroso, sa** *adj.* Que tiene miedo de cualquier cosa.
**SIN.** Miedoso, asustadizo.

**médula** o **medula** *s. f.* **1.** Sustancia blanda que está dentro de los huesos, en la que se producen las células de la sangre. Se llama también *médula ósea.* **2.** Parte del sistema nervioso protegida por la columna vertebral, de la que nacen los nervios. Se llama también *médula espinal.* **3.** Parte central del interior del tallo y de la raíz de una planta. **4.** Lo principal y más importante de algo.
**EXPR. hasta la médula** Completamente, totalmente: *Alberto está enamorado hasta la médula de su mujer.*
**SIN. 4.** Meollo, fondo.
**FAM.** Medular.

**medular** *adj.* Relacionado con la médula.

**medusa** *s. f.* Animal invertebrado acuático parecido a una sombrilla con tentáculos que cuelgan en su borde.

**megabyte** *s. m.* En informática, unidad de medida de la información de un ordenador que equivale a 1.024 kilobytes. ■ Es una palabra inglesa.

**megafonía** *s. f.* **1.** Técnica que se ocupa de los aparatos e instalaciones necesarios para aumentar el volumen del sonido. **2.** Conjunto de aparatos utilizados para ello.

**megáfono** *s. m.* Un aparato para aumentar el volumen de la voz cuando se habla a gran distancia.
**FAM.** Megafonía.

**megalítico, ca** *adj.* Se dice de unos monumentos prehistóricos hechos con grandes piedras.

**megalito** *s. m.* Monumento prehistórico hecho con grandes bloques de piedras sin tallar.

**megalomanía** *s. f.* Forma de ser y de comportarse de las personas megalómanas.

**megalómano, na** *adj.* y *s. m. y f.* Se dice de la persona que se cree muy importante, poderosa o rica.
**FAM.** Megalomanía.

**meiga** *s. f.* En Galicia, bruja. ■ Es una palabra gallega.
**SIN.** Hechicera.

**meiosis** *s. f.* Proceso por el que de una célula madre se forman cuatro células hijas y el número de cromosomas se reduce a la mitad. ■ No varía en plural. Se escribe también *meyosis.*

**mejicano, na** *adj.* y *s. m.* y *f.* Busca **mexicano.**

**mejilla** *s. f.* Parte de la cara que está debajo de los ojos y a cada lado de la nariz y la boca.
SIN. Carrillo.

**mejillón** *s. m.* Molusco que tiene la concha negra, un poco azulada y formada por dos partes iguales unidas. Vive en el mar pegado a las rocas. Su carne es comestible.
FAM. Mejillonera, mejillonero.

**mejillonera** *s. f.* Instalación donde se crían mejillones.

**mejillonero, ra** *adj.* Del mejillón o relacionado con él: *cría mejillonera, sector mejillonero.*

**mejor** *adj.* y *s. m.* y *f.* **1.** Comparativo del adjetivo **bueno.** Más bueno o que se prefiere: *Tus rotuladores son mejores que los míos. Es mejor que me esperes hasta que llegue.* ■ Con el artículo se convierte en superlativo: *Juan es el mejor de la clase.* || *adv.* **2.** Comparativo del adverbio **bien.** Más bien o menos mal: *Esa camiseta te queda mejor con los pantalones vaqueros.*
EXPR. **a lo mejor** Es posible: *A lo mejor vamos la semana que viene a la playa.*
SIN. **1.** Superior; preferible. ANT. **1.** y **2.** Peor.
FAM. Mejorar.

**mejora** *s. f.* Acción de mejorar: *Para mañana se espera una mejora del tiempo. Hicieron algunas mejoras en la casa y les quedó muy bonita.*
SIN. Mejoría. ANT. Empeoramiento.

**mejorana** *s. f.* Planta silvestre de unos 40 centímetros de altura, hojas redondas y flores rosas y pequeñas con forma de espiga que se usa para los trastornos del estómago y como sedante.

**mejorar** *v.* **1.** Poner mejor o ponerse mejor: *Un poco de sal mejorará el sabor. El enfermo ha mejorado. Hoy ha llovido, pero han dicho que mañana mejorará el tiempo.* **2.** Ser mejor: *Me ha gustado más la segunda parte de esa película porque mejora a la primera.*
SIN. **1.** Restablecer, sanar, aliviar; progresar. **2.** Superar, aventajar. ANT. **1.** Empeorar; agravar; estropear. **2.** Desmerecer.
FAM. Mejora, mejoría. / Desmejorado, inmejorable.

**mejoría** *s. f.* Acción de mejorar: *Mañana habrá una mejoría del tiempo y hará menos frío. A los dos días de la operación el enfermo notó una gran mejoría.*
SIN. Mejora, recuperación. ANT. Empeoramiento.

**mejunje** *s. m.* Mezcla de varios líquidos o sustancias de aspecto raro o desagradable: *Se daba un mejunje en la piel para ponerse moreno.*
SIN. Potingue.

**melamina** *s. f.* Tipo de plástico que se utiliza para fabricar resinas y para tratar el cuero.

**melancolía** *s. f.* Tristeza: *Sentía melancolía porque hacía mucho que no veía a sus amigos.*
SIN. Morriña, añoranza. ANT. Alegría.
FAM. Melancólico.

**melancólico, ca** *adj.* y *s. m.* y *f.* **1.** Que tiene melancolía: *La ponía melancólica ver fotos del pueblo donde vivió de pequeña.* **2.** Que hace tener melancolía: *Los días lluviosos de otoño son muy melancólicos.*
SIN. **1.** y **2.** Triste, nostálgico. ANT. **1.** y **2.** Alegre.

**melanina** *s. f.* Sustancia que hay en las células que hace que tengan un color la piel, el pelo y los ojos: *Cuando nos da el sol, nos ponemos morenos gracias a la melanina.*

**melaza** *s. f.* Jarabe líquido y dulce que queda al fabricar el azúcar y se emplea para hacer algunas bebidas.

**melé** *s. f.* Jugada de rugby en la que los delanteros de los dos equipos forman un grupo y se empujan, para intentar que el balón puesto en medio de ellos lo recoja algún compañero que está fuera del grupo.

**melena** *s. f.* **1.** Pelo largo y suelto de una persona: *Le llega la melena hasta la cintura.* **2.** Pelo que tiene el león en la cabeza.
EXPR. **soltarse la melena** Hablar o actuar sin vergüenza ni timidez: *En la fiesta, hasta los más cortados se soltaron la melena.*
FAM. Melenudo. / Desmelenarse.

**melenudo** *adj.* y *s. m.* Hombre que lleva el pelo largo.

**melifluo, flua** *adj.* Tan excesivamente amable que parece cursi o tonto: *Les recibió con palabras melifluas.*
SIN. Afectado, meloso, empalagoso. ANT. Sencillo, natural.

**melillense** *adj.* y *s. m.* y *f.* De Melilla, ciudad española que está en el norte de África.

**melindre** *s. m.* Demasiada finura o también asco: *Hizo muchos melindres y al final no se comió el pastel.*
SIN. Remilgo, escrúpulo.
FAM. Melindroso.

**melindroso, sa** *adj.* y *s. m.* y *f.* Que hace muchos melindres.
SIN. Remilgado, escrupuloso.

**melisa** *s. f.* Planta medicinal de hojas ovaladas y arrugadas y flores blancas.

mejillón          melocotón

**mella** *s. f.* **1.** Pequeño roto en el borde o en el filo de una cosa: *El cuchillo no corta porque tiene varias mellas.* **2.** Hueco que queda cuando se cae un diente. **EXPR.** **hacer mella** Causar efecto una cosa a alguien: *El tiempo que estuvo interno en el colegio hizo mella en él.* **FAM.** Mellado, mellar.

**mellado, da** *adj.* Que tiene mellas, por ejemplo porque se le ha caído algún diente.

**mellar** *v.* Hacer mellas en algo: *Si se corta cartón con las tijeras de coser se pueden mellar.*

**mellizo, za** *adj. y s. m. y f.* Cada uno de los hermanos que han nacido en un mismo parto. **SIN.** Gemelo. **FAM.** Cuatrillizo, quintillizo, septillizo, sextillizo, trillizo.

**melocotón** *s. m.* Fruta que da el melocotonero, de color naranja, muy dulce y con la piel llena de pequeños pelitos y muy suave. **FAM.** Melocotonero.

**melocotonero** *s. m.* Árbol de mediano tamaño con flores rosadas y que da como frutos los melocotones.

**melodía** *s. f.* Conjunto de notas o sonidos que tocados uno detrás de otro forman una música, por ejemplo de una canción. **SIN.** Motivo, tema. **FAM.** Melódico, melodioso.

**melódico, ca** *adj.* De la melodía o relacionado con ella: *El acompañamiento de esa canción va muy bien con la parte melódica.*

**melodioso, sa** *adj.* Se dice del sonido que resulta agradable: *Esa cantante tiene una voz melodiosa.*

**melodrama** *s. m.* Obra de teatro que trata de emocionar al público con escenas y situaciones demasiado tristes o dramáticas. **FAM.** Melodramático.

**melodramático, ca** *adj.* Del melodrama o que tiene sus características: *La película tenía demasiadas escenas melodramáticas.*

**melomanía** *s. f.* Excesiva afición a la música: *Su melomanía hizo que se gastara su sueldo en un equipo de música.*

**melómano, na** *s. m. y f.* Persona a la que le gusta muchísimo la música.

**melón** *s. m.* **1.** Fruta de tamaño grande y forma un poco alargada. Tiene la corteza verde o amarillenta y la carne blanca, dulce y muy jugosa. Los melones crecen a la altura del suelo de una planta que también se llama *melón.* **2.** Persona torpe. **3.** Cabeza de una persona. **SIN.** **2.** Memo, tonto, bobo. **FAM.** Melonar, melonero.

**melonar** *s. m.* Terreno donde hay plantados melones.

**melonero, ra** *s. m. y f.* Persona que vende melones.

**melopea** *s. f.* Borrachera. **SIN.** Cogorza, curda, mona.

**meloso, sa** *adj.* Demasiado amable, delicado o dulce: *Se pone muy melosa cuando quiere que le hagas un favor.* **SIN.** Empalagoso, dulzón. **ANT.** Áspero, seco.

**melva** *s. f.* Pez parecido al bonito, pero con las aletas dorsales muy separadas. Vive en el Atlántico y en el Mediterráneo y se utiliza como alimento.

**membrana** *s. f.* **1.** Capa delgada, elástica y resistente que tienen los seres humanos, los animales o las plantas, y envuelve o separa algunos órganos o partes. Por ejemplo, los patos tienen una membrana que une los dedos y les sirve para nadar mejor. **2.** Lámina fina y resistente, muy estirada, que se puede hacer vibrar, como la de la pandereta o la zambomba. **3.** Cualquier lámina muy fina. **FAM.** Membranoso.

**membranoso, sa** *adj.* Parecido a una membrana.

**membrete** *s. m.* Nombre y dirección de una persona o empresa que aparece impreso en los sobres o papeles de cartas que ella utiliza.

**membrillo** *s. m.* **1.** Árbol frutal de mediano tamaño con hojas de forma ovalada que se caen en otoño y flores blancas o rosadas. **2.** Fruta que da ese árbol, de color amarillento y forma de pera grande. **3.** Dulce en forma de bloque que se hace cociendo esta fruta en almíbar. Se llama también *dulce de membrillo* o *carne de membrillo.*

**memez** *s. f.* Tontería. ■ Su plural es *memeces.* **SIN.** Bobada, simpleza, estupidez, chorrada.

**memo, ma** *adj. y s. m. y f.* Tonto, bobo. **SIN.** Estúpido, imbécil, idiota, simple. **ANT.** Listo. **FAM.** Memez.

**memorable** *adj.* Que merece ser recordado porque era muy bueno: *El tenista hizo un partido memorable: ganó por muchísima diferencia.* **SIN.** Inolvidable, glorioso.

**memorándum** o **memorando** *s. m.* Resumen escrito de lo más importante de un trabajo, actividad o asunto: *Le pidieron que hiciera un memorándum de todo lo que se había tratado en la reunión.* ■ El plural de *memorándum* es *memorándum* o *memorándums.*

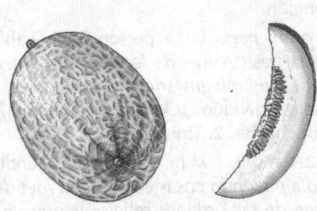

melón

**memoria** *s. f.* **1.** Lo que hace que podamos acordarnos de las cosas, por ejemplo de lo que ha pasado hace tiempo, de lo que hemos aprendido o de lo que tenemos que hacer: *Tiene muy buena memoria, no se le olvida nada.* **2.** Recuerdo: *Hicieron un monumento en memoria de aquel héroe.* **3.** Parte de un ordenador donde se almacena la información. || *s. f. pl.* **4.** Libro donde una persona cuenta su propia vida: *A los cincuenta años ese actor escribió sus memorias.* **EXPR. memoria de elefante** Muy buena memoria. **SIN. 1.** Retentiva. **4.** Autobiografía. **ANT. 1.** y **2.** Olvido. **FAM.** Memorable, memorando, memorándum, memorial, memorión, memorístico, memorizar. / Conmemorar, desmemoriado, inmemorial, rememorar.

**memorial** *s. m.* **1.** Escrito en el que se habla positivamente de una persona o cosa: *Necesitó un memorial de su profesor para pedir la beca.* **2.** Acto público que se hace como homenaje a una persona importante.

**memorión** *s. m.* **1.** Mucha memoria: *Raquel tiene un memorión tremendo, se sabe todos los teléfonos de sus amigas.* **2.** Persona que tiene mucha memoria: *Es un memorión, se estudia los temas con puntos y comas.*

**memorístico, ca** *adj.* De la memoria o relacionado con ella: *Tuvo que hacer un verdadero esfuerzo memorístico para acordarse de todo.*

**memorizar** *v.* Aprender de memoria: *Los actores tienen que memorizar bien lo que deben decir en el teatro.* ■ Delante de *e* se escribe *c* en lugar de *z*: *Lo memoricé.* **SIN.** Retener, grabar. **ANT.** Olvidar.

**mena** *s. f.* Roca formada sobre todo por algún mineral valioso o que se puede aprovechar.

**menaje** *s. m.* Conjunto de muebles, utensilios y ropas de la casa.

**mención** *s. f.* Acción de mencionar: *En su carta hacía mención de todos sus amigos.* **SIN.** Alusión, cita, referencia.

**mencionar** *v.* Decir el nombre de alguien o algo, o hablar de pasada de una persona o cosa: *Estuve charlando con Julio, pero no mencionó que te hubiera visto.* **SIN.** Citar, nombrar, aludir, mentar. **ANT.** Omitir, silenciar. **FAM.** Mención.

**menda** *pron. pers.* **1.** La persona que habla. Por ejemplo la frase *A menda le gustaría comer algo,* equivale a *A mí me gustaría comer algo.* || *s. m.* y *f.* **2.** Persona, individuo: *¿Quién es ese menda?* **SIN. 1.** Yo, chache. **2.** Tipo.

**mendicante** *adj.* y *s. m.* y *f.* **1.** Que mendiga: *Se pasa el día pidiendo cosas con actitud mendicante.* **2.** Se dice de las órdenes religiosas que viven de pedir limosna.

**mendicidad** *s. f.* Actividad de los mendigos: *No tenía trabajo y se dedicaba a la mendicidad.*

**mendigar** *v.* Pedir limosna: *No tenía para comer y mendigaba por las calles.* ■ Delante de *e* se escribe *gu* en lugar de *g*: *mendigue.* **ANT.** Dar, ofrecer. **FAM.** Mendicante, mendicidad, mendigo.

**mendigo, ga** *s. m.* y *f.* Persona pobre que vive pidiendo limosna. **SIN.** Pordiosero.

**mendrugo** *s. m.* **1.** Trozo de pan duro. || *adj.* y *s. m.* **2.** Poco listo, que le cuesta entender las cosas. ■ Con este significado, a veces se usa el femenino *mendruga.* **SIN. 1.** Corrusco, coscurro, cuscurro. **1.** y **2.** Tarugo. **2.** Zoquete, tonto. **ANT. 2.** Espabilado, vivo.

**menear** *v.* Mover algo de un lado a otro: *El perro menea el rabo cuando está contento.* **SIN.** Sacudir, balancear, remover. **ANT.** Parar. **FAM.** Meneo.

**meneo** *s. m.* Acción de menear o menearse: *Con tantos meneos vas a tirar el vaso.* **SIN.** Sacudida, balanceo.

**menester** *s. m.* Ocupación, trabajo. **EXPR. ser** algo **menester** Ser necesario: *Es menester que atienda más en clase.* **SIN.** Tarea. **FAM.** Menesteroso.

**menesteroso, sa** *adj.* y *s. m.* y *f.* Pobre, necesitado: *Era un anciano menesteroso que dormía debajo de un puente.* **SIN.** Indigente.

**menestra** *s. f.* Guiso de verduras con trocitos de jamón o carne.

**menestral, la** *s. m.* y *f.* Que trabaja con las manos. **SIN.** Artesano.

**mengano, na** *s. m.* y *f.* Una persona cualquiera: *Habló con fulano y mengano, pero no consiguió enterarse de nada.* **SIN.** Fulano, zutano, perengano.

**mengua** *s. f.* Disminución, pérdida de algo. **SIN.** Descenso, merma. **ANT.** Aumento, crecimiento, incremento.

**menguante** *adj.* Que mengua o se hace cada vez más pequeño. **EXPR. cuarto menguante** Fase de la Luna intermedia entre la Luna llena y la Luna nueva. **ANT.** Creciente.

**menguar** *v.* **1.** Disminuir o hacerse algo más pequeño: *Sus fuerzas han menguado mucho con los años.* **2.** Quitar algunos de los puntos en una fila en una labor de punto o ganchillo. **SIN. 1.** Reducirse, bajar, mermar. **ANT. 1.** Subir, aumentar. **1.** y **2.** Crecer. **FAM.** Mengua, menguante.

**menhires**

**menhir** *s. m.* Monumento prehistórico; es una piedra muy grande clavada verticalmente en el suelo.

**meninge** *s. f.* Cada una de las membranas que envuelven y protegen el encéfalo y la médula espinal. FAM. Meningitis.

**meningítico, ca** *adj.* Relacionado con la meningitis o que padece esta enfermedad.

**meningitis** *s. f.* Inflamación de las meninges; es una enfermedad muy grave. ■ No varía en plural. FAM. Meningítico.

**menino, na** *s. m.* y *f.* En la antigua corte española, niño de la nobleza que estaba al servicio de la reina o de sus hijos, los infantes.

**menisco** *s. m.* Cartílago que tenemos en la rodilla y sirve para que se pueda doblar bien.

**menopausia** *s. f.* Hecho de dejar de tener la menstruación una mujer y época en la que ocurre. FAM. Menopáusico.

**menopáusico, ca** *adj.* **1.** De la menopausia. ‖ *adj.* y *s. f.* **2.** Se dice de la mujer que está en la menopausia.

**menor** *adj.* y *s. m.* y *f.* **1.** Comparativo del adjetivo **pequeño.** De menos tamaño, intensidad o cantidad: *La habitación de mi hermano es menor que la mía. A la exposición, acudió un número de visitantes menor del previsto.* **2.** Que tiene menos edad: *Carlos es menor que Julio.* ■ Con estos dos significados puede convertirse en superlativo: *Su nota es la menor de la clase. Guillermo es el menor de los hermanos.* **3.** Que todavía es pequeño, es decir, menor de edad: *Los menores necesitan la autorización de sus padres para viajar al extranjero.* EXPR. **aguas menores** Busca **agua. menor de edad** Persona que, según las leyes, aún no es adulta y, por tanto, no puede votar ni ejercer otros derechos; en España, son menores de edad las personas que todavía no han cumplido los 18 años. ‖ **al por menor** Se dice de la venta de cosas en pequeñas cantidades. ANT. **1.** y **2.** Mayor. **3.** Adulto. FAM. Minoría, minorista. / Aminorar, pormenor.

**menorquín, na** *adj.* y *s. m.* y *f.* **1.** De Menorca, isla de las Baleares. ‖ *s. m.* **2.** Variedad del balear que se habla en esta isla.

**menos** *adv.* **1.** Expresa una cantidad o intensidad más pequeña de algo: *Luis tiene menos dinero que su hermano. Miguel es menos nervioso que tú.* ‖ *prep.* **2.** Quitando lo que se dice a continuación: *Se lo ha comido todo menos la fruta.* ‖ *s. m.* **3.** Signo que indica la resta y se representa con una rayita horizontal (–): 19 − 2 = 17. EXPR. **a menos que** Si no se hace o sucede algo: *No vendrá, a menos que vayas a buscarle.* **al menos** o **por lo menos** Aunque sólo sea eso: *Cómete al menos la carne.* **de menos** Indica que le falta algo a una cosa: *Me han devuelto diez euros de menos.* **echar de menos** Notar que falta alguien o algo, acordarse de él: *Mariano echa mucho de menos a sus amigos.* **lo de menos** Lo menos importante: *Si tú no te has hecho daño, lo de menos es que se haya roto la bici.* **lo menos** Como mínimo: *Anduvimos lo menos cinco kilómetros.* **menos mal** Indica tranquilidad por algún motivo: *Menos mal que has llegado.* **nada menos** Sirve para resaltar algo: *Han ganado por 5 a 0, nada menos.* **ni mucho menos** Sirve para decir que no de forma clara y sin ninguna duda. **no ser para menos** Indica que una cosa es importante, o que se le da la importancia que merece: *Está muy contento con el premio y no es para menos.* SIN. **2.** Salvo, excepto. ANT. **1.** y **3.** Más. **2.** Incluso. FAM. Menoscabar, menosprecio. / Menor, mínimo, minúsculo.

**menoscabar** *v.* Dañar, quitar valor, importancia o fama a alguien o algo: *Las operaciones que le hicieron acabaron menoscabando su salud.* SIN. Perjudicar, disminuir, deteriorar. ANT. Beneficiar, aumentar. FAM. Menoscabo.

**menoscabo** *s. m.* Daño, perjuicio o disminución del valor o importancia de alguien o algo: *El terremoto fue pequeño y los edificios no sufrieron menoscabo.* SIN. Deterioro. ANT. Beneficio, aumento.

**menospreciar** *v.* Darle a alguien o algo menos importancia o valor de los que tiene: *Le menospreciaban porque era el más pequeño del grupo.* SIN. Subestimar, despreciar, desdeñar. ANT. Apreciar.

**menosprecio** *s. m.* Poca importancia o poco valor que se le da a alguien o algo: *Le trataron con menosprecio porque no iba bien vestido.* SIN. Desprecio, desdén. ANT. Interés, estimación. FAM. Menospreciar.

**mensáfono** *s. m.* Aparato electrónico que envía mensajes a distancia.

**mensaje** *s. m.* **1.** Lo que se dice o se trata de expresar a alguien de palabra, por escrito o de alguna otra manera: *Si no puedes venir, mándame un men-*

saje por internet. **2.** Enseñanza: *El mensaje de ese cuento es que no hay que mentir.*
**SIN. 1.** Recado, comunicación, comunicado, aviso. **2.** Moraleja.
**FAM.** Mensáfono, mensajería, mensajero.

**mensajería** *s. f.* Servicio que envía y reparte paquetes, cartas, mensajes, sobre todo cuando es una empresa dedicada a eso.

**mensajero, ra** *adj. y s. m. y f.* Que lleva mensajes u otras cosas: *El director mandó una carta urgente con un mensajero.*
**SIN.** Recadero, emisario.

**menstruación** *s. f.* Pérdida de sangre procedente de la matriz que tienen las mujeres una vez al mes, al expulsar un óvulo que no ha sido fecundado.
**SIN.** Regla, periodo.
**FAM.** Menstrual, menstruar.

**menstrual** *adj.* Relacionado con la menstruación.

**menstruar** *v.* Tener la menstruación.

**mensual** *adj.* **1.** Que ocurre, se hace o aparece cada mes: *La revista del colegio es mensual.* **2.** Que dura un mes.
**FAM.** Mensualidad. / Bimensual.

**mensualidad** *s. f.* Lo que se paga o se cobra cada mes: *Pagó el televisor en doce mensualidades.*

**ménsula** *s. f.* **1.** Repisa. **2.** En arquitectura, elemento que sobresale en una pared y sirve para sujetar balcones, marquesinas o vigas.

**menta** *s. f.* Planta con hojas de color verde o rojizo y flores lila. Sus hojas secas se utilizan para hacer bebidas y de ella se saca una sustancia de muy buen olor y sabor, también llamada *menta*, que se emplea para fabricar dulces, perfumes, dentífricos.
**FAM.** Mentol.

**mental** *adj.* De la mente o relacionado con ella: *Tenía una enfermedad mental.*

**mentalidad** *s. f.* Modo de pensar: *No ha madurado: a pesar de su edad, tiene la mentalidad de un niño pequeño.*
**SIN.** Mente, pensamiento, ideología.

**mentalizar** *v.* Preparar a alguien convenciéndole para que se comporte de una manera: *La gente debe mentalizarse para no gastar agua en exceso.* ■ Delante de *e* se escribe *c* en lugar de *z*: *Me mentalicé.*

**mentalmente** *adv.* Con el pensamiento: *Se puso a repasar la lección mentalmente para ver si se acordaba de todo.*

**mentar** *v.* Decir el nombre de una persona o cosa: *El profesor habló de los que habían suspendido sin mentarlos.* ■ Es un verbo irregular. Se conjuga como *pensar.*
**SIN.** Citar, mencionar, nombrar.

**mente** *s. f.* **1.** La capacidad de los seres humanos para pensar y entender cosas. **2.** Pensamiento: *Se me ha ido de la mente lo que te iba a decir.* **3.** Men-

talidad: *Tiene una mente muy abierta y respeta a los que piensan distinto que él.*
**EXPR. tener en mente** Tener intención de hacer algo: *No sé qué pasará en el futuro, pero tengo en mente montar mi propia empresa.*
**SIN. 1.** Inteligencia, cerebro.
**FAM.** Mental, mentalidad, mentalizar, mentalmente, mentar, mentecato.

**mentecato, ta** *adj. y s. m. y f.* Tonto.
**SIN.** Bobo, idiota, necio, insensato. **ANT.** Listo, sensato.

**mentidero** *s. m.* Lugar donde se habla y se comentan rumores: *En los mentideros de la radio se dice que ese político no tardará en dimitir.*

**mentir** *v.* Decir algo que es mentira: *Marta dijo que no sabía dónde estaba Luisa, pero creo que mintió.* ■ Es un verbo irregular. Se conjuga como *sentir.*
**SIN.** Engañar.
**FAM.** Mentidero, mentís. / Desmentir.

**mentira** *s. f.* Lo que no es verdad: *Dijo que había estado en su casa, pero era mentira.*
**EXPR. parece mentira** Indica que algo causa asombro o sorpresa: *Parece mentira que quepan tantas cosas en ese bolso tan pequeño.*
**SIN.** Engaño, embuste, cuento, bola, bulo, trola. **ANT.** Verdad.
**FAM.** Mentir, mentirijillas, mentiroso.

**mentirijillas** Se usa en la expresión **de mentirijillas**, que significa 'en broma, de mentira': *El niño dice que está malito, pero es de mentirijillas.*

**mentiroso, sa** *adj. y s. m. y f.* Que dice mentiras.
**SIN.** Embustero, farsante.

**mentís** *s. m.* Palabra o hecho que desmiente una afirmación: *Un mentís a tiempo hubiese evitado muchos comentarios.* ■ No varía en plural.

**mentol** *s. m.* Sustancia que se saca de la menta y se utiliza en medicina para suavizar la garganta y ayudar a respirar; también se emplea en perfumes y licores.
**FAM.** Mentolado.

**mentolado, da** *adj.* De sabor a menta: *Se tomó un caramelo mentolado para calmar la tos.*

**mentón** *s. m.* Barbilla.

**mentor, ra** *s. m. y f.* Persona que aconseja, orienta o ayuda a otra: *Cuando estuvo en la universidad extranjera tuvo un mentor.*
**SIN.** Preceptor, tutor, consejero, guía.

**menú** *s. m.* **1.** Conjunto de platos que se toman en una comida. **2.** Lista de las comidas y bebidas que pueden pedirse en un restaurante. **3.** Lista que aparece en la pantalla del ordenador con todas las cosas que puede hacer un programa para elegir la que se quiere. ■ Su plural es *menús.*
**SIN. 2.** Carta.

**menudear** *v.* Suceder frecuentemente: *Menudean las lluvias en otoño.*
**SIN.** Abundar.

**menudencia** *s. f.* Cosa de poco valor o poco importante: *No seas tonta y no te enfades por menudencias.*
SIN. Minucia, bagatela, pequeñez.

**menudillos** *s. m. pl.* El corazón, el hígado y otras vísceras de las aves.
SIN. Menudos, despojos.

**menudo, da** *adj.* **1.** Muy pequeño: *Esa planta tiene unas florecillas muy menudas. Su hermano es un niño delgadito y menudo.* **2.** Que tiene poca importancia: *Vamos al grano; los asuntos menudos los trataremos después.* **3.** Se usa a veces para destacar algo: *¡Menudo pillo estás tú hecho!* || *s. m. pl.* **4.** Tripas, manos y sangre del cordero, el cerdo, la vaca y otros animales. **5.** Menudillos de las aves.
EXPR. **a menudo** Muchas veces, con frecuencia: *A menudo recibe cartas de sus amigos.*
SIN. **1.** Chico, canijo, esmirriado. **2.** Secundario, accesorio. **4.** y **5.** Despojos. ANT. **1.** Grande, corpulento. **2.** Importante.
FAM. Menudencia, menudillos.

**meñique** *adj.* y *s. m.* Dedo meñique. Busca **dedo**.

**meollo** *s. m.* Parte más importante de algo: *El profesor les explicó el meollo de la lección.*
SIN. Fundamento, núcleo, esencia, sustancia.

**meón, na** *adj.* y *s. m.* y *f.* Que hace pis muchas veces o en mucha cantidad: *Este niño es un meón, hay que cambiarle el pañal cada dos por tres.*

**mequetrefe** *s. m.* y *f.* Persona poco formal, inútil o en la que no se puede confiar.
SIN. Botarate, tarambana, chiquilicuatro, chisgarabís, zascandil.

**meramente** *adv.* Solamente, simplemente: *Hace deporte meramente por diversión.*

**mercachifle** *s. m.* Vendedor ambulante o de poca importancia: *Un mercachifle le vendió en la calle un reloj y no funcionaba.*
SIN. Quincallero, buhonero.

**mercader, ra** *s. m.* y *f.* Comerciante.

**mercadería** *s. f.* Mercancía.

**mercadillo** *s. m.* Mercado de puestos ambulantes que se ponen en un pueblo o barrio en días fijos y donde se venden mercancías a bajo precio.

**mercado** *s. m.* **1.** Edificio o lugar donde hay muchos puestos en los que se venden alimentos y, a veces, otras cosas necesarias: *Mis padres hacen la compra los sábados en el mercado.* **2.** Conjunto de actividades relacionadas con la compra y la venta de algo: *Este modelo de coche acaba de salir al mercado.*
SIN. **1.** Plaza.
FAM. Mercachifle, mercader, mercadería, mercadillo, mercadotecnia, mercancía, mercante, mercantil, mercar. / Hipermercado, supermercado.

**mercadotecnia** *s. f.* Busca **marketing**.

**mercancía** *s. f.* **1.** Cualquier cosa que se puede comprar y vender. || **mercancías** *s. m.* **2.** Tren que transporta solamente cosas. ■ Con este significado no varía en plural.
SIN. **1.** Género, producto, artículo.

**mercante** *adj.* **1.** Relacionado con el transporte de mercancías por mar: *la marina mercante.* || *adj.* y *s. m.* **2.** Se dice del barco que transporta mercancías.

**mercadillo**

**mercantil** *adj.* Relacionado con la compra y venta de cosas: *En las ciudades muchas personas trabajan en actividades mercantiles.*
SIN. Comercial.

**mercar** *v.* Comprar. ■ Delante de *e* se escribe *qu* en lugar de *c*: *Mira qué reloj me merqué ayer.*

**merced** *s. f.* **1.** Favor o recompensa que se concede a una persona: *El señor del castillo concedió muchas mercedes a sus vasallos.* **2.** En las expresiones *su merced* o *vuestra merced*, se usaba antes con un significado parecido al de *usted*.
EXPR. **a merced de** Sin poder hacer nada, estando bajo la acción de otra persona o cosa: *El barco navegaba a merced de las olas.*
SIN. **1.** Don, gracia, beneficio.
FAM. Mercedario.

**mercedario, ria** *adj.* y *s. m.* y *f.* De la orden religiosa de la Merced.

**mercenario, ria** *adj.* y *s. m.* y *f.* Se dice del soldado que lucha sólo porque le pagan, aunque sea a las órdenes de un país extranjero.

**mercería** *s. f.* Tienda donde se venden hilos, botones y otras cosas para coser o hacer labores.
FAM. Mercero.

**mercero, ra** *s. m.* y *f.* Vendedor de una mercería.

**merchero, ra** *s. m.* y *f.* Persona que se dedica a la venta ambulante.

**mercromina** *s. f.* Líquido rojo que se usa para desinfectar las heridas. Se llama también *mercurocromo.*

**mercurio** *s. m.* Metal líquido de color plateado brillante; se usa por ejemplo para indicar la temperatura en los termómetros, al dilatarse con el calor.
SIN. Azogue.
FAM. Mercurocromo. / Mercromina.

**mercurocromo** *s. m.* Mercromina.

**merecedor, ra** *adj.* Que merece algo: *Jugó muy bien y eso le ha hecho merecedor de la victoria.*

**merecer** *v.* Ser justo que alguien o algo tenga o reciba una cosa: *Marisa ha hecho un dibujo estupendo, se merece una buena nota. Esa foto es preciosa, merece que la pongas en un marco.* ■ Es un verbo irregular. Se conjuga como *agradecer.*
EXPR. **merecer** algo **la pena** No importar que cueste un poco porque se consigue algo mejor: *El paisaje es tan bonito que merece la pena ir.*
FAM. Merecedor, merecido, merecimiento, mérito. / Desmerecer, inmerecido.

**merecido, da** *adj.* **1.** Que alguien se lo merece: *Los estudiantes disfrutan en verano de unas merecidas vacaciones.* ‖ *s. m.* **2.** Castigo que alguien se merece por algo que ha hecho: *Se ha portado mal y ahora tiene su merecido.*

**merecimiento** *s. m.* Hecho de merecer algo: *Ganó el premio con todo merecimiento.*

**merendar** *v.* **1.** Comer algo a media tarde: *He merendado un vaso de leche con galletas.* ‖ **merendarse 2.** Terminar algo rápidamente: *Se merendó el cuento enseguida porque era divertidísimo.* **3.** Ganar a alguien por mucha diferencia: *El tenista se merendó a su rival en una hora.* ■ Es un verbo irregular. Se conjuga como *pensar.*

**merendero** *s. m.* Lugar parecido a un bar que se encuentra en el campo o en la playa, y en el cual se puede comer o tomar algo.
SIN. Quiosco, chiringuito.

**merendola** o **merendona** *s. f.* Merienda muy buena, sobre todo cuando se hace en una fiesta o en una celebración.

**merengada** *adj.* Se usa en la expresión **leche merengada**. Busca **leche**.

**merengue** *s. m.* Crema dulce de color blanco hecha con claras de huevo y azúcar. También se llama así al pastel que tiene esa crema.
FAM. Merengada.

**meridiano, na** *adj.* **1.** Muy claro: *Lo ha explicado de forma tan meridiana que no cabe ninguna duda.* ‖ *s. m.* **2.** Línea imaginaria de la esfera terrestre que va de un polo a otro, cortando el ecuador perpendicularmente.
FAM. Meridional.

**meridional** *adj.* y *s. m.* y *f.* Del sur: *América meridional.*
SIN. Sureño. ANT. Septentrional, norteño.

**merienda** *s. f.* Comida ligera que se hace por la tarde.
EXPR. **merienda de negros** Desorden, lío en el que nadie se entiende: *La reunión fue una merienda de negros y no se llegó a ningún acuerdo.*
FAM. Merendar, merendero, merendola, merendona, meriendacena.

**meriendacena** *s. f.* Comida fuerte que se hace por la tarde y que sustituye a la cena.

**merino, na** *adj.* Se dice de una raza de carneros y ovejas que tienen la lana fina, rizada y suave.

**mérito** *s. m.* **1.** Acción y trabajo de una persona por los que se merece alguna cosa: *Le dieron el premio por sus méritos como escritor.* **2.** Valor que tiene algo por el cuidado que se ha puesto en ello o lo bien hecho que está: *Esa figura tiene mucho mérito porque está tallada a mano.*
EXPR. **hacer méritos** Esforzarse haciendo bien las cosas para merecer o conseguir algo: *Hizo méritos para que el profesor le subiera la nota.*
SIN. **2.** Calidad, valía. ANT. **1.** Defecto.
FAM. Meritorio. / Emérito.

**meritorio, ria** *adj.* Que tiene mucho mérito y merece que lo premien: *Realizó un trabajo muy meritorio y todos lo alabaron.*

**merluza** *s. f.* **1.** Pez marino de tamaño grande que tiene el cuerpo alargado y plateado y muchos dientes muy finos. Su carne es blanca y suave y es muy apreciada como alimento. **2.** Borrachera.

**SIN. 2.** Cogorza, curda.

**FAM.** Merluzo.

**merluzo, za** *adj.* y *s. m.* y *f.* Tonto, bobo.

**SIN.** Estúpido, imbécil, memo. **ANT.** Listo.

**merma** *s. f.* Disminución en alguna cosa.

**SIN.** Mengua, menoscabo. **ANT.** Aumento, crecimiento.

**mermar** *v.* Disminuir, reducir: *El líquido mermó al cocer.*

**SIN.** Menguar, menoscabar. **ANT.** Aumentar, crecer.

**FAM.** Merma.

**mermelada** *s. f.* Líquido espeso y muy dulce que se hace con fruta cocida y azúcar.

**SIN.** Confitura.

**mero** *s. m.* Pez de gran tamaño con la cabeza y la boca también muy grandes. Vive en el Mediterráneo y es muy apreciado como alimento.

**mero, ra** *adj.* Sólo lo que se dice a continuación: *No leo por obligación sino por mero placer.*

**SIN.** Puro, simple.

**FAM.** Meramente.

**merodear** *v.* Ir por algún lugar para mirar algo, para curiosear o con malas intenciones: *Un tipo sospechoso merodeaba por los alrededores.*

**SIN.** Rondar, acechar.

**mes** *s. m.* **1.** Cada una de las doce partes en que se divide el año. **2.** Tiempo que va desde un día hasta otro de la misma fecha, pero del mes siguiente: *Tardaron tres meses en hacer la obra en su casa.* **3.** Menstruación, regla.

**SIN. 3.** Periodo.

**FAM.** Mensual. / Bimestre, cuatrimestre, semestre, sietemesino, trimestre.

**mesa** *s. f.* **1.** Mueble formado por una tabla o una plancha de otro material, sostenida por una o varias patas. **2.** Este mueble con lo necesario para comer en él: *La mesa ya está lista.* **3.** Comida: *Le gusta la buena mesa.* **4.** En algunas reuniones, personas que la dirigen o la presiden.

**merluza**

**mero**

**mesa**

**mesilla**

**EXPR. mesa camilla** Mesa redonda que en la parte de abajo tiene una tabla con un hueco para meter el brasero, y que se cubre con unas faldas. **mesa de mezclas** o **mesa mezcladora** Aparato que se usa en radio, cine y televisión para mezclar ruidos y sonidos. **mesa de noche** Busca **mesilla. mesa redonda** Reunión de personas para tratar un tema. ‖ **poner la mesa** Prepararla con todo lo necesario para comer. **quitar la mesa** Retirar todo lo que se ha puesto sobre ella para comer.

**FAM.** Mesero, meseta, mesilla. / Sobremesa.

**mesana** *s. amb.* **1.** En una embarcación de tres mástiles, palo que está más cerca de la popa. ‖ *s. f.* **2.** Vela atravesada que va en ese mástil.

**mesarse** *v.* Tirarse del pelo o de la barba en señal de pena o de enfado.

**mescolanza** *s. f.* Busca **mezcolanza.**

**mesero, ra** *s. m.* y *f.* En algunos países de Hispanoamérica, mozo, camarero.

**meseta** *s. f.* Terreno llano de gran extensión, situado a más de 500 metros sobre el nivel del mar.

**SIN.** Altiplanicie.

**FAM.** Submeseta.

**mesilla** *s. f.* Mueble pequeño, con uno o más cajones, que se coloca en el dormitorio junto a la cama. Se llama también *mesa de noche.*

**mesnada** *s. f.* En la Edad Media, conjunto de hombres armados que estaban a las órdenes de un rey o de un noble.

**SIN.** Tropa, partida, hueste.

**mesón** *s. m.* **1.** Taberna donde se sirven comidas y bebidas. **2.** Posada para viajeros.

**SIN. 1.** Tasca. **2.** Hostal, hospedería, hostería.

**FAM.** Mesonero.

**mesonero, ra** *s. m.* y *f.* Persona que trabaja en un mesón.

**mesopotámico, ca** *adj.* y *s. m.* y *f.* De Mesopotamia, antigua región de Asia.

**mesosfera** *s. f.* Parte de la atmósfera situada entre la estratosfera y la termosfera, que está entre los 50 y 80 kilómetros de altura.

**mester** *s. m.* En la Edad Media, arte, oficio.

**EXPR. mester de clerecía** Tipo de poesía compuesta por clérigos o por personas cultas en la Edad Media. **mester de juglaría** Poesía de los juglares o poetas populares de la Edad Media.

**mestizaje** *s. m.* Mezcla de razas o de culturas diferentes.

**mestizo, za** *adj.* y *s. m.* y *f.* Nacido de padres de diferente raza. Sobre todo se llaman así los hijos de un blanco y una india o los hijos de un indio y una blanca.

**FAM.** Mestizaje.

**mesura** *s. f.* **1.** Tranquilidad y buenos modales de una persona que no pierde los nervios. **2.** Moderación,

cualidad del que no se pasa y no hace ningún exceso: *Para no engordar hay que comer con mesura.*
**SIN. 1.** Compostura. **2.** Comedimiento, medida. **ANT.**
**2.** Desmesura, exageración.
**FAM.** Mesurado. / Desmesura.

**mesurado, da** *adj.* Que tiene mesura: *Es muy mesurado cuando habla, no grita ni cuando está enfadado.*
**SIN.** Moderado, comedido. **ANT.** Desmedido.

**meta** *s. f.* **1.** Objetivo que se quiere alcanzar: *Su meta es aprobar todas las asignaturas en junio.* **2.** Final de una prueba deportiva que está señalado con una línea: *Todavía quedan diez ciclistas por llegar a la meta.* **3.** En algunos deportes, portería.
**SIN. 1.** Aspiración, fin. **3.** Portal, puerta.
**FAM.** Guardameta.

**metabólico, ca** *adj.* Relacionado con el metabolismo.

**metabolismo** *s. m.* Procesos químicos que se producen en los seres vivos y por los cuales éstos obtienen energía de los alimentos.
**FAM.** Metabólico.

**metacarpo** *s. m.* Los cinco huesos que hay en la palma de la mano entre la muñeca y los dedos.

**metacrilato** *s. m.* Plástico muy duro que parece cristal.

**metadona** *s. f.* Medicamento utilizado para desintoxicar a los drogadictos que consumen heroína.

**metafísica** *s. f.* Parte de la filosofía que estudia la esencia de las cosas, es decir, lo que hace que sean como son.
**FAM.** Metafísico.

**metafísico, ca** *adj.* De la metafísica o relacionado con la metafísica.

**metáfora** *s. f.* El hecho de usar en literatura una palabra para indicar una cosa distinta de la que significa, pero con la cual tiene algún parecido o relación. Por ejemplo, Federico García Lorca emplea una metáfora en este verso al utilizar la palabra *algodones* para referirse a las nubes: *«El viento se llevó los algodones del cielo».*
**FAM.** Metafórico.

**metafórico, ca** *adj.* Que tiene o usa metáforas: *El escritor utiliza un lenguaje metafórico en el poema.*

**metal** *s. m.* Cuerpo con un brillo característico, que es buen conductor del calor y la electricidad. A temperatura normal es sólido, excepto el mercurio. Son metales, por ejemplo, el hierro, el plomo y el cobre.
**EXPR. el vil metal** El dinero. **metal noble** o **precioso** La plata, el oro o el platino.
**FAM.** Metálico, metalizar, metalurgia.

**metálico, ca** *adj.* **1.** De metal: *El cinturón lleva una hebilla metálica.* ‖ *s. m.* **2.** Dinero en monedas o billetes: *Pagó la cámara de fotos en metálico.*

**metalizado, da** *adj.* Se dice de los colores que imitan el brillo del metal: *Se ha comprado un deportivo azul metalizado.*

**metalizar** *v.* **1.** Cubrir una sustancia con una capa de metal. **2.** Hacer que un cuerpo adquiera propiedades del metal. ■ Delante de *e* se escribe *c* en lugar de *z*: *metalicen.*
**FAM.** Metalizado.

**metalurgia** *s. f.* Conjunto de técnicas para obtener los metales y transformarlos. Por ejemplo, una tarea de la metalurgia es unir dos metales de distinta clase para hacer aleaciones.
**FAM.** Metalúrgico.

**metalúrgico, ca** *adj.* **1.** De la metalurgia o relacionado con la metalurgia: *la industria metalúrgica.* ‖ *adj.* y *s. m.* y *f.* **2.** Persona que trabaja en la metalurgia.

**metamórfico, ca** *adj.* y *s. m.* y *f.* Se dice de las rocas y minerales que han sufrido transformaciones en el interior de la Tierra.

**metamorfosis** o **metamórfosis** *s. f.* Transformación de una persona, animal o cosa en otra, por ejemplo cuando el gusano de seda se convierte en mariposa. ■ No varía en plural.
**FAM.** Metamórfico.

**metano** *s. m.* Gas incoloro, usado como combustible, que arde con facilidad cuando está en contacto con el aire.

**metástasis** *s. f.* Extensión de un cáncer situado en un órgano a otros puntos distintos del cuerpo. ■ No varía en plural.

**metatarso** *s. m.* Los cinco huesos que están en la parte central del pie, entre el tarso y los dedos.

**metazoo** *adj.* y *s. m.* Animal formado por muchas células, a diferencia del *protozoo*, que está formado por una sola.

**meteórico, ca** *adj.* **1.** Relacionado con los meteoros: *La lluvia es un fenómeno meteórico.* **2.** Muy rápido: *El cantante hizo una visita meteórica a nuestro país.*

**meteorito** *s. m.* Cuerpo sólido que va a gran velocidad por el espacio. Algunos han caído en la Tierra.

**meteoro** o **metéoro** *s. m.* Nombre de algunos fenómenos naturales, como la lluvia, la nieve, el granizo y el viento.
**FAM.** Meteórico, meteorito, meteorología.

**meteorología** *s. f.* Ciencia que estudia los fenómenos naturales de la atmósfera, como las lluvias o los vientos, de los que depende el tiempo que hace en un lugar.
**FAM.** Meteorológico, meteorólogo.

**meteorológico, ca** *adj.* De la meteorología o relacionado con ella: *Antes de ir de excursión a la montaña, escucharon el parte meteorológico.*

**meteorólogo, ga** *s. m.* y *f.* Persona que se dedica a la meteorología: *El meteorólogo de la tele ha dicho que mañana va a llover.*

**metepatas** *s. m.* y *f.* Persona que siempre está metiendo la pata. ■ No varía en plural.
SIN. Patoso. ANT. Discreto.

**meter** *v.* **1.** Poner a una persona o cosa dentro de algo: *Metió los zapatos en una caja. El gatito se ha metido en su cesta para dormir.* **2.** Decir o contar: *Le metió tal rollo que le dejó dormido. ¡Menuda trola que te metieron!* **3.** Poner a una persona en situación difícil o desagradable: *No te metas en líos.* **4.** Producir o hacer lo que se dice: *meter ruido, meter miedo, meter prisa.* **5.** Dar una torta, un puñetazo, una paliza. **6.** Hacer más corta o más estrecha una prenda de vestir: *Me metieron los bajos de los pantalones porque me estaban largos.* **7.** Emplear o poner en funcionamiento algunos instrumentos, mecanismos o aparatos: *meter la tijera; meter las marchas de un coche.* ‖ **meterse 8.** Participar, intervenir en algo, sobre todo en cosas en las que uno no debería hacerlo: *A Carmen le gusta meterse en las conversaciones de los demás.* **9.** Ponerse a hacer algo o dedicarse a un trabajo o una actividad: *Antonio se ha metido a bombero.* **10.** Molestar, insultar o atacar a alguien: *Estoy harto de que te metas conmigo.*
EXPR. **a todo meter** Con mucha fuerza o rapidez: *Pone el casete a todo meter y no hay quien aguante en casa.* **meter la pata** Equivocarse, hacer o decir algo que no se debía: *Metió la pata y le dijo lo que íbamos a regalarle.*
SIN. **1.** Introducir. **2.** Largar. **3.** Comprometer. **5.** Pegar, sacudir. **8.** Inmiscuirse. **9.** Liarse. ANT. **1.** y **3.** Salir. **1.**, **3.** y **6.** Sacar. **9.** Dejar, abandonar.
FAM. Metepatas, meticón, metido, metijón, metomentodo. / Entremeter, entrometer, malmeter, remeter.

**meticón, na** *adj.* y *s. m.* y *f.* Entrometido: *Es un meticón; siempre quiere enterarse de los asuntos de los demás.* ■ Se dice también *metijón*.
SIN. Metomentodo. ANT. Discreto.

**meticuloso, sa** *adj.* Que hace todo muy despacio y con mucho cuidado.
SIN. Concienzudo, puntilloso. ANT. Descuidado.

**metido, da** *adj.* **1.** Que alguien lo metió. **2.** Ocupado, comprometido en algo: *No me oyó entrar porque estaba muy metido en su lectura.*
EXPR. **entrado** (o **metido**) **en carnes** Busca **carne**.

**metijón, na** *adj.* Busca **meticón**.

**metódico, ca** *adj.* Que hace las cosas siguiendo un orden: *Miguel es muy metódico para estudiar.*
SIN. Ordenado, sistemático. ANT. Desordenado.

**metodismo** *s. m.* Movimiento religioso que tuvo sus orígenes en Inglaterra en el siglo XVIII y se caracteriza por ser muy riguroso en cuanto a la práctica religiosa y a la oración.
FAM. Metodista.

**metodista** *adj.* y *s. m.* y *f.* Del metodismo o que tiene esta religión.

**método** *s. m.* **1.** Serie de cosas ordenadas que hay que hacer para conseguir algo: *Para hacer un trabajo tienes que seguir un método; preparar un guión, buscar la información y luego redactarlo.* **2.** Conjunto de reglas, ejercicios, actividades, para enseñar o aprender algo: *Ese profesor sigue un método muy bueno para dar clases de inglés.* **3.** Forma de actuar de una persona: *Sí, es muy eficaz, pero no me gustan los métodos que utiliza.*
SIN. **1.** y **2.** Metodología, técnica, sistema. **2.** y **3.** Procedimiento.
FAM. Metódico, metodismo, metodología.

**metodología** *s. f.* Método para hacer o conseguir algo.
SIN. Técnica, sistema, procedimiento.

**metomentodo** *adj.* y *s. m.* y *f.* Que se mete donde no debe.
SIN. Meticón, entrometido.

**metonimia** *s. f.* Hecho de llamar a una cosa con el nombre de otra con la que está relacionada; por ejemplo, llamar *canas* a la vejez porque cuando alguien es viejo suele tener canas: *No le dijo nada por respeto a sus canas.*

**metopa** o **métopa** *s. f.* En arquitectura, elemento decorativo situado entre dos triglifos de los frisos de algunos templos griegos; las metopas pueden ser lisas o tener esculturas o pinturas. (Busca el dibujo de **friso**).

**metraje** *s. m.* Longitud expresada en metros de una película: *Acortaron el metraje para que no durara más de dos horas.*

**metralla** *s. f.* Trozos pequeños de metal, clavos o tornillos que expulsa una bomba al explotar.
FAM. Metralleta. / Ametralladora.

**metralleta** *s. f.* Arma de fuego que se puede disparar muchas veces automáticamente manteniendo el dedo en el gatillo.

**métrica** *s. f.* Estudio de los versos en cuanto al número de sílabas que tienen, los tipos que hay y cómo se combinan en una estrofa o en un poema.

**métrico, ca** *adj.* **1.** Relacionado con el metro, unidad de longitud: *el sistema métrico decimal.* **2.** De la métrica.

**metro**[1] *s. m.* **1.** Unidad de medida de longitud. **2.** Utensilio que se emplea para medir, en forma de tira larga con unas rayitas que indican la medida.
FAM. Metraje, métrica, métrico, metrónomo. / Centímetro, decámetro, decímetro, diámetro, hectómetro, kilómetro, milímetro, ojímetro.

**metro**[2] *s. m.* Tren que circula por las grandes ciudades y que va casi siempre por debajo del suelo.
FAM. Metrobús.

**metrobús** *s. m.* Billete de varios viajes que sirve para el metro y los autobuses municipales.

**metrónomo** *s. m.* Aparato que hace un tic-tac como el reloj y sirve para medir el tiempo y marcar el compás en música.

**metrópoli** o **metrópolis** *s. f.* **1.** Ciudad grande e importante. **2.** País o ciudad que tiene colonias: *España fue la metrópoli de muchos países de América.* ■ *Metrópolis* no varía en plural.
SIN. **1.** Capital, urbe.
FAM. Metropolitano.

**metropolitano, na** *adj.* **1.** De la ciudad o metrópoli: *El área metropolitana de una ciudad está formada por los pueblos que hay a su alrededor.* ‖ *s. m.* **2.** El metro, tren que casi siempre va por debajo del suelo.
FAM. Metro².

**mexicano, na** *adj.* y *s. m.* y *f.* De México, país de América del Norte. ■ Puede escribirse también *mejicano,* que es como se pronuncia.
FAM. Chicano.

**meyosis** *s. f.* Busca **meiosis**.

**mezcla** *s. f.* **1.** Acción de mezclar o mezclarse: *La mezcla de rojo y amarillo da naranja.* **2.** Resultado de mezclar varias cosas: *La mezcla ha salido muy espesa.* **3.** Tela hecha con hilos de diferentes materiales y colores.
FAM. Mezclilla.

**mezclador, ra** *adj.* y *s. m.* y *f.* Que mezcla o sirve para mezclar.

**mezclar** *v.* **1.** Juntar varias cosas para que queden más o menos unidas: *Esta salsa se hace mezclando tomate con mayonesa.* **2.** Juntar cosas que no deberían estar unidas: *Ha mezclado sus libros con los de María y ahora es un lío saber cuál es de cada uno.* **3.** Meter a alguien en un asunto complicado o peligroso: *No quiere que mezclen a su familia en negocios sucios.* ‖ **mezclarse 4.** Relacionarse: *No le gusta mezclarse con ese tipo de gente.*
SIN. **1.** Combinar. **1.** y **2.** Entremezclar. **3.** Involucrar, liar. ANT. **1.** y **2.** Separar. **3.** Apartar.
FAM. Mezcla, mezclador, mezcolanza. / Entremezclar.

**mezclilla** *s. f.* Tela delgada de diferentes materiales o colores: *Me he comprado una chaqueta de mezclilla.*

**mezcolanza** *s. f.* Mezcla de personas o cosas que no quedan bien juntas: *Esa mezcolanza de colores estropea el dibujo.* ■ Se dice también *mescolanza.*
SIN. Revoltijo, batiburrillo.

**mezquindad** *s. f.* Característica de las personas o acciones mezquinas.
SIN. Vileza. ANT. Nobleza.

**mezquino, na** *adj.* **1.** Despreciable, malo: *Pegar al niño ha sido una acción mezquina.* **2.** Pequeñísimo: *Cobra un sueldo mezquino.* **3.** Tacaño.
SIN. **1.** Miserable, vil. **2.** Mínimo. ANT. **1.** Noble.
FAM. Mezquindad.

**mezquita** *s. f.* Iglesia de los musulmanes.

**mi¹** *s. m.* Tercera nota de la escala musical.

**mi²** *pos.* Forma abreviada de **mío, mía.** ■ Se usa delante de un sustantivo: *mi perro, mis carpetas.*

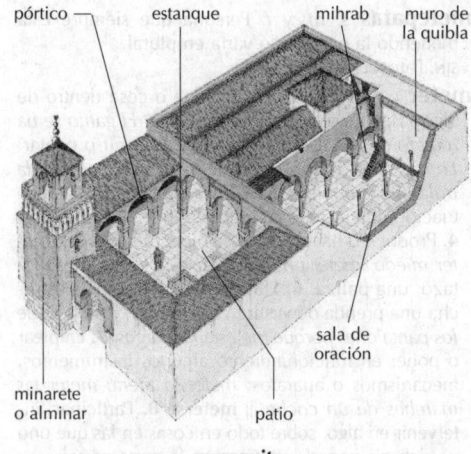

pórtico · estanque · mihrab · muro de la quibla

minarete o alminar · patio · sala de oración

**mezquita**

**mí** *pron. pers.* Indica la primera persona del singular. Se usa detrás de una preposición: *Los pantalones que ha comprado mamá son para mí.*

**miaja** *s. f.* Un poquito: *Dale una miaja de chorizo. Espera una miaja, que ya voy.*

**miasmas** *s. m. pl.* Malos olores, sustancias o gases que desprenden los cuerpos enfermos, las cosas que se pudren o las aguas estancadas.

**mica** *s. f.* Mineral compuesto de silicio y otros elementos. Es brillante, tiene diversos colores y aparece en numerosas rocas. Se separa en capas con facilidad.

**micción** *s. f.* Acción de orinar y lo que se orina: *El médico le pidió que guardara la primera micción del día para el análisis.*
SIN. Orina, pis.

**michelín** *s. m.* Carne blandengue en forma de rollo que rodea algunas partes del cuerpo de los que están gordos, sobre todo la cintura.

**michino, na** *s. m.* y *f.* Gato.

**mico, ca** *s. m.* y *f.* **1.** Mono con la cola larga. **2.** Niño.
EXPR. **volverse mico** Tener mucha dificultad para conseguir algo: *Se volvió mico para entender la letra de los apuntes de su amigo.*

**micra** *s. f.* Medida de longitud pequeñísima que equivale a la millonésima parte del metro.

**micro** *s. m.* Forma abreviada de **micrófono**.

**microbiano, na** *adj.* De los microbios o relacionado con ellos: *enfermedad microbiana, agente microbiano.*

**microbio** *s. m.* Ser vivo pequeñísimo que sólo se puede ver con ayuda del microscopio. Algunos producen enfermedades.

**microbús** *s. m.* Autobús pequeño.

**microchip** *s. m.* Chip muy pequeño. ■ Es una palabra inglesa. Su plural es *microchips*.

**microcirugía** *s. f.* Cirugía que se realiza sobre tejidos y órganos muy pequeños que sólo se pueden ver con el microscopio.

**microclima** *s. m.* Clima que se da en un lugar pequeño y que tiene condiciones atmosféricas distintas de las de su entorno: *Las montañas que rodean esta parte de la ciudad hacen que haya un microclima.*

**microfilm** o **microfilme** *s. m.* Película de tamaño muy pequeño que se usa para fotografiar algunas cosas, por ejemplo libros o escritos muy valiosos. ■ *Microfilm* es una palabra inglesa y su plural es *microfilms*.

**micrófono** *s. m.* Aparato que recoge el sonido para ampliarlo o grabarlo: *El cantante llevaba un micrófono en la mano.*
FAM. Micro.

**micronesio, sia** *adj.* y *s. m.* y *f.* De Micronesia, islas que están en Oceanía.

**microondas** *s. m.* Horno que calienta y cocina los alimentos muy rápidamente por medio de unas radiaciones especiales. ■ No varía en plural.

**microordenador** *s. m.* Ordenador de pequeño tamaño que funciona gracias a un microprocesador.

**microorganismo** *s. m.* Organismo vivo muy pequeño que sólo se puede ver con ayuda del microscopio.

**microprocesador** *s. m.* Procesador de pequeño tamaño cuyos elementos forman un solo circuito integrado; es la parte más importante de un microordenador, ya que dirige todas las tareas que tiene que hacer.

**microscópico, ca** *adj.* Pequeñísimo, que sólo se puede ver a través del microscopio.
SIN. Diminuto, minúsculo. ANT. Enorme.

**microscopio** *s. m.* Aparato que sirve para ver cosas muy pequeñas que nuestra vista no percibe.
FAM. Microscópico.

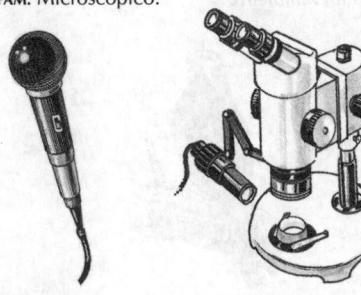

micrófono        microscopio

**miedica** *adj.* y *s. m.* y *f.* Miedoso, cobarde.
ANT. Valiente.

**miedo** *s. m.* Sentimiento desagradable ante algo que nos asusta o creemos que nos puede hacer daño: *Verónica tiene miedo a las tormentas.*
EXPR. **de miedo** Muy bueno, estupendo: *Se ha comprado un coche de miedo. Lo pasamos de miedo en la playa.* También, muy grande: *Como la clase no se callaba, el profesor se cogió un enfado de miedo.*
SIN. Temor, terror, pavor, pánico. ANT. Valentía, valor.
FAM. Miedica, miedoso. / Quitamiedos.

**miedoso, sa** *adj.* Que siempre tiene miedo.
SIN. Miedica, asustadizo, cobarde, temeroso. ANT. Valiente, valeroso.

**miel** *s. f.* Líquido muy espeso y dulce que hacen las abejas con el néctar de las flores.
EXPR. **dejar** (o **quedarse**) **con la miel en los labios** Perder una cosa buena cuando se está a punto de conseguirla o cuando se acababa de conseguir: *Mi padre prometió llevarnos de excursión, pero nos quedamos con la miel en los labios.* **miel sobre hojuelas** Se usa para decir que una cosa mejora otra que ya era buena: *Si el trabajo es interesante y además lo pagan bien, miel sobre hojuelas.*
FAM. Melaza, melifluo, meloso.

**mielina** *s. f.* Sustancia que hay en los nervios y que ayuda a transmitir los impulsos nerviosos.

**miembro** *s. m.* **1.** Cualquiera de las extremidades del cuerpo de los seres humanos y de los animales, por ejemplo un brazo o una pierna. **2.** Persona o cosa que unida a otras forma un grupo: *Ana es miembro del club de ajedrez.* **3.** Cada una de las expresiones matemáticas que están a los lados del signo. Por ejemplo, en $3x + 2 = 8$, $3x + 2$ es el primer miembro y $8$, el segundo.
EXPR. **miembro viril** Pene.
SIN. **2.** Componente, elemento; integrante, socio.
FAM. Bimembre, desmembrar, unimembre.

**mientras** *adv.* **1.** Al mismo tiempo que se hace otra cosa: *Tú aprieta el tornillo, yo mientras sujeto la madera.* ∥ *conj.* **2.** Sirve para unir acciones que ocurren al mismo tiempo: *Juan oye música mientras estudia.*
EXPR. **mientras que** Indica que dos acciones suceden al mismo tiempo: *Mientras que Pedro barría, Luisa limpiaba los cristales.* También expresa oposición o diferencia entre dos acciones: *Mientras que en el norte del país está lloviendo, en el sur hace calor.* **mientras tanto** En el tiempo que ocurre algo: *Le dijeron que esperara y, mientras tanto, estuvo leyendo una revista.*

**miércoles** *s. m.* Tercer día de la semana. ■ No varía en plural.
EXPR. **miércoles de ceniza** Primer día de la Cuaresma; se llama así porque el sacerdote pone ceniza en la frente de los fieles.

**mierda** *s. f.* **1.** Caca. **2.** Suciedad, basura. **3.** Cosa mal hecha o sin ningún valor. **4.** Borrachera. || *s. m. y f.* **5.** Persona que no vale para nada. ■ Es una palabra vulgar.

**EXPR. a la mierda** Expresión con la que rechazamos a una persona o cosa porque estamos hartos o enfadados: *Si te hace otra faena, lo mandas a la mierda.* **irse** una cosa **a la mierda** Estropearse o no salir bien: *Si volvemos a perder, nuestra clasificación se va a la mierda.*

**SIN. 1.** Cagada, heces. **2.** y **3.** Porquería. **3.** Birria, bodrio, chapuza. **4.** Cogorza, tajada.

**mies** *s. f.* **1.** Los cereales, como el trigo o la cebada. || *s. f. pl.* **2.** Los campos sembrados.

**miga** *s. f.* **1.** Parte del pan que está rodeada por la corteza y que es blanda. **2.** Trocito muy pequeño de pan y de otras cosas: *migas de atún.* **3.** Parte más importante o interesante de algo: *La película tenía mucha miga.* || *s. f. pl.* **4.** Plato que consiste en trocitos de pan que se humedecen con agua y luego se fríen; suele llevar también otros ingredientes, como el ajo.

**EXPR. hacer buenas migas** Llevarse bien dos personas. **hacer migas** Romper, destrozar: *El tiesto que se cayó del balcón se hizo migas.*

**SIN. 2.** Migaja. **3.** Sustancia, meollo, enjundia.

**FAM.** Miaja, migaja, migar. / Desmigar.

**migaja** *s. f.* **1.** Trocito muy pequeño de pan; a veces también de otras cosas que no son pan. || *s. f. pl.* **2.** Los restos, lo que no quieren los demás: *Se quedaron con lo mejor y le dejaron las migajas.*

**SIN. 1.** Miga; pizca. **2.** Desecho.

**FAM.** Desmigajar.

**migar** *v.* **1.** Partir el pan en pedazos muy pequeños. **2.** Echar migas de pan dentro de un líquido: *Le gusta migar el pan en el café con leche.* ■ Delante de *e* se escribe *gu* en lugar de *g*: *migue.*

**migración** *s. f.* **1.** Movimiento de gente que se va a vivir a otro lugar: *Actualmente hay grandes migraciones desde los países más pobres hacia los más desarrollados.* **2.** Viaje que realizan algunas aves, peces y otros animales de unas zonas a otras: *Los salmones nacen en los ríos y cuando ya son adultos realizan una larga migración hacia el mar.*

**FAM.** Migrar, migratorio.

**migraña** *s. f.* Dolor de cabeza.

**migrar** *v.* Hacer migraciones: *Hay aves que migran en invierno hacia las regiones más cálidas.*

**FAM.** Emigrar, inmigrar.

**migratorio, ria** *adj.* De migración: *Buscar trabajo es una de las principales causas de los movimientos migratorios.*

**mihrab** *s. m.* Lugar de las mezquitas hacia el que los fieles dirigen sus oraciones; es un hueco abierto en la *quibla*, el muro orientado a la ciudad santa de La Meca. ■ Es una palabra árabe. Su plural es *mihrabs.* (Busca el dibujo de **mezquita**).

**mijo** *s. m.* Planta de tallo fuerte, hojas planas y alargadas y fruto en forma de espiga. Los granos que se sacan de estas espigas se utilizan para alimentar a los animales.

**mil** *num.* **1.** Diez veces cien. **2.** Que sigue por orden al novecientos noventa y nueve. || *s. m.* **3.** Signos con que se representa este número.

**FAM.** Milenio, milésimo, milhojas, milrayas. / Milla, millar, millón.

**milagrero, ra** *adj.* Que hace muchos milagros: *Dicen que San Antonio es un santo muy milagrero.*

**milagro** *s. m.* **1.** Hecho que se piensa que ocurre por la intervención de Dios o de un ser divino: *En el Evangelio se cuenta que Jesús hizo el milagro de convertir el agua en vino.* **2.** Cualquier cosa muy sorprendente o increíble: *Con este tráfico, será un milagro si llego a tiempo a mi cita.*

**EXPR. de milagro** Por casualidad, por suerte: *Consiguió coger el tren de milagro, porque ya se iba.*

**SIN. 1.** y **2.** Prodigio.

**FAM.** Milagrero, milagroso.

**milagroso, sa** *adj.* **1.** Que parece imposible porque no sucede de acuerdo con las leyes de la naturaleza: *En este libro se cuentan los hechos milagrosos de los santos.* **2.** Que hace o produce milagros: *agua milagrosa.* **3.** Extraordinario, sorprendente: *Es milagroso que no se haya roto una pierna con el golpe que se ha dado.*

**SIN. 1.** Prodigioso, sobrenatural. **2.** Milagrero. **3.** Asombroso, increíble.

**milanés, sa** *adj.* y *s. m.* y *f.* De Milán, ciudad de Italia.

**milano** *s. m.* Ave rapaz de gran tamaño que tiene las plumas de color castaño con tonos rojizos y la cola en forma de horquilla.

**FAM.** Amilanar.

**milenario, ria** *adj.* Que lleva existiendo más de mil años o varios miles de años.

**milenio** *s. m.* Periodo de mil años.

**FAM.** Milenario.

**milésimo, ma** *num.* **1.** Que ocupa por orden el número mil. **2.** Se dice de cada una de las mil partes en que se divide algo: *La milésima parte de un metro es un milímetro.*

**milano**

**milhojas** *s. m.* Pastel de hojaldre relleno de merengue. ■ No varía en plural.

**mili** *s. f.* Servicio militar: *Su hermano tiene que hacer la mili este año.*

**milibar** *s. m.* Unidad de presión atmosférica.

**milicia** *s. f.* **1.** Profesión de los militares. **2.** Servicio militar. **3.** Tropa formada por voluntarios o por ciudadanos armados.
**FAM.** Mili, miliciano, milico.

**miliciano, na** *adj. y s. m. y f.* **1.** Relacionado con la milicia o que forma parte de una milicia. ‖ *s. m. y f.* **2.** Durante la guerra civil española, voluntario de la zona republicana que no formaba parte del ejército.

**milico** *s. m.* En América del Sur, soldado, militar. ■ Es una palabra despectiva.

**miligramo** *s. m.* La milésima parte de un gramo.

**mililitro** *s. m.* La milésima parte de un litro.

**milimetrado, da** *adj.* Dividido en milímetros; se dice, por ejemplo, de un papel cuadriculado en el que los cuadritos miden un milímetro de lado.

**milimétrico, ca** *adj.* **1.** Del milímetro o relacionado con él: *dimensiones milimétricas.* **2.** Muy exacto o muy preciso: *cálculo milimétrico, precisión milimétrica.*

**milímetro** *s. m.* La milésima parte de un metro.
**FAM.** Milimetrado, milimétrico.

**militante** *adj. y s. m. y f.* Que milita o participa de forma activa en un partido político, asociación u otra cosa.

**militar**[1] *v.* Pertenecer al ejército, a un partido político o a otro grupo de personas.
**FAM.** Militante, militar[2].

**militar**[2] *adj.* **1.** Del ejército o la guerra, o relacionado con ellos: *un campamento militar.* ‖ *s. m. y f.* **2.** Miembro del ejército.
**SIN. 1.** Castrense, bélico. **ANT. 1.** y **2.** Civil.
**FAM.** Militarismo, militarizar. / Milicia, paramilitar.

**militarismo** *s. m.* Poder o importancia excesiva del ejército en la vida de un país.

**militarizar** *v.* Dar carácter militar a alguien o algo, sobre todo hacer que pase a estar controlado por el ejército: *Durante la guerra, militarizaron los transportes.* ■ Delante de *e* se escribe *c* en lugar de *z*: *militarice.*
**ANT.** Desmilitarizar.
**FAM.** Desmilitarizar.

**milla** *s. f.* **1.** Medida de longitud usada en algunos países, que equivale a 1.609 metros, aproximadamente. **2.** Unidad para medir las distancias marinas que equivale a 1.852 metros. Se llama también *milla náutica.*

**millar** *s. m.* Conjunto de mil personas, animales o cosas: *un millar de soldados.*
**FAM.** Millardo.

**millardo** *s. m.* Mil millones.

**millón** *s. m.* Mil veces mil: *un millón de hombres.*
**FAM.** Millonada, millonario, millonésimo. / Billón, multimillonario, trillón.

**millonada** *s. f.* Muchos millones de dinero: *Las estrellas de cine ganan una millonada.*

**millonario, ria** *adj. y s. m. y f.* **1.** Que es rico y tiene muchos millones. ‖ *adj.* **2.** De muchos millones: *Le han hecho una oferta millonaria para que juegue en un equipo extranjero.*
**SIN. 1.** Acaudalado, potentado.

**millonésimo, ma** *num.* **1.** Que ocupa por orden el número un millón. ‖ *adj. y s. m. y f.* **2.** Se dice de cada una del millón de partes iguales en que se divide algo.

**milonga** *s. f.* Canción y baile popular de la zona del Río de la Plata, en América del Sur, que es de ritmo lento y se acompaña con la guitarra.

**milord** *s. m.* Tratamiento que se da a los nobles ingleses. ■ Su plural es *milores.*

**milrayas** *s. m.* **1.** Tela de color claro con rayas finas y muy juntas. **2.** Prenda de vestir hecha con esta tela, sobre todo un traje o pantalón. ■ No varía en plural.

**mimado, da** *adj.* Se dice de la persona a la que se mima demasiado.
**SIN.** Consentido.

**mimar** *v.* **1.** Tratar a una persona con demasiado mimo. **2.** Tratar con mucho cariño o cuidado: *Su ropa parece nueva porque la mima mucho.*
**FAM.** Mimado.

**mimbre** *s. m.* Rama fina, larga y flexible de un árbol llamado *mimbrera*, que se emplea para hacer cestas, muebles y otras cosas.

**mimeógrafo** *s. m.* En Hispanoamérica, multicopista.

**mimético, ca** *adj.* Relacionado con el mimetismo: *Los camaleones sufren cambios miméticos de color. Repite de forma mimética lo que le dicen.*

**mimetismo** *s. m.* **1.** Propiedad de algunos animales y plantas de tomar el color de las rocas, los árboles y de otras cosas entre las que viven para que sus enemigos no puedan verlos. **2.** Imitación de lo que hace otra persona o grupo, por ejemplo de sus gestos.
**FAM.** Mimético, mimetizarse.

**mimetizarse** *v.* Tomar algunos animales y plantas el color o el aspecto de las cosas que los rodean para que no los vean sus enemigos.

**mímica** *s. f.* Forma de expresarse por medio de gestos y movimientos del cuerpo.

**mimo** *s. m.* **1.** Lo que hace una persona cuando se muestra excesivamente cariñosa con otra, sobre todo con un niño, dándole todo lo que quiere. **2.** Demostración de cariño: *Le gusta mucho hacer mimos* *a su hermanito.* **3.** Cuidado con que se hace o trata algo: *Hizo el dibujo con mucho mimo.* **4.** Persona que actúa ante el público representando o expresando cosas sólo con gestos y movimientos del cuerpo.

**SIN. 3.** Esmero. **ANT. 2.** Desdén, desapego. **3.** Descuido.

**FAM.** Mimar, mímica, mimosa, mimoso. / Pantomima.

**mimosa** *s. f.* **1.** Planta de flores pequeñas y amarillas que parecen un pompón. En algunas especies de esta planta, las hojas se contraen cuando son tocadas o movidas. **2.** Flor de esta planta.

**mimoso, sa** *adj.* Que le gusta hacer mimos o que se los hagan.

**mina** *s. f.* **1.** Lugar donde hay un mineral en mucha cantidad, y galería subterránea e instalaciones que se hacen para poder sacarlo. **2.** Explosivo que se coloca bajo tierra o bajo la superficie del agua para que explote cuando pase el enemigo. **3.** Barrita que llevan en su interior los lápices, pinturas o portaminas, con la que se escribe o se pinta. **4.** Persona o cosa de la que se puede sacar mucho provecho: *Tiene un restaurante de comida casera que es una mina de dinero.*

**SIN. 1.** Yacimiento, vena, veta. **4.** Filón.

**FAM.** Minar, mineral, minería, minero. / Dragaminas, portaminas.

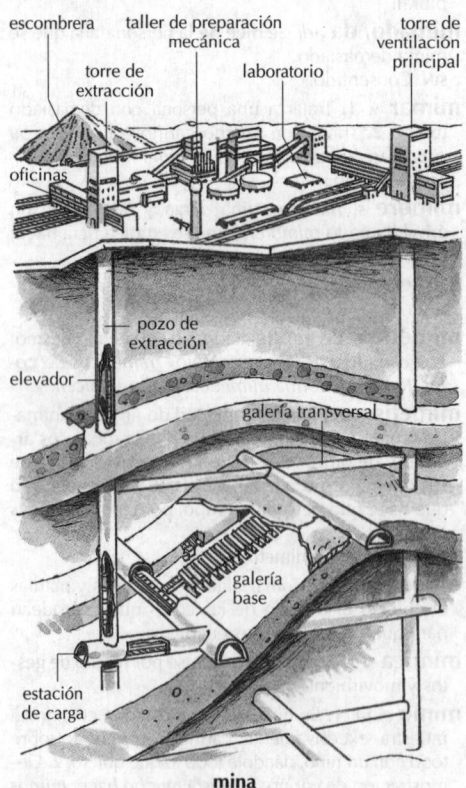

escombrera

taller de preparación mecánica

torre de ventilación principal

torre de extracción

laboratorio

oficinas

pozo de extracción

elevador

galería transversal

galería base

estación de carga

**mina**

**minar** *v.* **1.** Enterrar un explosivo en la tierra o colocarlo bajo el agua para que explote cuando pase el enemigo: *Minaron la bahía para que no entrara ningún barco.* **2.** Debilitar o destruir poco a poco: *La enfermedad fue minando su cuerpo.* **3.** Abrir caminos y galerías por debajo de la tierra.

**SIN. 2.** Consumir, desgastar, arruinar. **3.** Excavar, socavar. **ANT. 2.** Fortalecer, vigorizar.

**minarete** *s. m.* Torre de una mezquita. Se dice también *alminar.* (Busca el dibujo de **mezquita**).

**SIN.** Alminar.

**mineral** *adj.* y *s. m.* **1.** Se dice de la sustancia natural sin vida que se encuentra en el interior o en la superficie de la Tierra: *La galena es el mineral del que se obtiene el plomo.* ‖ *adj.* **2.** Relacionado con esta sustancia: *agua mineral.*

**FAM.** Mineralogía.

**mineralogía** *s. f.* Parte de la geología que estudia los minerales.

**minería** *s. f.* **1.** Explotación de las minas para sacar los minerales que hay en ellas. **2.** Conjunto de minas de un país o región: *la minería asturiana.*

**minero, ra** *adj.* **1.** De la minería o relacionado con la minería. ‖ *s. m.* y *f.* **2.** Persona que trabaja en las minas.

**minestrone** *s. f.* Sopa italiana de legumbres y verduras que también puede llevar arroz y pasta. ■ Es una palabra italiana.

**miniatura** *s. f.* **1.** Reproducción de una cosa en un tamaño muy reducido: *un barco en miniatura.* **2.** Persona o cosa muy pequeña: *Esta habitación es una miniatura.* **3.** Pintura muy pequeña y con mucho detalle, como las que se hacían antiguamente para ilustrar los libros.

**minibar** *s. m.* Mueble pequeño, normalmente con una nevera dentro, que sirve para guardar bebidas: *La habitación del hotel tiene minibar.*

**minibasket** *s. m.* Baloncesto infantil. ■ Es una palabra inglesa.

**minicadena** *s. f.* Cadena de música de alta fidelidad pequeña y compacta.

**minifalda** *s. f.* Falda muy corta, por encima de la rodilla.

**FAM.** Minifaldero.

**minifaldero, ra** *adj.* Que tiene forma de minifalda: *Los pantalones minifalderos son más cómodos que las minifaldas.*

**minifundio** *s. m.* Finca o terreno muy pequeños.

**ANT.** Latifundio.

**FAM.** Minifundismo, minifundista.

**minifundismo** *s. m.* Forma en que están repartidas las tierras de un lugar en el que lo que más hay son minifundios.

**ANT.** Latifundismo.

**minifundista** *adj*. **1.** Relacionado con el minifundio: *una explotación minifundista*. ‖ *s. m.* y *f*. **2.** Propietario de un minifundio.
**ANT. 1.** y **2.** Latifundista.

**minigolf** *s. m.* **1.** Juego parecido al golf, que se practica en un campo o en una pista pequeños. **2.** Campo en el que se juega al minigolf.

**minimizar** *v*. Reducir la importancia o valor de algo. ■ Delante de *e* se escribe *c* en lugar de *z*: *No minimices su trabajo, es capaz de conseguir lo que quiera.*

**mínimo, ma** *adj*. **1.** Superlativo de **pequeño**. Muy pequeño o lo más pequeño posible: *La velocidad mínima en esta carretera es de 40 km por hora.* ‖ *s. m.* **2.** Lo menos a lo que alguien o algo puede llegar: *Con la sequía, los pantanos están llegando al mínimo de su capacidad.*
**EXPR. como mínimo** Por lo menos: *Tu casa está tan lejos que tardaré como mínimo una hora en llegar.*
**lo más mínimo** Nada: *No me importa lo más mínimo que Rafa no venga.*
**ANT. 1.** y **2.** Máximo.
**FAM.** Minimizar.

**minino, na** *s. m.* y *f*. Busca **gato**.

**minio** *s. m.* Polvo de óxido de plomo con que se hace una pintura de color rojo que se da a los objetos metálicos para evitar que se oxiden.

**ministerial** *adj*. De un ministerio o que está relacionado con él.

**ministerio** *s. m.* **1.** Cada uno de los departamentos en que se divide el gobierno de un país. ■ Con este significado, a veces se escribe con mayúscula: *Ministerio de Sanidad, Ministerio de Asuntos Exteriores.* **2.** Cargo de ministro.
**FAM.** Ministerial, ministro.

**ministro, tra** *s. m.* y *f*. Persona que está al frente de un ministerio y es muy importante en el gobierno de un país.
**FAM.** Administrar.

**minoría** *s. f.* Una parte de un grupo de personas que tiene menos miembros que la otra: *Sólo una minoría no estaba de acuerdo con lo que se decidió en clase.*
**EXPR. minoría de edad** Situación de la persona que es menor de edad.
**ANT.** Mayoría.
**FAM.** Minoritario.

**minorista** *s. m.* y *f*. Comerciante que vende su mercancía al público en pequeñas cantidades.
**ANT.** Mayorista.

**minoritario, ria** *adj*. De la minoría o relacionado con ella: *Sólo un grupo minoritario de personas va de vacaciones al extranjero.*
**ANT.** Mayoritario.

**minucia** *s. f.* Cosa de muy poco valor o importancia o muy pequeña: *Se preocupa por minucias, pero se olvida de las cosas importantes.*

**SIN.** Pequeñez, menudencia; tontería. **ANT.** Enormidad.
**FAM.** Minucioso.

**minucioso, sa** *adj*. Que hace las cosas con mucho cuidado y detalle o está hecho así: *un artesano minucioso, un bordado minucioso.*

**minuendo** *s. m.* En matemáticas, cantidad a la que se resta otra que se llama *sustraendo.*

**minueto** *s. m.* **1.** Baile francés del siglo XVIII de ritmo lento y movimientos elegantes. **2.** Música de este baile.

**minúscula** *adj*. y *s. f.* Se dice de las letras que se distinguen de las mayúsculas por su forma y por su menor tamaño.
**ANT.** Mayúscula.

**minúsculo, la** *adj*. Muy pequeño: *Los microbios son como bichitos minúsculos.*
**SIN.** Mínimo, diminuto. **ANT.** Mayúsculo, grande.
**FAM.** Minúscula.

**minusvalía** *s. f.* **1.** Pérdida de valor de una cosa: *La minusvalía ha afectado a todas las monedas.* **2.** Disminución de la capacidad de una persona para hacer algunos movimientos, actividades o trabajos por un defecto de nacimiento o por una lesión.
**SIN. 2.** Impedimento. **ANT. 1.** Plusvalía.

**minusválido, da** *adj*. y *s. m.* y *f*. Persona que tiene una minusvalía.
**SIN.** Inválido; deficiente.

**minuta** *s. f.* Cuenta en que aparece el dinero que una persona cobra a otra por el trabajo que ha hecho para ella, sobre todo los abogados y notarios.
**SIN.** Factura, honorarios.

**minutero** *s. m.* Aguja o manecilla del reloj que señala los minutos.

**minuto** *s. m.* **1.** Medida de tiempo que es cada una de las sesenta partes de una hora. **2.** Cada una de las sesenta partes iguales en que se divide un grado de circunferencia o círculo.
**FAM.** Minutero.

**mío, a** *pos*. Que me pertenece a mí, tiene relación conmigo o es propio de mí: *Si no tienes gafas de buceo, te presto las mías. Lo mío es el tenis.*
**FAM.** Mi$^2$.

**miocardio** *s. m.* Capa musculosa del corazón.

**miope** *adj*. y *s. m.* y *f*. Que tiene miopía.

**miopía** *s. f.* Defecto de la vista que hace que no se vean bien los objetos que están algo lejos.
**FAM.** Miope.

**mir** *s. m.* **1.** Médico que hace prácticas en un hospital. **2.** Examen que se hace para conseguir este puesto. ■ Esta palabra está formada por las primeras letras de *Médico Interno Residente.*

**mira** *s. f.* **1.** Pieza que en algunos instrumentos y en algunas armas de fuego sirve para dirigir la vista o para apuntar bien. **2.** Intención, propósito: *Estudia mucho con miras a sacar un sobresaliente.* **SIN. 2.** Fin, idea, objetivo.

**mirada** *s. f.* **1.** Acción de mirar. **2.** Vistazo, ojeada: *Juan echó una mirada al periódico.* **SIN. 1.** Vista.

**mirado, da** *adj.* **1.** Que tiene en cuenta o da mucha importancia a alguna cosa: *Es muy mirado con el dinero y no le gusta gastar mucho.* **2.** Se dice de la persona de la que los demás tienen buena o mala opinión: *Juan está bien mirado entre sus compañeros. No está bien mirado que vistas tan informal para una boda.* **SIN. 1.** Cuidadoso, prudente, comedido. **2.** Visto, considerado. **ANT. 1.** Inconsciente, imprudente.

**mirador** *s. m.* **1.** Sitio desde el que se puede contemplar una vista o un paisaje. **2.** Balcón cubierto y cerrado con cristales.

**miraguano** *s. m.* **1.** Una palmera de América y Oceanía; de su fruto se saca una materia muy parecida al algodón, que se usa para rellenar almohadas, cojines y cosas parecidas. **2.** Esta materia.

**miramiento** *s. m.* **1.** Consideración, respeto, atención: *Los demás le tratan con mucho miramiento porque es anciano.* **2.** Cuidado y prudencia al hacer o decir algo: *Le dio la noticia del accidente de su padre con gran miramiento.*

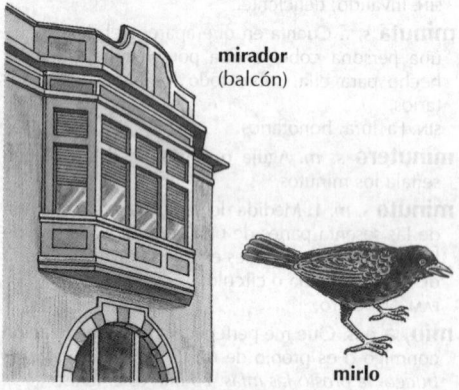

**mirador**
(balcón)

**mirlo**

**mirador** paisajístico

**SIN. 1.** Cortesía, delicadeza. **2.** Cautela, reparo. **ANT. 1.** Desconsideración. **2.** Imprudencia.

**mirar** *v.* **1.** Fijar la vista en alguien o algo para verlo: *Se miró al espejo.* **2.** Pensar bien lo que se va a hacer o decir: *Mira lo que dices antes de hablar, no vayas a meter la pata.* **3.** Considerar, tener en cuenta algo: *En esta oficina miran mucho la puntualidad.* **4.** Estar una cosa frente a algo u orientada en una dirección: *Mi casa mira al sur.* **EXPR. de mírame y no me toques** Se dice de la persona o cosa débil, poco resistente. **mira por dónde** Se usa para contar algo sorprendente o inesperado: *Salí de casa sin dinero y, mira por dónde, me encontré un billete en el suelo.* **mirar por** una persona o cosa Protegerla, cuidar de ella: *Debe mirar por su familia antes que por nadie.* **SIN. 1.** Observar, contemplar, examinar. **2.** Reflexionar, meditar. **3.** Valorar, atender. **4.** Dar, caer. **FAM.** Mira, mirada, mirado, mirador, miramiento, mirilla, mirón. / Admirar.

**miriápodo** *adj.* y *s. m.* Se dice de unos animales invertebrados terrestres que tienen muchas patas, como el ciempiés.

**mirilla** *s. f.* **1.** Agujero o pequeña abertura hechos en una pared o puerta para ver lo que pasa al otro lado. **2.** Pequeña ventanilla que tienen algunos instrumentos para dirigir la vista.

**miriñaque** *s. m.* Prenda rígida o almidonada, a veces con aros, que antiguamente llevaban las mujeres bajo la falda para darle vuelo.

**mirlo** *s. m.* Pájaro de plumas oscuras y pico amarillo, que tiene un canto melodioso y que puede imitar sonidos e incluso la voz humana.

**mirón, na** *adj.* y *s. m.* y *f.* Que mira con curiosidad y durante mucho rato: *Había un grupo de mirones viendo cómo trabajaban los obreros.* **SIN.** Curioso.

**mirra** *s. f.* Resina de color rojo que huele muy bien; se emplea para hacer incienso y perfumes.

**mirto** *s. m.* Arbusto con hojas de un verde intenso, flores blancas olorosas y frutos de color negro azulado.

**misa** *s. f.* Celebración principal de la Iglesia católica, en la que el sacerdote ofrece a Dios el cuerpo y la sangre de Cristo en forma de pan y vino. **EXPR. misa del gallo** La celebrada en Nochebuena, hacia medianoche. ‖ **cantar misa** Celebrar su primera misa un nuevo sacerdote. **ir a misa** algo Ser verdad una cosa o ser indiscutible: *Lo que dice el profesor va a misa.* **SIN.** Eucaristía. **FAM.** Misal.

**misal** *s. m.* Libro que contiene las oraciones de la misa.

**misantropía** *s. f.* Forma de ser y de comportarse de la persona misántropa.

**misántropo, pa** s. m. y f. Persona a la que no le gusta relacionarse con los demás y que prefiere estar sola. SIN. Retraído, solitario, insociable. ANT. Sociable. FAM. Misantropía.

**miscelánea** s. f. **1.** Mezcla de cosas diferentes. **2.** Conjunto o colección de escritos variados.

**miserable** adj. **1.** Muy pobre: Llevó una vida miserable hasta que encontró trabajo. **2.** Demasiado escaso: Le pagan un sueldo miserable. || adj. y s. m. y f. **3.** Tacaño. **4.** Malvado: El muy miserable se largó con nuestro dinero. SIN. **1.** Menesteroso, indigente. **2.** Exiguo. **3.** Mezquino, avaro. **3.** y **4.** Ruin. **4.** Canalla. ANT. **1.** Rico, acaudalado, adinerado. **2.** y **3.** Generoso.

**miserere** s. m. **1.** Salmo bíblico escrito por el rey David que comienza con esta palabra; en él se pide a Dios perdón por los pecados. **2.** Canto basado en este salmo. EXPR. **cólico miserere** Taponamiento grave de los intestinos que impide hacer caca.

**miseria** s. f. **1.** Pobreza grande: Mucha gente en el mundo vive en la miseria. **2.** Sufrimiento, desgracia: Pasaron muchas miserias y desdichas durante la guerra. **3.** Pequeña cantidad de algo: Vendió el coche, pero le dieron una miseria por él. SIN. **1.** Necesidad, penuria. **2.** Desventura, calamidad. **3.** Ridiculez. ANT. **1.** Riqueza. **2.** Ventura, dicha. **3.** Montón. FAM. Miserable, misericordia, mísero, misérrimo.

**misericordia** s. f. Compasión, lástima: Tuvo misericordia de los culpables y no los castigó. SIN. Piedad, clemencia. FAM. Misericordioso. / Inmisericorde.

**misericordioso, sa** adj. Que siente o muestra misericordia. SIN. Compasivo.

**mísero, ra** adj. **1.** Pobre o escaso: Vivían en unas míseras barracas. Comenzó trabajando mucho por un mísero jornal. **2.** Desgraciado, desdichado: El mísero animal tiraba de un pesado carro. SIN. **1.** Miserable. ANT. **2.** Feliz, venturoso, dichoso.

**misérrimo, ma** adj. Superlativo de **mísero**. Muy pobre: Trabaja por un sueldo misérrimo.

**misil** s. m. Cohete utilizado en la guerra que lleva una carga explosiva y recorre mucha distancia. FAM. Lanzamisiles.

**misión** s. f. **1.** Encargo que se da a una persona o grupo de personas para hacer o decir algo: Enviaron a un agente con la misión de espiar al enemigo. **2.** Labor o trabajo que una persona tiene que realizar: La misión del maestro es enseñar. **3.** Labor que algunos cristianos realizan en países lejanos para enseñar su religión. **4.** Lugar, iglesia o casa donde viven y trabajan los misioneros.

SIN. **1.** Comisión, delegación. **2.** Cometido, tarea. FAM. Misionero, misiva.

**misionero, ra** s. m. y f. Persona que enseña y predica la religión cristiana en tierra de no creyentes o en países atrasados.

**misiva** s. f. Carta o nota que se envía a alguien.

**mismo, ma** indef. **1.** Se dice de la persona, animal o cosa que es una sola en distintas ocasiones, situaciones o lugares: En España e Hispanoamérica se habla la misma lengua, el castellano. **2.** Igual, semejante: Los dos tenéis la misma estatura. || adj. y adv. **3.** Acompaña a un nombre, pronombre o adverbio para dar más fuerza a lo que se quiere decir: Si nadie quiere ir, iré yo mismo. Hoy mismo llegan sus padres de viaje. EXPR. **dar lo mismo** o **ser lo mismo** No importar: Me da lo mismo que vengas mañana o pasado. SIN. **1.** y **2.** Idéntico. **2.** Parecido, similar. ANT. **1.** y **2.** Distinto.

**misógino, na** adj. y s. m. y f. Que siente odio o rechazo hacia las mujeres: No entiendo su actitud misógina hacia nosotras.

**miss** s. f. Ganadora de un concurso femenino de belleza: miss España. ■ Es una palabra inglesa.

**míster** s. m. **1.** Ganador de un concurso masculino de belleza: míster Universo. **2.** Entrenador de un equipo deportivo, sobre todo de fútbol. ■ Es una palabra inglesa. SIN. **2.** Preparador.

**misterio** s. m. **1.** Algo que no sabemos explicar o que no se conoce: Gran parte del universo es todavía un misterio para los científicos. **2.** Secreto, el hacer algo y no querer decírselo a los demás: Llevaron con mucho misterio la preparación del cumpleaños para darle una sorpresa. **3.** En la religión cristiana, verdad que no se puede comprender, pero debe creerse porque ha sido revelada por Dios: el misterio de la Trinidad. **4.** Cada uno de los hechos de la vida de Jesucristo o de la Virgen, que se recuerdan en la oración del rosario. SIN. **1.** Enigma, incógnita, interrogante. **2.** Discreción, reserva. FAM. Misterioso.

**misterioso, sa** adj. **1.** Que encierra misterio: Están investigando un caso misterioso. || adj. y s. m. y f. **2.** Se dice de la persona que oculta algo o actúa con misterio: Santiago es misterioso, va de un lado a otro sin que nadie sepa lo que piensa. SIN. **1.** y **2.** Enigmático, extraño.

**mística** s. f. Doctrina y obras que tratan de la experiencia de contemplar y sentirse unido a Dios. FAM. Misticismo, místico.

**misticismo** s. m. **1.** Estado en que se encuentra quien tiene la experiencia de contemplar a Dios y sentirse unido a él. **2.** Doctrina que trata de esa experiencia. **3.** Estado en que se encuentra quien dedica mucho tiempo a Dios y a las cosas espirituales.

**SIN. 2.** Mística.

**místico, ca** *adj.* **1.** De la experiencia de la unión del alma con Dios. || *adj.* y *s. m.* y *f.* **2.** Persona que ha tenido esta experiencia. **3.** Se dice del autor de obras que tratan de la mística.

**mistral** *s. m.* Viento que sopla del noroeste en el Mediterráneo.

**mitad** *s. f.* **1.** Cada una de las dos partes iguales, o más o menos iguales, en que se divide algo: *La mitad de diez es cinco. Se comió él solo la mitad de la tarta.* **2.** Punto o lugar que está a la misma distancia de los dos extremos: *Si vas por la mitad de la calle, te va a pillar un coche.*

**EXPR. en mitad de** Más o menos en el centro: *Hay una mesa en mitad del salón.* Mientras está ocurriendo lo que se dice: *En mitad de la verbena se puso a llover y tuvimos que marcharnos.*

**SIN. 2.** Medio.

**mítico, ca** *adj.* Que es un mito o está relacionado con los mitos: *Los Beatles fueron un mítico grupo musical en los años sesenta del siglo xx.*

**mitificar** *v.* **1.** Convertir a alguien o algo en un mito: *Los antiguos mitificaron los fenómenos de la naturaleza.* **2.** Creer que una persona o cosa es mucho mejor de lo que en realidad es. ■ Delante de *e* se escribe *qu* en lugar de *c*: *El paso del tiempo hace que mitifiquemos algunos recuerdos.*

**SIN. 1.** Divinizar. **2.** Idealizar. **ANT. 2.** Desmitificar. **FAM.** Desmitificar.

**mitigar** *v.* Calmar, disminuir o suavizar algo. ■ Delante de *e* se escribe *gu* en lugar de *g*: *Espero que la aspirina mitigue el dolor.*

**SIN.** Aplacar, moderar, atenuar. **ANT.** Avivar, exacerbar.

**mitin** *s. m.* Reunión donde uno o varios oradores pronuncian discursos políticos: *Los partidos políticos celebran mítines antes de las elecciones.*

**mito** *s. m.* **1.** Historia fantástica que trata de dioses o héroes antiguos. **2.** Persona o cosa que por su valor o importancia se hace muy famosa: *Marilyn Monroe es uno de los grandes mitos del cine.* **3.** Cosa inventada que se repite o se cree como si fuera verdad.

**SIN. 1.** Leyenda, fábula. **2.** Ídolo. **3.** Invención, montaje. **ANT. 1.** y **3.** Realidad.

**FAM.** Mítico, mitificar, mitología, mitomanía.

**mitología** *s. f.* Leyendas sobre los dioses y héroes de las antiguas Grecia y Roma y de otros pueblos.

**FAM.** Mitológico.

**mitológico, ca** *adj.* De la mitología: *pinturas mitológicas, dioses mitológicos.*

**mitomanía** *s. f.* Tendencia a mentir y a inventar historias imaginarias: *La mitomanía a menudo es un síntoma de algunos trastornos mentales.*

**FAM.** Mitómano.

**mitómano, na** *adj.* y *s. m.* y *f.* Persona que padece mitomanía.

**mitón** *s. m.* Guante que deja los dedos al descubierto.

**mitosis** *s. f.* Proceso por el que de una célula madre se forman dos células hijas con el mismo número de cromosomas y la misma información genética. ■ No varía en plural.

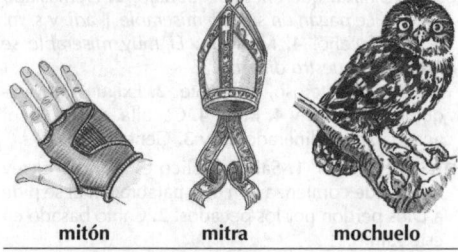

mitón      mitra      mochuelo

**mitra** *s. f.* Gorro formado por dos caras planas y terminado en punta por arriba, que llevan en las ceremonias los obispos.

**mixomatosis** *s. f.* Enfermedad infecciosa que ataca a los conejos. ■ No varía en plural.

**mixto, ta** *adj.* **1.** Que está formado por personas o cosas de diferentes clases: *Este colegio es mixto: hay niños y niñas.* || *adj.* y *s. m.* **2.** Se dice del sandwich de jamón y queso. **3.** Se dice del tren con coches para viajeros y vagones de mercancías. || *adj.* **4.** Se dice del número formado por un número entero sumado a una fracción.

**SIN. 1.** Mezclado. **ANT. 1.** Homogéneo. **FAM.** Mixtura.

**mixtura** *s. f.* Mezcla de varias cosas.

**SIN.** Mezcolanza.

**mízcalo** *s. m.* Busca **níscalo**.

**mnemotécnico, ca** *adj.* Busca **nemotécnico**.

**moaré** *s. m.* Tela fuerte con reflejos ondulados.

**mobiliario** *s. m.* Conjunto de muebles de una casa o una habitación: *Ha puesto nuevo todo el mobiliario del salón.*

**moca** *s. m.* **1.** Crema de café, mantequilla, vainilla y azúcar con que se hacen pasteles y tartas. **2.** Una clase de café. ■ Se escribe también *moka*.

**mocasín** *s. m.* **1.** Zapato plano, ligero, flexible y sin cordones. **2.** Zapato de piel, usado por los indios norteamericanos.

**mocedad** *s. f.* Juventud, adolescencia.

**ANT.** Ancianidad, vejez.

**mocetón, na** *s. m.* y *f.* Persona joven y fuerte: *En poco tiempo se ha convertido en un mocetón.*

**mochales** *adj.* Loco, chiflado: *Estás mochales, ¡mira que llamarme a las tres de la mañana!*

**mocheta** *s. f.* **1.** En algunas herramientas cortantes, parte gruesa y sin filo. **2.** Parte rebajada del marco de una puerta o ventana donde encajan la puerta o las hojas de la ventana.

**mochila** *s. f.* Saco o bolsa con tirantes o correas para llevarlo colgado a la espalda.

**mocho, cha** *adj.* **1.** Que le falta la punta: *una torre mocha.* **2.** Se dice del animal que, debiendo tener cuernos, no los tiene: *cabra mocha.* **SIN. 1.** Romo, chato. **ANT. 1.** Puntiagudo, afilado. **FAM.** Mocheta. / Desmochar.

**mochuelo** *s. m.* **1.** Ave rapaz nocturna que tiene la cabeza redondeada, los ojos grandes de color amarillo y el pico curvado. Se alimenta de insectos y pequeños animales. **2.** Tarea o encargo molesto o difícil que nadie quiere hacer: *Como es el último mono en la oficina, le cargan todos los mochuelos.* **EXPR.** **cada mochuelo a su olivo** Indica que cada uno debe irse a su casa o tiene que ocupar su sitio. **SIN. 2.** Muerto.

**moción** *s. f.* Algo que se dice o pide en una asamblea o reunión importante.

**moco** *s. m.* **1.** Líquido espeso que sale por la nariz. **2.** Sustancia parecida a este líquido. **EXPR.** **moco de pavo** Cresta que este animal tiene sobre el pico. ‖ **llorar a moco tendido** Llorar mucho. **no ser** una cosa **moco de pavo** No ser despreciable, valer mucho. **tirarse el moco** Fanfarronear, presumir. **SIN. 1.** Mucosidad. **FAM.** Mocoso, moquear, moquillo. / Soplamocos.

**mocoso, sa** *adj.* y *s. m.* y *f.* **1.** Que tiene mocos. **2.** Niño, chico.

**moda** *s. f.* **1.** Prendas de vestir, adornos, costumbres y otras cosas que se usan o que gustan en una época o en una temporada. **2.** En estadística, el dato que más se repite en un conjunto de datos. **FAM.** Modisto.

**modales** *s. m. pl.* Forma de comportarse una persona cuando está con los demás: *A ese maleducado no le han enseñado buenos modales.* **SIN.** Modos, maneras.

**modalidad** *s. f.* Forma distinta que presenta una misma cosa: *Juega mucho al tenis, tanto en la modalidad de individuales como en la de parejas.* **SIN.** Manera, especialidad, variante.

**modelado** *s. m.* Acción o arte de modelar.

**modelar** *v.* Hacer figuras y otros objetos con barro, cera, plastilina. **SIN.** Moldear. **FAM.** Modelado. / Remodelar.

**modélico, ca** *adj.* Que sirve de modelo: *un ejemplo modélico, una actitud modélica.*

**modelismo** *s. m.* Técnica de construir reproducciones en pequeño de edificios, barcos, aviones y otras cosas.

**modelo** *s. m.* **1.** Cosa en que alguien se fija para imitarla o reproducirla: *Los libros de caligrafía tienen modelos de frases para copiar.* **2.** Persona o cosa que, por sus cualidades, sirve de ejemplo para imitar: *Ese alumno tan aplicado es un modelo para sus compañeros.* **3.** Reproducción en pequeño de un edificio, un barco, un avión u otras cosas. **4.** Cada uno de los tipos o clases que hay de alguna cosa: *Se han comprado un coche último modelo.* **5.** Prenda de vestir, vestido: *En cada fiesta luce un modelo distinto.* ‖ *s. m.* y *f.* **6.** Persona que posa para ser copiada por pintores o escultores, o para hacer anuncios de publicidad. **7.** Persona que trabaja mostrando prendas de vestir y otras cosas que lleva puestas: *Las modelos desfilaron para presentar los nuevos abrigos.* **SIN. 1.** Muestra. **2.** Ideal, prototipo. **3.** Maqueta, miniatura. **4.** Variedad. **7.** Maniquí. **FAM.** Modelar, modélico, modelismo. / Aeromodelismo.

**módem** *s. m.* Aparato que permite conectar un ordenador con otro, o con una red, a través de la línea telefónica. ▪ Es una palabra inglesa. Su plural es *módems.*

**moderación** *s. f.* **1.** Acción de moderar o moderarse. **2.** El hacer las cosas de forma tranquila y ordenada, sin excesos: *Come con moderación porque no quiere engordar.* **SIN. 2.** Sobriedad, templanza. **ANT. 1.** y **2.** Desenfreno. **2.** Abuso.

**moderado, da** *adj.* Que no es excesivo, que está en medio de los extremos: *Hoy la temperatura es moderada; no hace frío, pero tampoco tanto calor como ayer.* **SIN.** Suave, comedido, discreto. **ANT.** Exagerado.

**moderador, ra** *adj.* y *s. m.* y *f.* **1.** Que modera. ‖ *s. m.* y *f.* **2.** Persona que modera una reunión, debate, asamblea: *El moderador medía el tiempo de las intervenciones.*

**moderar** *v.* Disminuir, suavizar: *El conductor moderó la velocidad porque la carretera estaba en obras.* **SIN.** Frenar, reprimir, mitigar. **ANT.** Aumentar, exagerar. **FAM.** Moderación, moderado, moderador.

**modernidad** *s. f.* Característica propia de lo que es moderno.

**modernismo** *s. m.* **1.** Movimiento literario que se desarrolló en Hispanoamérica y en España a finales del siglo xix y principios del xx. Renovó el lenguaje y mostró gran interés por tiempos y países lejanos. **2.** Estilo artístico de la misma época que el anterior, que se caracterizó por su libertad e imaginación y el uso de las líneas curvas; tuvo mucha importancia en la arquitectura y la fabricación de muebles. **FAM.** Modernista.

**modernista** *adj.* y *s. m.* y *f.* Del modernismo: *Gaudí fue un famoso arquitecto modernista.*

**modernizar** *v.* Hacer algo más moderno. ■ Delante de *e* se escribe *c* en lugar de *z*: *Es necesario que se modernice la industria de ese país.* SIN. Actualizar, renovar.

**moderno, na** *adj.* **1.** De la época actual: *La contaminación es uno de los grandes problemas del mundo moderno.* **2.** De la Edad Moderna, periodo de la historia que va desde finales del siglo XV hasta la Revolución Francesa (1789). SIN. **1.** Contemporáneo. ANT. **1.** Antiguo, pasado, anticuado. FAM. Modernidad, modernismo, modernizar.

**modestia** *s. f.* Característica de las personas que no presumen de lo que tienen o de sus cualidades: *Por modestia no quiso decir que había ganado el concurso de pintura.* SIN. Humildad, sencillez. ANT. Vanidad. FAM. Modesto. / Inmodestia.

**modesto, ta** *adj.* **1.** Que no presume de lo que tiene o de sus cualidades: *Ese actor es muy modesto y nunca habla de los premios que ha recibido.* **2.** Humilde, sin lujos: *Pedro es de familia modesta. Vive en un pisito modesto, pero cómodo.* SIN. **1.** y **2.** Sencillo. ANT. **1.** Vanidoso. **2.** Rico, lujoso.

**módico, ca** *adj.* No mucho: *En ese hotel se pueden pasar unas vacaciones por un precio módico.* SIN. Moderado, razonable. ANT. Excesivo.

**modificación** *s. f.* Acción de modificar, cambio: *Ha hecho varias modificaciones en el piso.* SIN. Transformación, variación, reforma.

**modificador, ra** *adj.* **1.** Que modifica. ‖ *s. m.* **2.** Palabra que modifica a otra: *El adverbio es un modificador del verbo.*

**modificar** *v.* **1.** Cambiar, transformar: *Maite ha modificado la decoración del cuarto de estudio.* **2.** Completar el significado de una palabra; así el adjetivo acompaña al sustantivo y lo modifica. ■ Delante de *e* se escribe *qu* en lugar de *c*: *modifique.* SIN. **1.** Reformar. **2.** Determinar. FAM. Modificación, modificador.

**modismo** *s. m.* Frase o expresión propia de una lengua que tiene un sentido especial; por ejemplo, *no dar pie con bola*, que significa 'fallar mucho'. SIN. Locución, giro.

**modistilla** *s. f.* Aprendiza de modista.

**modisto, ta** *s. m.* y *f.* **1.** Persona que piensa cómo va a ser una prenda de vestir y la dibuja para que luego otros la hagan. ‖ *s. f.* **2.** Mujer que se dedica a hacer prendas de vestir. SIN. **1.** Diseñador. FAM. Modistilla.

**modo** *s. m.* **1.** Forma, manera: *Hay varios modos de hacer este problema de matemáticas.* **2.** En gramática, cada uno de los grupos en que se dividen las formas del verbo y que expresan el punto de vista de la persona que habla. Puede ser indicativo: *Mañana viene Pedro*; subjuntivo: *Espero que llueva*; o imperativo: *Coge el cuaderno.* ‖ *s. m. pl.* **3.** Forma de comportarse o actuar una persona: *Le habló de malos modos.*

EXPR. **de modo que** Por tanto, a causa de lo que se ha dicho: *No consiguieron entradas, de modo que no podrán ir al teatro.* **de ningún modo** No, en absoluto. **de todos modos** A pesar de todo, pase lo que pase: *Hace mal tiempo, pero de todos modos irán a la playa.* SIN. **1.** Manera; procedimiento, método. **3.** Modales. FAM. Modales, modalidad, modelo, moderar, modestia, módico, modificar, modismo, modoso.

**modorra** *s. f.* Sensación de sueño y desgana, como la que se tiene a veces después de comer. SIN. Somnolencia, sopor. FAM. Amodorrar.

**modorro, rra** *adj.* Que tiene modorra: *No seas modorro y levántate, que vamos a llegar tarde.*

**modoso, sa** *adj.* Formal, que se porta con respeto y corrección. SIN. Comedido, recatado. ANT. Descarado.

**modular¹** *v.* Ir cambiando de tono al hablar o cantar: *Ese locutor modula muy bien la voz.*

**modular²** *adj.* Formado por módulos: *Los vecinos han puesto una estantería modular en la sala.*

**módulo** *s. m.* **1.** Cada una de las partes iguales o parecidas que forman un conjunto: *Ese sofá está compuesto por tres módulos.* **2.** Parte de una nave espacial que puede separarse y funcionar independientemente. FAM. Modular².

**mofa** *s. f.* Burla. SIN. Cachondeo, pitorreo, befa.

**módulo** lunar

**mofarse** *v.* Burlarse de alguien o algo.
SIN. Cachondearse, pitorrearse, guasearse, chotearse.
FAM. Mofa.

**mofeta** *s. f.* Mamífero carnívoro americano de tronco y hocico cortos, con los ojos y las orejas pequeños y larga cola; suelta un líquido que huele muy mal para defenderse de sus enemigos.

**moflete** *s. m.* Carrillo abultado y gordo.
SIN. Cachete.
FAM. Mofletudo.

**mofletudo, da** *adj.* Que tiene mofletes.

**mogol, la** *adj.* y *s. m.* y *f.* Busca **mongol**.

**mogollón** *s. m.* **1.** Gran cantidad: *Había un mogollón de gente en el súper.* **2.** Alboroto, lío.
SIN. **1.** Montón, muchedumbre. **2.** Barullo, follón, jaleo.

**mohair** *s. m.* Pelo de cabra de angora y lana y tejido hechos con él, que son muy suaves al tacto. ▪ Es una palabra inglesa.

**mohicano, na** *adj.* y *s. m.* y *f.* De un pueblo amerindio que vivió en el noroeste de Estados Unidos.

**mohín** *s. m.* Gesto, sobre todo de enfado o disgusto.

**mohíno, na** *adj.* Enfadado o triste.
SIN. Disgustado, enfurruñado. ANT. Alegre, contento.

**moho** *s. m.* Hongo que sale en los alimentos y otras materias orgánicas y que forma una capa blanquecina o verdosa sobre ellos.
FAM. Mohoso. / Enmohecer.

**mohoso, sa** *adj.* Que tiene moho: *Este pan está mohoso.*

**moisés** *s. m.* Cesto con asas que sirve de cuna para niños muy pequeños. ▪ No varía en plural.

**mojadura** *s. f.* Acción de mojar o mojarse: *Con la lluvia que les cayó encima, la mojadura fue tremenda.*

**mojama** *s. f.* Tira de atún salada y seca.
FAM. Amojamarse.

**mojar** *v.* **1.** Hacer que el agua u otro líquido toque un cuerpo o entre en él. **2.** Meter alimentos como el pan o los bollos en una salsa, en la leche o en otro líquido antes de comérselos. || **mojarse 3.** Actuar alguien en un asunto aceptando las molestias o problemas que le pueda causar: *Para defender a sus compañeros tuvo que mojarse y hablar con el profesor.*
SIN. **1.** Humedecer, calar, empapar, remojar. **2.** Pringar, untar. **3.** Comprometerse. ANT. **1.** Secar. **3.** Pasar, desentenderse.
FAM. Mojadura, moje. / Remojar.

**moje** *s. m.* Salsa o caldo de un guiso: *Empapó pan en el moje de la carne.*

**mojicón** *s. m.* Pequeño bizcocho que se suele tomar mojado en café o chocolate.

**mojiganga** *s. f.* **1.** Antigua fiesta popular en la que la gente se disfrazaba, generalmente de animales. **2.** Cosa ridícula hecha para reírse o para burlarse de alguien.
SIN. **2.** Bufonada.

**mojigatería** *s. f.* Característica del que es mojigato.

**mojigato, ta** *adj.* y *s. m.* y *f.* Persona a la que todo le parece malo o indecente y que se escandaliza por cualquier cosa.
SIN. Gazmoño, puritano, beato.
FAM. Mojigatería.

**mojón** *s. m.* Piedra o poste que se pone en el terreno para señalar algo, por ejemplo los límites de las tierras de una persona.
SIN. Hito, jalón.

**moka** *s. m.* Busca **moca**.

**molar¹** *v.* **1.** Gustar, agradar: *Me mola un montón este disco.* **2.** Lucir, presumir: *Cómo mola Julio con su moto nueva.*
SIN. **1.** Encantar. **2.** Fardar, chulear.
FAM. Molón.

**molar²** *adj.* y *s. m.* **1.** Se dice de los dientes que están en la parte de atrás de la dentadura y sirven para aplastar y deshacer la comida. **2.** Relacionado con las muelas de la boca.
SIN. **1.** Muela.
FAM. Premolar.

**molde** *s. m.* Objeto que tiene un hueco con la forma de algo; se rellena con una materia fundida o blanda (metal, cera, escayola) que, cuando se pone dura, se saca y así se le da esa forma.
EXPR. **letra de molde** Busca **letra**.
FAM. Moldear, moldura. / Amoldar.

**moldeado** *s. m.* **1.** Acción de moldear: *Haz un moldeado en el borde del vaso.* **2.** Peinado que consiste en rizar el pelo de forma artificial: *Para la boda me hice un moldeado.*

**moldeador** *s. m.* Técnica de peluquería con la que se hace el moldeado.

**moldear** *v.* **1.** Hacer una figura con una materia blanda o derretida que se mete en un molde: *moldear figuras de escayola.* **2.** Dar una forma a algo: *El escultor moldeó una figura en barro.* **3.** Formar la manera de ser de una persona.
SIN. **1.** Fundir, vaciar. **2.** Modelar, esculpir, tallar. **3.** Educar.
FAM. Moldeado, moldeador.

**moldura** *s. f.* **1.** Adorno que consiste en una banda saliente que se coloca, por ejemplo, a lo largo de una fachada, en la unión de las paredes con el techo de una habitación y en otros lugares. **2.** Listón de madera tallado que se emplea como adorno o para tapar juntas. **3.** Marco de un cuadro.
SIN. **2.** Junquillo.

**mole¹** *s. f.* Persona, animal o cosa muy grande y que pesa mucho: *Sobre el cerro destacaba la mole de la iglesia.*
**FAM.** Demoler.

**mole²** *s. m.* En México, guiso de carne con chile y otros ingredientes.

**molécula** *s. f.* Parte más pequeña que puede separarse de una sustancia sin que ésta pierda sus propiedades.
**FAM.** Molecular.

**molecular** *adj.* Relacionado con las moléculas: *química molecular.*

**moler** *v.* **1.** Golpear o frotar una cosa hasta dejarla hecha trocitos o polvo: *moler café, moler pimienta.* **2.** Cansar mucho: *Estas escaleras muelen a cualquiera.* ■ Es un verbo irregular. Se conjuga como *mover.*
**EXPR.** **moler a palos** o **moler a golpes** Dar una paliza.
**SIN. 1.** Triturar, pulverizar. **1.** y **2.** Machacar. **2.** Fatigar, agotar.
**FAM.** Molido, molienda, molino. / Muela.

**molestar** *v.* **1.** Causar molestia: *No le molestes, que está estudiando.* **2.** Ofender o disgustar a alguien: *Le molestó que no le saludaras ayer.* ‖ **molestarse 3.** Realizar el trabajo o el esfuerzo de hacer una cosa: *No se molestó ni en contestar a nuestra carta.*
**SIN. 1.** Incordiar, importunar, jorobar. **1.** y **2.** Fastidiar, incomodar. **2.** Enfadar, doler. **ANT. 1.** y **2.** Agradar.

**molestia** *s. f.* **1.** Cosa desagradable, pesada o incómoda que alguien sufre o hace: *En los hospitales hay que guardar silencio para no causar molestias a los enfermos. Se tomó la molestia de venir a casa para recogernos.* **2.** Dolor poco intenso o malestar pequeño: *Ya está mucho mejor del accidente, pero todavía siente algunas molestias.*
**SIN. 1.** Fastidio, incordio, lata. **2.** Trastorno. **ANT. 1.** Agrado, gusto.
**FAM.** Molestar, molesto.

**molesto, ta** *adj.* **1.** Que causa o siente molestia: *Qué molestas son las moscas, no le dejan a uno en paz. Estaba muy molesto con aquel jersey tan gordo.* **2.** Ofendido, disgustado: *Sigue molesto con nosotros porque no le invitamos.*
**SIN. 1.** Fastidioso, enojoso, incómodo. **2.** Enfadado, dolido. **ANT. 1.** Agradable, grato.

**molicie** *s. f.* Excesiva comodidad con que vive alguien.
**SIN.** Pereza, regalo. **ANT.** Sacrificio, trabajo.

**molido, da** *adj.* **1.** Triturado, hecho polvo: *café molido.* **2.** Cansado, agotado: *Estoy molido de descargar el camión.* ‖ *s. m.* **3.** Acción de moler.
**SIN. 3.** Molienda.

**molienda** *s. f.* **1.** Acción de moler granos o cualquier otra cosa. **2.** Cantidad que se muele de una vez. **3.** Temporada del año durante la que se muele el trigo, la aceituna o la caña de azúcar.

**molinero, ra** *s. m.* y *f.* Persona que trabaja en un molino.

**molinete** *s. m.* **1.** Pequeña rueda de aspas que se pone en un cristal, una puerta o una ventana para renovar el aire del interior. **2.** Aparato con unos brazos o aspas que giran y que, colocado en una puerta o una entrada, sólo deja pasar a las personas de una en una. **3.** Molinillo, juguete.

**molinillo** *s. m.* **1.** Aparato pequeño para moler: *molinillo de café.* **2.** Juguete que consiste en un palo con una ruedecilla de aspas que el aire hace girar.

**molino** *s. m.* **1.** Máquina para moler o machacar alguna cosa. **2.** Edificio donde se encuentra esta máquina, como los famosos con aspas que todavía se conservan en algunas regiones de España.
**FAM.** Molinero, molinete, molinillo. / Arremolinarse, remolino.

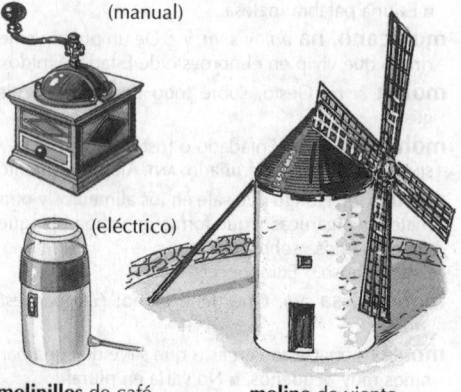

(manual)

(eléctrico)

**molinillos** de café    **molino** de viento

**molla** *s. f.* Parte que está más abultada en el cuerpo por tener mucha carne o grasa.

**mollar** *adj.* Blando, fácil de partir y pelar; se dice sobre todo de algunas variedades de frutos.

**molleja** *s. f.* **1.** Estómago de las aves en el que se tritura el alimento. **2.** Trozo de carne que se forma en algunas glándulas de las reses jóvenes (como las amígdalas) y es muy apreciado como alimento.

**mollera** *s. f.* **1.** Parte más alta del cráneo. **2.** Inteligencia, entendimiento: *Le estuvo dando vueltas a la mollera hasta dar con la solución.*
**EXPR.** **duro de mollera** Tonto; también, terco, cabezota.
**SIN. 2.** Sesera, coco.

**molón, na** *adj.* Bonito o muy bueno, que mola mucho: *Le han regalado una cazadora molona.*
**SIN.** Chulo, guay. **ANT.** Feo, malo.

**molusco** *adj.* y *s. m.* Tipo de animal invertebrado de cuerpo blando, a veces protegido por una concha o un caparazón. Son moluscos los mejillones, las ostras, los calamares, los pulpos o los caracoles.

**momentáneo, a** *adj.* **1.** Que dura o permanece muy poco tiempo: *Hubo un apagón momentáneo, pero enseguida vino la luz.* **2.** Provisional, que sirve por poco tiempo: *Le hicieron una reparación momentánea para que pudiese continuar el viaje.*
SIN. **1.** Pasajero, fugaz, transitorio. **2.** Temporal. ANT. **1.** Eterno. **1.** y **2.** Duradero. **2.** Definitivo.

**momento** *s. m.* **1.** Espacio muy corto de tiempo: *Sólo estuvimos con él un momento.* **2.** Un tiempo o una situación concretos: *Pasamos momentos muy agradables juntos. El negocio está atravesando un buen momento.* **3.** El tiempo presente: *las noticias del momento.* **4.** Ocasión buena para algo: *Le llamaré cuando llegue el momento.*
EXPR. **al momento** Enseguida, inmediatamente. **de momento** Por ahora; también, provisionalmente: *Déjalo así de momento, luego lo arreglaremos bien.* **de un momento a otro** Pronto, enseguida. **por el momento** Por ahora: *Por el momento el chico va aprobando el curso.*
SIN. **1.** Minuto, segundo, periquete. **1.** y **2.** Instante. **3.** Actualidad, hoy. **4.** Oportunidad, coyuntura.
FAM. Momentáneo.

**momia** *s. f.* Cadáver que se ha conservado sin pudrirse, de forma natural o por medios artificiales: *En algunas tumbas de Egipto se encontraron momias.*
FAM. Momificar, momio.

**momificar** *v.* Convertir un cadáver en momia.
■ Delante de *e* se escribe *qu* en lugar de *c*: *momifique.*

**momio** *s. m.* Cosa muy buena que se consigue con poco esfuerzo: *Tiene un trabajo que es un momio, no da golpe y gana un montón.*
SIN. Ganga, bicoca, chollo.

**mona¹** *s. f.* Borrachera.
SIN. Cogorza, melopea, castaña, curda.
FAM. Amonarse.

**mona²** *s. f.* Bollo adornado con huevos cocidos, que es tradición comerlo cuando se celebra la resurrección de Jesús.

**monacal** *adj.* De los monjes y monjas, o relacionado con ellos.

**monacato** *s. m.* **1.** Estado y profesión del monje. **2.** Conjunto de las instituciones de los monjes.

**monada** *s. f.* **1.** Persona, animal o cosa muy bonita: *Este gatito es una monada.* **2.** Gesto o acción graciosa propia de los monos o de los niños pequeños.
SIN. **1.** Preciosidad, ricura. ANT. **1.** Asco, birria.

**monaguillo** *s. m.* Niño que ayuda al sacerdote durante la misa.

**monarca** *s. m.* y *f.* Rey.

**monarquía** *s. f.* **1.** Forma de gobierno de un país en que el jefe del Estado es un rey. **2.** País que tiene esta forma de gobierno. **3.** Tiempo que dura.
FAM. Monarca, monárquico.

**monárquico, ca** *adj.* **1.** De la monarquía o relacionado con la monarquía. ‖ *adj.* y *s. m.* y *f.* **2.** Partidario de la monarquía.

**monasterio** *s. m.* Edificio donde viven los monjes o las monjas.
SIN. Abadía, convento.
FAM. Monástico.

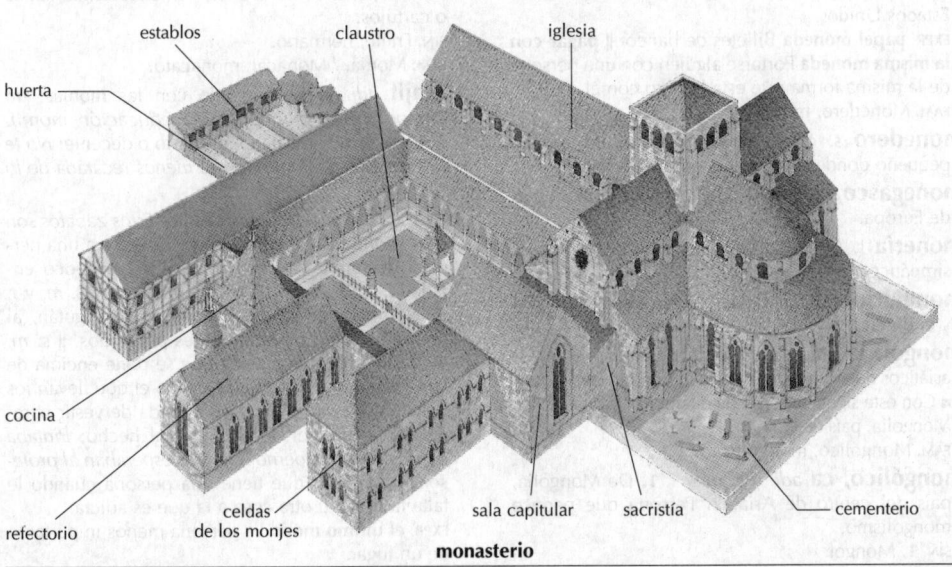

huerta · establos · claustro · iglesia · cocina · refectorio · celdas de los monjes · sala capitular · sacristía · cementerio

**monasterio**

**monástico, ca** *adj.* De los monjes o los monasterios, o relacionado con ellos.

**monda** *s. f.* Piel o cáscara que se quita de las frutas o de las hortalizas: *las mondas de las patatas.*
EXPR. **ser la monda** Ser muy divertido: *Cuenta unas historias que son la monda.* También, ser el colmo o ser extraordinario: *Esta chica es la monda: ahora quiere ser piloto de avión.*

**mondadientes** *s. m.* Palillo o cosa parecida para sacar la comida que queda entre los dientes. ▪ No varía en plural.

**mondadura** *s. f.* Cáscara de lo que se monda: *Tira las mondaduras del melón.*

**mondar** *v.* **1.** Pelar las frutas y hortalizas. ‖ **mondarse 2.** Reírse mucho.
SIN. **2.** Partirse, desternillarse, troncharse.
FAM. Monda, mondadientes, mondadura.

**mondo, da** *adj.* **1.** Sin pelo. **2.** Sólo, sin añadir nada más. ▪ Esta palabra se usa sobre todo en la expresión **mondo y lirondo**: *El peluquero le ha dejado la cabeza monda y lironda. Tomaron un bocadillo de queso mondo y lirondo.*
SIN. **1.** Pelón. **1.** y **2.** Pelado. **2.** Limpio. ANT. **1.** Melenudo.
FAM. Mondar.

**mondongo** *s. m.* Intestinos de un animal, sobre todo del cerdo.
SIN. Entrañas, tripas.

**moneda** *s. f.* **1.** Pieza redonda de metal, fabricada por el Estado, que sirve para comprar cosas. **2.** También, los billetes de banco. **3.** La que sirve como unidad de pago en cada país, por ejemplo el euro en los países de la Unión Europea o el dólar en los Estados Unidos.
EXPR. **papel moneda** Billetes de banco. ‖ **pagar con la misma moneda** Portarse alguien con una persona de la misma forma que ésta lo hizo con él.
FAM. Monedero, monetario.

**monedero** *s. m.* Cartera, bolsita u otro objeto pequeño donde se lleva y guarda el dinero.

**monegasco, ca** *adj.* y *s. m.* y *f.* De Mónaco, país de Europa.

**monería** *s. f.* Monada, acción o gesto gracioso y simpático.

**monetario, ria** *adj.* Relacionado con las monedas y el dinero.

**mongol, la** *adj.* y *s. m.* y *f.* **1.** De unos pueblos asiáticos que formaron un gran imperio en el siglo XIII. ▪ Con este significado, se dice también *mogol.* **2.** De Mongolia, país de Asia.
FAM. Mongólico, mongolismo.

**mongólico, ca** *adj.* y *s. m.* y *f.* **1.** De Mongolia, país del centro de Asia. **2.** Persona que padece mongolismo.
SIN. **1.** Mongol.

**mongolismo** *s. m.* Enfermedad de nacimiento que produce retraso en la inteligencia y en el crecimiento.

**mongoloide** *adj.* y *s. m.* y *f.* Se dice de la raza humana, también llamada amarilla, que tiene la piel amarillenta, el pelo oscuro y liso y los ojos también oscuros y oblicuos.

**monicaco, ca** *s. m.* y *f.* **1.** Persona de poca importancia o valor. **2.** Niño.

**monigote** *s. m.* **1.** Dibujo mal hecho como los que hacen los niños pequeños. **2.** Muñeco o figurita ridícula: *Su llavero tiene un monigote de plástico.* **3.** Persona sin importancia. **4.** Niño.
SIN. **1.** Mono, pintarrajo. **3.** Pelagatos, pelanas. ANT. **3.** Gerifalte.

**monitor, ra** *s. m.* y *f.* **1.** Persona que enseña o guía a otras en un deporte, en un campamento juvenil o en otras actividades. ‖ *s. m.* **2.** Pantalla en la que salen imágenes o datos: *Mi ordenador tiene el monitor en color.*
SIN. **1.** Entrenador.
FAM. Monitorizar.

**monitorizar** *v.* En medicina, vigilar algunas funciones del organismo de una persona, como los latidos del corazón, a través de un monitor. ▪ Delante de *e* se escribe *c* en lugar de *z*: *monitoricen.*

**monja** *s. f.* Mujer que pertenece a una orden religiosa.
SIN. Madre, hermana, sor.
FAM. Monjil.

**monje** *s. m.* Hombre que dedica su vida a Dios y vive en soledad, como los antiguos ermitaños del desierto, o en comunidades, como los benedictinos o cartujos.
SIN. Fraile, hermano.
FAM. Monja. / Monacal, monacato.

**monjil** *adj.* **1.** Relacionado con las monjas: *un comportamiento monjil, una educación monjil.* **2.** Que es muy recatado, modesto o decente: *No te fíes de su aspecto monjil, es menos recatada de lo que parece.*

**mono, na** *adj.* **1.** Guapo, bonito: *Estos zapatos son muy monos.* **2.** Se emplea para dirigirse a una persona de forma cariñosa o, a veces, un poco enfadado: *Anda, mona, deja de molestar.* ‖ *s. m.* y *f.* **3.** Nombre que se da al gorila, al orangután, al chimpancé y a otros animales parecidos. ‖ *s. m.* **4.** Traje de una sola pieza que se pone encima de la ropa para no mancharse, como el que llevan los mecánicos o los obreros. **5.** Prenda de vestir parecida a la anterior. **6.** Dibujo mal hecho: *Pintaba monos en el cuaderno mientras esperaban al profesor.* **7.** Malestar que tiene una persona cuando le falta la droga u otra cosa a la que es adicta.
EXPR. **el último mono** La persona menos importante de un lugar.

**SIN. 1.** Lindo, majo, chulo, cuco. **2.** Rico. **3.** Simio. **6.** Monigote, pintarrajo, garabato. **ANT. 1.** Feo, horrendo.
**FAM.** Mona[1], monada, monería. / Imitamonas, imitamonos.

**monobiquini** o **monobikini** *s. m.* Biquini que sólo tiene la pieza de abajo.
**SIN.** Monokini, monoquini.

**monociclo** *s. m.* Vehículo de pedales compuesto por una barra con un sillín en un extremo y una rueda en el otro.

**monocorde** *adj.* **1.** Se dice del instrumento musical que sólo tiene una cuerda. **2.** Que repite siempre la misma nota: *Era una melodía monocorde, sin mucha gracia.* **3.** Monótono: *Lo peor no fue el discurso, sino el tono monocorde en que lo dijo.*

**monocotiledónea** *adj.* y *s. f.* Se dice de la planta que tiene un solo cotiledón en el embrión, como la palmera o el azafrán.

**monocromo, ma** *adj.* De un único color.
**ANT.** Policromo.

**monóculo** *s. m.* Lente para un solo ojo.

**monocultivo** *s. m.* Cultivo de un solo producto en una región.

**monogamia** *s. f.* Hecho de estar casado alguien sólo con una persona.
**ANT.** Poligamia.
**FAM.** Monógamo.

**monógamo, ma** *adj.* **1.** De la monogamia: *una relación monógama.* ‖ *adj.* y *s. m.* y *f.* **2.** Se dice del hombre que sólo tiene una esposa. **3.** Se dice de las especies animales en las que el macho se aparea con una sola hembra.
**ANT. 2.** Polígamo.

**monografía** *s. f.* Estudio que trata con mucho detalle de un solo tema: *una monografía de Velázquez, una monografía sobre el clima mediterráneo.*

**monográfico, ca** *adj.* Que trata de un solo tema.

**monokini** *s. m.* Monobiquini. ■ Se escribe también *monoquini.*

**monolingüe** *adj.* y *s. m.* y *f.* **1.** Que habla una sola lengua: *Soy monolingüe, sólo hablo castellano.* ‖ *adj.* **2.** Que está escrito en una sola lengua: *Este diccionario es monolingüe.*
**SIN. 1.** Unilingüe. **ANT. 1.** Políglota.

**monolítico, ca** *adj.* **1.** Del monolito. **2.** De una sola piedra: *columna monolítica.* **3.** Muy compacto y sin contradicciones: *ideología monolítica.*

**monolito** *s. m.* Monumento de piedra de una sola pieza.
**FAM.** Monolítico.

**monólogo** *s. m.* **1.** El hablar una persona consigo misma, como si pensara en voz alta. **2.** Acción de ser una persona la única que habla entre varias.

**3.** Obra literaria o parte de ella en que sólo habla un personaje.
**SIN. 1.** Soliloquio. **ANT. 1.** y **2.** Diálogo. **2.** Coloquio.

**monomanía** *s. f.* Preocupación u obsesión continua por algo.
**SIN.** Manía.

**monomio** *s. m.* Expresión matemática formada por un número y una letra, por ejemplo *3x.*

**monopatín** *s. m.* Tabla con ruedas sobre la que los chicos montan y hacen carreras y saltos.

**monoplano, na** *adj.* y *s. m.* Se dice del avión con dos alas en un mismo plano.

**monoplaza** *adj.* y *s. m.* Que sólo tiene una plaza o asiento: *un deportivo monoplaza.*

**monopolio** *s. m.* El hecho de que sólo una empresa pueda fabricar y vender una cosa o prestar un servicio.
**FAM.** Monopolizar.

**monopolizar** *v.* Tener una empresa el monopolio de una cosa. ■ Delante de *e* se escribe *c* en lugar de *z*: *monopolicen.*

**monopoly** *s. m.* Juego de mesa que consiste en comprar y vender calles y casas, y en el que gana el jugador que consigue arruinar al resto.

**monoptongar** *v.* Convertir un diptongo en una sola vocal. ■ Delante de *e* se escribe *gu* en lugar de *g*: *monoptongue.*
**ANT.** Diptongar.

**monoquini** *s. m.* Monobiquini ■ Se escribe también *monokini.*

**monorraíl** *adj.* y *s. m.* Se dice del ferrocarril que circula sobre un solo raíl.

tren **monorraíl**

**monosabio** *s. m.* Mozo que en las corridas de toros ayuda al picador en la lidia y en otras cosas.

**monosílabo, ba** *adj.* y *s. m.* Se dice de las palabras de una sola sílaba, como *mar*, *sol* o *mí.*
**ANT.** Polisílabo.

**monoteísmo** *s. m.* Creencia en un solo dios.
ANT. Politeísmo.
FAM. Monoteísta.

**monoteísta** *adj.* y *s. m.* y *f.* Que cree en un solo Dios: *Los cristianos, los judíos y los musulmanes son monoteístas.*
ANT. Politeísta.

**monotonía** *s. f.* Característica de lo que es monótono, siempre igual.

**monótono, na** *adj.* Que es siempre igual o tiene poca variación y por eso llega a ser aburrido: *La película era tan monótona que el público casi se dormía.*
ANT. Variado.
FAM. Monotonía.

**monovolumen** *s. m.* Coche en el que el espacio para los pasajeros, el motor y el maletero es uno solo.

**monóxido** *s. m.* Nombre de varios compuestos químicos, de los que el más conocido es el **monóxido de carbono**, un gas venenoso que se produce al quemarse algunas sustancias como el carbón.

**monseñor** *s. m.* Nombre que se da a los obispos, cardenales y otras autoridades de la Iglesia.

**monserga** *s. f.* Palabras molestas o pesadas: *Está harto de oír siempre la misma monserga.*

**monstruo** *s. m.* **1.** Ser fantástico, feo y que da miedo, que aparece por ejemplo en el cine o en la literatura: *un monstruo de dos cabezas.* **2.** Ser vivo o cosa que es anormal, muy feo o está mal hecho. **3.** Persona muy mala. **4.** Persona con mucho talento para algo: *Eduardo es un monstruo del baloncesto.*
SIN. **1.** y **2.** Engendro. **2.** Adefesio, esperpento. **4.** Fenómeno, genio. ANT. **2.** Belleza.
FAM. Monstruosidad, monstruoso.

**monstruosidad** *s. f.* **1.** Característica de lo que es monstruoso. **2.** Acción monstruosa.

**monstruoso, sa** *adj.* **1.** Propio de un monstruo o ser muy feo: *A causa de las quemaduras le quedó una cara monstruosa.* **2.** Muy malo: *Lo que hizo fue una acción monstruosa.*

**monta** *s. f.* Acción de montar un caballo u otro animal parecido.
EXPR. **de poca monta** Poco importante: *Luis tiene un negocio de poca monta.*

**montacargas** *s. m.* Ascensor para subir y bajar cosas pesadas. ■ No varía en plural.

**montado, da** *adj.* **1.** Que alguien lo montó: *Los chicos ya tienen la tienda de campaña montada en el camping.* **2.** Que va a caballo: *la policía montada.* **3.** Se dice de la nata o la clara de huevo batidas. ‖ *s. m.* **4.** Bocadillo pequeño: *un montado de lomo.*
EXPR. **estar montado** o **estar montado en el dólar** Estar en buena situación económica.

**montador, ra** *s. m.* y *f.* Persona que hace montajes, por ejemplo de máquinas o de películas.

**montaje** *s. m.* **1.** Unión de las piezas o partes que forman algo, por ejemplo de las escenas que componen una película. **2.** Algo preparado para que parezca lo que no es: *Dijo que había tenido un accidente, pero en realidad todo fue un montaje.*
SIN. **2.** Truco, farsa. ANT. **1.** Desarme.
FAM. Fotomontaje.

**montanera** *s. f.* **1.** Acción de pastar los cerdos en el monte. **2.** Pasto de bellotas y hayucos con el que se alimentan los cerdos.

**montante** *s. m.* **1.** El dinero que cuesta una cosa: *El montante de los gastos es de ciento veinte euros.* **2.** Pieza vertical que sirve de soporte.

**montaña** *s. f.* **1.** Gran elevación del terreno. **2.** Lugar en que abundan estas elevaciones: *Veranea en la montaña.* **3.** Gran cantidad de algo: *Hay una montaña de papeles encima de la mesa.*
EXPR. **montaña rusa** Atracción de un parque o de una feria que consiste en unas vagonetas en que se monta la gente y que se deslizan por una vía con curvas muy fuertes y muchas subidas y bajadas.
SIN. **1.** Monte, pico. **2.** Sierra. **3.** Montón. ANT. **2.** Valle, llano.
FAM. Montañero, montañés, montañismo, montañoso. / Pasamontañas.

**montañero, ra** *adj.* **1.** Relacionado con la montaña. ‖ *s. m.* y *f.* **2.** Persona que practica el alpinismo o a la que le gusta caminar y hacer excursiones por la montaña.
SIN. **2.** Alpinista.

**montañés, sa** *adj.* y *s. m.* y *f.* **1.** De una región montañosa. **2.** De la región santanderina de La Montaña o de Santander.

montañas

**montañismo** *s. m.* Deporte en el que se hacen marchas a pie a través de las montañas.

**montañoso, sa** *adj.* Que tiene montañas.

**montaplatos** *s. m.* Pequeño montacargas que en algunos restaurantes sirve para subir y bajar los platos desde la cocina al comedor. ■ No varía en plural.

**montar** *v.* **1.** Subir a un vehículo o a otra cosa: *Se montó en la bicicleta y se fue. Le gusta montar en los columpios.* **2.** Ir sobre un caballo, mula o animal parecido: *Sabe montar muy bien. Monta una yegua.* **3.** Colocar las distintas piezas o partes que componen algo: *Con varias tablas de madera montó una estantería para los libros.* **4.** Instalar algo, por ejemplo una tienda: *Le costó mucho dinero montar el bar.* **5.** Hacer lo que se dice: *¡Vaya lío se ha montado en la calle!* **6.** Batir la clara de huevo o la nata hasta que quedan espesas.
**EXPR. montárselo** Organizarse: *Si te lo montas bien, puedes pasar un día muy divertido.* **tanto monta, monta tanto** Indica que da igual o vale lo mismo una cosa u otra.
**SIN. 2.** Cabalgar. **3.** Ajustar, acoplar, encajar, ensamblar. **3.** y **5.** Armar. **4.** Abrir. **ANT. 1.** Bajar. **1.** a **4.** Desmontar. **4.** Quitar, cerrar.
**FAM.** Monta, montacargas, montado, montador, montaje, montante, montaplatos, monto, montura. / Desmontar, remontar.

**montaraz** *adj.* **1.** Que se ha criado en los montes: *El jabalí es un animal montaraz.* **2.** Se dice de las personas a las que no les gusta relacionarse con otras y tienen modales muy groseros. ■ Su plural es *montaraces.*
**SIN. 1.** Silvestre. **ANT. 1.** Doméstico.

**monte** *s. m.* **1.** Montaña, terreno muy elevado. **2.** Terreno no cultivado lleno de árboles, arbustos y hierbas.
**EXPR. monte bajo** El que tiene matorrales y arbustos o árboles como la encina. **monte de piedad** Establecimiento público que presta dinero a cambio de empeñar algo, sobre todo las joyas. || **no todo el monte es orégano** Indica que no todas las cosas son fáciles o agradables.
**SIN. 2.** Bosque, soto. **ANT. 1.** Llanura.
**FAM.** Montaña, montar, montaraz, montepío, montera, montería, montés, montículo, montón. / Guardamonte.

**montepío** *s. m.* Establecimiento que tiene como fin dar dinero cuando lo necesiten a las personas de una misma profesión: *el montepío de actores o el de los toreros.*

**montera** *s. f.* Gorra de terciopelo y seda que usan los toreros.

**montería** *s. f.* Caza de animales de gran tamaño, como ciervos o jabalíes.
**FAM.** Montero.

**montero, ra** *s. m.* y *f.* Persona que busca y persigue la caza en el monte para acercarla a los cazadores.

**montés** *adj.* Se dice de algunos animales y plantas que viven en el monte: *gato montés, cabra montés.*

**montevideano, na** *adj.* y *s. m.* y *f.* De Montevideo, capital de Uruguay.

**montículo** *s. m.* Pequeña elevación del terreno que puede ser natural o hecha por el ser humano o los animales.

**montilla** *s. m.* Vino fino blanco y oloroso que se hace en Montilla, Córdoba.

**monto** *s. m.* Resultado final de la suma de varias cantidades: *El monto del arreglo del piso fue mayor de lo que esperaba.*

**montón** *s. m.* **1.** Muchas cosas puestas unas sobre otras: *Tiene sobre la mesa un montón de papeles. En ese juego se reparten cuatro cartas y luego se van cogiendo del montón.* **2.** Gran cantidad de algo: *El día de su cumpleaños Carolina invitó a un montón de amigas.*
**EXPR. ser del montón** Ser vulgar y corriente.
**SIN. 1.** Pila.
**FAM.** Amontonar.

**montura** *s. f.* **1.** Animal que se utiliza para montar en él, como el caballo. **2.** Silla de montar y otras cosas que se ponen a un animal para cabalgar en él. **3.** Armadura en la que va colocada la parte principal de un objeto: *Se le ha roto la montura de las gafas.*
**SIN. 1.** Caballería.

**monumental** *adj.* **1.** Relacionado con los monumentos o que tiene muchos monumentos: *Toledo es una ciudad monumental.* **2.** Muy grande, que impresiona mucho: *En la carretera había un monumental atasco.*
**SIN. 2.** Gigantesco, impresionante. **ANT. 2.** Diminuto, insignificante.

**monumento** *s. m.* **1.** Construcción de gran valor artístico, como un palacio, un castillo, una catedral. **2.** Lugar adornado donde se ponen las hostias consagradas el día de Jueves Santo para que las adoren los fieles. **3.** Una persona muy guapa y de buen tipo.
**SIN. 3.** Bombón. **ANT. 3.** Adefesio.
**FAM.** Monumental.

**monzón** *s. m.* Viento que sopla en el sudeste de Asia; el de verano es húmedo y cálido y trae fuertes lluvias, y el de invierno es seco y frío.

**moña** *s. f.* Borrachera.
**SIN.** Mona, curda, cogorza.

**moño** *s. m.* Pelo que se recoge enrollándolo y sujetándolo con horquillas o de otro modo.
**FAM.** Arrancamoños.

**mopa** *s. f.* Utensilio que se usa para quitar el polvo del suelo y que está formado normalmente por un palo largo con unos hilos gruesos en un extremo.

**moquear** *v.* Echar mocos.

**moqueta** *s. f.* Tela gruesa y fuerte que se pone en el suelo o en las paredes de una habitación.
**FAM.** Enmoquetar.

**moquillo** *s. m.* Enfermedad grave que tienen los perros y otros animales que les afecta sobre todo al aparato respiratorio.

**mora** *s. f.* **1.** Fruto de dos árboles, el moral y la morera. Las moras que da el moral son de color violeta oscuro y las de la morera son blancas. **2.** Fruto de la zarzamora, de color negro cuando está maduro.
**FAM.** Morado, moral[2], morapio, morera. / Zarzamora.

**morada** *s. f.* Lugar donde vive alguien.
**SIN.** Vivienda, hogar.

**morado, da** *adj. y s. m.* Se dice del color que es mezcla de azul y rojo; también se dice de las cosas que son de este color.
**EXPR. pasarlas moradas** Pasarlo muy mal, encontrarse en gran dificultad. **ponerse** uno **morado** Hartarse de comer: *Se puso morado de pasteles.*
**SIN.** Cárdeno.
**FAM.** Moratón. / Amoratarse.

**morador, ra** *adj. y s. m. y f.* Habitante.

**moral**[1] *s. f.* **1.** Normas que guían el comportamiento de las personas para que hagan el bien. **2.** Estado de ánimo: *La moral del equipo es alta: confía en ganar.* || *adj.* **3.** Relacionado con la moral o que es bueno según la moral: *Ayudar a los demás es una obligación moral.*
**SIN. 1.** Ética, moralidad. **3.** Ético; honrado, honesto.
**FAM.** Moraleja, moralidad, moralina, moralista, moralmente. / Amoral, desmoralizar, inmoral.

**moral**[2] *s. m.* Árbol que tiene como fruto unas moras de color violeta oscuro.

**moraleja** *s. f.* La enseñanza que se saca de algo, por ejemplo de un cuento.
**SIN.** Lección.

**moralidad** *s. f.* El comportarse de acuerdo con la moral.

**moralina** *s. f.* **1.** Moralidad superficial o falsa: *Hizo lo mismo que nosotros y después nos echó una moralina.* **2.** Moraleja simplista: *Ese presentador siempre termina sus intervenciones con una moralina.*

**moralista** *adj.* **1.** Que tiene una intención moral: *una novela moralista, un discurso moralista.* || *adj. y s. m. y f.* **2.** Se dice de la persona que pretende moralizar. || *s. m. y f.* **3.** Persona que enseña o estudia la moral.

**moralizar** *v.* **1.** Enseñar un comportamiento moral: *Cuenta esas anécdotas para tratar de moralizarnos.* **2.** Defender opiniones morales propias en un texto o discurso: *No me gusta esa novela porque el autor intenta moralizarte.* ■ Delante de *e* se escribe *c* en lugar de *z: moralicen.*

**moralmente** *adv.* Según las normas de la moral.

**morapio** *s. m.* Vino, generalmente no muy bueno y tinto.

**morar** *v.* Vivir en un lugar.
**SIN.** Habitar, residir.
**FAM.** Morada, morador.

**moratón** *s. m.* Mancha morada o amarillenta que aparece en la piel producida por un golpe.
**SIN.** Cardenal.

**moratoria** *s. f.* Ampliación del plazo que se había dado para hacer algo, sobre todo cuando se trata de pagar una deuda.

**morbo** *s. m.* El hecho de gustarle a una persona lo desagradable, lo extraño, lo cruel, lo prohibido: *Contempla con morbo las escenas de miedo de la película.*
**FAM.** Morboso.

**morboso, sa** *adj.* Que tiene o siente morbo.

**morcilla** *s. f.* Embutido preparado con sangre de cerdo cocida y otras cosas, como arroz y cebolla.
**EXPR. que te den** o **le den morcilla** Indica desprecio o falta de interés por alguien.

**morcillo** *s. m.* Parte alta carnosa de las patas de vacas o terneras.

**morcón** *s. m.* **1.** Tripa gruesa de algunos animales como el cerdo que se usa para hacer embutidos. **2.** Embutido que se hace con esta tripa.

**mordaz** *adj.* Que critica con mala intención y como burlándose. ■ Su plural es *mordaces.*
**SIN.** Satírico, sarcástico. **ANT.** Delicado.

**mordaza** *s. f.* **1.** Cualquier cosa que se pone en la boca de alguien para impedirle hablar o gritar, por ejemplo un pañuelo. **2.** Aparato formado por dos piezas entre las que se coloca un objeto para sujetarlo: *El carpintero puso la madera en la mordaza para cortarla mejor.*
**FAM.** Amordazar.

**mordedor, ra** *adj.* Que muerde.

**mordedura** *s. f.* Acción de morder y la marca o herida dejada al morder.

**morder** *v.* **1.** Apretar una cosa entre los dientes, clavándolos. **2.** Realizar una acción similar un utensilio o máquina. **3.** Estar furioso, de muy mal humor: *Está que muerde.* ■ Es un verbo irregular. Se conjuga como *mover.*
**EXPR. morder el anzuelo** Busca **anzuelo. morderse la lengua** Busca **lengua. morderse los labios** Busca **labio.**
**FAM.** Mordaz, mordaza, mordedor, mordedura, mordida, mordido, mordisco, mordisquear. / Remorder.

**mordida** *s. f.* **1.** Forma de morder. **2.** En México y otros lugares de Hispanoamérica, soborno a un policía o a otro funcionario.

**mordido, da** *adj.* **1.** Que alguien lo mordió: *Tienes las uñas todas mordidas.* **2.** Desgastado, incompleto: *La mesa está vieja y tiene los bordes mordidos.* •

**mordisco** *s. m.* **1.** Acción de morder con los dientes: *Ha dado varios mordiscos a la pera.* **2.** Acción parecida, aunque no se haga con los dientes: *El cangrejo le dio un mordisco en el dedo.*
SIN. **1.** Mordedura, dentellada. **1.** y **2.** Bocado.

**mordisquear** *v.* Morder algo repetidamente y con poca fuerza.

**morena** *s. f.* Pez marino con el cuerpo muy alargado; no tiene aletas, posee fuertes dientes y ataca a otros peces.

**moreno, na** *adj.* y *s. m.* y *f.* **1.** Que tiene la piel y el pelo de color oscuro: *Carmen es muy morena.* **2.** Tostado por el sol: *Se ha puesto morena en la playa.* **3.** Se dice de algunas cosas que son más oscuras de lo que es normal en ellas: *azúcar moreno.* || *s. m.* **4.** Color más oscuro que toma la piel cuando nos ponemos al sol.
SIN. **2.** y **4.** Bronceado.
FAM. Marimorena.

**morera** *s. f.* Árbol que produce unas moras blancas; sus hojas sirven de alimento a los gusanos de seda.

**morfema** *s. m.* Así se llama en gramática a algunas partes de las palabras que indican, por ejemplo, el género y el número, como *-o* en *niño* y *-os* en *bolsos*, o el tiempo y la persona de los verbos, como *-aba* en *amaba*.

**morfina** *s. f.* Droga elaborada a partir del opio; se utiliza en medicina para calmar dolores muy fuertes.

**morfología** *s. f.* Parte de la gramática que estudia las clases de palabras y su forma.
FAM. Morfológico.

**morfológico, ca** *adj.* Relacionado con la morfología; se dice, por ejemplo, de los análisis que se hacen de las palabras fijándose en la forma de éstas y no en la función que desempeñan en la oración;

morena
frutos
hojas
árbol

**morera**

así, *niños* es sustantivo masculino plural, y *el*, artículo masculino singular.

**moribundo, da** *adj.* y *s. m.* y *f.* Que se está muriendo.

**morir** *v.* **1.** Dejar de vivir un ser vivo. **2.** Terminar, acabar: *El cariño que sentía por él murió.* || **morirse 3.** Sentir de un modo muy intenso un deseo, un sentimiento, una necesidad: *Se muere de sed. Se muere por tener un coche.* ■ Es un verbo irregular. Se conjuga como *dormir*, excepto en el participio, que es *muerto*.
SIN. **1.** Fallecer, perecer, fenecer. **2.** Concluir, finalizar. ANT. **1.** Vivir, nacer. **2.** Comenzar, surgir.
FAM. Moribundo. / Muerte, muerto.

**morisco, ca** *adj.* y *s. m.* y *f.* Se dice de los musulmanes que quedaron en España después de terminada la Reconquista y se convirtieron a la religión cristiana.

**mormón, na** *adj.* y *s. m.* y *f.* De un movimiento religioso fundado en Estados Unidos.

**moro, ra** *adj.* y *s. m.* y *f.* **1.** De la zona norte de África. **2.** Se dice de los musulmanes que invadieron España y de lo relacionado con ellos. **3.** Que practica la religión musulmana.
FAM. Moreno, morisco, moruno.

**moroso, sa** *adj.* y *s. m.* y *f.* La persona que tarda en pagar lo que debe.

**morrada** *s. f.* Golpe fuerte, sobre todo el que se da en la cara: *Me caí y me pegué una morrada contra el bordillo.*

**morral**

**morral** *s. m.* **1.** Bolsa que llevan colgada los pastores, cazadores y soldados. **2.** Bolsa con pienso que se cuelga de la cabeza de caballos, mulas y otros animales para que coman.
SIN. **1.** Zurrón, macuto.

**morralla** *s. f.* **1.** Conjunto de cosas inútiles, sin valor: *Los productos que se venden en esa tienda son muy baratos, pero todo es morralla. En el monedero sólo lleva morralla.* **2.** Gente despreciable, gentuza.
SIN. **2.** Chusma.

**morrear** *v.* Besarse fuertemente en la boca.

**morrena** *s. f.* Montón de piedras y tierra que se acumulan al ser arrastradas por un glaciar.

**morrillo** *s. m.* Parte carnosa y abultada que tienen las reses en la zona superior del cuello.

**morriña** *s. f.* Tristeza que una persona siente, sobre todo cuando está lejos de su tierra o de sus familiares. SIN. Nostalgia, añoranza, melancolía.

**morrión** *s. m.* **1.** Casco de la armadura antigua con los bordes levantados. **2.** Antiguo gorro militar alto y con visera.

**morro** *s. m.* **1.** Hocico de los animales. **2.** En lenguaje corriente, los labios de las personas. **3.** Parte de delante de alguna cosa que sobresale como si fuera un hocico. **4.** Cara, descaro: *¡Qué morro tiene! Ha venido a la fiesta sin que le hayan invitado.* EXPR. **beber a morro** Beber directamente de la botella, sin utilizar un vaso. **de morros** Enfadado, poniendo mala cara: *Se ha puesto de morros con su hermana porque no le ha dejado el tebeo.* **por el morro** Gratis, sin pagar y sin hacer ningún esfuerzo: *Juan siempre intenta colarse en el autobús por el morro. Suspendes porque crees que vas a aprobar por el morro y no estudias.* SIN. **4.** Jeta, desvergüenza. FAM. Morrada, morrear, morrillo, morrón.

**morrocotudo, da** *adj.* Muy grande o muy bueno: *Se ha dado un golpe morrocotudo. Tiene una suerte morrocotuda.* SIN. Imponente, tremendo, enorme.

**morrón** *adj.* **1.** Se dice de una variedad de pimiento rojo, muy grueso y carnoso. ‖ *s. m.* **2.** Golpe, porrazo.

**morsa** *s. f.* Mamífero parecido a la foca, pero más grande. El macho tiene un par de colmillos rectos y puntiagudos.

**morse** *s. m.* Serie de puntos y rayas que indican las letras del alfabeto y se emplean en el telégrafo.

**mortadela** *s. f.* Embutido muy grueso que se hace con carne de cerdo y de vaca, muy picada, con tocino.

**mortaja** *s. f.* Vestidura en que se envuelve un cadáver para enterrarlo. SIN. Sudario. FAM. Amortajar.

**mortal** *adj.* **1.** Que tiene que morir, como las personas y los demás seres vivos. **2.** Que produce o puede producir la muerte: *El accidente de coche fue mortal.* **3.** Propio de un muerto o parecido a él: *una palidez mortal.* **4.** Muy fatigoso, angustioso o pesado: *La subida a pie fue mortal.* **5.** Muy fuerte, muy grande: *Se tenían un odio mortal: no podían verse.* **6.** Se dice del pecado grave. ‖ *s. m. pl.* **7.** Las personas. SIN. **1.** Perecedero, efímero. **2.** Mortífero, letal. **3.** Cadavérico. **4.** Insufrible, agotador. **5.** Tremendo. ANT. **1.** Inmortal. **2.** Vital. **4.** Grato. **6.** Venial. FAM. Mortalidad. / Inmortal.

**mortalidad** *s. f.* Número de personas que mueren en un tiempo o en una población.

**mortandad** *s. f.* Gran cantidad de muertes causadas por una catástrofe, una enfermedad o una guerra.

**morsa**

**morteros** (para machacar)  **mortero** (arma)

**mortecino, na** *adj.* Que no tiene fuerza, que se está apagando: *Esa habitación tenía una luz mortecina.* SIN. Apagado, tenue.

**mortero** *s. m.* **1.** Un recipiente con un mazo para machacar cosas en él. **2.** Una mezcla pastosa que se utiliza en albañilería como material de construcción. **3.** Arma de artillería formada por un tubo que se apoya en el suelo. SIN. **1.** Almirez. **2.** Argamasa.

**mortífero, ra** *adj.* Que ocasiona o puede ocasionar la muerte. SIN. Mortal.

**mortificación** *s. f.* Acción de mortificar y lo que mortifica.

**mortificar** *v.* **1.** Hacer sufrir al cuerpo por motivos religiosos, como penitencia o como sacrificio, por ejemplo con ayunos. **2.** Atormentar, producir dolor, inquietud, remordimiento: *No te mortifiques: no te sientas culpable de lo que le ha ocurrido.* ■ Delante de *e* se escribe *qu* en lugar de *c*: *mortifique.* SIN. **2.** Afligir, angustiar. ANT. **2.** Tranquilizar. FAM. Mortificación.

**mortuorio, ria** *adj.* Relacionado con la muerte de una persona.

**moruno, na** *adj.* De los moros.

**mosaico** *s. m.* **1.** Dibujo que se hace combinando pequeñas piezas de cerámica, cristal o piedra y que

**mosaico** romano

sirve para decorar paredes y suelos. **2.** Cualquier cosa formada por partes muy distintas: *Ese país es un mosaico de razas.*

**mosca** *s. f.* **1.** Insecto de dos alas del que existen numerosas especies. Las moscas más corrientes son negras, tienen dos alas transparentes y una boca en forma de trompa con la que chupan las sustancias de que se alimentan. ‖ *adj.* **2.** Que sospecha o está inquieto por alguna cosa: *El que todavía no le hayan regalado nada le tiene mosca, a lo mejor se han olvidado de su cumpleaños.* **3.** Enfadado, irritado: *Tu hermano sigue mosca conmigo.*
**EXPR.** **mosca muerta** o **mosquita muerta** Persona que a los demás les parece muy inocente, incapaz de hacer nada malo, pero que en realidad no es tan buena. **mosca tse-tse** Insecto parecido a una mosca que produce con su picadura una gran debilidad y sueño. ‖ **estar con la mosca detrás de la oreja** Tener la sospecha de algo. **por si las moscas** Por si acaso: *Yo, por si las moscas, me llevo el paraguas.* **¿qué mosca te, le, os... ha picado?** Se usa para preguntarle a alguien qué le pasa, por qué se ha enfadado de repente. **soltar la mosca** Pagar.
**SIN.** **2.** y **3.** Mosqueado. **3.** Enojado.
**FAM.** Moscarda, moscardón, moscón, mosquear, mosquete, mosquito. / Amoscarse, matamoscas.

**moscarda** *s. f.* Insecto de dos alas parecido a la mosca, pero más grande y de color azul o verde.

**moscardón** *s. m.* **1.** Especie de mosca grande. **2.** Persona pesada.
**SIN.** **2.** Moscón.

mosca      moscardón      mosquito

**moscatel** *adj.* y *s. f.* **1.** Se dice de una variedad de uva muy dulce y olorosa. ‖ *adj.* y *s. m.* **2.** El vino que se hace con esa uva.

**moscón** *s. m.* **1.** Insecto parecido a la mosca, pero de mayor tamaño. **2.** Persona molesta y pesada.
**SIN.** **2.** Moscardón.

**moscovita** *adj.* y *s. m.* y *f.* De Moscú, capital de Rusia.

**mosqueado, da** *adj.* **1.** Que sospecha algo malo: *Me tiene mosqueado tanto secreteo.* **2.** Que está enfadado: *Estoy mosqueado con vosotros por no haberme invitado a la fiesta.*
**SIN.** **1.** y **2.** Mosca, cabreado.

**mosquear** *v.* **1.** Hacer que una persona sospeche: *Le mosqueó que hablaban muy bajo para que él no les oyera.* **2.** Enfadar, molestar: *No le has invitado a tu cumpleaños y se ha mosqueado.*
**SIN.** **2.** Picarse.
**FAM.** Mosqueado, mosqueo.

**mosqueo** *s. m.* **1.** Enfado: *Se ha cogido un mosqueo con su hermano porque se ha comido todo el helado.* **2.** Sospecha: *Tiene el mosqueo de que le han robado la cartera.*

**mosquete** *s. m.* Antigua arma de fuego más larga que el fusil.
**FAM.** Mosquetero, mosquetón.

**mosquetero** *s. m.* Antiguo soldado que iba armado de mosquete.

**mosquetón** *s. m.* **1.** Arma de fuego que es como una escopeta corta. **2.** Anilla que se abre o se cierra mediante un mecanismo, por ejemplo la que llevan los montañeros para engancharla a la cuerda o a otra cosa.

**mosquitera** o **mosquitero** *s. f.* o *m.* Cortina colocada alrededor de la cama para que no entren los mosquitos y otros bichos; también la tela metálica o de otro material que para esto mismo se coloca en puertas y ventanas.

**mosquito** *s. m.* **1.** Insecto pequeño, de patas largas y dos alas transparentes. La hembra chupa la sangre de las personas y de los animales produciendo una picadura muy molesta. **2.** Se llama así también a otros insectos parecidos al mosquito.
**FAM.** Mosquitera, mosquitero.

**mosso d'esquadra** *expr.* Miembro del cuerpo de la policía autonómica de Cataluña. ■ Es una expresión catalana.

**mostacho** *s. m.* Bigote, sobre todo cuando es muy grande.

**mostaza** *s. f.* **1.** Salsa picante hecha con la semilla de una planta que se llama también *mostaza.* **2.** Esta planta y esta semilla.

**mosto** *s. m.* Zumo de la uva, antes de fermentar y hacerse vino.

**mostrador** *s. m.* Mesa o tablero que hay en las tiendas, bares y otros establecimientos para servir a los clientes las cosas que piden.

**mostrar** *v.* **1.** Poner algo a la vista: *Les mostró a sus amigos todos sus juguetes.* **2.** Manifestar: *El chico mostró desde pequeño su afición por el deporte.*

mosquetón

mosquete

mosquetero

**3.** Explicar, indicar: *El policía nos mostró cómo llegar a la oficina de turismo.* || **mostrarse 4.** Comportarse de una manera: *Se mostraron muy amables con él.* ▪ Es un verbo irregular. Se conjuga como *contar.*
SIN. **1.** Presentar. **1.** y **3.** Enseñar. **2.** Demostrar. ANT. **1.** Ocultar. **2.** Disimular.
FAM. Mostrador, muestra. / Demostrar.

**mota** *s. f.* Mancha o trocito muy pequeño de algo: *En el mueble hay unas motas de polvo.*
FAM. Moteado.

**mote** *s. m.* Nombre que se pone a una persona, distinto del que ella tiene; normalmente indica alguna característica que los demás ven en esta persona: *Le pusieron como mote «el fideo» porque era muy delgado.*
SIN. Apodo.
FAM. Motejar.

**moteado, da** *adj.* **1.** Que tiene motas de colores: *Se puso un vestido moteado.* || *s. m.* **2.** Acción de poner motas, sobre todo a una tela: *Hazle un moteado para que quede más vistoso.* **3.** Dibujo de motas: *El moteado naranja le va muy bien a ese fondo amarillo.*

**motejar** *v.* Decir de alguien algo malo: *Como bebía mucho, en el barrio le motejaron de borracho.*
SIN. Tachar, tildar.

**motel** *s. m.* Hotel situado al lado de una carretera para que los viajeros que están de paso se alojen en él.

**motero, ra** *s. m.* y *f.* Persona muy aficionada a las motos.

**motín** *s. m.* Rebelión, sobre todo contra los que mandan.
SIN. Sublevación, levantamiento.
FAM. Amotinar.

**motivación** *s. f.* Algo que motiva: *No tiene motivación para hacer deporte.*

**motivador, ra** *adj.* Que motiva.

**motivar** *v.* **1.** Dar motivo o razón para alguna cosa: *Su mal comportamiento ha motivado que le expulsen del colegio.* **2.** Animar: *El deseo de aprender cosas le motiva a estudiar.*
SIN. **1.** Causar, originar. **2.** Estimular, incitar. ANT. **2.** Desanimar.
FAM. Motivación, motivador. / Desmotivar.

**motivo** *s. m.* **1.** Lo que hace que alguien actúe de una forma o que algo ocurra o sea de una manera: *Dime los motivos que has tenido para dejar la natación. El motivo de que celebremos una fiesta es que Araceli ha aprobado el curso.* **2.** Elemento que se usa para decorar: *Una vela con bolas y cintas alrededor es un motivo navideño muy bonito.*
SIN. **1.** Razón, causa, motivación.
FAM. Motivar.

**moto** *s. f.* Forma abreviada de **motocicleta.**
EXPR. **estar como una moto** Estar chiflado; también, estar muy nervioso o inquieto.
FAM. Motero.

asiento · manillar · espejos retrovisores · luz de freno · acelerador · faros · guardabarros · pedal de freno · intermitente · rueda

**motocicleta**

**motocarro** *s. m.* Vehículo de tres ruedas y motor para llevar carga poco pesada.

**motocicleta** *s. f.* Vehículo de dos ruedas con motor.
FAM. Moto, motociclismo.

**motociclismo** *s. m.* Deporte que se practica con motocicletas.
SIN. Motorismo.
FAM. Motociclista.

**motociclista** *s. m.* y *f.* Persona que monta en una motocicleta.
SIN. Motorista.

**motocross** *s. m.* Motociclismo que se practica en un terreno difícil, con montículos, baches, hondonadas. ▪ No varía en plural.

**motonáutica** *s. f.* Deporte en que se hacen carreras con pequeñas embarcaciones de motor.

**motor, ra** *adj.* **1.** Que produce movimiento. **2.** Se dice de los nervios que llevan las órdenes del cerebro y de la médula espinal a los músculos. || *s. m.* **3.** Máquina que hace moverse una cosa o la pone en funcionamiento: *Le pusieron a la barca un motor muy potente.*
FAM. Motora, motorismo, motorizado, motriz. / Bimotor, ciclomotor, cuatrimotor, locomotor, motonáutica, motosierra, trimotor, velomotor.

**motora** *s. f.* Barca con motor.

**motorismo** *s. m.* Motociclismo.
FAM. Motorista.

**motorista** *s. m.* y *f.* Persona que monta en una motocicleta.
SIN. Motociclista.

**motorizado, da** *adj.* Que tiene vehículos movidos por motor.

**motosierra** *s. f.* Sierra con motor usada sobre todo para talar árboles.

**motricidad** *s. f.* **1.** Capacidad de moverse o de producir movimiento. **2.** Capacidad de algunos centros nerviosos para mover o contraer los músculos del cuerpo.
SIN. **1.** Movilidad.

**motriz** *adj.* Que produce movimiento: *fuerza motriz.* ■ Esta palabra es el femenino de *motor.* Su plural es *motrices.*
**FAM.** Motricidad.

**motu proprio** *espr.* Por voluntad propia: *Se levantó y motu proprio empezó a recoger la mesa.* ■ Es una expresión latina.

**mountain bike** *expr.* Bicicleta de montaña con ruedas gruesas y marchas para ir por caminos no asfaltados. ■ Es una expresión inglesa. Su plural es *mountain bikes.*

**mousse** *s. f.* Crema batida muy esponjosa de diferentes sabores según los ingredientes con que se haga: *una mousse de limón, una mousse de gambas.* ■ Es una palabra francesa.

**mouton** *s. m.* Piel de cordero tratada que se utiliza para hacer abrigos: ■ Es una palabra francesa.

**movedizo, za** *adj.* Que se mueve, que está poco seguro: *arenas movedizas.*
**SIN.** Inestable, inseguro. **ANT.** Inmóvil.

**mover** *v.* **1.** Cambiar de posición: *Se hizo daño en la muñeca y le duele al mover*la. *No te muevas de aquí, enseguida vuelvo.* **2.** Remover, agitar: *Ya le he echado azúcar al café, sólo tienes que moverlo.* **3.** Dar motivos para algo: *La desgracia de aquella familia movía a compasión.* ‖ **moverse 4.** Hacer muchas cosas para conseguir algo: *Tuvo que mo-*

**motociclismo**

**motocross**

---

| M O V E R | | |
|---|---|---|
| **INDICATIVO** | **SUBJUNTIVO** | **IMPERATIVO** |
| **Presente** | **Presente** | |
| muevo | mueva | |
| mueves | muevas | mueve |
| mueve | mueva | |
| movemos | movamos | |
| movéis | mováis | moved |
| mueven | muevan | |

*verse mucho para conseguir un buen trabajo.* **5.** Ir con frecuencia a un lugar, estar en un ambiente: *Cuando salimos, nosotros nos movemos por el centro.* ■ Es un verbo irregular.
**SIN.** **1.** Desplazar, trasladar. **2.** Menear. **3.** Motivar, impulsar, provocar, incitar, promover. **4.** Trajinar.
**ANT.** **1.** Inmovilizar.
**FAM.** Movedizo, movida, movido, móvil, movimiento. / Inamovible, remover.

**movida** *s. f.* Situación en que hay mucho jaleo, animación o problemas: *¡Menuda movida se armó en la discoteca el sábado!*
**SIN.** Follón, lío.

**movido, da** *adj.* **1.** Que alguien lo movió o se movió. **2.** Con mucho jaleo o trabajo: *Tuvo una mañana muy movida, todo el tiempo de aquí para allá.* **3.** Borroso: *La foto ha salido movida.*
**SIN.** **2.** Agitado, ajetreado. **ANT.** **2.** Tranquilo. **3.** Nítido.

**móvil** *adj.* **1.** Que se puede mover: *El brazo de la lámpara es móvil y puedes acercarla o alejarla.* ‖ *adj. y s. m.* **2.** Teléfono sin cable y de pequeño tamaño que uno puede llevar consigo a todas partes. ‖ *s. m.* **3.** Motivo, razón: *La policía estaba investigando el móvil del asesinato.* **4.** Objeto formado por distintas piezas que se mueven con el aire o al tirar de una cuerdecita.
**SIN.** **3.** Causa. **ANT.** **1.** Inmóvil.
**FAM.** Movilidad, movilizar. / Automóvil, inmóvil.

**movilidad** *s. f.* Capacidad para moverse: *Perdió la movilidad del brazo izquierdo.*

**movilización** *s. f.* Acción de movilizar.

**movilizar** *v.* **1.** Organizar y poner en movimiento a un grupo de personas: *Los bomberos se movilizaron a causa del incendio.* **2.** Incorporar al ejército a una persona: *Ante el peligro de guerra, el gobierno ha movilizado a los jóvenes en edad militar.* ■ Delante de e se escribe c en lugar de z: *movilice.*
**SIN.** **2.** Llamar. **ANT.** **2.** Desmovilizar.
**FAM.** Movilización. / Desmovilizar.

**movimiento** *s. m.* **1.** Acción de mover o moverse: *El muñeco se pone en movimiento al apretar el botón.* **2.** Mucha actividad que hay en un lugar: *Es la temporada de rebajas y hay mucho movimiento*

*en las tiendas.* **3.** Conjunto de actividades culturales, sociales o políticas que se dan en una misma época y tienen ideas y características comunes: *El romanticismo es un movimiento literario y artístico que surgió en el siglo XIX.*
SIN. **1.** Meneo, desplazamiento, traslado. **2.** Animación, tráfico. **3.** Corriente, tendencia. ANT. **1.** y **2.** Reposo.

**moviola** *s. f.* Máquina que se utiliza en cine y televisión para regular la velocidad de la imagen.

**mozalbete** *s. m.* Mozo, joven.
SIN. Muchacho, chaval. ANT. Anciano, viejo.

**mozambiqueño, ña** *adj.* y *s. m.* y *f.* De Mozambique, estado de África.

**mozárabe** *adj.* y *s. m.* y *f.* **1.** Nombre que se daba a los cristianos que vivían en los territorios musulmanes de la península Ibérica. **2.** De estos cristianos o relacionado con ellos: *arte mozárabe.* ‖ *s. m.* **3.** Lengua hablada por estos cristianos.

**mozo, za** *adj.* y *s. m.* y *f.* **1.** Persona joven, sobre todo si está soltera. ‖ *s. m.* **2.** Hombre que hace trabajos poco importantes, como llevar paquetes, para los que no necesita muchos conocimientos. ‖ *s. m.* y *f.* **3.** Camarero.
SIN. **1.** Muchacho, mozalbete. **2.** Aprendiz, botones. ANT. **1.** Anciano, viejo.
FAM. Mocedad, mocetón, mozalbete. / Aeromoza.

**mozzarella** *s. f.* Tipo de queso fresco y blanco de sabor suave que se utiliza en las pizzas. ■ Es una palabra italiana.

**mucamo, ma** *s. m.* y *f.* En Hispanoamérica, criado, sirviente.

**muchacho, cha** *s. m.* y *f.* **1.** Joven, chico. ‖ *s. f.* **2.** Criada que trabaja en las casas.
SIN. **1.** Chaval, mozo. **2.** Chica, doncella. ANT. **1.** Adulto, anciano, viejo.
FAM. Chacha.

**muchedumbre** *s. f.* Grupo de muchas personas.
SIN. Multitud, gentío.

**mucho, cha** *indef.* **1.** Que es abundante, numeroso o intenso, o lo es más de lo normal: *Come mucho pan. De los turistas que vimos en la playa, muchos eran franceses.* ‖ *adv.* **2.** En gran cantidad o con gran intensidad: *Si corro mucho, me canso.* **3.** Largo tiempo o duración: *Hace mucho que se fueron.*
EXPR. **como mucho** Poniendo lo más: *Su casa estará como mucho a cinco kilómetros del pueblo.* **con mucho** Con gran diferencia: *Pedro es, con mucho, el mejor jugador del equipo.* **muy mucho** Muchísimo: *Me lo pensaré muy mucho antes de prestarle mi moto otra vez.* **ni mucho menos** Se usa para negar una cosa: *Eso no es verdad, ni mucho menos.*
SIN. **1.** Cuantioso, demasiado. **1.** a **3.** Bastante. ANT. **1.** Escaso. **1.** a **3.** Poco.
FAM. Muchedumbre. / Muy.

**mucosa** *s. f.* Capa que cubre por dentro algunas partes del cuerpo que comunican con el exterior, y que produce líquido para que estén siempre húmedas.
FAM. Mucosidad.

**mucosidad** *s. f.* **1.** Líquido espeso parecido a los mocos, que producen algunas mucosas. **2.** Mocos que se tienen en la nariz.

**muda** *s. f.* **1.** Acción de mudar o cambiar. **2.** Ropa interior para una vez: *Como sólo iba a pasar fuera de casa una noche, no llevó más que el pijama y una muda.* **3.** El cambiar los animales la piel, el pelo o la pluma.
SIN. **1.** Cambio, alteración.

**mudanza** *s. f.* Acción de mudar o mudarse, sobre todo de cambiarse de casa y llevar a la nueva todas las cosas: *Tardaron todo el fin de semana en hacer la mudanza.*

**mudar** *v.* **1.** Cambiar, transformar. **2.** Cambiar los animales la piel, el pelo o la pluma: *Las serpientes mudan la piel.* **3.** Cambiar de sitio: *Mudaron los muebles de una habitación a otra.* ‖ **mudarse 4.** Cambiarse de ropa, sobre todo para ponerse otra limpia. **5.** Cambiarse de casa: *Mi hermana se ha mudado a un piso más grande.*
SIN. **1.** Alterar.
FAM. Muda, mudanza. / Demudado, mutar.

**mudéjar** *adj.* y *s. m.* y *f.* **1.** Nombre que se daba a los musulmanes que vivían en los reinos cristianos de la península Ibérica. **2.** De estos musulmanes o relacionado con ellos: *arte mudéjar.*

**mudo, da** *adj.* y *s. m.* y *f.* **1.** Que no habla o no puede hablar. ‖ *adj.* **2.** Que no tiene sonido: *cine mudo.* **3.** Se dice de la letra que no se pronuncia, como la *h* en español. **4.** Que no tiene nada escrito: *un mapa mudo, unas historietas mudas.*
ANT. **2.** Sonoro.
FAM. Enmudecer, sordomudo, tartamudear.

**mueble** *s. m.* Cualquier objeto como una silla, una mesa o un armario, que hay en casas, oficinas y otros lugares.
EXPR. **mueble bar** Mueble en el que se guardan las bebidas en una casa.
FAM. Mobiliario. / Amueblar, guardamuebles, inmueble.

**mueca** *s. f.* Gesto feo que se hace con la cara: *Se puso a hacerle muecas para burlarse de él.*

**muela** *s. f.* **1.** Cada uno de los dientes que están situados en la parte de atrás de la boca. Son más anchos que el resto y sirven para aplastar y deshacer la comida. **2.** En los molinos, rueda de piedra que gira sobre otra que está fija para triturar el grano. **3.** Disco de piedra para afilar.
EXPR. **muela del juicio** La que está al final de la dentadura y sale cuando somos mayores.
FAM. Molar[2]. / Amolar, sacamuelas.

**muelle¹** *s. m.* **1.** Lugar en los puertos de mar y de río donde se cargan y descargan los barcos. **2.** En las estaciones de ferrocarril, lugar donde se hace la carga y descarga de los trenes.
**SIN.** **1.** Embarcadero.

**muelle²** *s. m.* **1.** Objeto formado por un alambre que da vueltas en forma de espiral y que se usa en máquinas y en otras cosas, aprovechando su capacidad para estirarse y encogerse sin deformarse. ‖ *adj.* **2.** Blando, cómodo, agradable: *Siempre ha llevado una vida muelle.*
**SIN.** **1.** Resorte. **2.** Confortable, regalado, placentero. **ANT.** **2.** Duro, sacrificado.
**FAM.** Mullir.

**muérdago** *s. m.* Planta que suele crecer sobre la corteza de los árboles. Tiene el tallo verdoso, flores que salen en grupos de tres y frutos de color blanco.

**muermo** *s. m.* **1.** Aburrimiento, rollo: *La película que vimos era un muermo.* **2.** Sensación como de sueño: *Le entra el muermo después de comer.*
**SIN.** **1.** Tostón. **2.** Somnolencia, sopor. **ANT.** **1.** Animación.
**FAM.** Amuermar.

**muerte** *s. f.* **1.** Final de la vida: *Estaba muy triste por la muerte de su gatito.* **2.** Hecho de matar a alguien: *Le dieron muerte.* **3.** Final o desaparición de algo.
**EXPR.** **a muerte** Se dice del enfrentamiento que sólo acaba cuando muere uno de los que luchan: *un duelo a muerte.* Se dice también del odio o de la antipatía muy fuertes: *odiarse a muerte.* **de mala muerte** Muy pobre, sucio o de mal aspecto: *un bar de mala muerte.* **de muerte** Muy grande: *Se llevó un susto de muerte.*
**SIN.** **1.** Defunción, fallecimiento. **2.** Homicidio, asesinato. **3.** Ruina, caída. **ANT.** **1.** y **3.** Nacimiento. **3.** Aparición.
**FAM.** Mortaja, mortal, mortandad, mortecino, mortífero, mortuorio.

**muerto, ta** *adj.* y *s. m.* y *f.* **1.** Que se murió o le mataron. ‖ *adj.* **2.** Que no tiene seres vivos: *Marte es un planeta muerto.* **3.** Que no tiene actividad o animación: *Los fines de semana este barrio está muerto.* **4.** Muy cansado: *Subir estas escaleras me deja muerta.* **5.** Que tiene o siente mucho de lo que se dice: *muerto de risa, muerto de miedo, muerto de envidia.* ‖ *s. m.* **6.** Cosa muy molesta o fastidiosa: *Le cargaron el muerto de fregar los platos.*
**EXPR.** **muerto de hambre** Persona muy pobre. ‖ **echarle** a uno **el muerto** Echarle la culpa de algo. **hacer el muerto** Quedarse alguien quieto flotando en el agua boca arriba. **no tener donde caerse muerto** Ser muy pobre.
**SIN.** **1.** Fallecido, difunto, cadáver. **3.** Triste, aburrido. **4.** Derrengado, reventado, roto. **6.** Engorro, lata. **ANT.** **1.** a **3.** Vivo. **2.** y **3.** Animado. **4.** Descansado.

**muesca** *s. f.* **1.** Hueco o rajita que se hace en una cosa para encajar otra: *Las piezas del mueble tenían muescas para poder unirlas.* **2.** Corte hecho en algo como señal.
**SIN.** **1.** Ranura. **2.** Mella, incisión.

**muestra** *s. f.* **1.** Pequeña parte de una cosa que sirve para enseñarla, probarla o analizarla: *Nos dieron una muestra de perfume. Le sacaron una muestra de sangre.* **2.** Cosa que sirve de modelo o ejemplo. **3.** Exposición, feria: *Había en la ciudad una muestra de calzado.* **4.** Prueba, señal: *Le hicieron un regalo como muestra de afecto.*
**SIN.** **1.** y **2.** Ejemplar, espécimen. **4.** Demostración, indicio.
**FAM.** Muestrario.

**muestrario** *s. m.* Colección de productos comerciales para enseñarlos al cliente: *El vendedor le enseñó el muestrario de pendientes.*

**muflón** *s. m.* Animal mamífero parecido al carnero, pero con el pelo largo. El macho tiene grandes cuernos curvados hacia atrás. Vive en las montañas de países mediterráneos.

muflón

**mugido** *s. m.* Sonido que hacen los toros, las vacas y otros animales parecidos.

**mugir** *v.* Dar mugidos el toro o la vaca y otros animales parecidos. ■ Delante de *a* y *o* se escribe *j* en lugar de *g*: *Cuando muja la vaca, no te asustes.*
**SIN.** Bramar.
**FAM.** Mugido.

**mugre** *s. f.* Suciedad que está pegada a algo: *La pared está llena de mugre.*
**SIN.** Porquería, cochambre, pringue, roña.
**FAM.** Mugriento.

**mugriento, ta** *adj.* Lleno de mugre.

**mujer** *s. f.* **1.** Persona adulta de sexo femenino. **2.** Esposa: *Nos presentó a su mujer.*
**EXPR.** **mujer fatal** Mujer muy atractiva que enamora a los hombres y se aprovecha de ellos. **mujer objeto** Mujer considerada sólo por su belleza, sin tener en cuenta su inteligencia. **mujer pública** Prostituta.
**SIN.** **1.** Hembra. **2.** Señora.
**FAM.** Mujeriego, mujeril, mujeruca, mujerzuela.

**mujeriego** *adj.* y *s. m.* Se dice del hombre al que le gustan mucho las mujeres.

**mujeril** *adj.* De las mujeres.
SIN. Femenino. ANT. Masculino.

**mujerío** *s. m.* Muchas mujeres.

**mujeruca** *s. f.* Mujer vieja o de mal aspecto.

**mujerzuela** *s. f.* Prostituta.
SIN. Puta.

**mula** *s. f.* **1.** Mulo, tanto la hembra como el macho. **2.** Hembra del mulo. **3.** Persona muy fuerte. **4.** Persona muy bruta.

**muladar** *s. m.* **1.** Sitio donde se tira el estiércol o la basura. **2.** Lugar muy sucio: *El jardín estaba hecho un muladar.*
SIN. **1.** Vertedero, basurero, estercolero. **2.** Pocilga.

**mulato, ta** *adj. y s. m. y f.* Hijo de negro y blanca o al revés.
SIN. Mestizo.

**mulero** *s. m.* Hombre que cuida de las mulas.

**muleta** *s. f.* **1.** Bastón que se usa para andar, apoyándolo en el sobaco o en el brazo: *Está escayolada y tiene que utilizar las muletas.* **2.** En las corridas de toros, tela roja sujeta a un palo que se utiliza para torear.
FAM. Muletilla.

**muletilla** *s. f.* Palabra o frase que no es necesaria, pero que alguien dice continuamente, como por ejemplo, *¿no?, ¿verdad?, o sea.*

**muletón** *s. m.* Tela gruesa de lana o algodón que tiene como pelusa.

**mulillas** *s. f. pl.* Mulas que en las corridas arrastran al toro muerto y lo sacan de la plaza.

**mullido, da** *adj.* Hueco y blandito: *Qué mullido es este cojín.*
SIN. Esponjoso. ANT. Duro.

**mullir** *v.* Ahuecar una cosa para que quede más blanda y esponjosa: *mullir el colchón, mullir la almohada.* ■ Es un verbo irregular.
SIN. Esponjar. ANT. Apelmazar.
FAM. Mullido.

**mulo** *s. m.* Animal mamífero que resulta del cruce de caballo y asno. Es más grande que el asno y tiene las orejas y el cuello largos. Es muy fuerte y por eso se usa para llevar pesos y tirar de los carros.
SIN. Mula.
FAM. Mula, mulero, mulillas.

**multa** *s. f.* Dinero que hay que pagar por alguna cosa que se ha hecho y estaba prohibida: *Le pusieron una multa por saltarse un semáforo en rojo.*
FAM. Multar.

**multar** *v.* Poner multas.

**multicentro** *s. m.* Centro comercial en el que hay muchas tiendas juntas.

**multicine** *s. m.* Cine con más de una sala de proyección.

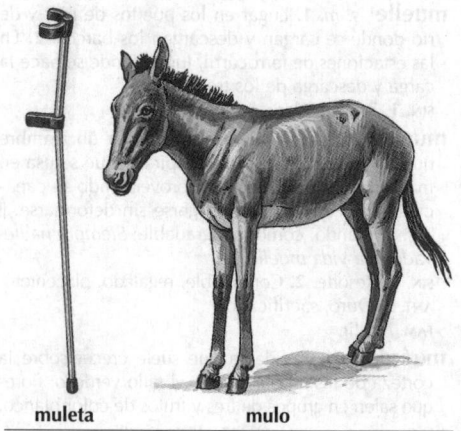

muleta          mulo

**multicolor** *adj.* Que tiene muchos colores.

**multicopista** *adj. y s. f.* Máquina que puede hacer copias de un texto o un dibujo.

**multimedia** *adj. y s. m.* Sistema informático que reúne sonidos, imágenes y texto.

**multimillonario, ria** *adj. y s. m. y f.* Que es muy rico y tiene muchos millones.

**multinacional** *adj.* **1.** Relacionado con varias naciones o países. ‖ *adj. y s. f.* **2.** Se dice de la empresa que trabaja en varios países.

**múltiple** *adj.* **1.** Que está formado por varias partes o acciones: *En la carretera hubo un frenazo y se produjo un choque múltiple.* **2.** Con sustantivos en plural, varios, muchos: *Visitaron el museo en múltiples ocasiones.*

| MULLIR | |
|---|---|
| **GERUNDIO** | |
| *mullendo* | |

| INDICATIVO | |
|---|---|
| **Pretérito perfecto simple** | |
| mullí | mullimos |
| mulliste | mullisteis |
| mulló | mulleron |

| SUBJUNTIVO | |
|---|---|
| **Pretérito imperfecto** | **Futuro** |
| mullera, -ese | mullere |
| mulleras, -eses | mulleres |
| mullera, -ese | mullere |
| mulléramos, -ésemos | mulléremos |
| mullerais, -eseis | mullereis |
| mulleran, -esen | mulleren |

**SIN. 1.** Complejo, compuesto. **2.** Innumerables, incontables. **ANT. 1.** Simple, único. **2.** Pocos.
**FAM.** Multiplicar.

**multiplicación** *s. f.* **1.** Acción de multiplicar o multiplicarse. **2.** Operación matemática que consiste en sumar un número llamado *multiplicando*, tantas veces como indica otro número, el *multiplicador*. Su resultado se llama *producto*.
**SIN. 1.** Aumento. **ANT. 1.** Disminución. **2.** División.

**multiplicador** *s. m.* En una multiplicación, cantidad por la que se multiplica otra; por ejemplo, en 15 x 3, el multiplicador es 3.
**ANT.** Divisor.

**multiplicando** *s. m.* En una multiplicación, cantidad que hay que multiplicar por otra; por ejemplo, en 14 x 6, el multiplicando es 14.
**ANT.** Dividendo.

**multiplicar** *v.* **1.** Hacer varias veces más grande la cantidad de algo: *En poco tiempo multiplicó su dinero.* **2.** En matemáticas, hacer una multiplicación. || **multiplicarse 3.** Reproducirse los seres vivos, tener hijos: *Los roedores se multiplican con gran facilidad.* ■ Delante de *e* se escribe *qu* en lugar de *c*: *Multipliqué las dos cantidades.*
**SIN. 1.** Aumentar. **ANT. 1.** y **2.** Dividir.
**FAM.** Multiplicación, multiplicador, multiplicando, multiplicativo, múltiplo.

**multiplicativo, va** *adj.* Se dice del numeral que indica multiplicación, como *doble* o *triple*.

**múltiplo** *adj.* Se dice del número que contiene a otro varias veces exactamente.
**EXPR. mínimo común múltiplo** El menor de los múltiplos de dos o más números. Por ejemplo, 6 es el mínimo común múltiplo de 2 y de 3.
**FAM.** Submúltiplo.

**multitud** *s. f.* Mucha cantidad de personas o cosas: *Las multitudes se reunieron en la plaza del ayuntamiento para festejar el carnaval. La actriz recibió multitud de felicitaciones.*
**SIN.** Muchedumbre, gentío; abundancia, infinidad.
**FAM.** Multitudinario.

**multitudinario, ria** *adj.* Se dice de algo en lo que participa mucha gente.

**multiuso** *adj.* Que se puede usar para varias cosas distintas: *una navaja multiuso, un limpiador multiuso.*

**mundanal** *adj.* Mundano.

**mundano, na** *adj.* Relacionado con la gente, la sociedad y sobre todo con las fiestas, el lujo y las diversiones: *los placeres mundanos.*
**SIN.** Frívolo. **ANT.** Espiritual.
**FAM.** Mundanal.

**mundial** *adj.* **1.** De todo el mundo o de gran parte de él: *guerra mundial.* || *s. m.* **2.** Competición deportiva en la que participan países de todo el mundo: *un mundial de fútbol.*
**SIN. 1.** Universal.

**mundillo** *s. m.* Grupo de personas de una misma clase social, afición o profesión: *Es un escritor muy alabado en el mundillo del periodismo.*

**mundo** *s. m.* **1.** Todo lo que existe. **2.** La Tierra y también otros planetas y galaxias: *Hicieron un viaje por todo el mundo. La película trataba de extraterrestres venidos de otros mundos.* **3.** Cada una de las partes en que puede dividirse todo lo que existe: *Hizo varios estudios sobre el mundo submarino.* **4.** Todos los seres humanos o parte de ellos: *Es un pintor conocido por todo el mundo. La televisión y el periodismo son actividades muy importantes en el mundo civilizado.* **5.** Conjunto de personas que tienen características comunes o realizan una misma actividad: *el mundo de los niños, el mundo del cine.* **6.** Experiencia que tiene la persona que ha vivido en muchos sitios y conoce y sabe tratar a la gente.
**EXPR. el Nuevo Mundo** América. **el Tercer Mundo** Conjunto de los países más pobres. || **caérsele** (o **venírsele**) **el mundo encima** a alguien Sentirse muy agobiado y desesperado: *Cuando perdí el trabajo se me cayó el mundo encima.* **el mundo es un pañuelo** Se dice cuando dos o más personas se encuentran casualmente en un lugar o en una situación en que no es normal que estén: *Me encontré a un primo mío en Londres: el mundo es un pañuelo.* **hacer un mundo de** algo Dar mucha importancia a algo que no la tiene: *Rosa hace un mundo de cualquier problema insignificante.* **no ser** algo **nada del otro mundo** Ser normal y corriente, no ser especialmente bueno.
**SIN. 1.** Universo. **5.** Círculo, ambiente.
**FAM.** Mundano, mundial, mundillo. / Tercermundista, trotamundos.

**munición** *s. f.* Balas, cartuchos y proyectiles que se disparan con las armas de fuego.

**municipal** *adj.* **1.** Del municipio o relacionado con él: *Ese polideportivo es municipal.* || *adj.* y *s. m.* y *f.* **2.** Policía que depende de un ayuntamiento.

**municipio** *s. m.* Territorio que depende de un ayuntamiento.
**FAM.** Municipal.

**muñeca** *s. f.* **1.** Juguete con forma de niña o de chica. **2.** Parte del cuerpo donde se une la mano al brazo. (Puedes ver su ilustración en la página siguiente.)
**FAM.** Muñeco, muñequera, muñón.

**muñeco** *s. m.* Juguete con forma humana o de animal: *Le regalaron un muñeco de peluche.* (Puedes ver su ilustración en la página siguiente).

**muñeira** *s. f.* Baile popular gallego que se acompaña con la gaita y el tamboril.

**muñequera** *s. f.* Tira ancha de tela o de otro material que se pone en la muñeca para hacer algunos deportes, cuando duele o como adorno.

**muñecas**          **muñeco** de peluche

**muñón** *s. m.* Trozo que queda al cortar un miembro del cuerpo, como un brazo o una pierna.

**mural** *adj.* **1.** Se dice de las cosas que se ponen sobre un muro y cubren gran parte de él, sobre todo pinturas. ‖ *s. m.* **2.** Pintura, decoración u otra cosa que se hace o se pone sobre una pared.
**FAM.** Muralista.

**muralista** *s. m.* y *f.* Pintor de murales.

**muralla** *s. f.* Muro muy grueso que se construía alrededor de una ciudad para protegerla si atacaba el enemigo.
**FAM.** Amurallado.

**murciano, na** *adj.* y *s. m.* y *f.* De Murcia, ciudad, provincia y comunidad autónoma españolas.

**murciélago** *s. m.* Animal mamífero de color oscuro parecido a un ratón con alas. Vuela al atardecer y por la noche y se guía a través de unas ondas por las que sabe dónde están los objetos.

**murciélago**

**murga** *s. f.* **1.** Banda callejera de músicos. **2.** Cosa pesada, molesta o muy ruidosa: *Ya están los vecinos dando otra vez la murga con la radio.*
**SIN.** **1.** Charanga. **2.** Lata, pesadez, fastidio.

**murmullo** *s. m.* Ruidillo que se hace al hablar bajo: *Había un murmullo en clase que no dejaba oír bien al profesor.*
**SIN.** Rumor.

**murmuración** *s. f.* Comentario que no es seguro que sea cierto y con el que se critica a alguien que

no está presente: *No es verdad que haya reñido con su familia, todo son murmuraciones.*
**SIN.** Crítica, chisme. **ANT.** Alabanza, elogio.

**murmurador, ra** *adj.* y *s. m.* y *f.* Que murmura: *No hagas caso de esos murmuradores, se inventan todo lo que dicen.*

**murmurar** *v.* **1.** Hablar mal de alguien sin que esté presente: *Esa vecina siempre está murmurando de todos los demás.* **2.** Hablar en voz baja y sin pronunciar claramente.
**SIN.** **1.** Criticar. **2.** Musitar. **ANT.** **1.** Elogiar, adular. **2.** Vocear.
**FAM.** Murmuración, murmurador.

**muro** *s. m.* Pared gruesa.
**FAM.** Mural, muralla. / Extramuros, intramuros.

**mus** *s. m.* Juego de cartas.

**musa** *s. f.* **1.** Mujer que inspira a un artista: *La musa de Dalí fue Gala, su esposa.* **2.** Cada una de las diosas de las antiguas Grecia y Roma que protegían las ciencias y las artes.

**musaraña**

**musaraña** *s. f.* Mamífero de unos 10 centímetros de largo, parecido a un ratón, con el hocico afilado y el pelo rojizo. Se alimenta de insectos y otros animales pequeños.
**EXPR.** **pensar** uno **en las musarañas** Estar distraído, sin prestar atención.

**musculación** *s. f.* Desarrollo de los músculos: *Ha hecho musculación, por eso tiene ese cuerpo.*

**muscular** *adj.* De los músculos: *Juan es un chico de gran fortaleza muscular.*
**FAM.** Intramuscular.

**musculatura** *s. f.* **1.** Conjunto de los músculos del cuerpo. **2.** Desarrollo de los músculos: *Está haciendo gimnasia para aumentar su musculatura.*

**músculo** *s. m.* Órgano formado por un tejido que puede estirarse y encogerse. Los músculos constituyen, junto con los huesos y cartílagos, el aparato locomotor, que permite moverse a los seres humanos y a los animales.

**FAM.** Musculación, muscular, musculatura, musculoso.

**musculoso, sa** *adj.* **1.** Que tiene los músculos muy desarrollados: *El ciclista tenía unas piernas musculosas.* **2.** Formado por músculos: *El corazón es un órgano musculoso.*

**muselina** *s. f.* Tela muy fina y transparente.

**museo** *s. m.* Lugar donde se exponen obras de arte u otras cosas de interés para que las vea la gente.

**musgo** *s. m.* Planta que crece en lugares húmedos sobre los árboles y las rocas formando una especie de alfombra sobre ellos.

**music-hall** *s. m.* **1.** Espectáculo con bailes, actuaciones musicales, cómicas y otras. **2.** Lugar donde se representa este espectáculo.

**música** *s. f.* **1.** Combinación armónica de sonidos capaz de producir un efecto bello o expresar emociones. **2.** Arte de combinar esos sonidos. **3.** Obra musical: *La música de la película es muy buena.* **4.** Conjunto de los compositores y obras musicales de un estilo, una época, un país: *Me gusta más la música pop que la música clásica.*
**EXPR. con la música a otra parte** A otro sitio, fuera de un lugar: *Como no vendieron nada en ese barrio tuvieron que irse con la música a otra parte.*
**FAM.** Musical, músico, musicología, musiquilla.

**musical** *adj.* **1.** De música: *instrumento musical.* ‖ *adj.* y *s. m.* **2.** Se dice de la obra de teatro o película en la que hay mucha música y canciones.

**músico, ca** *s. m.* y *f.* Persona que se dedica a la música, tocando un instrumento o componiendo.
**SIN.** Intérprete; compositor.

**musicología** *s. f.* Estudio de la música y su historia.
**FAM.** Musicólogo.

**musicólogo, ga** *s. m.* y *f.* Persona que estudia la historia y la teoría de la música.

**musiquilla** *s. f.* **1.** Música suave y sencilla. **2.** Tono o deje que se utiliza al hablar: *He notado que es sudamericano en la musiquilla.*

**musitar** *v.* Hablar muy bajo: *Musitó una oración delante del altar.*
**SIN.** Susurrar, murmurar. **ANT.** Vocear, gritar.

**muslamen** *s. m.* Los muslos de una mujer, especialmente los gruesos o bien formados.

**muslo** *s. m.* **1.** Parte de la pierna entre la cadera y la rodilla. **2.** Parte de arriba de las patas de los animales.
**FAM.** Muslamen.

**mustélido** *adj.* y *s. m.* Animal de un grupo de mamíferos carnívoros de pequeño o mediano tamaño, que tienen patas cortas con cinco dedos y piel con bastante pelo; son mustélidos la nutria, la mofeta y la comadreja.

**mustio, tia** *adj.* **1.** Se dice de las plantas y flores de mal aspecto, como caídas y medio secas. **2.** Triste, deprimido.
**SIN.** **1.** Marchito, ajado, lacio. **2.** Melancólico, lánguido, abatido. **ANT.** **1.** Lozano. **2.** Animado.

**musulmán, na** *adj.* **1.** Del Islam, religión fundada por Mahoma. ‖ *adj.* y *s. m.* y *f.* **2.** Seguidor de esta religión.
**SIN.** **1.** Islámico. **1.** y **2.** Mahometano.
**FAM.** Hispanomusulmán.

**mutación** *s. f.* Cambio muy fuerte, especialmente el que se produce en un ser vivo y se transmite a sus descendientes.
**SIN.** Transformación.

**mutante** *adj.* y *s. m.* Que muta o que procede de una mutación
**SIN.** Cambiante.

**mutar** *v.* Cambiar o transformar: *Los virus mutan con mucha facilidad.*
**FAM.** Mutación, mutante.

**mutilación** *s. f.* Acción de mutilar.
**SIN.** Amputación.

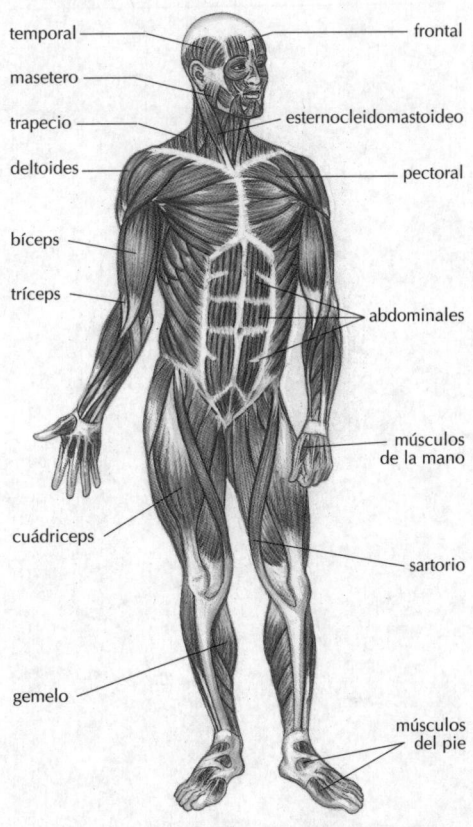

temporal — frontal
masetero
trapecio — esternocleidomastoideo
deltoides — pectoral
bíceps
tríceps
abdominales
músculos de la mano
cuádriceps
sartorio
gemelo
músculos del pie

**músculos** del cuerpo humano

**mutilado, da** *adj.* y *s. m.* y *f.* Persona a la que le falta alguna parte del cuerpo, por ejemplo un brazo o una pierna.

**mutilar** *v.* Cortar o quitar una parte del cuerpo.
SIN. Amputar, cercenar.
FAM. Mutilación, mutilado.

**mutis** *s. m.* **1.** En teatro, hecho de salir un actor del escenario: *Al acabar su monólogo hizo mutis.* **2.** Acción de marcharse una persona de un lugar: *Cuando me iba a tocar hablar, hice mutis.* ■ No varía en plural.

**mutismo** *s. m.* Hecho de estar o quedarse callado.

**mutualidad** *s. f.* Agrupación de personas que pagan unas cantidades de dinero que sirven para ayudar a cualquiera de ellas cuando lo necesita.

**mutualismo** *s. m.* Asociación de dos seres vivos distintos, de la que ambos obtienen beneficio; por ejemplo, algunas aves y los toros: las aves se alimentan de los insectos que habitan en la piel de los toros y éstos, a su vez, se libran de la molestia de los insectos.

**mutuamente** *adv.* De manera mutua: *Manuel y Santiago se ayudan mutuamente en los estudios.*
SIN. Recíprocamente.

**mutuo, tua** *adj.* Que alguien lo da a otro y, a la vez, lo recibe de éste: *El cariño que se tienen es mutuo.*
SIN. Recíproco.
FAM. Mutualidad, mutualismo, mutuamente.

**muy** *adv.* Forma abreviada de **mucho**. ■ Se usa siempre delante de la palabra a la que acompaña, para dar mayor intensidad a su significado: *Ese dibujo es muy bonito. Hizo el examen muy mal.*

**n** *s. f.* Letra número catorce del abecedario y número once de las consonantes. Su nombre es *ene*.

**nabo** *s. m.* Planta de hojas grandes y flores amarillas. Tiene una raíz muy gruesa que se puede comer.

**nácar** *s. m.* Material duro y blanco con brillos de diferentes colores, que se encuentra en la parte de dentro de la concha de los moluscos. Se utiliza para fabricar objetos de adorno.
**FAM.** Nacarado. / Anacarado.

**nacarado, da** *adj.* Que se parece al nácar por su color o su brillo.

**nacer** *v.* **1.** Salir un ser vivo del vientre de la madre, como los niños, o de un huevo, como las aves, o de una semilla, como las plantas. **2.** Empezar a existir: *El teatro nació en la antigua Grecia.* **3.** Salir al exterior, brotar: *El riachuelo nace de aquellas rocas.* **4.** Aparecer un astro en el horizonte: *El Sol nace por el este y se pone por el oeste.* ■ Es un verbo irregular. Se conjuga como *agradecer.*
**SIN. 2.** Surgir, originarse, proceder, arrancar. **ANT. 1.** Morir, fallecer. **1. a 4.** Desaparecer.
**FAM.** Naciente, nacimiento. / Malnacido, natal, natividad, nativo, nato, neonatología, renacer.

**nacho** *s. m.* Comida mexicana que consiste en un triángulo de pasta de maíz frita que se toma con otros alimentos o con salsas.

**naciente** *adj.* Que nace o empieza a aparecer: *el Sol naciente.*

**nacimiento** *s. m.* **1.** Hecho de nacer alguien o algo: *El nacimiento del niño fue una gran alegría para toda la familia.* **2.** Lugar o punto del que sale una cosa: *el nacimiento de un río; el nacimiento del pelo.* **3.** Representación con figuras pequeñas de Jesús recién nacido, la Virgen, San José y otros personajes.
**SIN. 1.** y **2.** Origen, comienzo. **3.** Belén. **ANT. 1.** Muerte. **1.** y **2.** Fin, final.

**nación** *s. f.* País, estado.
**FAM.** Nacional, nacionalidad, nacionalismo, nacionalizar. / Internacional, multinacional.

**nacional** *adj.* **1.** De una nación: *Ha aumentado la producción nacional de fruta.* **2.** Del Estado: *Pedro va a un colegio nacional.* ‖ *adj.* y *s. m.* y *f.* **3.** Partidario del general Franco en la guerra civil española.
**SIN. 1.** Interior. **2.** Estatal. **ANT. 1.** Internacional; exterior. **2.** Privado. **3.** Republicano.

**nacionalidad** *s. f.* País al que pertenece una persona o cosa: *El barco que había en el puerto era de nacionalidad chilena.*

**nacionalismo** *s. m.* **1.** Sentimiento y forma de pensar de los que dan mucha importancia a todo lo de su país. **2.** El hecho de querer una comunidad independizarse del país al que pertenece.
**FAM.** Nacionalista.

**nacionalista** *adj.* y *s. m.* y *f.* Del nacionalismo o partidario de él.

**nacionalizar** *v.* **1.** Hacer que algo pase a pertenecer al Estado o a ser dirigido por él. ‖ **nacionalizarse 2.** Adquirir alguien la nacionalidad de un país que no es el suyo. ■ Delante de *e* se escribe *c* en lugar de *z*: *nacionalice.*
**ANT. 1.** Privatizar.

**nacionalsocialismo** *s. m.* Nazismo.
**FAM.** Nacionalsocialista.

**nacionalsocialista** *adj.* y *s. m.* y *f.* Nazi.

**nada** *indef.* **1.** Ninguna cosa: *No tengo nada en los bolsillos.* ‖ *adv.* **2.** Ninguna o muy poca cantidad o intensidad de algo: *No está nada contento con la nota que ha sacado en el examen.* **3.** Expresa decisión o negación rotunda: *¡Nada, yo no voy al cine!* ‖ *s. f.* **4.** La ausencia total de cualquier cosa.
**EXPR. como si nada** Sin costar ningún trabajo: *Levantó la caja de libros como si nada.* También, sin conseguir ningún resultado: *Le llamó varias veces, pero como si nada.* **de nada** Se usa para contestar a

alguien que te ha dado las gracias por algo. También significa 'sin importancia': *Al caerse se hizo una heridita de nada*. **nada menos** o **nada más y nada menos** Sirve para destacar algo importante: *He dormido nada menos que doce horas.*
FAM. Nadería, nadie. / Anonadar.

**nadador, ra** *adj.* y *s. m.* y *f.* Que nada.

**nadar** *v.* **1.** Mover el cuerpo y los brazos y piernas para mantenerse y avanzar en el agua. **2.** Estar una cosa en mucho o demasiado líquido: *Estas albóndigas nadan en la salsa.* **3.** Tener algo en abundancia: *nadar en dinero.*
FAM. Nadador, nado. / Natación, natatorio, sobrenadar.

**nadería** *s. f.* Cosa de poco valor o que importa poco: *Te preocupas demasiado por una nadería.*
SIN. Insignificancia, bagatela, nimiedad.

**nadie** *indef.* Ninguna persona.
EXPR. **no ser nadie** No ser importante una persona, no tener dinero o fama.

**nado** Se usa en la expresión **a nado**, que significa 'nadando': *Cruzó el pantano a nado.*

**nafta** *s. f.* **1.** Producto que se obtiene del petróleo o del carbón y que se usa en la industria como disolvente. **2.** En Hispanoamérica, gasolina.

**naftalina** *s. f.* Sustancia de olor fuerte que se utiliza para evitar que la polilla se coma la ropa.

**nahua** o **náhuatl** *adj.* y *s. m.* y *f.* **1.** De un antiguo pueblo que vivía en México antes de la llegada de los españoles. ‖ *s. m.* **2.** Lengua hablada por este pueblo y que aún se habla en algunas zonas. ■ Es una palabra azteca. El plural de *náhuatl* es *náhuatls.*

**naif** *adj.* y *s. m.* Se dice de un estilo de la pintura de vivos colores y formas simples que recuerdan la que hacen los niños. ■ Es una palabra francesa. Su plural es *naifs.*

**nailon** *s. m.* Material obtenido artificialmente con el que se fabrican tejidos. ■ También se escribe *nilón* o *nylon.*

**naipe** *s. m.* Carta de la baraja.

**nalga** *s. f.* Cada una de las dos partes redondas y carnosas que forman el culo.

**nana** *s. f.* **1.** Canción con la que se duerme a los niños. **2.** Saco para abrigar a los bebés.

**nanay** *adv.* Ni hablar, rotundamente no: *Pedí aumento de sueldo y el jefe me dijo que nanay.*

**nao** *s. f.* Barco, especialmente el de tamaño grande.

**napa** *s. f.* Piel curtida con la que se hacen prendas de vestir.

**napia** o **napias** *s. f.* o *s. f. pl.* Nariz, sobre todo si es grande.

**napolitana** *s. f.* Bollo relleno de crema o chocolate.

**napolitano, na** *adj.* y *s. m.* y *f.* De Nápoles, ciudad de Italia.

**naranja** *s. f.* **1.** Fruto de forma redonda dividido en gajos y de sabor dulce y algo ácido. ‖ *adj.* y *s. m.* **2.** Color que es mezcla de rojo y amarillo, parecido al de este fruto.
EXPR. **media naranja** Persona con la que alguien está casado o con la que forma pareja. ‖ **naranjas de la China** Se usa para negar algo.
FAM. Naranjada, naranjal, naranjo. / Anaranjado.

**naranjada** *s. f.* Bebida hecha con zumo de naranja o con sabor a naranja.

**naranjal** *s. m.* Terreno en el que hay naranjos.

**naranjo** *s. m.* Árbol que da la naranja. No es muy grande y le salen unas flores blancas de olor intenso, llamadas *flores de azahar.*

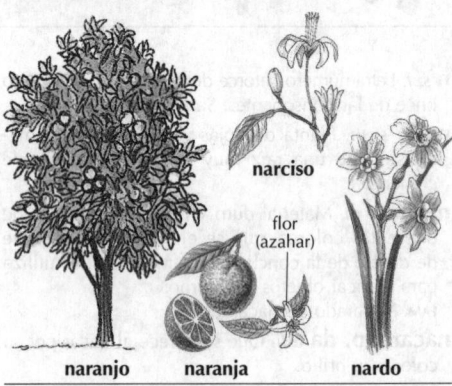

narciso

flor (azahar)

naranjo    naranja    nardo

**narcisismo** *s. m.* Admiración exagerada que siente alguien por sí mismo.
SIN. Egocentrismo.
FAM. Narcisista.

**narcisista** *adj.* y *s. m.* y *f.* Relacionado con el narcisismo o que tiene narcisismo.

**narciso** *s. m.* Planta de hojas muy largas y finas, que nacen de la parte de abajo del tallo, con la flor blanca o amarilla.
FAM. Narcisismo.

**narcótico, ca** *adj.* y *s. m.* Sustancia que produce sueño, relajación en los músculos y disminución en la actividad de los sentidos. Se emplea en medicina y en algunos casos como droga.
SIN. Sedante, somnífero. ANT. Excitante, estimulante.
FAM. Narcotizar, narcotráfico.

**narcotizar** *v.* Dar narcóticos. ■ Delante de *e* se escribe *c* en lugar de *z*: *narcoticé.*

**narcotraficante** *s. m.* y *f.* Persona que se dedica a negociar ilegalmente con drogas: *Unos narcotraficantes intentaron pasar un alijo de cocaína por la frontera.*

**narcotráfico** *s. m.* Tráfico de drogas.
FAM. Narcotraficante.

**nardo** *s. m.* Planta de flores pequeñas de muy buen olor, que forman como una espiga.

**narigudo, da** *adj.* y *s. m.* y *f.* Que tiene la nariz grande y larga.
**SIN.** Narizotas. **ANT.** Chato.

**narina** *s. f.* Agujero de la nariz.

**nariz** *s. f.* **1.** Parte saliente de la cara situada entre los ojos y la boca, por la que respiramos y olemos. ■ Puede usarse también la forma del plural, *narices,* con el significado de singular. ‖ *s. f. pl.* **2.** Valor, ganas: *Hay que tener narices para hacer lo que ha hecho.*
**EXPR. con un palmo de narices** Muy sorprendido: *Le dejó con un palmo de narices con la respuesta que dio.* **de narices** o **de tres pares de narices** Muy grande o considerable: *Tiene un catarro de tres pares de narices.* **meter** alguien **las narices en** algo Meterse en donde no le llaman: *Esa vecina siempre está metiendo las narices en todo lo que hacen los demás.* **por narices** Obligatoriamente, a la fuerza. **salirle** a alguien una cosa **de las narices** Darle la gana: *Voy vestido así porque me sale de las narices.*
**SIN. 1.** Napia. **2.** Agallas, coraje.
**FAM.** Narigudo, narizotas, nasal.

**narizotas** *s. m.* y *f.* Persona que tiene la nariz muy grande. ■ No varía en plural.
**SIN.** Narigudo. **ANT.** Chato.

**narración** *s. f.* **1.** El hecho de narrar. **2.** Escrito o palabras con las que se narra algo: *Este libro contiene varias narraciones de escritores hispanoamericanos.*
**SIN. 1.** y **2.** Relato.

**narrador, ra** *s. m.* y *f.* Persona que narra alguna cosa.

**narrar** *v.* Contar alguna cosa de palabra o por escrito: *El testigo narró los hechos con todo detalle. El autor del libro narra las aventuras de un pirata.*

**FAM.** Narración, narrador, narrativa, narrativo. / Inenarrable.

**narrativa** *s. f.* Género literario formado por las obras en las que se cuenta una historia, como en las novelas y en los cuentos.

**narrativo, va** *adj.* De la narración o de la narrativa: *Este autor ha escrito obras narrativas: algunas novelas y varios cuentos.*

**narval** *s. m.* Mamífero marino de unos cinco metros de longitud, con un enorme diente que sobresale como un cuerno.

**nasa** *s. f.* Arte de pesca en forma de cesta hecha de cuerda, alambre o varitas de mimbre en la que los peces y los crustáceos, como los cangrejos, quedan atrapados.

**nasal** *adj.* **1.** De la nariz: *fosas nasales, congestión nasal.* **2.** Se dice de la voz de los que hablan como por la nariz. ‖ *adj.* y *s. f.* **3.** Se dice de las letras *m, n* o *ñ,* porque al pronunciarlas soltamos aire por la nariz.

**nasti** Se utiliza en la expresión **nasti de plasti,** que significa no, de ningún modo, nada: *Juan me pidió que fuera con él al cine y yo le dije que nasti de plasti.*

**nata** *s. f.* **1.** Capa cremosa que se forma en la superficie de la leche. **2.** Crema de pastelería que se hace batiendo esta capa con azúcar.
**EXPR. la flor y nata** Busca **flor.**
**FAM.** Natillas. / Desnatado.

**natación** *s. f.* Actividad de nadar y deporte que se practica nadando.

**natal** *adj.* Se dice del lugar en el que ha nacido alguien: *Su ciudad natal es Cuenca.*
**FAM.** Natalicio, natalidad. / Prenatal.

**natalicio, cia** *adj.* **1.** Del día del nacimiento. ‖ *s. m.* **2.** Día del nacimiento de alguien y fiestas con

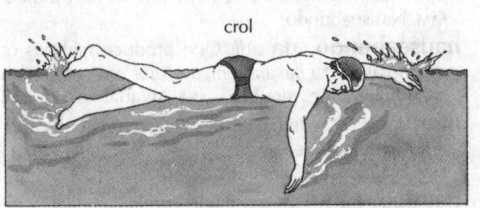
crol

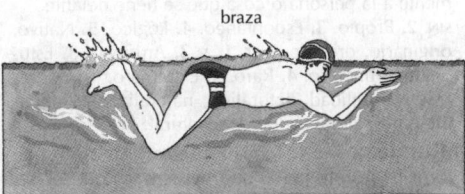
braza

mariposa

espalda

estilos de **natación**

que se celebra: *Todo el país celebró el natalicio del príncipe.* **3.** Cumpleaños.

**natalidad** *s. f.* Número de nacimientos que se producen en un lugar y en un tiempo: *La natalidad en España ha disminuido en los últimos años.* **ANT.** Mortalidad.

**natatorio, ria** *adj.* **1.** De la natación. **2.** Que sirve para nadar: *La vejiga natatoria permite a los peces hundirse o subir dentro del agua.*

**natillas** *s. f. pl.* Postre dulce y cremoso que se hace con leche, huevos y azúcar o con sustancias que dan un sabor parecido.

**natividad** *s. f.* **1.** Nacimiento de Jesucristo, la Virgen o San Juan. **2.** Navidad, celebración del nacimiento de Jesucristo. ■ Suele escribirse con mayúscula.

**nativo, va** *adj. y s. m. y f.* Que ha nacido en el lugar de que se trata: *Tenemos un profesor nativo de inglés: es de Londres.* **SIN.** Oriundo, indígena, natural. **ANT.** Extranjero.

**nato, ta** *adj.* Que por nacimiento tiene muy buenas cualidades para algo: *Este chico es un deportista nato.* **FAM.** Innato.

**natura** *s. f.* Busca **naturaleza**.

**natural** *adj.* **1.** De la naturaleza o producido por ella: *Estudia ciencias naturales. La luz natural es la que recibimos del Sol.* **2.** Característico de una persona o cosa: *La simpatía es natural en ella.* **3.** Sencillo o sincero: *Llevaba un peinado muy natural. Le dirigió una sonrisa muy natural.* **4.** Normal, como tiene que ser: *Es natural que haga calor, estamos en verano.* || *adj. y s. m. y f.* **5.** Que ha nacido en el pueblo, ciudad o país que se dice: *Es natural de Valencia.* **EXPR.** **al natural** Tal como es: *Está más guapa al natural que con tanto maquillaje.* **del natural** Forma de pintar o hacer una escultura copiando directamente a la persona o cosa que se tiene delante. **SIN.** **2.** Propio. **3.** Espontáneo. **4.** Lógico. **5.** Nativo, originario, oriundo. **ANT.** **1.** y **3.** Artificial. **3.** Estudiado, artificioso. **4.** Raro. **5.** Extranjero. **FAM.** Naturalidad, naturalista, naturalizar. / Antinatural, desnaturalizado, sobrenatural.

**naturaleza** *s. f.* **1.** Todos los seres y las cosas que forman el universo y que existen sin que el ser humano haya hecho nada para que existan, como el mar, los ríos y las montañas. **2.** Lugares situados en pleno campo, lejos de las ciudades y las poblaciones: *Le gusta vivir en plena naturaleza.* **3.** Propiedades de un ser vivo o de una cosa: *Los médicos se reunieron para estudiar la naturaleza de la enfermedad.* **4.** Condiciones físicas de una persona o animal: *Casi nunca se constipa, tiene una naturaleza muy fuerte.* **SIN.** **3.** Característica, índole. **4.** Constitución. **FAM.** Natura, natural, naturismo, naturópata.

**naturalidad** *s. f.* Característica de natural, sencillo, espontáneo y sincero: *Habló con naturalidad.* **SIN.** Sencillez, espontaneidad, sinceridad. **ANT.** Artificiosidad.

**naturalista** *s. m. y f.* Persona especializada en ciencias naturales.

**naturalizar** *v.* **1.** Hacer a una persona, o hacerse ella, ciudadana de un país en el que no ha nacido. **2.** Hacer que una persona u otro ser vivo se adapte a un lugar o a un clima que no es el suyo. ■ Delante de *e* se escribe *c* en lugar de *z*: *Los botánicos han logrado que se naturalicen en España muchas plantas tropicales.* **SIN.** **1.** Nacionalizarse.

**naturalmente** *adv.* **1.** De forma natural. **2.** Sí, claro que sí: *¿Puedo ir? Naturalmente.*

**naturismo** *s. m.* Ideología y forma de vida que emplea medios naturales para vivir y para mantener la salud. **FAM.** Naturista.

**naturista** *adj. y s. m. y f.* Persona que emplea medios naturales para llevar una vida sana o también para curar las enfermedades, por ejemplo sin tomar medicinas.

**naturópata** *adj. y s. m. y f.* Se dice del médico que cura las enfermedades por medios naturales, sin medicinas y sin operaciones.

**naufragar** *v.* Hundirse un barco y quedar en el mar los que viajan en él: *El buque naufragó y los pasajeros llegaron en bote a una isla.* ■ Delante de *e* se escribe *gu* en lugar de *g*: *naufragué.* **FAM.** Naufragio, náufrago.

**naufragio** *s. m.* Acción de naufragar un barco.

**náufrago, ga** *s. m. y f.* Persona que va en un barco que naufraga.

**náusea** *s. f.* Sensación desagradable que se produce en el estómago cuando se tienen ganas de vomitar. **FAM.** Nauseabundo.

**nauseabundo, da** *adj.* Que produce náuseas o mucho asco: *La basura tenía un olor nauseabundo.* **SIN.** Repugnante, repulsivo. **ANT.** Agradable.

**náutica** *s. f.* Técnica de la navegación: *Los capitanes de barco tienen que saber mucho de náutica.* **FAM.** Náutico. / Motonáutica.

**náutico, ca** *adj.* Relacionado con las técnicas y el arte de navegar: *deportes náuticos, club náutico.*

**navaja** *s. f.* **1.** Instrumento parecido a un cuchillo, pero que puede doblarse, de manera que la parte que corta queda guardada dentro del mango. **2.** Molusco de cuerpo alargado que vive dentro de dos conchas, largas y estrechas, que cerradas parecen una caña. **FAM.** Navajada, navajazo, navajero.

**navajazo** o **navajada** *s. m o f.* Herida hecha con una navaja.

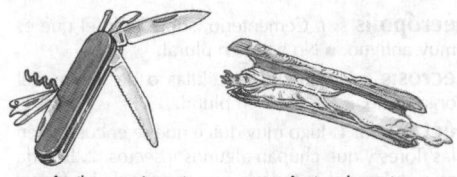

**navaja** (herramienta)    **navaja** (molusco)

**navajero, ra** *s. m.* y *f.* Delincuente que lleva navaja.

**navajo** *adj.* y *s. m.* y *f.* De un pueblo indio apache de América del Norte.

**naval** *adj.* De los barcos y de la navegación, o relacionado con ellos: *un combate naval.*
SIN. Náutico.

**navarro, rra** *adj.* y *s. m.* y *f.* De Navarra, provincia y comunidad autónoma de España.

**nave** *s. f.* **1.** Barco: *El capitán está al mando de la nave.* **2.** Cohete u otro vehículo que viaja por el espacio. **3.** En algunos edificios, como las iglesias, cada una de las partes que están separadas por muros, filas de arcos o columnas: *La catedral tenía tres naves, la central más ancha y las laterales más estrechas.* **4.** Construcción grande sin divisiones y de un solo piso que suele usarse como almacén o como taller.
FAM. Naval, navegar, naveta, naviero, navío. / Aeronave, astronave, cosmonave, nao, náutica.

**nave** espacial

**navegable** *adj.* Se dice del río o lago por el que pueden navegar barcos.

**navegación** *s. f.* **1.** Técnica de navegar. **2.** Acción de navegar: *El mal tiempo hizo muy difícil la navegación.*

**navegador** *s. m.* Programa que permite encontrar información en Internet y pasar de una página web a otra.

**navegante** *s. m.* y *f.* Persona que se dedica a navegar: *Cristóbal Colón fue un navegante genovés que descubrió América.*
SIN. Marinero.

**navegar** *v.* **1.** Ir un barco por el agua o una nave por el aire. **2.** Hacer un viaje en un barco o en otro vehículo por el aire: *navegar en globo.* **3.** En informática, pasar de una página web a otra en Internet, mediante un navegador. ■ Delante de *e* se escribe *gu* en lugar de *g*: *Las tormentas hacen que los barcos naveguen con dificultad.*
FAM. Navegable, navegación, navegador, navegante.

**naveta** *s. f.* **1.** Cajón de un escritorio o de una mesa. **2.** Monumento de la edad de bronce con forma de barco puesto boca abajo y que es típico de las Islas Baleares. **3.** Caja con forma de barco que tienen en las iglesias para guardar el incienso.
SIN. **1.** Gaveta.

**navidad** *s. f.* **1.** Nacimiento de Jesucristo. **2.** Día en que nació Jesucristo y época del año en que se celebra. ■ Suele escribirse con mayúscula: *Navidad es el 25 de diciembre. Pasa las Navidades con sus abuelos.*
SIN. **1.** Natividad.
FAM. Navideño.

**navideño, ña** *adj.* De la Navidad o relacionado con ella: *Pusieron adornos navideños por toda la casa.*

**naviero, ra** *adj.* y *s. f.* **1.** Se dice de la empresa que tiene barcos de mercancías y pasajeros. ‖ *s. m.* y *f.* **2.** Persona que tiene barcos de mercancías y pasajeros.

**navío** *s. m.* Barco muy grande.
SIN. Nave, buque, nao.

**nazareno, na** *adj.* y *s. m.* y *f.* **1.** De Nazaret, ciudad de Israel. ‖ *s. m.* **2.** Persona que va en las procesiones de Semana Santa vestida con una túnica y un capirote.

**nazi** *adj.* y *s. m.* y *f.* Relacionado con el nazismo o partidario del nazismo. ■ Es una palabra alemana.
SIN. Nacionalsocialista.
FAM. Nazismo. / Neonazi.

**nazismo** *s. m.* Movimiento político que apareció en Alemania a principios del siglo XX. Sus seguidores, los nazis, concedían todo el poder al Estado, pensaban que el pueblo alemán llegaría a dominar el mundo y perseguían a otras razas a las que consideraban inferiores, como a los judíos.
SIN. Nacionalsocialismo.

**neblina** *s. f.* Niebla que no es muy espesa.
SIN. Bruma.

**nebulizador** *s. m.* Aparato que sirve para echar un líquido en gotitas muy pequeñas.
SIN. Spray, pulverizador.

**nebulosa** *s. f.* Nube enorme formada por pequeños materiales que flotan en el espacio, y que es luminosa cuando refleja la luz de las estrellas.

**nebuloso, sa** *adj.* **1.** Con niebla, cubierto de niebla. **2.** Confuso, poco claro o definido.

SIN. **1.** Brumoso. **2.** Turbio, impreciso, vago. ANT. **2.** Preciso.

FAM. Nebulosa.

**necedad** *s. f.* **1.** Característica de necio, tonto. **2.** Tontería, bobada.

SIN. **2.** Memez.

**necesario, ria** *adj.* **1.** Se dice de las cosas sin las que no se puede estar o sin las que algo no puede existir o hacerse: *Es necesario regar las plantas de vez en cuando. Para coger el tren es necesario ir a la estación.* **2.** Muy conveniente: *Es necesario hacer ejercicio de vez en cuando.*

SIN. **1.** Imprescindible, indispensable, preciso. **2.** Beneficioso, recomendable. ANT. **1.** Innecesario, accesorio. **2.** Perjudicial.

FAM. Neceser, necesidad, necesitado, necesitar. / Innecesario.

**neceser** *s. m.* Estuche, caja o pequeño maletín donde se guardan varios objetos, sobre todo las cosas para el aseo personal, como el cepillo de dientes, el desodorante, la colonia y el peine.

**necesidad** *s. f.* **1.** Lo que es necesario para alguien o algo: *Alimentarse es una necesidad de los seres vivos.* **2.** Falta de alguna cosa o pobreza: *De joven pasó muchas necesidades.*

EXPR. **hacer** alguien **sus necesidades** Hacer pis o caca.

SIN. **2.** Carencia, escasez, penuria. ANT. **2.** Abundancia, riqueza.

**necesitado, da** *adj.* **1.** Que no tiene alguna cosa y la necesita: *Estaba necesitado de cariño.* ‖ *adj.* y *s. m.* y *f.* **2.** Que no tiene lo necesario para vivir.

SIN. **1.** Falto. **2.** Pobre, menesteroso.

**necesitar** *v.* Tener necesidad de algo: *Necesito que me ayudes. Esas paredes están necesitando una mano de pintura.*

SIN. Precisar, requerir. ANT. Prescindir.

**necio, cia** *adj.* y *s. m.* y *f.* Tonto o ignorante.

SIN. Imbécil, idiota, zoquete, burro. ANT. Listo, inteligente, culto.

FAM. Necedad.

**nécora** *s. f.* Cangrejo marino con el cuerpo liso y las dos primeras patas terminadas en pinza. Es muy apreciado como alimento.

**necrológica** *adj.* y *s. f.* Se dice de la noticia que aparece en los periódicos o revistas sobre la muerte de una persona.

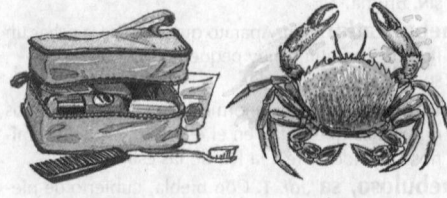

neceser      nécora

**necrópolis** *s. f.* Cementerio, sobre todo el que es muy antiguo. ■ No varía en plural.

**necrosis** *s. f.* Muerte de células o de tejidos del organismo. ■ No varía en plural.

**néctar** *s. m.* **1.** Jugo muy dulce que se encuentra en las flores y que chupan algunos insectos. **2.** Bebida muy dulce, sobre todo la que se saca de las frutas: *néctar de melocotón, néctar de piña.*

FAM. Nectarina.

**nectarina** *s. f.* Fruta que es un cruce entre melocotón y ciruela.

**neerlandés, sa** *adj.* y *s. m.* y *f.* Holandés.

**nefando, da** *adj.* Muy malo, que merece ser rechazado o condenado: *Abandonar a un hijo es una acción nefanda.*

SIN. Abominable, execrable. ANT. Elogiable.

**nefasto, ta** *adj.* Desgraciado, muy malo: *Tuvo una mañana nefasta, nada le salió bien.*

SIN. Desastroso, aciago, funesto. ANT. Dichoso.

**nefrítico, ca** *adj.* De los riñones: *cólico nefrítico.*

FAM. Nefrología.

**nefrología** *s. f.* Parte de la medicina que estudia el riñón y sus enfermedades.

**negación** *s. f.* **1.** Acción de negar o negarse a algo. **2.** Palabra o expresión que se usa para negar, como *no, jamás* o *nunca.*

SIN. **1.** Negativa. ANT. **1.** Afirmación.

**negado, da** *adj.* y *s. m.* y *f.* Se dice de la persona que hace muy mal alguna cosa: *Es un negado jugando al fútbol.*

SIN. Torpe, incapaz, inútil. ANT. Hábil.

**negar** *v.* **1.** Decir que algo no existe o no es verdad: *Negó que él se hubiera tomado los pasteles.* **2.** Decir o manifestar que no: *Le preguntaron si vendría y negó con el dedo.* **3.** No dar o no dejar hacer alguna cosa: *Le negaron su ayuda. Nos negaron la entrada.* ‖ **negarse 4.** No querer hacer alguna cosa: *Se negó a comer.* ■ Delante de *e* se escribe *gu* en lugar de *g.* Es un verbo irregular. Se conjuga como *pensar.*

EXPR. **negar** o **negarse en redondo** Negar o negarse por completo.

SIN. **1.** Desmentir. **3.** Rehusar; prohibir, vedar. ANT. **1.** y **2.** Afirmar. **3.** Conceder; permitir.

FAM. Negación, negado, negativa, negativo. / Denegar, innegable, renegar.

**negativa** *s. f.* **1.** Acción de negar o de negarse a hacer algo. **2.** Respuesta con que se niega.

SIN. **1.** y **2.** Negación. ANT. **1.** y **2.** Afirmación.

**negativo, va** *adj.* **1.** Que niega o sirve para negar: *una oración negativa.* **2.** Malo, perjudicial: *El efecto de los sprays sobre la capa de ozono es muy negativo.* **3.** Se dice de la persona pesimista, que siempre ve el lado malo de las cosas. **4.** En matemáticas, se dice de los números que son menores

de cero y llevan delante el signo menos. **5.** En física, se dice de la carga eléctrica que tiene el electrón. || *s. m.* **6.** Primera película que se saca de las fotografías, en la que los colores aparecen al revés, los claros como oscuros y los oscuros como claros. SIN. **2.** Desfavorable, dañino, nocivo, adverso. **6.** Cliché. ANT. **1.** Afirmativo. **2.** Bueno, favorable. **2.** a **6.** Positivo.
FAM. Seronegativo.

**negligencia** *s. f.* Falta de cuidado, de atención o de interés: *Muchos accidentes ocurren por negligencia de los conductores.*
SIN. Descuido, desinterés, desidia, dejadez. ANT. Constancia, aplicación.
FAM. Negligente.

**negligente** *adj.* y *s. m.* y *f.* Que hace las cosas con negligencia.
SIN. Descuidado, dejado. ANT. Cuidadoso, atento.

**negociación** *s. f.* Acción de negociar.

**negociado** *s. m.* Sección o departamento de una organización administrativa.

**negociador, ra** *adj.* y *s. m.* y *f.* Que negocia, especialmente que hace negocios de mucha importancia: *La ONU envió a un negociador a tratar con los terroristas.*

**negociante** *adj.* y *s. m.* y *f.* **1.** Que negocia o se dedica a los negocios. **2.** Se dice de la persona a la que sólo le interesa el dinero o el beneficio que va a sacar en algo.
SIN. **1.** Comerciante.

**negociar** *v.* **1.** Comprar, vender o cambiar cosas para ganar dinero: *Negocia con ganado.* **2.** Discutir varias personas una cosa para llegar a un acuerdo: *El empleado negoció su sueldo con el jefe.*
SIN. **1.** Comerciar, traficar. **1.** y **2.** Tratar. **2.** Acordar, concertar, pactar, ajustar.
FAM. Negociación, negociado, negociador, negociante, negocio.

**negocio** *s. m.* **1.** Compra, venta u otra cosa con la que se espera ganar dinero o conseguir un beneficio: *Su padre se dedica a los negocios. Hizo un buen negocio cuando vendió el coche viejo.* **2.** Tienda o comercio: *Abrió un negocio con sus ahorros.*
SIN. **2.** Establecimiento, local.

**negra** *s. f.* Figura musical que equivale a un tiempo dentro de un compás.

**negrero, ra** *adj.* y *s. m.* y *f.* **1.** Persona que antiguamente vendía y compraba esclavos negros. **2.** Persona que trata muy mal a sus trabajadores o les hace trabajar demasiado.

**negrita** *adj.* y *s. f.* Se dice de un tipo de letra impresa de trazo más grueso.

**negro, gra** *adj.* y *s. m.* **1.** Se dice del color totalmente oscuro, como el del carbón; también se dice de las cosas que tienen este color. || *adj.* **2.** Oscuro

o más oscuro que el resto: *Prefiere la cerveza negra.* **3.** Muy sucio: *Llegó con las rodillas negras de arrastrarse por el suelo.* **4.** Malo o poco favorable: *Es un pesimista, todo lo ve negro.* **5.** Enfadado, harto o molesto: *Me tiene negra con tantos encargos.* || *adj.* y *s. m.* y *f.* **6.** Se dice de un tipo de raza humana que se caracteriza por el color oscuro de la piel; se dice también de las personas de esta raza. || *adj.* **7.** Se dice de un tipo de novelas y películas policiacas que cuentan historias muy duras y realistas. || *adj.* y *s. m.* **8.** Se dice de un tipo de tabaco de sabor y olor fuertes. EXPR. **pasarlas negras** Pasarlo muy mal: *Las pasó negras en el examen.* **tener la negra** Tener muy mala suerte. **verse** alguien **negro** o **vérselas negras** Resultarle muy difícil hacer una cosa: *Se vio negro para subir esa cuesta tan empinada con la bici.*
SIN. **3.** Mugriento, guarro. **4.** Desfavorable, desafortunado, adverso. **5.** Irritado, frito. ANT. **1.** y **6.** Blanco. **3.** Limpio. **4.** Prometedor. **5.** Contento. **8.** Rubio.
FAM. Negra, negrero, negrita, negroide, negruzco. / Ennegrecer, renegrido.

**negroide** *adj.* Que tiene rasgos físicos característicos de la raza negra.

**negruzco, ca** *adj.* Casi negro.
ANT. Blanquecino.

**nemotécnico, ca** *adj.* Se dice de las reglas, frases y juegos de palabras que se usan para que sea más fácil aprenderse las cosas de memoria. ■ Se escribe también *mnemotécnico.*

**nene, na** *s. m.* y *f.* Niño pequeño.
SIN. Chico, chiquillo, crío.

**nenúfar** *s. m.* Planta que flota sobre la superficie del agua, con unas raíces largas que llegan hasta el fondo. Sus hojas son redondas y muy verdes y tiene unas flores grandes y blancas. Se cultiva como adorno en los estanques de los jardines.

nenúfar

**neoclasicismo** *s. m.* Estilo artístico que se desarrolló a mediados del siglo XVIII y que imitaba al antiguo arte griego y romano.

**neoclásico, ca** *adj.* y *s. m.* y *f.* **1.** Se dice de las obras realizadas en el neoclasicismo y también de los autores que cultivaron este estilo. || *s. m.* **2.** Neoclasicismo. (Puedes ver su ilustración en la página siguiente).
FAM. Neoclasicismo.

**neófito, ta** *s. m.* y *f.* **1.** Persona que acaba de convertirse a una religión. **2.** Persona que es nueva en un grupo o asociación.

arquitectura **neoclásica**

**neolítico, ca** *adj.* y *s. m.* Se dice del segundo periodo de la prehistoria en que el ser humano empezó a pulir la piedra para hacer utensilios y herramientas. También se dice de todo lo relacionado con este periodo.

**neologismo** *s. m.* Palabra o expresión que son nuevos en una lengua. Por ejemplo, un neologismo surge cuando hay que dar nombre a algo que se acaba de inventar, como *telefax* o *multimedia*.

**neón** *s. m.* Gas que hay en la atmósfera en pequeñas cantidades y que se emplea en tubos luminosos.

**neonatología** *s. f.* Parte de la medicina que se ocupa de los niños recién nacidos.
FAM. Neonatólogo.

**neonatólogo, ga** *adj.* y *s. m.* y *f.* Se dice del médico especializado en recién nacidos.

**neonazi** *adj.* y *s. m.* y *f.* Que es partidario de que vuelvan las ideas nazis: *Unos jóvenes neonazis hicieron una pintada contra los inmigrantes.*

**neopreno** *s. m.* Especie de caucho sintético que es resistente y conserva el calor: *Los buceadores llevan trajes de neopreno para no pasar frío.*

**neoyorquino, na** *adj.* y *s. m.* y *f.* De Nueva York, ciudad de Estados Unidos.

**neozelandés, sa** *adj.* y *s. m.* y *f.* De Nueva Zelanda, país de Oceanía.

**nepalés, sa** *adj.* y *s. m.* y *f.* De Nepal, país del centro de Asia.

**nepotismo** *s. m.* El hecho de favorecer los gobernantes a sus familiares y amigos dándoles cargos u otros privilegios.

**nervio** *s. m.* **1.** Cada uno de los órganos en forma de fibras finas que nacen en el cerebro y la médula espinal y recorren todo el cuerpo. Los nervios transmiten las órdenes del cerebro y las sensaciones, por ejemplo el calor, el frío o el dolor. **2.** Tendón de la carne que está duro al cortarlo o comerlo: *Al niño*

*no le gustan los filetes que tienen nervio.* **3.** Pequeños tubos que tienen las hojas de las plantas en su superficie. **4.** Energía, fuerza: *El caballo es un animal con mucho nervio.* || *s. m. pl.* **5.** Nerviosismo.
SIN. **4.** Brío, garra, empuje. ANT. **4.** Debilidad. **5.** Tranquilidad.
FAM. Nerviosismo, nervioso, nervudo.

**nerviosismo** *s. m.* Estado de una persona que está muy nerviosa.
SIN. Nervios, desasosiego, ansiedad. ANT. Tranquilidad, sosiego.

**nervioso, sa** *adj.* **1.** De los nervios que hay en el cuerpo o relacionado con ellos. **2.** Se dice de la persona que está muy alterada, intranquila o impaciente: *Me ponen muy nerviosa las tormentas.*
SIN. **2.** Inquieto. ANT. **2.** Tranquilo.

**nervudo, da** *adj.* **1.** Que se le notan mucho los tendones y las venas: *unas manos nervudas.* **2.** Muy fuerte y musculoso: *unos brazos nervudos.*

**nescafé** *s. m.* Café en polvo que se disuelve en agua o en leche: *El abuelo no puede tomar café, pero toma nescafé descafeinado.*

**neto, ta** *adj.* **1.** Se dice del dinero que se recibe después de haber descontado los impuestos u otros gastos: *Gana mil cien euros netos al mes.* **2.** Se dice del peso real de un producto una vez que se ha descontado el peso del envase. **3.** Claro, bien definido.
SIN. **1.** Líquido. **1.** y **2.** Limpio. **3.** Preciso. ANT. **1.** y **2.** Bruto. **3.** Confuso, indefinido.

**neumático, ca** *adj.* **1.** Que funciona o se hincha con aire u otros gases: *un colchón neumático.* || *s. m.* **2.** Parte de la rueda de algunos vehículos que rodea a la llanta. Es de caucho y lleva en su interior una cámara de aire.

**neumología** *s. f.* Rama de la medicina que estudia los pulmones y los demás órganos del aparato respiratorio, así como sus enfermedades.

**neumonía** *s. f.* Inflamación de los pulmones.
SIN. Pulmonía.
FAM. Neumología.

**neura** *s. f.* **1.** Nerviosismo, manía u obsesión de una persona: *Cuando le da la neura no hay quien le aguante.* || *adj.* y *s. m.* y *f.* **2.** Muy nervioso.
SIN. **1.** Neurastenia. **2.** Histérico. ANT. **2.** Tranquilo.

**neuralgia** *s. f.* Dolor intenso que recorre un nervio del cuerpo.
FAM. Neurálgico.

**neurálgico, ca** *adj.* **1.** Relacionado con la neuralgia o dolor en los nervios. **2.** Muy importante: *El ejército atacó los puntos neurálgicos del enemigo.*
SIN. **2.** Decisivo, vital, esencial. ANT. **2.** Intrascendente.

**neurastenia** *s. f.* Estado de la persona que está muy nerviosa y se encuentra deprimida y cansada.
FAM. Neurasténico.

**neurasténico, ca** *adj.* **1.** Relacionado con la neurastenia. ‖ *adj.* y *s. m.* y *f.* **2.** Persona que padece neurastenia.

**neurocirugía** *s. f.* Parte de la cirugía que se ocupa de las operaciones en el sistema nervioso.

**neurología** *s. f.* Parte de la medicina que se ocupa del sistema nervioso y sus enfermedades.
FAM. Neurológico, neurólogo.

**neurológico, ca** *adj.* De la neurología.

**neurólogo, ga** *s. m.* y *f.* Médico especializado en neurología.

**neurona** *s. f.* Célula nerviosa formada por un cuerpo principal o núcleo y unas prolongaciones. Produce impulsos nerviosos y los transmite a otras neuronas o a diversas partes del cuerpo.
FAM. Neura, neuralgia, neurastenia, neurocirugía, neurología, neuronal, neurosis, neurovegetativo.

**neuronal** *adj.* De las neuronas: *una enfermedad neuronal.*

**neurosis** *s. f.* Trastorno nervioso en que la persona se encuentra muy alterada sin que tenga ninguna lesión física. ■ No varía en plural.
FAM. Neurótico.

**neurótico, ca** *adj.* **1.** Relacionado con la neurosis. ‖ *adj.* y *s. m.* y *f.* **2.** Persona que padece neurosis. **3.** Persona que está muy nerviosa.
ANT. **3.** Tranquilo.

**neurovegetativo, va** *adj.* Se dice de lo que regula las funciones vitales vegetativas, como la nutrición o el desarrollo.

**neutral** *adj.* y *s. m.* y *f.* Se dice de la persona o del país que en un conflicto o enfrentamiento no apoya a ninguno de los que están enfrentados.
SIN. Imparcial. ANT. Beligerante, parcial.
FAM. Neutralidad.

**neutralidad** *s. f.* Característica de neutral.

**neutralizar** *v.* Anular o disminuir una cosa o acción los efectos de otra: *El tenista intentaba neutralizar los saques de su adversario con devoluciones rápidas.* ■ Delante de *e* se escribe *c* en lugar de *z: neutralicen.*
SIN. Contrarrestar.

**neutro, tra** *adj.* **1.** Indefinido, que no es ni una cosa ni la contraria: *Hizo un comentario neutro, sin ponerse a favor ni en contra.* **2.** Que es neutral en un enfrentamiento o conflicto. ‖ *adj.* y *s. m.* **3.** Se dice del género gramatical que no es masculino ni femenino y de las cosas que lo tienen, como el artículo *lo* o los demostrativos *esto, eso* y *aquello.*
SIN. **1.** Indeterminado, impreciso. ANT. **2.** Parcial.
FAM. Neutral, neutralizar, neutrón.

**neutrón** *s. m.* Partícula sin carga eléctrica que hay en el núcleo de los átomos.

**nevada** *s. f.* Acción de nevar.

**nevar** *v.* Caer nieve de las nubes: *Esta mañana nevó en la sierra.* ■ Es un verbo irregular. Se conjuga como *pensar.* Sólo se usa en tercera persona.
FAM. Nevada.

**nevera** *s. f.* **1.** Frigorífico. **2.** Especie de caja portátil en que se conservan fríos los alimentos y las bebidas. **3.** Lugar muy frío: *Esta habitación es una nevera.*
SIN. **1.** Refrigerador. ANT. **3.** Horno.

**nevero** *s. m.* Lugar de la alta montaña que todo el año está cubierto de nieve.

**nevisca** *s. f.* Nevada corta y en la que caen copos muy pequeños.
FAM. Neviscar.

**neviscar** *v.* Caer una nevisca. ■ Este verbo sólo se usa en tercera persona. Delante de *e* se escribe *qu* en lugar de *c: Claro que saldremos; mientras no nevisque.*

**nexo** *s. m.* Lo que une una cosa con otra, por ejemplo en *leche y café,* la conjunción *y* es el nexo que une las dos palabras.
SIN. Unión, enlace, vínculo.
FAM. Anexo.

**ni** *conj.* **1.** Une palabras o frases e indica negación: *Ni Elena ni Maite vinieron a la fiesta.* ‖ *adv.* **2.** Sirve para dar más fuerza a una negación: *No quiero ni pensar que le haya podido pasar algo malo.*

**nicaragüense** *adj.* y *s. m.* y *f.* De Nicaragua, país de América Central.

**nicho** *s. m.* Hueco hecho en un muro para colocar en él alguna cosa, como los que existen en los cementerios para los muertos o sus cenizas.
SIN. Hornacina.

**nicotina** *s. f.* Sustancia tóxica que tiene el tabaco.

**nidación** *s. f.* Hecho de anidar las aves.

**nidada** *s. f.* Conjunto de los huevos o de las crías que se encuentran en un nido.

**nidícola** *adj.* Se dice de las aves cuyos pollos salen del huevo y terminan de desarrollarse en el nido.

**nidificar** *v.* Hacer sus nidos las aves. ■ Delante de *e* se escribe *qu* en lugar de *c: Han construido un palomar para que nidifiquen las palomas.*

**nidos**

**nido** *s. m.* **1.** Especie de lecho o refugio que construyen las aves para poner sus huevos y criar a los polluelos. **2.** También, lugar donde viven y se repro-

ducen otros animales: *un nido de ratones.* **3.** Lugar donde se reúnen o acumulan algunas personas o cosas malas: *un nido de ladrones, un nido de suciedad.*
**SIN. 2.** y **3.** Guarida, madriguera. **3.** Cueva.
**FAM.** Nidación, nidada, nidícola, nidificar. / Anidar.

**niebla** *s. f.* Nube que está tocando el suelo y que hace que veamos poco.
**SIN.** Neblina, bruma.
**FAM.** Neblina, nebulizador, nebuloso. / Antiniebla.

**nietastro, tra** *s. m. y f.* Hijo o hija del hijastro o hijastra de una persona.

**nieto, ta** *s. m. y f.* Lo que es una persona con relación a sus abuelos.
**FAM.** Nietastro. / Bisnieto, tataranieto.

**nieve** *s. f.* Agua de las nubes que se hiela y cae a la tierra en forma de copos blancos.
**EXPR. a punto de nieve** Modo en que quedan las claras de huevo al batirlas mucho, como si fueran espuma.
**FAM.** Nevar, nevera, nevero, nevisca, nival, níveo, nivopluvial. / Aguanieve, quitanieves.

**NIF** *s. m.* Primeras letras de *Número de Identificación Fiscal.* Es una clave formada por los números del DNI y una letra, que identifica a las personas para asuntos comerciales y fiscales: *Para abrir una cuenta en el banco, me pidieron el NIF.*

**nife** *s. m.* Masa de níquel y hierro con una elevada densidad y temperatura, que se cree que forma el núcleo terrestre.

**nigeriano, na** *adj. y s. m. y f.* De Nigeria o de Níger, países de África.

**night-club** *s. m.* Sala de fiestas que abre sólo por la noche. ■ Es una palabra inglesa. Su plural es *night-clubs.*

**nigromancia** o **nigromancía** *s. f.* Magia negra; prácticas que pretenden establecer contacto con los muertos para averiguar el futuro.

**nilón** *s. m.* Busca **nailon.**

**nimbo** *s. m.* **1.** Círculo luminoso que rodea la cabeza de los santos. **2.** Círculo luminoso que rodea algunos astros, como el Sol y la Luna. **3.** Capa de nubes bajas, de color gris, que produce lluvia, nieve o granizo.
**SIN. 1.** Halo. **1.** y **2.** Aureola.

**nimiedad** *s. f.* Cosa pequeña o que importa poco.
**SIN.** Menudencia, nadería.

**nimio, mia** *adj.* Muy pequeño o muy poco importante: *Te preocupas por cuestiones nimias como tu peinado y descuidas tu formación personal.*
**SIN.** Insignificante, intrascendente. **ANT.** Importante, trascendental.
**FAM.** Nimiedad.

**ninfa** *s. f.* En las leyendas mitológicas, diosa con aspecto de muchacha que vivía en los bosques, las fuentes o los ríos.

**ningún** *indef.* Forma abreviada de **ninguno.** ■ Se usa delante de un sustantivo masculino singular: *Todavía no ha llegado ningún invitado.*
**ANT.** Algún.

**ninguno, na** *indef.* Ni uno solo: *No vino ninguna persona. No conozco ninguno de esos refranes.*
**ANT.** Alguno.
**FAM.** Ningún.

**ninja** *s. m.* Guerrero experto en artes marciales. ■ Es una palabra japonesa.

**ninot** *s. m.* Figura o muñeco de una falla valenciana. ■ Es una palabra valenciana. Su plural es *ninots.*

**niña** *s. f.* Pupila del ojo.

**niñato, ta** *s. m. y f.* Chico tonto y presumido.

**niñera** *s. f.* Mujer que cuida niños.

**niñería** *s. f.* Cosa que dice o hace un niño o que parece propia de un niño: *Ya eres muy mayor para andarte con niñerías.*
**SIN.** Chiquillada.

**niñero, ra** *adj. y s. m. y f.* Que le gustan mucho los niños: *Me encanta jugar con mis sobrinos porque soy muy niñera.*

**niñez** *s. f.* Primera parte de la vida de una persona, desde que nace hasta la adolescencia.
**SIN.** Infancia. **ANT.** Madurez, vejez.

**niño, ña** *s. m. y f. y adj.* **1.** Persona que está en la etapa de la niñez o es muy joven: *Yo era un niño cuando empezó la guerra.* **2.** Hijo, sobre todo el de pocos años: *Ya tienen cuatro niños.*
**EXPR. como un niño con zapatos nuevos** Muy contento.
**SIN. 1.** Nene, chaval, crío. **ANT. 1.** Adulto, viejo.
**FAM.** Niña, niñato, niñera, niñería, niñero, niñez. / Aniñado, nene.

**nipón, na** *adj. y s. m. y f.* Japonés.

**níquel** *s. m.* Metal de color de plata, duro y resistente, que se usa, por ejemplo, para hacer monedas o para dar color plateado a otros metales.
**FAM.** Niquelar.

**niquelar** *v.* Cubrir con una capa de níquel otro metal.

**niqui** *s. m.* Prenda de tejido ligero, con cuello y, normalmente, de manga corta.
**SIN.** Polo, camiseta.

**níscalo** *s. m.* Hongo comestible con un sombrerillo anaranjado o rojo. ■ Se dice también *mízcalo.*

**níspero** *s. m.* **1.** Árbol de tronco retorcido y delgado que da un pequeño fruto comestible en forma de pera. **2.** Fruto de este árbol.

**nitidez** *s. f.* Característica de nítido: *Han arreglado la tele y ahora se ve la imagen con mucha nitidez.*

**nítido, da** *adj.* **1.** Transparente, limpio: *En el agua nítida del arroyo se ve el fondo.* **2.** Preciso, claro, que se ve o se percibe bien: *una foto nítida.*

SIN. **1.** Cristalino. ANT. **1.** Opaco, turbio. **2.** Confuso, borroso.

**nitrato** *s. m.* Sal del ácido nítrico con la que se fabrican muchos abonos.

**nítrico, ca** *adj.* Se dice de algunos compuestos del nitrógeno.

**nitrógeno** *s. m.* Elemento químico gaseoso que forma gran parte del aire que respiramos.
FAM. Nitrato, nítrico, nitroglicerina.

**nitroglicerina** *s. f.* Compuesto de nitrógeno y glicerina que es muy explosivo; con él se hace la dinamita.

**nival** *adj.* Relacionado con la nieve.

**nivel** *s. m.* **1.** Altura o grado en que está o al que llega una persona o cosa: *Ese alumno tiene muy buen nivel en sus estudios. Cuando la marea está alta, sube el nivel del mar.* **2.** Instrumento que sirve para comprobar si una superficie está bien horizontal o vertical. **3.** Piso o planta: *Este aparcamiento subterráneo tiene tres niveles.*
EXPR. **paso a nivel** Busca **paso.**
FAM. Nivelar. / Desnivel.

**nivelar** *v.* **1.** Hacer que una superficie quede horizontal o llana: *nivelar un terreno.* **2.** Poner dos o más cosas a la misma altura, grado o categoría: *Hay que nivelar los platillos de esa balanza.*
SIN. **1.** Allanar, aplanar. **1.** y **2.** Igualar. **2.** Equilibrar. ANT. **1.** y **2.** Desnivelar.

**níveo, a** *adj.* De nieve o que se parece a la nieve: *Sus manos son de una blancura nívea.*

**nivopluvial** *adj.* Se dice del río y del cauce que recibe más agua de nieve que de lluvia.

**no** *adv.* **1.** Se emplea para negar o rechazar: *No compré nada. ¿Quieres más café? No, gracias.* ‖ *s. m.* **2.** Negación: *Le dieron un no por respuesta.* ■ Su plural es *noes.*
ANT. **1.** y **2.** Sí.
FAM. Non.

**nobel** *s. m.* **1.** Premio que concede la fundación sueca Alfred Nobel a científicos, escritores y personas que han hecho algo importante por la humanidad. ■ Con este significado suele escribirse con mayúscula: *Camilo José Cela recibió el No-*

bel *de literatura.* **2.** Persona que ha recibido este premio. ■ No varía en plural.

**nobiliario, ria** *adj.* De la nobleza y los nobles, o relacionado con ellos: *Tiene un título nobiliario.*

**noble** *adj.* y *s. m.* y *f.* **1.** Que pertenece a la nobleza o está relacionado con ella. ‖ *adj.* **2.** Generoso, leal, sincero: *una persona noble, un corazón noble.* **3.** De gran calidad, valor o categoría: *La caoba y el ébano son maderas nobles.*
SIN. **1.** Aristócrata. **2.** Franco, honrado, honesto. **3.** Precioso, selecto, refinado. ANT. **1.** Plebeyo. **2.** Falso, desleal.
FAM. Nobiliario, nobleza. / Ennoblecer, innoble.

**nobleza** *s. f.* **1.** Clase social que antiguamente era la más importante; está formada por personas que tienen títulos y privilegios que las diferencian de las demás. **2.** Característica de lo que es noble: *Se comportó con nobleza al pedir perdón.*
SIN. **1.** Aristocracia. **2.** Honradez, honestidad, lealtad; distinción, señorío.

**nobuk** *s. m.* Piel de vaca curtida y de tacto suave, parecida al ante: *una cazadora de nobuk.*

**noceda** o **nocedal** *s. f.* o *m.* Busca **noguera.**

**noche** *s. f.* Tiempo que va de la puesta a la salida del Sol, en que está todo oscuro.
EXPR. **media noche** Las doce de la noche. **noche toledana** La que se pasa sin dormir por una preocupación o por otro motivo. ‖ **como de la noche al día** Completamente distinto. **de la noche a la mañana** De repente.
ANT. **1.** Mañana; día.
FAM. Nochebuena, nochevieja, noctámbulo, nocturno. / Anoche, anochecer[1], medianoche, pernoctar, trasnochar.

**nochebuena** *s. f.* Noche del 24 de diciembre, en que se celebra el nacimiento de Cristo. ■ Suele escribirse con mayúscula.

**nochevieja** *s. f.* Última noche del año. ■ Suele escribirse con mayúscula.

**noción** *s. f.* **1.** Idea o conocimiento que se tiene sobre algo: *Perdió la memoria y no tenía noción de lo que ocurrió aquel día.* **2.** Conocimiento básico, elemental: *Para ser socorrista hacen falta al menos unas nociones de primeros auxilios.*
SIN. **2.** Principios, fundamentos, rudimentos.

**nocivo, va** *adj.* Que causa daño o perjuicio: *La contaminación es muy nociva para la salud.*
SIN. Dañino, perjudicial, malo. ANT. Beneficioso.

**noctámbulo, la** *adj.* y *s. m.* y *f.* **1.** Se dice de la persona a la que le gusta salir y divertirse de noche. ‖ *adj.* **2.** Se dice de los animales que hacen su vida por la noche; también se dice de sus costumbres.

**nocturnidad** *s. f.* **1.** Circunstancia de ser de noche o de ocurrir por la noche. **2.** En derecho, circunstancia de cometer un delito aprovechando la noche, lo cual hace que sea más grave.

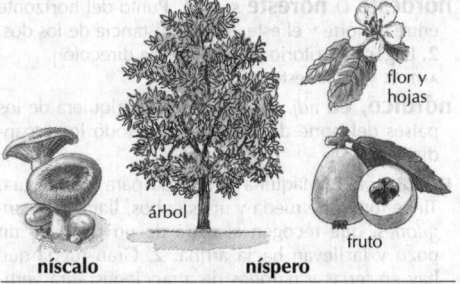

flor y hojas

árbol

fruto

níscalo          níspero

**nocturno, na** *adj.* **1.** De la noche o que ocurre durante la noche: *Tomó un tren nocturno para llegar por la mañana temprano.* **2.** Se dice de los animales que desarrollan su actividad durante la noche y de las plantas que abren sus flores sólo de noche.
**SIN. 2.** Noctámbulo. **ANT. 1.** y **2.** Diurno.
**FAM.** Nocturnidad.

**nodriza** *s. f.* **1.** Ama de cría. **2.** Vehículo que suministra combustible a otros: *un avión nodriza.*

**nódulo** *s. m.* **1.** Pequeña dureza redondeada de cualquier materia: *La madera tiene nódulos.* **2.** Masa de células o de fibras que tiene forma de bolita o de nudo: *Operaron al paciente para quitarle un nódulo de la garganta.*

**nogal** *s. m.* Árbol grande con la corteza lisa y de color gris y hojas de color verde brillante. Su fruto es la nuez y su madera se usa para hacer muebles.
**FAM.** Nogalina, noguera, nogueral.

**nogalina** *s. f.* Colorante que se saca de la cáscara de la nuez y que se usa para oscurecer la madera.

**noguera** o **nogueral** *s. f.* o *m.* Lugar donde hay muchos nogales.
**SIN.** Noceda, nocedal.

**nómada** *adj.* y *s. m.* y *f.* Que va de un lugar a otro, sin vivir en un lugar fijo: *Los beduinos son nómadas del desierto.*
**ANT.** Sedentario.

**nombramiento** *s. m.* Hecho de nombrar a alguien para un cargo, un empleo, un título.

**nombrar** *v.* **1.** Decir el nombre de una persona o cosa o hablar de ella: *Nombra todas las capitales de Europa que sepas. En la conferencia sobre pintura han nombrado a Velázquez, a Goya y a Picasso.* **2.** Elegir o señalar a alguien para un cargo, un empleo, un título: *Nombraron a Jorge delegado de curso.*
**SIN. 1.** Citar, mencionar. **2.** Designar, proclamar.
**FAM.** Nombramiento.

**nombre** *s. m.* **1.** Palabra o palabras que se dan a personas, animales o cosas para conocerlos, distinguirlos y llamarlos: *Los nombres de sus hermanas son Marta y Rosa. He olvidado el nombre de la calle.* **2.** El nombre de pila de una persona seguido de sus apellidos. **3.** Sustantivo.
**EXPR. nombre de pila** El nombre que va delante de los apellidos y que se le da a una persona cuando es bautizada. || **en nombre de** alguien En representación de una persona.
**FAM.** Nombrar. / Nominal, nominativo, pronombre, renombre, sobrenombre.

**nomenclatura** *s. f.* Conjunto de las palabras empleadas en una ciencia o materia.

**nomeolvides** *s. m.* Planta con flores de color azul que es utilizada en jardinería y como adorno. ■ No varía en plural.

**nómina** *s. f.* **1.** Lista de nombres, sobre todo de las personas que trabajan de forma fija en una empresa o en otro lugar: *Colabora con la editorial, pero no está en nómina.* **2.** Sueldo que recibe cada una de ellas: *Ahorra la mitad de su nómina para comprarse un coche.*

**nominación** *s. f.* Nombramiento o propuesta para un premio: *La película ha obtenido tres nominaciones para los Goya.*

**nominal** *adj.* Del nombre o sustantivo, o relacionado con él: *Los grupos nominales tienen como núcleo un nombre.*

**nominar** *v.* Proponer para un cargo o puesto, o para un premio: *Nominaron la película para el Oscar.*
**FAM.** Nominación.

**nominativo, va** *adj.* Que lleva el nombre de la persona a la que pertenece o a la que se le paga: *un cheque nominativo.*

**non** *adj.* y *s. m.* Se dice del número impar: *El 1, el 3, el 5... son números nones.*
**EXPR. nones** Se usa para decir que no: *Me pidió la bici, pero le contesté que nones.*
**ANT.** Par.

**nonagenario, ria** *adj.* y *s. m.* y *f.* Persona que ha cumplido noventa años y tiene menos de cien.
**SIN.** Noventón.

**nonagésimo, ma** *num.* **1.** Que ocupa por orden el número noventa. || *num.* y *s. m.* **2.** Se dice de cada una de las noventa partes iguales en que se divide una cosa.
**SIN. 2.** Noventavo.

**noningentésimo, ma** *num.* **1.** Que ocupa por orden el número novecientos. || *num.* y *s. m.* **2.** Se dice de cada una de las novecientas partes iguales en que se divide una cosa.

**nono, na** *num.* Noveno.
**FAM.** Nonagenario, nonagésimo, noningentésimo.

**nopal** *s. m.* Chumbera.

**noquear** *v.* En boxeo, dejar fuera de combate al contrario.

**noray** *s. m.* Poste o piedra a la que se amarran los barcos. ■ Su plural es *norays.*

**nordeste** o **noreste** *s. m.* **1.** Punto del horizonte entre el norte y el este, a igual distancia de los dos. **2.** Lugar o territorio situado en esa dirección.
**ANT. 1.** y **2.** Sudeste, sureste.

**nórdico, ca** *adj.* y *s. m.* y *f.* De cualquiera de los países del norte de Europa, sobre todo los escandinavos.

**noria** *s. f.* **1.** Máquina empleada para sacar agua. Tiene forma de rueda y unos cubos, llamados *cangilones,* que recogen el agua de un río o de un pozo y la llevan hacia arriba. **2.** Gran rueda que hay en ferias y parques de atracciones; gira verti-

**noria** para sacar agua

**noria** de feria

calmente y tiene unos compartimentos con asientos para que monte la gente.

**norma** *s. f.* Lo que hay que cumplir por estar ordenado o parecer bien a la mayoría de la gente: *Los deportes y los juegos tienen unas normas. Es una norma de educación ceder el paso a las personas mayores.*
SIN. Ley, precepto, principio, orden, directriz, instrucción.
FAM. Normal, normativo.

**normal** *adj.* **1.** Parecido a la mayoría, como los demás: *Ha estado enferma, pero ahora hace una vida normal.* **2.** Frecuente, corriente: *Es normal que haya mucha gente en las rebajas.* **3.** Natural, que no resulta extraño: *Es normal que a su edad quiera divertirse. Su cansancio es normal.*
SIN. **1.** y **2.** Común, ordinario. **2.** Habitual. ANT. **3.** Anormal, raro, insólito.
FAM. Normalidad, normalizar, normalmente. / Anormal, paranormal, subnormal.

**normalidad** *s. f.* Característica de normal o situación normal: *El partido de fútbol se desarrolló con normalidad.*

**normalizar** *v.* Hacer que una cosa sea normal: *Después del atasco, el tráfico se normalizó.* ■ Delante de *e* se escribe *c* en lugar de *z*: *normalice.*

**normalmente** *adv.* De manera normal: *Se comporta normalmente. Normalmente va los sábados al cine.*

**normando, da** *adj.* y *s. m.* y *f.* **1.** De Normandía, región del noroeste de Francia. **2.** Vikingo.

**normativa** *s. f.* Conjunto de normas.
SIN. Reglamento.

**normativo, va** *adj.* Que sirve como norma; que lo manda una norma.
SIN. Reglamentario.
FAM. Normativa.

**noroeste** *s. m.* **1.** Punto del horizonte entre el norte y el oeste, a igual distancia de los dos. **2.** Lugar o territorio situado en esta dirección.
ANT. **1.** y **2.** Sudoeste, suroeste.

**norte** *s. m.* **1.** Uno de los cuatro puntos cardinales, que está en la dirección del polo ártico. **2.** Lugar o territorio situados en esta dirección.
EXPR. **norte magnético** Dirección a la que apunta la aguja de una brújula y que es la misma del polo ártico.
SIN. **1.** y **2.** Septentrión. ANT. **1.** y **2.** Sur.
FAM. Nordeste, nórdico, noreste, noroeste, norteafricano, norteamericano, norteño.

**norteafricano, na** *adj.* y *s. m.* y *f.* Del norte de África.

**norteamericano, na** *adj.* y *s. m.* y *f.* **1.** De América del Norte. **2.** De los Estados Unidos de América.
SIN. **2.** Estadounidense.

**norteño, ña** *adj.* y *s. m.* y *f.* Del norte.
ANT. Sureño.

**noruego, ga** *adj.* y *s. m.* y *f.* **1.** De Noruega, país del norte de Europa. ‖ *s. m.* **2.** Idioma hablado en Noruega.

**nos** *pron. pers.* Indica la primera persona del plural. Funciona como complemento directo: *Felipe nos conoció en Santander;* o como complemento indirecto: *Tu madre nos dio un recado;* se usa también para formar los verbos pronominales: *Nos arrepentimos;* y a veces para dar expresividad: *Nos tomamos un refresco.*
FAM. Nosotros.

**nosotros, tras** *pron. pers. m.* y *f.* Indica la primera persona del plural. Funciona como sujeto: *Nosotros hacemos deporte;* o como complemento cuando va detrás de una preposición: *a nosotros, con nosotros.*

**791**

**nostalgia** *s. f.* Tristeza que siente una persona cuando está lejos de su tierra, de su casa, de sus familiares o amigos, o cuando recuerda algo querido que ya no existe: *Recordaba con nostalgia el tiempo que habían pasado juntos.*
SIN. Añoranza, melancolía, morriña. ANT. Alegría.
FAM. Nostálgico.

**nostálgico, ca** *adj.* y *s. m.* y *f.* Que tiene nostalgia o la produce.
SIN. Melancólico.

**nota** *s. f.* **1.** Escrito corto para recordar o avisar algo, dar una información o explicación, o con otro fin: *Te he dejado una nota en la mesa para que sepas quién te ha llamado. Toma muchas notas en clase. Este poema lleva notas a pie de página para ayudar al lector a entender el significado de algunas palabras.* **2.** Papel en el que está escrito lo que hay que pagar, por ejemplo en un restaurante el precio de lo que se ha tomado. **3.** Calificación obtenida en un examen o en un curso: *¿Qué nota has sacado en matemáticas?* **4.** Cada uno de los siete sonidos de la escala musical. **5.** Detalle o aspecto de algo: *Con sus chistes puso una nota de humor en la reunión.*
SIN. **1.** Anotación, apunte, aviso, mensaje, aclaración. **2.** Cuenta, factura. **3.** Puntuación.
FAM. Notación, notar, notario. / Anotar, connotación.

redonda blanca negra corchea
**notas** de música

**notable** *adj.* **1.** Que destaca entre los demás: *La actuación de ese jugador fue notable.* **2.** Grande: *Ha hecho un esfuerzo notable para aprobar el curso.* ‖ *s. m.* **3.** Nota que equivale a un siete o un ocho en una puntuación que va del cero al diez.
SIN. **1.** Destacado, señalado. **1.** y **2.** Importante, relevante. **2.** Considerable. ANT. **1.** Mediocre. **2.** Insignificante, mínimo.

**notación** *s. f.* Conjunto de signos, como los que se utilizan en música o en una ciencia.

**notar** *v.* **1.** Sentir o darse cuenta de algo: *Ha notado que le duele el estómago. Te noto triste.* ‖ **notarse 2.** Verse algo o ser evidente: *Todavía se le nota la cicatriz. Se le nota que nunca ha jugado al tenis.*
EXPR. **hacerse notar** Llamar la atención.
SIN. **1.** Experimentar; advertir, reparar, percatarse.
FAM. Notable.

**notaría** *s. f.* **1.** Despacho del notario. **2.** Profesión de notario.

**notarial** *adj.* Relacionado con el notario, hecho o autorizado por él.

**notario** *s. m.* Funcionario que con su firma asegura que lo que se indica en un documento o escrito es cierto y está de acuerdo con la ley.
FAM. Notaría, notarial.

**notebook** *s. m.* Ordenador portátil de tamaño pequeño: *Siempre viajo con mi notebook y lo uso como agenda y procesador de textos.* ■ Es una palabra inglesa. Su plural es *notebooks.*

**noticia** *s. f.* **1.** Cosa que se hace saber a alguien: *Les dio la noticia de que se casaba.* **2.** Información que dan los periódicos, la radio o la televisión: *Todas las mañanas oye las noticias por el transistor.*
SIN. **1.** Nueva, notificación. **2.** Informativo.
FAM. Noticiario, noticiero, notición, noticioso.

**noticiario** o **noticiero** *s. m.* Programa de radio o de televisión o espacio de un periódico en el que se dan las noticias.
SIN. Informativo, telediario, noticioso.

**notición** *s. m.* Una noticia que tiene gran interés para el público o es muy buena para alguien.

**noticioso** *s. m.* En Hispanoamérica, noticiario.

**notificación** *s. f.* Acción de notificar y escrito en que se notifica algo.

**notificar** *v.* Hacer saber algo a alguien, sobre todo lo que ha decidido una autoridad: *El juez ordenó que se notificara al acusado la sentencia.* ■ Delante de *e* se escribe *qu* en lugar de *c*: *Está esperando que le notifiquen que vaya a recoger el paquete.*
SIN. Comunicar, informar.
FAM. Notificación.

**notoriedad** *s. f.* Fama, hecho de ser alguien muy conocido: *Ese artista ha adquirido gran notoriedad en el mundo del cine.*
SIN. Renombre.

**notorio, ria** *adj.* **1.** Evidente, claro: *Ha habido un notorio aumento de personas sin trabajo.* **2.** Famoso, célebre: *un pintor notorio.*
SIN. **1.** Manifiesto, patente. ANT. **2.** Desconocido.
FAM. Notoriedad.

**nova** *s. f.* Etapa de la vida de una estrella en la que brilla más de lo normal y desprende una gran cantidad de energía.
FAM. Supernova.

**novatada** *s. f.* **1.** Manera de burlarse los antiguos de los nuevos, o de fastidiarlos, en campamentos, colegios, en el servicio militar o en otros sitios, por ejemplo gastándoles bromas pesadas. **2.** Error o cualquier cosa que a uno le ocurre cuando no tiene experiencia en algo: *Cuando hizo su primera paella, pagó la novatada se le quemó.*

**novato, ta** *adj.* y *s. m.* y *f.* **1.** Nuevo en un grupo o en un sitio. **2.** Que no tiene experiencia: *Soy novata en hacer fotografías.*
SIN. **2.** Principiante, bisoño, novel. ANT. **1.** y **2.** Veterano. **2.** Experto.
FAM. Novatada.

**novecientos, tas** *num.* **1.** Nueve veces ciento. **2.** Que ocupa por orden el lugar que hace ese número: *el novecientos de la lista.* || *s. m.* **3.** Signos con que se representa este número.

**novedad** *s. f.* **1.** Característica de nuevo: *Este libro gusta mucho por la novedad del tema que trata.* **2.** Cualquier cosa nueva, que acaba de producirse o aparecer: *Se ha enterado de las últimas novedades. En esa tienda tienen las últimas novedades.* **3.** Cambio, variación: *Ese coche presenta novedades en comparación con el modelo anterior.*
SIN. **1.** y **2.** Innovación. **3.** Modificación, transformación. ANT. **1.** Antigüedad.

**novedoso, sa** *adj.* Que es nuevo o que tiene novedad: *La obra de este pintor es tan novedosa que ha sorprendido a la crítica.*
SIN. Innovador. ANT. Anticuado.

**novel** *adj.* Que acaba de comenzar en una actividad, profesión u otra cosa: *un escritor novel.*
SIN. Principiante, inexperto, novato. ANT. Veterano, experto.

**novela** *s. f.* **1.** Obra literaria escrita en prosa en la que se cuenta una historia, generalmente larga: *«El Quijote» es una de las mejores novelas que se han escrito.* **2.** Historia por capítulos que se emite por la radio o por la televisión.
EXPR. **novela de caballerías** Busca **caballería**. **novela negra** Busca **negro**. **novela picaresca** Busca **picaresco**. **novela rosa** Busca **rosa**.
SIN. **2.** Radionovela; telenovela.
FAM. Novelar, novelero, novelesco, novelista, novelístico, novelón. / Fotonovela, radionovela, telenovela.

**novelar** *v.* Dar a una historia forma y estructura de novela: *La famosa actriz ha recurrido a un escritor para novelar su biografía.*

**novelero, ra** *adj.* y *s. m.* y *f.* **1.** Que suele contar o imaginarse historias falsas. **2.** Aficionado a leer novelas.

**novelesco, ca** o **novelístico, ca** *adj.* De la novela o relacionado con la novela.

**novelista** *s. m.* y *f.* Persona que escribe novelas.

**novelón** *s. m.* **1.** Novela muy larga, sobre todo la que cuenta cosas muy tristes. **2.** Novela de gran calidad.

**novena** *s. f.* Oraciones y otras prácticas religiosas que se hacen durante nueve días.

**noveno, na** *num.* **1.** Que ocupa por orden el número nueve. **2.** Se dice de cada una de las nueve partes en que se divide una cosa.
FAM. Decimonoveno.

**noventa** *num.* **1.** Nueve veces diez. **2.** Que ocupa por orden este número. || *s. m.* **3.** Signos con que se representa este número.
FAM. Noventavo, noventón.

**noventavo, va** *num.* y *s. m.* Nonagésimo, cada una de las noventa partes en que se divide algo.

**noventón, na** *adj.* y *s. m.* y *f.* Persona que ya ha cumplido noventa años, pero tiene menos de cien.
SIN. Nonagenario.

**noviazgo** *s. m.* **1.** Relación que existe entre los novios. **2.** El tiempo que dura.

**noviciado** *s. m.* **1.** Prueba y preparación de las personas que quieren entrar en una orden religiosa y que acaba cuando hacen los votos. **2.** El tiempo que dura. **3.** Casa en que viven los novicios.

**novicio, cia** *s. m.* y *f.* Persona que se prepara para entrar en una orden religiosa.
FAM. Noviciado.

**noviembre** *s. m.* El mes número once de los doce que hay en el año; tiene treinta días.

**noviero, ra** *adj.* Que tiene mucha facilidad para enamorarse y echarse novio o novia.

**novillada** *s. f.* **1.** Corrida de novillos. **2.** Conjunto de novillos.

**novillero, ra** *s. m.* y *f.* Persona que torea novillos.

**novillo, lla** *s. m.* y *f.* Toro o vaca de dos a tres años.
EXPR. **hacer novillos** Faltar un estudiante a clase porque le da la gana.
FAM. Novillada, novillero.

**novio, via** *s. m.* y *f.* **1.** Persona que sale con otra porque la quiere y desea casarse con ella. **2.** Persona que va a casarse o acaba de hacerlo: *Los invitados esperaban la llegada de los novios.*
FAM. Noviazgo, noviero.

**nubarrón** *s. m.* Una nube grande y oscura.

**nube** *s. f.* **1.** Gotitas de agua que forman en la atmósfera una masa de color blanco o gris. **2.** Humo,

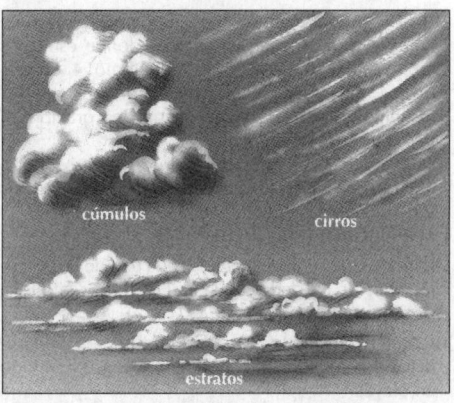

cúmulos
cirros
estratos

**nubes**

polvo, conjunto de insectos u otra cosa de aspecto parecido a una nube. **3.** Manchita blanquecina que se forma en el ojo en la capa exterior de la córnea y que impide o estorba la visión.

EXPR. **estar en las nubes** Estar distraído, sin enterarse de lo que ocurre. **poner por las nubes** a una persona Alabarla mucho, decir cosas muy buenas de ella. **por las nubes** Muy caro, que cuesta mucho dinero.

FAM. Nubarrón, nublarse, nuboso.

**núbil** adj. Se dice de la edad en que una persona ya está preparada para tener hijos y de la persona que tiene esa edad: *la época núbil, una joven núbil.*

**nublado, da** adj. **1.** Cubierto de nubes; se dice sobre todo del cielo cuando está así y de los días en los que el cielo está de esa manera. || *s. m.* **2.** Nube que anuncia tormenta. **3.** Tormenta muy fuerte.

SIN. **1.** Nuboso. **2.** Nubarrón. ANT. **1.** Despejado.

**nublarse** v. Cubrirse de nubes el cielo: *Se ha nublado y va a llover de un momento a otro.*

EXPR. **nublarse la vista** No ver bien, ver borroso.

SIN. Encapotarse. ANT. Despejar, aclarar.

FAM. Nublado. / Obnubilar.

**nubosidad** s. f. Presencia de nubes en el cielo: *El hombre del tiempo ha dicho que mañana habrá nubosidad abundante.*

**nuboso, sa** adj. Con muchas nubes: *La mañana amaneció muy nubosa.*

SIN. Nublado. ANT. Despejado.

FAM. Nubosidad.

**nuca** s. f. Parte del cuerpo humano donde se une la columna vertebral con la cabeza.

FAM. Desnucar.

**nuclear** adj. Relacionado con el núcleo, sobre todo con la energía que se produce cuando se rompe el núcleo de los átomos: *Mucha gente está en contra de las armas nucleares.*

FAM. Antinuclear. / Desnuclearizar, termonuclear.

**núcleo** s. m. **1.** Parte central o fundamental de algo. **2.** Parte principal de las células, donde están los cromosomas. **3.** Parte central del átomo. **4.** En gramática, palabra o palabras más importantes de los distintos grupos en que se divide una oración: *El verbo es el núcleo del predicado.*

EXPR. **núcleo de población** Grupo de viviendas, lugar donde viven personas.

SIN. **1.** Centro; meollo.

FAM. Nuclear.

**nudillo** s. m. Parte de fuera de cada una de las articulaciones de los dedos de la mano: *Tocó a la puerta de su vecina con los nudillos.*

**nudismo** s. m. Práctica que consiste en ponerse desnudo en contacto con la naturaleza, sobre todo en playas.

FAM. Nudista.

**nudista** adj. y s. m. y f. **1.** Persona que practica el nudismo. || adj. **2.** Se dice de una playa o de otro lugar en que se practica el nudismo.

**nudo** s. m. **1.** Lazo que se aprieta al tirar de los extremos. **2.** Fuerte unión: *nudos de amistad.* **3.** Parte abultada del tronco o tallo de un árbol o planta, de donde salen las ramas o las hojas. **4.** Lugar donde se unen o cruzan varias carreteras, caminos, cordilleras: *un nudo de comunicaciones, un nudo montañoso.* **5.** Momento en que se desarrolla la acción en obras de teatro, películas u otras cosas parecidas. **6.** Unidad con que se mide la velocidad de los barcos.

EXPR. **tener un nudo en la garganta** No poder hablar, por ejemplo a causa de la emoción.

SIN. **1.** Lazada. **1.** y **2.** Atadura. **2.** Vínculo.

FAM. Nudillo, nudoso. / Anudar, nódulo.

**nudoso, sa** adj. Que tiene nudos.

**nuera** s. f. La mujer del hijo de una persona. Se llama también *hija política.*

**nuestro, tra** pos. Que nos pertenece a nosotros, tiene relación con nosotros o es propio de nosotros: *nuestra casa, nuestros familiares, nuestras costumbres.*

**nueva** s. f. Noticia reciente.

**nuevamente** adv. De nuevo, otra vez: *Hay que volver a arreglar el vídeo, porque nuevamente se ha estropeado.*

**nueve** num. **1.** Ocho más uno. **2.** Noveno: *El ciclista asturiano hace el nueve en la clasificación general.* || s. m. **3.** Signo con que se representa este número.

FAM. Novecientos, novena, noveno, noventa. / Diecinueve, nono, veintinueve.

**nuevo, va** adj. **1.** Que acaba de hacerse, de aparecer o de comprarse: *En la feria del libro vimos los nuevos cuentos publicados por esa editorial.* **2.** Otro, distinto del anterior: *Marisa me dio su nueva dirección de correo electrónico.* **3.** Que está muy bien conservado: *Estos zapatos todavía están nuevos.* **4.** Descansado: *Con una ducha fría te quedarás nuevo.* || adj. y s. m. y f. **5.** Que acaba de llegar a un lugar o de entrar en un grupo: *Este año en el colegio hay veinte alumnos nuevos.*

EXPR. **de nuevo** Otra vez.

SIN. **1.** Reciente, actual. **3.** Impecable. **5.** Novato, novel. ANT. **1.** Anciano. **1.** a **3.** y **5.** Viejo. **1.** y **5.** Antiguo. **3.** Estropeado.

FAM. Nueva, nuevamente. / Innovar, nova, novato, novedad, novedoso, novel, renovar.

**nuez** s. f. **1.** Fruto del nogal, que tiene una cáscara dura y una semilla comestible dentro. **2.** Bulto que forma la laringe en el cuello. Se llama también *bocado de Adán.* ■ Su plural es *nueces.*

EXPR. **nuez moscada** Semilla de un árbol tropical que se usa como condimento.

FAM. Nogal. / Cascanueces.

| NUMERALES | | |
|---|---|---|
| **CARDINALES** | Expresan número. | *Marta tiene veintiocho años.* |
| **ORDINALES** | Expresan orden. | *El corredor español quedó en la vigésima posición.* |
| **PARTITIVOS o FRACCIONARIOS** | Expresan una parte de algo. | *A mí dame un cuarto de tortilla.* |
| **MÚLTIPLOS o SUBMÚLTIPLOS** | Expresan multiplicación. | *Luis ha cogido el doble de caramelos que yo.* |

**nulidad** *s. f.* **1.** Característica de lo que es nulo y no vale. **2.** Persona muy torpe para algo.

**nulo, la** *adj.* **1.** Que no vale: *El atleta tuvo que repetir el salto porque el anterior había sido nulo.* **2.** Que no es eficaz para aquello que se desea: *Intenté convencerles, pero mis esfuerzos resultaron nulos.* **3.** Muy torpe en una actividad: *Soy nulo para el dibujo.*
SIN. **1.** Invalidado. **2.** Ineficaz. **2.** y **3.** Inútil. ANT. **1.** Válido. **3.** Apto.
FAM. Nulidad. / Anular[1].

**numantino, na** *adj. y s. m. y f.* **1.** De Numancia, antigua ciudad española que resistió durante años el ataque de los romanos. ‖ *adj.* **2.** Muy firme y valiente, como los habitantes de Numancia.

**numeración** *s. f.* **1.** Acción de numerar. **2.** Símbolos y reglas para expresar cualquier cantidad. EXPR. **numeración arábiga** La que utiliza los números que los árabes trajeron a Europa: *0, 1, 2, 3, 4, 5, 6, 7, 8, 9.* **numeración romana** La utilizada por los romanos, que emplea siete letras del alfabeto latino: *I* (uno), *V* (cinco), *X* (diez), *L* (cincuenta), *C* (cien), *D* (quinientos), *M* (mil).

**numerador** *s. m.* En matemáticas, número que indica las partes iguales de un todo que se van a dividir. El numerador se coloca encima de la raya de quebrado o delante del signo (:), por ejemplo en 6/2 y 6:2, 6 es el numerador.

**numeral** *adj.* Se dice del adjetivo o del pronombre que expresa número. Puede ser de cantidad (*uno*), de orden (*tercero*), de partición (*la quinta parte*) o de multiplicación (*doble*).

**numerar** *v.* Poner un número a cada elemento de un conjunto para que quede ordenado: *Miguel numeró las hojas del examen.*
FAM. Numeración, numerador. / Enumeración, innumerable.

**numerario, ria** *adj. y s. m. y f.* **1.** Se dice de la persona que pertenece de manera fija o permanente a una empresa o agrupación: *La universidad cuenta con varios profesores numerarios y otros eventuales.* **2.** Dinero efectivo o moneda.

**numérico, ca** *adj.* Relacionado con los números o que está hecho con ellos.

**número** *s. m.* **1.** Símbolo que expresa cantidad, orden u otras cosas: *2, 4 y 6 son números pares. Esteban me dio su número de teléfono.* **2.** Cantidad que no se conoce exactamente de personas, animales o cosas: *Un gran número de turistas visitó el museo.* **3.** Revista o periódico publicado en una fecha concreta: *Colecciona todos los números de esa revista.* **4.** Categoría gramatical que indica si una palabra está en singular o plural. (Puedes ver su cuadro en la página siguiente.) **5.** Parte de un espectáculo variado: *El número de los payasos fue el que más gustó a los niños.* **6.** Billete de lotería o de otro juego de azar. **7.** Acción que provoca asombro o escándalo: *¡Vaya número que montó el niño para que le compraran un juguete!*
EXPR. **en números rojos** Se dice de una cuenta en la que ya no hay dinero y sólo aparece la cantidad que queda por pagar.
SIN. **1.** Cifra, guarismo.
FAM. Numeral, numerar, numerario, numérico, numeroso. / Alfanumérico, sinnúmero.

**numeroso, sa** *adj.* Muchos: *Recibió numerosas felicitaciones el día de su cumpleaños.*
SIN. Abundante, cuantioso, copioso. ANT. Escaso.

**numismática** *s. f.* Conocimientos sobre las monedas y medallas.

**nunca** *adv.* En ningún momento: *Ese vecino nunca nos saluda. Elena no ha probado nunca la langosta.*
SIN. Jamás. ANT. Siempre.

**nunciatura** *s. f.* **1.** Cargo del nuncio. **2.** Lugar de trabajo del nuncio.

**nuncio** *s. m.* Embajador del papa en cada país.
FAM. Nunciatura.

**nupcial** *adj.* Relacionado con la boda.

**nupcias** *s. f. pl.* Boda, matrimonio.
SIN. Casamiento, esponsales.
FAM. Nupcial.

**nurse** *s. f.* Mujer que trabaja cuidando niños. ■ Es una palabra inglesa.
SIN. Niñera.

| NÚMERO GRAMATICAL | | |
|---|---|---|
| **SINGULAR** | **PLURAL** | **FORMACIÓN DEL PLURAL** |
| mesa<br>café | mesas<br>cafés | Se añade una -s. |
| león<br>país<br>lápiz<br>régimen<br>carácter | leones<br>países<br>lápices<br>regímenes<br>caracteres | Se añade -es.<br>Las palabras terminadas en z cambian la z por c en el plural.<br>Algunas palabras cambian el acento en el plural. |
| jabalí<br>cebú | jabalís o jabalíes<br>cebús o cebúes | Se añade -es o sólo -s. |
| rey<br>jersey | reyes<br>jerséis | En las palabras terminadas en -y a veces se añade -es y en otras se cambia la -y por -i y se añade -s. |
| paraguas<br>síntesis<br>tórax | paraguas<br>síntesis<br>tórax | No varían en plural. |

**nutria** s. f. Mamífero que vive en las orillas de los ríos y se alimenta sobre todo de peces. Tiene la cola larga y las patas cortas con los dedos unidos por una membrana. Su piel, de color pardo rojizo, es muy apreciada en la industria de la peletería.

**nutrición** s. f. Acción de nutrir o nutrirse que realizan los seres vivos para obtener las sustancias y la energía que necesitan.
FAM. Nutricional.

**nutricional** adj. De la nutrición o relacionado con ella.

**nutrido, da** adj. 1. Que se nutrió: Estos niños están bien nutridos. 2. En gran número: Un nutrido grupo de aficionados aplaudieron al cantante.

SIN. 2. Numeroso, abundante, copioso. ANT. 2. Pobre, escaso.

**nutrir** v. 1. Dar a los seres vivos los alimentos que necesitan para mantenerse y volver a tener las fuerzas que han perdido. 2. Hacer que algo se mantenga y no se agote: El equipo profesional se va nutriendo de jugadores juveniles.
SIN. 1. y 2. Alimentar, sustentar. ANT. 2. Debilitar.
FAM. Nutrición, nutrido, nutritivo. / Desnutrición, malnutrición.

**nutritivo, va** adj. Que nutre o proporciona el alimento que se necesita.

**nylon** s. m. Busca **nailon**. ■ Es una palabra inglesa.

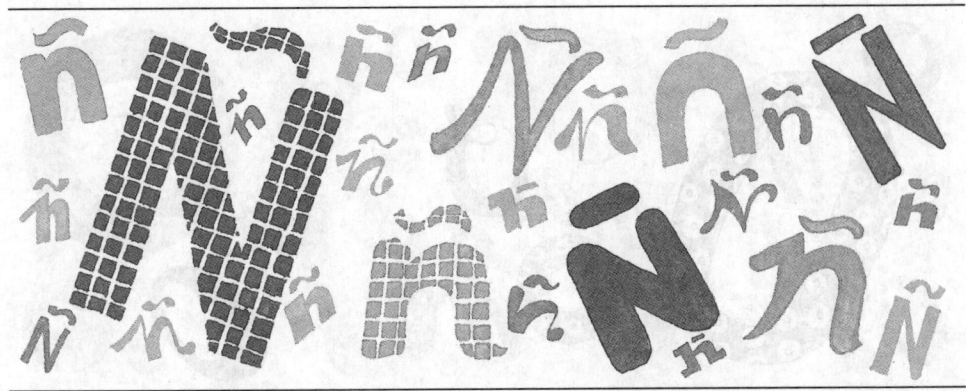

**ñ** *s. f.* Letra número quince del abecedario y doce de las consonantes. Su nombre es *eñe*.

**ñame** *s. m.* Planta trepadora de los países tropicales con un rizoma, es decir, un grueso tallo que crece bajo tierra, que es un importante alimento para los habitantes de esa zona.

**ñandú** *s. m.* Ave parecida al avestruz, pero más pequeña y con tres dedos en cada pie. Vive en América del Sur. ■ Su plural es *ñandús* o *ñandúes*.

**ñoñería** o **ñoñez** *s. f.* Característica o acción de una persona o cosa ñoña. ■ El plural de *ñoñez* es *ñoñeces*. **SIN.** Remilgo, gazmoñería.

**ñoño, ña** *adj.* y *s. m.* y *f.* Cursi o demasiado delicado: *Ese niño es un ñoño, enseguida se pone a llorar y a llamar a su mamá.* **SIN.** Remilgado, gazmoño. **ANT.** Basto; natural. **FAM.** Ñoñería, ñoñez.

**ñoqui** *s. m.* Plato italiano hecho con bolitas de pasta y patata que suelen comerse con carne picada y salsa.

**ñora** *s. f.* Cierto tipo de pimiento rojo seco.

**ñu** *s. m.* Mamífero de color pardo que tiene la cabeza grande con cuernos curvos y barba. Vive en las llanuras de África y se alimenta de hierba. ■ Su plural es *ñus* o *ñúes*.

ñandú                    ñu

**O¹** *s. f.* Letra número dieciséis del abecedario y cuarta vocal. ■ Su plural es *oes*.

**O²** *conj.* **1.** Sirve para presentar dos posibilidades de las cuales hay que elegir una: *¿Vienes o te quedas?* **2.** Une dos o más cosas que son equivalentes: *Este pegamento sirve para madera o metal.* **3.** Se usa para expresar una cantidad aproximada: *En la fiesta había quince o veinte personas.* ■ Se usa la forma *u* delante de palabras que empiezan por *o* y *ho*: *uno u otro, mujer u hombre.* Cuando la *o* va entre dos cifras escritas con números, lleva tilde para que no se confunda con un cero: *Necesitamos 25 ó 30 niños para el coro.*

**oasis** *s. m.* Lugar con agua y vegetación en medio del desierto. ■ No varía en plural.

**obcecación** *s. f.* El hecho de estar obcecado.
SIN. Obsesión, obstinación.

**obcecado, da** *adj.* Que tiene una idea fija en la cabeza y no se da cuenta de que puede estar equivocado: *Está obcecada con que está gorda, pero no es verdad.*
SIN. Obsesionado.

**obcecarse** *v.* Tener alguien una idea fija, aunque esté equivocado. ■ Delante de *e* se escribe *qu* en lugar de *c*: *Que no se obceque, pues no tiene razón.*
SIN. Obsesionarse, obstinarse, ofuscarse.
FAM. Obcecación, obcecado.

**obedecer** *v.* **1.** Hacer alguien lo que le mandan o lo que dicen las normas o leyes. **2.** Responder una cosa a la acción de algo: *El pedal del acelerador obedece cuando se le pisa.* **3.** Ser una cosa la consecuencia de algo: *El mal humor de Marga obedece a que la han castigado.* ■ Es un verbo irregular. Se conjuga como *agradecer*.
SIN. **1.** Acatar. **2.** Funcionar. **3.** Provenir, proceder.
ANT. **1.** Desobedecer, rebelarse.
FAM. Obediencia, obediente. / Desobedecer.

**obediencia** *s. f.* Hecho de obedecer y característica del que es obediente.
SIN. Acatamiento. ANT. Desobediencia.

**obediente** *adj.* Se dice de la persona que obedece a lo que se le manda.
ANT. Desobediente.

**obelisco** *s. m.* Columna acabada en punta que se coloca en algún lugar en recuerdo de un hecho importante.

**obertura** *s. f.* Parte con que empiezan algunas obras musicales. Se da sobre todo este nombre al principio de las óperas, en el que sólo intervienen instrumentos.

**obesidad** *s. f.* Gordura excesiva de una persona.
ANT. Delgadez.

**obeso, sa** *adj.* y *s. m.* y *f.* Persona muy gorda, normalmente por una enfermedad.
ANT. Delgado, raquítico.
FAM. Obesidad.

**óbice** Se usa en la expresión **no ser óbice**, que significa 'no ser obstáculo, no impedir': *El que llueva no es óbice para que salgas de casa.*

**obispado** *s. m.* **1.** Cargo del obispo. **2.** Territorio que depende de un obispo. **3.** Edificio donde el obispo realiza su trabajo.
SIN. **1.** y **3.** Episcopado. **2.** Diócesis.

oasis          obelisco

**obispo** *s. m.* Sacerdote que tiene el más alto grado dentro de la Iglesia.
**FAM.** Obispado. / Arzobispo.

**óbito** *s. m.* Muerte de una persona.
**SIN.** Fallecimiento, defunción. **ANT.** Nacimiento.

**objeción** *s. f.* **1.** Algo que se dice en contra de la idea o el plan de otra persona: *Pusieron varias objeciones a la forma de organizar el viaje que había pensado Juan.* **2.** El hecho de estar en contra de la guerra y del ejército y, por eso, no querer ir a la mili o luchar en un conflicto armado. Se llama también *objeción de conciencia.*
**SIN. 1.** Reparo, inconveniente.

**objetar** *v.* Decir una cosa en contra de algo: *El comprador objetó que el precio de la casa era muy caro.*
**ANT.** Aceptar.
**FAM.** Objeción, objetor.

**objetividad** *s. f.* Característica de las personas o cosas objetivas.
**ANT.** Parcialidad.

**objetivo, va** *adj.* **1.** Se dice de la persona que no se deja llevar por sus propios intereses o sentimientos y ve las cosas como son: *El profesor ha sido bastante objetivo calificando los exámenes.* **2.** Se dice también de sus acciones y palabras. ‖ *s. m.* **3.** Finalidad, propósito: *El objetivo de la gimnasia es mejorar la forma física de una persona.* **4.** Punto al que va dirigida alguna cosa: *El disparo no alcanzó su objetivo.* **5.** Lente o lentes que hay en algunos aparatos, como las cámaras de fotografía o vídeo, por donde entra la luz que viene del objeto al que se enfoca.
**SIN. 1.** y **2.** Imparcial. **3.** Fin, intención, meta. **4.** Blanco, diana. **ANT. 1.** y **2.** Subjetivo.
**FAM.** Objetividad. / Teleobjetivo.

**objeto** *s. m.* **1.** Cosa, sobre todo si es material. **2.** Persona o cosa a la que se dirige una acción, pensamiento, ciencia: *El objeto de la biología es el estudio de los seres vivos.* **3.** Finalidad, propósito: *El objeto de pasar los apuntes a limpio es poder leerlos luego más fácilmente.* **4.** En gramática, nombre que se da a veces al complemento directo o indirecto del verbo: *objeto directo, objeto indirecto.*
**SIN. 2.** Materia. **3.** Objetivo, fin, intención.
**FAM.** Objetivo.

**objetor, ra** *s. m.* y *f.* Persona que está en contra de la guerra y del ejército y que por eso no quiere ir a la mili o luchar en un enfrentamiento armado. Se llama también *objetor de conciencia.*

**oblea** *s. f.* Hoja muy fina de pan sin levadura, como esa capa blanca comestible que ponen en el turrón duro, o las hostias con las que se comulga.

**oblicuo, cua** *adj.* **1.** Que está en una posición intermedia entre paralela y perpendicular: *La letra V está formada por dos trazos oblicuos.* ‖ *adj.* y *s. m.*

**2.** Se dice de algunos músculos que están en el abdomen, la nuca y el ojo.
**SIN. 1.** Inclinado, transversal.

**obligación** *s. f.* Cosa que una persona tiene que hacer o cumplir: *Si has dado tu palabra, tienes la obligación de cumplirla.*
**SIN.** Deber, compromiso.

**obligado, da** *adj.* **1.** Que tiene una obligación o que hace algo por obligación. **2.** Que hay que hacerlo o cumplirlo: *La asistencia a clase es obligada.* **3.** Se dice de la persona que está agradecida por un favor que le han hecho: *Le quedo muy obligado.*
**SIN. 2.** Obligatorio, forzoso. **ANT. 2.** Voluntario.

**obligar** *v.* Hacer que una persona realice algo sin que pueda negarse: *En muchos restaurantes obligan a los camareros a llevar uniforme.* ■ Delante de *e* se escribe *gu* en lugar de *g*: *obligue.*
**SIN.** Forzar, presionar, empujar.
**FAM.** Obligación, obligado, obligatorio.

**obligatoriedad** *s. f.* Característica propia de lo que es obligatorio: *La señal indica obligatoriedad de girar a la derecha.*

**obligatorio, ria** *adj.* Que hay que hacerlo: *Es obligatorio usar el cinturón de seguridad en el coche.*
**SIN.** Necesario.
**FAM.** Obligatoriedad.

**obnubilar** *v.* **1.** Impedir a una persona pensar con claridad. **2.** Atraer la atención de alguien tanto que no se da cuenta de lo que pasa a su alrededor: *Me obnubilé viendo la tele y no oí el timbre .*
**SIN. 1.** Ofuscar, confundir, aturullar. **2.** Fascinar, embelesar.

**oboe** *s. m.* **1.** Instrumento musical de viento formado por un tubo de madera con varios agujeros y palanquitas (llaves) para dar las diferentes notas. ‖ *s. m.* y *f.* **2.** Persona que toca este instrumento.

oboe

**obra** *s. f.* **1.** Lo que hace alguien, sobre todo un cuadro, libro, escultura u otro trabajo realizado por un artista o científico: *«Las Meninas» es una de las obras más importantes de Velázquez.* **2.** Edificio o construcción que se está haciendo todavía. **3.** Arreglos o cambios en un edificio, calle, casa: *La*

calle está en obras porque van a cambiar las tuberías del gas.
**SIN. 1.** Creación, producto.

**obrador** *s. m.* Taller donde se trabaja en algunos oficios: *Llevé los pantalones a un obrador de modista para que los arreglaran.*

**obrar** *v.* **1.** Realizar una acción o comportarse de la manera que se dice: *Obró muy bien llamando al médico, porque tenía mucha fiebre.* **2.** Hacer caca.
**SIN. 1.** Actuar.
**FAM.** Obra, obrador, obrero. / Maniobra.

**obrero, ra** *s. m.* y *f.* **1.** Persona que trabaja para otras y lo hace sobre todo utilizando herramientas y sus propias manos. ‖ *adj.* **2.** Relacionado con los trabajadores: *la clase social obrera.* ‖ *adj.* y *s. f.* **3.** En los insectos que viven en colonias, como las abejas o las hormigas, se dice de los que se encargan de realizar todo el trabajo, por ejemplo llevar el alimento.
**SIN. 1.** Operario. **1.** y **2.** Proletario.

**obscenidad** *s. f.* Característica de lo que es obsceno o cosa obscena.
**SIN.** Indecencia. **ANT.** Decencia.

**obsceno, na** *adj.* y *s. m.* y *f.* Que va contra la moral en las cosas relacionadas con el sexo.
**SIN.** Indecente, inmoral. **ANT.** Decente.
**FAM.** Obscenidad.

**obsequiar** *v.* Hacer o dar cosas a alguien para agradarle, sobre todo regalos: *Le obsequiaron con una magnífica comida.*
**SIN.** Regalar, agasajar, honrar.

**obsequio** *s. m.* Regalo.
**SIN.** Presente.
**FAM.** Obsequiar, obsequioso.

**obsequioso, sa** *adj.* Que siempre está intentando agradar a los demás con atenciones y regalos, a veces excesivamente.

**observación** *s. f.* **1.** Acción de observar: *Tiene una gran capacidad de observación, se fija en todo lo que pasa a su alrededor.* **2.** Pequeño comentario o indicación que se hace sobre algo: *El profesor hizo algunas observaciones sobre los exámenes.*
**SIN. 2.** Nota.

**observador, ra** *adj.* y *s. m.* y *f.* Persona que se da cuenta de todo lo que pasa a su alrededor y se fija mucho en las cosas.

**observancia** *s. f.* Cumplimiento de las normas: *La observancia de la ley es fundamental para mantener el orden en la sociedad.*
**SIN.** Obediencia, acatamiento, respeto. **ANT.** Incumplimiento.

**observar** *v.* **1.** Mirar atentamente a alguien o algo: *El padre se pasó la tarde observando lo que hacía el bebé.* **2.** Darse cuenta de algo: *Observó que la puerta no cerraba bien.*
**SIN. 1.** Contemplar. **1.** y **2.** Fijarse. **2.** Notar, advertir, percatarse.

**FAM.** Observación, observador, observancia, observatorio.

**observatorio** *s. m.* Sitio desde donde se observa algo; por ejemplo, el lugar con los aparatos necesarios para observar el cielo o las estrellas.

**observatorio** astronómico

**obsesión** *s. f.* Idea, deseo o preocupación que alguien no puede quitarse de la cabeza: *Tiene la obsesión de que está muy gorda.*
**SIN.** Manía.
**FAM.** Obsesionar, obsesivo, obseso.

**obsesionar** *v.* Producir a alguien una obsesión: *No puede ver una mota de polvo porque le obsesiona la limpieza.*
**SIN.** Preocupar.

**obsesivo, va** *adj.* **1.** Relacionado con la obsesión o que produce obsesión: *pensamiento obsesivo.* ‖ *adj.* y *s. m.* y *f.* **2.** Que se obsesiona con facilidad.

**obseso, sa** *s. m.* y *f.* Persona que sólo piensa en una cosa, sobre todo en el sexo.
**SIN.** Maniático.

**obsidiana** *s. f.* Roca que se forma al enfriarse rápidamente la lava de los volcanes. Es dura, de poco peso y tiene color negro brillante o verdoso.

**obsoleto, ta** *adj.* Anticuado, pasado de moda: *Los monóculos se han quedado completamente obsoletos.*
**SIN.** Desfasado, caduco, desusado. **ANT.** Actual, moderno.

**obstaculizar** *v.* Poner obstáculos. ■ Delante de *e* se escribe *c* en lugar de *z*: *obstaculicé.*
**SIN.** Estorbar, dificultar. **ANT.** Facilitar.

**obstáculo** *s. m.* **1.** Cosa que está en medio de un camino y no deja pasar: *El árbol derribado por el viento era un obstáculo en la carretera.* **2.** Lo que impide o hace más difícil algo: *Ser bajito es un obstáculo para jugar al baloncesto.*
**SIN. 1.** y **2.** Estorbo. **2.** Impedimento, dificultad, traba. **ANT. 2.** Facilidad, ayuda.
**FAM.** Obstaculizar, obstar.

**obstante** Se usa en la expresión **no obstante**, que significa 'sin que lo dicho sea un obstáculo': *Estaba lloviendo; no obstante, se fueron al campo.*

**obstar** *v.* Ser un obstáculo o un inconveniente para algo. ■ Se emplea sólo en tercera persona y en oraciones negativas: *Que estés enfadado con Julián no obsta para que hables con su hermano.*
SIN. Estorbar, impedir.

**obstetricia** *s. f.* Parte de la medicina que se ocupa del embarazo y del parto.

**obstinación** *s. f.* Hecho de pensar una cosa o querer hacer algo pase lo que pase: *Dice que no le gusta la sopa por pura obstinación, porque no la ha probado.*
SIN. Terquedad, cabezonería.

**obstinado, da** *adj.* y *s. m.* y *f.* Cabezota, terco.
SIN. Testarudo, tozudo.

**obstinarse** *v.* Pensar alguien una cosa o querer hacer algo aunque no tenga razón: *Se obstina en salir sin abrigo con este frío.*
SIN. Empeñarse, emperrarse, obcecarse, empecinarse. ANT. Condescender.
FAM. Obstinación, obstinado.

**obstrucción** *s. f.* Acción de obstruir o de obstruirse algo: *Hay una obstrucción en las cañerías y hemos tenido que llamar al fontanero.*
SIN. Atasco, tapón.

**obstruir** *v.* 1. No dejar paso por un conducto o camino: *Se ha obstruido el desagüe de la bañera.* 2. Impedir o hacer más difícil algo. ■ Es un verbo irregular. Se conjuga como *huir*.
SIN. 1. Atascar, taponar. 2. Estorbar, obstaculizar, dificultar, entorpecer. ANT. 1. Desatascar. 2. Facilitar, contribuir.
FAM. Obstrucción. / Desobstruir.

**obtención** *s. f.* Acción de obtener: *La obtención de la medalla de oro en ciclismo produjo una gran alegría a los aficionados.*
SIN. Logro; extracción.

**obtener** *v.* 1. Llegar a tener alguna cosa: *Juan ha obtenido el primer premio en el concurso de cuentos.* 2. Sacar un material o producto de otro: *El corcho se obtiene de la corteza del alcornoque.* ■ Es un verbo irregular. Se conjuga como *tener*.
SIN. 1. Conseguir, lograr. 2. Extraer.
FAM. Obtención.

**obturador** *s. m.* Pieza de la cámara fotográfica que controla la entrada de luz por el objetivo: *Cuando hacemos una foto, el obturador se abre durante un instante.*

**obturar** *v.* Tapar un conducto o una abertura.
SIN. Obstruir, taponar.
FAM. Obturador.

**obtusángulo** *adj.* Se dice del triángulo que tiene un ángulo mayor de 90 grados.

**obtuso, sa** *adj.* 1. Se dice de los ángulos de más de 90 grados y menos de 180. 2. Torpe, que no comprende las cosas.
SIN. 2. Tonto, bobo, lerdo. ANT. 2. Inteligente, agudo.
FAM. Obtusángulo.

**obús** *s. m.* 1. Un cañón de alcance medio. 2. El proyectil que dispara este cañón.

**obviar** *v.* 1. No decir una cosa por considerar que todo el mundo la sabe o es evidente: *El profesor obvió la explicación porque pensaba que estaba todo claro.* 2. Evitar obstáculos, problemas o cosas desagradables: *Obviaron los detalles del accidente al dar la noticia a los familiares de la víctima.*
SIN. 2. Eludir.

**obviedad** *s. f.* 1. Característica de lo que es obvio o evidente. 2. Cosa obvia, clara y evidente.
SIN. 1. y 2. Evidencia.

**obvio, via** *adj.* Claro, evidente: *La solución de ese problema es obvia.*
SIN. Manifiesto, patente. ANT. Oscuro.
FAM. Obviar, obviedad.

**oca** *s. f.* 1. Ave parecida al pato, pero más grande. 2. Juego de mesa en el que hay que hacer avanzar una ficha sobre un tablero con casillas según los números que vayan saliendo en los dados.
FAM. Ocarina.

**ocapi** *s. m.* Busca **okapi**.

**ocarina** *s. f.* Flauta de forma redondeada hecha de barro o metal.

**ocasión** *s. f.* 1. Momento en que se hace u ocurre algo: *En aquella ocasión sentí un miedo atroz.* 2. Momento bueno para algo: *Ahora que papá está contento, es la ocasión de pedirle que nos lleve al parque de atracciones.*
EXPR. **con ocasión de** Con motivo de: *Con ocasión de las fiestas del barrio actuarán varios grupos de rock.* **de ocasión** Muy barato, sobre todo si ya está usado: *Ha comprado un coche de ocasión.*
SIN. 2. Oportunidad.
FAM. Ocasional, ocasionar.

**ocasional** *adj.* 1. Que ocurre por casualidad: *Su encuentro con Paco fue ocasional, no sabía que estaba en ese bar.* 2. Que ocurre de vez en cuando, que no es continuo: *Dice el hombre del tiempo que habrá lluvias ocasionales.*
SIN. 1. Casual, accidental, fortuito. 2. Esporádico. ANT. 1. Provocado, premeditado. 2. Frecuente, constante.

**ocasionar** *v.* Causar, provocar: *Las lluvias ocasionaron grandes inundaciones.*
SIN. Producir, originar. ANT. Impedir, evitar.

**ocaso** *s. m.* 1. El hecho de desaparecer detrás del horizonte el Sol u otro astro. 2. Decadencia: *el ocaso del imperio romano.*
SIN. 1. Atardecer, anochecer, puesta. 1. y 2. Crepúsculo. 2. Caída, declive. ANT. 1. Alba, amanecer, aurora. 2. Principio, renacimiento.

**occidental** *adj.* **1.** Que está en el occidente u oeste: *la parte occidental de España.* || *adj.* y *s. m.* y *f.* **2.** De los países de Occidente.
**SIN.** **1.** Poniente. **ANT.** **1.** Este. **1.** y **2.** Oriente.
**FAM.** Occidental.

**occipital** *adj.* **1.** De la nuca. || *adj.* y *s. m.* **2.** Se dice del hueso que está por detrás en la parte de abajo del cráneo.

**occipucio** *s. m.* Nuca.
**FAM.** Occipital.

**oceánico, ca** *adj.* **1.** Del océano o relacionado con el océano: *las profundidades oceánicas.* **2.** Tipo de clima en que la influencia del mar hace que las temperaturas no sean ni demasiado altas en verano ni muy bajas en invierno.

**océano** *s. m.* Cada una de las partes en que se divide la masa de agua que cubre la Tierra. Los océanos son cinco: el Atlántico, el Antártico, el Ártico, el Índico y el Pacífico.
**FAM.** Oceánico, oceanografía. / Transoceánico.

**oceanografía** *s. f.* Ciencia que estudia los océanos y mares, y los animales y plantas que viven en ellos.
**FAM.** Oceanógrafo.

**oceanógrafo, fa** *s. m.* y *f.* Persona que se dedica a la oceanografía.

**ocelote** *s. m.* Mamífero felino que tiene el pelo de color ocre claro con manchas oscuras y cola larga; vive en las selvas de América del Sur.

**ochavo** *s. m.* **1.** Antigua moneda de cobre. **2.** Moneda de poco valor: *No me queda ni un ochavo.*
**SIN.** **2.** Perra, duro.

**ochenta** *num.* **1.** Ocho veces diez. **2.** Que sigue por orden al setenta y nueve. || *s. m.* **3.** Signos con que se representa este número.
**FAM.** Ochentavo.

**ochentavo, va** *num.* y *s. m.* Octogésimo, se dice de cada una de las ochenta partes iguales en que se divide una cosa.

**ocho** *num.* **1.** Siete más uno. **2.** Octavo. || *s. m.* **3.** Signo con que se representa este número.
**FAM.** Ochavo, ochenta, ochocientos. / Dieciocho, octano, octavo, octingentésimo, octogenario, octogésimo, octógono, óctuple, óctuplo, veintiocho.

**ochocientos, tas** *num.* **1.** Ocho veces cien. **2.** Que sigue por orden al setecientos noventa y nueve. || *s. m.* **3.** Signos con que se representa este número.

**ocio** *s. m.* Tiempo libre, cuando no hay que trabajar.
**SIN.** Descanso. **ANT.** Trabajo.
**FAM.** Ocioso.

**ociosidad** *s. f.* El estar ocioso, sin trabajar.
**SIN.** Inactividad.

**ocioso, sa** *adj.* y *s. m.* y *f.* **1.** Que está sin trabajar: *Como ya ha acabado lo que tenía que hacer, estará ociosa un par de semanas.* || *adj.* **2.** Que no es necesario: *Es ocioso que dé tantas explicaciones porque todos saben lo que pasó.*
**SIN.** **1.** Desocupado, parado, libre. **2.** Innecesario, inútil. **ANT.** **1.** Ocupado. **2.** Necesario, útil.
**FAM.** Ociosidad.

**oclusión** *s. f.* El hecho de cerrarse un conducto, sobre todo del cuerpo: *oclusión intestinal.*
**SIN.** Obstrucción.

**ocre** *adj.* y *s. m.* **1.** Se dice del color que es una mezcla de amarillo y marrón; también se dice de las cosas que tienen este color. || *s. m.* **2.** Mineral con el aspecto de la arcilla, de color amarillo oscuro, que se usa sobre todo para fabricar pinturas.

**octaedro** *s. m.* Cuerpo geométrico con ocho caras.

**octágono** *s. m.* Busca **octógono**.

**octanaje** *s. m.* Cantidad de octano que hay en la gasolina.

**octano** *s. m.* Sustancia compuesta de carbono e hidrógeno y que se obtiene por destilación del petróleo.
**FAM.** Octanaje.

**octavilla** *s. f.* Hoja pequeña de papel en que se hace propaganda política o de otro tipo.

**octavo, va** *num.* **1.** Que ocupa por orden el número ocho: *El corredor quedó el octavo en la clasificación.* || *num.* y *s. m.* **2.** Se dice de cada una de las ocho partes iguales en que se divide una cosa.
**FAM.** Octavilla. / Decimoctavo.

**octingentésimo, ma** *num.* **1.** Que ocupa por orden el número ochocientos. || *num.* y *s. m.* **2.** Se dice de cada una de las ochocientas partes iguales en que se divide una cosa.

**octogenario, ria** *adj.* y *s. m.* y *f.* Que tiene entre ochenta y noventa años.

**octogésimo, ma** *num.* **1.** Que ocupa por orden el número ochenta. || *num.* y *s. m.* **2.** Se dice de cada una de las ochenta partes iguales en que se divide una cosa.
**SIN.** **2.** Ochentavo.

**octogonal** *adj.* Del octógono o que tiene forma de octógono: *La iglesia tiene planta octogonal.*

**octógono** *s. m.* Polígono de ocho ángulos y ocho lados. ■ Se dice también *octágono.*
**FAM.** Octágono, octogonal.

**octosílabo, ba** *adj.* y *s. m.* Se dice del verso que tiene ocho sílabas.

**octubre** *s. m.* Décimo mes del año, que tiene treinta y un días.

**óctuple** u **óctuplo, pla** *adj.* y *s. m.* Que es ocho veces mayor que otra cosa.

**ocular** *adj.* **1.** Relacionado con los ojos o que se hace con los ojos: *Fernando no pudo hacer la mili debido a su problema ocular. La policía hizo una inspección ocular de la casa robada.* || *s. m.* **2.** Lente de un instrumento óptico, por ejemplo de un microscopio, situada en la parte por donde se mira. **FAM.** Binocular.

**oculista** *s. m.* y *f.* Médico especializado en las enfermedades de los ojos y defectos de la vista. **SIN.** Oftalmólogo.

**ocultar** *v.* **1.** Esconder algo para que otros no lo vean o no lo encuentren: *Los piratas ocultaron el tesoro debajo de la tierra.* **2.** No dejar que se note algo: *Elena ocultó su tristeza para no preocupar a sus amigas.* **3.** No decir algo que uno sabe: *Teresa ocultó a sus padres que tenía novio.* **SIN.** **1.** y **2.** Disimular, camuflar. **3.** Encubrir; silenciar. **ANT.** **1.** Descubrir. **1.** y **3.** Revelar.

**ocultismo** *s. m.* Conjunto de creencias y prácticas sobre fenómenos que no están demostrados científicamente, como la comunicación con los muertos o el movimiento de los objetos con el poder de la mente. Se llama también *ciencias ocultas.*

**oculto, ta** *adj.* Escondido, que no se ve o no se conoce: *El ladrón escondió las joyas en un lugar oculto.* **EXPR.** **ciencias ocultas** Ocultismo. **SIN.** Encubierto, camuflado. **ANT.** Visible, patente. **FAM.** Ocultar, ocultismo.

**ocupación** *s. f.* **1.** Acción de ocupar: *En verano, la ocupación de los hoteles de la playa es total.* **2.** Actividad en que una persona ocupa su tiempo: *Tiene tantas ocupaciones que llega muy tarde a casa.* **SIN.** **2.** Tarea, quehacer. **FAM.** Ocupacional.

**ocupacional** *adj.* De la ocupación o actividad laboral: *En los talleres ocupacionales del ayuntamiento, los jóvenes aprenden una profesión.*

**ocupado, da** *adj.* **1.** Que alguien lo está utilizando: *El asiento está ocupado. La línea telefónica está ocupada.* **2.** Se dice de la persona que en ese momento está haciendo algo: *El director no pudo recibirle porque estaba ocupado.* **3.** Se dice de un país o territorio dominado por tropas enemigas.

**ocupante** *adj.* y *s. m.* y *f.* Que ocupa un lugar: *Todos los ocupantes del avión deben abrocharse el cinturón de seguridad.*

**ocupar** *v.* **1.** Llenar un espacio: *Los concursos ocupan gran parte de la programación de la tarde.* **2.** Estar o ponerse en un lugar: *Una señora ocupó el asiento que quedó libre en el autobús.* **3.** Conquistar, dominar: *El país estaba ocupado por un ejército extranjero.* **4.** Tener un cargo: *Ocupa la presidencia de la empresa.* **5.** Emplear el tiempo en algo: *Ocupa su tiempo libre tocando el violín.* || **ocuparse 6.** Encargarse de alguien o algo: *Isabel se ocupa*

de *llevar a su hermano al colegio.* **7.** Tratar de algún asunto: *El libro se ocupa de los últimos descubrimientos de la medicina.* **SIN.** **2.** y **3.** Instalarse. **4.** Desempeñar, ejercer, ostentar. **5.** Dedicar. **6.** Cuidar, atender. **ANT.** **1.** y **2.** Desocupar. **6.** Despreocuparse. **FAM.** Ocupación, ocupado, ocupante. / Desocupar, okupa.

**ocurrencia** *s. f.* Idea que se le ocurre a una persona de repente, que puede ser graciosa u original: *Tuvo la ocurrencia de ir a la montaña sin llevar ropa de abrigo. Nos reímos mucho con las ocurrencias de Eduardo.* **SIN.** Salida, golpe, gracia.

**ocurrente** *adj.* Gracioso, que tiene muchas ocurrencias.

**ocurrir** *v.* Suceder algo: *El abuelo contó una historia que ocurrió hace muchos años.* ■ Este verbo sólo se usa en tercera persona. **EXPR.** **ocurrírsele** algo a alguien Venirle de repente una idea: *Se me ha ocurrido que este fin de semana podemos ir a la piscina.* **SIN.** Pasar, acontecer, acaecer. **FAM.** Ocurrencia, ocurrente.

**oda** *s. f.* Composición poética, dividida casi siempre en estrofas, en que se canta a una persona o cosa.

**odeón** *s. m.* **1.** En la antigua Grecia, lugar o edificio en el que se escuchaban obras musicales. **2.** Edificio en el que se escuchan obras musicales, especialmente óperas.

**odiar** *v.* Sentir odio hacia una persona o cosa: *La madrastra odiaba a Cenicienta. Ignacio odia las sopas de sobre.* **SIN.** Aborrecer, detestar. **ANT.** Amar, adorar.

**odio** *s. m.* Sentimiento muy fuerte por el que alguien desea mal a otro, o rechaza a una persona o cosa. **SIN.** Aversión, aborrecimiento, ojeriza, tirria. **ANT.** Amor, simpatía. **FAM.** Odiar, odioso.

**odioso, sa** *adj.* **1.** Que merece o provoca odio: *un crimen odioso.* **2.** Muy antipático o desagradable: *Los acusicas me resultan odiosos. Es odioso tener que madrugar todos los días.* **SIN.** **1.** y **2.** Detestable, abominable. **2.** Fastidioso. **ANT.** **2.** Agradable, encantador.

**odisea** *s. f.* Serie de aventuras y dificultades por las que pasa una persona: *Llegar hasta la cima de la montaña fue una odisea para los alpinistas.*

**odontología** *s. f.* Parte de la medicina que trata de las enfermedades y defectos de la dentadura. **FAM.** Odontólogo.

**odontólogo, ga** *s. m.* y *f.* Dentista.

**odorífero, ra** u **odorífico, ca** *adj.* Que produce olor, sobre todo si es agradable. **SIN.** Perfumado, aromático. **ANT.** Apestoso, hediondo. **FAM.** Desodorante.

**odre** *s. m.* Recipiente hecho con la piel de un animal, en que se echa vino, aceite u otros líquidos.

**oeste** *s. m.* **1.** Uno de los cuatro puntos cardinales, el que está hacia donde se pone el Sol. **2.** País o lugar situado en esta dirección: *el oeste de España.* **3.** En los Estados Unidos de América, zona que hay entre los montes Apalaches y el océano Pacífico. La conquista de este territorio en el siglo xix ha sido el tema de muchas películas y novelas.
**SIN. 1.** Poniente. **ANT. 1.** Levante. **1.** y **2.** Este.
**FAM.** Noroeste, sudoeste, suroeste.

**ofender** *v.* **1.** Enfadar a alguien faltándole al respeto o haciendo que se sienta humillado o despreciado: *Se ofendió cuando le llamaron mentiroso.* **2.** Producir una impresión o una sensación desagradable: *Estos colores tan chillones ofenden a la vista.*
**SIN. 1.** Insultar, agraviar. **1.** y **2.** Herir, molestar. **2.** Irritar. **ANT. 1.** Honrar, alabar.
**FAM.** Ofensa, ofensiva, ofensivo. / Contraofensiva, inofensivo.

**ofensa** *s. f.* Acción o palabras que ofenden.
**SIN.** Insulto, injuria, afrenta. **ANT.** Honor, alabanza.

**ofensiva** *s. f.* Ataque: *El ejército enemigo lanzó una gran ofensiva contra la ciudad.*
**ANT.** Defensa.

**ofensivo, va** *adj.* **1.** Que ofende: *Sus insultos le parecieron muy ofensivos.* **2.** Que sirve para atacar: *Ese ejército tiene un gran poder ofensivo.*
**ANT. 2.** Defensivo.

**oferente** *adj.* y *s. m.* y *f.* Que ofrece: *Los pastores y los reyes magos están en actitud oferente ante el Niño Jesús.*

**oferta** *s. f.* **1.** Aquello que se ofrece a una persona: *Al acabar la carrera de abogado, le hicieron varias ofertas de trabajo.* **2.** Poner a la venta algo a un precio más bajo: *Los botes de tomate están en oferta.* **3.** Cantidad de cosas que se ponen a la venta: *Ha aumentado la oferta de pisos.*
**SIN. 1.** Proposición. **2.** Ocasión, ganga.
**FAM.** Ofertar. / Contraoferta.

**ofertar** *v.* Ofrecer en venta, sobre todo a un precio más bajo.

**ofertorio** *s. m.* Parte de la misa en la que el sacerdote ofrece a Dios el pan y el vino antes de consagrarlos, y oración corta que reza en este momento.

**off** Se usa en la expresión *en off,* que se dice de la voz que se oye en una película, en una obra de teatro o en la televisión sin que se vea a la persona que habla: *Una voz en off contó la historia de la madre de la protagonista.* ■ Es una palabra inglesa.

**office** *s. m.* Lugar o cuarto al lado de la cocina que se usa sobre todo para comer en él. ■ Es una palabra francesa.

**oficial** *adj.* **1.** Del Estado o de otra autoridad, hecho o aprobado por ellos: *Los ministerios son orga-* nismos oficiales. Han anunciado de manera oficial que van a subir la luz y el agua. **2.** Se dice del alumno que tiene que asistir a clase para poder examinarse. || *s. m.* y *f.* **3.** Militar que tiene cualquiera de los grados que van desde alférez a capitán. **4.** Persona que en un oficio todavía no tiene el grado de maestro. **5.** Funcionario con una categoría entre la de auxiliar y la de jefe: *Trabaja como oficial en el Ministerio de Justicia.*
**SIN. 1.** Público. **ANT. 1.** Particular, privado. **2.** Libre.
**FAM.** Oficiala. / Extraoficial, suboficial.

**oficiala** *s. f.* En algunos oficios, trabajadora que todavía no tiene el grado de maestra: *oficiala de peluquería.*

**oficiante** *adj.* y *s. m.* Se dice del sacerdote que celebra una ceremonia religiosa.
**SIN.** Celebrante.

**oficiar** *v.* Celebrar el sacerdote la misa.
**FAM.** Oficiante.

**oficina** *s. f.* Lugar de trabajo donde se realizan tareas comerciales, económicas, jurídicas o de otro tipo: *Fue a la oficina de correos para mandar una carta certificada.*
**FAM.** Oficinista. / Ofimática.

**oficinista** *s. m.* y *f.* Persona que trabaja en una oficina.

**oficio** *s. m.* **1.** Trabajo que se hace principalmente con las manos y con herramientas, para el que no hacen falta estudios superiores, como por ejemplo la albañilería y la fontanería. **2.** Cualquier profesión: *el oficio de escritor.* **3.** Escrito que manda una autoridad o un organismo a otro: *El juez mandó un oficio a la policía para que buscara a una persona.* **4.** Misa u otra celebración religiosa, sobre todo las de Semana Santa.
**EXPR. oficio de difuntos** Ceremonia religiosa en la que se ruega por los muertos. **oficio divino** Conjunto de oraciones que los religiosos rezan diariamente en distintos momentos del día. || **no tener** alguien **ni oficio ni beneficio** No tener una profesión ni ninguna otra forma de ganarse la vida.
**FAM.** Oficial, oficiar, oficina, oficioso.

**oficioso, sa** *adj.* Se dice de las informaciones que proceden de una autoridad, pero no son oficiales: *Según fuentes oficiosas, se va a construir una nueva carretera.*

**ofidio** *adj.* y *s. m.* Nombre científico del grupo de los reptiles al que pertenecen las serpientes y culebras.

**ofimática** *s. f.* Informática aplicada al trabajo en una oficina: *En mi empresa están buscando un administrativo que sepa inglés y ofimática.*

**ofrecer** *v.* **1.** Dar algo voluntariamente a una persona, ponerlo a su disposición: *Luis ofrece una recompensa a la persona que encuentre a su perro. Le han ofrecido un trabajo en Bilbao.* **2.** Dedicar o entregar algo: *Ofrecieron un homenaje a esa can-*

*tante. Ofreció un ramo de flores a la Virgen.* **3.** Decir la cantidad que se está dispuesto a pagar por algo: *Le han ofrecido por el coche la mitad de lo que le costó.* **4.** Mostrar algo que puede ser visto: *La cima del monte ofrece una magnífica vista.* **5.** Proporcionar algo oportunidades, facilidades u otras cosas: *Este viaje ofrece la posibilidad de conocer varias ciudades.* || **ofrecerse 6.** Mostrarse alguien dispuesto a hacer algo: *Mercedes se ofreció a ayudarle para pintar la casa.* ■ Es un verbo irregular. Se conjuga como *agradecer*.

SIN. **1.** Ceder, proponer. **1.** y **6.** Brindar. **2.** Celebrar. **5.** Deparar. ANT. **1.** Retirar. **1.** y **6.** Negar.

FAM. Oferente, oferta, ofertorio, ofrecimiento, ofrenda.

**ofrecimiento** *s. m.* El hecho de ofrecer algo a una persona: *Agradeció el ofrecimiento de su amigo de ayudarle a llevar las maletas.*

**ofrenda** *s. f.* Cosa que se ofrece a Dios, a la Virgen, o a los santos.

FAM. Ofrendar.

**ofrendar** *v.* Dar algo voluntariamente u ofrecérselo a alguien para que lo coja o lo use si quiere: *Mi amigo me ofrendó su casa muy amablemente para que fuéramos a conocer su ciudad.*

**oftalmología** *s. f.* Parte de la medicina que estudia las enfermedades de los ojos y los defectos de la vista.

FAM. Oftalmólogo.

**oftalmólogo, ga** *s. m.* y *f.* Oculista.

**ofuscar** *v.* Impedir algo a una persona pensar con claridad. ■ Delante de *e* se escribe *qu* en lugar de *c*: *Me asustó tanto la noticia que me ofusqué.*

**ogro** *s. m.* **1.** Gigante de los cuentos infantiles que se alimenta de carne humana. **2.** Persona gruñona, que tiene muy mal genio.

**¡oh!** *interj.* Exclamación para expresar admiración, asombro, desilusión u otras cosas: *¡Oh, qué regalo tan bonito! ¡Oh, qué pena que hayamos perdido!*

**oída** Se usa en la expresión **de oídas**, que significa 'sólo por lo que otros cuentan': *Ese restaurante lo conoce de oídas, pero nunca ha estado allí.*

**oído** *s. m.* **1.** Órgano del cuerpo que permite oír los sonidos. **2.** Uno de los cinco sentidos mediante el cual se oye. **3.** Capacidad especial que tienen algunas personas para la música: *Canta muy bien porque tiene buen oído.*

EXPR. **al oído** Junto al oído de otra persona para que los demás no se enteren. **duro de oído** Que no oye bien. **regalar** a alguien **los oídos** Decirle cosas muy agradables, alabarle. **ser todo oídos** Escuchar con mucha atención.

**oír** *v.* **1.** Percibir los sonidos: *Le gustaba despertarse oyendo el canto de los pájaros.* **2.** Poner atención a lo que otro dice: *El profesor le oyó, pero no le cambió la nota.* ■ Es un verbo irregular.

EXPR. **como quien oye llover** Sin hacer caso.

SIN. **2.** Escuchar. ANT. **2.** Desoír, desatender.

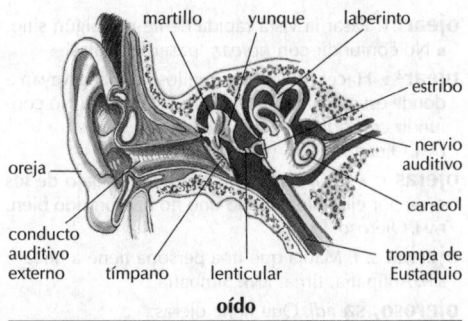

martillo · yunque · laberinto · estribo · nervio auditivo · oreja · caracol · conducto auditivo externo · tímpano · lenticular · trompa de Eustaquio

**oído**

FAM. Oída, oído, oyente. / Desoír, entreoír, radioyente.

**ojal** *s. m.* Una raja en la tela de la ropa para pasar por ella un botón y abrocharlo.

**¡ojalá!** *interj.* Expresa el deseo de que algo suceda: *¡Ojalá vayamos al circo el domingo!*

**ojeada** *s. f.* Mirada rápida: *Echó una ojeada por la ventana para ver si llovía.*

SIN. Vistazo.

**ojeador, ra** *s. m.* y *f.* Persona que espanta a los animales con ruidos o voces para que vayan hacia los cazadores o las trampas.

| OÍR | |
|---|---|
| **GERUNDIO** | |
| *oyendo* | |

| INDICATIVO | |
|---|---|
| **Presente** | **Pretérito perfecto simple** |
| oigo | oí |
| oyes | oíste |
| oye | oyó |
| oímos | oímos |
| oís | oísteis |
| oyen | oyeron |

| SUBJUNTIVO | |
|---|---|
| **Presente** | **Pretérito imperfecto** |
| oiga | oyera, -ese |
| oigas | oyeras, -eses |
| oiga | oyera, -ese |
| oigamos | oyéramos, -ésemos |
| oigáis | oyerais, -eseis |
| oigan | oyeran, -esen |
| **Futuro** | |
| oyere | oyéremos |
| oyeres | oyereis |
| oyere | oyeren |

| IMPERATIVO | |
|---|---|
| oye | oíd |

**ojear**[1] *v.* Pasar la vista rápidamente por algún sitio. ■ No confundir con *hojear*, 'pasar las hojas'.

**ojear**[2] *v.* Hacer ruido para que los animales vayan a donde están los cazadores o las trampas. ■ No confundir con *hojear*, 'pasar las hojas'.
**FAM.** Ojeador.

**ojeras** *s. f. pl.* Marcas que aparecen debajo de los ojos, por ejemplo cuando uno no ha dormido bien.
**FAM.** Ojeroso.

**ojeriza** *s. f.* Manía que una persona tiene a otra.
**SIN.** Antipatía, tirria. **ANT.** Simpatía.

**ojeroso, sa** *adj.* Que tiene ojeras.

**ojete** *s. m.* **1.** Busca **ano**. **2.** Pequeño agujero redondo reforzado en el borde, que se hace en un tejido para pasar por él un cordón o como adorno.

**ojímetro** Se utiliza en la expresión **a ojímetro,** que significa 'con un cálculo aproximado': *A ojímetro, yo diría que esta habitación mide veinte metros cuadrados.*

**ojiva** *s. f.* **1.** Figura formada por dos arcos que se cortan y terminan en punta. **2.** Arco que tiene esta figura. **3.** Carga atómica de un misil.
**FAM.** Ojival.

**ojival** *adj.* Se dice del arco que termina en punta ovalada y del estilo de arquitectura gótica que lo usaba.

**ojo** *s. m.* **1.** Órgano de la vista de las personas y de los animales, que está en la cara. **2.** El iris, es decir la parte coloreada de ese órgano: *Julia tiene los ojos verdes.* **3.** Vistazo: *Fue a echar un ojo al niño para ver si estaba dormido.* **4.** Agujero de algunas cosas: *Metió la llave por el ojo de la cerradura.* **5.** Habilidad para algunas cosas: *Ese comerciante tiene ojo para los negocios.* **6.** Cuidado, atención: *Debes tener mucho ojo al cruzar la calle.*
**EXPR.** **ojo de buey** Ventana redonda, como las que hay en los barcos. **ojo** u **ojito derecho** La persona preferida de alguien. ‖ **a ojo** o **a ojo de buen cubero** Sin calcular exactamente. **en un abrir y cerrar de ojos** Con mucha rapidez. **no pegar ojo** No dor-

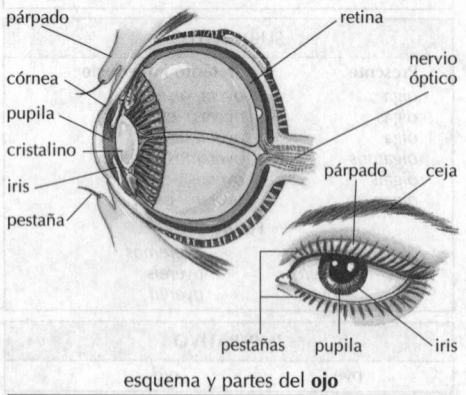

párpado
retina
nervio óptico
córnea
pupila
cristalino
iris
pestaña
párpado
ceja
pestañas    pupila    iris

esquema y partes del **ojo**

mir. **ojo avizor** Alerta, en actitud vigilante. **un ojo de la cara** Muy caro: *Ese traje le ha costado un ojo de la cara.*
**SIN. 3.** Mirada, ojeada. **4.** Orificio. **5.** Vista.
**FAM.** Ojal, ojeada, ojear[1], ojeras, ojeriza, ojete, ojímetro. / Anteojeras, anteojo, desojarse, monóculo, ocular, oculista, reojo.

**OK** *expr.* Está bien, de acuerdo: *OK, quedamos a las diez en la plaza.* ■ Es una expresión inglesa.

**okapi** *s. m.* Mamífero rumiante de tamaño parecido al de un asno, con dos cuernecillos en la cabeza, como la jirafa. Tiene el pelo marrón oscuro con líneas claras en el cuello y en las patas. Vive en África. ■ Se escribe también *ocapi*.

**okupa** *s. m.* y *f.* Persona que vive en una casa deshabitada sin permiso de su dueño.

**ola** *s. f.* **1.** Onda que se produce en la superficie del agua, sobre todo del mar, por el viento o las corrientes de agua. **2.** Bajada o subida brusca en la temperatura que dura algún tiempo: *Mucho antes del verano hubo una ola de calor en todo el país.* **3.** Conjunto de muchas personas o cosas que llegan de golpe o suceden al mismo tiempo: *Ha habido una ola de robos en el barrio.*
**FAM.** Oleada, oleaje. / Rompeolas.

**¡olé!** u **¡ole!** *interj.* Se usa para animar y aplaudir a alguien, por ejemplo en las corridas de toros o en el baile: *¡Ole, qué gracia tiene!* También, se usa para demostrar que algo nos da alegría: *¡Ole, mañana no hay clase!*

**oleada** *s. f.* Conjunto de muchas personas o cosas que aparecen de repente.
**SIN.** Ola, avalancha, alud.

**oleaginoso, sa** *adj.* Que se parece al aceite o que tiene aceite.

**oleaje** *s. m.* Movimiento que producen las olas al ir una tras otra.

**oleicultura** *s. f.* Conjunto de técnicas utilizadas para el cultivo del olivo y de otras plantas que dan aceite y para la fabricación de éste.

**óleo** *s. m.* **1.** Pintura muy pastosa que se hace con colorantes y aceites vegetales o animales. **2.** Técnica para pintar con estas pinturas. **3.** Obra que se hace con esa técnica: *Compró un óleo que representa un paisaje.* **4.** Aceite consagrado que se usa en algunos sacramentos, como el bautismo y la extremaunción.
**FAM.** Oleaginoso, oleicultura, oleoducto, oleoso. / Gasoil, gasóleo, petróleo.

**oleoducto** *s. m.* Tubería por la que se conduce petróleo desde lugares muy lejanos.

**oleoso, sa** *adj.* Que tiene aceite o que se le parece: *crema oleosa.*
**SIN.** Aceitoso, oleaginoso.

**oler** *v.* **1.** Sentir o notar los olores: *El perro ya ha olido la comida.* **2.** Producir olor una cosa: *Esa co-*

*lonia huele muy bien.* **3.** Sospechar algo: *Me huelo que nos van a regañar por llegar tarde.* ■ Es un verbo irregular.
**SIN. 1.** Olfatear, olisquear. **3.** Figurarse.
**FAM.** Olisquear. / Maloliente.

| OLER | | |
|---|---|---|
| **INDICATIVO** | **SUBJUNTIVO** | **IMPERATIVO** |
| **Presente** | **Presente** | |
| huelo | huela | |
| hueles | huelas | huele |
| huele | huela | |
| olemos | olamos | |
| oléis | oláis | oled |
| huelen | huelan | |

**olfatear** *v.* **1.** Oler algo haciendo entrar varias veces el aire por la nariz, como hacen los animales. **2.** Seguir el rastro que deja un olor, como hacen los perros.
**SIN. 1.** Olisquear, husmear.

**olfativo, va** *adj.* Del olfato.

**olfato** *s. m.* **1.** Sentido por el que se perciben los olores: *La mayoría de los animales tienen el olfato muy desarrollado.* **2.** Capacidad que tiene una persona para darse cuenta enseguida de las cosas: *Ese policía tiene mucho olfato para descubrir a los ladrones.*
**SIN. 2.** Ojo, instinto, intuición.
**FAM.** Olfatear, olfativo.

**oligarquía** *s. f.* Gobierno en el que mandan unas pocas personas poderosas.

**oligisto** *s. m.* Mineral de hierro, de color gris oscuro o rojizo, muy duro y pesado.

**oligofrenia** *s. f.* Deficiencia mental que se tiene desde el nacimiento o la primera infancia.
**FAM.** Oligofrénico.

**oligofrénico, ca** *adj. y s. m. y f.* Se dice de la persona que tiene oligofrenia.

**olimpiada** *s. f.* **1.** Fiesta que los antiguos griegos celebraban cada cuatro años en la ciudad de Olimpia y en la que había competiciones deportivas y literarias. **2.** Juegos Olímpicos.
**FAM.** Olímpicamente, olímpico, olimpismo. / Paraolimpiada.

**olímpicamente** *adv.* Sin hacer caso de alguna cosa: *Se saltó olímpicamente las reglas del juego.*

**olímpico, ca** *adj.* De la olimpiada o relacionado con ella: *El baloncesto es un deporte olímpico.*

**olimpismo** *s. m.* Conjunto de actividades relacionadas con los Juegos Olímpicos.

**olisquear** *v.* Olfatear una cosa: *Los perros se olisquean unos a otros.*
**SIN.** Husmear.

**oliva** *s. f.* **1.** Aceituna. **2.** Olivo.

**olivar** *s. m.* Campo en el que hay plantados olivos.

**olivarero, ra** *adj.* **1.** Relacionado con el cultivo de los olivos y con las industrias que se derivan de él. ‖ *s. m. y f.* **2.** Persona que cultiva olivos.

**olivicultura** *s. f.* Conjunto de técnicas utilizadas para el cultivo del olivo.

**olivino** *s. m.* Mineral verde o amarillo, brillante y algo transparente, que se usa en joyas y adornos.

**olivo** *s. m.* Árbol no muy alto y con el tronco algo retorcido. Tiene hojas que no se caen, verdes oscuras por el derecho y blancas por el revés. Su fruto es la aceituna.
**FAM.** Oliva, olivar, olivarero, olivicultura, olivino.

**olla** *s. f.* **1.** Recipiente con el fondo redondo que se usa para guisar los alimentos. **2.** Guiso de carne, legumbres y verduras.
**EXPR. olla a presión** Olla metálica con una tapa que queda totalmente cerrada y en la que se cocinan los alimentos más rápidamente.
**SIN. 1.** Cacerola, puchero.

**olma** *s. f.* Olmo grande y con muchas ramas y hojas: *Hay mucha gente sentada a la sombra de la olma de la plaza del pueblo.*

**olmo** *s. m.* Árbol grande, con muchas ramas y las hojas ovaladas y terminadas en punta. Tiene flores pequeñas de color blanco rojizo y el tronco grueso y derecho.
**FAM.** Olma.

**olor** *s. m.* Propiedad de las cosas que se percibe a través del olfato: *Los jazmines tienen muy buen olor.*
**FAM.** Oler, oloroso. / Odorífero, odorífico.

**oloroso, sa** *adj.* Que produce olor, sobre todo si es bueno: *Algunas hierbas como el tomillo son muy olorosas.*
**SIN.** Aromático, perfumado. **ANT.** Inodoro.

**olvidadizo, za** *adj. y s. m. y f.* Se dice de la persona a la que se le olvidan las cosas: *Recuérdale*

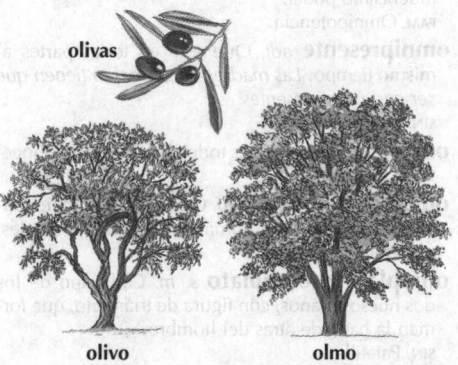

olivas

olivo     olmo

*todo lo que tiene que comprar, porque es muy olvi-dadizo.*

**olvidar** *v.* **1.** Dejar de tener algo en la memoria: *He olvidado tu número de teléfono.* **2.** No acordarse de coger algo de un sitio o de hacer alguna cosa: *Olvidó la cazadora en el cine. Se olvidó de apagar la luz al salir.*
**ANT. 1.** Recordar.
**FAM.** Olvidadizo, olvido. / Inolvidable, nomeolvides.

**olvido** *s. m.* El hecho de olvidar alguna cosa: *No coger las llaves fue un olvido de lo más molesto.*
**SIN.** Distracción, descuido.

**ombligo** *s. m.* Hoyito o botón redondeado que queda como cicatriz en la tripa del ser humano y el resto de los mamíferos cuando se corta el cordón umbilical después del parto.
**FAM.** Ombliguero. / Umbilical.

**ombliguero** *s. m.* Venda que se pone alrededor de la cintura de los recién nacidos para que cicatrice el nudito que se hace con el cordón umbilical y se forme el ombligo.

**omega** *s. f.* Última letra del alfabeto griego, que equivale a una *o.*

**omisión** *s. f.* El no decir o hacer una cosa: *El profesor le suspendió porque había algunas omisiones importantes en su examen.*

**omiso** Se usa en la expresión **hacer caso omiso**, que significa 'no hacer ningún caso': *Hizo caso omiso de las recomendaciones sobre el ahorro de agua.*

**omitir** *v.* Dejar de decir o hacer alguna cosa: *Al contar lo que les había pasado, omitieron algunos detalles.*
**SIN.** Callar, ocultar, suprimir, prescindir. **ANT.** Indicar.
**FAM.** Omisión, omiso.

**ómnibus** *s. m.* Autobús muy grande, para muchos pasajeros. ■ No varía en plural.
**SIN.** Autocar.

**omnipotencia** *s. f.* Poder absoluto o muy grande.

**omnipotente** *adj.* Que todo lo puede o tiene muchísimo poder.
**FAM.** Omnipotencia.

**omnipresente** *adj.* Que está en todas partes al mismo tiempo: *Las madres que trabajan tienen que ser casi omnipresentes.*
**SIN.** Ubicuo.

**omnisciente** *adj.* Que todo lo sabe o lo conoce: *Dios es omnisciente.*

**omnívoro, ra** *adj.* y *s. m.* Que come cualquier alimento, como el ser humano y algunos animales, por ejemplo el cerdo.

**omóplato** u **omoplato** *s. m.* Cada uno de los dos huesos planos, con figura de triángulo, que forman la parte de atrás del hombro.
**SIN.** Paletilla.

**on line** *expr.* Que responde en cualquier momento e inmediatamente; se dice especialmente de sistemas y aparatos informáticos: *El curso de informática por Internet ofrece la posibilidad de conectarse con un tutor on line.* ■ Es una expresión inglesa.

**onagro** *s. m.* Asno salvaje de pelo pardo claro y con el vientre blanco, que vive en Asia.

**once** *num.* **1.** Diez más uno. **2.** Undécimo: *Subimos al piso once del edificio.* ‖ *s. m.* **3.** Signos con que se representa este número.
**FAM.** Onceavo, onceno.

**onceavo, va** *num.* y *s. m.* Se dice de cada una de las once partes iguales en que se divide una cosa. ■ No confundir con *undécimo,* 'que ocupa por orden el número once'.

**onceno, na** *num.* Busca **undécimo**.

**oncología** *s. f.* Parte de la medicina que se ocupa del tratamiento de los tumores: *Los estudios de oncología son fundamentales para la prevención y curación del cáncer.*

**onda** *s. f.* **1.** Círculos que se forman en la superficie del agua cuando se mueve: *Tirábamos piedrecitas al río para ver las ondas que hacían.* **2.** Curva en forma de S que se forma en alguna cosa, por ejemplo en el pelo. **3.** Cada uno de los medios círculos que adornan el borde de algo: *El vestido tenía ondas en el escote.* **4.** Forma en que se propagan algunas vibraciones, como por ejemplo el sonido a través del aire: *ondas sonoras.* ■ No confundir con *honda,* 'arma para arrojar piedras'.
**EXPR. coger** o **pillar onda** o **la onda** Entender algo o enterarse de alguna cosa: *Calla, que no cojo onda de lo que dicen.* **estar en la onda** Estar a la moda y conocer las cosas más modernas.
**SIN. 1.** y **2.** Ondulación.
**FAM.** Ondear, ondular. / Microondas.

**ondear** *v.* Formar ondas en una cosa al moverla o al moverse: *La bandera ondeaba al viento.*
**SIN.** Ondular.

**ondulación** *s. f.* **1.** Acción de ondular o de ondularse. **2.** Parte redondeada que sobresale de una superficie: *La arena del desierto forma ondulaciones.*

**ondulado, da** *adj.* Que tiene ondas.

**ondular** *v.* Formar ondas en algo: *Cuando llueve se le ondula el pelo.*
**SIN.** Rizar, ondear. **ANT.** Alisar.
**FAM.** Ondulación, ondulado, ondulatorio.

**ondulatorio, ria** *adj.* Que se mueve o se propaga en forma de ondas.

**oneroso, sa** *adj.* **1.** Muy difícil de soportar. **2.** Que cuesta mucho dinero.
**SIN. 1.** Pesado, molesto. **2.** Costoso, caro. **ANT. 1.** y **2.** Leve, ligero.

**ONG** *s. f.* Primeras letras de *Organización No Gubernamental;* se llaman así las organizaciones formadas por voluntarios, que no dependen del Estado y que se dedican a labores humanitarias: *Todos los meses doy algún dinero a la ONG «Médicos sin Fronteras».*

**ónice** *s. m.* Mineral de cuarzo con bandas de diversos tonos o colores, sobre todo blancas y negras, que se emplea como piedra de adorno o para hacer esculturas.
SIN. Ónix.

**onírico, ca** *adj.* Relacionado con los sueños o que parece salido de un sueño.

**ónix** *s. m.* Busca **ónice**. ■ No varía en plural.

**onomástica** *s. f.* Día en que una persona celebra su santo.
FAM. Onomástico.

**onomástico, ca** *adj.* De nombres propios, sobre todo de persona, o relacionado con ellos: *El libro tiene al final un índice onomástico.*

**onomatopeya** *s. f.* Palabra que imita el sonido que hace un animal o una cosa, como *quiquiriquí* (el canto del gallo), *miau* (el maullido del gato) o *tic-tac* (el ruido que hace el reloj).
FAM. Onomatopéyico.

**onomatopéyico, ca** *adj.* Se dice de las palabras o los sonidos que imitan ruidos, voces de animales y otras cosas parecidas.

**onubense** *adj. y s. m. y f.* De Huelva, ciudad y provincia de Andalucía.

**onza** *s. f.* **1.** Antigua medida de peso que equivalía a 28,70 gramos. **2.** Cada uno de los cuadrados en que se dividen las tabletas de chocolate.

**opacidad** *s. f.* Característica de lo que es opaco: *la opacidad de la madera.*
ANT. Transparencia.

**opaco, ca** *adj.* **1.** Se dice de los objetos que no dejan pasar la luz a través de ellos. **2.** Sin brillo: *luz opaca, colores opacos.*
SIN. **2.** Apagado, mate, turbio. ANT. **1.** Transparente, traslúcido. **2.** Brillante.
FAM. Opacidad.

**ópalo** *s. m.* Mineral que tiene un brillo entre blanco y azulado y que se emplea para pulir y como piedra preciosa.

**opción** *s. f.* Posibilidad de elegir y, también, cada una de las cosas entre las que se puede elegir: *Sólo tienes dos opciones: o vienes o te quedas aquí.*
SIN. Elección, alternativa.
FAM. Opcional.

**opcional** *adj.* Que se puede hacer, elegir o utilizar si uno quiere, sin estar obligado: *En ese viaje las excursiones son opcionales.*
SIN. Optativo, voluntario. ANT. Obligatorio.

**open** *s. m.* Competición deportiva, generalmente de tenis o de golf, en la que pueden participar aficionados y profesionales. Se llama también *torneo abierto.*
■ Es una palabra inglesa. No varía en plural.

**ópera** *s. f.* **1.** Obra musical y teatral, es decir, que está hecha para ser a la vez cantada y representada. **2.** Género musical formado por estas obras. **3.** Teatro donde se representan.
FAM. Opereta.

**operación** *s. f.* **1.** Acción o conjunto de acciones con que se realiza algo: *La operación de cargar el barco fue muy lenta.* **2.** Acción de operar el cirujano a un paciente: *Le tienen que hacer una operación de estómago.* **3.** En matemáticas, cálculo que se realiza con números, como la suma, la resta, la multiplicación o la división.

**operador, ra** *adj. y s. m. y f.* Persona que maneja algunas máquinas o aparatos: *operador de radio.*

**operar** *v.* **1.** Actuar, realizar acciones con algún fin: *Esa banda de ladrones opera siempre en la misma zona.* **2.** Realizar cálculos con números: *Para hacer ese problema hay que operar con decimales.* **3.** Abrir el cuerpo de una persona o de un animal con instrumentos para curar o sacar partes dañadas o enfermas: *Le operaron para quitarle el apéndice.*
SIN. **1.** Trabajar, obrar. **2.** Calcular. **3.** Intervenir.
FAM. Operación, operador, operario, operativo. / Cooperar, inoperante, posoperatorio, postoperatorio.

**operario, ria** *s. m. y f.* Obrero, trabajador manual.

**operativo, va** *adj.* **1.** Que produce el resultado que se espera o se pretende: *Abrir otro carril en la autopista resultó operativo para que no hubiera atascos.* **2.** Que funciona o está en activo: *Hace un año instalaron una base científica en la Antártida que continúa operativa.*
SIN. **1.** Eficaz. ANT. **1.** Ineficaz. **2.** Desmantelado, retirado.

**opereta** *s. f.* Obra musical de teatro, breve y generalmente cómica.

**opiáceo, a** *adj. y s. m.* Del opio o que está compuesto de opio.

**opinar** *v.* **1.** Tener una opinión sobre alguien o algo: *El periodista preguntó a los ciudadanos lo que opinaban de la subida de la gasolina.* **2.** Decir esa opinión: *En aquel programa de televisión mucha gente opinó sobre los incendios de bosques.*
SIN. **1.** y **2.** Pensar, juzgar, estimar. **2.** Declarar.
FAM. Opinión. / Inopinado.

**opinión** *s. f.* Lo que se piensa de alguien o algo: *Mis padres nos pidieron nuestra opinión sobre la nueva casa.*
EXPR. **opinión pública** La que tiene la gente en general.
SIN. Idea, juicio, concepto.

**opio** *s. m.* Sustancia que se saca de la planta llamada *adormidera* y de la que se obtienen drogas como la morfina, la heroína y la codeína.
FAM. Opiáceo.

**opíparo, ra** *adj.* Se dice de las comidas muy buenas y abundantes: *un festín opíparo.*
SIN. Espléndido, copioso. ANT. Ligero.

**oponente** *adj.* y *s. m.* y *f.* Se dice de la persona o grupo que se opone o enfrenta a otros: *El equipo local tuvo dificultades para derrotar a su oponente.* SIN. Contrincante, enemigo, rival.

**oponer** *v.* **1.** Poner algo frente a una persona o cosa o contra ella: *Los defensores del castillo opusieron gran resistencia al enemigo.* || **oponerse 2.** No estar de acuerdo con algo, rechazarlo: *Quería que su primo entrara en la pandilla, pero los demás se opusieron.* **3.** Ser contrario: *La virtud se opone al vicio.* ■ Es un verbo irregular. Se conjuga como *poner.* SIN. **1.** y **2.** Enfrentar. **1.** y **3.** Contraponerse. ANT. **2.** Facilitar. **3.** Equivaler. FAM. Oponente, oposición, opositor, opuesto.

**oporto** *s. m.* Un vino portugués muy famoso.

**oportunidad** *s. f.* **1.** Ocasión o posibilidad de hacer algo: *Ahora tienes la oportunidad de ver esa película, porque la vuelven a poner.* **2.** En los comercios, venta de productos a bajo precio. SIN. **1.** Coyuntura. **2.** Saldo, rebaja. ANT. **1.** Imposibilidad.

**oportunismo** *s. m.* Comportamiento del que aprovecha el momento para beneficiarse sin tener en cuenta la ética o el daño que pueda hacer a otras personas.

**oportunista** *adj.* y *s. m.* y *f.* Se dice de la persona que trata de sacar provecho de todo sin importarle nada ni nadie. SIN. Aprovechado. FAM. Oportunismo.

**oportuno, na** *adj.* Que se hace o sucede en el momento, en el lugar o de la manera que conviene: *Éste es el momento oportuno para decírselo. La oportuna intervención de un informático evitó que el virus estropease el disco duro.* SIN. Apropiado, feliz. ANT. Inoportuno. FAM. Oportunidad, oportunista. / Inoportuno.

**oposición** *s. f.* **1.** Acción o hecho de oponer u oponerse: *El enemigo se rindió sin oposición alguna. Los vecinos manifestaron su oposición a que se construyera la autopista junto a sus casas.* **2.** Exámenes o pruebas que se hacen para ocupar un puesto o empleo: *Está preparando oposiciones para catedrático.* **3.** Grupo o grupos políticos de ideas contrarias a las del gobierno. SIN. **1.** Resistencia; enfrentamiento; rechazo. **2.** Concurso. ANT. **1.** Acuerdo, conformidad. FAM. Opositar.

**opositar** *v.* Presentarse a una oposición para conseguir un puesto o empleo: *Juan estudió derecho y después opositó para notario.*

**opositor, ra** *s. m.* y *f.* **1.** Persona que se opone a alguien o algo. **2.** Persona que participa en unas oposiciones. SIN. **1.** Contrario, enemigo. ANT. **1.** Partidario.

**opresión** *s. f.* **1.** Acción de oprimir a una persona o a un pueblo quitándoles la libertad u otros derechos. **2.** Sensación de ahogo y angustia: *Aquel cuarto tan cerrado y oscuro le causaba opresión.* SIN. **1.** Tiranía. **2.** Asfixia, agobio.

**opresivo, va** *adj.* Que oprime o causa opresión.

**opresor, ra** *adj.* y *s. m.* y *f.* Que abusa de su poder o autoridad: *El pueblo se levantó contra sus opresores.* SIN. Opresivo, tirano, déspota.

**oprimir** *v.* **1.** Apretar, hacer fuerza sobre algo: *oprimir un botón. Este cinturón me oprime mucho.* **2.** Dominar a una persona o a un pueblo quitándole su libertad u otros derechos. SIN. **1.** Presionar, comprimir. **2.** Tiranizar, esclavizar. ANT. **1.** Soltar, aflojar. **2.** Libertar, liberar. FAM. Opresión, opresivo, opresor.

**oprobio** *s. m.* Vergüenza, deshonra: *El presidente del club no soportó el oprobio de que su equipo bajase a segunda y dimitió.* SIN. Deshonor, infamia, afrenta.

**optar** *v.* **1.** Escoger una posibilidad entre varias: *Optó por el camino más largo porque era más llano.* **2.** Intentar lograr algo, sobre todo un cargo o un empleo: *Sus estudios le permiten optar a ese puesto de maestro.* SIN. **1.** Seleccionar, elegir. **2.** Pretender, aspirar. ANT. **1.** Rechazar. **2.** Renunciar. FAM. Opción, optativo.

**optativo, va** *adj.* **1.** Opcional, no obligatorio: *Esa asignatura es optativa.* || *adj.* y *s. f.* **2.** Se dice de la oración que expresa deseo, como *¡Ojalá venga Alicia!*

**óptica** *s. f.* **1.** Técnica y conocimientos para fabricar lentes, gafas y otros instrumentos que corrigen o mejoran la visión. **2.** Tienda donde se venden estas lentes e instrumentos y también donde examinan la vista y hacen las gafas. **3.** Parte de la física que estudia la luz y sus fenómenos. **4.** Punto de vista, manera de juzgar un asunto: *La opinión de los demás te ayuda a ver las cosas desde otra óptica.* FAM. Óptico.

**óptico, ca** *adj.* **1.** Relacionado con la visión, con los ojos o la óptica: *nervio óptico, lector óptico.* || *s. m.* y *f.* **2.** Persona que fabrica o vende lentes e instrumentos de óptica.

**optimismo** *s. m.* Forma de ser de la persona optimista. ANT. Pesimismo.

**optimista** *adj.* y *s. m.* y *f.* Se dice de la persona que ve siempre lo bueno de las cosas y no se desanima; también se dice de sus pensamientos y acciones. ANT. Pesimista. FAM. Optimismo.

**optimizar** *v.* Mejorar, lograr el mejor resultado o los mayores beneficios posibles. ■ Delante de *e* se escribe *c* en lugar de *z*: *Optimicé la producción de mi empresa con las nuevas máquinas.*

**óptimo, ma** *adj.* Superlativo de **bueno**. Lo mejor: *Logró un óptimo resultado en el campeonato porque había entrenado mucho.*
SIN. Perfecto. ANT. Pésimo.
FAM. Optimista, optimizar.

**opuesto, ta** *adj.* **1.** Contrario o totalmente diferente: *Se equivocó y tomó el tren que iba en dirección opuesta. Los dos hermanos tienen caracteres opuestos: uno es muy abierto y el otro muy tímido.* **2.** Que está enfrente o lo más alejado posible de otra cosa: *El puente te lleva a la orilla opuesta.*
SIN. **1.** Contrapuesto, contradictorio, inverso, dispar. **1.** y **2.** Contrario. ANT. **1.** Igual, idéntico. **2.** Contiguo, cercano.

**opulencia** *s. f.* Gran riqueza o abundancia.
ANT. Escasez, carencia, pobreza.

**opulento, ta** *adj.* Rico o abundante: *una opulenta mansión, una cabellera opulenta.*
SIN. Lujoso, generoso. ANT. Pobre, escaso.
FAM. Opulencia.

**oquedad** *s. f.* Hueco, cavidad.

**ora** *conj.* Sirve para expresar dos posibilidades distintas o que se realizan sucesivamente: *Hicimos el viaje ora a pie, ora a caballo.* ■ No confundir con *hora*.

**oración** *s. f.* **1.** Lo que se hace y se dice al orar o rezar: *Los monjes están en oración. La oración del padrenuestro.* **2.** En gramática, conjunto de palabras que expresan un significado completo.
EXPR. **oración compuesta** La que tiene dos o más verbos. **oración simple** La que tiene un solo verbo. SIN. **1.** Rezo, plegaria. **2.** Frase.
FAM. Oracional.

**oracional** *adj.* Relacionado con las oraciones de la gramatica.

## LAS ORACIONES SIMPLES

### CLASIFICACIÓN SEGÚN LA INTENCIÓN DEL HABLANTE

| | |
|---|---|
| ENUNCIATIVAS: | **Afirmativas:** *Marina tiene una bicicleta chulísima.* <br> **Negativas:** *No me gusta el pescado.* |
| INTERROGATIVAS: | **Directas:** *¿Quieres más tarta?* <br> **Indirectas:** *Me preguntó si íbamos a la fiesta.* |
| EXCLAMATIVAS: | *¡Qué lío te has armado!* |
| DUBITATIVAS: | *Tal vez venga Manuel con sus amigos.* |
| OPTATIVAS o DESIDERATIVAS: | *Ojalá haga bueno el día de la excursión.* |
| EXHORTATIVAS: | *No chilles tanto.* |
| DE POSIBILIDAD: | *Mis amigos estarán ahora llegando a su casa.* |

### CLASIFICACIÓN SEGÚN EL PREDICADO

COPULATIVAS: *Ignacio es un gran deportista.*

PREDICATIVAS:
- Activas:
  - Transitivas:
    - Sin verbo pronominal: *Sus padres le han regalado unos patines.*
    - Con verbo pronominal:
      - Reflexivas: *Marta se lava el pelo todos los días.*
      - Recíprocas: *Las dos amigas se cuentan todas sus cosas.*
  - Intransitivas: *El avión llegó a su hora.*
  - Impersonales: *Mañana hará buen tiempo.*
- Pasivas: *Ese puente fue construido por los romanos.*

**oráculo** *s. m.* **1.** Entre los griegos, los romanos y otros pueblos antiguos, respuesta que los dioses daban a las preguntas de las personas a través de los sacerdotes y los adivinos. **2.** Lugar o templo donde se hacían estas preguntas.

**orador, ra** *s. m.* y *f.* Persona que da conferencias, pronuncia discursos o habla en público.

**oral** *adj.* **1.** Que se hace hablando, no por escrito: *El profesor nos hizo un examen oral.* **2.** De la boca o por la boca: *Esta medicina se toma por vía oral.* **SIN. 1.** Verbal. **2.** Bucal. **ANT. 1.** Escrito.

**orangután** *s. m.* Mono grande que tiene la cabeza alargada, los brazos muy largos y el pelo de color marrón o rojizo. Vive en las selvas de Sumatra y Borneo, islas del sureste de Asia.

**orar** *v.* Dirigirse a Dios, a la Virgen o a los santos para alabarlos, hacerles alguna petición o agradecerles algo. **SIN.** Rezar. **FAM.** Oración, orador, oratoria, oratorio. / Perorar.

**oratoria** *s. f.* Arte de saber hablar para convencer, agradar o emocionar. **SIN.** Elocuencia.

**oratorio** *s. m.* Capilla de una casa particular o de un edificio público.

**orballo** *s. m.* Busca **orvallo**.

**orbe** *s. m.* El mundo o el universo. **FAM.** Órbita.

**órbita** *s. f.* **1.** Camino que siguen los planetas alrededor del Sol, y los satélites alrededor de los planetas. **2.** Cada uno de los dos huecos situados debajo de la frente, en los que se encuentran los ojos. **SIN. 2.** Cuenca. **FAM.** Orbital, orbitar. / Desorbitar, exorbitante.

**orbital** *adj.* Relacionado con la órbita.

**orbitar** *v.* Moverse siguiendo una órbita: *La Luna orbita alrededor de la Tierra.*

**orca** *s. f.* Animal mamífero marino de la misma familia que los delfines; mide hasta nueve metros de largo, es de color negro, con una mancha blanca en el vientre y otras dos detrás de los ojos. ■ No confundir con *horca*, 'aparato para ahorcar'.

**órdago** *s. m.* En el juego del mus, el apostarlo todo a una sola jugada. **EXPR. de órdago** Que es muy grande, muy fuerte o muy bueno: *Ha pillado un resfriado de órdago.*

**orden** *s. m.* **1.** Colocación de las personas o cosas en su sitio o de la manera que se indica: *Pon en orden tu habitación. En la guía de teléfonos, los apellidos de las personas sigue el orden del alfabeto.* **2.** Situación normal, en que hay tranquilidad: *La patrulla comprobó que las calles estaban en orden.* **3.** Clase, tipo: *Los problemas de esa empresa son de orden económico.* **4.** Sacramento por el que una persona es consagrada sacerdote. ‖ *s. f.* **5.** Lo que se

manda a alguien para que lo haga: *El alcalde dio la orden de que comenzara el desfile.* **6.** Organización religiosa aprobada por el papa, en la que sus miembros viven según unas reglas: *San Ignacio fundó la orden de los jesuitas.* **EXPR. orden de caballería** Organización militar y religiosa que estaba formada por caballeros que seguían unas normas. ‖ **sin orden ni concierto** Con desorden, de cualquier manera. **SIN. 1.** Ordenación. **2.** Normalidad. **3.** Género. **5.** Mandato, mandamiento. **6.** Congregación, compañía. **ANT. 1.** Desorden, caos. **FAM.** Ordenada, ordenanza, ordenar, ordinal, ordinario. / Contraorden, desorden.

**ordenación** *s. f.* **1.** Acción de ordenar. **2.** Manera de estar colocadas las cosas. **3.** Ceremonia religiosa en la cual una persona es consagrada sacerdote. **SIN. 1.** y **2.** Organización, disposición. **2.** Orden.

**ordenada** *s. f.* En matemáticas, coordenada o línea vertical en un sistema de ejes cartesianos.

**ordenado, da** *adj.* **1.** Que alguien lo ordenó; recogido: *Mis padres insisten mucho en que tenga la habitación ordenada.* **2.** Que hace las cosas con orden; que tiene sus cosas ordenadas: *Hay que ser muy ordenado para ser un buen secretario.* **ANT. 1.** Desordenado.

**ordenador** *s. m.* Máquina que almacena datos e información, junto con programas de operaciones que sirven para manejar esa información. **SIN.** Computador, computadora. **FAM.** Microordenador.

**ordenamiento** *s. m.* **1.** Acción de ordenar. **2.** Ordenanza, reglamento. **SIN. 1.** Ordenación.

**ordenanza** *s. f.* **1.** Normas que dirigen el funcionamiento de un grupo de personas o de una institución: *ordenanzas militares, ordenanzas municipales.* ‖ *s. m.* **2.** Empleado de oficina que hace recados y otras tareas parecidas. **3.** Soldado que está al servicio de un oficial. **SIN. 1.** Reglamento, estatuto, ordenamiento. **2.** Bedel. **3.** Asistente.

**ordenar** *v.* **1.** Poner en orden: *Voy a ordenar los libros por materias.* **2.** Dar una orden, decir a alguien lo que debe hacer: *El capitán ordenó atacar.* **3.** Administrar o recibir el sacramento del orden: *Se ordena sacerdote hoy.* **SIN. 1.** Organizar, arreglar. **1.** y **2.** Disponer. **2.** Mandar. **ANT. 1.** Desordenar. **FAM.** Ordenación, ordenado, ordenador, ordenamiento. / Reordenar.

**ordeñadora** *s. f.* Máquina que sirve para ordeñar.

**ordeñar** *v.* Sacar la leche de un animal hembra apretando sus ubres: *ordeñar una vaca.* **FAM.** Ordeñadora, ordeño.

**ordeño** *s. m.* Hecho de ordeñar: *el ordeño de la oveja.*

**ordinal** *adj.* y *s. m.* Se dice del número y del adjetivo numeral que indican el orden en el que van personas o cosas, como *primero, segundo, tercero.*

**ordinariez** *s. f.* Lo que tienen o hacen las personas ordinarias o groseras. ■ Su plural es *ordinarieces.* SIN. Grosería, vulgaridad. ANT. Delicadeza.

**ordinario, ria** *adj.* **1.** Habitual, corriente: *Se perdió por no seguir el camino ordinario.* || *adj.* y *s. m.* y *f.* **2.** Poco educado o delicado: *No seas ordinario y no digas palabrotas.* **3.** Vulgar o de mal gusto: *Se viste de una manera muy ordinaria.* SIN. **1.** Normal, común. **2.** Maleducado, soez. **2.** y **3.** Grosero, basto, chabacano. ANT. **1.** Extraordinario, excepcional. **2.** Educado, cortés. **2.** y **3.** Fino. FAM. Ordinariez. / Extraordinario.

**orear** *v.* Airear, ventilar.

**orégano** *s. m.* Hierba muy olorosa que se emplea en perfumería y como condimento. EXPR. **no todo el monte es orégano** Busca **monte.**

**oreja** *s. f.* Parte externa del oído, que consiste en dos repliegues de la piel que se encuentran a los lados de la cabeza; tienen orejas las personas y muchos animales. EXPR. **de oreja a oreja** Se dice de bocas o sonrisas muy grandes. **ver** uno **las orejas al lobo** Darse cuenta de un peligro o de una dificultad. FAM. Orejera, orejón.

**orejera** *s. f.* Pieza de algunos gorros o cascos que cubre las orejas; también, otras piezas con que se tapan las orejas para protegerlas del frío.

**orejón** *s. m.* Trozo de melocotón o de albaricoque secado al aire y al sol.

**orensano, na** *adj.* y *s. m.* y *f.* De Orense, ciudad y provincia de Galicia.

**orfanato** *s. m.* Casa para niños huérfanos. SIN. Orfelinato, hospicio.

**orfandad** *s. f.* Situación de un niño huérfano. FAM. Orfanato, orfelinato.

**orfebre** *s. m.* Persona que hace objetos artísticos con metales preciosos, como el platino, el oro, la plata. FAM. Orfebrería.

**orfebrería** *s. f.* **1.** El arte y el oficio del orfebre, que consiste en hacer objetos artísticos con metales preciosos, como el platino, el oro, la plata. **2.** Conjunto de estos objetos.

**orfelinato** *s. m.* Orfanato.

**orfeón** *s. m.* Coro: *Esos chicos cantan en un orfeón de su barrio.* SIN. Coral.

**organdí** *s. m.* Tela de algodón fina y transparente y un poco rígida. ■ Su plural es *organdís* u *organdíes.* SIN. Organza.

**orgánico, ca** *adj.* **1.** Relacionado con los órganos o el organismo de los seres vivos: *enfermedad orgá-*nica, lesión orgánica. **2.** Se dice de cualquier sustancia o materia que es o ha sido parte de un ser vivo, o que está formada por restos de seres vivos; estas sustancias contienen carbono. FAM. Inorgánico.

**organigrama** *s. m.* Esquema que representa la organización de una empresa, de un sistema o de un grupo de personas: *Los directivos plantearon algunos cambios en el organigrama y fundieron dos departamentos en uno.*

**organillero, ra** *s. m.* y *f.* Persona que toca el organillo.

**organillo** *s. m.* Instrumento musical con forma de piano pequeño que tiene una manivela para hacer que suene la música. FAM. Organillero.

**organismo** *s. m.* **1.** Ser vivo. **2.** Conjunto de órganos que forman un ser vivo. **3.** Un conjunto organizado, público o privado, que tiene una función importante, por ejemplo el gobierno de un país o la Organización de las Naciones Unidas (ONU). FAM. Microorganismo.

**organista** *s. m.* y *f.* Persona que toca el órgano.

**organización** *s. f.* **1.** Acción de organizar u organizarse: *Un grupo de vecinos se encarga de la organización de las fiestas del pueblo.* **2.** Manera de estar organizado algo. **3.** Asociación o grupo de personas organizadas. SIN. **1.** y **2.** Ordenación, colocación. **3.** Organismo, agrupación, sociedad. ANT. **1.** y **2.** Desorganización, desorden.

**organizado, da** *adj.* Que tiene organización u orden: *El equipo del colegio está bien organizado.* ANT. Desorganizado.

**organizador, ra** *adj.* y *s. m.* y *f.* Que organiza o sabe organizar: *María es la organizadora del baile.*

**organizar** *v.* **1.** Ordenar a personas o cosas para que funcionen bien: *La profesora ha organizado a los alumnos en grupos para que hagan un mural. El jefe del campamento organizó todas las actividades de los chicos.* **2.** Preparar una cosa: *organizar una rifa.* **3.** Poner algo en orden: *Organiza tu mesa.* **4.** Hacer o producir: *Los chavales organizaron un buen jaleo tirando cohetes en las fiestas. Los fines de semana se organizan atascos en la carretera.* || **organizarse 5.** Ser ordenado en las cosas de uno, en lo que uno hace: *Necesitas una agenda para organizarte.* ■ Delante de *e* se escribe *c* en lugar de *z*: *organicé.* SIN. **1.** Estructurar. **4.** Montar, armar. ANT. **1.** y **3.** Desorganizar, desordenar. FAM. Organización, organizado, organizador, organizativo. / Desorganizar, reorganizar.

**organizativo, va** *adj.* De la organización o relacionado con ella: *Tenemos que solucionar algunas deficiencias organizativas.*

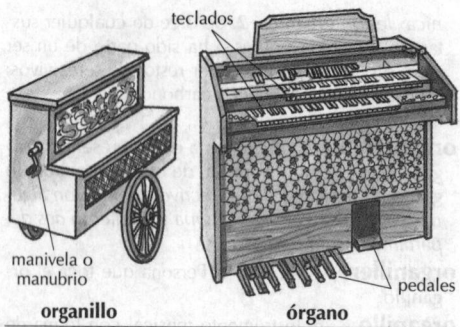

teclados

manivela o manubrio

pedales

**organillo**          **órgano**

**órgano** s. m. **1.** Cada una de las partes del cuerpo de un ser vivo que realizan una función distinta, por ejemplo el estómago y el corazón de personas y animales, o las hojas de las plantas. **2.** Parte de un conjunto con una función o finalidad: *El consejo escolar es un órgano de gobierno del colegio.* **3.** Instrumento musical de viento que se toca con teclas: *En la catedral hay un órgano muy antiguo.*
**EXPR. órgano electrónico** Instrumento electrónico que produce sonidos parecidos a los del órgano de viento.
**FAM.** Orgánico, organigrama, organillo, organismo, organista, organizar.

**organza** s. f. Organdí.

**orgasmo** s. m. Momento en el que el placer sexual llega a ser más intenso.

**orgía** s. f. Fiesta en la que se come y se bebe con exceso, o se hacen actos sexuales viciosos.

**orgullo** s. m. **1.** Satisfacción o alegría que una persona siente por algo bueno suyo: *El atleta mostró con orgullo la medalla que ganó en las olimpiadas.* **2.** Sentimiento y actitud del que se cree que es más que otros.
**SIN. 2.** Vanidad, soberbia. **ANT. 1.** Vergüenza. **2.** Humildad.
**FAM.** Orgulloso. / Enorgullecer.

**orgulloso, sa** adj. **1.** Satisfecho por algo bueno suyo: *Carmen está orgullosa del cuadro que ha pintado.* || adj. y s. m. y f. **2.** Persona que se cree superior a otras.
**SIN. 2.** Vanidoso, soberbio, engreído. **ANT. 2.** Humilde.

**orientable** adj. Que se puede orientar.

**orientación** s. f. **1.** Acción de orientar u orientarse. **2.** Posición de una cosa en dirección hacia alguno de los puntos cardinales: *Su terraza tiene orientación al sur.* **3.** Capacidad que tienen las personas y los animales para orientarse. **4.** Consejo, ayuda o información que alguien recibe de otro: *Como tenía que manejar ordenadores, le dieron unas orientaciones.* **5.** Dirección que lleva la conducta de las personas: *Dio una orientación nueva a sus estudios.*
**SIN. 5.** Rumbo. **ANT. 1., 3.** y **5.** Desorientación.

**orientador, ra** adj. y s. m. y f. Que orienta: *un letrero orientador.*
**SIN.** Indicador.

**oriental** adj. **1.** Que está situado en el oriente o este: *región oriental.* || adj. y s. m. y f. **2.** De Asia o de los países asiáticos. **3.** En Hispanoamérica, uruguayo.

**orientar** v. **1.** Colocar en dirección hacia alguno de los puntos cardinales: *Orientó la planta hacia el sol para que le diera la luz.* **2.** Indicar a una persona el lugar en que se encuentra o la dirección que debe seguir para ir a donde desea: *Quería ir al aeropuerto y preguntó a un guardia para que le orientase.* **3.** Dar a alguien una información o consejo: *El monitor le orientó sobre cómo montar correctamente la tienda de campaña.* **4.** Dirigir alguien su conducta: *Ha orientado su vida a los negocios.* ||
**orientarse 5.** Saber una persona o animal en dónde se encuentra y qué dirección debe seguir: *Para orientarse buscó en un plano de la ciudad la calle en la que estaba.*
**SIN. 2.** a **4.** Guiar, encaminar. **3.** Instruir. **4.** Encauzar. **ANT. 2.** a **5.** Desorientar.
**FAM.** Orientable, orientación, orientador, orientativo. / Desorientar.

**orientativo, va** adj. Que sirve como orientación, información o consejo: *Los datos obtenidos de la encuesta son orientativos.*

**oriente** s. m. **1.** Punto del horizonte por donde sale el Sol. **2.** Lugar que, en comparación con otros, está más próximo a ese punto. **3.** Asia y las partes de Europa y África que están más cerca de Asia. ■ Con este último significado se escribe con mayúscula.
**EXPR. Extremo Oriente** Conjunto de los países de Asia oriental. **Oriente Medio** Conjunto de países situados en el nordeste de África y el sudoeste de Asia.
**SIN. 1.** y **2.** Este, levante. **ANT. 1.** y **2.** Oeste. **1.** a **3.** Occidente.
**FAM.** Oriental, orientar.

**orífice** s. m. Artesano o artista que trabaja el oro.

**orificio** s. m. **1.** Agujero: *el orificio de la cerradura.* **2.** Abertura del cuerpo que comunica un órgano interior con el exterior: *los orificios de la nariz.*
**SIN. 1.** Hueco.

**origen** s. m. **1.** Principio de algo o momento en que empieza algo. **2.** Lo que produce algo: *El origen de su enfermedad fue un resfriado.* **3.** Familia de la que procede una persona: *Es de origen noble.* **4.** Lugar de donde procede una persona o una cosa: *Francisco es de origen italiano. Ese vino es de origen francés.*
**EXPR. dar origen** a algo Causarlo o provocarlo: *Fue una discusión entre vecinos lo que dio origen a la pelea.*
**SIN. 1.** Comienzo, inicio. **1.** y **3.** Nacimiento. **2.** Motivo, causa. **3.** Ascendencia. **ANT. 1.** Fin. **3.** Descendencia.
**FAM.** Original, originar. / Aborigen.

**original** *adj.* **1.** Relacionado con el origen o principio: *El papel original que había en la casa era de flores.* **2.** Distinto de la mayoría o que se sale de lo corriente: *Lleva unos zapatos muy originales. Este poema es muy original.* **3.** Relacionado con obras o películas que están en el idioma en que se han hecho: *Prefiere ver las películas en versión original.* || *adj.* y *s. m.* **4.** Aquello de lo que se hacen copias, reproducciones o versiones: *Presentó el carné original.*
**SIN. 1.** Originario, inicial. **ANT. 2.** Normal. **3.** Doblado.
**FAM.** Originalidad.

**originalidad** *s. f.* Característica de original: *La originalidad de esa novela está en el lenguaje.*

**originar** *v.* **1.** Producir, ser origen, motivo o causa de algo: *El huracán originó una gran catástrofe.* || **originarse 2.** Tener una cosa su origen o principio en otra.
**SIN. 1.** Causar, provocar.
**FAM.** Originario.

**originario, ria** *adj.* **1.** Que tiene su origen en un sitio o procede de él: *Marcel es originario de Francia. Esta moda es originaria de Inglaterra.* **2.** Como era al principio: *En su forma originaria ese baile era más sencillo.*
**SIN. 1.** Natural, oriundo.

**orilla** *s. f.* **1.** Extremo o borde de algo: *la orilla del camino, la orilla de la tela.* **2.** Límite entre la tierra y el agua de un río, del mar, de un lago, y parte de tierra o de agua próxima a ese límite.
**SIN. 1.** Límite, filo. **1.** y **2.** Margen. **2.** Ribera.
**FAM.** Orillar, orillo.

**orillar** *v.* **1.** Evitar cualquier obstáculo o dificultad. || **orillarse 2.** Arrimarse a la orilla: *Cuando vio que el coche de atrás iba a adelantar, se orilló a la derecha.*
**SIN. 1.** Esquivar, sortear, eludir, bordear.

**orillo** *s. m.* Borde de las piezas de tela que es más basto que el resto de la pieza.

**orín¹** *s. m.* Capa oxidada de color rojizo anaranjado que se forma en la superficie del hierro por la humedad.
**SIN.** Herrumbre.

**orín²** *s. m.* Orina.

**orina** *s. f.* Líquido que se echa fuera del cuerpo, normalmente de color amarillento. Procede de los riñones, pasa a la vejiga y se expulsa por la uretra. ■ Como plural se usa el de *orín: orines.*
**SIN.** Orín, pis.
**FAM.** Orín², orinal, orinar.

**orinal** *s. m.* Recipiente pequeño para hacer pis o caca.
**SIN.** Bacín.

**orinar** *v.* Echar la orina, hacer pis.
**SIN.** Mear.

**oriundo, da** *adj.* y *s. m.* y *f.* Que procede de un lugar: *Sonia es oriunda de Salamanca.*
**SIN.** Originario, natural.

**órix** *s. m.* Animal mamífero de cuerpo robusto de alrededor de un metro de alto, pelo castaño, larga cola y grandes cuernos un poco curvados hacia atrás. Vive en las estepas africanas. ■ No varía en plural.

**orla** *s. f.* **1.** Adorno que se pone al borde de algunas cosas como telas, vestidos, hojas de papel o cuadros. **2.** Cuadro con las fotos de alumnos y profesores que se suele hacer cuando una persona termina una carrera.

**ornamentación** *s. f.* Acción de adornar y aquello que adorna.

**ornamental** *adj.* Relacionado con el adorno o que sirve para adornar.
**SIN.** Decorativo.

**ornamentar** *v.* Poner ornamentos o adornos.
**SIN.** Adornar, decorar, ornar.

**ornamento** *s. m.* **1.** Adorno o conjunto de objetos que decoran algo. || *s. m. pl.* **2.** Ropas que se pone el sacerdote para celebrar una ceremonia religiosa y, también, adornos de los altares.
**SIN. 1.** Decoración, ornamentación, ornato.
**FAM.** Ornamentación, ornamental, ornamentar, ornar, ornato.

**ornar** *v.* Busca **adornar**.

**ornato** *s. m.* Aquellas cosas que sirven para adornar algo.
**SIN.** Adorno, ornamento.

**ornitología** *s. f.* Parte de la zoología que estudia las aves.

**ornitorrinco** *s. m.* Mamífero australiano con el cuerpo aplanado y cubierto de pelo gris en la parte de arriba y amarillento en el vientre, cola grande y plana, hocico en forma de pico de pato y patas cortas con unas membranas entre los dedos de los pies.

**oro** *s. m.* **1.** Metal muy apreciado, de color amarillo, que se puede extender en láminas: *Lleva unos pendientes de oro.* **2.** Conjunto de joyas y objetos de este metal. **3.** Color de ese metal. || *s. m. pl.* **4.** Palo de la baraja española en el que figuran una o varias monedas de oro.
**EXPR.** **oro negro** Petróleo. || **a peso de oro** Muy caro, muy costoso. **como los chorros del oro** Muy limpio: *Ha dejado la habitación como los chorros del oro.* **de oro** Muy bueno, excelente: *Tiene un corazón de oro.* **el oro y el moro** Valor exagerado o irreal: *Le han ofrecido el oro y el moro por cambiar de trabajo, pero ella prefiere seguir donde está.* **hacerse de oro** Hacerse muy rico.
**FAM.** Orífice. / Dorar.

**orogénesis** *s. f.* Conjunto de fenómenos que producen la formación de montañas y cordilleras. ■ No varía en plural.

**orogenia** *s. f.* Estudio de la formación de las montañas. **FAM.** Orogénico.

**orogénico, ca** *adj.* Relacionado con la formación de las montañas.

**orografía** *s. f.* **1.** Estudio del relieve y las montañas de la Tierra. **2.** Conjunto de montes de un continente, país, región u otro sitio. **FAM.** Orográfico.

**orográfico, ca** *adj.* Relacionado con la orografía.

**orondo, da** *adj.* **1.** Gordo, muy redondito. **2.** Satisfecho, contento: *Metió la pata, pero se quedó tan orondo.* **SIN. 1.** Rollizo. **2.** Ufano, pancho. **ANT. 1.** Delgado. **2.** Avergonzado.

**oropel** *s. m.* **1.** Lámina de latón muy fina que imita al oro. **2.** Aquello que parece de gran valor o lujo, pero que en realidad no lo tiene.

**oropéndola** *s. f.* Pájaro que tiene el pico grande y curvado hacia abajo y un canto muy característico; el macho es de color amarillo con alas y cola negras, mientras que la hembra es verde por arriba y con el vientre blancuzco con franjas pardas.

**orquesta** *s. f.* Conjunto formado por músicos que tocan diversos instrumentos, como violines, flautas, trompetas y otros. **FAM.** Orquestal, orquestar, orquestina.

**orquestal** *adj.* De la orquesta o relacionado con ella: *música orquestal.*

**orquestar** *v.* **1.** Preparar una pieza musical para que la pueda tocar una orquesta. **2.** Dirigir u organizar un grupo o una actividad, coordinando distintos elementos: *El jefe de la banda orquestó un sofisticado plan para atracar el banco.*

**orquestina** *s. f.* Orquesta de pocos instrumentos, que normalmente toca música para bailar.

**orquídea** *s. f.* Flor de diversas plantas que se llaman también *orquídeas*; tiene formas y colores vistosos, y uno de sus pétalos se desarrolla más que los otros.

**órsay** *s. m.* Fuera de juego en algunos deportes.

**ortiga** *s. f.* Planta silvestre cubierta de pelillos que, al tocarlos, producen un picor muy molesto. **FAM.** Ortigal.

**ortigal** *s. m.* Terreno en el que hay muchas ortigas: *Para llegar a aquella parcela tendremos que rodear este ortigal.*

**ortodoncia** *s. f.* Manera de corregir los defectos de los dientes mal formados o mal colocados. **FAM.** Ortodoncista.

**ortodoncista** *s. m.* y *f.* Dentista especializado en ortodoncia.

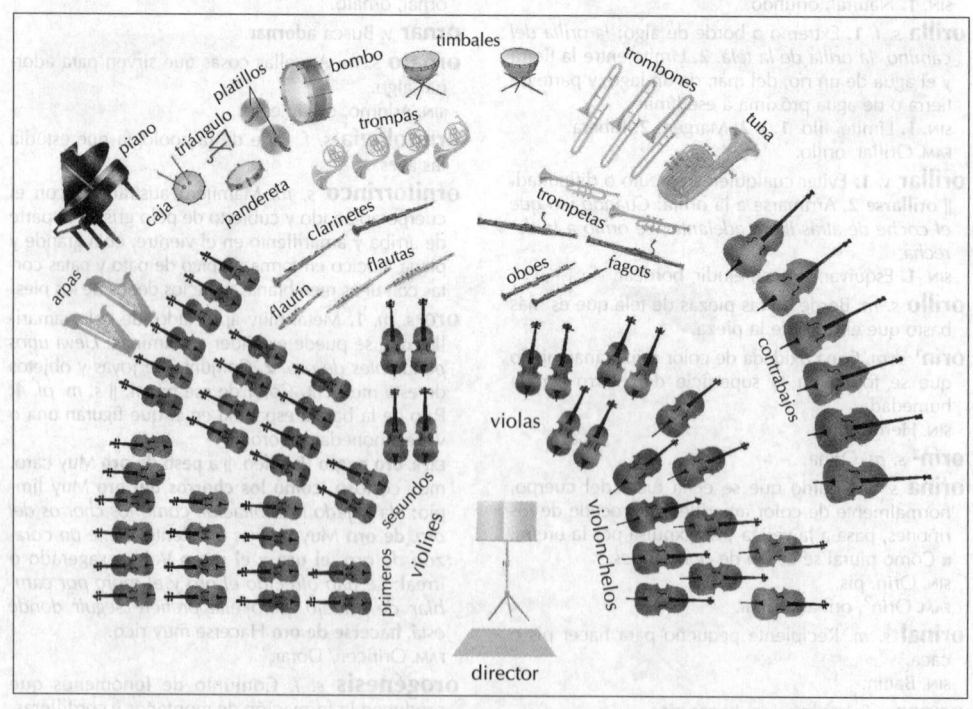

colocación de los instrumentos en una **orquesta**

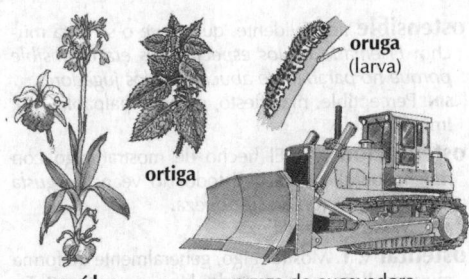

orquídea · oruga de excavadora · oruga (larva) · ortiga

**ortodoxia** *s. f.* Hecho de seguir fielmente todas las creencias y enseñanzas de una religión o una doctrina.
ANT. Heterodoxia.

**ortodoxo, xa** *adj. y s. m. y f.* **1.** Que sigue fielmente las creencias y enseñanzas de la religión católica. **2.** Que está totalmente de acuerdo con una doctrina o unas ideas. **3.** De la religión cristiana de algunos países, como Rusia, Rumania o Grecia.
ANT. **1.** y **2.** Heterodoxo.
FAM. Ortodoxia.

**ortoedro** *s. m.* Prisma recto que tiene un rectángulo como base.

**ortogonal** *adj.* Que forma ángulo recto.

**ortografía** *s. f.* **1.** Parte de la gramática de una lengua que da las normas para escribir las palabras y para puntuar. **2.** Manera correcta de escribir de acuerdo con esas normas.
FAM. Ortográfico.

**ortográfico, ca** *adj.* De la ortografía o relacionado con ella.

**ortopedia** *s. f.* Parte de la medicina que trata de corregir defectos y deformaciones del cuerpo humano, sobre todo por medio de aparatos.
FAM. Ortopédico.

**ortopédico, ca** *adj.* De la ortopedia o relacionado con ella; se dice sobre todo de los aparatos que sirven para corregir algunos defectos físicos.

**oruga** *s. f.* **1.** Animal parecido a un gusano, que tiene unas patitas con las que se ayuda a arrastrarse. Son las larvas de las mariposas. **2.** Cadena que une las ruedas de algunos vehículos, como tanques, excavadoras o máquinas quitanieves, y les permite avanzar por terrenos con muchas desigualdades o muy resbaladizos.

**orujo** *s. m.* Aguardiente que se hace con los restos que quedan al machacar la uva.

**orvallo** *s. m.* Lluvia fina y continua característica de algunos sitios, como Galicia y Asturias. ■ Se escribe también *orballo*.
SIN. Calabobos, sirimiri, llovizna.

**orza** *s. f.* Pieza en forma de aleta triangular que se pone por debajo de un barco o de una tabla de windsurf para que sea más estable y fácil de manejar.

**orzuelo** *s. m.* Granito en el borde del párpado.

**os** *pron. pers.* Indica la segunda persona del plural. Funciona como complemento directo: *Os quiero mucho*; como complemento indirecto: *¿Os regalaron el reloj?*; también se usa para formar los verbos pronominales: *¿Os atrevéis a montar en la montaña rusa?*, y a veces para dar más expresividad: *Os comisteis el bocadillo*.

**osadía** *s. f.* **1.** Característica de las personas que se atreven a todo, sobre todo si son cosas demasiado peligrosas. **2.** Falta de respeto, descaro.
SIN. **1.** Temeridad. **1.** y **2.** Atrevimiento. **2.** Desvergüenza, insolencia. ANT. **1.** Prudencia. **2.** Consideración.

**osado, da** *adj.* Muy atrevido.
SIN. Temerario; desvergonzado. ANT. Prudente; considerado.

**osamenta** *s. f.* Conjunto de huesos del esqueleto de una persona o un animal.

**osar** *v.* **1.** Atreverse a hacer algo, sobre todo si es demasiado peligroso: *Osó cruzar el lago a nado*. **2.** Atreverse a hablar con alguien, a contestarle o a hacer alguna cosa sin ningún respeto.
SIN. **1.** Arriesgarse. ANT. **1.** Evitar.
FAM. Osadía, osado.

**osario** *s. m.* Lugar donde hay enterrados huesos de personas.

**oscar** *s. m.* **1.** Premio de cine que concede cada año la Academia Americana de Artes y Ciencias Cinematográficas, y que consiste en una estatuilla dorada: *La película de Pedro Almodóvar ganó el Oscar a la mejor película de habla no inglesa*. **2.** Estatuilla dorada que se les entrega a los que han ganado este premio: *Spielberg dejó el oscar sobre una mesa mientras recibía el abrazo de sus compañeros*. ■ Es una palabra inglesa. Con el significado **1** se escribe con mayúscula y no varía en plural; con el significado **2** se escribe con minúscula y su plural es *oscars*. A veces se usa la palabra española *óscar*.

**oscense** *adj. y s. m. y f.* De Huesca, ciudad y provincia de Aragón.

**oscilación** *s. f.* Acción de oscilar.
SIN. Variación; titubeo. ANT. Estabilidad.

**oscilar** *v.* **1.** Moverse una cosa primero hacia un lado y luego hacia otro: *El viento hacía oscilar la lámpara*. **2.** Variar algo entre unos límites, cantidades o valores: *La temperatura oscilará mañana entre quince y veinte grados*. **3.** Dudar, no saber qué hacer.
SIN. **1.** Balancearse, bambolearse, mecerse. **2.** Fluctuar. **3.** Titubear. ANT. **1.** y **2.** Estabilizarse.
FAM. Oscilación.

**oscurantismo** *s. m.* **1.** Oposición a que la gente corriente tenga una buena cultura y educación. **2.** El hecho de ocultar información.
FAM. Oscurantista.

**oscurantista** *adj.* **1.** Del oscurantismo. ‖ *adj. y s. m. y f.* **2.** Partidario del oscurantismo.

**oscurecer** *v.* **1.** Poner más oscuro: *Los colores se oscurecen al mezclarlos con el negro.* **2.** Anochecer: *Cuando oscureció encendimos la luz.* ■ Con este significado, se usa sólo en tercera persona. Es un verbo irregular. Se conjuga como *agradecer*.
SIN. **1.** Apagar, sombrear. ANT. **1.** Aclarar, iluminar. **2.** Amanecer.
FAM. Oscurecida.

**oscurecida** *s. f.* Momento en que empieza a anochecer. ■ Se escribe también *obscurecida*.
SIN. Anochecida. ANT. Amanecer.

**oscuridad** *s. f.* Falta de luz o de claridad para ver las cosas: *No sé cómo puedes leer con esa oscuridad.*
SIN. Tiniebla. ANT. Luminosidad.

**oscuro, ra** *adj.* **1.** Que no tiene luz o claridad, o tiene muy poca: *Encendió la lámpara porque la habitación estaba muy oscura. Amaneció el día oscuro.* **2.** Se dice del color que está más cerca del negro en comparación con otros: *El azul marino es un color oscuro.* **3.** Complicado, desconocido o difícil de entender: *Utilizaba un lenguaje oscuro y nadie comprendía lo que estaba diciendo.*
EXPR. **a oscuras** Sin luz.
SIN. **1.** Apagado, sombrío. **3.** Confuso, incomprensible, lioso. ANT. **1.** Iluminado. **1.** a **3.** Claro. **3.** Comprensible, sencillo.
FAM. Oscurantismo, oscurecer, oscuridad. / Claroscuro.

**óseo, a** *adj.* De los huesos o relacionado con ellos: *tejido óseo, enfermedad ósea.*
FAM. Osamenta, osario.

**osera** *s. f.* Cueva donde viven los osos.

**osezno** *s. m.* Cachorro del oso.

**ósmosis** u **osmosis** *s. f.* Paso de un líquido o de algunas sustancias a través de una membrana. ■ No varía en plural.

**oso, sa** *s. m. y f.* **1.** Animal mamífero de pelo largo y espeso, que al andar apoya toda la planta de los pies y las manos. Tiene la cabeza grande, los ojos pequeños, el hocico puntiagudo y las patas cortas y fuertes con uñas muy largas. **2.** Persona muy fuerte o con mucho vello, como los osos.
EXPR. **oso hormiguero** Mamífero de pelo fuerte y áspero, con un hocico cilíndrico y una larga lengua que usa para alimentarse de hormigas, termitas y abejas. Vive en las selvas tropicales de América. **oso panda** Busca **panda**[1]. ‖ **hacer el oso** Hacer o decir tonterías.
FAM. Osera, osezno.

**ostensible** *adj.* Evidente, que se ve o se nota mucho: *El enfado de los espectadores era ostensible porque no paraban de abuchear a los jugadores.*
SIN. Perceptible, manifiesto, patente, palpable. ANT. Imperceptible.

**ostentación** *s. f.* El hecho de mostrar algo con mucho orgullo para que todos lo vean: *Le gusta hacer ostentación de su riqueza.*
ANT. Modestia, sencillez.

**ostentar** *v.* **1.** Mostrar algo, generalmente de forma muy orgullosa, para que todos lo vean o noten. **2.** Tener un título, un cargo u otra cosa: *El nadador ostenta el título mundial de los cien metros libres.* ■ Con este significado, no confundir con *detentar*, 'tener un cargo o un título sin derecho a ello'.
SIN. **1.** Exhibir, lucir, presumir. **2.** Poseer, ocupar. ANT. **1.** Esconder, encubrir.
FAM. Ostensible, ostentación, ostentoso.

**ostentoso, sa** *adj.* **1.** Se dice de las cosas que muestran mucho lujo o riqueza: *una casa muy ostentosa.* **2.** Que se hace o se muestra para que todos lo vean o lo noten.
SIN. **1.** Lujoso, suntuoso, pomposo. **2.** Ostensible, patente. ANT. **1.** Mísero, ruin. **2.** Disimulado.

oso hormiguero

oso pardo

oso polar

**osteoporosis** *s. f.* Formación de huecos en los huesos, sin que disminuya la cantidad de calcio. ■ No varía en plural.

**ostra** *s. f.* Molusco marino con dos conchas rugosas, desiguales, y de color pardo verdoso por fuera y el interior de nácar. La ostra común es un alimento muy apreciado.
**EXPR. aburrirse como una ostra** Aburrirse mucho.
**¡ostras!** Exclamación para expresar sorpresa, admiración u otras cosas.

**ostracismo** *s. m.* **1.** Castigo por el que se destierra a una persona de su país por razones políticas. **2.** Aislamiento que sufre una persona como castigo por alguna acción o idea: *Desde que traicionó a sus compañeros, Pedro sufre un completo ostracismo.*

**ostrogodo, da** *adj.* y *s. m.* y *f.* De uno de los dos grupos principales en que se dividían los antiguos godos.

**otear** *v.* **1.** Mirar desde un lugar alto. **2.** Mirar con atención intentando descubrir algo.
**SIN. 2.** Observar, atisbar, explorar.

**otero** *s. m.* Monte pequeño que se eleva en un terreno llano.
**SIN.** Cerro, altozano, colina, montículo.

**otitis** *s. f.* Inflamación del oído. ■ No varía en plural.

**otomán** *s. m.* Tela gruesa cuyo tejido forma cordones en sentido horizontal: *La tapicería del sillón es de otomán.*

**otomano, na** *adj.* y *s. m.* y *f.* De Turquía, país del oeste de Asia y del sudeste de Europa, o del antiguo imperio turco.
**SIN.** Turco.

**otoñal** *adj.* **1.** Del otoño o relacionado con el otoño: *En el mes de noviembre hemos tenido temperaturas otoñales.* **2.** Que está cerca de la vejez.

**otoño** *s. m.* **1.** Estación del año entre el verano y el invierno. **2.** Periodo de la vida próximo a la vejez.
**FAM.** Otoñal.

**otorgamiento** *s. m.* Acción de otorgar.

**otorgar** *v.* Conceder una cosa, como un premio o un título: *Le otorgaron una medalla por sus méritos.*
■ Delante de *e* se escribe *gu* en lugar de *g: otorgué.*
**SIN.** Dar, entregar, proporcionar, conferir. **ANT.** Retirar, negar.
**FAM.** Otorgamiento.

**otorrino** *s. m.* y *f.* Forma abreviada de **otorrinolaringólogo.**

**otorrinolaringología** *s. f.* Parte de la medicina que trata las enfermedades de la nariz, la garganta y los oídos.
**FAM.** Otorrino, otorrinolaringólogo.

**otorrinolaringólogo, ga** *s. m.* y *f.* Médico especialista de la nariz, la garganta y los oídos. ■ Se dice también sólo *otorrino.*

**otoscopio** *s. m.* Instrumento médico que se utiliza para examinar el interior de los oídos.

**otro, tra** *indef.* **1.** Distinto de la persona o cosa de la que se habla o que ya se conoce: *En verano salgo con otros amigos. Ahora vive en otra casa.* **2.** Anterior, ya pasado: *El otro día fui al cine.*

**ouija** *s. f.* Tablero con las letras del abecedario que se usa para invocar a un espíritu que, supuestamente, hace que se deslice un objeto y señale las letras del mensaje que quiere transmitir: *En la película, unos jóvenes utilizaban una ouija y se les aparecía el espíritu de un muerto.*

**out** *adv.* **1.** Voz usada en tenis para decir que la pelota se ha salido de la pista. || *adj.* **2.** Que no está de moda o que no conoce la moda, la actualidad o el tema del que se habla: *estar un bar out, estar un opositor out.* ■ Es una palabra inglesa.

**ovación** *s. f.* Aplauso ruidoso que un conjunto de personas dedican a alguien para mostrar satisfacción o admiración: *El público premió a los actores con una gran ovación.*
**SIN.** Palmas. **ANT.** Abucheo.
**FAM.** Ovacionar.

**ovacionar** *v.* Dar una ovación a alguien.

**oval** *adj.* Ovalado.

**ovalado, da** *adj.* En forma de huevo.

**óvalo** *s. m.* Línea cerrada de forma parecida a la de un huevo.
**FAM.** Oval, ovalado.

**ovario** *s. m.* Órgano de reproducción femenino.

**oveja** *s. f.* Animal mamífero rumiante que tiene el cuerpo cubierto de lana espesa y vive en rebaños. Se cría para aprovechar su carne, su leche y su lana. El carnero es el macho de la oveja.
**EXPR. oveja negra** Persona que, por su mala conducta, se diferencia del resto de los miembros de una familia o de un grupo.
**FAM.** Ovejero, ovino.

**ovejero, ra** *adj.* y *s. m.* y *f.* Que cuida las ovejas: *pastor ovejero, perro ovejero.*

carnero

oveja

**overol** *s. m.* En Hispanoamérica, mono, traje de una pieza como el que se usa en algunos oficios.

**ovetense** *adj.* y *s. m.* y *f.* De Oviedo, capital del Principado de Asturias.

**ovillar** *v.* **1.** Hacer ovillos. ‖ **ovillarse 2.** Acurrucarse, enroscarse.
SIN. **2.** Arrebujarse. ANT. **2.** Estirarse.

**ovillo** *s. m.* Bola que se forma enrollando un hilo de lana, una cuerda o algo parecido.
FAM. Ovillar.

**ovino, na** *adj.* y *s. m.* Se dice del ganado formado por ovejas y animales de la misma familia.
SIN. Lanar.

**ovíparo, ra** *adj.* y *s. m.* y *f.* Se dice de los animales que ponen huevos, en los que la cría termina su desarrollo fuera del cuerpo de la madre.

**ovni** *s. m.* Primeras letras de *Objeto Volante No Identificado*; nombre que se da a algunos objetos voladores desconocidos, que algunos piensan que se trata de naves espaciales de otros planetas.

**ovovivíparo, ra** *adj.* y *s. m.* y *f.* Se dice de las especies de animales que se reproducen mediante huevos, pero que permanecen dentro del cuerpo de la madre hasta después de romperse la cáscara, como ocurre con los tiburones y las víboras.

**ovulación** *s. f.* Hecho de ovular.

**ovular** *v.* Salir el óvulo del ovario.

**óvulo** *s. m.* Célula reproductora femenina, que se une a la masculina para formar un nuevo ser.
FAM. Ovulación, ovular.

**oxidación** *s. f.* Acción de oxidarse.

**oxidarse** *v.* Formarse óxido sobre algunos metales.

**óxido** *s. m.* Capa rojiza o pardusca que se forma en la superficie de los metales por la acción del aire y la humedad.
SIN. Orín, herrumbre.
FAM. Oxidación, oxidarse. / Dióxido, hidróxido, inoxidable, monóxido.

**oxigenado, da** *adj.* **1.** Que contiene oxígeno: *agua oxigenada.* **2.** Aireado, lleno de aire puro.
SIN. **2.** Ventilado, oreado. ANT. **2.** Cargado.

**oxigenar** *v.* **1.** Combinar un elemento con el oxígeno. **2.** Airear, ventilar: *oxigenar una habitación.* ‖ **oxigenarse 3.** Descansar al aire libre: *Se va al campo porque necesita oxigenarse.*
SIN. **2.** Orear. **3.** Respirar. ANT. **2.** Enrarecer, enturbiar.

**oxígeno** *s. m.* Elemento químico; es un gas que, mezclado con el nitrógeno, forma parte del aire, y con el hidrógeno compone el agua. Es necesario para respirar y en la combustión.
FAM. Oxigenado, oxigenar.

**oyente** *adj.* y *s. m.* y *f.* **1.** Se dice de la persona que está oyendo o escuchando: *los oyentes de un programa de radio.* ‖ *s. m.* y *f.* **2.** Alumno que asiste a un curso sin estar matriculado en él.

**ozono** *s. m.* Gas de color azulado formado por tres átomos de oxígeno. Forma una capa en las zonas altas de la atmósfera que protege a los seres vivos de las radiaciones del Sol, por lo que su destrucción pone en peligro la vida en la Tierra.
FAM. Ozonosfera.

**ozonosfera** *s. f.* Capa de la atmósfera situada entre los quince y los cuarenta kilómetros de altitud, formada principalmente por ozono.

**p** *s. f.* Letra número diecisiete del abecedario y número trece de las consonantes. Su nombre es *pe*.

**pabellón** *s. m.* **1.** Edificio que es parte de un conjunto, de otro edificio más grande, o que está muy cerca de él: *Vimos todos los pabellones de la feria.* **2.** Bandera, sobre todo la que llevan los barcos para indicar de qué país son: *un buque de pabellón francés.*
**EXPR.** **pabellón de la oreja** o **pabellón auditivo** Parte de fuera del oído, la oreja.
**SIN.** **1.** Sección, anexo.

**pabilo** o **pábilo** *s. m.* **1.** Mecha de una vela. **2.** La parte de esta mecha que está quemada.
**FAM.** Espabilar.

**pábulo** Se usa en la expresión **dar pábulo a** algo, que significa favorecer algo, dar motivo a algo: *Sus misteriosas salidas nocturnas dieron pábulo a todo tipo de comentarios maliciosos.*

**paca** *s. f.* Paquete que se hace con algunas cosas como lana, algodón o paja, atándolas muy apretadas.
**SIN.** Bala.
**FAM.** Paquete. / Empacar.

**pacato, ta** *adj.* y *s. m.* y *f.* Que se escandaliza fácilmente: *No es un chiste tan verde, es que Laura es muy pacata.*

**pacense** *adj.* y *s. m.* y *f.* De Badajoz, ciudad y provincia de España.

**pacas** de paja

**pacer** *v.* Comer el ganado la hierba del campo: *Las ovejas pacían en la ladera de la montaña.* ■ Es un verbo irregular. Se conjuga como *agradecer*.
**SIN.** Pastar.
**FAM.** Apacentar.

**pachá** *s. m.* Antiguamente, en Turquía, persona con un cargo parecido al del gobernador o virrey.

**pachanga** *s. f.* Diversión, fiesta, baile.
**FAM.** Pachanguero.

**pachanguero, ra** *adj.* Se dice de la música pegadiza y alegre que se toca en fiestas y bailes.

**pacharán** *s. m.* Licor típico de Navarra que se prepara con la endrina.

**pachas** Se usa en la expresión **a pachas**, que significa 'a partes iguales entre dos o más personas': *Pagamos la cena a pachas.*

**pachón, na** *adj.* y *s. m.* y *f.* Se dice de la persona muy lenta y tranquila.
**EXPR.** **perro pachón** Perro parecido al perdiguero, pero con las patas más cortas y torcidas.
**SIN.** Calmoso. **ANT.** Rápido, inquieto.

**pachorra** *s. f.* Demasiada calma y lentitud para hacer las cosas.
**SIN.** Tranquilidad, cachaza. **ANT.** Rapidez, inquietud, vivacidad.

**pachucho, cha** *adj.* **1.** Se dice de la persona que está algo enferma. **2.** Se dice de las plantas y flores que están un poco estropeadas, que ya no están frescas.
**SIN.** **1.** y **2.** Mustio. **ANT.** **1.** y **2.** Sano.

**pachulí** *s. m.* Planta muy olorosa que crece en Asia y Oceanía y de la que se saca un perfume que también se llama *pachulí*. ■ Su plural es *pachulís* o *pachulíes*.

**paciencia** *s. f.* Calma o tranquilidad para esperar, aguantar algo o para hacer bien las cosas: *Ten paciencia, enseguida llegamos. Tiene mucha paciencia y se le dan bien los trabajos manuales.*

SIN. Serenidad; aguante; esmero. ANT. Impaciencia, prisa.

FAM. Paciente. / Impaciencia.

**paciente** *adj.* **1.** Que tiene paciencia: *Procura ser más paciente con tu hermano pequeño.* **2.** En gramática, se dice del sujeto de una oración cuando el verbo está en voz pasiva; por ejemplo, en la oración: *Los premios fueron recogidos por los ganadores, los premios* es el sujeto paciente. || *s. m.* y *f.* **3.** Persona a la que atiende el médico o que sigue un tratamiento por estar enferma.

ANT. **1.** Impaciente. **2.** Agente.

**pacificación** *s. f.* Hecho de pacificar.

**pacificar** *v.* Hacer que haya paz en un lugar o que las personas dejen de discutir o pelearse. ■ Delante de *e* se escribe *qu* en lugar de *c*: *La ONU hará lo posible para que se pacifiquen los territorios en guerra.*

SIN. Apaciguar, reconciliar. ANT. Enemistar.

FAM. Pacificación.

**pacífico, ca** *adj.* y *s. m.* y *f.* **1.** Que no provoca guerras, ni le gustan las peleas ni las discusiones: *un pueblo pacífico, una persona pacífica.* || *adj.* **2.** Que está en paz, que no tiene guerras ni enfrentamientos.

SIN. **1.** Sosegado, calmado. ANT. **1.** Belicoso.

**pacifismo** *s. m.* Ideas en favor de la paz y en contra de la guerra y la violencia.

FAM. Pacifista.

**pacifista** *adj.* y *s. m.* y *f.* Relacionado con el pacifismo o partidario del pacifismo.

**pack** *s. m.* Caja o envase en el que vienen varios productos iguales: *Compra un pack de cuatro botellas que es más fácil de llevar.* ■ Es una palabra inglesa. Su plural es *packs.*

**pacotilla** Se usa en la expresión **de pacotilla**, que significa 'de poca calidad' o 'peor o menos importante de lo que parece': *Decía que era muy bueno al baloncesto, pero menudo jugador de pacotilla que es.*

**pactar** *v.* Llegar dos o más personas o grupos a un acuerdo que deben cumplir: *Pactaron una tregua con el enemigo.*

SIN. Acordar, convenir, concertar.

**pacto** *s. m.* Acuerdo entre dos o más personas o grupos, que todos ellos deben cumplir.

SIN. Trato, convenio.

FAM. Pactar.

**paddle** *s. m.* Deporte parecido al tenis que se juega con raquetas en una pista más pequeña y con paredes a los lados, contra las que se hace rebotar la pelota. ■ Es una palabra inglesa. En español se escribe también *pádel.*

**padecer** *v.* **1.** Tener una cosa mala o que produce sufrimiento, como una enfermedad o una necesidad grande: *Su abuelo padece reúma. Mucha gente padece hambre en el mundo.* **2.** Estar triste y pasarlo mal por algo que nos ocurre a nosotros o que

les ocurre a otras personas: *Padeció mucho cuando su hijo estuvo en el hospital.* ■ Es un verbo irregular. Se conjuga como *agradecer.*

SIN. **1.** Soportar, aguantar. **1.** y **2.** Sufrir. ANT. **1.** y **2.** Disfrutar, gozar.

FAM. Padecimiento. / Compadecer.

**padecimiento** *s. m.* Sufrimiento que tiene una persona.

SIN. Dolor, angustia.

**pádel** *s. m.* Busca **paddle**.

**padrastro** *s. m.* **1.** Nuevo marido de la madre para los hijos que ella ya tenía de otro matrimonio anterior. **2.** Pellejito que se levanta alrededor de las uñas y duele.

**padrazo** *s. m.* Padre cariñoso y bueno con sus hijos.

**padre** *s. m.* **1.** Lo que es un hombre para sus hijos. **2.** Lo que es un animal macho para sus crías. **3.** Persona que hace una cosa, la inventa o es muy importante en algo: *Los griegos fueron los padres de nuestra civilización.* **4.** Tratamiento que se da a los curas y a algunos religiosos. **5.** Para los cristianos, primera persona de la Santísima Trinidad. ■ Con este significado se escribe con mayúscula. || *s. m. pl.* **6.** El padre y la madre. || *adj.* **7.** Muy grande, muy fuerte, muy bueno: *Se armó el lío padre. Se está dando la vida padre.*

EXPR. **padre de familia** Jefe de la familia, aunque no tenga hijos. **padre político** El suegro. || **de padre y muy señor mío** Muy grande o muy fuerte: *Se ha pillado un resfriado de padre y muy señor mío.*

SIN. **1.** Papá, progenitor. **3.** Creador, inventor.

FAM. Padrastro, padrazo, padrenuestro, padrino, páter, paterno. / Compadre, parricida.

**padrenuestro** *s. m.* Oración cristiana que empieza con las palabras *Padre nuestro.*

**padrinazgo** *s. m.* **1.** Hecho de ser el padrino de alguien. **2.** Acción de proteger y ayudar a una persona en algo: *Consiguió ser muy famoso en el cine gracias al padrinazgo de otro actor.*

SIN. **2.** Protección.

**padrino** *s. m.* **1.** Hombre que acompaña y ayuda a alguien en algunos sacramentos y ceremonias, como el matrimonio y sobre todo el bautismo. **2.** Persona que protege a otra y la ayuda para que tenga éxito en lo que quiere hacer. || *s. m. pl.* **3.** El padrino y la madrina: *Los padrinos se sentaron con los novios.*

SIN. **2.** Protector, bienhechor.

FAM. Padrinazgo. / Apadrinar.

**padrón** *s. m.* Lista de los habitantes de un pueblo o ciudad.

SIN. Censo, catastro.

FAM. Empadronar.

**paella** *s. f.* Arroz guisado con azafrán, carne, legumbres, pescado y otras cosas, que es típico de Valencia.

FAM. Paellera.

**paellera** *s. f.* Cacharro de cocina parecido a una sartén grande, con dos asas, para hacer paellas.

**paga** *s. f.* **1.** Acción de pagar. **2.** Dinero que recibe una persona cada mes o cada cierto tiempo, sobre todo por su trabajo.
**SIN. 1.** Pago. **2.** Sueldo, salario, jornal.

**pagadero, ra** *adj.* Que se tiene que pagar en un plazo de tiempo determinado: *un crédito pagadero en quince años.*

**pagado, da** *adj.* **1.** Se dice de una deuda o de otra cosa por la que se ha dado dinero: *No te preocupes por la cena, está pagada.* **2.** Se dice de la persona que está satisfecha por alguna cosa: *Está muy pagado por tener un hijo tan inteligente.*
**SIN. 2.** Orgulloso, vanidoso. **ANT. 2.** Modesto.

**pagador, ra** *adj. y s. m. y f.* Que paga o está encargado de pagar.

**pagaduría** *s. f.* Oficina o despacho en el que se hacen pagos: *Para cobrar la factura tiene que ir a la pagaduría.*

**paganini** *s. m. y f.* Persona que paga los gastos de otras: *Desde que gana tanto dinero se ha convertido en el paganini del grupo.*

**paganismo** *s. m.* Religión de los paganos.

**pagano, na** *adj.* **1.** Nombre que dieron los cristianos a las personas de religión distinta a la suya, sobre todo a las que creían en más de un dios, como los griegos o los romanos. **2.** Se dice de las fiestas, costumbres y otras cosas que no son cristianas.
**FAM.** Paganismo.

**pagar** *v.* **1.** Dar dinero a alguien porque se le debe o por otro motivo. **2.** Responder con una acción o de alguna manera a lo que alguien hace por nosotros: *No sabía cómo podría pagarles todo lo que habían hecho por ella.* **3.** Sufrir el castigo o las consecuencias de un delito, de un error o de otra cosa: *Pagará sus crímenes en la cárcel. Si sigue fumando, su salud lo pagará.* ■ Delante de *e* se escribe *gu* en lugar de *g*: *pagué.*
**EXPR. pagarla** o **pagarlas** Sufrir el castigo o las consecuencias de algo; a veces se usa para amenazar con vengarse: *Como me la juegue, me las va a pagar.*
**SIN. 1.** Abonar. **ANT. 1.** Deber; cobrar.
**FAM.** Paga, pagadero, pagado, pagador, pagaduría, paganini, pagaré, pago. / Impagable, impago.

**pagaré** *s. m.* Escrito en el que alguien se compromete a pagar algo en un tiempo.

**página** *s. f.* Lado o cara de una hoja de un libro o de cualquier papel: *La redacción ocupa dos páginas del cuaderno.*
**EXPR. página web** Página electrónica parecida a la página de un libro, a la cual se accede a través del ordenador y que contiene información de texto, imágenes, sonido.
**FAM.** Paginar.

**paginar** *v.* Numerar las páginas de un libro, cuaderno o de otra cosa parecida.

**pago** *s. m.* **1.** Acción de pagar: *Tuvieron que hacer por adelantado el pago de los muebles.* **2.** Dinero que se da para pagar una cosa: *Dividieron el total en tres pagos de cien euros.*

**pagoda** *s. f.* Templo budista, típico de algunos países orientales, formado por varios pisos, separados unos de otros por unos tejadillos.

**paidofilia** *s. f.* Busca **pedofilia**.

**paipay** *s. m.* Abanico en forma casi de círculo y con un mango. ■ Su plural es *paipáis.*

**pairo** *s. m.* Situación de un barco cuando está quieto y con las velas izadas.
**EXPR. estar** o **quedarse al pairo** Estar o quedarse esperando, sin tomar una decisión.

**país** *s. m.* **1.** Territorio independiente separado de otros por unas fronteras y que tiene un gobierno propio. **2.** Región diferenciada dentro de un territorio o de un estado, como el País Vasco.
**SIN. 1.** Patria, nación, estado.
**FAM.** Paisaje, paisano.

**paisaje** *s. m.* **1.** Terreno que se ve desde un lugar. **2.** Pintura o dibujo que representa una extensión de terreno, como un campo o un bosque.
**SIN. 1.** Panorama, vista.
**FAM.** Paisajista.

**paisajista** *s. m. y f.* Pintor de paisajes.

**paisano, na** *adj. y s. m. y f.* **1.** Se dice de las personas que son de un mismo país, región o lugar. || *s. m. y f.* **2.** Campesino. || *s. m.* **3.** Persona que no es militar.
**SIN. 1.** Compatriota. **2.** Pueblerino. **3.** Civil.

**paja** *s. f.* **1.** Tallo de un cereal, como el trigo o la cebada, cuando está seco y separado del resto. Con la paja se puede alimentar al ganado y se hacen sombreros y otras cosas. **2.** Tubito delgado que se usa para sorber un líquido: *Tomaba la horchata con una paja.* **3.** Cosa poco importante, por ejemplo lo que se pone en un escrito para hacerlo más largo: *El libro que compré no era interesante, tenía mucha paja.* **4.** Masturbación. ■ Con este último significado, es una palabra vulgar.
**FAM.** Pajar, pajizo, pajolero.

**pajar** *s. m.* Lugar donde se guarda la paja de los cereales.

**pájara** *s. f.* Pérdida de fuerza que sufre de repente un deportista, sobre todo un ciclista, después de hacer un gran esfuerzo.
**SIN.** Desfallecimiento.

**pajarera** *s. f.* Jaula grande o sitio donde se tienen pájaros.

**pajarería** *s. f.* Tienda donde se venden pájaros y otros animales domésticos como gatos.

**pajarero, ra** *s. m. y f.* Persona que cría o vende pájaros.

**pajarita** *s. f.* **1.** Figura que suele tener forma de pájaro y que se hace doblando muchas veces un papel. **2.** Lazo que se pone en el cuello sobre la camisa.

**pájaro, ra** *s. m.* y *f.* **1.** Nombre que se da a las aves, sobre todo a las pequeñas: *En invierno, muchos pájaros vuelan hacia lugares donde hace menos frío.* **2.** Persona en la que no se puede confiar porque se aprovecha de los demás o tiene malas intenciones: *No te fíes del pájaro ese: tarde o temprano te engañará.* ▪ Con este significado, se dice también *pájaro de cuenta.*
**EXPR. pájaro bobo** Pingüino. **pájaro carpintero** Ave con el pico largo y muy fuerte que pica los troncos de los árboles y tiene plumas de muchos colores. ‖ **tener la cabeza llena de pájaros** o **tener la cabeza a pájaros** Tenerla llena de fantasías.
**SIN. 2.** Pajarraco.
**FAM.** Pájara, pajarera, pajarería, pajarero, pajarita, pajarraco. / Espantapájaros.

**pajarraco, ca** *s. m.* y *f.* **1.** Pájaro grande y feo. **2.** Pájaro, persona astuta que tiene malas intenciones o se aprovecha de los demás.

**paje** *s. m.* Chico que antiguamente servía a su amo como criado.

**pajizo, za** *adj.* De color parecido al de la paja.

**pajolero, ra** *adj.* y *s. m.* y *f.* Se dice de la persona o cosa que molesta o hace que nos enfademos.
**EXPR. no tener ni pajolera idea** No saber nada sobre una cosa: *Le suspendieron el examen porque no tenía ni pajolera idea.*

**pakistaní** *adj.* y *s. m.* y *f.* Busca **paquistaní.** ▪ Su plural es *pakistanís* o *pakistaníes.*

**pala** *s. f.* **1.** Herramienta que se usa sobre todo para cavar y que está formada por una parte plana, rectangular o redondeada, y un mango. **2.** Nombre que se da a otros objetos, que suelen ser más pequeños y tienen muchos usos, como la pala para servir la tarta o el cuchillo para comer el pescado. **3.** Tabla de madera redonda o alargada, con un mango, que se usa para lanzar la pelota en algunos juegos. **4.** Parte más ancha de algunas cosas, por ejemplo del remo. **5.** Cada uno de los dos dientes del centro de la fila de arriba.
**FAM.** Paleta, paleto.

**palabra** *s. f.* **1.** Sonido, letra o conjunto de ellos que expresan una idea: *Sabe muchas palabras en francés.* **2.** Capacidad de una persona para hablar y expresarse: *facilidad de palabra.* **3.** Derecho o turno para hablar: *El delegado pidió la palabra en la reunión.* **4.** Promesa que hace alguien: *Cumplió su palabra.* ‖ *s. f. pl.* **5.** Lo dicho por alguna persona: *Sus palabras fueron éstas: «Llamad cuando lleguéis».*
**EXPR. palabra compuesta** La que está formada por dos o más palabras, como *sacapuntas* o *cortafuego.* **palabra de honor** Promesa que da alguien de que va a hacer algo: *No se lo diré a nadie, palabra de honor.* ‖ **palabras mayores** Cosa muy importante o muy seria. ‖ **de palabra** Hablando: *No me escribió, me lo dijo de palabra.* También se dice de una persona que cumple lo que promete: *Sabía que podía fiarse de ella: era una chica de palabra.* **dejar** a alguien **con la palabra en la boca** No dejarle terminar lo que iba a decir. **en una palabra** Resumiendo: *Es amable, educado, atento... en una palabra: un caballero.* **quitar la palabra de la boca** Decir antes que otra persona lo mismo que ella iba a decir. **tomarle la palabra** a alguien Tener en cuenta lo que ha dicho para que luego no pueda cambiar de idea.
**SIN. 1.** Término, vocablo, voz.
**FAM.** Palabreja, palabrería, palabrota. / Apalabrar.

**palabreja** *s. f.* Palabra rara o que llama la atención.

**palabrería** *s. f.* Muchas palabras, pero que dicen muy poco.

**palabrota** *s. f.* Palabra muy ordinaria y que suena muy mal.
**SIN.** Taco.

**palacete** *s. m.* Casa grande y lujosa parecida a un palacio, pero más pequeña.

**palaciego, ga** *adj.* Del palacio de un rey y su corte o relacionado con ellos.
**SIN.** Palatino.

**palacio** *s. m.* **1.** Casa grande y muy lujosa donde viven personas muy importantes, y sobre todo la del rey: *palacio real, palacio presidencial.* **2.** Edificio muy grande donde se realizan algunas actividades o se celebran algunos actos: *palacio de congresos, palacio de justicia.*
**SIN. 1.** Mansión.
**FAM.** Palacete, palaciego. / Palatino.

lazo de **pajarita**

**pajarita** de papel

**pájaro** carpintero

**pala**

**palafito**

**palanquín**

**paladar** *s. m.* **1.** Parte de arriba por dentro de la boca. **2.** Capacidad que tiene alguien para apreciar el sabor de los alimentos.
**FAM.** Paladear. / Palatal.

**paladear** *v.* Tener un alimento un rato en la boca para ver cómo sabe o para disfrutar de su sabor.
**SIN.** Saborear.

**paladín** *s. m.* **1.** Antiguamente, caballero que luchaba en la guerra y era muy famoso por sus hazañas. **2.** Persona que defiende una idea.

**palafito** *s. m.* Casa que se construye en un lago o un pantano, levantada del suelo por estacas u otra cosa parecida.

**palanca** *s. f.* **1.** Barra que sirve para levantar, mover o abrir una cosa, apoyando en ella uno de sus extremos y haciendo fuerza con el otro. **2.** Barra, palito u otra pieza que sirve para hacer que funcionen algunas máquinas y aparatos: *Dale a la palanca del teléfono para que caiga la moneda.* **3.** En algunas piscinas, plataforma en alto desde la que se salta al agua.
**FAM.** Palanqueta. / Apalancar.

**palangana** *s. f.* Recipiente con forma de cuenco o plato hondo grande, que se utiliza para lavarse o para lavar algunas cosas.
**SIN.** Jofaina.

**palanqueta** *s. f.* Palanca pequeña que se usa para hacer saltar las cerraduras de puertas, ventanas u otras cosas.

**palanquín** *s. m.* Silla o cama que se usa en algunos pueblos orientales para llevar a las personas a hombros.

**palatal** *adj.* Del paladar o relacionado con él.

**palatino, na** *adj.* Del palacio o relacionado con él.
**SIN.** Palaciego.

**palco** *s. m.* **1.** En los teatros, las plazas de toros y otros lugares parecidos, balcón con varios asientos. **2.** Tarima que se pone levantada para ver un espectáculo: *Los reyes vieron la cabalgata desde el palco de honor.*

**palenque** *s. m.* **1.** Valla de madera con que se cierra un terreno. **2.** Terreno cerrado con dicha valla.

**palentino, na** *adj.* y *s. m.* y *f.* De Palencia, ciudad y provincia españolas.

**paleocristiano, na** *adj.* De los primeros cristianos: *el arte paleocristiano, un templo paleocristiano.*

**paleografía** *s. f.* Ciencia que estudia la escritura y los signos de escritos muy antiguos.

**paleolítico, ca** *adj.* y *s. m.* Se dice del primer periodo de la edad de piedra. También se dice de todo lo relacionado con este periodo.

**paleontología** *s. f.* Ciencia que trata sobre los seres vivos que vivieron hace millones de años, estudiando los fósiles que quedan de ellos.
**FAM.** Paleontólogo.

**paleontólogo, ga** *s. m.* y *f.* Persona que se dedica a la paleontología.

**palestino, na** *adj.* y *s. m.* y *f.* De un pueblo árabe que procede de la región de Palestina, situada en el oeste de Asia, a orillas del Mediterráneo.

**palestra** *s. f.* **1.** Lugar donde antiguamente se celebraban combates y torneos. **2.** Lugar donde se lucha o donde se discute alguna cosa.

**paleta** *s. f.* **1.** Pala pequeña que sirve para muchas cosas. **2.** Herramienta que consiste en una plancha de metal en forma de triángulo y un mango doblado para cogerla mejor, que usan los albañiles para extender el yeso y otras masas. **3.** Tabla pequeña, con un agujero para meter el dedo pulgar, que usan los pintores para poner los colores que van a utilizar. **4.** Raqueta de madera que se usa en algunos juegos, como el pimpón. **5.** Cada una de las piezas que giran en algunas cosas, como los ventiladores o las hélices.
**FAM.** Paletada, paletilla.

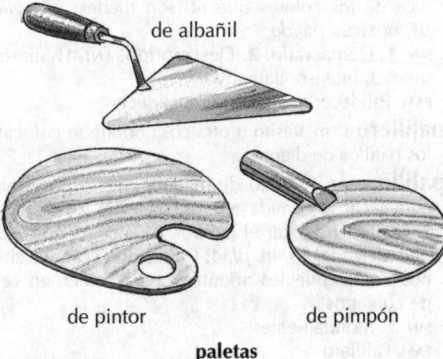

de albañil

de pintor          de pimpón

**paletas**

**paletada** *s. f.* **1.** Cantidad de algo que se coge de una vez con una paleta o pala: *una paletada de tierra.* **2.** Cosa o acción paleta: *Esos zapatos son una paletada.*

**paletilla** *s. f.* **1.** Cada uno de los dos huesos casi planos y en forma de triángulo que tenemos en la parte de atrás de los hombros y que los animales tienen en la parte de arriba del lomo. **2.** Carne que está pegada a esos huesos en los animales y que tomamos como alimento: *De segundo plato pidió paletilla de cordero.*
**SIN.** **1.** Omóplato.

**paleto, ta** *adj.* y *s. m.* y *f.* **1.** Se dice de la persona que tiene pocos estudios o no sabe comportarse con educación, sobre todo si ha nacido o se ha criado en el campo. **2.** Se dice de las cosas poco finas y elegantes: *Se ha comprado para la boda un vestido muy paleto.*
**SIN.** **1.** Cateto, palurdo. **ANT.** **1.** y **2.** Refinado.

**paliar** *v.* Hacer que algo malo o perjudicial sea menos intenso o menos grave: *Le mandaron unas medicinas*

*para paliar la fiebre. La rápida intervención de los bomberos logró paliar los efectos del incendio.*
SIN. Mitigar, moderar, atenuar, calmar. ANT. Agravar.
FAM. Paliativo.

**paliativo, va** *adj. y s. m.* Que hace menos dura, intensa o grave una cosa mala: *El médico le mandó un paliativo para el dolor. Su traición merece una condena sin paliativos.*
SIN. Calmante.

**palidecer** *v.* Ponerse pálido: *Palideció del susto que le dieron.* ■ Es un verbo irregular. Se conjuga como *agradecer.*
SIN. Empalidecer.

**palidez** *s. f.* Característica de pálido. ■ Su plural es *palideces.*

**pálido, da** *adj.* **1.** Se dice de la persona que no tiene el color rosado característico de la cara. **2.** Se dice de las cosas que han perdido color: *Le ha dado el sol a la tela y se ha quedado pálida.* **3.** Se dice de los colores que no son fuertes: *amarillo pálido, rosa pálido.*
SIN. **1.** Demacrado. **2.** Descolorido. ANT. **1.** Sonrosado. **3.** Intenso, llamativo, vivo.
FAM. Palidecer, palidez. / Empalidecer.

**palillero** *s. m.* Vasito u otra cosa donde se colocan los palillos de dientes.

**palillo** *s. m.* **1.** Palito de madera afilado que sirve para sacar la comida que queda entre los dientes. **2.** Varita para tocar el tambor. **3.** Persona que está muy delgada. || *s. m. pl.* **4.** Palitos que usan los chinos y otros pueblos orientales para comer, en vez de cubiertos.
SIN. **1.** Mondadientes.
FAM. Palillero.

**palíndromo, ma** *adj. y s. m.* Se dice de la palabra o frase que se lee igual de izquierda a derecha que de derecha a izquierda; por ejemplo, *dábale arroz a la zorra el abad.*

**palio** *s. m.* Especie de techo de tela, sujeto por unas varas largas, que se usa para cubrir con él al sacerdote que lleva la eucaristía, a una imagen u otra cosa.

**palique** *s. m.* Charla o conversación sobre cosas poco importantes: *Le encanta hablar y se pasa todo el día de palique.*
SIN. Cháchara.

**palitroque** *s. m.* Palo pequeño.

**paliza** *s. f.* **1.** Golpes que se dan a una persona o animal. **2.** Trabajo o esfuerzo que nos deja muy cansados: *Perdí el autobús y me he tenido que dar una paliza a andar.* **3.** Derrota muy importante en una competición, partido u otra cosa: *Menuda paliza os hemos dado al pimpón.* || *adj. y s. m. y f.* **4.** Persona muy pesada: *Este paliza no me deja en paz.*
SIN. **1.** Tunda, zurra, azotaina, somanta. **4.** Plasta, latoso.

**palloza** *s. f.* Choza circular típica de Galicia con las paredes de piedra y el techo de paja en la que vivían las personas y los animales juntos. ■ Es una palabra gallega.

**palma** *s. f.* **1.** Parte de la mano hacia la que se doblan los dedos. **2.** Palmera, árbol. **3.** Hoja de la palmera que se usa para hacer cestos, escobas y otras cosas. || *s. f. pl.* **4.** Aplausos o golpes dados con las palmas de las manos: *Tú cantas y nosotros damos palmas.*
EXPR. **llevar** o **tener** a alguien **en palmas** Tratarle muy bien o darle todos los caprichos; se usa mucho con el diminutivo: *En su casa le tienen en palmitas.* **llevarse la palma** Ser el mejor o el que más destaca en algo: *Contando chistes, Pablo se lleva la palma.*
SIN. **4.** Palmadas, ovación.
FAM. Palmada, palmar¹, palmeado, palmear, palmera, palmeta, palmípedo, palmita, palmito¹, palmo, palmotear.

**palmada** *s. f.* **1.** Golpe que se da con la palma de la mano: *Le dio una palmada en el hombro.* **2.** Golpe que se da chocando las palmas de las manos, por ejemplo para aplaudir o para llamar a alguien: *Dio unas palmadas para avisar al camarero.*

**palmar¹** *s. m.* Lugar con palmeras.

**palmar²** *v.* Morirse. Se dice mucho **palmarla**.
SIN. Diñar. ANT. Vivir.

**palmarés** *s. m.* **1.** Conjunto de premios y méritos conseguidos por una persona o un grupo, especialmente por los deportistas: *Este equipo tiene el mejor palmarés de todos los tiempos.* **2.** Lista de los ganadores de una competición: *Obtuvo el tercer puesto del palmarés.* ■ No varía en plural.

**palmario, ria** *adj.* Que es tan claro que no se puede dudar o negar.
SIN. Obvio, evidente.

**palmatoria** *s. f.* Platito con un asa en que se coloca una vela.

**palmeado, da** *adj.* **1.** Que tiene forma de palmera. **2.** Que tiene forma de mano abierta, como las hojas de algunas plantas. **3.** Se dice de los dedos de algunos animales cuando los tienen unidos por una telilla, como por ejemplo los patos.

**palmear** *v.* **1.** Dar palmadas. **2.** En baloncesto, golpear el balón con la palma de la mano para lanzarlo hacia la canasta.
SIN. **1.** Palmotear.

**palmense** *adj. y s. m. y f.* De Las Palmas de Gran Canaria.

**palmera** *s. f.* **1.** Árbol con el tronco delgado y áspero que tiene en lo alto un grupo de hojas muy grandes y tiesas. Algunos de estos árboles dan frutos comestibles, como el dátil. **2.** Pastel plano hecho con masa de hojaldre.
SIN. **1.** Palma.
FAM. Palmeral.

**palmeral** *s. m.* Lugar con muchas palmeras.

**palmero, ra** *adj.* y *s. m.* y *f.* De La Palma, isla de Canarias.

**palmesano, na** *adj.* y *s. m.* y *f.* De Palma de Mallorca, ciudad de las islas Baleares.

**palmeta** *s. f.* Listón o regla con la que los profesores pegaban a los alumnos en la palma de la mano.

**palmípedo, da** *adj.* y *s. f.* Se dice de las aves preparadas para nadar y estar en el agua, que tienen una telilla entre los dedos de las patas, como los patos, los cisnes y las gaviotas.

**palmita** Se usa en la expresión **llevar** o **tener** a alguien **en palmitas**, que significa tratarle muy bien o con mucho mimo.

**palmito¹** *s. m.* Palmera con el tronco debajo de la tierra o muy corto y hojas en forma de abanico. El palmito se usa para hacer esteras, escobas y otras cosas, y tiene un cogollo comestible.

**palmito²** *s. m.* Cara y tipo bonitos de una mujer.

**palmo** *s. m.* Medida de longitud que vale lo mismo que la mano muy abierta, desde el final del dedo meñique hasta la punta del dedo pulgar.
EXPR. **quedarse** alguien o **dejar** a alguien **con un palmo de narices** Llevarse un chasco o dárselo.
SIN. Cuarta.
FAM. Palmito².

**palmotear** *v.* Dar palmadas repetidas veces: *Palmotea entusiasmado cuando ve a su hija actuar.*
SIN. Palmear.

**palo** *s. m.* **1.** Trozo de madera alargado que suele tener forma de cilindro. **2.** Golpe que se da con este trozo de madera. **3.** Madera: *una cuchara de palo.* **4.** Cilindro largo y delgado que sostiene las velas de los barcos. **5.** Disgusto o pena muy grandes: *Para él fue un palo no poder entrar en el equipo.* **6.** Línea recta de algunas letras al escribirlas: *La «m» tiene tres palos y la «n» dos.* **7.** Cada uno de los cuatro grupos de cartas en que se divide la baraja; en la española son: bastos, copas, espadas y oros.

EXPR. **palo de ciego** Lo que se hace sin haberlo pensado antes o sin saber lo que se quiere. **palo dulce** Paloduz. **palo santo** Busca **palosanto**. ‖ **a palo seco** Sin nada que lo acompañe: *Como no había pan, se comió el jamón a palo seco.*
SIN. **1.** Estaca.
FAM. Palenque, palillo, palique, palitroque, paliza, paloduz, palote. / Apalear, empalar, varapalo.

**paloduz** *s. m.* Trozo seco del tallo subterráneo de una planta llamada *regaliz*, que se chupa o se mastica como golosina. Se llama también *palo dulce*. ■ Su plural es *paloduces*.

**paloma** *s. f.* Ave de tamaño mediano con la cabeza pequeña, el pico corto y la cola amplia. Tiene distintos colores según la especie; las más corrientes son grisáceas.
EXPR. **paloma torcaz** La que tiene una mancha blanca a los lados del cuello y una raya blanca en las alas.
FAM. Palomar, palomilla, palomino, palomita, palomo.

**palomar** *s. m.* Lugar donde se crían las palomas o en el que se refugian.

**palometa** *s. f.* Pez de cuerpo ovalado y aplastado que vive en el mar y se usa mucho como alimento. Se llama también *japuta*.

**palomilla** *s. f.* **1.** Tuerca en forma de mariposa, que se enrosca a mano. **2.** Tira de hierro doblada en ángulo recto que sirve para sostener estantes, tablas u otras cosas. **3.** Mariposa de color gris que vive en los graneros y estropea los cereales.

**palomino** *s. m.* **1.** Cría de las palomas del campo. **2.** Mancha de caca en los calzoncillos o en las bragas.
SIN. **1.** Pichón.

**palomita** *s. f.* **1.** Grano de maíz que, cuando se pone al fuego, revienta y se vuelve blanco y mucho más grande y se come con sal o con azúcar. **2.** Bebida hecha con anís y agua.

**palomo** *s. m.* **1.** Macho de la paloma. **2.** Paloma torcaz.

**palosanto** *s. m.* Caqui, árbol tropical de madera oscura y muy dura que crece en América. ■ Se escribe también *palo santo*.

**palote** *s. m.* Palito que los niños hacen en el cuaderno cuando están aprendiendo a escribir.

**palpable** *adj.* **1.** Que se puede tocar con las manos. **2.** Claro, que se nota enseguida: *Después de ver el dibujo quedó palpable que era copiado.*
SIN. **1.** Tangible. **2.** Evidente, patente. ANT. **2.** Dudoso.

**palpar** *v.* **1.** Tocar una cosa con las manos o los dedos, sobre todo para encontrar algo cuando no se ve o no hay luz. **2.** Notar, apreciar: *Los días antes de las vacaciones se palpaba un ambiente muy alegre.*
SIN. **1.** Tentar, tantear. **2.** Percibir.
FAM. Palpable.

**palpitación** *s. f.* Acción de palpitar el corazón.
SIN. Latido.

paloma

palmera    palmatoria    palomar

**palpitante** *adj.* **1.** Que palpita. **2.** Se dice de lo que es reciente o tiene mucho interés: *Es una noticia de palpitante actualidad.*

**palpitar** *v.* Dar latidos el corazón.
**SIN.** Latir.
**FAM.** Palpitación, palpitante, pálpito, palpo.

**pálpito** *s. m.* Sensación de que algo va a pasar o va a ser como se dice: *Me da el pálpito de que no van a venir.*
**SIN.** Corazonada.

**palpo** *s. m.* Pieza que tienen algunos animales, como las arañas, cerca de la boca. Pueden moverla y con ella palpan los alimentos y los sujetan.

**paludismo** *s. m.* Enfermedad que da una fiebre muy alta, que aparece y desaparece. Está producida por un microbio frecuente en terrenos donde hay pantanos y se transmite por la picadura de la hembra de un tipo de mosquito.
**SIN.** Malaria.

**palurdo, da** *adj.* y *s. m.* y *f.* Paleto, cateto.

**palustre** *adj.* De las lagunas o pantanos: *Los flamencos son aves palustres.*
**SIN.** Lacustre.

**pamela** *s. f.* Sombrero de mujer que tiene el ala muy ancha.

**pamema** *s. f.* Tontería, cosa sin interés o sin importancia.
**SIN.** Pamplina, bobada, chorrada.

**pampa** *s. f.* Llanura sin árboles y muy grande, característica de algunas regiones de América del Sur, por ejemplo de Argentina.

**pampaneo** *s. m.* Hecho de salir y alternar mucho: *Es un vividor al que le gusta mucho el pampaneo.*

**pámpano** *s. m.* Hoja de la vid, sobre todo la que está recién salida.

**pamplina** *s. f.* Tontería, bobada.

**pamplonica** o **pamplonés, sa** *adj.* y *s. m.* y *f.* De Pamplona, capital de Navarra.

**pan** *s. m.* **1.** Alimento que se hace con harina, generalmente de trigo, amasándola con agua y levadura y cociéndola luego al horno. **2.** Pieza grande y redonda de este alimento: *Mamá ha traído un pan de pueblo.* **3.** La comida y todas las cosas necesarias para vivir: *Tiene que trabajar mucho para ganarse el pan de cada día.* **4.** Lámina muy fina de oro o plata con la que se cubre un objeto o superficie para que queden más bonitos.
**EXPR. pan de molde** Uno que tiene forma cuadrada y está cortado en rebanadas. **pan de Viena** El elaborado con harina blanca, de miga esponjosa y corteza crujiente. **pan y quesillo** Flor de la acacia, que tiene un saborcillo dulce. ‖ **ser algo pan comido** Ser muy fácil de hacer. **ser alguien un pedazo de pan** Ser una persona muy buena.
**SIN. 2.** Hogaza. **3.** Sustento, manutención.

integral
colines
rosca
gallego
barra
de molde

distintos tipos de **pan**

**FAM.** Panadería, panadero, panecillo, panera, paniaguado, panificadora. / Empanar.

**pana** *s. f.* Tejido grueso que tiene como surcos y al tocarlo parece terciopelo.

**panacea** *s. f.* Cosa que sirve para solucionar cualquier problema: *Las medicinas no son la panacea para la gripe, también hay que quedarse en la cama y no coger frío.*

**panaché** *s. m.* Plato de verduras variadas, cocidas y rehogadas. ■ Es una palabra francesa.

**panadería** *s. f.* Tienda en la que venden pan.

**panadero, ra** *s. m.* y *f.* Persona que hace o vende pan.

**panadizo** *s. m.* Inflamación que sale en los dedos alrededor de las uñas.

**panal** *s. m.* Conjunto de celdillas que hacen las abejas para almacenar la miel y para poner dentro los huevos.
**SIN.** Colmena.

**panamá** *s. m.* **1.** Tela de algodón con hilos gruesos que se utiliza para bordar y en algunas prendas de vestir. **2.** Sombrero masculino hecho de pita y con el ala doblada que se usa en verano.

**panameño, ña** *adj.* y *s. m.* y *f.* De Panamá, país de América Central.
**FAM.** Panamá.

**pancarta** *s. f.* Cartel grande con alguna frase escrita que se usa en manifestaciones o para enseñarla en sitios donde hay mucha gente.

**panceta** *s. f.* Tocino de cerdo con tiras de carne.

**panchito** *s. m.* Cacahuete pelado y frito.

**pancho, cha** *adj.* Tranquilo, satisfecho: *Se quedó tan pancho diciendo lo que pensaba de nosotros.*

**páncreas** *s. m.* Glándula que está debajo del estómago y produce un líquido que interviene en la digestión de los alimentos. ■ No varía en plural.

**panda**[1] *s. m.* Mamífero asiático parecido a un oso, aunque no lo es. Tiene el pelo de color blanco y negro, y se alimenta sobre todo de vegetales, especialmente, bambú. ■ Se dice también **oso panda**.

**panda²** *s. f.* Pandilla.
**FAM.** Pandilla.

**pandearse** *v.* Curvarse una cosa por su centro: *La mesa se mojó con la lluvia y se ha pandeado*.

**pandemónium** *s. m.* Griterío o jaleo y lugar donde hay este jaleo: *Todo el mundo empezó a protestar y se formó un pandemónium*.
**SIN.** Alboroto, follón, escándalo.

**pandereta** *s. f.* Instrumento musical que se toca sobre todo en las fiestas de Navidad. Es como un tambor muy estrecho con unas chapitas redondas alrededor que también suenan.

**panderete** *s. m.* Pared delgada hecha con ladrillos puestos de canto o con otros materiales.

**pandero** *s. m.* **1.** Pandereta grande. **2.** Culo.
**FAM.** Pandereta, panderete.

**pandilla** *s. f.* **1.** Grupo de amigos que siempre van juntos: *En verano sale con una pandilla enorme*. **2.** Grupo de personas: *una pandilla de ladrones*.
**SIN. 1.** y **2.** Panda. **2.** Banda.

**panecillo** *s. m.* Pan pequeño: *Suelo desayunar café y panecillos*.

**panegírico** *s. m.* Escrito, discurso o poema con que se hace una alabanza a una persona o cosa.
**SIN.** Elogio, apología. **ANT.** Crítica.

**panel** *s. m.* **1.** Cada una de las partes de una superficie, por ejemplo los cuadrados o rectángulos en que se dividen las puertas. **2.** Plancha prefabricada que se utiliza para separar dos partes de un lugar. **3.** Tablero donde se ponen anuncios o avisos. **4.** Tablero o superficie donde se encuentran algunos mandos o aparatos, por ejemplo donde está el cuentakilómetros y otros indicadores de un coche.
**SIN. 3.** Tablón.

**panera** *s. f.* **1.** Caja donde se guarda el pan. **2.** Cestillo u otra cosa para llevar el pan a la mesa.

**pánfilo, la** *adj.* y *s. m.* y *f.* Torpe, tonto.
**SIN.** Bobo. **ANT.** Avispado, lince.

**panfletario, ria** *adj.* Se dice del escrito o las palabras que tienen un estilo parecido al de un panfleto: *Su discurso tenía un tono panfletario*.

**panfleto** *s. m.* **1.** Escrito en el que se critica o ataca a alguien o algo de manera exagerada y falsa. **2.** Papel o folleto de propaganda política.
**SIN. 1.** Libelo.
**FAM.** Panfletario.

**pangolín** *s. m.* Mamífero de cuerpo alargado con una gran cola, que está cubierto por unas escamas colocadas como si fueran tejas. Tiene la lengua larga y las uñas fuertes para excavar. Se mueve lentamente y vive en África y Asia.

**paniaguado, da** *adj.* y *s. m.* y *f.* Persona a la que otra protege o ayuda mucho, por ejemplo enchufándola en un trabajo: *Mi jefe sólo asciende a sus paniaguados*.

**pánico** *s. m.* Miedo muy grande: *En el incendio los vecinos se dejaron llevar del pánico*.
**SIN.** Espanto, terror, horror, pavor.

**panícula** *s. f.* Conjunto de ramas, flores o frutos que nacen de un mismo eje y crecen en forma de pirámide o de cono: *una panícula de maíz*.
**SIN.** Panocha, panoja.

**panificadora** *s. f.* Fábrica donde se hace pan.

**panocha** o **panoja** *s. f.* Espiga del maíz y otras plantas. Es como un cono cubierto de granos muy juntos entre sí.
**SIN.** Mazorca.

**panoli** *adj.* y *s. m.* y *f.* Tonto, bobo.
**SIN.** Pánfilo, lerdo. **ANT.** Avispado, lince.

**panoplia** *s. f.* **1.** Tabla colocada en la pared, generalmente con forma de escudo, donde se cuelgan armas. **2.** Colección de armas.

**panorama** *s. m.* **1.** Vista de una amplia extensión de terreno desde un lugar: *Desde lo alto de la montaña se veía un magnífico panorama*. **2.** Situación o estado general de algo: *Estoy con gripe, así que el panorama para hoy no es muy bueno*.
**FAM.** Panorámica, panorámico.

**panorámica** *s. f.* **1.** Panorama, vista de una gran extensión de tierra desde un lugar: *En esta fotografía se ve una panorámica de toda la playa*. **2.** Visión general sobre un asunto: *Este libro presenta una panorámica sobre la historia de España*.

**panorámico, ca** *adj.* **1.** Se dice de las vistas de una gran extensión de tierra. **2.** Se dice de un tipo

pancarta          panda

panera

pandereta

pangolín

de pantalla de cine muy alargada y curvada hacia atrás.

**panqueque** *s. m.* En Hispanoamérica, torta delgada de harina, leche y huevo, rellena con ingredientes dulces o salados.

**pantagruélico, ca** *adj.* Se dice de la comida muy abundante: *banquete pantagruélico.*

**pantalán** *s. m.* Pequeño embarcadero que se adentra en el mar: *Lleva el velero al pantalán para que podamos subir la comida.*

**pantalla** *s. f.* **1.** Superficie en la que se ven imágenes, como la del cine o la televisión. **2.** Lámina que se coloca alrededor de una luz, por ejemplo en una lámpara, para que no sea tan fuerte o para dirigirla hacia algún sitio.

**pantalón** *s. m.* Prenda de vestir que se abrocha a la cintura y cubre cada una de las piernas por separado. ■ Puede usarse también la forma *pantalones* con el significado de singular.
**EXPR. pantalones vaqueros** Busca **vaquero**. ‖ **llevar** alguien **los pantalones** Mandar en la familia.

**pantano** *s. m.* **1.** Terreno cubierto de barro y agua con poca profundidad. **2.** Embalse, lago artificial en que el agua queda retenida por una presa.
**SIN. 1.** Ciénaga, marisma.
**FAM.** Pantanoso. / Empantanar.

**pantanoso, sa** *adj.* Se dice del terreno cubierto de aguas poco profundas: *En esa zona pantanosa te hundes hasta las rodillas.*

**panteísmo** *s. m.* Doctrina filosófica que identifica a Dios con todo lo que existe.

**panteón** *s. m.* Tumba grande para enterrar a varias personas.

**pantera** *s. f.* Leopardo.

**pantis** *s. m. pl.* Medias finas usadas por las mujeres, que cubren las piernas y llegan hasta la cintura. ■ También se usa la forma *panti.*

**pantógrafo** *s. m.* Instrumento hecho con cuatro varillas articuladas y graduadas que sirve para copiar, ampliar o reducir un dibujo.

**pantomima** *s. f.* **1.** Tipo de teatro en el que los actores sólo hacen gestos y no hablan. **2.** Acción o acciones que intentan hacer creer algo que no es verdad: *Hizo la pantomima de ponerse a llorar, pero en realidad no se había hecho daño al caerse.*
**SIN. 2.** Comedia, farsa.

**pantorrilla** *s. f.* Parte carnosa de la pierna que está entre la rodilla y el pie.

**pantufla** *s. f.* Zapatilla abierta por la parte de atrás que se usa para estar en casa.
**SIN.** Chinela.

**panza** *s. f.* **1.** Vientre de las personas y animales, sobre todo si es grande. **2.** Parte abultada de algunas cosas, por ejemplo de una jarra. **3.** Una de las

cuatro cavidades en que se divide el estómago de los animales rumiantes, como la vaca.
**SIN. 1.** Tripa, barriga. **2.** Abultamiento.
**FAM.** Panceta, panzada, panzudo. / Despanzurrar.

**panzada** *s. f.* **1.** Golpe que se da uno en la panza: *Al tirarse a la piscina se dio una panzada.* **2.** Exceso en alguna actividad: *Nos dimos una panzada a trabajar pintando la casa.*
**SIN. 2.** Atracón, hartón.

**panzudo, da** *adj.* Que tiene mucha panza.
**SIN.** Tripudo, barrigudo. **ANT.** Fino, delgado.

**pañal** *s. m.* Braguita con un material absorbente que se pone a los bebés y a los niños muy pequeños para que se queden ahí el pis y la caca.
**EXPR. en pañales** En sus comienzos, muy poco avanzado: *La idea de hacer un viaje a Francia está todavía en pañales.*

**pañería** *s. f.* **1.** Lugar donde se venden paños. **2.** Conjunto de paños: *La sección de pañería está vendiendo mucho.*

**pañito** *s. m.* Tapete de tela o encaje: *Tiene pañitos en los brazos de los sillones.*

**paño** *s. m.* **1.** Tejido fuerte de lana: *un abrigo de paño.* **2.** Trozo de tejido, sobre todo el que se usa para limpiar: *Pásale un paño a la mesa para quitarle el polvo.*
**EXPR. paños calientes** Palabras o acciones con las que se intenta que algo sea menos duro: *Dime la verdad de una vez y no te andes con paños calientes.* ‖ **en paños menores** Casi desnudo o en ropa interior.
**SIN. 2.** Trapo.
**FAM.** Pañal, pañería, pañito, pañoleta, pañuelo. / Alzapaño, empañar, entrepaño.

**pañol** *s. m.* Compartimento de un barco donde se guardan cosas para que no se mojen: *Mete la comida y las toallas en el pañol.*

**pañoleta** *s. f.* Pañuelo grande que se pone encima de la cabeza o sobre los hombros como adorno o para protegerse del frío.

**pañuelo** *s. m.* **1.** Pieza de tela fina que se usa para sonarse la nariz, para limpiarse o para otra cosa. **2.** Pieza de tela grande que se utiliza para ponérsela en cualquier parte del cuerpo como adorno o para protegerse del frío.
**SIN. 2.** Pañoleta.

pantufla          papagayo

**papa**[1] *s. m.* Persona que tiene la mayor autoridad en la Iglesia católica.
SIN. Pontífice.
FAM. Papado, papal, papista. / Antipapa.

**papa**[2] *s. f.* Patata.

**papa**[3] Se usa en las expresiones **no entender** o **no ver ni papa**, que significan 'no entender nada' o 'no ver nada': *Se ha ido la luz y no se ve ni papa.*

**papá** *s. m.* Padre.

**papada** *s. f.* Abultamiento que se forma debajo de la barbilla. Algunas personas la tienen más grande.
FAM. Paperas, papo.

**papado** *s. m.* **1.** Cargo o categoría que tiene el papa. **2.** Tiempo que dura su mandato.
SIN. **1.** y **2.** Pontificado.

**papagayo** *s. m.* Ave de pico curvo, lengua fuerte y plumaje de colores muy vivos. Habita en África y en América del Sur y algunas de ellas son capaces de imitar el habla humana.
SIN. Loro.

**papal** *adj.* Del papa de la Iglesia: *bendición papal.*

**papanatas** *s. m.* y *f.* Persona tonta, que se lo cree todo. ■ No varía en plural.
SIN. Bobo, pardillo. ANT. Avispado.
FAM. Papanatismo.

**papanatismo** *s. m.* Característica de papanatas.

**paparazzi** *s. m. pl.* Periodista o fotógrafo que se dedica a seguir a los famosos para conseguir una foto de ellos. ■ Es una palabra italiana. Aunque en italiano es un sustantivo plural, en español se usa tanto para el singular como para el plural: *un paparazzi, varios paparazzi.*

**paparrucha** o **paparruchada** *s. f.* Tontería, bobada.

**papaya** *s. f.* Fruta tropical parecida al melón.

**papear** *v.* Comer.
FAM. Papeo.

**papel** *s. m.* **1.** Lámina muy fina hecha con fibra de madera u otros materiales que se utiliza para escribir, dibujar, envolver. **2.** Trozo u hoja de ese material. **3.** Personaje que tiene que representar un actor: *En la obra de teatro José hacía el papel de capitán de un barco.* **4.** Función o acción que realiza alguien: *Su primo hizo el papel de guía porque conocía muy bien la ciudad.*
EXPR. **papel cebolla** El que es fino y casi transparente, que se emplea por ejemplo para calcar en él un dibujo. **papel charol** El brillante, fino y casi siempre de colores. **papel higiénico** Papel que se usa en el wáter para limpiarse. **papel pintado** El que se pone en las paredes.
SIN. **4.** Tarea, labor.
FAM. Papeleo, papelera, papelería, papeleta, papelina, papelón. / Empapelar, papiro, papiroflexia, pisapapeles, traspapelar.

**papeleo** *s. m.* Las cosas que hay que hacer y los documentos y escritos que se necesitan para resolver un asunto: *Tuvo que hacer mucho papeleo para sacar el carné.*

**papelera** *s. f.* Cubo o recipiente al que se tiran los papeles y otras cosas que no valen.
SIN. Cesto.

**papelería** *s. f.* Tienda en la que se venden cuadernos y otras cosas de papel, bolígrafos y otros objetos que se usan por ejemplo en los colegios y oficinas.

**papeleta** *s. f.* **1.** Hoja pequeña de papel en la que hay escrito algo de interés, por ejemplo la nota de una asignatura o el número para un sorteo. **2.** Situación o asunto molesto o difícil: *Vaya papeleta cuando se le estropeó el coche y se quedó parado en medio de la calle.*
SIN. **2.** Engorro.

**papelina** *s. f.* Envoltorio de papel fino que contiene una cantidad de droga.

**papelón** *s. m.* Comportamiento ridículo que tiene alguien: *Menudo papelón hizo cuando se agachó y se le descosió el pantalón.*

**papeo** *s. m.* Comida.

**paperas** *s. f. pl.* Enfermedad que produce inflamación en la parte de arriba del cuello, junto a la mandíbula; ataca sobre todo a los niños.

**papila** *s. f.* Pequeño abultamiento de la piel y las membranas de los animales y vegetales; son importantes las que están en la lengua, llamadas *papilas gustativas*, que sirven para apreciar los sabores.
FAM. Papiloma.

**papilla** *s. f.* Comida muy triturada que se da a los niños pequeños o a personas enfermas.
EXPR. **hacer papilla** Destrozar o hacer mucho daño: *Se me cayó la plancha en el pie y me lo hizo papilla.*
SIN. Puré.

**papiloma** *s. m.* Tumor benigno que se forma en la piel o en las mucosas, como las verrugas o los pólipos.

**papión** *s. m.* Mono de pelo gris o pardo claro, menos en el trasero, donde tiene unas callosidades muy características.

**papiro** *s. m.* Planta de dos a tres metros de altura que crece en las orillas de los ríos. Su tallo es una caña, tiene flores pequeñas y verdosas y largas hojas que caen hacia abajo. Antiguamente se utilizó para hacer hojas donde se pintaba o se escribía.

**papiroflexia** *s. f.* Técnica de hacer figuras doblando un trozo de papel, como pajaritas o barquitos.

**papista** *adj.* y *s. m.* y *f.* Que obedece al papa y a la Iglesia católica.
EXPR. **ser más papista que el papa** Ser demasiado exagerado al defender alguna idea.

**papo** *s. m.* **1.** Cara dura, jeta: *Vaya papo tienes: te has gastado el dinero de todos.* **2.** Calma, pachorra: *¡Menudo papo, ahí sentada y todos trabajando!* **SIN. 1.** Morro. **2.** Cachaza, flema. **FAM.** Empapuzar, sopapo.

**paquebot** o **paquebote** *s. m.* Barco que lleva el correo y pasajeros de un puerto a otro.

**paquete** *s. m.* **1.** Objeto o conjunto de objetos envueltos o metidos en una caja o bolsa para protegerlos o para llevarlos mejor. **2.** Conjunto de cosas: *El gobierno ha anunciado un paquete de medidas para ayudar a los pueblos de las inundaciones.* **3.** Persona que va como acompañante en una moto o una bicicleta. **4.** Castigo: *Le metieron un buen paquete por faltar a clase.* **SIN. 1.** Bulto, envoltorio. **2.** Lote. **4.** Puro. **FAM.** Paquetería. / Empaquetar.

**paquetería** *s. f.* **1.** Conjunto de mercancías que se transportan o venden en paquetes. **2.** Departamento o empresa que se encarga de enviar los paquetes: *El servicio de paquetería funciona muy bien.*

**paquidermo** *adj. y s. m.* Se llama así a algunos animales que tienen la piel muy gruesa y fuerte, por ejemplo el elefante o el rinoceronte.

**paquistaní** *adj. y s. m. y f.* De Pakistán, país de Asia. ■ Su plural es *paquistanís* o *paquistaníes*. Se escribe también *pakistaní*.

**par** *adj. y s.* **1.** Se dice del número que se puede dividir por dos, por ejemplo el 6. **2.** Se dice de los órganos del cuerpo que forman un conjunto de dos iguales, por ejemplo el ojo o el riñón. ‖ *s. m.* **3.** Conjunto de dos personas o cosas: *Se compró un nuevo par de zapatos.* **4.** Pocos o unos pocos: *Hemos estado un par de días en la playa.* **5.** Se usa en algunas frases para indicar que algo es lo mejor, que no hay nada igual: *Esa modelo tiene una belleza sin par.* **EXPR. a la par** A la vez: *Los dos corredores llegaron a la par a la meta.* **a pares** En gran cantidad: *Antonio se comía los pasteles a pares.* **de par en par** Completamente abierto: *Juan ha salido y se ha dejado la puerta de par en par.* **SIN. 3.** Pareja. **ANT. 1.** Non. **1. y 2.** Impar. **FAM.** Pareado, pareja, parejo, paridad, paritario. / Aparear, dispar, impar.

**para** *prep.* **1.** Expresa la finalidad o utilidad de algo: *Las tenazas sirven para arrancar los clavos.* **2.** Indica la persona que tiene o da una opinión sobre algo: *Para mí, Lola es la más lista.* **3.** Indica la persona o cosa que recibe algo: *El regalo que trajimos era para Marga.* **4.** Expresa duración: *Nos fuimos al campo para quince días.* **5.** Indica dirección: *Mañana nos vamos para Barcelona.* **6.** Sirve para expresar un momento futuro: *El trabajo que ha mandado el profesor es para la semana que viene.*

**parabién** *s. m.* Felicitación. **SIN.** Enhorabuena.

**parábola** *s. f.* **1.** Pequeña historia que se cuenta para enseñar o explicar algo, sobre todo las que dijo Jesucristo. **2.** Curva como la que hace una cosa cuando la tiramos con fuerza hacia delante y hacia arriba: *Cuando sacó el portero el balón hizo una gran parábola en el aire.* **SIN. 1.** Fábula. **FAM.** Parabólico.

**parabólico, ca** *adj.* **1.** Que tiene forma de parábola: *El cohete siguió una trayectoria parabólica.* **2.** Se dice de una antena de televisión que puede recibir imágenes que llegan desde muy lejos.

**parabrisas** *s. m.* Cristal de la parte de delante de algunos vehículos. ■ No varía en plural. **FAM.** Limpiaparabrisas.

**paracaídas** *s. m.* Gran bolsa de tela que se utiliza para tirarse desde mucha altura, porque disminuye la velocidad de la caída. ■ No varía en plural. **FAM.** Paracaidismo, paracaidista.

**paracaidismo** *s. m.* Actividad de los que se tiran en paracaídas.

**paracaidista** *s. m. y f.* Persona que se tira en paracaídas.

**paracetamol** *s. m.* Compuesto químico que baja la fiebre y disminuye el dolor.

**parachoques** *s. m.* Pieza que llevan por fuera algunos vehículos en la parte de delante y de atrás y que sirve para disminuir la fuerza de los choques. ■ No varía en plural.

**parada** *s. f.* **1.** Acción de parar: *Hicieron una parada en el camino para descansar.* **2.** Lugar donde se detiene un vehículo de transporte público para dejar o recoger pasajeros: *Hay una parada de autobús delante del cine.* **3.** Desfile: *El presidente del gobierno asistió a la parada militar.* **EXPR. parada discrecional** Busca **discrecional**. **SIN. 1.** Detención.

**paradero** *s. m.* Lugar donde está alguien o algo: *Todavía no se conoce el paradero de los niños que se han perdido.* **SIN.** Localización, ubicación.

**paradigma** *s. m.* **1.** Modelo, ejemplo: *Ese atleta es el paradigma de lo que debe ser un buen deportista.* **2.** Conjunto ordenado de las formas en que pueden aparecer algunas palabras, por ejemplo los verbos: *Hay que aprenderse para mañana el paradigma completo del verbo «ser».* **SIN. 1.** Prototipo, canon.

**paradiña** *s. f.* En fútbol, hecho de que un jugador que tira un penalti detenga la carrera y lance el balón hacia un lado distinto del que se dirigía para engañar al portero.

**paradisiaco, ca** o **paradisíaco, ca** *adj.* Del paraíso o parecido a él, de gran belleza: *En el Caribe hay playas paradisiacas.*

**paracaídas**

**parado, da** *adj*. **1.** Quieto, sin moverse. ‖ *adj.* y *s. m.* y *f.* **2.** Tímido, que no se atreve o no se decide a hacer las cosas: *Es muy parado, le da corte saludar a las chicas.* **3.** Persona que no tiene trabajo o empleo. **EXPR. salir bien** o **mal parado** Tener un buen o mal resultado en algo: *Salió mal parado de la caída, se hizo una herida y se torció el tobillo.* **SIN. 3.** Desempleado. **ANT. 2.** Atrevido; decidido. **3.** Empleado.

**paradoja** *s. f.* Contradicción, lo que es completamente distinto a como se esperaba: *Era una paradoja que fuese marinero y no supiese nadar.* **SIN.** Contrasentido. **FAM.** Paradójico.

**paradójico, ca** *adj*. Se dice de las cosas que son una paradoja, que son contradictorias: *Es paradójico que hayan perdido habiendo jugado mejor.*

**parador** *s. m.* Hotel grande y muy bueno, situado en un lugar turístico y que depende del Estado. Algunos los han puesto en edificios de gran belleza o valor, por ejemplo en castillos o palacios.

**parafernalia** *s. f.* Lujo y ceremonia excesivos que rodean un acto: *Celebró su boda con mucha parafernalia.* **SIN.** Pompa, boato. **ANT.** Humildad, sobriedad.

**parafina** *s. f.* Sustancia sólida parecida a la cera, que se saca del petróleo.

**parafrasear** *v.* Contar con otras palabras lo que alguien ha dicho o escrito: *Parafrasea las poesías que no se sabe de memoria.*

**paráfrasis** *s. f.* Acción de parafrasear y palabras con que se parafrasea algo. ■ No varía en plural. **FAM.** Parafrasear.

**paragolpes** *s. m.* En América del Sur, parachoques. ■ No varía en plural.

**paraguas** *s. m.* Utensilio para protegerse de la lluvia, que tiene un bastón y una tela que puede abrirse y cerrarse por medio de unas varillas. ■ No varía en plural. **FAM.** Paragüero.

**paraguaya** *s. f.* Fruta parecida al melocotón, pero más aplastada.

**paraguayo, ya** *adj.* y *s. m.* y *f.* De Paraguay, país de América del Sur. **FAM.** Paraguaya.

**paragüero** *s. m.* Recipiente para meter los paraguas, normalmente con forma de cubo alto y estrecho.

**paraíso** *s. m.* **1.** Lugar muy hermoso del que habla la *Biblia*, en el que vivían Adán y Eva. **2.** Lugar muy bonito, muy agradable o muy bueno para hacer algo: *Esas playas son un paraíso para bucear.* **3.** El cielo, el lugar donde, según algunas religiones, irán los buenos después de morir. **SIN. 1.** Edén. **3.** Gloria. **FAM.** Paradisiaco.

**paraje** *s. m.* Lugar, sobre todo en el campo.

**paralelepípedo** *s. m.* Figura geométrica con seis caras paralelas dos a dos.

**paralelismo** *s. m.* Hecho de ser paralelo.

**paralelo, la** *adj.* y *s. m.* y *f.* **1.** Se dice de las líneas rectas o los planos que van siempre a la misma distancia sin juntarse nunca; también se dice de otras cosas que están en esa posición, por ejemplo dos calles o carreteras. **2.** Parecido, comparable: *Los dos han realizado estudios paralelos.* **3.** Se dice de las cosas que ocurren al mismo tiempo: *En la película se cuentan dos historias paralelas.* ‖ *s. m.* **4.** Comparación, parecido: *Hay un paralelo entre su forma de pensar y la de su padre.* **5.** Cada una de las líneas horizontales que se trazan en el globo terrestre. ‖ *s. f. pl.* **6.** Barras paralelas sobre las que se hacen ejercicios de gimnasia. **SIN. 2.** Similar. **FAM.** Paralelepípedo, paralelismo, paralelogramo.

**paralelogramo** *s. m.* Polígono de cuatro lados paralelos entre sí dos a dos.

**paralimpiada** *s. f.* Busca **paraolimpiada**.

**paralímpico, ca** *adj.* Busca **paraolímpico**.

**paralís** *s. m.* Forma popular de llamar a la parálisis. ■ No varía en plural.

**parálisis** *s. f.* Enfermedad que impide mover alguna parte del cuerpo. ■ No varía en plural. **SIN.** Paralís. **FAM.** Paralís, paralítico, paralizar.

**paralítico, ca** *adj.* y *s. m.* y *f.* Persona que sufre parálisis de alguna parte del cuerpo.

**paralizar** *v.* **1.** Hacer que alguien o algo no pueda moverse: *A Paco se le paralizó la mano cuando se dio el golpe.* **2.** Parar algo que se estaba haciendo. ■ Delante de *e* se escribe *c* en lugar de *z*: *El ayuntamiento ha ordenado que se paralicen las obras.* SIN. **1.** Inmovilizar. **2.** Detener, frenar.

**paramecio** *s. m.* Ser pequeñísimo de una sola célula que vive en aguas estancadas.

**paramento** *s. m.* **1.** Tela con la que se tapa o se adorna una cosa. **2.** Cada uno de los lados de una pared.

**parámetro** *s. m.* Dato o factor que se tiene en cuenta para medir, analizar o hacer una cosa: *La misma cosa se ve de forma distinta según los parámetros con que se juzgue.*

**paramilitar** *adj.* **1.** Se dice de los grupos o asociaciones que no son militares, pero imitan la organización y los uniformes del ejército. ‖ *s. m. y f.* **2.** Miembro de alguno de estos grupos.

**páramo** *s. m.* Terreno llano y elevado con poca vegetación.

**parangón** *s. m.* Comparación: *Como delantero centro no tiene parangón en España.*

**paraninfo** *s. m.* Salón que hay en las universidades, institutos y otros sitios parecidos para actos importantes.

**paranoia** *s. f.* Enfermedad que tienen algunas personas que están obsesionadas con cosas que se imaginan, por ejemplo que alguien las persigue. FAM. Paranoico.

**paranoico, ca** *adj. y s. m. y f.* Que tiene paranoia.

**paranormal** *adj.* Se dice del fenómeno que no tiene una explicación científica: *Dicen que en el viejo castillo pasan cosas paranormales.*

**paraolimpiada** *s. f.* Olimpiada en la que sólo participan minusválidos. ■ Se dice también *paralimpiada*. FAM. Paralímpico.

**paraolímpico, ca** *adj.* De la paraolimpiada: *los Juegos Paraolímpicos.* ■ Se dice también *paralímpico.*

**parapente** *s. m.* Deporte en el que una persona se tira desde un sitio alto con un paracaídas de forma rectangular y ya desplegado; también se llama así a este paracaídas.

**parapetarse** *v.* Protegerse, refugiarse: *Nos parapetamos detrás de una tapia para defendernos del viento.* SIN. Resguardarse.

**parapeto** *s. m.* Montón de sacos de arena, piedras y otras cosas que sirve para protegerse: *Los soldados hicieron un parapeto para defenderse de los disparos enemigos.* SIN. Barricada. FAM. Parapetarse.

**paraplejia** o **paraplejía** *s. f.* Parálisis de la mitad del cuerpo, de cintura para abajo. FAM. Parapléjico.

**parapléjico, ca** *adj. y s. m. y f.* Persona que sufre paraplejia.

**parapsicología** *s. f.* Estudio de algunos hechos que no pueden explicarse con los conocimientos que se tienen ahora de la mente humana, por ejemplo el adivinar el futuro o hablar con el espíritu de personas muertas.

**parar** *v.* **1.** Dejar de moverse o de hacer algo: *El autocar para en ese pueblo. El motor se paró porque ya no quedaba gasolina.* **2.** Hacer que una cosa no se mueva o realice algo: *Paró la lavadora apretando un botón.* **3.** Detener o despejar el balón el portero en el fútbol y otros deportes: *El guardameta español paró el penalti.* **4.** Evitar un golpe o ataque con alguna parte del cuerpo, con un arma o con cualquier otro objeto: *Paró el puñetazo con la mano.* EXPR. **ir** o **venir a parar** Ir o llegar a un lugar: *La pelota vino a parar al balcón de la vecina.* Pasar a ser de alguien: *El Oscar fue a parar a la película española.* SIN. **2.** Inmovilizar. ANT. **2.** Accionar. FAM. Parabrisas, paracaídas, parachoques, parada, paradero, parado, parador, paragolpes, paraguas, paraje, parapeto, pararrayos, parasol, paro. / Imparable, malparado, pintiparado.

**pararrayos** *s. m.* Aparato o instalación que protege los edificios de los rayos; consiste en una barra metálica conectada con el suelo que atrae los rayos y los dirige hacia la tierra. ■ No varía en plural.

**parasitario, ria** *adj.* De los parásitos o causado por los parásitos: *El perro tiene una infección parasitaria.*

**parasitismo** *s. m.* **1.** Forma de vida del animal o vegetal parásito. **2.** Forma de comportarse de la persona parásita.

**parásito, ta** *adj. y s. m. y f.* **1.** Animal o vegetal que se alimenta de otro diferente causándole perjuicio, por ejemplo los piojos. **2.** Persona que vive de los demás. SIN. **2.** Gorrón, aprovechado. FAM. Parasitario, parasitismo. / Antiparasitario, desparasitar.

**parasol** *s. m.* **1.** Sombrilla. **2.** Pieza que hay sobre el cristal de delante de los automóviles y que puede moverse para evitar que moleste el sol.

**parcela** *s. f.* **1.** Cada una de las partes en que se divide un terreno: *El padre de Julián ha comprado una parcela para hacer allí una casa.* **2.** Parte de una cosa: *La física, la química y la biología son algunas de las parcelas en que se divide la ciencia.* SIN. **2.** Rama. FAM. Parcelar, parcelario.

**parcelar** *v.* Dividir en parcelas: *Han parcelado el terreno para repartirlo entre todos los hermanos.*

**parcelario, ria** *adj.* De las parcelas de terreno o relacionado con ellas: *división parcelaria.*

**parche** *s. m.* **1.** Trozo de tela, goma u otro material que se pone para tapar un agujero o arreglar algo: *Se ha pinchado la rueda de la bici, hay que poner un parche.* **2.** Piel fina y tensa en la que se golpea en los tambores, panderetas y otros instrumentos parecidos. **3.** Arreglo que durará sólo un poco de tiempo: *Esta reparación del motor es sólo un parche, más adelante habrá que poner algunas piezas nuevas.*
SIN. **1.** Remiendo.
FAM. Parchear.

**parchear** *v.* Poner parches a algo.

**parchís** *s. m.* Juego que consiste en mover unas fichas sobre un tablero el número de casillas que indica el dado. Gana el jugador que lleve el primero todas sus fichas a la casilla final.

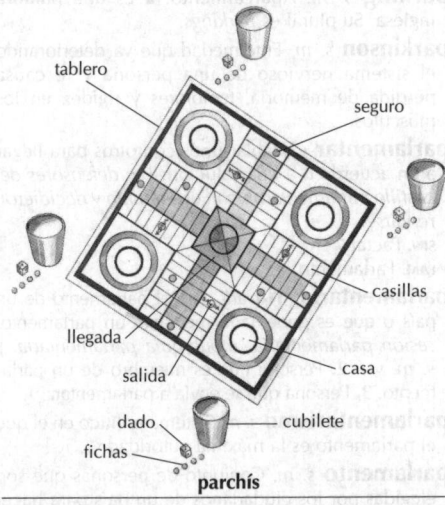

tablero
seguro
casillas
llegada
casa
salida
dado
cubilete
fichas
**parchís**

**parcial** *adj.* **1.** Sólo de una parte: *En esta fotografía hay una vista parcial de la montaña.* **2.** Que favorece a unos y no a otros: *El árbitro del partido fue parcial, pitaba más faltas a nuestro equipo.* ‖ *adj.* y *s. m.* **3.** Examen de parte de una asignatura.
SIN. **2.** Injusto, arbitrario. ANT. **1.** Total, completo. **2.** Justo, imparcial, objetivo. **3.** Final.
FAM. Parcialidad. / Imparcial.

**parcialidad** *s. f.* El hecho de no ser justo, de favorecer a unos y no a otros: *Se notó algo de parcialidad en el jurado del concurso, dieron el premio a un dibujo que no era el mejor.*
SIN. Injusticia. ANT. Imparcialidad.

**parco, ca** *adj.* **1.** Muy moderado, que no comete excesos: *Es muy parco en el comer, con una ensalada tiene bastante.* **2.** Escaso, pequeño: *Con un sueldo tan parco casi no le llega para comer.*

SIN. **1.** Sobrio. **2.** Corto, exiguo. ANT. **1.** Exagerado. **2.** Abundante.
FAM. Parquedad.

**pardal** *s. m.* **1.** Gorrión. **2.** Pardillo, pájaro.

**pardillo, lla** *adj.* y *s. m.* y *f.* **1.** Paleto. **2.** Persona a la que se engaña fácilmente. ‖ *s. m.* **3.** Pájaro con el lomo pardo, la cabeza grisácea y el pecho rojizo.
SIN. **1.** Palurdo. **2.** Tonto, ingenuo, primo. **3.** Pardal. ANT. **2.** Listo.

**pardo, da** *adj.* Se dice del color marrón parecido al de la tierra.
FAM. Pardal, pardillo, pardusco.

**pardusco, ca** *adj.* De color pardo o similar: *Tiene un traje pardusco.*

**pareado** *s. m.* Estrofa de dos versos que riman entre sí.

**parecer**[1] *v.* **1.** Tener un aspecto o producir una impresión: *Jorge parece muy joven. El examen me pareció difícil.* **2.** Tener el mismo aspecto, ser casi igual: *Se parece muchísimo a su hermano.* **3.** Haber señales de algo: *Parece que va a llover.* **4.** Creer, pensar, opinar: *Me parece que nos hemos confundido.* ■ Con los significados 3 y 4 sólo se usa en tercera persona. Es un verbo irregular que se conjuga como *agradecer.*
SIN. **1.** Semejar. **2.** Asemejarse. **4.** Juzgar. ANT. **2.** Diferenciarse.
FAM. Parecer[2], parecido.

**parecer**[2] *s. m.* Opinión, lo que alguien piensa: *En las encuestas se pregunta a la gente su parecer.*
SIN. Juicio, dictamen.

**parecido, da** *adj.* **1.** Que se parece a otro: *Iban vestidos con ropas parecidas, pero no iguales.* **2.** Detrás de *bien* o *mal,* significa 'que tiene buen o mal aspecto': *una chica bien parecida.* ‖ *s. m.* **3.** El ser parecidas dos o más personas o cosas: *Los primos tienen un gran parecido.*
SIN. **1.** Similar, semejante. **3.** Similitud, semejanza. ANT. **1.** Distinto. **3.** Diferencia.

**pared** *s. f.* **1.** Obra de ladrillos, piedras, madera o de otro material, hecha en vertical para cerrar o separar un espacio. **2.** Superficie o lado de algo: *las paredes de una caja. Escalaron el monte por su pared sur.*
EXPR. **subirse** alguien **por las paredes** Estar muy enfadado o muy nervioso.
SIN. **1.** Muro, tabique.
FAM. Paredón. / Emparedar.

**paredón** *s. m.* **1.** Pared que queda en pie en un edificio en ruinas. **2.** Muro delante del cual se pone a los que se va a fusilar.

**pareja** *s. f.* **1.** Dos personas, animales o cosas: *Una pareja de bueyes tira de la carreta.* **2.** Cada una de estas personas, animales o cosas respecto a la otra: *He perdido la pareja de este guante. No tiene pareja para el partido de tenis.* **3.** En los juegos de nai-

pes, conjunto de dos cartas con el mismo número o figura. **4.** En el juego de dados, los dos puntos o números iguales que salen de una tirada.
SIN. **1.** Dúo, par. **2.** Compañero.
FAM. Desemparejado, desparejado, emparejar.

**parejo, ja** *adj.* Igual, parecido: *Aunque se llevan varios años, los dos hermanos andan parejos en altura.*
SIN. Semejante, similar. ANT. Desigual.

**parentela** *s. f.* Los parientes de una persona: *En el pueblo tiene mucha parentela.*
SIN. Familia.

**parentesco** *s. m.* **1.** Relación que hay entre las personas de la misma familia. **2.** Relación que existe entre dos o más cosas que tienen el mismo origen: *Entre el español y el portugués hay parentesco porque las dos lenguas vienen del latín.*
SIN. **1.** Consanguinidad. **2.** Afinidad, vínculo. ANT. **2.** Diferencia.

**paréntesis** *s. m.* **1.** Signo ortográfico, ( ), dentro del que se colocan palabras, frases o datos que aclaran o amplían el contenido de una palabra o grupo de palabras. **2.** Frase que se mete dentro de otra interrumpiéndola, pero sin cambiar su significado. ■ No varía en plural.

**pareo** *s. m.* Especie de pañuelo grande que se enrolla al cuerpo como un vestido o una falda.

**paria** *s. m. y f.* **1.** En la India, persona que pertenece a la clase social más baja. **2.** Persona a la que los demás desprecian y rechazan porque la consideran inferior.

**parida** *s. f.* Tontería, idiotez.
SIN. Chorrada.

**paridad** *s. f.* **1.** Igualdad: *Trata con paridad a todos sus empleados.* **2.** En economía, relación que se establece entre los valores de dos monedas: *La paridad del dólar con el euro ha cambiado mucho últimamente.*

**pariente, ta** *s. m. y f.* Persona que es de la misma familia que otra.
SIN. Familiar.
FAM. Parentela, parentesco. / Emparentar.

**parietal** *s. m.* Cada uno de los dos huesos situados a los lados de la cabeza y que forman parte del cráneo.

**parihuela** *s. f.* **1.** Utensilio formado por dos barras con varias tablas atravesadas que sirve para transportar cosas entre dos personas. **2.** Especie de camilla de madera usada para transportar enfermos o heridos. ■ En los dos significados se usa más en plural.
SIN. **1.** Angarillas, andas.

**paripé** *s. m.* Lo que se hace o se dice sólo para engañar a alguien o para quedar bien: *Aunque nos cae mal, le saludamos e hicimos el paripé.*
SIN. Comedia.

**parir** *v.* Tener un hijo la mujer o la hembra de los mamíferos: *La vaca ha parido un ternerito monísimo.*
EXPR. **poner** a alguien **a parir** Hablar mal de él.
SIN. Alumbrar.
FAM. Parida, pariente, paritorio. / Parto.

**parisién** o **parisiense** *adj. y s. m. y f.* Busca **parisino.**

**parisino, na** *adj. y s. m. y f.* De París, capital de Francia. ■ Se dice también *parisién* y *parisiense.*

**paritario, ria** *adj.* Se dice de la asamblea, de la comisión o de otra reunión en la que cada una de las partes que la forman tiene el mismo número de participantes; normalmente se reúnen para resolver los problemas que hay entre ellas.

**paritorio** *s. m.* Sala de un hospital o clínica en la que se atienden los partos.

**parka** *s. f.* Un chaquetón con capucha.

**parking** *s. m.* Aparcamiento. ■ Es una palabra inglesa. Su plural es *parkings.*

**párkinson** *s. m.* Enfermedad que va deteriorando el sistema nervioso de una persona y le causa pérdida de memoria, temblores y rigidez en los músculos.

**parlamentar** *v.* Hablar unos con otros para llegar a un acuerdo o a una solución: *Los defensores del castillo parlamentaron con el enemigo y decidieron rendirse.*
SIN. Pactar.
FAM. Parlamento.

**parlamentario, ria** *adj.* **1.** Del parlamento de un país o que es gobernado mediante un parlamento: *sesión parlamentaria, monarquía parlamentaria.* ‖ *s. m. y f.* **2.** Persona que es miembro de un parlamento. **3.** Persona que se envía a parlamentar.

**parlamentarismo** *s. m.* Sistema político en el que el parlamento es la máxima autoridad.

**parlamento** *s. m.* Conjunto de personas que son elegidas por los ciudadanos de un país para hacer y aprobar las leyes; se reúnen en uno o dos grupos, por ejemplo en España el Congreso y el Senado. ■ Suele escribirse con mayúscula.
SIN. Asamblea, Cortes.
FAM. Parlamentario, parlamentarismo.

**parlanchín, na** *adj. y s. m. y f.* Que habla mucho o más de lo debido.
SIN. Hablador, charlatán. ANT. Callado.

**parlante** *adj.* Que habla: *La niña juega con su muñeca parlante.*
FAM. Parlanchín, parlotear. / Altoparlante.

**parlar** *v.* **1.** Hablar, sobre todo cuando se habla mucho: *Parla así de rápido porque ha sido vendedor.* **2.** En un ave, hacer ruidos semejantes a los del habla de las personas.
FAM. Parleta.

**parleta** *s. f.* Charla, cháchara.

**parlotear** *v.* Charlar, cotorrear.

**parmesano, na** *adj.* y *s. m.* y *f.* **1.** De Parma, ciudad de Italia. ‖ *adj.* y *s. m.* **2.** Un tipo de queso italiano de leche de vaca y sabor fuerte.

**parné** *s. m.* Dinero. ■ Es una palabra gitana.

**paro** *s. m.* Situación de las personas que no tienen empleo: *La fábrica cerró y los obreros se quedaron en paro.* SIN. Desempleo. ANT. Ocupación.

**parodia** *s. f.* Imitación humorística de alguien o algo: *El cómico hizo una parodia de un cantante famoso.* FAM. Parodiar.

**parodiar** *v.* Hacer parodia: *Parodia a los cantantes porque tiene buena voz.*

**paroxismo** *s. m.* **1.** Grado más alto de un enfado, una pasión, un sentimiento: *Llegó al paroxismo de la rabia y le dio un bofetón.* **2.** Fase más grave de una enfermedad.

**parpadear** *v.* **1.** Abrir y cerrar los párpados varias veces y con rapidez. **2.** Apagarse y encenderse muy seguido una luz. SIN. **1.** Pestañear. **2.** Titilar, oscilar.

**párpado** *s. m.* Cada uno de los pliegues de piel que protegen los ojos. FAM. Parpadear.

**parpar** *v.* Dar graznidos un pato.

**parque** *s. m.* **1.** Terreno con árboles, plantas y césped para que la gente pasee o descanse y jueguen los niños. **2.** Sitio en el que se mete a los niños pequeños para que jueguen y no se hagan daño; tiene un suelo de lona rodeado por una red. **3.** Conjunto de los vehículos, materiales, instrumentos y otras cosas para realizar un servicio público o militar, y lugar donde se guardan: *parque de bomberos.* EXPR. **parque de atracciones** Lugar en el que hay muchas atracciones y aparatos mecánicos para divertirse, como carruseles, norias y tiovivos. **parque móvil** El conjunto de los vehículos de un ministerio ó de un organismo oficial. **parque nacional** Terreno salvaje protegido por el Estado para conservar su vegetación, su fauna y su belleza natural. **parque natural** Terreno que el gobierno ha declarado valioso por su belleza natural. **parque temático** Parque de atracciones ambientado en uno o más temas, épocas o lugares, como el Oeste o los dinosaurios. **parque zoológico** Busca **zoológico**. SIN. **1.** Jardín. **2.** Corralito. FAM. Parquear. / Aparcar.

**parqué** o **parquet** *s. m.* Cubierta para el suelo hecha con tablas pequeñas y finas de madera. ■ *Parquet* es una palabra francesa. Su plural es *parquets*.

**parqueadero** *s. m.* En Hispanoamérica, aparcamiento, lugar para aparcar los automóviles.

**parquear** *v.* En Hispanoamérica, aparcar o estacionar los automóviles. FAM. Parqueadero.

**parquedad** *s. f.* Característica de lo que es parco: *Como no gano mucho tengo que gastar con parquedad.* SIN. Escasez, pequeñez; moderación, sobriedad. ANT. Exceso.

**parquímetro** *s. m.* Aparato que controla el tiempo que se deja el coche en algunos lugares donde se paga por aparcar; suele funcionar con monedas.

**parra** *s. f.* Vid que crece sujeta a una pared o trepando sobre un armazón. FAM. Parral. / Emparrado.

**parrafada** *s. f.* **1.** Conversación larga: *Al abuelo le gusta echar una parrafada con los amigos en el café.* **2.** Discurso largo y seguido: *Su padre le soltó una parrafada sobre la importancia del estudio.* SIN. **2.** Sermón.

**párrafo** *s. m.* Cada una de las partes de un escrito o discurso separadas del resto por un punto y aparte o por otra pausa larga. FAM. Parrafada.

**parral** *s. m.* Parra o conjunto de parras sostenidas por un armazón.

**parranda** *s. f.* Juerga: *Se pasaron la noche de parranda por los bares.*

**parricida** *adj.* y *s. m.* y *f.* Persona que comete parricidio. FAM. Parricidio.

**parricidio** *s. m.* Acción de matar alguien a su padre, a su madre, a su mujer, a su marido o a un hijo.

**parrilla** *s. f.* **1.** Rejilla de hierro para poner al fuego lo que se quiere asar o tostar. **2.** Restaurante en que se sirve carne asada de esta manera.

parque de atracciones

**EXPR. parrilla de salida** Zona de un circuito en la que se sitúan los coches para comenzar una carrera.
**SIN. 2.** Asador.
**FAM.** Parrillada.

**parrillada** s. f. Alimentos asados a la parrilla.

**párroco** adj. y s. m. Sacerdote que dirige una parroquia: el cura párroco.

**parroquia** s. f. **1.** Iglesia que se encarga de atender a las personas de un pueblo, un barrio o parte de él. **2.** Zona y conjunto de fieles que pertenecen a esta iglesia. **3.** Clientes de un establecimiento.
**FAM.** Párroco, parroquial, parroquiano.

**parroquial** adj. De la parroquia: El coro parroquial es muy bueno.

**parroquiano, na** adj. y s. m. y f. **1.** Que pertenece a una parroquia. **2.** Cliente habitual de un establecimiento.
**SIN. 1.** Feligrés.

**parsimonia** s. f. Lentitud, calma: Me pone nervioso la parsimonia con que hace las cosas.
**SIN.** Cachaza, flema. **ANT.** Rapidez, diligencia.
**FAM.** Parsimonioso.

**parsimonioso, sa** adj. Que actúa con parsimonia.
**SIN.** Tranquilo, calmoso.

**parte** s. f. **1.** Cada una de las personas, grupos, cosas o trozos que se separan de un conjunto o de otra cosa: Parte de la clase ha faltado hoy. Este libro está incompleto, le falta una parte. **2.** Lo que se da o se recibe al repartir: No es justo que a él siempre le toque la mejor parte. **3.** Cada una de las personas o grupos enfrentados: Al final, las partes llegaron a un acuerdo. **4.** Lugar, sitio: Busca bien, que en alguna parte tiene que estar. || s. m. **5.** Comunicación, aviso o noticia: El parte meteorológico anuncia lluvias para mañana. Dio parte a la policía de que le habían robado el coche. || s. f. pl. **6.** Órganos genitales.
**EXPR. parte de la oración** Cada una de las clases de palabras que existen en una lengua, por ejemplo el adjetivo o el sustantivo. || **llevar** uno **la mejor** o **la peor parte** Tener ventaja o desventaja. **tener** o **tomar parte** en algo Participar en ello.
**SIN. 1.** Pieza, porción, fracción. **3.** Oponente, contendiente. **4.** Lado. **ANT. 1.** y **2.** Totalidad.
**FAM.** Participar, partícula, partir. / Aparte, bipartito, contrapartida, tripartito.

**partera** s. f. Mujer que ayuda a una madre cuando está teniendo un niño.
**SIN.** Comadrona.

**parterre** s. m. Parte de un jardín, casi siempre en forma de rectángulo, con flores y césped. ■ Es una palabra francesa.

**partición** s. f. Acción de partir o de repartir y cada una de las partes que se hacen.
**SIN.** División, trozo.

**participación** s. f. **1.** El participar en algo: El torneo cuenta con la participación de los mejores deportistas. **2.** Aviso o noticia y escrito en que se comunica: una participación de boda. **3.** Cada una de las partes en que se divide o reparte algo, como por ejemplo un décimo de lotería.
**SIN. 1.** Intervención, contribución. **2.** Notificación, comunicación. **ANT. 1.** Abstención, ausencia.

**participante** adj. y s. m. y f. Que participa en algo: El público aplaudió a todos los participantes en el concurso.

**participar** v. **1.** Hacer algo con otros: Todos los amigos participaron en la preparación de la fiesta. **2.** Recibir parte de alguna cosa: Ha participado en las ganancias de la venta. **3.** Hacer saber algo a alguien: Le participo que he cambiado de domicilio.
**SIN. 1.** Colaborar, intervenir, contribuir. **3.** Comunicar, informar, notificar. **ANT. 1.** Abstenerse.
**FAM.** Participación, participante, participativo, partícipe.

**participativo, va** adj. Se dice de la persona que suele participar en actividades de grupo: Es una persona muy sociable y participativa.

**partícipe** adj. y s. m. y f. Que participa en algo.
**EXPR. hacer partícipe** a alguien de algo Comunicárselo o compartirlo con él: Sólo a su mejor amigo le hizo partícipe del secreto.

**participio** s. m. Forma del verbo que termina en -ado, -ido y que puede hacer la función del adjetivo e incluso del sustantivo: la persona amada. Dedicó unos versos a su amada. Además, con el participio se forman los tiempos compuestos del verbo: Tu padre ha venido.

**partícula** s. f. **1.** Parte muy pequeña de algo o cuerpo muy pequeño: Había muchas partículas de polvo flotando en el aire. **2.** El adverbio, la conjunción o la preposición, que son palabras que no cambian de forma. A veces también se llama partículas a-los prefijos y los sufijos.
**SIN. 1.** Porción.
**FAM.** Particular.

**particular** adj. **1.** Propio de una persona o cosa: Cada región tiene costumbres particulares que la distinguen de otra. **2.** Raro, especial, distinto de lo corriente: Tiene un acento muy particular; debe de ser extranjero. No tiene nada de particular que le guste divertirse. **3.** Concreto, que es ése y no otro: El doctor dice que en ese caso particular hay que operar al enfermo. **4.** Que pertenece a alguien o que sólo lo utiliza esa persona: En lugar de tomar el autobús, siempre viene en su coche particular.
**SIN. 1.** Típico. **1.** y **2.** Peculiar. **2.** Original, extraordinario. **3.** Determinado, específico. **4.** Privado.
**ANT. 1.** a **4.** Común. **1.** y **3.** General. **2.** Normal. **4.** Público.
**FAM.** Particularidad, particularizar.

**particularidad** *s. f.* Característica que diferencia a una persona o cosa de otras: *Esta mesa tiene la particularidad de que puede plegarse.*
SIN. Singularidad, peculiaridad.

**particularizar** *v.* **1.** Hablar de algo señalando sus detalles particulares: *El profesor explicó la lección por encima, sin particularizar mucho.* **2.** Señalar a una persona o cosa concretas: *La culpa es de todos, así que no particularices.* ■ Delante de *e* se escribe *c* en lugar de *z.*
SIN. **1.** Concretar, precisar. **2.** Singularizar. ANT. **1.** y **2.** Generalizar.

**partida** *s. f.* **1.** Acción de partir o marcharse: *Lloró en el momento de la partida.* **2.** Cantidad de una mercancía que se entrega, se envía o se recibe de una vez. **3.** Anotación en un registro del bautismo, del matrimonio o algún otro hecho o dato relacionados con una persona; también, copia de esa anotación: *Para hacerte el carné de identidad necesitas una partida de nacimiento.* **4.** En un juego, serie de jugadas que terminan cuando alguien gana: *una partida de cartas.* **5.** Grupo, cuadrilla: *una partida de caza, una partida de bandidos.*
SIN. **1.** Marcha. **2.** Remesa. **3.** Inscripción; certificado. **5.** Banda. ANT. **1.** Llegada.

**partidario, ria** *adj.* y *s. m.* y *f.* Que apoya o defiende a una persona, idea o grupo: *El encuentro de fútbol acabó en un pelea entre los partidarios de los dos equipos.*
SIN. Seguidor, simpatizante. ANT. Enemigo, opositor, adversario.

**partidismo** *s. m.* Conducta o actitud partidista.
FAM. Partidista.

**partidista** *adj.* y *s. m.* y *f.* Que defiende o favorece sólo a un partido, una opinión o una persona frente a otras.

**partido, da** *adj.* **1.** Cortado, dividido o roto: *A la sangría se le suele añadir frutas partidas en trozos. El dentista me ha dicho que tengo un diente partido.* || *s. m.* **2.** Asociación de personas que defienden unas ideas, sobre todo políticas. **3.** Competición deportiva en que se enfrentan dos jugadores o equipos: *un partido de tenis, un partido de balonmano.*
EXPR. **sacar partido** Sacar un beneficio o provecho de algo. **tomar partido** Mostrarse a favor de una de las personas o grupos enfrentados.
SIN. **2.** Bando, facción. **3.** Encuentro.
FAM. Partidario, partidismo. / Bipartidismo.

**partir** *v.* **1.** Dividir una cosa en varias partes: *partir el pan.* **2.** Cortar y separar una parte de algo: *Párteme una raja de melón.* **3.** Romper: *Al sentarse se partió una pata de la silla y él se cayó al suelo.* **4.** Marcharse: *El barco partió al amanecer.* **5.** Provenir, proceder: *La idea de prepararle una fiesta partió de sus amigos.* || **partirse 6.** Reírse mucho: *Cuenta unos chistes que te partes de risa.*

EXPR. **a partir de** Desde: *Las clases de gimnasia empiezan a partir de mañana.* También, tomando como base algo: *Hicieron una película a partir de una novela.*
SIN. **1.** Trocear, fragmentar. **2.** Desgajar. **3.** Quebrar, cascar. **4.** Irse. **5.** Nacer, arrancar. **6.** Troncharse, desternillarse. ANT. **2.** Unir, pegar. **4.** Llegar; permanecer.
FAM. Partición, partida, partido, partitivo. / Compartir, repartir.

**partisano, na** *s. m.* y *f.* Persona que forma parte de un grupo armado secreto que lucha contra un ejército que ha invadido su país.

**partitivo, va** *adj.* y *s. m.* Se dice de los sustantivos y los adjetivos que expresan una parte de una cosa, como por ejemplo *mitad, medio, cuarto.*

**partitura** *s. f.* Texto de una obra musical escrito con los signos que representan los sonidos.

**parto** *s. m.* Acción de parir: *Los hermanos mellizos son los que han nacido de un mismo parto.*
FAM. Partera, parturienta.

**parturienta** *adj.* y *s. f.* Mujer que está pariendo o acaba de hacerlo.

**parvulario** *s. m.* Escuela para párvulos.

**párvulo, la** *adj.* y *s. m.* y *f.* Niño que todavía es muy pequeño para ir al colegio y va a una escuela que se llama *parvulario.*
FAM. Parvulario.

**pasa** *adj.* y *s. f.* Uva o ciruela que se ha dejado secar y tiene un sabor muy dulce.

**pasable** *adj.* Que no está mal , que es más o menos bueno o adecuado: *No es que cante muy bien, pero es pasable.*
SIN. Aceptable, tolerable, regular.

**pasacalle** *s. m.* Música que tocan las bandas populares en algunas fiestas.

**pasada** *s. f.* **1.** Acción que se realiza sobre una cosa o capa de una sustancia que se le da: *Esa camisa está arrugada, hay que darle una pasada de plancha. La puerta necesita otra pasada de pintura.* **2.** El pasar volando un avión sobre un lugar. **3.** Cosa o acción exagerada, muy buena o que se sale de lo normal: *Se compró un coche que es una pasada de grande.*
EXPR. **mala pasada** Mala acción o mal comportamiento de una persona con otra.
SIN. **1.** Mano.

**pasadizo** *s. m.* Lugar o camino estrecho para pasar de un sitio a otro: *El castillo tenía un pasadizo bajo tierra para escapar de los enemigos.*
SIN. Corredor, pasaje.

**pasado, da** *adj.* **1.** Se dice del tiempo anterior al presente y de lo que ocurrió en él: *En épocas pasadas, la gente no tenía ordenadores. Al abuelo le gusta recordar cosas pasadas.* **2.** Gastado o estropeado: *Esta fruta está pasada; hay que tirarla.* || *s. m.* **3.** Tiempo anterior al presente: *La historia nos habla del pasado.* **4.** En gramática, el tiempo pretérito de los verbos, que se usa para hablar de lo que ya ha ocurrido.

**SIN. 1.** Antiguo. **2.** Ajado, podrido. **3.** Ayer. **ANT. 1.** Actual. **2.** Nuevo, fresco.

**FAM.** Antepasado.

**pasador** *s. m.* Varilla o pieza de metal que se pasa de un lado a otro de una cosa para sujetar algo, como en algunos broches y alfileres o como los cerrojos de puertas y ventanas.

**pasaje** *s. m.* **1.** Precio que se paga por viajar en barco o en avión. **2.** Conjunto de personas que viajan en un barco o avión: *El capitán y la tripulación desean al pasaje una feliz travesía.* **3.** Calle estrecha y corta, o paso de una calle a otra por debajo de una casa. **4.** Trozo completo de una obra literaria o musical: *El pasaje de los molinos de viento es uno de los más famosos de «Don Quijote de la Mancha».*

**SIN. 3.** Pasadizo, travesía. **4.** Episodio.

**pasajero, ra** *adj.* y *s. m.* y *f.* **1.** Persona que viaja en un vehículo sin conducirlo ella misma: *Casi todos los pasajeros del tren se bajan en esta estación.* || *adj.* **2.** Que pasa pronto o dura poco: *Tuvo un desmayo pasajero, enseguida recobró el conocimiento.*

**SIN. 1.** Viajero. **2.** Breve, fugaz. **ANT. 2.** Duradero, persistente.

**pasamanería** *s. f.* Tira de tela bordada o de hilos o cordones trenzados, que sirve para adornar vestidos y otras cosas.

**SIN.** Trencilla, galón.

**pasamanos** *s. m.* Barra o parte de encima de una barandilla, donde se apoya la mano. ▪ No varía en plural.

**pasamontañas** *s. m.* Gorro de punto que cubre toda la cabeza hasta el cuello, menos los ojos y la nariz. ▪ No varía en plural.

**pasante** *s. m.* y *f.* Persona que trabaja ayudando a un abogado a la vez que adquiere experiencia.

**pasaporte** *s. m.* Libreta con la foto y datos de alguien que es necesaria para viajar por algunos países.

**pasapurés** *s. m.* Colador para hacer puré. ▪ No varía en plural.

**pasar** *v.* **1.** Ir a algún lugar o entrar en él: *Los invitados pasaron al comedor para cenar.* **2.** Llevar o mover de un lugar a otro: *Han pasado los muebles de la habitación al salón para poder pintarla.* **3.** Cruzar, atravesar: *Pasamos el río por un puente.* **4.** Superar, aprobar: *Laura ha pasado el examen de inglés.* **5.** Sufrir, tener: *Mi hermano ha pasado el sarampión. En la sierra pasamos mucho frío.* **6.** Permitir, aguantar: *Ese profesor es muy duro, no pasa un*

solo error. **7.** Estar durante un tiempo en un lugar, en una situación o haciendo una cosa: *Hemos pasado las vacaciones en la playa. Jorge se ha pasado el verano trabajando y ahorrando para comprarse una moto.* **8.** Dar, entregar: *Pásame la sal. Pasó el balón a un compañero, que encestó.* **9.** Suceder, ocurrir: *Que alguien nos cuente qué ha pasado.* **10.** No hacer una cosa o no participar en algo: *Como estaban cansados, pasaron de cenar y se acostaron. Pasa de meterse en líos.* **11.** No interesarle a alguien algo, no importarle nada: *Nicolás no quiere jugar en el equipo porque pasa de deporte.* || **pasarse 12.** Pudrirse o estropearse los frutos, carnes, pescados, flores. **13.** Hacer o decir más de lo que sería bueno o de lo que se debe: *Te has pasado diciéndoles esas cosas tan fuertes.* **14.** Olvidarse o no darse cuenta de algo: *Tenía que ir al médico, pero se me pasó.*

**SIN. 2.** Transportar, mudar, cambiar. **3.** Traspasar. **5.** Padecer. **6.** Tolerar, soportar. **10.** Abstenerse. **11.** Desentenderse. **13.** Excederse. **ANT. 1.** Quedarse; salir. **2.** Dejar. **4.** Suspender. **10.** Intervenir. **13.** Contenerse. **14.** Acordarse.

**FAM.** Pasable, pasacalle, pasada, pasadizo, pasado, pasador, pasaje, pasajero, pasamanería, pasamanos, pasamontañas, pasante, pasaporte, pasapurés, pasarela, pasatiempo, pasavolante, pase, pasear, paso, pasota. / Propasarse, repasar, sobrepasar, traspasar.

**pasarela** *s. f.* **1.** Puente pequeño, hecho de materiales ligeros. **2.** Pasillo estrecho y en alto por el que pasan los modelos en un desfile de modas.

**pasatiempo** *s. m.* Juego o entretenimiento con que se pasa el rato, como los crucigramas o las sopas de letras.

**pasavolante** *s. m.* Lo que se hace rápido y sin cuidado: *Lo hizo en un pasavolante y encima dice que está bien hecho.*

**pascua** *s. f.* **1.** Fiesta que celebran los judíos para recordar la huida de sus antepasados de Egipto, donde estaban cautivos. **2.** En la religión católica, fiesta en que se recuerda la resurrección de Jesucristo. También se llama así a las fiestas de Navidad, Epifanía y Pentecostés. ▪ Con todos estos significados se suele escribir con mayúscula.

**EXPR. como unas pascuas** Muy contento. **de Pascuas a Ramos** Muy pocas veces y pasando mucho tiempo entre una vez y otra: *Sólo viene a vernos de Pascuas a Ramos.* **hacer la pascua** a alguien Molestarle o perjudicarle.

**FAM.** Pascual.

**pascual** *adj.* **1.** De la fiesta religiosa de pascua: *celebración pascual.* **2.** Se dice del cordero de más de dos meses.

**pase** *s. m.* **1.** Acción de pasar de un lugar o situación a otro: *Con esta victoria, el equipo consiguió el pase a la final.* **2.** Cada una de las veces que el torero deja pasar al toro, después de haberlo llamado con la muleta por delante. **3.** Proyección de una película en un cine o una sala. **4.** Desfile de modelos que muestran prendas de vestir que llevan puestas. **5.** Permiso por escrito con el que se puede pasar por algunos sitios o hacer otras cosas: *En esa parte de la fábrica sólo dejan entrar a los que tienen pase.* **6.** Acción de pasar el balón un jugador a otro. **EXPR. tener** algo **un pase** Ser aceptable, no estar mal: *No es el mejor coche del mundo, pero tiene un pase.* **SIN. 5.** Autorización, salvoconducto. **FAM.** Autopase.

**paseante** *adj.* y *s. m.* y *f.* Que pasea: *El parque está lleno de paseantes en los días de sol.* **SIN.** Caminante, transeúnte.

**pasear** *v.* **1.** Ir despacio andando, a caballo, en bicicleta o en otro vehículo para distraerse, tomar el aire o hacer ejercicio: *Cuando hace bueno paseamos por la playa.* **2.** Llevar de paseo: *Sacó a pasear al perro por el parque.* **SIN. 1.** Caminar, deambular, callejear. **FAM.** Paseante, paseíllo, paseo.

**paseíllo** *s. m.* Desfile de los toreros y sus cuadrillas desde un lado a otro de la plaza antes de comenzar la corrida de toros.

**paseo** *s. m.* **1.** Acción de pasear. **2.** Avenida para que la gente pasee por ella; cuando está junto al mar, se llama *paseo marítimo.* **EXPR. a paseo** Con verbos como *ir, mandar, enviar* se usa para echar a alguien o rechazar algo con enfado: *Aquel pelma le estaba hartando y le envió a paseo. Tenía ya ganas de acabar los exámenes y mandar los libros a paseo.* **SIN. 1.** Garbeo.

**pasiego, ga** *adj.* y *s. m.* y *f.* Del valle del Pas, en Cantabria.

**pasillo** *s. m.* Parte larga y estrecha del interior de una casa o un edificio, que comunica unas habitaciones con otras. **SIN.** Corredor, galería. **FAM.** Correpasillos.

**pasión** *s. f.* **1.** Sentimiento, amor o afición muy grandes: *La abuela siente verdadera pasión por su nieta. Andrés tiene pasión por el fútbol.* **2.** Sufrimientos que padeció Jesucristo desde su entrada en Jerusalén hasta su muerte en la cruz. ■ Con este significado se suele escribir con mayúscula. **SIN. 1.** Emoción, entusiasmo, locura. **ANT. 1.** Frialdad, desinterés. **FAM.** Pasional, pasionaria. / Apasionar, desapasionado, impasible.

**pasional** *adj.* Relacionado con la pasión, sobre todo la amorosa.

**pasionaria** *s. f.* Planta trepadora de hojas verdes, con flores de color blanco verdoso, llamadas también *pasionarias,* y fruto naranja.

**pasividad** *s. f.* El estar o quedarse sin hacer nada: *El ladrón huyó ante la pasividad de la gente.* **ANT.** Actividad, dinamismo.

**pasivo, va** *adj.* **1.** Que se queda sin hacer nada: *Es un chico muy pasivo: asiste a clase, pero no participa en ella.* **2.** Se dice de las pensiones que paga el Estado a los jubilados, viudas, inválidos. || *adj.* y *s. f.* **3.** En gramática, se dice de la voz del verbo que indica que el sujeto no realiza la acción del verbo, sino que recibe los efectos de esta acción; también se dice de las oraciones que tienen el verbo en esa voz, como por ejemplo: *El gol fue marcado por el delantero centro,* en lugar de *El delantero centro marcó el gol.* || *s. m.* **4.** Dinero que debe una persona, empresa, negocio. **SIN. 1.** Inactivo. **ANT. 1.** y **4.** Activo. **3.** Activa. **FAM.** Pasividad.

**pasma** *s. f.* Policía.

**pasmado, da** *adj.* **1.** Muy asombrado: *El mago dejó pasmado al público con su actuación.* **2.** Que se mueve con mucha dificultad por el frío: *Con este viento húmedo te quedas pasmado.* || *adj.* y *s. m.* y *f.* **3.** Que se queda como atontado, sin saber qué hacer: *¡Vamos, pasa! No te quedes ahí pasmado.* **SIN. 1.** Maravillado, estupefacto. **2.** Entumecido. **3.** Pasmarote, alelado.

**pasmar** *v.* **1.** Dejar helado, dar mucho frío: *Si te quitas el abrigo con este tiempo, te pasmas.* **2.** Asombrar o sorprender mucho: *Pásmate, le ha tocado la lotería.*

**pasmarote** *s. m.* y *f.* Persona que está como atontada, que se queda parada sin hacer nada o parece que no entiende lo que le dicen. **SIN.** Pasmado, alelado. **ANT.** Espabilado.

**pasmo** *s. m.* Admiración o asombro grandes que dejan a una persona sin poder pensar o hablar. **FAM.** Pasmado, pasmar, pasmarote, pasmoso. / Espasmo.

**pasmoso, sa** *adj.* Que causa pasmo: *un acontecimiento pasmoso, una noticia pasmosa.* **SIN.** Asombroso, sorprendente. **ANT.** Corriente, vulgar.

**paso** *s. m.* **1.** Acción de pasar: *El río Jarama desemboca en el Tajo a su paso por Aranjuez.* **2.** Movimiento que se realiza al andar adelantando cada vez una pierna y espacio que se recorre al realizar ese movimiento: *Pepe da unos pasos tan largos que cuesta seguirle.* **3.** Cada uno de los movimientos distintos de una danza o un baile: *Ana se pasó la tarde ensayando un paso de ballet.* **4.** Lugar por el que se pasa para ir de un sitio a otro: *El pastor conoce un paso para atravesar las montañas.* **5.** Cada una de las cosas que hay que hacer para conseguir algo: *En las instrucciones explican todos los pasos para montar la estantería.* **6.** Cada uno de los hechos más importantes de la pasión de Jesucristo; también, grupo de esculturas que repre-

sentan esos hechos: *En Semana Santa se sacan los pasos a la calle en procesión.* **7.** Cada vez que avanza un número en un aparato contador: *Han sido pocos pasos; esta llamada telefónica no costará mucho.*
**EXPR. mal paso** o **paso en falso** Error o falta que puede tener malas consecuencias: *Piensa bien lo que haces no vayas a dar un paso en falso.* **paso a nivel** Cruce de una vía de tren con un camino o carretera que está a su misma altura. **paso de cebra** Busca **cebra. paso de peatones** Busca **peatón. paso del ecuador** Viaje que hacen los estudiantes universitarios hacia la mitad de la carrera. ‖ **a cada paso** A cada momento, con mucha frecuencia: *El camino era muy empinado y a cada paso tenía que parar para descansar.* **apretar el paso** Busca **apretar. dar paso** a una cosa Causar o hacer que ocurra: *La tormenta dio paso a una fuerte tempestad.* **de paso** Aprovechando la ocasión para hacer una cosa: *Ya que vas a la calle, tráeme de paso una barra de pan.* **salir del paso** Librarse de una dificultad o superarla. **seguir los pasos de** alguien Imitarle: *Marcos siguió los pasos de su padre y se hizo médico como él.*
**SIN. 1.** Tránsito. **2.** Zancada. **4.** Camino.
**FAM.** Pasillo, pasodoble.

**pasodoble** *s. m.* Una música, canción y baile españolas de ritmo vivo.

**pasota** *adj.* y *s. m.* y *f.* Persona a la que todo le da igual y no se interesa por casi nada.
**FAM.** Pasotismo.

**pasotismo** *s. m.* Actitud del pasota.

**paspartú** *s. m.* Recuadro de cartón, tela o papel que se pone en el borde de una foto o lámina para cubrir el espacio que queda hasta el marco.

**pasquín** *s. m.* **1.** Escrito sin firma colocado en lugares públicos en el que se critica a alguien o algo. **2.** Cartel que se pone en la pared.

**password** *s. m.* En informática, contraseña. ▪ Es una palabra inglesa. Su plural es *passwords.*

**pasta** *s. f.* **1.** Mezcla de una sustancia sólida y un líquido, o cualquier materia blanda que se puede moldear o amasar y se endurece al secarse. **2.** Masa de harina de trigo y agua que se deja secar y de la que se hacen por ejemplo los macarrones, los fideos y los espaguetis. **3.** Dulce de pastelería, más bien duro y aplanado y a veces recubierto de chocolate, almendras o de otra cosa. **4.** Tapa de los libros hecha de cartón y muchas veces cubierta de piel, tela o plástico. **5.** Dinero: *En su nuevo trabajo está ganando un montón de pasta.*
**SIN. 1.** Mazacote, plasta. **5.** Guita.
**FAM.** Pastel, pastilla, pastoso. / Empastar.

**pastar** *v.* Comer el ganado hierba en el campo.
**SIN.** Pacer.
**FAM.** Pasto, pastor.

**pastel** *s. m.* **1.** Pieza hecha con masa de harina, huevo, manteca y otras cosas, cocida al horno y rellena o adornada con crema, nata, mermelada, chocolate, o también con carne o pescado picados. **2.** Lápiz o barrita de pasta de color, hecha con polvo, agua y otras sustancias, que se utiliza para pintar.
**EXPR. descubrir el pastel** Enterarse de algo que se intentaba ocultar.
**FAM.** Pastelería, pastelero.

**pastelería** *s. f.* **1.** Tienda en que se hacen o venden pasteles, pastas y otros dulces. **2.** Técnica de hacer pasteles, pastas y otros dulces.
**SIN. 1.** Confitería. **2.** Repostería.

**pastelero, ra** *s. m.* y *f.* **1.** Persona que trabaja vendiendo o haciendo pasteles. ‖ *adj.* **2.** Que se emplea para hacer pasteles: *Adornó la tarta con crema pastelera.*

**pasterización** o **pasteurización** *s. f.* Proceso con el que se pasteriza un alimento.

**pasterizado, da** o **pasteurizado, da** *adj.* Se dice del alimento que ha pasado el proceso de pasterización.

**pasterizar** o **pasteurizar** *v.* Calentar la leche u otros alimentos a una temperatura de unos 80 grados para matar los gérmenes que pueden producir enfermedades. ▪ Delante de *e* se escribe *c* en lugar de *z*: *pasterice, pasteuricen.*
**FAM.** Pasterización, pasterizado, pasteurización, pasteurizado.

**pastiche** *s. m.* Obra mal hecha que imita a otra o que se hace mezclando cosas diferentes.
**SIN.** Plagio; refrito. **ANT.** Original.

**pastilla** *s. f.* **1.** Pieza de alguna pasta más o menos dura, que suele ser cuadrada o redondeada: *una pastilla de jabón.* **2.** Pieza de pasta que contiene una medicina, de forma redondeada y pequeña para que se pueda chupar o tragar con facilidad: *unas pastillas para la tos.*
**EXPR. a toda pastilla** Muy deprisa.
**SIN. 1.** y **2.** Tableta. **2.** Píldora, comprimido.
**FAM.** Pastillero.

**pastillero** *s. m.* Caja pequeña para guardar pastillas.

**pastizal** *s. m.* Terreno con mucho pasto.

**pasto** *s. m.* **1.** Hierba que come el ganado en el campo. **2.** Cualquier alimento para el ganado. **3.** Lugar en que pasta el ganado. **4.** Lo que es consumido, destruido o devorado por algo: *En pocos minutos la casa fue pasto de las llamas.*
**SIN. 2.** Pienso, forraje, heno. **3.** Pastizal, pradera, prado.
**FAM.** Pastizal.

**pastor, ra** *s. m.* y *f.* **1.** Persona que cuida el ganado. **2.** Sacerdote, sobre todo el de religión protestante. ‖ *adj.* y *s. m.* **3.** Se dice de los perros adiestrados para ayudar a los pastores a cuidar y conducir el ganado; es también el nombre de algunas razas de perros que se usan o se usaban para esta actividad, como el *pastor inglés.*

**EXPR. pastor alemán** Raza de perros de tamaño mediano y gran fortaleza, con el pelo espeso de color pardo con el lomo negro y orejas puntiagudas; son perros muy inteligentes a los que se puede enseñar muchas tareas.

**SIN. 2.** Eclesiástico.

**FAM.** Pastoral, pastorear, pastoril.

**pastoral** *adj.* **1.** Pastoril. **2.** Relacionado con los pastores o sacerdotes de una iglesia. || *s. f.* **3.** Escrito que dirige un obispo a las personas de su obispado.

**pastorear** *v.* Llevar el ganado al campo y cuidarlo mientras pasta.

**FAM.** Pastoreo.

**pastoreo** *s. m.* Actividad de pastorear: *el pastoreo de ovejas.*

**pastoril** *adj.* **1.** Relacionado con los pastores y sus cosas. **2.** Se dice de un tipo de obras literarias que tratan del amor entre pastores: *novela pastoril.*

**SIN. 1.** Pastoral. **2.** Bucólico.

**pastoso, sa** *adj.* **1.** Se dice de las cosas blandas como una pasta. **2.** Que está espeso o pegajoso: *Esta salsa está muy pastosa. Notó la boca pastosa al levantarse.* **3.** Se dice de la voz agradable y suave.

**SIN. 2.** Denso, apelmazado. **ANT. 2.** Líquido.

**pata** *s. f.* **1.** Pierna de los animales. **2.** Pierna de una persona. **3.** Cada una de las piezas de un mueble con las que se apoya en el suelo. **4.** Suerte: *Qué mala pata tengo, todo me sale mal.*

**EXPR. pata de gallo** Dibujo de cuadros o rombos pequeños que tienen, sobre todo, algunos tejidos. **patas de gallo** Arrugas que se forman en la piel junto al extremo del ojo. || **estirar la pata** Morir. **meter la pata** Equivocarse, hacer o decir algo que no se debía. **patas arriba** Al revés o desordenado: *Los ladrones habían dejado la casa patas arriba.*

**FAM.** Patada, patalear, pataleta, patán, patear, paticorto, patidifuso, patilargo, patilla, patitieso, patituerto, patizambo, patoso. / Despatarrarse, espatarrarse, metepatas.

**patada** *s. f.* Golpe dado con el pie o con la pata: *dar una patada a un balón.*

**EXPR. a patadas** En gran cantidad: *En esta playa hay conchas a patadas.* También, con verbos como *echar* o *tratar,* con violencia y sin consideración: *Se quejan de que su jefe los trata a patadas.* **dar la patada** a alguien Echarle de algún sitio, sobre todo de su trabajo. **darle** a uno **cien patadas** una persona o cosa Resultarle muy desagradable: *Me da cien patadas tener que madrugar.*

**SIN.** Coz, puntapié.

**patalear** *v.* **1.** Mover mucho las piernas o las patas: *El perrito nadaba pataleando en el agua.* **2.** Dar

golpes con fuerza en el suelo con los pies o las patas: *El niño se cogió una rabieta y se puso a patalear.*

**SIN. 2.** Patear.

**FAM.** Pataleo.

**pataleo** *s. m.* Acción de patalear.

**pataleta** *s. f.* Enfado muy grande que tiene alguien, sobre todo los niños: *Menuda pataleta se agarró el pequeño porque no le llevaron al cine.*

**SIN.** Berrinche, rabieta.

**patán** *s. m.* Hombre inculto, bruto y maleducado.

**SIN.** Paleto, palurdo, zafio, cateto. **ANT.** Distinguido, cortés.

**patata** *s. f.* **1.** Planta que tiene unos tubérculos redondeados, llamados también *patatas,* que son uno de nuestros principales alimentos. **2.** Cosa mala, mal hecha o aburrida: *La película que vimos era una patata que no había quien la aguantara.*

**EXPR. ni patata** o **ni una patata** Nada: *Tom habla tan mal español que no se le entiende ni patata.*

**FAM.** Patatal, patatero.

**patatal** *s. m.* Terreno donde se cultivan patatas.

**patatero, ra** *adj.* **1.** Relacionado con la patata: *El sector patatero ha tenido muchas pérdidas.* **2.** Se dice de la persona a la que le gusta mucho comer patatas: *Es muy patatero, todos los platos los acompaña con patatas.* **3.** Malo, sin calidad ni estilo: *La idea era buena, pero la presentación fue un poco patatera.* || *adj.* y *s. m.* y *f.* **4.** Se dice de la persona que cultiva o vende patatas.

**EXPR. rollo patatero** Cosa muy aburrida.

**patatín** Se usa en la expresión **que (si) patatín, que (si) patatán,** que se utiliza para sustituir las palabras de alguien cuando se considera poco importante lo que dijo: *Siempre se queja por todo: que si la comida no le gusta, que si se aburre, que si patatín, que si patatán...*

**patatús** *s. m.* **1.** Desmayo o ataque de nervios. **2.** Susto o impresión muy grandes. ■ No varía en plural.

**SIN. 1.** y **2.** Soponcio, síncope.

**paté** *s. m.* Pasta hecha de carne o hígado picado. ■ Es una palabra francesa.

**patear** *v.* **1.** Golpear o pisotear algo con los pies. **2.** Recorrer, andar, ir de un lado para otro: *Se pateó todo el barrio buscando una farmacia.*

**SIN. 1.** Patalear.

**FAM.** Repatear.

**patena** *s. f.* Platillo de oro, plata o de otro metal en que se pone la hostia en la misa.

**patentar** *v.* Registrar mediante una patente un invento o una marca.

**patente** *adj.* **1.** Que se ve o se nota claramente: *Quedó patente la superioridad del equipo de casa al derrotar con facilidad a los visitantes.* || *s. f.* **2.** Escrito oficial que concede solamente a una persona o empresa el derecho a difundir y explotar un invento o una marca.

**SIN. 1.** Manifiesto, claro, evidente. **ANT. 1.** Dudoso. **FAM.** Patentar.

**páter** *s. m.* Sacerdote, sobre todo el de un regimiento militar.

**patera** *s. f.* Embarcación de fondo plano para aguas poco profundas; se llama también así a las que pasan contrabando o inmigrantes ilegales entre el norte de África y España.

**paternal** *adj.* Propio de un padre: *consejos paternales.*
**FAM.** Paternalismo, paternalista.

**paternalismo** *s. m.* Actitud propia de quien es paternalista: *Con su paternalismo impide que decidamos por nosotros mismos.*

**paternalista** *adj.* Que dirige y protege demasiado a una persona, sin dejar que ella tome sus propias decisiones.

**paternidad** *s. f.* El hecho de ser padre.

**paterno, na** *adj.* Del padre o relacionado con el padre: *Abandonó muy joven la casa paterna para vivir por su cuenta.*
**FAM.** Paternal, paternidad.

**patético, ca** *adj.* Que produce mucha lástima, dolor o tristeza: *En la película aparecían imágenes patéticas de la guerra.*
**SIN.** Dramático, conmovedor. **ANT.** Alegre.
**FAM.** Patetismo.

**patetismo** *s. m.* Característica de lo que es patético: *El patetismo de su historia nos hizo llorar.*
**SIN.** Dramatismo.

**patibulario, ria** *adj.* **1.** Relacionado con el patíbulo. **2.** De aspecto desagradable y malvado, como de criminal: *Me asustó la pinta patibularia de aquel tipo y no abrí la puerta.*
**SIN. 2.** Siniestro, avieso.

**patíbulo** *s. m.* Lugar o tablado en que se ejecutaba a los condenados a muerte.
**SIN.** Cadalso.
**FAM.** Patibulario.

**paticorto, ta** *adj. y s. m. y f.* Que tiene las patas o las piernas más cortas de lo normal: *Ese gato es un poco paticorto.*
**ANT.** Patilargo.

**patidifuso, sa** *adj.* Asombrado, pasmado: *Nos dejó patidifusos con su número de magia.*

**patilargo, ga** *adj. y s. m. y f.* Que tiene las patas o las piernas más largas de lo normal.
**ANT.** Paticorto.

**patilla** *s. f.* **1.** Pelo que crece por delante de las orejas. **2.** Varillas que llevan las gafas para apoyarlas en las orejas.

**patín** *s. m.* **1.** Plancha que se ajusta a los zapatos o bota, con una especie de cuchilla o ruedas, que sirve para patinar. **2.** Patinete. **3.** Embarcación pequeña y muy ligera que se mueve con pedales o con una vela.
**FAM.** Patinar, patinete. / Monopatín.

**pátina** *s. f.* **1.** Capa verdosa de óxido que se forma en el bronce y otros metales por la humedad. **2.** Aspecto que toman las pinturas y otros objetos con el paso del tiempo.

**patinador, ra** *s. m. y f.* Persona que patina sobre hielo u otra superficie.

**patinaje** *s. m.* **1.** Acción de patinar. **2.** Deporte que consiste en patinar sobre el hielo o sobre otra superficie lisa haciendo diversos ejercicios.

**patinar** *v.* **1.** Deslizarse con los patines sobre el hielo o sobre otra superficie lisa. **2.** Resbalar: *Las ruedas del coche patinaron y estuvo a punto de volcar.* **3.** Equivocarse, hacer o decir algo que no se debe: *En esa pregunta del examen has patinado.*
**SIN. 2.** Escurrirse, derrapar.
**FAM.** Patinador, patinaje, patinazo.

**patinazo** *s. m.* **1.** Acción de patinar bruscamente. **2.** Equivocación que comete una persona.
**SIN. 1.** Resbalón. **2.** Error.

**patinete** *s. m.* Juguete compuesto por una tabla con ruedas y una barra con manillar para dirigirlo. El patinete se maneja poniendo un pie sobre la tabla y dándose impulso con el otro.
**SIN.** Patín.

**patio** *s. m.* **1.** Espacio, cubierto o no, dentro de un edificio al que dan las ventanas de las habitaciones interiores. **2.** Planta baja de los teatros que está ocupada por las butacas. Se llama también *patio de butacas.*

**patitieso, sa** *adj.* **1.** Que se queda muy sorprendido por algo que no se esperaba: *Lo que le contaron le dejó patitieso.* **2.** Que no puede moverse o tiene alguna parte del cuerpo paralizada.
**SIN. 1.** Patidifuso, estupefacto. **2.** Inmóvil.

**patituerto, ta** *adj. y s. m. y f.* **1.** Que tiene las patas o las piernas torcidas. **2.** Se dice de las cosas torcidas o mal hechas: *La primera estantería que hizo le quedó un poco patituerta.*

**patizambo, ba** *adj. y s. m. y f.* Se dice de la persona que al andar tiene las piernas torcidas hacia fuera y las rodillas muy juntas.

**patín** de cuchilla

**patín** de playa          **patín** de ruedas

**pato, ta** *s. m.* y *f.* **1.** Ave palmípeda acuática de pico ancho, cuello corto y patas pequeñas. || *adj.* y *s. m.* **2.** Persona torpe: *Esta chica es un pato para la gimnasia.*

**EXPR.** **pagar el pato** Sufrir uno las consecuencias de lo que otro hace: *Por culpa de unos pocos alumnos, todos pagaron el pato y se quedaron sin recreo.*

**SIN.** **2.** Patoso. **ANT.** **2.** Hábil, ágil.

patos

**patochada** *s. f.* Disparate, tontería.

**patógeno, na** *adj.* Se dice de los gérmenes y otras cosas que causan enfermedades.

**patología** *s. f.* Parte de la medicina que estudia las enfermedades.

**FAM.** Patológico.

**patológico, ca** *adj.* **1.** De la patología o de las enfermedades. **2.** Que es como una enfermedad: *Tiene un miedo patológico a subir en el ascensor.*

**patoso, sa** *adj.* y *s. m.* y *f.* **1.** Persona torpe: *Prefiere no bailar en las fiestas porque es muy patoso.* **2.** Persona que mete la pata porque hace o dice algo que no debería.

**SIN.** **1.** Desgarbado, pato. **ANT.** **1.** Hábil, garboso.

**patraña** *s. f.* Mentira, embuste, engaño.

**ANT.** Verdad.

**patria** *s. f.* País de una persona.

**EXPR.** **patria chica** Pueblo, ciudad o región en que una persona ha nacido. **patria potestad** Busca **potestad.**

**FAM.** Patrio, patriota, patriotero, patriótico, patriotismo. / Antipatriótico, apátrida, compatriota, expatriar, repatriar.

**patriarca** *s. m.* **1.** Nombre de algunos personajes del Antiguo Testamento que tuvieron muchos descendientes. **2.** Persona más respetada y con mayor autoridad en una familia o grupo. **3.** Título que se da a algunos obispos, por ejemplo a los de la Iglesia oriental.

**FAM.** Patriarcado, patriarcal.

**patriarcado** *s. m.* **1.** Título que tiene el patriarca. **2.** Forma de organización social en la que manda el padre o el marido.

**ANT.** **2.** Matriarcado.

**patriarcal** *adj.* Relacionado con el patriarcado.

**patricio, cia** *adj.* y *s. m.* y *f.* **1.** En el antiguo imperio romano, personas de la nobleza que pertene-

cían a las familias más antiguas. **2.** Persona de clase social muy alta en un país o región. || *adj.* **3.** Relacionado con los miembros de estos grupos sociales.

**SIN.** **2.** y **3.** Aristócrata. **ANT.** **1.** a **3.** Plebeyo.

**patrimonial** *adj.* Relacionado con el patrimonio que posee una persona, institución o país.

**patrimonio** *s. m.* Bienes que pertenecen a una persona, comunidad o institución.

**SIN.** Propiedad, fortuna, capital.

**FAM.** Patrimonial.

**patrio, tria** *adj.* Relacionado con la patria: *Los deportistas de las distintas selecciones entonaron sus himnos patrios.*

**patriota** *adj.* y *s. m.* y *f.* Persona que ama a su patria.

**patriotero, ra** *adj.* y *s. m.* y *f.* Se dice de la persona que presume de patriota o lo hace de forma exagerada: *Lleva una bandera española porque es muy patriotero.*

**patriótico, ca** *adj.* Relacionado con la patria o el patriotismo: *un poema patriótico.*

**patriotismo** *s. m.* Amor a la patria.

**patrocinador, ra** *adj.* y *s. m.* y *f.* Se dice de la persona o empresa que patrocina a una persona o cosa: *Una empresa de electrodomésticos es la patrocinadora de este programa.*

**SIN.** Espónsor, promotor.

**patrocinar** *v.* Proteger o ayudar a una persona para que pueda hacer una actividad, a veces pagando todos los gastos: *La marca de refrescos patrocinó los conciertos del cantante.*

**SIN.** Favorecer, respaldar; sufragar.

**FAM.** Patrocinador, patrocinio.

**patrocinio** *s. m.* Ayuda económica o de otro tipo que alguien recibe para hacer una actividad.

**patrón, na** *s. m.* y *f.* **1.** Patrono: *San Isidro es el patrón de Madrid. El patrón de esa fábrica tiene empleados a quinientos obreros.* || *s. m.* **2.** Persona que manda y dirige un barco pequeño. **3.** Cosa que se toma como modelo, por ejemplo las piezas de papel que sirven para cortar la tela de los vestidos.

**SIN.** **3.** Molde, plantilla.

**FAM.** Patronear.

**patronal** *adj.* **1.** Relacionado con el patrono: *Las fiestas patronales del pueblo se celebran en octubre.* || *s. f.* **2.** Asociación de patronos o empresarios: *La patronal se reunirá mañana con los sindicatos.*

**SIN.** **2.** Patronato.

**patronato** *s. m.* **1.** Asociación de patronos. **2.** Organización fundada con fines benéficos, para ayudar a personas que lo necesitan.

**SIN.** **1.** Patronal. **2.** Fundación.

**patronear** *v.* Dirigir un barco: *El dueño del barco es el que patronea en las regatas.*

**SIN.** Gobernar.

**patronímico, ca** *adj.* **1.** Se dice del apellido que deriva del nombre propio de una persona, por ejemplo *Rodríguez* que viene de *Rodrigo*. **2.** Entre los antiguos griegos y romanos, se decía del nombre de una persona que procedía de un antecesor e indicaba su pertenencia a la familia.

**patrono, na** *s. m. y f.* **1.** Santo o Virgen a los que se dedica una iglesia o que son protectores de un lugar o asociación. **2.** Dueño de una pensión o casa de huéspedes. **3.** Persona que contrata empleados o que con su dinero ayuda a realizar una actividad.
SIN. 1. a 3. Patrón. 3. Empresario.
FAM. Patrón, patronal, patronato.

**patrulla** *s. f.* **1.** Grupo de aviones, barcos o personas armadas que recorren un lugar para vigilarlo o mantener el orden. **2.** Grupo de personas que tienen una misión: *Una patrulla de rescate buscó a los dos excursionistas perdidos en la sierra.*
FAM. Patrullar, patrullero.

**patrullar** *v.* Recorrer una patrulla un lugar para vigilarlo o mantener el orden.
SIN. Rondar.

**patrullero, ra** *adj. y s. m. y f.* Que se dedica a patrullar un lugar.

**patuco** *s. m.* Zapatito de lana u otro material que se pone a los niños muy pequeños que todavía no saben andar.

**paulatino, na** *adj.* Que se produce o se realiza poco a poco, despacio: *El conductor frenó el coche de forma paulatina.*
SIN. Lento, gradual. ANT. Rápido.

**paupérrimo, ma** *adj.* Superlativo de **pobre**. Muy pobre.
FAM. Depauperado.

**pausa** *s. f.* Parada breve en lo que se está haciendo: *Se tiró horas hablando sin pausa y nos volvió locos a todos.*
SIN. Descanso.
FAM. Pausado.

**pausado, da** *adj.* Que se hace de forma lenta y tranquila.

**pauta** *s. f.* **1.** Norma o guía que se tiene en cuenta para hacer algo: *El entrenador marcó las pautas que debían seguir los jugadores.* **2.** Raya o rayas horizontales que se hacen en un papel para no torcerse al escribir en él.
SIN. 1. Regla, criterio.
FAM. Pautado, pautar.

**pautado, da** *adj.* Se dice del papel que tiene rayas, como el que se usa para escribir música.

**pautar** *v.* **1.** Dar las normas que han de tenerse en cuenta para hacer algo. **2.** Trazar rayas horizontales en el papel.

**pavada** *s. f.* Tontería, bobada.
SIN. Simpleza, chorrada. ANT. Genialidad.

**pavés**[1] *s. m.* **1.** Ladrillo de vidrio que se usa para construir techos, suelos o paredes transparentes. **2.** Escudo que se usaba en la Edad Media y que protegía casi todo el cuerpo.

**pavés**[2] *s. m.* Suelo de adoquines: *En todo el casco antiguo las calles son de pavés.*

**pavesa** *s. f.* Trocito que se desprende de un cuerpo encendido y que acaba por convertirse en ceniza.

**pavimentar** *v.* Cubrir el suelo con algún pavimento.
SIN. Solar, asfaltar.

**pavimento** *s. m.* Suelo que se ha cubierto con baldosas o con otros materiales para que sea más liso y resistente; también, estos materiales.
SIN. Firme.
FAM. Pavimentar.

**pavisoso, sa** *adj.* Soso o sin gracia: *No es callado, sino pavisoso.*

**pavo, va** *s. m. y f.* **1.** Ave de gran tamaño, del mismo grupo al que pertenece la gallina, que tiene la cabeza y el cuello sin plumas y con unos colgantes carnosos de color rojo. || *adj. y s. m. y f.* **2.** Persona sosa o boba. || *s. m.* **3.** Moneda de cinco pesetas.
EXPR. **pavo real** Ave parecida al pavo con plumas de bonitos colores. El macho tiene una cola muy larga que despliega en forma de abanico y un penacho de plumas muy tiesas en la cabeza. || **estar en la edad del pavo** Estar una persona en la adolescencia.
SIN. 3. Duro.
FAM. Pavada, pavisoso, pavonearse.

**pavonearse** *v.* Presumir mucho una persona.

**pavor** *s. m.* Miedo muy grande.
SIN. Terror, pánico. ANT. Valor.
FAM. Pavoroso. / Despavorido, impávido.

**pavoroso, sa** *adj.* Que causa mucho miedo.
SIN. Aterrador, espantoso.

**payador** *s. m.* En algunos países de América del Sur, cantor que va de un lugar a otro y que improvisa las letras de sus canciones.

**payasada** *s. f.* Tontería que una persona hace o dice.

**payaso, sa** *s. m. y f.* **1.** Artista de circo muy gracioso que divierte mucho a los niños. Algunos van vestidos con trajes de colores llamativos, llevan una nariz postiza y zapatos muy grandes. || *adj. y s. m. y f.* **2.** Persona a la que le gusta hacer reír a los demás. **3.** Persona poco formal, que no se comporta como debe: *Ese payaso acaba de saltarse un semáforo.*
SIN. 1. Clown.
FAM. Payasada.

**payés, sa** *s. m. y f.* Campesino de Cataluña o Baleares.

**payo, ya** *s. m. y f.* Nombre que dan los gitanos a las personas que no son de su raza.

**paz** *s. f.* **1.** Situación en que no hay guerra, conflictos ni enfrentamientos. **2.** Acuerdo que pone fin a una guerra: *Los países enfrentados firmaron la paz.* **3.** Tranquilidad, silencio: *José Luis prefiere la paz del campo a los ruidos de la ciudad.* ■ Su plural es *paces.*
**EXPR. dejar en paz** No molestar a alguien. **descansar en paz** Morir una persona. **hacer las paces** Dejar de estar enfadadas dos o más personas que se habían peleado.
**SIN. 1.** Concordia, armonía. **ANT. 1.** Enemistad. **3.** Bullicio, ajetreo.
**FAM.** Pacificar, pacífico, pacifismo, pazguato. / Apaciguar.

**pazguato, ta** *adj.* y *s. m.* y *f.* Bobo, que se asombra o se escandaliza de todo lo que oye o ve.
**SIN.** Papanatas; timorato.

**pazo** *s. m.* Casa señorial típica de Galicia que suele estar en el campo.

**PC** *s. m.* Primeras letras de la expresión inglesa *Personal Computer,* 'ordenador personal'.

**peaje** *s. m.* **1.** Dinero que hay que pagar para pasar por algunos sitios, como algunas autopistas o puentes. **2.** Lugar donde se paga ese dinero.

**peana** *s. f.* Base sobre la que se coloca una estatua, jarrón u otra figura.
**SIN.** Pedestal.

**peatón, na** *s. m.* y *f.* Persona que va a pie.
**EXPR. paso de peatones** Lugar por donde las personas pueden cruzar la calzada.
**SIN.** Transeúnte, viandante.
**FAM.** Peatonal.

**peatonal** *adj.* Sólo para peatones: *Por las calles peatonales no pueden circular los vehículos.*

**peca** *s. f.* Manchita marrón que sale en la piel, sobre todo en la cara: *Los pelirrojos suelen tener muchas pecas.*
**FAM.** Pecoso.

**pecado** *s. m.* Hecho, palabra o pensamiento que está en contra de la voluntad de Dios.
**EXPR. pecado capital** o **mortal** Pecado grave. **pecado original** El que, según la religión católica, todas las personas tienen al nacer por haber desobedecido Adán y Eva a Dios. **pecado venial** Pecado leve.
**FAM.** Pecador, pecaminoso, pecar.

**pecador, ra** *adj.* y *s. m.* y *f.* Persona que peca.

**pecaminoso, sa** *adj.* Que es pecado o está relacionado con el pecado.

**pecar** *v.* **1.** Cometer un pecado. **2.** Tener en exceso una cualidad: *Con el temporal que hay, pecas de optimista si crees que mañana lucirá el sol.* ■ Delante de *e* se escribe *qu* en lugar de *c*: *pequé.*
**SIN. 2.** Pasarse.

**pecarí** *s. m.* Animal parecido al jabalí, con una glándula en lo alto del lomo que produce una sustancia maloliente. ■ Su plural es *pecarís* o *pecaríes.*

**peccata minuta** *expr.* Poca importancia o valor de una cosa: *Para un millonario ese deportivo es peccata minuta.* ■ Es una expresión latina.

**pecera** *s. f.* Vasija de cristal con agua que tiene peces vivos.
**SIN.** Acuario.

**pechar** *v.* Tener que cargar una persona con el trabajo o las consecuencias malas de algo.
**SIN.** Apechugar.

**pechera** *s. f.* Parte de la camisa o de otras prendas de vestir que cubre el pecho.

**pecho** *s. m.* **1.** Parte del cuerpo de las personas y los animales cuadrúpedos, rodeada por las costillas, en que se encuentran los pulmones y el corazón. En el ser humano está situada entre el cuello y el vientre. **2.** Zona exterior y delantera de esa parte del cuerpo: *En el pecho lleva colgado un collar.* **3.** Cada mama de la mujer o las dos juntas.
**EXPR. a pecho descubierto** Sin armas. También, con sinceridad y nobleza. **dar el do de pecho** Poner el máximo esfuerzo para conseguir algo: *Dio el do de pecho en el partido.* **dar el pecho** Dar de mamar a un niño. **entre pecho y espalda** En el estómago: *Se metió dos platos de cocido entre pecho y espalda.* **partirse el pecho por** alguien o algo Ayudarle o defenderle, aunque cueste mucho trabajo o esfuerzo: *Se parte el pecho por sacar adelante a sus hijos.* **tomar** algo **a pecho** Tomar una cosa muy en serio y enfadarse por ello. También, tomar algo con mucho interés: *Se ha tomado muy a pecho su papel en la obra y ensaya todos los días.*
**SIN. 1.** Tórax. **2.** Torso. **3.** Seno, teta, pechuga.
**FAM.** Pechera, pechuga. / Antepecho, apechar, pectoral, repecho.

pavo

pavo real

pecarí

pecera

**pechuga** *s. f.* **1.** Pecho del pollo y otras aves, que está dividido en dos partes. **2.** Pecho de una persona, sobre todo de una mujer.
SIN. **2.** Teta, seno.
FAM. Pechugona. / Apechugar, despechugado.

**pechugona** *adj.* y *s. f.* Se dice de la mujer que tiene mucho pecho.

**pecíolo** o **peciolo** *s. m.* Rabito que tienen las hojas de las plantas por el que se unen al tallo.
SIN. Pedúnculo.

**pécora** *s. f.* **1.** Prostituta. **2.** Mujer mala, de la que uno no se puede fiar.
SIN. **2.** Bicho, bruja.

**pecoso, sa** *adj.* Que tiene pecas, sobre todo en la cara.

**pectoral** *adj.* y *s. m.* Se dice de los músculos que hay en el pecho y de otras cosas relacionadas con el pecho.
SIN. Torácico.

**pecuario, ria** *adj.* Relativo al ganado: *Antes esto era una vía pecuaria.*

**peculiar** *adj.* Que es característico de una persona o cosa: *Cada pueblo tiene una forma peculiar de celebrar sus fiestas.*
SIN. Propio, particular, distintivo, singular. ANT. General, común.
FAM. Peculiaridad.

**peculiaridad** *s. f.* Lo que es propio de una persona o cosa y la distingue de las demás.
SIN. Particularidad, característica.

**peculio** *s. m.* Conjunto de dinero o bienes de una persona.
SIN. Patrimonio.

**pecuniario, ria** *adj.* Del dinero, en especial del dinero en monedas o billetes: *Hay pagos en especie y pagos pecuniarios.*
SIN. Monetario.

**pedagogía** *s. f.* Ciencia que estudia los métodos para enseñar y educar a los niños y jóvenes.
FAM. Pedagógico, pedagogo.

**pedagógico, ca** *adj.* **1.** Relacionado con la pedagogía. **2.** Muy educativo, que enseña las cosas de forma que se puedan entender y aprender fácilmente.
SIN. **2.** Didáctico.

**pedagogo, ga** *s. m.* y *f.* Persona que se dedica a la pedagogía.

**pedal** *s. m.* **1.** Palanca que se empuja con los pies, por ejemplo la que tienen los coches, bicicletas y algunos instrumentos musicales, como el piano y el arpa. **2.** Borrachera.
SIN. **2.** Cogorza, merluza, pedo.
FAM. Pedalada, pedalear.

**pedalada** *s. f.* Cada movimiento del pedal con el pie.

**pedalear** *v.* Mover los pedales, por ejemplo de una bicicleta o de una barca.

**pedáneo, a** *adj.* Se dice del alcalde o juez de una pedanía o del que actúa en asuntos poco importantes.
FAM. Pedanía.

**pedanía** *s. f.* Pueblo de pocos habitantes que depende de un municipio mayor y está gobernado por un alcalde o un juez.

**pedante** *adj.* y *s. m.* y *f.* Se dice de la persona que presume mucho de sus conocimientos ante los demás.
FAM. Pedantería.

**pedantería** *s. f.* **1.** Característica de pedante. **2.** Acción o palabras pedantes.
ANT. **1.** Sencillez, humildad, modestia.

**pedazo** *s. m.* Parte o trozo de una cosa: *un pedazo de carne.*
EXPR. **caerse a pedazos** Estar una cosa muy vieja. También, estar una persona muy cansada. **hecho pedazos** Destrozado, roto. También muy cansado o muy triste: *Desde que le dejó su novia, tiene el corazón hecho pedazos.* **ser** alguien **un pedazo de pan** Ser muy bueno.
SIN. Porción, cacho, fragmento.
FAM. Despedazar.

**pederasta** *s. m.* y *f.* Persona que abusa sexualmente de un niño.
FAM. Pederastia.

**pederastia** *s. f.* Relación homosexual de un hombre con un niño.

**pedernal** *s. m.* Tipo de cuarzo de color amarillento que al ser golpeado con un hierro produce chispas.

**pedestal** *s. m.* Base sobre la que se coloca una estatua, una columna u otra cosa.
EXPR. **tener** o **poner en un pedestal** a alguien Tener muy buena opinión de él, pensar que es el mejor.
SIN. Podio, peana.

**pedestre** *adj.* **1.** Ordinario, poco elegante: *Es una persona inculta, que escribe de forma muy pedestre.* **2.** Que anda a pie.
SIN. **1.** Vulgar.

**pediatra** *s. m.* y *f.* Especialista en pediatría.

**pediatría** *s. f.* Parte de la medicina que se ocupa de las enfermedades de los niños.
FAM. Pediatra.

**pedicuro, ra** *s. m.* y *f.* Persona que se dedica al cuidado de los pies.
SIN. Callista.

**pedida** *s. f.* El pedir la mano de una mujer para casarse con ella.

**pedido, da** *adj.* **1.** Que alguien lo pidió. ‖ *s. m.* **2.** Productos que se encargan a un fabricante o vendedor: *El chico de la tienda trajo el pedido que mamá había hecho por teléfono.*

**pedigrí** *s. m.* **1.** Los antepasados de un animal de raza. **2.** Escrito en que aparecen esos antepasados. ■ Su plural es *pedigrís* o *pedigríes*.

**pedigüeño, ña** *adj.* y *s. m.* y *f.* Que siempre está pidiendo y por eso resulta molesto.

**pedir** *v.* **1.** Decir a otro que nos haga o nos dé algo: *Le pidió por favor que cuidara de los niños. Andrés pidió una cartera para su cumpleaños.* **2.** Poner un precio a algo que se vende: *Por su coche pide cuatro mil euros.* **3.** Querer algo: *Sólo pido que haga sol para poder ir a la sierra.* **4.** Necesitar: *Esta enfermedad pide mucho reposo.* ■ Es un verbo irregular. **EXPR. pedir la mano** Costumbre de pedir permiso el novio a los padres o parientes de su novia para poder casarse con ella. **pedir peras al olmo** Busca **pera**. **SIN. 1.** Solicitar, rogar, demandar. **1.** y **4.** Requerir. **3.** Desear. **ANT. 1.** Dar, ofrecer. **FAM.** Pedida, pedido, pedigüeño, petición. / Despedir.

**pedo** *s. m.* **1.** Aire que se expulsa por el ano, que a veces huele mal y hace ruido. **2.** Estado de la persona que está borracha o que ha tomado alguna droga. **SIN. 1.** Ventosidad. **2.** Borrachera, pedal. **FAM.** Pedorrear, pedorreta, pedorro. / Peerse.

| PEDIR | |
|---|---|
| **GERUNDIO** | |
| *pidiendo* | |
| **INDICATIVO** | |
| **Presente** | **Pretérito perfecto simple** |
| *pido* | *pedí* |
| *pides* | *pediste* |
| *pide* | *pidió* |
| *pedimos* | *pedimos* |
| *pedís* | *pedisteis* |
| *piden* | *pidieron* |
| **SUBJUNTIVO** | |
| **Presente** | **Pretérito imperfecto** |
| *pida* | *pidiera, -ese* |
| *pidas* | *pidieras, -eses* |
| *pida* | *pidiera, -ese* |
| *pidamos* | *pidiéramos, -ésemos* |
| *pidáis* | *pidierais, -eseis* |
| *pidan* | *pidieran, -esen* |
| **Futuro** | |
| *pidiere* | *pidiéremos* |
| *pidieres* | *pidiereis* |
| *pidiere* | *pidieren* |
| **IMPERATIVO** | |
| *pide* | *pedid* |

**pedofilia** *s. f.* Atracción sexual que siente una persona hacia los niños. ■ Se dice también *paidofilia*.

**pedorrear** *v.* **1.** Tirarse pedos haciendo ruido. **2.** Hacer pedorretas.

**pedorreta** *s. f.* Ruido que una persona hace con la boca imitando el de un pedo.

**pedorro, rra** *adj.* y *s. m.* y *f.* **1.** Persona maleducada que se tira pedos. **2.** Se dice como insulto de una persona que es tonta, molesta o desagradable. **SIN. 2.** Petardo, pestiño, plasta.

**pedrada** *s. f.* Golpe con una piedra que alguien tira.

**pedrea** *s. f.* **1.** Premios de menor valor de la lotería nacional. **2.** Pelea o lucha a pedradas.

**pedregal** *s. m.* Lugar que tiene el suelo lleno de piedras sueltas.

**pedregoso, sa** *adj.* Se dice del terreno que está lleno de piedras.

**pedrería** *s. f.* Conjunto de piedras preciosas, como diamantes o esmeraldas.

**pedrisco** *s. m.* Granizo de gran tamaño que hace mucho daño a las plantas y cultivos.

**Pedro** Nombre propio que se usa en la expresión **como Pedro por su casa**. Busca **casa**.

**pedrusco** *s. m.* Piedra grande.

**pedúnculo** *s. m.* **1.** Rabo que une las flores, hojas o frutos al tallo. **2.** Parte del cuerpo de algunos animales marinos, por ejemplo de los percebes, mediante la cual se pegan a las rocas. **SIN. 1.** Rabillo.

**peeling** *s. m.* Tratamiento de belleza con el que, mediante masajes y productos cosméticos, se quitan las células muertas de la piel. ■ Es una palabra inglesa. Su plural es *peelings*.

**peerse** *v.* Tirarse un pedo.

**pega** *s. f.* Obstáculo, inconveniente: *Esta casa es bonita, pero tiene la pega de que es poco soleada. Le pusieron muchas pegas para concederle la beca de estudios.* **EXPR. de pega** Falso, fingido: *Ese collar es de pega.* **SIN.** Dificultad. **ANT.** Facilidad.

**pegadizo, za** *adj.* Se dice de la música y de las canciones que se nos quedan con facilidad en la memoria.

**pegajoso, sa** *adj.* **1.** Que fácilmente se queda pegado a otras cosas: *Después de arreglar el coche, el mecánico tenía las manos pegajosas.* **2.** Demasiado cariñoso o amable. **SIN. 1.** Pringoso. **2.** Meloso, empalagoso; sobón.

**pegamento** *s. m.* Sustancia que sirve para pegar un objeto a otro.

**pegar** *v.* **1.** Dar golpes a una persona o animal: *Dos chicos se están pegando en la calle.* **2.** Unir una cosa a otra con una sustancia como el pegamento

o la cola: *Pegó las fotos en el álbum.* **3.** Acercar una cosa a otra: *Pega la mesa a la pared.* **4.** Estar una cosa muy cerca de otra: *Su casa está pegando al parque.* **5.** Hacer que alguien tenga la misma enfermedad, costumbre o manía que uno tiene: *A Eva le han pegado la gripe en el colegio.* **6.** Dar o hacer lo que se expresa: *pegar un susto; pegar un salto.* **7.** Quedar bien una cosa con otra: *Esta blusa pega con esa falda.* **8.** Dar contra algo: *El motorista pegó contra un árbol. El sol pega fuerte a esta hora del día.* || **pegarse 9.** Quemarse la comida y quedarse fija en el fondo del recipiente. **10.** Unirse una persona a otras sin que éstas quieran: *El plasta de Jorge se nos ha pegado otra vez.* **11.** Quedarse una cosa en la memoria: *Se me ha pegado esa canción.* ■ Delante de *e* se escribe *gu* en lugar de *g*: *pegué*.
**EXPR.** **no pegar ni con cola** No quedar bien una cosa con otra, no tener nada que ver: *Esos zapatos y ese pantalón no pegan ni con cola.* **no pegar palo al agua** Ser muy vago. **pegársela** Engañar a una persona. También, sufrir una caída o un choque.
**SIN.** **1.** Golpear, atizar. **2.** Encolar, adherir. **3.** Arrimar. **5.** Contagiar. **7.** Armonizar. **ANT. 2.** Despegar. **2.** y **3.** Desunir, separar. **7.** Desentonar.
**FAM.** Pega, pegadizo, pegajoso, pegamento, pegatina, pego, pegón, pegote. / Apego, despegar.

**pegatina** *s. f.* Lámina con un dibujo u otra cosa impresa que se pega en cualquier superficie: *Montse lleva en la carpeta varias pegatinas de cantantes.*

**pego** Se usa sobre todo en la expresión **dar el pego**, que significa 'engañar o parecer algo que no es': *Estos pendientes no son de oro, pero dan el pego.*

**pegón, na** *adj.* y *s. m.* y *f.* Que siempre está pegando a los demás.

**pegote** *s. m.* **1.** Masa hecha de una sustancia pegajosa: *En el cristal de la ventana había algunos pegotes de yeso.* **2.** Cosa añadida a otra que queda fatal. **3.** Mentira, sobre todo para presumir: *Menudo pegote se tiró cuando dijo que su padre era piloto.*
**SIN.** **3.** Bola, trola, farol.

**peinado, da** *adj.* **1.** Que alguien lo peinó: *La señora salió muy bien peinada de la peluquería.* || *s. m.* **2.** Cada una de las distintas formas de peinarse el pelo: *Lleva un peinado muy moderno.*
**ANT.** **1.** Despeinado.

**peinador** *s. m.* Prenda que se pone alrededor del cuello para cubrir la ropa del que se peina o afeita.

**peinar** *v.* **1.** Desenredar y colocar el pelo con un peine o cepillo. **2.** Registrar una zona con mucho cuidado, buscando a una persona o cosa: *La policía peinó el barrio en busca del preso fugado.* **3.** Tocar algo como rozándolo: *El futbolista recibió el pase y peinó el balón.*
**ANT.** **1.** Despeinar, enmarañar.
**FAM.** Peinado, peinador, peine. / Despeinar, repeinado.

**peinazo** *s. m.* Listón horizontal que en una puerta o ventana forma divisiones.

**peine** *s. m.* **1.** Utensilio para peinar el pelo que tiene una fila de púas o dientes. **2.** Cualquier objeto con una forma y función parecida al anterior.
**FAM.** Peinazo, peinecillo, peineta.

**peinecillo** *s. m.* Peineta pequeña.

**peineta** *s. f.* Adorno en forma de peine curvado con que se sujetan las mujeres el pelo.

**pejiguera** *s. f.* Fastidio, pesadez.
**SIN.** Rollo, lata, engorro.

**pejiguero, ra** *adj.* y *s. m.* y *f.* Persona que pone pegas a todo.
**SIN.** Chinche, pijotero.
**FAM.** Pejiguera.

**pela** *s. f.* Peseta.

**peladilla** *s. f.* Almendra recubierta de una capa blanca de azúcar.

**pelado, da** *adj.* **1.** Que alguien lo peló: *Echó a la cacerola las patatas limpias y peladas.* **2.** Sin aquello que normalmente tiene: *un monte pelado.* **3.** Se dice de un número o cantidad muy justa o escasa: *Marisa sacó un cinco pelado en geografía.* || *adj.* y *s. m.* y *f.* **4.** Pobre, sin dinero. || *s. m.* **5.** Acción de cortar el pelo: *En la peluquería le hicieron un buen pelado.*
**SIN.** **2.** Desnudo.

**peladura** *s. f.* **1.** Acción de pelar. **2.** Piel o cáscara de un alimento.
**SIN.** **2.** Monda.

**pelagatos** *s. m.* y *f.* Persona sin dinero o de poca importancia. ■ No varía en plural.
**SIN.** Pelanas, infeliz.

**pelaje** *s. m.* **1.** Aspecto que tiene el pelo o la lana de un animal. **2.** Aspecto o apariencia de una persona: *A esa discoteca sólo van individuos de mal pelaje.* **3.** Gran cantidad de pelo.
**SIN.** **2.** Pinta, calaña, traza. **3.** Pelambrera.

**pelambre** o **pelambrera** *s. f.* Gran cantidad de pelo, que suele ser largo o estar muy revuelto.
**ANT.** Calvicie.

**pelanas** *s. m.* y *f.* Pelagatos. ■ No varía en plural.

**pelandusca** *s. f.* Prostituta.

**pelar** *v.* **1.** Cortar o arrancar el pelo: *En la mili le pelaron al rape.* **2.** Quitar la piel de una fruta: *pelar una manzana.* **3.** Quitar la piel o las plumas a un animal, por ejemplo a un pollo o conejo. **4.** Dejar a alguien sin dinero. || **pelarse 5.** Caerse la piel, por ejemplo por haber tomado mucho sol.
**EXPR.** **duro de pelar** Se dice de la persona difícil de convencer. **hacer un frío que pela** Hacer muchísimo frío. **pelárselas** Realizar algo con rapidez: *Corre que se las pela.*
**SIN.** **1.** Rapar, afeitar, trasquilar. **2.** Mondar. **3.** y **4.** Desplumar. **5.** Despellejarse.

FAM. Pela, peladilla, pelado, peladura, pelagatos, pelanas. / Repelar.

**peldaño** *s. m.* Cada parte de una escalera en que se apoya el pie para subir o bajar por ella.
SIN. Escalón.

**pelea** *s. f.* Acción de pelear o pelearse.
SIN. Lucha, combate, riña, disputa.

**pelear** *v.* **1.** Enfrentarse a otros con armas o con las propias fuerzas para vencerlos. **2.** Reñir dos o más personas: *Los dos hermanos siempre se están peleando.* **3.** Trabajar o esforzarse mucho: *Tuvo que pelear mucho para mantener a su familia.*
SIN. **1.** Combatir, contender. **1.** y **3.** Luchar. **2.** Regañar, discutir.
FAM. Pelea, peleón.

**pelechar** *v.* Cambiar el pelo o las plumas los animales.

**pelele** *s. m.* **1.** Muñeco con figura de persona, hecho de trapo o paja, que en algunas fiestas populares es apaleado o manteado. **2.** Persona sin personalidad, que se deja manejar por los demás.
SIN. **1.** y **2.** Monigote.

**peleón, na** *adj.* **1.** Se dice de la persona a la que le gusta pelear o discutir. **2.** Se dice del vino de mala calidad.

**peletería** *s. f.* **1.** Tienda en que se venden abrigos, chaquetas y otras prendas de piel. **2.** Oficio y técnica de preparar y coser las pieles de algunos animales para hacer esas prendas de vestir.
FAM. Peletero.

**peletero, ra** *s. m.* y *f.* Persona que hace o vende prendas de piel.

**peliagudo, da** *adj.* Muy complicado y difícil de resolver.
SIN. Arduo, enrevesado. ANT. Fácil, sencillo.

**pelícano** o **pelicano** *s. m.* Ave acuática de gran tamaño que tiene las plumas blancas, el pico muy largo y ancho y una bolsa debajo de la mandíbula inferior donde guarda los peces de los que se alimenta.

**película** *s. f.* **1.** Cinta de celuloide en la que quedan recogidas las imágenes tomadas con una máquina de fotos, de cine o de vídeo, que luego pue-

pelícano

den ser reproducidas en papel o proyectadas sobre una pantalla. **2.** Lo que se cuenta o se representa mediante estas imágenes: *Los chicos vieron en el cine una película de terror.* **3.** Capa muy fina que cubre algo: *Cuando hace mucho frío, se forma a veces en los charcos una película de hielo.*
EXPR. **de película** Muy bueno, estupendo: *Tiene una casa de película.*
SIN. **1.** Rollo. **2.** Filme.
FAM. Peliculero, peliculón.

**peliculero, ra** *adj.* y *s. m.* y *f.* **1.** Que le gustan mucho las películas: *Rosario es muy peliculera, le encanta ir al cine.* **2.** Se dice de la persona fantasiosa que cuenta cosas inventadas: *No creas que pasó tal y como te lo cuenta, Alfonso es muy peliculero.*

**peliculón** *s. m.* Película de cine estupenda.

**peligrar** *v.* Estar en peligro: *El médico decidió operar al enfermo porque su vida peligraba.*

**peligro** *s. m.* **1.** Situación en la que puede ocurrir algo malo: *Al conducir a tanta velocidad pone en peligro su vida.* **2.** Persona o cosa que produce esa situación: *Ese agujero en medio de la calle es un peligro para todos los transeúntes.*
SIN. **1.** y **2.** Riesgo.
FAM. Peligrar, peligroso.

**peligrosidad** *s. f.* Posibilidad de que exista un peligro: *La peligrosidad de las carreteras ha disminuido en los últimos años.*

**peligroso, sa** *adj.* Que tiene peligro o puede causar un daño.
SIN. Arriesgado, alarmante, amenazador.
FAM. Peligrosidad.

**pelillo** *s. m.* Pelo corto o muy fino: *Esta sudadera abriga mucho porque tiene pelillo por dentro.*
EXPR. **pelillos a la mar** Se dice cuando dos personas deciden olvidar lo que provocó su enfado y reconciliarse.

**pelirrojo, ja** *adj.* y *s. m.* y *f.* Que tiene el pelo de color rojizo.

**pella** *s. f.* Masa de forma redondeada que puede ser de cualquier material.
EXPR. **hacer pellas** Faltar un alumno a clase sin causa justificada.

**pelleja** *s. f.* **1.** Piel de las personas y de los animales. ‖ *adj.* y *s. f.* **2.** Mujer mala o que tiene muy mal genio: *una vieja pelleja.*
SIN. **1.** Pellejo. **2.** Bruja, arpía.

**pellejo** *s. m.* **1.** Piel de un animal, sobre todo cuando ha sido arrancada del cuerpo. **2.** Piel de una persona. **3.** Piel de algunas frutas: *Antes de tomarse las uvas, les quita el pellejo.* **4.** Recipiente para guardar vino que consiste en una piel curtida que se cose y se unta con pez.
EXPR. **estar en el pellejo** de otra persona Estar en su misma situación: *No me habría gustado estar en el pellejo del ladrón cuando el policía lo pilló*

*in fraganti*. **jugarse el pellejo** Poner en peligro la vida. **salvar el pellejo** Salvar la vida.
**SIN. 1.** y **2.** Pelleja. **4.** Odre, bota.
**FAM.** Pelleja. / Despellejar.

**pelliza** *s. f.* Chaquetón hecho o forrado con piel de borrego.
**SIN.** Zamarra.

**pellizcar** *v.* **1.** Apretar con dos dedos un trozo de piel, de forma que haga daño. **2.** Coger un trocito de algo: *El niño pellizcaba el bizcocho.* ■ Delante de *e* se escribe *qu* en lugar de *c*: *No me pellizques.*
**SIN. 2.** Picar.
**FAM.** Pellizco.

**pellizco** *s. m.* **1.** Acción de pellizcar y señal que a veces deja en la piel. **2.** Pequeña cantidad que se coge de algo: *Antes de sentarse a la mesa, cogió un pellizco de pan.*
**EXPR.** **un buen pellizco** Mucha cantidad de dinero: *Le tocó un buen pellizco en las quinielas.*
**SIN. 2.** Pizca.

**pelma** o **pelmazo, za** *adj.* y *s. m.* y *f.* **1.** Persona muy pesada, que aburre. **2.** Persona muy lenta en todo lo que hace: *Siempre llegamos tarde por el pelma de Javier.*
**SIN. 1.** Plasta, cargante. **2.** Calmoso.
**FAM.** Apelmazar.

**pelo** *s. m.* **1.** Filamentos que nacen y crecen en la piel de las personas, de muchos animales y de algunos vegetales. **2.** Los que tienen las personas en la cabeza: *Margarita tiene el pelo rubio.* **3.** Hilos muy finos de algunas telas: *Los jerséis de angora sueltan mucho pelo.* **4.** Grieta muy fina en una piedra o cristal, por la que puede romperse con facilidad: *Cuidado no te cortes con esa copa porque tiene un pelo.* **5.** Muy poco o nada: *Por un pelo consiguió coger el tren. Camino no tiene un pelo de tonta.*
**EXPR.** **al pelo** Muy bien: *Le vino al pelo que le llevara en coche a su casa.* **caérsele** a alguien **el pelo** Recibir un castigo o regañina una persona si se descubre que ha hecho algo malo. **con pelos y señales** Con todos los detalles. **de pelo en pecho** Muy fuerte y valiente: *un hombre de pelo en pecho.* **no tener** alguien **pelos en la lengua** Decir una persona todo lo que piensa, sin callarse nada. **no ver el pelo** a alguien No ver a una persona: *Hace más de un mes que sus amigos no le ven el pelo.* **poner los pelos de punta** Asustar o impresionar mucho. **tirarse** uno **de los pelos** Arrepentirse de algo, sobre todo por haber perdido una cosa buena. **tomar el pelo** Busca **tomar.**
**SIN. 1.** Vello. **1.** y **3.** Pelusa. **2.** Cabello.
**FAM.** Pelaje, pelambre, pelambrera, pelandusca, pelar, pelechar, peliagudo, pelillo, pelirrojo, pelón, peluca, peludo, peluquería, pelusa. / Contrapelo, crecepelo, depilar, despeluchar, espeluzno, piloso, repelús, repeluzno, terciopelo.

**pelón, na** *adj.* y *s. m.* y *f.* **1.** Que está calvo o lleva el pelo cortado al rape: *Muchos niños, cuando nacen, están pelones.* **2.** Persona pobre, que tiene muy poco dinero.
**ANT. 1.** Peludo. **2.** Rico.

**pelota** *s. f.* **1.** Bola de goma u otro material flexible, con la que se practican diversos juegos y deportes. **2.** Juego en que se usa esa bola: *Las niñas juegan a la pelota en el patio del colegio.* **3.** Bola de una materia blanda, por ejemplo de barro o nieve. ‖ *s. m.* y *f.* **4.** Persona que dice cosas agradables a otra con el fin de obtener un beneficio. ‖ *s. f. pl.* **5.** Testículos. ■ Con este significado, es una palabra vulgar.
**EXPR.** **pelota vasca** Juego que se practica lanzando una pelota contra un frontón. ‖ **devolver la pelota** Responder a lo que nos ha hecho o dicho otra persona con algo parecido. **en pelotas** Desnudo. **hacer la pelota** Tratar de ser muy agradable delante de otra persona para obtener un beneficio.
**SIN. 1.** Balón, esfera. **4.** Pelotilla, pelotillero, cobista, adulador.
**FAM.** Pelotari, pelotazo, pelotear, pelotera, pelotero, pelotilla, pelotón. / Despelotarse, recogepelotas.

**pelotari** *s. m.* y *f.* Jugador de pelota vasca.

**pelotazo** *s. m.* Golpe dado con una pelota.

**pelotear** *v.* Jugar a la pelota sin hacer partido: *Las dos tenistas peloteaban antes de empezar el primer set.*
**FAM.** Peloteo.

**peloteo** *s. m.* **1.** Acción de pelotear. **2.** El hacer la pelota a alguien.

**pelotera** *s. f.* Pelea, discusión entre dos o más personas: *Luz y Javi no se hablaban porque habían tenido una pelotera.*
**SIN.** Riña, trifulca.

**pelotero, ra** *adj.* y *s. m.* y *f.* **1.** Que hace la pelota para conseguir algo: *A ese profesor no le gustan los peloteros.* **2.** Se dice de una variedad de escarabajos que hace bolas con el estiércol de otros animales, con las que alimenta a sus larvas.
**SIN. 1.** Pelotillero.

**pelotilla** *s. f.* **1.** Pelota pequeña. **2.** Bolita que se forma en algunas telas, por ejemplo en la lana. **3.** Persona pelota.
**EXPR.** **hacer la pelotilla** Hacer la pelota a una persona.
**FAM.** Pelotillero.

**pelotillero, ra** *adj.* y *s. m.* y *f.* Que hace la pelota.
**SIN.** Pelotero.

**pelotón** *s. m.* **1.** Grupo desordenado de muchas personas. **2.** Pequeña unidad militar que suele estar a las órdenes de un sargento o cabo. **3.** Grupo de ciclistas que marchan todos juntos: *El pelotón llegó a la meta cinco minutos después que el ganador de la etapa.*
**FAM.** Apelotonarse.

**peluca** *s. f.* Cabellera postiza que una persona se pone sobre la cabeza.
**FAM.** Peluquín.

**peluche** *s. m.* Un tejido con el pelo muy largo que se utiliza para hacer muñecos: *Le compraron un elefante de peluche.*

**peludo, da** *adj.* y *s. m.* y *f.* Que tiene mucho pelo: *piernas peludas.*
ANT. Calvo, pelón.

**peluquería** *s. f.* Lugar al que va una persona para cortarse o arreglarse el pelo.
FAM. Peluquero.

**peluquero, ra** *s. m.* y *f.* Persona que se dedica a cortar y arreglar el pelo.

**peluquín** *s. m.* Peluca que sólo cubre una parte de la cabeza.
SIN. Bisoñé.

**pelusa** *s. f.* **1.** Pelo muy fino, que casi no se nota, como el que tenemos en la cara. **2.** Pelo que se desprende de algunas telas con el uso. **3.** Polvo acumulado en sitios que se limpian pocas veces, por ejemplo debajo de los muebles. **4.** Envidia o celos de los niños: *La niña tiene mucha pelusa de su hermanito recién nacido.*

**pelvis** *s. f.* Hueso situado entre el abdomen y las piernas que contiene y protege la vejiga de la orina, la terminación del tubo digestivo y algunos órganos del aparato genital. ■ No varía en plural.

**pena** *s. f.* **1.** Castigo que pone la ley por un delito o falta. **2.** Tristeza: *Es una pena que se haya enfadado conmigo.* **3.** Trabajos y dificultades que pasa alguien: *Con muchas penas consiguió comprar la casa.*
EXPR. **pena capital** La que castiga con la muerte. ‖ **a duras penas** Con muchos esfuerzos. **de pena** Muy mal o muy malo: *Este dibujo está de pena.* **merecer** o **valer la pena** una cosa Estar bien empleado el esfuerzo o el dinero que cuesta algo: *El coche aún está bastante nuevo, merece la pena arreglarlo.* **sin pena ni gloria** Sin destacar entre otros: *El último disco que sacaron pasó sin pena ni gloria.* **so pena de** Busca **so.**
SIN. **1.** Condena, sanción. **2.** Lástima, pesadumbre, pesar, dolor. **3.** Esfuerzo, fatiga. ANT. **2.** Alegría, gozo. **3.** Facilidad.
FAM. Penal, penalidad, penalizar, penar, penoso. / Apenar, apenas.

**penacho** *s. m.* **1.** Conjunto de plumas que tienen algunas aves en la cabeza, por ejemplo el pavo real y el faisán. **2.** Adorno de plumas que se pone en algunas cosas como sombreros y cascos.
SIN. **2.** Plumero.

**penado, da** *adj.* **1.** Castigado: *Robar es un delito penado por la ley.* ‖ *s. m.* y *f.* **2.** Persona que cumple una pena en la cárcel.

**penal** *adj.* **1.** Relacionado con los delitos y con las penas con que son castigados: *código penal, derecho penal.* ‖ *s. m.* **2.** Cárcel.
SIN. **1.** Criminal. **2.** Prisión, presidio, penitenciaría.
FAM. Penalista.

**penalidad** *s. f.* Sufrimientos y trabajos que pasa una persona.
SIN. Calamidad, pena, fatiga.

**penalista** *adj.* y *s. m.* y *f.* Abogado especializado en derecho penal.

**penalización** *s. f.* Acción de penalizar.

**penalizar** *v.* Poner una pena o castigo: *La ley penaliza los delitos de robo.* ■ Delante de *e* se escribe *c* en lugar de *z*: *penalicen.*
SIN. Penar. ANT. Despenalizar.
FAM. Penalización. / Despenalizar.

**penalti** o **penalty** *s. m.* La falta mayor que pita el árbitro en el fútbol y otros deportes. Consiste en hacer un lanzamiento desde muy cerca contra la portería contraria. ■ *Penalty* es una palabra inglesa y su plural es *penaltys.*

**penar** *v.* **1.** Sufrir a causa de un dolor o pena: *Penó mucho con la enfermedad de su hijo.* **2.** Poner una pena o castigo: *Las leyes penan el tráfico y la venta de drogas.*
SIN. **1.** Padecer. **2.** Castigar, sancionar, penalizar. ANT. **2.** Absolver; despenalizar.
FAM. Penado.

**penca** *s. f.* Parte carnosa y más gruesa que tienen las hojas de algunas plantas, por ejemplo la acelga o la lechuga. Esta parte también es comestible.
FAM. Penco. / Apencar.

**penco** *s. m.* Caballo flaco y de mal aspecto.
SIN. Jamelgo.

**pendejo, ja** *s. m.* y *f.* **1.** Pendón, persona de vida poco decente. **2.** En América del Sur, persona tonta o estúpida.
SIN. **1.** Golfo.

**pendencia** *s. f.* Riña, pelea.
SIN. Bronca, trifulca, contienda, reyerta.
FAM. Pendenciero.

**pendenciero, ra** *adj.* Se dice de la persona que siempre va buscando pelea.

**pender** *v.* **1.** Estar colgada una cosa: *Una lámpara de cristal pende del techo de la habitación.* **2.** Existir una amenaza sobre alguien.
SIN. **1.** Colgar. **2.** Cerner, gravitar.
FAM. Pendiente, péndulo. / Depender, suspender.

**pendiente** *adj.* **1.** Que está atento a alguien o algo: *Luisa está pendiente de la comida para que no se queme. En el circo todos los niños estaban pendientes de lo que hacían los payasos.* **2.** Que todavía no está resuelto o terminado: *El arreglo de la casa aún está pendiente.* **3.** Que cuelga de algo: *Ese cuadro se va a caer porque está pendiente de un solo clavo.* ‖ *s. m.* **4.** Adorno que se pone en las orejas: *Lleva unos pendientes de plata.* ‖ *s. f.* **5.** Terreno inclinado: *Para llegar al pueblo tuvieron que subir una pendiente.*
SIN. **5.** Cuesta, rampa. ANT. **1.** Distraído.

**pendón** *s. m.* **1.** Bandera más larga que ancha: *el pendón de Castilla.* **2.** Persona vaga o de vida poco decente. ■ Con este significado se usa a veces también la forma femenina: *pendona.*
SIN. **1.** Estandarte. **2.** Golfo, pendejo.
FAM. Pendoneo.

**pendoneo** *s. m.* Comportamiento de la persona que sólo se dedica a hacer el vago y divertirse.

**pendular** *adj.* Relacionado con el péndulo: *un movimiento pendular.*

**péndulo** *s. m.* Objeto colgado de un punto fijo que se mueve por su propio peso hacia un lado y hacia otro.
FAM. Pendular.

**pene** *s. m.* Órgano del hombre que permite hacer el acto sexual y que contiene la uretra, por donde se expulsa la orina.

**penetración** *s. f.* **1.** Acción de penetrar una persona, animal o cosa en algo: *La penetración de los árabes en España se hizo a través del estrecho de Gibraltar. En el mapa del tiempo se ve la penetración de una borrasca por el oeste.* **2.** Inteligencia para comprender las cosas.
SIN. **1.** Entrada. **2.** Agudeza, perspicacia.

**penetrante** *adj.* Profundo, fuerte, que penetra mucho: *En el jardín hay un penetrante olor a rosas.*

**penetrar** *v.* **1.** Entrar o pasar a través de algo: *El agua penetró por el tejado e inundó la casa. Los exploradores penetraron hasta el interior de la selva.* **2.** Sentir muy intensamente algo, por ejemplo el frío o un grito: *Su voz chillona se ve la penetra los oídos.* **3.** Llegar a comprender algo: *Después de muchos años de estudio consiguió penetrar el significado de aquellos manuscritos.*
SIN. **1.** Atravesar, calar; meterse. **3.** Entender. ANT. **1.** Salir.
FAM. Penetración, penetrante. / Compenetrarse, impenetrable.

**penicilina** *s. f.* Antibiótico muy usado que cura las infecciones causadas por bacterias, por ejemplo la pulmonía o la faringitis.

**península** *s. f.* Superficie de tierra rodeada de agua por todas partes menos por una, por donde se une a otra de mayor extensión.
FAM. Peninsular.

**peninsular** *adj. y s. m. y f.* De una península, especialmente de la península Ibérica.

**penique** *s. m.* Moneda inglesa. Cien peniques equivalen a una libra esterlina.

**penitencia** *s. f.* **1.** Sacramento por el que el sacerdote perdona los pecados en nombre de Dios. **2.** Oración u otra cosa que el sacerdote manda cumplir a la persona que confiesa sus pecados. **3.** Sacrificio que una persona se pone a sí misma por razones religiosas. **4.** Cosa desagradable que hay que soportar: *Aguantar al pesado de Eduardo es una auténtica penitencia.*

SIN. **1.** Confesión. **3.** Mortificación. **4.** Suplicio, padecimiento.
FAM. Penitencial, penitenciaría, penitenciario, penitente. / Impenitente.

**penitencial** *adj.* De la penitencia: *el sacramento penitencial.*

**penitenciaría** *s. f.* Cárcel.
SIN. Prisión, penal.

**penitenciario, ria** *adj.* Relacionado con las penitenciarías o cárceles.

**penitente** *s. m. y f.* **1.** Persona que hace penitencia. **2.** Persona que para hacer penitencia desfila en las procesiones de Semana Santa, muchas veces vestida con túnica y capirote.
SIN. **2.** Nazareno.

**penoso, sa** *adj.* **1.** Que cuesta mucho esfuerzo. **2.** Lamentable, que causa pena: *Tras el terremoto, la ciudad ha quedado en un estado penoso.*

**pensador, ra** *s. m. y f.* Persona muy sabia, que piensa mucho sobre cosas que interesan o preocupan a los seres humanos.
SIN. Filósofo.
FAM. Librepensador.

**pensamiento** *s. m.* **1.** Capacidad de pensar. **2.** Lo que alguien piensa: *Tenía el pensamiento de volver a París.* **3.** Idea de un escrito, de un discurso o de una obra. **4.** Flor de una planta de jardín que se llama también *pensamiento.*
SIN. Raciocinio, inteligencia.

**pensar** *v.* **1.** Formar ideas, examinar atentamente algo: *Ya está pensando en las vacaciones. Piensa en la manera de aclarar el malentendido.* **2.** Opinar, creer: *Carmen piensa que lo mejor es quedarse en casa porque hace mucho frío.* ■ Es un verbo irregular.
EXPR. **ni pensarlo** De ningún modo: *–¿Podemos ir al parque? –Tan tarde, ni pensarlo.*
SIN. **1.** Razonar, discurrir, reflexionar. **2.** Considerar, juzgar.
FAM. Pensador, pensamiento, pensativo. / Impensable, malpensado.

**pensativo, va** *adj.* Que está pensando mucho en algo: *Veo a Araceli muy pensativa.*
SIN. Meditabundo.

| PENSAR | | |
| --- | --- | --- |
| INDICATIVO | SUBJUNTIVO | IMPERATIVO |
| **Presente** | **Presente** | |
| *pienso* | *piense* | |
| *piensas* | *pienses* | *piensa* |
| *piensa* | *piense* | |
| *pensamos* | *pensemos* | |
| *pensáis* | *penséis* | *pensad* |
| *piensan* | *piensen* | |

**pensión** *s. f.* **1.** Dinero que reciben al mes algunas personas, como los jubilados o algunos familiares de fallecidos. **2.** Casa con habitaciones en la que pueden alojarse huéspedes: *Cuando fuimos a Salamanca, dormimos en una pensión.*
**EXPR. media pensión** En un hotel o casa de huéspedes, la habitación y una comida al día. **pensión completa** En un hotel o casa de huéspedes, la habitación y todas las comidas del día.
**SIN. 1.** Jubilación. **2.** Fonda.
**FAM.** Pensionista. / Mediopensionista.

**pensionista** *s. m. y f.* Persona que cobra una pensión.
**SIN.** Jubilado.

**pentaedro** *s. m.* Figura geométrica que tiene cinco caras.

**pentagonal** *adj.* Que tiene forma de pentágono.

**pentágono** *s. m.* Polígono que tiene cinco ángulos y cinco lados.
**FAM.** Pentagonal.

**pentagrama** o **pentágrama** *s. m.* Cinco líneas horizontales y paralelas que en música se utilizan para escribir las notas.

**pentasílabo, ba** *adj.* Que tiene cinco sílabas.

**pentatlón** o **pentathlon** *s. m.* Competición de atletismo en la que cada participante realiza cinco pruebas.

**pentecostés** *s. m.* Fiesta cristiana que recuerda la venida del Espíritu Santo a los apóstoles. ■ Suele escribirse con mayúscula.

**penúltimo, ma** *adj. y s. m. y f.* Que va antes del último: *Las palabras llanas tienen el acento en la penúltima sílaba.*
**FAM.** Antepenúltimo.

**penumbra** *s. f.* Sombra suave.

**penuria** *s. f.* Escasez, mucha pobreza, falta de las cosas más necesarias para vivir.
**SIN.** Miseria. **ANT.** Abundancia, riqueza.

**peña** *s. f.* **1.** Piedra grande que se encuentra en la naturaleza. **2.** Asociación con fines deportivos o recreativos: *una peña taurina.* **3.** Grupo de amigos: *Nos juntamos toda la peña para ir al cine.*
**SIN. 1.** Roca, pedrusco, peñasco. **3.** Panda.
**FAM.** Peñasco, peñazo, peñón. / Despeñar, pináculo.

**peñascal** *s. m.* Terreno cubierto de peñascos.

**peñasco** *s. m.* Peña grande y elevada.
**SIN.** Peñón.
**FAM.** Peñascal.

**peñazo** *s. m.* Persona o cosa que nos aburre o nos resulta muy pesada: *Le parece un peñazo pasarse el día jugando a las cartas.*
**SIN.** Rollo, plasta, pesadez, aburrimiento.

**peñón** *s. m.* **1.** Peña grande. **2.** Monte con muchos peñascos.
**SIN.** Peñasco.

**peón** *s. m.* **1.** Obrero no especializado. **2.** Nombre que se da en el ajedrez a las ocho piezas negras o blancas de menor valor, colocadas al comienzo de la partida en la línea de delante. **3.** Peonza con la punta de metal.
**SIN.** Bracero, jornalero.
**FAM.** Peonada, peonza.

**peonada** *s. f.* Trabajo que realiza un peón en un día, sobre todo en las labores del campo.

**peonza** *s. f.* Juguete de madera en forma de cono al que se arrolla una cuerda para hacerlo girar.
**SIN.** Peón, trompo.

**peor** *adj.* **1.** Comparativo del adjetivo **malo**. Equivale a 'más malo': *Estos zapatos son peores que esos otros.* ■ Con el artículo se convierte en superlativo: *Sara es la peor de nuestro equipo.* || *adv.* **2.** Comparativo del adverbio **mal**. Equivale a 'más mal' que aquello con lo que se compara: *Come peor que su hermano.*
**ANT. 1.** y **2.** Mejor.
**FAM.** Peyorativo. / Empeorar.

**pepinazo** *s. m.* **1.** Estallido fuerte. **2.** Disparo de un arma grande: *El cañón destruyó el barco de un pepinazo.*
**SIN. 1.** Bombazo, zambombazo. **2.** Cañonazo.

**pepinillo** *s. m.* Variedad de pepino pequeño que se conserva en vinagre.

**pepino** *s. m.* **1.** Planta con el tallo tendido por el suelo; su fruto, llamado también *pepino*, es amarillo o verde por fuera, según esté o no maduro, y por dentro blanco y con muchas semillitas. **2.** Melón poco maduro.
**EXPR. importar** una cosa a alguien **un pepino** Importarle muy poco o nada.
**FAM.** Pepinillo.

**pepita** *s. f.* **1.** Semilla de algunas frutas: *las pepitas del melón.* **2.** Trozo pequeño y redondeado de oro o de otro metal.
**SIN. 1.** Pipa.
**FAM.** Despepitarse.

**pepito** *s. m.* **1.** Bocadillo que tiene dentro un filete de carne. **2.** Bollo en forma de cilindro alargado y normalmente relleno de crema.

peonza

pepinillos    pepino

**pepitoria** *s. f.* Guisado de ave que tiene en la salsa yema de huevo.

**pepona** *s. f.* **1.** Muñeca grande y casi siempre de cartón. **2.** Mujer gorda y con la cara sonrosada.

**pequeñez** *s. f.* **1.** Característica de pequeño. **2.** Cosa sin valor o importancia: *Se enfadó por una pequeñez.* ■ Su plural es *pequeñeces.*
**SIN. 2.** Menudencia. **ANT. 1.** Grandeza.

**pequeño, ña** *adj.* **1.** De poco tamaño o de menos tamaño que otros de su misma clase: *unos platos pequeños; una habitación pequeña.* **2.** Bajo, de poca estatura: *Es pequeño y tiene que auparse para ver el desfile.* **3.** De pocos años: *Desde muy pequeño le gustaba dibujar.* **4.** De poca duración: *Le hicimos una pequeña visita.* **5.** De poca distancia: *El autocar hizo un pequeño recorrido por la ciudad.* **6.** De poca importancia: *Me hice una pequeña herida en la rodilla cuando me caí.* ‖ *s. m.* y *f.* **7.** Niño: *Los pequeños jugaban a la pelota.*
**SIN. 1.** a **3.** Chico. **3.** y **7.** Crío. **4.** Breve. **4.** y **5.** Corto. **7.** Chiquillo. **ANT. 1.** Grande. **2.** Alto. **3.** y **7.** Mayor. **4.** y **5.** Largo.
**FAM.** Pequeñez. / Empequeñecer.

**pequinés, sa** *adj.* y *s. m.* y *f.* **1.** De Pekín, capital de China. **2.** Se dice de unos perros pequeños, de cabeza ancha, hocico corto, ojos que sobresalen, orejas caídas, pelo largo y patas cortas.

**per cápita** *expr.* Por cabeza o por persona. ■ Es una expresión latina.

**per saecula saeculorum** *expr.* Significa 'por los siglos de los siglos', para siempre: *Es así y continuará siendo así per saecula saeculorum.* ■ Es una expresión latina.

**pera** *s. f.* **1.** Fruto del peral, carnoso, de piel fina y forma de cono. **2.** Objeto de goma con la forma de este fruto, terminado en un tubito fino, que se usa para echar aire o líquidos. **3.** Interruptor de luz o timbre con forma parecida a la de una pera.
**EXPR. el año de la pera** Hace mucho tiempo. **pedir peras al olmo** Pedir algo imposible. **ser** alguien o algo **la pera** Llamar la atención por lo bueno o por lo malo, agradar mucho o fastidiar.
**FAM.** Peral, perilla.

**peral** *s. m.* Árbol frutal que produce peras; se cultiva mucho en huertas.

**peraltado, da** *adj.* Que tiene peralte.

**peraltar** *v.* Dar peralte: *peraltar un camino.*

**peralte** *s. m.* Mayor elevación que tienen las curvas de las carreteras y otros caminos por la parte de fuera.
**FAM.** Peraltado, peraltar.

**perca** *s. f.* Pez de río, de cuerpo más largo que ancho, con escamas duras y ásperas, de color verdoso por arriba, plateado por el vientre y dorado con varias listas negruzcas en los lados.

**percal** *s. m.* Tela de algodón que se utiliza para hacer vestidos baratos.
**EXPR. conocer el percal** Conocer bien a una persona, actividad, tema: *No van a ir a la reunión de vecinos porque ya conocen el percal.*

**percance** *s. m.* Cosa que no se espera y que causa algún perjuicio: *Durante la carrera sufrió varios percances: se le pinchó la rueda de la bicicleta y tuvo una caída.*
**SIN.** Contratiempo, incidente.

**percatarse** *v.* Darse cuenta de algo: *Se percató de que intentaban engañarle.*
**SIN.** Notar, captar, reparar.

**percebe** *s. m.* **1.** Crustáceo marino con forma alargada y acabado en una especie de uña, que se agarra a las rocas de las costas y se cría en grupos. Es muy apreciado como alimento. **2.** Persona tonta.
**SIN. 2.** Besugo, zoquete, tarugo.

**percepción** *s. f.* Acción de percibir.

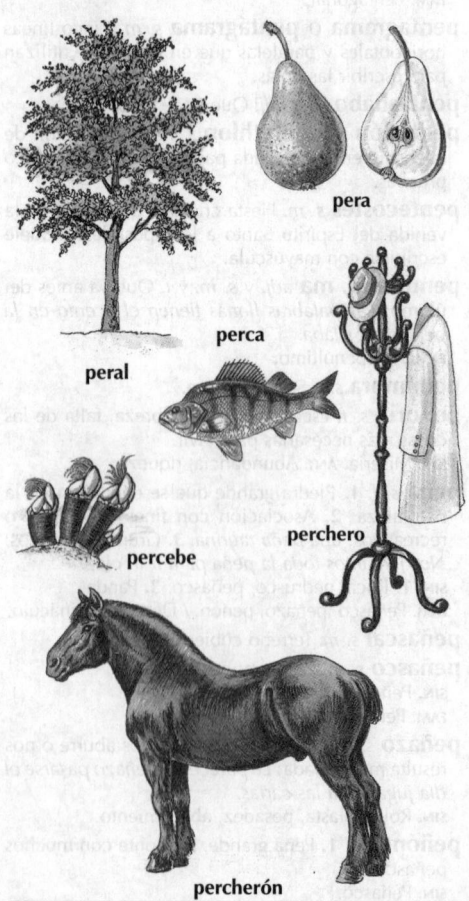

pera

peral

perca

perchero

percebe

percherón

**perceptible** *adj.* Que se puede percibir.
**SIN.** Ostensible, patente. **ANT.** Imperceptible.

**percha** *s. f.* **1.** Objeto que sirve para colgar la ropa en los armarios; suele tener forma de triángulo con un gancho en la parte de arriba. **2.** Gancho para colgar ropa, sombreros y otras cosas.
**FAM.** Perchero.

**perchero** *s. m.* Mueble u objeto con varios colgadores o ganchos para colgar prendas de vestir y otras cosas: *Deja el abrigo en el perchero.*

**percherón, na** *adj. y s. m. y f.* Caballo o yegua de una raza francesa, muy grande y fuerte, por lo que puede arrastrar grandes pesos.

**percibir** *v.* **1.** Darse cuenta de algo por alguno de los sentidos: *Percibí un ligero disgusto en su tono de voz.* **2.** Recibir: *Percibe un buen sueldo.*
**SIN.** **1.** Advertir, notar, captar. **2.** Cobrar, obtener.
**FAM.** Percepción, perceptible. / Apercibir, imperceptible.

**percusión** *s. f.* Acción de golpear.
**EXPR.** **instrumentos de percusión** Los que se hacen sonar golpeándolos, por ejemplo el tambor y los platillos.
**FAM.** Percusionista.

**percusionista** *adj. y s. m. y f.* Músico que toca los instrumentos de percusión.

**percutor** *s. m.* Pieza que acciona una máquina con un golpe, sobre todo la que hace que se dispare un arma de fuego.

**perdedor, ra** *adj. y s. m. y f.* Que pierde.

**perder** *v.* **1.** Dejar de tener algo: *perder vista, perder la ilusión.* **2.** No saber dónde está alguna cosa: *Se me ha perdido el bolígrafo.* **3.** Emplear algo mal: *No pierdas el tiempo.* **4.** No conseguir algo: *En la lotería casi siempre se pierde.* **5.** Resultar vencido: *En el partido de baloncesto perdieron porque el otro equipo jugó mejor.* **6.** Quedarse alguien sin una persona que muere: *En el accidente perdió a un amigo.* **7.** No llegar a tiempo: *Ha perdido el autobús.* **8.** Disminuir el contenido: *El depósito de agua pierde.* **9.** Perjudicar o sufrir algún perjuicio: *En el reparto salió perdiendo.* ‖ **perderse 10.** No encontrar alguien el camino, no saber dónde está: *No conocía aquel barrio y me perdí.* **11.** Distraerse, no seguir aquello de lo que se está tratando: *Me he perdido: no sé de qué estábamos hablando.* ■ Es un verbo irregular. Se conjuga como *tender.*
**EXPR.** **echarse a perder** Estropearse, ponerse malo: *Este tomate se ha echado a perder.* No poderse cumplir: *Se han echado a perder nuestros planes de salir el domingo.* **las de perder** Con verbos como *llevar* o *tener,* tener pocas posibilidades de salir bien de una situación: *Si te enfrentas con él, llevarás las de perder.* **¡piérdete!** ¡Lárgate!, ¡fuera de aquí! **tener buen** o **mal perder** Aceptar bien la derrota o no hacerlo.

**SIN.** **2.** Extraviar. **3.** Desperdiciar, malgastar. **10.** y **11.** Despistarse. **ANT.** **1.** y **2.** Encontrar, hallar, recuperar. **3.** Aprovechar. **4.** y **5.** Ganar. **11.** Centrarse.
**FAM.** Perdedor, perdición, pérdida, perdido, perdulario. / Desperdiciar, imperdible.

**perdición** *s. f.* Aquello que pierde a alguien o le causa un daño grave: *Andar con malas compañías le condujo a la perdición.*
**SIN.** Ruina.

**pérdida** *s. f.* **1.** Acción de perder o perderse: *Los padres estaban muy tristes por la pérdida de su hijo. No pudimos entrar en casa por la pérdida de las llaves.* **2.** Daño, perjuicio: *La sequía ha causado grandes pérdidas.* **3.** Cantidad o cosa perdida: *Las pérdidas ascienden a varios miles de euros.*
**EXPR.** **no tener pérdida** un lugar Ser fácil de encontrar o llegar a él.
**SIN.** **1.** Extravío; muerte. **ANT.** **1.** Hallazgo. **2.** Beneficio. **3.** Ganancia.

**perdidamente** *adv.* Completamente o con mucha intensidad: *Está perdidamente enamorado de su mujer.*

**perdido, da** *adj.* **1.** Que se perdió: *Llevamos media hora perdida por su culpa. La pluma perdida tiene un gran valor. Se encontraba perdido en aquella ciudad: todas las calles le parecían iguales.* **2.** En exceso: *Está boba perdida.* ‖ *adj. y s. m. y f.* **3.** Persona que vive de manera poco decente.
**EXPR.** **ponerse perdido** Ensuciarse mucho.
**FAM.** Perdidamente.

**perdigón** *s. m.* **1.** Cría de la perdiz. **2.** Granito de plomo que se usa para cargar las armas de caza.
**FAM.** Perdigonada.

**perdigonada** *s. f.* **1.** Tiro de perdigones. **2.** Herida que produce.

**perdiguero, ra** *adj. y s. m. y f.* Se dice de un tipo de perros de tamaño mediano, hocico saliente y orejas caídas, que se emplean en la caza porque tienen buen olfato.

**perdiz** *s. f.* Ave de cuerpo gordito, cuello corto, cabeza pequeña, pico y pies rojos; vuela poco y es

perdiz            perdigón

muy apreciada como pieza de caza. ■ Su plural es *perdices*.
**FAM.** Perdigón, perdiguero. / Chochaperdiz.

**perdón** *s. m.* Acción de perdonar: *Si le has insultado, pídele perdón.*

**perdonar** *v.* **1.** No guardar rencor contra alguien por algo malo que nos ha hecho: *Le perdonó aquella faena.* **2.** Librar a alguien de un castigo, de una deuda o de otra obligación: *La profesora les perdonó y salieron al recreo. Le perdonó el dinero que le debía.* **3.** Disculpar: *Perdone que le llame a la hora de comer.*
**SIN. 1.** y **3.** Excusar. **2.** Liberar, eximir, dispensar. **ANT. 1.** y **2.** Castigar.
**FAM.** Perdón, perdonavidas. / Imperdonable.

**perdonavidas** *s. m.* Persona que presume de ser muy valiente y fuerte. ■ No varía en plural.
**SIN.** Fanfarrón, bravucón.

**perdulario, ria** *adj.* y *s. m.* y *f.* Muy vicioso: *No vayas a ese sitio, es un bar de perdularios.*

**perdurable** *adj.* Que dura siempre o mucho tiempo.

**perdurar** *v.* **1.** Continuar durando algo: *En él perdura el recuerdo de aquellas vacaciones.* **2.** Durar algo mucho tiempo: *La obra de este pintor perdurará.*
**SIN. 1.** y **2.** Persistir, subsistir, permanecer, pervivir. **ANT. 1.** y **2.** Morir, perecer, perderse.
**FAM.** Perdurable.

**perecedero, ra** *adj.* Que dura poco, que morirá o se acabará.

**perecer** *v.* Morir. ■ Es un verbo irregular. Se conjuga como *agradecer*.
**SIN.** Fenecer, fallecer. **ANT.** Vivir.
**FAM.** Perecedero. / Imperecedero.

**peregrinación** o **peregrinaje** *s. f.* o *m.* Viaje que se hace a un santuario o lugar sagrado por devoción o por otro motivo religioso.

**peregrinar** *v.* Ir en peregrinación a un santuario o lugar sagrado.
**FAM.** Peregrinación, peregrinaje, peregrino.

**peregrino, na** *adj.* y *s. m.* y *f.* **1.** Persona que peregrina. ‖ *adj.* **2.** Se dice de las aves que emigran, como por ejemplo la cigüeña. **3.** Raro, extraño: *¿Cómo se te ha ocurrido esa idea tan peregrina?* **4.** Se dice de la belleza u otra cosa extraordinaria.
**SIN. 1.** Romero. **2.** Migratorio.

**perejil** *s. m.* Planta con unas hojas de color verde oscuro que se emplean para dar sabor a muchas comidas.
**FAM.** Emperejilar.

**perendengue** *s. m.* Adorno de poco valor.

**perengano, na** *s. m.* y *f.* Alguien del que no se sabe o no se quiere decir el nombre.
**SIN.** Fulano, mengano.

**perenne** *adj.* **1.** Que dura siempre o mucho tiempo: *Tiene una sonrisa perenne.* **2.** Se dice de la planta que vive más de dos años.
**SIN. 1.** Permanente, perpetuo. **ANT. 1.** Perecedero, efímero. **2.** Caduco.

**perentorio, ria** *adj.* **1.** Se dice del último plazo que se da para hacer algo: *En el plazo perentorio de un mes debe pagar la multa.* **2.** Que es urgente: *Tiene necesidad perentoria de encontrar trabajo.*
**SIN. 2.** Apremiante.

**pereza** *s. f.* Lo que nos quita las ganas de hacer algo y, sobre todo, las ganas de trabajar.
**SIN.** Vaguería, vagancia, holgazanería, haraganería. **ANT.** Diligencia.
**FAM.** Perezoso. / Desperezarse.

**perezoso, sa** *adj.* y *s. m.* y *f.* **1.** Persona que tiene pereza. ‖ *s. m.* **2.** Mamífero de América del Sur, de cabeza pequeña, pelo pardo y patas largas; se mueve muy lentamente y le cuesta trepar a los árboles donde vive, por lo que para bajar de ellos se deja caer hecho una bola.
**SIN. 1.** Vago, holgazán, gandul, haragán. **ANT. 1.** Trabajador, diligente.

**perfección** *s. f.* **1.** Característica de perfecto: *Es una buena secretaria que domina a la perfección la mecanografía.* **2.** Cosa perfecta.
**ANT. 1.** Imperfección.
**FAM.** Perfeccionar, perfeccionismo, perfeccionista.

**perfeccionamiento** *s. m.* Acción de perfeccionar o perfeccionarse.

**perfeccionar** *v.* Hacer que algo sea más perfecto o lo más perfecto posible: *Toca muy bien el piano, aunque todavía necesita perfeccionar su técnica.*
**FAM.** Perfeccionamiento.

**perfeccionismo** *s. m.* Deseo de hacer las cosas perfectas.

**perfeccionista** *adj.* y *s. m.* y *f.* Que quiere que todo quede perfecto.

**perfectamente** *adv.* **1.** De manera perfecta, sin fallos: *Este bolígrafo pinta perfectamente.* **2.** Muy bien, de acuerdo: *–¿Nos apuntamos a baloncesto? –Por mí, perfectamente.*

| perejil | perezoso |

**perfecto, ta** *adj.* **1.** Muy bueno, sin ningún defecto: *El vestido es perfecto para la fiesta. Es extranjero pero habla un español perfecto.* **2.** Se dice de los tiempos de los verbos que expresan una acción terminada o acabada, por ejemplo el pretérito perfecto de indicativo: *he hablado.*
SIN. **1.** Insuperable. ANT. **1.** Defectuoso. **1.** y **2.** Imperfecto.
FAM. Perfección, perfectamente. / Desperfecto, imperfecto, pluscuamperfecto.

**perfidia** *s. f.* **1.** Característica de la persona que no es fiel a otra, que la engaña. **2.** Maldad muy grande.
SIN. **1.** Deslealtad, traición, infidelidad. **2.** Perversidad. ANT. **1.** Lealtad. **2.** Bondad.
FAM. Pérfido.

**pérfido, da** *adj. y s. m. y f.* **1.** Que no es fiel a otro, que le traiciona. **2.** Malvado.
SIN. **1.** Desleal, traidor, infiel. **2.** Perverso. ANT. **1.** Leal, noble.

**perfil** *s. m.* **1.** Postura de lado: *En las fotos sale mejor de perfil.* **2.** Línea que marca el borde de algo: *el perfil de un edificio, de un monte.* **3.** En geometría, figura que presenta un cuerpo cortado por un plano vertical.
SIN. **2.** Contorno, silueta.
FAM. Perfilar.

**perfilador** *s. m.* Cosmético con forma de lápiz o rotulador con el que se marca el borde de los ojos o de los labios.

**perfilar** *v.* **1.** Marcar el perfil o borde de algo: *perfilar un dibujo.* **2.** Dar a una cosa los últimos detalles.
SIN. **2.** Retocar, rematar.
FAM. Perfilador.

**perforación** *s. f.* Acción de perforar.

**perforador, ra** *adj. y s. m. y f.* Que perfora.

**perforar** *v.* Hacer agujeros: *Perforaron el terreno buscando petróleo.*
SIN. Horadar, taladrar.
FAM. Perforación, perforador.

**perfumador** *s. m.* Recipiente o aparato con perfume para esparcirlo.

**perfumar** *v.* Dar un olor agradable a alguien o algo: *Por las mañanas antes de salir de casa se perfuma. Perfumó la habitación.*

**perfume** *s. m.* **1.** Producto que sirve para dar un olor agradable: *Se compró un frasco de perfume.* **2.** Olor agradable: *Por la ventana entraba el perfume de las flores del jardín.*
SIN. **2.** Fragancia, aroma.
FAM. Perfumador, perfumar, perfumería.

**perfumería** *s. f.* Tienda en que se venden perfumes, colonias, jabones y otros productos.

**pergamino** *s. m.* **1.** Piel de algunos animales que antiguamente se preparaba para escribir en ella. **2.** Un escrito en esa piel.
FAM. Apergaminarse.

**pergeñar** *v.* Preparar o diseñar una cosa a grandes rasgos: *Pergeñó en un papel un plano de la zona para que nos guiásemos.*
SIN. Esbozar, trazar.

**pérgola**

**pérgola** *s. f.* Columnas que sostienen un tejadillo o plantas trepadoras; son muy frecuentes en jardines y paseos.

**pericardio** *s. m.* Tejido que envuelve el corazón; está formado por dos membranas.

**pericarpio** *s. m.* Parte exterior de los frutos, que rodea a la semilla.

**pericia** *s. f.* Habilidad en cualquier cosa.
SIN. Experiencia, maestría, práctica. ANT. Impericia, inexperiencia.
FAM. Pericial. / Impericia.

**pericial** *adj.* Relacionado con el perito: *Lleva el informe pericial a la compañía de seguros.*

**perico** *s. m.* **1.** Loro. **2.** Orinal.
FAM. Periquete.

**periferia** *s. f.* Zona que rodea al centro: *La ciudad es tan ruidosa que mucha gente prefiere vivir en la periferia.*
FAM. Periférico.

**periférico, ca** *adj.* **1.** De la periferia o relacionado con ella. ‖ *s. m.* **2.** En informática, aparato o dispositivo que se puede conectar a la unidad principal de un ordenador, como el ratón, el teclado o la impresora.

**perifollo** *s. m.* Adornos de mal gusto.
FAM. Emperifollar.

**perífrasis** *s. f.* El decir con varias palabras lo que podría decirse con una sola o de forma más sencilla; por ejemplo, en la perífrasis *tengo que trabajar, tengo que* equivale a *debo.* ■ No varía en plural.
FAM. Perifrástico.

**perifrástico, ca** *adj.* Que tiene perífrasis.

**perilla** *s. f.* Conjunto de pelos en forma de pera que a veces se dejan los hombres en la barbilla.
EXPR. **de perilla** o **de perillas** Estupendamente, muy oportuno: *Me viene de perillas que me dejes ese libro.*

**perímetro** *s. m.* **1.** Línea que marca el borde de una figura o de una superficie: *el perímetro de una circunferencia.* **2.** Lo que mide esa línea.

**perindola** o **perinola** *s. f.* Pequeña peonza que baila cuando se hace girar con los dedos un saliente que tiene en la parte de arriba.

**periódicamente** *adv.* Una y otra vez después del mismo tiempo: *Periódicamente llegan al pueblo las cigüeñas.*

**periódico, ca** *adj.* **1.** Que se hace o sucede siempre después de pasar el mismo tiempo: *El enfermo tenía que hacerse un reconocimiento periódico.* ‖ *s. m.* **2.** Unas hojas impresas que se venden todos los días con noticias y otras informaciones de interés para el lector.
SIN. **2.** Diario.
FAM. Periódicamente, periodismo.

dirección y precio
cabecera
titulares
fecha
columnas
noticia destacada en un recuadro
fotografías
anuncio

**periódico**

**periodismo** *s. m.* Carrera y profesión de periodista.
FAM. Periodista, periodístico.

**periodista** *s. m. y f.* Persona que se dedica a recoger y escribir las noticias para informar al lector, oyente o espectador.

**periodístico, ca** *adj.* Relacionado con los periódicos y con los periodistas.

**periodo** o **período** *s. m.* **1.** Tiempo en que ocurre o se hace algo: *Antes de comenzar a trabajar, pasó por un periodo de aprendizaje.* **2.** Tiempo en que una cosa vuelve al estado o posición que tenía al principio, como el que tarda un astro en dar la vuelta alrededor de otro. **3.** Menstruación.
SIN. **1.** Etapa, fase. **3.** Regla, mes.
FAM. Periódico.

**peripecia** *s. f.* Cosas no esperadas que le pasan a una persona: *En el campamento les ocurrieron muchas peripecias.*

**periplo** *s. m.* **1.** Viaje largo por mar alrededor de un lugar. **2.** Viaje por muchos sitios o países.

**peripuesto, ta** *adj.* Se dice de la persona presumida que va demasiado arreglada.
SIN. Acicalado, emperifollado, lechuguino. ANT. Desaliñado, desastrado.

**periquete** *s. m.* Un tiempo muy corto: *En un periquete ponemos la mesa.*
SIN. Santiamén, instante.

**periquito** *s. m.* Pájaro con el plumaje de colores vistosos, sobre todo verde, azul o blanco.

**periscopio** *s. m.* Aparato que llevan los submarinos para que se pueda ver, desde dentro, la superficie del mar cuando están sumergidos.

**perista** *s. m. y f.* Persona que compra y vende objetos robados.

**peristilo** *s. m.* **1.** Conjunto de columnas que rodean un edificio o parte de él. **2.** Patio rodeado de columnas.

**peritaje** *s. m.* **1.** Trabajo o estudio de un perito. **2.** Informe de un perito: *Hasta que no le den el peritaje no sabrá el importe de los daños del coche.* **3.** Carrera de perito.

**peritar** *v.* Hacer un perito un estudio de algo para evaluarlo: *Vinieron a peritar los daños del edificio tras el incendio.*

**perito, ta** *adj. y s. m. y f.* **1.** Entendido o experto en algo. ‖ *s. m. y f.* **2.** Ingeniero técnico, persona que posee un título de grado medio en ingeniería. **3.** Persona que ha realizado la carrera de comercio: *perito mercantil.*
SIN. **1.** Experimentado, competente, especialista. ANT. **1.** Inexperto.
FAM. Peritaje, peritar. / Pericia.

**peritoneo** *s. m.* Membrana que en los vertebrados y otros animales recubre los órganos del abdomen, por ejemplo los intestinos, el estómago, el páncreas y el hígado.
FAM. Peritonitis.

**peritonitis** *s. f.* Inflamación del peritoneo. ■ No varía en plural.

**perjudicar** *v.* Causar daño o perjuicio: *Fumar tanto le perjudica.* ■ Delante de *e* se escribe *qu* en lugar de *c*: *perjudique.*
SIN. Dañar, lastimar. ANT. Beneficiar.
FAM. Perjudicial, perjuicio.

**perjudicial** *adj.* Que perjudica o puede perjudicar: *Tomar muchos caramelos es perjudicial para los dientes.*
SIN. Dañino, contraproducente. ANT. Beneficioso, benéfico.

**perjuicio** *s. m.* Cualquier cosa mala que se hace o sucede a alguien o algo: *El terremoto causó muchos perjuicios a los habitantes de la isla.*
SIN. Daño. ANT. Beneficio.

**perjurar** *v.* **1.** Jurar algo que es falso. **2.** Jurar mucho: *Juró y perjuró que no sabía nada de lo que le preguntaban.*

**perjurio** *s. m.* **1.** Acción de jurar algo que es falso. **2.** Acción de no cumplir un juramento.
**FAM.** Perjurar, perjuro.

**perjuro, ra** *adj. y s. m. y f.* Se dice de la persona que jura en falso o incumple un juramento.

**perla** *s. f.* **1.** Bolita de nácar, de color blanco grisáceo y reflejos brillantes, que se forma en el interior de las conchas de algunos moluscos. Se utiliza en joyería. **2.** Cuerpo de forma, color y brillo parecidos, pero que se obtiene artificialmente. **3.** Persona o cosa excelente, muy apreciada por sus cualidades.
**EXPR. de perlas** Muy bien, estupendamente: *Estudiar inglés le ha venido de perlas.*
**FAM.** Perlado. / Madreperla.

**perlado, da** *adj.* **1.** Del color o el brillo de las perlas: *Vamos a pintar las puertas de verde perlado.* **2.** Cubierto de perlas o de cosas que parecen perlas: *Tenía la cara perlada de gotas de agua.*

**perlé** *s. m.* Fibra o hilo de algodón que se usa, por ejemplo, para hacer ganchillo. ■ Es una palabra francesa.

**permanecer** *v.* **1.** Quedarse: *Permaneció toda la tarde en casa.* **2.** Seguir de una manera: *Permanecía callado. El bote permanece cerrado.* ■ Es un verbo irregular. Se conjuga como *agradecer.*
**SIN. 1.** y **2.** Mantenerse. **2.** Continuar. **ANT. 1.** Marcharse.
**FAM.** Permanencia, permanente.

**permanencia** *s. f.* Acción de permanecer.

**permanente** *adj.* **1.** Que permanece, continuo: *En esa calle hay un ruido permanente por el tráfico.* ‖ *s. f.* **2.** Rizos que se hacen en el pelo y que duran mucho tiempo.
**SIN. 1.** Constante, estable, duradero. **ANT. 1.** Pasajero, inestable.

**permeabilidad** *s. f.* Característica de permeable.

**permeable** *adj.* Que deja pasar el agua u otro líquido a través de él: *un tejido permeable.*
**ANT.** Impermeable.
**FAM.** Permeabilidad. / Impermeable.

**permisividad** *s. f.* Tolerancia, en especial cuando es excesiva.

**permisivo, va** *adj.* Que permite o consiente.
**SIN.** Tolerante. **ANT.** Intolerante.
**FAM.** Permisividad.

**permiso** *s. m.* **1.** Acción de permitir: *Pidió permiso al profesor para salir de clase.* **2.** Posibilidad de dejar por un tiempo una obligación, por ejemplo el servicio militar o el trabajo: *Estuvo un mes de permiso en su pueblo.*
**SIN. 1.** Autorización, consentimiento. **ANT. 1.** Prohibición.

**permitir** *v.* **1.** Dejar una persona que otra haga algo: *Sus padres le permitieron ver la televisión hasta más tarde.* **2.** Hacer posible, no impedir: *El buen tiempo permitió que se celebrara la verbena al aire libre.* ‖ **permitirse 3.** Atreverse, decidirse; se usa para decir algo con educación: *Me permito recordarle que aquí no se puede fumar.*
**SIN. 1.** Consentir, autorizar, tolerar. **2.** Posibilitar. **ANT. 1.** Prohibir.
**FAM.** Permisivo, permiso.

**permuta** o **permutación** *s. f.* Acción de permutar.
**SIN.** Cambio.

**permutar** *v.* Cambiar una cosa por otra.
**FAM.** Permuta, permutación.

**pernera** *s. f.* Parte del pantalón que cubre la pierna.

**pernicioso, sa** *adj.* Que causa mucho daño, que es muy perjudicial: *La contaminación del aire es perniciosa para los seres vivos.*
**SIN.** Nocivo, malo, dañino. **ANT.** Beneficioso, bueno.

**pernil** *s. m.* Parte de arriba de la pata de un animal.

**pernio** *s. m.* Dos piezas de metal y un eje con que se unen las puertas y ventanas a sus marcos de modo que pueden girar.

**perno** *s. m.* Pieza de metal en forma de cilindro alargado con una cabeza redonda por un extremo y que por el otro se asegura con una tuerca o con otra pieza.

**pernocta** *s. f.* Hecho de pernoctar.
**EXPR. pase** o **permiso de pernocta** Autorización dada a un soldado para que pueda ir a dormir a su casa en lugar de quedarse en el cuartel.

**pernoctar** *v.* Pasar una persona la noche en un lugar fuera de su casa: *En Cáceres pernoctó en casa de unos amigos.*
**FAM.** Pernocta.

**pero** *conj.* **1.** Se usa delante de una oración o palabra que expresa algo contrario o distinto que la anterior: *Me marcho, pero volveré enseguida. Estos zapatos son muy elegantes, pero incómodos.* **2.** Cuando comienza una frase da más fuerza a lo que se dice después: *Pero ¡qué bien lo estamos pasando!* ‖ *s. m.* **3.** Defecto o dificultad: *Ese dibujo no tiene un pero, está muy bien hecho. A pesar de que le había puesto muchos peros, terminó dejándole el libro.*
**SIN. 1.** Mas. **3.** Pega, inconveniente, reparo.

**perogrullada** *s. f.* Cosa tan evidente o sabida por todos que es una tontería decirla.

**Perogrullo** Se usa en la expresión **verdad de Perogrullo**, que significa 'una cosa tan evidente o sabida por todos que es tonto decirla'.
**FAM.** Perogrullada.

**perol** *s. m.* Vasija en forma de media esfera para cocinar alimentos.
**FAM.** Perola.

**perola** *s. f.* Perol de tamaño más pequeño que el corriente.

**peroné** *s. m.* Hueso largo y delgado que se encuentra en la pierna detrás de la tibia.

**perorar** *v.* Soltar una perorata.

**perorata** *s. f.* Rollo que suelta alguien, que parece que no tiene fin y que aburre mucho.
SIN. Tostón, tabarra.

**perpendicular** *adj.* **1.** Que forma ángulo recto: *Esa calle es perpendicular a esta otra.* || *s. f.* **2.** Línea que forma ángulo recto con otra.

**perpetrar** *v.* Cometer un delito: *perpetrar un robo.*

**perpetuar** *v.* Hacer que algo dure siempre o dure mucho.
SIN. Perdurar. ANT. Terminar.

**perpetuidad** *s. f.* Característica de perpetuo.
EXPR. **a perpetuidad** Para siempre, para toda la vida: *Consiguió un cargo a perpetuidad.*
FAM. Perpetuar, perpetuo.

**perpetuo, tua** *adj.* Que dura siempre.

**perplejidad** *s. f.* Situación en que se encuentra el que está perplejo.
SIN. Asombro, confusión, indecisión.

**perplejo, ja** *adj.* Asombrado, lleno de confusión y sin saber qué hacer: *Cuando le hicieron esa pregunta, se quedó perplejo.*
SIN. Parado, atónito, confuso, indeciso.
FAM. Perplejidad.

**perra** *s. f.* **1.** Llanto fuerte y continuo de un niño. **2.** Deseo muy grande de algo: *¡Vaya perra que ha cogido con marcharse a Italia!* || *s. f. pl.* **3.** Dinero: *Trabajó en verano para ganarse unas perras.*
SIN. **1.** Rabieta, berrinche, pataleta. **2.** Manía. **3.** Pelas, pasta, guita.
FAM. Tragaperras.

**perrera** *s. f.* **1.** Lugar donde se recoge o encierra a los perros callejeros, que no tienen dueño. **2.** Furgoneta municipal que recoge a estos animales. **3.** Sitio que tienen los trenes y aviones para llevar a los perros.

**perrería** *s. f.* Faena que le hacen a alguien: *Ha sido una perrería esconderle la cazadora.*
SIN. Jugarreta, trastada, guarrada.

**perrito, ta** *s. m.* y *f.* Perro pequeño, o perro, dicho cariñosamente.
EXPR. **perrito caliente** Salchicha metida en un pan a la que se suele añadir mostaza o salsa de tomate.

**perro, rra** *s. m.* y *f.* **1.** Animal mamífero doméstico que tiene un fino olfato y un oído muy agudo. Los perros son muy fieles a sus amos y muestran una gran variedad de razas, que poseen distintas características. || *adj.* y *s. m.* y *f.* **2.** Persona muy mala, despreciable. || *adj.* **3.** Malo, desgraciado: *Alejandro lleva un año perro: todo le sale mal.*
EXPR. **perro faldero** Perro pequeño apreciado como animal de compañía; también, persona que no se separa de otra: *Luis siempre va donde va Pedro: parece su perro faldero.* **perro guardián** El que es fuerte y grande y se utiliza para proteger a las personas o para vigilar. **perro policía** Se llama así a los que están entrenados de una forma especial para ayudar a la policía. **perro viejo** Persona que sabe

pastor alemán

dogo
(gran danés)

foxterrier

galgo

pequinés

collie

distintas razas de **perros**

mucho de la vida porque tiene mucha experiencia. ‖ **como el perro y el gato** Frase que se dice cuando dos personas se llevan muy mal. **de perros** Muy malo: *Vaya tiempo de perros: llueve y hace mucho frío.*
SIN. **1.** Can, chucho. **3.** Desdichado.
FAM. Perra, perrera, perrería, perrito, perruno. / Aperreado, emperrarse.

**perruno, na** *adj.* Del perro o que tiene alguna de sus características: *una obediencia perruna, un olfato perruno.*

**persa** *adj.* y *s. m.* y *f.* **1.** De Persia, antiguo país de Asia que hoy se llama Irán. ‖ *s. m.* **2.** Idioma de este país.
FAM. Pérsico.

**persecución** *s. f.* Acción de perseguir: *El león iba en persecución de la gacela. La policía comenzó la persecución de los criminales.*

**persecutorio, ria** *adj.* Relacionado con la persecución.

**perseguidor, ra** *adj.* y *s. m.* y *f.* Que persigue.

**perseguir** *v.* **1.** Ir detrás de una persona o animal para alcanzarlo: *El perro perseguía al gato por el jardín.* **2.** Buscar, intentar obtener algo: *Persigue una beca para poder estudiar.* ■ Delante de *a* y *o* se escribe *g* en lugar de *gu*. Es un verbo irregular. Se conjuga como *pedir.*
SIN. **2.** Pretender. ANT. **1.** Huir, escapar.
FAM. Persecución, persecutorio, perseguidor.

**perseverancia** *s. f.* Característica de la persona que es perseverante.
SIN. Constancia, empeño, tenacidad, persistencia.
ANT. Abandono.

**perseverante** *adj.* Se dice de la persona que pone mucho empeño en algo y no lo deja: *Consiguió aprobar la asignatura por ser perseverante en el estudio.*
SIN. Constante, tenaz, firme, persistente. ANT. Inconstante.

**perseverar** *v.* Mantenerse firme en algo, no abandonar: *Perseveró hasta aprender a nadar.*
SIN. Persistir, empeñarse. ANT. Desistir, rendirse, cejar.
FAM. Perseverancia, perseverante.

**persiana** *s. f.* Tiras de madera o de otro material que se colocan en ventanas y balcones para que no entre mucha luz.
FAM. Persianista.

**persianista** *adj.* y *s. m.* y *f.* Persona que fabrica, vende, instala o arregla persianas.

**pérsico, ca** *adj.* De Persia, antiguo país de Asia que hoy se llama Irán.

**persignarse** *v.* Hacer la señal de la cruz, sobre todo una en la frente, otra en la boca y otra en el pecho.

**persistencia** *s. f.* Acción de persistir.

**persistente** *adj.* Que persiste.

**persistir** *v.* **1.** Continuar, durar todavía algo: *Todavía persiste el mal tiempo.* **2.** Mantenerse firme en algo: *Persiste en su idea de viajar a Suiza.*
SIN. **1.** Perdurar. **2.** Perseverar, empeñarse. ANT. **1.** Finalizar. **1.** y **2.** Cesar. **2.** Desistir, abandonar.
FAM. Persistencia, persistente.

**persona** *s. f.* **1.** Cualquier ser humano, hombre o mujer. **2.** Distintas formas gramaticales que pueden tener el verbo y el pronombre; la *primera persona* (*yo, nosotros*) es aquella que habla, la *segunda persona* (*tú, vosotros*) es aquella a la que se habla y la *tercera persona* (*él, ella, ello, ellos, ellas*) es aquel o aquello de que se habla.
EXPR. **en persona** Uno mismo: *Le llevaré el regalo en persona.* También, estando presente: *Me gustaría hablar con él en persona.*
SIN. **1.** Individuo.
FAM. Personaje, personal, personalidad, personalismo, personalizar, personalmente, personarse, personificar. / Buscapersonas, impersonal, unipersonal.

**personaje** *s. m.* **1.** Cada una de las personas u otros seres que intervienen en una obra artística, un cuento, una novela, una obra de teatro, una película: *Blancanieves y Caperucita son dos personajes de cuentos.* **2.** Persona importante.
SIN. **2.** Personalidad.

**personal** *adj.* **1.** De la persona o relacionado con una sola persona: *En el bolso sólo lleva sus objetos personales. Le hizo una pregunta muy personal.* **2.** Que es propio y característico de una persona: *María tiene una forma de vestir muy personal.* ‖ *s. m.* **3.** Todas las personas que trabajan en una oficina, fábrica, empresa, organismo u otro lugar. **4.** Gente: *Este domingo había mucho personal en la discoteca.*
EXPR. **pronombre personal** Busca **pronombre**.
SIN. **1.** Individual; privado. **2.** Peculiar, original. ANT. **1.** Colectivo. **2.** Corriente, vulgar.

**personalidad** *s. f.* **1.** Las características que son propias de cada persona y que la distinguen de las demás. **2.** Persona importante: *A la boda del príncipe asistieron numerosas personalidades de todo el mundo.*
SIN. **2.** Personaje.

**personalismo** *s. m.* **1.** Actitud del que es partidario o sigue las ideas e intereses de una persona: *Se unió al grupo por personalismo, no porque fuese amigo de todos.* **2.** Tendencia a dar prioridad a los intereses de una sola persona dentro de un grupo: *Su personalismo lo llevó a defender a un jugador y eso perjudicó al equipo.*
FAM. Personalista.

**personalista** *adj.* y *s. m.* y *f.* Que sigue sus propias ideas, gustos o intereses, sin contar con los demás.

**personalizar** *v.* **1.** Hablar de alguien en concreto y no de otros. **2.** En informática, ajustar las opciones de un programa o de un ordenador a las necesidades o las preferencias de la persona que lo utiliza. ■ Delante de *e* se escribe *c* en lugar de *z*: *personalice*.

**personalmente** *adv.* **1.** En persona: *Vengo personalmente a felicitarte.* **2.** Según lo que piensa la persona que habla: *Personalmente creo que debíamos hacerle un regalo.*

**personarse** *v.* Ir uno en persona a un lugar: *La policía se personó en la casa donde había sonado la alarma.*
SIN. Acudir, presentarse, comparecer. ANT. Faltar.

**personificación** *s. f.* **1.** Acción de personificar y la persona o cosa que personifica algo: *Su madre es la personificación de la bondad.* **2.** Lo que hacen en literatura los escritores cuando ponen en animales o cosas acciones y cualidades de personas.
SIN. **1.** Encarnación. **2.** Prosopopeya.

**personificar** *v.* **1.** Tener alguien una cualidad de tal manera que puede servir de modelo de ella: *El dios Júpiter personifica la justicia.* **2.** Poner en animales o cosas cualidades y acciones de personas. ■ Delante de *e* se escribe *qu* en lugar de *c*: *personifique*.
SIN. **1.** Representar, simbolizar, encarnar, ejemplificar.
FAM. Personificación.

**perspectiva** *s. f.* **1.** Manera de representar en una superficie los objetos como aparecen a la vista. **2.** Aspecto de los objetos lejanos: *Desde la terraza se veía una bella perspectiva.* **3.** Punto de vista de cada persona, lo que ella piensa: *Desde su perspectiva, la fiesta fue un éxito.* **4.** Futuro de alguien o algo: *Este trabajo le ofrece unas buenas perspectivas profesionales.*
SIN. **2.** Panorama. **3.** Visión. **4.** Expectativa, esperanza.

**perspicacia** *s. f.* Característica de perspicaz.
SIN. Agudeza, penetración, sagacidad. ANT. Torpeza.

**perspicaz** *adj.* **1.** Se dice de la persona que se da cuenta enseguida de las cosas y las entiende con gran facilidad. **2.** Se dice de la vista que percibe muy bien los objetos, aunque estén lejos. ■ Su plural es *perspicaces*.
SIN. **1.** Sagaz, inteligente. **1.** y **2.** Agudo, penetrante.
ANT. **1.** Torpe.
FAM. Perspicacia.

**persuadir** *v.* Convencer a alguien de algo por medio de razones: *Le han persuadido de que debe estudiar más.*
ANT. Disuadir.
FAM. Persuasión, persuasivo.

**persuasión** *s. f.* El hecho de convencer a alguien mediante razones.
SIN. Convencimiento.

**persuasivo, va** *adj.* Que persuade o convence.
SIN. Convincente.

**pertenecer** *v.* **1.** Ser una cosa propiedad de alguien: *Ese coche pertenece a Roberto.* **2.** Ser una cosa parte de otra o estar incluida en ella: *Esta perla pertenece a ese collar.* **3.** Tener que ocuparse de algo: *Pertenece a la secretaría del colegio enviar las notas de los alumnos a sus casas.* ■ Es un verbo irregular. Se conjuga como *agradecer*.
SIN. **3.** Corresponder, atañer, concernir, incumbir.
FAM. Perteneciente, pertenencia.

**perteneciente** *adj.* Que pertenece.

**pertenencia** *s. f.* **1.** Hecho de pertenecer a algo: *El detenido negó su pertenencia a esa banda de delincuentes.* **2.** Cosa que pertenece a alguien: *La azafata avisó a los pasajeros que no se dejaran sus pertenencias en el avión.* **3.** Cosa que está incluida en otra principal: *Dejó a los hijos la casa con todas sus pertenencias.*
SIN. **2.** Propiedad, bienes.

**pértiga** *s. f.* Vara larga, sobre todo el palo largo, delgado y flexible que utilizan algunos deportistas para hacer saltos de altura.

**pertinacia** *s. f.* Característica de pertinaz.
SIN. Obcecación, terquedad, persistencia.

**pertinaz** *adj.* **1.** Que se mantiene en lo que piensa o hace, aunque esté equivocado. **2.** Se dice de cosas perjudiciales que duran mucho: *una gripe pertinaz.* ■ Su plural es *pertinaces*.
SIN. **1.** Tenaz, terco, testarudo, obstinado, obcecado.
**1.** y **2.** Persistente. **2.** Prolongado.
FAM. Pertinacia.

**pertinencia** *s. f.* Característica de lo que es pertinente: *Discutimos la pertinencia o no de jugar el partido con este tiempo.*
SIN. Conveniencia. ANT. Inconveniencia.

**pertinente** *adj.* **1.** Que pertenece o se refiere a algo: *En lo pertinente a la casa, han pensado en venderla.* **2.** Conveniente, oportuno: *Ahora que tienes más tiempo libre, es la ocasión pertinente para estudiar idiomas.*
SIN. **1.** Concerniente, referente, relativo. **2.** Adecuado, idóneo.
FAM. Pertinencia. / Impertinente.

**pertrechar** *v.* **1.** Dar al ejército armas, municiones y otras cosas necesarias para la guerra. **2.** Proporcionar o adquirir lo necesario para hacer algo: *Los montañeros se pertrecharon del equipo necesario para la expedición.*
SIN. **1.** y **2.** Proveer, aprovisionar.

**pertrechos** *s. m. pl.* **1.** Armas, municiones y otras cosas que necesita un ejército para la guerra. **2.** Cosas necesarias para cualquier otra actividad: *Llevé todos mis pertrechos a mi nueva mesa de trabajo.*
FAM. Pertrechar.

**perturbación** *s. f.* Acción de perturbar o perturbarse.

**perturbado, da** *adj.* y *s. m.* y *f.* Loco.
SIN. Demente. ANT. Cuerdo.

**perturbador, ra** *adj.* y *s. m.* y *f.* Que perturba, sobre todo la tranquilidad y el orden público.
SIN. Agitador.

**perturbar** *v.* **1.** Acabar con el orden o la tranquilidad: *La riña entre los hermanos ha venido a perturbar la paz del hogar.* **2.** Volver loco.
SIN. **1.** Alterar, turbar. **1.** y **2.** Trastornar. ANT. **1.** Calmar.
FAM. Perturbación, perturbado, perturbador. / Imperturbable.

**peruano, na** *adj.* y *s. m.* y *f.* De Perú, país de América del Sur.

**perversidad** *s. f.* Maldad muy grande.

**perversión** *s. f.* El pervertir o hacer muy malo a alguien o algo.
SIN. Corrupción.

**perverso, sa** *adj.* y *s. m.* y *f.* Muy malo: *Una bruja perversa envenenó a Blancanieves.*
SIN. Malvado, depravado.
FAM. Perversidad.

**pervertido, da** *adj.* y *s. m.* y *f.* Que tiene costumbres sexuales que se consideran anormales o inmorales.

**pervertir** *v.* Hacer muy malo a alguien o algo: *Se juntó con unos amigos que le pervirtieron.* ■ Es un verbo irregular. Se conjuga como *sentir.*
SIN. Corromper.
FAM. Perversión, perverso, pervertido.

**pervivencia** *s. f.* Hecho de pervivir algo: *la pervivencia de una tradición.*

**pervivir** *v.* Permanecer, seguir existiendo: *En los pueblos aún perviven costumbres muy antiguas.*
SIN. Perdurar, subsistir, persistir. ANT. Desaparecer, morir.
FAM. Pervivencia.

**pesa** *s. f.* **1.** Cada una de las piezas de peso conocido que se utilizan para pesar objetos en algunas balanzas. **2.** Pieza de algunos relojes de pared que cuelga de una cuerda o cadena. ‖ *s. f. pl.* **3.** Piezas de distintos pesos utilizadas en gimnasia.

**pesadez** *s. f.* **1.** Cosa aburrida, molesta o que cansa: *Es una pesadez tener que limpiar todos los días la habitación.* **2.** Cansancio o peso que se siente en la cabeza, las piernas u otra parte del cuerpo: *Ha comido mucho y tiene pesadez de estómago.* ■ Su plural es *pesadeces.*
SIN. **1.** Aburrimiento, rollo, pestiño, plomo, tostón.

**pesadilla** *s. f.* Sueño desagradable que produce miedo o inquietud: *Soñó que se caía por el balcón, pero era sólo una pesadilla.*

**pesado, da** *adj.* **1.** Que pesa mucho: *No puedo con ese paquete porque es muy pesado.* **2.** Se dice del sueño de una persona cuando cuesta mucho

despertarla. **3.** Que siente pesadez en alguna parte del cuerpo o la produce: *La abuela tiene las piernas un poco pesadas y no puede andar bien. La comida era muy pesada y le sentó mal.* ‖ *adj.* y *s. m.* y *f.* **4.** Que tarda mucho haciendo las cosas: *Date prisa, no seas pesado.* **5.** Molesto, que cansa mucho: *El viaje era muy largo y se hizo muy pesado. La vecina de arriba es una pesada. No le gusta que le gasten bromas pesadas.*
SIN. **3.** Cargado. **4.** Calmoso. **4.** y **5.** Pelma, plasta. **5.** Fastidioso, enojoso, cargante. ANT. **1.** a **3.** Ligero. **5.** Ameno, divertido.
FAM. Pesadez, pesadilla.

**pesadumbre** *s. f.* Tristeza que tiene una persona, sobre todo por haberse equivocado o por algo que ha hecho mal.
SIN. Pesar, pena, remordimiento. ANT. Satisfacción.
FAM. Apesadumbrado, apesadumbrar.

**pesaje** *s. m.* Hecho de pesar, en especial a algunos deportistas, animales o vehículos que van a participar en una competición para ver que tienen el peso permitido: *el pesaje de los boxeadores.*

**pésame** *s. m.* Forma de expresarle a una persona la pena que sentimos cuando se le ha muerto un ser querido: *Fue a darle el pésame a su amigo por la muerte de su abuelo.*
SIN. Condolencia. ANT. Enhorabuena.

**pesar¹** *v.* **1.** Tener un peso: *Mi mochila pesa mucho porque llevo todos los libros del cole.* **2.** Ver qué peso tiene una cosa: *Por favor, péseme este melón.* **3.** Producir tristeza o pena: *Al final le pesó no haber ido a la excursión.*
FAM. Pesado, pesadumbre, pesaje, pésame, pesar², pesaroso, peso, / Sopesar.

**pesar²** *s. m.* Tristeza, pena: *Sintió pesar por haberse enfadado con su amigo.*
EXPR. **a pesar de** En contra de lo que alguien quiere o aunque haya dificultades: *Fue al cine a pesar de que no le apetecía. A pesar de que estaba lloviendo, se fueron de excursión.*
SIN. Pesadumbre, pena, remordimiento. ANT. Satisfacción.

**pesaroso, sa** *adj.* Triste o apenado por algo que le habría gustado hacer de otra manera: *No le compró ningún regalo a su hermano pequeño y ahora está pesaroso.*
SIN. Apesadumbrado. ANT. Satisfecho.

**pesca** *s. f.* **1.** Acción de pescar: *En los pueblos de la costa mucha gente se dedica a la pesca.* **2.** Peces que se pescan o se han pescado: *El barco regresó a puerto con una buena pesca.*
EXPR. **y toda la pesca** Conjunto de personas o cosas que van con otra: *Como iba de excursión salió de casa con la mochila y toda la pesca.*
FAM. Pescadería, pescadilla, pesquero.

**pescadería** *s. f.* Tienda donde venden pescado.

**pescadero, ra** *s. m. y f.* Persona que vende pescado.

**pescadilla** *s. f.* **1.** Pez parecido a la merluza, pero más pequeño. **2.** Cría de la merluza.

**pescado** *s. m.* Pez que se pesca para comerlo.
**EXPR.** **pescado azul** El que tiene mucha grasa, como la sardina. **pescado blanco** El que tiene poca grasa, como la merluza y el lenguado.

**pescador, ra** *s. m. y f.* Persona que pesca.

**pescante** *s. m.* Asiento de un carruaje o coche de caballos donde se sienta el que lo conduce.

**pescar** *v.* **1.** Coger peces con redes, anzuelos o de otro modo. **2.** Coger cosas o enfermedades: *Anda, que has pescado un buen catarro.* **3.** Sorprender a alguien haciendo algo malo o que no quería que se supiera: *Pesqué a Álvaro haciendo trampas cuando jugábamos a las cartas.* **4.** Enterarse o darse cuenta de algo: *Como hablaban en inglés no pude pescar nada de lo que decían.* ■ Delante de *e* se escribe *qu* en lugar de *c*: *Pesqué muchos peces.*
**SIN.** **2.** Agarrar. **2.** y **3.** Pillar. **3.** y **4.** Cazar.
**FAM.** Pesca, pescado, pescador, pescante. / Repescar.

**pescozón** *s. m.* Golpe que se da a alguien con la mano en el pescuezo o en la cabeza.
**SIN.** Colleja.

**pescuezo** *s. m.* Cuello.
**FAM.** Pescozón.

**pesebre** *s. m.* **1.** Cajón o sitio donde se pone la comida para los animales en las cuadras. **2.** Belén, nacimiento.

**peseta** *s. f.* La moneda de España hasta el año 2002, en el que se cambia por el euro.
**SIN.** Pela, cala.
**FAM.** Pesetero.

**pesetero, ra** *adj. y s. m. y f.* Que se preocupa mucho de ganar y ahorrar dinero.
**SIN.** Agarrado, rata. **ANT.** Espléndido, generoso.

**pesimismo** *s. m.* Forma de ser y de ver las cosas de las personas pesimistas.
**ANT.** Optimismo.

**pesimista** *adj. y s. m. y f.* Que tiende a ver el lado malo de las cosas y piensa que va a pasar lo peor.
**ANT.** Optimista.
**FAM.** Pesimismo.

**pésimo, ma** *adj.* Superlativo de **malo**. Muy malo: *Victoria es una pésima jugadora de tenis.*
**SIN.** Malísimo. **ANT.** Óptimo.
**FAM.** Pesimista.

**peso** *s. m.* **1.** Fuerza con que la Tierra atrae a las cosas. **2.** Cosa que pesa mucho: *El médico le ha dicho al abuelo que procure no coger pesos.* **3.** Utensilio que sirve para ver lo que pesan las cosas: *En la frutería hay varios pesos.* **4.** Cualquier cosa que preocupa a alguien o le produce cansancio: *Le dijeron que no hiciera el trabajo y se le quitó un* peso de encima. **5.** Influencia o importancia que tiene una persona o cosa sobre otras: *Los consejos del entrenador tienen mucho peso entre los jugadores.* **6.** La moneda de algunos países americanos, de Filipinas y de Guinea-Bissau.
**SIN.** **4.** Carga.
**FAM.** Pesa. / Contrapeso, sobrepeso.

**pespunte** *s. m.* Línea de puntadas una detrás de otra.
**FAM.** Pespuntear.

**pespuntear** *v.* Coser con pespuntes.

**pesquero, ra** *adj.* **1.** De la pesca o relacionado con ella: *Los pescadores se reúnen por las tardes en el puerto pesquero.* || *s. m.* **2.** Barco de pesca.

**pesquis** *s. m.* Inteligencia.
**SIN.** Caletre, mollera.

**pesquisa** *s. f.* Acción para descubrir algo: *Las pesquisas de la policía sirvieron para coger al ladrón.*
**SIN.** Investigación, averiguación.
**FAM.** Pesquis.

**pestaña** *s. f.* **1.** Cada uno de los pelos que hay en los bordes de los párpados. **2.** Parte saliente y estrecha en el borde de alguna cosa, que suele servir para que encaje en otra.
**FAM.** Pestañear.

**pestañear** *v.* Abrir y cerrar los párpados.

**pestazo** *s. m.* Mal olor.
**SIN.** Pestilencia, peste.

**peste** *s. f.* **1.** Enfermedad contagiosa grave que transmiten sobre todo las ratas. **2.** Mal olor: *¡Vaya peste que hay en ese basurero!* **3.** Cualquier cosa muy mala o que puede producir un gran daño: *La droga se ha convertido en una auténtica peste.*
**EXPR.** **decir pestes**, **contar pestes** o **echar pestes** Hablar muy mal de alguien o algo: *Como no le gustaba aquel sitio, contaba pestes de él.*
**SIN.** **2.** Tufo, pestilencia, hedor. **3.** Lacra.
**FAM.** Pestazo, pesticida, pestilencia, pestilente. / Apestar.

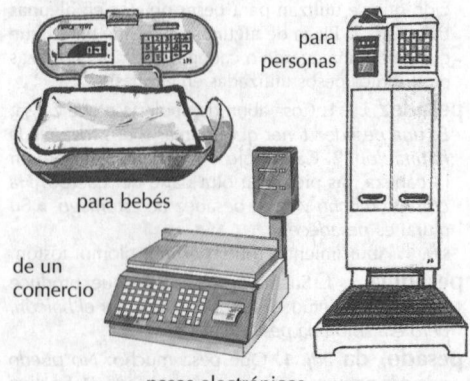

para personas

para bebés

de un comercio

**pesos** electrónicos

**pesticida** *s. m.* Sustancia con la que se mata animales o plantas perjudiciales para las personas, la agricultura o la ganadería.

**pestilencia** *s. f.* Mal olor.
SIN. Peste, tufo, hedor. ANT. Perfume.

**pestilente** *adj.* Que huele muy mal: *Los basureros son lugares pestilentes.*

**pestillo** *s. m.* **1.** Cerrojo pequeño. **2.** Pieza de la cerradura de una puerta que entra y sale al mover la llave o el tirador para poderse encajar en el marco.

**pestiño** *s. m.* **1.** Dulce hecho con una masa de harina y huevo que se fríe y se cubre después con miel. **2.** Persona o cosa aburrida o pesada: *¡Vaya pestiño de película!*
SIN. **2.** Petardo, lata, rollo.

**petaca** *s. f.* **1.** Estuche para el tabaco. **2.** Botella pequeña y plana para llevar coñac u otros licores.
EXPR. **hacer la petaca** Gastarle una broma a alguien preparándole la cama con la sábana de arriba doblada para que no se pueda meter.
SIN. **1.** Tabaquera.

**pétalo** *s. m.* Cada una de las hojas de colores que forman las flores.
FAM. Apétalo.

**petanca** *s. f.* Juego en que cada jugador lanza unas bolas para acercarse lo más posible a una bolita más pequeña que se tiró primero.

**petar** *v.* Apetecer o gustar: *Hace lo que le peta.*

**petardo** *s. m.* **1.** Tubito que tiene pólvora dentro y que cuando se le prende fuego estalla haciendo mucho ruido. || *adj. y s. m.* **2.** Persona o cosa pesada o aburrida: *Esta novela es un petardo.* ■ Con este significado se usa a veces también la forma femenina: *¡Qué petarda eres!*
SIN. **2.** Pesadez, rollo, pestiño, tostón.

**petate** *s. m.* Bolsa con ropa y otras cosas que llevan al hombro, por ejemplo, los soldados.
SIN. Macuto, hatillo.

**petenera** *s. f.* Un tipo de cante flamenco.
EXPR. **salir por peteneras** Hacer o decir algo que no tiene que ver con lo que se está haciendo o diciendo en ese momento.

**petición** *s. f.* Acción de pedir algo y palabras con las que se pide: *Mucha gente respondió a la petición de ayuda enviando ropa a la Cruz Roja.*
SIN. Ruego, demanda, súplica.
FAM. Petitorio.

**petimetre** *s. m.* Joven muy presumido y algo cursi.
SIN. Lechuguino.

**petirrojo** *s. m.* Pájaro de cuerpo rechoncho y con el cuello corto; tiene la parte de arriba oscura, el cuello y el pecho rojos y el vientre de color blanquecino.

**petisú** *s. m.* Pastel de masa frita de forma alargada y relleno de nata o crema. ■ Su plural es *petisús* o *petisúes.*

**petit comité** *expr.* Grupo pequeño de personas que decide sin tener en cuenta a los demás: *Todo lo arreglan en petit comité y no dejan participar a nadie.* ■ Es una expresión francesa.

**petit point** *expr.* Bordado de medio punto de cruz que se hace sobre un tejido. ■ Es una expresión francesa.

**petitorio, ria** *adj.* **1.** Relacionado con la petición: *Han puesto una mesa petitoria para recaudar fondos para la lucha contra el cáncer.* **2.** En derecho, juicio en el que se decide la propiedad de una cosa.

**peto** *s. m.* **1.** La parte de algunos pantalones y faldas que cubre el pecho y se sujeta con tirantes. También se llaman *petos* esos pantalones y faldas. **2.** Armadura que cubría el pecho. **3.** Manta acolchada que se le pone a los caballos de los picadores en las corridas de toros para protegerlos.

**petrel** *s. m.* Ave de color negruzco que vive lejos de tierra en los mares tropicales.

**pétreo, a** *adj.* **1.** De piedra o roca. **2.** Que tiene características de una piedra: *Cuando no le hace gracia lo que dices, pone una sonrisa pétrea.*
SIN. Duro, insensible.

**petrificado, da** *adj.* **1.** Convertido en piedra o tan duro que parece de piedra: *En las playas aparecen a veces conchas de moluscos petrificadas.* **2.** Sin poder hacer o decir nada por el asombro o el miedo: *Al entrar en el castillo oyeron un ruido de cadenas que les dejó petrificados.*
SIN. **2.** Helado, tieso.

**petrificar** *v.* Dejar petrificado o quedarse petrificado: *Con el paso de los siglos se petrificaron los restos de muchos animales primitivos.* ■ Delante de *e* se escribe *qu* en lugar de *c: petrifique.*
FAM. Petrificado.

**petróleo** *s. m.* Líquido aceitoso y de color oscuro que se encuentra dentro de la tierra. Arde con facilidad, de él se saca la gasolina y se emplea para fabricar muchos productos, por ejemplo plásticos.
FAM. Petrolero, petrolífero, petroquímica.

**petrolero, ra** *adj.* **1.** Del petróleo o relacionado con él: *una industria petrolera.* || *s. m.* **2.** Barco que transporta petróleo.

**petrolero**

plataforma **petrolífera**

**petrolífero, ra** *adj.* Que tiene petróleo o produce petróleo: *En Venezuela hay yacimientos petrolíferos.*

**petroquímica** *s. f.* Industria, ciencia o técnica que trata los productos químicos del petróleo.

**petulancia** *s. f.* Característica del que es muy presumido y creído.

**petulante** *adj.* Presumido, que se cree más importante y mejor que nadie.
**SIN.** Creído, insolente.
**FAM.** Petulancia.

**petunia** *s. f.* Planta que tiene las hojas de forma alargada o redondeada, y flores en forma de campanilla bastante abierta y de diferentes colores.

**peyorativo, va** *adj.* Se dice de las palabras, frases o gestos con los que se expresa algo malo de una persona o cosa, como cuando llamamos *animal* a alguien.
**SIN.** Despectivo, negativo.

**pez¹** *s. m.* Animal vertebrado que vive en el agua, respira por branquias, tiene las extremidades en forma de aletas y su piel suele estar cubierta de escamas. Se reproducen por huevos. ■ Su plural es *peces.*
**EXPR. pez espada** Pez marino con la piel áspera y sin espinas. Tiene el cuerpo grueso, la cabeza alargada y un saliente muy largo y puntiagudo en la parte de arriba de la boca, que parece una espada. Es muy apreciado como alimento y también se le llama *emperador.* **pez gordo** Persona muy importante: *Ese señor es un pez gordo, debe de ser el director de la fábrica.* **pez martillo** Pez de cuerpo alargado, con dos prolongaciones a los lados de la cabeza que le dan aspecto de martillo. Vive en los mares cálidos. **pez sierra** Pez de gran tamaño que tiene en el hocico una lámina larga y estrecha con dos filas de dientes puntiagudos. Habita en los mares cálidos. **pez volador** Pez con las aletas dorsales muy desarrolladas, lo que le permite saltar fuera del agua y planear varios metros. Vive en los mares cálidos. ‖ **como pez en el agua** Que está bien y no tiene ningún problema en el lugar o en la situación en que está: *En el nuevo colegio Juan está como pez en el agua.* **estar pez** No saber nada de algo: *Está pez en matemáticas.*
**FAM.** Pecera. / Piscicultura, piscifactoría, piscis.

**pez²** *s. f.* Sustancia pegajosa de color amarillento que se emplea, por ejemplo, para cubrir superficies y que no pase el agua. ■ Su plural es *peces.*

**pezón** *s. m.* Punta redondeada de los pechos de las hembras de los mamíferos y de la tetilla de los machos.

**pezuña** *s. f.* Parte final de la pata de algunos animales como los caballos o las vacas, formada por una uña muy dura.

**pH** *s. m.* Número con el que se mide la acidez de un producto: *Si tienes la piel sensible usa este jabón, tiene un pH neutro.*

**photo finish** *expr.* Busca **foto-finish**. ■ Es una expresión inglesa.

**piadoso, sa** *adj.* Muy religioso o muy devoto.
**SIN.** Pío, fervoroso.

**piafar** *v.* Levantar un caballo las patas delanteras dejándolas caer con fuerza.

**pianista** *s. m.* y *f.* Músico que toca el piano.

**piano** *s. m.* **1.** Instrumento musical que tiene unas cuerdas metálicas dentro de una caja y unos ma-

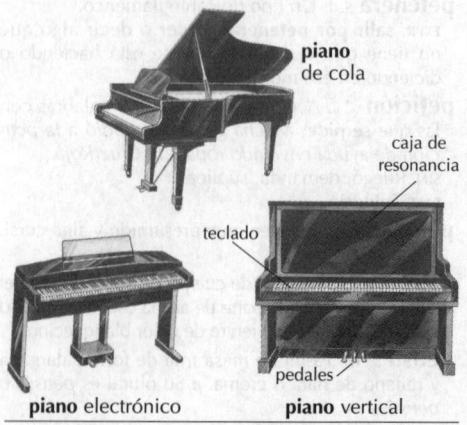

piano de cola

caja de resonancia

teclado

pedales

**piano** electrónico   **piano** vertical

cillos que las golpean al tocar el teclado. || *adv.* **2.** Bajito, sin que suene mucho: *Habla piano.*

**SIN. 2.** Suave, flojo.

**FAM.** Pianista, pianola.

**pianola** *s. f.* Piano con el que se pueden tocar de manera mecánica algunas canciones.

**piar** *v.* Hacer «pío, pío» algunas aves.

**EXPR. piarlas** Quejarse sin mucho motivo.

**piara** *s. f.* Manada de cerdos.

**pibe, ba** *s. m.* y *f.* En Argentina y otros países de América del Sur, niño, muchacho.

**pica** *s. f.* **1.** Un tipo de lanza usada antiguamente. **2.** Vara larga que el picador clava al toro en la corrida. || *s. f. pl.* **3.** Palo de la baraja francesa que tiene dibujadas en sus cartas una o varias figuras negras parecidas a puntas de lanza más achatadas.

**SIN. 2.** Garrocha.

**picabueyes** *s. m.* Ave pequeña de color marrón que se alimenta de los parásitos de los bueyes y otros animales similares. ■ No varía en plural.

**picacho** *s. m.* Pico afilado en que terminan algunos montes y riscos.

**picadero** *s. m.* Lugar donde se doma a los caballos y donde se aprende a montar a caballo.

**picadillo** *s. m.* **1.** Lomo de cerdo, picado y adobado. Se emplea para hacer chorizos, pero también se come sólo frito. **2.** Nombre que se da a algunos alimentos picados: *Hizo un guiso con picadillo de cebolla y tomate.*

**picado, da** *adj.* **1.** Que alguien lo picó o se picó: *Las hamburguesas se hacen con carne picada. Tengo dos muelas picadas.* **2.** Enfadado, molesto. **3.** Se dice de las personas cuando quieren ganarse unas a otras: *Marta y Luisa están picadas a ver quién hace mejor el dibujo.* **4.** Que le han quedado marcas de granos: *Tiene la cara picada de viruela.* **5.** Se dice del mar cuando está revuelto. || *s. m.* **6.** Bajada rápida y perpendicular al suelo de un avión o de un pájaro: *El piloto hizo un picado.*

**EXPR. en picado** Modo de bajar un avión o un pájaro, muy rápido y perpendicular al suelo. También, modo de disminuir algo muy rápidamente: *Cuando hace frío, las ventas de helados caen en picado.*

**SIN. 1.** Triturado. **2.** Mosqueado.

**picador, ra** *s. m.* y *f.* **1.** Persona que doma a los caballos. **2.** Persona montada a caballo que pincha al toro en las corridas con una vara larga. **3.** Minero que arranca el mineral con un pico.

**picadora** *s. f.* Máquina para picar algo, por ejemplo carne.

**picadura** *s. f.* **1.** Mordedura o pinchazo de algunos animales como las aves, las serpientes o los mosquitos: *Las picaduras de avispa duelen mucho.* **2.** Agujerito o señal que tienen los dientes cuando están picados: *De tanto comer chocolate tiene las muelas llenas de picaduras.* **3.** Agujeritos o rayitas,

como las que salen en las cosas de hierro cuando se oxidan.

**picajoso, sa** o **picajón, na** *adj.* y *s. m.* y *f.* Que se pica o enfada enseguida.

**SIN.** Quisquilloso.

**picante** *adj.* y *s. m.* Que tiene un sabor fuerte y quema o pica en la boca: *Ese chorizo está muy picante.*

**picapedrero, ra** *s. m.* y *f.* Persona que saca piedras picando en una cantera.

**SIN.** Cantero.

**picapica** *s. m.* Polvos que dan picor en la nariz o en la piel de las personas.

**picapleitos** *s. m.* y *f.* Mal abogado o abogado de poca importancia. ■ No varía en plural.

**picaporte** *s. m.* **1.** Pieza que se mueve con la manilla de las puertas o ventanas y sirve para cerrarlas o abrirlas del todo. También se llama *picaporte* a esa manilla de puertas y ventanas. **2.** Pieza metálica colocada por fuera en las puertas que se golpea para llamar.

**SIN. 2.** Aldaba, llamador.

**picar** *v.* **1.** Morder o pinchar a alguien algunos animales como las aves, las serpientes o los insectos: *Me han picado los mosquitos.* **2.** Producir picor o sentirlo: *La pomada que le dieron en la herida le picaba mucho. No sé qué tendré en la espalda que me pica un montón.* **3.** Morder el pez el anzuelo. **4.** Dejarse convencer o engañar: *Sus amigos le pusieron una trampa para que picara, pero se dio cuenta a tiempo.* ■ Con este significado, se dice también *picar el anzuelo.* **5.** Cortar en trozos muy pequeños: *El ajo hay que picarlo bien para echarlo en el guiso.* **6.** Probar un poco de varias cosas: *Ha picado de lo que había en el frigorífico y ya no tiene hambre.* **7.** Golpear con un pico u otro instrumento parecido en la pared o en otra superficie para quitar una parte: *Los albañiles tuvieron que picar la pared de la cocina.* **8.** Estropear algunas cosas como el hierro, la goma, el vino o los dientes: *La bici está muy vieja y se le ha picado la goma de las ruedas. Con la humedad se ha picado la barandilla del balcón.* **9.** Hacer algo una persona tratando de ganar a otra o ser mejor que ella: *Se picó y llegó el primero.* **10.** Molestar a alguien o hacer que se enfade: *Se picó por lo que le dijimos y no nos habló en todo el día.* ■ Delante de *e* se escribe *qu* en lugar de *c*: *piqué.*

**SIN. 5.** Trocear. **6.** Picotear. **10.** Mosquear.

**FAM.** Pica, picabueyes, picadero, picadillo, picado, picador, picadora, picadura, picajón, picajoso, picante, picapedrero, picapica, picaporte, picazón, pico², picón, picor, pique, piqueta, piquete. / Repicar.

**picardía** *s. f.* **1.** El modo de ser y de hacer las cosas de la persona pícara. **2.** Palabras o acciones en las que se nota esa manera de ser o de hacer las cosas.

|| **picardías** *s. m.* **3.** Camisón muy corto con unas braguitas a juego. ■ Con este significado no varía en plural.

**SIN. 1.** Malicia, sagacidad. **2.** Travesura. **ANT. 1.** Simpleza, inocencia.

**picaresco, ca** *adj.* **1.** De los pícaros o relacionado con ellos. **2.** Se dice de las obras literarias en las que el protagonista es un pícaro que cuenta su vida: *El «Lazarillo de Tormes» es una novela picaresca.*

**pícaro, ra** *adj. y s. m. y f.* **1.** Astuto, que no tiene vergüenza y sabe engañar a los demás sin que se note. **2.** Travieso, que hace trastadas: *Ese niño es muy pícaro para lo pequeño que es.*

**SIN. 1.** y **2.** Pillo, tunante. **ANT. 1.** Ingenuo.

**FAM.** Picardía, picaresco, picarón.

**picarón, na** *adj. y s. m. y f.* Que es muy pícaro.

**picatoste** *s. m.* Trozo de pan frito.

**picaza** *s. f.* Urraca.

**picazón** *s. f.* **1.** Escozor o picor: *Siento una picazón en la mano derecha.* **2.** Preocupación o pesar que siente una persona por haber hecho o dicho algo malo.

**SIN. 2.** Remordimiento, desazón.

**picha** *s. f.* Pene. ■ Es una palabra vulgar.

**pichi** *s. m.* Vestido sin mangas y muy escotado que se pone con una blusa, un jersey o una camiseta debajo.

**EXPR. tan pichi** Tan tranquilo, tan campante: *Le echaron una buena bronca, pero se quedó tan pichi.*

**pichichi** *s. m.* En el fútbol español, trofeo que se le da al jugador que mete más goles en el campeonato de liga.

**pichón** *s. m.* Pollo de la paloma.

**picnic** *s. m.* Comida o merienda en el campo. ■ Es una palabra inglesa. Su plural es *picnics.*

**pico**[1] *s. m.* **1.** La parte saliente y dura de la cabeza de las aves por donde toman el alimento. **2.** Boca: *No abrió el pico en todo el día.*

**EXPR. pico de oro** El saber hablar una persona mucho y bien.

**FAM.** Picotazo, picotear.

**pico**[2] *s. m.* **1.** La punta o la parte que sobresale de una cosa: *Desde el pico de la montaña se veía todo el valle. Ten cuidado no te des con el pico de la mesa.* **2.** Montaña puntiaguda. **3.** Herramienta con una barra de hierro terminada en punta y un mango de madera, que se utiliza para hacer agujeros en la tierra. **4.** Un poco más de la cantidad que se dice: *Mi hermano tiene ya tres años y pico.*

**EXPR. de picos pardos** De juerga.

**FAM.** Picacho, picudo.

**picón** *s. m.* Carbón en trozos pequeños para braseros y estufas.

**picor** *s. m.* **1.** Sensación que alguien tiene en la piel y que hace que tenga ganas de rascarse: *Ha tocado una ortiga y tiene un picor horroroso en la mano.* **2.** Sensación de escozor que se tiene en la boca al tomar algunos alimentos muy fuertes como la guindilla.

**picota** *s. f.* **1.** Tipo de cereza más gorda y de carne más dura. **2.** Nariz.

**picotazo** *s. m.* **1.** Acción de picarle a alguien algunos animales, como un ave, una serpiente o un insecto: *Menudo picotazo le ha dado la gallina al ir a darle de comer.* **2.** Señal que dejan en la piel esos animales al que le pican.

**picotear** *v.* **1.** Picar o morder las aves una cosa muchas veces: *Las palomas han picoteado todas las plantas que teníamos en el balcón.* **2.** Comer un poquito de varias cosas: *No tiene hambre porque ha estado picoteando en la cocina.*

**SIN. 2.** Picar.

**pictórico, ca** *adj.* Del arte de la pintura o relacionado con él: *Va a todas las exposiciones de cuadros y tiene grandes conocimientos pictóricos.*

**picudo, da** *adj.* Puntiagudo, que tiene mucho pico.

**pídola** *s. f.* Juego de niños en que unos saltan sobre otro que está agachado.

**pie** *s. m.* **1.** Cada una de las partes del cuerpo de las personas al final de las piernas, o en los animales al final de las patas, con las que se apoyan en el suelo. **2.** Parte de algunas cosas que está más cerca del suelo o sobre la que se apoyan en el suelo: *Cortaron el árbol por el pie. Le dio un golpe al pie de la lámpara y se cayó.* **3.** Parte de abajo de algunas cosas: *El pueblo estaba al pie de la montaña. Puso su nombre al pie del escrito.* **4.** Medida de longitud de algunos países. Un pie es lo mismo que veintiocho centímetros.

**EXPR. a pie** Andando. **a pie juntillas** o **a pies juntillas** Con toda seguridad, sin dudarlo: *Le creyeron a pie juntillas.* **al pie de la letra** Busca *letra.* **al pie del cañón** Sin abandonar una persona su trabajo o sus obligaciones. **buscarle tres pies al gato** Empeñarse en encontrar dificultades o problemas en algo que no los tiene. **con buen** o **mal pie** o **con el pie derecho** o **izquierdo** Bien o mal, con buena o mala suerte: *Hoy me he levantado con el pie izquierdo, todo me sale al revés.* **con pies de plomo** Busca **plomo. dar pie** a alguien o algo Dar motivo para que se haga alguna cosa o hacer que sea más fácil: *Como le des pie, te pedirá dinero.* **de pie** Levantado y apoyado sobre los pies: *Se cansa de estar tanto de pie.* **en pie** De pie. También expresa que algo vale todavía: *La invitación para ir a merendar sigue en pie.* **en pie de guerra** Dispuesto a pelear o discutir. **hacer pie** Poder tocar el fondo con los pies cuando se está en el agua: *En esa piscina hago pie.* **no dar** alguien **pie con bola** No acertar nada, no hacer nada bien. **no tener** algo **ni pies ni cabeza** No tener sentido o lógica. **pararle los pies** a alguien No dejar que se pase: *Esa señora se está tomando demasiadas confianzas, habrá que pararle los pies.* **por pies** Con verbos como *salir* o *irse*, hacerlo muy deprisa. FAM. Peaje, peana, peatón. / Apear, balompié, buscapiés, calientapiés, ciempiés, contrapié, hincapié, pedáneo, pedicuro, pezuña, puntapié, reposapiés, rodapié, tentempié, traspié.

**piedad** *s. f.* **1.** Sentimiento de pena que se tiene ante una persona que sufre o es desgraciada: *Tuvieron piedad de él y no le castigaron.* **2.** Devoción religiosa.
SIN. **1.** Compasión, lástima. **2.** Fervor.
FAM. Piadoso, pío -a. / Apiadarse, despiadado.

**piedra** *s. f.* **1.** Materia natural dura que se encuentra en la tierra; también se llaman así los trozos de esta materia: *Los bancos del parque son de piedra. Tropecé con una piedra y me caí.* **2.** Sustancias sólidas que a veces forman como piedrecitas en algunos órganos del cuerpo, por ejemplo en el riñón o la vesícula. **3.** Granizo gordo: *La piedra hizo mucho daño a los árboles frutales.* **4.** Pieza de algunos mecheros que sirve para producir la chispa.
EXPR. **piedra filosofal** Materia que buscaban los alquimistas en sus experimentos porque creían que tenía la capacidad de convertir en oro cualquier metal. **piedra pómez** Piedra de color grisáceo y con muchos agujeritos, formada de la lava de los volcanes al secarse. **piedra preciosa** La que se usa para hacer adornos de lujo, como la esmeralda o los brillantes: *Llevaba unos pendientes de piedras preciosas.* || **de piedra** Asombrado, pasmado, sin saber qué hacer: *Me quedé de piedra al enterarme de que habías tenido un accidente.* También expresa que alguien es muy poco sensible: *Esa chica es de piedra, nunca llora.* **menos da una piedra** Mejor cualquier cosa, por poco valor que tenga, que nada. **tirar** alguien **piedras a su propio tejado** Perjudicarse él mismo.
SIN. **1.** Roca. **2.** Cálculo. **3.** Pedrisco.
FAM. Pedernal, pedrada, pedrea, pedregal, pedregoso, pedrería, pedrisco, pedrusco. / Apedrear, empedrar, pétreo, petrificar, picapedrero.

**piel** *s. f.* **1.** Capa externa que cubre el cuerpo de las personas y de los animales: *Esa chica tiene la piel muy morena.* **2.** La de algunos animales preparada para fabricar bolsos, zapatos, abrigos u otras cosas. **3.** Capa que cubre la carne de algunas frutas: *No le gusta comerse el melocotón con piel.*
EXPR. **piel de naranja** Celulitis, acumulación de grasa, sobre todo en los muslos. **piel roja** Nombre que dieron los blancos a los indios de Canadá y Estados Unidos. || **dejarse** alguien **la piel** Hacer todo lo que puede: *Los jugadores se dejaron la piel en el partido, pero al final perdieron.* **ser de la piel del diablo** Ser muy travieso.
FAM. Peletería. / Pellejo, pelliza.

**pienso** *s. m.* Alimento seco que se da a algunos animales, por ejemplo al ganado.

**piercing** *s. m.* Moda de hacerse agujeros en distintas partes del cuerpo para ponerse pendientes u otros adornos; también se llama así a estos adornos. ■ Es una palabra inglesa. Su plural es *piercings*.

**pierna** *s. f.* **1.** Cada una de las extremidades del cuerpo humano que empiezan en la cadera y terminan en los pies. **2.** Parte de esas extremidades que va desde la rodilla hasta el pie: *Lleva una falda larga hasta la mitad de la pierna.* **3.** Pata de los animales. **4.** Muslo de los animales de cuatro patas: *Hoy hemos comido pierna de cordero.*
EXPR. **dormir a pierna suelta** Dormir muy bien. **estirar las piernas** Andar o pasear un poco después de haber estado sentado largo rato.
FAM. Pernera, pernil. / Entrepierna.

**pierrot** *s. m.* Antiguo personaje del teatro italiano y francés, vestido con una blusa blanca muy amplia, con grandes botones, unos pantalones anchos y zapatos planos y abiertos. ■ Es una palabra francesa. Su plural es *pierrots*.

**pieza** *s. f.* **1.** Cada una de las partes de una cosa: *Se ha roto una pieza del lavavajillas.* **2.** Cosa que es parte de un grupo o clase de objetos: *Se tomó tres piezas de fruta.* **3.** Animal de caza o pesca: *Varios cazadores perseguían a la pieza.* **4.** Nombre que se da a algunas obras de teatro o de música: *La orquesta tocó varias piezas de música española.* **5.** Persona revoltosa o traviesa; se usa sobre todo con los niños: *¡Menuda pieza está hecha tu hermanita!*
EXPR. **de una pieza** Admirado, sin saber qué hacer: *Se quedó de una pieza cuando le contaron lo que había pasado.*
SIN. **5.** Elemento, bicho.
FAM. Despiezar.

**pífano** *s. m.* **1.** Flautín de tono muy agudo, usado en las bandas militares. **2.** Músico que toca este instrumento.

**pifia** *s. f.* Equivocación o cosa mal hecha: *Vaya pifia, le han rayado todo el coche al lavarlo.*
FAM. Pifiar.

**pifiar** *v.* Hacer una pifia.

**pigmentación** *s. f.* Color que les dan a las plantas, los animales o las personas los pigmentos que tienen.

**pigmento** *s. m.* Sustancia que tienen las células de las personas, los animales o las plantas y les da su color.
FAM. Pigmentación.

**pigmeo, a** *adj.* De un conjunto de pueblos de África y Asia, que tienen estatura muy baja, piel oscura y cabello rizado.

**pijada** *s. f.* **1.** Tontería: *Se enfadó por una pijada.* **2.** Cosa que usan o llevan los pijos.
SIN. **1.** Menudencia, chorrada.

**pijama** *s. m.* Conjunto de pantalón y chaqueta que se usa para dormir.

**pijería** *s. f.* Pijada.

**pijerío** *s. m.* Conjunto de gente pija.

**pijo, ja** *adj.* y *s. m.* y *f.* Se dice de algunas personas, normalmente de clase social alta, que van a la última moda y con cosas caras y de marca; también se dice de lo que usan y de su forma de comportarse: *Se compró unos pantalones muy pijos.* SIN. Pera. FAM. Pijada, pijería, pijerío, pijotada, pijotería.

**pijota** *s. f.* Pescadilla.

**pijotada** *s. f.* Pijada.

**pijotería** *s. f.* **1.** Palabras o acciones molestas, como las de una persona pijotera: *Siempre tiene que sacar alguna pijotería para fastidiar.* **2.** Tontería. SIN. **1.** y **2.** Chorrada. **2.** Pijada, pijotada, menudencia, pequeñez. FAM. Pijotero.

**pijotero, ra** *adj.* y *s. m.* y *f.* Persona molesta que pone pegas a todo: *Le saca defectos a todo porque es un pijotero.* SIN. Pejiguero, chinche.

**pil-pil** Se usa en la expresión **al pil-pil**, que es una forma de cocinar el bacalao, típica del País Vasco, con ajos, guindilla y aceite.

**pila¹** *s. f.* **1.** Montón de cosas unas encima de otras: *Tiene una pila de cajas en una esquina de la habitación.* **2.** Muchas cosas que hacer: *El profesor de matemáticas les ha puesto una pila de deberes.* SIN. **1.** Cúmulo. **2.** Montón. FAM. Pilar, pilastra. / Apilar.

**pila²** *s. f.* **1.** Recipiente de piedra u otro material parecido donde se puede echar agua, por ejemplo para lavar: *En la terraza de la cocina hay una pila para lavar la ropa.* **2.** Aparato que sirve para producir electricidad, por ejemplo para hacer funcionar una radio o algunos juguetes sin enchufarlos. FAM. Pileta, pilón. / Meapilas.

**pilar** *s. m.* Parte muy resistente de una construcción que sirve para sostenerla. Los pilares son parecidos a las columnas, pero más gruesos y generalmente de forma cuadrada.

**pilastra** *s. f.* Columna de forma cuadrada.

**píldora** *s. f.* **1.** Medicamento en forma de bolitas o trocitos que se tragan o se mastican. **2.** Sustancia con esta forma que se toma para impedir que una mujer se quede embarazada. EXPR. **dorar la píldora** Hacer que una mala noticia o algo que molesta parezca menos malo. SIN. **1.** Pastilla, comprimido, gragea.

**pileta** *s. f.* **1.** En algunos lugares de Andalucía, Canarias e Hispanoamérica, pila de cocina o pila de lavar. **2.** En algunos países de América del Sur, piscina.

**pilila** *s. f.* Nombre que dan los niños al pene.

**pillaje** *s. m.* Robos y otras acciones parecidas.

**pillar** *v.* **1.** Coger a alguien o algo: *Anda, a ver si me pillas. ¡Vaya catarro has pillado!* **2.** Encontrar de una manera: *Cuando llegó mi amigo me pilló todavía en pijama.* **3.** Sorprender a alguien haciendo algo malo o que quería ocultar: *Te he pillado comiéndote mis caramelos.* **4.** Entender: *Mira a ver si tú pillas algo de lo que dice ese señor.* **5.** Sujetar o dejar aprisionado a alguien o algo: *Me he pillado un dedo al cerrar la ventana.* **6.** Atropellar: *Casi le pilla un coche.* **7.** Estar algo más o menos cerca o en un lugar al que se puede ir fácilmente: *El parque pilla muy cerca de mi casa.* SIN. **1.** Alcanzar, agarrar. **2.** Hallar. **3.** y **4.** Cazar, pescar. **7.** Hallarse, situarse, quedar. FAM. Pillo.

**pillería** *s. f.* **1.** Forma de ser y de actuar de los pillos: *Se nota que ese chico tiene mucha pillería.* **2.** Cosas que dice o hace el pillo: *Le cogieron en una de sus pillerías.*

**pillo, lla** *adj.* y *s. m.* y *f.* Astuto, que sabe engañar a los demás para sacar él provecho: *Menudo pillo: tenía escondido lo que yo buscaba y no decía nada.* SIN. Pícaro, bribón, granuja, tunante. FAM. Pillaje, pillería.

**pilón** *s. m.* Pila grande que hay en algunas fuentes y en la que se queda parte del agua que sale para que beban los animales o para lavar.

**píloro** *s. m.* Agujerito por donde se comunica el estómago con el intestino delgado.

**piloso, sa** *adj.* **1.** Del pelo: *bulbo piloso.* **2.** Con mucho pelo. SIN. **2.** Peludo, velludo.

**pilotaje** *s. m.* Acción de pilotar: *Para el pilotaje de naves espaciales hay que entrenarse mucho.*

**pilotar** *v.* Conducir algunos vehículos, por ejemplo un barco, un avión, un coche o una moto de carreras. FAM. Pilotaje.

**piloto** *s. m.* **1.** Persona que conduce algunos vehículos, como un barco, un avión, una moto o un coche de carreras. **2.** Bombilla o lucecita que indica algo, por ejemplo que está funcionando un aparato. **3.** Se dice de algunas cosas que sirven como modelo o prueba de algo: *Antes de comprar la casa visitaron el piso piloto.* EXPR. **piloto automático** Mecanismo que sirve para que vaya solo un avión o un barco sin que lo guíe nadie. FAM. Pilotar. / Copiloto.

**piltra** *s. f.* Cama.

**piltrafa** *s. f.* **1.** Trozo pequeño de carne con mucho pellejo: *Un perro callejero se comía las piltrafas que quedaban en la basura.* **2.** Restos pequeños de alguna cosa que no sirven para nada. **3.** Cosa muy

estropeada o de mal aspecto: *Esa ropa está hecha una piltrafa de tanto usarla.*
SIN. **2.** Desperdicio, desecho.

**pimentero** *s. m.* **1.** Arbusto tropical que produce la pimienta. **2.** Botecito en el que se pone la pimienta molida en la mesa.

**pimentón** *s. m.* Polvo de pimientos rojos secos, que se utiliza para dar más sabor a algunos alimentos.

**pimienta** *s. f.* Semilla del pimentero; tiene forma de bolitas de color oscuro y sabor picante y se usa como condimento.
FAM. Pimentero, pimentón, pimiento. / Salpimentar.

**pimiento** *s. m.* **1.** Fruto comestible de una planta de huerta que también se llama *pimiento*. Sale de color verde y después se pone rojo o amarillo; está hueco por dentro y tiene muchas semillas. **2.** Nada: *Me importa un pimiento lo que digas.*
EXPR. **pimiento morrón** Tipo de pimiento más gordo y dulce que los normales. ‖ **como un pimiento** Colorado: *Le daba vergüenza y tenía la cara como un pimiento.*
SIN. **2.** Pepino, rábano, bledo, comino, pito.

**pimpampum** *s. m.* Juego de las ferias en el que se intenta tirar muñecos u otros objetos a pelotazos. ■ No varía en plural.

**pimpante** *adj.* **1.** Tranquilo, campante: *Estaba tan pimpante, aunque todos se metían con él.* **2.** Muy bien vestido y arreglado: *Salió de casa tan pimpante con su traje nuevo.*
SIN. **1.** Pancho. **2.** Flamante.

**pimplar** *v.* Tomar demasiado vino u otras bebidas alcohólicas.
FAM. Apimplarse.

**pimpollo** *s. m.* **1.** Árbol o planta joven, o rama o tallo nuevo que sale de una planta. **2.** Capullito de rosa que no se ha abierto todavía. **3.** Niño o joven muy guapo y muy bien vestido: *El día de la fiesta iban todos los chicos hechos unos pimpollos.*
SIN. **1.** Brote, renuevo. **2.** Botón.

**pimpón** *s. m.* Deporte parecido al tenis que se juega sobre una mesa rectangular con una pelota pequeña y de poco peso y con unas paletas. ■ Se escribe también *ping-pong.*

**pin** *s. m.* Chapita con una insignia o un dibujo que se prende en la ropa con un pasador. ■ Es una palabra inglesa. Su plural es *pins.*

**pinacoteca** *s. f.* Museo de pinturas.

**pináculo** *s. m.* **1.** Parte más alta de un edificio. **2.** Adorno en forma de pirámide o de cono en lo alto de algunos edificios, generalmente en los de estilo gótico.

**pinar** *s. m.* Terreno donde hay muchos pinos.

**pincel** *s. m.* Instrumento para pintar que tiene un manojo de pelitos sujetos a un mango largo.

EXPR. **hecho un pincel** Muy arreglado: *Carlos venía hecho un pincel, con su traje, su corbata y su pelo engominado.*
FAM. Pincelada.

**pincelada** *s. f.* Toque de pintura o línea corta pintada con un pincel: *En ese cuadro se notan mucho las pinceladas.*

**pinchadiscos** *s. m. y f.* Persona que pone los discos en una discoteca, en la radio o en algunas fiestas. ■ No varía en plural.
SIN. Disc-jockey.

**pinchar** *v.* **1.** Clavarle un pincho o algo parecido a una persona o cosa: *Cuidado con la aguja, que te puedes pinchar. Marta me ha pinchado el globo con un palito.* **2.** Poner inyecciones. **3.** Molestar a una persona, sobre todo para que haga o diga algo: *Estuvo pinchando a Andrés hasta que consiguió que le dejara la bici.*
SIN. **3.** Picar, chinchar.
FAM. Pinchadiscos, pinchaúvas, pinchazo, pinche, pincho.

**pinchaúvas** *s. m.* Hombre despreciable o insignificante. ■ No varía en plural.

**pinchazo** *s. m.* **1.** Agujero o rajita pequeña en una rueda, en un balón u otra cosa hinchada con aire: *La pelota tiene un pinchazo y no bota.* **2.** Herida que hace algo que pincha. **3.** Dolor fuerte en algún lugar del cuerpo: *Le ha dado un pinchazo en la tripa.*

**pinche** *s. m. y f.* **1.** Persona que trabaja como ayudante del cocinero. ‖ *adj.* **2.** En México, miserable, maldito: *En toda su pinche vida vio tanta plata junta.* ■ Con este último significado es una palabra vulgar.
FAM. Compinche.

**pincho** *s. m.* **1.** Palito, varilla u otra cosa fina y con la punta afilada: *Los cardos están llenos de pinchos.* **2.** Trozo de algunos alimentos que se toma sobre todo como aperitivo y suele estar pinchado con un palillo: *un pincho de tortilla.*
EXPR. **pincho moruno** Trozos de carne adobada pinchados en una varilla metálica, que se hacen a la plancha.

pimpón

**pindonguear** *v.* Callejear.
SIN. Pingonear.
FAM. Pindongueo.

**pindongueo** *s. m.* Paseo que se da por las calles sin ir a ningún sitio concreto.

**ping-pong** *s. m.* Busca **pimpón**. ■ Es una palabra francesa.

**pingajo** *s. m.* Tela rota que cuelga: *Tiene puestos unos pingajos en el balcón para tapar las plantas.*
SIN. Pingo, andrajo, harapo.

**pingar** *v.* **1.** Colgar: *Te pinga un poco la falda.* **2.** Gotear algo que está muy mojado. ■ Delante de *e* se escribe *gu* en lugar de *g*: *Escurre bien la bayeta para que no pingue.*
FAM. Pingajo, pingo, pingonear.

**pingo** *s. m.* **1.** Pingajo, harapo. **2.** Mujer que está siempre fuera de casa. || *s. m. pl.* **3.** Ropa de mujer, sobre todo la que es mala y barata.

**pingonear** *v.* Callejear.
SIN. Pindonguear.
FAM. Pingoneo.

**pingoneo** *s. m.* El estar todo el día alguien fuera de casa haciendo sólo lo que le gusta.

**pingüe** *adj.* Abundante: *La tienda daba a sus dueños unos pingües beneficios.*
SIN. Copioso, cuantioso, numeroso. ANT. Escaso.

**pingüino**

**pingüino** *s. m.* Ave que vive en las regiones polares, está muy bien adaptada para nadar y tiene unas alas que parecen aletas. Anda muy recta y es negra por detrás y blanca por delante. Se la llama también *pájaro bobo.*

**pinitos** *s. m. pl.* **1.** Primeros pasos que da un niño que está aprendiendo a andar. **2.** Comienzos de una persona cuando hace algo para lo que se necesita práctica: *Aún no sabe tocar bien la guitarra, pero ya hace sus pinitos.*

**pino** *s. m.* Nombre de un tipo de árboles que tienen el tronco rugoso y hojas en forma de aguja unidas en grupos. Los pinos dan como fruto las piñas y producen resina. Las especies más conocidas son el *pino común* o *silvestre,* de hojas cortas verde azuladas, y ramas y parte alta del tronco de color sal-

món; el *pino carrasco,* de hojas largas y flexibles; y el *pino piñonero,* de copa redondeada y piñas con piñones muy apreciados como alimento.
FAM. Pinar, pinsapo. / Piña, piñón[1].

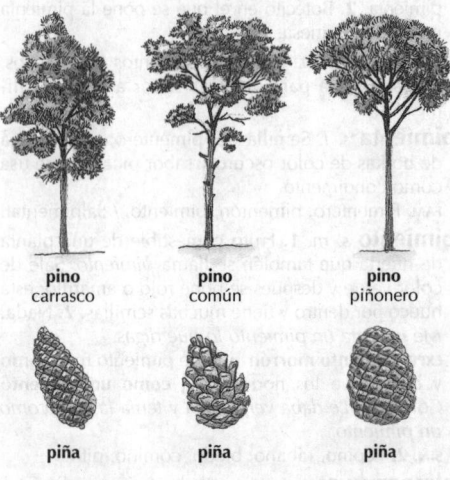

| pino | pino | pino |
| carrasco | común | piñonero |

| piña | piña | piña |

distintas especies de **pinos** y sus frutos

**pino, na** *adj.* Muy inclinado, empinado: *Es difícil subir porque es una calle muy pina.*

**pinrel** *s. m.* Pie de las personas.

**pinsapo** *s. m.* Árbol de la familia del pino, de forma cónica y corteza blanquecina que da piñas.

**pinta** *s. f.* **1.** Mancha pequeña: *Las panteras tienen la piel llena de pintas.* **2.** Lo que parece una persona o cosa: *Esa señora tiene pinta de ser muy gruñona. Esa tienda tiene pinta de ser muy cara.*
SIN. **2.** Aspecto, apariencia.

**pintada**[1] *s. f.* Dibujo o letrero pintado en las paredes o en las tapias.

**pintada**[2] *s. f.* Ave que tiene el cuerpo rechoncho, color pardo, azulado o negruzco con lunares blancos y la cabeza y el cuello pelados; es mala voladora, se alimenta de plantas y vive en grandes bandadas en las sabanas africanas.

**pintado, da** *adj.* Que alguien lo pintó: *El dibujo de la camiseta está pintado a mano.*
EXPR. **el más pintado** Cualquier persona o la mejor: *Este trabajito cansa al más pintado.* **que ni pintado** Muy bien: *El jersey que me regalaron me viene que ni pintado.*

**pintalabios** *s. m.* Barra o crema que usan la mujeres para pintarse los labios. ■ No varía en plural.

**pintamonas** *s. m. y f.* **1.** Pintor malo. **2.** Persona poco importante. ■ No varía en plural.

**pintar** *v.* **1.** Dibujar algo con líneas y colores: *Juan ha pintado un paisaje muy bonito.* **2.** Cubrir

algo con color: *Ha pintado todas las puertas de blanco. Marta se pinta los ojos de azul.* **3.** Contar cómo es algo con mucho detalle: *En el libro pintan muy bien las costumbres de los pueblos antiguos.* **4.** Funcionar o escribir un lápiz, un bolígrafo, una pluma. **5.** Tener alguna importancia o servir para algo: *No sé qué pinta un sillón en el pasillo.*
SIN. **3.** Detallar.
FAM. Pinta, pintada, pintado, pintalabios, pintamonas, pintarrajar, pintarrajear, pintarroja, pintaúñas, pintiparado, pinto, pintor, pintoresco, pintura, pinturero. / Despintar.

**pintarrajear** o **pintarrajar** *v.* Pintar mal o hacer garabatos.
SIN. Emborronar.
FAM. Pintarrajo.

**pintarrajo** *s. m.* Dibujo muy mal hecho.

**pintarroja** *s. f.* La lija, un pez de cuerpo alargado y con la piel rasposa que vive en el Atlántico y el Mediterráneo.

**pintaúñas** *s. m.* Cosmético para pintarse las uñas. También se dice *esmalte de uñas.* ■ No varía en plural.

**pintiparado, da** *adj.* **1.** Que es adecuado: *El día amaneció soleado, pintiparado para bajar a la playa.* **2.** Que es igual que otra persona o cosa: *Este niño es pintiparado a su padre.*

**pinto, ta** *adj.* **1.** En un animal, que tiene varios colores: *Sergio tiene un gato pinto.* **2.** Se dice de un tipo de judías de color marrón rojizo.

**pintor, ra** *s. m.* y *f.* **1.** Artista que se dedica a la pintura. **2.** Persona que tiene por oficio pintar paredes, puertas, ventanas y otras cosas.

**pintoresco, ca** *adj.* **1.** Se dice de los lugares muy bonitos o típicos. **2.** Curioso, raro o llamativo: *Rosa tiene una forma de vestir muy pintoresca.*
SIN. **2.** Chocante, extravagante, extraño. ANT. **2.** Corriente.

**pintura** *s. f.* **1.** Arte y técnica de pintar cuadros, murales y otras cosas. **2.** Cuadro, mural u otra obra

pintada: *En el museo había muchas pinturas de paisajes.* **3.** Producto que se usa para pintar: *Las pinturas que utiliza son acuarelas.*
EXPR. **no poder ver** a una persona o cosa **ni en pintura** Tenerle mucha manía.
SIN. **2.** Lienzo.

**pinturero, ra** *adj.* y *s. m.* y *f.* Se dice de la persona que se arregla mucho y es presumida: *Alicia es muy pinturera, se pinta y se arregla hasta para ir a la playa.*

**pinza** *s. f.* **1.** Instrumento que sirve para coger o sujetar algunas cosas, como las que se usan para tender la ropa. **2.** Extremo de las patas de animales como los cangrejos o de algunos insectos, con el que cogen o agarran cosas. **3.** Pliegue que se hace en la ropa: *unos pantalones de pinzas.* ‖ *s. f. pl.* **4.** Instrumento que suele ser de metal y sirve para coger, arrancar o sujetar cosas pequeñas: *Se sacó la espina con unas pinzas.*
FAM. Pinzamiento, pinzar.

**pinzamiento** *s. m.* Presión fuerte sobre un órgano, músculo o nervio: *Tengo un pinzamiento en la espalda y no me puedo mover.*

**pinzar** *v.* **1.** Sujetar o presionar con pinza: *Pincé la ropa en el tendedero.* **2.** Coger una cosa con otra con forma de pinza: *Tiene unas manos muy hábiles para pinzar las cuerdas del violín.* ■ Delante de *e* se escribe *c* en lugar de *z*: *pinces.*

**pinzón** *s. m.* Pájaro pequeño con las alas puntiagudas y la cola larga, que vive en los árboles, en Europa y Asia. El macho tiene las plumas de colores muy vistosos.

**piña** *s. f.* **1.** Parte de algunas plantas, como los pinos y los abetos, que protege las semillas. Tiene forma de cono y está compuesta por escamas leñosas. **2.** Fruta tropical de forma parecida a la anterior, que acaba en un conjunto de hojas verdes y duras. Por dentro es de color amarillo, tiene mucho jugo y sabe dulce, pero un poco ácida.
SIN. **2.** Ananá.
FAM. Piñata, piño. / Apiñarse.

**piñata** *s. f.* Cacharro lleno de golosinas y regalitos que se pone en alto para que alguien con los ojos vendados juegue a romperlo con un palo o tirando de unas cintas que cuelgan.

**piño** *s. m.* Diente.

**piñón**[1] *s. m.* Semilla del pino. La del pino piñonero tiene dentro una almendra, blanca y pequeña, que es comestible y también se llama *piñón.*
EXPR. **estar a partir un piñón** Ser muy amigas dos personas.
FAM. Empiñonado.

**piñón**[2] *s. m.* Rueda pequeña con dientes alrededor que encajan en otra más grande o en otra pieza, como por ejemplo los piñones de las bicicletas.

**pintora** de cuadros      **pintor** de paredes

**pío** *s. m.* Palabra que imita el sonido que hacen los pollitos.
EXPR. **no decir ni pío** No hablar nada.
FAM. Piar.

**pío, a** *adj.* **1.** Muy religioso o muy devoto. **2.** Relacionado con la religión.
ANT. **1.** Impío.
FAM. Expiar, impío.

**piojo** *s. m.* Insecto muy pequeño y sin alas, que vive junto con otros muchos como parásito en el pelo de las personas y de los animales y puede causar enfermedades como el tifus.
FAM. Piojoso, pipi. / Despiojar.

**piojoso, sa** *adj.* y *s. m.* y *f.* **1.** Que tiene piojos. || *adj.* **2.** Muy sucio o asqueroso.

**piolet** *s. m.* Pico que se utiliza en alpinismo para no resbalar sobre la nieve o el hielo. ■ Es una palabra francesa. Su plural es *piolets*.

**pionero, ra** *s. m.* y *f.* **1.** Persona que va a un territorio por primera vez y lo explora. **2.** Persona que realiza los primeros descubrimientos o trabajos en una actividad o en una ciencia: *los pioneros de la aviación.*

**piorrea** *s. f.* Infección de las encías que produce pus y puede provocar la caída de los dientes.

**pipa**[1] *s. f.* **1.** Utensilio para fumar formado por un cacito, donde se pone el tabaco picado, y un tubo unido a él, por donde se aspira el humo. || *adv.* **2.** Estupendamente: *Con este fresquito se está pipa.*
SIN. **2.** Chachi, genial.
FAM. Pipeta. / Apiparse.

**pipa**[2] *s. f.* **1.** Pepita de las frutas: *las pipas del melón.* **2.** Semilla del girasol o de la calabaza.
SIN. **1.** Pipo.
FAM. Pipero, pipo.

**pipermín** *s. m.* Licor de menta dulce.

**pipero, ra** *s. m.* y *f.* Persona que vende pipas, caramelos y golosinas en la calle.

**pipeta** *s. f.* Tubo de cristal estrecho y alargado que se usa para pasar pequeñas cantidades de líquido de un recipiente a otro. (Busca el dibujo de **química**).

**pipi** *s. m.* Piojo.

**pipí** *s. m.* Pis, orina.

**pipiolo, la** *s. m.* y *f.* **1.** Persona muy joven. **2.** Novato, principiante.
ANT. **2.** Veterano.

**pipo** *s. m.* Pepita de un fruto.

**pique** *s. m.* **1.** Enfado: *Tuvieron un pique y no se hablan.* **2.** Competencia que alguien tiene con otro para demostrar quién es el mejor: *Tienen un pique entre los dos y siempre están echando carreras.*
EXPR. **irse a pique** Hundirse un barco y, también, estropearse una cosa, fracasar: *La empresa se fue a pique.*

**piqué** *s. m.* Tela de algodón con dibujos en relieve.

**piqueta** *s. f.* Herramienta que usan los albañiles para picar las paredes, parecida a un martillo, pero con uno de los extremos puntiagudo.

**piquete** *s. m.* En las huelgas, persona o grupo de personas que intentan convencer a otras para que tampoco vayan a trabajar.

**pira** *s. f.* Hoguera grande, sobre todo la que se hacía antiguamente y se sigue haciendo en algunos países para quemar a los muertos.

**pirado, da** *adj.* y *s. m.* y *f.* Loco, majareta.
SIN. Chalado, tocado, trastornado. ANT. Cuerdo.

**piragua** *s. f.* Barca larga y estrecha movida con remo o a vela, como la que usan los indios o la que se utiliza para hacer deporte.
FAM. Piragüismo, piragüista.

**piragüismo** *s. m.* Deporte que se practica sobre piraguas o canoas.

**piragüista** *s. m.* y *f.* Persona que hace piragüismo.

**piramidal** *adj.* Que tiene forma de pirámide.

**pirámide** *s. f.* **1.** Figura geométrica que tiene un cuadrado u otro polígono como base, y a los lados, como caras, triángulos que se juntan en un vértice. **2.** Edificio o monumento que tiene esta forma, como los que construyeron los antiguos egipcios para enterrar allí a los faraones.
FAM. Piramidal.

**piraña** *s. f.* Pez de cuerpo aplastado que tiene una gran mandíbula con dientes muy fuertes y en pico. Las pirañas viven en el fondo de ríos americanos, como el Amazonas y el Orinoco, y atacan en bandadas a animales muy grandes.

**pirarse** *v.* Irse, marcharse. Se usa mucho en la expresión **pirárselas**: *Se aburría y se las piró.*
SIN. Largarse, esfumarse.
FAM. Pirado.

**pirata** *adj.* y *s. m.* y *f.* **1.** Se dice de las personas que se dedicaban a atacar y robar barcos en el mar o en las costas. Se dice también de sus barcos y de lo que hacían: *El protagonista del cuento es capitán de un buque pirata.* || *adj.* **2.** Se dice de algunas cosas que se hacen sin permiso o autorización: *Esta cinta de vídeo es una copia pirata.*
SIN. **1.** Corsario, bucanero.
FAM. Piratear, piratería.

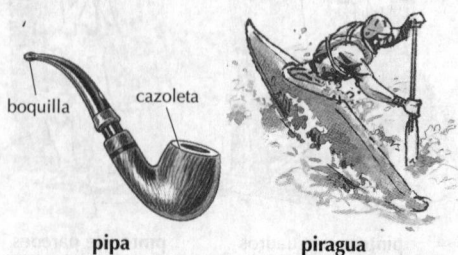

boquilla    cazoleta

**pipa**    **piragua**

**piratear** v. Hacer copias piratas, por ejemplo de cintas de casete, de vídeo o de programas de ordenador. FAM. Pirateo.

**pirateo** s. m. Acción de piratear.

**piratería** s. f. Lo que hacían los piratas.

**pirenaico, ca** adj. y s. m. y f. De los Pirineos, montes que separan España y Francia.

**pírex** s. m. Vidrio muy resistente que se utiliza en cocina porque soporta altas temperaturas. ■ No varía en plural.

**piripi** adj. Que está un poco borracho: Se puso piripi con un vaso de sangría. SIN. Achispado, alegre. ANT. Sobrio.

**pirita** s. f. Mineral duro y pesado, de color amarillo brillante. De él se saca hierro y también azufre.

**pirograbado** s. m. Técnica para grabar o dibujar sobre madera con un objeto incandescente.

**piromanía** s. f. Locura que padece el pirómano.

**pirómano, na** adj. y s. m. y f. Persona que está loca y le da por quemar cosas y provocar incendios. FAM. Piromanía.

**piropear** v. Decirle piropos a alguien.

**piropo** s. m. Cosa bonita que se dice a alguien, sobre todo a una chica. SIN. Galantería, cumplido, halago. FAM. Piropear.

**pirotecnia** s. f. Técnica para usar fuego y explosivos como armas o como diversión y espectáculo, por ejemplo los petardos y los fuegos artificiales. FAM. Pirotécnico.

**pirotécnico, ca** adj. 1. De la pirotecnia o relacionado con ella: empresa pirotécnica. || adj. y s. m. y f. 2. Persona especialista en pirotecnia.

**pirrar** v. Gustar muchísimo: Le pirran los tebeos. Se pirra por los pasteles de nata. SIN. Chiflar, encantar, entusiasmar. ANT. Desagradar.

**pirueta** s. f. Movimiento difícil que para hacerlo hay que ser muy ágil y tener mucho equilibrio, como los que realizan los bailarines y los artistas de circo. SIN. Cabriola, voltereta.

**pirula** s. f. Jugarreta, faena que se hace a alguien: Como cuando lleguemos hayan cerrado la tienda, nos hacen la pirula.

**piruleta** s. f. Caramelo redondo y aplastado, sujeto a un palito que le sirve de mango.

**pirulí** s. m. Caramelo largo y en forma de cono con un palito para agarrarlo. ■ Su plural es pirulís o pirulíes.

**pis** s. m. Pipí, orina. FAM. Pipí.

**pisada** s. f. 1. Acción de pisar: Se asustó porque oyó pisadas en la casa. 2. Marca que deja el pie al pisar: Había pisadas en la arena. SIN. 1. Paso. 2. Huella.

**pisapapeles** s. m. Objeto que se pone sobre los papeles para sujetarlos. ■ No varía en plural.

**pisar** v. 1. Poner el pie sobre algo: Cuidado, no pises el charco. Me pisó justo en el dedo gordo. 2. Estar una cosa sobre otra: Ese mueble pisa la alfombra. 3. Hacer o decir lo que pensaba otra persona, pero antes que ella: Yo también iba a regalarle un monedero a mamá, acabas de pisarme la idea. 4. Tratar mal a alguien o perjudicarle: Llegó a ser muy importante en la empresa pisando a sus compañeros. 5. Ir a algún sitio: Hacía tiempo que no pisaba un cine. SIN. 2. Montar. 4. Pisotear, atropellar. FAM. Pisada, pisapapeles, pisaverde, piso, pisotear, pisotón.

**pisaverde** s. m. Joven presumido que se arregla mucho. SIN. Lechuguino, petimetre.

**piscicultura** s. f. Técnicas para criar peces y mariscos.

**piscifactoría** s. f. Lugar donde se crían peces y mariscos.

**piscina** s. f. Estanque de agua para que naden y se bañen las personas.

**piscis** s. m. 1. Signo número doce del zodiaco. ■ Con este significado suele escribirse con mayúscula. || s. m. y f. 2. Persona nacida bajo este signo, entre el 19 de febrero y el 20 de marzo. ■ No varía en plural.

**piscolabis** s. m. Comida ligera, por ejemplo la que se toma a veces a media mañana. ■ No varía en plural. SIN. Tentempié.

**piso** s. m. 1. Suelo liso o cubierto de pavimento: Están arreglando el piso de la carretera. 2. Cada una de las plantas que hay en un edificio: Vive en una casa de seis pisos. 3. Cada una de las viviendas que hay en una casa de varias plantas: Alquiló un piso en el centro de la ciudad. 4. Cada una de las capas que se distinguen en una cosa: Se comió un sandwich de tres pisos. 5. Suela del calzado: Llevaba unas botas con piso de goma. SIN. 1. Firme. 3. Apartamento. 4. Nivel.

**pisotear** v. 1. Pisar una cosa varias veces: Se pusieron a correr y pisotearon las flores. 2. Maltratar o perjudicar. SIN. 1. Atropellar, humillar. ANT. 2. Respetar.

**pisotón** s. m. Pisada fuerte sobre el pie de otro o sobre otra cosa.

**pispajo** s. m. Persona pequeña y vivaracha, sobre todo cuando es un niño: Esta niña es un pispajo muy simpático.

**pispás** o **pispas** Se usa en la expresión **en un pispás** o **pispas**, que significa 'en un momento' o 'enseguida': Me arreglo en un pispás y nos vamos. ■ Se dice también en un plis-plas.

**pista** *s. f.* **1.** Huella que deja una persona o animal por donde pasa: *La policía iba siguiendo la pista a los ladrones.* **2.** Lo que nos permite averiguar o adivinar una cosa: *Como no lo aciertas, te daré una pista.* **3.** Sitio donde se practican algunos deportes o se hacen otras cosas, por ejemplo la que hay en las discotecas para bailar. **4.** Carretera larga que hay en los aeropuertos para que despeguen y aterricen los aviones.
SIN. **1.** Rastro. **2.** Indicio. **3.** Cancha.
FAM. Pistón. / Autopista, despistar.

**pistacho** *s. m.* Fruto de un árbol llamado *pistachero,* que tiene la cáscara dura y es verde por dentro. Suele comerse como fruto seco.

**pistilo** *s. m.* Órgano femenino de las plantas situado en el centro de la flor y que está formado por el ovario, el estilo y el estigma.
SIN. Gineceo.

**pisto** *s. m.* **1.** Guiso que se hace friendo trozos revueltos de hortalizas como tomate, pimiento, cebolla, calabacín. **2.** Jaleo, lío: *¡Vaya pisto que se armó ordenando las fichas de aquel juego!*
EXPR. **darse pisto** Darse importancia, presumir.
SIN. **2.** Follón, alboroto, desorden.

**pistola** *s. f.* **1.** Arma de fuego pequeña que se puede utilizar con una sola mano. **2.** Utensilio que lanza pintura u otro líquido al apretarle en algún sitio.
FAM. Pistolera, pistolero, pistoletazo.

**pistolera** *s. f.* **1.** Funda donde se mete la pistola. ‖ *s. f. pl.* **2.** Gorduras que tienen algunas mujeres en las caderas.
SIN. **2.** Cartucheras.

**pistolero, ra** *s. m.* y *f.* Persona que usa la pistola para robar, matar o amenazar a otros.

**pistoletazo** *s. m.* Disparo que se hace con una pistola: *Los corredores salieron al oír el pistoletazo.*

**pistón** *s. m.* **1.** Pieza que al apretarla o moverla empuja un líquido u otra cosa. **2.** Llave de algunos instrumentos musicales, como la trompeta, que hay que pulsar. **3.** Pequeña cantidad de pólvora que se pone en una pistola de juguete; al dispararla, produce un ruido parecido al de un arma de verdad.

**pistonudo, da** *adj.* Muy bueno.
SIN. Estupendo, magnífico, fenomenal.

**pita¹** *s. f.* Planta de gran tamaño que tiene unas hojas muy grandes y largas, acabadas en punta. De estas hojas se sacan unos hilos con los que se hacen tejidos y cuerdas. Se llama también *maguey.*

**pita²** *s. f.* Acción de pitar o silbar a alguien: *Los futbolistas jugaron tan mal, que se ganaron una fuerte pita.*
SIN. Silbido, abucheo. ANT. Aplauso.

**pitada** *s. f.* **1.** Pitido. **2.** En un espectáculo, conjunto de silbidos o pitidos que da el publico para protes-

tar: *El cantante era tan malo que recibió una sonora pitada.*
SIN. **2.** Abucheo. ANT. **2.** Aplauso.

**pitagorín, rina** *adj.* y *s. m.* y *f.* Persona que lo sabe todo: *Es el pitagorín de la clase, siempre que le preguntan se lo sabe.*

**pitanza** *s. f.* Comida diaria.

**pitaña** *s. f.* Legaña.

**pitañoso, sa** *adj.* Legañoso.

**pitar** *v.* **1.** Tocar o sonar el pito: *Había un camión atravesado en la calle y los demás coches empezaron a pitar.* **2.** Marchar o funcionar bien: *Este reloj todavía pita.* **3.** Dar una pita: *El público pitó a los actores.* **4.** Indicar algo el árbitro con el pito en algunos deportes: *El árbitro pitó el final del partido.*
EXPR. **pitando** Muy deprisa: *Habló un minuto con nosotros y luego salió pitando.*
SIN. **3.** Silbar, abuchear. ANT. **3.** Aplaudir.
FAM. Pita², pitada, pitido.

**pitido** *s. m.* **1.** Sonido o toque de pito. **2.** Silbido de protesta.
SIN. **2.** Pita, abucheo.

**pitillera** *s. f.* Cajita, funda o estuche para guardar pitillos.

**pitillo** *s. m.* Cigarrillo.
EXPR. **de pitillo** Se dice de los pantalones muy ajustados por la pierna.
FAM. Pitillera.

**pitiminí** Se usa en la expresión **rosa de pitiminí.** Busca **rosa.**

**pito** *s. m.* **1.** Silbato que produce un sonido muy fuerte y agudo. **2.** Sonido o voz muy fuertes y agudos: *Vaya pito que tiene cuando chilla.* **3.** Bocina de los coches. **4.** Cigarrillo. **5.** Pene.
EXPR. **importarle** a uno **un pito** No importarle nada. **por pitos o por flautas** Por una cosa o por otra: *Por pitos o por flautas, nunca podemos ir al cine.* **tomar** a alguien **por el pito del sereno** No tenerle respeto.
SIN. **1.** Silbo. **3.** Claxon. **4.** Pitillo.
FAM. Pitar, pitillo, pitón¹, pitorro.

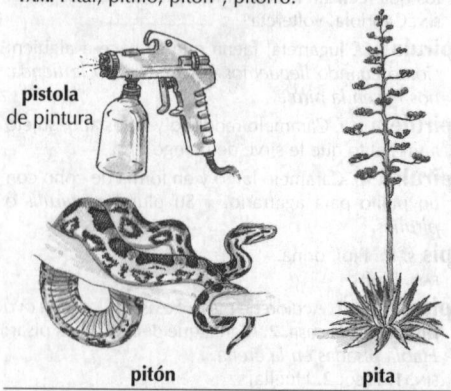

pistola de pintura

pitón                    pita

**pitón**[1] *s. m.* **1.** Cuerno que les empieza a salir a algunos animales y sobre todo la punta de los cuernos del toro. **2.** Especie de clavo o tornillo que los alpinistas clavan en la roca o el hielo, en el que enganchan la cuerda y el arnés mientras escalan. **FAM.** Empitonar.

**pitón**[2] *s. f.* Serpiente muy grande; algunas especies pueden medir hasta diez metros. Tiene la cabeza en forma de pera, que se distingue muy bien del resto del cuerpo, y se alimenta de otros animales que, después de asfixiarlos, se traga enteros. Vive en zonas húmedas de África y Asia.

**pitonisa** *s. f.* Adivina.

**pitorrearse** *v.* Burlarse, reírse de alguien o algo: *Se pitorrearon de mi corte de pelo.* **SIN.** Cachondearse, guasearse, chotearse. **FAM.** Pitorreo.

**pitorreo** *s. m.* Burla, guasa.

**pitorro** *s. m.* Tubito de los botijos, porrones y otras cosas, por donde sale el líquido. **FAM.** Pitorrearse.

**pitote** *s. m.* Jaleo, alboroto, follón. **SIN.** Barullo, escándalo.

**pituitaria** *adj. y s. f.* Se dice de la membrana que cubre por dentro la nariz y es el órgano del olfato.

**pituso, sa** *adj. y s. m. y f.* Niño pequeño y gracioso.

**pívot** *s. m.* Jugador de baloncesto que suele ser el más alto y fuerte y juega cerca de los tableros. ■ Es una palabra inglesa. Su plural es *pívots.*

**pivotar** *v.* **1.** Girar apoyándose en un pivote. **2.** En baloncesto, girar sobre un pie.

**pivote** *s. m.* Soporte sobre el que se apoya una cosa para poder girar o moverse de un lado a otro. **FAM.** Pívot, pivotar.

**pixel** *s. m.* En informática, punto de luz muy pequeño que junto con muchos otros forma una imagen. ■ Es una palabra inglesa. Su plural es *pixels.*

**pizarra** *s. f.* **1.** Roca de color gris o negro azulado, formada por hojas o capas delgadas. Se usa mucho en construcción para hacer tejados. **2.** Tablero pintado de negro o de otro color oscuro, para escribir o dibujar en él con una tiza. **SIN. 2.** Encerado. **FAM.** Pizarral, pizarrín, pizarroso.

**pizarral** *s. m.* Lugar en el que hay mucha pizarra: *Este lado de la sierra es un pizarral.*

**pizarrín** *s. m.* Barrita que se usa para escribir en las pizarras.

**pizarroso, sa** *adj.* Se dice del terreno que tiene mucha pizarra.

**pizca** *s. f.* Muy poquito de alguna cosa: *Sólo ha comido una pizca.* **EXPR. ni pizca** Nada: *Tu broma no le gustó ni pizca.* **SIN.** Miaja, brizna.

**pizpireta** *adj.* Se dice de la mujer muy viva, alegre y graciosa. **SIN.** Vivaracha.

**pizza** *s. f.* Masa redonda de harina con tomate, queso y otros alimentos por encima, que se mete en el horno para que se haga. ■ Es una palabra italiana. **FAM.** Pizzería.

**pizzería** *s. f.* Lugar donde se hacen, se venden o se comen pizzas.

**placa** *s. f.* **1.** Lámina o plancha delgada de metal, piedra u otro material: *Durante la noche se formaron placas de hielo en el suelo.* **2.** Chapa o letrero que sirve para recordar un hecho, informar sobre algo o demostrar quién es una persona: *En la esquina hay una placa con el nombre de la calle. El policía enseñó su placa para identificarse.* **3.** Superficie de metal que hay en las cocinas para producir calor y que funciona por electricidad. **4.** En fotografía, cristal donde se saca el negativo. **5.** En informática, tarjeta. **EXPR. placa dental** Capa que van formando sobre los dientes los restos de comida y suciedad. **FAM.** Plaqueta.

**placaje** *s. m.* Acción de placar: *Le hizo un placaje para evitar el tanto.*

**placar** *v.* En rugby y fútbol americano, agarrar a un jugador del equipo contrario para que no siga avanzando. ■ Delante de *e* se escribe *qu* en lugar de *c*: *plaque.* **FAM.** Placaje.

**placard** *s. m.* En Argentina y otros lugares de América del Sur, armario empotrado. ■ Es una palabra francesa. Su plural es *placards.*

**placebo** *s. m.* Producto natural sin propiedades médicas que puede curar si la persona que lo toma cree que es un medicamento.

**placenta** *s. f.* Bolsa que rodea al feto de los mamíferos dentro del vientre de la madre.

**placentero, ra** *adj.* Que da placer o gusto: *El viaje en barco resultó muy placentero.* **SIN.** Agradable, grato, delicioso. **ANT.** Desagradable, molesto.

**placer**[1] *v.* Gustar, agradar: *Haz lo que más te plazca.* ■ Es un verbo irregular. Se conjuga como *agradecer.* **SIN.** Complacer, satisfacer, deleitar. **ANT.** Desagradar, disgustar. **FAM.** Placebo, placentero, placer[2], plácet, plácido. / Beneplácito, complacer.

**placer**[2] *s. m.* **1.** Sensación que tenemos cuando estamos a gusto, contentos y disfrutando con algo: *Qué placer bañarse en el mar y dejarse llevar por las olas.* **2.** Diversión. **SIN. 1.** Agrado, satisfacción, gozo. **2.** Entretenimiento. **ANT. 1.** y **2.** Sufrimiento, disgusto.

**plácet** *s. m.* Aprobación, sobre todo la que el gobierno da al embajador de otro país: *No puede ocupar la embajada hasta que no reciba el plácet.* ■ Es una palabra latina. Su plural es *plácets.*

**placidez** *s. f.* Característica de plácido, tranquilo y agradable. ■ Su plural es *placideces.*

**plácido, da** *adj.* Tranquilo y agradable: *Le gusta pasar el verano en la montaña, en un pueblecito muy plácido.*
SIN. Apacible, sereno. ANT. Desapacible, desagradable.
FAM. Placidez.

**pladur** *s. m.* Material de construcción y decoración con el que se hacen divisiones, estanterías o techos falsos.

**plafón** *s. m.* Lámpara pegada al techo.

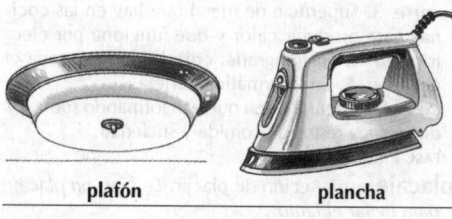

**plafón**          **plancha**

**plaga** *s. f.* **1.** Cosa que perjudica o hace daño a mucha gente: *La gripe ha sido una plaga este invierno.* **2.** Abundancia de algunas cosas malas, sobre todo de insectos: *una plaga de pulgones, una plaga de avispas.* **3.** Demasiada cantidad de personas o cosas: *Este verano en la playa había una plaga de turistas.*
SIN. **1.** Epidemia. **1.** y **2.** Peste. **3.** Montón.
FAM. Plagado, plagar.

**plagado, da** *adj.* Lleno, cubierto, sobre todo de cosas malas: *El suelo estaba plagado de basura. Llevas el jersey plagado de manchas.*

**plagar** *v.* Llenar una cosa o lugar con algo que perjudica o hace daño. ■ Delante de *e* se escribe *gu* en lugar de *g*: *plaguéis.*

**plagiar** *v.* Copiar una persona lo que ha hecho otra y presentarlo como si fuera suyo: *Cambió el título al libro de otro escritor y lo plagió.*
FAM. Plagio.

**plagio** *s. m.* Copia que hace una persona de la obra de otra, presentándola como si fuera suya.

**plan** *s. m.* **1.** Lo que se piensa hacer y la manera en que se quiere hacer: *¿Qué planes tienes para el sábado? Los prisioneros idearon un plan para escapar.* **2.** Ligue, relación amorosa poco seria: *Le salió un plan estas vacaciones.*
EXPR. **en plan** o **en plan de** Con la intención de: *Si vienes en plan de discutir, yo me voy.* **no ser plan** una cosa No estar bien, no ser agradable o conveniente: *No es plan que él se vaya de paseo y nosotros nos quedemos aquí.*
SIN. **1.** Idea, intento, propósito, proyecto. **2.** Aventura, romance.
FAM. Planear², planificar.

**plana** *s. f.* **1.** Cada una de las dos caras de una hoja de papel. **2.** Ejercicio que hacen los niños que están aprendiendo a escribir.
EXPR. **enmendar la plana** Corregirle a alguien: *No era del todo cierto lo que contó el locutor y su jefe le enmendó la plana.*
FAM. Planilla.

**plancha** *s. f.* **1.** Lámina delgada y plana. **2.** Aparato que tiene una base triangular y un asa y sirve para planchar la ropa. **3.** Placa de metal para tostar o cocinar algunos alimentos. **4.** Equivocación cuando se mete la pata: *Menuda plancha: se llevó el abrigo de un compañero creyendo que era el suyo.*
EXPR. **a la plancha** Modo de tostar o cocinar los alimentos sobre una plancha: *gambas a la plancha, un filete a la plancha.*
SIN. **1.** Chapa, hoja.
FAM. Planchar, planchazo.

**planchado, da** *adj.* **1.** Que alguien lo planchó: *Toda esta ropa está planchada.* **2.** Muy sorprendido o impresionado, sin saber qué hacer o qué decir: *Cuando le contó lo que le había costado, le dejó planchado.* ‖ *s. m.* **3.** Acción de planchar la ropa: *Esta camisa necesita un buen planchado.*
SIN. **2.** Atónito, perplejo.

**planchador, ra** *s. m.* y *f.* Persona que se gana la vida planchando ropa.

**planchar** *v.* Pasar la plancha caliente por encima de la ropa para quitarle las arrugas.
SIN. Desarrugar, alisar.
FAM. Planchado, planchador.

**planchazo** *s. m.* **1.** Plancha, equivocación. **2.** Golpe que se da alguien en la tripa al tirarse al agua.
SIN. **1.** Corte. **2.** Tripazo.

**plancton** *s. m.* Conjunto formado por millones de animalitos o vegetales muy pequeños, que están en el agua de los mares y lagos: *Las ballenas se alimentan de plancton.*

**planeador** *s. m.* Avión que vuela sin motor aprovechando las corrientes de aire.

**planeadora** *s. f.* Lancha con motor muy rápida y moderna.

**planear¹** *v.* Sostenerse en el aire un ave sin mover las alas o un avión sin utilizar el motor, llevados por las corrientes de aire.
FAM. Planeador, planeadora, planeo.

**planear²** *v.* Pensar hacer una cosa o cómo hacerla: *Ha planeado un viaje fantástico para estas vacaciones.*
SIN. Planificar, organizar, preparar, proyectar. ANT. Improvisar.

**planeo** *s. m.* Hecho y resultado de planear[1]: *el planeo del avión, el planeo del águila.*

**planeta** *s. m.* Cuerpo que gira en el espacio alrededor del Sol o de otra estrella, y que no tiene luz propia, como la Tierra.
**FAM.** Planetario.

**planetario, ria** *adj.* **1.** De los planetas o relacionado con ellos: *el sistema planetario.* ‖ *s. m.* **2.** Aparato que representa los planetas del Sistema Solar y cómo se mueven. **3.** Edificio o sala donde está este aparato.
**FAM.** Interplanetario.

**planicie** *s. f.* Terreno liso y muy grande.
**SIN.** Llanura.
**FAM.** Altiplanicie.

**planificación** *s. f.* Acción de planificar.

**planificar** *v.* Pensar cómo va a ser algo y cómo hacerlo: *Antes de empezar planificaron el trabajo de cada uno.* ▪ Delante de *e* se escribe *qu* en lugar de *c*: *planifique.*
**SIN.** Planear, organizar, proyectar. **ANT.** Improvisar.
**FAM.** Planificación.

**planilla** *s. f.* **1.** Cuaderno o lista donde se apunta el estado de cuentas de una empresa. **2.** Nómina de los trabajadores de una empresa. **3.** Impreso que se rellena para pedir o declarar una cosa.
**SIN.** **3.** Formulario.

**planisferio** *s. m.* Mapa en que está representada en un plano la esfera terrestre o la celeste.

**plano, na** *adj.* **1.** Llano, liso: *Coge una tabla plana.* ‖ *s. m.* **2.** Dibujo que representa diferentes partes de un edificio, las calles de una ciudad u otra cosa parecida. **3.** Superficie sobre la que se representan las rectas y las curvas, los triángulos y otras figuras. **4.** En el cine y la televisión, conjunto de escenas que se filman de una vez: *Ese plano está rodado en la playa.* **5.** Modo de enfocar la cámara de cine o de fotos, desde más cerca o más lejos,

**planeador**

desde arriba o abajo: *Sacaron un primer plano de la protagonista.* **6.** Punto de vista: *Estudiaron el problema desde planos diferentes.*
**EXPR. de plano** Totalmente: *Aquí da el sol de plano.*
**SIN.** **1.** Raso, uniforme, igual. **ANT.** **1.** Desigual, irregular.
**FAM.** Plana, planear[1], planicie, planisferio. / Aeroplano, altiplano, aplanar, biplano, explanada, extraplano, monoplano.

**planta** *s. f.* **1.** Vegetal, ser vivo que está sujeto al suelo y se alimenta de las sustancias de la tierra; se llama así sobre todo a los que tienen tallo, hojas y a veces flores. **2.** Parte de abajo del pie, que toca el suelo cuando andamos o estamos parados. **3.** Cada una de las partes de un edificio a diferente altura: *Subió en el ascensor hasta la octava planta.* **4.** Aspecto de una persona o cosa: *Nos atendió una chica con muy buena planta.* **5.** Plano de un edificio visto desde arriba: *Esa iglesia tiene planta de cruz.* **6.** Fábrica o instalación industrial: *una planta de energía eléctrica.*
**SIN.** **3.** Piso, nivel. **4.** Pinta, porte. **6.** Central.
**FAM.** Plantar, plantear, plantel, plantificar, plantígrado, plantilla, plantón. / Entreplanta.

**plantación** *s. f.* Lugar donde se cultiva un solo tipo de plantas: *En Colombia hay muchas plantaciones de café.*

**plantado, da** *adj.* **1.** Que alguien lo plantó. **2.** Puesto en un sitio: *¿Qué haces plantado en mitad de la puerta?*
**EXPR. bien plantado** Se dice de la persona que tiene muy buen aspecto.

**plantar** *v.* **1.** Meter en la tierra una planta, un tallo o una semilla para que crezca. **2.** Poner a alguien o algo en un lugar: *Se plantó en la salida y no dejaba pasar. Plantó todos los dedos en el cristal.* **3.** Dar fuerte y de repente golpes, besos u otras cosas: *La insultó y ella le plantó una torta.* **4.** Dejar o abandonar a alguien: *No está bien plantar a un amigo cuando necesita ayuda.* ‖ **plantarse 5.** Llegar enseguida a un sitio: *En veinte minutos nos plantamos en tu casa.* **6.** No seguir más en algo, quedarse en un punto, por ejemplo en algunos juegos de cartas.
**EXPR. plantar cara** Enfrentarse: *Plantó cara a los ladrones y los hizo huir.*
**SIN.** **1.** Sembrar, cultivar. **2.** Colocar. **2.** y **3.** Plantificar. **ANT.** **1.** Arrancar. **2.** Quitar. **5.** Irse.
**FAM.** Plantación, plantado, plante. / Implantar, suplantar, trasplantar.

**plante** *s. m.* Forma de protestar que consiste en dejar de trabajar o de hacer algo para exigir lo que se quiere: *Los profesores del colegio hicieron un plante para pedir un aumento de sueldo.*

**planteamiento** *s. m.* **1.** Forma en que se plantea una cosa. **2.** Principio de una novela, película o una obra de teatro, donde vemos cuál va a ser el tema y en el que ocurren las primeras cosas que luego se irán desarrollando a lo largo de la historia.

**plantear** v. **1.** Decir o explicar algunas cosas como problemas, dudas, preguntas o soluciones: *Plantearon algunas cuestiones para discutirlas entre todos.* **2.** Aparecer o hacer que aparezcan dudas, preguntas: *Ha dicho que le preguntemos cualquier duda que se nos plantee.* ‖ **plantearse 3.** Empezar a pensar una cosa: *El viaje es demasiado caro, por eso tendrá que plantearse si podrá ir.*
SIN. **1.** Exponer, sugerir. **2.** Surgir. **3.** Considerar.
FAM. Planteamiento. / Replantear.

**plantel** s. m. **1.** Conjunto de personas que tienen algo en común, por ejemplo la misma profesión: *La película contaba con un magnífico plantel de artistas.* **2.** Lugar donde se cultivan plantas.
SIN. **2.** Vivero.

**plantificar** v. **1.** Dar de repente o muy bruscamente un beso, un golpe u otra cosa: *El perro se le subió y le plantificó dos lametazos en la cara.* **2.** Colocar algo en un sitio, sobre todo si estorba o no queda bien: *¿Quién ha plantificado la mochila en mitad del pasillo?* ‖ **plantificarse 3.** Llegar a un lugar: *Se plantificó en el cole en un minuto.* ■ Delante de e se escribe *qu* en lugar de *c*: *plantifiqué.*
SIN. **1.** a **3.** Plantar.

**plantígrado, da** adj. y s. m. Se dice de los animales de cuatro patas que apoyan la planta al andar, como el oso.

**plantilla** s. f. **1.** Pieza con que se cubre por dentro la planta del calzado. **2.** Pieza que se usa como modelo para dibujar, cortar o hacer otra pieza igual: *Puso la plantilla encima de la cartulina para recortarla.* **3.** Conjunto de los empleados que trabajan de forma fija en una empresa. **4.** Conjunto de jugadores de un equipo.
SIN. **2.** Patrón.

**plantón** s. m. **1.** El no ir a un lugar donde tendríamos que ir o el hacerle esperar mucho a alguien: *Le dio a su amiga un plantón de hora y media.* **2.** Rama o arbolito para plantar.

**plañidera** s. f. Antiguamente, mujer a la que se pagaba para que llorara en los entierros.

**plaqueta** s. f. **1.** Célula que está en la sangre y hace que ésta se coagule. **2.** Baldosa o azulejo de cerámica y de poco grosor: *Hemos puesto el suelo de plaqueta.*
SIN. **1.** Trombocito.

**plasma** s. m. Parte líquida de la sangre.
FAM. Cataplasma, citoplasma.

**plasmar** v. Expresar alguien en lo que dice, escribe o hace lo que piensa y siente: *En todos sus libros plasma un gran amor por la naturaleza.*
SIN. Reflejar.
FAM. Plasma.

**plasta** s. f. **1.** Cosa blanda o aplastada. **2.** Caca que es así. ‖ adj. y s. m. y f. **3.** Persona muy pesada.
SIN. **1.** Pegote. **3.** Pelma, petardo, plomo.
FAM. Emplaste, emplasto.

**plástica** s. f. Arte de hacer figuras con barro, arcilla, yeso y otros materiales parecidos.

**plástico, ca** adj. y s. m. **1.** Se dice de unos materiales que se obtienen del petróleo y con los que se fabrican muchos objetos. ‖ adj. **2.** Se dice del arte de hacer figuras y moldear materiales: *las artes plásticas.* **3.** Se dice de los materiales a los que es fácil moldear o dar forma. **4.** Se dice de la cirugía que se ocupa de corregir algunos defectos físicos, por ejemplo quitar arrugas o grasa de algunas partes del cuerpo.
SIN. **4.** Estética.
FAM. Plástica, plastificar.

**plastificar** v. Cubrir una cosa con una capa de plástico muy pegada. ■ Delante de e se escribe *qu* en lugar de *c*: *Es mejor que plastifiques el carné.*

**plastilina** s. f. Pasta blanda y muy fácil de moldear, que sirve para hacer figuras y trabajos manuales. Se puede usar muchas veces y la hay de muchos colores.

**plata** s. f. **1.** Metal de color blanco brillante, que se utiliza mucho en joyería y es muy buen conductor del calor y la electricidad. **2.** Color de este metal. **3.** Dinero, riqueza. ■ Con este significado se usa sobre todo en Hispanoamérica.
FAM. Platal, plateado, plateresco, platero, platino.

**plataforma** s. f. **1.** Tablado u otra cosa plana que se levanta sobre el suelo. **2.** Cualquier cosa o superficie plana que levanta a otra: *Llevaba unos zapatos de plataforma.* **3.** Parte de delante y de atrás de autobuses, tranvías y otros vehículos parecidos, donde no hay asientos.
SIN. **1.** Tarima.

**platal** s. m. En Hispanoamérica, dineral, gran cantidad de dinero.

**platanal** o **platanar** s. m. Plantación de plátanos.

**platanero, ra** adj. **1.** Del plátano o relacionado con él. ‖ s. m. o f. **2.** Plátano, árbol que da el fruto de este mismo nombre. ‖ s. m. y f. **3.** Persona que cultiva plátanos o comercia con ellos.

**plátano** s. m. **1.** Planta parecida a una palmera que produce un fruto también llamado *plátano.* Este fruto nace en racimos y es alargado, con forma un poco curvada, amarillo por fuera y blanco por dentro, y se toma como alimento. **2.** Árbol grande y muy alto que se cultiva mucho en las ciudades, en parques y paseos. Tiene las hojas en forma de mano abierta y da unos frutos como bolas cubiertas de pelos o pinchitos. Se le llama también *plátano de sombra.*
SIN. **1.** Banano, banana, platanero.
FAM. Platanal, platanar, platanero. / Aplatanar.

**platea** *s. f.* Planta baja de teatros y cines.

**plateado, da** *adj.* De color plata.

**plateresco, ca** *adj.* y *s. m.* Se dice del estilo de arquitectura que se desarrolló en España durante el siglo XV y principios del XVI, en el que se decoraba muchísimo, sobre todo las fachadas de los edificios.

**platería** *s. f.* **1.** Técnica y arte de trabajar la plata. **2.** Lugar donde se trabaja y vende la plata.

**platero, ra** *adj.* y *s. m.* y *f.* **1.** Profesional que trabaja la plata. **2.** Persona que vende objetos de plata u oro labrado. ‖ *s. m.* **3.** Burro de color gris plateado.
FAM. Platería.

**plática** *s. f.* **1.** Conversación. **2.** Sermón corto.
SIN. **1.** Charla, diálogo.
FAM. Platicar.

**platicar** *v.* Hablar, charlar: *Le gusta platicar con los amigos.* ■ Delante de *e* se escribe *qu* en lugar de *c*: *platique.*
SIN. Conversar, dialogar.

**platija** *s. f.* Pez de mar de color pardo con manchas amarillas y cuerpo aplastado, con los dos ojos en el mismo lado, como el lenguado o el gallo. Se llama también *acedía.*

**platillo** *s. m.* **1.** Pieza pequeña parecida a un plato. **2.** Cada una de las bandejitas de una balanza donde se ponen los pesos y lo que se va a pesar. ‖ *s. m. pl.* **3.** Instrumento musical formado por dos chapas de metal en forma de plato que se golpean una contra otra.
EXPR. **platillo volador** o **platillo volante** Objeto que vuela por el espacio y que se cree que está conducido por seres de otros planetas.

planta

platillos

fruto

**plátano**

**platina** *s. f.* **1.** Parte del microscopio en donde se coloca lo que se quiere observar. **2.** Busca **pletina**.

**platino** *s. m.* Metal de color blanco brillante, muy duro y resistente, que es muy valioso y se emplea en joyería y para otros muchos usos.

**plato** *s. m.* **1.** Recipiente redondo y poco profundo donde se ponen los alimentos para comerlos. **2.** Alimento ya cocinado o preparado: *La paella es un plato típico de Valencia.* **3.** Platillo de la balanza. **4.** Parte de un equipo de música donde se ponen los discos. **5.** En las bicicletas, disco con dientes, junto a los pedales, donde va enganchada la cadena.
EXPR. **no haber roto** uno **un plato** Haberse portado siempre muy bien. **pagar** uno **los platos rotos** Ser castigado por lo que ha hecho otro.
SIN. **2.** Guiso.
FAM. Platillo, platina. / Escurreplatos, friegaplatos, lavaplatos, montaplatos.

**plató** *s. m.* Lugar de un estudio donde se ruedan películas o se hacen programas de televisión.

**platónico, ca** *adj.* y *s. m.* y *f.* **1.** De la filosofía y la escuela de Platón. **2.** Desinteresado: *Siente la platónica necesidad de ayudar a los demás.* **3.** Ideal y honesto: *Gema fue el amor platónico de su juventud.*

**plausible** *adj.* **1.** Que merece ser aplaudido o alabado: *Su entrega al trabajo es plausible.* **2.** Admisible o justificado: *Sabiendo lo mentiroso que es, es plausible que nadie le crea.*
SIN. **1.** Loable. ANT. **1.** Reprobable, censurable.

**play-back** *s. m.* Técnica empleada en cine, televisión y espectáculos en directo, en la que los artistas hacen los mismos gestos que si estuvieran actuando cuando en realidad está sonando una grabación. ■ Es una palabra inglesa.

**play-off** *s. m.* En deporte, encuentro o encuentros para ver quién resulta ganador entre los vencedores de competiciones anteriores o entre competidores empatados. ■ Es una palabra inglesa. No varía en plural.

**playa** *s. f.* Orilla del mar, de un lago o de un río llana y con arena.
FAM. Playera, playero.

**playboy** *s. m.* Hombre atractivo y conquistador; sobre todo, el que suele estar con gente de la alta sociedad y va mucho a los lugares de moda. ■ Es una palabra inglesa. Su plural es *playboys.*
SIN. Donjuán.

**playera** *s. f.* Zapatilla deportiva.

**playero, ra** *adj.* Para la playa: *vestido playero.*

**plaza** *s. f.* **1.** Lugar ancho y espacioso, rodeado de edificios, en el que suelen desembocar varias calles. **2.** Mercado: *Mamá fue a la plaza a hacer la compra.* **3.** Sitio o puesto que puede ocupar alguien o algo: *Todavía quedan plazas de aparcamiento libres. El hermano de Mercedes ha conseguido una plaza de profesor en el colegio.*

**EXPR. plaza de toros** Terreno redondo, rodeado de asientos para los espectadores, donde se celebran corridas de toros. **plaza fuerte** Ciudad fortificada con murallas y otras cosas que la protegen del ataque de los enemigos.
**SIN. 1.** Plazoleta, glorieta, rotonda.
**FAM.** Plazoleta, plazuela. / Desplazar, emplazar², monoplaza.

**plazo** *s. m.* **1.** Tiempo que se da para hacer una cosa: *Hay un plazo de diez días para apuntarse al cursillo de natación.* **2.** Cada una de las cantidades de dinero que se dan para pagar algo en varias veces: *Aún debe diez plazos del coche que se compró.*
**FAM.** Aplazar, emplazar¹.

**plazoleta** o **plazuela** *s. f.* Plaza pequeña de un pueblo o ciudad.

**pleamar** *s. f.* La marea en el momento en que está más alta.

**plebe** *s. f.* **1.** Las personas de baja categoría y posición social. **2.** Los ciudadanos de la antigua Roma que no pertenecían a la clase noble de los patricios.
**SIN. 1.** Vulgo, populacho, chusma, masa.
**FAM.** Plebeyo, plebiscito.

**plebeyo, ya** *adj. y s. m. y f.* **1.** Persona de baja categoría. **2.** Persona que pertenecía a la plebe en la antigua Roma.
**SIN. 1.** Villano. **ANT. 1.** Aristócrata. **2.** Patricio.

**plebiscito** *s. m.* Votación que organiza el gobierno de un país para que el pueblo diga sí o no a una pregunta sobre algo importante.
**SIN.** Referéndum.

**plegable** *adj.* Que se puede plegar.

**plegamiento** *s. m.* Pliegue en la corteza de la Tierra producido por las fuerzas que actúan sobre ella. Los plegamientos dan origen a las montañas.

**plegar** *v.* **1.** Doblar una cosa sobre sí misma de manera que quede más pequeña o más recogida; por ejemplo, se pliegan la velas de un barco o algunas sillas. || **plegarse 2.** Someterse, hacer lo que otro quiere: *Tuvo que plegarse a lo que quería Rosa.* ■ Delante de *e* se escribe *gu* en lugar de *g*. Es un verbo irregular. Se conjuga como *pensar.*
**SIN. 2.** Ceder, doblegarse. **ANT. 1.** Desplegar, estirar. **2.** Rebelarse, sublevarse.
**FAM.** Plegable, plegamiento, pliego, pliegue. / Desplegar, replegar.

**plegaria** *s. f.* Petición que se hace a Dios, la Virgen o los santos.
**SIN.** Súplica, ruego, oración.

**pleitear** *v.* Tener dos o más personas un pleito ante un juez o un tribunal.
**SIN.** Litigar, querellar.

**pleitesía** *s. f.* Muestra de respeto hacia alguien muy importante: *Se arrodilla como señal de pleitesía a los reyes.*
**SIN.** Homenaje.

**pleito** *s. m.* Enfrentamiento entre dos o más personas en el que decide un juez o tribunal.
**SIN.** Litigio.
**FAM.** Pleitear, pleitesía. / Picapleitos.

**plenamente** *adv.* Por completo, del todo: *Ha vuelto plenamente satisfecho de su viaje.*
**SIN.** Completamente, totalmente.

**plenario, ria** *adj.* Se dice de la reunión a la que van todos los miembros de un grupo o una organización.

**plenilunio** *s. m.* Fase de luna llena.

**plenipotenciario, ria** *adj.* Se dice de la persona enviada por el gobierno de su país al extranjero con poder total para llevar a cabo su misión, que suele ser tratar, negociar o resolver asuntos con los enviados de otros estados.

**plenitud** *s. f.* Máximo desarrollo o intensidad de alguien o algo: *Ese compositor está en la plenitud de su arte.*
**SIN.** Apogeo, cumbre, cúspide, culminación.

**pleno, na** *adj.* **1.** Completo, total: *Tengo plena libertad para elegir mi propia ropa.* **2.** Lleno: *Tuvo una infancia plena de alegría.* **3.** Que está en el momento de mayor desarrollo o intensidad: *En plena tormenta salió a dar una vuelta.* **4.** Justo en el lugar que se indica: *Le dio con la bola de nieve en plena cara.* || *s. m.* **5.** Reunión de todos los miembros de un ayuntamiento, del parlamento o de otro organismo o grupo.
**EXPR. en pleno** En su totalidad: *El equipo de profesores en pleno fue a la reunión con los padres.*
**FAM.** Plenamente, plenario, plenilunio, plenitud.

**pleonasmo** *s. m.* Uso no necesario de alguna palabra; por ejemplo, en la expresión *subir arriba* hay pleonasmo, porque si subimos ya se sabe que es arriba.

**pletina** *s. f.* **1.** Aparato de los equipos de música donde se ponen las casetes para que suenen o para grabar en ellas. ■ Con este significado se dice también *platina.* **2.** Pieza de metal de poco grosor.

**pletórico, ca** *adj.* Lleno de algo bueno: *Esta mañana me he levantado pletórico de energía.*
**SIN.** Rebosante.

**pleura** *s. f.* Capa de tejido que recubre cada uno de los pulmones.
**FAM.** Pleuritis.

**pleuritis** *s. f.* Inflamación de la pleura. ■ No varía en plural.

**pliego** *s. m.* **1.** Hoja de papel doblada por la mitad. **2.** Hoja grande de papel.

**pliegue** *s. m.* **1.** Doblez en algo flexible, como la tela. **2.** Ondulación en la corteza terrestre.

**plinto** *s. m.* Aparato de gimnasia para realizar saltos y otros ejercicios.

**plis-plas** Busca **pispás.**

**plisado, da** *adj.* Con pliegues pequeños e iguales: *una falda plisada*.

**plisar** *v.* Hacer pliegues en una tela.

**plomada** *s. f.* Cuerda con una pesa que usan los albañiles para saber si una pared está recta.

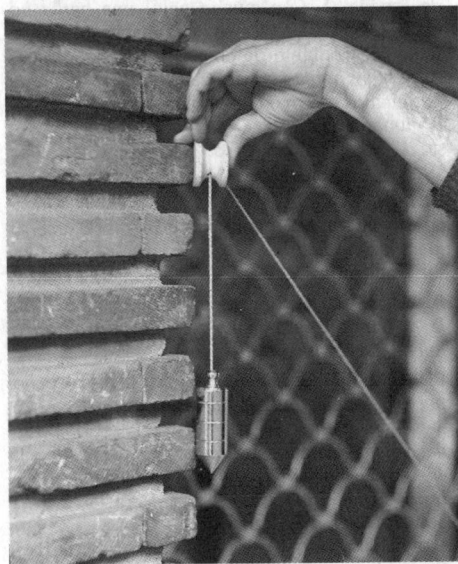

plomada

**plomazo** *s. m.* Persona muy pelma o pesada: *No me gusta que venga con nosotros, es un plomazo*. SIN. Plomo, plasta, tostón.

**plomero, ra** *s. m. y f.* En Hispanoamérica, fontanero.

**plomizo, za** *adj.* De color grisáceo, como el del plomo: *El cielo está plomizo, va a llover de un momento a otro*.

**plomo** *s. m.* **1.** Metal de mucho peso y color grisáceo. **2.** Persona pesada: *No seas plomo, déjame en paz*. || *s. m. pl.* **3.** Aparatito que hace que deje de funcionar una instalación eléctrica cuando hay demasiada corriente: *Han saltado los plomos y se han quedado a oscuras en la casa*. EXPR. **con pies de plomo** Con mucho cuidado: *Cuando compras un coche de segunda mano tienes que ir con pies de plomo para que no te engañen*. SIN. **2.** Plasta, pelma, pelmazo. FAM. Plomada, plomazo, plomero, plomizo. / Aplomo, desplomarse, emplomar, plúmbeo.

**plotter** *s. m.* En informática, aparato parecido a una impresora, pero más grande y complicado, que se usa para imprimir planos, dibujos, gráficos. ■ Es una palabra inglesa. Su plural es *plotters*.

**plum-cake** *s. m.* Bizcocho con pasas y otras frutas. ■ Es una palabra inglesa. Su plural es *plum-cakes*.

**pluma** *s. f.* **1.** Cada una de las piezas que cubren el cuerpo de las aves. Tiene una parte central dura cubierta a ambos lados con unos pelillos. **2.** Utensilio para escribir. Antiguamente era una pluma de ave que se mojaba en la tinta, ahora se llama *pluma estilográfica* y es como un bolígrafo con una punta especial y un depósito o carga de tinta. **3.** Escritor: *Cervantes es una de las mejores plumas de nuestra literatura*. **4.** Actividad del escritor. || **plumas** *s. m.* **5.** Plumífero, prenda de vestir. ■ Con este significado no varía en plural. EXPR. **a vuela pluma** Rápidamente y sin pensarlo mucho: *Escribió un cuento a vuela pluma y le quedó muy bonito*. ■ Se escribe también *a vuelapluma*. FAM. Plumaje, plumazo, plumero, plumífero, plumilla, plumín, plumón. / Cortaplumas, desplumar, emplumar, portaplumas, vuelapluma.

**plumaje** *s. m.* Conjunto de las plumas de un ave.

**plumazo** Se usa en la expresión **de un plumazo**, que significa 'rápidamente, en un momento': *Me gustó tanto que me leí el libro de un plumazo*.

**plúmbeo, a** *adj.* **1.** De plomo o que se le parece: *material plúmbeo, color plúmbeo*. **2.** Que es pesado o aburrido: *una conferencia plúmbea*. SIN. **2.** Cargante, soporífero. ANT. **2.** Entretenido, ameno.

**plumero** *s. m.* Palo con unas plumas sujetas en la punta, que se usa para quitar el polvo. EXPR. **vérsele** a uno **el plumero** Descubrírsele los pensamientos o intenciones.

**plumier** *s. m.* Caja o estuche para guardar lápices, pinturas, gomas de borrar y otras cosas del colegio. ■ Es una palabra francesa.

**plumífero** *s. m.* Cazadora o anorak relleno de plumas o acolchado. SIN. Plumas.

**plumilla** *s. f.* **1.** Punta de metal que se pone en un soporte alargado, llamado *portaplumas*, y que se moja en tinta para escribir o dibujar. **2.** Punta de la pluma estilográfica parecida a la anterior.

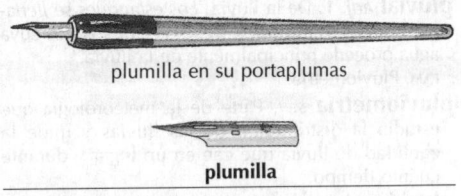

plumilla en su portaplumas

plumilla

**plumín** *s. m.* Plumilla de una pluma estilográfica.

**plumón** *s. m.* Pluma pequeña y muy suave que tienen las aves debajo del plumaje de fuera; se emplea, por ejemplo, para hacer plumíferos.

**plural** *adj. y s. m.* Número que tienen las palabras que significan varias personas, animales o cosas; por ejemplo, *niños* es el plural de *niño*.
FAM. Pluralidad, pluralismo.

**pluralidad** *s. f.* Variedad, diversidad: *Entre los científicos de todo el mundo había pluralidad de opiniones sobre aquel fenómeno.*

**pluralismo** *s. m.* Hecho de haber varias ideas u opiniones; por ejemplo, en un país hay pluralismo político cuando existen varios partidos que tienen ideas políticas diferentes.
FAM. Pluralista.

**pluralista** *adj.* Que tiene o admite varias ideas y opiniones distintas: *La televisión pública debe dar una información pluralista.*

**pluricelular** *adj.* Que tiene muchas células.

**pluriempleado, da** *adj. y s. m. y f.* Persona que tiene más de un trabajo: *Está pluriempleado, trabaja en la oficina y en una tienda de ropa.*

**pluriempleo** *s. m.* Situación de la persona que tiene más de un trabajo.
FAM. Pluriempleado.

**plus** *s. m.* Cantidad de dinero que alguien recibe además del sueldo normal: *Los jugadores de fútbol recibirán un plus si consiguen ganar el partido.*
FAM. Plural.

**pluscuamperfecto** *adj. y s. m.* Tiempo del verbo que indica una acción terminada, anterior a otra acción; por ejemplo, *había comido*: *Los niños ya habían comido cuando llegó su padre.*

**plusmarca** *s. f.* Récord deportivo.
FAM. Plusmarquista.

**plusmarquista** *s. m. y f.* Deportista que ha conseguido un récord.

**plusvalía** *s. f.* **1.** Aumento del valor de una cosa por causas externas a ella. **2.** Impuesto que se paga cuando se quiere vender una casa o terreno que, con el paso del tiempo, ha aumentado de valor.

**plutonio** *s. m.* Elemento químico metálico de color blanco plateado y muy tóxico que se fabrica artificialmente en laboratorio y se usa como combustible nuclear.

**pluvial** *adj.* **1.** De la lluvia: *Los estanques se llenaron con aguas pluviales.* **2.** Se dice de los ríos cuya agua procede principalmente de la lluvia.
FAM. Pluviometría.

**pluviometría** *s. f.* Parte de la meteorología que estudia la distribución de las lluvias y mide la cantidad de lluvia que cae en un lugar y durante cuánto tiempo.

**pluviómetro** *s. m.* Aparato que sirve para medir la cantidad de lluvia que cae en un lugar.

**poblacho** *s. m.* Pueblo pequeño o feo.

**población** *s. f.* **1.** Conjunto de personas, animales o plantas que viven en un lugar. **2.** Lugar con calles y casas donde vive gente: *La carretera pasa por varias poblaciones importantes.*
SIN. **2.** Localidad, ciudad, pueblo.

**poblado, da** *adj.* **1.** Se dice del lugar en el que viven personas, animales o plantas: *Madrid es una ciudad poblada por personas de todas las regiones de España.* **2.** Con mucho pelo: *una barba poblada.* || *s. m.* **3.** Población, lugar habitado por personas. **4.** Conjunto de chozas o de chabolas: *En África hay poblados en medio de la selva. Aquellos gitanos vivían en un poblado en las afueras de la ciudad.*
SIN. **1.** Habitado. **2.** Espeso. **3.** Localidad. **4.** Aldea.
ANT. **1.** Deshabitado.

**poblador, ra** *adj. y s. m. y f.* Que puebla un lugar, que vive en él: *Los primeros pobladores de América fueron los indios.*
SIN. Habitante.

**poblamiento** *s. m.* Acción de poblar un lugar: *Tras la reconquista, los habitantes iniciaron el poblamiento de la ciudad.*

**poblar** *v.* **1.** Haber en abundancia, llenar: *Muchos peces poblaban antes las aguas de este río.* **2.** Quedarse a vivir en un lugar: *Poblaron la región personas venidas de otros lugares para trabajar allí.* ■ Es un verbo irregular. Se conjuga como *contar.*
SIN. **1.** Colmar. **2.** Repoblar. ANT. **1.** Vaciar. **2.** Despoblar; emigrar.
FAM. Población, poblado, poblador, poblamiento. / Despoblar, repoblar, superpoblado.

**pobre** *adj. y s. m. y f.* **1.** Que no tiene dinero ni lo necesario para vivir. **2.** Persona o animal que nos da pena: *El pobre ha suspendido.* || *adj.* **3.** Que tiene muy poco de algo o que es de poco valor: *El colorido de este dibujo es muy pobre.*
SIN. **1.** Necesitado, indigente, pordiosero. **3.** Escaso, corto; humilde, modesto. ANT. **1.** Acaudalado, opulento. **1.** y **3.** Rico. **3.** Abundante, lleno, valioso.
FAM. Pobretón, pobreza. / Empobrecer, paupérrimo.

**pobretón, na** *adj. y s. m. y f.* Persona que tiene poco dinero.

**pobreza** *s. f.* **1.** Falta de dinero y otras cosas necesarias para vivir. **2.** Escasez, falta de algo: *Con esa pobreza de lenguaje nunca escribirá bien.*
SIN. **1.** Miseria, necesidad, penuria. ANT. **1.** Bienestar, opulencia. **1.** y **2.** Riqueza.

**pocero** *s. m.* Persona que limpia las alcantarillas.

**pocha** *s. f.* Judía blanca temprana.

**pocho, cha** *adj.* **1.** Podrido: *una manzana pocha.* **2.** Un poco enfermo: *Elena está algo pocha, hoy se va a quedar en casa.*
SIN. **1.** Pasado. **2.** Indispuesto.

**pocholada** *s. f.* Persona o cosa que resulta bonita o graciosa: *Menuda pocholada de camisa se ha comprado.*

## PODER

### GERUNDIO
pudiendo

### INDICATIVO

| Presente | Pretérito perfecto simple |
|---|---|
| puedo | pude |
| puedes | pudiste |
| puede | pudo |
| podemos | pudimos |
| podéis | pudisteis |
| pueden | pudieron |

| Futuro | Condicional |
|---|---|
| podré | podría |
| podrás | podrías |
| podrá | podría |
| podremos | podríamos |
| podréis | podríais |
| podrán | podrían |

### SUBJUNTIVO

| Presente | Pretérito imperfecto |
|---|---|
| pueda | pudiera, -ese |
| puedas | pudieras, -eses |
| pueda | pudiera, -ese |
| podamos | pudiéramos, -ésemos |
| podáis | pudierais, -eseis |
| puedan | pudieran, -esen |

| Futuro | |
|---|---|
| pudiere | pudiéremos |
| pudieres | pudiereis |
| pudiere | pudieren |

### IMPERATIVO
puede / poded

**pocilga** *s. f.* **1.** Lugar donde se tiene a los cerdos. **2.** Lugar muy sucio. **SIN. 1.** Cochiquera, porqueriza. **2.** Leonera.

**pocillo** *s. m.* **1.** Recipiente pequeño para echar líquidos. **2.** Taza pequeña: *un pocillo de café.*

**pócima** *s. f.* **1.** Poción. **2.** Bebida extraña o desagradable.

**poción** *s. f.* Bebida medicinal o con poderes mágicos: *El brujo hizo una poción para convertir al príncipe en rana.* **SIN.** Pócima.

**poco, ca** *indef.* **1.** Se dice de algo que existe en pequeña cantidad o intensidad: *En aquella montaña había pocos árboles. Ese motor tiene poca fuerza.* ‖ *s. m.* **2.** Cantidad pequeña de algo: *Pásame un poco de pan.* ‖ *adv.* **3.** En pequeña cantidad o intensidad: *Este año hemos ido poco al campo.* **4.** Indica un tiempo corto: *Hace poco estuvimos en tu pueblo. A poco de acabar los estudios encontró trabajo.* **EXPR. poco a poco** Despacio, en pequeñas cantidades: *Echa poco a poco el agua en la botella para que no se salga.* **SIN. 1.** Escaso. **2.** Algo. **ANT. 1.** Abundante. **1., 3.** y **4.** Mucho. **FAM.** Apocar, tampoco.

**poda** *s. f.* Acción de podar.

**podadera** *s. f.* Tijera grande y fuerte con el mango de madera que se usa para podar.

**podar** *v.* Cortar las ramas de los árboles para que crezcan luego con más fuerza. **FAM.** Poda, podadera.

**podenco, ca** *adj.* y *s. m.* y *f.* Se dice de una raza de perros de cuerpo fuerte con bastante pelo, orejas tiesas y cola enroscada. Tienen una excelente vista y olfato, por lo que son muy buenos para la caza.

**poder**[1] *v.* **1.** Tener alguien capacidad, fuerzas o posibilidad para hacer algo, no haber nada que se lo impida: *Si estudias desde ahora, puedes aprobar. Yo solo puedo con esa maleta. El sábado puedo salir porque no tengo deberes.* **2.** Tener permiso, dejarle a alguien hacer algo: *Ha dicho mi padre que puedo quedarme el fin de semana en tu casa.* **3.** Ser más fuerte, ser capaz de ganar a alguien: *Miguel puede a todos los de su clase.* **4.** Ser posible. ■ Con el último significado sólo se usa en tercera persona: *Puede que llueva mañana. Es un verbo irregular.* **EXPR. a** o **hasta más no poder** De tal modo que ya no se puede más: *Se rieron en el cine a más no poder.* **SIN. 3.** Dominar. **ANT. 3.** Perder. **FAM.** Poder[2], poderío, poderoso, posible, potencia, potestad, pudiente. / Impotente.

**poder**[2] *s. m.* **1.** Capacidad, fuerzas o posibilidad para hacer algo: *Ese chico tiene poder para convencer a sus compañeros.* **2.** Gobierno, mando, influencia: *En las elecciones varios partidos políticos intentan llegar al poder. Los grandes emperadores tenían mucho poder.* **3.** Hecho de poseer o tener alguna cosa: *Tuvieron que rendirse y dejar el castillo en poder de sus enemigos.* **SIN. 1.** Potencia, facultad, potestad. **2.** Poderío, dominio, predominio. **3.** Posesión, propiedad. **ANT. 1.** Incapacidad, imposibilidad. **2.** Sumisión. **FAM.** Apoderar.

**poderío** *s. m.* **1.** Poder, dominio: *Los romanos extendieron su poderío por la mayor parte de Europa.* **2.** Fortaleza, fuerza: *La ballena mostraba su poderío dando grandes coletazos sobre el agua.* **SIN. 1.** Mando. **2.** Energía, potencia. **ANT. 2.** Debilidad.

**poderoso, sa** *adj.* y *s. m.* y *f.* **1.** Que tiene mucho poder: *Estados Unidos es uno de los países más*

poderosos del mundo. **2.** Eficaz: *Esta pasta de dientes tiene una sustancia muy poderosa contra la caries.* **3.** Muy importante: *Tenía poderosas razones para estar enfadado con Inés.*
SIN. **1.** Potente, influyente. **2.** Activo. ANT. **1.** Débil. **2.** Ineficaz.
FAM. Todopoderoso.

**podio** o **pódium** *s. m.* Plataforma en la que se colocan los vencedores de una prueba deportiva. ■ El plural de *pódium* es *pódiums*.

**podología** *s. f.* Parte de la medicina que estudia y trata las enfermedades de los pies y sus cuidados.
FAM. Podólogo.

**podólogo, ga** *s. m.* y *f.* Especialista en las enfermedades y el cuidado de los pies.

**podredumbre** *s. f.* Estado en que se encuentra algo podrido; también, cosa o parte de una cosa que está podrida.
SIN. Putrefacción.

**podrido, da** *adj.* Que se pudrió: *Las peras estaban podridas por no haberlas metido en la nevera.*
SIN. Corrompido.
FAM. Podredumbre.

**podrir** *v.* Busca **pudrir**.
FAM. Podrido.

**poema** *s. m.* Obra en verso.
SIN. Poesía.
FAM. Poemario.

**poemario** *s. m.* Conjunto de poemas: *Se está haciendo un poemario con todos los poemas que le gustan.*

**poesía** *s. f.* **1.** Arte de expresar ideas o sentimientos de forma bella por medio de las palabras, especialmente si se hace en verso. **2.** Conjunto de obras de este arte: *Gloria Fuertes escribió poesía para niños.* **3.** Poema, obra en verso: *Compuso una poesía sobre la primavera.*
ANT. **1.** y **2.** Prosa.
FAM. Poeta, poética, poético, poetisa. / Poema.

**poeta** *s. m.* y *f.* Persona que escribe poesía. ■ En femenino se usa también *poetisa*.

**poética** *s. f.* **1.** Arte de escribir poesías. **2.** Conjunto de principios o reglas que sigue un autor o escuela poética.

**poético, ca** *adj.* De la poesía o parecido a ella: *La redacción que escribió Vicente era muy poética.*
SIN. Lírico.

**poetisa** *s. f.* Mujer que escribe poesía.

**póinter** *adj.* y *s. m.* y *f.* Se dice de una raza de perros de tamaño mediano, orejas caídas y pelo corto. Se utilizan para la caza. ■ Es una palabra inglesa. Su plural es *póinters*.

**póker** *s. m.* Juego de cartas en el que se reparten cinco a cada jugador y gana el que consigue la mejor combinación. ■ Es una palabra inglesa. Se escribe también *póquer*.

**polaco, ca** *adj.* y *s. m.* y *f.* **1.** De Polonia, país del este de Europa. || *s. m.* **2.** Lengua que se habla en Polonia.

**polaina** *s. f.* Prenda que cubre desde el tobillo a la rodilla. Se usa, por ejemplo, en algunos uniformes militares.

**polar** *adj.* De los polos o como si fuera de ellos: *El oso blanco vive en las regiones polares. En esta ciudad hace un frío polar en invierno.*

**polarizar** *v.* Concentrar la atención: *La obra de ese pintor polarizó el interés de los visitantes del museo.* ■ Delante de *e* se escribe *c* en lugar de *z*: *polarice*.
SIN. Centrar.

**polaroid** *s. f.* Cámara fotográfica que revela automáticamente las fotos.

**polca** *s. f.* **1.** Música de ritmo rápido y alegre. **2.** Danza de origen polaco que se baila en parejas siguiendo el ritmo de esta música.

**pólder** *s. m.* Terreno que antes estaba cubierto por el mar y en el que se han hecho presas para que no entre el agua, como los que hay en Holanda. ■ Es una palabra holandesa. Su plural es *pólders*.

**polea** *s. f.* Rueda por la que se hace pasar una cuerda y que se utiliza para levantar pesos.

**polémica** *s. f.* Discusión entre personas que tienen opiniones o ideas distintas.
SIN. Controversia, disputa. ANT. Acuerdo, conformidad.
FAM. Polémico.

**polémico, ca** *adj.* Que causa polémica.
SIN. Controvertido.
FAM. Polemizar.

**polemizar** *v.* Mantener una polémica: *Llevan una hora polemizando sobre quién trabaja más.* ■ Delante de *e* se escribe *c* en lugar de *z*: *polemicen*.

**polen** *s. m.* Granitos muy pequeños que hay dentro de las flores por medio de los cuales se reproducen las plantas.
FAM. Polinización.

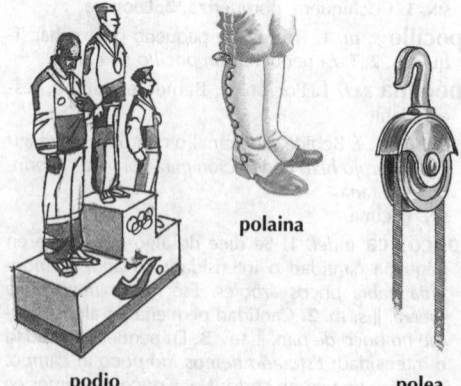

polaina

podio · polea

**poleo** *s. m.* Hierba de sabor parecido a la menta, con la que se hacen infusiones.

**poliamida** *s. f.* Compuesto químico que se utiliza en la elaboración de tejidos, fibras y plásticos: *Prefiero los jerséis de lana a los de poliamida porque abrigan más.*

**polibán** *s. m.* Bañera pequeña, generalmente con un asiento en un lado.

**polichinela** *s. m.* Personaje del teatro italiano y del guiñol. Tiene chepa y es muy burlón.

**policía** *s. m. y f.* **1.** Persona que se encarga de mantener el orden público y cuidar de la seguridad de los ciudadanos. ‖ *s. f.* **2.** Organización formada por estas personas.
FAM. Policiaco, policial, polizonte.

**policiaco, ca** o **policíaco, ca** *adj.* **1.** De la policía o relacionado con ella. **2.** Se dice de un tipo de novelas y películas que tratan de las investigaciones de policías y detectives.
SIN. **1.** Policial.

**policial** *adj.* De la policía o relacionado con ella: *una investigación policial.*
SIN. Policiaco.

**policlínica** *s. f.* Clínica en la que hay médicos de diferentes especialidades.

**policromado, da** *adj.* De varios colores.
SIN. Multicolor.

**polideportivo, va** *adj. y s. m.* Instalación en la que pueden practicarse varios deportes.

**poliedro** *s. m.* Figura geométrica formada por varias caras, por ejemplo el cubo, que tiene seis caras cuadradas.

**poliéster** *s. m.* Fibra obtenida artificialmente que tiene muchos usos; se utiliza, por ejemplo, para fabricar tejidos.

**polifacético, ca** *adj.* Se dice de la persona que vale para muchas cosas o se dedica a varias actividades.

**polifonía** *s. f.* Música compuesta de varios sonidos o voces que suenan a la vez formando una única melodía.

**polifónico, ca** *adj.* Relacionado con la polifonía: *una composición polifónica.*

**poligamia** *s. f.* El hecho de estar casado con varias personas a la vez.
FAM. Polígamo.

**polígamo, ma** *adj. y s. m. y f.* Persona que practica la poligamia.

**polígloto, ta** o **poligloto, ta** *adj. y s. m. y f.* Persona que sabe varias lenguas. ■ Se utilizan más las formas *políglota* y *poliglota* tanto para femenino como para masculino.

**poligonal** *adj.* Relacionado con el polígono: *Han construido un edificio con forma poligonal.*

**polígono** *s. m.* **1.** Figura geométrica plana, limitada por una línea cerrada que forma varios ángulos, como el cuadrado y el pentágono. **2.** Terreno que suele estar en las afueras de las ciudades y en el que hay muchas fábricas.
FAM. Poligonal.

**polilla** *s. f.* Mariposa pequeña de color amarillento o grisáceo. Las larvas de algunas de ellas se comen la ropa y otras cosas: *Hay que restaurar el armario de la abuela porque se lo han comido las polillas.*
FAM. Apolillarse.

**polinesio, sia** *adj. y s. m. y f.* De la Polinesia, islas que están en Oceanía.

**polinización** *s. f.* Transporte del polen de una parte a otra de la flor o de una flor a otra que permite que se reproduzcan las plantas.
FAM. Polinizar.

**polinizar** *v.* Realizar una flor la polinización. ■ Delante de *e* se escribe *c* en lugar de *z*: *polinice.*

**polinómico, ca** *adj.* De los polinomios.

**polinomio** *s. m.* Expresión matemática formada por varios monomios, por ejemplo $3x + 2y + 5z$.
FAM. Polinómico.

**polio** o **poliomielitis** *s. f.* Enfermedad muy grave que hace quedarse paralíticos a los que la sufren. Está producida por un virus y suelen ser niños quienes la padecen. ■ La palabra *poliomielitis* no varía en plural.

**pólipo** *s. m.* **1.** Animal marino en forma de tubo que vive pegado a las rocas; por ejemplo, los corales son un tipo de pólipos. **2.** Bultito que se forma en algunas partes internas del cuerpo, por ejemplo en la nariz o en las cuerdas vocales.

**polis** *s. f.* La ciudad en la antigua Grecia. ■ No varía en plural.
FAM. Acrópolis, cosmopolita, metrópoli, metrópolis, necrópolis.

**polisemia** *s. f.* Hecho de tener varios significados una palabra; por ejemplo, *sierra* puede ser un conjunto de montañas y también una herramienta.

**polisílabo, ba** *adj.* Que tiene varias sílabas, por ejemplo la palabra *caballo.*
ANT. Monosílabo.

**polisón** *s. m.* Armazón que antiguamente llevaban las mujeres atado a la cintura para dar vuelo a la falda por detrás.

**politécnico, ca** *adj.* Se dice del centro donde se enseñan oficios o algunas carreras, como la arquitectura o la electrónica.

**politeísmo** *s. m.* Creencia en varios dioses.
ANT. Monoteísmo.
FAM. Politeísta.

**politeísta** *adj.* Que cree en varios dioses: *una religión politeísta.*
ANT. Monoteísta.

**política** *s. f.* **1.** Actividad que tiene como finalidad gobernar y organizar un país. **2.** Forma de actuar: *La política de ese profesor es siempre escuchar a los alumnos.*
SIN. **2.** Estrategia.
FAM. Político, politiqueo, politizar.

**politicastro, tra** *s. m.* y *f.* Mal político. ■ Es una palabra despectiva.

**político, ca** *adj.* y *s. m.* y *f.* **1.** Persona que se dedica a la política, por ejemplo un ministro o el presidente del gobierno. ‖ *adj.* **2.** De la política o relacionado con ella: *Juan y Andrés tienen ideas políticas diferentes.* **3.** Llamamos así a algunos familiares de la persona con que nos casamos; por ejemplo, los *hermanos políticos* son los cuñados y los *padres políticos* son los suegros.
FAM. Politicastro. / Apolítico.

**politiqueo** *s. m.* Participación en la política que se hace con intrigas y trampas o sólo para sacar provecho. ■ Es una palabra despectiva.

**politizar** *v.* Dar un sentido político a lo que normalmente no lo tiene: *En época de elecciones se politiza todo.* ■ Delante de *e* se escribe *c* en lugar de *z*: *politice.*
FAM. Despolitizar.

**poliuretano** *s. m.* Sustancia sintética que se utiliza para fabricar espuma de relleno, pintura antioxidante, plásticos, fibras: *Las mesas y sillas del jardín son de poliuretano.*

**polivalente** *adj.* Que sirve para varias cosas.

**polivinilo** *s. m.* Material sintético que se usa como aislante en cables, tubos, mangueras y también en algunos tejidos.

**póliza** *s. f.* **1.** Sello que hay que poner en algunos documentos o escritos. **2.** Papel en el que está escrito que se ha hecho un contrato de algo, por ejemplo de un seguro.

**polizón** *s. m.* Que viaja a escondidas y sin pagar en un barco.

**polizonte** *s. m.* y *f.* Persona que pertenece a la policía. ■ Es una palabra despectiva.

**polla** *s. f.* **1.** Gallina joven. **2.** Pene. ■ Con este significado, es una palabra vulgar.
EXPR. **polla de agua** Ave que vive en las orillas de ríos y pantanos.
FAM. Gilipollas, soplapollas.

**pollada** *s. f.* Conjunto de pollos de una gallina o de otra ave que nacen a la vez: *La pollada del gallinero nació hace tres días.*

**pollera** *s. f.* En Hispanoamérica, falda.

**pollería** *s. f.* Tienda en la que se venden pollos y huevos.

**pollero, ra** *s. m.* y *f.* Persona que cría pollos o los vende.

**pollino, na** *s. m.* y *f.* Burro, asno.

**pollo** *s. m.* **1.** Cría de las aves, sobre todo de las gallinas. **2.** Gallo o gallina joven: *Hoy hemos comido pollo.* **3.** Jovencito, chico. **4.** Tío, individuo: *El pollo que le vendió la radio le ha engañado completamente.*
FAM. Polla, pollada, pollera, pollería, pollero, pollino, polluelo. / Empollar, repollo.

**polluelo, la** *s. m.* y *f.* Cría de ave.

**polo¹** *s. m.* **1.** Cada una de las dos regiones que están en la parte más al norte y más al sur de la Tierra, en las que hay un clima muy frío. **2.** Helado duro con un palito para sujetarlo. **3.** Cada uno de los dos puntos opuestos de un cuerpo donde se concentra mayor cantidad de energía: *los polos de un imán.* **4.** Cada uno de los puntos de una pila u otro generador entre los cuales circula la corriente eléctrica; son el polo positivo y el polo negativo. **5.** Persona o cosa sobre la que se centra la atención: *Nada más aparecer, la actriz se convirtió en el polo de todas las miradas.*
EXPR. **el polo opuesto** Alguien o algo que es muy diferente a otra persona o cosa: *Juan es el polo opuesto a su hermano.*
SIN. **5.** Centro.
FAM. Polar, polarizar. / Bipolar, interpolar.

**polo²** *s. m.* **1.** Deporte que se practica a caballo y que consiste en meter una pelota en la portería contraria dándole con un mazo. **2.** Camisa de punto con cuello.

**pololos** *s. m. pl.* Antigua prenda interior femenina que era como unos pantalones que llegaban hasta la rodilla.

**poltrona** *s. f.* **1.** Sillón muy cómodo. **2.** Cargo importante o muy bueno, que no se quiere dejar.
FAM. Apoltronarse.

polo

**polución** *s. f.* Contaminación del medio ambiente. **FAM.** Polucionar. / Impoluto.

**polucionar** *v.* Contaminar el medio ambiente.

**polvareda** *s. f.* **1.** Gran cantidad de polvo que se levanta del suelo: *Con tanto viento había una polvareda tremenda.* **2.** Muchos comentarios y discusiones: *El divorcio de ese actor levantó una gran polvareda en la prensa del corazón.*

**polvera** *s. f.* Caja o estuche con los polvos que las mujeres se ponen en la cara para estar más guapas.

**polvo** *s. m.* **1.** Trocitos pequeñísimos de arena y de otros materiales que están por el aire, en el suelo o encima de los objetos. **2.** Cualquier cosa en trocitos muy pequeños: *leche en polvo, canela en polvo.* **3.** Acto sexual. ■ Con este significado es una palabra vulgar. ‖ *s. m. pl.* **4.** Producto que se ponen las mujeres en la cara para estar más guapas.
**EXPR. hacer polvo** Hacer daño, cansar mucho, destrozar: *Me hizo polvo el pie con aquel pisotón. Después de la caminata estábamos todos hechos polvo.* **morder el polvo** Caerse al suelo o ser derrotado en algo.
**FAM.** Polvareda, polvera, pólvora, polvoriento, polvorón. / Empolvar, espolvorear, guardapolvo, pulverizar, rapapolvo.

**pólvora** *s. f.* Sustancia que arde muy fácilmente, que se pone en balas y explosivos.
**FAM.** Polvorilla, polvorín.

**polvoriento, ta** *adj.* Que tiene mucho polvo: *Llegaron al pueblo por un camino polvoriento.*

**polvorilla** *s. m. y f.* Persona que no se puede estar quieta.

**polvorín** *s. m.* Lugar donde se guardan los explosivos.

**polvorón** *s. m.* Dulce de harina, manteca y azúcar que se deshace enseguida; suele comerse en Navidad.

**pomada** *s. f.* Pasta para ponerse en la piel como medicamento.

**pomarada** *s. f.* Lugar en el que hay muchos manzanos: *Convirtió el huerto en una pomarada.*

**pomelo** *s. m.* Fruta parecida a la naranja, pero más grande y de color amarillo, con un sabor ácido y amargo a la vez.

**pomo** *s. m.* Agarrador en forma de bola de una puerta, ventana o cajón.

**pompa** *s. f.* **1.** Esfera de agua y jabón llena de aire: *Hacemos pompas soplando por un tubito en un vaso con agua y champú.* **2.** Mucho lujo o ceremonia muy solemne: *La boda de los príncipes se celebró con gran pompa.*
**EXPR. pompas fúnebres** El entierro y las ceremonias que se hacen cuando alguien ha muerto.
**SIN. 1.** Burbuja. **2.** Aparato, boato, ostentación. **ANT. 2.** Sencillez.
**FAM.** Pomposo.

**pompeyano, na** *adj. y s. m. y f.* De Pompeya, ciudad de la antigua Roma que quedó enterrada por la lava de un volcán.

**pompi** o **pompis** *s. m.* Culo, trasero. ■ *Pompis* no varía en plural.
**SIN.** Nalgas, posaderas.

**pompón** *s. m.* Bola de lana o de otro material parecido que a veces se pone de adorno en la ropa o en un gorro.

**pomposo, sa** *adj.* **1.** Con demasiado lujo o muy solemne: *La fiesta fue muy pomposa.* **2.** Se dice del lenguaje poco natural, demasiado culto o adornado.
**SIN. 1.** y **2.** Ostentoso. **2.** Grandilocuente, rimbombante. **ANT. 1.** y **2.** Sencillo, sobrio.

**pómulo** *s. m.* Parte saliente de la cara debajo de los ojos, a los lados de la nariz.

**ponche** *s. m.* **1.** Bebida caliente que se hace con leche, huevo y algún licor. **2.** Bebida refrescante que se prepara mezclando varios licores.

**poncho** *s. m.* Prenda de vestir que consiste en una manta que tiene en el centro un agujero para meter la cabeza.

**ponderado, da** *adj.* Moderado, que no exagera en lo que hace o dice.
**SIN.** Equilibrado. **ANT.** Exagerado.

**ponderar** *v.* **1.** Examinar las ventajas e inconvenientes de algo: *Tenemos que ponderar bien lo que vamos a hacer.* **2.** Decir cosas buenas de alguien o algo: *El profesor ponderó el trabajo de Antonio.*
**SIN. 1.** Sopesar. **2.** Alabar, elogiar, ensalzar. **ANT. 2.** Criticar.
**FAM.** Ponderado, ponderativo. / Imponderable, preponderancia.

**ponderativo, va** *adj.* Que pondera o elogia: *Siempre tiene un término ponderativo para hablar de su hermana.*

**ponedero** *s. m.* Lugar donde las gallinas ponen los huevos.

**ponedora** *adj. y s. f.* Gallina que pone muchos huevos.

**ponencia** *s. f.* Lo que alguien dice sobre un tema en algunas reuniones: *La ponencia del médico español en el congreso trató sobre la gripe.*
**SIN.** Conferencia, intervención.

**ponente** *s. m. y f.* Persona que realiza una ponencia.

**poner** *v.* **1.** Hacer que alguien o algo esté en un lugar o situación: *Jorge ha puesto la bicicleta en la terraza. Mamá ha puesto la leche a calentar.* **2.** Hacer que alguien o algo esté de una manera: *Tus bromas me ponen de mal humor. El trigo se pone amarillo en verano.* **3.** Abrir, hacer que empiece a funcionar: *Han puesto una tienda de ropa al lado de nuestro portal.* **4.** Encender, conectar: *Pon la televisión, que va a empezar el partido.* **5.** Vestir o calzar: *Mañana me pondré la camisa de rayas.* **6.** Soltar los

huevos las aves. **7.** Dar un nombre o apodo: *Han puesto Alfredo al niño.* **8.** Marcar, fijar: *El profesor puso las reglas de la carrera.* **9.** Echar: *¿Qué ponen en la tele esta tarde?* **10.** Dar: *Todos pusimos algo de dinero para comprarle el regalo a Marta.* **11.** Decir: *¿Qué pone en ese letrero?* **12.** Preparar: *Hay que poner la mesa.* **13.** Dar una opinión, juzgar: *Los periódicos ponen muy bien la novela que acaban de publicar.* **14.** Con algunos sustantivos, realizar lo que significan: *Puso todo su empeño en recaudar fondos para una ONG. El juez dio con el mazo en la mesa para poner orden en la sala.* **15.** Castigar con: *Le pusieron una multa por exceso de velocidad.* || **ponerse 16.** Empezar a hacer algo: *Nieves se puso a gritar cuando vio la araña.* **17.** Ocultarse el Sol y otros astros: *El Sol se pone a las nueve.* **18.** Llegar: *Con el coche nuevo se puso en Valencia en cuatro horas.* ■ Es un verbo irregular. **SIN. 1.** Colocar, situar. **4.** Enchufar. **7.** Llamar, apodar. **8.** Determinar, establecer. **10.** Contribuir, aportar. **ANT. 1., 3., 4.** y **12.** Quitar. **1.** y **12.** Retirar. **3.** Cerrar. **4.** Desconectar. **5.** Desvestir.
**FAM.** Ponedero, ponedora, ponencia, ponente, poniente, posición, postor, postura, puesta, puesto. / Anteponer, contraponer, interponer, posponer, reponer, sobreponerse, superponer, trasponer, yuxtaponer.

**póney** o **poni** *s. m.* Raza de caballos de muy poca altura, ágiles y fuertes. ■ *Póney* es una palabra inglesa y su plural es *póneys.*

**poniente** *s. m.* **1.** Oeste. **2.** Viento que sopla de la parte oeste.
**SIN. 1.** Occidente. **ANT. 1.** Levante, oriente.

**pontevedrés, sa** *adj.* y *s. m.* y *f.* De Pontevedra, ciudad y provincia gallegas.

**pontificado** *s. m.* **1.** Cargo del pontífice. **2.** Tiempo que un pontífice tiene este cargo.
**SIN. 1.** y **2.** Papado.

**pontifical** *adj.* **1.** Del papa, un obispo o un arzobispo: *misa pontifical, bendición pontifical.* || *s. m.* **2.** Conjunto de adornos usados por el obispo para celebrar misa u otro oficio religioso. ■ Con este significado se usa más en plural: *Los pontificales del obispo están bordados en oro.*

**pontificar** *v.* **1.** Hablar intentando mostrar una sabiduría y una autoridad que no se tiene: *Goyo debería informarse mejor y pontificar menos.* **2.** Celebrar la misa u otros oficios como pontífice: *El obispo pontificará el domingo en la catedral.* ■ Delante de *e* se escribe *qu* en lugar de *c*: *pontifique.*

**pontífice** *s. m.* El papa de la Iglesia católica. Se llama también *sumo pontífice* o *romano pontífice.*
**FAM.** Pontificado, pontifical, pontificar, pontificio.

**pontificio, cia** *adj.* Relacionado con el pontífice.
**SIN.** Papal.

**ponzoña** *s. f.* Veneno.
**FAM.** Ponzoñoso. / Emponzoñar.

| PONER | | |
|---|---|---|

| PARTICIPIO | |
|---|---|
| puesto | |

| INDICATIVO | |
|---|---|
| **Presente** | **Pretérito perfecto simple** |
| pongo | puse |
| pones | pusiste |
| pone | puso |
| ponemos | pusimos |
| ponéis | pusisteis |
| ponen | pusieron |
| **Futuro** | **Condicional** |
| pondré | pondría |
| pondrás | pondrías |
| pondrá | pondría |
| pondremos | pondríamos |
| pondréis | pondríais |
| pondrán | pondrían |

| SUBJUNTIVO | |
|---|---|
| **Presente** | **Pretérito imperfecto** |
| ponga | pusiera, -ese |
| pongas | pusieras, -eses |
| ponga | pusiera, -ese |
| pongamos | pusiéramos, -ésemos |
| pongáis | pusierais, -eseis |
| pongan | pusieran, -esen |
| **Futuro** | |
| pusiere | pusiéremos |
| pusieres | pusiereis |
| pusiere | pusieren |

| IMPERATIVO | |
|---|---|
| pon | poned |

**ponzoñoso, sa** *adj.* Que tiene ponzoña.
**SIN.** Venenoso, tóxico.

**pop** *adj.* y *s. m.* Un tipo de música juvenil que nació en los países de habla inglesa en los años cincuenta del siglo XX. ■ Es una palabra inglesa.

**popa** *s. f.* Parte de atrás de una embarcación.

**pope** *s. m.* Sacerdote de la Iglesia ortodoxa.

**popelín** *s. m.* Tela de algodón o seda que tiene un poco de brillo.

**populachero, ra** *adj.* Del populacho: *En la verbena tocaba un grupo de música populachera.*

**populacho** *s. m.* La gente peor y de más baja categoría social.
**SIN.** Gentuza, chusma, plebe.
**FAM.** Populachero.

**popular** *adj.* **1.** Del pueblo o relacionado con el pueblo: *Carmen se presentó a un concurso de bai-*

*les populares.* **2.** Muy conocido o famoso: *Es un cantante muy popular, actúa muchas veces en la televisión.* **3.** Que está muy extendido o gusta mucho a la gente: *Ese refresco se ha hecho muy popular.* SIN. **1.** Folclórico.
FAM. Popularidad, popularizar. / Impopular.

**popularidad** *s. f.* El hecho de ser alguien o algo muy popular.
SIN. Fama.

**popularizar** *v.* Hacer popular. ■ Delante de *e* se escribe *c* en lugar de *z*: *popularicen.*

**populoso, sa** *adj.* Con mucha población: *Vive en un barrio populoso del centro de la ciudad.*
SIN. Poblado. ANT. Despoblado.

**popurrí** *s. m.* **1.** Conjunto de trozos de varias canciones. **2.** Mezcla de cosas diversas. ■ Su plural es *popurrís* o *popurríes.*

**póquer** *s. m.* Busca **póker**.

**por** *prep.* **1.** Va delante del complemento agente en las oraciones pasivas: *Este museo es visitado por muchos turistas.* **2.** Expresa el lugar en que alguien o algo está o a través del que pasa: *El coche va por la carretera.* **3.** Indica tiempo: *Se fue de vacaciones por octubre.* **4.** Expresa el medio o el instrumento con que se hace algo: *Le llamó por teléfono.* **5.** Indica la multiplicación de dos números o un porcentaje: *seis por dos; cinco por ciento.* **6.** A cambio o pagando una cantidad de dinero: *Te doy mi lápiz por tu sacapuntas. Compró un libro por cinco euros.* **7.** Equivale a 'hacia': *Tiene mucho interés por la música.* **8.** Expresa la causa o la finalidad de algo: *Pararon el coche por una avería. Dibuja por entretenerse.* **9.** Expresa la opinión de alguien: *Sus compañeros le tienen por un chico listo.* **10.** En busca de, a comprar o recoger algo: *Fue por leche a la tienda.*
EXPR. **por qué** Se usa para preguntar la razón o motivo de algo.

**porcelana** *s. f.* **1.** Una cerámica de muy buena calidad, brillante y que suele ser de color blanco. **2.** Cualquier figura o recipiente hecho con este material.

**porcentaje** *s. m.* Una parte de cien unidades que vale lo mismo que otra parte de un total. Por ejemplo, un porcentaje de aprobados del 50 por ciento quiere decir que en un total de 30 alumnos han aprobado 15. ■ Se dice también *tanto por ciento* y se indica con el signo %.
FAM. Porcentual.

**porcentual** *adj.* Se dice de lo que está expresado en porcentajes: *Una parte porcentual de los encuestados está a favor.*

**porche** *s. m.* Espacio abierto y con columnas que tienen algunos edificios en la entrada o en alguno de los lados.

**porcino, na** *adj.* Del cerdo: *ganado porcino.*

**porción** *s. f.* Parte separada de una cosa que se puede dividir: *Partió la tarta en diez porciones.*
SIN. Trozo, ración.
FAM. Proporción.

**pordiosear** *v.* **1.** Pedir limosna. **2.** Pedir una cosa con humildad y de forma insistente: *No quiere tener que pordiosear una vivienda.*
SIN. **1.** Mendigar.

**pordiosero, ra** *adj. y s. m. y f.* Persona pobre que pide limosna.
SIN. Mendigo.
FAM. Pordiosear.

**porfía** *s. f.* **1.** Insistencia o cabezonería con la que alguien discute o intenta conseguir algo. **2.** Insistencia para conseguir algo.
SIN. **1.** Disputa. **2.** Empeño.
FAM. Porfiar.

**porfiar** *v.* **1.** Mantener con cabezonería una opinión al discutir. **2.** Ponerse pesado para conseguir algo: *Después de mucho porfiar, consiguió que Manolo le dejara el balón.*
SIN. **1.** Obstinarse, empecinarse. **2.** Insistir, empeñarse. ANT. **1.** Ceder. **2.** Cejar.

**pormenor** *s. m.* Detalle, información concreta sobre algo: *Su hermana le contó todos los pormenores de la fiesta a la que había ido.*
FAM. Pormenorizar.

**pormenorizar** *v.* Describir algo con todos los detalles. ■ Delante de *e* se escribe *c* en lugar de *z*: *pormenoricen.*
SIN. Detallar.

**porno** *adj.* Forma abreviada de **pornografía** y de **pornográfico.**

**pornografía** *s. f.* Películas, revistas y otras obras hechas para provocar la excitación sexual.
FAM. Porno, pornográfico.

**pornográfico, ca** *adj.* Relacionado con la pornografía.

**poro** *s. m.* Hueco o agujerito que es tan pequeño que no se ve a simple vista, por ejemplo los que tenemos en la piel o los que hay en el barro con que se hacen botijos y otros cacharros.
FAM. Poroso.

**poroso, sa** *adj.* Que tiene poros.

**poroto** *s. m.* En América del Sur, judía, alubia.

**porque** *conj.* Va delante de la oración que indica la causa o razón de algo: *Fue al zoo porque quería ver los osos panda.*

**porqué** *s. m.* Causa, motivo: *No comprendo el porqué de su enfado.*
SIN. Razón.

**porquería** *s. f.* **1.** Guarrería, suciedad. **2.** Cosa vieja, rota o de mala calidad: *Este walkman es una porquería, funciona muy mal. En la tele echaron una película que era una porquería.*

**SIN. 1.** Inmundicia. **1.** y **2.** Mierda, basura. **2.** Trasto, cacharro, birria.

**porqueriza** *s. f.* Establo para los cerdos.
**SIN.** Pocilga, cochiquera.

**porquerizo, za** o **porquero, ra** *s. m.* y *f.* Persona encargada de cuidar cerdos.

**porra** *s. f.* **1.** Palo más grueso por un extremo que por otro. **2.** Objeto alargado de goma u otro material que llevan los policías y guardias. **3.** Churro más grueso: *Tomó chocolate con porras para desayunar.* **4.** Juego en que varias personas apuestan una cantidad de dinero a un número o resultado; el que acierta se lleva el dinero de todos.
**EXPR. a la porra** Expresión con la que rechazamos a alguien o algo porque estamos enfadados o hartos de él: *¡Vete a la porra! Se cansó y mandó a la porra los estudios.* **irse** una cosa **a la porra** Estropearse o salir mal: *El negocio se fue a la porra y lo vendí.*
**SIN. 1.** Cachiporra.
**FAM.** Porrada, porrazo, porro. / Aporrear, mamporro.

**porrada** *s. f.* Gran cantidad de una cosa: *Tiene una porrada de dinero y no sabe en qué gastarlo.*
**SIN.** Montón, pila.

**porrazo** *s. m.* **1.** Golpe dado con la porra o con otra cosa. **2.** Golpe que uno se da al caerse o chocar con algo duro.
**SIN. 1.** Castañazo. **2.** Trastazo, batacazo.

**porrero, ra** *adj.* y *s. m.* y *f.* Se dice de la persona que fuma porros.

**porreta** *s. f.* **1.** Hojas verdes que brotan de algunas verduras como el puerro o la cebolla. **2.** Primeras hojas que salen de los cereales.
**EXPR. en porreta(s)** Desnudo.

**porrillo** Se usa en la expresión **a porrillo**, que significa 'en gran cantidad': *En el colegio tiene amigas a porrillo.*

**porro** *s. m.* Cigarrillo que tiene hachís o marihuana.
**FAM.** Porrero. / Emporrarse.

**porrón** *s. m.* Especie de botella de cristal con un largo pitorro por el que se bebe a chorro.

**portaaviones** *s. m.* Barco de guerra muy grande que puede transportar aviones y tiene espacio suficiente para que éstos puedan despegar y aterrizar en él. ■ No varía en plural.

**portabebés** *s. m.* **1.** Cuna portátil con asas. **2.** Mochila diseñada para llevar un bebé al pecho o a la espalda. ■ No varía en plural.
**SIN. 1.** Cuco.

**portada** *s. f.* **1.** Primera página de un libro, periódico o revista, en la que se pone el título y otros datos. **2.** Tapa de un libro o revista. **3.** Fachada principal de algunos edificios, que suele estar adornada: *la portada de una catedral.*
**FAM.** Contraportada.

**portador, ra** *adj.* y *s. m.* y *f.* **1.** Que lleva o trae algo: *Luisa fue portadora de buenas noticias. El empleado del banco dio el dinero al portador del cheque.* || *s. m.* y *f.* **2.** Persona que lleva en su cuerpo el germen de una enfermedad y puede contagiarla a otras personas.

**portaequipaje** o **portaequipajes** *s. m.* **1.** Maletero de un automóvil para guardar el equipaje y otras cosas. **2.** Baca de un automóvil. ■ La palabra *portaequipajes* no varía en plural.

**portaesquís** *s. m.* Soporte que se coloca en el techo del automóvil para transportar los esquís. ■ No varía en plural.

**portaestandarte** *s. m.* Militar que lleva la bandera o el estandarte de un regimiento.

**portafolios** *s. m.* Carpeta o cartera que sirve sobre todo para llevar papeles y libros. ■ No varía en plural.

**portal** *s. m.* **1.** Parte de la casa por donde se entra y en la que está la puerta principal. **2.** Sitio en Internet que ofrece gran cantidad de información y servicios, como por ejemplo buscadores, correo electrónico, chats, compras a través de la red.
**FAM.** Soportal.

**portalón** *s. m.* Puerta grande de un patio descubierto: *El palacio tiene un patio muy grande con un portalón de madera.*

**portaaviones**

**portaminas** *s. m.* Objeto usado como lápiz, que por fuera parece un bolígrafo y dentro lleva una mina que se puede cambiar por otra cuando se acaba. ■ No varía en plural.

**portante** Se usa en la expresión **coger** o **tomar el portante**, que significa 'marcharse, irse'.

**portañuela** *s. f.* En un pantalón, tira de tela que tapa la bragueta.

**portaplumas** *s. m.* Soporte alargado en que se coloca la plumilla para escribir o dibujar. ■ No varía en plural.

**portar** *v.* **1.** Traer o llevar: *El caballero portaba un mensaje para su señor.* ‖ **portarse 2.** Tener una conducta: *El crío se portó fatal en el restaurante.* **3.** Actuar bien una persona con otra: *Tu novia se ha portado: vaya regalo que te ha hecho.*
**SIN. 2.** Comportarse, conducirse.
**FAM.** Portaaviones, portabebés, portador, portaequipaje, portaequipajes, portaesquís, portaestandarte, portafolios, portaminas, portante, portaplumas, portarretrato, portarretratos, portarrollos, portátil, portavoz, porte, portear. / Reportar[1], transportar.

**portarretrato** o **portarretratos** *s. m.* Marco para colocar un retrato. ■ La palabra *portarretratos* no varía en plural.

**portarrollos** *s. m.* Aparato para colocar el rollo de papel higiénico o el de la cocina. ■ No varía en plural.

**portátil** *adj.* **1.** Que se puede llevar de un sitio a otro: *una escalera portátil.* ‖ *adj.* y *s. m.* **2.** Ordenador de pequeño tamaño, generalmente en forma de maletín, que se puede llevar de un lugar a otro.

**portavoz** *s. m.* y *f.* **1.** Persona que habla en nombre de un grupo e informa de sus asuntos o decisiones: *Un portavoz del gobierno dijo que bajarían los impuestos.* ‖ *s. m.* **2.** Periódico o revista que expresa las opiniones de un partido político o de otra asociación. ■ Su plural es *portavoces.*

**portazo** *s. m.* Golpe que da la puerta al cerrarla o al cerrarse bruscamente.

**porte** *s. m.* **1.** Aspecto de una persona o cosa, por su figura, su manera de andar o de vestir: *Fue recibido por una señora de porte elegante.* **2.** Acción de llevar una cosa de un sitio a otro por una cantidad de dinero. **3.** Esta cantidad de dinero. **4.** Capacidad, tamaño: *un vehículo de gran porte.*
**SIN. 1.** Presencia, facha, planta.

**porteador, ra** *s. m.* y *f.* Persona que trabaja transportando cosas de un sitio a otro: *Necesito un porteador para llevar estos muebles.*

**portear** *v.* Transportar una cosa de un sitio a otro por un precio.
**FAM.** Porteador.

**portento** *s. m.* **1.** Persona que tiene unas cualidades buenísimas para algo: *Felipe es un portento en física.* **2.** Acción, suceso o cosa que causa mucho asombro o admiración.

**SIN. 1.** Fenómeno. **1.** y **2.** Prodigio. **2.** Milagro, maravilla.
**FAM.** Portentoso.

**portentoso, sa** *adj.* Extraordinario, muy bueno.
**SIN.** Prodigioso.

**porteño, ña** *adj.* y *s. m.* y *f.* De Buenos Aires, capital de Argentina.

**portería** *s. f.* **1.** Habitación o lugar que hay a la entrada de un edificio y donde está el portero. **2.** En algunos deportes, como el fútbol, marco rectangular formado por un larguero y dos postes donde los jugadores tienen que meter el balón para marcar un tanto.
**SIN. 1.** Conserjería. **2.** Meta.

**portero, ra** *s. m.* y *f.* **1.** Persona que en un edificio se encarga de vigilar la entrada y salida de personas, y que puede hacer también otros trabajos. **2.** Jugador que defiende la portería de su equipo en el fútbol y otros deportes.
**EXPR.** **portero automático** Aparato para abrir el portal de un edificio desde cada una de las viviendas y por el que también se puede hablar con la persona que llama.
**SIN. 1.** Conserje. **2.** Guardameta.
**FAM.** Portería.

**portezuela** *s. f.* Puerta pequeña, sobre todo la de un carruaje: *Hasta que no arreglen la puerta principal, hay que entrar por una portezuela.*

**porticado, da** *adj.* Que tiene pórticos: *Construyeron un edificio porticado.*

**pórtico** *s. m.* **1.** Espacio cubierto y con columnas que tienen algunos templos y otros edificios en la parte delantera. **2.** Galería con arcos o columnas de un patio o de la fachada de un edificio.
**SIN. 1.** y **2.** Atrio.
**FAM.** Porticado.

**portón** *s. m.* Puerta grande que divide el portal del resto de la casa.

**portuario, ria** *adj.* De un puerto de mar.

**portugués, sa** *adj.* y *s. m.* y *f.* **1.** De Portugal, país europeo, situado al oeste de España. ‖ *s. m.* **2.** Lengua que se habla en Portugal, Brasil y otros países que pertenecieron a Portugal.

**porvenir** *s. m.* Futuro, lo que le espera a alguien.

**pos** Se usa en la expresión **en pos de**, que significa 'detrás de'.

**posada** *s. f.* Casa en que se hospedan personas.
**SIN.** Mesón, hospedería, hostería, venta.
**FAM.** Posadero.

**posaderas** *s. f. pl.* Culo de una persona.
**SIN.** Nalgas, trasero.

**posadero, ra** *s. m.* y *f.* Dueño de una posada o persona que se encarga de ella.
**SIN.** Mesonero, ventero.

**posar** *v.* **1.** Quedarse alguien en una postura para que le hagan una foto o un retrato: *Toda la familia* posó para hacerse una foto. **2.** Poner, colocar suavemente: *Posó la mano sobre su hombro para darle ánimos.* **3.** Seguido de sustantivos como *vista*, *mirada* u *ojos*, significa 'mirar, observar'. || **posarse 4.** Pararse en un lugar las aves y los insectos que vuelan: *El gorrión se posó en la copa del árbol.* **5.** Quedarse en el fondo de algo las partículas sólidas que contiene un líquido o que hay en el aire. **FAM.** Posada, posaderas, posavasos, pose, poso. / Reposar.

**posavasos** *s. m.* Lo que se pone debajo de los vasos y copas para que no se manche la mesa. ■ No varía en plural.

**posdata** *s. f.* Palabras o frases que se añaden a una carta cuando ya está terminada y que suelen escribirse debajo de la firma.

**pose** *s. f.* **1.** Postura en que se pone una persona, por ejemplo para hacerse una foto o un retrato. **2.** Actitud fingida o exagerada.

**poseedor, ra** *adj.* y *s. m.* y *f.* Que posee o tiene algo: *El poseedor del número premiado en la lotería vive en Logroño.*

**poseer** *v.* Tener, ser dueño de algo: *Esta chica posee una gran inteligencia. Su padre posee una casa y varios apartamentos.* ■ Es un verbo irregular. Se conjuga como *leer.*
**FAM.** Poseedor, poseído, posesión, posesivo, poseso. / Desposeer.

**poseído, da** *adj.* y *s. m.* y *f.* **1.** Persona que está dominada por algo, como por ejemplo una idea o un vicio. **2.** Persona que tiene dentro del cuerpo un espíritu que la domina.
**SIN. 2.** Poseso.

**posesión** *s. f.* **1.** Cosa que se posee: *Esa finca es una de sus posesiones.* **2.** El hecho de poseer o tener algo.
**SIN. 1.** Pertenencia. **1.** y **2.** Propiedad.

**posesivo, va** *adj.* y *s. m.* **1.** En gramática, se dice del adjetivo o pronombre que expresa posesión, como *mío, tuyo, suyo, nuestro, vuestro* y *mi, tu* y *su.* || *adj.* **2.** Se dice de la persona que quiere que otra sólo esté con ella y le haga caso sólo a ella.
**SIN. 2.** Dominante, absorbente.

**poseso, sa** *adj.* y *s. m.* y *f.* Persona que se cree que tiene un espíritu dentro del cuerpo y que está dominada por él.
**SIN.** Poseído.

**posgrado** *s. m.* Estudios universitarios que se hacen después de haber obtenido una licenciatura: *Se licenció en derecho y luego hizo un curso de posgrado en París.*
**FAM.** Posgraduado.

**posgraduado, da** *adj.* y *s. m.* y *f.* Se dice de la persona que estudia un posgrado.

**posguerra** *s. f.* Periodo de tiempo que sigue a una guerra, en el que todavía se sufren sus consecuencias.

**posibilidad** *s. f.* **1.** El hecho de ser posible algo: *Hay posibilidades de que hoy llueva.* || *s. f. pl.* **2.** Medios necesarios para hacer algo, sobre todo dinero: *Ese cochazo está fuera de sus posibilidades.*
**SIN. 1.** Probabilidad. **ANT. 1.** Imposibilidad.

**posibilitar** *v.* Hacer posible algo.

**posible** *adj.* **1.** Que puede ser o suceder, que se puede realizar: *Es posible que ganemos el partido.* || *s. m. pl.* **2.** Dinero u otros medios para hacer algo.
**EXPR. hacer lo posible** o **todo lo posible** Hacer una persona todo lo que puede para conseguir algo.
**SIN. 1.** Factible, viable. **ANT. 1.** Imposible, improbable.
**FAM.** Posibilidad, posibilitar, posiblemente. / Imposible.

**posiblemente** *adv.* Bastante posible: *Posiblemente Carlos tiene razón.*

**posición** *s. f.* **1.** Manera de estar colocado: *El tablero de la mesa está en posición horizontal.* **2.** Situación que se ocupa: *En el campeonato de tenis quedó en segunda posición.* **3.** Manera de pensar o actuar: *Mantuvo su posición de que lo mejor era llegar a un acuerdo.* **4.** Categoría económica o social de una persona. **5.** Lugar estratégico o fortificado que es muy importante en una acción de guerra.
**SIN. 1.** y **3.** Postura. **2.** Ubicación. **3.** Actitud.
**FAM.** Posicionarse.

**posicionarse** *v.* Colocarse en una posición, postura o actitud: *Se posicionó en el primer puesto de la clasificación.*

**positivamente** *adv.* **1.** De forma positiva: *Tienes que afrontar las cosas positivamente.* **2.** Sin ninguna duda: *Sé positivamente que Félix va a venir a las tres.*

**positivar** *v.* Obtener el positivo de una foto convirtiendo las partes claras del negativo en oscuras.

**positivo, va** *adj.* **1.** Beneficioso, bueno: *Es positivo que al niño le guste leer.* **2.** Se dice de la persona optimista, que ve el lado bueno de las cosas. **3.** Que indica la existencia de algo y no su falta: *La prueba para saber si estaba embarazada dio positiva.* **4.** Se dice del número que es mayor que cero. **5.** En física, se dice de la carga eléctrica que tiene falta de electrones. **6.** Se dice de uno de los tres grados del adjetivo, el que no es comparativo ni superlativo, que simplemente expresa una cualidad o una circunstancia. || *s. m.* **7.** Fotografía que se obtiene de un negativo.
**SIN. 1.** Provechoso. **ANT. 1.** Malo, perjudicial.
**FAM.** Positivamente, positivar. / Diapositiva, seropositivo.

**poso** *s. m.* **1.** Partícula sólida de un líquido que se queda en el fondo del recipiente. **2.** Huella que deja una experiencia desagradable: *La faena que le hizo su amigo le dejó un poso de tristeza.*
**SIN. 1.** Sedimento.

**posología** *s. f.* Parte de la farmacia que estudia y establece las dosis correctas de cada medicamento.

**posoperatorio, ria** *adj.* **1.** Se dice del proceso de curación después de una operación quirúrgica. || *s. m.* **2.** Tiempo que dura ese proceso.

**posponer** *v.* **1.** Dejar algo para más tarde: *Se les averió el coche y decidieron posponer el viaje.* **2.** Poner o colocar a una persona o cosa después de otra, sobre todo porque se la aprecia menos. ■ Es un verbo irregular. Se conjuga como *poner.* **SIN. 1.** Aplazar, retardar, retrasar, diferir. **2.** Postergar. **ANT. 1.** y **2.** Adelantar. **FAM.** Posposición.

**posposición** *s. f.* El hecho de posponer algo.

**post-it** *s. m.* Pequeña hoja de papel con un adhesivo que se puede pegar y despegar fácilmente y se utiliza para escribir notas. ■ Es una palabra inglesa. No varía en plural.

**posta** *s. f.* Bala pequeña de plomo, más grande que el perdigón. **EXPR. a posta** Aposta, queriendo.

**postal** *adj.* **1.** Del servicio de correos: *Puso un giro postal para enviar dinero a su hermano.* || *s. f.* **2.** Tarjeta con un paisaje u otra cosa impresa, que se escribe por la otra cara y se puede enviar por correo sin meterla en un sobre.

**poste** *s. m.* Madero u otro objeto alargado que está en posición vertical: *El balón chocó contra el poste y salió fuera del campo. A lo largo del camino hay varios postes de la luz.*

**póster** *s. m.* Cartel que reproduce un dibujo o una foto que se pone en la pared: *Tiene en la habitación un póster de su cantante favorito.* ■ Es una palabra inglesa. Su plural es *pósters.*

**postergar** *v.* **1.** Dejar a una persona o cosa olvidada o en peor situación de la que tenía: *Se quejaba de que el nuevo director le había postergado en su trabajo.* **2.** Dejar algo para más tarde. ■ Delante de *e* se escribe *gu* en lugar de *g*: *Quieren que postergue las vacaciones.* **SIN. 1.** y **2.** Posponer. **2.** Aplazar, retrasar. **ANT. 1.** y **2.** Adelantar.

**posteridad** *s. f.* Personas que vivirán después de otra o de un periodo de tiempo.

**posterior** *adj.* **1.** Que sucede después de algo: *La Nochevieja es posterior a la Nochebuena.* **2.** Que está colocado detrás de alguien o algo: *En clase, Manuel está sentado en una fila posterior a la de Carlos.* **3.** Que está atrás: *En la parte posterior del autocar iba un grupo de jóvenes.* **SIN. 1.** Ulterior. **3.** Trasero. **ANT. 1.** a **3.** Anterior. **FAM.** Posteridad, posterioridad, posteriormente, postrero, póstumo.

**posterioridad** *s. f.* Característica de lo que es posterior. Se usa sobre todo en las expresiones **con posterioridad** o **con posterioridad a**, que significan 'después' o 'después de'.

**posteriormente** *adv.* Después: *Comieron en un restaurante y posteriormente se fueron al teatro.*

**postigo** *s. m.* **1.** Puerta pequeña que se abre en otra mayor: *Cuando llamaron a la puerta, abrió el postigo para ver quién era.* **2.** Puertecillas que cubren los cristales de algunas ventanas para que no entre luz. **SIN. 2.** Contraventana.

**postilla** *s. f.* Costra que se forma al secarse una herida o un grano.

**postín** *s. m.* El darse una persona mucha importancia, sobre todo el presumir de su riqueza o de su posición social. **EXPR. de postín** De mucho lujo: *Estuvo en una fiesta de postín.* **FAM.** Postinero.

**postinero, ra** *adj.* Que presume de tener postín.

**postizo, za** *adj.* **1.** Que no es natural ni propio, sino artificial o añadido: *El abuelo tiene dentadura postiza.* || *s. m.* **2.** Pelo que se pone y se quita: *El moño que llevaba era un postizo.*

**postoperatorio, ria** *adj.* y *s. m.* Se dice del proceso que sigue un enfermo después de haber sido operado.

**postor** *s. m.* Cada persona que en una subasta ofrece una cantidad de dinero para quedarse con el objeto subastado.

**postración** *s. f.* Estado del que se queda sin fuerzas ni ánimos porque está muy triste o enfermo.

**postrado, da** *adj.* **1.** Debilitado por una enfermedad: *Lleva unos días postrado por la gripe.* **2.** Que está muy triste o sin ánimos.

**postrar** *v.* **1.** Dejar a una persona sin fuerzas ni ánimos: *Una fiebre muy alta le postró en la cama durante una semana.* || **postrarse 2.** Ponerse de rodillas a los pies de una persona en señal de respeto o por otras causas: *El caballero entró en la sala y se postró ante la reina.* **SIN. 1.** Abatir, desgastar, consumir. **2.** Arrodillarse. **ANT. 1.** Fortalecer, animar. **2.** Alzarse. **FAM.** Postración, postrado.

**postre** *s. m.* Fruta, dulce u otro plato que se toma al final de las comidas: *De postre tomaron natillas.* **EXPR. a la postre** En definitiva, al final.

**postrer** *adj.* Forma abreviada de **postrero**. ■ Se usa delante de un sustantivo masculino: *el postrer día.*

**postrero, ra** *adj.* Último. **FAM.** Postre, postrer, postrimería.

**postrimería** *s. f.* Últimos años de alguien o algo: *El descubrimiento de América tuvo lugar en las postrimerías del siglo XV.* **SIN.** Final. **ANT.** Comienzo.

**postulado** *s. m.* **1.** Algo que se admite como cierto sin necesidad de ser demostrado. **2.** Idea que defiende una persona, una doctrina o un grupo.

**postulante, ta** *adj.* y *s. m.* y *f.* Se dice de la persona que postula: *Me he ofrecido como postulante para la lucha contra el cáncer.*

**postular** *v.* **1.** Pedir dinero por la calle para los pobres o para otras causas buenas: *postular para la lucha contra el cáncer.* **2.** Afirmar, defender. **FAM.** Postulado, postulante.

**póstumo, ma** *adj.* **1.** Nacido después de la muerte de su padre: *hijo póstumo.* **2.** Que aparece después de la muerte de su autor. **3.** Se dice de otras cosas que ocurren o se hacen a una persona después de su muerte: *Hicieron al escritor un homenaje póstumo.*

**postura** *s. f.* **1.** Manera de tener colocado el cuerpo: *Sentarse en mala postura puede producir dolores de espalda.* **2.** Forma de actuar o de pensar: *Es muy valiente tu postura de defender siempre a los más débiles.* **SIN. 1.** Colocación. **1.** y **2.** Posición. **2.** Actitud.

**postventa** o **posventa** *s. f.* Tiempo después de una venta durante el que se ofrece al comprador un servicio de asistencia, mantenimiento, reparación.

**potabilizar** *v.* Hacer potable. ■ Delante de *e* se escribe *c* en lugar de *z*: *No se puede beber esa agua hasta que la potabilicen.*

**potable** *adj.* Se dice del agua que se puede beber. **FAM.** Potabilizar.

**potaje** *s. m.* Guiso preparado con legumbres, verduras y otros ingredientes, y sobre todo el que se hace con garbanzos.

**potasa** *s. f.* Nombre de varios compuestos químicos que contienen potasio, por ejemplo la *potasa cáustica*, que se usa entre otras cosas para hacer jabones.

**potasio** *s. m.* Metal blando, brillante, que se oxida rápidamente en contacto con el aire. **FAM.** Potasa.

**pote** *s. m.* **1.** Nombre que reciben distintos tipos de cacharros de cocina, sobre todo uno redondo con tres pies y dos asas. **2.** Guiso con caldo típico de Galicia y Asturias que lleva patatas, judías blancas, verduras cocidas, y otros ingredientes que le den sustancia, como jamón o tocino. **EXPR.** **darse pote** Darse mucha importancia, presumir. **FAM.** Potaje, potingue.

**potencia** *s. f.* **1.** Fuerza, poder, capacidad para algo: *un camión de gran potencia.* **2.** Nación muy poderosa: *En Ginebra se reunieron representantes de las grandes potencias.* **3.** En física, cantidad de trabajo que realiza un motor u otra cosa dividido por el tiempo que tarda en hacerlo. **4.** En matemáticas, resultado de multiplicar un número por sí mismo dos o más veces; por ejemplo, 2 elevado a la tercera potencia se escribe $2^3$ y equivale a $2 \times 2 \times 2 = 8$.

**EXPR.** **en potencia** Que aún no es, pero se dan las condiciones para que sea o exista en el futuro. **SIN. 2.** Imperio, dominio. **ANT. 1.** Impotencia. **FAM.** Potencial, potenciar, potente. / Plenipotenciario, superpotencia.

**potencial** *adj.* **1.** Relacionado con la potencia. **2.** Que todavía no es, pero puede serlo en el futuro: *un enemigo potencial.* ‖ *s. m.* **3.** Poder o fuerza: *Ese país tiene un gran potencial militar.* **4.** En física, fuerza que hace circular una corriente eléctrica entre dos puntos.

**potenciar** *v.* Impulsar, dar más fuerza a algo: *Algunos países quieren potenciar el uso de la energía solar.* **SIN.** Estimular.

**potentado** *s. m.* Persona rica y poderosa. **SIN.** Opulento. **ANT.** Pobre.

**potente** *adj.* Que tiene mucha potencia, fuerza o poder: *El motor de este coche es muy potente. De un potente disparo metió gol. Esa nación ha llegado a ser un país potente.* **SIN.** Fuerte, intenso, enérgico, poderoso. **ANT.** Débil, impotente. **FAM.** Potentado. / Omnipotente, prepotente.

**potestad** *s. f.* Poder para hacer algo o para mandar sobre una persona. **EXPR.** **patria potestad** Autoridad que tienen los padres sobre los hijos menores de edad que todavía viven en su casa. **SIN.** Dominio, facultad, jurisdicción. **FAM.** Potestativo.

**potestativo, va** *adj.* Que se puede elegir entre hacerlo o no: *En este curso todos los exámenes son potestativos, menos el examen final.* **SIN.** Voluntario, opcional, facultativo. **ANT.** Obligatorio.

**potingue** *s. m.* **1.** Cremas y otros productos de belleza. **2.** Bebida de sabor y aspecto desagradables, como algunos jarabes. **SIN. 2.** Pócima.

**potito** *s. m.* Tarrito que contiene comida preparada para los niños pequeños.

**poto** *s. m.* Planta trepadora que tiene las hojas en forma de corazón, verdes y con manchas blancas o amarillas.

**potosí** *s. m.* Riqueza enorme. **EXPR.** **valer un potosí** Valer mucho. **SIN.** Fortuna, dineral.

**potra** *s. f.* Buena suerte. **SIN.** Chiripa, chorra, carambola.

**potranco, ca** o **potrillo, lla** *s. m.* y *f.* Caballo o yegua que tiene menos de tres años.

**potro, tra** *s. m.* y *f.* **1.** Caballo o yegua que no pasa de los cuatro años y medio, que es el momento en que cambia los dientes de leche. ‖ *s. m.* **2.** Aparato de gimnasia formado por cuatro patas que sostienen

un asiento rectangular forrado de cuero, sobre el que se salta. **3.** Antiguo aparato de tortura.
FAM. Potra, potranco, potrillo. / Empotrar.

**poyete** *s. m.* Poyo pequeño: *Está sobre el poyete de la ventana.*

**poyo** *s. m.* Banco de piedra, yeso u otro material que se construye arrimado a la pared.
FAM. Poyete. / Apoyar.

**poza** *s. f.* **1.** Charco, hoyo en que el agua está detenida. **2.** Zona más profunda de un río.
SIN. **1.** Charca. **2.** Pozo.

**pozo** *s. m.* **1.** Hoyo profundo que se hace en el suelo para sacar agua o petróleo. **2.** Parte más honda de un río. **3.** Persona que tiene mucho de lo que se expresa: *Mi abuelo es un pozo de sabiduría.*
SIN. **2.** Poza.
FAM. Pocero, poza.

**práctica** *s. f.* **1.** El hacer algo de forma repetida: *Últimamente se dedica a la práctica del senderismo.* **2.** Experiencia que se obtiene al hacer esto: *Sabe escribir a máquina, pero todavía le falta práctica.* **3.** Ejercicios obligatorios que deben hacer los estudiantes y otras personas para aplicar los conocimientos que han aprendido: *Por la tarde los estudiantes de química hacían las prácticas en el laboratorio.*
EXPR. **en la práctica** En la realidad.
SIN. **1.** Hábito. **2.** Destreza, pericia. ANT. **2.** Inexperiencia.
FAM. Prácticamente, practicar, práctico.

**practicable** *adj.* **1.** Que puede hacerse. **2.** Se dice del camino o lugar por el que se puede pasar. **3.** En teatro, se dice de la puerta, ventana o balcón que se puede abrir y cerrar.
SIN. **1.** Realizable, posible. **2.** Transitable, despejado. ANT. **1.** Imposible. **1.** y **2.** Impracticable.

**prácticamente** *adv.* **1.** De manera práctica. **2.** Casi: *El edificio está prácticamente terminado, sólo faltan algunos detalles.*
ANT. **1.** Teóricamente.

**practicante** *adj.* y *s. m.* y *f.* **1.** Que practica; se dice sobre todo de la persona que además de ser creyente cumple lo que le manda su religión: *Es católico practicante.* || *s. m.* y *f.* **2.** Persona que tiene como profesión poner inyecciones o hacer pequeñas curas. ■ Con este significado se utiliza también el femenino *practicanta.*

**practicar** *v.* **1.** Hacer algo que se ha aprendido para perfeccionarlo: *Para mejorar su inglés debe practicar.* **2.** Hacer algo que ya se conoce: *Eva practica varios deportes.* **3.** Cumplir las personas creyentes lo que les manda su religión. ■ Delante de *e* se escribe *qu* en lugar de *c*: *practique.*
SIN. **1.** Ensayar.
FAM. Practicable, practicante. / Impracticable.

**práctico, ca** *adj.* **1.** Se dice de las cosas que son útiles: *Se compró una maleta con ruedas muy práctica para ir de viaje.* **2.** Que realiza una actividad de la que ya se tienen conocimientos: *Los estudiantes de medicina tienen muchas clases prácticas.* **3.** Se dice de la persona que ve las cosas como son y no se deja llevar por sueños ni fantasías.
SIN. **1.** Utilitario, conveniente, apropiado. **3.** Pragmático, realista. ANT. **1.** Inútil, inconveniente. **2.** Teórico. **3.** Soñador, idealista.

**pradera** *s. f.* Prado grande.

**prado** *s. m.* **1.** Terreno húmedo en que se deja crecer o se siembra hierba para alimentar al ganado. **2.** Lugar con hierba, muy agradable, por donde se pasea.
SIN. **1.** Pradera, pastizal.
FAM. Pradera.

**pragmático, ca** *adj.* y *s. m.* y *f.* Práctico, que busca la utilidad de las cosas.
FAM. Pragmatismo.

**pragmatismo** *s. m.* Forma de actuar o pensar de la persona que elige siempre lo más práctico.
ANT. Idealismo.

**praliné** *s. m.* **1.** Crema de chocolate y almendra o avellana. **2.** Chocolate o bombón hecho con esta crema.

**preacuerdo** *s. m.* Acuerdo anterior al definitivo, en el que todavía quedan temas por discutir: *Llegaron a un preacuerdo para subirles el sueldo, sólo falta decidir la cantidad.*

**preámbulo** *s. m.* **1.** Lo que se dice o escribe al comienzo, antes de lo principal. **2.** Rodeo que da alguien para no decir claramente algo: *Déjate de preámbulos y cuéntanos lo que ha pasado.*
SIN. **1.** Introducción, prólogo, prefacio. ANT. **1.** Epílogo.

**preaviso** *s. m.* Aviso previo anterior a uno definitivo: *Le dieron un preaviso de que si seguía así lo expulsarían.*

**prebenda** *s. f.* **1.** Renta o dinero que se recibe en algunos cargos de la Iglesia. **2.** Empleo en el que hay que trabajar poco y se gana mucho.

**preboste** *s. m.* **1.** Presidente de una asociación o comunidad. **2.** Persona de mucha influencia en un grupo.

**precalentamiento** *s. m.* **1.** Conjunto de ejercicios suaves que un deportista hace para calentar los músculos antes de un esfuerzo. **2.** Calentamiento previo de una máquina antes de usarla.

**precariedad** *s. f.* Característica de lo que es precario: *La precariedad de las instalaciones asustó al inspector de sanidad.*

**precario, ria** *adj.* Escaso o que no es seguro, con pocos medios o de poca duración: *Es un país pobre, con una economía precaria.*
SIN. Inestable, apurado.
FAM. Precariedad.

**precaución** *s. f.* Actitud o acción para evitar un mal, daño o peligro: *Hay que tener mucha precaución al cruzar la calle.*
SIN. Prudencia, cautela, cuidado. ANT. Imprudencia.
FAM. Precautorio, precaver.

**precautorio, ria** *adj.* Que sirve de precaución: *Toman medidas precautorias para evitar un posible robo.*
SIN. Cautelar, preventivo.

**precaver** *v.* Tomar medidas para evitar que suceda un mal, daño o peligro.
SIN. Prevenir.
FAM. Precavido.

**precavido, da** *adj.* Persona que tiene mucho cuidado para que no le ocurra nada malo: *Mi madre es muy precavida y siempre cierra la llave del gas cuando sale de casa.*
SIN. Prudente.

**precedente** *adj.* **1.** Que precede o va antes: *Como se ha visto en las páginas precedentes...* ‖ *s. m.* **2.** Cosa pasada que explica otras que ocurren después o sirve de ejemplo: *El último día de curso celebraron una fiesta que fue un precedente para otros años.*
SIN. **1.** Anterior, previo. ANT. **1.** Posterior.

**preceder** *v.* **1.** Ir delante: *La «a» precede a la «b» en el alfabeto.* **2.** Ocurrir antes: *El convite precedió al baile.* **3.** Ser más importante.
ANT. **1.** a **3.** Seguir, suceder.
FAM. Precedente.

**preceptiva** *s. f.* Conjunto de normas dadas para un tema o asunto.
SIN. Normativa, reglamento.

**preceptivo, va** *adj.* Que es obligatorio hacerlo: *La asistencia al curso es preceptiva para que te den el diploma.*

**precepto** *s. m.* Mandato, cosa que hay que cumplir.
EXPR. **día** o **fiesta de precepto** Día en que los católicos tienen la obligación de oír misa porque lo ordena la Iglesia.
SIN. Norma, orden, regla; mandamiento.
FAM. Preceptiva, preceptivo, preceptor, preceptuar.

**preceptor, ra** *s. m. y f.* Persona que se encarga de la educación de un niño en una casa.

**preceptuar** *v.* Dar preceptos.
SIN. Regular, reglamentar.

**preces** *s. f. pl.* Oraciones y súplicas que los creyentes hacen a Dios, la Virgen o los santos.

**preciado, da** *adj.* Valioso, que se estima mucho: *El amor y la amistad son muy preciados por el hombre. El oro es un metal muy preciado.*
SIN. Precioso. ANT. Despreciable.

**preciarse** *v.* Estar muy orgulloso por alguna cosa, presumir de ella: *Se precia de ser el mejor de la clase.*
SIN. Jactarse, vanagloriarse. ANT. Avergonzarse.

**precintar** *v.* Poner a una cosa algo para que no se pueda abrir: *precintar un paquete.*

**precinto** *s. m.* Sello u otra cosa que se pone en una cosa o en un sitio para que no lo puedan abrir.
FAM. Precintar.

**precio** *s. m.* **1.** Dinero que hay que pagar por una cosa: *¿Cuál es el precio de estas pulseras?* **2.** Lo que hay que hacer para conseguir algo: *Marisa ha logrado adelgazar, pero al precio de no comer ni pan ni dulces.*
SIN. **1.** Importe, valía, valor.
FAM. Preciado, preciarse, precioso. / Sobreprecio.

**preciosidad** *s. f.* **1.** Característica de precioso. **2.** Persona o cosa preciosa: *Su hija es una preciosidad. Ese mueble es una preciosidad.*

**preciosismo** *s. m.* Tendencia a hacer las cosas con mucho cuidado y perfección en los detalles.

**precioso, sa** *adj.* **1.** Que tiene mucho valor: *metales preciosos; piedras preciosas.* **2.** Muy bello, que gusta mucho: *Me han regalado una blusa preciosa.*
SIN. **1.** Preciado, valioso. **2.** Hermoso. ANT. **1.** Insignificante. **2.** Feo, espantoso.
FAM. Preciosidad, preciosismo. / Semiprecioso.

**precipicio** *s. m.* Corte profundo y vertical del terreno: *El coche estuvo a punto de caer por el precipicio.*
SIN. Despeñadero, barranco.

**precipitación** *s. f.* **1.** Prisa excesiva: *Con tanta precipitación se me han olvidado las llaves.* **2.** Lluvia, granizo o nieve: *Se esperan precipitaciones para el fin de semana.*

**precipitado, da** *adj.* **1.** Se dice de la persona que hace las cosas con precipitación, muy deprisa y sin pensarlas. **2.** Muy rápido, hecho con demasiada prisa: *El viaje fue tan precipitado que casi no tuvo tiempo para hacer las maletas.*

**precipitar** *v.* **1.** Lanzar desde un lugar muy alto: *Se precipitó desde un cuarto piso.* **2.** Hacer que ocurra una cosa mucho más deprisa de lo normal: *Su mal comportamiento precipitó su expulsión.* ‖ **precipitarse 3.** Hacer o decir algo demasiado deprisa, sin pararse a pensar: *Se precipitó al contestar.* **4.** Ir rápidamente hacia un sitio: *La multitud se precipitó a la salida del concierto para pedir un autógrafo al cantante.*
SIN. **1.** Despeñar, tirar. **2.** Acelerar, adelantar. **2.** a **4.** Apresurar. **4.** Correr, abalanzarse. ANT. **2.** Retardar.
FAM. Precipicio, precipitación, precipitado.

**precisamente** *adv.* Se emplea en muchas oraciones con distintos significados, sobre todo para dar más fuerza a lo que alguien va a decir: *Precisamente iba yo a llamarte, cuando te has adelantado. Precisamente a ti te estaba buscando.*

**precisar** *v.* **1.** Necesitar, hacerle a alguien mucha falta: *Sonia precisa un ordenador para sus clases de informática. Para entender estos ejercicios precisa de la ayuda del profesor.* **2.** Decir algo de forma

exacta y completa: *Para sacar el carné tiene que precisar el año, el mes y el día en que nació.*
SIN. **1.** Requerir. **2.** Especificar, detallar. ANT. **1.** Prescindir.
FAM. Precisión, preciso.

**precisión** *s. f.* Exactitud en hacer o decir algo: *Este reloj funciona con gran precisión. Dime con precisión dónde se encuentra esa calle.*
ANT. Imprecisión.

**preciso, sa** *adj.* **1.** Necesario, que hace falta: *Fue preciso operarle de apendicitis.* **2.** Justo, exacto y no aproximado: *No sabía cuál era el lugar preciso en que tenía que salir de la autopista.* **3.** Justamente en ese momento: *Le vi en el preciso instante en que se marchaba.*
SIN. **1.** Indispensable, imprescindible. ANT. **2.** Impreciso, inexacto.
FAM. Precisamente. / Impreciso.

**preclaro, ra** *adj.* Muy brillante, que sobresale por sus méritos.
SIN. Insigne, ilustre. ANT. Desconocido, insignificante.

**precocidad** *s. f.* Característica de precoz.

**precocinado, da** *adj.* Se dice del alimento que se vende ya cocinado y sólo hay que calentarlo: *Pon la pizza precocinada en el horno.*

**precolombino, na** *adj.* De la América anterior al descubrimiento de Cristóbal Colón.

**preconcebido, da** *adj.* **1.** Que se ha pensado antes: *La policía actuó siguiendo el plan preconcebido.* **2.** Se dice de lo que una persona piensa de alguien o algo sin tener en cuenta la realidad: *Tenía la idea preconcebida de que su compañero era un antipático.*

**preconizar** *v.* Aconsejar o defender: *El entrenador preconiza algunos cambios en el equipo.* ■ Delante de *e* se escribe *c* en lugar de *z*: *practique.*
SIN. Recomendar, apoyar, promover, propugnar. ANT. Combatir.

**precontrato** *s. m.* Acuerdo por el que dos personas se comprometen a firmar un contrato definitivo: *En la empresa le han hecho un precontrato hasta que lleguen los papeles del contrato.*

**precoz** *adj.* **1.** Que se produce antes de lo normal o previsto. **2.** Se dice del niño que se desarrolla o aprende algo antes que otros de su edad; también se dice de este desarrollo: *Mozart fue un músico precoz: a los seis años ya daba conciertos de piano.* ■ Su plural es *precoces.*
SIN. **1.** Prematuro, anticipado. **2.** Aventajado. ANT. **1.** y **2.** Tardío, retrasado.
FAM. Precocidad.

**precursor, ra** *adj. y s. m. y f.* Que anuncia o comienza algo que se desarrollará más tarde: *Aquellos aeroplanos de hélice fueron los precursores de los modernos aviones.*
SIN. Pionero. ANT. Seguidor.

**predador, ra** *adj. y s. m. y f.* Se dice del animal que mata a otros para alimentarse.
SIN. Depredador.

**predecesor, ra** *s. m. y f.* Persona que ha estado en un puesto o situación antes que otra.
SIN. Antecesor. ANT. Sucesor.

**predecir** *v.* Decir que va a suceder alguna cosa. ■ Es un verbo irregular. Se conjuga como *decir*, excepto el futuro y condicional simples de indicativo, que son regulares. El imperativo tiene una forma regular: *predecid*, y otra irregular: *predice*.
SIN. Adivinar, pronosticar, vaticinar.
FAM. Predicción. / Impredecible.

**predela** *s. f.* En arte, parte inferior de un retablo que está dividida en paneles pintados o tallados.

**predestinación** *s. f.* Hecho de estar predestinado para algo.

**predestinado, da** *adj.* Que se cree que va a ser o le va a ocurrir algo sin que pueda cambiarlo: *La gente decía que aquel chico estaba predestinado a ser un gran artista.*

**predestinar** *v.* **1.** Destinar anticipadamente a una persona o cosa a un fin o actividad: *Su buen oído lo predestinaba a ser músico.* **2.** Determinar Dios el destino de las personas y cosas.
FAM. Predestinación, predestinado.

**predeterminar** *v.* Determinar o fijar una cosa con antelación, sobre todo si no se puede cambiar: *Los genes predeterminan el color del pelo y otros rasgos.*

**prédica** *s. f.* **1.** Sermón o discurso para dar consejos morales. **2.** Discurso apasionado.

**predicación** *s. f.* Acción de predicar y lo que se predica.

**predicado** *s. m.* En gramática, lo que se dice del sujeto. Así, en la oración *Rosa bailó en la fiesta*, el sujeto es *Rosa* y el predicado *bailó en la fiesta.*
EXPR. **predicado nominal** El que está formado por un verbo copulativo, como *ser*, *estar* o *parecer*, y un atributo: *Natalia es amable. Roberto está serio. Marisa parece feliz.* **predicado verbal** El formado por un verbo no copulativo y sus complementos, como en la oración *Nacho habla italiano.*

**predicador, ra** *adj.* **1.** Que predica. ‖ *s. m.* **2.** Sacerdote que predica.

**predicamento** *s. m.* Prestigio e importancia que tiene una persona por lo que hace: *Ese investigador tiene gran predicamento entre sus colegas.*

**predicar** *v.* **1.** Dar a conocer a otros una religión. **2.** Pronunciar un sermón. **3.** En gramática, decir el predicado algo del sujeto. ■ Delante de *e* se escribe *qu* en lugar de *c*: *predique.*
SIN. **1.** Anunciar, difundir.
FAM. Prédica, predicación, predicado, predicador, predicamento, predicativo.

**predicativo, va** *adj.* **1.** Se dice de las oraciones que tienen un predicado verbal y de los verbos que aparecen en estas oraciones. Así, *Nacho habla italiano* es una oración predicativa y el verbo *hablar* es un verbo predicativo. ‖ *adj.* y *s. m.* **2.** Se dice del complemento que modifica a la vez al verbo y a un sustantivo; aparece en las oraciones de predicado verbal. Así, en *Los jugadores corrían cansados, cansados* es predicativo.

**predicción** *s. f.* Acción de predecir y lo que se predice.
SIN. Pronóstico, profecía, vaticinio.

**predilección** *s. f.* Preferencia que alguien tiene por una persona o cosa: *Tenía predilección por su sobrino pequeño.*
FAM. Predilecto.

**predilecto, ta** *adj.* Se dice de la persona o cosa a la que se prefiere entre varias.
SIN. Preferido.

**predisponer** *v.* Influir en alguien para algo: *Sus amigos le hablaron tan bien de Roberto que le predispusieron en su favor.* ■ Es un verbo irregular. Se conjuga como *poner.*
SIN. Inclinar.
FAM. Predisposición, predispuesto.

**predisposición** *s. f.* **1.** Acción de predisponer. **2.** Tendencia a una cosa, facilidad de que a uno le ocurra algo, por ejemplo una enfermedad: *Tiene predisposición a marearse en los autocares.*
SIN. **2.** Propensión.

**predispuesto, ta** *adj.* **1.** Se dice de la persona en la que alguien o algo ha influido para que piense o actúe de una manera: *Le recibió muy mal porque estaba predispuesto en contra de él.* **2.** Se dice de alguien que tiene tendencia a algo: *Es una persona predispuesta al catarro.*
SIN. **2.** Propenso.

**predominante** *adj.* Que predomina: *Los temas predominantes en sus cuadros son los paisajes.*

**predominar** *v.* Ser más abundante o destacar: *Entre los jóvenes predomina el uso de los pantalones vaqueros.*
SIN. Prevalecer, sobresalir.
FAM. Predominante, predominio.

**predominio** *s. m.* Hecho de predominar alguien o algo sobre otros: *En la fiesta había un predominio de gente mayor.*

**preeminencia** *s. f.* Característica de la persona o cosa preeminente.

**preeminente** *adj.* Que es más importante o de más categoría que otros: *Esta ciudad ocupa un lugar preeminente de la geografía española.*
FAM. Preeminencia.

**preescolar** *adj.* De la etapa de educación en que los niños no han comenzado la enseñanza primaria: *Margarita es profesora de preescolar.*

**preestablecer** *v.* Establecer una cosa antes de que se use: *Preestablecieron un plan de trabajo que no funcionó por falta de personal.* ■ Es un verbo irregular. Se conjuga como *agradecer.*

**preestreno** *s. m.* En cine, teatro y otros espectáculos, emisión o representación que se hace antes del estreno oficial: *Conseguí unas entradas para el preestreno de la película.*

**prefabricado, da** *adj.* Se dice de las casas y de otras construcciones cuyas partes se envían ya fabricadas al lugar de la edificación para que allí se monten.

**prefacio** *s. m.* Introducción, prólogo.
SIN. Preámbulo. ANT. Epílogo.

**prefecto** *s. m.* **1.** Nombre que los romanos daban a algunos jefes militares o civiles. **2.** Persona que dirige una comunidad eclesiástica. **3.** En Francia, gobernador de un departamento.
FAM. Prefectura.

**prefectura** *s. f.* **1.** Cargo de prefecto: *Jorge ocupa la prefectura desde hace dos años.* **2.** Oficina del prefecto: *Le indicaron cómo llegar a la prefectura.* **3.** Territorio que gobierna un prefecto.

**preferencia** *s. f.* **1.** Hecho de tener alguna ventaja, como ser elegido alguien antes que otro o realizarse una cosa antes que otra: *Para este puesto tienen preferencia los que saben tres idiomas. Cuando hay un cruce tienen preferencia los coches que vienen por la derecha.* **2.** Hecho de preferir: *Siente preferencia por la música clásica.*
SIN. **1.** Prioridad, primacía. **2.** Predilección. ANT. **2.** Antipatía.
FAM. Preferencial.

**preferencial** *adj.* Que tiene preferencia: *trato preferencial.*

**preferente** *adj.* Superior, destacado o mejor que otra cosa: *Sacamos un billete de tren en clase preferente.*

**preferible** *adj.* Mejor, más conveniente: *Si te encuentras mal, es preferible que te quedes en la cama.*

**preferido, da** *adj.* Que alguien lo prefiere: *Es su amiga preferida. Mi juego preferido es el parchís.*

**preferir** *v.* **1.** Gustarle a alguien más una persona o cosa que otra: *Prefiere al profesor de este año que al del curso pasado. Prefiero la playa a la montaña.* **2.** Dar ventaja: *Para este trabajo se prefiere a universitarios.* ■ Es un verbo irregular. Se conjuga como *sentir.*
FAM. Preferencia, preferente, preferible, preferido.

**prefigurar** *v.* Representar o sugerir algo por anticipado: *Los almendros en flor prefiguran la llegada de la primavera.*

**prefijar** *v.* **1.** Fijar una cosa con antelación: *Prefijaron la salida del autobús a las diez, pero el mal tiempo hizo que se retrasaran.* **2.** En gramática, añadir un prefijo a una palabra.

## PREFIJOS

| PREFIJO | SIGNIFICADO | EJEMPLOS |
|---|---|---|
| a- | negación | *a*normal, que no es normal |
| ante- | antes, delante | *ante*poner, poner delante<br>*ante*ayer, el día anterior a ayer |
| anti- | en contra | *anti*nuclear, que está en contra de la energía nuclear |
| auto- | a sí mismo | *auto*didacta, que aprende él solo, sin que nadie le enseñe |
| bi- | dos | *bi*cicleta, vehículo con dos ruedas |
| co- | compañía | *co*piloto, el que acompaña al piloto |
| des- | acción contraria | *des*activar, parar lo que estaba activado |
| extra- | fuera | *extra*terrestre, que viene de fuera de la Tierra |
| in- | negación | *in*aceptable, que no se puede aceptar |
| inter- | entre, en medio | *inter*calar, meter algo entremedias |
| multi- | muchos | *multi*millonario, que tiene muchos millones |
| pos o post- | después | *pos*guerra, tiempo después de la guerra |
| pre- | antes | *pre*decir, decir lo que va a pasar antes de que ocurra |
| re- | repetición, aumento | *re*calentar, volver a calentar<br>*re*forzar, dar más fuerza |
| retro- | hacia atrás | *retro*visor, espejo para ver hacia atrás |
| semi- | mitad | *semi*círculo, medio círculo |
| sub- | debajo | *sub*marino, que está debajo del mar |
| super- | encima, mucho, muy grande | *super*poner, poner encima<br>*super*poblado, con mucha población<br>*super*mercado, mercado muy grande |
| tele- | lejos | *tele*dirigido, que se dirige a distancia |
| trans- o tras- | a través de | *tras*pasar, pasar a través de algo |
| ultra- | más allá | *ultra*mar, al otro lado del mar |

**prefijo** *s. m.* **1.** Letras que se colocan delante de la palabra y permiten construir otra diferente; por ejemplo, *re-* en *remover*, *in-* en *invariable*. **2.** Cifras que van delante de un número de teléfono y que indican el código de una provincia o de un país. **FAM.** Prefijar.

**pregón** *s. m.* Hecho de comunicar a la gente en voz alta una cosa para que se entere; por ejemplo, el pregón que en pueblos y ciudades anuncia las fiestas. **FAM.** Pregonar, pregonero.

**pregonar** *v.* **1.** Anunciar algo con un pregón. **2.** Decir en voz alta un vendedor lo que vende. **3.** Decir algo para que lo sepan todos, por ejemplo una cosa que debería callarse: *Si le cuentas un secreto a Azucena, enseguida lo va pregonando.* **SIN. 3.** Divulgar.

**pregonero, ra** *adj.* y *s. m.* y *f.* Persona que pregona.

**pregunta** *s. f.* Lo que alguien dice o escribe para tener una respuesta. **SIN.** Cuestión.

**preguntar** *v.* Dirigirse una persona a otra para que le diga algo que quiere saber: *Preguntó al guardia por dónde se iba a la estación.* **SIN.** Interrogar. **ANT.** Responder. **FAM.** Pregunta, preguntón.

**preguntón, na** *adj.* Se dice de la persona que molesta haciendo muchas preguntas: *Fernando, no seas tan preguntón: ¿no ves que le estás dando la lata a Juan Carlos?*

**prehistoria** *s. f.* **1.** Periodo que va desde la aparición del hombre hasta los primeros escritos. **2.** Parte de la historia que estudia este periodo. **FAM.** Prehistórico.

**prehistórico, ca** *adj.* **1.** De la prehistoria. **2.** Anticuado, pasado de moda: *Tiene un coche prehistórico.* **SIN. 2.** Desfasado. **ANT. 2.** Moderno, actual.

**preinscripción** *s. f.* Solicitud para entrar en un lugar, generalmente en un centro de enseñanza, anterior a la inscripción definitiva.

**prejubilación** *s. f.* Hecho de jubilarse antes de llegar a la edad establecida por la ley.

**prejuicio** *s. m.* El hecho de pensar que una cosa es mala sin conocerla en realidad.

**prejuzgar** *v.* Juzgar las cosas antes de conocerlas.
■ Delante de *e* se escribe *gu* en lugar de *g*: *prejuzgue*.
**FAM.** Prejuicio.

**prelado** *s. m.* Algunas personas que tienen autoridad en la Iglesia, como el obispo o el arzobispo.

**prelavado** *s. m.* Primer lavado antes del definitivo: *Siempre programo la lavadora con el prelavado, queda todo mucho más limpio.*

**preliminar** *adj. y s. m. pl.* Que se dice o hace para preparar algo: *Hicieron muchos ensayos preliminares antes de cantar en el festival del colegio.*
**SIN.** Inicial, previo, preparatorio; preámbulo. **ANT.** Posterior, final.

**preludio** *s. m.* **1.** Lo que sucede antes de una cosa y anuncia que va a empezar: *Aquellas lluvias fueron el preludio del otoño.* **2.** Breve pieza musical que sirve de comienzo o introducción a otra.
**SIN. 1.** Anuncio, inicio.

**premamá** *adj.* De la mujer embarazada: *Me va a prestar un vestido premamá y un pantalón.*

**prematrimonial** *adj.* De antes del matrimonio.

**prematuro, ra** *adj.* **1.** Antes de tiempo, antes de lo debido: *Me parece prematuro preparar las vacaciones cuando todavía quedan nueve meses para el verano.* **2.** Que no está suficientemente maduro: *fruto prematuro.* ‖ *adj. y s. m. y f.* **3.** Se dice del niño que nace antes de tiempo, por ejemplo si nace a los siete u ocho meses.
**SIN. 1.** Anticipado, adelantado, temprano.

**premeditación** *s. f.* Hecho de pensar y preparar mucho una cosa antes de hacerla; cuando se trata de un delito, lo hace más grave.
**FAM.** Premeditado.

**premeditado, da** *adj.* Que se ha pensado y preparado mucho: *una acción premeditada, un plan premeditado.*
**SIN.** Preconcebido.

**premiar** *v.* Dar un premio: *Premiaron con varias copas a los campeones.*
**SIN.** Galardonar, recompensar.

**premio** *s. m.* **1.** Lo que se le da a una persona por algo bueno que ha hecho: *Le dieron un premio por el buen comportamiento que tuvo.* **2.** Lo que se gana en un sorteo o concurso: *Le ha tocado el primer premio de la lotería.*
**SIN. 1.** Recompensa, galardón, compensación. **ANT. 1.** Castigo.
**FAM.** Premiar.

**premioso, sa** *adj.* Lento, que necesita hacer mucho esfuerzo: *Es muy premioso al hablar.*
**SIN.** Calmoso. **ANT.** Rápido.

**premisa** *s. f.* Idea de la que se parte para llegar a otra idea o a una conclusión: *Nunca sospechamos de él porque partíamos de la premisa de que era inocente.*
**SIN.** Base.

**premolar** *adj. y s. m.* Se dice de los dientes que están entre los colmillos y los molares: *Le empastaron un molar porque tenía una caries.*

**premonición** *s. f.* Sensación de que algo va a suceder: *Tuvo la premonición de que esa noche conocería a la mujer de su vida.*
**SIN.** Presentimiento, presagio, corazonada.
**FAM.** Premonitorio.

**premonitorio, ria** *adj.* Que presagia o anuncia algo que va a pasar.

**premura** *s. f.* Rapidez, urgencia: *Terminó el trabajo con mucha premura.*
**SIN.** Prisa, prontitud. **ANT.** Lentitud.
**FAM.** Apremiar.

**prenatal** *adj.* De antes del nacimiento de un niño.

**prenda** *s. f.* **1.** Jersey, falda, pantalón, camisa, calcetines y otras cosas que usan las personas para vestirse. **2.** Cualquier cosa que se deja como garantía de algo. ‖ *s. f. pl.* **3.** Juego en que el perdedor entrega un objeto que le pertenece o realiza aquello que los demás jugadores le ordenan: *En el juego de las prendas le hicieron saltar a la pata coja.*
**EXPR. no soltar prenda** No decir algo, guardar un secreto.
**FAM.** Prendar.

**prendar** *v.* **1.** Gustar mucho: *Le prendaron aquellos ojos tan bonitos.* ‖ **prendarse 2.** Quedarse enamorado o encantado: *Se prendó de su simpatía.*

**prendedor** *s. m.* **1.** Adorno para sujetarse el pelo. **2.** Alfiler, broche.

**prender** *v.* **1.** Sujetar una cosa: *La modista prendió el bajo de la falda con unos alfileres.* **2.** Apresar a una persona, llevarla a la cárcel: *La guardia civil prendió al asesino.* **3.** Empezar a arder una materia: *Estas ramas tardan en prender.* **4.** Hacer fuego y quemar algo: *Una hoguera mal apagada prendió el bosque.* **5.** Echar raíces y vivir una planta en un sitio: *Estos claveles no han prendido.* **6.** Ser bien recibido algo: *Las palabras del político prendieron en el público.*
**SIN. 2.** Capturar, detener, atrapar. **4.** Encender. **5.** Arraigar. **ANT. 2.** Liberar, soltar. **4.** Apagar.
**FAM.** Prendedor, prensil, prensor. / Desprender, preso.

**prensa** *s. f.* **1.** Máquina que sirve para presionar sobre algo, por ejemplo la que se utiliza para aplastar las uvas y sacarles el zumo. **2.** Máquina para imprimir sobre papel textos y dibujos. **3.** Los periódicos y las revistas: *La prensa de hoy da la noticia de la muerte de ese pintor.* **4.** Los periodistas.
**EXPR. prensa amarilla** La sensacionalista. **prensa del corazón** La que habla de la vida de las personas famosas. ‖ **tener** alguien **buena** o **mala prensa** Hablar de él bien o mal los demás.
**FAM.** Prensar.

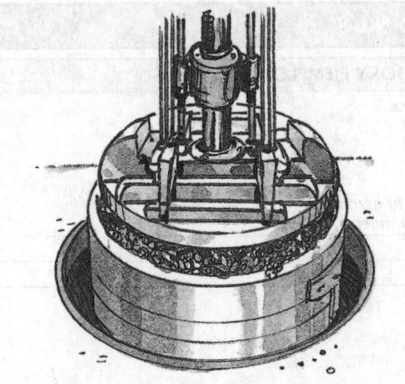

**prensa** de uvas

**prensador, ra** *adj.* y *s. m.* y *f.* Que prensa: *prensadora de uva.*
**SIN.** Estrujador.

**prensar** *v.* Apretar algo en una prensa o de otra manera: *prensar las manzanas, las aceitunas.*
**SIN.** Comprimir, presionar, aplastar, estrujar.
**FAM.** Prensador.

**prensil** *adj.* Que sirve para agarrar: *Algunos monos tienen cola prensil.*

**prensor, ra** *adj.* y *s. f.* Se dice de algunas aves, como el loro, que tienen el pico fuerte y encorvado y las patas con dos de los dedos hacia atrás.

**preñada** *adj.* Se dice de la mujer o de la hembra de algunos animales que va a tener un hijo.
**FAM.** Preñez.

**preñar** *v.* Hacer que una mujer o la hembra de un animal mamífero vaya a tener un hijo.
**SIN.** Embarazar, fecundar.

**preñez** *s. f.* Estado de la mujer embarazada o de la hembra preñada.
**SIN.** Embarazo, gravidez.

**preocupación** *s. f.* Algo que causa en una persona intranquilidad o temor y hace que piense mucho en ello: *Tiene la preocupación de conseguir un trabajo.*
**SIN.** Inquietud.

**preocupado, da** *adj.* Se dice de la persona a la que le preocupa algo.

**preocupante** *adj.* Que causa preocupación.

**preocupar** *v.* **1.** Tener una preocupación: *Le preocupa que su amigo se haya enfadado con él.* || **preocuparse 2.** Dedicar mucha atención a una persona o cosa, o estar inquieto por algo: *Se preocupa mucho por sus hijos.* **3.** Encargarse de alguien o de algo: *Preocúpate de llamar a tus amigos para invitarles a tu cumpleaños.*
**SIN.** **1.** Intranquilizar, inquietar. **3.** Ocuparse, cuidar.
**ANT.** **1.** Tranquilizar. **2.** y **3.** Despreocuparse.

**FAM.** Preocupación, preocupado, preocupante. / Despreocuparse.

**preparación** *s. f.* **1.** Acción de preparar o prepararse: *Ese profesor dedica mucho tiempo a la preparación de sus clases.* **2.** Conocimientos y práctica de una persona: *Alicia tiene una estupenda preparación en idiomas.*
**SIN.** **1.** Disposición, organización, arreglo. **2.** Saber.
**ANT.** **1.** Improvisación. **2.** Ignorancia.

**preparado, da** *adj.* **1.** Que alguien lo preparó o que se preparó: *Tenía el equipaje preparado. Araceli está preparada para manejar ordenadores.* || *s. m.* **2.** Medicamento.
**SIN.** **1.** Dispuesto, organizado; ducho, entendido.

**preparador, ra** *s. m.* y *f.* Persona que prepara o entrena, sobre todo a deportistas.
**SIN.** Entrenador.

**preparar** *v.* **1.** Hacer que alguien o algo sirva para lo que se quiere: *Preparó la ropa de gimnasia.* **2.** Estudiar: *Está preparando los exámenes.* || **prepararse 3.** Haber cosas que indican que va a suceder algo: *Se prepara una tormenta.*
**SIN.** **1.** Disponer; entrenar. **3.** Avecinarse.
**FAM.** Preparación, preparado, preparador, preparativos, preparatorio.

**preparativos** *s. m. pl.* Todo aquello que se hace para que algo pueda realizarse: *Mi prima está muy ocupada con los preparativos de su boda.*

**preparatorio, ria** *adj.* Que prepara a una persona en una materia: *Hizo un curso preparatorio para entrar en la escuela de danza.*

**preponderancia** *s. f.* El hecho de dominar, tener más importancia o ser más abundante: *En el colegio hay preponderancia de chicos, son más que las chicas.*
**SIN.** Superioridad, dominio, predominio, primacía, supremacía. **ANT.** Inferioridad.
**FAM.** Preponderante.

**preponderante** *adj.* Que domina, tiene más importancia o es más abundante.
**SIN.** Superior, dominante, predominante. **ANT.** Inferior.

**preposición** *s. f.* Palabra que no varía de forma y tiene la función de relacionar otras palabras; por ejemplo, *con, de, en, por.* (Puedes ver su cuadro en la página siguiente).
**FAM.** Preposicional.

**preposicional** *adj.* Se dice del sintagma o grupo de palabras que empieza por una preposición; por ejemplo, *con mis amigos; de Pilar; para la mesa.*

**prepotencia** *s. f.* Característica de la persona prepotente: *Su prepotencia le ha valido muchos enemigos.*

**prepotente** *adj.* y *s. m.* y *f.* Que tiene mucho poder, sobre todo si presume y abusa de él.
**SIN.** Dominante, autoritario.
**FAM.** Prepotencia.

## PREPOSICIONES

| PREPOSICIÓN | SIGNIFICADOS Y EJEMPLOS |
|---|---|
| a | Lugar donde vamos: *Nos marchamos a la playa.*<br>Distancia: *Esa calle está a unos cien metros.*<br>Tiempo: *Llegaron a las ocho de la tarde.*<br>Precio: *Las manzanas están a un euro.*<br>Finalidad: *Vienen a jugar con nosotros.*<br>Complemento directo de persona: *Conozco a tu hermano.*<br>Complemento indirecto: *Le puso un lazo a la muñeca.* |
| ante | Delante de: *La montaña estaba **ante** nosotros.* |
| bajo | Debajo de: *El gato está **bajo** la silla.* |
| con | Instrumento: *Cortó el cable **con** las tijeras.*<br>Manera: *Estudia **con** mucho interés.*<br>Compañía: *Fui al cine **con** mi hermano.*<br>Contenido: *Aquí hay una jarra **con** agua.*<br>Cualidad: *Es un chico **con** suerte.* |
| contra | Enfrentamiento: *Nuestro equipo jugó **contra** el de otro colegio.* |
| de | Posesión: *Este coche es **de** mi padre.*<br>Lugar de donde: *Venimos **de** la sierra.*<br>Material: *Esta silla es **de** madera.*<br>Contenido: *Me he bebido un vaso **de** zumo.*<br>Trabajo o profesión: *Está **de** dibujante en una empresa.*<br>Cualidad: *Es una persona **de** mucha fuerza.*<br>Momento: *No le gusta viajar **de** noche.* |
| desde | Lugar de donde: *Hemos venido andando **desde** casa.*<br>Tiempo: *No he hablado con él **desde** el año pasado.* |
| durante | Tiempo: *Te hemos echado de menos **durante** tu ausencia.* |
| en | Lugar donde se está o pasa algo: *Nos divertimos mucho **en** el campo.*<br>Tiempo: *Está preparado **en** diez minutos.*<br>Manera: *Le gustan las fotos **en** color.* |
| entre | En medio de varias cosas: *La mesa está **entre** el armario y la silla.*<br>Dentro de un grupo: ***Entre** los ciclistas había varios españoles.*<br>Elección: ***Entre** todas las flores prefiere el clavel.*<br>Colaboración: *Hicieron el trabajo **entre** Marta y Sara.*<br>Relación: *Hay una buena amistad **entre** ellos.*<br>Término medio: *Los ojos de Eva son **entre** azules y verdes.* |
| hacia | Dirección: *Miró **hacia** el cielo al oír el avión.* |
| hasta | Límite, punto final: *Consiguieron llegar **hasta** la meta.* |
| mediante | Por medio de: *Mandamos el paquete **mediante** un mensajero.* |
| para | Finalidad: *Pepe hace gimnasia **para** estar fuerte.*<br>Opinión: ***Para** mí, el trabajo de María es el mejor.*<br>Persona o cosa que recibe algo: *Este regalo es **para** mi hermana.*<br>Duración: *Me ha prestado el libro **para** quince días.*<br>Dirección: *Mañana se va **para** Sevilla.*<br>Momento futuro: *El trabajo de lengua es **para** el jueves.* |
| por | Agente de las oraciones pasivas: *Este puente fue construido **por** los romanos.*<br>Lugar para llegar a un sitio: *Se va mejor al parque **por** esta calle.*<br>Tiempo: *Estuvo en Madrid **por** el mes de julio.*<br>Medio, instrumento: *Me han llamado **por** teléfono.*<br>Multiplicación: *Cuatro **por** cinco son veinte.*<br>Cambio, pago: *Te doy mi goma **por** tu lápiz.*<br>Causa: *Abandonó la carrera **por** un dolor en la pierna.*<br>Cosa que se va a buscar: *Fue a la tienda **por** leche.* |
| según | Punto de vista: ***Según** Paco, nuestro equipo es muy bueno.*<br>El hecho de depender una cosa de otra: *Iremos a un sitio o a otro **según** el tiempo que haga.* |
| sin | Ausencia, el no tener algo: *No entré al cine porque iba **sin** dinero.* |
| sobre | Encima de: *El libro está **sobre** la mesa.*<br>Asunto del que se trata: *El profesor habló **sobre** las ballenas.*<br>Hora o cantidad aproximada: *Llegaron **sobre** las nueve.*<br>Persona o cosa a la que hace efecto alguien o algo: *Esta medicina actúa **sobre** el catarro.* |
| tras | Detrás de: *La escoba está **tras** la puerta.*<br>Después de: ***Tras** la tormenta salió el sol.* |

**prepucio** *s. m.* Piel móvil que recubre el extremo del pene.

**prerrogativa** *s. f.* Privilegio que una persona tiene sobre otras.

**prerromano, na** *adj.* Que es anterior a la época del imperio romano.

**presa** *s. f.* **1.** Persona, animal o cosa que puede ser atrapado, cazado. **2.** El que sufre aquello que se expresa: *Carmen fue presa del nerviosismo.* **3.** Muro que se construye para detener una corriente de agua. **4.** Embalse, lago artificial.
**SIN. 1.** y **2.** Víctima. **4.** Estanque.

**presagiar** *v.* **1.** Anunciar algo, indicar que va a suceder una cosa: *El descenso de la fiebre presagia que el enfermo se está curando.* **2.** Adivinar: *Presagió lo que le iba a ocurrir.*
**SIN. 1.** y **2.** Pronosticar, vaticinar, augurar. **2.** Predecir.

**presagio** *s. m.* **1.** Señal que anuncia algo que va a suceder: *Aquel viento tan fuerte era presagio de que iba a haber tormenta.* **2.** Adivinación de lo que va a suceder.
**SIN. 1.** Anuncio, indicio. **2.** Vaticinio, premonición, presentimiento.
**FAM.** Presagiar.

**presbicia** *s. f.* Vista cansada. Busca **vista**.

**presbiterio** *s. m.* Parte de las iglesias donde está el altar mayor.

**presbítero** *s. m.* Sacerdote cristiano.
**SIN.** Cura.
**FAM.** Presbiterio.

**prescindir** *v.* **1.** Dejar alguien de tener o de usar algo: *Ha prescindido del coche para ir al trabajo y ahora va en el metro.* **2.** No contar con una persona: *Han prescindido de Ramón en el equipo de fútbol.* **3.** No decir algo: *Al contarles su viaje, prescindió de muchos detalles.*
**SIN. 1.** Privarse, desprenderse. **1.** y **3.** Suprimir, eliminar. **3.** Callar, omitir, silenciar.
**FAM.** Imprescindible.

**prescribir** *v.* **1.** Mandar, ordenar: *El médico le prescribió un jarabe para la tos.* **2.** Acabar el tiempo en que se pueden hacer algunas cosas: *Ha prescrito el plazo para apuntarse al curso de verano.* ■ Su participio es irregular: *prescrito.*
**SIN. 1.** Disponer, determinar; recetar. **2.** Terminar, finalizar, vencer, caducar. **ANT. 2.** Comenzar, empezar.
**FAM.** Prescripción.

**prescripción** *s. f.* Acción de prescribir: *Debes seguir las prescripciones del médico.*
**SIN.** Precepto, mandato, disposición; conclusión, vencimiento.

**preselección** *s. f.* Primera selección que se hace antes de la definitiva: *Pasó la preselección, pero luego no la volvieron a llamar.*

**presencia** *s. f.* **1.** El estar alguien o algo en un lugar: *La entrega de los premios Goya contó con la presencia del rey.* **2.** Aspecto externo de una persona: *Cuidaba mucho su presencia.*
**EXPR. en presencia** Estando delante: *No digas esas palabrotas en presencia de mis padres.*
**SIN. 1.** Asistencia, existencia. **2.** Figura. **ANT. 1.** Ausencia.
**FAM.** Presencial, presenciar.

**presencial** *adj.* Que presencia algo: *La policía preguntó a un testigo presencial del accidente.*

**presenciar** *v.* Estar presente, ver en persona algo: *Cuando tenía diez años, presenció un incendio en el bosque.*
**SIN.** Mirar, contemplar.

**presentable** *adj.* Que tiene buen aspecto, que está bien para que otros lo vean: *Arréglate, porque así no estás presentable.*
**ANT.** Impresentable.

**presentación** *s. f.* **1.** Acción de presentar a otros a alguien o algo para que lo vean o lo conozcan: *Asistieron a la presentación del nuevo disco de su cantante favorito.* **2.** Manera en que se presenta algo: *Con ese papel y esos lazos, el regalo tiene una presentación muy bonita.*
**SIN. 2.** Aspecto, pinta.

**presentador, ra** *s. m.* y *f.* Persona que presenta: *En ese programa de televisión salen dos presentadores.*

**presentar** *v.* **1.** Decir a una persona quién es otra: *Voy a presentarte a mi hermana.* **2.** Poner ante otro una cosa: *Para entrar en el museo debes presentar tu DNI.* **3.** Mostrar: *Alicia presenta síntomas de catarro.* **4.** Hablar una persona delante de otras sobre alguien o algo para que lo conozcan: *Presentó a los cantantes en un festival de música moderna.* **5.** Dar, ofrecer: *Presentó excusas por llegar tarde.* ‖ **presentarse 6.** Participar alguien en algo para que le elijan, por ejemplo en unas elecciones: *Mi tío se presentó a alcalde.* **7.** Ir a hacer algo: *Rosa se presentó ayer al examen de matemáticas.* **8.** Ir a un sitio: *Se presentó en el cumpleaños sin que le hubieran invitado.* **9.** Aparecer, producirse: *Se le ha presentado la posibilidad de hacer un viaje a los Estados Unidos.*
**SIN. 2.** Enseñar, entregar. **3.** Manifestar. **8.** Acudir. **9.** Surgir, salir. **ANT. 8.** Faltar.
**FAM.** Presentable, presentación, presentador. / Impresentable, representar.

**presente** *adj.* y *s. m.* y *f.* **1.** Que está en un lugar: *En el homenaje a Machado estuvieron presentes muchos escritores. Todos los presentes aplaudieron al cantante.* ‖ *adj.* **2.** Actual, que pasa o se hace ahora: *En el momento presente España ronda los cuarenta millones de habitantes.* ‖ *s. m.* **3.** El tiempo en que vivimos. **4.** Tiempo del verbo que expresa una acción que se realiza en el momento en que se habla o se escribe. **5.** Regalo. || *s. f.* **6.** Fórmula que se pone en cartas y escritos para referirse a éstos: *Por la presente contesto a su carta.*

**EXPR. tener presente** a una persona o cosa Acordarse de ella: *Joaquín, ten presente que el sábado nos vamos.*

**SIN. 1.** Asistente. **4.** Hoy. **5.** Obsequio. **ANT. 1.** Ausente. **2.** a **4.** Pasado, pretérito; futuro.

**FAM.** Presencia, presentar. / Omnipresente.

**presentimiento** *s. m.* Sensación que tiene una persona de que va a ocurrir una cosa: *Mercedes tenía el presentimiento de que aquella película no iba a gustarle.*

**SIN.** Corazonada, premonición, presagio.

**presentir** *v.* Tener un presentimiento: *Presiento que nos vamos a divertir mucho este verano.* ■ Es un verbo irregular. Se conjuga como *sentir.*

**SIN.** Sospechar, barruntar.

**FAM.** Presentimiento.

**preservar** *v.* Proteger de algún daño o molestia: *Dio una pintura especial a la pared para preservarla de la humedad.*

**SIN.** Defender, resguardar, cuidar, conservar. **ANT.** Estropear, dañar.

**FAM.** Preservativo.

**preservativo** *s. m.* Funda de goma que se pone en el pene cuando se realiza el acto sexual, para no tener hijos o evitar el contagio de una enfermedad.

**presidencia** *s. f.* **1.** Cargo de presidente y el tiempo que dura. **2.** Oficina del presidente. **3.** Acción de presidir.

**FAM.** Presidencial.

**presidencial** *adj.* De la presidencia o del presidente: *En ese país ha habido elecciones presidenciales.*

**presidente, ta** *s. m.* y *f.* Persona que preside algo: *presidente de gobierno; presidente de una asociación; presidente de la federación española de fútbol.*

**FAM.** Vicepresidente.

**presidiario, ria** *s. m.* y *f.* Persona que cumple su condena en la cárcel.

**SIN.** Preso, prisionero, recluso, reo.

**presidio** *s. m.* Cárcel.

**SIN.** Penal, penitenciaría, chirona.

**FAM.** Presidiario.

**presidir** *v.* **1.** Ocupar el puesto más importante de una organización: *El director del colegio presidió la reunión de profesores.* **2.** Estar en un lugar destacado: *El retrato del abuelo preside la sala.* **3.** Dominar, guiar: *El deseo de ganar el campeonato presidía sus esfuerzos.*

**SIN. 1.** Dirigir. **3.** Conducir.

**FAM.** Presidencia, presidente.

**presilla** *s. f.* Tira en forma de anilla que se cose al borde de una prenda de vestir para pasar un botón u otra cosa por ella.

**presión** *s. f.* **1.** Acción de presionar. **2.** Fuerza que ejerce un gas, líquido o sólido sobre cada unidad de superficie de un cuerpo. **3.** Manera de influir en otro para conseguir alguna cosa: *Los vecinos hicieron presión para que pusieran un centro de salud en el barrio.*

**EXPR. presión arterial** Tensión arterial. Busca **tensión. presión atmosférica** Fuerza que ejerce la masa de aire de la atmósfera sobre una unidad de superficie de la Tierra.

**FAM.** Presionar, presurizar.

**presionar** *v.* **1.** Apretar, hacer fuerza sobre algo: *Presiona el botón del ascensor.* **2.** Intentar de muchos modos que alguien haga algo: *Mis amigos me presionaron para que llamara a Rafa y le pidiera disculpas.*

**SIN. 1.** Empujar, oprimir, comprimir. **2.** Forzar. **ANT. 1.** Soltar.

**preso, sa** *adj.* **1.** Dominado por algo: *En el incendio la gente huía presa del miedo.* || *adj.* y *s. m.* y *f.* **2.** Persona a la que se ha metido en la cárcel.

**SIN. 2.** Presidiario, prisionero, recluso. **ANT. 2.** Libre.

**FAM.** Presa, presilla, prisión. / Apresar.

**pressing** *s. m.* Presión, sobre todo la que se ejerce en algunos deportes para dificultar las jugadas del contrario: *El pressing del jugador evitó la última canasta.* ■ Es una palabra inglesa.

**prestación** *s. f.* **1.** Hecho de prestar un servicio, una ayuda. **2.** Cualidad de un coche, un motor, una máquina: *Las prestaciones de su moto son estupendas, sobre todo la potencia.*

**prestado, da** *adj.* Que se prestó: *Esta bici no es mía; es prestada.*

**EXPR. de prestado** Con cosas que le han prestado a alguien: *Hoy va vestido de prestado: ni el traje ni la corbata son suyos.*

**prestamista** *s. m.* y *f.* Persona que presta dinero para que luego se lo devuelvan con un interés, o sea, dándole más dinero del que prestó.

**préstamo** *s. m.* **1.** Dinero o cosa que se presta a alguien: *Como necesitaba dinero para pagar el coche, tuvo que pedir un préstamo.* **2.** Palabra o expresión que una lengua toma de otra, como por ejemplo *hobby*, préstamo del inglés.

**prestancia** *s. f.* Elegancia, distinción.

**SIN.** Refinamiento. **ANT.** Vulgaridad.

**prestar** *v.* **1.** Entregar una cosa a alguien con la condición de que lo devuelva: *Su amigo le ha prestado los guantes. El banco les prestó el dinero para comprar el piso.* **2.** Dar, ofrecer: *La policía de tráfico prestó ayuda al conductor.* **3.** Con algunos sustantivos significa que con esos sustantivos expresan: *prestar atención* (atender), *prestar juramento* (jurar). || **prestarse 4.** Ofrecerse una persona a hacer algo porque ella quiere: *Elisa se prestó a explicarle esas lecciones.* **5.** Dar motivo o ser causa:

*Esa letra tan mala se presta a que no se entienda lo que escribe.*
SIN. **1.** Dejar. **2.** Proporcionar. **4.** Brindarse. **5.** Ocasionar. ANT. **2.** y **4.** Negar.
FAM. Prestación, prestado, prestamista, préstamo. / Empréstito.

**presteza** *s. f.* Rapidez: *El médico fue con presteza a atender al enfermo.*
SIN. Prontitud, diligencia. ANT. Lentitud.

**prestidigitación** *s. f.* Espectáculo en que el artista realiza con gran habilidad trucos y juegos de manos, por ejemplo sacar de un sombrero un conejo.
FAM. Prestidigitador.

**prestidigitador, ra** *s. m. y f.* Persona que por diversión u oficio hace juegos de manos.

**prestigiar** *v.* Dar prestigio: *La asistencia de tantos eruditos prestigia el congreso.*

**prestigio** *s. m.* Buena fama: *Es una marca de coches de gran prestigio.*
SIN. Crédito, renombre, influencia. ANT. Desprestigio.
FAM. Prestigiar, prestigioso. / Desprestigiar.

**prestigioso, sa** *adj.* Que tiene prestigio.

**presto** *s. m.* **1.** Movimiento musical rápido. **2.** Composición musical o parte de ella tocada con este movimiento.

**presto, ta** *adj.* **1.** Preparado, dispuesto: *Los corredores estaban prestos para tomar la salida.* || *adj.* y *adv.* **2.** Rápido: *Acudió presto a la cita.*
SIN. **1.** Listo. **2.** Veloz, raudo. ANT. **2.** Lento.
FAM. Presteza. / Aprestarse.

**presumible** *adj.* Que es probable que suceda: *Era presumible que no viniera, porque no le gusta salir de casa los domingos.*
SIN. Posible. ANT. Imposible.

**presumido, da** *adj. y s. m. y f.* Persona que presume.
SIN. Vanidoso, creído, engreído, coqueto. ANT. Sencillo, modesto.

**presumir** *v.* **1.** Mostrarse una persona ante otras demasiado orgullosa de algo: *Presume de ser muy valiente.* **2.** Sospechar, creer: *Presume que van a tener mucho trabajo esta semana.*
SIN. **1.** Jactarse, alardear, vanagloriarse. **2.** Suponer.
FAM. Presumible, presumido, presunción, presunto, presuntuoso.

**presunción** *s. f.* **1.** Característica de presumido. **2.** Lo que se supone que es verdadero mientras no exista nada en contra. **3.** Aquello que alguien supone o cree.
SIN. **1.** Jactancia, alarde. **3.** Suposición, conjetura. ANT. **1.** Sencillez, modestia.

**presunto, ta** *adj.* Que no se sabe con seguridad; sobre todo se dice de la persona de la que se cree que ha cometido algún delito, pero aún no ha sido declarada culpable.
SIN. Supuesto.

**presuntuoso, sa** *adj.* Que presume mucho.
SIN. Vanidoso, creído, engreído. ANT. Modesto, humilde.

**presuponer** *v.* Pensar una cosa antes de saberla con seguridad: *El profesor presupone que hablas inglés porque has estado varios veranos en Inglaterra.* ■ Es un verbo irregular. Se conjuga como *poner.*
SIN. Suponer.
FAM. Presuposición, presupuesto.

**presuposición** *s. f.* Cosa que se presupone.
SIN. Suposición.

**presupuestar** *v.* Hacer un presupuesto.
SIN. Calcular, estimar.

**presupuestario, ria** *adj.* Relacionado con el presupuesto: *Hicieron un informe presupuestario del proyecto.*

**presupuesto** *s. m.* Cálculo del dinero que hay que gastar en algo: *Pidió un presupuesto para saber lo que le costaría pintar la casa.*
FAM. Presupuestar, presupuestario.

**presurizar** *v.* Hacer que la presión de aire en el interior de un avión, una nave espacial, un submarino sea adecuada para las personas. ■ Delante de *e* se escribe *c* en lugar de *z*: *presuricen.*

**presuroso, sa** *adj.* Que se hace o va con rapidez, con prisa: *Salió presuroso de la tienda para coger el autobús.*
SIN. Rápido, apresurado, veloz, ligero. ANT. Lento.

**prêt-à-porter** *adj. y s. m.* Se dice de la ropa que no está hecha a medida, sino que se hace en serie con tallas fijas. ■ Es una palabra francesa.

**pretencioso, sa** *adj.* Que pretende ser más de lo que es en realidad.

**pretender** *v.* **1.** Querer conseguir algo e intentarlo: *Pretende ser ingeniero. Con ese regalo pretende agradarte.* **2.** Intentar conquistar a una mujer.
SIN. **1.** Procurar, desear, aspirar, ambicionar, perseguir. **2.** Cortejar. ANT. **1.** Renunciar, desistir.
FAM. Pretencioso, pretendiente, pretensión.

**pretendiente, ta** *adj. y s. m. y f.* **1.** Que pretende conseguir algo. || *s. m.* **2.** Hombre que intenta conquistar a una mujer. **3.** Persona que intenta ser rey de un país.
SIN. **1.** Aspirante, candidato.

**pretensión** *s. f.* **1.** Lo que se pretende o intenta conseguir: *No quería herirte con sus palabras: su única pretensión era aconsejarte.* **2.** Derecho que uno cree tener sobre algo: *Varios príncipes tenían pretensiones al trono.* **3.** Deseo excesivo de que algo sea muy bueno: *Su nuevo disco tiene muchas pretensiones.*
SIN. **1.** Propósito, intención, meta, objetivo.

**pretérito, ta** *adj.* **1.** Pasado, que sucedió hace mucho: *En tiempos pretéritos no había automóviles*

y la gente usaba el caballo. ‖ adj. y s. m. **2.** En gramática, forma de los verbos que se usa para hablar del pasado.
SIN. **1.** Remoto. ANT. **1.** y **2.** Futuro; presente.

**pretexto** s. m. Mentira que se inventa alguien para disimular sus verdaderas intenciones: *Siempre busca algún pretexto para no ayudarnos.*
SIN. Excusa, justificación.

**pretil** s. m. Barandilla que se pone a los lados de un sitio alto para evitar que alguien se caiga, por ejemplo en un puente.

**pretina** s. f. Tira con una hebilla o un broche que sirve para sujetar o ajustar en la cintura una prenda de vestir.

**prevalecer** v. Quedar como primera o más importante una persona o cosa sobre otras: *Después de tanto discutir, prevaleció lo que dijimos al principio.* ■ Es un verbo irregular. Se conjuga como *agradecer*.
SIN. Predominar, dominar, primar, imponerse. ANT. Perder.

**prevaricación** s. f. Delito que consiste en que un funcionario público incumpla las obligaciones propias de su cargo: *Acusan al abogado de prevaricación por no facilitar en el juicio todas las pruebas que tenía.*

**prevención** s. f. **1.** Lo que se hace para evitar algo malo antes de que ocurra: *Tuvieron la prevención de cerrar las ventanas para que no se rompieran los cristales con la tormenta.* **2.** Desconfianza: *Miraba con prevención a aquel perrazo enorme, pensando que le iba a atacar.*
SIN. **1.** Previsión, precaución. **2.** Temor, suspicacia. ANT. **2.** Confianza.

**prevenido, da** adj. **1.** Preparado, dispuesto: *Los centinelas estaban prevenidos para no dejar pasar a nadie.* **2.** Que actúa con cuidado para evitar algo malo: *Como es una chica prevenida, se llevó el paraguas por si llovía.*
SIN. **2.** Prudente, precavido.

**prevenir** v. **1.** Tratar de evitar algo malo antes de que ocurra: *El médico le mandó una medicina para prevenir el catarro.* **2.** Avisar a alguien de algo que puede ser malo para él: *La gente del pueblo previno a los montañeros de que aquel camino era muy peligroso.* ■ Es un verbo irregular. Se conjuga como *venir*.
SIN. **1.** Precaver, prever, impedir. **2.** Advertir. ANT. **1.** Favorecer.
FAM. Prevención, prevenido, preventivo. / Desprevenido.

**preventivo, va** adj. Que sirve para prevenir: *La medicina preventiva ayuda a evitar muchas enfermedades.*

**prever** v. Imaginar lo que va a suceder o darse cuenta antes de que ocurra: *No habían previsto que viniera tanta gente y no hubo sitio para todos.* ■ Es

un verbo irregular. Se conjuga como *ver*.
SIN. Predecir, pronosticar.
FAM. Previsible, previsión, previsor, previsto. / Imprevisto.

**previo, via** adj. Que tiene que suceder o hacerse antes que otra cosa: *Antes de hacer gimnasia, es conveniente hacer unos ejercicios previos de calentamiento.*
SIN. Anterior, precedente. ANT. Posterior.

**previsible** adj. Que se puede prever, que es fácil que ocurra: *Anoche se acostó tarde, así que era previsible que se quedara dormido esta mañana.*
ANT. Imprevisible.

**previsión** s. f. **1.** El prever algo: *Según la previsión del tiempo, mañana lloverá.* **2.** Lo que se calcula o se prepara por adelantado, antes de que ocurra algo: *Al final, el número de visitantes a la exposición superó todas las previsiones.*
SIN. **1.** y **2.** Predicción, pronóstico.

**previsor, ra** adj. y s. m. y f. Que prepara las cosas por si pasa algo malo.
SIN. Prevenido.

**previsto, ta** adj. **1.** Que está planeado, calculado o preparado de antes: *Tenía previsto presentarse al examen, pero llegó tarde.* **2.** Que se sabe o se sospecha antes de que ocurra: *La fiesta fue un éxito, todo salió como estaba previsto.*
SIN. **1.** y **2.** Proyectado, programado.

**prieto, ta** adj. **1.** Apretado, duro: *No le pongas tan prieto el collar al perro, que le ahogas.* **2.** Se dice del color muy oscuro, casi negro: *un caballo prieto.*
SIN. **1.** Comprimido, compacto. ANT. **1.** Flojo, suelto.
FAM. Apretar.

**prima** s. f. **1.** Dinero que se da a alguien además del sueldo como premio o recompensa: *Le dieron una prima por aquel trabajo.* **2.** Dinero que hay que pagar por un seguro.
SIN. **1.** Gratificación, plus. ANT. **1.** Descuento.
FAM. Primar².

**primacía** s. f. **1.** Hecho de ser una persona o cosa mejor o más importante que las demás: *Nadie discute la primacía de ese equipo en la liga.* **2.** Hecho de ir o tener que ir una cosa antes de otra: *Este paquete tiene primacía sobre todos los demás envíos.*
SIN. **1.** Superioridad. **2.** Prioridad. ANT. **1.** Inferioridad. **2.** Posterioridad.

**primado** s. m. En la religión católica, el más importante de los obispos y arzobispos de un país o una región.

**primar¹** v. Dar prioridad a alguien o algo o tenerla sobre otras personas o cosas: *La calidad de ese producto prima sobre cualquier otro aspecto.*
SIN. Predominar, prevalecer, destacar.

**primar²** v. Dar una prima o premio.

**primario, ria** adj. **1.** Fundamental, muy importante o necesario: *Comer, vestir y tener una casa son ne-*

cesidades primarias del hombre. ‖ adj. y s. f. **2.** Se dice de la enseñanza que se da en la escuela antes de la secundaria. ‖ adj. y s. m. **3.** Se dice del primer periodo de la historia de la Tierra, que comenzó hace unos 600 millones de años y terminó hace unos 225 millones de años. En este periodo se formaron el carbón y el petróleo y aparecieron algunos animales, como los peces, los anfibios y los reptiles.
**EXPR. colores primarios** Los que se combinan para conseguir todos los demás; son el rojo, el amarillo y el azul.
**SIN. 1.** Básico, elemental, principal. **ANT. 1.** y **2.** Secundario.

**primate** adj. y s. m. Animal mamífero que tiene manos y pies con cinco dedos y el cerebro muy desarrollado; son primates el ser humano y algunos monos como el chimpancé, el gorila o el orangután.

**primavera** s. f. Estación del año en la que empieza a hacer mejor tiempo y que está entre el invierno y el verano.
**FAM.** Primaveral.

**primaveral** adj. De la primavera o relacionado con ella: Hoy hace un tiempo primaveral.

**primer** adj. Forma abreviada de **primero**. ■ Se usa delante de un sustantivo masculino: El día de la madre es el primer domingo de mayo.

**primerizo, za** adj. y s. m. y f. Se dice de la persona que hace algo por primera vez, sobre todo de la madre que va a tener su primer hijo.
**SIN.** Principiante, novato. **ANT.** Veterano.

**primero, ra** num. **1.** Que ocupa por orden el número uno: Vivo en el piso primero. **2.** Se dice de la persona o cosa mejor o más importante que todas las demás: Cuando hay que ayudar en casa eres el primero en escaquearte. ‖ adv. **3.** Antes que otra cosa: Para que te quede bien pintada la mesa primero tienes que lijarla. **4.** Expresa que se prefiere una cosa y equivale a antes, mejor: ¿Coger un taxi? Primero me voy andando.
**EXPR. a la primera** o **a las primeras de cambio** De buenas a primeras. **a primeros** En los primeros días del mes o de otro periodo de tiempo: Hizo la matrícula a primeros de septiembre. **de buenas a primeras** De repente y sin que haya un motivo: De buenas a primeras se puso a llorar. **de primera** Muy bueno o muy bien: Nos dieron una cena de primera.
**SIN. 2.** Principal, superior. **ANT. 1.** Último. **2.** Peor, secundario. **3.** Después.
**FAM.** Primacía, primado, primar[1], primario, primer, primerizo, primicia, primigenio, primitivo, primogénito, primordial.

**primicia** s. f. Primera noticia que se da sobre algo: El periodista recibió un premio por la primicia.
**SIN.** Novedad.

**primigenio, nia** adj. Se dice de lo más antiguo, de lo que ocurrió o existió en los primeros tiempos: Tras la restauración, el cuadro ha recuperado sus colores primigenios.
**SIN.** Primitivo, originario.

**primitivismo** s. m. **1.** Estado en que se encuentran los pueblos poco desarrollados: El primitivismo de las tribus africanas dejó perplejos a los turistas. **2.** Característica propia de lo que es muy simple, poco avanzado o poco moderno: el primitivismo de sus dibujos, el primitivismo de unas herramientas. **3.** Corriente artística que imita la ingenuidad, el vivo colorido y la falta de técnica de la pintura popular.

**primitivo, va** adj. **1.** Se dice de lo más antiguo, que ocurrió o existió en los primeros tiempos: Los hombres primitivos vivían en cavernas. **2.** Muy simple, poco avanzado o moderno: En esa fábrica aún utilizan una maquinaria muy primitiva. **3.** Se dice de la palabra que no deriva de otra de la misma lengua. ‖ adj. y s. m. y f. **4.** Se dice de los pueblos poco desarrollados: Todavía existen en la selva tribus primitivas.
**SIN. 1.** Originario; prehistórico. **2.** Elemental, rudimentario. **ANT. 1.** Actual, contemporáneo.
**FAM.** Primitivismo.

**primo, ma** s. m. y f. **1.** Para una persona, hijo de su tío o de su tía. ‖ adj. y s. m. y f. **2.** Persona que se deja engañar con facilidad y no tiene malicia ni picardía.
**EXPR. número primo** Número que sólo puede dividirse por sí mismo o por el uno como el 3 o el 7.
**SIN. 2.** Pringado, ingenuo. **ANT. 2.** Listo, astuto.

**primogénito, ta** adj. y s. m. y f. Se dice del primer hijo que tiene una pareja.

**primor** s. m. **1.** Mucho cuidado y cariño con que se hace algo: Cosía con primor. **2.** Persona, animal o cosa muy bonitos y agradables: Los cachorritos eran un primor.
**SIN. 1.** Esmero, celo. **2.** Encanto, monada, preciosidad. **ANT. 1.** Descuido. **2.** Horror.
**FAM.** Primoroso.

**primordial** adj. Muy importante o necesario: La luz es primordial para las plantas.
**SIN.** Fundamental, principal, esencial. **ANT.** Accesorio, secundario.

**primoroso, sa** adj. **1.** Que está hecho con primor. **2.** Que hace las cosas con primor. **3.** Bello, delicado: Los gatitos pequeños son criaturas primorosas.
**SIN. 1.** y **2.** Cuidadoso, esmerado. **3.** Bonito, delicioso. **ANT. 1.** y **2.** Descuidado. **3.** Feo.

**princesa** s. f. **1.** Mujer que gobierna en algunos territorios. **2.** Hija del rey, sobre todo si algún día será reina. **3.** Esposa del príncipe.

**principado** s. m. **1.** Título de príncipe o princesa. **2.** Territorio que es o ha sido gobernado por un príncipe o una princesa: principado de Mónaco.

**principal** *adj*. **1.** Que es lo más importante, lo más grande o lo más abundante: *Le han dado el papel principal en la obra de teatro. La comida principal del día suele ser la que se toma a mediodía.* **2.** En gramática, se dice de la oración o proposición de la que dependen una o más proposiciones subordinadas. Por ejemplo, en la oración compuesta: *María y Jaime saben que tienen que venir,* la oración principal es *María y Jaime saben.*
**SIN. 1.** Fundamental, esencial, básico, primordial.
**ANT. 1.** Secundario, accesorio.
**FAM.** Principalmente.

**principalmente** *adv*. Sobre todo: *Me gustan todos los dulces, principalmente los bombones.*

**príncipe** *s. m.* **1.** Hijo del rey, sobre todo si algún día él también será rey. **2.** Título que se da al que gobierna en algunos países o territorios: *príncipe de Mónaco.*
**EXPR. príncipe azul** El que aparece en los cuentos de hadas; también, hombre ideal con el que sueña una chica. **príncipe de Gales** Tela de cuadros de colores suaves.
**FAM.** Princesa, principado, principesco.

**principesco, ca** *adj*. Que tiene las características adecuadas para un príncipe o una princesa: *El castillo tenía un mobiliario principesco.*

**principiante, ta** *adj. y s. m. y f.* Se dice de la persona que es nueva en una actividad.
**SIN.** Aprendiz, novato. **ANT.** Veterano.

**principiar** *v*. Dar principio o comienzo a algo: *Principiaba el día cuando salieron de viaje.*
**SIN.** Comenzar, iniciar, empezar.

**principio** *s. m.* **1.** Primer momento o primera parte de algo: *El principio de la película tiene mucha acción.* **2.** Teoría o idea fundamental de una ciencia: *el principio de Arquímedes.* **3.** Normas o ideas que tiene una persona y que hacen que se comporte de una manera. **4.** Componente.
**EXPR. en principio** En un primer momento, de forma general o provisional: *En principio, los dos se llevan bien, esperemos que sigan así.*
**SIN. 1.** Comienzo, inicio, nacimiento. **2.** Fundamento. **4.** Constituyente, integrante. **ANT. 1.** Fin, final.
**FAM.** Principal, principiante, principiar.

**pringado, da** *adj*. **1.** Sucio, manchado: *Tiene las manos pringadas de chocolate.* || *adj. y s. m. y f.* **2.** Se dice de la persona a la que es fácil engañar, o que siempre se lleva la peor parte: *Cuando todos sus compañeros salen, él sigue trabajando, es un pringado.* **3.** Metido en algún asunto malo.
**SIN. 2.** Primo, pardillo. **3.** Implicado, involucrado.
**ANT. 2.** Astuto.

**pringar** *v*. **1.** Manchar con algo pegajoso: *Se pringó la manga con la mayonesa.* **2.** Mojar pan en la salsa de los alimentos. **3.** Llevarse alguien la peor parte de algo o las culpas de todo. ■ Delante de *e* se escribe *gu* en lugar de *g*: *No te pringues.*
**EXPR. pringarla** Morir; también se usa para expresar que va a pasar algo malo: *No digas nada, que como se enteren la hemos pringado.*
**SIN. 1.** Ensuciar. **2.** Untar. **ANT. 1.** Limpiar.
**FAM.** Pringado, pringoso, pringue.

**pringoso, sa** *adj*. Que pringa, que mancha: *Ten cuidado, se ha caído la mermelada y la mesa está pringosa.*
**SIN.** Pegajoso.

**pringue** *s. amb.* **1.** Grasa que sueltan algunos alimentos, como el tocino, al cocinarlos: *Deja ya de mojar tanto pringue.* **2.** Suciedad grasienta o pegajosa: *¡Vaya pringue que tiene la cocina!*
**SIN. 2.** Mugre, porquería, guarrería.

**prior, ra** *s. m. y f.* En las órdenes religiosas, superior o superiora de un convento, o religioso que está por debajo del abad.

**prioridad** *s. f.* Hecho de estar una persona o cosa antes que otra, por ser más importante, necesitar más algo o por otro motivo: *En los transportes públicos tienen prioridad para sentarse los ancianos y las embarazadas.*
**SIN.** Preferencia, primacía.
**FAM.** Prioritario.

**prioritario, ria** *adj*. Que es lo más importante y tiene prioridad: *Es prioritario que se ponga bueno, luego ya veremos si repite curso.*

**prisa** *s. f.* **1.** Rapidez con que se hacen las cosas: *Prefiero ir más lento, si lo hago con prisas me sale mal.* **2.** Necesidad o ganas de hacer una cosa muy rápido o de que algo sea muy corto: *Se fue enseguida porque tenía prisa.*
**EXPR. a prisa** o **de prisa** Con rapidez: *Corre, de prisa, que se nos va el autobús.* **correr prisa** algo Ser urgente, tener que hacerse enseguida: *Este trabajo corre mucha prisa.* **darse** uno **prisa** Hacer algo rápidamente. **meter prisa** Hacer que alguien vaya más rápido: *Si me metes prisa, me pongo nervioso.*
**SIN. 1.** Apresuramiento, prontitud. **1.** y **2.** Urgencia.
**ANT. 1.** Lentitud.
**FAM.** Presuroso. / Apresurar, aprisa, cagaprisas, deprisa.

**prisión** *s. f.* Cárcel.
**SIN.** Presidio, penal, penitenciaría.
**FAM.** Prisionero. / Aprisionar.

**prisionero, ra** *s. m. y f.* Persona que no está en libertad, sobre todo la que se encuentra en la cárcel o en otro sitio del que no puede salir: *Los soldados llegaron a territorio enemigo y liberaron a los prisioneros.*
**SIN.** Preso, cautivo.

**prisma** *s. m.* **1.** Cuerpo geométrico que está formado por dos polígonos iguales y paralelos entre sí, llamados *bases,* y por caras laterales que son polígonos de cuatro lados. **2.** Objeto transparente con caras planas en forma de triángulo y que desvía y descompone la luz en diferentes colores. **FAM.** Prismático.

**prismático, ca** *adj.* **1.** Que tiene forma de prisma. ‖ *s. m. pl.* **2.** Instrumento formado por dos cilindros unidos, con una lente cada uno, que sirve para ver cosas que están lejos. **SIN. 2.** Gemelos.

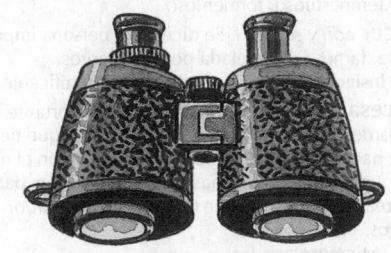

prismáticos

**privacidad** *s. f.* Característica propia de lo que es privado o íntimo: *La actriz intentó mantener su privacidad a salvo de la prensa del corazón.* **SIN.** Intimidad.

**privación** *s. f.* Falta de alguna cosa y sobre todo de lo necesario para vivir: *De joven pasó muchas privaciones.* **SIN.** Necesidad, carencia. **ANT.** Sobra, riqueza.

**privado, da** *adj.* **1.** Que es de una persona o de un pequeño grupo y sólo ellos lo utilizan o lo disfrutan: *No podemos entrar en esa finca, porque es propiedad privada.* **2.** Que no es del Estado: *una escuela privada, una clínica privada.* **3.** Que es asunto de una persona y sólo a ella le interesa: *No le gusta que se metan en su vida privada.* **4.** Que no tiene una cosa: *Muchos animales no pueden vivir privados de libertad.* ‖ *s. m.* **5.** Hombre que tiene la confianza de un rey o de un personaje muy poderoso y al que éste consulta a la hora de tomar decisiones. **EXPR. en privado** Solas dos o más personas: *Discutieron el problema en privado.* **SIN. 1.** a **3.** Particular. **3.** Íntimo. **4.** Falto, carente. **5.** Favorito, valido. **ANT. 1.** a **3.** Público. **2.** Estatal, oficial. **4.** Lleno, dotado. **FAM.** Privacidad, privatizar.

**privar** *v.* **1.** Quitarle algo a alguien: *Le privaron de la compañía de sus amigos.* **2.** Gustar muchísimo: *A Tere le privan los helados.* ‖ **privarse 3.** No hacer o tomar algo: *Se priva de los dulces para no engordar.* **4.** Desmayarse, perder el sentido. **SIN. 1.** Despojar, arrebatar. **2.** Encantar, fascinar, molar, pirrarse. **ANT. 1.** Dar; devolver. **2.** Disgustar. **FAM.** Privación, privado, privativo.

**privativo, va** *adj.* Propio de una persona o cosa y sólo de ella. **SIN.** Exclusivo, particular. **ANT.** General.

**privatización** *s. f.* Acción de privatizar.

**privatizar** *v.* Hacer que algo deje de ser del Estado: *El gobierno ha privatizado algunas empresas de transporte público.* ■ Delante de *e* se escribe *c* en lugar de *z*: *privatice.* **ANT.** Nacionalizar. **FAM.** Privatización.

**privilegiado, da** *adj.* y *s. m.* y *f.* **1.** Que tiene algún privilegio. **2.** Muy bueno, estupendo, de lo mejor: *Tiene una inteligencia privilegiada. Sus padres viven en un barrio privilegiado.* **SIN. 1.** Favorecido. **2.** Extraordinario, excepcional, sobresaliente.

**privilegiar** *v.* Conceder derechos o ventajas a alguien o a algo. **SIN.** Favorecer, beneficiar.

**privilegio** *s. m.* **1.** Derecho o ventaja que tiene alguien sobre los demás. **2.** Gusto o satisfacción que da una cosa: *Para él es un privilegio que le hayan invitado.* **SIN. 2.** Honor, placer. **ANT. 1.** Desventaja. **FAM.** Privilegiado, privilegiar.

**pro** *prep.* En favor, para ayudar a alguien o algo: *Hicieron una manifestación pro derechos humanos.* **EXPR. de pro** Bueno, honrado y útil para los demás: *Es un hombre de pro.* **los pros y los contras** Ventajas y desventajas de una cosa: *Vivir en una gran ciudad tiene sus pros y sus contras.*

**proa** *s. f.* Parte de delante de un barco, y también de otros vehículos como los aviones. **ANT.** Popa.

**probabilidad** *s. f.* Posibilidad de algo: *Ya está casi curado y el médico ha dicho que hay muchas probabilidades de que mañana pueda salir a la calle.*

**probable** *adj.* Que es fácil que suceda o que sea como se dice: *En esta época del año es probable que nieve.* **SIN.** Posible, previsible. **ANT.** Improbable. **FAM.** Probabilidad. / Improbable.

**probador** *s. m.* En las tiendas, lugar para probarse la ropa.

**probar** *v.* **1.** Mostrar que algo es cierto o es de la manera que se dice: *No se creían que la cámara de fotos era suya y tuvo que enseñarles la factura para probarlo.* **2.** Utilizar una cosa o examinarla para ver si funciona o para saber cómo es: *Antes de comprarlo, quería probar el coche.* **3.** Ponernos una prenda de vestir para ver si nos sienta bien: *Se probó los pantalones en la tienda.* **4.** Comer o beber un poco de algo, sobre todo para ver cómo sabe: *Prueba el helado, verás qué rico. Se enfadó y no probó la comida.* **5.** Intentar: *Prueba a saltar esta valla.* ■ Es un verbo irregular. Se conjuga como *contar.*

SIN. **1.** Demostrar, justificar, comprobar. **4.** Catar. **5.** Tratar, procurar.
FAM. Probable, probador. / Prueba.

**probeta** *s. f.* Tubo de cristal que suele tener un pico en el borde y se usa en los laboratorios. (Busca el dibujo de **química**).

**problema** *s. m.* **1.** Cosa que hay que resolver o solucionar, y de la que sólo sabemos unos datos: *El examen de matemáticas consistía en varias preguntas cortas y cinco problemas.* **2.** Cosa mala o difícil que nos preocupa o no nos deja hacer algo: *Silvia no podrá venir, le surgió un problema en el último momento.*
SIN. **1.** Pregunta, incógnita, ejercicio. **2.** Dificultad, complicación, contrariedad, contratiempo, inconveniente. ANT. **1.** Solución. **2.** Facilidad.
FAM. Problemático.

**problemático, ca** *adj.* Difícil, que causa problemas: *El reparto fue problemático porque la cantidad no les parecía bien a todos. Es una chica muy problemática, que no está conforme con nada.*
SIN. Dificultoso, complicado. ANT. Claro, fácil.

**probo, ba** *adj.* Honrado, de buena conducta.
SIN. Honesto, decente, íntegro, intachable. ANT. Deshonesto, indecente.

**probóscide** *s. f.* Prolongación en forma de tubo de la nariz o de la boca de algunos animales, como los elefantes, o de muchos insectos, como las mariposas.

**procacidad** *s. f.* Característica de lo que es procaz.
SIN. Obscenidad, indecencia. ANT. Decencia.

**procaz** *adj.* Indecente, atrevido en lo relacionado con el sexo. ■ Su plural es *procaces.*
SIN. Obsceno, deshonesto, lujurioso. ANT. Decente.
FAM. Procacidad.

**procedencia** *s. f.* Origen de donde procede alguien o algo: *Esa raza de caballos es de procedencia árabe. Es una familia de procedencia humilde.*
SIN. Ascendencia. ANT. Descendencia.

**procedente** *adj.* Que procede de donde se dice: *A las siete de la tarde llega el tren procedente de Sevilla. Su perro es de una raza procedente de Asia.*

**proceder**[1] *v.* **1.** Tener alguien o algo su origen en el lugar, grupo, clase o cosa que se dice: *Su familia procede de Alemania. Muchas veces los dolores de espalda proceden de una mala postura.* **2.** Comportarse o actuar de una manera: *Procedió con mucho cuidado para no hacer ruido.* **3.** Comenzar a hacer algo: *Dentro de unos momentos se procederá a la votación.* **4.** Ser algo apropiado, conveniente: *Ahora lo que procede es que os vayáis a descansar.*
SIN. **1.** Provenir, venir, descender, derivarse. **2.** Portarse, conducirse, obrar. **3.** Iniciar. **4.** Corresponder, convenir. ANT. **3.** Acabar, finalizar.
FAM. Procedencia, procedente, proceder[2], procedimiento, proceso. / Improcedente.

**proceder**[2] *s. m.* Manera de actuar o comportarse: *Su proceder en aquel asunto me pareció muy bueno.*
SIN. Comportamiento, conducta, actuación.

**procedimiento** *s. m.* Lo que hay que hacer para realizar o conseguir algo: *Para resolver este ejercicio puedes seguir varios procedimientos.*
SIN. Sistema, medio, técnica, recurso.

**proceloso, sa** *adj.* Se dice del mar en que hay muchas tormentas y tempestades.
SIN. Tempestuoso, tormentoso.

**prócer** *adj. y s. m. y f.* Se dice de la persona importante, famosa y respetada por sus méritos.
SIN. Insigne, eminente. ANT. Vulgar, insignificante.

**procesador** *s. m.* **1.** La parte más importante de un ordenador, que dirige todas las tareas que tiene que hacer. **2.** Programa de un ordenador con el que se pueden hacer muchas operaciones con datos o crear textos y trabajar con ellos: *procesador de textos.*
FAM. Microprocesador.

**procesal** *adj.* Del proceso o juicio o relacionado con él: *leyes procesales.*

**procesamiento** *s. m.* Acción de procesar.

**procesar** *v.* **1.** Hacer un juicio contra alguien: *Le procesaron por robar.* **2.** Transformar una cosa haciéndola pasar por un proceso: *En esa fábrica procesan el petróleo para sacar la gasolina. Los programas de los ordenadores procesan los datos que nosotros les damos.*
SIN. **1.** Juzgar.
FAM. Procesador, procesamiento.

**procesión** *s. f.* **1.** Conjunto de personas que van por las calles, en algunas fiestas religiosas, llevando imágenes, velas y otras cosas, como se hace por ejemplo en Semana Santa. **2.** Grupo de personas, animales o vehículos que van en fila, sobre todo si lo hacen muy despacio: *una procesión de orugas.*
SIN. **2.** Hilera, desfile, caravana.
FAM. Procesionaria.

**procesionaria** *s. f.* Oruga cubierta de pelitos que vive en los pinos y otros árboles, de cuyas hojas se alimenta. Las procesionarias se desplazan en grupo formando una fila y, si se las toca, producen granitos y ronchas en la piel.

**proceso** *s. m.* **1.** Serie de acciones o etapas por las que va pasando algo: *Una buena alimentación es fundamental en el proceso del crecimiento. El proceso de fabricación del vino empieza cuando se recoge la uva y acaba cuando se envasa en toneles.* **2.** Juicio: *Durante el proceso, el abogado defensor demostró que el acusado era inocente.*
SIN. **1.** Marcha, curso, evolución.
FAM. Procesal, procesar.

**proclama** *s. f.* **1.** Discurso o escrito político o militar. **2.** Aviso o anuncio que se hace a mucha gente.
SIN. **1.** Arenga. **1.** y **2.** Bando, pregón.

**proclamación** *s. f.* Acción de proclamar.

**proclamar** *v.* **1.** Decir una cosa a mucha gente: *La radio proclamó la noticia.* **2.** Anunciar que ha comenzado un periodo, reinado o algo parecido: *Al morir su padre, le proclamaron rey del país.* **3.** Darle a alguien un título, cargo o privilegio: *La proclamaron reina de las fiestas.*
SIN. **1.** Publicar, divulgar, pregonar. **3.** Nombrar, elegir, designar. ANT. **1.** Callar. **3.** Destituir.
FAM. Proclama, proclamación.

**proclive** *adj.* Que tiene tendencia a alguna cosa: *Es proclive a ponerse triste.*
SIN. Propenso, dado. ANT. Reacio.

**procreación** *s. f.* Acción de procrear.
SIN. Reproducción.

**procrear** *v.* Tener hijos las personas y los animales.
SIN. Engendrar, reproducirse, multiplicarse.
FAM. Procreación.

**procurador, ra** *s. m. y f.* Persona autorizada que, en algunos casos, se encarga de representar a otra en los juicios.

**procurar** *v.* **1.** Tratar de hacer o conseguir algo: *Procura no mancharte.* **2.** Conseguirle algo a alguien: *Como estaba lloviendo, su amigo le procuró un paraguas.*
SIN. **1.** Intentar, pretender. **2.** Proporcionar, facilitar, suministrar. ANT. **2.** Quitar.
FAM. Procurador.

**prodigar** *v.* **1.** Dar mucho de algo: *Prodigaba a los enfermos todo tipo de cuidados.* || **prodigarse 2.** Aparecer por un sitio, dejarse ver o actuar en público. ■ Delante de *e* se escribe *gu* en lugar de *g*: *El manager de ese cantante no quiere que se prodigue en tantos conciertos.*
SIN. **1.** Dispensar, otorgar, conceder. **2.** Lucirse. ANT. **1.** Escatimar, negar. **2.** Esconderse.
FAM. Pródigo.

**prodigio** *s. m.* **1.** Cosa fuera de lo corriente, que no puede explicarse por causas normales: *Fue un prodigio que se curara tan deprisa.* **2.** Persona, animal o cosa muy buena en su clase: *Es un prodigio dibujando.*
SIN. **1.** Milagro. **1.** y **2.** Portento, maravilla.
FAM. Prodigioso.

**prodigioso, sa** *adj.* Que es un prodigio: *Fue prodigioso que no se hiciera nada con ese golpe tan fuerte. Tiene una memoria prodigiosa.*

**pródigo, ga** *adj. y s. m. y f.* **1.** Que es muy generoso dando lo que tiene: *Siempre ha sido pródigo con sus amigos.* **2.** Que gasta mucho dinero: *Tienes que ahorrar más y ser menos pródigo.* || *adj.* **3.** Que produce mucho: *En estas tierras la naturaleza es pródiga y hay muchas plantas.*
SIN. **1.** Espléndido, dadivoso. **2.** Manirroto. **3.** Productivo, fértil. ANT. **1.** y **2.** Tacaño. **2.** Ahorrador. **3.** Estéril.

**producción** *s. f.* **1.** Acción de producir. **2.** Lo que ha producido una persona o cosa: *Este cuadro es uno de los mejores de la producción de ese artista.*
SIN. **2.** Obra, creación.

**producir** *v.* **1.** Dar algo la tierra, la naturaleza o los animales: *Las abejas producen la miel y la cera.* **2.** Fabricar o crear algo: *Japón produce todo tipo de aparatos electrónicos. Ese escritor ha producido más de cuarenta libros.* **3.** Causar: *La comida le produjo dolor de estómago.* **4.** Dar dinero o beneficios una cosa: *Cerraron el negocio porque no producía lo suficiente.* **5.** Poner el dinero necesario para que se haga una película, se grabe un disco o se realice algo parecido. || **producirse 6.** Pasar, ocurrir: *Aquí se han producido cosas muy raras.* ■ Es un verbo irregular. Se conjuga como *conducir.*
SIN. **1.** y **2.** Elaborar. **3.** Ocasionar, provocar, originarse. **6.** Suceder.
FAM. Producción, productividad, productivo, producto, productor. / Contraproducente, coproducción, improductivo, reproducir, superproducción.

**productividad** *s. f.* Lo que produce una fábrica, una empresa, un país: *Compraron más máquinas para aumentar la productividad.*

**productivo, va** *adj.* **1.** Que produce, sobre todo cuando es mucho. **2.** Muy bueno y útil: *Las conversaciones entre padres y profesores han sido muy productivas.*
ANT. **1.** y **2.** Improductivo.

**producto** *s. m.* **1.** Cosa producida, sobre todo por la tierra o la industria: *los productos de la huerta, productos para limpiar.* **2.** Resultado: *Ese trabajo ha sido producto de un gran esfuerzo.* **3.** Beneficio, ganancia. **4.** En matemáticas, resultado de una multiplicación.
SIN. **1.** Artículo. **1.** y **2.** Fruto. **2.** Obra. **3.** Provecho. ANT. **3.** Pérdida.

**productor, ra** *adj. y s. m. y f.* **1.** Que produce: *España es un país productor de aceite.* || *s. m. y f.* **2.** Persona o empresa que produce películas, discos y cosas parecidas.
SIN. **1.** Fabricante.

**proemio** *s. m.* Texto o discurso que sirve de introducción a un texto.
SIN. Prólogo, preámbulo, prefacio.

**proeza** *s. f.* Acción para la que se necesita mucho valor y esfuerzo.
SIN. Hazaña, heroicidad.

**profanación** *s. f.* Acción de profanar.

**profanar** *v.* Entrar en un templo sin respeto o tratar así las cosas sagradas.
SIN. Violar.
FAM. Profanación.

**profano, na** *adj.* **1.** Que no es religioso: *Carnaval es una fiesta profana.* || *adj. y s. m. y f.* **2.** Que no es entendido o experto en alguna cosa: *Ese libro de*

*informática es incomprensible para un profano en la materia.*
SIN. **1.** Laico, secular, seglar. ANT. **1.** Sagrado. **2.** Experimentado.
FAM. Profanar.

**profe** *s. m.* y *f.* Forma abreviada de **profesor**. ■ El femenino también puede ser *profa*.

**profecía** *s. f.* Lo que dice un profeta que va a suceder.
SIN. Predicción, vaticinio, augurio.

**proferir** *v.* Decir palabras, dar gritos o hacer otros sonidos parecidos: *Se enfadó mucho y comenzó a proferir insultos. Profirió un grito de dolor.* ■ Es un verbo irregular. Se conjuga como *sentir*.
SIN. Prorrumpir, lanzar.

**profesar** *v.* **1.** Seguir una religión o una creencia: *profesar el budismo.* **2.** Sentir lo que se dice: *Profesa un gran amor por los animales.* **3.** Entrar en una orden religiosa.
SIN. **1.** Abrazar, practicar. **2.** Experimentar.
FAM. Profeso.

**profesión** *s. f.* Trabajo al que se dedica alguien: *Su padre le enseñó desde pequeño la profesión de carpintero.*
SIN. Ocupación, empleo.
FAM. Profesional.

**profesional** *adj.* **1.** Relacionado con la profesión de alguien o con su trabajo: *A este periodista le ha ido muy bien en su vida profesional y ha ganado varios premios.* || *adj.* y *s. m.* y *f.* **2.** Se dice de la persona que se dedica a una profesión, deporte u otra actividad para ganar dinero con el que vivir: *un músico profesional, un futbolista profesional.*
SIN. **1.** Laboral. ANT. **2.** Amateur, aficionado.
FAM. Profesionalidad, profesionalizar.

**profesionalidad** *s. f.* Característica de la persona competente y honrada en el trabajo: *Su profesionalidad le impide entregar un trabajo mal hecho.*

**profesionalizar** *v.* Convertir una actividad o a una persona en profesional. ■ Delante de *e* se escribe *c* en lugar de *z: Cuando se profesionalicen jugarán en las mejores competiciones.*

**profeso, sa** *adj.* y *s. m.* y *f.* Se dice de la persona que ha entrado a formar parte de una orden religiosa.

**profesor, ra** *s. m.* y *f.* Persona que enseña, sobre todo si se dedica a la enseñanza: *Trabaja como profesora en una escuela de baile.*
SIN. Maestro, educador, monitor.
FAM. Profesorado.

**profesorado** *s. m.* Conjunto de profesores.

**profeta, profetisa** *s. m.* y *f.* **1.** Persona que habla en nombre de Dios y anuncia cosas futuras: *En la religión musulmana, Mahoma es el profeta de Alá.* **2.** Persona que dice cosas que van a pasar.
FAM. Profecía, profético, profetizar.

**profético, ca** *adj.* De los profetas o relacionado con ellos y con lo que dicen.

**profetizar** *v.* Decir lo que va a pasar. ■ Delante de *e* se escribe *c* en lugar de *z: profetice.*
SIN. Adivinar, predecir, vaticinar.

**profiláctico, ca** *adj.* **1.** Que sirve para prevenir enfermedades. || *s. m.* **2.** Preservativo.

**profilaxis** *s. f.* Conjunto de medidas que permiten prevenir una enfermedad o evitar que se contagie. ■ No varía en plural.
FAM. Profiláctico.

**profiterol** *s. m.* Pastel pequeño relleno de helado o crema que suele servirse bañado con chocolate caliente.

**prófugo, ga** *adj.* y *s. m.* y *f.* **1.** Se dice de la persona que huye de la justicia, de la policía o de otra autoridad. || *s. m.* **2.** Chico que se escapa o se esconde para no hacer la mili.
SIN. **1.** Fugitivo.

**profundamente** *adv.* De manera muy fuerte, intensa, grande: *arraigar profundamente una tradición, dormir la siesta profundamente, sentir profundamente la muerte de alguien.*

**profundidad** *s. f.* **1.** Medida de una cosa desde la superficie hasta el fondo: *Esta piscina tiene cuatro metros de profundidad.* **2.** Medida de una cosa desde su parte de fuera hacia dentro: *Este armario tiene mucha profundidad y caben muchas cosas.* **3.** Característica de las ideas, pensamientos o sentimientos profundos. || *s. f. pl.* **4.** Lugar profundo: *Una enorme ballena salió de las profundidades del mar.*
EXPR. **en profundidad** Con mucho detalle, por completo: *Explicó la lección en profundidad.*
SIN. **1.** y **2.** Fondo.

**profundizar** *v.* **1.** Hacer algo profundo: *Profundizaron en la tierra para hacer un pozo.* **2.** Estudiar o pensar algo con mucho cuidado y detalle para conocerlo lo mejor posible: *Compró varios libros sobre animales para profundizar en su estudio.* ■ Delante de *e* se escribe *c* en lugar de *z: profundice.*
SIN. **1.** y **2.** Ahondar.

**profundo, da** *adj.* **1.** Que tiene mucha profundidad: *Por esta parte el río es muy profundo. Estas estanterías son muy profundas, caben dos filas de libros.* **2.** Muy fuerte, muy intenso o muy grande: *Tiene un sueño profundo. En el interior de la cueva había un profundo silencio.* **3.** Muy importante, serio o interesante: *Hablaban sobre temas profundos.*
SIN. **1.** y **2.** Hondo. **3.** Trascendente. ANT. **1.** a **3.** Superficial. **3.** Trivial, frívolo.
FAM. Profundamente, profundidad, profundizar.

**profusión** *s. f.* Mucho de alguna cosa: *En este libro hay una gran profusión de dibujos.*
SIN. Abundancia. ANT. Escasez.

**profuso, sa** *adj.* Que tiene mucho de lo que se dice: *Le dio una descripción del lugar muy profusa, llena de detalles.*
SIN. Abundante, copioso. ANT. Escaso.
FAM. Profusión.

**progenie** *s. f.* **1.** Hijos de una persona. **2.** Familia de la que desciende una persona.
SIN. **1.** Descendencia, prole. **2.** Linaje, ascendencia.

**progenitor, ra** *s. m.* y *f.* El padre o la madre de una persona.
SIN. Ascendiente, antecesor. ANT. Descendiente, hijo.
FAM. Progenie.

**programa** *s. m.* **1.** Conjunto de las cosas que se van a hacer, de los espectáculos que se van a ver, de lo que se va a estudiar: *Dentro del programa de esa cantante está la visita a nuestro país.* **2.** Película, serie, concurso u otra cosa que vemos en la tele o escuchamos en la radio. **3.** Conjunto de instrucciones que se dan a una máquina, sobre todo a un ordenador, para que haga una cosa: *Con el ordenador, le regalaron un programa para dibujar.*
SIN. **1.** Plan. **3.** Aplicación.
FAM. Programar.

**programable** *adj.* Que se puede programar: *vídeo programable.*

**programación** *s. f.* **1.** Acción de programar. **2.** Conjunto de programas de radio y televisión o de lo que se va a ver en un cine o teatro. **3.** El hacer programas de ordenador.

**programador, ra** *adj.* y *s. m.* y *f.* **1.** Que programa o prepara alguna cosa. ‖ *s. m.* y *f.* **2.** Persona que hace programas de ordenador. ‖ *s. m.* **3.** Aparato que sirve para ordenar a una máquina lo que tiene que hacer, como por ejemplo el programador de las lavadoras.

**programar** *v.* **1.** Preparar y organizar todo lo que se va hacer: *Programaron bien el viaje para que les diera tiempo a ver muchas cosas.* **2.** Darle unas órdenes a una máquina por anticipado para que haga alguna cosa: *Programó el vídeo para grabar la película.* **3.** Hacer programas de ordenador.
SIN. **1.** Planear, planificar. ANT. **1.** Improvisar.
FAM. Programable, programación, programador. / Desprogramar.

**progre** *adj.* y *s. m.* y *f.* Progresista.

**progresar** *v.* Mejorar una persona o cosa: *Estuvo un mes en Inglaterra y ha progresado mucho en el inglés.*
SIN. Prosperar, avanzar, adelantar. ANT. Empeorar.
FAM. Progresión, progresivo.

**progresión** *s. f.* Acción de progresar o aumentar: *Ese atleta ha logrado una gran progresión en los últimos años.*
SIN. Progreso, mejora, avance, desarrollo, perfeccionamiento; aumento, crecimiento. ANT. Empeoramiento; disminución.

**progresismo** *s. m.* Forma de pensar y actuar propia de las personas progresistas.

**progresista** *adj.* y *s. m.* y *f.* Que quiere que haya cambios y avances en la sociedad.
SIN. Progre. ANT. Conservador.
FAM. Progre, progresismo.

**progresivo, va** *adj.* Que aumenta continuamente: *En esta ciudad ha habido un crecimiento progresivo de la población.*
SIN. Gradual.

**progreso** *s. m.* Avance, desarrollo que trae beneficios: *El progreso de la medicina hace que cada vez vivamos más tiempo.*
SIN. Adelanto. ANT. Retroceso.
FAM. Progresar, progresista.

**prohibición** *s. f.* Acción de prohibir.
ANT. Permiso.

**prohibir** *v.* No dejar hacer alguna cosa: *El alcalde ha prohibido pasear a los perros sin bozal.*
SIN. Impedir. ANT. Dejar, permitir.
FAM. Prohibición, prohibitivo.

**prohibitivo, va** *adj.* **1.** Demasiado caro: *Los precios de los pisos en esta parte de la ciudad son cada vez más prohibitivos.* **2.** Que prohíbe: *una señal de tráfico prohibitiva.*
ANT. **1.** Asequible.

**prohijar** *v.* Adoptar un hijo.

**prójimo** *s. m.* Lo que es cualquier persona para otra: *Dedicó su vida a ayudar al prójimo.*
SIN. Semejante.

**prole** *s. f.* Los hijos de un persona, sobre todo si son muchos.
SIN. Descendencia.

**prolegómenos** *s. m. pl.* Lo que va antes de algo, sobre todo de una obra escrita, y sirve de preparación o introducción.
SIN. Preámbulo, preliminares.

**proletariado** *s. m.* Clase social de los trabajadores.

**proletario, ria** *adj.* y *s. m.* y *f.* Trabajador, obrero.
FAM. Proletariado.

**proliferación** *s. f.* Aumento en la cantidad de algo: *La proliferación de incendios este verano ha destruido muchos bosques.*
SIN. Incremento. ANT. Disminución.

**proliferar** *v.* Aumentar mucho la cantidad de algo: *Cuando las aguas de un río están limpias, proliferan en ellas los pececillos.*
SIN. Incrementarse, multiplicarse. ANT. Disminuir.
FAM. Proliferación, prolífico.

**prolífico, ca** *adj.* **1.** Que se reproduce mucho: *Los conejos son animales muy prolíficos.* **2.** Se dice del artista o escritor que realiza muchas obras.
SIN. **1.** y **2.** Fértil, fecundo. **2.** Productivo. ANT. **1.** y **2.** Estéril.

**prolijo, ja** *adj.* Que se extiende mucho al hablar o escribir, que da demasiados detalles y explicaciones: *Es tan prolijo que aburre a cualquiera.*

**prologar** *v.* Hacer un prólogo para una obra. ■ Delante de *e* se escribe *gu* en lugar de *g*: *Que ese escritor prologue tu libro es un gran honor.*

**prólogo** *s. m.* Texto que se escribe al principio de un libro para presentarlo o explicar algo sobre él. SIN. Prefacio, preámbulo, proemio, introducción, prolegómenos. ANT. Epílogo.
FAM. Prologar.

**prolongación** *s. f.* **1.** Acción de prolongar o prolongarse. **2.** Algo que se añade a una cosa y que la hace más larga: *Están construyendo una prolongación de la carretera que va a llegar hasta el pueblo.* SIN. **2.** Ampliación, continuación.

**prolongado, da** *adj.* **1.** Que alguien lo prolongó o que se prolonga: *Los elefantes tienen la nariz prolongada en una trompa.* **2.** Largo: *Tuvo que estar en cama durante un prolongado periodo de tiempo a causa de la enfermedad.* SIN. **2.** Dilatado. ANT. **2.** Corto.

**prolongador** *s. m.* Que sirve para prolongar o hacer más largo: *Necesito un prolongador para el cable del televisor.*

**prolongar** *v.* **1.** Hacer más largo: *Han prolongado la falda del vestido añadiéndole un volante.* **2.** Hacer que dure más: *Una alimentación sana prolonga la vida de las personas.* ‖ **prolongarse** **3.** Durar: *El concierto se prolongó hasta las dos de la madrugada.* **4.** Llegar hasta un lugar: *Este camino se prolonga hasta la falda de la montaña.* ■ Delante de *e* se escribe *gu* en lugar de *g*: *prolongué.* SIN. **1.** y **2.** Alargar, dilatar. ANT. **1.** y **2.** Abreviar, acortar.
FAM. Prolongación, prolongado, prolongador.

**promedio** *s. m.* El resultado de sumar varias cantidades y luego dividir lo que sale por el número de cantidades; por ejemplo, el promedio de 6, 7 y 2 es 5, pues $(6 + 7 + 2) : 3 = 5$.

**promesa** *s. f.* **1.** Acción de prometer: *Papá va a cumplir su promesa y llevarnos al parque de atracciones.* **2.** Persona que se espera que llegue a triunfar: *Este chaval es una promesa del ciclismo.* SIN. **1.** Compromiso, palabra.

**prometedor, ra** *adj.* Que parece que llegará a ser muy importante o bueno: *Su futuro es prometedor.* SIN. Halagüeño, esperanzador.

**prometer** *v.* **1.** Asegurar una persona que va a hacer una cosa o que es verdad lo que dice: *Juan le prometió que le enseñaría a montar en bicicleta.* **2.** Afirmar una persona que va a cumplir con su deber: *El ministro prometió su cargo ante el rey.* **3.** Parecer una persona o cosa que va a resultar como se expresa: *El partido del domingo promete ser intere-* sante. ‖ **prometerse** **4.** Convertirse en prometidos un hombre y una mujer.
SIN. **1.** Garantizar. **1.** y **2.** Jurar.
FAM. Promesa, prometedor, prometido. / Comprometer.

**prometido, da** *s. m.* y *f.* Novio o novia cuando tienen intención de casarse.

**prominencia** *s. f.* **1.** Característica de las cosas prominentes: *La prominencia de su nariz era exagerada.* **2.** Cosa que sobresale o se levanta: *La cresta es una prominencia que tienen algunas aves en la cabeza.* SIN. **2.** Saliente, protuberancia.

**prominente** *adj.* Que sobresale mucho: *Tiene la barbilla prominente.* SIN. Saliente, abultado. ANT. Plano, chato.
FAM. Prominencia.

**promiscuidad** *s. f.* Característica de promiscuo.

**promiscuo, cua** *adj.* Se dice de la persona que tiene relaciones sexuales con muchas personas; se dice también de su forma de vida y su comportamiento.
FAM. Promiscuidad.

**promoción** *s. f.* **1.** Acción de promocionar o promover: *Han hecho un anuncio de televisión para la promoción de ese perfume.* **2.** Grupo de personas que acaban los estudios o que consiguen un trabajo al mismo tiempo. SIN. **1.** Impulso, fomento. **2.** Curso.

**promocionar** *v.* **1.** Hacer que alguien consiga una categoría más alta en un trabajo: *Juan está estudiando inglés para promocionarse dentro de la empresa.* **2.** Dar a conocer a alguien o algo para que tenga éxito: *Una chica en el mercado regalaba a la gente unas galletas para promocionarlas.* SIN. **1.** Promover, ascender. **2.** Lanzar. ANT. **1.** Degradar.
FAM. Promoción.

**promontorio** *s. m.* Montículo, pequeña elevación en el terreno. SIN. Cerro, colina.

**promotor, ra** *adj.* y *s. m.* y *f.* **1.** Que causa o impulsa algo: *Él se ha llevado la fama, pero el verdadero promotor de la idea fui yo.* **2.** Persona que se dedica a dar a conocer a alguien o algo para que tenga éxito, por ejemplo a un cantante. SIN. **1.** Impulsor. **2.** Manager.

**promover** *v.* **1.** Causar: *La subida de los precios promovió muchas protestas.* **2.** Favorecer, impulsar: *El ayuntamiento ha hecho una campaña para promover el turismo.* **3.** Ascender a una persona: *Le han promovido al puesto de director.* ■ Es un verbo irregular. Se conjuga como *mover.* SIN. **1.** Provocar. **2.** Fomentar. **2.** y **3.** Promocionar. ANT. **1.** Evitar. **2.** Entorpecer. **3.** Degradar.
FAM. Promocionar, promotor.

**promulgación** *s. f.* Acción de promulgar: *la promulgación de una ley.*

**promulgar** *v.* Publicar una ley para que empiece a cumplirse: *La Constitución española se promulgó en 1978.* ■ Delante de *e* se escrige *gu* en lugar de *g*: *promulgue.* FAM. Promulgación.

**pronombre** *s. m.* Palabra que tiene la función de un sustantivo y que indica cualquier persona, animal o cosa sin nombrarlos; hay de varios tipos: personales (*él, nosotros*), demostrativos (*éste, ése, aquél*), relativos (*que, quien*), interrogativos (*cuál, quién*). EXPR. **pronombre personal** El que señala a una persona, animal o cosa concretos. Se distinguen dentro del pronombre personal una primera, segunda y tercera persona. Tiene diversas formas según la función sintáctica que desempeñe. FAM. Pronominal.

**pronominal** *adj.* **1.** Del pronombre o relacionado con él. **2.** Se dice de los verbos que siempre se conjugan con un pronombre, como por ejemplo *atreverse: me atrevo, te atreves, nos atrevemos, se atreven.*

**pronosticar** *v.* Decir que algo va a pasar. ■ Delante de *e* se escribe *qu* en lugar de *c*: *Yo pronostiqué que nuestro equipo ganaría la liga y acerté.* SIN. Predecir.

**pronóstico** *s. m.* **1.** Anuncio que se hace de que algo va a pasar: *El pronóstico del tiempo dice*

## PRONOMBRES PERSONALES

| FUNCIÓN | | PRIMERA PERSONA | SEGUNDA PERSONA | TERCERA PERSONA |
|---|---|---|---|---|
| **Sujeto** | SINGULAR | **yo:** *Yo llegué el primero.* | **tú:** *Tú acertaste la respuesta.* <br> **usted:** *Usted venga cuando quiera.* | **él:** *Él estuvo con María.* <br> **ella:** *Ella sí fue a la fiesta.* <br> **ello:** *Ello no impide que vayas a clase.* |
| | PLURAL | **nosotros, nosotras:** *Nosotros iremos a la playa.* | **vosotros, vosotras:** *Vosotros no estuvisteis.* <br> **ustedes:** *Ustedes pasen los primeros.* | **ellos:** *Ellos me lo dijeron.* <br> **ellas:** *Ellas prefieren irse a casa.* |
| **Complemento directo** | SINGULAR | **me:** *Marga me acompañó.* | **te:** *Te vi ayer.* <br> **le, lo:** *Le están buscando, Sr. Pérez.* <br> **la:** *La esperan fuera, señora.* | **le, lo:** *Le vimos en el parque.* <br> *Lo has roto por la mitad.* <br> **la:** *La recuerdo todavía.* |
| | PLURAL | **nos:** *Carlos nos acompañó.* | **os:** *Os llamaré desde el balcón.* <br> **les, los:** *Los esperamos un rato.* <br> **las:** *Las llevamos a su casa, señoras.* | **les, los:** *El director los recibió.* <br> **las:** *Juan las ayudó.* |
| **Complemento indirecto** | SINGULAR | **me:** *Me han regalado una bicicleta.* | **te:** *Rosa te ha conseguido las entradas.* <br> **le, se:** *Le dejó la pluma para firmar. Se lo han devuelto.* | **le, se:** *Mamá le ha comprado el libro. Se lo dijeron ayer.* |
| | PLURAL | **nos:** *Luis nos ha arreglado los patines.* | **os:** *Os dije la respuesta.* <br> **les, se:** *Les prestamos nuestro coche. Se lo dijimos a ustedes ayer.* | **les, se:** *Pedro les dijo que fueran al cumpleaños. Se lo regaló a las chicas.* |
| **Detrás de preposición** | SINGULAR | **mí:** *Se acordaba de mí.* <br> **conmigo:** *¿Vienes conmigo?* | **ti:** *Este libro es para ti.* <br> **contigo:** *Ana irá contigo.* <br> **sí:** *Tire para sí de la cuerda.* <br> **consigo:** *Traiga consigo su ropa.* <br> **usted:** *Esta silla es para usted.* | **sí:** *Le gusta hacer las cosas por sí mismo.* <br> **él, ella:** *La caja de pinturas es de ella.* <br> **ello:** *No se dio cuenta de ello.* |
| | PLURAL | **nosotros, nosotras:** *Siéntate con nosotras.* | **vosotros, vosotras:** *Me voy con vosotros.* <br> **sí:** *Hablen para sí.* <br> **consigo:** *Traigan consigo el carné.* <br> **ustedes:** *Este regalo es para ustedes.* | **sí:** *Los compañeros se ayudan entre sí.* <br> **consigo:** *Los viajeros llevan consigo las maletas.* <br> **ellos, ellas:** *La culpa fue de ellos.* |

que va a llover. **2.** Opinión que da el médico sobre el estado de un enfermo: *El pronóstico del herido es grave, pero su vida no corre peligro.* **SIN. 1.** Predicción. **FAM.** Pronosticar.

**prontitud** *s. f.* Rapidez: *Echó la carta enseguida para que les llegara con prontitud a sus padres.* **ANT.** Lentitud.

**pronto, ta** *adj.* **1.** Que ocurre sin pasar mucho tiempo: *El médico espera que el enfermo tenga una pronta curación.* || *s. m.* **2.** Reacción fuerte y repentina: *El niño está tan celoso de su hermano que en un pronto le pegó.* || *adv.* **3.** Sin que pase mucho tiempo: *Si no hay atasco en la carretera, pronto estarán en casa.* **4.** Temprano: *Le gusta levantarse pronto los fines de semana.* **EXPR. de pronto** Repentinamente: *Estaba despejado, pero de pronto aparecieron unas nubes y se puso a llover.* **hasta pronto** Expresión que se dice para despedirse de alguien a quien se va a ver en poco tiempo. **por de pronto** o **por lo pronto** De momento: *Por lo pronto traiga las bebidas, luego pediremos la comida.* **tan pronto como** En cuanto, inmediatamente después de algo: *Tan pronto como llegue Luisa saldremos para el zoo.* **SIN. 1.** Rápido, veloz. **2.** Arranque, arrebato. **3.** Rápidamente, enseguida. **ANT. 1.** Lento. **3.** y **4.** Tarde. **FAM.** Prontitud.

**pronunciación** *s. f.* Acción o forma de pronunciar: *Lo más difícil de aprender del inglés es la pronunciación.*

**pronunciado, da** *adj.* Muy marcado o fuerte, que se nota mucho: *Un poco más allá se debe reducir la velocidad porque hay una curva muy pronunciada.* **SIN.** Acentuado, acusado, señalado. **ANT.** Leve.

**pronunciamiento** *s. m.* **1.** Acción de pronunciarse. **2.** Rebelión militar para obligar al gobierno a marcharse o a hacer algo. **SIN. 2.** Alzamiento, levantamiento, sublevación, golpe.

**pronunciar** *v.* **1.** Emitir los sonidos de una lengua: *Luisito no pronuncia bien la erre.* **2.** Decir algo en voz alta y casi siempre en público: *Una famosa actriz pronunció el pregón de las fiestas.* || **pronunciarse 3.** Decir uno lo que piensa sobre algo: *El profesor se pronunció a favor de dar ya las vacaciones.* **SIN. 1.** Vocalizar. **3.** Declararse. **FAM.** Pronunciación, pronunciado, pronunciamiento. / Impronunciable.

**propagación** *s. f.* Acción de propagar o propagarse: *La suciedad favorece la propagación de enfermedades.* **SIN.** Transmisión.

**propaganda** *s. f.* Actividad y medios para dar a conocer algo a muchas personas y para convencerlas de que hagan o compren algo: *Hacen mucha*

propaganda de esa película. Repartieron por los buzones propaganda de un nuevo restaurante chino. **SIN.** Publicidad. **FAM.** Propagandístico.

**propagandístico, ca** *adj.* De propaganda o relacionado con la propaganda.

**propagar** *v.* Extender: *El humo de la barbacoa se propagó por todo el camping.* ■ Delante de *e* se escribe *gu* en lugar de *g*: *propagué.* **SIN.** Difundir, transmitir. **ANT.** Contener. **FAM.** Propagación, propaganda.

**propano** *s. m.* Gas que se emplea en la industria y para las cocinas y calentadores de las casas.

**propasarse** *v.* **1.** Pasarse de lo que está permitido o de lo que se debe hacer: *Muchos accidentes son provocados por conductores que se propasan con el alcohol.* **2.** Cometer una persona una falta de respeto hacia otra, como cuando un hombre toca o besa a una mujer sin que ésta quiera. **SIN. 1.** y **2.** Excederse, extralimitarse. **ANT. 1.** Moderarse, contenerse.

**propensión** *s. f.* Hecho de ser propenso a algo: *Pedro tiene propensión a engordar.* **SIN.** Tendencia, inclinación, predisposición.

**propenso, sa** *adj.* Se dice de alguien al que es fácil que le ocurran cosas malas, como por ejemplo una enfermedad: *Pepe es propenso a constiparse.* **SIN.** Predispuesto, proclive. **ANT.** Reacio. **FAM.** Propensión.

**propiamente** *adv.* Con exactitud, en rigor: *Propiamente, este animal no es un ratón, sino un hámster.*

**propiciar** *v.* Ayudar a que algo se produzca: *El buen tiempo propició la llegada de muchos turistas.* **SIN.** Favorecer. **ANT.** Impedir, dificultar.

**propicio, cia** *adj.* Favorable, oportuno, bueno para algo: *Ahora que está contento, es el momento propicio para pedirle el favor.* **SIN.** Adecuado, conveniente, apropiado, indicado. **ANT.** Desfavorable, inadecuado. **FAM.** Propiciar.

**propiedad** *s. f.* **1.** Cualidad o característica de algo: *Una de las propiedades del acero es su dureza.* **2.** Hecho de pertenecer una cosa a alguien: *Este libro no es de la biblioteca: es de mi propiedad.* **3.** Cosa que es de alguien: *Vendió las tierras y otras propiedades que tenía en el pueblo para comprarse una casa en la ciudad.* **4.** Hecho de usar bien las palabras, dándoles el significado que realmente tienen: *El profesor de lengua siempre está diciendo que debemos hablar con propiedad.* **SIN. 1.** Atributo. **2.** y **3.** Posesión, pertenencia. **3.** Hacienda.

**propietario, ria** *adj.* y *s. m.* y *f.* Que posee o tiene algo: *Pedro es el propietario de este piso.* **SIN.** Dueño, poseedor. **FAM.** Copropietario.

**propina** *s. f.* Dinero que se da de más al pagar una cosa, por ejemplo a un camarero por habernos servido bien.
**FAM.** Propinar.

**propinar** *v.* Dar, pegar: *Le propinó un puñetazo.*
**SIN.** Sacudir, meter, atizar.

**propio, pia** *adj.* **1.** De la persona de que se está hablando: *Pablo pagó el cine con su propio dinero.* **2.** Se dice de los nombres que se escriben con mayúscula y que sirven para decir cómo se llama una persona, una ciudad, un país; por ejemplo, *Pedro, Cáceres, Francia.* **3.** Característico: *Pronunciar la letra ce como una ese es propio de los andaluces.* **4.** Incluso, también él: *El propio director del colegio felicitó a Andrés por sus buenas notas.*
**SIN.** **1.** Particular. **3.** Peculiar, típico. **ANT.** **1.** Ajeno. **2.** Común. **3.** Impropio.
**FAM.** Propiamente, propiedad, propietario. / Apropiado, apropiarse, expropiar, impropio.

**proponer** *v.* **1.** Decir algo a alguien para ver si está de acuerdo: *Juan propuso ir a Galicia este verano y todos dijeron que sí.* **2.** Presentar a una persona para que sea elegida o haga algo: *La clase propuso a Manuel como delagado de clase.* ‖ **proponerse** **3.** Decidir hacer una cosa: *Marina se propuso cambiar de aspecto y ahora ya no parece la misma.* ■ Es un verbo irregular. Se conjuga como *poner.*
**SIN.** **1.** Sugerir, plantear. **3.** Empeñarse, pretender.
**ANT.** **3.** Renunciar, desistir.
**FAM.** Proposición, propósito, propuesta.

**proporción** *s. f.* **1.** Cantidad de algo en relación con el resto: *Hay que aumentar la proporción de harina para hacer este bollo.* **2.** Relación que hay entre varias cosas cuando sus tamaños no son exagerados: *Esa mesa no está en proporción con la habitación, es demasiado grande.* **3.** Tamaño: *Las proporciones del castillo eran enormes.* **4.** Intensidad, importancia: *La contaminación de algunos mares está alcanzando grandes proporciones.* **5.** Expresión matemática en que aparecen dos cocientes separados por el signo igual, por ejemplo 3/5 = 6/10.
**SIN.** **1.** Porcentaje. **2.** Equilibrio, armonía, conformidad. **3.** Dimensión. **4.** Fuerza, trascendencia, envergadura, repercusión, alcance. **ANT.** **2.** Desproporción.
**FAM.** Proporcionado, proporcional, proporcionar. / Desproporción.

**proporcionado, da** *adj.* **1.** Que no tiene ninguna medida exagerada: *Paco no es alto, pero está bien proporcionado.* **2.** Que está bien en relación con algo: *El sueldo que gana es proporcionado al trabajo que hace.*
**SIN.** **2.** Justo, adecuado. **ANT.** **1.** y **2.** Desproporcionado.

**proporcional** *adj.* **1.** Que se hace siguiendo la debida proporción, dando a cada uno lo que le toca: *Al llegar a casa hicieron un reparto proporcional de las* almendras que cogieron en el campo. **2.** En matemáticas, se dice de las cantidades o medidas que tienen relación entre sí; por ejemplo, la cantidad de agua que cae en un lugar es proporcional al tiempo que está lloviendo en ese sitio.
**SIN.** **1.** Proporcionado, equitativo.

**proporcionar** *v.* **1.** Dar a una persona lo que necesita: *Su amigo le proporcionó una mochila y una tienda de campaña.* **2.** Producir, causar: *El nacimiento del bebé proporcionó a la familia una gran felicidad.*
**SIN.** **1.** Facilitar, suministrar, proveer. **1.** y **2.** Procurar. **2.** Ocasionar, deparar. **ANT.** **1.** Negar, quitar.

**proposición** *s. f.* **1.** Acción de proponer y cosa que se propone: *A Carlos le hicieron la proposición de participar como extra en una película y aceptó.* **2.** En gramática, unidad formada por sujeto y predicado, que se une a otra para formar una oración compuesta.
**SIN.** **1.** Propuesta.

**propósito** *s. m.* **1.** Lo que uno se propone o piensa hacer: *Tiene el propósito de aprender alemán.* **2.** Objetivo, finalidad: *El propósito de esta carta es decirte que llegaré el próximo domingo.*
**EXPR.** **a propósito** De forma intencionada, queriendo: *Olvidó llamarle, pero no lo hizo a propósito.* **a propósito de** En relación con: *A propósito del viaje, creo que deberíamos hacer ya las maletas.*
**SIN.** **1.** Determinación, proyecto. **1.** y **2.** Intención. **2.** Objeto, fin.
**FAM.** Despropósito.

**propuesta** *s. f.* Aquello que se propone: *La propuesta de poner un ascensor fue aceptada por todos los vecinos del edificio.*
**SIN.** Proposición, oferta.

**propugnar** *v.* Defender alguien una postura o idea que le parece buena: *El alcalde propugna la construcción de más viviendas baratas.*
**ANT.** Rechazar.

**propulsar** *v.* Impulsar o mover hacia adelante.
**SIN.** Lanzar. **ANT.** Frenar.
**FAM.** Propulsión, propulsor. / Autopropulsado.

**propulsión** *s. f.* Acción de propulsar: *El barco avanza gracias a la propulsión de sus hélices.*
**EXPR.** **propulsión a chorro** Procedimiento para que un avión, cohete o proyectil avance en el espacio impulsado por un líquido o gas que sale por la parte de atrás a gran velocidad.

**propulsor, ra** *s. m.* y *f.* Que sirve para propulsar: *El barco se desplaza gracias a unas grandes hélices propulsoras.*
**SIN.** Impulsor.

**prorratear** *v.* Repartir en partes iguales una cantidad entre varios: *Si prorrateamos entre los cinco estas diez mil, tocamos a dos mil cada uno.*
**FAM.** Prorrateo.

**prorrateo** *s. m.* Hecho de prorratear: *Se hizo un prorrateo para saber cuánto teníamos que pagar cada uno.*

**prórroga** *s. f.* Tiempo que se prolonga algo haciendo que dure más: *El partido terminó en empate y los jugadores tuvieron que jugar una prórroga de veinte minutos.*

**prorrogar** *v.* Prolongar más tiempo algo: *El plazo para hacer la matrícula se ha prorrogado una semana más.* ■ Delante de *e* se escribe *gu* en lugar de *g: prorrogué.*
FAM. Prórroga.

**prorrumpir** *v.* Mostrar de repente y con fuerza lo que sentimos, por ejemplo dando gritos o llorando: *El público prorrumpió en aplausos al final del espectáculo.*
SIN. Proferir, estallar.

**prosa** *s. f.* Manera de escribir que, a diferencia del verso, no tiene rima ni sigue unas normas sobre el número de sílabas. Los cuentos y las novelas, por ejemplo, están escritos en prosa.
FAM. Prosaico, prosista.

**prosaico, ca** *adj.* Vulgar, que no es poético.

**prosapia** *s. f.* Antepasados de una persona, especialmente si son nobles o importantes.
SIN. Linaje, estirpe, alcurnia.

**proscenio** *s. m.* En un teatro, parte del escenario que está más cerca del público.

**proscribir** *v.* **1.** Echar a una persona de su país, sobre todo por motivos políticos. **2.** Prohibir. ■ Su participio es irregular: *En la mayoría de los países han proscrito las peleas de perros.*
SIN. **1.** Desterrar.
FAM. Proscrito.

**proscrito, ta** *adj.* y *s. m.* y *f.* **1.** Expulsado, desterrado. ‖ *adj.* **2.** Prohibido.
ANT. **2.** Permitido.

**proseguir** *v.* Continuar: *Hizo un pequeño descanso antes de proseguir su trabajo.* ■ Delante de *a* y *o* se escribe *g* en lugar de *gu*. Es un verbo irregular. Se conjuga como *pedir*.
SIN. Reanudar; persistir. ANT. Cesar.

**proselitismo** *s. m.* Intento de ganar partidarios para una doctrina, un partido, una religión.

**prosélito** *s. m.* Persona a la que se ha convencido para que siga una doctrina, religión, partido político u otra cosa.
SIN. Partidario, adepto.
FAM. Proselitismo.

**prosista** *s. m.* y *f.* Autor de obras en prosa.
ANT. Poeta.

**prosodia** *s. f.* Parte de la gramática que estudia los acentos y la entonación de las palabras.
FAM. Prosódico.

**prosódico, ca** *adj.* Relacionado con la prosodia: *Todas las palabras tienen acento prosódico.*

**prosopopeya** *s. f.* En las obras de literatura, personificación.

**prospección** *s. f.* Exploración debajo de la tierra para descubrir si hay minerales, petróleo, agua u otras cosas.

**prospecto** *s. m.* **1.** Papel que llevan algunos productos, por ejemplo las medicinas, en que se informa sobre su composición, sus efectos o su modo de empleo. **2.** Impreso de pequeño tamaño que se reparte entre el público para anunciar algo o hacer propaganda de ello.
SIN. **2.** Panfleto.

**prosperar** *v.* **1.** Mejorar: *En los últimos años ese país ha prosperado mucho.* **2.** Tener éxito o aceptación: *La idea no prosperó y fue rechazada.*
SIN. **1.** Avanzar, medrar. **1.** y **2.** Progresar. ANT. **1.** Decaer.

**prosperidad** *s. f.* Situación de una persona o país que marchan bien, sobre todo en el aspecto económico.
SIN. Expansión, auge. ANT. Decadencia.

**próspero, ra** *adj.* Que marcha bien, sobre todo económicamente: *En esa tienda venden mucho: es un negocio próspero.*
SIN. Floreciente, pujante.
FAM. Prosperar, prosperidad.

**próstata** *s. f.* Glándula masculina que está situada debajo de la vejiga. Su función es colaborar en la formación del semen.

**prostíbulo** *s. m.* Casa que se dedica a la prostitución.
SIN. Burdel, lupanar.

**prostitución** *s. f.* Actividad de la persona que tiene relaciones sexuales con otras a cambio de dinero.
FAM. Prostíbulo, prostituto.

**prostituir** *v.* **1.** Hacer que una persona mantenga relaciones sexuales con otra a cambio de dinero. **2.** Hacer despreciable o malo una persona o cosa: *El artista que sólo trabaja por dinero prostituye su arte.* ■ Es un verbo irregular. Se conjuga como *huir*.
SIN. **2.** Degradar, rebajar. ANT. **2.** Ennoblecer, dignificar.

**prostituto, ta** *s. m.* y *f.* Persona que se dedica a la prostitución.

**protagonismo** *s. m.* El hecho de ser protagonista.

**protagonista** *s. m.* y *f.* **1.** Personaje principal de una película, obra de teatro, novela o cuento. **2.** Persona o cosa que tiene el papel más importante en un asunto o en un hecho: *Alberto se puso a tocar la guitarra y se convirtió en el protagonista de la fiesta.*
SIN. **1.** Héroe, heroína.
FAM. Protagonismo, protagonizar.

**protagonizar** *v.* **1.** Hacer de protagonista en una película o en una obra de teatro. **2.** Ser el protagonista de un hecho o de un asunto: *Le detuvieron porque protagonizó un escándalo en un centro comercial.* ■ Delante de *e* se escribe *c* en lugar de *z*: *Quieren que yo protagonice la serie de televisión.*

**protección** *s. f.* **1.** Acción de proteger: *Unos guardaespaldas se encargan de la protección del cantante.* **2.** Persona o cosa que protege: *Las vacunas son una buena protección contra algunas enfermedades.*
SIN. **1.** Seguridad. **2.** Defensa. ANT. **1.** Indefensión.
FAM. Proteccionismo.

**proteccionismo** *s. m.* Sistema económico que recomienda proteger los productos del país frente a los del exterior; para ello, propone que las mercancías extranjeras paguen impuestos al atravesar la frontera.
FAM. Proteccionista.

**proteccionista** *adj.* Relacionado con el proteccionismo o partidario del proteccionismo: *El gobierno ha adoptado medidas proteccionistas.*

**protector, ra** *adj.* y *s. m.* y *f.* Que protege: *Los motoristas deben llevar el casco protector.*
FAM. Dermoprotector.

**protectorado** *s. m.* Territorio o país que está bajo el control de otro, pero tiene sus propias autoridades.

**proteger** *v.* **1.** Evitar un peligro o daño a una persona, animal o cosa, poniéndole algo encima, defendiéndolo o de otra forma: *Se puso el abrigo para protegerse del frío. Un perro guardián protege la casa de los ladrones.* **2.** Ayudar, apoyar: *Ese millonario dedica mucho dinero a proteger a los artistas.* ■ Delante de *a* y *o* se escribe *j* en lugar de *g*: *proteja.*
SIN. **1.** Resguardar, guarecer, preservar. **2.** Favorecer, socorrer. ANT. **1.** Desproteger, atacar.
FAM. Protección, protector, protectorado, protegido. / Desproteger.

**protegido, da** *adj.* **1.** Que alguien o algo lo protege: *Las especies animales protegidas no pueden ser cazadas ni capturadas.* ‖ *adj.* y *s. m.* y *f.* **2.** Persona a la que otra protege o apoya.
SIN. **2.** Favorito, recomendado, pupilo.

**proteína** *s. f.* Una de las sustancias principales que forman las células.

**protésico, ca** *adj.* **1.** Relacionado con la prótesis: *material protésico.* ‖ *s. m.* y *f.* **2.** Persona especialista en la fabricación y colocación de prótesis, especialmente de las dentales.

**prótesis** *s. f.* Pieza artificial que sustituye a un órgano o parte del cuerpo humano. ■ No varía en plural.
FAM. Protésico.

**protesta** *s. f.* Acción de protestar y palabras u otra cosa con que se protesta: *El mal juego del equipo motivó las protestas del público.*
SIN. Disgusto. ANT. Aprobación, aplauso.

**protestante** *adj.* y *s. m.* y *f.* Del protestantismo o que tiene esa religión.

**protestantismo** *s. m.* Religión cristiana fundada por Martin Lutero en el siglo XVI.

**protestar** *v.* Mostrar una persona que algo le parece mal: *Los pasajeros protestaron porque nadie les anunció el retraso de su vuelo.*
ANT. Aprobar, aplaudir.
FAM. Protesta, protestante, protestantismo, protestón.

**protestón, na** *adj.* y *s. m.* y *f.* Persona que protesta y se queja por todo.
SIN. Quejica.

**protocolario, ria** *adj.* Relacionado con el protocolo: *En el estadio olímpico se celebró la ceremonia protocolaria de entrega de las medallas.*
SIN. Ceremonial. ANT. Informal.

**protocolo** *s. m.* Conjunto de reglas o ceremonias que hay que cumplir en los actos oficiales o solemnes: *La reina rompió el protocolo y se acercó a hablar con unos niños del público.*
SIN. Ceremonial, etiqueta.
FAM. Protocolario.

**protón** *s. m.* Partícula muy pequeña que hay en el interior de los átomos y que tiene carga eléctrica positiva.

**prototípico, ca** *adj.* Del prototipo o que es un prototipo: *«Cantar» es el verbo prototípico de la primera conjugación.*

**prototipo** *s. m.* **1.** Primer ejemplar de una cosa que sirve de modelo para hacer otras iguales. **2.** Persona o cosa que por sus características o cualidades es modelo o ejemplo de algo: *Andrés es el prototipo del deportista.*
SIN. **1.** y **2.** Tipo, patrón. **2.** Paradigma.
FAM. Prototípico.

**protozoo** *adj.* y *s. m.* Grupo de seres vivos de una sola célula, que suelen ser de tamaño microscópico, como la ameba y otros microorganismos que causan enfermedades.

**protuberancia** *s. f.* Abultamiento más o menos redondeado en la superficie de algo: *Las protuberancias que tienen los camellos en el lomo se llaman jorobas.*
SIN. Bulto, prominencia.

**provecho** *s. m.* **1.** Beneficio, utilidad: *Las explicaciones del profesor son de gran provecho para los alumnos.* **2.** Efecto que produce una comida o bebida que se alimenta.
EXPR. **buen provecho** Expresión para desear a otros que les siente bien lo que están comiendo o bebiendo.
SIN. **1.** Valor, aprovechamiento.
FAM. Provechoso. / Aprovechar.

**provechoso, sa** *adj.* Que da provecho.
SIN. Útil.

**provecto, ta** *adj.* Se dice de la edad avanzada y de quien la tiene: *Celebramos el 99 cumpleaños de mi provecta bisabuela.*

**proveedor, ra** *adj.* y *s. m.* y *f.* Que provee a otro de lo que necesita, sobre todo de productos a un comercio.
SIN. Abastecedor.

**proveer** *v.* Proporcionar a alguien lo que necesita, dándoselo o vendiéndoselo: *Esa región provee de cereales a todo el país.* ■ Es un verbo irregular. Se conjuga como *leer.* El verbo *proveer* tiene dos participios: uno regular, *proveído,* y otro irregular, *provisto.*
SIN. Suministrar, abastecer, dotar.
FAM. Proveedor, providencia, provisión, provisto. / Desprovisto.

**proveniente** *adj.* Que proviene o tiene su origen: *El avión proveniente de París acaba de aterrizar.*
SIN. Procedente.

**provenir** *v.* Proceder, tener su origen: *Su familia proviene de Alemania.* ■ Es un verbo irregular. Se conjuga como *venir.*
FAM. Proveniente.

**provenzal** *adj.* y *s. m.* y *f.* **1.** De Provenza, región de Francia. || *s. m.* **2.** Dialecto de una antigua lengua que se hablaba en el sur de Francia. **3.** Una lengua que se habla actualmente en Provenza.

**proverbial** *adj.* **1.** Relacionado con los proverbios. **2.** Conocido desde siempre o por todos: *Es proverbial su generosidad.*
SIN. **2.** Famoso, célebre.

**proverbio** *s. m.* Frase popular que expresa una enseñanza, un consejo o un pensamiento; se dice siempre de la misma manera.
SIN. Dicho, refrán.
FAM. Proverbial.

**providencia** *s. f.* Cuidado que Dios tiene de todos los seres. ■ Suele ir detrás del adjetivo *Divina* y se escribe con mayúscula: *la Divina Providencia.*
FAM. Providencial.

**providencial** *adj.* **1.** Relacionado con la Providencia de Dios. **2.** Se dice de aquello que sucede sin esperarlo y evita un daño, un mal o una desgracia: *La llegada de la policía fue providencial porque impidió que le robaran.*
SIN. **2.** Oportuno.

**provincia** *s. f.* División de un territorio que varía según los países.
FAM. Provincial, povincial -la, provinciano.

**provincial** *adj.* De la provincia o relacionado con ella.

**provincial, la** *s. m.* y *f.* Religioso o religiosa que gobierna las casas religiosas de su orden en una provincia: *el provincial franciscano de Cuenca.*

**provinciano, na** *adj.* y *s. m.* y *f.* Habitante de una provincia.

**provisión** *s. f.* **1.** Conjunto de cosas que se reúnen por si hace falta utilizarlas, sobre todo alimentos. ■ Con este significado se usa mucho en plural: *Cargaron en el barco las provisiones para la travesía.* **2.** Acción de proveer o proveerse: *Los indios hicieron provisión de comida para el invierno.*
SIN. **1.** Víveres. **2.** Aprovisionamiento, abastecimiento, suministro, avituallamiento.
FAM. Provisional. / Aprovisionar.

**provisional** *adj.* Que no es para siempre, sino sólo para un tiempo: *La tía cuida a los niños de forma provisional hasta que regrese la madre.*
SIN. Temporal, transitorio. ANT. Definitivo.

**provisto, ta** *adj.* Que tiene lo que se dice: *Esa moto es una pasada: viene provista de calefacción y radio.*
SIN. Dotado.

**provocación** *s. f.* Acción, palabras o actos con los que se provoca: *Como no quería pelearse, prefirió ignorar las provocaciones.*

**provocador, ra** *adj.* y *s. m.* y *f.* Que provoca.

**provocar** *v.* **1.** Hacer o decir una persona a otra algo para que ésta conteste, se enfade, discuta, pelee o haga cualquier otra cosa: *Me provocó con sus insultos y le pegué un puñetazo.* **2.** Producir, causar: *La llegada del frío ha provocado una epidemia de gripe.* **3.** Excitar el deseo sexual. ■ Delante de *e* se escribe *qu* en lugar de *c*: *provoque.*
SIN. **1.** Incitar, irritar, enojar. **2.** Ocasionar, desencadenar. ANT. **1.** Apaciguar.
FAM. Provocación, provocador, provocativo.

**provocativo, va** *adj.* Que provoca, sobre todo sexualmente: *La chica llevaba un vestido muy provocativo.*

**proxeneta** *s. m.* y *f.* Persona que vive del dinero que ganan las prostitutas.
SIN. Chulo, macarra.

**próximamente** *adv.* Dentro de poco tiempo, pronto: *Próximamente van a estrenar esa película.*

**proximidad** *s. f.* **1.** Hecho de estar próximo: *La casa es bastante húmeda por su proximidad al mar. Se nota la proximidad del verano, pues hace más calor.* || *s. f. pl.* **2.** Lugar que está cerca de otro: *Hay un riachuelo en las proximidades del pueblo.*
SIN. **1.** y **2.** Cercanía. **2.** Inmediaciones, alrededores, aledaños. ANT. **1.** y **2.** Lejanía.

**próximo, ma** *adj.* **1.** Que está cerca, a poca distancia: *Mi asiento está próximo al suyo.* **2.** Que ha ocurrido hace poco o va a ocurrir pronto: *Está próximo el cumpleaños de Francisco.* **3.** Que tiene mucha relación con algo: *Sus ideas están próximas a las mías.* **4.** Siguiente: *Nos bajamos en la próxima parada.*
SIN. **1.** Inmediato, contiguo, vecino. **1.** a **3.** Cercano. ANT. **1.** Lejano. **4.** Anterior.
FAM. Próximamente, proximidad. / Aproximar.

**proyección** *s. f.* Acción de proyectar: *la proyección de una película.*

**proyectar** *v.* **1.** Tener pensado hacer una cosa: *Sus padres han proyectado un viaje a Andalucía.* **2.** Hacer que se vea la figura o la sombra de alguien o algo sobre una superficie: *La sombrilla proyecta la sombra hacia ese lado.* **3.** Hacer que se vean en la pantalla las imágenes ampliadas de una película, una diapositiva u otra cosa. **4.** Lanzar hacia adelante o a distancia con fuerza: *Esa fuente proyecta un chorro de agua.* **5.** Hacer un proyecto de arquitectura o de ingeniería.
SIN. **1.** Planear. **4.** Echar, despedir.
FAM. Proyección, proyectil, proyector.

**proyectil** *s. m.* Cuerpo que se lanza con fuerza contra alguien o algo, sobre todo el disparado con un arma de fuego; por ejemplo, son proyectiles una bala, una bomba, una flecha.

**proyecto** *s. m.* **1.** Intención o pensamiento que tiene alguien de hacer algo: *Tiene muchos proyectos para cuando termine sus estudios.* **2.** Conjunto de planos o de escritos donde se explica la forma de realizar una cosa, como un edificio o la construcción de una máquina.
SIN. **1.** Plan.
FAM. Proyectar. / Anteproyecto.

**proyector** *s. m.* Máquina o aparato que sirve para proyectar: *un proyector de cine, un proyector de diapositivas.*

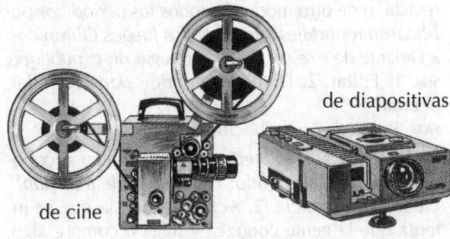

de diapositivas

de cine

**proyectores**

**prudencia** *s. f.* Característica de las personas que al hablar o al hacer las cosas ponen mucho cuidado y procuran evitar cualquier daño, peligro o exceso: *Conduce con mucha prudencia a la velocidad permitida.*
SIN. Sensatez, cautela, precaución; moderación, comedimiento. ANT. Imprudencia.
FAM. Prudencial, prudente. / Imprudencia.

**prudencial** *adj.* Que es prudente: *Le llamó por teléfono a una hora prudencial.*
SIN. Sensato, moderado.

**prudente** *adj.* Que actúa con prudencia o se hace con prudencia: *Una conducción prudente evita muchos accidentes de tráfico.*
SIN. Sensato, cauto, precavido. ANT. Imprudente.

**prueba** *s. f.* **1.** Acción de probar. **2.** Lo que sirve para demostrar algo, ver si es cierto o es falso: *El juez cree que hay suficientes pruebas de que el acusado es culpable. Una prueba de que hace frío es que todo el mundo lleva abrigo.* **3.** Examen o ejercicio que se hace para saber si una persona tiene unos conocimientos o capacidades: *La profesora de inglés hizo varias pruebas a los nuevos.* **4.** Aquello que se hace con diversos fines, como estudiar o descubrir algo, ver cómo resultará o para qué sirve, examinar su funcionamiento: *En la fabricación de los motores se hacen muchas pruebas. Le han hecho las pruebas de la alergia.* **5.** Situación difícil: *La enfermedad de su hijo pequeño ha sido una dura prueba para los padres.* **6.** En algunos deportes, competición: *Esta tarde comienzan las pruebas de salto.* **7.** Operación de matemáticas para ver si está bien otra operación.
EXPR. **prueba de fuego** Situación difícil por la que pasa alguien o algo y que, si la supera, demuestra entonces que es bueno o eficaz: *Participar en el rally de Montecarlo fue una prueba de fuego para ese coche.* ‖ **a prueba** Comprobando la capacidad, las características o el buen funcionamiento de alguien o algo: *En la oficina le tienen a prueba para saber si puede realizar ese trabajo.* **a prueba de** Que puede resistir y aguantar lo que se dice: *a prueba de golpes, a prueba de bomba.* **en prueba de** Como muestra o señal de lo que se indica: *Le regalé unas flores a Susana en prueba de mi agradecimiento por su ayuda.* **poner a prueba** Probar alguien o algo: *Puso a prueba sus fuerzas cuando levantó aquella mesa tan pesada.*
SIN. **1.** Demostración. **2.** Testimonio. **3.** Test, control. **4.** Experimento, ensayo. **4.** y **7.** Comprobación. **6.** Certamen, torneo, campeonato.

**prurito** *s. m.* **1.** Picor. **2.** Deseo excesivo de hacer algo lo mejor posible.
SIN. **1.** Comezón, desazón.

**prusiano, na** *adj.* y *s. m.* y *f.* De Prusia, región de Alemania que fue un Estado.

**psicoanálisis** *s. m.* Método para tratar algunas enfermedades mentales o problemas de la conducta de las personas en el que se intenta que el enfermo conozca y venza sus miedos, temores y complejos. ■ No varía en plural.
FAM. Psicoanalista, psicoanalizar.

**psicoanalista** *adj.* y *s. m.* y *f.* Especialista en psicoanálisis.

**psicoanalizar** *v.* Tratar a una persona con psicoanálisis. ■ Delante de *e* se escribe *c* en lugar de *z*: *psicoanalice.*

**psicodélico, ca** *adj.* **1.** Se dice de los estados de ánimo que producen alucinaciones, euforia o depresión. **2.** Se dice de las drogas que causan ese estado. **3.** De formas, colores o sonidos muy raros y llamativos: *He comprado a unos hippies una camisa muy psicodélica.*

**psicología** *s. f.* **1.** Ciencia que estudia fundamentalmente el comportamiento de las personas. **2.** Sentimientos y forma de pensar propios de alguien: *Aunque ya ha cumplido diecisiete años, tiene una psicología de niño.*
SIN. **2.** Mentalidad.
FAM. Psicológico, psicólogo. / Parapsicología.

**psicológico, ca** *adj.* Relacionado con la psicología.

**psicólogo, ga** *s. m.* y *f.* Especialista en psicología.

**psicomotor, ra** *adj.* De la psicomotricidad: *desarrollo psicomotor.* ■ Su femenino también puede ser *psicomotriz.*

**psicomotricidad** *s. f.* Relación que hay entre los movimientos del cuerpo y la mente.
FAM. Psicomotor, psicomotriz.

**psicomotriz** *adj.* Forma femenina de **psicomotor**. ■ Su plural es *psicomotrices.*

**psicópata** *s. m.* y *f.* Persona que tiene una enfermedad mental que se manifiesta sobre todo en un comportamiento agresivo y violento.

**psicosis** *s. f.* **1.** Nombre de un grupo de enfermedades mentales muy graves que se caracterizan por la falta de control de los sentimientos y los pensamientos, lo cual produce comportamientos extraños. **2.** Miedo muy fuerte de una persona o grupo de personas: *Los robos han provocado una psicosis en el barrio.* ■ No varía en plural.

**psicotécnico, ca** *adj.* Se dice de un tipo de tests o pruebas para averiguar las cualidades o habilidades de una persona; se hacen normalmente para elegir a uno de los que se presentan para un trabajo.

**psicoterapeuta** *s. m.* y *f.* Especialista en psicoterapia.

**psicoterapia** *s. f.* Tratamiento de algunas enfermedades por medio de procedimientos psicológicos.
FAM. Psicoterapeuta.

**psique** *s. f.* Mente o alma de una persona.

**psiquiatra** *s. m.* y *f.* Médico especialista en psiquiatría.

**psiquiatría** *s. f.* Parte de la medicina que trata las enfermedades mentales.
FAM. Psiquiatra, psiquiátrico.

**psiquiátrico, ca** *adj.* **1.** Relacionado con la psiquiatría: *Ese enfermo necesita tratamiento psiquiátrico.* || *s. m.* **2.** Hospital o clínica para enfermos mentales.
SIN. **2.** Manicomio.

**psíquico, ca** *adj.* Relacionado con la mente: *Sufre una enfermedad psíquica.*
SIN. Mental.

**pterodáctilo** *s. m.* Reptil volador prehistórico de gran tamaño que se caracterizaba por tener una gran prominencia detrás de la cabeza.

**púa** *s. f.* **1.** Pincho u otra cosa parecida, aunque tenga la punta menos afilada: *A este peine se le han caído la mitad de las púas.* **2.** Chapita o lámina muy fina en forma de triángulo que se emplea para tocar algunos instrumentos con cuerdas, como la guitarra o la bandurria.

**pub** *s. m.* Bar muy bien decorado y con asientos cómodos, donde se pueden tomar bebidas y escuchar música. ■ Es una palabra inglesa. Su plural es *pubs.*

**púber** *adj.* y *s. m.* y *f.* Que está en la pubertad.
SIN. Adolescente.

**pubertad** *s. f.* Etapa de la vida en que los niños y niñas empiezan a hacerse mayores y tienen algunos cambios en su cuerpo, que ya está preparado para tener hijos.
FAM. Púber.

**pubis** *s. m.* Parte de abajo del vientre entre las dos piernas y hueso que está en esa parte. ■ No varía en plural.

**publicación** *s. f.* **1.** Acción de publicar un libro u otro escrito: *La publicación de esa revista es mensual.* **2.** Cualquier libro o escrito publicado: *En esa estantería están las publicaciones sobre animales.*
SIN. **1.** Edición.

**publicar** *v.* **1.** Imprimir un libro u otro escrito para que se venda y lo pueda leer la gente: *En el colegio publican una revista todos los meses.* **2.** Dar a conocer algo a la gente a través de un periódico o revista, o de otro modo: *En todos los periódicos publican reportajes y fotos de los Juegos Olímpicos.* ■ Delante de *e* se escribe *qu* en lugar de *c*: *publique.*
SIN. **1.** Editar. **2.** Divulgar, difundir. ANT. **2.** Callar, ocultar.
FAM. Publicación, publicidad.

**publicidad** *s. f.* **1.** Hecho de ser público o conocido por todo el mundo: *Hay que darle más publicidad a esa noticia.* **2.** Actividad con la que se intenta que la gente conozca y haga o compre algo, por ejemplo poniendo carteles o anuncios: *Una agencia de publicidad ha hecho los anuncios de nuestros productos.* **3.** Anuncio, cartel u otra cosa parecida que se usa en esa actividad: *En las carreteras hay vallas muy grandes con publicidad.*
SIN. **1.** Difusión, divulgación. **1.** a **3.** Propaganda.
FAM. Publicista, publicitario.

**publicista** *s. m.* y *f.* Persona que se dedica a la publicidad, por ejemplo haciendo anuncios.
SIN. Publicitario.

**publicitario, ria** *adj.* **1.** Relacionado con la publicidad: *En la tapia de esa obra han puesto varios anuncios publicitarios.* || *s. m.* y *f.* **2.** Publicista.
SIN. **1.** Propagandístico.

**público, ca** *adj.* **1.** Que es de todos o puede ser usado por todos: *Esta ciudad tiene bastantes parques públicos.* **2.** Que todo el mundo lo sabe o lo conoce:

*El actor hizo pública su retirada del cine.* **3.** Que es del Estado o lo dirige el Estado: *una empresa pública.* || *s. m.* **4.** Conjunto de personas, por ejemplo las que compran en un comercio o las que van a un espectáculo: *Al estreno de la película asistió mucho público.*
EXPR. **en público** Delante de todos: *No se atrevió a decir en público lo que pensaba.*
SIN. **3.** Estatal. **4.** Clientela; espectadores. ANT. **1.** a **3.** Privado. **1.** y **3.** Particular. **2.** Secreto, íntimo.
FAM. Publicar.

**pucherazo** *s. m.* En unas elecciones, trampa que consiste en cambiar el resultado del recuento de votos.

**puchero** *s. m.* **1.** Recipiente para guisar de barro u otro material, alto, abombado y con una o dos asas. **2.** Guiso de legumbres u hortalizas cocidas con carne, tocino u otro alimento. **3.** Gesto de la cara de una persona cuando va a echarse a llorar: *El niño hace pucheros si le quitan el chupete.*
SIN. **1.** Cacerola, olla, pote.
FAM. Pucherazo.

**pucho** *s. m.* En América del Sur, resto, pequeña cantidad que sobra de una cosa; también, colilla del cigarro.

**pudding** *s. m.* Busca **pudin**. ■ Es una palabra inglesa. Su plural es *puddings.*

**pudendo, da** *adj.* Que da o debe dar pudor o vergüenza: *En ese cuadro, Adán tapa sus zonas pudendas con una hoja de parra.*
SIN. Vergonzoso, indecente.

**púdico, ca** *adj.* Que tiene o muestra pudor: *Esa señora lleva un bañador muy púdico.*
SIN. Recatado, casto, pudoroso. ANT. Indecente, desvergonzado.

**pudiente** *adj.* Que tiene mucho dinero: *En ese chalé tan grande vive una familia pudiente.*
SIN. Rico, adinerado. ANT. Pobre.

**pudin** o **pudín** *s. m.* Dulce parecido a un flan hecho con pan, bizcocho o bollo reblandecidos en leche, y frutas. ■ Se dice también *budín* y *pudding.*

**pudor** *s. m.* Sentimiento de vergüenza que tiene una persona: *Le daba pudor desnudarse delante de todos en el vestuario.*
SIN. Reparo, recato. ANT. Desvergüenza.
FAM. Pudendo, púdico, pudoroso. / Impúdico.

**pudoroso, sa** *adj.* Que tiene o muestra pudor.
SIN. Púdico, recatado, casto. ANT. Indecente, atrevido.

**pudrir** *v.* Estropear o descomponer una planta o el cuerpo de un animal o de una persona muerta: *Las manzanas se han podrido porque llevaban mucho tiempo fuera de la nevera.* ■ Su participio es irregular: *podrido.* Se dice también *podrir.*
SIN. Corromper.
FAM. Putrefacción. / Podrir.

**pueblerino, na** *adj.* y *s. m.* y *f.* De pueblo: *Es una pueblerina, no se acostumbra a la vida de la ciudad.*
SIN. Aldeano, lugareño; paleto, palurdo.

**pueblo** *s. m.* **1.** Población pequeña, sobre todo aquella en la que sus habitantes trabajan en el campo o en la pesca. **2.** Conjunto de personas de un mismo país, región, raza, cultura: *el pueblo japonés, el pueblo judío.* **3.** Las personas más pobres o humildes.
SIN. **1.** Villa, aldea. **2.** Nación. **3.** Proletariado, plebe, vulgo. ANT. **3.** Nobleza, aristocracia.
FAM. Poblacho, poblar, pueblerino. / Populacho, popular, populoso.

**puente** *s. m.* **1.** Construcción para pasar de un lado a otro, por ejemplo en un río o entre dos montañas. **2.** En los barcos, plataforma con barandilla que está más alta que la cubierta. **3.** Nombre de algunas piezas que sirven para unir dos cosas. **4.** Unión de dos cables para que pase la corriente eléctrica. **5.** Tiempo de vacaciones de dos o más días festivos y otros no festivos que quedaban en medio: *Como el jueves es fiesta, en el colegio hacemos puente hasta el lunes.* **6.** Pieza de la guitarra, el violín y otros instrumentos que está sobre la tapa y mantiene levantadas las cuerdas.
EXPR. **puente aéreo** Vuelo muy frecuente entre dos lugares: *Muchos hombres de negocios utilizan el puente aéreo Madrid-Barcelona.*
FAM. Puenting.

**puente** colgante

**puente** sobre pilares

**puenting** *s. m.* Deporte en el que una persona se lanza al vacío desde un puente, sujeta con una cuerda larga y gruesa, muchas veces elástica.

**puerco, ca** *s. m.* y *f.* **1.** Cerdo, animal. || *adj.* y *s. m.* y *f.* **2.** Muy sucio: *A ver si limpias la casa, que la tienes muy puerca.* **3.** Persona que se porta mal con otras: *Eres un puerco, mira que invitar a todos menos a mí.*
EXPR. **puerco espín** o **puerco espino** Mamífero roedor de cuerpo rechoncho, patas cortas y uñas fuer-

tes. Tiene el lomo y la cola cubiertos de pinchos que le sirven para defenderse. ■ Se escribe también *puercoespín*.

**SIN. 1.** y **2.** Gorrino. **1.** a **3.** Guarro, cochino, marrano.

**FAM.** Porcino, porquería, porqueriza, porquerizo, porquero, puercoespín.

**puercoespín** *s. m.* Puerco espín. Busca **puerco**.

**puericultor, ra** *s. m.* y *f.* Especialista en puericultura.

**puericultura** *s. f.* Ciencia que se ocupa de los niños en sus primeros años para que se críen y crezcan sanos.

**FAM.** Puericultor.

**pueril** *adj.* De niños o que parece de niños: *Se cogió un enfado pueril porque no quería tomar la medicina.*

**SIN.** Infantil, ingenuo. **ANT.** Maduro, serio.

**puerro** *s. m.* Bulbo comestible de una planta que también se llama *puerro*; tiene forma estrecha y alargada y es de color blanco por abajo y verde por arriba.

**FAM.** Porreta.

**puerta** *s. f.* **1.** Abertura hecha desde el suelo en una pared, un muro o algo parecido para pasar de un lado a otro: *Las murallas de la antigua ciudad tenían varias puertas.* **2.** Plancha de madera, hierro u otro material sujeta de modo que puede moverse para dejar abierta o cerrada esa abertura: *Cierra despacio las puertas del coche. La puerta se cerró de golpe porque había corriente.* **3.** En algunos deportes como el fútbol, portería: *El delantero tiró a puerta y metió un golazo.*

**EXPR. a las puertas** Muy cerca: *El invierno ya está a las puertas.* **abrir la puerta** o **abrir las puertas** Ayudar, hacer algo posible: *Saber inglés puede abrirte muchas puertas para trabajar en otros países.* **cerrar la puerta** o **cerrar las puertas** Hacer algo más difícil o imposible: *Mario usaba gafas y eso le cerraba las puertas para ser piloto.* **coger** uno **la puerta** Marcharse de un lugar bruscamente: *Como le pareció mal lo que le dije, cogió la puerta y se marchó.* **dar** a uno **con la puerta en las narices** Rechazarle:

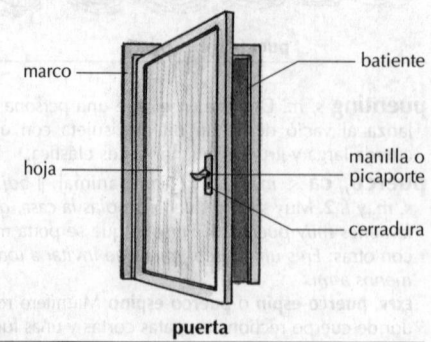

marco · · · · · · · · · · · · · · · · · · · · batiente

hoja · · · · · · · · · · · · · · · · · · · · manilla o picaporte

· · · · · · · · · · · · · · · · · · · · cerradura

**puerta**

*Cuando fui a pedirles ayuda, me dieron con la puerta en las narices.* **de puerta a puerta** Llegar un envío directamente desde el que lo manda a quien lo recibe: *No necesitas ir a buscar el paquete a correos, porque va de puerta a puerta.* **por la puerta grande** Con honor y dignidad: *Se retiró de la competición después de ganar la medalla de oro, pues quiso marcharse por la puerta grande.*

**SIN. 3.** Meta.

**FAM.** Portada, portal, portalón, portañuela, portazo, portero, portezuela, pórtico, portón. / Compuerta, gilipuertas, picaporte.

**puerto** *s. m.* **1.** Lugar natural o artificial, en la costa o en las orillas de un río, donde pueden estar los barcos, por ejemplo para cargar y descargar mercancías o para que suban y bajen pasajeros. **2.** Camino o lugar por donde se pasa de un lado a otro de una montaña: *En invierno hay muchos puertos cerrados por la nieve.* **3.** En informática, enchufe que permite conectar un periférico, como el ratón o la impresora, al ordenador.

**EXPR. llegar a buen puerto** Vencer alguna dificultad y conseguir lo que se quería.

**SIN. 1.** Embarcadero, fondeadero, muelle, dársena.

**FAM.** Portuario. / Aeropuerto, helipuerto.

**puertorriqueño, ña** *adj.* y *s. m.* y *f.* De Puerto Rico, país del Caribe que está asociado a los Estados Unidos.

**pues** *conj.* **1.** Expresa la causa o el motivo de algo: *Tienes que abrigarte bien, pues hace mucho frío.* **2.** Expresa la conclusión o consecuencia de algo: *¿Que no quiere venir? Pues que no venga. Había llovido mucho: el camino, pues, estaba lleno de barro.* **3.** Se emplea al principio de algunas frases para darles más fuerza o expresividad: *¡Pues sí que te has cogido un buen constipado!*

**SIN. 1.** Porque.

**FAM.** Después.

**puesta** *s. f.* **1.** Acción de poner o ponerse: *Hay una puesta de sol preciosa. El motor del coche necesita una puesta a punto. Antes de la puesta en escena de la obra de teatro hubo muchos ensayos.* **2.** Acción de poner huevos las aves.

**puesto, ta** *adj.* **1.** Que alguien lo puso o se puso: *Deja la mesa puesta.* **2.** Bien arreglado o bien vestido: *Esa señora va siempre muy puesta.* || *s. m.* **3.** Caseta pequeña que se pone en la calle o en un edificio grande, y en la que se venden cosas, se vigila, se da información o se realizan otras actividades: *En el parque había un puesto de helados. Le curaron la herida en el puesto de la Cruz Roja.* **4.** Lugar donde está una persona o cosa, o sitio preparado para ella: *Los corredores estaban en sus puestos esperando la salida.* **5.** Orden en que va o está una persona o cosa: *El ciclista español llegó en cuarto puesto.* **6.** Trabajo, cargo: *Su padre tiene un puesto de jefe en la fábrica.*

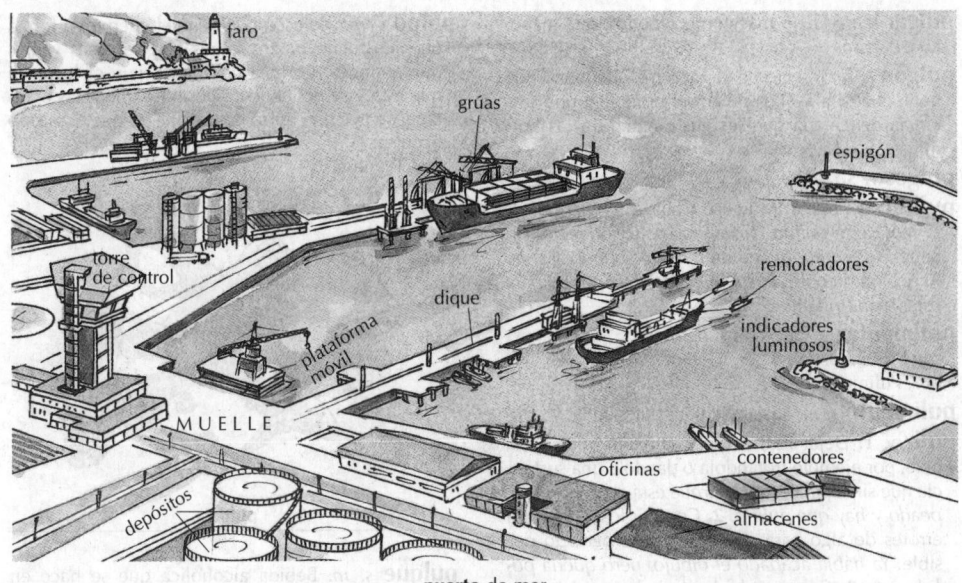

faro
grúas
espigón
torre de control
remolcadores
dique
plataforma móvil
indicadores luminosos
MUELLE
oficinas
contenedores
depósitos
almacenes

**puerto** de mar

**EXPR. estar muy puesto** en algo Saber mucho de algo: *Mi hermano está muy puesto en geografía.* **lo puesto** Ropa y otras cosas que puede llevar una persona encima: *Salió de casa con lo puesto.* **puesto que** Expresa la causa o el motivo de algo: *Puesto que tú no lo sabes, preguntaré a otro.*
**SIN. 2.** Peripuesto. **3.** Quiosco, tenderete. **6.** Empleo, ocupación. **ANT. 2.** Desastrado, desaseado.
**FAM.** Posta, postizo. / Peripuesto.

**puf** *s. m.* Asiento bajo y sin respaldo o especie de cojín grande para sentarse.

**pufo** *s. m.* Engaño, timo.

**púgil** *s. m. y f.* Boxeador.

**pugna** *s. f.* Lucha, pelea: *Hay una pugna grande entre todos los equipos por ganar el campeonato.*
**SIN.** Enfrentamiento, disputa, rivalidad. **ANT.** Acuerdo.

**pugnar** *v.* Luchar o pelear por conseguir algo: *Pugnaba por lograr un puesto mejor.*
**FAM.** Pugna. / Impugnar.

**puja** *s. f.* **1.** En una subasta, acción de ofrecer dinero por una cosa: *La puja por el jarrón chino duró mucho.* **2.** Cantidad de dinero que se puja: *La puja llegó a cifras millonarias.*

**pujante** *adj.* Que va mejorando o aumentando mucho o con rapidez: *La venta de coches en el país es cada vez más pujante.*

**pujanza** *s. f.* Fuerza con que algo va creciendo o mejorando: *La industria de los ordenadores tiene gran pujanza.*
**SIN.** Vigor, empuje, brío. **ANT.** Debilidad.

**pujar**[1] *v.* Esforzarse mucho para conseguir algo: *Pujaba por sacar adelante a su familia.*
**SIN.** Pugnar, luchar. **ANT.** Rendirse.
**FAM.** Pujante, pujanza.

**pujar**[2] *v.* Ofrecer alguien una cantidad de dinero por una cosa en una subasta.
**SIN.** Ofertar.
**FAM.** Puja.

**pulcritud** *s. f.* Limpieza o cuidado muy grandes.
**SIN.** Esmero. **ANT.** Suciedad, descuido.

**pulcro, cra** *adj.* **1.** Muy aseado, limpio o cuidado: *Iba muy pulcro con un traje recién lavado y planchado.* **2.** Que hace las cosas con mucho cuidado: *Es muy pulcro dibujando.*
**SIN. 1.** Impecable, impoluto. **2.** Cuidadoso, esmerado.
**ANT. 1.** y **2.** Sucio, desastrado. **2.** Chapucero, descuidado.
**FAM.** Pulcritud, pulquérrimo.

**pulga** *s. f.* Insecto parásito de las personas y algunos animales a los que chupa la sangre y puede transmitirles enfermedades contagiosas. Tiene un tamaño muy pequeño.
**EXPR. malas pulgas** Mal humor o mal carácter que tiene una persona: *Esa señora fue de muy malas pulgas a protestar.*
**FAM.** Pulgón, pulgoso. / Espulgar.

**pulgada** *s. f.* Medida de longitud usada para algunas cosas, por ejemplo para medir las pantallas de televisión. Una pulgada es igual a 2,5 centímetros aproximadamente.

**pulgar** *s. m.* Dedo más gordo y corto de la mano. **FAM.** Pulgada.

**pulgón** *s. m.* Insecto de tamaño muy pequeño que tiene cuatro alas. Los pulgones producen una sustancia azucarada que les gusta mucho a las hormigas.

**pulgoso, sa** *adj.* y *s. m.* y *f.* Que tiene pulgas.

**pulido, da** *adj.* **1.** Muy liso y suave: *El mármol de la mesa está pulido.* **2.** Muy cuidado, perfecto, sin falta: *Ese escritor utiliza un lenguaje pulido.* ‖ *s. m.* **3.** Acción de pulir: *El suelo necesita un pulido para estar bien brillante.*

**pulimentar** *v.* Pulir una superficie. **SIN.** Bruñir, lustrar. **FAM.** Pulimento.

**pulimento** *s. m.* Sustancia para pulimentar.

**pulir** *v.* **1.** Dejar lisa, suave y brillante una superficie, por ejemplo frotándola o dándole una sustancia que sirva para eso: *El parqué está un poco estropeado y hay que pulirlo.* **2.** Corregir los defectos o errores de algo para que sea lo más perfecto posible: *Ya había acabado el dibujo, pero quería pulirlo más.* **3.** Gastarse alguien todo lo que tiene: *En una tarde José Manuel se pulió todo el dinero que le habían regalado.* **SIN. 1.** Pulimentar, lustrar. **2.** Mejorar. **3.** Malgastar, dilapidar. **ANT. 2.** Empeorar. **3.** Ahorrar. **FAM.** Pulido, pulimentar.

**pulla** *s. f.* Cosa que alguien dice para burlarse de otro, criticarle o regañarle: *Le tiene manía y está siempre lanzándole pullas.* **SIN.** Puya, puntazo, sarcasmo.

**pullover** *s. m.* Jersey cerrado. ■ Es una palabra inglesa. Su plural es *pullovers*.

**pulmón** *s. m.* Cada uno de los dos órganos del aparato respiratorio de las personas y de algunos animales que se llenan de aire al respirar. **FAM.** Pulmonar, pulmonía.

**pulmonar** *adj.* Relacionado con los pulmones: *respiración pulmonar.*

**pulmonía** *s. f.* Enfermedad producida por la inflamación de los pulmones. **SIN.** Neumonía.

**pulpa** *s. f.* Carne blanda y comestible de casi todas las frutas. **FAM.** Pulpejo.

**pulpejo** *s. m.* **1.** Parte carnosa del cuerpo, como la del dedo gordo de la mano o la del lóbulo de la oreja. **2.** Parte blanda del casco de una caballería.

**pulpería** *s. f.* En Hispanoamérica, tienda donde se vende bebida, comida y toda clase de artículos.

**púlpito** *s. m.* Especie de balconcillo que hay a un lado del altar en algunas iglesias antiguas, desde donde predicaba el sacerdote.

**pulpo** *s. m.* Molusco que tiene el cuerpo en forma de saco, ocho brazos largos con ventosas y ojos muy grandes. Cambia de color según el lugar en que está y se defiende de posibles amenazas ocultándose tras un chorro de tinta negra que él mismo expulsa. **FAM.** Pulpería.

pulpo

**pulque** *s. m.* Bebida alcohólica que se hace en México y otros países hispanoamericanos.

**pulquérrimo, ma** *adj.* Superlativo de **pulcro**. Muy limpio: *Ha fregado tantas veces el plato que lo ha dejado pulquérrimo.*

**pulsación** *s. f.* **1.** Cada uno de los movimientos de la sangre por las arterias al ser impulsada por el corazón: *Después de echar una carrera aumenta el número de pulsaciones.* **2.** Cada uno de los golpes que se dan al apretar las teclas de una máquina de escribir o de un ordenador: *La secretaria da más de doscientas pulsaciones por minuto.* **SIN. 1.** Palpitación, latido.

**pulsador** *s. m.* Botón que hay que apretar para poner en marcha un aparato o un mecanismo, o para pararlo. **SIN.** Interruptor.

**pulsar** *v.* **1.** Apretar el botón de un aparato o de un mecanismo: *Si se estropea el ascensor, pulse el timbre de alarma.* **2.** Tocar o apretar con los dedos las cuerdas o las teclas de algunos instrumentos musicales, o el teclado de una máquina de escribir o un ordenador. **SIN. 1.** Oprimir, presionar. **2.** Tañer; teclear. **ANT. 1.** Soltar. **FAM.** Pulsación, pulsador, pulso. / Compulsar.

**pulsera** *s. f.* **1.** Adorno que se pone alrededor de la muñeca o del brazo; suele tener forma de aro o cadena. **2.** Correa o cadena con que se sujeta el reloj a la muñeca. **SIN. 1.** Brazalete.

**pulso** *s. m.* **1.** Las pulsaciones o movimientos que produce la sangre al circular por las arterias impulsada por el corazón: *Cuando se tiene fiebre el*

*pulso va más deprisa.* **2.** Seguridad que se tiene en las manos para no moverlas al hacer algunas cosas en las que se necesita ser muy exacto: *Para dibujar bien hay que tener buen pulso.*
**EXPR. a pulso** Levantando o sosteniendo algo con los brazos sin apoyarlos en ningún sitio. **echar un pulso** Cogerse dos personas la mano derecha y, apoyando los codos en algún sitio, hacer fuerza para ver quién tumba el brazo del contrario. **tomar el pulso** Tocar el médico u otra persona a alguien en la parte de dentro de la muñeca para comprobar el ritmo de las pulsaciones.
**SIN. 2.** Tino, tiento. **ANT. 2.** Temblor, inseguridad.
**FAM.** Pulsera.

**pulular** *v.* Moverse de un lado a otro muchas personas, animales o cosas en un lugar: *La gente pululaba alrededor de los puestos callejeros.*
**SIN.** Bullir.

**pulverizador** *s. m.* Bote que sirve para pulverizar un líquido: *Le echó agua a las hojas de las plantas con un pulverizador.*
**SIN.** Spray.

**pulverizar** *v.* **1.** Echar un líquido en gotitas muy pequeñas: *Pulveriza un poco de ambientador por toda la casa.* **2.** Romper algo en trocitos muy pequeños o convertirlo en polvo: *La dinamita estalló y pulverizó la roca.* ■ Delante de *e* se escribe *c* en lugar de *z*: *pulvericé.*
**SIN. 1.** Rociar, diseminar. **2.** Desmenuzar.
**FAM.** Pulverizador.

**puma** *s. m.* Mamífero felino americano de color pardo rojizo con manchas blancas en la cara y el morro. Vive en solitario y se alimenta de animales pequeños y de pájaros.

**punción** *s. f.* Operación médica que consiste en meter un instrumento con punta y cortante en alguna parte del cuerpo.

**pundonor** *s. m.* Lo que hace que una persona trate de tener buena fama y quedar bien ante las demás.
**SIN.** Orgullo, dignidad.

**punible** *adj.* Que merece ser castigado con una pena o de otra manera: *Los delitos son acciones punibles.*

**púnico, ca** *adj. y s. m. y f.* **1.** De Cartago, antigua ciudad del norte de África. ‖ *s. m.* **2.** Lengua de los habitantes de Cartago.
**SIN. 1.** Cartaginense, cartaginés.

**punk** o **punki** *adj. y s. m. y f.* De un grupo juvenil surgido en Inglaterra a mediados de los años setenta del siglo xx, que puso de moda un tipo de música y una manera de vestir exagerada con muchas tachuelas y peinados raros con los pelos de punta. ■ *Punk* es una palabra inglesa y su plural es *punks.*

**punta** *s. f.* **1.** Parte que pincha de un instrumento afilado y cortante: *Ten cuidado con ese cuchillo que tiene mucha punta.* **2.** Extremo de cualquier cosa: *la punta del bolígrafo.* **3.** Saliente en pico de algo: *Se dio un golpe con la punta de la mesa.* **4.** Clavo pequeño. **5.** Trozo de terreno alargado que penetra un poco hacia el mar. **6.** Pequeña cantidad de algo: *La sopa necesita una punta de sal.*
**EXPR. tecnología punta** La más moderna. **velocidad punta** La mayor a la que puede ir un vehículo. ‖ **a punta pala** Mucho: *En ese parque hay barro a punta pala.* **de punta** Recto, tieso: *Me levanto de la cama con los pelos de punta.* **de punta en blanco** Muy bien vestido y arreglado. **sacar punta a algo** Ver siempre las cosas por el lado malo, ridiculizarlas o encontrarle defectos a todo. **tener** algo **en la punta de la lengua** Busca **lengua**.
**SIN. 2.** Extremidad, vértice. **3.** Ángulo, esquina. **5.** Cabo, espolón. **6.** Pizca, pellizco, chispa. **ANT. 3.** Entrante. **5.** Golfo.
**FAM.** Puntal, puntapié, puntazo[1], puntera, puntería, puntero, puntiagudo, puntilla. / Apuntado, apuntar, despuntar, repuntar, sacapuntas.

**puntada** *s. f.* Cada una de las veces que se pasa el hilo de un lado a otro al coser algo: *El botón queda bien cosido con tres o cuatro puntadas.*

**puntal** *s. m.* **1.** Madero o barra de material resistente que se pone para sostener algo que se puede caer, por ejemplo la pared de un edificio viejo. **2.** Persona o cosa muy importante y que sirve de apoyo a otras: *El portero es uno de los puntales del equipo.*
**SIN. 1.** Viga, poste. **1.** y **2.** Soporte, sostén.
**FAM.** Apuntalar.

**puntapié** *s. m.* Patada que se da con la punta del pie.

**puntazo**[1] *s. m.* **1.** Herida hecha con un cuerno o con otro objeto terminado en punta. **2.** Cosa que alguien dice para burlarse de otro o criticarle: *No es capaz de decir nada bueno y no hace más que tirar puntazos.*
**SIN. 2.** Pulla, puya, sarcasmo.

**puntazo**[2] *s. m.* Punto, cosa muy buena o divertida: *Sería un puntazo que ganásemos el premio. ¡Vaya puntazo el disfraz que María llevaba en la fiesta!*

**puntear** *v.* **1.** Poner puntos o señalar con puntos. **2.** Tocar cuerda por cuerda la guitarra u otro instrumento parecido.
**FAM.** Punteo.

**punteo** *s. m.* Acción de puntear.

**puntera** *s. f.* Punta de los zapatos, los calcetines o las medias.

**puntería** *s. f.* El saber acertar al tirar algo para dar o meterlo en el lugar exacto: *Hay que tener mucha puntería para dar en el centro de la diana.*
**SIN.** Tino.

**puntero, ra** *adj.* **1.** Que es de los mejores: *un conjunto musical puntero.* ‖ *s. m.* **2.** Palo largo y fino que se usa para señalar: *El profesor señalaba los países en el mapa con un puntero.*

**SIN. 1.** Destacado, sobresaliente, avanzado. **ANT. 1.** Atrasado.

**puntiagudo, da** *adj.* Que tiene mucha punta o muy afilada: *La torre de la iglesia de mi pueblo es muy puntiaguda.*

**puntilla** *s. f.* **1.** Tira de tejido fino con agujeritos o bordados haciendo dibujos, que se pone como adorno en el borde de otras telas. **2.** Puñal pequeño que se emplea para matar a algunos animales clavándoselo en la cerviz.

**EXPR. de puntillas** Modo de andar pisando sólo con la punta de los pies.

**FAM.** Apuntillar.

**puntilloso, sa** *adj.* **1.** Que se enfada enseguida por cosas sin importancia: *Es muy puntilloso y se molesta con las bromas.* **2.** Que hace las cosas con mucho cuidado y con mucho detalle: *Es muy puntilloso dibujando y lo hace muy bien, aunque tarda.*

**SIN. 1.** Quisquilloso, picajoso, susceptible. **2.** Detallista, cuidadoso. **ANT. 2.** Descuidado.

**punto** *s. m.* **1.** Señal pequeñita, de forma redonda, como la que lleva la *i* o la *j.* **2.** Signo ortográfico (.) que indica el final de una o más oraciones. **3.** Unidad que se emplea para decir el resultado de un examen, juego, concurso u otra cosa: *El jugador metió una canasta de dos puntos.* **4.** En geometría, lugar sin extensión: *Las dos líneas se cruzan en un punto.* **5.** Sitio, lugar concreto: *La plaza del pueblo es el punto de reunión de la gente.* **6.** Aspecto, cuestión, asunto: *Carmen y Eva no se ponen de acuerdo en ese punto.* **7.** Grado de perfección o intensidad de algo: *El flan está en su punto. Si un líquido llega al punto de ebullición, se convierte en gas.* **8.** Puntada para coser una herida: *Le dieron tres puntos en la frente.* **9.** Cada una de las maneras de enlazar y pasar el hilo al coser, bordar o tejer: *punto de cruz, punto inglés.* **10.** Tejido que se hace enlazando y anudando un hilo de lana, algodón u otro material: *un vestido de punto.* **11.** Cosa muy buena o divertida: *Sería un punto que aprobásemos todos.*

**EXPR. dos puntos** Signo ortográfico (:) que va delante de una enumeración o de las palabras que ha dicho exactamente una persona: *Juan me dijo: «Te espero a las ocho en el cine».* En matemáticas, es el signo de la división: *6 : 2 = 3.* **punto cardinal** Cada uno de los cuatro que dividen el horizonte y sirven para orientarse: *norte, sur, este y oeste.* **punto de vista** Opinión, manera de pensar o ver las cosas que tiene una persona. **punto débil** o **flaco** El punto en que una persona o cosa puede ser atacada más fácilmente: *El punto débil de ese equipo es su defensa.* **punto final** Finalización de algo, sobre todo de un escrito: *El discurso del escritor puso punto y final a su homenaje.* **punto fuerte** La mejor cualidad de alguien o lo que mejor sabe hacer: *El punto*

*fuerte de Jesús es la química.* **punto muerto** En los vehículos, posición de la palanca de cambios cuando no está metida ninguna marcha. **punto y coma** Signo ortográfico (;) que indica una pausa o parada mayor que la coma. **puntos suspensivos** Signo ortográfico (...) con que se indica que una frase o un párrafo queda incompleto. ‖ **a punto** Preparado: *La comida ya está a punto.* También, a tiempo: *Llegó a punto para ayudarle.* **a punto de** Que va a hacerse o va a ocurrir muy pronto: *La película está a punto de acabar.* **a punto de caramelo** Busca **caramelo. con puntos y comas** Con todos los detalles. **de medio punto** Se dice del arco o bóveda cuya curva está formada por medio círculo. **de todo punto** Totalmente: *Lo que contó era de todo punto increíble.* **en punto** Exactamente: *Son las tres en punto.* **poner los puntos sobre las íes** Dejar las cosas muy claras.

**SIN. 11.** Puntazo.

**FAM.** Punta, puntada, puntazo[2], puntear, puntual, puntualizar, puntuar. / Contrapunto, pespunte.

**puntuable** *adj.* Se dice del ejercicio o prueba que se tiene en cuenta para la puntuación final: *Menos mal que el ejercicio no era puntuable, porque me salió muy mal.*

**puntuación** *s. f.* **1.** Acción de puntuar. **2.** Puntos, comas, interrogaciones y otros signos ortográficos de un escrito. **3.** Puntos conseguidos en un examen, competición o en otra cosa: *La gimnasta obtuvo una buena puntuación en el ejercicio de suelo.*

**SIN. 3.** Nota, calificación.

**puntual** *adj.* Que llega a tiempo o hace las cosas en el tiempo prometido.

**ANT.** Tardón.

**FAM.** Puntualidad. / Impuntual.

**puntualidad** *s. f.* Característica de puntual.

**puntualizar** *v.* Decir algo con exactitud o con mucho detalle, sobre todo para corregir lo que nos parece incompleto o poco exacto. ▪ Delante de *e* se escribe *c* en lugar de *z*: *puntualicé.*

**SIN.** Precisar, concretar, especificar, matizar.

**puntuar** *v.* **1.** Calificar con puntos un examen, una prueba deportiva o algo parecido: *Los jueces puntúan los saltos de cada nadador.* **2.** Poner los signos ortográficos necesarios en un escrito. **3.** Valer un ejercicio o prueba para el resultado final de una competición o de otra cosa: *Esta prueba de automovilismo puntúa para el campeonato del mundo.*

**SIN. 1.** Evaluar. **3.** Contar.

**FAM.** Puntuable, puntuación.

**punzada** *s. f.* Dolor fuerte que parece que pincha en alguna parte del cuerpo.

**SIN.** Pinchazo.

**punzante** *adj.* **1.** Que pincha: *Tiene un dolor punzante en la espalda. Le hirieron en el brazo con un arma punzante.* **2.** Se dice de las palabras o frases que se expesan con la intención de hacer daño.

**SIN. 2.** Incisivo, mordaz.

**punzar** *v.* Pinchar. ■ Delante de *e* se escribe *c* en lugar de *z*: *puncen.*
FAM. Punción, punzada, punzante, punzón.

**punzón** *s. m.* Objeto largo, acabado en punta, que sirve para hacer agujeros en una tela, grabar metales y para otras cosas.
SIN. Pincho, buril.

**puñado** *s. m.* **1.** Cantidad de una cosa que cabe en un puño: *Echó a la olla un puñado de judías.* **2.** Mucho, un montón: *Esa bici vale un puñado de dinero.*
EXPR. **a puñados** En gran cantidad: *Esa chica tan guapa tiene novios a puñados.*

**puñal** *s. m.* Arma corta, de acero, de punta afilada y con la que se hiere al clavarla.
FAM. Puñalada. / Apuñalar.

**puñalada** *s. f.* Acción de clavar un puñal o un arma parecida y la herida que así se hace.
EXPR. **puñalada trapera** Traición o acción muy mala que se hace a otro.
SIN. Navajazo, cuchillada.

**puñeta** *s. f.* **1.** Bordado que se pone en el extremo de las mangas de algunas prendas de vestir, por ejemplo las que llevan las togas de los magistrados. **2.** Cualquier cosa molesta: *Que haga tanto frío es una puñeta.*
EXPR. **a hacer puñetas** Expresión con que se manda a una persona a la porra. **hacer la puñeta** Fastidiar.
SIN. **1.** Encaje. **2.** Incordio, lata, rollo.
FAM. Puñetero.

**puñetazo** *s. m.* Golpe que se da con el puño.

**puñetero, ra** *adj.* y *s. m.* y *f.* **1.** Que molesta o fastidia: *Estos puñeteros zapatos me hacen daño en los pies.* **2.** Que tiene mala intención. ‖ *adj.* **3.** Complicado, difícil: *Algunas preguntas del examen eran muy puñeteras.*
SIN. **1.** Molesto, fastidioso, engorroso. **2.** Malintencionado. **3.** Lioso, embrollado. ANT. **1.** Agradable. **3.** Fácil, simple.

**puño** *s. m.* **1.** La mano cerrada. **2.** Parte de la manga de las prendas de vestir que rodea la muñeca. **3.** Parte por donde se agarran algunas cosas, por ejemplo una espada o un paraguas.
EXPR. **como puños** Muy grandes: *Dijo verdades como puños.*
SIN. **3.** Empuñadura, mango.
FAM. Puñado, puñal, puñeta, puñetazo. / Empuñar.

**pupa** *s. f.* Herida o daño en alguna parte del cuerpo.

**pupila** *s. f.* Punto negro que hay dentro del círculo de color que tenemos en el ojo.
SIN. Niña.

**pupilo, la** *s. m.* y *f.* Alumno, discípulo.

**pupitre** *s. m.* Mesa que usan los alumnos en los colegios.

**purasangre** *s. m.* Caballo de raza muy utilizado en las carreras.

**puré** *s. m.* Comida de verduras, patatas, legumbres y otros alimentos cocidos y triturados.
EXPR. **hecho puré** Muy cansado, destrozado: *Los ejercicios de gimnasia me han dejado hecho puré.*
SIN. Papilla.
FAM. Pasapurés.

**pureza** *s. f.* Característica de lo que es puro: *la pureza del agua, la pureza de los sentimientos.*
SIN. Limpieza, transparencia; honestidad, honradez.
ANT. Impureza.

**purga** *s. f.* **1.** Acción de purgar o purgarse. **2.** Medicina que se toma para hacer caca y limpiar así el estómago.
SIN. **2.** Purgante, laxante.

**purgante** *adj.* **1.** Que purga. ‖ *adj.* y *s. m.* **2.** Medicina que sirve para purgar.
SIN. **2.** Laxante, purga.

**purgar** *v.* **1.** Limpiar el estómago de una persona o animal dándole una medicina o sustancia que le obligue a hacer caca. **2.** Sufrir un castigo por algo malo que se ha hecho: *Purgó sus crímenes en prisión.* ■ Delante de *e* se escribe *gu* en lugar de *g*: *purgué mis culpas.*
SIN. **2.** Expiar.
FAM. Purga, purgante, purgatorio. / Expurgar.

**purgatorio** *s. m.* Lugar donde, según la tradición católica, van después de la muerte las personas a quienes no se les han perdonado todos los pecados en la tierra, para purificar sus almas y luego ir al cielo.

**puridad** Se utiliza en la expresión **en puridad**, que significa 'claramente, en realidad': *Hablando en puridad, creo que no puedo hacerlo yo solo.*

**purificación** *s. f.* Acción de purificar o purificarse: *la purificación del aire.*
SIN. Limpieza, saneamiento. ANT. Contaminación.

**purificar** *v.* Limpiar, quitar las impurezas. ■ Delante de *e* se escribe *qu* en lugar de *c*: *Abre las ventanas para que se purifique el ambiente.*
SIN. Depurar, sanear. ANT. Contaminar.
FAM. Purificación.

**purista** *adj.* y *s. m.* y *f.* Que se preocupa mucho por usar bien el lenguaje; a veces puede ser exagerado, sobre todo porque se niega a aceptar cualquier palabra moderna o extranjera.

**puritanismo** *s. m.* Característica de puritano.
SIN. Mojigatería. ANT. Libertinaje.

**puritano, na** *adj.* y *s. m.* y *f.* Se dice de la persona a la que todo le parece malo o indecente.
SIN. Mojigato. ANT. Libertino.
FAM. Puritanismo.

**puro, ra** *adj.* **1.** Que no tiene suciedad o mezcla de otra cosa: *aire puro, oro puro.* **2.** Que es bueno, honrado o decente: *un alma pura, un amor puro.* **3.** Sólo lo que se dice, ni más ni menos; esta palabra suele

tener un valor de refuerzo: *Lo que nos contó era la pura verdad.* ‖ *s. m.* **4.** Cigarro, rollo de hojas de tabaco que se enciende por un extremo y se fuma. **5.** Castigo, sanción: *Le metieron un buen puro por conducir demasiado deprisa.*
**SIN. 1.** Limpio. **2.** Honesto, casto. **3.** Mero. **4.** Habano. **5.** Paquete. **ANT. 1.** Impuro, mezclado; contaminado. **2.** Malicioso, corrompido, lujurioso.
**FAM.** Pureza, puridad, purificar, purista, puritano. / Cortapuros, empurar, impuro.

**púrpura** *s. m.* Color que resulta al mezclar el rojo con un poco de azul. Es como si fuera rojo oscuro.
**FAM.** Purpurina.

**purpurina** *s. f.* **1.** Pintura dorada o plateada. **2.** Polvo que puede ser de diversos colores con mucho brillo y que se emplea para adornar alguna cosa al pegarlo sobre ella.

**purrela** *s. f.* Gente o cosas que no valen para nada.
**SIN.** Morralla; chusma, gentuza.

**purulento, ta** *adj.* Que tiene pus o lo expulsa: *grano purulento, herida purulenta.*

**pus** *s. m.* Líquido espeso y amarillento que sale de heridas o granos infectados.
**FAM.** Purulento.

**pusilánime** *adj.* y *s. m.* y *f.* Persona que no tiene valor ni ánimo para hacer las cosas.
**SIN.** Parado, corto, apocado. **ANT.** Atrevido.

**pústula** *s. f.* Ampolla de la piel con pus.

**putada** *s. f.* Acción malintencionada con la que se perjudica a alguien. ■ Es una palabra vulgar.
**SIN.** Guarrada, faena.

**putativo, va** *adj.* Que se considera el padre, madre, hermano, tutor de una persona sin serlo: *Su hermano putativo es el hijo de la segunda mujer de su padre.*

**putear** *v.* Fastidiar, perjudicar. ■ Es una palabra vulgar.
**SIN.** Jorobar, molestar, joder.

**puticlub** *s. m.* Prostíbulo. ■ Es una palabra vulgar.

**puto, ta** *s. m.* y *f.* **1.** Hombre o mujer que se prostituye. ‖ *adj.* **2.** Difícil, complicado: *Desde que no tiene trabajo está en una situación muy puta.* **3.** Maldito: *Lo echaron a la puta calle. No le queda ni un puto amigo.* ■ Es una palabra vulgar.
**SIN. 1.** Prostituta. **3.** Puñetero.
**FAM.** Putada, putear, puticlub. / Hijoputa.

**putrefacción** *s. f.* Hecho de pudrirse alguna cosa.
**SIN.** Corrupción, descomposición, fermentación.
**FAM.** Putrefacto, pútrido.

**putrefacto, ta** *adj.* Podrido.
**SIN.** Descompuesto, pútrido.

**pútrido, da** *adj.* Podrido.
**SIN.** Putrefacto, descompuesto.

**puya** *s. f.* **1.** Punta del palo con el que pican a los toros en las corridas. **2.** Cualquier palo largo con una punta. **3.** Algo que se dice con mala intención, para molestar o burlarse de alguien.
**SIN. 1.** Pica. **3.** Pulla, sarcasmo.
**FAM.** Puyazo.

**puyazo** *s. m.* Golpe dado con la puya y herida que se hace al darlo.

**puzzle** o **puzle** *s. m.* Juego en el que hay que formar un dibujo juntando piezas de formas distintas que encajan unas en otras. ■ *Puzzle* es una palabra inglesa.
**SIN.** Rompecabezas.

**q** *s. f.* Letra número dieciocho del abecedario y número catorce de las consonantes. Su nombre es *cu* y se escribe con una *u* detrás: *queso, quitar.*

**que** *relat.* **1.** Sirve para construir oraciones adjetivas, las cuales se llaman así porque hacen la misma función que un adjetivo: *Juan dice cosas que no pueden creerse* (*increíbles*). *En el establo hay vacas que dan leche* (*lecheras*). **2.** Con el artículo puede formar a veces oraciones con función de sustantivo: *Los que estudian mucho sacan buenas notas* (*los buenos estudiantes*). ‖ *conj.* **3.** Se usa para formar oraciones que tienen la misma función de un sustantivo: *Espero que llegues* (*tu llegada*). *Deseo que Joaquín triunfe* (*su triunfo*). **4.** También se construyen con esta palabra oraciones que indican la causa o consecuencia de algo o una comparación: *No le pidas la bicicleta, que no te la va a dejar* (en lugar de *que* podemos poner *porque*). *Hacía tanto aire que se le voló el paraguas. Las manzanas que ha comprado mamá hoy son mejores que las del otro día.* ‖ *interr.* **5.** Se utiliza para hacer preguntas: *¿Qué vas a comprar con el dinero que te han regalado?* ‖ *excl.* **6.** Se emplea para hacer frases que expresan admiración o una impresión fuerte: *¡Qué caballos tan bonitos!* ■ Con estos dos últimos significados se escribe siempre con acento.
**EXPR. en lo que** Mientras: *En lo que nos preparamos para salir, limpia un poco los cristales del coche.* **no hay de qué** Se usa para responder educadamente al que nos da las gracias. **¿qué tal?** Se usa para saludar o para preguntar a alguien cómo está.
**FAM.** Dequeísmo.

**quebrada** *s. f.* Paso o abertura estrecha entre montañas.
**SIN.** Garganta, desfiladero, cañón.

**quebradero** Se emplea en la expresión **quebraderos de cabeza**, que significa 'preocupaciones': *Esa asignatura le está dando a Pepe muchos quebraderos de cabeza.*

**quebradizo, za** *adj.* **1.** Se dice de las cosas que se rompen con facilidad, por ejemplo el cristal. **2.** Se dice de la salud cuando es débil.
**SIN. 1.** y **2.** Frágil, endeble. **ANT. 1.** y **2.** Fuerte, sólido. **2.** Robusto.

**quebrado, da** *adj.* **1.** Se dice de la línea formada por varias rectas que van en distinta dirección. ‖ *adj.* y *s. m.* **2.** Número formado por un numerador, que indica las partes que se toman de un todo, y un denominador, que nos dice en cuántas partes se ha dividido ese todo, por ejemplo 2/4.

**quebrantahuesos** *s. m.* Ave rapaz que se alimenta de carroña. Tiene plumaje negro en la parte de arriba, en las alas y en la cola, amarillento en la cabeza y naranja en el vientre. ■ No varía en plural.

quebrantahuesos

**quebrantamiento** *s. m.* Acción de quebrantar.
**SIN.** Quebranto, deterioro; transgresión. **ANT.** Cumplimiento.

**quebrantar** *v.* **1.** Debilitar: *La mala alimentación fue quebrantando poco a poco su salud.* **2.** No cumplir: *Quebrantó su palabra, no hizo lo que había prometido.*
**SIN. 1.** Deteriorar. **2.** Incumplir, transgredir. **ANT. 1.** Fortalecer, consolidar. **2.** Acatar.
**FAM.** Quebrantahuesos, quebrantamiento, quebranto. / Inquebrantable.

**quebranto** *s. m.* **1.** Acción de quebrantar. **2.** Pena, tristeza muy grande.

SIN. **1.** Quebrantamiento. ANT. **2.** Alegría, felicidad.

**quebrar** *v.* **1.** Romper. **2.** Dejar de funcionar un negocio o empresa por haber perdido mucho dinero. ■ Es un verbo irregular. Se conjuga como *pensar*. SIN. **2.** Hundirse, arruinarse.

FAM. Quebrada, quebradero, quebradizo, quebrantar, quiebra, quiebro. / Requiebro, resquebrajar.

**quechua** *adj. y s. m. y f.* **1.** Pueblo indio que habita en Perú y que ya vivía allí antes del descubrimiento de América. ‖ *s. m.* **2.** Lengua hablada por este pueblo.

**queda** Se usa en la expresión **toque de queda**. Busca **toque**.

**quedado, da** *adj.* Enamorado: *Mi hermana está muy quedada con Gerardo.*

**quedar** *v.* **1.** Seguir estando en un sitio o de alguna forma: *No le apetecía salir y se quedó en casa. Me quedaré un ratito contigo. Se quedó boquiabierto cuando le dieron la noticia.* **2.** Estar de alguna manera después de algo que ha pasado: *El jarrón quedó destrozado al caerse de la mesa.* **3.** Seguir habiendo de algo, no estar acabado: *Quedan todavía filetes en la nevera.* **4.** Llegar a un acuerdo con otra persona: *Quedé con él en que compraríamos el regalo a medias.* **5.** Ir a un sitio para estar con alguien: *Hemos quedado con Julia a las ocho en la puerta de su casa.* **6.** Faltar: *Quedan todavía tres kilómetros para llegar al pueblo.* **7.** Estar situado: *El cine no queda lejos de aquí.* **8.** Resultar, ir bien o mal: *Te queda mejor el pelo suelto.* **9.** Dejar en los demás una impresión: *Quedó muy bien con el regalo que trajo.* ‖ **quedarse 10.** Recordar: *Jorge se queda enseguida con las caras.* **11.** Hacerse el dueño de algo: *Mi hermano se quedó con el coche viejo de papá.* **12.** Engañar, tomar el pelo: *Cómo vas a aguantar tanto tiempo debajo del agua, te estás quedando conmigo.* EXPR. **quedar atrás** Estar algo pasado o superado. **quedarse alguien pajarito** Estar helado, pasar mucho frío: *Si no pones la calefacción, me voy a quedar pajarito.* **quedarse solo** Ser muy exagerado: *Papá se queda solo contando sus historias de la mili.* SIN. **1.** Mantenerse, continuar. **3.** y **6.** Restar. **4.** Acordar, convenir. **5.** Citarse. **10.** Acordarse, memorizar. **11.** Apropiarse. ANT. **1.** Irse. **10.** Olvidar. FAM. Queda, quede, quedo. / Malqueda.

**quede** *s. m.* Acción de quedarse con alguien, de tomarle el pelo. SIN. Engaño, burla.

**quedo, da** *adj.* Bajo, silencioso, que no hace ruido: *Habló en voz queda.*

**quehacer** *s. m.* El trabajo, las obligaciones.

**queimada** *s. f.* Bebida típica de Galicia que se hace quemando aguardiente y echando azúcar, granos de café, corteza de limón y otros ingredientes.

**queja** *s. f.* **1.** Quejido. **2.** Acción de quejarse: *La falta de un socorrista en la playa provocó las quejas de los veraneantes.* SIN. **1.** Lamento, gemido, clamor. **2.** Protesta. ANT. **2.** Elogio, alabanza.

**quejarse** *v.* **1.** Gritar, hacer algún sonido o decir algo por un dolor o por otra cosa que nos molesta: *Se queja bastante de la herida en la pierna.* **2.** Decir que algo no nos gusta o no está bien: *Una señora se quejó de que le habían cobrado de más en el supermercado.* EXPR. **quejarse de vicio** Quejarse sin motivo. SIN. **1.** Lamentarse. **2.** Protestar. ANT. **2.** Alegrarse. FAM. Queja, quejica, quejido, quejoso, quejumbroso. / Aquejar.

**quejica** *adj. y s. m. y f.* Que siempre se está quejando.

**quejido** *s. m.* Grito o sonido con el que nos quejamos por un dolor o por algo que nos molesta. SIN. Queja, lamento, gemido.

**quejigo** *s. m.* Árbol que tiene el tronco grueso, la copa pequeña y las hojas grandes y duras. Da un fruto en forma de bellota.

**quejoso, sa** *adj.* Que tiene queja de alguien o de algo: *Estaba quejoso porque no le invitaron a la fiesta.* SIN. Descontento, disgustado, enfadado. ANT. Contento, satisfecho.

**quejumbroso, sa** *adj.* Se dice de la voz o el sonido de alguien que se está quejando. SIN. Lastimero.

**quelonio** *adj. y s. m.* Grupo de reptiles que tienen el cuerpo protegido por una concha, como la tortuga y el galápago.

**quema** *s. f.* **1.** Acción de quemar o quemarse. **2.** Incendio, fuego. EXPR. **huir de la quema** Apartarse de un peligro o de una situación molesta.

**quemado, da** *adj. y s. m. y f.* **1.** Que se quemó o alguien lo quemó: *En los hospitales existe una unidad para quemados. Da pena ver tantos bosques quemados.* ‖ *adj.* **2.** Se dice de la persona que está totalmente harta o descontenta de algo: *Jaime está quemado porque este año no tiene vacaciones.*

**quemador** *s. m.* Aparato que tienen las cocinas de gas y otros utensilios para que salga el combustible y arda.

**quemadura** *s. f.* Señal o herida que produce el fuego u otra cosa que quema.

**quemar** *v.* **1.** Hacer que una cosa se vaya consumiendo con el fuego: *Quemó leña para calentarse. Un bosque de pinos se quemó ayer.* **2.** Estropear la comida por calentarla demasiado: *El bizcocho se ha quemado.* **3.** Estar muy caliente una cosa: *Esta sopa todavía quema.* **4.** Causar heridas o destrozos la acción de un producto químico, la electricidad u

otras cosas: *La lejía y el ácido sulfúrico son sustancias que queman.* **5.** Poner el sol muy morena la piel o producir heridas en ella. **6.** Hartar a una persona, molestarla mucho: *Los atascos de tráfico le queman.* **7.** Producir ardor en la boca una comida o bebida muy fuerte, como el aguardiente o los platos muy picantes.
**EXPR. a quemarropa** A quemarropa. Busca **quemarropa.**
**SIN. 1.** Incendiar, abrasar. **1.** y **7.** Arder. **ANT. 1.** Apagar.
**FAM.** Quema, quemado, quemador, quemadura, quemarropa, quemazón. / Requemar.

**quemarropa** Se usa en la expresión **a quemarropa**, que significa que un disparo con arma de fuego se ha hecho muy cerca de la víctima. ■ Se escribe también *a quema ropa.*
**SIN.** Bocajarro.

**quemazón** *s. f.* Ardor, escozor o calor excesivo que una persona siente.

**quepis** *s. m.* Gorra militar con visera, de copa baja en forma de cilindro. ■ No varía en plural. Se escribe también *kepis* y *kepí.*

---

### QUERER

#### INDICATIVO

| Presente | Pretérito perfecto simple |
|---|---|
| quiero | quise |
| quieres | quisiste |
| quiere | quiso |
| queremos | quisimos |
| queréis | quisisteis |
| quieren | quisieron |

| Futuro | Condicional |
|---|---|
| querré | querría |
| querrás | querrías |
| querrá | querría |
| querremos | querríamos |
| querréis | querríais |
| querrán | querrían |

#### SUBJUNTIVO

| Presente | Pretérito imperfecto |
|---|---|
| quiera | quisiera, -ese |
| quieras | quisiera, -eses |
| quiera | quisiera, -ese |
| queramos | quisiéramos, -ésemos |
| queráis | quisierais, -eseis |
| quieran | quisieran, -esen |

| Futuro | |
|---|---|
| quisiere | quisiéremos |
| quisieres | quisiereis |
| quisiere | quisieren |

#### IMPERATIVO

| quiere | quered |
|---|---|

---

**queratina** *s. f.* Proteína que hay en las uñas, el pelo, las plumas, los cuernos y las pezuñas de algunos animales.

**querella** *s. f.* Acusación que se hace contra alguien o algo ante un juez o un tribunal.
**SIN.** Denuncia.
**FAM.** Querellarse.

**querellarse** *v.* Presentar una querella.
**SIN.** Denunciar.

**querencia** *s. f.* Inclinación o cariño hacia alguien o algo, sobre todo la tendencia de las personas y de algunos animales a volver al lugar en el que se han criado o en el que les gustaba estar.

**querer[1]** *v.* **1.** Sentir amor o cariño por alguien o algo: *Elena quiere mucho a su abuela.* **2.** Tener ganas, deseo o necesidad de algo: *Carlos quiere aprender a conducir. Quiero hablar con María.* **3.** Pedir una cantidad por algo: *¿Cuánto quieres por tu coche?* **4.** Estar a punto de suceder algo: *Está muy nublado, parece que quiere llover.* ■ Es un verbo irregular.
**EXPR. como quiera que** Busca **comoquiera que. querer decir** Significar: *«Dog», en inglés, quiere decir perro.* **quieras que no** Indica que algo es de una manera, aunque se quiera o se pretenda otra cosa: *Quieras que no, mañana es lunes y hay que ir al colegio.* **sin querer** Sin intención de hacer algo: *El niño rompió el jarrón, pero fue sin querer.*
**SIN. 1.** Amar. **2.** Desear, apetecer. **ANT. 1.** y **2.** Odiar.
**FAM.** Querencia, querer[2], querido. / Quienquiera, siquiera.

**querer[2]** *s. m.* Amor, cariño.

**querido, da** *adj.* **1.** Que alguien lo quiere: *Sus amigos más queridos le felicitaron por su cumpleaños.* ‖ *s. m.* y *f.* **2.** Persona que mantiene relaciones sexuales con otra sin estar casada.
**SIN. 2.** Amante.

**queroseno** *s. m.* Combustible líquido que se obtiene del petróleo.

**querubín** *s. m.* **1.** Ángel de gran belleza y sabiduría. **2.** Niño muy guapo.

**quesada** *s. f.* Un tipo de pastel que se hace con queso.
**FAM.** Quesadilla.

**quesadilla** *s. f.* En México y América Central, tortita muy fina de harina de maíz que se come doblada y rellena de algún alimento.

**quesera** *s. f.* Tabla de madera o plato con una cubierta en forma de campana que sirve para guardar el queso. (Puedes ver su ilustración en la página siguiente).

**quesero, ra** *adj.* **1.** Del queso o relacionado con el queso: *la producción quesera de una comarca.* ‖ *s. m.* y *f.* **2.** Persona que hace o vende queso.

**quesito** *s. m.* Pequeña porción triangular de queso cremoso.

**queso** *s. m.* **1.** Alimento que se hace con la leche de oveja, cabra o vaca, quitándole la parte líquida. **2.** Pie de una persona. **EXPR.** **dársela** a uno **con queso** Engañarle. **FAM.** Quesada, quesera, quesero, quesito. / Requesón.

**quetzal** *s. m.* **1.** Ave de colores alegres, con un penacho de plumas en la cabeza, el pico fuerte, las alas cortas y la cola larga. Vive en la selva tropical americana. **2.** La moneda de Guatemala.

**quevedesco, ca** *adj.* Propio del escritor español Francisco de Quevedo y de sus obras.

**quevedos** *s. m. pl.* Lentes en forma de círculos unidas entre sí por una armadura que se sujeta en la nariz. **SIN.** Anteojos.

**quibla** *s. f.* En la mezquita, muro orientado hacia La Meca, al que dirigen los fieles sus oraciones. En el centro está el mihrab. ■ Es una palabra árabe. (Busca el dibujo de **mezquita**).

**quicio** *s. m.* Parte de las puertas o ventanas donde entra la barrita de las bisagras y sobre la que se mueve o gira. **EXPR.** **sacar de quicio** Poner muy nervioso a alguien: *Este niño me saca de quicio con sus preguntas.* También, ver una cosa muy exagerada o con más problemas de los que tiene en realidad: *No te preocupes por un suspenso: no debes sacar las cosas de quicio.* **FAM.** Desquiciar, resquicio.

**quid** *s. m.* El punto más importante o la razón de algo: *El quid de ese juego está en adivinar de qué película se trata.* ■ Es una palabra latina. **SIN.** Clave, esencia, porqué.

**quiebra** *s. f.* Cierre de una empresa, un comercio o un negocio que no puede pagar lo que debe.

**quiebro** *s. m.* **1.** Movimiento que se hace con el cuerpo hacia un lado doblando la cintura. **2.** Hecho de cambiar de repente la dirección: *Hizo un quiebro con el coche para evitar el bache.* **3.** Gorgorito hecho con la voz.

**quien** *relat.* **1.** Sirve para construir oraciones adjetivas, es decir, oraciones que hacen la misma función que un adjetivo; por ejemplo, en la frase *Tu compañero a quien entregamos el paquete fue muy atento, a quien entregamos el paquete* funciona como adjetivo del sustantivo *compañero.* **2.** También construye oraciones sustantivas, llamadas así porque hacen la misma función que un sustantivo; por ejemplo, en la frase *Quien llegue el primero espera a los demás, Quien llegue el primero* hace la función de un sustantivo. || *interr.* **3.** Sirve para preguntar sobre personas; forma parte de una oración interrogativa: *¿Con quién has hablado? ¿Quién va a participar en el concurso?* || *excl.* **4.** Forma parte de una oración que expresa asombro o admiración: *¡Quién se iba a imaginar eso!* ■ Con los significados **3** y **4**, se escribe siempre con acento. **EXPR.** **no ser quién** No tener derecho o capacidad para hacer algo: *Tú no eres quién para decirme lo que debo hacer.* **quien más y quien menos** Indica que lo que se dice vale para todas las personas, aunque sea para unas más que para otras: *Quien más y quien menos ha aprendido siempre algo de sus equivocaciones.* **FAM.** Quienquiera.

**quienquiera** *indef.* Una persona cualquiera, sea la que sea: *Quienquiera que le haya regalado el libro, ha tenido un buen detalle.* ■ Su plural es *quienesquiera.*

**quieto, ta** *adj.* Sin moverse, parado: *Se estuvieron quietos en sus asientos esperando el momento de salir al recreo. Su hijo no se está quieto: está todo el día jugando.* **SIN.** Inmóvil. **FAM.** Quietud. / Aquietar, inquieto.

**quietud** *s. f.* **1.** Falta de movimiento de una persona, un animal o una cosa. **2.** Tranquilidad, sosiego: *la quietud del campo.* **SIN.** **2.** Paz, calma.

**quijada** *s. f.* Cada una de las dos mandíbulas de los vertebrados que tienen dientes; sobre todo se da este nombre a las que son grandes.

**quijotada** *s. f.* Lo que hace la persona que es un quijote.

**quijote** *s. m.* Persona que lucha de forma desinteresada por todo lo que cree que es justo. **FAM.** Quijotada, quijotesco.

**quijotesco, ca** *adj.* Propio de don Quijote de la Mancha o de un quijote.

**quilate** *s. m.* **1.** Cada una de las veinticuatro partes en peso de oro puro que contiene cualquier aleación de este metal. **2.** Unidad de peso para perlas y piedras preciosas. **FAM.** Aquilatar.

**quilla** *s. f.* **1.** Pieza que va por debajo del barco de proa a popa; también el saliente que forma esta pieza. **2.** Parte saliente y afilada del esternón de las aves y murciélagos. **3.** Parte saliente y afilada que tienen en la cola algunos peces.

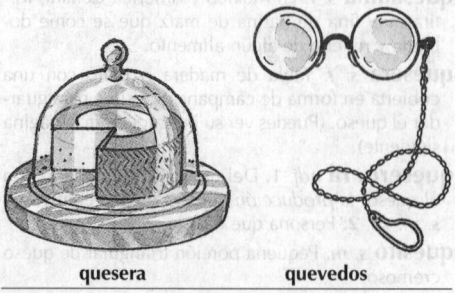

quesera          quevedos

**quilo¹** *s. m.* Busca **kilo**. ■ También se pueden escribir con *q* otras palabras que empiezan así, como *quilogramo, quilómetro*.

**quilo²** *s. m.* Líquido blanco y grasiento en que se convierten los alimentos en el intestino delgado después de la digestión.

**quimbambas** *s. f. pl.* Lugar muy lejano: *Se fueron de luna de miel a las quimbambas*.

**quimera** *s. f.* **1.** Monstruo imaginario con cabeza de león, cuerpo de cabra y cola de dragón. **2.** Cosa que, sin ser real, alguien la imagina como posible o verdadera. **SIN. 2.** Ilusión, fantasía, utopía. **ANT. 2.** Realidad. **FAM.** Quimérico.

**quimérico, ca** *adj.* Irreal, fantástico, imaginario. **SIN.** Utópico. **ANT.** Real, realista.

**química** *s. f.* Ciencia que estudia las propiedades y composición de las sustancias, sus transformaciones y las acciones de unas sobre otras. **FAM.** Químico, quimioterapia. / Bioquímica, petroquímica.

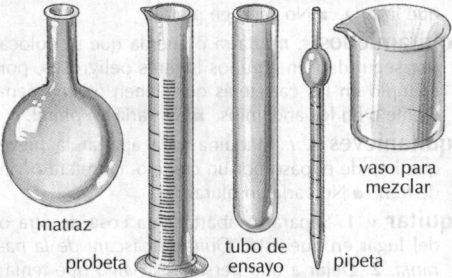

matraz
probeta
tubo de ensayo
pipeta
vaso para mezclar

**química** (instrumentos de laboratorio)

**químico, ca** *adj.* **1.** Relacionado con la química. ‖ *s. m.* y *f.* **2.** Especialista en química.

**quimioterapia** *s. f.* Empleo de productos químicos para tratar las enfermedades, sobre todo el cáncer.

**quimo** *s. m.* Líquido ácido en que se convierten los alimentos en el estómago por la digestión.

**quimono** *s. m.* Prenda de vestir japonesa que usan las mujeres y que parece una bata larga y cruzada con las mangas muy anchas.

**quina** *s. f.* **1.** Corteza de un árbol americano llamado *quino*; de ella se saca la quinina. **2.** Esta sustancia, la quinina. **3.** Vino o bebida que tiene quinina. **EXPR. ser** alguien o algo **más malo que la quina** Ser muy malo. **tragar quina** Soportar algo que no gusta nada. **FAM.** Quinina.

**quincalla** *s. f.* Objetos metálicos de poco valor. **SIN.** Baratija. **FAM.** Quincallero, quinqui.

**quincallero, ra** *s. m.* y *f.* Persona que fabrica o vende quincalla.

**quince** *num.* **1.** Diez y cinco. **2.** Que ocupa por orden el lugar que hace ese número: *Quedó el quince en el concurso de la televisión.* ‖ *s. m.* **3.** Signos con que se representa este número. **FAM.** Quinceañero, quinceavo, quincena.

**quinceañero, ra** *adj.* y *s. m.* y *f.* Se dice del joven que tiene alrededor de quince años.

**quinceavo, va** *num.* y *s. m.* Se dice de cada una de las quince partes iguales en que se divide una cosa. ■ No confundir con *decimoquinto*, 'que ocupa por orden el número quince'.

**quincena** *s. f.* Periodo de quince días seguidos: *No sabe si irse de vacaciones en la primera o en la segunda quincena de julio.* **FAM.** Quincenal.

**quincenal** *adj.* **1.** Que sucede o se repite cada quince días: *una revista quincenal.* **2.** Que dura una quincena.

**quincuagésimo, ma** *num.* **1.** Que ocupa por orden el número cincuenta. ‖ *num.* y *s. m.* **2.** Se dice de cada una de las cincuenta partes iguales en que se divide una cosa.

**quingentésimo, ma** *num.* **1.** Que ocupa por orden el número quinientos. ‖ *num.* y *s. m.* **2.** Se dice de cada una de las quinientas partes iguales en que se divide una cosa.

**quiniela** *s. f.* **1.** Juego de apuestas en el que gana el que acierta los resultados de los partidos de fútbol, carreras de caballos y otros deportes. **2.** Boleto en el que se escriben esos resultados: *Rellenó todas las columnas de la quiniela.*

**quinientos, tas** *num.* **1.** Cinco veces cien: *Había quinientas personas en el teatro.* **2.** Que sigue por orden al cuatrocientos noventa y nueve. ‖ *s. m.* **3.** Signos con que se representa este número. ■ No varía en plural. **FAM.** Quingentésimo.

**quinina** *s. f.* Sustancia que se saca de la quina. Se emplea en medicina para bajar la fiebre y para tratar algunas enfermedades infecciosas, como la malaria.

**quinqué** *s. m.* Pequeña lámpara con un depósito de aceite o petróleo, que tiene la llama protegida por un tubo o una pantalla de cristal.

**quinquenal** *adj.* **1.** Que sucede o se repite cada cinco años. **2.** Que dura cinco años.

**quinquenio** *s. m.* Periodo de cinco años. **SIN.** Lustro. **FAM.** Quinquenal.

**quinqui** *s. m.* y *f.* Persona que pertenece a un grupo social pobre, que vive apartado de la sociedad y normalmente se dedica a la delincuencia.

**quinta** *s. f.* **1.** Finca en el campo con una casa para sus propietarios. **2.** Todos los jóvenes que hacen el servicio militar en el mismo año. **3.** Conjunto de personas de la misma edad: *Carlos y su primo Javi son de la misma quinta.*

**SIN. 1.** Hacienda, cortijo.

**quintaesencia** *s. f.* Lo mejor o lo más importante: *La libertad es la quintaesencia de la democracia.*

**quintal** *s. m.* Antigua unidad de peso que en Castilla valía 46 kilogramos.

**EXPR. quintal métrico** Unidad de masa que equivale a 100 kilogramos.

**quinteto** *s. m.* **1.** Estrofa parecida a la quintilla, pero con versos de más de ocho sílabas. **2.** Composición musical o grupo musical en que hay cinco instrumentos o cantan cinco personas.

**quintilla** *s. f.* Estrofa de cinco versos de ocho sílabas o menos, con rima consonante, ordenados de forma que no rimen tres versos seguidos ni tampoco los dos últimos entre sí.

**quintillizo, za** *adj. y s. m. y f.* Se dice de cada uno de los cinco hermanos nacidos en un mismo parto.

**Quintín** Se utiliza en la expresión **la de San Quintín**, que significa 'jaleo, pelea, gran desorden': *Todo comenzó como una discusión, pero al final se armó la de San Quintín.*

**quinto, ta** *num.* **1.** Que ocupa por orden el número cinco. **2.** Con algunos sustantivos, indica un lugar que está muy lejos: *Esa calle está en el quinto infierno.* || *num. y s. m.* **3.** Se dice de cada una de las cinco partes iguales en que se divide algo. || *s. m.* **4.** Joven al que le toca ir al servicio militar.

**SIN. 4.** Recluta.

**FAM.** Quintaesencia, quíntuple, quíntuplo. / Decimoquinto.

**quíntuple** o **quíntuplo, pla** *adj. y s. m.* Que es cinco veces mayor que un número: *Treinta es el quíntuplo de seis.*

**FAM.** Quintuplicar.

**quintuplicar** *v.* Multiplicar por cinco una cantidad: *Si quintuplico diez tengo cincuenta.* ■ Delante de *e* se escribe *qu* en lugar de *c*: *quintupliqué.*

**quiosco** *s. m.* **1.** Puesto en que se venden periódicos, flores u otras cosas. **2.** Construcción formada por un techo sujeto con columnas, que se instala en jardines y parques y sirve, por ejemplo, para que toquen las bandas de música.

**FAM.** Quiosquero.

**quiosquero, ra** *s. m. y f.* Persona que trabaja en un quiosco.

**quiqui** *s. m.* Mechón de pelo atado, rizado o que se queda de punta: *El bebé estaba muy gracioso con el quiqui que le hicieron.*

**quirófano** *s. m.* Sala de un hospital en la que se hacen las operaciones quirúrgicas.

**quiromancia** o **quiromancía** *s. f.* El adivinar el futuro de una persona por las rayas de su mano.

**quirúrgico, ca** *adj.* De la cirugía o relacionado con la cirugía.

**quisque** o **quisqui** Se emplea en las expresiones **cada quisque** (o **quisqui**), que significa 'cada cual', y **todo quisque** (o **quisqui**), 'cualquiera': *A Pedro le gusta dormir como a todo quisque.*

**quisquilla** *s. f.* Crustáceo marino parecido a la gamba, pero más pequeño.

**quisquilloso, sa** *adj. y s. m. y f.* **1.** Se dice de la persona que se enfada por cualquier cosa. **2.** Se dice de la persona muy exigente, que pone pegas a todo y es difícil de contentar.

**SIN. 1.** Picajoso, susceptible. **2.** Chinchorrero.

**quiste** *s. m.* Cavidad que se forma en un órgano del cuerpo y se llena de líquido. Los quistes pueden ser producidos por parásitos.

**FAM.** Enquistarse.

**quitaesmalte** *s. m.* Líquido que sirve para quitar el esmalte o pintura que se pone en las uñas.

**quitamanchas** *s. m.* Producto para quitar las manchas de una prenda de vestir u otra cosa sin tener que lavarla. ■ No varía en plural.

**quitamiedos** *s. m.* Barra o cuerda que se coloca por seguridad en algunos lugares peligrosos, por ejemplo en las carreteras que tienen mucha pendiente o en los andamios. ■ No varía en plural.

**quitanieves** *s. f.* Máquina para apartar la nieve que impide el paso por un camino, carretera o vía de tren. ■ No varía en plural.

**quitar** *v.* **1.** Separar o apartar una cosa de otra o del lugar en que está: *Quita la cáscara de la naranja.* **2.** Dejar a una persona sin algo que tenía: *Le han quitado la cartera.* **3.** Hacer desaparecer algo, suprimir: *Intentó quitar la mancha de los pantalones.* **4.** Dejar de echar: *Iré al cine antes de que quiten esta película.* || **quitarse 5.** Dejar alguien una cosa a la que está acostumbrado: *Se quitó del tabaco.*

**EXPR. de quita y pon** Se dice de dos prendas de vestir parecidas que se tienen para usar una de ellas cuando la otra está sucia: *Le compré a la niña dos uniformes, para que tenga de quita y pon.* Se dice también de las cosas que se pueden poner y quitar: *La trenca tiene la capucha de quita y pon.* **no quita** No es obstáculo, no impide: *Que tengas mucho trabajo no quita para que seas puntual.* **¡quita!** Se utiliza para negar algo o rechazarlo. Se usa mucho repetido: *¡Quita, quita! ¡Cómo voy a comprarme ese reloj tan caro!* **quitando** algo o alguien Excepto, menos: *Quitando la escultura de bronce, no me gustó ninguna pieza de la exposición.* **quitar** o **quitarse de encima** o **de en medio** Librarse de una persona o cosa. **quitarse** una persona **de en medio** Apartarse de un sitio o asunto para no molestar o por otras razones. También, suicidarse.

SIN. **1.** Retirar, arrancar. **2.** Robar, arrebatar, sustraer, hurtar. **3.** Eliminar. ANT. **1.** Poner, añadir. **2.** Dar, devolver.

FAM. Quitaesmalte, quitamanchas, quitamiedos, quitanieves, quitasol, quite. / Desquitarse.

**quitasol** *s. m.* Sombrilla grande.

**quite** *s. m.* **1.** El acudir un torero en ayuda de alguno de sus compañeros para que no le coja el toro. **2.** Movimiento de defensa con que se detiene o evita un golpe o ataque.

EXPR. **estar al quite** Estar preparado para ayudar a otro cuando haga falta.

**quiteño, ña** *adj.* y *s. m.* y *f.* De Quito, capital de Ecuador.

**quitina** *s. f.* Sustancia de la que está formado el caparazón de los cangrejos, las arañas, los insectos y todos los demás artrópodos.

**quizá** o **quizás** *adv.* Indica que algo es posible, pero no seguro: *Quizás no hay papel en la impresora y por eso se enciende la luz roja.*

**quórum** *s. m.* **1.** Número de personas que tienen que estar presentes para que puedan celebrarse determinadas reuniones: *Se tuvo que aplazar la asamblea porque no había quórum.* **2.** Número de votos necesarios para que pueda aprobarse algo o lograrse un acuerdo: *El gobierno tendrá que pactar con la oposición para lograr el quórum.* ■ Es una palabra latina. No varía en plural.

**r** *s. f.* Letra número diecinueve del abecedario y número quince de las consonantes. Su nombre es **erre**.

**rabadilla** *s. f.* Final de la columna vertebral por la parte de abajo.

**rabanera** *adj. y s. f.* Se dice de la mujer chillona, de malos modales y desvergonzada.
**SIN.** Verdulera.

**rábano** *s. m.* Planta de hojas ásperas y bastante grandes, flores blancas, amarillas o de color rojo y raíz carnosa, que se emplea mucho como alimento. **EXPR.** **coger el rábano por las hojas** Entender mal algo o pensar que algo se ha dicho o se ha hecho con mala intención. **importar** algo a alguien **un rábano** No importarle nada o muy poco: *Me importa un rábano que no me hayan llamado para salir.* **FAM.** Rabanera.

**rabia** *s. f.* **1.** Enfado muy grande con que se hace o se dice algo: *Estaba harto de llevar tanto peso y tiró la cartera con rabia.* **2.** Manía a una persona o cosa: *Dice que esa niña le tiene rabia.* **3.** Enfermedad que tienen a veces algunos animales, como los perros, la cual les produce horror al agua y los vuelve muy agresivos. Se transmite a través de la mordedura y puede contagiarse a las personas. **SIN.** **1.** Ira, irritación, cólera. **2.** Antipatía, tirria. **3.** Hidrofobia. **ANT.** **2.** Simpatía, cariño. **FAM.** Rabiar, rabieta, rabioso. / Cascarrabias, enrabiar, enrabietar.

**rabiar** *v.* **1.** Tener un enfado muy grande: *A Joaquín le han robado la bici y está que rabia.* **2.** Sentir un dolor muy fuerte: *Marisa rabiaba del dolor de muelas.* **EXPR.** **a rabiar** Muchísimo: *Le gusta el chocolate a rabiar.* **SIN.** **1.** Irritarse, encolerizarse.

**rabieta** *s. f.* Enfado grande o llantina, que suele ser corto y por motivos tontos: *Se cogió una rabieta porque no le daban más caramelos.* **SIN.** Berrinche, perra, pataleta.

**rabillo** *s. m.* Rabo corto y pequeño: *Las manzanas cuelgan del árbol por un rabillo.* **EXPR.** **rabillo del ojo** Pequeño pliegue que forma la piel en el lado de fuera del ojo.

**rabino** *s. m.* Jefe religioso y maestro de una comunidad judía.

**rabioso, sa** *adj.* **1.** Muy enfadado: *Está rabioso porque no le han dejado ver la televisión.* **2.** Que tiene la enfermedad de la rabia: *Ten cuidado, que ese perro está rabioso.* **SIN.** **1.** Furioso, airado. **ANT.** **1.** Tranquilo.

**rabo** *s. m.* **1.** Cola de algunos animales: *El perro mueve el rabo cuando está contento.* **2.** Ramita de la que cuelgan las hojas o los frutos de las plantas. **3.** Cualquier cosa alargada que cuelga o sobresale: *Haz un lazo con esa cinta, pero no dejes los rabos muy largos.* **EXPR.** **con el rabo entre las piernas** Avergonzado y sin saber qué decir: *Fue a protestar, pero se marchó con el rabo entre las piernas, porque no tenía razón.* **de cabo a rabo** Busca **cabo**. **SIN.** **2.** Rabillo, pedúnculo, pecíolo. **FAM.** Rabadilla, rabillo, rabón. / Taparrabo, taparrabos.

**rabón, na** *adj.* Se dice del animal que no tiene rabo, aunque debería tenerlo, o que lo tiene más corto de lo normal.

**racanear** *v.* **1.** Gastar lo menos posible, ser tacaño: *No racanees y cómprate una buena videoconsola.* **2.** Trabajar lo menos posible: *Siempre anda racaneando y sólo estudia antes de los exámenes.* **SIN.** **1.** Ahorrar. **2.** Holgazanear, vaguear. **ANT.** **1.** Derrochar.

**racanería** *s. f.* Acción de una persona rácana: *No cortes los trozos de tarta tan pequeños, que eso es una racanería.* **SIN.** Tacañería.

**rácano, na** *adj. y s. m. y f.* **1.** Tacaño, que gasta lo menos posible. **2.** Poco trabajador.

SIN. **1.** Agarrado, roñoso, roña. **2.** Holgazán, vago, gandul. ANT. **1.** Generoso, espléndido. **2.** Diligente.
FAM. Racanear, racanería.

**racha** *s. f.* **1.** Viento que sopla a golpes: *En la costa soplaban rachas de levante.* **2.** Tiempo en que suceden cosas buenas o malas: *Están pasando una mala racha con la enfermedad de su hijo.*
SIN. **1.** Ráfaga.
FAM. Racheado.

**racheado, da** *adj.* Se dice del viento que sopla a rachas.

**racial** *adj.* De las razas o relacionado con ellas: *Cantantes famosos participaron en un concierto en contra de la discriminación racial.*
SIN. Étnico.

**racimo** *s. m.* **1.** Conjunto de frutos que cuelgan todos del mismo tallo: *un racimo de uvas.* **2.** Conjunto de otras cosas colocadas de forma parecida a las uvas: *Algunas flores crecen en racimos.*
FAM. Arracimarse.

**raciocinio** *s. m.* **1.** Capacidad de pensar y razonar. **2.** Lo que se piensa de manera razonada.
SIN. **1.** Inteligencia, razón. **1.** y **2.** Pensamiento. **2.** Razonamiento, reflexión, juicio.

**ración** *s. f.* **1.** Cantidad de comida, por ejemplo la que se da a una persona o animal: *Con los refrescos pedimos una ración de patatas.* **2.** Una parte de algo que se ha dividido o repartido de alguna manera: *Ya hemos tenido una buena ración de dibujos animados, ahora cambia de canal.*
SIN. **1.** Porción.
FAM. Racionar.

**racional** *adj.* **1.** De la razón o relacionado con la razón: *Hace las cosas de manera poco racional, sin pensarlas.* **2.** Que tiene razón o capacidad para pensar: *El hombre es un animal racional.* **3.** Se dice de los números que son fracciones: *4/5 es un número racional.*
SIN. **1.** Lógico, intelectual. **2.** Inteligente. **3.** Fraccionario. ANT. **1.** y **2.** Irracional.
FAM. Racionalizar.

**racionalismo** *s. m.* Filosofía que sostiene que la razón es el principal medio que tenemos para conocer las cosas.
FAM. Racionalista.

**racionalista** *adj.* y *s. m.* y *f.* Relacionado con el racionalismo o que sigue esta filosofía.

**racionalizar** *v.* **1.** Analizar una cosa utilizando la razón: *Debes racionalizar tus decisiones y no dejarte llevar por el corazón.* **2.** Organizar algo de modo que se consigan los mejores resultados posibles con el mínimo dinero o esfuerzo: *Si racionalizamos nuestros gastos, podremos llegar a fin de mes sin problemas.*
■ Delante de *e* se escribe *c* en vez de *z*: *racionalice.*

**racionamiento** *s. m.* Hecho de racionar algo, sobre todo alimentos y otras cosas necesarias.

**racionar** *v.* **1.** Repartir en raciones pequeñas una cosa escasa para que dure más: *Los náufragos racionaron el agua y las provisiones.* **2.** Mandar el gobierno que las personas sólo compren una cantidad pequeña de alimentos o de otras cosas en época de escasez, como se hace, por ejemplo, cuando el país está en guerra.
FAM. Racionamiento.

**racismo** *s. m.* Forma de pensar y de actuar del que desprecia o rechaza a las personas de otra raza.
FAM. Racista.

**racista** *adj.* y *s. m.* y *f.* Que desprecia o rechaza a las personas de otra raza.

**rácor** o **racor** *s. m.* Pieza que sirve para unir dos tubos.

**rada** *s. f.* Parte del mar que entra en la tierra y donde pueden refugiarse las embarcaciones cuando hace mucho viento.
SIN. Bahía, ensenada.

**radar** *s. m.* Aparato que sirve para localizar por medio de ondas dónde está un objeto que se encuentra a mucha distancia: *La posición de los aviones se controla por radar.*

**radiación** *s. f.* Luz, calor u otro tipo de energía que sale de un cuerpo.

**radiactividad** *s. f.* Característica de algunas materias que emiten radiaciones cuando se rompen los núcleos de sus átomos.
FAM. Radiactivo.

**radiactivo, va** *adj.* Que tiene radiactividad: *El radio es un elemento químico radiactivo.*

**radiador** *s. m.* **1.** Aparato de calefacción, sobre todo el que tiene varios tubos o partes huecas por donde pasa agua o vapor caliente. **2.** Parte de algu-

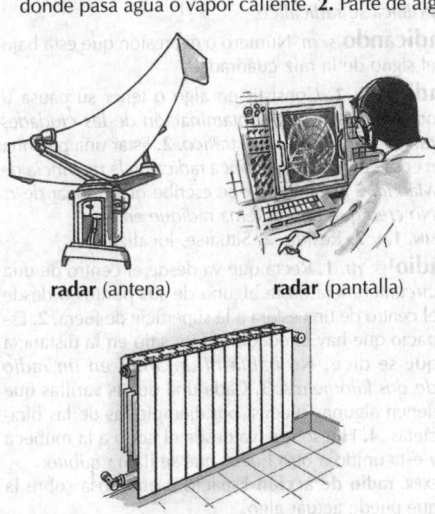

**radar** (antena)     **radar** (pantalla)

**radiador** de calefacción

nos motores por donde circula agua que sirve para que no se calienten mucho.

**FAM.** Cubrerradiador.

**radial** *adj.* **1.** Relacionado con el radio de la circunferencia. **2.** Formado por líneas o cosas parecidas que empiezan todas en un mismo punto; se dice también de cada una de estas líneas: *Las principales carreteras de España son radiales: salen todas de Madrid.*

**radiante** *adj.* **1.** Que brilla mucho: *Hoy hace un sol radiante.* **2.** Que está muy contento: *El día de su cumpleaños Alicia estaba radiante.*

**SIN. 1.** y **2.** Resplandeciente. **ANT. 1.** y **2.** Apagado.

**radiar** *v.* Dar por la radio noticias, música o un programa de cualquier cosa: *Esta tarde radian el partido de la selección de baloncesto.*

**SIN.** Transmitir, retransmitir.

**FAM.** Radiación, radiador, radiante. / Irradiar.

**radical** *adj.* **1.** Fundamental, muy importante: *En los últimos años la ciudad ha experimentado cambios radicales.* ‖ *adj.* y *s. m.* y *f.* **2.** Muy exagerado, que no tiene término medio en el modo de pensar o de actuar: *Es muy radical: o lo quiere todo o no quiere nada.* ‖ *s. m.* **3.** Signo de la raíz cuadrada; también se llama así a este signo con el número que lleva debajo. **4.** Raíz de una palabra.

**SIN. 1.** Básico, profundo. **2.** Extremista, intolerante. **4.** Lexema. **ANT. 2.** Moderado.

**FAM.** Radicalismo, radicalizar.

**radicalismo** *s. m.* Manera muy exagerada de pensar y de actuar.

**radicalizar** *v.* Hacer que algo o alguien se haga radical o extremista. ■ Delante de *e* se escribe *c* en lugar de *z*: *La campaña electoral ha hecho que la política se radicalice.*

**radicando** *s. m.* Número o expresión que está bajo el signo de la raíz cuadrada.

**radicar** *v.* **1.** Consistir en algo o tener su causa u origen en algo: *La contaminación de las ciudades radica sobre todo en el tráfico.* **2.** Estar una persona o cosa en un lugar: *La finca radica en la provincia de Madrid.* ■ Delante de *e* se escribe *qu* en lugar de *c*: *No creo que el problema radique en eso.*

**SIN. 1.** y **2.** Residir. **2.** Situarse, localizarse.

**radio¹** *s. m.* **1.** Recta que va desde el centro de una circunferencia hasta alguno de sus puntos o desde el centro de una esfera a la superficie de fuera. **2.** Espacio que hay alrededor de un sitio en la distancia que se dice: *No había ni un árbol en un radio de dos kilómetros.* **3.** Cada una de las varillas que tienen algunas ruedas, por ejemplo las de las bicicletas. **4.** Hueso que va desde el codo a la muñeca y está unido a otro hueso que se llama *cúbito.*

**EXPR. radio de acción** Espacio u otra cosa sobre la que puede actuar algo.

**FAM.** Radial, radio², radio³. / Extrarradio.

**radio²** *s. m.* Elemento químico metálico de color blanco brillante y muy radiactivo.

**FAM.** Radiar.

**radio³** *s. f.* **1.** Forma abreviada de **radiodifusión**. **2.** Emisora que transmite programas o mensajes por medio de ondas: *A Lucía le gustaría ser locutora de radio.* **3.** Aparato que recibe esas ondas y las transforma en sonidos que pueden ser escuchados: *Tiene siempre la radio puesta para escuchar música.*

**SIN. 3.** Transistor.

**FAM.** Radioaficionado, radiocasete, radiodifusión, radioescucha, radiofónico, radionovela, radiotaxi, radiotelecomunicación, radioteléfono, radiotelegrafía, radiotelegrama, radiotelevisión, radioyente.

**radioaficionado, da** *s. m.* y *f.* Persona que, por afición, se comunica con otras y les envía mensajes por medio de un aparato de radio.

**radiocasete** *s. m.* Aparato con el que se puede escuchar la radio y poner casetes.

**radiocasete** de automóvil

**radiodifusión** *s. f.* Actividad que consiste en enviar noticias, música y otros programas por medio de ondas para que puedan ser escuchados a través de los aparatos de radio.

**radioescucha** *s. m.* y *f.* Persona que recibe y escucha emisiones que se transmiten por ondas de radio: *Un radioescucha interceptó una conversación entre dos teléfonos móviles.*

**radiofónico, ca** *adj.* De la radio o relacionado con ella: *Le gusta escuchar los programas radiofónicos.*

**radiografía** *s. f.* Especie de fotografía del interior de un cuerpo hecha por medio de rayos X: *El dentista le hizo una radiografía de la muela para ver si estaba picada.*

**radiología** *s. f.* Parte de la medicina que se ocupa del uso de las radiaciones para descubrir las enfermedades y para curarlas.

**FAM.** Radiólogo.

**radiólogo, ga** *s. m.* y *f.* Médico especialista en radiología.

**radionovela** *s. f.* Novela que se transmite por la radio en capítulos. Suelen ser de tema amoroso.

**radiotaxi** *s. m.* Taxi que lleva una radio con la que el conductor se comunica con una centralita a la que llaman los clientes que necesitan este servicio.

**radiotelecomunicación** *s. f.* Actividad y conjunto de medios para comunicarse a larga distancia por medio de ondas.

**radioteléfono** *s. m.* Teléfono sin cable que recibe las ondas que envía otro aparato y las transforma en sonidos.

**radiotelegrafía** *s. f.* Comunicación a distancia por medio del radiotelégrafo.
**FAM.** Radiotelegrafista, radiotelégrafo.

**radiotelegrafista** *s. m. y f.* Persona encargada de los aparatos de radiotelegrafía.

**radiotelégrafo** *s. m.* Aparato que transmite y recibe mensajes a larga distancia por medio de ondas; emplea unos sonidos que representan las letras.

**radiotelegrama** *s. m.* Mensaje que se transmite por radiotelégrafo.

**radiotelevisión** *s. f.* **1.** Acción de enviar imágenes a distancia por medio de ondas. **2.** Conjunto de medios para realizar las actividades de la radio y la televisión.

**radioterapia** *s. f.* Forma de curar algunas enfermedades, como el cáncer, mediante radiaciones.

**radioyente** *s. m. y f.* Persona que escucha la radio.

**raer** *v.* Raspar una superficie. ■ Es un verbo irregular. Se conjuga como *caer*, pero la primera persona del singular del presente de indicativo es *raigo* o *rayo*.
**FAM.** Raído.

**ráfaga** *s. f.* **1.** Golpe de viento con bastante fuerza. **2.** Luz fuerte que se enciende sólo durante un momento: *Un coche le dio ráfagas para que no cruzara la calle.* **3.** Conjunto de disparos que hace una ametralladora de una vez.
**SIN. 1.** Racha. **2.** Fogonazo.

**rafia** *s. f.* Material que se saca de una clase de palmera, con el que se hacen bolsos, esterillas y otras cosas.

**rafting** *s. m.* Deporte que consiste en bajar con una balsa neumática por ríos con corrientes rápidas: *He estado haciendo rafting con unos amigos en Pirineos.* ■ Es una palabra inglesa.

**raglan** o **raglán** *adj.* Busca **ranglan.**

**ragú** *s. m.* Guiso de carne con patatas, zanahorias y guisantes. ■ Su plural es *ragús* o *ragúes.*

**raído, da** *adj.* Se dice de las telas o los vestidos muy gastados por el uso.
**SIN.** Desgastado.

**raigambre** *s. f.* El hecho de tener mucha importancia o ser muy antiguo algo en un lugar: *Las verbenas tienen mucha raigambre en Madrid.*
**SIN.** Arraigo.

**raíl** *s. m.* **1.** Cada una de las barras o carriles de hierro por donde van los trenes y en las que encajan sus ruedas. **2.** Cualquier otra guía o carril sobre los que puede moverse algo: *El armario tiene puertas correderas que van sobre raíles.*
**SIN. 1.** y **2.** Riel.
**FAM.** Monorraíl.

**raíz** *s. f.* **1.** Parte de las plantas que crece hacia el lado contrario del tallo, suele ir bajo tierra y les sirve para absorber los alimentos que necesitan. **2.** Parte donde empieza algo, que suele quedar escondida y sirve de sujeción: *la raíz del pelo.* **3.** Origen o causa: *La raíz de sus preocupaciones era su mala salud.* **4.** Número que, al multiplicarlo varias veces por sí mismo, da otro número; por ejemplo, la raíz cuadrada de 9 es 3, porque multiplicando dos veces 3 da 9, o sea 3 x 3 = 9. **5.** Parte de una palabra que contiene lo más importante de su significado y a la que se añaden las terminaciones, los prefijos y los sufijos; por ejemplo, la raíz de la palabra *perrito* es *perr-.* ■ Su plural es *raíces.*
**EXPR. a raíz de** Como consecuencia de algo: *A raíz de la operación empezó a adelgazar mucho.* **de raíz** Completamente, desde su origen: *Hay que eliminar el problema de raíz.* **echar raíces** Quedarse en un lugar para mucho tiempo.
**SIN. 3.** Motivo. **5.** Radical, lexema.
**FAM.** Enraizar.

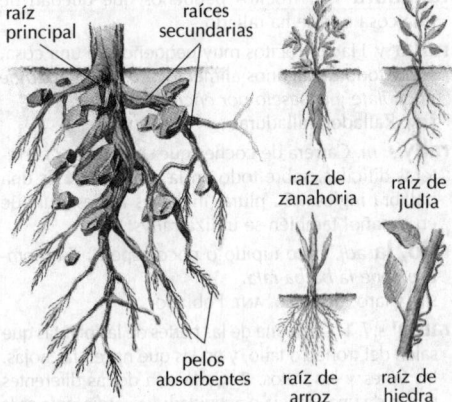

raíz principal — raíces secundarias

raíz de zanahoria — raíz de judía

pelos absorbentes — raíz de arroz — raíz de hiedra

esquema y tipos de **raíz**

**raja** *s. f.* **1.** Abertura larga y fina en algo: *El cubo tiene una raja y se sale el agua.* **2.** Trozo más bien delgado de algunos alimentos: *Tomó sólo una raja de melón.*
**SIN. 1.** Corte, grieta. **2.** Rodaja.
**FAM.** Rajar[1].

**rajá** *s. m.* Rey de la India.

**rajado, da** *adj.* **1.** Que alguien lo rajó o se rajó: *Esa bolsa está rajada y se va a romper del todo.* ‖ *adj. y s. m. y f.* **2.** Que se raja, que no hace lo que había dicho que iba a hacer: *Es un rajado, en el último momento no quiso venirse de viaje.*

**rajar[1]** *v.* **1.** Hacer una o varias rajas en alguna cosa: *No podía abrir el paquete y tuvo que rajar la funda de plástico.* ‖ **rajarse 2.** No hacer alguien lo que

había dicho que iba a hacer: *Al final se rajó y no se apuntó al curso.*
SIN. **1.** Cortar. ANT. **2.** Animarse.
FAM. Rajado, rajatabla.

**rajar²** *v.* Hablar mucho: *¡Hay que ver tu vecina cómo raja!*
SIN. Cascar, charlar.

**rajatabla** Se usa en la expresión **a rajatabla**, que significa 'perfectamente' o 'exactamente': *Cumplió a rajatabla lo que le mandaron.* ■ Se escribe también separado: *a raja tabla.*

**ralea** *s. f.* Clase, especie, tipo, sobre todo si es malo: *Iba con gente de mala ralea.*
SIN. Condición, calaña, estofa.

**ralentí** *s. m.* Manera de funcionar el motor de un vehículo cuando éste está parado y sin ninguna marcha metida.

**rallador** *s. m.* Utensilio de cocina con agujeritos que tienen un borde cortante; sirve para rallar algunos alimentos, por ejemplo el pan o el queso.

**ralladura** *s. f.* Trocitos pequeños que quedan de una cosa que se ha rallado.

**rallar** *v.* Hacer trocitos muy pequeños de una cosa, sobre todo de algunos alimentos: *Ralla un trozo de chocolate y échaselo por encima al pastel.*
FAM. Rallador, ralladura.

**rally** *s. m.* Carrera de coches que se hace por carreteras difíciles, sobre todo en la montaña. ■ Es una palabra inglesa. Su plural inglés es *rallies*, aunque en español también se utiliza *rallys.*

**ralo, la** *adj.* Poco tupido o poco espeso: *Ese hombre tiene la barba rala.*
SIN. Claro, disperso. ANT. Poblado.

**rama¹** *s. f.* **1.** Cada una de las partes de las plantas que salen del tronco o tallo, y en las que nacen las hojas, las flores y los frutos. **2.** Cada una de las diferentes partes de una ciencia o actividad: *La cardiología es la rama de la medicina que estudia el corazón.* **3.** Conjunto de personas que tienen un antepasado común.
EXPR. **andarse por las ramas** o **irse por las ramas** Ocuparse en algo que importa poco y no en otra cosa que es más importante.
SIN. **2.** Especialidad, sección. **3.** Linaje, familia.
FAM. Ramaje, ramal, ramalazo, ramificarse, ramonear, ramoso. / Enramada.

**rama²** Se usa en la expresión **en rama**, para hablar de algunas materias que se encuentran en un estado más natural: *algodón en rama.*

**ramadán** *s. m.* Mes en que los musulmanes tienen que ayunar durante el día. ■ Es una palabra árabe.

**ramaje** *s. m.* Las ramas de un árbol o de un arbusto: *Había muchos pájaros entre el ramaje.*

**ramal** *s. m.* **1.** Carretera, canal, línea, conducto o algo parecido que sale de otro principal. **2.** Tira de cuero que se sujeta a la cabeza de las caballerías:

*Llevaba al borrico por el ramal.* **3.** Cada una de las cuerdas finas que forman otra más gruesa.
SIN. **1.** Desviación.

**ramalazo** *s. m.* **1.** Idea alocada que alguien tiene de repente: *Le dio un ramalazo y se puso a tirar a la basura todo lo que le estorbaba.* **2.** Característica del hombre afeminado.
SIN. **1.** Vena, venada.

**rambla** *s. f.* **1.** Hondonada que forma el agua cuando llueve mucho. **2.** Avenida ancha de las ciudades y pueblos de Cataluña, Valencia y Baleares, que suele tener un paseo en el centro.
SIN. **2.** Bulevar.

**ramera** *s. f.* Prostituta.

**ramificación** *s. f.* **1.** Acción de ramificarse. **2.** Partes en que se ramifica algo: *Las venas tienen muchas ramificaciones.*
SIN. **2.** Desviación, derivación.

**ramificarse** *v.* Dividirse una cosa en varias partes que se van separando de ella: *Al salir del pueblo la carretera se ramifica en otras dos.* ■ Delante de *e* se escribe *qu* en lugar de *c*: *se ramifique.*
SIN. Bifurcarse. ANT. Unirse, juntarse.
FAM. Ramificación.

**ramillete** *s. m.* Ramo pequeño de flores o ramas de una planta.
SIN. Manojo.

**ramo** *s. m.* **1.** Flores o ramas cortadas y unidas de alguna manera o puestas juntas: *Le regalaron un ramo de rosas a su madre el día de su santo.* **2.** Rama cortada de un árbol. **3.** Un tipo de industria, ciencia o actividad: *Las industrias lecheras son del ramo de la alimentación.*
SIN. **1.** Manojo, ramillete. **3.** Sección, sector, especialidad.
FAM. Rama¹, ramillete.

**ramonear** *v.* Comerse algunos animales las hojas o las puntas de las ramas de los árboles o arbustos.

**ramoso, sa** *adj.* Que tiene muchas ramas: *El gato trepó fácilmente por este árbol porque tiene el tronco muy ramoso.*

**rampa** *s. f.* Cuesta o plancha inclinada de madera o de hierro para subir o bajar de un sitio a otro: *A la entrada del aparcamiento hay una rampa.*

**ramplón, na** *adj.* Vulgar, excesivamente sencillo: *Lo que dijo era una cosa muy ramplona.*
SIN. Corriente. ANT. Fino, extraordinario.
FAM. Ramplonería.

**ramplonería** *s. f.* **1.** Característica de las personas o cosas ramplonas. **2.** Acción, cosa o palabras vulgares o ramplonas: *El regalo que le hicieron era una ramplonería.*
SIN. **1.** y **2.** Vulgaridad.

**rana** *s. f.* **1.** Animal anfibio de cuerpo verdoso y rechoncho, con las patas de atrás muy desarrolladas

para poder saltar mucho; tiene ojos muy salientes y una lengua larga con la que atrapa insectos. **2.** Juego que consiste en tirar monedas u otras cosas para meterlas en la boca de una rana de metal.
**EXPR. hombre rana** Busca **hombre.** || **cuando las ranas críen pelo** Nunca, jamás. **salir rana** No ser alguien o algo como se esperaba.

**ranchera** *s. f.* **1.** Canción popular mexicana. **2.** Coche con más espacio en la parte de atrás para llevar pasajeros o carga.

**ranchero, ra** *s. m. y f.* **1.** Persona que trabaja o vive en un rancho. **2.** Persona que prepara el rancho o comida para un gran número de personas: *Estuvo de ranchero en la mili.*

**rancho** *s. m.* **1.** En América, granja donde se crían caballos, vacas y otros animales. **2.** Comida hecha para un grupo numeroso de personas: *En el cuartel el rancho se sirve a las dos.* **3.** En México, finca o propiedad en el campo. **4.** En América del Sur, casa de campesinos.
**FAM.** Ranchera, ranchero.

**rancio, cia** *adj.* **1.** Se dice de algunos alimentos cuando se les pone con el tiempo un sabor y un olor más fuertes: *No te comas ese chorizo, que está un poco rancio.* **2.** Muy antiguo: *En ese pueblo las personas mayores conservan rancias costumbres.* **3.** Antipático, seco: *No se ríe por nada: es una chica un poco rancia.*
**SIN. 1.** Añejo; pasado. **2.** Anticuado, trasnochado. **ANT. 1.** Fresco. **3.** Simpático.

**ranglan** o **ranglán** *adj.* Se dice de un tipo de mangas que están cosidas al resto de la prenda desde el cuello y no desde los hombros. También se dice de las prendas que tienen estas mangas: *Ese señor lleva un abrigo ranglan.* ■ Se dice también *raglan* o *raglán.*

**rango** *s. m.* Clase o categoría de alguien o algo: *El director es la persona de más rango en la fábrica.*
**SIN.** Importancia, jerarquía.

rana                rape

**ranking** *s. m.* Clasificación o serie ordenada de mayor a menor: *El ranking de ventas de libros aparece publicado en la prensa.* ■ Es una palabra inglesa. Su plural es *rankings.*

**ranura** *s. f.* Abertura muy estrecha que tienen algunas cosas, como las huchas.
**SIN.** Raja.

**rap** *s. m.* **1.** Música moderna de ritmo muy marcado cuya letra se recita al compás. **2.** Baile de esta música. ■ Es una palabra inglesa. Su plural es *raps.*
**FAM.** Rapero.

**rapacidad** *s. f.* Forma de ser del que suele robar o aprovecharse de lo que no es suyo.

**rapado, da** *adj.* **1.** Se dice del pelo o de la barba muy cortos. || *s. m.* **2.** Corte de pelo en el que se deja el cabello muy corto: *Luisa se pegó un chicle en el pelo y tuvieron que hacerle un rapado.*
**EXPR. cabeza rapada** Miembro de un grupo de jóvenes violentos, racistas y de extrema derecha; suelen llevar el pelo muy corto. Se les llama también **rapados** y **skins** o **skinheads.**

**rapapolvo** *s. m.* Regañina, bronca que se le echa a alguien.
**SIN.** Reprimenda.

**rapar** *v.* Cortar mucho el pelo o la barba: *A los soldados les rapan bien cuando entran en el cuartel.*
**SIN.** Pelar; rasurar; esquilar.
**FAM.** Rapado, rapapolvo, rape¹.

**rapaz** *adj. y s. f.* **1.** Ave carnívora, como el águila o el halcón, que tiene alas fuertes, pico curvo, corto y fuerte, y patas con garras afiladas y arqueadas. || *s. m.* **2.** Muchacho. ■ Su plural es *rapaces.*
**SIN. 2.** Mozo, chico, chaval.
**FAM.** Rapacidad, rapaza.

**rapaza** *s. f.* Muchacha.
**SIN.** Moza, chica, chavala.

**rape¹** *s. m.* Acción de rapar el pelo o la barba.
**EXPR. al rape** Modo de cortar el pelo o la barba dejándolo muy corto.

**rape²** *s. m.* Pez marino de tamaño bastante grande, que tiene el cuerpo plano y mucha cabeza, con los ojos y la boca en la parte de arriba. Es muy apreciado como alimento.

**rapé** *s. m.* Tabaco en polvo que se aspira por la nariz.

**rápel** *s. m.* Busca **rappel.**

**rapero, ra** *s. m. y f.* Persona que canta o baila rap o es aficionada a este tipo de música.

**rapidez** *s. f.* Característica de las personas o cosas rápidas: *Le llamaron y se volvió con rapidez.*
**SIN.** Velocidad. **ANT.** Lentitud.

**rápido, da** *adj.* **1.** Que se mueve o sucede muy deprisa: *Las bicis de carreras son muy rápidas. Las vacaciones se nos han pasado muy rápidas.* **2.** Que tarda poco tiempo: *Cuando tiene hambre es rápida comiendo.* **3.** Que dura poco tiempo: *Su visita fue rápida, no le dio tiempo a contar casi nada.* || *adv.* **4.** Muy deprisa, a gran velocidad: *No hables tan rápido que no te entiendo.* || *s. m.* **5.** Parte de un río por donde las aguas corren más deprisa.
**SIN. 1.** y **2.** Veloz. **2.** Ágil. **3.** Corto, breve. **ANT. 1.** y **2.** Lento. **3.** Largo.
**FAM.** Rapidez.

**rapiña** *s. f.* Robo.

**EXPR. ave de rapiña** Ave rapaz, como el águila o el buitre.

**SIN.** Pillaje.

**FAM.** Rapiñar.

**rapiñar** *v.* Robar o quitar algo a alguien, especialmente sin usar la violencia y cosas de poco valor.

**SIN.** Hurtar.

**raposo, sa** *s. m.* y *f.* Zorro.

**rappel** *s. m.* En alpinismo, modo de bajar por la pared de una roca u otro sitio parecido resbalando por una cuerda y dándose impulso con los pies. ■ Es una palabra francesa. En español se escribe también *rápel*.

**rapsodia** *s. f.* Obra musical hecha con partes de otras obras.

**raptar** *v.* Llevarse a una persona a la fuerza sobre todo para pedir dinero por devolverla.

**SIN.** Secuestrar.

**FAM.** Rapto.

**rapto** *s. m.* Acción de raptar.

**SIN.** Secuestro.

**raqueta** *s. f.* **1.** Pala con cuerdas entrecruzadas para jugar al tenis, al frontón y a otros juegos. **2.** Objeto parecido a esta pala que se pone en los zapatos para andar por la nieve. **3.** Desvío a un lado de la carretera en forma de media circunferencia, que sirve para dar la vuelta o cruzar al otro lado.

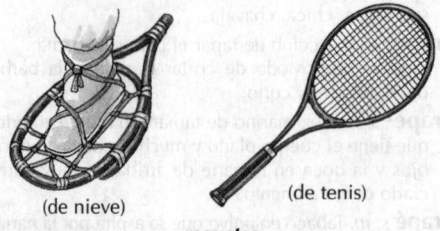

(de nieve)          (de tenis)

**raquetas**

**raquis** *s. m.* **1.** Columna vertebral. **2.** Parte central dura de la pluma de un ave. ■ No varía en plural.

**SIN. 2.** Cañón.

**raquítico, ca** *adj.* y *s. m.* y *f.* **1.** Que tiene raquitismo. ‖ *adj.* **2.** Muy delgado y débil. **3.** Muy pequeño o escaso: *Nos pusieron unas raciones de calamares raquíticas.*

**SIN. 2.** Escuálido, flaco, esmirriado; enclenque, endeble. **3.** Ridículo. **ANT. 2.** Fuerte, robusto. **3.** Abundante.

**raquitismo** *s. m.* Enfermedad de los niños que no están bien alimentados, que hace que los huesos no tengan la fuerza suficiente.

**FAM.** Raquítico.

**raramente** *adv.* Muy pocas veces: *Raramente pasa por aquí para ir al colegio.*

**rareza** *s. f.* **1.** Característica de las personas o cosas raras. **2.** Manera de actuar alguien que nos resulta extraña: *Ese chico tiene algunas rarezas, pero es buena persona.* **3.** Cosa extraña o muy curiosa: *Colecciona rarezas que trae de sus viajes.*

**SIN. 2.** Manía. **3.** Curiosidad.

**raro, ra** *adj.* **1.** Que nos extraña o sorprende porque es distinto de lo normal: *Tiene una forma de hablar rara.* **2.** Poco frecuente: *Rara vez veo a Luisa.*

**SIN. 1.** Extraño, insólito. **1.** y **2.** Inusitado, inusual. **ANT. 1.** y **2.** Corriente.

**FAM.** Raramente, rareza. / Enrarecer.

**ras** Se usa en algunas expresiones: **al ras**, que significa 'muy corto, a muy poca altura': *Ha cortado la hierba del jardín al ras;* **a ras de**, 'justo encima': *La tubería del gas va a ras del suelo.*

**rasante** *adj.* **1.** Que va a poca altura del suelo u otra superficie: *El avión hizo un vuelo rasante.* ‖ *s. f.* **2.** Inclinación de una calle o carretera: *Cuando hay un cambio de rasante en la carretera, no vemos el coche que va delante de nosotros.*

**rasca** *s. amb.* Frío: *En la calle hace una rasca que no veas.*

**SIN.** Fresco. **ANT.** Calor.

**rascacielos** *s. m.* Edificio muy alto y con muchos pisos. ■ No varía en plural.

**rascador** *s. m.* Instrumento que sirve para rascar o rascarse: *Mi tío Agustín tiene un rascador para rascarse la espalda.*

**rascar** *v.* **1.** Pasar por una cosa algo áspero o afilado, sobre todo las uñas por la piel. **2.** Sacar un beneficio de algo: *En ese negocio no hay nada que rascar.* ■ Delante de *e* se escribe *qu* en lugar de *c*: *rasqué.*

**FAM.** Rasca, rascacielos, rascador, rasqueta.

**rasero** Se usa en la expresión **por el mismo rasero**, que significa 'de igual manera': *No hace diferencias, juzga por el mismo rasero a todas las personas.*

**rasgado, da** *adj.* Alargado: *Los chinos tienen los ojos rasgados.*

**rasgar** *v.* Romper o romperse papel, tela o cosas parecidas al tirar de ellas o al engancharse con algo: *Rasgó sin querer los visillos con el pico de la ventana.* ■ Delante de *e* se escribe *gu* en lugar de *g*: *rasgué.*

**FAM.** Rasgado, rasgo, rasguear, rasguño.

**rasgo** *s. m.* **1.** Línea que se hace al escribir: *Los rasgos de su letra son muy claros.* **2.** Línea de la cara de una persona: *Tiene rasgos de chino.* **3.** Característica: *La simpatía es un rasgo de su forma de ser.*

**EXPR. a grandes rasgos** En general, sin entrar en detalles: *Cuéntame a grandes rasgos de qué trata el libro.*

**SIN. 1.** Trazo. **2.** Facción. **3.** Cualidad, atributo.

**rasguear** *v.* Tocar la guitarra o un instrumento parecido rozando varias cuerdas a la vez con la punta de los dedos.

**rasguño** *s. m.* Raspón, arañazo.

**rasilla** *s. f.* **1.** Cierto tipo de tela delgada de lana. **2.** Ladrillo hueco y más delgado que el normal.

**raso, sa** *adj.* **1.** Llano y liso: *A lo lejos se ve terreno raso, sin montes.* **2.** Se dice del cielo cuando está sin nubes. **3.** A poca altura del suelo: *La avioneta hizo un vuelo raso.* **4.** Lleno justo hasta el borde, sin que llegue más arriba: *Se sirvió una cucharada rasa de azúcar.* **5.** Que no tiene ningún título, grado o categoría: *un soldado raso.* ‖ *s. m.* **6.** Tejido liso, brillante y suave.
**EXPR. al raso** Al aire libre: *Durmieron al raso.*
**SIN. 1.** Plano. **2.** Claro. **3.** Rasante. **ANT. 2.** Nublado. **3.** Alto.
**FAM.** Ras, rasante, rasero, rasilla, rasurar. / Arrasar.

**raspa** *s. f.* **1.** Espina del pescado. ‖ *adj. y s. m. y f.* **2.** Persona antipática.
**SIN. 2.** Cardo, seco. **ANT. 2.** Encanto.

**raspado, da** *adj.* **1.** Que alguien lo raspó o se raspó. ‖ *s. m.* **2.** Acción de raspar o rasparse.
**SIN. 2.** Raspadura.

**raspadura** *s. f.* Señal o herida que queda al raspar o rasparse algo.
**SIN.** Raspón, rasponazo.

**raspar** *v.* Pasar algo cortante o áspero por una cosa levantando parte de su superficie: *Tuvimos que raspar para quitar las manchas del suelo.*
**SIN.** Rascar, rayar.
**FAM.** Raspa, raspado, raspadura, raspón, rasponazo, rasposo.

**raspón** o **rasponazo** *s. m.* Señal o herida que se hace al raspar algo.

**rasposo, sa** *adj.* Que raspa: *Papá tiene la cara rasposa cuando no se afeita.*
**SIN.** Áspero. **ANT.** Suave.

**rasqueta** *s. f.* Palita con el borde afilado que se usa para quitar algo que tiene pegado a una superficie.

**rastral** *s. m.* Pieza del pedal de la bicicleta que sirve para sujetar el pie.

**rastras** Se usa en la expresión **a rastras**, que significa 'arrastrando': *Si llevas la silla a rastras estropearás el suelo.* También, 'a la fuerza': *A este niño siempre hay que llevarle al dentista a rastras.*

**rastrear** *v.* Buscar algo siguiendo su rastro: *Descubrieron la manada de ciervos rastreando sus huellas.*
**SIN.** Indagar, escudriñar.
**FAM.** Rastreo.

**rastreo** *s. m.* Acción de rastrear.

**rastrero, ra** *adj.* Despreciable, malo.
**SIN.** Miserable, infame, indigno, vil. **ANT.** Noble.

**rastrillar** *v.* Usar el rastrillo para recoger o amontonar cosas del suelo o para remover el terreno.

**rastrillo** *s. m.* Instrumento en forma de T que tiene dientes o púas en la parte más corta. Se usa, por ejemplo, para recoger hierba, hojas, paja.
**FAM.** Rastrillar.

**rastro** *s. m.* **1.** Huellas u otras señales que deja alguien o algo: *La policía ha encontrado el rastro de los ladrones.* **2.** Mercadillo en la calle.
**EXPR. ni rastro** Nada: *No ha quedado ni rastro de la tarta de manzana.*
**SIN. 1.** Pista, vestigio.
**FAM.** Rastras, rastrear, rastrero, rastrillo. / Arrastrar.

**rastrojo** *s. m.* Restos de mies que quedan en el campo después de haber segado.

**rasurar** *v.* Afeitar el pelo del cuerpo o de la cara: *Un enfermero le rasuró la pierna para curarle bien la herida.*
**SIN.** Rapar, pelar.

**rata** *s. f.* **1.** Nombre que se da a algunos roedores; por ejemplo, la de alcantarilla, que es muy grande y tiene el pelaje oscuro, o la de laboratorio, más pequeña, blanca y con los ojillos rojos. **2.** Persona muy mala. ‖ *adj. y s. m. y f.* **3.** Persona muy tacaña.
**EXPR. rata de biblioteca** Ratón de biblioteca. Busca **ratón.**
**SIN. 2.** Bicho, sabandija. **3.** Rácano, agarrado, roña.
**FAM.** Ratear, ratero, raticida, ratón. / Desratizar, matarratas.

**ratear** *v.* **1.** Robar cosas de poco valor sin usar la violencia: *Algún compañero me ha rateado el bolígrafo.* **2.** Comportarse como un tacaño: *Está feo ratear cuando invitas.*
**SIN. 1.** Rapiñar, hurtar. **2.** Racanear.

**ratero, ra** *s. m. y f.* Ladrón de cosas de poco valor.
**SIN.** Caco, chorizo.

**raticida** *s. m.* Producto para matar ratas y ratones.

**ratificación** *s. f.* Acción de ratificar.
**SIN.** Confirmación, sanción.

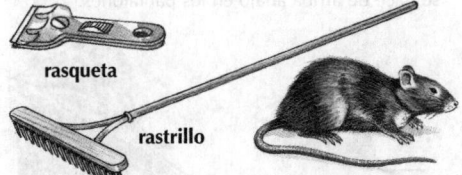

rasqueta

rastrillo

rata

**ratificar** *v.* Volver a decir que algo es verdadero o que vale: *El periódico ratificó la noticia que había dado el día anterior.* ■ Delante de *e* se escribe *qu* en lugar de *c*: *ratifiqué.*
**SIN.** Confirmar, corroborar. **ANT.** Negar.
**FAM.** Ratificación.

**rato** *s. m.* Un poco de tiempo: *Estuvimos un rato esperando antes de entrar a la consulta del médico.*

**EXPR. a ratos perdidos** Cuando uno no tiene nada que hacer: *Julia está pintando un cuadro a ratos perdidos*. **para rato** Para mucho tiempo: *Tenemos trabajo para rato, así que no nos esperes*. **pasar el rato** Entretenerse. **un buen rato** Bastante tiempo: *Estuvo lloviendo un buen rato*. **un rato** Mucho o muy: *Ese coche es un rato bonito*.

**ratón** *s. m.* **1.** Animal roedor de pequeño tamaño, pelaje gris pardusco y una larga cola. ■ A veces se usa la palabra *ratona* para la hembra de este animal. **2.** Mando de algunos ordenadores que se maneja haciéndole rodar por medio de una bola que tiene por debajo.

**EXPR. ratón** (o **rata**) **de biblioteca** Persona a la que le gusta mucho leer y estudiar y pasa mucho tiempo entre libros.

**FAM.** Ratonera, ratonero, ratonil.

**ratonera** *s. f.* **1.** Trampa para ratones. **2.** Madriguera de los ratones. **3.** Agujero por donde entran y salen los ratones. **4.** Casa o habitación muy pequeña.

**SIN. 4.** Cuchitril.

**ratonero, ra** *adj.* **1.** De los ratones o relacionado con ellos. **2.** Se dice del animal que caza ratones.

**ratonil** *adj.* De los ratones o propio de los ratones.

**SIN.** Ratonero.

**raudales** Se usa en la expresión **a raudales**, que significa 'en mucha cantidad': *El sol entraba a raudales por la ventana*.

**raudo, da** *adj.* Rápido, veloz.

**SIN.** Presto, presuroso. **ANT.** Lento.

**FAM.** Raudales.

**raviolis** o **ravioles** *s. m. pl.* Pequeños trozos cuadrados de pasta rellenos de carne o verdura, que se sirven cocidos y casi siempre con una salsa.

**raya¹** *s. f.* **1.** Señal larga y estrecha marcada o pintada en algún sitio. **2.** Línea que queda en la cabeza al separar el pelo a un lado y al otro. **3.** Doblez que se hace de arriba abajo en los pantalones.

ratón

raya

**EXPR. tres en raya** Juego que consiste en poner tres fichas en línea en un tablero antes de que lo haga el contrario. || **pasarse de la raya** Pasarse de un límite que no se debería pasar; hacer algo que no se debe hacer: *Se pasó de la raya pidiéndole tanto dinero*. **tener a raya** a alguien Tenerle muy dominado o controlado.

**FAM.** Rayano, rayar, rayón², rayuela. / Milrayas.

**raya²** *s. f.* Pez completamente plano y en forma de rombo con la boca en la parte de abajo y una cola larga y delgada.

**rayado, da** *adj.* **1.** Que alguien lo rayó o se rayó. **2.** Que tiene rayas: *una camisa rayada*.

**rayano, na** *adj.* **1.** Que está al lado de otra cosa y pegado a ella: *Tu casa está rayana con la mía*. **2.** Que se acerca o se parece mucho a algo: *Tiene una inteligencia prodigiosa, rayana en la genialidad*.

**SIN. 1.** Colindante, limítrofe. **2.** Cercano.

**rayar** *v.* **1.** Hacer rayas: *Eva ha rayado la puerta del armario por apoyarse con la silla*. **2.** Estropear un disco haciendo una raya o marca que corta los surcos; cuando pasa eso, la aguja del tocadiscos no avanza y se repite siempre lo mismo. **3.** Estar muy cerca de algo: *Su abuelo raya los setenta años. Su valentía raya en la imprudencia*.

**EXPR. al rayar** Al empezar: *Salieron al rayar el alba*.

**SIN. 3.** Rozar, asemejarse.

**FAM.** Rayado. / Subrayar.

**rayo** *s. m.* **1.** Línea que siguen la luz y otras formas de energía cuando se transmiten de una parte a otra: *los rayos del sol*. **2.** Descarga eléctrica que se produce cuando hay tormenta; es como un gran garabato que se dibuja en el cielo y que a veces llega a la tierra.

**EXPR. rayos UVA** Rayos ultravioleta. Busca **ultravioleta**. **rayos X** Unos que permiten ver a través de los cuerpos; se usan sobre todo en medicina para ver el cuerpo por dentro y hacer radiografías. || **a rayos** Muy mal: *Esta sopa sabe a rayos*. **como un rayo** Muy rápido. **partir un rayo** a alguien Expresión que se dice para desearle un mal: *¡Así le parta un rayo!*

**FAM.** Pararrayos.

**rayón¹** *s. m.* Fibra artificial que imita la seda; también la tela hecha con esta fibra.

**rayón²** *s. m.* m **1.** Raya grande o muy marcada: *Le hicieron un rayón en el coche*. **2.** Jabato, cría del jabalí

**rayuela** *s. f.* **1.** Juego que consiste en tirar monedas o piedrecillas a una raya pintada en el suelo y en que gana el jugador que más se acerca a ella. **2.** Juego en que hay que ir moviendo una piedra u otra cosa por unos cuadrados dibujados en el suelo, yendo a la pata coja y sin pisar ninguna de las líneas pintadas.

**raza** *s. f.* **1.** Cada uno de los grandes grupos en que se dividen las personas por sus rasgos físicos y el color de su piel. Las razas principales son la blanca, la amarilla y la negra. **2.** Grupo en que se dividen algunos animales, por ejemplo los perros, según las características de su cuerpo.

**FAM.** Racial, racismo.

**razia** *s. f.* Entrada rápida en territorio enemigo para destruir o saquear. ■ Se escribe también *razzia*.

**SIN.** Correría.

**razón** *s. f.* **1.** Inteligencia, lo que permite a los seres humanos pensar. **2.** Hecho de decir la verdad o estar acertado en algo: *Tenías razón, la película es estupenda.* **3.** Causa, motivo: *La razón de no ir fue que estaba enfermo.* **4.** Idea o explicación con la que se intenta demostrar algo. **5.** Información sobre algo: *En la portería dan razón sobre el piso que se vende.*
**EXPR. a razón de** Sirve para decir lo que le toca a cada uno cuando se reparte una cosa: *Repartieron las manzanas a razón de tres para cada uno.* **entrar en razón** Convencerse de algo que es razonable. **perder** uno **la razón** Volverse loco.
**SIN. 1.** Raciocinio. **3.** Móvil, porqué.
**FAM.** Raciocinio, racional, racionalismo, razonable, razonar. / Irracional, sinrazón.

**razonable** *adj.* **1.** Que piensa bien o está bien pensado: *Es un chico muy razonable y no hace tonterías. Con aquel frío era razonable quedarse en casa.* **2.** Justo, suficiente: *Esa tienda tiene unos precios razonables.*
**SIN. 1.** Sensato, discreto, lógico. **2.** Bastante. **ANT. 1.** Insensato, ilógico. **2.** Escaso.

**razonamiento** *s. m.* Conjunto de ideas relacionadas entre sí, sobre todo para demostrar algo o convencer a alguien.
**SIN.** Reflexión, explicación.

**razonar** *v.* **1.** Pensar. **2.** Explicar o demostrar algo: *El profesor dice que hay que razonar las respuestas, o sea decir por qué hemos contestado eso.*
**SIN. 1.** Reflexionar, meditar.
**FAM.** Razonamiento.

**razzia** *s. f.* Busca **razia**. ■ Es una palabra francesa.

**re** *s. m.* Segunda nota de la escala musical.

**reabsorber** *v.* Eliminar el organismo un cuerpo o una sustancia del lugar en el que había aparecido: *El moratón desapareció porque la sangre se ha reabsorbido.*

**reacción** *s. f.* **1.** Lo que hace, siente o le pasa a alguien o algo como respuesta a una cosa que le ocurre: *Me asusté tanto que mi primera reacción fue salir corriendo. La vacuna le produjo reacción y le salieron ronchas en la piel.* **2.** El volver a tener la actividad que se había perdido: *Después del primer gol el equipo tuvo una buena reacción y al final consiguió empatar.* **3.** Proceso químico por el cual varias sustancias que se mezclan se convierten en otra o en otras diferentes. **4.** Chorro de gases que sale con mucha fuerza hacia atrás y sirve para impulsar aviones, cohetes o naves espaciales.
**EXPR. reacción en cadena** Serie de hechos en los que cada uno provoca el siguiente.
**SIN. 2.** Recuperación.
**FAM.** Reaccionar, reaccionario, reactivo, reactor.

**reaccionar** *v.* **1.** Tener o experimentar una reacción: *Cuando su padre le regañó, reaccionó metiéndose en su habitación y cerrando la puerta.* **2.** Vol-

ver a tener actividad o fuerza: *El ciclista español logró reaccionar y adelantó al francés en los últimos metros.* **3.** Combinarse varias sustancias para formar otra u otras diferentes.
**SIN. 1.** Responder. **2.** Recobrarse, restablecerse, reactivarse, revitalizarse, resurgir. **ANT. 2.** Decaer.

**reaccionario, ria** *adj.* Que está en contra de los cambios y del progreso en la sociedad.
**SIN.** Conservador, retrógrado. **ANT.** Progresista.

**reacio, cia** *adj.* Contrario a algo, que no quiere hacerlo: *Manolo es reacio a ir a la montaña, prefiere la playa.*
**SIN.** Opuesto, reticente. **ANT.** Partidario.

**reactivar** *v.* Volver a dar actividad y fuerza a algo: *La llegada de turistas ha reactivado los negocios del pueblo.*
**SIN.** Revitalizar, reanimar; renacer, resurgir. **ANT.** Decaer.

**reactivo, va** *adj.* **1.** Que produce reacción. ‖ *s. m.* **2.** En química, sustancia empleada para averiguar alguno de los componentes de una mezcla o para detectar un átomo o grupo de átomos en un compuesto.

**reactor** *s. m.* **1.** Motor que lanza hacia atrás un potente chorro de gases para impulsar a aviones y cohetes o naves espaciales. **2.** Avión que funciona con motores de este tipo.

**readmisión** *s. f.* Acción de readmitir.

**readmitir** *v.* Volver a admitir: *Readmitieron a los alumnos que expulsaron del colegio.*
**FAM.** Readmisión.

**reafirmar** *v.* Volver a decir o pensar algo con más seguridad: *Se reafirmó en la opinión que tenía sobre aquel chico.*
**SIN.** Ratificar, confirmar. **ANT.** Invalidar.

**reagrupar** *v.* Agrupar de nuevo: *Los montañeros se reagruparon en el campamento al anochecer.*

**reajustar** *v.* Hacer reajustes en algo.
**FAM.** Reajuste.

**reajuste** *s. m.* Cambio que se hace en algo para arreglarlo, para que funcione mejor o para conseguir otra cosa: *Ha habido un reajuste en los horarios de los vuelos para evitar los retrasos.*

**real**[1] *adj.* Que existe de verdad: *No es un cuento, es una historia real.*
**SIN.** Auténtico, cierto, verídico. **ANT.** Irreal, falso.
**FAM.** Realidad, realismo, realizar, realmente. / Irreal.

**real**[2] *adj.* **1.** Del rey o relacionado con él: *palacio real.* ‖ *s. m.* **2.** Antigua moneda española; actualmente esta palabra se usa en algunas frases para indicar poco dinero: *En ese puesto, por dos reales te darán un montón de caramelos.*
**SIN. 1.** Regio.
**FAM.** Realengo, realeza.

**realce** *s. m.* Acción de realzar o hacer que algo destaque: *Ese vestido daba realce a su belleza.*

**realengo, ga** *adj.* Se decía de las tierras, ciudades y demás lugares que antiguamente pertenecían al rey.

**realeza** *s. f.* **1.** Dignidad del rey. **2.** El rey y todos sus familiares. También, nombre que se da a las familias reales de un lugar o época: *la realeza europea.*

**realidad** *s. f.* Lo que existe de verdad.
**EXPR. en realidad** Realmente: *Aunque le dolía, en realidad la herida no era grave.*

**realismo** *s. m.* **1.** Hecho de ver las cosas como son en realidad, sin inventarse o imaginar nada. **2.** Estilo artístico o literario que intenta reflejar las cosas como son, sin invenciones ni fantasías.
**FAM.** Realista. / Surrealismo.

**realista** *adj.* **1.** Que ve las cosas como son en realidad: *Seamos realistas: con este equipo es difícil que ganemos la liga.* **2.** Que sigue el estilo artístico o literario del realismo: *un pintor realista.*
**ANT. 1.** Idealista, soñador, iluso.

**reality show** *expr.* Programa de televisión en el que se cuentan historias de malos tratos, desapariciones, asesinatos y otros sucesos terribles y reales para entretener al público. ■ Es una expresión inglesa.

**realización** *s. f.* Acción de realizar o realizarse.

**realizador, ra** *adj.* Persona que dirige una película o un programa de televisión o de radio.

**realizar** *v.* **1.** Hacer una cosa: *Realizó un viaje por América.* **2.** Dirigir una película o un programa de televisión o de radio. || **realizarse 3.** Estar uno satisfecho de lo que hace en la vida: *Para realizarse es importante tener un trabajo que nos guste.* ■ Delante de *e* se escibe *c* en lugar de *z*: *realicé.*
**SIN. 1.** Efectuar, ejecutar, elaborar, producir.
**FAM.** Realización, realizador. / Irrealizable.

**realmente** *adv.* **1.** Se usa para asegurar que lo que se dice es verdad: *José no quiso cenar, realmente no tenía hambre.* **2.** Sirve a veces como refuerzo: *La bici que se ha comprado es realmente bonita.*

**realojar** *v.* Dar a alguien un nuevo lugar para vivir: *El ayuntamiento realojó a los chabolistas en pisos.*

**realquilar** *v.* Alquilar alguien a otra persona un piso, habitación o local que tiene alquilado.

**realzar** *v.* Hacer que algo destaque más o se note más: *El marco blanco realza mucho los colores del cuadro.* ■ Delante de *e* se escribe *c* en lugar de *z*: *realcé.*
**SIN.** Resaltar, marcar, acentuar. **ANT.** Ocultar, disimular.
**FAM.** Realce.

**reanimación** *s. f.* **1.** Acción de reanimar. **2.** Conjunto de medidas, sobre todo médicas, para despertar a una persona que se ha desmayado o que está sin conocimiento: *El anestesista estuvo con mi hermano en la sala de reanimación después de salir del quirófano.*

**reanimar** *v.* **1.** Dar nuevas fuerzas o ánimos: *La sopa caliente le reanimó.* **2.** Despertar a alguien que se ha desmayado o está sin conocimiento:

*Después de la operación tardó un tiempo en reanimarse.*
**SIN. 1.** Fortalecer, restablecer, animar, confortar. **2.** Recobrarse. **ANT. 1.** Debilitar, desanimar, deprimir. **2.** Desvanecerse.

**reanudar** *v.* Seguir haciendo algo que se había dejado de hacer: *La obra de teatro se reanudó después del descanso.*
**SIN.** Reemprender. **ANT.** Parar.

**reaparecer** *v.* Volver a aparecer alguien o algo que había dejado de verse o de actuar en público: *El cantante reapareció después de varios años sin dar conciertos.* ■ Es un verbo irregular. Se conjuga como *agradecer.*
**SIN.** Regresar, retornar, resurgir.
**FAM.** Reaparición.

**reaparición** *s. f.* Acción de reaparecer.
**SIN.** Regreso, retorno, resurgimiento.

**reapertura** *s. f.* Acción de abrir de nuevo una tienda, un local u otra cosa que había estado cerrada durante un tiempo.

**rearmar** *v.* Proporcionar o conseguir armas nuevas o mejores que las que se tenían: *El enemigo se está rearmando para atacarnos de nuevo.*
**FAM.** Rearme.

**rearme** *s. m.* Acción de rearmar o de rearmarse.

**reata** *s. f.* Fila de caballos, mulas o burros unidos por cuerdas o correas.

**reavivar** *v.* Volver a avivar algo, darle más fuerza: *El viento reavivó el incendio cuando ya casi estaba apagado.*
**SIN.** Reforzar, fortalecer, estimular, vivificar. **ANT.** Debilitar, atenuar.

**rebaba** *s. f.* Parte que sobresale de los bordes de algo y que no vale: *A veces queda rebaba en las piezas de los juguetes de plástico.*

**rebaja** *s. f.* Acción de bajar el precio de algo.
**SIN.** Descuento, bajada, reducción. **ANT.** Subida.

**rebajar** *v.* **1.** Bajar el precio de las cosas. **2.** Quitar fuerza o intensidad a algo: *El color rojo se rebaja echando un poco de blanco.* **3.** Disminuir la altura, el volumen o la cantidad de algo: *Le dijo al peluquero que le rebajara el pelo todavía más.* || **rebajarse 4.** Actuar alguien como si fuera menos importante o hacer algo deshonroso.
**SIN. 1.** Descontar. **2.** Suavizar, debilitar, atenuar, apagar. **3.** Reducir. **4.** Humillarse, degradarse. **ANT. 1.** Subir, encarecer. **1. a 3.** Aumentar. **2.** Reforzar, reavivar. **4.** Crecerse.
**FAM.** Rebaja, rebaje.

**rebaje** *s. m.* Parte del borde de algo que se ha reducido cortándolo o limándolo.

**rebanada** *s. f.* Trozo ancho, plano y delgado de algo, sobre todo de una barra de pan.
**FAM.** Rebanar.

**rebanar** v. **1.** Hacer rebanadas una cosa: *rebanar una barra de pan.* **2.** Cortar totalmente una cosa: *Casi se rebana el dedo con el cuchillo.*

**rebañar** v. Aprovechar los últimos restos que quedan en un recipiente: *Estuvo rebañando la cazuela porque le encanta la salsa de las albóndigas.*
FAM. Arrebañar.

**rebaño** s. m. Grupo de ovejas, cabras u otro ganado.
SIN. Hato.

**rebasar** v. **1.** Pasar un límite: *Le pusieron una multa por rebasar la velocidad permitida.* **2.** Adelantar: *El ciclista español logró rebasar a todos los demás pocos metros antes de la meta.*
SIN. **1.** Sobrepasar, traspasar, exceder.

**rebatir** v. Decir algo en contra de lo que dice otro para demostrar que no tiene razón: *Rebatió una por una las mentiras que dijo sobre él.*
SIN. Refutar, argumentar. ANT. Confirmar, corroborar, ratificar.
FAM. Irrebatible.

**rebato** Se usa en la expresión **tocar a rebato**, que significa 'avisar de un peligro', sobre todo si se hace tocando las campanas.

**rebeca** s. f. Jersey de punto sin cuello, abierto por delante y con botones.
SIN. Chaqueta.

**rebeco** s. m. Gamuza, mamífero rumiante.

**rebelarse** v. **1.** Negarse a obedecer, enfrentarse: *Los españoles se rebelaron contra las tropas de Napoleón.* **2.** Oponerse totalmente a algo, no aceptarlo: *Se rebela contra lo que le parece injusto.* ■ No confundir con *revelarse*, 'resultar'.
SIN. **1.** Levantarse, sublevarse, alzarse. **2.** Rechazar. ANT. **1.** Subordinarse. **1.** y **2.** Someterse.
FAM. Rebelde, rebelión.

**rebelde** adj. y s. m. y f. **1.** Que se enfrenta a los que tienen el poder: *Los soldados rebeldes fueron castigados por el gobierno.* **2.** Persona o animal a los que no les gusta obedecer o hacer lo que les mandan: *Es un niño rebelde, no quiere acostarse a su hora.* ‖ adj. **3.** Difícil de manejar o dominar: *Tiene el pelo rebelde y no hay manera de peinarlo.*
SIN. **1.** Sublevado, levantisco, insurrecto. **2.** Desobediente, díscolo. ANT. **1.** y **2.** Sumiso. **2.** y **3.** Dócil.
FAM. Rebeldía.

**rebeldía** s. f. **1.** Característica de las personas rebeldes. **2.** Hecho de rebelarse o negarse a obedecer: *Juzgaron a los soldados por rebeldía.*
SIN. **1.** y **2.** Desobediencia. ANT. **1.** y **2.** Sumisión, obediencia.

**rebelión** s. f. Enfrentamiento contra los que tienen el poder.
SIN. Sublevación, revuelta, levantamiento, insurrección.

**reblandecer** v. Poner blanda una cosa. ■ Es un verbo irregular. Se conjuga como *agradecer*.
SIN. Ablandar. ANT. Endurecer.
FAM. Reblandecimiento.

**reblandecimiento** s. m. Acción de reblandecer o reblandecerse algo.

**rebobinar** v. Enrollar otra vez una cinta, hilo o algo parecido en el lugar donde estaban; es lo que hacemos cuando damos a la tecla para que una casete vaya hacia atrás.

**reborde** s. m. Borde que sobresale de una cosa.

**rebosadero** s. m. Agujero que hay en los lavabos y pilas por donde se va el agua cuando están muy llenos, para que no se salga por arriba.

**rebosante** adj. Lleno: *Estaba rebosante de alegría al enterarse de que había aprobado todas.*

**rebosar** v. **1.** Salirse un líquido por los bordes de un recipiente. **2.** Tener un sentimiento muy fuerte: *La niña rebosaba de contento cuando volvió su gatito, que se había escapado.*
SIN. **1.** Desbordarse, derramarse.
FAM. Rebosadero, rebosante.

**rebotar** v. **1.** Chocar una cosa con otra y cambiar de dirección: *El balón rebotó en el poste y se metió en la portería.* ‖ **rebotarse 2.** Enfadarse.
SIN. **1.** Rechazar. **2.** Irritarse, cabrearse. ANT. **2.** Alegrarse.
FAM. Rebote.

**rebote** s. m. **1.** Acción de rebotar: *La pelota ha dado un rebote en la pared.* **2.** En baloncesto, pelota que, al lanzarla a la canasta, rebota contra ésta o contra el tablero y cae otra vez al campo. **3.** Enfado: *Mario se pilló un buen rebote cuando le gastamos la broma.*
EXPR. **de rebote** Indirectamente: *Como Paco no supo la respuesta, me vino a mí de rebote la pregunta del profesor.*
SIN. **3.** Enojo.
FAM. Reboteador.

**reboteador, ra** adj. y s. m. y f. Jugador de baloncesto que se coloca debajo de la canasta para recoger los rebotes.

**rebotica** s. f. Habitación que hay en la parte de dentro de las farmacias y de otras tiendas.
SIN. Trastienda.

**rebozado, da** adj. **1.** Se dice de los alimentos que se fríen cubiertos de huevo, pan rallado o harina: *Hemos comido filetes de merluza rebozados.* **2.** Muy manchado de algo.
SIN. **1.** Empanado. **2.** Pringado, embadurnado.

**rebozar** v. **1.** Cubrir un alimento con huevo batido, harina o pan rallado para freírlo luego. **2.** Mancharse mucho con algo. ■ Delante de e se escribe c en lugar de z: *Me rebocé de barro cuando me caí en el río.*
SIN. **1.** Empanar. **2.** Embadurnar, pringar.
FAM. Rebozado.

# rebrote - recaudación

**rebrote** *s. m.* Nuevo brote: *El médico me ha recetado vitaminas para prevenir un rebrote de la enfermedad.*

**rebullir** *v.* Moverse: *El cachorro ya está empezando a rebullir en la cesta.* ■ Es un verbo irregular. Se conjuga como *mullir*.
**SIN.** Agitarse.

**rebuscado, da** *adj.* Demasiado complicado o raro, poco natural: *Usa un lenguaje muy rebuscado.*
**SIN.** Afectado. **ANT.** Sencillo.

**rebuscar** *v.* Revolver en algo para encontrar o coger una cosa. ■ Delante de *e* se escribe *qu* en lugar de *c*: *Sujeta al perro para que no rebusque en las basuras.*
**FAM.** Rebuscado.

**rebuznar** *v.* Dar rebuznos.

**rebuzno** *s. m.* Sonido que hace el burro.
**FAM.** Rebuznar.

**recabar** *v.* Pedir o intentar conseguir: *El periodista recabó información para escribir el artículo.*
**SIN.** Solicitar, buscar.

**recadero, ra** *s. m.* y *f.* Persona que se dedica a hacer recados, sobre todo en una tienda.

**recado** *s. m.* **1.** Lo que se dice a alguien para que se lo diga a otro: *Tengo que llamar a mi amiga para darle un recado.* **2.** Cosa que hay que hacer o nos mandan hacer, sobre todo ir a comprar algo.
**SIN. 1.** Aviso, nota. **2.** Compra.
**FAM.** Recadero.

**recaer** *v.* **1.** Ponerse peor un enfermo que había mejorado. **2.** Volver alguien a hacer algo malo que ya había dejado de hacer: *Estuvo dos años sin fumar, pero recayó.* **3.** Tocarle una cosa a alguien o concedérsela: *El premio ha recaído en el cantante español.* **4.** Ir el acento en una sílaba de una palabra: *En las palabras agudas el acento recae en la última sílaba.* ■ Es un verbo irregular. Se conjuga como *caer*.
**SIN. 1.** Agravarse. **2.** Reincidir, incurrir. **ANT. 1.** Mejorar.
**FAM.** Recaída.

**recaída** *s. f.* Acción de recaer: *Dejó de tomar el antibiótico antes de lo debido y sufrió una recaída.*
**SIN.** Reincidencia.

**recalar** *v.* Acercarse un barco a un puerto.

**recalcar** *v.* Dar más fuerza a algo que se dice o repetirlo para que quede más claro. ■ Delante de *e* se escribe *qu* en lugar de *c*: *recalqué.*
**SIN.** Acentuar, subrayar, resaltar, remachar.

**recalcificar** *v.* Aumentar el calcio en el organismo. ■ Delante de *e* se escribe *qu* en lugar de *c*: *recalcifique.*

**recalcitrante** *adj.* Que no quiere cambiar aunque esté equivocado.
**SIN.** Obstinado.

**recalentar** *v.* **1.** Volver a calentar: *Hay que recalentar la sopa porque se ha quedado fría.* **2.** Calentar demasiado: *El motor del coche se ha recalentado en la subida.* ■ Es un verbo irregular. Se conjuga como *pensar*.
**SIN. 2.** Achicharrar, cocer. **ANT. 2.** Enfriar, refrescar.

**recámara** *s. f.* **1.** Habitación que está junto a otra principal. **2.** En las armas de fuego, parte de atrás del cañón donde se pone la bala que se va a disparar. **3.** En algunos países de Hispanoamérica, alcoba, dormitorio.

**recambiar** *v.* Cambiar una cosa rota o vieja por otra igual, pero nueva: *El mecánico recambió las bujías del coche.*
**FAM.** Recambio.

**recambio** *s. m.* Cosa que sustituye a otra que está rota o vieja.
**SIN.** Repuesto.

**recapacitar** *v.* Pensar una cosa más despacio: *Al principio se puso muy cabezota, pero luego recapacitó y nos dio la razón.*
**SIN.** Reflexionar, meditar.

**recapitular** *v.* Decir de manera más breve lo que se había dicho antes: *El autor recapitula al final las ideas principales del libro.*
**SIN.** Resumir, sintetizar, condensar.

**recargar** *v.* **1.** Volver a cargar: *Fue a recargar el mechero, porque se había acabado el gas.* **2.** Cargar con demasiado peso. **3.** Poner demasiadas cosas en un sitio: *Si coloca tantos muebles, va a recargar el cuarto.* **4.** Hacer menos puro o respirable el aire de un sitio cerrado: *El humo de los fumadores acabó recargando la atmósfera.* ■ Delante de *e* se escribe *gu* en lugar de *g*: *No recargues el maletero.*
**FAM.** Recargo.

**recargo** *s. m.* Dinero que hay que pagar de más por una cosa: *Como no pagó la multa cuando debía, le pusieron un recargo.*

**recatado, da** *adj.* Muy decente, que no hace ni dice cosas que parezcan indecentes.
**SIN.** Pudoroso, casto, decoroso. **ANT.** Desvergonzado.
**FAM.** Recato.

**recatarse** *v.* Comportarse de forma recatada.

**recato** *s. m.* Característica de las personas recatadas.
**SIN.** Pudor, decencia, honestidad, decoro. **ANT.** Desvergüenza.

**recauchutado, da** *adj.* **1.** Que lo recauchutaron. || *s. m.* **2.** Acción de recauchutar.

**recauchutar** *v.* Cubrir de caucho otra vez algo que ya lo tenía, sobre todo si estaba roto o desgastado; se hace a veces en las ruedas de los coches.
**FAM.** Recauchutado.

**recaudación** *s. f.* **1.** Acción de recaudar. **2.** Dinero que se ha recaudado.

**recaudador, ra** *s. m.* y *f.* Persona que se dedica a recaudar dinero.

**recaudar** *v.* Reunir dinero: *Los chicos consiguieron recaudar bastante dinero para el viaje con las papeletas de la rifa.*
SIN. Recolectar.
FAM. Recaudación, recaudador, recaudo.

**recaudo** Se usa en la expresión **a buen recaudo**, que significa 'seguro, sin ningún peligro': *Las joyas están a buen recaudo en la caja fuerte.*

**recelar** *v.* Desconfiar, sospechar, temer algo: *El portero recelaba de un hombre que llevaba un buen rato mirando la casa.*
ANT. Confiar.
FAM. Recelo, receloso.

**recelo** *s. m.* Desconfianza o temor.
SIN. Sospecha, miedo. ANT. Confianza.

**receloso, sa** *adj.* Que recela o desconfía de alguien o algo.
SIN. Desconfiado. ANT. Confiado.

**recensión** *s. f.* Comentario que se hace de una obra literaria, científica o de otra clase.
SIN. Reseña, crítica.

**recental** *adj.* y *s. m.* Cordero o ternero que se alimenta de leche y todavía no come hierba.
SIN. Lechal.

**recepción** *s. f.* **1.** Acción de recibir. **2.** Fiesta o ceremonia que se celebra para recibir a una persona importante: *Dieron una recepción al presidente francés.* **3.** Lugar que hay en los hoteles, oficinas y otros sitios donde se recibe al público: *Preguntó en la recepción del hotel si había habitaciones libres.*
SIN. **1.** Recibimiento.
FAM. Recepcionista.

**recepcionista** *s. m.* y *f.* Persona que atiende al público a la entrada de hoteles, oficinas, empresas.

**receptáculo** *s. m.* Objeto hueco o lugar donde se puede poner o echar alguna cosa.
SIN. Recipiente, cavidad.

**receptivo, va** *adj.* Que se da cuenta con facilidad de las cosas y no las rechaza: *Es una persona muy receptiva, está deseando aprender.*
SIN. Sensible.

**receptor, ra** *adj.* y *s. m.* y *f.* **1.** Que recibe algo, por ejemplo una información; cuando estamos hablando, el receptor es la persona que nos escucha. ‖ *adj.* y *s. m.* **2.** Aparato que recibe ondas u otras señales y las transforma en imágenes o sonidos: *un receptor de radio.*
ANT. **1.** Emisor.

**recesión** *s. f.* Disminución de algo o pérdida de fuerza: *Ha habido una recesión en la producción de la industria de este país.*
SIN. Retroceso. ANT. Desarrollo.
FAM. Receso.

**receso** *s. m.* Interrupción o descanso en una actividad: *Haremos un receso para comer y continuaremos las conferencias por la tarde.*
SIN. Pausa.

**receta** *s. f.* **1.** Hoja de papel en que el médico escribe los medicamentos que debe tomar el enfermo. **2.** Escrito con los ingredientes o alimentos de un plato de cocina y la forma de hacerlo.
FAM. Recetar, recetario.

**recetar** *v.* Decir el médico al enfermo las medicinas que tiene que tomar.
SIN. Prescribir.

**recetario** *s. m.* Conjunto de recetas.

**rechace** *s. m.* Acción de rechazar el balón: *El rechace del portero evitó el gol.*

**rechazar** *v.* **1.** No querer o no aceptar: *Rechazó una oferta de trabajo porque el sueldo era muy bajo.* **2.** Hacer que algo que golpea con fuerza en un sitio vaya hacia atrás: *El poste rechazó el disparo del delantero centro.* **3.** Despejar el balón en el fútbol y otros deportes. **4.** Resistir el ataque del enemigo y obligarle a retroceder. **5.** Atacar las defensas del organismo a un órgano o tejido trasplantado o a una prótesis porque las perciben como algo extraño.
■ Delante de *e* se escribe *c* en lugar de *z*: *rechacé.*
SIN. **1.** Oponerse, negar, denegar. **2.** y **4.** Repeler.
ANT. **1.** Admitir, acceder. **4.** Claudicar.
FAM. Rechace, rechazo.

**rechazo** *s. m.* **1.** Acción de rechazar: *En la nueva pandilla Celia sintió el rechazo de algunas niñas.* **2.** Situación que se produce cuando las defensas del organismo rechazan a un órgano o tejido trasplantado o a una prótesis.
SIN. **1.** Oposición, negación. ANT. **1.** Aceptación.

**rechifla** *s. f.* **1.** Burla con que se pretende poner en ridículo a alguien: *Cuando niño, yo era muy feo y tuve que aguantar la rechifla de mis compañeros.* **2.** Acción de pitar o silbar a alguien: *Los actores fueron recibidos con una tremenda rechifla.*

**rechinar** *v.* Hacer ruido algunos objetos duros al frotarlos, por ejemplo los dientes unos con otros.

**rechistar** *v.* Hacer un ruido como para empezar a hablar. ■ Se dice sobre todo en frases negativas para indicar que alguien no se atreve a no puede protestar: *Carlos obedece a su padre sin rechistar.*

**rechoncho, cha** *adj.* Gordo y bajito: *Sancho Panza era un hombre rechoncho.*
SIN. Achaparrado, chaparro, retaco. ANT. Esbelto, espigado.

**rechupete** Se usa en la expresión **de rechupete**, que significa 'muy bueno, muy bien': *La tarta está de rechupete.*

**recibidor** *s. m.* La parte de una casa u hotel que está a la entrada.
SIN. Vestíbulo, hall, recibimiento.

**recibimiento** *s. m.* **1.** Acción de recibir: *El científico premiado con el Nobel tuvo un gran recibimiento al llegar a su país.* **2.** Recibidor.
SIN. **1.** Recepción. **2.** Vestíbulo, hall.

**recibir** *v.* **1.** Llegar algo que se envía o viene de otra parte: *Nuria ya ha recibido el regalo que le mandamos.* **2.** Sentir o sufrir algo: *Por meterse en la pelea recibió un tortazo.* **3.** Ir a ver o esperar a alguien que llega: *Los hermanos de Paco fueron a recibirle a la estación.* **4.** Permitir una persona que alguien la visite: *El rey recibió a los embajadores en palacio.*
SIN. **1.** Recoger. **2.** Padecer. **4.** Admitir. ANT. **1.** Mandar, remitir.
FAM. Recepción, receptáculo, receptivo, receptor, recibidor, recibimiento, recibo.

**recibo** *s. m.* Papel en el que pone que se ha recibido algo, por ejemplo dinero o una cosa que se ha comprado.
EXPR. **ser de recibo** una cosa Ser aceptable, estar bien: *No es de recibo que te comprometas a hacer una cosa y luego no la hagas.*
SIN. Factura.

**reciclaje** *s. m.* Acción de reciclar.

**reciclar** *v.* **1.** Hacer que algo que era para tirar se pueda volver a usar: *El vidrio de las botellas viejas se puede reciclar para hacer botellas nuevas.* **2.** Modernizar, poner al día: *Los trabajadores de la empresa están haciendo cursillos para reciclarse.*
FAM. Reciclaje.

**reciedumbre** *s. f.* Característica de las personas o cosas que son recias, fuertes, duras: *Su reciedumbre física le permite andar muchos kilómetros sin cansarse.*
SIN. Solidez, fortaleza, vigor, energía. ANT. Debilidad.

**recién** *adv.* Expresa que algo ha sucedido o se ha hecho hace muy poco: *Los zapatos que lleva están recién estrenados.*

**reciente** *adj.* Que se ha hecho o ha ocurrido hace muy poco tiempo: *Los bollos están recientes. Su boda todavía es reciente.*
SIN. Fresco, nuevo. ANT. Atrasado, antiguo.
FAM. Recental, recién, recientemente.

**recientemente** *adv.* Hace muy poco tiempo.
SIN. Últimamente.

**recinto** *s. m.* Espacio, cerrado o no, que está limitado de algún modo: *No se pueden pasar bebidas al recinto de las piscinas.*

**recio, cia** *adj.* **1.** Fuerte, resistente: *Sus manos eran recias, de trabajar en el campo.* **2.** Duro, difícil de soportar: *El invierno en la montaña es más recio que en la costa.* || *adv.* **3.** Con fuerza o mucho interés: *Trabajó recio y consiguió participar en el campeonato de gimnasia.*
SIN. **1.** Robusto, vigoroso, firme. **2.** Crudo. ANT. **1.** Débil. **2.** Suave.
FAM. Reciedumbre. / Arreciar.

**recipiente** *s. m.* Cualquier cosa que contiene o puede contener algo dentro de ella, como una caja, un frasco o una botella.
SIN. Receptáculo.

**reciprocidad** *s. f.* Característica de lo que es recíproco.

**recíproco, ca** *adj.* **1.** Se dice de las acciones o sentimientos que hay entre dos personas, de forma que cada una de ellas realiza la acción que la otra recibe y recibe la que la otra realiza: *Ana y Merche se tienen mucho cariño, su simpatía es recíproca.* **2.** En gramática, se dice de las oraciones en las que el verbo expresa ese tipo de acciones, como por ejemplo: *Marta y Rosa se escriben cartas.* Se dice también de los verbos y de los pronombres que expresan lo mismo.
SIN. **1.** Mutuo.
FAM. Reciprocidad.

**recital** *s. m.* **1.** Lectura de poemas, sobre todo si son de un mismo escritor o sólo los lee una persona. **2.** Concierto que da un solo cantante o músico.
SIN. **1.** y **2.** Audición. **2.** Gala.

**recitar** *v.* Decir en voz alta y normalmente de memoria una poesía, una parte de un libro u otra cosa parecida.
FAM. Recital.

**reclamación** *s. f.* **1.** Acción de reclamar. **2.** Queja para protestar por algo: *No estaba contento con el servicio del hotel y puso una reclamación.*
SIN. **1.** Petición, solicitud, demanda. **2.** Protesta.

**reclamar** *v.* **1.** Pedir alguien una cosa porque piensa que es justa o muy necesaria: *Los trabajadores reclamaban una subida de sueldo.* **2.** Protestar porque está mal algo: *Varios clientes reclamaron porque la comida del restaurante no era buena.* **3.** Llamar a una persona para que vaya a un sitio: *Al médico de guardia le reclaman en la habitación 302.*
SIN. **1.** Exigir, solicitar, demandar, requerir. **2.** Quejarse. ANT. **1.** y **2.** Conformarse.
FAM. Reclamación, reclamo.

**reclamo** *s. m.* **1.** Lo que usan los cazadores para atraer a las aves, por ejemplo otra ave enjaulada, un muñeco o un silbato que imita su canto. **2.** Cualquier cosa que sirve para atraer a las personas o a los animales: *Las tiendas muestran sus productos en el escaparate como reclamo para los clientes. Docenas de moscas acudieron al reclamo del pastel.*
SIN. **1.** y **2.** Señuelo.

**reclinar** *v.* Inclinar una cosa, sobre todo para apoyarla sobre otra: *Reclinó la cabeza sobre el hombro de su madre y se quedó dormida. El respaldo de los asientos del coche puede reclinarse.*
SIN. Recostar. ANT. Levantar, enderezar.
FAM. Reclinatorio.

**reclinatorio** *s. m.* Mueble en forma de banco bajito que hay en las iglesias para arrodillarse.

**recluir** *v.* Meter a alguien en un sitio y no dejarle salir: *Se volvió loco y le recluyeron en un manicomio.* ■ Es un verbo irregular. Se conjuga como *huir.* SIN. Encerrar, encarcelar. ANT. Liberar. FAM. Reclusión, recluso.

**reclusión** *s. f.* Acción de meter a una persona en la cárcel: *El ladrón fue condenado a dos años de reclusión.* SIN. Encarcelamiento. ANT. Excarcelación.

**recluso, sa** *adj. y s. m. y f.* El que está preso en la cárcel. SIN. Presidiario.

**recluta** *s. m. y f.* Persona que acaba de comenzar el servicio militar.

**reclutar** *v.* **1.** Llamar a una persona para que haga el servicio militar. **2.** Reunir personas para alguna cosa: *Reclutaron voluntarios para apagar el incendio.* FAM. Recluta.

**recobrar** *v.* **1.** Volver a tener una cosa que se había perdido: *Los submarinistas ayudaron a recobrar la carga del barco que se hundió. El médico le mandó un jarabe para que recobrara las ganas de comer.* ‖ **recobrarse 2.** Ponerse bien después de una enfermedad, un susto, una mala situación. SIN. **1.** Recuperar. **2.** Mejorar, restablecerse. ANT. **2.** Empeorar.

**recocer** *v.* Volver a cocer o cocer demasiado una cosa. ■ Delante de *a* y *o* se escribe *z* en lugar de *c.* Es un verbo irregular. Se conjuga como *mover.*

**recochineo** *s. m.* Forma de decir o hacer algo en broma y normalmente para molestar a alguien. SIN. Burla, cachondeo.

**recodo** *s. m.* Curva o esquina muy cerrada, por ejemplo en una calle o camino. SIN. Revuelta.

**recogedor** *s. m.* Cogedor para recoger basura, carbón u otra cosa.

**recogepelotas** *s. m. y f.* Persona que recoge las pelotas que se quedan en la pista durante un partido de tenis y se las da a los jugadores. ■ No varía en plural.

**recoger** *v.* **1.** Coger una cosa que está en el suelo o se ha caído: *En otoño le gustaba recoger algunas hojas del parque. Se ha salido la leche, dame un trapo para recogerla.* **2.** Coger y reunir cosas de diferentes sitios: *Recogieron mucho dinero en la rifa. Echaban en cestas las aceitunas que iban recogiendo.* **3.** Ordenar algo, poniendo cada cosa en su sitio: *Recogió su habitación en un momento. Recoge todos esos juguetes.* **4.** Ir a buscar a una persona o cosa al sitio donde está: *Papá me recogerá a la salida. Fuimos a la tienda a recoger los patines.* **5.** Llevar una persona o animal a casa para darle comida o un sitio donde dormir: *Ha recogido un perrito abandonado.* **6.** Poner una cosa de manera que sea más pequeña, quede enrollada o sujeta: *Se hizo una co-*

leta para recogerse el pelo. ‖ **recogerse 7.** Irse una persona o animal a dormir o descansar: *Estaba cansado y se recogió enseguida.* ■ Delante de *a* y *o* se escribe *j* en lugar de *g: Llámale para que recoja el paquete.* SIN. **1.** Levantar, alzar. **2.** Recolectar, recaudar. **3.** Guardar. **5.** Albergar. **7.** Retirarse. ANT. **1.** Tirar. **2.** Dispersar, esparcir. **3.** Desordenar. **5.** Abandonar, echar. FAM. Recogedor, recogepelotas, recogida, recogido, recogimiento.

**recogida** *s. f.* Acción de recoger: *Hicieron un conducto para la recogida de las aguas.* SIN. Recolección, recaudación; retirada.

**recogido, da** *adj.* **1.** Que ocupa poco espacio o que está sin extender: *Me gusta llevar el pelo recogido.* **2.** Que está resguardado y es acogedor: *un rincón recogido.* **3.** Que tiene poco trato con la gente: *Lleva una vida recogida en su casa del campo.* ‖ *s. m.* **4.** Papel, tela, pelo u otra cosa que se recoge o se junta formando un adorno: *Le hicieron un recogido con veinte horquillas.* SIN. **3.** Apartado.

**recogimiento** *s. m.* Forma de vivir o estar alguien sin tratar con los demás y pensando en sus cosas: *Han limitado las visitas al convento para respetar el recogimiento de las monjas.*

**recolección** *s. f.* Acción de recolectar: *Fue al pueblo para ayudar a su familia en la recolección de la aceituna.* SIN. Recogida.

**recolectar** *v.* **1.** Recoger los frutos que dan la tierra, los árboles y las plantas: *recolectar remolacha, recolectar fresas.* **2.** Juntar personas o cosas que estaban separadas o venían de sitios distintos. SIN. **1.** Cosechar. **2.** Reunir, recopilar, agrupar. ANT. **2.** Dispersar, separar. FAM. Recolección, recolector.

**recolector, ra** *adj. y s. m. y f.* Que recolecta, sobre todo los frutos de los campos: *Los campesinos utilizaban máquinas recolectoras.*

**recoleto, ta** *adj.* **1.** Se dice del lugar tranquilo y acogedor. **2.** Se dice del religioso que vive apartado y concentrado en la oración.

**recomendable** *adj.* Que es bueno, y por eso se recomienda o se da como consejo: *Un paseíto después de comer es muy recomendable.* SIN. Aconsejable.

**recomendación** *s. f.* **1.** El recomendar a alguien para que haga algo o entre en algún sitio. **2.** Ventaja que tiene una persona sobre otras, porque la ayuda alguien importante: *Consiguió ese trabajo tan bueno porque tenía recomendación.* **3.** Consejo: *Esa revista trae algunas recomendaciones sobre cómo cuidar la piel.* SIN. **2.** Enchufe, influencia.

**recomendado, da** *adj.* **1.** Que alguien lo recomendó: *La edad recomendada para leer ese libro*

son los ocho años. || *s. m.* y *f.* **2.** Persona que ha conseguido un trabajo u otra cosa porque otra habló bien de él: *No hay derecho: los mejores puestos se los dan a los recomendados.*
SIN. 2. Enchufado.

**recomendar** *v.* **1.** Dar algo como consejo porque es bueno o agradable: *Para que se curara pronto, le recomendaron tranquilidad y comida sana.* **2.** Hablar muy bien de una persona para que otra la ayude en algo, por ejemplo para darle trabajo o para que apruebe un examen. ■ Es un verbo irregular. Se conjuga como *pensar.*
SIN. 1. Aconsejar. 2. Enchufar. ANT. 1. Desaconsejar.
FAM. Recomendable, recomendación, recomendado.

**recompensa** *s. f.* Acción de recompensar a alguien y lo que se da para recompensarle: *Devolvió a su dueño el dinero que se había encontrado y recibió una recompensa.*
SIN. Premio, gratificación.

**recompensar** *v.* Darle algo a alguien como premio por alguna cosa: *Les ayudó mucho y ellos querían recompensarle.*
SIN. Premiar, gratificar.
FAM. Recompensa.

**recomponer** *v.* Arreglar una cosa: *Trató de recomponer el jarrón pegando los trozos rotos.* ■ Es un verbo irregular. Se conjuga como *poner.*
SIN. Rehacer, reparar, reconstruir. ANT. Romper.

**reconcentrado, da** *adj.* Muy fuerte o muy concentrado: *El café tan reconcentrado puede sentar mal al estómago.*
SIN. Concentrado.

**reconciliación** *s. f.* El hacer las paces dos o más personas.

**reconciliar** *v.* Hacer que vuelvan a ser amigas o a llevarse bien dos o más personas que se habían peleado: *Discutieron, pero enseguida se reconciliaron dándose la mano.*
ANT. Enemistar.
FAM. Reconciliación. / Irreconciliable.

**reconcomerse** *v.* Estar alguien muy angustiado o disgustado, por ejemplo por algunos sentimientos como la envidia.
SIN. Consumirse.

**recóndito, ta** *adj.* Muy escondido: *Encontraron a los alpinistas en un recóndito lugar de la montaña.*

**reconfortante** *adj.* Que da ánimos, fuerza o energía: *Cuando hace frío, una sopa caliente es muy reconfortante.*

**reconfortar** *v.* Dar ánimos, fuerza o energía a alguien: *Como estaba muy triste, sus amigas la reconfortaron.*
SIN. Animar, confortar. ANT. Desanimar.
FAM. Reconfortante.

**reconocer** *v.* **1.** Saber quién es una persona o qué es una cosa, por conocerla de antes: *Le reconocí a*

pesar de la barba y las gafas. **2.** Examinar con mucho cuidado a una persona o cosa, como hace el médico con nuestro cuerpo para ver si estamos sanos. **3.** Ver de cerca un lugar para saber cómo es y lo que hay en él: *Antes de avanzar, el coronel ordenó a una patrulla reconocer el terreno.* **4.** Aceptar, admitir: *Reconozco que teníais razón.* **5.** Estar agradecido por algo. ■ Es un verbo irregular. Se conjuga como *agradecer.*
SIN. 1. Identificar. 2. y 3. Explorar, inspeccionar.
FAM. Reconocido, reconocimiento. / Irreconocible.

**reconocido, da** *adj.* Agradecido: *Le quedo muy reconocido por su felicitación.*

**reconocimiento** *s. m.* **1.** Acción de reconocer. **2.** Agradecimiento que se tiene por alguna cosa: *Les envió un regalo como muestra de reconocimiento por el favor que le habían hecho.*
SIN. 1. Exploración, examen, inspección. 2. Gratitud. ANT. 2. Ingratitud.

**reconquista** *s. f.* **1.** Acción de reconquistar. **2.** En la historia de España, se llama así al conjunto de guerras que los cristianos llevaron a cabo para recuperar los territorios conquistados por los musulmanes, y al tiempo en que las hicieron. ■ En este último caso se suele escribir con mayúscula.

**reconquistar** *v.* Volver a conquistar algo que se había perdido, sobre todo un territorio.
SIN. Recobrar, recuperar.
FAM. Reconquista.

**reconsiderar** *v.* Volver a considerar o a pensar alguna cosa: *Reconsideró lo que le habían propuesto hacer y al final dijo que sí.*

**reconstituyente** *adj.* Se dice de la medicina que sirve para fortalecer el organismo.
SIN. Tónico.

**reconstrucción** *s. f.* Acción de reconstruir: *Han empezado la reconstrucción del antiguo palacio.*

**reconstruir** *v.* **1.** Arreglar o volver a hacer algo viejo, roto o muy estropeado, sobre todo un edificio o un monumento. **2.** Conocer cómo ha pasado una cosa, a partir de lo que se recuerda, de lo que han dicho otras personas o de algunas pistas: *La policía tiene pistas suficientes para reconstruir el crimen.* ■ Es un verbo irregular. Se conjuga como *huir.*
SIN. 1. Restaurar, recomponer. ANT. 1. Destruir, destrozar.
FAM. Reconstrucción.

**reconvenir** *v.* Regañar a alguien para hacerle comprender que se ha portado mal. ■ Es un verbo irregular. Se conjuga como *venir.*
SIN. Reprender, reñir. ANT. Alabar.

**reconversión** *s. f.* Acción de reconvertir.

**reconvertir** *v.* Hacer cambios, especialmente en una empresa o una industria para hacerla más moderna o para que produzca más. ■ Es un verbo irregular. Se conjuga como *sentir.*
SIN. Reestructurar, reformar.
FAM. Reconversión.

**recopilación** *s. f.* Acción de recopilar o juntar cosas, y las cosas así reunidas: *Ese libro es una recopilación de poesías.*
SIN. Reunión.

**recopilar** *v.* Juntar cosas que estaban separadas o en sitios distintos: *Recopiló en una cinta canciones de diferentes cantantes.*
SIN. Reunir. ANT. Dispersar.
FAM. Recopilación.

**récord** *s. m.* **1.** El resultado o la puntuación más alta a que se ha llegado en un deporte o la mejor que ha conseguido un deportista: *Ese atleta tiene el récord de los mil metros.* **2.** Cualquier cosa mejor o mayor que otras anteriores: *Con su último disco consiguieron un récord de ventas.* ■ Es una palabra inglesa. Su plural es *récords.*
SIN. **1.** Plusmarca.
FAM. Recordman, recordwoman.

**recordar** *v.* **1.** Tener una cosa en la memoria: *Al abuelo le gusta recordar cosas de cuando éramos pequeños. ¿Recuerdas cuándo estuvimos en la playa?* **2.** Decirle una cosa a alguien para que no se le olvide: *Recuérdale a Gloria que me llame.* **3.** Relacionar dos o más personas o cosas por tener algún parecido: *Sus ojos me recuerdan mucho a los de su padre.* ■ Es un verbo irregular. Se conjuga como *contar.*
SIN. **1.** Acordarse, rememorar, evocar. ANT. **1.** Olvidar.
FAM. Recordatorio, recuerdo.

**recordatorio** *s. m.* Tarjeta u otra cosa parecida con que se recuerda algún hecho, por ejemplo la primera comunión.

**recordman** o **recordwoman** *s. m.* o *f.* Hombre o mujer que ha conseguido un récord. ■ Son palabras inglesas. En español, sus plurales son *recordmans* o *recordwomans.*
SIN. Plusmarquista.

**recorrer** *v.* Ir o pasar por varias partes: *Las manecillas recorren la esfera del reloj. Recorrimos un montón de tiendas hasta encontrar la colonia que querías.*
SIN. Atravesar.
FAM. Recorrido.

**recorrido** *s. m.* Acción de recorrer y espacio o lugares que se recorren: *El recorrido de la excursión es muy bonito.*
SIN. Trayecto, itinerario.

**recortable** *s. m.* Papel o cartulina con dibujos que se pueden recortar, como los que traen figuras de muñecas con vestidos para ponérselos encima.

**recortado, da** *adj.* **1.** Que alguien lo recortó. **2.** Se dice de las cosas que tienen muchos entrantes y salientes: *La costa de Galicia es bastante recortada.*
SIN. **2.** Abrupto, accidentado.

**recortar** *v.* **1.** Cortar lo que sobra de alguna cosa: *El peluquero le recortó la barba.* **2.** Cortar una figura u otra cosa de un papel o tela: *Recortó un mu-*ñeco en la cartulina. Le gusta recortar fotos de las revistas.* **3.** Hacer algo más pequeño: *Para ahorrar hay que recortar los gastos.*
SIN. **3.** Reducir, disminuir. ANT. **3.** Aumentar.
FAM. Recortable, recortado, recorte.

**recorte** *s. m.* **1.** Acción de recortar. **2.** Figura, foto o texto que se recorta, por ejemplo de un papel: *Tengo una carpeta llena de recortes de revistas.* || *s. m. pl.* **3.** Trozos que sobran de una cosa al recortarla: *Hizo un cojín con recortes de telas.*

**recostar** *v.* Inclinar y apoyar una cosa sobre otra, sobre todo la cabeza o la parte de arriba del cuerpo: *Estaba sentado en la cama y se recostó sobre la almohada.* ■ Es un verbo irregular. Se conjuga como *contar.*
SIN. Reclinar. ANT. Levantar, incorporar.

**recoveco** *s. m.* **1.** Curva muy cerrada, por ejemplo en una calle o en un río: *Ese camino tiene muchos recovecos.* **2.** Rincón escondido: *El joyero es pequeño, pero con muchos recovecos para guardar las joyas.*
SIN. **1.** Revuelta, recodo. **2.** Apartado.

**recrear** *v.* **1.** Imitar en una película, en un libro u otra obra una época o una forma de vivir: *La novela recrea la España del siglo XIX.* **2.** Divertir o hacer disfrutar: *Un paisaje tan bonito recrea la vista.*
SIN. **1.** Reflejar. **2.** Deleitar, complacer. ANT. **2.** Disgustar.
FAM. Recreativo, recreo.

**recreativo, va** *adj.* Que divierte o entretiene, o sirve para eso: *Se hizo socio de un club recreativo.*

**recreo** *s. m.* **1.** Tiempo durante una clase o entre una clase y otra para que descansen o jueguen los alumnos. **2.** Diversión, entretenimiento o descanso: *una finca de recreo.*
SIN. **2.** Distracción, ocio.

**recriminación** *s. f.* Hecho de recriminarle una cosa a alguien.
SIN. Reproche, crítica. ANT. Aprobación, felicitación.

**recriminar** *v.* Decirle a alguien que está mal algo que ha hecho y quejarse por ello: *Recriminó a su amigo que se hubiera ido cuando más le necesitaba.*
SIN. Reprochar, criticar. ANT. Aprobar, felicitar.
FAM. Recriminación.

**recrudecer** *v.* Hacer más fuerte o poner peor alguna cosa: *Un intenso viento recrudeció la tormenta. Creíamos que estaba mejor, pero su enfermedad se ha recrudecido.* ■ Es un verbo irregular. Se conjuga como *agradecer.*
SIN. Empeorar, agravar, arreciar. ANT. Suavizar.
FAM. Recrudecimiento.

**recrudecimiento** *s. m.* Acción de recrudecer, hacer más fuerte o poner peor.

**recta** *s. f.* Línea que siempre va derecha, sin torcerse.
EXPR. **recta final** Última parte de alguna cosa: *En junio el curso está en su recta final.*

**rectal** *adj.* Del recto, última parte del intestino: *Los supositorios se ponen por vía rectal.*

**rectangular** *adj.* Que tiene forma de rectángulo.

**rectángulo, la** *adj.* **1.** Que tiene uno o más ángulos rectos: *un triángulo rectángulo.* || *s. m.* **2.** Polígono de cuatro lados que tiene los cuatro ángulos rectos y dos lados más largos e iguales, y otros dos más cortos, también iguales.
**FAM.** Rectangular.

**rectificación** *s. f.* Acción de rectificar.

**rectificar** *v.* **1.** Cambiar una opinión, un dato o algo parecido porque estaban equivocados: *La radio rectificó la noticia.* **2.** Cambiar alguien su forma de comportarse por otra mejor: *María ha rectificado y ahora estudia mucho.* ■ Delante de *e* se escribe *qu* en lugar de *c*: *Rectifiqué porque me había equivocado.*
**SIN. 1.** Modificar. **1.** y **2.** Enmendar. **2.** Enderezar.
**ANT. 1.** Ratificar.
**FAM.** Rectificación.

**rectilíneo, a** *adj.* Que tiene forma recta o está formado por rectas.
**SIN.** Recto. **ANT.** Curvilíneo, curvo.

**rectitud** *s. f.* Característica de las personas que se comportan de manera recta y son honradas.
**SIN.** Integridad, honestidad.

**recto, ta** *adj.* **1.** Que no está inclinado o torcido: *Andaba con la espalda muy recta.* **2.** Se dice de la persona honrada y de buena conducta. **3.** Se dice del ángulo que mide 90 grados. || *adj.* y *s. m.* **4.** Se dice de la última parte del intestino de las personas y de algunos animales. || *adv.* **5.** Sin desviarse o sin torcerse: *Baja todo recto por esta calle hasta el semáforo. No sé escribir recto en un folio sin cuadrícula.*
**SIN. 1.** Derecho, tieso. **2.** Honesto, íntegro, riguroso.
**ANT. 1.** Curvo, tumbado. **2.** Deshonesto.
**FAM.** Recta, rectal, rectángulo, rectificar, rectilíneo, rectitud.

**rector, ra** *s. m.* y *f.* **1.** Persona que dirige una universidad o algunas organizaciones o comunidades. || *adj.* **2.** Que rige, dirige o gobierna.
**FAM.** Rectorado, rectoral, rectoría.

**rectorado** *s. m.* Cargo y oficina del rector.

**rectoral** *adj.* Del rector: *despacho rectoral.*

**rectoría** *s. f.* **1.** Rectorado. **2.** Casa del párroco.

**recua** *s. f.* Conjunto de animales, como los asnos o las mulas, que se utilizan para cargar cosas.

**recuadrar** *v.* Poner en un recuadro, hacer recuadros: *He recuadrado las ideas más importantes del texto.*

**recuadro** *s. m.* Línea en forma de cuadrado o rectángulo que se pone alrededor de algo: *Algunas noticias del periódico estaban separadas por recuadros.*
**FAM.** Recuadrar.

**recubrir** *v.* Cubrir una cosa del todo: *Recubrió el pastel con chocolate y nata.* ■ Su participio es irregular: *recubierto.*
**SIN.** Tapar.

**recuento** *s. m.* El contar el número de personas o cosas que forman un conjunto: *Cuando terminaron las votaciones, hicieron el recuento de los votos.*
**SIN.** Cómputo, escrutinio.

**recuerdo** *s. m.* **1.** Acción de recordar una cosa y lo que se recuerda de algo: *Tengo un recuerdo muy bonito de aquel día.* **2.** Cosa que damos a otra persona para que nos recuerde o que traemos de un lugar para acordarnos luego: *Me dio una fotografía suya como recuerdo. Estuvo en la playa y se trajo una caracola de recuerdo.* || *s. m. pl.* **3.** Saludo que mandamos a alguien que no está, a través de otra persona: *Me encontré a Virginia el otro día y me dio recuerdos para ti.*
**SIN. 1.** Evocación. **2.** Souvenir.

**recular** *v.* Andar o marchar hacia atrás: *Se equivocó de calle y tuvo que recular con el coche para poder salir.*
**SIN.** Retroceder. **ANT.** Avanzar.

**recuperación** *s. f.* Acción de recuperar: *Le operaron de la vista y ha tenido una recuperación muy rápida. Los exámenes de recuperación son la semana próxima.*

**recuperar** *v.* **1.** Volver a tener lo que había perdido una persona o cosa: *Recuperó la cartera que se había dejado olvidada. Volvieron a pintar la fachada y el edificio ha recuperado su antiguo aspecto.* **2.** Hacer que valga una cosa vieja o ya usada: *Las botellas vacías pueden recuperarse para fabricar nuevos objetos de cristal.* **3.** Aprobar un examen o una asignatura que se había suspendido antes: *Recuperó el inglés en septiembre.* || **recuperarse 4.** Ponerse bien después de haber pasado una enfermedad o una mala situación: *Sigue en la cama, recuperándose de la gripe. Perdieron mucho dinero, pero ya se han recuperado.*
**SIN. 1.** y **4.** Recobrar. **2.** Reciclar. **4.** Restablecerse, reponerse. **ANT. 4.** Empeorar, recaer.
**FAM.** Recuperación.

**recurrente** *adj.* Que se repite: *La novela tiene un solo tema recurrente.*
**SIN.** Repetitivo, reiterativo.

**recurrir** *v.* **1.** Buscar a una persona o cosa para que nos ayude o para servirnos de ella: *Cuando necesita algo, recurre a sus amigos.* **2.** En derecho, poner un recurso.
**FAM.** Recurrente, recurso.

**recurso** *s. m.* **1.** Lo que sirve para hacer algo o conseguir alguna cosa: *Un buen recurso para no olvidar las cosas es apuntarlas.* **2.** En derecho, reclamación o queja contra algunas decisiones de una autoridad. || *s. m. pl.* **3.** Dinero, riqueza y otras co-

sas que tiene una persona, empresa, país, para utilizarlas cuando las necesite: *Como trabajan el padre y la madre, han aumentado los recursos económicos de la familia. América es un continente rico en recursos naturales.*
**SIN. 1.** Medio, procedimiento, solución. **3.** Bienes, fondos.

**red** *s. f.* **1.** Tejido hecho con cuerdas, hilos o alambres entrelazados de manera que queden agujeros entre ellos; se usa para hacer bolsas, para pescar y cazar y para otras muchas cosas. **2.** Conjunto de tuberías, líneas de teléfono, cables eléctricos, canales o caminos que están comunicados entre sí: *Este radiocasete puede enchufarse a la red eléctrica. Tiene un mapa con la red de carreteras.* **3.** Conjunto de personas o cosas organizadas para hacer algo: *La policía ha descubierto una red de narcotraficantes.* **4.** Conjunto de ordenadores conectados entre ellos, como por ejemplo Internet.
**EXPR. caer en las redes de** alguien o algo Quedar uno en una situación en la que está muy dominado por una persona o cosa.
**SIN. 1.** Malla.
**FAM.** Redada, redaño, redecilla, redil. / Enredar.

**redacción** *s. f.* **1.** Acción de redactar. **2.** Lo que se escribe sobre un tema, sobre todo cuando se hace como ejercicio para la escuela: *Hicimos una redacción sobre la primavera.* **3.** Conjunto de los redactores de una editorial, de un periódico o revista, y lugar donde trabajan: *Una noticia de última hora llegó a la redacción del periódico.*
**SIN. 2.** Composición.

**redactar** *v.* Expresar o contar algo por escrito: *El periodista tuvo que redactar a toda prisa su reportaje sobre el terremoto.*
**FAM.** Redacción, redactor.

**redactor, ra** *s. m.* y *f.* Persona que trabaja en una editorial, periódico, revista o en otra empresa parecida, redactando libros y noticias.

**redada** *s. f.* Lo que hace la policía cuando detiene a muchas personas de una vez.

**redaño** *s. m.* **1.** Membrana que une el estómago y el intestino con la parte interior de la barriga. || *s. m. pl.* **2.** Valentía, coraje, valor: *Juan tiene muchos redaños y no se asustará por nada.*
**SIN. 1.** Entresijo. **2.** Agallas. **ANT. 2.** Cobardía.

**redecilla** *s. f.* **1.** Red pequeña, como la que ponen en la peluquería a las señoras encima de los rulos. **2.** Una parte del estómago de los animales rumiantes.

**rededor** Se usa en la expresión **al rededor.** Busca **alrededor.**

**redención** *s. f.* Acción de redimir, sobre todo lo que, según el *Evangelio,* hizo Jesucristo para salvar a las personas.
**SIN.** Salvación. **ANT.** Condenación.

**redentor, ra** *adj.* y *s. m.* y *f.* Que redime; se dice sobre todo de Jesucristo, y entonces se escribe con mayúscula.
**SIN.** Salvador.

**redicho, cha** *adj.* y *s. m.* y *f.* Se dice de la persona que es un poco cursi y quiere ser demasiado perfecta cuando habla.
**SIN.** Repipi, pedante. **ANT.** Sencillo.

**redil** *s. m.* Lugar con vallas donde se tiene el ganado: *Los pastores llevaron las ovejas al redil.*
**SIN.** Aprisco.

**redimir** *v.* **1.** Dar la libertad a alguien o sacarle de una mala situación. **2.** En la religión cristiana, salvar Jesucristo con su muerte y resurrección a todas las personas.
**SIN. 1.** Libertar. **ANT. 1.** Condenar, esclavizar.
**FAM.** Redención, redentor.

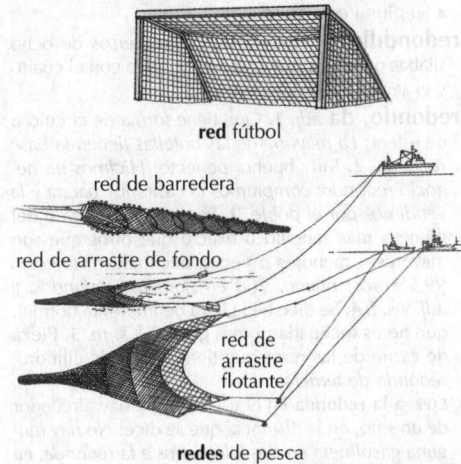

red fútbol

red de barredera

red de arrastre de fondo

red de arrastre flotante

**redes** de pesca

**redistribuir** *v.* Distribuir algo de nuevo y, particularmente, hacerlo de forma distinta: *Las asociaciones humanitarias piden que se redistribuya la riqueza en el mundo.* ▪ Es un verbo irregular. Se conjuga como *huir.*

**rédito** *s. m.* Beneficio o ganancia que da algo, por ejemplo el dinero que se tiene en el banco.
**SIN.** Interés.

**redoblar** *v.* **1.** Aumentar una cosa el doble o mucho, por ejemplo el esfuerzo que se pone al hacer algo. **2.** Tocar redobles de tambor. **3.** Tocar alguien las palmas, acompañando a otro, pero con ritmo diferente.
**SIN. 1.** Duplicar, doblar, reduplicar. **ANT. 1.** Disminuir, rebajar.
**FAM.** Redoble.

**redoble** *s. m.* Toque de tambor que se hace golpeándolo muy rápido con los palillos.

**redoma** *s. f.* Recipiente de vidrio de fondo ancho y cuello estrecho.

**redomado, da** *adj.* Que tiene una característica negativa en un grado muy alto: *No le hagas caso, es un mentiroso redomado.*

**redonda** *s. f.* Nota musical igual a cuatro negras.

**redondeado, da** *adj.* Que tiene forma redonda o curvada: *La mesa tiene las esquinas redondeadas para que los niños no se hagan daño si se golpean.*

**redondear** *v.* **1.** Dar forma redonda a algo. **2.** Dejar exacta o más sencilla una cifra, quitándole una pequeña cantidad o poniéndosela; por ejemplo, 223 se redondea en 220 o en 225. FAM. Redondeado.

**redondel** *s. m.* Círculo o circunferencia: *Eligió una respuesta y la marcó con un redondel.*

**redondez** *s. f.* Característica de las cosas redondas. ■ Su plural es *redondeces.*

**redondilla** *s. f.* Estrofa de cuatro versos de ocho sílabas o menos, que riman el primero con el cuarto y el segundo con el tercero.

**redondo, da** *adj.* **1.** Que tiene forma de círculo o de esfera: *La mayoría de las botellas tienen la base redonda.* **2.** Muy bueno, perfecto: *Hicimos un negocio redondo: compramos la casa muy barata y la vendimos por el doble.* **3.** Se dice de la cifra o del número más sencillo o exacto que otros que son mayores o menores o tienen decimales: *Me costó 99,5 euros; bueno, 100 en números redondos.* || *adj. y s. f.* **4.** Se dice de la letra de imprenta normal, que no es inclinada ni más gruesa. || *s. m.* **5.** Pieza de carne de las reses que tiene forma de cilindro: *redondo de ternera.* EXPR. **a la redonda** En el espacio que hay alrededor de un sitio, en la distancia que se dice: *No hay ninguna gasolinera en dos kilómetros a la redonda.* **en redondo** Dando una vuelta completa: *El coche giró en redondo.* También, totalmente: *Se negó en redondo y no lo hizo.* FAM. Redonda, redondear, redondel, redondez, redondilla.

**reducción** *s. f.* Acción de reducir: *Este año ha habido una reducción en el número de alumnos del colegio.* SIN. Disminución. ANT. Aumento.

**reducir** *v.* **1.** Hacer más pequeño, más corto o menos fuerte: *Este año han reducido el tiempo de recreo. Como los demás estaban durmiendo, redujo el volumen del televisor.* **2.** Consistir una cosa en otra que se dice, sobre todo cuando se piensa que es poco importante: *Toda la ayuda que le dio se redujo a unas palabras de ánimo.* **3.** Dominar: *El ejército consiguió reducir al enemigo.* **4.** En matemáticas, convertir una medida en otra, por ejemplo reducir kilómetros a metros. **5.** Hacer más sencilla una operación o una expresión matemática. **6.** Cam-

biar de una marcha más larga a otra más corta de un vehículo, por ejemplo pasar de cuarta a tercera. ■ Es un verbo irregular. Se conjuga como *conducir.* SIN. **1.** Disminuir, acortar, recortar, achicar, aminorar. **3.** Someter. ANT. **1.** Aumentar, agrandar. FAM. Reducción. / Irreductible, reducto.

**reducto** *s. m.* **1.** Lugar o grupo de personas donde se conservan costumbres e ideas ya pasadas o anticuadas. **2.** Sitio muy bien protegido. SIN. **2.** Fortaleza.

**redundancia** *s. f.* El repetir muy seguidas o sin que sea necesario palabras, expresiones o ideas; por ejemplo, son redundancias *el cantante cantó una canción* o *bajar abajo*, pues siempre se baja hacia abajo.

**redundante** *adj.* Que sobra, que es una redundancia.

**redundar** *v.* Ser algo bueno o malo para alguien: *El dejar de fumar redunda en su propio beneficio.* SIN. Revertir, repercutir. FAM. Redundancia, redundante.

**reduplicar** *v.* Aumentar el doble o mucho. ■ Delante de *e* se escribe *qu* en lugar de *c*: *Si sigue ahorrando, puede que se reduplique su dinero.* SIN. Duplicar, doblar.

**reedición** *s. f.* Acción de reeditar un libro, una revista u otra cosa, y lo que se reedita.

**reeditar** *v.* Volver a editar un libro, una revista o algo parecido. FAM. Reedición.

**reelección** *s. f.* Acción de reelegir.

**reelegir** *v.* Volver a elegir: *Reeligieron al alcalde por segunda vez.* ■ Delante de *a* y *o* se escribe *j* en lugar de *g*. Es un verbo irregular. Se conjuga como *pedir.* FAM. Reelección.

**reembolsar** *v.* Devolver a una persona el dinero que había dado para algo: *Como habíamos pagado de más, en el supermercado nos reembolsaron lo que sobraba.* ■ Se escribe también *rembolsar.* SIN. Reintegrar, restituir. FAM. Reembolso, rembolsar.

**reembolso** *s. m.* Acción de reembolsar. ■ Se escribe también *rembolso.* EXPR. **contra reembolso** Forma de pagar algunas cosas que se piden por correo, al recibirlas. SIN. Devolución, reintegro.

**reemplazar** *v.* Sustituir, poner a una persona o cosa en vez de otra: *El mecánico reemplazó la pieza del motor que estaba estropeada.* ■ Delante de *e* se escribe *c* en lugar de *z*: *En agosto contratan a otra persona para que reemplace al portero.* Se escribe también *remplazar.* SIN. Reponer, cambiar, suplir. FAM. Reemplazo, remplazar. / Irreemplazable.

**reemplazo** *s. m.* **1.** El reemplazar a una persona o cosa por otra. **2.** Conjunto de chicos que entran en

el ejército el mismo año para hacer la mili. ■ Se escribe también *remplazo*.
SIN. **1.** Sustitución, cambio. **2.** Quinta.

**reemprender** *v.* Volver a emprender o empezar una cosa que se había dejado parada: *Después de comer reemprenderemos el viaje.*
SIN. Reanudar.

**reencarnación** *s. f.* El reencarnarse el alma: *Los hindúes creen en la reencarnación.*

**reencarnarse** *v.* Según algunas religiones y creencias, nacer el alma, después de la muerte, en el cuerpo de otro ser.
FAM. Reencarnación.

**reencontrar** *v.* Volver a encontrar a una persona o cosa: *Nos reencontramos años después.* ■ Es un verbo irregular. Se conjuga como *contar*.
FAM. Reencuentro.

**reencuentro** *s. m.* El volver a encontrar a una persona o cosa.

**reengancharse** *v.* Quedarse en el ejército una persona después de haber hecho la mili.
FAM. Reenganche.

**reenganche** *s. m.* Hecho de reengancharse.

**reescribir** *v.* Volver a escribir un texto para corregir los errores: ■ Su participio es irregular: *reescrito*.

**reestrenar** *v.* Volver a estrenar, sobre todo una película, una obra de teatro o un espectáculo.
SIN. Reponer.
FAM. Reestreno.

**reestreno** *s. m.* Acción de reestrenar y lo que se reestrena.

**reestructuración** *s. f.* Acción de reestructurar.

**reestructurar** *v.* Cambiar la forma en que algo está estructurado u organizado.
SIN. Reorganizar. ANT. Conservar.
FAM. Reestructuración.

**refajo** *s. m.* Falda corta que llevaban antes las mujeres debajo de la ropa para abrigarse.

**refectorio** *s. m.* Comedor de los conventos y monasterios.

**referee** *s. m.* Busca *referí*. ■ Es una palabra inglesa.

**referencia** *s. f.* **1.** Hecho de referirse a algo: *En ese capítulo se hace referencia a los avances tecnológicos.* **2.** Información sobre algo: *Por las referencias que le habían dado, en aquel restaurante se comía muy bien.* || *s. f. pl.* **3.** Informe que una persona da sobre otra, como el que se pide en muchos trabajos: *El director tenía muy buenas referencias de la nueva secretaria.*
SIN. **1.** Alusión, mención.

**referéndum** o **referendo** *s. m.* Pregunta que el gobierno hace a los ciudadanos para que den su opinión sobre algo importante para el país. ■ El plural de *referéndum* es *referéndums*.
SIN. Plebiscito.

**referente** *adj.* Que se refiere a algo: *El profesor quiere hablar contigo de algo referente a tu examen.*
SIN. Relativo, concerniente.

**referí** *s. m.* En Hispanoamérica, árbitro, sobre todo de fútbol. ■ Se escribe también *referee*.

**referir** *v.* **1.** Contar algo: *En pocas palabras le refirió lo que le había ocurrido.* **2.** Poner en relación una cosa con otra: *Los últimos estudios refieren ese cuadro del pintor a una época anterior de su vida.* || **referirse 3.** Tener relación o pasar a hablar de algo: *En lo que se refiere a la fecha para la excursión, nos parece bien el próximo sábado.* **4.** Indicar aquello en lo que alguien piensa, aunque no lo diga claramente: *Cuando su padre habló de un premio, se refería a darles más paga.* ■ Es un verbo irregular. Se conjuga como *sentir*.
SIN. **1.** Narrar, relatar. **2.** Aplicar, atribuir, achacar. **2.** y **3.** Relacionar. **4.** Aludir.
FAM. Referencia, referente.

**refilón** Se usa en la expresión **de refilón**, que significa 'de lado' o 'de pasada': *Vio de refilón al coche que les adelantó.* También 'sin detenerse': *Escuchó de refilón lo que estaban hablando.*

**refinado, da** *adj.* **1.** Que lo refinaron: *aceite refinado.* **2.** Delicado, fino, no vulgar: *Luisa viste de una manera muy refinada.* || *s. m.* **3.** Acción de refinar.
SIN. **2.** Selecto, distinguido, elegante. **3.** Refino. ANT. **2.** Grosero.

**refinamiento** *s. m.* Característica de las personas o cosas refinadas: *En los palacios antiguos había un gran refinamiento.*
SIN. Distinción, elegancia, finura. ANT. Grosería.

**refinar** *v.* **1.** Hacer más fina o pura una cosa quitándole impurezas: *refinar el azúcar, el petróleo.* **2.** Hacer más fino o delicado: *Mari Luz ha refinado sus modales.*
FAM. Refinado, refinamiento, refinería, refino.

**refinería** *s. f.* Fábrica o instalación industrial donde se refinan algunos productos, como el petróleo.

**refino** *s. m.* Hecho de refinar: *el refino de petróleo crudo.*
SIN. Refinado.

**reflectante** *adj. y s. m.* Que refleja la luz u otra cosa: *La bici lleva detrás unos reflectantes.*
SIN. Reflector.

**reflector, ra** *adj. y s. m.* **1.** Que refleja. || *s. m.* **2.** Un tipo de foco que da luz con mucha intensidad, como los que hay en los campos de fútbol.
SIN. **1.** Reflectante.

**reflejar** *v.* **1.** Rechazar una superficie la luz, el calor, el sonido u otra cosa que llega hasta ella; por ejemplo, el agua y los espejos reflejan muy bien la luz porque son claros y lisos, y por eso podemos ver nuestra imagen en ellos. **2.** Mostrar, manifestar: *Sus ojeras reflejaban que había dormido muy*

*poco. El periodista reflejó en su artículo lo que le había parecido la exposición de pintura.*
**SIN. 2.** Revelar, plasmar. **ANT. 2.** Ocultar.
**FAM.** Reflectante, reflector, reflejo.

**reflejo, ja** *adj.* **1.** Que ha sido reflejado: *luz refleja.* **2.** Que lo hacemos sin darnos cuenta como respuesta a algo, por ejemplo poner la mano en el suelo cuando nos caemos, para frenar el golpe: *acto reflejo.* || *s. m.* **3.** Luz que se refleja: *los reflejos del sol.* **4.** Imagen reflejada: *En el agua del estanque veía el reflejo de los árboles.* **5.** Aquello que reproduce lo que se dice: *Esta novela es un fiel reflejo de la sociedad actual.* || *s. m. pl.* **6.** Capacidad que una persona tiene para reaccionar con rapidez: *Los reflejos del conductor evitaron que atropellase a un perro.*
**SIN. 2.** Espontáneo, inconsciente. **3.** Destello, brillo.
**ANT. 2.** Voluntario.

**reflexión** *s. f.* **1.** El ponerse a pensar despacio en algo: *Eduardo es una persona que obra con reflexión.* **2.** Consejo, advertencia: *Le hice algunas reflexiones para que comprendiera que debía cambiar de conducta.* **3.** Acción de reflejar o reflejarse la luz, el calor, el sonido u otra cosa; por ejemplo, la reflexión de la luz es un cambio de dirección de sus rayos cuando chocan con un cuerpo.
**SIN. 1.** Meditación, cavilación.
**FAM.** Reflexionar, reflexivo. / Irreflexivo, reflejar.

**reflexionar** *v.* Pensar despacio sobre algo: *Marta reflexionó sobre lo que debía hacer.*
**SIN.** Meditar, cavilar.

**reflexivo, va** *adj.* **1.** Se dice de la persona que piensa las cosas, por ejemplo antes de hacer algo para no equivocarse. **2.** Se dice del pronombre personal, como *me, te, se,* que indica la misma persona o personas que el sujeto; tiene la función de complemento directo: *Celia se peina,* o indirecto: *Celia se peina el pelo.* **3.** Se dice de las oraciones en las que aparecen estos pronombres.
**SIN. 1.** Pensativo, prudente. **ANT. 1.** Irreflexivo, atolondrado.

**reflujo** *s. m.* Descenso de la marea.
**ANT.** Flujo.

**reforestación** *s. f.* Acción de reforestar.

**reforestar** *v.* Volver a plantar árboles y otras plantas en un lugar.
**SIN.** Repoblar. **ANT.** Talar, despoblar.
**FAM.** Reforestación.

**reforma** *s. f.* Cambio que se hace en algo, sobre todo para mejorarlo: *El edificio necesita reformas.*
**SIN.** Transformación, renovación.

**reformar** *v.* Hacer una reforma o cambio en las personas o cosas, sobre todo para que mejoren: *De pequeño era mal estudiante, pero ahora se ha reformado. Compramos una casa vieja y la reformamos toda.*
**SIN.** Variar, transformar; corregir, enmendar.
**FAM.** Reforma, reformatorio, reformista.

**reformatorio** *s. m.* Centro donde se lleva a los menores de edad que cometen un delito para corregir su conducta.
**SIN.** Correccional.

**reformista** *adj. y s. m. y f.* Que quiere que haya reformas o cambios.
**SIN.** Progresista. **ANT.** Conservador.

**reforzar** *v.* **1.** Hacer que algo quede más fuerte: *Para reforzar las tapas del libro, le puso unos cartones.* **2.** Aumentar: *Tuvieron que reforzar el número de policías en el aeropuerto cuando llegó ese famoso actor.* ■ Delante de *e* se escribe *c* en lugar de *z.* Es un verbo irregular. Se conjuga como *contar.*
**SIN. 1.** Fortalecer, asegurar.
**FAM.** Refuerzo.

**refracción** *s. f.* Cambio de dirección y velocidad de los rayos de luz cuando pasan de un medio a otro; por ejemplo, si metes un lápiz en un vaso de agua, parece que está torcido: esto es debido a la refracción.
**FAM.** Refractar, refractario.

**refractar** *v.* Producir refracción.

**refractario, ria** *adj. y s. m.* **1.** Se dice del material que resiste la acción del fuego sin cambiar ni estropearse. || *adj.* **2.** Que se opone a algo: *El director es refractario a nuevos cambios en el colegio.*
**SIN. 2.** Opuesto, reacio. **ANT. 2.** Defensor.

**refrán** *s. m.* Dicho popular que expresa una enseñanza, un consejo o algo que suele ocurrir; por ejemplo, *«Quien tiene boca se equivoca».*
**SIN.** Proverbio, dicho.
**FAM.** Refranero.

**refranero** *s. m.* Colección de refranes.

**refregar** *v.* Restregar. ■ Delante de *e* se escribe *gu* en lugar de *g: refriegue.* Es un verbo irregular que se conjuga como *pensar.*

**refrenar** *v.* Contener, dominar: *Refrenó sus impulsos de reírse de aquella señora tan ridícula.*
**SIN.** Frenar, moderar, controlar. **ANT.** Liberar.
**FAM.** Irrefrenable.

**refrendar** *v.* **1.** Autorizar la persona que tiene poder para ello un escrito u otra cosa con su firma. **2.** Aceptar, decir que sí a algo: *En la votación el pueblo refrendó la decisión del gobierno.*
**SIN. 2.** Ratificar, respaldar.
**FAM.** Refrendo.

**refrendo** *s. m.* **1.** Acción de refrendar. **2.** Firma con que se refrenda o autoriza un documento.
**SIN. 1.** Ratificación.

**refrescante** *adj.* Que refresca: *una bebida refrescante.*

**refrescar** *v.* **1.** Poner fresco: *Una ducha te refrescará.* **2.** Hacer que alguien recuerde lo que ha olvidado: *Si no le refrescas la memoria, no sabrá de qué le estás hablando.* **3.** Hacer más frío: *El domingo*

*refrescó.* ■ Con este significado, se usa sólo en tercera persona. Delante de *e* se escribe *qu* en lugar de *c*: *refresque.*
ANT. **1.** Calentar, templar.
FAM. Refrescante, refresco.

**refresco** *s. m.* Bebida que tomamos para refrescarnos, como una limonada o una naranjada.

**refriega** *s. f.* **1.** Combate poco importante. **2.** Riña o pelea violenta.

**refrigeración** *s. f.* **1.** Acción de refrigerar. **2.** Aparatos que sirven para refrigerar: *Hace mucho calor porque no funciona la refrigeración en este cine.*

**refrigerador, ra** *adj.* **1.** Que refrigera o sirve para refrigerar. || *s. m.* **2.** Frigorífico.
SIN. **2.** Nevera.

**refrigerante** *adj. y s. m.* Que refrigera: *El radiador del coche necesita líquido refrigerante.*

**refrigerar** *v.* Enfriar algo, como el aire de un local, una máquina o los alimentos.
ANT. Calentar, caldear.
FAM. Refrigeración, refrigerador, refrigerante, refrigerio.

**refrigerio** *s. m.* Comida ligera que se toma para reponer fuerzas.
SIN. Piscolabis, tentempié.

**refrito** *s. m.* **1.** Ajo, cebolla y otros ingredientes fritos en aceite, que se añaden a algunas comidas para darles sabor. **2.** Cosa que se hace copiando otras y que resulta mal: *Esa novela es un refrito de varios cuentos.*
SIN. **1.** Sofrito.

**refuerzo** *s. m.* **1.** Acción de reforzar. **2.** Aquello que hace más fuerte o resistente una cosa: *El zapatero puso un refuerzo a las suelas de los zapatos.* **3.** Más personas o cosas que se unen a otras para ayudar a algo: *Llegaron refuerzos de bomberos para apagar aquel fuego. Había pocas ambulancias para recoger los heridos y pidieron refuerzos.*

**refugiado, da** *adj.* **1.** Que ha buscado refugio en un lugar: *Los montañeros estaban refugiados en un albergue.* || *s. m. y f.* **2.** Persona que abandona su país y busca refugio en otro por alguna razón, como una guerra o una persecución política.

**refugiarse** *v.* Buscar protección, ayuda o consuelo: *Nos refugiamos de la lluvia metiéndonos en un café. Siempre se refugia en las faldas de su madre cuando quieren castigarle.*
SIN. Cobijarse, resguardarse, acogerse, ampararse.
FAM. Refugiado, refugio.

**refugio** *s. m.* **1.** Lugar que sirve para refugiarse; por ejemplo los que en las guerras se utilizan cuando hay bombardeos o los que hay en las montañas para protegerse del mal tiempo. **2.** Protección, ayuda o defensa: *En ese centro dan refugio a muchos pobres necesitados.* **3.** Consuelo: *Sus amigos fueron su refugio en aquellos momentos.*

SIN. **1.** Abrigo, guarida, albergue. **2.** Asilo, cobijo, acogida, amparo. ANT. **2.** Desamparo.

**refulgente** *adj.* Que brilla o resplandece.
SIN. Resplandeciente, brillante.

**refulgir** *v.* Brillar, resplandecer: *Las estrellas refulgen en el cielo.* ■ Delante de *a* y *o* se escribe *j* en lugar de *g*: *refulja.*
SIN. Relucir.
FAM. Refulgente.

**refundir** *v.* **1.** Volver a fundir los metales. **2.** Incluir, mezclar: *Esa catedral refunde varios estilos artísticos.* **3.** Reformar un escrito o una obra literaria.

**refunfuñar** *v.* Gruñir en señal de protesta o enfado: *Al principio refunfuñó un poco, pero luego obedeció a su madre.*
FAM. Refunfuñón.

**refunfuñón, na** *adj. y s. m. y f.* Que refunfuña mucho.
SIN. Gruñón.

**refutar** *v.* Dar razones para demostrar que lo que otra persona dice no es verdad.
SIN. Rebatir. ANT. Ratificar, confirmar.
FAM. Irrefutable.

**regadera** *s. f.* **1.** Recipiente para regar con un tubo que termina en una tapadera con agujeritos por donde sale el agua. **2.** En México, ducha.
EXPR. **estar** alguien **como una regadera** Estar loco.

**regadío** *s. m.* Terreno para cultivos que necesitan mucho riego.
ANT. Secano.

**regalado, da** *adj.* **1.** Que alguien lo regaló. **2.** Muy barato: *Ha bajado tanto el precio de las patatas, que las venden regaladas.* **3.** Se dice de la vida que lleva una persona cuando está llena de comodidades y cosas agradables.
SIN. **2.** Tirado. **3.** Placentero. ANT. **2.** Caro.

**regalar** *v.* **1.** Dar a una persona algo como muestra de cariño o de agradecimiento: *Sus amigas le regalaron un collar por su cumpleaños.* **2.** Vender muy barato: *En esa tienda regalan los zapatos: tienen unos precios que están tirados.* **3.** Agradar o divertir: *El cantante regaló al público con una magnífica actuación.*
EXPR. **regalar los oídos** Agradar a una persona diciéndole cosas bonitas.
SIN. **1.** Obsequiar. **3.** Agasajar, deleitar.
FAM. Regalado, regalo.

**regaliz** *s. m.* **1.** Planta de flores azuladas y un tallo subterráneo grueso que se usa para fabricar dulces. **2.** Pasta hecha con el jugo de ese tallo y que se toma como golosina en barritas o pastillas. ■ Su plural es *regalices.*

**regalo** *s. m.* **1.** Cosa que una persona da a otra como muestra de cariño, amistad, agradecimiento: *El día de Reyes a Carlitos le regalaron un tren.* **2.** Cosa muy barata: *Si sólo cuesta lo que dices, ese coche*

*es un regalo.* **3.** Lo que gusta o agrada: *Contemplar estas montañas es un auténtico regalo para la vista.* **4.** Comodidad y placer: *Desde su infancia ha vivido con mimo y regalo.*
SIN. **1.** Obsequio, presente. **2.** Ganga. **3.** Deleite.

**regañadientes** Se usa en la expresión **a regañadientes**, que significa 'quejándose, de mala gana, sin que apetezca': *Hizo a regañadientes lo que le habían mandado.*

**regañar** *v.* **1.** Decirle una persona a otra que le parece mal lo que ha hecho o lo que ha dicho: *Sus padres le regañaron por haber tirado el bocadillo.* **2.** Llevarse mal una persona con otra, discutir o pelear: *Se pasan el día regañando.*
SIN. **1.** Reprender. **1.** y **2.** Reñir. ANT. **2.** Reconciliarse.
FAM. Regañadientes, regañina.

**regañina** *s. f.* **1.** Acción de regañar a alguien por algo malo que ha hecho o dicho: *El profesor nos echó una regañina por hablar en clase.* **2.** Hecho de enfadarse y reñir dos personas: *Tuvieron una regañina porque su hermana le había insultado.*
SIN. **1.** Reprimenda, bronca. **1.** y **2.** Riña, disputa.
ANT. **1.** Alabanza, elogio.

**regar** *v.* **1.** Echar agua a una planta, a un terreno, a las calles o a otras cosas: *Por la mañana riega los tiestos.* **2.** Derramar o esparcir otra cosa: *Con esos zapatos tan sucios va regando arena por la casa.* **3.** Atravesar un río un lugar: *El Guadalquivir riega Sevilla.* ■ Delante de *e* se escribe *gu* en lugar de *g.* Es un verbo irregular. Se conjuga como *pensar.*
SIN. **2.** Desparramar.
FAM. Regadera, regadío, regato, reguera, reguero, riego.

**regata** *s. f.* Carrera entre embarcaciones.
FAM. Regatista.

regata

**regate** *s. m.* Movimiento rápido que se hace con el cuerpo a un lado y a otro para evitar un golpe, choque o caída; en el fútbol y otros deportes lo hace un jugador para que no le quiten el balón.
FAM. Regatear.

**regatear** *v.* **1.** Discutir el comprador con el vendedor el precio de lo que se vende, para conseguirlo más barato. **2.** Dar o hacer poco de algo que se necesita. Se usa mucho con la palabra *no*: *Para ganar el campeonato, no regateó esfuerzos.* **3.** Hacer regates: *Ese futbolista es un fenómeno regateando.*
SIN. **2.** Ahorrar, escatimar. **3.** Esquivar.
FAM. Regateo.

**regateo** *s. m.* Discusión entre el comprador y el vendedor sobre el precio de una cosa.

**regatista** *s. m.* y *f.* Deportista que participa en regatas.

**regato** *s. m.* Arroyo pequeño.

**regazo** *s. m.* Parte del cuerpo de la mujer entre la cintura y las rodillas cuando está sentada.

**regencia** *s. f.* **1.** Acción de regir o gobernar. **2.** Situación que hay en un país en el que una persona o grupo de personas hacen las funciones del rey, por ejemplo cuando éste es menor de edad.

**regeneración** *s. f.* Acción de regenerar.

**regenerar** *v.* **1.** Volver a poner en buen estado una cosa gastada, estropeada o destruida: *Después de aquella herida, la piel se regeneró.* **2.** Volver a salirles a algunos animales algún miembro que habían perdido, por ejemplo a una lagartija la cola que se le había partido. **3.** Hacer que una persona deje su mal comportamiento o sus vicios.
SIN. **1.** Recuperar. **3.** Reformar.
FAM. Regeneración.

**regenta** *s. f.* Mujer del regente.

**regentar** *v.* **1.** Dirigir un negocio: *Alfredo regenta un restaurante.* **2.** Estar en un cargo o empleo sólo por un tiempo.

**regente** *adj.* y *s. m.* y *f.* **1.** Que rige o gobierna. ‖ *s. m.* y *f.* **2.** El que se encarga de la regencia, es decir, hace las funciones del rey, por ejemplo cuando éste es menor de edad.
FAM. Regenta.

**reggae** *s. m.* Música popular de ritmo simple y repetitivo, que tiene su origen en Jamaica y se puso de moda hacia 1970. ■ Es una palabra inglesa. Su plural es *reggaes.*

**regicidio** *s. m.* Asesinato de un rey, de una reina o de un príncipe heredero.

**regidor, ra** *adj.* y *s. m.* y *f.* **1.** Se dice de la persona que rige o gobierna. ‖ *s. m.* y *f.* **2.** En el teatro, el cine o la televisión, persona que se encarga de que se hagan los movimientos y los efectos que pide el director.

**régimen** *s. m.* **1.** Forma de gobierno que hay en un país: *régimen socialista.* **2.** Manera de hacerse una cosa o una actividad según unas normas: *el régimen de enseñanza de un colegio.* **3.** Alimentación especial que sigue una persona, por ejemplo por

motivos de salud o para adelgazar. **4.** Modo en que suele producirse algo: *el régimen de lluvias de una región.* **5.** En gramática, hecho de tener que ir un verbo, un sustantivo u otra palabra con un complemento o con una preposición, y no con otros. También se llama así a este complemento o preposición; por ejemplo, el régimen de *acordarse* es *de*: *¿Te acordarás de regar las plantas?* ■ Su plural es *regímenes.*
SIN. **2.** Normativa, programa. **3.** Dieta.

**regimiento** *s. m.* **1.** Unidad del ejército que está bajo el mando de un coronel. **2.** Hablando con exageración, significa muchas personas: *El día de su cumpleaños hicieron bocadillos para un regimiento.*

**regio, gia** *adj.* Del rey o relacionado con él.
SIN. Real.

**región** *s. f.* **1.** Cada una de las partes en que se divide un territorio o un país por alguna razón o característica, como el clima, la población o el gobierno. **2.** Parte del cuerpo de una persona o animal: *la región abdominal.*
FAM. Regional, regionalismo.

**regional** *adj.* De una región o relacionado con ella.

**regionalismo** *s. m.* **1.** Ideología política que defiende la autonomía y los valores propios de las regiones. **2.** Preferencia por una determinada región y por las cosas de esa región. **3.** Palabra o expresión propia de una región determinada.

**regir** *v.* **1.** Dirigir, gobernar: *regir un país.* **2.** Guiar, conducir: *El deseo de llegar a ser un buen médico regía su conducta.* **3.** En gramática, tener que llevar un verbo, un sustantivo u otra palabra un complemento o una preposición, y no otros; por ejemplo, el verbo *sospechar* rige la preposición *de*: *Sospecha de su compañero.* **4.** Valer, obligar: *En este país no rige esa ley.* **5.** Estar normal, no estar loco: *A sus ochenta y siete años el abuelo rige estupendamente.* ■ Delante de a y o se escribe *j* en lugar de *g.* Es un verbo irregular. Se conjuga como *pedir.*
FAM. Regencia, regentar, regente, regidor, régimen, regimiento. / Rector.

**registrado, da** *adj.* Que se registró o apuntó en un registro: *una marca registrada.*

**registrador, ra** *adj.* **1.** Que registra: *Los meteorólogos utilizan aparatos registradores que les informan sobre el tiempo.* || *s. m. y f.* **2.** Funcionario encargado de un registro público, sobre todo el de la propiedad.

**registrar** *v.* **1.** Pasar las manos por el cuerpo de alguien para ver si esconde alguna cosa: *La policía registró al delincuente para ver si llevaba armas.* **2.** Buscar con mucho cuidado en un sitio: *El espía registró la mesa buscando el microfilm.* **3.** Apuntar en un registro: *Registró la casa a su nombre.* **4.** Anotar, señalar: *El termómetro registró una temperatura de 30 grados.* **5.** Grabar la imagen y el sonido: *Registraron sus conversaciones en un magnetofón.* || **registrarse 6.** Producirse o notarse: *Este mes se han registrado pocas ventas.*
EXPR. **¡a mí que me registren!** Frase que dice una persona para comunicarle a los demás que ella no tiene nada que ver en algo o que no tiene la culpa.
SIN. **1.** Cachear. **2.** Inspeccionar. **3.** Inscribir. **4.** Recoger. **6.** Suceder, ocurrir, observarse, apreciarse, advertirse.
FAM. Registrado, registrador, registro.

**registro** *s. m.* **1.** Acción de registrar: *Tardaron una hora en el registro de la casa.* **2.** Libro, cuaderno o lugar en el que se anotan cosas con varios fines: *El hotel lleva un registro de huéspedes. En el registro de la propiedad están apuntados los dueños de las casas.* **3.** Abertura cubierta con una tapa que sirve para examinar, reparar o conservar lo que está bajo tierra o metido en las paredes.

**regla** *s. f.* **1.** Utensilio para hacer líneas rectas o para medir la distancia entre dos puntos. **2.** Lo que hay que cumplir: *Los deportes y los juegos tienen sus propias reglas.* **3.** Lo que indica cómo hacer algo o cómo comportarse: *Para escribir correctamente hay unas reglas.* **4.** Manera de producirse normalmente algo: *Por regla general los domingos vamos al campo.* **5.** Conjunto de normas de una orden religiosa: *la regla franciscana.* **6.** Menstruación de la mujer.
EXPR. **las cuatro reglas** La suma, la resta, la multiplicación y la división; también, los conocimientos básicos de una ciencia o actividad. **regla de oro** La norma más importante. **regla de tres** Procedimiento matemático para descubrir una cantidad desconocida cuando se conocen otras tres con las que tiene relación; en 1 día estudias 2 lecciones, en 3 días estudiarás *x*, así que $x = (3 \times 2) / 1 = 6$. || **en regla** o **en toda regla** Muy bien, perfectamente, del todo.
SIN. **2.** Reglamento. **3.** Pauta; indicación. **6.** Periodo.
FAM. Reglamento, regleta. / Arreglar.

**reglamentación** *s. f.* **1.** Acción de reglamentar. **2.** Conjunto de reglas.

**reglamentar** *v.* Poner las normas o reglas con que tiene que hacerse algo.
FAM. Reglamentación.

**reglamentario, ria** *adj.* Que lo manda un reglamento o está relacionado con él: *Al jugador se le puso la sanción reglamentaria.*

**reglamento** *s. m.* Conjunto de normas o reglas que hay que cumplir en una actividad: *el reglamento de un deporte.*
FAM. Reglamentar, reglamentario. / Antirreglamentario.

**regleta** *s. f.* **1.** Base de plástico sobre la que se colocan los componentes de un circuito eléctrico. **2.** Plancha o lámina de metal que sirve para separar algunas cosas.

**regocijante** *adj.* Que causa regocijo o alegría.

**967**

**regocijar** *v.* Alegrar, divertir: *Ya se regocijaba pensando lo bien que se lo iba a pasar en vacaciones.* SIN. Contentar, entusiasmar. ANT. Entristecer.

**regocijo** *s. m.* Alegría y contento que suele mostrarse exteriormente: *Recibieron a sus amigos en el aeropuerto con gran regocijo.* SIN. Júbilo, alborozo. ANT. Tristeza, pesar. FAM. Regocijante, regocijar.

**regodearse** *v.* **1.** Alegrarse con mala intención de algo malo que le ocurre a otro: *Se regodeaba porque a su compañero le había regañado el profesor.* **2.** Disfrutar mucho con algo: *Se regodeaba pensando en el rico postre que se iba a comer.* FAM. Regodeo.

**regodeo** *s. m.* Acción de regodearse.

**regordete, ta** *adj.* Pequeño y gordo: *Es una mujer regordeta.* SIN. Rollizo, rechoncho. ANT. Flaco.

**regresar** *v.* **1.** Ir al sitio de donde se salió: *Se marchó a Suiza en agosto y regresó en diciembre.* **2.** En algunos países de Hispanoamérica, devolver una cosa. SIN. **1.** Volver, retornar. FAM. Regresión, regresivo, regreso.

**regresión** *s. f.* Hecho de ir hacia atrás: *Se ha notado una regresión en las ventas de coches del último trimestre.* SIN. Retroceso. ANT. Progresión, avance.

**regresivo, va** *adj.* Que va hacia atrás. ANT. Progresivo.

**regreso** *s. m.* El hecho de ir al lugar de donde se salió: *Empleamos dos horas en ir y otras dos en el regreso.* SIN. Vuelta, retorno. ANT. Marcha, ida.

**regüeldo** *s. m.* Eructo.

**reguera** *s. f.* Canal que se hace en la tierra para llevar el agua de riego. SIN. Reguero.

**reguero** *s. m.* **1.** Chorro o arroyo pequeño. **2.** Línea o señal que deja algo que se va derramando: *un reguero de sangre.* **3.** Reguera. EXPR. **como un reguero de pólvora** Con mucha rapidez: *El rumor de que el príncipe se iba a casar se extendió como un reguero de pólvora.* SIN. **1.** Regato.

**regulable** *adj.* Que puede ser regulado: *La altura del asiento de la bici es regulable.*

**regulación** *s. f.* Acción de regular.

**regulador, ra** *adj.* **1.** Que regula. ‖ *s. m.* **2.** Mecanismo que controla o regula un proceso, el funcionamiento de una máquina, el paso de un líquido o de un gas u otras cosas: *Los submarinistas respiran a través de un regulador que deja pasar el aire a sus bocas.*

**regular¹** *v.* **1.** Poner orden en algo: *Un guardia regula la circulación en el cruce.* **2.** Hacer que algo

siga unas reglas o normas: *El Ministerio de Educación ha regulado los estudios de nuevas carreras.* **3.** Hacer que algo funcione o esté bien: *El termostato regula el calor del radiador.* SIN. **1.** Organizar. **2.** Reglamentar. **3.** Ajustar, controlar. FAM. Regulable, regulación, regulador, regularizar.

**regular²** *adj.* **1.** De acuerdo con una regla; se dice, por ejemplo, de los verbos que se conjugan siguiendo los modelos generales (*cantar, temer y partir*): *«Ganar», «comer» y «vivir» son tres verbos regulares.* **2.** Mediano: *Su casa tiene un tamaño regular: ochenta metros cuadrados.* **3.** Ni bueno ni malo: *Ha hecho un dictado regular: tenía algunas faltas.* **4.** Sin grandes cambios; por ejemplo, que sucede siempre cada cierto tiempo: *Se fue a Londres en un vuelo regular.* **5.** En geometría, se dice de la figura que tiene los lados, ángulos o caras iguales entre sí. ‖ *adv.* **6.** No muy bien: *Las fotos le han salido regular. –¿Qué tal estás? –Regular, me duele un poco la cabeza.* EXPR. **por lo regular** Normalmente: *Por lo regular llega a casa hacia las siete.* SIN. **2.** Intermedio. ANT. **1.** y **5.** Irregular. **2.** y **3.** Excepcional. FAM. Regularidad. / Irregular.

**regularidad** *s. f.* **1.** Característica de regular. **2.** Hecho de suceder algo de manera regular, sin grandes cambios, en espacios de tiempo iguales: *Nos visita con regularidad: todas las semanas viene a casa.* ANT. **1.** y **2.** Irregularidad.

**regularizar** *v.* Hacer que una cosa sea normal o esté en orden. ■ Delante de *e* se escribe *c* en lugar de *z*: *El gobierno ha pedido a los inmigrantes ilegales que regularicen su situación.* SIN. Normalizar.

**regurgitar** *v.* Echar a la boca los alimentos que se han tragado anteriormente, sin vomitarlos: *Las vacas regurgitan la hierba para masticarla.*

**regusto** *s. m.* **1.** Sabor que deja un alimento o bebida: *Esa salsa deja un regusto picante.* **2.** Sensación o recuerdo que deja algo que ha pasado: *Le quedó un regusto triste después de la discusión.*

**rehabilitación** *s. f.* **1.** Acción de rehabilitar o rehabilitarse. **2.** Ejercicios para recuperar una capacidad que alguien ha perdido por un accidente o enfermedad: *Se cayó y ahora hace rehabilitación para poder mover la pierna.*

**rehabilitar** *v.* Poner a una persona o cosa en el estado, puesto o situación en que antes se encontraba: *Rehabilitaron un edificio en ruinas. Le expulsaron del ejército, pero luego le han rehabilitado.* SIN. Restaurar, restablecer. FAM. Rehabilitación.

**rehacer** *v.* **1.** Volver a hacer algo: *Tuve que rehacer la cama porque me habían quedado muchas arrugas.* ‖ **rehacerse 2.** Volver a tener una persona la salud, las fuerzas, el ánimo que tenía antes: *Des-*

*pués de aquella desgracia, se ha rehecho.* ■ Es un verbo irregular. Se conjuga como *hacer.*
SIN. **1.** Reconstruir. **2.** Restablecerse. ANT. **1.** Deshacer. **2.** Hundirse.

**rehén** *s. m.* Persona que es retenida a la fuerza por otra para obligar a alguien a cumplir unas condiciones: *Los ladrones entraron en el banco y tomaron varios rehenes.*

**rehogar** *v.* Freír ligeramente un alimento. ■ Delante de *e* se escribe *gu* en lugar de *g*: *Rehogué las patatas.*

**rehuir** *v.* **1.** Evitar: *El actor rehuyó contestar a la pregunta porque le parecía muy personal.* **2.** Hacer lo posible para no tener trato o no encontrarse con otro: *Todos le rehúyen porque es un pesado.* ■ Es un verbo irregular. Se conjuga como *huir.*
SIN. **1.** y **2.** Eludir, esquivar.

**rehusar** *v.* No aceptar: *Rehusó la ayuda de su hermano: quería hacerlo él solo.*
SIN. Rechazar, desdeñar. ANT. Admitir.

**reimplantar** *v.* **1.** Volver a implantar. **2.** Operar a una persona para volver a colocar en su lugar un órgano o un miembro que había sido cortado o separado del cuerpo.

**reimpresión** *s. f.* Hecho de volver a imprimir un libro o escrito; también, este libro o escrito.

**reimprimir** *v.* Volver a imprimir. ■ Tiene dos participios: uno regular, *reimprimido,* y otro irregular, *reimpreso.*
FAM. Reimpresión.

**reina** *s. f.* **1.** Mujer que reina. **2.** Esposa del rey. **3.** Pieza del ajedrez que puede moverse en cualquier dirección y cualquier número de casillas; es la segunda pieza más valiosa después del rey. **4.** Mujer, animal o cosa del género femenino que tiene más importancia o valor por cualquier razón: *Por su belleza la nombraron la reina de las fiestas.* **5.** Hembra que en algunos grupos de insectos, como las abejas, se encarga sobre todo de tener crías.
SIN. **1.** Soberana.

**reinado** *s. m.* Actividad de reinar y el tiempo que reina un rey o una reina.

**reinante** *adj.* Que reina.

**reinar** *v.* **1.** Hacer su función un rey o una reina. **2.** Dominar: *En su corazón reinaba la bondad.*
SIN. **2.** Imperar, predominar, prevalecer.
FAM. Reinado, reinante, reino.

**reincidencia** *s. f.* Acción de reincidir.
SIN. Recaída.

**reincidente** *adj.* Se dice de la persona que reincide.

**reincidir** *v.* Volver a cometer un error, falta o delito.
SIN. Recaer. ANT. Corregirse, enmendarse.
FAM. Reincidencia, reincidente.

**reincorporación** *s. f.* Acción de reincorporarse.

**reincorporarse** *v.* Volver a incorporarse: *Después de la enfermedad se ha reincorporado a su trabajo.*
FAM. Reincorporación.

**reineta** *adj. y s. f.* Se dice de una variedad de manzana de forma aplanada y sabor ácido.

**reinicializar** o **reiniciar** *v.* En informática, apagar el ordenador, generalmente porque no funciona con normalidad, y volver a encenderlo. ■ En la palabra *reinicializar* delante de *e* se escribe *c* en lugar de *z*: *reinicialicé.*

**reino** *s. m.* **1.** Lugar donde reina un monarca. **2.** Espacio en que domina algo: *Las hadas son personajes del reino de la fantasía.* **3.** Cada uno de los cinco grandes grupos en que se ha dividido a los seres vivos.
SIN. **2.** Mundo.

**reinserción** *s. f.* Acción de conseguir que algunas personas, como terroristas o delincuentes, vuelvan a vivir en sociedad como ciudadanos normales.

**reinsertar** *v.* Introducir de nuevo en la sociedad a alguien que vive alejado de ella: *reinsertar a un ex terrorista.*
SIN. Reintegrar.
FAM. Reinserción.

**reintegrar** *v.* **1.** Devolver completamente algo: *Carlos reintegró a su hermano el dinero que le debía.* || **reintegrarse 2.** Volver a una actividad: *Después de las vacaciones, se reintegró a su puesto de trabajo.*
SIN. **1.** Restituir. **2.** Reincorporarse. ANT. **2.** Cesar.
FAM. Reintegro.

**reintegro** *s. m.* **1.** Pago del dinero que se debe a una persona. **2.** Premio de la lotería igual a la cantidad de dinero que se ha jugado. **3.** La vuelta de alguien a una actividad.

**reír** *v.* **1.** Mostrar una persona que está alegre o que algo le parece gracioso moviendo la boca y otras partes de la cara y haciendo un sonido muy típico: *El público reía en el circo con las ocurrencias de los payasos.* || **reírse 2.** Burlarse o no hacer caso de alguien o algo: *Tú ríete de mis consejos, que luego lo lamentarás.* ■ Es un verbo irregular. (Puedes ver su cuadro en la página siguiente.)
EXPR. **reír a mandíbula batiente** Reírse mucho, a carcajadas.
SIN. **1.** y **2.** Carcajearse. **2.** Pitorrearse, guasearse, mofarse. ANT. **1.** Llorar.
FAM. Risa. / Hazmerreír, sonreír.

**reiteración** *s. f.* Hecho de reiterar algo.
SIN. Repetición.

**reiterado, da** *adj.* Que se dice o se hace más de una vez: *Tras reiteradas protestas de los vecinos, el ayuntamiento cerró la discoteca.*
SIN. Repetido.

**reiterar** *v.* Volver a decir o a hacer algo: *Los invitados reiteraron sus felicitaciones a los novios.*
SIN. Repetir.
FAM. Reiteración, reiterado, reiterativo.

**969**

## REIR

| GERUNDIO |
| --- |
| *riendo* |

### INDICATIVO

| Presente | Pretérito perfecto simple |
| --- | --- |
| río | reí |
| ríes | reíste |
| ríe | rió |
| reímos | reímos |
| reís | reísteis |
| ríen | rieron |

### SUBJUNTIVO

| Presente | Pretérito imperfecto |
| --- | --- |
| ría | riera, -ese |
| rías | rieras, -eses |
| ría | riera, -ese |
| riamos | riéramos, -ésemos |
| riáis | rierais, -eseis |
| rían | rieran, -esen |

| Futuro | |
| --- | --- |
| riere | riéremos |
| rieres | riereis |
| riere | rieren |

### IMPERATIVO

| | |
| --- | --- |
| *ríe* | *reíd* |

**reiterativo, va** *adj.* Que se repite o tiene muchas repeticiones: *Esta música tan reiterativa me aburre.* **SIN.** Repetitivo.

**reivindicación** *s. f.* Acción de reivindicar: *Una de las reivindicaciones de los trabajadores es que les suban el sueldo.* **SIN.** Reclamación.

**reivindicar** *v.* **1.** Pedir alguien una cosa que le parece justa: *Los gimnastas reivindican unas instalaciones deportivas más modernas.* **2.** Decir alguien que ha realizado un hecho: *Una organización terrorista reivindicó el atentado.* ■ Delante de *e* se escribe *qu* en lugar de *c*: *reivindiquen.* **SIN. 1.** Reclamar, exigir. **2.** Atribuirse. **ANT. 1.** Desistir, renunciar. **2.** Negar. **FAM.** Reivindicación, reivindicativo.

**reivindicativo, va** *adj.* Que reivindica algo.

**reja¹** *s. f.* Pieza de hierro que tiene el arado para hacer los surcos en la tierra. **FAM.** Rejón.

**reja²** *s. f.* Conjunto de hierros en forma de barrotes o haciendo dibujos, que se ponen en las ventanas y en otros lugares para protegerlos o con otros fines. **EXPR. entre rejas** Preso, en la cárcel. **SIN.** Verja, cancela, enrejado. **FAM.** Rejería, rejilla. / Enrejar.

**rejería** *s. f.* **1.** Técnica de construir rejas o verjas. **2.** Conjunto de obras realizadas con esta técnica: *La catedral es famosa por su rejería.*

**rejilla** *s. f.* Red de tela metálica u otro material que se pone en algunos sitios para cubrir una abertura, poder ver desde dentro sin ser visto desde fuera o para otras cosas. **SIN.** Enrejado, celosía.

**rejón** *s. m.* **1.** Barra de hierro que termina en punta. **2.** Palo largo de madera con una cuchilla de acero en la punta, que sirve para rejonear. **FAM.** Rejonear.

**rejoneador, ra** *s. m.* y *f.* Persona que torea a caballo.

**rejonear** *v.* Torear a caballo. **FAM.** Rejoneador, rejoneo.

**rejoneo** *s. m.* Toreo que se hace a caballo: *El rejoneo requiere que los caballos estén muy bien adiestrados.*

**rejuvenecer** *v.* Dar a alguien el aspecto o las fuerzas de una persona joven: *Los vestidos de flores la rejuvenecen.* ■ Es un verbo irregular. Se conjuga como *agradecer.* **ANT.** Envejecer, avejentar.

**relación** *s. f.* **1.** Situación que se da entre dos hechos, ideas o cosas cuando están unidos por algo: *El gallego y el portugués guardan una estrecha relación porque proceden de una misma lengua.* **2.** Trato entre dos o más personas: *Con algunos compañeros de clase tiene más relación que con otros.* **3.** Persona con la que otra tiene amistad o trato: *Tiene algunas relaciones en esa empresa.* **4.** Lista: *La policía dio una relación de los heridos en ese accidente.* **5.** El hecho de contar algo: *Hizo una relación de lo que había pasado.* || *s. f. pl.* **6.** Trato amoroso o sexual entre dos personas. **EXPR. relaciones públicas** Trabajo que consiste en dar a conocer algo para que tenga éxito o prestigio; en este trabajo es muy importante el trato con la gente. También se llama así a la persona que realiza este trabajo: *María Fernanda es relaciones públicas de una discoteca.*

reja

**SIN. 1.** Conexión, vínculo, nexo, correlación. **1.** y **2.** Contacto. **4.** Enumeración. **5.** Narración, relato, exposición. **ANT. 1.** Desconexión. **2.** Enemistad.
**FAM.** Relacionar, relativo. / Correlación, interrelación.

**relacionar** v. **1.** Poner en relación dos o más cosas, ideas o hechos: *Yo siempre relaciono el verano con las vacaciones.* || **relacionarse 2.** Tener relaciones de amistad, comerciales o de otro tipo: *En su trabajo se relaciona con personas de distintos países.*
**SIN. 1.** Enlazar, vincular, conectar. **2.** Tratarse, alternar. **ANT. 1.** Separar.

**relajación** s. f. **1.** Acción de relajar o relajarse. **2.** El hecho de ser menos duras las normas, la disciplina o las costumbres.
**SIN. 1.** y **2.** Relajo.

**relajado, da** adj. Tranquilo: *Pasamos un fin de semana muy relajado en el campo.*
**ANT.** Inquieto, estresado, preocupado.

**relajante** adj. Que relaja: *Cuando estoy nervioso, me gusta darme un baño relajante.*
**SIN.** Tranquilizante. **ANT.** Estresante.

**relajar** v. **1.** Hacer que desaparezca la tensión de un músculo o de otra parte del cuerpo. **2.** Tranquilizar o distraer a una persona de sus preocupaciones: *Nadar todos los días media hora la relaja.* **3.** Hacer menos severa una ley, una norma u otra cosa: *La disciplina en ese colegio se ha relajado mucho.*
**SIN. 1.** Aflojar. **2.** Serenar, sosegar. **3.** Suavizar. **ANT. 1.** Tensar. **3.** Endurecer.
**FAM.** Relajación, relajado, relajante, relajo.

**relajo** s. m. **1.** Descanso, tranquilidad: *No ha tenido un momento de relajo en todo el día.* **2.** Falta de orden o disciplina: *En esta oficina hay mucho relajo cuando falta el jefe.*
**SIN. 1.** Relax. **1.** y **2.** Relajación.

**relamer** v. **1.** Lamer otra vez. || **relamerse 2.** Pasar la lengua por los labios. **3.** Encontrar mucho gusto o satisfacción: *Se relame pensando en lo bien que lo van a pasar el domingo.*
**SIN. 3.** Recrearse, deleitarse, regodearse.
**FAM.** Relamido.

**relamido, da** adj. y s. m. y f. Que va excesivamente arreglado y tiene modales demasiado finos y poco naturales.
**SIN.** Cursi.

**relámpago** s. m. **1.** Luz intensa y momentánea que se produce en las nubes por una descarga eléctrica, por ejemplo los días en que hay tormenta. **2.** Cualquier cosa que es muy rápida o breve: *El ministro hizo un viaje relámpago a París.*
**FAM.** Relampaguear.

**relampaguear** v. **1.** Haber relámpagos. ■ Con este significado sólo se usa en tercera persona: *Está relampagueando porque hay tormenta.* **2.** Brillar o lucir de forma intermitente: *El fluorescente relampaguea al encenderse.*

**relatar** v. Contar algo, por ejemplo una historia o suceso: *El abuelo nos ha relatado un viaje por América del Sur.*
**SIN.** Narrar, referir.
**FAM.** Relato.

**relativamente** adv. **1.** En relación o en comparación con otras cosas: *Si nos fijamos en otros planetas del Sistema Solar, la Tierra es relativamente pequeña.* **2.** Más o menos, según se mire: *Su casa está relativamente cerca de la mía.*

**relatividad** s. f. Característica de lo que es relativo.

**relativo, va** adj. **1.** Que tiene relación con algo o trata de ello: *Vieron un reportaje en la tele relativo a los indios del Amazonas.* **2.** Que no se sabe cómo es por sí solo, sino que debe ser comparado con otros: *Eso de que mi equipo sea el peor es muy relativo.* || adj. y s. m. **3.** En gramática, se dice de algunas palabras como *que, quien, cuyo, cuando* o *donde,* que enlazan dos oraciones y se refieren, además, a un sustantivo que aparece en la primera oración. Por ejemplo en *Le devolví el libro que me había prestado, que* se refiere a *libro.* || adj. y s. f. **4.** Se dice de la oración subordinada que va después de estos pronombres o adverbios.
**SIN. 1.** Concerniente, referente.
**FAM.** Relativamente, relatividad.

**relato** s. m. **1.** Acción de relatar o contar algo: *El acusado hizo un relato de cómo habían ocurrido los hechos.* **2.** Narración en prosa muy corta: *Ese escritor ha publicado un libro de relatos.*
**SIN. 1.** Relación, exposición.

**relax** s. m. El hecho de relajarse una persona y estar tranquila: *Después de estar todo el día trabajando, necesita un momento de relax.* ■ Es una palabra inglesa. No varía en plural.
**SIN.** Relajación, relajo. **ANT.** Tensión, estrés.

**releer** v. Volver a leer una cosa. ■ Es un verbo irregular. Se conjuga como *leer.*

**relegar** v. Dejar de usar o no hacer caso: *Cuando Miguel se compró los zapatos nuevos, relegó los viejos.* ■ Delante de *e* se escribe *gu* en lugar de *g: releguen.*
**SIN.** Postergar, arrinconar. **ANT.** Atender.

**relente** s. m. Humedad fría que se nota en la atmósfera en las noches despejadas.

**relevancia** s. f. Importancia.
**SIN.** Trascendencia, resonancia.

**relevante** adj. **1.** Importante: *En esta página del periódico aparecen las noticias más relevantes.* **2.** Muy bueno: *A ese químico le dieron un premio por sus relevantes investigaciones.*
**SIN. 1.** Significativo. **2.** Sobresaliente, excelente, notable. **ANT. 1.** y **2.** Irrelevante.
**FAM.** Relevancia. / Irrelevante.

**relevar** v. **1.** Sustituir una persona a otra en cualquier actividad: *Las enfermeras del turno de noche relevan*

*a las de la tarde.* **2.** Liberar a alguien de una carga u obligación: *La relevaron de los trabajos más pesados porque ese día no se encontraba bien.* **3.** Echar a una persona de un trabajo, empleo o puesto.
**SIN. 1.** Reemplazar, suplir. **2.** Eximir, descargar, excusar. **3.** Expulsar, destituir. **ANT. 2.** Cargar.
**FAM.** Relevante, relevo, relieve.

**relevo** *s. m.* **1.** Acción de relevar a alguien: *El relevo de los soldados de guardia tiene lugar a las cinco de la mañana.* **2.** Persona o grupo que releva a otro o a otros. ‖ *s. m. pl.* **3.** Competición deportiva entre varios equipos en que los miembros de cada uno de ellos se relevan después de recorrer una misma distancia.
**SIN. 1.** Sustitución.

**relicario** *s. m.* **1.** Caja o lugar en que se guardan las reliquias de un santo. **2.** Estuche, casi siempre en forma de medallón, en que se guarda un recuerdo de una persona.

**relieve** *s. m.* **1.** El sobresalir una cosa de una superficie y cosa que sobresale: *En las puertas de la catedral hay figuras en relieve.* *La columna está decorada con relieves.* **2.** Conjunto formado por las montañas, valles y otras cosas que hay en la superficie de la Tierra. **3.** Importancia o valor: *En la película trabajan actores de mucho relieve.*
**EXPR. poner de relieve** una cosa Destacarla, mostrar la importancia que tiene: *La victoria del equipo pone de relieve su buena forma.*
**SIN. 3.** Categoría, prestigio.
**FAM.** Altorrelieve, bajorrelieve, huecorrelieve.

**religión** *s. f.* Conjunto de ideas, prácticas y ceremonias de las personas que creen en un Dios o ser superior.
**SIN.** Confesión.
**FAM.** Religioso. / Correligionario.

**religiosamente** *adv.* **1.** De acuerdo con la religión: *Le educaron religiosamente.* **2.** Con mucha puntualidad o exactitud: *El primer día de cada mes esa empresa paga religiosamente a sus empleados.*

**religiosidad** *s. f.* Característica de religioso.

**religioso, sa** *adj.* **1.** De la religión o relacionado con alguna religión: *La misa es una ceremonia religiosa.* **2.** Se dice de la persona que cumple lo que manda su religión. ‖ *adj.* y *s. m.* y *f.* **3.** Persona que consagra su vida a Dios y entra en una orden, como los frailes y las monjas. ‖ *adj.* **4.** Que es muy puntual y exacto: *Cuando cobró el sueldo, pagó de forma religiosa sus deudas.*
**SIN. 2.** Devoto, creyente. **3.** Monje, hermano. **ANT. 1.** Pagano. **2.** Ateo. **3.** Laico, seglar.
**FAM.** Religiosamente, religiosidad.

**relinchar** *v.* Dar relinchos el caballo.

**relincho** *s. m.* Sonido que hace el caballo.
**FAM.** Relinchar.

**reliquia** *s. f.* **1.** Parte del cuerpo de un santo, que suele tenerse en un lugar para que la gente la venere. También, las cosas que estuvieron en contacto con su cuerpo. **2.** Resto que queda de cosas que ocurrieron hace mucho tiempo: *Algunas costumbres son reliquias del pasado.*
**SIN. 2.** Vestigio.
**FAM.** Relicario.

**rellano** *s. m.* Parte horizontal que hay entre dos tramos de una escalera.
**SIN.** Descansillo.

**rellenar** *v.* **1.** Volver a llenar una cosa: *Fue a la bodega para que le rellenaran de vino la botella.* **2.** Escribir en un impreso los datos que se piden: *Carmen rellenó la hoja para participar en el concurso.* **3.** Meter alimentos dentro de otro: *Rellenó las truchas con trocitos de jamón.* **4.** Llenar un hueco con algo: *Rellenaron de yeso las grietas de la pared.*
**SIN. 2.** Cumplimentar. **ANT. 1.** Vaciar.
**FAM.** Relleno.

**relleno, na** *adj.* **1.** Que alguien lo rellenó: *Tomó un pastel relleno de nata.* **2.** Que está algo gordo. Se usa más en diminutivo: *Marta está rellenita.* ‖ *s. m.* **3.** Ingredientes con que se rellena un alimento: *Hizo el relleno de las empanadillas con atún y tomate.* **4.** Cualquier material con que se rellena algo: *el relleno de una almohada.*
**EXPR. de relleno** En un escrito o discurso, se dice de la parte poco importante que sólo sirve para rellenar huecos o hacerlo más largo.
**SIN. 1.** y **2.** Lleno. **2.** Regordete, fuerte. **ANT. 1.** Vacío. **2.** Delgado.

**reloj** *s. m.* Utensilio o máquina para medir el tiempo. Existen muchos tipos de relojes, por ejemplo de pulsera, de arena o de sol.
**EXPR. como un reloj** Que funciona muy bien, con mucha precisión. **contra reloj** Carrera ciclista en que los corredores, de uno en uno, intentan llegar

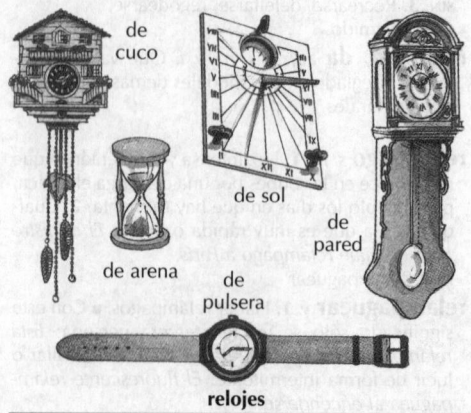

de cuco

de sol

de pared

de arena

de pulsera

**relojes**

a la meta en el menor tiempo posible. También, muy rápidamente, en un plazo de tiempo corto: *Cuando están cerca los exámenes, Consuelo estudia contra reloj.*
FAM. Relojería, relojero. / Contrarreloj.

**relojería** *s. f.* Tienda en que se venden o arreglan relojes.

**relojero, ra** *s. m.* y *f.* Persona que hace, arregla o vende relojes.

**reluciente** *adj.* Que reluce: *Elena se puso unos relucientes zapatos de charol.*
SIN. Brillante, resplandeciente.

**relucir** *v.* Brillar: *Los cristales están tan limpios que relucen.* ■ Es un verbo irregular. Se conjuga como *lucir.*
EXPR. **sacar** o **salir** algo **a relucir** Decirlo al hablar de otras cosas, a veces de forma poco oportuna: *Siempre que se ve a Andrés sale a relucir la pelea que tuvieron de pequeños.*
SIN. Resplandecer, relumbrar.
FAM. Reluciente.

**relumbrar** *v.* Brillar un cuerpo.
SIN. Resplandecer, relucir.
FAM. Relumbrón.

**relumbrón** *s. m.* **1.** Luz fuerte que aparece de repente y dura poco tiempo. **2.** Aspecto lujoso que no corresponde a un valor o a una riqueza real.
SIN. **1.** Destello.

**remachar** *v.* **1.** Machacar un clavo o remache que ya ha sido clavado para que quede bien sujeto. **2.** Insistir en algo, repetirlo: *El profesor remachó esa parte de la lección porque era muy importante.*
SIN. **2.** Recalcar, subrayar.

**remache** *s. m.* Clavo o pieza de metal con una punta que se clava y después se machaca por el extremo opuesto.
FAM. Remachar.

**remanente** *adj.* y *s. m.* Parte que queda de una cosa: *Dejaron un remanente de dinero por si tenían que hacer otros gastos.*
SIN. Sobrante, resto.

**remangar** *v.* Levantar hacia arriba las mangas o la ropa. ■ Delante de *e* se escribe *gu* en lugar de *g*: *Me remangué la camisa antes de lavarme las manos.*
SIN. Arremangar.

**remansarse** *v.* Pararse o ir más lenta una corriente de agua.
SIN. Estancarse.

**remanso** *s. m.* Lugar en que una corriente de agua se detiene o va más despacio.
EXPR. **remanso de paz** Lugar tranquilo: *Ese pueblecito es un remanso de paz.*
FAM. Remansarse.

**remar** *v.* Mover los remos de una embarcación para hacerla avanzar por el agua.
SIN. Bogar.

**remarcar** *v.* **1.** Volver a marcar algo. **2.** Destacar, insistir en algo: *Los periodistas remarcaron el éxito del festival.* ■ Delante de *e* se escribe *qu* en lugar de *c*: *remarqué.*
SIN. **2.** Recalcar, remachar, señalar.

**rematadamente** *adv.* Por completo, sin remedio: *Lo hizo rematadamente mal.*

**rematado, da** *adj.* **1.** Que alguien lo remató. **2.** Total, sin remedio. Se dice de cosas malas: *tonto rematado.*
SIN. **2.** Redomado, completo.

**rematar** *v.* **1.** Acabar de matar al que está herido. **2.** Acabar de estropear o agravar lo que ya estaba mal: *Estaba enfadado con Juan, pero la última faena que le hizo lo remató.* **3.** Acabar algo: *Remató su actuación con una de sus canciones más conocidas.* **4.** En el fútbol, lanzar el balón contra la portería contraria después de un pase u otras jugadas. **5.** Ser algo el final o el extremo de otra cosa: *Una torre remata el edificio.* **6.** Dar varias puntadas al final de una costura para que no se deshaga.
SIN. **3.** Terminar, concluir, finalizar. **4.** Disparar. ANT. **3.** Comenzar.
FAM. Rematadamente, rematado, remate.

**remate** *s. m.* **1.** Acción de rematar: *Hizo un remate de cabeza y metió gol.* **2.** Aquello que es el final o el extremo de algo: *Puso en la mesa un mantel blanco con un remate de color azul.*
EXPR. **de remate** Completamente, del todo: *Este tipo está loco de remate.*
SIN. **1.** Fin, término, conclusión; lanzamiento, disparo. ANT. **1.** Comienzo.

**rembolsar** *v.* Busca **reembolsar.**
FAM. Rembolso.

**rembolso** *s. m.* Busca **reembolso.**

**remedar** *v.* Imitar algo, sobre todo los gestos o movimientos de una persona para burlarse de ella.
SIN. Copiar.
FAM. Remedo.

**remediar** *v.* Poner remedio a alguna cosa: *Intentan remediar el hambre de tantos niños en el mundo.*
EXPR. **no poder remediar** algo No poder evitarlo: *Eva no puede remediar ponerse nerviosa cuando monta en avión.*
SIN. Solucionar, reparar, arreglar, subsanar.

**remedio** *s. m.* Lo que sirve para solucionar una cosa, curar una enfermedad o evitar algo malo: *Los antibióticos son un remedio eficaz contra las infecciones.*
EXPR. **remedio casero** Hierbas, infusiones y otros procedimientos populares para curar a un enfermo sin tener que llamar al médico. También, solución sencilla para resolver algunos problemas. || **no haber** (o **no tener**) **más remedio** Ser obligatorio o ser la única solución posible: *Aunque no me guste, no tengo más remedio que ir al dentista.* **¡qué remedio!** Expresa que una persona se conforma o se

973

# remedo - remolonear

aguanta con algo, aunque no le guste: *Tengo que madrugar para ir al colegio, ¡qué remedio!*
**SIN.** Solución, arreglo, medio.
**FAM.** Remediar. / Irremediable.

**remedo** *s. m.* Imitación o copia de algo, especialmente cuando está mal hecha o resulta ridícula: *Algunas series televisivas españolas son un remedo de las americanas.*

**rememorar** *v.* Recordar: *Sus padres rememoraron el primer viaje que hicieron juntos.*
**SIN.** Evocar. **ANT.** Olvidar.

**remendar** *v.* Arreglar algo viejo o roto, por ejemplo una prenda de vestir, poniendo un parche o zurciéndolo. ■ Es un verbo irregular. Se conjuga como *pensar.*
**FAM.** Remendón, remiendo.

**remendón, na** *adj.* y *s. m.* y *f.* Que se dedica a remendar zapatos o prendas usadas: *un zapatero remendón.*

**remero, ra** *s. m.* y *f.* Persona que rema.

**remesa** *s. f.* Conjunto de cosas que se envían de una vez: *Enviaron a los refugiados una remesa de medicamentos.*
**SIN.** Partida.

**remeter** *v.* **1.** Meter de nuevo algo que se ha salido o meterlo más adentro. **2.** Empujar una cosa para meterla en un sitio, por ejemplo los bordes de las sábanas y mantas.

**remiendo** *s. m.* **1.** Acción de remendar. **2.** Pedazo de tela, cuero u otro material que se usa para remendar o arreglar algo: *Puso unos remiendos en los pantalones para tapar los rotos.*
**SIN.** 2. Parche.

**remilgado, da** *adj.* y *s. m.* y *f.* Que es demasiado delicado o hace muchos ascos a todo.
**SIN.** Melindroso, ñoño, escrupuloso.

**remilgo** *s. m.* Asco u otro gesto o acción que hace la persona remilgada: *Después de muchos remilgos, dijo que no se tomaba la leche porque tenía nata.*
**SIN.** Melindre, escrúpulo.
**FAM.** Remilgado.

**reminiscencia** *s. f.* **1.** Recuerdo que una persona tiene de algo: *De su niñez sólo le quedan algunas reminiscencias.* **2.** Lo que en una obra artística recuerda a otro autor o muestra su influencia.

**remisión** *s. f.* **1.** El hecho de remitir algo. **2.** Nota que en un escrito dice al lector que busque en otra parte del mismo o en otro escrito diferente.

**remiso, sa** *adj.* Que se resiste a algo: *Eduardo se muestra remiso a hacer ese recado.*
**SIN.** Reacio. **ANT.** Dispuesto, favorable.

**remite** *s. m.* Nota escrita en las cartas, sobres y paquetes en que aparecen el nombre y el domicilio de la persona que lo envía.

**remitente** *adj.* y *s. m.* y *f.* Que remite o envía algo: *El remitente de esa postal es su primo Manolo.*

**remitir** *v.* **1.** Enviar: *Le remitió la carta por correo certificado.* **2.** Decir al lector de una obra escrita que busque en otra parte: *En esta nota el autor remite al capítulo siguiente.* **3.** Perder algo intensidad o fuerza, por ejemplo la fiebre o una tormenta. || **remitirse 4.** Indicar que vale lo ya dicho por uno mismo o por otro para no repetirlo: *El ministro se remitió a lo que dijo el presidente.*
**SIN.** 1. Mandar, expedir. 3. Disminuir. 4. Referirse.
**ANT.** 3. Aumentar, arreciar.
**FAM.** Remisión, remiso, remite, remitente. / Irremisible.

**remo** *s. m.* Pala larga y estrecha que se utiliza para mover algunas embarcaciones haciendo fuerza en el agua.
**FAM.** Remar, remero. / Trirreme.

**remodelar** *v.* **1.** Hacer una obra para cambiar la forma o la estructura de un edificio: *He remodelado mi apartamento.* **2.** Organizar de manera distinta, cambiar la composición o la organización de algo: *El director va a remodelar todo su equipo.*

**remojar** *v.* Mojar completamente una cosa, sobre todo metiéndola en agua.
**SIN.** Empapar, bañar. **ANT.** Secar.
**FAM.** Remojo, remojón.

**remojo** Se usa sobre todo en la expresión **en remojo** o **a remojo**, que significa 'dentro del agua u otro líquido': *Puso la ropa sucia en remojo.*

**remojón** *s. m.* El hecho de mojar o mojarse, por ejemplo dándose un baño o un chapuzón.

**remolacha** *s. f.* Planta con una raíz carnosa y comestible, de color rojo, de la que se saca azúcar y que también se llama *remolacha.*

**remolcador, ra** *adj.* y *s. m.* Que sirve para remolcar: *un barco remolcador.*

**remolcar** *v.* **1.** Arrastrar una embarcación u otra cosa por el agua, tirando de ella. **2.** Arrastrar un vehículo a otro. ■ Delante de *e* se escribe *qu* en lugar de *c*: *remolquen.*
**FAM.** Remolcador, remolque.

**remolino** *s. m.* **1.** Movimiento de una masa de aire, polvo o agua que gira muy deprisa. **2.** Pelos que salen en distinta dirección que el resto y al peinarlos quedan de punta. **3.** Amontonamiento de mucha gente que se mueve sin ningún orden.
**SIN.** 1. Vorágine, torbellino. 3. Aglomeración, hormiguero.

**remolón, na** *adj.* y *s. m.* y *f.* Que intenta no trabajar o no hacer algo.
**ANT.** Diligente, trabajador.
**FAM.** Remolonear.

**remolonear** *v.* Dejar para más tarde un trabajo o una obligación por pereza: *Deja de remolonear y ponte a hacer los deberes.*

**remolque** *s. m.* **1.** Acción de remolcar o ser remolcado. **2.** Vehículo sin motor que es arrastrado por otro.
**EXPR. a remolque** Arrastrándolo: *La grúa llevó a remolque el coche averiado.* También, significa que una persona hace algo porque otra la ha obligado o se ha puesto muy pesada: *Julián siempre va al pueblo a remolque porque allí se aburre mucho.*
**SIN. 1.** Arrastre.

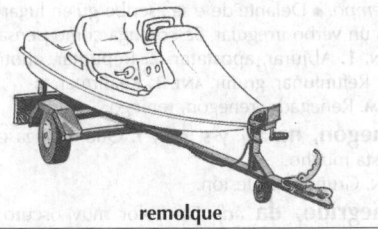

**remolque**

**remontada** *s. f.* Hecho de remontar: *la remontada del vuelo, la remontada del equipo blanco.*

**remontar** *v.* **1.** Subir por el sitio que se dice: *Cuando remontó la cuesta, faltaba un kilómetro para llegar al pueblo.* **2.** Superar un obstáculo o dificultad: *Tuvo un bache en su trabajo, pero logró remontarlo.* **3.** Avanzar puestos: *El ciclista remontó posiciones hasta colocarse el primero.* || **remontarse 4.** Subir o volar muy alto, por ejemplo las aves o los aviones. **5.** Situarse en una época pasada o pertenecer a ella: *En esa novela el autor se remonta a la Edad Media. La fundación de la ciudad se remonta al siglo V.*
**SIN. 1.** y **3.** Escalar. **1.**, **3.** y **4.** Ascender. **2.** Vencer. **3.** Ganar, recuperar. **ANT. 1.** y **4.** Bajar, descender. **3.** Perder.
**FAM.** Remontada, remonte.

**remonte** *s. m.* **1.** Acción de remontar o remontarse. **2.** Aparato que sirve para remontar o subir una pista de esquí, como el telesilla.
**SIN. 1.** Subida, ascenso. **ANT. 1.** Bajada.

**rémora** *s. f.* **1.** Pez marino que tiene una especie de ventosa en la cabeza con la que se fija a otros peces más grandes. **2.** Obstáculo que impide que algo se realice o mejore: *Su escasa preparación es una rémora a la hora de encontrar un buen trabajo.*
**SIN. 2.** Impedimento, lastre, freno.

**remorder** *v.* Preocupar mucho a una persona algo malo o injusto que ha hecho: *Le remuerde la conciencia el haberse burlado de su compañero.* ■ Es un verbo irregular. Se conjuga como *mover.*
**SIN.** Pesar, atormentar.
**FAM.** Remordimiento.

**remordimiento** *s. m.* Preocupación o pena que siente una persona por algo malo que ha hecho.

**remoto, ta** *adj.* **1.** Que está muy lejos: *El suceso ocurrió en un país remoto.* **2.** Que ocurrió hace mucho tiempo: *En tiempos remotos el hombre vivía en cuevas.* **3.** Que es muy difícil que ocurra:

*La posibilidad de que vuelvan a ser amigos es muy remota.*
**EXPR. no tener ni la más remota idea** No saber nada de algo.
**SIN. 1.** a **3.** Lejano. **ANT. 1.** Cercano, próximo.

**remover** *v.* **1.** Mover algo agitándolo, dándole vueltas o cambiándolo de sitio o posición: *Removió la leche para que se disolviera el azúcar. Su hermano se removía en la cama porque no podía dormir.* **2.** Volver a pensar o tratar un asunto: *Decidió no remover más ese tema que tanto molestaba.* **3.** Apartar un obstáculo, un inconveniente o algo parecido. ■ Es un verbo irregular. Se conjuga como *mover.*
**SIN. 1.** y **2.** Revolver. **2.** Tocar.

**remozar** *v.* Dar un aspecto más nuevo o moderno a algo, por ejemplo a la fachada de un edificio. ■ Delante de *e* se escribe *c* en lugar de *z*: *remocen.*
**SIN.** Renovar, modernizar, revocar.

**remplazar** *v.* Busca **reemplazar**. ■ Delante de *e* se escribe *c* en lugar de *z*.
**FAM.** Remplazo. / Irremplazable.

**remplazo** *s. m.* Busca **reemplazo**.

**remuneración** *s. f.* Acción de remunerar y dinero con que se remunera algo.
**SIN.** Paga, sueldo, salario.

**remunerar** *v.* Pagar dinero por un trabajo o servicio.
**SIN.** Retribuir.
**FAM.** Remuneración.

**renacentista** *adj.* y *s. m.* y *f.* Del renacimiento o relacionado con este movimiento cultural.

**renacer** *v.* **1.** Volver a nacer. **2.** Tomar nuevas fuerzas: *Cuando llega el buen tiempo, muchas personas mayores se sienten renacer.* ■ Es un verbo irregular. Se conjuga como *agradecer.*
**SIN. 1.** y **2.** Revivir, resurgir. **ANT. 1.** y **2.** Morir.
**FAM.** Renacimiento.

**renacimiento** *s. m.* **1.** Acción de renacer algo. **2.** Movimiento cultural de los siglos XV y XVI en que se estudió a los antiguos escritores y artistas griegos

pintura del **Renacimiento**

y latinos, y se siguieron sus ideas y su estilo. Este movimiento se inició en Italia y se extendió después a otros países europeos. ■ Con este significado se suele escribir con mayúscula.
SIN. 1. Resurgimiento. ANT. 1. Decadencia.
FAM. Renacentista.

**renacuajo** *s. m.* **1.** Cría de la rana y de otros anfibios. **2.** Forma de llamar cariñosamente a los niños pequeños.

**renal** *adj.* De los riñones o relacionado con ellos: *una enfermedad renal, la arteria renal.*

**rencilla** *s. f.* Riña entre dos o más personas que hace que después éstas se lleven mal.
SIN. Pelea, disputa. ANT. Concordia.

**rencor** *s. m.* Odio o antipatía que alguien tiene a otro por algo que le hizo hace tiempo: *Le guardaba rencor por no haberle dejado la bici.*
SIN. Resentimiento, encono.
FAM. Rencoroso.

**rencoroso, sa** *adj.* y *s. m.* y *f.* Que guarda rencor a otra persona.

**rendición** *s. f.* El hecho de rendirse.
ANT. Resistencia.

**rendido, da** *adj.* **1.** Muy cansado: *He ayudado a Pepa a hacer la mudanza y ahora estoy rendida.* **2.** Que hace todo lo que otra persona quiere, por ejemplo porque está muy enamorado.
SIN. 1. Agotado, fatigado, reventado, molido. ANT. 1. Descansado.

**rendija** *s. f.* Abertura larga y estrecha, por ejemplo la que hay entre dos cosas cuando están muy cerca una de otra: *Por las rendijas de la puerta entra el aire frío de la calle.*
SIN. Hendidura, fisura, ranura.

**rendimiento** *s. m.* Beneficio o provecho del trabajo de una persona, de una máquina o de otra cosa: *Lo mejor de este coche es el alto rendimiento del motor.*
SIN. Rentabilidad, provecho, productividad.

**rendir** *v.* **1.** Vencer o someter a alguien, por ejemplo al enemigo. **2.** Producir una persona o cosa un rendimiento o utilidad: *Ese trabajador rinde al máximo.* **3.** Dar u ofrecer algunas cosas, por ejemplo homenajes, honores o tributos: *Cuando el abuelo se jubiló sus compañeros le rindieron un pequeño homenaje.* **4.** Dejar muy cansado: *Tanto esfuerzo acabó por rendirla.* || **rendirse** **5.** Dejar de luchar o de resistir: *El corredor se rindió porque no tenía fuerzas para llegar a la meta. Los ladrones se rindieron a la policía.* ■ Es un verbo irregular. Se conjuga como *pedir.*
EXPR. **rendir cuentas** Dar explicaciones a alguien de lo que uno hace: *Ése es tu nuevo jefe, a él tendrás que rendirle cuentas.*
SIN. 1. Doblegar. 2. Rentar. 4. Agotar, moler. 5. Ceder, claudicar; rajarse. ANT. 1. y 5. Resistir, aguantar.
FAM. Rendición, rendido, rendimiento. / Renta.

**renegado, da** *adj.* y *s. m.* y *f.* Que rechaza su país, su raza o las creencias que tenía antes.

**renegar** *v.* **1.** Rechazar una persona la religión u otras ideas que tenía antes. **2.** Rechazar con desprecio una persona a otra o la relación que tenía con ella: *Manuel reniega de su amistad con Vicente.* **3.** Protestar alguien en voz baja: *Cuando empezó a llover, Elisa se puso a renegar del mal tiempo.* ■ Delante de *e* se escribe *gu* en lugar de *g.* Es un verbo irregular. Se conjuga como *pensar.*
SIN. 1. Abjurar, apostatar. 2. Repudiar, abominar. 3. Refunfuñar, gruñir. ANT. 1. Reafirmar.
FAM. Renegado, renegón, reniego.

**renegón, na** *adj.* y *s. m.* y *f.* Que reniega o protesta mucho.
SIN. Gruñón, protestón.

**renegrido, da** *adj.* De color muy oscuro, casi negro.
SIN. Negruzco.

**renglón** *s. m.* **1.** Cada una de las líneas horizontales que tienen los cuadernos y otros papeles para escribir sin torcerse. **2.** Palabras o signos escritos en una línea recta.
EXPR. **a renglón seguido** A continuación, inmediatamente.

**reniego** *s. m.* Cosa que se hace o se dice renegando o protestando.
SIN. Protesta, queja.

**reno** *s. m.* Animal parecido al ciervo, pero de mayor tamaño y con grandes cuernos, que vive en zonas muy frías del hemisferio Norte y se emplea para tirar de los trineos.

reno

**renombrado, da** *adj.* Que tiene renombre o fama.
SIN. Famoso, célebre, prestigioso.

**renombre** *s. m.* Fama, prestigio: *Al congreso acudieron abogados de mucho renombre.*
SIN. Celebridad, notoriedad.
FAM. Renombrado.

**renovación** *s. f.* El hecho de renovar algo.

**renovar** *v.* **1.** Dar nueva fuerza, intensidad o vitalidad a algo: *Ese escritor renovó el teatro de su época.*

**2.** Cambiar una cosa por otra de la misma clase que es más nueva o moderna: *Renovó algunos muebles de la casa porque estaban anticuados.* **3.** Cambiar un documento que ya no vale por otro igual nuevo: *Debo renovar mi carné de identidad.* **4.** Volver a hacer algo que se había interrumpido: *Al amanecer, el ejército enemigo renovó sus ataques.* ▪ Es un verbo irregular. Se conjuga como *contar*.
**SIN. 1.** Revitalizar. **2.** y **3.** Actualizar. **4.** Repetir, reiterar. **ANT. 1.** Debilitar.
**FAM.** Renovación, renuevo.

**renquear** *v.* **1.** Andar cojeando. **2.** Vivir o marchar una persona o cosa con dificultades.
**SIN. 1.** Cojear. **2.** Tirar.

**renta** *s. f.* **1.** Dinero o ganancia que da una cosa, por ejemplo al mes o al año: *Sus fincas le producen una renta suficiente para poder vivir.* **2.** Dinero que paga una persona a otra por el alquiler de algo: *Le han subido la renta del apartamento.*
**EXPR. renta per cápita** Cálculo que se hace dividiendo el dinero que hay en un país entre el número de habitantes. **vivir de (las) rentas** Aprovecharse de lo que se ha conseguido en el pasado para no esforzarse ahora.
**SIN. 1.** Rendimiento, rédito, provecho, ganancia.
**FAM.** Rentar, rentista.

**rentabilidad** *s. f.* Característica de lo que es rentable.

**rentabilizar** *v.* Hacer que una empresa, un negocio o un dinero produzcan beneficios. ▪ Delante de *e* se escribe *c* en lugar de *z*: *Rentabilice sus ahorros invirtiendo en bolsa.*

**rentable** *adj.* Que produce beneficio.
**FAM.** Rentabilizar.

**rentar** *v.* Producir algo una ganancia o beneficio, por ejemplo una finca, un negocio o un dinero que se tiene en el banco.
**SIN.** Rendir, remunerar.
**FAM.** Rentabilidad, rentable.

**rentista** *s. m.* y *f.* Persona que vive de las rentas que cobra por sus propiedades.

**renuencia** *s. f.* Resistencia que se tiene a hacer algo: *El ejército mostró una clara renuencia a continuar el ataque.*
**FAM.** Renuente.

**renuente** *adj.* Que se resiste a algo: *El comprador se mostró renuente al principio, pero finalmente aceptó la oferta.*
**SIN.** Remiso, reacio.

**renuevo** *s. m.* Brote de una planta o de un árbol después de haber sido podados o cortados.
**SIN.** Vástago, retoño, yema, tallo.

**renuncia** *s. f.* El hecho de renunciar a algo: *El entrenador del equipo presentó su renuncia al presidente del club.*

**renunciar** *v.* **1.** Dejar una persona voluntariamente algo que posee o a lo que tiene derecho: *Renunció*

a su cargo de presidente del banco. *Renunció a su parte de la herencia.* **2.** Dejar de hacer algo o decidir no hacer algo por alguna razón: *Los chicos renunciaron a subir una montaña tan empinada. Renunció a tomar dulces porque quería adelgazar.* **3.** No aceptar una persona algo que se le ofrece: *Renunció a la ayuda que le prestaban sus amigos.*
**SIN. 1.** Dimitir. **2.** Desistir; abstenerse, quitarse. **3.** Rechazar, declinar. **ANT. 1.** y **3.** Aceptar, admitir. **2.** Persistir, seguir.
**FAM.** Renuncia, renuncio. / Irrenunciable.

**renuncio** *s. m.* Mentira o contradicción en que se coge a una persona, por ejemplo en los juegos de cartas cuando un jugador descubre que otro no ha echado la carta que debía.

**reñido, da** *adj.* **1.** Se dice de la persona que se ha enfadado con otra: *Pedro y Joaquín llevan dos días reñidos.* **2.** Se dice de las competiciones, concursos y otras pruebas en que los participantes están muy igualados.
**EXPR. estar reñida** una cosa con otra No poder estar juntas o al mismo tiempo.
**SIN. 1.** Peleado.

**reñir** *v.* **1.** Regañar a otra persona por algo que ha hecho o dicho: *Su padre le riñe cuando dice alguna palabrota.* **2.** Discutir, pelear: *Empezaron a reñir por una cosa sin importancia.* ▪ Es un verbo irregular. Se conjuga como *ceñir*.
**SIN. 1.** Reprender, reconvenir, amonestar. **2.** Disputar; enfadarse. **ANT. 1.** Aprobar. **2.** Reconciliarse.
**FAM.** Reñido, riña.

**reo, a** *s. m.* y *f.* Persona acusada de un delito. ▪ Para formar el femenino se usa más *reo* que *rea*: *El juez llamó a la reo.*

**reojo** Se usa en la expresión **de reojo**, que significa 'mirando con disimulo, sin volver la cabeza'.

**reordenar** *v.* Ordenar de nuevo: *Tengo que reordenar mis libros por autores.*

**reorganizar** *v.* Volver a organizar algo, sobre todo para que funcione mejor. ▪ Delante de *e* se escribe *c* en lugar de *z*: *reorganice.*
**SIN.** Reestructurar.

**reóstato** *s. m.* Aparato para variar la resistencia en un circuito eléctrico.

**repanchigarse** o **repanchingarse** *v.* Busca **repantigarse**. ▪ Delante de *e* se escribe *gu* en lugar de *g*.
**FAM.** Arrepanchigarse, arrepanchingarse.

**repanocha** Se usa en la expresión **ser la repanocha**, que significa 'ser una persona o cosa muy sorprendente por lo bueno o por lo malo': *Julián es la repanocha: nunca llega puntual.*

**repantigarse** o **repantingarse** *v.* Colocarse cómodamente en un asiento, estirando el cuerpo. ▪ Delante de *e* se escribe *gu* en lugar de *g*: *Déjale que se repantigue en el sofá.* Se dice también *repanchigarse* o *repanchingarse.*
**SIN.** Arrellanarse.

**reparación** *s. f.* **1.** Arreglo de algo que estaba roto o estropeado: *Esa tienda se dedica a la reparación de electrodomésticos.* **2.** El hecho de dar o hacer algo bueno a una persona por un daño o por una ofensa que ha sufrido.
**SIN. 1.** Restauración. **2.** Desagravio; indemnización, compensación.

**reparador, ra** *adj.* y *s. m.* y *f.* **1.** Que repara o arregla alguna cosa. || *adj.* **2.** Que sirve para recuperar las fuerzas: *Después de tanto esfuerzo necesitaba un descanso reparador.*

**reparar** *v.* **1.** Arreglar algo roto o estropeado: *El técnico reparó la lavadora.* **2.** Poner remedio a un daño o una ofensa que se ha hecho a otra persona: *Estaba arrepentido y quería reparar el daño que había hecho a su compañero.* **3.** Fijarse, notar: *Reparó en que la puerta del coche había quedado abierta.*
**SIN. 1.** Recomponer, restaurar. **2.** Remediar, enmendar, subsanar. **3.** Percatarse, percibir. **ANT. 1.** Estropear, romper. **2.** Ofender, agraviar.
**FAM.** Reparación, reparador, reparo. / Irreparable.

**reparo** *s. m.* **1.** El indicar los defectos o inconvenientes de algo: *Carlos puso muchos reparos a la organización de ese viaje.* **2.** Vergüenza que una persona siente al hacer alguna cosa: *Le daba reparo decir a sus padres que tenía novio.*
**SIN. 1.** Pega, traba, objeción. **2.** Apuro, embarazo.

**repartidor, ra** *adj.* y *s. m.* y *f.* Que reparte: *Encargó una bombona al repartidor del gas.*

**repartir** *v.* **1.** Dar a cada persona una de las partes de algo: *Repartió el pastel de chocolate entre sus hijos. Barajó bien las cartas antes de repartirlas.* **2.** Entregar algo en distintos lugares o a personas diferentes: *En la puerta del metro hay un chico repartiendo propaganda.* **3.** Dar a cada persona una función o colocación: *El director repartió los papeles de la obra entre los actores. Repartió a los invitados por el salón.* **4.** Extender una cosa sobre una superficie: *Elena repartió la sobrasada sobre una rebanada de pan.*
**SIN. 1.** Dividir, partir. **1.** a **4.** Distribuir. **3.** Adjudicar, asignar. **4.** Esparcir.
**FAM.** Repartidor, reparto.

**reparto** *s. m.* **1.** Acción de repartir: *Esa furgoneta se dedica al reparto de leche.* **2.** Lista de los actores de una película o espectáculo teatral con los personajes que hace cada uno.
**SIN. 1.** Partición.

**repasar** *v.* **1.** Mirar otra vez una cosa para comprobar si está bien o corregir sus faltas: *Repasó la multiplicación por si tenía algún fallo.* **2.** Leer de nuevo lo que se ha estudiado para aprenderlo bien. **3.** Explicar otra vez el profesor una lección. **4.** Coser de nuevo algo que lo necesita: *repasar un botón.* **5.** Volver a pasar por el mismo sitio: *Pasaba y repasaba el trapo por los muebles.*
**SIN. 1.** Revisar.
**FAM.** Repaso.

**repaso** *s. m.* El hecho de repasar algo: *Antes del examen, dio un último repaso a la lección.*
**EXPR. dar un repaso** a alguien Regañarle. También, demostrar alguien que es mejor que otra persona en algo: *Daniel nos dio un repaso a todos jugando a los dardos.*

**repatear** *v.* Desagradar o molestar mucho: *Las personas muy presumidas le repatean.*
**SIN.** Fastidiar, hartar, cargar. **ANT.** Gustar, agradar.

**repatriar** *v.* Hacer lo necesario para que una persona vuelva a su país.
**ANT.** Desterrar.

**repe** *adj.* Forma abreviada de **repetido**.

**repecho** *s. m.* Cuesta bastante empinada y corta.
**SIN.** Pendiente, rampa. **ANT.** Bajada, declive.

**repeinado, da** *adj.* Que va demasiado bien peinado y por ello resulta poco natural.

**repelar** *v.* Pelar mucho una cosa: *Le repelaron la cabeza cuando se fue a la mili.*
**SIN.** Rapar, trasquilar.

**repelente** *adj.* y *s. m.* **1.** Que repele o da asco: *Echó en el sótano un repelente para insectos. En esa película sale un monstruo de aspecto repelente.* || *adj.* y *s. m.* y *f.* **2.** Se dice de la persona redicha, que se lo sabe todo.
**SIN. 1.** Asqueroso, repulsivo, repugnante. **2.** Sabihondo.

**repeler** *v.* **1.** Hacer que una persona o cosa se separe de algo o vaya hacia atrás: *Los soldados repelieron al enemigo.* **2.** Causar repugnancia o mucho asco: *Las ratas le repelen.*
**SIN. 1.** Rechazar, alejar. **2.** Desagradar, repugnar.
**ANT. 1.** Atraer. **2.** Agradar.
**FAM.** Repelente, repulsa, repulsión, repulsivo.

**repelús** o **repeluzno** *s. m.* Escalofrío o sensación desagradable que produce algo que da miedo, repugnancia o asco: *Las orugas le dan repelús.*

**repente** *s. m.* Reacción inesperada que tiene una persona: *Le dio un repente y se enfadó con todos nosotros.*
**EXPR. de repente** De forma no esperada: *De repente se puso a llover.*
**SIN.** Pronto, arranque, arrebato.
**FAM.** Repentino.

**repentino, na** *adj.* Que se produce de repente, sin que lo esperemos.
**SIN.** Imprevisto, brusco, súbito. **ANT.** Esperado, previsto.

**repera** Se utiliza en la expresión **ser la repera**, que significa ser sorprendente, fuera de lo normal, en buen o mal sentido: *La fiesta de Nochevieja fue la repera, la mejor de los últimos años.*

**repercusión** *s. f.* **1.** El hecho de influir una cosa en otra que ocurre después. **2.** El llegar a ser algo muy conocido por la importancia que tiene: *La música de*

*los Beatles tuvo una gran repercusión en todo el mundo.*
SIN. **2.** Resonancia, eco, trascendencia.

**repercutir** *v.* **1.** Influir una cosa en otra: *El que estuviera dos semanas enfermo sin ir al colegio repercutió en sus notas.* **2.** Producir eco el sonido.
SIN. **2.** Resonar, retumbar.
FAM. Repercusión.

**repertorio** *s. m.* **1.** Conjunto de espectáculos o números que un actor o compañía tienen preparados para realizarlos ante el público. **2.** Colección de algo: *Javier tiene un buen repertorio de chistes.* **3.** Libro o catálogo que contiene de forma ordenada datos o informaciones: *un repertorio de escritores españoles.*
SIN. **2.** Selección.

**repesca** *s. f.* **1.** Acción de repescar. **2.** Examen especial para los estudiantes que han suspendido una asignatura.
SIN. **2.** Recuperación.

**repescar** *v.* Admitir de nuevo al que ha suspendido una asignatura o ha sido eliminado en un sorteo o competición. ■ Delante de *e* se escribe *qu* en lugar de *c*: *repesquen.*
SIN. Readmitir.
FAM. Repesca.

**repetición** *s. f.* Acción de repetir y cosa que se repite: *Al final del partido dieron la repetición de las mejores jugadas.*
EXPR. **de repetición** Se dice sobre todo de las armas de fuego que, una vez puestas en funcionamiento, repiten su acción mecánicamente.

**repetidamente** *adv.* Varias veces: *Esta mañana ha sonado repetidamente el teléfono.*
SIN. Frecuentemente. ANT. Raramente.

**repetido, da** *adj.* Que se repite o que es igual: *Fernando tiene tres cromos repetidos.*

**repetidor, ra** *adj. y s. m. y f.* **1.** Que repite; se dice sobre todo de un alumno que repite curso por haber suspendido. || *s. m.* **2.** Aparato electrónico usado en la televisión o en las comunicaciones que recibe una señal y la vuelve a transmitir aumentada.

**repetir** *v.* **1.** Decir otra vez lo que ya se ha dicho: *Ya te he oído; no me lo repitas más.* **2.** Volver a hacer algo: *Andrés tuvo que repetir curso porque había suspendido.* **3.** Tomar más cantidad de una comida o bebida: *La ensalada estaba muy buena y decidió repetir.* **4.** Venir a la boca el sabor de lo que se había comido o bebido: *La morcilla le repite.* **5.** Volver a ocurrir o suceder algo: *El apagón de luz se repitió al poco rato.* ■ Es un verbo irregular. Se conjuga como *pedir.*
SIN. **1.** Reiterar.
FAM. Repe, repetición, repetidamente, repetido, repetidor, repetitivo. / Irrepetible.

**repetitivo, va** *adj.* Que se repite mucho y por eso resulta aburrido.
SIN. Reiterativo.

**repicar** *v.* Tocar varias veces las campanas para anunciar un día de fiesta o para celebrar otras cosas alegres. ■ Delante de *e* se escribe *qu* en lugar de *c*: *repique.*
SIN. Repiquetear.
FAM. Repique, repiquetear.

**repipi** *adj. y s. m. y f.* Muy redicho o muy cursi, que dice cosas que no son propias de su edad: *Tu hermana pequeña es una repipi.*
SIN. Sabelotodo, sabihondo, pedante. ANT. Sencillo.

**repique** *s. m.* Toque repetido de campanas: *Las fiestas de ese pueblo empiezan con un repique de las campanas de la iglesia.*

**repiquetear** *v.* Tocar con fuerza las campanas u otro instrumento que suena al golpearlo, por ejemplo las castañuelas.
SIN. Resonar; golpetear.

**repisa** *s. f.* Tabla u otra cosa parecida colocada contra la pared para poner sobre ella objetos o sostener algo: *Marta tiene las repisas de su habitación llenas de muñecos.*
SIN. Estante, soporte.

**replantear** *v.* Volver a plantear o pensar algo: *Tiene que replantearse cómo quiere colocar su cuarto, porque está muy desordenado.*
SIN. Reconsiderar, revisar.

**replay** *s. m.* **1.** En la televisión, repetición de algunos fragmentos: *En el replay vas a ver el gol que te has perdido.* **2.** Dispositivo que permite hacer estas repeticiones: *Dale al replay del vídeo y vemos otra vez la escena de la persecución.* ■ Es una palabra inglesa.

**replegar** *v.* Retirar las tropas de manera ordenada: *Los soldados se replegaron a sus posiciones.* ■ Delante de *e* se escribe *gu* en lugar de *g.* Es un verbo irregular. Se conjuga como *pensar.*
SIN. Retroceder. ANT. Avanzar, desplegar.
FAM. Repliegue.

**repleto, ta** *adj.* Muy lleno o lleno del todo: *El domingo el teatro estaba completamente repleto, no cabía nadie más.*
SIN. Rebosante, abarrotado, completo. ANT. Vacío, desocupado.

**réplica** *s. f.* **1.** Lo que se dice en contra de lo que otro ha dicho. **2.** Cosa que es una copia exacta de otra: *Ese cuadro es una réplica de otro que hay en el museo.*
SIN. **1.** Contestación, protesta. **2.** Duplicado.

**replicar** *v.* **1.** Decir algo en contra de lo que otro ha dicho: *–El semáforo no estaba en rojo, estaba en verde –replicó el conductor al guardia.* **2.** Poner alguien disculpas o pegas a lo que le dicen o le mandan. ■ Delante de *e* se escribe *qu* en lugar de *c*: *Haz lo que te ha dicho tu madre y no repliques.*

**SIN. 1.** Alegar. **1.** y **2.** Contestar, responder, objetar. **ANT. 1.** Asentir. **FAM.** Réplica, replicón.

**replicón, na** *adj.* y *s. m.* y *f.* Que tiene la costumbre de replicar.
**SIN.** Contestón, respondón.

**repliegue** *s. m.* Acción de replegar o replegarse las tropas: *El general ordenó el repliegue de los soldados.*
**SIN.** Retirada, retroceso.

**repoblación** *s. f.* **1.** Acción de repoblar un terreno plantando nuevos árboles o plantas: *Es necesaria la repoblación de los bosques quemados.* **2.** Acción de poblar o poblarse otra vez de gente un lugar, sobre todo los territorios conquistados por los cristianos a los musulmanes durante la Edad Media.
**SIN. 2.** Colonización.

**repoblar** *v.* **1.** Volver a plantar árboles y otras plantas en un lugar: *Ese monte lo han repoblado con pinos.* **2.** Poblar otra vez de gente un lugar. ■ Es un verbo irregular. Se conjuga como *contar.*
**SIN. 2.** Colonizar. **ANT. 1.** Talar. **2.** Despoblar.
**FAM.** Repoblación.

**repollo** *s. m.* Tipo de col con las hojas grandes y muy juntas.
**FAM.** Repolludo.

**repolludo, da** *adj.* Se dice de la persona gordita y baja.
**SIN.** Retaco, rechoncho.

**reponer** *v.* **1.** Poner en un sitio una cosa igual a otra que había: *Si se acaba el azúcar, acuérdate de reponer.* **2.** Poner a una persona o cosa en el mismo lugar o puesto que tuvo antes: *Cuando se recuperó de su lesión, repusieron al jugador.* **3.** Volver a poner una obra, película o programa de radio o televisión. **4.** Responder: *Le dijeron que había ganado un premio y repuso que no se lo creía.* ‖ **reponerse 5.** Ponerse bien después de una enfermedad o de otra cosa mala: *Se ha repuesto muy pronto del accidente.* ■ Es un verbo irregular. Se conjuga como *poner.*
**SIN. 1.** Devolver, reintegrar. **1.** y **2.** Restituir. **4.** Replicar, contestar. **5.** Mejorarse, restablecerse, recobrarse, reanimarse. **ANT. 1.** y **2.** Quitar. **2.** Apartar. **5.** Empeorar.
**FAM.** Reposición, repuesto.

**reportaje** *s. m.* Imágenes y noticias de un periódico o de un programa de radio o televisión sobre un personaje o un tema interesante: *En esa revista hay reportajes estupendos sobre animales.*
**SIN.** Informe, documental.
**FAM.** Reportero.

**reportar¹** *v.* **1.** Dar: *Jugar en ese equipo le ha reportado muchas alegrías.* ‖ **reportarse 2.** Contenerse, no dejarse llevar por un sentimiento o un deseo: *Repórtate un poco y no les pidas a tus tíos tantas cosas.*

**SIN. 1.** Producir, proporcionar, traer, acarrear. **2.** Reprimirse, refrenarse, calmarse. **ANT. 1.** Quitar. **2.** Liberarse.
**FAM.** Reportaje.

**reportar²** *v.* Informar, dar a conocer algo. Se usa más en Hispanoamérica.

**reportero, ra** *s. m.* y *f.* Periodista que se dedica a hacer reportajes: *Los reporteros enviaron noticias desde la zona del terremoto.*

**reposabrazos** *s. m.* Pieza de un asiento que sirve para apoyar el brazo: *Mi coche nuevo tiene reposabrazos en el asiento trasero.* ■ No varía en plural.

**reposacabezas** *s. m.* Parte de arriba de un asiento o sillón donde se puede apoyar la cabeza. ■ No varía en plural.

**reposado, da** *adj.* Tranquilo, descansado: *Es una persona reposada y no se pone nerviosa fácilmente. Este año las vacaciones fueron muy reposadas, estuvimos todo el verano en el pueblo.*
**SIN.** Calmado, sereno. **ANT.** Intranquilo, movido.

**reposapiés** *s. m.* **1.** Objeto que se usa para que una persona que está sentada apoye en él los pies. **2.** Piezas de una motocicleta que sirven para que el conductor y el acompañante apoyen en ellas los pies. ■ No varía en plural.

**reposar** *v.* **1.** Descansar: *El médico le dijo que procurara reposar, porque aún no estaba curado del todo.* **2.** Dejar quieta o quedarse quieta una cosa: *La paella tiene que reposar un poco antes de tomarla.* **3.** Apoyar: *Reposó la cabeza en el brazo del sillón y se quedó dormido.*
**EXPR. reposar la comida** Descansar después de comer para hacer mejor la digestión.
**SIN. 1.** Relajarse, sosegarse. **3.** Reclinar. **ANT. 1.** Cansarse. **2.** Mover, remover, agitar.
**FAM.** Reposabrazos, reposacabezas, reposado, reposapiés, reposo.

**reposición** *s. f.* **1.** Acción de reponer o reponerse. **2.** Película, obra de teatro u otro espectáculo que se vuelve a poner: *Esa película es una reposición, la estrenaron hace tres años.*

**reposo** *s. m.* **1.** Acción de reposar: *Se rompió una pierna y debe tenerla en reposo.* **2.** Tranquilidad: *Está deseando que lleguen las vacaciones para tener un poco de reposo.*
**SIN. 1.** y **2.** Descanso. **2.** Calma, sosiego, paz. **ANT. 1.** Actividad. **2.** Intranquilidad, desasosiego.

**repostar** *v.* Coger más provisiones y, sobre todo, echar más gasolina u otro combustible a un vehículo: *El avión hizo escala en Grecia para repostar.*

**repostería** *s. f.* **1.** Actividad que consiste en hacer tartas, pasteles y otros dulces: *Ese cocinero es especialista en repostería.* **2.** Tartas, pasteles y otros dulces: *Ese restaurante tiene buena repostería.*
**SIN. 1.** y **2.** Confitería, pastelería.
**FAM.** Repostero.

**repostero, ra** *s. m.* y *f.* Persona que se dedica a la repostería.
SIN. Pastelero.

**reprender** *v.* Regañar, reñir: *Le reprendieron por volver tan tarde a casa.*
ANT. Felicitar.
FAM. Reprensión.

**reprensión** *s. f.* Lo que se le dice a alguien para reprenderle o regañarle.
SIN. Bronca, regañina. ANT. Felicitación.

**represa** *s. f.* **1.** Muro que se construye para detener una corriente de agua. **2.** Embalse o balsa donde se queda retenida el agua de un río: *Los niños se bañan en la represa.*
SIN. **1.** Dique, presa.

**represalia** *s. f.* Daño que se le hace a otra persona por haber hecho ella daño antes.
SIN. Venganza, revancha. ANT. Perdón.

**representación** *s. f.* **1.** Acción de representar: *Todos sus amigos participaron en la representación de la obra de teatro.* **2.** Persona o personas que representan a otras: *El alcalde recibió a una representación de los vecinos afectados por las inundaciones.* **3.** Dibujo o imagen de algo: *Una paloma con una ramita de olivo en el pico es la representación de la paz.*
EXPR. **en representación de** Representando a alguien: *El capitán recogió la copa en representación de todo el equipo.*
SIN. **1.** Exhibición. **2.** Delegación, comisión.

**representante** *adj.* y *s. m.* y *f.* **1.** Que representa a una persona o grupo de personas: *El delegado es el representante de nuestra clase.* ‖ *s. m.* y *f.* **2.** Persona que va por las casas, tiendas o empresas enseñando un producto por si quieren comprarlo.
SIN. **1.** Representativo.

**representar** *v.* **1.** Hacer de algún personaje en una obra de teatro, película o en otro espectáculo: *Un niño rubito representaba en la obra el papel de príncipe.* **2.** Hacer una pintura, escultura, fotografía de alguien o algo, o imaginárselo de una manera: *A los gnomos se les representa como enanitos con barba.* **3.** Ser una cosa imagen o símbolo de otra: *El color rojo normalmente representa peligro.* **4.** Ir a un sitio o hacer una cosa en lugar de otra persona o grupo de personas: *En la asamblea, un grupo de cinco alumnos representará a nuestra clase.* **5.** Ir un cantante a un festival o un deportista a una competición porque su país le ha enviado. **6.** Ser alguien o algo para una persona lo que se dice: *Ver a sus antiguos amigos representó para él una gran alegría.*
SIN. **3.** Simbolizar; mostrar. **6.** Suponer, significar.
FAM. Representación, representante, representativo.

**representativo, va** *adj.* **1.** Que representa algo: *La balanza es un símbolo representativo de la justicia.* **2.** Importante, destacado o que es signo de

algo: *Ese resultado de la primera parte es poco representativo, hay que esperar al final del partido.*
SIN. **2.** Significativo, relevante, trascendente. ANT. **2.** Insignificante, irrelevante.

**represión** *s. f.* El no dejar que se hagan o se digan algunas cosas, utilizando la fuerza y poniendo castigos duros.

**represivo, va** *adj.* Se dice de lo que reprime o se usa para reprimir: *un gobierno represivo, unas medidas represivas.*
SIN. Represor.

**represor, ra** *adj.* Se dice de la persona o cosa que reprime: *una educación represora.*
SIN. Represivo.

**reprimenda** *s. f.* Regañina fuerte: *Le echaron una reprimenda por pegar a su hermano pequeño.*
SIN. Rapapolvo, bronca. ANT. Felicitación.

**reprimido, da** *adj.* y *s. m.* y *f.* Se dice de la persona que reprime sus sentimientos o algo que tiene ganas de hacer.

**reprimir** *v.* **1.** No dejar alguien que se le note un sentimiento o algo que tiene ganas de hacer: *Le dijeron que reprimiera un poco su alegría y no chillara tanto.* **2.** Impedir por la fuerza que se hagan algunas cosas, por ejemplo que se proteste o se diga lo que se piensa: *La policía reprimió la manifestación.*
SIN. **1.** Contener, refrenar, dominar, moderar. ANT. **1.** Exteriorizar. **2.** Fomentar, apoyar.
FAM. Represa, represión, represivo, represor, reprimenda. / Irreprimible.

**reprise** *s. m.* Rapidez con la que un coche aumenta su velocidad al pisarle el acelerador. ■ Es una palabra francesa.
SIN. Aceleración.

**reprobar** *v.* Decir una persona que no está de acuerdo con algo porque le parece mal: *Los padres reprobaron lo que había hecho su hijo.* ■ Es un verbo irregular. Se conjuga como *contar.*
SIN. Criticar, desaprobar, condenar. ANT. Alabar, aplaudir.

**reprochar** *v.* Decirle a alguien que ha estado mal algo que ha hecho: *Le reprochó a su amigo que no le fuera a ver cuando estuvo enfermo.*
SIN. Recriminar, censurar. ANT. Perdonar, disculpar.
FAM. Reproche. / Irreprochable.

**reproche** *s. m.* Acción de reprochar algo a una persona.
SIN. Recriminación, crítica, censura. ANT. Alabanza.

**reproducción** *s. f.* **1.** Acción de reproducir o reproducirse: *La reproducción del sonido en esa cadena es perfecta.* **2.** El hecho de producir los seres vivos otros seres como ellos. **3.** Cosa hecha al reproducir, copiar o imitar a otra: *Este cuadro no es el original: es una reproducción.*
SIN. **2.** Generación, procreación. **3.** Copia, imitación, réplica.

**reproducir** v. **1.** Volver a producir: *Ayer se reprodujeron los temblores de tierra en esa ciudad.* **2.** Repetir lo que alguien ha dicho: *Intentó reproducir tal cual las palabras del locutor cuando dio la noticia.* **3.** Sacar copia de algo, como un escrito, una pintura, una escultura. **4.** Ser copia de un original: *Esta fotografía reproduce un cuadro famoso.* ‖ **reproducirse 5.** Hacer las personas, animales o plantas que nazcan otros seres de su misma especie: *Las aves se reproducen por medio de huevos.* ■ Es un verbo irregular. Se conjuga como *conducir*.
SIN. **1.** Reaparecer. **3.** y **4.** Copiar, imitar, calcar. **5.** Procrear, multiplicarse.
FAM. Reproducción, reproductor.

**reproductor, ra** adj. Que sirve para reproducir o reproducirse.
EXPR. **aparato reproductor** Conjunto de órganos que los seres vivos utilizan para reproducirse.

**reprografía** s. f. Reproducción de documentos de manera mecánica, no manual: *El departamento de reprografía hace las fotocopias para los profesores.*

**reptar** v. Caminar arrastrándose, tocando el suelo con el vientre, como lo hacen los reptiles.
SIN. Arrastrarse.
FAM. Reptil.

**reptil** adj. y s. m. Se dice de los animales vertebrados que tienen el cuerpo cubierto de escamas, la sangre fría y la respiración pulmonar; cambian periódicamente la piel, se reproducen por huevos y caminan rozando el suelo con el vientre al no tener pies o tenerlos muy cortos. Por ejemplo, son reptiles la tortuga, el cocodrilo y la serpiente.

**república** s. f. **1.** Forma de gobierno en la que el jefe de Estado es un presidente elegido por el pueblo o sus representantes, que ejerce su cargo durante un periodo. **2.** País que tiene esta forma de gobierno: *la república francesa.*
FAM. Republicano.

**republicano, na** adj. **1.** De la república o relacionado con la república. **2.** Partidario de esta forma de gobierno.

**repudiar** v. **1.** Condenar o rechazar o algo: *Repudia el egoísmo.* **2.** Rechazar legalmente el marido a su mujer.
SIN. **1.** Censurar, reprobar, desaprobar. ANT. **1.** Aprobar, apoyar.
FAM. Repudio.

**repudio** s. m. Acción de repudiar.

**repuesto, ta** adj. **1.** Que se encuentra bien después de una enfermedad, un disgusto u otra cosa mala: *Carlos ya está repuesto de la caída.* ‖ s. m. **2.** Pieza o parte de un mecanismo que sirve para sustituir a otra: *En esa tienda venden repuestos de coches.*
EXPR. **de repuesto** Se dice de lo que puede sustituir a otra cosa: *Llévate un bañador de repuesto a la playa.*
SIN. **1.** Restablecido. **2.** Recambio.

**repugnancia** s. f. **1.** Asco: *Las arañas le dan repugnancia.* **2.** Antipatía o rechazo: *Es tan orgulloso que produce repugnancia hablar con él.*
SIN. **1.** y **2.** Desagrado. **2.** Disgusto. ANT. **1.** y **2.** Agrado.

**repugnante** adj. Que causa repugnancia: *Ese cuarto de baño tan sucio es repugnante. Las mentiras son repugnantes.*
SIN. Asqueroso, desagradable. ANT. Agradable.

**repugnar** v. Causar repugnancia: *Le repugna el olor de los contenedores de basura.*
SIN. Asquear; disgustar, fastidiar. ANT. Agradar, gustar.
FAM. Repugnancia, repugnante.

**repujado** s. m. **1.** Acción de repujar. **2.** Obra que se ha repujado.

**repujar** v. Trabajar algunas materias, como láminas metálicas o cuero, para obtener figuras en relieve en una de sus caras.
FAM. Repujado.

**repulsa** s. f. Condena o rechazo fuerte: *Manifestaron su repulsa por los malos tratos dados a esos niños.*
SIN. Repudio. ANT. Aprobación.

**repulsión** s. f. Repugnancia: *Mi madre siente repulsión por las cucarachas.*
SIN. Aversión, asco, desagrado. ANT. Agrado.

**repulsivo, va** adj. Que causa repugnancia.
SIN. Repugnante, repelente, asqueroso, desagradable. ANT. Agradable.

**repuntar** v. Empezar a notarse o a verse una cosa: *La epidemia de gripe está repuntando.*
FAM. Repunte.

**repunte** s. m. Hecho de repuntar algo: *La televisión ha anunciado el repunte de una epidemia de gripe.*

**reputación** s. f. **1.** Lo que opinan los demás sobre alguien o algo: *Ese restaurante tiene muy buena reputación.* **2.** Prestigio en una actividad, profesión, ciencia o arte: *Es un médico de enorme reputación.*
SIN. **1.** y **2.** Fama. **2.** Renombre, celebridad.
FAM. Reputado.

**reputado, da** adj. Que es conocido por ser muy bueno: *Encargaron las obras del nuevo museo a un reputado arquitecto.*
SIN. Prestigioso, renombrado. ANT. Desconocido.

**requemar** v. **1.** Quemar o tostar mucho una cosa, por ejemplo un guiso. **2.** Causar ardor una comida o bebida: *Esta salsa tan picante requema la garganta.*

**requerimiento** s. m. **1.** Acción de requerir. **2.** Escrito o palabras con que se requiere a una persona para que haga algo.

**requerir** v. **1.** Necesitar: *Esta planta requiere mucha agua.* **2.** Mandar el juez u otra autoridad que una persona haga algo: *El juez le requirió para que en un plazo de cinco días pagara la multa.* **3.** Pedir

algo a una persona: *Sus amigos le requirieron para que fuera a la fiesta.* ■ Es un verbo irregular. Se conjuga como *sentir*.
SIN. **1.** Precisar. **2.** Exigir.
FAM. Requerimiento. / Requisar, requisito.

**requesón** *s. m.* Masa blanda y blanca que se obtiene quitando el suero de la leche.

**requiebro** *s. m.* Piropo.
SIN. Galantería.

**réquiem** *s. m.* **1.** Oración que se reza en la iglesia por los difuntos. **2.** Composición musical con el texto de la misa de difuntos. ■ Su plural es *réquiems*.

**requisa** *s. f.* Acción de requisar algo una autoridad.
ANT. Devolución.

**requisar** *v.* Quitarle a alguien el gobierno u otra autoridad algo que le pertenece, casi siempre dándole una cantidad de dinero por ello; por ejemplo, se requisan caballos, alimentos y otros bienes para el ejército en tiempos de guerra.
SIN. Expropiar.
FAM. Requisa.

**requisito** *s. m.* Condición necesaria o que se pide para algo: *Uno de los requisitos para obtener el permiso de conducir es ser mayor de edad.*

**res** *s. f.* Animal de cuatro patas de algunas especies domésticas, como la vaca, el toro y la oveja, o que se cazan, como el jabalí y el venado.
SIN. Cabeza.

**resabiado, da** *adj.* **1.** Se dice del animal, como el caballo o el toro, que ha adquirido un vicio o mala costumbre difícil de quitar. **2.** Se dice de la persona que se ha vuelto desconfiada o ha adquirido otros defectos por las experiencias que ha tenido en su vida.
FAM. Resabio.

**resabio** *s. m.* **1.** Mala costumbre o vicio que adquiere una persona por experiencias que ha tenido en su vida: *Aún le quedan resabios de cuando estuvo en prisión.* **2.** Sabor desagradable que deja algo.
SIN. **2.** Regusto.

**resaca** *s. f.* **1.** El movimiento de las olas hacia atrás al llegar a la orilla; se nota más cuando el mar está agitado. **2.** Malestar que siente una persona por haber tomado el día anterior bebidas alcohólicas en exceso.

**resalado, da** *adj.* Que tiene mucha gracia en sus gestos, movimientos, en lo que dice o hace.
SIN. Gracioso, simpático, saleroso. ANT. Soso.

**resaltar** *v.* **1.** Destacar: *El color blanco resalta el moreno de su piel. En ese libro se resalta la importancia de proteger la naturaleza.* **2.** Sobresalir algo en un edificio o superficie: *Los balcones resaltan mucho de la fachada.*
SIN. **1.** Descollar. ANT. **1.** y **2.** Igualarse.
FAM. Resalte, resalto.

**resalte** o **resalto** *s. m.* **1.** Acción de resaltar. **2.** Parte que sobresale de la superficie de una cosa: *Me hice un enganchón con un resalte del muro.*
SIN. **2.** Saliente.

**resarcir** *v.* **1.** Dar o hacer algo bueno a una persona por un daño, ofensa o perjuicio que ha sufrido: *La compañía de seguros le resarció de los destrozos causados por el incendio.* || **resarcirse 2.** Quedarse satisfecho después de haber pasado un mal momento: *Con aquella victoria el tenista se resarció de sus últimos fracasos.* ■ Delante de *a* y *o* se escribe *z* en lugar de *c*: *resarzo*.
SIN. **1.** Reparar, indemnizar. **2.** Desquitarse.

**resbaladizo, za** *adj.* **1.** Que resbala fácilmente: *La carretera se vuelve muy resbaladiza con la lluvia.* **2.** Que es complicado y por ello se puede cometer fácilmente un error o equivocación: *En ese asunto tan resbaladizo debían actuar con cuidado.*
SIN. **2.** Peliagudo, comprometido, embarazoso.

**resbalar** *v.* **1.** Moverse rápidamente rozando una superficie y a veces cayéndose: *La moto resbaló a causa de la nieve y se salió de la carretera.* **2.** Hacer algo que una persona o cosa se mueva muy deprisa rozando su superficie: *Este suelo resbala.* **3.** Caer algo lentamente por una superficie: *Las gotas de agua resbalan por los cristales de la habitación.* **4.** Equivocarse al hacer o decir algo.
EXPR. **resbalarle** a una persona algo No importarle nada, darle igual: *Que venga o no Lourdes con nosotros me resbala.*
SIN. **1.** a **3.** Deslizar, escurrir. **1.**, **2.** y **4.** Patinar. **4.** Colarse. ANT. **4.** Acertar.
FAM. Resbaladizo, resbalón.

**resbalón** *s. m.* **1.** Acción de resbalar o resbalarse: *Dio un resbalón y se cayó al suelo.* **2.** Pieza de algunas cerraduras que entra y sale mediante un muelle que hace que la puerta quede cerrada.

**rescatar** *v.* **1.** Librar a una persona o cosa que alguien había secuestrado o cogido. **2.** Salvar de un peligro: *Rescataron a los montañeros que se perdieron en la niebla.*
SIN. **1.** y **2.** Liberar.
FAM. Rescate.

**rescate** *s. m.* **1.** El rescatar o salvar a alguien. **2.** Dinero para librar a alguien que ha sido secuestrado. **3.** Juego infantil en que unos niños persiguen a otros, y los atrapados pueden ser rescatados por sus compañeros.

**rescindir** *v.* Hacer que no valgan algunas cosas, como un contrato: *Como no pagaba el alquiler, el dueño de la casa le ha rescindido el contrato.*
SIN. Anular, invalidar, cancelar. ANT. Prorrogar.
FAM. Rescisión.

**rescisión** *s. f.* El rescindir o dejar sin valor algunas cosas, como un contrato.
SIN. Anulación. ANT. Prórroga.

**rescoldo** *s. m.* Lo que queda de la madera o del carbón, todavía muy caliente, al desaparecer las llamas: *Aún hay rescoldos en la hoguera.*

**resecar** *v.* Secar mucho. ■ Delante de *e* se escribe *qu* en lugar de *c*: *Se da crema en las manos para que no se le resequen.*
SIN. Deshidratar. ANT. Humedecer, mojar, hidratar.

**reseco, ca** *adj.* Muy seco.
SIN. Deshidratado. ANT. Húmedo, hidratado.
FAM. Resecar.

**resentido, da** *adj.* Que todavía sigue sintiendo dolor, pena o enfado: *Se volvió a caer y tiene el tobillo resentido. Aún está resentida con él.*
SIN. Molesto, dolorido; rencoroso.

**resentimiento** *s. m.* Lo que siente una persona cuando sigue un poco enfadada o molesta con otra.
SIN. Rencor, resquemor. ANT. Simpatía.

**resentirse** *v.* **1.** Empezar a ser más débil: *Con la edad, la salud se resiente.* **2.** Seguir sintiendo algo de dolor o molestia: *Le operaron el brazo el año pasado y se resiente de vez en cuando.* **3.** Sentir alguien disgusto o enfado por alguna cosa: *Se resintió con ellos porque se burlaron de él.* ■ Es un verbo irregular. Se conjuga como *sentir*.
SIN. **1.** Desgastarse, flaquear, decaer. **3.** Disgustarse, molestarse, ofenderse. ANT. **1.** Fortalecerse. **3.** Alegrarse.
FAM. Resentido, resentimiento.

**reseña** *s. f.* Escrito con un juicio o comentario sobre algo: *En el periódico había una reseña de esa película.*
SIN. Recensión, crítica.
FAM. Reseñar.

**reseñar** *v.* Hacer una reseña.
SIN. Criticar, comentar.

**reserva** *s. f.* **1.** Plaza que se deja libre para que la ocupe una persona en un avión, hotel, restaurante u otros sitios: *Tuvieron que ir de pie en el tren, porque no habían sacado reserva.* **2.** Lo que se tiene guardado para utilizarlo cuando sea necesario: *Tenían una buena reserva de leña para el invierno.* **3.** El hecho de callar algo, por ejemplo para guardar un secreto. **4.** El tener algunas dudas o no estar del todo de acuerdo: *Aceptó el trato, pero con reservas.* **5.** Territorio donde viven y se conservan plantas y animales: *una reserva de osos.* **6.** En Estados Unidos y Canadá, territorio donde vive una comunidad de indios. **7.** Situación de algunos militares que, aunque siguen perteneciendo al ejército, por su edad o por otros motivos no tienen ningún puesto en él. ‖ *s. m.* y *f.* **8.** Persona que sustituye a otra en algunos deportes cuando es necesario: *El portero se lesionó y sacaron al reserva.*
SIN. **2.** Provisión. **3.** Discreción. **4.** Reparo, inconveniente, objeción.

**reservación** *s. f.* En algunos países de Hispanoamérica, reserva de habitaciones, localidades para un espectáculo.

**reservado, da** *adj.* **1.** Que alguien lo reservó: *Esta mesa está reservada.* **2.** Que es muy callado y no le gusta contar sus cosas a los demás. **3.** Secreto: *Ese asunto es materia reservada, nadie debe conocerlo.* ‖ *s. m.* **4.** Habitación o lugar donde sólo pueden entrar algunas personas: *En el club había un reservado para los socios.*
SIN. **2.** Discreto, introvertido. **3.** Confidencial. ANT. **2.** Indiscreto, hablador. **3.** Público.

**reservar** *v.* **1.** Hacer una reserva: *Ha reservado una habitación doble en el hotel.* **2.** Dejar algo para otro momento, para otra ocasión o para alguna persona: *Reservó dinero para las vacaciones. Te he reservado un trozo de tarta.*
SIN. **1.** y **2.** Apartar, guardar.
FAM. Reserva, reservación, reservado, reservista.

**reservista** *adj.* y *s. m.* Se dice del militar que está en la reserva.

**resfriado, da** *adj.* **1.** Que tiene un resfriado: *Alberto está un poco resfriado.* ‖ *s. m.* **2.** Catarro, constipado.
SIN. **1.** Acatarrado. **2.** Enfriamiento.

**resfriarse** *v.* Coger un resfriado, un catarro: *Se resfrió por ir tan desabrigado.*
SIN. Acatarrarse, constiparse, enfriarse.
FAM. Resfriado.

**resguardar** *v.* Proteger: *Puso un plástico sobre las plantas para resguardarlas del frío. Cogió el paraguas para resguardarse de la lluvia.*
SIN. Defender, guarecer, preservar. ANT. Desproteger, desguarnecer.
FAM. Resguardo.

**resguardo** *s. m.* **1.** El resguardar o proteger de algo. **2.** Papel en el que pone que se ha pagado una cosa o se ha entregado: *Dejó un reloj para arreglar y le dieron un resguardo para ir a recogerlo.*
SIN. **1.** Protección, refugio, amparo. **2.** Recibo, justificante, comprobante.

**residencia** *s. f.* **1.** Acción de residir o vivir en un lugar: *Nos habló de los años de su residencia en Buenos Aires.* **2.** Lugar en donde vive alguien: *La Casa Blanca es la residencia del presidente de Estados Unidos.* **3.** Casa grande y lujosa. **4.** Lugar donde viven personas que tienen características comunes, como la edad o la profesión: *residencia de ancianos, residencia de estudiantes.* **5.** Sitio parecido a un hotel.
SIN. **1.** Estancia. **2.** Domicilio. **3.** Mansión.
FAM. Residencial.

**residencial** *adj.* Se dice de la parte de una población donde están las casas más bonitas y lujosas: *Vive en un barrio residencial.*

**residente** *adj.* y *s. m.* y *f.* Que reside en un lugar.

**residir** *v.* **1.** Vivir en el lugar donde se dice: *Reside en Málaga desde hace mucho tiempo.* **2.** Estar la importancia, la causa o el origen de algo en lo que

se dice: *El éxito del equipo reside en su buen entrenamiento.*
**SIN. 1.** Habitar, morar. **2.** Consistir, radicar.
**FAM.** Residencia, residente.

**residual** *adj.* Que sobra o queda como residuo: *A las alcantarillas van las aguas residuales.*

**residuo** *s. m.* Parte que queda o sobra de algo: *Multaron a la fábrica por tirar residuos químicos al río.*
**SIN.** Resto, desperdicios, despojos, sobras.
**FAM.** Residual.

**resignación** *s. f.* El resignarse y conformarse alguien con una cosa.
**SIN.** Conformidad, paciencia. **ANT.** Rebeldía.

**resignarse** *v.* Conformarse con algo, aguantarse con alguna cosa: *Se resignó a no hacer el viaje.*
**SIN.** Aceptar. **ANT.** Rebelarse.
**FAM.** Resignación.

**resina** *s. f.* Sustancia pastosa y pegajosa que sale del tronco de algunos árboles, como el pino, o se fabrica artificialmente y se usa para hacer plásticos, pinturas y otras cosas.

**resistencia** *s. f.* **1.** Acción de resistir o resistirse. **2.** Capacidad para resistir pesos, trabajos, esfuerzos: *Para nadar durante tanto tiempo hay que tener mucha resistencia. El acero es un metal de gran resistencia.* **3.** Fuerza que se opone al movimiento de una persona o de una máquina: *Casi no podían caminar debido a la resistencia del viento.* **4.** Parte de un aparato eléctrico o de un circuito por la que pasa con dificultad la corriente, por lo que a veces se transforma en calor, como en algunas estufas.
**SIN. 1.** Oposición. **2.** Aguante, fortaleza, vigor, energía. **ANT. 1.** Abandono. **2.** Debilidad, fragilidad.

**resistente** *adj.* Que resiste mucho: *La suela de estas botas es muy resistente. Es un corredor resistente.*
**SIN.** Fuerte, duro; vigoroso, incansable. **ANT.** Débil, frágil.

**resistir** *v.* **1.** Soportar, aguantar: *Estas columnas resisten mucho peso. Maite es la que más resiste debajo del agua.* **2.** Aguantarse las ganas de hacer algo: *No lo pudo resistir y se comió todo el chocolate.* || **resistirse 3.** No querer hacer algo, negarse: *Se resiste a darnos la razón.* **4.** Resultar difícil una cosa: *Aquel dibujo se le resistía, no le salía.*
**SIN. 1.** Sostener, tolerar, sufrir. **2.** Vencer, dominar. **3.** Rehusar. **ANT. 1.** Ceder. **2.** Sucumbir.
**FAM.** Resistencia, resistente. / Irresistible.

**resol** *s. m.* Reflejo del sol y calor que produce: *Se puso unas gafas oscuras porque le molestaba el resol.*

**resollar** *v.* Respirar con dificultad o entrecortadamente: *Subió las escaleras corriendo y luego no paraba de resollar.* ■ Es un verbo irregular. Se conjuga como *contar.*
**SIN.** Jadear.
**FAM.** Resuello.

**resolución** *s. f.* **1.** Acción de resolver, solucionar o decidir: *Todos ayudaron a la resolución del pro-*

blema. *Esperaban la resolución del juez.* **2.** Capacidad que tiene alguien para decidir cosas o elegir sin dudar demasiado.
**SIN. 1.** Solución. **1.** y **2.** Decisión. **2.** Determinación. **ANT. 2.** Indecisión.

**resolutivo, va** *adj.* Que resuelve las cosas rápido y bien.
**SIN.** Eficaz, eficiente. **ANT.** Ineficaz.

**resolver** *v.* **1.** Encontrar la solución: *Ha resuelto el crucigrama. El detective investigó hasta resolver el caso.* **2.** Tomar una decisión: *Como llovía, resolvieron no ir de excursión.* ■ Es un verbo irregular. Se conjuga como *volver.*
**SIN. 1.** Solucionar, aclarar, averiguar. **2.** Decidir, determinar. **ANT. 1.** Complicar. **2.** Dudar, vacilar.
**FAM.** Resolución, resolutivo, resuelto. / Irresoluble, irresoluto.

**resonancia** *s. f.* **1.** Sonido o eco que se produce cuando resuena algo: *La resonancia de las campanas hacía vibrar los cristales de la iglesia.* **2.** Fama o importancia muy grandes: *La noticia tuvo tanta resonancia que no se hablaba de otra cosa.*
**SIN. 2.** Difusión, publicidad, divulgación, repercusión, trascendencia.

**resonar** *v.* **1.** Sonar fuerte y claro: *Su vozarrón resonaba por encima de todas las conversaciones.* **2.** Rebotar un sonido en un sitio o en una superficie: *En las habitaciones grandes y vacías los ruidos resuenan.* ■ Es un verbo irregular. Se conjuga como *contar.*
**SIN. 2.** Retumbar.
**FAM.** Resonancia.

**resoplar** *v.* Dar resoplidos.
**SIN.** Bufar.

**resoplido** *s. m.* Sonido que se hace al echar con fuerza el aire por la nariz o la boca, sobre todo cuando se está cansado o enfadado. Lo hacen también los animales: *El repartidor bajó las bombonas del camión dando resoplidos. El caballo dio un resoplido y el niño se asustó.*
**SIN.** Resuello.
**FAM.** Resoplar.

**resorte** *s. m.* Muelle que se utiliza en algunos aparatos, máquinas y mecanismos: *Este resorte sirve para dar cuerda al reloj.*

**respaldar** *v.* Apoyar o proteger: *El jefe confía en Jorge y le respalda en todo lo que hace.*
**SIN.** Ayudar, amparar, avalar. **ANT.** Desaprobar, atacar.
**FAM.** Respaldo.

**respaldo** *s. m.* **1.** Parte de un asiento en que se apoya la espalda. **2.** El hecho de respaldar: *Puso una tienda con el respaldo de su familia, que le prestó el dinero.*
**SIN. 2.** Apoyo, ayuda.

**respectar** *v.* Sólo se usa en la expresión **por lo que respecta a** o **en lo que respecta a** alguien o algo, que sirve para señalar a la persona o cosa de la que

estamos hablando: *Por lo que a mí respecta, puedes hacer lo que quieras.*
**SIN.** Referirse, atañer, concernir.

**respectivamente** *adv.* Sirve para relacionar cada una de las personas o cosas de las que hablamos con otra persona o cosa: *Tiene dos hermanos, de siete y diez años respectivamente.*

**respectivo, va** *adj.* Se dice de lo que le corresponde o le toca a cada persona o cosa: *Por favor, diríjanse a sus respectivos asientos.*
**SIN.** Correspondiente.
**FAM.** Respectivamente.

**respecto** Se usa en las expresiones **al respecto**, con el significado de 'sobre una cosa': *No me preguntes, porque no sé nada al respecto;* y **con respecto a**, **respecto a** o **respecto de**, con el significado de 'hablando de alguien o algo': *Con respecto a su familia, todos están bien.*
**FAM.** Respectar, respectivo.

**respetable** *adj.* **1.** Que merece respeto: *una opinión muy respetable.* **2.** Decente, honesto: *Su conducta es muy respetable.* **3.** Bastante grande o numeroso: *Todos sus hermanos tienen una altura respetable.* || *s. m.* **4.** Público que asiste a un espectáculo: *El presentador se dirigió al respetable.*
**SIN. 1.** Digno. **3.** Considerable. **ANT. 1.** y **3.** Ridículo. **2.** Indecente. **3.** Insignificante.

**respetar** *v.* **1.** Tener respeto: *Todos le respetan por su sabiduría.* **2.** Obedecer una orden, cumplir una norma: *El accidente se produjo porque un conductor no respetó la señal de stop.* **3.** Conservar una cosa, no destruirla: *respetar la naturaleza.*
**SIN. 1.** Honrar. **2.** Acatar. **3.** Cuidar, preservar. **ANT. 1.** Ultrajar, insultar. **2.** Desobedecer, infringir. **3.** Maltratar.
**FAM.** Respetable, respeto, respetuoso. / Irrespetuoso.

**respeto** *s. m.* **1.** El tratar bien a alguien o algo por educación, por ser muy importante, porque se lo merece: *Es una falta de respeto interrumpir a los que están hablando.* **2.** Miedo, temor: *No se acerca a los perros porque les tiene mucho respeto.* || *s. m. pl.* **3.** Saludos o muestras de cortesía: *Presente mis respetos a su esposa.*
**EXPR.** **campar** alguien **por sus respetos** Busca **campar.**
**SIN. 1.** Cortesía, atención, consideración. **2.** Aprensión, recelo. **ANT. 1.** Desconsideración.

**respetuoso, sa** *adj.* Que tiene respeto: *Es muy respetuoso con las personas mayores.*
**SIN.** Considerado, atento, cortés. **ANT.** Irrespetuoso.

**respingo** *s. m.* Sacudida o movimiento brusco del cuerpo: *Dio un respingo del susto.*
**SIN.** Bote, salto.

**respingón, na** *adj.* **1.** Se dice de la nariz con la punta hacia arriba. **2.** Que se levanta por el borde.
**FAM.** Respingo.

**respiración** *s. f.* Acción de respirar.
**EXPR.** **respiración artificial** Técnica empleada para hacer que vuelva a respirar una persona que ha dejado de hacerlo por sí sola. || **sin respiración** Muy asombrado, impresionado o asustado: *Cuando el trapecista hizo el salto mortal, el público se quedó sin respiración.*

**respiradero** *s. m.* Abertura de algunos conductos y lugares cerrados por donde entra o sale el aire.

**respirador** *s. m.* Aparato que se usa para ayudar a respirar a una persona que no puede hacerlo por sí misma.

**respirar** *v.* **1.** Tomar del aire o del agua los seres vivos el oxígeno necesario para vivir: *Los mamíferos respiran por medio de los pulmones y los peces por branquias.* **2.** Sentirse mejor al dejar de tener un dolor, una pena, una preocupación: *Cuando pasó el peligro, todos respiramos.* **3.** Descansar, tomarse un respiro: *A ver si terminamos el trabajo y podemos respirar un poco.*
**EXPR.** **no dejar respirar** a alguien No dejarle tranquilo, molestarle.
**SIN. 2.** y **3.** Relajarse. **ANT. 2.** y **3.** Agobiar.
**FAM.** Respiración, respiradero, respirador, respiratorio, respiro. / Irrespirable.

**respiratorio, ria** *adj.* Relacionado con la respiración: *Padece una enfermedad respiratoria.*
**EXPR.** **aparato respiratorio** Conjunto de órganos que permiten respirar a un ser vivo.

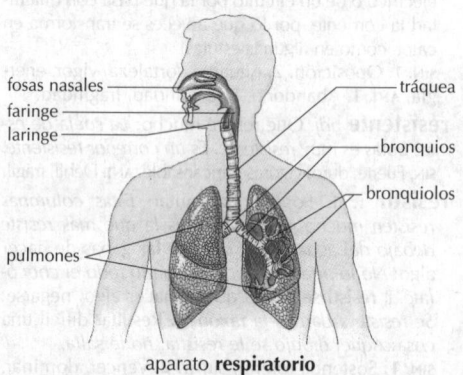

fosas nasales
faringe
laringe
tráquea
bronquios
bronquiolos
pulmones

aparato **respiratorio**

**respiro** *s. m.* Momento de descanso o de tranquilidad: *Se tomaron un respiro antes de continuar la tarea. El dolor de muelas no le daba respiro.*
**SIN.** Pausa; reposo, tregua.

**resplandecer** *v.* Brillar: *Las estrellas resplandecen en la noche.* ■ Es un verbo irregular. Se conjuga como *agradecer.*
**SIN.** Relucir.
**FAM.** Resplandeciente.

**resplandeciente** *adj.* Que resplandece o brilla.
**SIN.** Brillante, reluciente.

**resplandor** *s. m.* Luz o brillo muy intensos: *el resplandor del sol, el resplandor del diamante.*
**SIN.** Luminosidad, fulgor. **ANT.** Oscuridad.
**FAM.** Resplandecer.

**responder** *v.* **1.** Contestar a una pregunta, una duda, una llamada, a lo que otro dice: *El profesor me puso buena nota por responder bien en el control. Toqué el timbre, pero nadie respondió.* **2.** Hacer algo para expresar lo que sentimos ante una acción realizada por otro: *El público respondió con aplausos a la faena del torero.* **3.** Reaccionar, obedecer: *El enfermo responde al tratamiento. Los mandos del coche no responden.* **4.** Sufrir un castigo por algo que se ha cometido: *Respondió de sus muchos delitos con la cárcel.* **5.** Hacerse responsable de alguien o algo: *El dueño de la tienda respondía de la honradez de sus empleados.*
**SIN.** **4.** Purgar, expiar. **5.** Garantizar, avalar, responsabilizarse. **ANT.** **1.** Callar.
**FAM.** Respondón, responsable, responso, respuesta. / Corresponder.

**respondón, na** *adj.* y *s. m.* y *f.* Que responde de malos modos a lo que se le dice o se le manda.

**responsabilidad** *s. f.* **1.** Hecho de ser responsable: *Jesús ocupa un puesto de mucha responsabilidad. Demostró que no tuvo ninguna responsabilidad en el accidente.* **2.** Deber, obligación: *Ahora que eres mayor empiezas a tener responsabilidades.*
**SIN.** **1.** Seriedad; culpabilidad.

**responsabilizar** *v.* Hacer o hacerse responsable de alguna cosa. ■ Delante de *e* se escribe *c* en lugar de *z*: *No es justo que le responsabilicen de algo que no ha cometido.*
**SIN.** Culpar; responder, garantizar. **ANT.** Exculpar; desentenderse.

**responsable** *adj.* **1.** Se dice de la persona que se esfuerza por cumplir con su obligación y que pone cuidado y atención en lo que hace: *Se puede confiar en Rosa porque es una chica muy responsable.* || *adj.* y *s. m.* y *f.* **2.** Persona que debe dar cuenta de lo que otros o ella misma hacen, o de las personas o cosas que dependen de ella: *Como eres el mayor, te hago responsable de tus hermanos mientras estoy fuera.* **3.** El que hace una cosa, sobre todo si es mala: *Unos gamberros fueron los responsables de los destrozos en el parque.*
**SIN.** **1.** Sensato, serio. **2.** Encargado. **3.** Autor, culpable, causante. **ANT.** **1.** y **2.** Irresponsable. **3.** Inocente.
**FAM.** Responsabilidad, responsabilizar. / Irresponsable.

**responso** *s. m.* Oración por las personas que han muerto.

**respuesta** *s. f.* Acción de responder y lo que se responde: *Llamaron a la puerta, pero no obtuvieron respuesta. Señale con una cruz las respuestas.*
**SIN.** Contestación, solución, réplica.

**resquebrajadura** *s. f.* Grieta, raja.

**resquebrajar** *v.* Hacer resquebrajaduras: *El huevo comienza a resquebrajarse porque va a salir el pollo.*
**SIN.** Agrietar, rajar.
**FAM.** Resquebrajadura.

**resquemor** *s. m.* Sentimiento que una persona tiene y que hace que no esté tranquila o a gusto: *Sentía resquemor hacia ellos porque no se habían portado bien con él.*
**SIN.** Resentimiento, remordimiento, pesar. **ANT.** Satisfacción.

**resquicio** *s. m.* **1.** Abertura estrecha entre el quicio y la puerta. **2.** Cualquier abertura pequeña o estrecha: *Por un resquicio de la persiana entraba un poco de luz.*
**SIN.** **1.** y **2.** Ranura. **2.** Grieta, hendidura.

**resta** *s. f.* Operación matemática que consiste en quitar una cantidad a otra.
**SIN.** Sustracción.

**restablecer** *v.* **1.** Hacer que alguien o algo vuelva a estar como estaba antes: *Después de la tempestad se restablece la calma.* || **restablecerse 2.** Volver a encontrarse bien: *Estuvo muy enfermo, pero se ha restablecido por completo.* ■ Es un verbo irregular. Se conjuga como *agradecer.*
**SIN.** **1.** Restaurar. **1.** y **2.** Reponer, recuperar, recobrar. **ANT.** **2.** Recaer; empeorar.
**FAM.** Restablecimiento.

**restablecimiento** *s. m.* Acción de restablecer: *La policía logró el restablecimiento del orden deteniendo a los hinchas que alborotaban.*

**restallar** *v.* **1.** Producir un látigo, una correa o algo parecido un ruido seco al sacudirlos con fuerza en el aire. **2.** Hacer que estos objetos produzcan ese sonido: *El jinete restalló el látigo para hacer andar al caballo.*
**SIN.** **1.** y **2.** Chasquear.

**restante** *adj.* Se dice de lo que falta o queda de algo: *Con parte de la tela se hizo un vestido y con la restante una falda.*
**SIN.** Sobrante.

**restañar** *v.* Detener la salida de un líquido, sobre todo la sangre por una herida: *El médico restañó la herida.*

**restar** *v.* **1.** Quitar o disminuir: *Aunque la falta fue muy grave, el director le restó importancia.* **2.** Hacer una resta, quitar una cantidad a otra: *Si restas 5 de 7, el resultado es 2.* **3.** Faltar, quedar: *La cena ya está lista, sólo resta esperar a que lleguen los invitados.* **4.** En el tenis u otros juegos de pelota, devolver el saque del contrario.
**SIN.** **1.** Rebajar. **2.** Sustraer. **ANT.** **1.** Aumentar. **2.** Sumar.
**FAM.** Resta, restante, resto. / Contrarrestar.

**restauración** *s. f.* Acción de restaurar: *la restauración de muebles antiguos; la restauración de la monarquía.*

SIN. Reparación, renovación; reposición. ANT. Destrucción.

**restaurador, ra** *adj.* y *s. m.* y *f.* **1.** Que restaura. ‖ *s. m.* y *f.* **2.** Persona que tiene el oficio de restaurar objetos artísticos y valiosos. **3.** Persona que tiene o dirige un restaurante.

**restaurante** *s. m.* Establecimiento donde se sirven comidas.

**restaurar** *v.* **1.** Reparar una obra de arte: *Están restaurando varios cuadros del museo.* **2.** Hacer que una cosa vuelva a estar como antes: *restaurar el orden.* **3.** Volver a poner el régimen político que existía en un país: *restaurar la monarquía, restaurar la república.*
SIN. **1.** Recomponer, reconstruir. **2.** y **3.** Restablecer. ANT. **1.** Estropear, destruir.
FAM. Restauración, restaurador, restaurante.

**restituir** *v.* **1.** Devolver una cosa a quien la tenía antes o a su dueño: *Le perdonaban el castigo si restituía lo que había robado.* **2.** Volver a dar a una cosa algo que tenía: *Quieren restituir a ese cuadro sus colores originales.* ▪ Es un verbo irregular. Se conjuga como *huir.*
SIN. **1.** Reintegrar, reponer. ANT. **1.** Quitar.

**resto** *s. m.* **1.** Lo demás, las otras personas o cosas: *Fui a su casa y conocí al resto de su familia.* **2.** Resultado de una resta. **3.** Al hacer una división, cantidad que sale cuando restamos al dividendo el resultado de multiplicar el divisor por el cociente; por ejemplo, siete dividido entre dos da tres y el resto es uno. **4.** En el tenis y otros juegos de pelota, acción de restar y jugador que resta: *El punto fue para el resto.* ‖ *s. m. pl.* **5.** Lo que queda o sobra de algo: *Tiró los restos de comida a la basura.* **6.** Cuerpo o parte del cuerpo de una persona o animal muertos: *Sus restos descansan en el cementerio del pueblo.*
EXPR. **restos mortales** Cadáver de una persona. ‖ **echar el resto** Hacer todo lo posible para conseguir una cosa: *El ciclista echó el resto para ganar la carrera.*
SIN. **5.** Residuos, sobras, desperdicios.

**restregar** *v.* Frotar mucho o muy fuerte: *Le pican los ojos y se pasa el día restregándose. Restriega bien el cuello de la camisa para que salga la suciedad.* ▪ Delante de *e* se escribe *gu* en lugar de *g.* Es un verbo irregular. Se conjuga como *pensar.*
FAM. Restregón.

**restregón** *s. m.* Hecho de restregar: *Le di unos cuantos restregones en las rodillas con la esponja hasta dejárselas bien limpias.*

**restricción** *s. f.* El hecho de restringir o reducir algo: *En muchos pueblos hay restricciones de agua por la sequía.*
SIN. Disminución, reducción, limitación. ANT. Ampliación.

**restrictivo, va** *adj.* Que restringe o disminuye: *El director de la fábrica ha tomado medidas restrictivas para reducir los gastos.*

**restringir** *v.* Reducir, limitar: *Como el museo es muy pequeño, han tenido que restringir el número de visitantes.* ▪ Delante de *a* y *o* se escribe *j* en lugar de *g: restrinjan.*
SIN. Disminuir, acotar. ANT. Ampliar.
FAM. Restricción, restrictivo.

**resucitar** *v.* Hacer que un muerto vuelva a vivir.
SIN. Revivir.

**resuello** *s. m.* **1.** Respiración fuerte y ruidosa. **2.** Fuerza, energía: *Cuando llegamos al último piso estábamos sin resuello.*
SIN. **2.** Aliento.

**resuelto, ta** *adj.* **1.** Que alguien lo resolvió: *Trabajaron en el problema hasta que estuvo resuelto.* **2.** Decidido, valiente: *Para triunfar hay que ser resuelto.*
SIN. **2.** Audaz, intrépido.

**resulta** *s. f.* Resultado, efecto. ▪ Se usa en la expresión **de resultas**, que significa que una cosa ha sido producida por otra: *Le quedó una cicatriz de resultas del accidente.*

**resultado** *s. m.* **1.** Lo que alguien consigue, el efecto o la manera de acabar algo: *Éste es el resultado de años de trabajo. El partido terminó con el resultado de empate. El resultado de la suma está mal.* **2.** Funcionamiento o utilidad: *Este coche ha dado un resultado estupendo, marcha como el primer día.*
EXPR. **dar** una cosa **resultado** Salir bien, tener éxito: *El tratamiento ha dado resultado y el paciente se encuentra mejor.*
SIN. **1.** Consecuencia, fruto. **2.** Servicio, rendimiento.

**resultante** *adj.* y *s. f.* Que resulta de algo: *Se mezclan todos los ingredientes y la masa resultante se mete en el horno.*

**resultar** *v.* **1.** Producirse una cosa como efecto de otra: *Los daños que resultaron del incendio eran enormes.* **2.** Ser o quedar de la forma que se dice: *La película es tan larga que resulta pesada. Numerosos edificios resultaron dañados por el terremoto.* ▪ Si no se indica nada, quiere decir que ha quedado o salido bien: *Era un plan muy arriesgado, pero resultó.* **3.** Ser atractivo: *Aunque Luisa no es guapa, resulta.* **4.** Suceder o descubrirse algo que no se esperaba: *Al final resultó que era mentira todo lo que contó.*
SIN. **1.** Surgir, derivar. **1.** y **2.** Salir. **4.** Ocurrir.
FAM. Resulta, resultado, resultante, resultón.

**resultón, na** *adj.* Atractivo: *No es muy alto, pero sí resultón.*

**resumen** *s. m.* **1.** Acción de resumir: *Para no cansarnos con los detalles, nos hizo un resumen.* **2.** Lo que se ha resumido: *Tenemos que entregar el resumen del libro mañana.*
SIN. **1.** y **2.** Síntesis, sinopsis. ANT. **1.** y **2.** Ampliación.

**resumir** *v.* Decir o escribir algo de forma breve, sólo lo más importante.
SIN. Sintetizar, condensar. ANT. Ampliar.
FAM. Resumen.

**resurgimiento** *s. m.* El hecho de resurgir algo.

**resurgir** *v.* Volver a surgir o marchar bien. ■ Delante de *a* y *o* se escribe *j* en lugar de *g: Es posible que resurja la amistad que teníamos.*
SIN. Renacer, reaparecer; recuperarse. ANT. Cesar, remitir.
FAM. Resurgimiento, resurrección.

**resurrección** *s. f.* Acción de resucitar: *la resurrección de Cristo.*

**retablo** *s. m.* Conjunto de figuras o escenas talladas o pintadas que hay detrás de algunos altares en las iglesias.

retablo

**retaco, ca** *adj.* y *s. m.* y *f.* Persona baja y algo gorda.
SIN. Enano. ANT. Espigado.

**retaguardia** *s. f.* **1.** Parte de un ejército que está o avanza en último lugar. **2.** Parte más alejada del frente de batalla: *Llevaron a los heridos a retaguardia.*
ANT. **1.** y **2.** Vanguardia.

**retahíla** *s. f.* Muchas cosas seguidas que se dicen: *El locutor leyó una retahíla interminable de nombres.*
SIN. Sarta, ristra.

**retal** *s. m.* Pedazo que sobra de una tela, piel, chapa: *Hizo un traje de payaso con retales de distintos colores.*
SIN. Recorte, retazo.

**retama** *s. f.* Arbusto que crece en praderas y pastizales y tiene muchas ramitas delgadas, flores amarillas pequeñas y un fruto redondeado y de color amarillento.
FAM. Retamal, retamar.

**retamal** o **retamar** *s. m.* Lugar donde crecen retamas.

**retar** *v.* Decirle una persona a otra si quiere luchar o competir con ella para ver si puede ganarla: *Te reto a una carrera.*
ANT. Desafiar.
FAM. Reto.

**retardado, da** *adj.* Que actúa lentamente o después de un tiempo: *Le han dado un tranquilizante de efecto retardado; comenzará a notarlo dentro de una hora.*

**retardar** *v.* **1.** Hacer que algo vaya o suceda más lento: *La lluvia retardaba nuestra marcha.* **2.** Retrasar: *Retardaron la partida del barco hasta que pasó la tempestad.*
SIN. **1.** Frenar, detener. **1.** y **2.** Demorar. **2.** Atrasar, posponer, aplazar. ANT. **1.** Acelerar. **2.** Adelantar.
FAM. Retardado.

**retazo** *s. m.* **1.** Retal, pedazo de una tela: *Con unos retazos se ha hecho una muñeca de trapo.* **2.** Parte o trozo de una cosa: *Con tanto ruido sólo he podido oír retazos de la conversación.*
SIN. **1.** Recorte, jirón. **2.** Fragmento, porción.

**retejar** *v.* Arreglar un tejado reponiendo las tejas que faltan y las que están rotas y poniendo bien las que se han descolocado.

**retel** *s. m.* Aro con mango y una red en forma de bolsa que se usa para pescar.

**retén** *s. m.* Grupo de personas que están preparadas para actuar si es necesario: *un retén de soldados, un retén de bomberos.*

**retención** *s. f.* **1.** Acción de retener. **2.** Detención o marcha muy lenta de los vehículos: *Este fin de semana ha habido grandes retenciones en las carreteras principales.*
SIN. **1.** Sujeción, parada, freno. **2.** Atasco, embotellamiento.

**retener** *v.* **1.** Conservar, guardar: *Las esponjas retienen el agua.* **2.** Hacer que algo se mantenga en la memoria, que no se olvide: *Intentó retener el número de teléfono de su amiga.* **3.** Detener, no dejar ir o continuar: *Le retuvieron en la frontera porque había perdido el pasaporte.* ■ Es un verbo irregular. Se conjuga como *tener.*
SIN. **3.** Parar, frenar. ANT. **1.** y **3.** Soltar, liberar.
FAM. Retén, retención, retentiva.

**retentiva** *s. f.* Memoria, capacidad para recordar.

**reticencia** *s. f.* **1.** Desconfianza, duda: *Aunque su padre tenía alguna reticencia, al final le dio permiso para ir a la excursión.* **2.** El decir una cosa a

medias, o dar a entender que uno se calla algo malo que debía o podría decir: *A mí me hablas a las claras, así que no te andes con reticencias.*
**SIN. 1.** Recelo, reserva, suspicacia. **2.** Indirecta. **ANT. 1.** Confianza.
**FAM.** Reticente.

**reticente** *adj.* Que tiene reticencia: *Logró convencer a la mayoría, pero algunos continuaban reticentes a aceptar su idea.*
**SIN.** Desconfiado, receloso. **ANT.** Confiado.

**reticular** *adj.* Que tiene forma de red: *estructura reticular.*

**retina** *s. f.* Capa interior del ojo en la que se reciben las impresiones de la luz.

**retintín** *s. m.* **1.** Tonillo con que se dice una cosa para molestar a alguien. **2.** Sonido que deja en los oídos una campana u otro objeto parecido.

**retirada** *s. f.* **1.** El hecho de retirarse: *El torero anunció su retirada para este año.* **2.** Acción de retroceder los soldados alejándose del enemigo.
**SIN. 1.** Jubilación. **2.** Repliegue. **ANT. 2.** Avance.

**retirado, da** *adj.* **1.** Que está lejos o apartado: *Esa calle cae muy retirada de aquí.* ‖ *adj.* y *s. m.* y *f.* **2.** Que alguien lo retiró o se retiró: *Su padre trabajaba en Correos, pero ya está retirado.*
**SIN. 1.** Alejado, distante. **2.** Jubilado. **ANT. 1.** Cercano, próximo.

**retirar** *v.* **1.** Quitar o separar a una persona o cosa de otra o de un sitio: *Los guardias retiran a la gente para que pase el desfile. Retírate de la pared, que está recién pintada.* **2.** Hacer que alguien abandone una competición, actividad, juego: *Una lesión le retiró del fútbol. Se cayó y tuvo que retirarse de la carrera.* **3.** Decir alguien que no mantiene algo que ha dicho: *Francisco retiró sus insultos y los dos amigos hicieron las paces.* ‖ **retirarse 4.** Dejar alguien definitivamente de trabajar en su oficio o profesión a causa de su edad o por otro motivo. **5.** Retroceder un ejército abandonando el lugar de la lucha. **6.** Irse a casa o a dormir: *Carlos se retiró pronto, los demás nos quedamos hasta tarde en la fiesta.*
**SIN. 1.** Alejar. **1.** y **2.** Apartar. **3.** Desdecirse, retractarse. **4.** Jubilarse. **5.** Replegarse. **6.** Recogerse; acostarse. **ANT. 1.** Acercar. **3.** Confirmar. **5.** Avanzar.
**FAM.** Retirada, retirado, retiro.

**retiro** *s. m.* **1.** Hecho de retirarse alguien de su oficio o profesión, y situación de esta persona: *Al tío Luis le ha llegado ya la edad del retiro.* **2.** Pensión, dinero para vivir que reciben estas personas. **3.** Lugar tranquilo y apartado al que se va a descansar o a pensar: *En vacaciones le gusta escaparse a su retiro de la montaña.*
**SIN. 1.** y **2.** Jubilación.

**reto** *s. m.* **1.** Acción de retar a alguien: *El caballero aceptó el reto que le lanzó su enemigo.* **2.** Tarea

difícil que alguien debe o desea realizar: *Escalar montañas es un reto para él.*
**SIN. 1.** Provocación. **1.** y **2.** Desafío.

**retocar** *v.* Hacer unas correcciones o añadidos en una cosa ya acabada para arreglarla o dejarla mejor: *El pintor retocó el cuadro hasta que quedó bien.* ■ Delante de *e* se escribe *qu* en lugar de *c*: *Que le retoquen el maquillaje a la modelo para la foto.*
**FAM.** Retoque.

**retomar** *v.* Continuar algo que se había interrumpido: *Después de las vacaciones retomaron la tarea con más ánimo.*
**SIN.** Reanudar.

**retoñar** *v.* Volver a echar tallos o brotes una planta.
**SIN.** Renacer.

**retoño** *s. m.* **1.** Tallo o brote que echa de nuevo una planta o un árbol. **2.** Hijo de poca edad de una persona: *La madre defendía a sus retoños.*
**SIN. 1.** Renuevo. **1.** y **2.** Vástago.
**FAM.** Retoñar.

**retoque** *s. m.* Corrección o añadido con que se retoca una cosa: *Sólo faltan los últimos retoques para que la obra esté terminada.*

**retorcer** *v.* **1.** Torcer mucho una cosa dándole vueltas alrededor de sí misma: *Retuerce la ropa mojada para escurrirla.* ‖ **retorcerse 2.** Hacer gestos o movimientos bruscos por un dolor fuerte, por la risa o por otra causa. ■ Delante de *a* y *o* se escribe *z* en lugar de *c*. Es un verbo irregular. Se conjuga como *mover.*
**FAM.** Retorcido, retorcimiento, retortijón.

**retorcido, da** *adj.* **1.** Que alguien lo retorció. ‖ *adj.* y *s. m.* y *f.* **2.** Se dice de la persona falsa y de malas intenciones, y también de sus actos, palabras y pensamientos. **3.** Se dice de la persona que siempre piensa mal de los demás; también se dice de su carácter y sus opiniones. **4.** Confuso y difícil de entender: *El argumento de esta película es tan retorcido que no hay manera de seguirlo.*
**SIN. 2.** Sinuoso. **3.** Malpensado. **4.** Rebuscado. **ANT. 2.** Franco, noble. **4.** Sencillo.

**retorcimiento** *s. m.* **1.** Acción de retorcer o de retorcerse. **2.** Característica de retorcido.
**SIN. 2.** Malicia; desconfianza. **ANT. 2.** Nobleza; sencillez.

**retórica** *s. f.* **1.** Arte de saber hablar y escribir bien y con elegancia. **2.** Modo de hablar o de escribir demasiado culto y poco natural.
**FAM.** Retórico.

**retórico, ca** *adj.* De la retórica o que tiene retórica.

**retornable** *adj.* Que se puede o se debe retornar o devolver, generalmente para que pueda volverse a utilizar: *envase retornable.*

**retornar** *v.* **1.** Volver al lugar o situación en que estaba: *Retornó a casa después de un largo viaje.*

**2.** Volver a estar en manos de quien lo tenía: *Las tierras retornaron a sus dueños.*
SIN. **1.** Regresar, tornar. ANT. **1.** Irse, marcharse. FAM. Retornable, retorno.

**retorno** *s. m.* El hecho de retornar: *Su familia esperaba con impaciencia su retorno.*
SIN. Regreso, vuelta. ANT. Ida, marcha.

**retorta** *s. f.* Recipiente con cuello largo y curvado hacia abajo que se usa en los laboratorios.

**retortero** Se usa en la expresión **al retortero**, que significa 'en desorden': *Con las obras, toda la casa está al retortero.* Con los verbos *andar, ir, llevar* y *traer* significa 'estar uno o tener a alguien muy ocupado, yendo de un lado para otro sin parar': *Con tanto trabajo, anda al retortero. Le trae todo el día al retortero con sus encargos.*

**retortijón** *s. m.* Dolor fuerte que da de pronto en el estómago o en el vientre.

**retozar** *v.* Jugar saltando y corriendo. ■ Delante de *e* se escribe *c* en lugar de *z*: *Sacan al cachorro al jardín para que retoce.*
SIN. Juguetear. FAM. Retozón.

**retozón, na** *adj.* Que le gusta jugar, saltar y correr y que lo hace a menudo: *Los corderitos son muy retozones.*

**retractarse** *v.* Decir uno que no mantiene lo que antes había dicho o prometido: *Al final tuvo que retractarse de sus acusaciones y confesar que no eran ciertas.*
SIN. Desdecirse. ANT. Ratificarse.

**retráctil** *adj.* Que puede retraerse, ocultarse: *Los caracoles tienen cuernos retráctiles.*
FAM. Retractilar.

**retractilar** *v.* Envolver algo con plástico para protegerlo.

**retraer** *v.* **1.** Ocultar o retirar una cosa doblándola o encogiéndola: *El gato retrajo las uñas.* ‖ **retraerse 2.** Retirarse, retroceder. ■ Es un verbo irregular. Se conjuga como *traer.*
FAM. Retráctil, retraído, retraimiento.

**retraído, da** *adj.* Solitario, tímido: *Pepe habla poco porque es muy retraído.*
SIN. Reservado, introvertido. ANT. Sociable, extrovertido.

**retraimiento** *s. m.* **1.** Acción de retraerse. **2.** Timidez: *Su retraimiento le impide hablar en público.*

**retranca** *s. f.* Mala intención que se disimula o se oculta: *comentarios con retranca.*
SIN. Astucia, malicia.

**retransmisión** *s. f.* Acción de retransmitir: *Muchos telespectadores siguieron la retransmisión del partido.*

**retransmitir** *v.* Dar una emisora de radio o televisión programas, noticias, espectáculos desde otra

emisora o desde el lugar donde están ocurriendo: *Retransmitieron el concierto en directo desde el Palacio de la Música.*
SIN. Emitir, televisar, radiar. FAM. Retransmisión.

**retrasado, da** *adj.* **1.** Que ha sufrido un retraso: *El tren de las 13,15 va retrasado.* ‖ *adj.* y *s. m.* y *f.* **2.** Persona que tiene menos inteligencia de lo normal para su edad.
SIN. **2.** Deficiente, subnormal, disminuido.

**retrasar** *v.* **1.** Hacer que algo suceda o se haga más tarde, o dejarlo para después: *El mal tiempo retrasó la salida del vuelo. Retrasó su viaje porque estuvo enfermo.* **2.** Hacer que alguien o algo vaya o se desarrolle más despacio: *Ese camión retrasa la circulación. En esa asignatura Merche se ha retrasado.* **3.** Marchar mal un reloj de forma que la hora que señala es anterior a la que en realidad es. ‖ **retrasarse 4.** Llegar tarde: *Se retrasó tanto que sus amigos ya se habían ido.*
SIN. **1.** Aplazar, diferir, retardar. **1.** a **4.** Atrasar. **1.** y **4.** Demorar. ANT. **1.** a **4.** Adelantar. FAM. Retrasado, retraso.

**retraso** *s. m.* Acción de retrasar o retrasarse: *Su tren sufrió un retraso. Llegó a la clase con cinco minutos de retraso.*
SIN. Atraso, demora. ANT. Adelanto.

**retratar** *v.* **1.** Hacer un dibujo, una pintura, una escultura o una fotografía de alguien: *Goya retrató a muchas personas de su época. Se puso el vestido nuevo para retratarse.* **2.** Describir con detalles: *La película retrata muy bien la vida en el oeste americano.*
SIN. **2.** Reflejar, plasmar, reproducir. FAM. Retratista, retrato.

**retratista** *s. m.* y *f.* Persona que hace retratos.

**retrato** *s. m.* **1.** Dibujo, pintura, escultura o fotografía en que se retrata a alguien. **2.** Arte y técnica de retratar. **3.** Descripción: *Aurora leyó su redacción, que era un retrato de su familia.*
EXPR. **retrato robot** Dibujo de la cara de una persona que se hace siguiendo la descripción que se da de ella. ‖ **ser** uno **el vivo retrato de** otro Parecerse mucho: *Este chico es el vivo retrato del abuelo.*
FAM. Autorretrato, portarretrato, portarretratos.

**retreta** *s. f.* Toque militar para ordenar a las tropas retirada o que regresen por la noche al cuartel.

**retrete** *s. m.* **1.** Recipiente en que se hace caca y pis; tiene una tubería de desagüe y una cisterna con agua. **2.** Cuarto con este recipiente.
SIN. **1.** Inodoro. **1.** y **2.** Wáter. **2.** Aseo, servicio, baño, escusado.

**retribución** *s. f.* **1.** El hecho de retribuir algo. **2.** Dinero o cosa con que se paga o recompensa a alguien.
SIN. **1.** y **2.** Remuneración. **2.** Paga, salario, sueldo, premio.

**retribuir** *v.* Dar a alguien dinero u otra cosa para pagarle o recompensarle por un trabajo, un servicio o un favor que nos ha hecho. ■ Es un verbo irregular. Se conjuga como *huir*.
**SIN.** Pagar, remunerar, recompensar.
**FAM.** Retribución.

**retroactivo, va** *adj.* Que afecta a cosas o hechos que ya han pasado: *La subida de sueldo tiene efectos retroactivos, así que ahora nos pagarán lo que nos corresponda por los meses transcurridos.*

**retroceder** *v.* Volver o ir hacia atrás: *Retrocedió para buscar las llaves: creía que se le habían caído por el camino. La tenista española ha retrocedido en la clasificación general.*
**SIN.** Retornar, regresar, recular. **ANT.** Progresar, avanzar.
**FAM.** Retroceso.

**retroceso** *s. m.* **1.** Acción de retroceder. **2.** Movimiento brusco hacia atrás que hace un arma de fuego al dispararla: *el retroceso de un cañón.*
**SIN. 1.** Regresión, retorno. **ANT. 1.** Avance.

**retrógrado, da** *adj.* y *s. m.* y *f.* Que prefiere las ideas y cosas del pasado y no quiere que haya cambios ni avances en la sociedad.
**SIN.** Carca, conservador. **ANT.** Progresista.

**retrospectivo, va** *adj.* Que se refiere al pasado o que lo recuerda: *He visto un programa retrospectivo sobre las anteriores películas de este director.*

**retrovisor** *adj.* y *s. m.* En un vehículo, cada uno de los espejos que le permiten ver al conductor lo que tiene detrás de él, sin necesidad de volver la cabeza.

**retumbar** *v.* Resonar o hacer mucho ruido una cosa: *El portazo retumbó en toda la casa.*

**reúma** o **reuma** *s. m.* Reumatismo.

**reumático, ca** *adj.* y *s. m.* y *f.* Del reumatismo o que tiene reumatismo.

**reumatismo** *s. m.* Enfermedad que produce dolores en las articulaciones o en los músculos. ■ Se llama también *reúma* o *reuma*.
**FAM.** Reúma, reumático.

**reunificación** *s. f.* Acción de reunificar o reunificarse.

**reunificar** *v.* Volver a unir personas, cosas o países que estuvieron unidos: *Alemania se reunificó en 1990; antes estaba dividida en dos países.* ■ Delante de *e* se escribe *qu* en lugar de *c: reunifique.*
**FAM.** Reunificación.

**reunión** *s. f.* **1.** Hecho de reunir o reunirse: *Hubo reunión de vecinos para elegir nuevo presidente de la comunidad.* **2.** Conjunto de personas, animales o cosas reunidas: *Hizo reír con sus bromas a toda la reunión.*
**SIN. 1.** y **2.** Junta, asamblea.

**reunir** *v.* **1.** Juntar, agrupar: *Los vaqueros reunieron el ganado. Reunió el dinero para comprarse una*

moto. *Toda la familia se reúne en Navidad.* **2.** Tener, poseer: *Ese chico reúne condiciones para ser un gran deportista.*
**SIN. 1.** Recoger, convocar, congregar. **ANT. 1.** Separar, dispersar.
**FAM.** Reunión.

**revalidar** *v.* Confirmar, hacer que algo valga de nuevo: *El campeón revalidó su título con una gran victoria.*
**SIN.** Ratificar, reafirmar.

**revalorizar** *v.* Hacer que algo valga más o vuelva a tener valor: *En esos años se revalorizaron mucho los pisos. Antes nadie se acordaba de este escritor, pero últimamente su obra se ha revalorizado.* ■ Delante de *e* se escribe *c* en lugar de *z: revalorice.*
**SIN.** Revaluar. **ANT.** Devaluar, depreciar.

**revaluar** *v.* Subir el valor de algo, sobre todo el de una moneda en comparación con las de otros países: *El marco alemán se ha revaluado.*
**SIN.** Revalorizar. **ANT.** Devaluar, depreciar.

**revancha** *s. f.* El causarle un daño o una derrota a alguien que antes nos había perjudicado o vencido y, de esta manera, quedarnos contentos: *Hoy han ganado ellos, pero la próxima vez nos tomaremos la revancha.*
**SIN.** Venganza.
**FAM.** Revanchismo.

**revanchismo** *s. m.* Actitud propia de quien quiere tomarse la revancha.

**revelación** *s. f.* **1.** Acción de revelar o revelarse, sobre todo la de Dios a los hombres: *La actriz hizo a la prensa revelaciones sorprendentes. En la «Biblia» se encuentra gran parte de la revelación divina.* **2.** Persona, animal o cosa que empieza a conocerse y destacar por sus méritos: *Este jugador ha sido la revelación de la temporada.*
**SIN. 1.** y **2.** Descubrimiento.

**revelado, da** *adj.* **1.** Que alguien lo reveló. ‖ *s. m.* **2.** Operación de revelar las fotografías.

**revelador, ra** *adj.* **1.** Que revela o sirve para revelar algo: *un detalle revelador, un gesto revelador.* ‖ *s. m.* **2.** Líquido que sirve para revelar las fotografías: *Metí el papel fotográfico en el revelador y enseguida empezó a distinguirse la imagen.*

**revelar** *v.* **1.** Descubrir algo que no se conocía o era secreto: *No consiguió que sus amigos le revelaran la sorpresa que le habían preparado para su cumpleaños.* **2.** Dar a conocer Dios a los hombres verdades y hechos muy importantes, sobre todo que quiere salvarlos. **3.** Hacer visible la imagen tomada en un carrete o placa fotográfica. ‖ **revelarse 4.** Resultar de una manera: *Todos sus esfuerzos se han revelado inútiles.* ■ No confundir con *rebelarse,* 'sublevarse'.
**SIN. 1.** Manifestar. **ANT. 1.** Ocultar.
**FAM.** Revelación, revelado, revelador.

**revender** v. Volver a vender más caro algo que se ha comprado hace poco: *Unos hombres revendían entradas para el partido de fútbol en los alrededores del estadio.*
FAM. Reventa.

**revenido, da** adj. Blando y correoso, o agrio.

**revenirse** v. 1. Ponerse algunos alimentos, como el pan, blandos y correosos con la humedad o el calor. 2. Ponerse agrio: *Este vino se ha revenido.* ■ Es un verbo irregular. Se conjuga como *venir*. Además, sólo se usa en tercera persona.
SIN. 2. Agriarse, avinagrarse.
FAM. Revenido.

**reventa** s. f. Hecho de revender: *Consiguió las entradas en la reventa, pues en las taquillas se habían acabado.*

**reventado, da** adj. 1. Que se reventó o alguien lo reventó. 2. Rendido, muy cansado: *Trabaja tanto que llega reventado a casa.*
SIN. 2. Roto, molido. ANT. 2. Fresco.

**reventar** v. 1. Estallar o romperse una cosa de golpe, sobre todo la que está muy tirante o muy llena: *Se ha reventado una rueda del coche y hay que cambiarla.* 2. Aplastarse o destruirse una cosa con mucha fuerza: *Se me cayó un huevo y reventó contra el suelo.* 3. Cansar mucho, agotar: *Se revienta a trabajar para que sus hijos estudien. Galoparon hasta reventar los caballos.* 4. Tener y mostrar una cualidad o un sentimiento: *Está que revienta de alegría.* 5. Molestar, fastidiar: *A Luisa le revienta que su hermana se ponga su ropa.* 6. Estar una cosa muy llena o cubierta de algo: *El jardín reventaba de rosas.* 7. Haber comido mucho una persona: *Se ha tomado cinco pasteles de chocolate y está que revienta.* 8. Morir: *Si no cuida más su salud, cualquier día revienta.* ■ Es un verbo irregular. Se conjuga como *pensar*.
SIN. 1. Explotar. 3. Fatigar, matar. 5. Jorobar. 6. Rebosar. ANT. 5. Agradar, encantar.
FAM. Reventado, reventón.

**reventón, na** adj. 1. Se dice de algunas cosas que están muy llenas o gordas y parece que van a reventar: *clavel reventón.* || s. m. 2. Acción de reventar o reventarse: *Tuvo un reventón y paró a cambiar la rueda.*

**reverencia** s. f. 1. Respeto muy grande que se tiene a una persona o cosa: *Todos trataban al viejo maestro con gran reverencia.* 2. Inclinación del cuerpo que se hace para mostrar respeto o cortesía: *El duque hizo una reverencia ante el rey.*
FAM. Reverenciar, reverendo, reverente.

**reverenciar** v. Tener un respeto muy grande hacia alguien o algo: *Los romanos reverenciaban a un montón de dioses.*

**reverendo, da** adj. 1. Que merece reverencia o respeto. || adj. y s. m. y f. 2. Forma de llamar a los sacerdotes y religiosos: *la reverenda madre superiora.*

**reverente** adj. Que muestra reverencia o respeto.
SIN. Respetuoso. ANT. Irreverente.
FAM. Irreverente.

**reversible** adj. 1. Que puede arreglarse o cambiarse para que vuelva a ser como antes: *Los daños causados por esa enfermedad son reversibles.* 2. Se dice de la prenda de vestir o la tela que se puede usar por el derecho y por el revés: *una gabardina reversible.*
ANT. 1. Irreversible.
FAM. Irreversible.

**reverso** s. m. Lado de detrás o la parte contraria de la principal: *el reverso de la hoja, el reverso de una moneda.*
SIN. Revés, envés, dorso; cruz. ANT. Cara.

**revertir** v. 1. Volver algo a la situación en que estuvo antes o a la persona que lo tenía: *Les alquilan el terreno por dos años; pasado ese plazo, la tierra revierte a su dueño.* 2. Acabar siendo una cosa buena o mala para alguien: *Fumar revierte en tu perjuicio.* ■ Es un verbo irregular. Se conjuga como *sentir*.
SIN. 2. Redundar, repercutir.

**revés** s. m. 1. Lado que está detrás o la parte contraria a la principal. 2. Bofetada que se da con el dorso de la mano. 3. En el tenis y otros juegos parecidos, golpe que se da a la pelota cuando ésta viene por el lado contrario a la mano con que agarramos la raqueta. 4. Desgracia o dificultad: *Ha sufrido muchos reveses en la vida.*
EXPR. **al revés** Del revés. También significa 'al contrario': *Se lo expliqué bien, pero lo entendió todo al revés.* **del revés** De manera opuesta a la normal o correcta, o en posición o dirección contraria: *Te has puesto el jersey del revés, porque se ven las costuras. Si te pones cabeza abajo, verás las cosas del revés.*
SIN. 1. Reverso, dorso, envés, cruz. 4. Percance, contratiempo. ANT. 1. Cara, anverso.
FAM. Reversible, reverso. / Enrevesado, envés.

**revestimiento** s. m. 1. Acción de revestir. 2. Capa de un material con que se reviste una superficie: *Las paredes de la discoteca tenían un revestimiento de corcho para que el ruido no se oyera fuera.*
SIN. 2. Cobertura.

**revestir** v. 1. Cubrir con una capa protectora o de adorno: *Van a revestir el suelo con parqué.* 2. Presentar una cosa un aspecto o cualidad: *La coronación del rey revistió gran esplendor. Sus heridas no revestían gravedad.* || **revestirse 3.** Vestirse una ropa sobre otra, por ejemplo las vestiduras que se ponen los sacerdotes para decir misa. ■ Es un verbo irregular. Se conjuga como *pedir*.
SIN. 1. Recubrir. 2. Mostrar, tener.
FAM. Revestimiento.

**revisar** *v.* **1.** Examinar con atención y cuidado: *La policía revisó el barco en busca de contrabando.* **2.** Mirar con atención una cosa para ver si está bien o para corregir lo que está mal: *Revisa el examen antes de entregarlo. Tengo que ir al oculista a revisarme la vista.*
SIN. **2.** Repasar.
FAM. Revisión, revisor.

**revisión** *s. f.* **1.** Acción de revisar. **2.** Examen o reconocimiento médico: *Después de salir del hospital ha estado yendo a revisión tres meses.*

**revisor, ra** *s. m.* y *f.* Persona que trabaja revisando algo, como la que en los trenes y otros medios de transporte público se encarga de mirar si los viajeros llevan billete.
SIN. Inspector.

**revista** *s. f.* **1.** Hojas impresas y unidas en forma de cuaderno, casi siempre con fotos, que aparecen cada cierto tiempo y contienen informaciones y escritos sobre varias materias. **2.** Espectáculo de teatro que consiste en una serie de números de canciones, baile y humor, a veces unidos por un argumento. Se llama también *revista musical.* **3.** Formación de las tropas para que un general o un jefe las inspeccione. **4.** Inspección, examen o revisión: *En las noticias pasaron revista a los acontecimientos del día.*
FAM. Revistar, revistero.

**revistar** *v.* Pasar revista, generalmente una autoridad a las tropas.

**revistero** *s. m.* Mueble para colocar revistas y periódicos.

**revitalizar** *v.* Dar más fuerza o vitalidad. ■ Delante de *e* se escribe *c* en lugar de *z*: *Se va a dar una loción que le revitalice el pelo.*
SIN. Fortalecer, robustecer, reanimar, reavivar, reforzar. ANT. Debilitar.

**revivir** *v.* **1.** Resucitar, volver a la vida. **2.** Volver a moverse y dar señales de vida un ser vivo que parecía muerto: *Eché de nuevo el pez al agua y revivió.* **3.** Volver a existir algo con fuerza o intensidad: *Cuando se encontraron después de varios años, revivió su vieja amistad.* **4.** Recordar: *Viendo las fotos, revivía los mejores momentos del viaje.*
SIN. **2.** Reanimarse. **3.** Reavivarse, resurgir. **4.** Evocar, rememorar.

**revocar** *v.* **1.** Hacer que deje de valer una orden, una norma, una decisión, sobre todo cuando lo manda una autoridad: *El parlamento revocó la ley.* **2.** Pintar de nuevo o volver a dar cal a las paredes: *revocar la fachada de un edificio.* ■ Delante de *e* se escribe *qu* en lugar de *c*: *revoque.*
SIN. **1.** Invalidar, anular. **2.** Remozar, blanquear.
FAM. Revoque. / Irrevocable.

**revolcar** *v.* **1.** Tirar a alguien al suelo y pisotearle o hacerle dar vueltas: *El toro pilló al torero y lo re-*

*volcó varias veces.* || **revolcarse 2.** Echarse sobre una cosa y dar vueltas o frotarse sobre ella: *El perro se revolcaba en la hierba.* ■ Delante de *e* se escribe *qu* en lugar de *c*. Es un verbo irregular. Se conjuga como *contar.*
FAM. Revolcón.

**revolcón** *s. m.* Acción de revolcar o revolcarse: *En las fiestas del pueblo, una vaquilla embistió a Lolo y le dio un buen revolcón.*

**revolotear** *v.* Ir moviéndose por el aire con pequeños giros y movimientos rápidos: *Las mariposas revoloteaban en el parque.*
FAM. Revoloteo.

**revoloteo** *s. m.* Acción de revolotear.

**revoltijo** *s. m.* Conjunto de cosas revueltas.
SIN. Mezcolanza, lío.

**revoltoso, sa** *adj.* y *s. m.* y *f.* **1.** Travieso: *Estos niños son muy revoltosos: están todo el día haciendo trastadas.* **2.** Persona que provoca desórdenes y revueltas.
SIN. **1.** Trasto, inquieto. **2.** Provocador. ANT. **1.** Tranquilo.

**revolución** *s. f.* **1.** Luchas y desórdenes muy violentos que se producen en un país para que cambien, por ejemplo, la situación política y social, como la revolución rusa del año 1917. **2.** Cambio o renovación muy profunda: *La invención de la lavadora supuso una auténtica revolución para las amas de casa.* **3.** Vuelta o giro de una pieza sobre su eje, por ejemplo en un motor.
SIN. **2.** Transformación, conmoción. ANT. **1.** Estabilidad.
FAM. Revolucionar, revolucionario. / Cuentarrevoluciones.

**revolucionar** *v.* **1.** Provocar desorden: *Como es tan travieso, revoluciona a todos sus amigos cuando juegan con él.* **2.** Producir un gran cambio o renovación. **3.** Dar más o menos revoluciones a un motor.
SIN. **1.** Alterar, alborotar, agitar. **2.** Transformar.

**revolucionario, ria** *adj.* **1.** De la revolución o relacionado con ella. **2.** Que produce un gran cambio o renovación: *Picasso realizó una pintura completamente revolucionaria.* || *adj.* y *s. m.* y *f.* **3.** Persona partidaria de la revolución o que participa en ella.
SIN. **3.** Rebelde, agitador.

**revolver** *v.* **1.** Mover mucho algo dándole vueltas: *Hay que revolver bien la pintura para que se mezcle con el agua.* **2.** Desordenar: *Felipe ha revuelto los cajones buscando las llaves.* **3.** Producir malestar en el estómago: *El café que se ha tomado le ha revuelto la tripa.* **4.** Molestar mucho. **5.** Hacer travesuras, no estarse quietos los niños: *Cuando vienen los primos se pasan la tarde revolviendo por la casa.* || **revolverse 6.** Darse la vuelta o moverse en un sitio: *No conseguía dormirse y estuvo toda la*

noche *revolviéndose en la cama.* **7.** Ensuciarse el agua u otro líquido porque se ha movido lo que hay en el fondo. ■ Es un verbo irregular. Se conjuga como *volver.*
**SIN. 1.** Remover. **4.** Fastidiar. **5.** Enredar.
**FAM.** Revoltijo, revoltoso, revolución, revuelta, revuelto.

**revólver** *s. m.* Pistola con un cilindro que va girando al disparar las balas que lleva dentro.

**revoque** *s. m.* **1.** Acción de revocar las paredes: *Retiramos los muebles de las paredes y empezamos con el revoque.* **2.** Capa delgada de cal, yeso u otro material empleado para revocar.

**revuelo** *s. m.* Jaleo, alboroto: *Se armó un gran revuelo cuando Fernando se puso a repartir caramelos a los niños.*
**SIN.** Agitación, confusión. **ANT.** Tranquilidad.

**revuelta** *s. f.* **1.** Alboroto en la calle, sobre todo por motivos políticos, para protestar o para pedir algo. **2.** Curva fuerte: *Los coches iban muy despacio para no salirse en las revueltas de la carretera.*
**SIN. 1.** Disturbio. **2.** Vuelta.

**revuelto, ta** *adj.* **1.** Desordenado: *Los niños han dejado toda la casa revuelta.* **2.** Intranquilo, nervioso: *Los alumnos están un poco revueltos por los cambios de profesores que ha habido.* **3.** Se dice del tiempo cuando está cambiando y parece que va a llover. **4.** Se dice del líquido que está sucio porque se ha movido el barro u otra cosa parecida que hay en el fondo. **5.** Que tiene malestar en el estómago: *Ramón no comió porque estaba revuelto.* || *adj. y s. m.* **6.** Plato que se hace revolviendo huevos en una sartén caliente, solos o mezclándolos con algún otro alimento: *un revuelto de gambas.*
**SIN. 2.** Alterado, inquieto, agitado. **3.** Inestable. **4.** Turbio. **ANT. 1.** Ordenado. **2.** Calmado, tranquilo. **3.** Estable. **4.** Limpio, transparente.

**revulsivo** *s. m.* Algo que nos hace reaccionar o cambiar, normalmente para mejor: *El suspenso, en lugar de desanimar a Pedro, fue un revulsivo para esforzarse más.*
**SIN.** Estímulo, acicate.

**rewind** *s. m.* Dispositivo que permite rebobinar una cinta de música, de vídeo u otra cinta magnética. ■ Es una palabra inglesa.

**rey** *s. m.* **1.** Jefe de Estado de un reino, un país donde hay monarquía. **2.** Pieza principal del ajedrez. **3.** Carta de la baraja que tiene pintada la figura de un rey. **4.** El más importante o el mejor en una actividad: *el rey del rock and roll.*
**EXPR. reyes magos** Personajes del Oriente que fueron a adorar a Jesús en Belén. El día 6 de enero se recuerda este hecho haciendo regalos, sobre todo a los niños. ■ Con este significado suele escribirse con mayúscula: *Los niños fueron a ver la cabalgata de los Reyes Magos.*
**SIN. 1.** Monarca, soberano. **4.** As.

**FAM.** Reina, reinar, reyezuelo. / Real², regicidio, regio, virrey.

**reyerta** *s. f.* Discusión, pelea.
**SIN.** Riña, altercado, disputa.

**reyezuelo** *s. m.* **1.** Jefe de una tribu. **2.** Pájaro de plumas amarillas en la cabeza, cuerpo verdoso y alas con rayas blancas y negras.

**rezagado, da** *adj. y s. m. y f.* Que se ha quedado atrás: *Tenemos que esperar a los rezagados.*
**SIN.** Retrasado.

**rezagarse** *v.* Quedarse atrás. ■ Delante de *e* se escribe *gu* en lugar de *g*: *Me rezagué en la carrera porque estaba cansado.*
**SIN.** Atrasarse. **ANT.** Adelantarse.
**FAM.** Rezagado.

**rezar** *v.* **1.** Decir oraciones. **2.** Poner en un escrito una cosa: *El letrero reza: «Prohibido acampar».* ■ Delante de *e* se escribe *c* en lugar de *z*: *Recé un padrenuestro.*
**SIN. 1.** Orar.
**FAM.** Rezo.

**rezo** *s. m.* Oración, plegaria.

**rezongar** *v.* Protestar en voz baja. ■ Delante de *e* se escribe *gu* en lugar de *g*: *rezongué.*
**SIN.** Gruñir, refunfuñar.
**FAM.** Rezongón.

**rezongón, na** *adj.* Que gruñe o protesta a menudo: *El abuelo es bastante rezongón, pero en el fondo es muy bueno.*
**SIN.** Gruñón, protestón.

**rezumar** *v.* Dejar pasar un líquido poco a poco: *Esta pared rezuma agua, por eso tiene manchas.*
**SIN.** Transpirar, filtrar.

**ría** *s. f.* **1.** Entrada del mar por donde desemboca un río. **2.** Hoyo lleno de agua detrás de una valla que tienen que pasar los caballos en los concursos de salto; existe también en otros deportes.

**riachuelo** *s. m.* Río muy pequeño.
**SIN.** Arroyo, regato.

**riada** *s. f.* Gran aumento del agua de un río que muchas veces provoca inundaciones.
**SIN.** Avenida, arroyada.

**ribazo** *s. m.* Terreno en cuesta a los lados de un camino o de un río.
**SIN.** Talud, terraplén.

**ribeiro** *s. m.* Vino, blanco o tinto, ácido y con poco alcohol que se hace en la comarca de El Ribeiro, en Orense.

**ribera** *s. f.* **1.** Orilla del mar o de un río. **2.** Terreno que está junto a un río.
**SIN. 1.** Borde. **2.** Vega, margen.
**FAM.** Ribereño.

**ribereño, ña** *adj. y s. m. y f.* De la ribera del mar o de un río.

**ribete** *s. m.* Adorno o remate que se pone en el borde de una cosa.
**FAM.** Ribetear.

**ribetear** *v.* Adornar o rematar con algo el borde de una cosa.

**ricachón, na** o **ricacho, cha** *s. m.* y *f.* Persona que tiene mucho dinero.
**SIN.** Adinerado, acaudalado. **ANT.** Pobre, pobretón.

**ricamente** *adv.* **1.** Con muchas cosas valiosas: *El interior del palacio estaba ricamente decorado.* **2.** A gusto: *Pasamos la tarde en el parque tan ricamente.*

**ricino** *s. m.* Planta con unas semillas de las que se saca un aceite que se utiliza para limpiar el estómago, porque da ganas de ir al retrete.

**rico, ca** *adj.* y *s. m.* y *f.* **1.** Que tiene mucho dinero. || *adj.* **2.** Que tiene mucho de algo: *Esa región es rica en árboles frutales.* **3.** Se dice de la tierra que produce mucho. **4.** Que tiene buen sabor: *Esta sopa está rica.* **5.** Cariñoso, agradable: *Tere es muy rica, siempre está dispuesta a ayudarte.* **6.** Bonito, guapo, hermoso: *Teo tiene un gatito muy rico.* **7.** Forma de dirigirse a las personas, a veces de manera cariñosa y otras con enfado: *Anda, rico, deja ya de quejarte por tonterías.*
**SIN. 1.** Adinerado, acaudalado. **2.** Abundante, próspero, copioso. **3.** Productivo, fértil. **4.** Sabroso, exquisito. **5.** Majo, encantador. **6.** Precioso. **ANT. 2.** Escaso. **3.** Pobre, estéril. **4.** Malo. **5.** Odioso. **6.** Feo.
**FAM.** Ricacho, ricachón, ricamente, ricura, riqueza. / Enriquecer.

**rictus** *s. m.* Gesto en el que se encogen los labios y a veces también se enseñan un poco los dientes; suele ser de dolor o de otra sensación desagradable. ■ No varía en plural.
**SIN.** Mueca.

**ricura** *s. f.* Niño o cría de animal que nos gusta por su aspecto y simpatía: *¡Qué ricura de bebé tiene María!*

**ridiculez** *s. f.* **1.** Cosa ridícula: *Ese adornito en las mangas es una ridiculez.* **2.** Cosa muy pequeña o escasa: *Por el trabajo le pagaron una ridiculez.* ■ Su plural es *ridiculeces.*
**SIN. 1.** Tontería, estupidez. **2.** Miseria.

**ridiculizar** *v.* Intentar que a los demás les parezca ridículo alguien o algo. ■ Delante de *e* se escribe *c* en lugar de *z*: *ridiculice.*
**SIN.** Caricaturizar.

**ridículo, la** *adj.* y *s. m.* **1.** Que provoca la burla o la risa de los demás: *Con esa ropa tan ridícula todo el mundo se va a reír de él. El equipo hizo el ridículo en el campeonato, no ganó ni un solo partido.* || *adj.* **2.** Sin motivo, estúpido: *Es ridículo que te preocupes tanto por un examen tan fácil.* **3.** Muy pequeño: *Ese regalo le costó un precio ridículo.*
**EXPR. en ridículo** En una situación que provoca la burla o la risa de los demás: *Con sus bromas siempre me deja en ridículo.*

**SIN. 1.** Estrafalario, grotesco, extravagante. **1.** y **3.** Irrisorio. **2.** Absurdo. **3.** Mísero, insignificante. **ANT. 2.** Lógico. **3.** Grande.
**FAM.** Ridiculez, ridiculizar.

**riego** *s. m.* Acción de regar: *El riego en esta región lo hacen con agua de pozos.*
**EXPR. riego sanguíneo** La sangre que circula por las distintas partes del cuerpo.

**riel** *s. m.* **1.** Pieza alargada por la que corre o se desliza algo: *La puerta corredera lleva un riel arriba y otro abajo.* **2.** Cada una de las dos barras de hierro por donde va el tren.
**SIN. 1.** y **2.** Raíl, carril.

**rielar** *v.* Reflejarse como temblando la luz en una superficie: *La luna riela en el mar.*

**rienda** *s. f.* **1.** Correa con la que se guía a un caballo, mula o burro. || *s. f. pl.* **2.** Dirección o gobierno de algo: *Al marcharse Ramón, Juan lleva él solo las riendas de la zapatería.*
**EXPR. a rienda suelta** Con toda libertad, sin cortarse: *Cuando está con sus amigos se pone a hablar a rienda suelta.* **dar rienda suelta** Dejar en libertad: *Marta da rienda suelta a su imaginación cuando escribe poesías.*
**SIN. 2.** Mando.

**riesgo** *s. m.* Peligro: *Si te asomas demasiado por la ventana, corres el riesgo de caerte.*
**EXPR. a todo riesgo** Se dice de un tipo de seguro para cualquier daño que pueda sufrir o producir la cosa asegurada: *Alejandro tiene un seguro a todo riesgo para su coche.*
**SIN.** Amenaza, emergencia.
**FAM.** Riesgoso. / Arriesgar.

**riesgoso, sa** *adj.* En Hispanoamérica, peligroso, arriesgado.

**rifa** *s. f.* Sorteo de una cosa vendiendo papeletas numeradas. Le toca al que tiene el número que sale.
**FAM.** Rifar.

**rifar** *v.* **1.** Sortear algo en una rifa. || **rifarse 2.** Querer muchas personas lo mismo: *Jorge es tan guapo que todas las chicas se lo rifan.*

**rifirrafe** *s. m.* Riña o pelea sin importancia: *Hubo un rifirrafe entre los conductores, pero enseguida llegó un guardia y puso orden.*

**rifle** *s. m.* Una clase de fusil.

**rigidez** *s. f.* Característica de las personas o cosas que son rígidas: *la rigidez de la madera; la rigidez de un juez; la rigidez del horario.* ■ Su plural es *rigideces.*
**SIN.** Dureza; rectitud, severidad. **ANT.** Blandura, flexibilidad.

**rígido, da** *adj.* **1.** Duro, tieso, que es muy difícil de doblar o torcer. **2.** Duro, severo, que exige mucho: *Es un profesor muy rígido, te castiga si llegas tarde a clase.* **3.** Que hay que cumplirlo tal y como es: *El horario es muy rígido, no permiten entrar después*

*de la hora.* **4.** Que no admite cambios: *Es muy rígi-do en sus ideas y no se deja convencer.*
**SIN. 2.** Recto, riguroso. **2.** y **4.** Inflexible. **ANT. 1.** y **2.** Blando. **1.** a **4.** Flexible.
**FAM.** Rigidez.

**rigor** *s. m.* **1.** Severidad: *El rigor del castigo fue excesivo.* **2.** Dureza, lo que tienen las cosas que cuesta mucho aguantar: *No quiso marcharse a ese país por el rigor de su clima.* **3.** Precisión, exacti-tud: *Realiza su trabajo con gran rigor.*
**EXPR. de rigor** Obligatorio o imprescindible: *Los sol-dados hicieron al general el saludo de rigor.*
**SIN. 1.** Dureza. **ANT. 1.** Blandura, clemencia.
**FAM.** Riguroso.

**riguroso, sa** *adj.* **1.** Que se cumple exactamente: *La lista de libros está hecha por riguroso orden alfa-bético.* **2.** Duro, severo: *El árbitro fue demasiado riguroso al expulsar al jugador.* **3.** Hecho con cui-dado, teniendo en cuenta todos los detalles: *Ha publicado un estudio muy riguroso sobre la vida de las ballenas.*
**SIN. 1.** y **2.** Estricto. **2.** Rígido, inflexible. **3.** Serio, minucioso. **ANT. 2.** Clemente, flexible, blando. **3.** Impreciso, inexacto.

**rilarse** *v.* Echarse atrás, no hacer algo que se iba a hacer: *Mi amigo se ha rilado y no se viene a la sie-rra por miedo a que llueva.*
**SIN.** Rajarse, acobardarse.

**rima** *s. f.* **1.** Igualdad entre los sonidos de dos o más palabras desde la última vocal acentuada. **2.** Poema: *Sus primeras rimas aparecieron en una revista.*
**FAM.** Rimar.

**rimar** *v.* Haber rima entre dos o más palabras: *«Bella» rima con «estrella».*

**rimbombante** *adj.* Se dice de aquello a lo que se quiere dar demasiada importancia o brillantez y resulta poco natural: *Tiene una forma de hablar muy rimbombante.*
**SIN.** Ostentoso, aparatoso, grandilocuente. **ANT.** Sen-cillo.

**rímel** *s. m.* Un líquido espeso que se echan las chi-cas en las pestañas para darles color y que parez-can más largas y fuertes.

**rimero** *s. m.* Montón de cosas.
**SIN.** Pila.

**rincón** *s. m.* **1.** Espacio entre dos superficies que forman ángulo, por ejemplo entre dos paredes de una habitación. **2.** Lugar oculto o difícil de encon-trar: *Buscó las llaves hasta en el último rincón de la casa, pero no aparecieron.*
**SIN. 1.** Esquina. **2.** Escondrijo.
**FAM.** Rinconada, rinconera. / Arrinconar.

**rinconada** *s. f.* Espacio entre dos casas o dos calles que se juntan formando ángulo.

**rinconera** *s. f.* Mueble en forma de triángulo que se coloca en un rincón.

**ring** *s. m.* Lugar donde se disputa un combate de bo-xeo o de lucha, que consiste en un cuadrilátero de lona rodeado por cuerdas. ■ Es una palabra inglesa. Su plural es *rings.*

**ringlera** *s. f.* Fila de cosas puestas en orden.
**SIN.** Hilera.

**ringorrango** *s. m.* Adorno llamativo y de mal gusto.
**SIN.** Perifollo.

**rinitis** *s. f.* Inflamación de la mucosa de la nariz. ■ No varía en plural.

**rinoceronte** *s. m.* Mamífero de gran tamaño que tiene la piel dura, el hocico puntiagudo, las patas cortas con tres dedos en cada una de ellas y uno o dos cuernos sobre la nariz.

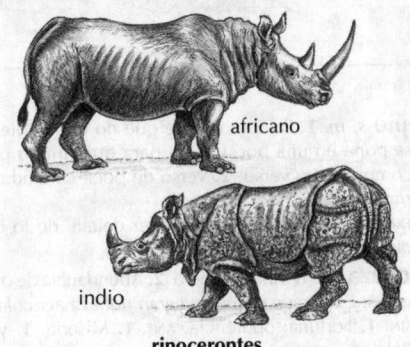

africano

indio

**rinocerontes**

**riña** *s. f.* Pelea, discusión.
**SIN.** Disputa, altercado, pendencia, reyerta, bronca.

**riñón** *s. m.* **1.** Cada uno de los dos órganos que fil-tran la sangre para eliminar de ella las sustancias que son perjudiciales. || *s. m. pl.* **2.** Parte del cuer-po situada debajo de la espalda: *Le duelen los riño-nes por llevar tanto peso.*
**EXPR. costar** algo **un riñón** Costar muy caro.
**FAM.** Riñonada, riñonera. / Desriñonarse.

**riñonada** *s. f.* **1.** Tejido graso que rodea los riñones. **2.** Lugar del cuerpo en que están los riñones.

**riñonera** *s. f.* **1.** Faja para proteger los riñones. **2.** Pequeña bolsa que se lleva sujeta a la cintura.

**río** *s. m.* Corriente natural de agua que desemboca en otra, en un lago o en el mar. (Puedes ver su ilus-tración en la página siguiente).
**FAM.** Ría, riachuelo, riada. / Andarríos.

**rioja** *s. m.* Vino español que se elabora en la comarca de La Rioja.

**riojano, na** *adj.* y *s. m.* y *f.* De La Rioja, comuni-dad autónoma de España.
**FAM.** Rioja.

**rioplatense** *adj.* y *s. m.* y *f.* De Río de la Plata, zona de América del Sur.

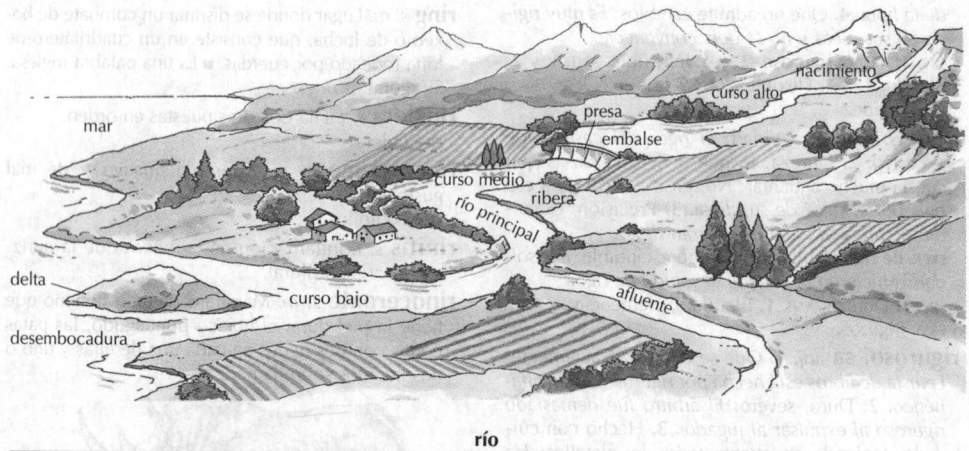

mar
nacimiento
curso alto
presa
embalse
curso medio
ribera
río principal
delta
curso bajo
afluente
desembocadura

**río**

**ripio** *s. m.* **1.** Palabra o frase que no queda bien y se pone en una poesía sólo para que rime o para completar un verso. **2.** Verso de poca calidad con rima.

**EXPR. no perder ripio** No perder detalle de lo que otro dice o hace.

**riqueza** *s. f.* **1.** Mucho dinero. **2.** Abundancia de otras cosas: *Esa región posee una gran riqueza agrícola.* **SIN. 1.** Fortuna, opulencia. **ANT. 1.** Miseria. **1.** y **2.** Pobreza, escasez.

**risa** *s. f.* **1.** Movimiento de la boca y sonido que se hace al reír. **2.** Aquello que hace reír: *Esta película es una risa.*

**EXPR. muerto de risa** Riéndose mucho. También, olvidado, abandonado, como si no existiera: *Tiene varios pantalones muertos de risa en el armario.* **tomar a risa** Burlarse de una persona o cosa, no hacer ningún caso de ella.

**FAM.** Risotada, risueño. / Irrisorio.

**risco** *s. m.* Roca alta, con mucha pendiente, por la que resulta peligroso subir o bajar.

**risotada** *s. f.* Carcajada.

**ristra** *s. f.* **1.** Tira formada con ajos, cebollas, chorizos y otros alimentos unidos. **2.** Muchas cosas que van una detrás de otra: *Se enfadó mucho y empezó a soltar una ristra de insultos.* **SIN. 2.** Rosario, retahíla, sarta.

**ristre** Se usa sobre todo en la expresión **en ristre**, que indica que un objeto se lleva bien sujeto con las manos para hacer algo con él: *Bolígrafo en ristre, empezó a tomar apuntes.*

**risueño, ña** *adj.* **1.** Que tiene la cara sonriente o suele reír con facilidad. **2.** Favorable, muy bueno: *A esa chica tan inteligente le espera un risueño porvenir.* **SIN. 1.** Alegre. **ANT. 1.** Serio. **1.** y **2.** Triste.

**Rita** Se utiliza en la expresión **que lo haga Rita**, que se dice para negarse a hacer una cosa: *Hoy no tengo ganas de hacer los deberes; que los haga Rita.*

**rítmico, ca** *adj.* Que tiene ritmo o está relacionado con el ritmo.

**ritmo** *s. m.* **1.** Distribución de las notas musicales de acuerdo con un compás. **2.** Combinación de los acentos en un verso. **3.** Movimiento repetido de algunas cosas, por ejemplo de los latidos del corazón o de la respiración. **4.** Velocidad con que se hace o se produce algo: *El atleta lleva un buen ritmo en la carrera de mil metros.* **SIN. 4.** Marcha.

**FAM.** Rítmico. / Arritmia, biorritmo.

**rito** *s. m.* **1.** Acto religioso que de acuerdo con unas normas se repite siempre de la misma manera. **2.** Acto que una persona repite siempre de la misma forma y que se convierte en una costumbre. **SIN. 1.** Liturgia.

**FAM.** Ritual.

**ritual** *adj.* **1.** Relacionado con los ritos. || *s. m.* **2.** Conjunto de normas que se siguen en una ceremonia o acto religioso. **SIN. 2.** Liturgia.

**rival** *adj. y s. m. y f.* El que se enfrenta a otro para conseguir algo o para ser mejor que él: *En la partida de ajedrez su rival le derrotó.* **SIN.** Competidor, adversario. **ANT.** Aliado.

**FAM.** Rivalidad, rivalizar.

**rivalidad** *s. f.* Hecho de ser alguien rival de otro. **SIN.** Competencia.

**rivalizar** *v.* Enfrentarse alguien a otro para conseguir una misma cosa o para ser mejor que él. ■ Delante de *e* se escribe *c* en lugar de *z*: *rivalice.* **SIN.** Competir. **ANT.** Aliarse.

**rizado, da** *adj.* Que tiene rizos: *Charo tiene el pelo rizado.*
**SIN.** Ensortijado.

**rizador** *s. m.* Aparato para rizar el pelo.

**rizar** *v.* Hacer rizos. ■ Delante de *e* se escribe *c* en lugar de *z*: *A su novio le gusta que Araceli se rice la melena.*
**SIN.** Ondular. **ANT.** Alisar.
**FAM.** Rizado, rizador, rizo. / Desrizar.

**rizo** *s. m.* Mechón de pelo retorcido o enroscado.
**EXPR.** rizar el rizo Hacer algo más difícil o más complicado.
**SIN.** Bucle.

**rizoma** *s. m.* Tallo que crece bajo la tierra y que es grueso porque en él se acumulan sustancias que sirven de alimento a la planta.

**roano, na** *adj.* Se dice del caballo o la yegua con el pelo mezclado de blanco, gris y bayo. Se dice también *ruano.*

**róbalo** o **robalo** *s. m.* Lubina.

**robar** *v.* **1.** Quitar a alguien algo que le pertenece: *Han robado en ese supermercado.* **2.** Quitar algunas cosas: *¿Puedo robarte un poco de tu tiempo para hacerte unas preguntas? Robó unos metros al pasillo para hacer más amplio el salón.* **3.** En algunos juegos, coger el jugador una carta o más del montón cuando le llega su turno.
**SIN.** **1.** Hurtar, sustraer. **ANT.** **2.** Añadir.
**FAM.** Robo. / Antirrobo.

**roble** *s. m.* **1.** Árbol robusto que tiene una copa ancha y como fruto una bellota. Su madera es dura y se utiliza para fabricar muebles. **2.** Persona fuerte, resistente, con buena salud: *A Eduardo se le ve hecho un roble: está muy sano.*
**FAM.** Robledal, robledo.

**robledal** o **robledo** *s. m.* Lugar en el que hay muchos robles.

**robo** *s. m.* **1.** Acción de robar y cosa robada: *Los ladrones huyeron después del robo.* **2.** El hecho de cobrar o pedir demasiado dinero por algo: *¡Me pedían el doble por el coche, vaya robo!*
**SIN.** **1.** Hurto, sustracción.

**robot** *s. m.* Máquina electrónica que puede hacer ella sola cosas para las que ha sido programada. ■ Su plural es *robots.*
**SIN.** Autómata.
**FAM.** Robótica.

**robótica** *s. f.* Rama de la ingeniería que se dedica a diseñar, construir y hacer funcionar robots.

**robustecer** *v.* Hacer más robusto o fuerte: *Esos alimentos le ayudarán a robustecerse.* ■ Es un verbo irregular. Se conjuga como *agradecer.*
**SIN.** Fortalecer, reforzar. **ANT.** Debilitar.
**FAM.** Robustecimiento.

**robustecimiento** *s. m.* Acción de robustecer.

**robusto, ta** *adj.* **1.** Fuerte, resistente: *Compró una mesa de patas robustas.* **2.** De aspecto fuerte y sano: *Ese atleta tiene una espalda robusta.*
**SIN.** **1.** Duro, sólido. **2.** Fornido. **ANT.** **1.** y **2.** Débil. **2.** Enfermizo.
**FAM.** Robustecer.

**roca** *s. f.* **1.** Materia formada por la unión de varios minerales; por ejemplo, son rocas el granito y el mármol. **2.** Masa de piedra, sobre todo la que es grande.
**FAM.** Rocoso, roque, roqueda, roquedal.

**rocambolesco, ca** *adj.* Extraordinario, increíble: *Nos contó una historia rocambolesca.*
**SIN.** Inaudito, extraño, inverosímil. **ANT.** Normal, corriente.

**roce** *s. m.* **1.** Acción de rozar o rozarse: *Esa butaca está gastada de tanto roce.* **2.** Trato o relación entre personas: *Juan tiene poco roce con los demás vecinos.* **3.** Pequeña discusión: *Nos llevamos bien, aunque hemos tenido nuestros roces.*
**SIN.** **1.** Rozamiento, raspadura. **2.** Contacto, comunicación. **3.** Pique.

**rociada** *s. f.* Acción de rociar; también, el líquido que se rocía: *Añadió una rociada de aceite a la ensalada.*

**rociar** *v.* **1.** Echar un líquido en gotas muy finas o esparciéndolo muy bien: *La ropa queda mejor si la rocías con almidón antes de plancharla.* **2.** Echar una cosa sobre otra repartiéndola por toda su superficie: *Se rocía con azúcar la masa y luego se mete en el horno.*
**FAM.** Rociada.

**rocín** *s. m.* Caballo de mal aspecto.

**rocío** *s. m.* Gotitas muy pequeñas de agua que aparecen encima de las plantas o la tierra cuando ha hecho frío por la noche.
**FAM.** Rociar.

**rock** *s. m.* **1.** Rock and roll. **2.** Nombre que se da a otros estilos musicales derivados del rock and roll. ■ Es una palabra inglesa. Su plural es *rocks.*

**rock and roll** *s. m.* Música que nació en Estados Unidos, tiene mucho ritmo y se toca con instrumentos como la batería, el bajo y la guitarra eléctrica. ■ También se dice solamente *rock.* Es una expresión inglesa.
**FAM.** Rócker, roquero.

**rócker** *s. m.* Persona muy aficionada a la música rock, que viste pantalón vaquero, botas de punta y el pelo peinado hacia atrás y muy levantado. ■ Es una palabra inglesa. Su plural es *róckers.*

**rococó** *adj.* y *s. m.* Estilo artístico que se desarrolló en Europa en el siglo XVIII y que se usó sobre todo en la decoración. Se caracteriza por tener muchos adornos pequeños, con muchos colores suaves y dorados. (Puedes ver su ilustración en la página siguiente).

**rocoso, sa** *adj.* Que tiene muchas rocas.
**SIN.** Pedregoso, abrupto.

decoración **rococó**

**rodaballo** *s. m.* Pez muy plano y redondeado, bastante grande y con los dos ojos en el lado izquierdo. Vive en el fondo del mar y es muy apreciado como alimento.

**rodada** *s. f.* Huella o señal que deja por donde pasa la rueda de un vehículo.
SIN. Rodera, rodal.

**rodado, da** *adj.* Se dice del tráfico o transporte en vehículos con ruedas: *Cada día está más difícil el tráfico rodado en las grandes ciudades.*
EXPR. **canto rodado** Piedra lisa y redondeada; tiene esta forma porque se ha ido limando al ser arrastrada por el agua. || **venir** algo **rodado** Ocurrir algo bueno para alguien con facilidad, casi sin hacer nada: *Una vez que empataron, el triunfo vino rodado.*

**rodador, ra** *s. m. y f.* Ciclista que corre bien en terreno llano.

**rodaja** *s. f.* Trozo de algo que tiene la forma de un círculo: *una rodaja de piña, una rodaja de merluza.*

**rodaje** *s. m.* **1.** Acción de rodar una película. **2.** Acción de andar con un coche nuevo sin forzarlo mucho. **3.** Experiencia o práctica: *Necesita todavía rodaje para manejar el ordenador.*

**rodal** *s. m.* Marca o mancha redondeada: *La taza de café ha dejado un rodal en la mesa.*

**rodamiento** *s. m.* Pieza que sirve para facilitar que algo gire; algunos tienen dentro unas bolitas, como por ejemplo el rodamiento de las ruedas de los patines.

**rodapié** *s. m.* Banda estrecha que se pone en la pared junto al suelo como adorno y protección.
SIN. Zócalo.

**rodar** *v.* **1.** Ir de un lugar a otro dando vueltas: *El bote se cayó y fue rodando hasta el comedor.* **2.** Moverse por medio de ruedas: *Los ciclistas están rodando a bastante velocidad.* **3.** Dar vueltas alrededor de un eje: *Estos patines no ruedan bien, hay que echarles*

aceite. **4.** Ir de un sitio a otro: *Ese libro ha estado rodando por toda la clase y ahora se ha perdido.* **5.** Tomar imágenes con la cámara de cine: *Esa película la han rodado en Madrid.* ■ Es un verbo irregular. Se conjuga como *contar.*
EXPR. **echar** algo **a rodar** Estropearlo, hacerlo fracasar.
SIN. **4.** Circular. **5.** Filmar.
FAM. Rodado, rodador, rodaje, rodamiento, rodillo.

**rodear** *v.* **1.** Poner algo alrededor de una persona o cosa: *Le rodeó el cuello con los brazos.* **2.** Estar o ir alrededor: *Una gran muralla rodea la ciudad.* **3.** Ir a un sitio por un camino que no es el más corto: *Fui a casa rodeando por el parque.* || **rodearse 4.** Estar con las personas o cosas que se indican: *Le gusta rodearse de gente importante.*
SIN. **1.** Abrazar, ceñir. **1.** y **2.** Cercar, bordear. **4.** Acompañarse.
FAM. Rodeo.

**rodeo** *s. m.* **1.** El ir por un camino que no es el más corto: *Fue dando un rodeo porque todavía era pronto.* **2.** El hecho de no decir una cosa de manera clara: *Déjate de rodeos y di por qué no fuiste a clase.* **3.** Espectáculo que consiste en montar los vaqueros en caballos o toros salvajes, tirar el lazo y hacer otras cosas; es propio de América.
SIN. **1.** Circunvalación. **2.** Circunloquio.

**rodera** *s. f.* Rodada.

**rodete** *s. m.* Objeto con forma de rueda o rosca, por ejemplo el que se coloca sobre la cabeza para llevar algo encima.

**rodilla** *s. f.* Parte del centro de la pierna por donde ésta se dobla y articulación que está en esta parte.
EXPR. **de rodillas** Con las piernas dobladas y las rodillas apoyadas en el suelo: *Los fieles rezaban de rodillas.*
FAM. Rodillera. / Arrodillarse.

**rodillera** *s. f.* **1.** Cualquier cosa que se pone en la rodilla para protegerla. **2.** Pieza que se pone en la parte de la rodilla de los pantalones cuando está muy gastada o rota. **3.** Bolsa que se forma en la rodilla de un pantalón cuando éste se ha usado mucho.

**rodillo** *s. m.* Nombre de algunos utensilios o piezas que tienen forma de cilindro; por ejemplo, el que se utiliza en la cocina para extender las masas o el que se usa para pintar.

**rododendro** *s. m.* Arbusto de hojas perennes y alargadas, de color verde intenso, y flores grandes en forma de campana o de tubo que crecen en grupo. Se utiliza como planta de adorno.

**rodrigón** *s. m.* Palo que se clava en la tierra junto a una planta para sostener los tallos y ramas.

**rodríguez** *s. m.* Marido que se queda trabajando y solo en casa mientras su familia está de vacaciones.
■ No varía en plural.

**roedor, ra** *adj.* y *s. m.* Se dice de algunos animales mamíferos, como los ratones, ardillas y cobayas, que tienen un único par de dientes incisivos, fuertes y largos, que les sirven para roer.

**roer** *v.* **1.** Cortar con los dientes partes pequeñas de una cosa: *El ratón ha roído el queso.* **2.** Quitar con los dientes la carne de un hueso. ■ Es un verbo irregular.

**FAM.** Roedor.

### ROER

#### GERUNDIO

*royendo*

#### INDICATIVO

| Presente | Pretérito perfecto simple |
|---|---|
| roo (o *roigo* o *royo*)* | roí |
| roes | roíste |
| roe | royó |
| roemos | roímos |
| roéis | roísteis |
| roen | royeron |

#### SUBJUNTIVO

**Presente**
roa (o *roiga* o *roya*)*
roas (o *roigas* o *royas*)*
roa (o *roiga* o *roya*)*
roamos (o *roigamos* o *royamos*)*
roáis (o *roigáis* o *royáis*)*
roan (o *roigan* o *royan*)*

| Pretérito imperfecto | Futuro |
|---|---|
| royera, -ese | royere |
| royeras, -eses | royeres |
| royera, -ese | royere |
| royéramos, -ésemos | royéremos |
| royerais, -eseis | royereis |
| royeran, -esen | royeren |

*\* Formas poco usuales.*

**rogar** *v.* Pedir a alguien una cosa como favor o con humildad: *Le ruego que me conteste lo antes posible. Rogamos que nos disculpen por esta interrupción.* ■ Delante de *e* se escribe *gu* en lugar de *g*. Es un verbo irregular. Se conjuga como *contar*.

**SIN.** Suplicar.

**FAM.** Rogativa, ruego. / Arrogarse.

**rogativa** *s. f.* Oración, a menudo acompañada de una procesión, en que la gente pide a Dios, la Virgen o los santos que pongan remedio a una grave necesidad, por ejemplo que llueva después de mucho tiempo sin llover.

**rojizo, za** *adj.* Un poco rojo: *Su pelo es de color rojizo.*

**rojo, ja** *adj.* y *s. m.* **1.** Se dice de uno de los colores del arco iris, el de la sangre o las amapolas;

también se dice de las cosas que lo tienen. **2.** Se dice del pelo de un color rubio muy intenso, casi colorado. ‖ *adj.* y *s. m.* y *f.* **3.** De ideas socialistas o comunistas. ■ Con este significado, es una palabra despectiva.

**EXPR.** **al rojo** o **al rojo vivo** Se dice de la materia que se pone de este color por la acción del calor. También se dice de situaciones en que la gente está muy nerviosa o enfadada: *La discusión entre los jugadores y el árbitro se puso al rojo vivo.* **poner rojo** o **ponerse rojo** Hacer que alguien sienta vergüenza, a veces poniéndosele la cara de este color.

**SIN. 1.** Encarnado, colorado. **2.** Pelirrojo. **ANT. 3.** Facha, carca.

**FAM.** Rojizo. / Enrojecer, infrarrojo, pelirrojo, sonrojar.

**rol** *s. m.* Papel o función que realiza alguien: *Ha cambiado mucho el rol de la mujer en la sociedad.*

**EXPR.** **juego de rol** Juego en el que cada participante hace el papel de un personaje inventado y actúa en función de la historia y de las reglas de cada aventura.

**FAM.** Enrolarse.

**rollista** *adj.* y *s. m.* y *f.* Persona que aburre a los demás hablando mucho.

**SIN.** Pesado, plasta, pelma, latoso.

**rollizo, za** *adj.* Gordito y fuerte.

**ANT.** Flaco, delgado.

**rollo** *s. m.* **1.** Cualquier cosa en forma de cilindro, como por ejemplo un rollo de papel o un rollo de película fotográfica. **2.** Charla o explicación muy larga y aburrida: *¡Vaya rollo que te ha soltado! ¡Menudo rollo metió en el examen!* **3.** Persona o cosa que aburre: *Mario es muy rollo: cansa a toda la gente con sus chistes. Me parece un rollo jugar a las cartas.* **4.** Ambiente: *No me gusta el rollo que hay en esta fiesta.* **5.** Sensación, impresión: *Me dio mal rollo verlos discutir.* **6.** Asunto: *Le va el rollo de ir a la discoteca.* **7.** Cuento, mentira: *No me trago ese rollo.* **8.** Relación amorosa o sexual poco importante.

**EXPR.** **rollo patatero** Cosa muy aburrida o pesada: *Las clases de matemáticas son un rollo patatero.*

**SIN. 2.** Perorata. **3.** Plomo, plasta, pesado; pesadez, aburrimiento. **4.** Marcha. **7.** Patraña, bola.

**FAM.** Rollista, rollizo. / Arrollar, enrollar, portarrollos.

**romana** *s. f.* Instrumento para pesar que consiste en una balanza de dos brazos desiguales.

**romance** *adj.* y *s. m.* **1.** Se dice de las lenguas que proceden del latín, como el español y el italiano. ‖ *s. m.* **2.** Composición poética que está formada por versos, casi siempre de ocho sílabas, de los que los pares riman en asonante y quedan sin rimar los impares. **3.** Relación amorosa.

**SIN. 1.** Románico. **3.** Idilio.

**FAM.** Romancero, romanza.

**romancero** *s. m.* Colección de romances, composiciones poéticas.

**románico, ca** *adj.* **1.** Se dice del estilo artístico que hubo en Europa entre los siglos X y XIII, caracterizado principalmente por edificios macizos, con muros muy anchos, iglesias con planta en forma de cruz y con pinturas y esculturas que dan una sensación de rigidez. **2.** Se dice de las lenguas modernas derivadas del latín; se dice también de todo lo relacionado con ellas.

iglesia de estilo **románico**

**romanización** *s. f.* Acción de romanizar.

**romanizar** *v.* Llevar los antiguos romanos su civilización, cultura y lengua a otros lugares. ▪ Delante de *e* se escribe *c* en lugar de *z*: *romanice*.
**FAM.** Romanización.

**romano, na** *adj.* y *s. m.* y *f.* **1.** De Roma, la ciudad actual, capital de Italia, o de la antigua Roma y del imperio que esta última fundó. **2.** Se dice de la Iglesia católica.
**EXPR. a la romana** Modo de preparar algunos alimentos rebozándolos con huevo y harina y luego friéndolos: *calamares a la romana.*
**FAM.** Romana, romance, románico, romanizar. / Grecorromano, hispanorromano, prerromano.

**romanticismo** *s. m.* **1.** Movimiento intelectual y artístico de la primera mitad del siglo XIX, caracterizado principalmente por dar mucha importancia a los sentimientos y a la pasión. **2.** Característica de romántico, de lo que es sentimental y propio de los enamorados: *Margarita escribió una carta llena de romanticismo.*
**SIN. 2.** Sentimentalismo.
**FAM.** Romántico.

**romántico, ca** *adj.* y *s. m.* y *f.* **1.** Del romanticismo o relacionado con él. **2.** Muy sentimental, propio de los enamorados: *una película romántica.* **3.** Que tiene muchos ideales.
**SIN. 2.** Apasionado. **3.** Soñador, idealista.

**romanza** *s. f.* Composición musical sencilla y de tema amoroso.

**rómbico, ca** *adj.* Que tiene forma de rombo.

**rombo** *s. m.* **1.** Paralelogramo que tiene los cuatro lados iguales y en el que cada ángulo sólo es igual al opuesto. ‖ *s. m. pl.* **2.** Palo de la baraja francesa que tiene dibujados en sus cartas uno o varios rombos de color rojo.
**FAM.** Rómbico, romboide.

**romboide** *s. m.* Paralelogramo en el que sólo son iguales los lados y ángulos opuestos.

**romería** *s. f.* **1.** El ir por devoción un grupo de personas a una iglesia. **2.** Fiesta que se hace junto a una iglesia el día de la festividad religiosa del lugar.
**SIN. 1.** Peregrinación.

**romero** *s. m.* Arbusto que tiene hojas largas y muy finas, verdes por un lado y blancas por el otro, y flores pequeñas de color entre azul y violeta; su olor es muy agradable.

**romero, ra** *adj.* y *s. m.* y *f.* Persona que va o participa en una romería.

**romo, ma** *adj.* **1.** Que no tiene filo o punta. **2.** Que tiene la nariz pequeña y poco puntiaguda. **3.** Torpe, muy poco inteligente.
**SIN. 2.** Chato. **3.** Lerdo, tardo. **ANT. 1.** Afilado. **2.** Narizotas. **3.** Listo, agudo.

**rompecabezas** *s. m.* **1.** Juego en el que hay que componer un dibujo juntando unos cubos o unas piezas. **2.** Algo que es difícil de resolver: *Esa adivinanza es un rompecabezas.* ▪ No varía en plural.
**SIN. 1.** Puzzle.

**rompecorazones** *s. m.* y *f.* Persona atractiva y capaz de enamorar fácilmente: *Este niño es muy guapo y seguro que será un rompecorazones.* ▪ No varía en plural.

**rompehielos** *s. m.* Barco preparado para abrirse paso en los mares helados. ▪ No varía en plural.

**rompeolas** *s. m.* Muro que se mete un poco en el mar y en el que chocan las olas; sirve para proteger un puerto o una bahía. ▪ No varía en plural.

**romper** *v.* **1.** Hacer trozos una cosa: *Ha roto varias botellas.* **2.** Hacer un agujero o una raja: *Se le han roto los pantalones. Se le ha roto una uña.* **3.** Estropear algo: *Se ha roto la radio.* **4.** Hacer que algo deje de ser como estaba: *En la reunión nadie se atrevía a romper el silencio.* **5.** No cumplir: *Rompió su palabra y contó a los demás su secreto.* **6.** Poner fin a unas relaciones: *Ya no son novios, rompieron hace meses.* **7.** Deshacerse las olas en espuma. **8.** Comenzar: *Cuando el agua de la olla rompa a hervir, tienes que retirarla del fuego.* ▪ Su participio es irregular: *roto.*
**EXPR. de rompe y rasga** Se dice de la persona muy decidida, con mucha energía: *Carmen se sabe defender muy bien porque es una mujer de rompe y rasga.*
**romper aguas** Busca **agua. romper filas** Busca **fila.**
**SIN. 1.** Partir, cascar, fracturar. **1.** y **2.** Destrozar. **2.** Rajar, rasgar. **3.** Averiar. **4.** Interrumpir. **5.** Incumplir. **8.** Empezar, iniciarse. **ANT. 1.** Unir. **3.** Arreglar. **4.** y **6.** Continuar.

**FAM.** Rompecabezas, rompecorazones, rompehielos, rompeolas, rompiente. / Irrompible, roto, rotura, ruptura.

**rompiente** *s. m.* Costa, roca o cualquier otra cosa donde chocan con fuerza el agua de un río o las olas del mar.

**ron** *s. m.* Bebida alcohólica que se saca de la caña de azúcar.

**roncar** *v.* Hacer con la garganta un ruido fuerte cuando se duerme. ■ Delante de *e* se escribe *qu* en lugar de *c: ronque.*
**FAM.** Ronquido.

**roncha¹** *s. f.* **1.** Bultito rojo que sale en la piel, por ejemplo por la picadura de un insecto. **2.** Cardenal, moradura.
**SIN. 1.** Ronchón, habón.
**FAM.** Ronchón.

**roncha²** *s. f.* Trozo delgado cortado en redondo: *una roncha de salchichón.*
**SIN.** Rodaja, raja, loncha.

**ronchón** *s. m.* Roncha grande que sale en la piel.

**ronco, ca** *adj.* **1.** Que habla con voz baja y áspera porque tiene mal la garganta: *De tanto cantar se ha quedado ronco.* **2.** Se dice de la voz o el sonido áspero y muy bajo, que casi no se oye.
**SIN. 1.** Afónico.
**FAM.** Ronquera. / Enronquecer.

**ronda** *s. f.* **1.** Acción de rondar. **2.** Rondalla. **3.** Cada vez que toma algo un grupo de personas: *La primera ronda la pagó Miguel.* **4.** Carrera ciclista por etapas. **5.** Paseo, calle o carretera que rodea una ciudad o parte de ella. **6.** Cada partida de cartas que se juega.
**SIN. 2.** Estudiantina, tuna.
**FAM.** Rondalla.

**rondalla** *s. f.* Grupo de jóvenes vestidos de manera especial que por las calles o en actuaciones cantan canciones acompañándose con sus instrumentos.
**SIN.** Tuna, ronda.

**rondar** *v.* **1.** Recorrer de noche un lugar vigilando para impedir alborotos y desórdenes: *La policía ronda esas calles.* **2.** Salir los jóvenes a la calle cantando y tocando instrumentos musicales para conquistar a las jóvenes. **3.** Intentar conquistar un chico a una chica. **4.** Dar vueltas: *Le vi rondando por el parque.* **5.** Estar pensando en algo: *Le ronda la idea de comprar una moto.* **6.** Ir detrás de alguien: *Lleva rondándome tres días, seguro que quiere pedirme algo.* **7.** Estar a punto de tener algo, como una enfermedad: *Le está rondando la fiebre.*
**SIN. 1.** Patrullar. **4.** Merodear; pasar.
**FAM.** Ronda.

**rondón** Se usa en la expresión **de rondón**, que significa 'sin llamar, sin que nadie le haya invitado': *Se coló de rondón en el cumpleaños de Irene.*

**ronquera** *s. f.* Hecho de hablar de manera que casi no se oye, con voz baja y áspera.

**ronquido** *s. m.* Ruido fuerte que alguien hace cuando ronca.

**ronronear** *v.* Hacer los gatos un ruido parecido a un ronquido cuando están contentos y a gusto.
**FAM.** Ronroneo.

**ronroneo** *s. m.* Acción de ronronear.

**ronzal** *s. m.* Cuerda que se ata al cuello o a la cabeza de caballos, burros y mulas para sujetarlos o guiarlos.

**roña** *s. f.* **1.** Porquería o suciedad pegada fuertemente. **2.** Sarna del ganado lanar. **3.** Tacañería. **4.** Capa oxidada que se forma en los metales. || *adj.* y *s. m.* y *f.* **5.** Persona roñosa, tacaña: *Es un roña: no ha dado nada para el regalo de Eva.*
**SIN. 1.** Mugre. **3.** Roñosería, cicatería. **5.** Roñica, agarrado, cicatero, miserable. **ANT. 1.** Limpieza. **3.** Generosidad. **5.** Generoso.
**FAM.** Roñoso.

**roñica** *adj.* y *s. m.* y *f.* Persona tacaña.
**SIN.** Roña, roñoso, agarrado, cicatero. **ANT.** Generoso.

**roñosería** *s. f.* Tacañería.

**roñoso, sa** *adj.* **1.** Que tiene roña, suciedad. **2.** Que está oxidado: *Ese hierro está roñoso.* || *adj.* y *s. m.* y *f.* **3.** Persona tacaña.
**SIN. 1.** Mugriento, sucio, guarro. **3.** Roñica, agarrado, cicatero. **ANT. 1.** Limpio. **3.** Generoso.
**FAM.** Roñica, roñosería.

**ropa** *s. f.* Prendas de vestir y otras cosas hechas con tela, como sábanas y manteles.
**EXPR. ropa interior** La que se lleva directamente sobre la piel y debajo de las demás prendas, como los calzoncillos o las bragas. **ropa vieja** Guisado que se hace aprovechando la carne que ha sobrado de otros guisos. || **a quema ropa** A quemarropa. Busca **quemarropa.**
**SIN.** Vestido, vestimenta.
**FAM.** Ropaje, ropavejero, ropero. / Arropar, guardarropa, lavarropas, quemarropa.

**ropaje** *s. m.* **1.** Vestidura, sobre todo si es lujosa. **2.** Demasiada ropa.
**SIN. 1.** Indumentaria, vestimenta.

**ropavejero, ra** *s. m.* y *f.* Persona que compra y vende ropa vieja: *El ropavejero pasaba por las calles pregonando su mercancía.*

**ropero** *s. m.* **1.** Armario o cuarto donde se guarda ropa. **2.** Conjunto de vestidos de una persona: *Tenía un buen ropero, con mucha ropa de invierno y de verano.* **3.** Asociación que proporciona ropa a los necesitados: *el ropero de la parroquia.*

**roque¹** *s. m.* Torre del ajedrez.
**FAM.** Enrocar.

**roque²** *adj.* Dormido: *Nada más acostarse se quedó roque.*
**SIN.** Traspuesto. **ANT.** Despierto.

**roque**[3] *s. m.* Peñasco formado por la lava de los volcanes; hay muchos en las islas Canarias.

**roqueda** o **roquedal** *s. f.* o *m.* Lugar con muchas rocas.

**roquefort** *s. m.* Queso francés de leche de oveja, con partes verdosas; su olor y sabor son muy fuertes. ■ Es una palabra francesa.

**roquero, ra** *adj.* y *s. m.* y *f.* **1.** Persona que se dedica al rock. **2.** Persona a la que le gusta el rock.

**rorcual** *s. m.* Mamífero parecido a la ballena; mide entre diez y treinta metros de longitud y tiene una pequeña aleta dorsal.

**rorro** *s. m.* Bebé.

**ros** *s. m.* Gorro militar con visera, duro y más alto por delante que por detrás.

**rosa** *s. f.* **1.** Flor del rosal, muy bonita, de mucho colorido y olor agradable. (Puedes ver su ilustración en la página siguiente). || *adj.* y *s. m.* **2.** Se dice del color que resulta de mezclar el rojo y el blanco; también se dice de las cosas que lo tienen: *un pantalón rosa.*
**EXPR. novela rosa** Novela que cuenta una historia amorosa, que suele tener un final feliz. **rosa de los vientos** Dibujo en el que están marcados los puntos cardinales y a veces los nombres de los vientos. **rosa de pitiminí** La que es muy pequeñita y crece en rosales de tallos trepadores. || **como una rosa** Con buen aspecto, sano, muy bien: *A pesar de los años, la abuela está como una rosa.* **de color de rosa** Busca **color**.
**SIN. 2.** Rosado.
**FAM.** Rosáceo, rosado, rosal, rosario, roseta, rosetón. / Sonrosado.

rosa

**rosáceo, a** *adj.* **1.** Se dice del color parecido al rosa; también de las cosas que lo tienen. || *adj.* y *s. f.* **2.** Se dice de unos árboles, arbustos y hierbas que tienen el borde de sus hojas en forma de dientes de sierra y las flores con cinco pétalos; son rosáceas, por ejemplo, el peral, el cerezo, el almendro y el rosal.

**rosado, da** *adj.* **1.** Se dice del color rosa; también de las cosas que lo tienen. || *adj.* y *s. m.* **2.** Vino que tiene un color claro, parecido al rosa.
**SIN. 2.** Clarete.

**rosal** *s. m.* Arbusto de tallos con espinas y unas flores muy bonitas llamadas *rosas.*
**FAM.** Rosaleda.

**rosaleda** *s. f.* Lugar con muchos rosales.

**rosario** *s. m.* **1.** Oración de los católicos en la que se recuerdan quince misterios o hechos de la vida de Jesús y de la Virgen y se reza después de cada uno un padrenuestro, diez avemarías y un gloria. **2.** Este mismo rezo, pero más corto, con sólo cinco misterios. **3.** Cuentas o piedrecillas metidas en un hilo que se utilizan para hacer ese rezo. **4.** Objeto parecido que se usa en otras religiones, como la musulmana o la budista, para llevar la cuenta de las oraciones. **5.** Serie de cosas, una detrás de otra: *Todo lo que dijo fue un rosario de mentiras.*
**EXPR. acabar** una cosa **como el rosario de la aurora** Acabar mal.
**SIN. 5.** Retahíla, sarta, ristra.

**rosbif** *s. m.* Carne de vaca asada que se deja poco hecha. ■ Su plural es *rosbifs.*

**rosca** *s. f.* **1.** Surco que tienen los tornillos alrededor y las tuercas por dentro, por el que se enroscan. **2.** Cualquier cosa redondeada con un agujero en el centro, por ejemplo una rosca de pan.
**EXPR. hacer la rosca** a alguien Alabar a una persona para conseguir algo. **no comerse una rosca** No ser capaz de ligar, de conquistar a alguien. **pasarse de rosca** No agarrar la tuerca en el tornillo. También, ir una persona más allá de lo debido en lo que hace o dice. A veces significa volverse alguien un poco loco.
**FAM.** Rosco, roscón, rosquilla. / Enroscar.

**rosco** *s. m.* **1.** Roscón o rosca de pan o de bollo. **2.** En el lenguaje de los estudiantes, la peor nota que se puede sacar: un cero.

**roscón** *s. m.* Bollo grande en forma de rosca, sobre todo el que se come en el día de Reyes.

**roseta** *s. f.* Chapa, mancha rosada en las mejillas.

**rosetón** *s. m.* **1.** Ventana en forma de círculo con adornos, principalmente la que hay en algunas iglesias. **2.** Adorno en forma de círculo, sobre todo el que se coloca en los techos.

**rosquilla** *s. f.* Masa dulce y frita de forma redondeada con un agujero en el centro.

**rostro** *s. m.* **1.** Cara de las personas. **2.** Descaro, poca vergüenza: *¡Menudo rostro tiene! No puso ni un duro para la fiesta.*
**SIN. 1.** Semblante. **2.** Jeta.

**rotación** *s. f.* **1.** Acción de rotar, por ejemplo varias personas en un puesto. **2.** Giro de los cuerpos celestes sobre su eje.

**rotar** *v.* **1.** Rodar, girar. **2.** Hacer una cosa primero unos y luego otros: *Vamos rotando y cada día le toca a un hermano recoger la mesa.*
**SIN. 2.** Turnarse, alternarse.
**FAM.** Rotación, rotativo, rotatorio.

**rotativo, va** *adj.* **1.** Que rota. ‖ *adj.* y *s. f.* **2.** Máquina que imprime con movimiento seguido y a gran velocidad periódicos y revistas. ‖ *s. m.* **3.** Periódico impreso en estas máquinas.
SIN. **1.** Giratorio; cíclico.

**rotatorio, ria** *adj.* Que rota o gira.
SIN. Giratorio.

**roto, ta** *adj.* **1.** Que se rompió o alguien lo rompió: *Recogió los cristales rotos.* **2.** Muy cansado: *Hizo un viaje tan largo que venía roto.* ‖ *s. m.* **3.** Agujero, raja: *Tiene un roto en los calcetines.*
SIN. **2.** Molido, reventado.
FAM. Rotoso.

**rotonda** *s. f.* **1.** Plaza redonda. **2.** Edificio o sala en forma de círculo.

**rotor** *s. m.* Pieza que gira en una máquina.

**rotoso, sa** *adj.* En Hispanoamérica, muy mal vestido, con la ropa sucia y rota.

**rottweiler** *adj.* y *s. m.* y *f.* Se dice de una raza de perros muy fuertes de tamaño mediano, cabeza grande y pelo negro, corto y duro. Se suelen usar como perros guardianes. ■ Es una palabra alemana. Su plural es *rottweilers.*

**rótula** *s. f.* Hueso de la rodilla, que está entre el fémur y la tibia.

**rotulación** *s. f.* Acción de rotular; también, conjunto de rótulos.

**rotulador, ra** *adj.* y *s. m.* y *f.* **1.** Que rotula o sirve para rotular. ‖ *s. m.* **2.** Utensilio con una carga de tinta dentro y una punta que permite escribir o dibujar con un trazo grueso.

**rotular** *v.* Poner un rótulo o letrero.
FAM. Rotulación, rotulador.

**rótulo** *s. m.* Letrero, cartel.
FAM. Rotular.

**rotundo, da** *adj.* **1.** Que no se puede dudar o discutir: *Mariano se negó de forma rotunda a venir con nosotros al concierto.* **2.** Completo, total: *El triunfo del equipo español fue rotundo.*
SIN. **1.** Terminante, contundente, tajante. **2.** Absoluto. ANT. **1.** y **2.** Dudoso.

**rotura** *s. f.* **1.** Acción de romper o romperse. **2.** Raja o agujero que se hace al romperse algo: *El agua se salía por una rotura de la tubería.*
FAM. Roturar.

**roturar** *v.* Arar por primera vez las tierras para dedicarlas a algún cultivo.

**roulotte** *s. f.* Caravana, remolque que por dentro es una vivienda. ■ Es una palabra francesa.

**round** *s. m.* En boxeo, asalto o cada una de las partes en que se divide la pelea. ■ Es una palabra inglesa. Su plural es *rounds.*

**roza** *s. f.* Surco que se hace en una pared para meter los cables o las tuberías.

**rozadura** *s. f.* **1.** Herida que se produce en la piel por haberse rozado con algo: *Esos zapatos le han hecho rozaduras en los pies.* **2.** Señal que queda en una cosa cuando se ha rozado con algo: *Esta camisa tiene rozaduras en el cuello y los puños.*
SIN. **1.** y **2.** Roce.

**rozamiento** *s. m.* **1.** Acción de rozar o rozarse. **2.** En física, resistencia entre dos superficies cuando están en contacto, que se opone al movimiento de una sobre otra.
SIN. **1.** Roce.

**rozar** *v.* **1.** Tocar ligeramente una persona o cosa a otra: *Las cortinas del comedor rozan el suelo.* **2.** Producir una herida o un desgaste el contacto de una cosa con otra: *Esas sandalias me rozan y me hacen daño en los pies.* **3.** Estar muy cerca una cosa de otra: *Su forma de hablar tan agresiva roza el insulto.* ‖ **rozarse 4.** Tener trato con una persona. ■ Delante de *e* se escribe *c* en lugar de *z*: *roce.*
SIN. **2.** Raspar; raer. **3.** Rayar.
FAM. Roce, roza, rozadura, rozamiento.

**rúa** *s. f.* Calle.

**ruandés, sa** *adj.* y *s. m.* y *f.* De Ruanda, país de África.

**ruano, na** *adj.* Busca **roano.**

**rubeola** o **rubéola** *s. f.* Enfermedad contagiosa parecida al sarampión; es causada por un virus.

**rubí** *s. m.* Mineral de color rojo, muy brillante y duro, que se emplea en joyería como piedra preciosa. ■ Su plural es *rubís* o *rubíes.*

**rubia** *s. f.* Antigua moneda de una peseta, llamada así por su color dorado.

**rubiales** *adj.* y *s. m.* y *f.* Se dice de la persona rubia. ■ No varía en plural.

**rubicundo, da** *adj.* **1.** Se dice del pelo de color rubio rojizo. **2.** Se dice de la persona que tiene buen color y parece estar muy sana: *Silvia tiene una hija gordita y rubicunda.*

**rubio, bia** *adj.* y *s. m.* y *f.* **1.** De color entre amarillo y dorado; se dice sobre todo del pelo y de la persona que lo tiene: *cerveza rubia.* ‖ *adj.* y *s. m.* **2.** Se dice de un tipo de tabaco de este color más claro y de sabor suave.
ANT. **1.** Moreno. **2.** Negro.
FAM. Rubiales, rubicundo.

**rublo** *s. m.* La moneda de Rusia y de otras repúblicas de la antigua Unión Soviética.

**rubor** *s. m.* **1.** Color rojo que aparece en la cara de una persona cuando siente vergüenza. **2.** Vergüenza.
SIN. **2.** Bochorno, corte, apuro.
FAM. Ruborizarse.

**ruborizarse** *v.* **1.** Ponerse colorada una persona por vergüenza: *Se ruborizó cuando le llamaron guapo.* **2.** Sentir vergüenza por algo. ■ Delante de *e* se escribe *c* en lugar de *z*: *se ruborice.*
SIN. **1.** y **2.** Sonrojar, abochornar, azorar.

**rúbrica** *s. f.* Raya o garabato que una persona añade a su nombre y apellidos cuando firma. **FAM.** Rubricar.

**rubricar** *v.* **1.** Poner la rúbrica. **2.** Confirmar, estar totalmente de acuerdo con algo. ■ Delante de *e* se escribe *qu* en lugar de *c*: *rubrique*. **SIN. 1.** Firmar. **2.** Apoyar, suscribir, reafirmar.

**rubro** *s. m.* En Hispanoamérica, título, rótulo.

**rucio, cia** *adj.* **1.** Se dice de los animales de color pardo claro o blanquecino. ‖ *s. m.* **2.** Asno. **SIN. 2.** Burro, borrico.

**rudeza** *s. f.* Característica de rudo. **SIN.** Tosquedad, brusquedad, dureza. **ANT.** Delicadeza, suavidad.

**rudimentario, ria** *adj.* Muy sencillo, poco desarrollado: *Sólo tenía unos conocimientos muy rudimentarios de matemáticas. El pastor talló una rudimentaria figurita de madera.* **SIN.** Elemental. **ANT.** Avanzado.

**rudimentos** *s. m. pl.* Conocimientos muy elementales sobre algo. **SIN.** Fundamentos, principios. **FAM.** Rudimentario.

**rudo, da** *adj.* **1.** Basto, poco delicado: *Era un hombre sin educación, de modales rudos.* **2.** Duro, fuerte: *Saber que su padre estaba enfermo fue un rudo golpe para ella. Está acostumbrado a los trabajos rudos del campo.* **SIN. 1.** Tosco, grosero, brusco. **ANT. 1.** Refinado, educado. **1.** y **2.** Fino. **2.** Suave. **FAM.** Rudeza, rudimentos.

**rueca** *s. f.* Máquina sencilla que se usaba antiguamente para hilar.

**rueda** *s. f.* **1.** Objeto en forma de círculo que puede girar sobre un eje: *las ruedas de un coche, de una bicicleta.* **2.** Círculo formado por personas o cosas: *Ofreció a sus invitados una rueda de canapés.* **3.** Rodaja de algún alimento: *una rueda de merluza.* **EXPR. rueda de prensa** Reunión de una persona importante con los periodistas para hablar sobre algo y contestar a sus preguntas. ‖ **sobre ruedas** Que va muy bien, sin problemas: *El negocio va sobre ruedas.* **FAM.** Rodada, rodaja, rodal, rodar, rodear, rodete, ruedo.

**ruedo** *s. m.* **1.** En las plazas de toros, terreno en forma de círculo cubierto de arena en que se torea. **2.** Borde de una cosa redonda, por ejemplo de una falda. **3.** Cosa que se pone alrededor del borde de otra para adornarla. **4.** Círculo formado por un grupo de personas. **SIN. 2.** Contorno. **4.** Corro.

**ruego** *s. m.* Aquello que se pide a otra persona como favor, con humildad. **SIN.** Súplica, petición, demanda.

**rufián** *s. m.* **1.** Hombre que estafa o engaña a otros. **2.** Hombre que vive a costa de las prostitutas. **SIN. 1.** Sinvergüenza, granuja, bribón. **2.** Chulo.

**rugby** *s. m.* Deporte en el que dos equipos de quince jugadores cada uno se disputan un balón ovalado que se puede coger y golpear con las manos y los pies. Los tantos se marcan dejando el balón tras la línea de fondo del campo contrario (ensayo), o haciéndolo pasar de una patada por encima del palo horizontal de la portería opuesta (transformación). ■ Es una palabra inglesa.

**rugido** *s. m.* Sonido que se hace al rugir: *el rugido de un león.*

**rugir** *v.* **1.** Lanzar el león y otros animales salvajes su sonido característico. **2.** Producir el mar o la tempestad un sonido fuerte y ronco. **3.** Gritar una persona que está muy enfadada o tiene mucho dolor. ■ Delante de *a* y *o* se escribe *j* en lugar de *g*: *rujan.* **SIN. 2.** y **3.** Bramar. **3.** Chillar, vocear. **FAM.** Rugido.

**rugosidad** *s. f.* **1.** Característica propia de lo que es rugoso. **2.** Arruga o pliegue: *El gotelé forma rugosidades en las paredes pintadas así.*

**rugoso, sa** *adj.* Que tiene arrugas o asperezas. **SIN.** Arrugado. **ANT.** Liso. **FAM.** Rugosidad.

**ruido** *s. m.* Sonido más o menos fuerte que no es agradable al oído. **ANT.** Silencio. **FAM.** Ruidoso.

**ruidoso, sa** *adj.* Que hace mucho ruido.

**ruin** *adj.* **1.** Se dice de la persona falsa, que actúa con mala intención; también se dice de sus acciones y de su comportamiento. **2.** Se dice de la persona tacaña. **SIN. 1.** Canalla, despreciable, vil. **1.** y **2.** Mezquino, miserable. **2.** Roñoso, roña, agarrado. **ANT. 1.** Noble. **2.** Generoso. **FAM.** Ruindad.

**ruina** *s. f.* **1.** El hecho de quedarse sin dinero o sin otros bienes: *Su familia está en la ruina.* **2.** Destrucción de un edificio, de una casa o de otra cosa: *Esa casa tan antigua amenaza ruina.* **3.** Persona o cosa en muy mal estado: *Este coche está hecho una ruina.* ‖ *s. f. pl.* **4.** Restos de edificios destruidos: *Los turistas visitaron las ruinas romanas de la ciudad.* **SIN. 1.** Quiebra, bancarrota. **2.** Derrumbamiento, hundimiento, caída, destrozo. **ANT. 1.** Riqueza. **FAM.** Ruin, ruinoso. / Arruinar.

**ruindad** *s. f.* **1.** Característica de ruin. **2.** Acción ruin, despreciable.

**ruinoso, sa** *adj.* **1.** Que está en ruinas, medio destruido: *un edificio ruinoso.* **2.** Que produce ruina o cualquier otro mal: *un negocio ruinoso.*

**ruiseñor** *s. m.* Pájaro que tiene el vientre de color claro, la cola rojiza y el resto del cuerpo pardo; canta muy bien.

**rular** *v.* Rodar o funcionar algo.

**ruleta** *s. f.* **1.** Juego que consiste en una rueda dividida en casillas que gira y sobre la que se lanza una bola; la casilla en que se para la bola indica el número que gana. **2.** Juego parecido al anterior en que la bola es sustituida por una lengüeta que detiene la rueda. FAM. Ruletero.

**ruletero, ra** *s. m. y f.* En México, taxista.

**rulo** *s. m.* Cilindro hueco en que se enrolla un mechón de pelo para rizarlo. FAM. Rular, ruleta.

**rumano, na** *adj. y s. m. y f.* **1.** De Rumania, país del este de Europa. ‖ *s. m.* **2.** Lengua románica que se habla en este país.

**rumba** *s. f.* **1.** Música y baile flamenco, muy popular y con mucho ritmo. **2.** Baile popular antillano de origen negro y música que lo acompaña. FAM. Rumbero.

**rumbero, ra** *adj.* **1.** De la rumba: *música rumbera.* ‖ *adj. y s. m. y f.* **2.** Que canta o baila rumbas.

**rumbo** *s. m.* **1.** Dirección que sigue alguien o algo al caminar o navegar: *El barco zarpó rumbo a América.* **2.** Forma en que van ocurriendo los acontecimientos. **3.** Camino que sigue una persona para conseguir algo: *Cuando vio que los negocios le iban mal, decidió cambiar de rumbo.* SIN. **1.** y **3.** Derrotero, ruta. FAM. Rumboso.

**rumboso, sa** *adj.* Se dice de la persona muy generosa cuando gasta dinero, por ejemplo cuando hace regalos o invita a otros. SIN. Espléndido, desprendido. ANT. Tacaño.

**rumiante** *adj. y s. m.* Mamífero que se alimenta de hierba y tiene el estómago dividido en tres o cuatro partes; primero traga el alimento y luego lo hace volver a la boca para masticarlo mejor; son rumiantes la vaca, la cabra, el ciervo y la jirafa.

**rumiar** *v.* **1.** Masticar los rumiantes por segunda vez los alimentos. **2.** Pensar en algo muy despacio: *Rumiaba con rabia su derrota.* SIN. **2.** Meditar, cavilar. FAM. Rumiante.

**rumor** *s. m.* **1.** Noticia que circula entre la gente sin que se sepa si es verdad. **2.** Ruido continuo, como el que hace el mar o el viento. SIN. **2.** Runrún, zumbido. FAM. Rumorearse, rumoroso.

**rumorearse** *v.* Existir un rumor que va pasando de unas personas a otras. ■ Este verbo sólo se usa en tercera persona: *Se rumorea que va a subir el precio de la gasolina.*

**rumoroso, sa** *adj.* Que produce rumor o que suena continuamente: *aguas rumorosas.*

**runrún** *s. m.* Ruido continuo. SIN. Rumor, zumbido.

**rupestre** *adj.* Se dice de las pinturas o dibujos prehistóricos que fueron realizados en rocas y cuevas.

**rupia** *s. f.* Moneda de la India, Pakistán, Nepal y otros países.

**ruptura** *s. f.* El hecho de romper o romperse las relaciones entre personas o países.

**rural** *adj.* Del campo o relacionado con el campo. SIN. Campestre, campesino. ANT. Urbano.

**ruso, sa** *adj. y s. m. y f.* **1.** De Rusia, país del este de Europa y norte de Asia. ‖ *s. m.* **2.** Lengua que hablan en Rusia y otras repúblicas de la antigua Unión Soviética. FAM. Bielorruso.

**rústico, ca** *adj.* **1.** Que es propio del campo o está en el campo: *Posee una finca rústica llena de olivos.* **2.** Ordinario en la forma de hablar o comportarse. **3.** Que se ha hecho sin cuidado o con materiales de poco valor. ‖ *s. m. y f.* **4.** Persona del campo. EXPR. **en rústica** Se dice de la encuadernación de los libros con una cubierta de papel o cartulina. SIN. **1.** Rural. **1.** y **4.** Campesino. **2.** Rudo. **3.** Tosco. ANT. **1.** Urbano. **2.** y **3.** Refinado, elegante.

**ruta** *s. f.* Camino o lugares que se recorren en un viaje. SIN. Itinerario, recorrido, trayecto. FAM. Rutina.

**rutilante** *adj.* Que brilla mucho. SIN. Brillante, resplandeciente.

**rutilar** *v.* Brillar mucho. SIN. Resplandecer, relumbrar. FAM. Rutilante.

**rutina** *s. f.* **1.** El hacer algo por costumbre y del mismo modo, sin pararse a pensarlo. **2.** Serie de instrucciones que se dan a un ordenador para que ejecute una operación. SIN. **1.** Hábito. FAM. Rutinario. / Subrutina.

**rutinario, ria** *adj.* **1.** Que se hace por rutina: *Estaba harto del trabajo rutinario de la oficina.* **2.** Se dice de la persona que actúa por rutina.

pinturas **rupestres**

**s** *s. f.* Letra número veinte del abecedario y dieciséis de las consonantes. Su nombre es *ese*.

**sabadellense** *adj.* y *s. m.* y *f.* De Sabadell, ciudad de Cataluña.

**sábado** *s. m.* Sexto día de la semana.
FAM. Sabático.

**sabana** *s. f.* Llanura grande con pocos árboles que existe en algunas zonas de África, América del Sur y Australia.

**sábana** *s. f.* Cada una de las dos piezas de tela que se utilizan como ropa de cama y entre las que se coloca la persona que se acuesta.
EXPR. **pegársele** a alguien **las sábanas** Levantarse más tarde o costarle mucho salir de la cama cuando se tiene que levantar.

**sabandija** *s. f.* **1.** Animal pequeño y que da asco, como algunos insectos o reptiles. **2.** Persona despreciable, de malas intenciones.
SIN. **1.** Bicho. **2.** Gusano, miserable.

**sabañón** *s. m.* Bultito rojo que sale por el frío en manos, pies y orejas y que pica mucho.

**sabático, ca** *adj.* **1.** Del sábado. **2.** Se dice del año que algunas universidades conceden a sus profesores para que se dediquen a la investigación y a otras actividades que no sean dar clase: *El profesor escribió un ensayo en su año sabático.* **3.** Se dice del tiempo que una persona se toma para descansar o para dedicarse a alguna actividad por la que no gana dinero: *Me he tomado un año sabático para cuidar de mi hijo.*

**sabedor, ra** *adj.* Que sabe, que está enterado.

**sabelotodo** *adj.* y *s. m.* y *f.* Persona que presume de saber mucho.
SIN. Sabihondo.

**saber**[1] *v.* **1.** Conocer alguna cosa o estar informado de ella: *Yo sabía que ibais a cansaros.* **2.** Tener conocimientos sobre una materia o muchas: *Sabe un montón de cine. Pablo es el que más sabe de toda*

la clase. **3.** Haber aprendido a hacer algo: *Gabriel ya sabe montar en bici.* **4.** Tener una cosa un sabor: *Esta leche sabe rara.* **5.** Con los adverbios *bien* o *mal* o palabras y expresiones parecidas, agradar o desagradar una cosa: *Me supo fatal que no me invitases a la fiesta.* ■ Es un verbo irregular.
EXPR. **a saber** Indica duda: *A saber cuánto puede costar ese barco.* También se usa para empezar una explicación o una enumeración: *Jaime habla tres idiomas, a saber: alemán, español e inglés.* **no saber**

| SABER | |
|---|---|
| **INDICATIVO** | |
| **Presente** | **Pretérito perfecto simple** |
| sé | supe |
| sabes | supiste |
| sabe | supo |
| sabemos | supimos |
| sabéis | supisteis |
| saben | supieron |
| **Futuro** | **Condicional** |
| sabré | sabría |
| sabrás | sabrías |
| sabrá | sabría |
| sabremos | sabríamos |
| sabréis | sabríais |
| sabrán | sabrían |
| **SUBJUNTIVO** | |
| **Presente** | **Pretérito imperfecto** |
| sepa | supiera, -ese |
| sepas | supieras, -eses |
| sepa | supiera, -ese |
| sepamos | supiéramos, -ésemos |
| sepáis | supierais, -eseis |
| sepan | supieran, -esen |
| **Futuro** | |
| supiere | supiéremos |
| supieres | supiereis |
| supiere | supieren |

**dónde meterse** Mostrar mucho miedo o mucha vergüenza: *Cuando empezó la tormenta, el pobre perro no sabía dónde meterse.* **quién sabe** Expresa duda: *Quién sabe lo que será de nosotros en el futuro.* **saber lo que es bueno** Sufrir un castigo que sirva de escarmiento. Se usa como amenaza: *Como rompas el jarrón, vas a saber lo que es bueno.* **sabérselas todas** Ser muy listo: *No pudieron engañar a Paco porque se las sabe todas.* **SIN. 1.** Enterarse. **2.** Entender. **FAM.** Sabedor, sabelotodo, saber², sabiduría, sabiendas, sabihondo, sabio, sabiondo, sabor. / Bienmesabe, consabido, marisabidilla, resabiado, sapiencia.

**saber²** *s. m.* Conocimiento, sabiduría: *Ese estudiante lee mucho para aumentar su saber.* **SIN.** Cultura, ciencia. **ANT.** Incultura, ignorancia.

**sabiduría** *s. f.* **1.** Conjunto de conocimientos que se aprenden estudiando o a través de la experiencia: *Era un hombre de gran sabiduría.* **2.** Característica de las personas o cosas sabias: *Todos respetan los consejos del anciano porque habla con sabiduría.* **SIN. 1.** Saber, cultura, ciencia, ilustración. **2.** Inteligencia, sensatez. **ANT. 1.** Ignorancia, incultura. **2.** Estupidez, necedad.

**sabiendas** Se usa en la expresión **a sabiendas**, que significa 'con intención, conociendo las consecuencias': *Has dicho eso a sabiendas de que me molestaría.*

**sabihondo, da** *adj. y s. m. y f.* Sabelotodo. ■ Se escribe también *sabiondo*.

**sabio, bia** *adj. y s. m. y f.* **1.** Que sabe mucho sobre una o varias materias: *Este profesor es un auténtico sabio.* || *adj.* **2.** Inteligente, que hace las cosas pensándolas y con cuidado; también se dice de las cosas hechas así: *Como no paraba de llover, la decisión más sabia era volver a casa.* **3.** Se dice de los animales que han sido amaestrados para hacer cosas muy difíciles: *En el circo vimos un número de perros sabios.* **SIN. 1.** Culto, erudito. **2.** Prudente, sensato. **ANT. 1.** Ignorante. **2.** Imprudente, estúpido, necio.

**sabiondo, da** *adj. y s. m. y f.* Busca **sabihondo**.

**sablazo** *s. m.* **1.** Golpe dado con un sable y herida que hace. **2.** El pedir dinero a alguien y devolvérselo tarde o no devolvérselo: *Ese señor no trabaja; vive de dar sablazos a los amigos.* **SIN. 1.** Tajo.

**sable** *s. m.* Espada un poco curvada y de un solo filo. **FAM.** Sablazo, sablear. / Tragasables.

**sablear** *v.* Dar sablazos, sacarle dinero a alguien.

**sabor** *s. m.* **1.** Sensación que produce en la lengua y el paladar una sustancia: *Este postre tiene un sabor muy dulce.* **2.** Impresión, sentimiento o recuerdo que deja alguna cosa: *La fiesta dejó un buen sabor en los asistentes.* **3.** Aspecto que tiene una cosa y hace que se parezca o recuerde a otra: *Algunos edificios de México tienen un sabor español.* **SIN. 1.** Gustillo. **1. y 2.** Gusto, regusto. **3.** Aire. **FAM.** Saborear, sabroso. / Desaborido, sinsabor.

**saborear** *v.* **1.** Comer o beber algo despacio para notar mejor su sabor: *Mari saboreaba su helado.* **2.** Disfrutar de algo con tranquilidad y a gusto: *Puso su música preferida y la saboreó con placer.* **SIN. 1. y 2.** Paladear.

**sabotaje** *s. m.* Acto con que se sabotea algo.

**saboteador, ra** *adj. y s. m. y f.* Se dice de la persona que hace sabotaje: *Unos saboteadores cortaron el tendido eléctrico.*

**sabotear** *v.* **1.** Causar daños en fábricas, medios de transporte y otras cosas para luchar contra alguien o para lograr algo: *Un comando saboteó el puente para que no pasaran las tropas enemigas.* **2.** Oponerse a algo haciendo cosas para impedirlo o retrasarlo: *Algunos alumnos sabotearon la explicación del profesor con sus continuas preguntas.* **SIN. 2.** Boicotear. **FAM.** Sabotaje, saboteador.

**sabroso, sa** *adj.* **1.** Que tiene mucho sabor y está bueno: *Julia se comió una sabrosa ensalada.* **2.** Importante o interesante: *Le pagaron una sabrosa suma de dinero por su novela. Se enteró de un cotilleo de lo más sabroso.* **SIN. 1.** Gustoso, suculento, rico. **2.** Sustancioso. **ANT. 1.** Insípido. **1. y 2.** Soso. **FAM.** Sabrosón.

**sabrosón, na** *adj.* En algunos países de Hispanoamérica, agradable, ameno, simpático.

**sabueso, sa** *adj. y s. m. y f.* **1.** Se dice de un tipo de perros podencos que tiene el oído y el olfato muy finos, por lo que se usan para cazar. || *s. m.* **2.** Poli-

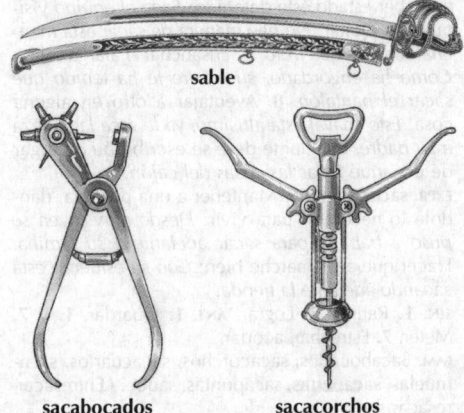

sable

sacabocados          sacacorchos

cía, detective u otra persona hábil para investigar y descubrir cosas: *Un sabueso de la brigada criminal seguía la pista a los sospechosos.*

**saca** *s. f.* Saco grande de tela fuerte, como el que se usa en correos para guardar y llevar las cartas. **SIN.** Costal.

**sacabocados** o **sacabocado** *s. m.* Punzón o tenazas con una o más bocas huecas, que sirve para hacer agujeros. ■ La palabra *sacabocados* no varía en plural. (Puedes ver su ilustración en la página anterior).

**sacacorchos** *s. m.* Instrumento para quitar los tapones de corcho de las botellas. ■ No varía en plural. (Puedes ver su ilustración en la página anterior).
**EXPR.** **sacar** algo a alguien **con sacacorchos** Conseguir con mucho esfuerzo que lo diga: *Manuel habla tan poco que hay que sacarle las palabras con sacacorchos.*

**sacacuartos** *s. m.* **1.** Cualquier cosa que resulta ser muy mala y en la que la gente malgasta su dinero: *El concierto fue un auténtico sacacuartos.* ‖ *s. m.* y *f.* **2.** Persona que sabe cómo sacarle dinero a otra. ■ No varía en plural.

**sacamuelas** *s. m.* y *f.* Dicho con desprecio, dentista. ■ No varía en plural.

**sacaperras** *s. m.* Sacacuartos. ■ No varía en plural.

**sacapuntas** *s. m.* Objeto para sacar punta a los lápices. ■ No varía en plural.

**sacar** *v.* **1.** Poner o llevar a alguien o algo fuera de donde está: *Sacó los pantalones vaqueros del armario y los echó a lavar. Todas las tardes saca al perro a pasear.* **2.** Conseguir, obtener: *He sacado un sobresaliente en dibujo. El vino se saca de la uva.* **3.** Hacer que alguien o algo aparezca o se descubra: *Ese conjunto de rock va a sacar un nuevo disco. Siempre estás sacando faltas a los demás.* **4.** Retratar o fotografiar: *Siempre procura que le saquen su lado bueno en las fotos.* **5.** En algunos deportes, lanzar la pelota al comienzo del juego o después de haber estado éste detenido: *Saca el equipo visitante.* **6.** Quitar: *No hay manera de sacar esta mancha por más que froto.* **7.** Ensanchar o alargar algo: *Como ha engordado, su madre le ha tenido que sacar el pantalón.* **8.** Aventajar a otro en alguna cosa: *Este chaval está altísimo, ya le saca la cabeza a su padre.* ■ Delante de *e* se escribe *qu* en lugar de *c*: *Saqué todas las cosas del cajón.*
**EXPR.** **sacar adelante** Mantener a una persona, dándole lo necesario para vivir: *Desde muy joven se puso a trabajar para sacar adelante a su familia.* Hacer que algo marche bien: *Con su esfuerzo está sacando adelante la tienda.*
**SIN.** **1.** Retirar. **2.** Lograr. **ANT.** **1.** Guardar. **1.** y **7.** Meter. **7.** Estrechar, acortar.
**FAM.** Sacabocados, sacacorchos, sacacuartos, sacamuelas, sacaperras, sacapuntas, saque. / Entresacar, resaca, sonsacar.

**sacarina** *s. f.* Sustancia blanca y muy dulce que se emplea para endulzar en vez del azúcar.

**sacarosa** *s. f.* Azúcar.

**sacerdocio** *s. m.* El estado de los sacerdotes.

**sacerdotal** *adj.* De los sacerdotes o relacionado con ellos: *Siguió la vocación sacerdotal.*

**sacerdote** *s. m.* En muchas religiones, hombre que se dedica a decir misa, dar los sacramentos y hacer otras cosas relacionadas con la religión.
**FAM.** Sacerdocio, sacerdotal, sacerdotisa.

**sacerdotisa** *s. f.* En algunas religiones, mujer encargada de hacer los sacrificios a los dioses y de cuidar el templo.

**saciar** *v.* **1.** Comer o beber hasta no tener hambre o sed: *Comió hasta saciarse.* **2.** Llenar una necesidad o deseo: *Leía muchísimo para saciar su enorme curiosidad.*
**SIN.** **1.** Hartar. **1.** y **2.** Satisfacer, colmar.
**FAM.** Saciedad. / Insaciable.

**saciedad** *s. f.* Estado del que está saciado o lleno. ■ Se usa sobre todo en la expresión **hasta la saciedad**, que significa 'hasta no poder más': *comer hasta la saciedad.* También significa 'muchísimas veces': *Les he repetido hasta la saciedad que se estén quietos, pero no me hacen caso.*
**SIN.** Hartura, empacho.

**saco** *s. m.* **1.** Bolsa grande que está abierta por uno de sus extremos y sirve para meter cosas dentro: *Guardaron las piñas en sacos.* **2.** Saqueo, acción de saquear. ■ Con este significado se usa sobre todo en la expresión **entrar a saco**, que también significa 'entrar con violencia': *Unos gamberros entraron a saco en el bar y lo destrozaron todo.* **3.** En Hispanoamérica, chaqueta.
**EXPR.** **saco de dormir** Bolsa muy grande de tejido impermeable donde se mete una persona para dormir al aire libre o en tiendas de campaña. ‖ **estar** o **tener en el saco** Conquistar a alguien o conseguir algo: *Rodrigo le regaló unas flores a Elena y ya la tiene en el saco.* **no echar** algo **en saco roto** No olvidarlo, tenerlo en cuenta: *No eches mis consejos en saco roto.*
**SIN.** **1.** Costal, talego. **2.** Pillaje. **3.** Americana.
**FAM.** Saca, saquear.

**sacralizar** *v.* Hacer que algo sea sagrado. ■ Delante de *e* se escribe *c* en lugar de *z*.

**sacramental** *adj.* De los sacramentos o relacionado con ellos.

**sacramento** *s. m.* En la religión cristiana, signos sagrados que se realizan en algunos actos y por los que Jesucristo da a los hombres su salvación.
**EXPR.** **Santísimo Sacramento** Jesucristo en la eucaristía. **últimos sacramentos** Los de la penitencia, eucaristía y extremaunción que recibe el cristiano que está en peligro de muerte.
**FAM.** Sacramental.

**sacratísimo, ma** *adj.* Superlativo de **sagrado**. Muy sagrado.

**sacrificar** *v.* **1.** Ofrecer una víctima a los dioses, por ejemplo un animal muerto, para pedirles algo, para alabarles o para darles las gracias. **2.** Matar a un animal, sobre todo para comerlo: *En los mataderos se sacrifican reses para el consumo humano.* **3.** Dejar de hacer algo agradable, o también hacer cosas molestas o desagradables, para ayudar a otra persona, para conseguir una cosa o por otro motivo: *Sacrificó sus vacaciones para cuidar a su madre. Sus padres se han sacrificado mucho para que pudiese estudiar.* ■ Delante de *e* se escribe *qu* en lugar de *c*: *sacrifique*.
**SIN. 1.** Inmolar.
**FAM.** Sacrificio.

**sacrificio** *s. m.* Acción de sacrificar o sacrificarse: *Hizo grandes sacrificios para adelgazar.*
**SIN.** Renuncia, privación, abnegación.

**sacrilegio** *s. m.* Lo que se dice o hace contra una persona, cosa o lugar sagrados, o es una grave falta de respeto hacia ellos.
**SIN.** Profanación.
**FAM.** Sacrílego.

**sacrílego, ga** *adj.* Que falta gravemente al respeto a una persona, lugar o cosa que se consideran sagrados.

**sacristán** *s. m.* Hombre que ayuda al sacerdote en el altar y se encarga del cuidado de la iglesia.
**FAM.** Sacristana.

**sacristana** *s. f.* **1.** Mujer del sacristán. **2.** Monja que se encarga de cuidar la iglesia y la sacristía.

**sacristía** *s. f.* Lugar en las iglesias donde se guardan las ropas y objetos que se usan en la misa y en otros actos de culto y donde los sacerdotes se visten para esos actos.
**FAM.** Sacristán.

**sacro, cra** *adj.* **1.** Sagrado: *música sacra.* ‖ *adj.* y *s. m.* **2.** Se dice del hueso que está en la parte final de la columna vertebral y está formado por vértebras soldadas entre sí. ‖ *adj.* **3.** Se dice de la parte del cuerpo donde está ese hueso.
**FAM.** Sacrosanto.

**sacrosanto, ta** *adj.* Que es a la vez sagrado y santo.

**sacudida** *s. f.* Movimiento brusco: *Las olas hacían que el barco diera fuertes sacudidas.*
**SIN.** Meneo, bandazo.

**sacudir** *v.* **1.** Mover bruscamente una cosa de un lado a otro: *El viento sacudía las persianas.* **2.** Golpear una cosa o agitarla en el aire para limpiarla: *Sacude la alfombra para quitarle el polvo. Sacúdete, tienes la pechera llena de migas.* **3.** Pegar a alguien: *Como no te portes bien, te van a sacudir.* **4.** Apartar a una persona o cosa mala, molesta o pesada: *Ahora que es rico tiene que sacudirse a los gorrones que vienen a pedirle dinero. Se sacudió la tristeza y salió a divertirse.*
**SIN. 1.** Menear, zarandear, remover. **3.** Arrear, atizar, zurrar. **4.** Librarse, deshacerse, desembarazarse.
**ANT. 4.** Atraer.
**FAM.** Sacudida.

**sádico, ca** *adj.* y *s. m.* y *f.* Que disfruta haciendo sufrir.
**SIN.** Despiadado, inhumano. **ANT.** Bondadoso.

**sadismo** *s. m.* Comportamiento de las personas que disfrutan haciendo sufrir a los demás.
**FAM.** Sadomasoquismo.

**sadomasoquismo** *s. m.* Comportamiento sexual de las personas que se hacen daño unas a otras para obtener placer.
**FAM.** Sadomasoquista.

**sadomasoquista** *adj.* y *s. m.* y *f.* Que disfruta haciendo daño y sufriéndolo.

**saeta** *s. f.* **1.** Flecha. **2.** Manecilla del reloj o la brújula. **3.** Canción religiosa flamenca que se canta sobre todo en las procesiones de Semana Santa.
**FAM.** Saetera, saetero.

**saetera** *s. f.* Ventana muy estrecha abierta en el muro de un castillo, de una torre o de un fuerte, por la que los defensores disparaban flechas a los que atacaban.

**saetero, ra** *s. m.* y *f.* **1.** Persona que canta saetas. ‖ *s. m.* **2.** Soldado que disparaba saetas.

**safari** *s. m.* **1.** El ir a cazar animales grandes por África. **2.** El ir de excursión por lugares naturales con otros fines: *safari fotográfico.*

**safena** *adj.* y *s. f.* Se dice de las venas que van a lo largo de la pierna.

**saga** *s. f.* **1.** Leyenda poética, sobre todo las de pueblos escandinavos. **2.** Relato de la historia de varias generaciones de una familia.

**sagacidad** *s. f.* Astucia, inteligencia.
**SIN.** Perspicacia, agudeza. **ANT.** Torpeza.

**sagaz** *adj.* Astuto, inteligente: *El sagaz detective pronto descubrió al culpable.* ■ Su plural es *sagaces.*
**SIN.** Perspicaz, agudo, listo. **ANT.** Torpe.
**FAM.** Sagacidad.

**sagitario** *s. m.* **1.** Noveno signo del zodiaco. ‖ *s. m.* y *f.* **2.** Persona nacida bajo este signo, entre el 22 de noviembre y el 21 de diciembre. ■ Con el primer significado suele escribirse con mayúscula. Con el segundo significado no varía en plural.

**sagrado, da** *adj.* **1.** Se dice de lo relacionado con Dios o con los dioses y su culto: *Las iglesias son lugares sagrados.* **2.** Que merece mucho respeto: *Para él, su familia es sagrada.*
**SIN. 1.** Santo, sacro. **ANT. 1.** Profano.
**FAM.** Sagrario. / Consagrar, sacralizar, sacramento, sacratísimo, sacrilegio, sacristía, sacro.

**sagrario** *s. m.* Especie de armario o templete donde se guardan el copón y las sagradas formas.

**sahariana** *s. f.* Chaqueta amplia, ligera, de color claro y con grandes bolsillos, que suele llevar cinturón.

**sahariano, na** o **saharaui** *adj.* y *s. m.* y *f.* Del Sáhara, desierto del norte de África.
FAM. Sahariana.

**sahib** *s. m.* En la India, tratamiento que usaban los criados para dirigirse a sus amos. ■ Es una palabra del hindi.

**sahumerio** *s. m.* **1.** Humo perfumado producido por una sustancia aromática al arder. **2.** Sustancia aromática que al arder perfuma el aire.

**sainete** *s. m.* Obra de teatro breve y divertida, en la que se representan escenas y personajes populares.

**saja** o **sajadura** *s. f.* Corte hecho en la carne: *Le hicieron una sajadura en el grano para que le saliera el pus.*
SIN. Raja, incisión.

**sajar** *v.* Hacer un corte en la carne para curar, sobre todo en un grano o un quiste para limpiarlo.
SIN. Abrir, cortar, seccionar.
FAM. Saja, sajadura.

**sajón, na** *adj.* y *s. m.* y *f.* **1.** De uno de los pueblos germánicos que invadieron Gran Bretaña a mediados del siglo v. **2.** De Sajonia, región de Alemania.
FAM. Anglosajón.

**sake** o **saki** *s. m.* Bebida alcohólica japonesa que se obtiene al fermentar el arroz. ■ Es una palabra japonesa.

**sal** *s. f.* **1.** Sustancia en forma de cristalitos muy pequeños y de color blanco, que se usa principalmente para poner salados los alimentos o para conservarlos. Se llama también *sal común.* **2.** Nombre de algunos compuestos químicos de características parecidas a la sal que se usa para los alimentos; son muy abundantes en la naturaleza. Están formados por un ácido y una base. **3.** Gracia, ingenio: *Tiene mucha sal para contar los chistes.* || *s. f. pl.* **4.** Sustancia en forma de pequeños cristales que suele contener amoniaco y se da a oler a una persona desmayada para reanimarla. **5.** Sustancia perfumada, en forma de pequeños cristales, que se disuelve en el agua del baño. Se llama también *sales de baño.*
EXPR. **sal gorda** Sal común de cristales gruesos.
SIN. **3.** Salero, chispa.
FAM. Salar, salero, salina, salino, salitre, salmuera, salobre, salpimentar, salsa. / Ensalada, resalado.

**sala** *s. f.* **1.** Habitación de una casa donde se come, se ve la tele y se hacen otras cosas. Se llama también *sala de estar.* **2.** Habitación o espacio grande de un edificio, un barco u otro lugar, que puede tener diversos usos: *la sala de juntas, la sala de máquinas.* **3.** Local que se destina a espectáculos o actos a los que asiste mucha gente: *una sala de cine.*

EXPR. **sala capitular** Lugar de un monasterio en el que se reúnen los religiosos. **sala de fiestas** Local público donde se baila, se toman bebidas y a veces se dan cenas y espectáculos.
FAM. Salón. / Antesala.

**salado, da** *adj.* **1.** Que tiene sal o demasiada sal: *El agua del mar es salada. La sopa estaba salada.* **2.** Que tiene salero, gracia: *una sonrisa muy salada.*
SIN. **2.** Gracioso, saleroso; mono, majo. ANT. **1.** Insípido. **1.** y **2.** Soso.

**salamandra** *s. f.* Animal anfibio parecido a un lagarto, que tiene el cuerpo alargado y la cola redondeada, y es de color negruzco, con grandes manchas o franjas amarillas en la espalda.

**salamanquesa** *s. f.* Lagartija de cuerpo aplastado y de color gris, amarillo, marrón o blanquecino. Trepa por las paredes y se alimenta de insectos.

salamandra

salamanquesa

**salami** *s. m.* Embutido parecido al salchichón, pero más grande. ■ Es una palabra italiana.

**salar** *v.* Poner sal en los alimentos para conservarlos o para que sepan mejor: *salar un bacalao. Primero se sala la carne y luego se asa.*
SIN. Curar; sazonar.
FAM. Salado, salazón. / Desalar.

**salarial** *adj.* Del salario o relacionado con él.

**salario** *s. m.* Sueldo que se paga a alguien por su trabajo.
SIN. Remuneración.
FAM. Salarial. / Asalariado.

**salazón** *s. f.* **1.** Operación de salar carnes y pescados para conservarlos. **2.** La carne y el pescado ya salados.

**salchicha** *s. f.* **1.** Embutido alargado hecho con carne, casi siempre de cerdo, preparada con sal, pimienta y otras especias. || *adj.* y *s. m.* y *f.* **2.** Nombre que se da a la raza de perros teckel, que tienen el cuerpo largo y las patas cortas.
FAM. Salchichería, salchichón.

**salchichería** *s. f.* Tienda en la que se venden salchichas y otros embutidos.

**salchichón** *s. m.* Embutido hecho de jamón, tocino y pimienta, prensados y curados; se come crudo.

**saldar** *v.* **1.** Pagar completamente lo que se debe: *Saldó todas las deudas que tenía con los amigos.* **2.** Terminar algo de una manera: *La discusión se saldó con un acuerdo.* **3.** Vender una mercancía a muy bajo precio para terminarla: *En esa tienda están saldando la ropa de la temporada anterior.*
SIN. **1.** y **3.** Liquidar. **2.** Rematar.
FAM. Saldo.

**saldo** *s. m.* **1.** En una cuenta, el resultado de restar de la cantidad que uno tiene la que debe o ha gastado: *Tenía un saldo de medio millón en la cartilla de ahorros.* **2.** Resultado final: *La pelea terminó con un saldo de tres heridos leves.* **3.** Venta de mercancías a precios más baratos, normalmente para terminar con ellas: *En esa tienda están de saldo.* || *s. m. pl.* **4.** Estas mercancías.
SIN. **2.** Balance. **3.** Liquidación. **4.** Restos.

**saledizo** *adj.* **1.** Que sobresale. || *s. m.* **2.** Parte que sobresale de la fachada de un edificio: *Empezó a llover y nos refugiamos bajo el saledizo de un portal.*
SIN. **1.** Saliente.

**salero** *s. m.* **1.** Frasco o bote con agujeros para guardar y servir la sal. **2.** Gracia o alegría con que alguien habla o hace algo: *Cuenta las cosas con mucho salero.*
SIN. **2.** Sal, garbo.
FAM. Saleroso.

**saleroso, sa** *adj.* y *s. m.* y *f.* Que tiene salero o gracia: *Esa gitanilla es muy salerosa bailando.*
SIN. Salado, gracioso. ANT. Soso.

**salesa** *adj.* y *s. f.* Se dice de la religiosa de la orden que fundó en Francia San Francisco de Sales.

**salesiano, na** *adj.* y *s. m.* y *f.* De la orden religiosa de San Francisco de Sales, fundada por San Juan Bosco.
FAM. Salesa.

**salida** *s. f.* **1.** Hecho de salir o salirse: *Su madre fue a recogerle a la salida de clase.* **2.** Lugar por donde se sale o desde el que se sale: *El local tiene dos salidas. Todos los corredores se situaron en la salida.* **3.** Solución: *Por más que le daba vueltas, no encontraba salida a su problema.* **4.** Pretexto, disculpa: *Siempre encuentra alguna salida para no ayudarnos a los demás.* **5.** Cosa divertida e ingeniosa que al-

guien dice o hace: *Reyes tiene cada salida que te partes de risa.* **6.** Posibilidad de venderse que tiene un producto: *Ese modelo de coche está teniendo muy buena salida.* || *s. f. pl.* **7.** Buenas posibilidades que tiene alguna cosa: *Ha elegido estudiar esa carrera porque tiene muchas salidas.*
EXPR. **salida de tono** Cosa inoportuna o poco educada que alguien dice o hace.
SIN. **1.** Partida, marcha. **2.** Puerta. **3.** Remedio, arreglo. **4.** Excusa, escapatoria. **5.** Ocurrencia, golpe. **7.** Expectativa, futuro. ANT. **1.** y **2.** Entrada. **2.** Meta.

**salido, da** *adj.* **1.** Que sobresale más de lo normal: *Tiene los dientes un poco salidos.* || *s. m.* y *f.* **2.** Se dice de la persona que siente un gran deseo sexual.
SIN. **1.** Saliente.

**saliente** *adj.* y *s. m.* Que sobresale: *Pedro tiene la mandíbula un poco saliente. Se dio en la rodilla con un saliente y se hizo una herida.*
ANT. Entrante.

**salina** *s. f.* Laguna o estanque poco profundos con agua salada, de los que se saca la sal que queda en el fondo cuando se evapora el agua.

**salinidad** *s. f.* **1.** Característica de lo que es salino. **2.** Cantidad de sal que está disuelta en un líquido: *La salinidad de algunos mares es mayor que la de otros.*

**salino, na** *adj.* Que contiene sal: *aguas salinas.*
SIN. Salado, salobre.
FAM. Salinidad. / Desalinizar.

**salir** *v.* **1.** Pasar de dentro a fuera: *Salió de la casa a recibirnos.* **2.** Quitar o soltarse una cosa del lugar en que está puesta o encajada: *Este tornillo está flojo y se sale.* **3.** Partir o irse: *¿Cuándo sale el próximo tren?* **4.** Ir a la calle o a otro lugar a pasear o a divertirse: *Estoy estudiando y sólo salgo los sábados.* **5.** Ser novio o novia de alguien: *Ricardo está saliendo con una chica de su barrio.* **6.** Dejar de estar en una situación, sobre todo si es mala: *Creíamos que no iba a salir de la operación, pero está fuera de peligro.* **7.** Quitarse las manchas: *No hay manera de que salga la suciedad de esta camisa.* **8.** Estar una cosa más alta o más afuera que otra: *No te des con ese pico, que sale mucho.* **9.** Aparecer, surgir o brotar: *El Sol sale en el horizonte. Ha salido una nueva moda. Al rosal ya le han salido las flores.* **10.** Costar una cantidad: *La cena nos salió a 30 euros.* **11.** Dar alguien o algo el resultado que se dice: *La fiesta salió bien.* **12.** Conseguir hacer bien una cosa: *Repite el ejercicio hasta que te salga.* **13.** Ser elegido por suerte o votación: *Salió su número en la lotería. Ha salido como diputado.* **14.** Parecerse una persona a su padre, a su madre o a otro familiar anterior: *Este niño ha salido al abuelo.* **15.** Decir o hacer alguien algo que sorprende: *Ahora me sale con que no quiere ir.* || **salirse 16.** Dejar escapar un recipiente el líquido o gas que contiene: *Este botijo tiene una raja y se sale.* ■ Es un verbo irregular.

perro **salchicha**

# salitre - salpicadero

| SALIR | | |
|---|---|---|

**INDICATIVO**

| Presente | Futuro | Condicional |
|---|---|---|
| salgo | saldré | saldría |
| sales | saldrás | saldrías |
| sale | saldrá | saldría |
| salimos | saldremos | saldríamos |
| salís | saldréis | saldríais |
| salen | saldrán | saldrían |

**SUBJUNTIVO**

**Presente**

| | |
|---|---|
| salga | salgamos |
| salgas | salgáis |
| salga | salgan |

**EXPR. salir adelante** Dejar de estar en una situación mala o en dificultades, o acabar bien algo: *José trabaja mucho para que el negocio salga adelante.* **salirse** alguien **con la suya** Conseguir lo que quería, a pesar de lo que hagan o digan los demás.
SIN. **3.** Marchar, largarse, pirarse. **6.** Vencer, escapar. **8.** Sobresalir. **10.** Ascender. **11.** Resultar. ANT. **1.**, **2.** y **8.** Entrar. **3.** Llegar. **9.** Ponerse; desaparecer.
FAM. Saledizo, salida, salido, saliente. / Sobresalir.

**salitre** *s. m.* Sustancia que se encuentra en forma de agujas o de polvo en terrenos húmedos o salinos, y que se emplea como abono o para hacer explosivos.

**saliva** *s. f.* Líquido que tenemos en la boca producido por las glándulas salivales, y que sirve para ablandar la comida y hacerla fácil de tragar y digerir.
SIN. Baba.
FAM. Salival, salivar, salivazo. / Insalivación.

**salival** *adj.* De la saliva o relacionado con ella; se dice sobre todo de las glándulas que la producen.

**salivar** *v.* Producir saliva: *Los animales empiezan a salivar cuando ven la comida.*

**salivazo** *s. m.* Saliva que se escupe de una vez: *Un niño maleducado echó un salivazo al suelo.*
SIN. Escupitajo, esputo.

**salmantino, na** *adj.* y *s. m.* y *f.* De Salamanca, ciudad y provincia de España.

**salmo** *s. m.* Cada uno de los cantos o poemas de la Biblia en que se alaba a Dios o se le pide algo.
FAM. Salmodia. / Ensalmo.

**salmodia** *s. f.* **1.** Música religiosa que se toca con los salmos. **2.** Salmo cantado: *El coro cantó una salmodia.* **3.** Canto aburrido que se repite mucho. **4.** Lo que se repite de forma molesta e inoportuna: *Siempre me viene con la misma salmodia.*
SIN. **4.** Cantinela.

**salmón** *s. m.* **1.** Pez grande de color gris azulado, con puntos negros en los costados. Pasa la primera parte de su vida en los ríos y, cuando es adulto, emigra al mar; más tarde vuelve a los ríos a poner sus huevos. Su carne es muy apreciada como alimento. **2.** Color entre rosa y anaranjado, parecido al de la carne de este pez: *unas cortinas salmón.*
FAM. Salmonete. / Asalmonado.

**salmonella** *s. f.* Bacteria que causa la enfermedad de la salmonelosis, que es una infección muy grave del intestino.
FAM. Salmonelosis.

**salmonelosis** *s. f.* Enfermedad del intestino producida por la salmonella. ■ No varía en plural.

**salmonete** *s. m.* Pez de color rosado y con dos barbillas largas en la mandíbula. Vive en el Atlántico y el Mediterráneo y es comestible.

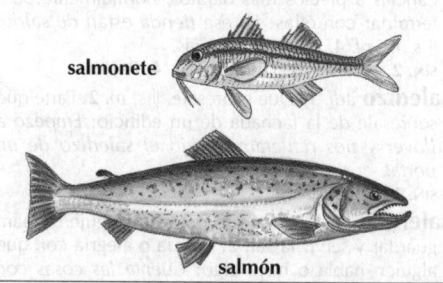

salmonete

salmón

**salmorejo** *s. m.* Salsa hecha con aceite, vinagre, agua, sal y pimienta.

**salmuera** *s. f.* Agua o líquido con mucha sal que se utiliza para conservar carnes y pescados.
FAM. Salmorejo.

**salobre** *adj.* **1.** Que contiene sal: *aguas salobres.* **2.** Que sabe a sal. ■ No confundir con *salubre*, 'bueno para la salud'.
SIN. **1.** Salino. **1.** y **2.** Salado. ANT. **1.** y **2.** Dulce.

**salomónico, ca** *adj.* **1.** Del rey Salomón. **2.** Se dice del juicio o de la decisión en que se toma una postura intermedia entre dos: *Yo quería ir a la playa y Juan a la montaña, así que tomamos una decisión salomónica y pasamos una semana en cada sitio.* **3.** Se dice de un tipo de columna que está como retorcida.

**salón** *s. m.* **1.** Habitación grande de una casa que se usa para recibir a las visitas y hacer reuniones o comidas. **2.** Local grande donde se celebran reuniones, actos públicos, fiestas, bailes: *Celebró la boda en uno de los salones del hotel.* **3.** Nombre de algunos establecimientos y negocios: *salón de peluquería, salón de masajes.*
EXPR. **de salón** Se dice de un tipo de zapatos de mujer, muy abiertos y con tacón; también, de algunos bailes por parejas, como el tango o el vals.

**salpicadero** *s. m.* En los coches, tablero frente al conductor en el que están los mandos y otros aparatos.

**salpicadura** *s. f.* **1.** Acción de salpicar. **2.** Mancha que deja algo que ha salpicado: *Tiene salpicaduras de barro en el pantalón.*

**salpicar** *v.* **1.** Hacer que salten gotas de un líquido sobre alguien o algo: *Un coche me ha salpicado al pasar.* **2.** Mojar o manchar con esas gotas: *Me ha salpicado de sopa.* **3.** Echar una cosa repartiéndola bien: *Salpicó el guiso con perejil.* ■ Delante de *e* se escribe *qu* en lugar de *c*: *salpique.*
SIN. **1.** Rociar. **3.** Espolvorear, esparcir.
FAM. Salpicadero, salpicadura, salpicón.

**salpicón** *s. m.* Comida compuesta de trozos de pescado o marisco con cebolla, sal y otros ingredientes.

**salpimentar** *v.* **1.** Echar sal y pimienta a una comida. **2.** Animar, poner humor y picardía a algo: *Carmen salpimentó la velada con algunos chistes verdes.* ■ Es verbo irregular. Se conjuga como *pensar*, aunque es frecuente que se conjugue como verbo regular.
SIN. **1.** Sazonar.

**salsa** *s. f.* **1.** Líquido o pasta que se hace con varios ingredientes deshechos o triturados y se echa a las comidas para que sepan mejor. **2.** Jugo de un guiso o de un alimento cocinado: *Le gusta mojar en la salsa de los filetes.* **3.** Una música del Caribe que es mezcla de ritmos africanos y latinos.
EXPR. **salsa rosa** Mayonesa a la que se añade salsa de tomate y, a veces, también mostaza, vino y otros ingredientes. **salsa verde** La hecha a base de perejil. || **en su salsa** o **en su propia salsa** En su propio ambiente, a gusto: *Aquí, con sus amigos, se encuentra en su salsa.*
FAM. Salsera.

**salsera** *s. f.* Recipiente en que se sirve la salsa.

**saltador, ra** *adj.* **1.** Que salta. || *s. m.* y *f.* **2.** Persona que practica algún deporte de salto: *Es uno de los mejores saltadores del mundo.* || *s. m.* **3.** Cuerda que se usa para jugar a saltar.
SIN. **1.** Saltarín. **3.** Comba.

**saltamontes** *s. m.* Insecto de color amarillo, pardo o verde que tiene las patas de atrás muy largas, con las que da grandes saltos. ■ No varía en plural.

**saltar** *v.* **1.** Darse un impulso para separarse del lugar en que uno está o pasar por encima de algo: *Como no llegaba, tuvo que saltar para coger la manzana. Los chicos saltaron una tapia y se metieron en un prado.* **2.** Lanzarse alguien desde donde está para caer fuera o más abajo: *El piloto saltó en para-*

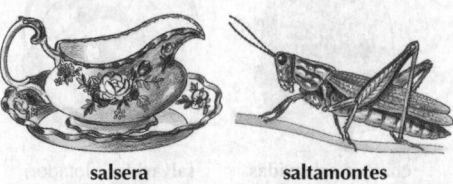

salsera          saltamontes

*caídas.* **3.** Lanzarse sobre otro para atacarlo: *El león saltó sobre la gacela.* **4.** Salpicar: *Ten cuidado al echar las patatas, que salta el aceite.* **5.** Soltarse, dispararse o desprenderse algo: *saltar una alarma, saltar el tapón de la botella, saltar la pintura.* **6.** Explotar, estallar. ■ Se usa sobre todo en las expresiones **saltar por los aires** y **saltar en pedazos**: *El puente saltó por los aires durante un bombardeo.* **7.** Salir: *Los dos equipos saltan ahora al terreno de juego.* **8.** Mostrar de repente enfado o desacuerdo: *No se puede discutir con Raúl; en cuanto le llevas la contraria, salta.* || **saltarse 9.** Pasar de una cosa a otra sin detenerse en algo que está entre las dos: *Se han saltado mi nombre al pasar lista.* **10.** No cumplir una ley, una norma, una orden: *El conductor se saltó a semáforo.*
EXPR. **andar a la que salta** o **estar a la que salta** Estar atento y preparado para aprovechar cualquier ocasión que se presente. **saltar a la vista** o **saltar a los ojos** Destacar o sobresalir, verse mucho.
SIN. **1.** Botar, brincar. **2.** Arrojarse, tirarse. **3.** Abalanzarse. **5.** Activarse; caerse. **9.** Comerse, omitir. **10.** Incumplir, infringir. ANT. **5.** Engancharse, atascarse, fallar. **8.** Refrenarse. **10.** Acatar, respetar.
FAM. Saltador, saltamontes, saltarín, saltear, saltimbanqui, salto, saltón. / Asaltar, resaltar, sobresalto.

**saltarín, na** *adj.* y *s. m.* y *f.* Que salta o se mueve mucho.

**salteador, ra** *s. m.* y *f.* Persona que robaba a la gente que iba por los caminos.
SIN. Bandido, bandolero.

**saltear** *v.* **1.** Hacer algo a ratos o a trozos: *En la tele no ponen la película toda seguida, sino salteándola con anuncios.* **2.** Freír un poco: *Saltea la cebolla antes de añadir la carne.*
SIN. **2.** Dorar.
FAM. Salteador.

**saltimbanqui** *s. m.* y *f.* Persona que realiza saltos y otros ejercicios como espectáculo.
SIN. Titiritero, acróbata.

**salto** *s. m.* **1.** Acción de saltar: *Dio un salto para no pisar el charco.* **2.** Paso de una cosa a otra que no va seguida o que es muy diferente: *Hemos dado un salto de la lección dos a la cinco.* **3.** Avance o progreso muy grande: *Jugar en la selección es un gran salto en su carrera de deportista.*
EXPR. **salto de agua** Caída fuerte del agua desde un lugar elevado; suele aprovecharse para producir electricidad. **salto de cama** Bata amplia que las mujeres se ponen al levantarse de la cama. **salto mortal** El que hacen los acróbatas, gimnastas o saltadores de trampolín tirándose de cabeza y dando una vuelta en el aire. || **a salto de mata** De manera desorganizada, según lo que vaya pasando: *Lleva el curso a salto de mata, sólo estudia cuando se acercan los exámenes.*
SIN. **1.** Bote, brinco. ANT. **3.** Retroceso.

**saltón, na** *adj.* Que sobresale más de lo normal: *ojos saltones.*
SIN. Saliente, prominente. ANT. Hundido.

**salubre** *adj.* Que es bueno para la salud: *El aire de la sierra es muy salubre.* ■ No debe confundirse con *salobre*, 'que contiene sal'.
SIN. Saludable, sano. ANT. Insalubre, insano.
FAM. Salubridad.

**salubridad** *s. f.* El ser salubre o sano: *Las aguas termales del balneario han demostrado su salubridad.*

**salud** *s. f.* **1.** Estado en que se encuentra una persona u otro ser vivo por el buen o mal funcionamiento de su cuerpo: *El abuelo goza de buena salud. Desde la operación la salud de Gloria es muy delicada.* **2.** Estado de otra cosa: *Afortunadamente la empresa tiene buena salud.* ‖ ¡salud! *interj.* **3.** Esta palabra se usa a veces para brindar.
FAM. Salubre, saludable, saludar.

**saludable** *adj.* **1.** Que es bueno para la salud: *Comer fruta es saludable.* **2.** Que refleja buena salud: *Aunque estuvo malo, Pedro tiene ahora un aspecto muy saludable.* **3.** Bueno, provechoso: *Hablar de nuestros problemas con los amigos es muy saludable a veces.*
SIN. **1.** y **2.** Sano. **3.** Beneficioso. ANT. **1.** Insalubre. **1.** y **2.** Insano, nocivo. **2.** Enfermizo. **3.** Perjudicial.

**saludar** *v.* **1.** Decir palabras o expresiones como *hola, buenos días, qué hay,* o hacer algún gesto cuando nos encontramos con alguien. **2.** Gesto de respeto ante un superior que se hace en el ejército y la policía.
FAM. Saludo, salutación.

**saludo** *s. m.* Acción de saludar.

**salutación** *s. f.* Saludo, acción de saludar: *Le ruego haga llegar mis salutaciones a su esposa.*

**salva** *s. f.* Disparo o serie de disparos en honor a alguien o para celebrar algo: *Hubo unas salvas de cañón a la llegada del rey.*

**salvación** *s. f.* **1.** Acción de salvar o salvarse: *Pensaban que el enfermo ya no tenía salvación, pero se recuperó.* **2.** En la religión cristiana, el hecho de librar Jesucristo a los seres humanos del pecado para que alcancen la vida eterna.
SIN. **1.** Rescate. **2.** Redención.

**salvado, da** *adj.* **1.** Que alguien lo salvó. ‖ *s. m.* **2.** Cáscara molida de los granos de trigo y otros cereales; esta cáscara se quita para hacer el pan de miga blanca.
SIN. **2.** Cascarilla.

**salvador, ra** *adj.* y *s. m.* y *f.* **1.** Que salva. **2.** Se llama así a Jesucristo. ■ En esta acepción se suele escribir con mayúscula.
SIN. **1.** y **2.** Redentor.

**salvadoreño, ña** *adj.* y *s. m.* y *f.* De El Salvador, país de América Central.

**salvaguardar** *v.* Defender, proteger.
SIN. Amparar, garantizar. ANT. Desamparar, amenazar.
FAM. Salvaguarda, salvaguardia.

**salvaguardia** o **salvaguarda** *s. f.* Defensa, protección.
SIN. Garantía, amparo. ANT. Amenaza.

**salvajada** *s. f.* Acción brutal y destructiva.
SIN. Barbaridad, brutalidad, bestialidad, burrada.

**salvaje** *adj.* y *s. m.* y *f.* **1.** Que se encuentra en un estado primitivo, no civilizado: *En la selva vivían varias tribus de salvajes.* **2.** Que se comporta de manera brutal o sin ninguna educación: *Algún salvaje se ha dedicado a quemar las papeleras de la calle.* ‖ *adj.* **3.** Se dice de los animales y plantas que viven libremente en la naturaleza: *un caballo salvaje.* **4.** Se dice del terreno sin cultivar o sin casas: *monte salvaje.*
SIN. **2.** Bárbaro, animal, bestia. **3.** Silvestre, montaraz. **4.** Agreste. ANT. **3.** Doméstico. **3.** y **4.** Cultivado. **4.** Edificado.
FAM. Salvajada, salvajismo.

**salvajismo** *s. m.* Forma salvaje de comportarse.
SIN. Crueldad, bestialidad, brutalidad. ANT. Civismo.

**salvamanteles** *s. m.* Cosa que se pone en la mesa para colocar encima las ollas o fuentes con comida muy caliente, para que no quemen el mantel o la mesa. ■ No varía en plural.

**salvamento** *s. m.* Acción de salvar: *Varias lanchas motoras participaron en el salvamento de los marineros que habían caído al agua.*
SIN. Rescate.

**salvar** *v.* **1.** Librar a una persona o cosa de algo malo: *En el accidente de moto, el casco le salvó la vida. Sólo pudo salvar del incendio algo de ropa.* **2.** Superar un obstáculo, por ejemplo saltándolo: *El caballo salvó limpiamente la valla.* **3.** Ser diferente de los demás de su grupo: *Sus amigos son un poco antipáticos, Joaquín es el único que se salva.* **4.** En informática, guardar un archivo.
SIN. **1.** Auxiliar, rescatar. **2.** Pasar.
FAM. Salva, salvación, salvado, salvador, salvaguardar, salvamanteles, salvamento, salvavidas, salve, salvedad, salvo, salvoconducto. / Insalvable.

**salvavidas** *adj.* **1.** Se dice de los chalecos, botes y otras cosas que se utilizan para que floten en el agua las personas en caso de necesidad, por ejem-

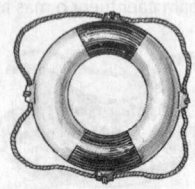

chaleco **salvavidas**          **salvavidas** (flotador)

plo si tienen que tirarse al agua porque se está hundiendo el barco en el que van. ‖ *s. m.* **2.** Flotador en forma de rueda para el mismo fin. ■ No varía en plural.

**salve** *s. f.* Oración que se reza a la Virgen María y que comienza con las palabras «*Dios te salve, Reina y Madre...*».

**salvedad** *s. f.* Excepción, lo que se deja fuera, por ejemplo cuando se dice o se hace algo: *Estaba ya pintada toda la casa con la salvedad del pasillo.* **SIN.** Restricción, reserva, exclusión. **ANT.** Inclusión.

**salvia** *s. f.* Hierba aromática con flores amarillas, violetas o blancas, que crece en terrenos secos; sus hojas se usan para dar sabor a las comidas y, también, como digestivo.

**salvo, va** *adj.* **1.** Que no ha sufrido ningún daño: *El conductor salió sano y salvo del accidente.* ‖ *prep.* **2.** Menos, ése no: *Todos irán a la fiesta salvo Marcelo.* **EXPR. a salvo** Seguro, protegido, que no está en peligro: *En cuanto vieron las llamas, los vecinos se pusieron a salvo.* **salva sea la parte** Se dice en lugar de algunas partes del cuerpo que da vergüenza nombrar, como por ejemplo el culo: *Le picó una avispa en salva sea la parte.* **SIN. 1.** Ileso. **2.** Excepto. **ANT. 1.** Dañado. **2.** Incluso, incluido.

**salvoconducto** *s. m.* Un papel escrito que se da a alguien para que pueda ir por algún sitio sin problemas: *Pudo pasar la frontera gracias a un salvoconducto.*

**samaritano, na** *adj. y s. m. y f.* **1.** De Samaria, antigua región y ciudad de Palestina. ‖ *s. m. y f.* **2.** Persona bondadosa que ayuda a los demás. ■ Suele ir acompañado del adjetivo *buen*: *Hizo autostop confiando en que un buen samaritano le llevara.*

**samba** *s. f.* Música y baile brasileños con mucho ritmo.

**sambenito** *s. m.* Cosa mala que siempre se está diciendo de alguien, aunque no sea verdad: *Le han colgado el sambenito de que es un mentiroso, y ya nadie le cree.*

**samoyedo, da** *adj. y s. m. y f.* **1.** Se dice de una raza de perros siberianos de pelo muy fuerte y generalmente blanco usados por su gran fuerza para tirar de los trineos. **2.** De un pueblo mongol que vive en el norte de Siberia. ‖ *s. m.* **3.** Lengua de este pueblo.

**samurai** o **samuray** *s. m.* Antiguo guerrero del Japón. ■ Es una palabra japonesa. Su plural es *samuráis.*

**san** *adj.* Forma abreviada de **santo**, que se usa delante de un nombre propio. ■ Se suele escribir con mayúscula: *San Juan.*

**san bernardo** *adj. y s. m. y f.* Nombre de una raza de perros muy grandes y fuertes, con el pelo rojizo y el hocico, el pecho y las patas blancos. Antes se

utilizaban para ayudar a los viajeros perdidos en la nieve.

san bernardo

**sanar** *v.* Curar o curarse: *Con aquella medicina sanó en poco tiempo.* **SIN.** Restablecer, reponerse, recobrarse, mejorar. **ANT.** Enfermar, empeorar. **FAM.** Sanatorio. / Subsanar.

**sanatorio** *s. m.* Hospital, clínica.

**sanción** *s. f.* **1.** Pena o castigo por algo mal hecho o por no cumplir una norma: *La policía de tráfico le puso una sanción por ir a demasiada velocidad.* **2.** Acción de aprobar algo o decir que vale, sobre todo una ley. **SIN. 1.** Multa, correctivo. **2.** Beneplácito, ratificación. **ANT. 1.** Premio, recompensa. **2.** Anulación, rechazo. **FAM.** Sancionar.

**sancionar** *v.* **1.** Poner una sanción: *El árbitro sancionó al portero con tarjeta amarilla.* **2.** Aprobar algo o decir que vale, sobre todo una ley.

**sanctasanctórum** *s. m.* **1.** Parte más reservada, respetada o secreta de un lugar: *Su despacho es el sanctasanctórum de la casa.* **2.** Parte interior y más sagrada del templo de los judíos. ■ No varía en plural.

**sandalia** *s. f.* Zapato ligero y muy abierto.

**sándalo** *s. m.* Árbol de gran tamaño que crece en Asia y Oceanía. Su madera tiene muy buen olor y por eso se usa para perfumar, quemándola o sacando de ella perfume.

**sandez** *s. f.* Tontería, estupidez. ■ Su plural es *sandeces.* **SIN.** Necedad, simpleza. **ANT.** Inteligencia.

**sandía** *s. f.* Fruta grande y redonda, roja y muy jugosa por dentro y con la cáscara verde o a rayas verdes y amarillas; nace a ras de suelo de una planta que también se llama *sandía.* **FAM.** Sandial, sandiar.

**sandial** o **sandiar** *s. m.* Terreno donde hay plantadas sandías.

**sandunga** *s. f.* Gracia, salero y alegría: *El crío cantaba y bailaba con mucha sandunga.* **FAM.** Sandunguero.

**sandunguero, ra** *adj.* Que tiene sandunga o gracia: *Es un chico alegre y sandunguero.* **SIN.** Saleroso.

**sándwich** o **sandwich** *s. m.* Bocadillo hecho con dos rebanadas de pan de molde. ■ Es una palabra inglesa. Su plural es *sándwiches* o *sandwiches*. **SIN.** Emparedado.
**FAM.** Sandwichera, sandwichería.

**sandwichera** *s. f.* Aparato para hacer sándwiches calientes.

**sandwichería** *s. f.* Establecimiento en el que se venden sándwiches o bocadillos para comer allí mismo o para llevar.

**saneado, da** *adj.* **1.** Limpio, higiénico. **2.** Se dice de los bienes o rentas que producen buenos beneficios: *Vendió la tienda sin problemas porque era un negocio saneado.*

**saneamiento** *s. m.* **1.** Acción de sanear. ‖ *s. m. pl.* **2.** Aparatos sanitarios: *Se dedica a la instalación de saneamientos.*

**sanear** *v.* **1.** Limpiar bien, mejorar la higiene: *Le saneó la herida para que no se infectara.* **2.** Hacer que algo funcione bien quitando lo que no sirve: *Le dijo al electricista que saneara la instalación de la luz.*
**SIN. 1.** Desinfectar. **2.** Arreglar. **ANT. 1.** Ensuciar. **2.** Estropear.
**FAM.** Saneado, saneamiento.

**sanedrín** *s. m.* Consejo supremo de los judíos que decidía sobre cuestiones judiciales, religiosas y de gobierno.

**sanfermines** *s. m. pl.* Fiestas que se celebran en Pamplona alrededor del 7 de julio en honor de su patrón, San Fermín, y que son famosas por sus encierros de toros.

**sangrado** *s. m.* Margen izquierdo mayor que se deja en una línea o en un trozo de texto para que destaquen del resto.
**SIN.** Sangría.

**sangrante** *adj.* **1.** Que sangra: *una herida sangrante.* **2.** Muy grave, muy injusto: *Es sangrante que a veces haya que tirar comida cuando mucha gente pasa hambre.*

**sangrar** *v.* **1.** Echar sangre: *El corte que se ha dado en el dedo todavía sangra.* **2.** Sacar sangre a un enfermo para curarle; se hacía antiguamente. **3.** Aprovecharse mucho de alguien: *Cuando Antonio se pone a pedirte cosas, es que te sangra.* **4.** Dejar más margen a la izquierda de una línea o trozo de texto para que destaquen del resto.
**SIN. 3.** Exprimir.
**FAM.** Sangrado, sangrante, sangría. / Desangrar.

**sangre** *s. f.* **1.** Líquido rojo que corre por las venas y arterias llevando oxígeno y alimento a las distintas partes del cuerpo. **2.** Origen de una persona: *Alfonso tiene sangre andaluza: sus abuelos eran de Sevilla.* **3.** El hecho de haber muchos heridos o muertos en una lucha: *Si no llegan a un acuerdo los gobernantes de esos dos países, correrá la sangre.*

**EXPR. sangre de horchata** Carácter de la persona demasiado tranquila que no se pone nerviosa ni se enfada por nada. **sangre fría** Mucha calma: *Tuvo una gran sangre fría para salir del coche él solo después del accidente.* ‖ **chupar la sangre a** alguien Abusar de una persona, aprovecharse de su esfuerzo o de su trabajo. **llevar** algo **en la sangre** Tenerlo desde pequeño o haberlo heredado de los padres: *Lleva el teatro en la sangre: viene de una familia de actores.* **no llegar la sangre al río** No tener algo consecuencias graves: *Discutieron, pero no llegó la sangre al río.* **no tener sangre en las venas** Ser alguien demasiado tranquilo, como si no le importara nada. **tener sangre azul** Ser de familia noble.
**SIN. 3.** Mortandad.
**FAM.** Sangrar, sangriento, sanguijuela, sanguina, sanguinario, sanguíneo, sanguinolento. / Consanguinidad, ensangrentar, purasangre.

**sangría** *s. f.* **1.** Bebida hecha con vino, zumo de limón, trozos de fruta, azúcar, canela y otros ingredientes. **2.** Acción de sacar sangre a un enfermo para curarle; se hacía antiguamente. **3.** Gasto o pérdida de dinero muy grandes: *Pagar el piso tan caro es una sangría para su sueldo.* **4.** Sangrado: *Todos los capítulos de ese libro comienzan con sangría.*

**sangriento, ta** *adj.* **1.** Que tiene sangre o está manchado de sangre: *Se asustó al verse la mano sangrienta, pero era un cortecito de nada.* **2.** Se dice del hecho en el que hay mucha violencia y muertos o heridos: *Hubo una sangrienta guerra entre los dos países.*
**SIN. 1.** Sangrante; ensangrentado, sanguinolento. **2.** Encarnizado, cruel, brutal.

**sanguijuela** *s. f.* **1.** Gusano que tiene una ventosa en cada extremo para pegarse a otros animales y poder chuparles la sangre. **2.** Persona mala que se aprovecha de otras.
**SIN. 2.** Sabandija, explotador, negrero.

**sanguina** *s. f.* **1.** Lápiz de color rojo oscuro. **2.** Dibujo hecho con este lápiz. ‖ *adj.* **3.** Se dice de un tipo de naranja que es rojiza por dentro.

**sanguinario, ria** *adj.* Cruel, que no le importa nada herir o matar: *un asesino sanguinario.*
**SIN.** Feroz, brutal, salvaje, inhumano. **ANT.** Caritativo, misericordioso.

**sanguíneo, a** *adj.* De la sangre o relacionado con ella: *la circulación sanguínea.*

**sanguinolento, ta** *adj.* Que tiene sangre o está manchado de sangre.
**SIN.** Sangriento.

**sanidad** *s. f.* Las personas, edificios, servicios y otras cosas que se dedican a cuidar de la salud de los enfermos: *La sanidad ha mejorado mucho en ese país.*

**sanitario, ria** *adj.* **1.** De la sanidad o relacionado con ella: *Los heridos tuvieron una rápida atención*

sanitaria. || *s. m.* **2.** Aparato con instalación de agua corriente que se coloca en el cuarto de baño, como el lavabo, el retrete o la bañera. Se usa sobre todo en plural: *Ha cambiado los sanitarios del aseo.* || *s. m.* y *f.* **3.** Persona dedicada a atender y cuidar enfermos.
**SIN. 2.** Saneamientos.

**sanjacobo** *s. m.* Filete empanado y frito que se hace con dos lonchas de carne o jamón con una de queso entremedias.

**sanmartín** *s. m.* **1.** Época en que se hace la matanza del cerdo, y que es alrededor del 11 de noviembre, fiesta de San Martín. **2.** Matanza del cerdo.
**EXPR. llegarle** a alguien **su sanmartín** Se usa para recordar al que vive feliz y sin preocupaciones que en algún momento le tocará sufrir: *Cuando le hemos necesitado no ha querido ayudarnos, pero ya le llegará su sanmartín.*

**sano, na** *adj.* **1.** Que tiene buena salud, que no sufre ninguna enfermedad. **2.** Bueno para la salud: *La verdura es muy sana.* **3.** Que no está roto, estropeado o podrido. **4.** Que es buena persona y no tiene malas costumbres.
**EXPR. sano y salvo** Que no ha sufrido daño o que no está herido: *Afortunadamente, todos los náufragos fueron rescatados sanos y salvos.*
**SIN. 1.** y **2.** Saludable. **3.** Entero, perfecto. **4.** Virtuoso, ejemplar. **ANT. 1.** Enfermo, nocivo, insalubre. **3.** Destrozado, pocho. **4.** Vicioso, corrompido, malicioso.
**FAM.** Sanar, sanear, sanidad, sanitario. / Insano, malsano, matasanos.

**sanseacabó** Se usa para decir que algo se ha acabado, que no se hable más del asunto: *Te comes todas las lentejas y sanseacabó.*

**santabárbara** *s. f.* En un barco, compartimento donde se guarda la pólvora o las armas.

**santacruceño, ña** o **santacrucero, ra** *adj.* y *s. m.* y *f.* De Santa Cruz de Tenerife, ciudad de las islas Canarias.

**santanderino, na** *adj.* y *s. m.* y *f.* De la ciudad española de Santander.

**santateresa** *s. f.* Mantis.

**santero, ra** *adj.* y *s. m.* y *f.* **1.** Que tiene una devoción exagerada por los santos. || *s. m.* y *f.* **2.** Persona que pide limosna llevando de casa en casa la imagen de un santo. **3.** Persona que supuestamente cura a los enfermos en nombre de los santos.
**SIN. 1.** Beato.

**santiagués, sa** *adj.* y *s. m.* y *f.* De Santiago de Compostela, ciudad española.

**santiaguino, na** *adj.* y *s. m.* y *f.* De Santiago de Chile, capital de este país de América del Sur.

**santiamén** Se usa en la expresión **en un santiamén**, que significa 'enseguida, rápidamente': *Esto lo termino en un santiamén.*

**santidad** *s. f.* **1.** El ser santo. **2.** Forma de llamar al papa. ■ Con este significado se escribe con mayúscula y se usa con *Su* o *Vuestra*: *Su Santidad.*

**santificar** *v.* **1.** Hacer santo. **2.** Celebrar las fiestas religiosas. **3.** Respetar a los santos y las cosas divinas o santas: *En el padrenuestro se dice a Dios: «santificado sea tu nombre».* ■ Delante de *e* se escribe *qu* en lugar de *c*: *santifique.*
**SIN. 1.** Consagrar.

**santiguarse** *v.* Hacerse la señal de la cruz.
**SIN.** Persignarse.

**santísimo, ma** *adj.* **1.** Muy santo: *la santísima Virgen.* || *s. m.* **2.** Jesucristo en la eucaristía. ■ Con este significado se escribe con mayúscula y lleva el artículo *el.*

**santo, ta** *adj.* **1.** Se dice de las personas y cosas dedicadas a Dios o relacionadas con la religión: *los santos apóstoles, tierra santa.* || *adj.* y *s. m.* y *f.* **2.** Se dice de las personas que han sido muy buenas y a las que la Iglesia católica les da el título de santos, se les reza y tienen imágenes en las iglesias. **3.** Se dice de alguien que es muy bueno: *Este niño es un santo, casi no llora.* || *s. m.* **4.** Día del año que se dedica a un santo y que algunas personas que se llaman igual, lo celebran: *Como era su santo, nos invitó al cine.* **5.** Dibujos o fotografías de los libros: *No está leyendo, sólo está mirando los santos.*
**EXPR. santo y seña** Contraseña que dice alguien para pasar por un puesto de guardia o de control. || **¿a santo de qué?** Sirve para preguntar, con un poco de enfado, el motivo o la razón de algo: *¿A santo de qué me tiene que contestar tan mal?* **írsele** a alguien **el santo al cielo** Olvidarse de algo o distraerse de pronto. **llegar y besar el santo** Conseguir algo nada más intentarlo. **no ser santo de la devoción de** alguien Caerle antipática una persona: *No he invitado a María a la fiesta porque no es santo de mi devoción.*
**SIN. 1.** Sagrado. **3.** Bendito. **4.** Onomástica. **ANT. 1.** Profano. **2.** Pecador. **3.** Malo, perverso.
**FAM.** San, sanctasanctórum, sanseacabó, santero, santiamén, santidad, santificar, santiguarse, santísimo, santón, santoral, santuario, santurrón. / Sacrosanto.

**santón** *s. m.* **1.** Persona que vive apartada del mundo, dedicada a una religión distinta de la cristiana: *Los budistas iban a pedirle consejo a un santón que vivía en la montaña.* **2.** Persona muy importante en un grupo o una actividad: *Los críticos de cine son los santones de la cultura actual.*
**SIN. 1.** Anacoreta. **2.** Gurú.

**santoral** *s. m.* **1.** Lista de los santos que se celebran en cada día del año. **2.** Libro con las vidas de los santos.

**santuario** *s. m.* Templo importante dedicado a Jesucristo, a la Virgen o a un santo; también, lugar sagrado dedicado a otras religiones.

**santurrón, na** *adj.* y *s. m.* y *f.* Se dice de la persona que es religiosa de una manera exagerada o lo finge.
**SIN.** Beato.

**saña** *s. f.* **1.** Crueldad con que alguien hace daño a otro o destruye alguna cosa: *Le pegaban con saña.* **2.** Rabia, furia: *Trabajaron con saña para conseguir acabar a tiempo.*
**ANT. 1.** Piedad, clemencia.
**FAM.** Ensañarse.

**sapelli** *s. m.* **1.** Árbol tropical muy alto y cuya madera se utiliza para hacer muebles. **2.** Madera de este árbol: *una estantería de sapelli.*

**sapiencia** *s. f.* Sabiduría.
**FAM.** Sapientísimo.

**sapientísimo, ma** *adj.* Superlativo de **sabio.** Muy sabio: *En el cuento aparece un mago sapientísimo que ayuda al príncipe a encontrar a la princesa.*

**sapo** *s. m.* Anfibio parecido a la rana, pero más grande y gordo, y con la piel rugosa.
**EXPR. sapos y culebras** Insultos y palabrotas que se dicen cuando se está muy enfadado.

**saponificación** *s. f.* Proceso por el que la grasa reacciona con otra sustancia y se convierte en jabón.

**saque** *s. m.* **1.** El sacar en algunos juegos como el fútbol o el tenis. **2.** Capacidad para comer mucho: *¡Vaya saque tiene, se ha comido dos bocadillos en un momento!*

**saquear** *v.* Entrar en una población o en otro lugar soldados u otro grupo de gente, llevándose por la fuerza todo lo que encuentran: *Los piratas se acercaban a la costa para saquear las ciudades.*
**SIN.** Expoliar, desvalijar.
**FAM.** Saqueo.

**saqueo** *s. m.* El saquear una ciudad u otro lugar.
**SIN.** Saco.

**sarampión** *s. m.* Enfermedad muy contagiosa en la que aparecen muchas manchitas o granitos rojos en la piel; se suele tener de pequeño.

**sarao** *s. m.* **1.** Fiesta con baile y música que se hace por la noche. **2.** Jaleo, follón, bronca.

**sarape** *s. m.* En México y otros países de América Central, manta de colores alegres que suele tener una abertura para meter la cabeza por ella.

**sarasa** *s. m.* Hombre homosexual o que se parece en su forma de hablar y de moverse a las mujeres.
**SIN.** Marica, afeminado.

**sarcasmo** *s. m.* Burla o ironía con que se dice algo.
**FAM.** Sarcástico.

**sarcástico, ca** *adj.* y *s. m.* y *f.* Que emplea sarcasmos.
**SIN.** Cáustico, mordaz.

**sarcófago** *s. m.* Tumba o caja, casi siempre de piedra, que contiene el cadáver de una persona.

**sardana** *s. f.* Música y danza popular catalanas, en la que bailan varias personas cogidas de las manos y formando un corro.

**sardina** *s. f.* Pez marino de cuerpo alargado y estrecho, con el lomo azulado y los lados color plata. Vive en el Atlántico y en el Mediterráneo y se usa mucho como alimento, fresco y en lata.
**FAM.** Sardinada, sardinero, sardineta.

**sardinada** *s. f.* Comida compuesta principalmente por sardinas.

**sardinero, ra** *adj.* **1.** Relacionado con las sardinas. ‖ *s. m.* y *f.* **2.** Persona que vende sardinas.

**sardineta** *s. f.* Golpe parecido a un latigazo que se da con los dedos corazón e índice juntos y extendidos.

**sardo, da** *adj.* y *s. m.* y *f.* **1.** De Cerdeña, isla de Italia. ‖ *s. m.* **2.** Idioma que se habla en esta isla.

**sarga** *s. f.* Tela cuyo tejido forma líneas diagonales.

**sargento** *s. m.* y *f.* **1.** Militar que es más que cabo, pero menos que brigada. **2.** Persona muy mandona.
**SIN. 2.** Marimandón, dominante.
**FAM.** Sargentona.

**sargentona** *s. f.* Mujer muy mandona.

**sargo** *s. m.* Pez marino de unos 20 centímetros de largo, con el cuerpo plano, de color plateado con franjas negras.

**sari** *s. m.* Traje de mujer típico de la India, hecho con una pieza de tela que se enrolla al cuerpo. ▪ Es una palabra del hindi.

**sarmentoso, sa** *adj.* Que se parece a los sarmientos por su forma: *Tenía las manos delgadas y sarmentosas.*

**sarmiento** *s. m.* Tallo de la vid, largo, delgado y con nudos, del que salen las hojas y los racimos.
**FAM.** Sarmentoso.

**sarna** *s. f.* Enfermedad de la piel que produce vejigas y llagas que pican mucho y está causada por un parásito llamado *arador de la sarna.*
**FAM.** Sarnoso.

**sarnoso, sa** *adj.* y *s. m.* y *f.* Que tiene sarna.

**sarpullido** *s. m.* Granitos o ronchas que salen en la piel.

**sarraceno, na** *adj.* y *s. m.* y *f.* Moro, musulmán.

**sarro** *s. m.* Sustancia amarillenta que se va formando sobre los dientes, producida por restos de comida y suciedad.

**sarta** *s. f.* **1.** Conjunto de cosas unidas unas a otras por un hilo, una cadena, una cuerda o algo parecido: *Los collares son sartas de cuentas o perlitas.* **2.** Conjunto de cosas unas detrás de otras: *Nos contó una sarta de mentiras.*
**SIN. 1.** Ristra, hilera. **2.** Rosario.
**FAM.** Ensartar.

**sartén** *s. f.* Cacharro de cocina redondo y de poco fondo, con un mango largo, para freír los alimentos.

EXPR. **tener** alguien **la sartén por el mango** Ser alguien el que manda o dirige en algo.
FAM. Sartenada.

**sartenada** s. f. Cantidad de comida que se hace de una vez en una sartén: *Nos comimos dos sartenadas de migas.*

**sartorio** adj. y s. m. Se llama así al músculo que está a lo largo de las caras anterior e interna del muslo.

**sastre, tra** s. m. y f. **1.** Persona que hace trajes, sobre todo de hombre. **2.** Nombre que se da a algunas prendas de mujer parecidas a las de los hombres: *chaqueta sastre.*
FAM. Sastrería.

**sastrería** s. f. Lugar donde trabaja el sastre o tienda en que se vende la ropa que hace.

**satanás** o **satán** s. m. El diablo. ■ Suele escribirse con mayúscula.
FAM. Satánico, satanismo.

**satánico, ca** adj. De Satanás, el diablo, o relacionado con él.
SIN. Diabólico, demoníaco. ANT. Angelical.

**satanismo** s. m. Hecho de adorar a Satanás; también los ritos y las creencias relacionadas con Satanás: *En la Edad Media quemaban a las brujas acusadas de satanismo.*

**satélite** s. m. **1.** Astro que gira alrededor de un planeta, como por ejemplo la Luna alrededor de la Tierra. **2.** Vehículo o aparato que se envía al espacio para estudiar la atmósfera, para mandar ondas de radio y televisión o para otras cosas. Se llama también *satélite artificial.* **3.** País que es independiente, pero que en algunas cosas depende de otro más grande o poderoso.

**satén** s. m. Tela de seda o algodón, brillante y que se usa mucho para hacer forros.
FAM. Satinar.

**satinado, da** adj. Se dice del papel o de la tela con brillo.

**satinar** v. Dar brillo al papel o a la tela.
FAM. Satinado.

**sátira** s. f. El criticar a alguien o algo para dejarlo en ridículo, en un libro, en una película, en un discurso o algo parecido.
SIN. Crítica, censura. ANT. Alabanza, apología.
FAM. Satírico.

**satírico, ca** adj. Relacionado con la sátira o que la hace.

**sátiro** s. m. Personaje de la mitología griega que vivía en el bosque y era mitad hombre y mitad macho cabrío.

**satisfacción** s. f. **1.** Gusto o placer que siente alguien por alguna cosa: *Estar rodeados de sus nietos es para los abuelos una satisfacción.* **2.** Acción de satisfacer.

SIN. **1.** Alegría, gozo, contento, agrado. ANT. **1.** Disgusto, asco.

**satisfacer** v. **1.** Resultar algo bueno, agradable o suficiente para alguien: *Le satisfacía mucho el lugar donde estaba la casa. Es muy exigente y no es fácil satisfacerle.* **2.** Terminar con una necesidad, duda, problema: *Satisfizo la sed bebiendo. Le hizo muchas preguntas para satisfacer su curiosidad.* **3.** Realizar algo que se deseaba mucho: *Ese viaje satisfará todos sus sueños.* **4.** Pagar el dinero que se debe: *satisfacer una factura, satisfacer una deuda.* **5.** Dar o hacer a alguien algo bueno por un daño o una ofensa que se le ha hecho. ■ Es un verbo irregular. Se conjuga como *hacer,* excepto el imperativo singular que es *satisfaz* o *satisface.*
SIN. **1.** Gustar, agradar, complacer, encantar. **2.** Calmar, aplacar; resolver, solucionar. **3.** Cumplir. **4.** Abonar. **5.** Compensar, indemnizar, reparar. ANT. **1.** Disgustar. **2.** Excitar, avivar. **4.** Deber.
FAM. Satisfacción, satisfactorio, satisfecho. / Insatisfecho.

**satisfactorio, ria** adj. Bueno, conveniente: *Los médicos dijeron que el estado del enfermo era satisfactorio.*
SIN. Favorable, propicio, adecuado. ANT. Desfavorable, malo.

**satisfecho, cha** adj. **1.** Contento, a gusto, conforme: *Estaba muy satisfecho con la decoración del apartamento.* **2.** Que ya no tiene más hambre, sed u otra necesidad: *Ya no puedo seguir comiendo, me he quedado satisfecho.*
SIN. **2.** Lleno, harto, saciado. ANT. **1.** y **2.** Insatisfecho.

**saturación** s. f. Hecho de estar algo muy lleno, muy ocupado: *En verano, hay saturación de turistas en muchas playas.*

**saturar** v. Llenar, ocupar o usar algo muchísimo, hasta que ya no se puede más: *Las líneas de teléfono se saturaron y no paraban de comunicar.*
SIN. Abarrotar, colmar. ANT. Vaciar.
FAM. Saturación.

**sauce** s. m. Nombre de algunos árboles y arbustos que crecen en las orillas de los ríos y en sitios húmedos. El más conocido es el **sauce llorón**, que tiene unas ramas largas, que cuelgan mucho, muy usado como adorno en los jardines.
FAM. Sauceda, saucedal.

**sauceda** o **saucedal** s. f. o m. Lugar poblado de sauces.

**saúco** s. m. Arbusto con pequeñas flores blancas o amarillas agrupadas y frutos en forma de bolitas negras; tiene un olor peculiar, algo desagradable.

**saudí** o **saudita** adj. y s. m. y f. De Arabia Saudí, país del oeste de Asia. ■ El plural de *saudí* es *saudís* o *saudíes.*

**sauna** *s. f.* Baño de vapor que se toma para sudar, dentro de un lugar cerrado en el que la temperatura es muy alta. ■ Es una palabra finlandesa.

**saurio** *adj. y s. m.* Grupo de reptiles que tienen cuatro patas, la cola larga y el cuerpo cubierto de escamas, como los lagartos y las lagartijas.
**FAM.** Brontosaurio, dinosaurio, estegosaurio, ictiosaurio, ictiosauro, tiranosaurio.

**savia** *s. f.* **1.** Líquido que circula por los vasos de las plantas y que lleva las sustancias que éstas necesitan para su alimentación. **2.** Lo que da vida o energía a algo: *Han contratado gente joven y muy creativa para dar nueva savia a la empresa.*

**saxo** *s. m.* Forma abreviada de **saxofón**.

**saxofón** o **saxófono** *s. m.* Instrumento musical de viento en forma de jota, que está formado por un tubo metálico, una boquilla y varias palanquitas; se utiliza en las orquestas y en la música de jazz.
**FAM.** Saxo.

**saya** *s. f.* Falda o enagua.
**FAM.** Sayal, sayo, sayón.

**sayal** *s. m.* **1.** Tela basta de lana. **2.** Ropa hecha con esta tela.
**SIN. 1.** Estameña.

**sayo** *s. m.* Prenda de vestir muy amplia.

**sayón** *s. m.* Persona que en las procesiones de Semana Santa va vestida con una túnica larga.

**sazón** *s. f.* **1.** Madurez o perfección de algo, por ejemplo de la fruta: *Recogieron los tomates porque ya estaban en sazón.* **2.** Sabor que se da a las comidas añadiendo diversos ingredientes: *Echó sal y pimienta a la salsa hasta darle el punto justo de sazón.*
**EXPR. a la sazón** En aquel momento, entonces.
**SIN. 1.** Plenitud.
**FAM.** Sazonar. / Desazón.

**sazonar** *v.* Dar gusto y sabor a la comida, por ejemplo añadiendo sal y otros condimentos.
**SIN.** Aderezar.

**scanner** *s. m.* Busca **escáner**. ■ Es una palabra inglesa. Su plural es *scanners*.

**scooter** *s. m.* Motocicleta pequeña en la que el conductor va sentado en un asiento en lugar de ir montado como en una motocicleta normal. ■ Es una palabra inglesa y su plural es *scooters*. En español se escribe también *escúter*.

**scout** *s. m.* Joven que pertenece a un grupo que se dedica a hacer excursiones y acampadas al aire libre. ■ Es una palabra inglesa. Su plural es *scouts*.
**SIN.** Boy scout, girl scout.

**script** *s. m. y f.* Persona que anota todos los datos y detalles del rodaje de una película. ■ Es una palabra inglesa. Su plural es *scripts*.

**se** *pron. pers.* Se usa en la tercera persona del singular y del plural. Tiene la función de complemento directo o indirecto cuando es reflexivo: *Javier se peina a raya. Isabel se lava el pelo.* Se usa también para formar los verbos pronominales, como *arrepentirse*; para dar mayor expresividad, como en la frase *Se tomó el batido de un trago*; o en construcciones impersonales o de significado pasivo: *Se dice que van a abrir un nuevo colegio. A las ocho de la tarde se cerraron todas las tiendas.* Cuando aparece con los pronombres *lo, la, los, las,* tiene la función de complemento indirecto: *Se lo di (a mi amigo).*

**sebáceo, a** *adj.* **1.** Se dice de la glándula que produce la grasa del pelo y la piel. **2.** De sebo o parecido al sebo.
**SIN. 2.** Graso, grasiento, seboso.

**sebo** *s. m.* **1.** Grasa sólida que se saca de los animales y que se usa para cocinar y también, para fabricar velas y jabones. **2.** Grasa que producen algunas glándulas de la piel.
**FAM.** Sebáceo, seborrea, seboso.

**seborrea** *s. f.* Exceso anormal de grasa producido en la piel o en el pelo.

**seboso, sa** *adj.* Grasiento, lleno de sebo o grasa.

**secadero** *s. m.* Lugar en que se ponen a secar algunos productos: *secadero de tabaco, secadero de bacalao.*

**secado** *s. m.* Acción de secar: *Esta lavadora tiene un programa que permite el secado de la ropa.*

**secador, ra** *adj. y s. m. y f.* Que seca: *un secador de pelo, una secadora de ropa.*

**secamanos** *s. m.* Aparato que echa aire y que se pone en cuartos de aseo públicos para secarse las manos. ■ No varía en plural.

**secano** *s. m.* Terreno para cultivos que sólo recibe el agua de la lluvia y no se riega.
**ANT.** Regadío.

**secante**[1] *adj. y s. m.* **1.** Que seca o sirve para secar, por ejemplo se dice de un tipo de papel poroso que se utiliza para secar la tinta fresca. || *s. m.* **2.** Sustancia que se añade a la pintura para que se seque más rápidamente.

**secante**[2] *adj. y s. f.* Se dice de la línea o superficie que corta a otra línea o superficie.

**secar** *v.* Hacer que alguien o algo quede seco: *La madre secó al niño con una toalla. La planta se secó por falta de agua.* ■ Delante de *e* se escribe *qu* en lugar de *c*: *sequé*.
**SIN.** Enjugar; resecar, desecar; marchitar. **ANT.** Humedecer, mojar.
**FAM.** Secador, secante[1]. / Desecar.

**sección** *s. f.* **1.** Cada una de las partes o departamentos en que se divide algo, por ejemplo una empresa, unos grandes almacenes o una organización: *Fue a la sección de ropa de caballeros.* **2.** Lo que podría verse de una cosa si estuviera cortada por un plano; sirve para mostrar su interior, su funcionamiento o su composición: *La sección de la*

*Tierra muestra las distintas capas que la forman.*
**3.** Corte que se hace en un cuerpo con un instrumento cortante, por ejemplo el que hace un cirujano con el bisturí.
**SIN. 1.** Sector.
**FAM.** Seccionar. / Vivisección.

**seccionar** *v.* Cortar o dividir en secciones.
**SIN.** Amputar, cercenar, segmentar. **ANT.** Unir.

**secesión** *s. f.* Acción de separarse un territorio del país al que pertenece para independizarse o unirse a otro país.
**SIN.** Independencia, emancipación. **ANT.** Unión.
**FAM.** Secesionismo.

**secesionismo** *s. m.* Postura a favor de la secesión.
**FAM.** Secesionista.

**secesionista** *adj.* **1.** Relacionado con la secesión. **2.** Partidario de la secesión o separación de un territorio.
**SIN. 2.** Separatista.

**seco, ca** *adj.* **1.** Que no está húmedo o mojado: *La ropa ya está seca.* **2.** Que se caracteriza por la falta de lluvias o de humedad: *En el desierto el clima es muy seco.* **3.** Se dice del río, de la fuente y otras cosas parecidas que no tienen agua. **4.** Se dice de una planta o de una de sus partes que está muerta: *El geranio tiene una hoja seca.* **5.** Se dice de los frutos de cáscara dura, como las nueces o las avellanas, o de aquellos a los que se les ha quitado la humedad para que se conserven, como las pasas o los higos. **6.** Se dice de la piel o del pelo con poca grasa. **7.** Poco amable o afectuoso: *una persona muy seca.* **8.** Se dice de los vinos y otras bebidas alcohólicas poco dulces. **9.** Muerto: *Le dejó seco de un disparo.* **10.** Muy impresionado: *Se quedó seco cuando le dieron la noticia.* **11.** Se dice del golpe fuerte y rápido que retumba muy poco. **12.** Se dice de la tos que no va acompañada de flemas o mocos. **13.** Muy delgado.
**EXPR. a secas** Sólo, sin más cosas: *Se llama José, a secas.* **en seco** Se dice cuando se interrumpe una acción bruscamente: *Tuvo que parar en seco para no chocar con el camión.* **estar** alguien **seco** Tener mucha sed.
**SIN. 1.** Reseco. **2.** Árido. **4.** Marchito, mustio, chuchurrío. **7.** Áspero, brusco, adusto. **13.** Flaco, enjuto. **ANT. 1.** Empapado, calado. **2.** Lluvioso. **4.** Verde, fresco. **6.** Graso. **7.** Cordial. **13.** Gordo.
**FAM.** Secadero, secado, secamanos, secano, secar, sequedad, sequedal, sequía. / Reseco.

**secoya** *s. f.* Busca **secuoya**.

**secreción** *s. f.* **1.** Acción de secretar. **2.** Sustancia que produce una glándula u órgano del cuerpo: *El sudor es una secreción de las glándulas de la piel.*

**secretar** *v.* Producir y expulsar una glándula alguna sustancia: *Las glándulas sudoríparas secretan sudor.*
**SIN.** Segregar.
**FAM.** Secretor, secretorio.

**secretaría** *s. f.* **1.** Cargo de secretario y oficina donde trabaja. **2.** Parte de una empresa, colegio o de otras organizaciones que se ocupa sobre todo de tareas administrativas: *Los alumnos del instituto hacen la matrícula en la secretaría.*
**SIN. 1.** Secretariado.

**secretariado** *s. m.* **1.** Estudios que hace una persona para ser secretaria o secretario en una oficina o empresa. **2.** Cargo y oficina de secretario.
**SIN. 2.** Secretaría.

**secretario, ria** *s. m. y f.* **1.** Persona que está a las órdenes de otra y se ocupa de diversas tareas, por ejemplo escribir cartas al dictado, enviar la correspondencia o recibir llamadas telefónicas. **2.** Nombre de algunos cargos importantes, por ejemplo el secretario general de un partido político.
**FAM.** Secretaría, secretariado. / Subsecretario.

**secreter** *s. m.* Mueble que tiene un tablero para escribir y cajones para guardar papeles, cartas y otras cosas.
**SIN.** Escritorio, bufete, buró.

**secretismo** *s. m.* Tendencia a actuar en secreto o a escondidas: *En su empresa hay mucho secretismo y es difícil enterarse de lo que va a pasar.*

**secreto, ta** *adj. y s. m.* **1.** Se dice de lo que sólo es conocido por unos pocos y no se muestra ni se comunica a los demás: *Le prometió a su amigo que no contaría a nadie el secreto. Salieron del edificio por una puerta secreta.* || *s. m.* **2.** Cosa oculta, imposible de conocer o que todavía no se conoce: *los secretos del universo.* **3.** El hecho de no decir algo a los demás: *Llevaron su noviazgo con gran secreto.*
**EXPR. secreto a voces** El que ya no es secreto porque lo conoce mucha gente.
**SIN. 1.** Confidencial, reservado; confidencia. **2.** Enigma, misterio. **3.** Sigilo, reserva, discreción. **ANT. 1.** Manifiesto, conocido.
**FAM.** Secretismo.

**secretor, ra** o **secretorio, ria** *adj.* Se dice del órgano o de la glándula que produce y segrega una sustancia.

**secta** *s. f.* **1.** Comunidad religiosa que se aparta de otra dentro de la que estaba. **2.** Seguidores de una doctrina, filosofía o religión que a otras personas les parece falsa o peligrosa.
**FAM.** Sectario.

**sectario, ria** *adj. y s. m. y f.* **1.** Se dice de la persona que pertenece a una secta. **2.** Se dice de la persona que cree que su partido, su grupo o sus ideas son las mejores o las únicas verdaderas y no admite ninguna idea contraria a las suyas: *Algunos políticos tienen una actitud muy sectaria.*
**SIN. 2.** Fanático.
**FAM.** Sectarismo.

**sectarismo** *s. m.* Actitud de la persona que cree que su partido, su grupo o sus ideas son las mejores y no admite ninguna idea contraria a las suyas.

**SIN.** Fanatismo.

**sector** *s. m.* **1.** Cada una de las partes en que se puede dividir la sociedad o un grupo de personas: *Un amplio sector de la población lo componen personas mayores de 60 años. Trabaja en el sector de la construcción.* **2.** Parte de una ciudad, de un local o de otro lugar: *Este sector del campo está dedicado al cultivo de cereales.* **3.** En geometría, porción de círculo comprendida entre un arco y dos radios.

**EXPR.** **sector primario** Actividad económica en que se incluyen la agricultura, la ganadería, la pesca, la minería y la explotación de los bosques. **sector secundario** La industria y la construcción. **sector terciario** Las actividades de servicios, por ejemplo el comercio, la sanidad, la educación, la cultura o el transporte.

**SIN.** **1.** División.

**FAM.** Sectorial.

**sectorial** *adj.* **1.** De un sector. **2.** Organizado o dividido en sectores.

**secuaz** *s. m.* y *f.* Persona que está a las órdenes de otra y la sigue en todo: *Detuvieron al jefe de los bandidos y a sus secuaces.* ■ Su plural es *secuaces.*

**SIN.** Esbirro, acólito. **ANT.** Enemigo.

**secuela** *s. f.* Consecuencia, casi siempre mala, que queda de una enfermedad, un accidente u otro hecho: *La cojera en la pierna derecha es la única secuela que tiene el accidente.*

**secuencia** *s. f.* Sucesión de cosas ordenadas o que tienen relación entre sí, por ejemplo la serie de planos o escenas de una película que forman una unidad.

**secuestrador, ra** *s. m.* y *f.* Persona que secuestra a otra.

**secuestrar** *v.* **1.** Coger y retener a una persona o grupo de ellas por la fuerza, para pedir dinero u otras cosas por devolverlas: *Secuestraron a un importante empresario y pidieron un rescate millonario a la familia.* **2.** Retirar de la circulación por orden del juez una publicación o una película.

**SIN.** **1.** Raptar. **ANT.** **1.** Liberar.

**FAM.** Secuestrador, secuestro.

**secuestro** *s. m.* Acción de secuestrar.

**SIN.** Rapto.

**secular** *adj.* **1.** Que no es religioso o no pertenece a la Iglesia. **2.** Que existe desde hace siglos o dura un siglo: *Celebrar las fiestas del pueblo es una tradición secular.*

**SIN.** **1.** Seglar, laico, lego. **2.** Centenario. **ANT.** **2.** Reciente.

**FAM.** Secularizar.

**secularizar** *v.* **1.** Hacer que algo deje de pertenecer a la Iglesia: *El ayuntamiento ha secularizado el*

viejo convento y lo ha convertido en una biblioteca. **2.** Permitir a un religioso que abandone su orden y pase a ser laico. ■ Delante de *e* se escribe *c* en lugar de *z.*

**secundar** *v.* Apoyar, seguir o colaborar con otra persona en sus acciones, ideas o intenciones: *La mitad de los trabajadores secundaron la huelga.*

**SIN.** Respaldar. **ANT.** Oponerse.

**FAM.** Secundario.

**secundario, ria** *adj.* **1.** Que ocupa el segundo lugar dentro de un orden. **2.** Que tiene menos importancia o no es principal: *Esa actriz hace en la película un papel secundario.* || *adj.* y *s. f.* **3.** Se dice de la enseñanza comprendida entre la primaria y los estudios universitarios. || *adj.* y *s. m.* **4.** Se dice del segundo periodo de la historia de la Tierra, que comenzó hace 225 millones de años y terminó hace 70 millones de años aproximadamente. Durante él surgieron los grandes reptiles y las plantas con flores.

**SIN.** **2.** Accidental, accesorio. **ANT.** **2.** Esencial.

**secuoya** *s. f.* Árbol grandísimo, que tiene la copa estrecha y las hojas muy duraderas. ■ Se escribe también *secoya.*

**sed** *s. f.* **1.** Necesidad o ganas de beber. **2.** Necesidad de agua que tienen las plantas o el campo. **3.** Deseo muy grande de algo: *sed de justicia.*

**FAM.** Sediento.

**seda** *s. f.* **1.** Hebras que producen las larvas de algunos insectos para hacer sus capullos, por ejemplo la oruga de ciertas mariposas, como el *gusano de seda.* **2.** Hilo suave y brillante que se saca de estas hebras. También, el tejido fabricado con estos hilos.

**EXPR.** **seda artificial** Rayón. || **como una seda** o **como la seda** Se dice de lo que marcha o funciona bien. También se dice de la persona dócil. **de seda** Muy suave: *Esta crema deja una piel de seda.*

**FAM.** Sedal, sedería, sedoso.

**sedal** *s. m.* Hilo de la caña de pescar.

**sedán** *s. m.* Automóvil de carrocería cerrada.

**sedante** *adj.* y *s. m.* Que calma o tranquiliza; se dice sobre todo de los medicamentos que sirven para esto.

**sedar** *v.* Calmar, tranquilizar, sobre todo con medicamentos.

**SIN.** Serenar, relajar, sosegar. **ANT.** Excitar.

**FAM.** Sedante.

**sede** *s. f.* **1.** Lugar donde está situada o tiene su domicilio una empresa, una organización o en el que se desarrolla algún acontecimiento: *la sede de un organismo, la sede de los Juegos Olímpicos.* **2.** Territorio que depende de un obispo y capital de este territorio: *sede episcopal.*

**EXPR.** **Santa Sede** El Vaticano.

**SIN.** **2.** Diócesis.

**FAM.** Sedentario.

**sedentario, ria** *adj.* **1.** Se dice de los grupos de personas o animales que están en un lugar y viven siempre en él. **2.** Se dice de la persona, de la actividad o del tipo de vida de poco movimiento.
SIN. **2.** Tranquilo, quieto. ANT. **1.** Nómada. **2.** Activo, inquieto.

**sedería** *s. f.* **1.** Tienda o fábrica de tejidos de seda. **2.** Conjunto de géneros de seda.

**sedición** *s. f.* Levantamiento o rebelión contra la autoridad establecida, especialmente cuando los que se rebelan son militares: *El comandante fue acusado de sedición y expulsado del ejército.*
SIN. Insurrección, sublevación.

**sediento, ta** *adj.* y *s. m.* y *f.* **1.** Que tiene sed o necesita agua: *Los chicos llegaron a casa sedientos. Los campos están sedientos a causa de la sequía.* **2.** Que tiene mucho deseo de algo: *Es un chico sediento de cariño.*
SIN. **1.** Seco. **2.** Hambriento, ansioso. ANT. **1.** Encharcado, anegado. **2.** Harto.

**sedimentación** *s. f.* Acción de sedimentar o sedimentarse algo.

**sedimentario, ria** *adj.* **1.** Relacionado con el sedimento. **2.** Producido por sedimentación: *una roca sedimentaria.*

**sedimentarse** *v.* Quedarse en el fondo las partículas sólidas que flotan en un líquido.
SIN. Posarse.
FAM. Sedimentación.

**sedimento** *s. m.* Partículas sólidas que, tras haber estado flotando en un líquido, se quedan en el fondo.
SIN. Poso.
FAM. Sedimentario, sedimentarse.

**sedoso, sa** *adj.* Que se parece a la seda, sobre todo por su suavidad: *pelo sedoso, manos sedosas.*
SIN. Suave. ANT. Áspero.

**seducción** *s. f.* El hecho de seducir a alguien.

**seducir** *v.* **1.** Atraer mucho algo a una persona: *Le seduce la idea de pasar unos días en la playa.* **2.** Conseguir una persona, valiéndose de su atractivo o con engaños, que otra haga algo, sobre todo que tenga relaciones sexuales con ella. ■ Es un verbo irregular. Se conjuga como *conducir.*
SIN. **1.** Fascinar, cautivar, encantar. ANT. **1.** Repeler.
FAM. Seducción, seductor.

**seductor, ra** *adj.* y *s. m.* y *f.* Que seduce o atrae: *Llegó a la fiesta con un vestido muy seductor.*
SIN. Cautivador, encantador. ANT. Repelente, repulsivo.

**sefardí** o **sefardita** *adj.* y *s. m.* y *f.* **1.** Se dice de los judíos españoles de la Edad Media y de sus descendientes, que viven en distintas partes del mundo y conservan la lengua y las tradiciones españolas. ‖ *s. m.* **2.** Dialecto del español que hablan estas personas. ■ El plural de *sefardí* es *sefardís* o *sefardíes.*
SIN. **1.** y **2.** Judeoespañol.

**segador, ra** *s. m.* y *f.* Persona que siega.

**segadora** *s. f.* Máquina que sirve para segar las mieses o la hierba.

**segar** *v.* **1.** Cortar la hierba o la mies de los campos. **2.** Cortar lo que sobresale o está más alto: *Le segó la pluma del sombrero con la espada.* **3.** Acabar con algo de forma violenta y brusca: *La guerra segó la vida de muchas personas.* ■ Delante de *e* se escribe *gu* en lugar de *g.* Es un verbo irregular. Se conjuga como *pensar.*
SIN. **3.** Truncar.
FAM. Segador, segadora, segueta, siega.

**seglar** *adj.* y *s. m.* y *f.* Que no es sacerdote ni pertenece a una orden religiosa.
SIN. Laico, secular. ANT. Eclesiástico, clérigo.

**segmentar** *v.* Cortar o dividir algo en trozos.
SIN. Partir, seccionar. ANT. Unir, fundir.

**segmento** *s. m.* **1.** Porción o parte cortada o separada de una cosa. **2.** En geometría, parte de una recta situada entre dos puntos. **3.** También, la parte de un círculo entre un arco y su cuerda. **4.** Cada una de las partes que forman el cuerpo de los insectos y crustáceos o las vértebras de la columna vertebral.
SIN. **1.** Trozo, tramo.
FAM. Segmentar.

**segoviano, na** *adj.* y *s. m.* y *f.* De Segovia, ciudad y provincia de España.

**segregacionista** *adj.* y *s. m.* y *f.* Partidario de discriminar y separar a determinadas personas por su raza o por su religión.

**segregar** *v.* **1.** Producir y expulsar un órgano o glándula del cuerpo alguna sustancia, como por ejemplo el sudor, la saliva o la bilis. **2.** Separar una cosa de otra a la que pertenece: *Hace años se segregó una parte del pueblo y formó otro.* ■ Delante de *e* se escribe *gu* en lugar de *g: segregue.*
SIN. **1.** Excretar, secretar. **2.** Escindir, independizarse. ANT. **2.** Unir, sumar, integrar.
FAM. Segregacionista.

**segueta** *s. f.* Sierra pequeña, con la hoja muy fina, que se utiliza para hacer dibujos y calados en la madera.

**seguida** Se utiliza en la expresión **en seguida.** Busca **enseguida.**

**seguidamente** *adv.* A continuación: *Seguidamente les ofrecemos un programa musical.*

**seguidilla** *s. f.* Canción y baile popular español de ritmo rápido. ■ No confundir con *seguiriya.*

**seguido, da** *adj.* **1.** Se dice de las cosas que van una justo detrás de otra: *Se bebió dos vasos de agua seguidos.* ‖ *adv.* **2.** En línea recta, sin cambiar de dirección: *Al centro de la ciudad se va por este camino todo seguido.*

**SIN. 1.** Ininterrumpido. **2.** Recto, derecho. **ANT. 1.** Discontinuo.
**FAM.** Seguida.

**seguidor, ra** *adj.* y *s. m.* y *f.* Que sigue a alguien o es partidario de una persona, una organización u otra cosa.
**SIN.** Adepto, incondicional, simpatizante, fan. **ANT.** Enemigo.

**seguimiento** *s. m.* Acción de seguir.

**seguir** *v.* **1.** Ir una persona, animal o cosa detrás o después de otra: *Todos siguieron al guía en el museo.* **2.** Fijar la vista sobre alguien o algo que se mueve, sin apartarla: *La siguió con la mirada hasta que se metió en la tienda.* **3.** Tomar un camino o dirección: *El tren sigue hasta París.* **4.** Estudiar: *Jorge sigue un curso de informática.* **5.** Continuar en una misma situación o haciendo algo: *Carlos sigue resfriado. Para el vídeo ahora y luego seguimos viendo la película.* **6.** Actuar de acuerdo con un consejo, orden u otra cosa: *Siguió la receta para hacer el pastel.* **7.** Estar atento a algo que sucede, a un programa de radio o televisión: *Siguieron por la tele el partido de tenis.* **8.** Comprender algo: *Explícamelo otra vez porque no te sigo.* **9.** Ser partidario de una persona, doctrina o de otra cosa, tomarlos como modelo: *En sus primeras novelas sigue a los escritores románticos.* **10.** Adaptar una persona sus movimientos a algo: *Los bailarines siguen el ritmo de la música.* ■ Delante de *a* y *o* se escribe *g* en lugar de *gu*. Es un verbo irregular. Se conjuga como *pedir.*
**SIN. 1.** Perseguir. **5.** Proseguir, persistir. **9.** Secundar, respaldar. **ANT. 1.** Preceder. **3.** Abandonar. **9.** Rechazar.
**FAM.** Seguidamente, seguidilla, seguido, seguidor, seguimiento, seguiriya, siguiente. / Enseguida, perseguir, proseguir, subsiguiente.

**seguiriya** *s. f.* Cante flamenco con letra de estrofa de cuatro versos, que trata de temas tristes. ■ No confundir con *seguidilla.*

**según** *prep.* **1.** De acuerdo con algo: *Todo se hizo según las órdenes del director.* **2.** Indica la persona que tiene una opinión sobre algo: *Según Bernardo, mañana va a llover.* || *prep.* y *adv.* **3.** Indica que una cosa depende de otro hecho: *Jugarán el partido de baloncesto según el tiempo que haga. –¿Vendrás mañana con nosotros? –Según.* || *adv.* **4.** Expresa que una cosa ocurre a la vez o inmediatamente después que otra: *Según llegaban a la taquilla, iban sacando las entradas.* **5.** Como, de la manera que: *La habitación está según la dejó su hermano.*
**SIN. 1.** y **5.** Conforme.

**segundero** *s. m.* Manecilla del reloj que señala los segundos.

**segundo, da** *num.* **1.** Que sigue en orden al primero o a lo primero: *Es la segunda vez que llaman a la puerta.* || *s. m.* **2.** Persona más importante des-

pués del jefe principal. **3.** Cada una de las sesenta partes iguales en que se divide un minuto.
**EXPR. primo segundo** Hijo de los tíos segundos de una persona. **tío segundo** Primo de los padres de alguien. || **con segundas** Significa que detrás de lo que se dice o hace hay otra intención.
**SIN. 2.** Lugarteniente.
**FAM.** Segundero, segundón.

**segundón, na** *s. m.* y *f.* Persona que está en segundo lugar, detrás de otro que ocupa la primera posición o el puesto más importante.

**seguramente** *adv.* Con bastante seguridad, pero no total: *Seguramente iremos en el metro.*
**SIN.** Probablemente.

**seguridad** *s. f.* Característica de la persona o cosa segura: *Este coche ofrece una gran seguridad. Marta tiene una gran seguridad en sí misma. Sabe con seguridad que su amigo no le engaña.*
**EXPR. Seguridad Social** Organización del Estado encargada de atender las necesidades de los ciudadanos en caso de enfermedad, jubilación o paro.
**SIN.** Protección; certeza. **ANT.** Inseguridad.

**seguro, ra** *adj.* **1.** Que está protegido de cualquier daño, peligro o riesgo: *Guardó el dinero en un lugar seguro.* **2.** Que no tiene o admite ninguna duda, que no falla: *Es seguro que Javier está al llegar. Le dijeron un remedio seguro para quitar las manchas de pintura.* || *s. m.* **3.** Contrato por el que pagamos un dinero cada año a una empresa aseguradora para que, si sufrimos un accidente, enfermedad u otra cosa, nos pague los gastos o nos dé dinero: *Su casa tiene un seguro contra incendios.* **4.** Dispositivo para que algo esté mejor cerrado y no se abra o empiece a funcionar: *Siempre echa el seguro a las puertas del coche.* **5.** La Seguridad Social. ■ Con este significado se escribe con mayúscula. || *adv.* **6.** Sin ninguna duda: *Seguro que llegaremos tarde.*
**EXPR. a buen seguro** Seguramente. **sobre seguro** Sin correr ningún riesgo.
**SIN. 1.** Resguardado. **2.** Cierto, indudable. **ANT. 1.** Peligroso. **1.** y **2.** Inseguro. **2.** Dudoso.
**FAM.** Seguramente, seguridad. / Asegurar, inseguro.

**seis** *num.* **1.** Cinco más uno. **2.** Que sigue en orden al quinto: *Estamos a día seis.* || *s. m.* **3.** Signo que representa este número.
**SIN. 2.** Sexto.
**FAM.** Seiscientos, seisavo, seise. / Dieciséis, sesenta, sexenio, sextante, sextillizo, sexto, veintiséis.

**seisavo, va** *num.* y *s. m.* Sexto, cada una de las seis partes iguales en que se divide algo.

**seiscientos, tas** *num.* **1.** Seis veces cien. **2.** Que sigue por orden al quinientos noventa y nueve. || *s. m.* **3.** Signos que representan este número.

**seise** *s. m.* Cada uno de los seis niños que cantan y bailan en algunas catedrales para celebrar fiestas religiosas como la del Corpus: *Los seises de la cate-*

*dral de Sevilla van vestidos con lujosos trajes azules y blancos.*

**seísmo** *s. m.* Terremoto. ■ Se dice también *sismo*.
**FAM.** Sismo.

**selección** *s. f.* **1.** Acción de seleccionar. **2.** Conjunto de personas o cosas que se han seleccionado: *Cada país envía a los Juegos Olímpicos una selección de sus mejores deportistas.*
**SIN. 1.** Clasificación. **ANT. 1.** Mezcla.
**FAM.** Seleccionado. / Preselección.

**seleccionado, da** *adj.* **1.** Que alguien lo seleccionó. ‖ *s. m.* **2.** En algunos países de América del Sur, selección, conjunto de jugadores que representa a un país en una competición internacional.

**seleccionador, ra** *adj.* y *s. m.* y *f.* Que selecciona; por ejemplo, la persona que escoge y prepara a los deportistas que van a participar en un partido o competición, casi siempre internacional.

**seleccionar** *v.* Escoger entre varias personas, animales o cosas los que parecen mejores o más apropiados para algo: *Seleccionaron a mi hermano para el anuncio de juguetes.*
**SIN.** Elegir, apartar. **ANT.** Mezclar.
**FAM.** Selección, seleccionador, selectivo, selecto, selector.

**selectividad** *s. f.* **1.** Característica de selectivo. **2.** Conjunto de pruebas o exámenes que se hacía en España para poder entrar en la universidad.

**selectivo, va** *adj.* Que selecciona o sirve para hacer una selección: *Aprobó las pruebas selectivas para entrar en la facultad de Biología. En esa discoteca son muy selectivos: no dejan entrar a cualquier persona.*
**FAM.** Selectividad.

**selecto, ta** *adj.* Mejor que otros de su misma clase: *Fueron a cenar a uno de los restaurantes más selectos de la ciudad.*
**SIN.** Escogido, notable, exquisito. **ANT.** Corriente.

**selector, ra** *adj.* y *s. m.* Que selecciona o elige: *La televisión tiene un selector para escoger el canal deseado.*

**selenita** *s. m.* y *f.* **1.** Habitante imaginario de la Luna. ‖ *s. f.* **2.** Yeso cristalizado en láminas brillantes.

**self-service** *s. m.* Autoservicio. ■ Es una palabra inglesa. Su plural es *self-services*.

**sellador, ra** *adj.* y *s. m.* Que sella o sirve para sellar: *Tapamos las juntas con pasta selladora.*

**sellar** *v.* **1.** Marcar algo con un sello: *Es necesario que te sellen el carné de la biblioteca. El vendedor selló la factura.* **2.** Poner a una cosa algo para que no se pueda abrir: *Sellaron las puertas de la casa para que nadie pudiera entrar.* **3.** Poner fin a una cosa: *Los dos presidentes sellaron el acuerdo entre sus países con un apretón de manos.*

**SIN. 2.** Lacrar, precintar. **3.** Concluir, terminar. **ANT. 3.** Comenzar.
**FAM.** Sellador.

**sello** *s. m.* **1.** Trocito de papel, cuadrado o rectangular, con algún dibujo impreso, que se pega en las cartas o paquetes para enviarlos por correo. **2.** Objeto que sirve para marcar lo que él tiene grabado sobre una superficie. **3.** La señal que deja este objeto: *Su libro de escolaridad lleva el sello del colegio donde estudió.* **4.** Anillo ancho con las iniciales de una persona o el escudo de su apellido grabado en la parte de arriba. **5.** Característica propia de una persona o cosa que la hace diferente de las demás: *Todos los cuadros de ese pintor llevan su sello personal.*
**SIN. 1.** Timbre. **2.** Tampón.
**FAM.** Sellar. / Matasellos.

**sello**
(anillo)

**sello** de correos          **sello** de marcar

**selva** *s. f.* Bosque ecuatorial y tropical, con muchos árboles y muy distintos.
**SIN.** Jungla.
**FAM.** Selvático, silvestre, silvícola, silvicultura. / Laurisilva, madreselva.

**selvático, ca** *adj.* De la selva o relacionado con ella: *animal selvático.*

**semáforo** *s. m.* Aparato con luces de distintos colores que sirven para indicar si un vehículo o un peatón pueden pasar o no.
**SIN.** Disco.

**semana** *s. f.* **1.** Siete días seguidos desde el lunes al domingo. **2.** Siete días seguidos desde un día cualquiera: *Dentro de una semana empieza la primavera.*
**EXPR. Semana Santa** Semana en la que se recuerdan la pasión y muerte de Jesucristo y su resurrección. ‖ **entre semana** Cualquier día de la semana que no sea sábado ni domingo: *Entre semana no tiene tiempo para ir al cine.*
**FAM.** Semanal, semanalmente, semanario.

**semanal** *adj.* **1.** Que ocurre o se repite cada semana: *Ha aparecido una nueva revista semanal.* **2.** Que dura una semana.

**semanalmente** *adv.* Cada semana: *Hasta que se cure, tiene que ir al médico semanalmente.*

**semanario** *s. m.* **1.** Publicación que aparece cada semana. **2.** Conjunto de siete cosas, por ejemplo pulseras.

**semántica** *s. f.* Estudio del significado de las palabras.
FAM. Semántico.

**semántico, ca** *adj.* Relacionado con el significado de las palabras.

**semblante** *s. m.* **1.** Cara o rostro de las personas: *Al verle se le alegró el semblante.* **2.** Aspecto bueno o malo que toma una cosa: *El cielo tenía mal semblante, parecía que iba a haber tormenta.*
SIN. 2. Apariencia, cariz.
FAM. Semblanza.

**semblanza** *s. f.* Descripción de una persona, sobre todo cuando es como una pequeña historia de su vida.

**sembrado, da** *adj.* **1.** Que se sembró. **2.** Que tiene muchas cosas que se indican a continuación: *un libro sembrado de erratas, una carrera sembrada de éxitos.* **3.** Gracioso o ingenioso: *Ayer Irene estuvo sembrada: contó un montón de chistes.* || *s. m.* **4.** Terreno donde se ha hecho la siembra.
SIN. 2. Lleno, plagado. 3. Ocurrente, agudo.

**sembrador, ra** *adj.* y *s. m.* y *f.* Persona que siembra, es decir, echa semillas en la tierra.

**sembradora** *s. f.* Máquina para sembrar.

**sembrar** *v.* **1.** Echar semillas en una tierra preparada para ello. **2.** Esparcir algo: *El pequeño se ha comido un bocadillo y ha sembrado el comedor de migas.* **3.** Causar, dar motivo a algo: *Las críticas sembraron la enemistad entre los compañeros.* **4.** Hacer lo necesario para que luego se pueda obtener algo: *Los abuelos sembraron siempre en la familia el respeto a los demás.* ■ Es un verbo irregular. Se conjuga como *pensar.*
SIN. 2. Desparramar, diseminar. 3. Provocar.
FAM. Sembrado, sembrador, sembradora, siembra.

**semejante** *adj.* **1.** Que es casi igual, pero no lo mismo: *Visten de forma semejante.* **2.** Destaca personas, animales o cosas de entre otras: *Nunca vieron un espectáculo semejante.* **3.** Tal, esa: *Semejante observación le parece una ridiculez.* **4.** En geometría, se dice de las figuras que son diferentes sólo por el tamaño. || *s. m.* **5.** Cualquier persona para otra: *Intenta remediar en lo que puede el sufrimiento de sus semejantes.*
SIN. 1. Parecido, similar, afín. 5. Prójimo. ANT. 1. Diferente, desigual.
FAM. Semejanza, semejar.

**semejanza** *s. f.* El hecho de ser semejante: *Hay muchas semejanzas entre los dos dibujos.*
SIN. Similitud, parecido, afinidad. ANT. Diferencia.

**semejar** *v.* Ser semejante: *Lo que ha pintado semeja un árbol.*
SIN. Asemejarse, parecerse, recordar. ANT. Diferenciarse.
FAM. Asemejarse.

**semen** *s. m.* Líquido blanquecino producido por los órganos sexuales masculinos que contiene los espermatozoides.
SIN. Esperma.
FAM. Semental, seminal. / Inseminar.

**semental** *adj.* y *s. m.* Se dice del animal macho que se destina a la reproducción.

**sementera** *s. f.* **1.** Acción de sembrar. **2.** Tierra sembrada. **3.** Época en la que se suele sembrar.
SIN. 1. a 3. Siembra.

**semestral** *adj.* **1.** Que ocurre o se repite cada semestre: *Se hace un reconocimiento semestral de la vista.* **2.** Que dura un semestre: *Le hicieron un contrato de trabajo semestral.*

**semestre** *s. m.* Periodo de tiempo de seis meses.
FAM. Semestral.

**semicilindro** *s. m.* Cada una de las dos mitades de un cilindro.

**semicircular** *adj.* En forma de semicírculo o relacionado con él.

**semicírculo** *s. m.* Cada una de las dos mitades de un círculo.
FAM. Semicircular.

**semicircunferencia** *s. f.* Cada una de las dos mitades de la circunferencia.

**semiconductor, ra** *adj.* y *s. m.* Se dice de los materiales que conducen mejor la electricidad al aumentar su temperatura.

**semicorchea** *s. f.* Figura musical que equivale a la mitad de una corchea.

**semidesnatado, da** *adj.* Se dice del producto, especialmente leche o sus derivados, al que se ha quitado parte de su grasa.

**semiesfera** *s. f.* Cada una de las dos mitades de una esfera.

**semifinal** *s. f.* Etapa o encuentro anterior a la final en un concurso o competición.
FAM. Semifinalista.

**semifinalista** *adj.* y *s. m.* y *f.* Que ha llegado a la semifinal.

**semifusa** *s. f.* Figura musical que equivale a la mitad de una fusa.

**semilla** *s. f.* **1.** Parte del fruto de la que nace una nueva planta: *Muchas plantas se reproducen por semillas.* **2.** Lo que es origen o causa de algo: *Ese castigo fue la semilla del descontento de los chicos.*
SIN. 1. Simiente. 2. Germen, motivo.
FAM. Semillero. / Sementera, simiente.

**semillero** *s. m.* **1.** Lugar donde se siembran y crían plantas para plantarlas después en otro sitio. **2.** Lugar donde se conservan semillas. **3.** Lo que es origen o causa de algo, generalmente malo: *Su conducta fue un semillero de enfrentamientos.*
SIN. 3. Semilla, fuente.

**seminal** *adj.* **1.** Del semen. **2.** De la semilla.

**seminario** *s. m.* **1.** Centro donde estudian y se forman los que quieren ser sacerdotes. **2.** Conjunto de actividades en que trabajan juntos profesores y alumnos para que éstos aprendan algo o realicen tareas de investigación. **3.** Clase o lugar en que se hacen estas actividades.
FAM. Seminarista.

**seminarista** *s. m.* Hombre que estudia en un seminario porque quiere ser sacerdote.

**semiprecioso, sa** *adj.* Se dice de las piedras que se utilizan en joyería por su belleza pero que no tienen el valor de las piedras preciosas: *El jade es una piedra semipreciosa.*

**semisótano** *s. m.* Piso o local situado en parte por debajo del nivel de la calle: *La tienda tiene un almacén en el semisótano.*

**semita** *adj. y s. m. y f.* **1.** Se dice de algunos pueblos, como los hebreos y los árabes. || *adj.* **2.** Relacionado con estos pueblos.
SIN. **2.** Semítico.
FAM. Semítico.

**semítico, ca** *adj.* Relacionado con los semitas.

**semitono** *s. m.* En música, medio tono.

**sémola** *s. f.* Trigo u otro cereal reducido a granos muy pequeños que se utiliza sobre todo como pasta para sopa.

**senado** *s. m.* **1.** Reunión de políticos que deben aprobar, modificar o rechazar las leyes hechas por el Congreso de los diputados. Es uno de los grupos que forman el Parlamento. **2.** En la antigua república romana, asamblea de ciudadanos en la que se votaban las leyes y se elegía a los gobernantes. **3.** Edificio donde se reúnen los senadores. ■ Se suele escribir con mayúscula.
FAM. Senador.

**senador, ra** *s. m. y f.* Persona que es miembro del Senado.

**sencillamente** *adv.* **1.** Con sencillez: *Vestía sencillamente.* **2.** Se utiliza para dejar clara una idea, una opinión: *Pues, sencillamente, creo que estás equivocado.*

**sencillez** *s. f.* Característica o modo de ser de las personas y las cosas sencillas.

**sencillo, lla** *adj.* **1.** No complicado, fácil: *Este dibujo es sencillo. Se ha comprado una cámara de fotos muy sencilla. El vocabulario que aparece en este cuento es sencillo.* **2.** Sin muchos adornos ni lujos: *Se compró un traje sencillo para la boda. Los muebles de su habitación son sencillos y prácticos.* **3.** No compuesto de varias partes: *El hombre primitivo usaba instrumentos sencillos.* **4.** Que sirve para una sola persona o un solo uso: *Sacamos un billete sencillo.* **5.** Se dice de la persona que no presume de sus cualidades y actúa de forma natural.

|| *s. m.* **6.** Disco pequeño de poca duración. **7.** En Hispanoamérica, dinero suelto.
SIN. **1.** Asequible. **1.** y **3.** Simple. **5.** Llano; campechano. **6.** Single. ANT. **1.** Difícil, complejo. **2.** Artificioso; lujoso. **5.** Presuntuoso.
FAM. Sencillamente, sencillez.

**senda** o **sendero** *s. f. o m.* **1.** Camino estrecho. **2.** Cualquier camino. **3.** Lo que alguien sigue como comportamiento, como forma de vida: *Eligió la senda que le habían marcado sus padres.*
FAM. Senderismo.

**senderismo** *s. m.* Ejercicio o deporte que consiste en caminar por senderos en el campo o en la montaña.

**sendos, das** *distributivo* Uno o una para cada una de las personas o cosas: *El rey y la reina llevaban sendas coronas.*

**senectud** *s. f.* Vejez, ancianidad.

**senegalés, sa** *adj. y s. m. y f.* De Senegal, país del oeste de África.

**senil** *adj.* Propio de la vejez o de los viejos.
ANT. Infantil, juvenil.

**sénior** *adj. y s. m. y f.* Se dice de la categoría de los deportistas que está por encima de los júniors; suelen tener más de veinte años. ■ Su plural es *séniors.*

**seno** *s. m.* **1.** Pecho o mama de la mujer. **2.** Vientre de la mujer; se dice sobre todo cuando está embarazada: *Durante el embarazo pensaba continuamente en el hijo que llevaba en su seno.* **3.** Interior de algo: *Ese escritor tan famoso nació en el seno de una familia humilde.* **4.** Hueco: *un fregadero con dos senos.* **5.** Espacio hueco de algunos huesos: *seno maxilar.*
SIN. **1.** Teta. **2.** Matriz, útero. **4.** Concavidad.

**sensación** *s. f.* **1.** Lo que percibimos o notamos por medio de los sentidos: *una sensación de picor.* **2.** El impresionar o llamar la atención algo: *Sus zapatos han causado sensación.* **3.** Hecho de sentir o notar algo: *Tengo la sensación de que no te interesa lo que te estoy contando.*
SIN. **2.** y **3.** Impresión.
FAM. Sensacional, sensitivo.

**sensacional** *adj.* **1.** Que produce una sensación o impresión muy fuerte en las personas: *Aquella noticia provocó un escándalo sensacional.* **2.** Estupendo, maravilloso: *Rosa es una persona sensacional.*
SIN. **1.** Impresionante. **2.** Magnífico, fantástico. ANT. **1.** Indiferente. **2.** Horrible.
FAM. Sensacionalismo.

**sensacionalismo** *s. m.* Tendencia a intentar que las noticias tengan mucho efecto destacando lo que provoca gran sensación o temor en el público: *Algunos periódicos se sirven del sensacionalismo para vender más.*
FAM. Sensacionalista.

**sensacionalista** *adj.* Que busca que las noticias tengan mucho efecto entre la gente destacando lo que llama mucho la atención: *una revista sensacionalista.*

**sensatez** *s. f.* Característica de las personas sensatas.
SIN. Cordura, prudencia. ANT. Insensatez.

**sensato, ta** *adj.* Se dice de la persona que piensa mucho las cosas y pone mucho cuidado en lo que hace o habla, procurando evitar cualquier daño o peligro; también se dice de sus acciones y comportamiento.
SIN. Prudente, juicioso, consciente. ANT. Insensato, imprudente, inconsciente.
FAM. Sensatez. / Insensato.

**sensibilidad** *s. f.* **1.** Lo que tienen las personas o cosas sensibles: *Su sensibilidad le hace darse cuenta de si los demás están tristes.* **2.** Cualidad que tienen algunas personas para percibir y sentir la pintura, la música y en general el arte en general. **3.** Capacidad que tienen los seres vivos para percibir sensaciones: *A causa del accidente perdió la sensibilidad en las piernas.* **4.** Capacidad que tiene un aparato o un objeto para apreciar y registrar unos efectos, por ejemplo la temperatura, el peso, la luz, el sonido: *un micrófono de gran sensibilidad.*

**sensibilizar** *v.* **1.** Hacer que la gente se dé cuenta de la importancia de algo para que colabore: *El ayuntamiento intenta sensibilizar a la gente para que no gaste más agua de la necesaria.* **2.** En fotografía, hacer sensibles a la luz algunas materias: *sensibilizar una placa fotográfica.* ■ Delante de *e* se escribe *c* en lugar de *z: sensibilice.*
SIN. **1.** Concienciar.

**sensible** *adj.* **1.** Que es capaz de sentir o de experimentar sensaciones: *Manuel es más sensible al calor que al frío.* **2.** Que puede ser conocido por medio de los sentidos: *Los objetos que vemos son parte del mundo sensible.* **3.** Se dice de la persona que se deja llevar por los sentimientos y se impresiona o emociona fácilmente. **4.** Que tiene una capacidad especial para percibir y sentir la música, el arte, la belleza. **5.** Evidente, claro, que se nota mucho: *Esta semana ha habido sensibles cambios en el precio de la gasolina.* **6.** Que capta o nota fácilmente la acción de la luz, el sonido u otra cosa: *Las películas fotográficas son sensibles a la luz.*
SIN. **3.** Emotivo, sensitivo. **5.** Perceptible, apreciable. ANT. **1.**, **3.** y **5.** Insensible. **5.** Imperceptible.
FAM. Sensibilidad, sensibilizar, sensiblemente, sensiblería. / Hipersensible, insensible.

**sensiblemente** *adv.* De manera que se nota mucho: *La población de ese país ha aumentado sensiblemente.*

**sensiblería** *s. f.* Característica de las personas o cosas que son demasiado sentimentales.
FAM. Sensiblero.

**sensiblero, ra** *adj.* Que demuestra sensiblería: *No soporto esas películas tan sensibleras.*
SIN. Sentimentaloide.

**sensitivo, va** *adj.* **1.** De las sensaciones producidas en los sentidos. **2.** Capaz de sentir o de experimentar sensaciones. **3.** Se dice de la persona sensible, que se impresiona o emociona fácilmente: *A los niños hay que tratarlos con mucho cariño porque son muy sensitivos.*
SIN. **3.** Emotivo. ANT. **2.** y **3.** Insensible.

**sensor** *s. m.* Aparato que sirve para detectar algún fenómeno o algún cambio y transmitir la información: *Las farolas tienen un sensor que hace que se enciendan cuando oscurece.*

**sensorial** *adj.* De los sentidos o relacionado con los sentidos.
FAM. Extrasensorial.

**sensual** *adj.* Que resulta atrayente o produce placer al percibirse a través de los sentidos.
FAM. Sensualidad.

**sensualidad** *s. f.* Atracción o placer que produce alguien o algo en los sentidos.

**sentada** *s. f.* El sentarse un grupo de personas durante bastante tiempo para pedir algo o para protestar.
EXPR. **de una sentada** De una vez, sin dejarlo a medias: *Se estudió cinco lecciones de una sentada.*

**sentado, da** *adj.* Que se sentó y sigue en esa postura.
EXPR. **dar** algo **por sentado** Suponer que una cosa es cierta o segura: *No te avisé porque di por sentado que vendrías con nosotros.*

**sentar** *v.* **1.** Colocar a alguien o colocarse él mismo con el culo y los muslos encima de una silla, banco o en otro sitio: *Senté al niño en su sillita. Se sentó en el suelo.* **2.** Ser bien o mal digerida una comida o una bebida por el estómago: *Las morcillas le sientan mal. La leche le sienta bien.* **3.** Causar un beneficio o un daño: *Un poco de aire fresco le sentará bien.* **4.** Resultar bien o mal en una persona algo que se pone o que lleva: *El pelo largo le sienta muy bien a Isabel.* **5.** Agradarle o disgustarle a una persona algo: *Le sentó fatal tener que repetir la redacción.* **6.** Señalar, fijar: *Sentaron las bases del concurso.* ■ Es un verbo irregular. Se conjuga como pensar.
EXPR. **sentar la cabeza** Hacerse una persona seria y responsable: *A ver cuándo se hace mayor y sienta la cabeza.*
SIN. **2.** a **5.** Caer. **4.** Quedar. **6.** Establecer. ANT. **1.** Levantar.
FAM. Sentada, sentado. / Asentar.

**sentencia** *s. f.* **1.** Decisión de un juez con la que termina un juicio o un proceso. **2.** Frase corta que contiene una enseñanza o un consejo.
FAM. Sentenciar.

**sentenciar** *v.* **1.** Dictar sentencia el juez. **2.** Condenar, culpar: *Tú ya le has sentenciado, sin dejarle que te lo explique.*

**sentido, da** *adj.* **1.** Que expresa o demuestra un sentimiento muy sincero: *Como ha muerto un pariente suyo, le han dado los más sentidos pésames.* **2.** Se dice de la persona que se molesta o se siente herida fácilmente, por ejemplo cuando alguien la regaña. ‖ *s. m.* **3.** Lo que permite a las personas y a los animales darse cuenta de lo que pasa a su alrededor por medio de unos órganos del cuerpo, como el sentido del olfato, de la vista o del tacto. **4.** Razón, motivo, finalidad: *¿Qué sentido tiene que ahora te preocupes por lo que vas a hacer el año que viene? Encontró el sentido de su vida en ayudar a los demás.* **5.** Capacidad para algo: *sentido del humor.* **6.** Significado: *Muchas palabras tienen varios sentidos.* **7.** Lo que indica si algo va hacia arriba o hacia abajo, hacia un lado o hacia otro: *Esta calle es de sentido único.* **EXPR. doble sentido** El hecho de tener una palabra o una frase dos formas de entenderse. **los cinco sentidos** La vista, el oído, el olfato, el gusto y el tacto. **sentido común** Capacidad que tienen las personas para pensar correctamente y hacer las cosas bien y con sensatez. **sexto sentido** Capacidad especial que tienen algunas personas para darse cuenta de cosas que los demás no ven o no notan. ‖ **perder el sentido** o **quedarse sin sentido** Encontrarse una persona en un estado en el que no se da cuenta de lo que pasa alrededor, por ejemplo al desmayarse. **recobrar** o **recuperar el sentido** Volver a conocer y darse cuenta de las cosas después de haber perdido el sentido. **SIN. 2.** Sensible, susceptible. **4.** Explicación. **6.** Significación. **FAM.** Contrasentido, sinsentido.

**sentimental** *adj. y s. m. y f.* Que tiene o muestra sentimientos de amor, ternura y pena, sobre todo si son excesivos. **SIN.** Romántico. **FAM.** Sentimentalismo, sentimentaloide.

**sentimentalismo** *s. m.* Característica de sentimental.

**sentimentaloide** *adj. y s. m. y f.* Que es exageradamente sentimental o que lo demuestra demasiado: *No me gustó la novela porque era tan sentimentaloide que resultaba increíble.* **SIN.** Sensiblero.

**sentimiento** *s. m.* La tristeza, la alegría, la ternura, la amistad, el amor, el odio, el miedo y otras muchas cosas que las personas experimentan. **EXPR. acompañar** a alguien **en el sentimiento** Decirle que compartes su dolor por algo malo que le ha pasado. Busca **acompañar**. **FAM.** Sentimental.

**sentir¹** *v.* **1.** Tener frío, calor, hambre, dolor, sueño y otras muchas sensaciones. **2.** Experimentar sentimientos: *Sintió una gran emoción y alegría al verle.*

**3.** Oír: *Anoche cuando llegó le sentí entrar.* **4.** Notar una parte del cuerpo: *Se le ha dormido la pierna y no la siente.* **5.** Estar apenado o disgustado por algo: *Sintió mucho que su amigo se hubiera puesto enfermo.* **6.** Creer, opinar: *Cuando le preguntaron, dijo lo que sentía.* ‖ **sentirse 7.** Pasarle a una persona algo: *Se siente mareada.* **8.** Considerarse, creerse: *Se siente una persona muy importante.* ■ Es un verbo irregular. **SIN. 1.** Percibir. **5.** Lamentar. **6.** Pensar, estimar. **7.** Encontrarse, hallarse. **FAM.** Sensación, sensible, sensor, sensorial, sensual, sentido, sentimiento, sentir². / Resentirse.

**sentir²** *s. m.* **1.** Opinión. **2.** Sentimiento. **SIN. 1.** Parecer.

**senyera** *s. f.* Busca **señera**. ■ Es una palabra catalana.

**seña** *s. f.* **1.** Indicación que se da sobre alguien o algo para que otro lo conozca: *Reconoció a Alicia por las señas que le habían dado sus amigos.* **2.** Gesto que una persona hace a otra para comunicarle algo: *El guardia de la circulación hizo señas a los coches para que se parasen.* ‖ *s. f. pl.* **3.** La calle, número y otros datos de una dirección: *Dame las señas de Sonia.* **FAM.** Señal. / Contraseña.

| SENTIR | |
| --- | --- |
| **GERUNDIO** | |
| *sintiendo* | |

| **INDICATIVO** | |
| --- | --- |
| **Presente** | **Pretérito perfecto simple** |
| *siento* | *sentí* |
| *sientes* | *sentiste* |
| *siente* | *sintió* |
| *sentimos* | *sentimos* |
| *sentís* | *sentisteis* |
| *sienten* | *sintieron* |

| **SUBJUNTIVO** | |
| --- | --- |
| **Presente** | **Pretérito imperfecto** |
| *sienta* | *sintiera, -ese* |
| *sientas* | *sintieras, -eses* |
| *sienta* | *sintiera, -ese* |
| *sintamos* | *sintiéramos, -ésemos* |
| *sintáis* | *sintierais, -eseis* |
| *sientan* | *sintieran, -esen* |
| **Futuro** | |
| *sintiere* | *sintiéremos* |
| *sintieres* | *sintiereis* |
| *sintiere* | *sintieren* |

| **IMPERATIVO** | |
| --- | --- |
| *siente* | *sentid* |

**señal** *s. f.* **1.** Aquello que tiene o se pone en una persona o cosa para reconocerlo o distinguirlo: *Hizo una señal en el cuento para saber por dónde iba.* **2.** Lo que demuestra algo: *Si te ha invitado, es señal de que quiere que vayas.* **3.** Lo que deja en la piel una herida, golpe, enfermedad, como cicatrices o manchas: *Tuvo varicela y le han quedado algunas señales.* **4.** Marca que deja en una superficie un golpe o algo semejante: *Le di una patada al mueble, sin querer, y ha quedado una señal.* **5.** Gestos, luces, sonidos u otras cosas que se utilizan para comunicar algo o avisar de alguna cosa: *Un barco hacía señales a otro. Cuando oyó la señal, marcó el número de teléfono.* **6.** Señal de tráfico: *Cuando se conduce hay que estar muy atento a las señales.* **7.** Cantidad de dinero que se paga a alguien como adelanto del precio de una cosa: *Fue a comprarse un coche y dio una señal.*
**EXPR. señal de la cruz** Signo que hacen los cristianos con la mano y que representa la cruz en que murió Jesucristo. **señal de tráfico** Las indicaciones que se utilizan en calles y carreteras para dar una información a los peatones y conductores. || **en señal de** Como muestra de: *Se dieron un abrazo en señal de cariño.*
SIN. **1.** Distintivo. **1.**, **2.** y **5.** Signo. **2.** Prueba, muestra. **5.** Seña.
FAM. Señalar, señalizar.

**señalado, da** *adj.* **1.** Que se señaló: *Lee las páginas señaladas.* **2.** Importante: *Su cumpleaños era para ella un día muy señalado.*
SIN. **2.** Destacado, relevante. ANT. **2.** Insignificante.

**señalador** *s. m.* Objeto pequeño y plano que sirve para marcar una página de un libro.

**señalar** *v.* **1.** Hacer o poner señales en algo para que se distinga de otras cosas o pueda reconocerse: *Señaló con bolígrafo rojo las frases más importantes del texto.* **2.** Apuntar con el dedo o de otra forma a alguien o a algo: *Le señaló en el plano dónde se encontraba esa calle.* **3.** Indicar, dar a conocer:

## SEÑALES DE TRÁFICO

### PELIGRO

| | | | |
|---|---|---|---|
| Ceda el paso | Cruce con prioridad de paso | Curvas peligrosas a la derecha | Circulación en los dos sentidos |
| Estrechamiento de la calzada | Pavimento con nieve o hielo | Paso para peatones | Precaución niños |

### PROHIBICIÓN

| | | | |
|---|---|---|---|
| Detención obligatoria | Entrada prohibida | Velocidad máxima | Prohibido girar a la derecha |
| Prohibido girar a la izquierda | Adelantamiento prohibido | Parada y estacionamiento prohibidos | Estacionamiento prohibido |

### OBLIGACIÓN

| | | | |
|---|---|---|---|
| Sentido obligatorio hacia la derecha | Cruce de sentido obligatorio giratorio | Vía obligatoria para camiones | Velocidad mínima |

### FIN DE PROHIBICIÓN

| | |
|---|---|
| Fin de limitación de velocidad | Fin de prohibición de adelantamiento |

### INDICACIÓN

| | | | |
|---|---|---|---|
| Calzada con prioridad | Fin de prioridad | Autopista | Fin de autopista |
| Final de carril destinado a la circulación | Puesto de socorro | Teléfono de socorro | Calzada sin salida |

*El Sol señala el comienzo del día. Esa aguja señala la gasolina que hay en el depósito del coche.* **4.** Decir, mostrar: *El profesor le señaló en qué se había equivocado en el examen.* **5.** Fijar, decidir: *Sonia y Pedro señalaron la fecha de su boda.* **6.** Dejar cicatrices o heridas en alguna parte del cuerpo: *El gato le arañó y le señaló toda la pierna.* || **señalarse 7.** Distinguirse, destacar: *En aquella competición se señaló como un gran deportista.*
SIN. **1.** Rotular. **1.** y **6.** Marcar. **4.** Enseñar, advertir, recalcar, subrayar. **7.** Sobresalir, descollar.
FAM. Señalado, señalador.

**señalización** *s. f.* **1.** Acción de señalizar. **2.** Conjunto de señales que se utilizan en caminos, carreteras, vías de tren y en otros sitios: *Esa carretera tiene una buena señalización.*

**señalizar** *v.* Poner señales en calles, carreteras o cualquier otro sitio. ■ Delante de *e* se escribe *c* en lugar de *z*: *No pueden abrir la carretera hasta que no la señalicen.*
FAM. Señalización.

**señera** *s. f.* Bandera de Cataluña. ■ Se escribe también *senyera.*

**señero, ra** *adj.* **1.** Que destaca de los demás por sus cualidades o sus méritos: *Este hospital es señero en investigación contra el cáncer.* **2.** Separado, aislado: *El cerro se alzaba señero en la meseta.*
SIN. **1.** Notable. ANT. **1.** Mediocre.

**señor, ra** *s. m.* y *f.* **1.** Se usa para dirigirse respetuosamente a los mayores: *Señor, ¿me podría decir la hora?* **2.** Persona mayor: *En la cola del cine había delante de mí tres señoras.* **3.** Dueño de algo, como tierras. **4.** Nombre que dan las personas que trabajan en una casa a los dueños de ésta: *Fue al mercado por encargo de la señora.* **5.** Persona elegante, con buenos modales, que sabe comportarse: *Fue todo un señor y ayudó a la anciana.* **6.** Va delante de un apellido, un cargo y delante de «don»: *Señor García. Señora ministra. Señor don Antonio López.* || *s. m.* **7.** Dios. ■ Con este significado se escribe con mayúscula: *el Señor.* || *s. f.* **8.** Esposa: *Asistió al convite con su señora.* **9.** Mujer casada o viuda. || *adj.* **10.** Da más fuerza a la palabra con la que va: *Los vecinos han tenido una señora bronca.*
EXPR. **Nuestra Señora** La Virgen María.
SIN. **3.** y **4.** Amo. **5.** Caballero; dama. **8.** Mujer.
FAM. Señoría, señorial, señorío, señorita, señorito, señorón. / Enseñorearse, monseñor.

**señoría** *s. f.* Tratamiento que se da a las personas que ocupan algunos cargos, como a los jueces y a los parlamentarios.

**señorial** *adj.* De nobles o de gente de alta posición social: *casas señoriales.*

**señorío** *s. m.* **1.** Mando o dominio que alguien tiene sobre alguna cosa. **2.** Territorio que tiene un

señor. **3.** Aspecto y manera de comportarse con elegancia y distinción.

**señorita** *s. f.* **1.** Mujer soltera. **2.** Maestra, profesora. **3.** Forma de llamar a las mujeres que realizan algunos trabajos, como secretarias o dependientas de comercios: *Señorita, ¿qué precio tiene este libro?*

**señoritingo, ga** *s. m.* y *f.* Joven que presume de ser rico y de buena familia.
SIN. Petimetre, lechuguino.

**señorito, ta** *s. m.* y *f.* **1.** Forma de llamar las personas que trabajan en una casa a los hijos de los dueños. || *adj.* y *s. m.* y *f.* **2.** Persona muy fina, muy delicada: *No ayuda en casa porque es muy señorita.*
FAM. Señoritingo.

**señorón, na** *s. m.* y *f.* Señor rico o importante, o que por su aspecto o su modo de comportarse lo parece.

**señuelo** *s. m.* **1.** Cosa que sirve para atraer a las aves. **2.** Ave que se usa para atraer a otra. **3.** Cosa con que se atrae a alguien, sobre todo cuando se hace con engaño: *Le convenció para que participara en el concurso con el señuelo de que ganaría un gran premio.*
SIN. **1.** a **3.** Reclamo.

**seo** *s. f.* En algunas regiones, catedral.

**sépalo** *s. m.* Cada una de las hojas que forman el cáliz de la flor.
FAM. Asépalo.

**separación** *s. f.* **1.** Acción de separar o separarse. **2.** Espacio que queda entre cosas separadas: *Cuando coloques las fotos, deja una pequeña separación entre ellas.* **3.** Situación de dos personas casadas que han dejado de vivir juntas.
SIN. **1.** Alejamiento, desunión; división. ANT. **1.** Acercamiento, unión.

**separado, da** *adj.* **1.** Que alguien lo separó o se separó: *Esas dos habitaciones están separadas por un muro.* || *adj.* y *s. m.* y *f.* **2.** Se dice del hombre o mujer que ha dejado de vivir con su esposa o su marido.

**separador, ra** *adj.* y *s. m.* Que sirve para separar: *En la carpeta utiliza separadores de distintos colores para las diferentes asignaturas.*

**separar** *v.* **1.** Hacer que dos o más personas, animales o cosas dejen de estar juntos o cerca: *Separa esa silla de la mesa.* **2.** Dividir, distinguir: *Una verja separa los dos jardines.* **3.** Poner aparte del resto: *Separó una barra de pan para la cena.* **4.** Apartar a una persona de otra con la que se estaba peleando: *La profesora separó a dos niños que se estaban pegando.* **5.** Hacer que alguien deje el cargo o actividad que tenía. || **separarse 6.** Dejar de estar junto o cerca: *Se separó de la ventana.* **7.** Dejar de vivir juntas dos personas casadas.
SIN. **1.** y **6.** Alejar, apartar. **2.** Diferenciar. **5.** Destituir, retirar. ANT. **1.** Acercar, aproximar. **1.** y **2.** Unir. **2.** Confundir, mezclar.

**1033**

FAM. Separación, separado, separador, separata, separatismo. / Inseparable.

**separata** s. f. Publicación por separado de un artículo o de otro texto que ya había aparecido incluido en una revista, un periódico o un libro.

**separatismo** s. m. Ideología que defiende la separación o independencia de un lugar del estado al que pertenece.
FAM. Separatista.

**separatista** adj. y s. m. y f. Se dice del partidario de que una región o país se separe de otro y se haga independiente.

**sepelio** s. m. Entierro de una persona con las ceremonias que lo acompañan.
SIN. Exequias.

**sepia** s. f. **1.** Animal parecido al calamar, pero más grande, y también comestible. Se llama también jibia. ‖ s. m. **2.** Color rosa anaranjado: un papel sepia.

**septentrión** s. m. Norte.
ANT. Sur, mediodía.
FAM. Septentrional.

**septentrional** adj. Que se encuentra en el septentrión o norte, o está relacionado con él: regiones septentrionales, clima septentrional.
ANT. Meridional.

**septicemia** s. f. Enfermedad infecciosa provocada por un germen en la sangre.

**septiembre** s. m. Noveno mes del año, que tiene treinta días.

**septillizo, za** adj. y s. m. y f. Se dice de cada uno de los siete hermanos nacidos de un mismo parto.

**séptimo, ma** num. **1.** Que ocupa por orden el número siete: Vive en un séptimo piso. ‖ num. y s. m. **2.** Se dice de cada una de las siete partes iguales en que se divide una cosa.
EXPR. **séptimo arte** El cine.
FAM. Decimoséptimo.

**septingentésimo, ma** num. **1.** Que ocupa por orden el número setecientos. ‖ num. y s. m. **2.** Se dice de cada una de las setecientas partes iguales en que se divide una cosa.

**septuagenario, ria** adj. y s. m. y f. Se dice de la persona que tiene entre setenta y ochenta años.
SIN. Setentón.

**septuagésimo, ma** num. **1.** Que ocupa por orden el número setenta. ‖ num. y s. m. **2.** Se dice de cada una de las setenta partes iguales en que se divide una cosa.
SIN. **2.** Setentavo.

**séptuplo, pla** adj. y s. m. Se dice del número o cantidad siete veces mayor que otro.

**sepulcral** adj. **1.** Del sepulcro o relacionado con él: En la lápida sepulcral están los nombres de los enterrados. **2.** Como de un sepulcro: En medio de la noche había un silencio sepulcral.

**sepulcro** s. m. Construcción levantada del suelo para enterrar a uno o más cadáveres; suele ser de piedra.
FAM. Sepulcral.

**sepultar** v. **1.** Enterrar a un cadáver. **2.** Cubrir totalmente: La nieve sepultó la casa.
SIN. **1.** Inhumar. ANT. **1.** Exhumar. **1.** y **2.** Desenterrar.
FAM. Sepultura, sepulturero. / Insepulto.

**sepultura** s. f. **1.** Acción de sepultar. **2.** Hoyo que se hace en la tierra para enterrar a uno o más cadáveres.
EXPR. **dar sepultura** Enterrar a un cadáver.
SIN. **1.** Enterramiento. **2.** Fosa.

**sepulturero, ra** s. m. y f. Persona que tiene como oficio enterrar a los cadáveres.

**sequedad** s. f. **1.** Falta de agua o de humedad: Este clima se caracteriza por su sequedad. **2.** Poca amabilidad: Se mostró muy antipático al hablarle con esa sequedad.

**sequedal** s. m. Terreno seco y sin vegetación: Con un sistema de riego lograron convertir el sequedal en terreno cultivable.

**sequía** s. f. Falta de lluvias en un territorio durante bastante tiempo.

**séquito** s. m. Las personas que acompañan a un personaje importante.

**ser¹** v. **1.** Sirve para decir algo del sujeto, por ejemplo una cualidad, qué profesión tiene, dónde ha nacido, a qué grupo o a quién pertenece, de qué está hecho, para qué sirve: Lorenzo es simpático.

| SER | |
|---|---|
| **GERUNDIO** | **PARTICIPIO** |
| siendo | sido |

| INDICATIVO | | |
|---|---|---|
| **Presente** | **Pretérito imperfecto** | **Pretérito perfecto simple** |
| soy | era | fui |
| eres | eras | fuiste |
| es | era | fue |
| somos | éramos | fuimos |
| sois | erais | fuisteis |
| son | eran | fueron |

| SUBJUNTIVO | |
|---|---|
| **Pretérito imperfecto** | **Futuro** |
| fuera, -ese | fuere |
| fueras, -eses | fueres |
| fuera, -ese | fuere |
| fuéramos, -ésemos | fuéremos |
| fuerais, -eseis | fuereis |
| fueran, -esen | fueren |

| IMPERATIVO | |
|---|---|
| sé | sed |

*Alicia es abogada. Sus padres son de Salamanca. El perro y el gato son animales domésticos. Este balón es de Federico. El vestido era de seda. Esa copa más grande es de agua.* **2.** Indica la hora: *Son las ocho.* **3.** Expresa el resultado de una operación o cuenta: *Cinco y diez son quince.* **4.** Forma construcciones impersonales: *Es de noche. Es pronto para la cena.* **5.** Valer, costar: *¿A cuánto es el kilo de tomates?* **6.** Suceder, ocurrir: *Dime cómo fue.* **7.** Producirse algo en un momento o lugar: *Mi cumpleaños es el 19 de noviembre. Fue en Málaga donde estuvimos de vacaciones.* **8.** Haber, existir: *En el cine, no seríamos más de treinta.* **9.** Forma la voz pasiva con el participio de los verbos: *El incendio fue apagado por los bomberos.* ■ Es un verbo irregular.
**EXPR. érase una vez** o **érase que se era** Así comienzan muchos cuentos. **esto es** Se usa para hacer una aclaración sobre algo y suele ir entre comas. **ser de lo que no hay** Ser fuera de lo corriente, único por sus buenas cualidades o por sus defectos.
**SIN. 6.** Acontecer, acaecer.
**FAM.** Ser². / Enseres, esencia.

**ser²** *s. m.* **1.** Aquello que existe de verdad o en la imaginación: *Las hadas son seres fantásticos que aparecen en muchos cuentos.* **2.** Persona: *Amalia es un ser adorable.* **3.** Vida, existencia: *Nuestros padres nos dieron el ser.* **4.** Esencia, naturaleza.
**EXPR. Ser Supremo** Dios. **ser vivo** Ser que tiene vida; se alimenta, tiene relación con el mundo que lo rodea y puede reproducirse.
**SIN. 1.** Ente. **1.** y **2.** Criatura.

**seráfico, ca** *adj.* De los ángeles o propio de ellos.
**SIN.** Angelical.

**serafín** *s. m.* Ángel de una categoría muy elevada.
**FAM.** Seráfico.

**serbio, bia** *adj.* y *s. m.* y *f.* De Serbia, región y república del este de Europa. ■ Se escribe también *servio.*

**serenar** *v.* Tranquilizar, calmar: *Estaba muy nervioso, pero se ha serenado.*
**SIN.** Sosegar; aquietar. **ANT.** Inquietar.

**serenata** *s. f.* **1.** Música que se toca en honor de alguien por la noche y al aire libre. **2.** Composición poética o musical que tiene este mismo fin. ■ Es una palabra italiana.

**serenidad** *s. f.* Tranquilidad, calma: *Es difícil conservar la serenidad cuando el ruido de la calle no te deja dormir.*

**serenísimo, ma** *adj.* **1.** Superlativo de **sereno.** Muy sereno. **2.** Se decía en España a los príncipes hijos de reyes: *Su alteza serenísima acudió a la fiesta.*

**sereno, na** *adj.* **1.** Tranquilo, calmado: *Estaba sereno y el examen le salió muy bien. El mar está sereno.* **2.** Sin nubes ni niebla: *una noche serena.* **3.** Se dice de la persona que no se encuentra bajo los efectos

de las bebidas alcohólicas. ‖ *s. m.* **4.** En algunos lugares y épocas, persona encargada de vigilar las calles durante la noche. **5.** Humedad que hay durante la noche.
**EXPR. al sereno** Al aire libre durante la noche: *Ha dormido al sereno.*
**SIN. 1.** Sosegado. **2.** Despejado. **3.** Sobrio. **ANT. 1.** Intranquilo, nervioso; agitado. **2.** Nublado, encapotado. **3.** Borracho, ebrio.
**FAM.** Serenar, serenidad, serenísimo.

**serial** *s. m.* Obra de televisión o de radio de muchos episodios; suele tener un argumento sentimental, donde suceden amores y desgracias.

**sericicultura** o **sericultura** *s. f.* Actividad dedicada a la cría de gusanos de seda para obtener ésta.

**serie** *s. f.* **1.** Conjunto de cosas relacionadas que ocurren o van unas detrás de otras: *En el siglo XX ocurrieron una serie de hechos históricos muy importantes. Esa serie de números va del uno al cien.* **2.** Personas o cosas que tienen relación entre sí, aunque no estén en orden: *Sólo llamaron a una serie de personas.* **3.** Obra de radio o de televisión de la que cada vez se transmite un episodio o capítulo.
**EXPR. fuera de serie** Extraordinario, que sobresale de entre los demás: *Mi hermano es un fuera de serie jugando al ajedrez.*
**SIN. 1.** Sucesión, progresión. **2.** Grupo.
**FAM.** Serial.

**seriedad** *s. f.* Característica que tienen las personas o cosas serias.
**SIN.** Formalidad, responsabilidad, gravedad. **ANT.** Alegría, ligereza.

**serigrafía** *s. f.* Procedimiento para imprimir en que se usa una plantilla de tejido fino o de hilos de metal que se cubre con un barniz especial de forma que la tinta sólo pase por las partes que no tienen barniz.

**serio, ria** *adj.* **1.** Se dice de la persona que no es o no está alegre, que no se ríe; también se dice de su comportamiento y de otras cosas: *Estuvo muy serio toda la tarde: parecía enfadado. Su padre le habló en un tono serio.* **2.** Se dice de la persona responsable en la que podemos confiar porque cumple su palabra. **3.** Se dice también de otras cosas de las que uno se puede fiar: *una empresa seria.* **4.** Se dice de la ropa y de los colores que son elegantes y no llamativos: *Para ir a la ópera se puso un traje serio.* **5.** Grave, importante: *Se ha caído, pero afortunadamente no ha sido nada serio.*
**EXPR. en serio** Sin tomarlo a broma. También, duramente: *Para acabarlo tendremos que trabajar en serio.*
**SIN. 1.** Seco, circunspecto. **2.** Reflexivo, cumplidor. **2.** y **3.** Formal. **ANT. 1.** Contento, risueño. **2.** Irresponsable. **2.** y **3.** Informal. **5.** Insignificante.
**FAM.** Seriedad.

**sermón** *s. m.* **1.** Discurso religioso que dice el sacerdote ante los fieles para enseñarles algo. **2.** Consejos o regañina muy larga y cansada.
SIN. **1.** Homilía. **2.** Monserga, rollo.
FAM. Sermonear.

**sermonear** *v.* Echar un sermón a alguien.

**serón** *s. m.* Cesta grande como la que se pone sobre los burros, mulas u otros animales parecidos para llevar la carga.

**seronegativo, va** *adj. y s. m. y f.* Se dice de la persona que no tiene los anticuerpos que indican que puede tener sida.

**seropositivo, va** *adj. y s. m. y f.* Se dice de la persona que tiene los anticuerpos que indican que puede tener sida.

**seroso, sa** *adj.* Del suero, que tiene suero o que se parece a él.

**serpentear** *v.* Moverse o extenderse formando vueltas y ondulaciones como lo hacen las serpientes: *La carretera serpentea por la montaña.*

**serpentín** *s. m.* Tubo largo en forma de espiral o parecida que tienen algunos aparatos y sirve para enfriar o calentar el líquido que pasa por él.

**serpentina** *s. f.* Tira de papel enrollada en forma de disco que se lanza en algunas fiestas sujetándola por un extremo para desenrollarla.

**serpiente** *s. f.* Animal de cuerpo muy alargado y sin patas, que pertenece al grupo de los reptiles.
EXPR. **serpiente de cascabel** Una que es muy venenosa y que tiene al final de la cola unos anillos que hacen ruido cuando los agita.
FAM. Serpentear, serpentín, serpentina.

**serrado, da** *adj.* **1.** Que alguien lo serró. **2.** Que tiene dientes pequeños como los de una sierra.

**serrallo** *s. m.* En algunas casas musulmanas, parte de ella en la que están las mujeres.
SIN. Harén.

**serranía** *s. f.* Terreno montañoso.
SIN. Sierra.

**serrano, na** *adj. y s. m. y f.* **1.** De la sierra o que vive en la sierra: *jamón serrano.* **2.** Hermoso, sano: *Vaya cuerpo serrano que tiene.*
FAM. Serrana.

**serrar** *v.* Cortar con la sierra madera u otro material. ■ Es un verbo irregular. Se conjuga como *pensar.*
FAM. Serrado, serrería, serrín. / Aserrar.

**serrería** *s. f.* Taller donde se corta la madera.
SIN. Aserradero.

**serrín** *s. m.* Trocitos muy pequeños de madera o corcho que van cayendo al serrar.

**serrucho** *s. m.* Sierra de hoja ancha con un mango en uno de los extremos.

**serventesio** *s. m.* Estrofa formada por cuatro versos de más de ocho sílabas que riman el primero con el tercero y el segundo con el cuarto.

**servicial** *adj.* Que está siempre dispuesto a ayudar o a hacer algo para otros.
SIN. Solícito.

**servicio** *s. m.* **1.** Ayuda, beneficio o utilidad: *Ha prestado un buen servicio al colegio ordenando la biblioteca. Aunque es viejo, el coche todavía le hace buen servicio.* **2.** Personas que están en una casa y se encargan de hacer la limpieza, la comida y ese tipo de trabajos a cambio de un sueldo. **3.** El dar o hacer algunas cosas que necesita la gente; también las personas que trabajan para que esto funcione y los medios que se utilizan: *El servicio de bomberos es muy bueno en esta ciudad.* **4.** Conjunto de objetos que se utilizan para algo, sobre todo en la mesa para tomar una comida o bebida: *un servicio de té.* **5.** Retrete, cuarto de baño. **6.** El saque en algunos deportes, como el tenis.
EXPR. **servicio discrecional** Busca **discrecional**. **servicio doméstico** Trabajo que se realiza a cambio de un sueldo y que consiste en limpiar, lavar, cocinar y en otras cosas que se hacen en las casas. También se llama así al grupo de personas que hacen esos trabajos. **servicio militar** El estar un joven en el ejército durante un tiempo aprendiendo a ser soldado. **servicio público** El que puede ser usado por todos los ciudadanos y que pertenece al Estado o a un ayuntamiento: *servicio público de transportes.* ‖ **al servicio de** alguien o algo A sus órdenes, o para alguien o algo: *Trabaja al servicio de una empresa americana.* **de servicio** Trabajando o haciendo alguna labor de su oficio: *Ese policía lleva uniforme porque está de servicio.*
SIN. **5.** Escusado.
FAM. Servicial. / Autoservicio.

**servidor, ra** *s. m. y f.* **1.** Persona que sirve como criado. ‖ *s. m.* **2.** Ordenador principal al que están conectados otros ordenadores de una red informática.
SIN. **1.** Sirviente.

**servidumbre** *s. f.* **1.** Conjunto de criados que sirven en una casa. **2.** El hecho de ser siervo de alguien. **3.** Situación de una persona que está obli-

tablones
sierra eléctrica

**serrería**

gada a algo, sin poder hacer lo que quiere: *Ese tra-bajo es una servidumbre, no deja un momento libre.*
**SIN. 1.** Servicio. **3.** Esclavitud.

**servil** *adj.* **1.** Se dice de la persona que hace todo lo que le mandan y actúa como si fuera inferior a los que son más poderosos: *Es muy servil con su jefe, siempre va a comprarle el tabaco.* **2.** De los siervos o relacionado con ellos. **3.** Muy humilde, de la más baja categoría: *Al principio tuvo que hacer trabajos serviles, pero después consiguió una buena colo-cación.*
**SIN. 1.** Rastrero. **3.** Indigno. **ANT. 1.** Orgulloso. **1.** y **3.** Digno.
**FAM.** Servilismo.

**servilismo** *s. m.* Forma de actuar de las personas serviles.

**servilleta** *s. f.* Trozo de tela o papel que usamos en la mesa para limpiarnos.
**FAM.** Servilletero.

**servilletero** *s. m.* Aro u otra cosa que sirve para dejar la servilleta recogida.

**servio, via** *adj.* y *s. m.* y *f.* Busca **serbio.**

**servir** *v.* **1.** Ser útil o valer para algo: *El destornilla-dor sirve para apretar y aflojar tornillos. Jorge sirve para ciclista.* **2.** Ponerle a alguien comida o bebida: *He manchado el mantel al servirme el café.* **3.** Atender a un cliente o traerle lo que ha pedido: *Mañana le sirven en casa la lavadora que ha com-prado.* **4.** Ser criado o dedicarse al servicio domés-tico, o sea a limpiar, a hacer la comida y otras cosas, en una casa que no es la suya: *La chica que limpia el portal sirve también en otras casas.* **5.** Hacer la mili, estar en el ejército o trabajar en algu-nos lugares, por ejemplo en un ministerio: *Sirvió en la marina durante tres años.* **6.** Trabajar o hacer algo para una persona o cosa: *Sirvió a su país como ministro de Asuntos Exteriores.* **7.** En algunos deportes, como el tenis, realizar el saque. || **servir-se 8.** Utilizar: *Se sirvió de unas pinzas para quitar-se la espina del dedo.* ■ Es un verbo irregular. Se conjuga como *pedir.*
**SIN. 4.** Asistir. **7.** Sacar. **8.** Usar, emplear.
**FAM.** Servicio, servidor, servidumbre, sirviente. / Inservible.

**servodirección** *s. f.* Mecanismo de un vehículo que hace que la dirección sea más suave y fácil de manejar: *La servodirección es muy útil para aparcar los vehículos porque, sin ella, hay que hacer mu-cha fuerza para mover el volante.* ■ Se llama tam-bién *dirección asistida.*

**servofreno** *s. m.* Mecanismo que hace que el freno de un vehículo vaya más suave y funcione mejor.

**sesada** *s. f.* Sesos de un animal, especialmente cuando están fritos y listos para comer.

**sésamo** *s. m.* Planta de tallo recto, flores en forma de campanilla, blancas o rosadas, y fruto con mu-chas semillas, que se echan a algunos dulces, bo-llos, panes y otros alimentos para darles sabor. Se llama también *ajonjolí.*

**sesear** *v.* Pronunciar la *c* delante de *e* o *i*, o la *z*, como si fuera una *s*; así lo hacen en Andalucía, Canarias e Hispanoamérica.
**FAM.** Seseo.

**sesenta** *num.* **1.** Seis veces diez. **2.** Que ocupa por orden este número. || *s. m.* **3.** Signos con los que se representa este número.
**FAM.** Sesentavo, sesentón. / Sexagenario, sexagésimo.

**sesentavo, va** *num.* y *s. m.* Se dice de cada una de las sesenta partes iguales en que se divide algo.
**SIN.** Sexagésimo.

**sesentón, na** *adj.* y *s. m.* y *f.* Se dice de la persona que tiene entre sesenta y setenta años.
**SIN.** Sexagenario.

**seseo** *s. m.* Acción de sesear.

**sesera** *s. f.* Cabeza: *Como te caigas desde ahí, te vas a abrir la sesera.*
**SIN.** Coco, mollera, cráneo.

**sesgado, da** *adj.* **1.** Colocado o cortado en diago-nal, formando una línea inclinada. **2.** Demasiado interesado y parcial, que no es justo ni objetivo: *Le caigo fatal, por eso la opinión que da de mí es bas-tante sesgada.*
**SIN. 1.** Oblicuo, atravesado. **2.** Tendencioso, subje-tivo. **ANT. 1.** Recto, derecho. **2.** Imparcial, ecuánime.

**sesgar** *v.* Cortar o colocar algo en diagonal: *La cos-turera sesgó la pieza de tela.* ■ Delante de *e* se escribe *gu* en lugar de *g*: *sesgué.*
**FAM.** Sesgado, sesgo.

**sesgo** *s. m.* Dirección u orientación que toma un asunto: *La economía de ese país está tomando un sesgo muy negativo.*
**EXPR. al sesgo** En diagonal o de través: *Corta el papel al sesgo en dos mitades iguales.*
**SIN.** Curso, rumbo.

**sesión** *s. f.* **1.** Reunión: *En la sesión de hoy los cien-tíficos han hablado sobre la contaminación.* **2.** Cada vez que ponen un espectáculo, sobre todo las pe-lículas en el cine. La sesión de cine puede ser *con-tinua*, si se repiten las películas y no hay que pagar para verlas otra vez, o *numerada*, cuando cada espectador tiene adjudicada su butaca: *Tenemos entradas para la sesión de las siete.* **3.** Cada vez que se realiza una actividad: *Ha ido a varias sesiones de masaje para quitarse el dolor de espalda.*
**SIN. 1.** Junta. **2.** Función, pase.

**seso** *s. m.* **1.** Cerebro de las personas o de los ani-males. ■ Se usa mucho en plural con el mismo sig-nificado que en singular. **2.** El pensar las cosas antes de hacerlas y hacerlas con cuidado: *Si tuvie-ras más seso, no harías tantas locuras.*

EXPR. **devanarse los sesos** Pensar mucho en algo. **perder el seso** Volverse loco. **tener** a alguien **sorbido el seso** o **sorberle el seso** Dominarle porque le gusta mucho: *Las motos y los coches le tienen sorbido el seso.*

SIN. 2. Sensatez, prudencia, cordura.

FAM. Sesada, sesera, sesudo.

**sestear** *v.* Dormir una siesta.

**sesudo, da** *adj.* **1.** Sensato, que piensa las cosas que hace: *Es una persona muy sesuda, no suele hacer tonterías.* **2.** Muy inteligente, que estudia mucho: *Es un sesudo profesor que ha escrito varios libros de historia.*

SIN. 1. Prudente, reflexivo. 2. Brillante. ANT. 1. Insensato. 2. Torpe.

**set** *s. m.* **1.** Cada una de las partes en que se divide un partido de tenis, voleibol, pimpón y otros deportes. **2.** Conjunto de cosas que sirven para lo mismo: *Ha comprado un set de herramientas para la bicicleta.* ■ Es una palabra inglesa. Su plural es *sets.*

**seta** *s. f.* Hongo que tiene como un sombrero y una especie de tallo con el cual se sujeta a la tierra. Algunas se pueden comer, pero otras son muy venenosas.

**setecientos, tas** *num.* **1.** Siete veces cien. **2.** Que ocupa por orden este número. || *s. m.* **3.** Signos que representan este número.

FAM. Septingentésimo.

**setenta** *num.* **1.** Siete veces diez. **2.** Que sigue en orden al sesenta y nueve. || *s. m.* **3.** Signos que representan este número.

FAM. Setentavo, setentón. / Septuagenario, septuagésimo.

**setentavo, va** *num.* y *s. m.* Se dice de cada una de las setenta partes iguales en que se divide una cosa.

**setentón, na** *adj.* y *s. m.* y *f.* Se dice de la persona que tiene entre setenta y ochenta años.

SIN. Septuagenario.

setas

**setiembre** *s. m.* Busca **septiembre**.

**seto** *s. m.* Valla formada por palos, ramas o plantas muy juntas.

**setter** *adj.* y *s. m.* y *f.* Se dice de una raza de perros bastante grandes, de pelo largo y suave y orejas caídas. El setter inglés es de color blanco con manchas, y el setter irlandés, que es el más conocido, tiene el pelo rojizo. ■ Es una palabra inglesa. Su plural es *setters.*

**setter** irlandés

**seudónimo** *s. m.* Nombre que se inventa alguien para utilizarlo en lugar del suyo. Muchos escritores tienen seudónimo.

**severidad** *s. f.* Dureza, característica de las personas severas: *Miguel trata a sus hijos con severidad.* SIN. Rigidez, intransigencia. ANT. Blandura, flexibilidad.

**severo, ra** *adj.* **1.** Duro, que no deja pasar nada que esté mal: *El técnico es muy severo y no permite que nadie falte a un entrenamiento.* **2.** Se dice del tiempo muy frío o muy caluroso: *Este invierno está siendo muy severo.* **3.** Serio: *Cuando está enfadado tiene un gesto severo.*

SIN. 1. Rígido, estricto, intransigente, inflexible. 2. Riguroso. 3. Grave. ANT. 1. Blando, flexible. 2. Suave. 3. Alegre.

FAM. Severidad.

**sevillano, na** *adj.* y *s. m.* y *f.* **1.** De Sevilla, ciudad y provincia de España. || *s. f.* **2.** Canción y baile muy alegres típicos de Sevilla.

SIN. 1. Hispalense.

**sex shop** *expr.* Establecimiento en el que se venden objetos relacionados con el sexo. ■ Es una expresión inglesa. Su plural es *sex shops.*

**sexagenario, ria** *adj.* y *s. m.* y *f.* Que tiene entre sesenta y setenta años.

**sexagésimo, ma** *num.* **1.** Que ocupa por orden el número sesenta. || *num.* y *s. m.* **2.** Se dice de cada una de las sesenta partes iguales en que se divide una cosa.

**sexenio** *s. m.* Periodo de tiempo de seis años.

**sexi** *adj.* Busca **sexy**.

**sexismo** *s. m.* Discriminación de las personas por razón de su sexo.
FAM. Sexista.

**sexista** *adj. y s. m. y f.* Que discrimina a las personas por razón de su sexo: *El empresario que despidió a todas las empleadas fue denunciado por sexista.*

**sexo** *s. m.* **1.** Características de los seres vivos que distinguen a los machos de las hembras. **2.** Órgano sexual, por ejemplo el pene. **3.** Sexualidad.
EXPR. **sexo débil** o **sexo bello** El sexo femenino, las mujeres. **sexo fuerte** El sexo masculino, los hombres.
FAM. Sexismo, sexología, sexuado, sexual, sexy. / Asexuado, unisex.

**sexología** *s. f.* Ciencia que estudia la conducta sexual de las personas.
FAM. Sexólogo.

**sexólogo, ga** *s. m. y f.* Especialista en sexología: *Las parejas con problemas en sus relaciones sexuales acuden a un sexólogo.*

**sextante** *s. m.* Instrumento que mide la altura de los astros y se utiliza para orientarse en los barcos.

**sexteto** *s. m.* **1.** Conjunto musical de seis instrumentos o seis voces. **2.** Composición musical para este conjunto. **3.** Estrofa formada por seis versos de más de ocho sílabas.

**sextilla** *s. f.* Estrofa formada por seis versos de ocho sílabas o menos.

**sextillizo, za** *adj. y s. m. y f.* Se dice de cada uno de los seis hermanos que han nacido de un mismo parto.

**sexto, ta** *num.* **1.** Que sigue en orden al quinto. ‖ *num. y s. m.* **2.** Se dice de cada una de las seis partes iguales en que se divide una cosa.
SIN. 2. Seisavo.
FAM. Séxtuplo. / Decimosexto, sexteto, sextilla.

**séxtuplo, pla** *adj. y s. m.* Que es seis veces mayor que un número.

**sexuado, da** *adj.* Se dice de la planta o del animal que tiene órganos sexuales desarrollados y preparados para la reproducción.

**sexual** *adj.* Del sexo o relacionado con el sexo: *Hay diferencias sexuales entre el macho y la hembra de los animales.*
EXPR. **acto sexual** Unión sexual entre el hombre y la mujer. **reproducción sexual** La que necesita de la participación de células reproductoras masculinas y femeninas que se unen para formar un nuevo ser, como en el hombre y los animales.
FAM. Sexualidad. / Asexual, bisexual, heterosexual, homosexual, transexual.

**sexualidad** *s. f.* **1.** Características relacionadas con las diferencias entre los sexos. **2.** Actos que se realizan a causa de la atracción entre los sexos y para la reproducción.

**sexy** *adj.* Que tiene mucho atractivo sexual: *una chica sexy.* ■ Es una palabra inglesa. Su plural es *sexys.* En español se escribe también *sexi.*
SIN. Erótico, seductor.

**sha** *s. m.* Título que tenían los reyes de Persia, país de Asia que actualmente se llama Irán.

**sheriff** *s. m.* En los Estados Unidos, persona encargada de mantener el orden y hacer cumplir la ley. ■ Es una palabra inglesa. Su plural es *sheriffs.*

**sherpa** *adj. y s. m. y f.* Pueblo que habita en el Nepal, un país de Asia que está junto a las grandes montañas del Himalaya. Los sherpas son contratados por los montañeros como guías y para que les ayuden a llevar el equipo. ■ Es una palabra tibetana.

**shock** *s. m.* Reacción nerviosa muy fuerte. Muchas veces está producida por una impresión muy grande, por ejemplo un accidente de coche. ■ Es una palabra inglesa. Su plural es *shocks.*
FAM. Electroshock.

**short** *s. m.* Pantalón corto que llega como mucho a la mitad del muslo. ■ Se usa también en plural con el significado de singular: *Lleva puestos unos shorts.* Es una palabra inglesa.

**show** *s. m.* Espectáculo. ■ Es una palabra inglesa. Su plural es *shows.*

**showman** *s. m.* Protagonista o presentador de un espectáculo. ■ Es una palabra inglesa. Su plural es *showmen.*

**si**[1] *s. m.* Séptima nota de la escala musical.

**si**[2] *conj.* **1.** Sirve para formar frases que indican una condición: *Si te portas bien, te traeré un regalo.* **2.** Se usa para expresar un deseo: *¡Si me compraran la bici!* **3.** Se utiliza para formar construcciones con la función de un sustantivo; por ejemplo en la frase *No sé si iré,* la oración *si iré* es como un sustantivo que actúa de complemento directo de *no sé.* **4.** En algunas frases la empleamos para dar más fuerza a lo que decimos: *¡Si será tonto!*
EXPR. **como si** Se usa para decir lo que parece alguien o algo: *Chilla como si estuviera loco.* **si no** De lo contrario: *Quiere acabar hoy el trabajo, si no, tendrá que quedarse en casa el fin de semana.* ■ No confundir esta expresión con la conjunción *sino*[2].
FAM. Sino[2].

**sí**[1] *pron. pers.* Es un pronombre de tercera persona; se usa siempre con una preposición delante y sirve para formar complementos que hablan de la misma persona o cosa que realiza la acción: *Andrés estaba tirando de la cuerda hacia sí.*
EXPR. **de por sí** Sin tener en cuenta otras cosas: *La cosa ya es difícil de por sí como para que la compliquen más.* **fuera de sí** Muy nervioso, medio loco. **por sí mismo** o **por sí solo** Sin ayuda de nadie o sin que nadie haga nada: *Quiere valerse por sí mismo,*

*sin la ayuda de sus sus padres. La herida se curará por sí sola, sin pomada.*
**FAM.** Ensimismarse.

**sí²** *adv.* **1.** Se emplea para responder afirmativamente: *¿Vendrás al zoo? Sí, iré con vosotros.* **2.** Sirve a veces para dar más fuerza a lo que decimos: *Esto sí que es vida, aquí en la playa bañándonos y tomando el sol.* ǁ *s. m.* **3.** Permiso, consentimiento: *Pedí a mi novia que se casara conmigo y me ha dado el sí.* ■ Su plural es *síes.*
**EXPR. a que sí** Se le dice a alguien para que responda si está de acuerdo con nosotros: *Lo mejor de la película fue el final; a que sí, Juan.* **porque sí** Sin ningún motivo, porque nos apetece: *Enrique se marchó de casa porque sí, sin dar explicaciones a nadie.*
**ANT. 1.** y **3.** No.

**siamés, sa** *adj.* y *s. m.* y *f.* **1.** De Siam, país de Asia que actualmente se llama Tailandia. **2.** Se dice de los hermanos que nacen unidos por alguna parte del cuerpo. ǁ *adj.* y *s. m.* **3.** Raza de gatos de color beige o marrón muy claro, con la cabeza, la cola y las patas más oscuras. ǁ *s. m.* **4.** Lengua hablada en Tailandia.

**sibarita** *adj.* y *s. m.* y *f.* Persona a la que le gustan mucho los placeres y las cosas buenas y refinadas: *Es un sibarita, le encanta que le lleven el desayuno a la cama.*

**siberiano, na** *adj.* y *s. m.* y *f.* De Siberia, región de Rusia en el norte de Asia, en la que hace mucho frío.
**FAM.** Transiberiano.

**sicario** *s. m.* Asesino a sueldo.
**SIN.** Matón.

**siciliano, na** *adj.* y *s. m.* y *f.* De Sicilia, isla del sur de Italia.

**sicomoro** o **sicómoro** *s. m.* Árbol que procede de Egipto y tiene el tronco de color amarillento y las hojas ásperas; su fruto es pequeño, blanquecino, parecido a un higo, y la madera muy resistente.

**sida** *s. m.* Palabra formada con las primeras letras de *Síndrome de Inmunodeficiencia Adquirida.* Es una enfermedad muy grave que deja al que la tiene sin poder defenderse de otras enfermedades; se contagia por la sangre o por las relaciones sexuales.
**FAM.** Sidoso.

**sidecar** *s. m.* Especie de cochecito que tienen a un lado algunas motos y en el que puede llevarse a una persona. ■ Es una palabra inglesa. En español, su plural es *sidecares.*

**sideral** *adj.* De los astros y las estrellas: *En el futuro, se harán muchos viajes por el espacio sideral.*

**siderurgia** *s. f.* Industria que se dedica a la producción de hierro y a su transformación, sobre todo en acero.
**FAM.** Siderúrgico.

**siderúrgico, ca** *adj.* De la siderurgia o relacionado con ella.

**sidoso, sa** *adj.* y *s. m.* y *f.* Enfermo de sida.
**SIN.** Seropositivo.

**sidra** *s. f.* Bebida alcohólica que se saca del zumo de las manzanas.
**FAM.** Sidrería.

**sidrería** *s. f.* Establecimiento donde se vende sidra.

**siega** *s. f.* Acción de segar.

**siembra** *s. f.* Acción de sembrar.
**SIN.** Sementera.

**siempre** *adv.* **1.** Todo el tiempo: *En lo alto de esa montaña siempre hay nieve.* **2.** Todas las veces que alguien hace algo o pasa alguna cosa: *Cuando viene el tío Fernando siempre nos trae algún regalo.* **3.** De todas formas, a pesar de todo: *A lo mejor no le da tiempo a acabar el trabajo, pero siempre es mejor que lo intente.*
**EXPR. siempre que** Todas las veces que: *Siempre que llueve entra agua por las rendijas de la ventana.* También se usa para indicar una condición: *Necesito que me hagas un recado, siempre que no estés ocupado.* ■ Con este último significado se dice también *siempre y cuando.*
**ANT. 1.** y **2.** Nunca.

**siempreviva** *s. f.* Planta de hojas gruesas y carnosas, a veces colocadas todas juntas como si fuera una alcachofa, que da unas flores en forma de estrella, casi siempre de color rosa.

**sien** *s. f.* Parte de la cabeza que está entre los ojos y las orejas.

**siena** *s. m.* Color marrón claro, un poco amarillento.

**sierra** *s. f.* **1.** Herramienta para cortar que tiene un filo con dientecillos afilados y un mango u otra cosa para agarrarla bien. **2.** Grupo de montañas que están unas junto a otras: *la sierra de Gredos.* También, lugar donde hay montañas: *Prefiere pasar el verano en la sierra porque hace menos calor.*
**SIN. 2.** Serranía.
**FAM.** Serranía, serrano, serrar, serrucho. / Motosierra.

**siervo, va** *s. m.* y *f.* **1.** Esclavo. **2.** Antiguamente, persona que trabajaba para otra a la que tenía que servir u obedecer en todo; los siervos no tenían derechos y vivían en las tierras de su señor.
**FAM.** Servil, servir.

moto con **sidecar**          **siempreviva**

**siesta** *s. f.* Sueño que se echa en cualquier hora del día que no sea por la noche, y sobre todo el que se echa después de comer.
FAM. Sestear.

**siete** *num.* **1.** Seis más uno. **2.** Séptimo. ‖ *s. m.* **3.** Signo con que se representa este número.
FAM. Setecientos, setenta, sietemachos. / Diecisiete, matasiete, septillizo, séptimo, séptuplo, veintisiete.

**sietemachos** *s. m.* Se dice del que presume de valiente sin serlo: *Tu primo es un sietemachos, pero se acobarda en cuanto alguien le planta cara.* ■ No varía en plural.
SIN. Matón, bravucón, chulo.

**sietemesino, na** *adj.* y *s. m.* y *f.* Se dice del niño que nace a los siete meses de embarazo de su madre, en vez de a los nueve como es lo normal.

**sífilis** *s. f.* Enfermedad que se contagia con las relaciones sexuales. ■ No varía en plural.
FAM. Sifilítico.

**sifilítico, ca** *adj.* y *s. m.* y *f.* Relacionado con la sífilis o que tiene esta enfermedad.

**sifón** *s. m.* **1.** Botella que contiene agua con gas, la cual sale a presión cuando se aprieta una palanquita que la botella tiene en la parte de arriba. También se llama sifón al agua con gas que está dentro. **2.** Tubo doblado en curva que sirve para pasar un líquido de un sitio a otro que está más arriba. **3.** Tubería doblada en forma de U que se emplea para que un líquido salve un desnivel o para que retenga el agua, de manera que ésta no deje salir los gases de las cañerías en retretes y lavabos.
SIN. **1.** Soda.

**sigilo** *s. m.* Silencio y cuidado: *José entró en la habitación con sigilo para no despertar a sus hermanos que estaban durmiendo.*
FAM. Sigiloso.

**sigiloso, sa** *adj.* Que hace algo con sigilo.

**siglas** *s. f. pl.* Primeras letras de varias palabras que sirven para formar otra palabra; por ejemplo, *RAE* son las siglas de *Real Academia Española.*

**siglo** *s. m.* **1.** Periodo de cien años en que se divide la historia: *siglo XXI.* **2.** Cien años: *El abuelo de Antonio ya casi llega al siglo.* **3.** Mucho tiempo: *Hacía un siglo que no le veía.*
EXPR. **siglo de oro** Nombre que se da a los siglos XVI y XVII en España, en el que hubo escritores y obras literarias muy importantes. ‖ **del siglo** Que es el más importante de su época: *Fue el robo del siglo.* **por los siglos de los siglos** Eternamente, para siempre.
SIN. **1.** Centuria.

**signatura** *s. f.* Clave que se pone a los libros para indicar dónde están colocados en una biblioteca.

**significación** *s. f.* **1.** El significado de algo. **2.** Valor, importancia: *El descubrimiento de América fue un hecho de gran significación histórica.*
SIN. **1.** Sentido. **2.** Trascendencia.

**significado** *s. m.* Lo que significa una palabra, frase u otra cosa: *En el diccionario buscamos el significado de las palabras.*
SIN. Sentido, significación.

**significante** *s. m.* Sonido o sonidos que pronunciamos al decir una palabra.

**significar** *v.* **1.** Expresar una palabra, imagen u otro signo alguna cosa o idea: *La palabra «melón» significa 'fruta' y también 'tonto'. Esa señal significa que no se puede pasar con el coche.* **2.** Tener una cosa la consecuencia que se dice: *El perder ese partido significó su eliminación del campeonato.* **3.** Tener valor o importancia: *Que le felicites por su cumpleaños significa mucho para él.* ■ Delante de e se escribe *qu* en lugar de *c: signifique.*
SIN. **1.** Indicar, representar. **2.** Implicar, suponer. **3.** Importar.
FAM. Significación, significado, significante, significativo. / Insignificante.

**significativo, va** *adj.* **1.** Que significa o da a entender algo. **2.** Importante y destacado: *La llegada del hombre a la Luna fue un hecho muy significativo.*
SIN. **1.** y **2.** Representativo. **2.** Relevante. ANT. **2.** Insignificante.

**signo** *s. m.* **1.** Cosa que representa a otra: *La media luna es el signo de la religión musulmana.* **2.** Cosa por la que se adivina o se entiende otra: *Está demasiado delgado, eso es signo de que está enfermo.* **3.** Cada una de las letras, puntos y figuras que se usan en la escritura, en imprenta, en matemáticas, en música. **4.** Cada una de las doce partes en que se divide el zodiaco; también, la figura que las representa: *Su signo es libra.*
SIN. **1.** y **2.** Señal, símbolo. **2.** Síntoma, indicio.
FAM. Signatura, significar.

**siguiente** *adj.* y *s. m.* y *f.* **1.** Que va detrás o después de otro: *Tengo un examen el miércoles y otro la semana siguiente.* **2.** Que se dice a continuación: *El premio que le ha correspondido es el siguiente: un estupendo equipo de música.*
SIN. **1.** Próximo. ANT. **1.** Anterior.

**sílaba** *s. f.* Letra, sonido o conjunto de ellos que se pronuncian de una vez; por ejemplo, la palabra *pastelería* tiene cinco sílabas: *pas-te-le-rí-a.*
FAM. Bisílabo, endecasílabo, eneasílabo, heptasílabo, hexasílabo, monosílabo, octosílabo, pentasílabo, polisílabo, silabario, silabear, silábico, trisílabo.

**silabario** *s. m.* Libro o lámina con sílabas o palabras divididas en sílabas que sirve para enseñar a leer.

**silabear** *v.* Pronunciar palabras separándolas en sílabas.

**silábico, ca** *adj.* Relacionado con las sílabas.

**silbante** *adj.* Que silba o suena como un silbido: *La serpiente hacía un ruido silbante.*

**silbar** *v.* **1.** Dar silbidos o hacer una música con silbidos. **2.** Hacer un ruido parecido a un silbido: *El viento silbaba al pasar por las rendijas.* **3.** Protestar contra alguien con silbidos: *No se oía bien a los cantantes y el público empezó a silbar.*
**SIN. 3.** Pitar, abuchear. **ANT. 3.** Aplaudir.
**FAM.** Silbante, silbato, silbido, silbo.

**silbato** *s. m.* Instrumento pequeño y hueco con el que se produce un silbido al soplar por él.
**SIN.** Pito.

**silbido** o **silbo** *s. m.* **1.** Sonido fino y fuerte que se produce al hacer pasar con fuerza el aire por el centro de los labios, juntos y apretados, o colocando la lengua y los dedos de distintas maneras. **2.** Sonido parecido de otras cosas, como el de un silbato o el del viento al pasar por un sitio muy estrecho.

**silenciador** *s. m.* Aparato que se coloca en algunas máquinas o mecanismos para que hagan menos ruido: *el silenciador del tubo de escape de una moto.*

**silenciar** *v.* **1.** No decir algo: *Algunos periódicos silenciaron la noticia.* **2.** Hacer callar.
**SIN. 1.** Ocultar, callar. **2.** Acallar. **ANT. 1.** Revelar.
**FAM.** Silenciador.

**silencio** *s. m.* **1.** El no oírse voces ni ruidos en un sitio: *El silencio en la noche era total.* **2.** El no decir nada: *No contestó: prefirió guardar silencio.* **3.** En música, pausa. ‖ **¡silencio!** *interj.* **4.** Se usa para hacer callar a alguien: *¡Silencio, que no dejáis oír!*
**EXPR. en silencio** Sin hablar; también, sin quejarse ni protestar: *sufrir en silencio.*
**ANT. 1.** Alboroto, escándalo.
**FAM.** Silenciar, silencioso.

**silencioso, sa** *adj.* **1.** Que no tiene o no hace ruido: *El motor de esta nevera es muy silencioso. A estas horas de la noche, las calles del barrio están silenciosas.* **2.** Callado, sin hablar: *Gabriel estuvo muy silencioso toda la tarde.*
**ANT. 1.** Ruidoso. **2.** Hablador.

**sílex** *s. m.* Piedra muy dura formada sobre todo por sílice, con la que se construyeron muchos utensilios prehistóricos, por ejemplo hachas. ■ No varía en plural.

**sílfide** *s. f.* Mujer muy delgada, pero con buen tipo.

**sílice** *s. f.* Mineral que forma muchas rocas y está compuesto por silicio y oxígeno.
**FAM.** Sílex, silicio, silicona.

**silicio** *s. m.* Elemento químico muy abundante en la Tierra. Es un mineral muy duro, que entra en la composición de la mayoría de las rocas.

**silicona** *s. f.* Material artificial, compuesto sobre todo por silicio y oxígeno, que se usa, por ejemplo, para pegar o para que no entre agua por algún sitio.

**silla** *s. f.* **1.** Asiento para una sola persona, con respaldo y casi siempre cuatro patas. **2.** Cochecito para los niños pequeños, en el que van sentados. **3.** Asiento de cuero, con correas y estribos en los que se meten los pies, que se pone al caballo para montar sobre él. Se llama también *silla de montar.*
**EXPR. silla de la reina** Asiento que forman dos personas con sus brazos, agarrándose una a otra. Se dice más *sillita de la reina.* **silla de manos** Vehículo para una persona, con un asiento cubierto y sostenido por unas varas que llevan otras dos personas. **silla de ruedas** La que tiene ruedas y utilizan las personas que no pueden andar. **silla de tijera** La que tiene las patas cruzadas de manera que puede plegarse.
**FAM.** Sillar, sillería, sillero, sillín, sillón. / Ensillar, telesilla.

**sillar** *s. m.* Cada una de las piedras que van formando una pared o una construcción.

**sillería** *s. f.* **1.** Sillas, sillones y otros muebles parecidos de un lugar, sobre todo los asientos que forman el coro de las iglesias. **2.** Construcción hecha con sillares.

**sillero, ra** *s. m. y f.* Persona que trabaja fabricando, vendiendo o arreglando sillas.

**sillín** *s. m.* Asiento de las bicicletas y otros vehículos parecidos, para montar en ellos.

**sillón** *s. m.* Asiento con brazos más grande que una silla y más cómodo.

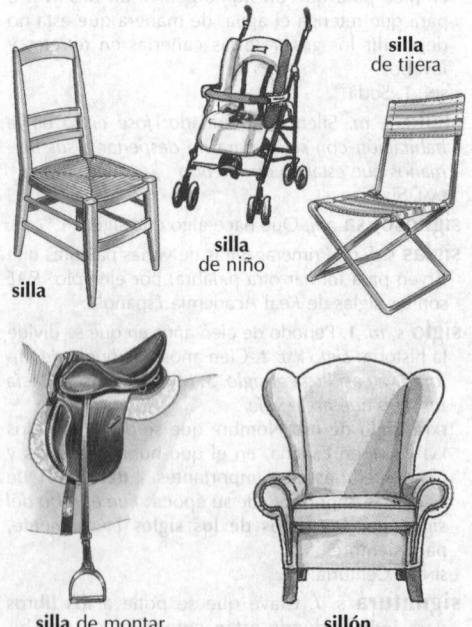

silla de niño

silla

silla de tijera

silla de montar

sillón

**silo** *s. m.* Construcción alta, parecida a una torre, para guardar los granos de trigo y otros cereales.

**silueta** *s. f.* **1.** Línea que forma el borde de una persona o de una cosa: *Antes de hacer el retrato, el pintor dibujó la silueta de la cara.* **2.** Tipo de una persona: *Su hermana tiene una silueta estupenda.*
SIN. **1.** Perfil, contorno.
FAM. Siluetar, siluetear.

**siluetear** o **siluetar** *v.* Dibujar o marcar el perfil o silueta de un objeto.

**silva** *s. f.* **1.** Estrofa en que se mezclan versos de once y siete sílabas. **2.** Colección formada por varios escritos diferentes.

**silvestre** *adj.* Que nace y crece sin cultivar en el campo: *una planta silvestre.*
SIN. Salvaje, natural. ANT. Cultivado.

**silvícola** *adj. y s. m. y f.* Que vive en el bosque o la selva.

**silvicultura** *s. f.* Conservación y aprovechamiento de los bosques y montes.

**sima** *s. f.* Agujero muy grande y hondo en la tierra.

**simbiosis** *s. f.* Modo de vida entre seres vivos de especies distintas en el que ninguno hace daño al otro, sino que los dos salen beneficiados. Un caso de simbiosis se produce entre algunos pájaros y animales como los rinocerontes o los búfalos; los pájaros se alimentan de los bichos que estos grandes animales tienen en la piel y se la dejan limpia de parásitos. ■ No varía en plural.

**simbólico, ca** *adj.* **1.** Que es un símbolo o está representado por un símbolo. **2.** Que tiene valor, no por lo que es en sí, sino por lo que significa: *La cantidad de dinero que dieron a los ganadores era simbólica, lo importante era el premio.*

**simbolismo** *s. m.* **1.** El ser simbólico: *el simbolismo de los colores.* **2.** Conjunto o sistema de símbolos: *Esta novela está cargada de simbolismo.* **3.** Corriente artística que utiliza muchos símbolos.
SIN. **2.** Simbología.
FAM. Simbolista.

**simbolista** *adj.* **1.** Del símbolo. ‖ *adj. y s. m. y f.* **2.** Se dice del artista que se expresa mediante símbolos.

**simbolizar** *v.* Ser una cosa símbolo de otra: *La paloma simboliza la paz.* ■ Delante de *e* se escribe *c* en lugar de *z*: *simbolice.*

**símbolo** *s. m.* **1.** Dibujo, figura u otra cosa que representa algo por tener relación o parecido con ello: *El corazón es el símbolo del amor.* **2.** En química, letra o letras que representan un elemento simple; por ejemplo *H* es el símbolo del *hidrógeno* y *Cl* el símbolo del *cloro.*
SIN. **1.** Signo, emblema.
FAM. Simbólico, simbolismo, simbolizar, simbología.

**simbología** *s. f.* **1.** Conjunto o sistema de símbolos. **2.** Estudio de los símbolos.
SIN. **1.** Simbolismo.

**simetría** *s. f.* El estar colocadas algunas cosas a la misma altura y en la misma posición a uno y otro lado de un eje; por ejemplo, hay simetría cuando las dos mitades de una cosa son exactamente iguales.
FAM. Simétrico. / Asimétrico.

**simétrico, ca** *adj.* Se dice de las cosas entre las que hay simetría.

**simiente** *s. f.* Semilla: *la simiente del trigo.*

**símil** *s. m.* Hecho de comparar dos cosas entre las que hay algún parecido o una relación; por ejemplo, *negro como el carbón* o *redondo como la luna.* Se usa mucho en literatura.
SIN. Comparación.
FAM. Asimilar, facsímil, verosímil.

**similar** *adj.* Parecido, casi igual: *Busco para los sillones una tela que sea similar a la de las cortinas.*
SIN. Semejante, análogo, afín. ANT. Distinto, diferente.
FAM. Símil, similitud.

**similitud** *s. f.* El ser similares dos o más cosas: *Entre los dos cuadros había mucha similitud.*
SIN. Semejanza, parecido, analogía, afinidad. ANT. Diferencia.

**simio, mia** *s. m. y f.* Mono, animal.

**simón** *s. m.* Coche de caballos antiguo que se alquilaba.

**simpatía** *s. f.* **1.** Sentimiento de cariño o agrado hacia las personas o las cosas: *Tu hermana me cae muy bien, le tengo mucha simpatía. Recordaba con simpatía la primera vez que fue al circo.* **2.** Modo de ser de las personas que son agradables con las demás: *Además de ser muy buena actriz, destaca por su simpatía.*
SIN. **1.** Atracción, apego. **2.** Encanto, gancho. ANT. **1.** y **2.** Antipatía.
FAM. Simpático, simpatizar.

**simpático, ca** *adj.* **1.** Que tiene simpatía: *El vendedor era muy simpático y nos regaló caramelos y pegatinas.* **2.** Gracioso, divertido: *Las pecas le hacen una cara muy simpática.*
SIN. **1.** Agradable, amable, encantador, majo. ANT. **1.** Antipático.

**simpatizante** *adj. y s. m. y f.* Persona que sigue una idea, partido u otra cosa parecida.
SIN. Seguidor, adepto. ANT. Contrario.

**simpatizar** *v.* Sentir simpatía por alguien o algo. ■ Delante de *e* se escribe *c* en lugar de *z*: *Simpaticé con Sonia nada más conocerla.*
SIN. Congeniar, entenderse. ANT. Odiarse.
FAM. Simpatizante.

**simple** *adj.* **1.** Fácil, sin complicaciones: *Di enseguida con la respuesta porque el acertijo era muy*

*simple.* **2.** Que sólo está formado por una cosa o por muy pocas: *El oxígeno es una sustancia simple.* **3.** Delante de algunos sustantivos, expresa que algo no tiene importancia: *No le pasó nada, fue una simple caída.* ‖ *adj.* y *s. m.* y *f.* **4.** Que es un poco tonto, que no tiene picardía: *Es un simple y se cree todo lo que le cuentan.*
**SIN. 1.** y **2.** Sencillo. **4.** Bobo, ingenuo. **ANT. 1.** Difícil, complicado. **2.** Compuesto. **4.** Listo, pícaro.
**FAM.** Simplemente, simpleza, simplicidad, simplificar, simplista, simplón.

**simplemente** *adv.* **1.** De manera simple, sencilla. **2.** Solamente: *El chico hizo simplemente lo que le mandaron.*

**simpleza** *s. f.* **1.** Característica de simple, bobo. **2.** Bobada, tontería: *La explicación que dio me pareció una simpleza. No vamos a discutir por una simpleza como ésa.*
**SIN. 1.** y **2.** Necedad, sandez. **ANT. 1.** Ingenio, picardía.

**simplicidad** *s. f.* Característica de simple, sencillo o ingenuo.
**SIN.** Sencillez. **ANT.** Complicación; picardía.

**simplificación** *s. f.* El hacer algo más fácil.
**ANT.** Complicación.

**simplificar** *v.* Hacer más fácil una cosa: *El profesor hizo un resumen en la pizarra para simplificar la lección.* ■ Delante de *e* se escribe *qu* en lugar de *c*: *simplifiqué.*
**SIN.** Facilitar. **ANT.** Complicar.
**FAM.** Simplificación.

**simplista** *adj.* y *s. m.* y *f.* Que es demasiado simple, que no tiene en cuenta que las cosas son más complicadas: *Con esa solución tan simplista no conseguirán resolver el problema.*

**simplón, na** *adj.* y *s. m.* y *f.* Se dice de la persona ingenua y tontorrona.

**simposio** *s. m.* Reunión de científicos o de otras personas que son especialistas en algo.
**SIN.** Congreso.

**simulación** *s. f.* El hecho de simular algo.
**SIN.** Fingimiento.

**simulacro** *s. m.* Aquello que se hace para que parezca de verdad, pero que no lo es. Por ejemplo, una batalla que se realiza sin enemigo real para entrenar a las tropas.

**simulador, ra** *adj.* y *s. m.* y *f.* **1.** Que simula. ‖ *s. m.* **2.** Aparato o sistema que reproduce el funcionamiento de otro de verdad: *Los pilotos hacen prácticas en un simulador de vuelo.*

**simular** *v.* Presentar algo como si fuera verdadero sin serlo: *Simuló que estaba enfermo para no ir al colegio.*
**SIN.** Fingir, aparentar.
**FAM.** Simulación, simulacro, simulador. / Disimular.

**simultanear** *v.* Hacer dos o más actividades al mismo tiempo: *Ricardo simultanea los entrenamientos con los estudios.*
**SIN.** Compaginar.

**simultaneidad** *s. f.* Hecho de que una cosa se haga o suceda al mismo tiempo que otra.

**simultáneo, a** *adj.* Se dice de una cosa que ocurre o se realiza al mismo tiempo que otra: *Un intérprete traduce de forma simultánea las palabras del actor extranjero.*
**FAM.** Simultanear, simultaneidad.

**sin** *prep.* **1.** Indica que no se tiene algo: *Salió a la calle sin el paraguas. Hoy estamos sin leche.* **2.** También significa que no se incluye lo que se dice después: *El viaje, sin la comida, le ha costado seiscientos euros.* **3.** Cuando va delante de un verbo en infinitivo, es como una negación: *Pasó toda la noche sin dormir (no durmió).*
**ANT. 1.** y **2.** Con.

**sinagoga** *s. f.* Templo de los judíos.

**sinalefa** *s. f.* En un verso, unión de dos sílabas que pertenecen a palabras distintas cuando una de ellas termina en vocal y la siguiente empieza por vocal o *h.* Estas dos sílabas se cuentan como una sola. Por ejemplo, el verso de Rubén Darío *«Es(tá un) marinero pensan(do en) las playas»* tiene doce sílabas.

**sincerarse** *v.* Contar una persona a otra sus secretos, sus sentimientos.
**SIN.** Abrirse, desahogarse, confiar. **ANT.** Cerrarse.

**sinceridad** *s. f.* Característica de la persona sincera.
**SIN.** Franqueza. **ANT.** Hipocresía.

**sincero, ra** *adj.* Se dice de la persona que no finge, sino que actúa de acuerdo con lo que piensa o siente. También se dice de sus sentimientos, de sus palabras y de otras cosas: *Yo creo que lo siente, que su pena es sincera.*
**SIN.** Franco, verdadero. **ANT.** Hipócrita, falso.
**FAM.** Sincerarse, sinceridad.

**síncope** *s. m.* Desmayo que sufre una persona cuando tiene momentáneamente una bajada de la tensión arterial.

**sincronía** *s. f.* Hecho de suceder, existir, actuar o moverse al mismo tiempo: *Jamás saldrá bien este baile si no os movéis con más sincronía.*
**FAM.** Sincrónico.

**sincrónico, ca** *adj.* Se dice de lo que ocurre, se mueve o funciona a la vez que otra cosa: *Mi llegada y su partida fueron sincrónicas, pues coincidimos en la puerta. En la gimnasia rítmica por equipos los movimientos deben ser sincrónicos.*
**SIN.** Simultáneo, coordinado.

**sincronizar** *v.* Hacer que se produzcan, se muevan o funcionen al mismo tiempo dos cosas: *Los jueces sincronizaron sus relojes antes de que co-*

menzara la carrera. ■ Delante de *e* se escribe *c* en lugar de *z*: *sincronicé*.
SIN. Coordinar, simultanear.

**sindical** *adj.* Relacionado con los sindicatos.
FAM. Sindicalismo.

**sindicalismo** *s. m.* Forma de organizarse los trabajadores por medio de sindicatos que defienden los intereses y los derechos de éstos.
FAM. Sindicalista.

**sindicalista** *adj.* **1.** Relacionado con los sindicatos. || *adj. y s. m. y f.* **2.** Que pertenece a un sindicato.

**sindicar** *v.* **1.** Organizar en un sindicato a un grupo de trabajadores || **sindicarse 2.** Entrar a formar parte de un sindicato. ■ Delante de *e* se escribe *qu* en lugar de *c*: *sindiquen*.

**sindicato** *s. m.* Asociación de trabajadores para defender sus intereses y derechos.
FAM. Sindical, sindicar.

**síndrome** *s. m.* Conjunto de síntomas y señales con que aparece una enfermedad.
EXPR. **síndrome de abstinencia** Busca **abstinencia**.

**sinfín** *s. m.* Gran abundancia de algo: *Esta tarde ha recibido un sinfín de llamadas telefónicas.* ■ No se usa en plural.
SIN. Infinidad, sinnúmero.

**sinfonía** *s. f.* Composición musical de bastante extensión, hecha para una orquesta.
FAM. Sinfónico.

**sinfónico, ca** *adj.* **1.** Relacionado con las sinfonías: *Fueron a un concierto de música sinfónica.* **2.** Se dice de algunas orquestas y asociaciones musicales.

**singladura** *s. f.* **1.** Distancia recorrida por un barco en veinticuatro horas. **2.** Rumbo que sigue una nave: *El buque continuó su singladura después de hacer una escala en un puerto.* **3.** Camino que sigue alguien para hacer algo: *En septiembre, un nuevo curso inicia su singladura.*
SIN. 3. Recorrido.

**single** *s. m.* Disco de poca duración con una sola canción en cada cara. ■ Es una palabra inglesa.
SIN. Sencillo.

**singular** *adj.* **1.** Especial, raro: *Esta mañana ha ocurrido un hecho singular: un rebaño de ovejas atravesó la ciudad. Ese pintor tiene una forma muy singular de hacer retratos.* **2.** Solo, que no hay otro igual. || *adj. y s. m.* **3.** En gramática, número que tienen las palabras que significan una sola persona o cosa. Por ejemplo, *niño* o *casa* son dos palabras que tienen número singular.
SIN. 1. Excepcional, peculiar, extraño. ANT. 1. Vulgar, corriente. 3. Plural.
FAM. Singularidad, singularizar.

**singularidad** *s. f.* Característica que distingue a una persona, animal o cosa y lo hace diferente de los demás: *Esta película tiene la singularidad de que mezcla dibujos animados con actores de verdad.*
SIN. Particularidad.

**singularizar** *v.* **1.** Hacer distinta a una persona o cosa entre otras: *María tiene una voz que la singulariza.* **2.** Hablar de alguien o algo en particular, y no de otros. ■ Delante de *e* se escribe *c* en lugar de *z*: *Todos tenemos la culpa, así que no singularices.*
SIN. 1. y 2. Particularizar.

**sinhueso** *s. f.* Lengua. ■ Se usa siempre con el artículo *la*: *No he parado de mover la sinhueso en toda la mañana.*

**siniestra** *s. f.* Mano izquierda.
SIN. Zurda. ANT. Derecha, diestra.

**siniestrado, da** *adj. y s. m. y f.* Que ha sufrido un siniestro, por ejemplo un accidente o un incendio: *Los vehículos siniestrados fueron retirados de la carretera. Los siniestrados serán atendidos en el hospital más cercano.*
SIN. Accidentado.

**siniestralidad** *s. f.* Número de accidentes: *La siniestralidad en las carreteras ha disminuido en los últimos meses.*

**siniestro, tra** *adj.* **1.** Malvado, que produce miedo: *una mirada siniestra; unas intenciones siniestras.* **2.** Desgraciado: *Fue un día siniestro, todo le salió mal.* **3.** Se dice de lo que queda a mano izquierda. || *s. m.* **4.** Pérdida o daño grave que sufren las personas o sus cosas por un accidente, incendio u otra causa.
EXPR. **a diestro y siniestro** Busca **diestro**.
SIN. 1. Perverso, maligno, pérfido. 2. Aciago, funesto, nefasto. ANT. 1. Bueno, bondadoso. 2. Afortunado, feliz. 3. Diestro, derecho.
FAM. Siniestra, siniestrado, siniestralidad.

**sinnúmero** *s. m.* Gran cantidad de algo: *Un sinnúmero de fans aplaudió al cantante.*
SIN. Sinfín, infinidad.

**sino**[1] *s. m.* El destino, lo que hace que las cosas sucedan de una manera y no podamos hacer nada para cambiarlas.
SIN. Hado.

**sino**[2] *conj.* **1.** Sirve para afirmar una cosa en oposición a otra que se niega: *Hoy no hace frío, sino calor.* **2.** Equivale a *excepto, a no ser*: *¿Quién sino Lorenzo es capaz de hacer eso?* **3.** También significa 'tan sólo' o 'solamente': *No quiero sino que me dejen tranquilo.* ■ No confundir con *si no*, pues *si* es una conjunción condicional y *no* una negación.
EXPR. **no sólo... sino** o **no sólo... sino también** Se emplea para añadir algo a lo que ya se ha dicho: *No sólo vino Ricardo, sino también Enrique.*
SIN. 2. Salvo.

**sinodal** *adj.* Del sínodo: *decisión sinodal.*

**sínodo** *s. m.* Reunión de obispos o de otros eclesiásticos para hablar de asuntos de la Iglesia y la religión. **SIN.** Concilio.
**FAM.** Sinodal.

**sinonimia** *s. f.* El ser sinónimas dos o más palabras o expresiones.

**sinonímico, ca** *adj.* De la sinonimia o de los sinónimos.

**sinónimo, ma** *adj. y s. m.* Se dice de las palabras que tienen el mismo significado; por ejemplo, *alegre* y *contento* son sinónimos.
**ANT.** Antónimo.
**FAM.** Sinonimia, sinonímico.

**sinopsis** *s. f.* Forma de explicar algo más brevemente, por ejemplo por medio de un gráfico o de un resumen, las ideas principales. ■ No varía en plural.
**SIN.** Esquema.
**FAM.** Sinóptico.

**sinóptico, ca** *adj.* Que está hecho en forma de sinopsis o resumen.

**sinovia** *s. f.* Líquido transparente y viscoso que suaviza el roce de las articulaciones de los huesos.
**FAM.** Sinovial.

**sinovial** *adj.* De la sinovia o relacionado con ella: *Rafa tuvo un derrame de líquido sinovial en la rodilla.*

**sinrazón** *s. f.* Acción injusta o que no es razonable: *Es una sinrazón que todavía haya personas que pasen hambre.*
**SIN.** Injusticia, sinsentido.

**sinsabor** *s. m.* Disgusto, desgracia. ■ Se usa sobre todo en plural: *En la vida no todo son sinsabores.*
**SIN.** Pena, pesar. **ANT.** Alegría, satisfacción.

**sinsentido** *s. m.* Cosa absurda, que no tiene ninguna lógica. ■ Se escribe también *sin sentido*.
**SIN.** Disparate, sinrazón, locura.

**sintáctico, ca** *adj.* De la sintaxis o relacionado con ella: *Según el análisis sintáctico de la oración «Los pájaros vuelan», «los pájaros» es el sujeto y «vuelan» el predicado.*

**sintagma** *s. m.* En gramática, palabra o grupo de palabras que dentro de una oración forman una unidad. Por ejemplo, en *Mi amigo juega a la pelota*, se distinguen los sintagmas *Mi amigo* y *juega a la pelota*; y dentro de este último, *juega* y *a la pelota.*

**sintasol** *s. m.* Material plástico que se usa para cubrir suelos.

**sintaxis** *s. f.* Parte de la gramática que estudia cómo se forman las oraciones y qué función tienen las palabras dentro de ellas. ■ No varía en plural.
**FAM.** Sintáctico.

**síntesis** *s. f.* **1.** Unión de varias cosas para formar algo: *La cultura española es la síntesis de otras, como la latina y la árabe.* **2.** Resumen: *En el periódico encontrarás una síntesis del libro que te quieres comprar.* **3.** En química y biología, formación

de un compuesto a partir de elementos más simples. ■ No varía en plural.
**EXPR. en síntesis** En resumen: *Explicó en síntesis lo que pasó en clase.*
**SIN. 2.** Compendio, sumario, sinopsis.
**FAM.** Sintético, sintetizar. / Fotosíntesis.

**sintético, ca** *adj.* **1.** En síntesis, en resumen: *El periodista explicó de forma sintética cómo era la situación de ese país después del terremoto.* **2.** Se dice de los productos industriales que están fabricados a partir de elementos más simples y que imitan a los naturales: *Se ha comprado una maleta de piel sintética.*
**SIN. 2.** Artificial.

**sintetizador, ra** *adj.* **1.** Que hace una síntesis de algo. ‖ *s. m.* **2.** Aparato electrónico que puede reproducir los sonidos de cualquier instrumento musical y es capaz de crear sonidos nuevos.

**sintetizar** *v.* **1.** Hacer una síntesis para obtener un compuesto químico u otra cosa. **2.** Resumir. ■ Delante de *e* se escribe *c* en lugar de *z*: *Sinteticé la lección en unas pocas frases.*
**SIN. 1.** Unir, concentrar. **2.** Condensar. **ANT. 1.** Disgregar. **2.** Extender, desarrollar.
**FAM.** Sintetizador.

**síntoma** *s. m.* **1.** Cada una de las señales o molestias que tiene una persona cuando empieza a estar enferma: *Le contó al médico los síntomas que notaba.* **2.** Señal de que algo está sucediendo o va a suceder: *No llueve desde hace meses y no hay síntomas de que el tiempo vaya a cambiar.*
**SIN. 2.** Indicio, signo.
**FAM.** Sintomático, sintomatología.

**sintomático, ca** *adj.* **1.** De los síntomas: *Esta medicina proporciona un alivio sintomático de la gripe.* **2.** Que es síntoma o señal de algo: *Creo que Eva sigue enfadada: es muy sintomático que no nos llame.*
**SIN. 2.** Revelador, significativo.

**sintomatología** *s. f.* Conjunto de síntomas: *La sintomatología de la gripe se parece a la del catarro común.*

**sintonía** *s. f.* **1.** Música con que empieza o termina un programa de radio o televisión. **2.** El hecho de que un aparato de radio o televisión capte las ondas de una emisora, y por tanto se pueda oír su sonido o ver su imagen. **3.** Buena relación que hay entre las personas por estar de acuerdo en algo, tener gustos parecidos, entenderse bien: *Manuel y Luis tienen las mismas aficiones; por eso, hay una gran sintonía entre ellos.*
**SIN. 3.** Entendimiento, compenetración.
**FAM.** Sintonizar.

**sintonizador, ra** *adj.* **1.** Que sintoniza. ‖ *s. m.* **2.** Sistema que permite a un aparato receptor sintonizar con una emisora.

**sintonizar** *v.* **1.** Hacer que un aparato de radio o televisión reciba las ondas de la emisora para que

pueda verse la imagen y escuchar el sonido. **2.** Entenderse bien una persona con otra porque tienen el mismo carácter, los mismos gustos o aficiones. ■ Delante de *e* se escribe *c* en lugar de *z*: *Sintonicé un programa de música actual.*
**SIN. 2.** Compenetrarse, armonizar.
**FAM.** Sintonizador.

**sinuoso, sa** *adj.* Se dice de los caminos y carreteras con muchas ondulaciones y curvas muy cerradas.
**SIN.** Curvo, ondulado, tortuoso. **ANT.** Recto, liso.

**sinusitis** *s. f.* Inflamación de unas cavidades de la cara, llamadas *senos*, que comunican con la nariz. ■ No varía en plural.

**sinvergonzonería** *s. f.* Característica de sinvergüenza.

**sinvergüenza** *adj. y s. m. y f.* **1.** Se dice de la persona que comete actos ilegales, engaña a otras para sacar algún provecho o se comporta de forma indecente: *Un sinvergüenza le ha robado el bolso.* **2.** En tono cariñoso, pillo, granuja. **3.** Se dice de la persona descarada o fresca: *Esos sinvergüenzas se están riendo de una viejecita.*
**SIN. 1.** y **3.** Caradura. **2.** Tunante. **3.** Desvergonzado.
**FAM.** Sinvergonzonería.

**sinvivir** *s. m.* Estado de intranquilidad y angustia: *Cuando mis hijos salen por la noche, estoy en un sinvivir hasta que vuelven a casa.*

**sioux** o **siux** *adj. y s. m. y f.* De un pueblo indio que vivió en las llanuras centrales de los Estados Unidos. ■ No varía en plural.

**siquiera** *conj.* **1.** Equivale a *aunque*: *Déjale tu bicicleta, siquiera sea para que se calle.* || *adv.* **2.** Por lo menos, tan sólo: *Ayúdale siquiera a colocar los libros.* **3.** En oraciones negativas sirve para reforzar la negación y puede llevar delante el adverbio *ni*: *No tiene ni siquiera para comprar un bocadillo.*

**sirena** *s. f.* **1.** Ser fantástico mitad mujer y mitad pez. **2.** Aparato que produce un sonido muy fuerte para dar aviso de algo o como señal de alarma: *la sirena de un coche de bomberos.*

**sirimiri** *s. m.* Lluvia fina que acaba mojándonos.
**SIN.** Calabobos, chirimiri, orballo, orvallo.

**siringa** *s. f.* Instrumento musical compuesto por varios tubos unidos por los que se sopla y que forman la escala musical.

**sirio, ria** *adj. y s. m. y f.* De Siria, país del sudoeste de Asia.

**siroco** *s. m.* Viento cálido y seco que procede del desierto del Sáhara.

**sirope** *s. m.* Líquido espeso muy dulce, que se utiliza para endulzar algunos postres y para hacer refrescos: *sirope de fresa.*

**sirviente, ta** *s. m. y f.* Persona que sirve a otra, sobre todo haciendo las tareas de la casa.
**SIN.** Criado, servidor.

**sisa** *s. f.* **1.** Un poco de dinero que una persona roba a otra cuando va a la compra o maneja sus asuntos y dice que las cosas le han costado más. **2.** Corte que se hace en las prendas de vestir, y sobre todo el corte curvado en que va encajada la manga.
**FAM.** Sisar.

**sisar** *v.* **1.** Quedarse con un poco de dinero de otra persona al hacerle la compra. **2.** Hacer las sisas en una prenda de vestir.

**sisear** *v.* Hacer un sonido parecido a *chsss...*, para llamar la atención de alguien o para pedir silencio: *Nos pusimos a hablar en la biblioteca y el bibliotecario nos siseó.*
**SIN.** Chistar.

**sísmico, ca** *adj.* De los terremotos: *movimiento sísmico.*

**sismo** *s. m.* Busca **seísmo**.
**FAM.** Sísmico, sismógrafo, sismología.

**sismógrafo** *s. m.* Aparato que señala la intensidad, duración y otros datos importantes de un seísmo o terremoto.

**sismología** *s. f.* Ciencia que estudia los terremotos.

**sistema** *s. m.* **1.** Conjunto organizado de cosas que realizan una función: *Se le hinchan las piernas porque tiene un problema en el sistema circulatorio. Este país tiene un buen sistema educativo. El agua llega a nuestra casa por un sistema de tuberías.* **2.** Procedimiento o medio empleado para algo: *Hacer deporte es el mejor sistema para mantenerse en forma.*
**EXPR. sistema montañoso** Conjunto de montañas. **sistema operativo** Programa base que hace funcionar un ordenador y ejecuta otros programas. **sistema periódico** Conjunto de todos los elementos químicos. **Sistema Solar** El formado por el Sol y sus planetas, satélites y cometas. (Puedes ver su ilustración en la página siguiente). || **por sistema** Haciendo siempre lo mismo con motivo o sin él: *Lorenzo me lleva la contraria por sistema.*
**SIN. 1.** Organización, estructura. **2.** Método.
**FAM.** Sistemático, sistematizar. / Ecosistema.

**sistemático, ca** *adj.* Que sigue un sistema: *Una forma sistemática de organizar una lista es seguir el orden del alfabeto.*
**SIN.** Organizado, metódico.

**sistematizar** *v.* Organizar algo de acuerdo con un sistema. ■ Delante de *e* se escribe *c* en lugar de *z*: *Aprovecho mejor el tiempo desde que sistematicé mi forma de estudiar.*

**sístole** *s. f.* Movimiento por el que los ventrículos del corazón se contraen y expulsan la sangre hacia las arterias.
**ANT.** Diástole.

**sitar** *s. m.* Instrumento de cuerda parecido al laúd y con el mango muy largo que se toca con una púa; es originario de la India.

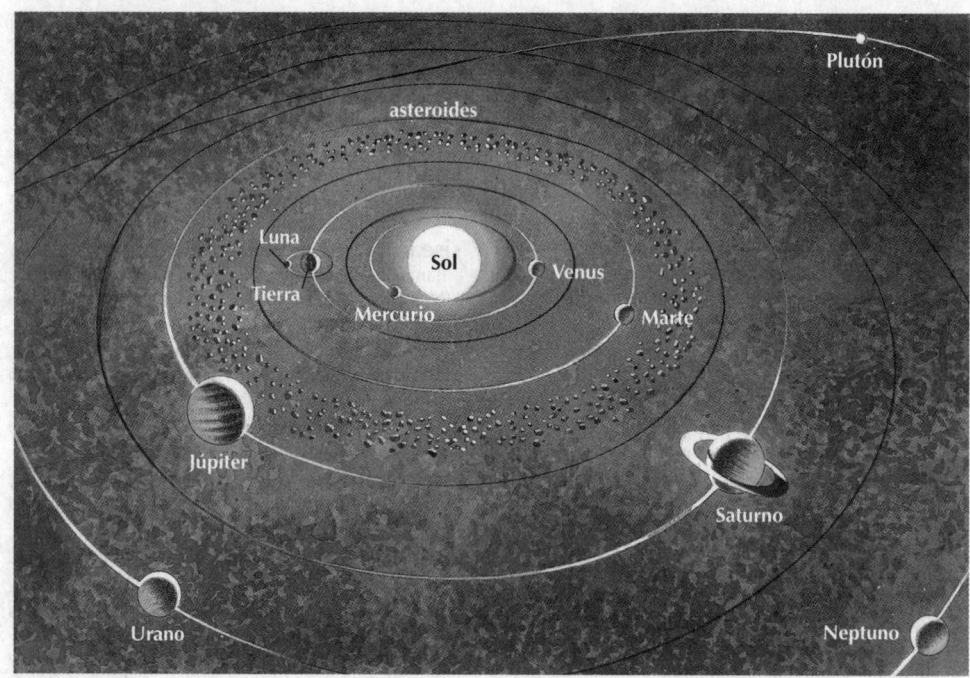

**Sistema Solar**

**site** *s. m.* En Internet, sitio. ■ Es una palabra inglesa.

**sitiar** *v.* Rodear una ciudad o una fortaleza del enemigo para atacarla y apoderarse de ella.
SIN. Asediar, cercar.
FAM. Sitio².

**sitio¹** *s. m.* **1.** Espacio que está ocupado o puede ser ocupado: *En la clase quedan dos sitios libres.* **2.** Lugar concreto dentro de otro: *Le gusta mucho ese sitio de la sierra.* **3.** El hecho de que una persona o cosa esté donde tiene que estar: *En estos momentos su sitio está entre los suyos.* **4.** Conjunto de páginas web enlazadas unas con otras que se puede ver permanentemente en Internet.
EXPR. **dejar** a uno **en el sitio** Dejarlo muerto en el acto. **quedarse** uno **en el sitio** Morirse en el acto.
SIN. **1.** Hueco. **2.** Zona, parte, rincón. **3.** Puesto. **4.** Site.
FAM. Sitiar, sito, situar.

**sitio²** *s. m.* Acción de sitiar un lugar para atacarlo y apoderarse de él.
SIN. Asedio.

**sito, ta** *adj.* Situado: *El incendio se produjo en una vivienda sita en la calle San Juan.*
SIN. Localizado, ubicado.

**situación** *s. f.* **1.** El estar alguien o algo en un lugar: *La casa tiene una buena situación con vistas al mar.* **2.** Forma de encontrarse alguien o algo: *La situa-*

*ción del enfermo es buena. La situación de las empresas del país mejoró y se crearon más puestos de trabajo.*
SIN. **1.** Colocación, ubicación. **2.** Condición, circunstancia, coyuntura, trance.

**situado, da** *adj.* **1.** Que está en un sitio: *Los castillos suelen estar situados en un alto.* **2.** Que tiene una buena situación económica.
SIN. **2.** Acomodado, boyante.

**situar** *v.* **1.** Poner en un lugar o situación: *Este compact se ha situado entre los discos más vendidos.* ‖ **situarse 2.** Conseguir una buena posición económica o social: *César tuvo que estudiar mucho hasta que se situó.*
SIN. **1.** Colocar, emplazar, instalar. **2.** Prosperar. ANT. **2.** Fracasar.
FAM. Situación, situado.

**skay** *s. m.* Material artificial que imita al cuero. ■ Es una palabra inglesa y su plural es *skays*. En español se escribe también *escay*.

**sketch** *s. m.* Escena breve y divertida que aparece dentro de un espectáculo más amplio. ■ Es una palabra inglesa. Su plural es *sketchs* o *sketches*.

**skin**, **skin head** o **skinhead** *s. m. y f.* Cabeza rapada. Busca **rapado**. ■ Son palabras inglesas. Sus plurales son *skins*, *skin heads* o *skinheads*.

**slalom** *s. m.* Busca **eslalon**. ■ Es una palabra inglesa de origen noruego. Su plural es *slaloms*.

**slip** *s. m.* Busca **eslip**. ■ Es una palabra inglesa. Su plural es *slips*.

**slogan** *s. m.* Busca **eslogan**. ■ Es una palabra inglesa. Su plural es *slogans*.

**smog** *s. m.* Nube de aire contaminado que se forma sobre las grandes ciudades o zonas industriales. ■ Es una palabra inglesa.

**smoking** *s. m.* Busca **esmoquin**. ■ Es una palabra inglesa. Su plural es *smokings*.

**snack-bar** *s. m.* Bar en el que se sirven comidas rápidas. ■ Es una palabra inglesa y su plural es *snack-bars*. Se escribe también *snack bar*.

**snob** *adj.* Busca **esnob**. ■ Es una palabra inglesa. Su plural es *snobs*.

**snowboard** *s. m.* Deporte que consiste en deslizarse por la nieve sobre una tabla especial. ■ Es una palabra inglesa. Su plural es *snowboards*.

**so¹** *s. m.* Se pone delante de un insulto para darle más fuerza: *¡Déjame en paz, so idiota!*

**so²** *prep.* Bajo, debajo de. Hoy día se usa muy poco y sólo en las expresiones **so pretexto de**, que significa 'con el pretexto o la excusa de', y **so pena de**, que significa 'bajo la pena de' : *Tuvieron que cumplir las órdenes so pena de recibir un castigo*; o 'a no ser que': *So pena de que cojamos un taxi, no llegaremos a tiempo.*

**¡so!** *interj.* Palabra que se dice a un caballo, mula o animal parecido para que se pare.

**soasar** *v.* Asar ligeramente un alimento.

**soba** *s. f.* **1.** Acción de sobar. **2.** Paliza, derrota: *¡Vaya soba les dimos en el partido!* SIN. **1.** Sobe, sobeo, sobo. **2.** Zurra, tunda.

**sobaco** *s. m.* Hueco que forma el brazo por debajo al unirse con el hombro. SIN. Axila. FAM. Sobaquera, sobaquina.

**sobado, da** *adj.* **1.** Muy usado: *Hay que cambiar la tapicería de la butaca, pues la tela está muy sobada.* ‖ *s. m.* **2.** Bollo o torta hecho con aceite o manteca. SIN. **1.** Ajado.

**sobaquera** *s. f.* **1.** Pieza con que se refuerza o se hace impermeable una prenda de vestir por la parte del sobaco. **2.** Abertura que se deja en algunas prendas en la parte del sobaco.

**sobaquina** *s. f.* Olor desagradable que tiene el sudor de los sobacos.

**sobar** *v.* **1.** Tocar o apretar mucho una cosa ablandándola o ensuciándola. **2.** Tocar o acariciar mucho a una persona. **3.** Golpear a alguien: *Como te pille, te voy a sobar las costillas.* **4.** Dormir. SIN. **1.** y **2.** Manosear, toquetear. **3.** Sacudir, moler. FAM. Soba, sobado, sobe, sobeo, sobetear, sobo, sobón.

**sobe** o **sobeo** *s. m.* Soba.

**soberanía** *s. f.* **1.** Poder para gobernar un territorio: *Algunas de esas islas son de soberanía británica.* **2.** El ser independiente de otros países: *Las colonias españolas de América obtuvieron su soberanía en el siglo xix.* SIN. **2.** Independencia. ANT. **2.** Dependencia.

**soberano, na** *adj.* **1.** Que tiene la máxima autoridad o poder en un país: *En una democracia, el pueblo soberano elige a sus gobernantes.* **2.** Se dice del país que no está sometido a otro. **3.** Grande, enorme: *Le dieron una soberana paliza.* ‖ *s. m.* y *f.* **4.** Rey o reina. SIN. **2.** Independiente. **3.** Soberbio. **4.** Monarca. ANT. **1.** y **2.** Súbdito. **2.** Dependiente. **3.** Mediocre. FAM. Soberanía.

**soberbia** *s. f.* Orgullo excesivo: *Su soberbia le impide pedir perdón.* ANT. Humildad. FAM. Soberbio. / Ensoberbecer.

**soberbio, bia** *adj.* y *s. m.* y *f.* **1.** Que se cree mejor que los demás: *Es un soberbio que ni te saluda.* ‖ *adj.* **2.** Elegante y de buena presencia: *un soberbio caballo.* **3.** Muy grande, enorme: *Metió gol de un soberbio disparo.* **4.** Grandioso, magnífico: *Desde la montaña se ve una soberbia vista del valle.* SIN. **1.** Orgulloso, altivo. **2.** Arrogante, gallardo. **3.** Soberano. ANT. **1.** Humilde. **2.** Ridículo. **3.** Insignificante. **4.** Mediocre.

**sobetear** *v.* Tocar o apretar mucho una cosa. SIN. Manosear, toquetear.

**sobo** *s. m.* Soba, acción de sobar.

**sobón, na** *adj.* y *s. m.* y *f.* Que soba o manosea mucho.

**sobornar** *v.* Dar a alguien dinero u otra cosa para que haga algo injusto: *Sobornó al jurado para que eligieran ganador a su hijo.* FAM. Soborno. / Insobornable.

**soborno** *s. m.* El hecho de sobornar y dinero o cualquier otra cosa con que se soborna: *Han acusado a ese juez de aceptar sobornos.*

**sobra** *s. f.* Lo que queda después de utilizar o consumir algo, sobre todo alimentos: *Dio las sobras de la comida a los perros.* EXPR. **de sobra** Mucho, más de lo necesario: *Coge otro chicle, tengo de sobra.* SIN. Desperdicio, desecho.

**sobrado, da** *adj.* **1.** Más de lo necesario: *Tienes tiempo sobrado para llegar.* **2.** Que tiene mucho dinero o bienes. ‖ *s. m.* **3.** Desván. SIN. **1.** Suficiente. **2.** Desahogado. **3.** Buhardilla, altillo. ANT. **1.** y **2.** Escaso.

**sobrante** *adj.* Que sobra: *Se hizo un vestido y, con la tela sobrante, le puso un lazo.*

**sobrar** *v.* **1.** Quedar algo después de usar o consumir lo necesario: *Con la carne que sobró ayer hizo*

*croquetas.* **2.** Haber o tener de una cosa más de lo necesario: *Nos sobra dinero para el cine y para comprar refrescos.* **3.** No ser necesario o estar donde no debe: *Aquí sobra uno de los dos: o te marchas tú o me voy yo.*
SIN. **2.** Abundar. ANT. **1.** a **3.** Faltar.
FAM. Sobra, sobrado, sobrante, sobrero.

**sobrasada** *s. f.* Embutido típico de las islas Baleares, hecho de carne de cerdo muy triturada, que suele comerse untado en el pan.

**sobre**[1] *s. m.* **1.** Papel doblado y pegado con forma de bolsa plana y rectangular, en la que se meten cartas, tarjetas y otros papeles para enviarlos por correo o para guardarlos. **2.** Envoltorio parecido para otras cosas: *un sobre de té, un sobre de azúcar.*

**sobre**[2] *prep.* **1.** Encima o por encima de una cosa: *El gato está sobre la silla. Nieva sobre los campos. La torre se alza sobre los tejados.* **2.** Expresa que una persona es más importante o manda más que otra: *En la empresa tiene a varios jefes sobre él.* **3.** Indica control o vigilancia: *Tengo que estar continuamente sobre mis perros para que no se peleen.* **4.** Indica aquello de lo que se trata: *Hoy el profesor ha hablado sobre la antigua Roma.* **5.** Más o menos, aproximadamente: *Vendrá sobre las nueve.* **6.** Contra: *El enemigo marchó sobre la ciudad.* **7.** Indica que una cosa actúa en otra o produce un efecto en ella: *Este medicamento actúa directamente sobre el virus que causa la enfermedad.* **8.** Después de: *El tren llegó con cuarenta minutos de retraso sobre la hora prevista.*
SIN. **1.** En. **4.** Acerca de. **5.** Hacia, por.
FAM. Sobrar, sobre[1].

**sobrealimentación** *s. f.* El hecho de alimentar o alimentarse en exceso.

**sobrecarga** *s. f.* **1.** Demasiada carga: *El barco se hundió por sobrecarga.* **2.** Hecho de sobrecargar algo: *Una sobrecarga en la línea eléctrica produjo el incendio.*
FAM. Sobrecargar, sobrecargo.

**sobrecargar** *v.* **1.** Cargar demasiado, poner mucha carga: *Al coche le cuesta andar porque lo habéis sobrecargado de equipaje.* **2.** Llenar, ocupar o usar tanto que ya no se puede más: *En Nochevieja, todo el mundo telefonea al mismo tiempo y se sobrecargan las líneas.* ■ Delante de *e* se escribe *gu* en lugar de *g: sobrecargue.*
SIN. **2.** Recargar, saturar. ANT. **1.** Aligerar.

**sobrecargo** *s. m.* En algunos barcos y aviones, miembro de la tripulación que se ocupa de las mercancías o de atender a los pasajeros.

**sobrecogedor, ra** *adj.* Que sobrecoge, asusta o impresiona: *La película de terror tiene escenas verdaderamente sobrecogedoras.*
SIN. Aterrador. ANT. Tranquilizador.

**sobrecoger** *v.* Asustar, impresionar. ■ Delante de *a* y *o* se escribe *j* en lugar de *g: No hay nada que le sobrecoja más que mirar hacia abajo desde tanta altura.*
SIN. Aterrar, espantar. ANT. Tranquilizar.
FAM. Sobrecogedor.

**sobredimensionar** *v.* Hacer que algo tenga mayor tamaño o más importancia de la que en principio debería tener: *La prensa ha sobredimensionado el asunto.*
SIN. Exagerar, magnificar. ANT. Minimizar.

**sobredosis** *s. f.* Dosis muy fuerte de un medicamento o de una droga, que puede llegar a producir la muerte. ■ No varía en plural.

**sobreentender** *v.* Busca **sobrentender.**

**sobreesdrújulo, la** *adj. y s. f.* Busca **sobresdrújulo.**

**sobreestimar** *v.* Busca **sobrestimar.**

**sobrefalda** *s. f.* Falda que se coloca sobre otra como adorno: *El vestido de la novia llevaba una sobrefalda de encaje sobre la falda de raso.*

**sobrehilar** *v.* Dar puntadas en los bordes de una tela para que no se deshilache.

**sobrehumano, na** *adj.* Que es más de lo que cualquier persona puede hacer; se dice sobre todo de un esfuerzo enorme: *Haciendo un esfuerzo sobrehumano logró vencer su miedo.*

**sobrellevar** *v.* Soportar una carga, una desgracia o cualquier otro mal: *Sus amigos le ayudaron a sobrellevar su pena.*
SIN. Aguantar, tolerar.

**sobremanera** *adv.* Muchísimo: *El público disfrutó sobremanera con el concierto.*

**sobremesa** *s. f.* Tiempo después de la comida, en el que se suele estar aún en la mesa charlando, tomando café o haciendo otra cosa.

**sobrenadar** *v.* Mantenerse sobre la superficie de un líquido sin hundirse o mezclarse con él: *El aceite sobrenada en el agua.*
SIN. Flotar, nadar. ANT. Sumergirse.

**sobrenatural** *adj.* **1.** Se dice de las cosas extrañas que se salen de lo que es posible en la naturaleza: *Dicen que esa casa está embrujada porque han sucedido en ella varios fenómenos sobrenaturales.* **2.** Relacionado con los dioses, las religiones y, sobre todo, con la vida después de la muerte: *el mundo sobrenatural.*
SIN. **2.** Divino, celestial. ANT. **1.** Natural. **2.** Terrenal.

**sobrenombre** *s. m.* Nombre que se da a una persona además del suyo verdadero o en lugar de éste: *El rey Alfonso X recibió el sobrenombre de «el Sabio».*
SIN. Apodo.

**sobrentender** *v.* Entender algo que no está muy claro, pero que se puede saber por lo que se dice:

*Aunque no dijo el nombre, se sobrentendía que estaba hablando de Carlos.* ■ Es un verbo irregular que se conjuga como *tender.* Se escribe también *sobreentender.*
**SIN.** Intuir, adivinar, suponer.

**sobrepasar** *v.* **1.** Pasar de un límite, una cantidad o una medida: *El árbitro pitó córner porque el balón había sobrepasado la línea. Los vecinos de este pueblo sobrepasan el centenar.* **2.** Ser mejor que otro, estar por delante de él en alguna cosa: *Su hermano le sobrepasa en altura.*
**SIN. 1.** Exceder. **1.** y **2.** Adelantar, superar, aventajar, rebasar.

**sobrepeso** *s. m.* Exceso de peso: *Tiene sobrepeso, por eso sigue un régimen de adelgazamiento.*

**sobreponerse** *v.* Dejar de estar dominado por una fuerte impresión, un sentimiento, una desgracia, una mala situación: *Logró sobreponerse al miedo y siguió adelante.* ■ Es un verbo irregular. Se conjuga como *poner.*
**SIN.** Recuperarse, recobrarse, superar. **ANT.** Abandonarse, rendirse.

**sobreprecio** *s. m.* Cantidad que se paga además del precio normal: *La mercancía tiene un sobreprecio si te la llevan a casa.*
**SIN.** Recargo.

**sobrero** *adj.* y *s. m.* Toro que se tiene guardado para torearlo por si no sirve alguno de los destinados a una corrida.

**sobresaliente** *adj.* **1.** Que destaca mucho: *Velázquez es uno de los pintores españoles más sobresalientes.* ‖ *s. m.* **2.** En los exámenes, la mejor calificación después de la matrícula de honor.
**SIN. 1.** Destacado. **ANT. 1.** Mediocre, mediano.

**sobresalir** *v.* **1.** Ser más alto o estar más hacia afuera: *El balcón sobresale de la fachada.* **2.** Distinguirse por ser mejor: *Mozart sobresalió entre los músicos de su época desde muy joven.* ■ Es un verbo irregular. Se conjuga como *salir.*
**SIN. 1.** Salir. **1.** y **2.** Destacar, resaltar, descollar.
**FAM.** Sobresaliente.

**sobresaltar** *v.* **1.** Dar un sobresalto a alguien: *El portazo le sobresaltó.* ‖ **sobresaltarse 2.** Tener un sobresalto: *Su hermano no le oyó entrar y se sobresaltó al verle.*
**SIN. 1.** y **2.** Asustar, alarmar. **ANT. 1.** y **2.** Calmar.

**sobresalto** *s. m.* Susto, sorpresa o temor que provoca algo que sucede de repente, sin esperarlo: *Estaba medio dormido y el timbre del teléfono le dio un sobresalto.*
**SIN.** Impresión, alarma.
**FAM.** Sobresaltar.

**sobresdrújulo, la** *adj.* y *s. f.* Se dice de la palabra que lleva acento en la sílaba anterior a la antepenúltima, como por ejemplo *su-jé-te-me-lo.* ■ Se escribe también *sobreesdrújulo.*

**sobreseer** *v.* Suspender un juez o un tribunal un proceso legal por creer que no hay motivos o que no hay pruebas suficientes para continuarlo. ■ Es un verbo irregular. Se conjuga como *leer.*

**sobrestimar** *v.* Pensar que alguien o algo es mejor de lo que es en realidad. ■ Se escribe también *sobreestimar.*
**ANT.** Subestimar.

**sobresueldo** *s. m.* Dinero que se gana además del sueldo normal: *Por las tardes hace algunos trabajos para sacar un sobresueldo.*
**SIN.** Plus, extra.

**sobretodo** *s. m.* Prenda de vestir amplia y larga que se lleva sobre el traje para protegerlo o para abrigarse.

**sobrevalorar** *v.* Dar más valor a alguien o algo del que tiene en realidad: *La crítica ha sobrevalorado la obra de este artista.*
**SIN.** Sobrestimar. **ANT.** Infravalorar, subestimar.

**sobrevenir** *v.* Suceder algo, sobre todo si es de repente, sin esperarlo: *Le sobrevino un ataque de tos mientras hablaba.* ■ Es un verbo irregular. Se conjuga como *venir.*
**SIN.** Ocurrir, acontecer.

**sobrevivir** *v.* **1.** Seguir viviendo después de la muerte de otro: *La abuela está muy sana; nos sobrevivirá a todos.* **2.** Conseguir salir vivo de un peligro: *Sobrevivió al accidente.*
**ANT. 1.** y **2.** Fallecer.

**sobrevolar** *v.* Volar por encima: *Un avión de rescate sobrevoló la zona en busca de los náufragos.* ■ Es un verbo irregular. Se conjuga como *contar.*

**sobriedad** *s. f.* Característica de la persona o cosa sobria.

**sobrino, na** *s. m.* y *f.* El hijo o hija del hermano o la hermana de uno.

**sobrio, bria** *adj.* **1.** Se dice del que come y bebe poco o se comporta sin excesos; también se dice de sus acciones, palabras, costumbres. **2.** Que no es excesivo, llamativo o complicado: *El gris es un color sobrio. La decoración de la casa era sobria, sin muchos adornos.* **3.** Que no está borracho.
**SIN. 1.** Frugal, parco. **1.** y **2.** Austero, moderado, sencillo. **3.** Sereno. **ANT. 1.** y **2.** Desmedido. **2.** Exagerado, recargado, chillón. **3.** Ebrio.
**FAM.** Sobriedad.

**socaire** *s. m.* En el lenguaje marinero, resguardo que proporciona una cosa en el lado opuesto al viento.
**EXPR. al socaire** Utilizando a alguien o algo como ayuda, apoyo o pretexto: *Al socaire de su enfermedad, siempre se libra de hacer los trabajos duros.*

**socarrón, na** *adj.* y *s. m.* y *f.* Se dice del que se burla de alguien o algo haciendo que parezca que

habla en serio; también se dice de lo que hace o dice de esta manera.
**SIN.** Burlón, guasón.
**FAM.** Socarronería.

**socarronería** *s. f.* Característica de socarrón.
**SIN.** Burla, guasa, sorna.

**socavar** *v.* **1.** Cavar por debajo alguna cosa, dejándola sin apoyo y en peligro de hundirse: *Socavaron los cimientos de un edificio.* **2.** Debilitar: *Fumar tanto está socavando su salud.*
**SIN. 2.** Minar, destruir. **ANT. 1.** y **2.** Consolidar. **2.** Fortalecer.
**FAM.** Socavón.

**socavón** *s. m.* Hoyo grande que se hace al hundirse el suelo.

**soccer** *s. m.* Nombre que se da en los Estados Unidos al fútbol europeo. ■ Es una palabra inglesa.

**sociabilidad** *s. f.* Facilidad para relacionarse con las demás personas de la sociedad.

**sociable** *adj.* Se dice de la persona a la que le gusta tratar con la gente y hacer amigos.
**SIN.** Comunicativo, abierto. **ANT.** Insociable, arisco.
**FAM.** Sociabilidad. / Insociable.

**social** *adj.* De la sociedad o relacionado con ella: *El gobierno ha prometido emplear más dinero en escuelas, hospitales y otras mejoras sociales.*
**FAM.** Socialismo, socializar.

**socialismo** *s. m.* Conjunto de teorías y movimientos políticos y económicos que surgieron para apoyar y defender a los trabajadores y que sostienen que el Estado debe dirigir la economía para conseguir una mayor igualdad entre todos los ciudadanos.
**FAM.** Socialista.

**socialista** *adj.* y *s. m.* y *f.* Partidario del socialismo o relacionado con el socialismo.

**socializar** *v.* Hacer que propiedades o bienes particulares pasen a manos del Estado. ■ Delante de *e* se escribe *c* en lugar de *z*: *socialicen*.
**SIN.** Nacionalizar. **ANT.** Privatizar.

**sociedad** *s. f.* **1.** Conjunto de personas que viven en un lugar o en una época y forman una comunidad: *En la sociedad española de la Edad Media convivieron judíos, moros y cristianos.* **2.** Conjunto de personas que se unen para colaborar en la misma actividad: *sociedad protectora de animales.* **3.** Conjunto de animales que viven en un grupo en el que cada uno cumple una función: *La colmena es una sociedad de abejas.*
**EXPR.** **alta sociedad** Grupo formado por las personas ricas y elegantes de un lugar, sobre todo las que son nobles o famosas. **sociedad de consumo** Tipo de sociedad en la que se anima a las personas a comprar más cosas de las necesarias. ‖ **presentar en sociedad** Hacer una fiesta o un baile para que una chica sea conocida en la alta sociedad.

**SIN. 1.** Colectividad. **2.** Colectivo, asociación; empresa, compañía.
**FAM.** Sociable, social, sociología.

**socio, cia** *s. m.* y *f.* **1.** Persona que pertenece a una sociedad o asociación: *Su padre es socio de un club de golf.* **2.** Persona que se une a otras para algún fin, sobre todo para formar un negocio o una empresa: *Ha buscado un socio para el supermercado que piensa abrir.* **3.** Amigo, compañero.
**SIN. 1.** Asociado, miembro. **3.** Colega, compinche, camarada.
**FAM.** Sociedad. / Asociar, disociar.

**sociología** *s. f.* Ciencia que trata de todo lo relacionado con las sociedades humanas.
**FAM.** Sociológico, sociólogo.

**sociológico, ca** *adj.* Relacionado con la sociología.

**sociólogo, ga** *s. m.* y *f.* Persona que se dedica a la sociología.

**socorrer** *v.* Ayudar a alguien que está en peligro o en una mala situación: *Un señor se echó al agua para socorrer a un niño que no sabía nadar.*
**SIN.** Auxiliar, salvar. **ANT.** Desamparar, abandonar.
**FAM.** Socorrido, socorrismo, socorro.

**socorrido, da** *adj.* Que sirve para solucionar fácilmente un problema o una dificultad que tenemos: *La comida que venden preparada es muy socorrida cuando hay poco tiempo para cocinar.*
**SIN.** Útil, práctico.

**socorrismo** *s. m.* Actividades y conocimientos para prestar ayuda a personas accidentadas o en peligro.
**FAM.** Socorrista.

**socorrista** *s. m.* y *f.* Persona cuyo trabajo consiste en ayudar a otras que han sufrido un accidente o están en peligro, sobre todo en el agua.

**socorro** *s. m.* **1.** Acción de socorrer: *prestar socorro.* **2.** Aquello con que se socorre, como medicinas, alimentos o dinero: *Enviaron socorros a la zona del terremoto.* ‖ ¡socorro! *interj.* **3.** Se usa para pedir ayuda.
**SIN. 1.** a **3.** Auxilio, ayuda.

**soda** *s. f.* Una bebida compuesta de agua con gas.
**SIN.** Sifón.

**sodio** *s. m.* Elemento químico blando y de color plateado que, junto con el cloro, forma la sal.

**soez** *adj.* Grosero, vulgar, de mal gusto: *Castigaron al niño por decir palabras soeces.* ■ Su plural es *soeces.*
**SIN.** Ordinario, chabacano. **ANT.** Refinado.

**sofá** *s. m.* Asiento blando y cómodo, con respaldo y brazos, para dos o más personas.
**EXPR.** **sofá-cama** o **sofá cama** Sofá que puede convertirse en una cama.

**sofisticado, da** *adj.* **1.** Se dice de la persona o cosa que está muy arreglada o pensada para que

resulte elegante: *Se hizo un vestido muy sofisticado para lucirlo en la fiesta.* **2.** Muy complicado y perfecto: *Esa calculadora es tan sofisticada que es muy difícil de manejar.*
**SIN. 1.** Refinado, exquisito. **ANT. 1.** Vulgar. **1.** y **2.** Sencillo.

**sofocante** *adj.* Que produce sensación de ahogo: *En agosto hace un calor sofocante.*

**sofocar** *v.* **1.** Causar o sentir ahogo: *El abuelo se sofoca subiendo escaleras.* **2.** Acabar con algunas cosas: *sofocar un incendio, sofocar una rebelión.* **3.** Poner o ponerse rojo de vergüenza o por el calor: *Soy muy tímido y enseguida me sofoco.* ‖ **sofocarse 4.** Enfadarse o disgustarse mucho. ■ Delante de *e* se escribe *qu* en lugar de *c*: *Cálmate; no te sofoques por una tontería.*
**SIN. 1.** Ahogar, asfixiar; agobiar. **2.** Apagar, extinguir, aplastar. **3.** Sonrojar. **4.** Enojarse, airarse, irritarse. **ANT. 2.** Avivar.
**FAM.** Sofocante.

**sofoco** *s. m.* **1.** Sensación como de ahogarse: *Subir cuestas le produce sofoco.* **2.** El ponerse uno rojo y parecer que le arde la piel, por ejemplo por la vergüenza o por el calor. **3.** Disgusto grande: *¡Menudo sofoco se va a llevar papá cuando vea las notas!*
**SIN. 1.** Asfixia. **2.** Bochorno. **3.** Sofocón, enfado. **ANT. 1.** Alivio. **3.** Alegría.
**FAM.** Sofocar, sofocón, sofoquina.

**sofocón** *s. m.* Disgusto muy grande: *Se llevó un sofocón cuando la rechazaron para la obra de teatro.*
**SIN.** Sofoco. **ANT.** Alegría.

**sofoquina** *s. f.* Disgusto muy grande: *La niña se llevó una sofoquina cuando se rompió su muñeca.*
**SIN.** Sofoco, sofocón.

**sofreír** *v.* Freír ligeramente un alimento. ■ Es un verbo irregular. Se conjuga como *reír*.
**SIN.** Rehogar.
**FAM.** Sofrito.

**sofrito** *s. m.* Condimento hecho de varios ingredientes, sobre todo tomate y cebolla, que se fríen un poco en aceite.

**software** *s. m.* En informática, programas que se introducen en el ordenador para hacer cosas con él. ■ Es una palabra inglesa.

**soga** *s. f.* Cuerda gruesa de esparto.
**EXPR.** **con la soga al cuello** En muy mala situación, con muchos apuros: *Este chico sólo estudia cuando llegan los exámenes y entonces se ve con la soga al cuello.*
**SIN.** Maroma.

**soja** *s. f.* Planta procedente de Asia que tiene unas semillas parecidas a judías pequeñas, de las que se saca un aceite.

**sojuzgar** *v.* Dominar por la fuerza, con las armas: *Un ejército enemigo invadió el país y sojuzgó al*

pueblo. ■ Delante de *e* se escribe *gu* en lugar de *g*: *sojuzguen.*
**SIN.** Someter, oprimir, conquistar. **ANT.** Liberar.

**sol**[1] *s. m.* **1.** La estrella que vemos en el cielo durante el día y que nos da luz y calor. Alrededor de ella giran la Tierra y los otros planetas y satélites de nuestro Sistema Solar. ■ Con este significado se escribe con mayúscula: *el Sol.* **2.** También, cualquier otra estrella parecida, con planetas girando a su alrededor. **3.** Luz y calor que nos llega del Sol a la Tierra: *Hoy no hay nubes y hace sol.* **4.** Lugar en el que da esa luz: *No te pongas en el sol, que te vas a quemar.* **5.** Persona muy buena o agradable: *Este niño es un sol; no llora nunca.* **6.** Moneda de Perú.
**EXPR.** **sol de justicia** Sol muy intenso que da mucho calor. ‖ **arrimarse** uno **al sol que más calienta** Acercarse o alabar alguien a una persona por interés, porque sabe que le puede ayudar o favorecer. **de sol a sol** Todo el día, desde el amanecer hasta la noche: *Trabaja de sol a sol.* **no dejar** a alguien **ni a sol ni a sombra** Acompañarle o perseguirle continuamente: *El perro le sigue a todas partes y no le deja ni a sol ni a sombra.*
**SIN. 5.** Encanto, cielo.
**FAM.** Solana, solanera, solar[3], solario, solárium, soleado. / Girasol, insolación, parasol, quitasol, resol, tornasol.

**sol**[2] *s. m.* Quinta nota de la escala musical.
**FAM.** Solfa, solfear.

**solador** *s. m.* Albañil que trabaja colocando ladrillos, baldosas o losetas en el suelo.

**solamente** *adv.* Se usa para hablar de una persona, cosa o acción y nada más que de ésa: *Casi no he viajado por el extranjero: solamente conozco Roma.*
**SIN.** Únicamente, sólo.

**solana** o **solanera** *s. f.* **1.** Mucho sol: *Con esta solanera vamos a pasar un calor tremendo.* **2.** Sitio donde da mucho el sol: *Al gato le gusta echarse en la solana.*

**solapa** *s. f.* **1.** Pieza doblada que algunas chaquetas, abrigos u otras prendas tienen en la parte del pecho. **2.** Parte del sobre que se dobla y se pega para cerrarlo. **3.** Parte de los lados de la cubierta o la sobrecubierta de algunos libros que se dobla hacia dentro.
**FAM.** Solapar.

**solapado, da** *adj.* **1.** Se dice de las cosas que se solapan. **2.** Se dice de la persona que oculta sus pensamientos o intenciones con el propósito de engañar; se dice también de lo que se piensa o se hace de esta manera.
**SIN. 2.** Disimulado, taimado, hipócrita. **ANT. 2.** Manifiesto, franco.

**solapar** *v.* Tapar una cosa a otra del todo o sólo en parte, como las tejas de los tejados.
**SIN.** Montar, superponer.
**FAM.** Solapado.

**solar**[1] *v.* **1.** Cubrir el suelo con ladrillos, baldosas, losetas. **2.** Ponerle suelas nuevas a los zapatos. ■ Es un verbo irregular. Se conjuga como *contar*.
**FAM.** Solador.

**solar**[2] *s. m.* **1.** Terreno vacío sobre el que se puede construir. **2.** Casa más antigua y noble de una familia.
**FAM.** Solariego, solera.

**solar**[3] *adj.* Del Sol o relacionado con él: *luz solar, Sistema Solar.*

**solariego, ga** *adj.* **1.** Se dice de la casa noble o de lo relacionado con ella: *Los condes vivían en su viejo caserón solariego.* **2.** Noble y antiguo: *Esta población es una famosa villa solariega.*

**solárium** o **solario** *s. m.* Lugar destinado a tomar el sol. ■ El plural de *solárium* es *solárium* o *soláriums*.

**solaz** *s. m.* Placer, diversión: *Los actores interpretaron una comedia para solaz del público.* ■ Su plural es *solaces.*
**SIN.** Agrado, distracción, recreo, entretenimiento.
**ANT.** Aburrimiento, fastidio.
**FAM.** Solazar.

**solazar** *v.* Agradar, divertir. ■ Delante de *e* se escribe *c* en lugar de *z*: *solace.*
**SIN.** Distraer, recrear, entretener. **ANT.** Aburrir.

**soldadesco, ca** *adj.* Relacionado con los soldados.

**soldado** *s. m.* y *f.* **1.** Persona que sirve con el grado más bajo en el ejército. **2.** Militar: *El coronel es un gran soldado.*
**EXPR.** **soldado raso** Busca **raso**.
**FAM.** Soldadesco.

**soldador, ra** *s. m.* y *f.* **1.** Persona que se dedica a soldar. ‖ *s. m.* **2.** Instrumento que se usa para soldar: *El fontanero soldó las tuberías con el soldador.*

**soldadura** *s. f.* **1.** Acción de soldar y parte en que se unen las dos cosas soldadas. **2.** Material que se usa para unir las cosas que se sueldan, como por ejemplo el estaño.

**soldar** *v.* Unir muy fuerte dos o más cosas fundiendo sus bordes o fundiendo sobre éstos otro material igual o parecido. ■ Es un verbo irregular. Se conjuga como *contar.*
**FAM.** Soldador, soldadura.

**soleá** *s. f.* Un cante y baile flamencos.

**soleado, da** *adj.* Que tiene o le da sol: *un día soleado, una plaza soleada.*

**soledad** *s. f.* **1.** El estar solo: *No soportaba más la soledad y se fue a buscar a sus amigos.* **2.** El estar vacío o no habitado un lugar: *El náufrago estaba en medio de la inmensa soledad del océano.*
**SIN.** **1.** Aislamiento. **ANT.** **1.** Compañía.

**solemne** *adj.* **1.** Se dice de los actos celebrados públicamente con gran seriedad o muchas ceremonias: *El rey recibió al embajador en audiencia solemne.* **2.** Serio, firme: *Hizo la solemne promesa de cumplir con su palabra.* **3.** Majestuoso, impresionante: *El palacio tiene un aspecto solemne.*
**SIN.** **1.** Ceremonioso. **1.** y **2.** Grave, digno. **3.** Imponente. **ANT.** **1.** y **2.** Informal. **3.** Insignificante.
**FAM.** Solemnidad.

**solemnidad** *s. f.* **1.** Característica de lo que es solemne: *Nos impresionó la solemnidad de aquel desfile.* **2.** Acto solemne. **3.** Festividad religiosa: *la solemnidad del Corpus Christi.*

**sóleo** *s. m.* Músculo de la pantorrilla, que se une a los gemelos para formar el tendón de Aquiles y sirve para subir el talón y extender el pie.

**soler** *v.* **1.** Hacer con frecuencia lo que se indica: *Papá suele levantarse temprano para llegar pronto al trabajo.* **2.** Ser frecuente o habitual: *En esta época suele llover mucho.* ■ Es un verbo irregular. Se conjuga como *mover*, pero sólo se usan los tiempos presente, pretérito imperfecto, los pretéritos perfectos simple y compuesto de indicativo y el presente de subjuntivo, además del infinitivo, el gerundio y el participio.
**SIN.** **1.** y **2.** Acostumbrar.
**FAM.** Insólito.

**solera** *s. f.* **1.** Cualidad que el paso del tiempo va dando a alguien o algo: *El casco viejo es uno de los barrios con más solera de la ciudad.* **2.** Vejez o antigüedad del vino.

**soletilla** *s. f.* Bizcocho estrecho y alargado, con forma de suela de zapato.

**solfa** *s. f.* **1.** Arte de solfear. **2.** Conjunto de signos con los que se escribe la música. **3.** Paliza, serie de golpes.
**EXPR.** **poner en solfa** una cosa Ponerla en ridículo: *El crítico ha puesto en solfa la obra de teatro que se estrenó ayer.*
**SIN.** **3.** Zurra, tunda.

**solfear** *v.* Cantar marcando el compás y pronunciando los nombres de las notas.
**FAM.** Solfeo.

**solfeo** *s. m.* Conocimientos para leer un texto musical y estudios de música para aprenderlos.

**solicitante** *adj.* y *s. m.* y *f.* Que solicita o pide algo siguiendo los pasos que marcan las leyes o las normas.
**SIN.** Aspirante.

**solicitar** *v.* **1.** Pedir algo con respeto o haciendo las cosas necesarias: *Solicité permiso para salir un momento. Solicitó ser recibido por el rey.* **2.** Intentar con interés conseguir a una persona: *A ese cantante lo solicitan los principales teatros del mundo.*
**SIN.** **1.** Demandar, rogar. **1.** y **2.** Requerir. **ANT.** **1.** y **2.** Rechazar, rehusar.
**FAM.** Solicitante, solícito.

**solícito, ta** *adj.* Amable, que se esfuerza por atender bien a alguien: *La azafata estuvo muy solícita con los pasajeros.*

**SIN.** Servicial, atento, cortés. **ANT.** Desagradable, maleducado.

**FAM.** Solicitud.

**solicitud** *s. f.* **1.** Amabilidad, cortesía: *En el hotel nos atendieron con gran solicitud.* **2.** Acción de solicitar o pedir: *La doncella acudió al caballero en solicitud de ayuda.* **3.** Escrito en que se pide algo: *Para que te admitan, tienes que rellenar una solicitud.* **SIN. 2.** Petición, demanda. **3.** Instancia. **ANT. 1.** Sequedad, frialdad.

**solidaridad** *s. f.* El ayudar a otro o apoyarle en sus problemas, actividades, ideas: *La gente demostró su solidaridad enviando medicinas y provisiones a la zona del terremoto. Se unió a la protesta por solidaridad con sus compañeros.* **SIN.** Compañerismo, apoyo, adhesión, respaldo. **ANT.** Egoísmo. **FAM.** Solidario, solidarizarse. / Insolidario.

**solidario, ria** *adj.* Que actúa con solidaridad o la demuestra. **SIN.** Fraternal, amistoso. **ANT.** Insolidario.

**solidarizarse** *v.* Comprender los problemas, actividades o ideas de alguien y apoyarle: *Algunos profesores se solidarizaron con las peticiones de los alumnos.* ■ Delante de *e* se escribe *c* en lugar de *z*: *se solidaricen.* **SIN.** Unirse, respaldar. **ANT.** Rechazar.

**solideo** *s. m.* Casquete de tela que llevan algunos eclesiásticos, negro los sacerdotes, violeta los obispos, rojo los cardenales y blanco el papa.

**solidez** *s. f.* Dureza, firmeza, resistencia: *Muchas construcciones romanas todavía se mantienen gracias a su gran solidez.* **SIN.** Consistencia. **ANT.** Debilidad, fragilidad.

**solidificar** *v.* Hacer que algo líquido se vuelva sólido. ■ Delante de *e* se escribe *qu* en lugar de *c*: *El frío hace que el agua se solidifique y se convierta en hielo.*

**sólido, da** *adj. y s. m.* **1.** Se dice del estado de la materia que está dura, y también de lo que está en ese estado: *El hielo es agua sólida.* ‖ *adj.* **2.** Firme, seguro, resistente: *Construyeron el puente con materiales muy sólidos y durará mucho tiempo.* ‖ *s. m.* **3.** Cuerpo geométrico: *Los dados son sólidos de seis caras.* **SIN. 2.** Fuerte, compacto; estable, consistente; consolidado. **ANT. 1.** Líquido; gaseoso. **2.** Frágil. **FAM.** Solidez, solidificar. / Consolidar.

**soliloquio** *s. m.* Monólogo.

**solio** *s. m.* Trono con un dosel o techo donde se sientan el papa y los reyes.

**solista** *s. m. y f.* **1.** Persona que interpreta un solo de una pieza musical. **2.** Cantante de un grupo musical.

**solitaria** *s. f.* Tenia, gusano que vive en el intestino de personas y animales.

**solitario, ria** *adj.* **1.** Se dice del lugar en que no hay nadie o muy pocas personas, o por el que pasa poca gente: *Da miedo andar por estas calles tan oscuras y solitarias.* ‖ *adj. y s. m. y f.* **2.** Se dice de la persona que vive sola o prefiere estar sola; también se dice de su forma de vivir. **3.** Solo, no acompañado: *¿Qué haces aquí tan solitario?* ‖ *s. m.* **4.** Brillante que se coloca en una joya sin ninguna otra piedra. **5.** Juego de cartas para una sola persona. **SIN. 1.** Desierto, deshabitado, despoblado. **2.** Huraño. **ANT. 1.** Transitado. **2.** Sociable.

**soliviantar** *v.* **1.** Animar a alguien a que se rebele: *Las injusticias del capitán del barco soliviantaron a la tripulación.* **2.** Poner muy nervioso o enfadado a alguien: *Le soliviantа el jaleo que arman los niños.* **SIN. 1.** Instigar, amotinar, levantar. **1.** y **2.** Sublevar. **2.** Alterar, perturbar, indignar, exasperar. **ANT. 1.** y **2.** Apaciguar, calmar.

**sollado** *s. m.* Cubierta del interior de un barco, donde están los alojamientos, camarotes y almacenes.

**sollozar** *v.* Llorar con sollozos. ■ Delante de *e* se escribe *c* en lugar de *z*: *sollocé.*

**sollozo** *s. m.* Respiración corta con temblor o sacudidas del cuerpo que se hace a veces al llorar. **FAM.** Sollozar.

**sólo** o **solo** *adv.* Solamente: *Se fue enseguida, solo vino a cambiarse de ropa.* ■ Lleva tilde cuando resulta difícil diferenciarlo del adjetivo *solo*: *Ha venido sólo para saber cómo estábamos.*

**solo, la** *adj.* **1.** Que no está con otras personas o cosas: *Le da miedo quedarse sola en casa por la noche. Tomaré el té solo, sin leche.* **2.** Que no tiene familia, amigos o nadie que le ayude: *Ese anciano está solo en la vida. Tienes que aprender a estar solo.* **3.** Sin gente: *¡Qué sola está la playa en invierno!* **4.** Único, que no hay otro: *Una sola vez salió de su pueblo y fue para hacer la mili.* ‖ *adj. y s. m.* **5.** Café servido sin leche. ‖ *s. m.* **6.** Composición musical o parte de ella interpretada solamente por una voz o un instrumento: *un solo de violín.* **EXPR. a solas** Sin compañía: *Se ha enfadado y quiere estar a solas.* **SIN. 1.** y **3.** Solitario. **3.** Vacío, desierto. **ANT. 1.** Acompañado. **3.** Lleno, poblado. **FAM.** Solamente, soledad, soliloquio, solista, solitaria, solitario.

**solomillo** *s. m.* Carne de vaca, de cerdo o de otros animales que está entre las costillas y el lomo.

**solsticio** *s. m.* Nombre de dos momentos del año. El *solsticio de verano* señala el comienzo del verano y tiene el día más largo del año; en cambio, el *solsticio de invierno* tiene la noche más larga del año y marca el principio del invierno. En el hemisferio norte, donde está España, el solsticio de verano ocurre el 21 o 22 de junio y el de invierno el

21 o 22 de diciembre; en el hemisferio sur, por ejemplo en Sudamérica, es justo al revés.

**soltar** *v.* **1.** Hacer que lo que estaba atado, sujeto o unido deje de estarlo o quede más flojo: *Le solté la correa al perro para que pudiera correr. Se soltó la corbata porque le apretaba.* **2.** Dejar libre: *Abrió la jaula y soltó a los pájaros.* **3.** Echar: *¡Qué mal olor suelta este pescado! Exprime bien la naranja para que suelte todo el zumo.* **4.** Dar: *soltar un puñetazo, soltar un estornudo. Este tacaño no suelta un duro.* **5.** Contar o decir: *Qué pesada es la vecina; siempre que me ve me suelta un rollo. Ese chico se pasa el día soltando palabrotas.* **6.** Hablando del vientre, provocar diarrea. || **soltarse 7.** Comenzar a hacer algunas cosas como hablar o andar: *El niño se soltó a andar a los pocos meses.* **8.** Perder la timidez: *Quería ser actriz y no le quedó más remedio que soltarse.* ■ Es un verbo irregular. Se conjuga como *contar*.
**SIN. 1.** Desatar, desenganchar, desabrochar; aflojar. **2.** Liberar. **3.** Despedir, expulsar, desprender. **4.** Pegar, asestar, propinar. **5.** Largar, encasquetar. **7.** Romper, empezar. **ANT. 1.** Juntar, fijar, prender; ajustar, apretar. **2.** Encarcelar, apresar, recluir.
**FAM.** Soltero, soltura, suelta, suelto.

**soltería** *s. f.* Estado de la persona que no se ha casado.

**soltero, ra** *adj.* y *s. m.* y *f.* Que no se ha casado.
**FAM.** Soltería, solterón.

**solterón, na** *adj.* y *s. m.* y *f.* Persona bastante mayor que continúa soltera.

**soltura** *s. f.* Habilidad que se consigue con la práctica: *Al principio era un patoso, pero ya baila con mucha soltura.*
**SIN.** Desenvoltura, destreza, facilidad. **ANT.** Torpeza.

**soluble** *adj.* Que se puede disolver: *El azúcar es soluble en un líquido.*
**FAM.** Hidrosoluble.

**solución** *s. f.* **1.** Acción de solucionar algo y modo de hacerlo: *Saldría tan caro arreglar la nevera que la mejor solución es comprar otra.* **2.** Resultado de una operación o un problema de matemáticas: *La solución de esa resta está mal.* **3.** Mezcla que se obtiene al disolver una o más sustancias en un líquido.
**SIN. 1.** Resolución, arreglo; remedio, recurso, medio. **3.** Disolución.
**FAM.** Soluble. / Disolver, resolver.

**solucionar** *v.* Terminar con una duda, un problema o una dificultad haciendo lo necesario para ello: *No cabían dos camas en la habitación y lo solucionaron poniendo literas.*
**SIN.** Solventar, resolver, remediar, arreglar. **ANT.** Empeorar, estropear.
**FAM.** Solución.

**solvencia** *s. f.* Hecho de ser solvente: *Cambiaremos de coche cuando tengamos más solvencia. Te*

voy a recomendar un buen médico, de toda solvencia.
**SIN.** Liquidez; confianza.

**solventar** *v.* Solucionar, resolver.
**SIN.** Arreglar, remediar. **ANT.** Empeorar.

**solvente** *adj.* **1.** Que puede pagar sus deudas. **2.** Se dice de las personas o cosas en las que se puede confiar: *La noticia debe de ser cierta, pues procede de fuentes solventes. Le han contratado enseguida porque es un profesional solvente.*
**SIN. 2.** Fiable, seguro. **ANT. 1.** Insolvente.
**FAM.** Solvencia, solventar. / Insolvente.

**somalí** *adj.* y *s. m.* y *f.* **1.** De Somalia, país del este de África. || *s. m.* **2.** Lengua que se habla en este país. ■ Su plural es *somalís* o *somalíes*.

**somanta** *s. f.* Paliza, tunda: *Le dieron una buena somanta.*
**SIN.** Zurra.

**somático, ca** *adj.* Del cuerpo.
**ANT.** Psíquico.

**sombra** *s. f.* **1.** Falta de luz o de calor que se produce al ponerse algo delante de lo que da esta luz o calor: *Este toldo da muy poca sombra.* **2.** Lugar donde hay esta falta de luz o de calor: *Te esperaremos en la sombra, que aquí nos asamos.* **3.** Figura o dibujo oscuro que forma un cuerpo en una superficie al estar colocado entre la luz y esta superficie: *Le divertía ver su sombra reflejada en la pared.* **4.** Producto para dar color a los párpados de los ojos. Se llama también *sombra de ojos.* **5.** Señal o muestra muy pequeña de algo: *Era muy guapo y muy fuerte, pero ahora no es ni sombra de lo que fue.*
**EXPR. mala sombra** Mala suerte; también, mala idea: *No le despiertes, no tengas mala sombra.* **sombras chinescas** Espectáculo que consiste en hacer sobre una pantalla sombras de figuras, animales y otras cosas con las manos y con otras partes del cuerpo. || **a la sombra** En la cárcel: *Pasó cinco años a la sombra por robo.* **a la sombra de** una persona o cosa Protegido por ella. **hacer sombra** a alguien No dejarle destacar otra persona que es muy lista o muy buena en algo.
**SIN. 3.** Silueta. **5.** Indicio; pizca. **ANT. 2.** Sol.
**FAM.** Sombrajo, sombrear, sombrero, sombrilla, sombrío. / Asombrar, ensombrecer, malasombra.

**sombrajo** *s. m.* Cubierta hecha con ramas, mimbres y otras cosas para que dé sombra.

**sombreado, da** *adj.* Que tiene sombra o está en la sombra: *Esta parte del jardín es más sombreada.*
**SIN.** Sombrío. **ANT.** Soleado.

**sombrear** *v.* Dar color más oscuro a algunas partes de un dibujo para imitar las partes que están en sombra.
**FAM.** Sombreado.

**sombrerera** *s. f.* Caja para guardar o llevar sombreros.

**sombrerería** *s. f.* Tienda donde se hacen o se venden sombreros.

**sombrerete** *s. m.* **1.** Pieza que protege o tapa algunas cosas y que se parece a un sombrero: *El sombrerete de la chimenea es de hierro.* **2.** Sombrerillo de los hongos y las setas.
SIN. **2.** Sombrero.

**sombrerillo** *s. m.* Parte de arriba de los hongos y las setas, que es más ancha que el resto.
SIN. Sombrerete, sombrero.

**sombrero** *s. m.* **1.** Prenda de vestir que se pone en la cabeza para abrigarla o como adorno, y que suele estar formada por copa y ala. **2.** Sombrerillo de las setas y los hongos.
EXPR. **sombrero cordobés** El que está hecho de fieltro, con el ala ancha y plana y la copa baja, casi cilíndrica. Es el sombrero típico del traje andaluz. **sombrero de copa** El que tiene el ala estrecha y la copa alta, casi cilíndrica y plana por arriba, que se usa en ceremonias en que los hombres tienen que ir muy elegantes. Se llama también *chistera*. **sombrero hongo** Bombín. || **quitarse el sombrero** Mostrar una gran admiración o respeto: *Me quito el sombrero ante personas tan valientes.*
SIN. **2.** Sombrerete.
FAM. Sombrerera, sombrerería, sombrerete, sombrerillo.

hongo
o bombín

de copa
o chistera

cordobés

pamela

flexible

**sombreros**

**sombrilla** *s. f.* Especie de paraguas que se usa para protegerse del sol, por ejemplo en la playa o en una terraza.
SIN. Quitasol, parasol.

**sombrío, a** *adj.* **1.** Oscuro, con muy poca luz: *La casa es bonita, pero sombría.* **2.** Triste: *Era un hombre callado y sombrío.*
SIN. **1.** Sombreado. **1.** y **2.** Lúgubre. **2.** Taciturno, decaído, afligido. ANT. **1.** Luminoso, soleado. **2.** Alegre.

**somero, ra** *adj.* Breve y sin demasiados detalles: *No sé bien lo que ha pasado, pues me lo contaron de forma muy somera.*
SIN. Superficial, ligero. ANT. Profundo, detallado.

**someter** *v.* **1.** Hacer que alguien obedezca y haga lo que se le dice, utilizando la fuerza: *Sometieron*

a los que se habían rebelado. La población se sometió a los conquistadores.* **2.** Dejar una cosa a alguien para que la vea, diga lo que piensa sobre ella o haga lo que tenga que hacer: *Sometió los análisis a la opinión de otros médicos.* **3.** Poner a una persona o cosa de forma que pueda recibir la acción de algo: *Sometieron el nuevo material al fuego, para ver si era resistente a las altas temperaturas.*
SIN. **1.** Dominar, sujetar, sojuzgar; rendir. **2.** Encomendar. **3.** Exponer. ANT. **1.** Liberar; rebelarse.
FAM. Sometimiento, sumisión.

**sometimiento** *s. m.* Acción de someter a alguien o algo.
SIN. Dominación; rendición. ANT. Rebeldía.

**somier** *s. m.* Soporte con muelles, láminas de madera u otra cosa sobre el que se pone el colchón.

**somnífero, ra** *adj.* y *s. m.* Se dice de la sustancia que produce sueño.
SIN. Narcótico.

**somnolencia** *s. f.* Sensación de sueño. ■ Se dice también *soñolencia*.
SIN. Modorra, sopor, letargo.
FAM. Somnoliento.

**somnoliento, ta** *adj.* Que tiene sueño. ■ Se dice también *soñoliento*.
SIN. Amodorrado.

**somormujo** *s. m.* Ave acuática de cuello largo, pico puntiagudo y patas adecuadas para nadar; algunas especies tienen un penacho de plumas.

**son** *s. m.* Sonido agradable, sobre todo si es de música: *el son de la flauta.*
EXPR. **en son de** Con intención de: *en son de paz, en son de guerra.* **sin ton ni son** Busca **ton**.
FAM. Unísono.

**sonado, da** *adj.* **1.** Célebre, famoso: *¿No te acuerdas de aquella película? Pues fue sonada.* **2.** Tonto o loco. **3.** Se dice del boxeador al que los golpes han acabado afectándole a la cabeza.
SIN. **1.** Popular, nombrado. **2.** Pirado, chalado, majareta. ANT. **1.** Desconocido. **2.** Cuerdo.

**sonaja** *s. f.* Par de chapas de metal atravesadas por un alambre y sujetas a un soporte, que suenan al moverse: *las sonajas de la pandereta.*

**sonajero** *s. m.* Juguete para los bebés que tiene cascabeles y otras cosas que suenan.

**sonambulismo** *s. m.* Lo que les pasa a algunas personas que andan, hablan o hacen otras cosas mientras están durmiendo.

**sonámbulo, la** *adj.* y *s. m.* y *f.* Se dice de la persona que anda, habla o hace otras cosas estando dormida.

**sonar** *v.* **1.** Hacer una cosa sonido o ruido: *Sonó el timbre varias veces antes de que abrieran.* **2.** Resultarnos conocida una persona o cosa sin que consigamos recordarla del todo: *Su cara me suena, pero no sé dónde lo he visto antes.* **3.** Parecer: *A mí esa*

película me suena a rollo. **4.** Limpiar la nariz de mocos echando con fuerza el aire por ella: *Hizo tanto ruido al sonarse que la gente se le quedó mirando.* ■ Es un verbo irregular. Se conjuga como *contar.*
SIN. **1.** Resonar, retumbar. **3.** Oler.
FAM. Sonado, sonaja, sonajero, sonata, sonoro. / Consonante, disonar, malsonante, resonar.

**sónar** o **sonar** *s. m.* Aparato parecido al radar, que se usa en navegación para saber si hay algún objeto o nave debajo del agua.

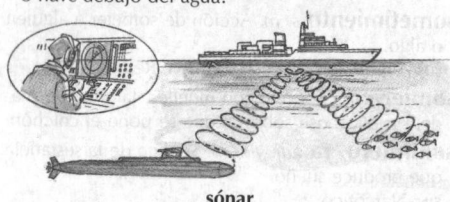

**sónar**

**sonata** *s. f.* Tipo de composición de música clásica.

**sonda** *s. f.* **1.** Cuerda muy larga con un peso en un extremo que se echa en el agua para saber lo hondo que es un río, un pantano o una parte del mar. **2.** Instrumento que se usa para explorar algunas cosas por dentro. **3.** Tubito muy delgado que se introduce en el cuerpo para meter un líquido, como el suero, o para sacarlo, por ejemplo el pis. **4.** Globo, cohete u otra cosa que se envía al espacio para explorar la atmósfera.
FAM. Sondar, sondear.

**sondar** *v.* **1.** Meter una sonda en el cuerpo. **2.** Medir la profundidad del agua usando una sonda: *sondar un pozo.*
FAM. Insondable.

**sonda** espacial

**sondear** *v.* **1.** Examinar una cosa por dentro: *Sondearon el terreno para ver si había petróleo.* **2.** Hacer preguntas a la gente o investigar para enterarse de algo: *Sondearon a su familia para ver qué quería Montse de regalo.*
SIN. **2.** Sonsacar, indagar.
FAM. Sondeo.

**sondeo** *s. m.* **1.** Acción de sondear. **2.** Sistema para conocer lo que opina la gente sobre algo que consiste en preguntar a un grupo variado de personas: *Todos los sondeos dan como vencedor al candidato de la oposición.*
SIN. **2.** Encuesta.

**soneto** *s. m.* Poema de catorce versos que está formado por dos cuartetos y dos tercetos.

**sonido** *s. m.* **1.** Sensación que producen en el oído las vibraciones de un cuerpo que se transmiten en el aire en forma de ondas. **2.** Forma de pronunciarse cada letra: *La «r» de «ratón» tiene un sonido más fuerte que la «r» de «pera».* **3.** Técnicas y aparatos para grabar y producir voces, música, ruidos: *Se ha comprado un equipo de sonido muy bueno. Es experto en sonido y trabaja en la radio.*
SIN. **1.** Ruido.
FAM. Son, sonar, soniquete, sonsonete. / Ultrasonido.

**soniquete** *s. m.* Sonido que se repite mucho y resulta pesado o molesto: *A ver si para el soniquete de las máquinas de escribir.*
SIN. Sonsonete.

**sonoridad** *s. f.* **1.** Sonido de una cosa, sobre todo si es fuerte o agradable. **2.** Fuerza con que se oyen los sonidos.

**sonoro, ra** *adj.* **1.** Que suena o tiene sonido: *Un timbre es una señal sonora. Las primeras películas de cine no eran sonoras.* **2.** Que suena fuerte o de forma agradable: *A lo lejos se oían las sonoras campanas de la catedral.* ‖ *s. m.* **3.** Sistema para producir el sonido en una película de cine: *A mitad de la película se estropeó el sonoro.*
FAM. Sonoridad. / Insonorizar.

**sonotone** *s. m.* Aparato que llevan los sordos para poder oír.
SIN. Audífono.

**sonreír** *v.* **1.** Hacer el gesto de reírse, pero sin producir ningún sonido: *Sonrió al vernos.* **2.** Ser buena y favorable una cosa para alguien: *La vida le sonríe, todo le sale bien.* ■ Es un verbo irregular. Se conjuga como *reír.*
FAM. Sonriente, sonrisa.

**sonriente** *adj.* Que está sonriendo: *Siempre sale sonriente en las fotos.*

**sonrisa** *s. f.* Gesto que se hace al sonreír.

**sonrojar** *v.* Poner rojo de vergüenza: *Es muy tímido y enseguida se sonroja.*
SIN. Ruborizar, avergonzar, abochornar.
FAM. Sonrojo.

**sonrojo** *s. m.* Color rojo que aparece en la cara de una persona cuando siente vergüenza.

**sonrosado, da** *adj.* De color rosado: *Tiene las mejillas sonrosadas.*
ANT. Pálido.

**sonsacar** *v.* Conseguir que alguien nos dé o nos diga algo: *Sonsacó a su hermano el dinero para la fiesta.* ■ Delante de *e* se escribe *qu* en lugar de *c*: *Guarda el secreto, que no te sonsaquen.*

**sonso, sa** *adj. y s. m. y f.* Busca **zonzo**.

**sonsonete** *s. m.* Ruido o tono que resulta muy pesado y molesto: *Habla con un sonsonete que hace que te duermas.*
SIN. Soniquete.

**soñación** Se usa en la expresión **ni por soñación**, que significa 'ni soñarlo', 'de ninguna manera': *Ahora no puedo comprarme una casa ni por soñación.*

**soñador, ra** *adj. y s. m. y f.* Se dice de la persona a la que le gusta imaginar las cosas más bonitas o mejores de lo que son en realidad.
ANT. Realista.

**soñar** *v.* **1.** Estar imaginando mientras dormimos cosas, acciones y escenas: *Ayer soñé contigo.* **2.** Imaginar las cosas que nos gustaría tener o cómo nos gustaría que fueran: *Soñaba con una casa como ésa. Le gustaba soñar que era una aventurera y cruzaba ella sola la selva.* ■ Es un verbo irregular. Se conjuga como *contar.*
EXPR. **ni soñarlo** Expresa con seguridad que algo no es como se cree, que no existe o no va a suceder. A veces se usa sólo para decir que no: *¿Me regalas tu carpeta? Ni soñarlo.*
SIN. **2.** Idealizar, fantasear.
FAM. Soñación, soñador, soñarrera, soñera. / Ensoñación.

**soñarrera** o **soñera** *s. f.* Muchas ganas de dormir.
SIN. Modorra, somnolencia, sopor.

**soñolencia** *s. f.* Busca **somnolencia**.
FAM. Soñoliento.

**soñoliento, ta** *adj.* Busca **somnoliento**.

**sopa** *s. f.* **1.** Caldo con fideos, verduras u otros alimentos: *sopa de arroz, sopa de mariscos.* **2.** Trocito de pan que se moja en un caldo o en una salsa: *Echó sopas en el caldo de la ensalada.* ‖ *adj.* **3.** Dormido: *Se quedó sopa viendo la tele.*
EXPR. **sopa de letras** Sopa hecha con pasta en forma de letras. También, pasatiempo que consiste en formar palabras o frases uniendo sus letras, que están mezcladas con otras muchas en un cuadrado. ‖ **a la sopa boba** Sin pagar ni dar nada: *Pasó el verano en casa de un amigo a la sopa boba.* **como una sopa** o **hecho una sopa** Muy mojado: *Se le olvidó el paraguas y llegó como una sopa.* **dar sopas con honda** Ser mucho mejor que otro en alguna cosa: *Corriendo nos da a todos sopas con honda.* **hasta**

**en la sopa** En todas partes: *A Guille me lo encuentro hasta en la sopa.*
FAM. Sopera, sopero, sopicaldo. / Ensopar.

**sopapo** *s. m.* Bofetada, torta.
SIN. Soplamocos, tortazo, mamporro, castaña.

**sopera** *s. f.* Recipiente hondo para llevar la sopa a la mesa.

**sopero, ra** *adj. y s. m.* **1.** Se dice del plato hondo para tomar sopas y alimentos con caldo. **2.** Se dice del cubierto que se usa para tomar sopa o para servirla: *cuchara sopera, cucharón sopero.*

**sopesar** *v.* **1.** Calcular más o menos el peso de una cosa cogiéndola o levantándola. **2.** Ver lo bueno y lo malo de algo: *Sopesó las ventajas y los inconvenientes de cambiarse de casa.*

**sopetón** Se usa en la expresión **de sopetón**, que significa 'de repente': *Me lo encontré de sopetón, al volver la esquina.*

**sopicaldo** *s. m.* Sopa o caldo poco espeso.

**soplado** *s. m.* Procedimiento de soplar el vidrio para darle forma.

**soplagaitas** *adj. y s. m. y f.* Tonto, estúpido. ■ No varía en plural.

**soplamocos** *s. m.* Bofetada, torta. ■ No varía en plural.
SIN. Sopapo.

**soplapollas** *adj. y s. m. y f.* Gilipollas. ■ Es una palabra vulgar. No varía en plural.

**soplar** *v.* **1.** Echar aire por la boca poniendo los labios como para pronunciar la *u*: *Sopló todas las velas de una vez.* **2.** Echar aire con un instrumento: *Soplaba el fuego con el fuelle.* **3.** Correr el viento: *Hoy sopla un airecillo muy agradable.* **4.** Inyectar aire al vidrio fundido para que se hinche y así poder darle forma de recipiente. **5.** Decirle a alguien algo con disimulo: *Menos mal que Raquel me sopló la pregunta.* **6.** En el juego de las damas, quitarle al otro jugador una ficha con la que se debería haber comido una nuestra. **7.** Tomar bebidas alcohólicas en cantidad: *Sopló tanto en la fiesta que luego se puso malo.*
SIN. **1.** Espirar, bufar. **5.** Apuntar. ANT. **1.** y **2.** Aspirar.
FAM. Soplado, soplagaitas, soplamocos, soplapollas, soplete, soplido, soplillo, soplo, soplón. / Resoplido.

**soplete** *s. m.* Instrumento que produce una llama muy fuerte y se usa para unir cosas de metal.

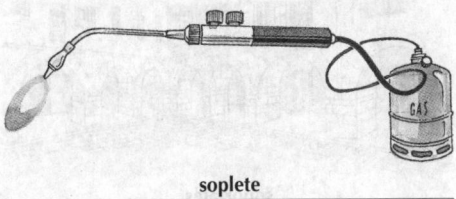

soplete

**soplido** *s. m.* El soplar por la boca: *Apagó la vela de un soplido.*
SIN. Soplo.

**soplillo** *s. m.* Objeto que se usa para poner más fuerte el fuego de una hoguera o de una chimenea, y que está formado por un trozo de esparto más o menos redondeado y un mango.
EXPR. **orejas de soplillo** Las que están bastante separadas de la cabeza.

**soplo** *s. m.* **1.** Acción de soplar: *Un soplo de viento le voló el sombrero.* **2.** Muy poco tiempo: *Como estuvimos de excursión, el fin de semana se nos pasó en un soplo.* **3.** Noticia que se da en secreto a una persona: *La policía recibió un soplo sobre el robo del banco.* **4.** Ruido raro que hace el corazón y que es señal de que no funciona bien: *No puede hacer ejercicio porque le han detectado un soplo en el corazón.*
SIN. **1.** Soplido. **2.** Instante, momento, periquete, tris. **3.** Chivatazo, confidencia. ANT. **2.** Eternidad.

**soplón, na** *adj.* y *s. m.* y *f.* Se dice de la persona que da noticias a otras en secreto, o se chiva de lo que hacen los demás.
SIN. Confidente; chivato, acusica.

**soponcio** *s. m.* **1.** Desmayo: *Hacía tanto calor que le dio un soponcio.* **2.** Ataque de nervios, susto o impresión muy fuerte: *Como mamá vea la habitación tan revuelta, le da un soponcio.*
SIN. **1.** y **2.** Patatús, síncope, telele.

**sopor** *s. m.* Sensación de sueño: *Le entra sopor después de comer.*
SIN. Somnolencia, modorra.
FAM. Soporífero.

**soporífero, ra** *adj.* **1.** Que da sueño. **2.** Muy aburrido: *Este programa es soporífero.*
SIN. **1.** Somnífero.

**soportable** *adj.* Que se puede soportar: *El trabajo es duro, pero soportable.*
SIN. Llevadero. ANT. Insoportable.

**soportal** *s. m.* Sitio alrededor de algunas plazas, delante o al lado de algunos edificios, que está cubierto y tiene arcos y columnas.

**soportar** *v.* **1.** Aguantar un peso: *No creo que una bolsa tan fina soporte tantos libros.* **2.** Aguantar algo malo: *No sé cómo puedes soportar el calor que está haciendo.*

soportales

SIN. **1.** Sostener, sujetar, sustentar. **1.** y **2.** Resistir, tolerar.
FAM. Soportable, soporte. / Insoportable.

**soporte** *s. m.* **1.** Cualquier cosa que sirve para que otra se apoye sobre ella: *Colocaron la jaula de los pájaros en un soporte metálico.* **2.** Persona o cosa que es muy importante para otras y de gran ayuda para ellas: *Ella es el principal soporte de su familia.* **3.** Material sobre el que se hace una cosa; por ejemplo, en pintura, el soporte puede ser el papel, y en informática, un CD o un disquete para guardar los datos.
SIN. **1.** y **2.** Base, apoyo, sostén.

**soprano** *s. m.* y *f.* Mujer o niño cantantes de música clásica que tienen la voz más aguda.

**sor** *s. f.* Se usa delante del nombre de algunas monjas para dirigirse a ellas: *sor María.*

**sorber** *v.* **1.** Beber un líquido aspirándolo, por ejemplo con una pajita. **2.** Aspirar por la nariz para que no se caigan los mocos.
SIN. **1.** Chupar, absorber.
FAM. Sorbido, sorbo. / Absorber, adsorber.

**sorbete** *s. m.* Dulce parecido a un helado, pero más líquido, que suele estar hecho con frutas, agua y azúcar: *sorbete de limón.*

**sorbido** *s. m.* Acción de sorber, sobre todo cuando se hace con ruido.

**sorbo** *s. m.* **1.** Acción de sorber: *Se lo bebió de un sorbo.* **2.** Muy poquito de un líquido: *Se achispó y sólo tomó un sorbo de vino.*
SIN. **2.** Trago, buche, pizca, gota.

**sordera** *s. f.* Pérdida o falta del sentido del oído.

**sordidez** *s. f.* Característica de sórdido.

**sórdido, da** *adj.* Muy pobre, sucio y feo: *La novela describía un ambiente sórdido.*
SIN. Miserable, mísero, ruin. ANT. Rico, lujoso.
FAM. Sordidez.

**sordina** *s. f.* Pieza que se coloca en un instrumento musical para que suene más suave.
EXPR. **con** (o **en**) **sordina** En silencio o con disimulo: *Actuaron con sordina para que no se enterase nadie.*

**sordo, da** *adj.* y *s. m.* y *f.* **1.** Que no oye o que oye muy poco: *Háblale alto, porque es algo sorda.* **2.** Que casi no se oye: *El libro hizo un ruido sordo al caer sobre la moqueta.*
SIN. **1.** Teniente. **2.** Callado. ANT. **2.** Ruidoso, sonoro.
FAM. Sordera, sordina, sordomudo. / Ensordecer.

**sordomudo, da** *adj.* y *s. m.* y *f.* Se dice de la persona que es sorda y muda.

**soriano, na** *adj.* y *s. m.* y *f.* De Soria, ciudad y provincia de España.

**soriasis** *s. f.* Enfermedad de la piel que hace que se ponga roja y le salgan escamas. ■ No varía en plural.

**sorna** *s. f.* Tonillo de burla con que se dice algo: *Cuando me vio este verano estudiando, me dijo con sorna: «¿Qué, disfrutando de las vacaciones?».* SIN. Guasa, retintín, ironía, socarronería.

**soroche** *s. m.* Mal de montaña o de las alturas. Busca **mal**.

**sorprendente** *adj.* Raro, extraordinario, que sorprende o causa admiración: *El enfermo tuvo una mejora sorprendente.* SIN. Asombroso, increíble, impresionante. ANT. Normal.

**sorprender** *v.* **1.** Producir sorpresa: *Me sorprendió que se fuera sin despedirse.* **2.** Pillarle a alguien de repente: *Sorprendieron a los ladrones cuando entraban en la casa. La lluvia les sorprendió en pleno campo.* SIN. **1.** Asombrar, admirar, extrañar, chocar. **2.** Pescar. FAM. Sorprendente, sorpresa.

**sorpresa** *s. f.* **1.** Impresión que nos produce algo que no esperábamos: *No le digas lo que le hemos comprado, así le damos una sorpresa.* **2.** Regalito que tienen dentro algunas cosas: *Los roscones de Reyes suelen llevar sorpresa.* SIN. **1.** Admiración, asombro, extrañeza, pasmo.

**sortear** *v.* **1.** Decidir la suerte a quién le va a tocar un premio, qué es lo que alguien va a hacer, a dónde va a ir: *En ese programa sortean 20 viajes a Disneylandia.* **2.** Apartarse o ir por otro sitio para no encontrarse con algo: *Se agachó para sortear el golpe.* **3.** Evitar peligros o problemas. SIN. **1.** Rifar. **2.** Rodear, salvar. **3.** Eludir, rehuir. ANT. **3.** Enfrentarse. FAM. Sorteo.

**sorteo** *s. m.* Acción de sortear alguna cosa, por ejemplo los premios de la lotería.

**sortija** *s. f.* Anillo que se lleva en los dedos, sobre todo el que tiene adornos, por ejemplo una perla o una piedra preciosa. FAM. Ensortijado.

**sortilegio** *s. m.* Hechizo, encantamiento. SIN. Hechicería.

**SOS** *s. m.* Señal internacional que se emplea para pedir socorro: *El barco transmitió un SOS.*

**sosa** *s. f.* Sustancia química que se saca del sodio y se emplea para fabricar algunos jabones.

**sosaina** *adj.* y *s. m.* y *f.* Se dice de la persona sosa, que tiene muy poca gracia. SIN. Soseras. ANT. Salado, gracioso.

**sosegado, da** *adj.* Tranquilo, calmado: *El enfermo pasó la noche muy intranquilo, pero ahora está más sosegado.* SIN. Relajado, reposado, apacible. ANT. Nervioso.

**sosegar** *v.* Calmar, tranquilizar: *Estaba muy nervioso y hasta que se sosegó no pudo hablar.* ■ Delante de *e* se escribe *gu* en lugar de *g*. Es un verbo irregular que se conjuga como *pensar*.

SIN. Relajar, aplacar, serenar. ANT. Intranquilizar, estresar.

**sosera** *s. f.* Sosería.

**soseras** *adj.* y *s. m.* y *f.* Sosaina. ■ No varía en plural.

**sosería** *s. f.* **1.** Falta de gracia: *El cómico nos aburrió porque contaba los chistes con mucha sosería.* **2.** Cosa sosa y sin gracia. SIN. **1.** y **2.** Sosera. ANT. **1.** Salero, sal.

**sosiego** *s. m.* Tranquilidad, descanso: *Necesitaba tener más momentos de sosiego.* SIN. Calma, paz, reposo. ANT. Intranquilidad, estrés. FAM. Sosegado, sosegar. / Desasosiego.

**soslayar** *v.* Esquivar, evitar: *La actriz consiguió soslayar la pregunta sobre su divorcio.* SIN. Sortear, rehuir, eludir. ANT. Enfrentarse.

**soslayo** Se usa en la expresión **de soslayo**, que significa 'de lado, oblicuamente': *Al pasar le miró de soslayo.* FAM. Soslayar. / Insoslayable.

**soso, sa** *adj.* **1.** Que tiene poca sal o poco sabor: *La comida está buena, pero un poco sosa.* || *adj.* y *s. m.* y *f.* **2.** Que tiene poca gracia o salero: *Es un soso bailando.* **3.** Aburrido, poco alegre: *Es una sosa, no le gustan las fiestas. El dibujo de esa tela es soso.* SIN. **1.** Insípido. **1.** y **2.** Insulso. **2.** Sosaina. **3.** Apagado, triste. ANT. **1.** Sabroso. **1.** y **2.** Salado. **2.** Gracioso. **3.** Divertido. FAM. Sosaina, sosera, soseras, sosería. / Pavisoso.

**sospecha** *s. f.* El sospechar una cosa o sospechar de alguien: *Tenía la sospecha de que algo iba a pasar. Había sospechas de que fue ella quien se quedó con el dinero.* SIN. Suposición, presentimiento; desconfianza, recelo. ANT. Confianza.

**sospechar** *v.* **1.** Creer una cosa por algunas señales o por lo que parece: *Sospecho que a estas horas ya no estarán en casa.* **2.** Pensar que una persona ha hecho algo malo: *Robaron en la casa y sospechan de uno de los vecinos.* SIN. **1.** Suponer, presumir, presentir. **2.** Desconfiar, recelar. ANT. **2.** Confiar. FAM. Sospecha, sospechoso. / Insospechado.

**sospechoso, sa** *adj.* **1.** Que resulta muy extraño y hace sospechar: *Al profesor le pareció sospechoso que el examen de los dos alumnos fuese tan parecido.* || *adj.* y *s. m.* y *f.* **2.** Se dice de la persona de la que se sospecha: *La policía hizo preguntas sobre el robo a todos los sospechosos.* SIN. **1.** Dudoso, raro. ANT. **1.** Claro.

**sostén** *s. m.* **1.** Prenda interior que usan las mujeres para que les sujete y levante el pecho. **2.** Acción de sostener. **3.** Persona o cosa que mantiene o protege a otras: *Sus padres son el sostén de la familia.* SIN. **1.** Sujetador. **2.** Mantenimiento, respaldo, sustento. **2.** y **3.** Soporte.

**sostener** *v.* **1.** Sujetar algo para que no se caiga: *Se puso varias horquillas para sostenerse el moño.* **2.** Defender una idea, decir algo para que los demás lo crean: *Los chicos sostienen que no han sido ellos los que han pintado en la pared.* **3.** Tener o hacer una cosa durante un tiempo: *sostener una conversación.* **4.** Darle a alguien lo que necesita para vivir: *Con su sueldo sostiene a toda la familia.* || **sostenerse 5.** Andar o estar de pie sin perder el equilibrio: *Llevaba unos tacones tan altos que no podía sostenerse.* ■ Es un verbo irregular. Se conjuga como *tener.*
SIN. **1.** Aguantar, soportar, agarrar. **1.** a **4.** Mantener. **1.** y **4.** Sustentar. **2.** Afirmar, asegurar, manifestar. ANT. **1.** Tirar. **2.** Negar.
FAM. Sostén, sostenido, sostenimiento. / Insostenible.

**sostenido, da** *adj.* Se dice de la nota musical que es medio tono más alta que su sonido natural: *do sostenido.*

**sostenimiento** *s. m.* Hecho de sostener una cosa o a una persona: *Las vigas sirven de sostenimiento al edificio. El chico ya trabaja y ayuda con su sueldo al sostenimiento de la familia.*
SIN. Sujeción, sostén; mantenimiento, manutención.

**sota** *s. f.* **1.** Décima carta de cada palo de la baraja española; representa la figura de un paje que sostiene el símbolo de su palo: *la sota de bastos, la sota de oros.* **2.** Persona, sobre todo una mujer, antipática y de mal carácter.
EXPR. **sota, caballo y rey** Seguir las cosas un orden siempre igual: *En clase de gimnasia nunca hacemos nada nuevo: siempre es sota, caballo y rey.*

**sotana** *s. f.* Traje negro y largo parecido a una túnica, que llevan algunos curas y religiosos.

**sótano** *s. m.* Piso de un edificio que está situado por debajo del nivel de la calle.
FAM. Semisótano.

**sotavento** *s. m.* En el lenguaje marinero, lado contrario a la parte desde donde viene el viento.
ANT. Barlovento.

**soterrado, da** *adj.* Que no se ve o no se nota claramente: *Aunque los dos disimulan, hay un enfrentamiento soterrado entre ellos.*
SIN. Oculto, latente. ANT. Patente, manifiesto.

**soto** *s. m.* Lugar con árboles, matas y arbustos, sobre todo al lado de un río.

**soufflé** *s. m.* Plato que se prepara con claras de huevo a punto de nieve y se hace en el horno. ■ Es una palabra francesa.

**soul** *s. m.* Estilo musical nacido en los Estados Unidos en los años sesenta del siglo XX; procede de otros estilos de música negra, como el jazz y el blues. ■ Es una palabra inglesa.

**souvenir** *s. m.* Objeto de recuerdo que se trae de un viaje. ■ Es una palabra francesa. Su plural es *souvenirs.*

**soviético, ca** *adj.* y *s. m.* y *f.* De la Unión Soviética, antiguo país de Europa y Asia.

**spaghetti** *s. m. pl.* Busca **espagueti.** ■ Es una palabra italiana.

**spanglish** *s. m.* Busca **espanglish.** ■ Es una palabra inglesa.

**spaniel** *adj.* y *s. m.* y *f.* Se dice de una raza inglesa de perros de orejas caídas y pelo largo y sedoso, utilizada sobre todo para la caza. ■ Es una palabra inglesa. Su plural es *spaniels.*

**speech** *s. m.* Discurso breve: *El presidente hizo un speech para felicitar a los trabajadores por los resultados de la empresa.* ■ Es una palabra inglesa. Su plural es *speeches.*

**spoiler** *s. m.* Alerón, faldón u otra pieza que lleva la carrocería de algunos automóviles para contrarrestar el efecto del viento o para darles un aspecto deportivo. ■ Es una palabra inglesa. Su plural es *spoilers.*

**sponsor** *s. m.* Busca **espónsor.** ■ Es una palabra inglesa. Su plural es *sponsors.*

**sport** *s. m.* Se llama así a las prendas y a la forma de vestir más cómodas que suelen usarse en el tiempo libre: *pantalones sport, chaqueta de sport.* ■ Es una palabra inglesa. No varía en plural.
SIN. Deportivo.

**spot** *s. m.* Anuncio de radio o televisión. ■ Es una palabra inglesa. Su plural es *spots.*

**spray** *s. m.* Bote que, al apretar un botón que tiene arriba, echa con fuerza y en gotas muy finas el líquido con gas a presión que lleva dentro. ■ Es una palabra inglesa y su plural es *sprays.* En español se escribe también *espray.*

**sprint** *s. m.* Mayor esfuerzo que hace un deportista en una carrera, sobre todo al final, para conseguir la máxima velocidad. ■ Es una palabra inglesa y su plural es *sprints.* En español se escribe también *esprint.*
FAM. Sprinter.

**sprinter** *s. m.* y *f.* Corredor muy bueno en los sprints. ■ Es una palabra inglesa. Su plural es *sprinters.*

**squash** *s. m.* Deporte que es como el frontón, pero se juega con raquetas de mango más largo y en un campo más pequeño y cerrado por todas partes. ■ Es una palabra inglesa.

**stand** *s. m.* Lugar donde se colocan los productos en una feria o exposición; puede ser una caseta, un mostrador o algo parecido. ■ Es una palabra inglesa. Su plural es *stands.*

**stand by** *s. m.* En economía, crédito abierto por las compañías y bancos de un país en otros países.

**standard** *adj.* Busca **estándar.** ■ Es una palabra inglesa. No varía en plural.

**standing** *s. m.* Posición social y económica elevada. ■ Es una palabra inglesa. Su plural es *standings.*

**starter** *s. m.* Dispositivo del motor de un vehículo que regula el aire que entra en el carburador. ■ Es una palabra inglesa y su plural es *starters*. En español se escribe también *estárter*.

**status** *s. m.* Posición social y económica que ocupa una persona dentro de un grupo o en la sociedad: *La condesa sólo se relaciona con personas de su mismo status.* ■ Es una palabra latina, que en español se escribe también *estatus*. No varía en plural.

**stock** *s. m.* Productos que almacena una empresa o comercio para venderlos después. ■ Es una palabra inglesa. Su plural es *stocks*.
SIN. Provisión, existencias.

**stop** *s. m.* **1.** Señal de tráfico que indica que hay que parar el vehículo y ceder el paso. **2.** En los telegramas se usa como un punto: *Llegamos bien stop saludos stop.* ■ Es una palabra inglesa. Su plural es *stops*.
FAM. Autoestop.

**stress** *s. m.* Busca **estrés**. ■ Es una palabra inglesa. Su plural es *stress* o *stresses*.

**strip-tease** o **striptease** *s. m.* Espectáculo erótico en el que una persona se va quitando la ropa poco a poco. ■ Es una palabra inglesa. En español se escribe también *estriptís* o *estriptis*.

**su** *pos.* Forma abreviada de **suyo**, **suya**. ■ Se usa delante de un sustantivo: *su libro, su casa, sus amigos*.

**suave** *adj.* **1.** Que está muy liso, sin nada que pinche o raspe: *La piel de los niños es muy suave.* **2.** Que no está fuerte: *El volante de este coche va suave. Estas magdalenas tienen un sabor suave.* **3.** Amable

y tranquilo: *María es una persona agradable porque tiene un carácter muy suave.* **4.** Obediente, dócil: *Después del cachete, el perro se quedó de lo más suave.*
SIN. **1.** Terso. **2.** Blando, flojo. **3.** Dulce, plácido, sosegado. **4.** Sumiso, manso. ANT. **1.** Áspero, rasposo. **2.** Duro. **3.** Irritable. **4.** Rebelde.
FAM. Suavidad, suavizar.

**suavidad** *s. f.* Característica de lo que es suave.

**suavizante** *adj.* **1.** Que suaviza. ‖ *s. m.* **2.** Producto que se echa a la ropa para que quede suave y blanda. **3.** Producto que alguien se da sobre el pelo mojado, después de lavárselo, para que esté más suave y se peine mejor.

**suavizar** *v.* **1.** Hacer suave una cosa: *Se da crema para suavizar la piel.* **2.** Hacer que algo sea menos duro o fuerte: *Pensaba echar un poco de agua al vino para suavizarlo.* ■ Delante de *e* se escribe *c* en lugar de *z*: *suavicé*.
SIN. **1.** Alisar, afinar, pulir. **2.** Apaciguar, sosegar. ANT. **2.** Endurecer.
FAM. Suavizante.

**subacuático, ca** *adj.* Que está, vive o se produce debajo del agua: *Los biólogos marinos estudian la fauna y la flora subacuática.*

**subalterno, na** *adj.* y *s. m.* y *f.* **1.** Persona que trabaja a las órdenes de otra. ‖ *s. m.* **2.** El banderillero y otros toreros de menor categoría que ayudan al torero principal.
SIN. **1.** Subordinado, inferior. ANT. **1.** Superior.

**subarrendar** *v.* Alquilar alguien a otra persona un piso, habitación o local que tiene alquilado. ■ Es un verbo irregular. Se conjuga como *pensar*.
SIN. Realquilar.

**subasta** *s. f.* Forma de vender en la que se da la cosa que se vende al que ha ofrecido más por ella.
FAM. Subastar.

**subastar** *v.* Vender algo en una subasta.

**subcampeón, na** *s. m.* y *f.* El que ha quedado el segundo, después del campeón.

**subconjunto** *s. m.* En matemáticas, conjunto que está dentro de otro conjunto.

**subconsciente** *adj.* y *s. m.* Ideas o sentimientos que tenemos sin que nos demos cuenta de ellos.

**subcontinente** *s. m.* Parte de un continente que, por su tamaño y por tener alguna particularidad, se considera como una zona diferenciada: *Sudamérica es un subcontinente de América.*

**subcutáneo, a** *adj.* Que está o se pone debajo de la piel: *tejido subcutáneo, inyección subcutánea.*

**subdelegado, da** *s. m.* y *f.* Persona que trabaja a las órdenes directas del delegado o le sustituye en sus funciones.

**subdesarrollado, da** *adj.* Que no está bastante desarrollado; se dice sobre todo de los países

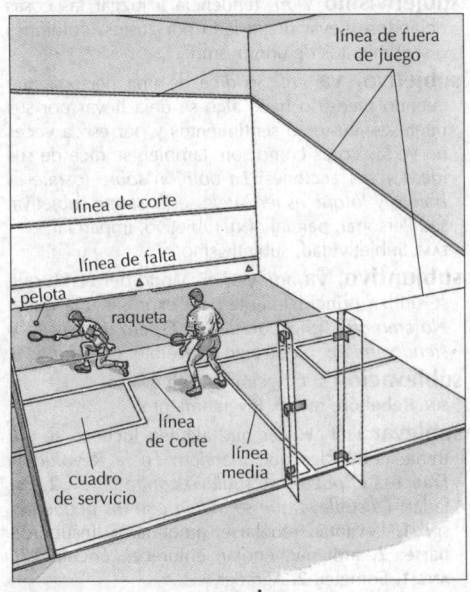

línea de fuera de juego

línea de corte

línea de falta

pelota

raqueta

línea de corte

línea media

cuadro de servicio

**squash**

pobres, que tienen una agricultura, una industria y unos transportes muy anticuados.

**subdesarrollo** *s. m.* Poco desarrollo en algo; se llama así sobre todo a la situación en que están los países pobres, que a veces no tienen ni para que la gente coma.
**FAM.** Subdesarrollado.

**subdirección** *s. f.* Cargo de subdirector y departamento del que se encarga.

**subdirector, ra** *s. m.* y *f.* El que tiene un puesto que está inmediatamente por debajo del director.

**súbdito, ta** *adj.* y *s. m.* y *f.* **1.** El que está bajo la autoridad de un rey o alguien con una categoría como la de un rey. || *s. m.* y *f.* **2.** Ciudadano de un país: *súbdito español.*

**subdividir** *v.* Hacer una división en algo que ya está dividido: *España se divide en autonomías y éstas se subdividen en provincias.*
**ANT.** Juntar, unir.
**FAM.** Subdivisión.

**subdivisión** *s. f.* **1.** Acción de subdividir. **2.** Cada una de las partes que quedan al subdividir. **3.** Pared, tabla u otra cosa con la que se subdivide algo.
**SIN. 2.** División. **ANT. 1.** Unión.

**subestimar** *v.* Dar a alguien o algo menos valor del que tiene en realidad: *No subestimes a mi hermano pequeño: es más inteligente de lo que crees.*
**SIN.** Menospreciar. **ANT.** Sobrestimar.

**subfusil** *s. m.* Arma de fuego más pequeña y ligera que el fusil y que dispara muchas veces a gran velocidad.
**SIN.** Metralleta.

**subgrupo** *s. m.* Cada una de las partes en que se puede dividir un grupo.

**subida** *s. f.* **1.** Acción de subir: *La subida a la montaña fue difícil porque había mucha nieve. Dicen que va a haber una subida en el precio de los coches.* **2.** Camino o terreno que está hacia arriba: *Después de esa subida está la casa.*
**SIN. 1.** Ascenso, escalada; elevación, incremento. **2.** Cuesta, rampa. **ANT. 1.** y **2.** Bajada.

**subido, da** *adj.* **1.** Se dice del color, olor o sabor cuando es fuerte: *Se ha comprado una camisa de color rojo subido.* **2.** Se usa en algunas frases para dar más fuerza a una cualidad: *Hoy está con el guapo subido.* **3.** Algo fuerte o atrevido, sobre todo en cosas relacionadas con el sexo. ■ Con este significado se dice mucho *subido de tono.*
**SIN. 1.** Vivo, chillón, acentuado, pronunciado. **ANT. 1.** Débil, imperceptible.

**subíndice** *s. m.* Letra o número que se escribe en la parte de abajo y a la derecha de una palabra o de otro número.

**subinspector, ra** *s. m.* y *f.* Persona que trabaja a las órdenes directas del inspector o le sustituye en sus funciones.

**subir** *v.* **1.** Ir a un sitio más alto: *Subieron a la montaña para ver el paisaje desde lo alto.* **2.** Ir a un puesto más alto: *Nuestro equipo ha subido del quinto puesto al tercero.* **3.** Llevar hacia arriba algo, ponerlo en un lugar más alto: *Suban esos muebles al cuarto piso.* **4.** Aumentar: *Han dicho en la tele que van a subir las temperaturas. Ha subido el precio de las judías verdes.* **5.** Montar en un vehículo: *Subíos de una vez al coche.* **6.** En informática, mandar archivos desde el disco duro del ordenador a Internet. || **subirse 7.** Emborrachar una bebida alcohólica: *Este vino se sube enseguida.*
**EXPR. subirse a la cabeza** Emborrachar. También, hacer creer a alguien que es muy importante: *Se le ha subido a la cabeza que la hayan nombrado reina de las fiestas.* **subirse** a alguien **a las barbas** No respetarle: *Como ese profesor no sea más duro, los chicos se le van a subir a las barbas.*
**SIN. 1.** Escalar. **1.** y **2.** Ascender. **2.** Progresar, prosperar. **3.** Elevar, alzar, aupar. **4.** Crecer, incrementar. **7.** Embriagar. **ANT. 1.** a **5.** Bajar. **1., 4.** y **5.** Descender. **4.** Disminuir.
**FAM.** Subida, subido.

**súbitamente** *adv.* Rápidamente, de repente.

**súbito, ta** *adj.* Muy rápido, que ocurre de repente: *Ha habido un súbito cambio del tiempo, hace un rato lucía el sol y ahora se ha puesto a llover.*
**SIN.** Repentino, imprevisto, inesperado. **ANT.** Lento.
**FAM.** Súbitamente.

**subjetividad** *s. f.* Característica de subjetivo.
**SIN.** Parcialidad. **ANT.** Objetividad.

**subjetivismo** *s. m.* Tendencia a juzgar las cosas dejándose llevar demasiado por gustos, opiniones o sentimientos de uno mismo.

**subjetivo, va** *adj.* Se dice de una persona que cuando piensa o hace algo se deja llevar por sus intereses, gustos o sentimientos y por eso a veces no ve las cosas como son; también se dice de sus ideas y sus acciones: *La opinión sobre lo que es bonito y lo que es feo suele ser bastante subjetiva.*
**SIN.** Personal, parcial. **ANT.** Objetivo, imparcial.
**FAM.** Subjetividad, subjetivismo.

**subjuntivo, va** *adj.* y *s. m.* Modo del verbo que se utiliza principalmente para expresar una duda: *No creo que venga;* un deseo: *Espero que sigamos siendo amigos;* o que algo es posible: *Quizá llueva.*

**sublevación** *s. f.* Acción de sublevarse.
**SIN.** Rebelión, motín, levantamiento.

**sublevar** *v.* **1.** Hacer que alguien luche o se enfrente contra los que mandan: *En la Revolución Francesa el pueblo se sublevó contra el rey.* **2.** Enfadar: *Le subleva que se metan con los pequeños.*
**SIN. 1.** Levantar, rebelarse, amotinarse, insubordinarse. **2.** Indignar, enojar, enfurecer, encolerizar.
**ANT. 1.** Someter. **2.** Agradar.
**FAM.** Sublevación.

**sublimación** *s. f.* Acción de sublimar.

**sublimar** *v.* **1.** Pensar o decir que alguien o algo es muy bueno y maravilloso. **2.** Hacer que un cuerpo sólido se convierta directamente en gas o, al revés, un gas en sólido, sin pasar por el estado líquido.
**SIN. 1.** Exaltar, elogiar. **ANT. 1.** Criticar.
**FAM.** Sublimación.

**sublime** *adj.* Excelente, extraordinario.
**SIN.** Maravilloso, espléndido, soberbio, admirable.
**ANT.** Malo, pésimo.
**FAM.** Sublimar.

**subliminal** *adj.* Se dice de las sensaciones y sentimientos que tenemos sin llegar a darnos cuenta conscientemente: *La publicidad subliminal hace que deseemos cosas sin que sepamos por qué.*
**SIN.** Subconsciente. **ANT.** Consciente.

**submarinismo** *s. m.* Actividad que consiste en bucear con trajes especiales, botellas de oxígeno y otras cosas necesarias para ello.
**FAM.** Submarinista.

**submarinista** *s. m. y f.* Persona que practica el submarinismo.

**submarino, na** *adj.* **1.** Que está o se hace debajo del mar: *En estas costas hay mucha vegetación submarina.* || *s. m.* **2.** Barco que puede navegar debajo del agua.
**FAM.** Submarinismo.

**submeseta** *s. f.* Cada una de las zonas que forman una meseta.

submarinismo

**submúltiplo, pla** *adj. y s. m.* Número que está varias veces dentro de otro; por ejemplo, el 2 es submúltiplo de 6 porque está tres veces en él: $2 + 2 + 2 = 6$.

**subnormal** *adj. y s. m. y f.* El que tiene menos inteligencia de lo que es normal a su edad. A veces se usa como insulto.
**SIN.** Retrasado, anormal.
**FAM.** Subnormalidad.

**subnormalidad** *s. f.* Característica de las personas subnormales.

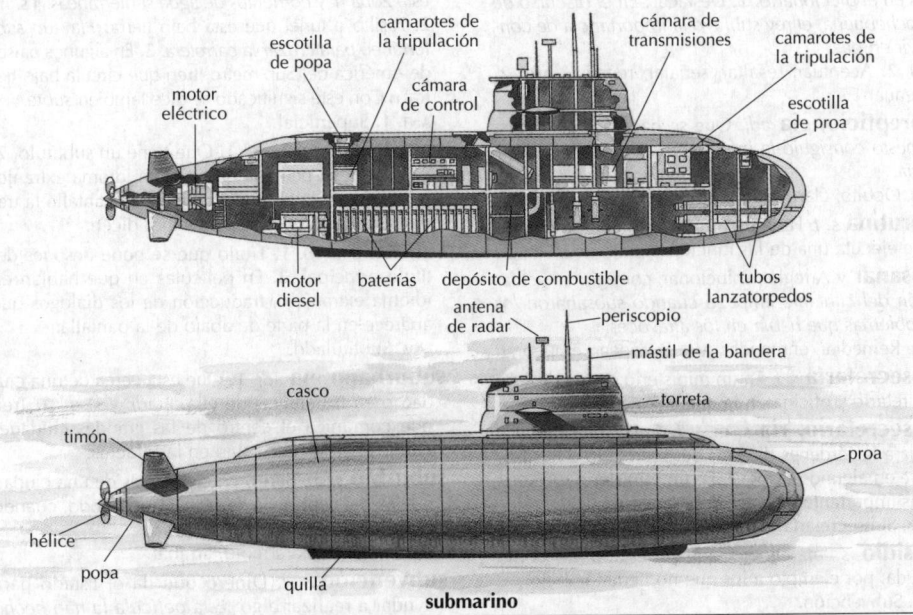
submarino

**suboficial** *s. m.* y *f.* Militar que está entre el soldado y el oficial, por ejemplo el sargento.

**subordinación** *s. f.* **1.** Acción de subordinar o subordinarse. **2.** Hecho de depender una oración de otra; por ejemplo, en la frase *Estaba lloviendo cuando llegamos,* hay subordinación de *cuando llegamos* a *Estaba lloviendo.*
SIN. **1.** Sometimiento.

**subordinado, da** *adj.* **1.** Que está por debajo o depende de otra cosa. || *adj.* y *s. f.* **2.** En gramática, se dice de la oración que depende de otra; por ejemplo, en *Estudia para sacar buenas notas,* la oración *para sacar buenas notas* está subordinada a *Estudia.* || *adj.* y *s. m.* y *f.* **3.** Persona que está a las órdenes de otra: *El jefe llamó a sus subordinados al despacho.*
SIN. **3.** Subalterno.

**subordinante** *adj.* **1.** Que subordina. || *adj.* y *s. m.* **2.** Se dice del elemento gramatical que introduce oraciones subordinadas: *conjunción subordinante.*

**subordinar** *v.* **1.** Hacer que algo quede por debajo o dependa de otra cosa. **2.** Dar menos importancia a una cosa que a otra: *Clara no sabe lo que hace si subordina su salud al deseo de estar delgada.*
SIN. **1.** Someter. **1.** y **2.** Supeditar. ANT. **1.** y **2.** Anteponer.
FAM. Subordinación, subordinado, subordinante. / Insubordinarse.

**subrayar** *v.* **1.** Hacer una raya debajo de una letra, palabra o frase para llamar la atención sobre ella: *Subrayó las palabras que no entendía para buscarlas en el diccionario.* **2.** Destacar: *En el discurso de Nochebuena, el rey subrayó la importancia de convivir en paz.*
SIN. **2.** Acentuar, resaltar, señalar, recalcar. ANT. **2.** Atenuar.

**subrepticio, cia** *adj.* Que se hace a escondidas: *Ernesto consiguió la información de forma subrepticia.*
SIN. Oculto, clandestino, furtivo.

**subrutina** *s. f.* Parte de un programa de ordenador que ejecuta una de las funciones.

**subsanar** *v.* Arreglar, solucionar, corregir: *La actuación del cantante empezó cuando subsanaron los problemas que había en los altavoces.*
SIN. Remediar, enmendar. ANT. Estropear, empeorar.

**subsecretaría** *s. f.* En un ministerio, cargo de subsecretario y oficina en la que trabaja.

**subsecretario, ria** *s. m.* y *f.* **1.** Persona que trabaja a las órdenes directas del secretario o le sustituye en algunos casos. **2.** En un ministerio, persona más importante después del ministro.
FAM. Subsecretaría.

**subsidio** *s. m.* Dinero que el Estado da como ayuda, por ejemplo a los que no tienen trabajo.
SIN. Subvención.

**subsiguiente** *adj.* Que sigue inmediatamente a algo: *Suspendieron el partido, con el subsiguiente enfado del público.*

**subsistencia** *s. f.* **1.** Hecho de subsistir: *En ese país mucha gente no tiene lo necesario para su subsistencia.* || *s. f. pl.* **2.** Los alimentos y todas las cosas necesarias para vivir.
SIN. **1.** Mantenimiento, vida. **2.** Sustento, manutención. ANT. **1.** y **2.** Desaparición.

**subsistir** *v.* **1.** Vivir: *Los habitantes de esa región dependen del cultivo de plátanos para subsistir.* **2.** Seguir habiendo o existiendo algo: *En los pueblos subsisten costumbres muy antiguas.*
SIN. **1.** Sobrevivir. **1.** y **2.** Mantenerse. **2.** Quedar, durar, perdurar, persistir, continuar. ANT. **1.** Morir. **2.** Desaparecer.
FAM. Subsistencia.

**subsuelo** *s. m.* Capas del terreno que están por debajo de la superficie: *En el subsuelo de esa región hay petróleo.*

**subte** *s. m.* En algunos países de América del Sur, metro. Es una forma de abreviar *subterráneo,* ya que el metro suele ir por debajo del suelo.

**subteniente** *s. m.* Militar que tiene el grado más alto dentro de los suboficiales.

**subterfugio** *s. m.* Excusa para no hacer algo o salir de una situación difícil: *Eso de que no tenía cambio fue un subterfugio para no pagar.*
SIN. Pretexto, disculpa.

**subterráneo, a** *adj.* **1.** Que está debajo del suelo: *En esta zona hay corrientes de agua subterráneas.* || *s. m.* **2.** Pasillo o túnel que está bajo tierra: *Hay un subterráneo para cruzar la carretera.* **3.** En algunos países de América del Sur, metro, tren que circula bajo tierra. ■ Con este significado se dice también *subte.*
ANT. **1.** Superficial.

**subtitulado, da** *adj.* **1.** Que tiene un subtítulo. **2.** Se dice de la película que está en idioma extranjero y tiene en la parte de abajo de la pantalla la traducción de lo que los personajes dicen.

**subtítulo** *s. m.* **1.** Título que se pone después del título principal. **2.** En películas en que hablan en idioma extranjero, traducción de los diálogos que aparece en la parte de abajo de la pantalla.
FAM. Subtitulado.

**suburbano, na** *adj.* **1.** Que está cerca de una ciudad o en las afueras de ella. || *adj.* y *s. m.* **2.** Tren que comunica el centro de las grandes ciudades con los barrios que están en las afueras.

**suburbio** *s. m.* Barrio en las afueras de una ciudad o lejos del centro. Se llama así, sobre todo, cuando es pobre.
SIN. Periferia, extrarradio, arrabal.

**subvención** *s. f.* Dinero que da el Estado para ayudar a realizar algo: *Esta película la han hecho*

*gracias a una subvención del Ministerio de Cultura.*
**FAM.** Subvencionar.

**subvencionar** *v.* Dar una subvención.

**subversión** *s. f.* Oposición o lucha contra los que tienen el poder en un país.

**subversivo, va** *adj.* Que se opone o lucha contra los que tienen el poder en un país.
**SIN.** Revolucionario.

**subyacente** *adj.* Que subyace.

**subyacer** *v.* Estar algo oculto debajo o detrás de otra cosa, por lo que no se aprecia fácilmente: *Debajo de su mal humor subyace una gran bondad.* ■ Es un verbo irregular. Se conjuga como *yacer.*
**SIN.** Ocultarse, esconderse.
**FAM.** Subyacente.

**subyugar** *v.* **1.** Someter, dominar: *Subyugaron al país por las armas.* **2.** Atraer muchísimo a alguien: *Le subyuga el baile.* ■ Delante de *e* se escribe *gu* en lugar de *g*: *subyugue.*
**SIN.** **2.** Cautivar, fascinar. **ANT.** **1.** Liberar, libertar.

**succión** *s. f.* Acción de succionar.

**succionar** *v.* **1.** Chupar: *El bebé succionaba la leche del biberón.* **2.** Absorber: *La aspiradora succiona el polvo.*
**SIN.** **1.** Sorber. **2.** Aspirar. **ANT.** **1.** y **2.** Expulsar.
**FAM.** Succión. / Liposucción.

**sucedáneo, a** *adj. y s. m.* Se dice de la sustancia que puede usarse en lugar de otra porque tiene características parecidas a ésta: *La malta es un sucedáneo del café.*

**suceder** *v.* **1.** Producirse un hecho: *Sucedieron cosas extrañas en aquel viejo castillo. A Sonia le ha sucedido algo malo porque tiene cara de enfado.* **2.** Venir después: *A los primeros triunfos del equipo sucedieron varias derrotas.* ■ Con estos dos primeros significados sólo se usa en tercera persona. **3.** Ocupar el puesto que tenía otro: *El príncipe sucederá al rey en el trono.*
**SIN.** **1.** Ocurrir, pasar, acontecer. **2.** Seguir. **ANT.** **2.** Preceder.
**FAM.** Sucedáneo, sucesión, sucesivo, suceso, sucesor, sucesorio.

**sucesión** *s. f.* **1.** Acción de suceder: *Cuando murió el emperador, sus hijos pelearon por la sucesión al trono.* **2.** Conjunto de personas o cosas que van una detrás de otra: *Este verano ha habido en esa provincia una sucesión de incendios.*
**SIN.** **2.** Serie, relación, encadenamiento.

**sucesivo, va** *adj.* Que va uno después de otro: *Los sucesivos entrenadores no lograron que el equipo subiera a primera división.*
**EXPR.** **en lo sucesivo** De ahora en adelante: *Ha prometido que en lo sucesivo será más puntual.*
**SIN.** Siguiente.

**suceso** *s. m.* **1.** Algo que sucede, sobre todo si tiene importancia: *Aquel suceso cambió su vida.* **2.** Delito, accidente o algún otro hecho desgraciado: *El crimen aparece en la sección de sucesos del periódico.*
**SIN.** **1.** Acontecimiento.

**sucesor, ra** *adj. y s. m. y f.* Que sucede a otro en algo, como en un trabajo: *El director se jubiló y tuvieron que nombrar un sucesor.*
**ANT.** Predecesor.

**sucesorio, ria** *adj.* De la sucesión o relacionado con ella: *bienes sucesorios.*

**suciedad** *s. f.* Porquería, basura, manchas: *Hay mucha suciedad en la cocina.*
**SIN.** Mugre, guarrería. **ANT.** Limpieza.

**sucinto, ta** *adj.* Breve, corto: *Describió el viaje de forma sucinta.*
**SIN.** Conciso. **ANT.** Extenso.

**sucio, cia** *adj.* **1.** Que tiene manchas, polvo, basura: *Tira el agua de ese cubo porque está sucia.* **2.** Que se ensucia con facilidad: *Los muebles claros son más sucios que los oscuros.* **3.** Se dice de la persona que no se lava ni se arregla, o que no limpia ni cuida sus cosas: *No seas sucio y barre tu cuarto.* **4.** Que no está permitido por la ley o es poco honrado: *Está metido en asuntos sucios.* || *adj. y adv.* **5.** Que hace trampas: *Ha jugado sucio.*
**EXPR.** **en sucio** Se dice de aquello que se escribe sin mucho cuidado antes de pasarlo a limpio en otro papel.
**SIN.** **1.** Manchado, asqueroso. **1.** y **3.** Guarro, cochino. **1.** y **4.** Turbio. **3.** Desaseado. **4.** Ilegal. **5.** Tramposo. **ANT.** **1.** Reluciente. **1.** a **3.** y **5.** Limpio. **3.** Aseado. **4.** Legal.
**FAM.** Suciedad. / Ensuciar.

**suculento, ta** *adj.* Se dice de comidas que tienen buen sabor y que alimentan mucho: *Tomaron un suculento asado.*
**SIN.** Sabroso, rico, gustoso. **ANT.** Insípido.

**sucumbir** *v.* **1.** Rendirse: *El ejército sucumbió a los duros ataques del enemigo.* **2.** Ceder, no ser capaz de vencer algo: *Sucumbe fácilmente a la pereza.* **3.** Morir: *Sucumbieron en el incendio.*
**SIN.** **1.** Someterse, entregarse. **3.** Fallecer, perecer, fenecer. **ANT.** **1.** y **2.** Resistir.

**sucursal** *s. f.* Cada una de las oficinas o tiendas que tiene una misma empresa, por ejemplo un banco.

**sudaca** *adj. y s. m. y f.* Sudamericano. ■ Es una palabra despectiva.

**sudadera** *s. f.* Prenda de vestir parecida a un jersey que a veces lleva también una capucha y que se usa para hacer deporte.

**sudafricano, na** *adj. y s. m. y f.* Del Sur de África o de la República Sudafricana.

**sudamericano, na** *adj.* y *s. m.* y *f.* De América del Sur. ■ Se dice también *suramericano*.
**FAM.** Sudaca.

**sudanés, sa** *adj.* y *s. m.* y *f.* De Sudán, país del nordeste de África.

**sudar** *v.* **1.** Salir sudor a través de los poros de la piel: *Suda cuando hace gimnasia.* **2.** Mojar de sudor alguna cosa: *Sudó el vestido.* **3.** Esforzarse mucho para hacer o conseguir algo: *No creas que no he tenido que sudar para aprobar el curso.* ■ Con este significado se dice también *sudar tinta* o *sudar sangre*.
**SIN. 1.** Transpirar. **3.** Afanarse, bregar.
**FAM.** Sudadera, sudario. / Exudar.

**sudario** *s. m.* Tela con que se envuelve a los cadáveres o con la que se les cubre la cara.
**SIN.** Mortaja.

**sudeste** *s. m.* **1.** Punto del horizonte entre el sur y el este, a igual distancia de los dos. **2.** Lugar o territorio situado en esa dirección.
**ANT. 1.** y **2.** Nordeste.

**sudoeste** *s. m.* **1.** Punto del horizonte entre el sur y el oeste, a igual distancia de los dos. **2.** Lugar o territorio situado en esa dirección.
**ANT. 1.** y **2.** Noroeste.

**sudor** *s. m.* **1.** Líquido que sale a través de los poros de la piel. **2.** Gran esfuerzo para lograr lo que uno pretende: *Le costó muchos sudores sacar el carné de conducir.*
**EXPR. con el sudor de mi (tu, su...) frente** Con mucho esfuerzo o trabajo: *Ana mantiene a su familia con el sudor de su frente.*
**SIN. 1.** Transpiración.
**FAM.** Sudar, sudoración, sudorípara, sudoroso.

**sudoración** *s. f.* Expulsión de sudor: *La sudoración elimina toxinas del organismo.*

**sudorípara** *adj.* Se dice de las glándulas que producen el sudor.

**sudoroso, sa** *adj.* Lleno de sudor: *Corrió mucho y vino sudoroso.*

**sueco, ca**[1] *adj.* y *s. m.* y *f.* **1.** De Suecia, país del norte de Europa. ‖ *s. m.* **2.** Idioma que se habla en Suecia.

**sueco, ca**[2] Se usa en la expresión **hacerse el sueco**, que significa 'hacer una persona como que no se entera de algo, como si no lo hubiera oído': *Cuando le llaman por la mañana para levantarse, se hace el sueco y sigue en la cama.*

**suegro, gra** *s. m.* y *f.* El padre y la madre de la persona con la que alguien se ha casado. Se dice también *padre político* o *madre política*.
**FAM.** Consuegro, matasuegras.

**suela** *s. f.* **1.** Parte de los zapatos, botas y otros calzados que toca el suelo. **2.** Cuero con que se hace esa parte: *Estos zapatos son de suela.*
**FAM.** Soletilla.

**sueldo** *s. m.* Dinero que se paga a una persona por el trabajo que hace, normalmente cada mes.
**SIN.** Salario.
**FAM.** Sobresueldo.

**suelo** *s. m.* **1.** Superficie de la Tierra. **2.** Parte de algún lugar por la que se anda: *Fregó el suelo de la habitación.* **3.** Terreno sobre el que se cultivan plantas: *Este suelo es bueno para plantar cereales.* **4.** Terreno para construir.
**EXPR. por el suelo** o **por los suelos** Muy barato: *El precio de esa tela está por los suelos.* Muy desanimado o triste: *Tiene la moral por los suelos.*
**SIN. 2.** Piso, pavimento, firme. **4.** Solar.
**FAM.** Suela. / Entresuelo, subsuelo.

**suelta** *s. f.* Acción de soltar: *la suelta del ganado.*

**suelto, ta** *adj.* **1.** Que alguien lo soltó o se soltó: *Dejaron al perro suelto por el jardín. El cable está suelto.* **2.** Que no está bien sujeto: *Ese botón está suelto: se puede caer.* **3.** Que no forma un conjunto o que si está dentro de un conjunto puede separarse: *Venden la chaqueta y el pantalón del traje sueltos.* **4.** No envasado o no empaquetado. **5.** Amplio, sin ajustarse: *Le gusta que la ropa le quede suelta.* **6.** No unido a otros, no apretado: *Los macarrones han quedado sueltos.* **7.** Se dice de la persona que tiene diarrea; también de su vientre: *Hoy está a dieta, porque tiene la tripa suelta.* **8.** Se dice del estilo, lenguaje y forma de escribir ágil, que resulta fácil de leer. ‖ *adj.* y *s. m.* **9.** Monedas o billetes pequeños: *No llevo suelto para llamar por teléfono desde una cabina.*
**SIN. 1.** Desprendido. **2.** Flojo. **3.** Separado. **5.** Holgado, ancho. **7.** Descompuesto. **9.** Cambio, calderilla. **ANT. 1.** Encerrado; agarrado. **3.** Junto. **5.** Ajustado, ceñido, estrecho. **7.** Estreñido.

**sueño** *s. m.* **1.** Ganas de dormir: *Se acostó porque tenía mucho sueño.* **2.** Situación de la persona que duerme: *Como coja el sueño, ya no hay quien le despierte.* **3.** Lo que soñamos mientras dormimos: *Tuvo un sueño estupendo: le tocaba la lotería.* **4.** Deseo o cosa que alguien quiere lograr y que a veces resulta muy difícil de realizarse: *El sueño de Celia es ser campeona de natación.*
**EXPR. sueño eterno** La muerte. **sueño ligero** Sueño poco profundo, del que una persona enseguida se despierta. **sueño pesado** Sueño profundo del que cuesta despertarse. ‖ **ni en sueños** No, de ninguna manera: *Ni en sueños me casaría con ese chico.* **quitar el sueño** a alguien Preocuparle mucho.
**SIN. 4.** Ilusión, ideal, anhelo. **ANT. 2.** Vigilia.
**FAM.** Soñar, soñolencia. / Ensueño, insomnio, somnífero, somnolencia.

**suero** *s. m.* **1.** Parte líquida que queda después de haberse coagulado algunas cosas, como la sangre o la leche. **2.** Líquido especial que manda el médico a una persona cuando no puede tomar alimentos: *Después de la operación le pusieron* *suero*. **3.** Sustancia que se prepara con suero de la sangre de personas o animales y se utiliza para evitar y curar enfermedades.

FAM. Seronegativo, seropositivo, seroso.

**suerte** *s. f.* **1.** Lo que hace que algo ocurra por casualidad: *La suerte decidió quién iba a repartir las cartas.* **2.** Hecho de que a alguien le vayan bien o mal las cosas: *Tuvo mala suerte en la prueba y no le han seleccionado.* La palabra *suerte* por sí sola suele significar *buena suerte*: *Deséame suerte en el examen.* **3.** Aquello que le ocurrirá a alguien o algo en el futuro: *Nadie sabe cuál será su suerte.* **4.** Clase, tipo: *En esa tienda venden toda suerte de muebles.* **5.** Cada una de las partes de una corrida de toros y también cada una de las acciones que realiza el torero en esas partes.

EXPR. **a suerte** o **a suertes** Haciendo que decida la suerte, por ejemplo utilizando los dados o una moneda: *Echaron a suertes quién dormiría en la litera de abajo.* **de suerte que** o **de tal suerte que** De forma que, de tal manera que: *El caballo saltó de tal suerte que el jinete quedó tendido en el suelo.* **por suerte** Afortunadamente. **probar suerte** Participar en un sorteo, en una rifa, en la lotería. También, intentar algo: *Vamos a probar suerte, llama al timbre a ver si está.*

SIN. **1.** Azar, fortuna. **2.** Potra. **3.** Destino, sino, porvenir. ANT. **2.** Desgracia.

FAM. Sortear.

**suéter** *s. m.* Jersey. ■ Su plural es *suéteres.*

**suevo, va** *adj.* y *s. m.* y *f.* De un pueblo que llegó a la península Ibérica en el siglo V y vivió en el noroeste.

**suficiencia** *s. f.* **1.** Hecho de ser suficiente: *Hay que alimentarse con suficiencia durante el crecimiento.* **2.** Característica de las personas que se creen muy inteligentes, con muchos conocimientos, y que no necesitan a los demás: *Hablaba con una suficiencia inaguantable.*

EXPR. **examen de suficiencia** El que se hace para recuperar una asignatura suspendida.

SIN. **2.** Soberbia, presunción. ANT. **1.** Insuficiencia, escasez. **2.** Modestia.

**suficiente** *adj.* **1.** Que llega a lo necesario o que tiene lo que se necesita: *Hay suficiente pan para la comida. Para ir a la excursión es suficiente con que te apuntes.* **2.** Se dice de la persona que se cree que lo hace todo bien y que no necesita de los demás: *No hay quien hable con él porque es muy suficiente.* ‖ *s. m.* **3.** Calificación de aprobado.

SIN. **1.** Bastante. **2.** Soberbio, presuntuoso. ANT. **1.** Escaso. **1.** y **3.** Insuficiente. **2.** Modesto. **3.** Suspenso.

FAM. Suficiencia. / Autosuficiente, insuficiente.

**sufijo** *s. m.* Letras que se colocan al final de una palabra y permiten construir otra palabra diferente; por ejemplo, al añadir el sufijo *-ero* a la palabra *jar-* *dín*, obtenemos *jardinero.* (Puedes ver su cuadro en la página siguiente).

**sufragar** *v.* **1.** Pagar los gastos de algo: *Sus padres sufragan sus estudios.* **2.** En América del Sur, votar. ■ Delante de *g* se escribe *gu* en lugar de *g*: *sufragué.*

SIN. **1.** Costear.

FAM. Sufragio.

**sufragio** *s. m.* **1.** Forma de elegir las personas a los políticos y gobernantes por medio del voto yendo a unas elecciones: *El sufragio universal es aquel en el que participan todos los ciudadanos.* **2.** Voto. **3.** Oración o acto religioso que se hace por las almas de los difuntos.

FAM. Sufragista.

**sufragista** *adj.* y *s. m.* y *f.* Que defiende que las mujeres tengan derecho a votar.

**sufrido, da** *adj.* **1.** Que alguien lo sufrió: *Son muchos los accidentes sufridos en la carretera.* **2.** Que soporta las cosas con mucha paciencia, sin protestar: *Es una persona muy sufrida: no se queja por nada.* **3.** Se dice de los colores, telas y otras cosas en que se nota poco la suciedad: *Este vestido es muy sufrido.*

SIN. **2.** Paciente. ANT. **2.** Quejica, protestón. **3.** Sucio.

**sufrimiento** *s. m.* Lo que nos pasa cuando sufrimos.

SIN. Dolor, padecimiento.

**sufrir** *v.* **1.** Tener un dolor, enfermedad, accidente, daño u otra cosa mala: *Sufrió heridas en el brazo. La ciudad sufrió un terremoto.* **2.** Sentir una persona mucha pena y tristeza: *Sufrió mucho cuando se le murió su perro.* **3.** Soportar, aguantar: *Tienen que sufrir su conversación tan aburrida.* **4.** Experimentar, notar: *El equipo sufrió cambios importantes.*

SIN. **1.** y **2.** Padecer. ANT. **2.** Gozar, disfrutar.

FAM. Sufrido, sufrimiento. / Insufrible.

**sugerencia** *s. f.* Hecho de que una persona dé a otra una idea sobre lo que puede hacer o decir.

SIN. Recomendación.

**sugerente** *adj.* **1.** Que sugiere: *Es un libro muy sugerente, que te hace pensar en muchas cosas.* **2.** Que atrae: *La idea de organizar una fiesta les pareció a todos muy sugerente.*

SIN. **1.** y **2.** Sugestivo. **2.** Atractivo, interesante, seductor.

**sugerir** *v.* **1.** Decir a una persona algo para que lo piense y lo haga si le parece bien: *Su amigo le sugirió que fuera a ver aquella película.* **2.** Traer a la memoria o al pensamiento: *Esa música sugiere un bello paisaje en el campo.* ■ Es un verbo irregular. Se conjuga como *sentir.*

SIN. **1.** Proponer, recomendar. **2.** Evocar, recordar.

FAM. Sugerencia, sugerente, sugestionar, sugestivo.

**sugestión** *s. f.* **1.** Acción de sugestionar o sugestionarse: *Le duele la cabeza por pura sugestión.* **2.** Sugerencia.

SIN. **2.** Recomendación.

| | SUFIJOS | |
|---|---|---|
| **SUFIJO** | **SIGNIFICADO** | **EJEMPLOS** |
| -áceo, a | parecido a | *gris**áceo***, parecido a gris |
| -aco, ca | origen o relación, muestra desprecio | *austri**aco***, de Austria<br>*pajarr**aco***, pájaro feo o malo |
| -ada | golpe | *pat**ada***, golpe dado con una pata o pierna |
| -aje | acción, conjunto | *aterriz**aje***, acción de aterrizar<br>*corre**aje***, conjunto de correas |
| -ajo, ja | pequeño o malo | *mig**aja***, miga pequeña de algo<br>*hierb**ajo***, hierba mala |
| -ano, na | origen o relación | *toled**ano***, de Toledo |
| -ario, ria | oficio | *bibliotec**aria***, que trabaja en una biblioteca |
| -astro, tra | malo | *cam**astro***, cama mala |
| -avo, va | cada una de las partes en que se divide algo | *once**avo***, una de las once partes en que está dividido algo |
| -azo, za | golpe dado con algo | *bot**ellazo***, golpe dado con una botella |
| -ción | acción | *celebra**ción***, acción de celebrar |
| -dad | característica de algo | *bon**dad***, característica de bueno |
| -dero, ra | objeto que sirve para algo | *tapa**dera***, que sirve para tapar |
| -eno, na | orden | *nov**eno***, que está en el lugar número nueve |
| -ería | lugar donde se vende o hace algo | *helad**ería***, lugar donde se venden o hacen helados |
| -ero, ra | oficio | *cocin**ero***, que se dedica a cocinar |
| -ín, ina | pequeño | *chiquit**ín***, muy chico |
| -ista | oficio | *electric**ista***, que trabaja con la electricidad |
| -izo, za | parecido a | *roj**izo***, parecido al rojo |
| -mente | modo o manera | *rápida**mente***, de manera rápida |
| -miento | acción | *aleja**miento***, acción de alejarse |
| -oso, osa | que tiene una característica | *bondad**oso***, que es bueno<br>*aceit**oso***, que tiene mucho aceite |
| -or, ora | que hace algo | *entrena**dora***, que entrena a alguien |
| -ucho, cha | malo o sin importancia | *cas**ucha***, casa pequeña y mala |
| -uco, ca | muy pequeño | *ventan**uco***, ventana pequeña |
| -udo, da | que tiene grande alguna parte | *cabe**zudo***, que tiene la cabeza grande |
| -voro, ra | que se alimenta de | *carní**voro***, que se alimenta de carne |

**sugestionable** *adj.* Que se sugestiona fácilmente: *No me hables de enfermedades porque soy muy sugestionable y me pongo malo sólo de pensarlo.*

**sugestionar** *v.* **1.** Influir por hipnotismo o de otro modo en una persona para que piense o haga algo. ‖ **sugestionarse 2.** No poder alguien dejar de pensar alguna cosa: *Se ha sugestionado y cree que se va a marear en el viaje.*
**SIN. 2.** Obsesionarse.
**FAM.** Sugestión, sugestionable. / Autosugestionarse.

**sugestivo, va** *adj.* **1.** Que sugiere. **2.** Que atrae: *Un viaje a Canadá les pareció muy sugestivo.*
**SIN. 1.** y **2.** Sugerente. **2.** Atractivo, interesante.

**sui generis** *expr.* Se utiliza para indicar que algo es muy raro, peculiar o singular: *Ana tiene una forma de vestir muy sui generis y hay mucha gente a la que no le gusta.* ■ Es una expresión latina.

**suicida** *s. m.* y *f.* **1.** Persona que se ha suicidado o ha intentado suicidarse. ‖ *adj.* **2.** Relacionado con el suicidio. ‖ *adj.* y *s. m.* y *f.* **3.** Muy peligroso, muy

imprudente: *Intentar escalar esa montaña sin estar bien preparado es un acto suicida.*
SIN. **3.** Arriesgado, expuesto, insensato. ANT. **3.** Prudente.

**suicidarse** *v.* Quitarse la vida uno mismo.
SIN. Matarse.

**suicidio** *s. m.* **1.** Acción de suicidarse. **2.** Acción muy peligrosa e imprudente.
FAM. Suicida, suicidarse.

**suite** *s. f.* **1.** En un hotel, conjunto de dos o más habitaciones comunicadas entre sí. **2.** Composición musical formada por varias partes diferentes. ■ Es una palabra francesa.

**suizo, za** *adj. y s. m. y f.* **1.** De Suiza, país del centro de Europa. || *s. m.* **2.** Bollo hecho con harina, huevo y azúcar.

**sujeción** *s. f.* **1.** Acción de sujetar o sujetarse. **2.** Cosa que sujeta a alguien o algo.

**sujetador, ra** *adj. y s. m. y f.* **1.** Que sujeta. || *s. m.* **2.** Prenda interior que llevan las mujeres para sujetar y levantar el pecho.
SIN. **2.** Sostén.

**sujetalibros** *s. m.* Objeto que se apoya contra los libros para mantenerlos derechos. ■ No varía en plural.

**sujetar** *v.* **1.** Agarrar a alguien o algo para que no se caiga o no se suelte: *Pablo me sujetó por el brazo para que no me cayera al suelo. Sujeta bien la cuerda.* || **sujetarse 2.** Cumplir, obedecer: *Para participar en ese juego hay que sujetarse a unas reglas.*
SIN. **1.** Sostener, asegurar, asir. **2.** Someterse. ANT. **1.** Soltar.
FAM. Sujeción, sujetador, sujetalibros, sujeto.

**sujeto, ta** *adj.* **1.** Que ha sido sujetado: *La bici ha quedado bien sujeta en la baca del coche.* **2.** Que puede experimentar lo que se indica: *La hora de comienzo del concierto está sujeta a posibles cambios.* || *s. m.* **3.** Individuo: *Aquel sujeto tenía un aspecto bastante raro.* **4.** Persona, animal o cosa de la que el predicado dice algo; tiene el mismo número y persona que el verbo; por ejemplo, en la oración *Paloma estudia,* el sujeto es *Paloma* y el predicado *estudia.*
SIN. **1.** Agarrado. **3.** Tipo.
FAM. Subjetivo.

**sulfamida** *s. f.* Nombre de unas sustancias químicas que se emplean en el tratamiento de diversas infecciones.

**sulfatar** *v.* **1.** Echarle sulfato a algo: *sulfatar una viña.* || **sulfatarse 2.** Estropearse la cubierta de plomo de una pila por la acción del ácido sulfúrico que tiene en su interior: *No dejes la pila vieja dentro de la radio porque puede sulfatarse.*

**sulfato** *s. m.* Compuesto químico que tiene azufre, oxígeno y otro elemento químico, como por ejemplo el cobre.
FAM. Sulfatarse.

**sulfurar** *v.* Enfadar mucho: *Le sulfura que le hagan esperar.*
SIN. Enojar, enfurecer, irritar, soliviantar. ANT. Calmar, tranquilizar.

**sulfúrico** *adj.* Se dice de un ácido sin color ni olor, compuesto de azufre, hidrógeno y oxígeno, que se emplea en la industria.

**sulfuro** *s. m.* Compuesto químico que tiene azufre y otro elemento químico.
FAM. Sulfato, sulfurar, sulfúrico.

**sultán** *s. m.* **1.** Emperador de los turcos. **2.** Príncipe o gobernador de otros países islámicos.
FAM. Sultana.

**sultana** *s. f.* Mujer del sultán.

**suma** *s. f.* **1.** Operación que consiste en añadir una cantidad a otra u otras de manera que dé un resultado; se indica con el signo +. **2.** El resultado de esta operación: *La suma de 3 más 5 es 8.* **3.** Conjunto de muchas cosas, sobre todo de dinero: *Por su trabajo recibió una suma importante.*
EXPR. **en suma** En resumen o en conclusión.
SIN. **1.** Adición. ANT. **1.** Resta, sustracción.

**sumamente** *adv.* Muy: *Ese dibujo es sumamente complicado.*

**sumando** *s. m.* Cada una de las cantidades que se suman.

**sumar** *v.* **1.** Añadir a una cantidad otra u otras y dar un resultado: *5 más 5 suman diez.* || **sumarse 2.** Unirse: *Se sumó a la fiesta.*
SIN. **2.** Incorporarse, adherirse. ANT. **1.** Restar.
FAM. Suma, sumando, sumario, sumo -ma.

**sumario, ria** *adj.* **1.** Breve, resumido. || *s. m.* **2.** Conjunto de pruebas, informaciones y otras cosas con las que se prepara un juicio. **3.** Lista de los diferentes apartados de un periódico, revista o programa de televisión.
FAM. Sumarísimo.

**sumarísimo, ma** *adj.* Se dice de algunos juicios que por ley deben resolverse con urgencia por ser especialmente claros, graves o importantes.

**sumergible** *adj.* **1.** Que se puede sumergir; sobre todo, se dice de algunos aparatos que pueden funcionar debajo del agua sin estropearse: *un reloj sumergible.* || *s. m.* **2.** Submarino.

**sumergir** *v.* Meter por completo en el agua o en otro líquido: *Los submarinos se sumergen en el mar a muchos metros de profundidad.* ■ Delante de *a* y *o* se escribe *j* en lugar de *g: sumerjo.*
SIN. Hundir, zambullir. ANT. Emerger.
FAM. Sumergible.

**sumidero** *s. m.* Conducto o canal por donde se van las aguas de la lluvia o las aguas sucias.

**suministrador, ra** *adj. y s. m. y f.* Que suministra algo: *He llamado a la empresa suministradora de gas natural.*

**suministrar** *v.* Dar a alguien o algo lo que necesita: *Suministraron alimentos a los soldados.*
SIN. Proporcionar, abastecer, proveer, surtir.
FAM. Suministrador, suministro.

**suministro** *s. m.* Acción de suministrar y cosa que se suministra: *En ese edificio han cortado el suministro de agua.*
SIN. Abastecimiento, aprovisionamiento.

**sumir** *v.* **1.** Hundir algo bajo el agua o la tierra: *El remolino sumió la barca en el fondo del mar.* **2.** Hacer caer en un estado malo, por ejemplo en la tristeza o en la pobreza.
SIN. **1.** Enterrar, sumergir. **2.** Arrastrar. ANT. **1.** Sacar.
FAM. Sumidero.

**sumisión** *s. f.* **1.** El hecho de someter o someterse a otras personas. **2.** Actitud de la persona sumisa.
SIN. **1.** Sometimiento. **2.** Docilidad, mansedumbre.
ANT. **1.** Rebelión. **2.** Rebeldía.
FAM. Sumiso.

**sumiso, sa** *adj.* Que se muestra obediente a otra persona y no se enfrenta a ella.
SIN. Dócil, manso. ANT. Rebelde.
FAM. Insumiso.

**súmmum** *s. m.* Punto máximo, límite, lo más grande o lo superior: *Que me tocara ahora la lotería sería el súmmum de la suerte.* ▪ Es una palabra latina.

**sumo** *s. m.* Deporte japonés en el que dos contrincantes luchan dentro de un círculo y gana el que consigue derribar al otro o echarle fuera del círculo. ▪ Es una palabra japonesa.

**sumo, ma** *adj.* **1.** Superior a todos, que no tiene a nadie por encima: *el Sumo Pontífice.* **2.** Muy grande, enorme: *Hizo el dibujo con sumo cuidado.*
EXPR. **a lo sumo** Indica el grado o cantidad mayor a que puede llegar algo: *Su hijo tendrá, a lo sumo, 15 años.*
SIN. **1.** Supremo. **2.** Tremendo. ANT. **1.** Inferior. **1.** y **2.** Mínimo.
FAM. Sumamente.

**sunní** o **sunnita** *adj.* y *s. m.* y *f.* Se dice de la rama mayoritaria de la religión musulmana y de sus seguidores.

**suntuario, ria** *adj.* Relacionado con el lujo.

**suntuoso, sa** *adj.* Muy lujoso: *una mansión suntuosa.*
SIN. Fastuoso, majestuoso. ANT. Modesto, sencillo, humilde.
FAM. Suntuario.

**supeditar** *v.* **1.** Hacer depender una cosa de otra: *Supedita su intención de ir de excursión a que haga buen tiempo.* ‖ **supeditarse 2.** Seguir, cumplir: *Cuando Carlos trabaje, tendrá que supeditarse a un horario.*
SIN. **1.** Subordinar. **2.** Sujetarse, someterse, acomodarse, atenerse, ceñirse. ANT. **1.** Anteponer. **2.** Incumplir.

**súper** *adj.* y *adv.* **1.** Muy bueno, estupendo: *Fueron a una fiesta súper. En el parque de atracciones lo pasamos súper.* ▪ Con este significado, se usa muchas veces unida a otras palabras: *Este asiento es supercómodo.* ‖ *adj.* y *s. f.* **2.** Se dice de un tipo de gasolina. ‖ *s. m.* **3.** Forma abreviada de **supermercado**.
FAM. Superar, superficie, superior. / Supremo.

**superación** *s. f.* Acción de superar o superarse: *Consiguió batir su propio récord gracias a su afán de superación.*

**superar** *v.* **1.** Ser superior a alguien o algo: *Madrid supera a muchas ciudades en número de habitantes.* **2.** Dejar atrás, pasar a alguien o algo: *El pelotón de ciclistas acaba de superar la línea de meta.* **3.** Pasar con éxito: *Andrés ha superado el examen de física.* ‖ **superarse 4.** Conseguir una persona ser mejor de lo que ya era: *Se supera cada día y logrará ser una buena actriz.*
SIN. Aventajar, adelantar. **1.** y **2.** Sobrepasar, rebasar. **3.** Vencer, salvar.
FAM. Superación, superávit. / Insuperable.

**superávit** *s. m.* Situación en que se gana más dinero del que se gasta. ▪ Su plural es *superávit* o *superávits.*
ANT. Déficit.

**superchería** *s. f.* **1.** Engaño. **2.** Superstición.

**superdotado, da** *adj.* y *s. m.* y *f.* Que tiene unas cualidades superiores a lo normal, sobre todo la inteligencia.

**superficial** *adj.* **1.** Relacionado con la superficie o que está en la superficie de algo: *La piel es la parte más superficial del cuerpo.* **2.** Poco profundo: *Se hizo una herida superficial en la pierna.* **3.** Poco serio, que no se preocupa por cosas importantes: *Es un chico superficial, lo único que le interesa es divertirse.*
SIN. **1.** Exterior, externo. **2.** Trivial. **3.** Frívolo. ANT. **1.** Interior, interno.

**superficie** *s. f.* **1.** Parte que está más hacia afuera de algo: *Había ramas flotando en la superficie del agua.* **2.** Extensión de tierra: *Las viñas ocupan grandes superficies en esta región.* **3.** La extensión que ocupa la parte plana de algo; por ejemplo, la parte sobre la que escribimos en una mesa es una superficie. **4.** Espacio que ocupa una figura geométrica plana como el cuadrado o el círculo.
SIN. **4.** Área.
FAM. Superficial.

**superfluo, flua** *adj.* Que no es necesario: *Para ahorrar tienes que evitar los gastos superfluos.*
SIN. Innecesario, inútil, ocioso. ANT. Necesario, imprescindible.

**superíndice** *s. m.* Letra o número que se escribe en la parte de arriba y a la derecha de una palabra o de otro número.

**superintendente** *s. m.* y *f.* Persona que dirige una empresa o una actividad y es el máximo responsable.

**superior** *adj.* **1.** Que está en un lugar o puesto más alto: *Marta vive en un piso superior al nuestro.* **2.** Mayor en tamaño, altura, importancia u otra cualidad: *El coche de Mateo tiene una potencia superior a la de éste.* **3.** Se dice de los estudios que se hacen después del bachillerato. ‖ *adj.* y *s. m.* **4.** Persona que tiene a alguien bajo sus órdenes. ‖ *adj.* y *adv.* **5.** Muy bueno, estupendo: *La película estuvo superior. Lo pasamos superior en el circo.*
SIN. **2.** Mejor. **3.** Universitario. **4.** Jefe. **5.** Magnífico, genial, excelente, extraordinario. ANT. **1.**, **2.** y **4.** Inferior. **2.** Peor. **4.** Subordinado. **5.** Malo, fatal, pésimo.
FAM. Superior -ra, superioridad.

**superior, ra** *adj.* y *s. m.* y *f.* Que dirige una comunidad religiosa.

**superioridad** *s. f.* **1.** El hecho de ser superior en algo: *El ciclista español mostró su superioridad venciendo a todos los demás.* **2.** La persona o personas que mandan: *Por orden de la superioridad los soldados tendrán que hacer dos horas más de marcha a la semana.*
SIN. **1.** Supremacía. ANT. **1.** Inferioridad.

**superlativo, va** *adj.* **1.** Muy grande. ‖ *adj.* y *s. m.* **2.** Grado del adjetivo y del adverbio que expresa una mayor intensidad en su significado. Puede ser **superlativo absoluto**, cuando no hace ninguna comparación: *Paco es altísimo;* o **superlativo relativo**, cuando sí la hace: *Es el más alto de la clase.*
SIN. **1.** Enorme. ANT. **1.** Pequeño, mínimo.

**supermercado** *s. m.* Tienda muy grande donde hay mucha variedad de productos.

**supernova** *s. f.* Estrella que explota y produce mucha energía y luz.

**superpoblación** *s. f.* Hecho de estar superpoblado un lugar: *Muchas ciudades tienen problemas de superpoblación.*

**superpoblado, da** *adj.* Se dice del lugar en el que viven demasiadas personas: *Japón es un país superpoblado.*
FAM. Superpoblación.

**superponer** *v.* Poner una cosa encima de otra. ▪ Es un verbo irregular. Se conjuga como *poner.*
FAM. Superposición, superpuesto.

**superposición** *s. f.* Acción de superponer o superponerse.

**superpotencia** *s. f.* País muy poderoso.

**superproducción** *s. f.* **1.** Exceso en la producción de algo. **2.** Película que ha costado mucho dinero hacerla y que suele ser muy espectacular.

**superpuesto, ta** *adj.* Que está puesto encima.

**supersónico, ca** *adj.* Que va o puede ir a más velocidad que la del sonido: *un avión supersónico.*

**superstición** *s. f.* Cosas no verdaderas que algunas personas creen; por ejemplo, pensar que dan mala suerte los gatos negros.
SIN. Superchería.
FAM. Supersticioso.

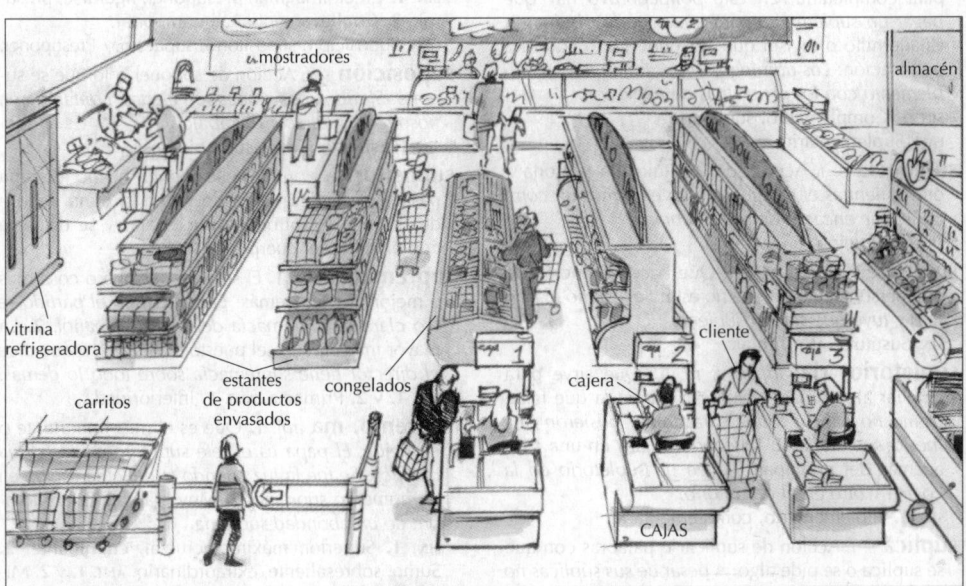

**supermercado**

**supersticioso, sa** *adj.* Persona que cree en supersticiones.

**supervisar** *v.* Mirar una cosa en su conjunto para ver si está bien: *El encargado de la tienda supervisa el trabajo de las cajeras.*
FAM. Supervisión, supervisor.

**supervisión** *s. f.* Acción de supervisar.

**supervisor, ra** *adj.* y *s. m.* y *f.* El que supervisa algo.
SIN. Revisor, controlador.

**supervivencia** *s. f.* El hecho de sobrevivir, de seguir viviendo: *Los animales del desierto tienen que luchar mucho por la supervivencia.*
SIN. Mantenimiento.
FAM. Superviviente.

**superviviente** *adj.* y *s. m.* y *f.* El que ha conseguido seguir viviendo después de algo muy peligroso o en lo que otros han muerto: *Un barco recogió a los supervivientes del naufragio.*

**supino, na** *adj.* **1.** Tumbado sobre la espalda. **2.** Muy grande: *No sabe nada, tiene una ignorancia supina.*

**suplantar** *v.* Sustituir a una persona sin tener derecho a hacerlo.
SIN. Reemplazar, desbancar.

**suplementario, ria** *adj.* **1.** Que sirve para completar o agrandar otra cosa, o para emplearla en su lugar cuando hace falta: *El libro de lengua tiene un cuadernillo suplementario con ejercicios.* **2.** Se dice de los ángulos que juntos suman 180 grados.

**suplemento** *s. m.* **1.** Lo que se añade a otra cosa para completarla: *En este polideportivo hay que pagar un suplemento para entrar en la piscina.* **2.** Cuadernillo o revista que se vende junto con otra publicación: *Los domingos el periódico trae un suplemento con los programas de televisión.*
SIN. **1.** Complemento, supletorio.
FAM. Suplementario.

**suplencia** *s. f.* Acción de sustituir una persona a otra: *Mientras el médico estuvo enfermo, un compañero se encargó de su suplencia.*
SIN. Sustitución.

**suplente** *adj.* y *s. m.* y *f.* Que hace la función de otra persona cuando ella no está: *Se lesionó el portero y tuvo que salir el suplente.*
SIN. Sustituto. ANT. Titular.

**supletorio, ria** *adj.* y *s. m.* **1.** Que sirve para ampliar algo o para sustituir a una cosa que falta: *Como no cabían todos para comer pusieron una mesita supletoria.* **2.** Teléfono que hay en una casa además del principal: *Tienen un supletorio en la cocina y otro en el dormitorio.*
SIN. **1.** Suplementario, complementario.

**súplica** *s. f.* Acción de suplicar o palabras con que se suplica o se pide algo: *A pesar de sus súplicas no le dejaron hacer lo que quería.*
SIN. Petición, ruego, solicitud.

**suplicante** *adj.* Que suplica o sirve para suplicar: *Pidió con voz suplicante que alguien le ayudase.*

**suplicar** *v.* Pedir algo con mucho respeto o de forma muy humilde. ■ Delante de *e* se escribe *qu* en lugar de *c*: *Le supliqué que viniera conmigo.*
SIN. Rogar, implorar. ANT. Exigir.
FAM. Súplica, suplicante.

**suplicio** *s. m.* **1.** Sufrimiento grande y que dura bastante tiempo: *Por fin superó aquella enfermedad tan larga que fue un suplicio para su familia.* **2.** Cosa muy molesta que resulta insoportable: *Es un suplicio tener que aguantar ese ruido por la noche.*
SIN. **1.** Padecimiento. **1.** y **2.** Tormento, tortura, martirio. ANT. **1.** y **2.** Delicia, goce, gozada.

**suplir** *v.* **1.** Remediar la falta de algo: *Como no tenían azúcar para la leche la suplieron con un poquito de miel.* **2.** Hacer una persona o cosa la función de otra: *Ha venido una señorita para suplir al profesor que está enfermo.*
SIN. **1.** y **2.** Reemplazar.
FAM. Suplemento, suplencia, suplente, supletorio.

**suponer** *v.* **1.** Pensar algo como si fuera verdad pero sin estar seguro del todo: *Antonio suponía que a Menchu le gustaría su regalo. Suponían que iban a tardar poco en llegar.* **2.** Tener algo la consecuencia o el significado que se dice: *Ir de viaje supone preparar un montón de cosas antes. Sus amigos suponen mucho para ella.* ■ Es un verbo irregular. Se conjuga como *poner.*
SIN. **1.** Creer, imaginar, presuponer, figurarse, presumir. **2.** Conllevar, entrañar, comportar.
FAM. Suposición, supositorio, supuesto. / Presuponer.

**suposición** *s. f.* Acción de suponer o lo que se supone: *Si mis suposiciones son ciertas, contarán con nosotros para hacer el trabajo.*
SIN. Presunción, conjetura, hipótesis.

**supositorio** *s. m.* Medicamento hecho de una pasta resbaladiza, alargado y con la punta redondeada, que se introduce por el ano y se disuelve con el calor del cuerpo.

**supremacía** *s. f.* **1.** El ser una persona o cosa más o mejor que las demás: *Durante todo el partido se vio clara la supremacía del tenista español.* **2.** La mayor importancia, el puesto más alto: *Lo que dice el director tiene supremacía sobre todo lo demás.*
SIN. **1.** y **2.** Primacía. ANT. **1.** Inferioridad.

**supremo, ma** *adj.* **1.** Que es el más importante o el mejor: *El papa es el jefe supremo de la Iglesia católica. Se fue la luz cuando la película estaba en el momento supremo.* **2.** Muy grande: *Es un hombre de una bondad suprema.*
SIN. **1.** Superior, máximo; crucial, culminante. **2.** Sumo, sobresaliente, extraordinario. ANT. **1.** y **2.** Mínimo, ínfimo.
FAM. Supremacía.

**supresión** *s. f.* Acción de suprimir: *Con la supresión de esas palabras no se entiende la frase.*
SIN. Eliminación, anulación.

**suprimir** *v.* Quitar algo, hacer que desaparezca o que no se realice: *Si no puedes contárselo todo en la carta, suprime lo que te parezca menos importante.*
SIN. Eliminar, anular. ANT. Poner.
FAM. Supresión.

**supuesto, ta** *adj.* **1.** Que alguien lo supone o cree, pero no es seguro: *La policía tenía una foto del supuesto ladrón.* **2.** Falso: *Ese periodista firma sus artículos con un nombre supuesto para que no se sepa quién es.* || *s. m.* **3.** Cosa que se supone: *En el supuesto de que venga, avisará.*
EXPR. **dar** algo **por supuesto** Pensar que una cosa es verdadera o segura: *No dijo nada porque daba por supuesto que todos lo sabían.* **por supuesto** Sí, claro: –¿*Puedes ayudarme?* –*Por supuesto.*
SIN. **1.** Presumible, presunto. **2.** Fingido. **3.** Caso, hipótesis, conjetura. ANT. **2.** Verdadero.

**supurar** *v.* Salir pus de una herida o de un grano.

**sur** *s. m.* **1.** Punto cardinal que está en la dirección del polo antártico, en el lado opuesto al norte. **2.** Lugar o región situado en esa dirección.
SIN. **1.** y **2.** Mediodía. ANT. **1.** Septentrión.
FAM. Sureño, sureste, suroeste. / Sudeste, sudoeste.

**suramericano, na** *adj.* y *s. m.* y *f.* Busca **suda-mericano**.

**surcar** *v.* **1.** Ir una embarcación por el agua: *El velero surca la mar.* **2.** Cruzar volando por el aire: *Una bandada de pájaros surcaba el cielo.* **3.** Hacer o tener surcos, rayas, estrías o algo parecido: *Los campesinos surcaban la tierra con sus arados. Numerosas arrugas surcan su frente.* ■ Delante de *e* se escribe *qu* en lugar de *c*: *surque.*

**surco** *s. m.* **1.** Línea hundida que se hace con el arado al labrar la tierra. **2.** Marca parecida en otras cosas: *Al sacar la barca del mar dejó un surco en la arena.*
SIN. **1.** Zanja, hendidura. **2.** Estría.
FAM. Surcar.

**sureño, ña** *adj.* y *s. m.* y *f.* Del sur o relacionado con el sur.
ANT. Norteño.

**sureste** *s. m.* Busca **sudeste**.

**surf** o **surfing** *s. m.* Deporte que se realiza dejándose empujar por las olas montado en una tabla especial. ■ Es una palabra inglesa.
FAM. Surfista.

**surfista** *s. m.* y *f.* Deportista que practica el surf: *Los surfistas buscan las playas en las que hay más olas.*

**surgimiento** *s. m.* Hecho de surgir algo.
SIN. Aparición, brote.

**surgir** *v.* **1.** Aparecer o producirse algo: *Le ha surgido una duda y no hay nadie que se la solucione.*

**2.** Salir una cosa del interior de algo. ■ Delante de *a* y *o* se escribe *j* en lugar de *g*: *surja.*
SIN. **1.** Presentarse, suceder, sobrevenir. **2.** Manar.
ANT. **1.** Desaparecer. **2.** Entrar.
FAM. Surgimiento. / Insurgente, resurgir.

**suroeste** *s. m.* Busca **sudoeste**.

**surrealismo** *s. m.* Movimiento artístico europeo surgido en la primera mitad del siglo xx, que se caracterizaba por expresar o representar cosas extrañas o absurdas, como las que aparecen en los sueños.
FAM. Surrealista.

**surrealista** *adj.* y *s. m.* y *f.* Del surrealismo o relacionado con este movimiento artístico: *Dalí fue un pintor surrealista.*

**surtido, da** *adj.* **1.** Que tiene las cosas necesarias o que tiene varias entre las que se puede elegir: *Esa tienda está muy bien surtida, encuentras de todo.* || *s. m.* **2.** Conjunto de cosas distintas, pero de una misma clase: *Esa caja trae un surtido de galletas.*

**surtidor** *s. m.* **1.** Chorro de algún líquido, sobre todo el que sale hacia arriba. **2.** Aparato para sacar líquido de un depósito, como el que hay en las gasolineras para echar gasolina a los vehículos.

**surtir** *v.* Llevar, dar o vender las cosas que se dicen: *El mercado central surte de fruta a todas las tiendas de la ciudad.*
EXPR. **surtir efecto** Producir el resultado que se esperaba: *El jarabe surtió efecto y le quitó la tos.*
SIN. Proveer, abastecer, suministrar.
FAM. Surtido, surtidor.

**susceptibilidad** *s. f.* **1.** Los sentimientos o la sensibilidad de una persona: *Una película tan violenta puede herir la susceptibilidad de los espectadores.* **2.** Sensibilidad exagerada que tiene una persona y que hace que se moleste por cualquier cosa.
SIN. **2.** Suspicacia.

**susceptible** *adj.* **1.** Que puede hacerse con él lo que se dice: *Ese dibujo está muy bien, pero es susceptible de ser mejorado.* **2.** Que es demasiado sensible y se molesta con facilidad por cualquier

**surf**

cosa: *Nadie te ha llamado tonta, así que no seas tan susceptible.*
**SIN. 2.** Suspicaz.
**FAM.** Susceptibilidad.

**suscitar** *v.* Producir algo no material, como sentimientos, comportamientos, comentarios: *Lo que le contaron suscitó en él varias dudas.*
**SIN.** Provocar, motivar, causar. **ANT.** Evitar.

**suscribir** *v.* **1.** Apuntar a alguien para que reciba desde entonces un periódico o una revista pagando por ello: *Marcos se ha suscrito a un cómic para que se lo manden todos los meses.* **2.** Apuntar a alguien en una asociación o institución: *Se suscribió a una asociación para la defensa de especies animales protegidas.* **3.** Decir alguien que está de acuerdo con otro: *Celia tuvo la idea de ir al teatro y todos la suscribieron.* **4.** Firmar al final de un escrito. ■ Su participio es irregular: *suscrito.*
**SIN. 1.** Abonar. **3.** Apoyar, adherirse. **ANT. 1.** Borrar. **3.** Oponerse, rechazar.
**FAM.** Suscripción, suscriptor.

**suscripción** *s. f.* Acción de suscribir o suscribirse a un periódico, a una revista o a una asociación.
**SIN.** Abono.

**suscriptor, ra** *s. m. y f.* **1.** Persona que está suscrita a una publicación, asociación u otra cosa: *los suscriptores de la revista.* **2.** Persona que firma un escrito o un compromiso.

**sushi** *s. m.* Plato típico de la cocina japonesa que tiene como ingrediente principal pescado crudo. ■ Es una palabra japonesa.

**susodicho, cha** *adj. y s. m. y f.* Que ya se ha dicho antes: *Empezó a leer el libro, pero lo dejó porque el susodicho libro era aburridísimo.*

**suspender** *v.* **1.** No sacar alguien, o no darle el profesor, la nota necesaria para aprobar un examen. **2.** Parar, no hacer algo o dejarlo de momento: *Como diluviaba, suspendieron el partido.* **3.** Colgar algo de un lugar alto: *Suspendieron la carga del gancho de una grúa.*
**SIN. 1.** Catear. **2.** Aplazar, detener, interrumpir; anular, suprimir. **ANT. 1.** Aprobar. **2.** Seguir, reanudar, restablecer. **3.** Descolgar.
**FAM.** Suspense, suspensión, suspensivo, suspenso.

**suspense** *s. m.* Misterio, emoción: *Le encantan las películas de suspense en las que no se sabe lo que va a pasar un segundo después.* ■ Es una palabra inglesa.
**SIN.** Intriga.

**suspensión** *s. f.* **1.** Acción de suspender: *Decidieron la suspensión de las clases a causa de la huelga de transportes.* **2.** Conjunto de piezas de un vehículo que están entre la carrocería y el eje de las ruedas y hacen que se noten menos los baches y sacudidas. **3.** El flotar polvo o pequeñas partículas

en el aire o en un líquido: *El agua está turbia porque tiene barro en suspensión.*
**SIN. 1.** Detención, interrupción, aplazamiento; anulación, supresión. **2.** Amortiguación. **ANT. 1.** Continuación.

**suspensivo** Se usa en la expresión **puntos suspensivos**. Busca **punto**.

**suspenso, sa** *adj.* **1.** Que no está aprobado: *Nieves tiene las matemáticas suspensas.* || *s. m.* **2.** Nota que indica que no se ha aprobado un examen: *Le han puesto un suspenso en física.*
**EXPR. en suspenso** Que lo han interrumpido o lo han dejado para más adelante: *El final de la historia quedó en suspenso hasta el siguiente capítulo.*
**SIN. 1.** Cateado. **2.** Insuficiente, calabaza, cate. **ANT. 2.** Suficiente.

**suspicacia** *s. f.* Característica de suspicaz o desconfiado.
**SIN.** Desconfianza, recelo, susceptibilidad. **ANT.** Confianza.

**suspicaz** *adj.* Que suele desconfiar o pensar mal de lo que dicen o hacen los demás. ■ Su plural es *suspicaces.*
**SIN.** Desconfiado, receloso, malpensado, susceptible. **ANT.** Confiado.
**FAM.** Suspicacia.

**suspirar** *v.* **1.** Dar suspiros. **2.** Desear mucho algo, estar enamorado de una persona o sentirse muy atraído por ella: *Adela suspira por un nuevo vestido. Jaime suspira por una chica de su pueblo.*
**SIN. 2.** Desvivirse, morir.

**suspiro** *s. m.* **1.** El tomar y luego echar el aire lentamente, a veces con un gemido, cuando se siente pena, cansancio, deseo, alivio: *Dio un suspiro cuando el médico le dijo que no tenía nada grave.* **2.** Persona muy delgada: *Esta chica no come nada y está hecha un suspiro.* **3.** Tiempo muy corto: *Lo terminó todo en un suspiro.*
**SIN. 3.** Santiamén.
**FAM.** Suspirar.

**sustancia** *s. f.* **1.** Materia: *La sangre es una sustancia líquida y roja que corre por las venas.* **2.** Parte que más alimenta de las cosas que se comen o jugo que tienen: *Echa a la sopa un poco de jamón para darle sustancia.* **3.** Lo más importante o de más valor de algo: *Ese chico estudia muy mal, se queda con los detalles y olvida la sustancia.*
**SIN. 3.** Esencia, fondo, meollo. **ANT. 3.** Paja, palabrería.
**FAM.** Sustancial, sustancioso, sustantivo. / Consustancial.

**sustancial** *adj.* Muy importante, fundamental: *Cuando se fue al extranjero hubo un cambio sustancial en su vida.*
**SIN.** Trascendental, capital.
**FAM.** Insustancial.

**sustancioso, sa** *adj.* **1.** Muy abundante, importante o valioso: *La empresa ha tenido unas sustanciosas ganancias.* **2.** Que alimenta mucho: *Las lentejas son una comida muy sustanciosa.*
SIN. **1.** Cuantioso, notable. **2.** Alimenticio, nutritivo.
ANT. **1.** Insignificante.

**sustantivación** *s. f.* El sustantivar una palabra o una frase.

**sustantivar** *v.* Hacer que una palabra o grupo de palabras que no son sustantivos realicen la función de éste, por ejemplo poniéndoles el artículo delante: *lo nuevo y lo viejo; el más pequeño de la casa; pide lo que quieras.*

**sustantivo, va** *adj.* **1.** Relacionado con la sustancia de una cosa. **2.** Que se refiere al nombre o tiene sus características: *oración subordinada sustantiva.* ‖ *s. m.* **3.** En gramática, clase de palabra que sirve para nombrar a los seres y las cosas y realiza principalmente las funciones de núcleo del sujeto o del complemento, por ejemplo *Andrea, perro, bolígrafo, bosque.*
FAM. Sustantivación, sustantivar.

**sustentación** *s. f.* Hecho de sostener o sujetar algo: *Las columnas son elementos de sustentación.*
SIN. Sostén, sujeción.

**sustentar** *v.* **1.** Sostener una cosa o estar debajo de ella para que no se caiga o se tuerza: *Cuatro palos sustentaban el toldo.* **2.** Alimentar y mantener a alguien: *El padre y la madre trabajan para sustentar a su familia.* **3.** Apoyar algo en una base o fundamento: *La policía sustentó su investigación en las pistas que dejó el ladrón.*
SIN. **1.** Sujetar, soportar, aguantar. **3.** Fundamentarse, fundar, basar. ANT. **1.** Tirar, derrumbar.
FAM. Sustento.

**sustento** *s. m.* La comida y otras cosas necesarias para vivir.
SIN. Mantenimiento, manutención.

**sustitución** *s. f.* Acción de sustituir: *El entrenador decidió la sustitución de dos jugadores en el segundo tiempo.*
SIN. Cambio.

**sustituir** *v.* Poner a alguien o algo en lugar de otro: *Sustituyó el sofá del comedor por otro más moderno.* ■ Es un verbo irregular. Se conjuga como *huir.*
SIN. Cambiar, reemplazar.
FAM. Sustitución, sustitutivo, sustituto, sustitutorio. / Insustituible.

**sustitutivo, va** *adj.* y *s. m.* Se dice de lo que puede sustituir a otra cosa porque tiene características parecidas a ella: *La sacarina es un sustitutivo del azúcar.*
SIN. Sustitutorio, sucedáneo.

**sustituto, ta** *adj.* y *s. m.* y *f.* Persona que sustituye a otra en un trabajo: *Cuando la secretaria se puso enferma, tuvieron que buscar una sustituta.*
SIN. Suplente. ANT. Titular.

**sustitutorio, ria** *adj.* y *s. m.* Sustitutivo.

**susto** *s. m.* Sensación de miedo producida por algo que ocurre de repente: *Se escondió detrás de la puerta y le dio un susto a su hermana. ¡Menudo susto se llevaron cuando el niño se cayó a la piscina!*
FAM. Asustar.

**sustracción** *s. f.* **1.** Acción de sustraer: *Denunció a la policía la sustracción de su bolso.* **2.** En matemáticas, resta.
SIN. **1.** Robo, hurto. ANT. **2.** Adición, suma.

**sustraendo** *s. m.* En matemáticas, cantidad que se resta de otra: *En la operación 7 – 3, 3 es el sustraendo.*

**sustraer** *v.* **1.** Quitar a una persona algo que es suyo: *Le sustrajeron la cartera sin que se diera cuenta.* **2.** En matemáticas, hacer una resta. ‖ **sustraerse 3.** No hacer algo que resulta molesto, por ejemplo una obligación. ■ Es un verbo irregular. Se conjuga como *traer.*
SIN. **1.** Robar, hurtar, mangar, birlar. **2.** Restar. **3.** Escabullirse, escaquearse. ANT. **2.** Sumar. **3.** Enfrentarse.
FAM. Sustracción, sustraendo.

**sustrato** *s. m.* Capa, nivel u otra cosa que hay debajo de otra: *El sustrato de este suelo es rico en minerales.*

| LOS SUSTANTIVOS | | |
|---|---|---|
| **Comunes** | Sirven para nombrar a todas las personas, animales o cosas de la misma clase. | *niña, caballo, libro* |
| **Propios** | Son nombres de personas, animales o cosas concretas. Se escriben con mayúscula. | *María, Tobi, Salamanca* |
| **Concretos** | Nombran personas, animales o cosas que podemos ver, tocar o notar por algún otro de los sentidos. | *pared, tocadiscos* |
| **Abstractos** | Nombran cosas que no podemos notar por los sentidos. | *amor, mentira* |
| **Individuales** | Nombran en singular a una sola persona, animal o cosa. | *pino, anillo* |
| **Colectivos** | Nombran en singular a un conjunto de personas, animales o cosas. | *equipo, manada* |

**susurrar** *v.* **1.** Hablar muy bajo: *Le susurró algo al oído para que no lo oyera nadie.* **2.** Hacer un ruido muy suave el viento o el agua.
SIN. **1.** Musitar. ANT. **1.** Vocear, gritar.
FAM. Susurro.

**susurro** *s. m.* Acción de susurrar y sonido o palabras con que se susurra: *En la orilla de la playa se oía el susurro del mar.*
ANT. Grito.

**sutil** *adj.* **1.** Se dice de las cosas que son muy delgadas y finas: *La araña hace una red muy sutil para cazar a sus presas.* **2.** Suave, ligero, que apenas se aprecia: *Le gusta el sutil olor de ese perfume. Las diferencias son tan sutiles que casi no se notan.* **3.** Agudo, inteligente: *Costaba entender el sentido de la frase porque era muy sutil.*
SIN. **1.** Leve, liviano, tenue. **2.** Intenso, marcado. **3.** Perspicaz, ingenioso. ANT. **1.** Grueso, tosco, basto. **2.** Fuerte. **3.** Simple.
FAM. Sutileza.

**sutileza** *s. f.* **1.** Característica de lo que es sutil: *Los cuadros pintados con acuarelas se caracterizan por la sutileza de los colores; la sutileza de un aroma; la sutileza de una idea.* **2.** Idea o frase muy sutil, a veces difícil de entender.
SIN. **1.** Levedad, suavidad. ANT. **1.** Tosquedad.

**sutura** *s. f.* Acción de coser el médico una herida para cerrarla: *Le dieron tres puntos de sutura en la frente.*
FAM. Suturar.

**suturar** *v.* Coser una herida para cerrarla.

**suyo, ya** *pos.* **1.** Que pertenece a otro u otros o tiene relación con ellos: *Estos libros son suyos. Hemos visto en la calle a dos amigos suyos.* **2.** Con *lo*, expresa lo que hace mejor una persona o lo que más le gusta: *Lo suyo es el baloncesto.*
EXPR. **hacer** uno **de las suyas** Actuar una persona o animal según su costumbre, sobre todo para hacer algo malo: *El gato ya ha vuelto a hacer de las suyas.* **lo suyo** Con verbos como *costar* o *llevar*, significa mucho trabajo o esfuerzo: *Le costó lo suyo encontrar la calle.* También, indica lo mejor para algo: *Si tiene un problema, lo suyo sería intentar ayudarle.* **salirse** alguien **con la suya** Busca **salir**. **ser muy suyo** Ser muy reservado, tímido o de carácter extraño: *Alberto es muy suyo y se enfada si alguien se mete en sus asuntos.*
FAM. Su.

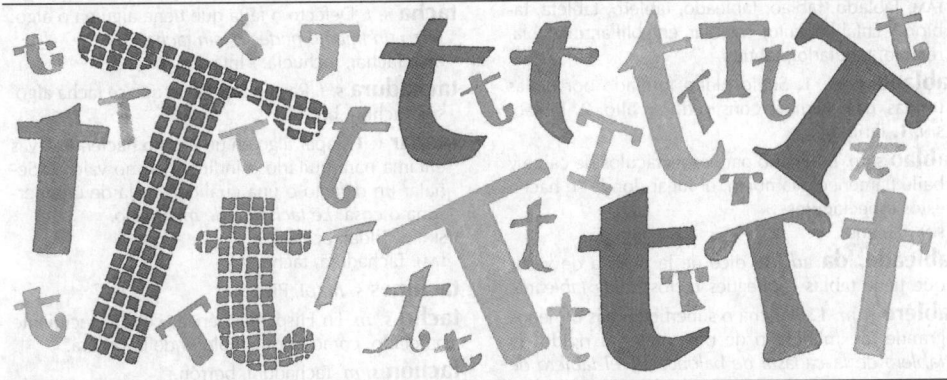

**t** *s. f.* Letra número veintiuna del abecedario y diecisiete de las consonantes. Su nombre es *te*.

**taba** *s. f.* **1.** Hueso del tobillo que se llama también *astrágalo*. **2.** Juego que consiste en tirar al aire este hueso o una cosa parecida y, según del lado que caiga, se gana o se pierde.

**tabacalero, ra** *adj.* **1.** Relacionado con el cultivo, la fabricación y la venta de tabaco. ‖ *s. m.* y *f.* **2.** Persona que cultiva, fabrica o vende tabaco.
SIN. **1.** y **2.** Tabaquero.

**tabaco** *s. m.* **1.** Planta de muchas ramas, flores en forma de trompeta y hojas grandes que se usan para fabricar cigarros y cigarrillos. **2.** Cigarros o cigarrillos: *El tabaco es malo para la salud.* **3.** Color parecido al de la hoja de tabaco seca.
EXPR. **tabaco negro** El de olor y sabor fuertes. **tabaco rubio** El que tiene color más claro y olor y sabor más suaves que el tabaco negro.
FAM. Tabacalero, tabaquera, tabaquero, tabaquismo.

**tábano** *s. m.* Insecto parecido a una mosca, pero más grande, que se alimenta de la sangre que chupa a los animales; su picadura duele mucho.

**tabaquera** *s. f.* Caja o bote para el tabaco.
SIN. Petaca.

**tabaquero, ra** *adj.* **1.** Relacionado con el cultivo, la fabricación y la venta de tabaco. ‖ *s. m.* y *f.* **2.** Persona que cultiva, fabrica o vende tabaco.
SIN. **1.** y **2.** Tabacalero.

**tabaquismo** *s. m.* Enfermedad crónica producida por fumar mucho.

**tabarra** *s. f.* Molestia, pesadez. Se usa sobre todo en la expresión **dar la tabarra**, que significa 'molestar'.
SIN. Lata, tostón. ANT. Delicia.

**tabasco** *s. m.* Una salsa muy picante, que es típica del estado mexicano de Tabasco.

**taberna** *s. f.* Lugar en que se sirven vinos y bebidas y a veces también comidas.
SIN. Tasca, cantina.
FAM. Tabernario, tabernero.

**tabernario, ria** *adj.* **1.** Que es propio de las tabernas. **2.** Que es muy vulgar o grosero: *Debes corregir ese lenguaje tabernario porque causa mal efecto.*

**tabernero, ra** *s. m.* y *f.* Dueño de una taberna o persona que trabaja en ella.

**tabicar** *v.* Cerrar un hueco con un tabique. ▪ Delante de *e* se escribe *qu* en lugar de *c*: *tabiquen.*
SIN. Tapiar.

**tabique** *s. m.* **1.** Pared delgada con que se dividen las distintas habitaciones de una casa. **2.** Cualquier cosa plana y delgada que separa dos huecos o espacios, sobre todo la membrana que separa dos cavidades de un órgano, como el tabique de la nariz o *tabique nasal.*
FAM. Tabicar.

**tabla** *s. f.* **1.** Trozo de madera, o de otro material rígido, plano, más largo que ancho y poco grueso. **2.** Plancha larga y con los extremos redondeados sobre la que se practican algunos deportes náuticos, como el surf y el windsurf. **3.** Tapa con un hueco en el centro para sentarse sobre ella en los retretes. **4.** Pliegue ancho y plano de una prenda, sobre todo de una falda. **5.** Lista de términos, nombres, números u otras cosas según un orden o una clasificación: *la tabla de multiplicar.* ‖ *s. f. pl.* **6.** Resultado del juego del ajedrez o de las damas cuando ninguno de los dos jugadores puede ganar la partida; también, empate en un enfrentamiento o competición: *El partido terminó en tablas y tendrán que jugar otro.* **7.** Valla que rodea el ruedo en una plaza de toros.
EXPR. **tabla de planchar** Tabla con una punta redondeada, forrada de tela, sobre la que se pone la ropa para plancharla. **tabla de salvación** Último recurso, lo único que puede salvarnos de algún peligro o de un apuro. ‖ **a raja tabla** A rajatabla. Busca **rajatabla**. **tener tablas** Tener un actor o cualquier persona mucha experiencia en su profesión.
SIN. **1.** Listón.

**FAM.** Tablado, tablao, tableado, tablero, tableta, tablón. / Entablamiento, entablar, entablillar, rajatabla, retablo, tabulador, tabular.

**tablado** *s. m.* **1.** Suelo plano formado por tablas unidas, casi siempre construido en alto. **2.** Tablao. **SIN. 1.** Tarima.

**tablao** *s. m.* Escenario para espectáculos de cante y baile flamencos; también, el lugar donde se hacen estos espectáculos. **SIN.** Tablado.

**tableado, da** *adj.* Se dice de la prenda de vestir que tiene tablas o pliegues rectos: *falda tableada.*

**tablero** *s. m.* **1.** Plancha o superficie, más o menos grande, de madera o de otro material rígido: *el tablero de la canasta de baloncesto, el tablero de una mesa.* **2.** Superficie cuadrada con recuadros de colores o con dibujos sobre los que se colocan y desplazan las fichas de algunos juegos de mesa: *tablero de ajedrez, tablero de parchís.* **SIN. 1.** Tablón.

**tableta** *s. f.* **1.** Pastilla de chocolate o de turrón. **2.** Pastilla de medicina con forma plana: *una tableta de aspirina.*

**tabloide** *adj. y s. m.* Se dice del periódico de tamaño algo más pequeño que el normal.

**tablón** *s. m.* **1.** Tabla grande y gruesa. **2.** Tablero donde se ponen noticias, avisos, listas y otras informaciones: *tablón de anuncios.* **3.** Borrachera. **SIN. 3.** Cogorza, trompa, tajada.

**tabú** *s. m.* Palabra que no se debe decir o cosa de la que no se puede hablar, porque la gente piensa que no está bien hacerlo. ■ Es una palabra polinesia. Su plural es *tabús* o *tabúes.*

**tabulador** *s. m.* En las máquinas de escribir y los ordenadores, tecla para colocar márgenes o espacios en los lugares en que se necesitan, como por ejemplo al hacer cuadros o tablas con columnas.

**tabular** *adj.* Que tiene forma de tabla.

**taburete** *s. m.* Silla sin brazos ni respaldo. **SIN.** Banqueta, banquillo.

**tacada** *s. f.* En billar, golpe que se da a la bola con el taco y, también, serie de carambolas seguidas que hace un jugador. **EXPR. de una tacada** De golpe, de una vez: *Hizo los deberes de una tacada.*

**tacañería** *s. f.* Comportamiento o forma de ser del tacaño.

**tacaño, ña** *adj. y s. m. y f.* Persona que gasta o da lo menos que puede. **SIN.** Rácano, avaro, agarrado. **ANT.** Generoso, espléndido, desprendido. **FAM.** Tacañería.

**tacatá** o **tacataca** *s. m.* Especie de carrito donde se pone a los niños para que aprendan a andar sin caerse. **SIN.** Andador.

**tacha** *s. f.* Defecto o falta que tiene alguien o algo: *Hizo un trabajo perfecto, sin tacha.* **FAM.** Tachar, tachuela. / Intachable.

**tachadura** *s. f.* Raya o rayas con que se tacha algo. **SIN.** Tachón, borrón.

**tachar** *v.* **1.** Tapar algo en un escrito haciendo rayas encima para quitarlo o indicar que no vale. **2.** Señalar un defecto o una cualidad mala de una persona o cosa: *Le tacharon de mentiroso.* **SIN. 2.** Tildar, acusar. **FAM.** Tachadura, tachón.

**tachines** *s. m. pl.* Pies.

**tacho** *s. m.* En Hispanoamérica, cubo o recipiente parecido, como por ejemplo el de la basura.

**tachón** *s. m.* Tachadura, borrón.

**tachuela** *s. f.* Clavo corto y de cabeza ancha.

**tácito, ta** *adj.* Que se sabe sin necesidad de decirlo: *Aunque no lo hablaron, tenían el acuerdo tácito de que cada uno pagara su parte.*

**taciturno, na** *adj.* Callado, que habla poco. **SIN.** Retraído, reservado. **ANT.** Abierto, locuaz.

**taco** *s. m.* **1.** Pedazo corto de madera u otro material que se encaja en un hueco: *Taparon el agujero con un taco.* **2.** Trozo pequeño y grueso en que se parte un alimento, sobre todo el jamón o el queso. **3.** Palo con que se golpea la bola en el juego del billar. **4.** Montón de hojas, papeles o cosas parecidas, sobre todo si están bien colocados. **5.** Palabrota. **6.** Lío, jaleo: *Se armó un taco con los encargos y los hizo todos mal.* **7.** En América del Sur, tacón. **8.** En México, tortilla de maíz rellena de carne picada y otros alimentos. || *s. m. pl.* **9.** Años que tiene una persona: *Enrique ha cumplido treinta tacos.* **SIN. 6.** Follón. **FAM.** Tacada, tacón. / Retaco.

**tacón** *s. m.* Pieza del zapato que se coloca en la parte del talón para levantar el pie. **FAM.** Taconazo, taconear.

**taconazo** *s. m.* Golpe que se da con el tacón.

**taconear** *v.* Golpear el suelo con el tacón varias veces seguidas al andar o al bailar. **SIN.** Zapatear. **FAM.** Taconeo.

**taconeo** *s. m.* Golpe repetido con el tacón del zapato: *El niño escuchó el taconeo de su madre por las escaleras y supo que ya estaba llegando.*

**táctica** *s. f.* **1.** Plan o manera de hacer algo: *Gracias a una buena táctica de ataque el equipo ganó el partido.* **2.** Conocimientos para realizar las operaciones militares. **SIN. 1.** Técnica, sistema, estrategia, procedimiento. **FAM.** Táctico.

**táctico, ca** *adj.* **1.** Relacionado con la táctica. || *s. m.* **2.** Persona que sabe de táctica o que la practica.

**táctil** *adj.* Del sentido del tacto.

**tacto** *s. m.* **1.** Sentido corporal con que se perciben los objetos, su forma, su tamaño y otras características tocándolos o sintiéndolos con alguna parte del cuerpo. **2.** Modo en que se perciben las cosas a través de este sentido: *Esta toalla tiene un tacto muy suave.* **3.** El tocar las cosas y utilizar este sentido: *La nieve es fría al tacto.* **4.** Cuidado que hay que tener a veces al tratar con las personas o para hacer algo sin que le siente mal a otro: *Le dijo a su amigo que no gritara tanto, pero lo hizo con tacto para que no se enfadara.* **SIN. 1.** Sensibilidad. **4.** Delicadeza, diplomacia, tiento. **FAM.** Táctil. / Contacto, intacto.

**taekwondo** *s. m.* Tipo de lucha que procede de Corea y se parece al karate. ■ Es una palabra coreana.

taekwondo

**tafetán** *s. m.* Tela delgada y fuerte de seda o de un tejido parecido.

**tafilete** *s. m.* Piel curtida, suave y poco gruesa.

**tagalo, la** *adj.* y *s. m.* y *f.* **1.** De un pueblo de Filipinas que vive principalmente en la isla de Luzón. || *s. m.* **2.** Lengua de este pueblo, que es, además del inglés, la lengua oficial de Filipinas.

**tahitiano, na** *adj.* y *s. m.* y *f.* De Tahití, isla de Oceanía.

**tahona** *s. f.* Lugar donde se hace y se vende pan. **SIN.** Horno, panadería.

**tahúr, ra** *s. m.* y *f.* **1.** Persona que juega mucho a las cartas, los dados y otros juegos y lo hace por dinero. **2.** Jugador tramposo. **SIN. 2.** Fullero.

**tai-chi** *s. m.* Tipo de yoga que se hace con movimientos muy lentos, seguidos y coordinados. ■ Es una palabra china.

**taifa** *s. f.* Cada uno de los pequeños reinos en que se dividió, en el siglo XI, el reino musulmán que existía en la península Ibérica.

**taiga** *s. f.* Gran extensión de bosques que hay en algunas zonas frías del norte de Europa, Asia y América. ■ Es una palabra rusa.

**tailandés, sa** *adj.* y *s. m.* y *f.* De Tailandia, un país del sudeste de Asia.

**taimado, da** *adj.* Se dice de la persona lista y mala, que tiene facilidad para engañar. **SIN.** Astuto, ladino. **ANT.** Ingenuo.

**taita** *s. m.* En algunos países de América del Sur, forma cariñosa de llamar al padre.

**tajada** *s. f.* **1.** Trozo cortado o separado de una cosa, sobre todo de un alimento: *una tajada de carne.* **2.** Corte, raja. **3.** Borrachera. **EXPR. sacar** uno **tajada** de algo Sacar provecho. **SIN. 1.** Rodaja, porción. **2.** Tajo, cortadura. **3.** Tablón, cogorza, trompa.

**tajante** *adj.* **1.** Que no se puede discutir o dudar: *La orden del director fue tan tajante que nadie se atrevió a desobedecer.* **2.** Total, brusco o sin término medio. **SIN. 1.** y **2.** Rotundo. **2.** Radical. **ANT. 1.** Dudoso. **2.** Relativo.

**tajo** *s. m.* **1.** Corte más bien profundo hecho con un objeto afilado. **2.** Barranco hondo y estrecho que corta un terreno, como el que ha ido formando un río. **3.** Trabajo, tarea y, también, lugar en el que alguien trabaja: *Hoy tengo mucho tajo. Me voy, que llego tarde al tajo.* **SIN. 1.** Tajada, cortadura. **3.** Curro. **FAM.** Tajada, tajante. / Atajo, destajo.

**tal** *dem.* **1.** Sirve para indicar una persona o cosa que ya se conoce o se ha dicho antes: *No es verdad; él nunca haría tal barbaridad.* Se usa también para poner ejemplos de algo: *Pinta algunos frutos, tales como la naranja o la pera.* || *indef.* **2.** Tanto, tan grande: *Había tal cantidad de gente, que no se cabía.* **3.** Señala a una persona o cosa cualquiera o que no es muy conocida: *Escribió una carta a los Reyes Magos para pedirles tal y tal juguete. El nuevo es un tal Jorge.* || *adv.* **4.** Con *como* o *cual*, significa 'igual, de la misma manera': *Tu hermano es tal como me dijiste. Dejaron la habitación tal cual estaba.* **EXPR. con tal de** Con la condición que se dice después: *Te diré un secreto con tal de que no se lo cuentes a nadie.* **tal para cual** Significa que dos personas son muy parecidas, sobre todo por algo malo: *Esos dos caraduras son tal para cual.*

**tala** *s. f.* El talar o cortar árboles.

**talabartero, ra** *s. m.* y *f.* Persona que trabaja el cuero y hace objetos con él.

**taladrador, ra** *adj.* y *s. m.* y *f.* Se dice del instrumento o de la máquina que sirven para taladrar. (Puedes ver su ilustración en la página siguiente). **SIN.** Taladro.

**taladrar** *v.* Hacer agujeros en una superficie con un instrumento. **SIN.** Agujerear, perforar. **FAM.** Taladrador, taladro.

**taladro** *s. m.* **1.** Instrumento o máquina para taladrar. **2.** Agujero que se hace al taladrar.
SIN. **1.** Taladrador.

**talante** *s. m.* Modo de ser de una persona o humor que tiene en algún momento: *Con su talante alegre, Andrea resulta muy simpática. Mi hermano se levanta de muy mal talante y no se le puede hablar.*
SIN. Carácter; ánimo.

**talar** *v.* Cortar árboles.
FAM. Tala.

**talayot** o **talayote** *s. m.* Monumento prehistórico con forma de torre de poca altura, típico de las Islas Baleares. ■ El plural de *talayot* es *talayots.*

**talco** *s. m.* Mineral blanco y blando que, en forma de polvo muy fino, se usa sobre todo para suavizar la piel y para fabricar productos de belleza.

**talega** *s. f.* Bolsa ancha y corta de tela.
FAM. Talego, taleguilla.

**talego** *s. m.* Saco de tela.
SIN. Talega, saca.

**taleguilla** *s. f.* Pantalón ajustado que llevan los toreros y que llega hasta debajo de la rodilla.

**talento** *s. m.* **1.** Capacidad para hacer muy bien una cosa: *Su hija tiene talento para la danza.* **2.** Persona que tiene esa capacidad: *Este chico es un talento en matemáticas.* **3.** Inteligencia o habilidad: *Ya de pequeño destacaba por su talento.*
SIN. **1.** y **3.** Aptitud. ANT. **1.** y **3.** Torpeza, incapacidad.
FAM. Cazatalentos.

**talgo** *s. m.* Tren de gran velocidad y estabilidad que está formado por estructuras articuladas.

**talismán** *s. m.* Objeto que según algunos tiene poderes mágicos.
SIN. Amuleto.

**talla** *s. f.* **1.** Acción de tallar. **2.** Escultura, sobre todo la de madera. **3.** Medida de una prenda de vestir y de la persona que la usa: *Carlos tiene la talla cuarenta de pantalones.* **4.** Estatura de una persona:

*Los jugadores de baloncesto suelen tener mucha talla.* **5.** Importancia o valor: *Camilo José Cela es un escritor de gran talla.*
EXPR. **dar la talla** Ser lo suficientemente bueno para algo, o tan bueno como los demás: *El nivel de los concursantes era muy alto y yo tenía miedo de no dar la talla.*
SIN. **1.** Labrado, grabado. **4.** y **5.** Altura.

**tallar** *v.* **1.** Dar forma a un material duro cortando o quitando trozos: *tallar una escultura de madera, tallar un diamante.* **2.** Grabar un dibujo u otra cosa sobre una superficie dura: *tallar una copa de cristal.* **3.** Medir la estatura de una persona o la altura de un animal: *Ayer tallaron a los que van a hacer la mili.*
SIN. **1.** Esculpir.
FAM. Talla, tallarín, talle.

**tallarín** *s. m.* Pasta de harina de trigo en forma de tira fina y delgada, que se come cocida. Es una comida típica italiana.

**talle** *s. m.* **1.** Cintura: *La falda se le ajusta demasiado al talle.* **2.** Parte de una prenda de vestir que cubre la cintura. **3.** Medida de una prenda de vestir que se toma desde el cuello hasta la cintura: *Este vestido es largo de talle.*
FAM. Entallar.

**taller** *s. m.* **1.** Lugar donde se trabaja en algunos oficios o donde los artistas realizan sus obras: *taller de carpintería, el taller de un escultor.* **2.** Lugar donde se arreglan máquinas, aparatos y piezas mecánicas, sobre todo automóviles.

**tallo** *s. m.* Parte de las plantas que crece hacia arriba y sostiene las hojas, las flores y los frutos.
FAM. Talludito, talludo.

**talludo, da** o **talludito, ta** *adj.* Que ya no es un niño o ya no es joven: *Esa señora está demasiado talludita para vestir como una chica.*

**talón**[1] *s. m.* **1.** Parte de detrás del pie, que tiene forma redondeada. **2.** Parte del zapato, la media o el calcetín que cubre el pie por detrás.

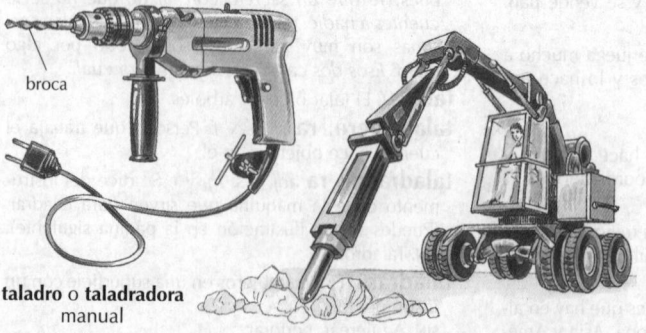

broca

taladro o **taladradora**
manual

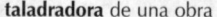

**taladradora** de una obra

motosierra

operario **talando**

EXPR. **talón de Aquiles** El punto débil de alguien o de algo. || **pisarle** a alguien **los talones** Seguirle muy de cerca: *Los atracadores consiguieron huir, aunque la policía iba pisándoles los talones.*
SIN. **1.** Calcañar.
FAM. Talonera.

**talón²** *s. m.* Hoja que se corta de un cuadernillo, en el que queda una parte de esa hoja para poder comprobar que se ha arrancado de ahí. Son talones, por ejemplo, los cheques y algunos recibos.
FAM. Talonario.

**talonario** *s. m.* Cuadernillo de talones, sobre todo de cheques.

**talonera** *s. f.* Refuerzo o parche en el talón de una media, un calcetín o un zapato.

**talud** *s. m.* Inclinación o pendiente en un terreno.
SIN. Cuesta, rampa.

**tam-tam** *s. m.* Instrumento musical parecido a un tambor grande que usan algunos indígenas. ■ No varía en plural.

**tamal** *s. m.* En Hispanoamérica, masa de maíz que a veces tiene otros alimentos y que se sirve envuelta en hojas de maíz o de plátano.

**tamaño** *s. m.* Lo que mide o lo que ocupa una persona o cosa, y hace que sea más grande o más pequeña que otras.

**tamaño, ña** *adj.* Semejante, tal, tan grande: *Jamás había oído tamaño disparate.*

**tamarindo** *s. m.* Árbol de tronco grueso y copa ancha, que da un fruto llamado también *tamarindo* y que se come en confitura. Procede de África.

**tambalearse** *v.* Moverse una persona, animal o cosa de un lado a otro cuando le falta el equilibrio.
SIN. Balancearse, bambolearse.

**también** *adv.* **1.** Sirve para afirmar que una persona o cosa es como otra ya nombrada, que hace igual que ella o que tiene lo mismo: *Jorge es mi amigo y Rafa también. Si vais al cine, nosotros también vamos. En mi pueblo también hay una iglesia como en el tuyo.* **2.** Además: *Por fin me he comprado el juego de ordenador y también un joystick.*

**tambor** *s. m.* **1.** Instrumento musical que consiste en una caja redonda cerrada por una o dos pieles muy tirantes o por otra superficie; se toca golpeando estas superficies con unos palillos. **2.** Nombre de algunos objetos con forma de cilindro, como la pieza de las lavadoras donde se mete la ropa, o algunos envases grandes: *un tambor de detergente.*
FAM. Tamboril, tamborrada.

**tamboril** *s. m.* Tambor pequeño y estrecho que se lleva colgado y se toca con un solo palillo.
FAM. Tamborilear, tamborilero.

**tamborilear** *v.* **1.** Tocar el tamboril. **2.** Dar muchos golpecitos sobre algo, haciendo un ruido parecido al de un tambor: *Mientras esperaba, tamborileaba con los dedos en la mesa.*

**tamborilero, ra** *s. m.* y *f.* El que toca el tambor o el tamboril.

**tamborrada** *s. f.* Fiesta popular en la que mucha gente toca el tambor a la vez: *Todos los jóvenes del pueblo salen en Semana Santa a la calle para unirse a la tamborrada.*

**tamiz** *s. m.* Aro con una redecilla o tela por la que se hace pasar algo para separar las partes más finas de las gruesas. ■ Su plural es *tamices.*
SIN. Criba, cedazo.
FAM. Tamizar.

**tamizar** *v.* **1.** Pasar una cosa por el tamiz. **2.** Suavizar la luz o cambiar su color haciéndola pasar a través de un filtro, una pantalla o algo parecido. **3.** Seleccionar con mucho cuidado. ■ Delante de *e* se escribe *c* en lugar de *z*: *tamicen.*
SIN. **1.** y **3.** Cribar. **3.** Escoger.

**támpax** *s. m.* Cilindro de algodón que se ponen las mujeres cuando tienen la regla. ■ No varía en plural.
SIN. Tampón.

**tampoco** *adv.* Se usa para decir que no, después de haber dicho que no antes: *Ayer no hubo clase y hoy tampoco.*

**tampón** *s. m.* **1.** Almohadilla empapada en tinta que se utiliza para mojar en ella los sellos de caucho; también, estos sellos. **2.** Cilindro de algodón que se ponen las mujeres cuando tienen la regla. ■ Es una palabra francesa.
SIN. **2.** Támpax.

**tamujo** *s. m.* Mata que crece cerca de los arroyos y en sitios poco soleados y tiene muchas ramas flexibles, delgadas y espinosas con las que se hacen escobas.

**tan** *adv.* Forma abreviada de **tanto.** Se usa delante de adjetivos y adverbios para dar más fuerza a su significado: *Es tan bueno... No vayas tan deprisa.* Con las conjunciones *cuan* o *como,* expresa una comparación de igualdad: *Ese chico es tan listo como su padre.* Se usa también con la conjunción *que* para formar oraciones subordinadas consecutivas: *Gonzalo habla tan alto que todo el mundo se entera de lo que dice.*

**tanatorio** *s. m.* Edificio o lugar donde los familiares y amigos de una persona fallecida están con ella hasta el momento de enterrarla o incinerarla.

**tanda** *s. f.* **1.** Cada uno de los grupos en que se divide un conjunto de personas, animales o cosas, sobre todo cuando vienen o hacen algo unos después de otros: *En el comedor no cabían todos juntos y tuvieron que comer en dos tandas.* **2.** Varias cosas de la misma clase que se hacen o se dan seguidas: *Hicimos una tanda de saltos en gimnasia.*
SIN. **1.** Turno, partida. **2.** Serie.

**tándem** *s. m.* **1.** Bicicleta con dos o más asientos y el mismo número de pares de pedales. **2.** Equipo de

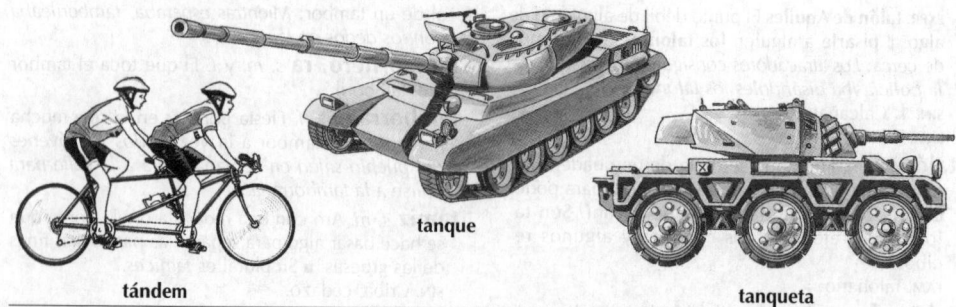

tándem

tanque

tanqueta

dos personas: *El tándem español ganó el torneo de tenis por parejas.* ■ Su plural es *tándems* o *tándemes.*

**tanga** *s. m.* Biquini de mujer o bañador de hombre muy pequeños. ■ Es una palabra brasileña.

**tangente** *adj.* y *s. f.* En geometría, se dice de las líneas o superficies que se tocan sin llegar a cortarse. **EXPR.** **irse** o **salirse** uno **por la tangente** Utilizar rodeos o excusas para evitar contestar a algo o dar explicaciones.

**tangerino, na** *adj.* y *s. m.* y *f.* De Tánger, ciudad de Marruecos.

**tangible** *adj.* **1.** Que se puede tocar con las manos. **2.** Que se nota claramente. **SIN. 1.** y **2.** Palpable. **2.** Evidente. **FAM.** Intangible.

**tango** *s. m.* **1.** Baile típico de Argentina que bailan agarrados un hombre y una mujer. **2.** Música y canción de este baile. **FAM.** Tanguillo, tanguista.

**tanguillo** *s. m.* Cante y baile flamencos típicos de Cádiz.

**tanguista** *s. m.* y *f.* Cantante de tangos.

**tanino** *s. m.* Sustancia que hay en la corteza de algunos árboles, como los robles y castaños, que se usa para curtir pieles y, en farmacia, para cortar la diarrea.

**tanque** *s. m.* **1.** Vehículo grande de guerra con una carrocería muy fuerte, que suele moverse sobre unas cadenas con las que puede ir por sitios desiguales. **2.** Depósito para líquidos. **SIN. 2.** Cisterna. **FAM.** Tanqueta.

**tanqueta** *s. f.* Vehículo parecido a un tanque, pero más pequeño.

**tantear** *v.* **1.** Ir por un sitio tocando las cosas con las manos cuando no se ve o no hay luz: *La escalera estaba a oscuras y tuvieron que subir tanteando.* **2.** Calcular más o menos el peso, la medida, el valor o la importancia de algo. **3.** Intentar saber cómo es una persona, qué quiere o qué piensa

sobre algo: *Antes de pedirle permiso, le tanteó para ver si estaba de buen humor.* **4.** Llevar la cuenta de los puntos que se sacan en un juego. **SIN. 1.** Palpar. **2.** Sopesar. **3.** Sondear. **FAM.** Tanteo.

**tanteo** *s. m.* **1.** Acción de tantear. **2.** Número de tantos o puntos que se consiguen en un juego o deporte: *Les ganamos por un tanteo de cinco a dos.* **SIN. 2.** Puntuación, resultado.

**tanto, ta** *indef.* **1.** Significa mucho, gran cantidad de algo: *Había tantos pasteles que no sabía cuál elegir.* **2.** Expresa una cantidad o un número, pero sin decir cuál: *Debe de tener treinta y tantos años.* || *adv.* **3.** En gran cantidad o intensidad: *No chilles tanto.* || *s. m.* **4.** Una cantidad de dinero, sin decir cuánto: *Él le ayuda a repartir la mercancía y se lleva un tanto.* **5.** Punto que se consigue en un juego. **EXPR.** **tanto por ciento** Porcentaje. || **al tanto** Enterado de algo: *Está al tanto de todo lo que ocurre.* **entre tanto** Mientras: *Yo tardaré un par de horas, entre tanto puedes dar un paseo.* ■ Se escribe también todo junto: *entretanto.* **las tantas** Hora que nos parece que es muy tarde: *Llegó a casa a las tantas de la noche.* **ni tanto ni tan calvo** Ni mucho ni muy poco. **no ser** algo **para tanto** No ser tan bueno o bonito como se había dicho. También, no ser tan importante como para preocuparse o enfadarse. **por tanto** o **por lo tanto** Se usa para expresar la consecuencia de algo. **FAM.** Tan, tantear. / Entretanto.

**tanzano, na** *adj.* y *s. m.* y *f.* De Tanzania, país de África.

**tañer** *v.* **1.** Tocar un instrumento musical, sobre todo si es de cuerda: *tañer la guitarra, tañer el arpa.* **2.** Tocar las campanas. ■ Es un verbo irregular. **FAM.** Tañido.

**tañido** *s. m.* Acción de tañer un instrumento y sonido que produce.

**tapa** *s. f.* **1.** Pieza para tapar, cerrar o cubrir una caja, un frasco y otras cosas: *la tapa de un bote, la tapa del piano.* **2.** Las dos láminas de cartón, papel u otro material que tienen los libros por fuera.

**3.** Trozo de cuero, goma u otra cosa que se pone a los tacones por la parte que toca el suelo. **4.** Lo que se toma de aperitivo con una bebida: *Pusieron de tapa aceitunas y patatas fritas.*
SIN. **1.** Tapadera.
FAM. Tapadera, tapar, tapear, tapón, tapujo.

**tapacubos** *s. m.* Tapa redonda que se pone por fuera en las ruedas de los coches para que no se vean las tuercas. ▪ No varía en plural.

**tapadera** *s. f.* **1.** Tapa ancha que se pone en la boca de algún recipiente, por ejemplo en una olla. **2.** Persona o cosa que sirve para ocultar a otra y que no se sepa lo que es: *El bar lo utiliza de tapadera para sus negocios ilegales.*

**tapadillo** Se usa en la expresión **de tapadillo**, que significa 'a escondidas': *Un amigo nos coló de tapadillo en la piscina.*

**tapajuntas** *s. m.* Listón que se utiliza para tapar la unión del cerco de una ventana o una puerta con la pared. ▪ No varía en plural.

**tapar** *v.* **1.** Cubrir o cerrar algo poniendo una cosa encima o delante: *Se olvidó de tapar el frasco de la colonia. Una piedra enorme tapaba la entrada de la cueva.* **2.** Poner una cosa delante o encima de otra, de forma que la cubra o la proteja: *Si te pones ahí, me tapas la tele y no veo.* **3.** Abrigar con ropa: *Tápate el cuello con la bufanda.* **4.** Ocultar o disimular una falta, un error o algo parecido.
SIN. **3.** Arropar. **4.** Encubrir. ANT. **1.** a **3.** Destapar.
FAM. Tapacubos, tapadillo, tapajuntas, taparrabo, taparrabos. / Destapar.

**taparrabo** o **taparrabos** *s. m.* Trozo muy pequeño de piel o tela que se ponen las personas de algunas tribus o pueblos primitivos para cubrirse como si fuera un calzón. ▪ La palabra *taparrabos* no varía en plural.

| TAÑER | |
|---|---|
| **GERUNDIO** | |
| *tañendo* | |
| **INDICATIVO** | |
| **Pretérito perfecto simple** | |
| *tañí* | *tañimos* |
| *tañiste* | *tañisteis* |
| *tañó* | *tañeron* |
| **SUBJUNTIVO** | |
| **Pretérito imperfecto** | **Futuro** |
| *tañera, -ese* | *tañere* |
| *tañeras, -eses* | *tañeres* |
| *tañera, -ese* | *tañere* |
| *tañéramos, -ésemos* | *tañéremos* |
| *tañerais, -eseis* | *tañereis* |
| *tañeran, -esen* | *tañeren* |

**tapear** *v.* Tomar tapas o aperitivos: *Estuvimos tapeando y a la hora de comer no teníamos hambre.*
FAM. Tapeo.

**tapeo** *s. m.* Acción de tapear: *Conozco los mejores bares de Madrid para el tapeo.*

**tapete** *s. m.* Trozo de tela o plástico que se pone encima de una mesa o de un mueble.

**tapia** *s. f.* Pared que se pone alrededor de una casa o una finca para protegerla o para señalar una división.
EXPR. **como una tapia** Muy sordo.
FAM. Tapiar.

**tapiar** *v.* **1.** Rodear una casa o una finca con una tapia. **2.** Cerrar algo con ladrillos.

**tapicería** *s. f.* **1.** Telas que se usan para hacer cojines, cortinas, o forrar muebles. **2.** Taller donde trabaja el tapicero. **3.** Oficio de las personas que se dedican a tapizar muebles o que hacen tapices.

**tapicero, ra** *s. m. y f.* **1.** Persona que se dedica a tapizar muebles y a hacer cortinas y cojines. **2.** Persona que hace tapices.

**tapioca** *s. f.* Alimento que se saca de la raíz de una planta americana llamada *mandioca*. Se le suele dar forma de granitos y se toma en sopa.

tapir

**tapir** *s. m.* Animal mamífero bastante grande que tiene la cabeza acabada en una trompa hacia abajo y las orejas pequeñas. Se alimenta de hierbas y sobre todo de raíces que encuentra escarbando. Vive en América del Sur y en Asia.

**tapiz** *s. m.* Trozo de tela tejido con lana, lino u otros hilos que forman dibujos y escenas. Suele ser grande y se usa para cubrir y adornar paredes. ▪ Su plural es *tapices.*
FAM. Tapicería, tapicero, tapizar.

**tapizar** *v.* **1.** Forrar con tela muebles, paredes y otras cosas. **2.** Cubrir una superficie: *En otoño las hojas tapizan las calles.* ▪ Delante de *e* se escribe *c* en lugar de *z*: *Prefiero que tapice la butaca de azul.*
SIN. **2.** Alfombrar.

**tapón** *s. m.* **1.** Pieza que sirve para tapar botellas, tubos y otras cosas: *Pon el tapón al desagüe de la*

*bañera para poder llenarla.* **2.** Lo que impide o hace más difícil el paso, sobre todo muchos coches parados o que van muy despacio y no dejan que pasen otros: *Siempre se forma un tapón en el cruce de esas dos calles.* **3.** Bola formada con la cera que se acumula en los oídos. **4.** En baloncesto, acción de parar un jugador el balón que otro ha lanzado, cuando va subiendo derecho a la canasta. **5.** Persona bajita y gordita.
**SIN. 2.** Atasco, embotellamiento.
**FAM.** Taponar.

**taponar** *v.* **1.** Cerrar algo con tapón. **2.** Tapar o quedarse tapado un agujero o un conducto: *Con este catarro se me tapona la nariz.*
**SIN. 2.** Obstruirse. **ANT. 1.** y **2.** Destaponar.
**FAM.** Destaponar.

**tapujo** *s. m.* Disimulo con que se quiere ocultar la verdad. Se usa sobre todo en la expresión **sin tapujos**: *Estuvieron hablando con mucha sinceridad, sin tapujos.*

**taquicardia** *s. f.* Hecho de ir mucho más deprisa de lo normal los latidos del corazón, por una enfermedad o por un esfuerzo muy grande.

**taquigrafía** *s. f.* Manera de escribir muy deprisa utilizando unos signos que parecen garabatos.
**FAM.** Taquigrafiar, taquígrafo, taquimecanografía.

**taquigrafiar** *v.* Escribir utilizando la taquigrafía: *La secretaria taquigrafió el discurso y después lo transcribió.*

**taquígrafo, fa** *s. m.* y *f.* Persona que escribe utilizando la taquigrafía.

**taquilla** *s. f.* **1.** Ventanilla, mostrador o lugar donde se venden billetes para un transporte o entradas para un espectáculo. **2.** Armarito para que guarde sus cosas una persona en un gimnasio, en algunos institutos y en otros sitios.
**FAM.** Taquillero, taquillón.

**taquillero, ra** *s. m.* y *f.* **1.** Persona que vende billetes o entradas en una taquilla: *Trabaja como taquillera en un cine.* ‖ *adj.* **2.** Se dice del artista o del espectáculo que consiguen mucho dinero porque

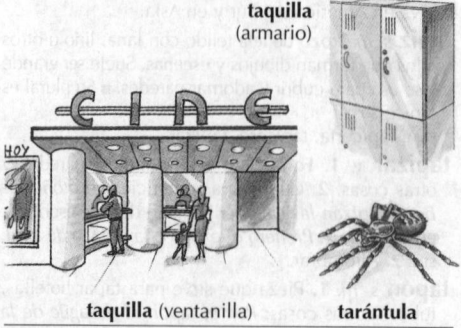

taquilla
(armario)

**taquilla** (ventanilla)          **tarántula**

mucha gente va a verlos: *Ésta ha sido la película más taquillera del año.*

**taquillón** *s. m.* Mueble de madera, no muy alto, con puertas y cajones, que suele colocarse en el recibidor.

**taquimecanografía** *s. f.* Técnica y conocimientos de taquigrafía y mecanografía: *Todos los administrativos de esta empresa dominan la taquimecanografía.*
**FAM.** Taquimecanógrafo.

**taquimecanógrafo, fa** *s. m.* y *f.* Persona que escribe usando taquigrafía y mecanografía.

**tara** *s. f.* **1.** Defecto grave: *Devolvieron a la fábrica los muebles que tenían alguna tara.* **2.** Peso de un vehículo sin la carga que puede transportar.
**FAM.** Tarado.

**taracea** *s. f.* Trabajo que consiste en meter en una madera trocitos de madera de otro color, de metal, de nácar o de otros materiales, para formar dibujos o adornos.

**tarado, da** *adj.* **1.** Que tiene alguna tara o defecto. ‖ *s. m.* y *f.* **2.** Tonto, poco inteligente.
**SIN. 2.** Estúpido, torpe, necio.

**tarambana** o **tarambanas** *adj.* y *s. m.* y *f.* Alocado, poco sensato. ■ La palabra *tarambanas* no varía en plural.

**tarántula** *s. f.* Araña grande de color oscuro con rayas blancas y patas peludas, que vive en el sur de Europa. Su picadura duele mucho.

**tararear** *v.* Cantar en voz baja y sin pronunciar palabras: *tararear una canción.*
**SIN.** Canturrear.

**tararí** *interj.* Sirve para decir que no o para mostrar que no nos creemos una cosa: *Jorge decía que él nadaba mejor y yo le dije que tararí.*
**SIN.** Tururú, nanay, nones.

**tarascada** *s. f.* **1.** Mordedura o arañazo muy rápido: *Si no aparto la mano a tiempo, tu gato me da una tarascada.* **2.** Contestación brusca y desagradable: *Cuando está de mal humor es mejor no preguntarle porque lo mismo te suelta una tarascada.*
**SIN. 1.** Mordisco, bocado, dentellada.

**tardanza** *s. f.* El hecho de tardar: *La tardanza del tren empezaba a poner nerviosos a los viajeros.*
**SIN.** Demora, retraso.

**tardar** *v.* **1.** Necesitar un tiempo para hacer una cosa o para que algo ocurra: *Tardé dos horas en resolver el problema. La Tierra tarda 365 días en dar la vuelta alrededor del Sol.* **2.** Emplear mucho tiempo en hacer algo: *Si crees que vas a tardar en llegar, avisa antes.*
**SIN. 2.** Retrasarse, demorarse.
**FAM.** Tardanza, tardío, tardo, tardón. / Retardar.

**tarde** *s. f.* **1.** Tiempo que va desde el mediodía hasta que empieza a hacerse de noche: *Por las tardes es muy agradable pasear por la playa.* ‖ *adv.* **2.** A últi-

mas horas del día o de la noche: *Tienes sueño porque ayer te acostaste tarde.* **3.** Después del momento oportuno o que se había decidido: *Hemos quedado a las cinco, no llegues tarde.*
**EXPR. de tarde en tarde** De vez en cuando, con poca frecuencia: *Le gusta ir a pescar, pero muy de tarde en tarde.* **tarde o temprano** Que va a ocurrir lo que se expresa pero sin saber cuándo: *Tarde o temprano, mi madre se enterará de que hemos hecho pellas.*
**ANT. 1.** Mañana. **2.** Temprano. **3.** Pronto.
**FAM.** Tardar. / Atardecer[1], atardecer[2].

**tardío, a** *adj.* **1.** Se dice de los frutos que maduran más tarde del tiempo en que sería normal: *uvas tardías.* **2.** Que ocurre más tarde de lo normal: *Toda la obra de ese escritor es tardía, pues comenzó a escribir cuando era bastante mayor.*
**ANT. 1.** Tempranero. **1.** y **2.** Temprano.

**tardo, da** *adj.* **1.** Lento para moverse o hacer las cosas. **2.** Que le cuesta entender las cosas.
**SIN. 1.** Pausado. **2.** Torpe, lerdo. **ANT. 1.** Vivaracho. **2.** Despierto, perspicaz.

**tardón, na** *adj.* y *s. m.* y *f.* Se dice de la persona que tarda mucho: *Estoy harta de esperarle, este chico es un tardón.*
**SIN.** Lento, pesado, pelma. **ANT.** Rápido.

**tarea** *s. f.* Actividad o trabajo, sobre todo el que debe hacerse en un tiempo: *Ya he terminado la tarea de hoy.*
**SIN.** Labor, faena. **ANT.** Ocio.
**FAM.** Atareado.

**tarifa** *s. f.* Dinero que hay que pagar por una cosa o por un impuesto: *La tarifa del peaje en la autopista es más barata para los coches que para los camiones.*
**FAM.** Tarifar.

**tarifar** *v.* Discutir o pelearse con alguien: *Tiene muy mal genio y sale tarifando con todo el mundo.*
**SIN.** Regañar.

**tarima** *s. f.* **1.** Plataforma de madera a poca altura del suelo: *En clase, la mesa del profesor está sobre una tarima.* **2.** Suelo de madera construido con tablones de madera largos y gruesos que se parece al parqué.
**FAM.** Entarimado.

**tarjeta** *s. f.* **1.** Pieza de cartulina o plástico que sirve para cosas muy diferentes, por ejemplo la que tiene el nombre, dirección y profesión de una persona, la que se usa para pagar o sacar dinero, o aquella en que aparece una foto o un dibujo y que se envía por correo: *tarjeta de crédito, tarjeta de visita.* **2.** En informática, circuito que se instala en un ordenador para aumentar la memoria o con otros fines; así, por ejemplo, la *tarjeta de sonido* permite escuchar música y sonidos a través de unos altavoces y la *tarjeta de vídeo* permite ver imágenes en la pantalla.
**EXPR. tarjeta amarilla** En fútbol, la que enseña el árbitro a un jugador que ha cometido una falta grave;

si le muestra dos veces esta tarjeta, el jugador tendrá que irse del campo. **tarjeta roja** En fútbol, la que le saca el árbitro a un jugador para indicarle que está expulsado del campo.
**SIN. 2.** Placa.
**FAM.** Tarjetero.

**tarjetero** *s. m.* Cartera o lugar en el que se guardan las tarjetas.

**tarot** *s. m.* El adivinar cómo va a ser el futuro de una persona utilizando una baraja especial. ■ Es una palabra francesa. Su plural es *tarots.*

**tarraconense** *adj.* y *s. m.* y *f.* De Tarragona, ciudad y provincia catalanas.

**tarrina** *s. f.* Recipiente en que se venden o se conservan algunos alimentos: *una tarrina de helado.*

**tarro** *s. m.* Bote de cristal, barro o porcelana para guardar alimentos y otras cosas: *un tarro de miel, un tarro de crema.*
**EXPR. comerle el tarro** a alguien Convencerle para que piense o haga algo que nos interesa. **comerse el tarro** Pensar demasiado, dar muchas vueltas a una cosa.
**FAM.** Tarrina.

**tarso** *s. m.* Conjunto de huesos cortos que forman el tobillo de las personas y de algunos animales.
**FAM.** Metatarso.

**tarta** *s. f.* Pastel grande con crema, nata, guindas, almendras y otros ingredientes.
**FAM.** Tartaleta, tartera.

**tartaja** *adj.* y *s. m.* y *f.* Tartamudo.
**FAM.** Tartajear.

**tartajear** *v.* Tartamudear.

**tartaleta** *s. f.* Pastel de hojaldre con un hueco en forma de media esfera, que se rellena de diversos alimentos.

**tartamudear** *v.* Atascarse una persona al hablar, repitiendo varias veces una sílaba.
**SIN.** Tartajear.
**FAM.** Tartamudez, tartamudo.

**tartamudez** *s. f.* El defecto que tienen las personas que tartamudean. ■ Su plural es *tartamudeces.*

**tartamudo, da** *adj.* y *s. m.* y *f.* Persona que tartamudea y se atasca al hablar.
**SIN.** Tartaja.

**tartán** *s. m.* Material muy resistente y algo elástico, que se utiliza para superficies de pistas deportivas.

**tartana** *s. f.* **1.** Carreta con toldo, que suele tener dos ruedas. **2.** Coche viejo y estropeado.
**SIN. 2.** Cafetera.

**tártaro, ra** *adj.* y *s. m.* y *f.* Se dice de un conjunto de pueblos de origen turco y mongol.
**EXPR. salsa tártara** Salsa hecha con mayonesa, pepinillos, alcaparras y otros ingredientes.

**tartera** *s. f.* Recipiente que queda totalmente cerrado y se usa para llevar comida.

**tartesio, sia** *adj.* y *s. m.* y *f.* De un pueblo de la antigüedad que vivía en Tartessos, un reino situado cerca de la desembocadura del Guadalquivir.

**tarugo** *s. m.* **1.** Trozo de madera corto y gordo. **2.** Trozo grande de pan. **3.** Persona bruta o poco lista. ■ Con este significado, a veces se usa el femenino *taruga.*
SIN. **1.** Taco. **2.** Corrusco, cuscurro. **2.** y **3.** Mendrugo. **3.** Zoquete.

**tarumba** *adj.* Que está loco.

**tasa** *s. f.* **1.** Medida de algunas cosas: *La tasa de nacimientos ha descendido.* **2.** Lo que se paga por usar una cosa o por comprarla: *Han subido las tasas de la matrícula para estudiar en la academia de inglés.*

**tasar** *v.* Decir una persona experta o una autoridad lo que vale alguna cosa: *Tasaron el piso en varios millones.*
SIN. Valorar.
FAM. Tasa.

**tasca** *s. f.* Bar, taberna.
FAM. Tasquear.

**tascar** *v.* Morder la hierba los animales haciendo ruido. ■ Delante de *e* se escribe *qu* en en lugar de *c*: *tasque.*

**tasquear** *v.* Ir por tascas o bares tomando copas.
SIN. Copear.

**tata** *s. f.* **1.** En el lenguaje de los niños, niñera. ‖ *s. m.* **2.** En algunos países de Hispanoamérica, padre, papá.

**tatami** *s. m.* Suelo acolchado sobre el que se practican algunos deportes, como el yudo o el karate. ■ Es una palabra japonesa.

**tatarabuelo, la** *s. m.* y *f.* El abuelo o la abuela de nuestros abuelos.

**tataranieto, ta** *s. m.* y *f.* El nieto o la nieta de los nietos de alguien.

**tatuaje** *s. m.* Dibujo o palabra que se graba en una parte del cuerpo, normalmente introduciendo con una aguja sustancias de color bajo la piel.
FAM. Tatuar.

**tatuar** *v.* Hacer un tatuaje.

**taula** *s. f.* Monumento prehistórico típico de las Islas Baleares que consiste en varias piedras grandes que forman una T.

**taurino, na** *adj.* De los toros bravos o de las corridas de toros.

**tauro** *s. m.* **1.** Segundo signo del zodiaco. ■ Con este significado suele escribirse con mayúscula. ‖ *s. m.* y *f.* **2.** Persona nacida bajo este signo, entre el 20 de abril y el 20 de mayo. ■ Con este significado no varía en plural.

**tauromaquia** *s. f.* La técnica o el arte de torear.

**taxativo, va** *adj.* Exacto, muy riguroso: *El cumplimiento de las normas deberá ser taxativo.*
SIN. Estricto, preciso. ANT. Relativo, vago.

**taxi** *s. m.* Coche con un conductor que lleva a las personas al lugar adonde quieren ir y les cobra según el tiempo que han tardado o los kilómetros que han recorrido.
FAM. Taxímetro, taxista. / Aerotaxi, radiotaxi.

**taxidermista** *s. m.* y *f.* Persona que se dedica a disecar animales.

**taxímetro** *s. m.* Aparato que en los taxis marca el dinero que tienen que pagar los pasajeros.

**taxista** *s. m.* y *f.* Persona que trabaja conduciendo un taxi.

**taxonomía** *s. f.* Sistema para clasificar, por ejemplo los animales y las plantas en familias, especies y otros grupos.
FAM. Taxonómico.

**taxonómico, ca** *adj.* Relacionado con la taxonomía.

**taza** *s. f.* **1.** Recipiente pequeño de boca ancha y con asa, que sirve para tomar bebidas y caldos. **2.** Parte del retrete sobre la que nos sentamos y donde caen la caca y el pis.
FAM. Tazón.

**tazón** *s. m.* Especie de taza, pero más grande y sin asa.

**te** *pron. pers.* Expresa la segunda persona del singular. Tiene la función de complemento directo o indirecto: *Te vi ayer. ¿Te dio Andrés el recado?* Se utiliza también para formar los verbos pronominales: *te acuerdas, te cansas.* Y a veces para dar mayor expresividad: *Te comiste todo el chocolate.* Cuando aparece con pronombres como *lo, la, me, nos,* va delante de ellos, menos con *se: Te lo advertí y no me hiciste caso. Se te ha olvidado llamarle.*

**té** *s. m.* Bebida que se prepara echando en agua hirviendo las hojas secas y tostadas de un árbol chino que también se llama *té.*
FAM. Teína, tetera.

**tea** *s. f.* Astilla o trozo de madera que se unta con resina y se enciende para alumbrar o prender fuego.
SIN. Antorcha, hacha.

**teatral** *adj.* **1.** Del teatro o relacionado con él: *una obra teatral.* **2.** Que es muy exagerado y quiere llamar la atención o impresionar a los demás: *Es muy teatral y para pedirle perdón se puso de rodillas delante de ella.*
SIN. **1.** y **2.** Dramático. **2.** Teatrero, histriónico. ANT. **2.** Natural.

**teatrero, ra** *adj.* y *s. m.* y *f.* **1.** Se dice de la persona a la que le gusta mucho el teatro. **2.** Que exagera o finge para llamar la atención: *Luisa parece estar muy triste, pero no te lo creas, porque es muy teatrera.*
SIN. **2.** Teatral, histriónico.

**teatro** *s. m.* **1.** Género literario formado por las obras que se escriben para que unos actores las representen delante del público. **2.** Edificio o lugar donde se representan estas obras y también otros espectáculos: *el teatro de la ópera.* **3.** El fingir o simular una cosa: *No le duele nada, lo que tiene es mucho teatro.*

**SIN. 3.** Cuento, comedia.

**FAM.** Teatral, teatrero. / Anfiteatro.

**tebano, na** *adj.* y *s. m.* y *f.* De Tebas, ciudad de la antigua Grecia.

**tebeo** *s. m.* Revista de historietas para niños.

**EXPR. estar más visto que el tebeo** Ser ya demasiado conocido para todos, ser poco original.

**teca** *s. f.* Árbol muy alto, de tronco delgado, hojas grandes ovaladas y flores blancas o azuladas en espiga, cuya madera se utiliza mucho para fabricar muebles y otras cosas.

**techado, da** *adj.* **1.** Que tiene techo. || *s. m.* **2.** Techo, cubierta: *La choza tenía un techado de paja.*

**techar** *v.* Poner techo a un edificio o a una parte de él: *Hemos techado el patio de la casa.*

**techo** *s. m.* **1.** Parte de arriba de un edificio, de una habitación o de algo parecido, que sirve para cubrirlo. **2.** Lugar donde vivir o donde refugiarse: *Sólo buscaban un techo y algo de comida.* **3.** El límite de algo, lo máximo: *El deportista no pudo lograr una marca mejor, había llegado a su techo.*

**SIN. 1.** Techumbre, tejado, cubierta. **2.** Cobijo, refugio. **3.** Tope.

**FAM.** Techado, techar, techumbre.

**techumbre** *s. f.* Techo de un edificio o de una habitación.

**SIN.** Tejado, cubierta.

**teckel** *s. m.* Perro de cuerpo largo y patas cortas, que se llama familiarmente *perro salchicha.* ■ Es una palabra alemana. Su plural es *teckels.*

**tecla** *s. f.* **1.** En un instrumento musical como el piano o el órgano, cada una de las piezas que, al apretarlas con los dedos, hacen que empiece a sonar. **2.** Cada una de las piezas con que se maneja una máquina de escribir, el teclado de un ordenador y otros aparatos.

**FAM.** Teclado, teclear, teclista.

**teclado** *s. m.* Parte de un instrumento musical, de un ordenador o de otra cosa, donde están las teclas.

**teclear** *v.* Apretar las teclas de un instrumento musical, de una máquina o de otra cosa para que funcione.

**teclista** *s. m.* y *f.* Músico que toca un instrumento con teclado.

**técnica** *s. f.* **1.** Conjunto de conocimientos, métodos y aparatos para que sea más fácil y rápido fabricar cosas, y la vida sea mejor y más cómoda: *Gracias a lo que ha avanzado la técnica, los medios de transporte son cada vez más rápidos y seguros.* **2.** Forma de hacer una cosa o de utilizarla característica de una ciencia, de un arte, de un ofi-

cio o de cualquier otra actividad: *En pintura hay muchas técnicas, como por ejemplo el óleo o la acuarela. El entrenador ensayaba nuevas técnicas con sus jugadores.* **3.** En algunos deportes, como el baloncesto, falta que se comete cuando se actúa de forma poco deportiva, por ejemplo al insultar al contrario.

**SIN. 1.** Tecnología.

**FAM.** Técnico, tecnología.

**técnicamente** *adv.* De manera técnica o según la técnica que se ha utilizado: *Técnicamente, este dibujo es perfecto.*

**tecnicismo** *s. m.* Palabra que se utiliza en una ciencia, en un arte o en una profesión, por ejemplo en medicina en el nombre de las enfermedades.

**técnico, ca** *adj.* **1.** De la técnica o relacionado con ella. **2.** Se dice de algunas carreras que se estudian en la universidad y duran de tres a cuatro años; se dice también de la persona que tiene estos estudios: *ingeniería técnica, ingeniero técnico.* || *s. m.* y *f.* **3.** Persona que sabe mucho sobre una ciencia, un oficio u otra cosa, sobre todo la que entiende de aparatos electrónicos: *Hemos llamado al técnico para que arregle la televisión.* || *s. m.* **4.** Entrenador o preparador físico de un equipo.

**SIN. 1.** Tecnológico. **3.** Especialista, experto.

**FAM.** Técnicamente, tecnicismo, tecnificar, tecnócrata. / Politécnico.

**tecnicolor** *s. m.* Procedimiento de cine en color inventado en los Estados Unidos.

**tecnificar** *v.* Utilizar máquinas o medios técnicos en una tarea que se hacía de forma artesanal. ■ Delante de *e* se escribe *qu* en lugar de *c*: *Tecnifiqué mi granja y ahora el ordeño de las vacas es mecánico.*

**tecnócrata** *s. m.* y *f.* Persona que no es un político pero ocupa un cargo público por ser experto en una materia: *Pusieron a un tecnócrata, a un famoso economista, al frente del Ministerio de Hacienda.*

**tecnología** *s. f.* Ciencia y actividad que se ocupa de hacer nuevas máquinas o mejorar las que ya hay, para utilizarlas luego en la industria o en otras actividades.

**EXPR. tecnología punta** Busca **punta.**

**SIN.** Técnica.

**FAM.** Tecnológico.

**tecnológico, ca** *adj.* De la tecnología o relacionado con ella.

**SIN.** Técnico.

**tectónica** *s. f.* Parte de la geología que estudia cómo está formada la corteza terrestre y los movimientos que se producen en ella, como fallas, terremotos o volcanes.

**FAM.** Tectónico.

**tectónico, ca** *adj.* De la corteza terrestre o relacionado con ella: *Los terremotos son movimientos tectónicos.*

**tedio** *s. m.* Aburrimiento, desinterés o desgana. SIN. Pesadez, cansancio, monotonía, hastío, apatía. ANT. Diversión, interés, ganas. FAM. Tedioso.

**tedioso, sa** *adj.* Aburrido o pesado: *El profesor de matemáticas es tan tedioso que las clases se me hacen interminables.* ANT. Interesante, divertido.

**tee** *s. m.* Soporte con forma de clavo sobre el que se coloca la bola de golf para dar el primer golpe al principio de cada hoyo. ■ Es una palabra inglesa.

**teflón** *s. m.* Material plástico que resiste muy bien el calor y que no se desgasta con facilidad; es muy usado para fabricar ollas y sartenes.

**tegumento** *s. m.* Tejido o telilla que cubre y protege algunas partes de los seres vivos.

**teína** *s. f.* Sustancia excitante que contiene el té.

**teísmo** *s. m.* Creencia en un Dios que ha creado el mundo y cuida de todas las criaturas.

**teja** *s. f.* **1.** Pieza de forma curva que, junto con otras muchas, sirve para cubrir los tejados de las casas y dejar escurrir el agua de lluvia. Suelen estar hechas de barro cocido. **2.** Color marrón rojizo parecido al de las tejas, cuando son de barro. **3.** Pasta crujiente con forma de teja. EXPR. **a toca teja** Dando todo el dinero de una vez cuando se paga alguna cosa. ■ También se escribe *a tocateja.* FAM. Tejado, tejar¹, tejar², tejo¹. / Retejar, tocateja.

**tejadillo** *s. m.* Tejado pequeño, como los que hay en las fachadas de los edificios para cubrir las puertas: *Empezó a llover y nos refugiamos bajo un tejadillo.*

**tejado** *s. m.* Parte de arriba de una casa o de otro edificio, que suele estar cubierta de tejas: *Se subieron al tejado para arreglar la chimenea.* EXPR. **tirar alguien piedras a su propio tejado** Busca **piedra.** SIN. Cubierta, techo. FAM. Tejadillo.

**tejano, na** *adj. y s. m. y f.* **1.** De Texas o Tejas, estado de los Estados Unidos de América. || *s. m. pl.* **2.** Pantalones vaqueros.

**tejar¹** *v.* Poner tejas en la parte de arriba de un edificio.

**tejar²** *s. m.* Lugar donde se fabrican tejas y ladrillos.

**tejedora** *s. f.* Máquina para hacer prendas de punto. SIN. Tricotosa.

**tejemaneje** *s. m.* **1.** Chanchullo, trampa: *No le salían las cuentas y ha hecho un montón de tejemanejes.* **2.** Mucho trabajo, mucho lío. SIN. **2.** Ajetreo.

**tejer** *v.* **1.** Hacer telas o tejidos de punto entrelazando hilos o lana. **2.** Hacer algunos animales como las arañas o los gusanos sus telas o capullos. **3.** Pensar o planear algo: *Sus enemigos se pasan el día tejiendo intrigas contra él.* SIN. **3.** Idear, proyectar, tramar, urdir. FAM. Tejedora, tejemaneje, tejido. / Destejer, entretejer.

**tejeringo** *s. m.* Churro, masa de harina y agua frita.

**tejido** *s. m.* **1.** Cualquier material que resulta al entrelazar hilos o fibras, por ejemplo una tela. **2.** Conjunto de células de una misma clase y con la misma función que forman los órganos y otras partes de los seres vivos: *tejido muscular.*

**tejo¹** *s. m.* Trozo de teja, metal o de otra cosa dura que se usa para lanzarlo en algunos juegos. EXPR. **tirar los tejos** a alguien Darle a entender a un chico o a una chica que nos gusta. FAM. Tejuelo.

**tejo²** *s. m.* Árbol de tronco recto y hojas planas de color verde oscuro, que se utiliza como planta decorativa y también por su madera.

**tejón** *s. m.* Animal mamífero pequeño, de cuerpo alargado y color gris. Tiene el hocico largo y la cabeza con franjas blancas y negras. Se alimenta de carne y vive en túneles que excava en la tierra con sus fuertes patas. FAM. Tejonera.

**tejonera** *s. f.* Cueva pequeña y estrecha en la que viven los tejones. SIN. Madriguera.

**tejuelo** *s. m.* Trocito de papel, plástico u otro material que se pone en el lomo de un libro para indicar el número de orden o alguna información de clasificación.

**tela** *s. f.* **1.** Tejido para hacer vestidos u otras cosas. **2.** Dinero: *Esa bicicleta cuesta mucha tela.* **3.** Tarea, asunto: *Todavía les queda mucha tela para terminar de pintar la casa.* EXPR. **tela de araña** Busca **telaraña.** || **poner en tela de juicio** Poner en duda. SIN. **1.** Paño. **2.** Pasta, parné. FAM. Telar, telaraña, telón. / Entretela.

**telar** *s. m.* **1.** Máquina para tejer hilos y formar una tela. **2.** Parte del escenario, que no ve el público, de donde bajan los telones y las bambalinas. || *s. m. pl.* **3.** Fábrica de tejidos.

**telaraña** *s. f.* Tela que hace la araña con el hilo que produce. ■ Se dice también *tela de araña.*

**tele** *s. f.* Forma abreviada de **televisión** o de **televisor.** FAM. Teleadicto, telecomedia, teletexto, teletienda.

tejón          telaraña

**teleadicto, ta** *adj.* y *s. m.* y *f.* Se dice de la persona que ve mucho la televisión.

**telecabina** *s. f.* Medio de transporte formado por un cable que une dos lugares a distinta altura y por el que se mueven unas cabinas de pasajeros.
SIN. Teleférico.

**telecomedia** *s. f.* Comedia que se emite en capítulos por la televisión.

**telecomunicación** *s. f.* **1.** Transmisión a distancia de sonidos, imágenes o señales. || *s. f. pl.* **2.** Todos los medios de comunicación a distancia, como el teléfono, la televisión o el telégrafo.
FAM. Radiotelecomunicación.

**telediario** *s. m.* Programa de televisión que informa de las noticias de cada día.
SIN. Noticiario.

**teledifusión** *s. f.* Transmisión de imágenes por medio de ondas para que puedan verse por el televisor.

**teledirigido, da** *adj.* Se dice de los aparatos que se pueden manejar a distancia por medio de ondas: *Fernando tiene un coche de juguete teledirigido.*

**teledirigir** *v.* Dirigir aparatos a distancia por medio de ondas. ■ Delante de *a* y *o* se escribe *j* en lugar de *g*: *Con este mando teledirijo el vuelo de esta maqueta de avión.*
FAM. Teledirigido.

**telefax** *s. m.* Busca **fax**. ■ Es una palabra inglesa. Su plural es *telefaxes*, aunque también se usa *telefax*.

**teleférico** *s. m.* Medio de transporte formado por unos cables que unen dos lugares a distinta altura y por los que se mueven unas cabinas de pasajeros: *Subieron desde la falda de la montaña hasta la cima en el teleférico.*
SIN. Telecabina.

**telefilme** o **telefilm** *s. m.* Película realizada para la televisión.

**telefonazo** *s. m.* Llamada telefónica.

**telefonear** *v.* Llamar a una persona por teléfono para hablar con ella.

**telefonía** *s. f.* Transmisión del sonido, sobre todo de la voz de las personas, a través del teléfono.

**telefónico, ca** *adj.* Del teléfono o relacionado con él: *Pedro ha recibido una llamada telefónica.*

**telefonillo** *s. m.* Aparato parecido a un teléfono que sirve para hablar con la persona que llama desde el portal y abrirle la puerta.

**telefonista** *s. m.* y *f.* Persona que en una empresa o en otro lugar se encarga de coger el teléfono.
SIN. Operador.

**teléfono** *s. m.* **1.** Aparato que permite hablar a distancia con otra persona: *Estuvieron más de media hora charlando por teléfono.* **2.** Número particu-

lar de cada aparato: *Jaime apuntó el teléfono de Eduardo en su agenda.*
EXPR. **teléfono móvil** Busca **móvil**.
FAM. Telefonazo, telefonear, telefonía, telefónico, telefonillo, telefonista. / Fono, radioteléfono, videoteléfono.

fijo        inalámbrico        móvil
**teléfonos**

**telegrafía** *s. f.* Transmisión de un mensaje de un lugar a otro a través del telégrafo.
FAM. Radiotelegrafía.

**telegrafiar** *v.* Mandar un mensaje por medio del telégrafo.

**telegráfico, ca** *adj.* **1.** Del telégrafo o relacionado con el telégrafo. **2.** Se dice de la forma de hablar o escribir típica de los telegramas, en que se utilizan frases muy cortas, con palabras sueltas.

**telegrafista** *s. m.* y *f.* Persona que se encarga de mandar y recibir los telegramas.

**telégrafo** *s. m.* Aparato para enviar y recibir mensajes de un lugar a otro mediante unas señales especiales.
FAM. Telegrafía, telegrafiar, telegráfico, telegrafista.

**telegrama** *s. m.* **1.** Mensaje que se transmite por medio del telégrafo. **2.** Papel escrito con este mensaje que se entrega a la persona a la que va dirigido.
FAM. Radiotelegrama.

**telele** *s. m.* Patatús, ataque de nervios: *Le dieron tal susto que casi le da un telele.*
SIN. Soponcio, síncope.

**telemando** *s. m.* Mecanismo que hace funcionar a distancia un aparato o una máquina.

**telemática** *s. f.* Conjunto de técnicas y servicios que combinan los medios de telecomunicación y la informática.

**telenovela** *s. f.* Novela o historia que se emite por televisión en capítulos. Las telenovelas suelen tener un tema amoroso.

**teleobjetivo** *s. m.* Objetivo con que se pueden fotografiar o filmar personas y objetos que están muy lejos.

**telepatía** *s. f.* Fenómeno que consiste en que una persona percibe lo que piensa o siente otra que está lejos.
FAM. Telepático.

**telepático, ca** *adj.* Relacionado con la telepatía.

**telescópico, ca** *adj.* **1.** Relacionado con el telescopio: *un arma con mira telescópica.* **2.** Que sólo se puede ver con un telescopio: *planetas telescópicos*. **3.** Se dice de algunos objetos formados por una serie de tubos que se meten unos dentro de otros, lo que permite hacerlos más largos o más cortos: *antena telescópica*.

**telescopio** *s. m.* Instrumento óptico con que se pueden ver cosas muy lejanas, por ejemplo las estrellas.
**FAM.** Telescópico.

telescopio          telescopio astronómico

**telesilla** *s. m.* Asiento que se traslada por un cable desde un lugar más bajo a otro más alto, como los que suben a las pistas de esquí.
**SIN.** Remonte.

**telespectador, ra** *s. m.* y *f.* Persona que está viendo la televisión.
**SIN.** Televidente.

**telesquí** *s. m.* Aparato que transporta a los esquiadores hasta lo más alto de la pista de esquí, tirando de ellos por medio de un cable. ■ Su plural es *telesquís* o *telesquíes*.
**SIN.** Remonte.

**teletexto** *s. m.* Información que se transmite a través de la televisión y que aparece escrita en la pantalla en forma de texto cuando lo solicita el espectador: *Puedo consultar la programación a través del teletexto*.

**teletienda** *s. f.* Servicio de venta de productos por medio de la televisión.

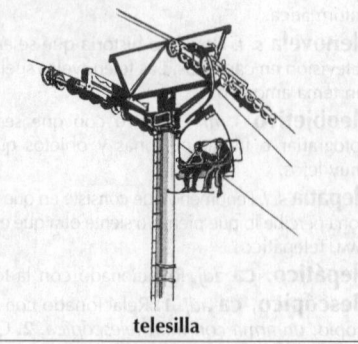

telesilla

**teletipo** *s. m.* Aparato telegráfico, con un teclado, que envía y recibe mensajes y los imprime.

**teletrabajo** *s. m.* Trabajo que se realiza fuera de la empresa, normalmente en casa del trabajador, a través de Internet o de otro sistema de telecomunicación.

**televidente** *s. m.* y *f.* Telespectador: *El presentador del programa saludó a los televidentes*.

**televisar** *v.* Transmitir algo por televisión: *El domingo televisan el partido de fútbol entre el Madrid y el Sevilla*.

**televisión** *s. f.* **1.** Sistema que transmite imágenes y sonidos a distancia por medio de un tipo de ondas. **2.** Televisor.
**SIN. 2.** Tele.
**FAM.** Tele, televidente, televisar, televisivo, televisor. / Radiotelevisión.

**televisivo, va** *adj.* De la televisión o relacionado con ella: *Le encantan los concursos televisivos*.

**televisor** *s. m.* Aparato que recibe las imágenes y sonidos transmitidos por una emisora de televisión: *Encendió el televisor para ver su programa favorito*.
**SIN.** Tele.
**FAM.** Tele.

**télex** *s. m.* **1.** Sistema para enviar mensajes a distancia de un teletipo a otro. Estos teletipos están conectados por una línea telefónica. **2.** Mensaje enviado por este sistema. ■ Es una palabra inglesa. No varía en plural.

**telón** *s. m.* Cortina grande que cubre el escenario de un teatro y que se puede subir y bajar.
**FAM.** Telonero.

**telonero, ra** *adj.* y *s. m.* y *f.* Se dice de la persona o grupo menos importante que actúa en un espectáculo antes de la figura principal.

**tema** *s. m.* **1.** Asunto de que trata algo, por ejemplo una obra literaria o una conversación: *Esta revista trata sobre temas de deportes*. **2.** Lección que hay que estudiar: *El tema de los mamíferos entra en la primera evaluación*. **3.** Melodía que sirve de base a una composición musical más larga. **4.** Canción o composición musical: *En su último compact canta diez temas*.
**SIN. 1.** Motivo, contenido; argumento, trama.
**FAM.** Temario, temática, temático.

**temario** *s. m.* Conjunto de temas: *El temario de matemáticas de este curso es muy largo*.

**temática** *s. f.* Tema o conjunto de temas de un autor, de un movimiento artístico o de otra cosa: *Esta colección de libros trata una temática muy actual: los avances de la ciencia*.

**temático, ca** *adj.* Relacionado con el tema: *Las películas de Spielberg tienen una gran variedad temática*.
**EXPR. parque temático** Busca **parque**.

**tembladera** *s. f.* Temblor muy fuerte: *Le entró una tembladera del susto que se llevó.*
**SIN.** Tembleque.

**temblar** *v.* **1.** Moverse de forma seguida y rápida el cuerpo de una persona o animal, o una parte de él, sin querer. Se puede temblar, por ejemplo, por frío, miedo o por una enfermedad. **2.** Moverse una cosa de forma parecida: *La tierra tembló a causa del terremoto.* **3.** Sentir miedo o estar asustado por algo: *Temblaba cada vez que pasaba por aquel callejón tan oscuro.* ■ Es un verbo irregular. Se conjuga como *pensar.*
**SIN. 1.** y **3.** Estremecerse. **2.** Vibrar.
**FAM.** Tembladera, tembleque, temblor, tembloroso.

**tembleque** *s. m.* Temblor que tiene una persona: *Tenía tanto frío que le dio tembleque.*

**temblor** *s. m.* Movimiento que hace alguien o algo cuando tiembla.
**EXPR. temblor de tierra** Terremoto.
**SIN.** Escalofrío, estremecimiento; vibración.

**tembloroso, sa** *adj.* Que tiembla.

**temer** *v.* **1.** Tener miedo de alguien o algo: *El gato teme al perro.* **2.** Pensar que algo ha sucedido o va a suceder, sobre todo si es malo: *Me temo que voy a llegar tarde.*
**SIN. 2.** Sospechar.
**FAM.** Temeroso, temible, temor. / Atemorizar.

**temerario, ria** *adj.* **1.** Que es arriesgado e imprudente y se expone a un peligro: *Conducir a tanta velocidad es un acto temerario.* **2.** Que se dice sin ninguna razón: *Piensa bien lo que dices antes de hacer acusaciones temerarias.*
**SIN. 1.** Insensato. **2.** Infundado, gratuito. **ANT. 1.** Prudente, sensato. **2.** Fundado.
**FAM.** Temeridad.

**temeridad** *s. f.* **1.** Característica de la persona o cosa temeraria: *Su temeridad pone en peligro a otras personas.* **2.** Cosa temeraria que alguien dice o hace: *Es una temeridad salir de casa con esta tormenta.*
**SIN. 1.** y **2.** Imprudencia, insensatez. **ANT. 1.** Prudencia.

**temeroso, sa** *adj.* **1.** Que siente temor de algo. **2.** Se dice de lo que causa temor: *las temerosas garras del tigre.*
**SIN. 1.** Miedoso. **2.** Temible, estremecedor, terrorífico. **ANT. 1.** Valiente, confiado.

**temible** *adj.* Que causa temor: *Sus enfados son temibles.*
**SIN.** Terrorífico, temeroso, estremecedor.

**temor** *s. m.* Sensación de miedo que tenemos por algo que nos asusta o creemos que puede ser malo.
**SIN.** Espanto; recelo.

**témpano** *s. m.* Plancha de hielo de gran tamaño.
**EXPR. como un témpano** Muy frío.

**témpera** *s. f.* Un tipo de pintura que se disuelve en agua. ■ Es una palabra italiana.

**temperamental** *adj.* Que tiene un temperamento o carácter fuerte, con mucho genio.

**temperamento** *s. m.* **1.** Forma de ser de una persona: *Carmen tiene un temperamento tranquilo.* **2.** Carácter de las personas con mucho genio, que suelen dejarse llevar por lo que sienten: *Su madre es una mujer fuerte, con mucho temperamento. La bailarina demostró su temperamento en el escenario.*
**FAM.** Temperamental.

**temperar** *v.* Moderar, suavizar la fuerza o la intensidad de algo.
**SIN.** Atenuar, mitigar.
**FAM.** Atemperar.

**temperatura** *s. f.* Grado de calor de un cuerpo o de la atmósfera: *Le han puesto el termómetro para ver si le ha subido la temperatura. Las temperaturas en invierno son muy bajas.*

**tempestad** *s. f.* Mal tiempo, con mucho viento, lluvia, truenos y relámpagos, que cuando se produce en el mar causa grandes olas.
**SIN.** Temporal, borrasca. **ANT.** Bonanza, calma.
**FAM.** Tempestuoso.

**tempestuoso, sa** *adj.* Con tempestad o que amenaza tempestad: *Los pescadores no salieron al mar porque el tiempo estaba tempestuoso.*
**SIN.** Borrascoso, tormentoso.

**templado, da** *adj.* **1.** Ni muy caliente ni muy frío: *Tomó un baño de agua templada. Esta ciudad tiene un clima templado.* **2.** Se dice de la persona que no se pone nerviosa en una situación difícil; también se dice de su carácter o de sus acciones: *El guardia de seguridad evitó el atraco gracias a sus nervios templados.*
**SIN. 1.** Tibio. **2.** Tranquilo. **ANT. 1.** Extremo, riguroso. **2.** Nervioso.

**templanza** *s. f.* **1.** Virtud de la persona que no hace excesos cuando come, bebe o disfruta de otros placeres. **2.** Suavidad del tiempo atmosférico.
**SIN. 1.** Moderación. **2.** Bonanza, calma. **ANT. 1.** Lujuria, desenfreno. **2.** Tempestad.

**templar** *v.* **1.** Quitar el frío a algo calentándolo un poco: *Puso la leche en el fuego para que se templara.* **2.** Calmar los nervios. **3.** Hacer que algo sea más suave o menos intenso: *El aire fresco templa el fuerte calor del día.* **4.** Calentar el metal, el vidrio u otro material y luego enfriarlo rápidamente para mejorar sus propiedades: *templar el acero.*
**SIN. 1.** Caldear. **2.** Apaciguar. **ANT. 1.** Enfriar. **2.** Exaltar.
**FAM.** Templado, templanza, temple. / Destemplar, temperar.

**templario, ria** *adj.* y *s. m.* Del Temple, una orden religiosa y militar de la Edad Media.

**1093**

**temple** *s. m.* **1.** Estado de ánimo o carácter de una persona: *Raúl es de temple amable y bonachón y no se enfada por nada.* **2.** Característica de la persona que no se pone nerviosa en situaciones difíciles. **3.** Manera de mejorar el acero, el vidrio u otro material calentándolos mucho y luego dejándolos enfriar rápidamente. **4.** Pintura que se hace mezclando los colores con cola y agua.
**SIN. 1.** Genio, humor. **2.** Entereza, serenidad.

**templete** *s. m.* Construcción formada por un tejadillo con columnas, como la que hay en los parques para que toquen las bandas de música.
**SIN.** Quiosco.

templete

**templo** *s. m.* Edificio al que van los creyentes de una religión a rezar y manifestar su respeto y amor a su dios o a sus dioses.
**FAM.** Templario, templete.

**tempo** *s. m.* **1.** Tiempo musical, velocidad con que se toca una pieza. **2.** Ritmo de una acción: *La película resulta un poco pesada porque tiene un tempo muy lento.* ■ Es una palabra italiana.

**temporada** *s. f.* Espacio de tiempo, que suele ser de varios meses: *Esta temporada se ha puesto de moda el gris. Lleva una temporada sin ir al cine.*
**EXPR. de temporada** Propio de un periodo de tiempo, que no dura siempre: *la fruta de temporada.*

**temporal**[1] *adj.* **1.** Que sólo dura un tiempo: *Ha conseguido un trabajo temporal de camarero para este verano.* || *s. m.* **2.** Mal tiempo, con tormentas en la tierra o en el mar.
**SIN. 1.** Eventual, transitorio, provisional. **2.** Tempestad, borrasca. **ANT. 1.** Perenne; fijo, permanente. **2.** Calma, bonanza.
**FAM.** Intemporal.

**temporal**[2] *adj.* **1.** De la sien: *Se hirió en la región temporal.* || *adj. y s. m.* **2.** Se dice del músculo y del hueso situados en la zona de la sien.

**temporario, ria** *adj.* En algunos países de América del Sur, temporal, que dura un tiempo.

**temporero, ra** *adj. y s. m. y f.* Se dice del trabajador que ha sido contratado por un periodo de tiempo: *En la época de la vendimia llegan más de treinta temporeros para recoger la uva.*

**temporizador** *s. m.* Dispositivo que controla el tiempo de funcionamiento de un aparato, o que hace que se encienda, se apague o realice alguna función a horas determinadas: *El temporizador enciende la calefacción a las siete de la tarde.*

**tempranero, ra** *adj.* **1.** Que ha madrugado o que suele hacerlo. **2.** Que aparece más pronto de lo habitual, por ejemplo los frutos que maduran antes de tiempo.
**SIN. 1.** Madrugador, mañanero. **2.** Temprano. **ANT. 2.** Tardío.

**temprano, na** *adj.* **1.** Que se adelanta y tiene lugar antes del tiempo acostumbrado: *cosecha temprana, lluvias tempranas.* || *adv.* **2.** En las primeras horas del día o de la noche: *Su padre se acuesta temprano.*
**SIN. 1.** Tempranero. **2.** Pronto. **ANT. 1.** Tardío. **2.** Tarde.
**FAM.** Tempranero.

**ten con ten** *expr.* Discreción, cuidado y habilidad para tratar a una persona o un asunto delicado: *Con María hay que tener un ten con ten para que no se enfade.*

**tenacidad** *s. f.* Característica de la persona tenaz, que se empeña en hacer algo y no para hasta conseguirlo.
**SIN.** Perseverancia, constancia. **ANT.** Inconstancia.

**tenacillas** *s. f. pl.* Cualquier utensilio que tiene forma de tenazas, por ejemplo el que se usa para coger los terrones de azúcar.

**tenaz** *adj.* **1.** Que pone mucho interés en lo que hace y no se desanima. **2.** Difícil de quitar: *un constipado tenaz, una mancha tenaz.* **3.** Se dice del material resistente y duro. ■ Su plural es *tenaces.*
**SIN. 1.** Perseverante, constante. **1. y 2.** Pertinaz. **2.** Persistente, rebelde. **ANT. 1.** Inconstante. **3.** Flexible, dúctil.
**FAM.** Tenacidad, tenazas.

**tenazas** *s. f. pl.* Herramienta para arrancar clavos, cortar alambres o para otros usos, formada por dos piezas cruzadas que se pueden abrir y cerrar.
**FAM.** Tenacillas. / Atenazar.

**tendal** *s. m.* **1.** Tela que se usa para dar sombra: *Los padres improvisaron un tendal entre dos árboles y montaron debajo la mesa para comer.* **2.** Tela grande que se pone debajo de los olivos para que caigan en él las aceitunas. **3.** Conjunto de cosas tendidas para que se sequen. **4.** Tendedero.
**SIN. 1.** Toldo.

**tendedero o tendedor** *s. m.* Lugar o utensilio con cuerdas para tender la ropa mojada.

**tendencia** *s. f.* **1.** Facilidad que tiene una persona o cosa para que le suceda algo: *Carlos tiene tendencia a engordar.* **2.** Ideas, pensamientos o formas de hacer las cosas de un grupo de personas: *A Javier le gusta conocer las últimas tendencias musicales.*
SIN. **1.** Inclinación, propensión, predisposición.
FAM. Tendencioso.

**tendencioso, sa** *adj.* Que no es imparcial, sino que sigue claramente unas ideas o unas opiniones: *Las informaciones de este periódico son tendenciosas, siempre defiende al gobierno.*
SIN. Subjetivo, arbitrario. ANT. Objetivo, neutral.

**tendente** *adj.* Que tiende a algún fin; que se hace con un objetivo determinado: *El ayuntamiento ha preparado un plan tendente a solucionar el problema del tráfico.*

**tender** *v.* **1.** Extender una cosa sobre algo: *Elena tendió la toalla en la playa para echarse en ella a tomar el sol.* **2.** Tumbar a una persona o animal sobre algo: *Tendieron al herido en la camilla.* **3.** Colgar la ropa mojada para que se seque. **4.** Tener una persona o cosa una tendencia hacia algo: *El enfermo tiende a mejorar.* **5.** Colocar o construir algo entre dos puntos, por ejemplo una vía para que circulen los trenes o los cables de la electricidad. ■ Es un verbo irregular.
SIN. **1.** Estirar, desplegar. **2.** Acostar. ANT. **1.** Doblar, plegar. **2.** Incorporar.
FAM. Tendal, tendedero, tendedor, tendencia, tendente, tenderete, tendido, tendón. / Intendente.

**tenderete** *s. m.* Puesto pequeño al aire libre en que se venden cosas muy variadas.

**tendero, ra** *s. m. y f.* Dueño o dependiente de una tienda, sobre todo de comestibles.

**tendido, da** *adj.* **1.** Que alguien lo tendió o se tendió: *Tiene la ropa tendida en la cuerda para que se seque. El herido estaba tendido en el suelo.* ‖ *s. m.* **2.** Aquello que se tiende, sobre todo los cables eléctricos: *El tendido va sujeto con postes.* **3.** Todos los asientos que están al descubierto en las plazas de toros.

**tendinitis** *s. f.* Inflamación de un tendón: *El deportista se torció un tobillo y sufrió una tendinitis.* ■ No varía en plural.

| TENDER | | |
|---|---|---|
| **INDICATIVO** | **SUBJUNTIVO** | **IMPERATIVO** |
| **Presente** | **Presente** | |
| tiendo | tienda | |
| tiendes | tiendas | tiende |
| tiende | tienda | |
| tendemos | tendamos | |
| tendéis | tendáis | tended |
| tienden | tiendan | |

**tendón** *s. m.* Tejido que une los músculos a los huesos.
EXPR. **tendón de Aquiles** El que une el talón con la pantorrilla.
FAM. Tendinitis.

**tenebroso, sa** *adj.* **1.** Lleno de oscuridad o de misterio, que produce miedo: *una casa tenebrosa.* **2.** Malo, perverso: *Los niños se dieron cuenta de las tenebrosas intenciones de la bruja.*
SIN. **1.** Lóbrego, lúgubre, sombrío, tétrico. **1.** y **2.** Siniestro. **2.** Malvado. ANT. **1.** Luminoso.

**tenedor** *s. m.* Cubierto para pinchar los alimentos y llevarlos a la boca, que tiene un mango y una parte ancha con dientes.

**tenencia** *s. f.* **1.** El hecho de tener algo: *Fue detenido por tenencia de droga.* **2.** Cargo de teniente y lugar donde trabaja: *Ocupa una tenencia de alcaldía en el ayuntamiento de la ciudad.*

**tener** *v.* **1.** Se usa para decir algo del sujeto, por ejemplo si una cosa le pertenece, es una parte de él o es una característica suya: *Isabel tiene un bolígrafo. Este coche tiene dos puertas. Marta tiene mal*

| TENER | |
|---|---|
| **INDICATIVO** | |
| **Presente** | **Pretérito perfecto simple** |
| tengo | tuve |
| tienes | tuviste |
| tiene | tuvo |
| tenemos | tuvimos |
| tenéis | tuvisteis |
| tienen | tuvieron |
| **Futuro** | **Condicional** |
| tendré | tendría |
| tendrás | tendrías |
| tendrá | tendría |
| tendremos | tendríamos |
| tendréis | tendríais |
| tendrán | tendrían |

| SUBJUNTIVO | |
|---|---|
| **Presente** | **Pretérito imperfecto** |
| tenga | tuviera, -ese |
| tengas | tuvieras, -eses |
| tenga | tuviera, -ese |
| tengamos | tuviéramos, -ésemos |
| tengáis | tuvierais, -eseis |
| tengan | tuvieran, -esen |
| **Futuro** | |
| tuviere | tuviéremos |
| tuvieres | tuviereis |
| tuviere | tuvieren |

| IMPERATIVO | |
|---|---|
| ten | tened |

genio. *Tiene mucho talento para la música.* **2.** Indica los amigos o parientes de alguien: *Tiene cinco primos.* **3.** Se emplea para decir la edad o los años de una persona, animal o cosa: *El cachorro tiene ocho meses. Este edificio tiene veinte años.* **4.** También indica cómo se encuentra alguien, lo que siente o le ocurre, su estado de ánimo: *Su madre tiene dolor de cabeza. El niño tiene frío. Tiene cariño a sus abuelos.* **5.** Expresa una actividad o una obligación del sujeto: *Hoy tengo clase de inglés. Todos los días tiene que trabajar.* **6.** A veces significa sostener, sujetar: *Tenme los libros para que pueda abrocharme el abrigo.* **7.** Contener o guardar dentro: *Este libro tiene ilustraciones. El depósito todavía tiene gasolina.* ■ Es un verbo irregular.

**EXPR. no tenerlas** alguien **todas consigo** No estar seguro de algo. **tener** a alguien o algo **por** Considerarlo de una manera: *Todos tienen a Luisa por una buena persona.* **tener que ver** una persona o cosa **con** otra Tener alguna relación con ella.

**SIN. 1.** Poseer. **6.** Agarrar, asir. **7.** Incluir, encerrar. **ANT. 6.** Soltar.

**FAM.** Tenedor, tenencia, teniente, tentempié, tentetieso. / Lugarteniente, terrateniente.

**tenia** *s. f.* Gusano que suele vivir como parásito en el intestino de las personas y de algunos animales. **SIN.** Solitaria.

**teniente** *s. m.* y *f.* **1.** Militar que tiene el grado inmediatamente inferior al de capitán. || *adj.* **2.** Un poco sordo.

**EXPR. teniente coronel** Militar que tiene el grado inmediatamente inferior al de coronel. **teniente de alcalde** Concejal del ayuntamiento que sustituye a veces al alcalde. **teniente de navío** Oficial de la marina de guerra que equivale al capitán en el ejército de tierra. **teniente general** General que tiene el segundo grado más alto del ejército español, después de capitán general.

**FAM.** Subteniente.

**tenis** *s. m.* Deporte que se practica en una pista rectangular dividida por una red y en el que dos jugadores o dos parejas se lanzan una pelota pequeña con una raqueta.

**EXPR. tenis de mesa** Pimpón.

**FAM.** Tenista. / Frontenis.

**tenista** *s. m.* y *f.* Jugador de tenis.

**tenor**[1] *s. m.* Hombre con la voz más aguda, que canta sobre todo óperas o zarzuelas.

**tenor**[2] Se usa en la expresión **a tenor de**, que significa 'teniendo en cuenta', 'a juzgar por': *A tenor de los malos resultados en el examen, tendréis que esforzaros más.*

**tensar** *v.* Poner muy estirada o tirante una cosa, por ejemplo una cuerda o un cable.

**ANT.** Destensar, aflojar.

**FAM.** Tensión, tenso. / Destensar, distensión.

**tensión** *s. f.* **1.** Estado de un cuerpo muy estirado, como las cuerdas de la guitarra. **2.** Fuerza que hace que un cuerpo esté estirado: *El alambre se rompió porque no pudo aguantar la tensión.* **3.** Voltaje, diferencia de potencial entre dos puntos de una corriente eléctrica. **4.** Situación entre personas o países cuando está a punto de haber un enfrentamiento. **5.** Estado de mucho nervosismo o impaciencia: *Hoy tengo el examen de conducir y no sé si aguantaré la tensión.*

**EXPR. tensión arterial** Presión que hace la sangre al pasar por las arterias. ■ Con este significado también se dice sólo *tensión*: *Juan se mareó por una bajada de tensión.*

**SIN. 1.** y **4.** Tirantez. **ANT. 1.** y **5.** Relajación.

**FAM.** Tensionar. / Hipertensión, hipotensión.

**tensionar** *v.* En América, poner nerviosa a una persona.

**tenso, sa** *adj.* **1.** Se dice de las personas que están en tensión o de las situaciones en que hay tensión: *Su padre está tenso porque tiene muchas preocupaciones. Después de la pelea, las relaciones entre Pedro y Manolo son muy tensas.* **2.** Muy estirado: *Las cuerdas para tender la ropa están tensas.*

**SIN. 1.** y **2.** Tirante.

**tensor, ra** *adj.* y *s. m.* Que sirve para tensar; se dice por ejemplo de los músculos que juntan y separan dos partes del cuerpo.

**tentación** *s. f.* **1.** Impulso que lleva a hacer una cosa, sobre todo algo que no se debe: *Se puso tan pesado que tuvo tentaciones de mandarle a la porra.* **2.** Persona o cosa que provoca este impulso: *Para Isabel, las tartas de chocolate son una tentación.*

**tentáculo** *s. m.* Especie de brazos o patas que tienen algunos animales, como el pulpo, para moverse y agarrar sus presas.

**tentadero** *s. m.* Lugar cercado donde se prueba a los becerros para ver si son bravos.

**tentado, da** *adj.* Que tiene la tentación de hacer algo: *Estuve tentado de pedirle un autógrafo, pero me dio vergüenza.*

tenis

**tentador, ra** *adj.* Que produce tentación porque es muy apetecible: *Tu oferta fue tentadora.*

**tentar** *v.* **1.** Provocar a una persona para que haga algo malo o perjudicial: *Su amigo le tentó para que no fuera al colegio.* **2.** Apetecer mucho una cosa: *A Elena le tienta la idea de hacer un viaje.* **3.** Tocar una cosa para reconocerla, sobre todo cuando no se ve o no hay luz. ▪ Es un verbo irregular. Se conjuga como *pensar.*
**SIN. 1.** Inducir, incitar. **3.** Palpar, tantear. **ANT. 1.** Disuadir. **2.** Repeler.
**FAM.** Tentación, tentáculo, tentadero, tentado, tentador, tentativa, tienta, tiento.

**tentativa** *s. f.* Intento de hacer algo: *El saltador de altura pasó el listón en su segunda tentativa.*

**tentempié** *s. m.* Bocadillo u otra cosa ligera que se toma para reponer fuerzas hasta que llegue la hora de comer.
**SIN.** Refrigerio.

**tentetieso** *s. m.* Muñeco que tiene un peso en la parte de abajo para que siempre vuelva a ponerse derecho cuando se le tumba.

**tenue** *adj.* **1.** Débil, poco intenso: *En la habitación casi no se veía nada porque la luz era muy tenue.* **2.** Que tiene poco grosor: *Esta gasa es un tejido muy tenue.*
**SIN. 1.** y **2.** Fino, sutil. **ANT. 1.** Fuerte. **2.** Grueso, espeso.
**FAM.** Atenuar.

**teñir** *v.* Cambiar una cosa de color utilizando una sustancia: *Se ha teñido el pelo de rubio.* ▪ Es un verbo irregular. Se conjuga como *ceñir.*
**FAM.** Tinción, tinta, tinte, tinto, tintorería, tintura. / Desteñir.

**teologal** *adj.* Se dice de tres virtudes cristianas: la fe, la esperanza y la caridad.

**teología** *s. f.* Ciencia que trata sobre Dios.
**FAM.** Teologal, teológico, teólogo.

**teológico, ca** *adj.* De la teología: *una obra teológica.*

**teólogo, ga** *s. m.* y *f.* Persona que se dedica a la teología.

**teorema** *s. m.* Afirmación científica que se puede demostrar.

**teoría** *s. f.* **1.** Los conocimientos que se tienen sobre algo: *El examen de matemáticas tendrá cinco preguntas de teoría.* **2.** Ideas o explicación sobre algo: *Según una teoría, los dinosaurios desaparecieron debido a la caída de un gran meteorito.*
**EXPR. en teoría** Sin estar comprobado en la práctica: *En teoría, cualquiera puede hacer ese dibujo.*
**ANT. 1.** Experimentación.
**FAM.** Teorema, teóricamente, teórico, teorizar.

**teóricamente** *adv.* En teoría.
**ANT.** Prácticamente.

**teórico, ca** *adj.* **1.** Relacionado con la teoría: *Para sacarse el carné de conducir, primero hay que aprobar el examen teórico.* ‖ *s. m.* y *f.* **2.** Persona que sabe mucho sobre la teoría de una ciencia, una ideología, un arte: *Einstein fue un gran teórico de la física.*
**ANT. 1.** Práctico, pragmático.

**teorizar** *v.* **1.** Explicar una cosa de manera teórica. **2.** Pensar sobre una cosa en abstracto, sin concretar. ▪ Delante de *e* se escribe *c* en lugar de *z*: *No teorices tanto y da una solución rápida.*
**SIN. 2.** Especular, reflexionar, meditar, elucubrar.

**tequila** *s. amb.* Bebida alcohólica muy fuerte, típica de México.

**terapeuta** *s. m.* y *f.* Persona especialista en curar las enfermedades.

**terapéutico, ca** *adj.* Que se emplea como tratamiento de una enfermedad.

**terapia** *s. f.* Tratamiento para curar una enfermedad o para mejorar el estado de un enfermo. ▪ Esta palabra se usa muchas veces unida a otras, por ejemplo *fisioterapia, quimioterapia.*
**FAM.** Terapeuta, terapéutico. / Fisioterapia, hidroterapia, psicoterapia, quimioterapia, radioterapia.

**tercer** *num.* Forma abreviada de **tercero.** Se usa delante de un sustantivo masculino: *Vivo en el tercer piso de ese edificio.*

**tercermundista** *adj.* **1.** Del Tercer Mundo, es decir de los países más pobres. **2.** Se dice de lo que en un país funciona fatal o indica pobreza, aunque no sea del Tercer Mundo: *Es tercermundista que todavía existan chabolas en las ciudades.*

**tercero, ra** *num.* **1.** Que ocupa por orden el número tres: *Es la tercera vez que vamos al zoo.* **2.** Se dice de cada una de las tres partes iguales en que se divide una cosa: *Jorge se tomó una tercera parte de los bombones.* ‖ *adj.* y *s. m.* y *f.* **3.** Otra persona o cosa distinta de las que se habla al principio: *Como Mario y Enrique no se ponían de acuerdo, decidieron pedir la opinión de un tercero.*
**FAM.** Tercer, tercermundista. / Decimotercer, decimotercero.

**terceto** *s. m.* Estrofa de tres versos de más de ocho sílabas.

**terciado, da** *adj.* **1.** De tamaño mediano: *Compró unas truchas terciadas para la cena.* **2.** Que le queda sólo la tercera parte: *La botella de aceite ya está terciada.*

**terciar** *v.* **1.** Intervenir en una lucha o discusión que tienen otros: *Terció entre Jorge y Andrés para que no siguieran discutiendo.* ‖ **terciarse 2.** Tener la oportunidad de hacer algo: *Vamos a ver el entrenamiento y, si se tercia, les pedimos autógrafos a los jugadores.*
**SIN. 1.** Mediar.
**FAM.** Terciado.

**terciario, ria** *adj.* **1.** Que ocupa el tercer lugar en orden o importancia. || *adj.* y *s. m.* **2.** Tercer periodo de la historia de la Tierra que empezó hace unos 65 millones de años. En él aparecieron muchos animales mamíferos y se formaron las grandes cordilleras.

**tercio** *num.* y *s. m.* Cada una de las tres partes iguales en que se divide algo.
FAM. Terciario.

**terciopelo** *s. m.* Tela muy suave y con pelo que se hace con hilos de seda o con otros materiales parecidos.
FAM. Aterciopelado.

**terco, ca** *adj.* y *s. m.* y *f.* Persona o animal que se empeña en algo sin hacer caso de lo que le dicen.
SIN. Testarudo, obstinado, cabezota, tozudo. ANT. Dócil.
FAM. Terquedad.

**teresiano, na** *adj.* y *s. f.* Se dice de unas religiosas que tienen como patrona a Santa Teresa y se dedican sobre todo a la enseñanza.

**tergal** *s. m.* Fibra artificial muy resistente, que se utiliza para fabricar tejidos.

**tergiversar** *v.* Dar a algo un significado que no es el que tiene en realidad: *Ramón ha tergiversado lo que ha dicho el profesor.*
SIN. Alterar, falsear.

**termal** *adj.* Se dice del agua que sale caliente de algunos manantiales y de lo relacionado con ellas: *baños termales.*

**termas** *s. f. pl.* Baños públicos de los antiguos romanos.

**termes** *s. m.* Busca **termita.** ■ No varía en plural.

**térmico, ca** *adj.* Relacionado con el calor: *En el desierto hay una gran diferencia térmica entre el día y la noche.*
FAM. Termal, termas, termo. / Antitérmico, hipertermia, hipotermia.

**terminación** *s. f.* **1.** Final de una cosa. **2.** Parte de la palabra que va detrás de la raíz, donde están los sufijos, el género, el número y otras indicaciones gramaticales; por ejemplo, en la palabra *zapatero,* la terminación es *-ero.*
SIN. **1.** Fin, término. ANT. **1.** Comienzo, inicio, principio.

**terminal** *adj.* **1.** Que está al final de algo. **2.** Se dice del enfermo que no puede curarse y que va a morir dentro de poco. || *s. f.* **3.** Primera o última parada de un autobús, de un tren o de otro medio de transporte. **4.** Lugar donde esperan los viajeros y se entregan los equipajes en puertos, aeropuertos y líneas de autobuses.

**terminante** *adj.* Que no se puede dudar ni discutir: *Las órdenes del jefe fueron terminantes.*
SIN. Concluyente, tajante, categórico. ANT. Vacilante.
FAM. Terminantemente.

**terminantemente** *adj.* Completamente: *Está terminantemente prohibido aparcar en esta calle.*

**terminar** *v.* Acabar: *La película termina dentro de media hora. Este cuchillo termina en punta.*
SIN. Concluir, finalizar. ANT. Empezar, comenzar.
FAM. Terminación, terminante. / Interminable.

**término** *s. m.* **1.** Final: *El curso va llegando a su término.* **2.** Palabra: *un diccionario de términos de ciencias.* **3.** Elemento, miembro: *La mayoría de las oraciones están formadas por dos términos: el sujeto y el predicado.* **4.** Lugar: *En la foto estaban en primer término los abuelos y más atrás todos los nietos.* || *s. m. pl.* **5.** Punto de vista o manera de hablar sobre algo: *Discuten mucho, pero en términos amistosos.*
EXPR. **término medio** El punto medio de algo, entre los dos extremos: *Ese chico no tiene término medio: o se hincha o no come nada.* **término municipal** Territorio que depende de un ayuntamiento. || **poner término** Acabar, terminar.
SIN. **1.** Fin, terminación. **2.** Vocablo, voz. ANT. **1.** Comienzo, principio.
FAM. Terminal, terminar, terminología.

**terminología** *s. f.* Palabras que se utilizan en una ciencia, profesión o materia: *Los médicos emplean a veces una terminología que es difícil entender.*
SIN. Vocabulario, léxico.
FAM. Terminológico.

**terminológico, ca** *adj.* De la terminología: *diccionario terminológico.*

**termita** *s. f.* Insecto que se alimenta de madera y vive en grupos muy numerosos en grandes nidos llamados *termiteros.* Se llama también *termes.*
FAM. Termes, termitero.

**termitero** *s. m.* Nido de termitas.

**termo** *s. m.* Recipiente para conservar la temperatura de lo que contiene; suele utilizarse para llevar comidas o bebidas calientes.

**termodinámica** *s. f.* Parte de la física que estudia los fenómenos en los que interviene el calor.
FAM. Termodinámico.

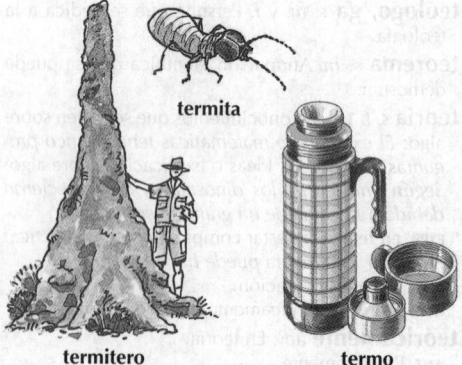

termita

termitero

termo

**termodinámico, ca** *adj.* Relacionado con la termodinámica.

**termómetro** *s. m.* Instrumento para medir la temperatura.

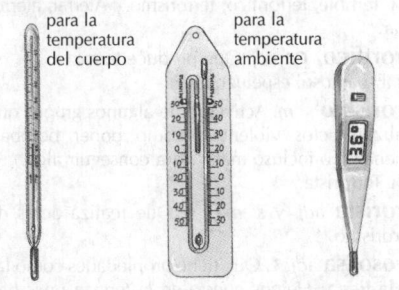

para la temperatura del cuerpo   para la temperatura ambiente

**termómetros** de mercurio   **termómetro** digital

**termonuclear** *adj.* Se dice de la reacción nuclear que necesita temperaturas muy altas para producirse; estas temperaturas sólo se alcanzan en el interior de las estrellas, como el Sol, o en las explosiones de las bombas atómicas.

**termosfera** *s. f.* Capa de la atmósfera que se encuentra por encima de los 80 kilómetros de altura.

**termostato** o **termóstato** *s. m.* Aparatito que tienen las estufas, hornos y cosas parecidas para que mantengan la temperatura que queremos, de forma que se enciendan y apaguen solos cuando sea necesario.

**terna** *s. f.* **1.** Conjunto de tres personas o cosas que se proponen para que se elija una. **2.** En los toros, los tres toreros que participan en una corrida: *La terna de hoy la componen tres matadores de reconocido prestigio.* **FAM.** Ternario, terno.

**ternario, ria** *adj.* De tres partes o elementos.

**ternasco** *s. m.* Cordero lechal.

**ternero, ra** *s. m.* y *f.* Cría de la vaca.

**ternilla** *s. f.* Tejido del cuerpo de las personas o de los animales parecido al hueso, pero más blando y flexible; por ejemplo, lo que sujeta la nariz es una ternilla. **SIN.** Cartílago. **FAM.** Desternillarse.

**terno** *s. m.* Traje de pantalón, chaleco y chaqueta hechos de una misma tela.

**ternura** *s. f.* Cariño, delicadeza: *Trata a su hijo con ternura.* **SIN.** Amor, dulzura. **ANT.** Dureza.

**terquedad** *s. f.* Forma de actuar de la persona terca, que se empeña a toda costa en tener la razón y hacer lo que quiere. **SIN.** Cabezonería, obstinación, tozudez.

**terracota** *s. f.* Arcilla modelada y cocida en un horno para que se quede dura.

**terrado** *s. m.* Azotea, terraza.

**terranova** *adj.* y *s. m.* y *f.* Se dice de una raza de perros grandes, con cabeza ancha, hocico corto y pelo negro, espeso y largo.

**terraplén** *s. m.* **1.** Hondanada muy grande, como la que hay entre las montañas. **2.** Montón de tierra que se usa para rellenar un hueco, proteger algo o para otro fin. **SIN. 2.** Montículo.

**terráqueo, a** *adj.* Del planeta Tierra. Se emplea en la expresión **globo terráqueo**, que es la esfera que forma la Tierra. **SIN.** Terrestre.

**terrario** *s. m.* Recipiente o instalación para tener algunos animales vivos, sobre todo reptiles.

**terrateniente** *adj.* y *s. m.* y *f.* El que tiene muchas tierras. **SIN.** Hacendado.

**terraza** *s. f.* **1.** Parte de arriba de los edificios, a la que se puede subir. **2.** Balcón grande. **3.** Trozo de terreno llano que va formando con otros como una escalera en la ladera de una montaña y que suele aprovecharse para cultivar. **4.** Espacio al aire libre con sillas y mesas de un bar, cafetería o restaurante. **SIN. 1.** Azotea.

**terrazo** *s. m.* Material muy duro con que se fabrican baldosas para el suelo, hecho de piedrecillas y trozos de mármol.

**terremoto** *s. m.* Movimiento o temblor en la superficie de la tierra: *El terremoto hizo que se derrumbaran varios edificios.* **SIN.** Seísmo, sismo.

**terrenal** *adj.* Relacionado con la tierra, el mundo de los vivos: *Para los cristianos después de la vida terrenal hay otra vida.* **SIN.** Terreno. **ANT.** Celestial.

**terreno, na** *adj.* **1.** Terrenal. ‖ *s. m.* **2.** Trozo de tierra: *Ha comprado un terreno en el campo para construir una casa.* **3.** Todo lo que tiene que ver con una actividad o con otra cosa: *Destacó en el terreno de la investigación y le dieron el Nobel.* **4.** La situación o circunstancias mejores para alguien: *Este ciclista es invencible en la montaña, está en su terreno.* **5.** Campo de fútbol y de otros deportes: *Los dos equipos ya han saltado al terreno de juego.* **EXPR. terreno abonado** Situación que favorece que se produzca algo: *La pobreza es un terreno abonado para la delincuencia.* ‖ **ganar terreno** Avanzar más que otros, sacar ventaja: *Los supermercados están ganando terreno a los pequeños comercios.* **perder terreno** Quedarse atrás, avanzar menos que otros: *Tengo que estudiar más si no quiero perder* terreno en clase. **preparar el terreno** Hacer que haya condiciones buenas para realizar o conseguir algo: *Su padre le dejó ir a la excursión porque su madre ya había preparado el terreno.* **sobre el terreno** En el lugar o en el momento en que está o se hace algo: *Fueron al campo para estudiar sobre el terreno los distintos tipos de hojas de árbol.* SIN. **1.** Temporal. FAM. Todoterreno.

**térreo, a** *adj.* De la tierra, relacionado con ella o parecido a ella.

**terrero, ra** *adj.* **1.** Se dice del cesto, la espuerta o el saco para llevar tierra. ‖ *s. m.* **2.** Montón de tierra o broza.

**terrestre** *adj.* **1.** Del planeta Tierra: *Las montañas son elevaciones de la corteza terrestre.* **2.** De la tierra o que vive en la tierra: *Algunas tortugas viven en el mar o en los ríos y otras son terrestres.* SIN. **1.** Terráqueo. FAM. Extraterrestre.

**terrible** *adj.* **1.** Muy malo: *Tiene un genio terrible, como se enfade no hay quien le aguante.* **2.** Muy grande, muy fuerte: *Hace un frío terrible.* SIN. **1.** y **2.** Tremendo, horrible, horroroso. ANT. **1.** Bueno, estupendo. **2.** Pequeño, leve. FAM. Terriblemente.

**terriblemente** *adv.* De manera terrible, muchísimo. ■ Normalmente se refiere a cosas desagradables o dolorosas: *Me duele terriblemente la cabeza.*

**terrícola** *s. m.* y *f.* El que vive en el planeta Tierra. SIN. Terrestre.

**terrier** *adj.* y *s. m.* y *f.* Nombre de varias razas de perros originarias de las Islas Británicas. ■ Es una palabra francesa. Su plural es *terriers.*

**terrina** *s. f.* Vasito con forma de cono en el que se guardan o se sirven algunos alimentos: *una terrina de paté.*

**territorial** *adj.* De un territorio o relacionado con el territorio. FAM. Territorialidad, territorialismo.

**territorialidad** *s. f.* **1.** El ser territorial. **2.** Defensa de un territorio propio que hace un animal frente a otros de su misma especie.

**territorialismo** *s. m.* Fenómeno por el que ciertos animales dividen en territorios el lugar en el que habitan.

**territorio** *s. m.* Extensión de tierra: *El río atraviesa todo este territorio.* SIN. Zona, región. FAM. Territorial.

**terrón** *s. m.* **1.** Tierra que forma una masa compacta, pero que se deshace al darle un golpe. **2.** Trocito cuadrado de azúcar. SIN. **2.** Azucarillo. FAM. Destripaterrones.

**terror** *s. m.* **1.** Miedo muy grande. **2.** Persona o cosa que da mucho miedo: *Aquel bandido era el terror de la región.* SIN. **1.** Pánico, pavor. FAM. Terrible, terrorífico, terrorismo. / Aterrar, aterrorizar.

**terrorífico, ca** *adj.* Que produce terror. SIN. Espantoso, espeluznante.

**terrorismo** *s. m.* Actividad de algunos grupos que realizan actos violentos, como poner bombas, amenazar o incluso matar para conseguir algo. FAM. Terrorista.

**terrorista** *adj.* y *s. m.* y *f.* Que realiza actos de terrorismo.

**terroso, sa** *adj.* **1.** Que tiene propiedades como las de la tierra: *Hemos puesto en la terraza unas baldosas de color terroso.* **2.** Que tiene tierra en su composición: *mineral terroso.*

**terruño** *s. m.* Pueblo o región donde uno ha nacido o donde vive.

**terso, sa** *adj.* Liso, sin arrugas: *La abuela aún tiene tersa la piel de la cara.* SIN. Tenso, estirado. ANT. Arrugado. FAM. Tersura.

**tersura** *s. f.* Característica de lo que es liso y no tiene arrugas.

**tertulia** *s. f.* Reunión en la que se conversa. FAM. Tertuliano, tertuliante. / Contertulio.

**tertuliano, na** o **tertuliante** *adj.* y *s. m.* y *f.* Se dice de la persona que participa en una tertulia. SIN. Contertulio.

**tesela** *s. f.* Cada una de las piezas que forman un mosaico.

**tesina** *s. f.* Estudio hecho por un licenciado sobre un tema, de menor importancia o extensión que la tesis doctoral.

**tesis** *s. f.* Idea que alguien tiene sobre algo y que luego habrá que demostrar si es verdad: *Su tesis era que los niños de ahora saben más que los de antes.* ■ No varía en plural. EXPR. **tesis doctoral** Trabajo que se hace después de acabar una carrera para conseguir el título de doctor. SIN. Teoría. FAM. Tesina. / Antítesis.

**tesitura** *s. f.* Situación, circunstancias: *Los exploradores estaban en una difícil tesitura: se habían quedado sin agua para beber.* SIN. Coyuntura.

**tesón** *s. m.* El hecho de esforzarse y poner mucho interés para conseguir algo: *Logró aprobar con buenas notas gracias a su tesón.* SIN. Perseverancia, empeño, tenacidad. ANT. Inconstancia.

**tesorería** *s. f.* Oficina o despacho donde se guarda y se administra el dinero de una empresa, de un organismo, de un grupo de personas.

**tesorero, ra** *s. m.* y *f.* Persona encargada de guardar y administrar el dinero de una empresa, de un organismo, de un grupo de personas.

**tesoro** *s. m.* **1.** Gran cantidad de dinero, joyas u otras cosas de mucho valor que están guardadas: *Los piratas escondieron el tesoro en una isla desierta.* **2.** Persona o cosa de gran valor o a la que se quiere mucho. **3.** El dinero y los bienes del Estado. ■ Con este significado se escribe con mayúscula y se dice también *Tesoro Público.*
**FAM.** Tesorería, tesorero. / Atesorar.

**test** *s. m.* **1.** Prueba que se hace para saber algunas cosas, por ejemplo la inteligencia que tiene una persona o su forma de ser. **2.** Examen en el que hay que contestar con respuestas muy cortas, a veces sólo hay que decir sí o no, o señalar con una cruz la respuesta correcta entre varias que te ponen. ■ Es una palabra inglesa. Su plural es *tests.*
**FAM.** Testar², testear.

**testa** *s. f.* **1.** Cabeza del hombre y de los animales. **2.** Frente.
**EXPR.** **testa coronada** Monarca de un estado.

**testamentario, ria** *adj.* **1.** Del testamento o relacionado con él: *disposiciones testamentarias.* ‖ *s. m.* y *f.* **2.** Albacea.

**testamento** *s. m.* Escrito o declaración de palabra en que alguien dice lo que quiere que se haga después de su muerte, sobre todo con su dinero o con sus cosas.
**FAM.** Testamentario.

**testar¹** *v.* Hacer testamento: *El anciano testó en favor de todos sus hijos.*
**FAM.** Testamento.

**testar²** *v.* Hacer pruebas con alguna cosa para comprobar si es de buena calidad o para ver si funciona: *Testaron un nuevo modelo de automóvil.*
**SIN.** Probar.

**testarazo** *s. m.* Golpe dado con la cabeza.

**testarudo, da** *adj.* y *s. m.* y *f.* Cabezota, que siempre tiene que llevar la razón o hacer lo que quiere, aunque esté equivocado.
**SIN.** Terco, obstinado, tozudo.

**testear** *v.* En Hispanoamérica, testar una cosa, probarla.

**testículo** *s. m.* Cada uno de los dos órganos sexuales ovalados que están debajo del pene en los hombres y en los animales macho. En ellos se producen los espermatozoides, las células reproductoras masculinas.

**testificar** *v.* Contestar el testigo a lo que le preguntan en un juicio. ■ Delante de *e* se escribe *qu* en lugar de *c*: *testifiqué.*

**testigo** *s. m.* y *f.* **1.** Persona que debe contestar a las preguntas que se le hagan en un juicio porque tiene relación con el caso que se está tratando o puede saber algo sobre él. **2.** Persona que ha visto u oído algo por ella misma, no porque se lo hayan dicho: *Jaime ha sido testigo del accidente.* **3.** Persona que tiene que estar en algunos actos para que sean válidos, por ejemplo en una boda. ‖ *s. m.* **4.** En las carreras de relevos, pequeño bastón o cosa parecida que un corredor da al que le sustituye en la carrera.
**EXPR.** **testigo de Jehová** Persona que pertenece a una religión cristiana fundada en los Estados Unidos en el siglo XIX.
**FAM.** Testificar. / Atestiguar.

**testimonial** *adj.* Que da testimonio de algo.

**testimoniar** *v.* **1.** Testificar, actuar como testigo. **2.** Probar o demostrar algo: *Estas ruinas testimonian que aquí existió un poblado. Le testimoniaron su afecto y admiración dándole un homenaje.*

**testimonio** *s. m.* **1.** Lo que dice el testigo sobre algo que ha visto o conoce: *El testimonio de los empleados del banco sirvió para descubrir al ladrón.* **2.** Aquello que demuestra alguna cosa: *Este puente es el testimonio de que aquí estuvieron los romanos.*
**SIN.** **1.** Declaración. **2.** Huella, vestigio.
**FAM.** Testimonial, testimoniar.

**testuz** *s. amb.* **1.** La frente de algunos animales, como el caballo. **2.** La nuca del toro, del buey o de la vaca. ■ Su plural es *testuces.*
**FAM.** Testarazo, testarudo.

**teta** *s. f.* Pecho o mama de las hembras de los mamíferos.
**SIN.** Ubre.
**FAM.** Tetilla, tetina. / Destetar.

**tétanos** *s. m.* Enfermedad que puede causar la muerte y suele producirse a causa de heridas infectadas. ■ No varía en plural.

**tetera** *s. f.* Objeto parecido a una jarra que se usa para preparar y servir el té.

**tetilla** *s. f.* Pecho de los machos de los mamíferos, que está menos desarrollado que en las hembras.
**EXPR.** **queso de tetilla** Un tipo de queso gallego de sabor suave y con forma de pecho de mujer.

**tetina** *s. f.* Punta de goma que se pone en el biberón para que el niño chupe por ella.

**tetra brik** *expr.* Envase de cartón, normalmente rectangular, para contener líquidos: *un tetra brik de leche.* ■ Su plural es *tetra briks.* Se llama también sólo *brik.*

**tetraedro** *s. m.* Figura geométrica formada por cuatro caras que son triángulos.

**tetrágono** *adj.* y *s. m.* Se dice de la figura geométrica de cuatro ángulos y cuatro lados: *El cuadrado, el rombo y el rectángulo son tetrágonos.*

**tetrapléjico, ca** *adj.* y *s. m.* y *f.* Se dice de la persona que no puede mover los brazos ni las piernas: *El motorista sufrió un grave accidente y quedó tetrapléjico.*

**tétrico, ca** *adj.* Oscuro, triste, que tiene que ver con la muerte o lo parece: *Aquella casa sin luz y con el ruido del viento tenía un aspecto tétrico.*
**SIN.** Tenebroso, siniestro, fúnebre, lúgubre, macabro. **ANT.** Alegre.

**textil** *adj.* **1.** De las telas o los tejidos: *industria textil.* **2.** Que sirve para hacer tejidos: *El algodón es una planta textil.*

**texto** *s. m.* Conjunto de palabras escritas.
**EXPR. libro de texto** El que se utiliza para estudiar una asignatura o materia.
**FAM.** Textual, textualmente. / Contexto, hipertexto, teletexto.

**textual** *adj.* **1.** Del texto. **2.** Con las mismas palabras con que estaba escrito o alguien lo dijo: *Sus palabras textuales fueron «largo de aquí».*
**SIN. 2.** Literal, exacto.

**textualmente** *adv.* Exactamente con las mismas palabras: *Andrés repitió textualmente lo que ponía en el libro.*

**textura** *s. f.* Manera de estar formada alguna cosa: *Este papel tiene una textura fuerte, no se rompe fácilmente.*
**SIN.** Contextura, consistencia.
**FAM.** Contextura.

**tez** *s. f.* Piel de la cara: *Los suecos tienen la tez clara.* ■ Su plural es *teces.*
**FAM.** Atezado.

**ti** *pron. pers.* Expresa la segunda persona del singular y se utiliza detrás de una preposición: *La bicicleta es para ti.*

**tiara** *s. f.* Gorro alto usado por el papa en las ceremonias importantes.

**tiarrón, na** *adj.* y *s. m.* y *f.* Persona alta y fuerte.

**tiberio** *s. m.* Jaleo, follón.
**SIN.** Lío, alboroto. **ANT.** Orden, calma.

**tibetano, na** *adj.* y *s. m.* y *f.* Del Tíbet, región de China.

**tibia** *s. f.* Hueso de la pierna que va desde la rodilla hasta el pie por la parte de delante.

**tibieza** *s. f.* El ser tibio: *La tibieza del agua del Mediterráneo invita a bañarse.*

**tibio, bia** *adj.* **1.** Que no está ni frío ni caliente: *La sopa está tibia; si no te la tomas, se va a enfriar.* **2.** Que no siente o no muestra entusiasmo ni pasión: *La nueva obra tuvo una acogida tibia entre el público.*
**EXPR. poner tibio** a alguien Insultarle o hablar muy mal de él. **ponerse** uno **tibio** Hartarse a comer. También, ensuciarse o mojarse mucho.

**SIN. 1.** Templado. **2.** Indiferente. **ANT. 2.** Cálido, apasionado, entusiasta.
**FAM.** Tibieza. / Entibiar.

**tibor** *s. m.* Jarrón grande decorado de barro cocido o de porcelana, típico de China y Japón.

**tiburón** *s. m.* Pez carnívoro que tiene el cuerpo alargado, el morro puntiagudo y la boca en la parte de abajo de la cabeza, con varias filas de dientes muy afilados. Su aleta del lomo es de forma de triángulo y su piel muy áspera. Algunos son muy grandes y peligrosos.
**SIN.** Escualo.

**tic** *s. m.* Movimiento rápido en alguna parte del cuerpo que uno hace sin darse cuenta; por ejemplo, cerrar muy deprisa los ojos.

**ticket** *s. m.* Busca **tique**. ■ Es una palabra inglesa. Su plural es *tickets.*

**tictac** o **tic-tac** *s. m.* El ruido que hace el reloj.

**tiempo** *s. m.* **1.** Lo que mide el reloj, que sirve para saber lo que tardamos en hacer algo o lo que dura una cosa. **2.** Época, momento: *En tiempos del abuelo casi nadie tenía coche.* **3.** Edad de los niños pequeños o de las crías de animales: *¿Qué tiempo tiene su niño?* **4.** Cada uno de los movimientos que se hacen en una acción: *El saque en tenis se hace en dos tiempos: primero se tira la pelota al aire y luego se golpea con la raqueta.* **5.** Cada una de las partes en que se divide un partido de fútbol, baloncesto y otros deportes. **6.** En gramática, cada uno de los grupos en que se dividen las formas del verbo para expresar el presente (*canto*), el pasado (*cantaba*) o el futuro (*cantaré*). **7.** Velocidad con que se ejecuta una pieza musical. **8.** Cada una de las partes en que se divide una composición musical. **9.** En música, cada una de las partes en que se divide un compás. **10.** La temperatura, la lluvia, el viento y otros elementos del clima que hay en un lugar o en un momento: *Hoy hace un tiempo estupendo para ir al campo.*
**EXPR. tiempo muerto** Parada en un partido de baloncesto que pide un entrenador para dar algún consejo a sus jugadores; también, periodo de tiempo en el que no se hace o no pasa nada. ‖ **a tiempo** Antes de que sea tarde: *Consiguieron llegar a tiempo al aeropuerto porque cogieron un taxi.* **a un tiempo** o **al mismo tiempo** A la vez: *Levantaron la mano a un tiempo.* **con el tiempo** Después de un tiempo: *Si sigues practicando, con el tiempo llegarás a jugar muy bien al fútbol.* **con tiempo** Con el tiempo suficiente, un poco antes: *Hay que llegar con tiempo al cine para sacar las entradas.* **del tiempo** Se llama así a las frutas que se dan en la temporada en que las comemos; también se dice de las bebidas que no están muy frías porque no las hemos metido en la nevera. **hacer tiempo** o **matar el tiempo** Entretenerse con alguna cosa mientras se espera: *Hice tiempo mirando escaparates.* **perder el**

**tiempo** Dejarlo pasar sin hacer nada útil: *No pierdas el tiempo y ponte a estudiar.*
FAM. Tempo, temporada, temporal[1], temporario, temporero, temporizador. / Atemporal, contratiempo, destiempo, entretiempo, extemporáneo, pasatiempo.

**tienda** *s. f.* **1.** Establecimiento donde se vende algo. **2.** Especie de casita hecha de tela, con barras o algo parecido por dentro para que se sujete. Cuando sirve para acampar se llama *tienda de campaña.*
SIN. **1.** Comercio.
FAM. Tendero. / Teletienda, trastienda.

**tienta** *s. f.* Pruebas que se hacen a los becerros para ver si son bravos y valen para torearlos.
EXPR. **a tientas** Tocando las cosas para guiarse en la oscuridad: *Bajó a tientas por las escaleras hasta encontrar la llave de la luz.*

**tiento** *s. m.* **1.** Cuidado: *Díselo con mucho tiento para que no se enfade.* **2.** Trago o bocado.
SIN. **1.** Tacto, diplomacia. **2.** Mordisco.

**tierno, na** *adj.* **1.** Blando y fácil de cortar: *Esta carne está tierna.* **2.** Joven: *Empezó a estudiar música a tierna edad.* **3.** Cariñoso, dulce: *La madre dirigía tiernas miradas a su bebé.*
SIN. **3.** Afectuoso. ANT. **1.** Duro. **2.** Viejo, antiguo. **3.** Seco, frío.
FAM. Ternasco, ternero, ternilla, ternura. / Enternecer.

**tierra** *s. f.* **1.** Planeta en el que habitamos. ■ Con este significado se escribe con mayúscula. **2.** Parte de la superficie de este planeta no ocupada por el agua: *Los marineros pasan más tiempo en el mar que en tierra.* **3.** Materia que forma esa superficie; tiene granos de arena y otras sustancias: *A los niños pequeños les encanta jugar con la tierra en el parque.* **4.** Terreno que se cultiva o se puede cultivar. **5.** Suelo: *Cayó a tierra del empujón.* **6.** País o región: *Le encanta el paisaje de su tierra.* **7.** El mundo de los vivos, a diferencia del cielo.
EXPR. **tierra firme** Cualquier extensión de tierra por oposición al agua, sobre todo cuando es grande. ‖ **echar** algo **por tierra** Estropearlo o hacer que salga mal: *Le dejaron sin vacaciones y echaron por tierra sus planes.* **poner tierra por medio** Alejarse. **quedarse** alguien **en tierra** Perder el vehículo en el que tenía que ir, no poder subir a él. **tierra adentro** Lejos del mar. **tomar tierra** Aterrizar un avión, un helicóptero o una nave espacial.
FAM. Terrado, terraplén, terráqueo, terrario, terrateniente, terraza, terrazo, terremoto, terrenal, terreno, térreo, terrero, terrestre, terrícola, territorio, terrón, terroso, terruño. / Soterrado.

**tieso, sa** *adj.* **1.** Recto: *Mi madre tiene la costumbre de sentarse muy tiesa.* **2.** Que es poco o nada flexible: *Las asas de la bolsa son muy tiesas y no se pueden doblar.* **3.** Muy serio: *El director es un señor muy tieso que nunca se ríe.*
EXPR. **dejar tieso** a alguien Dejar a alguien muy asombrado. También significa 'matar a alguien'. **quedarse** alguien **tieso** Quedarse helado de frío; también significa 'quedarse muy impresionado'.
SIN. **1.** Derecho, erguido. **2.** Rígido. **3.** Frío, seco.
ANT. **1.** Torcido. **3.** Simpático.
FAM. Tentetieso.

**tiesto** *s. m.* Recipiente con tierra donde se ponen plantas para que crezcan.
SIN. Maceta.

**tifoidea** Se usa en la expresión **fiebre tifoidea**, que es el nombre de una enfermedad infecciosa del intestino delgado que produce mucha fiebre.

**tifón** *s. m.* **1.** Tromba marina. **2.** Ciclón tropical muy fuerte que ocurre a veces en el mar de China y suele ir acompañado de lluvias torrenciales.

**tifus** *s. m.* Nombre de la fiebre tifoidea y de otras enfermedades contagiosas que producen fiebre muy alta. ■ No varía en plural.
FAM. Tifoidea.

**tigre, tigresa** *s. m. y f.* **1.** Mamífero carnívoro de Asia que tiene la piel con pelo corto de color amarillento y rayas negras. Es fuerte, ágil y rápido. ‖ *s. m.* **2.** En Hispanoamérica, jaguar.
EXPR. **oler a tigre** Oler mal.
FAM. Atigrado.

**tijera** *s. f.* Objeto para cortar formado por dos piezas afiladas por uno de los lados y unidas en aspa de manera que pueden abrirse y cerrarse. ■ Se usa también la forma en plural con el significado de singular. (Puedes encontrar su ilustración en la página siguiente.)
EXPR. **de tijera** Se dice de algunas cosas que tienen dos piezas unidas en forma de aspa que pueden abrirse o cerrarse: *una silla de tijera.* **meter la tijera** Cortar algo sin dudar un momento: *A esos pantalones vas a tener que meterles la tijera porque te quedan larguísimos.*
FAM. Tijereta, tijeretada, tijeretazo.

La **Tierra**

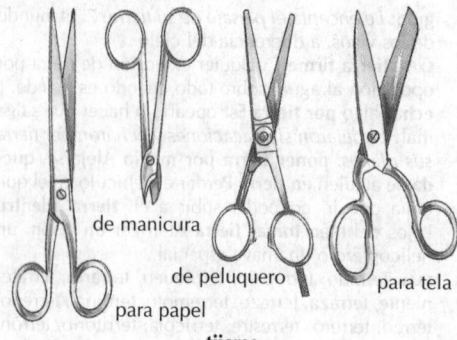

de manicura

de peluquero

para tela

para papel

**tijeras**

**tijereta** *s. f.* **1.** Insecto nocturno con alas, aunque no vuela, y dos prolongaciones al final del cuerpo en forma de tijera. **2.** Salto que se hace levantando las piernas rectas en el aire, primero una y después la otra.

**tijeretazo** o **tijeretada** *s. m.* o *f.* Corte rápido hecho con las tijeras: *Como le sobraba un trozo de cuerda le pegó un tijeretazo.*

**tila** *s. f.* Flor de un árbol llamado *tilo*; con ella seca se hace una infusión que se toma para tranquilizarse o calmar los nervios.

**tílburi** *s. m.* Coche de caballos ligero y sin cubierta, con dos ruedas grandes y en el que caben dos personas.

**tildar** *v.* Decir de alguien que tiene algún defecto o falta: *Le tildaron de mentiroso porque una vez dijo algo que no era verdad.* **SIN.** Tachar, acusar. **FAM.** Atildado.

**tilde** *s. f.* Rayita que se pone encima de algunas letras, por ejemplo la que se usa para marcar el acento o la que lleva la ñ. **FAM.** Tildar.

**tilín** Se usa en la expresión **hacer tilín** alguien o algo a una persona, que significa 'gustarle, ser agradable para ella'.

**tilo** *s. m.* Árbol con hojas suaves en forma de corazón y flores amarillentas de buen olor. Su madera es muy buena para fabricar algunos muebles y sus flores se usan secas para hacer tila.

**timador, ra** *adj.* y *s. m.* y *f.* Persona que se dedica a timar o engañar a otras. **SIN.** Estafador.

**timar** *v.* Engañar a alguien para robarle, o prometerle en una venta o trato algo que luego no se cumple: *Le han timado con la bici: le dijeron que era de aluminio y es de hierro.* **SIN.** Estafar. **FAM.** Timador, timo.

**timba** *s. f.* Partida de algunos juegos, sobre todo de juegos de cartas.

**timbal** *s. m.* Tambor que tiene la caja metálica y en forma de media esfera.

**timbrado, da** *adj.* **1.** Se dice de la voz que tiene buen timbre. **2.** Se dice del papel que tiene impreso el nombre, la dirección y otros datos de la persona que lo usa: *Las cartas del colegio las escriben en papel timbrado.*

**timbrar** *v.* Poner un sello o una póliza en un documento.

**timbrazo** *s. m.* Toque fuerte de timbre: *Mi tío siempre llama a la puerta con dos timbrazos.*

**timbre** *s. m.* **1.** Aparato que produce un sonido, como el que hay en las casas para llamar o los que hay en otros lugares para avisar: *Cuando suene el timbre del horno, saca los macarrones.* **2.** Característica que sirve para diferenciar el sonido de las voces o el de los distintos instrumentos musicales. **3.** Sello que se pone en algunos documentos y que indica que debe pagarse al Estado una cantidad por ellos. También se llama así a la cantidad que hay que pagar. **FAM.** Timbrado, timbrar, timbrazo.

**tímidamente** *adv.* Muy flojito, de manera que se nota muy poco: *Ha empezado a llover tímidamente.*

**timidez** *s. f.* Forma de ser de la persona tímida. ■ Su plural es *timideces*. **SIN.** Vergüenza, corte.

**tímido, da** *adj.* y *s. m.* y *f.* **1.** Se dice de la persona a la que se le da vergüenza y le cuesta relacionarse con los demás o hablar en público o con gente que no conoce: *Es muy tímida y se pone colorada cuando le preguntan en clase.* || *adj.* **2.** Muy flojito, que se nota muy poco: *El público recibió al cantante con tímidos aplausos.* **SIN. 1.** Vergonzoso, cortado, cohibido. **2.** Leve, ligero, sutil. **ANT. 1.** Atrevido. **2.** Fuerte. **FAM.** Tímidamente, timidez.

**timo** *s. m.* Acción de timar: *¡Menudo timo le han dado vendiéndole ese boli que no escribe!* **SIN.** Estafa; robo.

**timón** *s. m.* **1.** Pieza plana que tienen las embarcaciones en la parte de atrás y sirve para cambiar de dirección al moverla hacia un lado u otro. También

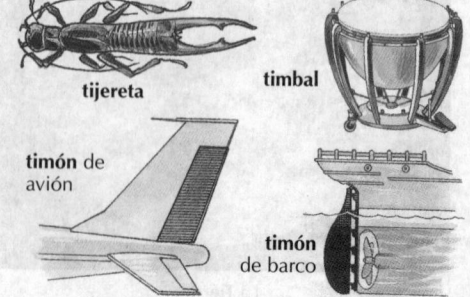

**tijereta**

**timbal**

**timón** de avión

**timón** de barco

se llama así a otras piezas parecidas que tienen los aviones. **2.** En los barcos, rueda con que se mueve esa pieza plana.
**FAM.** Timonear, timonel.

**timonear** v. **1.** Guiar un barco, manejar el timón. **2.** Dirigir un negocio u otra cosa.
**SIN. 1.** Patronear. **1.** y **2.** Gobernar.

**timonel** s. m. Persona que maneja el timón de una embarcación.

**timonera** adj. y s. f. Se dice de unas plumas grandes que tienen las aves en la cola y que les sirven para estabilizar y dirigir el vuelo.

**timorato, ta** adj. y s. m. y f. **1.** Tímido, vergonzoso, miedoso: Es tan timorato que no se atreve nunca a hablar con el jefe. **2.** Que se escandaliza mucho por cosas que le parecen indecentes.
**SIN. 1.** Indeciso, cortado. **2.** Puritano, mojigato. **ANT. 1.** Atrevido. **2.** Liberal.

**tímpano** s. m. Parte del oído parecida a una telilla que separa la zona externa de la media.

**tina** s. f. **1.** Recipiente grande de madera en forma de cubo. **2.** Tinaja. **3.** Bañera.

**tinaja** s. f. Vasija grande de barro más ancha por la parte del medio que se emplea para guardar líquidos.
**SIN.** Tina.
**FAM.** Tina.

**tinción** s. f. Acción de teñir.
**SIN.** Teñido.

**tinerfeño, ña** adj. y s. m. y f. De Tenerife, isla de las Canarias.

**tinglado** s. m. **1.** Construcción con techo, de madera u otros materiales poco resistentes, que se hace normalmente para resguardarse: A media tarde la gente recoge sus tinglados y se va de la playa. **2.** Armazón puesto a bastante altura: En los partidos de fútbol las cámaras de televisión se sitúan en unos tinglados. **3.** Lío, jaleo: ¡Menudo tinglado armó papá en la cocina cuando hizo la cena!
**SIN. 3.** Follón, alboroto.

**tiniebla** s. f. Falta de luz, oscuridad: En los cuentos las brujas suelen aparecer en medio de las tinieblas.
**ANT.** Claridad.
**FAM.** Tenebroso.

**tino** s. m. **1.** Habilidad para acertar en lo que se quiere: Hay que tener mucho tino para dar en el blanco. **2.** Facilidad para calcular algo a ojo: Tuvo tino cortando la tarta y todos los trozos salieron bastante iguales. **3.** Modo de actuar haciendo en cada momento lo mejor y sin pasarse: Ha actuado con mucho tino al no dejarse llevar por sus impulsos.
**SIN. 1.** Puntería. **3.** Tacto, sensatez, prudencia; moderación. **ANT. 3.** Imprudencia, desatino.
**FAM.** Atinar, desatino.

**tinta** s. f. **1.** Sustancia líquida de color que se utiliza para escribir, dibujar, imprimir o reproducir algo en

un papel. **2.** Líquido oscuro que lanzan algunos animales como los pulpos o los calamares para defenderse.
**EXPR. medias tintas** Cosas que se dicen o se hacen y no están muy claras: Es muy sincera, dice lo que piensa y no le gustan las medias tintas. **tinta china** La que se usa para hacer algunos dibujos, por ejemplo los planos de las casas. ‖ **de buena tinta** Por medio de alguien o algo en que se puede confiar: El periodista sabía de buena tinta la noticia que dio en el periódico. **sudar** alguien **tinta** Costarle algo mucho: Sudó tinta limpiando la bici, pero ha quedado perfecta.
**FAM.** Tintar, tintero. / Chupatintas, entintar.

**tintar** v. Cambiar una cosa de color utilizando un tinte.
**SIN.** Teñir.

**tinte** s. m. **1.** Sustancia de color que sirve para teñir algo: Les ha dado tinte azul a los zapatos para ponerlos más oscuros. **2.** Tintorería, lugar al que se lleva a limpiar o teñir la ropa: Cuando acabe el invierno hay que llevar el abrigo al tinte. **3.** Característica o aspecto que tiene una persona o cosa: En lo que nos contó se notaba un tinte de tristeza.
**SIN. 3.** Tono, apariencia.

**tintero** s. m. Frasco pequeño que tiene tinta para escribir.
**EXPR. dejarse** algo **en el tintero** Olvidarse de algo, no decirlo o no escribirlo.

**tintinear** o **tintinar** v. Hacer la campanilla u otros objetos un sonido parecido a «tintín»: Las monedas le tintineaban en el bolsillo al andar.
**FAM.** Tintineo.

**tintineo** s. m. Acción de tintinear.

**tinto** adj. y s. m. Vino de color rojo oscuro.
**SIN.** Tintorro.
**FAM.** Tintorro.

**tintorera** s. f. Tiburón de color azulado con el vientre claro, de tres o cuatro metros de largo, que puede verse en el Mediterráneo.

**tintorería** s. f. Lugar al que se lleva la ropa y otros tejidos para que los limpien y los planchen, o también para que los tiñan.
**SIN.** Tinte.
**FAM.** Tintorero.

**tintorero, ra** s. m. y f. Persona que trabaja limpiando y tiñendo ropa y otros tejidos.

**tintorro** s. m. Vino tinto.

**tintura** s. f. Sustancia con que se tiñe.
**EXPR. tintura de yodo** Yodo disuelto en alcohol que se emplea para desinfectar.
**SIN.** Tinte.

**tiña** s. f. Enfermedad contagiosa de la piel, sobre todo de la zona del cráneo, que produce costras, escamas y hace que el pelo se caiga.
**FAM.** Tiñoso.

**tiñoso, sa** *adj.* y *s. m.* y *f.* Que tiene la enfermedad en la piel llamada *tiña*.

**tío, a** *s. m.* y *f.* **1.** Hermano o hermana de nuestro padre o de nuestra madre. **2.** Una persona, un individuo: *Nos atendió en la tienda un tío muy alto.* **EXPR. tío abuelo** o **tía abuela** Hermano o hermana de nuestros abuelos. **tío bueno** o **tía buena** Persona muy atractiva. ‖ **no hay tu tía** Indica que algo es muy difícil o imposible de hacer o de conseguir: *He intentado que me cuente su secreto, pero no hay tu tía.* **SIN. 2.** Tipo, sujeto, fulano, menda. **FAM.** Tiarrón, tiovivo.

**tiovivo** *s. m.* Diversión que hay en ferias y parques de atracciones; es una plataforma redonda que da vueltas y sobre la que hay caballitos, coches y otras cosas para que monten los niños. **SIN.** Carrusel.

**tipa** *s. f.* Una mujer. **SIN.** Individua.

**tiparraco, ca** *s. m.* y *f.* Persona extraña, ridícula o sospechosa, que no nos gusta. **SIN.** Tipejo, mamarracho.

**tipazo** *s. m.* **1.** Cuerpo muy atractivo; figura estilizada: *La modelo tiene un tipazo impresionante.* **2.** Persona muy atractiva: *El protagonista de la película es un tipazo.*

**tipear** *v.* En Hispanoamérica, escribir a máquina.

**tipejo, ja** *s. m.* y *f.* Persona ridícula y poco importante. **SIN.** Tiparraco, mamarracho.

**tipi** *s. m.* Tienda de piel con forma de cono que usaban los indios de América del Norte.

**típico, ca** *adj.* Característico de alguien o de algo: *Esas preguntas son típicas de los niños. La paella es un plato típico de Valencia.* **SIN.** Propio, tradicional, peculiar. **FAM.** Atípico.

**tiple** *s. m.* y *f.* Persona, sobre todo mujer, que canta con una voz muy aguda, por ejemplo ópera o zarzuela. **SIN.** Soprano. **FAM.** Atiplado, vicetiple.

**tipo** *s. m.* **1.** Modelo que tiene las características principales del grupo o clase a que pertenece: *Ése es el tipo de coche preferido por los jóvenes.* **2.** Grupo de personas, animales o cosas que tienen unas mismas características: *Conoce a todo tipo de gente. Ese tipo de trabajos no le agradan.* **3.** Forma del cuerpo de una persona: *Araceli tiene buen tipo.* **4.** Un hombre, un individuo: *Ese tipo no me cae bien.* **5.** Pieza metálica utilizada en las imprentas y en las máquinas de escribir, que tiene en relieve una letra u otro signo. **EXPR. jugarse el tipo** Arriesgarse, ponerse en peligro. **SIN. 1.** Ejemplo, prototipo. **2.** Clase, categoría, suerte. **3.** Figura. **4.** Sujeto, tío, fulano, menda.

**FAM.** Tipa, tiparraco, tipazo, tipear, tipejo, típico, tipografía, tipología. / Arquetipo, estereotipo, genotipo, prototipo.

**tipografía** *s. f.* Técnica de imprimir o reproducir en papel u otro material textos, dibujos, fotos. **FAM.** Tipógrafo.

**tipógrafo, fa** *s. m.* y *f.* Persona que trabaja preparando textos para que puedan imprimirse con la técnica de la tipografía.

**tipología** *s. f.* Clasificación científica de los tipos de animales, de plantas o de diversas cosas.

**tippex** *s. m.* Sustancia de color blanco que se usa para tapar lo escrito en un papel: *Me equivoqué al rellenar el formulario y tuve que usar el tippex.*

**tique** o **tíquet** *s. m.* Papel que sirve como comprobante de que hemos pagado algo, por ejemplo la entrada de un cine, lo que hemos comprado en una tienda, o los que nos dan cuando montamos en el tren u otro medio de transporte. ■ El plural de *tíquet* es *tíquets*. Se escribe también *ticket*. **SIN.** Entrada, billete, vale.

**tiquismiquis** *adj.* y *s. m.* y *f.* **1.** Persona que pone pegas y fallos a todo. ‖ *s. m. pl.* **2.** Tonterías, cosas sin importancia. ■ No varía en plural. **SIN. 1.** Pejiguero.

**tira** *s. f.* Trozo largo y estrecho de tela, papel u otro material. **EXPR. la tira** Mucho: *Esta redacción tiene la tira de faltas. Lleva la tira de tiempo sin venir a la discoteca.* **SIN.** Franja, banda. **FAM.** Tirilla, tirita.

**tirabuzón** *s. m.* Rizo de pelo, largo y que cae en forma de espiral.

**tirachinas** *s. m.* Objeto para tirar o lanzar piedras u otras cosas pequeñas. ■ No varía en plural. **SIN.** Tirador, tiragomas.

**tirada** *s. f.* **1.** Acción de tirar: *Hizo tres tiradas con el dado.* **2.** Distancia larga: *Si quiere ir andando, tiene una buena tirada hasta el metro.* **3.** Conjunto de cosas, sobre todo si es largo: *una tirada de versos, de estrofas.* **4.** Número de ejemplares que tiene una edición de un libro, revista u otra cosa. **EXPR. de una tirada** o **en una tirada** De una sola vez, sin detenerse: *Me gustó tanto que leí la novela de una tirada.* **SIN. 1.** Lanzamiento.

**tirado, da** *adj.* **1.** Caído o en el suelo: *Había un billete tirado en la acera.* **2.** Que se echó a algún sitio: *Algunas de las hojas tiradas a la papelera le servían.* **3.** Que tiran de él: *En el pueblo vimos un carro tirado por una mula.* **4.** Muy barato: *He comprado unos pantalones tirados de precio.* **5.** Muy fácil: *Esta asignatura está tirada.* **SIN. 2.** Arrojado. **4.** Regalado. **5.** Chupado. **ANT. 4.** Caro. **5.** Difícil.

**tirador, ra** *s. m.* y *f.* **1.** Persona que tira o dispara. ‖ *s. m.* **2.** Aquello de lo que se tira, por ejemplo el asa o agarrador de un cajón. **3.** Tirachinas. **SIN. 3.** Tiragomas.

**tirafondo** *s. m.* **1.** Tornillo especial que se utiliza para asegurar algunas piezas de hierro a la madera. **2.** Instrumento que usan los cirujanos para sacar los objetos de dentro de las heridas.

**tiragomas** *s. m.* Tirachinas. ■ No varía en plural. **SIN.** Tirador.

**tiralevitas** *s. m.* y *f.* Persona que dice cosas agradables a otra para conseguir algún beneficio. ■ No varía en plural. **SIN.** Pelota, adulador.

**tiralíneas** *s. m.* Instrumento que sirve para trazar líneas con tinta. ■ No varía en plural.

**tiramisú** *s. m.* Dulce hecho de bizcocho empapado en café y licor, cubierto por una crema que lleva clara de huevo y un queso muy suave. ■ Es una palabra italiana. En español, su plural es *tiramisúes*, aunque también se utiliza *tiramisús*.

**tiranía** *s. f.* **1.** Gobierno de un tirano. **2.** Hecho de mandar una persona sobre otras de manera que todas hagan lo que ella quiera. **SIN. 1.** Dictadura. **2.** Despotismo. **ANT. 1.** Democracia.

**tiranicida** *s. m.* y *f.* Persona que comete un tiranicidio.

**tiranicidio** *s. m.* Acto de matar a un tirano. **FAM.** Tiranicida.

**tiránico, ca** *adj.* De la tiranía o relacionado con ella.

**tiranizar** *v.* **1.** Gobernar un territorio un tirano. **2.** Comportarse con alguien como un tirano. ■ Delante de *e* se escribe *c* en lugar de *z*: *tiranice*.

**tirano, na** *adj.* y *s. m.* y *f.* **1.** Persona que gobierna sin tener derecho, imponiendo lo que ella quiere. **2.** Persona que pretende mandar sobre las demás y que todas hagan lo que ella quiere: *Su jefe es un tirano.* **SIN. 1.** Dictador. **2.** Déspota. **ANT. 2.** Tolerante. **FAM.** Tiranía, tiranicidio, tiránico, tiranizar.

**tiranosaurio** *s. m.* Dinosaurio carnívoro de hasta 16 metros de largo, que se sostenía sobre las patas traseras, más grandes y fuertes que las delanteras. (Busca su ilustración en **dinosaurio**).

**tirante** *adj.* **1.** Que está muy estirado y tenso: *La cuerda de tender está muy tirante.* **2.** Incómodo y molesto por haber algún enfrentamiento o roce entre las personas: *Discutieron y desde entonces están muy tirantes.* ‖ *s. m.* **3.** Tira de tela u otro material, como las que se ponen a veces en los pantalones para sujetarlos. **4.** Pieza que sujeta una cosa o tira de ella. **SIN. 2.** Violento, embarazoso. **ANT. 1.** Flojo. **2.** Cordial, relajado. **FAM.** Tirantez.

**tirantez** *s. f.* **1.** Característica de tirante. **2.** Enfrentamiento o roce que hay entre personas o países, que hace que no se lleven bien: *Hay tirantez entre los miembros del equipo y por eso discuten tanto.* ■ Su plural es *tiranteces*. **SIN. 2.** Tensión. **ANT. 2.** Cordialidad.

**tirar** *v.* **1.** Lanzar: *Al tirar el dado le salió un cinco. Tiró y metió gol.* **2.** Echar: *Tira las cáscaras de la naranja a la basura.* **3.** Disparar: *Tiraron varios cañonazos.* **4.** Derribar, hacer caer: *Van a tirar ese edificio y construir uno nuevo. Puso la zancadilla a Carlos y le tiró al suelo.* **5.** Hacer fuerza para arrastrar o para atraer hacia sí: *Tiró del cajón.* **6.** Ir hacia un lugar o en una dirección: *El taxi tiró a la izquierda.* **7.** Ser casi lo que se expresa, parecerse: *Su vestido es de color azul tirando a verde.* **8.** Quedar estrecho: *Esa blusa no le está bien: le tira de la manga.* **9.** Funcionar: *Este coche ya no tira.* **10.** Producir un horno, una chimenea u otra cosa una corriente de aire que hace que el fuego esté más fuerte. **11.** Imprimir: *Tiraron seis mil ejemplares de este libro.* **12.** Emplear mal: *Es una persona muy gastadora, que tira el dinero.* **13.** Suspender: *Le tiraron en el examen de conducir.* **14.** Gustar mucho: *Le tira el arte y por eso visita tantos museos.* ‖ **tirarse 15.** Lanzarse: *Se tiró desde el trampolín a la piscina.* **16.** Echarse: *Se tiró al suelo.* **17.** Pasar el tiempo: *Se tiró todo el día en la cama con fiebre.* **18.** Tener relaciones sexuales con alguien. ■ Con este significado, es una palabra vulgar. **EXPR. tira y afloja** Ceder unas veces y otras no cuando se trata o se negocia algún asunto. **tirando** Continuar de la misma forma, sin grandes cambios ni para bien ni para mal: *–¿Cómo estás? –Voy tirando.* **tirar por la calle del medio** Tomar una decisión desesperada para salir de una dificultad. **tirarse un farol** Decir una mentira para presumir de algo: *Se tiró un farol al contarles que había hecho un viaje por Europa.* **SIN. 1., 2., 4., 15.** y **16.** Arrojar. **6.** Dirigirse, encaminarse. **9.** Marchar. **12.** Derrochar, malgastar, despilfarrar. **13.** Catear, tumbar. **14.** Atraer, fascinar. **ANT. 2.** Coger. **4.** Levantar. **5.** Empujar. **9.** Estropear. **12.** Ahorrar. **13.** Aprobar. **FAM.** Tira, tirachinas, tirada, tirado, tirador, tiragomas, tiralevitas, tiralíneas, tirante, tiro, tirón. / Estirar, francotirador, retirar.

**tirilla** *s. f.* **1.** Tira pequeña. **2.** Tira de tela que une el cuello al escote de la camisa o que hace las veces de cuello. ‖ **tirillas** *s. m.* **3.** Hombre delgado que tiene aspecto de ser débil. ■ Con este último significado no varía en plural: *Entre Carlos y José no pudieron mover la nevera porque son unos tirillas.* **SIN. 3.** Enclenque.

**tirita** *s. f.* Tira pequeña que se pega y se pone sobre una herida.

**tiritar** *v.* Temblar por causa del frío o de la fiebre: *Tiritaba al salir de la piscina.*
SIN. Estremecerse.
FAM. Tiritera, tiritona.

**tiritera** o **tiritona** *s. f.* Temblor producido por frío o fiebre.

**tiro** *s. m.* **1.** Disparo: *Los tiros de los cazadores se oían desde el pueblo.* **2.** Actividad o deporte que consiste en tirar con un arma a un punto u objeto situado a una distancia. **3.** Acción de lanzar un balón: *El jugador falló el tiro.* **4.** Conjunto de animales que tiran de un carro, carreta u otro vehículo parecido: *Dos caballos formaban el tiro de la carroza.* **5.** Distancia que en un pantalón va desde la parte en que se unen las piernas hasta la cintura. **6.** Corriente de aire que se produce en un horno, chimenea u otra cosa y que hace que el fuego arda más fuerte.
EXPR. **a tiro** Al alcance de un disparo; también, se dice de lo que se encuentra al alcance de una persona. **de tiros largos** Muy bien vestido, con una ropa muy elegante. **ni a tiros** De ningún modo. **salir el tiro por la culata** Resultar lo contrario de lo que uno quería. **sentar como un tiro** o **caer como un tiro** Sentar o caer muy mal: *Le sentó como un tiro que no le avisaran para la fiesta.*
FAM. Tirotear, tiroteo.

**tiroides** *adj.* y *s. m.* Se dice de una glándula en forma de H situada en el cuello y que produce una hormona que regula el crecimiento y el metabolismo. ■ No varía en plural.

**tirolés, sa** *adj.* y *s. m.* y *f.* Del Tirol, región de Austria.

**tirón** *s. m.* **1.** Acción de tirar con violencia, por ejemplo para robar un bolso, maleta u otra cosa. **2.** Movimiento brusco de un vehículo: *El coche da tirones cuando va muy despacio.* **3.** En algunos deportes, sobre todo en el ciclismo, el hecho de acelerar un corredor para ponerse el primero. **4.** Dolor muy fuerte en un músculo cuando se ha estirado demasiado o de repente.
EXPR. **de un tirón** De una vez: *El bebé ha dormido ocho horas de un tirón.*
FAM. Tironero.

**tironero, ra** *s. m.* y *f.* Ladrón que roba bolsos tirando de ellos con fuerza y huyendo inmediatamente.

**tirotear** *v.* Disparar varias veces con armas de fuego: *Los atracadores tirotearon el banco.*

**tiroteo** *s. m.* El disparar muchos tiros.

**tirria** *s. f.* Manía, antipatía: *Tiene tirria a las matemáticas. No aguanta a Miguel, le tiene mucha tirria.*
SIN. Odio, ojeriza. ANT. Afecto, simpatía.

**tisana** *s. f.* Bebida medicinal que se hace cociendo en agua algunas hierbas.
SIN. Infusión.

**tísico, ca** *adj.* Que tiene tisis.
SIN. Tuberculoso.

**tisis** *s. f.* Tuberculosis pulmonar. ■ No varía en plural.
FAM. Tísico.

**tisú** *s. m.* Tela de seda en la que se van metiendo y tejiendo hilos de oro o plata. ■ Su plural es *tisús* o *tisúes.*

**titán** *s. m.* **1.** Persona que destaca por ser excepcional en algo, por ejemplo por ser muy fuerte. **2.** Grúa muy grande.
SIN. **1.** Coloso.

**titánico, ca** *adj.* Muy grande, excesivo: *Tuve que hacer un esfuerzo titánico para recuperar las clases que perdí.*
SIN. Gigantesco, colosal, ingente. ANT. Insignificante.

**titanio** *s. m.* Elemento químico; es un metal de gran dureza y resistencia, más ligero que el acero.

**títere** *s. m.* **1.** Muñeco que una persona mueve por medio de unos hilos o metiendo la mano debajo de sus vestidos. **2.** Persona que se deja manejar por otras y hace lo que éstas quieren. || *s. m. pl.* **3.** Espectáculo que se realiza con los muñecos mencionados al principio.
SIN. **1.** y **2.** Marioneta. **3.** Guiñol.
FAM. Titiritero.

**titi** *s. m.* y *f.* Persona joven, sobre todo una mujer.

**tití** *s. m.* Mono pequeño de pelo largo y sedoso, que vive en América del Sur. ■ Su plural es *titís* o *titíes.*

**titilar** *v.* **1.** Brillar como temblando la luz de una estrella o de otra cosa. **2.** Moverse con un pequeño temblor los párpados u otra parte del cuerpo.
SIN. **1.** Centellear, rutilar.

**titiritero, ra** *s. m.* y *f.* **1.** Persona que maneja los títeres. **2.** Persona que anda y salta sobre una cuerda o alambre o hace otros ejercicios de circo; los titiriteros suelen ir de pueblo en pueblo y de ciudad en ciudad.
SIN. **2.** Saltimbanqui, acróbata, volatinero.

**tito** *s. m.* Hueso o pepita de la fruta.

**tito, ta** *s. m.* y *f.* Forma cariñosa de llamar al tío y a la tía: *Ha venido a vernos la tita Amelia.*

**titubear** *v.* No saber qué hacer, qué decir o qué palabras escoger al hablar: *Titubeó antes de contestar a su pregunta.*
SIN. Dudar, vacilar.
FAM. Titubeo.

**titubeo** *s. m.* Hecho de encontrarse una persona sin saber qué hacer, qué decir o qué decidir: *Eligió el vestido sin titubeos.*
SIN. Duda, vacilación. ANT. Seguridad.

**titulación** *s. f.* Título que una persona tiene por los estudios que ha hecho.

**titulado, da** *adj.* y *s. m.* y *f.* Persona que posee un título: *Es titulado en medicina.*

**titular**[1] *v.* **1.** Poner título o nombre a una cosa, por ejemplo a un poema, a un libro, a una película: *Ha hecho una redacción que ha titulado «La vuelta de las vacaciones».* ‖ **titularse 2.** Tener un escrito, una película, un cuadro u otra cosa un título. **3.** Obtener una persona un título: *Se tituló en derecho.*
**SIN. 1.** y **2.** Llamar. **3.** Licenciarse.
**FAM.** Titulación, titulado.

**titular**[2] *adj.* y *s. m.* y *f.* **1.** Se dice de la persona que realiza un trabajo u ocupa un cargo porque tiene ese puesto o ha sido nombrado para él: *En la consulta hoy no está el médico titular, hay un suplente.* **2.** Se dice de la persona o empresa que tiene un documento a su nombre que indica que algo le pertenece o puede disfrutarlo: *Las titulares de esa cuenta del banco son Alicia y su madre.* ‖ *s. m.* **3.** Palabras o frases escritas con letras grandes que se ponen al comienzo de los artículos de los periódicos o revistas; también las palabras o frases que en la radio y la televisión resumen el contenido de una noticia.
**SIN. 1.** Fijo.

**título** *s. m.* **1.** Palabra o palabras que son el nombre de un libro, una película, una obra de teatro, una canción u otra cosa. **2.** Tratamiento que tienen algunas personas, como los condes y los duques; normalmente lo han heredado. **3.** Lo que uno obtiene por haber realizado unos estudios: *el título de bachiller, el título de físico.* **4.** Lo que se da a alguien por sus méritos, por ejemplo cuando gana una competición o un concurso: *título de campeón de liga.* **5.** Nombre de diversos escritos o documentos, como por ejemplo un cheque o una escritura.
**EXPR. a título de** Como lo que se expresa: *Le aconsejó, a título de amigo, que hiciera las paces con su hermano.*
**FAM.** Titular[1], titular[2]. / Subtítulo.

**tiza** *s. f.* Barrita blanca o de colores que se usa para escribir en las pizarras y encerados.

**tiznar** *v.* Manchar con tizne, hollín u otra cosa parecida: *Se tiznó las manos de carbón.*

**tizne** *s. amb.* Humo que se pega a las sartenes, cacerolas y otras cosas que han estado al fuego.
**SIN.** Hollín.
**FAM.** Tiznar.

**tizón** *s. m.* Palo o trozo de leña a medio quemar.
**FAM.** Atizar.

**toalla** *s. f.* Pieza en forma de rectángulo que sirve para secarse después de lavarse y suele estar hecha de un tejido que tiene como rizos; también las hay de papel.
**EXPR. tirar** o **arrojar la toalla** Rendirse, abandonar.
**FAM.** Toallero.

**toallero** *s. m.* Mueble o barrita para colgar las toallas.

**toba** *s. f.* **1.** Golpe dado haciendo resbalar el dedo índice o el corazón sobre el pulgar. **2.** Piedra caliza ligera que se forma por acumulación de cal en el agua. **3.** Colilla del cigarrillo.

**tobera** *s. f.* **1.** Abertura en forma de tubo por la que entra aire en hornos o estufas. **2.** Tubo o conducto que controla la salida de gases o líquidos en algunos motores.

**tobillera** *s. f.* Venda, normalmente elástica, con que se sujeta el tobillo.

**tobillero, ra** *adj.* Que llega hasta los tobillos: *una falda tobillera.*

**tobillo** *s. m.* Parte en la que se unen el pie y la pierna.
**FAM.** Tobillera, tobillero.

**tobogán** *s. m.* Rampa inclinada por la que los niños se dejan resbalar.

**toca** *s. f.* **1.** Tela blanca que cubre la cabeza y parte de la cara de las monjas. **2.** Antigua prenda de mujer parecida a la anterior.
**FAM.** Tocado[2], tocador, toquilla.

**tocadiscos** *s. m.* Aparato que reproduce el sonido grabado en un disco. ■ No varía en plural.

**tocado, da**[1] *adj.* **1.** Que alguien lo tocó. **2.** Chiflado, un poco loco. **3.** Se dice del boxeador que está aturdido o atontado a causa de los golpes. **4.** En deporte, se dice del jugador que no se encuentra totalmente bien o tiene una lesión poco importante. **5.** Se dice de la fruta que está dañada o ha empezado a estropearse.

**tocado, da**[2] *adj.* **1.** Que lleva en la cabeza un sombrero, un gorro o algo parecido. ‖ *s. m.* **2.** Adorno que se ponen las mujeres en el pelo y el peinado que se hacen, como el que llevan algunas novias.

**tocador** *s. m.* **1.** Mueble que consiste en una mesa y un espejo; se usa para peinarse o pintarse. **2.** Habitación para arreglarse y asearse, sobre todo, el aseo de señoras de un establecimiento público.
**SIN. 1.** Cómoda, coqueta.

**tocamiento** *s. m.* Acción de tocar.

**tocante** Se usa en la expresión **en lo tocante a** que significa 'en relación con algo' o 'en lo que se refiere a algo': *Es muy despistado, pero, en lo tocante a su trabajo, es un gran profesional.*

**tocar** *v.* **1.** Entrar en contacto con algo por medio de la mano, otra parte del cuerpo o mediante un objeto: *Le tocó la cara. Tocó la puerta. No me toques con esos guantes tan sucios.* **2.** Chocar, rozar: *El balón tocó la red.* **3.** Revolver o hurgar alguien en las cosas de otro: *Le molesta que toquen sus papeles.* **4.** Hacer sonar algo, por ejemplo un instrumento, unas campanas, una sirena: *Miguel toca la trompeta en una banda de música.* **5.** Tener uno que hacer algo: *A ti te toca repartir las cartas.* **6.** Caer en suerte: *En la tómbola le tocó un premio.* **7.** Tratar algo, sobre todo si no se hace con profundidad: *En*

la reunión tocaron el tema de las ventas. **8.** Cambiar, modificar: *No toques más el dibujo, que te ha quedado muy bien.* **9.** Importar, ser de interés: *El problema de la delgadez exagerada toca de cerca a muchas modelos.* **10.** Hacer que una persona tenga un sentimiento muy fuerte: *Con lo que le dijo le tocó en su amor propio.* **11.** Ser una persona pariente de otra: *Tus padres y los míos no son familiares, así que no nos tocamos nada.* ■ Delante de *e* se escribe *qu* en lugar de *c*: *toqué.*
**EXPR. en lo que toca** o **por lo que toca a** algo En lo que tiene relación con algo: *En lo que toca a sus hijos, mis padres siempre dicen que están muy orgullosos.*
**SIN. 1.** Palpar. **2.** Dar. **4.** Tañer. **7.** Mencionar. **8.** Alterar. **9.** Atañer, concernir. **10.** Herir.
**FAM.** Tocadiscos, tocado[1], tocamiento, tocante, tocata, tocateja, tocón -na, toque, toquetear. / Intocable, retocar.

**tocata** *s. f.* Un tipo de composición de música clásica para instrumentos de teclado.

**tocateja** Se usa en la expresión **a tocateja**. Busca **teja.**

**tocayo, ya** *s. m.* y *f.* La persona que tiene el mismo nombre que otra; por ejemplo, si te llamas Carmen, todas las personas que se llamen así serán tus tocayas.

**tocho** *s. m.* Cosa muy gorda, por ejemplo un libro de muchas páginas: *Tiene que estudiarse un buen tocho para el examen de matemáticas.*

**tocino** *s. m.* Capa de grasa que tienen algunos mamíferos, sobre todo el cerdo.
**EXPR. tocino de cielo** Dulce hecho con yema de huevo y almíbar.
**FAM.** Atocinarse.

**tocólogo, ga** *s. m.* y *f.* Médico que se ocupa de las mujeres embarazadas, del parto y también del tiempo que sigue al parto.

**tocomocho** *s. m.* Timo que consiste en ofrecer a cambio de dinero algo que parece muy valioso pero que realmente no vale nada, normalmente un falso billete de lotería premiado.

**tocón** *s. m.* Parte del tronco de un árbol que queda unida a la raíz cuando lo cortan por abajo.

**tocón, na** *adj.* y *s. m.* y *f.* Se dice de la persona que suele tocar o manosear mucho a los demás.
**SIN.** Sobón.

**todavía** *adv.* **1.** Expresa que algo continúa: *Aunque ya es mayor, todavía tiene miedo a la oscuridad.* **2.** Significa 'sin embargo', 'encima': *Tienes una habitación para ti solo y todavía te quejas.* **3.** Sirve de refuerzo y equivale a 'en ese caso': *Si tuvieras razón, todavía podrías enfadarte.* **4.** Da más fuerza a algunos adverbios, como *más, menos, mejor, peor: Luisa es alta, pero su hermano lo es todavía más.*
**SIN. 1.** a **4.** Aún.

**todo, da** *indef.* **1.** En su totalidad, por entero o por completo: *Le gustan todos los animales. Se ha leído todo el libro.* **2.** En singular y seguido de un sustantivo, equivale a un plural, como si dijera cualquiera, todos o todas: *Toda persona quiere ser feliz;* es decir, *cualquier persona* o *todas las personas quieren ser felices.* **3.** En plural equivale a veces a 'cada': *Todos los días da un paseo,* es decir, *cada día, un día detrás de otro.* **4.** Da más fuerza al significado de un sustantivo o de un adjetivo: *Es todo un señor. ¿Qué has hecho? Estás toda sucia.* ‖ *s. m.* **5.** Aquello que está entero o lo vemos así: *La tarta es un todo que hay que dividir en porciones.* ‖ *adv.* **6.** Da más fuerza a lo que se dice en una frase: *Esa chica es todo ojos. A ver, cuéntame; soy todo oídos.*
**EXPR. a todo esto** Mientras tanto; también se utiliza para recordar algo: *A todo esto, tengo que ir a verle.* **ante todo** Antes que cualquier otra cosa, principalmente. **con todo** o **con todo y con eso** No obstante, sin embargo. **de todas todas** Con seguridad: *Sé de todas todas que Paloma no viene.* **del todo** Por completo. **después de todo** Disminuye la importancia o el valor de algo: *Después de todo, el musical no ha sido tan malo.* **jugar** o **jugarse** alguien **el todo por el todo** Arriesgarlo todo para conseguir o realizar algo. **sobre todo** Ante todo, principalmente. **todo lo más** Lo máximo que nos parece posible o razonable. **y todo** Incluso, además: *¡Qué preparado vienes! Te has traído el bañador y todo.*
**ANT. 1.** Ningún, ninguno, nadie, nada.
**FAM.** Todopoderoso, todoterreno, total. / Sobretodo.

**todopoderoso, sa** *adj.* y *s. m.* Que lo puede todo; se dice casi únicamente de Dios, y en ese caso se escribe con mayúscula.

**todoterreno** *adj.* y *s. m.* Vehículo preparado para circular por terrenos muy desiguales o difíciles.
**SIN.** Jeep.

**tofe** *s. m.* Caramelo blando de café con leche.

**toga** *s. f.* **1.** Manto que llevaban los romanos. **2.** Vestidura amplia y larga que usan jueces, abogados, catedráticos.

**toga**
de magistrado o de juez

**toga**
romana

**toilette** *s. f.* **1.** Cuarto de aseo, servicio. **2.** Peinado o arreglo personal: *hacerse la toilette.* ■ Es una palabra francesa.
SIN. **1.** Lavabo, excusado.

**tojo** *s. m.* Arbusto con muchas espinas en los tallos y las hojas, y flores amarillas que dan mucho olor.

**toldo** *s. m.* Tela que se usa para dar sombra en algún lugar; normalmente puede enrollarse o recogerse.
FAM. Entoldar.

**toledano, na** *adj. y s. m. y f.* De Toledo, ciudad y provincia de España.

**tolerable** *adj.* Que se puede tolerar.
ANT. Intolerable.

**tolerado, da** *adj.* **1.** Admitido, permitido. **2.** Se dice de la película o del espectáculo que es adecuado para menores de edad: *Cuando voy al cine con mi hermanito, elijo películas toleradas.*

**tolerancia** *s. f.* **1.** Aceptación y respeto por lo que piensan y hacen los demás, aunque sea diferente de nuestras ideas y acciones. **2.** Hecho de tolerar el cuerpo algunas cosas, como los medicamentos.
SIN. **1.** Comprensión. ANT. **1.** Intolerancia.

**tolerante** *adj.* Que acepta y respeta lo que los demás opinan o hacen, aunque no coincida con sus opiniones o sus posturas.
SIN. Transigente. ANT. Intolerante.

**tolerar** *v.* **1.** Soportar, aguantar: *Tolero mejor el calor que el frío.* **2.** Aceptar y respetar lo que piensan y hacen los demás, aunque no sea lo mismo que lo que nosotros pensamos o hacemos. **3.** Permitir, consentir: *No le tolero que se ría de mí.* **4.** Admitir, no hacerle daño o mal al cuerpo alimentos, medicinas u otras cosas: *No tolera las comidas picantes. Tiene tos y no tolera el humo.*
SIN. **2.** Transigir. ANT. **3.** Prohibir.
FAM. Tolerable, tolerado, tolerancia, tolerante. / Intolerancia.

**tolondrón** *s. m.* Bulto que le sale a alguien después de darse un golpe.
SIN. Chichón.

**tolva** *s. f.* Objeto parecido a un embudo, en forma de pirámide o cono hacia abajo, en el que se echan diferentes sustancias o productos para que vayan cayendo poco a poco.

**tolvanera** *s. f.* Remolino de polvo que se forma con el viento en algunos lugares.

**toma¹** *s. f.* **1.** Acción de tomar: *Las tropas empezaron la toma del castillo por la noche.* **2.** Cantidad de un alimento o de una medicina que tomamos de una vez y cada una de las veces que lo tomamos: *A las once hay que darle la última toma al bebé.* **3.** Lugar por donde se desvía un líquido o la corriente eléctrica, por ejemplo para entrar en un aparato: *La toma de la lavadora no está bien y se ha*

salido el agua. **4.** Acción de fotografiar o filmar algo y también trozo que se ha rodado de una película: *En la película hay tomas de paisajes muy bonitos.*
SIN. **1.** Asalto. **2.** Dosis.

**toma²** Forma del verbo **tomar** que se usa en la expresión **toma y daca**, que significa que dos personas se intercambian algo, como objetos o favores.

**tomado, da** *adj.* **1.** Que alguien lo tomó: *De las fotos tomadas sólo tres están bien.* **2.** Se dice de la voz que está un poco ronca: *Estoy acatarrado y tengo la voz tomada.*

**tomadura** Se usa en la expresión **tomadura de pelo**, que significa 'burla, engaño'.

**tomar** *v.* **1.** Coger: *Si quieres la pelota, tómala. Tomamos un taxi para ir a la estación.* A los animales se les toma mucho cariño. *Mientras explicaba el profesor la lección tomamos algunas notas.* **2.** Comer o beber algo: *¿Te has tomado ya toda la sopa?* **3.** Ponerse en un lugar para sentir algo: *Salimos un rato para tomar un poco el fresco.* **4.** Ocupar o conquistar: *Los soldados tomaron la fortaleza enemiga.* **5.** Emplear o hacer lo que se dice: *Se toma mucho interés en las clases. Tómate tu tiempo y piénsalo con calma. Si no cambias, tendré que tomar medidas.* **6.** Realizar la acción relacionada con el sustantivo que se expresa: *Entraron en el cine y tomaron asiento (se sentaron).* **7.** Entender o hacer algo de una manera: *Se lo toma todo a broma. Tómate en serio lo que digo, que es importante.* **8.** Seguir una dirección: *Tomó la primera calle a la derecha. El coche patinó al tomar la curva.* **9.** En Hispanoamérica, beber bebidas alcohólicas. || **tomarse** **10.** Ponerse ronca la voz.
EXPR. **tomar el pelo** Burlarse de alguien. **tomar** a una persona o cosa **por** alguien o algo Pensar que es lo que no es: *Como las dos se parecen, tomaron a Marta por Elena.* **tomar posesión** Empezar a trabajar una persona en el cargo para el que se la ha nombrado. **tomar tierra** Busca **tierra. tomarla con** alguien o algo Ir en su contra. **tomarle la palabra** a alguien Busca **palabra.**

tolva

**SIN. 1.** Agarrar, asir. **4.** Dominar, invadir. **ANT. 1.** Soltar, rechazar. **4.** Liberar.
**FAM.** Toma¹, toma², tomado, tomadura, tomavistas. / Retomar.

**tomatada** *s. f.* Comida hecha con tomate.

**tomatal** *s. m.* Terreno en el que hay plantadas tomateras.

tomate    tomatera

**tomate** *s. m.* **1.** Fruto de color rojo, carnoso y muy jugoso, con la piel fina, lisa y brillante, y muchas semillas dentro. **2.** Tomatera: *Este año plantarán tomates en la huerta.* **3.** Salsa hecha con ese fruto triturado y a veces también frito: *De primer plato había arroz blanco con tomate.* **4.** Agujero hecho por ejemplo en una media o en un calcetín. **5.** Lío, jaleo: *¡Vaya tomate se organizó cuando el árbitro pitó penalty!*
**EXPR. ponerse** alguien **como un tomate** Ponerse muy colorado.
**FAM.** Tomatada, tomatal, tomatera, tomatero.

**tomatera** *s. f.* Planta que da como fruto el tomate y tiene flores amarillas en forma de estrella.

**tomatero, ra** *adj.* **1.** Se dice del pollo de gallina todavía joven, que resulta muy tierno para guisarlo con tomate. ‖ *s. m. y f.* **2.** Persona que vende o cultiva tomates.

**tomavistas** *s. m.* Cámara para hacer películas parecida a las de cine, pero más pequeña y fácil de manejar. ■ No varía en plural.

**tómbola** *s. f.* Caseta donde se rifan regalos entre la gente que ha comprado papeletas.

**tomillar** *s. m.* Sitio donde crecen muchos tomillos.

**tomillo** *s. m.* Planta pequeña que crece en el campo y tiene muy buen olor, por lo que sus hojas se usan para cocinar y en perfumería.
**FAM.** Tomillar.

**tomo** *s. m.* Cada una de las partes en que se dividen algunas obras escritas muy extensas y que están encuadernadas por separado: *Se compró una enciclopedia en varios tomos.*

**EXPR. de tomo y lomo** Muy grande, fuerte o importante: *Tiene una gripe de tomo y lomo.*
**SIN.** Volumen.

**ton** Forma abreviada de **tono**; sólo se usa en la expresión **sin ton ni son**, que significa 'sin motivo o sin razón': *Se puso a gritar sin ton ni son.*

**toná** *s. f.* Tipo de cante flamenco que se canta sin ningún acompañamiento musical.

**tonada** *s. f.* **1.** Poesía escrita para ser cantada y música con que se canta. **2.** Cualquier melodía o canción.
**SIN. 1.** Copla.
**FAM.** Toná, tonadilla, tonadillero.

**tonadilla** *s. f.* Canción popular española.

**tonadillero, ra** *s. m. y f.* Persona que compone o canta tonadillas.

**tonalidad** *s. f.* **1.** Los sonidos musicales ordenados de acuerdo con uno principal. **2.** Distinta intensidad de colores: *Toda la habitación estaba decorada en tonalidades verdes.*

**tonel** *s. m.* **1.** Barril muy abombado que se utiliza para contener líquidos, sobre todo vino. **2.** Persona muy gorda.
**FAM.** Tonelada.

**tonelada** *s. f.* Medida de masa que equivale a mil kilogramos.
**FAM.** Tonelaje.

**tonelaje** *s. m.* Lo que cabe en un vehículo de transporte, sobre todo un barco mercante, medido en toneladas.

**tóner** *s. m.* Cartucho de tinta o de polvo colorante que utilizan algunas fotocopiadoras e impresoras para producir la imagen.

**tongo** *s. m.* Trampa que se hace en una competición deportiva y que consiste en que uno de los participantes se deja ganar a cambio de dinero.

**tónica** *s. f.* Bebida refrescante hecha de agua con gas a la que se añade quinina y aroma de limón. Se llama también *agua tónica.*

**tónico, ca** *adj.* **1.** Se dice de la vocal, sílaba o palabra que se pronuncia con acento; por ejemplo, en

tonel

la palabra *campana* la sílaba tónica es *pa.* **2.** Se dice de los pronombres personales que pueden aparecer solos o detrás de una preposición: *¿Quién ha hecho el postre? Ella. Laura tiene un regalo para ti.* || *s. m.* **3.** Medicina que sienta bien al organismo, abre el apetito y da fuerzas. **4.** Loción para limpiar y refrescar la piel de la cara o para fortalecer el pelo.
**SIN. 3.** Reconstituyente. **ANT. 1.** y **2.** Átono. **3.** Sedante.

**tonificante** *adj.* Que tonifica; que hace que uno se sienta bien: *Por las mañanas me doy una ducha tonificante y me quedo como nuevo.*
**SIN.** Reconfortante, estimulante.

**tonificar** *v.* Fortalecer y poner bien el organismo. ■ Delante de *e* se escribe *qu* en lugar de *c*: *Pocas cosas hay que tonifiquen tanto como el aire de la montaña.*
**SIN.** Entonar, vigorizar, reconfortar. **ANT.** Debilitar.
**FAM.** Tonificante.

**tonillo** *s. m.* **1.** Tono desagradable o muy igual que tienen algunas personas al hablar. **2.** Entonación que ponemos a veces al burlarnos de alguien.
**SIN. 1.** Sonsonete, soniquete. **2.** Retintín.

**tono** *s. m.* **1.** Mayor o menor elevación de los sonidos, que permite distinguirlos en agudos o graves. **2.** Manera de decir las cosas una persona según su intención, su estado de ánimo, sus sentimientos: *Le llamó tonto, pero en tono cariñoso.* **3.** Estilo o carácter de algo: *Esta novela está escrita en un tono de humor. La discusión tomó un tono violento.* **4.** Color: *El cielo tenía un tono rojo al anochecer. Viste siempre en tonos claros.* **5.** En música, intervalo entre dos notas musicales seguidas, excepto entre *mi* y *fa,* y *si* y *do.*
**EXPR. a tono** De acuerdo con otra cosa, de forma que quede bien con ella: *Puso las cortinas a tono con el sofá.* **darse tono** Darse importancia, presumir. **de buen** o **mal tono** Cosa bien (o mal) vista por los demás. **fuera de tono** Inoportuno: *Hizo un comentario fuera de tono.* **subido de tono** Se dice del comportamiento, lenguaje, acciones, ordinarios, picantes o groseros.
**SIN. 2.** Entonación. **3.** Cariz. **4.** Tonalidad.
**FAM.** Ton, tonada, tonalidad, tónica, tónico, tonificar, tonillo. / Entonar, semitono.

**tonsura** *s. f.* Coronilla afeitada de algunos sacerdotes y religiosos.

**tontada** *s. f.* Tontería.

**tontaina** *adj.* y *s. m.* y *f.* Persona tonta y sosa.
**SIN.** Bobalicón. **ANT.** Listo.

**tontamente** *adv.* **1.** Con tontería; de manera tonta: *Me comporté tontamente al dejar pasar esa oportunidad.* **2.** Sin motivo o por casualidad: *Me caí tontamente.*

**tontear** *v.* **1.** Hacer o decir tonterías. **2.** Coquetear.

**tontería** *s. f.* **1.** Característica de la persona tonta.

**2.** Cosa tonta que se dice o se hace. **3.** Cosa de poco valor o importancia: *Los dos se pasan el día discutiendo por cualquier tontería.*
**SIN. 1.** a **3.** Estupidez, simpleza, tontuna. **2.** y **3.** Chorrada.

**tonto, ta** *adj.* y *s. m.* y *f.* **1.** Poco inteligente. **2.** Inútil: *Hemos dado una vuelta tonta porque estamos en el mismo sitio.*
**EXPR. a lo tonto** Sin darse cuenta, sin sentir o sin esforzarse: *A lo tonto, a lo tonto, ya he ahorrado lo suficiente para comprarme el ordenador.* **a tontas y a locas** Sin orden o sin pensar: *No tenía ni idea y contesté a las preguntas del examen a tontas y a locas.*
**SIN. 1.** Bobo, idiota, imbécil, estúpido. **2.** Absurdo.
**ANT. 1.** Listo. **2.** Necesario.
**FAM.** Tontada, tontaina, tontamente, tontear, tontería, tontorrón, tontuna. / Atontar, atontolinado, entontecer.

**tontorrón, na** *adj.* y *s. m.* y *f.* Un poco tonto.

**tontuna** *s. f.* Tontería que se dice o se hace.

**toña** *s. f.* **1.** Puñetazo, golpe. **2.** Borrachera.
**SIN. 1.** Trompazo. **2.** Cogorza.

**top** *s. m.* Prenda femenina ajustada al cuerpo, que cubre desde arriba del pecho hasta la cintura o por encima de ella. ■ Es una palabra inglesa. Su plural es *tops.*

**top model** *expr.* Modelo de moda y publicidad muy famosa y valorada. ■ Es una expresión inglesa. Su plural es *top models.*

**top secret** *expr.* Que es muy secreto: *El espía recibió un sobre con un documento top secret y lo destruyó nada más leerlo.* ■ Es una expresión inglesa.

**topacio** *s. m.* Piedra preciosa que se usa en joyería. Es muy dura y resistente, transparente y brillante; las hay de varios colores.

**topar** *v.* **1.** Chocar: *Juan es tan alto que casi topa con el techo.* **2.** Encontrar por casualidad: *Esta mañana me topé con el vecino en el ascensor.* **3.** Embestir un animal con cuernos contra algo.
**SIN. 1.** Tocar, dar. **2.** Hallar, descubrir.
**FAM.** Tope, topetazo.

**tope** *s. m.* **1.** Pieza que detiene una cosa y no deja que pase de un punto: *Puso un tope en la puerta para que no diera en la pared al abrirla.* **2.** Pieza que sirve para parar o disminuir los golpes: *Los vagones de tren tienen topes delante y detrás.* **3.** Lo más a lo que se puede llegar: *Este coche alcanza una velocidad tope de doscientos kilómetros por hora.*
**EXPR. a tope** Todo lo que se puede: *trabajar a tope.* También, demasiado cargado o lleno: *El autobús iba a tope.* **hasta el tope** o **hasta los topes** Hasta donde se puede llegar: *La cremallera se ha atascado y no baja hasta el tope.* También, a tope, muy lleno o cargado: *En las rebajas, las tiendas se llenan hasta los topes.*
**SIN. 3.** Límite.

**topera** *s. f.* Madriguera de los topos.

**topetazo** *s. m.* **1.** Golpe que se da con la cabeza, sobre todo los animales con cuernos. **2.** Golpe fuerte al chocar una cosa con otra.
SIN. **1.** Cabezazo, testarazo. **2.** Encontronazo.

**tópico, ca** *adj. y s. m.* **1.** Que se ha repetido mucho y ya no es nuevo ni original: *Utiliza muchos tópicos al hablar.* **2.** Se dice del medicamento que se pone por fuera en una parte del cuerpo, como las pomadas; también se dice de su uso.
SIN. **1.** Manido, trillado.

**topless** *s. m.* **1.** Hecho de estar una mujer desnuda de cintura para arriba: *Había muchas chicas haciendo topless en la playa.* **2.** Bar o local en el que las camareras están desnudas de cintura para arriba. ■ Es una palabra inglesa. No varía en plural.

**topo**[1] *s. m.* Animal mamífero, de pequeño tamaño y parecido a un ratón, con el pelo oscuro, hocico puntiagudo, patas anchas y con uñas largas y fuertes que utiliza para excavar túneles bajo la tierra. Se alimenta de lombrices e insectos.
FAM. Topera.

**topo**[2] *s. m.* Dibujo redondo que adorna algunas cosas: *Se puso un vestido blanco con topos negros.*
SIN. Lunar.

**topografía** *s. f.* Técnica de representar con detalle en un plano la superficie de un terreno.
FAM. Topógrafo.

**topógrafo, fa** *s. m. y f.* Persona que se dedica a la topografía.

**topónimo** *s. m.* Nombre propio de un lugar, como una ciudad, un país, una montaña.

**toque** *s. m.* **1.** Acción de tocar una cosa un momento, sobre todo si es con poca fuerza. **2.** Sonido producido por algunos instrumentos, como campanas, trompetas o tambores, que sirve de señal o aviso de algo: *La diana es un toque de corneta con que se despierta a los soldados.* **3.** Detalle o aspecto: *Pusieron cojines de colores en la habitación para darle un toque de alegría.* **4.** Aviso, llamada: *Dale un toque a tu hermano para que venga a desayunar.*
EXPR. **toque de queda** Orden que da el gobierno de un país por la cual los ciudadanos no pueden estar en la calle a partir de una hora.
SIN. **1.** Roce. **2.** Tañido; redoble. **3.** Nota, rasgo.

**toquetear** *v.* Tocar mucho a alguien o algo: *Deja de toquetearte la herida, se te va a infectar.*
SIN. Manosear, sobar.

**toquilla** *s. f.* Prenda de abrigo en forma de capa corta o de triángulo con que se tapa a los niños pequeños o se cubren los hombros las mujeres.
SIN. Chal.

**torácico, ca** *adj.* Del tórax: *Los pulmones y el corazón están en la cavidad torácica.*

**tórax** *s. m.* **1.** Cavidad del pecho; está formada por las costillas y en ella se encuentran el corazón y los pulmones. **2.** El pecho mismo: *Ese atleta tiene un tórax musculoso.* **3.** Parte central de las tres en que se divide el cuerpo de los insectos, las arañas y los crustáceos. ■ No varía en plural.
FAM. Torácico.

**torbellino** *s. m.* **1.** Remolino de aire o de polvo. **2.** Muchas cosas que ocurren todas al mismo tiempo: *El ministro respondió al torbellino de preguntas que le hicieron los periodistas.* **3.** Persona muy viva y muy activa: *Ya ha terminado todo el trabajo, María es un torbellino.*
SIN. **1.** Ciclón, turbulencia.

**torcaz** *adj.* Busca **paloma**. ■ Su plural es *torcaces.*

**torcedura** *s. f.* **1.** Acción de torcer o torcerse. **2.** Daño que se produce en una articulación cuando se ha torcido bruscamente: *Se hizo una torcedura de tobillo bajando las escaleras.*
SIN. **1.** Torsión. **2.** Esguince, luxación.

**torcer** *v.* **1.** Dar vueltas a los extremos de una cuerda o de otra cosa flexible, cada uno en sentido contrario, o a uno solo manteniendo fijo el otro. **2.** Doblar una cosa recta o inclinar o desviar algo de la posición o dirección normal: *El clavo se ha torcido al clavarlo. Torció la cabeza. El disparo del delantero se torció y el balón salió fuera. Se torció la muñeca al levantar la maleta.* **3.** Seguido de *gesto, semblante* y palabras parecidas, poner cara de desagrado o enfado: *Torció el gesto cuando le dije que no.* **4.** Cambiar de dirección: *Para salir a la autopista tuerza a la derecha.* || **torcerse 5.** Estropearse, salir mal: *Luis pensaba ir al campo, pero empezó a llover y se le torcieron los planes.* ■ Delante de *a* y *o* se escribe *z* en lugar de *c*. Es un verbo irregular. Se conjuga como *mover*.
SIN. **1.** Retorcer, enroscar. **2.** Curvar, deformar. **4.** Girar. **5.** Frustrarse, malograrse. ANT. **1.** y **2.** Enderezar.
FAM. Torcedura, torcida, torcido, torzal, tuercebotas. / Retorcer.

**torcida** *s. f.* Mecha de algodón o trapo retorcido que se pone en las velas o candiles.
SIN. Pabilo.

**torcido, da** *adj.* Que no está recto o derecho: *Has colgado el cuadro torcido.*
SIN. Curvo, doblado, inclinado.

**tordo, da** *adj. y s. m. y f.* **1.** Se dice del caballo, la mula o el asno que tienen el pelo mezclado de negro y blanco. || *s. m.* **2.** Pájaro de color pardo por arriba que tiene el pecho amarillento con pequeñas motas. Se llama también *zorzal.*

**torear** *v.* **1.** Atraer a un toro y dejarlo pasar cuando embiste, engañándolo con el capote o la muleta. **2.** Evitar a alguien o algo: *Hace días que intenta que le reciba el director, pero no hacen más que torearle.* **3.** Burlarse de una persona.
SIN. **1.** Lidiar. **2.** Eludir, esquivar.
FAM. Toreo, torero.

**toreo** *s. m.* **1.** El torear a un toro. **2.** Arte de torear toros.
SIN. **1.** Lidia. **2.** Tauromaquia.

**torera** *s. f.* Chaquetilla corta parecida a la del traje de los toreros.
SIN. Bolero.

**torero, ra** *adj.* **1.** Relacionado con el toreo o con los toreros: *un pasodoble torero.* || *s. m.* y *f.* **2.** Persona que torea en las corridas.
EXPR. **saltarse** algo **a la torera** No hacer ningún caso de ello: *Se saltó el semáforo a la torera.*
SIN. **1.** Taurino. **2.** Diestro, espada, matador.
FAM. Torera.

**toril** *s. m.* Lugar en las plazas donde están los toros que se van a torear.

**tormenta** *s. f.* Mal tiempo con mucha lluvia o granizo, viento, rayos y relámpagos.
SIN. Borrasca, tempestad, temporal. ANT. Calma.
FAM. Tormentoso.

**tormento** *s. m.* **1.** Sufrimiento o preocupación muy grandes. **2.** Persona o cosa que los produce: *Estos zapatos son un tormento; me aprietan muchísimo.* **3.** Daño muy fuerte con que se castigaba a alguien o se le obligaba a decir algo.
SIN. **1.** a **3.** Tortura, martirio, suplicio. ANT. **1.** y **2.** Placer, alivio.
FAM. Tormenta. / Atormentar.

**tormentoso, sa** *adj.* Se dice del tiempo en que hay tormenta o va a haberla.
SIN. Borrascoso, tempestuoso. ANT. Despejado, apacible.

**tornado** *s. m.* Tormenta con vientos muy fuertes que se mueven en forma de espiral.

**tornar** *v.* **1.** Cambiar: *El cielo se cubrió de nubes y el día se tornó gris y desagradable.* **2.** Regresar: *Tornó a su tierra después de años de ausencia.* **3.** Volver a hacer: *Se puso en pie, pronunció un discurso y tornó a sentarse.*
SIN. **1.** Transformar, convertir, mudar. **2.** Retornar.
ANT. **2.** Irse, marcharse.
FAM. Tornado, tornasol, torneo. / Retornar.

**tornasol** *s. m.* Reflejo o cambio de color que produce la luz en algunas telas o superficies muy lisas y brillantes.
SIN. Viso.
FAM. Tornasolado.

**tornasolado, da** *adj.* Que hace tornasoles: *un brillo tornasolado, una tela tornasolada.*

**torneado, da** *adj.* **1.** Hecho con torno. **2.** De curvas suaves y bonitas: *Esa modelo tiene unas piernas largas y torneadas.* || *s. m.* **3.** Acción de tornear.
SIN. **3.** Moldeado, modelado.

**tornear** *v.* Dar forma a algo que gira en el torno: *El alfarero torneaba la vasija.*
SIN. Moldear.
FAM. Torneado.

**torneo** *s. m.* **1.** Combate a caballo entre varias personas, que se celebraba sobre todo en la Edad Media. **2.** Competición deportiva: *un torneo de tenis, un torneo de ajedrez.*
SIN. **1.** Contienda, lid. **2.** Campeonato, certamen.

**tornero, ra** *s. m.* y *f.* **1.** Persona que trabaja con un torno. || *adj.* y *s. f.* **2.** En los conventos de clausura, monja que atiende el torno: *La hermana tornera nos despachó las almendras.*

**tornillería** *s. f.* **1.** Conjunto de tornillos y otras piezas parecidas. **2.** Fabricación de tornillos y fábrica donde se hacen.

**tornillo** *s. m.* **1.** Clavo o cilindro estrecho con rosca que se introduce, dándole vueltas, en una tuerca o en otro sitio. **2.** Instrumento formado por una pieza fija y otra que se mueve y que sirve para sujetar con fuerza entre las dos una cosa.
EXPR. **apretarle** a alguien **los tornillos** Ser exigente con una persona para que haga algo. **faltarle** a alguien **un tornillo** Estar loco.
FAM. Tornillería. / Atornillar, destornillar.

**torniquete** *s. m.* **1.** Lo que sirve para apretar una vena o una arteria abierta o cortada y evitar que salga la sangre. **2.** Aparato en forma de cruz que gira sobre un eje y se coloca en las entradas para que las personas sólo pasen de una en una.

**torno** *s. m.* **1.** Máquina formada por un cilindro que se hace girar de modo que va enrollando una cuerda que tira de una cosa o la levanta. **2.** Nombre de distintas máquinas que hacen girar un objeto sobre sí mismo para trabajar sobre él y darle forma, como por ejemplo la que utilizan los alfareros para modelar cacharros o los carpinteros para tallar piezas. **3.** Máquina eléctrica que es como un brazo con una pieza giratoria en la punta y que utilizan los dentistas para limpiar o limar los dientes. **4.** En los conventos y otros lugares, pieza que tapa un hueco de una pared y que se hace girar para pasar cosas de un lado a otro, sin que se vean las personas que las dan o las reciben.
EXPR. **en torno a** Alrededor: *Los cazadores encendieron una fogata y se sentaron en torno a ella.*

**torno** de alfarero

Aproximadamente, más o menos: *En la fiesta había en torno a cien personas.*
**FAM.** Tornear, tornero, tornillo.

**toro**

**toro** *s. m.* **1.** Animal mamífero que tiene el cuerpo y la cabeza grandes, con dos cuernos curvados y puntiagudos, el pelo corto y la cola larga. Se cría como animal de tiro, por su carne y su piel y, en España e Hispanoamérica, también para torearlo. La hembra del toro es la vaca. || *s. m. pl.* **2.** Corrida en que se torea a estos animales: *Sacó entradas para los toros.*
**EXPR. toro bravo** o **de lidia** El que se torea en las corridas. || **a toro pasado** Después de que ya ha pasado una dificultad: *A toro pasado, es muy fácil encontrar soluciones para un problema.* **coger al toro por los cuernos** Enfrentarse a una dificultad con decisión. **pillar el toro** a alguien No conseguir hacer o terminar algo. **ver los toros desde la barrera** Observar un suceso y opinar sobre él, pero sin atreverse a intervenir.
**FAM.** Torear, toril. / Avetoro, taurino, tauro, tauromaquia.

**toronja** *s. f.* Pomelo, fruta parecida a la naranja.
**FAM.** Toronjo.

**toronjo** *s. m.* Árbol de copa redondeada, hojas ovaladas de color verde oscuro, flores grandes y verdes, cuyo fruto es la toronja o pomelo.

**torpe** *adj.* **1.** Que se mueve con dificultad o lentitud: *Su abuela tiene muchos años y está un poco torpe.* **2.** Poco hábil: *Es muy torpe para los trabajos manuales.* **3.** Que es poco inteligente o le cuesta comprender.
**SIN. 1.** Lento, pesado. **2.** Inútil. **3.** Corto, bruto, cerril. **ANT. 1.** Ágil. **2.** Hábil. **3.** Listo.
**FAM.** Torpeza, torpón. / Entorpecer.

**torpedear** *v.* Atacar a un barco con torpedos.

**torpedero, ra** *adj.* y *s. m.* y *f.* Se dice del barco de guerra que tiene torpedos.

**torpedo** *s. m.* **1.** Proyectil de forma alargada o de cilindro que se lanza bajo el agua y explota al chocar contra algo. **2.** Pez parecido a la raya que produce descargas eléctricas para paralizar a sus presas y para defenderse.
**FAM.** Torpedear, torpedero.

**torpeza** *s. f.* **1.** Lentitud o poca agilidad: *Le han escayolado una pierna y se mueve con torpeza.* **2.** Estupidez, error o cosa que se hace mal: *Se nos olvidó invitar a Jorge a la fiesta; ha sido una torpeza.*
**SIN. 2.** Tontería. **ANT. 2.** Acierto.

**torpón, na** *adj.* Que es torpe: *Siempre he sido torpón para los trabajos manuales.*

**torrado, da** *adj.* **1.** Tostado. || *s. m.* **2.** Garbanzo tostado recubierto de una capa blanca salada. **3.** La cabeza: *Se dio un golpe en el torrado y le salió un chichón.*

**torrar** *v.* Tostar al fuego.
**FAM.** Torrado, torrefacto, torrezno, tórrido, torrija.

**torre** *s. f.* **1.** Construcción más alta que ancha, que hay por ejemplo en los castillos, las iglesias o en algunas casas. **2.** Nombre de muchas construcciones altas y que tienen distintos usos, como las metálicas que sostienen en alto los cables que conducen la energía eléctrica. **3.** En Cataluña y otras partes de España, chalé o casa de campo. **4.** Pieza del juego de ajedrez con forma de torre de castillo.
**EXPR. torre albarrana** La que se construía más adelantada que el resto de la muralla, como defensa y para vigilar. **torre de control** La que hay en un aeropuerto, desde la que se observa todo lo que ocurre en las pistas y se dirige a los aviones. **torre del homenaje** La más importante de una fortaleza o de un castillo. (Busca el dibujo de **castillo**).
**SIN. 1.** Torreón, torreta, atalaya.
**FAM.** Torreón, torreta.

**torrefacto, ta** *adj.* Que está tostado al fuego; se dice sobre todo del café que se tuesta con un poco de azúcar.

**torrencial** *adj.* Se dice de las lluvias muy fuertes.

**torrente** *s. m.* **1.** Corriente de agua muy abundante, rápida y fuerte que se forma cuando llueve mucho o con el deshielo de las nieves. **2.** Gran cantidad de personas o cosas juntas: *Un torrente de personas salía del metro.*
**SIN. 1.** Torrentera. **1.** y **2.** Riada.
**FAM.** Torrencial, torrentera.

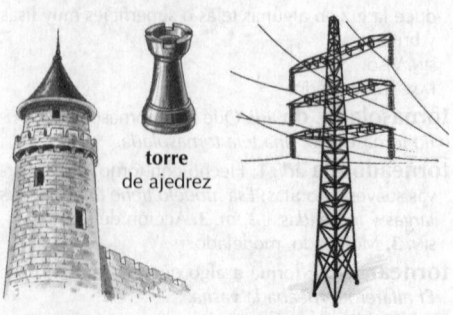

**torre**
de ajedrez

**torre**
de un castillo

**torre** de conducción
de energía eléctrica

**torrentera** *s. f.* Cauce de un torrente y, también, el mismo torrente.

**torreón** *s. m.* Torre grande de una fortaleza o de un castillo.
SIN. Baluarte.

**torreta** *s. f.* **1.** En algunos aviones, barcos de guerra y tanques, estructura metálica con ametralladoras o cañones. **2.** Torre pequeña.

**torrezno** *s. m.* Trozo de tocino que se fríe.

**tórrido, da** *adj.* Muy caluroso: *Este verano ha sido realmente tórrido.*
SIN. Bochornoso. ANT. Helado, gélido.

**torrija** *s. f.* Dulce hecho con una rebanada de pan empapada en leche o vino, rebozada en huevo y luego frita; suele estar cubierta con azúcar o miel.

**torsión** *s. f.* El torcer o torcerse una cosa.
SIN. Torcedura.

**torso** *s. m.* **1.** Tronco del cuerpo humano. **2.** Escultura a la que le faltan la cabeza, los brazos y las piernas.
SIN. **1.** Tórax, pecho.

**torta** *s. f.* **1.** Masa aplastada y redonda, generalmente de harina, que se fríe o se cuece al horno: *tortas de anís.* **2.** Golpe que se da con la mano abierta, sobre todo en la cara. **3.** Golpe o choque violento: *Se ha dado una torta con el coche, pero no le ha pasado nada.*
EXPR. **ni torta** Nada: *Está tan oscuro que no se ve ni torta.*
SIN. **2.** Bofetada, guantazo. **2.** y **3.** Tortazo, galleta. **3.** Castañazo, trompazo.
FAM. Tortazo, tortilla, tortita.

**tortazo** *s. m.* **1.** Golpe dado con la mano en la cara. **2.** Golpe o choque violento: *Se cayó de un árbol y se ha pegado un tortazo.*
SIN. **1.** Bofetada, bofetón. **1.** y **2.** Torta. **2.** Trompazo, porrazo, castañazo.

**tortel** *s. m.* Rosco de hojaldre.

**tortícolis** *s. f.* Dolor en el cuello que no deja mover la cabeza. ■ No varía en plural.

**tortilla** *s. f.* **1.** Huevos batidos y fritos en la sartén con un poco de aceite, a los que a veces se añade otro alimento. **2.** En Hispanoamérica, torta de harina, sobre todo la de maíz.
EXPR. **tortilla española** La de forma redonda que se hace añadiendo al huevo batido trozos de patatas ya fritas. **tortilla francesa** La que se hace sólo con huevo. ‖ **dar la vuelta la tortilla** Cambiar completamente una situación.

**tortita** *s. f.* **1.** Torta pequeña: *Voy a merendar tortitas con nata.* ‖ *s. f. pl.* **2.** Juego que consiste en dar palmadas delante de un niño pequeño o hacer que él las dé cogiéndole las manos, mientras se canta una canción.

**tórtola** *s. f.* Paloma silvestre que tiene la cola estrecha de color negro con los bordes blancos.
FAM. Tórtolo.

**tórtolo** *s. m.* **1.** Macho de la tórtola. ‖ *s. m. pl.* **2.** Pareja de enamorados. ■ Con este significado se dice más *tortolitos*: *Los tortolitos paseaban por el parque agarrados de la mano.*

**tortuga** *s. f.* **1.** Reptil que está protegido por un caparazón que le cubre el cuerpo por arriba y por abajo y en el que también puede meter la cabeza, las patas y la cola. Algunas tortugas son acuáticas y otras viven en tierra. **2.** Persona, vehículo u otra cosa muy lentos.

tortuga

**tortuoso, sa** *adj.* **1.** Que tiene muchas curvas, vueltas y rodeos: *un camino tortuoso.* **2.** Se dice de la persona que trata de conseguir las cosas con disimulo, sin mostrar sus intenciones; también se dice de su comportamiento y manera de ser.
SIN. **1.** y **2.** Sinuoso. **2.** Taimado, astuto. ANT. **1.** Recto. **2.** Franco.

**tortura** *s. f.* **1.** Daño muy fuerte que se hace a una persona, casi siempre como castigo o para obligarle a decir algo. **2.** Cualquier sufrimiento y, también, aquello que lo provoca: *Para Marisa tener que levantarse temprano es una tortura.*
SIN. **1.** y **2.** Tormento, suplicio, martirio. **2.** Calvario. ANT. **2.** Alivio.
FAM. Torturar.

**torturar** *v.* **1.** Pegar o dañar a alguien como castigo o para que diga algo. **2.** Hacer sufrir.
SIN. **1.** y **2.** Atormentar, martirizar. ANT. **2.** Aliviar.

**torvo, va** *adj.* Se dice de la persona que tiene un aspecto terrible, que da miedo; también se dice de su gesto o su forma de mirar: *Asustaba a los chiquillos con su mirada torva.*
SIN. Siniestro. ANT. Amable, agradable.

**torzal** *s. m.* Cordón formado por varios hilos trenzados o retorcidos.

**tos** *s. f.* El echar el aire de los pulmones de forma ruidosa y violenta, como cuando se está acatarrado o nos ha entrado polvo en la garganta.
EXPR. **tos ferina** Enfermedad muy contagiosa que se suele tener de pequeño y que provoca una tos muy fuerte y hace difícil respirar.
FAM. Toser.

**tosco, ca** *adj.* **1.** Hecho con poco cuidado y con materiales poco valiosos: *Las mesas de cocina suelen ser más toscas que las de comedor.* **2.** De poca cultura o poco refinado: *Aquel hombre tenía una manera de hablar muy tosca.*
SIN. **1.** y **2.** Basto, burdo. **2.** Rudo, zafio. ANT. **1.** Trabajado. **1.** y **2.** Fino, elegante. **2.** Delicado.
FAM. Tosquedad.

**toser** *v.* Tener tos: *Está constipado y se ha pasado la noche tosiendo.*
EXPR. **no haber quien le tosa a** alguien No haber quien sea mejor que él. También se dice cuando alguien no está de humor para que le regañen o le molesten.
SIN. Carraspear.

**tosquedad** *s. f.* Característica de la persona o la cosa que es tosca: *Aquel pastor tenía una gran inteligencia a pesar de su tosquedad.*
SIN. Rudeza. ANT. Finura, elegancia.

**tostada** *s. f.* Rebanada de pan tostado: *Desayuna tostadas con mantequilla y mermelada.*
EXPR. **olerse** alguien **la tostada** Adivinar algo malo o desagradable que va a suceder.

**tostadero** *s. m.* **1.** Lugar donde se tuesta algo: *Después de recoger los granos del café los llevan al tostadero.* **2.** Lugar donde da mucho el sol y hace demasiado calor.
SIN. **2.** Horno, sauna. ANT. **2.** Nevera.

**tostado, da** *adj.* **1.** Que alguien lo tostó o se tostó: *Le encanta el pan tostado con aceite y tomate.* **2.** Se dice del color marrón clarito o el que tiene la piel cuando se pone morena.
SIN. **2.** Moreno, dorado, bronceado.

**tostador, ra** *s. m.* o *f.* Aparato para tostar pan.

**tostar** *v.* **1.** Poner una cosa al fuego para que se ponga dorada sin quemarse: *En esa sartén se tuestan muy bien los sandwiches.* **2.** Poner o ponerse morena la piel del cuerpo con el sol o con el viento. **3.** Calentar demasiado, quemar: *Tuvimos que meternos en el coche al sol y nos tostamos.* ■ Es un verbo irregular. Se conjuga como *contar*.
SIN. **1.** Dorar. **1.** y **3.** Asar. **2.** Broncear.
FAM. Tostada, tostadero, tostado, tostador, tostón. / Tueste.

**tostón** *s. m.* **1.** Cochinillo asado. **2.** Persona o cosa aburrida o pesada: *Esa película tan larga es un tostón.*
SIN. **1.** Lechón. **2.** Rollo, lata, pesadez.

**total** *adj.* **1.** Completo, del todo: *Hizo un cambio total en la decoración de la casa.* ‖ *s. m.* **2.** Todo o todos: *El total de la clase estaba de acuerdo en ir a la sierra de excursión.* **3.** Resultado de algunas operaciones matemáticas, sobre todo de las que son de varias cantidades: *Dime el total de lo que te has gastado.* ‖ *adv.* **4.** Se emplea para decir algo como conclusión: *Total, que no te enteraste de nada de lo*

*que te dije.* **5.** Se emplea para expresar que algo da igual o que ya no tiene arreglo: *Mañana va a llover, pero no importa; total, no vamos a salir.*
SIN. **1.** Entero, absoluto, íntegro, general. **2.** Totalidad. ANT. **1.** Incompleto. **1.** y **3.** Parcial. **2.** Ninguno, nadie.
FAM. Totalidad, totalitarismo.

**totalidad** *s. f.* **1.** Conjunto de todas las personas o cosas de un grupo: *La totalidad del equipo salió a saludar al centro del campo.* **2.** Todo, la cosa entera: *La totalidad del pueblo se ha inundado.*
SIN. **1.** Total. ANT. **1.** Ninguno, nadie. **1.** y **2.** Parte, nada.

**totalitario, ria** *adj.* Del totalitarismo o relacionado con él.
SIN. Autoritario. ANT. Democrático.

**totalitarismo** *s. m.* Forma de gobierno en que tiene todos los poderes una persona o grupo y no permite que los demás actúen libremente.
FAM. Totalitario.

**tótem** *s. m.* Ser u objeto que algunas tribus creen que les protege de los males. ■ Es una palabra inglesa. Su plural es *tótems* o *tótemes*.
SIN. Ídolo, fetiche, amuleto.

**tótem**

**tour** *s. m.* **1.** Excursión o viaje en el que se va a varios sitios para visitarlos, por trabajo o por otro motivo: *Este verano mis padres harán un tour por Italia. La compañía de teatro hizo un tour por varios países europeos.* **2.** Nombre de algunas carreras ciclistas: *Un ciclista español ha ganado el tour de Francia.* ■ Es una palabra francesa. Su plural es *tours*.
SIN. **1.** Tournée.

**tournée** *s. f.* Tour, sobre todo el que hace un cantante u otro artista para actuar en varios sitios. ■ Es una palabra francesa.

**tóxico, ca** *adj.* y *s. m.* Se dice de las sustancias que son venenosas y pueden producir intoxicaciones al tomarlas, al tocarlas o al respirarlas.

**FAM.** Toxicología, toxicomanía, toxicómano, toxina. / Intoxicarse.

**toxicología** s. f. Parte de la medicina que estudia las sustancias tóxicas o venenosas y su efecto sobre el organismo.

**toxicomanía** s. f. Hábito de consumir drogas y dependencia de ellas.
**SIN.** Drogadicción.

**toxicómano, na** s. m. y f. Drogadicto.

**toxina** s. f. Sustancia que se produce en el organismo y es perjudicial para él: *A través del sudor se eliminan toxinas.*

**tozudez** s. f. Característica de las personas tozudas. ■ Su plural es *tozudeces.*
**SIN.** Terquedad, testadurez, cabezonería.

**tozudo, da** adj. y s. m. y f. Cabezota, terco.
**SIN.** Testarudo, obstinado, inflexible. **ANT.** Flexible, comprensivo.
**FAM.** Tozudez.

**traba** s. f. Obstáculo, impedimento: *En lugar de ayudarnos, puso trabas a todas nuestras soluciones.*

**trabajado, da** adj. **1.** Se dice de las cosas hechas con mucho cuidado, trabajo y esfuerzo: *Se nota que este ejercicio está muy trabajado.* **2.** Se dice de la persona que tiene aspecto cansado o estropeado por el trabajo o el sufrimiento.
**SIN. 1.** Elaborado. **2.** Castigado.

**trabajador, ra** adj. **1.** Que trabaja mucho. || adj. y s. m. y f. **2.** Persona que trabaja para ganarse la vida.
**SIN. 1.** Aplicado, diligente, hacendoso, esforzado. **2.** Obrero, currante. **ANT. 1.** Perezoso, vago.

**trabajar** v. **1.** Realizar una actividad que necesita esfuerzo físico o intelectual, sobre todo para ganarse la vida. **2.** Funcionar: *Los ordenadores trabajaron toda la noche.* **3.** Practicar un movimiento o hacer ejercicios para desarrollar alguna parte del cuerpo: *Está trabajando los músculos del brazo.*
**SIN. 1.** Currar, trajinar. **ANT. 1.** Vaguear. **2.** Parar.
**FAM.** Trabajado, trabajador, trabajo, trabajoso.

**trabajo** s. m. **1.** Actividad que necesita un esfuerzo físico o intelectual, normalmente a cambio de un sueldo. **2.** Obra artística o científica: *Publicó un trabajo sobre los insectos.* **3.** En física, resultado de multiplicar la fuerza que se emplea en mover algo por la distancia que recorre.
**EXPR. trabajo de chinos** El que es largo y complicado. **trabajos forzados** o **forzosos** Los que se obliga a hacer a un preso. || **costar trabajo** una cosa Ser difícil de conseguir o hacer: *Le costó trabajo encontrar un billete de vuelta.*
**SIN. 1.** Faena, tarea, empleo, curro.
**FAM.** Teletrabajo.

**trabajoso, sa** adj. Que da mucho trabajo.
**SIN.** Laborioso, pesado. **ANT.** Llevadero.

**trabalenguas** s. m. Palabra o serie de palabras difíciles de pronunciar rápidamente; sirve como juego para hacer que uno se equivoque. ■ No varía en plural.

**trabar** v. **1.** Juntar cosas de manera que queden bien unidas. **2.** Hacer que un líquido esté espeso o quede bien mezclado todo lo que echamos para formar una masa: *Traba bien las claras de huevo batiéndolas mucho.* **3.** Sujetar una cosa con algo para que no se mueva. **4.** Empezar una conversación o relación: *Sonia y Andrés han trabado una buena amistad.* || **trabarse 5.** Enredarse, atascarse: *Se le traba la lengua cuando empieza a hablar.*
**SIN. 1.** Unir. **2.** Ligar. **4.** Entablar, iniciar. **ANT. 1.** Soltar. **2.** Aclarar, diluir. **5.** Desenredarse.
**FAM.** Traba, trabalenguas, trabazón, trabilla.

**trabazón** s. f. Unión o relación entre varias cosas: *Las partes del cuento deben tener trabazón entre ellas.*
**SIN.** Coherencia, ligazón. **ANT.** Desunión, desconexión, incoherencia.

**trabilla** s. f. Pequeña tira de tela que sirve para pasar por ella una correa o cinta; por ejemplo, las que hay en los pantalones para pasar el cinturón.

**trabucar** v. Cambiar el orden que deben tener varias cosas, sobre todo las letras o palabras al hablar: *Se trabucó y, en vez de decir «polvareda», dijo «polvadera».* ■ Delante de e se escribe qu en lugar de c: *trabuqué.*
**SIN.** Desordenar, trastornar, trastocar, confundir. **ANT.** Ordenar.
**FAM.** Trabuco.

**trabuco** s. m. Arma de fuego que se usaba antiguamente, más corta y gruesa que una escopeta, y con el cañón muy ancho por la boca.

**traca** s. f. Muchos petardos o cohetes que estallan a la vez o muy seguidos unos de otros.

**tracción** s. f. Fuerza o motor que mueve algo: *Hoy en día los coches suelen tener la tracción en la parte de delante.*

**tractor** s. m. Vehículo de motor de mucha potencia que suele usarse en el campo, por ejemplo para tirar del arado o de un remolque.
**FAM.** Tractorista.

**tractorista** s. m. y f. Persona que conduce un tractor.

**tradición** s. f. Las costumbres, ideas o maneras de hacer algo que existen desde hace mucho tiempo.
**FAM.** Tradicional.

**tradicional** adj. **1.** Que existe o es así desde hace mucho tiempo: *La sardana es un baile tradicional de Cataluña.* **2.** Que le gusta la tradición o es partidario de ella.
**SIN. 2.** Tradicionalista, conservador. **ANT. 1.** Nuevo, actual. **2.** Progresista.
**FAM.** Tradicionalismo, tradicionalmente.

**tradicionalismo** *s. m.* Defensa o apego a las costumbres, ideas o normas del pasado.
FAM. Tradicionalista.

**tradicionalista** *adj.* Que le gusta la tradición o es partidario de ella, sobre todo en ideas políticas.
SIN. Conservador. ANT. Progresista.

**tradicionalmente** *adv.* Desde hace mucho tiempo: *Los habitantes de este pueblo han sido agricultores tradicionalmente.*

**traducción** *s. f.* Acción de traducir; también, texto o palabras habladas que resultan al traducir algo: *Se dedica a la traducción. Hay que entregar mañana la traducción de inglés.*

**traducir** *v.* **1.** Pasar un mensaje o un escrito a otro idioma o a otro lenguaje: *Traduje un texto del español al francés.* **2.** Convertir, transformar: *Después de oír la noticia, toda nuestra inquietud se tradujo en alegría.* ■ Es un verbo irregular. Se conjuga como *conducir*.
FAM. Traducción, traductor.

**traductor, ra** *s. m. y f.* **1.** Persona que se dedica a traducir. ‖ *adj. y s. m. y f.* **2.** Se dice de la máquina o programa informático que sirve para traducir.

**traer** *v.* **1.** Llevar hasta donde estamos o al lugar que se dice: *Tráeme el libro que está encima de la mesa. Trajo a Marta a casa.* **2.** Contener un libro, revista o periódico alguna cosa: *El diccionario trae un apéndice ortográfico.* **3.** Causar, producir: *El no llevarte bien con tus compañeros te va a traer problemas.*

| TRAER | |
|---|---|
| **GERUNDIO** | **PARTICIPIO** |
| trayendo | traído |
| **INDICATIVO** | |
| **Presente** | **Pretérito perfecto simple** |
| traigo | traje |
| traes | trajiste |
| trae | trajo |
| traemos | trajimos |
| traéis | trajisteis |
| traen | trajeron |
| **SUBJUNTIVO** | |
| **Presente** | **Pretérito imperfecto** |
| traiga | trajera, -ese |
| traigas | trajeras, -eses |
| traiga | trajera, -ese |
| traigamos | trajéramos, -ésemos |
| traigáis | trajerais, -eseis |
| traigan | trajeran, -esen |
| **Futuro** | |
| trajere | trajéremos |
| trajeres | trajereis |
| trajere | trajeren |

**4.** Poner a alguien de la manera que se dice: *Este dibujo me trae loco, no me sale bien.* **5.** Llevar puesto: *Rosa trae unos pantalones nuevos.* **6.** Estar de la manera que se indica: *Traía un enfado tremendo.* ‖ **traerse 7.** Estar haciendo algo entre varios: *Menuda juerga se traen Ramón y Alberto.* ■ Es un verbo irregular.

EXPR. **traer** a uno **a mal traer** Hacerle sufrir o molestarle mucho: *Ese dolor en la pierna le trae a mal traer.* **traer consigo** Causar: *La subida del precio del petróleo traerá consigo una subida de los precios en general.* **traerse** alguien algo **entre manos** Busca **mano**[1]. **traérselas** alguien o algo Ser malo o difícil: *La lección de ciencias de mañana se las trae.*
SIN. **1.** Acercar. **2.** Incluir. **3.** Originar, ocasionar, motivar. **5.** Vestir, ponerse. ANT. **3.** Evitar.
FAM. Maltraer.

**traficante** *s. m. y f.* Persona que trafica: *traficante de drogas.*

**traficar** *v.* Negociar con cosas ilegales o con algo con lo que no se debería comerciar: *Antiguamente traficaban con esclavos.* ■ Delante de *e* se escribe *qu* en lugar de *c*: *trafique.*
FAM. Traficante, tráfico.

**tráfico** *s. m.* **1.** La circulación de vehículos: *A estas horas hay mucho tráfico por esa carretera.* **2.** Acción de traficar: *Se dedicaban al tráfico de joyas robadas.*
SIN. **1.** Tránsito. **2.** Comercio, especulación.
FAM. Narcotráfico.

**tragabolas** *s. m.* Muñeco con una boca muy grande en la que hay que meter unas bolas que se tiran a distancia. ■ No varía en plural.

**tragaderas** *s. f.* **1.** Garganta, sitio por donde se traga. **2.** Capacidad que tiene alguien para soportar a una persona o una cosa desagradables. ■ No varía en plural.
SIN. **1.** Gaznate, faringe. **2.** Aguante, correa, paciencia.

**tragadero** *s. m.* Agujero o conducto que traga algo, sobre todo agua u otro líquido: *Se me ha colado el pendiente por el tragadero de la bañera.*
SIN. Desagüe, sumidero.

**tragaldabas** *adj. y s. m. y f.* Comilón, tragón. ■ No varía en plural.
SIN. Glotón.

**tragaluz** *s. m.* Ventana pequeña que hay en el techo o en la parte de arriba de la pared. ■ Su plural es *tragaluces.*
SIN. Claraboya.

**tragaperras** *s. f.* Máquina que funciona echando monedas y que da dinero si salen algunas combinaciones. ■ No varía en plural.

**tragar** *v.* **1.** Hacer que algo pase de la boca hacia dentro. **2.** Comer mucho: *El perro de Javi traga un montón.* **3.** Hacer que una cosa pase hacia dentro de algo: *Este lavabo no traga bien. No eches monedas en ese teléfono que no funciona y se las*

*traga.* **4.** Aceptar, estar de acuerdo con algo: *Si sigues pidiéndoselo al final tragará.* ‖ **tragarse 5.** Creerse algo: *Inmaculada se ha tragado la trola que le metiste.* **6.** Soportar algo desagradable, pesado o aburrido: *Se tragó los insultos sin decir nada. Se tragó una película de más de cuatro horas.* ■ Delante de *e* se escribe *gu* en lugar de *g*: *Me tragué el caramelo sin darme cuenta.*
**EXPR. no tragar** No gustar, caer mal: *Tomás no traga al hermano de Sonia.*
**SIN. 1.** Ingerir. **1.** y **2.** Engullir. **2.** Zampar. **ANT. 1.** Vomitar, devolver. **3.** Echar, expulsar. **5.** Desconfiar.
**FAM.** Tragabolas, tragaderas, tragadero, tragaldabas, tragaluz, tragaperras, tragasables, trago, tragón. / Atragantarse, intragable.

**tragasables** *s. m.* Artista de circo que se mete espadas y otros instrumentos cortantes por la boca sin hacerse daño. ■ No varía en plural.

**tragedia** *s. f.* **1.** Obra de teatro con un tema serio y que acaba en un final triste. **2.** Suceso muy triste o desgraciado de la vida real: *La muerte de su padre fue una tragedia.*
**SIN. 2.** Catástrofe, desdicha, calamidad. **ANT. 2.** Suerte.
**FAM.** Trágico.

**trágico, ca** *adj.* **1.** De la tragedia o relacionado con ella. **2.** Muy triste o desgraciado: *En la tele dieron la trágica noticia del accidente de avión.* ‖ *adj.* y *s. m.* y *f.* **3.** Escritor de tragedias.
**SIN. 1.** Dramático, desdichado, amargo. **ANT. 1.** a **3.** Cómico. **2.** Feliz.

**tragicomedia** *s. f.* **1.** Obra con diálogos que tiene características de tragedia y comedia al mismo tiempo. **2.** Suceso de la vida real que es trágico y cómico a la vez.
**FAM.** Tragicómico.

**tragicómico, ca** *adj.* **1.** De la tragicomedia. **2.** Trágico y cómico al mismo tiempo.

**trago** *s. m.* **1.** Cantidad de líquido que se traga de una vez: *Me bebí todo el vaso de un trago.* **2.** Bebida alcohólica: *Han ido al bar a tomar un trago.* **3.** Situación difícil o triste: *Fue un trago decirle que había pillado un coche a su perro.*
**SIN. 1.** Sorbo. **2.** Copa, lingotazo.

**tragón, na** *adj.* y *s. m.* y *f.* Que come mucho.
**SIN.** Comilón, glotón, tragaldabas. **ANT.** Desganado.

**traición** *s. f.* Acción de traicionar.
**EXPR. a traición** Sin que uno se dé cuenta y pueda defenderse: *Le dieron una patada a traición.*
**SIN.** Deslealtad, infidelidad. **ANT.** Lealtad, fidelidad.
**FAM.** Traicionero, traidor.

**traicionar** *v.* **1.** Hacer algo malo a alguien que confiaba en nosotros. **2.** Tener una cosa la culpa de que algo salga mal: *Los nervios le traicionaron en el examen.*
**ANT. 1.** Defender. **1.** y **2.** Ayudar.
**FAM.** Traición.

**traicionero, ra** *adj.* y *s. m.* y *f.* **1.** Traidor. ‖ *adj.* **2.** Hecho a traición: *Le dieron un golpe traicionero en la espalda.*

**traidor, ra** *adj.* y *s. m.* y *f.* Que traiciona a alguien.
**SIN.** Desleal, traicionero. **ANT.** Leal, fiel.

**tráiler** *s. m.* **1.** Escenas de una película que ponen para anunciarla. **2.** Remolque muy grande que llevan los camiones de gran potencia. ■ Es una palabra inglesa. Su plural es *tráilers.*

**trainera** *s. f.* Barca de remos alargada y de poco fondo: *En la costa cantábrica se celebran regatas de traineras.*

**training** *s. m.* **1.** Entrenamiento. **2.** Curso de formación o periodo de prácticas: *Los comerciales nuevos hacen un training antes de incorporarse al trabajo.* ■ Es una palabra inglesa. Su plural es *trainings.*

**traje** *s. m.* **1.** La ropa exterior que lleva una persona. **2.** Conjunto de chaqueta y pantalón o falda. **3.** Ropa especial para una actividad: *un traje de submarinista, un traje de enfermera.*
**EXPR. traje de baño** Bañador. **traje de chaqueta** Vestido de mujer que tiene chaqueta y falda o pantalón a juego. **traje de etiqueta** El que es muy elegante y se usa en actos importantes. **traje de luces** El que llevan los toreros. **traje de noche** Vestido femenino para fiestas o ceremonias.
**SIN. 1.** Atuendo, indumentaria.
**FAM.** Trajeado.

**trajeado, da** *adj.* Muy bien vestido, sobre todo si lleva un buen traje.

**trajín** *s. m.* Mucho trabajo, mucha actividad: *¡Menudo trajín se traen los vecinos con la mudanza!*
**SIN.** Ajetreo, trasiego.

**trajinar** *v.* Trabajar, tener mucha actividad: *Se ha tirado toda la mañana trajinando en la oficina.*
**SIN.** Bregar. **ANT.** Descansar, vaguear.
**FAM.** Trajín.

**trallazo** *s. m.* **1.** Latigazo, sacudida. **2.** Disparo muy fuerte de un jugador de fútbol.
**SIN. 2.** Cañonazo.

**trama** *s. f.* **1.** Combinación de puntos de diferentes tonos y colores que forman una imagen, por ejemplo en los carteles; la trama se ve muy bien en esos carteles grandes que hay por la calle para anunciar algo. **2.** El argumento, aquello de lo que trata un libro, obra de teatro o película: *La trama de esta novela es muy divertida.* **3.** Plan que se prepara en secreto, generalmente para hacer algo malo: *Planeaban secuestrar a un banquero, pero la policía descubrió la trama.*
**SIN. 2.** Intriga. **3.** Confabulación, conspiración.
**FAM.** Tramar, tramo. / Entramado.

**tramar** *v.* Preparar sin que se den cuenta los demás un engaño, una broma o algo que perjudica a alguien: *Los piratas tramaban robar un cofre lleno de monedas de oro.*
**SIN.** Planear, maquinar, urdir.

**1121**

**tramitación** *s. f.* Acción de tramitar: *La secretaria se encarga de la tramitación del expediente.*

**tramitar** *v.* Hacer los trámites necesarios para algo. **SIN.** Gestionar.

**trámite** *s. m.* Cada cosa que hay que hacer para resolver un asunto o para conseguir algo: *Ha tenido que hacer un montón de trámites para conseguir la nacionalidad española.* **SIN.** Gestión, diligencia. **FAM.** Tramitación, tramitar.

**tramo** *s. m.* Cada una de las partes en que están divididos algunos caminos y otras cosas largas, por ejemplo una calle o una escalera.

**tramontana** *s. f.* Viento frío y seco que sopla en Cataluña y viene de los Pirineos.

**tramoya** *s. f.* Máquinas y aparatos que se usan en los teatros para cambiar los decorados. **FAM.** Tramoyista.

**tramoyista** *s. m. y f.* Persona que maneja las tramoyas de un teatro.

**trampa** *s. f.* **1.** Cepo, lazo o cualquier otro medio para cazar animales engañándolos. **2.** Plan para engañar a alguien: *La policía consiguió coger al ladrón tendiéndole una trampa.* **3.** Acción que va contra una norma o regla: *Ten cuidado con Ana, que hace trampas jugando a las cartas.* **4.** Deuda, dinero que se debe: *Con el dinero que le ha tocado en la lotería va a pagar las trampas que tenía.* **EXPR.** sin trampa ni cartón Honradamente, sin engaño. **SIN. 2.** Artimaña, estratagema. **FAM.** Trampear, trampero, trampilla, tramposo. / Entramparse.

**trampear** *v.* Vivir con apuros económicos, gastando menos de lo necesario, pidiendo dinero prestado o estafando: *Cuando me quedé en el paro pasé unos meses trampeando.*

**trampero, ra** *s. m. y f.* Persona que pone trampas para cazar.

**trampilla** *s. f.* Tapa, rejilla o puerta pequeña: *Abrieron la trampilla que había en el suelo para bajar a arreglar la tubería rota.*

**trampolín** *s. m.* **1.** Construcción elevada para tirarse al agua desde ella, por ejemplo a una piscina. **2.** Tabla que se usa en gimnasia para darse impulso al saltar; suele colocarse delante del potro o algún otro aparato. **3.** Lo que sirve a alguien para mejorar en su trabajo, ganar más dinero o hacerse famoso: *Esa película fue un trampolín para el actor.*

**tramposo, sa** *adj. y s. m. y f.* Que hace trampas, por ejemplo en los juegos de cartas. **SIN.** Fullero.

**tranca** *s. f.* **1.** Palo grueso que se ponía antiguamente atravesado detrás de una puerta o ventana cerradas para que estuvieran más seguras. **2.** Borrachera.

**EXPR.** a trancas y barrancas Con muchas dificultades: *Llegó a la meta a trancas y barrancas.* **SIN. 2.** Merluza, mona, tajada, curda. **FAM.** Trancazo, tranco, tranquillo. / Atrancar, retranca.

**trancazo** *s. m.* **1.** Estacazo, golpe. **2.** Gripe o catarro fuerte. **SIN. 1.** Castañazo. **2.** Constipado, resfriado.

**trance** *s. m.* **1.** Momento importante o difícil. **2.** Según creen algunos, estado de una persona que se comunica con los espíritus o que puede ver y hablar con Dios, la Virgen o los santos. **EXPR.** a todo trance Pase lo que pase, sea como sea: *A todo trance quiere ir a la sierra, aunque haga un frío que pela.* **SIN. 2.** Éxtasis.

**tranco** *s. m.* **1.** Paso largo. **2.** Escalón o parte inferior del hueco de una puerta. **SIN. 1.** Zancada. **2.** Umbral.

**tranquilidad** *s. f.* Estado en que se encuentra la persona o cosa tranquila. **SIN.** Calma, reposo, sosiego, serenidad. **ANT.** Intranquilidad, inquietud.

**tranquilizante** *adj. y s. m.* Que sirve para tranquilizar; se dice sobre todo de algunos medicamentos.

**tranquilizar** *v.* Hacer que alguien esté más tranquilo. ■ Delante de *e* se escribe *c* en lugar de *z*: *Tranquilícese.* **SIN.** Calmar, sosegar, apaciguar, relajar, serenar. **ANT.** Intranquilizar. **FAM.** Tranquilizante.

**tranquillo** Se usa en la expresión **coger el tranquillo**, que significa 'coger el truco, aprender a hacer algo': *Montar en bicicleta no es difícil, es cuestión de cogerle el tranquillo.*

**tranquilo, la** *adj.* **1.** Que no es nervioso o no está nervioso o preocupado: *Voy muy tranquilo en los aviones: no me da miedo volar.* **2.** Que no tiene cosas que pueden molestar o poner nervioso: *La casa está tranquila, sin ningún ruido.* **3.** Quieto: *Las aguas del pantano están tranquilas porque no hace aire.* **4.** De carácter pacífico, que no se mete en peleas o discusiones: *Es un hombre amable y tranquilo, nunca le he visto enfadado.* **5.** Sin remordimientos: *Yo tengo la conciencia tranquila.* **SIN. 1.** Calmado. **1.** a **3.** Apacible. **1.** y **4.** Reposado. **4.** Dócil. **ANT. 1.** Intranquilo, inquieto. **1.** a **3.** Alterado. **4.** Violento, colérico. **FAM.** Tranquilidad, tranquilizar. / Intranquilo.

**transacción** *s. f.* Compra o venta. **SIN.** Comercio. **FAM.** Transar.

**transaminasa** *s. f.* Cierta enzima que se encuentra en las células de los animales y de las personas.

**transar** *v.* En Hispanoamérica, transigir, llegar a un acuerdo.

**transatlántico, ca** *adj.* **1.** Se dice del lugar que está al otro lado del océano Atlántico. **2.** Que se hace a través del océano Atlántico: *El comercio transatlántico es muy importante.* || *s. m.* **3.** Barco muy grande de pasajeros que hace largos viajes por mares y océanos.

**transbordador** *s. m.* Embarcación que hace pequeños recorridos por mar, por río o por un lago para llevar a personas o mercancías de un lugar a otro o de una orilla a otra.
**EXPR. transbordador espacial** Nave espacial que despega en vertical y aterriza como un avión.
**SIN.** Ferry.

**transbordar** *v.* Hacer un transbordo.
**FAM.** Transbordador, transbordo.

**transbordo** *s. m.* Pasar de un vehículo a otro, por ejemplo de un tren a otro.

**transcribir** *v.* Poner por escrito algo que se ha dicho de palabra: *El periódico transcribió el discurso completo del presidente del gobierno.* ■ Su participio es irregular: *transcrito.*
**FAM.** Transcripción.

**transcripción** *s. f.* Acción de transcribir.

**transcurrir** *v.* Pasar el tiempo: *Transcurrieron varias horas antes de que pudieran coger el avión.*
**SIN.** Discurrir.
**FAM.** Transcurso.

**transcurso** *s. m.* Paso del tiempo.
**EXPR. en el transcurso de** Durante el periodo de tiempo que se dice: *El paquete llegará en el transcurso de esta semana.*

**transeúnte** *s. m.* y *f.* Persona que va andando por un sitio.
**SIN.** Caminante, viandante, peatón.

**transexual** *adj.* y *s. m.* y *f.* Se dice de la persona que transforma su cuerpo con operaciones y tratamientos médicos para cambiar de sexo.

**transferencia** *s. f.* Acción de transferir.

**transferir** *v.* Hacer que algo pase de un lugar a otro o de una persona a otra: *Transfirió todas sus riquezas a sus hijos.* ■ Es un verbo irregular. Se conjuga como *sentir.*
**SIN.** Traspasar.
**FAM.** Transferencia. / Intransferible.

**transfiguración** *s. f.* Transformación, cambio.
**SIN.** Mutación, metamorfosis.

**transformación** *s. f.* Acción de transformar o transformarse: *Con el nuevo entrenador el equipo ha tenido una gran transformación.*
**SIN.** Cambio, mutación.

**transformador, ra** *adj.* **1.** Que transforma. || *s. m.* **2.** Aparato eléctrico que sirve para cambiar el voltaje: *Hay que poner un transformador a esta televisión antigua porque va a 125 voltios y aquí tenemos 220.*

**transformar** *v.* Cambiar el aspecto o la forma de ser de alguien o algo, convertir una cosa en otra: *Manuel transformó uno de los dormitorios en un cuarto de estudio. En el cuento, el hada transformó la cabaña en un elegante palacio.*
**SIN.** Modificar, mudar, mutar. **ANT.** Mantener, conservar.
**FAM.** Transformación, transformador, transformismo.

**transformismo** *s. m.* Espectáculo en el que una persona cambia rápidamente su apariencia para imitar a muchos personajes diferentes.
**FAM.** Transformista.

**transformista** *s. m.* y *f.* Artista que cambia muy rápidamente su apariencia para imitar a muchos personajes diferentes, incluso de distinto sexo.

**tránsfugo, ga** *s. m.* y *f.* Persona que abandona un partido político para irse a otro, especialmente si es diputado, concejal o tiene otro cargo parecido. ■ Se utiliza más la forma *tránsfuga* tanto para femenino como para masculino.

**transfusión** *s. f.* Acción de introducir a una persona sangre de otra.

**transgredir** *v.* Desobedecer una ley o norma: *Le multaron por transgredir el código de la circulación y saltarse un stop.* ■ Sólo se conjugan la formas que tienen una *i*, como *transgredió.*
**SIN.** Infringir, quebrantar, violar. **ANT.** Obedecer, cumplir, respetar.
**FAM.** Transgresión, transgresor.

**transgresión** *s. f.* Acción de transgredir.
**SIN.** Infracción, quebrantamiento, violación. **ANT.** Acatamiento.

**transgresor, ra** *adj.* y *s. m.* y *f.* El que desobedece una ley o norma.
**SIN.** Infractor.

**transiberiano, na** *adj.* y *s. m.* Se dice del tráfico y de los transportes que atraviesan Siberia, sobre todo de un tren que recorre Rusia y atraviesa esa región.

**transición** *s. f.* Paso de un estado o situación a otro; se llama así sobre todo al periodo de tiempo en que un país pasa de un sistema político a otro: *Después de la muerte de Franco, en España se produjo la transición a la democracia.*
**SIN.** Cambio.

**transido, da** *adj.* Muy afectado por alguna pena o sufrimiento: *La viuda asistió al funeral transida de dolor.*

**transigente** *adj.* Que permite a otros hacer lo que quieren: *Es muy transigente con sus hijos, les mima demasiado.*
**SIN.** Condescendiente, tolerante. **ANT.** Intransigente.

**transigir** *v.* Permitir, tolerar: *A sus padres no les gusta que se corte el pelo de esa manera tan rara, pero transigen.* ■ Delante de *a* y *o* se escribe *j* en lugar de *g*: *transijo.*

SIN. Admitir, ceder, condescender. ANT. Negarse, oponerse.
FAM. Transigente. / Intransigente.

**transistor** *s. m.* **1.** Pequeña pieza electrónica que hay en muchos aparatos. **2.** Radio pequeña.

**transitar** *v.* Ir por calles, carreteras o caminos: *Por las autopistas no pueden transitar vehículos lentos, como los tractores.*
SIN. Andar, caminar, circular, recorrer, traspasar, atravesar.
FAM. Transición, transitivo, tránsito, transitorio. / Intransitable.

**transitivo, va** *adj.* **1.** Se dice del verbo que puede llevar complemento directo, por ejemplo *comer*: *Se comió un bocadillo.* **2.** Se dice de la oración que tiene un verbo transitivo y lleva complemento directo; por ejemplo, *Alejandro lee una novela de aventuras* y *Su madre compró una tarta de nata* son dos oraciones transitivas.
ANT. **1.** y **2.** Intransitivo.
FAM. Intransitivo.

**tránsito** *s. m.* Paso de vehículos y personas por una calle, carretera o camino: *Por aquí está cortado el tránsito de los coches.*
SIN. Circulación, tráfico.

**transitorio, ria** *adj.* Que dura un tiempo, que no es para siempre: *Ese dolor es transitorio, pronto se le quitará.*
SIN. Temporal, pasajero, provisional. ANT. Definitivo, permanente, eterno.

**transmisión** *s. f.* Acción de transmitir: *La radio y la televisión permiten la transmisión de noticias de un lugar a otro.*
SIN. Emisión; contagio. ANT. Recepción.

**transmisor, ra** *adj.* y *s. m.* y *f.* **1.** Que transmite: *Las ratas pueden ser transmisoras de muchas enfermedades.* || *s. m.* **2.** En radio, telégrafos y otros medios de comunicación, aparato para transmitir.

**transmitir** *v.* **1.** Hacer llegar a alguien una noticia, un mensaje o un aviso: *Le transmitió la enhorabuena por haber ganado el premio.* **2.** Dar una emisora de radio o televisión noticias, programas o espectáculos: *Esta tarde transmiten el partido de fútbol.* **3.** Contagiar una enfermedad: *Un perro rabioso puede transmitir la rabia con su mordedura.*
SIN. **1.** Comunicar. **2.** Retransmitir, radiar, televisar. **3.** Pegar.
FAM. Transmisión, transmisor. / Retransmitir.

**transoceánico, ca** *adj.* **1.** Que está al otro lado del océano. **2.** Que atraviesa un océano: *Los vuelos que van de España a América son transoceánicos.*

**transparencia** *s. f.* **1.** Característica de las cosas que son transparentes: *La transparencia del agua dejaba ver todo lo que había en el fondo.* **2.** Diapositiva.

**transparentar** *v.* Ser transparente una cosa, dejar ver a través de ella lo que hay detrás: *Esta tela es muy fina y se transparenta. El forro del libro era de plástico y se transparentaban las tapas.*
SIN. Clarearse; traslucir.

**transparente** *adj.* Se dice de las cosas que dejan ver a través de ellas lo que hay detrás, como por ejemplo el cristal o el agua cuando está limpia.
SIN. Cristalino. ANT. Opaco.
FAM. Transparencia, transparentar.

**transpiración** *s. f.* **1.** Acción de transpirar. **2.** Sudor.
SIN. **1.** Sudoración.

**transpirar** *v.* Salir un líquido a través de las paredes de una cosa, sobre todo el sudor a través de los poros de la piel.
SIN. Rezumar, sudar.
FAM. Transpiración.

**transportador, ra** *adj.* y *s. m.* y *f.* **1.** Que transporta: *En el aeropuerto hay cintas transportadoras para que los viajeros dejen los equipajes.* || *s. m.* **2.** Regla con forma de medio círculo, que sirve para trazar y medir ángulos.

**transportar** *v.* Llevar personas o cosas de un lugar a otro: *Este tren transporta viajeros y mercancías.*
SIN. Portear, acarrear, mover.
FAM. Transportador, transporte, transportista.

**transporte** *s. m.* **1.** Acción de transportar: *los medios de transporte.* **2.** Vehículo o medio para transportar personas o cosas: *El transporte aéreo es el más rápido.*
SIN. **1.** Traslado, porte, acarreo.

**transportista** *s. m.* y *f.* Persona que se dedica a transportar personas o cosas.

**transversal** *adj.* **1.** Que cruza una cosa o la atraviesa de una lado a otro. **2.** Que se desvía de la dirección principal.
SIN. **2.** Oblicuo, diagonal.

**tranvía** *s. m.* Vehículo para transportar viajeros en las ciudades, que se mueve sobre raíles y funciona con energía eléctrica.
FAM. Tranviario.

**tranviario, ria** *adj.* **1.** Relacionado con los tranvías. || *s. m.* y *f.* **2.** Persona que trabaja en un tranvía.

**trapajoso, sa** *adj.* **1.** Se dice de la persona mal vestida o que no cuida su aspecto. **2.** Se dice de la persona que pronuncia mal y de esa forma de hablar: *No se le entiende nada con esa lengua trapajosa que tiene.*
SIN. **1.** Desastrado, andrajoso.

**trapecio** *s. m.* **1.** Especie de columpio situado a mucha altura del suelo para que los artistas hagan acrobacias y piruetas en el circo. **2.** Cuadrilátero irregular que sólo tiene paralelos dos de sus lados. **3.** Cada uno de los dos músculos que están en la nuca y en la parte de arriba de la espalda.

Son los que nos permiten mover el hombro y el cuello.

**FAM.** Trapecista, trapezoide.

**trapecista** *s. m.* y *f.* Artista de circo que hace piruetas en el trapecio.

**trapero, ra** *s. m.* y *f.* Persona que se dedica a recoger, a comprar y a vender ropa usada y cosas viejas.
**SIN.** Chamarilero.

**trapezoidal** *adj.* Con forma de trapezoide o de trapecio.

**trapezoide** *s. m.* Cuadrilátero irregular que no tiene ningún lado paralelo a otro.
**FAM.** Trapezoidal.

**trapichear** *v.* Buscar medios ilegales o poco correctos para lograr algo: *Se dedica a trapichear con coches robados.*
**FAM.** Trapichero.

**trapicheo** *s. m.* Chanchullo, trampa, lío: *Para que le salieran las cuentas hizo algún trapicheo.*

**trapichero, ra** *s. m.* y *f.* Persona que trata de conseguir las cosas por medios ilegales o poco correctos.

**trapillo** Se utiliza en la expresión **de trapillo**, que significa con ropa cómoda, de la que se usa a diario o para estar en casa: *No me apetecía arreglarme y salí a hacer la compra de trapillo.*

**trapío** *s. m.* **1.** Bravura y buen aspecto de un toro de lidia. **2.** Gracia y salero que tienen algunas mujeres.

**trapisonda** *s. f.* **1.** Pelea ruidosa: *Se formó tal trapisonda que tuvieron que venir los guardias.* **2.** Engaño, lío, enredo: *No me gusta este negocio; seguro que es otra de tus trapisondas.* ‖ *s. m.* y *f.* **3.** Trapisondista.
**SIN. 1.** Riña, trifulca, alboroto. **2.** Embrollo.
**FAM.** Trapisondista.

tranvía

**trapisondista** *s. m.* y *f.* Persona que siempre anda metida en trapisondas o líos.
**SIN.** Trapisonda.

**trapo** *s. m.* **1.** Trozo de tela viejo o roto. **2.** Trozo de tela que se usa para limpiar el polvo, secar los cacharros y otras cosas. ‖ *s. m. pl.* **3.** Ropa, sobre todo la de mujer: *Siempre está pensando en comprarse trapos.*
**EXPR. trapos sucios** Cosas malas de alguien, que no quiere que se sepan. ‖ **a todo trapo** Muy deprisa. **como un trapo** Muy mal: *Les pregunté por la película y la pusieron como un trapo.* También, muy cansado, destrozado; con este significado se dice también **hecho un trapo**: *Estuvo trabajando todo el día y llegó a casa hecho un trapo.* **entrar al trapo** Responder enseguida a una provocación: *Dijeron que su pueblo era el más feo de la comunidad y él entró al trapo.*
**SIN. 1.** Pingajo, pingo, harapo. **2.** Paño, bayeta.
**FAM.** Trapajoso, trapero, trapillo, trapío.

**tráquea** *s. f.* **1.** Tubo que une la laringe con los bronquios y lleva el aire hasta los pulmones. **2.** Órgano que les sirve para respirar a algunos insectos y otros animales.
**FAM.** Traqueotomía.

**traqueotomía** *s. f.* Operación en la que se hace una abertura en la tráquea a una persona para que pueda respirar por ella.

**traqueteo** *s. m.* Movimiento y ruido de algunas cosas al moverse o funcionar, por ejemplo un tren.
**SIN.** Sacudida, agitación.

**tras** *prep.* **1.** Después de otra cosa: *El sol lució tras la tormenta.* **2.** Detrás de: *Se escondió tras la puerta.* **3.** Buscando algo, intentando conseguirlo: *Llevaba varios meses tras ese vídeo.*
**FAM.** Trasera, trasero. / Atrás, detrás, retrasar.

**trascendencia** *s. f.* Importancia, valor: *Menos mal que el accidente no tuvo ninguna trascendencia.*
**SIN.** Relevancia, repercusión.

**trascendental** *adj.* Muy importante, muy interesante o muy valioso: *Su ayuda fue trascendental para que pudieran acabar el trabajo a tiempo.*
**SIN.** Fundamental, esencial, capital, relevante. **ANT.** Insignificante.

**trascendente** *adj.* Trascendental, muy importante, interesante o valioso.
**ANT.** Intrascendente.

**trascender** *v.* Empezar a saberse o a notarse una cosa: *Esa noticia ha trascendido a todo el mundo. La huelga trascendió a todos los departamentos de la fábrica.* ■ Es un verbo irregular. Se conjuga como *tender.*
**SIN.** Divulgarse, difundirse, propagarse. **ANT.** Reducirse.
**FAM.** Trascendencia, trascendental, trascendente. / Intrascendente.

**trascoro** *s. m.* **1.** Lugar que hay detrás del coro de las iglesias. **2.** Muro que separa el coro de una iglesia de las naves, y que suele estar decorado.

**trasera** *s. f.* Parte de atrás de un edificio o de una cosa: *Le dieron un golpe en la trasera del coche.*

**trasero, ra** *adj.* **1.** Que está detrás: *Entró por la puerta trasera.* || *s. m.* **2.** El culo: *Se rompió los pantalones justo en el trasero.*
SIN. **2.** Posaderas, pompis.

**trasfondo** *s. m.* Lo que no se ve a primera vista, pero está detrás de alguna cosa: *La película es una comedia, pero tiene un trasfondo triste.*

**trasgo** *s. m.* Duende travieso y revoltoso.

**trashumancia** *s. f.* El llevar al ganado de una región a otra, buscando prados con hierba en invierno y en verano.
FAM. Trashumante.

**trashumante** *adj.* Que va de una región a otra buscando prados con hierba en invierno y en verano: *ganado trashumante, pastoreo trashumante.*

**trasiego** *s. m.* Mucho trabajo, movimiento o lío: *Vamos a mudarnos de casa y tenemos mucho trasiego.*
SIN. Trajín, follón, ajetreo.

**traslación** *s. f.* Movimiento de un planeta o de un astro alrededor de otro y sobre todo el de la Tierra alrededor del Sol.

**trasladar** *v.* **1.** Llevar a una persona o cosa de un lugar a otro o de un puesto a otro: *Han trasladado a los alumnos de quinto al edificio nuevo. Se trasladó a Logroño para ver a su familia.* **2.** Cambiar la fecha o la hora de alguna cosa: *Trasladan el examen a la semana que viene.*
SIN. **1.** Transportar, desplazar, mover. **2.** Variar.
FAM. Traslación, traslado.

**traslado** *s. m.* Acción de trasladar o trasladarse.
SIN. Transporte, desplazamiento.

**traslúcido, da** *adj.* Se dice del cuerpo que deja pasar la luz, pero que no deja ver claramente a través de él lo que está detrás: *un cristal traslúcido.*
ANT. Opaco.

**traslucir** *v.* **1.** Dejar ver una cosa a través de ella: *La luz del sol se traslucía detrás de las cortinas.* **2.** Mostrar, reflejar: *Su cara traslucía un gran cansancio.* ■ Es un verbo irregular. Se conjuga como *lucir.*
SIN. **1.** Transparentar.
FAM. Traslúcido, trasluz.

**trasluz** Se usa en la expresión **al trasluz**, que indica la forma de mirar una cosa poniéndola entre la luz y los ojos: *Miró al trasluz el sobre, para ver si tenía algo dentro.*

**trasmano** Se utiliza en la expresión **a trasmano**, que significa fuera del alcance de la mano, o lejos, apartado de los lugares por los que una persona suele ir: *Nunca compro en esa tienda porque me pilla a trasmano.*

**trasnochado, da** *adj.* Pasado de moda: *Ese sombrero tan cursi ya está trasnochado.*
SIN. Anticuado, desfasado, obsoleto. ANT. Nuevo, actual.

**trasnochador, ra** *adj. y s. m. y f.* Que trasnocha.
SIN. Noctámbulo.

**trasnochar** *v.* Acostarse muy tarde o pasar la noche sin dormir: *No sé cómo puedes trasnochar y luego levantarte tan temprano.*
FAM. Trasnochado, trasnochador.

**traspapelar** *v.* Perder entre otras cosas un papel o algo parecido, por no haberlo colocado en su sitio: *No encontraba los apuntes porque se habían traspapelado en la carpeta.*

**traspasar** *v.* **1.** Atravesar: *El clavo era tan largo que traspasó la pared.* **2.** Pasar una barrera o un límite: *En este juego queda eliminado el que traspase la línea.* **3.** Vender a alguien una tienda o un negocio que ya está funcionando: *Van a traspasar el bar.* **4.** Causar una sensación o una impresión muy fuerte: *Este frío traspasa los huesos. Le traspasó el corazón esa historia tan triste.*
SIN. **2.** Sobrepasar, superar.
FAM. Traspaso.

**traspaso** *s. m.* Acción de traspasar, sobre todo una tienda o un negocio: *Piden mucho dinero por el traspaso de la farmacia.*

**traspié** *s. m.* **1.** Tropezón, resbalón: *Ten cuidado no des un traspié con el escalón.* **2.** Error, descuido o dificultad: *No puedes darte por vencido al primer traspié que tengas.*
SIN. **1.** y **2.** Tropiezo. **2.** Fallo, equivocación, problema.

**trasplantar** *v.* **1.** Volver a plantar un vegetal en otro sitio: *Trasplantaron el rosal en otra maceta.* **2.** Operar a una persona para cambiarle un órgano enfermo por otro sano sacado de otro cuerpo o del suyo: *Le trasplantaron un riñón.* **3.** Llevar a un lugar algo que viene de otro, por ejemplo una moda.
SIN. **3.** Implantar.
FAM. Trasplante.

**trasplante** *s. m.* Acción de trasplantar: *el trasplante de un árbol, un trasplante de corazón.*

**trasponer** *v.* **1.** Poner a alguien o algo en un sitio distinto del que estaba. **2.** Pasar al otro lado de una puerta, de un obstáculo o de otra cosa. || **trasponerse 3.** Quedarse medio dormido. ■ Es un verbo irregular. Se conjuga como *poner.*
SIN. **1.** Trasladar, mover. **2.** Traspasar, atravesar. **3.** Adormilarse. ANT. **3.** Espabilarse.
FAM. Traspuesto.

**trasportín** *s. m.* Lo que tienen detrás algunas bicicletas para llevar cargas pequeñas.

**traspuesto, ta** *adj.* Medio dormido: *El abuelo se queda un ratito traspuesto después de comer.*
SIN. Adormilado. ANT. Espabilado.

**trasquilar** *v.* Cortarles el pelo o la lana a algunos animales: *En esta época trasquilan a las ovejas.*
SIN. Esquilar.
FAM. Trasquilón.

**trasquilón** *s. m.* Corte desigual que se hace en el pelo.

**trastabillar** *v.* **1.** Tropezar. **2.** No saber qué decir o qué hacer. **3.** Tartamudear.
SIN. **2.** Vacilar, titubear.

**trastada** *s. f.* **1.** Travesura: *Ayer, mi hermana pequeña no paró de hacer trastadas.* **2.** Acción que resulta mala para alguien: *Menuda trastada, queda conmigo y luego no viene.*
SIN. **2.** Jugarreta, jugada.

**trastazo** *s. m.* Golpe, porrazo.
SIN. Batacazo, castañazo.

**traste** *s. m.* Cada uno de los salientes que se colocan horizontalmente a lo largo del mástil de la guitarra y de otros instrumentos de cuerda. Sobre ellos se ponen los dedos para dar las diferentes notas.
EXPR. **dar al traste con** una cosa Estropearla: *La tormenta dio al traste con nuestro día de playa.* **irse** una cosa **al traste** Estropearse, salir mal: *Abrieron una tienda, pero se ha ido al traste.*

**trastear** *v.* **1.** Mover trastos de un lado a otro; revolver cosas: *¿Qué es lo que buscas? Porque llevas toda la tarde trasteando.* **2.** Hacer travesuras, enredar: *Los niños no han dejado de trastear desde que salieron del colegio.*

**trastero** *adj. y s. m.* Se dice del cuarto de una casa donde se guardan trastos, muebles y otras cosas: *Todos los juguetes viejos están en el trastero.*

**trastienda** *s. f.* Cuarto que en algunas tiendas y bares está detrás del lugar donde se atiende a los clientes y que suele servir de almacén.

**trasto** *s. m.* **1.** Mueble, máquina u otra cosa, sobre todo si son viejos, están estropeados, estorban: *¡Quita todos esos trastos de en medio!* **2.** Niño muy travieso.
EXPR. **tirarse los trastos a la cabeza** Discutir o pelearse mucho dos o más personas.
SIN. **1.** Cacharro, cachivache, armatoste.
FAM. Trastada, trastazo, trastear, trastero.

**trastocar** *v.* Cambiar, desordenar las cosas. ■ Delante de *e* se escribe *qu* en lugar de *c*: *No trastoques las fichas del juego.*
SIN. Revolver. ANT. Ordenar.

**trastornar** *v.* **1.** Molestar a alguien: *Dijo que no le trastornaba acompañarnos.* **2.** Estropear, fastidiar. **3.** Poner nervioso o intranquilo: *Cuando sale de viaje, se trastorna.*

SIN. **1.** Perjudicar. **1.** y **3.** Alterar, perturbar. ANT. **1.** Beneficiar. **3.** Tranquilizar.
FAM. Trastorno.

**trastorno** *s. m.* **1.** Molestia, problema, dificultad: *No se quedó mucho tiempo en casa de sus amigos, para no causarles ningún trastorno.* **2.** Enfermedad o fallo en un órgano o en la salud: *Dormir pocas horas puede producir trastornos nerviosos.*
SIN. **2.** Alteración, irregularidad, anomalía.

**trasvasar** *v.* Pasar una cosa de un lugar a otro, sobre todo un líquido.
FAM. Trasvase.

**trasvase** *s. m.* Acción de trasvasar, por ejemplo agua de un río a otro.

**trata** *s. f.* El vender y comprar personas: *Actualmente no existe la trata de esclavos.*
EXPR. **trata de blancas** El vender y comprar mujeres para dedicarlas a la prostitución.

**tratable** *adj.* **1.** Que se puede tratar. **2.** Se dice de la persona amable, con la que es fácil hablar y tratar: *Él y toda su familia son gente muy tratable.*
SIN. **2.** Sociable, abierto, cortés. ANT. **1.** y **2.** Intratable.

**tratadista** *s. m. y f.* Persona que escribe tratados sobre una materia: *Es tratadista económico.*
SIN. Ensayista.

**tratado** *s. m.* **1.** Libro que trata sobre un tema: *un tratado de ciencias naturales.* **2.** Acuerdo importante entre países: *Las dos naciones firmaron un tratado de paz.*
SIN. **1.** Estudio. **2.** Pacto, convenio.
FAM. Tratadista.

**tratamiento** *s. m.* **1.** Acción de tratar o tratarse. **2.** Forma de llamar a una persona, según su categoría, profesión, edad. Son tratamientos *don* y *doña*, *majestad* o *señoría*. **3.** Lo que nos manda el médico que tomemos o hagamos para curarnos: *Le pusieron un nuevo tratamiento y mejoró enseguida.*
SIN. **1.** Trato.

**tratante** *s. m. y f.* Persona que se dedica a comprar productos para volverlos a vender: *un tratante en aceite.*

**tratar** *v.* **1.** Portarse con alguien o cuidar una cosa de la manera que se dice: *Pasé con ellos el fin de semana y me trataron muy bien. No trates mal los libros.* **2.** Hablarle a una persona utilizando un tratamiento con ella, por ejemplo llamándole de usted: *Prefiero que me trates de tú.* **3.** Discutir una cosa con alguien: *Trataron con los profesores las fechas de los exámenes.* **4.** Ser amigo de una persona, salir con ella o hablarle: *Les conozco bien porque les he tratado mucho.* **5.** Hablar o escribir sobre algo: *¿De qué trata esa novela?* **6.** Hacer lo necesario con una cosa para cambiarla, mejorarla, fabricar otra: *En algunos sitios tratan el agua del mar para que se pueda beber.* **7.** Atender y cuidar

un médico a una persona: *Ésta es la doctora que le trató.* **8.** Intentar: *Trató de convencer a David, pero es un cabezota.* **9.** Vender y comprar cosas: *Su familia trata en ganado.*
**SIN. 4.** Relacionarse. **5.** Versar. **6.** Manipular. **9.** Comerciar, traficar.
**FAM.** Trata, tratable, tratado, tratamiento, tratante, trato. / Intratable, maltratar.

**trato** *s. m.* **1.** Acción de tratar o tratarse: *No tiene trato con los vecinos.* **2.** Acuerdo entre dos o más personas: *Haremos un trato, pero debes cumplirlo.* **3.** Forma para tratar o hablar a una persona: *No sabía qué trato darle, de tú o de usted.*
**SIN. 2.** Pacto, convenio.

**trauma** *s. m.* **1.** Impresión muy fuerte que produce en alguien una cosa mala. **2.** Traumatismo.
**FAM.** Traumático, traumatismo, traumatizar, traumatología.

**traumático, ca** *adj.* Que causa un trauma.

**traumatismo** *s. m.* Daño que se produce en una parte del cuerpo, por ejemplo a causa de un golpe muy fuerte.
**SIN.** Trauma.

**traumatizar** *v.* Causar un trauma. ■ Delante de *e* se escribe *c* en lugar de *z*: *Si no quieres que se traumatice, no le cuentes historias tan tristes.*

**traumatología** *s. f.* Parte de la medicina que se ocupa de los daños producidos en los huesos, en las articulaciones y en los músculos.
**FAM.** Traumatólogo.

**traumatólogo, ga** *s. m.* y *f.* Especialista en traumatología.

**través** Se usa en la expresión **a través de**, que significa 'de un lado a otro, pasando por en medio de una cosa': *La luz entraba a través de las cortinas.* También significa 'por alguien o algo, gracias a ellos': *Me enteré de que venías a través de tu hermana.* Se usa además en la expresión **de través**, que significa 'atravesando algo o atravesado': *Colocaron la mesa de través.*
**FAM.** Travesaño, travesero, travesía, traviesa. / Atravesar.

**travesaño** *s. m.* Pieza que va de una parte a otra de algo, como los peldaños de algunas escaleras.

**travesero, ra** *adj.* Que se pone de través: *viga travesera, flauta travesera.*

**travesía** *s. f.* **1.** Viaje, sobre todo el que se hace por mar o por aire: *Hicieron una travesía por el Mediterráneo.* **2.** Calle o camino que une otros más importantes.

**travesti** o **travestí** *s. m.* y *f.* Persona, sobre todo un hombre, que se viste y se comporta como si fuera del otro sexo. ■ El plural de *travestí* es *travestís* o *travestíes.*
**SIN.** Travestido.

**travestido, da** *adj.* **1.** Disfrazado. ‖ *s. m.* y *f.* **2.** Travesti.

**travestirse** *v.* Vestirse un hombre con ropa de mujer o una mujer con ropa de hombre. ■ Es un verbo irregular. Se conjuga como *pedir.*
**FAM.** Travestido.

**travesura** *s. f.* Acción que causa un pequeño daño o estropicio y que hace alguien, sobre todo un niño, para divertirse, aunque sin mala intención.
**SIN.** Trastada.
**FAM.** Travieso.

**traviesa** *s. f.* Pieza que se pone atravesada entre los rieles en las vías del tren.

**travieso, sa** *adj.* y *s. m.* y *f.* Que hace travesuras.
**SIN.** Revoltoso, trasto. **ANT.** Tranquilo.

**trayecto** *s. m.* Espacio que se recorre para ir de un lugar a otro: *El trayecto de este autobús es muy largo, atraviesa toda la ciudad.*
**SIN.** Recorrido, tramo, trecho.
**FAM.** Trayectoria.

**trayectoria** *s. f.* **1.** Dirección que sigue alguien o algo al moverse. **2.** Desarrollo de una cosa, de una actividad: *Todo fueron éxitos en su trayectoria como actriz.*
**SIN. 1.** Camino, ruta. **2.** Carrera.

**traza** *s. f.* **1.** Plano o diseño de algo, por ejemplo de un edificio. **2.** Aspecto, apariencia: *Parece que tiene traza de llover. ¿Adónde vas sin peinarte y con esas trazas?*
**SIN. 1.** Trazado, proyecto. **1.** y **2.** Planta. **2.** Pinta, facha.

**trazado** *s. m.* **1.** Acción de trazar. **2.** Plano o diseño de un edificio o de otra construcción. **3.** Recorrido de un camino, de un canal o de otra cosa parecida: *Tuvieron que cambiar el trazado de la carretera.*

**trazar** *v.* **1.** Dibujar líneas, por ejemplo para hacer con ellas un dibujo o un plano. **2.** Planear algo, pensar cómo va a ser: *Trazaron un plan estupendo para estas vacaciones.* **3.** Explicar cómo es alguien o algo: *El director trazó en muy pocas palabras cómo sería el nuevo curso.* ■ Delante de *e* se escribe *c* en lugar de *z*: *No traces una línea tan gruesa.*
**SIN. 2.** Idear, proyectar. **3.** Describir.
**FAM.** Trazado.

**trazo** *s. m.* Línea que se hace al escribir o dibujar: *La «d» tiene el trazo hacia arriba y la «p» hacia abajo.*
**SIN.** Rasgo.
**FAM.** Traza, trazar.

**trébol** *s. m.* **1.** Hierba con las hojas casi redondas y agrupadas de tres en tres. Tiene unas flores en forma de bolita, de color blanco, amarillo o rosa. ‖ *s. m. pl.* **2.** Palo de la baraja francesa que tiene dibujados en sus cartas uno o varios tréboles de color negro.

**trece** *num.* **1.** Diez y tres. **2.** Que ocupa por orden este número. || *s. m.* **3.** Signos con que se representa este número.
**EXPR. mantenerse** o **seguir** alguien **en sus trece** Pensar que tiene razón y no cambiar de opinión.
**FAM.** Treceavo.

**treceavo, va** *num.* y *s. m.* Se dice de cada una de las trece partes iguales en que se divide algo. ■ No confundir con *decimotercero*, 'que ocupa por orden el número trece'.

**trecho** *s. m.* Distancia que hay entre dos lugares: *De aquí a mi casa hay un buen trecho.*
**SIN.** Tramo, trayecto.

**tregua** *s. f.* En una guerra, hecho de quedar parados los combates durante un tiempo por haberlo decidido así los dos ejércitos.

**treinta** *num.* **1.** Tres veces diez. **2.** Que ocupa por orden este número. || *s. m.* **3.** Signos con que se representa este número.
**FAM.** Treintañero, treintavo, treintena. / Trigésimo.

**treintañero, ra** *adj.* y *s. m.* y *f.* Se dice de la persona que tiene entre treinta y cuarenta años.

**treintavo, va** *num.* y *s. m.* Trigésimo, cada una de las treinta partes iguales en que se divide algo.

**treintena** *s. f.* Conjunto de treinta personas o cosas.

**trekking** *s. m.* Deporte que consiste en recorrer andando zonas irregulares y difíciles, generalmente de montaña. ■ Es una palabra inglesa.

**tremebundo, da** *adj.* **1.** Tremendo, muy grande, excesivo: *Abrígate, porque hace un frío tremebundo.* **2.** Que asusta, que da miedo: *Los actores de la mansión del terror daban unos gritos tremebundos.*

**tremendismo** *s. m.* Tendencia a contar historias alarmantes y terribles o a creérselas.
**FAM.** Tremendista.

**tremendista** *adj.* y *s. m.* y *f.* Que cuenta historias alarmantes o tiende a creérselas: *Los periódicos extendieron el rumor de la epidemia en un tono tan tremendista que asustaron a la población.*

**tremendo, da** *adj.* **1.** Muy grande, muy fuerte: *un dolor tremendo, una alegría tremenda.* **2.** Que sorprende o llama la atención: *Eres tremendo, no llegas pronto ni un solo día.*
**EXPR. tomar** una cosa **a la tremenda** o **por la tremenda** Darle más importancia de la que tiene.
**SIN. 1.** Horrible. **ANT. 1.** Pequeño, insignificante.
**FAM.** Tremebundo, tremendismo.

**trementina** *s. f.* Resina de los pinos, abetos y otros árboles, de color amarillento y muy buen olor.

**tremolina** *s. f.* **1.** Movimiento ruidoso del aire. **2.** Ruido de voces de gente que grita o discute.
**SIN. 1.** Ventolera. **2.** Alboroto, jaleo.

**trémolo** *s. m.* Sucesión rápida de varias notas musicales iguales y de la misma duración.

**trémulo, la** *adj.* Que tiembla o parece que tiembla: *Se quedó en un rincón, trémulo de frío. En la oscuridad sólo se veía la trémula llama de la vela.*
**SIN.** Tembloroso.
**FAM.** Tremolina, trémolo.

**tren** *s. m.* Conjunto de vagones que van enganchados unos a otros y se mueven sobre raíles, tirados por una locomotora.
**EXPR. tren de alta velocidad** Tren que circula por unas vías especiales y puede ir a más de 200 kilómetros por hora. **tren de aterrizaje** Ruedas que tienen los aviones para poder aterrizar y moverse por la pista, y que recogen cuando están volando. **tren de vida** Forma en que vive una persona, sobre todo si gasta mucho dinero: *Para llevar ese tren de vida hay que ser muy rico.* **tren expreso** Busca **expreso**. || **a todo tren** Muy deprisa; también, con muchos lujos, sin pensar lo que cuestan las cosas: *Celebraron la boda a todo tren.* **estar como un tren** Ser muy guapo y tener muy buen tipo. **para parar un tren** Mucho: *Aquí hay comida para parar un tren.*
**SIN.** Ferrocarril.

**trena** *s. f.* Cárcel.
**SIN.** Trullo, calabozo.

**trenca** *s. f.* Chaquetón que suele tener capucha.

**trencilla** *s. f.* Cinta con forma de trenza que se pone de adorno en la ropa y en otras cosas.

**trenza** *s. f.* **1.** Peinado que se hace uniendo y mezclando tres o más mechones de pelo. **2.** Cualquier otra cosa hecha así o que tiene esta forma, como por ejemplo algunos panes o bollos.
**FAM.** Trencilla, trenzar.

**trenzar** *v.* Hacer trenzas con algo. ■ Delante de *e* se escribe *c* en lugar de *z*: *Trencé el cáñamo para hacer una cesta.*

**trepa** *adj.* y *s. m.* y *f.* Persona que quiere ser más importante en un sitio y no le importa hacer lo que sea para conseguirlo, aunque con ello perjudique a sus compañeros.

**trepador, ra** *adj.* **1.** Que trepa: *Las aves trepadoras tienen garras con las que pueden subir por los árboles.* **2.** Se dice de las plantas que van subiendo por los árboles o por los muros, como la hiedra.

**trepanación** *s. f.* En medicina, operación que consiste en hacer un agujero en un hueso, sobre todo en el cráneo.

**trepar** *v.* **1.** Subir a un sitio alto, agarrándose una persona con los pies o las manos, o con las patas y las garras los animales: *Trepó hasta lo alto de la verja para ver el jardín de la casa.* **2.** Crecer las plantas agarrándose a los árboles, a los muros o a otra cosa.
**SIN. 1.** Escalar. **ANT. 1.** Bajar.
**FAM.** Trepa, trepador.

**trepidante** *adj.* **1.** Que vibra mucho. **2.** Muy interesante o emocionante; se dice sobre todo de las películas o libros en que pasan muchas cosas: *La acción de la novela era trepidante.*

**trepidar** *v.* Vibrar mucho: *Cuando pasa el metro, el suelo trepida.*
**SIN.** Temblar.
**FAM.** Trepidante.

**tres** *num.* **1.** Dos y uno. **2.** Tercero: *Le sentaron en la fila tres.* || *s. m.* **3.** Signo con que se representa este número.
**EXPR. de tres al cuarto** Malo, de mala calidad: *No puedes ir a la boda con ese vestido de tres al cuarto.* **ni a la de tres** Indica que es imposible o muy difícil hacer algo: *No puedo cerrar esta puerta ni a la de tres.*
**FAM.** Trece, treinta, trescientos, tresillo, tríada, trienio, trirreme. / Tercero, terciar, tercio, veintitrés.

**trescientos, tas** *num.* **1.** Tres veces cien. **2.** Que sigue por orden al doscientos noventa y nueve: *A este libro le falta la página trescientos.* || *s. m.* **3.** Signos con que se representa este número.

**tresillo** *s. m.* **1.** Sofá para que se sienten tres personas; también, conjunto de sofá y dos sillones. **2.** Sortija con tres piedras preciosas. **3.** Juego de cartas para tres jugadores en el que se dan nueve cartas a cada uno.

**treta** *s. f.* Engaño o acción astuta que emplea una persona para conseguir algo.
**SIN.** Artimaña, estratagema, ardid.

**tríada** *s. f.* Conjunto de tres seres o cosas que están muy relacionados entre sí: *En la religión cristiana, Padre, Hijo y Espíritu Santo forman la tríada divina.*

**trial** *s. m.* Prueba de motociclismo que se hace por un terreno con cuestas, arroyos y otros muchos obstáculos. ■ Es una palabra inglesa.

**triangular** *adj.* En forma de triángulo.

**triángulo** *s. m.* **1.** Polígono que tiene tres lados y tres ángulos: *El triángulo equilátero tiene los tres lados iguales.* **2.** Instrumento musical con la forma de este polígono, que se hace sonar golpeándolo con una varilla.
**FAM.** Triangular.

**trial**

**tribal** *adj.* De la tribu: *Los guerreros ejecutaron danzas tribales alrededor de la hoguera.*

**tribu** *s. f.* **1.** Grupo de personas con el mismo origen y la misma lengua, que están dirigidas por un jefe. La tribu es una forma de organización propia de los pueblos primitivos. **2.** Pandilla o familia muy numerosa.
**FAM.** Tribal.

**tribulación** *s. f.* Preocupación, pena o desgracia: *La película narraba las tribulaciones de un pobre huérfano.*
**SIN.** Sufrimiento, aflicción; desventura, adversidad.
**ANT.** Alegría.
**FAM.** Atribular.

**tribuna** *s. f.* **1.** Lugar más alto desde donde una persona habla para un público. **2.** Lugar más elevado en que se colocan las personas que presencian un acto o espectáculo, sobre todo cuando es al aire libre. **3.** Parte de algunos campos de deporte donde están los asientos desde los que mejor se ve.
**SIN. 1.** Estrado.
**FAM.** Tribunal.

**tribunal** *s. m.* **1.** Conjunto de jueces que deciden juntos algo, por ejemplo una sentencia. **2.** Edificio y lugar en que trabajan. **3.** Grupo de personas que dan la puntuación a las que se presentan a un concurso, examen o algo parecido. || *s. m. pl.* **4.** La justicia: *Decidió acudir a los tribunales para reclamar el dinero que le debían.*

**tributar** *v.* **1.** Pagar un impuesto. **2.** Tener respeto, cariño u otro sentimiento hacia alguien: *Tributa una gran admiración a su viejo maestro.*
**SIN. 1.** Contribuir. **2.** Profesar, dedicar.

**tributario, ria** *adj.* Relacionado con los tributos.

**tributo** *s. m.* **1.** Dinero que los ciudadanos deben pagar al Estado. **2.** Dinero u otras cosas que antiguamente tenía que entregar un vasallo a su señor, a la Iglesia o a un rey. **3.** Lo malo que una persona debe soportar a cambio de disfrutar de algo: *Los atascos de tráfico son el tributo por vivir en una gran ciudad.* **4.** Sentimiento bueno que se muestra hacia alguien, por ejemplo de cariño o respeto: *El equipo recibió como tributo los aplausos del público.*
**SIN. 1.** Impuesto. **4.** Ofrenda, homenaje. **ANT. 1.** Subvención.
**FAM.** Tributar, tributario. / Retribuir.

**tríceps** *s. m.* Músculo situado en la parte de atrás de los brazos y las piernas. ■ No varía en plural.

**triceratops** *s. m.* Dinosaurio herbívoro que medía entre seis y ocho metros de largo y cerca de ocho metros de alto, tenía dos cuernos en la frente y uno en el hocico. ■ No varía en plural. (Busca su ilustración en **dinosaurio**).

**triciclo** *s. m.* Vehículo con tres ruedas que se mueve mediante unos pedales.

**triclinio** *s. m.* **1.** Lecho en el que se recostaban para comer los antiguos griegos y romanos. **2.** Comedor de los antiguos griegos y romanos.

**tricolor** *adj.* De tres colores: *una bandera tricolor.*

**tricornio** *s. m.* Sombrero de color negro brillante con tres picos que usa la guardia civil.

**tricota** *s. f.* En Argentina, tejido de punto o prenda hecha con él.

**tricotar** *v.* Tejer un jersey u otra prenda de punto.
**FAM.** Tricota, tricotosa.

**tricotosa** *s. f.* Máquina para hacer punto.
**SIN.** Tejedora.

**tridente** *s. m.* Lanza con tres puntas, parecida a un tenedor.

**tridimensional** *adj.* Que tiene tres dimensiones: altura, longitud y anchura.

**triedro** *adj.* Que tiene tres caras.
**EXPR.** **ángulo triedro** Ángulo formado por tres planos que se juntan en un punto llamado *vértice.*

**trienal** *adj.* **1.** Que sucede o se repite una vez cada tres años. **2.** Que dura tres años.

**trienio** *s. m.* **1.** Periodo de tiempo de tres años. **2.** Subida de sueldo que tiene una persona por cada tres años de trabajo.
**FAM.** Trienal.

**trifulca** *s. f.* Pelea, discusión.
**SIN.** Riña, bronca, altercado, reyerta.

**trigal** *s. m.* Terreno sembrado de trigo.

**trigésimo, ma** *num.* **1.** Que ocupa por orden el número treinta: *Llegó a la meta en el puesto trigésimo.* ‖ *num.* y *s. m.* **2.** Se dice de cada una de las treinta partes iguales en que se divide una cosa.
**SIN.** **2.** Treintavo.

**triglifo** o **tríglifo** *s. m.* Elemento decorativo con forma de rectángulo con tres canales verticales, que suele estar en los frisos de los templos griegos. (Busca el dibujo de **friso**).

**trigo** *s. m.* **1.** Planta con espigas llenas de granos de los que se saca harina para hacer pan y otros productos. **2.** Grano de esta planta.
**EXPR.** **no ser trigo limpio** No ser tan bueno o tan honrado como parece: *No te fíes de ese chico, que no es trigo limpio.*
**FAM.** Trigal, trigueño, triguero.

**trigonometría** *s. f.* En matemáticas, estudio de las relaciones que existen entre los lados y los ángulos de un triángulo.

**trigueño, ña** *adj.* De un color parecido al del trigo, como rubio.

**triguero, ra** *adj.* **1.** De trigo o relacionado con el trigo. **2.** Que crece o está entre el trigo: *espárragos trigueros.*

**trilero, ra** *s. m.* y *f.* Persona que realiza el juego de los triles.

**triles** *s. m. pl.* Juego callejero de apuestas que consiste en adivinar entre tres opciones dónde está una carta, una chapa, una bolita u otra cosa, después de que quien hace el juego las haya movido rápidamente.

**trilita** *s. f.* Explosivo muy potente.

**trilla** *s. f.* **1.** Acción de trillar. **2.** Temporada del año en que se trilla.

**trillado, da** *adj.* Se dice de un tema o asunto del que se ha hablado mucho y por eso no es ninguna novedad.
**SIN.** Manido.

**trilladora** *s. f.* Máquina agrícola que sirve para trillar los cereales.

**trillar** *v.* Machacar los cereales esparcidos en la era con una máquina o instrumento para separar el grano de la paja.
**FAM.** Trilla, trillado, trilladora, trillo.

**trillizo, za** *adj.* y *s. m.* y *f.* Se dice de cada uno de los tres hermanos nacidos en un mismo parto.

**trillo** *s. m.* Instrumento para trillar los cereales que consiste en una tabla ancha con trozos de piedra o cuchillas de acero incrustadas en una de sus caras.

**trillón** *s. m.* Un millón de billones; se escribe con un uno seguido de dieciocho ceros.

**trilobites** *s. m.* Animal invertebrado que vivía en el mar en la era primaria y del que quedan restos fósiles. ■ No varía en plural.

**trilogía** *s. f.* Conjunto de tres libros u otras obras, como por ejemplo películas, de un mismo autor que tienen relación entre sí.

**trimestral** *adj.* **1.** Que sucede o se repite cada tres meses: *Los alumnos tienen exámenes trimestrales de cada asignatura.* **2.** Que dura tres meses: *Asistió a un cursillo trimestral de informática.*

**trimestre** *s. m.* Periodo de tiempo de tres meses.
**FAM.** Trimestral.

**trimotor** *s. m.* Avión con tres motores.

espiga de **trigo**          **trilobites**

**trinar** *v.* Cantar los pajarillos.
**EXPR. estar** una persona **que trina** Estar muy enfadada.
**FAM.** Trino.

**trincar¹** *v.* Coger, atrapar: *La policía trincó a unos chicos que estaban robando a una señora.* ■ Delante de *e* se escribe *qu* en lugar de *c*: *Le trinqué.*
**SIN.** Pillar, pescar, agarrar. **ANT.** Soltar.

**trincar²** *v.* Tomar bebidas, sobre todo alcohólicas. ■ Delante de *e* se escribe *qu* en lugar de *c*: *trinque.*

**trinchar** *v.* Partir la comida en trozos para servirla, sobre todo la carne.
**SIN.** Trocear, cortar.
**FAM.** Trinchera.

**trinchera** *s. f.* **1.** Zanja hecha en la tierra, donde se colocan los soldados para disparar y protegerse del fuego enemigo. **2.** Un tipo de gabardina.
**FAM.** Atrincherarse.

**trineo** *s. m.* Vehículo para deslizarse sobre la nieve o el hielo, que en lugar de ruedas lleva patines o esquís.

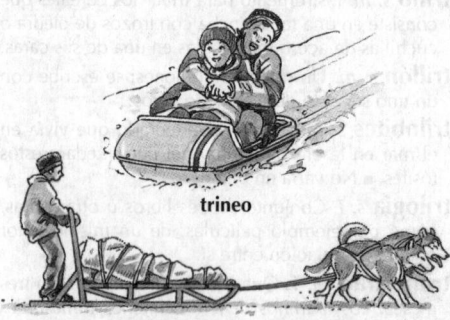

trineo

**trineo** tirado por perros

**trinidad** *s. f.* Para los cristianos, unión de tres personas en un solo Dios: el Padre, el Hijo y el Espíritu Santo. ■ Suele escribirse con mayúscula.

**trino** *s. m.* Canto de los pajarillos.
**SIN.** Gorjeo.

**trinquete** *s. m.* **1.** Palo del barco que está más cerca de la proa. **2.** Palo horizontal más largo que se cruza sobre el anterior. **3.** Vela que se sujeta en este palo.

**trío** *s. m.* **1.** Grupo de tres personas, animales o cosas: *Ana, Clara y Eva han formado un trío musical.* **2.** En los juegos de naipes, conjunto de tres cartas con el mismo número o figura. **3.** En el juego de dados, los tres puntos o números iguales que salen de una tirada.

**tripa** *s. f.* **1.** Los intestinos o una parte de ellos: *El chorizo se hace rellenando una tripa de cerdo con carne de este animal.* **2.** Parte exterior del cuerpo que va desde el pecho a las ingles, sobre todo cuando

abulta mucho: *Hace gimnasia todos los días porque tiene mucha tripa.* ‖ *s. f. pl.* **3.** Lo que tiene una máquina u otro objeto por dentro: *El niño desmontó el juguete para verle las tripas.*
**EXPR. hacer de tripas corazón** Esforzarnos para hacer algo que nos da asco o mucha rabia. **¿qué tripa se te, le... ha roto?** Expresión que se usa para preguntarle a alguien un poco enfadado que qué le pasa.
**SIN. 2.** Vientre, barriga, panza.
**FAM.** Tripazo, tripear, tripero, tripón, tripudo. / Destripar.

**tripartito, ta** *adj.* **1.** Dividido en tres partes. **2.** Se dice de la conferencia, pacto u otra cosa en que intervienen tres personas o partes.

**tripazo** *s. m.* Golpe dado en la tripa: *Al tirarse a la piscina se dio un buen tripazo.*
**SIN.** Planchazo.

**tripear** *v.* Comer con ansia o glotonería.
**SIN.** Zampar, tragar.

**tripero, ra** *adj. y s. m. y f.* Persona que come mucho.
**SIN.** Tragón, glotón.

**tripi** o **tripis** *s. m.* Dosis de una droga que produce alucinaciones. ■ La palabra *tripis* no varía en plural.

**triple** *adj. y s. m.* **1.** Se dice de un número o cantidad tres veces mayor que otra: *Nueve es el triple de tres. Mario come el triple que Pedro.* ‖ *adj.* **2.** Que está compuesto por tres partes o cosas.
**FAM.** Triplicar.

**triplicado, da** *adj.* **1.** Que es el resultado de multiplicar por tres: *Apostó una cantidad en el casino y la recuperó triplicada.* ‖ *s. m.* **2.** Tercera copia que se saca de algo: *Hizo un triplicado de la llave.*
**EXPR. por triplicado** En tres copias: *Debe presentar el documento por triplicado.*

**triplicar** *v.* **1.** Multiplicar por tres una cantidad: *En verano la población de ese pueblo se triplica por la llegada de turistas.* **2.** Tener el triple de algo: *El abuelo triplica la edad a su nieto.* ■ Delante de *e* se escribe *qu* en lugar de *c*: *triplique.*
**FAM.** Triplicado.

**trípode** *s. m.* Soporte con tres patas o pies que sirve para sostener algunas cosas, por ejemplo la cámara de fotos.

**tripón, na** *adj. y s. m. y f.* **1.** Que tiene mucha tripa. ‖ *s. m.* **2.** Barriga muy grande: *Tiene un tripón tan enorme que no se puede atar los zapatos.*
**SIN. 1.** Tripudo, barrigudo. **1. y 2.** Barrigón. **2.** Panza.

**tríptico** *s. m.* Pintura hecha sobre tres tablillas unidas, de las cuales las dos exteriores se pueden cerrar sobre la central.

**triptongo** *s. m.* Unión de tres vocales en la misma sílaba; la vocal central tiene que ser *a, e, o,* y las otras *i* o *u*; por ejemplo, hay triptongo en la palabra *cambiáis.*

**tripudo, da** *adj.* y *s. m.* y *f.* Se dice de la persona que tiene mucha tripa.
SIN. Tripón, barrigón, barrigudo, panzudo.

**tripulación** *s. f.* Personas que manejan un barco, un avión o una nave espacial, y que atienden a los pasajeros.
SIN. Dotación.

**tripulante** *s. m.* y *f.* Miembro de una tripulación.

**tripular** *v.* Conducir un avión, un barco o una nave espacial.
SIN. Gobernar.
FAM. Tripulación, tripulante.

**triquina** *s. f.* Gusano parásito que vive en los músculos del cerdo y de otros animales.
FAM. Triquinosis.

**triquinosis** *s. f.* Enfermedad causada por comer carne contagiada con triquina, que produce fiebre alta, dolores musculares y diarreas. ■ No varía en plural.

**triquiñuela** *s. f.* Engaño o acción astuta que se hace para conseguir algo.
SIN. Artimaña, treta, truco, ardid.

**trirreme** *adj.* y *s. m.* Se dice de unos barcos antiguos que tenían tres filas de remos a cada lado.

**tris** Se usa en las expresiones **por un tris**, que significa 'por poco', y **estar en un tris**, que significa 'estar a punto de ocurrir algo': *Resbaló y estuvo en un tris de caerse al suelo.*

**triscar** *v.* Saltar de un lugar a otro como hacen las cabras. ■ Delante de *e* se escribe *qu* en lugar de *c*: *trisquen.*

**trisílabo, ba** *adj.* y *s. m.* De tres sílabas: *«Carpeta» es una palabra trisílaba.*

**triste** *adj.* **1.** Que no está alegre o contento: *Luisa está triste porque se ha enfadado con su amiga.* **2.** Que muestra o produce tristeza: *Los días de lluvia le parecen tristes. Es triste que muchos niños en el mundo pasen hambre.* **3.** Sin ninguna importancia: *Su padre fue un triste campesino.* **4.** Expresa falta o escasez de lo que se dice: *Se marchó hace tres meses y no les ha mandado ni una triste carta.* ■ En los dos últimos significados se usa siempre delante del sustantivo.
SIN. **1.** Entristecido, apenado, afligido. **3.** Humilde, insignificante. **4.** Miserable. ANT. **1.** Eufórico. **3.** Importante, notable.
FAM. Tristeza, tristón. / Entristecer.

**tristeza** *s. f.* **1.** Lo que siente una persona cuando está triste. **2.** Característica de triste: *la tristeza de su cara.*
SIN. **1.** Pena, aflicción, dolor. ANT. **1.** Alegría.

**tristón, na** *adj.* Un poco triste: *¿Qué te pasa? Te encuentro tristona.*

**tritón** *s. m.* Anfibio parecido a la salamandra, que tiene una cola larga y aplastada.

**triturador, ra** *adj.* y *s. m.* y *f.* **1.** Que tritura. ‖ *s. f.* **2.** Máquina para triturar: *trituradora de basura.*

**triturar** *v.* Convertir una cosa sólida en trocitos pequeños, por ejemplo un alimento.
SIN. Picar, majar, desmenuzar.
FAM. Triturador.

**triunfador, ra** *adj.* y *s. m.* y *f.* Que triunfa: *El triunfador recogió el trofeo.*
SIN. Vencedor, ganador. ANT. Perdedor.

**triunfal** *adj.* Indica que alguien ha tenido un triunfo: *El equipo ganador tuvo un recibimiento triunfal.*

**triunfalismo** *s. m.* Actitud propia de la persona triunfalista.
FAM. Triunfalista.

**triunfalista** *adj.* Que está muy seguro de que va a triunfar o de que las cosas van a salir bien; también se dice de la actitud, palabras y acciones de esta persona.

**triunfante** *adj.* Que triunfa o que está relacionado con el triunfo: *Tras conquistar muchos territorios, César entró triunfante en Roma.*

**triunfar** *v.* **1.** Conseguir la victoria en una competición, lucha o algo parecido. **2.** Tener éxito: *El sueño de ese grupo musical es triunfar algún día.*
SIN. **1.** Vencer, ganar. ANT. **1.** Perder. **2.** Fracasar.
FAM. Triunfador, triunfante.

**triunfo** *s. m.* **1.** Acción de triunfar una persona: *Un grupo de aficionados celebraba el triunfo de su equipo.* **2.** Trofeo. **3.** Carta de la baraja que se considera de más valor por ser del palo que pinta.
SIN. **1.** Victoria. **2.** Premio. ANT. **1.** Derrota.
FAM. Triunfal, triunfalismo, triunfar.

**trivial** *adj.* Que no tiene importancia ni interés.
SIN. Intrascendente, banal. ANT. Importante, interesante.
FAM. Trivialidad, trivializar.

**trivialidad** *s. f.* **1.** Característica de lo que es trivial y no tiene importancia ni interés. **2.** Frase o comentario trivial que alguien dice: *Estaba muy aburrido porque en esa reunión no se hablaba más que de trivialidades.*
SIN. **1.** y **2.** Banalidad.

**trivializar** *v.* Quitar importancia a algo o no darle la importancia que merece. ■ Delante de *e* se escribe *c* en lugar de *z*: *No trivialices el problema.*
ANT. Exagerar.

**triza** *s. f.* Trocito de algo. Se usa sobre todo en las expresiones **hacer** o **hacerse trizas**, destrozar o destrozarse algo: *El vaso se cayó y se hizo trizas.*

**trocar** *v.* Cambiar: *Su alegría se trocó en tristeza.* ■ Delante de *e* se escribe *qu* en lugar de *c*. Es un verbo irregular. Se conjuga como *contar.*
SIN. Variar, mudar.
FAM. Trucar, trueque.

**trocear** *v.* Partir o dividir en trozos.
SIN. Fragmentar.

**troche** Se usa en la expresión **a troche y moche**, que significa 'en abundancia y para todos': *Se puso a dar bofetadas a troche y moche.*

**trofeo** *s. m.* **1.** Objeto que se da como premio o recuerdo al ganador o a los primeros clasificados de una competición. **2.** Objeto del enemigo que se lleva el vencedor en una guerra o batalla. **3.** Animal o parte de él, como una cornamenta o una cabeza disecada, que alguien tiene como recuerdo por haberlo cazado o pescado.

**troglodita** *adj.* y *s. m.* y *f.* Que vive en cavernas; sobre todo se dice de los seres humanos de la época prehistórica.
**SIN.** Cavernícola.

**troj** o **troje** *s. f.* Lugar que hay en algunas casas de los pueblos para guardar o almacenar principalmente frutos y cereales.

**trol** *s. m.* Monstruo que vive en bosques o cuevas, según la mitología escandinava. ■ Su plural es *trols*.

**trola** *s. f.* Mentira, embuste: *Chema le ha contado una trola y él se la ha creído.*
**SIN.** Bola, patraña. **ANT.** Verdad.
**FAM.** Trolero.

**trole** *s. m.* Barra metálica que tienen algunos vehículos eléctricos en la parte de arriba. El trole transmite a estos vehículos la corriente del cable que hay por encima.
**FAM.** Trolebús.

**trolebús** *s. m.* Autobús eléctrico que puede moverse gracias a la corriente que toma de un cable mediante un trole.

**trolero, ra** *adj.* y *s. m.* y *f.* Persona que dice mentiras.

**tromba** *s. f.* **1.** Chaparrón muy fuerte que se produce de repente. Se llama también *tromba de agua.* **2.** Masa de agua que se eleva en el mar en forma de columna con un movimiento giratorio a causa de un torbellino.
**EXPR. en tromba** De golpe, con fuerza y todos a la vez: *Todos los amigos se tiraron en tromba a la piscina.*

**trombo** *s. m.* Sangre coagulada o sólida que tapona un vaso sanguíneo.
**FAM.** Trombocito, tromboflebitis, trombosis.

**trombocito** *s. m.* Plaqueta de la sangre.

**tromboflebitis** *s. f.* Inflamación de las venas en las que se forman trombos. ■ No varía en plural.

**trombón** *s. m.* Instrumento musical parecido a una trompeta grande.

**trombosis** *s. f.* Formación de un trombo dentro de un vaso sanguíneo o del corazón. ■ No varía en plural.

**trompa** *s. f.* **1.** Prolongación de la nariz de algunos animales, como el elefante. **2.** Instrumento musical formado por un tubo de metal que se enrosca en círculos y va ensanchándose. **3.** Aparato chupador que tienen algunos insectos. **4.** Nombre de algunos conductos que hay en el cuerpo, por ejemplo las *trompas de Falopio*, que son unos conductos que van desde la matriz a los ovarios, o la *trompa de Eustaquio*, que se encuentra en el oído. **5.** Borrachera. **6.** Trompo, peonza. || *adj.* **7.** Borracho: *Bebió unas cuantas copas y se puso trompa.*
**SIN. 5.** Cogorza, melopea. **7.** Beodo, ebrio.
**FAM.** Trompazo, trompeta, trompo.

**trompazo** *s. m.* Golpe fuerte, sobre todo el que se da uno cuando se cae o choca con alguien o algo.
**SIN.** Porrazo, batacazo, trastazo.

**trompeta** *s. f.* **1.** Instrumento musical formado por un tubo de metal que va ensanchándose; tiene una especie de botones para dar las notas. || *s. m.* y *f.* **2.** Trompetista.
**FAM.** Trompetilla, trompetista.

**trompetilla** *s. f.* Instrumento en forma de trompeta que servía para que los sordos, poniéndoselo cerca del oído, oyeran mejor.
**EXPR. de trompetilla** Se dice de unos mosquitos que cuando vuelan producen un zumbido.

**trompetista** *s. m.* y *f.* Persona que toca la trompeta.

**trompicón** *s. m.* Tropezón, traspié.
**EXPR. a trompicones** Tropezando: *Fue andando a trompicones hasta que se cayó al suelo.* También, con dificultades: *Va aprobando a trompicones.*

**trompo** *s. m.* Peonza.
**SIN.** Peón.

**trona** *s. f.* Silla especial para dar de comer a los niños pequeños; generalmente tiene las patas altas y un tablero delante.

**tronada** *s. f.* Tempestad o tormenta con muchos truenos.

**tronado, da** *adj.* Loco.
**SIN.** Ido, tocado, zumbado.

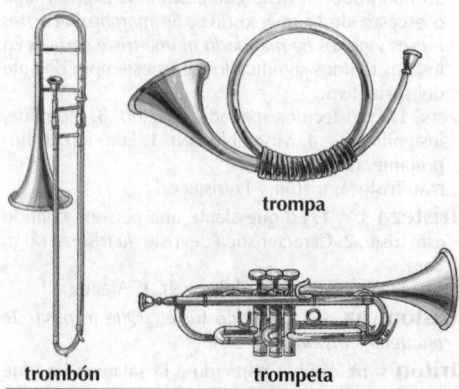

trompa

trombón          trompeta

**tronar** *v.* **1.** Haber truenos. **2.** Producir un sonido parecido al de los truenos. ■ Es un verbo irregular que se conjuga como *contar*. Se usa sólo en tercera persona.
**FAM.** Tronado, tronío. / Atronador.

**tronchado, da** *adj.* **1.** Que se tronchó o que algo, como el viento, lo tronchó: *El tronco del árbol estaba tronchado*. **2.** Agotado, muy fatigado: *Los ejercicios que hizo en el gimnasio la han dejado tronchada*.
**SIN. 2.** Cansado, molido.

**tronchante** *adj.* Que hace reír.
**SIN.** Hilarante. **ANT.** Serio.

**tronchar** *v.* **1.** Romper el tronco, tallo o ramas de una planta o cosas de consistencia parecida, sin emplear una herramienta. **2.** Impedir que algo se realice o se desarrolle: *Una lesión en la rodilla tronchó sus esperanzas de ser futbolista*. || **troncharse 3.** Reírse mucho: *Con los chistes que cuenta Mercedes me troncho*.
**SIN. 1.** y **2.** Truncar. **3.** Mondarse, partirse.
**FAM.** Tronchado, tronchante, troncho.

**troncho** *s. m.* Tallo de las hortalizas: *el troncho de la lechuga*.

**tronco** *s. m.* **1.** Tallo leñoso, fuerte y macizo de una planta, sobre todo de un árbol. **2.** Parte del cuerpo de una persona o animal sin la cabeza y las extremidades. **3.** Antepasados comunes a dos o más personas, familias o ramas. **4.** Conjunto de animales que tiran de un carruaje o de un trineo.
**EXPR. dormir como un tronco** Dormir una persona profundamente, de forma que pocas cosas la despierten.
**FAM.** Entroncar.

**tronco, ca** *s. m.* y *f.* En el lenguaje juvenil, amigo, compañero.
**SIN.** Colega.

**tronera** *s. f.* **1.** Agujero por el que asoman los cañones y otras armas para disparar; hay troneras en las murallas, en los barcos y en otros sitios. **2.** Ventana pequeña y estrecha. **3.** Agujero que hay en algunas mesas de billar o en otras mesas de juegos para que entren las bolas.

**tronío** *s. m.* **1.** Aspecto y manera de comportarse que demuestra dominio y señorío. **2.** El hecho de gastar mucho dinero y presumir de ello: *En esa familia han vivido siempre con mucho tronío*.

**trono** *s. m.* Asiento de los reyes y soberanos usado en ceremonias o actos importantes.
**FAM.** Trona. / Destronar, entronizar.

**tropa** *s. f.* **1.** Conjunto de soldados. **2.** Muchas personas: *Una tropa de gente esperaba la llegada del cantante*. || *s. f. pl.* **3.** Ejército: *las tropas enemigas*.
**SIN. 2.** Multitud.
**FAM.** Tropel.

**tropecientos, tas** *adj.* Muchos, gran número o cantidad: *Había tropecientos invitados en la fiesta*.

**tropel** *s. m.* **1.** Grupo numeroso de gente que avanza en desorden y haciendo ruido. **2.** Montón de cosas en desorden.
**EXPR. en tropel** Yendo muchos juntos, sin ningún orden: *Todos los amigos en tropel subieron al autobús*. De repente y de forma confusa: *Nos llegaron en tropel todas las cartas*.

**tropelía** *s. f.* Acto violento que va contra los derechos de los demás o contra las leyes, generalmente realizado por alguien que abusa de su poder o autoridad: *Los soldados que invadieron la ciudad cometieron muchas tropelías*.

**tropezar** *v.* **1.** Dar con los pies en un obstáculo o pisar mal, de manera que uno se puede caer: *Tropezó con el escalón*. **2.** Encontrar un obstáculo: *La pelota tropezó en la pierna del defensa y salió fuera. Para comprar una nueva casa ha tropezado con muchos problemas*. **3.** Encontrar a alguien por casualidad y de repente: *Se tropezó con el vecino en el ascensor*. **4.** Equivocarse, hacer algo mal: *Suspendió porque tropezó en las primeras preguntas del examen*. ■ Delante de *e* se escribe *c* en lugar de *z*. Es un verbo irregular. Se conjuga como *pensar*.
**SIN. 2.** Chocar. **2.** y **3.** Topar.
**FAM.** Tropezón, tropiezo.

**tropezón** *s. m.* **1.** Acción de tropezar. **2.** Trozo pequeño de jamón, pan u otro alimento que se mezcla con algunas comidas.
**SIN. 1.** Traspié, tropiezo.

**tropical** *adj.* De los trópicos o relacionado con los trópicos.

**trópico** *s. m.* **1.** Nombre de dos paralelos terrestres, el *trópico de Cáncer*, situado en el hemisferio Norte, y el *trópico de Capricornio*, situado en el hemisferio Sur. **2.** Región situada entre esos dos paralelos.
**FAM.** Tropical.

**tropiezo** *s. m.* **1.** Acción de tropezar. **2.** Dificultad o problema: *La fiesta se desarrolló sin tropiezos*. **3.** Fallo o error: *Ese equipo no pudo ganar el campeonato porque tuvo varios tropiezos*.
**SIN. 1.** Tropezón, traspié. **2.** Obstáculo.

**tropismo** *s. m.* Movimiento realizado por las plantas, como el de sus tallos y hojas buscando la luz del sol.
**FAM.** Fototropismo.

**troposfera** *s. f.* Capa de la atmósfera más cercana a la superficie de la Tierra, en la que tienen lugar los fenómenos meteorológicos.

**troquel** *s. m.* **1.** Molde con que se hacen monedas, medallas y otras cosas. **2.** Molde de mayor tamaño que se emplea para dar forma a piezas metálicas. **3.** Instrumento o máquina con bordes cortantes que se emplea para recortar cartones, cuero y otras cosas.
**FAM.** Troquelar.

**troquelar** *v.* **1.** Hacer monedas, medallas y otras cosas con un molde. **2.** Recortar o agujerear cuero, papel, cartón y otras cosas con un instrumento o una máquina con los bordes cortantes.

**trotamundos** *s. m. y f.* Persona a la que le gusta viajar y recorrer muchos países. ■ No varía en plural.

**trotar** *v.* **1.** Andar al trote un caballo u otro animal parecido. **2.** Cabalgar una persona en un caballo que va al trote. **3.** Andar una persona mucho y rápido: *Estuvimos trotando de acá para allá buscando un supermercado.*
**FAM.** Trotamundos.

**trote** *s. m.* **1.** Modo de andar de los caballos y otros animales parecidos cuando van a paso ligero y dando pequeños saltos. **2.** Demasiado trabajo o actividad, que produce cansancio: *¡Menudo trote se ha dado hoy pasando los apuntes a limpio!* **3.** Mucho uso: *La bicicleta ha aguantado mucho trote. Estos pantalones son para todo trote.*
**EXPR. no estar para muchos trotes** No estar en muy buenas condiciones: *He estado enfermo y aún no estoy para muchos trotes.*
**SIN. 2.** Paliza, trajín. **2.** y **3.** Tute.
**FAM.** Trotar.

**troupe** *s. f.* Conjunto de personas que hacen juntas un espectáculo, generalmente de circo o de teatro. ■ Es una palabra francesa.
**SIN.** Compañía.

**trovador** *s. m.* Poeta de la Edad Media.
**FAM.** Trovadoresco.

**trovadoresco, ca** *adj.* De los trovadores o relacionado con los trovadores.

**troyano, na** *adj. y s. m. y f.* De Troya, antigua ciudad de Asia Menor.

**trozo** *s. m.* Parte de algo: *Con un trozo de tela se hizo una falda.*
**SIN.** Pedazo, cacho, porción, fracción, fragmento.
**FAM.** Trocear. / Destrozar.

**trucaje** *s. m.* Truco que se hace para que algo que no es real lo parezca, como los efectos especiales en una película o los retoques que dan a algunas fotos.

**trucar** *v.* Hacer trucos o trampas para conseguir un fin o un efecto: *Ha trucado el motor del coche para que corra más. La foto del ovni había sido trucada.*
■ Delante de *e* se escribe *qu* en lugar de *c: truqué.*
**FAM.** Trucaje, truco.

**trucha** *s. f.* Pez que vive en ríos o lagos de montaña y es comestible; abunda en España.
**FAM.** Truchero.

**truchero, ra** *adj.* De las truchas; se dice especialmente del río en el que hay muchas truchas.

**truco** *s. m.* **1.** Lo que se hace en el cine, el teatro y en otros espectáculos o actividades, para lograr con habilidad que algo parezca real: *Se sabe muchos trucos de magia.* **2.** Manera hábil o astuta de conseguir algo: *Se ha aprendido el truco de que si llora le compran caramelos.* **3.** Habilidad o conocimiento que se aprende en una actividad o en la práctica: *Sabe un truco para que los macarrones no se apelmacen.*
**SIN. 1.** Trucaje.

**truculento, ta** *adj.* Que asusta, produce horror o espanto, por ejemplo por ser muy cruel: *El documental impresiona por sus imágenes truculentas.*
**SIN.** Atroz.

**trueno** *s. m.* **1.** Ruido fuerte que sigue al rayo en las tormentas. **2.** Ruido muy fuerte, como el producido por un arma de fuego.
**FAM.** Tronar, tronera.

**trueque** *s. m.* Acción de cambiar una cosa por otra; es una forma de comercio sin dar o recibir dinero, que se usó mucho en la antigüedad.

**trufa** *s. f.* **1.** Un tipo de hongo muy aromático que crece bajo tierra. **2.** Crema hecha de chocolate, mantequilla y otras cosas con la que se preparan dulces y postres. **3.** Dulce en forma de bolita hecho con esa crema.
**FAM.** Trufado, trufar.

**trufado, da** *adj.* Se dice del alimento que se rellena o se condimenta con el hongo llamado trufa: *pavo trufado.*

**trufar** *v.* Rellenar los alimentos con unos hongos aromáticos llamados trufas: *El cocinero trufó el pavo.*

**truhán, na** *adj. y s. m. y f.* Bribón, granuja.
**SIN.** Sinvergüenza, golfo.

**trullo** *s. m.* **1.** Lugar donde se pisa la uva, con un depósito en el que va cayendo el mosto. **2.** Cárcel o calabozo: *El delincuente pasó tres años en el trullo.*
**SIN. 2.** Trena.

**truncar** *v.* **1.** Cortar: *El rayo truncó la copa del árbol.* **2.** Quitar a alguien sus ilusiones y esperanzas o impedir que pueda realizar algo: *Una enfermedad truncó los planes que tenía para el verano.*
■ Delante de *e* se escribe *qu* en lugar de *c: trunque.*
**SIN. 2.** Frustrar, tronchar.

**tse-tse** *s. f.* Mosca africana que cuando pica transmite la enfermedad del sueño.

**tu** *pos.* Forma abreviada de **tuyo, tuya**. Se usa delante de un sustantivo: *tu bolso, tu mesa.*

**tú** *pron. pers.* Forma de segunda persona del singular para el masculino y para el femenino. Hace principalmente la función de sujeto: *Tú estudias.* También la usamos para dirigirnos a alguien: *¡Eh, tú! ¿Adónde vas?* ■ La forma *tú* la utilizamos para hablar con personas con las que tenemos confianza, como nuestra familia y nuestros amigos, y entre gente joven.
**FAM.** Tutear, tuyo.

**tuareg** *adj.* y *s. m.* y *f.* De un pueblo que vive en las zonas desérticas del norte de África. ■ No varía en plural.

**tuba** *s. f.* Instrumento musical de viento, de gran tamaño, que tiene un sonido grave.

**tubérculo** *s. m.* Parte de un tallo subterráneo o de una raíz, que se desarrolla y engorda al acumular sustancias, como en el caso de la patata.
**FAM.** Tuberculosis.

**tuberculosis** *s. f.* Enfermedad infecciosa que puede atacar a cualquier órgano del cuerpo y sobre todo a los pulmones; se caracteriza porque el enfermo tiene fiebre, tos, echa sangre por la boca al toser, pierde el apetito y adelgaza. ■ No varía en plural.
**FAM.** Tuberculoso.

**tuberculoso, sa** *adj.* y *s. m.* y *f.* Enfermo de tuberculosis.

**tubería** *s. f.* Conjunto de tubos unidos unos con otros que sirve para conducir un líquido o un gas.

**tubo** *s. m.* **1.** Pieza hueca, rígida y alargada, casi siempre en forma de cilindro, por ejemplo los tubos que forman una tubería. **2.** Recipiente rígido y normalmente con forma de cilindro: *un tubo de pastillas.* **3.** Recipiente flexible, cerrado por un extremo y con un tapón de rosca por el otro, que sirve para contener sustancias pastosas, como por ejemplo pomada o pasta de dientes. **4.** Nombre de algunos conductos que hay en las personas, animales o plantas: *el tubo digestivo.*
**EXPR. tubo de ensayo** Recipiente largo de cristal que se usa en análisis químicos y experimentos de laboratorio. (Busca el dibujo de **química**). **tubo de escape** El que tienen los coches y otros vehículos para que salgan los gases. || **por un tubo** Mucho: *Tiene juguetes por un tubo; no le compres más.*
**FAM.** Tuba, tubería, tubular. / Entubar, tobera.

**tubular** *adj.* **1.** Del tubo, formado por tubos o que tiene forma de tubo. **2.** Se dice del neumático que no tiene cámara de aire.

**tucán** *s. m.* Ave trepadora americana que tiene un pico grueso, casi tan largo como el cuerpo; su plumaje es negro con manchas de diversos colores.

**tuerca** *s. f.* Pieza con un hueco redondo que tiene por dentro unas ranuras en las que ajusta la rosca del tornillo; casi siempre es de metal.
**EXPR. apretarle** a alguien **las tuercas** Obligar a una persona a que trabaje o estudie más.

**tuercebotas** *s. m.* **1.** Persona poco importante. **2.** Persona torpe. ■ No varía en plural.
**SIN. 1.** Pelagatos. **2.** Inútil.

**tuerto, ta** *adj.* y *s. m.* y *f.* Que le falta un ojo o que no ve por un ojo; también se dice de este ojo.
**FAM.** Patituerto.

**tueste** *s. m.* Acción de tostar.

**tuétano** *s. m.* **1.** Médula o sustancia blanquecina que está dentro de los huesos. **2.** Parte interior del tallo o de la raíz de una planta.

**tufo** *s. m.* Olor muy malo.
**SIN.** Peste, pestilencia.
**FAM.** Atufar.

**tugurio** *s. m.* Casa, habitación o lugar de mal aspecto o mala fama.
**SIN.** Antro.

**tul** *s. m.* Tela fina y transparente de seda, algodón o hilo.

**tulipa** *s. f.* Pantalla de algunas lámparas que se parece en la forma a un tulipán.

**tulipán** *s. m.* Planta que tiene una flor grande, con seis pétalos de bello colorido, que se llama también *tulipán.*
**FAM.** Tulipa.

**tullido, da** *adj.* y *s. m.* y *f.* Que no puede mover el cuerpo o alguno de sus miembros; también se dice del cuerpo o del miembro que se encuentra así.
**SIN.** Lisiado, inválido, impedido.

**tumba** *s. f.* Lugar para enterrar a un cadáver.
**EXPR. ser** alguien **una tumba** No hablar, guardar un secreto.
**SIN.** Sepulcro, sepultura, fosa.
**FAM.** Ultratumba.

**tumbar** *v.* **1.** Hacer caer: *Un huracán tumbó los árboles.* **2.** Poner o ponerse en posición horizontal: *Para hacer este ejercicio de gimnasia tienes que tumbarte.* **3.** Suspender: *Le han tumbado en ciencias.* || **tumbarse 4.** Echarse, sobre todo para dormir: *Después de comer se tumbó un rato.*
**SIN. 1.** Derribar. **1.** y **3.** Tirar. **2.** Tender. **3.** Catear. **4.** Acostarse. **ANT. 1.** y **2.** Alzar. **1.**, **2.** y **4.** Levantar. **3.** Aprobar.
**FAM.** Tumbo, tumbona.

**tumbo** *s. m.* Vuelta o movimiento brusco y violento.
**EXPR. dando tumbos** Tambaleándose; también, con tropiezos o dificultades.
**SIN.** Caída, voltereta, vaivén, bote, trompicón.

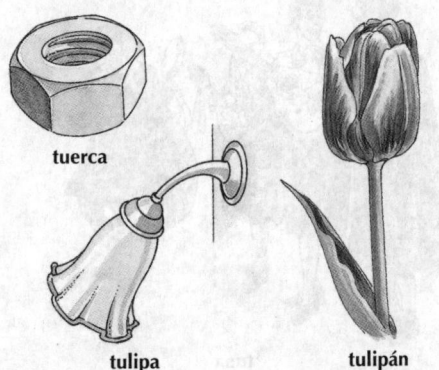

tuerca

tulipa          tulipán

**tumbona** *s. f.* Asiento largo que sirve para estar más cómodo, con el cuerpo inclinado. SIN. Hamaca.

**tumefacto, ta** *adj.* Hinchado: *El golpe le dejó la mejilla tumefacta.*

**tumor** o **tumoración** *s. m.* o *f.* Bulto que se puede formar en cualquier órgano del cuerpo, sobre todo el que se produce al multiplicarse las células. FAM. Tumefacto, tumoral.

**tumoral** *adj.* Relacionado con los tumores.

**túmulo** *s. m.* **1.** Construcción levantada sobre el suelo en la que se entierra a los muertos. **2.** Montículo de arena o de piedras con que algunos pueblos antiguos cubrían una sepultura. **3.** Armazón de madera con paños negros que se utiliza en algunos funerales poniendo el ataúd sobre ella. SIN. **1.** Sepulcro, sepultura. **3.** Catafalco.

**tumulto** *s. m.* **1.** Desorden o alboroto producido por una gran multitud de personas, sobre todo que protestan por algo. **2.** Grupo numeroso de personas en desorden o dando voces. SIN. **1.** Disturbio. FAM. Tumultuoso.

**tumultuoso, sa** *adj.* Con tumulto o que produce tumulto: *una riña tumultuosa, una protesta tumultuosa.*

**tuna** *s. f.* Grupo de estudiantes que van por diversos sitios cantando y tocando instrumentos; llevan trajes antiguos con capa. SIN. Estudiantina. FAM. Tunante, tuno.

**tunante, ta** *adj.* y *s. m.* y *f.* Granuja, pillo. SIN. Tuno, pícaro, sinvergüenza.

**tunda** *s. f.* Paliza, zurra. SIN. Somanta, azotaina.

**tundir**[1] *v.* Cortar o igualar el pelo de los tejidos o de las pieles.

tuna

**tundir**[2] *v.* Dar a alguien golpes o azotes. SIN. Zurrar, moler. FAM. Tunda.

**tundra** *s. f.* Tipo de vegetación formado principalmente por musgos y líquenes; se da en lugares fríos, como Siberia y Alaska. ■ Es una palabra finlandesa.

**tunecino, na** *adj.* y *s. m.* y *f.* De Tunicia, país del norte de África, o de Túnez, su capital.

**túnel** *s. m.* Paso subterráneo que hacen los hombres y algunos animales: *El tren atraviesa la montaña por un túnel. Los topos excavan túneles con sus fuertes uñas.*

**túnica** *s. f.* Vestidura larga y ancha.

**tuno, na** *adj.* **1.** Tunante, pillo: *¡Mira, el muy tuno, cómo sabía dónde estaban los caramelos!* || *s. m.* **2.** Joven que canta o toca en una tuna universitaria. SIN. **1.** Granuja.

**tuntún** Se usa en la expresión **al tuntún**, que significa 'sin pensar, a lo loco': *Contestó al tuntún y dijo una tontería.*

**tupé** *s. m.* Parte de pelo que se lleva muy peinado y levantado sobre la frente.

**tupido, da** *adj.* Apretado, con sus poros, huecos o separaciones muy cerrados: *Ese jersey es muy tupido y abriga mucho.* SIN. Espeso, denso. ANT. Abierto, ralo.

**turba**[1] *s. f.* Tipo de carbón natural formado hace menos tiempo que otras clases de carbón en zonas húmedas y frías. Arde con facilidad, pero no produce mucho calor. FAM. Turbera.

**turba**[2] *s. f.* Multitud de personas que se mueven en desorden. SIN. Masa, horda.

**turbante** *s. m.* **1.** Tela larga que se lleva enrollada en la cabeza, como la que usan los hombres en algunos países de África y Asia. **2.** Gorro de forma parecida que se ponen algunas mujeres.

**turbar** *v.* **1.** Cambiar la forma normal y tranquila de estar o ser alguna cosa: *Los gritos de los niños turbaron la paz de aquel lugar.* **2.** Dejar a una persona asombrada y sin saber qué hacer o qué decir, o quedarse alguien así: *Se turbó al oír que todo el mundo alababa lo que había hecho.* SIN. **1.** y **2.** Alterar, conmocionar. **2.** Anonadar, cortar. ANT. **1.** y **2.** Calmar. FAM. Turba[2], turbina, turbio, turbión, turbo, turbulencia.

**turbera** *s. f.* Terreno, generalmente pantanoso, donde hay turba, un tipo de carbón.

**turbina** *s. f.* Máquina con unas aspas o hélices que giran al pasar por ella un líquido o un gas y sirve, por ejemplo, para producir energía o para impulsar algunos barcos y aviones.

**turbio, bia** *adj.* **1.** Que no está transparente o limpio como sería lo normal, porque tiene algo mezclado: *El agua del charco está turbia.* **2.** Poco claro, que no se entiende o no se ve bien: *Sin gafas lo ve todo turbio.* **3.** Que parece poco honrado o va contra la ley: *La policía sospechaba que aquel hombre estaba metido en asuntos turbios.* SIN. **1.** Revuelto. **2.** Impreciso, difuso. **2.** y **3.** Oscuro. **3.** Sospechoso. ANT. **1.** y **2.** Nítido. FAM. Enturbiar.

**turbión** *s. m.* **1.** Chaparrón con viento fuerte. **2.** Gran cantidad de cosas que se producen juntas o de manera brusca: *El enorme éxito del programa produjo un turbión de llamadas al estudio.* SIN. **1.** Aguacero. **2.** Avalancha, aluvión.

**turbo** *s. m.* Tipo de motor que tiene un mecanismo que aumenta su potencia o su velocidad. FAM. Turbodiesel.

**turbodiesel** *adj.* y *s. m.* Se dice del coche o del motor que funciona con gasoil y que tiene un dispositivo que hace que pueda acelerar más deprisa.

**turbulencia** *s. f.* Remolino que se forma en el aire o en algún líquido: *El avión se movía al atravesar por las zonas de turbulencias.* SIN. Agitación. FAM. Turbulento.

**turbulento, ta** *adj.* **1.** Que tiene turbulencias: *En aquella parte del río hay aguas turbulentas.* **2.** Con líos, discusiones o desorden: *La reunión resultó un poco turbulenta porque no se ponían de acuerdo.* SIN. **1.** y **2.** Agitado, revuelto. ANT. **1.** y **2.** Tranquilo.

**turco, ca** *adj.* y *s. m.* y *f.* **1.** De Turquía, país que está entre Europa y Asia. **2.** De un grupo de pueblos procedentes del centro de Asia que se establecieron en el este de Europa y crearon un gran imperio. || *s. m.* **3.** Lengua hablada en Turquía y en algunas zonas de Asia central. || *s. m.* y *f.* **4.** En Hispanoamérica, nombre que se da a cualquier inmigrante de origen árabe. EXPR. **baño turco** Busca **baño.** SIN. **1.** y **2.** Otomano. FAM. Turquesa.

**turismo** *s. m.* **1.** El viajar a lugares para conocerlos o pasar las vacaciones: *A Mario le gusta hacer turismo.* **2.** Personas, hoteles y otros servicios que se dedican a atender a los que viajan de ese modo: *En las zonas de playa mucha gente vive del turismo.* **3.** Coche particular de una persona. FAM. Turista, turístico. / Agroturismo, cicloturismo.

**turista** *s. m.* y *f.* Persona que hace turismo.

**turístico, ca** *adj.* Que tiene turismo o está relacionado con el turismo: *Málaga es una ciudad turística.*

**túrmix** *s. f.* Batidora eléctrica. ■ No varía en plural.

**turnarse** *v.* Hacer algo por turnos: *Los tres hermanos se turnan para poner la mesa, cada día lo hace uno.* SIN. Alternar.

**turno** *s. m.* **1.** Manera ordenada de hacer varias personas una cosa, primero una y después otra: *Los atletas iban haciendo sus ejercicios por turno.* **2.** Cuando hay varios que tienen que hacer algo, el momento en que le toca a cada uno hacerlo: *Le dijeron que esperara a que llegara su turno para hablar.* SIN. **2.** Vez. FAM. Turnarse.

**turolense** *adj.* y *s. m.* y *f.* De Teruel, ciudad y provincia de Aragón.

**turón** *s. m.* Mamífero carnívoro de pequeño tamaño, forma alargada y patas cortas, que vive en bosques y campos; su piel es de color oscuro con manchas blancas en la cara como si fuera un antifaz. Cuando se siente en peligro echa un líquido de muy mal olor.

**turón**

**turquesa** *s. f.* **1.** Piedra de color azul verdoso, que se usa mucho para hacer joyas y adornos. || *s. m.* **2.** Color azul verdoso.

**turrón** *s. m.* Dulce de Navidad hecho en forma de tableta con una masa de almendras tostadas, miel y azúcar. También se hace de chocolate, frutas y otras cosas.

**turulato, ta** *adj.* Pasmado, tonto: *Se quedó turulato cuando le dijeron que había ganado el premio.* SIN. Estupefacto.

**tururú** *interj.* Sirve para decir que no o para mostrar que no nos creemos una cosa: *La próxima vez que me pida un favor, le voy a decir que tururú.* SIN. Tararí, nanay, nones.

**tute** *s. m.* **1.** Juego de cartas. **2.** Esfuerzo o trabajo muy grande: *¡Menudo tute nos hemos dado limpiando la habitación!* **3.** Mucho uso de alguna cosa: *El abrigo está ya un poco gastado porque le ha dado un buen tute este invierno.* SIN. **2.** Trajín, paliza. **3.** Trote.

**tutear** *v.* Hablar a una persona de tú y no de usted: *El señor al que le preguntamos la hora nos pidió que le tuteáramos.*

**tutela** *s. f.* **1.** Cuidado que, según la ley, tiene que tener una persona o grupo de personas de un niño menor de edad y de sus cosas, o de alguien que no

es capaz de cuidarse solo. **2.** Cuidado, ayuda, dirección: *Aprendió el oficio bajo la tutela de su maestro.*
**SIN. 2.** Amparo.
**FAM.** Tutelar[1], tutelar[2].

**tutelar**[1] *v.* **1.** Encargarse una persona o grupo de personas de la tutela o del cuidado de alguien según lo manda la ley. **2.** Ayudar, dirigir o proteger a alguien o algo: *Un preparador físico tutela a los jugadores durante sus entrenamientos.*
**SIN. 1.** y **2.** Cuidar. **2.** Supervisar.

**tutelar**[2] *adj.* **1.** Relacionado con la tutela de alguien que la ley encarga a una persona o grupo de personas: *Los niños que no tienen ninguna familia viven en centros tutelares.* **2.** Relacionado con la ayuda, dirección o cuidado que alguien tiene de una persona o cosa: *Los profesores tienen un papel tutelar muy importante.*

**tutifruti** *s. m.* Pasta de crema o nata con trocitos de frutas variadas: *un helado de tutifruti.* ■ Se escribe también *tutti-frutti.*

**tutiplén** Se emplea en la expresión **a tutiplén**, que significa 'mucho, en gran cantidad, sin límite': *Se puso a coger conchas de la playa a tutiplén para llevárselas de recuerdo.*

**tutor, ra** *s. m.* y *f.* **1.** Profesor encargado de los alumnos de una clase o de un curso para ayudarles y hacer algunas tareas: *Mis padres hablaron con el tutor para ver qué tal iba yo en el colegio.* **2.** Persona encargada por la ley de la tutela de alguien.
**FAM.** Tutela, tutoría.

**tutoría** *s. f.* **1.** Función o actividad de tutor: *Al profesor de matemáticas le encargaron la tutoría de la clase de sexto.* **2.** Tiempo que el profesor tutor dedica a hablar con sus alumnos y a realizar sus funciones.

**tutti-frutti** *s. m.* Busca **tutifruti.** ■ Es una palabra italiana.

**tutú** *s. m.* Falda de las bailarinas de ballet, hecha de una tela fina y transparente muy fruncida, que se queda muy tiesa. ■ Es una palabra francesa. Su plural es *tutús.*

**tuya** *s. f.* Árbol de América del Norte que tiene las hojas y las ramas aplastadas, da mucho olor a resina y se usa como árbol de adorno.

árbol

hojas y frutos

tuya

**tuyo, ya** *pos.* **1.** Que te pertenece a ti o tiene relación contigo: *¿Es tuyo este libro? Ayer vino por aquí ese amigo tuyo.* **2.** Con *lo,* expresa lo que haces mejor o lo que más te gusta: *Lo tuyo es la música; se te da fenomenal tocar la guitarra.*
**FAM.** Tu.

**twist** *s. m.* Baile suelto, muy movido, que se hace balanceándose y torciendo las piernas y la cadera hacia un lado y hacia otro. Se puso de moda en los Estados Unidos en los años sesenta del siglo xx. ■ Es una palabra inglesa. Su plural es *twists.*

**u**[1] *s. f.* Letra número veintidós del abecedario y última de las vocales. ▪ No se pronuncia en las sílabas *gue, gui* (*guerra, guiso*), menos cuando lleva diéresis (*bilingüe, pingüino*), ni tampoco en *que, qui* (*queso, quinto*).

**u**[2] *conj.* Se emplea en lugar de *o* delante de palabras que empiezan por esta letra o por *ho*, para evitar que suenen mal: *uno u otro, día u hora.*

**ubérrimo, ma** *adj.* Muy fértil o abundante: *Las tierras de esta zona son ubérrimas, producen mucha fruta.*

**ubicación** *s. f.* Acción de ubicar o ubicarse y lugar donde está ubicado alguien o algo: *Este terreno será la ubicación del nuevo hospital.*

**ubicar** *v.* **1.** Situar, localizar: *Abran el atlas y ubiquen en el mapa la ciudad de Buenos Aires.* ‖ **ubicarse 2.** Estar situado en un lugar: *El hotel se ubica en un barrio de las afueras.* ▪ Delante de *e* se escribe *qu* en lugar de *c*: *ubiquen.*
SIN. **2.** Encontrarse, hallarse.
FAM. Ubicación, ubicuo.

**ubicuo, cua** *adj.* Que está o parece estar en varios sitios a la vez.
SIN. Omnipresente.

**ubre** *s. f.* Cada uno de los órganos de las hembras de los mamíferos donde se produce la leche para alimentar a sus crías.
SIN. Mama, teta.
FAM. Ubérrimo.

**UCI** *s. f.* Primeras letras de la expresión *Unidad de Cuidados Intensivos.* Es el lugar de un hospital en que están los enfermos muy graves que necesitan una atención especial durante las veinticuatro horas del día.
SIN. UVI.

**ucraniano, na** o **ucranio, nia** *adj.* y *s. m.* y *f.* **1.** De Ucrania, país del sudeste de Europa. ‖ *s. m.* **2.** Lengua que se habla en Ucrania.

**ufano, na** *adj.* **1.** Orgulloso, soberbio. **2.** Contento y satisfecho: *Llegó a casa tan ufano con la medalla que había ganado.*
SIN. **1.** Presuntuoso, presumido, engreído. **2.** Orondo, pancho. ANT. **1.** Humilde. **2.** Triste.

**ufología** *s. f.* Disciplina que estudia los ovnis.

**ugandés, sa** *adj.* y *s. m.* y *f.* De Uganda, país del centro de África.

**ujier** *s. m.* Portero de un palacio, de un ministerio o de un tribunal.
SIN. Conserje.

**ukelele** *s. m.* Instrumento musical parecido a una guitarra, pero mucho más pequeño y con sólo cuatro cuerdas. ▪ Es una palabra hawaiana.

**úlcera** *s. f.* Llaga o herida que sale en la piel o en otras partes y órganos del cuerpo.
FAM. Ulcerar.

**ulcerar** *v.* Producir úlceras.
SIN. Llagar.

**ulterior** *adj.* Posterior, que va detrás: *Este libro llevará más fotografías en ulteriores ediciones.*
SIN. Siguiente, sucesivo. ANT. Previo, anterior.

**últimamente** *adv.* **1.** Hace poco tiempo, en los días o semanas que acaban de pasar: *Últimamente ha llovido mucho.* **2.** Por último, finalmente.

**ultimar** *v.* Terminar algo: *Estuvieron hasta muy tarde ultimando los preparativos de la fiesta.*
SIN. Finalizar, acabar. ANT. Iniciar, empezar.

**ultimátum** *s. m.* Última oportunidad que se da a alguien para que acepte lo que se le dice si no quiere que hagan algo contra él: *Natalia dio un ultimátum a su novio: o llegaba puntual a sus citas o le dejaría plantado.* ▪ Su plural es *ultimátums* o *ultimatos.*

**último, ma** *adj.* y *s. m.* y *f.* **1.** Que está o va detrás de todos: *Raúl era el último de la clase, pero estudió mucho y ahora es de los primeros.* ‖ *adj.* **2.** Que es lo más nuevo o reciente: *Ha salido el último*

**1141**

*disco de ese grupo. En esa revista vienen las últimas novedades de la moda de este año.* **3.** Que es lo único que queda o lo único que se puede hacer: *Se acabaron los bollos; me he comido el último. Decidió pedir ayuda sólo como última solución.* **EXPR. a la última** A la moda que se lleva: *Se viste a la última.* **estar en las últimas** Estar alguien muriéndose o en una situación muy mala; también, estar algo acabándose o gastándose: *Hay que cambiar la bombona de gas, que está en las últimas.* **SIN. 1.** Postrero. **2.** Actual. **ANT. 1.** y **3.** Primero. **2.** Antiguo, pasado. **FAM.** Últimamente, ultimar, ultimátum. / Penúltimo.

**ultra** *adj.* y *s. m.* y *f.* **1.** Se dice de las personas violentas y radicales que normalmente tienen ideas muy de derechas. **2.** Relacionado con estas personas.

**ultraderecha** *s. f.* Ideas políticas muy conservadoras y conjunto de personas y organizaciones que tienen estas ideas.

**ultrajar** *v.* Ofender o insultar mucho a alguien o algo. **SIN.** Agraviar, injuriar. **ANT.** Alabar, honrar. **FAM.** Ultraje.

**ultraje** *s. m.* Ofensa o insulto muy grave. **SIN.** Agravio, injuria, afrenta. **ANT.** Alabanza, honra.

**ultraligero, ra** *adj.* **1.** Muy ligero. || *s. m.* **2.** Avión hecho con tubos metálicos y tela, que pesa muy poco y tiene un pequeño motor.

**ultramar** *s. m.* Territorios que están al otro lado del mar, sobre todo los que son colonias de un país. **FAM.** Ultramarino.

**ultramarino, na** *adj.* **1.** Que está al otro lado del mar o viene de allí. || **ultramarinos** *s. m.* **2.** Tienda de comestibles. Se llama también *tienda de ultramarinos.*

**ultranza** Se usa en la expresión **a ultranza**, que significa 'firme, con decisión, hasta el final': *Los soldados lucharon a ultranza contra el enemigo.* También significa 'del todo, por completo': *Mercedes es una defensora a ultranza de los animales.*

**ultrasonido** *s. m.* Sonido tan agudo que las personas no pueden oírlo, aunque sí algunos animales.

**ultratumba** *s. f.* Lo que se cree que hay después de la muerte: *la vida de ultratumba.*

**ultravioleta** *adj.* Se dice de unos rayos de luz que no se ven y que se utilizan, entre otras cosas, para ponerse moreno o para curar algunas enfermedades de la piel, aunque pueden llegar a ser perjudiciales. También se llaman *rayos UVA.*

**ulular** *v.* **1.** Aullar los animales. **2.** Hacer algo un sonido parecido, sobre todo el viento.

**umbilical** *adj.* Se usa en la expresión **cordón umbilical**. Busca **cordón**.

**umbral** *s. m.* **1.** Parte de abajo del hueco de una puerta, en el suelo. **2.** Puerta, entrada: *El dueño de la casa acompañó a su invitado hasta el umbral.*

**umbrío, a** *adj.* Que está en sombra: *un patio umbrío.* **SIN.** Sombreado, sombrío. **ANT.** Soleado. **FAM.** Umbroso. / Penumbra.

**umbroso, sa** *adj.* **1.** Umbrío, que está en sombra. **2.** Que da sombra: *unos árboles umbrosos.* **SIN. 1.** Sombrío, sombreado. **ANT. 1.** Soleado.

**un** *indef.* y *num.* Forma abreviada de **uno**. ■ Se usa delante de un sustantivo masculino singular: *un pato.* Se usa también delante de un sustantivo femenino singular que comienza por *a* o *ha* acentuadas: *un águila, un hacha.*

**unánime** *adj.* **1.** Se dice de un grupo de personas en el que todas piensan lo mismo o hacen lo mismo: *El jurado fue unánime en darle el premio al escritor español.* **2.** Que lo piensan o lo hacen todas las personas de un grupo: *El público le dio al cantante un aplauso unánime.* **SIN. 1.** Acorde, conforme. **ANT. 1.** Dividido. **FAM.** Unanimidad.

**unanimidad** *s. f.* El estar de acuerdo varias personas en algo, o el hacer o pensar todas lo mismo: *Eligieron al delegado por unanimidad.* **SIN.** Conformidad. **ANT.** División.

**unción** *s. f.* Acción de ungir, dar un aceite o perfume. **EXPR. unción de enfermos** Sacramento de la Iglesia católica que se da a las personas enfermas para que reciban la gracia y la ayuda de Dios. **FAM.** Extremaunción.

**uncir** *v.* Sujetar los bueyes, mulas, caballos u otros animales parecidos, a algo de lo que tienen que tirar. ■ Delante de *a* y *o* se escribe *z* en lugar de *c*: *unza.*

**undécimo, ma** *num.* **1.** Que está en el lugar número once: *Mis tíos han celebrado el undécimo aniversario de su boda.* || *num.* y *s. m.* **2.** Se dice de cada una de las once partes iguales en que se divide algo. **SIN. 1.** Onceno. **2.** Onceavo.

**ungir** *v.* Untar con aceite, con perfume o con otros líquidos grasientos. ■ Delante de *a* y *o* se escribe *j* en lugar de *g*: *unja.* **FAM.** Unción, ungüento.

**ungüento** *s. m.* Sustancia líquida o pastosa que se unta en el cuerpo, por ejemplo las pomadas que se dan para curar algo. **SIN.** Crema, bálsamo.

**ungulado, da** *adj.* y *s. m.* Se dice de los animales que tienen un casco o pezuña, como el caballo, el ciervo o el jabalí.

**únicamente** *adv.* Solamente: *Sonia únicamente quiso tomar un vaso de leche.*

**unicelular** *adj.* Que tiene una sola célula.

**único, ca** *adj.* y *s. m.* y *f.* **1.** Que no hay otro de la misma clase o de las mismas características: *Estos* calcetines son de talla única. Mi hermano es el único rubio de la familia. **2.** Que destaca por algo: Miguel es único jugando al baloncesto.

**SIN. 1.** Solo. **2.** Excepcional, singular. **ANT. 2.** Común, corriente, normal.

**FAM.** Únicamente.

**unicornio** s. m. Animal imaginario parecido a un caballo, con un cuerno largo en medio de la frente.

**unicornio**

**unidad** s. f. **1.** Una cosa o un grupo que está dentro de un conjunto: Las rosquillas vienen en paquetes de diez unidades. **2.** El ser iguales, tener mucha relación o estar unidas varias personas o cosas: Hay mucha unidad entre los compañeros de clase. **3.** Cantidad que se usa para medir otras del mismo tipo comparándolas con ella, por ejemplo el metro es la unidad de longitud. **4.** El número uno: Todo número dividido por sí mismo tiene como resultado la unidad.

**SIN. 1.** Elemento. **2.** Armonía, unión. **ANT. 2.** Desunión.

**FAM.** Unitario.

**unido, da** adj. **1.** Que está junto o pegado. **2.** Se dice de las personas que sienten mucho afecto entre ellas: Paco está muy unido a su padre.

**ANT. 1.** Separado.

**unifamiliar** adj. Hecho para que lo use sólo una familia: Los chalés son viviendas unifamiliares.

**unificación** s. f. Acción de unificar.

**SIN.** Unión, suma, reunión. **ANT.** División.

**unificar** v. **1.** Unir dos o más cosas para que formen una sola, sirvan para lo mismo o se puedan usar a la vez: Las dos partes de Alemania se unificaron en 1990. Varios países han unificado sus esfuerzos para luchar por la paz mundial. **2.** Hacer iguales: Es importante unificar las normas de tráfico para que sean las mismas en todas partes. ■ Delante de e se escribe qu en lugar de c: unifique.

**SIN. 1.** Reunir, sumar. **2.** Uniformar, igualar, equiparar. **ANT. 1.** Dividir, separar. **2.** Diversificar.

**FAM.** Unificación. / Reunificar.

**uniformar** v. **1.** Hacer iguales o semejantes a dos o más personas o cosas: Quiere uniformar la pintura de las paredes para que tengan todas el mismo color. **2.** Hacer que se vista con uniforme una persona.

**SIN. 1.** Igualar, unificar. **ANT. 1.** Diversificar.

**uniforme** s. m. **1.** Ropa que llevan igual todas las personas de un grupo, por ejemplo los que hacen algunos trabajos o los que van al mismo colegio: El uniforme de las enfermeras suele ser blanco. ‖ adj. **2.** Se dice de las personas o cosas que son iguales o muy parecidas: Los libros que hay en esa estantería son muy uniformes de tamaño. **3.** Que es todo igual, que no cambia: El paisaje de esa región es bastante uniforme.

**SIN. 2.** Parejo, similar. **3.** Homogéneo, constante, regular. **ANT. 2.** Diferente. **3.** Heterogéneo.

**FAM.** Uniformar, uniformidad.

**uniformidad** s. f. Característica de lo que es uniforme o igual: Le llamaba la atención la uniformidad de las casas del pueblo.

**SIN.** Igualdad, similitud; regularidad. **ANT.** Diferencia.

**unigénito, ta** adj. y s. m. Hijo único; se emplea sobre todo al hablar de Jesús como el hijo único de Dios.

**unilateral** adj. **1.** Que sólo lo hace una de las personas o grupos que participan en algo: Tomó una decisión unilateral, no consultó con ninguno de sus compañeros. **2.** Que sólo ve o muestra un aspecto de alguna cosa: Hizo un juicio unilateral de la película, fijándose únicamente en la interpretación de los actores.

**SIN. 2.** Parcial. **ANT. 2.** Global.

**unimembre** adj. Que tiene un solo miembro o parte; se dice sobre todo de la oración que no se puede dividir en sujeto y predicado, como ¡Cuidado! o ¡Vaya coche!

**ANT.** Bimembre.

**unión** s. f. **1.** El unir o estar unidas dos o más personas o cosas: Dicen que es muy fuerte la unión entre hermanos gemelos. **2.** Conjunto de personas o cosas unidas: La unión de comerciantes del barrio ha protestado por la suciedad de las calles. **3.** Lugar en que se unen dos o más cosas: Se va el agua por la unión de las dos tuberías.

**SIN. 1.** Unificación; reunión; relación; armonía. **2.** Alianza, confederación. **3.** Junta, juntura. **ANT. 1.** Desunión, separación; enfrentamiento.

**unipersonal** adj. Se dice de algunos verbos que se conjugan sólo en tercera persona del singular, como llover o nevar.

**unir** v. **1.** Poner o ponerse juntas dos o más personas o cosas: Une los dos trozos con pegamento. Gonzalo y Beatriz se unieron a la fiesta. **2.** Mezclar va-

rias sustancias y hacer con ellas una masa espesa: *La mayonesa hay que unirla bien.* **3.** Hacer que estén de acuerdo o sean amigas dos o más personas: *Aunque no tienen la misma edad, les une la afición al deporte.*
**SIN. 1.** Juntar, agrupar, reunir. **2.** Ligar, trabar. **3.** Armonizar. **ANT. 1.** a **3.** Desunir, separar, dividir. **2.** Cortar. **3.** Enemistar.
**FAM.** Unido, unión. / Desunir, reunir.

**unisex** *adj.* Que sirve lo mismo para hombre que para mujer: *una peluquería unisex, moda unisex.*
■ No varía en plural.

**unísono** Se emplea en la expresión **al unísono**, que significa 'que suenan a la vez' o 'que sucede o se hace a la vez': *Les preguntaron su nombre y los dos contestaron al unísono.*

**unitario, ria** *adj.* Que es uno solo o está formado por la unión de varios: *Presentaron un plan unitario con las ideas que cada uno fue dando.*
**SIN.** Conjunto. **ANT.** Múltiple.

**universal** *adj.* **1.** Del universo o relacionado con él. **2.** De todas las personas, países o épocas: *Se compró una enciclopedia de historia universal.*
**SIN. 1.** Cósmico. **2.** General; mundial. **ANT. 2.** Particular; local.
**FAM.** Universalidad, universalizar.

**universalidad** *s. f.* Característica de lo que es universal.

**universalizar** *v.* Hacer que una cosa sea universal, que llegue a muchas personas y países. ■ Delante de *e* se escribe *c* en lugar de *z*: *La importancia de los Estados Unidos ha hecho que el inglés se universalice.*
**SIN.** Difundir, extender. **ANT.** Particularizar, restringir.

**universidad** *s. f.* Centro de enseñanza donde se estudian las carreras y donde se hacen muchos trabajos de investigación.
**FAM.** Universitario.

**universitario, ria** *adj.* **1.** De la universidad o relacionado con ella: *Tiene estudios universitarios.* ‖ *adj.* y *s. m.* y *f.* **2.** Se dice de la persona que ha conseguido un título en la universidad o estudia en ella.
**SIN. 2.** Licenciado.

**universo** *s. m.* **1.** Conjunto de todos los astros y planetas: *En el universo hay millones y millones de estrellas.* **2.** Todo lo que existe: *No se conocen todas las especies de animales que hay en el universo.*
**SIN. 1.** Firmamento. **1.** y **2.** Cosmos. **2.** Mundo.
**FAM.** Universal, universidad.

**univitelino, na** *adj.* Se dice de los hermanos gemelos que se han desarrollado a partir de un mismo óvulo.

**unívoco, ca** *adj.* Que sólo tiene un significado, por lo que sólo puede entenderse de una manera.
**EXPR. correspondencia unívoca** En matemáticas, la

que hay cuando a cada elemento de un conjunto le corresponde uno y sólo uno de otro conjunto.
**ANT.** Ambiguo.
**FAM.** Biunívoca.

**uno, una** *num.* **1.** Indica que una persona o cosa es o está sólo ella, sin ninguna otra más: *En esta butaca sólo cabe uno.* **2.** Primero: *Nos sentaron en la fila uno.* ‖ *s. m.* **3.** Signo con que se representa el número *1*, que es el que comienza la serie de todos los números. ‖ *indef.* **4.** Señala a alguien o algo que no conocemos o que no hemos nombrado antes: *Entró uno preguntando por ti. Una señora me dijo dónde estaba la calle que buscaba.* **5.** Indica una cantidad poco exacta, que es más o menos la que se dice: *María pesará unos 50 kilos.* ■ Delante de sustantivos masculinos sólo se usa la forma *un*, como numeral o como indefinido: *Comió un huevo de los dos que le pusieron. Dame un papel cualquiera.* También se usa *un* cuando le sigue un nombre femenino que empieza por *a* o *ha* acentuada: *un hacha, un ave.* A los indefinidos *un, una* también se les llama *artículos indeterminados.*
**EXPR. no dar una** Hacerlo todo mal, equivocarse en todo: *No dio una en el examen.* **ser todo uno** Suceder una cosa justo detrás de otra o casi a la vez: *Coger el paraguas y salir el sol fue todo uno.* **una de** Mucho: *Había una de gente en el cine...* **una de dos** Indica que hay que elegir una entre dos opciones: *Una de dos: o te vienes con nosotros ahora o te vas por tu cuenta.*
**FAM.** Un, undécimo, único, unidad, unificar, unir. / Aunar, veintiún, veintiuno.

**untar** *v.* **1.** Echar algo pastoso o grasiento sobre algo y repartirlo por todas partes: *Untó el pan con mantequilla y mermelada.* **2.** Dar dinero a una persona para que no cuente alguna cosa, le deje hacer a alguien algo que no está bien y otras cosas así.
**SIN. 1.** Extender, embadurnar. **2.** Sobornar.
**FAM.** Unte, unto, untuoso.

**unto** o **unte** *s. m.* **1.** Cosa que se unta. **2.** Grasa que se saca de algunos animales y se usa para guisar.
**SIN. 2.** Manteca.

**untuoso, sa** *adj.* Pringoso, grasiento: *una crema untuosa.*
**SIN.** Aceitoso.

**uña** *s. f.* **1.** Placa dura que cubre la punta de los dedos de las personas y de muchos animales. **2.** Casco o pezuña de algunos animales.
**EXPR. con uñas y dientes** Con mucha fuerza, interés y ganas: *Defendió a su amigo con uñas y dientes.* **de uñas** Enfadado con alguien: *Mamen y Alberto siguen de uñas.* **ser uña y carne** Ser muy amigos o estar muy unidas dos o más personas.
**FAM.** Uñero. / Cortaúñas, pintaúñas.

**uñero** *s. m.* **1.** Inflamación en la raíz de la uña. **2.** Herida que hace la uña que crece demasiado y se clava en la carne.

**uperizar** o **uperisar** *v.* Calentar la leche con vapor a una temperatura altísima durante menos de un segundo. Se hace para matar gérmenes que pueden producir enfermedades. ■ En *uperizar*, delante de *e* se escribe *c* en lugar de *z*: *uperice*.

**uralita** *s. f.* Material hecho con cemento y amianto que se usa sobre todo para fabricar algunos tejados.

**uranio** *s. m.* Elemento químico; es un metal parecido al acero, pero que produce radiactividad.

**urbanidad** *s. f.* Comportamiento correcto, por ejemplo, en las comidas o en las relaciones sociales. SIN. Cortesía, modales, educación, corrección. ANT. Grosería, rudeza.

**urbanismo** *s. m.* Conjunto de conocimientos y actividades para pensar y hacer los planos de las ciudades, cómo van a ser las calles, las plazas y los edificios, o para cambiarlos. FAM. Urbanista, urbanístico.

**urbanista** *adj.* y *s. m.* y *f.* Experto en urbanismo.

**urbanístico, ca** *adj.* Relacionado con el urbanismo: *Según el plan urbanístico del ayuntamiento, van a construir muchas casas por aquí.*

**urbanización** *s. f.* **1.** Acción de urbanizar. **2.** Conjunto de casas y edificios que suelen ser parecidos y donde hay tiendas, parques y otras cosas que necesitan las personas que viven allí. SIN. **2.** Colonia.

**urbanizar** *v.* Hacer en un terreno todo lo necesario para que las personas puedan vivir en él, como poner electricidad y alcantarillas o hacer las calles. ■ Delante de *e* se escribe *c* en lugar de *z*: *El barrio mejorará mucho cuando urbanicen esos descampados.* FAM. Urbanización.

**urbano, na** *adj.* De las ciudades o relacionado con ellas: *La población urbana es más numerosa que la del campo.* ANT. Rural. FAM. Urbanidad, urbanismo, urbanizar. / Interurbano, suburbano.

**urbe** *s. f.* Ciudad importante y grande. SIN. Metrópoli, capital. FAM. Urbano. / Suburbio.

**urdir** *v.* Preparar una cosa en secreto, por ejemplo un plan contra alguien. SIN. Maquinar, tramar, conspirar.

**urea** *s. f.* Sustancia que se produce en el organismo y que echamos fuera con la orina. FAM. Uréter, uretra, úrico, urinario, urología.

**uréter** *s. m.* Cada uno de los dos conductos por los que baja la orina desde los riñones a la vejiga.

**uretra** *s. f.* Conducto por donde sale fuera la orina que hay en la vejiga.

**urgencia** *s. f.* **1.** Mucha prisa o necesidad que hay de alguna cosa: *Empezó a salirse el agua y buscaban un fontanero con urgencia.* **2.** Lo que corre mucha prisa hacer, por ejemplo atender a una persona que ha tenido un accidente. ‖ *s. f. pl.* **3.** Parte de un hospital donde se recibe y atiende a los enfermos y heridos graves que necesitan inmediatamente cuidados médicos: *Le subió tanto la fiebre que tuvimos que ir a urgencias.* SIN. **1.** y **2.** Emergencia.

**urgente** *adj.* Se dice de las cosas que corre mucha prisa hacer: *un telegrama urgente.* SIN. Apremiante, acuciante. FAM. Urgencia, urgir.

**urgir** *v.* Ser muy necesario hacer o tener pronto una cosa: *El edificio estaba muy viejo y urgía arreglarlo.* ■ Delante de *a* y *o* se escribe *j* en lugar de *g*: *Cuando te urja dinero, yo puedo prestártelo.* SIN. Apremiar, acuciar.

**úrico, ca** *adj.* Relacionado con la orina: *el ácido úrico, una infección úrica.*

**urinario, ria** *adj.* **1.** De la orina o de los órganos por los que pasa hasta que la echamos. ‖ *s. m.* **2.** Retretes que hay en los lugares públicos. **3.** Retrete que está pegado a la pared y en el que hacen pis los hombres.

**urna** *s. f.* **1.** Caja o recipiente transparente que sirve, por ejemplo, para echar las papeletas de unas votaciones o para proteger del polvo figuritas u otras cosas: *En el museo, todos los objetos estaban expuestos en urnas.* **2.** Caja, copa u otro recipiente parecido que sirve para guardar algunas cosas, como los que contienen las cenizas de un difunto.

**urogallo** *s. m.* Ave grande con las plumas de varios colores y la cola, en los machos, con forma de abanico. Vive en los bosques de Europa y del norte de Asia.

**urología** *s. f.* Parte de la medicina que estudia los órganos que conducen y expulsan la orina. FAM. Urólogo.

**urólogo, ga** *s. m.* y *f.* Médico que se dedica a la urología.

**urraca** *s. f.* Pájaro con las plumas negras y blancas que tiene la cola larga. A las urracas les gusta reco-

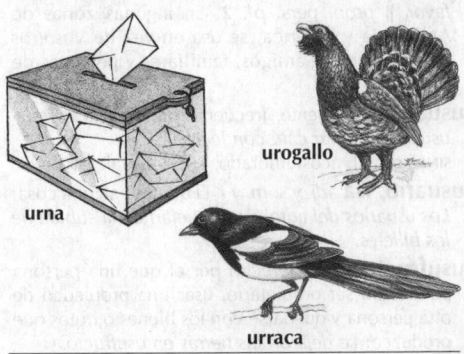

urogallo

urna

urraca

ger y guardar en su nido cosas metálicas y brillantes. Se llama también *picaza* y *marica*.

**urticante** *adj.* Que produce urticaria: *Ten cuidado con las ortigas, son urticantes.*

**urticaria** *s. f.* Enfermedad de la piel en la que salen granos o manchas rojizas que pican y escuecen mucho.
FAM. Urticante.

**uruguayo, ya** *adj.* y *s. m.* y *f.* De Uruguay, país de América del Sur.

**usado, da** *adj.* **1.** Que alguien lo usó. **2.** Gastado por el uso: *Estos pantalones están muy usados, tengo que comprarme unos nuevos.*
SIN. **2.** Desgastado, estropeado.

**usanza** *s. f.* Manera de ser o hacer una cosa: *Le gusta cocinar a la antigua usanza, en olla de barro y a fuego lento.*

**usar** *v.* **1.** Coger una cosa para hacer algo con ella: *Usa las tijeras para recortar el dibujo.* **2.** Tener costumbre de ponerse o llevar: *Tu hermana usa una colonia que huele muy bien. Siempre uso guantes en invierno.*
SIN. **1.** Emplear, utilizar, servirse, valerse.
FAM. Usado, usanza, uso, usual, usuario. / Abusar, inusitado, inusual.

**usía** *s. m.* y *f.* Antigua forma de dirigirse con respeto a algunas personas con un cargo importante.

**uso** *s. m.* **1.** Acción de usar: *Las cosas se van poniendo viejas con el uso.* **2.** Aquello para lo que sirve una cosa: *Esta navaja tiene muchos usos.* **3.** Costumbre, forma de vivir o hacer las cosas: *Después de estar varios años en Francia ya se ha acostumbrado a los usos de ese país.*
EXPR. **uso de razón** Capacidad de una persona para pensar por sí misma.
SIN. **1.** Utilización, empleo, aprovechamiento. **2.** Función, fin, utilidad. **3.** Hábito, usanza.
FAM. Usufructo. / Desuso, multiuso.

**usted** *pron. pers.* **1.** Sirve para hablar con respeto y de manera educada a una persona con la que no tenemos mucha confianza: *Pase usted, por favor.* || *pron. pers. pl.* **2.** En algunas zonas de Andalucía y América, se usa en vez de *vosotros* para hablar con amigos, familiares y personas de confianza.

**usual** *adj.* Corriente, frecuente: *En España es muy usual desayunar café con leche.*
SIN. Normal, acostumbrado. ANT. Inusual, raro.

**usuario, ria** *adj.* y *s. m.* y *f.* El que usa alguna cosa: *Los usuarios del autobús se quejan de la subida de los billetes.*

**usufructo** *s. m.* Derecho por el que una persona puede, sin ser propietario, usar una propiedad de otra persona y quedarse con los bienes o frutos que produzca: *Le dejaron las tierras en usufructo.*

**usura** *s. f.* El prestar dinero a alguien obligándole a devolver mucho más de lo que se le prestó.
FAM. Usurero.

**usurero, ra** *s. m.* y *f.* Persona que se dedica a prestar dinero a alguien obligándole luego a devolver mucho más de lo que le prestó.
SIN. Prestamista.

**usurpador, ra** *adj.* y *s. m.* y *f.* Que usurpa algo: *Ése no es el verdadero presidente, sino un usurpador.*

**usurpar** *v.* Apoderarse o quedarse con algo sin tener derecho a ello: *Los militares usurparon el poder al jefe de gobierno.*
SIN. Arrebatar, despojar. ANT. Devolver.
FAM. Usurpador.

**utensilio** *s. m.* Herramienta o cualquier otro objeto que se utiliza en una actividad o trabajo: *El martillo es un utensilio que sirve para clavar clavos.*
SIN. Útil.

**uterino, na** *adj.* Relacionado con el útero.

**útero** *s. m.* Órgano de las mujeres y de las hembras de los mamíferos donde se desarrolla el hijo o la cría antes de nacer.
SIN. Matriz.
FAM. Uterino.

**útil**[1] *adj.* Que sirve para algo: *El todoterreno es muy útil para conducir por el monte.*
SIN. Beneficioso, práctico, provechoso, productivo, eficaz. ANT. Inútil, ineficaz.
FAM. Utensilio, utilidad, utilizar. / Inútil.

**útil**[2] *s. m.* Utensilio, herramienta: *Guarda en el granero algunos útiles de labranza: rastrillo, hoz, azadón...*
FAM. Utilería, utillaje.

**utilería** *s. f.* **1.** Utillaje: *Tiene toda su utilería de fotografía en ese cuarto.* **2.** Conjunto de objetos que se utilizan para los decorados de una obra de teatro o de una película.

**utilidad** *s. f.* Característica de las cosas útiles: *Los alicates tienen mucha utilidad.*
SIN. Eficacia. ANT. Inutilidad, ineficacia.
FAM. Utilitario.

**utilitario** *s. m.* Coche pequeño, sin lujo y no demasiado caro.

**utilización** *s. f.* El hecho de utilizar algo.
SIN. Uso, empleo.

**utilizar** *v.* **1.** Usar: *Utilizó un compás para hacer la circunferencia.* **2.** Servirse de una persona o cosa para conseguir algo: *Si se hizo amigo suyo fue para utilizarla, porque ella tenía muy buena relación con la directora.* ■ Delante de *e* se escribe *c* en lugar de *z*: *utilicé.*
SIN. **1.** Emplear, servirse. **1.** y **2.** Valerse.
FAM. Utilización. / Infrautilizar.

**utillaje** *s. m.* Las herramientas y otras cosas que se necesitan para un trabajo o actividad.
SIN. Utilería, equipo.

**utopía** o **utopia** *s. f.* Algo que es bueno y que deseamos, pero que es imposible o muy difícil de realizar: *Que no exista pobreza en el mundo es una utopía.*
**SIN.** Quimera. **ANT.** Realidad.
**FAM.** Utópico.

**utópico, ca** *adj.* Que sería muy bueno si se pudiese realizar o conseguir.

**uva** *s. f.* Fruto de la vid, pequeño y de forma redondeada, de carne dulce y jugosa, que está agrupado con otros en racimos.

**EXPR. mala uva** Mal humor o mala intención: *No le digas nada que está de mala uva.*
**FAM.** Pinchaúvas.

**UVI** *s. f.* Primeras letras de la expresión *Unidad de Vigilancia Intensiva.* Es una parte de los hospitales en la que se atiende a enfermos muy graves o que necesitan muchos cuidados.
**SIN.** UCI.

**úvula** *s. f.* Bolita de carne que cuelga al principio de la garganta.
**SIN.** Campanilla.

**v** *s. f.* Letra número veintitrés del abecedario y die- ciocho de las consonantes. Su nombre es *uve*.

**vaca** *s. f.* Hembra del toro, de la que tomamos su carne y su leche. ■ No confundir con *baca*, 'soporte que se pone encima de un coche para transportar cosas'.
**EXPR. las vacas flacas** Época de escasez o de po- breza. **las vacas gordas** Época de abundancia o de riqueza.
**FAM.** Vacuna, vacuno, vaquería, vaquerizo, vaquero, vaquilla.

**vacaciones** *s. f. pl.* Tiempo de descanso en que una persona no tiene que ir a trabajar o a estudiar: *Nos dan las vacaciones en julio.*

**vacante** *adj.* y *s. f.* **1.** Se dice del cargo o puesto de trabajo que no está ocupado por nadie: *En esa ofi- cina ha quedado vacante el puesto de secretaria.* || *adj.* **2.** Se dice de otras cosas que no están ocu- padas: *En el autocar hay varios asientos vacantes.*
**SIN. 1.** Plaza. **1.** y **2.** Desocupado, libre. **2.** Vacío.

**vaciado** *s. m.* Acción de vaciar.

**vaciar** *v.* **1.** Dejar vacío un lugar o un recipiente: *Vaciaron la piscina para limpiarla.* **2.** Hacer una escultura echando en un molde hueco un material blando que luego se endurece. **3.** Afilar una navaja, cuchillo u otro instrumento que corta.
**ANT. 1.** Llenar.
**FAM.** Vaciado.

**vacilación** *s. f.* Acción de vacilar: *Contestó sin va- cilación todas las preguntas del examen.*
**SIN.** Titubeo, duda. **ANT.** Seguridad.

**vacilante** *adj.* **1.** Que está indeciso y duda. **2.** Que se tambalea.

**vacilar** *v.* **1.** Dudar, estar indeciso: *Vacilaba entre ir o no a la excursión.* **2.** Tambalearse una persona o cosa. **3.** Tomar el pelo a una persona, pitorrearse.
**SIN. 1.** Titubear. **2.** Balancearse, bambolearse. **3.** Gua- searse, cachondearse, bromear.
**FAM.** Vacilación, vacilante, vacile, vacilón.

**vacile** *s. m.* Broma o tomadura de pelo.
**SIN.** Pitorreo, guasa.

**vacilón, na** *adj.* y *s. m.* y *f.* Que bromea o toma el pelo a los demás.
**SIN.** Guasón, bromista.

**vacío, a** *adj.* **1.** Se dice del lugar o recipiente en que no hay ninguna persona o cosa: *La primera fila del cine ha quedado vacía. La botella está vacía.* **2.** Se dice del lugar en que hay poca gente: *En invierno el pueblo se queda vacío.* **3.** Se dice de las personas o las cosas a las que les falta algo importante: *Estaba harto de su vida vacía, sin ilu- siones.* **4.** Que no es profundo ni serio: *Mantu- vimos una conversación vacía sobre el tiempo y cosas así.* || *s. m.* **5.** Precipicio o espacio que hay desde una gran altura: *Al asomarse al balcón, tiró una maceta, que cayó al vacío.* **6.** Sensación de tristeza que se tiene cuando falta una persona querida: *Cuando su mejor amigo se fue, sintió un gran vacío.* **7.** En física, espacio en que no hay materia.
**EXPR. de vacío** Sin conseguir lo que se pretendía: *Fuimos a coger moras al bosque y nos volvimos de vacío.* **hacer el vacío** a alguien No tratar con él, no aceptarle en un grupo: *Los chicos de clase se enfa- daron con Juanjo y le hicieron el vacío.*
**SIN. 1.** Desocupado. **1.** y **2.** Desierto. **3.** Falto, carente. **4.** Superficial, trivial, frívolo, vacuo. **ANT. 1.** a **3.** Lleno. **2.** Abarrotado. **4.** Trascendente.
**FAM.** Vaciar.

**vacuna** *s. f.* Líquido que se inyecta o se da a una persona o animal para que no coja una enferme- dad.
**FAM.** Vacunación, vacunar.

**vacunación** *s. f.* Acción de vacunar: *Ha comen- zado la campaña de vacunación.*

**vacunar** *v.* Inyectar o dar una vacuna a una per- sona o animal para que no coja una enfermedad: *Vacunaron a su perro contra la rabia.*

**vacuno, na** *adj.* y *s. m.* Se dice de las vacas, bueyes y toros, y de lo que está relacionado con ellos: *En esta región abunda el ganado vacuno.*

**vacuo, cua** *adj.* Vacío, que no es profundo ni serio: *Pronunció un discurso vacuo, con mucha palabrería y ninguna idea.*
**SIN.** Trivial, superficial, intrascendente. **ANT.** Trascendente, enjundioso, interesante.

**vadear** *v.* Cruzar un río u otra corriente de agua por la parte menos profunda, por donde se puede hacer pie.
**SIN.** Atravesar, franquear.

**vado** *s. m.* **1.** Parte poco profunda y llana de un río por donde se puede pasar a pie, a caballo o con algún vehículo. **2.** Parte del bordillo de una calle que se ha allanado para que entren y salgan algunos vehículos de los locales que están enfrente; en esta zona suele estar prohibido aparcar.
**FAM.** Vadear.

**vagabundear** *v.* **1.** Llevar la vida de un vagabundo. **2.** Andar de un lugar a otro sin ir a un sitio fijo.
**SIN. 2.** Vagar, callejear.

**vagabundo, da** *adj.* y *s. m.* y *f.* Se dice de la persona o del animal que no tiene un lugar fijo para vivir y va de un lado a otro: *un grupo de vagabundos; un perro vagabundo.*
**FAM.** Vagabundear.

**vagamente** *adv.* De forma vaga, sin mucha precisión: *Recuerda su cara vagamente porque hace muchos años que no la ve.*

**vagancia** *s. f.* Característica o comportamiento de la persona vaga.
**SIN.** Vaguería, holgazanería, gandulería.

**vagar** *v.* Andar de un lugar a otro sin dirigirse a ningún sitio fijo. ■ Delante de *e* se escribe *gu* en lugar de *g*: *Vagué por las calles hasta la hora de tomar el tren.*
**SIN.** Deambular, vagabundear.
**FAM.** Vagabundo. / Divagar.

**vagido** *s. m.* Llanto o sonido con que se queja un recién nacido.

**vagina** *s. f.* Órgano del aparato reproductor de las mujeres y de las hembras de algunos animales, sobre todo de los mamíferos, que tiene forma alargada y va desde el exterior a la matriz.

**vago, ga**[1] *adj.* y *s. m.* y *f.* **1.** Se dice de la persona a la que no le gusta trabajar, estudiar, ni hacer ningún esfuerzo. ‖ *adj.* **2.** Se dice del ojo que no realiza totalmente su función de ver.
**EXPR. hacer el vago** No trabajar ni hacer nada.
**SIN. 1.** Gandul, perezoso, haragán, holgazán. **ANT. 1.** Trabajador.
**FAM.** Vagancia, vaguear, vaguería.

**vago, ga**[2] *adj.* Poco claro o poco preciso: *Pepe tiene un vago parecido con su primo.*
**SIN.** Indeterminado, indefinido, confuso.
**FAM.** Vagamente, vagar, vaguedad.

**vagón** *s. m.* Cada vehículo de un tren o metro que transporta personas o mercancías.
**FAM.** Vagoneta.

**vagoneta** *s. f.* Vagón pequeño y descubierto, generalmente para transportar mercancías.

**vagoneta** de una mina

**vaguada** *s. f.* Camino más bajo entre montañas por donde corren las aguas.

**vaguear** *v.* Hacer el vago.
**SIN.** Gandulear, holgar.

**vaguedad** *s. f.* **1.** Falta de claridad o exactitud al decir algo. **2.** Frase que no es clara y precisa: *Déjate de vaguedades y ve al grano.*
**ANT. 1.** Precisión.

**vaguería** *s. f.* Vagancia.

**vahído** *s. m.* Mareo o desmayo momentáneo.
**SIN.** Desfallecimiento, desvanecimiento.

**vaho** *s. m.* Vapor, como el que a veces cubre los cristales o echamos por la boca cuando hace frío.

**vaina** *s. f.* **1.** Funda en que se guarda una espada, un puñal u otra cosa. **2.** Cáscara larga y tierna que lleva dentro las judías, los guisantes o las semillas de otras plantas. **3.** Fastidio: *¡Vaya vaina tener que estudiar el fin de semana!* ‖ *adj.* y *s. m.* **4.** Persona poco seria, que no cumple sus obligaciones o las cosas que promete.
**SIN.** Engorro, lata, gaita.
**FAM.** Vainica, vainilla. / Envainar.

**vainica** *s. f.* Labor de costura que se hace sacando varios hilos de una tela, por ejemplo la que hay en los dobladillos de algunas servilletas, manteles o sábanas.

**vainilla** *s. f.* Planta que produce un fruto, también llamado *vainilla*, que se usa para dar sabor y aroma a pasteles, licores, helados.

**vaivén** *s. m.* **1.** Movimiento de un cuerpo, primero hacia un lado y luego hacia el otro: *A la niña le gusta el vaivén del columpio.* **2.** Cambio repentino de las cosas, que pueden ir bien y luego mal. ■ Con este significado se usa más en plural: *los vaivenes de la vida.*
**SIN. 1.** Oscilación. **2.** Altibajo, fluctuación.

**vajilla** *s. f.* Platos, tazas, fuentes y otros utensilios en que se sirve la comida o la bebida.
**FAM.** Lavavajillas.

**valdepeñas** *s. m.* Vino español que se hace en Valdepeñas, Ciudad Real. ■ No varía en plural.

**vale¹** *s. m.* **1.** Papel que se puede cambiar por la cantidad de dinero o la cosa que está apuntada en él. **2.** Entrada gratuita para un espectáculo: *Le han dado dos vales para una obra de teatro.* **3.** Nota que firma la persona que recibe algo para que el repartidor pueda demostrar que se la ha entregado.
**SIN. 1.** Bono.

**vale²** Forma del verbo **valer** que se usa para indicar que se está de acuerdo con algo: *–¿Vienes a jugar al baloncesto? –Vale.*
**SIN.** OK.

**valedero, ra** *adj.* **1.** Que vale o tiene validez: *Esta oferta de cámaras de fotos es valedera hasta el 15 de junio.* **2.** Que se puede cambiar por algún producto o por dinero: *valedero por cien euros.*
**SIN. 1.** Válido.

**valedor, ra** *s. m. y f.* Persona que protege a otra y la ayuda a conseguir lo que quiere.
**SIN.** Protector, padrino, benefactor.

**valencia** *s. f.* Número que indica la capacidad que tiene un elemento químico para unirse con otros y formar moléculas.

**valenciano, na** *adj. y s. m. y f.* **1.** De Valencia, ciudad y provincia españolas, y también de la Comunidad Valenciana, comunidad autónoma de España. || *s. m.* **2.** Lengua hablada en la Comunidad Valenciana.

**valentía** *s. f.* Forma de actuar de la persona valiente.
**SIN.** Valor, coraje, osadía, arrojo. **ANT.** Miedo, cobardía.

**valer¹** *v.* **1.** Tener una cosa un precio o valor: *¿Cuánto vale ese perfume?* **2.** Tener el mismo valor que otras personas o cosas: *Es tan bueno en su trabajo que vale por diez.* **3.** Tener una persona buenas cualidades para algo: *Elena vale para el deporte.* **4.** Ser útil o apropiado para algo: *Este pegamento vale para pegar madera.* **5.** Tener algo el tamaño que se necesita, por ejemplo una prenda de vestir: *La falda todavía le vale.* **6.** Tener una cosa lo que se pide, cumplir las condiciones necesarias: *Para que el carné valga debe llevar una foto.* **7.** Producir, causar: *Llegar tarde nos ha valido una reprimenda.* **8.** Merecer: *Este éxito bien vale una celebración.* **9.** Proteger o ayudar: *Que Dios les valga.* || **valerse 10.** Utilizar a alguien o algo para conseguir lo que se quiere: *Se valió de sus amistades para encontrar trabajo.* **11.** Ser capaz una persona de moverse y hacer sus cosas: *Su abuelo, con ochenta años, todavía se vale.* ■ Es un verbo irregular.
**SIN. 1.** Importar. **3.** a **6.** y **10.** Servir. **1.** y **7.** Costar. **2.** Equivaler. **7.** Suponer, ocasionar. **9.** Amparar, auxiliar. **10.** Recurrir. **11.** Manejarse.

**FAM.** Vale¹, vale², valedero, valedor, valencia, valer², valía, valido, válido, valimiento, valioso, valor. / Ambivalente, desvalido, equivaler, polivalente.

**valer²** *s. m.* Valor, valía: *Hay que juzgar a las personas por su valer.*

**valeriana** *s. f.* Planta que tiene una raíz que se usa como tranquilizante.

**valeroso, sa** *adj.* Que tiene valentía.
**SIN.** Valiente, bravo, animoso. **ANT.** Cobarde, miedoso, temeroso.

**valí** *s. m.* Gobernador de una provincia en un país musulmán. ■ Su plural es *valíes,* aunque también se utiliza *valís.* Es una palabra árabe.

**valía** *s. f.* **1.** Valor de una persona por sus cualidades o méritos: *un científico de gran valía.* **2.** Lo que vale una cosa.
**SIN. 1.** Valer². **FAM.** Minusválido, plusvalía.

**validar** *v.* Hacer válida o firme una cosa: *La orden del gobernador ha sido validada por el ministro.*
**ANT.** Invalidar.

**validez** *s. f.* Característica de lo que es válido: *El abono del autobús tiene validez durante un mes.*

**valido** *s. m.* Persona de confianza del rey, que le ayudaba a gobernar. ■ No confundir con *balido,* 'sonido que hacen algunos animales'.
**SIN.** Favorito, privado.

**válido, da** *adj.* Que es legal, correcto o apropiado: *El árbitro no pitó falta porque la jugada era válida.*
**ANT.** Falso.
**FAM.** Validar, validez. / Inválido.

**valiente** *adj. y s. m. y f.* **1.** Que no tiene miedo al enfrentarse a un peligro o situación difícil. || *adj.*

| VALER | |
|---|---|
| **INDICATIVO** | |
| **Presente** | **Futuro** |
| valgo | valdré |
| vales | valdrás |
| vale | valdrá |
| valemos | valdremos |
| valéis | valdréis |
| valen | valdrán |
| **Condicional** | |
| valdría | valdríamos |
| valdrías | valdríais |
| valdría | valdrían |
| **SUBJUNTIVO** | |
| **Presente** | |
| valga | valgamos |
| valgas | valgáis |
| valga | valgan |

**2.** Se emplea para destacar algo: *¡En valiente lío se ha metido!*
SIN. **1.** Valeroso, intrépido, atrevido, osado, audaz. **2.** Menudo. ANT. **1.** Cobarde, temeroso, miedoso. FAM. Valentía. / Envalentonarse.

**valija** *s. f.* **1.** Maleta. **2.** Saco que se emplea para llevar las cartas. **3.** Las cartas que van en ese saco.
FAM. Desvalijar.

**valimiento** *s. m.* Apoyo y ayuda que una persona recibe de otra.
SIN. Favor, protección.

**valioso, sa** *adj.* Que tiene mucho valor.
SIN. Costoso, caro; apreciado, estimable. ANT. Insignificante.

**valkiria** *s. f.* Busca **valquiria**.

**valla** *s. f.* **1.** Lo que se coloca alrededor de un lugar para protegerlo o no dejar que entren personas o animales. **2.** Soporte para poner carteles publicitarios que hay a veces a los lados de una carretera o calle. **3.** Cada obstáculo que hay que saltar en algunas carreras de atletismo.
SIN. **1.** Cerca, cercado, vallado.
FAM. Vallado, vallar.

**valla** de obras

**valla** para la carrera de obstáculos

**valla** publicitaria

**vallado** *s. m.* Valla o muro de tierra que se pone alrededor de un lugar para impedir la entrada en él o para protegerlo.
SIN. Cercado.

**vallar** *v.* Rodear un sitio con una valla.

**valle** *s. m.* **1.** Terreno llano situado entre montañas, que puede estar ocupado por casas o pueblos. **2.** Territorio por el que corren las aguas de un río y de sus afluentes: *El valle del Ebro es muy fértil.*
EXPR. **valle de lágrimas** Este mundo o esta vida, por los sufrimientos y desgracias que se pasan.
SIN. **2.** Cuenca, vega.

**vallisoletano, na** *adj. y s. m. y f.* De Valladolid, ciudad y provincia españolas.

**valor** *s. m.* **1.** Buenas cualidades por las que algo es apreciado: *El museo tiene un gran valor artístico.* **2.**

Dinero que vale una cosa: *El valor de estas joyas es enorme.* **3.** Importancia que tiene algo: *Lo que acaba de decir tiene mucho valor para mí.* **4.** Valentía: *¡Qué valor le echan los toreros cuando salen al ruedo!* **5.** Falta de vergüenza o de consideración hacia los demás: *Hay que tener valor para hacer esa gamberrada.* **6.** Persona que vale o posee buenas cualidades para algo: *Mario es un joven valor del atletismo.* **7.** Cantidad que vale una expresión matemática: $x - 2 = 6$ si el valor de $x$ es 8. ‖ *s. m. pl.* **8.** Ideas o normas por las que se guía el comportamiento de una persona o grupo: *Sus padres le han enseñado unos valores para que sea un hombre honrado.*
SIN. **1.** y **2.** Valía. **2.** Precio, coste, importe. **3.** Interés, trascendencia. **4.** Coraje, arrojo. **5.** Descaro, desvergüenza, cara. **8.** Principios. ANT. **4.** Cobardía, miedo. **5.** Respeto.
FAM. Valeroso, valiente, valorar. / Desvalorizar, revalorizar.

**valoración** *s. f.* Acción de valorar algo: *El periódico ha hecho una valoración positiva de la película.*
SIN. Evaluación.

**valorar** *v.* **1.** Decir el precio o la cantidad de dinero que vale algo: *El joyero valoró el collar en cien mil euros.* **2.** Reconocer las cualidades o el mérito de alguien o algo: *El entrenador valoró el esfuerzo de sus jugadores durante la liga.* **3.** Aumentar el valor de una cosa.
SIN. **1.** Tasar, evaluar. **2.** Apreciar. **3.** Revalorizar. ANT. **3.** Devaluar.
FAM. Valoración. / Infravalorar, sobrevalorar.

**valquiria** *s. f.* En la mitología escandinava, diosa que decidía qué héroes debían morir en un combate y los conducía a un paraíso. ■ Se escribe también *valkiria.*

**vals** *s. m.* **1.** Baile de origen austriaco que bailan agarrados un hombre y una mujer y consiste en ir dando vueltas. **2.** Música de este baile. ■ Su plural es *valses.*

**valva** *s. f.* Cada pieza dura que forma la concha de los mejillones, almejas y otros animales.

**válvula** *s. f.* **1.** Pieza que cierra o abre el paso de un líquido o gas en una máquina o instrumento, por ejemplo la válvula de una olla a presión o la de un neumático. **2.** Pliegue que tienen las venas y el corazón para que la sangre vaya en una dirección y no vuelva hacia atrás.

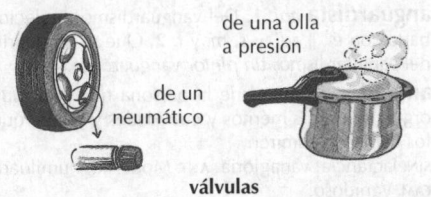

de una olla a presión

de un neumático

**válvulas**

**¡vamos!** *interj.* Forma del verbo **ir** que se usa para animar a una persona o meterle prisa: *¡Vamos, ya queda poco para la meta! ¡Vamos, es tarde!;* o para expresar enfado o indignación: *¡Vamos, lo que hay que oír!*

**vampiresa** *s. f.* Mujer muy atractiva que conquista fácilmente a los hombres, a veces para aprovecharse de ellos.

**vampiro** *s. m.* **1.** Según algunas leyendas, muerto que se alimenta de la sangre que chupa a las personas vivas. **2.** Murciélago americano que tiene dos dientes muy largos con los que chupa la sangre de personas y animales. **FAM.** Vampiresa.

**vanagloria** *s. f.* Actitud de la persona que presume mucho de algo. **SIN.** Presunción, vanidad, jactancia. **ANT.** Sencillez, humildad. **FAM.** Vanagloriarse.

**vanagloriarse** *v.* Presumir mucho una persona de sus cualidades o acciones. **SIN.** Jactarse, enorgullecerse, alardear. **ANT.** Humillarse.

**vandálico, ca** *adj.* Que hace actos de vandalismo: *Romper los columpios del parque fue una acción vandálica.*

**vandalismo** *s. m.* Comportamiento de las personas que hacen destrozos o arman follón sin respetar a los demás ciudadanos. **SIN.** Barbarie.

**vándalo, la** *adj. y s. m. y f.* **1.** De un pueblo bárbaro que invadió algunas zonas del antiguo imperio romano, por ejemplo la península Ibérica. **2.** Gamberro, persona que rompe cosas o que arma jaleo. **FAM.** Vandálico, vandalismo.

**vanguardia** *s. f.* **1.** Parte más adelantada del ejército, que es la que se enfrenta directamente al enemigo. **2.** Movimiento artístico, cultural o de otro tipo que es más moderno y renovador que los de su época. **SIN. 1.** Frente. **ANT. 1.** Retaguardia. **FAM.** Vanguardismo.

**vanguardismo** *s. m.* Ideas y movimientos artísticos más avanzados que otros que hay en ese momento. **FAM.** Vanguardista.

**vanguardista** *adj.* **1.** Del vanguardismo o relacionado con él. || *adj. y s. m. y f.* **2.** Que es partidario del vanguardismo: *un pintor vanguardista.*

**vanidad** *s. f.* Actitud de la persona que está muy orgullosa de sus méritos y cualidades y quiere que los demás la admiren. **SIN.** Jactancia, vanagloria. **ANT.** Modestia, humildad. **FAM.** Vanidoso.

**vanidoso, sa** *adj. y s. m. y f.* Que presume mucho de sus cualidades o méritos.

**vano, na** *adj.* **1.** Inútil, que no tiene el resultado que se quería: *Todos los intentos de ganarle a Carlos al billar fueron vanos.* **2.** Que no tiene fundamento: *El profesor le dijo que no se hiciera vanas ilusiones de aprobar si no estudiaba.* **3.** Presumido, que muestra vanidad. **4.** Se dice de los frutos con cáscara que están vacíos, secos o podridos por dentro: *A Jorge le han salido cinco nueces vanas.* || *s. m.* **5.** Hueco de una puerta o una ventana que hay en un muro o pared. **EXPR. en vano** Inútilmente, sin conseguir algo: *Buscó en vano su sombrero.* **SIN. 1.** Estéril, ineficaz. **2.** Infundado. **ANT. 1.** Eficaz. **2.** Real. **FAM.** Vanagloria, vanidad. / Devaneo, envanecer.

**vapor** *s. m.* **1.** Gas en que se convierte un líquido cuando es calentado a una temperatura: *vapor de agua.* **2.** Barco que navega gracias al impulso de una máquina de vapor. **SIN. 1.** Vaho. **FAM.** Vaporizador, vaporizar, vaporoso. / Evaporar.

vapor

**vaporizador** *s. m.* **1.** Aparato que convierte un líquido en vapor. **2.** Aparato que echa un líquido en gotitas pequeñas: *un perfume con vaporizador.* **SIN. 2.** Pulverizador, spray.

**vaporizar** *v.* **1.** Convertir un líquido en vapor por la acción del calor. **2.** Echar un líquido en gotitas pequeñas. ■ Delante de *e* se escribe *c* en lugar de *z*: *vaporice.* **SIN. 1.** Evaporar. **2.** Rociar, pulverizar.

**vaporoso, sa** *adj.* Se dice de una tela o vestido muy fino y ligero.

**vapulear** *v.* **1.** Mover a una persona o cosa de un lado a otro de forma brusca. **2.** Dar golpes a alguien, pegarle una paliza. **3.** Criticar, reñir o tratar mal a una persona. **SIN. 1.** Zarandear. **2.** Zurrar, apalear, azotar. **FAM.** Vapuleo.

**vapuleo** *s. m.* Acción de vapulear a alguien.

**vaquería** *s. f.* Lugar donde se crían y tienen las vacas o se vende su leche. **SIN.** Lechería.

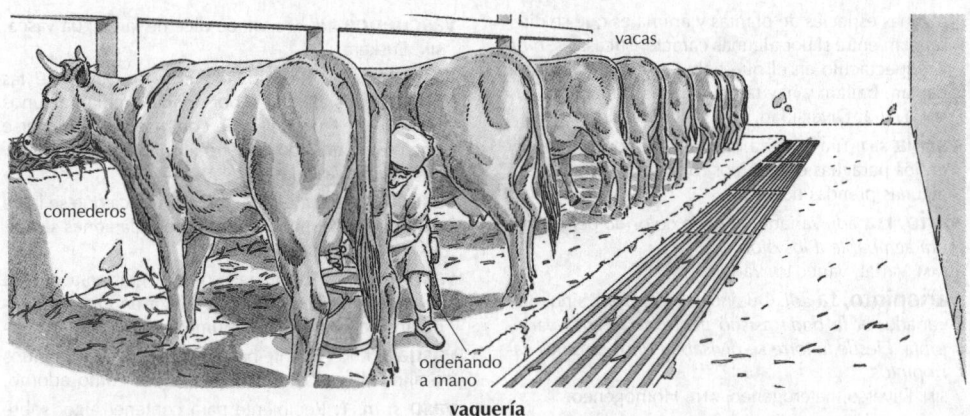

comederos

vacas

ordeñando
a mano

**vaquería**

**vaquerizo, za** *s. m.* y *f.* Pastor de ganado vacuno. **SIN.** Vaquero.

**vaquero, ra** *s. m.* y *f.* **1.** Pastor de vacas, toros y bueyes. ‖ *s. m.* **2.** Jinete que en el oeste americano conduce y cuida el ganado vacuno: *Los niños han visto una película de vaqueros.* ‖ *adj.* **3.** Se dice de una tela de algodón, fuerte y un poco tiesa, y de las cosas que se hacen con ella: *una falda vaquera.* ‖ *s. m. pl.* **4.** Pantalones hechos con esta tela: *Julia va vestida con una blusa y unos vaqueros.* **SIN. 2.** Cowboy. **4.** Tejanos.

**vaquilla** *s. f.* Vaca joven que es toreada en fiestas populares.

**vara** *s. f.* Palo o rama larga y delgada. **FAM.** Varapalo, varear, varilla, varita. / Envarado.

**varadero** *s. m.* Lugar donde se dejan los barcos para protegerlos o repararlos. **SIN.** Dársena.

**varado, da** *adj.* **1.** Que está encallado: *Hay un barco varado cerca de la playa.* ‖ *adj.* y *s. m.* y *f.* **2.** En América, se dice de la persona que no tiene trabajo ni dinero.

**varapalo** *s. m.* **1.** Palo largo. **2.** Golpe o paliza que se da con un palo. **3.** Castigo o regañina fuerte: *Hasta que no le den un buen varapalo, no va a escarmentar.* **SIN. 1.** Vara.

**varar** *v.* **1.** Quedar sin poder moverse una embarcación en las costas o en las peñas al chocar con arena, piedras o rocas. **2.** Sacar una embarcación a la playa y ponerla en un lugar seco para protegerla o para arreglarla. **SIN. 1.** Encallar. **FAM.** Varadero, varado.

**varear** *v.* Golpear con una vara o palo, por ejemplo para hacer caer los frutos de algunos árboles.

**variable** *adj.* Que varía o puede variar: *El horario de los autocares es variable: no es igual a diario* que los fines de semana. Es una persona muy variable: lo mismo está encantadora que insoportable. **SIN.** Cambiante; inestable. **ANT.** Invariable, fijo, estable.

**variación** *s. f.* Cambio: *Hicieron algunas variaciones en los decorados para la función.* **SIN.** Transformación, modificación.

**variado, da** *adj.* Que siendo una misma cosa tiene diferencias: *Pidió un kilo de pasteles variados. Ese cantante tiene un repertorio muy variado.* **SIN.** Vario, diverso, surtido.

**variante** *s. f.* **1.** Cada una de las formas distintas de una misma cosa, pero que tienen algún parecido: *«Desharrapado» y «desarrapado» son dos variantes de una misma palabra.* **2.** Este libro presenta algunas variantes con respecto a la edición anterior. **3.** Desviación de un tramo de carretera o camino. **SIN. 2.** Cambio, variación.

**variar** *v.* **1.** Hacer que una cosa sea diferente de como era antes: *El guía de la excursión varió la ruta.* **2.** Cambiar, hacerse distinto: *La opinión que María tiene sobre Marta ha variado desde que la conoce mejor.* **3.** Dar variedad: *Varía tu vestuario: no lleves siempre la misma ropa.* **SIN. 1.** Modificar, alterar. **ANT. 1.** Mantener. **FAM.** Variable, variación, variado, variante. / Invariable.

**varicela** *s. f.* Enfermedad contagiosa que se suele tener de pequeño y se caracteriza por la fiebre y la aparición de unos granos que salen en la cara y por el cuerpo.

**variedad** *s. f.* **1.** El hecho de haber en algo cosas diferentes: *En la alimentación la variedad es muy importante.* **2.** Conjunto de personas, animales o cosas diferentes: *Había una gran variedad de telas en la tienda.* **3.** Cada una de las distintas clases de algo, por ejemplo los grupos en que se dividen

**1153**

algunas especies de plantas y animales que se diferencian entre sí por algunas características. || *s. f. pl.* **4.** Espectáculo en el que trabajan muchos artistas, cantan, bailan, y hay también otras actuaciones. **SIN. 1.** y **2.** Diversidad. **ANT. 1.** Uniformidad.

**varilla** *s. f.* Tira o pieza delgada, como las que hay en los paraguas o abanicos, o las que se ponen en algunas prendas de vestir.

**vario, ria** *adj.* Variado: *El vario colorido del paisaje era agradable a los ojos.*
**FAM.** Variar, variedad, varios.

**variopinto, ta** *adj.* Que no es todo igual, sino muy variado: *A la boda asistió gente de lo más variopinta. Desde la torre se divisaban unos paisajes variopintos.*
**SIN.** Diverso, heterogéneo. **ANT.** Homogéneo.

**varios, rias** *indef.* Más de uno: *Tengo varias ideas para la fiesta. Han venido varios a verte.*

**varita** *s. f.* Vara pequeña.
**EXPR. varita mágica** La que usan las hadas en los cuentos para hacer cosas que parecen imposibles.

**variz** *s. f.* Aumento del tamaño de una vena por la acumulación de sangre en ella; suele ocurrir en las piernas. ■ Su plural es *varices.*

**varón** *s. m.* Persona de sexo masculino. ■ No confundir con *barón*, 'noble'.
**EXPR. santo varón** Hombre muy bueno.
**FAM.** Varonil.

**varonil** *adj.* Del varón o relacionado con él.
**SIN.** Viril, masculino. **ANT.** Femenino.

**varsoviano, na** *adj.* y *s. m.* y *f.* De Varsovia, capital de Polonia.

**vasallaje** *s. m.* **1.** Dependencia y fidelidad del vasallo hacia su señor. **2.** Tributo que el vasallo pagaba a su señor.

**vasallo, lla** *adj.* y *s. m.* y *f.* **1.** Persona que en el feudalismo servía a un señor, dependía de él y le tenía fidelidad: *El vasallo trabajaba las tierras que le había entregado el señor.* || *s. m.* y *f.* **2.** Persona que está bajo la autoridad de un soberano y tiene que obedecerle. **3.** Cualquiera que reconoce a otro por superior y muestra hacia él mucha obediencia.
**FAM.** Vasallaje. / Avasallar.

**vasco, ca** *adj.* y *s. m.* y *f.* **1.** Del País Vasco, comunidad autónoma española, o del País Vasco francés, región de Francia. || *s. m.* **2.** Lengua hablada por parte de los habitantes del País Vasco, Navarra y del territorio vascofrancés.
**SIN. 1.** Vascongado. **2.** Vascuence, euskera.
**FAM.** Vascofrancés, vascongado, vascuence.

**vascofrancés, sa** *adj.* y *s. m.* y *f.* Del País Vasco francés, región del suroeste de Francia.

**vascongado, da** *adj.* y *s. m.* y *f.* Del País Vasco, comunidad autónoma española.
**SIN.** Vasco.

**vascuence** *adj.* y *s. m.* Se dice de la lengua vasca.
**SIN.** Euskera.

**vascular** *adj.* Relacionado con los vasos de las plantas y los animales, por donde circulan algunos líquidos. ■ No confundir con *bascular*, 'moverse una cosa a un lado y a otro'.
**FAM.** Cardiovascular.

**vasectomía** *s. f.* Operación quirúrgica que se hace para que un hombre pueda tener relaciones sexuales y no tenga hijos.

**vaselina** *s. f.* Sustancia espesa y grasienta que se saca del petróleo y que se utiliza en algunos productos de farmacia y perfumería.

**vasija** *s. f.* Recipiente hondo para contener líquidos o alimentos, o que también se usa como adorno.

**vaso** *s. m.* **1.** Recipiente para contener algo, sobre todo el que tiene forma de cilindro y se usa para beber. **2.** Líquido que tiene ese recipiente: *Se ha bebido dos vasos de leche.* **3.** Cada uno de los conductos que hay en los animales y las plantas, por los que circulan algunos líquidos: *Los vasos sanguíneos conducen la sangre.*
**FAM.** Vasectomía, vasija. / Envasar, posavasos.

**vástago** *s. m.* **1.** Renuevo o rama tierna que brota de un árbol o planta. **2.** Conjunto del tallo y las hojas. **3.** Hijo, descendiente. **4.** Pieza alargada que sirve para unir otras metiéndola en un agujero.
**SIN. 1.** Brote, pimpollo, yema. **1.** y **3.** Retoño.

**vasto, ta** *adj.* Muy grande o muy extenso: *una vasta llanura.* ■ No confundir con *basto*, 'grosero'.
**SIN.** Inmenso, amplio. **ANT.** Pequeño.

**váter** *s. m.* Busca **wáter**.

**vaticano, na** *adj.* Del Vaticano, pequeño estado europeo donde vive el papa.

**vaticinar** *v.* Anunciar algo que va a suceder: *Le vaticinan un gran porvenir como cantante.*
**SIN.** Pronosticar, predecir, augurar.
**FAM.** Vaticinio.

**vaticinio** *s. m.* Acción de vaticinar y lo que se vaticina: *Se cumplieron sus vaticinios.*
**SIN.** Predicción, pronóstico, augurio.

**vatio** *s. m.* Unidad de potencia eléctrica.
**FAM.** Kilovatio.

**¡vaya!** *interj.* Forma del verbo **ir** que expresa asombro, sorpresa, fastidio o protesta: *¡Vaya enfado que se ha cogido Enrique!*

**vecinal** *adj.* **1.** De los vecinos. **2.** De un municipio: *un camino vecinal.*

**vecindad** *s. f.* **1.** Hecho de ser vecino uno de otro. **2.** Conjunto de vecinos que hay en las viviendas de una casa, en una calle, barrio o población: *Sonó la alarma del coche y despertó a toda la vecindad.* **3.** Cercanías de un sitio.
**SIN. 2.** Vecindario. **3.** Alrededores, proximidades, inmediaciones.

**vecindario** *s. m.* Conjunto de los vecinos de una casa, calle, barrio o población.
SIN. Vecindad.

**vecino, na** *adj.* y *s. m.* y *f.* **1.** Que vive en la misma población, barrio o edificio que otros: *Se lleva bien con los vecinos de su casa.* || *adj.* **2.** Cercano, próximo: *Francia y Portugal son países vecinos de España.*
FAM. Vecinal, vecindad, vecindario. / Avecinarse.

**veda** *s. f.* **1.** Acción de vedar. **2.** Tiempo durante el cual está prohibido cazar o pescar.
SIN. **1.** Prohibición.

**vedado, da** *adj.* **1.** Prohibido. || *s. m.* **2.** Lugar al que la ley o un mandato prohíbe la entrada: *un vedado de caza.*
SIN. **2.** Vetado.

**vedar** *v.* Prohibir, impedir: *Les vedaron la entrada en el club por no ser socios.*
SIN. Vetar, negar. ANT. Permitir.
FAM. Veda, vedado.

**vedette** *s. f.* Mujer que es la protagonista en revistas y otros espectáculos musicales. ■ Es una palabra francesa.

**vega** *s. f.* Terreno bajo, llano y fértil, por el que normalmente pasa un río: *la vega del Duero.*

**vegetación** *s. f.* **1.** Conjunto de los vegetales de un lugar, región o clima: *En las selvas hay gran vegetación de árboles y matorrales.* || *s. f. pl.* **2.** Crecimiento anormal de unas glándulas que están en la faringe; se da, sobre todo, en los niños.
SIN. **1.** Flora.

**vegetal** *adj.* **1.** De las plantas o relacionado con ellas: *aceite vegetal.* || *s. m.* **2.** Ser vivo que normalmente está fijo al suelo, no tiene sistema nervioso y convierte en alimento las sustancias que obtiene de la tierra.
SIN. **2.** Planta.
FAM. Vegetación, vegetar, vegetariano.

**vegetar** *v.* **1.** Nacer, alimentarse y crecer las plantas. **2.** Llevar una persona una vida parecida a la de las plantas realizando sólo las funciones imprescindibles para vivir, como respirar o alimentarse.
FAM. Vegetativo.

**vegetariano, na** *adj.* y *s. m.* y *f.* **1.** Se dice de la persona que se alimenta casi exclusivamente de vegetales, como verduras, frutas y legumbres. || *adj.* **2.** Relacionado con esta forma de alimentarse: *cocina vegetariana.*

**vegetativo, va** *adj.* Se dice de las funciones de la vida que tienen tanto las plantas como los animales, por ejemplo las relacionadas con la alimentación y el crecimiento. **2.** De estas funciones: *órgano vegetativo.*
EXPR. **crecimiento vegetativo** Lo que crece la población; se calcula restando el número de muertes al número de nacimientos.
FAM. Neurovegetativo.

**vehemencia** *s. f.* Característica de vehemente.
SIN. Pasión, entusiasmo, ardor. ANT. Frialdad.

**vehemente** *adj.* **1.** Que pone mucha pasión y sentimiento en lo que hace o dice: *Cuando discute es muy vehemente.* **2.** Que tiene mucha fuerza y entusiasmo: *un discurso vehemente.*
SIN. **1.** Impulsivo. **1.** y **2.** Apasionado. **2.** Encendido. ANT. **1.** y **2.** Frío.
FAM. Vehemencia.

**vehículo** *s. m.* **1.** Cualquier medio de transporte como el coche, el barco o el avión. **2.** Lo que conduce o transmite fácilmente algunas cosas, como la electricidad, el sonido o también una enfermedad.

**veintavo, va** *num.* Busca **veinteavo**.

**veinte** *num.* **1.** Dos veces diez. **2.** Que ocupa por orden este número. || *s. m.* **3.** Signos con que se representa.
SIN. **2.** Vigésimo.
FAM. Veintavo, veinteañero, veinteavo, veintena, veinticinco, veinticuatro, veintidós, veintinueve, veintiocho, veintiséis, veintisiete, veintitrés, veintiún, veintiuna, veintiuno. / Vigésimo.

**veinteañero, ra** *adj.* y *s. m.* y *f.* Se dice de la persona que tiene entre veinte y treinta años.

**veinteavo, va** *num.* y *s. m.* Se dice de cada una de las veinte partes iguales en que se divide una cosa. ■ Se dice también *veintavo.*
SIN. Vigésimo.

**veintena** *s. f.* Conjunto de veinte unidades.

**veinticinco** *num.* **1.** Veinte y cinco. **2.** Que ocupa por orden este número. || *s. m.* **3.** Signos con que se representa.

**veinticuatro** *num.* **1.** Veinte y cuatro. **2.** Que ocupa por orden este número. || *s. m.* **3.** Signos con que se representa.

**veintidós** *num.* **1.** Veinte y dos. **2.** Que ocupa por orden este número. || *s. m.* **3.** Signos con que se representa.

**veintinueve** *num.* **1.** Veinte y nueve. **2.** Que ocupa por orden este número. || *s. m.* **3.** Signos con que se representa.

**veintiocho** *num.* **1.** Veinte y ocho. **2.** Que ocupa por orden este número. || *s. m.* **3.** Signos con que se representa.

**veintiséis** *num.* **1.** Veinte y seis. **2.** Que ocupa por orden este número. || *s. m.* **3.** Signos con que se representa.

**veintisiete** *num.* **1.** Veinte y siete. **2.** Que ocupa por orden este número. || *s. m.* **3.** Signos con que se representa.

**veintitrés** *num.* **1.** Veinte y tres. **2.** Que ocupa por orden este número. || *s. m.* **3.** Signos con que se representa.

**veintiún** *num.* Forma abreviada de **veintiuno**. ■ Se usa delante de sustantivos masculinos o de sustantivos femeninos que comienzan por *a* o *ha* acentuadas: *veintiún días, veintiún águilas.*

**veintiuna** *s. f.* Juego de cartas o de dados en que gana el que hace veintiún puntos o se acerca más a ellos, sin pasarse.

**veintiuno, na** *num.* **1.** Veinte y uno. **2.** Que ocupa por orden este número. || *s. m.* **3.** Signos con que se representa.

**vejación** *s. f.* Acción de vejar.
SIN. Humillación.

**vejar** *v.* Hacer que alguien se sienta humillado.
SIN. Humillar, ofender. ANT. Alabar.
FAM. Vejación, vejatorio.

**vejatorio, ria** *adj.* Que hace que alguien se sienta humillado: *Le dieron un trato vejatorio.*
SIN. Humillante, indigno. ANT. Digno, respetuoso.

**vejestorio** *s. m.* Persona muy vieja.
SIN. Carcamal, carroza. ANT. Chaval.

**vejez** *s. f.* **1.** Característica de las personas que tienen muchos años. **2.** Último periodo de la vida de una persona o animal: *Ha ahorrado lo suficiente para tener una vejez tranquila.*
SIN. **2.** Ancianidad. ANT. **1.** y **2.** Juventud.

**vejiga** *s. f.* **1.** Órgano en forma de bolsa en el que se almacena la orina producida por los riñones. **2.** Ampolla que sale en la piel.
EXPR. **vejiga natatoria** Saco lleno de aire que tienen muchos peces cerca del tubo digestivo y que hinchan y deshinchan para subir o bajar dentro del agua.

**vela¹** *s. f.* **1.** Cilindro de cera con un cordón que se prende para dar luz. **2.** Hecho de estar alguien sin dormir o acompañando a un enfermo o a un muerto: *Había tanto jaleo que se pasó la noche en vela.* **3.** Moco que cuelga de la nariz.
EXPR. **a dos velas** Sin dinero o con muy poco: *Después de comprarse la bicicleta se ha quedado a dos velas.* También, sin comprender nada: *Le explicaron la lección, pero se quedó a dos velas.* **no darle** a uno **vela en este entierro** o **para este entierro** No haber dado una persona permiso a otra para que se meta en una conversación o asunto que no le importa.
SIN. **1.** Cirio. **2.** Vigilia.
FAM. Velón. / Apagavelas.

**vela²** *s. f.* **1.** Pieza de tela fuerte que se sujeta a los palos de un barco para que, al empujarla el viento, haga navegar la embarcación. **2.** Deporte marítimo en que compiten varios barcos de vela.
FAM. Velamen, velero.

**velada** *s. f.* **1.** Reunión de varias personas para charlar y distraerse; se hace por la noche, por ejemplo después de cenar. **2.** Sesión musical, literaria o de otro tipo, que se hace al final de la tarde o por la noche.

**velador** *s. m.* **1.** Mesita, normalmente redonda, con una sola pata que se divide por abajo en varios pies para apoyarse en el suelo, como las que hay en algunas terrazas y cafés. **2.** En Hispanoamérica, mesilla de noche.

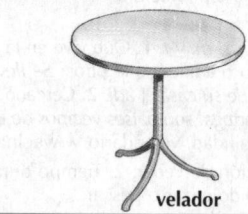

**velador**

**velamen** *s. m.* Las velas de una embarcación.

**velar¹** *v.* **1.** Estar sin dormir por la noche, por ejemplo cuidando a un enfermo o acompañando a un muerto. **2.** Cuidar, preocuparse: *Vela por la educación de sus hijos.*
FAM. Vela¹, velada, velador, velatorio. / Desvelar¹, duermevela.

**velar²** *v.* **1.** Tapar, ocultar: *Pretendía velar la verdad.* **2.** Borrar la imagen de una película fotográfica por efecto de la luz: *Abrió la cámara de hacer fotos y se veló el carrete.*
FAM. Desvelar², revelar.

**velar³** *adj.* Del velo del paladar o relacionado con él.

**velatorio** *s. m.* Acto en que se vela a un difunto y lugar en que se hace.

**velcro** *s. m.* Sistema de cierre o de sujeción formado por dos tiras de tejidos diferentes que se quedan enganchados al tocarse y que pueden unirse y separarse una y otra vez: *Prefiero las zapatillas que se cierran con velcro que las que llevan cordones.*

**veleidad** *s. f.* Capricho, antojo.
FAM. Veleidoso.

**veleidoso, sa** *adj.* y *s. m.* y *f.* Caprichoso, que primero quiere una cosa y luego otra.
SIN. Inconstante, voluble, veleta. ANT. Constante.

**velero** *adj.* y *s. m.* **1.** Barco de vela. **2.** Planeador, avión que vuela sin motor.

**veleta** *s. f.* **1.** Pieza metálica con forma de flecha o de otra figura, que gira con el viento y señala la direc-

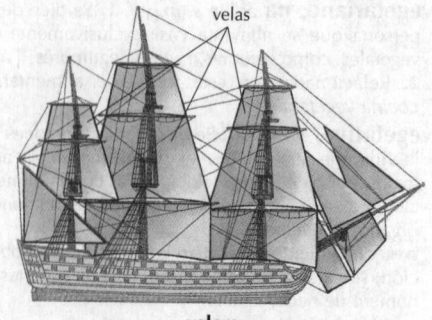

velas

**velero**

ción en que éste sopla. ‖ *s. m.* y *f.* **2.** Persona que cambia constantemente de idea o de opinión. **SIN. 2.** Inconstante, voluble, veleidoso. **ANT. 2.** Constante.

**vello** *s. m.* **1.** Pelo que sale en algunas partes del cuerpo, más corto y fino que el de la cabeza y el de la barba. **2.** Pelusilla que cubre algunas frutas o plantas. ■ No confundir con *bello*, 'hermoso'. **FAM.** Vellosidad, velludo.

**vellón** *s. m.* La lana de un carnero o de una oveja después de esquilarlos.

**vellosidad** *s. f.* Vello, sobre todo si hay mucho.

**velludo, da** *adj.* Que tiene mucho vello.

**velo** *s. m.* **1.** Tela transparente que cubre una cosa o con la que a veces se cubren las mujeres la cabeza, el cuello y la cara. **2.** Manto con que algunas monjas se cubren la cabeza y los hombros.
**EXPR. velo del paladar** Especie de membrana que separa la cavidad de la boca de la faringe. ‖ **correr un tupido velo** Tratar de esconder o de olvidar una cosa desagradable.
**FAM.** Vela², velar², velar³.

**velocidad** *s. f.* **1.** El tiempo que alguien o algo tarda en recorrer un espacio o en hacer algo: *Vamos tan despacio que a esta velocidad no llegaremos nunca.* **2.** Rapidez: *Corre en carreras de motos porque le gusta la velocidad.* **3.** Cada una de las marchas de los coches y otros vehículos: *Muchos automóviles tienen cinco velocidades.*
**EXPR. velocidad punta** Busca **punta**.
**SIN. 2.** Celeridad. **ANT. 2.** Lentitud.
**FAM.** Velocímetro, velocípedo, velocista, velódromo, veloz.

**velocímetro** *s. m.* Instrumento que señala la velocidad a la que se mueve un vehículo.

**velocípedo** *s. m.* Bicicleta de dos o tres ruedas, la de delante más grande que las otras.

**velocista** *s. m.* y *f.* Deportista que participa en carreras de velocidad, sobre todo en atletismo y ciclismo.

**velódromo** *s. m.* Pista para carreras en bicicleta.

**velomotor** *s. m.* **1.** Bicicleta que tiene un pequeño motor. **2.** Ciclomotor.

**velón** *s. m.* Lámpara de metal que funciona con aceite y está formada por un vaso que termina en uno o varios picos con mechas.

**veloz** *adj.* Rápido, que se mueve o hace algo con velocidad. ■ Su plural es *veloces*.
**SIN.** Raudo, presuroso. **ANT.** Lento.

**vena** *s. f.* **1.** Cada uno de los tubitos que llevan la sangre al corazón o a otra vena mayor. **2.** Cada uno de los nervios que sobresalen en el revés de las hojas de las plantas. **3.** Filón de un mineral. **4.** Veta o franja que tiene una cosa y que por su material o por su color destaca del resto. **5.** Habilidad o talento que tiene una persona para algo: *Ese muchacho tiene vena de artista.*
**EXPR. darle** o **entrarle** a uno **la vena** Entrarle a uno de repente el deseo de hacer algo, sobre todo un disparate: *Le entró la vena de no hablar con nadie.*
**estar en vena** Salirle a uno las cosas muy bien durante un tiempo: *El tenista está en vena y gana todos los partidos.*
**SIN. 5.** Capacidad, disposición.
**FAM.** Venada, venado -da, venoso.

**venablo** *s. m.* Lanza corta para arrojarla.

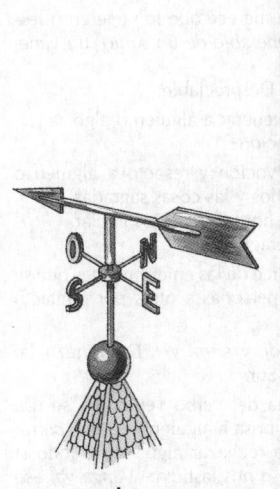

veleta

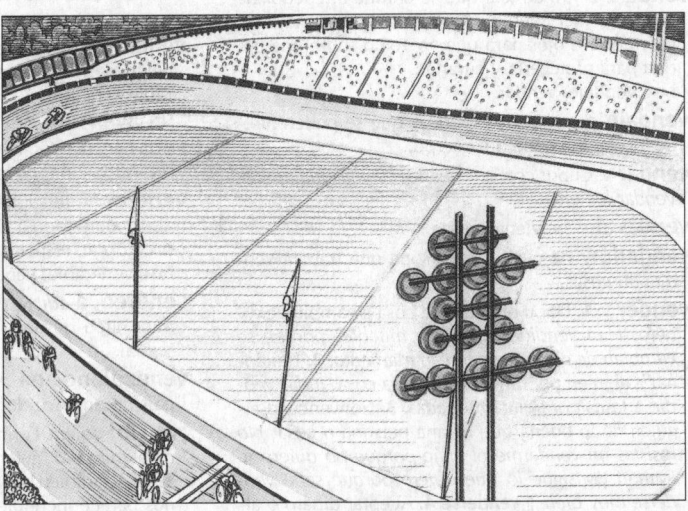

velódromo

**venada** *s. f.* Manía, enfado o impulso que le da a uno de repente: *Le dio una venada y se marchó sin decir palabra.*

**venado** *s. m.* Ciervo o cualquier animal parecido.

**venado, da** *adj.* Chalado, loco.

**venal** *adj.* Que se deja sobornar: *un político venal.*

**vencedor, ra** *adj. y s. m. y f.* Que vence o gana. **SIN.** Triunfador, ganador. **ANT.** Perdedor.

**vencejo** *s. m.* Pájaro de color casi siempre negro o pardo que tiene el pico delgado, las alas muy largas y la cola en forma de horquilla; vuela muy rápido. Es un ave migratoria y se alimenta de insectos.

**vencer** *v.* **1.** Ganar al enemigo o al contrario en una lucha, un juego, una competición: *Venció a todos sus contrincantes y se convirtió en el campeón.* **2.** Ser una cosa tan fuerte que no se puede resistir: *Quería quedarse despierto, pero le vencía el sueño.* **3.** Dominar una pasión, un sentimiento, un deseo: *No pude vencer la curiosidad y le pregunté si aquel chico era su novio.* **4.** Superar dificultades: *Venció los obstáculos que le surgieron en el camino.* **5.** Terminar el tiempo que se da o se señala para algo: *Mañana vence el plazo para apuntarse a las clases de inglés.* || **vencerse 6.** Hundirse, doblarse o inclinarse una cosa: *El estante se vence con el peso de los libros.* ■ Delante de *a* y *o* se escribe *z* en lugar de *c*: *venza.* **SIN. 1.** Derrotar. **1. y 2.** Rendir. **3.** Controlar. **ANT. 1.** Perder. **FAM.** Vencedor, vencimiento. / Invencible.

**vencimiento** *s. m.* **1.** El vencer o ser vencido. **2.** El terminar el plazo que se fija para algo: *Le avisaron del vencimiento de la deuda que tenía que pagar.* **SIN. 1.** Victoria, triunfo; derrota.

**venda** *s. f.* Tira de tela que se enrolla alrededor de una parte del cuerpo, como la que se pone a alguien en los ojos para que no vea o sobre una herida para protegerla y curarla. **FAM.** Vendaje, vendar.

**vendaje** *s. m.* Venda o vendas que se ponen alrededor de una parte del cuerpo.

**vendar** *v.* Cubrir con una venda: *vendar una herida, vendar los ojos.*

**vendaval** *s. m.* Viento fuerte.

**vendedor, ra** *s. m. y f.* Persona que trabaja vendiendo cosas.

**vender** *v.* **1.** Dar u ofrecer una cosa a cambio de dinero: *Han vendido todos sus muebles porque se cambian de casa. Se vende apartamento.* **2.** Traicionar a alguien por dinero o por otra cosa: *Judas vendió a Jesús por treinta monedas.* **3.** Convencer a alguien de lo buena que es una persona o cosa: *No insistas en venderme el viaje porque no quiero ir. Ramón consigue lo que quiere porque sabe venderse muy bien.* || **venderse 4.** Aceptar dinero o alguna otra cosa por hacer algo que está mal: *El ár-bitro se ha vendido y pita siempre en contra de nuestro equipo.* **EXPR. vender cara** una cosa Hacer que cueste mucho esfuerzo o trabajo conseguirla: *Perdimos el partido, pero vendimos cara la derrota.* **SIN. 2.** Entregar. **4.** Corromperse. **ANT. 1.** Comprar. **FAM.** Vendedor, vendido, venta. / Malvender, revender.

**vendetta** *s. f.* Venganza, sobre todo la motivada por una muerte o por una ofensa grave entre familias o grupos. ■ Es una palabra italiana.

**vendido, da** *adj.* **1.** Que alguien lo vendió. || *adj. y s. m. y f.* **2.** Que se deja corromper o sobornar: *Juan es un vendido: traicionó a sus compañeros a cambio de un ascenso.* **EXPR. estar** uno **vendido** Quedarse alguien sin recursos porque le ha fallado una persona o una cosa: *Se me ha estropeado el coche y estoy vendido.*

**vendimia** *s. f.* El recoger la uva cuando ya está madura; también, el tiempo en que se hace. **FAM.** Vendimiar.

**vendimiar** *v.* Recoger la uva de las viñas.

**veneciano, na** *adj. y s. m. y f.* De Venecia, ciudad de Italia.

**veneno** *s. m.* **1.** Sustancia que causa daños graves en los seres vivos y que incluso puede llegar a matarlos. **2.** Cualquier cosa muy mala para la salud: *El tabaco es veneno.* **SIN. 1.** Tóxico. **FAM.** Venenoso. / Envenenar.

**venenoso, sa** *adj.* Que es veneno o tiene veneno: *una serpiente venenosa.*

**venera** *s. f.* Concha grande de un molusco que se llama *vieira* y que es el símbolo de los peregrinos que van a Santiago de Compostela.

**venerable** *adj.* Que merece que lo veneren o respeten: *la imagen venerable de un santo, un venerable anciano.* **SIN.** Respetable. **ANT.** Despreciable.

**veneración** *s. f.* El venerar a alguien o algo. **SIN.** Adoración, devoción.

**venerar** *v.* Tener devoción y respeto a alguien o algo, sobre todo a Dios y las cosas sagradas. **SIN.** Adorar, respetar, honrar. **ANT.** Despreciar. **FAM.** Venerable, veneración.

**venéreo, a** *adj.* Se dice de las enfermedades que se transmiten de unas personas a otras por contacto sexual.

**venezolano, na** *adj. y s. m. y f.* De Venezuela, país de América del Sur.

**¡venga!** *interj.* Forma del verbo **venir** que se usa para animar o meter prisa a alguien: *¡Venga, corre!* Se usa también para rechazar algo, sobre todo si nos parece increíble o nos fastidia: *¡Venga ya, eso no se lo traga nadie!*

**venganza** *s. f.* El vengarse de alguien.
SIN. Desquite, revancha. ANT. Perdón.

**vengar** *v.* Causar un mal o un daño a alguien porque nos ha ofendido o perjudicado. ■ Delante de *e* se escribe *gu* en lugar de *g*: *venguen*.
SIN. Desquitarse. ANT. Perdonar.
FAM. Venganza, vengativo.

**vengativo, va** *adj.* y *s. m.* y *f.* Persona que se venga de cualquier daño o insulto.
SIN. Rencoroso.

**venia** *s. f.* Permiso para hacer una cosa que concede quien tiene autoridad: *Pidieron al rey la venia para retirarse de la sala.*
SIN. Autorización, licencia, consentimiento.
FAM. Venial.

**venial** *adj.* Se dice de las faltas poco graves contra una norma o una ley; se dice sobre todo del pecado que no es mortal.
SIN. Leve.

**venida** *s. f.* **1.** Acción de venir. **2.** Regreso: *Tomé el autobús al ir, pero la venida la hice en taxi.*
SIN. **1.** Llegada. **2.** Vuelta, retorno. ANT. **1.** Partida. **1.** y **2.** Ida.

**venidero, ra** *adj.* Que está por venir, que va a suceder: *Dicen que los años venideros serán muy lluviosos.*
SIN. Futuro, próximo. ANT. Pasado.

**venir** *v.* **1.** Moverse o ir alguien o algo hasta donde estamos: *Ven a casa, te invito a merendar.* **2.** Ocurrir, suceder: *Después de llover vino el buen tiempo.* **3.** Tener su origen o su causa en algo: *Estos vestidos vienen de París. Su cansancio viene del exceso de trabajo.* **4.** Tener de pronto o empezar a tener una idea, un sentimiento, una sensación, un deseo: *Me enfadé tanto que me vinieron ganas de pegarle. Estuvo leyendo hasta que le vino el sueño.* **5.** Quedarle algo a una persona o cosa de la manera que se dice: *El jersey le viene ancho.* **6.** Estar una cosa en otra o con otra: *Su dirección y su número vienen en la guía de teléfonos. Muchos coches vienen de fábrica con aire acondicionado.* **7.** Ir a decirle a alguien chismes, excusas o cosas que no le importan o que le molestan: *Si te viene con tonterías, no le hagas caso.* ■ Es un verbo irregular.
EXPR. **venir a menos** Empeorar, pasar de una situación buena a otra peor: *Esa joven es de una familia rica que ha venido a menos.* **venirse abajo** Caerse, derrumbarse: *La casa se vino abajo porque estaba muy vieja.*
SIN. **1.** Acercarse, aproximarse, acudir. **2.** Sobrevenir. **3.** Provenir, proceder. **4.** Asaltar; entrar. **5.** Sentar. **6.** Figurar, constar; llevar, traer. ANT. **1.** Partir, marcharse, irse. **6.** Faltar.
FAM. ¡Venga!, venida, venidero. / Advenedizo, advenimiento, avenida, avenirse, bienvenida, porvenir, provenir, sobrevenir, vaivén.

**venoso, sa** *adj.* De las venas; se dice sobre todo de la sangre que va por ellas.
FAM. Intravenoso.

**venta** *s. f.* **1.** La acción de vender. **2.** Posada o mesón.
ANT. **1.** Compra, adquisición.
FAM. Ventero. / Compraventa, postventa, posventa.

**ventaja** *s. f.* **1.** Diferencia que hay entre una persona o cosa y otra que es peor o está por debajo de ella: *El líder lleva tres minutos de ventaja sobre el siguiente ciclista de la clasificación.* **2.** Ganancia que un jugador o un competidor concede por adelantado a otro que es peor que él para igualar esta diferencia. **3.** Lo que favorece a una persona o cosa en comparación con otras: *Tienes la ventaja de que vives cerca del colegio.* **4.** Cosa buena que tiene algo: *El vendedor explicó las ventajas del producto.* **5.** Provecho que se puede obtener de algo: *Luis no hace nada si no puede sacar alguna ventaja.*
SIN. **1.** y **2.** Delantera. **4.** Cualidad. **5.** Beneficio. ANT. **1.**, **3.** y **4.** Desventaja. **4.** Inconveniente, perjuicio.
FAM. Ventajista, ventajoso. / Aventajar, desventaja.

## VENIR

### INDICATIVO

| Presente | Pretérito perfecto simple |
|---|---|
| vengo | vine |
| vienes | viniste |
| viene | vino |
| venimos | vinimos |
| venís | vinisteis |
| vienen | vinieron |

| Futuro | Condicional |
|---|---|
| vendré | vendría |
| vendrás | vendrías |
| vendrá | vendría |
| vendremos | vendríamos |
| vendréis | vendríais |
| vendrán | vendrían |

### SUBJUNTIVO

| Presente | Pretérito imperfecto |
|---|---|
| venga | viniera, -ese |
| vengas | vinieras, -eses |
| venga | viniera, -ese |
| vengamos | viniéramos, -ésemos |
| vengáis | vinierais, -eseis |
| vengan | vinieran, -esen |

| Futuro | |
|---|---|
| viniere | viniéremos |
| vinieres | viniereis |
| viniere | vinieren |

### IMPERATIVO

| | |
|---|---|
| ven | venid |

**ventajista** *adj.* y *s. m.* y *f.* Se dice de la persona que aprovecha cualquier situación, aunque sea poco honrada, para sacar provecho de ella.

**ventajoso, sa** *adj.* Que tiene o da ventaja o beneficio: *un negocio ventajoso.*
SIN. Beneficioso, favorable, provechoso.

**ventana** *s. f.* **1.** Hueco en el muro de un edificio que da luz y ventilación dentro. **2.** Marco de madera, metal u otro material, con una o más hojas y casi siempre con cristales, para tapar ese hueco. (Puedes ver su ilustración en la página siguiente). **3.** Otros huecos o aberturas, como los dos agujeros de la nariz. **4.** En la pantalla de un ordenador, rectángulo en que aparece enmarcada una aplicación o, dentro de una misma aplicación, cada uno de los ficheros que se van abriendo.

de una hoja

de corredera

de techo

de dos hojas

de guillotina

de mesa

**ventanas**      **ventiladores**

EXPR. **arrojar** o **tirar** algo **por la ventana** Malgastar o desperdiciar una cosa, o no aprovechar una oportunidad.
FAM. Ventanal, ventanilla, ventanuco. / Contraventana.

**ventanal** *s. m.* Ventana grande.

**ventanilla** *s. f.* **1.** Ventana pequeña de los coches, de los trenes, de los aviones. **2.** Abertura pequeña en una pared a través de la cual los empleados atienden a la gente en bancos, oficinas, taquillas de billetes y sitios parecidos.

**ventanuco** *s. m.* Ventana pequeña.

**ventarrón** *s. m.* Viento muy fuerte.
SIN. Ventisca, ventolera.

**ventero, ra** *s. m.* y *f.* Persona que tiene o se encarga de una venta o posada.

**ventilación** *s. f.* **1.** Acción de ventilar o ventilarse. **2.** Abertura o instalación para ventilar un lugar cerrado: *Este edificio tiene muy mala ventilación.*

**ventilador** *s. m.* **1.** Aparato que ventila o enfría un lugar cerrado, produciendo una corriente de aire mediante unas aspas que giran. **2.** Conducto o abertura que comunica un lugar cerrado con el exterior para ventilarlo: *los ventiladores de un túnel.*

**ventilar** *v.* **1.** Hacer que circule, entre o se cambie el aire en un lugar cerrado: *Abre las ventanas para ventilar la habitación.* **2.** Sacar o agitar algo al aire libre para que se le vaya el olor, la humedad, el polvo: *ventilar la ropa.* **3.** Tratar, resolver o terminar algo, sobre todo si se hace rápidamente: *Si lo hacemos juntos, nos ventilamos el trabajo en un santiamén.*
SIN. **1.** y **2.** Orear, airear. **3.** Despachar.
FAM. Ventilación, ventilador.

**ventisca** *s. f.* **1.** Tormenta de viento y nieve. **2.** Ventarrón, viento fuerte.
SIN. **2.** Ventolera.
FAM. Ventisquero.

**ventisquero** *s. m.* **1.** Lugar en la montaña donde golpea con mucha fuerza la ventisca. **2.** Lugar en la montaña donde se acumulan la nieve y el hielo.
SIN. Nevero.

**ventolera** *s. f.* **1.** Viento fuerte que sopla un momento. **2.** Idea rara o sorprendente que uno tiene de pronto: *Le dio la ventolera de dejarlo todo y marcharse a recorrer el mundo.*
SIN. **1.** Ráfaga. **2.** Vena, manía.

**ventosa** *s. f.* **1.** Objeto de goma que se pega a una superficie lisa al apretarlo contra ella. **2.** Disco que algunos animales tienen en la boca o las extremidades y les sirve para sujetarse a una superficie, como las que tienen los pulpos en los tentáculos.

**ventosear** *v.* Echar ventosidades.
SIN. Peerse.

**ventosidad** *s. f.* Pedo, gases que se echan por el ano.

**ventoso, sa** *adj.* Se dice del día, tiempo o lugar en que hace mucho viento: *Marzo suele ser un mes ventoso.*
FAM. Ventosa, ventosear, ventosidad.

**ventrecha** o **ventresca** *s. f.* Vientre de los pescados: *ventresca de bonito.*

**ventrículo** *s. m.* Nombre de algunas cavidades pequeñas del cuerpo, sobre todo las dos cavidades de abajo del corazón.

**ventrílocuo, cua** *adj.* y *s. m.* y *f.* Persona que sabe hablar sin mover los labios ni la cara e imita otras voces, de modo que parece que la voz viene de lejos o que es otro el que habla.
FAM. Ventriloquia.

**ventriloquia** *s. f.* Habilidad propia del ventrílocuo, que consiste en saber hablar sin mover los labios ni la cara e imitando otras voces.

**ventura** *s. f.* **1.** Felicidad, dicha. **2.** Suerte, fortuna: *Ha salido de muchos apuros gracias a su buena ventura.*
EXPR. **a la ventura** o **a la buena ventura** Sin ningún plan, a lo que salga.
FAM. Venturoso. / Aventura, bienaventuranza, buenaventura, desventura.

**venturoso, sa** *adj.* Afortunado o feliz.
SIN. Dichoso. ANT. Desgraciado.

**venusiano, na** *adj.* Del planeta Venus.

**ver¹** *v.* **1.** Percibir las cosas a través de la vista: *Muchos animales ven más que el hombre.* **2.** Observar o examinar con atención: *Este problema de matemáticas es muy difícil y hay que verlo despacio.* **3.** Darse cuenta de las cosas, comprender: *Me lo explicó bien y lo vi todo claro.* **4.** Averiguar, comprobar o enterarse: *Vete a ver qué ha pasado con tu hermano, que todavía no ha vuelto.* **5.** Juzgar: *Sus padres no ven muy bien que quiera ser actriz.* **6.** Visitar a alguien o encontrarse con él: *Nos vimos ayer y me dio recuerdos para ti.* || **verse 7.** Encontrarse o imaginarse alguien en una situación: *Menos mal que encontré la llave, que ya me veía durmiendo en la calle.* ■ Es un verbo irregular.
EXPR. **a ver** Se usa para llamar la atención de alguien o para decirle o mandarle algo: *A ver, camarero, dos*

| VER | |
|---|---|
| **GERUNDIO** | **PARTICIPIO** |
| *viendo* | *visto* |

| INDICATIVO | |
|---|---|
| **Presente** | **Pretérito imperfecto** |
| *veo* | *veía* |
| *ves* | *veías* |
| *ve* | *veía* |
| *vemos* | *veíamos* |
| *veis* | *veíais* |
| *ven* | *veían* |

| SUBJUNTIVO | |
|---|---|
| **Presente** | **Pretérito imperfecto** |
| *vea* | *viera, -ese* |
| *veas* | *vieras, -eses* |
| *vea* | *viera, -ese* |
| *veamos* | *viéramos, -ésemos* |
| *veáis* | *vierais, -eseis* |
| *vean* | *vieran, -ésen* |

| Futuro | |
|---|---|
| *viere* | *viéremos* |
| *vieres* | *viereis* |
| *viere* | *vieren* |

| IMPERATIVO | |
|---|---|
| *ve* | *ved* |

*cervezas.* También se usa como *claro* o *desde luego:* *–Supongo que le dirías que no. –¡A ver!* **estar algo por ver** No estar todavía claro o demostrado: *Está por ver quién de los dos es mejor.* **no poder ver** o **no poder ni ver** uno a alguien o algo Odiarlo: *No me gusta el queso, no puedo ni verlo.* **vérselas con** alguien Enfrentarse o pelear con él: *Tendrás que vértelas conmigo como molestes a mi hermano.* **vérselas y deseárselas** Costarle a alguien mucho esfuerzo hacer o conseguir una cosa: *Este año se las ve y se las desea para aprobar el curso.*
SIN. **1.**, **2.** y **4.** Mirar. **2.** Analizar. **3.** Entender. **5.** Considerar, estimar. **7.** Hallarse.
FAM. Ver², vidente, visera, visible, visillo, visión, viso, visor, vista, visto, visual. / Entrever.

**ver²** *s. m.* Aspecto, apariencia: *Su mujer ya no es joven, pero todavía está de buen ver.*

**vera** *s. f.* Orilla: *Los juncos crecen en la vera del río.*
EXPR. **a la vera de** Junto a, al lado de.
SIN. Margen.

**veracidad** *s. f.* Característica de veraz.
SIN. Sinceridad, verdad. ANT. Falsedad.

**veraneante** *s. m. y f.* Persona que veranea.

**veranear** *v.* Pasar el verano o las vacaciones de verano en un sitio distinto del que vivimos.
FAM. Veraneante, veraneo.

**veraneo** *s. m.* El veranear en un sitio: *Se han ido a la playa de veraneo.*

**veraniego, ga** *adj.* Del verano o relacionado con él: *un tiempo veraniego.*
SIN. Estival.

**veranillo** *s. m.* Tiempo corto durante el otoño en el que hace un calor de verano, como el veranillo de San Miguel a finales de septiembre.

**verano** *s. m.* Estación más calurosa del año, entre la primavera y el otoño.
SIN. Estío.
FAM. Veranear, veraniego, veranillo.

**veras** Se usa en la expresión **de veras**, que significa 'de verdad, realmente': *Te lo digo de veras, no te engaño.* Significa también 'mucho, muy': *Estás guapa de veras con ese vestido.*

**veraz** *adj.* Verdadero, real, que dice la verdad: *un periódico veraz, una información veraz.* ■ Su plural es *veraces.*
SIN. Sincero. ANT. Falso, falaz, embustero.
FAM. Veracidad.

**verbal** *adj.* **1.** Del verbo o relacionado con él: *los tiempos verbales.* **2.** Que se hace con palabras o está relacionado con ellas: *un lenguaje verbal.* **3.** Que se hace hablando y no por escrito: *Llegaron a un acuerdo verbal, pero todavía no han firmado nada.*
SIN. **3.** Oral.

**verbena** *s. f.* **1.** Fiesta que la gente celebra al aire libre la noche antes de algunas fiestas. **2.** Planta que tiene flores de color lila rosado formando espigas y que se usaba antes como remedio contra la fiebre. **FAM.** Verbenero.

**verbenero, ra** *adj.* Propio de las verbenas: *música verbenera.*

**verbigracia** *adv.* Por ejemplo: *Tiene muchas virtudes, verbigracia la prudencia y la sensatez.*

**verbo** *s. m.* Clase de palabra que expresa las acciones que hace el sujeto, como *cantar* o *correr*, o un estado o proceso, como *ser, estar* o *parecer*. Indica también el número y la persona del sujeto, y el tiempo y el modo en que se realiza la acción. (Puedes ver las distintas clases de verbos en el cuadro de la página siguiente). **FAM.** Verbal, verbigracia, verborrea.

**verborrea** *s. f.* El hablar demasiado, con muchas palabras. **SIN.** Palabrería. **ANT.** Concisión.

**verdad** *s. f.* **1.** Lo que es o lo que pasa en realidad: *Le estuvieron engañando hasta que un día descubrió la verdad.* **2.** Lo que decimos tal y como lo pensamos o sentimos: *No me mientas, di la verdad.* **3.** Cosa que se dice con razón o con motivo: *Es verdad; si quiere adelgazar, tiene que hacer más ejercicio.* **4.** Algo que se dice de forma clara y directa para corregir o regañar a alguien: *Se cree muy gracioso con sus bromas, pero le voy a decir cuatro verdades.* **5.** En forma de pregunta, se usa a veces

para pedir a alguien que nos dé la razón: *Hace un día estupendo, ¿verdad?*

**EXPR. a decir verdad** Expresión con la que alguien dice lo que realmente piensa o siente: *A decir verdad, no me apetece ir.* También, se usa para corregir algo o quitarle importancia: *A decir verdad, creo que exageras.* **de verdad** Auténtico, como debe ser: *Es un amigo de verdad.* También, significa 'de veras, en serio': *¿Me lo regalas de verdad?* **en verdad** Verdaderamente. **ANT. 1.** y **2.** Mentira, falsedad. **FAM.** Verdaderamente, verdadero. / Veras, veraz, verídico, verificar, verosímil.

**verdaderamente** *adv.* **1.** Sirve para asegurar que lo que se dice es verdad: *Verdaderamente, la fiesta ha estado bien.* **2.** También se usa para dar más fuerza a adjetivos o adverbios: *Esto es verdaderamente asqueroso.* **SIN. 1.** y **2.** Francamente, realmente.

**verdadero, ra** *adj.* **1.** Que es verdad o es de verdad: *Marque en las casillas las respuestas verdaderas. Esto no es un cuento, es una historia verdadera.* **2.** Que es lo que parece o lo que indica el sustantivo: *Se portó como un verdadero caballero.* **SIN. 1.** Sincero, cierto. **1.** y **2.** Auténtico. **ANT. 1.** Falso.

**verde** *adj.* y *s. m.* **1.** Se dice del color que es como el de la hierba o el de las hojas de los árboles; también se dice de las cosas que tienen este color. || *adj.* **2.** Se dice de las plantas y árboles que con-

## CLASES DE VERBOS

### SEGÚN SU FORMA

| | | |
|---|---|---|
| **regulares** o **irregulares** | Siguen unos modelos. Los verbos que terminan en *-ar* se conjugan como *cantar*; los que terminan en *-er*, como *temer*; y los que terminan en *-ir*, como *partir*. | *hablar* → *hablo, hablé, ...* *coser* → *coso, cosí, ...* *sacudir* → *sacudo, sacudí, ...* |
| | No siguen en su conjugación las normas de los verbos modelo, porque tienen terminaciones diferentes o la raíz cambia en algunas formas. | *regar* → *riego, riegues, ...* *estar* → *estoy, estuve, ...* *venir* → *vengo, vine, ...* |
| **defectivos** | Sólo se usan algunas de sus formas. | *ocurrir* → Sólo se usa en tercera persona: *ocurrió, ocurrieron.* |
| **pronominales** | Llevan en todas sus formas los pronombres *me, te, se, nos, os.* | *atreverse* → *me atrevo, nos atrevemos, ...* |

### SEGÚN SU RELACIÓN CON OTRAS PALABRAS DE LA ORACIÓN

| | | |
|---|---|---|
| **auxiliares** | Forman el núcleo del predicado unidos al infinitivo, participio o gerundio de otro verbo. | *echó* a correr, *se puso* a cantar; *has* comprado, *hemos* venido; *está* lloviendo. |
| **copulativos** o **predicativos** | Sirven para unir el atributo al sujeto. | Miguel *es* muy alto. |
| | Pueden llevar complementos de muchos tipos. | Ana me *ha escrito* una postal. |
| **impersonales** | No pueden llevar sujeto. | *Llueve* a mares. |
| **transitivos** o **intransitivos** | Llevan complemento directo. | Me *dio* un caramelo. |
| | No llevan complemento directo. | Mis tíos *viven* en Barcelona. |

servan la savia o la clorofila y todavía no están secos. **3.** Se dice de la legumbre que se come fresca: *judías verdes.* **4.** Se dice del fruto o la mies que todavía no está maduro. **5.** Se dice de la persona con poca experiencia o poco preparada, y de las cosas que están todavía en sus comienzos: *Ese deportista aún está verde para ir a las olimpiadas.* **6.** Se dice de los chistes y de algunos libros, películas, que tratan sobre el sexo. || *s. m.* **7.** Hierba, césped. || *s. m. pl.* **8.** Los ecologistas: *Votó al partido político de los verdes.*
**EXPR. viejo verde** Persona ya mayor que muestra una obsesión sexual que no se considera propia de su edad. || **poner** a alguien **verde** Criticarle o insultarle mucho.
**SIN. 2.** Lozano. **5.** Principiante, bisoño. **6.** Obsceno, pornográfico. **7.** Pasto. **ANT. 2.** Mustio. **5.** Experimentado.
**FAM.** Verdecillo, verderol, verderón, verdín, verdor, verdoso, verdura.

**verdecillo** *s. m.* Pájaro pequeño y gordito, de pico ancho y corto y plumas de color amarillo verdoso que vive en campos de cultivo, jardines y bosques.

**verderol** o **verderón** *s. m.* Pájaro que tiene las plumas de color verde oliva y un poco de amarillo en las alas y la cola.

**verdín** *s. m.* Capa verde que se forma sobre algunas cosas, como la que hay en algunos lugares húmedos o en la superficie de los estanques, o la que les sale a algunos frutos cuando se pudren.

**verdor** *s. m.* Color verde, sobre todo si es intenso, como el de las plantas frescas y sanas.

**verdoso, sa** *adj.* De color parecido al verde.

**verdugo** *s. m.* **1.** Persona encargada de matar a los condenados a muerte. **2.** Gorro de punto, como una capucha, que cubre la cabeza y el cuello y deja fuera los ojos, la nariz y la boca.
**FAM.** Verduguillo, verdugón.

**verdugón** *s. m.* Señal muy hinchada y roja que deja en la piel un latigazo u otra cosa: *Le picó un bicho y le salió un verdugón.*

**verduguillo** *s. m.* Espada muy estrecha y sin filo que usan los toreros para descabellar a los toros.

**verdulería** *s. f.* Tienda o puesto en que se vende verdura.

**verdulero, ra** *s. m. y f.* **1.** Persona que vende verduras. || *s. f.* **2.** Mujer chillona, maleducada y descarada.
**SIN. 2.** Rabanera.

**verdura** *s. f.* Hortaliza, sobre todo la que se come cocida, como las acelgas o las espinacas.
**FAM.** Verdulería, verdulero.

**vereda** *s. f.* Camino estrecho.
**EXPR. meter en vereda** o **hacer entrar** a alguien **en vereda** Hacer que empiece a portarse bien y sea más serio y responsable.
**SIN.** Senda, sendero.

**veredicto** *s. m.* Lo que decide un jurado sobre la persona o el hecho que juzga.
**SIN.** Fallo.

**verga** *s. f.* **1.** Palo colocado horizontalmente en un mástil y que sirve para sostener una vela. **2.** Órgano sexual de los mamíferos machos.
**FAM.** Vergajo.

**vergajo** *s. m.* **1.** Verga de toro que, después de ser secada y trenzada, se usa de látigo. **2.** Cualquier látigo corto.

**vergel** *s. m.* Huerto o jardín con muchas flores y árboles frutales.

**vergonzoso, sa** *adj.* **1.** Que hace sentir vergüenza: *Es vergonzoso que nos hayamos dejado ganar tan fácilmente.* || *adj. y s. m. y f.* **2.** Que siente vergüenza con facilidad: *Se pone colorado porque es muy vergonzoso.*
**SIN. 2.** Tímido, cortado. **ANT. 2.** Atrevido.

**vergüenza** *s. f.* **1.** El sentirse mal o incómoda una persona, por ejemplo cuando ha quedado en ridículo, los demás se burlan de ella o cuando no se atreve a hacer o decir algo delante de la gente: *Se puso a hacer el tonto y nos hizo pasar muchísima vergüenza. Como no os conoce, le da vergüenza y no quiere saludaros.* **2.** Respeto que una persona se tiene a sí misma y que hace que trate de quedar bien ante los demás o de hacer lo más correcto: *Si le queda algo de vergüenza, devolverá lo que se ha llevado.* **3.** Acción o suceso que provoca enfado, escándalo o rechazo: *Es una vergüenza que la calle esté tan sucia.* || *s. f. pl.* **4.** Órganos sexuales externos de las personas.
**EXPR. vergüenza ajena** La que siente uno por algo que otro hace o dice.
**SIN. 1.** Bochorno, corte, apuro. **2.** Pundonor, decencia, honor. **4.** Genitales, partes. **ANT. 1.** Atrevimiento, frescura. **2.** Desvergüenza.
**FAM.** Vergonzoso. / Avergonzar, desvergüenza, sinvergüenza.

**vericueto** *s. m.* Camino estrecho y lleno de curvas por el que es difícil andar: *No podremos meternos con el coche por esos vericuetos.*
**SIN.** Vereda.

**verídico, ca** *adj.* **1.** Que dice o cuenta la verdad: *Escribió la historia verídica de cómo ocurrieron los hechos.* **2.** Que es de verdad o lo parece: *Nos contó un suceso verídico.*
**SIN. 1.** Veraz, fiable. **2.** Verdadero, auténtico, real; verosímil. **ANT. 1.** y **2.** Falso. **2.** Inventado.

**verificación** *s. f.* Acción de verificar.
**SIN.** Comprobación, confirmación, demostración, prueba.

**verificar** *v.* **1.** Comprobar o demostrar que algo es verdad o está bien: *El profesor revisó el examen y verificó que las respuestas eran correctas.* || **verificarse 2.** Hacerse, realizarse: *La boda se verificará el*

*primer sábado de octubre.* ■ Delante de *e* se escribe *qu* en lugar de *c*: *verifiquen.*
**SIN. 1.** Probar, confirmar, corroborar. **2.** Cumplirse.
**FAM.** Verificación.

**verja** *s. f.* Reja que cubre el hueco de una ventana, cierra una puerta o rodea un lugar.

**vermú** o **vermut** *s. m.* Bebida alcohólica que se toma como aperitivo y que está hecha con vino blanco o rosado, ajenjo y otros ingredientes. ■ Su plural es *vermús* o *vermuts.*

**vernáculo, la** *adj.* Que es propio de un país o lugar: *El catalán es la lengua vernácula de Cataluña.*

**verónica** *s. f.* **1.** Planta de flores pequeñas de color azul o violeta. **2.** Pase que da el torero al toro con la capa extendida y poniéndose casi de perfil.

**verosímil** *adj.* Que parece verdad y nos lo podemos creer: *Se inventó una excusa verosímil para que no le castigaran por llegar tarde.*
**SIN.** Creíble, factible. **ANT.** Inverosímil, increíble.
**FAM.** Inverosímil.

**verraco** *s. m.* Cerdo macho que se usa para la reproducción.

**verruga** *s. f.* Bultito redondo, parecido a un grano, que sale en la piel.

**versado, da** *adj.* Que sabe mucho de algo: *Mi abuelo es una persona muy versada en arte románico.*
**SIN.** Experto, instruido. **ANT.** Ignorante.

**versal** *adj.* y *s. f.* En artes gráficas, letra mayúscula.
**ANT.** Minúscula.
**FAM.** Versalita.

**versalita** *adj.* y *s. f.* En artes gráficas, letra mayúscula con tamaño de minúscula.

**versar** *v.* Tratar sobre un tema: *Este libro versa sobre la historia de España.*
**FAM.** Versado, versátil.

**versátil** *adj.* **1.** Que se adapta con facilidad a algo, que vale para hacer muchas cosas: *Este ordenador es muy versátil: con él puedes escribir, hacer dibujos, ver y escuchar CDs.* **2.** Que enseguida cambia de ideas o sentimientos.
**SIN. 2.** Variable, cambiante, voluble. **ANT. 2.** Firme, constante.
**FAM.** Versatilidad.

**versatilidad** *s. f.* Característica de las cosas o personas versátiles.

**versículo** *s. m.* División de una o varias frases que se hace en algunos libros, como la *Biblia.*

**versificar** *v.* Hacer versos o poner en verso. ■ Delante de *e* se escribe *qu* en lugar de *c*: *versifique.*

**versión** *s. f.* **1.** Manera diferente de contar algo: *Cada uno de los testigos dio una versión distinta de lo que pasó.* **2.** Modo diferente de cantar una canción, o de tratar sobre un mismo tema en un libro, película o cualquier otra obra: *Este grupo ha hecho una versión en rock de una melodía de música clásica.*

**verso** *s. m.* **1.** Cada una de las líneas que forman un poema; muchas veces tienen un número fijo de sílabas y hay rima entre ellas. **2.** Poema, obra escrita en verso: *Escribió un verso sobre la paz.*
**EXPR. verso de arte mayor** El que tiene más de ocho sílabas. **verso de arte menor** El que tiene ocho sílabas o menos.
**FAM.** Versículo, versificar.

**vértebra** *s. f.* Cada uno de los huesos que forman la columna vertebral.
**FAM.** Vertebrado, vertebral. / Invertebrado.

**vertebrado, da** *adj.* y *s. m.* Se dice de los animales que tienen columna vertebral.

**vertebral** *adj.* De las vértebras; se usa sobre todo en la expresión **columna vertebral**. Busca **columna**.

**vertedera** *s. f.* Pieza del arado que voltea y extiende la tierra levantada por la reja.

**vertedero** *s. m.* Lugar donde se tiran escombros o basura.

**verter** *v.* **1.** Echar un líquido, arena o algo parecido en algún sitio, o salirse de donde está: *Vierte la mermelada en este plato. Ha dado un manotazo al bote y se ha vertido el azúcar en la mesa.* **2.** Dar la vuelta a un recipiente de manera que salga lo que contiene: *Vierte el tarro para que caiga la miel que queda en el fondo.* **3.** Desembocar un río en otro, en un lago o en el mar. ■ Es un verbo irregular. Se conjuga como *tender.*
**SIN. 1.** Derramar, esparcir. **2.** Volcar. **3.** Desaguar.
**FAM.** Vertedera, vertedero, vertido, vertiente, vierteaguas. / Extravertido, extrovertido, introvertido.

**vertical** *adj.* y *s. f.* Se dice de lo que está colocado de arriba abajo y recto, sin estar inclinado a un lado o a otro; por ejemplo, cuando estamos de pie estamos en posición vertical.
**SIN.** Derecho, erguido, enhiesto. **ANT.** Horizontal, tumbado.

**vértice** *s. m.* **1.** Punto de unión de dos o más líneas o de tres o más planos: *Un cuadrado tiene cuatro vértices.* **2.** Punta de la pirámide o del cono.
**FAM.** Vertical.

**vertido, da** *adj.* **1.** Que alguien lo vertió. ‖ *s. m.* **2.** Acción de verter o tirar algo: *Hay que intentar evitar el vertido de basuras en el mar.* **3.** Basura o cosa que sobra y se tira: *Los vertidos de algunas fábricas contaminan el agua de los ríos.*
**SIN. 3.** Residuo.

**vertiente** *s. f.* **1.** Superficie inclinada de algo, por ejemplo de un tejado o de una montaña. **2.** En especial, inclinación del terreno por donde corre o puede correr el agua: *El río Ebro pertenece a la vertiente mediterránea.* **3.** Punto de vista, forma de ver o de considerar una cosa: *Antes de tomar una decisión hay que examinar el problema desde varias vertientes.*
**SIN. 1.** Pendiente. **3.** Perspectiva, aspecto.

**vertiginoso, sa** *adj.* Rapidísimo: *Los coches de carreras van a una velocidad vertiginosa.*
ANT. Lento.

**vértigo** *s. m.* Sensación de miedo y de inseguridad en la que nos parece que vamos a caernos, sobre todo cuando miramos al suelo desde un sitio muy alto.
FAM. Vertiginoso.

**vesícula** *s. f.* **1.** Órgano en forma de bolsita alargada que contiene líquido o aire. **2.** Especialmente, el órgano que está junto al hígado y que se llama *vesícula biliar.* En él se almacena la bilis. **3.** Ampolla pequeña llena de líquido que sale en la piel.

**vespa** *s. f.* Motocicleta pequeña que tiene el motor cubierto y en la que el conductor va sentado en un asiento en lugar de ir montado.
SIN. Scooter.

**vespertino, na** *adj.* De la tarde, que ocurre o se hace en ella: *Este periódico es vespertino, se vende por las tardes.*

**vespino** *s. amb.* Ciclomotor con pedales y con un motor de hasta 50 centímetros cúbicos.

**vestíbulo** *s. m.* **1.** Parte de una casa que está a la entrada. **2.** En los hoteles, aeropuertos, estaciones de tren y otros edificios, salón grande que está a la entrada.
SIN. **1.** Recibidor. **1.** y **2.** Hall.

**vestido** *s. m.* **1.** La ropa, lo que usamos para vestirnos. **2.** Prenda de vestir femenina de una sola pieza.
SIN. **1.** Vestidura, vestimenta.

**vestidor** *s. m.* Habitación para vestirse y arreglarse.

**vestidura** *s. f.* La ropa, el vestido.
EXPR. **rasgarse** alguien **las vestiduras** Asustarse o enfadarse por una cosa que ha dicho o hecho alguien y que no nos ha gustado.
SIN. Vestimenta.

**vestigio** *s. m.* Señal, indicio o recuerdo que queda de algo: *La policía no ha encontrado ningún vestigio que sirva para detener al ladrón. Este puente es un vestigio del antiguo imperio romano.*
SIN. Pista; resto, huella.

**vestimenta** *s. f.* La ropa, el vestido.
SIN. Vestidura.

**vestir** *v.* **1.** Poner o ponerse ropa. **2.** Cubrir o adornar una cosa: *Los campos se visten de flores en la primavera.* **3.** Ser una cosa elegante: *Ponte esa chaqueta azul marino, que viste más.* **4.** Dar una cosa importancia al que la hace o la tiene: *Llevar un coche deportivo viste mucho.* ■ Es un verbo irregular. Se conjuga como *pedir.*
ANT. **1.** Desvestir, desnudar.
FAM. Vestido, vestidor, vestidura, vestimenta, vestuario. / Desvestir, investir, revestir, travestirse.

**vestuario** *s. m.* **1.** Toda la ropa que tiene una persona para vestirse. **2.** Los trajes que se usan en el tea-

tro, en el cine o en otros espectáculos. **3.** Lugar que hay en algunos sitios, por ejemplo en una piscina o gimnasio, para cambiarse de ropa.
SIN. **1.** Indumentaria. **1.** y **2.** Guardarropa.

**veta** *s. f.* **1.** Raya o franja que hay en algunas cosas y que se distingue por su color o forma: *El jamón suele tener vetas de tocino en el centro.* **2.** Masa de mineral de forma alargada: *Los mineros encontraron una veta de oro.* ■ No confundir con *beta,* letra griega.
SIN. **2.** Filón.
FAM. Veteado.

**vetar** *v.* Poner veto, rechazar o impedir algo.
SIN. Prohibir. ANT. Permitir, autorizar.

**veteado, da** *adj.* **1.** Que tiene vetas de otros colores: *Este armario está hecho con una madera veteada.* || *s. m.* **2.** Dibujo con vetas que tienen algunas cosas: *El mármol que han puesto en el portal tiene un veteado muy bonito.*

**veteranía** *s. f.* El hecho de llevar mucho tiempo en un trabajo o profesión.
SIN. Experiencia.

**veterano, na** *adj.* y *s. m.* y *f.* **1.** Persona que lleva muchos años en un trabajo o profesión: *Es uno de los actores más veteranos del cine americano.* **2.** Militar que estuvo en una guerra ya pasada.
SIN. **1.** Antiguo. ANT. **1.** Novato.
FAM. Veteranía.

**veterinaria** *s. f.* Ciencia y actividad dedicada a estudiar y curar las enfermedades de los animales.
FAM. Veterinario.

**veterinario, ria** *adj.* **1.** Relacionado con la veterinaria: *una clínica veterinaria.* || *s. m.* y *f.* **2.** Persona que se dedica a la veterinaria.

**veto** *s. m.* **1.** El prohibir o impedir alguna cosa. **2.** Derecho que tiene alguien que participa en una votación para que, si él no está de acuerdo con una cosa, no se haga, aunque los demás hayan votado a favor de ella.
SIN. **1.** Oposición, rechazo. ANT. **1.** Autorización.
FAM. Vetar.

**vetusto, ta** *adj.* Viejo, antiguo.
ANT. Moderno, nuevo.

**vez** *s. f.* **1.** Cada una de las acciones que se realizan o cada hecho que ocurre: *Le llamé por teléfono dos veces. Este reloj se ha estropeado varias veces.* **2.** Momento en que se hace o pasa una cosa: *Una vez estuvimos en casa de Andrea.* **3.** Puesto que tiene alguien en una cola o turno: *¿Quién da la vez?* ■ Su plural es *veces.*
EXPR. **rara vez** Casi nunca, muy pocas veces: *En esa página web rara vez encuentro lo que busco.* || **a la vez** Al mismo tiempo: *Los dos alumnos contestaron a la vez a lo que el profesor había preguntado.* **a su vez** Sirve para indicar que alguien hace algo además de lo que hace otro: *Papá preparaba la cena y,*

*a su vez, mamá ponía la mesa.* **a veces** En ocasiones. **de una vez** Con una sola acción: *Se ha bebido de una vez toda la botella de leche.* También equivale a *ya*: *A ver si te decides de una vez.* **de vez en cuando** Algunas veces. **en vez de** En lugar de: *Prefiere flan de postre en vez de naranja.* **hacer las veces de** Sustituir, servir para lo mismo: *Un palo hace las veces de espada cuando juegan a los piratas.* **tal vez** A lo mejor, quizá. **una vez que** Después que, cuando: *Una vez que esté el dibujo bien hecho a lápiz, se puede pasar a tinta.*
**SIN. 2.** Ocasión, oportunidad.

**vía** *s. f.* **1.** Carriles por donde va el tren. ■ Con este significado se llama también *vía férrea.* **2.** Ruta o camino por donde se va a un sitio: *Esta carretera es la vía de comunicación más importante de la provincia.* **3.** Conducto del cuerpo de las personas o de los animales: *El tabaco ensucia las vías respiratorias.* **4.** Medio que se utiliza para llevar alguna cosa a un sitio: *Esta carta la mandan por vía aérea, o sea por avión. Retransmiten el partido a todo el mundo vía satélite.* **5.** Medio o manera para conseguir algo: *Los dos países solucionaron sus problemas por la vía del diálogo.*
**EXPR. dejar vía libre** Permitir, no poner dificultades: *El profesor ha dejado vía libre para que los alumnos organicen el viaje de fin de curso.* **en vías de** Se dice de lo que dentro de poco va a ocurrir o puede ocurrir: *El águila es un animal protegido porque está en vías de extinción.*
**SIN. 1.** Raíl, riel. **2.** Arteria. **5.** Modo, procedimiento, método.
**FAM.** Viaducto, vial, viandante, viario. / Autovía, desviar, ferroviario, tranvía.

**vía crucis** *expr.* **1.** Recorrido que se hace parando delante de una serie de cruces, altares o imágenes en recuerdo de la pasión y muerte de Jesucristo. **2.** Rezos que se hacen en cada una de estas paradas. **3.** Sufrimientos que padece una persona. ■ Es una expresión latina. No varía en plural.
**SIN. 3.** Calvario.

**viable** *adj.* Posible, que se puede hacer: *El plan es viable.*
**SIN.** Factible. **ANT.** Inviable, imposible.
**FAM.** Inviable.

**viaducto** *s. m.* Puente o construcción parecida para poder pasar por encima de una carretera, de la vía del tren o sobre una hondonada grande.

**viajante** *adj.* y *s. m.* y *f.* **1.** Persona que viaja. ‖ *s. m.* y *f.* **2.** Persona que se dedica a enseñar y vender productos viajando de un lugar a otro.
**SIN. 1.** Viajero. **2.** Representante.

**viajar** *v.* Ir de un lugar a otro, sobre todo en tren, coche u otro vehículo.
**SIN.** Desplazarse.
**FAM.** Viajante, viaje[1], viajero.

**viaje**[1] *s. m.* **1.** Acción de viajar, el ir de un lugar a otro: *Mañana nos vamos de viaje a Galicia.* **2.** Cada

uno de los recorridos que hay que hacer para llevar algo a un sitio: *Como no podemos con todos los libros, los subiremos a casa en dos viajes.*

**viaje**[2] *s. m.* Corte profundo o golpe fuerte.
**SIN.** Tajo; mamporro, torta.

**viajero, ra** *adj.* y *s. m.* y *f.* Que viaja.
**SIN.** Viajante.

**vial** *adj.* Relacionado con el tráfico, con la circulación de los coches: *Me sé las señales de tráfico porque en el colegio nos enseñan educación vial.*

**vianda** *s. f.* Comida, alimento.

**viandante** *s. m.* y *f.* Persona que va andando por la calle.
**SIN.** Peatón, transeúnte, caminante.

**viario, ria** *adj.* Relacionado con las carreteras: *La red viaria de este país es buena: tiene unas autopistas muy modernas.*

**viático** *s. m.* Comunión que se da a los enfermos que están en peligro de muerte.

**víbora** *s. f.* **1.** Serpiente venenosa. **2.** Persona muy mala.
**SIN. 2.** Bicho, pécora.
**FAM.** Viperino.

**vibración** *s. f.* Acción de vibrar.
**SIN.** Temblor.

**vibráfono** *s. m.* Instrumento musical que tiene unas láminas metálicas de diferentes tamaños que se golpean con unos macillos y hacen vibrar un tubo que resuena y que se abre y se cierra mediante un pedal.

**vibrante** *adj.* Que vibra.
**SIN.** Vibratorio.

**vibrar** *v.* **1.** Moverse una cosa de un lado a otro con movimientos pequeños y rápidos. **2.** Emocionarse: *El público vibraba viendo actuar a la actriz.*
**SIN. 1.** Agitarse, temblar. **2.** Entusiasmarse.
**FAM.** Vibración, vibráfono, vibrante, vibratorio.

**vibratorio, ria** *adj.* Que vibra.
**SIN.** Vibrante.

**vicaría** *s. f.* Lugar donde el vicario hace su trabajo.
**EXPR. pasar por la vicaría** Casarse por la Iglesia.

**vicario, ria** *adj.* y *s. m.* y *f.* Persona que sustituye a alguien en su trabajo o actividad; se llama así sobre todo al papa, que es el vicario de Cristo en la tierra, y a algunos sacerdotes que ayudan a los obispos.
**FAM.** Vicaría.

**vicealmirante** *s. m.* y *f.* Oficial de la marina de guerra que está inmediatamente por debajo del almirante.

**vicepresidente, ta** *s. m.* y *f.* Persona que está en un puesto inmediatamente por debajo del presidente y puede sustituirle cuando es necesario.

**vicetiple** *s. f.* **1.** Cantante que tiene la voz un poco más grave que la soprano. **2.** En las revistas y otros espectáculos musicales, cantante que interviene en un número de conjunto.

**SIN. 2.** Corista.

**viceversa** *adv.* Indica que también es al revés de lo que se ha dicho antes: *Un mulato es el hijo de un hombre blanco y una mujer negra o, viceversa, de un hombre negro y una mujer blanca.*

**viciado, da** *adj.* **1.** Que tiene un vicio: *Mi hermano está viciado con los videojuegos.* **2.** Se dice de lo que ha cogido una forma que no debería tener: *Colgué mal la blusa y sus hombreras se han viciado.* **3.** Se dice del aire que hay en un sitio cerrado en el que hay gente: *El aire del bar estaba viciado.*

**viciar** *v.* Hacer que una cosa coja una forma que no debería tener: *Esta parte de la puerta se ha viciado y ahora no encaja bien.*

**FAM.** Viciado.

**vicio** *s. m.* **1.** Algo que no es bueno y que es difícil dejarlo, por ejemplo beber mucho alcohol. **2.** Forma de ser o actuar mala: *Decir palabrotas es un vicio muy feo.* **3.** Defecto o deformación: *La madera ha cogido vicio con la humedad.*

**EXPR. de vicio** Muy bueno o muy bien: *La comida que ha puesto hoy mamá está de vicio.*

**SIN. 1.** Manía. **ANT. 2.** Virtud.

**FAM.** Viciar, vicioso. / Enviciar.

**vicioso, sa** *adj.* y *s. m.* y *f.* Que tiene vicios.

**vicisitudes** *s. f. pl.* Cosas que pasan al hacer algo, sobre todo si son malas o nos crean dificultades: *A pesar de todas las vicisitudes consiguieron llegar a tiempo al aeropuerto.*

**SIN.** Contrariedad, obstáculo; avatares.

**víctima** *s. f.* **1.** El que sufre algún daño: *Su tía ha sido víctima de un atraco en la calle.* **2.** Muerto: *Ha habido varias víctimas en el accidente de coche.*

**FAM.** Victimar.

**victimar** *v.* En Hispanoamérica, asesinar, matar.

**victoria** *s. f.* El hecho de vencer o ganar en algo.

**ANT.** Derrota.

**FAM.** Victorioso. / Invicto.

**victorioso, sa** *adj.* Que ha vencido en algo.

**SIN.** Vencedor. **ANT.** Perdedor.

**vicuña** *s. f.* Mamífero rumiante que tiene el cuello largo y el cuerpo cubierto por un pelaje largo y suave parecido a la lana, que se utiliza para hacer tejidos. Vive en los Andes, una gran cordillera de América del Sur.

**vid** *s. f.* Planta de hojas en forma de palma que da las uvas. Puede ser baja, casi a ras de suelo, o crecer mucho hacia arriba trepando por algún sitio.

**FAM.** Viticultura, vitivinicultura.

**vida** *s. f.* **1.** Lo que tienen los seres humanos, los animales y las plantas que hace que puedan crecer, producir otros seres y relacionarse con lo que los rodea. **2.** Tiempo que vive una persona y todo lo que hace o le ocurre en ese tiempo: *El abuelo ha tenido una vida muy larga.* **3.** Lo que dura una cosa: *La vida de este motor es de unos cinco años.* **4.** Actividad: *Esta ciudad tiene una vida cultural muy interesante.* **5.** Energía, fuerza: *Es un chaval lleno de vida.* **6.** Animación, alegría: *Esas cortinas y las plantas le dan mucha vida al salón.*

**EXPR. la gran vida** o **la vida padre** Vida muy buena. **la mala vida** Vida llena de vicios y malas costumbres; también, la prostitución. **la otra vida** o **la vida eterna** Según las religiones, la vida que hay después de la muerte. **nivel de vida** Situación de alguien según el dinero y las cosas que tiene: *La familia de Paco tiene un nivel de vida bastante alto.* **vida y milagros** Todas las cosas que ha hecho alguien: *Se puso a hablar y nos contó su vida y milagros.* || **buscarse la vida** Ganar dinero y conseguir todo lo necesario para vivir. **de por vida** Para siempre, para toda la vida. **de toda la vida** Desde hace mucho tiempo, desde siempre: *Somos amigos de toda la vida.* **en la vida** Nunca, jamás: *En la vida había visto una cosa así.* **ganarse la vida** Trabajar para vivir: *Se gana la vida como carpintero.* **hacer la vida imposible** a alguien Molestarle mucho o hacerle sufrir. **pasar** uno **a mejor vida** Morir.

**SIN. 2.** Existencia. **5.** Dinamismo, vigor.

**FAM.** Vidorra, vital, vivir. / Buscavidas, perdonavidas, salvavidas.

**vidente** *s. m.* y *f.* Persona que puede conocer el futuro o saber cosas sin haberlas visto.

**SIN.** Adivino.

**FAM.** Clarividencia, invidente.

vicuña

vid

**video** _s. m._ En Hispanoamérica, vídeo.

**vídeo** _s. m._ **1.** Aparato que graba imágenes en una cinta llamada _videocasete_ y que permite verlas en una pantalla. **2.** Videocasete con una película o alguna otra cosa grabada: _Estuvieron viendo el vídeo de la comunión de su hermana._
**FAM.** Video, videoaficionado, videocámara, videocasete, videoclip, videoclub, videojuego, videoteca.

**videoaficionado, da** _s. m._ y _f._ Persona a la que le gusta filmar películas de vídeo.

**videocámara** _s. f._ Cámara con la que se graban imágenes y sonidos en una videocasete.

**videocasete** _s. f._ Cajita de plástico que tiene por dentro una cinta enrollada en la que pueden grabarse imágenes y sonido.

**vídeo**

**vídeocasete**

**videoclip** _s. m._ Vídeo en el que cantan una canción y se muestran unas imágenes que la acompañan. ■ Su plural es _videoclips_.

**videoclub** _s. m._ Tienda donde se alquilan o compran películas de vídeo. ■ Su plural es _videoclubs_ o _videoclubes_.

**videoconferencia** _s. f._ Sistema electrónico de comunicación a distancia que permite ver a las personas con las que se habla, al mismo tiempo que se escucha su voz.

**videoconsola** _s. f._ Aparato de videojuegos que se conecta a un televisor o a un monitor: _Estoy jugando con un simulador de vuelo en la videoconsola._

**videófono** _s. m._ Teléfono en el que también se puede ver a la persona con la que se está hablando.
**SIN.** Videoteléfono.

**videojuego** _s. m._ Juego que se hace en una pantalla. Los hay para ordenador, para la televisión y otros son máquinas que sólo sirven para jugar.

**videoteca** _s. f._ Colección de vídeos y sitio donde se guardan: _Me gustan mucho las películas y tengo una gran videoteca._

**videoteléfono** _s. m._ Videófono.

**vidorra** _s. f._ Buena vida: _No veas qué vidorra se está dando desde que le tocó la lotería._

**vidriado, da** _adj._ Se dice del barro o de la loza recubierto de un barniz que hace que se vuelva transparente y brillante como el vidrio.

**vidriera** _s. f._ **1.** Trozos de vidrio que unidos unos a otros forman algún dibujo o combinación bonita y se ponen en puertas, ventanas o en los huecos de algunos edificios. A veces son de colores, como los que hay en las iglesias. **2.** En algunos países de Hispanoamérica, escaparate.
**SIN. 2.** Vitrina.

**vidrio** _s. m._ **1.** Cristal, material duro y transparente que se rompe con facilidad. **2.** Placa de este material; se usa, por ejemplo, para ponerla en una puerta o ventana.
**EXPR. pagar** uno **los vidrios rotos** Cargar con la culpa de algo.
**FAM.** Vidriado, vidriera, vidrioso. / Vítreo, vitrocerámica.

**vidrioso, sa** _adj._ Se dice de los ojos cuando están brillantes y parece que no miran a ningún sitio.

**vieira** _s. f._ Molusco con dos conchas, una hueca y la otra completamente plana, que es muy apreciado como alimento. ■ Es una palabra gallega.

**viejo, ja** _adj._ y _s. m._ y _f._ **1.** Persona o animal que tiene muchos años o lo parece. || _adj._ **2.** Que está muy gastado o usado: _Tengo que tirar este abrigo porque ya está viejo._ **3.** De hace mucho tiempo: _Al abuelo le gusta contar viejas historias de cuando era joven._
**EXPR. viejo verde** Busca **verde.** || **de viejo** Se dice de las tiendas donde venden cosas usadas: _librería de viejo._
**SIN. 1.** Anciano, carcamal; decrépito. **3.** Antiguo.
**ANT. 1.** Joven. **2.** y **3.** Nuevo. **3.** Reciente.
**FAM.** Vejestorio, vejez. / Avejentar, aviejar, envejecer, nochevieja, ropavejero.

**vienés, sa** _adj._ y _s. m._ y _f._ De Viena, capital de Austria.

**viento** _s. m._ **1.** Aire en movimiento: _El viento movía las ramas de los árboles._ **2.** Cada una de las cuerdas o cables que tienen las tiendas de campaña y las lonas de circo para atarlas tensas a algún sitio y que así queden derechas.
**EXPR. beber** uno **los vientos por** alguien Estar muy enamorado. **con viento fresco** Se usa en expresiones que indican que a alguien le echan o se va de un sitio: _El acomodador del cine echó con viento fresco a los que estaban armando ruido._ **contra viento y marea** Aunque haya muchos problemas o dificultades: _Él quiere irse de vacaciones, y contra viento y marea lo va a hacer._ **de viento** Se dice de los instrumentos que suenan al pasar por ellos una corriente de aire, por ejemplo la flauta y la trompeta. **viento en popa** Muy bien: _La papelería que ha puesto Teo va viento en popa._
**SIN. 1.** Brisa, ventisca.
**FAM.** Ventarrón, ventilar, ventisca, ventolera, ventoso.

**vientre** *s. m.* La tripa, la barriga, sobre todo por la parte de abajo.
**EXPR. hacer de vientre** Hacer caca.
**SIN.** Estómago, panza.
**FAM.** Ventrecha, ventresca, ventrílocuo.

**viernes** *s. m.* Quinto día de la semana. ■ No varía en plural.

**vierteaguas** *s. m.* Reborde o saliente que hay sobre algunas puertas o ventanas para que escurra por él el agua de lluvia. ■ No varía en plural.

**vietnamita** *adj. y s. m. y f.* **1.** De Vietnam, país del sudeste de Asia. || *s. m.* **2.** Lengua hablada en ese país.

**viga** *s. f.* Cada uno de los maderos o hierros largos que se ponen horizontalmente para sostener el techo de una casa.
**SIN.** Travesaño.

**vigencia** *s. f.* El valer o usarse algo en un tiempo: *Poner el árbol de Navidad es una antigua costumbre que aún tiene vigencia.*
**SIN.** Actualidad, validez.

**vigente** *adj.* Que todavía vale o se usa en el momento en que se habla: *La moda vaquera sigue estando vigente.*
**SIN.** Actual, válido. **ANT.** Desusado, anticuado.
**FAM.** Vigencia.

**vigésimo, ma** *num.* **1.** Que está en el lugar número veinte. || *adj. y s. m.* **2.** Se dice de cada una de las veinte partes iguales en que está dividido algo: *Le tocó una vigésima parte de las ganancias.*
**SIN. 2.** Veinteavo.

**vigía** *s. m. y f.* **1.** Persona que vigila desde un lugar alto: *El vigía del castillo avisó de que venía el enemigo.* || *s. f.* **2.** Torre alta desde la que se puede vigilar.
**SIN. 1.** Vigilante, centinela, observador. **2.** Atalaya.

**vigilancia** *s. f.* **1.** Acción de vigilar: *Los guardabosques se encargan de la vigilancia en la montaña.* **2.** Conjunto de personas y medios para vigilar algo: *Después del robo han puesto vigilancia en el banco.*
**EXPR. Unidad de Vigilancia Intensiva** Parte de los hospitales en la que se atiende a enfermos muy graves o que necesitan muchos cuidados. Se conoce también por sus siglas: *UVI.*
**SIN. 1.** Atención, custodia. **1.** y **2.** Guardia. **ANT. 1.** Descuido.

**vigilante** *adj. y s. m. y f.* Que vigila: *El portero debe estar vigilante durante todo el partido. En el aparcamiento hay varios vigilantes.*
**EXPR. vigilante jurado** El que trabaja en una empresa privada de seguridad.
**SIN.** Atento; guardia, guardián, centinela, celador.

**vigilar** *v.* Observar a una persona o cosa o estar atento a lo que pasa en un lugar, por ejemplo para impedir que ocurra algo malo: *La policía vigilaba en el camino por donde iban a pasar los reyes.*

**SIN.** Cuidar, guardar, custodiar, velar. **ANT.** Desatender, descuidar.
**FAM.** Vigía, vigilancia, vigilante, vigilia.

**vigilia** *s. f.* **1.** El hecho de estar despierta una persona por la noche o en otro momento en que tendría que estar dormida: *Su madre pasó varias noches de vigilia cuidándole mientras estuvo enfermo.* **2.** Celebración que se hace como preparación a una fiesta religiosa importante la noche antes: *la vigilia de la Inmaculada.* **3.** Mandamiento de la Iglesia católica que prohíbe comer carne algunos días del año.
**SIN. 1.** Insomnio, desvelo, vela. **3.** Abstinencia.

**vigor** *s. m.* **1.** Fuerza que tiene alguien o algo, por ejemplo para desarrollarse bien o para vencer las dificultades: *Las plantas en el bosque crecen con mucho vigor.* **2.** Situación en que se encuentra algo que todavía vale o se usa: *Esas normas estarán en vigor hasta que se hagan otras nuevas.*
**SIN. 1.** Fortaleza, energía, vitalidad, brío. **ANT. 1.** Debilidad.
**FAM.** Vigorizar, vigoroso. / Vigente.

**vigorizar** *v.* Dar vigor o fuerza a alguien o algo. ■ Delante de *e* se escribe *c* en lugar de *z*: *vigorice.*
**SIN.** Fortalecer, robustecer. **ANT.** Debilitar.

**vigoroso, sa** *adj.* Que tiene vigor o fuerza: *Es un niño sano y vigoroso.*
**SIN.** Fuerte, robusto, enérgico, vital, pujante, brioso.
**ANT.** Débil.

**vigués, sa** *adj. y s. m. y f.* De Vigo, ciudad gallega.

**vihuela** *s. f.* Antiguo instrumento musical de cuerda parecido a la guitarra.

**vikingo, ga** *adj. y s. m. y f.* De un antiguo pueblo de guerreros y navegantes escandinavos que atacaron y saquearon muchas zonas del oeste de Europa entre los siglos VIII y XI.

**vil** *adj.* Muy malo, que merece ser despreciado: *El odio es un sentimiento vil.*
**SIN.** Despreciable, bajo, ruin. **ANT.** Bueno, noble.
**FAM.** Vileza, vilipendiar. / Envilecer.

**vilano** *s. m.* Bolitas de pelitos finos que se forman en el cáliz de las flores y que salen volando con el viento; así ayudan al transporte de las semillas.

**vileza** *s. f.* **1.** Acción vil: *Hacer daño a un animal para divertirse es una vileza.* **2.** Característica de lo que es vil.
**SIN. 1.** Canallada. **1.** y **2.** Bajeza, infamia. **ANT. 1.** Bondad, nobleza.

**vilipendiar** *v.* Ofender o hacer daño a alguien con palabras o acciones.
**SIN.** Humillar, difamar, calumniar, escarnecer. **ANT.** Honrar, alabar.

**villa** *s. f.* **1.** Nombre que se da a algunos pueblos o ciudades. Suele ser porque antiguamente tuvieron mucha importancia. **2.** Chalé, sobre todo el que está en el campo o en la playa y se usa para pasar las vacaciones.

**EXPR. casa de la villa** Ayuntamiento.

**SIN. 2.** Hotel.

**FAM.** Villancico, villano.

**villancico** *s. m.* **1.** Canción popular que se canta en Navidad y que trata del nacimiento de Jesús o de esas fiestas. **2.** Nombre de algunas poesías de la Edad Media que están hechas con versos de ocho sílabas o menos.

**villanía** *s. f.* **1.** Acción hecha por una persona villana o mala. **2.** Característica de villano, malo.

**SIN. 1.** y **2.** Vileza, bajeza. **ANT. 2.** Bondad, nobleza.

**villano, na** *adj.* y *s. m.* y *f.* **1.** Antiguamente, habitante de una villa o pueblo que pertenecía a la clase más baja y no era noble. **2.** Que realiza acciones viles o muy malas: *Es un villano el que miente para conseguir algo.* **3.** Que no tiene cultura, grosero o maleducado.

**SIN. 1.** Plebeyo. **2.** Canalla, bellaco, ruin. **3.** Tosco, rudo, bruto, inculto. **ANT. 2.** Noble, honrado. **3.** Educado, refinado, culto.

**FAM.** Villanía.

**vilo** Se usa en la expresión **en vilo**, que significa 'sin apoyarse en nada': *Por las escaleras tiene que llevar la bicicleta en vilo.* También tiene el significado de 'intranquilo, nervioso': *Dijo que tenía que contarnos algo importante y nos tuvo en vilo toda la tarde.*

**vinacha** *s. f.* Vino muy malo.

**vinagre** *s. m.* Sustancia líquida de sabor ácido que se produce al fermentar el vino o algunos otros líquidos. Se utiliza en alimentación.

**FAM.** Vinagrera, vinagreta. / Avinagrarse.

**vinagrera** *s. f.* **1.** Frasco o jarrita donde se echa el vinagre para usarlo en las comidas. ‖ *s. f. pl.* **2.** Los dos frascos o jarritas que se ponen en la mesa, uno con aceite y otro con vinagre, para echarlos en las ensaladas o en otras comidas.

**vinagreta** *s. f.* Salsa fría hecha con aceite, vinagre y cebolla, y a veces también con otras cosas, como pimiento o perejil.

**vinajera** *s. f.* Cada una de las dos jarritas, una para el agua y otra para el vino, que se emplean en la misa.

**vinatero, ra** *adj.* **1.** Del vino o relacionado con él: *En España hay bastantes industrias vinateras.* ‖ *s. m.* y *f.* **2.** Persona que trabaja en la industria del vino o se dedica a su venta.

**SIN. 1.** Vinícola.

**vinculación** *s. f.* Relación, unión.

**vincular** *v.* **1.** Poner en relación o unir a una persona o cosa con otra. **2.** Hacer que una persona o cosa dependa de otra. **3.** Ser obligatoria para alguien una ley, una norma, un acuerdo: *La Constitución vincula a todos los ciudadanos.*

**SIN. 1.** Relacionar. **2.** Ligar, supeditar. **3.** Obligar. **ANT. 1.** y **2.** Separar.

**FAM.** Vinculación. / Desvincular.

**vínculo** *s. m.* **1.** Aquello que une a una persona o cosa con otra o hace que dependa mucho de ella: *Entre los padres y los hijos existen vínculos muy fuertes.* **2.** En informática, enlace que hay entre unos fragmentos de información y otros, como textos o imágenes, de modo que, al seleccionar uno, nos lleve directamente a otro.

**SIN. 1.** Relación, unión, lazo, atadura, nexo.

**FAM.** Vincular.

**vinícola** *adj.* Relacionado con la producción del vino: *En La Rioja hay muchas personas que se dedican a actividades vinícolas.*

**vinicultor, ra** *s. m.* y *f.* Persona que se dedica a la vinicultura.

**vinicultura** *s. f.* Actividad dedicada a la producción del vino y al cuidado de las vides que se destinan para hacer vino.

**FAM.** Vinícola, vinicultor. / Vitivinicultura.

**vino** *s. m.* Bebida alcohólica que se hace al fermentar el zumo de uvas y que tiene diferentes colores según la variedad: el vino blanco es de color dorado, el rosado o clarete es de color rosa claro y el vino tinto es de color rojo oscuro.

**EXPR. tener buen (o mal) vino** Se dice de las personas que, cuando se emborrachan, se muestran alegres o, por el contrario, agresivos: *Juanma no debería beber porque tiene muy mal vino.*

**FAM.** Vinacha, vinagre, vinajera, vinatero, vinicultura. / Catavino.

**viña** *s. f.* Terreno plantado de vides.

**SIN.** Viñedo.

**FAM.** Viñador, viñedo, viñeta.

**viñador, ra** *s. m.* y *f.* Persona que se dedica al cuidado de las vides.

**viñedo** *s. m.* Viña grande.

**SIN.** Viña.

**viñeta** *s. f.* **1.** Cada uno de los recuadros con dibujos que forman la historieta de un tebeo. **2.** Pequeño dibujo impreso en un libro, periódico o revista: *Le hizo mucha gracia el chiste de la viñeta del periódico.*

**SIN. 2.** Estampa.

**viola** *s. f.* Instrumento musical parecido al violín, pero más grande, con las cuerdas más gordas y de sonido más grave.

**violáceo, a** *adj.* **1.** Que se parece al color violeta: *Esos pantalones azules tienen un tono un poco violáceo.* ‖ *adj.* y *s. m.* **2.** Se dice del color violeta y de las cosas de ese color.

**SIN. 2.** Violado.

**violación** *s. f.* Acción de violar: *Las violaciones de las leyes se castigan.*

**SIN.** Infracción, vulneración, quebrantamiento, transgresión. **ANT.** Respeto.

**violado, da** *adj.* y *s. m.* Se dice del color violeta y de las cosas que tienen este color.

SIN. Violáceo.

**violador, ra** *s. m.* y *f.* Que viola a otra persona.

**violar** *v.* **1.** Desobedecer una ley o algo parecido: *Le pusieron una multa por violar la norma de tráfico que manda parar en los stops.* **2.** Obligar una persona a otra a tener relaciones sexuales con ella por la fuerza o engañándola.

SIN. **1.** Incumplir, infringir, vulnerar, transgredir. **2.** Forzar. ANT. **1.** Cumplir, obedecer.

FAM. Violación, violador. / Inviolable.

**violencia** *s. f.* **1.** Manera de actuar una persona empleando la fuerza para romper algo, obligar a alguien a alguna cosa o causarle un daño: *Los ladrones entraron con violencia en el banco golpeando al vigilante.* **2.** Característica de lo que es violento, brusco o muy fuerte: *Ha habido un terremoto de gran violencia.*

SIN. **1.** Brusquedad. **1.** y **2.** Brutalidad. **2.** Furia, furor, ímpetu, vehemencia. ANT. **1.** y **2.** Suavidad, delicadeza.

**violentar** *v.* **1.** Obligar por la fuerza a alguien a hacer algo. **2.** Hacer algo en una cosa empleando la fuerza: *Como no se podía abrir la caja tuvo que violentar el cierre.* **3.** Poner a alguien molesto o enfadado o sin saber qué hacer: *Le violenta ver discutir a sus amigos.*

SIN. **1.** y **2.** Forzar. **3.** Incomodar.

**violento, ta** *adj.* **1.** Muy fuerte, que puede hacer daño y normalmente lo hace: *Es un jugador violento, da muchas patadas. Hubo un violento terremoto que destruyó muchas casas.* **2.** Brusco, inesperado: *Hizo un movimiento violento y se torció un pie.* **3.** Forzado, que no es normal en la persona o cosa donde se da: *Le dolía el cuello porque se había quedado dormido en una postura un poco violenta.* **4.** Incómodo, molesto, sin saber qué hacer: *No conocía a nadie en aquella reunión y estaba violenta.*

SIN. **1.** Brutal, bárbaro; bruto, bestia. **4.** Cortado. ANT. **1.** Pacífico. **2.** Suave. **4.** Cómodo.

FAM. Violencia, violentar.

**violeta** *s. f.* **1.** Planta de jardín con flores de color morado claro, llamadas también *violetas*, que tienen los pétalos desiguales. ‖ *adj.* y *s. m.* **2.** Se dice del color morado claro, como el de las flores de esa planta, y de las cosas que lo tienen.

SIN. **2.** Malva.

FAM. Violáceo, violado, violetera. / Ultravioleta.

**violetera** *s. f.* Mujer que vendía ramitos de violetas por la calle.

**violín** *s. m.* **1.** Instrumento musical de cuerda de forma parecida a una guitarra pequeña que se toca sujetándolo entre el hombro y la barbilla y frotando las cuerdas con un arco. **2.** Grupo de los instrumentos musicales de cuerda que se tocan con arco.

Además del violín, forman ese grupo la viola, el violonchelo y el contrabajo. ‖ *s. m.* y *f.* **3.** Violinista.

FAM. Viola, violinista, violón, violonchelo.

**violinista** *s. m.* y *f.* Músico que toca el violín.

**violón** *s. m.* Contrabajo.

**violonchelista** *s. m.* y *f.* Músico que toca el violonchelo.

**violonchelo** *s. m.* Instrumento musical de cuerda parecido al violín, pero más grande; se toca apoyado en el suelo.

SIN. Chelo.

FAM. Violonchelista. / Chelo.

**vip** *s. m.* y *f.* Persona importante por su fama o su poder político, económico o cultural: *Los vips tienen una sala de espera exclusiva en el aeropuerto.* ■ Es una palabra inglesa formada con las primeras letras de la expresión *Very Important Person*, 'persona muy importante'. Su plural es *vips*.

**viperino, na** *adj.* **1.** Relacionado con las víboras. **2.** Que tiene muy mala intención; se usa sobre todo en la expresión **lengua viperina**, que se refiere al comportamiento de la persona que habla mal de la gente para hacerle daño: *Siempre está criticando a los demás con esa lengua viperina que tiene.*

**viraje** *s. m.* Acción de cambiar de dirección: *El coche tuvo que dar un viraje para no chocar con un camión.*

SIN. Giro.

**viral** *adj.* Vírico.

**virar** *v.* Girar para ir hacia otro lado: *El barco viró todo a babor para cambiar de rumbo.*

SIN. Torcer, doblar.

FAM. Viraje.

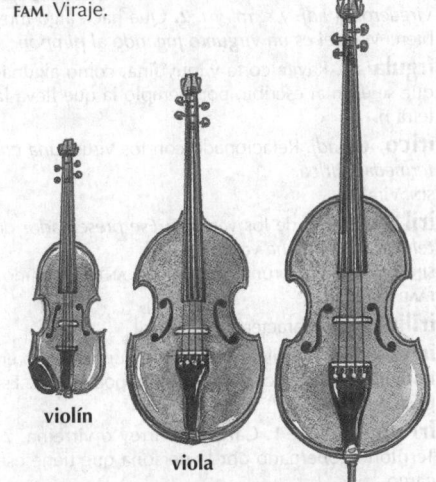

violín

viola

arco

violonchelo

**1171**

**virgen** *adj.* y *s. m.* y *f.* **1.** Se dice de la persona, sobre todo de la mujer, que no ha realizado nunca el acto sexual con otra persona. ‖ *adj.* **2.** Se dice de las cosas que están tal como eran y nadie ha hecho nada en ellas: *Compró una cinta de vídeo virgen para grabar en ella. En Sudamérica aún existen selvas vírgenes.* ‖ *s. f.* **3.** María, la madre de Jesucristo. ■ Con este último significado se escribe con mayúscula.
**EXPR. viva la Virgen** Busca **vivalavirgen**.
**FAM.** Virginal, virginidad, virgo. / Desvirgar, vivalavirgen.

**virginal** *adj.* **1.** Propio de las personas vírgenes. **2.** Relacionado con la Virgen María. **3.** Puro, sin mancha, sin que nadie lo haya tocado: *En la cumbre de la montaña la nieve tiene una blancura virginal.*

**virginidad** *s. f.* Característica de la persona que es virgen.

**virgo** *s. m.* **1.** Sexto signo del zodiaco. ■ Con este significado suele escribirse con mayúscula. ‖ *s. m.* y *f.* **2.** Persona nacida bajo este signo, entre el 22 de agosto y el 21 de septiembre. ■ Con este significado no varía en plural.

**virguería** *s. f.* **1.** Cosa o acción hecha muy bien o con mucho detalle: *Ese pintor hace unos cuadros que son verdaderas virguerías.* **2.** Cosa que sirve de adorno o complemento para algo, pero que no le hace falta: *Quiero una bicicleta sencilla, sin muchas virguerías.*
**SIN. 1.** Maravilla, preciosidad.
**FAM.** Virguero.

**virguero, ra** *adj.* **1.** Que es muy bueno o bonito o que está muy bien hecho: *Ana hace unos dibujos virgueros.* ‖ *adj.* y *s. m.* y *f.* **2.** Que hace algo muy bien: *Manuel es un virguero jugando al pimpón.*

**vírgula** *s. f.* Rayita corta y muy fina, como algunas que se usan al escribir, por ejemplo la que lleva la letra ñ.

**vírico, ca** *adj.* Relacionado con los virus: *una enfermedad vírica.*
**SIN.** Viral.

**viril** *adj.* Propio de los varones: *Ese presentador de televisión tiene una voz muy viril.*
**SIN.** Varonil, hombruno, masculino. **ANT.** Femenino.
**FAM.** Virilidad.

**virilidad** *s. f.* Característica de viril.

**virreina** *s. f.* **1.** Mujer que gobierna un territorio en nombre del rey y con sus mismos poderes. **2.** Esposa del virrey.

**virreinato** *s. m.* **1.** Cargo de virrey o virreina. **2.** Territorio gobernado por la persona que tiene ese cargo.

**virrey** *s. m.* Hombre que gobierna un territorio en nombre del rey y con sus mismos poderes.
**FAM.** Virreina, virreinato.

**virtual** *adj.* **1.** Que puede ser o hacer algo, aunque todavía no lo es o no lo ha hecho: *Todos ven en él a un virtual campeón.* **2.** Que parece real aunque no lo es: *Con la informática se pueden crear mundos virtuales.*
**SIN. 1.** Potencial, posible. **ANT. 1.** Efectivo, real.

**virtud** *s. f.* **1.** La bondad, la honradez, la virtud y otras formas buenas de ser y portarse las personas. **2.** Cualquier cualidad buena de una persona o cosa: *Una de las mejores virtudes de ese libro es que es muy divertido.* **3.** Capacidad de una persona o cosa para producir un efecto, sobre todo si es algo bueno: *El agua de esa fuente tiene virtudes curativas.*
**EXPR. en virtud de** Como resultado de algo: *En virtud del acuerdo entre padres y profesores, los alumnos tendrán clase por la mañana y por la tarde.*
**SIN. 3.** Poder, eficacia, fuerza. **ANT. 1.** y **2.** Vicio. **2.** Defecto.
**FAM.** Virtual, virtuoso. / Desvirtuar.

**virtuosismo** *s. m.* El saber hacer muy bien una cosa.

**virtuoso, sa** *adj.* y *s. m.* y *f.* **1.** Muy bueno, con muchas virtudes. **2.** Se dice de la persona que sabe hacer algo muy bien, sobre todo el músico que toca muy bien un instrumento: *Mozart fue un virtuoso del piano.*
**SIN. 1.** Honesto, íntegro. **2.** Hábil, experto, diestro. **ANT. 1.** Vicioso, vil. **2.** Torpe, inexperto.
**FAM.** Virtuosismo.

**viruela** *s. f.* Enfermedad causada por un virus, que produce fiebre alta y ampollas con pus. También se llaman así estas ampollas.

**virulé** Se usa en la expresión **a la virulé**, que se dice de las cosas que están estropeadas o en mal estado, y sobre todo del ojo cuando se pone morado por un golpe.

**virulencia** *s. f.* Característica de lo que es virulento: *Se desató un temporal de tal virulencia que tiró vallas y árboles.*
**SIN.** Violencia, fuerza, intensidad.

**virulento, ta** *adj.* **1.** Producido por un virus. **2.** Muy fuerte, muy violento: *un ataque de tos virulento, una lucha virulenta.*
**SIN. 1.** Vírico. **2.** Intenso; cruel.
**FAM.** Virulencia.

**virus** *s. m.* **1.** Microbio que transmite enfermedades. **2.** En informática, programa que estropea parte de la memoria de un ordenador o se va pasando de unos ordenadores a otros, por ejemplo a través de un disquete o de Internet. ■ No varía en plural.
**FAM.** Viral, vírico, virulento.

**viruta** *s. f.* Tirita fina y casi siempre enrollada que se saca de la madera, del metal y de otros materiales con algunas herramientas: *Sacó punta a los lápices y llenó el suelo de virutas.*

**visa** *s. f.* En Hispanoamérica, visado.

**visado** *s. m.* Nota y sello que se pone en un papel para autorizar algo, por ejemplo en un pasaporte para permitir que alguien entre en un país.

**visaje** *s. m.* Gesto que se hace con la cara, sobre todo cuando es muy exagerado.
SIN. Mueca.

**víscera** *s. f.* Órgano del cuerpo, como el corazón, el hígado o los riñones.
FAM. Visceral.

**visceral** *adj.* **1.** De las vísceras o relacionado con ellas. **2.** Se dice de los sentimientos que son muy fuertes y no se pueden evitar: *Los dos se tenían un odio visceral.* Se dice también de las personas que tienen estos sentimientos: *Pepe es muy visceral y siempre se apasiona cuando discute.*

**viscosa** *s. f.* Tejido que se hace mezclando celulosa con una serie de productos químicos.

**viscosidad** *s. f.* **1.** Característica propia de lo que es viscoso. **2.** Sustancia viscosa.

**viscoso, sa** *adj.* Se dice de los líquidos muy espesos y pegajosos: *La gelatina es una sustancia viscosa.*
FAM. Viscosa, viscosidad.

**visera** *s. f.* **1.** Parte hacia fuera que tienen las gorras por delante, que sirve para que el sol no nos haga daño en los ojos. A veces esta pieza se lleva sola y sujeta con una goma o una cinta. **2.** Pieza que se pone delante de la cara para protegerla, como la que tienen algunos cascos, que se sube y se baja. **3.** Parasol de los automóviles.

**visibilidad** *s. f.* El poderse ver las cosas: *Cuando llueve la visibilidad es menor y se debe conducir más despacio.*

**visible** *adj.* **1.** Que se puede ver. **2.** Muy claro, que se nota mucho: *Estaba muy contento y eso era visible en su sonrisa.*
SIN. **2.** Evidente, patente. ANT. **1.** Invisible. **2.** Dudoso.
FAM. Visibilidad. / Invisible.

**visigodo, da** *adj.* y *s. m.* y *f.* Se dice de un grupo del pueblo godo que creó un reino en España.

**visillo** *s. m.* Cortina de tela muy fina y casi transparente, que se coloca en la parte de dentro de las ventanas, en los balcones y en algunas puertas.

**visión** *s. f.* **1.** El poder ver: *Perdió durante algún tiempo la visión del ojo derecho.* **2.** Cosa que creemos ver o nos imaginamos y que nos parece real. **3.** Opinión o punto de vista: *Tenía una visión equivocada del problema.* **4.** Capacidad para comprender las cosas y saber qué es lo mejor: *Su tío se hizo rico porque tenía una gran visión para los negocios.*
SIN. **1.** Vista. **2.** Alucinación. **3.** Parecer, juicio, concepto. **4.** Olfato, tino, instinto.
FAM. Visionar, visionario. / Televisión.

**visionar** *v.* Ver imágenes de cine o televisión, sobre todo por razones de trabajo: *Para preparar el anuncio tuvieron que visionar muchos vídeos.*

**visionario, ria** *adj.* y *s. m.* y *f.* Se dice de la persona que se imagina o cree ver cosas que no existen: *Algunos visionarios dijeron que el mundo se acabaría en el año 2000.*
SIN. Soñador, fantasioso. ANT. Realista.

**visir** *s. m.* Ministro más importante de los soberanos musulmanes.

**visita** *s. f.* **1.** Acción de visitar: *Disfrutó mucho en su visita al museo.* **2.** Persona o personas que visitan a alguien: *Las visitas pueden esperar en la sala.*
SIN. **2.** Visitante.

**visitante** *adj.* y *s. m.* y *f.* **1.** Que visita a una persona o un lugar: *Los lugares turísticos reciben muchos visitantes.* **2.** En deporte, se dice del equipo que juega en un campo que no es el suyo.

**visitar** *v.* **1.** Ir a ver a una persona al lugar donde está, por amistad, para atenderla o venderle algo, o por otros motivos: *Fuimos a visitar a su familia. El médico ha ido a visitar a sus enfermos.* **2.** Ir a un sitio para conocerlo o para examinarlo: *En vacaciones visitamos muchos pueblecitos de la sierra. El ingeniero visitará mañana las obras, para ver si todo va bien.* **3.** Entrar en una página web.
FAM. Visita, visitante.

**vislumbrar** *v.* **1.** Ver una cosa no muy bien por estar muy lejos o haber poca luz: *En el horizonte se vislumbraban algunos barcos.* **2.** Ver las pequeñas señales de algo: *Ya se vislumbra la solución del problema.*
SIN. **1.** y **2.** Atisbar.

**viso** *s. m.* **1.** Brillo o reflejo que tienen algunas cosas, según les da la luz: *Las conchas por dentro hacen visos de colores.* **2.** Aspecto que tiene una cosa: *Lo que dijo tenía visos de ser verdad.*
SIN. **1.** Destello, resplandor. **2.** Pinta, traza.
FAM. Visaje.

**visón** *s. m.* **1.** Animal mamífero de cuerpo alargado y patas muy cortas. Vive en las orillas de ríos y lagos, y tiene una piel muy suave, de color marrón oscuro, que se usa para hacer prendas de abrigo. **2.** Prenda de abrigo hecha con la piel de este animal.

**visor** *s. m.* **1.** Parte de las cámaras de fotos o de vídeo por donde se mira para enfocar la imagen. **2.** Aparato que se usa para ver diapositivas y otras cosas parecidas.
FAM. Retrovisor.

**víspera** *s. f.* **1.** El día anterior a otro: *Los jugadores estaban muy nerviosos la víspera del partido.* ‖ *s. f. pl.* **2.** Tiempo antes de un hecho o de un suceso: *En vísperas de exámenes los estudiantes salen menos y dedican más horas al estudio.* **3.** Oración que los religiosos rezan diariamente al anochecer.

**vista** *s. f.* **1.** Sentido por el que se perciben las formas y los colores de los objetos, por medio de los ojos. **2.** La mirada: *Es muy vergonzoso, por eso cuando le* hablas baja la vista. **3.** Acción de ver. **4.** Lo que se ve desde un lugar: *Desde lo alto, la vista del valle era preciosa. Pidieron una habitación con vistas al mar.* **5.** Capacidad que tiene una persona para darse cuenta enseguida de las cosas y hacer lo que le resulte mejor: *Qué poca vista tienes, ¿no ves que te está tomando el pelo?*

**EXPR. corto de vista** Miope, que no ve bien de lejos. **vista cansada** Defecto de la vista por el que las cosas que están cerca se ven borrosas y en cambio las que están lejos se ven más claramente; suelen tenerlo las personas mayores. Se llama también *presbicia.* **vista de lince** La que es muy aguda. ‖ **a la vista** De manera que se pueda ver: *Pon esos libros a la vista.* Muy claro: *A la vista está que sólo quería ayudarnos, que no intentaba aprovecharse.* En un futuro que está cerca: *Ya están a la vista las vacaciones.* **a la vista de** o **en vista de** una cosa Teniéndola en cuenta: *En vista de este tiempo tan malo, nos quedaremos en casa.* **a primera** (o **simple**) **vista** Sin fijarse o sin detenerse mucho en algo. **a vista de pájaro** Desde un lugar alto. **con vistas a** Con el fin de. **conocer** a alguien **de vista** Conocer a una persona por haberla visto en alguna ocasión, sin haber tenido trato con ella. **hacer** alguien **la vista gorda** Hacer como si no hubiera visto una cosa que no está bien. **hasta la vista** Expresión para despedirse de alguien. **perder de vista** a una persona o cosa Dejar de verla.

**SIN. 1.,** y **3.** y **5.** Visión. **4.** Paisaje, panorama, perspectiva. **5.** Tino, instinto, olfato.

**FAM.** Vistazo, vistoso. / Largavistas, revista, tomavistas.

**vistazo** *s. m.* Mirada, repaso o examen rápido de algo: *Déjame la revista, voy a echarle un vistazo.*

**SIN.** Ojeada, ojo.

**visto, ta** *adj.* **1.** Que alguien lo vio. **2.** Que todo el mundo lo conoce y es poco original: *¡Bah!, esas cazadoras están muy vistas.*

**EXPR. visto bueno** Aprobación, permiso. ‖ **bien visto** o **mal visto** Se dice de lo que a la gente le parece bien o mal: *Está mal visto decir palabrotas.* **estar visto** algo Ser seguro, muy claro: *Está visto que a estas horas ya no vienen.* **por lo visto** Según se cree, según dicen o según parece: *Por lo visto van a hacer un polideportivo muy cerca de aquí.* **visto y no visto** Que sucede o se acaba muy deprisa.

**SIN. 2.** Pasado, desfasado. **ANT. 2.** Nuevo.

**vistosidad** *s. f.* Característica de las cosas vistosas.

**vistoso, sa** *adj.* Que llama mucho la atención por su aspecto o sus colores: *Los loros son aves de plumaje muy vistoso.*

**SIN.** Llamativo, atractivo. **ANT.** Apagado, discreto.

**FAM.** Vistosidad.

**visual** *adj.* De la vista o relacionado con ella.

**FAM.** Visualizar. / Audiovisual.

**visualizar** *v.* **1.** Hacer que se vea por medios artificiales lo que a simple vista no puede verse: *El cien-*

tífico visualizó las células con el microscopio. **2.** Imaginar como si se estuviera viendo lo que no está a la vista o que no puede verse: *Intentó visualizar los sitios en los que había estado para recordar dónde se olvidó la cartera.* ■ Delante de *e* se escribe *c* en lugar de *z*: *visualice.*

**vital** *adj.* **1.** De la vida o relacionado con ella. **2.** Muy importante: *Para ellos era vital encontrar una casa más grande.* **3.** Se dice de la persona muy animosa, que siempre tiene ganas de hacer cosas.

**SIN. 2.** Fundamental, esencial, básico, trascendental. **3.** Activo, dinámico.

**FAM.** Vitalicio, vitalidad. / Desvitalizar, revitalizar.

**vitalicio, cia** *adj.* Para toda la vida: *una pensión vitalicia, un cargo vitalicio.*

**vitalidad** *s. f.* Ánimo, energía y ganas de hacer cosas: *La abuela ya es mayor, pero tiene una vitalidad increíble.*

**SIN.** Dinamismo, vigor.

**vitamina** *s. f.* Nombre de muchas sustancias que están en la mayoría de los alimentos y son muy necesarias para el crecimiento y el desarrollo de los seres vivos.

**FAM.** Vitaminado, vitamínico.

**vitaminado, da** *adj.* Se dice del alimento o de la medicina a los que se les han añadido vitaminas: *un calmante vitaminado.*

**vitamínico, ca** *adj.* **1.** De las vitaminas o relacionado con ellas. **2.** Que tiene vitaminas.

**viticultura** *s. f.* El cultivo de la vid y las técnicas que se utilizan para cultivarla.

**vitivinicultura** *s. f.* Técnica de cultivar las vides y de hacer vino.

**vitola** *s. f.* Banda estrecha de papel que llevan los puros alrededor, donde pone de qué marca son.

**vítor** *s. m.* Expresión con que se alaba a alguien y se muestra entusiasmo y satisfacción, como *hurra* o *viva*: *La cantante recibió los aplausos y vítores del público.*

**SIN.** Ovación. **ANT.** Abucheo.

**FAM.** Vitorear.

**vitorear** *v.* Gritarle a alguien palabras como *hurra* o *viva*, que expresan entusiasmo o admiración: *Todo el mundo en las gradas vitoreaba a los jugadores.*

**SIN.** Ovacionar. **ANT.** Silbar.

**vitoriano, na** *adj. y s. m. y f.* De Vitoria, capital de Álava y del País Vasco.

**vítreo, a** *adj.* Que es de vidrio o recuerda al vidrio: *un brillo vítreo.*

**EXPR. humor vítreo** En los ojos de vertebrados y otros animales, masa transparente y gelatinosa que hay dentro del ojo, detrás del cristalino.

**vitrina** *s. f.* **1.** Mueble o caja con puertas o tapas de cristal para que puedan verse bien las cosas que

hay dentro: *Tenía una colección de figuritas en una vitrina.* **2.** En Hispanoamérica, escaparate.
SIN. **2.** Vidriera.

**vitrocerámica** *s. f.* **1.** Cerámica que se parece al vidrio y que puede soportar temperaturas muy altas. **2.** Cocina que tiene una placa de este tipo de cerámica: *La vitrocerámica es muy fácil de limpiar.*

**vitualla** *s. f.* Provisiones, víveres. ■ Se usa más en plural: *La expedición llevaba vituallas para un mes.*

**vituperar** *v.* Hablar muy mal de una persona o regañarla por lo mal que se ha portado.
SIN. Criticar, censurar.

**viudedad** o **viudez** *s. f.* El ser viudo.

**viudo, da** *adj. y s. m. y f.* Persona a la que se le ha muerto su marido o su mujer y que no ha vuelto a casarse.
FAM. Viudedad, viudez. / Enviudar.

**¡viva!** *interj.* Muestra alegría o se dice en honor de alguien: *¡Viva, nos vamos a la playa! ¡Viva el rey!*

**vivac** *s. m.* El pasar la noche en el campo, sobre todo en la montaña, durmiendo al aire libre. ■ Su plural es *vivaques.*

**vivalavirgen** *s. m. y f.* Persona que no se preocupa por nada, a la que todo le da igual. ■ Se escribe también separado: *un viva la Virgen.*
SIN. Tarambana, alocado.

**vivales** *s. m. y f.* Persona muy lista y espabilada, que sabe sacar provecho de todo. ■ No varía en plural.
SIN. Vivo.

**vivaracho, cha** *adj. y s. m. y f.* Alegre, animoso y muy espabilado: *La protagonista de la película era una chica bajita y vivaracha.*
SIN. Vivaz, listo.

**vivaz** *adj.* Listo, espabilado y muy activo. ■ Su plural es *vivaces.*
SIN. Vivaracho.

**vivencia** *s. f.* Algo que le ha pasado a una persona y que le ha hecho aprender o ha tenido alguna importancia para ella.
SIN. Experiencia.

**víveres** *s. m. pl.* Cosas necesarias para comer, sobre todo cuando son muchas: *Enviaron medicinas y víveres a los lugares que habían sufrido el terremoto.*
SIN. Provisiones.

**vivero** *s. m.* **1.** Lugar donde se plantan árboles y otros vegetales para luego volver a plantarlos en su sitio definitivo. **2.** Lugar en que se crían dentro del agua peces y otros animales, como cangrejos, mejillones y ostras.
SIN. **1.** y **2.** Criadero. **2.** Piscifactoría.

**viveza** *s. f.* **1.** Capacidad para hacer las cosas o pensar con mucha rapidez. **2.** Entusiasmo, energía, ganas: *La discusión cada vez iba teniendo mayor*

viveza. **3.** Brillo, luz, alegría, por ejemplo en los colores o en la mirada.
SIN. **1.** Dinamismo, presteza. **2.** Pasión, exaltación, ardor. **3.** Vistosidad. ANT. **1.** Torpeza. **3.** Tristeza.

**vívido, da** *adj.* Se dice de las descripciones y de las historias que tienen tanto realismo y detalle que es fácil imaginarse lo que cuentan: *El niño nos hizo un vívido retrato de la profesora.*

**vividor, ra** *s. m. y f.* **1.** Persona que vive bien sin trabajar mucho y aprovechándose de los demás. **2.** Persona que sabe disfrutar de las cosas buenas de la vida.

**vivienda** *s. f.* Casa o cualquier otra construcción para que vivan en ella las personas.
SIN. Residencia, morada, domicilio.
FAM. Infravivienda.

**viviente** *adj. y s. m. y f.* Que vive.
SIN. Vivo. ANT. Muerto.

**vivificar** *v.* Dar fuerzas, ánimos o energía. ■ Delante de e se escribe *qu* en lugar de *c*: *vivifique.*
SIN. Fortalecer, vigorizar, reanimar. ANT. Debilitar.

**vivíparo, ra** *adj. y s. m. y f.* Se dice de los animales que se desarrollan dentro de la tripa de sus madres antes de nacer, como todos los mamíferos.

**vivir** *v.* **1.** Tener vida: *Vivió más de noventa años.* **2.** Tener las personas las cosas que necesitan, como alimento, trabajo, casa, ropa: *Trabaja para poder vivir. La región vive del turismo.* **3.** Tener alguien la casa en un lugar: *Hace dos años que vive en San Sebastián.* **4.** Ocupar los seres vivos un lugar o territorio: *Los pingüinos viven en las zonas polares.* **5.** Llevar un tipo de vida: *Vive muy a gusto con sus padres.* **6.** Sentir algo, pasarlo: *Juntos vivieron momentos muy felices.* **7.** Llevar vida de casado con una persona, sin estarlo: *Hace años que Mónica y Arturo viven juntos.*
SIN. **1.** Existir. **2.** Subsistir. **3.** Residir, morar. **4.** Habitar. **7.** Cohabitar. ANT. **1.** Morir.
FAM. ¡Viva!, vivalavirgen, vivencia, víveres, vivero, vívido, vividor, vivienda, viviente, vivificar, vivo. / Convivir, desvivirse, malvivir, pervivir, revivir, sinvivir, sobrevivir, supervivencia.

**vivisección** *s. f.* Operación que consiste en abrir el cuerpo de un animal vivo para hacer estudios científicos.

**vivo, va** *adj.* **1.** Que tiene vida: *un ser vivo.* **2.** Que todavía funciona o se usa: *Costumbres muy antiguas, como la de hacer regalos en Navidades, siguen vivas hoy en día.* **3.** Muy fuerte, muy intenso: *Tenía un dolor muy vivo.* **4.** Alegre, brillante: *una mirada viva.* **5.** Rápido: *Andaban con ritmo muy vivo.* || *adj. y s. m. y f.* **6.** Despierto, listo, espabilado: *Me parece que tu amigo es un vivo, siempre se coge los mejores sitios.* || *s. m.* **7.** Borde de alguna cosa, sobre todo el que se pone de adorno en la ropa: *El vestido es blanco con vivos azules.*

**EXPR. en vivo** En directo, que no ha sido grabado: *El concierto se ofreció en vivo por televisión.* **SIN. 1.** Viviente, existente. **2.** Actual, vigente. **3.** Agudo. **6.** Despabilado, perspicaz, vivales. **ANT. 1.** y **2.** Muerto. **2.** Anticuado. **3.** Apagado, suave. **4.** Triste. **FAM.** Vivales, vivaracho, vivaz, viveza, vivisección. / Avivar, tiovivo.

**vizcaíno, na** *adj.* y *s. m.* y *f.* **1.** De Vizcaya, provincia española en el País Vasco. || *s. m.* **2.** Dialecto de la lengua vasca que se habla en gran parte de Vizcaya.

**vizconde, vizcondesa** *s. m.* y *f.* **1.** Persona que tiene un título de nobleza inferior al del conde. || *s. f.* **2.** Mujer del vizconde.

**vocablo** *s. m.* Palabra de una lengua: *En aquel escrito había algunos vocablos en francés.* **FAM.** Vocabulario.

**vocabulario** *s. m.* **1.** Conjunto formado por las palabras de una lengua, de una profesión, de una persona: *En medicina se utiliza un vocabulario muy técnico. Leer mucho ayuda a ampliar el vocabulario.* **2.** Libro o lista con estas palabras y sus significados: *Esa obra de física tiene un vocabulario con las palabras más difíciles.* **SIN. 1.** Léxico, terminología. **2.** Diccionario, glosario.

**vocación** *s. f.* Atracción que siente una persona por una profesión, actividad o forma de vida: *Desde muy pequeña tuvo vocación de actriz.* **FAM.** Vocacional.

**vocacional** *adj.* Que se hace por vocación: *La dedicación a la enseñanza de Daniel es vocacional.*

**vocal** *adj.* **1.** De la voz o relacionado con ella: *Las cuerdas vocales están situadas en la laringe.* || *s. f.* **2.** Cada una de las cinco letras (*a, e, i, o, u*) que, junto con las consonantes, forman el alfabeto. || *adj.* y *s. m.* y *f.* **3.** Persona que tiene derecho a hablar en una reunión, en una junta o en algo parecido. **FAM.** Vocálico, vocalista, vocalizar.

**vocálico, ca** *adj.* De la vocal: *sonidos vocálicos.*

**vocalista** *s. m.* y *f.* Cantante de un grupo musical.

**vocalizar** *v.* Pronunciar algo de forma que se entienda muy bien. ■ Delante de *e* se escribe *c* en lugar de *z*: *Por favor, vocalice, no le entiendo.* **SIN.** Articular.

**vocear** *v.* **1.** Dar voces, gritar: *Los niños voceaban y jugaban en la calle.* **2.** Decir algo que se debería callar, como un secreto. **SIN. 1.** Gritar, chillar, vociferar. **2.** Pregonar, divulgar. **ANT. 1.** Susurrar.

**voceras** *s. m.* y *f.* Boceras, persona que no sabe callar y todo lo cuenta. ■ No varía en plural. **SIN.** Bocazas.

**vocerío** *s. m.* Muchas voces fuertes que se oyen a la vez: *¡No puedo dormir con ese vocerío!* **SIN.** Griterío.

**vociferar** *v.* Dar voces, gritar. **SIN.** Vocear, chillar. **ANT.** Susurrar.

**vodevil** *s. m.* Obra de teatro divertida y de tema algo picante, en la que suele haber espectáculos de música y baile.

**vodka** o **vodca** *s. m.* Aguardiente muy fuerte típico de los países del este de Europa. ■ Es una palabra rusa.

**voladizo, za** *adj.* Se dice de la parte de un edificio, por ejemplo una cornisa, que sobresale del muro o de la pared.

**volado, da** *adj.* **1.** Se dice de la parte de un edificio que sobresale de la pared sin que haya otra cosa que la sujete. **2.** Que está nervioso, intranquilo o tiene mucha prisa: *Salió de casa volado porque perdía el tren.* **3.** En Hispanoamérica, muy enfadado.

**volador, ra** *adj.* Que vuela o puede volar: *un animal volador, un aparato volador.* **SIN.** Volante.

**voladura** *s. f.* El volar o hacer explotar una cosa. **SIN.** Explosión.

**volandas** Se usa en la expresión **en volandas**, que significa 'por el aire, levantando a una persona o cosa sin que toque el suelo': *Entre los dos hermanos llevaban al pequeño en volandas.*

**volantazo** *s. m.* Giro muy rápido y brusco que se da al volante de un automóvil, por ejemplo para no chocar contra algo.

**volante** *adj.* **1.** Que vuela: *un platillo volante.* || *s. m.* **2.** Pieza de un automóvil, en forma de aro, que sirve para dirigirlo. A veces se llama así a piezas parecidas de otros vehículos. **3.** Tira de tela fruncida que se pone de adorno en la ropa, en las cortinas y otras cosas parecidas: *Las bailaoras de flamenco llevan trajes de volantes.* **4.** Hoja de papel que se arranca de un cuadernillo y sirve para probar o justificar algo: *El médico le dio un volante para que fuera a hacerse una radiografía.* **5.** Media pelotita con plumas que se lanza con la raqueta en el juego del bádminton. **SIN. 1.** Volador. **FAM.** Volantazo. / Pasavolante.

**volantín** *s. m.* En algunos países de Hispanoamérica, cometa pequeña de papel.

**volar** *v.* **1.** Moverse por el aire las aves, los aviones y otros animales o vehículos: *Las mariposas vuelan de flor en flor. El helicóptero volaba sobre la ciudad.* **2.** Ir por el aire una cosa, porque la mueve el aire o por haberla lanzado con fuerza: *Los niños hacían volar sus cometas.* **3.** Desaparecer de repente alguien o algo: *Dejé aquí el bocadillo y ha vo-*

*lado.* **4.** Ir muy deprisa: *Preparó volando la bolsa para la piscina. Los fines de semana vuelan.* **5.** Hacer explotar una cosa: *Volaron la puerta con dinamita.* **6.** Separarse alguien de la persona de la que dependía: *Todos sus hijos han ido volando y ahora vive solo el matrimonio.* || **volarse 7.** En Hispanoamérica, enfadarse mucho. ■ Es un verbo irregular. Se conjuga como *contar.*
SIN. **5.** Explosionar.
FAM. Voladizo, volado, volador, voladura, volandas, volante, volantín, volátil, volea, vuelapluma, vuelo. / Revolotear, sobrevolar.

**volátil** *adj.* Se dice de la sustancia que se evapora enseguida, como la gasolina.
FAM. Volatilizar.

**volatilizar** *v.* **1.** Transformar una sustancia sólida o líquida en gas. || **volatilizarse 2.** Desaparecer de repente: *Cuando hay que trabajar, Juan se volatiliza.* ■ Delante de *e* se escribe *c* en lugar de *z*: *volatilice.*
SIN. **1.** Evaporar. **2.** Esfumarse.

**volatinero, ra** *s. m.* y *f.* Persona que da volteretas, saltos y hace otros ejercicios de habilidad.
SIN. Acróbata.

**volcán** *s. m.* Monte con una abertura llamada *cráter* por la que salen gases, llamas y también materiales fundidos, la *lava*, que proceden del interior de la Tierra; también se llama así a este monte aunque esté apagado.
FAM. Volcánico. / Vulcanismo, vulcanología.

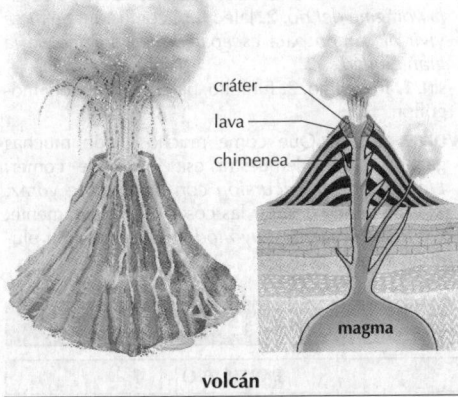

cráter
lava
chimenea
magma

**volcán**

**volcánico, ca** *adj.* De los volcanes o relacionado con ellos.

**volcar** *v.* **1.** Inclinar una cosa haciendo que caiga sobre un lado distinto del que estaba: *Me tropecé con una silla y la he volcado. Un coche volcó al salirse de la carretera.* **2.** Dar la vuelta a una cosa haciendo que se salga lo que contiene: *El camión ha volcado la arena que traía en la caja.* || **volcarse 3.** Hacer una persona todo lo que puede por otra:

*Ese profesor se vuelca con todos sus alumnos.* ■ Delante de *e* se escribe *qu* en lugar de *c*. Es un verbo irregular. Se conjuga como *contar.*
SIN. **1.** Derribar, tumbar, tirar. **2.** Voltear, verter. **3.** Esforzarse, afanarse. ANT. **1.** Levantar, recoger.
FAM. Volquete, vuelco. / Revolcar.

**volea** *s. f.* Golpe dado a una cosa en el aire antes de que toque el suelo, sobre todo a la pelota en algunos deportes: *El tenista ganó el tanto con una magnífica volea.*
SIN. Voleo.
FAM. Voleo. / Balonvolea.

**voleibol** *s. m.* Deporte que se juega entre dos equipos de seis jugadores y que consiste en lanzar el balón, golpeándolo con las manos, de un campo a otro por encima de una red.
SIN. Balonvolea.

**voleo** Se usa en la expresión **a voleo**, que significa 'de cualquier manera, sin pararse a pensar': *Me tocó un peluche en la tómbola porque dije un número a voleo y acerté.*

**volframio** *s. m.* Elemento químico. Es un metal de color blanco plateado que se utiliza para fabricar hilos de bombillas y de algunos aparatos eléctricos y también, con otros metales, para hacer herramientas.
SIN. Wolframio.

**volován** *s. m.* Pastel de hojaldre hueco y redondo que se rellena con carne, con pescado o con otros alimentos.

**volquete** *s. m.* Camión que puede volcar la caja para vaciar lo que transporta.

**voltaje** *s. m.* Cantidad de voltios que hace falta para que funcione un aparato eléctrico.

**voltear** *v.* **1.** Dar la vuelta o varias vueltas a alguien o algo: *voltear la tortilla. Se volteó para mirarme de frente.* **2.** En Hispanoamérica, volcar o derramar.

**voltereta** *s. f.* Vuelta que da una persona sobre el suelo o en el aire, haciendo girar el cuerpo enroscado, con la cabeza doblada hacia las piernas.

**voltímetro** *s. m.* Aparato utilizado para medir la cantidad de voltios.

**voltio** *s. m.* Unidad que se utiliza para medir la diferencia de potencial que hay entre los dos extremos de una corriente eléctrica; el *potencial* es la fuerza que hace circular esa corriente.
FAM. Voltaje, voltímetro.

**voluble** *adj.* Que cambia continuamente de idea, de opinión, de gustos: *Es muy voluble, nunca se sabe lo que va a querer.*
SIN. Caprichoso, veleidoso, veleta. ANT. Constante, firme.

**volumen** *s. m.* **1.** Espacio que ocupa una cosa. **2.** Cada uno de los tomos de una obra escrita: *un diccionario en dos volúmenes.* **3.** Fuerza de la voz

o de otro sonido: *Baja el volumen de la radio, que está muy alto.* **4.** Importancia, cantidad: *Ha aumentado el volumen de ventas de la tienda.*
SIN. **1.** Bulto. **3.** Tono. **4.** Magnitud.
FAM. Voluminoso. / Monovolumen.

**voluminoso, sa** *adj.* Que tiene mucho volumen, que ocupa mucho espacio.
SIN. Grande, abultado. ANT. Pequeño.

**voluntad** *s. f.* **1.** Capacidad de las personas para decidir lo que van a hacer: *Vino por su propia voluntad, nadie le obligó.* **2.** Fuerza que tiene una persona para hacer un gran esfuerzo o sacrificio: *Hay que tener mucha voluntad para levantarse tan temprano.* **3.** Intención, deseo o permiso: *El rey mostró su voluntad de visitar ese país. Se fue a vivir fuera de casa en contra de la voluntad de sus padres.*
EXPR. **buena voluntad** Deseo o intención de hacer bien algo o hacer una cosa buena: *Todavía no le sale bien el dibujo, pero pone buena voluntad.*
SIN. **2.** Ánimo, empeño. **2.** y **3.** Determinación. **3.** Propósito, gana; consentimiento.
FAM. Voluntario, voluntarioso. / Involuntario.

**voluntariado** *s. m.* Conjunto de personas que se ofrecen voluntarias para hacer una cosa o para prestar un servicio.

**voluntario, ria** *adj.* **1.** Que alguien lo hace porque quiere: *La revisión médica es voluntaria pero es muy conveniente.* ‖ *adj.* y *s. m.* y *f.* **2.** Que se ofrece para hacer las cosas porque quiere, sin obligación: *Los bomberos pidieron voluntarios para ayudarles a apagar el incendio.*
SIN. **1.** Facultativo, opcional. **2.** Espontáneo. ANT. **1.** Obligatorio.
FAM. Voluntariado.

**voluntarioso, sa** *adj.* Que se esfuerza todo lo que puede por hacer o conseguir algo: *Es muy voluntarioso, entrena todos los días en el gimnasio.*
SIN. Trabajador, perseverante, tenaz, afanoso. ANT. Inconstante.

**voluptuoso, sa** *adj.* y *s. m.* y *f.* Que causa placer a los sentidos o que disfruta de él.

**voluta** *s. f.* Adorno en forma de caracol, como el que hay en algunos capiteles griegos.

**volver** *v.* **1.** Ir otra vez a un lugar donde se había estado antes: *Si sales a jugar, vuelve a casa pronto.* **2.** Hacer otra vez algo: *Al ratito de sonar el despertador volvió a dormirse.* **3.** Suceder algo otra vez: *Han dicho en la tele que volverán las lluvias la semana que viene.* **4.** Dar la vuelta: *Oyó gritar y se volvió para ver qué pasaba. Vuelve el calcetín del derecho antes de ponértelo.* **5.** Hacer que una persona o cosa sea de otra manera: *Tu hermana se ha vuelto mucho más simpática desde que tiene novio.* ■ Es un verbo irregular.
EXPR. **volver en sí** Despertar o ponerse bien una persona que había perdido el conocimiento. **volverse** alguien **atrás** No hacer lo que había dicho o lo

que pensaba hacer: *Sus padres iban a comprar un perrito, pero al final se han vuelto atrás.*
SIN. **1.** Regresar, retornar. **4.** Voltear, invertir; virar, torcer, doblar. **5.** Convertir, transformar.
FAM. Vuelta, vuelto. / Devolver, envolver, revolver, voluble.

**vomitar** *v.* Echar una persona por la boca la comida y otras sustancias que tenía en el estómago.
SIN. Devolver.
FAM. Vomitivo, vómito, vomitona, vomitorio.

**vomitivo, va** *adj.* y *s. m.* **1.** Que hace vomitar: *Le dieron un vomitivo para que echara lo que tenía en el estómago.* **2.** Muy malo, asqueroso: *La comida tenía tanta sal que estaba vomitiva.*
SIN. **1.** Vomitorio. **2.** Repugnante.

**vómito** *s. m.* Acción de vomitar y lo que se vomita: *El vómito del niño dejó la alfombra manchada.*
SIN. Vomitona.

**vomitona** *s. f.* Vómito grande.

**vomitorio, ria** *adj.* **1.** Que hace vomitar. ‖ *s. m.* **2.** Puerta de los estadios y de los circos o teatros antiguos por la que los espectadores entran a las gradas y salen de ellas.
SIN. **1.** Vomitivo.

**voracidad** *s. f.* Característica de las personas o cosas voraces: *La voracidad de un león hambriento es impresionante. Hubo un incendio de gran voracidad que lo destruyó todo.*

**vorágine** *s. f.* **1.** Remolino fuerte de agua que se forma en el mar o en otros sitios: *La barca volcó en la vorágine del río.* **2.** Jaleo, lío, confusión: *Se fue a vivir al campo para escapar de la vorágine de la gran ciudad.*
SIN. **1.** Torbellino. **2.** Tumulto, barahúnda, follón, mogollón.

**voraz** *adj.* **1.** Que come mucho y con muchas ganas, o que demuestra esa forma de comer: *Llegaron de la excursión con un hambre voraz.* **2.** Que puede destruir las cosas muy rápidamente: *Un fuego voraz destruyó todo el bosque.* ■ Su plural es *voraces.*

| VOLVER | | |
|---|---|---|
| **PARTICIPIO** | | |
| *vuelto* | | |
| **INDICATIVO** | **SUBJUNTIVO** | **IMPERATIVO** |
| **Presente** | **Presente** | |
| *vuelvo* | *vuelva* | |
| *vuelves* | *vuelvas* | *vuelve* |
| *vuelve* | *vuelva* | |
| *volvemos* | *volvamos* | |
| *volvéis* | *volváis* | *volved* |
| *vuelven* | *vuelvan* | |

**SIN. 1.** Hambriento, tragón, glotón, tragaldabas, insaciable. **ANT. 1.** Desganado.

**FAM.** Voracidad.

**vórtice** *s. m.* **1.** Masa de aire, agua o polvo que gira muy deprisa en forma de espiral. **2.** Centro de un huracán.

**SIN. 1.** Torbellino, remolino.

**vos** *pron. pers.* **1.** Antigua forma de segunda persona del singular para el masculino y el femenino, que se empleaba para hablar a alguien con mucho respeto: *El caballero se acercó al rey y dijo: «Vos diréis, majestad, cuándo debe empezar el torneo».* **2.** Forma que se emplea en algunos lugares de Hispanoamérica en lugar de *tú: Vos no sabías nada.*

**FAM.** Voseo, vosotros, vuestro.

**voseo** *s. m.* El usar la forma *vos* en lugar de *tú*, como se hace en algunos lugares de Hispanoamérica.

**vosotros, tras** *pron. pers.* Forma de segunda persona del plural. ■ Utilizamos las formas *vosotros* o *vosotras* para hablar con un grupo de personas con las que tenemos confianza.

**votación** *s. f.* Forma de expresar cada una de las personas de un grupo su opinión sobre algo: *Eligieron por votación al delegado de la clase.*

**SIN.** Elección.

**votante** *s. m.* y *f.* Persona que participa en una votación para expresar su opinión.

**votar** *v.* Dar su opinión cada una de las personas de un grupo diciendo lo que prefieren: *Unos votaron ir al cine y otros ir al parque de atracciones.* ■ No confundir con *botar*, 'dar botes o saltos'.

**SIN.** Elegir. **ANT.** Abstenerse; rechazar.

**FAM.** Votación, votante.

**votivo, va** *adj.* Se dice de lo que se ofrece a Dios, la Virgen o los santos como voto o promesa: *un templo votivo. Los fieles dejan su ofrendas votivas junto al altar.*

**voto** *s. m.* **1.** Opinión que da cada persona en una votación: *La propuesta de ir de excursión a la nieve fue la que tuvo más votos a favor.* **2.** Derecho a votar: *Podía ir a la reunión, pero no tenía voto.* **3.** Promesa hecha a Dios, a la Virgen o a un santo; se llaman así sobre todo las que hacen las monjas, sacerdotes y religiosos en la Iglesia católica. ■ No confundir con *boto*, 'tipo de bota'.

**FAM.** Votar, votivo.

**vox pópuli** *expr.* Opinión o información que todo el mundo sabe y comenta: *No hace falta mantener el asunto en secreto porque ya es vox pópuli.* ■ Es una expresión latina.

**voz** *s. f.* **1.** Sonido que se produce al pasar el aire de los pulmones por la laringe, haciendo vibrar las cuerdas vocales. **2.** Grito: *Al verle en la calle le dio una voz. Hablan a voces.* **3.** Cantante. **4.** Palabra: *«Walkman» es una voz inglesa.* **5.** En gramática, forma en que está un verbo para indicar si el sujeto realiza la acción o si la recibe. En la *voz activa* el sujeto la realiza, por ejemplo: *Amparo hace un dibujo*, y en la voz pasiva el sujeto recibe los efectos de la acción: *Un dibujo es hecho por Amparo.* ■ Su plural es *voces.*

**EXPR. voz en off** Voz que se escucha en cine, en teatro o en televisión sin que se vea a la persona que habla. ‖ **a media voz** Hablando en voz baja. **a voces** o **a voz en grito** Hablando muy alto o gritando. **correr la voz** Hacer que un rumor o noticia llegue a más gente: *Ha corrido la voz entre los vecinos de que se va a construir un nuevo aparcamiento.* **llevar la voz cantante** Ser una persona la que manda en un grupo, la que organiza todo y suele hablar por los otros.

**SIN. 2.** Chillido. **4.** Vocablo, término.

**FAM.** Vocal, vocear, voceras, vocerío, vociferar, vozarrón. / Altavoz, portavoz.

**vozarrón, na** *s. m.* y *f.* Voz muy potente y grave: *El vozarrón del actor se oía en todo el teatro.*

**vudú** *s. m.* **1.** Religión en la que se mezcla la brujería africana con los ritos católicos, y que se practica en algunos lugares de América, generalmente entre personas de raza negra. **2.** Práctica que consiste en clavar alfileres en un muñeco para producir mal a la persona a la que representa. ■ Su plural es *vudús* o *vudúes.*

**vuelapluma** Se usa en la expresión **a vuelapluma**, que indica que alguien escribe algo tal y como le sale, sin pararse a pensar: *Apenas tenía tiempo y contestó el examen a vuelapluma.* ■ Se escribe también *a vuela pluma.*

**vuelco** *s. m.* Acción de caerse una cosa hacia un lado o darse la vuelta, por ejemplo un coche.

**EXPR. darle** a alguien **un vuelco el corazón** Sobresaltarse o asustarse por algo.

**SIN.** Tumbo, caída.

**vuelo** *s. m.* **1.** Acción de volar: *el vuelo de los pájaros.* **2.** Viaje en un medio de transporte que va por el aire, como el avión: *Tuvieron un vuelo muy agradable.* **3.** Lo que tienen algunas faldas y vestidos que en vez de ser rectos son muy anchos por abajo.

**EXPR. al vuelo** Con mucha rapidez: *Eduardo es muy espabilado: entiende las cosas al vuelo.* **echar las campanas al vuelo** Dar por hecho que se va a conseguir algo antes de que se produzca. **levantar el vuelo** Echar a volar; también, marcharse: *Cuando vieron que la reunión iba a alargarse demasiado, levantaron el vuelo.*

**FAM.** Revuelo.

**vuelta** *s. f.* **1.** Acción de volver: *A la ida tuvimos un viaje estupendo, pero a la vuelta hubo mucha caravana.* **2.** Movimiento de una persona, animal o cosa alrededor de un punto o sobre su propio eje hasta volver a la posición que antes tenía. **3.** El colocar o colocarse alguien o algo en la posición opuesta a la que estaba: *Da la vuelta al filete para que se fría por los dos lados. Date la vuelta para que vea-*

mos cómo te queda el vestido por detrás. **4.** Parte de una cosa opuesta a la que se ve: *En la vuelta de la postal no hay nada escrito.* **5.** Paseo: *Dieron una vuelta por la ciudad y compraron unos regalos.* **6.** Dinero que cuando pagas algo te devuelven porque sobra. **7.** En deportes como el ciclismo, carrera en que se recorren distintos lugares. **8.** Curva en un camino, carretera u otro sitio.
**EXPR. vuelta de campana** Vuelta completa que da una persona o cosa de manera que se queda luego en la misma posición en la que estaba: *El coche se salió de la carretera y dio varias vueltas de campana.* || **a la vuelta de la esquina** Justamente después de torcer por una esquina; también, muy cerca: *Las vacaciones están a la vuelta de la esquina.* **dar vueltas** Andar de un sitio a otro para encontrar algo o para llegar a un lugar: *Estuvo dando vueltas por el parking buscando su coche.* También, hacer que algo se mueva girando, o moverse de esa manera: *Da dos vueltas a la llave. La pareja bailaba el vals dando vueltas.* También, pensar mucho una cosa: *Le da vueltas a la idea de comprarse una moto nueva.* **darle** a una persona **cien** (o **cuarenta** o **mil**) **vueltas** Ser mucho mejor que ella: *Javier le da mil vueltas a Ramón nadando.* **darle vueltas** a uno **la cabeza** Sentir que se está mareando. **no tener vuelta de hoja** una cosa Estar tan clara que es inútil discutir sobre ella. **poner** a alguien **de vuelta y media** Hablar muy mal de él, insultarle.
**SIN. 1.** Regreso, retorno. **2.** Giro, rotación. **4.** Reverso, dorso. **ANT. 1.** Ida. **4.** Anverso.
**FAM.** Voltear, voltereta.

**vuelto, ta** *adj.* **1.** Que no está de frente: *Estaba vuelto de espaldas mirando el escaparate.* **2.** Del lado opuesto: *Se puso la camiseta vuelta del revés.* || *s. m.* **3.** En Hispanoamérica, dinero que se da como vuelta.

**vuestro, tra** *pos.* **1.** Que os pertenece a vosotros, tiene relación con vosotros o es propio de vosotros: *vuestro libro, vuestra sobrina, vuestras costumbres.* **2.** Se utiliza en algunos casos como forma de respeto para dirigirse a una sola persona: *Majestad, vuestra presencia nos honra.*

**vulcanismo** *s. m.* Conjunto de fenómenos y procesos que tienen relación con los volcanes.

**vulcanología** *s. f.* Parte de la geología que estudia los volcanes.

**vulgar** *adj.* **1.** Que no destaca o no es original: *Su forma de vestir es vulgar.* **2.** De mala educación o de mal gusto: *Poner las piernas encima de la mesa es muy vulgar.* **3.** Se dice de las palabras o frases incorrectas: *«Yo soy mayor que tú» es una expresión vulgar, hay que decir: «Yo soy mayor que tú».* **4.** Del vulgo o del pueblo: *la gente vulgar y corriente.* **5.** Se dice de las palabras que utiliza la gente corriente para llamar a alguien o algo, en vez del nombre científico, técnico o culto: *«Oculista» es el nombre vulgar de «oftalmólogo».*
**SIN. 1.** y **2.** Ordinario. **2.** Chabacano, grosero. **ANT. 1.** y **2.** Refinado. **2.** Educado.
**FAM.** Vulgaridad, vulgarismo, vulgarizar, vulgarmente.

**vulgaridad** *s. f.* Aquello que es vulgar.
**SIN.** Ordinariez, grosería.

**vulgarismo** *s. m.* Palabra o frase que es incorrecta o grosera; por ejemplo, decir *cocreta* en vez de *croqueta* es un vulgarismo, o decir palabrotas al hablar.

**vulgarizar** *v.* Hacer vulgar a algo o a alguien. ■ Delante de *e* se escribe *c* en lugar de *z*: *vulgarice.*

**vulgarmente** *adv.* **1.** De manera vulgar. **2.** Entre la gente corriente.

**vulgo** *s. m.* Conjunto de personas del pueblo, sin cultura, educación, ni una posición social destacada.
**SIN.** Plebe, chusma, masa.
**FAM.** Vulgar.

**vulnerable** *adj.* Que puede ser herido o sufrir algún daño.
**ANT.** Invulnerable.
**FAM.** Invulnerable.

**vulnerar** *v.* **1.** No cumplir una ley, norma o mandato. **2.** Dañar o perjudicar a alguien o algo.
**SIN. 1.** Violar, transgredir, infringir. **2.** Herir.
**FAM.** Vulnerable.

**vulva** *s. f.* Parte exterior del aparato genital de las mujeres y de las hembras de los mamíferos.

**W** *s. f.* Letra número veinticuatro del abecedario y diecinueve de las consonantes. Su nombre es *uve doble*.

**walkie-talkie** *s. m.* Aparato de radio que sirve para hablar a no mucha distancia con otra persona que tiene otro igual. ■ Es una palabra inglesa.

**walkman** *s. m.* Casete o radiocasete pequeño que se escucha con cascos u otras cosas parecidas que se ponen en el oído. Se usa sobre todo para ir oyendo música por la calle. ■ Es una palabra inglesa. Su plural es *walkmans*.

**walkman**

**washingtoniano, na** *adj.* y *s. m.* y *f.* De Washington, capital de los Estados Unidos.

**wáter** *s. m.* **1.** Cuarto donde las personas pueden lavarse y hacer pis y caca. **2.** Recipiente que hay en ese cuarto donde se hace pis y caca. ■ Es una palabra inglesa. En español, su plural es *wáteres* y se escribe también *váter*.
**SIN. 1.** Aseo, servicio, baño. **2.** Retrete, inodoro.

**waterpolo** *s. m.* Deporte al que se juega entre dos equipos de siete jugadores en una piscina donde hay dos porterías. Se trata de ir pasándose el balón para intentar meterlo en la portería del contrario. ■ Es una palabra inglesa.

**web** *s. f.* Página web. Busca **página**. ■ Es una palabra inglesa. Su plural es *webs*.

**western** *s. m.* Película del oeste americano. ■ Es una palabra inglesa. Su plural es *westerns*.

**whisky** *s. m.* Licor con mucho alcohol que se hace al fermentar cebada u otros cereales. ■ Es una palabra inglesa y su plural es *whiskys* o *whiskies*. En español se escribe también *güisqui*.

**windsurf** o **windsurfing** *s. m.* Deporte que se realiza en el mar, en los lagos o pantanos sobre una tabla con una vela. ■ Son palabras inglesas.
**FAM.** Windsurfista.

**windsurfista** *s. m.* y *f.* Persona que practica el windsurf.

**wolframio** *s. m.* Busca **volframio**.

**windsurf**

**X** *s. f.* **1.** Letra número veinticinco del abecedario y número veinte de las consonantes. Su nombre es *equis*. **2.** Se usa en matemáticas para representar lo que hay que calcular en una ecuación. **3.** Empleamos esta letra para hablar de alguien o algo que no conocemos o que no decimos en ese momento: *Pagando x euros más puedes entrar a ver el espectáculo de delfines en el zoo.*

**xenofobia** *s. f.* Odio o antipatía hacia los extranjeros.

**FAM.** Xenófobo.

**xenófobo, ba** *adj.* y *s. m.* y *f.* Que odia a los extranjeros o siente antipatía por ellos.

**xerófilo, la** *adj.* Se dice de las plantas que pueden vivir en medios o sitios muy secos, como por ejemplo los cactus.

**xilófago, ga** *adj.* y *s. m.* y *f.* Se dice de los insectos que comen madera, como las termitas.

**xilofón** o **xilófono** *s. m.* Instrumento musical que tiene unas láminas de madera o metal que se golpean con unos macillos. Estas láminas son de dis-

xilófono

tintos tamaños para que puedan dar las diferentes notas.

**xilografía** *s. f.* Manera de hacer grabados sobre madera, dejando vacías las partes que deben quedar blancas en el dibujo.

**y¹** *s. f.* Letra número veintiséis del abecedario y número veintiuno de las consonantes. Su nombre es *i griega*.

**y²** *conj.* **1.** Sirve para unir palabras o frases: *Comimos sopa y filete con patatas fritas. Salieron del cine y cogieron un taxi.* **2.** Puede usarse para dar más fuerza a algo que se dice o para hacer una pregunta: *¡Y pensar que podía haber sacado un sobresaliente! ¿Y mi libro, dónde está?* FAM. E².

**ya** *adv.* **1.** Se usa para hablar de algo que hemos estado haciendo y que ahora está acabado: *Ya está pintada toda la casa.* **2.** Ahora mismo, en este momento: *Ese señor ya no vive aquí.* **3.** Enseguida: *Ya voy, espera un momentito.* **4.** Se usa para decir al que habla que sí que le entendemos o que nos hemos dado cuenta de algo: *¡Ah ya!, ahora lo comprendo.* **5.** Indica que no nos creemos lo que alguien dice: *¡Venga ya!, eso es una trola.* || *conj.* **6.** Sirve para expresar dos cosas diferentes que pueden ocurrir: *Ya con éxitos, ya con fracasos, sigue su carrera de cantante.*
EXPR. **ya que** Equivale a 'como' o a 'porque': *Ya que estás aquí, te devuelvo el libro que me dejaste. El cobre se utiliza para hacer cables, ya que conduce muy bien la electricidad.*
SIN. **6.** Bien.

**yac** *s. m.* Busca **yak.** ■ Su plural es *yacs.*

**yacaré** *s. m.* Cocodrilo que puede medir hasta dos metros y medio de longitud. Tiene el hocico tan largo como ancho y es de color negruzco o verde oscuro con manchas negras. Vive en ríos y pantanos de América del Sur.

**yacer** *v.* **1.** Estar tumbado o acostado. **2.** Estar una persona muerta enterrada en un sitio. ■ Es un verbo irregular.
SIN. **2.** Reposar, descansar. ANT. **1.** Levantarse.
FAM. Yacimiento. / Subyacer.

| YACER | |
| --- | --- |
| **INDICATIVO** | |
| **Presente** | |
| yazco, yazgo o yago | yacemos |
| yaces | yacéis |
| yace | yacen |
| **SUBJUNTIVO** | |
| **Presente** | |
| yazca, yazga o yaga | |
| yazcas, yazgas o yagas | |
| yazca, yazga o yaga | |
| yazcamos, yazgamos o yagamos | |
| yazcáis, yazgáis o yagáis | |
| yazcan, yazgan o yagan | |
| **IMPERATIVO** | |
| yace o yaz | yaced |

**yacimiento** *s. m.* **1.** Lugar de donde se sacan minerales. **2.** Sitio en el que hay restos prehistóricos o de civilizaciones antiguas: *En este pueblo han encontrado un yacimiento romano.*
SIN. **1.** Mina, cantera, filón.

**yak** *s. m.* Mamífero de gran tamaño parecido a un toro, pero con el cuerpo cubierto de un abundante

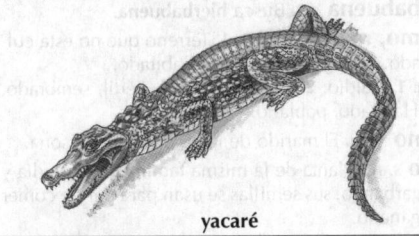

**yacaré**

yak

pelo que lo protege del frío. Vive en el Tíbet, una región de China. ■ Es una palabra tibetana y su plural es *yaks*. Se escribe también *yac*.

**yanqui** *adj.* y *s. m.* y *f.* Se llama así a veces a los habitantes de los Estados Unidos.

**yantar** *v.* Palabra antigua que significa 'comer'.

**yarda** *s. f.* Medida de longitud que se usa en algunos países, como el Reino Unido, y que equivale a 91,4 centímetros.

**yate** *s. m.* Barco de motor o de vela que tienen algunas personas para estar en el mar o hacer viajes por diversión.

**yayo, ya** *s. m.* y *f.* El abuelo o la abuela.

**yedra** *s. f.* Busca **hiedra**.

**yegua** *s. f.* Hembra del caballo.
FAM. Yeguada.

**yeguada** *s. f.* Manada de caballos y yeguas, sobre todo la dedicada a la cría de potros.

**yeísmo** *s. m.* El hecho de pronunciar la *ll* igual que la *y*, por ejemplo en las palabras *rallar* y *rayar*.
FAM. Yeísta.

**yeísta** *adj.* y *s. m.* y *f.* Que pronuncia la *ll* igual que la *y*.

**yelmo** *s. m.* Parte de la armadura antigua que protegía la cabeza y la cara.

**yema** *s. f.* **1.** Parte amarilla del huevo. **2.** Dulce que se hace con yema de huevo y azúcar. **3.** Parte de abajo de la punta de los dedos. **4.** Bultito de las ramas de las plantas de donde salen otras ramas más pequeñas, las hojas o las flores.

**yemení** *adj.* y *s. m.* y *f.* Del Yemen, país de la península Arábiga. ■ Su plural es *yemenís* o *yemeníes*.

**yen** *s. m.* Moneda de Japón.

**yerba** *s. f.* Busca **hierba**.
FAM. Yerbabuena.

**yerbabuena** *s. f.* Busca **hierbabuena**.

**yermo, ma** *adj.* y *s. m.* **1.** Terreno que no está cultivado. **2.** Lugar que está deshabitado.
SIN. **1.** Baldío. **2.** Desierto. ANT. **1.** Fértil, sembrado. **2.** Habitado, poblado.

**yerno** *s. m.* El marido de la hija de una persona.

**yero** *s. m.* Planta de la misma familia que la judía y el garbanzo; sus semillas se usan para dar de comer al ganado.

**yerro** *s. m.* Error, equivocación.
SIN. Fallo, desacierto. ANT. Acierto.

**yerto, ta** *adj.* Rígido y sin moverse.
SIN. Inmóvil, inerte, tieso.

**yesca** *s. f.* Material muy seco que se usaba para encender fuego.

**yeso** *s. m.* **1.** Mineral muy blando, incoloro, blanco o castaño. En polvo y mezclado con agua forma una pasta que usan mucho los albañiles y los escultores. **2.** Vendaje hecho con este material que se pone en un miembro del cuerpo dañado o roto para inmovilizarlo.
SIN. **2.** Escayola.
FAM. Enyesar.

**yeta** *s. f.* En Hispanoamérica, mala suerte.

**yeti** *s. m.* Según cuentan algunas leyendas, ser gigantesco y peludo que habita en las montañas del Himalaya. ■ Es una palabra tibetana.

**yeyuno** *s. m.* Parte central del intestino delgado.

**yo** *pron. pers.* Expresa la primera persona del singular, la persona que habla, y se usa con la función de sujeto: *Yo iré a verle*.

**yodado, da** *adj.* Que contiene yodo: *sal yodada*.

**yodo** *s. m.* Elemento químico de color oscuro que se encuentra en el suelo en forma de sales y en las algas y otros seres vivos marinos. Se usa como desinfectante y también es muy importante para el organismo.
FAM. Yodado.

**yoga** *s. m.* Método de origen hindú que, mediante unos ejercicios físicos y mentales, sirve para controlar el cuerpo y la mente y perfeccionar el espíritu. ■ Es una palabra de la India.

**yogur** o **yoghourt** *s. m.* Alimento muy bueno que se hace fermentando la leche; es blanco y tiene un sabor un poco agrio. A veces se le añade azúcar y sabores de frutas. ■ *Yoghourt* es una palabra turca y su plural es *yoghourts*.
FAM. Yogurtera.

**yogurtera** *s. f.* Aparato para hacer yogur.

**yonqui** *s. m.* y *f.* Drogadicto.

**yorkshire** *adj.* y *s. m.* y *f.* Se dice del perro de una raza de tamaño pequeño y pelo largo y oscuro. ■ Es una palabra inglesa.

**yoyó** *s. m.* Juguete formado por dos pequeños discos redondos unidos por un eje, que se hace subir y bajar mediante un cordel que se enrolla y desenrolla.

**yuca** *s. f.* **1.** Planta americana que tiene el tallo cilíndrico terminado en unas hojas largas, gruesas y tiesas en forma de abanico; de ellas salen unas flores blancas que parecen globos. **2.** Mandioca.

**yugo** *s. m.* Objeto de madera que sirve para unir dos animales de tiro y al que se sujeta el carro o el arado.
FAM. Yugular.

**yugoeslavo, va** o **yugoslavo, va** *adj.* y *s. m.* y *f.* De Yugoslavia, país del sureste de Europa.

**yugular** *adj.* y *s. f.* Se dice de las venas que recogen la sangre del cerebro y la llevan al corazón.

**yunque** *s. m.* **1.** Objeto de hierro, a veces acabado en punta en uno o los dos lados, que sirve para trabajar sobre él los metales golpeándolos con un martillo. **2.** Uno de los huesecillos del oído medio encargados de transmitir al oído interno las vibraciones recogidas por el tímpano.

**yunta** *s. f.* Pareja de bueyes, mulas o de otros animales de tiro o de trabajo.

**yuppie** *s. m.* y *f.* Joven profesional que trabaja en la ciudad, tiene estudios universitarios y gana mucho dinero. ■ Es una palabra inglesa.

**yute** *s. m.* Una planta que viene de Asia; de su corteza se saca una fibra con la que se hacen tejidos de arpillera y esteras.

**yuxtaponer** *v.* Poner una cosa al lado de otra. ■ Es un verbo irregular. Se conjuga como *poner*.
SIN. Arrimar. ANT. Separar.
FAM. Yuxtaposición, yuxtapuesto.

yunque

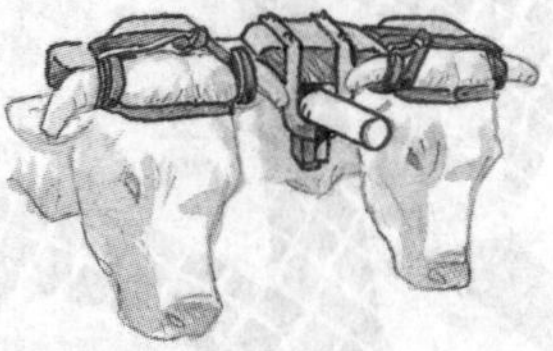

yunta

**yuxtaposición** *s. f.* En gramática, unión de dos o más palabras u oraciones sin utilizar un enlace o una conjunción, por ejemplo mediante comas.

**yuxtapuesto, ta** *adj.* **1.** Que está junto a otra cosa. **2.** Se dice de las palabras o de las oraciones que están unidas por yuxtaposición.

**z** *s. f.* Última letra del abecedario, que hace la número veintisiete y es además la veintidós de las consonantes. Su nombre es *ceta* o *ceda* y también puede escribirse *zeta* o *zeda*.

**zafarrancho** *s. m.* **1.** El preparar un barco para un trabajo o una actividad. **2.** En el ejército, limpieza general en un cuartel. **3.** Destrozo, lío o pelea: *Menudo zafarrancho organizaron los niños jugando. La discusión acabó en un zafarrancho.*
**EXPR. zafarrancho de combate** Acción de prepararse para entrar en combate inmediatamente.
**SIN. 3.** Desastre; gresca, trifulca.

**zafarse** *v.* **1.** Librarse de alguien o algo: *Dije que tenía que irme para zafarme de ese pesado.* **2.** Desatarse o soltarse: *Le agarraron de los brazos, pero logró zafarse.*
**SIN. 1.** y **2.** Escaparse, escabullirse, desembarazarse.
**ANT. 1.** Aguantar, afrontar.

**zafiedad** *s. f.* Característica de la persona o cosa zafia.
**SIN.** Ordinariez, vulgaridad, grosería. **ANT.** Delicadeza, elegancia.

**zafio, fia** *adj.* y *s. m.* y *f.* Se dice de la persona inculta o grosera, que no sabe comportarse; se dice también de lo que hace o dice esta persona.
**SIN.** Patán, maleducado. **ANT.** Culto, educado.
**FAM.** Zafiedad.

**zafiro** *s. m.* Piedra preciosa de color azul y muy dura, que se utiliza en joyería.

**zafra** *s. f.* **1.** Recolección de la cosecha de caña de azúcar. **2.** Fabricación del azúcar que se saca de esta caña o de la remolacha, y tiempo que dura esta fabricación.

**zaga** *s. f.* **1.** La parte de atrás o el último lugar: *El perro pastor iba a la zaga del rebaño.* **2.** En algunos deportes, la defensa del equipo.
**EXPR. no irle a la zaga** o **no quedarse a la zaga** No ser peor que otro, sino igual: *Juan es muy listo, pero Carlos no le va a la zaga.*
**SIN. 1.** Trasera, final. **ANT. 1.** y **2.** Delantera.
**FAM.** Zaguero. / Rezagarse.

**zagal, la** *s. m.* y *f.* **1.** Muchacho o muchacha. **2.** Pastor o pastora joven que está a las órdenes de otro pastor.
**SIN. 1.** Chico, mozo.

**zaguán** *s. m.* Espacio a la entrada de una casa, junto a la puerta de la calle: *Se metieron en el zaguán para protegerse de la fuerte lluvia.*
**SIN.** Vestíbulo, recibidor, hall.

**zaguero, ra** *adj.* y *s. m.* y *f.* **1.** Que va o se queda el último. || *s. m.* **2.** En algunos deportes, sobre todo en el rugby, defensor de un equipo. **3.** En los juegos de pelota por parejas, jugador que se coloca en la parte de atrás de la cancha.
**SIN. 1.** Rezagado. **2.** Defensa. **ANT. 1.** Primero. **2.** Delantero.

**zaherir** *v.* Decir o hacer algo para maltratar o molestar a otro: *Le zahería burlándose de él delante de todo el mundo.* ■ Es un verbo irregular. Se conjuga como *sentir.*
**SIN.** Ofender, humillar, escarnecer. **ANT.** Alabar, ensalzar.

**zahones** *s. m. pl.* Especie de pantalones de cuero o paño fuerte con las perneras abiertas por detrás y que se atan a los muslos. Los usan los cazadores y las personas que trabajan con ganado.

**zahorí** *s. m.* Persona que tiene el poder de descubrir lo que está oculto, sobre todo lo que se encuentra debajo de la tierra, como los manantiales. ■ Su plural es *zahorís* o *zahoríes.*

**zahúrda** *s. f.* **1.** Pocilga, cochiquera. **2.** Vivienda, habitación u otro lugar muy sucio y pobre.
**SIN. 2.** Covacha.

**zaíno, na** o **zaino, na** *adj.* Se dice de los caballos, mulos y asnos que tienen el pelo de color castaño oscuro, y de los toros y vacas que tienen el pelo completamente negro.

**zaireño, ña** *adj.* y *s. m.* y *f.* De Zaire, país del centro de África.

**zalamería** s. f. Caricia o cualquier otra demostración de cariño para adular a alguien o conseguir algo de él: *Logró con zalamerías que su padre le diera dinero para el cine.*
SIN. Halago, lisonja, coba, zalema.
FAM. Zalamero.

**zalamero, ra** adj. y s. m. y f. Se dice de la persona que hace zalamerías.
SIN. Lisonjero, cobista.

**zalema** s. f. **1.** Reverencia que se hace como muestra de respeto. **2.** Zalamería.
FAM. Zalamería.

**zamarra** s. f. Chaqueta o chaquetón que abriga mucho, sobre todo el hecho de piel con su lana o su pelo. ■ Es una palabra vasca.
SIN. Pelliza.
FAM. Chamarra.

**zambo, ba** adj. y s. m. y f. **1.** Patizambo, que tiene las piernas torcidas hacia afuera. **2.** Hijo de un negro y una india, o al revés. **3.** En algunos lugares de Hispanoamérica se llama así al mulato, el hijo de blanco y negra, o al revés.

**zambomba** s. f. Instrumento musical parecido a un tambor, con una varilla que se frota con la mano humedecida y produce un sonido ronco. Se toca mucho cantando villancicos.
FAM. Zambombazo.

**zambombazo** s. m. **1.** Explosión, estampido: *Le asustó el zambombazo del petardo.* **2.** Golpe fuerte.
SIN. **1.** Estallido, cañonazo. **2.** Porrazo.

**zambullida** s. f. Lo que se hace al zambullirse.

**zambullir** v. Meter o meterse de golpe debajo del agua: *Se zambulló en la piscina.* ■ Es un verbo irregular. Se conjuga como *mullir.*
SIN. Sumergir.
FAM. Zambullida.

**zamorano, na** adj. y s. m. y f. De Zamora, ciudad y provincia de España.

**zampabollos** s. m. y f. Persona que come mucho. ■ No varía en plural.
SIN. Tragón, comilón, tragaldabas.

**zampar** v. Comer mucho, rápido y con ansia.
SIN. Engullir, tragar.
FAM. Zampabollos, zampón.

**zampón, na** adj. y s. m. y f. Se dice de la persona que come mucho.
SIN. Comilón, tragón.

**zampoña** s. f. Instrumento parecido a una flauta o formado por varias flautas unidas.

**zanahoria** s. f. **1.** Planta que tiene una raíz comestible, gruesa y alargada, de color anaranjado. **2.** Esta raíz.

**zanca** s. f. **1.** Pata larga de algunas aves. **2.** Pierna larga y delgada.
FAM. Zancada, zancadilla, zancajo, zanco.

**zancada** s. f. Paso largo.
EXPR. **en dos zancadas** En muy poco tiempo, con gran rapidez: *En dos zancadas estoy allí.*

**zancadilla** s. f. El poner alguien su pierna delante de otro que anda o corre para que tropiece y se caiga: *Le pitaron falta por ponerle la zancadilla a un jugador contrario.*
FAM. Zancadillear.

**zancadillear** v. Poner la zancadilla a alguien.

**zancajo** s. m. **1.** Hueso del pie que forma el talón. **2.** Talón del pie, del zapato o del calcetín.

**zanco** s. m. **1.** Cada uno de los dos palos largos con unos soportes para los pies, en los que se sube una persona y anda con ellos manteniendo el equilibrio. **2.** Zueco o zapato de madera.
SIN. **2.** Chanclo.
FAM. Zancudo.

**zancudo, da** adj. **1.** Que tiene zancas o patas largas: *ave zancuda.* || s. m. **2.** En Hispanoamérica, mosquito.

**zanganear** v. Hacer el zángano, holgazanear.

**zángano, na** adj. y s. m. y f. **1.** Persona muy holgazana. || s. m. **2.** Macho de la abeja reina.
SIN. **1.** Perezoso, vago, gandul. ANT. **1.** Trabajador, laborioso.
FAM. Zanganear.

**zangolotino, na** adj. y s. m. y f. Se dice del muchacho ya grande que se viste o se comporta como un niño de menos edad.

**zanja** s. f. Hoyo largo y estrecho que se cava en el suelo: *Abrieron una zanja para meter la tubería del gas.*
SIN. Fosa, foso.
FAM. Zanjar.

**zanjar** v. Terminar o resolver algo del todo: *Se pusieron de acuerdo y zanjaron la discusión.*
SIN. Solucionar, solventar.

**zapador** s. m. Soldado que en la guerra se encarga de cavar zanjas, hacer trincheras y puentes, o de tareas parecidas.
SIN. Gastador.

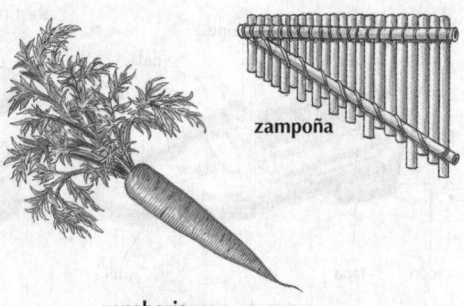

zampoña

zanahoria

**zapata** *s. f.* **1.** Pieza de algunos vehículos que roza con las ruedas o con una parte de ellas para hacerlos frenar. **2.** Fieltro u otra cosa parecida que se pone debajo de los muebles o de las puertas para que no rocen o para que no cojeen.

**zapatazo** *s. m.* **1.** Golpe que se da con el zapato: *Algunos soldados dan un zapatazo cuando saludan.* **2.** Golpe o ruido fuerte: *¡Vaya zapatazo ha dado la bombilla al explotar!*

**zapateado** *s. m.* Baile español en el que se dan golpes con los zapatos en el suelo.

**zapatear** *v.* Dar golpes en el suelo con los zapatos, como se hace en algunos bailes flamencos.
**SIN.** Taconear.
**FAM.** Zapateado.

**zapatería** *s. f.* Tienda donde se venden zapatos y otros tipos de calzado.

**zapatero, ra** *adj.* **1.** De los zapatos o relacionado con ellos: *En Valencia hay una importante industria zapatera.* **2.** Se dice de algunos alimentos, como las patatas o las legumbres, que resultan duros porque hace tiempo que se cocinaron o no son de buena calidad. ‖ *s. m.* y *f.* **3.** Persona que hace, arregla o vende zapatos. ‖ *s. m.* **4.** Mueble para guardar zapatos. **5.** Insecto de cuerpo estrecho y patas muy largas que se mueve por encima del agua.

**zapatiesta** *s. f.* Jaleo, lío, discusión: *Menuda zapatiesta se armó en el recreo.*
**SIN.** Follón, alboroto, embrollo, zipizape.

**zapatilla** *s. f.* **1.** Zapato muy cómodo y flexible que se usa para estar en casa. **2.** Zapato de lona, piel u otro material flexible utilizado para hacer deporte y otras actividades, como ballet.

**zapato** *s. m.* Lo que nos ponemos en los pies para andar por la calle y sobre todo, los que cubren el pie y no llegan al tobillo: *Para la lluvia son mejores las botas que los zapatos.*
**EXPR.** **no llegarle a** alguien **a la suela del zapato** Ser mucho menos que él. **saber** alguien **dónde le aprieta el zapato** Saber una persona cómo es ella misma, por ejemplo saber qué defectos tiene.
**SIN.** Calzado.
**FAM.** Zapata, zapatazo, zapatear, zapatería, zapatero, zapatilla.

**zapear** *v.* Hacer zapping.

**zapeo** o **zapping** *s. m.* El estar cambiando continuamente de canal de televisión con el mando a distancia: *Durante los intermedios de la película hago zapping para ver qué hay en las otras cadenas.* ■ *Zapping* es una palabra inglesa y su plural es *zappings.*

**zar** *s. m.* Nombre que se daba al emperador de Rusia y al rey de Bulgaria.
**FAM.** Zarevich, zarina.

**zaragozano, na** *adj.* y *s. m.* y *f.* De Zaragoza, ciudad y provincia de España.

**zarandajas** *s. f. pl.* Cosas poco importantes o sin valor: *Termina pronto lo que estás haciendo y no te metas en muchas zarandajas.*
**SIN.** Tontería, pamplina, bagatela.

**zarandear** *v.* Mover a una persona o cosa de un lado a otro varias veces y de manera brusca: *Mi madre me tuvo que zarandear para despertarme.*
**SIN.** Agitar, sacudir.

**zarcillo** *s. m.* **1.** Pendiente, sobre todo el de forma de aro. **2.** Rama larga y delgada de algunas plantas

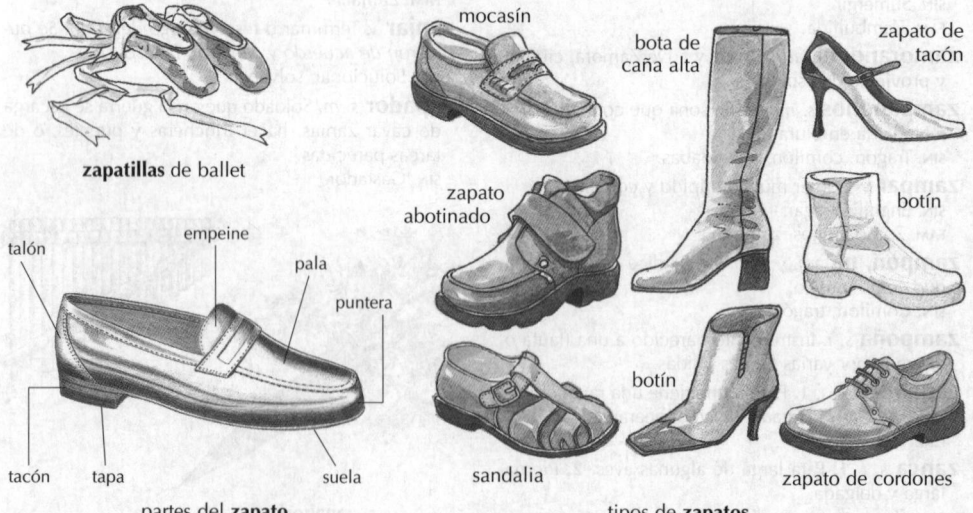

zapatillas de ballet

mocasín

bota de caña alta

zapato de tacón

zapato abotinado

botín

talón
empeine
pala
puntera

tacón
tapa
suela

sandalia

botín

zapato de cordones

partes del **zapato**

tipos de **zapatos**

como la vid, que se retuerce para trepar por un lugar y sujetarse.

**zarco, ca** *adj.* De color azul claro: *Tenía unos ojos zarcos preciosos.*

**zarevich** *s. m.* Hijo del zar, heredero de la corona rusa.

**zarigüeya** *s. f.* Animal mamífero americano parecido a una rata, que transporta a sus crías sobre su lomo y hace su vida por la noche. La zarigüeya tiene una bolsa como la de los canguros, pero más pequeña.

**zarina** *s. f.* **1.** Esposa del zar. **2.** Emperatriz de Rusia.

**zarpa** *s. f.* Mano o pie de algunos animales, como el león o el tigre, que tiene dedos y unas uñas fuertes y largas.
SIN. Garra.
FAM. Zarpazo.

**zarpar** *v.* Salir un barco del lugar donde estaba parado, comenzar a navegar.

**zarpazo** *s. m.* Arañazo o golpe que se da con la zarpa.

**zarrapastroso, sa** *adj. y s. m. y f.* Sucio y con la ropa vieja o rota.
SIN. Desaseado, descuidado, desaliñado. ANT. Elegante.

**zarza** *s. f.* Nombre de varios arbustos con muchas espinas, por ejemplo la planta que da las moras, también llamada *zarzamora.*
FAM. Zarzal, zarzamora, zarzaparrilla, zarzuela. / Enzarzar.

**zarzal** *s. m.* Lugar donde hay muchas zarzas.

**zarzamora** *s. f.* Planta de tallos fuertes con muchas espinas, que puede medir hasta cinco metros. Tiene flores, blancas o rosas, y da unos frutos dulces y de color oscuro, que también se llaman *zarzamoras* o *moras.*

**zarzaparrilla** *s. f.* Bebida refrescante, de color oscuro y sabor dulce, preparada con la raíz de una planta americana, también llamada *zarzaparrilla.*

**zarzuela** *s. f.* **1.** Obra de teatro musical en la que se canta y a veces se habla, y es típica española. **2.** Guiso hecho con mariscos y pescados en salsa.

**zascandil** *adj. y s. m. y f.* Persona poco seria y muy informal, que no para ni se está quieta en ningún sitio.
SIN. Inquieto, revoltoso.
FAM. Zascandilear.

**zascandilear** *v.* Estar continuamente de un lado para otro, haciendo cosas que no sirven para nada o enredando: *No para un momento en casa, siempre está zascandileando por ahí.*
SIN. Mariposear.

**zenit** *s. m.* Busca **cenit.**

**zepelín** *s. m.* Vehículo parecido al globo, pero con la bolsa muy alargada. Se llama también *dirigible.* (Busca el dibujo de **dirigible**).

**zigoto** *s. m.* Busca **cigoto.**

**zigurat** *s. m.* Construcción religiosa, hecha de ladrillo, típica del arte de algunos pueblos de Mesopotamia, antigua región de Asia. Estaba formada por varios pisos escalonados y tenía un templo en el más alto de todos. ■ Su plural es *zigurats.*

zigurat

**zigzag** *s. m.* Línea que va primero hacia un lado y luego hacia el otro, como si fuera dibujando una Z detrás de otra: *Las casas estaban colocadas en zigzag. Los soldados corrían en zigzag para esquivar los disparos.* ■ Su plural es *zigzags* o *zigzagues.*
FAM. Zigzaguear.

**zigzaguear** *v.* Moverse o estar colocado en zigzag: *La culebra se alejó zigzagueando. La carretera zigzaguea por la ladera de la montaña.*

**zinc** *s. m.* Busca **cinc.**

**zíper** *s. m.* En México, cremallera.

**zipizape** *s. m.* Alboroto, jaleo: *Se pusieron a discutir y se armó un zipizape impresionante.*
SIN. Follón, lío, zapatiesta.

**zócalo** *s. m.* Banda más o menos ancha, cubierta de otro material o pintada, que hay en la parte baja de las paredes de una habitación.
SIN. Friso; rodapié.

**zocato, ta** *adj. y s. m. y f.* Zurdo.

**zoco** *s. m.* Mercado típico de Marruecos y otros países del norte de África.

**zodiac** *s. f.* Embarcación pequeña de caucho con motor. ■ No varía en plural.

**zodiaco** o **zódíaco** *s. m.* Zona del cielo que se divide en doce partes, que son doce constelaciones o signos: aries, tauro, géminis, cáncer, leo, virgo, libra, escorpión, sagitario, capricornio, acuario y piscis. Según algunas personas, estos signos influyen en el carácter y en la suerte. (Puedes ver su ilustración en la página siguiente).

Aries · Cáncer · Libra · Capricornio

Tauro · Leo · Escorpión · Acuario

Géminis · Virgo · Sagitario · Piscis

signos del **zodíaco**

**zombi** o **zombie** *s. m.* **1.** Según algunas creencias, muerto viviente que ha sido resucitado por arte de brujería. ‖ *adj.* y *s. m.* **2.** Persona atontada, que se mueve de forma mecánica y sin pensar lo que hace: *Por las mañanas, cuando se acaba de levantar, va zombi por toda la casa.*
**SIN. 2.** Alelado, embobado. **ANT. 2.** Despierto, despejado.

**zona** *s. f.* Espacio más o menos extenso que hay dentro de un lugar o de una cosa: *La zona norte de España es lluviosa. En esa zona del museo están los mejores cuadros.*
**SIN.** Región, banda, franja, sector, sección.

**zonzo, za** *adj.* y *s. m.* y *f.* Tonto, bobo. ■ Se usa más en Hispanoamérica. Se escribe también *sonso*.

**zoo** *s. m.* Busca **zoológico**.

**zoología** *s. f.* Parte de la biología que estudia los animales.
**FAM.** Zoológico, zoólogo.

**zoológico, ca** *adj.* **1.** Relacionado con la zoología. ‖ *s. m.* **2.** Parque con animales de muchos lugares del mundo en lugares cerrados, que puede ser visitado por el público. ■ Con este significado se dice también *zoo*.
**FAM.** Zoo.

**zoólogo, ga** *s. m.* y *f.* Especialista en zoología.

**zoom** *s. m.* Objetivo de una cámara de fotos, de vídeo o televisión que permite enfocar la imagen más cerca o más lejos. ■ Es una palabra inglesa. Su plural es *zooms*.

**zopenco, ca** *adj.* y *s. m.* y *f.* Persona tonta, torpe.
**SIN.** Zoquete, berzotas, zote, tarugo. **ANT.** Listo.

**zopilote** *s. m.* Ave rapaz americana parecida al buitre, pero más pequeña, que tiene las plumas negras y la cabeza pelada. Se alimenta sobre todo de animales muertos.

**zoquete** *adj.* y *s. m.* Torpe, ignorante.
**SIN.** Tarugo, bruto, zote, mentecato. **ANT.** Listo, espabilado.

**zorra** *s. f.* **1.** Zorro. **2.** Hembra del zorro. ‖ *adj.* y *s. f.* **3.** Prostituta. **4.** Mujer astuta.
**SIN. 1.** Raposo. **1.** y **2.** Raposa. **4.** Pícara, espabilada. **ANT. 4.** Ingenua.

**zorrera** *s. f.* Pequeña cueva en la que viven los zorros.

**zorrería** *s. f.* Astucia que tiene una persona para conseguir lo que quiere.
**SIN.** Picardía, malicia. **ANT.** Ingenuidad.

**zorrillo** *s. m.* En algunos países de Hispanoamérica, mofeta.

**zorro** *s. m.* **1.** Mamífero carnívoro que tiene el hocico puntiagudo, las orejas grandes y una cola muy larga y muy peluda. Es un animal que tiene fama de ser astuto. ‖ *adj.* y *s. m.* **2.** Hombre astuto, que no se deja engañar. ‖ *s. m. pl.* **3.** Tiras de una tela gruesa unidas a un mango de madera que se usan para limpiar el polvo.
**EXPR. estar hecho unos zorros** Estar una persona muy cansada o agotada; también, estar una cosa muy destrozada.
**SIN. 2.** Ladino, taimado.
**FAM.** Zorra, zorrera, zorrería, zorrillo, zorruno.

**zorruno, na** *adj.* Del zorro o que se parece a este animal.

**zorzal** *s. m.* Nombre de varios pájaros; el zorzal común es de color pardo por arriba y tiene el pecho amarillento con pequeñas motas.

**zote** *adj.* y *s. m.* y *f.* Zoquete, torpe.
**SIN.** Zopenco, bruto, tonto. **ANT.** Listo.

**zozobra** *s. f.* **1.** Sensación de temor o intranquilidad que tiene una persona. **2.** Acción de zozobrar una embarcación.
SIN. **1.** Inquietud, angustia, desasosiego. ANT. **1.** Serenidad, tranquilidad.

**zozobrar** *v.* **1.** Naufragar una embarcación. **2.** Peligrar una embarcación por la fuerza de los vientos. **3.** Fracasar o irse abajo algo, por ejemplo una empresa.
FAM. Zozobra.

**zueco** *s. m.* **1.** Calzado de madera que usan los campesinos en algunos lugares para andar por el barro o por sitios mojados. **2.** Zapato de cuero sin la parte de atrás y con la suela de corcho o madera.
SIN. **1.** Chanclo, zanco, almadreña.
FAM. Sueco².

**zulo** *s. m.* Escondite pequeño y que suele estar bajo tierra: *Los terroristas tenían las armas en un zulo.*

**zulú** *adj.* y *s. m.* y *f.* Se dice de un pueblo de raza negra que habita en el sur de África. ■ Su plural es *zulús* o *zulúes.*

**zumbado, da** *adj.* y *s. m.* y *f.* Loco.
SIN. Pirado, tocado, majareta. ANT. Cuerdo.

**zumbar** *v.* **1.** Producir un zumbido: *Los abejorros zumban mucho al volar.* **2.** Tener un zumbido en los oídos. **3.** Pegar, sacudir.

EXPR. **salir zumbando** Irse muy deprisa de un sitio.
SIN. **3.** Zurrar, cascar, atizar.
FAM. Zumbado, zumbido, zumbón.

**zumbido** *s. m.* **1.** Ruido continuo como el que hacen las abejas al volar, algunos motores y otras cosas. **2.** Sensación parecida a este ruido que a veces tenemos en el oído.

**zumbón, na** *adj.* y *s. m.* y *f.* Que es burlón o bromista: *Con Miguel es imposible aburrirse, porque es muy zumbón.*
SIN. Guasón. ANT. Serio.

**zumo** *s. m.* Líquido que se saca exprimiendo o triturando frutas y algunas hortalizas.
SIN. Jugo, néctar.

**zurcido, da** *adj.* **1.** Que alguien lo zurció. ‖ *s. m.* **2.** Cosido que se hace para tapar un agujero en alguna tela.
SIN. **2.** Remiendo.

**zurcir** *v.* Coser alguna tela para tapar un agujero que se ha hecho. ■ Delante de *a* y *o* se escribe *z* en lugar de *c*: *zurzo.*
EXPR. **que le zurzan** o **que te zurzan** Se utiliza para expresar rechazo o desprecio por una persona: *¿Que se ha ido del equipo? ¡Anda y que le zurzan!*
SIN. Remendar.
FAM. Zurcido.

parque **zoológico**

**zurdazo** *s. m.* En deporte, disparo con la mano o la pierna izquierda: *Metió gol de un zurdazo.*

**zurdo, da** *adj.* y *s. m.* y *f.* **1.** Que maneja mejor la mano o el pie izquierdo que el derecho. ‖ *adj.* y *s. f.* **2.** La mano o la pierna izquierda: *Golpeó el balón con la zurda.*
SIN. **1.** Zocato. ANT. **1.** y **2.** Diestro. **2.** Derecha.
FAM. Zurdazo.

**zurear** *v.* Hacer arrullos las palomas.

**zurra** *s. f.* Paliza.
SIN. Tunda, somanta.

**zurrar** *v.* Pegar, golpear.
SIN. Atizar, arrear, cascar, zumbar.
FAM. Zurra.

**zurraspa** *s. f.* Mancha de caca que queda en el retrete o en la ropa interior.

**zurriagazo** *s. m.* **1.** Latigazo o golpe con una cosa flexible. **2.** Sacudida, golpazo.

**zurriago** *s. m.* Látigo.
FAM. Zurriagazo.

**zurrón** *s. m.* Bolsa de piel o cuero que se lleva colgada, como la que usan los pastores y cazadores.
SIN. Morral.

**zurullo** *s. m.* **1.** Trozo que está más duro que el resto en las cosas blandas y esponjosas: *Había un zurullo en el trozo de bizcocho que me pusieron.* **2.** Caca endurecida: *Paseaba por el parque y pisó un zurullo de perro.*

**zutano, na** *s. m.* y *f.* Se usa con las palabras *fulano* o *mengano* para hablar de una persona cualquiera: *Los vas llamando de uno en uno: fulano, mengano, zutano..., así hasta el final de la lista.*

# GRAMÁTICA Y ORTOGRAFÍA
## DE LA
# LENGUA ESPAÑOLA

# ÍNDICE

## LOS SONIDOS Y LAS LETRAS

Cuando hablamos, pronunciamos **sonidos**. Cuando escribimos, lo que hacemos es representar esos sonidos mediante **letras**. Al conjunto de las letras se le llama **abecedario** o **alfabeto** y, en castellano, lo forman veintisiete letras: *a, b, c, d, e, f, g, h, i, j, k, l, m, n, ñ, o, p, q, r, s, t, u, v, w, x, y, z*.

Estos sonidos pueden ser de dos clases: **vocales** (*a, e, i, o, u*) y **consonantes** (*b, c, d, f...*). Las vocales se dividen en abiertas (*a, e, o*) y cerradas (*i, u*). En algunos diccionarios aparecen dos letras más: la *ch* y la *ll*. En realidad, son el resultado de unir dos letras (la *c* con la *h* y la *l* con otra *l*), que, al juntarse, corresponden a un solo sonido. La *ch* representa al sonido que pronunciamos al principio de la palabra *chino*, y la *ll* al que pronunciamos en la palabra *llave*.

## LAS SÍLABAS

La **sílaba** está compuesta por uno o más sonidos que pronunciamos de una vez. Las vocales pueden formar una sílaba por sí solas (como en *a-gua*), mientras que las consonantes necesitan siempre de las vocales para formar la sílaba (*ca-sa*). Al unir varias sílabas obtenemos **palabras**. Según el número de sílabas que contengan, las palabras se dividen en **monosílabas** (una sílaba, como *mar*), **bisílabas** (dos sílabas, como *pas-tel*), **trisílabas** (tres sílabas, como *can-tan-te*) y **polisílabas** (cuatro o más sílabas, como *or-de-na-dor* o *es-ta-ble-ci-mien-to*).

Puede ocurrir que aparezcan dos vocales juntas en el interior de una palabra: es el caso de los **diptongos** y los **hiatos**.

Siempre que, en una misma sílaba, encontremos una vocal abierta (*a, e, o*) al lado de una cerrada (*i, u*), como por ejemplo en *bai-lar* o en *rei-na;* una vocal cerrada al lado de una abierta, como en *cie-lo* o en *bue-no*; o una vocal cerrada al lado de otra cerrada, como en *cui-dar*, estaremos ante un diptongo. A la unión de una vocal abierta con una cerrada se la conoce con el nombre de **diptongo decreciente** y a la unión de una vocal cerrada con una abierta se le llama **diptongo creciente**.

Las dos vocales que se escriben una a continuación de la otra, pero que se pronuncian en sílabas distintas forman el **hiato**. El hiato ocurre cuando las dos vocales son abiertas (*ca-er*) o cuando al juntarse una vocal abierta y una cerrada (o una cerrada y una abierta) la vocal tónica es la cerrada: *re-ír, pú-a*.

## EL ACENTO

Las sílabas pueden ser de dos clases: **tónicas** y **átonas**. La sílaba que suena más fuerte en la palabra es la tónica; las demás sílabas de la misma palabra son las átonas. Así, en *car-pe-ta* la sílaba tónica es *-pe-*; *car-* y *-ta* son sílabas átonas. Decimos que sobre la sílaba *-pe-* recae el **acento**, ya que se pronuncia con mayor intensidad que las otras.

Según el lugar que ocupe la sílaba tónica en la palabra, distinguimos entre palabras **agudas** (cuando la sílaba tónica es la última, como en *co-mer*), **graves** o **llanas** (cuando la sílaba tónica es la penúltima, como en *a-mi-go*), **esdrújulas** (cuando la sílaba tónica es la antepenúltima, como en *pá-ja-ro*) y **sobresdrújulas** (cuando la sílaba tónica es anterior a la antepenúltima, como en *pre-gún-ta-se-lo*). La vocal de la sílaba tónica se marca a veces con un **acento gráfico** o **tilde** (*má-gi-co, cés-ped, dra-gón*), de acuerdo con unas reglas que encontrarás en el apartado «El uso de la tilde o acento gráfico».

## LA PALABRA

La palabra es una sílaba o un conjunto de sílabas que expresan una idea. Por ejemplo: en *amor* se reúnen dos sílabas para expresar un sentimiento; *inteligente* es un grupo de cinco sílabas que indica la cualidad de una persona; *ahora* son tres sílabas que contienen una idea de tiempo.

✎ Hay palabras que se forman a partir de otras, como *jugador*, que viene de *jugar*. A estas palabras las llamamos **derivadas**.

✎ Las que no proceden de otras se llaman **primitivas**, como *jugar*.

Para derivar una palabra de otra nos servimos de los **prefijos** y los **sufijos**.

Los prefijos son una sílaba o un grupo de sílabas que tienen un significado, pero que no pueden aparecer solas, sino que se colocan delante de una palabra y permiten, de esta manera, construir otra diferente. Por ejemplo, **pre-** es una sílaba que significa: 'antes de'. No la encontrarás nunca sola, pero sí delante de palabras, para convertirlas en otras distintas: no es lo mismo *historia* que **pre**historia y no es lo mismo *decir* que **pre**decir.

Los sufijos son una sílaba o un grupo de sílabas que, igual que los prefijos, tienen un significado pero no pueden aparecer solas. Los sufijos se colocan detrás de la palabra y sirven para construir otra diferente. Así, **-és**, **-esa** son sufijos que expresan el lugar de donde es alguien o algo. No se usan solos, sino detrás de palabras, para transformarlas en otras: *Córdoba* → *cordob**és**, cordob**esa***.

✎ Las palabras **compuestas** son las que resultan de la unión de dos, como *entresuelo*, formada por *entre* + *suelo*.

✎ Las que no son compuestas ni derivadas reciben el nombre de palabras **simples**: *libro*.

Las palabras pueden ser **variables** o **invariables**. Las variables son las que cambian de forma* al añadirles unas terminaciones, que pueden ser de género (indican si la palabra es femenina o masculina), de número (indican si la palabra es singular o plural), de tiempo (las terminaciones que se añaden a los verbos para indicar si la persona habla en pasado, presente o futuro), etc. Son variables palabras como *niño* (porque puede cambiar a *niñ-**a**, niñ-**os*** y *niñ-**as***), *verde* (porque puede cambiar a *verde-**s***) o *cantar* (porque puede cambiar a *cantar-**é**, cantar-**ía***, etc.). Las invariables, por el contrario, son aquellas palabras que no admiten cambio alguno, que son siempre igual, como *nunca* o *desde*.

El significado de las palabras sirve para clasificarlas en **polisémicas**, **sinónimas** u **homónimas**. Son polisémicas las que tienen varios significados, como *hoja* (que se puede referir a la hoja de las plantas, la de papel, la de un arma...) o como *ojo* (existe el ojo de la cara, el ojo de buey –que es un ventanuco redondo–, el ojo de la aguja...). Son sinónimas las palabras que significan lo mismo, como *lentes*, *gafas* y *anteojos*. Las homónimas son palabras que se escriben igual pero que significan cosas distintas (como *vino*, del verbo *venir*,

---

* Presta atención a este detalle: que una palabra cambie de forma no quiere decir que se convierta en otra distinta. Por ejemplo, si *niño* es 'una persona de corta edad', seguirá teniendo el mismo significado aunque su forma sea femenina (*niña*), plural (*niños*) o femenina plural (*niñas*). Por eso, no debes confundir estas terminaciones con los sufijos, pues, si recuerdas, éstos sí hacían que una palabra pasase a tener otro sentido: *papel* significa 'hoja, folio', pero *papelera* es el 'recipiente al que se tiran los papeles'.

y *vino*, la bebida alcohólica), o que suenan igual pero se escriben de manera diferente (como *vaca*, 'hembra del toro' y *baca*, 'reja o soporte que se coloca sobre el techo de algunos vehículos para transportar cosas').

## LAS CLASES DE PALABRAS

### El sustantivo

Los sustantivos tienen **género**: pueden ser sólo masculinos (*diccionario*), sólo femeninos (*flor*) o admitir el cambio de género (*gato*, *gata*). Este último grupo de sustantivos puede cambiar el género de las siguientes formas:

- Sustituyendo la **-o** del masculino por la **-a** del femenino: *hijo* → *hija*.
- Añadiendo terminaciones especiales (como **-esa** o **-triz**) al masculino para formar el femenino: *abad* → *abadesa*, *actor* → *actriz*.
- Los de género común, es decir, los que presentan una forma única para masculino y femenino y hay que diferenciarlos con la ayuda del artículo: *el guardia*, *la guardia*.
- Existen también los denominados sustantivos ambiguos, que son los que pueden cambiar de género sin que ello produzca un cambio en su forma o en su significado: *el mar*, *la mar*.

Los sustantivos también tienen **número**: están en singular o en plural. Los que están en singular nombran a una sola persona, animal o cosa (o a un solo grupo de personas, animales o cosas): *hermano*, *oveja*, *hoja*; *familia*, *rebaño*, *libreta*. Los que están en plural designan a varias personas, animales o cosas (o a varios grupos de personas, animales o cosas): *compañeros*, *cachorros*, *pisos*; *clases*, *camadas*, *edificios*.

Los sustantivos forman el plural de dos maneras:

- Añaden **-s** o **-es** al singular (*taza* → *tazas*; *ratón* → *ratones*).
- Se conservan igual en plural que en singular. Es el caso de los sustantivos que en singular terminan en **-s** o en **-x** y son palabras llanas o esdrújulas, como *el lunes* → *los lunes*, *el sílex* → *los sílex* o *el afilalápices* → *los afilalápices*.

Según lo que designen, los sustantivos se agrupan en dos clases: los sustantivos o nombres **propios** son los que se escriben con mayúscula y sirven para decir cómo se llama una persona, una ciudad, un país, etc., como *Pedro*, *Madrid* o *Guatemala*; los sustantivos o nombres **comunes** se escriben con minúscula y designan las personas, animales o cosas, como *mujer*, *perro* o *bolígrafo*. También hay otro tipo de sustantivos que se dividen en **concretos** o **abstractos**, según nombren algo que se puede notar con los sentidos (concretos) o no (abstractos). Por ejemplo, *lápiz* sería un sustantivo concreto y *amor* uno abstracto. Por último, hablamos de sustantivos **individuales** cuando designan a una sola persona o cosa (*pez*, *grapadora*) y de sustantivos **colectivos** cuando designan en singular a varias personas o cosas (*equipo*, *enjambre*).

### El pronombre personal

Los pronombres personales son una clase de palabras que sirven para nombrar a personas, animales o cosas sin utilizar sustantivos, es decir, que sustituyen a un sustantivo. Por ejemplo, es lo mismo decir *Mi tía Ángeles me regaló unos pendientes* que ***Ella*** *me regaló unos pendientes*.

Hay dos tipos de pronombres personales: **tónicos** y **átonos**.

Los tónicos son los que pueden aparecer solos o detrás de una preposición: *–¿Quién te ha regalado los pendientes? –**Ella**; Antón tiene algo para **ti**.*

Los átonos, por el contrario, no se muestran nunca solos, sino en compañía de un verbo. Por ejemplo: ***Me** ayudó.* Cuando estos pronombres van detrás del verbo, se unen a él y forman así una única palabra: *Da**le** el billete al revisor.*

Según sean tónicos o átonos, según sea su número (singular o plural) y según nombren al que habla (primera persona), al que escucha (segunda persona) o a otros (tercera persona), los pronombres presentan las siguientes formas:

| | | PRIMERA PERSONA | SEGUNDA PERSONA | TERCERA PERSONA |
|---|---|---|---|---|
| **Singular** | Tónicos | *yo, mí, me, conmigo* | *tú, usted, ti, contigo* | *él, ella, sí, consigo* |
| | Átonos | *me* | *te* | *se, lo, la, le* |
| **Plural** | Tónicos | *nosotros, nosotras* | *vosotros, vosotras* | *ellos, ellas, sí, consigo* |
| | Átonos | *nos* | *os* | *se, los, las, les* |

# El adjetivo

Los adjetivos son las palabras que expresan cualidades o estados del sustantivo al que se refieren. Por ejemplo, si decimos *muchacho alegre*, el adjetivo *alegre* expresa una cualidad que tiene el *muchacho*; si decimos *muchacho enfermo*, el adjetivo *enfermo* expresa el estado en que se encuentra el *muchacho*.

Los adjetivos tienen el mismo género y número que el sustantivo al que se refieren. Así, en la oración *Me he comido unas chucherías **riquísimas***, el adjetivo *riquísimas* es femenino plural porque el sustantivo *chucherías* es femenino plural. Algunos adjetivos presentan formas diferentes para el masculino y el femenino (como *contento / contenta*); otros, en cambio, tienen la misma forma para ambos géneros (*triste* puede ir con *niño* o con *niña*).

Las cualidades o estados se tienen en mayor o menor grado (uno puede ser más o menos responsable, o puede estar más o menos alegre), por eso los adjetivos que las expresan también tienen **grados** (no es lo mismo una *historia **divertida*** que una *historia **divertidísima***).

Un adjetivo está en **grado positivo** cuando expresa una cualidad o estado sin indicar su intensidad: *guapo, preocupado, feliz*, etc.

Un adjetivo está en **grado comparativo** cuando compara la intensidad con la que dos seres o cosas poseen una cualidad o estado. Los adjetivos en grado comparativo pueden expresar inferioridad (*Mi hermano es **menos cariñoso que** yo*), igualdad (*Mi hermano es **tan cariñoso como** yo*) o superioridad (*Mi hermano es **más cariñoso que** yo*).

Un adjetivo está en **grado superlativo** cuando expresa que una cualidad o estado se posee en grado alto o en su grado máximo. Dentro del superlativo se reconocen el grado **relativo** y el **absoluto**. El relativo indica que el sustantivo al que se refiere posee una cualidad o estado en alto grado dentro de un grupo con el que se compara: *Laura es **la más simpática** de mis amigas.* El absoluto expresa una cualidad o estado del sustantivo en su grado máximo y no lo compara con nada: *Laura es **simpatiquísima**.*

## El adverbio

Los adverbios son palabras que informan acerca de las circunstancias en que se desarrolla la acción del verbo. Por ejemplo, en la oración *Me llamó* **ayer** *por teléfono*, el adverbio *ayer* indica la circunstancia de tiempo en que se produjo la llamada telefónica.

Existen varias clases de adverbios, según la circunstancia que expresen: hay adverbios **de lugar** (*aquí, ahí, allí, cerca, lejos, arriba, abajo...*), **de tiempo** (*ayer, hoy, mañana, entonces, luego, pronto...*), **de modo** (*bien, mal, así, deprisa...*), **de cantidad** (*más, menos, poco, mucho, bastante...*), **de afirmación** (*sí, también*), **de negación** (*no, tampoco*), **de duda** (*quizás, acaso*).

Los adverbios son palabras invariables, es decir, no presentan variación de género, número, persona...

Un grupo muy numeroso de adverbios es el de los acabados en **-mente**, que expresan circunstancias de modo. Se trata de adverbios que derivan de un adjetivo al añadir a éstos el sufijo **-mente**. Por ejemplo: *rápido* → *rápidamente, ordenado* → *ordenadamente, elegante* → *elegantemente*.

Cuando aparece dentro de una oración, la función básica del adverbio es la de **complemento del verbo**. Por ejemplo: ***Pronto*** *acabaré el libro*.

Pero también puede funcionar como **complemento de un adjetivo** (*María está* ***más*** *guapa*) o como **complemento de otro adverbio** (*Vivo* ***muy*** *cerca del colegio*).

## El artículo

El artículo es una clase de palabras que no tiene significado propio. Aparece delante de un sustantivo para anunciarlo o presentarlo, por eso se dice que la función del artículo es la de **determinante** de un sustantivo. Por ejemplo: *el cine, la casa, los helados, las matemáticas*.

Posee cinco formas que, a excepción del neutro, varían según sea el género y el número del sustantivo al que acompaña y del que depende. Estas formas son las siguientes:

|  | MASCULINO | FEMENINO | NEUTRO |
|---|---|---|---|
| SINGULAR | *el* | *la* | *lo* |
| PLURAL | *los* | *las* | |

Decimos que el neutro es una excepción porque **lo** nunca acompaña a sustantivos (pues no hay en el español sustantivos neutros), sino a otras clases de palabras, como adjetivos, adverbios o relativos: ***Lo*** *bueno, si breve, dos veces bueno; Hay que ver* ***lo*** *bien que te lo pasas; Recuerda* ***lo*** *que te dije*.

Cuando el artículo se combina con las preposiciones **a** y **de**, tres de sus formas (**la, los** y **las**) permanecen iguales, pero el masculino singular **el** cambia a **al** y **del**: *He conocido* ***al*** *amigo de tu prima, Me gustan los relatos* ***del*** *abuelo*.

Estas formas **al** y **del** no se usan cuando el artículo es parte de un nombre propio: *Voy* **a** *El Escorial, Vengo* **de** *El Escorial*.

Delante de los sustantivos femeninos que empiezan por **a** o **ha** tónicas y van en singular, se utiliza la forma masculina del artículo: *el alma, el hacha, el águila*. En cambio, cuando estos sustantivos van en plural se emplea la forma habitual del femenino: *las almas, las hachas, las águilas*.

## Los demostrativos

Los demostrativos son una clase de palabras que señalan a personas, animales o cosas e indican la distancia que hay entre ellos y el hablante:

**Esta** mesa (la mesa está cerca).

**Esa** mesa (la mesa está a una distancia media).

**Aquella** mesa (la mesa está lejos).

Éstas son sus formas:

| | SINGULAR | | | PLURAL | |
|---|---|---|---|---|---|
| | Masculino | Femenino | Neutro | Masculino | Femenino |
| Cercanía | **este** | **esta** | **esto** | **estos** | **estas** |
| Distancia media | **ese** | **esa** | **eso** | **esos** | **esas** |
| Lejanía | **aquel** | **aquella** | **aquello** | **aquellos** | **aquellas** |

Los demostrativos pueden desempeñar diferentes funciones:

✎ Normalmente, aparecen delante de un sustantivo y se comportan igual que un artículo (o sea, que actúan como **determinantes**): *este* perro, *esa libreta*, **aquellos** coches.

✎ Algunas veces, los demostrativos aparecen detrás del sustantivo. En estos casos, complementan al sustantivo igual que lo hace un **adjetivo**: *¡Ay, qué tiempos* **aquellos**!, *Cómo me cansa el niño* **este**.

✎ En otras ocasiones, los demostrativos aparecen en lugar de un **sustantivo** y funcionan como tal, por ejemplo como núcleo de un sujeto: **Ésa** *es la película de la que te hablé,* **Aquéllos** *fueron los días más divertidos*. Si te fijas, en estos casos los demostrativos pueden llevar tilde.

## Los posesivos

Los posesivos son una clase de palabras que indican que las personas, animales o cosas de las que se habla pertenecen a alguien a quien llamamos poseedor. Por ejemplo: **mi** mochila, **nuestros** padres, **tu** compact disc.

Los posesivos nos informan de dos cosas:

✎ Quién es el poseedor:

El que habla (primera persona: *Ven a* **mi** *casa cuando quieras*).

El que escucha (segunda persona: *Préstame* **tu** *paraguas*).

Alguien distinto del que habla o escucha (tercera persona: **Su** *bici tiene una rueda pinchada*).

✎ Cuántos poseedores hay:

Uno solo (*Éste es* **mi** *pupitre*).

Varios (*Ésta es* **nuestra** *clase*).

Los posesivos pueden desempeñar distintas funciones:

✎ Normalmente, van delante de un sustantivo y entonces se comportan como **determinantes** (igual que los artículos y los demostrativos): **mi** merienda, **nuestro** compañero, **tus** botas.

Cuando actúan como determinantes, presentan las siguientes formas:

| | | SINGULAR | PLURAL |
|---|---|---|---|
| Un poseedor | Primera persona | *mi* | *mis* |
| | Segunda persona | *tu* | *tus* |
| | Tercera persona | *su* | *sus* |
| Varios poseedores | Primera persona | *nuestro -tra* | *nuestros -tras* |
| | Segunda persona | *vuestro -tra* | *vuestros -tras* |
| | Tercera persona | *su* | *sus* |

✎ Como los demostrativos, también los posesivos pueden ir colocados detrás del sustantivo y entonces funcionan de manera parecida a como lo hacen los **adjetivos**: *la camiseta **mía**, el amigo **tuyo**.*

✎ Finalmente y al igual que los demostrativos, los posesivos pueden aparecer en lugar de un **sustantivo**: *El **suyo** es más interesante* (en lugar de *Su libro es más interesante*).

Cuando aparecen detrás de un sustantivo o en lugar de un sustantivo, presentan estas otras formas:

| | | SINGULAR | | PLURAL | |
|---|---|---|---|---|---|
| | | Masculino | Femenino | Masculino | Femenino |
| Un poseedor | Primera persona | *mío* | *mía* | *míos* | *mías* |
| | Segunda persona | *tuyo* | *tuya* | *tuyos* | *tuyas* |
| | Tercera persona | *suyo* | *suya* | *suyos* | *suyas* |
| Varios poseedores | Primera persona | *nuestro* | *nuestra* | *nuestros* | *nuestras* |
| | Segunda persona | *vuestro* | *vuestra* | *vuestros* | *vuestras* |
| | Tercera persona | *suyo* | *suya* | *suyos* | *suyas* |

## Los numerales

Hay tres tipos de numerales que pueden expresar cantidad: los **cardinales** indican el número exacto (*uno, dos, tres...*), los **multiplicativos** expresan una cantidad multiplicada (*doble, triple, cuádruple...*) y los **partitivos** una parte de una cantidad (*medio, tercio, centésimo...*). Los que expresan el orden se denominan **ordinales**: *primero, segundo, tercero, cuarto...*

✎ Igual que los artículos, demostrativos y posesivos, los numerales pueden ir delante de un sustantivo y entonces funcionan como **determinantes**: *dos euros, sexto piso.*

✎ Como los demostrativos y posesivos, los numerales aparecen en ocasiones detrás del sustantivo y se comportan como **adjetivos**: *el capítulo **dos**, el puesto **séptimo**.*

✎ También ocupan, a veces, el lugar de un **sustantivo**: ***Tercero** es uno de los cursos de primaria.*

## Los indefinidos

Los indefinidos son una clase de palabras que se refieren a personas, animales o cosas pero sin indicar la cantidad exacta. Por ejemplo: *Algunos niños tienen miedo a la oscuridad*, *He ido a **muchos** cumpleaños últimamente*.

Entre los indefinidos más utilizados se encuentran los siguientes:

| SINGULAR | | | PLURAL | |
|---|---|---|---|---|
| Masculino | Femenino | Neutro | Masculino | Femenino |
| *un* | *una* | *uno* | *unos* | *unas* |
| *algún, alguno* | *alguna* | *algo* | *algunos* | *algunas* |
| *ningún, ninguno* | *ninguna* | *nada* | *ningunos* | *ningunas* |
| *poco* | *poca* | *poco* | *pocos* | *pocas* |
| *mucho* | *mucha* | *mucho* | *muchos* | *muchas* |
| *todo* | *toda* | *todo* | *todos* | *todas* |

También se usan con frecuencia los indefinidos **otro**, **bastante**, **alguien**, **nadie**, **demasiado**, **varios**, **cualquiera**, etc.

✎ Igual que los artículos, demostrativos, posesivos y numerales, los indefinidos pueden presentar a un sustantivo y desempeñar por lo tanto la función de **determinantes**: ***demasiada** gente*, ***varios** modelos*.

Delante de los sustantivos femeninos que empiezan por **a** o **ha** tónicas no se usa **una**, sino **un**: ***un** alma*, ***un** hacha*. Si estos sustantivos se usan en plural, entonces el indefinido retoma su forma femenina: ***unas** almas*, ***unas** hachas*. Pasa lo mismo con los artículos: *el alma*, *el hacha* → *las almas*, *las hachas*.

En cambio, el resto de los determinantes conservan su forma femenina ante estos sustantivos que comienzan por a- o ha-: *esta alma*, *esa hacha*, *aquella águila*, *poca agua*, *toda alma*, *alguna aula*, *¡cuánta agua!*

✎ Como los demostrativos, posesivos y numerales, los indefinidos aparecen en ocasiones detrás del sustantivo y desempeñan la misma función que tendría un **adjetivo**: *No tengo interés **alguno***, *Volverá un día **cualquiera***.

✎ También ocupan, a veces, el lugar de un **sustantivo** y funcionan entonces como núcleo: ***Nadie** supo la respuesta*, ***Algo** sucede aquí*.

## Los interrogativos

Los interrogativos son palabras que sirven para preguntar. Se escriben siempre con tilde y algunos de ellos presentan variación de género, de número o de género y número: **qué**, **quién** (**quiénes**), **cuál** (**cuáles**), **cuándo**, **cuánto** (**cuánta**, **cuántos**, **cuántas**), **cómo**, **dónde** y **adónde**.

✎ **Qué**, **cuál** (**cuáles**) y **cuánto** (**cuánta**, **cuántos**, **cuántas**) pueden funcionar como **determinantes** e ir delante de un sustantivo: *¿Qué día vienes?*, *¿Cuáles números has escogido?*, *¿Cuántos años cumples?*

✎ **Qué**, **quién** (**quiénes**), **cuál** (**cuáles**) y **cuánto** (**cuánta**, **cuántos**, **cuántas**) en ocasiones se comportan como **sustantivos**: *¿Qué viste en el cine?* (*qué* se refiere a una película), *¿Quién ha llamado?* (se refiere a una persona), *¿Cuánto has ganado?* (se refiere a dinero), etc.

✎ **Cómo**, **cuándo**, **cuánto**, **dónde** y **adónde** también pueden funcionar como **adverbios**, es decir, indicar una circunstancia: *¿Cuándo sale el último tren?* (se refiere a una circunstancia de tiempo; en qué momento), *¿Cómo te has hecho la trenza?* (se refiere a una circunstancia de modo; de qué modo), *¿Dónde vives?* (se refiere a una circunstancia de lugar; en qué lugar).

Con este último valor, **cuánto** no varía de género ni de número, porque los adverbios son palabras invariables: *¿Cuánto cuestan las bebidas?*

## Los exclamativos

Los exclamativos sirven para expresar alegría, tristeza, dolor, sorpresa, enfado, etc. Se escriben siempre con tilde y son las mismas palabras que los interrogativos: **qué**, **quién** (**quiénes**), **cuál** (**cuáles**), **cuándo**, **cuánto** (**cuánta**, **cuántos**, **cuántas**), **cómo**, **dónde** y **adónde**.

✎ **Qué** y **cuánto** (**cuánta**, **cuántos**, **cuántas**) funcionan a veces como **determinantes**, al lado de un sustantivo: *¡Qué moto más bonita!*, *¡Cuántas hojas se han caído de los árboles!*

✎ En otras ocasiones, **qué** y **cuánto** (**cuánta**, **cuántos**, **cuántas**) pueden sustituir a un **sustantivo**, al igual que **quién**: *¡Qué de gente hay aquí!* (se refiere a una gran cantidad), *¡Cuántas se han caído!* (se refiere a las hojas de los árboles), *¡Mira quién habla!* (se refiere a una persona).

✎ También es posible encontrar a **qué** y a **cuánto** con la función de **adverbio**, la misma que tiene **cómo**: *¡Qué bonita es la moto!* (como lo hace un adverbio, **qué** acompaña a un adjetivo), *¡Cuánto me gusta el helado!* (indica una circunstancia de cantidad), *¡Cómo quema el sol!* (indica una circunstancia de modo).

Con este último valor, **cuánto** no varía de género ni de número, porque los adverbios son palabras invariables: *¡Cuánto hablan estas chicas!*

## El verbo

Los verbos son una clase de palabras que expresan y sitúan en el tiempo las acciones que realiza una persona, animal o cosa, los procesos por los que pasa o el estado en que se encuentra. Por ejemplo, en la oración *El poeta **recitó** algunos de sus versos*, el verbo *recitó* indica que una persona realiza la acción de 'leer en voz alta' en un tiempo pasado; en la oración *La hierba **está** mojada*, el verbo *está* nos informa del estado en que se halla la hierba en el momento presente.

✎ Puede ocurrir que sea una sola persona, animal o cosa, el que lleve a cabo la acción o pase por un proceso o estado, como en *El gato **lamió** el cuenco de leche* o como en *El poeta **recitó** algunos de sus versos*. Entonces decimos que el verbo está en **singular**.

✎ Y puede suceder que sean varias personas, animales o cosas, los que lleven a cabo la acción o pasen por un determinado proceso o estado, como en *Los chiquillos juegan en el patio*. Decimos entonces que el verbo está en **plural**.

Que puedan estar en singular o en plural quiere decir que las formas verbales tienen **número**.

Las formas de los verbos indican también **persona**:

✎ Están en **primera persona** cuando la misma persona que habla es la que realiza la acción o experimenta un estado o un proceso: *Voy a casa de mi abuelita*. (Caperucita habla con el lobo y realiza la acción de 'ir'). La primera persona puede ser plural: *Vamos a casa de nuestra abuelita*.

✎ Están en **segunda persona** cuando la persona, animal o cosa que escucha es la que realiza la acción o experimenta un estado o proceso: *¿Adónde vas, Caperucita?* (Caperucita escucha la pregunta que le hace el lobo y realiza la acción de 'ir'). La segunda persona puede ser plural: *¿Adónde vais?*

✎ Están en **tercera persona** cuando la persona, animal o cosa que realiza la acción del verbo o experimenta un estado o proceso no es ni el que habla ni el que escucha: *La abuelita espera la visita de su nieta*. (La abuelita no habla ni escucha, pero sí realiza la acción de 'esperar'). La tercera persona puede ser plural: *Las abuelitas esperan la visita de sus nietas*.

Los **tiempos** en los que se pueden situar esas acciones, estados o procesos son tres:

✎ El **tiempo pasado**, anterior al momento en que se habla: *Llegué tarde a clase*.

✎ El **tiempo presente**, que corresponde al momento en que se habla: *¿A qué juegas?*

✎ El **tiempo futuro**, posterior al momento en que se habla: *Saldremos mañana de viaje*.

Otra característica de las formas verbales es el **modo**, o sea, la manera como reflejan la actitud del hablante ante lo que dice. Así:

✎ Para expresar acciones reales se emplea el **modo indicativo**: *Mi padre ronca*.

✎ Para expresar deseos o para dar órdenes negativas se usa el **modo subjuntivo**: *¡Ojalá se calle!, No olvides lavarte los dientes después de comer*.

✎ Para dar órdenes afirmativas se emplea el **modo imperativo**: *¡Cállate!*

Cada verbo presenta diferentes formas, que pueden ser:

✎ **Simples**, cuando constan de una sola palabra: *recitó*.

✎ **Compuestas**, cuando tienen más de una palabra: *ha recitado*.

✎ Hay formas verbales que no nos informan acerca de cuál es la persona que hace la acción o se encuentra en un proceso o estado: se llaman **formas no personales**. Estas formas son: el **infinitivo** (*cantar*), el **gerundio** (*cantando*) y el **participio** (*cantado*). A su vez, el infinitivo y el gerundio tienen formas compuestas (*haber cantado, habiendo cantado*).

Al conjunto de todas las formas simples y compuestas de un verbo se le denomina **conjugación**. En castellano hay tres conjugaciones: la de los verbos que tienen el infinitivo acabado en *-ar* (**primera conjugación**), la de los verbos con el infinitivo acabado en *-er* (**segunda conjugación**) y la de los verbos de infinitivo terminado en *-ir* (**tercera conjugación**).

Cuando al infinitivo de un verbo le quitamos la terminación *-ar*, *-er* o *-ir*, obtenemos la **raíz** de ese verbo. La raíz de un verbo es la misma para todas sus formas. Así, *cant-* es la raíz de *cantar*, *com-* la de *comer* y *part-* la de *partir*.

Las terminaciones que se añaden a la raíz de un verbo para obtener sus distintas formas se llaman **desinencias**: *habl + é → hablé*, *habl + aría → hablaría*.

### Clases de verbos de acuerdo con su forma

Según la manera de conjugarse, se distinguen cuatro tipos de verbos: **regulares**, **irregulares**, **defectivos** y **pronominales**.

✎ Los verbos **regulares** son los que:

*a)* Mantienen la raíz en todas sus formas, como por ejemplo *gan-o*, *gan-aste*, *gan-arás*. Si la raíz varía sólo por razones ortográficas, el verbo sigue siendo regular: *busqué* (de *buscar*), *gocé* (de *gozar*).

*b)* Toman las mismas desinencias que el verbo que les sirve de modelo. Por ejemplo, *corrí* (como *comí*), *corrieron* (como *comieron*).

✎ Los verbos **irregulares** son los que cambian su raíz o no toman alguna desinencia del verbo que les sirve como modelo. Por ejemplo, *digo* (de *decir*), *tendré* (de *tener*).

Para saber si un verbo es regular o irregular, basta con conjugar el presente, el pretérito perfecto simple y el futuro. Si en esos tiempos no hay formas irregulares, eso quiere decir que el verbo es regular.

✎ Otro grupo de verbos es el de los **defectivos**, de los que solamente se usan algunas de sus formas. Es el caso, por ejemplo, de *ocurrir*, que se conjuga nada más que en tercera persona: *ocurre*, *ocurrió*, *ocurrirá*, etc.

✎ Para terminar, existen los llamados verbos **pronominales**, que se conjugan siempre acompañados de un pronombre átono. Así, no diremos *yo atrevo*, sino *yo me atrevo*, porque *atreverse* es un verbo pronominal.

### Clases de verbos según su significado

✎ Los **verbos transitivos** son los que necesitan un complemento directo para completar su significado. Por ejemplo, el verbo *entregar* es transitivo porque quien entrega siempre entrega algo: no decimos *El cartero entrega*, sino *El cartero entrega una carta*.

✎ Los **verbos intransitivos** son los que no necesitan un complemento directo para completar su significado. Por ejemplo, *llegar* es un verbo intransitivo, porque uno llega a un sitio, pero no llega a nadie: *Mis primos llegarán mañana*.

✎ Los **verbos copulativos** son *ser*, *estar* y *parecer*. Se acompañan de un complemento que recibe el nombre de atributo: *La ballena es un mamífero*.

✎ Los **verbos impersonales** son los que no tienen sujeto y se conjugan siempre en tercera persona del singular. Normalmente se refieren a fenómenos atmosféricos: *Hoy llueve*, *Amanece a las seis de la mañana*.

### Las perífrasis verbales

Las **perífrasis** son el resultado de unir dos formas verbales para que funcionen como un solo verbo, con la particularidad de que le añaden un significado que no tenía. Por ejemplo, no es lo mismo decir **Cuido** *a mi hermano pequeño* que **Debo cuidar** *a mi hermano pequeño*. La forma verbal *cuido* indica una acción que realizo en el presente; la perífrasis verbal *debo cuidar* añade un matiz de significado: el de 'obligación'.

No hay que confundir los tiempos compuestos con las perífrasis verbales: los tiempos compuestos son formas de la conjugación; las perífrasis son el resultado de combinar dos formas verbales. La primera parte de una perífrasis es siempre una forma verbal simple o compuesta que se conjuga y la segunda parte es una forma no personal (infinitivo, gerundio o participio). Por ejemplo: **Estábamos molestando** *a los vecinos con nuestras risotadas*, *Mi madre* **ha dejado preparada** *la comida*.

| PERÍFRASIS CON INFINITIVO | | |
|---|---|---|
| **Formas** | **Significados** | **Ejemplos** |
| **haber que** + infinitivo<br>**haber de** + infinitivo<br>**deber** + infinitivo<br>**tener que** + infinitivo | Obligación. | *Hay que ir a trabajar.*<br>*He de marcharme.*<br>*Debo irme.*<br>*Tenéis que venir.* |
| **deber de** + infinitivo | Suposición o probabilidad. | *Deben de ser las doce.* |
| **venir a** + infinitivo | Aproximación. | *Vienen a costar lo mismo.* |
| **ir a** + infinitivo | Intención. Acción inmediata. | *Voy a salir de viaje.*<br>*Va a llover.* |
| **ponerse a** + infinitivo<br>**echar a** + infinitivo | Comienzo de la acción. | *Se puso a gritar.*<br>*Echó a correr.* |
| **acabar de** + infinitivo<br>**llegar a** + infinitivo | Término o fase final de la acción. | *Acaba de partir el tren.*<br>*Llegó a ser un gran escritor.* |
| **volver a** + infinitivo | Repetición. | *Volvió a llamar.* |
| PERÍFRASIS CON GERUNDIO | | |
| **Formas** | **Significados** | **Ejemplos** |
| **estar** + gerundio<br>**andar** + gerundio<br>**ir** + gerundio<br>**seguir** + gerundio<br>**venir** + gerundio | Acción que no ha acabado; que está desarrollándose o se repite. | *Está mirando por la ventana.*<br>*Anda quejándose todo el día.*<br>*Voy preparando la cena.*<br>*Sigue intentándolo.*<br>*Vengo observando su trabajo.* |
| PERÍFRASIS CON PARTICIPIO | | |
| **Formas** | **Significados** | **Ejemplos** |
| **llevar** + participio<br>**dejar** + participio | Acción terminada. | *Lleva pescadas tres truchas.*<br>*Dejó escritas sus memorias.* |
| **haber** + participio | Tiempos compuestos. | *Lola ha salido.* |
| **ser** + participio<br>**estar** + participio | Voz pasiva. | *El castillo fue conquistado.*<br>*La empresa está dirigida por él.* |

### Los complementos del verbo

El verbo, muchas veces, va acompañado por otras palabras que completan su significado y que son sus complementos.

✎ El **complemento directo** nombra a la persona, animal o cosa sobre los que recae la acción del verbo. Normalmente, el complemento directo es un sustantivo, un grupo de palabras cuyo núcleo es un sustantivo o un pronombre personal átono:

*Paula compró **golosinas**.*
*Paula compró **las golosinas**.*
*Paula **las** compró.*

Para saber cuál es el complemento directo en una oración, hay que preguntarle al verbo *qué*: *¿Qué compró Paula?* → *Las golosinas*.

✎ El **complemento indirecto** indica la persona o cosa que recibe la acción del verbo. Se forma con la preposición *a* seguida de un sustantivo, de un grupo de palabras que tienen como núcleo un sustantivo, o simplemente con los pronombres personales átonos *le* o *les*.

*Paula compró golosinas **a Myriam**.*
*Paula compró golosinas **a sus compañeros**.*
*Paula **les** compró golosinas.*

Para saber cuál es el complemento indirecto en una oración se le pregunta al verbo *a quién*: *¿A quién compró Paula golosinas?* → *A Myriam*.

✎ El **complemento circunstancial** indica en qué circunstancia se produce la acción del verbo. Los circunstanciales son adverbios o grupos de palabras que equivalen a adverbios. Pueden ser de lugar: *Paula compró golosinas a sus compañeros **en la tienda**. Paula compró golosinas a sus compañeros **allí***; de tiempo: *Paula compró golosinas a sus compañeros **por la mañana***, etc.

✎ El **atributo** es un tipo de complemento que acompaña a los verbos copulativos (*ser, estar* y *parecer*). Suele ser un adjetivo, un sustantivo o un grupo de palabras cuyo núcleo es un sustantivo. Así, en *Mercedes está contenta*, el atributo es el adjetivo *contenta*; en *La madre de Quique es abogada*, es el sustantivo *abogada*; y en *La Luna parece un balón de fútbol*, el atributo es el grupo de palabras *un balón de fútbol*, que tiene como núcleo el sustantivo *balón*.

✎ El **complemento agente** es un tipo de complemento, introducido por la preposición **por**, que acompaña a los verbos en las oraciones pasivas y que realiza la acción indicada por ese verbo. Así, en la oración *El partido fue retransmitido **por la televisión***, el complemento agente es *por la televisión*, que es la que realiza la acción de retransmitir el partido.

## Los enlaces

Los enlaces son una clase de palabras que sirven para unir o relacionar palabras o grupos de palabras. Por ejemplo: *el mar y el cielo* (el enlace *y* une *mar* con *cielo*); *el grito de Tarzán* (el enlace *de* relaciona *grito* con *Tarzán*). Hay tres tipos de enlaces: las **preposiciones**, las **conjunciones** y los **relativos**.

### Las preposiciones

Las preposiciones son enlaces subordinantes, o sea, que unen dos palabras (o grupos de palabras) de manera que la segunda depende de la primera y sirve para complementarla o especificarla. Por ejemplo, en *mesa **de** comedor*, el significado del grupo ***de** comedor* no se entiende por sí solo, sino en relación con *mesa*, el sustantivo del que depende y al que especifica (no es una mesa cualquiera, de noche, de cocina o de madera: es una mesa de comedor).

Las preposiciones, igual que los adverbios y las conjunciones, son palabras invariables, es decir, no cambian de género, ni de número, ni de persona. Las más frecuentes son: **a**, **ante**, **bajo**, **con**, **contra**, **de**, **desde**, **durante**, **en**, **entre**, **hacia**, **hasta**, **mediante**, **para**, **por**, **según**, **sin**, **sobre** y **tras**.

### Las conjunciones

Las conjunciones son enlaces que unen palabras u oraciones: *Antón **y** Pedro son primos*; *Laura ha llamado a Isa por teléfono **pero** no estaba en casa*. Cuando las conjunciones unen oraciones, a éstas las llamamos **proposiciones**. Al conjunto de dos o más proposiciones se le conoce con el nombre de **oración compuesta**. Por ejemplo, *Baja al supermercado **y** trae un cartón de leche* es una oración compuesta por las proposiciones *Baja al supermercado* y *trae un cartón de leche*. La conjunción **y** las enlaza.

Sobre la oración compuesta hablaremos con mayor detenimiento en la página 1211.

### Los relativos

Los relativos son un tipo de enlaces subordinantes que sirven para unir una proposición subordinada con otra principal, de la que depende y a la que especifica. La particularidad de los relativos, frente a otros enlaces subordinantes, es que se refieren siempre a un sustantivo que aparece en la proposición principal. Observa el siguiente ejemplo:

*El Tajo es un río **que desemboca en Lisboa**.*

Se trata de una oración compuesta por una proposición principal (*El Tajo es un río*) y una subordinada (*que desemboca en Lisboa*). Esta última va introducida por el relativo **que**, el cual se refiere al sustantivo *río*.

## LA ORACIÓN

La oración es un grupo de palabras que se combinan unas con otras y se reúnen en torno a un **verbo** (núcleo de la oración). Tienen un significado completo y dicen algo acerca de una persona, un animal o una cosa. Para que haya oración tiene que haber verbo: tanto es así que un solo verbo puede constituir una oración. En cambio, por mucho que amontonemos palabras, no tendremos oración alguna si no las agrupamos alrededor de un verbo:

*Ven* es una oración.

*Las aventuras y desventuras de Pinocho, el muñeco de madera con la nariz muy larga* no es una oración, porque falta el verbo.

## El sujeto y el predicado

Además de un verbo, normalmente hay un sujeto en la oración (excepto en el caso de que la oración sea impersonal). El **sujeto** es la persona, animal o cosa de la que se dice algo. Suele ser un sustantivo, un pronombre o un grupo de palabras cuyo núcleo es un sustantivo. Así, en la oración *Verne escribió muchos libros de aventuras*, el sustantivo *Verne* es el sujeto porque de él se dice algo: que escribió muchos libros de aventuras.

En las oraciones *Está muy contento* y *Tocan la guitarra* no aparece el sujeto, pero esto no quiere decir que sean impersonales. En realidad, los sujetos son *él* o *ella* y *ellos* o *ellas*. Lo averiguamos al preguntarle al verbo ¿quién? o ¿quiénes? Por ejemplo:

*Está muy contento* (*¿Quién está muy contento?* → *él* o *ella*)

*Tocan la guitarra* (*¿Quiénes tocan la guitarra?* → *ellos* o *ellas*)

El **predicado** de una oración es lo que se dice del sujeto. Puede estar formado por una palabra (el verbo, que es el núcleo del predicado) o por varias palabras (en el caso de que el verbo tenga complementos). Por ejemplo:

*María **descansa**, María **lee un cómic**.*

## Clases de oraciones

Existen distintos tipos de oraciones **según la intención del hablante**:

✏ **Oraciones enunciativas**. Son las que comunican un hecho o un pensamiento: *Marco Polo nació en Venecia*.

A su vez, pueden ser afirmativas (*Tiene mensajes en su buzón de voz*) o negativas (*No tiene mensajes en su buzón de voz*).

✏ **Oraciones interrogativas**. Son las que se usan para hacer una pregunta: *¿Dónde has dejado las gafas?*

✏ **Oraciones exclamativas**. Son las que sirven para manifestar alegría, tristeza, sorpresa, etc. Por ejemplo: *¡Es una noticia fantástica!*

✏ **Oraciones exhortativas**. Son las que se utilizan para ordenar, dar un consejo o prohibir algo: *Ven aquí, ahora mismo. Ten cuidado con las plantas. No metáis los pies en el charco.*

✏ **Oraciones dubitativas**. Son las que expresan duda: *Quizás vaya de vacaciones a la sierra.*

✏ **Oraciones optativas** o **desiderativas**. Son las que emplea una persona cuando quiere expresar un deseo: *¡Ojalá queden entradas para el concierto!*

✏ **Oraciones de posibilidad**. Son las que indican un hecho probable o una suposición: *A estas horas ya se habrán marchado.*

**Según el número de verbos** que contengan, las oraciones se dividen en **simples** y **compuestas**.

✏ Las **oraciones simples** son las que tienen una sola forma verbal. Por ejemplo: *Las nubes **cubrían** el cielo, **Hemos navegado** en un velero por el río.*

✏ Las **oraciones compuestas** son las que tienen más de una forma verbal. Por ejemplo: *El hada **agitó** su varita y entonces **apareció** el carruaje de Cenicienta, Los científicos **piensan** que el calentamiento de la Tierra **es** preocupante.*

## La oración simple

Según su predicado, las oraciones simples se dividen en **copulativas** y **predicativas**.

✎ Las **oraciones** simples **copulativas** son las que tienen un verbo copulativo, es decir, *ser*, *estar* o *parecer*: *Su amiga **era** una chica regordeta, Ramón **está** enfermo, Las avellanas **parecen** garbanzos.*

✎ Las **oraciones** simples **predicativas** son aquellas en las que el verbo no es copulativo, es decir, que el verbo es otro diferente a *ser*, *estar* o *parecer*.

A su vez, las predicativas se dividen en **activas** y **pasivas**.

Las **activas** son aquellas oraciones predicativas en las que el sujeto realiza la acción del verbo. Por ejemplo, *Mi pájaro come alpiste* y *Felipe canta en un coro* son activas porque el sujeto *Mi pájaro* realiza la acción de *comer* y el sujeto *Felipe* realiza la acción de *cantar*. Dentro de las oraciones predicativas activas distinguimos entre **transitivas**, **intransitivas** e **impersonales**.

✎ Las **oraciones transitivas** son las que tienen como núcleo del predicado un verbo transitivo, o sea, un verbo que necesita de un **complemento directo** para completar su significado. Por ejemplo: *Félix calentó **leche**, Comimos **galletas de chocolate**, La llamó desde una cabina.*

El verbo de una oración transitiva puede ir acompañado de otros complementos, aparte del directo. Por ejemplo, es posible encontrar oraciones transitivas con complemento indirecto: *Félix calentó la leche **a los niños***; o con complemento circunstancial: *Félix calentó la leche a los niños **en la cocina**.*

Dentro de las oraciones transitivas se incluyen las denominadas **oraciones reflexivas** y las **oraciones recíprocas**. Tanto en unas como en otras, el verbo aparece acompañado de un pronombre personal átono que puede desempeñar las funciones de complemento directo o de complemento indirecto.

• En el caso de las **oraciones reflexivas**, el sujeto realiza la acción del verbo y además esta acción vuelve a él (por eso, el pronombre personal átono indica la misma persona que el sujeto). Observa el siguiente ejemplo:

   *Tú te lavas.*

*Tú* es el sujeto que realiza la acción de lavar y, a su vez, la acción de lavar recae sobre la misma persona que la realiza (de ahí que el pronombre de complemento directo *te* esté también en segunda persona).

• En el caso de las **oraciones recíprocas**, el sujeto es plural (a diferencia de las reflexivas) y cada una de las personas que realiza la acción del verbo recibe la acción de las demás. Por ejemplo:

   *Mi padre y mi madre se quieren mucho.*

Como ves, aquí hay dos personas (*Mi padre y mi madre*) que realizan la acción del verbo (o sea, que las dos son sujeto) y, a la vez, cada una de ellas recibe la acción de la otra (es decir, que las dos son también complemento directo: *se*). Así, mi padre realiza la acción de querer a mi madre, al tiempo que recibe el amor de ella; y lo mismo sucede con mi madre: ella quiere a mi padre y es querida por él.

✎ Las **oraciones intransitivas** son las que tienen un verbo intransitivo, es decir, un verbo que no necesita de un complemento directo para completar su significado: *Daniel gritó*. Aunque no lleven complemento directo, las intransitivas admiten complementos indirectos y complementos circunstanciales: *Daniel gritó **a sus amigos*** (el complemento indirecto es *a sus amigos*), *Daniel gritó **desde la ventana*** (*desde la ventana* es un complemento circunstancial que indica lugar), *Daniel gritó **a sus amigos desde la ventana*** (complemento indirecto y circunstancial).

✎ Las **oraciones impersonales** son las que tienen un verbo impersonal como núcleo del predicado, es decir, un verbo que se conjuga en tercera persona del singular y que normalmente se refiere a fenómenos atmosféricos: *Ayer nevó, En Galicia llueve*. Las oraciones impersonales no llevan complemento directo ni indirecto, pero sí pueden tener un complemento circunstancial, como *Ayer* (de tiempo) o *En Galicia* (de lugar).

Las **oraciones pasivas** son las oraciones predicativas cuyo sujeto no realiza la acción del verbo, sino que la recibe o la sufre. En estas oraciones, el núcleo del predicado es el **verbo *ser* conjugado + participio de otro verbo** y la acción de ese verbo la realiza el **complemento agente**. *El náufrago fue rescatado por los marineros* es una oración pasiva donde:

El sujeto *El náufrago* recibe la acción de *ser rescatado*.

El núcleo del predicado es el **verbo *ser* conjugado en pretérito perfecto simple + participio de *rescatar***.

*Por los marineros* es el complemento agente, que realiza la acción indicada por el verbo (la de *rescatar*).

Como observamos, la oración pasiva resulta de la transformación de una transitiva, que en este caso sería *Los marineros rescataron al náufrago*.

### La oración compuesta

La oración compuesta es la que tiene dos o más verbos. O sea, es la que resulta de la unión de dos o más proposiciones. Estas proposiciones se relacionan de las siguientes maneras:

1. En condiciones de igualdad, o sea, que ninguna de las proposiciones contenidas en la oración compuesta depende de las demás proposiciones: son independientes unas de otras.

La relación se establece entre ellas por medio de:

*a)* **Conjunciones coordinantes**, un tipo de enlaces que pueden ser de tres tipos:

✎ Las **copulativas**, que suman elementos. Son **y**, **e**, **ni**. Por ejemplo: *El peregrino cogió su mochila **y** partió hacia Santiago*.

✎ Las **disyuntivas** sirven para elegir entre dos cosas. Son **o**, **u**. Por ejemplo: *¿Vamos al cine **o** nos quedamos en casa?*

✎ Las **adversativas** contraponen dos cosas. Son **pero**, **sino** y **mas**. Por ejemplo: *Le llamaron, **pero** se había ido*.

A la unión de proposiciones independientes por medio de conjunciones coordinantes la llamamos **oración compuesta coordinada**.

*b)* La **yuxtaposición**, es decir, una relación que se hace a través de signos de puntuación, en lugar de enlaces. Por ejemplo: *Vine, vi, vencí*.

2. Por subordinación, que tiene lugar cuando dos o más proposiciones se unen de forma que la segunda (o proposición subordinada) depende de la primera (o proposición principal) y sirve para complementarla o especificarla. La unión de la proposición subordinada con la principal recibe el nombre de **oración compuesta subordinada**.

La subordinación se establece por medio de dos tipos de enlaces:

*a)* Las **conjunciones subordinantes**, como **aunque**, **conque**, **porque**, **si**, etc. Mira lo que ocurre en los siguientes ejemplos:

*Los árboles estaban en flor **porque** había llegado la primavera.* La proposición *porque había llegado la primavera* no tiene sentido así, sola. Tiene sentido cuando se une a *Los árboles estaban en flor*, por eso decimos que depende de ella y, además, la complementa, ya que explica la causa por la que los árboles han florecido.

*Laura celebrará su cumpleaños en el jardín **si** no llueve.* Esta segunda proposición, *si no llueve*, depende de *Laura celebrará su cumpleaños en el jardín*, porque sólo tiene significado cuando se une a ella. Además, complementa a la primera, pues explica la condición necesaria para que Laura celebre su cumpleaños en el jardín.

*b)* Los **relativos**, que, como decíamos en el apartado de «Los enlaces», conectan la proposición subordinada con la principal y se refieren a un sustantivo que se encuentra en esta última. Por ejemplo:

*Conocí a <u>Manolito</u>, **el cual** me presentó a su amigo Yihad.*

La proposición subordinada (la que no tiene sentido ella sola) es *el cual me presentó a su amigo Yihad*. Se une a la principal, de la que depende, por medio del relativo *el cual*. Este relativo se refiere a un sustantivo que está en la primera proposición: *Manolito*.

Entre los relativos más utilizados se encuentran los siguientes:

| SINGULAR | | | PLURAL | |
|---|---|---|---|---|
| Masculino | Femenino | Neutro | Masculino | Femenino |
| que, el que | que, la que | que, lo que | que, los que | que, las que |
| el cual | la cual | lo cual | los cuales | las cuales |
| quien | quien | | quienes | quienes |
| cuyo | cuya | | cuyos | cuyas |
| cuanto | cuanta | cuanto | cuantos | cuantas |

Según se puede ver en el cuadro, los relativos poseen la misma forma que los interrogativos y exclamativos (a excepción de **cuyo**, **cuya**, **cuyos**, **cuyas**). La única diferencia se encuentra en el hecho de que los relativos no llevan tilde.

Aquí tienes otros ejemplos:

*Echo de menos <u>mis patines</u>, **los que** se perdieron en la mudanza.*

*Al acto por la paz asistieron <u>muchos cantantes</u>, **quienes** se unieron en actitud solidaria.*

*Los piratas encontraron <u>un cofre</u>, **el cual** contenía el plano de la isla del tesoro.*

## LA ORTOGRAFÍA DE LAS LETRAS

En castellano, como en otras lenguas, surgen problemas ortográficos porque no siempre los sonidos se corresponden exactamente con las letras. Por ejemplo:

✎ Hay ocasiones en que un mismo sonido puede ser representado por diferentes letras. Así, el sonido *i* lo escribimos unas veces como *i* y otras como *y*: *reina*, *rey*.

✎ Puede suceder también lo contrario: que una misma letra represente distintos sonidos. Es el caso de la *c*, que suena como la zeta (*ciervo*) o como la ka (*casa*).

✎ Por último, puede ocurrir que una letra no represente a ningún sonido; ése es el caso de la letra *h*, de manera que en las palabras *hormiga* o *zanahoria* no escuchamos el sonido de la *h*.

## Las consonantes

### El uso de la *b*

Se escriben con **b**:

• Las palabras que empiezan por las sílabas **bu-**, **bur-**, **bus-**: *buzo*, *burlar*, *buscar*.

• Todas las palabras que empiezan por los prefijos **bi-**, **bis-** o **biz-**, cuando significan 'dos veces': *bimotor* ('dos motores'), *bisnieto* ('dos veces nieto'), *bizcocho* ('cocido dos veces').
No confundas el uso de **bi-**, **bis-** o **biz-** con el de **vi-**, **vice-** y **viz-**, que significan 'en lugar de' y se escriben con *v*.

• Las palabras que empiezan por **bibl-**: *Biblia*, *bibliografía*.

• Cuando la **b** va delante de una consonante o al final de la palabra: *brazo*, *abrir*, *hablar*, *bloquear*, *absoluto*, *obtener*, *subterráneo*, *club*.

• Las palabras terminadas en **-bundo**, **-bunda**, **-abilidad** e **-ibilidad**: *furibundo*, *meditabunda*, *amabilidad*, *posibilidad*.

• Los compuestos y derivados de las palabras que se escriben con **b**:
Compuestos: *contrabando* ← *bando*, *guardabarros* ← *barro*.
Derivados: *amabilísimo* ← *amable*, *recibidor* ← *recibir*.

• Los verbos que acaban en **-bir** y todas las formas de estos verbos: *escribir*, *escribiré*, *escribió*. Son excepciones *hervir*, *servir* y *vivir*.

• Los verbos acabados en **-buir** y todas las formas de su conjugación que contengan el sonido *b*: *atribuir*, *atribuye*.

• Los verbos **beber** y **deber** y todas las formas de sus conjugaciones: *bebí*, *beberíamos*, *debáis*, *deberán*. También los infinitivos **caber**, **haber** y **saber** y todas las formas de sus conjugaciones en que aparezca el sonido *b*: *caben*, *habremos*, *sabríais*.

• Las formas del pretérito imperfecto de indicativo de los verbos de la primera conjugación y también las del verbo **ir**: *jugaba*, *nadábamos*, *ibais*.

## El uso de la *v*

Se escriben con **v**:

- Las palabras que empiezan por los prefijos **vi-**, **vice-** o **viz-**, que significan 'en lugar de': *virrey* ('en lugar de un rey'), *vicecónsul* ('en lugar de un cónsul'), *vizconde* ('en lugar de un conde').

  No confundas este uso con el de **bi-**, **bis-** y **biz-**, que significan 'dos veces' y se escriben con *b*.

- Si el sonido de la *b* va detrás de las letras *d* o *b*, en lugar de escribir **b** escribimos **v**: *advertir*, *obvio*.

- Las terminaciones **-ava**, **-ave**, **-avo**, **-eva**, **-eve**, **-evo**, **-ivo**, **-iva** de los adjetivos: *doceava*, *suave*, *nuevo*, *leve*. Hay una excepción: **árabe**.

- Los compuestos y derivados de las palabras que se escriben con **v**:
  Compuestos: *tomavistas* ← *vista*, *convivir* ← *vivir*.
  Derivados: *suavidad* ← *suave*, *reverdecer* ← *verde*.

- Todas las personas del pretérito perfecto simple, del pretérito imperfecto de subjuntivo y del futuro de subjuntivo de los verbos **andar**, **estar** y **tener**: *anduvo*, *estuviera* o *estuviese*, *tuviéremos*. También sus formas derivadas: *desanduvo*, *contuviera* o *contuviese*, *mantuviéremos*.

- Los verbos terminados en **-servar**: *reservar*, *conservar*.

## El uso de la *g*

Se escriben con **g**:

- Cuando la letra **g** suena como *g* (o sea, que su sonido es diferente al de *j*). Tiene este sonido delante de **a**, **o** y **u**: *gato*, *gorro*, *agua*.

  Para que la letra **g** mantenga el sonido *g* delante de **e**, **i**, debe ir seguida de una **u** que no se pronuncia: *guerra*, *aguijón* (si no hubiera **u**, se pronunciarían *jerra* y *ajijón*).

  Para que suene esa **u** de los grupos **gue**, **gui**, es necesario escribir sobre ella el signo ortográfico ¨, que se llama **diéresis**. Es el caso de *agüita*, *pingüino*, *vergüenza*, etc.

- Los verbos que acaban en **-ger** y **-gir** y todas sus formas verbales que contengan ese sonido: *coger*, *cogíamos*, *surgir*, *surgen*. Son excepciones *tejer* y *crujir*.

- Las terminaciones **-gésimo** y **-gésima** (así como su derivado **-gesimal**) de algunos numerales ordinales: *trigésimo*, *vigesimal*.

- Las palabras que empiezan por **geo-**: *geografía*, *geometría*.

- Los compuestos y derivados de las palabras que se escriben con **g**:
  Compuestos: *sobrecoger* ← *coger*.
  Derivados: *dirigente* ← *dirigir*.

## El uso de la *j*

Se escriben con **j**:

- Las palabras que terminan en **-je**: *traje*, *garaje*, *paisaje*, *eje*. Son excepciones: *falange*, *faringe* y *laringe*.

- Las palabras que empiezan por **aje-** y **eje-**: *ajeno*, *ajedrez*, *ejemplo*, *ejercicio*. Hay excepciones, como **agencia**, **agenda** y sus derivados.

- Los compuestos y derivados de las palabras que se escriben con **j**:

  Compuestos: *barriobajero* ← *bajo*.

  Derivados: *conejera* ← *conejo*.

- Las formas de los verbos terminados en **-jear** (como *hojear* o *canjear*): *hojeaste, canjeamos*.

- Cuando el infinitivo de un verbo tiene una **j** (como *trabajar, ejecutar* o *crujir*), ésta se mantiene a lo largo de toda la conjugación: *trabajé, ejecutase, crujirán*.

- Los pretéritos perfectos simples de los verbos irregulares en los que entran los sonidos *je, ji*, sin que en los infinitivos de estos verbos haya **g** ni **j**: *dijimos, trajiste, atraje*.

### El uso de la *h*

Se escriben con **h**:

- Las palabras que empiezan por **hia-, hie-, hue-, hui-** o contienen el diptongo **ue** y éste va detrás de una vocal: *hiato, hierro, huevo, huida, cacahuete*.

- Las palabras que empiezan por **hum-**: *húmedo, humo, humano*.

- Las palabras que empiezan por **hidro-, hidra-**, que significa 'agua': *hidroavión* ('avión que despega o aterriza en el agua'), *hidratar* ('añadir agua a una sustancia').

- Las palabras que empiezan por los prefijos **hecto-, hemi-, homo-, hetero-, hiper-, hipo-**: *hectolitro, hemisferio, homonimia, heterosexual, hipermercado, hipotenso*.

  Los compuestos y derivados de las palabras que se escriben con **h**:

  Compuestos: *contrahecho* ← *hecho*.

  Derivados: *hermandad* ← *hermano*. Hay excepciones: de *huevo*: *ovario, óvulo, ovíparo, óvalo, ovalado...*; de *hueso*: *óseo, osamenta...*; de *huérfano*: *orfanato, orfandad, orfanato...*; de *hueco*: *oquedad*.

- Todas las formas de los verbos **haber** y **hacer**: *habrán, habéis, hacíamos, haga*.

### El uso de la *ll*

Se escriben con **ll**:

- Las palabras terminadas en **-illo, -illa**: *amarillo, orilla*.

- Los sustantivos terminados en **-alle, -elle, -ello** y **-ullo**: *calle, muelle, cabello, orgullo*.

- Los compuestos y derivados de las palabras que contienen **ll**:

  Compuestos: *bocacalle* ← *calle*.

  Derivados: *llavero* ← *llave*.

- Los verbos con infinitivo terminado en **-ellar, -illar, -ullar, -ullir** y todas las formas de su conjugación: *sellaremos, encasillaríais, apabullar, engulles*.

### El uso de la y

Se escriben con **y**:

- Las palabras que terminan con un diptongo o triptongo acabado con el sonido *i*: *buey, rey, jersey.*

  Cuando estas palabras forman su plural añadiendo *-es*, conservan la **y**: *buey → bueyes, rey → reyes.*

  Cuando forman el plural añadiendo nada más que una *-s*, entonces cambian la **y** por una **i**: *jersey → jerséis.*

- Las palabras que tienen los prefijos **ad-, dis-, in-, sub-** seguidos de un sonido parecido al de la *ll*: *adyacente, disyuntiva, inyección, subyugar.*

- Las palabras que comienzan por **yer-** o que contienen la sílaba **yec**: *yerba, proyecto.*

- Los compuestos y derivados de las palabras que se escriben con **y**:

  Compuestos: *pararrayos ← rayo.*

  Derivados: *enyesar ← yeso.*

- Las formas verbales que contienen un sonido parecido al de la *ll* aunque no aparezcan en sus infinitivos ni la letra **ll** ni la **y**: *cayeron, leyera, oyó.*

### El uso de la m

Se escribe **m** (y no **n**) antes de **b** y **p**: *ambición, campo, símbolo.*

### El uso de r y de rr

Se escribe **r**:

- Entre vocales, cuando tiene un sonido suave (diferente al de **rr**): *cara, aroma.*

- Detrás de **l**, de **n** o de **s** se escribe **r**, aunque ésta tenga el sonido de **rr**: *alrededor, enredar, israelita.*

- Al comienzo de la palabra, aunque la **r** tenga el sonido de **rr**: *ratón, raza, reptil.*

Se escribe **rr** cuando aparece ese sonido entre vocales, aunque la palabra sea compuesta: *perro, contrarreloj.*

### El uso de la c y de la z

- El sonido *z* se escribe **z** cuando aparece ante **a, o, u** y al final de sílaba: *paz, zapato, zopenco, zurrón.* Hay excepciones, que son las de las palabras de origen extranjero (*zepelín, neozelandés*) y las de las onomatopeyas (*zis-zas, zig-zag*). Como vemos, en estas excepciones se admite el uso de **z** ante **e, i**.

- El sonido *z* se escribe **c** cuando aparece ante **e, i**: *abundancia, cepillo, cigarrillo, peces.*

### El uso de la x

La **x** es una letra que se pronuncia *ks* y aparece en palabras como *examen, extraordinario, reflexionar, unisex,* etc. A veces la gente pronuncia la letra **x** como la **s** y esto hace que a menudo se confundan las dos letras.

Se escriben casi siempre con **x** las palabras que empiezan con el sonido *es* o *eks* seguido de las sílabas **pla, ple, pli, plo, pre, pri, pro**: *explayarse, explorador, exprimir.* Hay excepciones, como: *espléndido, esplendidez, esplendor, esplendoroso, espliego.*

## El uso de las mayúsculas

Se escriben con letra inicial mayúscula:

- La primera palabra de un escrito o la que va detrás de un punto y seguido o detrás de un punto y aparte.

  *Ya llega el verano. Se acercan las vacaciones.*

- Los nombres propios: *Sancho Panza, Buenos Aires, Miraflores de la Sierra.*

- El artículo de algunos nombres propios, cuando forma parte del nombre: *El Escorial, Los Ángeles.*

- Los apodos y sobrenombres que acompañan o sustituyen al nombre de una persona: *Alfonso X el Sabio, el Rey Sol, el Gran Capitán.*

- Muchas veces, los nombres de algunos cargos y el tratamiento que se les da a determinadas personas: *Su Majestad, el Papa, Su Santidad, el Presidente.* Si estos títulos se usan con un sentido genérico, entonces se escriben con minúscula: *En el hotel se alojaron reyes y presidentes.*

- Los nombres propios de instituciones, establecimientos o sucesos históricos: *Tribunal Supremo, Café La Catedral, Segunda Guerra Mundial.*

- La letra inicial en los títulos de libros, periódicos, revistas, discos, etc.: *Cinco semanas en globo, ¡Hola!, La flauta mágica.*

- Después de los dos puntos que siguen al saludo en una carta o que anuncian una cita textual: *Querida abuela: Te escribo…, Marta dijo: «No sé qué hacer».*

- Las palabras *Estado* e *Iglesia* cuando se usan en sentido colectivo; o sea, cuando *Estado* significa 'conjunto de ministerios y organismos que dirigen un país' y cuando *Iglesia* significa 'conjunto de los miembros de la religión cristiana'. Estas palabras se escriben con minúscula cuando se utilizan en cualquiera de los otros sentidos que tienen: *estado gaseoso, la iglesia de mi pueblo.*

## EL USO DE LA TILDE O ACENTO GRÁFICO

La **tilde** o **acento gráfico** es un signo que se escribe algunas veces sobre la vocal de la sílaba tónica de una palabra, como en *camión, panadería* o *simpático.*

### Reglas generales de acentuación

- Las **palabras agudas** se escriben con tilde cuando terminan en **vocal**, en **-n** o en **-s**: *corrí, perdón, cortés.*

- Las **palabras graves** o **llanas** se escriben con tilde cuando terminan en una consonante distinta de **n** o de **s**: *ángel, césped, lápiz.*

  Sin embargo, cuando la palabra llana acaba en **consonante seguida de -n** o **-s**, sí lleva tilde: *bíceps, fórceps.*

- Las **palabras esdrújulas** se escriben siempre con tilde: *árbitro, éxito, lámpara.*

- También las **palabras sobreesdrújulas** se escriben siempre con tilde: *entrégamelo, pregúntaselo.*

### Reglas especiales de acentuación

- Diptongos formados por vocal abierta (**a**, **e**, **o**) + vocal cerrada (**i**, **u**) o vocal cerrada + vocal abierta.

Si la sílaba tónica que ha de ir acentuada es la del diptongo, la tilde se coloca sobre la vocal abierta, tanto si se encuentra en el primer lugar como si se encuentra en el segundo. Las reglas que deciden si esa vocal abierta debe llevar o no acento gráfico son las reglas generales de acentuación. Así:

✎ Si la **palabra** es **aguda**, la vocal abierta del diptongo se acentuará siempre que la palabra termine en **-n**, en **-s** o en **vocal**: *llegáis, avión, copió*. En cambio, *igual* o *copiar* no llevan tilde porque son agudas acabadas en consonante distinta de **-n** o de **-s**.

✎ Si la **palabra** es **llana**, la vocal abierta del diptongo se acentuará siempre que la palabra termine en una consonante que no sea **-n** o **-s**: *béisbol, estiércol*. Por el contrario, *dueño* o *pausa* no se acentúan porque son palabras llanas que acaban en vocal.

✎ Si la **palabra** es **esdrújula**, la vocal abierta del diptongo se acentuará siempre: *miércoles, duérmete, archipiélago*.

• Diptongos formados por dos vocales cerradas (**i, u**)

Si la sílaba tónica de la palabra es la que contiene el diptongo formado por las dos vocales cerradas, llevará tilde la segunda vocal, siempre que la necesite (según las normas generales de acentuación). Así, por ejemplo *cuídate* se acentúa porque es una palabra esdrújula; en cambio, *jesuita* se escribe sin tilde por ser llana y acabar en vocal.

• Hiatos

✎ El hiato se produce cuando dos vocales se escriben juntas pero se pronuncian en sílabas diferentes.

✎ Cuando el hiato está formado por **una vocal abierta y otra cerrada** o una **vocal cerrada y otra abierta**, se acentúa la cerrada (siempre que sea la vocal tónica de la palabra): *país, flúor, queríamos*.

A veces, al acentuar esta vocal no se respetan las reglas; aun así, hay que hacerlo: *poesía* no necesitaría tilde porque es llana y acaba en vocal, pero la lleva porque contiene un hiato; *baúl* no necesitaría tilde por ser aguda y terminar en la consonante *-l*, pero la lleva por contener un hiato; *vehículo* se acentúa no sólo porque contenga un hiato, sino también porque es esdrújula.

✎ Cuando el hiato lo forman **dos vocales abiertas**, se siguen las normas generales de acentuación: *leal* no lleva tilde porque es aguda y termina en *-l*; *poético* sí se acentúa porque es una palabra esdrújula.

• Triptongos

Los triptongos tónicos siguen, como los diptongos, las reglas generales de acentuación. La tilde se coloca sobre la vocal abierta, que es la del medio: *averiguáis, renunciáis*.

• Verbos que llevan unido un pronombre

Las formas verbales que tienen unido un pronombre se acentúan o no de acuerdo con las reglas generales.

Por ejemplo, en *Estate quieto, estate* es una palabra formada por *está* y el pronombre *te*. El verbo *está* lleva tilde porque es aguda y acaba en vocal. En cambio, *estate* no lleva tilde porque es una palabra llana que termina en vocal.

Por el contrario, *contrólate*, que está formada por *controla* y el pronombre *te*, se acentúa porque es una palabra esdrújula.

• Palabras compuestas

Cuando las palabras que forman el compuesto van separadas por guión, llevan tilde si lo llevaban cuando eran simples: *trágico-cómico, vasco-francés*.

Si las palabras que forman el compuesto se escriben sin guión, sólo se acentúa la última palabra, siguiendo las normas generales: *sinfín, cortacésped, decimoséptimo*.

• Los adverbios terminados en **-mente**

Son palabras derivadas de adjetivos.

✎ Llevan tilde si el adjetivo la llevaba antes de convertirse en adverbio: *fácil → fácilmente, rápido → rápidamente*.

✎ No llevan tilde si el adjetivo no la llevaba antes de convertirse en adverbio: *torpe → torpemente, inteligente → inteligentemente*.

• Los monosílabos

Son las palabras que tienen una sola sílaba.

✎ En general, no llevan tilde: *tos, fe, pie*, etc.

✎ Hay palabras que, como *guión* o *Sión*, se pueden acentuar o no. Si al pronunciarlas el hablante nota un hiato (*gui-ón, Si-ón*), entonces al escribirlas debe ponerles tilde, pues son agudas y acaban en *-n*. Si, por el contrario, el hablante pronuncia un diptongo (*guion, Sion*) las convierte en monosílabas y, en consecuencia, no tendrá que escribirlas con acento.

✎ Pueden acentuarse cuando necesitan diferenciarse de otras palabras que se escriben igual pero significan cosas distintas: *se* (pronombre personal) / *sé* (forma de los verbos *saber* y *ser*), *mas* (conjunción adversativa) / *más* (adverbio de cantidad). Cuando se acentúan en estos casos se dice que llevan tilde diacrítica.

• La tilde diacrítica

Se usa para diferenciar parejas de palabras que se escriben igual pero que significan cosas distintas. Se emplea especialmente con los monosílabos, aunque también la admiten otras palabras. Por ejemplo:

✎ **El** no lleva tilde cuando es artículo: *El teléfono no funciona*.

En cambio, hay que acentuar el pronombre personal **él** para no confundirlo con el artículo: *Me lo ha regalado él*.

✎ Cuando **te** es pronombre personal no lleva tilde: *Te recuerdo que tienes una cita en el médico a las cinco*.

Si es un sustantivo y se refiere a la infusión, entonces **té** sí se acentúa para diferenciarlo del pronombre: *Me gusta más el té que la manzanilla*.

✎ **Si** puede ser conjunción o un sustantivo que significa 'séptima nota de la escala musical'. En cualquiera de los dos casos, no lleva tilde: *Si te duele la cabeza, tómate una aspirina. Es difícil tocar la nota si con la flauta*.

Por el contrario, se acentúa cuando es adverbio de afirmación y cuando es pronombre tónico: *Los novios dijeron «sí, quiero». Estaba tan nerviosa que se puso fuera de sí.*

✎ Siempre que **de** se use como preposición, se escribe sin acento gráfico: *Éste es el cuarto **de** los niños.*

Sin embargo, lleva tilde cuando es verbo: *Dile a Juanjo que me **dé** su número de teléfono.*

✎ **Solo** no se acentúa en aquellas ocasiones en que se comporta como adjetivo: *Se quedó en casa más **solo** que la una.*

Como adverbio que equivale a 'solamente', se puede acentuar. A diferencia de otras tildes diacríticas (como la de **él**, **té**, **sí**...), la de **sólo** no es obligatoria: la escribiremos cuando sea realmente difícil distinguir entre el adjetivo y el adverbio. Así, en *Sólo quiero que me escuches*, el acento gráfico es opcional; es decir, que no podríamos confundir el adjetivo con el adverbio aunque escribiéramos este último sin tilde: *Solo quiero que me escuches*. En cambio, observarás que si no acentuásemos **sólo** en *He ido **sólo** una vez al parque de atracciones* (donde *sólo* equivale a 'solamente'), podríamos entender algo muy distinto: *He ido solo una vez al parque de atracciones* (he ido sin compañía).

Los demostrativos **este**, **ese** y **aquel** (y sus correspondientes formas femeninas y purales) no llevan acento gráfico cuando acompañan a un sustantivo: ***este** cómic*, ***esa** pelota*, ***aquellos** años*. Si en vez de acompañar a un sustantivo lo que hacen es ocupar su lugar, entonces sí pueden acentuarse (nunca el neutro): *Quiero **éste**, **Ésos** son mis vecinos, Enséñame **aquélla***. Pero la tilde diacrítica en los demostrativos no es obligatoria, sino sólo recomendable cuando hay riesgo de confusión: no es lo mismo decir ***Ésta** tarde llegará* que ***Esta** tarde llegará*.

## PRINCIPALES SIGNOS DE PUNTUACIÓN

Los signos de puntuación sirven para marcar en un escrito las pausas o la entonación que las personas utilizan al hablar.

## El punto

✎ Se usa para marcar una pausa larga entre oraciones.

✎ Si la pausa se hace entre una oración y la que le sigue, se emplea el **punto y seguido**.

✎ Si la pausa se hace entre párrafos, se utiliza el **punto y aparte**.

✎ Si la pausa cierra un escrito entero, se pone **punto final**.

Ejemplo:

*Entramos todos en la sala.* (Punto y seguido) *Las luces se encendieron.* (Punto y aparte)

*Nadie se atrevió a hablar el primero.* (Punto y aparte)

*Por fin, Nuria relató lo ocurrido.* (Punto final)

## Los signos de interrogación

Sirven para marcar una pregunta o una duda.

- En castellano, los signos de interrogación se abren y se cierran: *¿Cuándo llegaste?, ¿Qué hora es?*
- Si la pregunta no ocupa toda la oración, el signo **¿** se abre donde empieza la pregunta y el signo **?** se cierra donde acaba: *Si ya lo sabes, ¿por qué me preguntas?*
- Si hay varias preguntas que van una detrás de otra, a cada una le corresponden sus propios signos de interrogación, porque cada pregunta es una oración: *¿Dónde transcurre la historia? ¿Qué tiene de especial el lugar? ¿Quiénes viven allí?*

## Los signos de admiración

Sirven para indicar sorpresa, alegría, enfado, tristeza, susto, etc.

- Como las interrogaciones, se abren y se cierran: *¡Qué alto estás!*
- También como en el caso de la interrogación, la admiración puede afectar sólo a una parte de la oración. Entonces, el signo **¡** se abrirá donde comience la admiración y el signo **!** se cerrará donde termine: *Estoy perdiendo la paciencia, ¡vístete de una vez!*
- Si varias oraciones exclamativas van seguidas, a cada una le corresponden sus propios signos de admiración: *¡Socorro! ¡Auxilio! ¡Ladrones!*

## Los dos puntos

Los dos puntos se usan:

- Para introducir una enumeración que ha sido anunciada:

  *Tengo los cuatro ases: el de copas, el de bastos, el de oros y el de espadas.*
- Después del saludo que hay en las cartas.

  *Estimado amigo: Te escribo para comunicarte que…*
- Antes de escribir las palabras exactas que ha dicho o ha escrito otra persona:

  *El agente de tráfico nos dijo: «Hay obras en la carretera y deben tomar una desviación».*

  *Cervantes escribió: «En un lugar de La Mancha, de cuyo nombre no quiero acordarme»…*
- Para explicar o detallar lo que se ha dicho antes:

  *El animal echaba fuego por la boca: era un dragón.*

## El punto y coma

El punto y coma se usa:

- Para separar los miembros de una enumeración cuando alguno de ellos ya lleva coma:

  *He leído estos libros: «Cómo molo», de Elvira Lindo; «La vuelta al mundo en ochenta días», de Julio Verne; y «Matilda», de Roald Dahl.*

✎ Delante de las palabras *pero, aunque, sin embargo, no obstante...* cuando estas palabras introducen oraciones largas:

*Se lleva muy bien con sus hermanos; sin embargo, a veces tiene discusiones y peleas con ellos, como todo el mundo.*

## La coma

La coma se utiliza:

✎ Para separar los elementos de una enumeración:

*Mi ensalada preferida lleva queso, manzana, lechuga y pasas.*

✎ Para separar en una oración el nombre de la persona a la que nos dirigimos:

*Camarero, tráiganos la cuenta cuando pueda.*

✎ Para hacer una pausa explicativa dentro de una oración:

*Mis padrinos, el abuelo y la abuela, me han regalado un huevo de Pascua.*

✎ Para separar oraciones:

*Los cómics no me entretienen, ni me gustan, ni me hacen gracia.*

## El guión

El guión sirve:

✎ Para separar las palabras de un compuesto: *hispano-árabe, teórico-práctico.*

✎ Para cortar una palabra que no cabe entera al final de una línea y que debe continuar en la línea siguiente: *cam-*
*po.*

✎ Para separar dos fechas o dos páginas. La fecha o la página que están antes del guión indican el comienzo de un periodo. La fecha o la página que están después del guión indican el final de ese periodo:

*Juan Ramón Jiménez (1881-1958) escribió «Platero y yo».*
*Tengo que estudiar el capítulo cinco (páginas 58-69).*

## La raya

La raya es como un guión largo y se usa en estos casos:

✎ En los diálogos, introduce las palabras que dicen los personajes:

*–¿Qué tal el viaje?*
*–Magnífico.*

✎ Se usa también para separar lo que dice un personaje de las palabras del narrador:

*–¿Dónde estáis? –preguntó Hugo–.*

✎ Las rayas pueden indicar la pausa que hace el hablante en lo que dice para incluir una aclaración:

*Me fui con mis padres a Ortigueira –que es un pueblo de Galicia– a pasar las vacaciones.*

## El paréntesis

&#9758; El paréntesis se usa para encerrar datos aclaratorios, como fechas, lugares, explicación de siglas, etc.:

*El autor del «Quijote» (Cervantes) era manco.*
*El día de mi cumpleaños (1 de mayo) cae en festivo.*
*Mis tíos viven en Venecia (Italia).*
*Jesús colabora con una ONG (Organización No Gubernamental).*

&#9758; También se emplea, como la raya, para indicar la pausa que hace el hablante en lo que dice:

*Mi prima (que no tiene pelos en la lengua) me dijo que con este peinado parecía una bruja.*

## Las comillas

Las comillas suelen escribirse así: «», o así: "", y sirven para lo siguiente:

&#9758; Para encerrar las palabras exactas que alguien dijo o escribió:

*«Dale al aspa molino / hasta nevar el trigo» son dos versos de Miguel Hernández.*

&#9758; Se escriben entre comillas las palabras que uno se inventa o las que se utilizan para expresar lo contrario de lo que se piensa:

*Al perro le pusieron de nombre «Patuquitos».*
*Te has hecho un «precioso» roto en el vestido.*

&#9758; Para destacar los títulos de partes de una obra, como capítulos, artículos, secciones, etc.:

*El cuento que más me gustó de esa colección es el titulado «Adiós, cordera».*

&#9758; Los títulos de libros, periódicos, revistas, obras de arte, etc., deben escribirse en cursiva. A veces los escribimos entre comillas: cuando no podemos escribir cursiva (porque no tenemos ordenador, por ejemplo) o cuando el título que queremos destacar va dentro de algo escrito en cursiva:

*Antoine de Saint-Exupéry es el autor de «El principito».*

## Los puntos suspensivos

Se escriben puntos suspensivos en estos casos:

&#9758; Para indicar que una enumeración está incompleta:

*En el museo había cuadros, esculturas, tapices…*

&#9758; Para indicar que hacemos una pausa con la que expresamos duda, sorpresa, miedo, etc.:

*Pablo, tu calculadora… se me ha roto.*